HA...
SPANISH
DICTIONARY

HARRAP'S
SPANISH
DICTIONARY

HARRAP

First published in Great Britain 1995
by Chambers Harrap Publishers Ltd
43–45 Annandale Street, Edinburgh EH7 4AZ

© Chambers Harrap Publishers Ltd 1995

Previously published as *Harrap's Spanish Pocket Dictionary*
(ISBN 0 245 60459 6)

Editors
Joaquín Blasco   Fernando León Solís   Hugh O'Donnell

Trademarks
Words considered to be trademarks have been designated in this dictionary
by ®. However, no judgement is implied concerning the legal status of any
trademark by virtue of the presence or absence of such a designation.

All rights reserved. No part of this
publication may be reproduced in any
form or by any means without the prior
permission of Chambers Harrap Publishers Ltd.

ISBN 0 245 60564 9

Typeset by Morton Word Processing Ltd
Printed in Great Britain by Clays Ltd, St Ives plc

Preface

This dictionary is a shortened version of *Harrap's Concise Spanish and English Dictionary*. The selection of headwords and phrases - over 57,000 in total - is aimed at providing a broad coverage of modern English and Spanish, including a considerable number of important Latin American and North American terms.

The new system for Spanish alphabetical order has been adopted. In this system 'ch' and 'll' are no longer considered as separate letters of the alphabet, but are each incorporated at their respective alphabetical positions under 'c' and 'l' - 'ñ', however, is treated as a separate letter.

Entries are divided into grammatical categories by Roman numerals (I, II etc) and into sense categories by Arabic numerals (1, 2 etc). A lozenge ◆ has been used i) to highlight adverbs which have been placed directly after their related adjective (for example: happily/happy) and which are not always therefore in strict alphabetical order and ii) to identify phrasal verbs (give up, come out, send back etc).

A major feature of this dictionary is the systematic use of signposting to guide users and to enable them to identify the translation they require quickly and accurately. There are two main types of signpost: **field labels** (of which a complete list is given on pages vii-x) identify the area of usage of a word, for example: *Ftb* is for football, *Comput* is for computers. **Indicators** show, for example, what might be the typical subject or object of a verb or what might be the typical noun used with a certain adjective. These help the user to identify the correct translation for a particular word by showing the context in which a certain translation is appropriate.

Gender markers for Spanish translations are not given where the presence of an adjective makes the gender of a noun self-evident. For example 'centro deportivo' has no gender marker whereas 'centro *m* comercial' does.

Spanish verbs with irregular conjugations are coded ([12], [24] etc). By looking at the information in the introductory section on pages xii-xxi it is possible to work out the form of an irregular Spanish verb in any required tense or person. A list of irregular English verbs is given on pages (ii)-(iv) of the English-Spanish section.

Full IPA (International Phonetic Alphabet) pronunciation is given for English headwords in the English-Spanish part of the dictionary with a guide to IPA on pages (v)-(vi) of the introduction. There is also an introduction to Spanish pronunciation on pages xxii-xxiii of the Spanish-English part of the dictionary.

Prólogo

El presente diccionario es una versión abreviada del *Harrap's Concise Spanish and English Dictionary*. La selección de la entradas y frases idiomáticas - más de 57000 en total - tiene como objetivo ofrecer una amplia cobertura del inglés y del español actuales, incluido un número importante de términos usados en Latinoamérica y Norteamérica.

Se ha adoptado la nueva ordenación alfabética del español. Según ésta, los dígrafos "ch" y "ll" no se consideran letras independientes, sino que ocupan el lugar que les corresponde alfabéticamente dentro de la "c" y "l", respectivamente. La "ñ", sin embargo, se considera letra independiente.

Las diferentes categorías gramaticales de una misma entrada se señalan mediante números romanos (I, II, etc), mientras que la numeración árabe (1, 2, etc) indica las diferentes categorías semánticas. Se utilizan los rombos ◆ para i) resaltar los adverbios colocados justo después del adjetivo del que derivan (por ejemplo: justo/justamente) y que no siguen, por tanto, un riguroso orden alfabético y ii) para identificar los "phrasal verbs" (give up, come out, send back etc).

Una característica relevante de esta obra es el uso sistemático de señales indicadoras que orientan al usuario y le permiten identificar la traducción adecuada con rapidez y precisión. Hay dos tipos de señales indicadoras: las **abreviaturas de campo semántico** (de las que aparece una lista completa en las páginas vii-x) identifican el área de uso de una palabra, por ejemplo: *Ftb* es fútbol, *Inform* es informática. Los **indicadores** muestran, por ejemplo, un sujeto o un objeto típicos de un verbo, o un sustantivo que frecuentemente acompaña a determinado adjetivo. Estos ayudan al usuario a identificar la traducción correcta de una determinada palabra al mostrar el contexto adecuado para cada traducción.

Los indicadores de género de las traducciones españolas no aparecerán cuando la presencia de un adjetivo deje claro el género del sustantivo. Por ejemplo "centro deportivo" no lleva indicador de género, mientras que, por el contrario, sí aparece en "centro *m* comercial".

Los verbos españoles de conjugación irregular vienen seguidos de un número de referencia ([12], [24] etc). En la sección introductoria, en las páginas xii-xxi, viene dada la información necesaria para poder conjugar los verbos irregulares en español. Una lista de verbos irregulares del inglés aparece en las páginas (ii)-(iv) de la sección Inglés-Español.

Las entradas inglesas de la sección Inglés-Español del diccionario van acompañadas de una transcripción fonética basada en el Alfabeto Fonético Internacional (AFI). En la página (v)-(vi) de la introducción de la sección Inglés-Español aparece una guía explicativa de dicho alfabeto. También viene dada una guía introductoria de pronunciación española en las páginas xxii-xxiii de la sección Español-Inglés.

Abbreviations used in this dictionary
Abreviaturas usadas en este diccionario

abbreviation	*abbr, abr*	abreviatura
adjective	*adj*	adjetivo
adverb	*adv*	adverbio
agriculture	*Agr*	agricultura
chess	*Ajedrez*	
somebody, someone	*algn*	alguien
Latin American	*Am*	hispanoamericano
anatomy	*Anat*	anatomía
approximately	*approx, aprox*	aproximadamente
archaic	*arc, arch*	arcaico
architecture	*Archit*	arquitectura
slang	*arg*	argot
architecture	*Arquit*	arquitectura
article	*art*	artículo
art	*Art, Arte*	bellas artes
astronomy	*Astron*	astronomía
space travel	*Astronaut, Astronáut*	astronáutica
Australian	*Austral*	australiano
motoring	*Aut*	automóviles
auxiliary	*aux*	auxiliar
aviation	*Av*	aviación
biology	*Biol*	biología
bowling	*Bolos*	
botany	*Bot*	botánica
	Bowling	bolos
boxing	*Box*	boxeo
Canary Islands	*Can*	Canarias
	Cards	naipes
chemistry	*Chem*	químico
	Chess	ajedrez
cycling	*Cicl*	ciclismo
cinema	*Cin*	cine
commerce	*Com*	comercio
comparative	*comp*	comparativo
computers	*Comput*	informática
conditional	*cond*	condicional
conjunction	*conj*	conjunción
building industry	*Constr*	construcción
sewing	*Cost*	costura
cookery	*Culin*	cocina
cycling	*Cycl*	ciclismo
definite	*def*	definido
defective	*defect*	defectivo
demonstrative	*dem*	demostrativo
sport	*Dep*	deporte
ecology	*Ecol*	ecología
economics	*Econ*	economía
education	*Educ*	educación
electricity	*Elec*	electricidad
entomology	*Ent*	entomología
especially	*esp*	especialmente
only in Spain	*Esp*	solo en España
etcetera	*etc*	etcétera

vii

euphemism	*euf, euph*	eufemismo
exclamatory	*exclam*	exclamativo
feminine	*f*	femenino
familiar	*fam*	familiar
pharmacy	*Farm*	farmacia
railways	*Ferroc*	ferrocarriles
figurative use	*fig*	uso figurado
finance	*Fin*	finanzas
physics	*Fís*	física
	Fishing	pesca
formal use	*fml*	uso formal
photography	*Fot*	fotografía
feminine plural	*fpl*	plural femenino
football	*Ftb*	fútbol
future	*fut*	futuro
British	*GB*	británico
geography	*Geog*	geografía
geology	*Geol*	geología
geometry	*Geom*	geometría
present participle	*ger*	gerundio
gymnastics	*Gimn, Gym*	gimnasia
history	*Hist*	historia
humorous	*hum*	humorístico
imperative	*imperat*	imperativo
imperfect	*imperf*	imperfecto
impersonal	*impers*	impersonal
printing	*Impr*	imprenta
industry	*Ind*	industria
indefinite	*indef*	indefinido
indeterminate	*indet*	indeterminado
indicative	*indic*	indicativo
infinitive	*infin*	infinitivo
computers	*Inform*	informática
insurance	*Ins*	seguros
interjection	*interj*	interjección
interrogative	*interr*	interrogativo
invariable	*inv*	invariable
ironic	*iron*	irónico
irregular	*irreg*	irregular
law	*Jur*	derecho
linguistics	*Ling*	lingüística
literary	*lit*	literario
literature	*Lit*	literatura
phrase	*loc*	locución
masculine	*m*	masculino
mathematics	*Mat, Math*	matemáticas
medicine	*Med*	medicina
meteorology	*Meteor*	meteorología
military	*Mil*	militar
mining	*Min*	minas
masculine plural	*mpl*	plural masculino
music	*Mus, Mús*	música
noun	*n*	nombre
cards	*Naipes*	
swimming	*Natación*	
nautical	*Naut, Náut*	náutica
negative	*neg*	negativo

neuter	*neut*	neutro
feminine noun	*nf*	nombre femenino
plural feminine noun	*nfpl*	nombre femenino plural
masculine noun	*nm*	nombre masculino
masculine and feminine noun	*nmf/nm,f*	nombre masculino y femenino
plural masculine noun	*nmpl*	nombre masculino plural
plural noun	*npl*	nombre plural
obsolete	*obs*	obsoleto
offensive	*ofens, offens*	ofensivo
optics	*Opt*	óptica
ornithology	*Orn*	ornitología
Parliament	*Parl*	parlamento
pejorative	*pej*	peyorativo
personal	*pers*	personal
fishing	*Pesca*	
petroleum industry	*Petrol, Petról*	industria petrolera
pejorative	*pey*	peyorativo
pharmacy	*Pharm*	farmacia
photography	*Phot*	fotografía
physics	*Phys*	física
plural	*pl*	plural
politics	*Pol*	política
possessive	*pos, poss*	posesivo
past participle	*pp*	participio pasado
prefix	*pref*	prefijo
press	*Prensa*	
preposition	*prep*	preposición
present	*pres*	presente
present participle	*pres p*	gerundio
	Press	prensa
preterite	*pret*	pretérito
printing	*Print*	imprenta
pronoun	*pron*	pronombre
psychology	*Psic, Psych*	psicología
past tense	*pt*	pretérito
chemistry	*Quím*	químico
radio	*Rad*	radio
railways	*Rail*	ferrocarriles
relative	*rel*	relativo
religion	*Rel*	religión
somebody, someone	*sb*	alguien
Scottish	*Scot*	escocés
insurance	*Seg*	seguros
sewing	*Sew*	costura
singular	*sing*	singular
slang	*sl*	argot
Spanish	*Span*	español
something	*sth*	algo
subjunctive	*subj*	subjuntivo
suffix	*suf, suff*	sufijo
superlative	*superl*	superlativo
	Swimming	natación
also	*tamb*	también
bullfighting	*Taur*	tauromaquia

theatre	*Teat*	teatro
technical	*Téc, Tech*	técnica
telephones	*Tel*	teléfonos
telecommunications	*Telec*	telecomunicaciones
tennis	*Ten*	tenis
textiles	*Tex*	textiles
theatre	*Theat*	teatro
typography	*Tip*	tipografía
television	*TV*	televisión
typography	*Typ*	tipografía
university	*Univ*	universidad
United States	*US*	Estados Unidos
usually	*usu*	usualmente
verb	*v*	verbo
auxiliary verb	*v aux*	verbo auxiliar
veterinary medicine	*Vet*	veterinaria
intransitive verb	*vi*	verbo intransitivo
impersonal verb	*v impers*	verbo impersonal
reflexive verb	*vr*	verbo reflexivo
transitive verb	*vtr*	verbo transitivo
vulgar	*vulg*	vulgar
zoology	*Zool*	zoología
see	→	véase
cultural equivalent	≈	equivalencia cultural
registered trade mark	®	marca registrada

Spanish - English
Español - Inglés

SPANISH VERBS

Regular Spelling Changes

The rules of spelling in Spanish cause a number of verbs to have regular spelling changes. These are listed below.

Spanish verbs fall into three groups depending on whether their infinitive ends in **-ar**, **-er** or **-ir**. The stem of the verb is the part which is left when the **-ar**, **-er** or **-ir** is removed from the infinitive. For example, the stem of **tomar** is **tom**, the stem of **beber** is **beb**, and the stem of **salir** is **sal**.

In the lists given below, the following indicators are used:

> **(1)** = first person singular present indicative
> **(2)** = present subjunctive, all persons
> **(3)** = first person singular preterite

Verbs ending in -ar

Verbs with a stem ending in **c**, for example **buscar**

The **c** changes to **qu** in:

> **(2)** busque, busques, busque, busquemos, busquéis, busquen
> **(3)** busqué

Verbs with a stem ending in **g**, for example **cargar**

The **g** changes to **gu** in:

> **(2)** cargue, cargues, cargue, carguemos, carguéis, carguen
> **(3)** cargué

Verbs with a stem ending in **gu**, for example **averiguar**

The **gu** changes to **gü** in:

> **(2)** averigüe, averigües, averigüe, averigüemos, averigüéis, averigüen
> **(3)** averigüé

Verbs with a stem ending in **z**, for example **realizar**

The **z** changes to **c** in:

> **(2)** realice, realices, realice, realicemos, realicéis, realicen
> **(3)** realicé

Verbs ending in -er *or* -ir

Verbs with a stem ending in **c**, for example **esparcir**

The **c** changes to **z** in:

        (1) esparzo
        (2) esparza, esparzas, esparza, esparzamos, esparzáis, esparzan

Verbs with a stem ending in **g**, for example **coger**

The **g** changes to **j** in:

        (1) cojo
        (2) coja, cojas, coja, cojamos, cojáis, cojan

Verbs with a stem ending in **qu**, for example **delinquir**

The **qu** changes to **c** in:

        (1) delinco
        (2) delinca, delincas, delinca, delincamos, delincáis, delincan

Verbs with a stem ending in **gu**, for example **distinguir**

The **gu** changes to **g** in:

        (1) distingo
        (2) distinga, distingas, distinga, distingamos, distingáis, distingan

Models for regular conjugation

TOMAR to take

INDICATIVE

PRESENT	FUTURE	CONDITIONAL
1. tomo	tomaré	tomaría
2. tomas	tomarás	tomarías
3. toma	tomará	tomaría
1. tomamos	tomaremos	tomaríamos
2. tomáis	tomaréis	tomaríais
3. toman	tomarán	tomarían

IMPERFECT	PRETERITE	PERFECT
1. tomaba	tomé	he tomado
2. tomabas	tomaste	has tomado
3. tomaba	tomó	ha tomado
1. tomábamos	tomamos	hemos tomado
2. tomabais	tomasteis	habéis tomado
3. tomaban	tomaron	han tomado

FUTURE PERFECT	CONDITIONAL PERFECT	PLUPERFECT
1. habré tomado	habría tomado	había tomado
2. habrás tomado	habrías tomado	habías tomado
3. habrá tomado	habría tomado	había tomado
1. habremos tomado	habríamos tomado	habíamos tomado
2. habréis tomado	habríais tomado	habíais tomado
3. habrán tomado	habrían tomado	habían tomado

SUBJUNCTIVE

PRESENT	IMPERFECT	PERFECT/PLUPERFECT
1. tome	tom-ara/ase	haya/hubiera* tomado
2. tomes	tom-aras/ases	hayas/hubieras tomado
3. tome	tom-ara/ase	haya/hubiera tomado
1. tomemos	tom-áramos/ásemos	hayamos/hubiéramos tomado
2. toméis	tom-arais/aseis	hayáis/hubierais tomado
3. tomen	tom-aran/asen	hayan/hubieran tomado

IMPERATIVE	INFINITIVE	PARTICIPLE
(tú) toma	**PRESENT**	**PRESENT**
(Vd) tome	tomar	tomando
(nosotros) tomemos		
(vosotros) tomad	**PERFECT**	**PAST**
(Vds) tomen	haber tomado	tomado

* the alternative form 'hubiese' etc is also possible

COMER to eat

INDICATIVE

PRESENT	FUTURE	CONDITIONAL
1. como	comeré	comería
2. comes	comerás	comerías
3. come	comerá	comería
1. comemos	comeremos	comeríamos
2. coméis	comeréis	comeríais
3. comen	comerán	comerían

IMPERFECT	PRETERITE	PERFECT
1. comía	comí	he comido
2. comías	comiste	has comido
3. comía	comió	ha comido
1. comíamos	comimos	hemos comido
2. comíais	comisteis	habéis comido
3. comían	comieron	han comido

FUTURE PERFECT	CONDITIONAL PERFECT	PLUPERFECT
1. habré comido	habría comido	había comido
2. habrás comido	habrías comido	habías comido
3. habrá comido	habría comido	había comido
1. habremos comido	habríamos comido	habíamos comido
2. habréis comido	habríais comido	habíais comido
3. habrán comido	habrían comido	habían comido

SUBJUNCTIVE

PRESENT	IMPERFECT	PERFECT/PLUPERFECT
1. coma	com-iera/iese	haya/hubiera* comido
2. comas	com-ieras/ieses	hayas/hubieras comido
3. coma	com-iera/iese	haya/hubiera comido
1. comamos	com-iéramos/iésemos	hayamos/hubiéramos comido
2. comáis	com-ierais/ieseis	hayáis/hubierais comido
3. coman	com-ieran/iesen	hayan/hubieran comido

IMPERATIVE

(tú) come
(Vd) coma
(nosotros) comamos
(vosotros) comed
(Vds) coman

INFINITIVE

PRESENT
comer

PERFECT
haber comido

PARTICIPLE

PRESENT
comiendo

PAST
comido

* the alternative form 'hubiese' etc is also possible

PARTIR to leave

INDICATIVE

PRESENT	FUTURE	CONDITIONAL
1. parto	partiré	partiría
2. partes	partirás	partirías
3. parte	partirá	partiría
1. partimos	partiremos	partiríamos
2. partís	partiréis	partiríais
3. parten	partirán	partirían

IMPERFECT	PRETERITE	PERFECT
1. partía	partí	he partido
2. partías	partiste	has partido
3. partía	partió	ha partido
1. partíamos	partimos	hemos partido
2. partíais	partisteis	habéis partido
3. partían	partieron	han partido

FUTURE PERFECT	CONDITIONAL PERFECT	PLUPERFECT
1. habré partido	habría partido	había partido
2. habrás partido	habrías partido	habías partido
3. habrá partido	habría partido	había partido
1. habremos partido	habríamos partido	habíamos partido
2. habréis partido	habríais partido	habíais partido
3. habrán partido	habrían partido	habían partido

SUBJUNCTIVE

PRESENT	IMPERFECT	PERFECT/PLUPERFECT
parta	parti-era/ese	haya/hubiera* partido
partas	parti-eras/eses	hayas/hubieras partido
parta	parti-era/ese	haya/hubiera partido
partamos	parti-éramos/ésemos	hayamos/hubiéramos partido
partáis	parti-erais/eseis	hayáis/hubierais partido
partan	parti-eran/esen	hayan/hubieran partido

IMPERATIVE

(tú) parte
(Vd) parta
(nosotros) partamos
(vosotros) partid
(Vds) partan

INFINITIVE

PRESENT
partir

PERFECT
haber partido

PARTICIPLE

PRESENT
partiendo

PAST
partido

* the alternative form 'hubiese' etc is also possible

Models for irregular conjugation

[1] **pensar** *PRES* pienso, piensas, piensa, pensamos, pensáis, piensan; *PRES SUBJ* piense, pienses, piense, pensemos, penséis, piensen; *IMPERAT* piensa, piense, pensemos, pensad, piensen

[2] **contar** *PRES* cuento, cuentas, cuenta, contamos, contáis, cuentan; *PRES SUBJ* cuente, cuentes, cuente, contemos, contéis, cuenten; *IMPERAT* cuenta, cuente, contemos, contad, cuenten

[3] **perder** *PRES* pierdo, pierdes, pierde, perdemos, perdéis, pierden; *PRES SUBJ* pierda, pierdas, pierda, perdamos, perdáis, pierdan; *IMPERAT* pierde, pierda, perdamos, perded, pierdan

[4] **morder** *PRES* muerdo, muerdes, muerde, mordemos, mordéis, muerden; *PRES SUBJ* muerda, muerdas, muerda, mordamos, mordáis, muerdan; *IMPERAT* muerde, muerda, mordamos, morded, muerdan

[5] **sentir** *PRES* siento, sientes, siente, sentimos, sentís, sienten; *PRES SUBJ* sienta, sientas, sienta, sintamos, sintáis, sientan; *PRES P* sintiendo; *IMPERAT* siente, sienta, sintamos, sentid, sientan

[6] **vestir** *PRES* visto, vistes, viste, vestimos, vestís, visten; *PRES SUBJ* vista, vistas, vista, vistamos, vistáis, vistan; *PRES P* vistiendo; *IMPERAT* viste, vista, vistamos, vestid, vistan

[7] **dormir** *PRES* duermo, duermes, duerme, dormimos, dormís, duermen; *PRES SUBJ* duerma, duermas, duerma, durmamos, durmáis, duerman; *PRES P* durmiendo; *IMPERAT* duerme, duerma, durmamos, dormid, duerman

[8] **andar** *PRET* anduve, anduviste, anduvo, anduvimos, anduvisteis, anduvieron; *IMPERF SUBJ* anduviera/anduviese

[9] **caber** *PRES* quepo, cabes, cabe, cabemos, cabéis, caben; *PRES SUBJ* quepa, quepas, quepa, quepamos, quepáis, quepan; *FUT* cabré; *COND* cabría; *PRET* cupe, cupiste, cupo, cupimos, cupisteis, cupieron; *IMPERF SUBJ* cupiera/cupiese; *IMPERAT* cabe, quepa, quepamos, cabed, quepan

[10] **conducir** *PRES* conduzco, conduces, conduce, conducimos, conducís, conducen; *PRES SUBJ* conduzca, conduzcas, conduzca, conduzcamos, conduzcáis, conduzcan; *PRET* conduje, condujiste, condujo, condujimos, condujisteis, condujeron; *IMPERF SUBJ* condujera/condujese; *IMPERAT* conduce, conduzca, conduzcamos, conducid, conduzcan

[11] **dar** *PRES* doy, das, da, damos, dais, dan; *PRES SUBJ* dé, des, dé, demos, deis, den; *PRET* di, diste, dio, dimos, disteis, dieron; *IMPERF SUBJ* diera/diese; *IMPERAT* da, dé, demos, dad, den

[12] **decir** *PRES* digo, dices, dice, decimos, decís, dicen; *PRES SUBJ* diga, digas, diga, digamos, digáis, digan; *FUT* diré; *COND* diría; *PRET* dije, dijiste, dijo, dijimos, dijisteis, dijeron; *IMPERF SUBJ* dijera/dijese; *PRES P* diciendo; *PP* dicho; *IMPERAT* di, diga, digamos, decid, digan

[13] **ESTAR** to be

INDICATIVE

PRESENT	**FUTURE**	**CONDITIONAL**
1. estoy	estaré	estaría
2. estás	estarás	estarías
3. está	estará	estaría
1. estamos	estaremos	estaríamos
2. estáis	estaréis	estaríais
3. están	estarán	estarían

IMPERFECT	**PRETERITE**	**PERFECT**
1. estaba	estuve	he estado
2. estabas	estuviste	has estado
3. estaba	estuvo	ha estado
1. estábamos	estuvimos	hemos estado
2. estabais	estuvisteis	habéis estado
3. estaban	estuvieron	han estado

FUTURE PERFECT	**CONDITIONAL PERFECT**	**PLUPERFECT**
1. habré estado	habría estado	había estado
2. habrás estado	habrías estado	habías estado
3. habrá estado	habría estado	había estado
1. habremos estado	habríamos estado	habíamos estado
2. habréis estado	habríais estado	habíais estado
3. habrán estado	habrían estado	habían estado

SUBJUNCTIVE

PRESENT	**IMPERFECT**	**PERFECT/PLUPERFECT**
1. esté	estuv-iera/iese	haya/hubiera* estado
2. estés	estuv-ieras/ieses	hayas/hubieras estado
3. esté	estuv-iera/iese	haya/hubiera estado
1. estemos	estuv-iéramos/iésemos	hayamos/hubiéramos estado
2. estéis	estuv-ierais/ieseis	hayáis/hubierais estado
3. estén	estuv-ieran/iesen	hayan/hubieran estado

IMPERATIVE

(tú) está
(Vd) esté
(nosotros) estemos
(vosotros) estad
(Vds) estén

INFINITIVE

PRESENT
estar

PERFECT
haber estado

PARTICIPLE

PRESENT
estando

PAST
estado

* the alternative form 'hubiese' etc is also possible

[14] HABER to have *(auxiliary)*

INDICATIVE

PRESENT	FUTURE	CONDITIONAL
1. he	habré	habría
2. has	habrás	habrías
3. ha/hay*	habrá	habría
1. hemos	habremos	habríamos
2. habéis	habréis	habríais
3. han	habrán	habrían

IMPERFECT	PRETERITE	PERFECT
1. había	hube	
2. habías	hubiste	
3. había	hubo	ha habido*
1. habíamos	hubimos	
2. habíais	hubisteis	
3. habían	hubieron	

FUTURE PERFECT	CONDITIONAL PERFECT	PLUPERFECT
1.		
2.		
3. habrá habido*	habría habido*	había habido*
1.		
2.		
3.		

SUBJUNCTIVE

PRESENT	IMPERFECT	PERFECT/PLUPERFECT
1. haya	hub-iera/iese	
2. hayas	hub-ieras/ieses	
3. haya	hub-iera/iese	haya/hubiera** habido*
1. hayamos	hub-iéramos/iésemos	
2. hayáis	hub-ierais/ieseis	
3. hayan	hub-ieran/iesen	

INFINITIVE

PRESENT
haber
PERFECT
haber habido*

PARTICIPLE

PRESENT
habiendo
PAST
habido

* 'haber' is an auxiliary verb used with the participle of another verb to form compound tenses (eg he bebido - I have drunk). 'hay' means 'there is/are' and all third person singular forms in their respective tenses have this meaning. The forms highlighted with an asterisk are used only for this latter construction.

** the alternative form 'hubiese' is also possible

[15] **hacer** *PRES* hago, haces, hace, hacemos, hacéis, hacen; *PRES SUBJ* haga, hagas, haga, hagamos, hagáis, hagan; *FUT* haré; *COND* haría; *PRET* hice, hiciste, hizo, hicimos, hicisteis, hicieron; *IMPERF SUBJ* hiciera/hiciese; *PP* hecho; *IMPERAT* haz, haga, hagamos, haced, hagan

[16] **ir** *PRES* voy, vas, va, vamos, vais, van; *PRES SUBJ* vaya, vayas, vaya, vayamos, vayáis, vayan; *IMPERF* iba, ibas, iba, íbamos, ibais, iban; *PRET* fui, fuiste, fue, fuimos, fuisteis, fueron; *IMPERF SUBJ* fuera/fuese; *PRES P* yendo; *IMPERAT* ve, vaya, vamos, id, vayan

[17] **oir** *PRES* oigo, oyes, oye, oímos, oís, oyen; *PRES SUBJ* oiga, oigas, oiga, oigamos, oigáis, oigan; *PRET* oí, oíste, oyó, oímos, oísteis, oyeron; *IMPERF SUBJ* oyera/oyese; *PRES P* oyendo; *PP* oído; *IMPERAT* oye, oiga, oigamos, oíd, oigan

[18] **poder** *PRES* puedo, puedes, puede, podemos, podéis, pueden; *PRES SUBJ* pueda, puedas, pueda, podamos, podáis, puedan; *FUT* podré; *COND* podría; *PRET* pude, pudiste, pudo, pudimos, pudisteis, pudieron; *IMPERF SUBJ* pudiera/pudiese; *PRES P* pudiendo; *IMPERAT* puede, pueda, podamos, poded, puedan

[19] **poner** *PRES* pongo, pones, pone, ponemos, ponéis, ponen; *PRES SUBJ* ponga, pongas, ponga, pongamos, pongáis, pongan; *FUT* pondré; *COND* pondría; *PRET* puse, pusiste, puso, pusimos, pusisteis, pusieron; *IMPERF SUBJ* pusiera/pusiese; *PP* puesto; *IMPERAT* pon, ponga, pongamos, poned, pongan

[20] **querer** *PRES* quiero, quieres, quiere, queremos, queréis, quieren; *PRES SUBJ* quiera, quieras, quiera, queramos, queráis, quieran; *FUT* querré; *COND* querría; *PRET* quise, quisiste, quiso, quisimos, quisisteis, quisieron; *IMPERF SUBJ* quisiera/quisiese; *IMPERAT* quiere, quiera, queramos, quered, quieran

[21] **saber** *PRES* sé, sabes, sabe, sabemos, sabéis, saben; *PRES SUBJ* sepa, sepas, sepa, sepamos, sepáis, sepan; *FUT* sabré; *COND* sabría; *PRET* supe, supiste, supo, supimos, supisteis, supieron; *IMPERF SUBJ* supiera/supiese; *IMPERAT* sabe, sepa, sepamos, sabed, sepan

[22] **salir** *PRES* salgo, sales, sale, salimos, salís, salen; *PRES SUBJ* salga, salgas, salga, salgamos, salgáis, salgan; *FUT* saldré; *COND* saldría; *IMPERAT* sal, salga, salgamos, salid, salgan

[23] **ser** *PRES* soy, eres, es, somos, sois, son; *PRES SUBJ* sea, seas, sea, seamos, seáis, sean; *IMPERF* era, eras, era, éramos, erais, eran; *PRET* fui, fuiste, fue, fuimos, fuisteis, fueron; *IMPERF SUBJ* fuera/fuese; *IMPERAT* sé, sea, seamos, sed, sean

[24] **tener** *PRES* tengo, tienes, tiene, tenemos, tenéis, tienen; *PRES SUBJ* tenga, tengas, tenga, tengamos, tengáis, tengan; *FUT* tendré; *COND* tendría; *PRET* tuve, tuviste, tuvo, tuvimos, tuvisteis, tuvieron; *IMPERF SUBJ* tuviera/tuviese; *IMPERAT* ten, tenga, tengamos, tened, tengan

[25] **traer** *PRES* traigo, traes, trae, traemos, traéis, traen; *PRES SUBJ* traiga, traigas, traiga, traigamos, traigáis, traigan; *PRET* traje, trajiste, trajo, trajimos, trajisteis, trajeron; *IMPERF SUBJ* trajera/trajese; *IMPERAT* trae, traiga, traigamos, traed, traigan

[26] **valer** *PRES* valgo, vales, vale, valemos, valéis, valen; *PRES SUBJ* valga, valgas, valga, valgamos, valgáis, valgan; *FUT* valdré; *COND* valdría; *IMPERAT* vale, valga, valgamos, valed, valgan

[27] **venir** *PRES* vengo, vienes, viene, venimos, venís, vienen; *PRES SUBJ* venga, vengas, venga, vengamos, vengáis, vengan; *FUT* vendré; *COND* vendría; *PRET* vine, viniste, vino, vinimos, vinisteis, vinieron; *IMPERF SUBJ* viniera/viniese; *PRES P* viniendo; *IMPERAT* ven, venga, vengamos, venid, vengan

[28] **ver** *PRES* veo, ves, ve, vemos, veis, ven; *PRES SUBJ* vea, veas, vea, veamos, veáis, vean; *IMPERF* veía, veías, veía, veíamos, veíais, veían; *PRET* vi, viste, vio, vimos, visteis, vieron; *IMPERF SUBJ* viera/viese; *IMPERAT* ve, vea, veamos, ved, vean

[29] **desviar** *PRES* desvío, desvías, desvía, desviamos, desviáis, desvían; *PRES SUBJ* desvíe, desvíes, desvíe, desviemos, desviéis, desvíen; *IMPERAT* desvía, desvíe, desviemos, desviéis, desvíen

[30] **continuar** *PRES* continúo, continúas, continúa, continuamos, continuáis, continúan; *PRES SUBJ* continúe, continúes, continúe, continuemos, continuéis, continúen; *IMPERAT* continúa, continúe, continuemos, continuad, continúen

[31] **adquirir** *PRES* adquiero, adquieres, adquiere, adquirimos, adquirís, adquieren; *PRES SUBJ* adquiera, adquieras, adquiera, adquiramos, adquiráis, adquieran; *IMPERAT* adquiere, adquiera, adquiramos, adquirid, adquieran

[32] **jugar** *PRES* juego, juegas, juega, jugamos, jugáis, juegan; *PRES SUBJ* juegue, juegues, juegue, juguemos, juguéis, jueguen; *IMPERAT* juega, juegue, juguemos, jugad, jueguen

[33] **agradecer** *PRES* agradezco, agradeces, agradece, agradecemos, agradecéis, agradecen; *PRES SUBJ* agradezca, agradezcas, agradezca, agradezcamos, agradezcáis, agradezcan; *IMPERAT* agradece, agradezca, agradezcamos, agradeced, agradezcan

[34] **conocer** *PRES* conozco, conoces, conoce, conocemos, conocéis, conocen; *PRES SUBJ* conozca, conozcas, conozca, conozcamos, conozcáis, conozcan; *IMPERAT* conoce, conozca, conozcamos, conoced, conozcan

[35] **lucir** *PRES* luzco, luces, luce, lucimos, lucís, lucen; *PRES SUBJ* luzca, luzcas, luzca, luzcamos, luzcáis, luzcan; *IMPERAT* luce, luzca, luzcamos, lucid, luzcan

[36] **leer** *PRET* leí, leíste, leyó, leímos, leísteis, leyeron; *IMPERF SUBJ* leyera/leyese; *PRES P* leyendo; *PP* leído; *IMPERAT* lee, lea, leamos, leed, lean

[37] **huir** *PRES* huyo, huyes, huye, huimos, huís, huyen; *PRES SUBJ* huya, huyas, huya, huyamos, huyáis, huyan; *PRET* huí, huiste, huyó, huimos, huisteis, huyeron; *IMPERF SUBJ* huyera/huyese; *PRES P* huyendo; *PP* huido; *IMPERAT* huye, huya, huyamos, huid, huyan

[38] **roer** *PRES* roo/roigo/royo, roes, roe, roemos, roéis, roen; *PRES SUBJ* roa/roiga/roya, roas, roa, roamos, roáis, roan; *PRET* roí, roíste, royó, roímos, roísteis, royeron; *IMPERF SUBJ* royera/royese; *PRES P* royendo; *PP* roído; *IMPERAT* roe, roa, roamos, roed, roan

[39] **caer** *PRES* caigo, caes, cae, caemos, caéis, caen; *PRES SUBJ* caiga, caigas, caiga, caigamos, caigáis, caigan; *PRES P* cayendo; *PP* caído; *IMPERAT* cae, caiga, caigamos, caed, caigan

Guide to the Pronunciation of Spanish

The following table is based on IPA (the International Phonetic Alphabet) with certain modifications and attempts to give an approximate idea of the Spanish sound system as compared with the British English one.

Letter	Phonetic symbol	Examples	Approximate British English equivalent
Vowels:			
a	[a]	gato, amar, mesa	as in f*a*ther, but shorter
e	[e]	estrella, vez, firme	as in l*a*bour
i	[i]	inicuo, iris	as in s*ee*, but shorter
o	[o]	bolo, cómodo, oso	between l*o*t and t*au*ght
u	[u]	turuta, puro, tribu	as in f*oo*d, but shorter, but **u** in -que- or -qui- and -gue- or -gui- is silent (unless -güe- or -güe-)
y	[i]	y	as in s*ee*, but shorter
Diphthongs:			
ai, ay	[ai]	baile, hay	as in l*i*fe, *ai*sle
au	[au]	fauna	as in f*ow*l, h*ou*se
ei, ey	[ei]	peine, ley	as in h*a*te, f*ei*gn
eu	[eu]	feudo	pronounce each vowel separately
oi, oy	[oi]	boina, hoy	as in b*oy*
Semi-consonants:			
ú	[w]	buey, cuando, fuiste	as in *w*ait
i	[j]	viernes, vicio, ciudad, ciar	as in *y*es
y	[j]	yermo, ayer, rey	as in *y*es
Consonants:			
b	[b]	boda, burro, ambos	as in *b*e
	[β]	haba, traba	a very light **b**
c	[k]	cabeza, cuco, acoso, frac	as in *c*ar, *k*eep
	[θ]	cecina, cielo	as in *th*ing, but in Andalusia and all of Latin America as **s** in *s*illy
ch	[tʃ]	chepa, ocho	as in *ch*amber
d	[d]	dedo, andar	as in *d*ay
	[ð]	dedo, ánade, abad	as in *th*is (often omitted in spoken Spanish when at the end of a word)
f	[f]	fiesta, afición	as in *f*or
g	[g]	gas, rango, gula	as in *g*et
	[ɣ]	agua, agosto, lagar	a very light **g**
	[x]	genio, legión	similar to Scottish [x] in lo*ch*
h	-	hambre, ahíto	Spanish **h** is silent
j	[x]	jabón, ajo, carcaj	similar to Scottish [x] in lo*ch*
k	[k]	kilo, kimono	as in *c*ar, *k*eep
l	[l]	labio, hábil, elegante	as in *l*aw
ll	[ʎ]	lluvia, calle	similar to the sound in mi*lli*on
m	[m]	mano, amigo, hambre	as in *m*an
n	[n]	nata, ratón, antes, enemigo	as in *n*ight

ñ	[ɲ]	año, ñoño	similar to the sound in o*n*ion
p	[p]	pipa, pelo	as in *p*oint
q	[k]	quiosco, querer, alambique	as in *c*ar
r(r)	[r]	pero, correr, padre	always pronounced, rolled as in Scots
	[rr]	reír, honrado, perro	rr is a lengthened r sound
s	[s]	sauna, asado, cortés	similar to the s in hi*ss*ing
t	[t]	teja, estén, atraco	as in *t*ime
v	[b]	verbena, vena	as in *b*e
	[β]	ave, vivo	a very light *b*
w	[b]	wagón, waterpolo	as in *b*e
x	[ks]	éxito, examen	as in e*x*ercise
	[s]	extensión	as in e*s*tate
z	[θ]	zorro, azul, caza, soez	as in *th*ing, but in Andalusia and in all of Latin America as s in *s*illy

Stress rules

If a word ends in a vowel, **-n** or **-s**, the stress should fall on the second last syllable, for example:

mano, examen, bocadillos

If a word has any other ending, the stress falls on the last syllable, for example:

hablar, Madrid, ayer

Exceptions to these rules carry a written accent on the stressed syllable, for example:

cómodo, legión, hábil

A

A, a |a| *nf (la letra)* A, a.
a *abr de* área, area.
a *prep* → **al**. **1** *(dirección)* to; **ir a Colombia**, to go to Colombia; **llegar a Valencia**, to arrive in Valencia; **subir al tren**, to get on the train; **vir al cine**, to go to the cinema; **vete a casa**, go home. **2** *(lugar)* at, on; **a la derecha**, on the right; **a la entrada**, at the entrance; **a lo lejos**, in the distance; **a mi lado**, at o by my side, next to me; **al sol**, in the sun; **a la mesa**, at (the) table. **3** *(tiempo)* at; **a las doce**, at twelve o'clock; **a los sesenta años**, at the age of sixty; **a los tres meses/la media hora**, three months/half an hour later; **al final**, in the end; **al principio**, at first. **4** *(distancia)* away; **a cien kilómetros de aquí**, a hundred kilometres from here. **5** *(manera)* **a la inglesa**, (in the) English fashion o manner o style; **escrito a máquina**, typed, typewritten; **a mano**, by hand. **6** *(proporción)* **a 90 kilómetros por hora**, at 90 kilometres an hour; **a 300 pesetas el kilo**, three hundred pesetas a kilo; **tres veces a la semana**, three times a week. **7** *Dep* **ganar cuatro a dos**, to win four (to) two. **8** *(complemento indirecto)* to; *(procedencia)* from; **díselo a Javier**, tell Javier; **te lo di a ti**, I gave it to you; **comprarle algo a algn**, to buy sth from sb; *(para algn)* to buy sth for sb; *(complemento directo de persona)* **saludé a tu tía**, I said hello to your aunt. **9** *fam* **ir a por algn/algo**, to go and fetch sb/sth. **10** *(verbo + a + infin)* **aprender a nadar**, to learn (how) to swim; **fueron a ayudarle**, they went to help him. **11** *(nombre + a + infin)* **distancia a recorrer**, distance to be covered. **12** **a decir verdad**, to tell (you) the truth; **a no ser por**, ..., if it were not for ...; **a no ser que**, unless; **a ver**, let's see; **¡a comer!**, lunch/dinner etc is ready!; **¡a dormir!**, bedtime!; **¿a que no lo haces?**, *(desafío)* I bet you don't do it!
abad *nm* abbot.
abadía *nf* abbey.
abajeño,-a *nm,f Am* lowlander, coastal dweller.
abajo I *adv* **1** *(en una casa)* downstairs; **el piso de a.**, the flat downstairs. **2** *(dirección)* down, downwards; **ahí/aquí a.**, down there/here; **la parte de a.**, the bottom (part); **más a.**, further down; **hacia a.**, down, downwards; **calle a.**, down the street; **echar algo a.**, to knock sth down; **venirse a.**, *(edificio)* to fall down; *fig (proyecto)* to fall through. **II** *interj* **¡a. la censura!**, down with censorship!
abalanzarse |4| *vr* **a. sobre/contra**, to rush towards.
abalear *vtr Am* to shoot o fire at.
abalorio *nm* **1** *(cuenta)* glass bead. **2** *(baratija)* trinket.
abanderado,-a *nm,f* standard bearer.
abandonado,-a *adj* **1** abandoned; **tiene a su familia muy abandonada**, he takes absolutely no interest in his family. **2** *(desaseado)* untidy, unkempt.
abandonar I *vtr* **1** *(lugar)* to leave, quit; *(persona, cosa)* to abandon; *(proyecto, plan)* to give up. **2** *Dep (carrera)* to drop out of. **II abandonarse** *vr* to let oneself go.
abandono *nm* **1** *(acción)* abandoning, desertion. **2** *(de proyecto, idea)* giving up. **3** *(descuido)* neglect.
abanicarse *vr* to fan oneself.
abanico *nm* **1** fan. **2** *(gama)* range; **un amplio a. de posibilidades**, a wide range of possibilities.
abaratar I *vtr* to cut o reduce the price of. **II abaratarse** *vr (artículos)* to become cheaper, come down in price; *(precios)* to come down.
abarcar |1| *vtr* **1** to embrace. **2** *Am (acaparar)* to monopolize.
abarrotado,-a *adj* packed (**de**, with), crammed (**de**, with).
abarrotar *vtr* to pack, cram (**de**, with); **el público abarrotaba la sala**, the room was packed (with people).
abarrotes *nmpl Am* groceries.
abastecedor,-a *nm,f* supplier.
abastecer |33| *vtr* to supply. **II abastecerse** *vr* **a. de**, to be supplied with.
abastecimiento *nm* supplying; **a. de agua**, water supply.
abasto *nm* **1** *fam* **no doy a.**, I can't cope, I can't keep up. **2** **mercado de abastos**, wholesale food market.
abatible *adj* folding, collapsible; **asiento a.**, reclining seat.
abatido,-a *adj* downcast.
abatir I *vtr* **1** *(derribar)* to knock down, pull down. **2** *(matar)* to kill; **a. a tiros**, to shoot down. **3** *(desanimar)* to depress, dishearten. **II abatirse** *vr (desanimarse)* to lose heart, become depressed.
abdicación *nf* abdication.
abdicar |1| *vtr & vi* to abdicate.
abdomen *nm* abdomen.
abdominales *nmpl* sit-ups.
abecedario *nm* alphabet.
abedul *nm* birch.
abeja *nf* bee; **a. reina**, queen bee.
abejorro *nm* bumblebee.
aberración *nf* aberration.
aberrante *adj* deviant.
abertura *nf (hueco)* opening, gap; *(grieta)*

crack, slit.
abertzale adj & nm,f Basque nationalist.
abeto nm Bot fir (tree); **a. rojo**, spruce.
abierto,-a adj **1** open; (grifo) (turned) on; **a. de par en par**, wide open. **2** (persona) open-minded.
abigarrado,-a adj (mezclado) jumbled, mixed up.
abismal adj abysmal; fig **una diferencia a.**, a world of a difference.
abismo nm abyss; fig **al borde del a.**, on the brink of ruin; fig **entre ellos media un a.**, they are worlds apart.
ablandar I vtr to soften. **II ablandarse** vr **1** to soften, go soft o softer. **2** fig (persona) to mellow.
abnegación nf abnegation, self-denial.
abnegado,-a adj selfless, self-sacrificing.
abocado,-a adj **1 está a. al fracaso**, it is doomed to failure. **2** (vino) medium dry.
abochornar vtr to shame, embarrass.
abofetear vtr to slap.
abogacía nf legal profession.
abogado,-a nm,f lawyer, solicitor; (en tribunal supremo) barrister; **a. de oficio**, legal aid lawyer; **a. defensor**, counsel for the defense; **a. del diablo**, devil's advocate; **a. laboralista**, union lawyer.
abogar |7| vtr to plead; **a. a favor de**, to plead for, defend; **a. por algo**, to advocate o champion sth.
abolengo nm ancestry, lineage.
abolición nf abolition.
abolir vtr defect to abolish.
abolladura nf dent.
abollar vtr to dent.
abominable adj abominable.
abominar vi **a. (de)**, to abominate, loathe.
abonado,-a I nm,f subscriber. **II** adj Fin (pagado) paid; **a. en cuenta**, credited.
abonar I vtr **1** Agr to fertilize. **2** (pagar) to pay (for). **3** (subscribir) to subscribe. **II abonarse** vr to subscribe (**a**, to).
abono nm **1** Agr (producto) fertilizer; (estiércol) manure. **2** (pago) payment. **3** (a revista etc) subscription; (billete) season ticket.
abordar vtr (persona) to approach; (barco) to board; **a. un asunto**, to tackle a subject.
aborigen (pl **aborígenes**) **I** adj native, indigenous; esp Austral aboriginal. **II** nmf native; esp Austral aborigine.
aborrecer |33| vtr to detest, loathe.
abortar I vi (involuntariamente) to miscarry, have a miscarriage; (intencionadamente) to abort, have an abortion. **II** vtr to abort.
abortista nmf abortionist.
aborto nm miscarriage; (provocado) abortion.
abotargado,-a adj swollen.
abotonar vtr (ropa) to button (up).

abovedado,-a adj vaulted, arched.
abracadabra nm abracadabra.
abrasador,-a adj scorching.
abrasar I vtr & vi to scorch. **II abrasarse** vr to burn.
abrazadera nf clamp.
abrazar |4| **I** vtr to embrace, hug; fig (doctrina) to embrace. **II abrazarse** vr **a. a algn**, to embrace sb; **se abrazaron**, they embraced each other.
abrazo nm embrace, hug; **un a., abrazos**, (en carta) best wishes.
abrecartas nm inv letter-opener, paper-knife.
abrefácil nm Com **caja con a.**, easy-open carton.
abrelatas nm inv tin-opener, US can opener.
abreviar |12| **1** vtr to shorten; (texto) to abridge; (palabra) to abbreviate. **II** vi to be quick o brief; **para a.**, to cut a long story short.
abreviatura nf abbreviation.
abridor nm (de latas, botellas) opener.
abrigado,-a adj wrapped up; **ir muy a.**, to be well wrapped-up.
abrigar |7| vtr **1** to keep warm; **esta chaqueta abriga mucho**, this cardigan is very warm. **2** (proteger) to protect, shelter. **3** (esperanza) to cherish; (duda) to have, harbour, US harbor.
abrigo nm **1** (prenda) coat, overcoat; **ropa de a.**, warm clothes pl. **2** **al a. de**, protected o sheltered from.
abril nm April.
abrillantador nm polish.
abrillantar vtr to polish.
abrir¹ nm **en un a. y cerrar de ojos**, in the twinkling of an eye.
abrir² (pp **abierto**) **I** vtr to open. **II** vtr **1** to open; (cremallera) to undo. **2** (gas, grifo) to turn on. **3** Jur **a. (un) expediente**, to start proceedings. **III abrirse** vr **1** to open; fig **a. paso**, to make one's way. **2** arg **¡me abro!**, I'm off!
abrochar vtr, **abrocharse** vr (botones) to do up; (camisa) to button (up); (cinturón) to fasten; (zapatos) to tie up; (cremallera) to do up.
abrumado,-a adj overwhelmed.
abrumador,-a adj overwhelming.
abrumar vtr to overwhelm, crush; **tantos problemas me abruman**, all these problems are getting on top of me.
abrupto,-a adj **1** (terreno) steep, abrupt. **2** fig abrupt, sudden.
absceso nm abscess.
absentismo nm absenteeism; **a. laboral**, absenteeism from work.
absolución nf **1** Rel absolution. **2** Jur acquittal.
absoluto,-a adj absolute; **en a.**, not at all, by no means. ◆**absolutamente** adv absolutely, completely; **a. nada**, nothing

absolutorio,-a *adj* *Jur* sentencia absolutoria, verdict of not guilty.
absolver |4| (*pp* **absuelto**) *vtr* **1** *Rel* to absolve. **2** *Jur* to acquit.
absorbente *adj* **1** (*papel*) absorbent. **2** *fig* absorbing, engrossing.
absorber *vtr* to absorb.
absorción *nf* absorption.
absorto,-a *adj* absorbed, engrossed (**en**, in).
abstemio,-a I *adj* teetotal, abstemious. **II** *nm,f* teetotaller.
abstención *nf* abstention.
abstenerse |24| *vr* to abstain (**de**, from); (*privarse*) to refrain (**de**, from).
abstinencia *nf* abstinence; **síndrome de a.**, withdrawal symptoms *pl*.
abstracción *nf* abstraction.
abstracto,-a *adj* abstract.
abstraer |25| **I** *vtr* to abstract. **II** **abstraerse** *vr* to become lost in thought.
abstraído,-a *adj* (*ensimismado*) absorbed, engrossed (**en**, in); (*distraído*) absentminded.
absuelto,-a *pp* → **absolver**.
absurdo,-a I *adj* absurd. **II** *nm* absurdity, absurd thing.
abuchear *vtr* to boo, jeer at.
abucheo *nm* booing, jeering.
abuela *nf* grandmother; *fam* grandma, granny; *fig* old woman.
abuelo *nm* **1** grandfather; *fam* grandad, grandpa; *fig* old man. **2 abuelos**, grandparents.
abulense I *adj* of *o* from Avila. **II** *nmf* native *o* inhabitant of Avila.
abulia *nf* apathy, lack of willpower.
abultado,-a *adj* bulky, big.
abultar I *vi* to be bulky; **abulta mucho**, it takes up a lot of space. **II** *vtr* to exaggerate.
abundancia *nf* abundance, plenty; *fig* **nadar en la a.**, to be rolling in money.
abundante *adj* abundant, plentiful.
abundar *vi* to abound, be plentiful.
abur *interj* *fam* cheerio!, see you!
aburrido,-a *adj* **1** **ser a.**, to be boring. **2** **estar a.**, to be bored; (*harto*) to be tired (**de**, of).
aburrimiento *nm* boredom; **¡qué a.!**, how boring!, what a bore!
aburrir I *vtr* to bore. **II aburrirse** *vr* to get bored; **a. como una ostra**, to be bored stiff.
abusar *vi* **1** (*propasarse*) to go too far. **2 a. de**, (*situación, persona*) to take (unfair) advantage of; (*poder, amabilidad*) to abuse; **a. de la bebida/del tabaco**, to drink/smoke too much *o* to excess; *Jur* **a. de un niño/una mujer**, to abuse a child/woman.
abusivo,-a *adj* (*precio*) exorbitant.
abuso *nm* abuse.

abyecto,-a *adj* abject.
a. C. *abr de* **antes de Cristo**, before Christ, BC.
a/c *Com abr de* **a cuenta**, on account.
acá *adv* **1** (*lugar*) here, over here; **más a.**, nearer; **¡ven a.!**, come here! **2 de entonces a.**, since then.
acabado,-a I *adj* **1** (*terminado*) finished. **2** *fig* (*persona*) worn-out, spent. **II** *nm* finish.
acabar I *vtr* to finish (off); (*completar*) to complete. **II** *vi* **1** to finish, end; **a. bien**, to have a happy ending; **a. con algo**, (*terminarlo*) to finish sth; (*romperlo*) to break sth. **2 a. de ...**, to have just ...; **acaba de entrar**, he has just come in; **no acaba de convencerme**, I'm not quite convinced. **3 acabaron casándose** *o* **por casarse**, they ended up getting married; **acabó en la cárcel**, he ended up in jail. **III acabarse** *vr* to finish, come to an end; **se nos acabó la gasolina**, we ran out of petrol; *fam* **¡se acabó!**, that's that!
acabóse *nm fam* **esto es el a.**, this is the end.
acacia *nf* acacia.
academia *nf* academy.
académico,-a *adj & nm,f* academic.
acaecer |33| *v impers* to happen, occur.
acallar *vtr* to silence.
acalorado,-a *adj* **1** hot. **2** *fig* (*excitado*) worked up, excited; (*debate etc*) heated, angry.
acalorarse 1 to get warm *o* hot. **2** *fig* to get excited *o* worked up.
acampada *nf* camping; **ir de a.**, to go camping; **zona de a.**, camp site.
acampanado,-a *adj* bell-shaped; (*prendas*) flared.
acampar *vi* to camp.
acantilado *nm* cliff.
acantonar *vtr* (*tropas*) to billet, quarter (**en**, in).
acaparar *vtr* **1** (*productos*) to hoard; (*el mercado*) to corner. **2** *fig* to monopolize.
acaramelado,-a *adj* **1** · (*color*) caramel-coloured, *US* caramel-colored. **2** (*pareja*) lovey-dovey, starry-eyed.
acariciar |12| *vtr* to caress; (*pelo, animal*) to stroke; (*esperanza*) to cherish.
acarrear *vtr* **1** (*transportar*) to carry, transport. **2** *fig* (*conllevar*) to entail.
acaso *adv* perhaps, maybe; **¿a. no te lo dije?**, did I not tell you, by any chance?; **por si a.**, just in case; **si a. viene ...**, if he should come ....
acatamiento *nm* respect; (*de la ley*) observance.
acatar *vtr* to observe, comply with.
acatarrado,-a *adj* **estar a.**, to have a cold.
acatarrarse *vr* to catch a cold.
acaudalado,-a *adj* rich, wealthy.
acaudalar *vtr* to accumulate, amass.

acaudillar *vtr* to lead.
acceder *vi* **a. a,** *(consentir)* to accede to, consent to; *(tener acceso)* to gain admittance to; *Inform* to access.
accesible *adj* accessible; *(persona)* approachable.
acceso *nm* **1** *(entrada)* access, entry; *Inform* **a. al azar, a. directo,** random access; *Univ* **prueba de a.,** entrance examination. **2** *(carretera)* approach, access. **3** *Med & fig* fit.
accesorio,-a *adj & nm* accessory.
accidentado,-a I *adj (terreno)* uneven, hilly; *(viaje, vida)* eventful. **II** *nm,f* casualty, accident victim.
accidental *adj* accidental; **un encuentro a.,** a chance meeting.
accidente *nm* **1** accident; **por a.,** by chance; **a. laboral,** industrial accident. **2** *Geog* **accidentes geográficos,** geographical features.
acción *nf* **1** action; *(acto)* act; **poner en a.,** to put in action; **ponerse en a.,** to go into action; **campo de a.,** field of action; **película de a.,** adventure film. **2** *Fin* share.
accionar *vtr* to drive.
accionista *nmf* shareholder.
acebo *nm (hoja)* holly; *(árbol)* holly tree.
acechar *vtr* to lie in wait for; **un grave peligro nos acecha,** great danger awaits us.
acecho *nm* **estar al a. de,** *(esperar)* to lie in wait for.
acedía *nf (pez)* dab.
aceite *nm* oil; **a. de girasol/maíz/oliva,** sunflower/corn/olive oil.
aceitera *nf Culin* oil bottle; **aceiteras,** oil and vinegar set *sing.* **2** *Aut* oil can.
aceitero,-a I *adj* oil. **II** *nm,f* oil merchant.
aceitoso,-a *adj* oily.
aceituna *nf* olive; **a. rellena,** stuffed olive.
aceitunado,-a *adj* olive, olive-coloured.
aceitunero,-a *nm,f* **1** *(recolector)* olive picker *o* harvester. **2** *(vendedor)* olive seller.
acelerado,-a *adj* accelerated, fast.
acelerador *nm Aut* accelerator.
acelerar *vtr* to accelerate.
acento *nm* **1** accent; *(de palabra)* stress. **2** *(énfasis)* stress, emphasis.
acentuar [30] **I** *vtr* **1** to stress. **2** *fig* to emphasize, stress. **II acentuarse** *vr fig* to become more pronounced *o* noticeable.
aceña *nf* watermill.
acepción *nf* meaning, sense.
aceptable *adj* acceptable.
aceptación *nf* acceptance. **2 tener poca a.,** to have little success, not to be popular.
aceptar *vtr* to accept.
acequia *nf* irrigation ditch *o* channel.
acera *nf* pavement, *US* sidewalk; *fam pey* **ser de la a. de enfrente,** to be gay *o* queer.
acerado *nm* pavement.
acerbo,-a *adj* harsh, bitter.
acerca *adv* **a. de,** about.
acercamiento *nm* bringing together, coming together; *Pol* rapprochement.
acercar ||1| **I** *vtr* to bring near *o* nearer, bring (over); *fig* to bring together; **¿te acerco a casa?,** can I give you a lift home? **II acercarse** *vr* **1** to approach (a, -). **2** *(ir)* to go; *(venir)* to come.
acerico *nm* pincushion.
acero *nm* steel; **a. inoxidable,** stainless steel.
acérrimo,-a *adj (partidario)* staunch; *(enemigo)* bitter.
acertado,-a *adj* **1** *(solución)* right, correct; *(decisión)* wise. **2 no estuviste muy a. al decir eso,** it wasn't very wise of you to say that.
acertante I *nmf* winner. **II** *adj* winning.
acertar ||1| **I** *vtr (pregunta)* to get right; *(adivinar)* to guess correctly; **a. las quinielas,** to win the pools. **II** *vi* to be right; **acertó con la calle que buscaba,** she found the street she was looking for.
acertijo *nm* riddle.
acervo *nm* **a. cultural,** cultural tradition *o* heritage.
acetona *nf* acetone.
achacar ||1| *vtr (atribuir)* to attribute.
achacoso,-a *adj* ailing, unwell.
achaque *nm* ailment, complaint.
achicar ||1| **I** *vtr* **1** *(amilanar)* to intimidate. **2** *(encoger)* to reduce, make smaller. **3** *(barco)* to bale out. **II achicarse** *vr* **1** *(amilanarse)* to lose heart. **2** *(encogerse)* to get smaller.
achicharrar *vtr* to burn to a crisp.
achicoria *nf* chicory.
achinado,-a *adj* **1** *(ojos)* slanting. **2** *Am* with mestizo features.
acholado,-a *adj Am* half-caste.
achuchar *vtr (empujar)* to shove.
achuchón *nm (empujón)* push, shove.
aciago,-a *adj* ill-fated, fateful.
acicalado,-a *adj* well-dressed, smart.
acicalarse *vr* to dress up, smarten up.
acicate *nm fig (aliciente)* spur, incentive.
acidez *nf (de sabor)* sharpness, sourness; *Quím* acidity; *Med* **a. de estómago,** heartburn.
ácido,-a I *adj (sabor)* sharp, tart; *Quím* acidic; *fig (tono)* harsh. **II** *nm Quím* acid.
acierto *nm (buena decisión)* good choice *o* idea; **con gran a.,** very wisely.
aclamación *nf* acclamation, acclaim.
aclamar *vtr* to acclaim.
aclaración *nf* explanation.
aclarado *nm* rinsing, rinse.
aclarar I *vtr* **1** *(explicar)* to clarify, explain; *(color)* to lighten, make lighter. **2** *(enjuagar)* to rinse. **II** *v impers Meteor* to

clear (up). **III aclararse** *vr* **1** *(decidirse)* to make up one's mind; *(entender)* to understand. **2** *Meteor* to clear (up).

aclaratorio,-a *adj* explanatory.

aclimatación *nf* acclimatization, *US* acclimation.

aclimatar I *vtr* to acclimatize, *US* acclimate (**a**, to). **II aclimatarse** *vr fig* **a. a algo**, to get used to sth.

acné *nf* acne.

acobardar I *vtr* to frighten. **II acobardarse** *vr* to become frightened, lose one's nerve, shrink back (**ante**, from).

acodarse *vr* to lean (**en**, on).

acogedor,-a *adj* cosy, warm.

acoger |5| **I** *vtr* **1** *(recibir)* to receive; *(a invitado)* to welcome. **2** *(persona desvalida)* to take in. **II acogerse** *vr fig* **a. a**, to take refuge in; *(amnistía)* to avail oneself of; **a. a la ley**, to have recourse to the law.

acogida *nf* reception, welcome.

acojonado,-a *adj vulg* shit-scared.

acojonante *adj vulg* bloody great *o* terrific.

acojonarse *vr vulg (acobardarse)* to shit oneself, be shit-scared.

acolchar *vtr (rellenar)* to pad; *(prenda)* to quilt.

acometer *vtr* **1** *(emprender)* to undertake. **2** *(atacar)* to attack.

acometida *nf (ataque)* attack; *(de gas etc)* connection.

acomodado,-a *adj* well-off, well-to-do.

acomodador,-a *nm,f (hombre)* usher; *(mujer)* usherette.

acomodar I *vtr* **1** *(alojar)* to lodge, accommodate. **2** *(en cine etc)* to find a place for. **II acomodarse** *vr* **1** to make oneself comfortable. **2** *(adaptarse)* to adapt.

acomodaticio,-a *adj* **1** accommodating, easy-going. **2** *pey* pliable.

acompañante I *nmf* companion. **II** *adj* accompanying.

acompañar *vtr* **1** to accompany; **le acompañó hasta la puerta**, she saw him to the door; **me acompañó al médico**, he came with me to see the doctor; **¿te acompaño a casa?**, can I walk you home?; *fml* **le acompaño en el sentimiento**, my condolences. **2** *(adjuntar)* to enclose.

acompasado,-a *adj (rítmico)* rhythmic.

acomplejado,-a *adj* **estar a.**, to have a complex (**por**, about).

acomplejar I *vtr* to give a complex. **II acomplejarse** *vr* **a. por**, to develop a complex about.

acondicionado,-a *adj* **aire a.**, air conditioning.

acondicionador *nm* conditioner.

acondicionar *vtr* to prepare, set up; *(mejorar)* to improve; *(cabello)* to condition.

acongojar *vtr* to distress.

aconsejable *adj* advisable.

aconsejar *vtr* to advise.

acontecer |33| *v impers* to happen, take place.

acontecimiento *nm* event.

acopio *nm* store, stock; **hacer a. de**, to store.

acoplar I *vtr* **1** *(set (together))*, join. **2** *Téc* to couple, connect. **II acoplarse** *vr (nave espacial)* to dock.

acorazado,-a I *adj* armoured, *US* armored, armour-plated, *US* armor-plated. **II** *nm* battleship.

acordado,-a *adj* agreed; **según lo a.**, as agreed.

acordar |2| **I** *vtr* to agree; *(decidir)* to decide. **II acordarse** *vr* to remember; **no me acuerdo (de Silvia)**, I can't remember (Silvia).

acorde I *adj* in agreement. **II** *nm Mús* chord.

acordeón *nm* accordion.

acordonado,-a *adj* cordoned off, sealed off.

acordonar *vtr* **1** *(zona)* to cordon off, seal off. **2** *(atar)* to lace up.

acorralar *vtr* to corner.

acortar *vtr* to shorten; **a. distancias**, to cut down the distance.

acosar *vtr* to harass; *fig* **a. a algn a preguntas**, to bombard sb with questions.

acoso *nm* harassment; **a. sexual**, sexual harassment.

acostar |2| **I** *vtr* to put to bed. **II acostarse** *vr* **1** to go to bed. **2** *fam* **a. con algn**, to sleep with sb, go to bed with sb.

acostumbrado,-a *adj* **1** usual, customary; **es lo a.**, it is the custom. **2 a. al frío/calor**, used to the cold/heat.

acostumbrar I *vi* **a.**, *(soler)* to be in the habit of. **II** *vtr* **a. a algn a algo**, *(habituar)* to get sb used to sth. **III acostumbrarse** *vr (habituarse)* to become accustomed (**a**, to), get used (**a**, to).

acotación *nf* **1** *(en escrito)* (marginal) note; *Teat* stage direction. **2** *(en mapa)* elevation mark.

acotar *vtr* **1** *(área)* to enclose; *fig (tema)* to delimit. **2** *(texto)* to annotate. **3** *(mapa)* to mark with elevations.

acotejar *vtr Am* to arrange.

ácrata *adj & nmf* anarchist.

acre[1] *adj* **1** *(sabor)* sour, bitter; *(olor)* acrid. **2** *fig (palabras)* bitter, harsh; *(crítica)* biting.

acre[2] *nm (medida)* acre.

acrecentar |1| *vtr* to increase.

acreditar *vtr* **1** to be a credit to. **2** *(probar)* to prove. **3** *(embajador)* to accredit. **4** *Fin* to credit.

acreditativo,-a *adj* which proves, which gives proof.

acreedor,-a *nm,f Com* creditor.

acribillar vtr to riddle, pepper; **a. a algn a balazos,** to riddle sb with bullets.
acrílico,-a adj acrylic.
acriollarse vr Am to adopt local customs.
acritud nf (mordacidad) acrimony.
acrobacia nf acrobatics sing.
acróbata nmf acrobat.
acta nf 1 (de reunión) minutes pl, record. 2 (certificado) certificate, official document; **a. notarial,** affidavit.
actitud nf attitude.
activar vtr 1 to activate. 2 (avivar) to liven up.
actividad nf activity.
activista nmf activist.
activo,-a I adj active; **en a.,** on active service. II nm Fin assets pl.
acto nm 1 act, action; **a. sexual,** sexual intercourse; **en el a.,** at once; **a. seguido,** immediately afterwards; Mil **en a. de servicio,** in action; **hacer a. de presencia,** to put in an appearance. 2 (ceremonia) ceremony. 3 Teat act.
actor nm actor.
actriz nf actress.
actuación nf 1 performance. 2 (intervención) intervention, action.
actual adj current, present; (al día) up-to-date; **un tema muy a.,** a very topical subject. ◆**actualmente** adv (hoy en día) nowadays, these days; (ahora) at the moment, at present.
actualidad nf 1 present time; **en la a.,** at present; **estar de a.,** to be fashionable; **temas de a.,** topical subjects. 2 (hechos) current affairs pl.
actualizar |4| vtr to update, bring up to date.
actuar |30| vi 1 to act; **a. como** o **de,** to act as. 2 Cin Teat to perform, act.
acuarela nf watercolour, US watercolor.
Acuario nm Aquarius.
acuario nm aquarium.
acuartelar vtr to confine to barracks.
acuático,-a adj aquatic; **esquí a.,** water skiing.
acuchillar vtr to knife, stab.
acuciante adj urgent, pressing.
acuciar |12| vtr to urge on.
acudir vi (ir) to go; (venir) to come, arrive; **nadie acudió en su ayuda,** nobody came to help him; **no sé dónde a.,** I don't know where to turn.
acueducto nm aqueduct.
acuerdo nm agreement; **¡de a.!,** all right!, O.K.!; **de a. con,** in accordance with; **de común a.,** by common consent; **estar de a. en algo,** to agree on sth; **ponerse de a.,** to agree; **a. marco,** framework agreement.
acumular I vtr to accumulate. II **acumularse** vr 1 to accumulate, build up. 2 (gente) to crowd.
acunar vtr to rock.

acuñar vtr (moneda) to mint; (frase) to coin.
acuoso,-a adj watery; (jugoso) juicy.
acupuntura nf acupuncture.
acurrucarse |1| vr to curl up, snuggle up.
acusación nf 1 accusation. 2 Jur charge.
acusado,-a I nm,f accused, defendant. II adj (marcado) marked, noticeable.
acusar I vtr 1 to accuse (**de,** of); Jur to charge (**de,** with). 2 (golpe etc) to feel; fig **su cara acusaba el cansancio,** his face showed his exhaustion. 3 Com **a. recibo,** to acknowledge receipt. II **acusarse** vr 1 (acentuarse) to become more pronounced. 2 fig (notarse) to show.
acuse nm **a. de recibo,** acknowledgment of receipt.
acusica adj & nmf fam telltale.
acústica nf acoustics sing.
acústico,-a adj acoustic.
adán nm fam untidy o slovenly person.
adaptable adj adaptable.
adaptación nf adaptation.
adaptador nm adapter.
adaptar I vtr 1 to adapt. 2 (ajustar) to adjust. II **adaptarse** vr to adapt oneself (**a,** to).
adecentar vtr to tidy (up), clean (up).
adecuado,-a adj appropriate, suitable.
adecuar |10| vtr to adapt.
adefesio nm (persona) freak; (cosa) monstrosity.
a. de J.C. abr **de antes de Jesucristo,** before Christ, BC.
adelantado,-a adj 1 advanced; (desarrollado) developed; (precoz) precocious. 2 (reloj) fast. 3 **pagar por a.,** to pay in advance.
adelantamiento nm overtaking; **hacer un a.,** to overtake.
adelantar I vtr 1 to move o bring forward; (reloj) to put forward; fig to advance. 2 Aut to overtake. 3 (fecha) to bring forward; fig **a. (los) acontecimientos,** to get ahead of oneself. II vi 1 to advance. 2 (progresar) to make progress. 3 (reloj) to be fast. III **a-delantarse** vr 1 (ir delante) to go ahead. 2 (reloj) to gain, be fast. 3 **el verano se ha adelantado,** we are having an early summer.
adelante I adv forward; **más a.,** (lugar) further on; (tiempo) later; **seguir a.,** to keep going, carry on; **llevar a. un plan,** to carry out a plan. II interj **¡a!,** come in!
adelanto nm 1 advance; (progreso) progress. 2 **el reloj lleva diez minutos de a.,** the watch is ten minutes fast. 3 (de dinero) advance payment.
adelfa nf oleander, rosebay.
adelgazamiento nm slimming.
adelgazar |4| vi to slim, lose weight.
ademán nm 1 gesture. 2 **ademanes,** manners.

además *adv* moreover, furthermore; **a., no lo he visto nunca**, what's more, I've never seen him; **a. de él**, besides him.
adentrarse *vr* **a. en**, *(bosque)* to go deep into; *(asunto)* to study thoroughly.
adentro I *adv (dentro)* inside; **mar a.**, out to sea; **tierra a.**, inland. **II** *nmpl* **decir algo para sus adentros**, to say sth to oneself.
adepto,-a *nm,f* follower, supporter.
aderezar |4| *vtr (comida)* to season; *(ensalada)* to dress.
aderezo *nm (de comida)* seasoning; *(de ensalada)* dressing.
adeudar I *vtr* to owe. **II adeudarse** *vr* to get into debt.
adherencia *nf* adherence; *Aut* roadholding.
adherir |5| **I** *vtr* to stick on. **II adherirse** *vr* **a. a**, to adhere to; *(partido)* to join.
adhesión *nf* adhesion; *(a partido)* joining; *(a teoría)* adherence.
adhesivo,-a *adj & nm* adhesive.
adicción *nf* addiction; **crear a.**, to be addictive.
adición *nf* addition.
adicional *adj* additional.
adicto,-a I *nm,f* addict. **II** *adj* addicted (**a**, to).
adiestrar *vtr* to train.
adinerado,-a I *adj* wealthy, rich. **II** *nm,f* rich person.
adiós *(pl* **adioses) I** *interj* goodbye; *fam* bye-bye; *(al cruzarse)* hello. **II** *nm* goodbye.
aditivo,-a *adj & nm* additive.
adivinanza *nf* riddle, puzzle.
adivinar *vtr* to guess; **a. el pensamiento de algn**, to read sb's mind.
adivino,-a *nm,f* fortune-teller.
adjetivo,-a I *nm* **1** adjective. **II** *adj* adjectival.
adjudicación *nf* award; *(en subasta)* sale.
adjudicar |1| **I** *vtr* **1** *(premio, contrato)* to award. **2** *(en subasta)* to sell. **II adjudicarse** *vr* to appropriate, take over.
adjuntar *vtr* to enclose.
adjunto,-a I *adj* **1** enclosed, attached. **2** *Educ* assistant. **II** *nm,f Educ* assistant teacher.
adm., admón., *abr de* **administración**, administration.
administración *nf* **1** *(gobierno)* administration, authorities *pl*; *Pol* **a. central**, central government; **a. pública**, civil service. **2** *(de empresa)* administration, management. **3** *(oficina)* (branch) office.
administrador,-a I *nm,f* administrator. **I** *adj* administrating.
administrar I *vtr* **1** to administer. **2** *(dirigir)* to run, manage. **II administrarse** *vr* to manage one's own money.
administrativo,-a I *adj* administrative. **II** *nm,f (funcionario)* official.

admirable *adj* admirable.
admiración *nf* **1** admiration; **causar a.**, to impress. **2** *Ling* exclamation mark.
admirador,-a *nm,f* admirer.
admirar I *vtr* **1** to admire. **2** *(sorprender)* to amaze, astonish. **II admirarse** *vr* to be amazed, be astonished.
admisible *adj* admissible, acceptable.
admisión *nf* admission; 'reservado el derecho de a.', 'the management reserves the right to refuse admission'.
admitir *vtr* **1** to admit, let in. **2** *(aceptar)* to accept; 'no se admiten cheques', 'no cheques accepted'. **3** *(tolerar)* to allow. **4** *(reconocer)* to admit, acknowledge; **admito que mentí**, I admit that I lied.
admonición *nf* warning.
ADN *nm abr de* **ácido desoxirribonucleico**, desoxyribonucleic acid, DNA.
adobar *vtr Culin* to marinate.
adobe *nm* adobe.
adobo *nm* marinade.
adoctrinar *vtr* to indoctrinate.
adolecer |33| *vi* **a. de**, *(carecer de)* to lack; *fig fml* to suffer from.
adolescencia *nf* adolescence.
adolescente *adj & nmf* adolescent.
adónde *adv inter* where (to)?
adonde *adv* where.
adondequiera *adv* wherever.
adopción *nf* adoption.
adoptar *vtr* to adopt.
adoptivo,-a *adj (hijo)* adopted; *(padres)* adoptive; *fig* **país a.**, country of adoption.
adoquín *nm* cobble, paving stone.
adorable *adj* adorable.
adorar *vtr* **1** *Rel* to worship. **2** *fig* to adore.
adormecer |33| **I** *vtr* to send to sleep, make sleepy. **II adormecerse** *vr* **1** *(dormirse)* to doze off. **2** *(brazo etc)* to go to sleep, go numb.
adormecido,-a *adj* sleepy, drowsy.
adormilarse *vr* to doze, drowse.
adornar *vtr* to adorn, decorate.
adorno *nm* decoration, adornment; **de a.**, decorative.
adosado,-a *adj* adjacent; *(casa)* semidetached.
adquirir |31| *vtr* to acquire; *(comprar)* to purchase.
adquisición *nf* acquisition; *(compra)* buy, purchase.
adquisitivo,-a *adj* **poder a.**, purchasing power.
adrede *adv* deliberately, on purpose.
adrenalina *nf* adrenalin.
adriático,-a *nm* **el (Mar) A.**, the Adriatic (Sea).
adscribir *(pp* **adscrito) I** *vtr* **1** *(atribuir)* to ascribe to. **2** *(a un trabajo)* to appoint to. **II adscribirse** *vr* to affiliate (**a**, to).
adscrito,-a *pp de* **adscribir**.
aduana *nf* customs *pl*.

aduanero,-a I *adj* customs. II *nm,f* customs officer.
aducir |10| *vtr* to adduce, allege.
adueñarse *vr* a. de, to take over; *(pánico etc)* to take hold of.
aduje *pt indef* → aducir.
adulación *nf* adulation.
adular *vtr* to adulate.
adulterar *vtr* to adulterate.
adulterio *nm* adultery.
adúltero,-a I *adj* adulterous. II *nm,f (hombre)* adulterer; *(mujer)* adulteress.
adulto,-a *adj & nm,f* adult.
adusto,-a *adj* harsh, severe.
aduzco *indic pres* → adulcir.
advenedizo,-a *adj & nm,f* upstart.
advenimiento *nm* advent, coming.
adverbio *nm* adverb.
adversario,-a I *nm,f* adversary, opponent. II *adj* opposing.
adversidad *nf* adversity; *(revés)* setback.
adverso,-a *adj* adverse.
advertencia *nf* warning.
advertido,-a *adj* warned; *(informado)* informed; **estás** *o* **quedas a.**, you've been warned.
advertir |5| *vtr* 1 to warn; *(informar)* to inform, advise; **fam te advierto que yo tampoco lo vi**, mind you, I didn't see it either. 2 *(notar)* to realize, notice.
adviento *nm* Advent.
adyacente *adj* adjacent.
aéreo,-a *adj* 1 aerial. 2 *Av* air; **tráfico a.**, air traffic; *Com* **por vía aerea**, by air.
aero- *pref* aero-.
aeróbic *nm* aerobics *sing*.
aerodinámico,-a *adj* aerodynamic; **de línea aerodinámica**, streamlined.
aeródromo *nm* aerodrome.
aeromodelismo *nm* aeroplane modelling *o US* modeling.
aeromoza *nf Am* air hostess.
aeronáutica *nf* aeronautics *sing*.
aeronáutico,-a *adj* **la industria aeronáutica**, the aeronautics industry.
aeronave *nf* airship.
aeroplano *nm* light aeroplane.
aeropuerto *nm* airport.
aerosol *nm* aerosol.
aerostático,-a *adj* **globo a.**, hot-air balloon.
a/f *abr de* **a favor**, in favour *o US* favor.
afable *adj* affable.
afamado,-a *adj* famous, well-known.
afán *nm (pl* **afanes)** 1 *(esfuerzo)* effort. 2 *(celo)* zeal.
afanar I *vtr (robar)* to nick, pinch. II **afanarse** *vr* **a. por conseguir algo**, to do one's best to achieve sth.
afanoso,-a *adj* 1 *(persona)* keen, eager. 2 *(tarea)* hard, tough.
afección *nf* disease.
afectación *nf* affectation.
afectado,-a *adj* affected.

afectar *vtr* **a. a**, to affect; **le afectó mucho**, she was deeply affected; **nos afecta a todos**, it concerns all of us.
afecto,-a *nm* affection; **tomarle a. a algn**, to become fond of sb.
afectuoso,-a *adj* affectionate.
afeitado *nm* shave.
afeitar *vtr*, **afeitarse** *vr* to shave.
afeminado,-a *adj* effeminate.
aferrado,-a *adj* **a.**, clinging to.
aferrar I *vtr Náut* to anchor, moor. II **aferrarse** *vr* to clutch, cling; *fig* **a. a una creencia**, to cling to a belief.
Afganistán *n* Afghanistan.
afgano,-a *adj & nm,f* Afghan.
afianzamiento *nm* strengthening, reinforcement.
afianzar |4| I *vtr* to strengthen, reinforce. II **afianzarse** *vr (persona)* to become established.
afición *nf* 1 liking; **tiene a. por la música**, he is fond of music. 2 *Dep* **la a.**, the fans *pl*.
aficionado,-a I *nm,f* 1 enthusiast; **un a. a la música**, a music lover. 2 *(no profesional)* amateur. I *adj* 1 keen, fond; **ser a. a algo**, to be fond of sth. 2 *(no profesional)* amateur.
aficionarse *vr* to become fond (**a**, of), take a liking (**a**, to).
afilado,-a *adj* sharp.
afilar *vtr* to sharpen.
afiliación *nf* affiliation.
afiliado,-a *nm,f* member.
afiliarse |12| *vtr* to become a member.
afín *adj (semejante)* kindred, similar; *(relacionado)* related.
afinar *vtr* 1 *(puntería)* to sharpen. 2 *(instrumento)* to tune.
afincarse |1| *vr* to settle down.
afinidad *nf* affinity.
afirmación *nf* affirmation; **afirmaciones**, *(declaracion)* statement.
afirmar 1 *vtr (aseverar)* to state, declare. 2 *(afianzar)* to strengthen, reinforce.
afirmativo,-a *adj* affirmative; **en caso a. ...**, if the answer is yes ...
aflicción *nf* affliction.
afligir |6| I *vtr* to afflict. II **afligirse** *vr* to grieve, be distressed.
aflojar I *vtr* to loosen. II *vi (viento etc)* to weaken, grow weak. III **aflojarse** *vr* to come *o* work loose; *(rueda)* to go down.
aflorar *vi* to come to the surface, appear.
afluencia *nf* inflow, influx; **gran a. de público**, great numbers of people.
afluente *nm* tributary.
afluir |37| *vi* to flow (**a**, into).
afónico,-a *adj* **estar a.**, to have lost one's voice.
aforismo *nm* aphorism.
aforo *nm (capacidad)* seating capacity.
afortunado,-a *adj* fortunate; **las Islas Afortunadas**, the Canaries.

afrenta *nf fml* affront.
Africa *n* Africa.
africano,-a *adj & nm,f* African.
afrodisíaco,-a *adj & nm* aphrodisiac.
afrontar *vtr* to confront, face; **a. las consecuencias**, to face the consequences.
afuera I *adv* outside; **la parte de a.**, the outside; **más a.**, further out; **salir a.**, to come *o* go out. **II** *nfpl* **afueras**, outskirts.
agachar I *vtr* to lower. **II agacharse** *vr* to duck.
agalla *nf* 1 *(de pez)* gill. 2 **tiene agallas**, she's got guts.
agarraderas *nfpl fam* **tener buenas a.**, to be well connected.
agarrado,-a *adj* 1 *fam* stingy, tight. 2 **baile a.**, cheek-to-cheek dancing.
agarrar I *vtr* 1 to grasp, seize; **agárralo fuerte**, hold it tight. 2 *Am* to take. 3 *fam (pillar)* to catch; **a. una borrachera**, to get drunk *o* pissed. **II agarrarse** *vr* to hold on; **agarraos bien**, hold tight.
agarrotarse *vr* 1 *(músculo)* to stiffen. 2 *(máquina)* to seize up.
agasajar *vtr* to smother with attentions.
ágata *nf* agate.
agazaparse *vr* to crouch (down).
agencia *nf* agency; *(sucursal)* branch; **a. de viajes**, travel agency; **a. de seguros**, insurance agency; **a. inmobiliaria**, estate agency.
agenciarse |12| *vr* 1 to get oneself; **se agenció una moto**, he got himself a motorbike. 2 **agenciárselas**, to manage.
agenda *nf* diary.
agente *nmf* agent; **a. de policía**, *(hombre)* policeman; *(mujer)* policewoman; **a. de bolsa**, stockbroker; **a. de seguros**, insurance broker.
agigantado,-a *adj* **a pasos agigantados**, by leaps and bounds.
ágil *adj* agile.
agilidad *nf* agility.
agilización *nf* speeding up.
agilizar |4| *vtr (trámites)* to speed up.
agitación *nf (intranquilidad)* restlessness; *(social, político)* unrest.
agitado,-a *adj* agitated; *(persona)* anxious; *(mar)* rough; **una vida muy agitada**, a very hectic life.
agitar I *vtr (botella)* to shake; *(multitud)* to agitate. **II agitarse** *vr (persona)* to become agitated; *(mar)* to become rough.
aglomeración *nf* agglomeration; *(de gente)* crowd.
aglomerar *vtr*, **aglomerarse** *vr* 1 *(agruparse)* to agglomerate, amass. 2 *(gente)* to crowd, form a crowd.
agnóstico,-a *adj & nm,f* agnostic.
agobiado,-a *adj fig* **a. de problemas**, snowed under with problems; *fig* **a. de trabajo**, up to one's eyes in work.
agobiante *adj (trabajo)* overwhelming; *(lugar)* claustrophobic; *(calor)* oppressive; *(persona)* tiresome, tiring.
agobiar |12| **I** *vtr* to overwhelm. **II agobiarse** *vr (con problemas)* to be overanxious; *(por el calor)* to suffocate.
agobio *nm* 1 *(angustia)* anxiety. 2 *(sofoco)* suffocation.
agolpamiento *nm* crowd, crush.
agolparse *vr* to crowd, throng.
agonía *nf* dying breath, last gasp.
agonizante *adj* dying.
agonizar |4| *vi* to be dying.
agosto *nm* August; *fam* **hacer su a.**, to make a packet.
agotado,-a *adj* 1 *(cansado)* exhausted, worn out. 2 *Com* sold out; *(existencias)* exhausted; *(libro)* out of print.
agotador,-a *adj* exhausting.
agotamiento *nm* exhaustion.
agotar I *vtr* 1 *(cansar)* to exhaust, wear out. 2 *(acabar)* to exhaust, use up (completely). **II agotarse** *vr* 1 *(acabarse)* to run out, be used up; *Com* to be sold out. 2 *(persona)* to become exhausted *o* tired out.
agraciado,-a *adj* 1 *(hermoso)* pretty. 2 *(ganador)* winning; **ser a. con**, to win.
agradable *adj* pleasant.
agradar *vi* to please; **no me agrada**, I don't like it.
agradecer |33| *vtr* 1 *(dar las gracias)* to thank for; **les agradezco su atención**, (I) thank you for your attention; **te lo agradezco mucho**, thank you very much. 2 *(estar agradecido)* to be grateful to; **te agradecería que vinieras**, I'd be grateful if you'd come. 3 *(uso impers)* **siempre se agradece un descanso**, a rest is always welcome.
agradecido,-a *adj* grateful; **le estoy muy a.**, I am very grateful to you.
agradecimiento *nm* gratitude.
agrado *nm* pleasure; **no es de su a.**, it isn't to his liking.
agrandar I *vtr* to enlarge, make larger. **II agrandarse** *vr* to enlarge, become larger.
agrario,-a *adj* agrarian; **política agraria**, agricultural policy.
agravamiento *nm* aggravation.
agravante I *adj Jur* aggravating. **II** *nm Jur* aggravating circumstance.
agravar *vtr* to aggravate. **II agravarse** *vr* to worsen, get worse.
agraviar |12| *vtr* to offend, insult.
agravio *nm* offense, insult.
agredir *vtr defect* to assault.
agregación *nf* aggregation.
agregado,-a I *adj Educ* **profesor a.**, *(escuela)* secondary school teacher; *Univ* assistant teacher. **II** *nm,f Pol* attaché.
agregar |7| **I** *vtr* 1 *(añadir)* to add. 2 *(destinar)* to appoint. **II agregarse** *vr* **a. a**, to join.
agresión *nf* aggression.
agresividad *nf* aggressiveness.

agresivo 10 **ahorita**

agresivo,-a *adj* aggressive.
agresor,-a I *nm,f* aggressor, attacker. II *adj* attacking.
agriarse *vr* to turn sour.
agrícola *adj* agricultural.
agricultor,-a *nm,f* farmer.
agricultura *nf* agriculture.
agridulce *adj* bittersweet.
agrietar I *vtr* to crack; *(piel, labios)* to chap. II **agrietarse** *vr* to crack; *(piel)* to get chapped.
agringarse |7| *vr Am* to behave like a gringo.
agrio,-a I *adj* sour. II *nmpl* **agrios**, citrus fruits.
agrónomo,-a *nm,f* **(ingeniero)** a., agronomist.
agropecuario,-a *adj* farming, agricultural.
agrupación *nf* association.
agrupar I *vtr* to group. II **agruparse** *vr* 1 *(congregarse)* to group together, form a group. 2 *(asociarse)* to associate.
agua *nf* water; **a. potable**, drinking water; **a. corriente/del grifo**, running/tap water; **a. dulce/salada**, fresh/salt water; **a. mineral sin/con gas**, still/fizzy o sparkling mineral water; **a. de colonia**, (eau de) cologne; *fig* **estar con el a. al cuello**, to be up to one's neck in it; **aguas jurisdiccionales**, territorial waters; **aguas residuales**, sewage day.
aguacate *nm (árbol)* avocado; *(fruto)* avocado (pear).
aguacero *nm* shower, downpour.
aguado,-a *adj* watered down.
aguafiestas *nmf inv* spoilsport, wet blanket.
aguafuerte *nm* 1 *Arte* etching. 2 *Quím* nitric acid.
aguamarina *nf* aquamarine.
aguanieve *nf* sleet.
aguantar I *vtr (soportar)* to tolerate; **no lo aguanto más**, I can't stand it any longer. 2 *(sostener)* to support, hold; **aguanta esto**, hold this. 3 **aguanta la respiración**, hold your breath. II **aguantarse** *vr* 1 *(contenerse)* to keep back; *(lágrimas)* to hold back; **no pude aguantarme la risa**, I couldn't help laughing. 2 *(resignarse)* to resign oneself.
aguante *nm* endurance; **tener mucho a.**, *(ser paciente)* to be very patient; *(tener resistencia)* to be strong, have a lot of stamina.
aguar |22| *vtr* to water down; *fig* **a. la fiesta a algn**, to spoil sb's fun.
aguardar I *vtr* to await. II *vi* to wait.
aguardiente *nm* liquor, brandy.
aguarrás *nm* turpentine.
aguatero,-a *nm,f Am* water carrier *o* seller.
agudeza *nf* 1 sharpness; *(del dolor)* acuteness. 2 *fig (ingenio)* witticism, witty saying.
agudización *nf* 1 sharpening. 2 *(empeoramiento)* worsening.
agudizar |4| I *vtr (afilar)* to sharpen. II **agudizarse** *vr* to intensify, become more acute.
agudo,-a *adj (dolor)* acute; *(voz)* high-pitched; *(sonido)* treble, high; *fig (ingenioso)* witty; *fig (sentido)* sharp, keen.
agüero *nm* omen.
aguijón *nm* sting; *fig (estímulo)* spur.
águila *nf* eagle; **á. real**, golden eagle.
aguileño,-a *adj* aquiline; **nariz aguileña**, aquiline nose.
aguinaldo *nm* Christmas box; **pedir el a.**, to go carol singing.
aguja *nf* 1 needle; *(de reloj)* hand; *(de tocadiscos)* stylus. 2 *Arquit* spire. 3 *Ferroc* point, *US* switch.
agujerear *vtr* to make holes in.
agujero *nm* 1 hole; **a. negro**, black hole. 2 *Econ* deficit, shortfall.
agujetas *nfpl* stiffness *sing*; **tener a.**, to be stiff.
agur *interj fam* bye!, see you!
aguzar |4| *vtr (afilar)* to sharpen. 2 *fig* **a. el oído**, to prick up one's ears; **a. la vista**, to look attentively; **aguzar el ingenio**, to sharpen one's wits.
ahí *adv* there; **a. está**, there he *o* she *o* it is; **ve por a.**, go that way; **está por a.**, it's over there; **setenta o por a.**, seventy or thereabouts; **de a.**, hence.
ahijado,-a *nm,f* godchild; *(niño)* godson; *(niña)* goddaughter; **ahijados**, godchildren.
ahínco *nm* eagerness; **con a.**, eagerly.
ahíto,-a *adj (de comida)* full, stuffed; *(harto)* fed up.
ahogado,-a I *adj* 1 *(en líquido)* drowned; **morir a.**, to drown. 2 *(asfixiado)* suffocated. II *nm,f* drowned person.
ahogar |7| I *vtr* 1 *(en líquido)* to drown. 2 *(asfixiar)* to suffocate. II **ahogarse** *vr* 1 *(en líquido)* to drown, be drowned; *fig* **a. en un vaso de agua**, to make a mountain out of a molehill. 2 *(asfixiarse)* to suffocate. 3 *(motor)* to be flooded.
ahondar I *vtr* to deepen. II *vi* to go deep; *fig* **a. en un problema**, to go into a problem in depth.
ahora I *adv* 1 *(en este momento)* now; **a. mismo**, right now; **de a. en adelante**, from now on; **por a.**, for the time being. 2 **a. voy**, I'm coming; **a. vuelvo**, I'll be back in a minute. 3 **hasta a.**, *(hasta el momento)* until now, so far; *(hasta luego)* see you later. II *conj* **a. bien**, *(sin embargo)* however; *(y bueno)* well then.
ahorcado,-a I *nm,f* hanged person. II *adj* hanged.
ahorcar |1| I *vtr* to hang. II **ahorcarse** *vr* to hang oneself.
ahorita *adv Am* right now.

ahorrador,-a *adj* thrifty.
ahorrar I *vtr* to save. **II ahorrarse** *vr* **ahórrate los comentarios,** keep your comments to yourself.
ahorrativo,-a *adj* thrifty.
ahorro *nm* 1 saving; **a. energético,** energy saving. 2 **ahorros,** savings; *Fin* **caja de a.,** savings bank.
ahuecar |1| *vtr* 1 to hollow out; *fam* **a. el ala,** to clear off, beat it. 2 *(voz)* to deepen.
ahuevado *adj Am* stupid.
ahumado,-a *adj (cristal, jamón)* smoked; *(bacon)* smoky; **salmón a.,** smoked salmon.
ahumar |16| **I** *vtr* to smoke. **II** *vi (echar humo)* to smoke, give off smoke.
ahuyentar *vtr* to scare away.
aindiado,-a *adj Am* Indian-like.
airado,-a *adj* angry.
airar |15| **I** *vtr* to anger. **II airarse** *vr* to get angry.
aire *nm* 1 air; **a. acondicionado,** air conditioning; **al a.,** *(hacia arriba)* into the air; *(al descubierto)* uncovered; **al a. libre,** in the open air; **en el a.,** *(pendiente)* in the air; *Rad* on the air; **hacerse a.,** to fan oneself; **saltar por los aires,** to blow up; **tomar el a.,** to get some fresh air; **necesito un cambio de aires,** I need a change of scene. 2 *Aut* choke. 3 *(viento)* wind; **hace a.,** it's windy. 4 *(aspecto)* air, appearance. 5 **él va a su a.,** he goes his own sweet way. 6 **darse aires,** to put on airs.
airear *vtr (ropa, lugar)* to air; *fig (asunto)* to publicize.
airoso,-a *adj* graceful, elegant; *fig* **salir a. de una situación,** to come out of a situation with flying colours.
aislacionismo *nm* isolationism.
aislado,-a *adj* 1 isolated. 2 *Téc* insulated.
aislamiento *nm* 1 isolation. 2 *Téc* insulation.
aislante I *adj* **cinta a.,** insulating tape. **II** *nm* insulator.
aislar |15| *vtr* 1 to isolate. 2 *Téc* to insulate.
ajar *vtr* to wear out.
ajedrez *nm* 1 *(juego)* chess. 2 *(piezas y tablero)* chess set.
ajeno,-a *adj* belonging to other people; **los bienes ajenos,** other peoples' goods; **por causas ajenas a nuestra voluntad,** for reasons beyond our control.
ajetreado,-a *adj* (very) busy, hectic.
ajetreo *nm* activity, hard work, bustle.
ajillo *nm Culin* **al a.,** fried with garlic.
ajo *nm* garlic; **cabeza/diente de a.,** head/clove of garlic; *fam* **estar en el a.,** to be in on it.
ajonjolí *nm* sesame.
ajorca *nf* bracelet; *(en el tobillo)* anklet.
ajuar *nm (de novia)* trousseau.

ajustado,-a *adj* tight.
ajustador,-a *nm,f* fitter.
ajustar *vtr* 1 to adjust. 2 *(apretar)* to tighten. 3 *Fin (cuenta)* to settle; *fig* **ajustarle las cuentas a algn,** to settle a score with sb.
ajuste *nm* 1 adjustment; *Téc* assembly; *TV* **carta de a.,** test card. 2 *(de precio)* fixing; *(de cuenta)* settlement; *fig* **a. de cuentas,** settling of scores.
ajusticiar |12| *vtr* to execute.
al *(contracción de a & el)* 1 → **a.** 2 (al + *infin*) **al salir,** on leaving; **está al caer,** it's about to happen; **al parecer,** apparently.
ala I *nf* 1 wing; *fig* **cortarle las alas a algn,** to clip sb's wings. 2 *(de sombrero)* brim. **II** *nmf Dep* winger.
alabanza *nf* praise.
alabar *vtr* to praise.
alabastro *nm* alabaster.
alacena *nf* (food) cupboard.
alacrán *nm* scorpion.
alambicado,-a *adj* intricate.
alambique *nm* still.
alambrada *nf,* **alambrado** *nm* wire fence.
alambrar *vtr* to fence with wire.
alambre *nm* wire; **a. de púas,** barbed wire.
alambrista *nmf* tightrope walker.
alameda *nf* 1 poplar grove. 2 *(paseo)* avenue, boulevard.
álamo *nm* poplar.
alano,-a *nm,f* **(perro) a.,** mastiff.
alarde *nm (ostentación)* bragging, boasting; **hacer a. de,** to show off.
alardear *vi* to brag, boast; **a. de rico** *o* **de riqueza,** to flaunt one's wealth.
alargadera *nf Elec* extension.
alargado,-a *adj* elongated.
alargar |7| **I** *vtr* 1 to lengthen; *(estirar)* to stretch; **ella alargó la mano para cogerlo,** she stretched out her hand to get it. 2 *(prolongar)* to prolong, extend. 3 *(dar)* to pass, hand over; **alárgame ese jersey,** can you pass me that jumper? **II alargarse** *vr* 1 to get longer. 2 *(prolongarse)* to go on. 3 **¿puedes a. a casa?,** can you give me a lift home?
alarido *nm* screech, shriek; **dar un a.,** to howl.
alarma *nf* alarm; **la a. saltó,** the alarm went off; **falsa a.,** false alarm; **señal de a.,** alarm (signal).
alarmado,-a *adj* alarmed.
alarmante *adj* alarming.
alarmar I *vtr* to alarm. **II alarmarse** *vr* to be alarmed.
alazán,-ana *adj & nm,f* **(caballo) a.,** chestnut.
alba *nf* dawn, daybreak.
albacea *nmf (hombre)* executor; *(mujer)* executrix.

albahaca *nf* basil.
albanés,-esa *adj & nm,f* Albanian.
Albania *n* Albania.
albañal *nm* sewer, drain.
albañil *nm* bricklayer.
albañilería *nf* bricklaying; **pared de a.**, (*obra*) brick wall.
albarán *nm Com* delivery note, despatch note.
albaricoque *nm* (*fruta*) apricot; (*árbol*) apricot tree.
albatros *nm inv* albatross.
albedrío *nm* will; **libre a.**, free will.
alberca *nf* (small) reservoir.
albergar [7] **I** *vtr* (*alojar*) to house, accommodate; *fig* (*sentimientos*) to cherish, harbour, *US* harbor. **II albergarse** *vtr* to stay.
albergue *nm* hostel; **a. juvenil**, youth hostel.
albino,-a *adj & nm,f* albino.
albóndiga *nf* meatball.
albores *nmpl* beginning *sing*; **en los a. de ...**, at the beginning of ...
albornoz *nm* bathrobe.
alborotado,-a *adj* **1** worked up, agitated. **2** (*desordenado*) untidy, messy. **3** (*mar*) rough; (*tiempo*) stormy.
alborotar **I** *vtr* **1** (*agitar*) to agitate, work up. **2** (*desordenar*) to make untidy, turn upside down. **II** to kick up a racket. **III alborotarse** *vr* **1** to get excited *o* worked up. **2** (*mar*) to get rough; (*tiempo*) to get stormy.
alboroto *nm* **1** (*jaleo*) din, racket. **2** (*desorden*) disturbance, uproar.
alborozo *nm* merriment, gaiety.
albufera *nf* lagoon.
álbum *nm* album.
alcachofa *nf* **1** *Bot* artichoke. **2** (*de tubo, regadera*) rose, sprinkler.
alcalde *nm* mayor.
alcaldesa *nf* mayoress.
alcaldía *nf* **1** (*cargo*) mayorship. **2** (*oficina*) mayor's office.
alcalino,-a *adj* alkaline.
alcance *nm* **1** reach; **al a. de cualquiera**, within everybody's reach; **dar a. a**, to catch up with; **fuera del a. de los niños**, out of the reach of children. **2** *fig* scope; (*de noticia*) importance.
alcancía *nf* money box; (*cerdito*) piggy bank.
alcanfor *nm* camphor.
alcantarilla *nf* sewer; (*boca*) drain.
alcantarillado *nm* sewer system.
alcanzar [4] **I** *vtr* **1** to reach; (*persona*) to catch up with; **la producción alcanza dos mil unidades**, production is up to two thousand units. **2 alcánzame la sal**, (*pasar*) pass me the salt. **3** (*conseguir*) to attain, achieve. **II** *vi* (*ser suficiente*) to be sufficient; **con un kilo no alcanza para todos**, one kilo won't be enough for all of us.
alcaparra *nf* (*fruto*) caper; (*planta*) caper bush.
alcatraz *nm Orn* gannet.
alcayata *nf* hook.
alcazaba *nf* fortress, citadel.
alcázar *nm* **1** (*fortaleza*) fortress, citadel. **2** (*castillo*) castle, palace.
alcista **I** *adj* (*bolsa*) rising, bullish; **tendencia a.**, upward tendency. **II** *nmf* (*bolsa*) bull.
alcoba *nf* bedroom.
alcohol *nm* alcohol.
alcoholemia *nf* blood alcohol level; **prueba de a.**, breath test.
alcohólico,-a *adj & nm,f* alcoholic.
alcoholímetro *nm* Breathalyzer®.
alcoholismo *nm* alcoholism.
alcoholizado,-a *adj & nm,f* alcoholic.
alcornoque *nm* cork oak.
alcurnia *nf* lineage, ancestry; **de alta a.**, of noble lineage.
alcuzcuz *nm* couscous.
aldaba *nf* (*llamador*) door knocker.
aldabonazo *nm* **1** loud knock. **2** (*advertencia*) warning.
aldea *nf* village.
aldeano,-a **I** *adj* village. **II** *nm,f* villager.
aleación *nf* alloy.
aleatorio,-a *adj* random.
aleccionador,-a *adj* (*instructivo*) instructive; (*ejemplar*) exemplary.
aleccionar *vtr* (*instruir*) to teach, instruct; (*adiestrar*) to train.
aledaño,-a **I** *adj* adjoining, adjacent. **II** *nmpl* **aledaños**, outskirts.
alegar [7] *vtr* **1** (*aducir*) to claim; *Jur* to allege. **2** (*presentar*) to put forward.
alegato *nm* argument.
alegoría *nf* allegory.
alegrar **I** *vtr* **1** (*complacer*) to make happy *o* glad; **me alegra que se lo hayas dicho**, I am glad you told her. **2** *fig* (*avivar*) to enliven, brighten up. **II alegrarse** *vr* to be glad, be happy; **me alegro de verte**, I am pleased to see you; **me alegro por ti**, I am happy for you.
alegre *adj* **1** (*contento*) happy, glad. **2** (*color*) bright; (*música*) lively; (*lugar*) pleasant, cheerful. **3** *fig* (*borracho*) tipsy, merry.
alegría *nf* joy, happiness.
alejado,-a *adj* far away, remote.
alejar **I** *vtr* to move further away. **II alejarse** *vr* to go away, move away; **no te alejes de mí**, keep close to me.
aleluya *nm & f* hallelujah, alleluia.
alemán,-ana **I** *adj & nm,f* German. **II** *nm* (*idioma*) German.
Alemania *n* Germany; **A. del Este/Oeste**, East/West Germany. **A. Occidental/Oriental**, West/East Germany.
alentador,-a *adj* encouraging; **un panorama poco a.**, a rather bleak outlook.

alentar |1| *vtr fig* to encourage.
alergia *nf* allergy.
alérgico,-a *adj* allergic.
alero *nm* eaves *pl*.
alerón *nm Av* aileron.
alerta *nf & adj* alert; **estar en estado de a.**, to be (on the) alert.
alertar *vtr* to alert (**de**, to); **nos alertó del peligro**, he alerted us to the danger.
aleta *nf (de pez)* fin; *(de foca, de nadador)* flipper.
aletargado,-a *adj* lethargic.
aletargar |7| **I** *vtr* to make lethargic. **II aletargarse** *vr* to become lethargic.
aletear *vi* to flutter *o* flap its wings.
alevín *nm (pescado)* young fish; *fig (principiante)* beginner.
alevosía *nf (traición)* treachery; *(premeditación)* premeditation.
alevoso,-a *adj (persona)* treacherous; *(acto)* premeditated.
alfabético,-a *adj* alphabetic.
alfabetización *nf* teaching to read and write; **campaña de a.**, literacy campaign.
alfabeto *nm* alphabet.
alfalfa *nf* lucerne, alfalfa.
alfarería *nf* 1 *(arte)* pottery. 2 *(taller)* potter's workshop; *(tienda)* pottery shop.
alfarero,-a *nm,f* potter.
alféizar *nm* sill, windowsill.
alférez *nm* second lieutenant.
alfil *nm Ajedrez* bishop.
alfiler *nm* pin; *(broche)* pin, brooch; *(de corbata)* tiepin; *(para tender)* peg.
alfiletero *nm* pin box, pin case.
alfombra *nf* rug; *(moqueta)* carpet.
alfombrar *vtr* to carpet.
alfombrilla *nf* rug, mat.
alforja *nf (para caballos)* saddlebag; *(para hombro)* knapsack.
alga *nf* alga; *(marina)* seaweed.
algarabía *nf* hubbub, hullabaloo.
algarrobo *nm* carob tree.
algazara *nf* din, row.
álgebra *nf* algebra.
álgido,-a *adj* culminating, critical; **el punto a.**, the climax.
algo I *pron indef* 1 *(afirmativo)* something; *(interrogativo)* anything; **a. así**, something like that; **¿a. más?**, anything else?; **por a. será**, there must be a reason for it; *fam* **a. es a.**, it's better than nothing. 2 *(cantidad indeterminada)* some; **¿queda a. de pastel?**, is there any cake left? **II** *adv (un poco)* quite, somewhat; **se siente a. mejor**, she's feeling a bit better.
algodón *nm* cotton; **a. (hidrófilo)**, cotton wool; **a. de azúcar**, candy floss.
algodonero,-a I *nm,f* cotton grower. **II** *adj* cotton.
alguacil *nm* bailiff.
alguien *pron indef (afirmativo)* somebody, someone; *(interrogativo)* anybody, anyone.
algún *adj (delante de nombres masculinos)* → **alguno,-a**.
alguno,-a I *adj* 1 *(delante de nombre) (afirmativo)* some; *(interrogativo)* any; **algunos días**, some days; **algunas veces**, some times; **alguna que otra vez**, now and then; **¿has tomado alguna medicina?**, have you taken any medicine?; **¿le has visto alguna vez?**, have you ever seen him? 2 *(después de nombre)* not at all; **no vino persona alguna**, nobody came. **II** *pron indef* 1 someone, somebody; **a. dirá que ...**, someone might say that ...; **a. que otro**, some. 2 **algunos,-as**, some (people).
alhaja *nf* jewel.
alhelí *nm (pl* alhelíes*)* wallflower, stock.
aliado,-a I *adj* allied. **II** *nm,f* **los Aliados**, the Allies.
alianza *nf* 1 *(pacto)* alliance. 2 *(anillo)* wedding ring.
aliarse |29| *vr* to become allies, form an alliance.
alias *adv & nm inv* alias.
alicaído,-a *adj* 1 *fig (débil)* weak, feeble. 2 *fig (deprimido)* down, depressed.
alicatar *vtr* to tile.
alicates *nmpl* pliers.
aliciente *nm* 1 *(atractivo)* lure, charm. 2 *(incentivo)* incentive.
alienación *nf* alienation.
alienado,-a *adj* insane, deranged.
alienar *vtr* to alienate.
alienígena *adj & nmf* alien.
aliento *nm* 1 breath; **sin a.**, breathless. 2 *(ánimo)* encouragement.
aligerar I *vtr (acelerar)* to speed up; **a. el paso**, to quicken one's pace. **II** *vi fam* **¡aligera!**, hurry up!
alijo *nm* haul; **un a. de drogas**, a consignment of drugs.
alimaña *nf* vermin.
alimentación *nf (comida)* food; *(acción)* feeding; *Téc* supply.
alimentar I *vtr* 1 *(dar alimento)* to feed; *(ser nutritivo)* to be nutritious. 2 *fig (sentimientos)* to nourish. 3 *Inform* to feed; *Téc* to supply. **II alimentarse** *vr* **a. con** *o* **de**, to live on.
alimentario,-a *adj* food.
alimenticio,-a *adj* nutritious; **productos alimenticios**, food products, foodstuffs; **valor a.**, nutritional value.
alimento *nm* 1 *(comida)* food. 2 *fig* **tiene poco a.**, it is not very nourishing.
alimón *adv* **al a.**, together.
alineación *nf* 1 alignment. 2 *Dep (equipo)* line-up.
alineado,-a *adj* aligned, lined-up; **países no alineados**, non-aligned countries.
alineamiento *nm* alignment.
alinear I *vtr* to align, line up. **II alinearse** *vr* to line up.
aliñar *vtr* to season, flavour, *US* flavor; *(ensalada)* to dress.

aliño *nm* seasoning, dressing.
alioli *nm* garlic mayonnaise.
alisar *vtr*, **alisarse** *vr* to smooth.
alistar I *vtr Mil* to recruit, enlist. II **alistarse** *vr Mil* to enlist, enrol, *US* enroll.
aliviar |12| I *vtr* (*dolor*) to soothe, relieve; (*carga*) to lighten, make lighter. II **aliviarse** *vr* (*dolor*) to diminish, get better.
alivio *nm* relief.
aljibe *nm* cistern, tank.
allá *adv* 1 (*lugar alejado*) there, over there; **a. abajo/arriba**, down/up there; ¡**a. voy!**, here I go!; **más a.**, further on; **más a. de**, beyond; **el más a.**, the beyond. 2 (*tiempo*) **a. por los años veinte**, back in the twenties. 3 **a. tú**, that's your problem.
allanamiento *nm Jur* **a. de morada**, unlawful entry.
allanar *vtr* 1 (*terreno*) to level, flatten; *fig* (*camino*) to smooth. 2 *Jur* to break into.
allegado,-a I *adj* close. II *nm,f* close friend.
allende *adv fml* beyond; **a. los mares**, overseas.
allí *adv* there, over there; **a. abajo/arriba**, down/up there; **de a. para acá**, back and forth; **por a.**, (*movimiento*) that way; (*posición*) over there.
alma *nf* soul; **no había ni un a.**, there was not a soul.
almacén *nm* 1 (*local*) warehouse; (*habitación*) storeroom. 2 *Com* (**grandes**) **almacenes**, department store *sing*.
almacenaje *nm* storage, warehousing.
almacenamiento *nm* storage, warehousing; *Inform* storage.
almacenar *vtr* to store.
almacenista *nmf* (*vendedor*) wholesaler; (*propietario*) warehouse owner.
almanaque *nm* calendar.
almeja *nf* clam; *vulg* cunt.
almena *nf* merlon.
almendra *nf* almond; **a. garapiñada**, sugared almond.
almendro *nm* almond tree.
almiar *nm* haystack.
almíbar *nm* syrup.
almidón *nm* starch.
almidonar *vtr* to starch.
alminar *nm* minaret.
almirante *nm* admiral.
almizcle *nm* musk.
almohada *nf* pillow; *fam* **consultarlo con la a.**, to sleep on it.
almohadilla *nf* (small) cushion.
almohadón *nm* large pillow, cushion.
almorrana *nf fam* pile.
almorzar |2| I *vi* to have lunch. II *vtr* to have for lunch.
almuerzo *nm* lunch.
alocado,-a *adj* thoughtless, rash.
alocución *nf* speech, address.

alojamiento *nm* accommodation; **dar a.**, to accommodate.
alojar I *vtr* to accommodate. II **alojarse** *vr* to stay.
aló *interj Am Tel* hello.
alondra *nf* lark; **a. común**, skylark.
alpaca *nf* alpaca.
alpargata *nf* canvas sandal, espadrille.
Alpes *npl* **los A.**, the Alps.
alpinismo *nm* mountaineering, climbing.
alpinista *nmf* mountaineer, climber.
alpino,-a *adj* Alpine; **esquí a.**, downhill skiing.
alquilar *vtr* to hire; (*pisos, casas*) to rent; '**se alquila**', 'to let'.
alquiler *nm* 1 (*de pisos, casas*) renting, letting; **a. de coches**, car hire; **de a.**, (*pisos, casas*) to let, rented; (*coche*) for hire; (*televisión*) for rent. 2 (*precio*) hire, rental; (*de pisos, casas*) rent.
alquimia *nf* alchemy.
alquitrán *nm* tar.
alrededor I *adv* (*lugar*) round, around; **mira a.**, look around; **a. de la mesa**, round the table; **a. de las dos**, around two o'clock; **a. de quince**, about fifteen; II *nmpl* **alrededores**, surrounding area *sing*; **en los alrededores de Murcia**, in the area round Murcia.
alta *nf* **dar de o el a.**, (**a un enfermo**) to discharge from hospital.
altanería *nf* arrogance.
altanero,-a *adj* arrogant.
altar *nm* altar.
altavoz *nm* loudspeaker.
alterable *adj* changeable.
alteración *nf* 1 (*cambio*) alteration. 2 (*alboroto*) quarrel, row; **a. del orden público**, disturbance of the peace. 3 (*excitación*) agitation.
alterar I *vtr* to alter, change; **a. el orden público**, to disturb the peace. II **alterarse** *vr* 1 (*cambiar*) to change. 2 (*inquietarse*) to be upset.
altercado *nm* quarrel, argument.
alternar I *vtr* to alternate. II *vi* (*relacionarse*) to meet people, socialize. III **alternarse** *vr* to alternate.
alternativa *nf* alternative.
alternativo,-a *adj* alternative.
alterno,-a *adj* alternate; **días alternos**, alternate days.
alteza *nf* Highness; **Su A. Real**, His *o* Her Royal Highness.
altibajos *nmpl fig* ups and downs.
altiplano *nm* high plateau.
altísimo,-a *nm* **el A.**, the Almighty.
altisonante *adj* grandiloquent.
altitud *nf* altitude.
altivez *nf* arrogance, haughtiness.
altivo,-a *adj* arrogant, haughty.
alto[1] *nm* 1 (*interrupción*) stop, break. 2 *Mil* halt; **dar el a.**, to order to halt; **un a. el fuego**, a cease-fire.

alto,-a² I *adj* 1 *(persona, árbol, edificio)* tall; *(montaña, techo, presión)* high; *(sonido)* loud; *fig (precio, tecnología)* high; *(tono)* high-pitched; **los pisos altos,** the top floors; **en lo a.,** at the top; **alta sociedad,** high society; **clase alta,** upper class; **en voz alta,** aloud, in a loud voice; **a altas horas de la noche,** late at night. II *adv* 1 high, high up. 2 *(sonar, hablar etc)* loud, loudly; **pon la radio más alta,** turn the radio up; **¡habla más a.!,** speak up. III *nm* 1 *(altura)* height; **¿cuánto tiene de a.?,** how tall/high is it?; *fig* **por todo lo a.,** in a grand way. 2 *(elevación)* hill.
◆**altamente** *adv* highly, extremely.
altoparlante *nm Am* loudspeaker.
altozano *nm* hillock, hill.
altramuz *nm* lupin.
altruista I *adj* altruistic. II *nmf* altruist.
altura *nf* 1 height; **de diez metros de a.,** ten metres high. 2 *(nivel)* level; **a la misma a.,** on the same level; *Geog* on the same latitude; **a la a. del cine,** by the cinema; *fig* **estar a la a. de las circunstancias,** to meet the challenge; *fig* **no está a su a.,** he does not measure up to him; *fig* **a estas alturas,** at this stage. 3 *Rel* **alturas,** heaven *sing.*
alubia *nf* bean.
alucinación *nf* hallucination.
alucinado,-a *adj arg* amazed.
alucinante *adj arg* brilliant, mind-blowing.
alucinar I *vtr* to hallucinate; *fig (encantar)* to fascinate. II *vi arg* to be amazed, be spaced out.
alucinógeno,-a I *adj* hallucinogenic. II *nm* hallucinogen.
alud *nm* avalanche.
aludido,-a *adj fig* **darse por a.,** to take it personally.
aludir *vi* to allude to, mention.
alumbrado,-a I *adj* lit. II *nm Elec* lighting; **a. público,** street lighting.
alumbrar I *vtr (iluminar)* to light, illuminate. II *vi (parir)* to give birth.
aluminio *nm* aluminium, *US* aluminum.
alumnado *nm (de colegio)* pupils *pl*; *Univ* student body.
alumno,-a *nm,f* 1 *(de colegio)* pupil; **a. externo,** day pupil; **a. interno,** boarder. 2 *Univ* student.
alusión *nf* allusion, mention.
aluvión *nm* downpour; *fig* **un a. de preguntas,** a barrage of questions.
alverja, alverjana *nf Am* pea.
alza *nf* 1 rise; **en a.,** rising; **jugar al a.,** *(bolsa)* to bull the market. 2 *Mil* sight.
alzado,-a I *adj* raised, lifted; **votación a mano alzada,** vote by a show of hands. II *nm Arquit* elevation.
alzamiento *nm (rebelión)* uprising.
alzar |4| I *vtr* to raise, lift; **a. el vuelo,** to take off; **a. los ojos/la vista,** to look up; **álzate el cuello,** turn your collar up. II **alzarse** *vr* 1 *(levantarse)* to get up, rise. 2 *(rebelarse)* to rise, rebel. 3 **a. con la victoria,** to win, be victorious.
ama *nf (señora)* lady of the house; *(dueña)* owner; **a. de casa,** housewife; **a. de llaves,** housekeeper.
amabilidad *nf* kindness; *fml* **tenga la a. de esperar,** would you be so kind as to wait?
amable *adj* kind, nice; *fml* **¿sería usted tan a. de ayudarme?,** would you be so kind as to help me?
a.m. *adv* a.m.
amado,-a I *adj* loved, beloved. II *nm,f* sweetheart.
amaestrar *vtr* to train; *(domar)* to tame.
amagar |7| *vtr (amenazar)* to threaten; **amaga tormenta,** a storm is threatening.
amago *nm* 1 *(indicio)* first sign; **a. de infarto,** onset of a heart attack. 2 *(intento)* attempt. 3 *fig (amenaza)* threat.
amainar *vi (viento etc)* to drop, die down.
amalgama *nf* amalgam.
amalgamar *vtr* to amalgamate.
amamantar *vtr* to breast-feed; *Zool* to suckle.
amancay *nm Am* amaryllis.
amancebarse *vr* to cohabit.
amanecer |33| I *v impers* to dawn; **¿a qué hora amanece?,** when does it get light?; **amaneció lluvioso,** it was rainy at daybreak. II *vi* **amanecimos en Finlandia,** we were in Finland at daybreak; **amaneció muy enfermo,** he woke up feeling very ill. III *nm* dawn, daybreak; **al a.,** at dawn.
amanerado,-a *adj* mannered, affected.
amansar *vtr* 1 to tame. 2 *fig (apaciguar)* to tame, calm.
amante *nmf* lover; **a. del arte,** art lover.
amañar *vtr* to fix, fiddle; *(elecciones)* to rig.
amapola *nf* poppy.
amar I *vtr* to love. II **amarse** *vr* to love each other.
amaraje *nm Av* landing at sea.
amargado,-a I *adj (rencoroso)* embittered, bitter; *fam (agobiado)* pissed off; **estoy a. con los exámenes,** I'm pissed off with the exams. II *nm,f* bitter person.
amargar |7| I *vtr* to make bitter; *fig* to embitter, sour. II **amargarse** *vr fig* to become embittered *o* bitter; **no te amargues por eso,** don't let that make you bitter.
amargo,-a *adj* bitter.
amargor *nm*, **amargura** *nf* bitterness.
amarillento,-a *adj* yellowish.
amarillo,-a *adj* & *nm* yellow; **prensa amarilla,** gutter press.
amarilloso,-a *adj Am* yellowish.
amarra *nf* mooring rope; **soltar amarras,** to cast off, let go.

amarradero *nm* mooring.
amarrar *vtr Náut* to moor, tie up; *(atar)* to tie (up), bind.
amasar *vtr* 1 *Culin* to knead. 2 *fig (fortuna)* to amass.
amasijo *nm fam* hotchpotch, jumble.
amateur *adj & nmf* amateur.
amatista *nf* amethyst.
amazona *nf* 1 *(jinete)* horsewoman. 2 *(en mitología)* Amazon.
Amazonas n el A., the Amazon.
amazónico,-a *adj* Amazonian.
ambages *nmpl* **hablar sin a.**, to go straight to the point.
ámbar *nm* amber.
Amberes *n* Antwerp.
ambición *nf* ambition.
ambicionar *vtr* to have as an ambition; **ambiciona ser presidente**, his ambition is to become president.
ambicioso,-a I *adj* ambitious. II *nm,f* ambitious person.
ambidextro,-a *nm,f* ambidextrous person.
ambientación *nf Cin Teat* setting.
ambientado,-a *adj (bar etc)* lively.
ambiental *adj* environmental.
ambientar I *vtr* 1 *(bar etc)* to liven up. 2 *Cin Teat* to set. II **ambientarse** *vr (adaptarse)* to get used to.
ambiente I *nm* environment; *fig (medio)* environment, milieu. II *adj* environmental; **temperatura a.**, room temperature.
ambigüedad *nf* ambiguity.
ambiguo,-a *adj* ambiguous.
ámbito *nm* field; **empresa de a. nacional**, nationwide company.
ambos,-as *adj pl fml* both; **por a. lados**, on both sides.
ambulancia *nf* ambulance.
ambulante *adj* travelling, *US* traveling, mobile; **biblioteca a.**, mobile library.
ambulatorio *nm* surgery, clinic.
amedrentar *vtr* to frighten, scare.
amén[1] *nm* amen.
amén[2] *adv* **a. de**, in addition to.
amenaza *nf* threat.
amenazador,-a, amenazante *adj* threatening, menacing.
amenazar |4| *vtr* to threaten; **a. de muerte a algn**, to threaten to kill sb.
amenizar |4| *vtr* to liven up.
ameno,-a *adj* entertaining.
América *n* America; **A. Central/del Norte/del Sur**, Central/North/South America.
americana *nf (prenda)* jacket.
americano,-a *adj & nm,f* American.
amerindio,-a *adj & nm,f* Amerindian, American Indian.
amerizar |4| *vtr* → **amarar**.
ametralladora *nf* machine gun.
ametrallar *vtr* to machine-gun.
amianto *nm* asbestos *sing*.

amigable *adj* friendly.
amigdala *nf* tonsil.
amigdalitis *nf* tonsillitis.
amigo,-a I *nm,f* friend; **hacerse a. de**, to make friends with; **hacerse amigos**, to become friends; **son muy amigos**, they are very good friends. II *adj (aficionado)* fond (**de**, of).
amilanar I *vtr* to frighten, scare. II **amilanarse** *vr* to be frightened.
aminorar *vtr* to reduce; **a. el paso**, to slow down.
amistad *nf* 1 friendship. 2 **amistades**, friends.
amistoso,-a *adj* friendly.
amnesia *nf* amnesia.
amnistía *nf* amnesty.
amo *nm* 1 *(dueño)* owner. 2 *(señor)* master.
amodorrarse *vr* to become sleepy *o* drowsy.
amoldar I *vtr* to adapt, adjust. II **amoldarse** *vr* to adapt oneself.
amonestación *nf* 1 rebuke, reprimand; *Dep* warning. 2 *Rel* **amonestaciones**, banns.
amonestar *vtr* 1 *(advertir)* to rebuke, reprimand; *Dep* to warn. 2 *Rel* to publish the banns of.
amoniaco, amoníaco *nm* ammonia.
amontonar I *vtr* to pile up, heap up. II **amontonarse** *vr* to pile up, heap up; *(gente)* to crowd together.
amor *nm* love; **hacer el a.**, to make love; **a. propio**, self-esteem; **¡por el a. de Dios!**, for God's sake!
amoral *adj* amoral.
amoratado,-a *adj (de frío)* blue with cold; *(de un golpe)* black and blue.
amordazar |4| *vtr (perro)* to muzzle; *(persona)* to gag.
amorfo,-a *adj* amorphous.
amorío *nm* love affair, flirtation.
amoroso,-a *adj* loving, affectionate.
amortajar *vtr* to shroud, wrap in a shroud.
amortiguador *nm Aut* shock absorber.
amortiguar |22| *vtr (golpe)* to cushion; *(ruido)* to muffle; *(luz)* to subdue.
amortización *nf* payment.
amortizar |4| *vtr* to pay off.
amotinado,-a *nm,f* rioter; *Mil* mutineer.
amotinamiento *nm* riot, rioting; *Mil* mutiny.
amotinar I *vtr* to incite to riot; *Mil* to incite to mutiny. II **amotinarse** *vr* to rise up; *Mil* to mutiny.
amparar I *vtr* to protect. II **ampararse** *vr* to seek refuge.
amparo *nm* protection, shelter; **al a. de la ley**, under the protection of the law.
amperio *nm* ampère, amp.
ampliación *nf* enlargement; *(de plazo, casa)* extension.
ampliar |29| *vtr* to enlarge; *(casa, plazo)*

to extend.
amplificador *nm* amplifier.
amplificar |1| *vtr* to amplify.
amplio,-a *adj* large, roomy; *(ancho)* wide, broad; **en el sentido más a. de la palabra**, in the broadest sense of the word.
amplitud *nf* 1 spaciousness; **a. de miras**, broad-mindedness. 2 *(de espacio)* room, space. 3 *Fis* amplitude.
ampolla *nf* 1 *Med* blister; *fig* **levantar ampollas**, to raise people's hackles. 2 *(de medicina)* ampoule.
ampuloso,-a *adj* pompous, bombastic.
amputar *vtr Med* to amputate; *fig* to cut out.
amueblar *vtr* to furnish.
amuermar *vtr fam* 1 *(atontar)* to make feel dopey *o* groggy. 2 *(aburrir)* to bore.
amuleto *nm* amulet; **a. de la suerte**, lucky charm.
amurallar *vtr* to wall, fortify.
anacronismo *nm* anachronism.
ánade *nm* duck; **á. real**, mallard.
anales *nmpl* annals.
analfabetismo *nm* illiteracy.
analfabeto,-a *nm,f* illiterate.
analgésico,-a *adj & nm* analgesic.
análisis *nm inv* analysis; **a. de sangre**, blood test.
analista *nmf* analyst.
analizar |4| *vtr* to analyze.
analogía *nf* analogy.
analógico,-a *adj* analog.
análogo,-a *adj* analogous, similar.
ananá *nm (pl **ananaes**)*, **ananás** *nm (pl **ananases**)* pineapple.
anaquel *nm* shelf.
anaranjado,-a *adj & nm* orange.
anarquía *nf* anarchy.
anarquismo *nm* anarchism.
anarquista *adj & nmf* anarchist.
anatomía *nf* anatomy.
anatómico,-a *adj* anatomical.
anca *nf* haunch; **ancas de rana**, frogs' legs.
ancestral *adj* ancestral.
ancho,-a I *adj* wide, broad; **a lo a.**, breadthwise; **te está muy a.**, it's too big for you. II *nm* 1 *(anchura)* width, breadth; **dos metros de a.**, two metres wide; **¿qué a. tiene?**, how wide is it? 2 *Cost* width. III *nfpl fam* **a mis *o* tus anchas**, at ease, comfortable.
anchoa *nf* anchovy.
anchura *nf* width, breadth.
anciano,-a I *adj* very old. II *nm,f* old person; **los ancianos**, old people.
ancla *nf* anchor.
anclar *vtr & vi* to anchor.
andadas *nfpl* **volver a las a.**, to go back to one's old tricks.
andaderas *nfpl* baby-walker *sing*.
andadura *nf* walking.
Andalucía *n* Andalusia.

andaluz,-a *adj & nm,f* Andalusian.
andamiaje, **andamio** *nm* scaffolding.
andanza *nf* adventure, happening.
andar *nm*, **andares** *nmpl* walk *sing*, gait *sing*.
andar |8| I *vi* 1 to walk. 2 *(coche etc)* to move; **este coche anda despacio**, this car goes very slowly. 3 *(funcionar)* to work; **esto no anda**, this doesn't work. 4 *fam* **anda por los cuarenta**, he's about forty; **anda siempre diciendo que ...**, he's always saying that ...; **¿cómo andamos de tiempo?**, how are we off for time?; **tu bolso debe a. por ahí**, your bag must be over there somewhere. II *vtr (recorrer)* to walk.
andariego,-a *adj* fond of walking.
andén *nm* platform.
Andes *npl* Andes.
andinismo *nm Am* mountaineering.
andino,-a *adj & nm,f* Andean.
andrajo *nm* rag, tatter.
andrajoso,-a *adj* ragged, tattered.
androide *nm* android.
andurriales *nmpl fam* out-of-the way place *sing*.
anécdota *nf* anecdote.
anecdótico,-a *adj* anecdotal.
anegar *vtr*, **anegarse** *vr* |7| to flood.
anejo,-a I *adj* attached, joined (a, to). II *nm* appendix.
anemia *nf* anaemia, *US* anemia.
anestesia *nf* anaesthesia, *US* anesthesia.
anestésico,-a *adj & nm* anaesthetic, *US* anesthetic.
anexar *vtr* to annex.
anexión *nf* annexation.
anexionar *vtr* to annex.
anexo,-a I *adj* attached, joined (a, to). II *nm* appendix.
anfetamina *nf* amphetamine.
anfibio,-a I *adj* amphibious. II *nm* amphibian.
anfiteatro *nm* 1 amphitheatre, *US* amphitheater. 2 *Cin Teat* gallery.
anfitrión,-ona I *nm* host. II *nf* hostess.
ángel *nm* 1 angel; **á. de la guarda**, guardian angel. 2 *Am (micrófono)* hand microphone.
angelical, **angélico,-a** *adj* angelic.
angina *nf* angina; **tener anginas**, to have tonsilitis; *Med* **a. de pecho**, angina pectoris.
anglófono,-a I *adj* English speaking. II *nm,f* English speaker.
anglosajón,-ona *adj & nm,f* Anglo-Saxon.
angosto,-a *adj fml* narrow.
anguila *nf* eel; **a. de mar**, conger eel.
angula *nf* elver.
angular *adj* angular; *Fot (objetivo)* **gran a.**, wide-angle lens; **piedra a.**, cornerstone.
ángulo *nm* angle; *(rincón)* corner.

angustia *nf* anguish.
angustiar |12| *vtr* to distress.
angustioso,-a *adj* distressing.
anhelar *vtr* to long for, yearn for.
anhelo *nm* longing, yearning.
anhídrido *nm* **a. carbónico**, carbon dioxide.
anidar *vi* to nest.
anilla *nf* ring; **carpeta de anillas**, ring-binder.
anillo *nm* ring; **a. de boda**, wedding ring.
ánima *nf* soul.
animación *nf* (*diversión*) entertainment.
animado,-a *adj* (*fiesta etc*) lively.
animador,-a *nm,f* 1 entertainer; *TV* presenter; **a. cultural**, cultural organiser. 2 *Dep* cheerleader.
animadversión *nf* ill feeling, animosity.
animal I *nm* animal; *fig* (*basto*) brute; (*necio*) dunce. **II** *adj* animal.
animar I *vtr* 1 (*alentar*) to encourage. 2 (*alegrar*) (*persona*) to cheer up; (*fiesta, bar*) to liven up, brighten up. **II animarse** *vr* 1 (*persona*) to cheer up; (*fiesta, reunión*) to brighten up. 2 **¿te animas a venir?**, do you fancy coming along?
anímico,-a *adj* **estado a.**, frame *o* state of mind.
ánimo *nm* 1 (*espíritu*) spirit; **estado de á.**, frame *o* state of mind. 2 **con á. de**, (*intención*) with the intention of. 3 (*valor, coraje*) courage; **dar ánimos a**, to encourage; **¡a.!**, cheer up!.
animosidad *nf* animosity.
animoso,-a *adj* cheerful.
aniñado,-a *adj* childlike; *pey* childish.
aniquilación *nf* annihilation.
aniquilar *vtr* to annihilate.
anís *nm* 1 (*bebida*) anisette. 2 (*grano*) aniseed.
anisete *nm* anisette.
aniversario *nm* anniversary.
ano *nm* anus.
anoche *adv* last night; (*por la tarde*) yesterday evening; **antes de a.**, the night before last.
anochecer |33| **I** *v impers* to get dark; **cuando anochece**, at nightfall, at dusk. **II** *vi* to be somewhere at dusk; **anochecimos en Cuenca**, we were in Cuenca at dusk. **III** *nm* nightfall, dusk.
anodino,-a *adj* (*insustancial*) insubstantial; (*soso*) insipid, dull.
anomalía *nf* anomaly.
anómalo,-a *adj* anomalous.
anonadado,-a *adj* **me quedé/dejó a.**, I was astonished.
anonimato *nm* anonimity; **permanecer en el a.**, to remain anonymous *o* nameless.
anónimo,-a I *adj* 1 (*desconocido*) anonymous. 2 *Com* **sociedad anónima**, public liability company, *US* corporation. **II** *nm* (*carta*) anonymous letter.
anorak *nm* (*pl* **anoraks**) anorak.
anorexia *nf* anorexia.
anormal I *adj* 1 abnormal. 2 (*inhabitual*) unusual; **una situación a.**, an irregular situation. 3 *Med* subnormal. **II** *nmf Med* subnormal person.
anotación *nf* 1 annotation. 2 (*apunte*) note.
anotar *vtr* 1 to annotate. 2 (*apuntar*) to take down, make a note of.
anquilosado,-a *adj fig* fossilized; **a. en el pasado**, locked in the past.
anquilosarse *vr fig* to stagnate.
ansia *nf* 1 (*deseo*) longing, yearning. 2 (*ansiedad*) anxiety. 3 *Med* sick feeling.
ansiar |29| *vtr* to long for, yearn for.
ansiedad *nf* anxiety; **con a.**, anxiously.
ansioso,-a *adj* 1 (*deseoso*) eager (**por**, for). 2 (*avaricioso*) greedy.
antagónico,-a *adj* antagonistic.
antagonismo *nm* antagonism.
antagonista I *adj* antagonistic. **II** *nmf* antagonist.
antaño *adv* in the past, formerly.
antártico,-a I *adj* Antarctic. **II** *nm* **el A.**, the Antarctic.
Antártida *n* Antarctica.
ante¹ *nm* 1 *Zool* elk, moose. 2 (*piel*) suede.
ante² *prep* 1 before, in the presence of; *Jur* **a. notario**, in the presence of a notary; **a. todo**, most of all. 2 (*en vista de*) faced with, in view of; **a. la crisis energética**, faced with the energy crisis.
anteanoche *adv* the night before last.
anteayer *adv* the day before yesterday.
antecedente I *adj* previous. **II** *nm* antecedent. **III** *nmpl* 1 **antecedentes**, (*historial*) record *sing*; *Jur* **antecedentes penales**, criminal record *sing*. 2 *fig* **poner en antecedentes**, to put in the picture.
anteceder *vtr* to precede, go before.
antecesor,-a *nm,f* 1 (*en un cargo*) predecessor. 2 (*antepasado*) ancestor.
antedicho,-a *adj* abovementioned.
antelación *nf* notice; **con poca a.**, at short notice; **con un mes de a.**, a month beforehand, with a month's notice.
antemano *adv* **de a.**, beforehand, in advance.
antena *nf* 1 *Rad TV* aerial; **a. parabólica**, dish aerial; **en a.**, on the air. 2 *Zool* antenna, feeler.
anteojo *nm* 1 telescope. 2 **anteojos**, (*binoculares*) binoculars, field glasses; *Am* (*gafas*) glasses, spectacles.
antepasado,-a *nm,f* ancestor.
antepecho *nm* (*de ventana*) sill; (*pretil*) parapet, guardrail.
antepenúltimo,-a *adj* antepenultimate; **el capítulo a.**, the last chapter but two.
anteponer |19| (*pp* **antepuesto**) *vtr fig* to give preference to.
anteproyecto *nm* preliminary plan, draft;

Pol **a. de ley**, draft bill.
antepuesto,-a *pp* → **anteponer**.
antepuse *pt indef* → **anteponer**.
anterior *adj* 1 *previous*; **el día a.**, the day before. 2 *(delantero)* front; **parte a.**, front part. ◆**anteriormente** *adv* previously, before.
anterioridad *nf* **con a.**, before; **con a. a**, prior to, before.
antes *adv* 1 *(tiempo)* before; **a. de las tres**, before three o'clock; **mucho a.**, long before; **la noche a.**, the night before; **cuanto a.**, as soon as possible. 2 *(antaño)* in the past; **a. llovía más**, it used to rain more in the past. 3 *(lugar)* before; **a. del semáforo**, before the traffic lights. 4 **a. prefiero hacerlo yo**, I'd rather do it myself; **a. (bien)**, on the contrary.
antesala *nf* antechamber, anteroom; *fig* **en la a. de**, on the eve of.
anti- *pref* anti-.
antiadherente *adj* nonstick.
antiaéreo,-a *adj* anti-aircraft.
antibiótico,-a *adj & nm* antibiotic.
anticaspa *adj* anti-dandruff.
anticiclón *nm* anticyclone, high pressure area.
anticipación *nf* bringing forward; **con a.**, in advance.
anticipado,-a *adj* brought forward; **elecciones anticipadas**, early elections; **gracias anticipadas**, thanks in advance; *Com* **por a.**, in advance. ◆**anticipadamente** *adv* in advance.
anticipar I *vtr (acontecimiento)* to bring forward; *(dinero)* to pay in advance; **no anticipemos acontecimientos**, we'll cross that bridge when we come to it. II **anticiparse** *vr* 1 *(adelantarse)* to beat to it; **iba a decírtelo, pero él se me anticipó**, I was going to tell you, but he beat me to it. 2 *(llegar pronto)* to arrive early; *fig* **a. a su tiempo**, to be ahead of one's time.
anticipo *nm (adelanto)* advance; **pedir un a.**, to ask for an advance (on one's wages).
anticonceptivo,-a *adj & nm* contraceptive.
anticongelante *adj & nm (de radiador)* antifreeze; *(de parabrisas)* de-icer.
anticonstitucional *adj* unconstitutional.
anticuado,-a *adj* antiquated.
anticuario,-a *nm,f* antique dealer.
anticuerpo *nm* antibody.
antídoto *nm* antidote.
antier *adv* the day before yesterday.
antiestético,-a *adj* ugly, unsightly.
antifaz *nm* mask.
antigás *adj* **careta/mascarilla a.**, gas mask.
antigualla *nf* old-fashioned thing.
antigüedad *nf* 1 *(período histórico)* antiquity; **en la a.**, in olden days, in former times. 2 *(en cargo)* seniority. 3 **tienda de antigüedades**, antique shop.
antiguo,-a *adj* 1 old, ancient. 2 *(pasado de moda)* old-fashioned. 3 *(en cargo)* senior. 4 *(anterior)* former.
antihigiénico,-a *adj* unhygienic, unhealthy.
antihistamínico,-a *adj & nm* antihistamine.
Antillas *npl* **las A.**, the West Indies, the Antilles.
antinatural *adj* unnatural, contrary to nature.
antiniebla *adj inv* **luces a.**, foglamps, *US* foglights.
antipatía *nf* antipathy, dislike; **tener a. a**, to dislike.
antipático,-a *adj* unpleasant; **Pedro me es a.**, I don't like Pedro.
antípodas *npl* **las A.**, the Antipodes.
antiquísimo,-a *(superl de* **antiguo***) adj* very old, ancient.
antirrobo I *adj inv* antitheft; **alarma a.**, burglar alarm; *(para coche)* car alarm. II *nm (para coche)* car alarm; *(para casa)* burglar alarm.
antisemita I *adj* anti-Semitic. II *nmf* anti-Semite.
antiséptico,-a *adj & nm* antiseptic.
antítesis *nf inv* antithesis.
antojadizo,-a *adj* capricious, unpredictable.
antojarse *vr* 1 **cuando se me antoja**, when I feel like it; **se le antojó un helado**, he fancied an ice-cream. 2 *(suponer)* **se me antoja que no lo sabe**, I have the feeling that he doesn't know.
antojo *nm* 1 *(capricho)* whim, caprice; *(de embarazada)* craving; **a su a.**, in one's own way, as one pleases. 2 *(en la piel)* birthmark.
antología *nf* anthology.
antonomasia *nf* **por a.**, par excellence.
antorcha *nf* torch.
antro *nm* dump, hole; *fig* **a. de perdición**, den of vice.
antropología *nf* anthropology.
antropólogo,-a *nm,f* anthropologist.
anual *adj* annual; **ingresos anuales**, yearly income.
anualidad *nf* annual payment, annuity.
anuario *nm* yearbook.
anudar *vtr* 1 *(atar)* to knot, tie. 2 *fig (unir)* to join, bring together.
anulación *nf* cancellation; *(de matrimonio)* annulment; *(de ley)* repeal.
anular¹ *nm* ring finger.
anular² *vtr* 1 *Com (pedido)* to cancel; *Dep (gol)* to disallow; *(matrimonio)* to annul; *Jur (ley)* to repeal. 2 *Inform* to delete.
anunciador,-a *adj* **empresa anunciadora**, advertising company.
anunciante *nm* advertiser.
anunciar |12| I *vtr* 1 *(producto etc)* to

advertise. 2 (*avisar*) to announce. **II anunciarse** *vr* to advertise oneself; **a. en un periódico**, to put an advert in a newspaper.

anuncio *nm* **1** (*comercial*) advertisment, advert, ad. **2** (*aviso*) announcement. **3** (*cartel*) notice, poster.

anzuelo *nm* (fish) hook.

añadidura *nf* addition; **por a.**, besides, on top of everything else.

añadir *vtr* to add (**a**, to).

añejo,-a *adj* **1** (*vino, queso*) mature. **2** (*estropeado*) stale.

añicos *nmpl* smithereens; **hacer a.**, to smash to smithereens.

añil I *adj* indigo, blue. **II** *nm* **1** *Bot* indigo plant. **2** (*color*) indigo.

año *nm* **1** year; **el a. pasado**, last year; **el a. que viene**, next year; **hace años**, a long time ago, years ago; **los años noventa**, the nineties; **todo el a.**, all the year (round); **a. luz**, light year. **2** **¿cuántos años tienes?**, how old are you?; **tiene seis años**, he's six years old; **entrado en años**, getting on.

añoranza *nf* longing, yearning.

añorar *vtr* (*pasado*) to long for, yearn for; (*país*) to feel homesick for, miss.

apabullar *vtr* to bewilder.

apacentar |1| *vtr* to put out to pasture, graze.

apacible *adj* mild, calm.

apaciguar |22| **I** *vtr* (*calmar*) to pacify, appease. **II apaciguarse** *vr* (*persona*) to calm down; (*tormenta*) to abate.

apadrinar *vtr* **1** (*en bautizo*) to act as godfather to; (*en boda*) to be best man for. **2** (*artista*) to sponsor.

apagado,-a *adj* **1** (*luz, cigarro*) out. **2** (*color*) dull; (*voz*) sad; (*mirada*) expressionless, lifeless; (*carácter, persona*) spiritless.

apagar |7| *vtr* (*fuego*) to put out; (*luz, tele etc*) to turn off, switch off; (*color*) to soften; (*sed*) to quench.

apagón *nm* power cut, blackout.

apaisado,-a *adj* **1** oblong. **2** (*papel*) landscape.

apalabrar *vtr* (*concertar*) to make a verbal agreement on.

apalancar |1| **I** *vtr* to lever up. **II apalancarse** *vr arg* to ensconce oneself, settle down.

apalear[1] *vtr* to beat, thrash.

apalear[2] *vtr Agr* (*grano*) to winnow.

apañar I *vtr* to mend, fix. **II apañarse** *vr fam* **apañárselas**, to manage.

apaño *nm* mend, repair.

aparador *nm* (*mueble*) sideboard; (*de tienda*) shop window.

aparato *nm* **1** (*piece of*) apparatus; (*dispositivo*) device; (*instrumento*) instrument; **a. de radio/televisión**, radio/television set; **a. digestivo**, digestive system; **a. eléctrico**, thunder and lightning. **2** *Tel* **¿quién está al a.?**, who's speaking? **3** (*ostentación*) display.

aparatoso,-a *adj* **1** (*pomposo*) ostentatious, showy. **2** (*espectacular*) spectacular. **3** (*grande*) bulky.

aparcamiento *nm* (*en la calle*) parking place; (*parking*) car park, *US* parking lot.

aparcar |1| *vtr* to park.

aparcería *nf Agr* sharecropping.

apareamiento *nm* **1** (*de cosas*) pairing off. **2** (*de animales*) mating.

aparear *vtr*, **aparearse** *vr* to mate.

aparecer |33| **I** *vi* **1** to appear; **no aparece en mi lista**, he is not on my list. **2** to turn up, show up; **¿apareció el dinero?**, did the money turn up?; **no apareció nadie**, nobody turned up. **II aparecerse** *vr* to appear.

aparejado,-a *adj* **llevar** *o* **traer a.**, to entail.

aparejador,-a *nm,f* quantity surveyor.

aparejar *vtr* **1** (*caballo*) to harness. **2** (*emparejar*) to pair off.

aparejo *nm* **1** (*equipo*) equipment. **2** (*de caballo*) harness.

aparentar I *vtr* **1** (*fingir*) to affect. **2** (*tener aspecto*) to look; **no aparenta esa edad**, she doesn't look that age. **II** *vi* to show off.

aparente *adj* **1** apparent; **sin motivo a.**, for no apparent reason. **2** *fam* (*conveniente*) suitable.

aparición *nf* **1** appearance. **2** (*visión*) apparition.

apariencia *nf* appearance; **en a.**, apparently; *fig* **guardar las apariencias**, to keep up appearances.

apartado,-a I *adj* (*lugar*) remote, isolated; **mantente a. de él**, keep away from him. **II** *nm* **1** (*párrafo*) section, paragraph. **2 a. de correos**, Post Office Box.

apartamento *nm* (small) flat, apartment.

apartar I *vtr* **1** (*alejar*) to move away, remove; **a. la mirada**, to look away. **2** (*guardar*) to put aside. **II** *vi* **¡aparta!**, move out of the way! **III apartarse** *vr* (*alejarse*) to move over, move away; **apártate de en medio**, move out of the way.

aparte I *adv* **1** aside; **ponlo a.**, put it aside; **modestia/bromas a.**, modesty/joking apart. **2** **eso hay que pagarlo a.**, (*separadamente*) you have to pay for that separately. **3 a. de eso**, (*además*) besides that; (*excepto*) apart from that. **4 eso es caso a.**, that's completely different. **II** *nm* **1** *Teat* aside. **2** *Ling* **punto y a.**, full stop, new paragraph.

apasionado,-a I *adj* passionate; **a. de la música**, very fond of music. **II** *nm,f* enthusiast.

apasionante *adj* exciting.

apasionar *vtr* to excite, thrill; **le apasiona el jazz**, he is mad about jazz.

apatía *nf* apathy.
apático,-a I *adj* apathetic. II *nm,f* apathetic person.
apátrida I *adj* stateless. II *nmf* stateless person.
apdo. *abr de* apartado, Post Office Box, P.O.B.
apeadero *nm* halt.
apearse *vi (de un autobús, tren)* to get off, alight; *(de un coche)* to get out; **se apeó en Jerez,** he got off in Jerez.
apechugar |7| *vi* **a. con,** to shoulder.
apedrear *vtr* to throw stones at.
apegado *adj* devoted, attached (a, to).
apegarse |7| *vr* to become devoted *o* attached (a, to).
apego *nm* love, affection; **tener a. a,** to be attached to.
apelación *nf* appeal; **interponer a.,** to lodge and appeal.
apelar *vi* 1 *Jur* to appeal. 2 *(recurrir)* to resort (a, to).
apellidarse *vr* to have as a surname, be called.
apellido *nm* surname; **a. de soltera,** maiden name.
apelmazado,-a *adj* stodgy.
apelotonar I *vtr* to pile up, put into a pile. II **apelotonarse** *vr (gente)* to crowd together.
apenar I *vtr* to grieve. II **apenarse** *vr* 1 to be grieved. 2 *Am (avergonzarse)* to be ashamed.
apenas *adv* 1 *(casi no)* hardly, scarcely; **a. come,** he hardly eats anything; **a. (si) hay nieve,** there is hardly any snow. 2 *(tan pronto como)* scarcely; **a. llegó, sonó el teléfono,** no sooner had he arrived than the phone rang.
apéndice *nm* appendix.
apendicitis *nf* appendicitis.
apercibir I *vtr* to warn. II **apercibirse** *vr* to notice (de, -).
aperitivo *nm (bebida)* apéritif; *(comida)* appetizer.
apero *nm (usu pl)* equipment, tools *pl*; **aperos de labranza,** farming implements.
apertura *nf* 1 *(comienzo)* opening. 2 *Pol* liberalization.
apestar I *vi* to stink (a, of). II *vtr* to infect with the plague.
apetecer |33| *vi* to appeal to; **¿qué te apetece para cenar?,** what would you like for supper?; **¿te apetece ir al cine?,** do you fancy going to the cinema?
apetecible *adj* tempting, inviting.
apetito *nm* appetite; **tengo mucho a.,** I'm really hungry.
apetitoso,-a *adj* appetizing, tempting; *(comida)* delicious, tasty.
apiadarse *vr* to take pity (de, on).
ápice *nm* 1 *(punta)* apex. 2 *fig* **ni un á.,** not a bit.
apicultura *nf* beekeeping, apiculture.

apilar *vtr*, **apilarse** *vr* to pile up, heap up.
apiñarse *vr* to crowd together.
apio *nm* celery.
apisonadora *nf* roadroller, steamroller.
apisonar *vtr* to roll.
aplacar |1| I *vtr* to placate, calm. II **aplacarse** *vr* to calm down.
aplanar *vtr* to level.
aplastante *adj* crushing; *Pol* **victoria a.,** landslide victory.
aplastar *vtr* 1 to flatten, squash. 2 *fig (vencer)* to crush.
aplatanarse *vr fam* to become lethargic.
aplaudir *vtr* 1 to clap, applaud. 2 *fig* to applaud.
aplauso *nm* applause.
aplazamiento *nm* postponement, adjournment; *(de un pago)* deferment.
aplazar |4| *vtr* to postpone, adjourn; *Fin (pago)* to defer.
aplicación *nf* application.
aplicado,-a *adj* hard-working.
aplicar |1| I *vtr* to apply. II **aplicarse** *vr* 1 *(esforzarse)* to apply oneself, work hard. 2 *(norma, ley)* to apply, be applicable.
aplique *nm* wall light, wall lamp.
aplomo *nm* aplomb.
apocado,-a *adj* shy, timid.
apocamiento *nm* timidity, lack of self-confidence.
apocarse |1| *vr* to become frightened.
apodar *vtr* to nickname.
apoderado,-a *nm,f* 1 agent, representative. 2 *(de torero, deportista)* manager.
apoderarse *vr* to take possession (de, of), seize; *fig* **el miedo se apoderó de ella,** she was seized by fear.
apodo *nm* nickname.
apogeo *nm* height; **estar en pleno a.,** *(fama etc)* to be at its height.
apolillarse *vr* to get moth-eaten.
apolítico,-a *adj* apolitical.
apología *nf* apology, defence, *US* defense.
apoltronarse *vr fam* to vegetate.
apoplejía *nf* apoplexy.
apoquinar *vtr fam* to cough up, fork out.
aporrear *vtr* to beat, hit, thrash; *(puerta)* to bang; *fam* **a. el piano,** to bang (away) on the piano.
aportación *nf* contribution.
aportar I *vtr* to contribute. II *vi Náut* to reach port.
aposentarse *vr* to stay, lodge.
aposento *nm* room.
aposta *adv* on purpose, intentionally.
apostar[1] |2| I *vtr* to bet; **te apuesto una cena a que no viene,** I bet you a dinner that he won't come. II *vi* to bet (por, on); **a. a los caballos,** to bet on horses; **apuesto a que sí viene,** I bet she will come. III **apostarse** *vr* to bet; **me apuesto lo que quieras,** I bet you any-

apostar thing.
apostar² *vtr* (*situar*) to post, station.
apostilla *nf* note.
apóstol *nm* apostle.
apóstrofo *nm* apostrophe.
apostura *nf* good bearing.
apoteósico,-a *adj* enormous, tremendous.
apoyacabezas *nm Aut* headrest.
apoyar I *vtr* 1 to lean. 2 (*causa*) to support. II **apoyarse** *vr* 1 **a. en**, to lean on; **apóyate en mi brazo**, take my arm. 2 **a. en**, (*opinión*) to be based on, rest on.
apoyo *nm* support.
apreciable *adj* appreciable, noticeable.
apreciación *nf* appreciation.
apreciar |12| I *vtr* 1 to appreciate. 2 (*percibir*) to notice, see. II **apreciarse** *vr* to be noticeable.
aprecio *nm* regard, esteem; **tener a. a algn**, to be fond of sb.
aprehender *vtr* (*alijo, botín*) to apprehend, seize.
aprehensión *nf* seizure.
apremiante *adj* urgent, pressing.
apremiar |12| *vtr* to be urgent; **el tiempo apremia**, time is at a premium.
aprender *vtr* to learn; **así aprenderás**, that'll teach you.
aprendiz,-a *nm,f* apprentice, trainee.
aprendizaje *nm* 1 learning. 2 (*instrucción*) apprenticeship, traineeship.
aprensión *nf* apprehension.
aprensivo,-a *adj* apprehensive.
apresar *vtr* to seize, capture.
aprestar I *vtr* to prepare, get ready. II **aprestarse** *vr* to get ready.
apresurado,-a *adj* (*persona*) in a hurry; (*cosa*) hurried.
apresuramiento *nm* haste, hurry.
apresurar I *vtr* (*paso etc*) to speed up. II **apresurarse** *vr* to hurry up.
apretado,-a *adj* 1 (*ropa, cordón*) tight; **íbamos todos apretados en el coche**, we were all squashed together in the car. 2 (*día, agenda*) busy.
apretar |1| I *vtr* (*botón*) to press; (*nudo, tornillo*) to tighten; **a. el gatillo**, to pull the trigger; **me aprietan las botas**, these boots are too tight for me. II *vi* **apretaba el calor**, it was really hot. III **apretarse** *vr* to squeeze together, cram together; *fig* **a. el cinturón**, to tighten one's belt.
apretón *nm* squeeze; **a. de manos**, handshake.
apretujar I *vtr* to squeeze, crush. II **apretujarse** *vr* to squeeze together, cram together.
aprieto *nm* tight spot, fix, jam; **poner a algn en un a.**, to put sb in an awkward position.
aprisa *adv* quickly.
aprisionar *vtr* (*atrapar*) to trap.
aprobación *nf* approval.
aprobado *nm Educ* pass.

aprobar |2| *vtr* 1 (*autorizar*) to approve. 2 (*estar de acuerdo con*) to approve of. 3 *Educ* to pass. 4 *Pol* (*ley*) to pass.
apropiado,-a *adj* suitable, appropriate.
apropiarse |12| *vr* to appropriate.
aprovechado,-a *adj* 1 **mal a.**, (*recurso, tiempo*) wasted; **bien a.**, put to good use. 2 (*espacio*) well-planned. 3 *pey* (*egoísta*) self-seeking.
aprovechamiento *nm* use.
aprovechar I *vtr* 1 to make good use of, make the most of; **aprovechamos bien la tarde**, we've done lots of things this afternoon. 2 (*recursos etc*) to take advantage of; **a. la ocasión**, to seize the opportunity. II *vi* **¡que aproveche!**, enjoy your meal!, bon appétit!. III **aprovecharse** *vr* to use to one's advantage, take advantage; **a. de algn**, to take advantage of sb; **a. de algo**, to make the most of sth.
aprovisionar *vtr* to supply, provide; **a. las tropas**, to give supplies to the troops.
aproximación *nf* 1 approximation. 2 (*en lotería*) consolation prize.
aproximado,-a *adj* approximate; **un cálculo a.**, a rough estimate. ◆**aproximadamente** approximately, roughly.
aproximar I *vtr* to bring *o* put nearer. II **aproximarse** *vr* to approach (**a, -**).
aproximativo,-a *adj* approximate, rough.
aptitud *nf* aptitude; **prueba de a.**, aptitude test.
apto,-a *adj* 1 (*apropiado*) suitable, appropriate; *Cin* **a. para todos los públicos**, U-certificate film, *US* rated 'G'. 2 (*capacitado*) capable, able. 3 *Educ* passed.
apuesta *nf* bet, wager.
apuesto,-a *adj* good-looking; (*hombre*) handsome.
apuntador,-a *nm,f Teat* prompter.
apuntalar *vtr* to prop up, shore up, underpin.
apuntar I *vtr* 1 (*con arma*) to aim. 2 (*señalar*) to point out. 3 (*anotar*) to note down, make a note of. 4 (*indicar*) to indicate, suggest; **todo parece a. a ...**, everything seems to point to .... II *vi* **cuando apunta el día**, when day breaks. III **apuntarse** *vr* 1 (*en una lista*) to put one's name down. 2 *fam* **¿te apuntas?**, are you game?; **me apunto**, count me in.
apunte *nm* (*usu pl*) note; **tomar apuntes**, to take notes.
apuñalar *vtr* to stab.
apurado,-a I *adj* 1 (*necesitado*) in need; **a. de dinero**, hard up for money; **a. de tiempo**, in a hurry. 2 (*preocupado*) worried; (*avergonzado*) embarrassed. 3 (*situación*) awkward, difficult. 4 (*afeitado*) close. II *nm* (*afeitado*) close shave.
apurar I *vtr* 1 (*terminar*) to finish off, end. 2 (*preocupar*) to worry. II **apurarse** *vr* 1

(*preocuparse*) to worry, get worried; **no te apures**, don't worry. 2 (*darse prisa*) to rush, hurry, pester; **apúrate**, get a move on.

apuro *nm* 1 (*situación difícil*) tight spot, fix, jam; **estar en un a.**, to be in a tight spot. 2 (*escasez de dinero*) hardship; **pasar apuros**, to be hard up. 3 (*vergüenza*) embarrassment; **¡qué a.!**, how embarrassing!

aquejado,-a *adj* suffering (**de**, from).

aquel,-ella *adj dem* 1 that; **a. niño**, that boy. 2 **aquellos,-as**, those; **aquellas niñas**, those girls.

aquél,-élla *pron dem m,f* 1 that one; (*el anterior*) the former; **aquél/élla ... éste/ésta**, the former ... the latter. 2 **todo a. que**, anyone who, whoever. 3 **aquéllos, -as**, those; (*los anteriores*) the former.

aquella *adj dem f* → **aquel**.

aquélla *pron dem f* → **aquél**.

aquello *pron dem neut* that, it.

aquellos,-as *adj dem pl* → **aquel,-ella**.

aquéllos,-as *pron dem m,fpl* → **aquél, -élla**.

aquí *adv* 1 (*lugar*) here; **a. arriba/fuera**, up/out here; **a. está**, here it is; **a. mismo**, right here; **de a. para allá**, up and down, to and fro; **hasta a.**, this far; **por a.**, **por favor**, this way please; **está por a.**, it's around here somewhere. 2 (*tiempo*) **de a. en adelante**, from now on; **de aquí a junio**, between now and June; **hasta a.**, up till now.

aquietar *vtr* to pacify, calm down.

ara *nf fml* **en aras de**, for the sake of.

árabe **I** *adj* (*de Arabia*) Arab. **II** *nmf* (*persona*) Arab. **III** *nm* (*idioma*) Arabic.

Arabia *n* Arabia; **A. Saudita**, Saudi Arabia.

arado *nm* plough, *US* plow.

Aragón *n* Aragon.

aragonés,-esa *adj & nm,f* Aragonese.

arancel *nm* tariff, customs duty.

arancelario,-a *adj* tariff, duty; **derechos arancelarios**, duties; **barreras arancelarias**, customs barriers.

arandela *nf Téc* washer; (*anilla*) ring.

araña *nf* 1 spider. 2 (*lámpara*) chandelier.

arañar *vtr* to scratch.

arañazo *nm* scratch.

arar *vtr* to plough, *US* plow.

araucaria *nf* araucaria, monkey puzzle tree.

arbitraje *nm* 1 arbitration. 2 *Dep* refereeing; *Ten* umpiring.

arbitrar *vtr* 1 to arbitrate. 2 *Dep* to referee; *Ten* umpire.

arbitrariedad *nf* 1 arbitrariness. 2 (*acto*) arbitrary action.

arbitrario,-a *adj* arbitrary.

arbitrio *nm* (*voluntad*) will; (*juicio*) judgement.

árbitro,-a *nm,f* 1 *Dep* referee; (*de tenis*) umpire. 2 (*mediador*) arbitrator.

árbol *nm* 1 *Bot* tree. 2 *Téc* shaft. 3 *Náut* mast. 4 (*gráfico*) tree (diagram); **á. genealógico**, family *o* genealogical tree.

arbolado,-a **I** *adj* wooded. **II** *nm* woodland.

arboleda *nf* grove.

arbusto *nm* bush, shrub.

arca *nf* 1 chest. 2 (*para caudales*) strongbox, safe; **arcas públicas**, Treasury *sing*.

arcada *nf* 1 arcade; (*de puente*) arch. 2 (*náusea*) retching.

arcaico,-a *adj* archaic.

arcén *nm* verge; (*de autopista*) hard shoulder.

archi- *pref* super-.

archiconocido,-a *adj* extremely well-known.

archipiélago *nm* archipelago.

archivador *nm* filing cabinet.

archivar *vtr* 1 (*documento etc*) to file (away). 2 (*caso, asunto*) to shelve. 3 *Inform* to save.

archivo *nm* 1 file. 2 (*archivador*) filing cabinet. 3 **archivos**, archives.

arcilla *nf* clay.

arco *nm* 1 *Arquit* arch. 2 *Mat Elec* arc. 3 (*de violín*) bow. 4 *Dep* bow; **tiro con a.**, archery. 5 **a. iris**, rainbow.

arder *vi* to burn; *fam* **la conversación está que arde**, the conversation is really heating up; **Juan está que arde**, Juan is really fuming.

ardid *nm* scheme, plot.

ardiente *adj* 1 (*encendido*) burning; **capilla a.**, chapel of rest. 2 *fig* (*fervoroso*) eager.

ardilla *nf* squirrel.

ardor *nm* 1 heat; *Med* **a. de estómago**, heartburn. 2 *fig* ardour, *US* ardor, fervour, *US* fervor.

ardoroso,-a *adj fig* ardent, passionate.

arduo,-a *adj* arduous.

área *nf* 1 area; *Dep* penalty area. 2 (*medida*) are (100 square metres).

arena *nf* 1 sand; **playa de a.**, sandy beach. 2 *Taur* bullring.

arengar |7| *vtr* to harangue.

arenisca *nf* sandstone.

arenoso,-a *adj* sandy.

arenque *nm* herring; *Culin* **a. ahumado**, kipper.

arete *nm* earring.

argamasa *nf* mortar.

Argel *n* Algiers.

Argelia *n* Algeria.

argelino,-a *adj & nm,f* Algerian.

Argentina *n* Argentina.

argentino,-a *adj & nm,f* Argentinean, Argentine.

argolla *nf* 1 (large) ring. 2 *Am* (*alianza*) wedding ring.

argot *nm* (*popular*) slang; (*técnico*) jargon.

argucia *nf* ruse.

argüir |37| *vtr* 1 (*deducir*) to deduce, con-

argumentación *nf* argument.
argumentar *vtr* → **argüir**.
argumento *nm* 1 *Lit Teat (trama)* plot. 2 *(razonamiento)* argument.
arguyo *indic pres* → **argüir**.
aridez *nf* aridity; *fig* dryness.
árido,-a *adj* arid; *fig* dry.
Aries *nm* Aries.
ariete *nm* Mil battering ram.
ario,-a *adj & nm,f* Aryan.
arisco,-a *adj (persona)* unfriendly, standoffish; *(animal)* unfriendly.
arista *nf* edge.
aristocracia *nf* aristocracy.
aristócrata *nmf* aristocrat.
aristocrático,-a *adj* aristocratic.
aritmética *nf* arithmetic.
arma *nf* weapon; **a. blanca**, knife; **a. de fuego**, firearm; **a. homicida**, murder weapon; **a. nuclear**, nuclear weapon; *fig* **a. de doble filo**, double-edged sword.
armada *nf* navy.
armado,-a *adj* armed; **ir a.**, to be armed; **lucha armada**, armed struggle.
armador,-a *nm,f* shipowner.
armadura *nf* 1 *(armazón)* frame. 2 *Hist* suit of armour *o US* armor.
armamentista *adj* arms; **la carrera a.**, the arms race.
armamento *nm* armaments *pl*; **a. nuclear**, nuclear weapons.
armar I *vtr* 1 *(tropa, soldado)* to arm. 2 *(piezas)* to fit *o* put together, assemble. 3 *fam* **armaron un escándalo**, they created a scandal. II **armarse** *vr* to arm oneself; *fig* **a. de paciencia**, to summon up one's patience; *fig* **a. de valor**, to pluck up courage; *fam* **se armó la gorda**, all hell broke loose.
armario *nm (para ropa)* wardrobe; *(de cocina)* cupboard; **a. empotrado**, built-in wardrobe *o* cupboard.
armatoste *nm (cosa)* monstrosity.
armazón *nm* frame; *(de madera)* timberwork; *Arquit* shell.
armería *nf* gunsmith's (shop).
armiño *nm* ermine.
armisticio *nm* armistice.
armonía *nf* harmony.
armonioso,-a *adj* harmonious.
armonizar |4| *vtr & vi* to harmonize.
aro *nm* hoop; *(servilletero)* serviette ring; *fam* **pasar por el a.**, to knuckle under.
aroma *nm* aroma; *(de vino)* bouquet.
aromático,-a *adj* aromatic.
arpa *nf* harp.
arpía *nf (en mitología)* harpy; *fig* harpy, old witch.
arpón *nm* harpoon.
arquear *vtr*, **arquearse** *vr* to bend, curve.
arqueología *nf* archaeology, *US* archeology.
arqueólogo,-a *nm,f* archaeologist, *US* archeologist.
arquero,-a *nm,f* archer.
arquetipo *nm* archetype.
arquitecto,-a *nm,f* architect.
arquitectónico,-a *adj* architectural.
arquitectura *nf* architecture.
arrabales *nmpl* slums.
arrabalero,-a *adj pey* coarse.
arraigado,-a *adj* deeply rooted.
arraigar |7| *vi* to take root.
arraigo *nm fig* roots *pl*; **una tradición con mucho a.**, a deeply-rooted tradition.
arrancar |1| I *vtr* 1 *(planta)* to uproot, pull up; **a. de raíz**, to uproot. 2 *(extraer)* to pull *o* tear off *o* out; *(diente, pelo)* to pull out; *fig (confesión etc)* to extract; **arranca una hoja del cuaderno**, tear a page out of the notebook. 3 *(coche, motor)* to start. II *vi* 1 *Aut Téc* to start. 2 *(empezar)* to begin; **a. a llorar**, to burst out crying.
arranque *nm* 1 *Aut Téc* starting. 2 *(comienzo)* start. 3 *fam (arrebato)* outburst, fit.
arrasar I *vtr* to devastate, destroy. II *vi (en elecciones etc)* to win by a landslide.
arrastrado,-a *fam* I *adj* wretched. II *nm,f* bad egg.
arrastrar I *vtr* to pull (along), drag (along); **vas arrastando el vestido**, your dress is trailing on the ground; **lo arrastró la corriente**, he was swept away by the current. II **arrastrarse** *vr* to drag oneself; *fig (humillarse)* to crawl.
arrastre *nm* 1 pulling, dragging; *fam* **para el a.**, *(persona)* on one's last legs; *(cosa)* done for. 2 *(pesca de) a.*, trawling.
arrayán *nm* myrtle.
arre *interj* gee up!, giddy up!
arrear *fam vtr* 1 to spur on; *(caballos)* to urge on. 2 *fam (bofetada)* to give.
arrebatador,-a *adj fig* captivating, fascinating.
arrebatar I *vtr (coger)* to snatch, seize; *fig (cautivar)* to captivate, fascinate. II **arrebatarse** *vr (enfurecerse)* to become furious; *(exaltarse)* to get carried away.
arrebato *nm* outburst, fit.
arreciar |12| *vi (viento, tormenta)* to get worse.
arrecife *nm* reef.
arreglado,-a *adj* 1 *(reparado)* repaired, fixed. 2 *(solucionado)* settled. 3 *(habitación)* tidy, neat. 4 *(persona)* well-dressed, smart.
arreglar I *vtr* 1 to arrange; *(problema)* to sort out; *(habitación)* to tidy; *(papeles)* to put in order. 2 *(reparar)* to repair, fix. 3 *(vestir)* to get ready. II **arreglarse** *vr* 1 *(vestirse)* to get ready. 2 *fam* **arreglárselas**, to manage. 3 *(reconciliarse)* to make up.
arreglo *nm* 1 arrangement; *(acuerdo)* com-

arrellanarse / **artillería**

promise. 2 *(reparación)* repair; **no tiene a.**, it is beyond repair; *fam* **¡no tienes a.!**, you're hopeless! 3 *fml* **con a. a**, in accordance with.
arrellanarse *vr* to sit back.
arremangarse |7| *vr* to roll one's sleeves *o* trousers up.
arremeter *vi* to attack.
arremolinarse *vr* to whirl about; *fig (gente)* to crowd together, cram together.
arrendamiento *nm* 1 *(alquiler)* renting. 2 *(precio)* rent.
arrendar |1| *vtr (piso)* to rent; *(dar en arriendo)* to let on lease; *(tomar en arriendo)* to take on lease.
arrendatario,-a *nm,f* leaseholder, lessee; *(inquilino)* tenant.
arreos *nmpl* 1 *(de caballería)* harness *sing*, trappings. 2 *(adornos)* adornments.
arrepentido,-a *adj* regretful.
arrepentimiento *nm* regret.
arrepentirse |5| *vr* **a. de**, to regret; *Rel* to repent.
arrestar *vtr* to arrest, detain; *(encarcelar)* to put in prison.
arresto *nm* arrest; *Jur* **a. domiciliario**, house arrest.
arriar |29| *vtr (bandera)* to strike; *(velas)* to lower.
arriba I *adv* up; *(encima)* on the top; **ahí a.**, up there; **de a. abajo**, from top to bottom; *fam* **mirar a algn de a. abajo**, to look sb up and down; **desde a.**, from above; **hacia a.**, upwards; **de un millón para a.**, from one million upwards; **más a.**, higher up, further up; **a. del todo**, right on *o* at the top; **la parte de a.**, the top (part); **vive a.**, he lives upstairs; **véase más a.**, see above. II *interj* get up!, up you get!; **¡a. la República!**, long live the Republic!; **¡a. las manos!**, hands up! III *prep* *Am* on top of.
arribar *vi* to reach port, arrive.
arribeño,-a *Am* I *adj* highland. II *nm,f* highlander.
arribista *nmf* parvenu, social climber.
arriendo *nm* lease; *(de un piso)* renting; **dar en a.**, to let out on lease; **tomar en a.**, to take on lease.
arriesgado,-a *adj* 1 *(peligroso)* risky. 2 *(temerario)* fearless, daring.
arriesgar |7| I *vtr* to risk. II **arriesgarse** *vr* to risk; **se arriesga demasiado**, he's taking too many risks.
arrimar I *vtr* to move closer, bring near *o* nearer; **a. el hombro**, to lend a hand. II **arrimarse** *vr* to move *o* get close, come near *o* nearer.
arrinconar *vtr* 1 *(poner en un rincón)* to put in a corner. 2 *(abandonar)* to put away, lay aside. 3 *(acorralar)* to corner.
arrobo *nm* rapture, enthralment; *US* enthrallment.
arrocero,-a *adj* **la industria arrocera**, the

rice industry.
arrodillarse *vr* to kneel down.
arrogancia *nf* arrogance.
arrogante *adj* arrogant.
arrojadizo,-a *adj* **arma arrojadiza**, missile.
arrojado,-a *adj (osado)* bold, daring.
arrojar I *vtr* 1 *(tirar)* to throw, fling. 2 *Com (saldo)* to show. II **arrojarse** *vr* to throw oneself, fling oneself.
arrojo *nm* daring, courage.
arrollador,-a *adj fig* overwhelming; *(éxito)* resounding; *(personalidad)* captivating.
arrollar *vtr* I *(atropellar)* to run over, knock down. II *vi Dep Pol* to win easily.
arropar I *vtr* to wrap up; *(en la cama)* to tuck in. II **arroparse** *vr* to wrap oneself up.
arrostrar *vtr* to face.
arroyo *nm* brook, stream.
arroz *nm* rice; **a. con leche**, rice pudding.
arruga *nf (en la piel)* wrinkle; *(en la ropa)* crease.
arrugar |7| I *vtr (piel)* to wrinkle; *(ropa)* to crease; *(papel)* to crumple (up). II **arrugarse** *vr (piel)* to wrinkle; *(ropa)* to crease.
arruinado,-a *adj* bankrupt, ruined.
arruinar I *vtr* to ruin. II **arruinarse** *vr* to be ruined.
arrullar I *vtr (bebé)* to lull. II *vi (paloma)* to coo.
arrullo *nm* 1 *(de paloma)* cooing. 2 *(nana)* lullaby.
arrumaco *nm fam* kissing and hugging; *(halago)* flattery.
arsenal *nm* arsenal.
arsénico *nm* arsenic.
arte *nm & f* 1 art; **bellas artes**, fine arts; *fam* **por amor al a.**, for the love of it. 2 *(habilidad)* skill.
artefacto *nm* device; **a. explosivo**, explosive device.
arteria *nf* artery; *(carretera)* highway.
artesanal *adj* handmade.
artesanía *nf* 1 *(cualidad)* craftsmanship. 2 *(objetos)* crafts *pl*, handicrafts *pl*.
artesano,-a I *nm,f (hombre)* craftsman; *(mujer)* craftswoman. II *adj* handmade.
ártico,-a I *adj* arctic; **el océano á.**, the Arctic Ocean. II *nm* **el Á.**, the Arctic.
articulación *nf* 1 *Anat* joint, articulation. 2 *Téc* joint.
articulado,-a *adj (tren etc)* articulated.
articular *vtr* to articulate.
artículo *nm* article; **a. de fondo**, leader (article).
artífice *nmf* author; *fig* **el a. del acuerdo**, the architect of the agreement.
artificial *adj* artificial; *Tex* man-made *o* synthetic.
artificio *nm* 1 artifice; **fuego de a.**, firework. 2 *(artimaña)* ruse.
artillería *nf* artillery; **a. antiaérea**, anti-

artillero nm artilleryman.
artilugio nm gadget, device.
artimaña nf trick, ruse.
artista nmf artist; a. de cine, film star.
artístico,-a adj artistic.
artritis nf arthritis.
arveja nf Am pea.
arzobispo nm archbishop.
as nm ace.
asa nf handle.
asado,-a I adj Culin roast; **pollo a.**, roast chicken; fig **a. de calor**, roasting, boiling hot. II nm Culin roast.
asaduras nfpl offal sing; (de ave) giblets.
asalariado,-a I adj salaried. II nm,f wage earner, salaried worker.
asaltador,-a I nm,f, **asaltante** nmf attacker; (en un robo) robber.
asaltar vtr to assault, attack; (banco) to rob; fig to assail.
asalto nm 1 assault, attack; **a. a un banco**, bank robbery. 2 Box round.
asamblea nf meeting; **a. general**, general meeting.
asar I vtr to roast. II **asarse** vr fig to be roasting, be boiling hot.
ascendencia nf ancestry, ancestors pl; **de a. escocesa**, of Scottish descent.
ascender |3| I vtr (en un cargo) to promote. II vi 1 move upward; (temperatura) to rise; **la factura asciende a ...**, the bill adds up to ... 2 (al trono) to ascend. 3 (de categoría) to be promoted.
ascendiente nmf ancestor.
ascensión nf 1 climb. 2 (al trono) accession.
ascenso nm promotion; (subida) rise.
ascensor nm lift, US elevator.
asco nm disgust, repugnance; **me da a.**, it makes me (feel) sick; **¡qué a.!**, how disgusting o revolting!
ascua nf ember; fig **en ascuas**, on tenterhooks.
aseado,-a adj tidy, neat.
asear I vtr to clean, tidy up. II **asearse** vr to wash, get washed.
asediar |12| vtr to besiege.
asedio nm siege.
asegurado,-a adj 1 insured. 2 (indudable) secure.
asegurador,-a I adj insurance. II nm,f insurer.
asegurar I vtr 1 to insure. 2 (garantizar) **me aseguró que ...**, he assured me that ...; **a. el éxito de un proyecto**, to ensure the success of a project. 3 (cuerda) to fasten. II **asegurarse** vr 1 to make sure; **a. de que ...**, to make sure that .... 2 Seg to insure onself.
asemejarse vr **a. a**, to look like.
asentado,-a adj (establecido) established, settled.
asentamiento nm settlement.
asentar |1| I vtr **a. la cabeza**, to settle down. II **asentarse** vr 1 (establecerse) to settle down, establish oneself. 2 (té, polvo) to settle.
asentimiento nm assent, consent.
asentir |5| vi to assent, agree; **a. con la cabeza**, to nod.
aseo nm 1 cleanliness, tidiness. 2 **aseos** o (**cuarto de**) **a.**, bathroom; (retrete) toilet.
asequible adj affordable; (comprensible) easy to understand; (alcanzable) attainable.
aserrín nm sawdust.
asesinar vtr to murder; (rey, ministro) to assassinate.
asesinato nm murder; (de rey, ministro) assassination.
asesino,-a I adj murderous. II nm,f killer; (hombre) murderer; (mujer) murderess; Pol assassin.
asesor,-a I nm,f adviser; **a. fiscal**, tax advisor. II adj advisory.
asesoramiento nm 1 (acción) advising. 2 (consejo) advice.
asesorar I vtr 1 to advise, give (professional) advice to. 2 Com to act as consultant to. II **asesorarse** vr to consult.
asesoría nf consultant's office.
asestar vtr to deal; **a. un golpe a algn**, to deal sb a blow.
aseverar vtr to assert.
asfalto nm asphalt.
asfixia nf asphyxiation, suffocation.
asfixiante adj asphyxiating, suffocating; fam **hace un calor a.**, it's stifling.
asfixiar |12| vtr, **asfixiarse** vr to asphyxiate, suffocate.
así I adv 1 (de esta manera) like this o that; this way, thus; **ponlo a.**, put it this way; **a. de grande/alto**, this big/tall; **algo a.**, something like this o that; **¿no es a.?**, isn't that so o right?; **a. es la vida**, such is life; **a. a.**, so-so. 2 **a las seis o a.**, around six o'clock; **diez años o a.**, ten years more or less. 3 **a. como**, as well as. 4 **a. tenga que ...**, (aunque) even if I have to .... 5 **aun a.**, and despite that. 6 **a. pues**, so; **a. que ...**, so .... 7 **a. que llegues**, as soon as.
Asia n Asia; **A. Menor**, Asia Minor.
asiático,-a adj & nm,f Asian.
asidero nm (asa) handle; fig pretext, excuse.
asiduidad nf assiduity; **con a.**, frequently, regularly.
asiduo,-a I adj assiduous. II nm,f regular customer.
asiento nm 1 seat; **a. trasero/delantero**, front/back seat; **tome a.**, take a seat. 2 (poso) sediment. 3 Fin entry.
asignación nf 1 (de dinero) assignment, allocation. 2 (de puesto) appointment. 3 (paga) allowance.
asignar vtr 1 to assign, allocate. 2 (nom-

asignatura 27 **atascar**

brar) to appoint.
asignatura *nf* subject; **a. pendiente**, failed subject.
asilado,-a *nm,f* refugee.
asilar *vtr* to grant *o* give political asylum to.
asilo *nm* asylum; **a. de ancianos**, old people's home; *Pol* **a. político**, political asylum.
asimilación *nf* assimilation.
asimilar *vtr* to assimilate.
asimismo *adv* also, as well.
asir |22| *vtr* to grasp, seize.
asistencia *nf* 1 (*presencia*) attendance; **falta de a.**, absence. 2 **a. médica/técnica**, medical/technical assistance. 3 (*público*) audience, public.
asistenta *nf* charlady, cleaning lady.
asistente **I** *adj* attending; **el público a.**, the audience. **II** *nmf* 1 (*ayudante*) assistant; **a. social**, social worker. 2 **los asistentes**, the public *sing*.
asistido,-a *adj* assisted; **a. por ordenador**, computer-assisted; *Aut* **dirección asistida**, power steering.
asistir *vtr* to assist, help. **II** *vi* to attend (**a**, -), be present (**a**, at).
asma *nf* asthma.
asno *nm* donkey, ass.
asociación *nf* association.
asociado,-a **I** *adj* associated. **III** *nm,f* associate, partner.
asociar |12| **I** *vtr* to associate. **II** **asociarse** *vr* 1 to be associated. 2 *Com* to become partners.
asolar |2| *vtr* to devastate, destroy.
asomar **I** *vtr* to put out, stick out; **asomó la cabeza por la ventana**, he put his head out the window. **II** *vi* to appear. **III** **asomarse** *vr* 1 to lean out; **a. a la ventana**, to lean out of the window. 2 (*entrar*) to pop in; (*salir*) to pop out.
asombrar **I** *vtr* to amaze, astonish. **II** **asombrarse** *vr* to be astonished; **a. de algo**, to be amazed at sth.
asombro *nm* amazement, astonishment.
asombroso,-a *adj* amazing, astonishing.
asomo *nm* trace, hint.
asonada *nf* putsch.
asorocharse *vr* *Am* to suffer from altitude sickness.
aspa *nf* 1 (*de molino*) arm; (*de ventilador*) blade. 2 (*cruz*) cross.
aspaviento *nm* **hacer aspavientos**, to wave one's arms about.
aspecto *nm* 1 look, appearance. 2 (*de un asunto*) aspect.
aspereza *nf* roughness; *fig* **limar asperezas**, to smooth things over.
áspero,-a *adj* rough; *fig* (*carácter*) surly.
aspersión *nf* sprinkling.
aspersor *nm* sprinkler.
aspiración *nf* 1 inhalation, breathing in. 2 (*pretensión*) aspiration.

aspiradora *nf* vacuum cleaner.
aspirante *nmf* candidate, applicant.
aspirar **I** *vtr* 1 (*respirar*) to inhale, breath in. 2 *Téc* (*absorber*) to suck in, draw in. **II** *vi fig* **a. a algo**, to aspire after sth.
aspirina *nf* aspirin.
asquear *vtr* to disgust.
asquerosidad *nf* filthy *o* revolting thing; **¡que a.!**, how revolting!
asqueroso,-a **I** *adj* (*sucio*) filthy; (*desagradable*) revolting, disgusting. **II** *nm,f* filthy *o* revolting person.
asta *nf* 1 (*de bandera*) staff, pole; **a media a.**, at half-mast. 2 *Zool* (*cuerno*) horn.
asterisco *nm* asterisk.
astilla *nf* splinter.
astillero *nm* shipyard.
astral *adj* astral; **carta a.**, birth chart.
astringente *adj & nm* astringent.
astro *nm* star.
astrología *nf* astrology.
astrólogo,-a *nm,f* astrologer.
astronauta *nmf* astronaut.
astronave *nf* spaceship.
astronomía *nf* astronomy.
astronómico,-a *adj* astronomical.
astrónomo,-a *nm,f* astronomer.
astucia *nf* shrewdness; (*artimaña*) ruse.
asturiano,-a *adj & nm,f* Asturian.
Asturias *n* Asturias.
astuto,-a *adj* astute, shrewd.
asumir *vtr* to assume.
asunción *nf* assumption.
asunto *nm* 1 subject; **no es a. tuyo**, it's none of your business. 2 **Asuntos Exteriores**, Foreign Affairs.
asustar **I** *vtr* to frighten, scare. **II** **asustarse** *vr* to be frightened, be scared.
atacante *nmf* attacker, assailant.
atacar |1| *vtr* to attack, assault; *fig* **me ataca los nervios**, he gets on my nerves.
atado *adj* tied; (*ocupado*) tied up.
atadura *nf* hindrance.
atajar *vi* to take a shortcut (**por**, across *o* through).
atajo *nm* 1 shortcut. 2 (*grupo*) bunch.
atalaya *nf* watchtower.
atañer |38| *v impers* to concern, have to do with; **eso no te atañe**, that has nothing to do with you.
ataque *nm* 1 attack, assault; **a. aéreo**, air raid. 2 *Med* fit; **a. cardíaco** *o* **al corazón**, heart attack; **a. de nervios/tos**, fit of hysterics/coughing.
atar **I** *vtr* 1 to tie; *fig* **a. cabos**, to put two and two together; *fam* **loco de a.**, as mad as a hatter. 2 *fig* to tie down. **II** **atarse** *vr* *fig* to get tied up; **átate los zapatos**, do your shoes up.
atardecer |33| **I** *v impers* to get *o* grow dark. **II** *nm* evening, dusk.
atareado,-a *adj* busy.
atascado,-a *adj* stuck.
atascar |1| **I** *vtr* (*bloquear*) to block, ob-

struct. **II atascarse** *vr* **1** (*bloquearse*) to become obstructed, become blocked. **2** *fig* (*estancarse*) to get bogged down.

atasco *nm* traffic jam.

ataúd *nm* coffin.

ataviarse |29| *vr* to dress oneself up.

atavío *nm* dress, attire.

atemorizar |4| *vtr* to frighten, scare.

atemperar *vtr* to moderate, temper.

Atenas *n* Athens.

atención I *nf* attention; **llamar la a.**, to attract attention; **prestar/poner a.**, to pay attention (**a**, to). **II** *interj* attention!

atender |3| **I** *vtr* to attend to; (*petición*) to agree to. **II** *vi* (*alumno*) to pay attention (**a**, to).

atenerse |24| *vr* **1** (*a reglas etc*) to abide (**a**, by); **a. a las consecuencias**, to bear the consequences. **2** (*remitirse*) to go by; **me atengo a sus palabras**, I'm going by what he said; **no saber a qué a.**, not to know what to expect.

atentado *nm* attack; **a. terrorista**, terrorist attack.

atentar *vi* **a. a** *o* **contra**, to commit a crime against; **a. contra la vida de algn**, to make an attempt on sb's life.

atento,-a *adj* **1** attentive; **estar a. a**, to be mindful *o* aware of. **2** (*amable*) thoughtful, considerate; **atentos saludos de**, (*en carta*) yours faithfully. ◆**atentamente** *adv* **le saluda a.**, (*en carta*) yours sincerely *o* faithfully.

atenuante I *adj* attenuating. **II** *nm* *Jur* extenuating circumstance.

atenuar |30| *vtr* **1** to attenuate; *Jur* to extenuate. **2** (*importancia*) to lessen, diminish.

ateo,-a I *adj* atheistic. **II** *nm,f* atheist.

aterciopelado,-a *adj* velvety; (*vino*) smooth.

aterido,-a *adj* **a. de frío**, stiff with cold, numb.

aterrador,-a *adj* terrifying.

aterrar I *vtr* to terrify. **II aterrarse** *vr* to be terrified.

aterrizaje *nm* *Av* landing; **a. forzoso**, forced landing.

aterrizar |4| *vi* to land.

aterrorizar |4| **I** *vtr* to terrify; *Mil Pol* to terrorize. **II aterrorizarse** *vr* to be terrified.

atesorar *vtr* to accumulate; (*dinero*) to hoard.

atestado[1] *nm* *Jur* affidavit, statement; **atestados**, testimonials.

atestado,-a[2] *adj* packed, crammed; **estaba a. de gente**, it was full of people.

atestar[1] *vtr* *Jur* to testify.

atestar[2] |1| *vtr* (*abarrotar*) to pack, cram (**de**, with).

atestiguar |22| *vtr* **1** *Jur* to testify to. **2** *fig* to vouch for.

atiborrar I *vtr* to pack, stuff (**de**, with). **II atiborrarse** *vr* *fam* to stuff oneself (**de**, with).

ático *nm* attic.

atinado,-a *adj* (*juicioso*) sensible; (*pertinente*) pertinent.

atinar *vi* to get it right; **a. a hacer algo**, to succeed in doing sth; **a. al blanco**, to hit the target; **atinó con la solución**, he found the solution.

atingencia *nf* *Am* connection, relation.

atípico,-a *adj* atypical.

atisbar *vtr* to make out.

atisbo *nm* *fig* slight sign, inkling.

atizar |4| *vtr* **1** (*fuego*) to poke, stoke. **2** *fig* (*rebelión*) to stir up; (*pasión*) to rouse, excite.

atlántico,-a I *adj* Atlantic. **II** *nm* **el** (*océano*) **A.**, the Atlantic (Ocean).

atlas *nm inv* atlas.

atleta *nmf* athlete.

atlético,-a *adj* athletic.

atletismo *nm* athletics *sing*.

atmósfera *nf* atmosphere.

atmosférico,-a *adj* atmospheric.

atolladero *nm* fix, jam; **estar en un a.**, to be in a jam.

atolondrado,-a *adj* stunned, bewildered; (*atontado*) stupid.

atolondrar I *vtr* to confuse, bewilder. **II atolondrarse** *vr* to be confused, bewildered.

atómico,-a *adj* atomic.

átomo *nm* atom.

atónito,-a *adj* amazed, astonished.

atontado,-a *adj* **1** (*tonto*) silly, foolish. **2** (*aturdido*) bewildered, amazed.

atontar I *vtr* to confuse, bewilder. **II atontarse** *vr* to be *o* get confused, bewildered.

atorarse *vr* *Am* to get stuck.

atormentar I *vtr* to torment. **II atormentarse** *vr* to torment oneself, suffer agonies.

atornillar *vtr* to screw on.

atosigar |7| *vtr* to harass.

atracador,-a *nm,f* (*de banco*) (bank) robber; (*en la calle*) attacker, mugger.

atracar |1| **I** *vtr* to hold up; (*persona*) to rob. **II** *vi* *Náut* to come alongside, tie up. **III atracarse** *vr* (*de comida*) to stuff oneself (**de**, with), gorge oneself (**de**, on).

atracción *nf* attraction; **parque de atracciones**, funfair.

atraco *nm* hold-up, robbery; **a. a mano armada**, armed robbery.

atracón *nm* *fam* binge, blowout; **darse un a. de comer**, to make a pig of oneself.

atractivo,-a I *adj* attractive, appealing. **II** *nm* attraction, appeal.

atraer |25| *vtr* to attract.

atragantarse *vr* to choke (**con**, on), swallow the wrong way; *fig* **esa chica se me ha atragantado**, I can't stand that girl.

atraigo *indic pres* → **atraer**.
atraje *pt indef* → **atraer**.
atrancar |1| I *vtr* (*puerta*) to bolt. II **atrancarse** *vr* to get stuck; (*al hablar, leer*) to get bogged down.
atrapar *vtr* to catch.
atrás I *adv* 1 (*lugar*) at the back, behind; **hacia/para a.**, backwards; **puerta de a.**, back *o* rear door; *fig* **echarse a.**, to back out. 2 (*tiempo*) previously, in the past, ago; **un año a.**, a year ago; **venir de muy a.**, to go *o* date back a long time.
atrasado,-a *adj* late, slow; (*pago*) overdue; (*reloj*) slow; (*país*) backward; *Prensa* **número a.**, back number.
atrasar I *vtr* to put back. II *vi* (*reloj*) to be slow. III **atrasarse** *vr* 1 to remain *o* stay behind, lag behind. 2 (*tren*) to be late.
atraso *nm* 1 delay. 2 (*de país*) backwardness. 3 *Fin* **atrasos**, arrears.
atravesado,-a *adj* (*cruzado*) lying crosswise; (*persona*) difficult; **lo tengo a.**, I can't stand him.
atravesar |1| I *vtr* 1 (*calle*) to cross. 2 (*muro*) to pierce, go through. 3 (*poner a través*) to lay across, put across, put crosswise. II **atravesarse** *vr* to get in the way; *fig* **se me ha atravesado Luis**, I can't stand Luis.
atrayente *adj* attractive.
atreverse *vr* to dare; **a. a hacer algo**, to dare to do sth.
atrevido,-a *adj* 1 (*osado*) daring, bold. 2 (*insolente*) insolent, impudent. 3 (*ropa etc*) daring, risqué.
atrevimiento *nm* 1 (*osadía*) daring, audacity. 2 (*insolencia*) insolence, impudence.
atribuir |37| I *vtr* to attribute, ascribe. II **atribuirse** *vr* to assume.
atribular *vtr* to afflict.
atributo *nm* attribute.
atril *nm* music stand.
atrochar *vi* to take a short cut.
atrocidad *nf* atrocity.
atrofiar |12| *vtr*, **atrofiarse** *vr* to atrophy.
atropellado,-a *adj* hasty, impetuous.
atropellar *vtr* to knock down, run over.
atropello *nm* 1 *Aut* knocking down, running over. 2 (*abuso*) abuse.
atroz *adj* 1 (*bárbaro*) atrocious. 2 *fam* (*hambre, frío*) enormous, tremendous.
ATS *nmf abr de* **ayudante técnico sanitario**.
atta. *abr de* **atenta**.
atto. *abr de* **atento**.
atuendo *nm* dress, attire.
atún *nm* tuna, tunny.
aturdido,-a *adj* stunned, dazed.
aturdimiento *nm* confusion, bewilderment.
aturdir *vtr* 1 (*con un golpe*) to stun, daze. 2 (*confundir*) to bewilder, confuse.
aturrullar *vtr* to confuse, bewilder.
atuve *pt indef* → **atenerse**.

audacia *nf* audacity.
audaz *adj* audacious, bold.
audible *adj* audible.
audición *nf* 1 hearing. 2 *Teat* audition.
audiencia *nf* 1 (*público*) audience; *TV Rad* **horas de máxima a.**, prime time; **índice de a.**, viewing figures, ratings. 2 (*entrevista*) audience. 3 *Jur* high court.
audiovisual *adj* audio-visual.
auditivo,-a I *adj* auditory; **comprensión auditiva**, listening comprehension. II *nm* receiver.
auditor *nm Fin* auditor.
auditorio *nm* 1 (*público*) audience. 2 (*sala*) auditorium, hall.
auge *nm* peak; *Econ* boom; *fig* **estar en a.**, to be thriving *o* booming.
augurar *vtr* to augur.
augurio *nm* omen.
aula *nf* (*en colegio*) classroom; *Univ* lecture room; **a. magna**, amphitheatre.
aulaga *nf* gorse.
aullar |16| *vtr* to howl, yell.
aullido *nm* howl, yell.
aumentar I *vtr* to increase; (*precios*) to put up; (*producción*) to step up; *Fot* to enlarge; *Opt* to magnify. II *vi* (*precios*) to go up, rise; (*valor*) to appreciate. III **aumentarse** *vr* to increase, be on the increase.
aumento *nm* increase; *Opt* magnification; **a. de precios**, rise in prices; **ir en a.**, to be on the increase.
aun *adv* even; **a. así**, even so, even then; **a. más**, even more.
aún *adv* still; (*en negativas*) yet; **a. está aquí**, he's still here; **ella no ha venido a.**, she hasn't come yet.
aunar |16| *vtr* to unite, join.
aunque *conj* although, though; (*enfático*) even if, even though; **a. no vengas**, even if you don't come.
aúpa *interj* up!, get up!
aura *nf* aura.
aureola *nf* halo.
auricular *nm* 1 *Tel* receiver. 2 **auriculares**, earphones, headphones.
aurora *nf* daybreak, dawn.
auscultar *vtr* to sound (with a stethoscope).
ausencia *nf* absence.
ausentarse *vr* to leave.
ausente I *adj* absent. II *nmf* absentee.
austeridad *nf* austerity.
austero,-a *adj* austere.
austral I *adj* southern. II *nm Fin* standard monetary unit of Argentina.
Australia *n* Australia.
australiano,-a *adj & nm,f* Australian.
Austria *n* Austria.
austríaco,-a *adj & nm,f* Austrian.
autenticidad *nf* authenticity.
auténtico,-a *adj* authentic.
autentificar |1| *vtr* to authenticate.

autismo *nm* autism.
autista *adj* autistic.
auto[1] *nm* car.
auto[2] *nm* Jur decree, writ; **autos**, *(pleito)* papers, documents.
autoadhesivo,-a *adj* self-adhesive.
autobiografía *nf* autobiography.
autobiográfico,-a *adj* autobiographical.
autobombo *nm fam* self-praise, blowing one's own trumpet.
autobús *nm* bus.
autocar *nm* coach.
autocrítica *nf* self-criticism.
autóctono,-a *adj* indigenous, autochthonous.
autodefensa *nf* self-defence, *US* self-defense.
autodisciplina *nf* self-discipline.
autoescuela *nf* driving school, school of motoring.
autogobierno *nm* self-government.
autógrafo *nm* autograph.
autómata *nm* automaton.
automático,-a *adj* automatic.
automatización *nf* automation.
automatizar |4| *vtr* to automate.
automotor,-a I *adj* self-propelled. II *nm Ferroc* diesel train.
automóvil *nm* car.
automovilismo *nm* motoring.
automovilista *nmf* motorist.
automovilístico,-a *adj* car; **accidente a.**, car accident.
autonomía *nf* 1 autonomy. 2 *(región)* autonomous region.
autonómico,-a *adj* autonomous, self-governing; **elecciones autonómicas**, elections for the autonomous parliament; **televisión autonómica**, regional television.
autónomo,-a *adj* autonomous.
autopista *nf* motorway.
autopsia *nf* autopsy, post mortem.
autor,-a *nm,f (hombre)* author; *(mujer)* authoress; *(de crimen)* perpetrator.
autoridad *nf* authority.
autoritario,-a *adj* authoritarian.
autorizado,-a *adj* authoritative, official.
autorizar |4| *vtr* to authorize.
autorretrato *nm* self-portrait.
autoservicio *nm* self-service; *(supermercado)* supermarket.
autostop *nm* hitch-hiking; **hacer a.**, to hitch-hike.
autostopista *nmf* hitch-hiker.
autosuficiencia *nf* self-sufficiency.
autosuficiente *adj* self-sufficient.
auxiliar |14| I *adj & nmf* auxiliary, assistant. II *vtr* to help, assist.
auxilio *nm* help, assistance; **primeros auxilios**, first aid *sing*.
Av., Avda. *abr de* **Avenida**, Avenue, Ave.
aval *nm Com Fin* endorsement.
avalancha *nf* avalanche.
avalar *vtr* to guarantee, endorse.
avance *nm* 1 advance. 2 *Fin* advance payment. 3 *TV* **a. informativo**, headlines, *US* news brief.
avanzado,-a *adj* advanced; **de avanzada edad**, advanced in years.
avanzar |4| *vtr* to advance.
avaricia *nf* avarice.
avaricioso,-a *adj* greedy.
avaro,-a I *adj* avaricious, miserly. II *nm,f* miser.
avasallar *vtr* to subdue.
avatares *nmpl* quirks.
ave *nf* bird; **aves de corral**, poultry.
AVE *nf abr de* **Alta Velocidad Española**, High Speed Train.
avecinarse *vr* to approach, come near.
avellana *nf* hazelnut.
avellano *nm* hazelnut tree.
avena *nf* oats *pl*.
avendré *indic fut* → **avenir**.
avenencia *nf* compromise.
avengo *indic pres* → **avenir**.
avenida *nf* avenue.
avenido,-a *adj* **bien/mal avenidos**, on good/bad terms.
avenir |27| I *vtr* to reconcile. II **avenirse** *vr* to be on good terms; *(consentir)* to agree (**en**, to).
aventajado,-a *adj (destacado)* outstanding, exceptional; *(en cabeza)* in the lead.
aventajar *vtr* 1 to be ahead *o* in front (**a**, **of**). 2 *(superar)* to surpass, outdo.
aventar |1| *vtr* 1 *Agr* to winnow. 2 *(el fuego)* to blow (on), fan.
aventura *nf* 1 adventure. 2 *(amorosa)* (love) affair.
aventurado,-a *adj* risky.
aventurarse *vr* to venture.
aventurero,-a *adj* adventurous.
avergonzado,-a *adj* ashamed.
avergonzar |2| I *vtr* to shame. II **avergonzarse** *vr* to be ashamed (**de**, of).
avería *nf* breakdown.
averiado,-a *adj* out of order; *(coche)* broken down.
averiar |29| I *vtr* to break. II **averiarse** *vr (estropearse)* to malfunction, go wrong; *(coche)* to break down.
averiguación *nf* enquiry.
averiguar |22| *vtr* to ascertain.
aversión *nf* aversion.
avestruz *nm* ostrich.
aviación *nf* 1 aviation; **accidente de a.**, plane crash; **a. civil**, civil aviation. 2 *Mil* air force.
aviador,-a *nm,f* aviator, flier; *Mil (piloto)* air force pilot.
aviar |29| *vtr (preparar)* to prepare, get ready.
avícola *adj* poultry.
avicultura *nf* aviculture; *(de aves de corral)* poultry keeping.
avidez *nf* avidity, eagerness.

ávido,-a *adj* avid; **a. de,** eager for.
avinagrado,-a *adj* vinegary, sour; *fig* sour.
avinagrarse *vr* to turn sour; *fig* to become sour *o* bitter.
avión[1] *nm* aeroplane, *US* airplane, plane, aircraft; **viajar en a.,** to fly, go by plane; **por a.,** *(en carta)* airmail.
avión[2] *nm* *Orn* martin.
avioneta *nf* light aircraft *o* plane.
avíos *nmpl* *Culin* ingredients.
avisar *vtr* 1 *(informar)* to inform; **avísame cuando hayas acabado,** let me know when you finish. 2 *(advertir)* to warn; **ya te avisé,** I warned you. 3 *(llamar)* to call for; **a. a la policía,** to notify the police; **a. al médico,** to send for the doctor.
aviso *nm* 1 notice; *(advertencia)* warning; *(nota)* note; **hasta nuevo a.,** until further notice; **sin previo a.,** without notice. 2 **estar sobre a.,** to know what's going on, be in on it.
avispa *nf* wasp.
avispado,-a *adj* *fam* quick-witted.
avispero *nm* *(nido)* wasps' nest.
avistar *vtr* to see, sight.
avituallamiento *nm* provisioning.
avivar *vtr* *(fuego)* to stoke (up); *(pasión)* to intensify; *(paso)* to quicken.
avizor,-a *adj* **estar ojo a.,** to be on the alert *o* on the lookout.
axila *nf* armpit, axilla.
axioma *nm* axiom.
ay *interj* *(dolor)* ouch!
aya *nf* arc *(niñera)* nanny.
ayer I *adv* yesterday; **a. por la mañana/ por la tarde,** yesterday morning/ afternoon; **a. por la noche,** last night; **antes de a.,** the day before yesterday. II *nm* el a., yesteryear.
ayuda *nf* help, assistance; **ir en a. de algn,** to come to sb's assistance.
ayudante *nmf* assistant; *Med* **a. técnico-sanitario,** nurse.
ayudar I *vtr* to help; **¿en qué puedo ayudarle?,** (how) can I help you? II **ayu-**

darse *vr* 1 *(unos a otros)* to help. 2 **a. de,** to use, make use of.
ayunar *vi* to fast.
ayunas *nfpl* **en a.,** without having eaten breakfast.
ayuno *nm* fasting; **guardar/hacer a.,** to fast.
ayuntamiento *nm* *(institución)* town council; *(edificio)* town hall.
azabache *nm* jet; **negro a.,** jet black.
azada *nf* hoe.
azafata *nf* 1 *Av* air hostess. 2 *(de congresos)* stewardess; *(de concurso)* hostess.
azafrán *nm* saffron.
azahar *nm* *(del naranjo)* orange blossom; *(del limonero)* lemon blossom.
azar *nm* chance; **por a.** by chance; **al a.,** at random; **juegos de a.,** games of chance; **los azares de la vida,** the ups and downs of life.
azaroso,-a *adj* hazardous, dangerous.
azogue *nm* mercury, quicksilver.
azorado,-a *adj* embarrassed.
azorar I *vtr* to embarrass. II **azorarse** *vr* to be embarrassed.
Azores *nfpl* **(Islas) A.,** the Azores.
azotar *vtr* to beat; *(con látigo)* to whip, flog; *fig* to scourge.
azote *nm* 1 *(golpe)* smacking; *(latigazo)* lash, stroke (of the whip). 2 *fig* scourge.
azotea *nf* flat roof.
azteca *adj* & *nmf* Aztec.
azúcar *nm* & *f* sugar; **a. blanco,** refined sugar; **a. moreno,** brown sugar.
azucarado,-a *adj* sweetened.
azucarero,-a I *nm* & *f* sugar bowl. II *adj* sugar.
azucena *nf* white lily.
azufre *nm* sulphur, *US* sulfur.
azul *adj* & *nm* blue; **a. celeste,** sky blue; **a. marino,** navy blue; **a. turquesa,** turquoise; **sangre a.,** blue blood.
azulado,-a *adj* bluish.
azulejo *nm* (glazed) tile.
azuzar [4] *vtr* **a. los perros a algn,** to set the dogs on sb.

B

B, b |be| *nf (la letra)* B, b.
baba *nf* dribble; *fig* **se le caía la b.,** he was delighted.
babear *vi* *(niño)* to dribble; *(adulto, animal)* to slobber.
babel *nm* & *f* bedlam.
babero *nm* bib.
Babia *n* *fig* **estar en B.,** to be daydreaming.
babor *nm* *Náut* port, port side.
babosa *nf* slug.
baboso,-a *adj* *fam* slimy; *Am* fool, idiot.
babucha *nf* slipper.

baca *nf* *Aut* roof rack.
bacalao *nm* *(pez)* cod.
bache *nm* 1 *(en carretera)* pot hole. 2 *Av* air pocket. 3 *fig* bad patch; **pasar un b.,** to go through a bad patch.
bachillerato *nm* ≈ General Certificate of Secondary Education, *US* high school degree.
bacilo *nm* bacillus.
bacon *nm* bacon.
bacteria *nf* bacterium; **bacterias,** bacteria.
bacteriológico,-a *adj* bacteriological;

guerra bacteriológica, germ warfare.
báculo *nm* walking stick; *(de obispo)* crosier.
badén *nm Aut* bump.
bádminton *nm* badminton.
bafle *nm* loudspeaker.
bagaje *nm* baggage.
bagatela *nf (baratija)* knick-knack; *fig* trifle.
Bagdad *n* Baghdad.
Bahamas *npl* las (Islas) B., the Bahamas.
bahía *nf* bay.
baila(d)or,-a *nm,f* flamenco dancer.
bailar [15] *vtr & vi* to dance; *fig* b. al son que le tocan, to toe the line; *fam* ¡que me quiten lo baila(d)o!, but at least I had a good time!
bailarín,-ina *nm,f* dancer; *(clásico)* ballet dancer.
baile *nm* 1 *(danza)* dance. 2 *(fiesta popular)* dance; *(formal)* ball; **b. de disfraces**, fancy dress ball.
baja *nf* 1 drop, fall; *Fin* jugar a la b., to bear. 2 *Mil* loss, casualty. 3 **dar de b. a algn**, *(despedir)* to lay sb off; **darse de b.**, *(por enfermedad)* to take sick leave; *(de un club)* to resign (de, from), drop out (de, of).
bajada *nf* 1 *(descenso)* descent. 2 *(cuesta)* slope. 3 **b. de bandera**, *(de taxi)* minimum fare.
bajamar *nf* low tide.
bajar I *vtr* 1 to come *o* go down; **b. la escalera**, to come *o* go downstairs. 2 *(descender)* to bring *o* get *o* take down; *(volumen)* to turn down; *(voz, telón)* to lower; *(precios etc)* to reduce, cut; *(persiana)* to let down; *(cabeza)* to bow *o* lower. II *vi* 1 to go *o* come down. 2 *(apearse)* to get off; *(de un coche)* to get out (de, of). 3 *(disminuir)* to fall, drop. III **bajarse** *vr* 1 to come *o* go down. 2 *(apearse)* to get off; *(de un coche)* to get out (de, of).
bajeza *nf* despicable action.
bajinis (por lo) *loc adv fam* on the sly.
bajío *nm* 1 sandbank. 2 *Am* lowland.
bajista I *adj Fin* bearish; **tendencia b.**, downward trend. II *nmf* 1 *Fin* bear. 2 *Mús* bass guitarist.
bajo,-a I *adj* 1 low; *(persona)* short; *(sonido)* faint, soft; **en voz baja**, in a low voice; **planta baja**, ground floor; **de baja calidad**, of poor quality; **la clase baja**, the lower class. 2 *fig (vil)* base, contemptible. II *nm* 1 *Mús* bass. 2 *(planta baja)* ground floor. III *adv* low; **hablar b.**, to speak quietly; *fig* **por lo b.**, on the sly. IV *prep* 1 *(lugar)* under, underneath; **b. tierra**, underground; **b. la lluvia**, in the rain. 2 *Pol Hist* under; **b. la República**, under the Republic. 3 **b. cero**, *(temperatura)* below zero. 4 *Jur* under; **b. juramento**, under oath; **b. pena de muerte**, on pain of death; **b. fianza**, on bail.
bajón *nm* 1 *(bajada)* sharp fall, decline. 2 *Com* slump. 3 *(de salud)* relapse, deterioration.
bajorrelieve *nm* bas-relief.
bajura *nf* pesca de b., coastal fishing.
bala *nf* bullet; *fig* **como una b.**, like a shot.
balada *nf* ballad.
baladí *adj (pl* baladíes*)* trivial.
balance *nm* 1 *Fin* balance; *(declaración)* balance sheet; *fig* hacer b. de una situación, to take stock of a situation. 2 *(resultado)* outcome.
balancear I *vtr* to rock. II **balancearse** *vr (en mecedora)* to rock; *(en columpio)* to swing.
balanceo *nm* rocking, swinging.
balanza *nf* scales *pl*; *fig* estar en la b., to be in the balance *o* in danger; **b. comercial**, balance of trade; **b. de pagos**, balance of payments.
balar *vi* to bleat.
balaustrada *nf* balustrade, railing.
balazo *nm* 1 *(disparo)* shot; **matar a algn de un b.**, to shoot sb dead. 2 *(herida)* bullet wound.
balboa *nm Fin* standard monetary unit of Panama.
balbucear *vi (adulto)* to stutter, stammer; *(niño)* to babble.
balbuceo *nm (de adulto)* stuttering, stammering; *(de niño)* babbling.
balbucir *vi defect* → **balbucear**.
Balcanes *npl* los B., the Balkans.
balcón *nm* balcony.
baldado,-a *adj fam* shattered.
baldar *vtr* to cripple, maim.
balde[1] *nm* pail, bucket.
balde[2] *loc adv* 1 **de b.**, *(gratis)* free. 2 **en b.**, *(en vano)* in vain.
baldío,-a *adj (terreno)* uncultivated, waste; *(esfuerzo)* vain, useless.
baldosa *nf (ceramic)* floor tile; *(para pavimentar)* flagstone, paving stone.
balear I *adj* Balearic. II *nmf* native *o* inhabitant of the Balearic Islands.
Baleares *npl* las (Islas) B., the Balearic Islands.
balido *nm* bleating, bleat.
balística *nf* ballistics *sing*.
balístico,-a *adj* ballistic.
baliza *nf* 1 *Náut* buoy. 2 *Av* beacon.
ballena *nf* whale.
ballet *nm* ballet.
balneario *nm* spa, health resort.
balompié *nm* football.
balón *nm* ball, football; *fig* **b. de oxígeno**, boost.
baloncesto *nm* basketball.
balonmano *nm* handball.
balonvolea *nm* volleyball.
balsa *nf* 1 *Náut* raft. 2 *fig* **como una b. de aceite**, very quiet.

bálsamo nm balsam, balm.
Báltico nm el (Mar) B., the Baltic (Sea).
baluarte nm fig stronghold.
bambas® nfpl trainers.
bambolear vi, **bambolearse** vr to swing; *(persona, árbol)* to sway; *(mesa, silla)* to wobble.
bambú nm *(pl* **bambúes)** bamboo.
banal adj banal, trivial.
banalidad nf triviality, banality.
banana nf banana.
banano nm *(fruto)* banana; *(árbol)* banana tree.
banca nf 1 *(asiento)* bench. 2 *Com Fin* (the) banks; *(actividad)* banking. 3 *(en juegos)* bank.
bancario,-a adj banking.
bancarrota nf Fin bankruptcy; **estar en b.**, to be bankrupt.
banco nm 1 bench. 2 *Com Fin* bank. 3 **b. de arena**, sandbank. 4 *(de peces)* shoal, school. 5 *Geol* layer.
banda nf 1 *Mús* band. 2 *Cin* **b. sonora**, sound track. 3 *(de pájaros)* flock. 4 *(cinta)* sash. 5 *(lado)* side; *Ftb* **línea de b.**, touchline; **saque de b.**, throw-in.
bandada nf flock.
bandazo nm **dar bandazos**, to lurch.
bandeja nf tray; fig **servir algo a algn en b.**, to hand sth to sb on a plate.
bandera nf flag.
banderín nf pennant, small flag.
bandido nm bandit, outlaw.
bando[1] nm 1 *Jur (edicto)* edict, proclamation. 2 **bandos**, banns.
bando[2] nm faction, side; **pasarse al otro b.**, to go over to the other side, change allegiances.
bandolero nm bandit, outlaw.
banquero,-a nm,f banker.
banqueta nf stool.
banquete nm banquet, feast; **b. de bodas**, wedding reception.
banquillo nm 1 *Jur* dock. 2 *Dep* bench.
bañador nm *(de mujer)* bathing *o* swimming costume; *(de hombre)* swimming trunks pl.
bañar I vtr 1 to bath. 2 *(cubrir)* to coat, cover; **b. en oro**, to goldplate. II **bañarse** vr *(en baño)* to have *o* take a bath; *(en mar, piscina)* to go for a swim.
bañera nf bath, bathtub.
bañista nmf bather, swimmer.
baño nm 1 bath; **tomar un b.**, to have *o* take a bath; fig **darse un b. de sol**, to sunbathe; **b. de sangre**, bloodbath. 2 *(de oro etc)* coat; *(de chocolate etc)* coating, covering. 3 *(cuarto de baño)* bathroom; *(lavabo)* toilet.
bar nm bar, pub.
barahúnda nf din, uproar.
baraja nf pack, deck.
barajar vtr *(cartas)* to shuffle; fig *(nombres, cifras)* to juggle with.

baranda, barandilla nf *(de escalera)* handrail, banister; *(de balcón)* handrail.
baratija nf trinket, knick-knack.
baratillo nm flea market.
barato,-a I adj cheap. II adv cheaply.
baraúnda nf din, uproar.
barba nf 1 *Anat* chin. 2 *(pelo)* beard; fig **cien pesetas por b.**, a hundred pesetas a head.
barbacoa nf barbecue.
barbaridad nf 1 atrocity. 2 *(disparate)* piece of nonsense; **no digas barbaridades**, don't talk nonsense. 3 **una b.**, a lot; **costar una b.**, to cost a fortune.
barbarie nf savagery, cruelty.
bárbaro,-a I adj 1 *Hist* barbarian. 2 *(cruel)* barbaric, barbarous. 3 *fam (enorme)* massive. 4 *fam (estupendo)* tremendous, terrific. II nm,f *Hist* barbarian.
barbecho nm fallow land; **dejar en b.**, to leave fallow.
barbería nf barber's (shop).
barbero nm barber.
barbilla nf chin.
barbitúrico nm barbiturate.
barbudo,-a adj with a heavy beard.
barca nf small boat.
barcaza nf lighter.
barcelonés,-esa I adj of *o* from Barcelona. II nm,f native *o* inhabitant of Barcelona.
barco nm boat, ship; **b. de pasajeros**, liner; **b. de vapor**, steamer.
baremo nm scale.
barítono nm baritone.
barlovento nm windward.
barman nm barman.
barniz nm 1 *(en madera)* varnish; *(en cerámica)* glaze. 2 fig veneer.
barnizar [4] vtr *(madera)* to varnish; *(cerámica)* to glaze.
barómetro nm barometer.
barón nm baron.
baronesa nf baroness.
barquero,-a nm,f *(hombre)* boatman; *(mujer)* boatwoman.
barquillo nm wafer.
barra nf 1 bar; **b. de pan**, French loaf, baguette; **b. de labios**, lipstick. 2 *(mostrador)* bar. 3 *Gimn* **b. fija**, horizontal bar.
barraca nf 1 *(caseta)* shack, hut. 2 *(en Valencia y Murcia)* thatched farmhouse.
barracón nm *Mil* prefabricated hut.
barranco nm *(despeñadero)* cliff, precipice; *(torrentera)* gully, ravine.
barrena nf twist drill.
barrenar vtr *Téc* to drill.
barrendero,-a nm,f sweeper, street sweeper.
barreno nm 1 *(taladro)* large drill. 2 *Min* charge.
barreño nm tub.
barrer I vtr to sweep. II vi *(en elecciones)*

to win by landslide.
barrera *nf* barrier.
barricada *nf* barricade.
barrida *nf* landslide victory.
barriga *nf* belly; *fam* tummy.
barrigón,-ona, barrigudo,-a *adj* potbellied.
barril *nm* barrel; **cerveza de b.**, draught beer.
barrillo *nm* pimple, spot.
barrio *nm* area, district; **del b.**, local; **el B. Gótico**, the Gothic Quarter; **b. chino**, red-light district; **barrios bajos**, slums.
barrizal *nm* mire, quagmire.
barro *nm* 1 (*lodo*) mud. 2 (*arcilla*) clay; **objetos de b.**, earthenware *sing*.
barroco,-a *adj* baroque.
barruntar *vtr* (*sospechar*) to suspect; (*presentir*) to have a feeling.
barrunto *nm* (*presentimiento*) feeling, presentiment; (*sospecha*) suspicion.
bartola (a la) *loc adv fam* **tenderse** *o* **tumbarse a la b.**, to laze around, idle away one's time.
bártulos *nmpl fam* things, bits and pieces.
barullo *nm* (*alboroto*) row, din; (*confusión*) confusion.
basar I *vtr* to base (**en**, on). **II basarse** *vr* (*teoría, película*) to be based (**en**, on); **¿en qué te basas para decir eso?**, what grounds do you have for saying that?
basca *nf arg* people, crowd.
báscula *nf* scales *pl*; (*para camiones*) weighbridge.
bascular *vi* to tilt.
base *nf* 1 base; **sueldo b.**, minimum wage; *Inform* **b. de datos**, data base. 2 (*de argumento, teoría*) basis; **en b. a**, on the basis of; **a b. de estudiar**, by studying; **a b. de productos naturales**, using natural products. 3 (*de partido*) grass roots; **miembro de b.**, rank and file member. 4 (*nociones*) grounding.
básico,-a *adj* basic.
basílica *nf* basilica.
básquet *nm* basketball.
bastante I *adj* 1 (*suficiente*) enough; **b. tiempo/comida**, enough time/food; **bastantes platos**, enough plates. 2 (*abundante*) quite a lot of; **hace b. calor/frío**, it's quite hot/cold; **bastantes amigos**, quite a lot of friends. **II** *adv* 1 (*suficiente*) enough; **con esto hay b.**, that is enough; **no soy lo b. rico (como) para ...**, I am not rich enough to .... 2 (*considerablemente*) fairly, quite; **me gusta b.**, I quite like it; **vamos b. al cine**, we go to the cinema quite *o* fairly often.
bastar I *vi* to be sufficient *o* enough, suffice; **basta con tres**, three will be enough; **¡basta de tonterías!**, enough of this nonsense!; **basta con tocarlo para que se abra**, you only have to touch it and it opens; **¡basta (ya)!**, that's enough!, that will do! **II bastarse** *vr* **b. a sí mismo**, to be self-sufficient, rely only on oneself.
bastardilla *nf Impr* italics *pl*.
bastardo,-a *adj & nm,f* bastard.
bastidor *nm* 1 frame. 2 *Teat* **bastidores**, wings; *fig* **entre b.**, behind the scenes.
bastión *nm* bastion.
basto,-a *adj* (*cosa*) rough, coarse; (*persona*) coarse, uncouth.
bastos *nm Naipes* ≈ clubs.
bastón *nm* stick, walking stick.
basura *nf* rubbish, *US* trash, garbage.
basurero *nm* 1 (*persona*) dustman, refuse collector, *US* garbage collector. 2 (*lugar*) rubbish dump, *US* garbage dump.
bata *nf* (*para casa*) dressing gown; (*de médico etc*) white coat; (*de científico*) lab coat.
batacazo *nm* 1 crash, bang. 2 *Am* fluke, stroke of luck.
batalla *nf* battle; **librar b.**, to do *o* join battle; **b. campal**, pitched battle.
batallar *vi* to fight, quarrel.
batallón *nm* battalion.
batata *nf* sweet potato.
batatazo *nm Am* → **batacazo**.
bate *nm Dep* bat.
batear I *vi* to bat. **II** *vtr* to hit.
batería I *nf* 1 battery. 2 *Mús* drums *pl*. 3 **b. de cocina**, pots and pans, set of pans. **II** *nmf* drummer.
batiburrillo *nm* jumble, mess.
batida *nf* 1 (*de la policía*) raid. 2 (*en caza*) beat.
batido,-a I *adj* 1 *Culin* whipped. 2 *Dep* **tierra batida**, clay. **II** *nm* milk shake.
batidora *nf Culin* beater, whisk.
batiente *adj* **reírse a mandíbula b.**, to laugh one's head off.
batín *nm* short dressing gown.
batir I *vtr* 1 to beat. 2 (*huevo*) to beat; (*nata*) to whip, whisk. 3 (*récord*) to break. 4 (*en caza*) to beat. **II batirse** *vr* to fight.
batuta *nf Mús* baton; *fig* **llevar la b.**, to be in charge.
baúl *nm* 1 trunk. 2 *Am Aut* boot, *US* trunk.
bautismo *nm* baptism, christening.
bautizar [4] *vtr* to baptize, christen; (*vino*) to water down.
bautizo *nm* baptism, christening.
Baviera *n* Bavaria.
baya *nf* berry.
bayeta *nf* floorcloth.
bayo,-a *adj* whitish yellow.
bayoneta *nf* bayonet.
baza *nf* trick; *fig* **meter b.**, to butt in.
bazar *nm* bazaar.
bazo *nm* spleen.
bazofia *nf pey* rubbish.
beatería *nf* sanctimoniousness.
beato,-a *adj* (*piadoso*) devout; *pey* prudish, sanctimonious.

bebé *nm* baby; **b. probeta**, test-tube baby.
bebedero *nm* drinking trough, water trough.
bebedor,-a *nm,f* (hard *o* heavy) drinker.
beber *vtr & vi* to drink.
bebible *adj* drinkable.
bebida *nf* drink; **darse a la b.**, to take to drink.
bebido,-a *adj* drunk.
beca *nf* grant.
becar |1| *vtr* to award a grant to.
becario,-a *nm,f* grant holder.
becerro *nm* calf.
bechamel *nf* bechamel; **salsa b.**, bechamel sauce, white sauce.
becuadro *nm* Mús natural sign.
bedel *nm* beadle.
begonia *nf* begonia.
beige *adj & nm inv* beige.
béisbol *nm* baseball.
Belén *n* Bethlehem.
belén *nm* nativity scene, crib.
belga *adj & nmf* Belgian.
Bélgica *n* Belgium.
Belgrado *n* Belgrade.
Belice *n* Belize.
bélico,-a *adj* warlike, bellicose; *(preparativos etc)* war; **material b.**, armaments *pl.*
belicoso,-a *adj* warlike, bellicose; *(agresivo)* aggressive.
beligerancia *nf* belligerence.
beligerante *adj* belligerent; **los países beligerantes**, the countries at war.
bellaco,-a I *adj* wicked, roguish. **II** *nm,f* scoundrel, rogue.
belleza *nf* beauty.
bello,-a *adj* beautiful.
bellota *nf* Bot acorn; *fig* **animal de b.**, blockhead.
bemol I *adj* Mús flat. **II** *nm* **esto tiene bemoles**, this is a tough one.
bencina *nf* Am petrol.
bendecir |12| *vtr* to bless; **b. la mesa**, to say grace; **¡Dios te bendiga!**, God bless you!
bendición *nf* blessing.
bendito,-a I *adj* blessed; *(maldito)* damned. **II** *nm,f (bonachón)* good sort, kind soul; *(tontorrón)* simple soul.
beneficencia *nf* beneficence, charity.
beneficiado,-a *adj* favoured, *US* favored; **salir b. de algo**, to do well out of sth.
beneficiar |12| **I** *vtr* to benefit. **II beneficiarse** *vr* **b. de** *o* **con algo**, to profit from *o* by sth.
beneficiario,-a *nm,f* beneficiary; **margen b.**, profit margin.
beneficio *nm* **1** Com Fin profit. **2** *(bien)* benefit; **en b. propio**, in one's own interest; **un concierto a b. de ...**, a concert in aid of ....
beneficioso,-a *adj* beneficial.
benéfico,-a *adj* charitable.

benemérita *nf* **la B.**, the Spanish Civil Guard.
beneplácito *nm fml* approval, consent.
benevolencia *nf* benevolence.
benevolente, benévolo,-a *adj* benevolent.
bengala *nf* flare.
benigno,-a *adj (persona)* gentle, benign; *(clima)* mild; *(tumor)* benign.
benjamín,-ina *nm,f* youngest child.
beodo,-a *adj* drunk.
berberecho *nm* (common) cockle.
berbiquí *nm* Téc drill.
berenjena *nf* aubergine, *US* eggplant.
Berlín *n* Berlin.
berlina *nf (coche)* saloon; *(carruaje)* sedan.
berlinés,-esa I *adj* of *o* from Berlin. **II** *nm,f* Berliner.
bermejo,-a *adj* reddish.
bermellón *nm* vermilion.
Bermudas I *nfpl* **las (Islas) B.**, Bermuda *sing.* **II** *nmpl* **bermudas**, *(prenda)* Bermuda shorts.
Berna *n* Bern.
berrear *vi* to bellow, low.
berrido *nm* bellowing, lowing.
berrinche *nm fam* rage, tantrum.
berro *nm* cress, watercress.
berza *nf* cabbage.
besar I *vtr* to kiss. **II besarse** *vr* to kiss.
beso *nm* kiss.
best-seller *nm* best-seller.
bestia I *nf* beast, animal; **b. de carga**, beast of burden. **II** *nmf fam fig* brute, beast. **III** *adj fig* brutish, boorish; **a lo b.**, rudely.
bestial *adj* bestial; *fam (enorme)* huge, tremendous; *(extraordinario)* fantastic, terrific.
bestialidad *nf* **1** *fam (estupidez)* stupidity. **2** *(crueldad)* act of cruelty. **3** *fam* **una b. de**, tons of, stacks of.
besugo *nm* **1** *(pez)* sea bream. **2** *(persona)* idiot, half-wit.
besuquear *fam* **I** *vtr* to kiss, cover with kisses. **II besuquearse** *vr* to smooch.
betún *nm (para el calzado)* shoe polish; *Quím* bitumen.
biberón *nm* baby's bottle, feeding bottle.
Biblia *nf* Bible.
bíblico,-a *adj* biblical.
bibliografía *nf* bibliography.
biblioteca *nf* library; **b. ambulante**, mobile library.
bibliotecario,-a *nm,f* librarian.
BIC *nf abr de* **Brigada de Investigación Criminal**, ≈ Criminal Investigation Department, CID.
bicameral *adj* Pol bicameral, two-chamber.
bicarbonato *nm* bicarbonate; **b. sódico**, bicarbonate of soda.
bicentenario *nm* bicentenary, *US* bicentennial.

bíceps *nm inv* biceps.
bicha *nf* snake.
bicho *nm* 1 bug, insect; ¿qué b. te ha picado?, what's bugging you? 2 *Taur* bull. 3 *fam* todo b. viviente, every living soul; un b. raro, a weirdo, an oddball.
bici *nf fam* bike.
bicicleta *nf* bicycle; montar en b., to ride a bicycle.
bicolor *adj* two-coloured; *Pol* gobierno b., two-party government.
bidé *nm* bidet.
bidón *nm* drum.
biela *nf Aut* connecting rod.
bien¹ I *adv* 1 *(correctamente)* well; habla b. (el) inglés, she speaks English well; responder b., to answer correctly; hiciste b. en decírmelo, you were right to tell me; las cosas le van b., things are going well for him; ¡b.!, good!, great!; ¡muy b.!, excellent, first class!; ¡qué b.!, great!, fantastic! 2 *(de salud)* well; sentirse/encontrarse/estar b., to feel well. 3 vivir b., to be comfortably off; ¡está b.!, *(¡de acuerdo!)* fine!, all right!; ¡ya está b.!, that's (quite) enough!; aquí se está muy b., it's really nice here; esta falda te sienta b., this skirt suits you; *fam* ese libro está muy b., that book is very good; *fam* su novia está muy b., his girlfriend is very nice. 4 *(intensificador)* very, quite; b. temprano, very early, nice and early; b. caliente, pretty hot; b. es verdad que ..., it's quite clear that .... 5 más b., rather, a little. 6 b. podía haberme avisado, she might have let me know. 7 *(de buena gana)* willingly, gladly; b. me tomaría una cerveza, I'd really love a beer.
II *conj* ahora b., now, now then; o b., or, or else; b. ... o b. ..., either ... or ...; no b., as soon as; no b. llegó ..., no sooner had she arrived than ...; si b., although, even if.
III *adj* la gente b., the wealthy, the upper classes.
bien² *nm* 1 *(bondad)* good; el b. y el mal, good and evil; un hombre/familia de b., a good man/family. 2 *(bienestar)* por el b. de, for the good of; lo hace por tu b., he does it for your sake. 3 bienes, goods; bienes de equipo, capital goods; bienes gananciales, communal property; bienes inmuebles, real estate; bienes de consumo, consumer goods.
bienal *nf* biennial exhibition.
bienestar *nm (personal)* well-being, contentment; *(comodidad)* ease, comfort; la sociedad del b., the affluent society.
bienhechor,-a *nm,f (hombre)* benefactor; *(mujer)* benefactress.
bienintencionado,-a *adj* well-meaning, well-intentioned.
bienio *nm* biennium, two-year period.

bienvenida *nf* welcome; dar la b. a algn, to welcome sb.
bienvenido,-a *adj* welcome.
bife *nm* steak.
bifocal *adj* bifocal; gafas bifocales, bifocals.
bifurcación *nf* bifurcation; *(de la carretera)* fork.
bifurcarse [1] *vr* to fork, branch off.
bigamia *nf* bigamy.
bígamo,-a I *adj* bigamous. II *nm,f* bigamist.
bigote *nm (de persona)* moustache, *US* mustache; *(de animal) (usu pl)* whiskers *pl*.
bilateral *adj* bilateral; acuerdo b., bilateral agreement.
bilbaíno,-a I *adj* of *o* from Bilbao. II *nm,f* native *o* inhabitant of Bilbao.
bilingüe *adj* bilingual.
bilis *nf* bile.
billar *nm* 1 *(juego)* billiards *sing*; b. americano, pool; b. ruso, snooker. 2 *(mesa)* billiard table.
billete *nm* 1 ticket; b. de ida y vuelta, return (ticket), *US* round-trip ticket; b. sencillo *o* de ida, single (ticket). 2 *(de banco)* note, *US* bill; un b. de mil pesetas, a thousand peseta note.
billetera *nf*, **billetero** *nm* wallet, *US* billfold.
billón *nm* billion, *US* trillion.
bimensual *adj* twice-monthly, bimonthly.
bimotor I *adj* twin-engined. II *nm* twin-engined plane.
binario,-a *adj* binary.
bingo *nm* 1 *(juego)* bingo. 2 *(sala)* bingo hall.
binomio *nm* binomial.
biodegradable *adj* biodegradable.
biofísica *nf* biophysics.
biografía *nf* biography.
biográfico,-a *adj* biographical.
biógrafo,-a *nm,f* biographer.
biología *nf* biology.
biológico,-a *adj* biological.
biólogo,-a *nm,f* biologist.
biombo *nm* (folding) screen.
biomasa *nf* bio-mass.
biopsia *nf* biopsy.
bioquímica *nf* biochemistry.
bioquímico,-a I *adj* biochemical. II *nm,f* biochemist.
bióxido *nm* dioxide; b. de carbono, carbon dioxide.
bipartidismo *nm* two-party system.
biquini *nm* bikini.
birlar *vtr fam* to pinch, nick.
Birmania *n* Burma.
birmano,-a *adj & nm,f* Burmese.
birrete *nm* cap, beret; *Rel* biretta; *Univ* mortar-board.
birria *nf fam* rubbish.

bis I *nm* encore. II *adv* twice.
bisabuela *nf* great-grandmother.
bisabuelo *nm* great-grandfather; **bisabuelos**, great-grandparents.
bisagra *nf* hinge; **partido b.**, party holding the balance of power.
bisbisar, bisbisear *vtr* to whisper.
bisexual *adj & nmf* bisexual.
bisiesto *adj* **año b.**, leap year.
bisnieto,-a *nm,f* (*niño*) great-grandson; (*niña*) great-granddaughter; **mis bisnietos**, my great-grandchildren.
bisonte *nm* bison, American buffalo.
bisoño,-a *adj* inexperienced.
bisté, bistec *nm* steak.
bisturí *nm* scalpel.
bisutería *nf* imitation jewellery *o US* jewelry.
bit *nm Inform* bit.
bíter *nm* bitters *pl*.
bizantino,-a *adj* **fig discusiones bizantinas**, hair-splitting arguments.
bizco,-a I *adj* cross-eyed. II *nm,f* cross-eyed person.
bizcocho *nm* sponge cake.
biznieto,-a *nm,f* → **bisnieto,-a**.
blanca *nf fam* **estar sin b.**, to be flat broke.
blanco,-a[1] I *adj* white; (*tez*) fair. II *nm,f* (*hombre*) white man; (*mujer*) white woman; **los blancos**, whites.
blanco[2] *nm* 1 (*color*) white. 2 (*hueco*) blank; **dejó la hoja en b.**, he left the page blank; **votos en b.**, blank votes; *fig* **pasar la noche en b.**, to have a sleepless night; **me quedé en b.**, my mind went blank. 3 (*diana*) target; **dar en el b.**, to hit the target; *fig* **ser el b. de todas las miradas**, to be the centre of attention.
blancura *nf* whiteness.
blandengue *adj pey* weak, soft.
blandir *vtr* to brandish.
blando,-a *adj* soft.
blanquear *vtr* 1 to whiten. 2 (*encalar*) to whitewash. 3 (*dinero*) to launder.
blanquecino,-a *adj* whitish.
blanqueo *nm* 1 whitening. 2 (*encalado*) whitewashing. 3 (*de dinero*) laundering.
blasfemar *vi* to blaspheme (**contra**, against).
blasfemia *nf* blasphemy.
blasón *nm* coat of arms.
bledo *nm fam* **me importa un b.**, I couldn't give a damn.
blindado,-a *adj Mil* armoured, *US* armored, armour-plated, *US* armor-plated; (*antibalas*) bullet-proof; **coche b.**, bulletproof car; **puerta blindada**, reinforced door, security door.
blindaje *nm* armour, *US* armor; (*vehículo*) armour *o US* armor plating.
bloc *nm* pad; **b. de notas**, notepad.
bloque *nm* 1 block; **en b.**, en bloc; **b. de pisos**, (block of) flats. 2 *Pol* bloc; **el b. comunista**, the Communist Bloc.
bloquear *vtr* 1 to block. 2 *Mil* to blockade.
bloqueo *nm* blockade; *Dep* block.
blues *nm* blues *pl*.
blusa *nf* blouse.
blusón *nm* loose blouse, smock.
boato *nm* show, ostentation.
bobada *nf* nonsense; **decir bobadas**, to talk nonsense.
bobalicón,-ona *fam* I *adj* simple, stupid. II *nm,f* simpleton, idiot.
bobería *nf* → **bobada**.
bobina *nf* 1 reel. 2 *Elec* coil.
bobo,-a I *adj* (*tonto*) stupid, silly; (*ingenuo*) naïve. II *nm,f* fool.
boca *nf* 1 mouth; **b. abajo**, face downward; **b. arriba**, face upward; *fig* **a pedir de b.**, in accordance with one's wishes; *fig* **andar de b. en b.**, to be the talk of the town; *fam* **¡cierra la b!**, shut up!; *fam* **con la b. abierta**, open-mouthed; *fam* **se le hizo la b. agua**, his mouth watered; **el b. a b.**, kiss of life, mouth-to-mouth respiration. 2 **la b. del metro**, the entrance to the tube *o* underground station; **b. de riego**, hydrant.
bocacalle *nf* entrance to a street.
bocadillo *nm* 1 sandwich; **un b. de jamón/tortilla**, a ham/omelette sandwich. 2 (*de cómic*) balloon.
bocado *nm* 1 (*mordedura*) bite. 2 (*de caballo*) bit.
bocajarro (a) *loc adv* point-blank.
bocanada *nf* 1 (*de vino*) mouthful. 2 (*de humo*) puff; **una b. de viento**, a gust of wind.
bocata *nm* sandwich.
bocazas *nmf inv fam* bigmouth, blabbermouth.
boceto *nm Arte* sketch, outline; (*esquema*) outline, plan.
bochinche *nm fam* uproar; **armar un b.**, to kick up a row.
bochorno *nm* 1 (*tiempo*) sultry *o* close weather; (*calor sofocante*) stifling heat. 2 *fig* (*vergüenza*) shame, embarrassment.
bochornoso,-a *adj* 1 (*tiempo*) sultry, close, muggy; (*calor*) stifling. 2 *fig* (*vergonzoso*) shameful, embarrassing.
bocina *nf* horn; **tocar la b.**, to blow *o* sound one's horn.
bocinazo *nm* hoot, toot.
boda *nf* wedding, marriage; **bodas de plata**, silver wedding *sing*.
bodega *nf* 1 wine cellar; (*tienda*) wine shop. 2 *Náut* hold. 3 (*almacén*) warehouse. 4 *Am* grocery store, grocer's.
bodegón *nm* still-life.
bodrio *nm fam* rubbish, trash.
body *nm* bodystocking, leotard.
BOE *nm abr de Boletín Oficial del Estado*, Official Gazette.
bofetada *nf*, **bofetón** *nm* slap on the

face; **dar una b./un b. a algn**, to slap sb's face.
boga *nf fig* **estar en b.**, to be in vogue.
bogar [7] *vi* **1** *(remar)* to row. **2** *(navegar)* to sail.
bogavante *nm* lobster.
bogotano,-a **I** *adj* of *o* from Bogotá. **II** *n m,f* native of Bogotá.
bohío *nm Am* hut, cabin.
boicot *nm (pl* **boicots)** boycott.
boicotear *vtr* to boycott.
boicoteo *nm* boycott.
boina *nf* beret.
bol *nm* bowl.
bola *nf* **1** ball; *(canica)* marble; **b. de nieve**, snowball; **no dar pie con b.**, to be unable to do anything right. **2** *fam (mentira)* fib, lie; **meter bolas**, to tell fibs. **3** *Am (rumor)* rumour.
bolchevique *adj & nmf* Bolshevik.
bolear *vtr* to throw.
bolera *nf* bowling alley.
boletería *nf Am Dep Ferroc* ticket office, *GB* booking office; *Teat* ticket office, box office.
boletín *nm* bulletin; **B. Oficial del Estado**, Official Gazette.
boleto *nm* ticket.
boli *nm fam* ball-point pen, biro®.
boliche *nm* **1** *(juego)* bowling, skittles. **2** *(bola)* jack. **3** *(lugar)* bowling alley.
bólido *nm Aut* racing car.
bolígrafo *nm* ballpoint (pen), biro®.
bolívar *nm Fin* standard monetary unit of Venezuela.
Bolivia *n* Bolivia.
boliviano,-a **I** *adj & nm,f* Bolivian.
bollar *vtr* to dent.
bollo *nm* **1** *Culin* bun, bread roll. **2** *(abolladura)* dent.
bolo *nm* **1** skittle, ninepin. **2 bolos**, *(juego)* skittles.
bolsa¹ *nf* bag; *Av* **b. de aire**, air pocket; **b. de deportes**, sports bag; **b. de la compra**, shopping bag; **b. de viaje**, travel bag.
bolsa² *nf Fin* Stock Exchange; **jugar a la b.**, to play the market.
bolsillo *nm (en prenda)* pocket; **de b.**, pocket, pocket-size; **libro de b.**, paperback; **lo pagó de su b.**, he paid for it out of his own pocket.
bolso *nm* handbag, bag, *US* purse.
bomba¹ *nf* pump; **b. de aire**, air pump; **b. de incendios**, fire engine.
bomba² *nf* bomb; **b. atómica/de hidrógeno/de neutrones**, atomic/hydrogen/neutron bomb; **b. de relojería**, time bomb; **b. fétida**, stink bomb; **dar noticia b.**, shattering piece of news; *fam* **pasarlo b.**, to have a whale of a time.
bombardear *vtr* to bomb, shell; **b. a algn a preguntas**, to bombard sb with questions.

bombardeo *nm* bombing, bombardment.
bombardero *nm Av* bomber.
bombazo *nm* bomb blast.
bombear *vtr* **1** *(agua etc)* to pump. **2** *(pelota)* to blow up.
bombeo *nm (de líquido)* pumping; **estación de b.**, pumping station.
bombero,-a *nm,f (hombre)* fireman; *(mujer)* firewoman; *US (ambos sexos)* firefighter; **cuerpo de bomberos**, fire brigade; **parque de bomberos**, fire station.
bombilla *nf* (light) bulb.
bombín *nm* bowler hat.
bombo *nm* **1** *Mús* bass drum; *fig* **a b. y platillo(s)**, with a great song and dance; *fam* **darse b.**, to blow one's own trumpet. **2** *(de sorteo)* lottery drum.
bombón *nm* chocolate.
bombona *nf* cylinder; **b. de butano**, butane gas cylinder.
bombonera *nf* chocolate box.
bonachón,-ona *adj* good-natured, easygoing.
bonaerense **I** *adj* of *o* from Buenos Aires. **II** *nmf* native *o* inhabitant of Buenos Aires.
bonanza *nf* **1** *Náut (tiempo)* fair weather; *(mar)* calm at sea. **2** *fig (prosperidad)* prosperity.
bondad *nf* goodness; *fml* **tenga la b. de esperar**, please be so kind as to wait.
bondadoso,-a *adj* kind, good-natured.
bonete *nm Rel* cap, biretta; *Univ* mortar-board.
boniato *nm* sweet potato.
bonificación *nf* bonus.
bonificar [1] *vtr Com* to give a bonus to.
bonito,-a¹ *adj* pretty, nice.
bonito² *nm* tuna.
bono *nm* **1** *(vale)* voucher. **2** *Fin* bond, debenture; **bonos del tesoro** *o* **del Estado**, Treasury bonds.
bono-bus *nm* bus pass.
boom *nm* boom.
boomerang *nm* boomerang.
boquerón *nm* anchovy.
boquete *nm* hole.
boquiabierto,-a *adj* open-mouthed; **se quedó b.**, he was flabbergasted.
boquilla *nf* **1** *(de cigarro)* tip; *(de pipa)* mouthpiece; **decir algo de b.**, to pay lip service to sth. **2** *Mús* mouthpiece. **3** *(orificio)* opening.
borbotar, borbotear *vi* to bubble.
borbotón *nm* bubbling; *fig* **salir a borbotones**, to gush forth.
borda *nf Náut* gunwale; **arrojar** *o* **echar por la b.**, to throw overboard; **fuera b.**, *(motor)* outboard motor.
bordado,-a **I** *adj* embroidered; **el examen me salió b.**, I made a good job of that exam. **II** *nm* embroidery.
bordar *vtr* **1** to embroider. **2** *fig* to do excellently.

borde¹ *nm (de mesa, camino)* edge; *Cost* hem, edge; *(de vasija)* rim, brim; **al b. de**, on the brink of, on the verge of; **al b. del mar**, at the seaside.

borde² *fam* **I** *adj* stroppy. **II** *nmf* stroppy person.

bordear *vtr* to go round the edge of, skirt.

bordillo *nm* kerb, *US* curb.

bordo *nm* **a b.**, on board; **subir a b.**, to go on board.

borla *nf* tassel.

borne *nm Elec* terminal.

borra *nf* **1** *(pelusa)* fluff. **2** *(poso)* sediment, dregs *pl*.

borrachera *nf (embriaguez)* drunkenness; *(curda)* binge; **coger** *o* **pillar una b.**, to get drunk.

borracho,-a I *adj* **1** *(bebido)* drunk; **estar b.**, to be drunk. **2** *(bizcocho)* with rum. **II** *nm,f* drunkard, drunk.

borrador *nm* **1** *(escrito)* rough copy, *US* first draft. **2** *(croquis)* rough *o* preliminary sketch. **3** *(de pizarra)* duster.

borraja *nf* **quedar en agua de borrajas**, to come to nothing, fizzle *o* peter out.

borrar I *vtr* **1** *(con goma)* to erase, rub out; *(pizarra)* to clean. **2** *Inform* to delete. **II borrarse** *vr (de un club etc)* to drop out, withdraw.

borrasca *nf* area of low pressure.

borrascoso,-a *adj* stormy.

borrego,-a *nm,f* **1** yearling lamb. **2** *fam (persona)* sheep.

borrico *nm* ass, donkey; *fam fig* ass, dimwit.

borrón *nm* blot, smudge.

borroso,-a *adj* blurred; **veo b.**, I can't see clearly, everything's blurred.

bosque *nm* wood.

bosquejar *vtr (dibujo)* to sketch, outline; *(plan)* to draft, outline.

bosquejo *nm (de dibujo)* sketch, study; *(de plan)* draft, outline.

bostezar [4] *vi* to yawn.

bostezo *nm* yawn.

bota *nf* **1** boot; *fig* **ponerse las botas**, to make a killing. **2** *(de vino)* wineskin.

botana *nf Am* snack.

botánica *nf* botany.

botánico,-a I *adj* botanic; **jardín b.**, botanic gardens. **II** *nm,f* botanist.

botar I *vi* **1** *(saltar)* to jump. **2** *(pelota)* to bounce. **II** *vtr* **1** *(barco)* to launch. **2** *(pelota)* to bounce. **3** *Am (arrojar)* to throw *o* chuck out.

botarate *nmf* madcap, fool.

bote¹ *nm* **1** jump, bound; **dar botes**, to jump up and down; **de un b.**, with one leap. **2** *(de pelota)* bounce, rebound.

bote² *nm (lata)* can, tin; *(para propinas)* jar *o* box for tips; *(en lotería)* jackpot; *fam* **chupar del b.**, to scrounge.

bote³ *nm (lancha)* boat; **b. salvavidas**, lifeboat.

bote *nm* **de b. en b.**, packed, full to bursting.

botella *nf* bottle.

botellín *nm* small bottle.

botepronto *nm fam* **a b.**, all of a sudden.

botica *nf* chemist's (shop), pharmacy, *US* drugstore; *fam* **hay de todo como en b.**, there's everything under the sun.

boticario,-a *nm,f* chemist, pharmacist, *US* druggist.

botijo *nm* earthenware pitcher (with spout and handle).

botín¹ *nm (de un robo)* loot, booty.

botín² *nm (calzado)* ankle boot.

botiquín *nm* **1** medicine chest *o* cabinet; *(portátil)* first aid kit. **2** *(enfermería)* first aid post.

botón *nm* button; **pulsar el b.**, to press the button; **b. de muestra**, sample.

botones *nm inv (en hotel)* bellboy, *US* bellhop; *(recadero)* messenger, errand boy.

boutique *nf* boutique.

bóveda *nf* vault.

bovino,-a *adj* bovine; **ganado b.**, cattle.

boxeador *nm* boxer.

boxear *vi* to box.

boxeo *nm* boxing.

boya *nf* **1** *Náut* buoy. **2** *(corcho)* float.

boyante *adj* buoyant.

boy-scout *nm* boy scout.

bozal *nm* muzzle.

bracero *nm* (day) labourer.

bragas *nfpl* panties *pl*, knickers *pl*.

brageta *nf (de pantalón etc)* fly, flies *pl*.

braguetazo *nm vulg* **dar el b.**, to marry for money.

braille *nm* braille.

bramar *vi* to low, bellow.

bramido *nm* lowing, bellowing.

brandy *nm* brandy.

branquia *nf* gill.

brasa *nf* ember, red-hot coal; **chuletas a la b.**, barbecued chops.

brasero *nm* brazier.

Brasil *n* Brazil.

brasileño,-a, brasilero,-a *adj & nm,f* Brazilian.

bravata *nf* piece *o* act of bravado.

bravo,-a I *adj* **1** *(valiente)* brave, courageous. **2** *(feroz)* fierce, ferocious; **un toro b.**, a fighting bull. **3** *(mar)* rough, stormy. **II** *interj* **¡b.!**, well done!, bravo!

bravucón,-ona *nm,f* boaster, braggart.

bravura *nf* **1** *(de animal)* ferocity, fierceness. **2** *(de persona)* courage, bravery. **3** *(de toro)* fighting spirit.

braza *nf* **1** *Náut* fathom. **2** *Natación* breast stroke; **nadar a b.**, to do the breast stroke.

brazada *nf Natación* stroke.

brazalete *nm* **1** *(insignia)* armband. **2** *(pulsera)* bracelet.

brazo *nm* arm; *(de animal)* foreleg; *(de sillón, tocadiscos)* arm; **en brazos,** in one's arms; **ir del b.,** to walk arm in arm; *fig* **con los brazos abiertos,** with open arms; *fig* **no dar su b. a torcer,** not to give in, stand firm; **b. de gitano,** type of Swiss roll containing cream.

brea *nf* tar, pitch.

brebaje *nm* concoction, brew.

brecha *nf (en muro)* opening, gap; *Mil & fig* breach; *fig* **estar siempre en la b.,** to be always in the thick of things.

brécol *nm* broccoli.

bregar |7| *vi* to fight.

Bretaña *nf* 1 Brittany. 2 **Gran B.,** Great Britain.

brete *nm fig* **poner a algn en un b.,** to put sb in a tight spot.

breva *nf* early fig; *fam* **de higos a brevas,** once in a blue moon; *fam* **¡no caerá esa b.!,** no such luck!

breve *adj* brief; **en b., en breves momentos,** shortly, soon; **en breves palabras,** in short.

brevedad *nf* briefness; *(concisión)* brevity; **con la mayor b. posible,** as soon as possible.

brezo *nm* heather.

bribón,-ona I *adj* roguish, dishonest. **II** *nm,f* rogue, rascal.

bricolaje *nm* do-it-yourself, DIY.

brida *nf* 1 *(rienda)* rein, bridle. 2 *Téc* flange.

bridge *nm Naipes* bridge.

brigada I *nf* 1 *Mil* brigade. 2 *(de policías)* squad; **b. antiterrorista,** anti-terrorist squad. **II** *nm Mil* sergeant major.

brigadier *nm* brigadier.

brillante I *adj* brilliant. **II** *nm* diamond.

brillantez *nf* brilliance.

brillantina *nf* brilliantine.

brillar *vi (resplandecer)* to shine; *(ojos, joyas)* to sparkle; *(lentejuelas etc)* to glitter; **b. por su ausencia,** to be conspicuous by one's absence.

brillo *nm (resplandor)* shine; *(del sol, de la luna)* brightness; *(de lentejuelas etc)* glittering; *(del cabello, tela)* sheen; *(de color)* brilliance; *(de pantalla)* brightness; *(de zapatos)* shine; **sacar b. a,** to shine, polish.

brincar |1| *vi* to skip.

brinco *nm* skip.

brindar I *vi* to drink a toast; **b. por algn/algo,** to drink to sb/sth. **II** *vtr* 1 *(oportunidad)* to offer, provide. 2 *Taur* to dedicate the bull **(a,** to). **III brindarse** *vr* to offer **(a,** to), volunteer **(a,** to).

brindis *nm* 1 toast. 2 *Taur* dedication (of the bull).

brío *nm* energy.

brioso,-a *adj* energetic, vigorous.

brisa *nf* breeze; **b. marina,** sea breeze.

británico,-a I *adj* British; **las Islas Británicas,** the British Isles. **II** *nm,f* Briton; **los británicos,** the British.

brizna *nf (de hierba)* blade; *(de carne)* string.

broca *nf Téc* bit.

brocha *nf (para pintar)* paintbrush; **b. de afeitar,** shaving brush.

broche *nm* 1 *(joya)* brooch; *fig* **poner el b. de oro,** to finish with a flourish. 2 *(de vestido)* fastener.

bróculi *nm* broccoli.

broma *nf (chiste)* joke; **bromas aparte,** joking apart; **en b.,** as a joke; **¡ni en b.!,** not on your life!; **b. pesada,** practical joke; **gastar una b.,** to play a joke.

bromear *vi* to joke.

bromista I *adj* fond of joking *o* playing jokes. **II** *nmf* joker, prankster.

bronca *nf* 1 *(riña)* quarrel, row. 2 **echar una b. a algn,** to bawl sb out.

bronce *nm* bronze.

bronceado,-a I *adj* suntanned, tanned. **II** *nm* suntan, tan.

bronceador,-a I *adj* **leche bronceadora,** suntan cream. **II** *nm* suntan cream *o* lotion.

broncearse *vr* to get a tan *o* a suntan.

bronco,-a *adj* rough, coarse.

bronquitis *nf inv* bronchitis.

brotar *vi (planta)* to sprout; *(agua)* to spring, gush; *(lágrimas)* to well up; *(epidemia)* to break out.

brote *nm* 1 *Bot (renuevo)* bud, shoot; *(de agua)* gushing. 2 *(de epidemia, violencia)* outbreak.

bruces (de) *loc adv* face downwards; **se cayó de b.,** he fell flat on his face.

bruja *nf* witch, sorceress.

brujería *nf* witchcraft, sorcery.

brújula *nf* compass.

bruma *nf* mist.

brumoso,-a *adj* misty.

bruñir *vtr* to polish.

brusco,-a *adj* 1 *(persona)* brusque, abrupt. 2 *(repentino)* sudden, sharp.

Bruselas *n* Brussels; **coles de B.,** Brussels sprouts.

brusquedad *nf* brusqueness, abruptness.

brutal *adj* brutal.

brutalidad *nf* brutality.

bruto,-a I *adj* 1 *(necio)* stupid, thick; *(grosero)* coarse, uncouth. 2 *Fin* gross; **peso b.,** gross weight. 3 **un diamante en b.,** an uncut diamond. **II** *nm,f* blockhead, brute.

búcaro *nm* earthenware jug.

bucear *vi* to swim under water.

buche *nm* maw; *(de ave)* craw; *fam (estómago)* belly, stomach.

bucle *nm* curl, ringlet.

budín *nm* pudding.

budismo *nm* Buddhism.

budista *adj* Buddhist.

buen *adj (delante de un nombre masculino*

buenaventura *nf* good fortune, good luck; **echar la b. a algn**, to tell sb's fortune.

bueno,-a I *adj* 1 good; **un alumno muy b.**, a very good pupil; **una buena película**, a good film; **lo b.**, the good thing. 2 *(amable) (con ser)* good, kind; **el b. de Carlos**, good old Carlos; **es muy buena persona**, he's a very kind soul. 3 *(sano) (con estar)* well, in good health. 4 *(tiempo)* good; **hoy hace buen tiempo**, it's fine today; **mañana hará b.**, it will be fine *o* a nice day tomorrow. 5 *(conveniente)* good; **no es b. comer tanto**, it's not good for you to eat so much; **sería b. que vinieras**, it would be a good idea if you came. 6 *(considerable)* considerable; **un buen número de**, a good number of; **una buena cantidad**, a considerable amount. 7 *(grande)* good, big; **un buen trozo de pastel**, a nice *o* good big piece of cake. 8 *fam (atractivo)* gorgeous, sexy; **Rosa está muy buena**, Rosa's a bit of all right!; **una tía buena**, a good-looking girl. 9 *irón* fine, real, proper; **¡en buen lío te has metido!**, that's a fine mess you've got yourself into! 10 **¡buenas!**, *(saludos)* hello!; **buenas tardes**, *(desde mediodía hasta las cinco)* good afternoon; *(desde las cinco)* good evening; **buenas noches**, *(al llegar)* good evening; *(al irse)* good night; **buenos días**, good morning. 11. *(locuciones)* **de buenas a primeras**, suddenly, all at once; **estar de buenas**, to be in a good mood; **los buenos tiempos**, the good old days; **por las buenas**, willingly; **por las buenas o por las malas**, willy-nilly; *irón* **¡estaría b.!**, that's done it!; **un susto de los buenos**, a real fright; *irón* **¡estaría b.!**, I should jolly well hope not!; *irón* **librarse de una buena**, to get off scot free.
II *interj* **¡b.!**, *(vale)* all right, OK.
◆**buenamente** *adv* **haz lo que b. puedas**, just do what you can; **si b. puedes**, if you possibly can.

buey *nm* ox, bullock.

búfalo,-a *nm,f* buffalo.

bufanda *nf* scarf.

bufar *vi* 1 *(toro)* to snort; *(caballo)* to neigh. 2 *(persona)* to be fuming.

bufé *nm* buffet; **b. libre**, self-service buffet meal.

bufete *nm (despacho de abogado)* lawyer's office.

buffet *nm (pl* **buffets)** → **bufé**.

bufido *nm (de toro)* snort; *(de caballo)* neigh.

bufón,-ona *nm,f* clown, buffoon.

buhardilla *nf* attic, garret.

búho *nm* owl; **b. real**, eagle owl.

buhonero,-a *nm,f* pedlar, hawker.

buitre *nm* vulture.

bujía *nf* 1 *Aut* spark plug. 2 *Fís* candlepower.

bulbo *nm* bulb.

buldog *nm* bulldog.

bulevar *nm* boulevard.

Bulgaria *n* Bulgaria.

búlgaro,-a *adj & nm,f* Bulgarian.

bulla *nf* 1 *(muchedumbre)* crowd, mob. 2 *(ruido)* din; **armar b.**, to kick up a din.

bullicio *nm* din, hubbub.

bullir *vi* 1 *(hervir)* to boil, bubble (up). 2 **b. de gente**, to be teeming with people.

bulto *nm* 1 *(cosa indistinta)* shape, form. 2 *(maleta, caja)* piece of luggage. 3 *Med* lump. 4 **hacer mucho b.**, to be very bulky; *fam* **escurrir el b.**, to pass the buck.

bumerán, bumerang *nm* boomerang.

bungalow *nm* bungalow.

búnker *nm* bunker.

buñuelo *nm* doughnut.

BUP *nm abr de* **Bachillerato Unificado Polivalente**, ≈ GCSE studies.

buque *nm* ship; **b. de guerra**, warship; **b. de pasajeros**, liner, passenger ship; **b. insignia**, flagship.

burbuja *nf* bubble; **hacer burbujas**, to bubble, make bubbles.

burbujear *vi* to bubble.

burdel *nm* brothel.

Burdeos *n* Bordeaux.

burdo,-a *adj* coarse, rough.

burgalés,-a I *adj o o* from Burgos. II *nm,f* native *o* inhabitant of Burgos.

burgués,-a *adj & nm,f* bourgeois.

burguesía *nf* bourgeoisie.

burla *nf* gibe, jeer; **hacer b. de algo** *o* **algn**, to make fun of sth *o* sb; **hacer b. a algn**, to stick one's tongue out at sb.

burladero *nm Taur* refuge in bullring.

burlar I *vtr* 1 *(engañar)* to deceive. 2 *(eludir)* to dodge, evade. II **burlarse** *vr* to make fun **(de**, of), laugh **(de**, at).

burlón,-ona *adj* mocking.

buró *nm* 1 *Pol* executive committee. 2 *(escritorio)* bureau, desk.

burocracia *nf* bureaucracy.

burócrata *nmf* bureaucrat.

burocrático,-a *adj* bureaucratic.

buromática *nf* office automation.

burrada *nf (comentario)* stupid *o* foolish remark; *(hecho)* stupid *o* foolish act.

burro,-a I *nm,f* 1 donkey, ass; *fam fig* **bajarse del b.**, to climb *o* back down. 2 *fam (estúpido)* dimwit, blockhead. 3 **b. de carga**, dogsbody, drudge. II *adj* 1 *fam (necio)* stupid, dumb. 2 *fam (obstinado)* stubborn.

bursátil *adj* stock-market.

bus *nm* bus.

busca *nf* search; **ir en b. de**, to go in search of.

buscapersonas *nm* pager.

buscapleitos *nmf inv* troublemaker.
buscar |1| I *vtr* 1 to look *o* search for; **b. una palabra en el diccionario**, to look up a word in the dictionary. 2 **ir a b. algo**, to go and get sth, fetch sth; **fue a buscarme a la estación**, she picked me up at the station. II **buscarse** *vr fam* **b. la vida**, to try and earn one's living; *fam* **te la estás buscando**, you're asking for it; **se busca**, wanted.
búsqueda *nf* search, quest; *Inform* search.
busto *nm* bust.
butaca *nf* 1 (*sillón*) armchair, easy chair. 2 *Cin Teat* seat; **b. de platea** *o* **patio**, seat in the stalls.
butano *nm* butane; (**gas**) **b.**, butane gas.
butifarra *nf* sausage.
buzo *nm* diver.
buzón *nm* letter box, *US* mailbox; **echar una carta al b.**, to post a letter.
byte *nm Inform* byte.

C

C, c |θe| *nf* (*la letra*) C, c.
C 1 *abr de* **Celsius**, Celsius, C. 2 *abr de* **centígrado**, centigrade, C.
c/ 1 *abr de* **calle**, Street, St; Road, Rd. 2 *abr de* **cargo**, cargo, freight. 3 *abr de* **cuenta**, account, a/c.
C.ª, Cª *abr de* **compañía**, Company, Co.
cabal I *adj* 1 (*exacto*) exact, precise. 2 (*honesto*) honest, upright. II *nmpl fam* **estar algn en sus cabales**, to be in full possession of one's faculties.
cábala *nf fig* **hacer cábalas sobre algo**, to speculate about sth.
cabalgadura *nf* mount.
cabalgar |7| *vtr & vi* to ride.
cabalgata *nf* cavalcade; **la c. de los Reyes Magos**, the procession of the Three Wise Men.
caballa *nf* mackerel.
caballar *adj* **ganado c.**, horses *pl*.
caballería *nf* 1 (*cabalgadura*) mount, steed. 2 *Mil* cavalry.
caballeriza *nf* stable.
caballero *nm* 1 gentleman; **¿qué desea, c.?**, can I help you, sir?; **ropa de c.**, menswear. 2 *Téc* **c.**, knight. 3 **caballeros**, (*en letrero*) gents.
caballeroso,-a *adj* gentlemanly, chivalrous.
caballete *nm* 1 (*de pintor*) easel. 2 *Téc* trestle. 3 (*de nariz*) bridge.
caballito *nm* 1 **c. de mar**, sea-horse. 2 **caballitos**, merry-go-round *sing*, *US* carousel *sing*.
caballo *nm* 1 horse; **a c.**, on horseback; **montar a c.**, to ride; *fig* **a c. entre ...**, halfway between .... 2 *Téc* **c. de vapor**, horse power. 3 *Ajedrez* knight. 4 *Naipes* queen. 5 *arg* (*heroína*) horse, smack.
cabaña *nf* cabin.
cabaret *nm* (*pl* **cabarets**) cabaret.
cabecear I *vi* to nod. II *vtr Dep* to head.
cabecera *nf* 1 top, head. 2 *Tip* headline.
cabecilla *nmf* leader.
cabellera *nf* head of hair.
cabello *nm* 1 hair. 2 *Culin* **c. de ángel**, sweet made of gourd and syrup.
cabelludo,-a *adj* **cuero c.**, scalp.

caber |9| *vi* 1 to fit, be (able to be) contained; **cabe en el maletero**, it fits in the boot; **¿cabemos todos?**, is there room for all of us?; **en este coche/jarro caben ...**, this car/jug holds ...; **no cabe por la puerta**, it won't go through the door; **no c. en sí de gozo**, to be beside oneself with joy; **no me cabe en la cabeza**, I can't understand it; **no cabe duda**, there is no doubt; **cabe la posibilidad de que ...**, there is a possibility *o* chance that ...; **no está mal dentro de lo que cabe**, it isn't bad, under the circumstances. 2 **cabe señalar que ...**, we should point out that .... 3 *Mat* **doce entre cuatro caben a tres**, four into twelve goes three (times).
cabestrillo *nm* sling.
cabeza I *nf* head; **en c.**, in the lead; **por c.**, a head, per person; *fig* **a la c. de**, at the front *o* top of; *fig* **estar mal de la c.**, to be a mental case; **c. de turco**, scapegoat; **el** *o* **la c. de familia**, the head of the family. II *nm* **c. rapada**, skinhead.
cabezada *nf* 1 (*golpe*) butt, blow on the head. 2 *fam* **echar una c.**, to have a snooze; **dar cabezadas**, to nod.
cabezal *nm Téc* head; (*de tocadiscos*) pick-up.
cabezota *fam* I *adj* pigheaded. II *nmf* pigheaded person.
cabezudo *nm* carnival figure with a huge head.
cabida *nf* capacity; **dar c. a**, to leave room for.
cabildo *nm Rel* chapter.
cabina *nf* cabin; **c. telefónica**, telephone box, *US* telephone booth.
cabizbajo,-a *adj* crestfallen.
cable *nm* cable; *arg* **echarle un c. a algn**, to give sb a hand.
cabo *nm* 1 (*extremo*) end; **al c. de**, after; **de c. a rabo**, from start to finish. 2 *Mil* corporal; (*policía*) sergeant. 3 *Náut* rope, cable; *fig* **atar cabos**, to put two and two together; *fig* **no dejar ningún c. suelto**, to leave no loose ends. 4 *Geog* cape; **Ciudad del C.**, Cape Town; **C. Verde**, Cape

cabra *nf* goat; *fam* **estar como una c.**, to be off one's head.
cabré *indic fut* → **caber**.
cabreado,-a *adj vulg* pissed-off.
cabrear I *vtr vulg* to make angry. **II cabrearse** *vr* to get worked up.
cabreo *nm vulg* anger.
cabrío,-a *adj* **macho c.**, billy goat; **ganado c.**, goats *pl*.
cabriola *nf* skip.
cabrito *nm Zool* kid.
cabrón,-ona *nm,f ofens (hombre)* bastard; *(woman)* bitch.
cabronada *nf vulg* dirty trick.
cabuya *nf Am* agave, pita.
caca *nf fam* poopoo.
cacahuete *nm* peanut.
cacao *nm* 1 *Bot* cacao. 2 *(polvo, bebida)* cocoa. 3 *fam (lío)* mess, cockup.
cacarear I *vi (gallina)* to cluck. **II** *vtr fig* to boast about.
cacareo *nm* 1 *(de gallina)* clucking. 2 *fig* boasting, bragging.
cacatúa *nf* cockatoo.
cacereño,-a I *adj* of *o* from Cáceres. **II** *nm,f* native *o* inhabitant of Cáceres.
cacería *nf* 1 *(actividad)* hunting, shooting. 2 *(partida)* hunt, shoot.
cacerola *nf* saucepan.
cacha *nf fam (muslo)* thigh; **estar cachas**, to be really muscular.
cachalote *nm* sperm whale.
cacharro *nm* 1 earthenware pot *o* jar. 2 *fam (cosa)* thing, piece of junk. 3 **cacharros**, *(de cocina)* pots and pans.
cachear *vtr* to frisk, search.
cachemir *nm*, **cachemira** *nf* cashmere.
cacheo *nm* frisk, frisking.
cachetada *nf Am* slap.
cachete *nm* 1 *(bofetada)* slap. 2 *Am (mejilla)* cheek.
cachimba *nf Am* pipe.
cachiporra *nf* club, truncheon.
cachivache *nm fam* thing, knick-knack.
cacho¹ *nm fam (pedazo)* bit, piece; *fig* **¡qué c. de animal!**, what a nasty piece of work!
cacho² *nm Am (cuerno)* horn.
cachondearse *vr fam* **c. de**, to take the mickey out of.
cachondeo *nm fam* laugh; **tomar algo a c.**, to take sth as a joke.
cachondo,-a *adj fam* 1 *(sexualmente)* randy. 2 *(divertido)* funny.
cachorro,-a *nm,f (de perro)* pup, puppy; *(de gato)* kitten; *(de otros animales)* cub, baby.
cacique *nm (jefe)* local boss.
caco *nm fam* thief.
cacofonía *nf* cacophony.
cacto *nm*, **cactus** *nm inv Bot* cactus *inv*.
cada *adj (de dos)* each; *(de varios)* each, every; **c. día**, every day; **c. dos días**, every second day; **c. vez más**, more and more; **¿c. cuánto?**, how often?; **c. dos por tres**, every other minute; **cuatro de c. diez**, four out of (every) ten; **¡tienes c. cosa!**, you come up with some fine ideas!
cadalso *nm* scaffold.
cadáver *nm (de persona)* corpse, (dead) body; *(de animal)* body, carcass; **ingresar c.**, to be dead on arrival.
cadena *nf* 1 chain; *(correa de perro)* lead, leash. 2 *TV* channel. 3 *Ind* line; **c. de montaje**, assembly line; **trabajo en c.**, assembly line work. 4 *Geog* **c. montañosa**, mountain range. 5 *Jur* **c. perpetua**, life imprisonment. 6 *Aut* **cadenas**, tyre *o* US tire chains.
cadencia *nf* rhythm; *Mús* cadenza.
cadera *nf* hip.
cadete *nm* cadet.
caducar |1| *vi* to expire.
caducidad *nf* expiry; **fecha de c.**, *(en alimentos)* ≈ sell-by date; *(en medicinas)* to be used before.
caduco,-a *adj* 1 *Bot* deciduous. 2 *pey (anticuado)* out-of-date.
caer |39| **I** *vi* 1 to fall; **dejar c.**, to drop; *fig* **está al c.**, *(llegar)* he'll arrive any minute now; *(ocurrir)* it's on the way. 2 *(fecha)* to be; **su cumpleaños cae en sábado**, his birthday falls on a Saturday. 3 *(entender)* to understand, see; **ya caigo**, I get it; **no caí**, I didn't twig. 4 *(hallarse)* **cae por Granada**, it is somewhere near Granada. 5 **me cae bien/mal**, I like/don't like her. 6 **al c. el día**, in the evening; **al c. la noche**, at nightfall. **II caerse** *vr* to fall (down); **me caí de la moto**, I fell off the motorbike; **se le ha caído el pañuelo**, she dropped her handkerchief.
café *nm* 1 coffee; **c. solo/con leche**, black/white coffee. 2 *(cafetería)* café.
cafeína *nf* caffeine.
cafetal *nm* coffee plantation.
cafetera *nf* coffee-maker.
cafetería *nf* snack bar, coffee bar; *Ferroc* buffet car.
cafetero,-a *adj* 1 coffee. 2 *fam* **es muy c.**, *(persona)* he loves coffee.
cafre *nm,f* savage, beast.
cagado,-a *adj vulg (cobarde)* coward; **estar c. de miedo**, to be shit-scared.
cagar |7| *vulg* **I** *vi* 1 to (have a) shit. 2 *(estropear)* to ruin, spoil; **cagarla**, to cock it up. **II cagarse** *vr* to shit oneself; **c. de miedo**, to be shit-scared; **¡me cago en diez!**, damn it!
caída *nf* 1 fall; *(de pelo, diente)* loss. 2 *(de precios)* drop. 3 *Pol* downfall, collapse.
caído,-a I *adj* fallen. **III** *nmpl* **los caídos**, the fallen *pl*.
caigo *indic pres* → **caer**.
caimán *nm* alligator.
Cairo *n* **El C.**, Cairo.

caja *nf* **1** box; **c. fuerte**, safe; *fam TV* **la c. tonta**, the idiot box. **2** *(de leche etc)* carton. **3** *(de embalaje)* crate, case; **una c. de cerveza**, a crate of beer. **4** *Fin (en tienda)* cash desk; *(en banco)* cashier's desk. **5** *Aut* **c. de cambios**, gearbox. **6** *Com* **c. de ahorros** *o* **de pensiones**, savings bank. **7** *(féretro)* coffin, *US* casket.

cajero,-a *nm,f* cashier; **c. automático**, cash point, dispenser.

cajetilla *nf* packet, *US* pack.

cajón *nm* **1** *(en un mueble)* drawer; *fig* **c. de sastre**, jumble; *fam* **de c.**, obvious, self-evident. **2** *(caja grande)* crate, chest.

cal¹ *nf* lime; *fig* **a c. y canto**, hermetically; *fam* **una de c. y otra de arena**, six of one and half a dozen of the other.

cal² *abr de* **caloría(s)**, calorie(s), cal.

cala *nf* **1** *Geog* creek, cove. **2** *Náut* hold.

calabacín *nm Bot* **1** *(pequeño)* courgette, *US* zucchini. **2** *(grande)* marrow, *US* squash.

calabaza *nf* pumpkin, gourd.

calabobos *nm inv Met* drizzle.

calabozo *nm* **1** *(prisión)* jail, prison. **2** *(celda)* cell.

calada *nf fam (de cigarrillo)* drag, puff.

calado,-a I *adj* soaked. **II** *nm Náut* draught, *US* draft.

calamar *nm* squid *inv*; *Culin* **calamares a la romana**, squid fried in batter.

calambre *nm* **1** *Elec (descarga)* electric shock; **ese cable da c.**, that wire is live. **2** *(en músculo)* cramp.

calamidad *nf* calamity.

calaña *nf pey* kind, sort; **una persona de mala c.**, a bad sort.

calar I *vtr* **1** *(mojar)* to soak, drench. **2** *(agujerear)* to pierce, penetrate. **3** *fam (a alguien)* to rumble; **¡te tengo calado!**, we've got your number!. **II** *vi (prenda)* to let in water. **2** *Náut* to draw. **III calarse** *vr* **1** *(prenda, techo)* to let in water; *(mojarse)* to get soaked. **2** *(el sombrero)* to pull down. **3** *Aut* to stall.

calavera I *nf* skull. **II** *nm* tearaway, madcap.

calcar |1| *vtr* **1** *(un dibujo)* to trace. **2** *fig (imitar)* to copy, imitate.

calceta *nf* **1** *(prenda)* stocking. **2** **hacer c.**, to knit.

calcetín *nm* sock.

calcinar *vtr* to burn.

calcio *nm* calcium.

calco *nm* tracing; **papel de c.**, carbon paper.

calcomanía *nf* transfer.

calculadora *nf* calculator.

calcular *vtr* **1** *Mat* to calculate. **2** *(evaluar)* to (make an) estimate. **3** *(suponer)* to figure, guess.

cálculo *nm* **1** calculation; **según mis cálculos**, by my reckoning. **2** *Med* gallstone. **3** *Mat* calculus.

caldear *vtr* to heat up.

caldera *nf* boiler.

caldereta *nf* stew.

calderilla *nf* small change.

caldo *nm* stock, broth; **c. de cultivo**, culture medium; *fig* breeding ground.

calé *adj & nm* gypsy.

calefacción *nf* heating; **c. central**, central heating.

calefactor *nm* heater.

caleidoscopio *nm* kaleidoscope.

calendario *nm* calendar.

calentador *nm* heater.

calentamiento *nm Dep* warm up.

calentar |1| **I** *vtr* **1** *(agua, horno)* to heat; *(comida, habitación)* to warm up; *fig* **no me calientes la cabeza**, don't bug me. **2** *fam (pegar)* to smack. **3** *fam (excitar)* to arouse (sexually), turn on. **II calentarse** *vr* **1** to get hot *o* warm, heat up. **2** *fig* **se calentaron los ánimos**, people became very excited.

calentón,-ona, calentorro,-a *adj fam* randy.

calentura *nf* fever, temperature.

calibrar *vtr* to gauge, bore.

calibre *nm* **1** *(de arma)* calibre. **2** *fig (importancia)* importance.

calidad *nf* **1** quality; **de primera c.**, first-class; **un vino de c.**, good-quality wine. **2** **en c. de**, as.

cálido,-a *adj* warm; **una cálida acogida**, a warm welcome.

calidoscopio *nm* → **caleidoscopio**.

caliente *adj* **1** hot. **2** *fig (debate)* heated; **en c.**, in the heat of the moment. **3** *fam (cachondo)* hot, randy.

calificación *nf* **1** qualification. **2** *Educ* mark.

calificar |1| *vtr* **1** to describe (**de**, as); **le calificó de inmoral**, he called him immoral. **2** *(examen)* to mark, grade.

calificativo *nm* epithet.

caligrafía *nf* calligraphy; *(modo de escribir)* handwriting.

calima *nf* haze, mist.

calimocho *nm* drink made with wine and Coca-Cola.

calina *nf* → **calima**.

cáliz *nm* chalice.

caliza *nf* limestone.

calizo,-a *adj* lime.

callado,-a *adj* quiet; **te lo tenías muy c.**, you were keeping that quiet.

callar I *vi* **1** *(dejar de hablar)* to stop talking; **¡calla!**, be quiet!, *fam* shut up! **2** *(no hablar)* to keep quiet, say nothing. **II** *vtr (noticia)* not to mention, keep to oneself. **III callarse** *vr* to stop talking, be quiet; **¡cállate!**, shut up!

calle *nf* **1** street, road; **c. de dirección única**, one-way street; **c. mayor**, high street, *US* main street; **el hombre de la c.**, the man in the street. **2** *Dep* lane.

calleja *nf* narrow street.
callejero,-a I *nm (mapa)* street directory. II *adj* street; **gato c.**, alley cat.
callejón *nm* back alley *o* street; **c. sin salida**, cul-de-sac, dead end.
callejuela *nf* narrow street, lane.
callista *nmf* chiropodist.
callo *nm* 1 *Med* callus, corn; *fam* **dar el c.**, to slog. 2 *Culin* **callos**, tripe *sing*.
calma *nf* 1 calm; **¡c.!**, calm down!; **en c.**, calm; **tómatelo con c.**, take it easy. 2 *Meteor* calm weather; **c. chicha**, dead calm.
calmante *nm* painkiller.
calmar I *vtr (persona)* to calm (down); *(dolor)* to soothe, relieve. II **calmarse** *vr* 1 *(persona)* to calm down. 2 *(dolor, viento)* to ease off.
caló *nm* gypsy dialect.
calor *nm* 1 heat; **hace c.**, it's hot; **tengo c.**, I'm hot; **entrar en c.**, to warm up. 2 *fig (afecto)* warmth.
caloría *nf* calorie.
calumnia *nf* 1 calumny. 2 *Jur* slander.
calumniar |12| *vtr* 1 to calumniate. 2 *Jur* to slander.
caluroso,-a *adj* hot; *(acogida etc)* warm.
calva *nf* bald patch.
calvicie *nf* baldness.
calvinismo *nm* Calvinism.
calvo,-a I *adj* bald; **ni tanto ni tan c.**, neither one extreme nor the other. II *nm* bald man.
calza *nf* wedge.
calzada *nf* road, carriageway.
calzado *nm* shoes *pl*, footwear.
calzador *nm* shoehorn.
calzar |4| I *vtr* 1 *(poner calzado)* to put shoes on; **¿qué número calzas?**, what size do you take? 2 *(mueble)* to wedge. II **calzarse** *vr* **c. los zapatos**, to put on one's shoes.
calzones *nmpl* trousers.
calzonazos *nm inv fam* henpecked husband.
calzoncillos *nmpl* underpants, pants.
cama *nf* bed; **estar en *o* guardar c.**, to be confined to bed; **hacer la c.**, to make the bed; **irse a la c.**, to go to bed; **c. doble/sencilla**, double/single bed; **c. turca**, couch.
camada *nf* litter; *(de pájaros)* brood.
camafeo *nm* cameo.
camaleón *nm* chameleon.
cámara I *nf* 1 *(aparato)* camera; **a c. lenta**, in slow motion. 2 *Pol* Chamber, House; **C. Alta/Baja**, Lower/Upper House. 3 *Aut* inner tube. 4 *(habitación)* room, chamber; **c. de gas**, gas chamber; **c. frigorífica**, cold-storage room; **música de c.**, chamber music. II *nmf (hombre)* cameraman; *(mujer)* camerawoman.
camarada *nmf* comrade.
camaradería *nf* camaraderie.

camarera *nf (de hotel)* chambermaid.
camarero,-a *nm,f* 1 *(de restaurante) (hombre)* waiter; *(mujer)* waitress; *(trás la barra) (hombre)* barman; *(mujer)* barmaid. 2 *(de avión) (hombre)* steward; *(mujer)* stewardess.
camarilla *nf* clique.
camarón *nm* (common) prawn.
camarote *nm* cabin.
cambiante *adj* changing; *(carácter)* changeable.
cambiar |12| I *vtr* 1 to change; **c. algo de sitio**, to move sth. 2 *(intercambiar)* to swap, exchange. 3 *(dinero)* to change. II *vi* to change; **c. de casa**, to move (house); **c. de idea**, to change one's mind; **c. de trabajo**, to get another job; **c. de velocidad**, to change gear. III **cambiarse** *vr* 1 *(de ropa)* to change (clothes). 2 *(de casa)* to move (house).
cambiazo *nm fam* switch.
cambio *nm* 1 change; *(de impresiones)* exchange; **c. de planes**, change of plans; **un c. en la opinión pública**, a shift in public opinion; *fig* **a c. de**, in exchange for; **en c.**, on the other hand; **¿tienes c. de mil pesetas?**, have you got change for a thousand pesetas? 3 *Fin (de divisas)* exchange; *(de acciones)* price. 4 *Aut* gear change; **c. automático**, automatic transmission.
cambista *nmf* moneychanger.
Camboya *n* Cambodia.
camelar *vtr*, **camelarse** *vr fam* 1 to cajole. 2 *(galantear)* to win over.
camelia *nf* camellia.
camello,-a I *nm,f* camel. II *nm arg (traficante de drogas)* (drug) pusher.
camelo *nm fam* 1 *(engaño)* hoax. 2 *(trola)* cock-and-bull story.
camerino *nm* dressing room.
Camerún *n* Cameroon.
camilla *nf* 1 stretcher. 2 **mesa c.**, small round table under which a heater is placed.
caminante *nmf* walker.
caminar I *vi* to walk. II *vtr* to cover, travel; **caminaron diez kilómetros**, they walked for ten kilometres.
caminata *nf* long walk.
camino *nm* 1 *(ruta)* route, way; **ir c. de**, to be going to; **ponerse en c.**, to set off; *fig* **ir por buen/mal c.**, to be on the right/wrong track; **abrirse c.**, to break through; **a medio c.**, half-way; **en el c. a, o de c. a**, on the way to; **estar en c.**, to be on the way; **nos coge *o* pilla de c.**, it is on the way. 2 *(vía)* path, track. 3 *(modo)* way.
camión *nm* lorry, *US* truck; **c. cisterna**, tanker; **c. de la basura**, refuse lorry, *US* garbage truck; **c. frigorífico**, refrigerator lorry.
camionero,-a *nm,f* lorry *o US* truck

driver.
camioneta *nf* van.
camisa *nf* shirt; **en mangas de c.,** in one's shirtsleeves; *fig* **cambiar de c.,** to change sides; **c. de fuerza,** straightjacket.
camiseta *nf* **1** *(de uso interior)* vest, *US* undershirt. **2** *(de uso exterior)* T-shirt. **3** *Dep* shirt; **sudar la c.,** to run oneself into the ground.
camisón *nm* nightdress, *fam* nightie.
camomila *nf* camomile.
camorra *nf fam* trouble.
camorrista **I** *adj* quarrelsome, rowdy. **II** *nmf* troublemaker.
camote *nm Am* sweet potato.
campal *adj* **batalla c.,** pitched battle.
campamento *nm* camp.
campana *nf* bell; **pantalones de campana,** bell-bottom trousers.
campanada *nf* peal *o* ring of a bell.
campanario *nm* belfry, bell tower.
campanilla *nf* **1** small bell. **2** *Anat* uvula. **3** *Bot* bell flower.
campante *adj fam* **se quedó tan c.,** he didn't bat an eyelid.
campaña *nf* **1** campaign; **c. electoral,** election campaign; **c. publicitaria,** advertising campaign. **2** *Mil* expedition; **de c.,** field.
campar *vi fam* **c. por sus respetos,** to do as one pleases.
campechano,-a *adj* unpretentious.
campeón,-ona *nm,f* champion; **c. mundial,** world champion.
campeonato *nm* championship; **un tonto de c.,** an utter idiot.
campero,-a *adj* country, rural; **(botas) camperas,** leather boots.
campesino,-a *nm,f* *(hombre)* countryman; *(mujer)* countrywoman.
campestre *adj* rural.
camping *nm* campsite; **hacer** *o* **ir de c.,** to go camping.
campiña *nf* open country.
campista *nmf* camper.
campo *nm* **1** country, countryside; **a c. traviesa** *o* **través,** cross-country; **trabaja (en) el c.,** he works (on) the land; **trabajo de c.,** fieldwork. **2** *(parcela)* field. **3** *Fis Fot* field. **4** *(ámbito)* field; **c. de acción,** field of action; *Mil* **c. de batalla,** battlefield; **c. de concentración,** concentration camp; **c. de trabajo,** work camp. **5** *Dep* field; *(de fútbol)* pitch; *(de golf)* course.
camposanto *nm* cemetery.
camuflaje *nm* camouflage.
camuflar *vtr* to camouflage.
cana *nf (gris)* grey hair; *(blanco)* white hair; **tener canas,** to have grey hair; *fam* **echar una c. al aire,** to let one's hair down.
Canadá *n* Canada.
canadiense *adj & nmf* Canadian.

canal *nf* **1** *(artificial)* canal; *(natural)* channel; **C. de la Mancha,** English Channel. **2** *TV Elec Inform* channel.
canalizar |4| *vtr* to channel.
canalla *pey* **I** *nm* swine, rotter. **II** *nf* riffraff, mob.
canallesco,-a *adj pey* rotten, despicable.
canalón *nm* gutter.
canalones *nmpl* cannelloni.
canapé *nm* **1** *Culin* canapé. **2** *(sofá)* couch, sofa.
canario,-a **I** *adj & nm,f* Canarian; **Islas Canarias,** Canary Islands, Canaries. **II** *nm Orn* canary.
canasta *nf* basket.
canastilla *nf* small basket; *(de un bebé)* layette.
canasto *nm* big basket, hamper.
cancán *nm* frilly petticoat.
cancela *nf* wrought-iron gate.
cancelación *nf* cancellation.
cancelar *vtr* **1** *(acto etc)* to cancel. **2** *(deuda)* to pay off.
cáncer *nm* cancer; **c. de pulmón/mama,** lung/breast cancer.
cancerbero,-a *nm,f Ftb* goalkeeper.
cancerígeno,-a *adj* carcinogenic.
canceroso,-a *adj* cancerous.
cancha *nf* ground; *(de tenis)* court.
canciller *nm* chancellor.
canción *nf* song.
candado *nm* padlock.
candela *nf* fire.
candelabro *nm* candelabrum.
candelero *nm* candlestick; *fig* **en el c.,** at the top.
candente *adj* red-hot; *fig* **tema c.,** topical issue.
candidato,-a *nm,f* candidate; *(a un puesto)* applicant.
candidatura *nf* **1** *(lista)* list of candidates. **2** **presentar su c.,** to submit one's application.
candidez *nf* candour, *US* candor.
cándido,-a *adj fam* candid.
candil *nm* oil lamp.
candilejas *nfpl Teat* footlights.
candor *nm* candour, *US* candor.
candoroso,-a *adj* innocent, pure.
canela *nf* cinnamon.
cangrejo *nm (de mar)* crab; *(de río)* freshwater crayfish.
canguro **I** *nm* kangaroo. **II** *nmf fam* baby-sitter.
caníbal *adj & nmf* cannibal.
canica *nf* marble.
canícula *nf* dog days, midsummer heat.
caniche *nm* poodle.
canijo,-a *adj fam* puny, weak.
canillera *nf Am (cobardía)* cowardice; *(miedo)* fear.
canillita *nm Am* newspaper boy.
canino,-a **I** *adj* canine; *fam* **tener un hambre canina,** to be starving. **II** *nm*

(*colmillo*) canine.
canjear *vtr* to exchange.
cano,-a *adj* (*blanco*) white; (*gris*) grey.
canoa *nf* canoe.
canódromo *nm* dog *o* greyhound track.
canon *nm* 1 canon, norm. 2 *Mús Rel* canon. 3 *Com* royalty.
canónigo *nm* canon.
canonizar |4| *vtr* to canonize.
canoso,-a *adj* (*de pelo blanco*) white-haired; (*de pelo gris*) grey-haired; (*pelo*) white, grey.
cansado,-a *adj* 1 (*agotado*) tired, weary; **estar c.**, to be tired. 2 **ser c.**, (*pesado*) to be boring *o* tiresome.
cansancio *nm* tiredness, weariness; *fam* **estoy muerto de c.**, I'm on my last legs.
cansar I *vtr* to tire. II *vi* to be tiring. III **cansarse** *vr* to get tired; **se cansó de esperar**, he got fed up (with) waiting.
Cantabria *n* Cantabria.
cantábrico,-a *adj* Cantabrian; **Mar C.**, Bay of Biscay.
cántabro,-a *adj & nm,f* Cantabrian.
cantante I *nmf* singer. II *adj* singing; **llevar la voz c.**, to rule the roost.
cantaor,-a *nm,f* flamenco singer.
cantar[1] *vtr & vi* 1 *Mús* to sing; *fig* **en menos que canta un gallo**, in a flash. 2 *arg* (*confesar*) to sing, spill the beans. 3 *arg* (*oler mal*) to hum.
cantar[2] *nm* *lit* song; *fam* **¡eso es otro c.!**, that's a totally different thing!
cantarín,-ina *adj* (*voz*) sing-song.
cántaro *nm* pitcher; *fig* **llover a cántaros**, to rain cats and dogs.
cante *nm* 1 (*canto*) singing; *Esp* **c. hondo, c. jondo**, flamenco. 2 *arg* **dar el c.**, to attract attention.
cantera *nf* 1 (*de piedra*) quarry. 2 *fig Ftb* young players.
cantero *nm* stonemason.
cantidad I *nf* quantity; (*de dinero*) amount, sum; **en c.**, a lot; *fam* **c. de gente**, thousands of people. II *adv* *fam* a lot; **me gusta c.**, I love it.
cantimplora *nf* water bottle.
cantina *nf* canteen.
cantinero,-a *nm,f* bar attendant.
canto[1] *nm* 1 (*arte*) singing. 2 (*canción*) song.
canto[2] *nm* (*borde*) edge; **de c.**, on its side.
canto[3] *nm* (*guijarro*) pebble, stone; **c. rodado**, (*grande*) boulder; (*pequeño*) pebble.
cantor,-a I *adj* singing; **pájaro c.**, songbird. II *nm,f* singer.
canturrear *vi* to hum, croon.
canutas *nfpl* *fam* **pasarlas c.**, to have a hard time.
canuto *nm* 1 (*tubo*) tube. 2 *arg* (*porro*) joint.
caña *nf* 1 (*vaso*) glass; (*de cerveza*) glass of draught *o* *US* draft beer. 2 *Bot* reed; (*tallo*) cane, stem; **c. de azúcar**, sugar cane.

3 (*de pescar*) rod. 4 *fam* **darle c. al coche**, to go at full speed.
cañada *nf* gully, ravine.
cáñamo *nm* hemp.
cañería *nf* (piece of) piping; **cañerías**, plumbing.
cañí *adj & nmf* (*pl* **cañís**) *fam* gypsy.
caño *nm* (*tubo*) tube; (*tubería*) pipe.
cañón *nm* 1 cannon; *fig* **estar siempre al pie del c.**, to be always ready for a fight. 2 (*de fusil*) barrel. 3 *Geog* canyon.
cañonazo *nm* gunshot.
caoba *nf* mahogany.
caos *nm* chaos.
caótico,-a *adj* chaotic.
cap. *abr de* **capítulo**, chapter, ch.
capa *nf* 1 (*prenda*) cloak, cape; **de c. caída**, low-spirited. 2 (*de pintura*) layer, coat; *Culin* coating. 3 *Geol* stratum, layer.
capacidad *nf* 1 (*cabida*) capacity. 2 (*aptitud*) capacity, ability.
capacitación *nf* qualification.
capacitar *vtr* (*autorizar*) to authorize.
capar *vtr* to castrate.
caparazón *nm* shell.
capataz *nm,f* (*hombre*) foreman; (*mujer*) forewoman.
capaz *adj* 1 capable, able; **ser c. de hacer algo**, (*tener la habilidad de*) to be able to do sth; (*atreverse a*) to dare to do sth; **si se entera es c. de despedirle**, if he finds out he could quite easily sack him. 2 *Am* **es c. que**, it is likely that.
capcioso,-a *adj* captious; **pregunta capciosa**, catch question.
capea *nf* amateur bullfight.
capear *vtr* (*dificultad etc*) to dodge, shirk; *fig* **c. el temporal**, to weather the storm.
capellán *nm* chaplain.
caperuza *nf* hood.
capicúa *adj* **número c.**, reversible number; **palabra c.**, palindrome.
capilar *adj* hair; **loción c.**, hair lotion.
capilla *nf* chapel; **c. ardiente**, chapel of rest.
capirote *nm* *fam* **tonto de c.**, silly idiot.
capital I *nf* capital. II *nm* *Fin* capital; **c. activo** *o* **social**, working *o* share capital. III *adj* capital, main; **de importancia c.**, of capital importance; **pena c.**, capital punishment.
capitalismo *nm* capitalism.
capitalista *adj & nmf* capitalist.
capitalizar |4| *vtr* to capitalize.
capitán,-ana *nm,f* captain; **c. general**, field marshal, *US* general of the army.
capitanear *vtr* 1 *Mil Náut* to captain, command. 2 (*dirigir*) to lead; *Dep* to captain.
capitulación *nf* agreement; *Mil* capitulation; **capitulaciones matrimoniales**, marriage settlement.
capitular *vi* 1 *Mil* to capitulate,

capítulo   48   **carente**

surrender. 2 *(convenir)* to reach an agreement.
capítulo *nm* 1 *(de libro)* chapter. 2 *fig* **dentro del c. de ...**, *(tema)* under the heading of ....
capó *nm Aut* bonnet, *US* hood.
capón *nm* rap on the head with the knuckles.
capota *nf Aut* folding hood *o* top.
capote *nm* 1 *Taur* cape. 2 *Mil* greatcoat.
capricho *nm* 1 *(antojo)* whim, caprice. 2 *Mús* caprice, capriccio.
caprichoso,-a *adj* whimsical.
Capricornio *nm* Capricorn.
cápsula *nf* capsule.
captar *vtr* 1 *(ondas)* to receive, pick up. 2 *(comprender)* to understand, grasp. 3 *(interés etc)* to attract.
captura *nf* capture.
capturar *vtr (criminal)* to capture; *(cazar, pescar)* to catch; *Mil* to seize.
capucha *nf* hood.
capuchino *nm (café)* capuccino.
capullo *nm* 1 *(de insecto)* cocoon. 2 *Bot* bud. 3 *vulg (prepucio)* foreskin. 4 *ofens (persona)* silly bugger.
caqui I *adj (color)* khaki. II *nm (fruto)* persimmon.
cara *nf* 1 face; **c. a c.**, face to face; **c. a la pared**, facing the wall; **poner mala c.**, to pull a long face; **tener buena/mala c.**, to look good/bad; *fig* **c. de circunstancias**, serious look; *fig* **dar la c.**, to face the consequences *(*of one's acts*)*; *fig* **dar la c. por algn**, to stand up for sb; *fig* **(de) c. a**, with a view to; *fig* **echarle a algn algo en c.**, to reproach sb for sth; *fig* **plantar c. a algn**, to face up to sb. 2 *(lado)* side; *(de moneda)* right side; **¿c. o cruz?**, heads or tails?; **echar algo a c. o cruz**, to toss (a coin) for sth. 3 *fam (desfachatez)* cheek, nerve; **¡qué c. (más dura) tienes!**, what a cheek you've got!. II *nm fam (desvergonzado)* cheeky person.
carabela *nf* caravel.
carabina *nf* 1 *(arma)* carbine, rifle. 2 *(persona)* chaperon.
caracense I *adj* of *o* from Guadalajara. II *nmf* native *o* inhabitant of Guadalajara.
caracol I *nm* 1 *(de tierra)* snail; *Am* shell. 2 *(rizo)* kiss-curl. II *interj* **¡caracoles!**, good heavens!
caracola *nf* conch.
carácter *nm (pl* **caracteres**) 1 *(temperamento)* character; **de mucho c.**, with a strong character; **tener buen/mal c.**, to be good-natured/bad-tempered. 2 *fig (índole)* nature; **con c. de invitado**, as a guest. 3 *Impr* character.
característica *nf* characteristic.
característico,-a *adj* characteristic.
caracterizar |4| *vtr* to characterize.
caradura *nmf fam* cheeky devil; **¡qué c. eres!**, you're so cheeky!

carajillo *nm fam* coffee with a dash of brandy.
carajo *interj vulg* shit!; **¡vete al c.!**, go to hell!
caramba *interj fam (sorpresa)* good grief!; *(enfado)* damn it!
carámbano *nm* icicle.
carambola *nf* cannon, *US* carom.
caramelo *nm* 1 *(dulce)* sweet, *US* candy. 2 *(azúcar quemado)* caramel; *Culin* **a punto de c.**, syrupy.
carantoña *nf* caress.
caraqueño,-a I *adj* of *o* from Caracas. II *nm,f* native *o* inhabitant of Caracas.
carátula *nf* 1 *(cubierta)* cover. 2 *(máscara)* mask.
caravana *nf* 1 *(vehículo)* caravan. 2 *(de tráfico)* tailback.
caray *interj* God!, good heavens!
carbón *nm* coal; **c. vegetal**, charcoal; **c. mineral**, coal.
carboncillo *nm* charcoal.
carbonero,-a *nm* coal merchant.
carbónico,-a *adj* carbonic; **agua carbónica**, mineral water.
carbonilla *nf* coal dust.
carbonizar |4| I *vtr* to carbonize, char; **morir carbonizado**, to be burnt to death. II **carbonizarse** *vr* to carbonize, char.
carbono *nm* carbon.
carburador *nm* carburettor, *US* carburetor.
carburante *nm* fuel.
carburar *vi fam (funcionar)* to work properly.
carca *adj & nmf fam* old fogey; *Pol* reactionary.
carcaj *nm* quiver.
carcajada *nf* guffaw.
carcamal *nm fam* old fogey.
cárcel *nf* prison, jail.
carcelario,-a *adj* prison, jail.
carcelero,-a *nm,f* jailer, warder, *US* warden.
carcoma *nf* woodworm.
carcomer I *vtr* to eat away. II **carcomerse** *vr* to be consumed *(de,* with*)*.
cardar *vtr* 1 *(lana, algodón)* to card. 2 *(pelo)* to backcomb.
cardenal *nm* 1 *Rel* cardinal. 2 *Med* bruise.
cárdeno,-a *adj* purple.
cardiaco,-a, **cardíaco,-a** I *adj* cardiac, heart; **ataque c.**, heart attack. II *nm,f* person with a heart condition.
cardinal *adj* cardinal; **punto/número c.**, cardinal point/number.
cardiólogo,-a *nm,f* cardiologist.
cardo *nm (con espinas)* thistle.
carear *vtr* 1 *Jur* to bring two people face to face. 2 *(cotejar)* to compare.
carecer |33| *vi* **c. de**, to lack.
carencia *nf* lack *(de,* of*)*.
carente *adj* lacking; **c. de interés**, lacking

interest.
careo *nm Jur* confrontation.
carestía *nf* 1 *(falta)* lack, shortage. 2 *Fin* high price *o* cost.
careta *nf* mask; **c. antigás**, gas mask.
carey *nm* tortoiseshell.
carezco *indic pres* → **carecer**.
carga *nf* 1 *(acción)* loading. 2 *(cosa cargada)* load; *(de avión, barco)* cargo, freight; *fig* **c. afectiva**, emotional content. 3 *Fin (gasto)* debit; **c. fiscal**, tax charge. 4 *fig (obligación)* burden. 5 *Mil Elec* charge.
cargado,-a *adj* 1 loaded. 2 *(bebida)* strong; **un café c.**, a strong coffee. 3 *(ambiente)* heavy; **atmósfera cargada**, stuffy atmosphere. 4 *fig* burdened; **c. de deudas**, up to one's eyes in debt. 5 *Elec* charged.
cargamento *nm* 1 *(carga)* load. 2 *(mercancías)* cargo, freight.
cargante *adj fam* annoying.
cargar [7] **I** *vtr* 1 to load; *(mechero, pluma)* to fill; *(batería)* to charge; *fig* **c. las culpas a algn**, to put the blame on sb. 2 *Com* to charge; **cárguelo a mi cuenta**, charge it to my account; *fam Educ* **me han cargado las matemáticas**, I failed maths. **II** *vi* 1 **c. con**, *(llevar)* to carry; *fig* **c. con la responsabilidad**, to take the responsibility; *fig* **c. con las consecuencias**, to suffer the consequences. 2 *Mil* **c. contra**, to charge. **III** **cargarse** *vr* 1 *fam* **te la vas a c.**, you're asking for trouble and you're going to get it. 2 *fam (estropear)* to smash, ruin. 3 *fam (matar)* to kill, bump off.
cargo *nm* 1 *(puesto)* post, position; **alto c.**, *(puesto)* top job, high ranking position; *(persona)* top person. 2 **estar al c. de**, to be in charge of; **correr a c. de**, *(gastos)* to be met by; **hacerse c. de**, to take charge of; **hazte c. de mi situación**, please try to understand my situation; **c. de conciencia**, weight on one's conscience. 3 *Fin* charge, debit; **con c. a mi cuenta**, charged to my account. 4 *Jur* charge, accusation.
carguero *nm* 1 *(avión)* transport plane. 2 *(barco)* freighter.
cariarse *vr* to decay.
caribe *nm (idioma)* Carib; **el (mar) C.**, the Caribbean Sea.
caricatura *nf* caricature.
caricaturizar |4| *vtr* to caricature.
caricia *nf* caress, stroke.
caridad *nf* charity.
caries *nf inv* decay, caries.
carilla *nf* page, side of a piece of paper.
cariño *nm* 1 *(amor)* affection; **coger/tener c. a algo/algn**, to grow/to be fond of sth/sb; **con c.**, *(en carta)* love. 2 *(querido)* darling. 3 *(abrazo)* cuddle.
cariñoso,-a *adj* loving, affectionate.
carisma *nm* charisma.

carismático,-a *adj* charismatic.
caritativo,-a *adj* charitable.
cariz *nm* look.
carmesí *adj & nm* crimson.
carmín *nm* **(de color) c.**, carmine; **c. (de labios)**, lipstick.
carnal *adj* 1 *(de carne)* carnal. 2 *(pariente)* first; **primo c.**, first cousin.
carnaval *nm* carnival.
carne *nf* 1 flesh; *fam* **ser de c. y hueso**, to be only human; *fig* **c. de cañón**, cannon fodder; **c. de gallina**, goose-pimples; **c. viva**, raw flesh. 2 *(alimento)* meat; **c. de cerdo/cordero/ternera/vaca**, pork/lamb/veal/beef. 3 *(de fruta)* pulp.
carné, carnet *nm* card; **c. de conducir**, driving licence; **c. de identidad**, identity card.
carnero *nm* ram; *Culin* mutton.
carnicería *nf* 1 butcher's (shop). 2 *fig (masacre)* slaughter.
carnicero,-a *nm,f* butcher.
cárnico,-a *adj* **productos cárnicos**, meat products.
carnívoro,-a **I** *adj* carnivorous. **II** *nm,f* carnivore.
carnoso,-a *adj* fleshy.
caro,-a **I** *adj* expensive, dear. **II** *adv* **salir c.**, to cost a lot; **te costará c.**, *(amenaza)* you'll pay dearly for this.
carpa *nf* 1 *(pez)* carp. 2 *(de circo)* big top, marquee. 3 *Am (de camping)* tent.
carpeta *nf* folder.
carpetazo *nm* **dar c. a un asunto**, to shelve a matter.
Cárpatos *npl* Carpathians.
carpintería *nf* 1 *(oficio)* carpentry; **c. metálica**, metalwork. 2 *(taller)* carpenter's (shop).
carpintero,-a *nm,f* carpenter.
carraca *nf* rattle.
carraspear *vi* to clear one's throat.
carraspeo *nm* clearing of the throat.
carraspera *nf* hoarseness.
carrera *nf* 1 run; *(de media)* run, ladder; **a la c.**, in a hurry. 2 *(competición)* race; **c. contra reloj**, race against the clock; **c. de coches**, rally, meeting; **echar una c. a algn**, to race sb; **c. de armamentos**, arms race. 3 *(estudios)* degree. 4 *(profesión)* career, profession.
carrerilla *nf* run; **tomar c.**, to take a run; **de c.**, parrot fashion.
carreta *nf* cart.
carrete *nm (de hilo)* reel; *(de película)* spool; *(de cable)* coil.
carretera *nf* road; **c. comarcal/nacional**, B/A road; **c. de circunvalación**, ring road; **c. de acceso**, access road; *(en autopista)* slip road.
carretilla *nf* wheelbarrow.
carricoche *nm* caravan.
carril *nm* 1 *Ferroc* rail. 2 *Aut* lane.
carrillo *nm* cheek; *fam* **comer a dos carri-**

carro *nm* 1 (*carreta*) cart; *fam* ¡para el c.!, hold your horses! 2 Mil c. de combate, tank. 3 (*de máquina de escribir*) carriage. 4 *Am* car.

carrocería *nf Aut* bodywork.

carroña *nf* carrion.

carroza I *nf* 1 (*coche de caballos*) coach, carriage. 2 (*de carnaval*) float. II *nmf fam* old fogey.

carruaje *nm* carriage, coach.

carta *nf* 1 letter; c. certificada/urgente, registered/express letter. 2 (*menú*) menu; a la c., à la carte; c. de vinos, wine list. 3 *Naipes* card; echar las cartas a algn, to tell sb's fortune; *fig* poner las cartas sobre la mesa, to put *o* lay one's cards on the table, come clean. 4 *Geog* (*mapa*) chart. 5 *fig* adquirir c. de naturaleza, to become widely accepted; tomar cartas en un asunto, to take part in an affair.

cartabón *nm* set square.

cartearse *vr* to correspond (**con**, with), exchange letters (**con**, with).

cartel *nm* poster; pegar/fijar carteles, to put *o* stick up bills.

cartél *nm Com* cartel.

cartelera *nf* hoarding, *US* billboard; *Prensa* c. de espectáculos, entertainments section *o* page.

cartera *nf* 1 (*de bolsillo*) wallet. 2 (*de mano*) handbag; (*para documentos etc*) briefcase; (*de colegial*) satchel, schoolbag. 3 *Pol* (*ministerio*) portfolio. 4 *Com* portfolio; c. de pedidos, order book. 5 *Am* (*bolso*) handbag, *US* purse.

carterista *nm* pickpocket.

cartero,-a *nm,f* (*hombre*) postman; (*mujer*) postwoman.

cartilla *nf* 1 (*libreta*) book; c. de ahorros, savings book. 2 (*libro*) first reader; *fam* leerle la c. a algn, to tell sb off.

cartografía *nf* cartography.

cartón *nm* 1 (*material*) card, cardboard; c. piedra, papier mâché. 2 (*de cigarrillos*) carton.

cartucho *nm* 1 (*de balas*) cartridge. 2 (*de papel*) cone.

cartulina *nf* card.

casa *nf* 1 (*edificio*) house; c. de huéspedes, boarding house; c. de socorro, first aid post. 2 (*hogar*) home; vete a c., go home; en c. de Daniel, at Daniel's; de andar por c., everyday. 3 (*empresa*) company, firm; c. matriz/principal, head/central office.

casación *nf Jur* cassation, annulment.

casadero,-a *adj* of marrying age.

casado,-a I *adj* married. II *nm,f* married person; los recién casados, the newlyweds.

casamiento *nm* marriage; (*boda*) wedding.

casar[1] I *vtr* to marry. II *vi* to match, go *o* fit together. III **casarse** *vr* to marry, get married; c. por la iglesia/por lo civil, to get married in church/in a registry office.

casar[2] *vtr Jur* to annul, quash.

cascabel *nm* bell.

cascada *nf* waterfall, cascade.

cascanueces *nm inv* nutcracker.

cascar [1] I *vtr* 1 to crack. 2 *fam* cascarla, to kick the bucket, snuff it. II *vi fam* (*charlar*) to chat away. III **cascarse** *vr* to crack.

cáscara *nf* shell; (*de fruta*) skin, peel; (*de grano*) husk.

cascarón *nm* eggshell.

cascarrabias *nmf inv fam* short-tempered person.

casco *nm* 1 (*para la cabeza*) helmet. 2 (*de caballo*) hoof. 3 (*envase*) empty bottle. 4 c. urbano, city centre. 5 (*de barco*) hull. 6 cascos, (*auriculares*) headphones.

cascote *nm* piece of rubble *o* debris.

caserío *nm* country house.

casero,-a I *adj* 1 (*hecho en casa*) home-made. 2 (*persona*) home-loving. II *nm,f* (*dueño*) (*hombre*) landlord; (*mujer*) landlady.

caseta *nf* hut, booth; (*de feria, exposición*) stand, stall.

casete I *nm* (*magnetófono*) cassette player *o* recorder. II *nf* (*cinta*) cassette (tape).

casi *adv* almost, nearly; c. mil personas, almost one thousand people; c. ni me acuerdo, I can hardly remember it; c. nunca, hardly ever; c. nadie, hardly anyone; c. me caigo, I almost fell.

casilla *nf* 1 (*de casillero*) pigeonhole. 2 (*recuadro*) box. 3 *Am* P.O. Box. 4 *fig* sacar a algn de sus casillas, to drive sb mad.

casillero *nm* pigeonholes *pl*.

casino *nm* casino.

caso *nm* case; el c. es que ..., the fact *o* thing is that ...; el c. Mattei, the Mattei affair; (en) c. contrario, otherwise; en c. de necesidad, if need be; en cualquier c., in any case; en el mejor/peor de los casos, at best/worst; en ese c., in such a case; en todo c., in any case; en un c. extremo, en último c., as a last resort; hacer c. a *o* de algn, to pay attention to sb; hacer c. omiso de, to take no notice of; no venir al c., to be beside the point; pongamos por c., let's say.

caspa *nf* dandruff.

casquete *nm* 1 (*de bala*) case, shell. 2 *Geog* c. polar, polar cap.

casquillo *nm* (*de bala*) case.

cassette *nm & f* → **casete**.

casta *nf* 1 (*linaje*) lineage, descent. 2 (*animales*) breed; de c., thoroughbred, purebred. 3 (*división social*) caste.

castaña *nf* chestnut; *fig* sacarle a algn las castañas del fuego, to save sb's bacon.

castañetear *vi* (*dientes*) to chatter.

castaño,-a I *adj* chestnut-brown; (*pelo*,

ojos) brown, dark. **II** *nm Bot* chestnut.
castañuela *nf* castanet.
castellano,-a I *adj* Castilian. **II** *nm,f (persona)* Castilian. **III** *nm (idioma)* Spanish, Castilian.
castidad *nf* chastity.
castigar [7] *vtr* 1 to punish. 2 *(dañar)* to harm, ruin. 3 *Jur Dep* to penalize.
castigo *nm* punishment; *Jur* penalty; *Dep* área de c., penalty area.
Castilla *n* Castile.
castillo *nm* castle.
castizo,-a *adj* pure, authentic.
casto,-a *adj* chaste.
castor *nm* beaver.
castrar *vtr* to castrate.
castrense *adj* military.
casual I *adj* accidental, chance. **II** *nm fam* chance. ◆**casualmente** *adv* by chance.
casualidad *nf* chance, coincidence; de o por c., by chance; dió la c. que ..., it so happened that ...; ¿tienes un lápiz, por c.?, do you happen to have a pencil?; ¡que c.!, what a coincidence!
cata *nf* tasting.
cataclismo *nm* cataclysm.
catador,-a *nm,f* taster.
catalán,-ana I *adj & nm,f* Catalan. **II** *nm (idioma)* Catalan.
catalejo *nm* telescope.
catalepsia *nf* catalepsy.
catalizador *nm* catalyst; *Aut* catalytic converter.
catalizar [4] *vtr fig* to act as a catalyst for.
catalogar [7] *vtr* 1 to catalogue, *US* catalog. 2 *(clasificar)* to classify.
catálogo *nm* catalogue, *US* catalog.
Cataluña *n* Catalonia.
cataplasma *nf* 1 *Farm* cataplasm, poultice. 2 *fam (pelmazo)* bore.
catapulta *nf* catapult; *fig* springboard.
catapultar *vtr* to catapult.
catar *vtr* to taste.
catarata *nf* 1 waterfall. 2 *Med* cataract.
catarro *nm* (common) cold.
catastral *adj* valor c., rateable value.
catastro *nm* cadastre, cadaster.
catástrofe *nf* catastrophe.
catastrófico,-a *adj* catastrophic.
catear *vtr fam Educ* to fail, *US* flunk.
catecismo *nm* catechism.
cátedra *nf* (professorial) chair; le han dado la c., they have appointed him professor.
catedral *nf* cathedral.
catedrático,-a *nm,f Educ* 1 *Univ* professor. 2 *(de instituto)* head of department.
categoría *nf* category; *fig* class; de c., *(persona)* important; *(vino etc)* quality.
categórico,-a *adj* categoric; un no c., a flat refusal.
cateto,-a *nm,f pey* yokel, bumpkin.
catolicismo *nm* Catholicism.

católico,-a *adj & nm,f* Catholic.
catorce *adj & nm inv* fourteen.
catre *nm fam* bed.
Cáucaso *n* Caucasus.
cauce *nm* 1 *(de un río)* bed. 2 *fig (canal)* channel; **cauces oficiales**, official channels.
caucho *nm* 1 rubber. 2 *Am (cubierta)* tyre, *US* tire.
caudal *nm* 1 *(de un río)* flow. 2 *(riqueza)* wealth, riches *pl*.
caudaloso,-a *adj (río)* plentiful.
caudillo *nm* leader, head.
causa *nf* 1 cause; a o por c. de, because of. 2 *(ideal)* cause. 3 *Jur (caso)* case; *(juicio)* trial.
causante I *adj* causal, causing. **II** *nm,f* el c. del incendio, the person who caused the fire.
causar *vtr* to cause, bring about; me causa un gran placer, it gives me great pleasure; c. buena/mala impresión, to make a good/bad impression.
cáustico,-a *adj* caustic.
cautela *nf* caution.
cautivar *vtr* 1 to capture, take prisoner. 2 *fig (fascinar)* to captivate.
cautiverio *nm*, **cautividad** *nf* captivity.
cautivo,-a *adj & nm,f* captive.
cauto,-a *adj* cautious, wary.
cava I *nf (bodega)* wine cellar. **II** *nm (vino espumoso)* cava, champagne.
cavar *vtr* to dig.
caverna *nf* cave; **hombre de las cavernas**, caveman.
cavernícola *nm,f* cave dweller.
caviar *nm* caviar.
cavidad *nf* cavity.
cavilar *vtr* to ponder.
cayado *nm* 1 *(de pastor)* crook. 2 *(de obispo)* crosier, crozier.
cayuco *nm Am* small flat-bottomed canoe.
caza I *nf* 1 hunting; ir de c., to go hunting; c. furtiva, poaching. 2 *(animales)* game; c. mayor/menor, big/small game. 3 *fig (persecución)* hunt; c. de brujas, witch hunt. **II** *nm Av* fighter, fighter plane.
cazabombardero *nm Av* fighter bomber.
cazador,-a *nm,f* hunter; c. furtivo, poacher.
cazadora *nf* (waist-length) jacket.
cazar [4] *vtr* to hunt; *fam* cazarlas al vuelo, to be quick on the uptake.
cazatalentos *nmf inv* head-hunter.
cazo *nm* 1 *(cacerola)* saucepan. 2 *(cucharón)* ladle.
cazuela *nf* saucepan; *(guiso)* casserole, stew; a la c., stewed.
c/c *abr de* **cuenta corriente**, current account, c/a.
CCOO *nfpl abr de* **Comisiones Obreras**.
CDS *nm Pol abr de* **Centro Democrático y Social**.

cebada *nf* barley.
cebar I *vtr* 1 *(animal)* to fatten; *fam (persona)* to feed up. 2 *(anzuelo)* to bait. II **cebarse** *vr* c. con, *(ensañarse)* to delight in tormenting.
cebo *nm* bait.
cebolla *nf* onion.
cebolleta *nf* 1 *(especie)* chives *pl.* 2 *(cebolla tierna)* spring onion.
cebra *nf* zebra; **paso de c.**, zebra crossing, *US* crosswalk.
cecear *vi* to lisp.
ceceo *nm* lisp.
cedazo *nm* sieve.
ceder I *vtr* to give, hand over; *Aut* c. el paso, to give way. II *vi* 1 *(cuerda, cable)* to give way. 2 *(lluvia, calor)* to diminish, slacken. 3 *(consentir)* to give in.
cedro *nm* cedar.
cédula *nf* 1 document, certificate; *Am* c. de identidad, identity card. 2 *Com Fin* bond, certificate, warrant.
C(E)E *abr de* **Comunidad (Económica) Europea,** European (Economic) Community, E(E)C.
cegador,-a *adj* blinding.
cegar |1| *vtr* 1 to blind. 2 *(puerta, ventana)* to wall up.
ceguera *nf* blindness.
CEI *abr de* **Comunidad de Estados Independientes,** Commonwealth of Independent States, CIS.
Ceilán *n* Ceylon.
ceja *nf* eyebrow.
cejar *vi* c. en el empeño, to give up.
celada *nf* trap, ambush.
celador,-a *nm,f* attendant; *(de una cárcel)* warder.
celda *nf* cell; c. de castigo, punishment cell.
celebración *nf* 1 *(festejo)* celebration. 2 *(de juicio etc)* holding.
celebrar I *vtr* 1 to celebrate; celebro que todo saliera bien, I'm glad everything went well. 2 *(reunión, juicio, elecciones)* to hold. 3 *(triunfo)* to laud. II **celebrarse** *vr* to take place, be held.
célebre *adj* famous, well-known.
celebridad *nf* 1 celebrity, fame. 2 *(persona)* celebrity.
celeste I *adj* 1 *(de cielo)* celestial. 2 *(color)* sky-blue. II *nm* sky blue.
celestial *adj* celestial, heavenly.
celibato *nm* celibacy.
célibe *adj & nmf* celibate.
celo *nm* 1 zeal. 2 **en c.**, *(macho)* in rut; *(hembra)* on *o* in heat. 3 celos, jealousy *sing*; **tener celos (de algn),** to be jealous (of sb).
celo® *nm fam* sellotape®, *US* Scotch tape®.
celofán *nm* cellophane.
celosía *nf* lattice.
celoso,-a *adj* 1 jealous. 2 *(cumplidor)* conscientious.
celta I *adj* Celtic. II *nm,f* Celt. III *nm (idioma)* Celtic.
célula *nf* cell.
celular *adj* 1 cellular. 2 **coche c.**, Black Maria.
celulitis *nf inv* cellulitis.
celuloide *nm* celluloid.
celulosa *nf* cellulose.
cementerio *nm* cemetery, graveyard; **c. de coches,** scrapyard.
cemento *nm* cement; **c. armado,** reinforced cement.
cena *nf* evening meal; *(antes de acostarse)* supper; **la Ultima C.,** the Last Supper.
cenagal *nm* marsh, swamp.
cenar I *vi* to have supper *o* dinner. II *vtr* to have for supper *o* dinner.
cencerro *nm* cowbell.
cenefa *nf (de ropa)* edging, trimming; *(de suelo, techo)* ornamental border, frieze.
cenetista I *adj* of *o* related to the CNT (Confederación Nacional del Trabajo). II *nmf* member of the CNT.
cenicero *nm* ashtray.
cenit *nm* zenith.
ceniza *nf* ash.
cenizo *nm fam (gafe)* jinx.
censo *nm* census; **c. electoral,** electoral roll.
censor *nm* censor.
censura *nf* 1 censorship. 2 *Pol* **moción de c.,** vote of no confidence.
censurar *vtr* 1 *(libro, película)* to censor. 2 *(criticar)* to censure, criticize.
centavo *nm Am Fin* cent, centavo.
centella *nf* spark.
centellear *vi* to flash, sparkle.
centelleo *nm* flashing, sparkling.
centena *nf,* **centenar** *nm* hundred; **a centenares,** in hundreds.
centenario *nm* centenary, hundredth anniversary.
centeno *nm* rye.
centésimo,-a *adj & nm,f* hundredth.
centígrado,-a *adj* centigrade.
centilitro *nm* centilitre, *US* centiliter.
centímetro *nm* centimetre, *US* centimeter.
céntimo *nm* cent.
centinela *nm* sentry.
centollo *nm* spider crab.
centrado,-a *adj* 1 centred, *US* centered. 2 *(equilibrado)* balanced.
central I *adj* central. II *nf* 1 *Elec* **c. nuclear/térmica,** nuclear/coal-fired power station. 2 *(oficina principal)* head office.
centralismo *nm* centralism.
centralita *nf Tel* switchboard.
centralizar |4| *vtr* to centralize.
centrar I *vtr* 1 to centre, *US* center. 2 *(esfuerzos, atención)* to concentrate, centre, *US* center. II **centrarse** *vr* 1 to be centred *o US* centered *o* based. 2

céntrico 53 **cesárea**

(concentrarse) to concentrate (**en**, on).
céntrico,-a *adj* centrally situated; **zona céntrica**, centrally situated area.
centrifugar |7| *vtr* to centrifuge; *(ropa)* to spin-dry.
centrista *Pol* **I** *adj* centre, *US* center; **partido c.**, centre party. **II** *nmf* centrist.
centro *nm* **1** middle, centre, *US* center; **c. de la ciudad**, town *o* city centre. **2** *(establecimiento)* institution, centre, *US* center; **c. comercial**, shopping centre.
Centroamérica *n* Central America.
centroamericano,-a *adj & nm,f* Central American.
centrocampista *nmf Ftb* midfield player.
centuria *nf* century.
ceñido,-a *adj* tight-fitting, clinging.
ceñirse |6| *vr* **1** *(atenerse, limitarse)* to limit oneself, stick (**a**, to); **c. al tema**, to keep to the subject; **ciñéndonos a este caso en concreto**, coming down to this particular case. **2** *(prenda)* to cling (**a**, to).
ceño *nm* scowl, frown; **con el c. fruncido**, frowning.
CEOE *nf abr de* **Confederación Española de Organizaciones Empresariales**, ≈ Confederation of British Industry, CBI.
cepa *nf* **1** *(de vid)* vine. **2** *fig* **vasco de pura c.**, *(origen)* Basque through and through.
cepillar I *vtr* **1** to brush. **2** *(en carpintería)* to plane (down). **3** *fam (robar)* to pinch. **II cepillarse** *vr* **1** *(con cepillo)* to brush. **2** *fam (matar)* to do in. **3** *vulg* to lay.
cepillo *nm* brush; *(en carpintería)* plane; **c. de dientes**, toothbrush; **c. del pelo**, hairbrush.
cepo *nm* **1** *Caza* trap. **2** *Aut* clamp.
cera *nf* wax; *(de abeja)* beeswax.
cerámica *nf* ceramics *sing*.
cerca[1] *adv* **1** near, close; **ven más c.**, come closer; **ya estamos c.**, we are almost there. **2** **c. de**, *(al lado de)* near, close; **el colegio está c. de mi casa**, the school is near my house. **3** **c. de**, *(casi)* nearly, around; **c. de cien personas**, about one hundred people. **4** **de c.**, closely; **lo vi muy de c.**, I saw it close up.
cerca[2] *nf* fence, wall.
cercado *nm* **1** *(lugar cerrado)* enclosure. **2** *(valla)* fence, wall.
cercanía *nf* **1** proximity, nearness. **2** **cercanías**, outskirts, suburbs; **(tren de) c.**, suburban train.
cercano,-a *adj* nearby; **el C. Oriente**, the Near East.
cercar |1| *vtr* **1** *(tapiar)* to fence, enclose. **2** *(rodear)* to surround.
cercenar *vtr* to cut off, amputate.
cerciorar I *vtr* to assure. **II cerciorarse** *vr* to make sure.
cerco *nm* **1** circle, ring. **2** *Mil (sitio)* siege; **poner c. (a una ciudad)**, to besiege (a town).

cerda *nf* **1** *Zool* sow. **2** *(pelo)* bristle; **cepillo de c.**, bristle brush.
Cerdeña *n* Sardinia.
cerdo *nm* **1** pig. **2** *(carne)* pork. **3** *fam pey* pig, arsehole.
cereal *nm* cereal.
cerebral *adj* **1** cerebral. **2** *(frío)* calculating.
cerebro *nm* brain; *fig (inteligencia)* brains *pl.*
ceremonia *nf* ceremony.
ceremonioso,-a *adj* ceremonious, formal; *pey* pompous, stiff.
cereza *nf* cherry.
cerezo *nm* cherry tree.
cerilla *nf* match.
cernerse |3| *fig* to loom (**sobre**, above).
cernícalo *nm* kestrel.
cernir |5| *vtr & vr* → **cerner**.
cero *nm* zero; *Dep* nil; *fig* **partir de c.**, to start from scratch; *fig* **ser un c. a la izquierda**, to be useless *o* a good-for-nothing.
cerrado,-a *adj* **1** closed, shut; **a puerta cerrada**, behind closed doors. **2** *(reservado)* reserved; *(intransigente)* uncompromising, unyielding; *fam (torpe)* thick; *(acento)* broad; *(curva)* tight, sharp. **3** *(barba)* bushy.
cerradura *nf* lock.
cerrajero,-a *nm,f* locksmith.
cerrar |1| **I** *vtr* to shut, close; *(grifo, gas)* to turn off; *(luz)* to turn off, switch off; *(cremallera)* to do up; *(negocio)* to close down; *(cuenta)* to close; *(carta)* to seal; *(puños)* to clench; **c. con llave**, to lock; **c. el paso a algn**, to block sb's way; *fam* **c. el pico**, to shut one's trap. **II** *vi* to close, shut. **III cerrarse** *vr* to close, shut; *fam* **c. en banda**, to stick to one's guns.
cerro *nm* hill; *fig* **irse por los cerros de Úbeda**, to beat around the bush.
cerrojo *nm* bolt; **echar el c. (de una puerta)**, to bolt (a door).
certamen *nm* competition, contest.
certero,-a *adj* accurate.
certeza, certidumbre *nf* certainty; **saber (algo) con c.**, to be certain (of sth); **tener la c. de que ...**, to be sure *o* certain that ....
certificado,-a I *adj* **1** certified. **2** *(correo)* registered. **II** *nm* certificate.
certificar |1| *vtr* **1** to certify. **2** *(carta)* to register.
cervatillo *nm* fawn.
cervecería *nf* **1** *(bar)* pub, bar. **2** *(fábrica)* brewery.
cerveza *nf* beer; **c. de barril**, draught beer; **c. dorada** *o* **ligera**, lager; **c. negra**, stout.
cervical *adj* cervical.
cesar I *vi* to stop, cease (**de**, -); **sin c.**, incessantly. **II** *vtr (empleado)* to dismiss.
cesárea *nf* Caesarean (section), *US* Cesar-

ean (section).
cese *nm* 1 cessation, suspension. 2 *(despido)* dismissal.
CESID *nm Mil abr de* **Centro Superior de Información de la Defensa.**
césped *nm* lawn, grass.
cesta *nf* basket; **c. de Navidad**, Christmas hamper.
cesto *nm* basket.
cetáceo *nm* cetacean, whale.
cetrino,-a *adj* sallow.
cetro *nm* sceptre, *US* scepter.
Ceuta *n* Ceuta.
ceutí I *adj* of *o* from Ceuta. **II** *nmf* native *o* inhabitant of Ceuta.
chabacano,-a *adj* cheap.
chabola *nf* shack; **barrio de chabolas**, shanty town.
chacal *nm* jackal.
chacha *nf* maid.
cháchara *nf fam* small talk, chinwag; **estar de c.**, to have a yap.
chachi *adj* smashing.
chacinería *nf* pork bucher's shop.
chacra *nf Am* small farm *o* holding.
chafar |1| *vtr* 1 *(plan etc)* to ruin, spoil. 2 *(aplastar)* to squash, flatten.
chal *nm* shawl.
chalado,-a *adj fam* crazy, nuts (**por**, about).
chalé *nm* (*pl* **chalés**) → **chalet**.
chaleco *nm* waistcoat, *US* vest; *(de punto)* sleeveless pullover; **c. antibalas**, bulletproof vest; **c. salvavidas**, life jacket.
chalet *nm* villa.
chalupa *nf* boat, launch.
chamarra *nf* sheepskin jacket.
chambelán *nm* chamberlain.
chambergo *nm* heavy coat.
chamizo *nm* thatched hut.
champán, champaña *nm* champagne.
champiñón *nm* mushroom.
champú *nm* shampoo.
chamuscar |1| *vtr* to singe, scorch.
chamusquina *nf* singeing, scorching; *fam* **esto me huele a c.**, there's something fishy going on here.
chancaca *nf Am* syrup cake.
chance *nm Am* opportunity.
chancear *vi Am* to joke, horse around.
chanchada *nf Am fam* dirty trick.
chancho,-a *nm,f Am* pig, hog.
chanchullo *nm fam* fiddle, wangle.
chancla *nf* flipflop.
chanclo *nm* (*zueco*) clog; *(de goma)* overshoe, galosh.
chándal *nm* track *o* jogging suit.
chantaje *nm* blackmail; **hacer c. a algn**, to blackmail sb.
chantajear *vtr* to blackmail.
chantajista *nmf* blackmailer.
chanza *nf* joke.
chapa *nf* 1 *(de metal)* sheet; *(de madera)* panel-board. 3 *(tapón)* bottle top, cap. 4 *(de adorno)* badge. 5 *Am* lock.
chapado,-a *adj (metal)* plated; **c. en oro**, gold-plated; *fig* **c. a la antigua**, old-fashioned.
chaparro *nm Bot* holm oak.
chaparrón *nm* downpour, heavy shower.
chapotear *vi* to splash about, paddle.
chapucero,-a *adj (trabajo)* slapdash, shoddy; *(persona)* bungling.
chapurrear *vtr* to speak badly *o* with difficulty; **sólo chapurreaba el francés**, he spoke only a few words of French.
chapuza *nf* 1 *(trabajo mal hecho)* shoddy piece of work. 2 *(trabajo ocasional)* odd job.
chapuzón *nm (baño corto)* dip; **darse un c.**, to have a dip.
chaqué *nm* morning coat.
chaqueta *nf* jacket; *Pol* **cambiar de c.**, to change sides.
chaquetero,-a *nm,f fam Pol* turncoat.
chaquetilla *nf* short jacket.
charanga *nf Mús* brass band.
charca *nf* pond, pool.
charco *nm* puddle.
charcutería *nf* delicatessen.
charla *nf (conversación)* talk, chat; *(conferencia)* informal lecture *o* address.
charlar *vi* to talk, chat.
charlatán,-ana I *adj (parlanchín)* talkative; *(chismoso)* gossipy. **II** *nm,f* 1 *(parlanchín)* chatterbox; *(chismoso)* gossip; *(bocazas)* bigmouth. 2 *(embaucador)* trickster, charmer.
charol *nm* patent leather; **zapatos de c.**, patent leather shoes.
charqui *nm Am (carne)* dried beef, cured meat; *(fruta)* dried fruit.
chárter *adj inv* **(vuelo) c.**, charter (flight).
chasca *nf Am* mop of hair, tangled hair.
chascar |1| *vtr (lengua)* to click; *(dedos)* to snap; *(látigo)* to crack.
chascarrillo *nm* shaggy dog story.
chasco *nm fam* disappointment; **llevarse un c.**, to be disappointed.
chasis *nm inv* chassis.
chasquear *vtr (lengua)* to click; *(dedos)* to snap; *(látigo)* to crack.
chasqui *nm Am* messenger, courier.
chasquido *nm (de la lengua)* click; *(de los dedos)* snap; *(de látigo, madera)* crack.
chatarra *nf* scrap (metal), scrap iron; *fam* junk.
chato,-a I *adj* 1 *(nariz)* snub; *(persona)* snub-nosed. 2 *(objeto)* flat, flattened. **II** *nm* (small) glass of wine.
chauvinista *adj & nmf* chauvinist.
chaval,-a *nm,f fam (chico)* boy, lad; *(chica)* girl.
checo,-a *adj* Czech.
checoslovaco,-a I *adj* Czechoslovakian, Czech. **II** *nm,f (persona)* Czechoslovakian, Czechoslovak, Czech.
Checoslovaquia *n* Czechoslovakia.

chelín *nm* shilling.
chepa *nf fam* hump.
cheque *nm* cheque, *US* check; **c. al portador**, cheque payable to bearer; **c. de viaje** *o* **(de) viajero**, traveller's cheque, *US* traveler's check.
chequeo *nm Med* checkup; *Aut* service.
chévere *adj Am fam* great, terrific, fantastic.
chic *adj inv* chic, elegant.
chicano,-a *adj & nm,f* chicano.
chicha¹ *nf Am* chicha, maize liquor.
chicha² *adj inv Náut* **calma c.**, dead calm.
chícharo *nm Am* pea.
chicharra *nf* cicada.
chichón *nm* bump, lump.
chichonera *nf* helmet.
chicle *nm* chewing gum.
chico,-a I *nm,f (muchacho)* boy, lad; *(muchacha)* girl. II *adj* small, little.
chicoria *nf* chicory.
chicote *nm Am* whip.
chiflado,-a *adj fam* mad, crazy (**por**, about).
chiflar I *vtr* 1 *(silbar)* to hiss (at), boo (at). 2 *fam* **le chiflan las motos**, he's really into motorbikes.
chiflido *nm* whistle, whistling.
chiita *adj & nmf* Shiite.
chile *nm* chili (pepper).
Chile *n* Chile.
chileno,-a *adj & nm,f* Chilean.
chillar *vi (persona)* to scream, shriek; *(ratón)* to squeak; *(frenos)* to screech, squeal; *(puerta)* to creak, squeak.
chillido *nm (de persona)* scream, shriek; *(de ratón)* squeak; *(de frenos)* screech, squeal; *(de puerta)* creaking, sweaking.
chillón,-ona *adj* 1 *(voz)* shrill, high-pitched; *(sonido)* harsh, strident. 2 *(color)* loud, gaudy.
chimenea *nf* 1 *(hogar abierto)* fireplace, hearth. 2 *(conducto)* chimney; *(de barco)* funnel, stack.
China *n* China.
china *nf* 1 pebble, small stone; *fam* **tocarle a uno la c.**, to get the short straw. 2 *arg (droga)* deal.
chinche I *nf* bug, bedbug; *fam* **caer como chinches**, to fall like flies. II *nm,f fam* nuisance, pest.
chincheta *nf* drawing pin, *US* thumbtack.
chinchín *interj* **¡c.!**, cheers!, (to) your (good) health!
chinesco,-a *adj* **sombras chinescas**, shadow theatre *sing.*
chingana *nf Am* bar.
chingar [7] *vtr* 1 *(fastidiar)* to annoy. 2 *vulg (estropear)* to fuck up. 3 *vulg (joder)* to fuck, screw.
chino¹ *nm (piedrecita)* pebble, stone.
chino,-a² *adj (de la China)* Chinese; *fam* **eso me suena a c.**, it's all Greek to me.
chip *nm (pl* **chips)** *Inform* chip.
chipirón *nm* baby squid.
Chipre *n* Cyprus.
chipriota *adj & nmf* Cypriot.
chiquillo,-a *nm,f* kid, youngster.
chiquito,-a *adj* tiny.
chirimiri *nm* drizzle, fine misty rain.
chirimoya *nf* custard apple.
chiringuito *nm (en playa etc)* refreshment stall; *(en carretera)* roadside snack bar.
chiripa *nf* fluke, lucky stroke; *fam fig* **de** *o* **por c.**, by a fluke, by chance; **cogió el tren por c.**, it was sheer luck that he caught the train.
chirla *nf* small clam.
chirona *nf arg* clink, nick.
chirriar [29] *vi (puerta etc)* to creak; *(frenos)* to screech, squeal.
chirrido *nm (de puerta etc)* crack, cracking; *(de frenos)* screech, squeal.
chisme *nm* 1 *(habladuría)* piece of gossip. 2 *fam (trasto)* knick-knack; *(cosa)* thing.
chismorrear *vi fam* to gossip.
chismorreo *nm fam* gossip, gossiping.
chismoso,-a I *adj* gossipy. II *nm,f* gossip.
chispa *nf* 1 spark; **echar chispas**, to fume. 2 *fam (un poco)* bit, tiny amount. 3 *fam (agudeza)* wit, sparkle; *(viveza)* liveliness.
chispear *vi* 1 to spark, throw out sparks. 2 *(lloviznar)* to spit.
chiste *nm* joke; **contar un c.**, to tell a joke; **c. verde**, blue joke, dirty joke.
chistera *nf* top hat.
chistoso,-a *adj (persona)* funny, witty; *(anécdota)* funny, amusing.
chivarse *vr fam* to tell tales.
chivatazo *nm fam* tip-off; **dar el c.**, to squeal.
chivato,-a *nm,f fam (delator)* squealer, grass; *(acusica)* telltale.
chivo,-a *nm,f Zool* kid, young goat; *fig* **c. expiatorio**, scapegoat.
chocante *adj* 1 *(persona)* off-putting. 2 *(sorprendente)* surprising, startling; *(raro)* strange.
chocar |1| I *vi* 1 *(topar)* to crash, collide; **c. con** *o* **contra**, to run into, collide with. 2 *(en discusión)* to clash. II *vtr* 1 to knock; *(la mano)* to shake; *fam* **¡chócala!, ¡choca esos cinco!**, shake (on it)!, put it there! 2 *(sorprender)* to surprise.
chochear *vi* 1 to be senile *o* in one's dotage. 2 **c. con algn**, to dote on sb.
chocho,-a I *adj (senil)* senile; **viejo c.**, old dodderer. II *nm* 1 *(altramuz)* lupin. 2 *vulg* cunt.
chocolate *nm* 1 chocolate; **c. con leche**, milk chocolate. 2 *arg (droga)* dope.
chocolatina *nf* bar of chocolate, chocolate bar.
chófer *nm (pl* **chóferes)** *Am,* **chofer** *nm (pl* **choferes)** driver; *(particular)*

chauffeur.
chollo *nm fam (ganga)* bargain, snip.
chomba *nf Am* jumper, pullover.
chonta *nf Am* palm tree.
chopo *nm* poplar.
choque *nm* 1 impact; *(de coches etc)* crash, collision; **c. frontal**, head-on collision; **c. múltiple**, pile-up. 2 *fig (contienda)* clash.
choricear, chorizar *vtr fam* to pinch.
chorizo I *nm* 1 chorizo, highly-seasoned pork sausage. 2 *fam (ratero)* thief, pickpocket.
chorlito *nm Orn* plover; *fam fig* **cabeza de c.**, scatterbrain.
chorra I *nmf vulg (tonto)* idiot, fool. II *nf fam (suerte)* luck.
chorrada *nf fam* piece of nonsense.
chorrear *vi* to drip, trickle; *fam* **c. de sudor**, to pour with sweat; *fam* **tengo el abrigo chorreando**, my coat is dripping wet.
chorro *nm* 1 *(de agua etc)* spurt; *(muy fino)* trickle; *(de agua etc)* **salir a chorros**, to gush forth. 2 *Téc* jet. 3 *fig* stream, flood.
chovinismo *nm* chauvinism.
chovinista I *adj* chauvinistic. II *nmf* chauvinist.
choza *nf* hut, shack.
christmas *nm* Christmas card.
chubasco *nm* heavy shower, downpour.
chubasquero *nm* raincoat.
chuchería *nf fam* sweet, *US* candy.
chufa *nf* groundnut.
chulear *vi fam* to strut around; **c. de**, to go on about.
chuleta *nf* 1 chop, cutlet; **c. de cerdo**, pork chop. 2 *Educ fam* crib (note), *US* trot.
chulo,-a I *nm,f fam* show off. II *nm (proxeneta)* pimp. III *adj (bonito)* smashing.
chungo,-a *adj fam* dodgy.
chupa *nf arg* short jacket.
chupachup® *nm* lollipop.
chupado,-a *adj* 1 *(flaco)* skinny, thin. 2 *fam* **está c.**, it's dead easy.
chupar I *vtr* 1 to suck. 2 *(lamer)* to lick. 3 *(absorber)* to soak up, absorb. II *vi* to suck. III **chuparse** *vr* 1 **está para c. los dedos**, it's really mouthwatering. 2 *fam* to put up with; **nos chupamos toda la película**, we sat through the whole film.
chupatintas *nm inv pey* penpusher.
chupete *nm* dummy, *US* pacifier.
chupi *adj fam* great, terrific, fantastic.
chupón *nm* 1 lollipop. 2 *(desatrancador)* plunger.
churrasco *nm* barbecued meat.
churrería *nf* fritter shop.
churrete *nm* dirty mark, grease spot.
churro *nm* 1 fritter, *US* cruller. 2 *fam (chapuza)* mess.
chusco *nm* chunk of stale bread; **Mil** *fam* ration bread.
chusma *nf* rabble, mob.

chutar I *vi Dep (a gol)* to shoot. 2 *fam* **¡y vas que chutas!**, and then you're well away! II **chutarse** *vr arg (drogas)* to shoot up.
chute *nm* 1 *Dep* shot. 2 *arg (drogas)* fix.
CI *nm abr de* **coeficiente intelectual**, intelligence quotient, IQ.
Cía., cía *abr de* **compañía**, Company, Co.
cianuro *nm* cyanide.
cibernética *nf* cybernetics *sing*.
cicatero,-a I *adj* stingy, mean. II *nm,f* miser.
cicatriz *nf* scar.
cicatrizar |4| *vtr & vi Med* to heal.
cíclico,-a *adj* cyclical.
ciclismo *nm* cycling.
ciclista I *adj* cycling. II *nmf* cyclist.
ciclo *nm* cycle; *(de conferencias etc)* course, series.
ciclocróss *nm* cyclo-cross.
ciclomotor *nm* moped.
ciclón *nm* cyclone.
ciego,-a I *adj (persona)* blind; *fam (borracho)* blind drunk; *(de droga)* stoned; **a ciegas**, blindly. II *nm,f* blind person; **los ciegos**, the blind *pl*.
cielo *nm* 1 sky. 2 *Rel* heaven; *fig* **caído del c.**, *(oportuno)* heaven-sent; *(inesperado)* out of the blue; **¡c. santo!**, good heavens! 3 *Arquit* **c. raso**, ceiling. 4 **c. de la boca**, roof of the mouth.
ciempiés *nm inv* centipede.
cien *adj & nm inv* hundred; **c. libras**, a *o* one hundred pounds; **c. por c.**, one hundred per cent.
ciénaga *nf* marsh, bog.
ciencia *nf* 1 science; *fig* **saber algo a c. cierta**, to know something for certain; **c. ficción**, science fiction; **c. infusa**, intuition; **ciencias ocultas**, the occult *sing*. 2 *(conocimiento)* knowledge.
cieno *nm* mud, mire.
científico,-a I *adj* scientific. II *nm,f* scientist.
ciento *adj* hundred; **c. tres**, one hundred and three; **por c.**, per cent.
cierne *nm fig* **en ciernes**, budding.
cierre *nm* 1 *(acción)* closing, shutting; *(de fábrica)* shutdown; *TV* close-down; **c. patronal**, lockout. 2 *(de bolso)* clasp; *(de puerta)* catch; *(prenda)* fastener; **c. de seguridad**, safety lock; **c. centralizado**, central locking.
cierto,-a I *adj* 1 *(verdadero)* true; *(seguro)* certain; **estar en lo c.**, to be right; **lo c. es que ...**, the fact is that ...; **por c.**, by the way. 2 *(algún)* certain; **ciertas personas**, certain *o* some people. II *adv* certainly.
ciervo,-a *nm,f* deer; *(macho)* stag; *(hembra)* doe, hind.
cifra *nf* 1 *(número)* figure, number. 2 *(código)* cipher, code.
cifrar *vtr* to express in figures.

cigala *nf* Norway lobster.
cigarra *nf* cicada.
cigarrillo *nm* cigarette.
cigarro *nm* 1 *(puro)* cigar. 2 *(cigarrillo)* cigarette.
cigüeña *nf* 1 *Orn* stork. 2 *Téc* crank.
cigüeñal *nm* crankshaft.
cilindrada *nf Aut* cylinder capacity.
cilíndrico,-a *adj* cylindrical.
cilindro *nm* cylinder.
cima *nf* summit.
cimbrearse *vr* to sway.
cimentar *vtr* to lay the foundations of; *fig (amistad)* to strengthen.
cimientos *nmpl* foundations; **echar** *o* **poner los c.**, to lay the foundations.
cinc *nm* zinc.
cincel *nm* chisel.
cincelar *vtr* to chisel.
cinco *adj & nm inv* five.
cincuenta *adj & nm inv* fifty.
cine *nm* 1 *(local)* cinema, *US* movie theater. 2 *(arte)* cinema; **c. mudo/sonoro**, silent/talking films *pl*.
cineasta *nmf* film director, film maker.
cinéfilo,-a *nm,f* film lover, *US* moviegoer.
cinematográfico,-a *adj* cinematographic; **la industria cinematográfica**, the film *o US* movie industry.
cíngaro,-a *adj & nm,f* gypsy.
cínico,-a I *adj* cynical. II *nm,f* cynic.
cinismo *nm* cynicism.
cinta *nf* 1 *(tira)* band, strip; *(para adornar)* ribbon; *Cost* braid, edging. 2 *Téc* tape; **c. adhesiva/aislante**, adhesive/insulating tape; **c. de vídeo**, video tape; **c. transportadora**, conveyor belt. 3 *Cin* film.
cinto *nm* belt.
cintura *nf* waist.
cinturón *nm* belt; *fig* **apretarse el c.**, to tighten one's belt; **c. de seguridad**, safety belt.
ciprés *nm* cypress.
circense *adj* circus.
circo *nm* circus.
circuito *nm* circuit.
circulación *nf* 1 circulation. 2 *Aut (tráfico)* traffic.
circular I *adj & nf* circular. II *vi (moverse)* to circulate; *(líquido)* to flow; *(tren, autobús)* to run; *fig (rumor)* to go round; **circule por la izquierda**, *(en letrero)* keep to the left.
circulatorio,-a *adj* circulatory; *Aut* **un caos c.**, traffic chaos.
círculo *nm* circle; *fig* **c. vicioso**, vicious circle.
circuncisión *nf* circumcision.
circundante *adj* surrounding.
circundar *vtr* to surround, encircle.
circunferencia *nf* circumference.
circunloquio *nm* circumlocution.
circunscribirse *(pp* **circunscrito)** *vr* to confine *o* limit oneself (**a**, to).
circunscripción *nf* district; **c. electoral**, constituency.
circunscrito,-a *adj* circumscribed.
circunspecto,-a *adj* circumspect.
circunstancia *nf* circumstance; **en estas circunstancias ...**, under the circumstances ....
circunstancial *adj* circumstancial.
cirio *nm* wax candle.
cirrosis *nf* cirrhosis.
ciruela *nf* plum; **c. claudia**, greengage; **c. pasa**, prune.
ciruelo *nm* plum tree.
cirugía *nf* surgery; **c. estética** *o* **plástica**, plastic surgery.
cirujano,-a *nm,f* surgeon.
cisma *nm* 1 *Rel* schism. 2 *Pol* split.
cisne *nm* swan.
cisterna *nf* cistern, tank.
cistitis *nf inv* cystitis.
cita *nf* 1 appointment; **darse c.**, to come together. 2 *(amorosa)* date. 3 *(mención)* quotation.
citación *nf Jur* citation, summons *sing*.
citado,-a *adj* aforementioned.
citar I *vtr* 1 *(dar cita)* to arrange to meet, make an appointment with. 2 *(mencionar)* to quote. 3 *Jur* to summon. II **citarse** *vr* to arrange to meet, make a date (**con**, with).
cítrico,-a I *adj* citric, citrus. II *nmpl* **cítricos**, citrus fruits.
ciudad *nf* town; *(capital)* city.
ciudadanía *nf* citizenship.
ciudadano,-a I *nm,f* citizen; **c. de a pie**, the man in the street. II *adj* civic.
cívico,-a *adj* civic.
civil I *adj* 1 civil; **matrimonio c.**, civil marriage. 2 *Mil* civilian. II *nm* member of the Guardia Civil.
civilización *nf* civilization.
civilizado,-a *adj* civilized.
civilizar [4] *vtr* to civilize.
civismo *nm* civility.
cizaña *nf Bot* bearded darnel; *fig* **sembrar c.**, to sow discord.
cl *abr de* **centilitro(s)**, centilitre(s), *US* centiliter(s), cl.
clamar *vtr* to cry out for, clamour *o US* clamor for.
clamor *nm* clamour, *US* clamor.
clamoroso,-a *adj* resounding.
clan *nm* clan.
clandestinidad *nf* **en la c.**, underground.
clandestino,-a *adj* clandestine, underground; **aborto c.**, backstreet abortion.
clara *nf (de huevo)* white.
claraboya *nf* skylight.
clarear *vi* 1 *(amanecer)* to dawn. 2 *(despejar)* to clear up. 3 *(transparentar)* to wear thin, become transparent.
clarete *adj & nm* claret.
claridad *nf* 1 *(luz)* light, brightness. 2

(inteligibilidad) clarity; **con c.**, clearly.
clarificador,-a *adj* clarifying.
clarificar [1] *vtr* to clarify.
clarín *nm* bugle.
clarinete *nm* clarinet.
clarividente I *adj* 1 far-sighted. 2 *(lúcido)* lucid. II *nmf (persona)* clairvoyant.
claro,-a I *adj* 1 clear; **dejar algo c.**, to make sth clear. 2 *(líquido, salsa)* thin. 3 *(color)* light. II *interj* of course!; **¡c. que no!**, of course not!; **¡c. que sí!**, certainly!. III *nm* 1 *(espacio)* gap, space; *(en un bosque)* clearing. 2 *Meteor* bright spell. IV *adv* clearly.
clase *nf* 1 *(grupo)* class; **c. alta/media**, upper/middle class; **clases pasivas**, pensioners; **primera/segunda c.**, first/second class. 2 *(tipo)* kind, sort; **toda c. de ...**, all kinds of .... 3 *Educ (curso)* class; *(aula)* classroom; **c. particular**, private class *o* lesson. 4 *(estilo)* class; **tener c.**, to have class.
clásico,-a I *adj* classical; *(típico)* classic; *(en el vestir)* classic. II *nm* classic.
clasificación *nf* 1 classification; *Dep* league table. 2 *(para campeonato, concurso)* qualification.
clasificar [1] I *vtr* to classify, class. II **clasificarse** *vr Dep* to qualify.
claudicar [1] *vi* to give in.
claustro *nm* 1 *Arquit* cloister. 2 *(reunión)* staff meeting.
claustrofobia *nf* claustrophobia.
cláusula *nf* clause.
clausura *nf* 1 *(cierre)* closure; **ceremonia de c.**, closing ceremony. 2 *Rel* enclosure.
clausurar *vtr* to close.
clavar I *vtr* 1 to nail; *(clavo)* to bang *o* hammer in; *(estaca)* to drive in. 2 *fam (timar)* to sting *o* fleece. II **clavarse** *vr* **c. una astilla**, to get a splinter.
clave I *nf* key; **la palabra c.**, the key word. II *nm* harpsichord.
clavel *nm* carnation.
clavícula *nf* collarbone.
clavija *nf Téc* jack.
clavo *nm* 1 nail; *fig* **dar en el c.**, to hit the nail on the head. 2 *Bot* clove.
claxon *nm (pl* **cláxones***)* horn; **tocar el c.**, to sound the horn.
clemencia *nf* mercy, clemency.
clementina *nf* clementine.
cleptómano,-a *adj & nm,f* kleptomaniac.
clerical *adj* clerical.
clérigo *nm* priest.
clero *nm* clergy.
cliché *nm* 1 *fig (tópico)* cliché. 2 *Fot* negative. 3 *Impr* plate.
cliente *nmf* customer, client.
clientela *nf* clientele.
clima *nm* climate.
climatizado,-a *adj* air-conditioned.
climatizar [4] *vtr* to air-condition.
clímax *nm inv* climax.

clínica *nf* clinic.
clínico,-a *adj* clinical.
clip *nm* clip.
clítoris *nm inv* clitoris.
cloaca *nf* sewer, drain.
clorhídrico,-a *adj* hydrochloric.
cloro *nm* chlorine.
cloroformo *nm* chloroform.
cloruro *nm* chloride; **c. sódico**, sodium chloride.
club *nm (pl* **clubs** *o* **clubes***)* club; **c. náutico**, yacht club.
cm *abr de* **centímetro(s)**, centimetre(s), *US* centimeter(s), cm.
CNT *nf abr de* **Confederación Nacional de Trabajadores**.
coacción *nf* coercion.
coaccionar *vtr* to coerce.
coactivo,-a *adj* coercive.
coadyuvar *vtr* to assist.
coagular *vtr & vi*, **coagularse** *vr* to coagulate; *(sangre)* to clot; *(leche)* to curdle.
coágulo *nm* coagulum, clot.
coalición *nf* coalition.
coartada *nf* alibi.
coartar *vtr* to restrict.
coba *nf fam* **dar c. a algn**, to soft-soap sb.
cobalto *nm* cobalt.
cobarde I *adj* cowardly. II *nmf* coward.
cobardía *nf* cowardice.
cobaya *nf* guinea pig.
cobertizo *nm* shed, shack.
cobertor *nm* bedspread.
cobertura *nf* cover; *(de noticia)* coverage.
cobija *nf Am* blanket.
cobijar I *vtr* to shelter. II **cobijarse** *vr* to take shelter.
cobijo *nm* shelter; *fig (protección)* protection.
cobra *nf* cobra.
cobrador,-a *nm,f* 1 *(de autobús) (hombre)* conductor; *(mujer)* conductress. 2 *(de luz, agua etc)* collector.
cobrar I *vtr* 1 *(dinero)* to charge; *(cheque)* to cash; *(salario)* to earn. 2 *fig (fuerza)* to gain, get; **c. ánimos**, to take courage *o* heart; **c. importancia**, to become important. II *vi fam* to catch it. III **cobrarse** *vr* **¿se cobra?**, *(al pagar)* take it out of this, please.
cobre *nm* 1 copper. 2 *Am (moneda)* copper cent.
cobrizo,-a *adj* copper, copper-coloured, *US* copper-colored.
cobro *nm (pago)* collecting; *(de cheque)* cashing; *Tel* **llamada a c. revertido**, reverse-charge, *US* collect call.
coca *nf* 1 *Bot* coca. 2 *arg (droga)* cocaine, coke.
cocaína *nf* cocaine.
cocainómano,-a *nm,f* cocaine addict.
cocción *nf* cooking; *(en agua)* boiling; *(en horno)* baking.
cocer [4] I *vtr* to cook; *(hervir)* to boil;

(*hornear*) to bake. **II** *vi* (*hervir*) to boil. **III cocerse** *vr* **1** (*comida*) to cook; (*hervir*) to boil; (*hornear*) to bake. **2** (*tramarse*) to be going on.
cochambroso,-a *adj* squalid.
coche *nm* **1** car; **en c.**, by car; **c. de carreras**, racing car; **c. de bomberos**, fire engine; **c. fúnebre**, hearse. **2** *Ferroc* carriage, coach; **c. cama**, sleeping car, *US* sleeper. **3** (*de caballos*) carriage, coach.
cochecito *nm* (*de niño*) pram, *US* baby carriage.
cochera *nf* **1** garage. **2** (*de autobuses*) depot.
cochinillo *nm* suckling pig.
cochino,-a I *nm,f* **1** (*macho*) pig; (*hembra*) sow. **2** *fam* (*persona*) filthy person, pig. **II** *adj* (*sucio*) filthy, disgusting.
cocido *nm* stew.
cociente *adj* quotient.
cocina *nf* **1** kitchen. **2** (*aparato*) cooker, *US* stove; **c. eléctrica/de gas**, electric/gas cooker. **3** (*arte*) cooking; **c. casera**, home cooking; **c. española**, Spanish cooking *o* cuisine.
cocinar *vtr & vi* to cook.
cocinero,-a *nm,f* cook.
cocktail *nm* → **cóctel**.
coco¹ *nm* coconut; *arg* (*cabeza*) nut; **comerle el c. a algn**, to brainwash sb; **comerse el c.**, to get obsessed.
coco² *nm fam* (*fantasma*) bogeyman.
cocodrilo *nm* crocodile.
cocotero *nm* coconut palm.
cóctel *nm* cocktail; **c. Molotov**, Molotov cocktail.
coctelera *nf* cocktail shaker.
codazo *nm* **1** (*señal*) nudge with one's elbow. **2** (*golpe*) blow with one's elbow.
codearse *vr* to rub shoulders (**con**, with), hobnob (**con**, with).
codeína *nf* codeine.
codicia *nf* greed.
codiciar [12] *vtr* to covet.
codicioso,-a *adj* covetous, greedy.
codificar [1] *vtr* (*ley*) to codify; (*mensajes*) to encode.
código *nm* code; **c. de circulación**, highway code.
codo *nm* elbow; *fig* **c. con c.**, side by side; *fam* **hablar por los codos**, to talk nonstop.
codorniz *nf* quail.
coeficiente *nm* **1** coefficient. **2** (*grado*) rate; **c. intelectual**, intelligence quotient.
coercitivo,-a *adj* coercive.
coetáneo,-a *adj & nm,f* contemporary.
coexistencia *nf* coexistence.
coexistir *vi* to coexist.
cofia *nf* bonnet.
cofradía *nf* (*hermandad*) brotherhood; (*asociación*) association.
cofre *nm* (*arca*) trunk, chest; (*para joyas*) box, casket.
coger [5] **I** *vtr* **1** to take; (*del suelo*) to pick (up); (*fruta, flores*) to pick; (*asir*) to seize, take hold of; (*bus, tren*) to take, catch; (*pelota, ladrón, resfriado*) to catch; (*entender*) to grasp; (*costumbre*) to pick up; (*velocidad, fuerza*) to gather; (*atropellar*) to run over, knock down. **2** *Am vulg* to fuck. **II** *vi fam* **cogió y se fue**, he upped and left. **III cogerse** *vr* (*agarrarse*) to hold on.
cogida *nf* goring.
cogollo *nm* (*de lechuga*) heart.
cogotazo *nm fam* blow on the back of the neck.
cogote *nm* nape *o* back of the neck.
cohabitación *nf* cohabitation.
cohabitar *vi* to live together, cohabit.
cohecho *nm Jur* bribery.
coherencia *nf* coherence.
coherente *adj* coherent.
cohesión *nf* cohesion.
cohete *nm* rocket; **c. espacial**, space rocket.
cohibido,-a *adj* inhibited.
cohibir [21] **I** *vtr* to inhibit. **II cohibirse** *vr* to feel inhibited.
COI *nm Dep abr de* **Comité Olímpico Internacional**, International Olympic Committee, IOC.
coincidencia *nf* coincidence.
coincidir *vi* **1** to coincide. **2** (*concordar*) to agree; **todos coincidieron en señalar que**, everyone agreed that. **3** (*encontrarse*) to meet by chance.
coito *nm* coitus, intercourse.
cojear *vi* (*persona*) to limp, hobble; (*mueble*) to wobble.
cojera *nf* limp.
cojín *nm* cushion.
cojinete *nm Téc* bearing; **c. de agujas/bolas**, needle/ball bearing.
cojo,-a I *adj* (*persona*) lame; (*mueble*) rickety. **II** *nm,f* lame person.
cojón *nm vulg* ball; **de cojones**, (*estupendo*) fucking brilliant *o* good; (*pésimo*) fucking awful *o* bad.
cojonudo,-a *adj vulg* fucking great.
col *nf* cabbage; **c. de Bruselas**, Brussels sprout.
cola¹ *nf* **1** (*de animal*) tail; (*de vestido*) train; (*de pelo*) ponytail; **a la c.**, at the back *o* rear; *fam* **traer c.**, to have consequences. **2** (*fila*) queue, *US* line; **hacer c.**, to queue (up), *US* stand in line.
cola² *nf* (*pegamento*) glue.
colaboración *nf* **1** collaboration. **2** *Prensa* contribution.
colaboracionismo *nm Pol* collaboration.
colaborador,-a I *nm,f* **1** collaborator. **2** *Prensa* contributor. **II** *adj* collaborating.
colaborar *vi* to collaborate, cooperate.
colación *nf* **sacar** *o* **traer (algo) a c.**, to bring (sth) up.

colada *nf* wash, laundry; **hacer la c.**, to do the washing *o* laundry.
colador *nm* colander, sieve; *(de té, café)* strainer.
colapsar I *vtr* to bring to a standstill. II **colapsarse** *vr* to come to a standstill.
colapso *nm* 1 *Med* collapse. 2 *Aut* **c. circulatorio**, traffic jam, hold-up.
colar [2] I *vtr* 1 *(líquido)* to strain, filter. 2 *(por agujero)* to slip. II *vi fam* **esa mentira no cuela**, that lie won't wash. III **colarse** *vr* 1 to slip in; *(a fiesta)* to gate-crash; *(en una cola)* to jump the queue. 2 *fam (pasarse)* to go too far.
colateral *adj* collateral.
colcha *nf* bedspread.
colchón *nm* mattress.
colchoneta *nf* air bed.
colear *vi* 1 to wag its tail; *fam* **vivito y coleando**, alive and kicking. 2 *fam* **el asunto aún colea**, we haven't heard the last of it yet.
colección *nf* collection.
coleccionable *adj & nm* collectable.
coleccionar *vtr* to collect.
coleccionista *nmf* collector.
colecta *nf* collection.
colectividad *nf* community.
colectivo,-a I *adj* collective. II *nm* 1 *(asociación)* association. 2 *Am* long-distance taxi.
colega *nmf* 1 colleague. 2 *arg (amigo)* buddy, mate.
colegiado,-a *nm* Dep referee.
colegial I *adj (escolar)* school. II *nmf* 1 *(alumno)* schoolboy; *(alumna)* schoolgirl; **los colegiales**, the schoolchildren.
colegio *nm* 1 *(escuela)* school; **c. privado**, *GB* public *o* independent school. 2 *(profesional)* association, college; **c. de abogados**, the Bar; *Pol* **c. electoral**, electoral college. 3 *Univ* **c. mayor** *o* **universitario**, hall of residence.
colegir [6] *vtr* to infer, deduce.
cólera[1] *nf* anger, rage.
cólera[2] *nm Med* cholera.
colérico,-a *adj* furious.
colesterol *nm* cholesterol.
coleta *nf* pigtail, ponytail; *fig* **cortarse la c.**, to retire.
coletazo *nm* **dar los últimos coletazos**, to be on one's last legs.
coletilla *nf* postcript.
colgado,-a *adj* 1 *arg* **dejar (a algn) c.**, to leave (sb) in the lurch. 2 *arg* weird; *(drogado)* high.
colgante I *nm (joya)* pendant. II *adj* hanging.
colgar [2] I *vtr* 1 to hang (up); *(colada)* to hang (out). 2 *(ahorcar)* to hang. II *vi* 1 to hang *(de,* from); *fig* **c. de un hilo**, to hang by a thread. 2 *Tel* to hang up. III **colgarse** *vr (ahorcarse)* to hang oneself.
colibrí *nm* humming bird.

cólico *nm* colic.
coliflor *nf* cauliflower.
colijo *indic pres* → **colegir**.
colilla *nf* (cigarette) end *o* butt.
colina *nf* hill.
colindante *adj* adjoining, adjacent.
colindar *vi* to be adjacent **(con,** to).
colirio *nm* eyedrops.
colisión *nf* collision, crash; *(de ideas)* clash.
colisionar *vi* to collide, crash.
colitis *nf* colitis.
collage *nm* collage.
collar *nm* 1 *(adorno)* necklace. 2 *(de perro)* collar.
colmado,-a *adj* full, filled; *(cucharada)* heaped.
colmar *vtr* 1 to fill (right up); *(vaso, copa)* to fill to the brim; *fig* to shower **(de,** with). 2 *(ambiciones)* to fulfil, satisfy.
colmena *nf* beehive.
colmillo *nm* eye *o* canine tooth; *Zool (de carnívoro)* fang; *(de jabalí, elefante)* tusk.
colmo *nm* height; **el c. de**, the height of; **¡eso es el c.!**, that's the last straw!; **para c.**, to top it all.
colocación *nf* 1 *(acto)* positioning. 2 *(disposición)* lay-out. 3 *(empleo)* job, employment.
colocado,-a *adj* 1 *(empleado)* employed. 2 *arg (drogado)* high.
colocar [1] I *vtr* 1 to place, put. 2 *Fin (invertir)* to invest. 3 *(emplear)* to give work to. 4 *arg (drogar)* to stone. II **colocarse** *vr* 1 *(situarse)* to put oneself. 2 *(emplearse)* to take a job **(de,** as). 3 *arg (drogarse)* to get high.
colofón *nm* 1 *(apéndice)* colophon. 2 *fig* climax.
Colombia *n* Colombia.
colombiano,-a *adj & nm,f* Colombian.
colón *nm Fin* standard monetary unit of Costa Rica and El Salvador.
Colón *n* Columbus.
colonia[1] *nf* colony; *(campamento)* summer camp.
colonia[2] *nf (perfume)* cologne.
colonial *adj* colonial.
colonialismo *nm* colonialism.
colonización *nf* colonization.
colonizar [4] *vtr* to colonize.
coloquial *adj* colloquial.
coloquio *nm* discussion, colloquium.
color *nm* colour, *US* color; *Cin Fot* **en c.**, in colour; **de colores**, multicoloured; **persona de c.**, coloured person.
colorado,-a I *adj* red; **ponerse c.**, to blush. II *nm* red.
colorante *nm* colouring, *US* coloring.
colorear *vtr* to colour, *US* color.
colorete *nm* rouge.
colorido *nm* colour, *US* color.
colorín *nm* goldfinch.
colosal *adj* colossal.

columna *nf* column; *Anat* **c. vertebral**, vertebral column, spinal column.
columpiar |12| **I** *vtr* to swing. **II columpiarse** *vr* to swing.
columpio *nm* swing.
coma¹ *nf* **1** *Ling Mús* comma. **2** *Mat* point; **tres c. cinco**, three point five.
coma² *nm Med* coma.
comadre *nf* godmother.
comadreja *nf* weasel.
comadreo *nm* gossip, gossiping.
comadrona *nf* midwife.
comandancia *nf* command.
comandante *nm* **1** *Mil* commander, commanding officer. **2** *Av* captain.
comandar *vtr* to command.
comando *nm* **1** *Mil* commando. **2** *Inform* command.
comarca *nf* region.
comarcal *adj* regional.
comba *nf* **1** *(curvatura)* curve, bend. **2** *(cuerda)* skipping rope; **saltar a la c.**, to skip.
combar *vtr* to bend.
combate *nm* combat; *Box* fight; *Mil* battle; **fuera de c.**, out for the count; *(eliminado)* out of action.
combatiente I *adj* fighting. **II** *nmf* combatant.
combatir I *vtr* to combat. **II** *vi* to fight (**contra**, against).
combativo,-a *adj* spirited, aggressive.
combinación *nf* **1** combination. **2** *(prenda)* slip.
combinado,-a I *adj* combined. **III** *nm* **1** *(cóctel)* cocktail. **2** *Dep* line-up.
combinar *vtr*, **combinarse** *vr* to combine.
combustible I *nm* fuel. **II** *adj* combustible.
combustión *nf* combustion.
comedia *nf* comedy.
comediante,-a *nm,f (hombre)* actor; *(mujer)* actress.
comedido,-a *adj* self-restrained, reserved.
comedor *nm* dining room.
comensal *nmf* companion at table.
comentar *vtr* **c. algo con algn**, to talk sth over with sb; **me han comentado que ...**, I've been told that ....
comentario *nm* **1** comment, remark; *(crítica)* commentary; **sin c.**, no comment. **2 comentarios**, *(cotilleos)* gossip.
comentarista *nmf* commentator.
comenzar |1| *vtr & vi* to begin, start; **comenzó a llover**, it started raining or to rain; **comenzó diciendo que ...**, he started by saying that ....
comer I *vtr* **1** to eat. **2** *(en juegos)* to take, capture. **II** *vi* to eat; **dar de c. a algn**, to feed sb. **III comerse** *vr* **1** to eat. **2** *fig (saltarse)* to skip.
comercial *adj* commercial.
comercialización *nf* marketing.
comercializar |4| *vtr* to market.
comerciante *nmf* merchant.
comerciar |12| *vi* to trade; **comercia con oro**, he trades in gold.
comercio *nm* **1** commerce, trade; **c. exterior**, foreign trade. **2** *(tienda)* shop.
comestible I *adj* edible. **II** *nmpl* **comestibles**, food *sing*, foodstuff(s); **tienda de comestibles**, grocer's shop, *US* grocery store.
cometa I *nm Astron* comet. **II** *nf (juguete)* kite.
cometer *vtr (error, falta)* to make; *(delito, crimen)* to commit.
cometido *nm* **1** *(tarea)* task, assignment. **2** *(deber)* duty; **cumplir su c.**, to do one's duty.
comezón *nm* itch.
cómic *nm* comic.
comicios *nmpl* elections.
cómico,-a I *adj* **1** comical, funny. **2** *Teat* **actor c.**, comedian. **II** *nm,f* comic; *(hombre)* comedian; *(mujer)* comedienne.
comida *nf* **1** *(alimento)* food. **2** *(almuerzo, cena)* meal.
comidilla *nf fam* **la c. del pueblo**, the talk of the town.
comienzo *nm* beginning, start; **a comienzos de**, at the beginning of; **dar c. (a algo)**, to begin o start (sth).
comilón,-ona I *adj* greedy, gluttonous. **II** *nm,f* big eater, glutton.
comilona *nf fam* big meal, feast.
comillas *nfpl* inverted commas; **entre c.**, in inverted commas.
comino *nm* cumin, cummin; *fam* **me importa un c.**, I don't give a damn (about it).
comisaría *nf* police station.
comisario *nm* **1** *(de policía)* police inspector. **2** *(delegado)* commissioner.
comisión *nf* **1** *Com (retribución)* commission; **a o con c.**, on a commission basis. **2** *(comité)* committee.
comité *nm* committee.
comitiva *nf* suite, retinue.
como I *adv* **1** *(manera)* how; **me gusta c. cantas**, I like the way you sing; **dilo c. quieras**, say it however you like. **2** *(comparación)* as; **blanco c. la nieve**, as white as snow; **habla c. su padre**, he talks like his father. **3** *(según)* as; **c. decíamos ayer**, as we were saying yesterday. **4** *(en calidad de)* as; **c. presidente**, as president; **lo compré c. recuerdo**, I bought it as a souvenir. **5** *(aproximadamente)* about; **c. a la mitad de camino**, halfway; **c. unos diez**, about ten.

II *conj* **1 c.** + *subj*, *(si)* if; **c. no estudies vas a suspender**, if you don't study hard, you'll fail. **2** *(porque)* as, since; **c. no venías me marché**, as you didn't come I left. **3 c. si**, as if; **c. si nada o tal cosa**, as if nothing had happened; *fam* **c.**

si lo viera, I can imagine perfectly well.
cómo I *adv* 1 ¿c.?, (¿*perdón?*) what? 2 (*interrogativo*) how; ¿c. estás?, how are you?; ¿c. lo sabes?, how do you know?; ¿c. es de grande/ancho?, how big/wide is it?; ¿a c. están los tomates?, how much are the tomatoes?; ¿c. es que no viniste a la fiesta?, (*por qué*) how come you didn't come to the party?; *fam* ¿c. es eso?, how come? 3 (*exclamativo*) how; ¡c. has crecido!, you've really grown a lot!; ¡c. no!, but of course!. **II** *nm* el c. y el porqué, the whys and wherefores.
cómoda *nf* chest of drawers.
comodidad *nf* 1 comfort. 2 (*conveniencia*) convenience.
comodín *nm Naipes* joker.
cómodo,-a *adj* 1 comfortable; **ponerse c.**, to make oneself comfortable. 2 (*útil*) handy, convenient.
comoquiera *adv* 1 however, whatever way; **c. que sea,** one way or another. 2 **c. que no estaba enterado,** (*puesto que*) as he didn't know.
compacto,-a *adj* compact; **disco c.,** compact disc.
compadecer [33] **I** *vtr* to feel sorry for, pity. **II compadecerse** *vr* to have *o* take pity (**de,** on).
compadre *nm* 1 (*padrino*) godfather. 2 *Am fam* (*amigo*) friend, mate.
compaginar *vtr* to combine.
compañerismo *nm* companionship, comradeship.
compañero,-a *nm,f* companion; **c. de colegio,** school friend; **c. de piso,** flatmate.
compañía *nf* company; **hacer c. (a algn),** to keep (sb) company; **c. de seguros/de teatro,** insurance/theatre company.
comparable *adj* comparable.
comparación *nf* comparison; **en c.,** comparatively; **en c. con,** compared to; **sin c.,** beyond compare.
comparar *vtr* to compare (**con,** with).
comparativo,-a *adj & nm* comparative.
comparecencia *nf* appearance.
comparecer [33] *vi Jur* to appear (**ante,** before).
comparsa *nf* band of revellers.
compartimento, compartimiento *nm* compartment; **c. de primera/segunda clase,** first-/second-class compartment.
compartir *vtr* to share.
compás *nm* 1 *Téc* (pair of) compasses. 2 *Náut* compass. 3 *Mús* (*división*) time; (*intervalo*) beat; (*ritmo*) rhythm; **c. de espera,** *Mús* bar rest; *fig* (*pausa*) delay; **al c. de,** in time to.
compasión *nf* compassion, pity; **tener c. (de algn),** to feel sorry (for sb).
compasivo,-a *adj* compassionate.
compatible *adj* compatible.
compatriota *nmf* compatriot; (*hombre*) fellow countryman; (*mujer*) fellow countrywoman.
compendiar [12] *vtr* to abridge, summarize.
compendio *nm* compendium.
compenetrarse *vr* to understand each other *o* one another.
compensación *nf* compensation.
compensar I *vtr* (*pérdida, error*) to make up for; (*indemnizar*) to compensate (for). **II** *vi* to be worthwhile; **este trabajo no compensa,** this job's not worth my time.
competencia *nf* 1 (*rivalidad, empresas rivales*) competition. 2 (*capacidad*) competence. 3 (*incumbencia*) field, province; **no es de mi c.,** it's not up to me.
competente *adj* competent.
competición *nf* competition, contest.
competido,-a *adj* hard-fought.
competidor,-a I *nm,f* 1 *Com Dep* competitor. 2 (*participante*) contestant. **II** *adj* competing.
competir [6] *vi* to compete (**con,** with *o* against; **en,** in; **por,** for).
competitividad *nf* competitivity.
competitivo,-a *adj* competitive.
compilar *vtr* to compile.
compinche *nmf* 1 (*compañero*) chum, pal. 2 *pey* (*cómplice*) accomplice.
complacencia *nf* 1 (*satisfacción*) satisfaction. 2 (*indulgencia*) indulgence.
complacer [33] **I** *vtr* to please; *fml* **me complace presentarles a ...,** it gives me great pleasure to introduce to you .... **II complacerse** *vr* to delight (**en,** in), take pleasure (**en,** in).
complaciente *adj* obliging.
complejidad *nf* complexity.
complejo,-a *adj & nm* complex.
complementar I *vtr* to complement. **II complementarse** *vr* to complement (each other), be complementary to (each other).
complementario,-a *adj* complementary.
complemento *nm* complement; *Ling* object.
completar *vtr* to complete.
completo,-a *adj* 1 (*terminado*) complete; **por c.,** completely. 2 (*lleno*) full; **al c.,** full up, to capacity. ◆**completamente** *adv* completely.
complexión *nf* build; **de c. fuerte,** well-built.
complicación *nf* complication.
complicado,-a *adj* 1 (*complejo*) complicated. 2 (*implicado*) involved.
complicar [1] **I** *vtr* 1 to complicate. 2 (*involucrar*) to involve (**en,** in). **II complicarse** *vr* to get complicated; **c. la vida,** to make life difficult for oneself.
cómplice *nmf* accomplice.
complot *nm* (*pl* **complots**) conspiracy, plot.
componente I *adj* component. **II** *nm* 1

(pieza) component; *(ingrediente)* ingredient. 2 *(persona)* member.
componer |19| *(pp* **compuesto)** I *vtr* 1 *(formar)* to compose, make up. 2 *Mús Lit* to compose. 3 *(reparar)* to mend, repair. II **componerse** *vr* 1 *(consistir)* to be made up **(de, of),** consist **(de,** of). 2 *(arreglarse)* to dress up. 3 *fam* **componérselas,** to manage.
comportamiento *nm* behaviour, *US* behavior.
comportar I *vtr* to entail, involve. II **comportarse** *vr* to behave; **c. mal,** to misbehave.
composición *nf* composition.
compositor,-a *nm,f* composer.
compostelano,-a *adj* from Santiago de Compostela.
compostura *nf* composure.
compota *nf* compote.
compra *nf (acción)* buying; *(cosa comprada)* purchase, buy; **ir de c.,** to go shopping.
comprador,-a *nm,f* purchaser, buyer.
comprar *vtr* 1 to buy. 2 *fig (sobornar)* to bribe, buy off.
compraventa *nf* buying and selling; **contrato de c.,** contract of sale.
comprender *vtr* 1 *(entender)* to understand; **se comprende,** it's understandable. 2 *(contener)* to comprise, include.
comprensible *adj* understandable.
comprensión *nf* understanding.
comprensivo,-a *adj* understanding.
compresa *nf* 1 *(para mujer)* sanitary towel. 2 *Med* compress.
comprimido,-a I *nm Farm* tablet. II *adj* compressed; **escopeta de aire c.,** air rifle.
comprimir *vtr* to compress.
comprobante *nm (de compra etc)* voucher, receipt.
comprobar |2| *vtr* to check.
comprometer I *vtr* 1 *(arriesgar)* to compromise, jeopardize. 2 *(obligar)* to compel, force. II **comprometerse** *vr* 1 **c. a hacer algo,** to undertake to do sth. 2 *(novios)* to become engaged.
comprometido,-a *adj* 1 *(situación)* difficult. 2 *(para casarse)* engaged.
compromiso *nm* 1 *(obligación)* obligation, commitment; **sin c.,** without obligation; **por c.,** out of a sense of duty. 2 **poner (a algn) en un c.,** to put (sb) in a difficult *o* embarrassing situation. 3 *(acuerdo)* agreement; *fml* **c. matrimonial,** engagement; **soltero y sin c.,** single and unattached.
compuesto,-a I *adj* 1 compound. 2 **c. de,** composed of. II *nm* compound.
compulsar *vtr* to make a certified true copy of.
compungido,-a *adj (arrepentido)* remorseful; *(triste)* sorrowful, sad.
compuse *pt indef* → **componer.**

computadora *nf* computer.
cómputo *nm* calculation.
comulgar |7| *vi* 1 to receive Holy Communion. 2 *fig* **no comulgo con sus ideas,** I don't share his ideas.
común I *adj* 1 common; **de c. acuerdo,** by common consent; **hacer algo en c.,** to do sth jointly; **poco c.,** unusual; **por lo c.,** generally. 2 *(compartido)* shared, communal; **amigos comunes,** mutual friends. II *nm GB Pol* **los Comunes,** the Commons.
comunal *adj* communal.
comunicación *nf* 1 communication; **ponerse en c. (con algn),** to get in touch (with sb). 2 *(comunicado)* communication; **c. oficial,** communiqué. 3 *Tel* connection; **se nos cortó la c.,** we were cut off. 4 *(unión)* link, connection.
comunicado,-a I *adj* **una zona bien comunicada,** a well-served zone; **dos ciudades bien comunicadas,** two towns with good connections (between them). II *nm* communiqué; **c. de prensa,** press release.
comunicar |1| I *vtr* 1 to communicate; **comuníquenoslo lo antes posible,** let us know as soon as possible. II *vi* 1 to communicate. 2 *Tel* to be engaged; **está comunicando,** it's engaged. III **comunicarse** *vr* to communicate.
comunicativo,-a *adj* communicative.
comunidad *nf* community. **C. Europea,** European Community; **C. de Estados Independientes,** Commonwealth of Independent States.
comunión *nf* communion.
comunismo *nm* communism.
comunista *adj & nmf* communist.
comunitario,-a *adj* 1 of *o* relating to the community. 2 *(de CE)* of *o* relating to the EC; **la política agraria comunitaria,** the common agricultural policy.
con *prep* 1 with; **córtalo c. las tijeras,** cut it with the scissors; **voy cómodo c. este jersey,** I'm comfortable in this sweater. 2 *(compañía)* with; **vine c. mi hermana,** I came with my sister. 3 **c. ese frío/niebla,** in that cold/fog; **estar c. (la) gripe,** to have the flu. 4 *(contenido)* with; **una bolsa c. dinero,** a bag (full) of money. 5 *(a)* to; **habló c. todos,** he spoke to everybody; **sé amable c. ella,** be nice to her. 6 *(con infinitivo)* **c. llamar será suficiente,** it will be enough just to phone; *(+ que + subjuntivo)* **bastará c. que lo esboces,** a general idea will do. 7 **c. tal (de) que ...,** provided that ...; **c. todo (y eso),** even so.
conato *nm* attempt; **c. de asesinato,** attempted murder.
concebible *adj* conceivable, imaginable.
concebir |6| I *vtr* 1 *(plan, hijo)* to conceive. 2 *(entender)* to understand. II *vi*

(mujer) to become pregnant, conceive.
conceder *vtr* to grant; *(premio)* to award.
concejal,-a *nm,f* town councillor.
concejo *nm* council.
concentración *nf* concentration; *(de manifestantes)* gathering; *(de coches, motos)* rally; *(de equipo)* base.
concentrado *nm* concentrate.
concentrar I *vtr* to concentrate. II **concentrarse** *vr* 1 to concentrate (en, on). 2 *(reunirse)* to gather.
concepción *nf* conception.
concepto *nm* 1 *(idea)* concept; **tener buen/mal c. de,** to have a good/a bad opinion of; **bajo/por ningún c.,** under no circumstances. 2 **en c. de,** under the heading of. 3 *(en factura)* item.
concerniente *adj* concerning, regarding (a, -); *fml* **en lo c. a,** with regard to.
concernir |5| *v impers* 1 *(afectar)* to concern; **en lo que a mí concierne,** as far as I am concerned; **en lo que concierne a,** with regard/respect to. 2 *(corresponder)* to be up to.
concertación *nf* compromise.
concertar |1| I *vtr* 1 *(cita)* to arrange; *(precio)* to agree on; *(acuerdo)* to reach. 2 *(una acción etc)* to plan, co-ordinate. II *vi* to agree, tally.
concesión *nf* 1 concession. 2 *(de un premio, contrato)* awarding.
concesionario,-a *nm,f* dealer.
concha *nf* 1 *Zool (caparazón)* shell; *(carey)* tortoiseshell. 2 *Am vulg* cunt.
conchabarse *vr* to gang up.
conciencia *nf* 1 conscience; **tener la c. tranquila,** with a clear conscience. 2 *(conocimiento)* consciousness, awareness; **a c.,** conscientiously; **tener/tomar c. (de algo),** to be/become aware (of sth).
concienciar |12| I *vtr* to make aware (de, of). II **concienciarse** *vr* to become aware (de, of).
concienzudo,-a *adj* conscientious.
concierto |1| *nm* 1 *Mús* concert; *(composición)* concerto. 2 *(acuerdo)* agreement.
conciliar |12| *vtr* to reconcile; **c. el sueño,** to get to sleep.
concilio *nm* council.
conciso,-a *adj* concise.
conciudadano,-a *nm,f* fellow citizen.
concluir |37| *vtr* to conclude.
conclusión *nf* conclusion; **sacar una c.,** to draw a conclusion.
concluyente *adj* conclusive.
concomerse *vr* to be consumed; **c. de envidia,** to be green with envy.
concordar |2| I *vi* to agree; **esto no concuerda con lo que dijo ayer,** this doesn't fit in with what he said yesterday. II *vtr* to bring into agreement.
concordia *nf* concord.
concretar *vtr (precisar)* to specify, state explicitly; *(fecha, hora)* to fix.

concreto,-a I *adj* 1 *(preciso, real)* concrete. 2 *(particular)* specific; **en el caso c. de ...,** in the specific case of .... II *nm Am* concrete.
◆**concretamente** *adv* specifically.
concurrencia *nf* 1 *(de dos cosas)* concurrence. 2 *(público)* audience.
concurrido,-a *adj* crowded, busy.
concurrir *vi* 1 *(gente)* to converge (en, on), meet (en, in). 2 *(coincidir)* to concur, coincide. 3 *(participar)* to compete; *(en elecciones)* to be a candidate.
concursante *nmf* 1 contestant, competitor. 2 *(para un empleo)* candidate.
concursar *vi* to compete, take part.
concurso *nm* 1 *(competición)* competition; *(de belleza etc)* contest; *TV* quiz show; **presentar (una obra) a c.,** to invite tenders (for a piece of work). 2 *fml (ayuda)* help.
condal *adj* of *o* relating to a count; **la Ciudad C.,** Barcelona.
conde *nm* count.
condecoración *nf* decoration.
condecorar *vtr* to decorate.
condena *nf* 1 *Jur* sentence. 2 *(desaprobación)* condemnation, disapproval.
condenado,-a I *adj* 1 *Jur* convicted; **c. a muerte,** condemned to death. 2 *Rel & fam* damned; **c. al fracaso,** doomed to failure. II *nm,f Jur* convicted person; *(a muerte)* condemned person. 2 *Rel* damned.
condenar I *vtr* 1 *Jur* to convict, find guilty; **c. a algn a muerte,** to condemn sb to death. 2 *(desaprobar)* to condemn. II **condenarse** *vr Rel* to be damned.
condensado,-a *adj* condensed; **leche condensada,** condensed milk.
condensador *nm* condenser.
condensar *vtr,* **condensarse** *vr* to condense.
condesa *nf* countess.
condescender |3| *vi* 1 to condescend. 2 *(ceder)* to comply (with), consent (to).
condescendiente *adj* 1 *(displicente)* condescending. 2 *(complaciente)* complacent.
condición *nf* 1 condition; **en buenas/malas condiciones,** in good/bad condition; **condiciones de trabajo,** working conditions; **con la c. de que ...,** on the condition that .... 2 *(manera de ser)* nature, character. 3 **en su c. de director,** *(calidad)* in his capacity as director.
condicional *adj* conditional.
condicionar *vtr* to condition. 2 **una cosa condiciona la otra,** one thing determines the other.
condimentar *vtr* to season, flavour, *US* flavor.
condimento *nm* seasoning, flavouring, *US* flavoring.
condolerse |4| *vr* **c. de,** to sympathize with.

condón *nm* condom.
condonar *vtr (ofensa)* to condone; *(deuda)* to cancel.
cóndor *nm* condor.
conducir |10| I *vtr (coche)* to drive; *(electricidad)* to conduct. II *vi* 1 *Aut* to drive; **permiso de c.**, driving licence, *US* driver's license. 2 *(camino, actitud)* to lead; **eso no conduce a nada**, this leads nowhere.
conducta *nf* behaviour, *US* behavior, conduct; **mala c.**, misbehaviour, misconduct.
conducto *nm* 1 *(tubería)* pipe; *fig* **por conductos oficiales**, through official channels. 2 *Anat* duct, canal.
conductor,-a I *nm,f Aut* driver. II *nm Elec* conductor.
conectar *vtr* 1 to connect up. 2 *Elec* to plug in, switch on.
coneja *nf* doe rabbit.
conejillo *nm* **c. de Indias**, guinea pig.
conejo *nm* rabbit.
conexión *nf* connection.
confabularse *vr* to conspire, plot.
confección *nf Cost* dressmaking, tailoring; **la i. de la c.**, the rag trade. 2 *(de un plan etc)* making, making up.
confeccionar *vtr* to make (up).
confederación *nf* confederation.
conferencia *nf* 1 lecture; **dar una c. (sobre algo)**, to give a lecture (on sth). 2 **c. de prensa**, press conference. 3 *Tel* long-distance call.
conferenciante *nmf* lecturer.
conferir |5| *vtr fml (honor, privilegio)* to confer.
confesar |1| I *vtr* to confess, admit; *(crimen)* to own up to; *Rel (pecados)* to confess. II *vi Jur* to own up. III **confesarse** *vr* to confess; **c. culpable**, to admit one's guilt; *Rel* to go to confession.
confesión *nf* confession, admission; *Rel* confession.
confesionario *nm Rel* confessional.
confeti *nm (pl* **confetis**) confetti.
confiado,-a *adj* 1 *(seguro)* self-confident. 2 *(crédulo)* gullible, unsuspecting.
confianza *nf* 1 *(seguridad)* confidence; **tener c. en uno mismo**, to be self-confident. 2 **de c.**, reliable. 3 **tener c. con algn**, to be on intimate terms with sb; **con toda c.**, in all confidence; **tomarse (demasiadas) confianzas**, to take liberties.
confiar |29| I *vtr (entregar)* to entrust; *(información, secreto)* to confide. II *vi* **c. en**, to trust; **confío en ella**, I trust her; **no confíes en su ayuda**, don't count on his help. III **confiarse** *vr* to confide (**en o a**, in); **c. demasiado**, to be overconfident.
confidencia *nf* confidence.
confidencial *adj* confidential.

confidente,-a *nm,f* 1 *(hombre)* confidant; *(mujer)* confidante. 2 *(de la policía)* informer.
configuración *nf* configuration; *Inform* configuration.
configurar *vtr* to shape, form.
confín *nm* limit, boundary.
confinar *vtr Jur* to confine.
confirmación *nf* confirmation.
confirmar *vtr* to confirm; *prov* **la excepción confirma la regla**, the exception proves the rule.
confiscar |1| *vtr* to confiscate.
confite *nm* sweet, *US* candy.
confitería *nf* 1 confectioner's (shop), *US* candy store. 2 *Am* café.
confitura *nf* preserve, jam.
conflagración *nf fig* **c. mundial**, world war.
conflictividad *nf* **c. laboral**, industrial unrest.
conflictivo,-a *adj (asunto)* controversial; *(época)* unsettled; **niño c.**, problem child.
conflicto *nm* conflict; **c. laboral**, industrial dispute.
confluencia *nf* confluence.
confluir [37] *vi* to converge; *(caminos, ríos)* to meet, come together.
conformar I *vtr* to shape. II **conformarse** *vr* to resign oneself, be content.
conforme I *adj* 1 *(satisfecho)* satisfied; **c., agreed**, all right; **no estoy c.**, I don't agree. 2 **c. a**, in accordance *o* keeping with. II *conj (según, como)* as; **c. lo vi/lo oí**, as I saw/heard it. 2 *(a medida que)* as; **la policía los detenía c. iban saliendo**, the police were arresting them as they came out.
conformidad *nf* 1 approval, consent. 2 **en c.**, in conformity (**con**, with).
conformismo *nm* conformity.
conformista *adj & nmf* conformist.
confort *nm (pl* **conforts**) comfort; **'todo c.'**, 'all mod cons'.
confortable *adj* comfortable.
confortar *vtr* to comfort.
confraternizar |4| *vi* to fraternize.
confrontación *nf* 1 *(enfrentamiento)* confrontation. 2 *(comparación)* contrast.
confrontar *vtr* 1 to confront. 2 *(cotejar)* to compare, collate.
confundir I *vtr* 1 to confuse (**con**, with); **c. a una persona con otra**, to mistake somebody for somebody else. 2 *(persona)* to mislead. 3 *(turbar)* to confound. II **confundirse** *vr* 1 *(equivocarse)* to be mistaken; *Tel* **se ha confundido**, you've got the wrong number. 2 *(mezclarse)* to mingle; **se confundió entre el gentío**, he disappeared into the crowd.
confusión *nf* confusion.
confuso,-a *adj* 1 confused; *(formas, recuerdo)* blurred, vague. 2 *(mezclado)* mixed up.

congelación *nf* 1 freezing. 2 *Fin* freeze. 3 *Med* frostbite.
congelado,-a I *adj* frozen; *Med* frostbitten. II *nmpl* congelados, frozen food *sing*.
congelador *nm* freezer.
congelar I *vtr* to freeze. II **congelarse** *vr* 1 to freeze; *fam* **me estoy congelando**, I'm freezing. 2 *Med* to get *o* become frostbitten.
congeniar [12] *vi* to get on (**con**, with).
congénito,-a *adj* congenital.
congestión *nf* congestion; *Med* **c. cerebral**, stroke.
congestionar *vtr* to congest.
conglomerado *nm* conglomerate.
conglomerar *vtr*, **conglomerarse** *vr* to conglomerate.
congoja *nf* sorrow, grief.
congraciarse [12] *vr* to ingratiate oneself (**con**, with).
congratular *vtr fml* to congratulate (**por**, on).
congregación *nf* congregation.
congregar [7] *vtr*, **congregarse** *vr* to congregate, assemble.
congresista *nmf* member of a congress.
congreso *nm* congress, conference; *Pol* **c. de los Diputados**, ≈ Parliament, *US* Congress.
congrio *nm* conger (eel).
congruente *adj* coherent, suitable.
conjetura *nf* conjecture; **por c.**, by guesswork.
conjeturar *vtr* to conjecture.
conjugación *nf* conjugation.
conjugar [7] *vtr* to conjugate; *fig (planes, opiniones)* to combine.
conjunción *nf* conjunction.
conjuntar *vtr* to co-ordinate.
conjuntivitis *nf* conjunctivitis.
conjunto,-a I *nm* 1 *(grupo)* collection, group. 2 *(todo)* whole; **de c.**, overall; **en c.**, on the whole. 3 *Mús (pop)* group, band. 4 *(prenda)* outfit, ensemble. 5 *Mat* set. 6 *Dep* team. II *adj* joint.
conjurar I *vtr* 1 to exorcise; *(peligro)* to ward off. II **conjurarse** *vr* to conspire, plot.
conjuro *nm* 1 *(exorcismo)* exorcism. 2 *(encantamiento)* spell, incantation.
conllevar *vtr* to entail.
conmemoración *nf* commemoration.
conmemorar *vtr* to commemorate.
conmigo *pron pers* with me; **vino c.**, he came with me; **él habló c.**, he talked to me.
conminar *vtr* to threaten, menace.
conmoción *nf* commotion, shock; **c. cerebral**, concussion.
conmocionar *vtr* to shock; *Med* to concuss.
conmovedor,-a *adj* touching; **una película conmovedora**, a moving film.
conmover [4] *vtr* to touch, move.
conmutador *nm* 1 *Elec* switch. 2 *Am Tel* switchboard.
conmutar *vtr* to exchange; *Jur* to commute; *Elec* to commutate.
connivencia *nf* connivance, collusion.
connotación *nf* connotation.
cono *nm* cone; **C. Sur**, South America.
conocedor,-a *adj & nm,f* expert; *(de vino, arte etc)* connoisseur.
conocer [34] I *vtr* 1 to know; **dar (algo/algn) a c.**, to make (sth/sb) known. 2 *(a una persona)* to meet. 2 *(reconocer)* to recognize; **te conocí por la voz**, I recognized you by your voice. II **conocerse** *vr (dos personas)* to know each other; *(por primera vez)* to meet.
conocido,-a I *adj* known; *(famoso)* well-known. II *nm,f* acquaintance.
conocimiento *nm* 1 knowledge; **con c. de causa**, with full knowledge of the facts. 2 *(conciencia)* consciousness; **perder/recobrar el c.**, to lose/regain consciousness. 3 **conocimientos**, knowledge.
conque *conj* so.
conquense I *adj* of *o* from Cuenca. II *nmf* native *o* inhabitant of Cuenca.
conquista *nf* conquest.
conquistador,-a *nm,f* conqueror.
conquistar *vtr (país, ciudad)* to conquer; *fig (puesto, título)* to win; *(a una persona)* to win over.
consabido,-a *adj* 1 *(bien conocido)* well-known. 2 *(usual)* familiar, usual.
consagración *nf* 1 *Rel* consecration. 2 *(de un artista)* recognition.
consagrar I *vtr* 1 *Rel* to consecrate. 2 *(artista)* to confirm. 3 *(tiempo, vida)* to devote. II **consagrarse** *vr* 1 *(dedicarse)* to devote oneself (**a**, to), dedicate oneself (**a**, to). 2 *(lograr fama)* to establish oneself.
consciente *adj* 1 conscious, aware; **ser c. de algo**, to be aware of sth. 2 *Med* conscious.
consecución *nf* 1 *(de un objetivo)* achievement. 2 *(obtención)* obtaining.
consecuencia *nf* 1 consequence; **a** *o* **como c. de**, as a consequence *o* result of; **en c.**, therefore; **tener** *o* **traer (malas) consecuencias**, to have (ill) effects; **sacar como** *o* **en c.**, to come to a conclusion. 2 *(coherencia)* consistency; **actuar en c.**, to be consistent.
consecuente *adj* consistent.
consecutivo,-a *adj* consecutive; **tres días consecutivos**, three days in a row.
conseguir [6] *vtr* 1 to get, obtain; *(objetivo)* to achieve. 2 **conseguí terminar**, I managed to finish.
consejero,-a *nm,f (asesor)* adviser. 2 *Pol* councillor. 3 *Com* **c. delegado**, managing director.
consejo *nm* 1 *(recomendación)* advice; **un**

consenso / **consultivo**

c., a piece of advice. 2 (*junta*) council; **c. de ministros**, cabinet; (*reunión*) cabinet meeting; **c. de administración**, board of directors; **c. de guerra**, court martial.
consenso *nm* consensus.
consensuar *vtr* to approve by consensus.
consentido,-a *adj* spoiled.
consentimiento *nm* consent.
consentir [5] I *vtr* 1 (*tolerar*) to allow, permit; **no consientas que haga eso**, don't allow him to do that. 2 (*mimar*) to spoil. II *vi* to consent; **c. en**, to agree to.
conserje *nm* commissionaire; (*en escuela etc*) janitor.
conserva *nf* tinned *o* canned food.
conservación *nf* 1 preservation. 2 (*mantenimiento*) maintenance, upkeep.
conservador,-a I *adj* & *nm,f* conservative; *Pol* Conservative. II *nm* (*de museo*) curator.
conservadurismo *nm* conservatism.
conservante *nm* preservative.
conservar I *vtr* to conserve, preserve; (*mantener*) to keep up, maintain; (*alimentos*) to preserve. II **conservarse** *vr* 1 (*tradición*) to survive. 2 **c. bien**, (*persona*) to age well.
conservatorio *nm* conservatory.
considerable *adj* considerable.
consideración *nf* 1 consideration; **tomar algo en c.**, to take sth into account. 2 (*respeto*) regard. 3 **de c.**, important, considerable; **herido de c.**, seriously injured.
considerado,-a *adj* 1 (*atento*) considerate, thoughtful. 2 **estar bien/mal c.**, to well/badly thought of.
considerar *vtr* to consider; **lo considero imposible**, I think it's impossible.
consigna *nf* 1 (*para maletas*) left-luggage office, *US* check-room. 2 *Mil* orders, instructions.
consignar *vtr* 1 (*puesto*) to allocate; (*cantidad*) to assign. 2 (*mercancía*) to ship, dispatch.
consigo[1] *pron pers* 1 (*tercera persona*) (*hombre*) with him; (*mujer*) with her; (*cosa, animal*) with it; (*plural*) with them; (*usted*) with you. 2 **hablar c. mismo**, to speak to oneself.
consigo[2] *indic pres* → **conseguir**.
consiguiente *adj* resulting, consequent; **por c.**, therefore, consequently.
consistencia *nf* 1 consistency. 2 (*de argumento*) soundness.
consistente *adj* 1 (*firme*) firm, solid. 2 (*teoría*) sound. 3 **c. en**, consisting of.
consistir *vi* to consist (**en**, of); **el secreto consiste en tener paciencia**, the secret lies in being patient.
consistorial *adj* **casa c.**, town hall.
consola *nf* console table; *Inform* console.
consolación *nf* consolation; **premio de c.**, consolation prize.
consolador,-a I *adj* consoling, comforting. II *nm* dildo.
consolar [2] I *vtr* to console, comfort. II **consolarse** *vr* to console oneself, take comfort (**con**, from).
consolidar *vtr*, **consolidarse** *vr* to consolidate.
consomé *nm* clear soup, consommé.
consonancia *nf* **en c. con**, in keeping with.
consonante *adj* & *nf* consonant.
consorcio *nm* consortium.
consorte I *adj* **príncipe c.**, prince consort. II *nmf* (*cónyuge*) partner, spouse.
conspicuo,-a *adj* prominent, outstanding.
conspiración *nf* conspiracy, plot.
conspirar *vi* to conspire, plot.
constancia *nf* 1 constancy, perseverance. 2 (*testimonio*) proof, evidence; **dejar c. de algo**, to put sth on record.
constante I *adj* constant; (*persona*) steadfast. II *nf* constant feature; *Mat* constant.
◆**constantemente** *adv* constantly.
constar *vi* 1 (*figurar*) to figure in, be included (**in**); **c. en acta**, to be on record. 2 **me consta que ...**, I am absolutely certain that .... 3 **c. de**, to be made up of, consist of.
constatar *vtr* to state; (*comprobar*) to check.
constelación *nf* constellation.
consternación *nf* consternation.
consternar *vtr* to dismay.
constipado,-a I *adj* **estar c.**, to have a cold *o* a chill. II *nm* cold, chill.
constiparse *vr* to catch a cold *o* a chill.
constitución *nf* constitution.
constitucional *adj* constitutional.
constituir [37] I *vtr* 1 (*formar*) to constitute; **estar constituido por**, to consist of. 2 (*suponer*) to represent. 3 (*fundar*) to constitute, set up. II **constituirse** *vr* to set oneself up (**en**, as).
constituyente *adj* & *nmf* constituent.
constreñir [6] *vtr* 1 (*forzar*) to compel, force. 2 (*oprimir*) to restrict. 3 *Med* to constrict.
construcción *nf* 1 construction; (*sector*) the building industry; **en c.**, under construction. 2 (*edificio*) building.
constructivo,-a *adj* constructive.
constructor,-a I *nm,f* builder. II *adj* **empresa constructora**, builders *pl*, construction company.
construir [37] *vtr* to construct, build.
consuelo *nm* consolation.
cónsul *nmf* consul.
consulado *nm* consulate.
consulta *nf* 1 consultation; **obra de c.**, reference book. 2 *Med* surgery; (*despacho*) consulting room; **horas de c.**, surgery hours.
consultar *vtr* to consult, seek advice (**con**, from); (*libro*) to look up.
consultivo,-a *adj* consultative, advisory.

consultorio *nm* 1 *Med* medical center. 2 *Prensa* problem page, advice column.
consumado,-a *adj* 1 consummated; **hecho c.**, fait accompli, accomplished fact. 2 *fig (artista)* consummate.
consumar *vtr* to complete, carry out; *(crimen)* to commit.
consumición *nf* 1 consumption. 2 *(bebida)* drink.
consumidor,-a I *nm,f* consumer. II *adj* consuming.
consumir I *vtr* to consume. II **consumirse** *vr (al hervir)* to boil away; *fig (persona)* to waste away.
consumismo *nm* consumerism.
consumo *nm* consumption; **bienes de c.**, consumer goods; **sociedad de c.**, consumer society.
contabilidad *nf* *Com* 1 *(profesión)* accountancy. 2 *(de empresa, sociedad)* accounting, book-keeping.
contabilizar [4] *vtr* *Com* to enter in the books; *Dep* to score.
contable *nmf* accountant.
contactar *vi* **c. con**, to contact, get in touch with.
contacto *nm* contact; *Aut* ignition; **perder el c.**, to lose touch; **ponerse en c.**, to get in touch.
contado,-a I *adj* few and far between; **contadas veces**, very seldom; **tiene los días contados**, his days are numbered. II *nm* **pagar al c.**, to pay cash.
contador *nm* meter; **c. de agua**, water meter.
contagiar [12] I *vtr* *Med* to pass on. II **contagiarse** *vr* 1 *(persona)* to get infected. 2 *(enfermedad)* to be contagious.
contagio *nm* contagion.
contagioso,-a *adj* contagious; *fam (risa)* infectious.
contaminación *nf* contamination; *(del aire)* pollution.
contaminar *vtr* to contaminate; *(aire, agua)* to pollute.
contante *adj* **dinero c. (y sonante)**, hard o ready cash.
contar [2] I *vtr* 1 *(sumar)* to count. 2 *(narrar)* to tell. II *vi* 1 to count. 2 **c. con**, *(confiar en)* to count on; *(tener)* to have. III **contarse** *vr* *fam* **¿qué te cuentas?**, how's it going?
contemplación *nf* contemplation; *fam* **no andarse con contemplaciones**, to make no bones about it.
contemplar *vtr* to contemplate; *(considerar)* to consider; *(estipular)* to stipulate.
contemporáneo,-a *adj & nm,f* contemporary.
contención *nf* **muro de c.**, retaining wall; **c. salarial**, wage restraint.
contencioso,-a I *adj* 1 contentious; *Jur* litigious. II *nm* *Jur* legal dispute.
contendiente *nmf* contender, contestant.

contenedor *nm* container.
contener [24] I *vtr* 1 to contain. 2 *(pasiones etc)* to restrain, hold back. II **contenerse** *vr* to control oneself, hold (oneself) back.
contenido *nm* content, contents *pl*.
contentar I *vtr* 1 *(satisfacer)* to please. 2 *(alegrar)* to cheer up. II **contentarse** *vr* 1 *(conformarse)* to make do (**con**, with), be satisfied (**con**, with). 2 *(alegrarse)* to cheer up.
contento,-a *adj* happy, pleased (**con**, with).
contestador *nm* **c. automático**, answering machine.
contestación *nf* answer; **dar c.**, to answer.
contestar *vtr* 1 to answer. 2 *fam (replicar)* to answer back.
contestatario,-a *adj* anti-establishment.
contexto *nm* context.
contienda *nf* struggle.
contigo *pron pers* with you.
contiguo,-a *adj* contiguous (**a**, to), adjoining.
continente *nm* 1 *Geog* continent. 2 *(compostura)* countenance.
contingencia *nf* limit, restriction.
contingente *nm* contingent.
continuación *nf* continuation; **a c.**, next.
continuar [30] *vtr & vi* to continue, carry on (with); **continúa en Francia**, he's still in France; **continuará**, to be continued.
continuidad *nf* continuity.
continuo,-a I *adj* 1 continuous; *Aut* **línea continua**, solid white line. 2 *(reiterado)* continual, constant. II *nm* continuum.
◆**continuamente** *adv* continuously.
contonearse *vr* to swing one's hips.
contorno *nm* 1 outline. 2 **contornos**, surroundings *pl*, environment.
contorsión *nf* contortion.
contorsionarse *vr* to contort o twist oneself.
contra I *prep* against; **en c. de**, against. II *nm* **los pros y los contras**, the pros and cons.
contraataque *nm* counterattack.
contrabajo *nm* double bass.
contrabandista *nmf* smuggler; **c. de armas**, gunrunner.
contrabando *nm* smuggling; **c. de armas**, gunrunning; **pasar algo de c.**, to smuggle sth in.
contracción *nf* contraction.
contracepción *nf* contraception.
contrachapado *nm* plywood.
contracorriente I *nf* crosscurrent. II *adv* **ir (a) c.**, to go against the tide.
contradecir [12] *(pp* **contradicho**) *vtr* to contradict.
contradicción *nf* contradiction.
contradictorio,-a *adj* contradictory.
contraer [25] I *vtr* to contract; **c. matri-**

monio con algn, to marry sb. ‖ **contraerse** *vr* to contract.
contraigo *indic pres* → **contraer**.
contraindicación *nf* contraindication.
contraje *pt indef* → **contraer**.
contraluz *nm* view against the light; **a c.**, against the light.
contramaestre *nm* foreman.
contramano (a) *loc adv* the wrong way *o* direction.
contrapartida *nf* **en c.**, in return.
contrapelo (a) *loc adv* the wrong way; *fig* against the grain.
contrapesar *vtr* 1 to counterbalance, counterpoise. 2 *fig (compensar)* to offset, balance.
contrapeso *nm* counterweight.
contraportada *nf* back page.
contraposición *nf* contrast.
contraproducente *adj* counterproductive.
contrapunto *nm* counterpoint.
contrariar [29] *vtr* 1 *(oponerse a)* to oppose, go against. 2 *(disgustar)* to upset.
contrariedad *nf* 1 *(contratiempo)* obstacle, setback. 2 *(disgusto)* annoyance.
contrario,-a I *adj* 1 opposite; **lo c. de**, the opposite of; **en el lado/sentido c.**, on the other side/in the other direction; **al c., por el c.**, on the contrary; **de lo c.**, otherwise; **todo lo c.**, quite the opposite. 2 *(perjudicial)* contrary (**a**, to). ‖ *nm,f* opponent, rival. ‖‖ *nf* **llevar la contraria**, to be contrary. ◆**contrariamente** *adv* **c. a ...**, contrary to ....
contrarrestar *vtr* to offset, counteract.
contrasentido *nm* contradiction.
contraseña *nf* password.
contrastar *vtr* to contrast (**con**, with).
contraste *nm* 1 contrast. 2 *(en oro, plata)* hallmark.
contrata *nf* contract.
contratar *vtr* to hire, engage.
contratiempo *nm* setback, hitch.
contratista *nmf* contractor.
contrato *nm* contract; **c. de trabajo**, work contract; **c. de alquiler**, lease, leasing agreement.
contravenir [27] *vtr* to contravene, infringe.
contraventana *nf* shutter.
contribución *nf* 1 contribution. 2 *(impuesto)* tax.
contribuir [37] I *vtr* to contribute (**a**, to). ‖ *vi* 1 to contribute. 2 *(pagar impuestos)* to pay taxes.
contribuyente *nmf* taxpayer.
contrincante *nmf* rival, opponent.
control *nm* 1 control; **c. a distancia**, remote control. 2 *(inspección)* check; *(de policía etc)* checkpoint.
controlador,-a *nm,f* **c. (aéreo)**, air traffic controller.
controlar I *vtr* 1 to control. 2 *(comprobar)* to check. ‖ **controlarse** *vr* to control oneself.
controversia *nf* controversy.
controvertido,-a *adj* controversial.
contumaz *adj* obstinate.
contundente *adj* 1 *(arma)* blunt. 2 *(argumento)* forceful, convincing.
contusión *nf* contusion, bruise.
convalecencia *nf* convalescence.
convaleciente *adj & nmf* convalescent.
convalidar *vtr* to validate; *(documento)* to ratify.
convencer [2] *vtr* to convince; **c. a algn de algo**, to convince sb about sth.
convencimiento *nm* conviction; **tener el c. de que ...**, to be convinced that ....
convención *nf* convention.
convencional *adj* conventional.
convenido,-a *adj* agreed; **según lo c.**, as agreed.
conveniencia *nf* 1 *(provecho)* convenience. 2 **conveniencias sociales**, social proprieties.
conveniente *adj* 1 *(oportuno)* convenient; *(aconsejable)* advisable. 2 *(precio)* good, fair.
convenio *nm* agreement; **c. laboral**, agreement on salary and conditions.
convenir [27] *vtr & vi (acordar)* to agree; **c. una fecha**, to agree on a date; **sueldo a c.**, salary negotiable; **c. en**, to agree on. 2 *(ser oportuno)* to suit, be good for; **conviene recordar que ...**, it's as well to remember that ....
convento *nm (de monjas)* convent; *(de monjes)* monastery.
convergente *adj* convergent.
converger [5] *vi* to converge.
conversación *nf* conversation.
conversar *vi* to converse, talk.
conversión *nf* conversion.
converso,-a *nm,f* convert.
convertible *adj* convertible.
convertir [5] I *vtr* to change, convert. ‖ **convertirse** *vr* 1 **c. en**, to turn into, become. 2 *Rel* to be converted (**a**, to).
convexo,-a *adj* convex.
convicción *nf* conviction; **tengo la c. de que ...**, I am convinced that ...
convicto,-a *adj* convicted.
convidado,-a *adj & nm,f* guest.
convidar *vtr* to invite.
convincente *adj* convincing.
convite *nm* reception.
convivencia *nm* life together; *fig* coexistence.
convivir *vi* to live together; *fig* to coexist (**con**, with).
convocar [1] *vtr* to summon; *(reunión, elecciones)* to call.
convocatoria *nf* 1 *(a huelga etc)* call. 2 *Educ* diet.
convulsión *nf* *Med* convulsion; *(agitación social)* upheaval.

convulsivo 70 **correo**

convulsivo,-a *adj* convulsive.
conyugal *adj* conjugal; **vida c.**, married life.
cónyuge *nmf* spouse; **cónyuges**, married couple *sing*, husband and wife.
coña *nf vulg* **estar de c.**, to be joking.
coñac *nm* brandy, cognac.
coñazo *nm vulg* pain, drag; **dar el c.**, to be a real pain.
coño I *nm vulg* cunt. **II** *interj vulg* for fuck's sake!
cooperación *nf* co-operation.
cooperador,-a *nm,f* collaborator, co-operator.
cooperar *vi* to co-operate (**a**, **en**, in; **con**, with).
cooperativa *nf* co-operative.
coordenada *nf* co-ordinate.
coordinación *nf* co-ordination.
coordinadora *nf* coordinating committee; **c. general**, joint committee.
coordinador,-a *nm,f* co-ordinator.
coordinar *vtr* to co-ordinate.
copa *nf* **1** glass; **tomar una c.**, to have a drink. **2** (*de árbol*) top. **3** *Dep* cup. **4** *Naipes* **copas**, hearts.
copar *vtr* to take up.
copartícipe *adj & nmf* (*socio*) partner; (*colaborador*) collaborator; (*copropietario*) joint owner, co-owner.
Copenhague *n* Copenhagen.
copia *nf* copy.
copiar [12] *vtr* to copy.
copiloto *nm Av* copilot; *Aut* co-driver.
copioso,-a *adj* abundant, copious.
copistería *nf* photocopying service.
copla *nf* verse, couplet.
copo *nm* flake; (*de nieve*) snowflake; **copos de maíz**, cornflakes.
coproducción *nf* co-production, joint production.
cópula *nf* **1** (*coito*) copulation, intercourse. **2** *Ling* conjunction.
copular *vtr* to copulate (**con**, with).
COPYME *nm abr de* **Confederación de la Pequeña y Mediana Empresa**.
coquetear *vi* to flirt (**con**, with).
coqueta *nf* dressing table.
coqueto,-a I *adj* coquettish. **II** *nm,f* flirt.
coraje *nm* **1** (*valor*) courage. **2** (*ira*) anger, annoyance; *fig* **dar c.** a algn, to infuriate sb; **¡qué c.!**, how maddening!
coral[1] *nm Zool* coral.
coral[2] *nf Mús* choral, chorale.
Corán *nm* Koran.
coraza *nf* armour, *US* armor; *fig* protection.
corazón *nm* **1** heart; *fig* **de (todo) c.**, in all sincerity; *fig* **tener buen c.**, to be kind-hearted. **2** (*parte central*) heart; (*de fruta*) core. **3** *Naipes* **corazones**, hearts.
corazonada *nf* hunch, feeling.
corbata *nf* tie, *US* necktie; **con c.**, wearing a tie.

Córcega *n* Corsica.
corchete *nm* **1** *Impr* square bracket. **2** *Cost* hook and eye, snap fastener.
corcho *nm* cork; (*de pesca*) float.
cordel *nm* rope, cord.
cordero,-a *nm,f* lamb.
cordial *adj* cordial, warm.
cordialidad *nf* cordiality, warmth.
cordillera *nf* mountain chain *o* range.
córdoba *nm Fin* monetary unit of Nicaragua.
cordón *nm* string; (*de zapatos*) shoelace; *Anat* **c. umbilical**, umbilical cord; **c. policial**, police cordon.
cordura *nf* common sense.
Corea *n* Korea.
coreano,-a *adj & nm,f* Korean.
corear *vtr* **1** (*cantar a coro*) to sing in chorus. **2** (*aclamar*) to applaud.
coreografía *nf* choreography.
cornada *nf Taur* goring.
corneja *nf* crow.
córner *nm Ftb* corner (kick); **sacar un c.**, to take a corner.
corneta *nf* bugle; **c. de llaves**, cornet.
cornisa *nf* cornice.
cornudo,-a *adj ofens* cuckold.
coro *nm Mús* choir; *Teat* chorus; *fig* **a c.**, all together.
corona *nf* **1** crown. **2** (*de flores etc*) wreath, garland; **c. funeraria**, funeral wreath.
coronación *nf* **1** coronation. **2** *fig* (*culminación*) crowning point.
coronar *vtr* to crown.
coronel *nm* colonel.
coronilla *nf* crown of the head; *fam* **estar hasta la c.**, to be fed up (**de**, with).
corpiño *nm* bodice.
corporación *nf* corporation.
corporal *adj* corporal; **castigo c.**, corporal punishment; **olor c.**, body odour, BO.
corporativo,-a *adj* corporative.
corpulento,-a *adj* corpulent, stout.
corpus *nm* corpus.
corral *nm* farmyard, *US* corral; (*de casa*) courtyard.
correa *nf* **1** (*tira*) strap; (*de reloj*) watch-strap; (*de pantalón*) belt; (*de perro*) lead, *US* leash. **2** *Téc* belt.
corrección *nf* **1** (*rectificación*) correction. **2** (*urbanidad*) courtesy, politeness.
correcto,-a *adj* **1** (*sin errores*) correct. **2** (*educado*) polite, courteous (**con**, to); (*conducta*) proper.
corredera *nf* **puerta/ventana de c.**, sliding door/window.
corredizo,-a *adj* sliding; **nudo c.**, slipknot; **techo c.**, sunroof.
corredor,-a *nm,f* **1** *Dep* runner. **2** *Fin* **c. de bolsa**, stockbroker.
corregir [6] **I** *vtr* to correct. **II corregirse** *vr* to mend one's ways.
correo *nm* **1** post, *US* mail; **echar al c.**, to post; **por c.**, by post; **c. aéreo**, air-

mail; **c. certificado,** registered post; **(tren) c.,** mail train. **2 correos,** *(edificio)* post office *sing.*

correr I *vi* **1** to run; *(coche)* to go fast; *(conductor)* to drive fast; *(viento)* to blow; *fig* **no corras, habla más despacio,** don't rush, speak slower; **c. prisa,** to be urgent. **2 c. con los gastos,** to foot the bill; **corre a mi cargo,** I'll take care of it. **II** *vtr* **1** *(cortina)* to draw; *(cerrojo)* to close; *(aventura etc)* to have; **c. el riesgo** *o* **peligro,** to run the risk. **2** *(mover)* to pull up, draw up. **III correrse** *vr* **1** *(moverse)* to move over. **2** *fam* **c. una juerga,** to go on a spree. **3** *arg (tener orgasmo)* to come.

correspondencia *nf* **1** correspondence. **2** *Ferroc* connection.

corresponder I *vi* **1** to correspond (**a,** to; **con,** with). **2** *(incumbir)* to concern, be incumbent upon; **esta tarea te corresponde a ti,** it's your job to do this. **3** *(pertenecer)* to belong; **me dieron lo que me correspondía,** they gave me my share. **II corresponderse** *vr* **1** *(ajustarse)* to correspond. **2** *(dos cosas)* to tally; **no se corresponde con la descripción,** it does not match the description. **3** *(dos personas)* to love each other.

correspondiente *adj* corresponding (**a,** to).

corresponsal *nmf* correspondent.

corrida *nf* **c. (de toros),** bullfight.

corrido,-a *adj* **1** *(avergonzado)* abashed. **2 de c.,** without stopping.

corriente I *adj* **1** *(común)* common. **2** *(agua)* running. **3** *(mes, año)* current, present; **el diez del c.,** the tenth of this month. **4** *Fin (cuenta)* current. **5 estar al c.,** to be up to date. **II** *nf* **1** current, stream; *fig* **ir** *o* **navegar contra c.,** to go against the tide; *fam* **seguirle** *o* **llevarle la c. a algn,** to humour sb; *Elec* **c. eléctrica,** (electric) current. **2** *(de aire)* draught, *US* draft. **3** *(tendencia)* trend, current.

corrijo *indic pres →* **corregir.**

corrillo *nm* small group of people talking; *fig* clique.

corro *nm* **1** circle, ring. **2** *(juego)* ring-a-ring-a-roses.

corroborar *vtr* to corroborate.

corroer [38] *vtr* to corrode; *fig* **la envidia le corroe,** envy eats away at him.

corromper I *vtr* **1** *(pudrir)* to turn bad, rot. **2** *(pervertir)* to corrupt, pervert. **II corromperse** *vr* **1** *(pudrirse)* to go bad, rot. **2** *(pervertirse)* to become corrupted.

corrosivo,-a *adj* corrosive; *fig (mordaz)* caustic.

corrupción *nf* **1** *(putrefacción)* rot, decay. **2** *fig* corruption; *Jur* **c. de menores,** corruption of minors.

corrupto,-a *adj* corrupt.

corsé *nm* corset.

cortacésped *nm & f* lawnmower.

cortado,-a I *adj* **1** cut (up). **2** *(leche)* sour. **3** *(labios)* chapped. **4** *fam (tímido)* shy. **II** *nm* small coffee with a dash of milk.

cortafuego *nm* firebreak.

cortapisa *nf fig* restriction, limitation.

cortar I *vtr* **1** to cut; *(carne)* to carve; *(árbol)* to cut down; *fam* **c. por lo sano,** to take drastic measures; *fam* **cortó con su novio,** she split up with her boyfriend. **2** *(piel)* to chap, crack. **3** *(luz, teléfono)* to cut off. **4** *(paso, carretera)* to block. **II cortarse** *vr* **1** *(herirse)* to cut oneself. **2 c. el pelo,** to have one's hair cut. **3** *(leche etc)* to curdle. **4** *Tel* **se cortó la comunicación,** we were cut off. **5** *fam (aturdirse)* to become all shy.

cortaúñas *nm inv* nail clippers *pl.*

corte[1] *nm* **1** cut; **c. de pelo,** haircut; *TV* **c. publicitario,** commercial break; **c. de mangas,** ≈ V-sign. **2** *(sección)* section; **c. transversal,** cross section. **3** *fam* rebuff; **dar un c. a algn,** to cut sb dead.

corte[2] *nf* **1** *(real)* court. **2 Las Cortes,** (Spanish) Parliament *sing.*

cortejar *vtr* to court.

cortejo *nm* **1** *(galanteo)* courting. **2** *(comitiva)* entourage, retinue; **c. fúnebre,** funeral cortège.

cortés *adj* courteous, polite.

cortesía *nf* courtesy, politeness.

corteza *nf (de árbol)* bark; *(de queso)* rind; *(de pan)* crust.

cortijo *nm* Andalusian farm *o* farmhouse.

cortina *nf* curtain; **c. de humo,** smoke screen.

corto,-a I *adj* **1** *(distancia, tiempo)* short; *fam* **c. de luces,** dim-witted; **c. de vista,** short-sighted; *Aut* **luz corta,** dipped headlights *pl.* **2** *fam* **quedarse c.,** *(calcular mal)* to underestimate. **3** *(apocado)* timid, shy. **II** *nm Cin* short (film).

cortocircuito *nm* short circuit.

cortometraje *nm* short (film).

corvo,-a *adj* curved, bent.

cosa *nf* **1** thing; **no he visto c. igual,** I've never seen anything like it; **no ser gran c.,** not to be up to much. **2** *(asunto)* matter, business; **eso es c. tuya,** that's your business *o* affair; **eso es otra c.,** that's different. **3 hace c. de una hora,** about an hour ago.

coscorrón *nm* knock *o* blow on the head.

cosecha *nf* **1** *Agr* harvest, crop. **2** *(año del vino)* vintage.

cosechadora *nf* combine harvester.

cosechar *vtr* to harvest, gather (in).

coser *vtr* **1** to sew; *fam* **es c. y cantar,** it's a piece of cake. **2** *Med* to stitch up.

cosmético,-a *adj & nm* cosmetic.

cósmico,-a *adj* cosmic.

cosmonauta *n mf* cosmonaut.

cosmopolita *adj & nmf* cosmopolitan.

cosmos *nm inv* cosmos.
coso *nm Taur* bullring.
cosquillas *nfpl* tickling *sing*; **hacer c. a algn**, to tickle sb; **tener c.**, to be ticklish.
cosquilleo *nm* tickling.
costa[1] *nf* coast; (*litoral*) coastline; (*playa*) beach, seaside, *US* shore.
costa[2] *nf* **a c. de**, at the expense of; **a toda c.**, at all costs, at any price; **vive a c. mía**, he lives off me.
costado *nm* side; **de c.**, sideways; **es catalana por los cuatro costados**, she's Catalan through and through.
costal *nm* sack.
costar [2] *vi* 1 to cost; **¿cuánto cuesta?**, how much is it?; **c. barato/caro**, to be cheap/expensive. 2 *fig* **te va a c. caro**, you'll pay dearly for this; **c. trabajo** *o* **mucho**, to be hard; **me cuesta hablar francés**, I find it difficult to speak French; **cueste lo que cueste**, at any cost.
costarricense, costarriqueño,-a *adj & nm,f* Costa Rican.
coste *nm* cost; **a precio de c.**, (at) cost price; **c. de la vida**, cost of living.
costear I *vtr* to afford, pay for; **c. los gastos**, to foot the bill. II **costearse** *vr* to pay for.
costero,-a *adj* coastal; **ciudad costera**, seaside town.
costilla *nf* 1 *Anat* rib. 2 *Culin* cutlet.
costo[1] *nm* cost.
costo[2] *nm arg* (*hachís*) dope, shit, stuff.
costoso,-a *adj* costly, expensive.
costra *nf* crust; *Med* scab.
costumbre *nf* 1 (*hábito*) habit; **como de c.**, as usual; **tengo la c. de levantarme temprano**, I usually get up early; **tenía la c. de ...**, he used to .... 2 (*tradición*) custom.
costura *nf* 1 sewing. 2 (*confección*) dressmaking; **alta c.**, haute couture. 3 (*línea de puntadas*) seam.
costurera *nf* seamstress.
costurero *nm* sewing basket.
cota *nf Geog* height above sea level; *fig* rating.
cotejar *vtr* to compare.
cotidiano,-a *adj* daily; **vida cotidiana**, everyday life.
cotilla *nmf fam* busybody, gossip.
cotillear *vi fam* to gossip (**de**, about).
cotilleo *nm fam* gossip.
cotización *nf* 1 *Fin* (market) price, quotation. 2 (*cuota*) membership fees *pl*, subscription.
cotizar [4] I *vtr Fin* to quote. II *vi* to pay national insurance. III **cotizarse** *vr Fin* **c. a**, to sell at.
coto *nm* 1 enclosure, reserve; **c. de caza**, game reserve. 2 **poner c. a**, to put a stop to.
cotorra *nf* parrot; *fig* (*persona*) chatterbox.

COU *nm Educ abr de* **Curso de Orientación Universitaria**, ≈ GCE A-level studies, sixth-form studies.
coyote *nm* coyote, prairie wolf.
coyuntura *nf* 1 *Anat* articulation, joint. 2 *fig* (*circunstancia*) juncture; **la c. económica**, the economic situation.
coz *nf* kick; **dar una c.**, to kick.
C.P. *abr de* **código postal**, postcode.
crac(k) *nm* 1 *Fin* crash. 2 (*droga*) crack.
cráneo *nm* cranium, skull.
cráter *nm* crater.
creación *nf* creation.
creador,-a *nm,f* creator.
crear *vtr* to create.
creatividad *nf* creativity.
creativo,-a *adj* creative.
crecer [33] *vi* 1 to grow; **c. en importancia**, to become more important. 2 (*al tricotar*) to increase.
creces *nfpl* **con c.**, fully, in full; **devolver con c.**, to return with interest.
crecido,-a *adj* (*persona*) grown-up.
creciente *adj* growing, increasing; **cuarto c.**, crescent.
crecimiento *nm* growth.
credencial *adj* credential; (**cartas**) **credenciales**, credentials.
credibilidad *nf* credibility.
crédito *nm* 1 *Com Fin* credit. 2 (*confianza*) belief; **dar c. a**, to believe.
credo *nm* creed.
crédulo,-a *adj* credulous, gullible.
creencia *nf* belief.
creer [36] I *vtr* 1 to believe. 2 (*pensar*) to think; **creo que no**, I don't think so; **creo que sí**, I think so; **ya lo creo**, I should think so. II *vi* to believe; **c. en**, to believe in. III **creerse** *vr* 1 to consider oneself to be; **¿qué te has creído?**, what *o* who do you think you are? 2 **no me lo creo**, I can't believe it.
creíble *adj* credible, believable.
creído,-a I *adj* arrogant, vain. II *nm,f* big head.
crema *nf* cream.
cremallera *nf* zip (fastener), *US* zipper.
crematorio,-a *nm* (**horno**) **c.**, crematorium.
cremoso,-a *adj* creamy.
crepe *nm* crêpe, pancake.
crepería *nf* creperie.
crepitar *vi* to crackle.
crepúsculo *nm* twilight.
crespo,-a *adj* frizzy.
crespón *nm* crepe.
cresta *nf* 1 crest; (*de gallo*) comb. 2 (*de punk*) mohican.
Creta *n* Crete.
cretino,-a I *adj* stupid, cretinous. II *nm,f* cretin.
creyente *nmf* believer.
crezco *indic pres* → **crecer**.
cría *nf* 1 (*cachorro*) young. 2 (*crianza*)

criada *nf* maid.
criadero *nm* nursery.
criadilla *nf Culin* bull's testicle.
criado,-a I *adj* **mal c.,** spoilt. **II** *nm,f* servant.
crianza *nf* (*de animales*) breeding; *fig* **vinos de c.,** vintage wines.
criar [29] *vtr* **1** (*animales*) to breed, raise; (*niños*) to bring up, rear. **2** (*producir*) to have, grow.
criatura *nf* **1** (living) creature. **2** (*crío*) baby, child.
criba *nf* sieve.
cribar *vtr* to sieve, sift.
crimen *nm* (*pl* **crímenes**) murder.
criminal *nmf & adj* criminal.
crin *nf,* **crines** *nfpl* mane *sing.*
crío,-a I *nm fam* kid. **II** *adj* babyish.
criollo,-a *adj & nm,f* Creole.
críquet *nm* cricket.
crisantemo *nm* chrysanthemum.
crisis *nf inv* **1** crisis. **2** (*ataque*) fit, attack; **c. nerviosa,** nervous breakdown.
crispación *nf* tension.
crispar *vtr* to make tense; *fig* **eso me crispa los nervios,** that sets my nerves on edge.
cristal *nm* **1** crystal; **c. de roca,** rock crystal. **2** (*vidrio*) glass; (*de gafas*) lense; (*de ventana*) (window) pane.
cristalera *nf* window.
cristalería *nf* (*conjunto*) glassware; (*vasos*) glasses *pl*.
cristalino,-a *adj* crystal clear.
cristalizar [4] *vi* to crystallize.
cristiandad *nf* Christendom.
cristianismo *nm* Christianity.
cristiano,-a *adj & nm,f* Christian.
Cristo *nm* Christ.
criterio *nm* **1** (*pauta*) criterion. **2** (*opinión*) opinion. **3** (*discernimiento*) discretion; **lo dejo a tu c.,** I'll leave it up to you.
crítica *nf* **1** criticism. **2** *Prensa* review; **tener buena c.,** to get good reviews. **3** (*conjunto de críticos*) critics.
criticar [1] **I** *vtr* to criticize. **II** *vi* (*murmurar*) to gossip.
crítico,-a I *adj* critical. **II** *nm,f* critic.
criticón,-ona *nm,f fam* fault-finder.
croar *vi* to croak.
croché *nm* crochet.
croissant *nm* croissant.
crol *nm Natación* crawl.
cromo *nm* **1** (*metal*) chromium, chrome. **2** (*estampa*) picture card.
cromosoma *nm* chromosome.
crónica *nf* **1** account, chronicle. **2** *Prensa* feature, article.
crónico,-a *adj* chronic.
cronista *nmf Prensa* feature writer.
cronología *nf* chronology.
cronológico,-a *adj* chronological.
cronometrar *vtr* to time.

cronómetro *nm* stopwatch.
croqueta *nf* croquette.
croquis *nm inv* sketch.
cruce *nm* **1** crossing; (*de carreteras*) crossroads; (*de razas*) crossbreeding. **2** *Tel* crossed line.
crucero *nm Náut* cruise; (*barco*) cruiser.
crucial *adj* crucial.
crucificar [1] *vtr* to crucify.
crucifijo *nm* crucifix.
crucigrama *nm* crossword (puzzle).
crudeza *nf* crudeness, coarseness.
crudo,-a I *adj* **1** raw; (*comida*) underdone; *fam fig* **lo veo muy c.,** it doesn't look too good. **2** (*clima*) harsh. **3** (*color*) cream. **II** *nm* (*petróleo*) crude.
cruel *adj* cruel.
crueldad *nf* cruelty; *fig* (*del clima*) severity.
cruento,-a *adj* bloody.
crujido *nm* (*de puerta*) creak, creaking; (*de dientes*) grinding.
crujiente *adj* crunchy.
crujir *vi* (*madera*) to creak; (*comida*) to crunch; (*dientes*) to grind.
cruz *nf* **1** cross; **C. Roja,** Red Cross; **c. gamada,** swastika. **2** ¿**cara o c.?,** ≈ heads or tails?
cruzada *nf* crusade.
cruzado,-a I *adj* **1** crossed; **con los brazos cruzados,** arms folded. **2** *Cost* double-breasted. **3** (*atravesado*) lying across. **4** (*animal*) crossbred. **II** *nm Hist* crusader.
cruzar [4] **I** *vtr* **1** to cross. **2** (*palabras, miradas*) to exchange. **3** (*animal, planta*) to cross, crossbreed. **II** *vi* (*atravesar*) to cross. **III cruzarse** *vr* to cross; **c. con algn,** to pass sb.
cta. *Com abr de* **cuenta,** account, a/c.
cta. cte. *Com abr de* **cuenta corriente,** current account, c/a.
CTNE *nf abr de* **Compañía Telefónica Nacional de España,** ≈ British Telecom.
c/u *abr de* **cada uno,** each, ea.
cuaderno *nm* notebook.
cuadra *nf* **1** (*establo*) stable. **2** *Am* block (of houses).
cuadrado,-a I *adj* **1** *Geom* square. **2** (*complexión física*) broad, stocky. **3** *fig* (*mente*) rigid. **II** *nm* **1** *Geom* square. **2** *Mat* square; **elevar (un número) al c.,** to square (a number).
cuadrar I *vtr Mat* to square. **II** *vi* (*coincidir*) to square, agree (**con,** with); (*sumas, cifras*) to tally. **III cuadrarse** *vr* (*soldado*) to stand to attention.
cuadriculado,-a *adj* **papel c.,** square paper.
cuadrilátero,-a I *adj* quadrilateral. **II** *nm* Box ring.
cuadrilla *nf* (*equipo*) gang, team; *Mil* squad; *Taur* bullfighter's team.
cuadro *nm* **1** *Geom* square; **tela a cua-**

cuádruple   74   **cuchichear**

dros, checked cloth. 2 *Arte* painting, picture. 3 *Teat* scene. 4 *Elec Téc* panel; **c. de mandos**, control panel. 5 *(gráfico)* chart, graph.
cuádruple *adj* quadruple, fourfold.
cuajada *nf* curd.
cuajar I *vtr (leche)* to curdle; *(sangre)* to clot. II *vi* 1 *(nieve)* to lie. 2 *(moda)* to catch on; *(plan, esfuerzo)* to get off the ground.
cual I *pron rel (precedido de artículo)* 1 *(persona) (sujeto)* who; *(objeto)* whom. 2 *(cosa)* which. II *pron* 1 **tal c.**, exactly as. 2 *arc (comparativo)* such as, like.
cuál I *pron interr* which (one)?, what?; **¿c. quieres?**, which one do you want? II *adj interr* which. III *loc adv* **a c. más tonto**, each more stupid than the other.
cualidad *nf* quality.
cualificado,-a *adj* qualified.
cualquier *adj indef* any; **c. cosa**, anything; **en c. momento**, at any moment *o* time.
cualquiera *(pl* **cualesquiera)** I *adj indef* 1 *(indefinido)* any; **un profesor c.**, any teacher. 2 *(corriente)* ordinary. II *pron indef* 1 *(persona)* anybody; **c. te lo puede decir**, anybody can tell you. 2 *(cosa, animal)* anyone. 3 **c. que sea**, whatever it is. III *nmf fig pey* **ser un c.**, to be a nobody; **es una c.**, she's a tart.
cuando I *adv (de tiempo)* when; **c. más**, at the most; **c. menos**, at least; **de c. en c.**, **de vez en c.**, from time to time. II *conj* 1 *(temporal)* when; **c. quieras**, whenever you want; **c. vengas**, when you come. 2 *(condicional)* (si) if. 3 *(concesiva) (aunque)* **(aun) c.**, even if. III *prep* during, at the time of; **c. la guerra**, during the war; **c. niño**, as a child.
cuándo *adv interr* when?; **¿desde c.?**, since when; **¿para c. lo quieres?**, when do you want it for?
cuantía *nf* quantity, amount.
cuantioso,-a *adj* substantial, considerable.
cuanto,-a I *adj* all; **gasta c. dinero gana**, he spends all the money *o* as much as he earns; **unas cuantas niñas**, a few girls. II *pron rel* as much as; **coma c. quiera**, eat as much as you want; **regala todo c. tiene**, he gives away everything he's got. III *pron indef pl* **unos cuantos**, a few. IV *adv* 1 *(tiempo)* **c. antes**, as soon as possible; **en c.**, as soon as. 2 *(cantidad)* **c. más ... más**, the more ... the more; **c. más lo miro, más me gusta**, the more I look at it the more I like it; **cuantas más personas (haya) mejor**, the more the merrier. 3 **en c. a**, with respect to, regarding; **en c. a Juan**, as for Juan, as far as Juan is concerned.
cuánto,-a I *adj & pron interr (sing)* how much?; *(pl)* how many?; **¿cuántas ve-**ces?, how many times?; **¿c. es?**, how much is it? II *adv* how, how much; **¡cuánta gente hay!**, what a lot of people there are!
cuarenta *adj & nm inv* forty; *fam* **cantarle a algn las c.**, to give sb a piece of one's mind.
cuarentena *nf Med* quarantine.
cuarentón,-ona *nm,f* forty-year old.
cuaresma *nf* Lent.
cuartear *vtr* to quarter.
cuartel *nm Mil* barracks *pl*; **c. general**, headquarters; *fig* **no dar c.**, to give no quarter.
cuartelada *nf*, **cuartelazo** *nm* putsch, military uprising.
cuartelillo *nm Mil* post, station.
cuarteto *nm* quartet.
cuartilla *nf* sheet of paper.
cuarto,-a I *nm* 1 *(habitación)* room; **c. de baño**, bathroom; **c. de estar**, living room. 2 *(cuarta parte)* quarter; **c. de hora**, quarter of an hour; *Dep* **cuartos de final**, quarter finals. 3 *fam* **cuartos**, *(dinero)* dough, money. II *adj & nm,f* fourth.
cuarzo *nm* quartz.
cuatro I *adj & nm inv* four. II *nm fam* a few; **cayeron c. gotas**, it rained a little bit.
cuatrocientos,-as *adj & nm,f* four hundred.
Cuba *n* Cuba.
cuba *nf* cask, barrel; *fam* **como una c.**, (as) drunk as a lord.
cubalibre *nm* rum *o* gin and coke.
cubano,-a *adj & nm,f* Cuban.
cubata *nm fam* → **cubalibre**.
cubertería *nf* cutlery.
cúbico,-a *adj* cubic; *Mat* **raíz cúbica**, cube root.
cubierta *nf* 1 cover. 2 *(de rueda)* tyre, *US* tire. 3 *Náut* deck. 4 *(techo)* roof.
cubierto,-a I *adj* 1 covered; *(piscina)* indoors; *(cielo)* overcast. 2 *(trabajo, plaza)* filled. II *nm* 1 *(en la mesa)* place setting. 2 **cubiertos**, cutlery *sing*.
cubil *nm* lair.
cubismo *nm* cubism.
cubito *nm* little cube; **c. de hielo**, ice cube.
cubo *nm* 1 bucket; **c. de la basura**, rubbish bin. 2 *Mat* cube. 3 *(de rueda)* hub.
cubrecama *nm* bedspread.
cubrir *(pp* **cubierto)** I *vtr* to cover. II **cubrirse** *vr (cielo)* to become overcast ...
cucaracha *nf* cockroach.
cuchara *nf* spoon.
cucharada *nf* spoonful; **c. rasa/colmada**, level/heaped spoonful.
cucharilla *nf* teaspoon; **c. de café**, coffee spoon.
cucharón *nm* ladle.
cuchichear *vi* to whisper.

cuchicheo *nm* whispering.
cuchilla *nf* blade; **c. de afeitar**, razor blade.
cuchillada *nf*, **cuchillazo** *nm* stab.
cuchillo *nm* knife.
cuchitril *nm fam* hovel, hole.
cuclillas *loc adv* **en c.**, crouching; **ponerse en c.**, to crouch down.
cuco,-a I *nm* cuckoo. **II** *adj fam (astuto)* shrewd, crafty.
cucurucho *nm* 1 *(para helado)* cornet. 2 *(de papel)* paper cone.
cuello *nm* 1 neck. 2 *(de camisa etc)* collar.
cuenca *nf* 1 *Geog* basin. 2 *(de los ojos)* socket.
cuenco *nm* earthenware bowl.
cuenta *nf* 1 *(factura)* bill. 2 *Fin (de banco)* account; **c. corriente**, current account. 3 *(cálculo)* count; **hacer cuentas**, to do sums; **c. atrás**, countdown. 4 *(de collar)* bead. 5 *(locuciones)* **caer en la c., darse c.**, to realize; **dar c.**, to report; **tener en c.**, to take into account; **traer c.**, to be worthwhile; **más sillas de la c.**, too many chairs; **en resumidas cuentas**, in short; **pedir cuentas**, to ask for an explanation; **trabajar por c. propia**, to be self-employed.
cuentagotas *nm inv* dropper.
cuentakilómetros *nm inv (distancia)* milometer; *(velocidad)* speedometer.
cuento *nm* story; *Lit* short story; **contar un c.**, to tell a story; *fig* **eso no viene a c.**, that's beside the point; **c. chino**, tall story; **c. de hadas**, fairy story.
cuerda *nf* 1 *(cordel)* rope; *fig* **bajo c.**, dishonestly; **c. floja**, tightrope; **cuerdas vocales**, vocal chords. 2 *(de instrumento)* string. 3 *(del reloj)* spring; **dar c. al reloj**, to wind up a watch.
cuerdo,-a *adj* sane.
cuerno *nm* horn; *(de ciervo)* antler; *fam* **¡vete al c.!**, get lost!; *fam* **ponerle cuernos a algn**, to be unfaithful to sb.
cuero *nm* 1 leather; **chaqueta de c.**, leather jacket. 2 **c. cabelludo**, scalp; *fam* **en cueros (vivos)**, (stark) naked.
cuerpo *nm* 1 body; **de c. entero**, full-length; *fig* **tomar c.**, to take shape. 2 *(cadáver)* corpse; **de c. presente**, lying in state. 3 *(parte)* section, part. 4 *(grupo)* corps, force; **c. de bomberos**, fire brigade; **c. diplomático**, diplomatic corps.
cuervo *nm* raven.
cuesta I *nf* slope; **c. abajo**, downhill; **c. arriba**, uphill. **II** *loc adv* **a cuestas**, on one's back *o* shoulders.
cuestión *nf* 1 *(asunto)* matter, question; **es c. de vida o muerte**, it's a matter of life or death; **en c. de unas horas**, in just a few hours. 2 *(pregunta)* question.
cuestionario *nm* questionnaire.
cueva *nf* cave.
cuezo *indic pres* → **cocer**.

cuidado,-a I *nm* 1 care; **con c.**, carefully; **tener c.**, to be careful; **estar al c. de**, *(cosa)* to be in charge of; *(persona)* to look after; **me trae sin c.**, I couldn't care less. 2 *Med* **cuidados intensivos**, intensive care *sing*. **II** *interj* **¡c.!**, look out!, watch out!; **¡c. con lo que dices!**, watch what you say!; **¡c. con el escalón!**, mind the step!
cuidadoso,-a *adj* careful.
cuidar I *vtr* to care for, look after; **c. de que todo salga bien**, to make sure that everything goes allright; **c. los detalles**, to pay attention to details. **II cuidarse** *vr* **cuídate**, look after yourself.
culata *nf* 1 *(de arma)* butt. 2 *Aut* cylinder head.
culebra *nf* snake.
culebrilla *nf Med* ringworm.
culebrón *nm* soap opera.
culinario,-a *adj* culinary.
culminación *nf* culmination.
culminante *adj (punto)* highest; *(momento)* culminating.
culminar *vi* to culminate.
culo *nm* 1 *(trasero)* backside; *ofens* **¡vete a tomar por c.!**, fuck off! 2 *(de recipiente)* bottom.
culpa *nf* blame; **echar la c. a algn**, to put the blame on sb; **fue c. mía**, it was my fault; **por tu c.**, because of you. 2 *(culpabilidad)* guilt.
culpabilidad *nf* guilt, culpability.
culpable I *nmf* offender, culprit. **II** *adj* guilty; *Jur* **declararse c.**, to plead guilty.
culpar *vtr* to blame; **c. a algn de un delito**, to accuse sb of an offence.
cultivado,-a *adj* 1 *Agr* cultivated. 2 *(con cultura)* cultured, refined.
cultivar *vtr* 1 to cultivate. 2 *Biol* to culture.
cultivo *nm* 1 cultivation; *(planta)* crop. 2 *Biol* culture.
culto,-a I *adj* educated; *(palabra)* learned. **II** *nm* cult; *Rel* worship.
cultura *nf* culture.
cultural *adj* cultural.
culturismo *nm* body building.
culturista *nmf* body builder.
cumbre *nf* 1 *(de montaña)* summit, top; **(conferencia) c.**, summit conference. 2 *fig (culminación)* pinnacle.
cumple *nm fam* birthday.
cumpleaños *nm inv* birthday; **¡feliz c.!**, happy birthday!
cumplido,-a I *adj* 1 completed; *(plazo)* expired; **misión cumplida**, mission accomplished. 2 *(cortés)* polite. **II** *nm* compliment.
cumplidor,-a *adj* reliable, dependable.
cumplimiento *nm* fulfilment, *US* fulfillment; **c. de la ley**, observance of the law.
cumplir I *vtr* 1 to carry out, fulfil, *US*

fulfill; *(deseo)* to fulfil; *(promesa)* to keep; *(sentencia)* to serve. **2 ayer cumplí veinte años,** I was twenty (years old) yesterday. **II** *vi (plazo)* to expire, end. **2 c. con el deber,** to do one's duty. **III cumplirse** *vr* **1** *(deseo, sueño)* to be fulfilled, come true. **2** *(plazo)* to expire.
cúmulo *nm* pile, load.
cuna *nf* 1 cot. 2 *fig (origen)* cradle.
cundir *vi* **1 me cunde mucho el trabajo** *o* **el tiempo,** I seem to get a lot done. **2** *(extenderse)* to spread; **cundió el pánico,** panic spread; **cundió la voz de que ...,** rumour had it that ....
cuneta *nf (de la carretera)* gutter; **quedarse en la c.,** to be left behind.
cuña *nf* wedge; **c. publicitaria,** commercial break.
cuñado,-a *nm,f (hombre)* brother-in-law; *(mujer)* sister-in-law.
cuño *nm* **de nuevo c.,** newly-coined.
cuota *nf* **1** *(de club etc)* membership fees *pl*, dues *pl*. **2** *(porción)* quota, share. **3** *Am* **carretera de c.,** toll road.
cupe *pt indef* → **caber.**
cupiera *subj imperf* → **caber.**
cupo *nm* ceiling; *Mil* **excedente de c.,** exempt from military service.
cupón *nm* coupon, voucher.
cúpula *nf* dome, cupola; *(líderes)* leadership.
cura I *nm Rel* priest. **II** *nf Med* cure; *fig* **no tiene c.,** there's no remedy.
curación *nf* cure, treatment.
curandero,-a *nm,f* quack.
curar I *vtr* **1** *(sanar)* to cure; *(herida)* to dress; *(enfermedad)* to treat. **2** *(carne, pescado)* to cure. **II** *vi & vr* **curar(se)** *(sanar)* to recover, get well; *(herida)* to heal up; **c. en salud,** to make sure.
curiosear *vi* to pry.
curiosidad *nf* curiosity; **tener c. de,** to be curious about.
curioso,-a I *adj* **1** *(indiscreto)* curious, inquisitive. **2** *(extraño)* strange, odd; **lo c. es que ...,** the strange thing is that .... **3** *(limpio)* neat, tidy. **II** *nm,f* **1** *(mirón)* onlooker. **2** *pey (chismoso)* nosey-parker, busybody.
currante *nmf arg* worker.
currar, currelar *vi arg* to graft, grind.
curriculum *nm (pl* **curricula) c. vitae,** curriculum vitae.
curro *nm arg* job, meal ticket.
cursar *vtr (estudiar)* to study; *(enviar)* to send.
cursi *adj pey* vulgar.
cursillo *nm* short course; **c. de reciclaje,** refresher course.
cursivo,-a *adj* **letra cursiva,** italics.
curso *nm* **1** *(año académico)* year; *(clase)* class. **2** *fig* **año** *o* **mes en c.,** current year *o* month; **en el c. de,** during. **3** *(de acontecimientos, río)* course. **4** *Fin* **moneda de c. legal,** legal tender.
cursor *nm* cursor.
curtido,-a *adj* **1** *(piel)* weatherbeaten; *(cuero)* tanned. **2** *fig (persona)* hardened.
curtir *vtr* **1** *(cuero)* to tan. **2** *fig (avezar)* to harden, toughen.
curva *nf* **1** curve. **2** *(en carretera)* bend; **c. cerrada,** sharp bend.
curvilíneo,-a *adj* curvaceous.
curvo,-a *adj* curved.
cuscús *nm* couscous.
cúspide *nf* summit, peak; *fig* peak.
custodia *nf* custody.
custodiar [12] *vtr* to watch over.
cutáneo,-a *adj* cutaneous, skin; *Med* **erupción cutánea,** rash.
cutícula *nf* cuticle.
cutis *nm* complexion.
cuyo,-a *pron rel & pos (de persona)* whose; *(de cosa)* of which; **en c. caso,** in which case.
cv *abr de* **caballos de vapor,** horse power, hp.

D

D, d |de| *nf (la letra)* D, d.
D. *abr de* **don,** Mister, Mr.
D.ª *abr de* **doña,** Mrs, Miss.
dactilar *adj* **huellas dactilares,** fingerprints.
dádiva *nf (regalo)* gift, present; *(donativo)* donation.
dadivoso,-a *adj* generous.
dado,-a¹ *adj* **1** given; **en un momento d.,** at a certain point. **2 ser d. a,** to be given to. **3 d. que,** since, given that.
dado² *nm* die, dice *pl*.
daga *nf* dagger.
dalia *nf* dahlia.
dálmata *nm* Dalmatian (dog).
daltónico,-a *adj* colour-blind *o US* color-blind.
dama *nf* **1** *(señora)* lady. **2** *(en damas)* king. **3 damas,** *(juego)* draughts, *US* checkers.
damasco *nm* damask.
damnificado,-a *nm,f* victim, injured person.
danés,-esa I *adj* Danish. **II** *nm,f (persona)* Dane. **III** *nm* **1** *(idioma)* Danish. **2 gran d.,** *(perro)* Great Dane.
Danubio *nm* **el D.,** the Danube.
danza *nf* dancing; *(baile)* dance.
danzar [4] *vtr & vi* to dance.
dañar *vtr (cosa)* to damage; *(persona)* to

dañino hurt, harm.

dañino,-a *adj* harmful, damaging (**para**, to).

daño *nm* (*a cosa*) damage; (*a persona*) (*físico*) hurt; (*perjuicio*) harm; **se hizo d. en la pierna**, he hurt his leg; *Jur* **daños y perjuicios**, (legal) damages.

dar [11] **I** *vtr* **1** to give; (*recado, recuerdos*) to pass on, give; (*noticia*) to tell. **2** (*mano de pintura, cera*) to apply, put on. **3** (*película*) to show, screen; (*fiesta*) to throw, give. **4** (*cosecha*) to produce, yield; (*fruto, flores*) to bear; (*beneficio, interés*) to give, yield. **5** (*bofetada etc*) to deal; **d. a algn en la cabeza**, to hit sb on the head. **6 dale a la luz**, switch the light on; **d. la mano a algn**, to shake hands with sb; **d. los buenos días/las buenas noches a algn**, to say good morning/good evening to sb; **me da lo mismo, me da igual**, it's all the same to me; **¿qué más da?**, what difference does it make? **7** (*hora*) to strike; **ya han dado las nueve**, it's gone nine (o'clock). **8 d. de comer a**, to feed. **9 d. a conocer**, (*noticia*) to release; **d. a entender a algn que ...**, to give sb to understand that .... **10 d. por**, (*considerar*) to assume, consider; **lo dieron por muerto**, he was assumed dead, he was given up for dead; **d. por descontado/sabido**, to take for granted, to assume.
II *vi* **1 me dio un ataque de tos/risa**, I had a coughing fit/an attack of the giggles. **2 d. a**, (*ventana, habitación*) to look out onto, overlook; (*puerta*) to open onto, lead to. **3 d. con**, (*persona*) to come across; **d. con la solución**, to hit upon the solution. **4 d. de sí**, (*ropa*) to stretch, give. **5 d. en**, to hit; **el sol me daba en los ojos**, the sun was (shining) in my eyes. **6 d. para**, to be enough *o* sufficient for; **el presupuesto no da para más**, the budget will not stretch any further. **7 le dio por nadar**, he took it into his head to go swimming. **8 d. que hablar**, to set people talking; **el suceso dio que pensar**, the incident gave people food for thought.
III darse *vr* **1 se dio un caso extraño**, something strange happened. **2** (*hallarse*) to be found, exist. **3 d. a**, to take to; **se dio a la bebida**, he took to drink. **4 d. con o contra**, to bump *o* crash into. **5 dárselas de**, to consider oneself. **6 d. por satisfecho**, to feel satisfied; **d. por vencido**, to give in. **7 se le da bien/mal el francés**, she's good/bad at French.

dardo *nm* dart.

dársena *nf* dock.

datar I *vtr* to date. **II** *vi* **d. de**, to date back to *o* from.

dátil *nm* date.

dato *nm* **1** piece of information; **datos personales**, personal details. **2** *Inform* datos, data.

d.C. *abr de* **después de Cristo**, Anno Domini, AD.

dcha. *abr de* **derecha**, right.

de *prep* **1** (*pertenencia*) of; **el título de la novela**, the title of the novel; **el coche/hermano de Sofía**, Sofía's car/brother; **las bicicletas de los niños**, the boys' bicycles. **2** (*procedencia*) from; **de Madrid a Valencia**, from Madrid to Valencia; **soy de Palencia**, I'm from *or* I come from Palencia. **3** (*descripción*) **el niño de ojos azules**, the boy with blue eyes; **el señor de la chaqueta**, the man in the jacket; **el bobo del niño**, the silly boy; **un reloj de oro**, a gold watch; **un joven de veinte años**, a young man of twenty. **4** (*contenido*) of; **un saco de patatas**, a sack of potatoes. **5 gafas de sol**, sunglasses; **goma de borrar**, rubber, *US* eraser. **6** (*oficio*) by, as; **es arquitecto de profesión**, he's an architect by profession; **trabaja de secretaria**, she's working as a secretary. **7** (*acerca de*) about; **curso de informática**, computer course. **8** (*tiempo*) **a las tres de la tarde**, at three in the afternoon; **de día**, by day; **de noche**, at night; **de lunes a jueves**, from Monday to Thursday; **de pequeño**, as a child; **de año en año**, year in year out. **9** (*precio*) at; **patatas de treinta pesetas el kilo**, potatoes at thirty pesetas a kilo. **10 una avenida de quince kilómetros**, an avenue fifteen kilometres long; **una botella de litro**, a litre bottle. **11** (*con superlativo*) in; **el más largo de España**, the longest in Spain. **12** (*causa*) with, because of; **llorar de alegría**, to cry with joy; **morir de hambre**, to die of hunger. **13** (*condicional*) **de haber llegado antes**, if he had arrived before; **de no ser así**, if that wasn't *o* weren't the case; **de ser cierto**, if it was *o* were true. **14 lo mismo de siempre**, the usual thing. **15 de cuatro en cuatro**, in fours, four at a time.

deambular *vi* to saunter, stroll.

debajo *adv* underneath, below; **el mío es el de d.**, mine is the one below; **está d. de la mesa**, it's under the table; **por d. de lo normal**, below normal; **salió por d. del coche**, he came out from under the car.

debate *nm* debate.

debatir I *vtr* to debate. **II debatirse** *vr* to struggle; **d. entre la vida y la muerte**, to fight for one's life.

debe *nm Com* debit, debit side.

deber¹ *nm* **1** duty; **cumplir con su d.**, to do one's duty. **2** *Educ* **deberes**, homework *sing*.

deber² **I** *vtr* (*dinero, explicación*) to owe. **II** *vi* **1 debe (de) comer**, he must eat; **debe (de) irse ahora**, she has to leave now; **la factura debe pagarse mañana**, the bill must be paid tomorrow; **el tren debe llegar a las dos,** the train is expected to arrive at two. 2 *(consejo)* **deberías visitar a tus padres,** you ought to visit your parents; **debería haber ido ayer,** I should have gone yesterday; **no debiste hacerlo,** you shouldn't have done it. 3 *(suposición)* **deben de estar fuera,** they must be out. III **deberse** *vr* **d. a,** to be due to; **esto se debe a la falta de agua,** this is due to lack of water.

debido,-a *adj* 1 due; **a su d. tiempo,** in due course; **con el d. respeto,** with due respect. 2 *(adecuado)* proper; **más de lo d.,** too much; **tomaron las debidas precauciones,** they took the proper precautions; **como es d.,** properly. 3 **d. a,** because of, due to; **d. a que,** because of the fact that.

debidamente *adv* duly, properly.

débil *adj* weak; *(luz)* dim; **punto d.,** weak spot.

debilidad *nm* weakness; *fig* **tener d. por,** *(persona)* to have a soft spot for; *(cosa)* to have a weakness for.

debilitamiento *nm* weakening.

debilitar I *vtr* to weaken, debilitate. II **debilitarse** *vr* to weaken, grow weak.

débito *nm* 1 *(deuda)* debt. 2 *(debe)* debit.

debut *nm* début, debut.

debutar *vi* to make one's début *o* debut.

década *nf* decade; **en la d. de los noventa,** during the nineties.

decadencia *nf* decadence.

decadente *adj & nmf* decadent.

decaer [39] *vi* to deteriorate.

decaído,-a *adj* down.

decaimiento *nm* 1 *(debilidad)* weakness. 2 *(desaliento)* low spirits *pl*.

decano,-a *nm,f Univ* dean.

decantarse *vr* to lean towards; **d. por,** to come down on the side of.

decapitar *vtr* to behead, decapitate.

decena *nf (about)* ten; **una d. de veces,** *(about)* ten times; **por decenas,** in tens.

decencia *nf* 1 *(decoro)* decency. 2 *(honradez)* honesty.

decenio *nm* decade.

decente *adj* decent; *(decoroso)* modest.

decepción *nf* disappointment.

decepcionante *adj* disappointing.

decepcionar *vtr* to disappoint.

decidido,-a *adj* determined, resolute.

decididamente *adv* 1 *(resueltamente)* resolutely. 2 *(definitivamente)* definitely.

decidir I *vtr & vi* to decide. II **decidirse** *vr* to make up one's mind; **d. a hacer algo,** to make up one's mind to do sth; **d. por algo,** to decide on sth.

décima *nf* tenth.

decimal *adj & nm* decimal; **el sistema métrico d.,** the decimal system.

décimo,-a I *adj & nm,f* tenth. II *nm* 1 *(parte)* tenth. 2 *(billete de lotería)* tenth part of a lottery ticket.

decir[1] *nm* saying.

decir[2] |12| *(pp* **dicho)** I *vtr* 1 to say; **dice que no quiere venir,** he says he doesn't want to come. 2 **d. una mentira/la verdad,** to tell a lie/the truth. 3 *Tel Esp* **dígame,** hello. 4 **¿qué me dices del nuevo jefe?,** what do you think of the new boss? 5 *(mostrar)* to tell, show; **su cara dice que está mintiendo,** you can tell from his face that he's lying. 6 *(sugerir)* to mean; **esta película no me dice nada,** this film doesn't appeal to me; **¿qué te dice el cuadro?,** what does the picture mean to you? 7 **querer d.,** to mean. 8 *(locuciones)* **es d.,** that is (to say); **por así decirlo,** as it were, so to speak; **digamos,** let's say; **digo yo,** in my opinion; **el qué dirán,** what people say; **ni que d. tiene,** needless to say; **¡no me digas!,** really!; **¡y que lo digas!,** you bet!

II **decirse** *vr* **¿cómo se dice 'mesa' en inglés?,** how do you say 'mesa' in English?; **se dice que ...,** they say that ...; **sé lo que me digo,** I know what I am saying.

decisión *nf* 1 decision; **tomar una d.,** to take *o* make a decision. 2 *(resolución)* determination; **con d.,** decisively.

decisivo,-a *adj* decisive.

decisorio,-a *adj* decision-making.

declamar *vtr & vi* to declaim, recite.

declaración *nf* 1 declaration; **d. de (la) renta,** tax declaration *o* return. 2 *(afirmación)* statement; **hacer declaraciones,** to comment. 3 *Jur* **prestar d.,** to give evidence.

declarante *nmf Jur* witness.

declarar I *vtr* 1 to declare; **d. la guerra a,** to declare war on. 2 *(afirmar)* to state. 2 *Jur* **d. culpable/inocente a algn,** to find sb guilty/not guilty. II *vi* 1 to declare. 2 *Jur* to testify. III **declararse** *vr* 1 **d. a favor/en contra de,** to declare oneself in favour of/against; **d. en huelga,** to go on strike; **d. a algn** to declare one's love for sb. 2 *(guerra, incendio)* to start, break out. 3 *Jur* **d. culpable,** to plead guilty.

declinar *vi & vtr* to decline.

declive *nm (del terreno)* incline, slope. 2 *(de imperio etc)* decline.

decolorante *nm* bleaching agent.

decolorar I *vtr* to fade; *(pelo)* to bleach. II **decolorarse** *vr* to fade.

decomisar *vtr* to confiscate, seize.

decoración *nf* decoration.

decorado *nm* scenery, set.

decorador,-a *nm,f* 1 decorator. 2 *Teat* set designer.

decorar *vtr* to decorate.

decorativo,-a *adj* decorative.

decoro *nm* 1 *(respeto)* dignity, decorum. 2 *(pudor)* modesty, decency.

decoroso,-a *adj* 1 *(correcto)* seemly, de-

corous. 2 *(decente)* decent, modest.
decrecer [33] *vi* to decrease, diminish.
decrépito,-a *adj* decrepit.
decretar *vtr* to decree.
decreto *nm* decree; **d.-ley**, decree.
dedal *nm* thimble.
dedicación *nf* dedication.
dedicar [1] **I** *vtr* to dedicate; *(tiempo, esfuerzos)* to devote (a, to). **II dedicarse** *vr* ¿a qué se dedica Vd.? what do you do for a living?; **los fines de semana ella se dedica a pescar**, at weekends she spends her time fishing.
dedicatoria *nf* dedication.
dedillo *nm* **saber algo al d.**, to have sth at one's fingertips, know sth very well.
dedo *nm (de la mano)* finger; *(del pie)* toe; **d. anular/ corazón/índice/meñique**, ring/middle/index/little finger; **d. pulgar, d. gordo**, thumb; **hacer d.**, to hitchhike; *fig* **elegir a algn a d.**, to hand-pick sb.
deducción *nf* deduction.
deducible *adj Com* deductible.
deducir [10] **I** *vtr* 1 to deduce, infer. 2 *Com* to deduct. **II deducirse** *vr* **de aquí se deduce que ...**, from this it follows that ....
deductivo,-a *adj* deductive.
defecar [1] *vi* to defecate.
defecto *nm* defect, fault; **d. físico**, physical defect.
defectuoso,-a *adj* defective, faulty.
defender [3] **I** *vtr* to defend (**contra**, against; **de**, from); **d. del frío/viento**, to shelter from the cold/wind. **II defenderse** *vr* 1 to defend oneself. 2 *fam* **se defiende en francés**, he can get by in French.
defendido,-a *adj Jur* defendant.
defensa I *nf* defence, *US* defense; **en d. propia, en legítima d.**, in self-defence; **salir en d. de algn**, to come out in defence of sb. **II** *nm Dep* defender, back.
defensiva *nf* defensive; **estar/ponerse a la d.**, to be/go on the defensive.
defensivo,-a *adj* defensive.
defensor,-a *nm,f* defender; **abogado d.**, counsel for the defence; **el defensor del pueblo**, the ombudsman.
deferencia *nf* deference; **en** *o* **por d. a**, out of deference for.
deficiencia *nf* deficiency, shortcoming; **d. mental**, mental deficiency; **d. renal**, kidney failure.
deficiente I *adj* deficient. **II** *nmf* **d. mental**, mentally retarded person. **III** *nm Educ* fail.
déficit *nm (pl* **déficits)** deficit; *(carencia)* shortage.
deficitario,-a *adj* showing a deficit.
definición *nf* definition; **por d.**, by definition.
definido,-a *adj* clear; *Ling* definite.
definir *vtr* to define.
definitivo,-a *adj* definitive; **en definitiva**, in short. ◆**definitivamente** *adv* 1 *(para siempre)* for good, once and for all. 2 *(con toda seguridad)* definitely.
deflación *nf Econ* deflation.
deflacionista *adj Econ* deflationary.
deformación *nf* deformation.
deformar I *vtr* to deform, put out of shape; *(cara)* to disfigure; *fig (la verdad, una imagen)* to distort. **II deformarse** *vr* to go out of shape, become distorted.
deforme *adj* deformed; *(objeto)* misshapen.
defraudación *nf* fraud; **d. fiscal**, tax evasion.
defraudar *vtr* 1 *(decepcionar)* to disappoint. 2 *(al fisco)* to defraud, cheat; **d. a Hacienda**, to evade taxes.
defunción *nf fml* decease, demise.
degeneración *nf* degeneration.
degenerado,-a *adj & nm,f* degenerate.
degenerar *vi* to degenerate.
degollar [2] *vtr* to behead.
degradación *nf* degradation.
degradante *adj* degrading.
degradar *vtr* to degrade.
degustación *nf* tasting.
degustar *vtr* to taste, sample.
dehesa *nf* pasture, meadow.
deificar [1] *vtr* to deify.
dejadez *nf* slovenliness.
dejado,-a *adj* 1 *(descuidado)* untidy, slovenly. 2 *(negligente)* negligent, careless. 3 *fam* **d. de la mano de Dios**, godforsaken.
dejar I *vtr* 1 to leave; **déjame en paz**, leave me alone; **d. dicho**, to leave word *o* a message. 2 *(prestar)* to lend. 3 *(abandonar)* to give up; **d. algo por imposible**, to give sth up; **dejé el tabaco y la bebida**, I gave up smoking and drinking. 4 *(permitir)* to let, allow; **d. caer**, to drop; **d. entrar/salir**, to let in/out. 5 *(omitir)* to leave out, omit. 6 *(ganancias)* to produce. 7 *(+ adj)* to make; **d. triste**, to make sad; **d. preocupado/sorprendido**, to worry/surprise. 8 *(posponer)* **dejaron el viaje para el verano**, they put the trip off until the summer.
II *v aux* **d. de + inf**, to stop, give up; **dejó de fumar el año pasado**, he gave up smoking last year; **no deja de llamarme**, she's always phoning me up.
III dejarse *vr* 1 **me he dejado las llaves dentro**, I've left the keys inside. 2 *(locuciones)* **d. barba**, to grow a beard; **d. caer**, to flop down; **d. llevar por**, to be influenced by.
del *(contracción de* **de** + **el)** → **de**.
delantal *nm* apron.
delante *adv* 1 in front; **la entrada de d.**, the front entrance. 2 **d. de**, in front of; *(en serie)* ahead of. 3 **por d.**, in front; **se lo lleva todo por d.**, he destroys everything in his path; **tiene toda la vida por**

delantera — **dentro**

d., he has his whole life ahead of him.
delantera *nf* 1 (*ventaja*) lead; **tomar la d.**, take the lead. 2 *Ftb* forward line, the forwards *pl*.
delantero,-a I *adj* front. **II** *nm Ftb* forward; **d. centro**, centre forward.
delatar *vtr* 1 to inform against. 2 *fig* to give away.
delator,-a *nm,f* informer.
delegación *nf* 1 (*acto, delegados*) delegation. 2 (*oficina*) local office, branch; **D. de Hacienda**, Tax Office.
delegado,-a *nm,f* 1 delegate; **d. de Hacienda**, chief tax inspector. 2 *Com* representative.
delegar [7] *vtr* to delegate (**en**, to).
deleitar I *vtr* to delight. **II deleitarse** *vr* to delight in, take delight in.
deleite *nm* delight.
deletrear *vtr* to spell (out).
deleznable *adj* brittle.
delfín *nm* dolphin.
delgadez *nf* slimness.
delgado,-a *adj* slim; (*capa*) fine.
deliberación *nf* deliberation.
deliberado,-a *adj* deliberate.
deliberar *vi* to deliberate (on), consider.
delicadeza *nf* 1 (*finura*) delicacy, daintiness. 2 (*tacto*) tactfulness; **falta de d.**, tactlessness.
delicado,-a *adj* 1 delicate. 2 (*exigente*) fussy, hard to please. 3 (*sensible*) hypersensitive.
delicia *nf* delight; **hacer las delicias de algn**, to delight sb.
delicioso,-a *adj* (*comida*) delicious; (*agradable*) delightful.
delictivo,-a *adj* criminal, punishable.
delimitar *vtr* to delimit.
delincuencia *nf* delinquency.
delincuente *adj & nmf* delinquent; **d. juvenil**, juvenile delinquent.
delineante *nmf* (*hombre*) draughtsman; (*mujer*) draughtswoman.
delinear *vtr* to delineate, outline.
delinquir [9] *vi* to break the law, commit an offence *o US* offense.
delirante *adj* delirious.
delirar *vi* to be delirious.
delirio *nm* delirium; **delirios de grandeza**, delusions of grandeur.
delito *nm* crime, offence, *US* offense.
delta *nm* delta; **ala d.**, hang-glider.
demacrado,-a *adj* emaciated.
demagogia *nf* demagogy.
demagogo,-a *nm,f* demagogue.
demanda *nf* 1 *Jur* lawsuit. 2 *Com* demand.
demandado,-a I *nm,f* defendant. **II** *adj* in demand.
demandante *nmf* claimant.
demandar *vtr* to sue.
demarcar [1] *vtr* to demarcate.
demás I *adj* **los/las d.**, the rest of; **la d. gente**, the rest of the people. **II** *pron* **lo/los/las d.**, the rest; **por lo d.**, otherwise, apart from that; **y d.**, etcetera.
demasía *nf* **en d.**, excessively.
demasiado,-a I *adj* (*singular*) too much; (*plural*) too many; **hay demasiada comida**, there is too much food; **quieres demasiadas cosas**, you want too many things. **II** *adv* too (much); **es d. grande/caro**, it is too big/dear; **fumas/trabajas d.**, you smoke/work too much.
demencia *nf* dementia, insanity.
demente I *adj* insane, mad. **II** *nmf* mental patient.
democracia *nf* democracy.
demócrata I *adj* democratic. **II** *nmf* democrat.
democrático,-a *adj* democratic.
democratizar [4] *vtr* to democratize.
demografía *nf* demography.
demográfico,-a *adj* demographic; **crecimiento d.**, population growth.
demoledor,-a *adj fig* devastating.
demoler [4] *vtr* to demolish.
demonio *nm* devil, demon; *fam* **¿cómo/ dónde demonios ...?**, how/where the hell ...?; *fam* **¡demonio(s)!**, hell!, damn!; *fam* **¡d. de niño!**, you little devil!
demora *nf* delay.
demorar I *vtr* to delay, hold up. **II demorarse** *vr* 1 (*retrasarse*) to be delayed, be held up. 2 (*detenerse*) to dally.
demostrable *adj* demonstrable.
demostración *nf* demonstration; **una d. de fuerza/afecto**, a show of strength.
demostrar [2] *vtr* 1 (*mostrar*) to show, demonstrate. 2 (*evidenciar*) to prove.
demudado,-a *adj* pale.
denegar [1] *vtr* to refuse; *Jur* **d. una demanda**, to dismiss a claim.
denigrante *adj* humiliating.
denigrar *vtr* to humiliate.
denominación *nf* denomination; **'d. de origen'**, (*vinos*) ≈ 'appellation d'origine'.
denominado,-a *adj* so-called.
denominador *nm* denominator.
denominar *vtr* to name, designate.
denotar *vtr* to denote.
densidad *nf* density; **d. de población**, population density.
denso,-a *adj* dense.
dentadura *nf* teeth, set of teeth; **d. postiza**, false teeth *pl*, dentures *pl*.
dental *adj* dental.
dentera *nf* **me da d.**, it sets my teeth on edge.
dentífrico,-a I *adj* **pasta/crema dentífrica**, toothpaste. **II** *nm* toothpaste.
dentista *nmf* dentist.
dentro *adv* 1 (*en el interior*) inside; **aquí d.**, in here; **por d.**, (on the) inside; **por d. está triste**, deep down (inside) he feels sad. 2 **d. de**, (*lugar*) inside. 3 **d. de poco**, shortly, soon; **d. de un mes**, in a

denuncia nf 1 *Jur* report. 2 (*crítica*) denunciation.

denunciar |12| *vtr* 1 (*delito*) to report (**a**, to). 2 (*criticar*) to denounce.

deparar *vtr* to give; **no sabemos qué nos depara el destino**, we don't know what fate has in store for us.

departamento *nm* 1 department. 2 *Ferroc* compartment. 3 (*territorial*) province, district. 4 *Am* (*piso*) flat.

dependencia *nf* 1 dependence (**de**, on). 2 **dependencias**, premises.

depender *vi* to depend (**de**, on); (*económicamente*) to be dependent (**de**, on).

dependienta *nf* shop assistant.

dependiente I *adj* dependent (**de**, on). II *nm* shop assistant.

depilación *nf* depilation; **d. a la cera**, waxing.

depilar *vtr* to remove the hair from; (*cejas*) to pluck.

depilatorio,-a *adj & nm* depilatory; **crema depilatoria**, hair-remover, hair-removing cream.

deplorable *adj* deplorable.

deplorar *vtr* to deplore.

deponer |19| (*pp* **depuesto**) *vtr* 1 (*destituir*) to remove from office; (*líder*) to depose. 2 (*actitud*) to abandon.

deportado,-a *nm,f* deportee, deported person.

deportar *vtr* to deport.

deporte *nm* sport; **hacer d.**, to practise sports.

deportista I *nmf* (*hombre*) sportsman; (*mujer*) sportswoman. II *adj* sporty.

deportividad *nf* sportsmanship.

deportivo,-a I *adj* sports; **club/chaqueta d.**, sports club/jacket. II *nm Aut* sports car.

deposición *nf* removal from office; (*de un líder*) deposition.

depositar I *vtr* 1 *Fin* to deposit. 2 (*colocar*) to place, put. II **depositarse** *vr* to settle.

depósito *nm* 1 *Fin* deposit; **en d.**, on deposit. 2 (*de agua, gasolina*) tank. 3 **d. de basuras**, rubbish tip *o* dump; **d. de cadáveres**, mortuary, *US* morgue.

depravación *nf* depravity.

depravar *vtr* to deprave.

depre *nf fam* downer, depression.

depreciación *nf* depreciation.

depreciar |12| I *vtr* to reduce the value of. II **depreciarse** *vr* to depreciate, lose value.

depredador,-a I *adj* predatory. II *nm,f* predator.

depresión *nf* depression; **d. nerviosa**, nervous breakdown.

depresivo,-a *adj* depressive.

deprimente *adj* depressing.

deprimido,-a *adj* depressed.

deprimir I *vtr* to depress. II **deprimirse** *vr* to get depressed.

deprisa *adv* quickly.

depuesto,-a *pp* → **deponer**.

depuración *nf* 1 (*del agua*) purification. 2 (*purga*) purge.

depurador,-a *adj* **planta depuradora**, purification plant.

depuradora *nf* purifier.

depurar *vtr* 1 (*agua*) to purify. 2 (*partido*) to purge. 3 (*estilo*) to refine.

derecha *nf* 1 (*mano*) right hand. 2 (*lugar*) right, right-hand side; **a la d.**, to *o* on the right, on the right-hand side. 3 *Pol* **la d.**, the right; **de derechas**, right-wing.

derechista *nmf* right-winger.

derecho,-a I *adj* 1 (*de la derecha*) right. 2 (*recto*) upright, straight. II *nm* 1 (*privilegio*) right; **derechos civiles/humanos**, civil/human rights; **tener d. a**, to be entitled to, have the right to; **estar en su d.**, to be within one's rights; **no hay d.**, it's not fair; **d. de admisión**, right to refuse admission. 2 *Jur* law; **d. penal/político**, criminal/constitutional law. 3 *Com* **derechos**, duties; **d. de autor**, royalties; **d. de matrícula**, enrolment fees. III *adv* **siga todo d.**, go straight ahead.

deriva *nf* drift; **ir a la d.**, to drift.

derivado *nm* (*producto*) derivative, by-product.

derivar I *vtr* 1 to divert; (*conversación*) to steer. II *vi* 1 to drift. 2 **d. de**, to derive from. III **derivarse** *vr* 1 (*proceder*) to result *o* stem (**de**, from). 2 *Ling* to be derived (**de**, from).

dermatitis *nf inv* dermatitis.

dermatólogo,-a *nm,f* dermatologist.

derogar |7| *vtr* to repeal.

derramamiento *nm* spilling; **d. de sangre**, bloodshed.

derramar I *vtr* to spill; (*lágrimas*) to shed. II **derramarse** *vr* to spill.

derrame *nm Med* discharge; **d. cerebral**, brain haemorrhage.

derrapar *vi* to skid.

derredor *nm* **en d. de**, round, around.

derretir |6| *vtr*, **derretirse** *vr* to melt; (*hielo, nieve*) to thaw.

derribar *vtr* 1 (*edificio*) to pull down, knock down. 2 (*avión*) to shoot down. 3 (*gobierno*) to bring down.

derrocar |1| *vtr* to bring down; (*violentamente*) to overthrow.

derrochador,-a I *adj* wasteful. II *nm,f* wasteful person, squanderer.

derrochar *vtr* to waste, squander.

derroche *nm* 1 (*de dinero, energía*) waste, squandering. 2 (*abundancia*) profusion, abundance.

derrota *nf* 1 defeat. 2 *Náut* (ship's) course.

derrotar *vtr* to defeat, beat.
derrotero *nm* 1 *fig* path, course *o* plan of action. 2 *Náut* sailing directions *pl*.
derrotista *adj & nmf* defeatist.
derruido,-a *adj* in ruins.
derruir |37| *vtr* to demolish.
derrumbar I *vtr* (*edificio*) to knock down, pull down. II **derrumbarse** *vr* to collapse, fall down; (*techo*) to fall in, cave in.
desabastecido,-a *adj* d. de, out of.
desaborido,-a I *adj* 1 (*comida*) tasteless. 2 *fig* (*persona*) dull. II *nm,f fig* dull person.
desabrido,-a *adj* 1 (*comida*) tasteless. 2 (*tiempo*) unpleasant. 3 *fig* (*tono*) harsh; (*persona*) moody, irritable.
desabrigado,-a *adj* ir/estar d., to be lightly dressed.
desabrochar I *vtr* to undo. II **desabrocharse** *vr* 1 **desabróchate la camisa,** undo your shirt. 2 (*prenda*) to come undone.
desacatar *vtr* to disobey.
desacato *nm* lack of respect, disrespect (a, for); *Jur* **d. al tribunal,** contempt of court.
desacertado,-a *adj* unwise.
desacierto *nm* mistake, error.
desaconsejar *vtr* to advise against.
desacorde *adj* estar d. con, to be in disagreement with.
desacreditar *vtr* 1 (*desprestigiar*) to discredit, bring into discredit. 2 (*criticar*) to disparage.
desactivador,-a *nm,f* bomb disposal expert.
desactivar *vtr* (*bomba*) to defuse.
desacuerdo *nm* disagreement.
desafiante *adj* defiant.
desafiar |29| *vtr* to challenge.
desafinado,-a *adj* out of tune.
desafinar I *vi* to sing out of tune; (*instrumento*) to play out of tune. II *vtr* to put out of tune. III **desafinarse** *vr* to go out of tune.
desafío *nm* challenge.
desaforado,-a *adj* wild.
desafortunado,-a *adj* unlucky, unfortunate.
desagradable *adj* unpleasant, disagreeable.
desagradar *vi* to displease.
desagradecido,-a I *adj* ungrateful. II *nm,f* ungrateful person.
desagrado *nm* displeasure.
desagraviar |12| *vtr* to make amends for.
desaguar |22| *vtr* to drain.
desagüe *nm* (*vaciado*) drain; (*cañería*) waste pipe, drainpipe.
desaguisado *nm* mess.
desahogado,-a *adj* 1 (*acomodado*) well-off, well-to-do. 2 (*espacioso*) spacious, roomy.
desahogarse |7| *vr* to let off steam; se desahogó de su depresión, he got his depression out of his system.
desahogo *nm* 1 (*alivio*) relief. 2 vivir con d., to live comfortably.
desahuciado,-a *adj* 1 (*enfermo*) hopeless. 2 (*inquilino*) evicted.
desahuciar |12| *vtr* 1 (*desalojar*) to evict. 2 (*enfermo*) to deprive of all hope.
desahucio *nm* eviction.
desairado,-a *adj* 1 (*humillado*) spurned. 2 (*sin gracia*) awkward.
desairar *vtr* to slight, snub.
desaire *nm* slight, rebuff.
desajustar I *vtr* to upset. II **desajustarse** *vr* (*piezas*) to come apart.
desajuste *nm* upset; **d. económico,** economic imbalance; **un d. de horarios,** clashing timetables.
desalentador,-a *adj* discouraging, disheartening.
desalentar |1| I *vtr* to discourage, dishearten. II **desalentarse** *vr* to get discouraged, lose heart.
desaliento *nm* discouragement.
desaliñado,-a *adj* scruffy, untidy.
desaliño *nm* scruffiness, untidiness.
desalmado,-a *adj* cruel, heartless.
desalojamiento *nm* (*de inquilino*) eviction; (*de público*) removal; (*de lugar*) evacuation.
desalojar *vtr* 1 (*inquilino*) to evict; (*público*) to move on; (*lugar*) to evacuate. 2 (*abandonar*) to move out of, abandon.
desalojo *nm* → desalojamiento.
desamor *nm* lack of affection.
desamortizar |4| *vtr* to alienate, disentail.
desamparado,-a I *adj* (*persona*) helpless, unprotected; (*lugar*) abandoned, forsaken. II *nm,f* helpless *o* abandoned person.
desamparar *vtr* 1 to abandon, desert. 2 *Jur* to renounce, relinquish.
desamparo *nm* helplessness.
desamueblado,-a *adj* unfurnished.
desandar |8| *vtr* **d. lo andado,** to retrace one's steps.
desangrarse *vr* to lose (a lot of) blood.
desanimado,-a *adj* 1 (*persona*) downhearted, dejected. 2 (*fiesta etc*) dull, lifeless.
desanimar I *vtr* to discourage, dishearten. II **desanimarse** *vr* to lose heart, get discouraged.
desánimo *nm* discouragement, dejection.
desapacible *adj* unpleasant.
desaparecer |33| *vi* to disappear.
desaparecido,-a I *adj* missing. II *nm,f* missing person.
desaparición *nf* disappearance.
desapego *nm* indifference, lack of affection.
desapercibido,-a *adj* 1 (*inadvertido*) unnoticed; **pasar d.,** to go unnoticed. 2 (*desprevenido*) unprepared.

desaprensivo,-a I *adj* unscrupulous. **II** *nm,f* unscrupulous person.

desaprobar [2] *vtr* **1** (*no aprobar*) to disapprove of. **2** (*rechazar*) to reject.

desaprovechar *vtr* (*dinero, tiempo*) to waste; **d. una ocasión**, to fail to make the most of an opportunity.

desarmable *adj* that can be taken to pieces.

desarmar *vtr* **1** (*desmontar*) to dismantle, take to pieces. **2** *Mil* to disarm.

desarme *nm* disarmament; **d. nuclear**, nuclear disarmament.

desarraigado,-a *adj* rootless, without roots.

desarraigar [7] *vtr* to uproot.

desarraigo *nm* rootlessness.

desarreglado,-a *adj* **1** (*lugar*) untidy. **2** (*persona*) untidy, slovenly.

desarreglar *vtr* **1** (*desordenar*) to make untidy, mess up. **2** (*planes etc*) to spoil, upset.

desarreglo *nm* difference of opinion.

desarrollado,-a *adj* developed; **país d.**, developed country.

desarrollar I *vtr* to develop. **II desarrollarse** *vr* **1** (*persona, enfermedad*) to develop. **2** (*tener lugar*) to take place.

desarrollo *nm* development; **países en vías de d.**, developing countries.

desarticular *vtr* to dismantle; **d. un complot**, to foil a plot.

deseaseado,-a *adj* unkempt.

desasir [22] **I** *vtr* to release. **II desasirse** *vr* to get loose; **d. de**, to free o rid oneself of.

desasosegar [1] *vtr* to make restless o uneasy.

desasosiego *nm* restlessness, uneasiness.

desastrado,-a I *adj* untidy, scruffy. **II** *nm,f* scruffy person.

desastre *nm* disaster; **eres un d.**, you're just hopeless.

desastroso,-a *adj* disastrous.

desatar I *vtr* to untie, undo; (*provocar*) to unleash. **II desatarse** *vr* **1** (*zapato, cordón*) to come undone. **2** (*tormenta*) to break; (*pasión*) to run wild.

desatascar [1] *vtr* to unblock, clear.

desatender [3] *vtr* to neglect, not pay attention to.

desatento,-a *adj* inattentive; (*descortés*) impolite, discourteous.

desatinado,-a *adj* unwise.

desatino *nm* blunder.

desatornillar *vtr* to unscrew.

desatrancar [1] *vtr* to unblock; (*puerta*) to unbolt.

desautorizar [4] *vtr* **1** to disallow. **2** (*huelga etc*) to ban, forbid. **3** (*desmentir*) to deny.

desavenencia *nf* disagreement.

desaventajado,-a *adj* at a disadvantage.

desayunar I *vi* to have breakfast; *fml* to breakfast. **II** *vtr* to have for breakfast.

desayuno *nm* breakfast.

desazón *nf* malaise.

desazonar *vtr* to cause malaise.

desbancar [1] *vtr* to oust.

desbandada *nf* scattering; **hubo una d. general**, everyone scattered.

desbandarse *vr* to scatter, disperse.

desbarajuste *nm* confusion, disorder.

desbaratar *vtr* to ruin, wreck; (*jersey*) to unravel.

desbloquear *vtr* **1** (*negociaciones*) to get going again. **2** (*créditos, precios*) to unfreeze.

desbocado,-a *adj* (*caballo*) runaway.

desbocarse *vr* (*caballo*) to bolt, run away.

desbordante *adj* overflowing, bursting.

desbordar I *vtr* to overflow; *fig* to overwhelm. **II** *vi* to overflow (**de**, with). **II desbordarse** *vr* to overflow, flood.

descabalgar [7] *vi* to dismount.

descabellado,-a *adj* crazy, wild.

descafeinado,-a *adj* **1** (*café*) decaffeinated. **2** *fig* watered-down, diluted.

descalabrar *vtr* **1** to wound in the head. **2** *fig* to damage, harm.

descalabro *nm* setback, misfortune.

descalificar [1] *vtr* to disqualify.

descalzarse [4] *vr* to take one's shoes off.

descalzo,-a *adj* barefoot.

descambiar [12] *vtr* to exchange.

descaminado,-a *adj fig* **ir d.**, to be on the wrong track.

descampado *nm* waste ground.

descansado,-a *adj* **1** (*persona*) rested. **2** (*vida, trabajo*) restful.

descansar *vi* **1** to rest, have a rest; (*corto tiempo*) to take a break. **2** *euf* **que en paz descanse**, may he o she rest in peace.

descansillo *nm* landing.

descanso *nm* **1** rest, break; **un día de d.**, a day off. **2** *Cin Teat* interval; *Dep* half-time, interval. **3** (*alivio*) relief. **4** (*rellano*) landing.

descapotable *adj & nm* convertible.

descarado,-a I *adj* **1** (*insolente*) cheeky, insolent; (*desvergonzado*) shameless. **2** *fam* **d. que sí/no**, (*por supuesto*) of course/course not. **II** *nm,f* cheeky person.

descarga *nf* **1** unloading. **2** *Elec Mil* discharge.

descargar [7] **I** *vtr* **1** to unload. **2** *Elec* to discharge. **3** (*disparar*) to fire; (*golpe*) to deal. **II** *vi* (*tormenta*) to burst. **III descargarse** *vr* (*batería*) to go flat.

descargo *nm Jur* discharge; **testigo de d.**, witness for the defence.

descarnado,-a *adj* crude.

descaro *nm* cheek, nerve; **¡qué d.!**, what a cheek!

descarriar [29] **I** *vtr* to lead astray, put on the wrong road. **II descarriarse** *vr* to go astray, lose one's way.

descarrilar *vi* to go off the rails, be derailed.

descartar I *vtr* to rule out. **II descartarse** *vr Naipes* to discard, throw away.

descascarillarse *vr* to chip, peel.

descendencia *nf* descendants *pl*; **morir sin d.**, to die without issue.

descendente *adj* descending, downward.

descender [3] **I** *vi* **1** *(temperatura, nivel)* to fall, drop. **2 d. de**, to descend from. **II** *vtr* to lower.

descendiente *nmf* descendant.

descenso *nm* **1** descent; *(de temperatura)* fall, drop. **2** *Dep* relegation.

descentrado,-a *adj* off-centre.

descentralizar [4] *vtr* to decentralize.

descifrar *vtr* to decipher; *(mensaje)* decode; *(misterio)* to solve; *(motivos, causas)* to figure out.

descojonarse *vr vulg (reírse)* to piss oneself laughing.

descolgar [2] **I** *vtr (el teléfono)* to pick up; *(cuadro, cortinas)* to take down. **II descolgarse** *vr* to let oneself down, slide down.

descolorido,-a *adj* faded.

descombros *nmpl* rubble, debris.

descompasado,-a *adj* inconsistent.

descomponer [19] *(pp descompuesto)* **I** *vtr* **1** to break down. **2** *(corromper)* to rot, decompose. **II descomponerse** *vi (corromperse)* to rot, decompose; *(ponerse nervioso)* to lose one's cool.

descomposición *nf* **1** *(de carne)* decomposition, rotting; *(de país)* disintegration. **2** *Quim* breakdown.

descompuesto,-a *adj* **1** *(podrido)* rotten, decomposed. **2** *(furioso)* furious.

descompuse *pt indef* → **descomponer**.

descomunal *adj* huge, massive.

desconcertante *adj* disconcerting.

desconcertar [1] **I** *vtr* to disconcert. **II desconcertarse** *vr* to be bewildered, be puzzled.

desconchón *nm* bare patch.

desconcierto *nm* chaos, confusion.

desconectar *vtr* to disconnect.

desconexión *nf* disconnection.

desconfiado,-a *adj* distrustful, wary.

desconfianza *nf* distrust, mistrust.

desconfiar [29] *vi* to distrust **(de, -)**, mistrust **(de, -)**.

descongelar *vtr (nevera)* to defrost; *(créditos)* to unfreeze.

descongestionar *vtr* to clear.

desconocer [34] *vtr* not to know, be unaware of.

desconocido,-a I *adj* unknown; *(irreconocible)* unrecognizable. **II** *nm* **lo d.**, the unknown. **III** *nm,f* stranger.

desconsiderado,-a I *adj* inconsiderate, thoughtless. **II** *nm,f* inconsiderate *o* thoughtless person.

desconsolado,-a *adj* disconsolate, grief-stricken.

desconsuelo *nm* grief, sorrow.

descontado,-a *adj fam* **dar por d.**, to take for granted; **por d.**, needless to say, of course.

descontar [2] *vtr* **1** to deduct. **2** *Dep (tiempo)* to add on.

descontento,-a I *adj* unhappy. **II** *nm* dissatisfaction.

descontrol *nm fam* lack of control; **había un d. total**, it was absolute chaos.

descontrolarse *vr* to lose control.

desconvocar *vtr* to call off.

descorchar *vtr* to uncork.

descornarse [2] *vr fam (trabajar)* to slave (away).

descorrer *vtr* to draw back.

descortés *adj* impolite, discourteous.

descortesía *nf* discourtesy, impoliteness.

descoser *vtr* to unstitch, unpick.

descosido *nm (en camisa etc)* open seam; *fam* **como un d.**, like mad, wildly.

descoyuntar *vtr* to dislocate.

descrédito *nm* disrepute, discredit.

descremado,-a *adj* skimmed.

describir *(pp descrito) vtr* to describe.

descripción *nf* description.

descriptivo,-a *adj* descriptive.

descrito,-a *pp* → **describir**.

descuajaringar [7] *vtr fam* to pull *o* take to pieces.

descuartizar [4] *vtr* to cut up, cut into pieces.

descubierto,-a I *adj* open, uncovered; **a cielo d.**, in the open. **II** *nm* **1** *Fin* overdraft. **2 al d.**, in the open; **poner al d.**, to uncover, bring out into the open.

descubridor,-a *nm,f* discoverer.

descubrimiento *nm* discovery.

descubrir *(pp descubierto) vtr* to discover; *(conspiración)* to uncover; *(placa)* to unveil.

descuento *nm* discount.

descuidado,-a *adj* **1** *(desaseado)* untidy, neglected. **2** *(negligente)* careless, negligent. **3** *(desprevenido)* off one's guard.

descuidar I *vtr* to neglect, overlook. **II** *vi* **descuida, voy yo**, don't worry, I'll go. **III descuidarse** *vr (despistarse)* to be careless; **como te descuides, llegarás tarde**, if you don't watch out, you'll be late.

descuido *nm* **1** oversight, mistake; **por d.**, inadvertently, by mistake. **2** *(negligencia)* negligence, carelessness.

desde *adv* **1** *(tiempo)* since; **d. ahora**, from now on; **d. el lunes/entonces**, since Monday/then; **espero d. hace media hora**, I've been waiting for half an hour; **no lo he visto d. hace un año**, I haven't seen him for a year; **¿d. cuándo?**, since when?; **d. siempre**, always. **2** *(lugar)* from; **d. aquí**, from here; **d. arriba/abajo**, from above/below. **3 d. luego**, of course. **4 d. que**, ever since; **d. que lo**

desdecir |12| (*pp* **desdicho**) **I** *vi* not to live up (**de**, to). **II desdecirse** *vr* to go back on one's word.
desdén *nm* disdain.
desdentado,-a *adj* toothless.
desdeñar *vtr* to disdain.
desdeñoso,-a *adj* disdainful.
desdibujarse *vr* to become blurred *o* faint.
desdicha *nf* misfortune; **por d.**, unfortunately.
desdichado,-a **I** *adj* unfortunate. **II** *nm,f* poor devil, wretch.
desdigo *indic pres* → **desdecir**.
desdiré *indic fut* → **desdecir**.
desdoblar *vtr* to unfold.
deseable *adj* desirable.
desear *vtr* 1 to desire; **deja mucho que d.**, it leaves a lot to be desired. 2 (*querer*) to want; **¿qué desea?**, can I help you?; **estoy deseando que vengas**, I'm looking forward to your coming. 3 **te deseo buena suerte/feliz Navidad**, I wish you good luck/a merry Christmas.
desecar |1| *vtr* to dry up.
desechable *adj* disposable, throw-away.
desechar *vtr* 1 (*tirar*) to discard, throw out *o* away. 2 (*oferta*) to turn down, refuse; (*idea, proyecto*) to drop, discard.
desechos *nmpl* waste *sing*.
desembalar *vtr* to unpack.
desembarcar |1| **I** *vtr* (*mercancías*) to unload; (*personas*) to disembark. **II** *vi* to disembark.
desembarco, **desembarque** *nm* (*de mercancías*) unloading; (*de personas*) disembarkation.
desembocadura *nf* mouth.
desembocar |1| *vi* (*río*) to flow (**en**, into); (*calle, situación*) to lead (**en**, to).
desembolsar *vtr* to pay out.
desembolso *nm* expenditure.
desembragar |7| *vtr Aut* to declutch.
desembrollar *vtr fam* 1 (*aclarar*) to clarify, clear up. 2 (*desenredar*) to disentangle.
desembuchar *vtr fig* to blurt out; *fam* **¡desembucha!**, out with it!
desempañar *vtr* to wipe the condensation from; *Aut* to demist.
desempaquetar *vtr* to unpack, unwrap.
desempatar *vi Dep* to break the deadlock.
desempate *nm* play-off; **partido de d.**, play-off, deciding match.
desempeñar *vtr* 1 (*cargo*) to hold, occupy; (*función*) to fulfil; (*papel*) to play. 2 (*recuperar*) to redeem.
desempleado,-a **I** *adj* unemployed, out of work. **II** *nm,f* unemployed person; **los desempleados**, the unemployed.
desempleo *nm* unemployment; **cobrar el d.**, to be on the dole.
desempolvar *vtr* 1 to dust. 2 *fig* (*pasado*) to revive.
desencadenar **I** *vtr* 1 to unchain. 2 (*provocar*) to unleash. **II desencadenarse** *vr* 1 (*prisionero*) to break loose; (*viento, pasión*) to rage. 2 (*conflicto*) to start, break out.
desencajar **I** *vtr* (*pieza*) to knock out; (*hueso*) to dislocate. **II desencajarse** *vr* 1 (*pieza*) to come out; (*hueso*) to become dislocated. 2 (*cara*) to become distorted.
desencaminado,-a *adj* → **descaminado,-a**.
desencanto *nm* disenchantment.
desenchufar *vtr* to unplug.
desenfadado,-a *adj* carefree, free and easy.
desenfado *nm* ease.
desenfocado,-a *adj* out of focus.
desenfoque *nm* incorrect focusing; *fig* (*de asunto*) wrong approach.
desenfrenado,-a *adj* frantic, uncontrolled; (*vicio, pasión*) unbridled.
desenfreno *nm* debauchery.
desenganchar *vtr* to unhook; (*vagón*) to uncouple.
desengañar **I** *vtr* **d. a algn**, to open sb's eyes. **II desengañarse** *vr* 1 to be disappointed. 2 *fam* **¡desengáñate!**, get real!
desengaño *nm* disappointment; **llevarse** *o* **sufrir un d. con algo**, to be disappointed in sth.
desengrasar *vtr* to degrease, remove the grease from.
desenlace *nm* 1 result, outcome; **un feliz d.**, a happy end. 2 *Cin Teat* ending, dénouement.
desenmarañar *vtr* (*pelo*) to untangle; (*problema*) to unravel; (*asunto*) to sort out.
desenmascarar *vtr* to unmask.
desenredar *vtr* to untangle, disentangle.
desenrollar *vtr* to unroll; (*cable*) to unwind.
desenroscar |1| *vtr* to unscrew.
desentenderse |3| *vr* **se desentendió de mi problema**, he didn't want to have anything to do with my problem.
desenterrar |1| *vtr* 1 (*cadáver*) to exhume, disinter; (*tesoro etc*) to dig up. 2 (*recuerdo*) to revive.
desentonar *vi* 1 *Mús* to sing out of tune, be out of tune. 2 (*colores etc*) not to match. 3 (*persona, comentario*) to be out of place.
desentrañar *vtr* (*misterio*) to unravel, get to the bottom of.
desentrenado,-a *adj* out of training *o* shape.
desentumecer |33| *vtr* to put the feeling back into.
desenvoltura *nf* ease.
desenvolver |4| (*pp* **desenvuelto**) **I** *vtr* to unwrap. **II desenvolverse** *vr* 1 (*persona*) to manage, cope. 2 (*hecho*) to develop.
desenvuelto,-a *adj* relaxed.

deseo *nm* wish; *(sexual)* desire; **formular un d.**, to make a wish.

deseoso,-a *adj* eager; **estar d. de**, be eager to.

desequilibrado,-a I *adj* unbalanced. **II** *nm,f* unbalanced person.

desequilibrar I *vtr* to unbalance, throw off balance. **II desequilibrarse** *vr* to become mentally disturbed.

desequilibrio *nm* imbalance; **d. mental**, mental disorder.

deserción *nf* desertion.

desertar *vi* to desert.

desértico,-a *adj* desert.

desertización *nf* desertification.

desertor,-a *nm,f* deserter.

desesperación *nf (desesperanza)* despair; *(exasperación)* desperation.

desesperado,-a *adj* 1 *(sin esperanza)* desperate, hopeless. 2 *(exasperado)* exasperated, infuriated.

desesperante *adj* exasperating.

desesperar I *vtr* to drive to despair; *(exasperar)* to exasperate. **II desesperarse** *vr* to despair.

desestabilizar [4] *vtr* to destabilize.

desestimar *vtr* to reject.

desfachatez *nf* cheek, nerve.

desfalco *nm* embezzlement, misappropriation.

desfallecer [33] *vi* 1 *(debilitarse)* to feel faint; *(desmayarse)* to faint. 2 *(desanimarse)* to lose heart.

desfasado,-a *adj* 1 outdated. 2 *(persona)* old-fashioned, behind the times. 3 *Téc* out of phase.

desfase *nm* gap; **d. horario**, time lag.

desfavorable *adj* unfavourable, *US* unfavorable.

desfigurar *vtr (cara)* to disfigure; *(verdad)* to distort.

desfiladero *nm* narrow pass.

desfilar *vi* 1 to march in single file. 2 *Mil* to march past, parade.

desfile *nm Mil* parade, march past; **d. de modas**, fashion show.

desfogar [7] I *vtr* to give vent to. **II desfogarse** *vr* to let off steam.

desgajar I *vtr (arrancar)* to rip *o* tear out; *(rama)* to tear off. **II desgajarse** *vr* to come off.

desgana *nf* 1 *(inapetencia)* lack of appetite. 2 *(apatía)* apathy, indifference; **con d.**, reluctantly, unwillingly.

desganado,-a *adj* 1 **estar d.**, *(inapetente)* to have no appetite. 2 *(apático)* apathetic.

desgañitarse *vr fam* to shout oneself hoarse.

desgarbado,-a *adj* ungraceful, ungainly.

desgarrador,-a *adj* bloodcurdling.

desgarrar *vtr* to tear.

desgarrón *nm* big tear, rip.

desgastar I *vtr* to wear out. **II desgastarse** *vr (consumirse)* to wear out; *(persona)* to wear oneself out.

desgaste *nm* wear; **d. del poder**, wear and tear of power.

desgracia *nf* 1 misfortune; **por d.**, unfortunately. 2 *(deshonor)* disgrace. 3 **desgracias personales**, loss of life.

desgraciado,-a I *adj* unfortunate; *(infeliz)* unhappy. **II** *nm,f* unfortunate person; **un pobre d.**, a poor devil.
◆**desgraciadamente** *adv* unfortunately.

desgravable *adj* tax-deductible.

desgravación *nf* deduction; **d. fiscal**, tax deduction.

desgravar *vtr* to deduct.

desguazar [4] *vtr (un barco)* to break up; *Aut* to scrap.

deshabitado,-a *adj* uninhabited, unoccupied.

deshabitar *vtr* to abandon, vacate.

deshacer [15] *(pp deshecho)* I *vtr* 1 *(paquete)* to undo; *(maleta)* to unpack. 2 *(plan)* to destroy, ruin. 3 *(acuerdo)* to break off. 4 *(disolver)* to dissolve; *(derretir)* to melt. **II deshacerse** *vr* 1 to come undone *o* untied. 2 **d. de algn/algo**, to get rid of sb/sth. 3 *(afligirse)* to go to pieces; **d. en lágrimas**, to cry one's eyes out. 4 *(disolverse)* to dissolve; *(derretirse)* to melt. 5 *(niebla)* to fade away, disappear.

deshecho,-a *adj* 1 *(cama)* unmade; *(maleta)* unpacked; *(paquete)* unwrapped. 2 *(roto)* broken, smashed. 3 *(disuelto)* dissolved; *(derretido)* melted. 4 *(abatido)* devasted, shattered. 5 *(cansado)* exhausted, tired out.

desheredar *vtr* to disinherit.

deshidratar *vtr* to dehydrate.

deshielo *nm* thaw.

deshilachar *vtr* to fray.

deshilvanado,-a *adj fig (inconexo)* disjointed.

deshonesto,-a *adj* 1 dishonest. 2 *(indecente)* indecent, improper.

deshonor *nm*, **deshonra** *nf* dishonour, *US* dishonor.

deshonrar *vtr* 1 to dishonour, *US* dishonor. 2 *(a la familia etc)* to bring disgrace on.

deshora (a) *loc adv* at an inconvenient time; **comer a d.**, to eat at odd times.

deshuesar *vtr (carne)* to bone; *(fruta)* to stone.

deshumanizar [4] *vtr* to dehumanize.

desidia *nf* apathy.

desierto,-a I *nm* desert. **II** *adj* 1 *(deshabitado)* uninhabited. 2 *(vacío)* empty, deserted. 3 *(premio)* void.

designación *nf* designation.

designar *vtr* 1 to designate. 2 *(fecha, lugar)* to fix.

designio *nm* intention, plan.

desigual *adj* 1 uneven. 2 *(lucha)* unequal.

3 *(carácter)* changeable.
desigualdad *nf* 1 inequality. 2 *(del terreno)* unevenness.
desilusión *nf* disappointment, disillusionment.
desilusionar *vtr* to disappoint, disillusion.
desinfectante *adj & nm* disinfectant.
desinfectar *vtr* to disinfect.
desinflar I *vtr* to deflate; *(rueda)* to let down. II **desinflarse** *vr* to go flat.
desintegración *nf* disintegration.
desintegrar *vtr*, **desintegrarse** *vr* to disintegrate.
desinterés *nm* 1 *(indiferencia)* lack of interest, apathy. 2 *(generosidad)* unselfishness.
desinteresado,-a *adj* selfless, unselfish.
desintoxicar [1] I *vtr* to detoxicate; *(de alcohol)* to dry out. II **desintoxicarse** *vr Med* to detoxicate oneself; *(de alcohol)* to dry out.
desistir *vi* to desist.
deslavazado,-a *adj* disjointed.
desleal *adj* disloyal; *(competencia)* unfair.
deslealtad *nf* disloyalty.
deslenguado,-a *adj (insolente)* insolent, cheeky; *(grosero)* coarse, foul-mouthed.
desliar [29] *vtr* to unwrap.
desligar [7] I *vtr* 1 *(separar)* to separate. 2 *(desatar)* to untie, unfasten. II **desligarse** *vr* **d. de**, to disassociate oneself from.
desliz *nm* mistake, slip; **cometer** *o* **tener un d.**, to slip up.
deslizar [4] I *vi* to slide. II **deslizarse** *vr* 1 *(patinar)* to slide. 2 *(fluir)* to flow.
deslucir [35] *vtr* 1 *(espectáculo)* to spoil. 2 *(metal)* to make dull.
deslumbrador,-a, **deslumbrante** *adj* dazzling; *fig* stunning.
deslumbrar *vtr* to dazzle.
desmadrarse *vr fam* to go wild.
desmadre *nm fam* hullabaloo.
desmandarse *vr* to get out of hand, run wild; *(caballo)* to bolt.
desmano (a) *loc adv* out of the way; **me coge a d.**, it is out of my way.
desmantelar *vtr* 1 to dismantle. 2 *Náut* to dismast, unrig.
desmaquillador,-a I *nm* make-up remover. II **adj leche desmaquilladora**, cleansing cream.
desmaquillarse *vr* to remove one's make-up.
desmarcarse [1] *vr Dep* to lose one's marker.
desmayado,-a *adj* unconscious; **caer d.**, to faint.
desmayarse *vr* to faint.
desmayo *nm* faint, fainting fit; **tener un d.**, to faint.
desmedido,-a *adj* disproportionate, out of all proportion; *(ambición)* unbounded.
desmejorar(se) *vi & vr* to deteriorate, go downhill.

desmelenarse *vr fam* to let one's hair down.
desmembración *nf*, **desmembramiento** *nm* dismemberment.
desmemoriado,-a *adj* forgetful, absent-minded.
desmentir [5] *vtr* to deny.
desmenuzar [4] *vtr* 1 *(deshacer)* to break into little pieces, crumble; *(carne)* to cut into little pieces. 2 *(asunto)* to examine in detail.
desmerecer [33] *vi* 1 to be unworthy (**de**, of). 2 *(deteriorarse)* to deteriorate.
desmesura *nf* excess.
desmesurado,-a *adj* excessive.
desmilitarizar [4] *vtr* to demilitarize.
desmontable *adj* that can be taken to pieces.
desmontar I *vtr* 1 *(desarmar)* to take to pieces, dismantle. 2 *(allanar)* to level. II *vi* to dismount (**de**, -), get off (**de**, -).
desmoralizar [4] *vtr* to demoralize.
desmoronarse *vr* to crumble, fall to pieces.
desnatado,-a *adj (leche)* skimmed.
desnivel *nm (en el terreno)* drop, difference in height.
desnivelar *vtr* to throw out of balance.
desnucarse [1] *vr* to break one's neck.
desnuclearizar *vtr* to denuclearize.
desnudar I *vtr* to undress. II **desnudarse** *vr* to get undressed.
desnudismo *nm* nudism.
desnudista *adj & nmf* nudist.
desnudo,-a I *adj* naked, nude. II *nm Arte* nude.
desnutrición *nf* malnutrition.
desnutrido,-a *adj* undernourished.
desobedecer [33] *vtr* to disobey.
desobediencia *nf* disobedience.
desobediente I *adj* disobedient. II *nmf* disobedient person.
desocupado,-a *adj* 1 *(vacío)* empty, vacant. 2 *(ocioso)* free, not busy. 3 *(sin empleo)* unemployed.
desocupar *vtr* to empty, vacate.
desodorante *adj & nm* deodorant.
desolación *nf* desolation.
desolar [2] *vtr* to devastate.
desollar [2] I *vtr* to skin. II **desollarse** *vr* to scrape; **me desollé el brazo**, I scraped my arm.
desorbitado,-a *adj (precio)* exhorbitant.
desorden *nm* untidiness, mess; **¡qué d.!**, what a mess!; **d. público**, civil disorder.
desordenado,-a *adj* messy, untidy.
desordenar *vtr* to make untidy, mess up.
desorganizar [4] *vtr* to disorganize, disrupt.
desorientación *nf* disorientation.
desorientar I *vtr* to disorientate. II **desorientarse** *vr* to lose one's sense of direction, lose one's bearings; *fig* to become disorientated.

despabilado,-a *adj* 1 *(sin sueño)* wide awake. 2 *(listo)* quick, smart.

despachar *vtr* 1 *(asunto)* to get through. 2 *(correo)* to send, dispatch. 3 *(en tienda)* to serve. 4 *fam (despedir)* to send packing, sack.

despacho *nm* 1 *(oficina)* office; *(en casa)* study. 2 *(venta)* sale. 3 *(comunicación)* dispatch.

despachurrar *vtr fam* to squash, flatten.

despacio *adv* 1 *(lentamente)* slowly. 2 *(en voz baja)* quietly.

despampanante *adj fam* stunning.

desparpajo *nm* self-assurance; **con d.,** in a carefree manner.

desparramar *vtr*, **desparramarse** *vr* to spread, scatter; *(líquido)* to spill.

despavorido,-a *adj* terrified.

despecho *nm* spite; **por d.,** out of spite.

despectivo,-a *adj* derogatory, disparaging.

despedazar [4] *vtr* to cut o tear to pieces.

despedida *nf* farewell, goodbye; **d. de soltera/soltero,** hen/stag party.

despedido,-a *adj* **salir d.,** to be off like a shot.

despedir [6] **I** *vtr* 1 *(empleado)* to sack, fire. 2 *(decir adiós)* to see off, say goodbye to. 3 *(olor, humo etc)* to give off. **II despedirse** *vr* 1 *(decir adiós)* to say goodbye (**de,** to). 2 *fig* to forget, give up; **ya puedes despedirte del coche,** you can say goodbye to the car.

despegado,-a *adj* 1 unstuck. 2 *(persona)* couldn't-care-less.

despegar [7] **I** *vtr* to take off, detach. **II** *vi Av* to take off. **III despegarse** *vr* to come unstuck.

despego *nm* detachment.

despegue *nm* takeoff.

despeinado,-a *adj* dishevelled, with untidy hair.

despejado,-a *adj* clear; *(cielo)* cloudless.

despejar I *vtr* to clear; *(misterio, dudas)* to clear up. **II despejarse** *vr* 1 *(cielo)* to clear. 2 *(persona)* to clear one's head.

despeje *nm Dep* clearance.

despellejar *vtr* to skin.

despelotarse *vr vulg* 1 *(desnudarse)* to strip. 2 **d. de risa,** to laugh one's head off.

despensa *nf* pantry, larder.

despeñadero *nm* cliff, precipice.

despeñarse *vr* to go over a cliff.

desperdiciar [12] *vtr* to waste; *(oportunidad)* to throw away.

desperdicio *nm* 1 *(acto)* waste. 2 **desperdicios,** *(basura)* rubbish *sing*; *(desechos)* scraps, leftovers.

desperdigar [7] *vtr*, **desperdigarse** *vr* to scatter, separate.

desperezarse [4] *vr* to stretch (oneself).

desperfecto *nm* 1 *(defecto)* flaw, imperfection. 2 *(daño)* damage.

despertador *nm* alarm clock; **reloj d.,** alarm watch.

despertar [1] **I** *vtr* to wake (up), awaken; *fig (sentimiento etc)* to arouse. **II despertarse** *vr* to wake (up).

despiadado,-a *adj* merciless.

despido *nm* dismissal, sacking.

despierto,-a *adj* 1 *(desvelado)* awake. 2 *(vivo)* quick, sharp.

despilfarrar *vtr* to waste, squander.

despilfarro *nm* wasting, squandering.

despintar *vi*, **despintarse** *vr (ropa)* to fade.

despistado,-a I *adj* 1 *(olvidadizo)* scatter-brained. 2 *(confuso)* confused. **II** *nm,f* scatterbrain.

despistar I *vtr* 1 *(hacer perder la pista a)* to lose, throw off one's scent. 2 *fig* to mislead. **II despistarse** *vr* 1 *(perderse)* to get lost. 2 *(distraerse)* to switch off.

despiste *nm* 1 *(cualidad)* absent-mindedness. 2 *(error)* slip-up.

desplazamiento *nm (viaje)* trip, journey; **dietas de d.,** travelling expenses.

desplazar [4] **I** *vtr* to displace. **II desplazarse** *vr* to travel.

desplegar [1] **I** *vtr* 1 to open (out), spread (out). 2 *(energías etc)* to use, deploy. **II desplegarse** *vr 1 (abrirse)* to open (out), spread (out). 2 *Mil* to deploy.

despliegue *nm* 1 *Mil* deployment. 2 *(de medios etc)* display.

desplomarse *vr* to collapse; *(precios)* to slump, fall sharply.

desplumar *vtr* to pluck.

despoblar [2] *vtr* to depopulate.

despojar *vtr* 1 to strip (**de,** of). 2 *fig* to divest, deprive (**de,** of).

despojo *nm* 1 stripping. 2 **despojos,** leftovers, scraps.

desposado,-a *adj fml* newly-wed.

desposar,-se *vtr fml* to marry.

desposeer [36] *vtr* **d. de,** to dispossess of; *(autoridad)* to strip of.

desposeído nm los desposeídos, the have-nots.

déspota *nmf* despot.

despótico,-a *adj* despotic.

despotismo *nm* despotism.

despotricar [1] *vi* to rant and rave (**contra,** about).

despreciable *adj* despicable, contemptible; *(cantidad)* negligible.

despreciar [12] *vtr* 1 *(desdeñar)* to scorn, despise. 2 *(rechazar)* to reject, spurn.

desprecio *nm 1 (desdén)* scorn, disdain. 2 *(desaire)* slight, snub.

desprender I *vtr* 1 *(separar)* to remove, detach. 2 *(olor, humo etc)* to give off. **II desprenderse** *vr* 1 *(soltarse)* to come off *o* away. 2 **d. de,** to rid oneself (**de,** of), free oneself (**de,** from). 3 **de aquí se desprende que ...,** it can be deduced from this that ....

desprendido,-a *adj fig* generous, unselfish.
desprendimiento *nm* 1 loosening, detachment; **d. de tierras**, landslide. 2 *fig (generosidad)* generosity, unselfishness.
despreocupado,-a *adj* 1 *(tranquilo)* unconcerned. 2 *(descuidado)* careless; *(estilo)* casual.
despreocuparse *vr* 1 *(tranquilizarse)* to stop worrying. 2 *(desentenderse)* to be unconcerned, be indifferent (**de**, to).
desprestigiar [12] *vtr* to discredit, run down.
desprestigio *nm* discredit, loss of reputation; **campaña de d.**, smear campaign.
desprevenido,-a *adj* unprepared; **coger o pillar a algn d.**, to catch sb unawares.
desproporción *nf* disproportion, lack of proportion.
desproporcionado,-a *adj* disproportionate.
desprovisto,-a *adj* lacking (**de**, -), without (**de**, -), devoid (**de**, of).
después *adv* 1 afterwards, later; *(entonces)* then; *(seguidamente)* next; **una semana d.**, a week later; **poco d.**, soon after. 2 *(lugar)* next. 3 **d. de**, after; **d. de la guerra**, after the war; **mi calle está d. de la tuya**, my street is the one after yours; **d. de cenar**, after eating; **d. de todo**, after all. 4 **d. de que**, after; **d. de que viniera**, after he came.
despuntar I *vtr* to blunt, make blunt. II *vi* 1 *(día)* to dawn. 2 *(destacar)* to excel, stand out.
desquiciar [12] I *vtr (persona)* to unhinge. II **desquiciarse** *vr (persona)* to go crazy.
desquitarse *vr* to take revenge (**de**, for).
desquite *nm* revenge.
destacado,-a *adj* outstanding.
destacamento *nm* detachment.
destacar [1] I *vtr fig* to emphasize, stress. II **destacar(se)** *vi & vr* to stand out.
destajo *nm* piecework; **trabajar a d.**, to do piecework.
destapar I *vtr* to take the lid off; *(botella)* to open; *fig (asunto)* to uncover. II **destaparse** *vr* to get uncovered.
destartalado,-a *adj* rambling; *(desvencijado)* ramshackle.
destello *nm* flash, sparkle.
destemplado,-a *adj (voz, gesto)* sharp, snappy; **con cajas destempladas**, rudely, brusquely. 2 *(tiempo)* unpleasant. 3 *(enfermo)* indisposed, out of sorts. 4 *Mús* out of tune, discordant.
desteñir [6] I *vi & vtr* to discolour, *US* discolor. II **desteñirse** *vr* to lose colour *o US* color, fade.
desternillarse *vi* **d. (de risa)**, to split one's sides laughing.
desterrar [1] *vtr* to exile.
destiempo (a) *loc adv* at the wrong time *o* moment.

destierro *nm* exile.
destilado,-a *adj* distilled; **agua destilada**, distilled water.
destilar *vtr* to distil.
destilería *nf* distillery.
destinado,-a *adj* destined, bound; *fig* **d. al fracaso**, doomed to failure.
destinar *vtr* 1 *(dinero etc)* to set aside, assign. 2 *(empleado)* to appoint.
destinatario,-a *nm,f* 1 *(de carta)* addressee. 2 *(de mercancías)* consignee.
destino *nm* 1 *(rumbo)* destination; **el avión con d. a Bilbao**, the plane to Bilbao. 2 *(sino)* fate, fortune. 3 *(de empleo)* post.
destitución *nf* dismissal from office.
destituir [37] *vtr* to dismiss *o* remove from office.
destornillador *nm* screwdriver.
destornillar *vtr* to unscrew.
destreza *nf* skill.
destrozado,-a *adj* 1 *(roto)* torn-up, smashed. 2 *(cansado)* worn-out, exhausted. 3 *(abatido)* shattered.
destrozar [4] *vtr* 1 *(destruir)* to destroy; *(rasgar)* to tear to shreds *o* pieces. 2 *(afligir)* to shatter; *(vida, reputación)* to ruin.
destrozo *nm* 1 destruction. 2 **destrozos**, damage *sing*.
destrucción *nf* destruction.
destructivo,-a *adj* destructive.
destructor,-a I *adj* destructive. II *nm Náut* destroyer.
destruir [37] *vtr* to destroy.
desusado,-a *adj* old-fashioned, outdated.
desuso *nm* disuse; **caer en d.**, to fall into disuse; **en d.**, obsolete, outdated.
desvalido,-a *adj* defenceless.
desvalijar *vtr (robar)* to clean out, rob; *(casa, tienda)* to burgle.
desvalorizar [4] *vtr* to devalue.
desván *nm* attic, loft.
desvanecerse [33] *vr* 1 *(disiparse)* to vanish, fade away. 2 *(desmayarse)* to faint.
desvariar [29] *vi* to talk nonsense.
desvarío *nm* 1 *(delirio)* raving, delirium. 2 *(disparate)* nonsense.
desvelado,-a *adj* awake, wide awake.
desvelar I *vtr* to keep awake. II **desvelarse** *vr* 1 *(despabilarse)* to stay awake. 2 *(desvivirse)* to devote oneself (**por**, to).
desvencijar I *vtr* to take apart. II **desvencijarse** *vr* to fall apart.
desventaja *nf* disadvantage; **estar en d.**, to be at a disadvantage. 2 *(inconveniente)* drawback.
desventura *nf* misfortune, bad luck.
desvergonzado,-a I *adj* 1 *(indecente)* shameless. 2 *(descarado)* insolent. II *nm,f* 1 *(sinvergüenza)* shameless person. 2 *(fresco)* insolent *o* cheeky person.
desvergüenza *nf* 1 *(indecencia)* shamelessness. 2 *(atrevimiento)* insolence; **tuvo la d. de negarlo**, he had the cheek to deny it.

3 *(impertinencia)* insolent *o* rude remark.
desvestir |6| **I** *vtr* to undress. **II desvestirse** *vr* to undress, get undressed.
desviación *nf* deviation; *(de carretera)* diversion, detour; *Med* **d. de columna**, slipped disc.
desviar |29| **I** *vtr (río, carretera)* to divert; *(golpe, conversación)* to deflect; **d. la mirada**, to look away. **II desviarse** *vr* to go off course; *(coche)* to turn off; *fig* **d. del tema**, to digress.
desvincular I *vtr* to separate. **II desvincularse** *vr* to separate, cut oneself off.
desvío *nm* diversion, detour.
desvirgar [7] *vtr* to deflower.
desvirtuar [30] *vtr* to distort.
desvivirse *vr* to bend over backwards.
detallado,-a *adj* detailed, thorough.
◆**detalladamente** *adv* in (great) detail.
detallar *vtr* to give the details of.
detalle *nm* **1** detail; **entrar en detalles**, to go into details. **2** *(delicadeza)* nice thought, nicety; **¡qué d.!**, how nice!, how sweet! **3** *(toque decorativo)* touch, ornament.
detallista I *adj* perfectionist. **II** *nmf Com* retailer.
detectar *vtr* to detect.
detective *nmf* detective; **d. privado**, private detective *o* eye.
detector,-a *nm,f* detector; **d. de incendios**, fire detector.
detención *nf* **1** *Jur* detention, arrest. **2** **con d.**, carefully, thoroughly.
detener [24] **I** *vtr* **1** to stop, halt. **2** *Jur (arrestar)* to arrest, detain. **II detenerse** *vr* to stop.
detenido,-a I *adj* **1** *(parado)* standing still, stopped. **2** *(arrestado)* detained. **3** *(minucioso)* detailed, thorough. **II** *nm,f* detainee, person under arrest.
◆**detenidamente** *adv* carefully, thoroughly.
detenimiento *nm* **con d.**, carefully, thoroughly.
detentar *vtr* to hold.
detergente *adj & nm* detergent.
deteriorar I *vtr* to spoil, damage. **II deteriorarse** *vr* **1** *(estropearse)* to get damaged. **2** *(empeorar)* to get worse.
deterioro *nm* **1** *(empeoramiento)* deterioration, worsening. **2** *(daño)* damage; **ir en d. de**, to be to the detriment of.
determinación *nf* **1** determination; **con d.**, determinedly. **2** *(decisión)* decision.
determinado,-a *adj* **1** *(preciso)* definite, precise. **2** *(resuelto)* decisive, resolute. **3** *Ling* definite.
determinante *adj* decisive.
determinar I *vtr* **1** *(fecha etc)* to fix, set. **2** *(decidir)* to decide on. **3** *(condicionar)* to determine. **4** *(ocasionar)* to bring about. **II determinarse** *vr* to make up one's mind to.

detestable *adj* detestable, repulsive.
detestar *vtr* to detest, hate.
detonante *nm* detonator; *fig* trigger.
detonar *vtr* to detonate.
detractor,-a *nm,f* detractor.
detrás *adv* **1** behind, on *o* at the back **(de, of)**. **2 d. de**, behind.
detrimento *nm* detriment; **en d. de**, to the detriment of.
detuve *pt indef* → **detener**.
deuda *nf* debt; **estoy en d. contigo**, *(monetaria)* I am in debt to you; *(moral)* I am indebted to you; **d. del Estado**, public debt; **d. pública**, national debt.
deudor,-a I *adj* indebted. **II** *nm,f* debtor.
devaluación *nf* devaluation.
devaluar [7] *vtr* to devalue.
devanar I *vtr (hilo)* to wind; *(alambre)* to coil. **II devanarse** *vr fam* **d. los sesos**, to rack one's brains.
devaneo *nm* dabbling.
devastador,-a *adj* devastating.
devastar *vtr* to devastate, ravage.
devengar [7] *vtr Com* to earn, accrue.
devenir |27| *vi* to become.
devoción *nf* **1** *Rel* devoutness. **2** *(al trabajo etc)* devotion; *fam* **Juan no es santo de mi d.**, Juan isn't really my cup of tea.
devolución *nf* **1** giving back, return; *Com* refund, repayment. **2** *Jur* devolution.
devolver [4] *(pp devuelto)* **I** *vtr* to give back, return; *(dinero)* to refund. **II** *vi (vomitar)* to vomit, throw *o* bring up. **II devolverse** *vr Am* to go *o* come back, return.
devorar *vtr* to devour.
devoto,-a I *adj* pious, devout. **II** *nm,f* **1** *Rel* pious person. **2** *(seguidor)* devotee.
devuelto,-a *pp de* → **devolver**.
DF *nm abr de* **Distrito Federal**, Federal District.
DGS *nf* **1** *abr de* **Dirección General de Seguridad**, government department responsible for National Security. **2** *abr de* **Dirección General de Sanidad**, government department responsible for Public Health.
DGT *nf abr de* **Dirección General de Tráfico**, government department responsible for Traffic.
di 1 *pt indef* → **dar**. **2** *imperat* → **decir**.
día *nm* day; **¿qué d. es hoy?**, what's the date today?; **a d.**, day by day; **de d.**, by day; **durante el d.**, during the daytime; **de un d. para otro**, overnight; **un d. sí y otro no**, every other day; **pan del d.**, fresh bread; **hoy (en) d.**, nowadays; **el d. de mañana**, in the future; *fig* **estar al d.**, to be up to date; *fig* **poner al d.**, to bring up to date; **d. festivo**, holiday; **d. laborable**, working day; **d. libre**, free day, day off; **es de d.**, it is daylight; **hace buen/mal d.**, it's a nice/bad day, the weather is nice/bad today.

diabetes *nf* diabetes.
diabético,-a *adj & nm,f* diabetic.
diablo *nm* devil; *fam* ¡a **d. con ...!**, to hell with ...!; *fam* **vete al d.**, get lost; *fam* **¿qué/cómo diablos ...?**, what/how the hell ...?
diablura *nf* mischief.
diácono *nm* deacon.
diadema *nf* tiara.
diáfano,-a *adj* clear.
diafragma *nm* diaphragm; *Fot* aperture; *Med* cap.
diagnosis *nf inv* diagnosis.
diagnosticar [1] *vtr* to diagnose.
diagnóstico *nm* diagnosis.
diagonal *adj & nf* diagonal; **en d.**, diagonally.
diagrama *nm* diagram; *Inform* **d. de flujo**, flowchart.
dial *nm* dial.
dialecto *nm* dialect.
dialogar [7] *vi* to have a conversation; *(para negociar)* to talk.
diálogo *nm* dialogue.
diamante *nm* diamond.
diámetro *nm* diameter.
diana *nf* **1** *Mil* reveille. **2** *(blanco)* bull's eye.
diapositiva *nf* slide.
diario,-a I *nm* **1** *Prensa* (daily) newspaper. **2** *(memorias)* diary; *Náut* **d. a bordo**, **d. de navegación**, logbook. **II** *adj* daily; **a d.**, daily, every day. ◆**diariamente** *adv* daily, every day.
diarrea *nf* diarrhoea, *US* diarrhea.
diatriba *nf* diatribe.
dibujante *nmf* **1** drawer. **2** *(de cómic)* cartoonist. **3** *Téc (hombre)* draughtsman, *US* draftsman; *(mujer)* draughtswoman, *US* draftswoman.
dibujar *vtr* to draw.
dibujo *nm* **1** drawing; **dibujos animados**, cartoons. **2** *(arte)* drawing; **d. artístico**, artistic drawing; **d. lineal**, draughtsmanship.
diccionario *nm* dictionary; **buscar/mirar una palabra en el d.**, to look up a word in the dictionary.
dicha *nf* happiness.
dicharachero,-a *adj* talkative and witty.
dicho,-a *adj* **1** said; **mejor d.**, or rather; **d. de otro modo**, to put it another way; **d. sea de paso**, let it be said in passing; **d. y hecho**, no sooner said than done. **2 dicha persona**, *(mencionado)* the above mentioned person.
dichoso,-a *adj* **1** *(feliz)* happy. **2** *fam* damned; **¡este d. trabajo!**, this damned job!
diciembre *nm* December.
dictado *nm* dictation *fig* **dictados**, dictates.
dictador,-a *nm,f* dictator.
dictadura *nf* dictatorship.

dictáfono® *nm* Dictaphone®.
dictamen *nm* *(juicio)* ruling; *(informe)* report.
dictaminar *vi* to rule (**sobre**, on).
dictar *vtr* **1** to dictate. **2** *(ley)* to enact; *(sentencia)* to pass.
dictatorial *adj* dictatorial.
didáctico,-a *adj* didactic.
diecinueve *adj & nm inv* nineteen.
dieciocho *adj & nm inv* eighteen.
dieciséis *adj & nm inv* sixteen.
diecisiete *adj & nm inv* seventeen.
diente *nm* tooth; *Téc* cog; *(de ajo)* clove; **d. de leche**, milk tooth; **dientes postizos**, false teeth; *fig* **hablar entre dientes**, to mumble; *fig* **poner los dientes largos a algn**, to make sb green with envy.
diera *subj imperf* → **dar**.
diéresis *nf inv* diaeresis.
diesel *adj & nm* diesel.
diestra *nf* right hand.
diestro,-a I *adj* **1** *(hábil)* skilful, *US* skillful, clever. **2 a d. y siniestro**, right, left and centre. **II** *nm Taur* bullfighter, matador.
dieta *nf* **1** diet; **estar a d.**, to be on a diet. **2 dietas**, expenses *o* subsistence allowance.
dietética *nf* dietetics *sing*.
dietista *nmf* dietician.
diez *adj & nm inv* ten.
difamación *nf* defamation, slander; *(escrita)* libel.
difamar *vtr* to defame, slander; *(por escrito)* to libel.
diferencia *nf* difference; **a d. de**, unlike.
diferencial I *adj* distinguishing. **II** *nm* differential.
diferenciar [12] **I** *vtr* to differentiate, distinguish (**entre**, between). **II diferenciarse** *vr* to differ (**de**, from), be different (**de**, from).
diferente I *adj* different (**de**, from, *US* than). **II** *adv* differently.
diferido,-a *adj TV* **en d.**, recorded.
difícil *adj* difficult, hard; **d. de creer/hacer**, difficult to believe/do; **es d. que venga**, it is unlikely that she'll come.
dificultad *nf* difficulty; *(aprieto)* trouble, problem.
dificultar *vtr* to make difficult.
dificultoso,-a *adj* difficult, hard.
difuminar *vtr* to blur.
difundir *vtr*, **difundirse** *vr* to spread.
difunto,-a I *adj* late, deceased. **II** *nm,f* deceased.
difusión *nf* **1** *(de noticia)* spreading; **tener gran d.**, to be widely broadcast. **2** *Rad TV* broadcasting.
difuso,-a *adj* diffuse.
digerir [5] *vtr* to digest; *fig* to assimilate.
digestión *nf* digestion; **corte de d.**, sudden indigestion.
digestivo,-a *adj* easy to digest.

digital *adj* digital; **huellas digitales**, fingerprints; **tocadiscos d.**, CD player.
digitalizar *vtr* digitize.
dígito *nm* digit.
dignarse *vr* to deign (**a**, to), condescend (**a**, to).
dignidad *nf* dignity.
digno,-a *adj* 1 (*merecedor*) worthy; **d. de admiración**, worthy of admiration; **d. de mención/verse**, worth mentioning/seeing. 2 (*decoroso*) decent, good.
digo *indic pres* → **decir**.
dije *pt indef* → **decir**.
dilación *nf* delay, hold-up; **sin d.**, without delay.
dilatado,-a *adj* 1 (*agrandado*) dilated. 2 (*vasto*) vast, extensive.
dilatar I *vtr* 1 (*agrandar*) to expand. 2 (*pupila*) to dilate. **II dilatarse** *vr* 1 (*agrandarse*) to expand. 2 (*pupila*) to dilate.
dilema *nm* dilemma.
diligencia *nf* 1 diligence; **con d.**, diligently. 2 **diligencias**, formalities.
diligente *adj* diligent.
dilucidar *vtr* to elucidate, clarify.
diluir [37] **I** *vtr* to dilute. **II diluirse** *vr* to dilute.
diluviar [12] *v impers* to pour with rain.
diluvio *nm* flood; **el D. (Universal)**, the Flood.
diluyo *indic pres* → **diluir**.
dimensión *nf* 1 dimension, size; **de gran d.**, very large. 2 *fig* (*importancia*) importance.
diminutivo,-a *adj & nm* diminutive.
diminuto,-a *adj* minute, tiny.
dimisión *nm* resignation; **presentar la d.**, to hand in one's resignation.
dimitir *vi* to resign (**de**, from); **d. de un cargo**, to give in *o* tender one's resignation.
Dinamarca *n* Denmark.
dinámica *nf* dynamics *sing*.
dinámico,-a *adj* dynamic.
dinamita *nf* dynamite.
dinamitar *vtr* to dynamite.
dinamo, dínamo *nf* dynamo.
dinar *nm Fin* dinar.
dinastía *nf* dynasty.
dineral *nm fam* fortune.
dinero *nm* money; **d. contante (y sonante)**, cash; **d. efectivo** *o* **en metálico**, cash; **gente de d.**, wealthy people.
dinosaurio *nm* dinosaur.
diócesis *nf inv* diocese.
dios *nm* god; **¡D. mío!**, my God!; **¡por D.!**, for goodness sake!; **a la buena de D.**, any old how; **hacer algo como D. manda**, to do sth properly; *arg* **ni d.**, nobody; *arg* **todo d.**, everybody.
diosa *nf* goddess.
diploma *nm* diploma.
diplomacia *nf* diplomacy.
diplomarse *vr* to graduate.
diplomático,-a I *adj* diplomatic; **cuerpo d.**, diplomatic corps. **II** *nm,f* diplomat.
diptongo *nm* diphthong.
diputación *nf* **d. provincial**, ≈ county council.
diputado,-a *nm,f* ≈ Member of Parliament, M.P.; *US* (*hombre*) Congressman; (*mujer*) Congresswoman; **Congreso de Diputados**, ≈ House of Commons, *US* Congress; **d. provincial**, ≈ county councillor.
dique *nm* dike.
diré *fut* → **decir**.
dirección *nf* 1 direction; **d. prohibida**, no entry; **calle de d. única**, one-way street. 2 (*señas*) address. 3 *Cin Teat* direction. 4 (*destino*) destination. 5 *Aut Téc* steering. 6 (*dirigentes*) management; (*cargo*) directorship; (*de un partido*) leadership; (*de un colegio*) headship.
directa *nf Aut* top gear.
directiva *nf* board of directors, management.
directivo,-a *adj* directive; **junta directiva**, board of directors.
directo,-a *adj* direct; *TV Rad* **en d.**, live. ◆**directamente** *adv* directly, straight away.
director,-a *nm,f* director; (*de colegio*) (*hombre*) headmaster; (*mujer*) headmistress; (*de periódico*) editor; **d. de cine**, (film) director; **d. de orquesta**, conductor; **d. gerente**, managing director.
directorio *nm Inform* directory.
directriz *nf* directive; *Mat* directrix.
dirigente I *adj* leading; **clase d.**, ruling class. **II** *nmf* leader.
dirigir [6] **I** *vtr* to direct; (*empresa*) to manage; (*negocio*, *colegio*) to run; (*orquesta*) to conduct; (*partido*) to lead; (*periódico*) to edit; (*coche*, *barco*) to steer; **d. la palabra a algn**, to speak to sb. **II dirigirse** *vr* 1 **d. a** *o* **hacia**, to go to, make one's way towards. 2 (*escribir*) to write; **diríjase al apartado de correos 42**, write to P.O. Box 42. 3 (*hablar*) to speak.
discapacidad *nf* disability.
discernir [5] *vtr* to discern.
disciplina *nf* discipline.
disciplinado,-a *adj* disciplined.
discípulo,-a *nm,f* disciple.
disco *nm* 1 disc, *US* disk; **d. de freno**, brake disc. 2 *Mús* record; **d. compacto**, compact disc. 3 *Inform* disk; **d. duro** *o* **fijo/flexible**, hard/floppy disk. 4 *Dep* discus. 5 *Tel* dial.
discográfico,-a *adj* **casa/compañía discográfica**, record company.
disconforme *adj* **estar d. con**, to disagree with.
discontinuo,-a *adj* discontinuous; *Aut* **línea discontinua**, broken line.

discordante *adj* discordant; **ser la nota d.**, to be the odd man out.
discordia *nf* discord; **la manzana de la d.**, the bone of contention; **sembrar d.**, to sow discord.
discoteca *nf* 1 (*lugar*) discotheque. 2 (*colección*) record collection.
discreción *nf* 1 discretion. 2 **a d.**, at will.
discrecional *adj* optional; **servicio d.**, special service.
discrepancia *nf* (*desacuerdo*) disagreement; (*diferencia*) discrepancy.
discrepar *vi* (*disentir*) to disagree (**de**, with; **en**, on); (*diferenciarse*) to be different (**de**, from).
discreto,-a *adj* 1 discreet. 2 (*mediocre*) average.
discriminación *nf* discrimination.
discriminar *vtr* 1 to discriminate against. 2 *fml* (*diferenciar*) to discriminate between, distinguish.
disculpa *nf* excuse; **dar disculpas**, to make excuses; **pedir disculpas a algn**, to apologize to sb.
disculpar I *vtr* to excuse. II **disculparse** *vr* to apologize (**por**, for).
discurrir *vi* 1 (*reflexionar*) to think. 2 *fig* (*transcurrir*) to pass, go by. 3 *fml* (*río*) to wander.
discurso *nm* speech; **dar o pronunciar un d.**, to make a speech.
discusión *nf* argument.
discutir I *vi* to argue (**de**, about). II *vtr* to discuss, talk about.
disecar [1] *vtr* 1 (*animal*) to stuff. 2 (*planta*) to dry.
diseminar *vtr* to disseminate, spread.
disentir [5] *vi* to dissent, disagree (**de**, with).
diseñar *vtr* to design.
diseño *nm* design; **d. de interiores**, interior design.
disertar *vi* to expound (**sobre**, on, upon).
disfraz *nm* disguise; (*para fiesta*) fancy dress; **fiesta de disfraces**, fancy dress party.
disfrazar [4] I *vtr* to disguise. II **disfrazarse** *vr* to disguise oneself; **d. de pirata**, to dress up as a pirate.
disfrutar I *vi* 1 (*gozar*) to enjoy oneself. 2 (*poseer*) to enjoy (**de**, -). II *vtr* to enjoy.
disgregar [7] *vtr* 1 to disintegrate, break up. 2 (*dispersar*) to disperse.
disgustado,-a *adj* upset, displeased.
disgustar I *vtr* to upset. II **disgustarse** *vr* 1 (*molestarse*) to get upset, be annoyed. 2 (*dos amigos*) to quarrel.
disgusto *nm* 1 (*preocupación*) upset; **llevarse un d.**, to get upset; **dar un d. a algn**, to upset sb. 2 (*desgracia*) trouble; **a d.**, unwillingly; **sentirse o estar a d.**, to feel ill at ease. 3 (*desavenencia*) fall-out.
disidente *adj & nmf* dissident.
disimulado,-a *adj* 1 (*persona*) sly, crafty. 2 (*oculto*) hidden, concealed.
◆**disimuladamente** *adv* surreptitiously.
disimular *vtr* to conceal, hide.
disimulo *nm* pretence.
disipar I *vtr* (*niebla*) to drive away; (*temor, duda*) to dispel. II **disiparse** *vr* (*gaseosa*) to go flat; (*niebla, temor etc*) to disappear.
disketera *nf Inform* disk drive.
dislexia *nf* dyslexia.
dislocar [1] *vtr* to dislocate.
disminución *nf* decrease.
disminuir [37] I *vtr* to reduce. II *vi* to diminish.
disolución *nf* dissolution.
disolvente *adj & nm* solvent.
disolver [4] (*pp* **disuelto**) *vtr* to dissolve.
disparar I *vtr* (*pistola etc*) to fire; (*flecha, balón*) to shoot; **d. a algn**, to shoot at sb. II **dispararse** *vr* 1 (*arma*) to go off, fire. 2 (*precios*) to rocket.
disparatado,-a *adj* absurd.
disparate *nm* 1 (*dicho*) nonsense; **decir disparates**, to talk nonsense. 2 (*acto*) foolish act.
disparidad *nf* disparity.
disparo *nm* shot; *Dep* **d. a puerta**, shot.
dispensar *vtr* 1 (*disculpar*) to pardon, forgive. 2 (*eximir*) to exempt.
dispersar I *vtr* to disperse; (*esparcir*) to scatter. II **dispersarse** *vr* to disperse.
disperso,-a *adj* (*separado*) dispersed; (*esparcido*) scattered.
displicencia *nf* condescension.
displicente *adj* condescending.
disponer [19] (*pp* **dispuesto**) I *vtr* 1 (*arreglar*) to arrange, set out. 2 (*ordenar*) to order. II *vi* **d. de**, to have at one's disposal. III **disponerse** *vr* to prepare, get ready.
disponible *adj* available.
disposición *nf* 1 (*uso*) disposal; **a su d.**, at your disposal *o* service. 2 (*colocación*) arrangement, layout. 3 **no estar en d. de**, not to be prepared to. 4 (*orden*) order, law.
dispositivo *nm* device.
dispuesto,-a *adj* 1 (*ordenado*) arranged. 2 (*a punto*) ready. 3 (*decidido*) determined; **no estar d. a**, not to be prepared to. 4 **según lo d. por la ley**, in accordance with what the law stipulates.
disputa *nf* (*discusión*) argument; (*contienda*) contest.
disputar I *vtr* 1 (*premio*) to compete for. 2 *Dep* (*partido*) to play. II **disputarse** *vr* (*premio*) to compete for.
disquete *nm Inform* diskette, floppy disk.
disquetera *nf Inform* disk drive.
distancia *nf* distance; **a d.**, from a distance.
distanciamiento *nm* distancing.
distanciar [12] I *vtr* to separate. II **distanciarse** *vr* to become separated; (*de*

otra persona) to distance oneself.
distante *adj* distant, far-off.
distar *vi* to be distant *o* away; *fig* to be far from; **dista mucho de ser perfecto**, it's far from (being) perfect.
distender [3] *vtr fig* to ease, relax.
distensión *nf Pol* détente.
distinción *nf* distinction; **a d. de**, unlike; **sin d. de**, irrespective of.
distinguido,-a *adj* distinguished.
distinguir [8] I *vtr* 1 (*diferenciar*) to distinguish. 2 (*reconocer*) to recognize. 3 (*honrar*) to honour, *US* honor. II *vi* (*diferenciar*) to discriminate. III **distinguirse** *vr* to distinguish oneself.
distintivo,-a I *adj* distinctive, distinguishing. II *nm* distinctive sign *o* mark.
distinto,-a *adj* different.
distorsión *nf* 1 distortion. 2 *Med* sprain.
distracción *nf* 1 entertainment; (*pasatiempo*) pastime, hobby. 2 (*descuido*) distraction, absent-mindedness.
distraer [25] I *vtr* 1 (*atención*) to distract. 2 (*divertir*) to entertain, amuse. II **distraerse** *vr* 1 (*divertirse*) to amuse oneself. 2 (*abstraerse*) to let one's mind wander.
distraído,-a *adj* 1 (*divertido*) entertaining. 2 (*despistado*) absent-minded.
distribución *nf* 1 distribution. 2 (*disposición*) layout.
distribuidor,-a I *adj* distributing. II *nm,f* 1 distributor. 2 *Com* wholesaler.
distribuir [37] *vtr* to distribute; (*trabajo*) to share out.
distrito *nm* district; **d. postal**, postal district.
disturbio *nm* riot, disturbance.
disuadir *vtr* to dissuade.
disuasión *nf* dissuasion.
disuelto,-a *pp* → **disolver**.
DIU *nm abr de* **dispositivo intrauterino**, intrauterine device, IUD.
diurético,-a *adj & nm* diuretic.
diurno,-a *adj* daytime.
divagar [7] *vi* to digress, wander.
diván *nm* divan, couch.
divergencia *nf* divergence.
divergente *adj* diverging.
diversidad *nf* diversity.
diversificar [1] I *vtr* to diversify. II **diversificarse** *vr* to be diversified *o* varied; (*empresa*) to diversify.
diversión *nf* fun.
diverso,-a *adj* different; **diversos**, several, various.
divertido,-a *adj* amusing, funny.
divertir [5] I *vtr* to amuse, entertain. II **divertirse** *vr* to enjoy oneself, have a good time; **¡que te diviertas!**, enjoy yourself!, have fun!
dividendo *nm* dividend.
dividir I *vtr* to divide (**en**, into); *Mat* **15 dividido entre 3**, 15 divided by 3. II **dividirse** *vr* to divide, split up.

divinidad *nf* divinity.
divino,-a *adj* divine.
divisa *nf* 1 (*emblema*) symbol, emblem. 2 *Com* **divisas**, foreign currency *sing*.
divisar *vtr* to make out, discern.
división *nf* division.
divisorio,-a *adj* dividing.
divorciado,-a I *adj* divorced. II *nm,f* (*hombre*) divorcé; (*mujer*) divorcée.
divorciar [12] I *vtr* to divorce. II **divorciarse** *vr* to get divorced; **se divorció de él**, she divorced him, she got a divorce from him.
divorcio *nm* divorce.
divulgación *nf* disclosure.
divulgar [7] *vtr* to disclose; *Rad TV* to broadcast.
DNI *nm abr de* **Documento Nacional de Identidad**, Identity Card, ID card.
do *nm Mús* (*de solfa*) doh, do; (*de escala diatónica*) C; **do de pecho**, high C.
doberman *nm* Doberman (pinscher).
dobladillo *nm* hem.
doblaje *nm Cin* dubbing.
doblar I *vtr* 1 to double; **me dobla la edad**, he is twice as old as I am. 2 (*plegar*) to fold *o* turn up. 3 (*torcer*) to bend. 4 (*la esquina*) to go round. 5 (*película*) to dub. II *vi* 1 (*girar*) to turn; **d. a la derecha/izquierda**, to turn right/left. 2 (*campanas*) to toll. III **doblarse** *vr* 1 (*plegarse*) to fold. 2 (*torcerse*) to bend.
doble I *adj* double; **arma de d. filo**, double-edged weapon. II *nm* double; **gana el d. que tú**, she earns twice as much as you do. 2 *Dep* **dobles**, doubles.
doblegar [7] I *vtr* to bend. II **doblegarse** *vr* to give in.
doblez [1] *nm* (*pliegue*) fold. II *nm & f fig* two-facedness, hypocrisy.
doce *adj & nm inv* twelve.
docena *nf* dozen.
docencia *nf* teaching.
docente *adj* teaching; **centro d.**, educational centre.
dócil *adj* docile.
doctor,-a *nm,f* doctor.
doctorado *nm Univ* doctorate, PhD.
doctrina *nf* doctrine.
documentación *nf* documentation; (*DNI, de conducir etc*) papers *pl*.
documental *adj & nm* documentary.
documentar I *vtr* to document. II **documentarse** *vr* to research (**sobre**, -), get information (**sobre**, about *o* on).
documento *nm* document; **d. nacional de identidad**, identity card.
dogma *nm* dogma.
dogmático,-a *adj & nm,f* dogmatic.
dogo *nm* bulldog.
dólar *nm* dollar.
dolencia *nf* ailment.
doler [4] I *vi* 1 to hurt, ache; **me duele la cabeza**, I've got toothache/a headache;

me duele la mano, my hand is sore. ‖ **dolerse** *vr* to be sorry *o* sad.
dolido,-a *adj* **estar d.**, to be hurt.
dolor *nm* 1 *Med* pain; **d. de cabeza**, headache; **d. de muelas**, toothache. 2 *(pena)* grief, sorrow.
dolorido,-a *adj* 1 *(dañado)* sore, aching. 2 *(apenado)* hurt.
doloroso,-a *adj* painful.
domar *vtr* to tame; *(caballo)* to break in.
domesticar |1| *vtr* to domesticate; *(animal)* to tame.
doméstico,-a *adj* domestic; **animal d.**, pet.
domiciliación *nf* payment by standing order.
domiciliar |12| *vtr* 1 to house. 2 *Fin* to pay by standing order.
domiciliario,-a *adj* **arresto d.**, house arrest.
domicilio *nm* home, residence; *(señas)* address; **sin d. fijo**, of no fixed abode; **d. fiscal**, registered office.
dominación *nf* domination.
dominante *adj* 1 dominant. 2 *(déspota)* domineering.
dominar I *vtr* 1 to dominate, rule. 2 *(situación)* to control; *(idioma)* to speak very well; *(asunto)* to master; *(paisaje etc)* to overlook. ‖ *vi* 1 to dominate. 2 *(resaltar)* to stand out. III **dominarse** *vr* to control oneself.
domingo *nm inv* Sunday; **D. de Resurrección** *o* **Pascua**, Easter Sunday.
dominguero,-a *nm,f fam (excursionista)* weekend tripper; *(conductor)* weekend driver.
dominical I *adj* Sunday. II *nm (suplemento)* Sunday supplement.
dominicano,-a *adj & nm,f* Dominican; **República Dominicana**, Dominican Republic.
dominio *nm* 1 *(poder)* control; *(de un idioma)* command; **d. de sí mismo**, self-control. 2 *(ámbito)* scope, sphere; **ser del d. público**, to be public knowledge. 3 *(territorio)* dominion.
dominó, dómino *nm* dominoes *pl*.
don[1] *nm* 1 *(habilidad)* gift, talent; **tener el d. de**, to have a knack for; **tener d. de gentes**, to get on well with people. 2 *(regalo)* present, gift.
don[2] *nm* **Señor D. José García**, Mr José Garcia; **D. Fulano de Tal**, Mr So-and-So; **d. nadie**, a nobody.
donaire *nm* grace, elegance.
donante *nmf* donor; *Med* **d. de sangre**, blood donor.
donar *vtr fml* to donate; *(sangre)* to give.
donativo *nm* donation.
doncella *nf arc* 1 *(joven)* maid, maiden. 2 *(criada)* maid, housemaid.
dónde *adv interr* where; **¿de d. eres?**, where are you from?; **¿por d. se va a la playa?**, which way is it to the beach?
donde *adv rel* where; **a** *o* **en d.**, where; **de** *o* **desde d.**, from where; **está d. lo dejaste**, it is where you left it; *fam* **está d. su tía**, he's at his aunt's.
dondequiera *adv* everywhere; **d. que vaya**, wherever I go.
donostiarra I *adj* of *o* from San Sebastián. II *nmf* native of San Sebastián.
doña *nf* **(Señora) D. Leonor Benítez**, Mrs Leonor Benítez.
dopaje *nm Dep* drug taking.
dopar I *vtr (caballo etc)* to dope. ‖ **doparse** *vr* to take drugs.
doping *nm Dep* drug taking.
doquier, doquiera *adv lit* **por d.**, everywhere.
dorada *nf (pez)* gilthead bream.
dorado,-a I *adj* golden. II *nm Téc* gilding.
dorar *vtr* 1 to gild. 2 *Culin* to brown.
dormido,-a *adj* 1 asleep; **quedarse d.**, to fall asleep; *(no despertarse)* to oversleep, sleep in. 2 *(pierna, brazo)* numb.
dormilón,-ona I *adj fam* sleepyheaded. ‖ *nm,f* sleepyhead.
dormir |7| I *vi* to sleep; **tener ganas de d.**, to feel sleepy; II *vtr* **d. la siesta**, to have an afternoon nap. III **dormirse** *vr* to fall asleep; **se me ha dormido el brazo**, my arm has gone to sleep.
dormitar *vi* to doze, snooze.
dormitorio *nm* 1 *(de una casa)* bedroom. 2 *(de colegio, residencia)* dormitory; **ciudad d.**, dormitory town.
dorsal I *adj* **espina d.**, spine. II *nm Dep* number.
dorso *nm* back; **instrucciones al d.**, instructions over; **véase al d.**, see overleaf.
dos *adj & nm inv* two; **los d.**, both; **nosotros/vosotros d.**, both of us/you; *fam* **cada d. por tres**, every other minute; *fam* **en un d. por tres**, in a flash.
doscientos,-as *adj & nm,f* two hundred.
dosel *nm* canopy.
dosificación *nf* dosage.
dosificar |1| *vtr* 1 to dose. 2 *(esfuerzos, energías)* to measure.
dosis *nf inv* dose.
dossier *nm* dossier.
dotación *nf (dinero)* grant; *(personal)* personnel, staff; *(de barco)* crew.
dotado,-a *adj* 1 *(persona)* gifted. 2 *(equipado)* equipped; **d. de**, provided with.
dotar *vtr* **d. de**, to provide with.
dote *nf* 1 *(de novia)* dowry. 2 **dotes**, *(talento)* gift *sing*, talent *sing*.
doy *indic prec* → **dar**.
DP *nm abr de* **distrito postal**, postal district, PD.
dpt. *abr de* **departamento**, department, Dept.
Dr. *abr de* **doctor**, doctor, Dr.
Dra. *abr de* **doctora**, doctor, Dr.
dragar |7| *vtr* to dredge.

dragón *nm* dragon.
drama *nm* drama.
dramático,-a *adj* dramatic.
dramatismo *nm* drama.
dramaturgo,-a *nm,f* playwright, dramatist.
drástico,-a *adj* drastic.
drenar *vtr* to drain.
driblar *vi* to dribble.
droga *nf* drug; **d. blanda/dura**, soft/hard drug.
drogadicto,-a *nm,f* drug addict.
drogar |7| **I** *vtr* to drug. **II drogarse** *vr* to drug oneself, take drugs.
droguería *nf* hardware and household goods shop.
dto. *abr de* **descuento**, discount.
dual *adj* dual.
dualidad *nf* duality.
dubitativo,-a *adj* doubtful.
Dublín *n* Dublin.
dublinés,-esa **I** *adj* of *o* from Dublin. **II** *nm,f* Dubliner.
ducha *nf* shower; **darse/tomar una d.**, to take/have a shower.
ducharse *vr* to shower, have *o* take a shower.
ducho,-a *adj* expert; **ser d. en**, to be well versed in.
duda *nf* doubt; **sin d.**, without a doubt; **no cabe d.**, (there is) no doubt; **poner algo en d.**, to question sth; **sacar a algn de dudas**, to dispel sb's doubts.
dudar *vi* **1** to doubt. **2** *(vacilar)* to hesitate **(en,** to). **dudaba entre ir *o* quedarme**, I hesitated whether to go *o* to stay. **3 d. de algn**, *(desconfiar)* to suspect sb. **II** *vtr* to doubt.
dudoso,-a *adj* **1 ser d.**, *(incierto)* to be uncertain *o* doubtful. **2 estar d.**, *(indeciso)* to be undecided. **3** *(poco honrado)* dubious.
duelo¹ *nm* *(combate)* duel.
duelo² *nm* *(luto)* mourning.

duende *nm* **1** *(espíritu)* goblin, elf. **2** *(encanto)* magic, charm.
dueña *nf* owner; *(de pensión)* landlady.
dueño *nm* owner; *(de casa etc)* landlord; *fig* **ser d. de sí mismo**, to be self-possessed.
Duero *n* **el D.**, the Douro.
dulce **I** *adj* **1** *(sabor)* sweet. **2** *(carácter, voz)* gentle. **3** *(metal)* soft. **4 agua d.**, fresh water. **II** *nm* **1** *Culin* *(pastel)* cake. **2** *(caramelo)* sweet, *US* candy.
dulzura *nf* **1** sweetness. **2** *fig* gentleness, softness.
duna *nf* dune.
dúo *nm* duet.
duodécimo,-a *adj & nm,f* twelfth.
dúplex *nm* **1** *(piso)* duplex, duplex apartment. **2** *Telec* linkup.
duplicado,-a **I** *adj* **por d.**, in duplicate. **II** *nm* duplicate, copy.
duplicar |1| **I** *vtr* to duplicate; *(cifras)* to double. **II duplicarse** *vr* to double.
duplo,-a *adj & nm,f* double.
duque *nm* duke.
duquesa *nf* duchess.
duración *nf* duration, length; **disco de larga d.**, long-playing record.
duradero,-a *adj* durable, lasting.
durante *prep* during; **d. el día**, during the day; **d. todo el día**, all day long; **viví en La Coruña d. un año**, I lived in La Coruña for a year.
durar *vi* **1** to last. **2** *(ropa, calzado)* to wear well, last.
durazno *nm* *(fruto)* peach; *(árbol)* peach tree.
dureza *nf* **1** hardness; *(severidad)* harshness, severity. **2** *(callosidad)* corn.
duro,-a **I** *adj* **1** hard; **Dep juego d.**, rough play. **2** *(resistente)* tough; *(severo)* hard. **3** *(clima)* harsh. **II** *nm* *(moneda)* five-peseta coin. **III** *adv* hard; **trabajar d.**, to work hard.

E

E, e |e| *nf (la letra)* E, e.
E *abr de* **Este**, East, E.
e *conj (delante de palabras que empiecen por* **i** *o* **hi***)* and; **verano e invierno**, summer and winter.
ebanista *nm* cabinet-maker.
ébano *nm* ebony.
ebrio,-a *adj* inebriated; **e. de dicha**, drunk with joy.
ebullición *nf* boiling; **punto de e.**, boiling point.
eccema *nm* eczema.
echar **I** *vtr* **1** *(lanzar)* to throw; *fig* **e. una mano**, to give a hand; *fig* **e. una mirada/una ojeada**, to have a look/a quick look *o*

glance. **2** *(carta)* to post; *(vino, agua)* to pour; **e. sal al estofado**, to put salt in the stew; **e. gasolina al coche**, to put petrol in the car. **3** *(expulsar)* to throw out; *(despedir)* to sack, fire. **4** *(humo, olor etc)* to give off. **5** *fam (película)* to show. **6 le echó 37 años**, he reckoned she was about 37. **7 e. de menos** *o* **en falta**, to miss. **8 e. abajo**, *(edificio)* to demolish.
II *vi* (+ *a* + *infin*) *(empezar)* to begin to; **echó a correr**, he ran off.
III echarse *vr* **1** *(tumbarse)* to lie down; *(lanzarse)* to throw oneself; *fig* **la noche se nos echó encima**, it was night before we knew it. **2 échate a un lado**, stand

aside; *fig* **e. atrás,** to get cold feet. **3** *fam* **e. novio/novia,** to get a boyfriend/girlfriend. **4** (+ **a** + *infin*) *(empezar)* to begin to; **e. a llorar,** to burst into tears; **e. a reír,** to burst out laughing; **e. a perder,** *(comida)* to go bad.

ecléctico,-a *adj & nm,f* eclectic.

eclesiástico,-a I *adj* ecclesiastical. **II** *nm* clergyman.

eclipsar *vtr* to eclipse.

eclipse *nm* eclipse.

eco *nm* echo; *fig* **hacerse e. de una noticia,** to publish an item of news; **tener e.,** to arouse interest.

ecografía *nf* scan.

ecología *nf* ecology.

ecológico,-a *adj* ecological.

ecologista I *adj* ecological; *Pol* **partido e.,** ecology party. **II** *nmf* ecologist.

economía *nf* **1** economy; **con e.,** economically. **2** *(ciencia)* economics.

económico,-a *adj* **1** economic. **2** *(barato)* economical, inexpensive. **3** *(persona)* thrifty.

economista *nmf* economist.

economizar [4] *vtr & vi* to economize.

ecosistema *nm* ecosystem.

ecuación *nf* equation.

Ecuador *n* Ecuador.

ecuador *nm Geog* equator.

ecualizador *nm* graphic equalizer.

ecuánime *adj* **1** *(temperamento)* equable, even-tempered. **2** *(juicio)* impartial.

ecuatorial *adj* equatorial; **Guinea E.,** Ecuatorial Guinea.

ecuatoriano,-a *adj & nm,f* Ecuadorian.

ecuestre *adj* equestrian.

ecuménico,-a *adj* ecumenical.

eczema *nm* eczema.

edad *nf* age; **¿qué e. tienes?,** how old are you?; **la tercera e.,** senior citizens *pl*; **E. Media,** Middle Ages *pl*.

edición *nf* **1** *(publicación)* publication; *(de sellos)* issue. **2** *(conjunto de ejemplares)* edition.

edicto *nm* edict, proclamation.

edificante *adj* edifying.

edificar [1] *vtr* to build.

edificio *nm* building.

edil,-a *nm,f* town councillor.

Edimburgo *n* Edinburgh.

editar *vtr* **1** *(libro, periódico)* to publish; *(disco)* to release. **2** *Inform* to edit.

editor,-a I *adj* publishing. **II** *nm,f* publisher.

editorial I *adj* publishing. **II** *nf* publishers, publishing house. **III** *nm Prensa* editorial, leader article.

edredón *nm* continental quilt, duvet, *US* comforter.

educación *nf* **1** education. **2** *(formación)* upbringing. **3** **buena/mala e.,** *(modales)* good/bad manners; **falta de e.,** bad manners.

educado,-a *adj* polite.

educador,-a I *adj* educating. **II** *nm,f* educationalist.

educar [1] *vtr (hijos)* to raise; *(alumnos)* to educate; *(la voz)* to train.

educativo,-a *adj* educational; **sistema e.,** education system.

edulcorante *nm* sweetener.

EE.UU. *abr de* **Estados Unidos,** United States of America, USA.

efectista *adj* spectacular.

efectividad *nf* effectiveness.

efectivo,-a I *adj* effective; **hacer algo e.,** to carry sth out; *Fin* **hacer e. un cheque,** to cash a cheque. **II** *nm* **1** *Fin* **en e.,** in cash. **2 efectivos,** *Mil* forces.
◆**efectivamente** *adv* quite!, yes indeed!

efecto *nm* **1** *(resultado)* effect; **efectos especiales/sonoros,** special/sound effects; **efectos personales,** personal belongings *o* effects; **a efectos de ...,** for the purposes of ...; **en e.,** quite!, yes indeed! **2** *(impresión)* impression; **causar** *o* **hacer e.,** to make an impression. **3** *Dep* spin.

efectuar [30] *vtr* to carry out; *(viaje)* to make; *Com (pedido)* to place.

efeméride *nf* event.

efervescente *adj* effervescent; **aspirina e.,** soluble aspirin.

eficacia *nf (de persona)* efficiency; *(de remedio etc)* effectiveness.

eficaz *adj (persona)* efficient; *(remedio, medida etc)* effective.

eficiencia *nf* efficiency.

eficiente *adj* efficient.

efigie *nf* effigy.

efímero,-a *adj* ephemeral.

efusivo,-a *adj* effusive.

EGB *nf Educ abr de* **Enseñanza General Básica,** ≈ Primary School Education.

Egeo *n* **el (Mar) E.,** the Aegean Sea.

egipcio,-a *adj & nm,f* Egyptian.

Egipto *n* Egypt.

egocéntrico,-a *adj* egocentric, self-centred.

egoísmo *nm* egoism, selfishness.

egoísta I *adj* ego(t)istic, selfish. **II** *nmf* ego(t)ist, selfish person.

egregio,-a *adj* eminent, illustrious.

egresar *vi Am* to leave school, *US* graduate.

Eire *n* Eire, Republic of Ireland.

ej. *abr de* **ejemplo,** example.

eje *nm* **1** *Téc (de rueda)* axle; *(de máquina)* shaft. **2** *Mat* axis. **3** *Hist* **El E.,** the Axis.

ejecución *nf* **1** *(de orden)* carrying out. **2** *(ajusticiamiento)* execution. **3** *Mús* performance.

ejecutar *vtr* **1** *(orden)* to carry out. **2** *(ajusticiar)* to execute. **3** *Mús* to perform, play. **4** *Inform* to run.

ejecutiva *nf Pol* executive.

ejecutivo,-a I *adj* executive; *Pol* **el poder e.**, the government. II *nm* executive.

ejecutor,-a *nm,f* 1 *Jur* executor. 2 *(verdugo)* executioner.

ejemplar I *nm* 1 *(de libro)* copy; *(de revista, periódico)* number, issue. 2 *(especimen)* specimen. II *adj* exemplary, model.

ejemplificar [1] *vtr* to exemplify.

ejemplo *nm* example; **por e.**, for example; **dar e.**, to set an example.

ejercer [2] I *vtr* 1 *(profesión etc)* to practise. 2 *(influencia)* to exert. 3 **e. el derecho de/a ...**, to exercise one's right to .... II *vi* to practise (**de**, as).

ejercicio *nm* 1 exercise; *(de profesión)* practice; **hacer e.**, to take *o* do exercise. 2 *Fin* tax year; **e. económico**, financial *o* fiscal year.

ejercitar *vtr* to practise.

ejército *nm* army.

el I *art def m* 1 the. 2 *(no se traduce)* **el Sr. García**, Mr. Garcia; **el hambre/destino**, hunger/fate. 3 *(con partes del cuerpo, prendas de vestir)* **me he cortado el dedo**, I've cut my finger; **métetelo en el bolsillo**, put it in your pocket. 4 *(con días de la semana)* **el lunes**, on Monday. II *pron* 1 the one; **el de las once**, the eleven o'clock one; **el que tienes en la mano**, the one you've got in your hand; **el que quieras**, whichever one you want. 2 *(no se traduce)* **el de tu amigo**, your friend's.

él *pron pers* 1 *(sujeto) (persona)* he; *(animal, cosa)* it. 2 *(complemento) (persona)* him; *(animal, cosa)* it.

elaboración *nf* 1 *(de un producto)* manufacture, production. 2 *(de una idea)* working out, development.

elaborar *vtr* 1 *(producto)* to manufacture, produce. 2 *(teoría)* to develop.

elasticidad *nf* elasticity; *fig* flexibility.

elástico,-a *adj* & *nm* elastic.

elección *nf* choice; *Pol* election.

elector,-a *nm,f* elector.

electorado *nm* electorate *pl*.

electoral *adj* electoral; **campaña e.**, election campaign; **colegio e.**, polling station.

electoralismo *nm* electioneering.

electricidad *nf* electricity.

electricista *nmf* electrician.

eléctrico,-a *adj* electric.

electrificar [1] *vtr* to electrify.

electrizar [4] *vtr* to electrify.

electrochoque *nm* electric shock therapy.

electrocutar *vtr* to electrocute.

electrodo *nm* electrode.

electrodoméstico *nm* (domestic) electrical appliance.

electroimán *nm* electromagnet.

electromagnético,-a *adj* electromagnetic.

electrón *nm* electron.

electrónica *nf* electronics *sing*.

electrónico,-a *adj* electronic.

elefante *nm* elephant.

elegancia *nf* elegance.

elegante *adj* elegant.

elegía *nf* elegy.

elegir [6] *vtr* 1 to choose. 2 *Pol* to elect.

elemental *adj* 1 *(fundamental)* basic, fundamental. 2 *(simple)* elementary.

elemento *nm* 1 element. 2 *(componente)* component, part. 3 *(individuo)* type, individual. 4 **elementos**, elements; *(fundamentos)* rudiments.

elepé *nm* LP (record).

elevación *nf* elevation; **e. de precios**, rise in prices; **e. del terreno**, rise in the ground.

elevado,-a *adj* 1 high; *(edificio)* tall. 2 *(pensamiento etc)* lofty, noble.

elevalunas *nm inv Aut* **e. eléctrico**, electric windows.

elevar I *vtr* to raise. II **elevarse** *vr* 1 *(subir)* to rise; *(edificio)* to stand. 2 **e. a**, *(cantidad)* to amount *o* come to.

elijo *indic pres* → **elegir**.

eliminación *nf* elimination.

eliminar *vtr* to eliminate.

eliminatoria *nf Dep* heat, qualifying round.

eliminatorio,-a *adj* qualifying, eliminatory.

élite *nf* elite, élite.

elitista *adj* elitist.

elixir *nm (enjuage bucal)* mouthwash; *Lit* elixir.

ella *pron pers f* 1 *(sujeto)* she; *(animal, cosa)* it, she. 2 *(complemento)* her; *(animal, cosa)* it, her.

ellas *pron pers fpl* → **ellos**.

ello *pron pers neut* it; **por e.**, for that reason.

ellos *pron pers mpl* 1 *(sujeto)* they. 2 *(complemento)* them.

elocuencia *nf* eloquence.

elocuente *adj* eloquent; **los hechos son elocuentes**, the facts speak for themselves.

elogiar [12] *vtr* to praise.

elogio *nm* praise.

elote *nm Am* tender corncob.

El Salvador *n* El Salvador.

elucidar *vtr* to elucidate.

eludir *vtr* to avoid.

emanar *vi* to emanate; *fig (derivar)* to derive *o* come (**de**, from).

emancipar I *vtr* to emancipate. II **emanciparse** *vr* to become emancipated.

embadurnar *vtr* to daub, smear (**de**, with).

embajada *nf* embassy.

embajador,-a *nm,f* ambassador.

embalaje *nm* packing, packaging.

embalar *vtr* to pack.

embalarse *vr* to speed up; *fig* **no te embales**, hold your horses.

embalsamar *vtr* to embalm.

embalsar I *vtr* to dam; *(problema)* to contain. II **embalsarse** *vr* to form a pool.
embalse *nm* dam, reservoir.
embarazada I *adj* pregnant; **dejar e.**, to get pregnant. II *nf* pregnant woman, expectant mother.
embarazar [4] *vtr fig* to hinder.
embarazo *nm* 1 *(preñez)* pregnancy. 2 *(obstáculo)* obstacle. 3 *(turbación)* embarrassment.
embarazoso,-a *adj* awkward, embarrassing.
embarcación *nf* 1 *(nave)* boat, craft. 2 *(embarco)* embarkation.
embarcadero *nm* quay.
embarcar [1] I *vtr* to ship. II *vi* to embark, go on board. III **embarcarse** *vr* 1 *Náut* to go on board (**en**, -); *Av* to board (**en**, -). 2 **e. en un proyecto**, to embark on a project.
embarco *nm* embarkation.
embargar [7] *vtr* 1 *Jur* to seize, impound. 2 *fig* **se embarga la emoción**, he's overwhelmed with joy.
embargo *nm* 1 *Jur* seizure of property. 2 *Com Pol* embargo. 3 **sin e.**, however, nevertheless.
embarque *nm* *(de persona)* boarding; *(de mercancías)* loading; **tarjeta de e.**, boarding card.
embarrancar(se) [1] *vi & vr Náut* to run aground.
embaucador,-a I *adj* deceitful. II *nm,f* swindler, cheat.
embaucar [1] *vtr* to swindle, cheat.
embeber I *vtr* to soak up. II **embeberse** *vr* to become absorbed *o* engrossed.
embelesar *vtr* to fascinate.
embellecer [33] *vtr* to embellish.
embestida *nf* 1 onslaught. 2 *Taur* charge.
embestir [6] *vtr* 1 *Taur* to charge. 2 *(atacar)* to attack.
emblandecer [33] I *vtr* to soften. II **emblandecerse** *vr fig* to relent.
emblema *nm* emblem.
embobado,-a *adj* fascinated.
embobarse *vr* to be fascinated *o* besotted (**con, de,** by).
embolia *nf* embolism.
émbolo *nm* piston.
embolsar *vtr*, **embolsarse** *vr* to pocket.
emborrachar *vtr*, **emborracharse** *vr* to get drunk.
emboscada *nf* ambush; **tender una e.**, to lay an ambush.
embotar *vtr* to blunt; *fig (sentidos)* to dull; *(mente)* to befuddle.
embotellado *nm* bottling.
embotellamiento *nm Aut* traffic jam.
embotellar *vtr* 1 to bottle. 2 *(tráfico)* to block.
embragar [7] *vi Aut* to engage the clutch.
embrague *nm* clutch.
embravecerse [33] *vr* 1 *(enfadarse)* to become enraged. 2 *(mar)* to become rough.
embriagador,-a *adj* intoxicating.
embriagar [7] I *vtr* to intoxicate; *fig* to enrapture. II **embriagarse** *vr* to get drunk; *fig* to be enraptured.
embriaguez *nf* intoxication.
embridar *vtr* to bridle.
embrión *nm* embryo.
embrollar I *vtr* to confuse, muddle. II **embrollarse** *vr* to get muddled *o* confused.
embrollo *nm* 1 *(lío)* muddle, confusion. 2 *(aprieto)* fix, jam.
embrujado,-a *adj (persona)* bewitched; *(sitio)* haunted.
embrujo *nm* spell, charm; *fig* attraction, fascination.
embrutecer [33] *vtr* to stultify.
embuchar *vtr* to stuff.
embudo *nm* funnel.
embuste *nm* lie, trick.
embustero,-a *nm,f* cheater, liar.
embutido *nm* sausage.
embutir I *vtr* 1 *(carne)* to stuff. 2 *(meter)* to stuff *o* cram *o* squeeze (**en**, into). 3 *(incrustar)* to inlay.
emergencia *nf* emergency; **salida de e.**, emergency exit; **en caso de e.**, in an emergency.
emerger [5] *vi* to emerge.
emigración *nf* emigration; *(de pájaros)* migration.
emigrado,-a *nm,f* emigrant; *Pol* émigré.
emigrante *adj & nmf* emigrant.
emigrar *vi* to emigrate; *(pájaros)* to migrate.
eminencia *nf* eminence; *(genio)* genius.
eminente *adj* eminent.
emirato *nm* emirate.
emisario,-a *nm,f* emissary.
emisión *nf* 1 emission. 2 *(de bonos, sellos)* issue. 3 *Rad TV* broadcasting.
emisora *nf* radio *o* television station.
emitir *vtr* 1 to emit; *(luz, calor)* to give off. 2 *(opinión, juicio)* to express. 3 *Rad TV* to transmit. 4 *(bonos, sellos)* to issue.
emoción *nf* 1 emotion. 2 *(excitación)* excitement; **¡qué e.!**, how exciting!
emocionado,-a *adj* deeply moved *o* touched.
emocionante *adj* 1 *(conmovedor)* moving, touching. 2 *(excitante)* exciting, thrilling.
emocionar I *vtr* 1 *(conmover)* to move, touch. 2 *(excitar)* to thrill. II **emocionarse** *vr* 1 *(conmoverse)* to be moved. 2 *(excitarse)* to get excited.
emotivo,-a *adj* emotional.
empacar [1] *vtr* 1 *(mercancías)* to pack. 2 *Am* to annoy.
empachar *vtr* to give indigestion to.
empacho *nm (de comida)* indigestion, upset stomach; *fig* surfeit.
empadronar *vtr*, **empadronarse** *vr* to register.

empalagar |7| *vi* to pall.
empalagoso,-a *adj* 1 (*dulce*) sickly sweet. 2 *fig* (*persona*) smarmy.
empalizada *nf* fence.
empalmar I *vtr* 1 (*unir*) to join; (*cuerdas, cables*) to splice. 2 *Ftb* to volley. II *vi* to converge; *Ferroc* to connect. III **empalmarse** *vr vulg* to get a hard-on.
empalme *nm* 1 connection. 2 *Ferroc* junction; (*en carretera*) intersection, T-junction.
empanada *nf* pie.
empanadilla *nf* pasty.
empanado,-a *adj* (*filete etc*) breaded, in breadcrumbs.
empantanarse *vr* 1 (*inundarse*) to become flooded. 2 *fig* to be bogged down.
empañar *vtr*, **empañarse** *vr* (*cristales*) to steam up.
empapado,-a *adj* soaked.
empapar I *vtr* 1 (*mojar*) to soak. 2 (*absorber*) to soak up. II **empaparse** *vr* 1 (*persona*) to get soaked. 3 *fam fig* to take in (**de**, -).
empapelar *vtr* to wallpaper.
empaque *nm* bearing, presence.
empaquetar *vtr* to pack.
emparedado *nm* sandwich.
emparejar *vtr* (*cosas*) to match; (*personas*) to pair off.
empastar *vtr* (*diente*) to fill.
empaste *nm* (*de diente*) filling.
empatado,-a *adj* drawn; **estar/ir empatados**, to be drawing.
empatar I *vi Dep* to tie, draw. II *vtr Dep* **e. el partido**, to equalize. 2 *Am* (*unir*) to join.
empate *nm Dep* draw, tie.
empecinarse *vr* to dig one's heels in.
empedernido,-a *adj* (*fumador, bebedor*) hardened.
empedrado,-a I *adj* cobbled. III *nm* 1 (*adoquines*) cobblestones *pl*. 2 (*acción*) paving.
empeine *nm* instep.
empellón *nm* push, shove.
empeñar I *vtr* to pawn, *US* hock. II **empeñarse** *vr* 1 (*insistir*) to insist (**en**, on), be determined (**en**, to). 2 (*endeudarse*) to get into debt.
empeño *nm* 1 (*insistencia*) insistence; **poner e. en algo**, to put a lot of effort into sth. 2 (*deuda*) pledge; **casa de empeños**, pawnshop.
empeoramiento *nm* deterioration, worsening.
empeorar I *vi* to deteriorate, worsen. II *vtr* to make worse. III **empeorarse** *vr* to deteriorate, worsen.
empequeñecer [33] *vtr fig* to belittle.
emperador *nm* emperor.
emperatriz *nf* empress.
emperifollarse *vr fam* to get dolled up.
emperrarse *vr* to dig one's heels in, become stubborn.
empezar |1| *vtr & vi* (*a hacer algo*) to begin; (*algo*) to start, commence.
empinado,-a *adj* (*cuesta*) steep.
empinar I *vtr* to raise; *fam* **e. el codo**, to drink. II **empinarse** *vr* (*persona*) to stand on tiptoe.
empírico,-a *adj* empirical.
emplasto *nm* poultice.
emplazamiento *nm* 1 (*colocación*) site, location. 2 *Jur* summons *sing*.
emplazar[1] [4] *vtr* to locate, situate.
emplazar[2] [4] *vtr* 1 *Jur* to summons. 2 (*a una reunión etc*) to call.
empleado,-a *nm,f* employee; (*de oficina, banco*) clerk; **empleada del hogar**, servant, maid.
emplear I *vtr* 1 (*usar*) to use; (*contratar*) to employ. 2 (*dinero, tiempo*) to spend.
empleo *nm* 1 (*oficio*) job; *Pol* employment. 2 (*uso*) use; **modo de e.**, instructions for use.
emplomar *vtr Am* (*diente*) to fill.
empobrecer [33] I *vi* to impoverish. II **empobrecerse** *vr* to become impoverished *o* poor.
empobrecimiento *nm* impoverishment.
empollar *vtr* (*huevos*) to sit on. 2 *fam* (*estudiar*) to swot (up), *US* bone up on.
empollón,-ona *fam* I *adj* swotty. II *nm,f* swot.
empolvar I *vtr* to cover in dust. II **empolvarse** *vr* (*la cara*) to powder.
emponzoñar *vtr* to poison.
emporcar |1| *vtr* to foul, dirty.
emporio *nm* 1 *Com* emporium, trading *o* commercial centre. 2 *Am* department store.
emporrarse *vr arg* to get high.
empotrado,-a *adj* fitted.
emprendedor,-a *adj* enterprising.
emprender *vtr* to undertake; *fam* **emprenderla con algn**, to pick on sb.
empresa *nf* 1 *Com Ind* firm, company. 2 *Pol* **la libre e.**, free enterprise. 3 (*tarea*) undertaking.
empresariado *nm* employers *pl*.
empresarial *adj* 1 (*de empresa*) business; (**ciencias**) **empresariales**, business studies. 2 (*espíritu*) entrepreneurial; **organización e.**, employers' organization.
empresario,-a *nm,f* 1 (*hombre*) businessman; (*mujer*) businesswoman. 2 (*patrón*) employer.
empréstito *nm Fin* debenture loan.
empujar *vtr* to push, shove.
empuje *nm* push; *fig* (*brío*) verve, get-up-and-go.
empujón *nm* push, shove; **dar empujones**, to push and shove.
empuñadura *nf* (*de espada*) hilt.
empuñar *vtr* to grasp, seize.
emular *vtr* to emulate.
emulsión *nf* emulsion.

en prep 1 *(posición)* in, on, at; **en Madrid/Bolivia**, in Madrid/Bolivia; **en la mesa**, on the table; **en el bolso**, in the bag; **en casa/el trabajo**, at home/work. 2 *(movimiento)* into; **entró en el cuarto**, he went into the room. 3 *(tiempo)* in, on, at; **en 1940**, in 1940; **en verano**, in summer; *Am* **en la mañana**, in the morning; **cae en martes**, it falls on a Tuesday; **en ese momento**, at that moment. 3 *(transporte)* by, in; **en coche/tren**, by car/train; **en avión**, by air. 4 *(modo)* in; **en español**, in Spanish; **en broma**, jokingly; **en serio**, seriously. 5 *(reducción, aumento)* by; **los precios aumentaron en un diez por ciento**, the prices went up by ten percent. 6 *(tema, materia)* at, in; **bueno en deportes**, good at sports; **experto en política**, expert in politics. 7 *(división, separación)* in; **lo dividió en tres partes**, he divided it in three. 8 *(con infinitivo)* **fue rápido en responder**, he was quick to answer; **la conocí en el andar**, I recognized her by her walk; **ser sobrio en el vestir**, to dress simply.

enaguas *nfpl* underskirt *sing*, petticoat *sing*.

enajenación *nf*, **enajenamiento** *nm* alienation; **e. mental**, mental derangement, insanity.

enajenar I *vtr* 1 *Jur* to alienate. 2 *(turbar)* to drive insane. II **enajenarse** *vr (enloquecer)* to go insane.

enaltecer [33] *vtr* 1 *(alabar)* to praise, extol. 2 *(ennoblecer)* to do credit to.

enamorado,-a I *adj* in love. II *nm,f* person in love.

enamorar I *vtr* to win the heart of. II **enamorarse** *vr* to fall in love **(de**, with).

enano,-a *adj & nm,f* dwarf.

enardecer [33] I *vtr (sentimientos)* to rouse, stir up; *(persona)* to fill with enthusiasm. II **enardecerse** *vr fig* to become excited.

encabezamiento *nm (de carta)* heading; *(de periódico)* headline; *(preámbulo)* foreword, preamble.

encabezar [4] *vtr* 1 *(carta, lista)* to head; *(periódico)* to lead. 2 *(rebelión, carrera, movimiento)* to lead.

encabritarse *vr* 1 *(caballo)* to rear (up). 2 *fig (persona)* to get cross.

encadenar *vtr* to chain.

encajar I *vtr* 1 *(ajustar)* to insert; **e. la puerta**, to push the door to. 2 *fam (asimilar)* to take. 3 *(comentario)* to get in; **e. un golpe a algn**, to land sb a blow. II *vi* 1 *(ajustarse)* to fit. 2 *fig* **e. con**, to fit (in) with, square with.

encaje *nm* lace.

encalar *vtr* to whitewash.

encallar *vi* 1 *Náut* to run aground. 2 *fig* to flounder, fail.

encaminado,-a *adj* **estar bien/mal e.**, to be on the right/wrong track.

encaminar I *vtr* to direct. II **encaminarse** *vr* to head (**a**, for; **hacia**, towards).

encandilar *vtr* to dazzle.

encantado,-a *adj* 1 *(contento)* delighted; **e. de conocerle**, pleased to meet you. 2 *(embrujado)* enchanted.

encantador,-a I *adj* charming, delightful. II *nm,f* magician.

encantamiento *nm* spell.

encantar *vtr (hechizar)* to bewitch, cast a spell on; *fig* **me encanta nadar**, I love swimming.

encanto *nm* 1 *(atractivo)* charm; **ser un e.**, to be charming. 2 *(hechizo)* spell.

encapricharse *vr* to set one's mind (**con**, on); *(encariñarse)* to take a fancy (**con**, to); *(enamorarse)* to get a crush (**con**, on).

encapuchado,-a *adj* hooded.

encaramarse *vr* to climb up.

encarar I *vtr* to face, confront. II **encararse** *vr* **e. con**, to face up to.

encarcelar *vtr* to imprison, jail.

encarecer [33] I *vtr* to put up the price of. II **encarecerse** *vr* to go up (in price).

encarecidamente *adv* earnestly, insistently; **le rogamos e. que ...**, we would earnestly request you to ....

encarecimiento *nm* increase *o* rise in price.

encargado,-a I *nm,f Com (hombre)* manager; *(mujer)* manager, manageress; *(responsable)* person in charge. II *adj* in charge.

encargar [7] I *vtr* 1 to put in charge of, entrust with. 2 *Com (mercancías)* to order, place an order for; *(encuesta)* to commission. II **encargarse** *vr* **e. de**, to see to, deal with.

encargo *nm* 1 *Com* order; **hecho de e.**, *(a petición)* made to order. 2 *(recado)* errand. 3 *(tarea)* job, assignment.

encariñarse *vr* to become fond (**con**, of), get attached (**con**, to).

encarnación *nf* incarnation, embodiment.

encarnado,-a *adj (rojo)* red.

encarnar *vtr* to personify, embody.

encarnizado,-a *adj* fierce.

encarrilar *vtr (coche, tren)* to put on the road *o* rails; *fig* to put on the right track.

encasillar *vtr* to pigeonhole.

encausar *vtr* to prosecute.

encauzar [4] *vtr* to channel.

encenagarse [7] *vr* to get covered in mud.

encendedor *nm* lighter.

encender [3] I *vtr* 1 *(luz, radio, tele)* to switch on, put on; *(cigarro, vela, fuego)* to light; *(cerilla)* to strike, light. 2 *fig* to inflame, stir up. II **encenderse** *vr* 1 *(fuego)* to catch; *(luz)* to go *o* come on. 2 *(cara)* to blush, go red.

encendido *nm* ignition.

encerado *nm (pizarra)* blackboard.

encerar *vtr* to wax, polish.
encerrar [1] I *vtr* 1 to shut in; *(con llave)* to lock in. 2 *fig (contener)* to contain, include. II **encerrarse** *vr* to shut oneself up *o* in; *(con llave)* to lock oneself in.
encestar *vi Dep* to score (a basket).
enchaquetado,-a *adj* smartly dressed.
encharcar [1] I *vtr* to flood, swamp. II **encharcarse** *vr* to get flooded.
enchilada *nf Culin* stuffed corn pancake seasoned with chili.
enchironar *vtr arg* to put away.
enchufado,-a I *adj fam* estar e., to have good connections *o* contacts. III *nm,f fam (favorito)* pet.
enchufar *vtr* 1 *Elec* to plug in. 2 *(unir)* to join, connect. 3 *fam (para un trabajo)* to pull strings for.
enchufe *nm* 1 *Elec (hembra)* socket; *(macho)* plug. 2 *fam* contact.
enchufismo *nm fam* string-pulling.
encía *nf* gum.
enciclopedia *nf* encyclopaedia, encyclopedia.
encierro *nm Pol (protesta)* sit-in.
encima *adv* 1 on top; *(arriba)* above; *(en el aire)* overhead; **déjalo e.**, put it on top; **¿llevas cambio e.?**, do you have any change on you?; *fig* **quitarse algo de e.**, to get rid of sth; **ahí e.**, up there. 2 *(además)* besides. 3 **e. de**, *(sobre)* on; *(en el aire)* above; *fig (además)* besides; **e. de la mesa**, on the table. 4 **por e.**, above; *fig* **por e. de sus posibilidades**, beyond his abilities; **leer un libro por e.**, to skip through a book.
encimera *nf (de cocina)* worktop.
encina *nf* holm *o* evergreen oak, ilex.
encinta *adj* pregnant.
enclaustrarse *vr* to shut oneself up.
enclave *nm* enclave.
enclenque *adj (débil)* puny; *(enfermizo)* sickly.
encoger [5] I *vi (contraerse)* to contract; *(prenda)* to shrink. II *vtr* to contract; *(prenda)* to shrink. III **encogerse** *vr (contraerse)* to contract; *(prenda)* to shrink; **e. de hombros**, to shrug (one's shoulders).
encolar *vtr (papel)* to paste; *(madera)* to glue.
encolerizar [4] I *vtr* to infuriate, anger. II **encolerizarse** *vr* to become furious.
encomendar [1] I *vtr* to entrust with, put in charge of. II **encomendarse** *vr* to entrust oneself (a, to).
encomienda 1 *nf* assignment, mission. 2 *(paquete postal)* parcel.
encomio *nm* praise.
enconado,-a *adj* 1 *(discusión)* bitter, fierce. 2 *Med* inflamed, sore.
enconarse *vr* 1 *(exasperarse)* to get angry *o* irritated. 2 *Med (herida)* to become inflamed *o* sore.
encono *nm* spitefulness, ill feeling.

encontrado,-a *adj (contrario)* conflicting.
encontrar [2] I *vtr* 1 *(hallar)* to find; **no lo encuentro**, I can't find it; **lo encuentro muy agradable**, I find it very pleasant. 2 *(dar con)* to meet; *(problema)* to run into, come up against. II **encontrarse** *vr* 1 *(persona)* to meet: 2 *(sentirse)* to feel, be; **e. a gusto**, to feel comfortable. 3 *(estar)* to be.
encontronazo *nm* 1 *(choque)* collision, crash. 2 *fig (de ideas etc)* clash.
encorvar I *vtr* to bend. II **encorvarse** *vr* to stoop *o* bend (over).
encrespar I *vtr* 1 *(pelo)* to curl. 2 *(mar)* to make choppy *o* rough. 3 *fig (enfurecer)* to infuriate. II **encresparse** *vr* 1 *(mar)* to get rough. 2 *fig (enfurecerse)* to get cross *o* irritated.
encrucijada *nf* crossroads.
encrudecer [33] *vi*, **encrudecerse** *vr* to get worse.
encuadernación *nf* 1 *(oficio)* bookbinding. 2 *(cubierta)* binding.
encuadernador,-a *nm,f* bookbinder.
encuadernar *vtr* to bind.
encuadrar *vtr* 1 *(imagen etc)* to frame. 2 *fig (encajar)* to fit, insert.
encuadre *nm Cin TV* framing.
encubierto,-a *adj (secreto)* hidden; *(operación)* covert.
encubridor,-a *nm,f Jur* accessory (after the fact), abettor.
encubrir *vtr* to conceal.
encuentro *nm* 1 encounter, meeting. 2 *Dep* meeting, match; **e. amistoso**, friendly match.
encuesta *nf* 1 *(sondeo)* (opinion) poll, survey. 2 *(investigación)* investigation, inquiry.
encuestador,-a *nm,f* pollster.
encuestar *vtr* to poll.
encumbrar I *vtr* to exalt. II **encumbrarse** *vr* to rise to a high (social) position.
ende (por) *loc adv* therefore.
endeble *adj* weak, feeble.
endeblez *nf* weakness, feebleness.
endémico,-a *adj Med* endemic; *fig* chronic.
endemoniado,-a *adj* 1 *(poseso)* possessed. 2 *fig (travieso)* mischievous.
enderezar [4] I *vtr (poner derecho)* to straighten out; *(poner vertical)* to set upright. II **enderezarse** *vr* to straighten up.
endeudarse *vr* to get *o* fall into debt.
endiablado,-a *adj* 1 *(poseso)* possessed. 2 *(travieso)* mischievous, devilish.
endibia *nf* endive.
endiosar *vtr* to deify.
endomingarse [7] *vr fam* to put on one's Sunday best.
endosar *vtr* 1 *(cheque)* to endorse. 2 *fam (tarea)* to lumber with.
endrina *nf Bot* sloe.

endrogarse [7] *vr Am* to take drugs, use drugs.
endulzar [4] *vtr* to sweeten.
endurecer [33] **I** *vtr* to harden. **II endurecerse** *vr* to harden, become hard.
enebro *nm* juniper.
enema *nm* enema.
enemigo,-a I *adj* enemy; **soy e. de la bebida,** I'm against drink. **II** *nm,f* enemy.
enemistad *nf* hostility, enmity.
enemistar I *vtr* to set at odds, cause a rift between. **II enemistarse** *vr* to become enemies; **e. con algn,** to fall out with sb.
energético,-a *adj* energy.
energía *nf* energy; **e. hidráulica/nuclear,** hydro-electric/nuclear power; *fig* **e. vital,** vitality.
enérgico,-a *adj* energetic; *(decisión)* firm; *(tono)* emphatic.
energúmeno,-a *nm,f fam (hombre)* madman; *(mujer)* mad woman; **ponerse como un e.,** to go up the wall.
enero *nm* January.
enervante *adj* enervating.
enervar *vtr* to enervate.
enésimo,-a *adj* **1** *Mat* nth. **2** *fam* umpteenth; **por enésima vez,** for the umpteenth time.
enfadado,-a *adj* angry, annoyed, *US* mad; **estamos enfadados,** we've fallen out with each other.
enfadar I *vtr* to make angry *o* annoyed. **II enfadarse** *vr* **1** to get angry **(con,** with). **2** *(dos personas)* to fall out.
enfado *nm* anger; *(desavenencia)* fall-out.
enfangarse [7] *vr* to get muddy; *fig* to get involved (in dirty business).
énfasis *nm inv* emphasis, stress; **poner e. en algo,** to lay stress on sth.
enfático,-a *adj* emphatic.
enfatizar [4] *vtr* to emphasize, stress.
enfermar *vi,* **enfermarse** *vr* to become *o* fall ill, be taken ill.
enfermedad *nf* illness; *(contagiosa)* disease.
enfermería *nf* infirmary.
enfermero,-a *nm,f (mujer)* nurse; *(hombre)* male nurse.
enfermizo,-a *adj* unhealthy, sickly.
enfermo,-a I *adj* ill; **caer e.,** to be taken ill; *fam* **esa gente me pone e.,** those people make me sick. **II** *nm,f* ill person; *(paciente)* patient.
enfervorizar [4] *vtr* to enthuse.
enfilar *vi* **e. hacia,** to make for.
enflaquecer [33] *vtr (adelgazar)* to make thin; *(debilitar)* to weaken.
enfocado,-a *adj Fot* **bien/mal enfocado,** in/out of focus.
enfocar [1] *vtr* **1** *(imagen)* to focus; *(persona)* to focus on. **2** *(tema)* to approach. **3** *(con linterna)* to shine a light on.
enfoque *nm* **1** focus; *(acción)* focusing. **2** *(de un tema)* approach.

enfrentamiento *nm* clash.
enfrentar I *vtr* **1** *(situación, peligro)* to confront. **2** *(enemistar)* to set at odds. **II enfrentarse** *vr* **1 e. con** *o* **a,** to face up to, confront. **2** *Dep (rival)* to face **(a, -),** meet **(a, -).**
enfrente *adv* **1** opposite, facing; **la casa de e.,** the house opposite *o* across the road. **2 e. de.,** opposite (to), facing; **e. del colegio,** opposite the school.
enfriamiento *nm* **1** *(proceso)* cooling. **2** *Med (catarro)* cold, chill.
enfriar [29] **I** *vtr* to cool (down), chill. **II** *vi* to cool down. **III enfriarse** *vr* **1** to get *o* go cold. **2** *(resfriarse)* to get *o* catch a cold. **3** *fig (pasión)* to cool down.
enfurecer [33] **I** *vtr* to enrage, enfuriate. **II enfurecerse** *vr* to get furious, lose one's temper.
enfurruñarse *vr fam* to sulk.
engalanar I *vtr* to deck out, adorn. **II engalanarse** *vr* to dress up, get dressed up.
enganchado,-a *adj arg* **estar e. (a la droga),** to be hooked (on drugs).
enganchar I *vtr* **1** to hook; *Ferroc* to couple. **2** *fam (pillar)* to nab. **II engancharse** *vr* to get caught *o* hooked; *arg (a la droga)* to get hooked.
enganche *nm (gancho)* hook; *Ferroc* coupling.
engañabobos *nm inv (persona)* con man, confidence trickster; *(truco)* con trick.
engañar I *vtr* to deceive, mislead; *(estafar)* to cheat, trick; *(mentir a)* to lie to; *(al marido, mujer)* to be unfaithful to. **II engañarse** *vr* to deceive oneself.
engañifa *nf fam* swindle.
engaño *nm* **1** deceit; *(estafa)* fraud, swindle; *(mentira)* lie. **2** *(error)* mistake, misunderstanding.
engañoso,-a *adj (palabras)* deceitful; *(apariencias)* deceptive; *(consejo)* misleading.
engarzar [4] *vtr* **1** *(unir)* to link. **2** *(engastar)* to mount, set.
engastar *vtr* to set, mount.
engatusar *vtr fam* to coax; **e. a algn para que haga algo,** to coax sb into doing sth.
engendrar *vtr* **1** *Biol* to engender. **2** *fig* to give rise to, cause.
engendro *nm* freak.
englobar *vtr* to include.
engomar *vtr* to gum, glue.
engordar I *vtr* to fatten (up), make fat. **II** *vi* **1** to put on weight, get fat; **he engordado tres kilos,** I've put on three kilos. **2** *(comida, bebida)* to be fattening.
engorro *nm fam* bother, nuisance.
engorroso,-a *adj fam* bothersome, tiresome.
engranaje *nm* **1** *Téc* gearing. **2** *fig* machinery.
engranar *vtr Téc* to engage.

engrandecer |33| *vtr* to exalt.
engrasar *vtr* **1** (*lubricar*) to lubricate, oil. **2** (*manchar*) to make greasy, stain with grease.
engrase *nm* lubrication.
engreído,-a *adj* vain, conceited.
engreírse |6| *vr* to become vain *o* conceited.
engrosar |2| *vtr* **1** (*incrementar*) to enlarge; (*cantidad*) to increase, swell.
engrudo *nm* paste.
enguatar *vtr* to pad.
engullir *vtr* to gobble up.
enharinar *vtr* to cover with flour.
enhebrar *vtr* to thread.
enhorabuena *nf* congratulations *pl*; **dar la e. a algn**, to congratulate sb.
enigma *nm* enigma.
enigmático,-a *adj* enigmatic.
enjabonar *vtr* to soap.
enjalbegar |7| *vtr* to whitewash.
enjambre *nm* swarm.
enjaular *vtr* **1** (*animal*) to cage. **2** *fam* to put inside, put in jail.
enjuagar |7| *vtr* to rinse.
enjuague *nm* rinse; **e. bucal**, mouthwash.
enjugar |7| *vtr*, **enjugarse** *vr* **1** (*secar*) to mop up; (*lágrimas*) to wipe away. **2** (*deuda, déficit*) to clear, wipe out.
enjuiciamiento *nm* **1** (*opinión*) judgement. **2** *Jur* (*civil*) lawsuit; (*criminal*) trial, prosecution.
enjuiciar |12| *vtr* **1** (*juzgar*) to judge, examine. **2** *Jur* (*criminal*) to indict, prosecute.
enjundia *nf fig* (*sustancia*) substance; (*importancia*) importance.
enjuto,-a *adj* lean, skinny.
enlace *nm* **1** (*unión*) link, connection; **e. químico**, chemical bond. **2** *Ferroc* connection. **3** (*casamiento*) marriage. **4** (*persona*) liaison officer; **e. sindical**, shop steward, *US* union delegate.
enlatado,-a *adj* canned, tinned.
enlatar *vtr* to can, tin.
enlazar |4| *vtr & vi* to link, connect (**con**, with).
enlodar *vtr* **1** (*enfangar*) to muddy, cover with mud. **2** *fig* (*reputación*) to stain, besmirch.
enloquecedor,-a *adj* maddening.
enloquecer |33| **I** *vi* to go mad. **II** *vtr* **1** (*volver loco*) to drive mad. **2** *fam* **me enloquecen las motos**, I'm mad about motorbikes. **III enloquecerse** *vr* to go mad, go out of one's mind.
enlosar *vtr* to tile.
enlucir |35| *vtr* (*pared*) to plaster; (*plata, oro*) to polish.
enlutado,-a *adj* in mourning.
enmadrado,-a *adj* **estar e.**, to be tied to one's mother's apron strings.
enmarañar **I** *vtr* **1** (*pelo*) to tangle. **2** *fig* (*complicar*) to complicate, confuse. **II enmarañarse** *vr* **1** (*pelo*) to get tangled. **2** *fig* (*situación*) to get confused, get into a mess *o* a muddle.
enmarcar |1| *vtr* to frame.
enmascarar **I** *vtr* **1** to mask. **2** (*problema, la verdad*) to mask, disguise. **II enmascararse** *vr* to put on a mask.
enmendar |1| **I** *vtr* (*corregir*) to correct, put right; *Jur* to amend. **II enmendarse** *vr* (*persona*) to reform, mend one's ways.
enmienda *nf* correction; *Jur Pol* amendment.
enmohecerse |33| *vr* (*metal*) to rust, get rusty; *Bot* to go mouldy *o US* moldy.
enmoquetar *vtr* to carpet.
enmudecer |33| *vi* (*callar*) to fall silent; *fig* to be dumbstruck.
ennegrecer |33| *vtr*, **ennegrecerse** *vr* to blacken, turn black.
ennoblecer |1| *vtr* to ennoble.
enojado,-a *adj* angry, cross.
enojadizo *adj* irritable, touchy.
enojar **I** *vtr* to anger, annoy. **II enojarse** *vr* to get angry, lose one's temper.
enojo *nm* anger, annoyance.
enorgullecer |33| **I** *vtr* to fill with pride. **II enorgullecerse** *vtr* to be *o* feel proud (**de**, of).
enorme *adj* enormous.
enormidad *nf* enormity; *fam* **una e.**, loads.
enraizado,-a *adj* rooted.
enraizar |24| *vi*, **enraizarse** *vr* (*persona*) to put down roots; (*planta, costumbre*) to take root.
enrarecerse |33| *vr* (*aire*) to become rarefied.
enredadera *nf* climbing plant, creeper.
enredar **I** *vtr* **1** (*pelo*) to entangle, tangle up. **2** *fig* (*asunto*) to confuse, complicate. **3** *fig* (*implicar*) to involve (**en**, in). **4** (*confundir*) to mix up. **II enredarse** *vr* **1** (*pelo*) to get entangled, get tangled (up) *o* in a tangle. **2** *fig* (*asunto*) to get complicated *o* confused. **3** *fig* (*involucrarse*) to get involved (**con**, with). **4** (*confundirse*) to get mixed up.
enredo *nm* **1** (*maraña*) tangle. **2** *fig* (*lío*) muddle, mess.
enrejado *nm* (*de ventana*) lattice.
enrevesado,-a *adj* complicated, difficult.
enriquecer |33| *vtr* to make rich; *fig* to enrich. **II enriquecerse** *vr* to get *o* become rich, prosper; *fig* to become enriched.
enrocar |1| *vi Ajedrez* to castle.
enrojecer |33| **I** *vtr* to redden, turn red. **II enrojecer(se)** *vi & vr* (*ruborizarse*) to blush.
enrolarse *vr* to enrol, *US* enroll, sign on; *Mil* to enlist, join up.
enrollado,-a *adj* **1** rolled up. **2** (*persona*) great. **3** *fam* **estar e. con algn**, (*estar saliendo con*) to go out with sb.

enrollar I *vtr* to roll up; (*cable*) to coil; (*hilo*) to wind up. II **enrollarse** *vr* 1 *fam* (*hablar*) to chatter, go on and on. 2 *fam* **e. con algn**, (*tener relaciones*) to have an affair with sb.

enroque *nm Ajedrez* castling.

enroscar |1| I *vtr* 1 to coil (round), wind. 2 (*tornillo, tapón*) to screw in *o* on. II **enroscarse** *vr* to coil, wind.

ensaimada *nf* kind of spiral pastry from Majorca.

ensalada *nf* salad.

ensaladera *nf* salad bowl.

ensaladilla *nf* **e. rusa**, Russian salad.

ensalzar |4| *vtr* (*enaltecer*) to exalt; (*elogiar*) to praise, extol, *US* extoll.

ensamblador *nm Inform* assembler.

ensamblaje *nm Téc* assembly.

ensamblar *vtr* to assemble.

ensanchar I *vtr* to enlarge, widen; *Cost* to let out. II **ensancharse** *vr* to get wider.

ensanche *nm* enlargement, widening; (*de ciudad*) urban development.

ensangrentado,-a *adj* bloodstained, covered in blood.

ensangrentar |1| *vtr* to stain with blood, cover in blood.

ensañarse *vr* to be brutal (**con**, with); (*cebarse*) to delight in tormenting (**con**, -).

ensartar *vtr* 1 (*perlas etc*) to string together. 2 (*mentiras etc*) to reel off, rattle off.

ensayar *vtr* to test, try out; *Teat* to rehearse; *Mús* to practise.

ensayista *nmf* essayist.

ensayo *nm* 1 (*prueba*) test, trial. 2 *Teat* rehearsal; **e. general**, dress rehearsal. 3 (*escrito*) essay.

enseguida, en seguida *adv* (*inmediatamente*) at once, straight away; (*poco después*) in a minute, soon; **e. voy**, I'll be right there.

ensenada *nf* inlet, cove.

enseña *nf* ensign, standard.

enseñanza *nf* 1 (*educación*) education. 2 (*de idioma etc*) teaching. 3 **enseñanzas**, teachings.

enseñar *vtr* 1 to teach; **e. a algn a hacer algo**, to teach sb how to do sth. 2 (*mostrar*) to show; (*señalar*) to point out.

enseres *nmpl* (*bártulos*) belongings, goods; (*de trabajo*) tools.

ensillar *vtr* to saddle (up).

ensimismado,-a *adj* (*en la lectura etc*) engrossed; (*abstraído*) lost in thought.

ensimismarse *vr* (*en la lectura etc*) to become engrossed; (*abstraerse*) to be lost in thought.

ensombrecer |33| I *vtr* to cast a shadow over. II **ensombrecerse** *vr* to darken.

ensopar *vtr Am* to soak.

ensordecedor,-a *adj* deafening.

ensordecer |33| I *vtr* to deafen. II *vi* to go deaf.

ensortijado,-a *adj* curly.

ensuciar |12| I *vtr* 1 to get dirty. 2 *fig* (*reputación*) to harm, damage. II **ensuciarse** *vr* to get dirty.

ensueño *nm* dream; **una casa de e.**, a dream house.

entablado *nm* 1 (*entarimado*) planking, planks *pl*. 2 (*suelo*) wooden floor.

entablar *vtr* 1 (*conversación*) to open, begin; (*amistad*) to strike up; (*negocios*) to start. 2 *Ajedrez* to set up. 3 (*pleito*) to initiate.

entablillar *vtr Med* to splint.

entallado,-a *adj* (*vestido*) close-fitting; (*camisa*) fitted.

entallar I *vtr* to take in at the waist. II *vi* to fit at the waist.

entarimado *nm* parquet floor.

entarimar *vtr* to cover with parquet.

ente *nm* 1 (*institución*) organization, body; **e. público**, public service organization. 2 (*ser*) being.

entendederas *nfpl fam* brains; **ser duro de e.**, to be slow on the uptake.

entender |3| I *vtr* (*comprender*) to understand; **a mi e.**, to my way of thinking; **dar a algn a e. que ...**, to give sb to understand that .... II *vi* 1 (*comprender*) to understand. 2 **e. de**, (*saber*) to know about. III **entenderse** *vr* 1 (*comprenderse*) to be understood, be meant. 2 *fam* **e. (bien) con**, to get on (well) with.

entendido,-a I *nm,f* expert. II *adj* **tengo entendido que ...**, I understand that ....

entendimiento *nm* understanding.

enterado,-a I *adj* knowledgeable, well-informed; **estar e.**, to be in the know; **estar e. de ...**, to be aware of .... II *nm,f* (*listillo*) know-all.

enterar I *vtr* to inform (**de**, about, of). II **enterarse** *vr* to find out; **me he enterado de que ...**, I understand ...; **ni me enteré**, I didn't even realize it.

entereza *nf* strength of character.

enternecedor,-a *adj* moving, touching.

enternecer |33| I *vtr* to move, touch. II **enternecerse** *vr* to be moved *o* touched.

entero,-a I *adj* 1 (*completo*) entire, whole; **por e.**, completely. 2 *fig* (*íntegro*) honest, upright. 3 *fig* (*firme*) strong. II *nm* 1 *Mat* whole number. 2 *Fin* point. ◆**enteramente** *adv* entirely, completely.

enterrador *nm* gravedigger.

enterramiento *nm* burial.

enterrar |1| *vt* to bury.

entidad *nf* organization; **e. comercial**, company, firm.

entierro *nm* 1 burial. 2 (*ceremonia*) funeral.

entomología *nf* entomology.

entonación *nf* intonation.

entonar I *vtr* 1 (*canto*) to sing. 2 *Med* to

entonces *adv* then; **por aquel e.**, at that time; **el e. ministro**, the then minister.
entornar *vtr (ojos etc)* to half-close; *(puerta)* to leave ajar.
entorno *nm* environment.
entorpecer [33] *vtr (obstaculizar)* to hinder, impede.
entrada *nf* 1 entrance. 2 *(billete)* ticket; *(recaudación)* takings *pl*. 3 **de e.**, for a start. 4 *Culin* entrée. 5 *Com* entry; *(pago inicial)* down payment, deposit; **e. de capital**, capital inflow. 6 *Com* **entradas**, *(ingresos)* receipts, takings. 7 *(en la frente)* receding hairline.
entrado,-a *adj* **e. en años**, advanced in years; **hasta bien entrada la noche**, well into the night.
entramado *nm* framework; *(de sistema etc)* network.
entramparse *vr fam* to get into debt.
entrante I *adj* coming; **el mes e.**, next month; **el ministro e.**, the incoming minister. II *Culin* starter.
entrañable *adj* 1 *(lugar)* intimate, close. 2 *(persona)* affectionate, warm-hearted.
entrañar *vtr* to entail.
entrañas *nfpl* bowels.
entrar I *vi* 1 to come in, go in, enter; *fig* **no me entran las matemáticas**, I can't get the hang of maths. 2 *(encajar)* to fit. 3 **el año que entra**, next year, the coming year. 4 *(venir)* to come over; **me entró dolor de cabeza**, I got a headache; **me entraron ganas de reír**, I felt like laughing. II *vtr* 1 to introduce. 2 *Inform* to enter.
entre *prep* 1 *(dos)* between. 2 *(más de dos)* among(st).
entreabierto,-a *adj (ojos etc)* half-open; *(puerta)* ajar.
entreacto *nm* interval, intermission.
entrecejo *nm* space between the eyebrows; **fruncir el e.**, to frown, knit one's brow.
entrecortado,-a *adj (voz)* faltering, hesitant.
entrecot *nm* fillet steak.
entrecruzar *vtr*, **entrecruzarse** [4] *vr* to entwine.
entredicho *nm* 1 *Jur* injunction. 2 **estar en e.**, to be suspect; **poner algo en e.**, to bring sth into question.
entrega *nf* 1 *(de productos)* delivery; *(de premios)* presentation. 2 *(fascículo)* part, instalment; *US* installment. 3 *(devoción)* selflessness.
entregar [7] I *vtr* to hand over; *(deberes etc)* to give in, hand in; *Com* to deliver. II **entregarse** *vr* 1 *(rendirse)* to give in, surrender. 2 **e. a**, to devote oneself to; *pey* to indulge in.
entreguismo *nm Pol* appeasement.

entrelazar [4] *vtr*, **entrelazarse** *vr* to entwine.
entremedias *adv* in between; *(mientras tanto)* meanwhile, in the meantime.
entremés *nm Culin* hors d'oeuvres.
entremeterse *vr* → **entrometerse**.
entremezclarse *vr* to mix, mingle.
entrenador,-a *nm,f* trainer, coach.
entrenamiento *nm* training.
entrenar *vi*, **entrenarse** *vr* to train.
entrepierna *nf* crotch, crutch.
entresacar [1] *vtr* to pick out, select.
entresijos *nmpl* nooks and crannies.
entresuelo *nm* mezzanine.
entretanto I *adv* meanwhile. II *nm* **en el e.**, in the meantime.
entretejer *vtr* to interweave.
entretención *nf Am* amusement, entertainment.
entretener [24] I *vtr* 1 *(divertir)* to entertain, amuse. 2 *(retrasar)* to delay; *(detener)* to hold up, detain. II **entretenerse** *vr* 1 *(distraerse)* to amuse oneself, while away the time. 2 *(retrasarse)* to be delayed, be held up.
entretenido,-a *adj* enjoyable, entertaining.
entretenimiento *nm* entertainment, amusement.
entretiempo *adj* **ropa de e.**, lightweight clothing.
entrever [28] *vtr* to glimpse, catch sight of; *fig* **dejó e. que ...**, she hinted that ....
entrevista *nf* interview.
entrevistador,-a *nm,f* interviewer.
entrevistar I *vtr* to interview. II **entrevistarse** *vr* **e. con algn**, to have an interview with sb.
entristecer [33] I *vtr* to sadden, make sad. II **entristecerse** *vr* to be sad *(por*, about).
entrometerse *vr* to meddle, interfere *(en*, in).
entrometido,-a I *nm,f* meddler, busybody. II *adj* interfering.
entroncar *vi* to connect.
entumecer [33] I *vtr* to numb. II **entumecerse** *vr* to go numb.
entumecido,-a *adj* numb.
enturbiar [12] I *vtr* 1 *(agua)* to make cloudy. 2 *fig (asunto)* to cloud, obscure. II **enturbiarse** *vr* to become cloudy.
entusiasmar I *vtr* to fill with enthusiasm. II **entusiasmarse** *vr* to get excited *o* enthusiastic *(con*, about).
entusiasmo *nm* enthusiasm; **con e.**, enthusiastically.
entusiasta I *adj* enthusiastic, keen *(de*, on). II *nmf* enthusiast.
enumerar *vtr* to enumerate.
enunciado *nm (de teoría, problema)* wording.
envainar *vtr* to sheathe.
envanecer [33] I *vtr* to make proud *o*

vain. II **envanecerse** *vr* to become conceited *o* proud, give oneself airs.
envasado,-a I *nm (en botella)* bottling; *(en paquete)* packing; *(en lata)* canning. II *adj* **e. al vacío,** vacuum-packed.
envasar *vtr (embotellar)* to bottle; *(empaquetar)* to pack; *(enlatar)* to can, tin.
envase *nm* 1 *(acto)* packing; *(de botella)* bottling; *(de lata)* canning. 2 *(recipiente)* container. 3 *(botella vacía)* empty.
envejecer [33] I *vi* to grow old. II *vtr* to age.
envejecimiento *nm* ageing.
envenenar *vtr* to poison.
envergadura *nf* 1 *(importancia)* importance, scope; **de gran e.,** large-scale. 2 *(de pájaro, avión)* span, wingspan; *Náut* breadth (of sail).
envés *nm* other side.
envestidura *nf* investiture.
enviado *nm,f* envoy; *Prensa* **e. especial,** special correspondent.
enviar [29] *vtr* to send.
enviciarse [12] *vr* to become addicted (**con,** to).
envidia *nf* envy; **tener e. de algn,** to envy sb.
envidiable *adj* enviable.
envidiar [12] *vtr* to envy; **no tener nada que e.,** to be in no way inferior (**a,** to).
envidioso,-a *adj* envious.
envilecer [33] *vtr* to degrade, debase.
envío *nm* sending; *(remesa)* consignment; *(paquete)* parcel; **gastos de e.,** postage and packing; **e. contra reembolso,** cash on delivery.
enviudar *vi (hombre)* to become a widower, lose one's wife; *(mujer)* to become a widow, lose one's husband.
envoltorio *nm,* **envoltura** *nf* wrapper, wrapping.
envolver [4] *(pp* **envuelto)** I *vtr* 1 *(con papel)* to wrap. 2 *(cubrir)* to envelope. 3 *(en complot etc)* to involve (**en,** in). II **envolverse** *vr* 1 to wrap oneself up (**en,** in). 2 *(implicarse)* to become involved (**en,** in).
enyesar *vtr* to plaster; *Med* to put in plaster.
enzima *nf* enzyme.
épica *nf* epic poetry.
epicentro *nm* epicentre, *US* epicenter.
épico,-a *adj* epic.
epidemia *nf* epidemic.
epilepsia *nf* epilepsy.
epílogo *nm* epilogue, *US* epilog.
episcopal *adj* episcopal.
episodio *nm* episode.
epístola *nf* epistle.
epitafio *nm* epitaph.
epíteto *nm* epithet.
época *nf* time; *Hist* period, epoch; *Agr* season; **en esta é. del año,** at this time of the year; **hacer é.,** to be a landmark; **mueble de é.,** period furniture.
equidad *nf* equity.
equilátero *nm* equilateral.
equilibrar *vtr* to balance.
equilibrio *nm* balance.
equilibrismo *nm* balancing act.
equilibrista *nmf* 1 tightrope walker. 2 *Am Pol* opportunist.
equipaje *nm* luggage; **hacer el e.,** to pack, do the packing.
equipar *vtr* to equip, furnish (**con, de,** with).
equiparable *adj* comparable (**a,** to; **con,** with).
equiparar *vtr* to compare (**con,** with), liken (**con,** to).
equipo *nm* 1 *(de expertos, jugadores)* team. 2 *(aparatos)* equipment; **e. de alta fidelidad,** hi-fi stereo system. 3 *(ropas)* outfit.
equis *nf* name of the letter X in Spanish.
equitación *nf* horse *o US* horseback riding.
equitativo,-a *adj* equitable, fair.
equivalente *adj* equivalent.
equivaler [26] *vi* to be equivalent (**to,** a).
equivocación *nf* error, mistake.
equivocado,-a *adj* mistaken, wrong.
equivocar [1] I *vtr* to mix up. II **equivocarse** *vr* to make a mistake; *Tel* **se equivocó de número,** he dialled the wrong wrong; **se equivocó de fecha,** he got the wrong date.
equívoco,-a I *adj* equivocal, misleading. II *nm* misunderstanding.
era[1] *nf (época)* era, age.
era[2] *nf Agr* threshing floor.
era[3] *pt indef* → **ser.**
erario *nm* exchequer, treasury.
eras *pt indef* → **ser.**
erección *nf* erection.
erecto,-a *adj* upright; *(pene)* erect.
eres *indic pres* → **ser.**
erguir [5] I *vtr* to erect. II **erguirse** *vr* to straighten up, stand *o* sit up straight.
erial *nm* uncultivated land.
erigir [6] I *vtr* to erect. II **erigirse** *vr* **e. en algo,** to set oneself up in sth.
erizado,-a *adj* bristly, prickly.
erizarse [4] *vr* to bristle, stand on end.
erizo *nm* hedgehog; **e. de mar** *o* **marino,** sea urchin.
ermita *nf* hermitage, shrine.
ermitaño,-a *nm,f* hermit.
erosión *nf* erosion.
erosionar *vtr* to erode.
erótico,-a *adj* erotic.
erotismo *nm* eroticism.
erradicar [1] *vtr* to eradicate.
errante *adj* wandering.
errar [1] I *vtr* to miss, get wrong. II *vi* 1 *(vagar)* to wander, roam. 2 *(fallar)* to err.
errata *nf* erratum, misprint; **fe de erratas,** errata.
erre *nf* **e. que e.,** stubbornly, pighead-

erróneo,-a adj erroneous, wrong.
error nm error, mistake; *Inform* bug; **por e.**, by mistake, in error; *Impr* **e. de imprenta**, misprint; **caer en un e.**, to make a mistake.
Ertzaintza nf Basque police force.
eructar vi to belch, burp.
eructo nm belch, burp.
erudición nf erudition.
erudito,-a I adj erudite, learned. **II** nm,f scholar.
erupción nf 1 (*de volcán*) eruption. 2 (*en la piel*) rash.
es indic pres → **ser**.
esa adj dem → **ese**.
ésa pron dem → **ése**.
esbelto,-a adj slender.
esbirro nm henchman.
esbozar |4| vi to sketch, outline.
esbozo nm sketch, outline, rough draft.
escabeche nm brine.
escabechina nf massacre.
escabroso,-a adj 1 (*espinoso*) tricky. 2 (*indecente*) crude.
escabullirse vr to slip away, scuttle o scurry off.
escacharrar vtr fam to break.
escafandra nf diving helmet or suit; **e. espacial**, spacesuit.
escala nf 1 scale; (*de colores*) range; **e. musical**, scale; **en gran e.**, on a large scale. 2 (*parada*) *Náut* port of call; *Av* stopover; **hacer e. en**, to call in at, stop over in. 3 (*escalera*) ladder, stepladder.
escalada nf 1 climb. 2 fig (*de violencia*) escalation; (*de precios*) rise.
escalador,-a nm,f climber, mountaineer.
escalafón nm (*graduación*) rank; (*de salarios*) salary o wage scale.
escalar vtr to climb, scale.
escaldar vtr to scald.
escalera nf 1 stair; **e. de incendios**, fire escape; **e. mecánica**, escalator; **e. de caracol**, spiral staircase. 2 (*escala*) ladder. 3 *Naipes* run.
escalerilla nf (*de piscina*) steps pl; *Náut* gangway; *Av* (boarding) ramp.
escalfar vtr to poach.
escalinata nf stoop.
escalofriante adj hair-raising, bloodcurdling.
escalofrío nm shiver; **me dió un e.**, it made me shiver.
escalón nm step; **e. lateral** (*en letrero*) ramp.
escalonar vtr to place at intervals, space out.
escalope nm escalope.
escalpelo nm scalpel.
escama nf *Zool* scale; (*de jabón*) flake.
escamarse vr to smell a rat, become suspicious.
escamotear vtr fam to diddle out of, do out of.
escampar vi to stop raining, clear up.
escanciar |12| vtr (*vino*) to pour out, serve.
escandalizar |4| **I** vtr to scandalize, shock. **II escandalizarse** vr to be shocked (**de**, at, **by**).
escándalo nm 1 (*alboroto*) racket, din; **armar un e.**, to kick up a fuss. 2 (*desvergüenza*) scandal.
escandaloso,-a adj 1 (*ruidoso*) noisy, rowdy. 2 (*ofensivo*) scandalous.
Escandinavia n Scandinavia.
escandinavo,-a adj & nm,f Scandinavian.
escáner nm scanner.
escaño nm *Parl* seat.
escapada nf 1 (*de prisión*) escape; *Dep* breakaway. 2 (*viaje rápido*) flying visit, quick trip.
escapar I vi to escape, run away. **II escaparse** vr 1 to escape, run away; **se me escapó de las manos**, it slipped out of my hands; **se me escapó el tren**, I missed the train. 2 (*gas etc*) to leak, escape.
escaparate nm shop window.
escapatoria nf escape; **no tener e.**, to have no way out.
escape nm 1 (*de gas etc*) leak, escape. 2 *Téc* exhaust; **tubo de e.**, exhaust (pipe). 3 (*huida*) escape; (*escapatoria*) way out.
escaquearse vr fam to shirk, skive off.
escarabajo nm beetle.
escaramuza nf *Mil* skirmish; fig (*riña*) squabble, brush.
escarbar vtr 1 (*suelo*) to scratch; (*fuego*) to poke. 2 fig to inquire into, investigate.
escarceo nm attempt.
escarcha nf hoarfrost, frost.
escarchado,-a adj (*fruta*) crystallized, candied.
escardar vtr to hoe.
escardillo nm weeding hoe.
escarlata adj scarlet.
escarlatina nf scarlet fever.
escarmentar |1| vi to learn one's lesson.
escarmiento nm punishment, lesson.
escarnio nm derision, mockery.
escarola nf curly endive, *US* escarole.
escarpado,-a adj (*paisaje*) craggy; (*pendiente*) steep.
escasear vi to be scarce.
escasez nf scarcity.
escaso,-a adj scarce; (*dinero*) tight; (*conocimientos*) scant; **e. de dinero**, short of money.
escatimar vtr to skimp on; **no escatimó esfuerzos para ...**, he spared no efforts to ....
escayola nf 1 plaster of Paris, stucco. 2 *Med* plaster.
escayolar vtr *Med* to put in plaster.
escena nf 1 scene. 2 (*escenario*) stage; **poner en e.**, to stage.

escenario *nm* **1** *Teat* stage. **2** (*entorno*) scenario; (*de crimen*) scene; (*de película*) setting.
escénico,-a *adj* scenic.
escenografía *nf Cin* set design; *Teat* stage design.
escepticismo *nm* scepticism, *US* skepticism.
escéptico,-a *adj & nm,f* sceptic, *US* skeptic.
escindirse *vr* to split (off) (**en**, into).
escisión *nf* split.
esclarecer [33] *vtr* to shed light on.
esclavitud *nf* slavery.
esclavizar [4] *vtr* to enslave.
esclava *nf* bangle.
esclavo,-a *adj & nm,f* slave.
esclusa *nf* lock, sluicegate.
escoba *nf* brush, broom.
escocer [4] **I** *vi* to sting, smart. **II escocerse** *vr* (*piel*) to chafe.
escocés,-a I *adj* Scottish, Scots; **falda escocesa**, kilt. **II** *nm,f* (*hombre*) Scotsman; (*mujer*) Scotswoman.
Escocia *n* Scotland.
escoger [5] *vtr* to choose.
escogido,-a *adj* chosen, selected; (*producto*) choice, select; *Lit* **obras escogidas**, selected works.
escolar I *adj* (*curso, año*) school. **II** *nm,f* (*niño*) schoolboy; (*niña*) schoolgirl.
escolaridad *nf* schooling.
escollo *nm* reef; *fig* pitfall.
escolta *nf* escort.
escoltar *vtr* to escort.
escombros *nmpl* rubbish *sing*, debris *sing*.
esconder I *vtr* to hide (**de**, from), conceal (**de**, from). **II esconderse** *vr* to hide (**de**, from).
escondidas *adv* **a e.**, secretly.
escondite *nm* **1** (*lugar*) hiding place, hide-out. **2** (*juego*) hide-and-seek.
escondrijo *nm* hiding place, hide-out.
escopeta *nf* shotgun; **e. de aire comprimido**, air gun; **e. de cañones recortados**, sawn-off shotgun.
escopetazo *nm* gunshot.
escorbuto *nm* scurvy.
escoria *nf* **1** (*de metal*) slag. **2** *fig pey* scum, dregs *pl*.
Escorpio *nm* Scorpio.
escorpión *nm* scorpion.
escotado,-a *adj* low-cut.
escote *nm* low neckline.
escotilla *nf* hatch, hatchway.
escozor *nm* stinging, smarting.
escribano,-a *nm,f* ya court clerk.
escribiente *nmf* clerk.
escribir (*pp* **escrito**) **I** *vtr* to write; **e. a mano**, to write in longhand; **e. a máquina**, to type. **II escribirse** *vr* **1** (*dos personas*) to write to each other, correspond. **2 se escribe con h**, it is spelt with an h.

escrito,-a I *adj* written; **e. a mano**, handwritten, in longhand; **por e.**, in writing. **II** *nm* writing.
escritor,-a *nm,f* writer.
escritorio *nm* (*mueble*) writing desk, bureau; (*oficina*) office.
escritura *nf* **1** *Jur* deed, document; **e. de propiedad**, title deed. **2** *Rel* **Sagradas Escrituras**, Holy Scriptures.
escrúpulo *nm* **1** scruple; **una persona sin escrúpulos**, an unscrupulous person. **2** (*esmero*) care. **3 me da e.**, (*asco*) it makes me feel squeamish.
escrupuloso,-a *adj* **1** (*honesto*) scrupulous. **2** (*meticuloso*) painstaking. **3** (*delicado*) squeamish.
escrutar *vtr* **1** to scrutinize. **2** (*votos*) to count.
escrutinio *nm* **1** scrutiny. **2** (*de votos*) count.
escuadra *nf* **1** (*intrumento*) square. **2** *Mil* squad; *Naut* squadron; *Dep* team; (*de coches*) fleet.
escuadrilla *nf* squadron.
escuadrón *nm* squadron.
escuálido,-a *adj* emaciated.
escucha *nf* listening; **escuchas telefónicas**, phone tapping *sing*; **estar a la e.**, to be listening out (**de**, for).
escuchar I *vtr* to listen to; (*oir*) to hear. **II** *vi* to listen; (*oir*) to hear.
escudarse *vr fig* **e. en algo**, to hide behind sth.
escudería *nf Aut* racing team.
escudilla *nf* bowl.
escudo *nm* **1** (*arma defensiva*) shield. **2** (*blasón*) coat of arms.
escudriñar *vtr* to scrutinize.
escuela *nf* school; **e. de Bellas Artes**, Art School; **e. de conducir/de idiomas**, driving/language school.
escueto,-a *adj* plain, unadorned.
escuezo *indic pres* → **escocer**.
esculcar [1] *vtr Am* to search.
esculpir *vtr* to sculpt; (*madera*) to carve; (*metal*) to engrave.
escultor,-a *nm,f* (*hombre*) sculptor; (*mujer*) sculptress; (*de madera*) woodcarver; (*de metales*) engraver.
escultura *nf* sculpture.
escultural *adj* sculptural; (*persona*) statuesque.
escupidera *nf* **1** (*recipiente*) spittoon, *US* cuspidor. **2** (*orinal*) chamberpot.
escupir I *vi* to spit. **II** *vtr* to spit out.
escupitajo *nm vulg* spit.
escurreplatos *nm inv* dish rack.
escurridizo,-a *adj* **1** (*resbaladizo*) slippery. **2** *fig* (*huidizo*) elusive, slippery.
escurridor *nm* colander; (*escurreplatos*) dish rack.
escurrir I *vtr* (*plato, vaso*) to drain; (*ropa*) to wring out; **e. el bulto**, to wriggle out. **II escurrirse** *vr* **1** (*platos etc*) to drip. **2**

escúter 110 **espectáculo**

(*escaparse*) to run *o* slip away. 3 (*resbalarse*) to slip.
escúter *nm* (motor) scooter.
ese,-a *adj dem* 1 that. 2 **esos,-as,** those.
ése,-a *pron dem m,f* 1 that one. 2 **ésos,-as,** those (ones); *fam* ¡**ni por ésas!**, no way!; *fam* ¡**no me vengas con ésas!**, come off it!
esencia *nf* essence.
esencial *adj* essential; **lo e.**, the main thing. ◆**esencialmente** *adv* essentially.
esfera *nf* 1 sphere; *fig* sphere, field. 2 (*de reloj de pulsera*) dial; (*de reloj de pared*) face.
esférico,-a I *adj* spherical. II *nm Ftb* ball.
esfinge *nf* sphinx.
esforzarse [2] *vr* to endeavour (**por**, to).
esfuerzo *nm* effort.
esfumarse *vr fam* to beat it.
esgrima *nf Dep* fencing.
esgrimir *vtr* to wield.
esguince *nm* sprain.
eslabón *nm* link.
eslavo,-a I *adj* Slav, Slavonic. II *nm,f* (*persona*) Slav. III *nm* (*idioma*) Slavonic.
eslip *nm* (*pl* **eslips**) men's briefs *pl*, underpants *pl*.
eslogan *nm* (*pl* **eslóganes**) slogan; **e. publicitario**, advertising slogan.
eslora *nf Náut* length.
esmaltar *vtr* to enamel.
esmalte *nm* enamel; (*de uñas*) nail polish *o* varnish.
esmerado,-a *adj* painstaking, careful.
esmeralda *nf* emerald.
esmerarse *vr* to be careful; (*esforzarse*) to go to great lengths.
esmero *nm* great care.
esmoquin *nm* (*pl* **esmóquines**) dinner jacket, *US* tuxedo.
esnifar *vtr arg* (*drogas*) to sniff.
esnob (*pl* **esnobs**) I *adj* (*persona*) snobbish; (*restaurante etc*) posh. II *nmf* snob.
esnobismo *nm* snobbery, snobbishness.
eso *pron dem neut* that; ¡**e. es!**, that's it!; **por e.**, that's why; *fam* **a e. de las diez**, around ten; *fam* **e. de las Navidades sale muy caro**, this whole Christmas thing costs a fortune.
esófago *nm* oesophagus, *US* esophagus.
esos,-as *adj dem pl* → **ese,-a**.
ésos,-as *pron dem m,fpl* → **ése,-a**.
esotérico,-a *adj* esoteric.
espabilado,-a *adj* 1 (*despierto*) wide awake. 2 (*niño*) bright.
espabilar I *vtr* to wake up. II **espabilarse** *vr* to wake up, wake up.
espachurrar *vtr* to squash.
espacial *adj* spatial, spacial; **nave e.**, space ship.
espaciar [12] *vtr* to space out.
espacio *nm* 1 space; (*de tiempo*) length; **a doble e.**, double-spaced. 2 *Rad TV* programme, *US* program.
espacioso,-a *adj* spacious, roomy.
espada I *nf* 1 sword; **estar entre la e. y la pared**, to be between the devil and the deep blue sea; **pez e.**, swordfish. 2 *Naipes* spade. II *nm Taur* matador.
espadaña *nf* belfry.
espaguetis *nmpl* spaghetti *sing*.
espalda *nf* 1 *Anat* back; **espaldas**, back *sing*; **a espaldas de algn**, behind sb's back; **por la e.**, from behind; **volver la e. a algn**, to turn one's back on sb; *fam* **e. mojada**, *US* wetback. 2 *Natación* backstroke.
espaldar *nm* (*de silla*) back.
espaldilla *nf* shoulder blade.
espantapájaros *nm inv* scarecrow.
espantar I *vtr* 1 (*asustar*) to frighten, scare. 2 (*ahuyentar*) to frighten away. II **espantarse** *vr* to get *o* feel frightened (**de**, of), get *o* feel scared (**de**, of).
espanto *nm* fright; *fam* **de e.**, dreadful, shocking.
espantoso,-a *adj* dreadful.
España *n* Spain.
español,-a I *adj* Spanish. II *nm,f* Spaniard; **los españoles**, the Spanish. III *nm* (*idioma*) Spanish.
esparadrapo *nm* sticking plaster.
esparcimiento *nm* (*relajación*) relaxation.
esparcir [3] I *vtr* (*papeles, semillas*) to scatter; *fig* (*rumor*) to spread. II **esparcirse** *vr* 1 to be scattered. 2 (*relajarse*) to relax.
espárrago *nm* asparagus.
espartano,-a *adj fig* spartan.
espasmo *nm* spasm.
espástico,-a *adj* spastic.
espátula *nf Culin* spatula; *Art* palette knife; *Téc* stripping knife; (*de albañil*) trowel.
especia *nf* spice.
especial *adj* special; **en e.**, especially; **e. para ...**, suitable for .... ◆**especialmente** *adv* (*exclusivamente*) specially; (*muy*) especially.
especialidad *nf* speciality, *US* specialty; *Educ* main subject.
especialista *nmf* specialist.
especializarse [4] *vr* to specialize (**en**, in).
especie *nf* 1 *Biol* species *inv*. 2 (*clase*) kind; **una e. de salsa**, a kind of sauce. 3 *Com* **en e.**, in kind.
especificar [1] *vtr* to specify.
específico,-a *adj* specific; **peso e.**, specific gravity. ◆**específicamente** *adv* specifically.
espécimen *nm* (*pl* **especímenes**) specimen.
espectacular *adj* spectacular.
espectacularidad *nf* **de gran e.**, really spectacular.
espectáculo *nm* 1 (*escena*) spectacle,

espectador

sight; *fam* **dar un e.**, to make a spectacle of oneself. 2 *Teat Cin TV* show; **montar un e.**, to put on a show.

espectador,-a *nm,f Dep* spectator; *(de accidente)* onlooker; *Teat Cin* member of the audience; **los espectadores**, the audience *sing*; *TV* viewers.

espectro *nm* 1 *Fís* spectrum. 2 *(fantasma)* spectre, *US* specter. 3 *(gama)* range.

especulación *nf* speculation; **e. del suelo**, land speculation.

especulador,-a *nm,f Fin* speculator.

especular *vi* to speculate.

especulativo,-a *adj* speculative.

espejismo *nm* mirage.

espejo *nm* mirror; *Aut* **e. retrovisor**, rear-view mirror.

espeleología *nf* potholing, speleology.

espeluznante *adj* hair-raising, horrifying.

espera *nf* wait; **en e. de ...**, waiting for ...; **a la e. de**, expecting; **sala de e.**, waiting room.

esperanza *nf* hope; **tener la e. puesta en algo**, to have one's hopes pinned on sth; **e. de vida**, life expectancy; **en estado de buena e.**, expecting, pregnant.

esperanzador,-a *adj* encouraging.

esperanzar *vtr* to give hope to.

esperar I *vi* 1 *(aguardar)* to wait. 2 *(tener esperanza de)* to hope. **II** *vtr* 1 *(aguardar)* to wait for; **espero a mi hermano**, I'm waiting for my brother. 2 *(tener esperanza de)* to hope for; **espero que sí**, I hope so; **espero que vengas**, I hope you'll come. 3 *(estar a la espera de)* to expect; **te esperábamos ayer**, we were expecting you yesterday. 4 *fig (bebé)* to expect.

esperma 1 *nm Biol* sperm. 2 *Am (vela)* candle.

espermaticida *nm* spermicide.

espermatozoide *nm* spermatozoid.

esperpéntico,-a *adj fam* grotesque.

espesar I *vtr* to thicken. **II espesarse** *vr* to thicken, get thicker.

espeso,-a *adj (bosque, niebla)* dense; *(líquido)* thick; *(masa)* stiff.

espesor *nm* thickness; **tres metros de e.**, three metres thick.

espesura *nf* denseness.

espetar *vtr fig* to spit out.

espía *nmf* spy.

espiar [29] **I** *vi* to spy. **II** *vtr* to spy on.

espichar *vi vulg (morir)* to snuff it; **espicharla**, to kick the bucket.

espiga *nf* 1 *(de trigo)* ear. 2 *Téc* pin.

espigado,-a *adj* slender.

espina *nf* 1 *Bot* thorn. 2 *(de pescado)* bone. 3 *Anat* **e. dorsal**, spinal column, spine. 4 *fig* **ése me da mala e.**, there's something fishy about that one.

espinaca *nf* spinach.

espinal *adj* spinal; **médula e.**, spinal marrow.

espinazo *nm* spine, backbone.

esquina

espinilla *nf* 1 *Anat* shin. 2 *(en la piel)* spot.

espinillera *nf Dep* shin pad.

espino *nm* hawthorn; **alambre de e.**, barbed wire.

espionaje *nm* spying, espionage; **novela de e.**, spy story.

espiral *adj & nf* spiral.

espirar *vi* to breathe out, exhale.

espiritismo *nm* spiritualism.

espíritu *nm* 1 spirit; **e. deportivo**, sportsmanship. 2 *Rel (alma)* soul; **el E. Santo**, the Holy Ghost.

espiritual *adj* spiritual.

espléndido,-a *adj* 1 *(magnífico)* splendid. 2 *(generoso)* lavish, generous.

esplendor *nm* splendour, *US* splendor.

esplendoroso,-a *adj* magnificent.

espliego *nm* lavender.

espolear *vtr* to spur on.

espolio *nm* → **expolio**.

espolvorear *vtr* to sprinkle (**de**, with).

esponja *nf* sponge.

esponjoso,-a *adj* spongy; *(bizcocho)* light.

esponsales *nmpl* betrothal *sing*, engagement *sing*.

espontaneidad *nf* spontaneity; **con e.**, naturally.

espontáneo,-a I *adj* spontaneous. **II** *nm Taur* spectator who spontaneously joins in the bullfight.

esporádico,-a *adj* sporadic.

esposado,-a *adj* 1 *(recién casado)* newly married. 2 *(con esposas)* handcuffed.

esposar *vtr* to handcuff.

esposas *nfpl* handcuffs.

esposo,-a *nm,f* spouse; *(hombre)* husband; *(mujer)* wife.

esprint *nm* sprint.

esprintar *vi* to sprint.

espuela *nf* spur.

espuerta *nf* hod.

espuma *nf* foam; *(de olas)* surf; *(de cerveza)* froth, head; *(de jabón)* lather; **e. de afeitar**, shaving foam.

espumoso,-a *adj* frothy; *(vino)* sparkling.

esputo *nm* spit.

esquela *nf* notice, announcement; **e. mortuoria**, announcement of a death.

esquelético,-a *adj* 1 *Anat* skeletal. 2 *(flaco)* skinny.

esqueleto *nm* 1 skeleton. 2 *Constr* framework.

esquema *nm* diagram.

esquemático,-a *adj (escueto)* schematic; *(con diagramas)* diagrammatic.

esquí *nm* 1 *(objeto)* ski. 2 *(deporte)* skiing; **e. acuático**, water-skiing.

esquiador,-a *nm,f* skier.

esquiar [29] *vi* to ski.

esquilar *vtr* to shear.

esquimal *adj & nmf* Eskimo.

esquina *nf* corner; *Dep* **saque de e.**, corner kick.

esquinazo *nm* **dar e. a algn**, to give sb the slip.
esquirla *nf* splinter.
esquirol *nm Ind* blackleg, scab.
esquivar *vtr* (*a una persona*) to avoid; (*un golpe*) to dodge.
esquivo,-a *adj* cold, aloof.
esquizofrenia *nf* schizophrenia.
esquizofrénico,-a *adj & nm,f* schizophrenic.
esta *adj dem* → **este,-a**.
está *indic pres* → **estar**.
ésta *pron dem f* → **éste**.
estabilidad *nf* stability.
estabilizar [4] *vtr* to stabilize.
estable *adj* stable.
establecer [33] **I** *vtr* to establish; (*fundar*) to set up, found; (*récord*) to set. **II establecerse** *vr* to settle.
establecimiento *nm* establishment.
establo *nm* cow shed.
estaca *nf* stake, post; (*de tienda de campaña*) peg.
estacada *nf* fence; *fig* **dejar a algn en la e.**, to leave sb in the lurch.
estacazo *nm* blow with a stick.
estación *nf* 1 station; **e. de servicio**, service station; **e. de esquí**, ski resort. 2 (*del año*) season.
estacional *adj* seasonal.
estacionamiento *nm Aut* (*acción*) parking; (*lugar*) car park, *US* parking lot.
estacionar *vtr*, **estacionarse** *vr Aut* to park.
estacionario,-a *adj* stationary.
estada *nf*, **estadía** *nf Am* stay.
estadio *nm* 1 *Dep* stadium. 2 (*fase*) stage, phase.
estadista *nmf Pol* (*hombre*) statesman; (*mujer*) stateswoman.
estadística *nf* statistics *sing*; **una e.**, a statistic.
estado *nm* 1 *Pol* state. 2 (*situación*) state, condition; **en buen e.**, in good condition; **e. de salud**, condition, state of health; **e. de excepción**, state of emergency; **estar en e.**, to be pregnant; **e. civil**, marital status; *Com* **e. de cuentas**, statement of accounts. 3 *Mil* **e. mayor**, general staff.
Estados Unidos *npl* the United States.
estadounidense I *adj* United States, American. **II** *nmf* United States citizen.
estafa *nf* swindle.
estafador,-a *nm,f* swindler.
estafar *vtr* to swindle.
estafeta *nf* **e. de Correos**, sub post office.
estalactita *nf* stalactite.
estalagmita *nf* stalagmite.
estallar *vi* 1 to burst; (*bomba*) to explode, go off; (*guerra*) to break out. 2 *fig* (*de cólera etc*) to explode; **e. en sollozos**, to burst into tears.
estallido *nm* explosion; (*de guerra*) outbreak.
estambre *nm Bot* stamen.
Estambul *n* Istanbul.
estamento *nm Hist* estate; *fig* (*grupo*) group.
estampa *nf* illustration.
estampado,-a I *adj* (*tela*) printed. **II** *nm* 1 (*tela*) print. 2 (*proceso*) printing.
estampar *vtr* 1 (*tela*) to print. 2 (*dejar impreso*) to imprint. 3 *fig* (*bofetada, beso*) to plant, place.
estampida *nf* 1 (*estampido*) bang. 2 (*carrera rápida*) stampede; **de e.**, suddenly.
estampido *nm* bang.
estampilla *nf Am* (postage) stamp.
estancado,-a *adj* (*agua*) stagnant; *fig* static, at a standstill; **quedarse e.**, to get stuck *o* bogged down.
estancar [1] **I** *vtr* 1 (*agua*) hold back. 2 *fig* (*asunto*) to block; (*negociaciones*) to bring to a standstill. **II estancarse** *vr* to stagnate; *fig* to get bogged down.
estancia *nf* 1 (*permanencia*) stay. 2 (*habitación*) room. 3 *Am* (*hacienda*) ranch, farm.
estanco,-a I *nm* tobacconist's. **II** *adj* watertight.
estándar (*pl* **estándares**) *adj & nm* standard.
estandarizar [4] *vtr* to standardize.
estandarte *nm* standard, banner.
estanque *nm* pool, pond.
estanquero,-a *nm,f* tobacconist.
estante *nm* shelf; (*para libros*) bookcase.
estantería *nf* shelves *pl*, shelving.
estaño *nm* tin.
estar [13] **I** *vi* 1 to be; **está en la playa**, he is at the beach; **e. en casa**, to be in, be at home; **estamos en Caracas**, we are in Caracas; **¿está tu madre?**, is your mother in?; **¿cómo estás?** how are you?; **los precios están bajos**, prices are low; **el problema está en el dinero**, the problem is money; **e. en lo cierto**, to be right; **e. en todo**, not to miss a trick. 2 (+ *adj*) to be; **está cansado/enfermo**, he's tired/ill; **está vacío**, it's empty. 3 (+ *adv*) to be; **está bien/mal**, it's all right/wrong; **e. mal de dinero**, he's short of money; **estaré enseguida**, it'll be ready in a minute. 4 (+ *ger*) to be; **está escribiendo**, she is writing; **estaba comiendo**, he was eating. 5 (+ *a* + *fecha*) to be; **¿a cuántos estamos?**, what's the date (today)?; **estamos a 2 de Noviembre**, it is the 2nd of November. 6 (+ *precio*) to be at; **están a 100 pesetas el kilo**, they're at 100 pesetas a kilo. 7 (*locuciones*) **e. al caer**, to be just round the corner; **¿estamos?**, OK? 8 (+ *de*) **e. de más**, not to be needed; **e. de paseo**, to be out for a walk; **e. de vacaciones/viaje** to be (away) on holiday/a trip; **estoy de jefe hoy**, I'm the boss today. 9 (+ *para*) **esta-**

rá para las seis, it will be finished by six; **hoy no estoy para bromas**, I'm in no mood for jokes today; **el tren está para salir**, the train is just about to leave. **10** (+ *por*) **está por hacer**, it has still to be done; **eso está por ver**, it remains to be seen; **estoy por esperar**, *(a favor de)* I'm for waiting. **11** (+ *con*) to have; **e. con la gripe**, to have the flu, be down with flu; **estoy con Jaime**, *(de acuerdo con)* I agree with Jaime. **12** (+ *sin*) to have no; **e. sin luz/agua**, to have no light/water. **13** (+ *que*) **está que se duerme**, he is nearly asleep; *fam* **está que rabia**, he's hopping mad.
II estarse *vr* **¡estáte quieto!**, keep still!, stop fidgeting!

estatal *adj* state; **enseñanza e.**, state education.

estático,-a *adj* static.

estatua *nf* statue.

estatura *nf* **1** height; **¿cuál es tu e.?**, how tall are you? **2** *(renombre)* stature.

estatus *nm* status; **e. quo**, status quo.

estatutario *adj* statutory.

estatuto *nm Jur* statute; *(de ciudad)* by-law; *(de empresa etc)* rules.

este I *adj* eastern; *(dirección)* easterly. **II** *nm* east; **al e. de**, to the east of.

esté *subj pres* → **estar**.

este,-a *adj dem* **1** this. **2 estos,-as**, these.

éste,-a *pron dem m,f* **1** this one; **aquél ... é.**, the former ... the latter. **2 éstos,-as**, these (ones); **aquéllos ... é.**, the former ... the latter.

estela *nf (de barco)* wake; *(de avión)* vapour trail; *(de cometa)* tail.

estelar *adj* **1** *Astron* stellar. **2** *fig Cin Teat* star.

estentóreo,-a *adj* stentorian, thundering.

estepa *nf* steppe.

estera *nf* rush mat.

estercolero *nm* dunghill; *fig* pigsty.

estéreo *nm & adj* stereo.

estereofónico,-a *adj* stereophonic, stereo.

estereotipar *vtr* to stereotype.

estereotipo *nm* stereotype.

estéril *adj* **1** sterile. **2** *fig (esfuerzo)* futile.

esterilidad *nf* **1** sterility. **2** *fig* futility, uselessness.

esterilizar [4] *vtr* to sterilize.

esterilla *nf* small mat.

esterlina *adj & nf* sterling; **libra e.**, pound (sterling).

esternón *nm* sternum, breastbone.

estero *nm Am* marsh, swamp.

estertor *nm* death rattle.

estética *nf* aesthetics, *US* esthetics *sing*.

esteticienne, esteticista *nf* beautician.

estético,-a *adj* aesthetic, *US* esthetic; **cirugía estética**, plastic surgery.

estibador *nm* docker, stevedore.

estiércol *nm* manure, dung.

estigma *nm* stigma; *Rel* stigmata.

estilarse *vr* to be in vogue, be fashionable.

estilete *nm (punzón)* stylus; *(puñal)* stiletto.

estilístico,-a *adj* stylistic.

estilizar [4] *vtr* to stylize.

estilo *nm* **1** style; *(modo)* manner, fashion; **algo por el e.**, something like that; **e. de vida**, way of life. **2** *Natación* stroke. **3** *Ling* **e. directo/indirecto**, direct/indirect speech.

estilográfica *nf (pluma)* **e.**, fountain pen.

estima *nf* esteem, respect.

estimación *nf* **1** *(estima)* esteem, respect. **2** *(valoración)* evaluation; *(cálculo aproximado)* estimate.

estimado,-a *adj* esteemed, respected; **E. Señor**, *(en carta)* Dear Sir.

estimar *vtr* **1** *(apreciar)* to esteem. **2** *(considerar)* to consider, think; **lo estimo conveniente**, I think it appropriate. **3** *(valorar)* to value.

estimativo,-a *adj* approximate, estimated.

estimulante I *adj* stimulating. **II** *nm* stimulant.

estimular *vtr* **1** to stimulate. **2** *fig* to encourage.

estímulo *nm Biol Fís* stimulus; *fig* encouragement.

estio *nm* summer.

estipendio *nm* stipend, fee.

estipular *vtr* to stipulate.

estirado,-a *adj fig* stiff.

estirar I *vtr* to stretch; *fig (dinero)* to spin out; *fig* **e. la pata**, to kick the bucket. **II estirarse** *vr* to stretch.

estirón *nm* pull, jerk, tug; *fam* **dar** *o* **pegar un e.**, to shoot up *o* grow quickly.

estirpe *nf* stock, pedigree.

estival *adj* summer; **época e.**, summertime.

esto *pron dem neut* this, this thing, this matter; *fam* **e. de la fiesta**, this business about the party.

estocada *nf Taur* stab.

Estocolmo *n* Stockholm.

estofado *nm* stew.

estoico,-a I *adj* stoical. **II** *nm,f* stoic.

estómago *nm* stomach; **dolor de e.**, stomach ache.

estoque *nm Taur* sword.

estorbar I *vtr* **1** *(dificultar)* to hinder, get in the way of. **2** *(molestar)* to disturb. **II** *vi* to be in the way.

estorbo *nm* **1** *(obstáculo)* obstruction, obstacle. **2** *(molestia)* nuisance.

estornino *nm* starling.

estornudar *vi* to sneeze.

estornudo *nm* sneeze.

estos,-as *adj dem pl* → **este,-a**.

éstos,-as *pron dem m,fpl* → **éste,-a**.

estoy *indic pres* → **estar**.

estrabismo *nm* squint.

estrado *nm* platform; *Mús* bandstand; *Jur*

stand.
estrafalario,-a *adj fam* outlandish.
estragos *nmpl* **hacer e. en,** to wreak havoc with *o* on.
estrambótico,-a *adj fam* outlandish, eccentric.
estrangulador,-a *nm,f* strangler.
estrangular *vtr* to strangle; *Med* to strangulate.
estraperlo *nm* black market; **tabaco de e.,** black market cigarettes.
Estrasburgo *n* Strasbourg.
estratagema *nf Mil* stratagem; *fam* trick, ruse.
estratega *nmf* strategist.
estrategia *nf* strategy.
estratégico,-a *adj* strategic.
estratificar [1] *vtr* to stratify.
estrato *nm* stratum.
estraza *nf* **papel de e.,** brown paper.
estrechamiento *nm* 1 narrowing; '**e. de calzada**', *(en letrero)* 'road narrows'. 2 *(de amistad etc)* tightening.
estrechar I *vtr* 1 to make narrow. 2 *(mano)* to shake; *(lazos de amistad)* to tighten; **me estrechó entre sus brazos,** he hugged me. **II estrecharse** *vr* to narrow, become narrower.
estrechez *nf* 1 narrowness; *fig* **e. de miras,** narrow-mindedness. 2 *fig (dificultad económica)* want, need; **pasar estrecheces,** to be hard up.
estrecho,-a I *adj* 1 narrow; *(ropa, zapato)* tight; *(amistad, relación)* close, intimate. 2 *fig* **e. de miras,** narrow-minded. **II** *nm Geog* strait, straits *pl*. ◆**estrechamente** *adv (íntimamente)* closely, intimately; **e. relacionados,** closely related.
estregar *vtr* to scrub.
estrella *nf* star; **e. de cine,** film star; *Zool* **e. de mar,** starfish; **e. fugaz,** shooting star.
estrellado,-a *adj* 1 *(en forma de estrella)* star-shaped. 2 *(cielo)* starry. 3 *(huevos)* scrambled.
estrellar I *vtr fam* to smash. **II estrellarse** *vr Aut Av (chocar)* to crash **(contra,** into); *(morir)* to die in a car crash.
estrellato *nm* stardom.
estremecedor,-a *adj* bloodcurdling.
estremecer [33] *vtr*, **estremecerse** *vr* to shake.
estrenar *vtr* 1 to use for the first time; *(ropa)* to wear for the first time. 2 *Teat Cin* to premiere.
estreno *nm Teat* first performance; *Cin* premiere.
estreñido,-a *adj* constipated.
estreñimiento *nm* constipation.
estrépito *nm* din, racket.
estrepitoso,-a *adj* deafening; *fig (fracaso)* spectacular.
estrés *nm* stress.
estresante *adj* stressful.

estría *nf* 1 *(en la piel)* stretch mark. 2 *Arquit* flute, fluting.
estribar *vi* **e. en,** to lie in, be based on.
estribillo *nm (en canción)* chorus; *(en poema)* refrain.
estribo *nm* 1 stirrup; *fig* **perder los estribos,** to lose one's temper, lose one's head. 2 *Arquit* buttress; *(de puente)* pier, support.
estribor *nm* starboard.
estricto,-a *adj* strict.
estridente *adj* strident.
estrofa *nf* verse.
estropajo *nm* scourer.
estropear I *vtr (máquina, cosecha)* to damage; *(fiesta, plan)* to spoil, ruin; *(pelo, manos)* to ruin. **II estropearse** *vr* to be ruined; *(máquina)* to break down.
estropicio *nm fam (destrozo)* damage; *(ruido)* crash, clatter.
estructura *nf* structure; *(armazón)* frame, framework.
estructurar *vtr* to structure.
estruendo *nm* roar.
estrujar I *vtr (limón etc)* to squeeze; *(ropa)* to wring; *(apretar)* to crush. **II estrujarse** *vr fam* **e. los sesos** *o* **el cerebro,** to rack one's brains.
estrujón *nm* tight squeeze, big hug.
estuche *nm* case; *(para lápices)* pencil case.
estuco *nm* stucco.
estudiante *nmf* student.
estudiantil *adj* student.
estudiar [12] *vtr* & *vi* to study.
estudio *nm* 1 study; *(encuesta)* survey; *Com* **e. de mercado,** market research. 2 *(sala)* studio; **e. cinematográfico/de grabación,** film/recording studio. 3 *(apartamento)* studio (flat). 4 **estudios,** studies.
estudioso,-a I *adj* studious. **II** *nm,f* specialist.
estufa *nf (calentador)* heater; *(de leña)* stove.
estupefaciente *nm* drug, narcotic.
estupefacto,-a *adj* astounded, flabbergasted.
estupendo,-a *adj* super, marvellous, *US* marvelous; **¡e.!,** great! ◆**estupendamente** *adv* marvellously, *US* marvelously, wonderfully.
estupidez *nf* stupidity.
estúpido,-a I *adj* stupid. **II** *nm,f* berk, idiot.
estupor *nm* amazement, astonishment.
estupro *nm Jur* rape (of a minor).
estuve *pt indef* → **estar.**
esvástica *nf* swastika.
ETA *nf abr de* **Euzkadi Ta Askatasuna** *(Patria Vasca y Libertad),* ETA.
etapa *nf* stage; **por etapas,** in stages.
etarra *nmf* member of ETA.
etc. *abr de* **etcétera,** etcetera, etc.
etcétera *adv* etcetera.

éter *nm* ether.
etéreo,-a *adj* ethereal.
eternidad *nf* eternity; *fam* **una e.**, ages.
eterno,-a *adj* eternal.
ética *nf* ethic; *(ciencia)* ethics *sing*.
ético,-a *adj* ethical.
etílico,-a *adj* ethylic; **alcohol e.**, ethyl alcohol; **en estado e.**, intoxicated; **intoxicación etílica**, alcohol poisoning.
etimología *nf* etymology.
etimológico,-a *adj* etymological.
etiope, etíope *adj & nmf* Ethiopian.
Etiopía *nf* Ethiopia.
etiqueta *nf* 1 *(de producto)* label. 2 *(ceremonia)* etiquette; **de e.**, formal.
etiquetar *vtr* to label.
etnia *nf* ethnic group.
étnico,-a *adj* ethnic.
eucalipto *nm* eucalyptus.
eucaristía *nf* eucharist.
eufemismo *nm* euphemism.
euforia *nf* euphoria.
eufórico,-a *adj* euphoric.
eureka *interj* eureka!
eurocomunismo *nm* Eurocommunism.
eurodiputado,-a *nm,f* Euro MP.
euromisil *nm* Euromissile.
Europa *n* Europe.
europeísmo *nm* Europeanism.
europeizar [26] *vtr* to europeanize.
europeo,-a *adj & nm,f* European.
euscalduna **I** *adj* Basque; *(que habla vasco)* Basque-speaking. **II** *nmf* Basque speaker.
euskera *adj & nm* Basque.
eutanasia *nf* euthanasia.
evacuación *nf* evacuation.
evacuar [10] *vtr* to evacuate.
evadir I *vtr* *(respuesta, peligro, impuestos)* to avoid; *(responsabilidad)* to shirk. **II evadirse** *vr* to escape.
evaluación *nf* evaluation; *Educ* assessment; **e. continua**, continuous assessment.
evaluar [30] *vtr* to evaluate, assess.
evangélico,-a *adj* evangelical.
evangelio *nm* gospel.
evangelista *nm* evangelist.
evaporación *nf* evaporation.
evaporar I *vtr* to evaporate. **II evaporarse** *vr* to evaporate; *fig* to vanish.
evasión *nf* *(fuga)* escape; *fig* evasion; **e. fiscal** *o* **de impuestos**, tax evasion.
evasiva *nf* evasive answer.
evasivo,-a *adj* evasive.
evento *nm* 1 *(acontecimiento)* event. 2 *(incidente)* contingency, unforeseen event.
eventual I *adj* 1 *(posible)* possible; *(gastos)* incidental. 2 *(trabajo, obrero)* casual, temporary. ◆**eventualmente** *adv* by chance; **los problemas que e. surjan**, such problems as may arise.
eventualidad *nf* contingency.
evidencia *nf* obviousness; **poner a algn en e.**, to show sb up.
evidenciar [12] *vtr* to show, demonstrate.
evidente *adj* obvious. ◆**evidentemente** *adv* obviously.
evitar *vtr* to avoid; *(prevenir)* to prevent; *(desastre)* to avert.
evocador,-a *adj* evocative.
evocar [1] *vtr* *(traer a la memoria)* to evoke; *(acordarse de)* to recall.
evolución *nf* evolution; *(desarrollo)* development.
evolucionar *vi* to develop; *Biol* to evolve; **el enfermo evoluciona favorablemente**, the patient is improving.
ex *pref* former, ex-; **ex alumno**, former pupil, ex-student; **ex combatiente**, ex-serviceman; *US* veteran; **ex marido**, ex-husband; *fam* **mi ex**, my ex.
exabrupto *nm* sharp comment.
exacerbar I *vtr* 1 *(agravar)* to exacerbate, aggravate. 2 *(irritar)* to exasperate, irritate. **II exacerbarse** *vr* *(irritarse)* to feel exasperated.
exactitud *nf* accuracy; **con e.**, precisely.
exacto,-a *adj* exact; **¡e.!**, precisely!; **para ser e.**, to be precise. ◆**exactamente** *adv* exactly, precisely.
exageración *nf* exaggeration.
exagerado,-a *adj* exaggerated; *(excesivo)* excessive.
exagerar I *vtr* to exaggerate. **II** *vi* to overdo it.
exaltado,-a *adj* **I** *(persona)* excitable, hotheaded. **II** *nm,f* *fam* fanatic.
exaltar I *vtr* 1 to praise, extol. **II exaltarse** *vr* *(acalorarse)* to get overexcited, get carried away.
examen *nm* examination, exam; **e. de conducir**, driving test; *Med* **e. médico**, checkup.
examinador,-a *nm,f* examiner.
examinar I *vtr* to examine. **II examinarse** *vr* to take *o* sit an examination.
exasperante *adj* exasperating.
exasperar I *vtr* to exasperate. **II exasperarse** *vr* to become exasperated.
Exc., Exca., Exc.ª *abr de* **Excelencia**, Excellency.
excavación *nf* excavation; *(en arqueología)* dig.
excavadora *nf* digger.
excavar *vtr* to excavate, dig.
excedencia *nf* leave (of absence).
excedente *adj & nm* excess, surplus.
exceder I *vtr* to exceed, surpass. **II excederse** *vr* to go too far.
excelencia *nf* 1 excellence; **por e.**, par excellence. 2 *(título)* **Su E.**, His *o* Her Excellency.
excelente *adj* excellent.
excelso,-a *adj* sublime, lofty.
excentricidad *nf* eccentricity.
excéntrico,-a *adj* eccentric.
excepción *nf* exception; **a e. de**, with the

exception of, except for; **de e.,** exceptional; *Pol* **estado de e.,** state of emergency.
excepcional *adj* exceptional.
excepto *adv* except (for), apart from.
exceptuar [30] *vtr* to except, exclude.
excesivo,-a *adj* excessive.
exceso *nm* excess; **en e.,** in excess, excessively; **e. de equipaje,** excess baggage; **e. de velocidad,** speeding.
excitable *adj* excitable.
excitación *nf (sentimiento)* excitement.
excitante **I** *adj* exciting; *Med* stimulating. **II** *nm* stimulant.
excitar **I** *vtr* to excite. **II excitarse** *vr* to get excited.
exclamación *nf* exclamation.
exclamar *vtr & vi* to exclaim, cry out.
excluir [37] *vtr* to exclude; *(rechazar)* to reject.
exclusión *nf* exclusion.
exclusiva *nf Prensa* exclusive; *Com* sole right.
exclusive *adv (en fechas)* exclusive.
exclusivo,-a *adj* exclusive.
Excma. *abr de* **Excelentísima,** Most Excellent.
Excmo. *abr de* **Excelentísimo,** Most Excellent.
excomulgar [7] *vtr Rel* to excommunicate.
excomunión *nf* excommunication.
excremento *nm* excrement.
exculpar *vtr* to exonerate.
excursión *nf* excursion.
excursionista *nmf* tripper; *(a pie)* hiker.
excusa *nf (pretexto)* excuse; *(disculpa)* apology.
excusado *nm (retrete)* toilet.
excusar **I** *vtr* **1** *(justificar)* to excuse. **2** *(eximir)* to exempt (**de,** from). **II excusarse** *vr (disculparse)* to apologize.
execrar *vtr* to execrate, abhor.
exención *nf* exemption; **e. de impuestos,** tax exemption.
exento,-a *adj* exempt, free (**de,** from).
exequias *nfpl* funeral rites.
exhalar *vtr* to exhale, breathe out; *(gas)* to give off, emit; *(suspiro)* to heave.
exhaustivo,-a *adj* exhaustive.
exhausto,-a *adj* exhausted.
exhibición *nf* exhibition.
exhibicionista *nmf* exhibitionist.
exhibir **I** *vtr* **1** *(mostrar)* to exhibit, display. **2** *(lucir)* to show off. **II exhibirse** *vr* to show off, make an exhibition of oneself.
exhortar *vtr* to exhort.
exhumar *vtr* to exhume.
exigencia *nf* **1** demand. **2** *(requisito)* requirement.
exigente *adj* demanding, exacting.
exigir [6] *vtr* to demand.
exiguo,-a *adj* minute.

exilado,-a **I** *adj* exiled, in exile. **II** *nm,f* exile.
exilar **I** *vtr* to exile, send into exile. **II exilarse** *vr* to go into exile.
exiliado,-a *adj & nm,f* → **exilado,-a**.
exiliar [12] *vtr,* **exiliarse** *vr* → **exilar**.
exilio *nm* exile.
eximio,-a *adj* distinguished, eminent.
eximir *vtr* to exempt (**de,** from).
existencia *nf* **1** *(vida)* existence. **2** *Com* **existencias,** stock *sing,* stocks.
existente *adj* existing; *Com* in stock.
existir *vi* to exist, be (in existence).
éxito *nm* success; **con é.,** successfully; **tener é.,** to be successful.
exitoso,-a *adj* successful.
éxodo *nm* exodus.
exonerar *vtr* to exonerate.
exorbitante *adj* exorbitant, excessive.
exorcista *nmf* exorcist.
exorcizar [4] *vtr* to exorcize.
exótico,-a *adj* exotic.
expandir **I** *vtr* to expand. **II expandirse** *(gas etc)* to expand; *(noticia)* to spread.
expansión *nf* **1** expansion; *(de noticia)* spreading. **2** *(diversión)* relaxation, recreation.
expansionarse *vr fig (divertirse)* to relax, let one's hair down.
expatriado,-a *adj & nm,f* expatriate.
expatriar [19] **I** *vtr* to exile, banish. **II expatriarse** *vr* to leave one's country.
expectación *nf* excitement.
expectativa *nf* expectancy; **estar a la e. de,** to be on the lookout for.
expectorante *nm* expectorant.
expedición *nf* expedition.
expedientar *vtr* to place under enquiry.
expediente *nm* **1** *(informe)* dossier, record; *(ficha)* file; *Educ* **e. académico,** student's record; **abrirle e. a algn,** to place sb under enquiry. **2** *Jur* proceedings *pl,* action.
expedir [6] *vtr* **1** *(carta)* to send, dispatch. **2** *(pasaporte etc)* to issue.
expedito,-a *adj* free, clear.
expendedor,-a **I** *nm,f* seller. **II** *nm* **e. automático,** vending machine.
expendeduría *nf* tobacconist's.
expensas *nfpl* **a e. de,** at the expense of.
experiencia *nf* **1** experience; **por e.,** from experience. **2** *(experimento)* experiment.
experimentado,-a *adj* experienced.
experimental *adj* experimental.
experimentar **I** *vi* to experiment. **II** *vtr* to undergo; *(aumento)* to show; *(pérdida)* to suffer; *(sensación)* to experience, feel; *Med* **e. una mejoría,** to improve, make progress.
experimento *nm* experiment.
experto,-a *nm,f* expert.
expiar [29] *vtr* to expiate, atone for.
expirar *vi* to expire.
explanada *nf* esplanade.

explayarse *vr* to talk at length (about).
explicación *nf* explanation.
explicar [1] **I** *vtr* to explain. **II explicarse** *vr (persona)* to explain (oneself); **no me lo explico**, I can't understand it.
explicativo,-a *adj* explanatory.
explícito,-a *adj* explicit.
exploración *nf* exploration; *Téc* scanning; *Med* probe; *Mil* reconnaissance.
explorador,-a *nm,f* **1** *(persona)* explorer. **2** *Med* probe; *Téc* scanner.
explorar *vtr* to explore; *Med* to probe; *Téc* to scan; *Mil* to reconnoitre.
explosión *nf* explosion, blast; **hacer e.**, to explode; **motor de e.**, internal combustion engine; **e. demográfica**, population explosion.
explosionar *vtr & vi* to explode, blow up.
explosivo,-a *adj & nm* explosive.
explotación *nf* **1** *(abuso)* exploitation. **2** *(uso)* exploitation, working; *Agr* cultivation (of land); *(granja)* farm.
explotador,-a *nm,f pey* exploiter.
explotar I *vi (bomba)* to explode, go off. **II exponer** *vtr* **1** *(aprovechar)* to exploit; *(recursos)* to tap; *(tierra)* to cultivate. **2** *(abusar de)* to exploit.
expoliar [12] *vtr* to plunder, pillage.
exponente *nmf* exponent.
exponer [19] *(pp expuesto)* **I** *vtr* **1** *(mostrar)* to exhibit, display. **2** *(explicar)* to expound, put forward. **3** *(arriesgar)* to expose. **II exponerse** *vr* to expose oneself **(a, to); te expones a perder el trabajo**, you run the risk of losing your job.
exportación *nf* export.
exportador,-a I *adj* exporting. **II** *nm,f* exporter.
exportar *vtr* to export.
exposición *nf* **1** *Arte* exhibition; **e. universal**, world fair; **sala de exposiciones**, gallery. **2** *(de hechos, ideas)* exposé. **3** *Fot* exposure.
exprés *adj* express; *(olla)* **e.**, pressure cooker; *(café)* **e.**, espresso (coffee).
expresar I *vtr* to express; *(manifestar)* to state. **II expresarse** *vr* to express oneself.
expresión *nf* expression; **la mínima e.**, the bare minimum.
expresivo,-a *adj* expressive.
expreso,-a I *adj* express; **con el fin e. de**, with the express purpose of. **II** *nm Ferroc* express (train). **III** *adv* on purpose, deliberately. ◆**expresamente** *adv* specifically, expressly.
exprimidor *nm* squeezer, *US* juicer.
exprimir *vtr (limón)* to squeeze; *(zumo)* to squeeze out; *(persona)* to exploit, bleed dry.
expropiar [12] *vtr* to expropriate.
expuesto,-a *adj* **1** *(sin protección)* exposed; **estar e. a**, to be exposed to. **2** *(peligroso)* risky, dangerous. **3** *(exhibido)* on display, on show.
expulsar *vtr* **1** to expel, throw out; *Dep (jugador)* to send off. **2** *(gas etc)* to belch out.
expulsión *nf* expulsion; *Dep* sending off.
expurgar [7] *vtr* to expurgate; *fig* to purge.
expuse *pt indef* → **exponer**.
exquisito,-a *adj* exquisite; *(comida)* delicious; *(gusto)* refined.
extasiado,-a *adj* ecstatic; **quedarse e.**, to go into ecstasies *o* raptures.
extasiarse [29] *vr* to go into ecstasies *o* raptures.
éxtasis *nm inv* ecstasy.
extender [3] **I** *vtr* **1** to extend; *(agrandar)* to enlarge. **2** *(mantel, mapa)* to spread (out), open (out); *(mano, brazo)* to stretch (out). **3** *(crema, mantequilla)* to spread. *(cheque)* to make out; *(documento)* to draw up; *(certificado)* to issue. **II extenderse** *vr* **1** *(en el tiempo)* to extend, last. **2** *(en el espacio)* to spread out, stretch. **3** *(rumor, noticia)* to spread, extend. **4** *fig (hablar demasiado)* to go on.
extendido,-a *adj* **1** extended; *(mapa, plano)* spread out, open; *(mano, brazo)* outstretched. **2** *(costumbre, rumor)* widespread.
extensible *adj* extending.
extensión *nf (de libro etc)* length; *(de cuerpo)* size; *(de terreno)* area, expanse; *(edificio anexo)* extension; **en toda la e. de la palabra**, in every sense of the word; **por e.**, by extension.
extensivo,-a *adj* **hacer e.**, to extend; **ser e. a**, to cover.
extenso,-a *adj (terreno)* extensive; *(libro, película)* long.
extenuar [30] **I** *vtr* to exhaust. **II extenuarse** *vr* to exhaust oneself.
exterior I *adj* **1** *(de fuera)* outer; *(puerta)* outside. **2** *(política, deuda)* foreign; *Pol* **Ministerio de Asuntos Exteriores**, Ministry of Foreign Affairs, *GB* Foreign Office, *US* State Department. **II** *nm* **1** *(parte de fuera)* exterior, outside. **2** *(extranjero)* abroad. **3 exteriores**, *Cin* location *sing*. ◆**exteriormente** *adv* outwardly.
exteriorizar [4] *vtr* to show.
exterminar *vtr* to exerminate.
exterminio *nm* extermination.
externo,-a I *adj* external; *Farm* **de uso e.**, for external use only. **II** *nm,f Educ* day pupil.
extinción *nf* extinction.
extinguir [8] **I** *vtr (fuego)* to extinguish, put out; *(raza)* to wipe out. **II extinguirse** *vr (fuego)* to go out; *(especie)* to become extinct, die out.
extinto,-a *adj* extinct.
extintor *nm* fire extinguisher.
extirpar *vtr* **1** *Med* to remove. **2** *fig* to

eradicate, stamp out.
extorsión *nf* extortion.
extorsionar *vtr* to extort.
extra¹ I *adj* 1 *(suplementario)* extra; **horas e.**, overtime; **paga e.**, bonus. 2 *(superior)* top quality. **II** *nm* extra. **III** *nm,f Cin Teat* extra.
extra² *pref* extra; **extramatrimonial**, extramarital.
extracción *nf* 1 extraction. 2 *(en lotería)* draw.
extracto *nm* 1 extract; **e. de fresa**, strawberry extract; **e. de regaliz**, liquorice; *Fin* **e. de cuenta**, statement of account. 2 *(resumen)* summary.
extractor *nm* extractor.
extradición *nf* extradition.
extraer [25] *vtr* to extract, take out.
extraescolar *adj (actividad etc)* extracurricular.
extrafino,-a *adj* superfine.
extralimitarse *vr* to overstep the mark.
extranjería *nf* **ley de e.**, law on aliens.
extranjero,-a I *adj* foreign. **II** *nm,f* foreigner. **III** *nm* abroad; **en el e.**, abroad.
extrañar I *vtr* 1 *(sorprender)* to surprise; **no es de e.**, it's hardly surprising. 2 *Am (echar de menos)* to miss. **II extrañarse** *vr* **e. de**, to be surprised at.
extrañeza *nf* 1 *(sorpresa)* surprise, astonishment. 2 *(singularidad)* strangeness.
extraño,-a I *adj* strange; *Med* **cuerpo e.**, foreign body. **II** *nm,f* stranger.
extraoficial *adj* unofficial.
extraordinaria *nf (paga)* bonus.
extraordinario,-a *adj* extraordinary; *Prensa* **edición extraordinaria**, special edition.
extrarradio *nm* outskirts *pl*, suburbs *pl*.
extraterrestre *nmf* alien.
extravagancia *nf* extravagance.
extravagante *adj* odd, outlandish.
extravertido,-a *adj* → **extrovertido,-a**.
extraviado,-a *adj* lost, missing.
extraviar [29] **I** *vtr* to mislay, lose. **II extraviarse** *vr* to be missing, get mislaid.
extremado,-a *adj* extreme.
◆**extremadamente** *adv* extremely.
Extremadura *n* Estremadura.
extremar I *vtr* **e. la prudencia**, to be extremely careful. **II extremarse** *vr* to take great pains, do one's utmost.
extremaunción *nf* extreme unction.
extremeño,-a I *adj* of *o* from Estremadura. **II** *nm,f* native of Estremadura.
extremidad *nf* 1 *(extremo)* end, tip. 2 *Anat (miembro)* limb, extremity.
extremista *adj & nmf* extremist.
extremo,-a I *nm (de calle, cable)* end; *(máximo)* extreme; **en e.**, very much; **en último e.**, as a last resort. **II** *nm,f Dep* winger; *Ftb* **e. derecha/izquierda**, outside-right/-left. **III** *adj* extreme; **E. Oriente**, Far East.
extrovertido,-a *adj & nm,f* extrovert.
exuberante *adj* exuberant; *(vegetación)* lush, abundant.
eyaculación *nf* ejaculation; **e. precoz**, premature ejaculation.
eyacular *vi* to ejaculate.
eyectable *adj* **asiento e.**, ejector seat.

F

F, f |'efe| *nf (la letra)* F, f.
F *abr de* **Fahrenheit**, Fahrenheit, F.
fa *nm Mús* F.
fabada *nf* stew of beans, pork sausage and bacon.
fábrica *nf* factory; **marca de f.**, trademark; **precio de f.**, factory *o* ex-works price.
fabricación *nf* manufacture; **de f. casera**, home-made; **de f. propia**, our own make; **f. en cadena**, mass production.
fabricante *nmf* manufacturer.
fabricar [1] *vtr* 1 *Ind* to manufacture. 2 *fig (mentiras etc)* to fabricate.
fabril *adj* manufacturing.
fábula *nf* fable.
fabuloso,-a *adj* fabulous.
faca *nf* large curved knife.
facción *nf* 1 *Pol* faction. 2 **facciones**, *(rasgos)* features.
faccioso,-a I *adj* seditious. **II** *nm,f* rebel.
faceta *nf* facet.
facha¹ *nf fam* appearance, look.
facha² *nmf pey* fascist.
fachada *nf* façade.
facial *adj* facial.
fácil *adj* 1 easy; **f. de comprender**, easy to understand. 2 *(probable)* likely, probable; **es f. que ...**, it's (quite) likely that ....
◆**fácilmente** *adv* easily.
facilidad *nf* 1 *(sencillez)* easiness. 2 *(soltura)* ease. 3 *(servicio)* facility; **dar facilidades**, to make things easy; *Com* **facilidades de pago**, easy terms. 4 **f. para los idiomas**, gift for languages.
facilitar *vtr (proporcionar)* to provide, supply (**a**, with).
facineroso,-a *adj* criminal.
facsímil, facsímile *nm* facsimile.
factible *adj* feasible.
fáctico,-a *adj* **poderes fácticos**, vested interests.
factor *nm* 1 factor. 2 *Ferroc* luggage clerk.
factoría *nf (fábrica)* factory.
factura *nf Com* invoice.
facturación *nf* 1 *Com* invoicing. 2 *(de*

facturar   119   **farmacia**

equipajes) (*en aeropuerto*) check-in; (*en estación*) registration.

facturar *vtr* 1 *Com* to invoice. 2 (*en aeropuerto*) to check in; (*en estación*) to register.

facultad *nf* faculty; **facultades mentales,** faculties.

facultativo,-a I *adj* optional. II *nm,f* doctor.

faena *nf* 1 (*tarea*) task. 2 *fam* (*mala pasada*) dirty trick. 3 *Taur* performance.

faenar *vi* to fish.

fagot *Mús* bassoon.

faisán *nm* pheasant.

faja *nf* 1 (*corsé*) girdle, corset. 2 (*banda*) sash. 3 (*de terreno*) strip.

fajo *nm* (*de ropa etc*) bundle; (*de billetes*) wad.

falacia *nf* fallacy.

falaz *adj* 1 (*erróneo*) fallacious. 2 (*engañoso*) deceitful.

falda *nf* 1 (*prenda*) skirt; **f. pantalón,** culottes *pl.* 2 (*de montaña*) slope, hillside. 3 (*de mesa*) cover. 4 (*regazo*) lap.

faldero,-a *adj* **perro f.,** lapdog.

falla¹ *nf Am* (*defecto*) defect, fault.

falla² *nf Geol* fault.

fallar¹ I *vi Jur* to rule. II *vtr* (*premio*) to award.

fallar² I *vi* to fail; **le falló la puntería,** he missed his aim; *fig* **no me falles,** don't let me down. II *vtr* to miss.

fallecer [33] *vi fml* to pass away, die.

fallecido,-a *adj* deceased.

fallecimiento *nm* demise.

fallido,-a *adj* unsuccessful, vain.

fallo¹ *nm* 1 (*error*) mistake; **f. humano,** human error. 2 (*del corazón, de los frenos*) failure.

fallo² *nm* 1 *Jur* judgement, sentence. 2 (*en concurso*) awarding.

falo *nm* phallus.

falsear *vtr* 1 (*informe etc*) to falsify; (*hechos, la verdad*) to distort. 2 (*moneda*) to forge.

falsedad *nf* 1 falseness, (*doblez*) hypocrisy. 2 (*mentira*) falsehood.

falsificar [1] *vtr* to falsify; (*cuadro, firma, moneda*) to forge.

falso,-a *adj* 1 false; **dar un paso en f.,** (*tropezar*) to trip, stumble; *fig* to make a blunder; **jurar en f.,** to commit perjury. 2 (*persona*) insincere.

falta *nf* 1 (*carencia*) lack; **por f. de,** for want *o* lack of; **sin f.,** without fail; **f. de educación,** bad manners. 2 (*escasez*) shortage. 3 (*ausencia*) absence; **echar algo/a algn en f.,** to miss sth/sb. 4 (*error*) mistake; (*defecto*) fault, defect; **f. de ortografía,** spelling mistake; **sacar faltas a algo/a algn,** to find fault with sth/sb. 5 *Jur* misdemeanour. 6 *Dep* (*fútbol*) foul; (*tenis*) fault. 7 **hacer f.,** to be necessary; **(nos) hace f. una escalera,** we need a ladder; **harán f. dos personas para mover el piano,** it'll take two people to move the piano; **no hace f. que ...,** there is no need for ....

faltar *vi* 1 (*no estar*) to be missing; **¿quién falta?,** who is missing? 2 (*escasear*) to be lacking *o* needed; **le falta confianza en sí mismo,** he lacks confidence in himself; **¡lo que me faltaba!,** that's all I needed!; **¡no faltaría o faltaba más!,** (*por supuesto*) (but) of course! 3 (*quedar*) to be left; **¿cuántos kilómetros faltan para Managua?,** how many kilometres is it to Managua?; **ya falta poco para las vacaciones,** it won't be long now till the holidays; **faltó poco para que me cayera,** I very nearly fell. 4 **f. a la verdad,** not to tell the truth; **f. al deber,** to fail in one's duty; **f. a su palabra/promesa,** to break one's word/promise; **f. al respeto a algn,** to treat sb with disrespect.

falto,-a *adj* **f. de,** lacking in.

fama *nf* 1 fame, renown; **de f. mundial,** world-famous. 2 (*reputación*) reputation.

famélico,-a *adj* starving, famished.

familia *nf* family; **estar en f.,** to be among friends; **f. numerosa,** large family.

familiar I *adj* 1 (*de la familia*) family; **empresa f.,** family business. 2 (*conocido*) familiar. II *nmf* relation, relative.

familiaridad *nf* familiarity.

familiarizarse [4] *vr* to familiarize oneself (**con,** with).

famoso,-a I *adj* famous. II *nm* famous person.

fan *nmf* fan.

fanático,-a I *adj* fanatical. II *nm,f* fanatic.

fanatismo *nm* fanaticism.

fanfarrón,-ona *fam* I *adj* boastful. II *nm,f* show-off.

fanfarronear *vi fam* (*chulear*) to show off; (*bravear*) to brag, boast.

fango *nm* 1 (*barro*) mud. 2 *fig* degradation.

fantasear *vi* to daydream, dream.

fantasía *nf* fantasy; **joya de f.,** imitation jewellery.

fantasioso,-a *adj* imaginative.

fantasma *nm* 1 (*espectro*) ghost. 2 *fam* (*fanfarrón*) braggart, show-off.

fantasmal *adj* ghostly.

fantástico,-a *adj* fantastic.

fantoche *nm pey* nincompoop, ninny.

faraón *nm* Pharaoh.

fardar *vi arg* to show off.

fardo *nm* bundle.

farfullar *vtr* to jabber.

faringe *nf* pharynx.

faringitis *nf* pharyngitis.

fariseo,-a *nm,f* (*falso*) hypocrite.

farmacéutico,-a I *adj* pharmaceutical. II *nm,f* pharmacist.

farmacia *nf* 1 (*tienda*) chemist's (shop),

fármaco

US pharmacy. 2 *(ciencia)* pharmacology.
fármaco *nm* medicine, medication.
faro *nm* 1 *(torre)* lighthouse. 2 *(de coche)* headlight, headlamp.
farol *nm* 1 lantern; *(en la calle)* streetlight, streetlamp. 2 *arg (fanfarronada)* bragging; **tirarse un f.**, to brag. 3 *(en naipes)* bluff.
farola *nf* streetlight, streetlamp.
farolear *vi arg* to brag.
farolillo *nm fig* **ser el f. rojo**, to bring up the rear.
farragoso,-a *adj* confused, rambling.
farruco,-a *adj fam* cocky.
farsa *nf* farce.
farsante *nmf* fake, impostor.
fascículo *nm Impr* instalment, US installment.
fascinador,-a, fascinante *adj* fascinating.
fascinar *vtr* to fascinate.
fascismo *nm* fascism.
fascista *adj & nmf* fascist.
fase *nf* 1 *(etapa)* phase, stage. 2 *Elec Fís* phase.
fastidiado,-a *adj fam* 1 *(roto)* broken. 2 *(enfermo)* sick; **tiene el estómago f.**, he's got a bad stomach.
fastidiar [12] **I** *vtr* 1 *(molestar)* to annoy, bother; *(dañar)* to hurt; *fam* **¡no fastidies!**, you're kidding! 2 *fam (estropear)* to damage, ruin; *(planes)* to spoil. **II fastidiarse** *vr* 1 *(aguantarse)* to put up with it, resign oneself; **que se fastidie**, that's his tough luck. 2 *fam (estropearse)* to get damaged, break down. 3 **me he fastidiado el tobillo**, I've hurt my ankle.
fastidio *nm* nuisance.
fastuoso,-a *adj* 1 *(acto)* splendid, lavish. 2 *(persona)* lavish, ostentatious.
fatal I *adj* 1 *fam (muy malo)* awful, dreadful. 2 *(mortal)* deadly, fatal. 3 *(inexorable)* fateful, inevitable. **II** *adv fam* awfully, terribly; **lo pasó f.**, he had a rotten time.
fatalidad *nf* 1 *(destino)* fate. 2 *(desgracia)* misfortune.
fatalista I *adj* fatalistic. **II** *nmf* fatalist.
fatiga *nf* 1 *(cansancio)* fatigue. 2 **fatigas**, *(dificultades)* troubles, difficulties.
fatigar [7] **I** *vtr* to tire, weary. **II fatigarse** *vr* to tire, become tired.
fatigoso,-a *adj* tiring, exhausting.
fatuo,-a *adj* 1 *(envanecido)* vain, conceited. 2 *(necio)* fatuous, foolish.
fauces *nfpl fig* jaws.
fauna *nf* fauna.
favor *nm* favour, US favor; **por f.**, please; **¿puedes hacerme un f.?**, can you do me a favour?; **estar a f. de**, to be in favour of; **haga el f. de sentarse**, please sit down.
favorable *adj* favourable, US favorable; **f. a**, in favour of.
favorecedor,-a *adj* flattering.
favorecer [33] *vtr* 1 to favour, US favor. 2 *(sentar bien)* to flatter.

favoritismo *nm* favouritism, US favoritism.
favorito,-a *adj & nm,f* favourite, US favorite.
faz *nf (pl* **faces***) lit (cara)* face.
fe *nf* 1 faith; **de buena/mala fe**, with good/dishonest intentions. 2 *(certificado)* certificate; **fe de bautismo/matrimonio**, baptism/marriage certificate. 3 *Impr* **fe de erratas**, list of errata.
fealdad *nf* ugliness.
febrero *nm* February.
febril *adj* 1 *Med* feverish. 2 *(actividad)* hectic.
fecha *nf* 1 date; **f. límite** *o* **tope**, deadline; **f. de caducidad**, sell-by date; **hasta la f.**, so far; **en f. próxima**, at an early date. 2 **fechas**, *(época)* time *sing*; **el año pasado por estas fechas**, this time last year.
fechar *vtr* to date.
fechoría *nf (de niños)* mischief; *arc* misdeed.
fécula *nf* starch.
fecundación *nf* fertilization; **f. in vitro**, in vitro fertilization.
fecundar *vtr* to fertilize.
fecundo,-a *adj* fertile.
federación *nf* federation.
federal *adj & nmf* federal.
fehaciente *adj* 1 *fml* authentic, reliable. 2 *Jur* irrefutable; **documento** *o* **prueba f.**, irrefutable proof.
felicidad *nf* happiness; **(muchas) felicidades**, *(en cumpleaños)* many happy returns.
felicitación *nf* **tarjeta de f.** greetings card.
felicitar *vtr* to congratulate (**por**, on); **¡te felicito!**, congratulations!
feligrés,-a *nm,f* parishioner.
felino,-a *adj & nm* feline.
feliz *adj* 1 *(contento)* happy; **¡felices Navidades!**, Happy *o* Merry Christmas! 2 *(decisión etc)* fortunate.
felonía *nf* treachery.
felpa *nf* 1 *Tex* plush; **oso** *o* **osito de f.**, teddy bear. 2 *(para el pelo)* hairband.
felpudo *nm* mat, doormat.
femenino,-a *adj* feminine; *(equipo, ropa)* women's; **sexo f.**, female sex.
feminismo *nm* feminism.
feminista *adj & nmf* feminist.
fémur *nm* femur.
fenecer [33] *vi euf* to pass away, die.
fenomenal I *adj* 1 phenomenal. 2 *fam (fantástico)* great, terrific. **II** *adv fam* wonderfully, marvellously; **lo pasamos f.**, we had a fantastic time.
fenómeno,-a I *nm* 1 phenomenon. 2 *(prodigio)* genius. 3 *(monstruo)* freak. **II** *adj fam* fantastic, terrific. **III** *interj* fantastic!, terrific!
feo,-a I *adj* ugly; *(asunto etc)* nasty. **II** *nm fam* **hacerle un f. a algn**, to offend sb.
féretro *nm* coffin.

feria *nf* fair; **f. de muestras/del libro**, trade/book fair.
feriado,-a *adj* día f., holiday.
ferial *adj* recinto f., *(de exposiciones)* exhibition centre; *(de fiestas)* fairground.
ferina *adj* tos f., whooping cough.
fermentar *vi* to ferment.
fermento *nm* ferment.
ferocidad *nf* ferocity, fierceness.
feroz *adj* fierce, ferocious; **el lobo f.**, the big bad wolf.
férreo,-a *adj* ferreous; **fig** iron.
ferretería *nf* ironmonger's (shop), hardware store.
ferrocarril *nm* railway, *US* railroad.
ferroviario,-a *adj* railway, rail.
ferry *nm* ferry.
fértil *adj* fertile.
fertilidad *nf* fertility.
fertilizante I *adj* fertilizing. II *nm* fertilizer.
fertilizar [4] *vtr* to fertilize.
ferviente *adj* fervent.
fervor *nm* fervour, *US* fervor.
fervoroso,-a *adj* fervent.
festejar *vtr* to celebrate.
festejos *nmpl* festivities.
festín *nm* feast, banquet.
festival *nm* festival.
festividad *nf* festivity.
festivo,-a I *adj* 1 *(ambiente etc)* festive. 2 **día f.**, holiday. II *nm* holiday.
fetal *adj* foetal, *US* fetal.
fetiche *nm* fetish.
fétido,-a *adj* stinking, fetid.
feto *nm* foetus, *US* fetus.
feudalismo *nm* feudalism.
feudo *nm* fief; *Pol* stronghold.
FEVE *nmpl abr de* **Ferrocarriles Españoles de Vía Estrecha**.
FF.AA. *nfpl abr de* **Fuerzas Armadas**, Armed Forces.
FF.CC. *nmpl abr de* **ferrocarriles**, railways.
fiabilidad *nf* reliability, trustworthiness.
fiable *adj* reliable, trustworthy.
fiador,-a *nm,f* guarantor; **salir** *o* **ser f. de algn**, *(pagar fianza)* to stand bail for sb; *(avalar)* to vouch for sb.
fiambre *nm* 1 *Culin* cold meat. 2 *fam (cadáver)* stiff, corpse.
fiambrera *nf* lunch box.
fianza *nf (depósito)* deposit; *Jur* bail; **en libertad bajo f.**, on bail.
fiar [29] I *vtr* 1 *(avalar)* to guarantee. 2 *(vender sin cobrar)* to sell on credit. II **fiarse** *vr* to trust (**de**, -).
fiasco *nm* fiasco.
fibra *nf* fibre, *US* fiber; *(de madera)* grain; **f. de vidrio**, fibreglass.
ficción *nf* fiction.
ficha *nf* 1 *(tarjeta)* filing card; **f. técnica**, specifications *pl*, technical data; *Cin* credits *pl*. 2 *(en juegos)* counter; *(de ajedrez)* piece, man; *(de dominó)* domino.

fichado,-a *adj* **está f. por la policía**, he has a police record.
fichaje *nm Dep* signing.
fichar I *vtr* 1 to put on file. 2 *Dep* to sign up. II *vi* 1 *(en el trabajo) (al entrar)* to clock in; *(al salir)* to clock out. 2 *Dep* to sign.
fichero *nm* card index.
ficticio,-a *adj* fictitious.
fidedigno,-a *adj* reliable, trustworthy; **fuentes fidedignas**, reliable sources.
fidelidad *nf* faithfulness; **alta f.**, high fidelity, hi-fi.
fideo *nm* noodle.
fiebre *nf* fever; **tener f.**, to have a temperature.
fiel I *adj* 1 *(leal)* faithful, loyal. 2 *(exacto)* accurate, exact. II *nm* 1 *(de balanza)* needle, pointer. 2 *Rel* **los fieles**, the congregation.
fieltro *nm* felt.
fiera *nf* 1 wild animal; *fam* **estaba hecho una f.**, he was hopping mad. 2 *Taur* bull.
fiero,-a *adj (salvaje)* wild; *(feroz)* fierce, ferocious.
fierro *nm Am* 1 *(hierro)* iron. 2 *(navaja)* knife.
fiesta *nf* 1 *(entre amigos)* party. 2 **día de f.**, holiday. 3 *Rel* feast; **f. de guardar**, holy day of obligation. 4 *(festividad)* celebration, festivity.
figura *nf* figure.
figurado,-a *adj* figurative; **en sentido f.**, figuratively.
figurar I *vi (en lista)* to figure. II **figurarse** *vr* 1 to imagine, suppose; **ya me lo figuraba**, I thought as much. 2 **¡figúrate!**, **¡figúrese!**, just imagine!
figurinista *nmf Teat Cin* costume designer.
fijador *nm* 1 *(gomina)* gel. 2 *Fot* fixative.
fijar I *vtr* to fix; **prohibido f. carteles**, *(en letrero)* post no bills. II **fijarse** *vr* 1 *(darse cuenta)* to notice. 2 *(poner atención)* to pay attention, watch.
fijo,-a *adj* 1 fixed; **sin domicilio f.**, of no fixed abode. 2 *(trabajo)* steady. ◆**fijamente** *adv* **mirar f.**, to stare.
fila *nf* 1 file; **en f. india**, in single file; **poner en f.**, to line up. 2 *(de cine, teatro)* row. 3 **Mil filas**, ranks; **llamar a algn a f.**, to call sb up; **¡rompan f.!**, fall out!, dismiss!
filamento *nm* filament.
filantropía *nf* philanthropy.
filántropo,-a *nm,f* philanthropist.
filarmónico,-a *adj* philharmonic.
filatelia *nf* philately, stamp collecting.
filete *nm (de carne, pescado)* fillet.
filiación *nf Pol* affiliation.
filial I *adj* 1 *(de hijos)* filial. 2 *Com* subsidiary. II *nf Com* subsidiary.
filigrana *nf* 1 filigree. 2 *fig* **filigranas**, intricacy *sing*, intricate work *sing*.

Filipinas *npl* (las) F., (the) Philippines.
filipino,-a *adj & nm,f* Philippine, Filipino.
filmar *vtr* to film, shoot.
film(e) *nm* film.
fílmico,-a *adj* film.
filmoteca *nf* (*archivo*) film library.
filo *nm* (cutting) edge; **al f. de la medianoche**, on the stroke of midnight; **fig de doble f.**, double-edged.
filón *nm* 1 *Min* seam, vein. 2 *fig* (*buen negocio*) gold mine.
filoso,-a *adj Am* sharp-edged.
filosofal *adj* **piedra f.**, philosopher's stone.
filosofía *nf* philosophy; *fig* **con f.**, philosophically.
filosófico,-a *adj* philosophical.
filósofo,-a *nm,f* philosopher.
filtración *nf* filtration; (*de información*) leak.
filtrar I *vtr* 1 to filter. 2 (*información*) to leak. II **filtrarse** *vr* 1 (*líquido*) seep. 2 (*información*) to leak out.
filtro *nm* filter.
fin *nm* 1 (*final*) end; **dar** *o* **poner f. a**, to put an end to; **llegar** *o* **tocar a su f.**, to come to an end; **en f.**, anyway; **¡por** *o* **al f.!**, at last!; **f. de semana**, weekend; **al f. y al cabo**, when all's said and done; **noche de F. de Año**, New Year's Eve. 2 (*objetivo*) purpose, aim; **a f. de**, in order to, so as to; **a f. de que**, in order that, so that; **con el f. de**, with the intention of.
final I *adj* final. II *nm* end; **al f.**, in the end; **f. de línea**, terminal; **f. feliz**, happy ending; **a finales de octubre**, at the end of October. III *nf Dep* final.
◆**finalmente** *adv* finally.
finalidad *nf* purpose, aim.
finalista I *nmf* finalist. II *adj* in the final.
finalizar [4] *vtr & vi* to end, finish.
financiación *nf* financing.
financiar [12] *vtr* to finance.
financiero,-a I *adj* financial. II *nm,f* financier.
financista *nmf Am* financier, financial expert.
finanzas *nfpl* finances.
finca *nf* (*inmueble*) property; (*de campo*) country house.
finés,-esa *adj & nm,f* → **finlandés,-esa**.
fingido *nf adj* feigned, false; **nombre f.**, assumed name.
fingir [6] I *vtr* to feign. II **fingirse** *vr* to pretend to be.
finlandés,-a I *adj* Finnish. II *nm,f* (*persona*) Finn. III *nm* (*idioma*) Finnish.
Finlandia *nf* Finland.
fino,-a I *adj* 1 (*hilo, capa*) fine. 2 (*flaco*) thin. 3 (*educado*) refined, polite. 4 (*oído*) sharp, acute; (*olfato*) keen. 5 (*humor, ironía*) subtle. II *nm* (*vino*) type of dry sherry.

finta *nf* (*en boxeo*) feint; (*en fútbol*) dummy.
finura *nf* 1 (*refinamiento*) refinement, politeness. 2 (*sutileza*) subtlety.
firma *nf* 1 signature. 2 (*empresa*) firm, company.
firmamento *nm* firmament.
firmante *adj & nmf* signatory; **el** *o* **la abajo f.**, the undersigned.
firmar *vtr* to sign.
firme I *adj* 1 firm; *fig* **mantenerse f.**, to hold one's ground; **tierra f.**, terra firma. 2 *Mil* **¡firmes!**, attention!. II *nm* (*de carretera*) road surface. III *adv* hard.
◆**firmemente** *adv* firmly.
firmeza *nf* firmness.
fiscal I *adj* fiscal, tax. II *nmf Jur* public prosecutor, *US* district attorney.
fisco *nm* treasury, exchequer.
fisgar [7] *vi fam* to snoop, pry.
fisgón,-ona *nm,f* snooper.
fisgonear *vi* to snoop, pry.
física *nf* physics *sing*.
físico,-a I *adj* physical. II *nm,f* (*profesión*) physicist. III *nm* physique.
fisión *nf* fission.
fisioterapeuta *nmf* physiotherapist.
fisioterapia *nf Med* physiotherapy.
fisonomía *nf* physiognomy.
fisonomista *nmf fam* **ser buen/mal f.**, to be good/no good at remembering faces.
fisura *nf* fissure.
flácido,-a *adj* flaccid, flabby.
flaco,-a *adj* 1 (*delgado*) skinny. 2 *fig* **punto f.**, weak spot.
flagelar *vtr* to flagellate.
flagelo *nm* (*látigo*) whip; *fig* scourge.
flagrante *adj* flagrant; **en f. delito**, redhanded.
flamante *adj* 1 **nuevecito f.**, (*nuevo*) brand-new. 2 (*vistoso*) splendid, brilliant.
flamenco,-a I *adj* 1 *Mús* flamenco. 2 (*de Flandes*) Flemish. II *nm* 1 *Mús* flamenco. 2 *Orn* flamingo. 3 (*idioma*) Flemish.
flan *nm* caramel custard.
flanco *nm* flank, side.
flanquear *vtr* to flank.
flaquear *vi* (*fuerzas, piernas*) to weaken, give way.
flaqueza *nf* weakness.
flash *nm Fot* flash.
flato *nm* wind, flatulence.
flatulencia *nf* flatulence.
flauta *nf* flute; **f. dulce**, recorder.
flautín *nm* (*instrumento*) piccolo.
flautista *nmf Mús* flautist, *US* flutist, flute player.
flecha *nf* arrow.
flechazo *nm* *fig* (*enamoramiento*) love at first sight.
fleco *nm* fringe.
flema *nf* phlegm.
flemático,-a *adj* phlegmatic.
flemón *nm* gumboil, abscess.

flequillo *nm* fringe, *US* bangs.
fletar *vtr* to charter.
flete *nm* 1 *(alquiler)* charter. 2 *(carga)* freight.
flexibilidad *nf* flexibility.
flexible *adj* flexible.
flexión *nf* 1 flexion. 2 *Ling* inflection. 3 *Gimn* flexiones, press-ups, *US* push-ups.
flexionar *vtr* to bend; *(músculo)* to flex.
flexo *nm* reading lamp.
flipante *adj fam* great, cool.
flipar *vtr* **le flipan las motos**, he's crazy about motorbikes.
flirtear *vi* to flirt.
flirteo *nm* flirting.
flojear *vi (ventas etc)* to fall off, go down; *(piernas)* to weaken, grow weak; *(memoria)* to fail.
flojedad *nf* weakness.
flojera *nf fam* weakness, faintness.
flojo,-a *adj* 1 *(tornillo, cuerda etc)* loose, slack. 2 *(perezoso)* lazy, idle; *(exámen, trabajo, resultado)* poor.
flor *nf* 1 flower; **en f.**, in blossom; *fig* **en la f. de la vida**, in the prime of life; *fig* **la f. y nata**, the cream (of society). 2 **a f. de piel**, skin-deep.
flora *nf* flora.
floreado,-a *adj* flowery.
florecer [33] *vi* 1 *(plantas)* to flower. 2 *fig (negocio)* to flourish, thrive.
floreciente *adj fig* flourishing, prosperous.
Florencia *n* Florence.
florero *nm* vase.
floricultura *nf* flower growing, floriculture.
florido,-a *adj* 1 *(con flores)* flowery. 2 *(estilo)* florid.
floripondio *nm pey (adorno)* heavy ornamentation.
florista *nmf* florist.
floristería *nf* florist's (shop).
flota *nf* fleet.
flotador *nm* 1 *(de pesca)* float. 2 *(para nadar)* rubber ring.
flotar *vi* to float.
flote *nm* floating; **a f.**, afloat; **sacar a f. un negocio**, to put a business on a sound footing.
flotilla *nf* flotilla.
fluctuación *nf* fluctuation.
fluctuar [30] *vi* to fluctuate.
fluidez *nf* fluency.
fluido,-a I *adj* fluid; *(estilo etc)* fluent. **II** *nm* fluid; **f. eléctrico**, current.
fluir [37] *vi* to flow.
flujo *nm* 1 flow. 2 rising tide; **f. y reflujo**, ebb and flow. 3 *Fís* flux. 4 *Med* discharge. 5 *Inform* stream.
flúor *nm* fluorine.
fluorescente *adj* fluorescent.
fluvial *adj* river.
FM *nf abr de* **Frecuencia Modulada**, frequency modulation, FM.

FMI *nm abr de* **Fondo Monetario Internacional**, International Monetary Fund, IMF.
fobia *nf* phobia (**a**, about).
foca *nf* seal.
foco *nm* 1 *Elec* spotlight, floodlight. 2 *(de ideas, revolución etc)* centre, *US* center, focal point. 2 *Am (bombilla)* (electric light) bulb; *(de coche)* (car) headlight; *(farola)* street light.
fofo,-a *adj* soft; *(persona)* flabby.
fogata *nf* bonfire.
fogón *nm (de cocina)* ring.
fogonazo *nm* flash.
fogosidad *nf* ardour, *US* ardor, fire.
fogoso,-a *adj* fiery, spirited.
fogueo *nm* **cartucho de f.**, blank cartridge.
folio *nm* sheet of paper.
folklore *nm* folklore.
folklórico,-a *adj* **m. folklórica**, folk music.
follaje *nm* foliage.
follar *vulg* **I** *vi* to fuck, screw. **II** *vtr (suspender)* to fail. **III follarse** *vr* **f. a algn**, to fuck sb, screw sb.
folletín *nm* 1 *(relato)* newspaper serial. 2 *fig* melodrama.
folleto *nm* leaflet; *(turístico)* brochure.
follón *nm fam* 1 *(alboroto)* rumpus, shindy; **armar (un) f.**, to kick up a rumpus. 2 *(enredo, confusión)* mess, trouble; **meterse en un f.**, to get into a mess. 3 **un f.**, *(montón)* a load of.
follonero,-a *nm,f* troublemaker.
fomentar *vtr* to promote.
fomento *nm* promotion.
fonda *nf* inn.
fondear *vi* to anchor.
fondista *nmf Dep* long-distance runner.
fondo[1] *nm* 1 *(parte más baja)* bottom; **a f.**, thoroughly; **al f. de la calle**, at the bottom of the street; **tocar f.**, *Náut* to touch bottom; *fig* to reach rock bottom; *fig* **en el f. es bueno**, deep down he's kind; **bajos fondos**, dregs of society; **doble f.**, false bottom. 2 *(de habitación)* back; *(de pasillo)* end. 3 *(segundo término)* background; **música de f.**, background music. 4 *Prensa* **artículo de f.**, leading article. 5 *Dep* **corredor de f.**, long-distance runner; **esquí de f.**, cross-country skiing.
fondo[2] *Fin* fund; **cheque sin fondos**, bad cheque; *fam* **f. común**, kitty.
fonendoscopio *nm* stethoscope.
fonética *nf* phonetics *sing*.
fonético,-a *adj* phonetic.
fontanería *nf* plumbing.
fontanero,-a *nm,f* plumber.
footing *nm* jogging; **hacer f.**, to go jogging.
forajido,-a *nm,f* outlaw.
foral *adj* **Comunidad F.**, Navarre.

foráneo,-a *adj* foreign.
forastero,-a *nm,f* outsider, stranger.
forcejear *vi* to wrestle, struggle.
forcejeo *nm* struggle.
fórceps *nm inv* forceps *pl*.
forense I *adj* forensic. **II** *nmf* (*médico*) f., forensic surgeon.
forestal *adj* forest; **repoblación** f., reafforestation.
forjado,-a *adj* wrought.
forjar *vtr* (*metal*) to forge; *fig* to create, make.
forma *nf* 1 form, shape; **en f. de L**, L-shaped; **¿qué f. tiene?**, what shape is it? 2 (*manera*) way; **de esta f.**, in this way; **de f. que**, so that; **de todas formas**, anyway, in any case; **no hubo f. de convencerla**, there was no way we could convince her; **f. de pago**, method of payment. 3 *Dep* form; **estar en f.**, to be on form; **estar en baja f.**, to be off form. 4 *Rel* **Sagrada F.**, Host. 5 **formas**, (*modales*) manners.
formación *nf* 1 formation. 2 (*educación*) upbringing. 3 (*enseñanza*) training; **f. profesional**, vocational training.
formal *adj* formal; (*serio*) serious, serious-minded; (*fiable*) reliable, dependable.
formalidad *nf* 1 formality. 2 (*seriedad*) seriousness. 3 (*fiabilidad*) reliability. 4 **formalidades**, (*trámites*) formalities.
formalizar [4] **I** *vtr* to formalize. **II formalizarse** *vr* to settle down.
formar I *vtr* 1 to form; **f. parte de algo**, to be a part of sth. 2 (*educar*) to bring up; (*enseñar*) to educate, train. **II formarse** *vr* 1 to be formed, form; **se formó un charco**, a puddle formed; **f. una impresión de algo**, to get an impression of sth. 2 (*educarse*) to be educated *o* trained.
formato *nm* format; (*del papel*) size.
formica® *nf* Formica®.
formidable *adj* 1 (*estupendo*) wonderful, terrific. 2 (*espantoso*) formidable.
fórmula *nf* formula; *Aut* **f. uno**, formula one.
formular *vtr* (*quejas, peticiones*) to make; (*deseo*) to express; (*pregunta*) to ask; (*una teoría*) to formulate.
formulario *nm* form.
fornicación *nf* fornication.
fornicar [1] *vi* to fornicate.
fornido,-a *adj* strapping, hefty.
foro *nm* 1 forum. 2 (*mesa redonda*) round table. 3 *Teat* back (of the stage). 4 *Jur* law court, court of justice.
forofo,-a *nm,f fam* fan, supporter.
forrado,-a *adj* lined; *fam* **estar f.**, to be well-heeled, be well-off.
forraje *nm* fodder.
forrar I *vtr* (*por dentro*) to line; (*por fuera*) to cover. **II forrarse** *vr fam* (*de dinero*) to make a packet.

forro *nm* (*por dentro*) lining; (*por fuera*) cover, case.
fortalecer [33] *vtr* to fortify, strengthen.
fortaleza *nf* 1 strength; (*de espíritu*) fortitude. 2 *Mil* fortress, stronghold.
fortificante I *adj* fortifying. **II** *nm* tonic.
fortificar [1] *vtr* to fortify.
fortísimo,-a *adj* very strong.
fortuito,-a *adj* fortuitous.
fortuna *nf* 1 (*destino*) fortune, fate. 2 (*suerte*) luck; **por f.**, fortunately. 3 (*capital*) fortune.
forzado,-a *adj* forced; **a marchas forzadas**, at a brisk pace; **trabajos forzados**, hard labour *sing*.
forzar [2] *vtr* 1 (*obligar*) to force; **f. a algn a hacer algo**, to force sb to do sth. 2 (*puerta, candado*) to force, break open.
forzoso,-a *adj* obligatory, compulsory; *Av* **aterrizaje f.**, forced landing.
◆**forzosamente** *adv* necessarily.
fosa *nf* 1 (*sepultura*) grave. 2 (*hoyo*) pit. 3 *Anat* **fosas nasales**, nostrils.
fosforescente *adj* phosphorescent.
fósforo *nm* (*cerilla*) match.
fósil *adj & nm* fossil.
fosilizarse [4] *vr* to fossilize, become fossilized.
foso *nm* 1 (*hoyo*) pit. 2 (*de fortificación*) moat. 3 (*en garage*) inspection pit.
foto *nf fam* photo; **sacar/echar una f.**, to take a photo.
fotocopia *nf* photocopy.
fotocopiadora *nf* photocopier.
fotocopiar [12] *vtr* to photocopy.
fotogénico,-a *adj* photogenic.
fotografía *nf* 1 photograph; **echar** *o* **hacer** *o* **sacar fotografías**, to take photographs. 2 (*arte*) photography.
fotografiar [29] *vtr* to photograph, take a photograph of.
fotográfico,-a *adj* photographic.
fotógrafo,-a *nm,f* photographer.
fotograma *nm* still, shot.
fotomatón *nm* automatic coin-operated photo machine.
fotómetro *nm* light meter, exposure meter.
FP *nf Educ abr de* **Formación Profesional**, vocational training.
frac *nm* (*pl* **fracs** *o* **fraques**) (*prenda*) dress coat, tails *pl*.
fracasado,-a I *adj* unsuccessful. **II** *nm,f* (*persona*) failure.
fracasar *vi* to fail.
fracaso *nm* failure.
fracción *nf* 1 fraction. 2 *Pol* faction.
fraccionar *vtr*, **fraccionarse** *vr* to break up, split up.
fraccionario,-a *adj* fractional; **moneda fraccionaria**, small change.
fractura *nf* fracture.
fracturar *vtr*, **fracturarse** *vr* to fracture, break.

fragancia *nf* fragrance.
fragata *nf* frigate.
frágil *adj* 1 (*quebradizo*) fragile. 2 (*débil*) frail.
fragmentar I *vtr* to fragment. II **fragmentarse** *vr* to break up.
fragmento *nm* fragment; (*de novela etc*) passage.
fragor *nm* din.
fragua *nf* forge.
fraguar |22| *vtr* 1 (*metal*) to forge. 2 (*plan*) to think up, fabricate; (*conspiración*) to hatch.
fraile *nm* friar, monk.
frailecillo *nm* puffin.
frambuesa *nf* raspberry.
francés,-a I *adj* French; *Culin* tortilla francesa, plain omelette. II *nm,f* (*hombre*) Frenchman; (*mujer*) Frenchwoman. III *nm* (*idioma*) French.
Francfort, Francfurt *n* Frankfurt; *Culin* salchicha estilo f., frankfurter.
Francia *n* France.
francmasón,-ona *nm,f* freemason.
franco,-a[1] *adj* 1 (*persona*) frank. 2 *Com* f. a bordo, free on board; f. fábrica, exworks; **puerto f.**, free port. ◆**francamente** *adv* frankly.
franco[2] *nm* *Fin* (*moneda*) franc.
francotirador,-a *nm,f* sniper.
franela *nf* flannel.
franja *nf* (*de terreno*) strip; (*de bandera*) stripe; *Cost* fringe, border.
franquear *vtr* 1 (*atravesar*) to cross; *fig* (*dificultad, obstáculo*) to overcome. 2 (*carta*) to frank. 3 (*camino, paso*) to free, clear.
franqueo *nm* postage.
franqueza *nf* frankness.
franquicia *nf* exemption; *Com* franchise.
franquismo *nm* *Hist* 1 (*ideología*) Francoism. 2 (*régimen*) the Franco regime.
franquista *adj&* *nmf* Francoist.
frasco *nm* small bottle, flask.
frase *nf* (*oración*) sentence; (*expresión*) phrase; f. hecha, set phrase *o* expression.
fraternidad *nf* brotherhood, fraternity.
fraternizar |4| *vi* to fraternize.
fraterno,-a *adj* fraternal, brotherly.
fraude *nm* fraud; f. fiscal, tax evasion.
fraudulento,-a *adj* fraudulent.
fray *nm* *Rel* brother.
frecuencia *nf* frequency; con f., frequently, often.
frecuentar *vtr* to frequent.
frecuente *adj* frequent.
◆**frecuentemente** *adv* frequently, often.
fregadero *nm* (kitchen) sink.
fregado[1] *nm* 1 (*lavado*) washing. 2 *fam* (*follón*) racket.
fregado,-a[2] *adj* *Am* tiresome, annoying.
fregar |1| *vtr* 1 (*lavar*) to wash; (*suelo*) to mop. 2 *Am vulg* to annoy, irritate.

fregona *nf* mop.
fregón,-ona *adj* *Am* annoying.
freidora *nf* (deep) fryer.
freír |5| (*pp frito*) I *vtr* to fry. II **freírse** *vr* to fry; *fig* f. de calor, to be roasting.
frenar *vtr* to brake; *fig* (*inflación etc*) to slow down; (*impulsos*) to restrain.
frenazo *nm* sudden braking; dar un f., to jam on the brakes.
frenesí *nm* frenzy.
frenético,-a *adj* frantic.
freno *nm* 1 brake; pisar/soltar el f., to press/release the brake; f. de disco/tambor, disc/drum brake; f. de mano, handbrake. 2 (*de caballería*) bit. 3 *fig* curb, check; poner f. a algo, to curb sth.
frente I *nm* 1 front; al f. de, at the head of; chocar de f., to crash head on; hacer f. a algo, to face sth, stand up to sth. II *nf* *Anat* forehead; f. a f., face to face. III *adv* f. a, in front of, opposite.
fresa *nf* 1 strawberry. 2 *Téc* milling cutter.
fresca *nf fam* cheeky remark.
fresco,-a I *adj* 1 (*frío*) cool. 2 (*comida, fruta*) fresh. 3 (*reciente*) fresh, new. 4 (*descarado*) cheeky, shameless; se quedó tan f., he didn't bat an eyelid; ¡qué f.!, what a nerve!. II *nm* 1 (*frescor*) fresh air, cool air; al f., in the cool; hace f., it's chilly. 2 *Arte* fresco.
frescor *nm* freshness.
frescura *nf* 1 freshness. 2 (*desvergüenza*) cheek, nerve.
fresno *nm* ash tree.
fresón *nm* (large) strawberry.
frialdad *nf* coldness.
fricción *nf* 1 friction. 2 (*masaje*) massage.
friega *nf* rub.
friegaplatos *nmf inv* (*persona*) dishwasher.
frígido,-a *adj* frigid.
frigorífico,-a I *nm* refrigerator, fridge. II *adj* cámara frigorífica, coldstorage room.
frijol, fríjol *nm* kidney bean.
frío,-a I *adj* 1 cold. 2 (*indiferente*) cold, cool, indifferent. 3 su comentario me dejó f., I was stunned by her remark. II *nm* cold; hace f., it's cold. ◆**fríamente** *adv* coolly.
friolera *nf fam* la f. de diez mil pesetas/dos horas, a mere ten thousand pesetas/two hours.
friolero,-a *adj* sensitive to the cold.
fritanga *nf* 1 *Am* fried food. 2 *Esp* greasy food.
frito,-a I *adj* 1 *Culin* fried. 2 *fam* exasperated, fed up; me tienes f., I'm sick to death of you. II *nm* fry, piece of fried food.
frívolo,-a *adj* frivolous.
frondoso,-a *adj* leafy, luxuriant.
frontera *nf* frontier.
fronterizo,-a *adj* frontier, border; países fronterizos, neighbouring countries.

frontón *nm Dep* pelota.
frotar I *vtr* to rub. II **frotarse** *vr* to rub; **f. las manos**, to rub one's hands together.
fructífero,-a *adj* (*árbol*) fruit-bearing; (*esfuerzo*) fruitful.
frugal *adj* frugal.
fruncir [3] *vtr* 1 *Cost* to gather. 2 (*labios*) to purse, pucker; **f. el ceño**, to frown, knit one's brow.
frustración *nf* frustration.
frustrado,-a *adj* frustrated; **intento f.**, unsuccessful attempt.
frustrante *adj* frustrating.
frustrar I *vtr* to frustrate; (*defraudar*) to disappoint. II **frustrarse** *vr* 1 (*esperanza*) to fail, go awry. 2 (*persona*) to be frustrated *o* disappointed.
fruta *nf* fruit; **f. del tiempo**, fresh fruit.
frutería *nf* fruit shop.
frutero,-a I *nm,f* fruiterer. II *nm* fruit dish *o* bowl.
frutilla *nf Am* (large) strawberry.
fruto *nm* fruit; **frutos secos**, nuts; **dar f.**, to bear fruit; *fig* (*dar buen resultado*) to be fruitful; **sacar f. de algo**, to profit from sth.
fu *interj* **ni fu ni fa**, so-so.
fucsia *nf* fuchsia.
fuego *nm* 1 fire; **fuegos artificiales**, fireworks. 2 (*lumbre*) light; **¿me da f., por favor?**, have you got a light, please? 3 *Culin* **a f. lento**, on a low flame; (*al horno*) in a slow oven.
fuel, fuel-oil *nm* diesel.
fuente *nf* 1 fountain. 2 (*recipiente*) dish, serving dish. 3 (*de información*) source.
fuera[1] *adv* 1 outside, out; **quédate f.**, stay outside; **sal f.**, go out; **desde f.**, from (the) outside; **por f.**, on the outside; **la puerta de f.**, the outer door. 2 **f. de**, out of; **f. de serie**, extraordinary; *fig* **estar f. de sí**, to be beside oneself. *Dep* **el equipo de f.**, the away team; **jugar f.**, to play away; **f. de juego**, offside.
fuera[2] I *subj imperf* → **ir**. II *subj imperf* → **ser**.
fuero *nm* 1 *Hist* code of laws. 2 *fig* **en tu f. interno**, deep down, in your heart of hearts.
fuerte I *adj* 1 strong; (*dolor*) severe; (*sonido*) loud; (*comida*) heavy; **el plato f.**, the main course; *fig* the most important event. II *nm* 1 (*fortaleza*) fort. 2 (*punto fuerte*) forte, strong point. III *adv* **¡abrázame f.!**, hold me tight!; **comer f.**, to eat a lot; **¡habla más f.!**, speak up!; **¡pégale f.!**, hit him hard!
fuerza I *nf* 1 (*fortaleza*) strength; *fig* **a f. de**, by dint of. 2 (*violencia*) force; **a la f.**, (*por obligación*) of necessity; (*con violencia*) by force; **por f.**, of necessity; **f. mayor**, force majeure. 3 *Fís* force. 4 (*cuerpo*) force; **las fuerzas del orden**, the forces of law and order; **Fuerzas Aéreas**, ≈ *GB* Royal Air Force; **Fuerzas Armadas**, Armed Forces.
fuese I *subj imperf* → **ir**. II *subj imperf* → **ser**.
fuete *nm Am* whip.
fuga *nf* 1 (*huida*) escape; **darse a la f.**, to take flight. 2 (*de gas etc*) leak.
fugarse [7] *vr* to escape; **f. de casa**, to run away from home.
fugaz *adj* fleeting, brief.
fugitivo,-a *nm,f* fugitive.
fui I *pt indef* → **ir**. II *pt indef* → **ser**.
fulana *nf pey* whore, tart.
fulano,-a I *nm,f* so-and-so; (*hombre*) what's his name; (*mujer*) what's her name; **Doña Fulana de tal**, Mrs So-and-so. II *nf fam pey* tart, slag.
fular *nm* foulard, scarf.
fulgor *nm lit* brilliance, glow.
fullería *nf* cheating; **hacer fullerías**, to cheat.
fullero,-a I *adj* cheating. II *nm,f* cheat.
fulminante *adj* (*cese*) summary; (*muerte, enfermedad*) sudden; (*mirada*) withering.
fulminar *vtr fig* to strike dead; **f. a algn con la mirada**, to look daggers at sb.
fumada *nf Am* (*calada*) pull, drag.
fumado,-a *adj arg* (*colocado*) stoned.
fumador,-a *nm,f* smoker; **los no fumadores**, nonsmokers.
fumar I *vtr & vi* to smoke; **no f.**, (*en letrero*) no smoking. II **fumarse** *vr* to smoke; **f. un cigarro**, to smoke a cigarette.
fumigar [7] *vtr* to fumigate.
funambulista *nmf*, **funámbulo,-a** *nm,f* tightrope walker.
función *nf* 1 function; **en f. de**, according to. 2 (*cargo*) duties *pl*; **entrar en funciones**, to take up one's duties; **presidente en funciones**, acting president. 3 *Cin Teat* performance.
funcionamiento *nm* operation; **poner/entrar en f.**, to put/come into operation.
funcionar *vi* to work; **no funciona**, (*en letrero*) out of order.
funcionario,-a *nm,f* civil servant; **f. público**, public official.
funda *nf* cover; (*de gafas etc*) case; (*de espada*) sheath; **f. de almohada**, pillowcase.
fundación *nf* foundation.
fundador,-a *nm,f* founder.
fundamental *adj* fundamental.
fundamentar *vtr* to base (**en**, on).
fundamento *nm* basis, grounds; **sin f.**, unfounded.
fundar I *vtr* 1 (*empresa*) to found. 2 (*teoría*) to base, found. II **fundarse** *vr* 1 (*empresa*) to be founded. 2 (*teoría*) to be based; (*persona*) to base oneself.
fundición *nf* 1 (*de metales*) smelting. 2 (*fábrica*) foundry.
fundir I *vtr* 1 to melt; (*bombilla, plomos*) to blow. 2 (*unir*) to unite, join. II

fundirse *vr* 1 *(derretirse)* to melt. 2 *(bombilla, plomos)* to blow. 3 *(unirse)* to merge.
fúnebre *adj* 1 *(mortuorio)* funeral; **coche f.**, hearse. 2 *(lúgubre)* mournful, lugubrious.
funeral *nm* funeral.
funeraria *nf* undertaker's, *US* funeral parlor.
funesto,-a *adj* ill-fated, fatal; *(consecuencias)* disastrous.
fungir *vi Am* to act (**de,** as).
funicular *nm* funicular (railway).
furcia *nf ofens* whore, tart.
furgón *nm Aut* van.
furgoneta *nf* van.
furia *nf* fury; **ponerse hecho una f.**, to become furious, fly into a rage.
furibundo,-a *adj* furious, enraged.
furioso,-a *adj* furious; **ponerse f.**, to get furious.
furor *nm* fury, rage; *fig* **hacer f.**, to be all the rage.
furtivo,-a *adj* furtive, stealthy; **caza/pesca furtiva,** poaching; **cazador/pescador f.,** poacher.
furúnculo *nm Med* boil.
fuselaje *nm* fuselage.
fusible *nm* fuse.
fusil *nm* gun, rifle.
fusilamiento *nm* shooting, execution.
fusilar *vtr* to shoot, execute.
fusión *nf* 1 *(de metales)* fusion; *(del hielo)* thawing, melting; **punto de f.,** melting point. 2 *Com* merger.
fusionar *vtr*, **fusionarse** *vr* 1 *Fis* to fuse. 2 *Com* to merge.
fútbol *nm* football, soccer.
futbolín *nm* table football.
futbolista *nmf* footballer, football *o* soccer player.
fútil *adj* futile, trivial.
futilidad *nf* futility, triviality.
futurista *adj* futuristic.
futuro,-a **I** *adj* future. **II** *nm* future; **en un f. próximo,** in the near future.

G

G, g |xe| *nf (la letra)* G, g.
gabán *nm* overcoat.
gabardina *nf (prenda)* raincoat.
gabinete *nm* 1 *(despacho)* study; **g. de abogados,** lawyers' office. 2 *Pol* cabinet.
gaceta *nf* gazette.
gachas *nfpl* porridge *sing*.
gacho,-a *adj* **con la cabeza gacha,** hanging one's head.
gaditano,-a **I** *adj* of *o* from Cadiz. **II** *nm,f* inhabitant *o* native of Cadiz.
gafas *nfpl* glasses, spectacles; **g. de sol,** sunglasses.
gafar *vtr fam* to put a jinx on, bring bad luck to.
gafe *adj & nm fam* **ser g.,** to be a jinx.
gaita *nf* bagpipes *pl*.
gajes *nmpl fam irón* **g. del oficio,** occupational hazards.
gajo *nm* 1 *(de naranja, pomelo etc)* segment. 2 *(rama desprendida)* torn-off branch.
gala *nf* 1 *(vestido)* full dress; **de g.,** dressed up; *(ciudad)* decked out. 2 *(espectáculo)* gala; **hacer g. de,** to glory in. 3 **galas,** finery *sing*.
galán *nm* 1 handsome young man; *hum* ladies' man. 2 *Teat* leading man.
galante *adj* gallant.
galantear *vtr* to court.
galanteo *nm* courtship.
galantería *nf* gallantry.
galápago *nm* turtle.
galardón *nm* prize.
galardonado,-a *nm,f* prizewinner.
galardonar *vtr* to award a prize to.
galaxia *nf* galaxy.
galeón *nm* galleon.
galeote *nm* galley slave.
galera *nf* 1 *Náut* galley. 2 *(carro)* covered wagon. 3 *Impr* galley proof.
galería *nf* 1 *Arqui* covered balcony. 2 *(museo)* art gallery. 3 *Teat* gallery, gods *pl*.
Gales *n* (**el país de**) **G.,** Wales.
galés,-esa **I** *adj* Welsh. **II** *nm,f (hombre)* Welshman; *(mujer)* Welshwoman; **los galeses,** the Welsh. **III** *nm (idioma)* Welsh.
galgo *nm* greyhound.
Galicia *n* Galicia.
galimatías *nm inv fam* gibberish.
gallardo *adj* 1 *(apuesto)* smart. 2 *(valeroso)* brave.
gallego,-a **I** *adj* 1 Galician. 2 *Am pey* Spanish. **II** *nm,f* 1 Galician, native of Galicia. 2 *Am pey* Spaniard. **III** *nm (idioma)* Galician.
galleta *nf* 1 *Culin* biscuit. 2 *fam (cachete)* slap.
gallina **I** *nf* hen. **II** *nmf fam* coward, chicken.
gallinero *nm* 1 hen run. 2 *Teat* **el g.,** the gods *pl*.
gallito *nm fam (peleón)* bully.
gallo *nm* 1 cock, rooster; *fam fig* **en menos que un canto de g.,** before you could say Jack Robinson. 2 *Mús fam* off-key note.
galón[1] *nm Mil* stripe.
galón[2] *nm (medida)* gallon; *GB* 4.55 litres, *US* 3.79 litres.
galopante *adj fig (inflación etc)* galloping.

galopar *vi* to gallop.
galope *nm* gallop; **a g. tendido,** flat out.
gama *nf* range; *Mús* scale.
gamba *nf* prawn.
gamberrismo *nm* hooliganism.
gamberro,-a I *nm,f* hooligan. **II** *adj* uncouth.
gamo *nm* fallow deer.
gamuza *nf* 1 *Zool* chamois. 2 *(trapo)* chamois *o* shammy leather.
gana *nf* 1 *(deseo)* wish (**de,** for); **de buena g.,** willingly; **de mala g.,** reluctantly; *fam* **no me da la g.,** I don't feel like it. 2 **tener ganas de (hacer) algo,** to feel like (doing) sth; **quedarse con las ganas,** not to manage. 3 *(apetito)* appetite; **comer con ganas,** to eat heartily.
ganadería *nf* 1 *(crianza)* livestock farming. 2 *(conjunto de ganado)* livestock.
ganadero,-a *nm,f* livestock farmer.
ganado *nm* 1 livestock. 2 *fam fig (gente)* crowd.
ganador,-a I *adj* winning. **II** *nm,f* winner.
ganancia *nf* profit.
ganar I *vtr* 1 *(sueldo)* to earn. 2 *(victoria)* to win. 3 *(aventajar)* to beat. 4 *(alcanzar)* to reach. **II ganarse** *vr* 1 to earn; **g. el pan,** to earn one's daily bread. 2 *(merecer)* to deserve; **se lo ha ganado,** he deserves it.
ganchillo *nm* crochet work.
gancho *nm* 1 hook. 2 *fam fig (gracia, atractivo)* charm. 3 *Am (horquilla)* hairpin.
gandul,-a *nm,f* loafer.
ganga *nf* bargain.
gangoso,-a *adj* nasal.
gangrena *nf* gangrene.
gansada *nf fam* silly thing to say *o* do.
ganso,-a I *nm,f* 1 goose; *(macho)* gander. 2 *fam* dolt. **II** *adj fam* ginormous; **pasta gansa,** bread, dough.
ganzúa *nf* picklock.
gañán *nm (obrero)* farmhand; *fam (bribón)* cheat.
garabatear *vtr & vi* to scribble.
garabato *nm* scrawl.
garaje *nm* garage.
garante *nmf Fin* guarantor.
garantía *nf* 1 guarantee. 2 *Jur (fianza)* bond, security.
garantizar [4] *vtr* to guarantee.
garbanzo *nm* chickpea.
garbeo *nm arg (paseo)* stroll; **darse un g.,** to go for a stroll.
garbo *nm* grace.
garfio *nm* hook, grappling iron.
gargajo *nm* spit.
garganta *nf* 1 throat. 2 *(desfiladero)* narrow pass.
gargantilla *nf* short necklace.
gárgaras *nfpl* 1 gargling *sing*; *fam* **¡vete a hacer g.!,** get lost! 2 *Am (licor)* gargling solution *sing*.

gárgola *nf* gargoyle.
garita *nf (caseta)* hut; *Mil* sentry box.
garito *nm arg* joint.
garra *nf* 1 *Zool* claw; *(de ave)* talon. 2 *fig (fuerza)* force; **tener g.,** to be compelling.
garrafa *nf* carafe.
garrafal *adj* monumental.
garrapata *nf Ent* tick.
garrote *nm* 1 *(porra)* club. 2 *Jur* garrotte.
garrucha *nf* pulley.
gárrulo,-a *adj fig* garrulous.
garza *nf* heron.
gas *nm* 1 gas; **g. ciudad,** town gas; **gases (nocivos),** fumes; **g. de escape,** exhaust fumes. 2 *(en bebida)* fizz; **agua con g.,** fizzy water. 3 *Med* **gases,** flatulence *sing*.
gasa *nf* gauze.
gaseosa *nf* lemonade.
gasoducto *nm* gas pipeline.
gasoil, gasóleo *nm* diesel oil.
gasolina *nf* petrol, *US* gasoline.
gasolinera *nf* petrol *o US* gas station.
gastado,-a *adj (zapatos etc)* worn-out; *fig (frase)* hackneyed.
gastar I *vtr* 1 *(consumir) (dinero, tiempo)* to spend; *(gasolina, electricidad)* to consume. 2 *fig (malgastar)* to waste. 3 *(ropa)* to wear; **¿qué número gastas?,** what size do you take? 4 **g. una broma a algn,** to play a practical joke on sb. **II gastarse** *vr* 1 *(zapatos etc)* to wear out. 2 *(gasolina etc)* to run out.
gasto *nm* expenditure; **gastos,** expenses; **gastos de viaje,** travelling expenses.
gatas (a) *loc adv* on all fours.
gatear *vi* 1 to crawl. 2 *(trepar)* to climb.
gatillo *nm (de armas)* trigger; **apretar el g.,** to pull the trigger.
gato *nm* 1 cat. 2 *Aut Téc* jack.
gaveta *nf* 1 *(cajón)* drawer. 2 *Am Aut (guantera)* glove compartment.
gavilán *nm Orn* sparrowhawk.
gavilla *nf (de ramillas etc)* sheaf.
gaviota *nf* seagull.
gay *adj inv & nm* (*pl* **gays**) homosexual, gay.
gazapo *nm* 1 *(error)* misprint. 2 *Zool* young rabbit.
gaznate *nm* gullet.
gazpacho *nm Culin* gazpacho.
gel *nm* gel; **g. (de ducha),** shower gel.
gelatina *nf (ingrediente)* gelatin; *Culin* jelly.
gema *nf Min* gem.
gemelo,-a I *adj & nm,f (identical)* twin. **II** *nmpl* **gemelos** 1 *(de camisa)* cufflinks. 2 *(anteojos)* binoculars.
gemido *nm* groan.
Géminis *nm* Gemini.
gemir [6] *vi* to groan.
generación *nf* generation.
general I *adj* general; **por lo *o* en g.,** in general, generally; **II** *nm Mil Rel* general.
◆**generalmente** *adv* generally.

Generalitat *nf* Catalan/Valencian/Balearic parliament.
generalización *nf* 1 generalization. 2 *(extensión)* spread.
generalizar |4| I *vtr* 1 to generalize. 2 *(extender)* to spread. II **generalizarse** *vr* to become widespread *o* common.
generar *vtr* to generate.
género *nm* 1 *(clase)* kind, sort. 2 *Arte Lit* genre. 3 *(mercancía)* article. 4 *Ling* gender. 5 *Biol* genus; **el g. humano,** mankind.
generosidad *nf* generosity.
generoso,-a *adj* 1 generous (**con, para, to**). 2 *(vino)* full-bodied.
Génesis *nm Rel* Genesis.
genética *nf* genetics *sing*.
genético,-a *adj* genetic.
genial *adj* brilliant; *fam* terrific.
genio *nm* 1 *(carácter)* temperament; *(mal carácter)* temper; **estar de mal g.,** to be in a bad mood. 2 *(facultad)* genius.
genocidio *nm* genocide.
Génova *n* Genoa.
gente *nf* 1 people *pl*. 2 *(familia)* folks *pl*. 3 *Am* respectable people.
gentil *adj* 1 *(amable)* kind. 2 *(pagano)* pagan.
gentileza *nf* kindness; *fml* **por g. de,** by courtesy of.
gentío *nm* crowd.
gentuza *nf pey* riffraff.
genuino,-a *adj (puro)* genuine; *(verdadero)* authentic.
geografía *nf* geography.
geología *nf* geology.
geometría *nf* geometry.
geranio *nm* geranium.
gerencia *nf* management.
gerente *nmf* manager.
germano,-a I *adj* German, Germanic. II *nm,f* German.
gérmen *nm* 1 *Biol* germ. 2 *fig (inicio)* germ; *(fuente)* origin.
germinar *vi* to germinate.
gerundio *nm* gerund.
gesta *nf arc* heroic exploit.
gestación *nf* gestation.
gestar *vtr* to gestate.
gesticular *vi* to gesticulate.
gestión *nf* 1 *(administración)* management. 2 **gestiones,** *(negociaciones)* negotiations; *(trámites)* formalities.
gestionar *vtr* to take steps to acquire *o* obtain; *(negociar)* to negotiate.
gesto *nm* 1 *(mueca)* face. 2 *(con las manos)* gesture.
gestor,-a *nm,f* ≈ solicitor.
giba *nf* hump.
gibar *vtr fam* to annoy.
Gibraltar *n* Gibraltar; **el peñón de G.,** the Rock of Gibraltar.
gibraltareño,-a I *adj* of *o* from Gibraltar. II *nm,f* Gibraltarian.

gigante,-a I *nm,f* giant. II *adj* giant, enormous.
gigantesco-a *adj* gigantic.
gigoló *nm* gigolo.
gili, gilí *nm arg ofens* → **gilipollas.**
gilipollas *nmf ofens* bloody fool *o* idiot.
gimnasia *nf* gymnastics *pl*.
gimnasio *nm* gymnasium.
gimotear *vi* to whine.
Ginebra *n* Geneva.
ginebra *nf (bebida)* gin.
ginecología *nf* gynaecology, *US* gynecology.
ginecólogo,-a *nm,f* gynaecologist, *US* gynecologist.
gira *nf Teat Mus* tour.
girar I *vi* 1 *(dar vueltas)* to spin. 2 **g. a la derecha/izquierda,** to turn right/left. 3 *Fin (expedir)* to draw. II *vtr Fin (dinero)* to send by giro.
girasol *nm* sunflower.
giratorio,-a *adj* revolving.
giro *nm* 1 *(vuelta)* turn. 2 *(de acontecimientos)* direction. 3 *(frase)* turn of phrase. 4 *Fin* draft; **g. telegráfico,** giro *o* money order; **g. postal,** postal *o* money order.
gitano,-a *adj & nm,f* gypsy, gipsy.
glacial *adj* icy.
glaciar *nm* glacier.
glándula *nf* gland.
glasear *vtr Culin* to glaze.
global *adj* comprehensive; **precio g.,** all-inclusive price. ◆**globalmente** *adv* as a whole.
globo *nm* 1 balloon. 2 *(esfera)* globe. 3 *(lámpara)* globe, glass lampshade.
glóbulo *nm* globule.
gloria *nf (fama)* glory. 2 *Rel* heaven; *fam fig* **estar en la g.,** to be in seventh heaven. 3 *fam (delicia)* delight.
glorieta *nf* 1 *(plazoleta)* small square. 2 *(encrucijada de calles)* roundabout, *US* traffic circle. 3 *(en un jardín)* arbour, *US* arbor.
glorificar |1| *vtr* to glorify.
glorioso,-a *adj* glorious.
glosa *nf* 1 gloss. 2 *Lit (comentario)* notes *pl*, commentary.
glosar *vtr* 1 *(explicar)* to gloss; *(texto)* to interpret. 2 *(comentar)* to comment on.
glosario *nm* glossary.
glotón,-ona I *adj* greedy. II *nm,f* glutton.
glotonería *nf* gluttony.
glucosa *nf Quím* glucose.
gobernación *nf* government; *Pol Hist* **Ministerio de la G.,** ≈ *GB* Home Office, *US* Department of the Interior.
gobernador,-a *nm,f* governor.
gobernante *adj* ruling.
gobernar |1| I *vtr* to govern; *(un país)* to rule. II *vi Náut* to steer.
gobierno *nm* 1 *Pol* government. 2 *(mando)* running. 3 *Náut* steering. 4 *Náut*

(*timón*) rudder.
goce *nm* enjoyment.
gofio *nm Am Can* roasted maize meal.
gol *nm* goal.
goleada *nf* lots of goals; **ganar por g.**, to win by a barrowload.
golear *vtr* to hammer.
golf *nm* golf; **palo de g.**, golf club.
golfista *nmf* golfer.
golfo,-a[1] **I** *nm,f* good-for-nothing. **II** *nf fam pey* tart.
golfo[2] *nm Geog* gulf; **el g. Pérsico**, the Persian Gulf.
golondrina *nf* swallow.
golosina *nf* sweet, *US* candy.
goloso,-a *adj* sweet-toothed.
golpe *nm* **1** blow; (*llamada*) knock; (*puñetazo*) punch; **de g.**, all of a sudden; **g. de estado**, coup d'état; **g. de suerte**, stroke of luck; **no dar ni g.**, not to lift a finger. **2** *Aut* bump. **3** (*desgracia*) blow; **un duro g.**, a great blow. **4** (*de humor*) witticism.
golpear *vtr* to hit; (*con el puño*) to punch; (*puerta, cabeza*) to bang.
goma *nf* **1** rubber; **g. de pegar**, glue; **g. de borrar**, rubber, *US* eraser. **2** (*elástica*) rubber band. **3** *arg* (*preservativo*) condom.
¢omaespuma *nf* foam rubber.
gomal *nm Am Agr* rubber plantation.
gomero *nm Am* **1** *Bot* gum tree. **2** (*recolector*) rubber collector.
gomina *nf* hair cream.
góndola *nf* gondola.
gordo,-a I *adj* **1** (*carnoso*) fat. **2** (*grueso*) thick. **3** (*importante*) big; **me cae g.**, I can't stand him; **de g.**, in a big way. **II** *nm,f* fat person; *fam* fatty. **III** *nm* **el g.**, (*de lotería*) the jackpot.
gordura *nf* fatness.
gorgorito *nm* trill.
gorila *nm* **1** gorilla. **2** *fig* (*en discoteca etc*) bouncer.
gorjear I *vi* to chirp. **II gorjearse** *vr Am* **g. de algn**, to laugh at sb's expense.
gorjeo *nm* chirping.
gorra *nf* cap; (*con visera*) peaked cap; *fam* **de g.**, free.
gorrión *nm* sparrow.
gorro *nm* **1** cap. **2** *fam* **estar hasta el g.**, to be up to here (**de**, with).
gorrón,-ona *nm,f* sponger.
gota *nf* **1** drop; (*de sudor*) bead; **g. a g.**, drop by drop; **ni g.**, not a bit. **2** *Med* gout.
gotear *v impers* to drip; **el techo gotea**, there's a leak in the ceiling.
gotera *nf* leak.
gótico,-a *adj* Gothic.
gozar |4| **I** *vtr* to enjoy. **II** *vi* (*disfrutar*) to enjoy (**de**, -).
gozne *nm* hinge.
gozo *nm* pleasure.
grabación *nf* recording.
grabado,-a *nm* **1** (*arte*) engraving. **2** (*dibujo*) drawing.
grabadora *nf* tape recorder.
grabar *vtr* **1** (*sonidos, imágenes*) to record. **2** *Inform* to save. **3** *Arte* to engrave.
gracia *nf* **1** (*atractivo*) grace. **2** (*chiste*) joke; **hacer o tener g.**, to be funny. **3** (*indulto*) pardon.
gracias *nfpl* (*agradecimiento*) thanks; **g. a Dios**, thank God, thank goodness; **g. a**, thanks to; **muchas** o **muchísimas g.**, thank you very much.
gracioso,-a I *adj* **1** (*divertido*) funny. **2** (*garboso*) graceful. **II** *nm,f Teat* comic character.
grada *nf* **1** (*peldaño*) step. **2 gradas**, flight *sing* of steps; *US* forecourt *sing*; (*en estadio*) terracing.
gradación *nf* **1** gradation. **2** *Mús* scale.
graderío *nm* tiers *pl* of seats; *Dep* terracing, *US* bleachers *pl*.
gradiente I *nm* gradient, *US* grade. **II** *nf Am* slope.
grado *nm* **1** degree. **2** *Mil* rank. **3 de buen g.**, willingly, gladly.
graduable *adj* adjustable.
graduación *nf* **1** gradation. **2** *Mil* rank.
graduado,-a *nmf* graduate.
gradual *adj* gradual. ◆**gradualmente** *adv* gradually.
graduar [30] **I** *vtr* **1** *Educ Mil* to confer a degree *o* a rank on. **2** (*regular*) to regulate. **II graduarse** *vr* **1** *Educ Mil* to graduate. **2 g. la vista**, to have one's eyes tested.
gráfico,-a I *adj* graphic; **diseño g.**, graphic design. **II** *nm,f* graph.
grafista *nmf* graphic designer.
gragea *nf Med* pill.
grajo,-a I *nm,f Orn* rook. **II** *nm Am* body odour.
gral. *abr de* **General**, General, gen.
gramática *nf* grammar.
gramo *nm* gram, gramme.
gran *adj* → **grande**.
grana *adj* scarlet.
granada *nf* **1** (*fruto*) pomegranate. **2** *Mil* grenade.
granate I *adj inv* (*color*) maroon. **II** *nm* (*color*) maroon.
Gran Bretaña *n* Great Britain.
grande *adj* (*before singular noun* **gran** *is used*) **1** (*tamaño*) big, large; *fig* (*persona*) great. **2** (*cantidad*) large; **vivir a lo g.**, to live in style; *fig* **pasarlo en g.**, to have a great time.
grandeza *nf* **1** (*importancia*) greatness. **2** (*grandiosidad*) grandeur; **delirios de g.**, delusions of grandeur.
grandioso,-a *adj* grandiose.
granel (a) *loc adv* (*sin medir exactamente*) loose.
granero *nm Agr* granary.
granito *nm* granite.
granizada *nf*, **granizado** *nm* iced drink.

granizar |4| *v impers* to hail.
granizo *nm* hail.
granja *nf* farm.
granjear(se) *vtr & vr* to gain.
granjero,-a *nm,f* farmer.
grano *nm* 1 grain; (*de café*) bean; **ir al g.**, to get to the point. 2 (*espinilla*) spot.
granuja *nm* 1 (*pilluelo*) ragamuffin. 2 (*estafador*) con-man.
grapa *nf* 1 staple. 2 *Constr* cramp.
grapadora *nf* stapler.
grapar *vtr* to staple.
grasa *nf* grease.
grasiento *adj* greasy.
graso,-a *adj* (*pelo*) greasy; (*materia*) fatty.
gratificar |1| *vtr* 1 (*satisfacer*) to gratify. 2 (*recompensar*) to reward.
gratinar *vtr Culin* to cook in a sauce until golden brown.
gratis *adv inv* free.
gratitud *nf* gratitude.
grato,-a *adj* pleasant.
gratuito,-a *adj* 1 (*de balde*) free (of charge). 2 (*arbitrario*) gratuitous.
grava *nf* (*guijas*) gravel; (*en carretera*) chippings.
gravamen *nm Jur* 1 (*carga*) burden. 2 (*impuesto*) tax.
gravar *vtr Jur* 1 (*cargar*) to burden. 2 (*impuestos*) to tax.
grave *adj* 1 (*importante*) serious. 2 (*muy enfermo*) seriously ill. 3 (*voz, nota*) low.
gravedad *nf* 1 (*seriedad, importancia*) seriousness. 2 *Fís* gravity.
gravilla *nf* chippings.
gravitar *vi* 1 *Fís* to gravitate. 2 **g. sobre**, to rest on.
gravoso,-a *adj* 1 (*costoso*) costly. 2 (*molesto*) burdensome.
graznar *vi* to squawk; (*de pato*) to quack; (*de cuervo*) to caw.
graznido *nm* (*un sonido*) squawk; (*varios*) squawking; (*de pato*) quack; (*de cuervo*) caw.
Grecia *n* Greece.
gregario,-a *adj* gregarious; **instinto g.**, herd instinct.
gremio *nm* 1 *Hist* guild. 2 (*profesión*) profession.
greña *nf* lock of entangled hair; *fam* **andar a la g.**, to squabble.
gres *nm* **artículos de g.**, stoneware.
gresca *nf* 1 (*bulla*) racket. 2 (*riña*) row.
griego,-a *adj & nm,f* Greek.
grieta *nf* crack; (*en la piel*) chap.
grifo *nm* tap, *US* faucet.
grillete *nm* shackle.
grillo *nm Ent* cricket.
gringo,-a *pey* I *adj* foreign; *Am* yankee. II *nm,f* foreigner; *Am* yankee, gringo.
gripe *nf* flu.
gris *adj & nm* grey, *US* gray.
grisáceo,-a *adj* greyish.
gritar *vtr & vi* to shout.

grito *nm* shout; **a voz en g.**, at the top of one's voice.
grosella *nf* (*fruto*) redcurrant; **g. negra**, blackcurrant; **g. silvestre**, gooseberry.
grosería *nf* 1 (*ordinariez*) rude word *o* expression. 2 (*rusticidad*) rudeness.
grosero,-a *adj* (*tosco*) coarse; (*maleducado*) rude.
grosor *nm* thickness.
grotesco,-a *adj* grotesque.
grúa *nf* 1 *Constr* crane. 2 *Aut* breakdown van, *US* tow truck.
grueso,-a I *adj* thick; (*persona*) stout. II *nm* (*parte principal*) bulk.
grulla *nf Orn* crane.
grumo *nm* lump; (*de leche*) curd.
gruñido *nm* grunt.
gruñir *vi* to grunt.
gruñón,-ona *adj* grumpy.
grupa *nf* hindquarters.
grupo *nm* 1 group. 2 *Téc* unit, set.
gruta *nf* cave.
guacamayo,-a *nm,f Orn* macaw.
guacamol, guacamole *nm Am Culin* guacamole, avocado sauce.
guachafita *nf Am* uproar.
guacho,-a *adj & nm,f Am* orphan.
guadaña *nf* scythe.
guagua[1] *nf* (*perro*) bow-wow. 2 *Can Cuba* bus.
guagua[2] *nf Am* baby.
guantazo *nm* slap.
guante *nm* glove.
guantera *nf Aut* glove compartment.
guapo,-a I *adj* 1 good-looking, *US* cute; (*mujer*) beautiful, pretty; (*hombre*) handsome. 2 *Am* (*matón*) bully.
guaraca *nf Am* sling.
guarango,-a *adj Am* rude.
guarda *nm,f* guard; **g. jurado**, security guard.
guardabarros *nm inv Aut* mudguard, *US* fender.
guardabosque *nmf* gamekeeper.
guardacoches *nmf inv* parking attendant.
guardacostas *nm inv* (*persona*) coastguard; (*embarcación*) coastguard vessel.
guardaespaldas *nmf inv* bodyguard.
guardameta *nmf Dep* goalkeeper.
guardapolvo *nm* overalls *pl*.
guardar I *vtr* 1 (*conservar*) to keep. 2 (*un secreto*) to keep; **g. silencio**, to remain silent; **g. cama**, to stay in bed. 3 (*poner en un sitio*) to put away. 4 (*reservar*) to keep. 5 *Inform* to save. II **guardarse** *vr* **g. de hacer algo**, (*abstenerse*) to be careful not to do sth; **guardársela a algn**, to have it in for sb.
guardarropa *nm* 1 (*cuarto*) cloakroom. 2 (*armario*) wardrobe.
guardería *nf* **g. infantil**, nursery (school).
guardia I *nf* 1 (*vigilancia*) watch. 2 **la G. Civil**, the civil guard. 3 (*turno de servicio*) duty; *Mil* guard duty; **de g.**, on duty;

farmacia de g., duty chemist. II *nmf* policeman; *(mujer)* policewoman.

guardián,-ana *nm,f* watchman.

guarecer [33] I *vtr* to shelter. II **guarecerse** *vr* to take shelter *o* refuge (**de**, from).

guarida *nf (de animal)* lair; *(refugio)* hide-out.

guarismo *nm* digit.

guarnecer [33] *vtr* 1 *Culin* to garnish. 2 *(dotar)* to provide (**de**, with). 3 *Mil* to garrison.

guarnición *nf* 1 *Culin* garnish. 2 *Mil* garrison.

guarro,-a I *adj* filthy. II *nm,f* pig.

guasa *nf* mockery.

guasearse *vr fam* **g. de**, to make fun of.

guaso,-a *adj Am* peasant.

guasón,-ona I *adj* humorous. II *nm,f* joker.

guata *nf* 1 *(relleno)* padding. 2 *Am (barriga)* paunch.

guay *adj inv fam* brilliant, terrific.

guayabera *nf* short jacket.

guayabo,-a *nm,f Am fig (chica bonita)* pretty young girl; *(chico guapo)* good-looking boy.

guepardo *nm* cheetah.

guerra *nf* war; **en g.**, at war; **g. bacteriológica**, germ warfare; **g. civil/fría/mundial/nuclear**, civil/cold/world/nuclear war; *fam* **dar g.**, to be a real nuisance.

guerrero,-a I *nm,f* warrior. II *adj* warlike.

guerrilla *nf* 1 *(partida armada)* guerrilla force *o* band. 2 *(lucha)* guerrilla warfare.

guía I *nmf (persona)* guide. II *nf* 1 *(norma)* guideline. 2 *(libro) guide; (lista)* directory; **g. de teléfonos**, telephone directory.

guiar [29] I *vtr* 1 *(indicar el camino)* to guide. 2 *Aut* to drive; *Náut* to steer; *(caballo, bici)* to ride. II **guiarse** *vr* to be guided, to go (**por**, by).

guija *nf* pebble.

guijarro *nm* pebble.

guinda *nf (fruto)* morello (cherry).

guindilla *nf* chilli.

guiñapo *nm* 1 *(andrajo)* rag. 2 *fig (persona)* wreck; **poner a algn como un g.**, to tear sb to pieces.

guiñar *vtr* to wink.

guiño *nm* wink.

guión *nm* 1 *Cin TV* script. 2 *Ling* hyphen, dash. 3 *(esquema)* sketch.

guionista *nmf* scriptwriter.

guiri *nmf arg* foreigner.

guirigay *nm* hubbub.

guirnalda *nf* garland.

guisa *nf* way, manner; **a g. de**, as, by way of.

guisado *nm Culin* stew.

guisante *nm* pea.

guisar *vtr* to cook.

guiso *nm* dish; *(guisado)* stew.

guita *nf* 1 *(cuerda)* rope. 2 *arg* dough.

guitarra I *nf* guitar. II *nmf* guitarist.

guitarrista *nmf* guitarist.

gula *nf* gluttony.

gusano *nm* worm; *(oruga)* caterpillar; **g. de seda**, silkworm.

gustar I *vtr* 1 **me gusta el vino**, I like wine; **me gustaban los caramelos**, I used to like sweets; **me gusta nadar**, I like swimming; **me gustaría ir**, I would like to go. 2 *fml* **¿gustas?**, would you like some?; **cuando gustes**, whenever you like. II *vi* **g. de**, to enjoy.

gusto *nm* 1 *(sentido)* taste. 2 *(en fórmulas de cortesía)* pleasure; **con (mucho) g.**, with (great) pleasure; **tanto g.**, pleased to meet you. 3 **estar a g.**, to feel comfortable *o* at ease; **por g.**, for the sake of it; **ser de buen/mal g.**, to be in good/bad taste; **tener buen/mal g.**, to have good/bad taste; **tenemos el gusto de comunicarle que ...**, we are pleased to inform you that ....

gutural *adj* guttural.

H

H, h |atʃe| *nf (la letra)* H,h; **bomba H**, H-bomb.

ha *indic pres* → **haber**.

haba *nf* broad bean.

Habana *nf* **La H.**, Havana.

habano *nm* Havana cigar.

haber |14| *v aux* 1 *(en tiempos compuestos)* to have; **lo he visto**, I have seen it; **ya lo había hecho**, he had already done it. 2 **h. de** + *infin*, *(obligación)* to have to; **has de ser bueno**, you must be good.

II *v impers (special form of present tense:* **hay**) 1 *(existir, estar) (singular used also with plural nouns)* **hay**, there is *o* are; **había**, there was *o* were; **había un gato en el tejado**, there was a cat on the roof; **había muchos libros**, there were a lot of books; **hay 500 kilómetros entre Madrid y Granada**, it's 500 kilometers from Madrid to Granada. 2 **h. que** + *infin*, it is necessary to; **hay que trabajar**, you've got to *o* you must work; **habrá que comprobarlo**, I/you/we *etc* will have to check it. 3 *(tener lugar)* **habrá una fiesta**, there will be a party; **hoy hay partido**, there's a match today; **los accidentes habidos en esta carretera**, the accidents which have happened on this road. 4 **había una vez ...**, once upon a time ...; **no hay de qué**, you're welcome, don't mention it; **¿qué hay?**, how are things?

habichuela   133   **hallazgo**

III *nm* **1** *Fin* credit; **haberes**, assets. **2 en su h.**, in his possession.

habichuela *nf* kidney bean.

hábil *adj* **1** *(diestro)* skilful, *US* skillful. **2** *(astuto)* smart. **3 días hábiles**, working days.

habilidad *nf* **1** *(destreza)* skill. **2** *(astucia)* cleverness.

habilitar *vtr* **1** *(espacio)* to fit out. **2** *(persona)* to entitle. **3** *Fin* *(financiar)* to finance.

habitación *nf* *(cuarto)* room; *(dormitorio)* bedroom; **h. individual/doble**, single/double room.

habitante *nmf* inhabitant.

habitar **I** *vtr* to live in, inhabit. **II** *vi* to live.

hábitat *nm* (*pl* **hábitats**) habitat.

hábito *nm* **1** *(costumbre)* habit. **2** *Rel* habit.

habitual *adj* usual, habitual; *(cliente, lector)* regular.

habituar [30] **I** *vtr* to accustom (**a**, to). **II habituarse** *vr* to get used (**a**, to), become accustomed (**a**, to).

habla *nf* **1** *(idioma)* language; **países de h. española**, Spanish-speaking countries. **2** *(facultad de hablar)* speech; **quedarse sin h.**, to be left speechless. **3** *Tel* **¡al h.!**, speaking!

hablado,-a *adj* spoken; **el inglés h.**, spoken English; **mal h.**, coarse, foul-mouthed.

hablador,-a *adj* *(parlanchín)* talkative; *pey (chismoso)* gossipy.

habladuría *nf* *(rumor)* rumour, *US* rumor. *(chisme)* piece of gossip.

hablante *nmf* speaker.

hablar **I** *vi* **1** to speak, talk; **h. con algn**, to speak to sb. **2 ¡ni h.!**, certainly not!; *fam* **¡quién fue a h.!**, look who's talking!. **II** *vtr* **1** *(idioma)* to speak; **habla alemán**, he speaks German. **2** *(tratar un asunto)* to talk over, discuss. **III hablarse** *vr* **1** to speak *o* talk to one another. **2 'se habla español'**, *(en letrero)* 'Spanish spoken'.

habré *indic fut* → **haber**.

hacendoso,-a *adj* hardworking.

hacer [15] **I** *vtr* **1** *(crear, producir, fabricar)* to make; **h. una casa**, to build a house. **2** *(obrar, ejecutar)* to do; **eso no se hace**, it isn't done; **hazme un favor**, do me a favour; **¿qué haces?**, *(en este momento)* what are you doing?; *(para vivir)* what do you do (for a living)?; **tengo mucho que h.**, I have a lot to do; **h. deporte**, to do sports; **h. una carrera/medicina**, to do a degree/medicine. **3** *(conseguir)* *(amigos, dinero)* to make. **4** *(obligar)* to make; **hazle callar/trabajar**, make him shut up/work. **5** *(arreglar)* to make; **h. la cama**, to make the bed. **6** *Mat* *(sumar)* to make; **y con éste hacen cien**, and that makes a hundred. **7** *(dar aspecto)* to make look; **el negro le hace más delgado**, black makes him look slimmer. **8** *(sustituyendo a otro verbo)* to do; **ya no puedo leer como solía hacerlo**, I can't read as well as I used to. **9** *(representar)* to play; **h. el bueno**, to play the (part of the) goody. **10 ¡bien hecho!**, well done!

II *vi* **1** *(actuar)* to play; **hizo de Desdémona**, she played Desdemona. **2 h. por *o* para + infin**, to try to; **hice por venir**, I tried to come. **3** *(fingir)* to pretend; **h. como si**, to act as if. **4** *(convenir)* to be suitable; **a las ocho si te hace**, will eight o'clock be all right for you?

III *v impers* **1 hace calor/frío**, it's hot/cold. **2** *(tiempo transcurrido)* ago; **hace mucho (tiempo)**, a long time ago; **hace dos días que no le veo**, I haven't seen him for two days; **hace dos años que vivo en Glasgow**, I've been living in Glasgow for two years.

IV hacerse *vr* **1** *(volverse)* to become, grow; **h. viejo**, to grow old. **2** *(simular)* to pretend; **h. el dormido**, to pretend to be sleeping. **3 h. con**, *(apropiarse)* to get hold of. **4** *(habituarse)* to get used (**a**, to); **enseguida me hago a todo**, I soon get used to anything.

hacha *nf* **1** *(herramienta)* axe, *US* ax. **2** *fam* **ser una h. en algo**, to be an ace *o* a wizard at sth.

hachís *nm* hashish.

hacia *prep* **1** *(dirección)* towards, to; **h. abajo**, down, downwards; **h. adelante**, forwards; **h. arriba**, up, upwards; **h. atrás**, back, backwards. **2** *(tiempo)* at about, at around; **h. las tres**, at about three o'clock.

hacienda *nf* **1** *(finca agrícola)* estate, *US* ranch. **2** *Fin* Treasury; **h. pública**, public funds *o* finances *pl*; **Ministerio de H.**, = Exchequer, Treasury.

hacinamiento *nm* **1** *Agr* stacking; *fig (montón)* piling. **2** *(de gente)* overcrowding.

hacinar **I** *vtr* *Agr* to stack; *fig (amontonar)* to pile up, heap up. **II hacinarse** *vr* *(gente)* to be packed (**en**, into).

hada *nf* fairy; **cuento de hadas**, fairy tale; **h. madrina**, fairy godmother.

hado *nm* destiny.

hago *indic pres* → **hacer**.

halagar [7] *vtr* to flatter.

halago *nm* flattery.

halagüeño,-a *adj* *(noticia, impresión)* promising.

halcón *nm* falcon; **h. peregrino**, peregrine (falcon).

hálito *nm* **1** *(aliento)* breath. **2** *(vapor)* vapour, *US* vapor.

hallar **I** *vtr* *(encontrar)* to find; *(averiguar)* to find out; *(descubrir)* to discover. **II hallarse** *vr* *(estar)* to be, find oneself; *(estar situado)* to be situated.

hallazgo *nm* **1** *(descubrimiento)* discovery.

2 *(cosa encontrada)* find.
hamaca *nf* hammock; *(mecedora)* rocking chair.
hambre *nf (apetito)* hunger; *(inanición)* starvation; *(catástrofe)* famine; **tener h.**, to be hungry.
hambriento,-a *adj* starving.
hamburguesa *nf* hamburger.
hampa *nf* underworld.
han *indic pres* → **haber**.
harapo *nm* rag; **hecho un h.**, in tatters.
haré *indic fut* → **hacer**.
harén *nm (pl harenes)* harem.
harina *nf* flour.
hartar I *vtr* 1 *(cansar, fastidiar)* to annoy. 2 *(atiborrar)* to satiate; **el dulce harta enseguida**, sweet things soon fill you up. **II hartarse** *vr* 1 *(saciar el apetito)* to eat one's fill. 2 *(cansarse)* to get fed up (**de**, with), grow tired (**de**, of).
harto,-a *adj* 1 *(de comida)* full. 2 *(cansado)* fed up; **¡me tienes h.!**, I'm fed up with you!; **estoy h. de trabajar**, I'm fed up working. ◆**harto** *adv (muy)* very.
hartura *nf* bellyful; **¡qué h.!**, what a drag!
has *indic pres* → **haber**.
hasta I *prep* 1 *(lugar)* up to, as far as, down to. 2 *(tiempo)* until, till, up to; **h. el domingo**, until Sunday; **h. el final**, right to the end; **h. la fecha**, up to now; **h. luego**, see you later. 3 *(con cantidad)* up to, as many as. 4 *(incluso)* even. **II** *conj* **h. que**, until.
hastiado,-a *adj* sick, tired (**de**, of).
hastiar |29| *vtr* to sicken.
hastío *nm* weariness.
hato *nm* bundle.
hay *indic pres* → **haber**.
Haya (La) *nf* The Hague.
haya¹ *nf* 1 *Bot (árbol)* beech. 2 *(madera)* beech (wood).
haya² *subj pres* → **haber**.
haz¹ *nm* 1 *Agr* sheaf. 2 *(de luz)* shaft.
haz² *nf (de hoja)* top side.
haz³ *imperat* → **hacer**.
hazaña *nf* deed, exploit.
hazmerreír *nm* laughing stock.
he¹ *adv* **he ahí/aquí ...**, there/here you have ....
he² *indic pres* → **haber**.
hebilla *nf* buckle.
hebra *nf* thread; *(de carne)* sinew; *(de madera)* grain; **pegar la h.**, to chat.
hebreo,-a I *adj* Hebrew. **II** *nm,f* Hebrew.
hecatombe *nf* disaster.
hechicería *nf* witchcraft.
hechicero,-a I *adj* bewitching. **II** *nm,f (hombre)* wizard, sorcerer; *(mujer)* witch, sorceress.
hechizar |4| *vtr* 1 *(embrujar)* to cast a spell on. 2 *fig (fascinar)* to bewitch, charm.
hechizo *nm* 1 *(embrujo)* spell. 2 *fig (fascinación)* fascination, charm.
hecho,-a I *adj* 1 *(made, done)*; **¡bien h.!**,

well done! 2 *(carne)* done. 3 *(persona)* mature. 4 *(frase)* set; *(ropa)* ready-made. **II** *nm* 1 *(realidad)* fact; **de h.**, in fact; **el h. es que ...**, the fact is that .... 2 *(acto)* act, deed. 3 *(suceso)* event, incident.
hechura *nf (forma)* shape; *Cost* cut.
hectárea *nf* hectare.
hectolitro *nm* hectolitre, *US* hectoliter.
heder |3| *vi* to stink, smell foul.
hediondo,-a *adj* foul-smelling.
hedor *nm* stink, stench.
hegemonía *nf* hegemony.
helada *nf* frost.
heladería *nf* ice-cream parlour.
helado,-a I *nm* ice cream. **II** *adj* 1 *(muy frío)* frozen, freezing cold; **estoy h. (de frío)**, I'm frozen. 2 *fig* **quedarse h.**, *(atónito)* to be flabbergasted.
helar |1| **I** *vtr (congelar)* to freeze. **II** *v impers* to freeze; **anoche heló**, there was a frost last night. **III helarse** *vr (congelarse)* to freeze.
helecho *nm Bot* fern.
hélice *nf* 1 *Av Náut* propeller. 2 *Anat Arquit Mat* helix.
helicóptero *nm Av* helicopter.
helipuerto *nm Av* heliport.
hematoma *nm Med* haematoma, *US* hematoma.
hembra *nf* 1 *Bot Zool* female. 2 *(mujer)* woman. 3 *Téc* female; *(de tornillo)* nut; *(de enchufe)* socket.
hemiciclo *nm fam* (Spanish) parliament.
hemisferio *nm* hemisphere.
hemorragia *nf Med* haemorrhage, *US* hemorrhage.
hemos *indic pres* → **haber**.
henchir |6| *vtr* to stuff.
hender |3| *vtr (resquebrajar)* to crack, split; *fig (olas)* to cut.
hendidura *nf* crack.
hendir |5| *vtr* → **hender**.
heno *nm* hay.
heráldica *nf* heraldry.
herbicida *nm* weedkiller, herbicide.
herbívoro,-a I *adj* herbivorous, grass-eating. **II** *nm,f Zool* herbivore.
herbolario *nm* herbalist's (shop).
herboso,-a *adj* grassy.
hercio *nm* Herz.
heredad *nf* 1 *(finca)* country estate. 2 *(conjunto de bienes)* private estate.
heredar *vtr* 1 *Jur* to inherit. 2 **ha heredado la sonrisa de su madre**, she's got her mother's smile.
heredero,-a *nm,f (hombre)* heir; *(mujer)* heiress; **príncipe h.**, crown prince.
hereditario,-a *adj* hereditary.
hereje *nmf Rel* heretic.
herejía *nf Rel* heresy.
herencia *nf* 1 *Jur* inheritance, legacy. 2 *Biol* heredity.
herida *nf (lesión)* injury; *(corte)* wound.
herido,-a *n* injured person; **no hubo heri-**

herir |5| I *vtr* 1 *(físicamente) (lesionar)* to injure; *(cortar)* to wound. 2 *(emocionalmente)* to hurt, wound. 3 *(vista)* to offend. II **herirse** *vr* to injure *o* hurt oneself.

hermana 1 sister. 2 *Rel (monja)* sister (→ **hermano**).

hermanado,-a *adj* twinned; **ciudad hermanada**, twin town.

hermanar I *vtr* 1 *(personas)* to unite spiritually. 2 *(ciudades)* to twin. 3 *(unir)* to unite, combine. II **hermanarse** *vr* 1 *(ciudades)* to twin. 2 *(combinar)* to combine.

hermanastro,-a *nm,f (hombre)* stepbrother; *(mujer)* stepsister.

hermandad *nf* 1 *(grupo)* fraternity, brotherhood, sisterhood. 2 *(relación)* brotherhood, sisterhood.

hermano *nm* 1 brother; **h. político**, brother-in-law; **primo h.**, first cousin. 2 *Rel (fraile)* brother. 3 **hermanos**, brothers and sisters.

hermético,-a *adj* 1 *(cierre)* hermetic, airtight. 2 *fig (abstruso)* secretive. ◆**herméticamente** *adv* **h. cerrado**, hermetically sealed.

hermetismo *nm* hermeticism; *fig* impenetrability.

hermoso,-a *adj* beautiful, lovely; *(grande)* fine.

hermosura *nf* beauty.

héroe *nm* hero.

heroico,-a *adj* heroic.

heroína *nf* 1 *(mujer)* heroine. 2 *(droga)* heroin.

heroinómano,-a *nm,f* heroin addict.

heroísmo *nm* heroism.

herrador *nm* blacksmith.

herradura *nf* horseshoe.

herramienta *nf Téc* tool; **caja de herramientas**, toolbox.

herrar |1| *vtr* 1 *(caballo)* to shoe. 2 *(ganado)* to brand.

herrería *nf* forge, smithy.

herrero *nm* blacksmith, smith.

herrumbre *nf* rust.

hervidero *nm fig (lugar)* hotbed.

hervir |5| I *vtr (hacer bullir)* to boil. II *vi* 1 *Culin* to boil; **romper a h.**, to come to the boil. 2 *(abundar)* to swarm, seethe (**de**, with).

heterodoxo,-a *adj* unorthodox.

heterogéneo,-a *adj* heterogeneous.

hez *nf* 1 *(usu pl) (poso)* sediment, dregs *pl*. 2 **heces**, faeces.

hiato *nm Ling* hiatus.

híbrido,-a *adj* & *nm,f* hybrid.

hice *pt indef* → **hacer**.

hiciste *pt indef* → **hacer**.

hidalgo *nm Hist* nobleman, gentleman.

hidalguía *nf* nobility; *fig* chivalry, gentlemanliness.

hidratación *nf* 1 *Quím* hydration. 2 *(de la piel)* moisturizing.

hidratante *adj* moisturizing; **crema/leche h.**, moisturizing cream/lotion.

hidráulico,-a *adj* hydraulic; **energía hidráulica**, hydro-electric energy.

hidroavión *nm* seaplane, *US* hydroplane.

hidrocarburo *nm* hydrocarbon.

hidrófilo-a *adj* absorbent; **algodón h.**, cotton wool.

hidrógeno *nm Quím* hydrogen.

hidroterapia *nf Med* hydrotherapy.

hiedra *nf* ivy.

hiel *nf* 1 *Anat* bile. 2 *fig* bitterness, gall.

hielo *nm* ice; *fig* **romper el h.**, to break the ice.

hiena *nf* hyena.

hierba *nf* 1 grass; **mala h.**, *Bot* weed; *fig (persona)* bad lot; *fam hum* ... **y otras hierbas**, ... among others. 2 *Culin* herb; **h. luisa**, lemon verbena. 3 *sl (marihuana)* grass.

hierbabuena *nf* mint.

hierro *nm* 1 *(metal)* iron; **h. forjado**, wrought iron. 2 *(punta de arma)* head, point. 3 *(marca en el ganado)* brand.

hígado *nm* 1 *Anat* liver. 2 *euf* guts *pl*.

higiene *nf* hygiene.

higiénico,-a *adj* hygienic; **papel h.**, toilet paper.

higo *nm fam fig* **hecho un h.**, wizened, crumpled.

higuera *nf Bot* fig tree.

hija *nf* daughter (→ **hijo**).

hijastro,-a *nm,f (hombre)* stepson; *(mujer)* stepdaughter.

hijo *nm* 1 son, child; *fam* **pey h. de papá**, daddy's boy; *vulg ofens* **h. de puta**, bastard, son of a bitch. 2 **hijos**, children.

hijoputa *nm vulg ofens* bastard.

hilacha *nf*, **hilacho** *nm* loose *o* hanging thread.

hilandería *nf* mill; *(de algodón)* cotton mill.

hilandero,-a *nm,f* spinner.

hilar *vtr* & *vi* 1 to spin. 2 *fig (idea, plan)* to work out; **h. muy fino**, to split hairs.

hilaridad *nf* hilarity, mirth.

hilera *nf* line, row.

hilo *nm* 1 *Cost* thread; *(grueso)* yarn. 2 *fig (de historia, discurso)* thread; *(de pensamiento)* train; **perder el h.**, to lose the thread; **h. musical**, background music. 3 *Tex* linen.

hilvanar *vtr* 1 *Cost* to tack, baste. 2 *fig (ideas etc)* to outline.

himno *nm* hymn; **h. nacional**, national anthem.

hincapié *nm* **hacer h. en**, *(insistir)* to insist on; *(subrayar)* to emphasize, stress.

hincar |1| I *vtr (clavar)* to drive (in); **h. el diente a**, to sink one's teeth into. II **hincarse** *vr* **h. de rodillas**, to kneel (down).

hincha *fam* I *nmf Ftb* fan, supporter. II *nf*

hinchada 136 **hombría**

(*antipatía*) grudge, dislike; **me tiene h.,** he's got it in for me.

hinchada *nf Ftb fam* fans *pl*, supporters *pl*.

hinchado,-a *adj* 1 inflated, blown up. 2 *Med* (*cara etc*) swollen, puffed up; (*estómago*) bloated. 3 *fig* (*estilo*) bombastic, pompous.

hinchar *vtr* 1 (*inflar*) to inflate, blow up. 2 *fig* (*exagerar*) to inflate, exaggerate. **II hincharse** *vr* 1 *Med* to swell (up). 2 *fam* **me hinché de comida,** I stuffed myself; **me hinché de llorar,** I cried for all I was worth.

hinchazón *nf Med* swelling.

hindú *adj & nmf* Hindu.

hipermercado *nm* hypermarket.

hipertensión *nf* high blood pressure.

hípica *nf* (horse) riding.

hípico,-a *adj* horse; **club h.,** riding club.

hipnotizar [4] *vtr* to hypnotize.

hipo *nm* hiccups, hiccough; **me ha dado h.,** it's given me the hiccups.

hipocondríaco,-a *adj & nm,f* hypochondriac.

hipocresía *nf* hypocrisy.

hipócrita I *adj* hypocritical. **II** *nmf* hypocrite.

hipódromo *nm* racetrack, racecourse.

hipopótamo *nm* hippopotamus.

hipoteca *nf Fin* mortgage.

hipotecar [1] *vtr* 1 *Fin* to mortgage. 2 *fig* to jeopardize.

hipótesis *nf inv* hypothesis.

hipotético,-a *adj* hypothetical.

hiriente *adj* offensive, wounding; (*palabras*) cutting.

hirsuto,-a *adj* hirsute, hairy; (*cerdoso*) bristly.

hispánico,-a *adj* Hispanic, Spanish.

hispanidad *nf* **el Día de la H.,** Columbus Day (12 October).

hispano,-a I *adj* (*español*) Spanish; (*español y sudamericano*) Hispanic; (*sudamericano*) Spanish American. **II** *nm,f* Spanish American, *US* Hispanic.

Hispanoamérica *nf* Latin America.

hispanoamericano,-a *adj & nm,f* Latin American.

hispanohablante I *adj* Spanish-speaking. **II** *nmf* Spanish speaker.

histeria *nf* hysteria; **un ataque de h.,** hysterics *pl*.

histérico,-a *adj* hysterical; *fam fig* **me pones h.,** you're driving me mad.

historia *nf* 1 history; **esto pasará a la h.,** this will go down in history. 2 (*narración*) story, tale; *fam* **¡déjate de historias!,** don't give me that!

historiador,-a *nm,f* historian.

historial *nm* 1 *Med* medical record, case history. 2 (*curriculum*) curriculum vitae. 3 (*antecedentes*) background.

historiar [29] *vtr* to recount.

histórico,-a *adj* 1 historical. 2 (*auténtico*) factual, true; **hechos históricos,** true facts. 3 (*de gran importancia*) historic, memorable.

historieta *nf* 1 (*cuento*) short story, tale. 2 (*tira cómica*) comic strip.

hito *nm* milestone; **mirar de h. en h.,** to stare at.

hizo *indic indef* → **hacer**.

hnos. *abr de* **Hermanos,** Brothers, Bros.

hocico *nm* 1 (*de animal*) snout. 2 *pey* (*de persona*) mug, snout; *fam* **meter los hocicos en algo,** to stick *o* poke one's nose into sth.

hogar *nm* 1 (*casa*) home. 2 (*de la chimenea*) hearth, fireplace. 3 *fig* **formar** *o* **crear un h.,** (*familia*) to start a family.

hogareño,-a *adj* (*vida*) home, family; (*persona*) home-loving, stay-at-home.

hoguera *nf* bonfire.

hoja *nf* 1 *Bot* leaf. 2 (*pétalo*) petal. 3 (*de papel*) sheet, leaf; **h. de cálculo,** spreadsheet. 4 (*de libro*) leaf, page. 5 (*de metal*) sheet. 6 (*de cuchillo, espada*) blade. 7 (*impreso*) hand-out, printed sheet. 8 (*de puerta o ventana*) leaf.

hojalata *nf* tin, tin plate.

hojaldre *nm Culin* puff pastry.

hojarasca *nf* fallen *o* dead leaves *pl*.

hojear *vtr* to leaf through, flick through.

hola *interj* hello!, hullo!, hi!

Holanda *n* Holland.

holandés,-esa I *adj* Dutch. **II** *nm,f* (*hombre*) Dutchman; (*mujer*) Dutchwoman. **III** *nm* (*idioma*) Dutch.

holding *nm Fin* holding company.

holgado,-a *adj* 1 (*ropa*) loose, baggy. 2 (*económicamente*) comfortable. 3 (*espacio*) roomy; **andar h. de tiempo,** to have plenty of time.

holgar [2] *vi* 1 (*no trabajar*) to be idle. 2 (*sobrar*) **huelga decir que ...,** it goes without saying that ....

holgazán,-ana I *adj* lazy, idle. **II** *nm,f* lazybones *inv*, layabout.

holgura *nf* 1 (*ropa*) looseness. 2 (*espacio*) space, roominess; *Téc* play, plays. 3 (*bienestar económico*) affluence, comfort; **vivir con h.,** to be comfortably off, be well-off.

hollar [2] *vtr fig* to walk on; **terrenos jamás hollados,** uncharted territory.

hollín *nm* soot.

hombre I *nm* 1 man; **de h. a h.,** man-to-man; **¡pobre h.!,** poor chap!; **ser muy h.,** to be every inch a man; **h. de estado,** statesman; **h. de negocios,** businessman. 2 (*especie*) mankind, man. **II** *interj* 1 (*saludo*) hey!, hey there!; **¡h., Juan!,** hey, Juan! 2 **¡sí h.!,** **¡h. claro!,** (*enfático*) sure!, you bet!; **¡anda, h.!,** (*incredulidad*) oh come on!

hombrera *nf* shoulder pad.

hombría *nf* manliness, virility.

hombro *nm* shoulder; **a hombros**, on one's shoulders; **encogerse de hombros**, to shrug one's shoulders; **mirar a algn por encima del h.**, to look down one's nose at sb.
hombruno,-a *adj* mannish, butch.
homenaje *nm* homage, tribute; **rendir h. a algn**, to pay homage *o* tribute to sb.
homenajear *vtr* to pay tribute to.
homicida I *nmf (hombre)* murderer; *(mujer)* murderess. **II** *adj* homicidal; **el arma h.**, the murder weapon.
homicidio *nm* homicide.
homogéneo,-a *adj* homogeneous, uniform.
homologable *adj* comparable (**con**, with).
homologar [7] *vtr* to give official approval *o* recognition to.
homólogo,-a I *adj (equiparable)* comparable. **II** *nm,f (persona con mismas condiciones)* counterpart.
homosexual *adj & nmf* homosexual.
homosexualidad *nf* homosexuality.
honda *nf (arma)* sling.
hondo,-a *adj* 1 *(profundo)* deep; **plato h.**, soup dish. 2 *fig (pesar)* profound, deep.
hondonada *nf Geog* hollow, depression.
hondura *nf* depth; *fig* **meterse en honduras**, *(profundizar)* to go into too much detail.
Honduras *n* Honduras.
hondureño,-a *adj & nm,f* Honduran.
honestidad *nf* 1 *(honradez)* honesty, uprightness. 2 *(decencia)* modesty.
honesto,-a *adj* 1 *(honrado)* honest, upright. 2 *(decente)* modest.
hongo *nm* 1 *Bot* fungus; **h. venenoso**, toadstool. 2 *(sombrero)* bowler, bowler hat.
honor *nm* 1 *(virtud)* honour, *US* honor; **palabra de h.**, word of honour. 2 **en h. a la verdad ...**, to be fair ...; **es un h. para mí**, it's an honour for me. 3 **hacer h. a**, to live up to.
honorable *adj* honourable, *US* honorable; *Pol* **el h.**, head of the Catalan government.
honorario,-a I *adj* honorary. **II** *nmpl* **honorarios**, fees, fee *sing*.
honorífico,-a *adj* honorary.
honra *nf* 1 *(dignidad)* dignity, self-esteem. 2 *(fama)* reputation, good name. 3 *(honor)* honour, *US* honor; **me cabe la h. de ...**, I have the honour of ...; **¡a mucha h.!**, and proud of it!
honradez *nf* honesty, integrity.
honrado,-a *adj* 1 *(de fiar)* honest. 2 *(decente)* upright, respectable.
honrar *vtr* 1 *(respetar)* to honour, *US* honor. 2 *(enaltecer)* to be a credit to.
honrilla *nf* self-respect, pride.
honroso,-a *adj (loable)* honourable, *US* honorable.

hora *nf* 1 hour; **media h.**, half an hour; **a altas horas de la madrugada**, in the small hours; **dar la h.**, to strike the hour; **(trabajo) por horas**, (work) paid by the hour; **h. punta**, rush hour; **horas extra**, overtime (hours). 2 *fig* time; **¿qué h. es?**, what time is it?; **a su h.**, at the proper time; **a última h.**, at the last moment; **la h. de la verdad**, the moment of truth. 3 *(cita)* appointment; **pedir h.**, *(al médico etc)* to ask for an appointment.
horadar *vtr (perforar)* to drill *o* bore a hole in.
horario-a I *nm* timetable, *US* schedule. **II** *adj* time; *Rad* **señal horaria**, pips.
horca *nf* gallows *pl*.
horcajada *nf* **a horcajadas**, astride.
horchata *nf Culin* sweet milky drink made from chufa nuts or almonds.
horda *nf* horde, mob.
horizonte *nm* horizon.
horma *nf (de zapato)* last.
hormiga *nf* ant.
hormigón *nm Constr* concrete; **h. armado**, reinforced concrete.
hormiguear *vi* to itch, tingle; **me hormigueaba la pierna**, I had pins and needles in my leg.
hormigueo *nm* 1 pins and needles *pl*, tingling *o* itching sensation. 2 *fig* anxiety.
hormiguero *nm* 1 anthill. 2 *fig* **ser un h.**, *(lugar)* to be swarming (with people).
hormona *nf* hormone.
hornada *nf* 1 *(pan)* batch. 2 *fig* set, batch.
hornillo *nm (de cocinar)* stove; *(placa)* hotplate.
horno *nm (cocina)* oven; *Téc* furnace; *(para cerámica, ladrillos)* kiln; *Culin* **pescado al h.**, baked fish; *fam fig* **esta habitación es un h.**, this room is boiling hot.
Hornos *n* **Cabo de H.**, Cape Horn.
horóscopo *nm* horoscope.
horquilla *nf* 1 *(del pelo)* hair-grip, hairpin, *US* bobby pin. 2 *(estadística)* chart. 3 **h. de precios**, price range.
horrendo,-a *adj* horrifying, horrible.
hórreo *nm Agr* granary.
horrible *adj* horrible, dreadful, awful.
horripilante *adj* hair-raising, scary.
horror *nm* 1 horror, terror; **¡qué h.!**, how awful!; *fam* **tengo h. a las motos**, I hate motorbikes. 2 *fam fig* **me gusta horrores**, *(muchísimo)* I like it an awful lot.
horrorizar [4] *vtr* to horrify, terrify.
horroroso,-a *adj* 1 *(que da miedo)* horrifying, terrifying. 2 *fam (muy feo)* hideous, ghastly. 3 *fam (malísimo)* awful, dreadful.
hortaliza *nf* vegetable.
hortelano *nm,f* market gardener, *US* truck farmer.
hortensia *nf Bot* hydrangea.
hortera *adj arg (persona)* flashy; *(cosa)* tacky, kitsch.

horterada *nf arg* tacky thing *o* act.
hosco,-a *adj* 1 *(poco sociable)* surly, sullen. 2 *(tenebroso)* dark, gloomy. 3 *(difícil)* tough.
hospedaje *nm* lodgings *pl*, accommodation, *US* accommodations.
hospedar I *vtr* to put up, lodge. II **hospedarse** *vr* to stay (**en**, at).
hospicio *nm* orphanage.
hospital *nm* hospital.
hospitalario,-a *adj* 1 *(acogedor)* hospitable. 2 *Med* hospital; **instalaciones hospitalarias**, hospital facilities.
hospitalidad *nf* hospitality.
hospitalizar |4| *vtr* to take *o* send into hospital, hospitalize.
hostal *nm* guest house.
hostelería *nf (negocio)* catering business; *(estudios)* hotel management.
hostelero,-a *nm,f (hombre)* landlord; *(mujer)* landlady.
hostería *nf Am* inn, lodging house.
hostia I *nf* 1 *Rel* host. 2 *vulg (tortazo)* bash. 3 **estar de mala h.**, to be in a foul mood; **ser la h.**, *(fantástico)* to be bloody amazing *o* fantastic; *(penoso)* to be bloody useless. II *interj* damn! bloody hell!
hostiar *vtr vulg* to bash, sock.
hostigar |7| *vtr* 1 to harass. 2 *(caballerías)* to whip.
hostil *adj* hostile.
hostilidad *nf* hostility.
hotel *nm* hotel.
hotelero,-a I *adj* hotel; **el sector h.**, the hotel sector. II *nm,f* hotel-keeper, hotelier.
hoy *adv* 1 *(día)* today. 2 *fig (presente)* now; **h. (en) día**, nowadays; **h. por h.**, at the present time.
hoya *nf Geog* dale, valley.
hoyo *nm* 1 *(agujero)* hole, pit. 2 *(sepultura)* grave. 3 *Golf* hole.
hoyuelo *nm* dimple.
hoz *nf Agr* sickle; **la h. y el martillo**, the hammer and sickle.
HR *nm abr de* **Hostal Residencia**.
hube *pt indef* → **haber**.
hubiera *subj imperf* → **haber**.
hucha *nf* piggy bank.
hueco,-a I *adj* 1 *(vacío)* empty, hollow. 2 *(sonido)* resonant. II *nm* 1 *(cavidad)* hollow, hole. 2 *(sitio no ocupado)* empty space. 3 *(rato libre)* free time.
huele *indic pres* → **oler**.
huelga *nf* strike; **estar en** *o* **de h.**, to be on strike; **h. de brazos caídos**, go-slow; **h. de celo**, work- to-rule.
huelguista *nmf* striker.
huella *nf* 1 *(del pie)* footprint; *(coche)* track; **h. dactilar**, fingerprint. 2 *fig (vestigio)* trace, sign; **dejar h.**, to leave one's mark.
huérfano,-a *nmf* orphan.
huero,-a *adj fig* empty.

huerta *nf Agr* 1 *(parcela)* market *o US* truck garden. 2 *(región)* irrigated area used for cultivation.
huerto *nm (de verduras)* vegetable garden, kitchen garden; *(de frutales)* orchard.
hueso *nm* 1 *Anat* bone; **estar en los huesos**, to be all skin and bone. 2 *(de fruto)* stone, *US* pit. 3 *fig (difícil)* hard work; *(profesor)* hard nut. 4 *Am (enchufe)* contact.
huésped,-a *nm,f (invitado)* guest; *(en hotel etc)* lodger, boarder; **casa de huéspedes**, guesthouse.
hueste *nf Mil* army, host.
huesudo,-a *adj* bony.
huevera *nf* 1 *(caja)* egg box. 2 *vulg (suspensorio)* jockstrap.
huevo *nm* 1 egg; **h. duro**, hard-boiled egg; **h. escalfado**, poached egg; **h. frito**, fried egg; **h. pasado por agua**, *Am* **h. tibio**, soft-boiled egg; **huevos revueltos**, scrambled eggs. 2 *vulg (usu pl)* balls *pl*; **hacer algo por huevos**, to do sth even if it kills you; **tener huevos**, to have guts.
huida *nf* flight, escape.
huidizo,-a *adj* elusive.
huir |37| *vi* to run away (**de**, from), flee; **h. de la cárcel**, to escape from prison; **h. de algn**, to avoid sb.
hule *nm* 1 *(tela impermeable)* oilcloth, oilskin. 2 *(de mesa)* tablecloth. 3 *Am* rubber.
hulla *nf Min* coal.
humanidad *nf* 1 *(género humano)* humanity, mankind. 2 *(cualidad)* humanity, humaneness. 3 *(bondad)* compassion, kindness.
humanitario,-a *adj* humanitarian.
humano,-a I *adj* 1 *(relativo al hombre)* human. 2 *(compasivo)* humane. II *nm* human (being); **ser h.**, human being.
humear *vi (echar humo)* to smoke; *(arrojar vapor)* to steam, be steaming hot.
humedad *nf (atmosférica)* humidity; *(de lugar)* dampness; **a prueba de h.**, dampproof.
humedecer |33| I *vtr* to moisten, dampen. II **humedecerse** *vr* to become damp *o* wet *o* moist.
húmedo,-a *adj (casa, ropa)* damp; *(clima)* humid, damp, moist.
humildad *nf* humility; *(pobreza)* humbleness.
humilde *adj* humble, modest; *(pobre)* poor.
humillación *nf* humiliation.
humillante *adj* humiliating, humbling.
humillar I *vtr (rebajar)* to humiliate, humble. II **humillarse** *vr* **h. ante algn**, to humble oneself before sb.
humo *nm* 1 smoke; *(gas)* fumes *pl*; *(vapor)* vapour, *US* vapor, steam. 2 **¡qué humos tiene!**, she thinks a lot of herself.
humor *nm* 1 *(genio)* mood; **estar de buen**

humorismo   139   **igual**

o **mal h.**, to be in a good *o* bad mood. **2** *(carácter)* temper; **es persona de mal h.**, he's bad tempered. **3** *(gracia)* humour, *US* humor; **sentido del h.**, sense of humour.

humorismo *nm* humour, *US* humor.

humorista *nmf* humorist; **h. gráfico**, cartoonist.

humorístico *adj* humorous, funny.

hundido,-a *adj* **1** *(barco)* sunken; *(ojos)* deep- set. **2** *fig (abatido)* down, demoralized.

hundimiento *nm* **1** *(de edificio)* collapse. **2** *(de barco)* sinking. **3** *(de tierra)* subsidence. **4** *fig Fin* crash, slump; *(ruina)* downfall.

hundir I *vtr* **1** *(barco)* to sink. **2** *(edificio)* to bring *o* knock down. **3** *fig (desmoralizar)* to demoralize. **II hundirse** *vr* **1** *(barco)* to sink. **2** *(edificio)* to collapse. **3** *fig (empresa)* to collapse, crash.

húngaro,-a I *adj* Hungarian. **II** *nm,f (persona)* Hungarian. **III** *nm (idioma)* Hungarian.

Hungría *n* Hungary.

huracán *nm* hurricane.

huraño,-a *adj pey* unsociable.

hurgar |7| I *vi (fisgar)* to poke one's nose in. **II** *vtr (fuego etc)* to poke, rake. **III hurgarse** *vr* **h. las narices**, to pick one's nose.

hurón,-ona I *nm Zool* ferret. **II** *nm,f fam fig (fisgón)* busybody, nosey-parker.

hurraca *nf Orn* → **urraca**.

hurtadillas *adv* **a h.**, stealthily, on the sly.

hurtar *vtr* to steal, pilfer.

hurto *nm* petty theft, pilfering.

husmear I *vtr (olfatear)* to sniff out, scent. **II** *vi fig (curiosear)* to snoop, pry.

huyo *indic pres* → **huir**.

I

I, i |i| *nf (la letra)* I, i; **i griega**, Y, y.

ib. *abr de* **ibídem**, ibidem, ibid., ib.

IB *nm Educ abr de* **Instituto de Bachillerato**, ≈ state secondary school.

ibérico,-a *adj* Iberian.

Iberoamérica *n* Latin America.

iberoamericano,-a *adj & nm,f* Latin American.

iceberg *nm (pl* **icebergs**) iceberg.

ICONA *nm abr de* **Instituto para la Conservación de la Naturaleza**.

icono *nm* icon; *Inform* icon.

iconoclasta I *adj* iconoclastic. **II** *nmf* iconoclast.

iconografía *nf* iconography.

ictericia *nf Med* jaundice.

íd. *abr de* **ídem**, idem, id.

I+D *abr de* **Investigación más Desarrollo**, Research and Development, R&D.

ida *nf* **billete de i. y vuelta**, return ticket; **idas y venidas**, comings and goings.

idea *nf* **1** idea; **i. fija**, fixed idea. **2** *(noción)* idea; **hacerse a la i. de**, to get used to the idea of; *fam* **ni i.**, no idea, not a clue. **3** *(opinión)* opinion; **cambiar de i.**, to change one's mind. **4** *(intención)* intention; **a mala i.**, on purpose.

ideal *adj & nm* ideal.

idealismo *nm* idealism.

idealista I *adj* idealistic. **II** *nmf* idealist.

idealizar |4| *vtr* to idealize, glorify.

idear *vtr* **1** *(inventar)* to devise, invent. **2** *(concebir)* to think up, conceive.

ídem *adv* idem, ditto; *fam* **í. de í.**, exactly the same.

idéntico,-a *adj* identical.

identidad *nf* **1** identity; **carnet de i.**, identity card. **2** *(semejanza)* identity, sameness.

identificación *nf* identification.

identificar |1| **I** *vtr* to identify. **II identificarse** *vr* to identify oneself; *fig* **i. con**, to identify with.

ideología *nf* ideology.

ideológico,-a *adj* ideological.

idílico,-a *adj* idyllic.

idilio *nm* **1** *Lit* idyll. **2** *fig (romance)* romance, love affair.

idioma *nm* language.

idiomático,-a *adj* idiomatic.

idiosincrasia *nf* idiosyncrasy.

idiota I *adj* idiotic, stupid. **II** *nmf* idiot, fool.

idiotez *nf* idiocy, stupidity.

ido,-a *adj* **1** *(distraído)* absent-minded. **2** *fam (chiflado)* crazy, nuts.

idólatra I *adj* idolatrous. **II** *nmf (hombre)* idolater; *(mujer)* idolatress.

idolatrar *vtr* to worship; *fig* to idolize.

idolatría *nf* idolatry.

ídolo *nm* idol.

idóneo,-a *adj* suitable, fit.

iglesia *nf* **1** *(edificio)* church. **2 la I.**, *(institución)* the Church.

ignominia *nf* ignominy.

ignominioso,-a *adj* ignominious, shameful.

ignorancia *nf* ignorance.

ignorante I *adj* **1** *(sin instrucción)* ignorant. **2** *(no informado)* ignorant, unaware **(de,** of). **II** *nmf* ignoramus.

ignorar I *vtr* **1** *(algo)* not to know. **2** *(a algn)* to ignore. **II ignorarse** *vr* to be unknown.

ignoto,-a *adj* unknown.

igual I *adj* **1** *(idéntico)* the same, alike;

son todos iguales, they're all the same; **es i.**, it doesn't matter; **i. que**, the same as. 2 *(equivalente)* equal; **a partes iguales**, fifty-fifty. 3 *Dep (empatados)* even; **treinta iguales**, thirty all. 4 *Mat* equal; **tres más tres i. a seis**, three plus three equals six. 5 **al i. que**, just like. 6 **por i.**, equally. II *nm* equal; **de i. a i.**, on an equal footing; **sin i.**, unique, unrivalled. III *adv* 1 **lo haces i. que yo**, you do it the same way I do. 2 *(probablemente)* probably; **i. vengo**, I'll probably come. ◆**igualmente** *adv* equally; *(también)* also, likewise; *fam* ¡**gracias!** - ¡**i.!**, thank you! - the same to you!
igualar I *vtr* 1 to make equal. 2 *(nivelar)* to level; 3 *Dep* **i. el partido**, to equalize, square the match. II **igualarse** *vr* 1 to be equal. 2 **i. con algn**, to place oneself on an equal footing with sb.
igualdad *nf* 1 equality; **i. ante la ley**, equality before the law. 2 *(identidad)* sameness; **en i. de condiciones**, on equal terms.
igualitario,-a *adj* egalitarian.
ijada *nf*, **ijar** *nm Anat* flank.
ikastola *nf* Basque language school.
ikurriña *nf* Basque flag.
ilegal *adj* illegal. ◆**ilegalmente** *adv* illegally.
ilegalidad *nf* illegality.
ilegible *adj* illegible, unreadable.
ilegítimo,-a *adj* illegitimate.
ileso,-a *adj* unhurt, unharmed.
ilícito,-a *adj* illicit, unlawful.
ilimitado,-a *adj* unlimited, limitless.
Ilmo. *abr de* **Ilustrísimo**, His Excellence *o* Excellency.
ilógico,-a *adj* illogical.
iluminación *nf (alumbrado)* illumination, lighting.
iluminar *vtr* 1 to illuminate, light (up). 2 *fig (a persona)* to enlighten; *(tema)* to throw light upon.
ilusión *nf* 1 *(esperanza)* hope; *(esperanza vana)* illusion, delusion; **hacerse ilusiones**, to build up one's hopes. 2 *(sueño)* dream. 3 *(emoción)* excitement, thrill; **me hace i. verla**, I'm looking forward to seeing her; ¡**qué i.!**, how exciting!
ilusionar I *vtr* 1 *(esperanzar)* to build up sb's hopes. 2 *(entusiasmar)* to excite, thrill. II **ilusionarse** *vr* 1 *(esperanzarse)* to build up one's hopes. 2 *(entusiasmarse)* to be excited *o* thrilled (**con**, about).
iluso,-a *adj* easily deceived, gullible.
ilusorio,-a *adj* illusory, unreal.
ilustración *nf* 1 *(grabado)* illustration, picture; *(ejemplo)* illustration. 2 *(erudición)* learning, erudition; *Hist* **la I.**, the Enlightenment.
ilustrado,-a *adj* 1 *(con dibujos, ejemplos)* illustrated. 2 *(erudito)* learned, erudite.
ilustrar I *vtr* 1 to illustrate. 2 *(aclarar)* to explain, make clear. II **ilustrarse** *vr* to acquire knowledge (**sobre**, of), learn.
ilustrativo,-a *adj* illustrative.
ilustre *adj* illustrious, distinguished.
imagen *nf* 1 image; **ser la viva i. de algn**, to be the spitting image of sb; **tener buena i.**, to have a good image. 2 *Rel* image, statue. 3 *TV* picture.
imaginación *nf* imagination; **eso son imaginaciones tuyas**, you're imagining things.
imaginar I *vtr* to imagine. II **imaginarse** *vr* to imagine; **me imagino que sí**, I suppose so.
imaginario,-a *adj* imaginary.
imaginativo,-a *adj* imaginative.
imán *nm* magnet.
imbatible *adj* unbeatable.
imbatido,-a *adj* unbeaten, undefeated.
imbécil I *adj* stupid, silly. II *nmf* idiot, imbecile.
imbecilidad *nf* stupidity, imbecility.
imborrable *adj* indelible.
imbuir [37] *vtr fml* to imbue.
imitación *nf* imitation.
imitar *vtr* to imitate; *(gestos)* to mimic; **este collar imita al oro**, this necklace is imitation gold.
impaciencia *nf* impatience.
impacientar I *vtr* **i. a algn**, to make sb lose patience, exasperate sb. II **impacientarse** *vr* to get *o* grow impatient (**por**, at).
impaciente *adj (deseoso)* impatient; *(intranquilo)* anxious.
impactar *vtr* to shock, stun.
impacto *nm* impact; *Mil* hit.
impactante *adj* **una noticia i.**, a sensational piece of news.
impar *adj Mat* odd; **número i.**, odd number.
imparable *adj Dep* unstoppable.
imparcial *adj* impartial, unbiased.
imparcialidad *nf* impartiality.
impartir *vtr (clases)* to give.
impasible *adj* impassive.
impávido,-a *adj* fearless.
impecable *adj* impeccable.
impedido,-a I *adj* disabled, handicapped. II *nm,f* disabled *o* handicapped person.
impedimento *nm* impediment; *(obstáculo)* hindrance, obstacle.
impedir [6] *vtr (obstaculizar)* to impede, hinder; *(imposibilitar)* to prevent, stop; **i. el paso**, to block the way.
impeler *vtr Téc* to drive, propel; *fig* to drive, impel.
impenetrable *adj* impenetrable.
impenitente *adj Rel* impenitent, unrepentant.
impensable *adj* unthinkable.
impepinable *adj fam* dead sure, certain.
imperante *adj (gobernante)* ruling; *(predominante)* prevailing.

imperar *vi (gobernar)* to rule; *(predominar)* to prevail.
imperativo,-a I *adj* imperative. **II** *nm Ling* imperative.
imperceptible *adj* imperceptible.
imperdible *nm* safety pin.
imperdonable *adj* unforgivable, inexcusable.
imperecedero,-a *adj* imperishable; *fig* enduring.
imperfección *nf* 1 imperfection. 2 *(defecto)* defect, fault.
imperfecto,-a *adj* 1 imperfect, fallible. 2 *(defectuoso)* defective, faulty. 3 *Ling* imperfect.
imperial *adj* imperial.
imperialismo *nm* imperialism.
impericia *nf* incompetence.
imperio *nm* empire; **el i. de la ley,** the rule of law.
imperioso,-a *adj* 1 *(autoritario)* imperious. 2 *(ineludible)* urgent, imperative; **una necesidad imperiosa,** a pressing need.
impermeable I *adj* impermeable, impervious; *(ropa)* waterproof. **II** *nm* raincoat, mac.
impersonal *adj* impersonal.
impertérrito,-a *adj* undaunted, fearless.
impertinencia *nf* impertinence.
impertinente I *adj (insolente)* impertinent; *(inoportuno)* irrelevant. **II** *nmpl* **impertinentes,** lorgnette *sing*.
imperturbable *adj* imperturbable, unruffled.
ímpetu *nm* 1 *(impulso)* impetus, momentum. 2 *(violencia)* violence. 3 *(energía)* energy.
impetuosidad *nf* 1 *(violencia)* violence. 2 *(fogosidad)* impetuosity, impulsiveness.
impetuoso,-a *adj* 1 *(violento)* violent. 2 *(fogoso)* impetuous, impulsive.
impío,-a *adj* ungodly, irreligious.
implacable *adj* relentless, implacable.
implantar *vtr (costumbres)* to implant, instil; *(reformas)* to introduce; *Med* to implant.
implicación *nf (participación)* involvement; *(significado)* implication.
implicar [1] *vtr* 1 *(involucrar)* to involve, implicate **(en,** in). 2 *(conllevar)* to imply.
implícito,-a *adj* implicit, implied.
implorar *vtr* to implore, beg.
impoluto,-a *adj* pure, spotless.
imponente *adj* 1 *(impresionante)* imposing, impressive. 2 *(sobrecogedor)* stunning. 2 *fam (atractivo)* terrific, tremendous, smashing.
imponer [19] *(pp* **impuesto) I** *vtr* 1 to impose. 2 *(impresionar)* to be impressive; *(respeto)* to inspire respect. 3 *Fin* to deposit. **II imponerse** *vr* 1 *(infundir respeto)* to command respect. 2 *(prevalecer)* to prevail. 3 *(ser necesario)* to be necessary.
imponible *adj Fin* taxable.

impopular *adj* unpopular, disliked.
importación *nf (mercancía)* import; *(acción)* importing; **artículos de i.,** imported goods.
importancia *nf* importance, significance; **dar i. a,** to attach importance to; **sin i.,** unimportant.
importante *adj* important, significant; **una suma i.,** a considerable sum.
importar¹ I *vi* 1 *(atañer)* **eso no te importa a tí,** that doesn't concern you, that's none of your business. 2 *(tener importancia)* to be important; **no importa,** it doesn't matter; *fam* **me importa un bledo** *o* **un pito,** I couldn't care less. 3 *(molestar)* ¿**te importaría repetirlo?,** would you mind repeating it?; ¿**te importa si fumo?,** do you mind if I smoke? **II** *vtr (valer)* to amount to; **los libros importan dos mil pesetas,** the books come to two thousand pesetas.
importar² *vtr* to import.
importe *nm Com Fin* amount, total.
importunar *vtr* to bother, pester.
imposibilidad *nf* impossibility.
imposibilitar *vtr* 1 *(impedir)* to make impossible, prevent. 2 *(incapacitar)* to disable, cripple.
imposible *adj* impossible; **me es i. hacerlo,** I can't (possibly) do it.
imposición *nf* 1 *(disciplina, condiciones)* imposing. 2 *Fin* deposit; *(impuesto)* taxation.
impostor,-a *nm,f (farsante)* impostor.
impotencia *nf* powerlessness, helplessness; *Med* impotence.
impotente *adj* powerless, helpless; *Med* impotent.
impracticable *adj* 1 *(inviable)* impracticable, unviable. 2 *(camino)* impassable.
imprecar [1] *vtr* to imprecate, curse.
imprecisión *nf* imprecision, vagueness.
impreciso,-a *adj* imprecise, vague.
impregnar I *vtr* to impregnate **(en, de,** with). **II impregnarse** *vr* to become impregnated.
imprenta *nf* 1 *(taller)* printer's, print works. 2 *(aparato)* printing press. 3 **libertad de i.,** freedom of the press.
imprescindible *adj* essential, indispensable.
impresentable *adj* unpresentable.
impresión *nf* 1 *fig (efecto)* impression; **causar i.,** to make an impression. 2 *fig (opinión)* impression; **cambiar impresiones,** to exchange impressions. 3 *Impr (acto)* printing; *(edición)* edition. 4 *(huella)* impression, imprint.
impresionable *adj* impressionable.
impresionante *adj* impressive, striking; *fam* **un error i.,** *(tremendo)* a terrible mistake.
impresionar *vtr* 1 *(causar admiración)* to impress; *(sorprender)* to stun, shock. 2 *Fot*

to expose.
impresionismo *nm Arte* impressionism.
impresionista *adj & nmf* impressionist.
impreso,-a I *adj* printed. **II** *nm* 1 *(papel, folleto)* printed matter. 2 *(formulario)* form; **i. de solicitud**, application form. 3 **impresos**, *(de correos)* printed matter *sing*.
impresora *nf Inform* printer; **i. láser**, laser printer.
imprevisible *adj* unforeseeable, unpredictable.
imprevisión *nf* lack of foresight.
imprevisto,-a I *adj* unforeseen, unexpected. **II** *nm (incidente)* unforeseen event.
imprimir *vtr (pp impreso)* 1 *Impr Inform* to print. 2 *(marcar)* to stamp.
improbable *adj* improbable, unlikely.
ímprobo,-a *adj (inmoral)* dishonest, corrupt.
improcedente *adj* 1 inappropriate, unsuitable. 2 *Jur* inadmissible.
improductivo,-a *adj* unproductive.
improperio *nm* insult, offensive remark.
impropio,-a *adj (inadecuado)* inappropriate, unsuitable; **i. de**, uncharacteristic of.
improvisación *nf* improvisation; *Mús* extemporization.
improvisado,-a *adj (espontáneo)* improvised, impromptu, ad lib; *(provisional)* makeshift; **discurso i.**, impromptu speech.
improvisar *vtr* to improvise; *Mús* to extemporize.
improviso *adj* **de i.**, unexpectedly, suddenly; *fam* **coger *o* pillar a algn de i.**, to catch sb unawares.
imprudencia *nf* imprudence, rashness; *(indiscreción)* indiscretion.
imprudente *adj* imprudent, unwise; *(indiscreto)* indiscreet.
impudicia *nf (falta de pudor)* immodesty; *(desvergüenza)* shamelessness.
impudor *nm* immodesty; *(desvergüenza)* shamelessness.
impuesto,-a I *nm Fin* tax; **i. sobre la renta**, income tax; **libre de impuestos**, tax-free; **i. sobre el valor añadido**, value added tax. **II** *adj* imposed.
impugnar *vtr (teoría)* to refute, disprove; *(decisión)* to challenge, contest.
impulsar *vtr* to impel, drive.
impulsivo,-a *adj* impulsive.
impulso *nm* impulse, thrust; *Dep* **tomar i.**, to take a run up.
impune *adj* unpunished.
◆**impunemente** *adv* with impunity.
impunidad *nf* impunity.
impureza *nf* impurity.
impuro,-a *adj* impure.
impuse *pt indef* → **imponer**.
imputar *vtr* to impute, attribute.
inabarcable *adj* unfathomable.
inabordable *adj* unapproachable, inaccessible.
inacabable *adj* interminable, endless.
inaccesible *adj* inaccessible.
inaceptable *adj* unacceptable.
inactividad *nf* inactivity; *Fin* lull, stagnation.
inactivo,-a *adj* inactive.
inadaptación *nf* maladjustment.
inadaptado,-a I *adj* maladjusted. **II** *nm,f* misfit.
inadecuado,-a *adj* unsuitable, inappropriate.
inadmisible *adj* inadmissible.
inadvertido,-a *adj (desapercibido)* unnoticed, unseen; **pasar i.**, to escape notice, pass unnoticed.
inagotable *adj* 1 *(recursos etc)* inexhaustible. 2 *(persona)* tireless, indefatigable.
inaguantable *adj* unbearable, intolerable.
inalámbrico,-a I *adj* cordless. **II** *nm* cordless telephone.
inalcanzable *adj* unattainable, unachievable.
inalterable *adj* 1 unalterable. 2 *(persona)* impassive, imperturbable.
inamovible *adj* immovable, fixed.
inanición *nf* starvation; *Med* inanition.
inanimado,-a *adj* inanimate.
inapreciable *adj* 1 *(valioso)* invaluable, inestimable. 2 *(insignificante)* insignificant, trivial.
inasequible *adj* 1 *(producto)* unaffordable. 2 *(meta)* unattainable, unachievable. 3 *(persona)* unapproachable, inaccessible. 4 *(cuestión)* incomprehensible.
inaudito,-a *adj* 1 *(sin precedente)* unprecedented. 2 *fig (escandaloso)* outrageous.
inauguración *nf* inauguration, opening.
inaugural *adj* inaugural, opening; **ceremonia i.**, inaugural ceremony.
inaugurar *vtr* to inaugurate, open.
inca *adj & nmf* Inca.
incalculable *adj* incalculable, indeterminate.
incandescente *adj* white hot, incandescent.
incansable *adj* tireless, indefatigable.
incapacidad *nf* 1 incapacity, inability; **i. física**, physical disability. 2 *(incompetencia)* incompetence, inefficiency.
incapacitado,-a *adj (imposibilitado)* incapacitated, disabled; *(desautorizado)* incapacitated.
incapacitar *vtr* 1 to incapacitate, disable. 2 *(inhabilitar)* to disqualify, make unfit **(para**, for).
incapaz *adj* 1 unable **(de**, to), incapable **(de**, of); **soy i. de continuar**, I can't go on. 2 *Jur* unfit.
incautación *nf Jur* seizure, confiscation.
incautarse *vr Jur* **i. de**, to seize, confiscate.
incauto,-a *adj* 1 *(imprudente)* incautious, unwary. 2 *(crédulo)* gullible.

incendiar |12| I *vtr* to set fire to, set alight. II **incendiarse** *vr* to catch fire.
incendiario,-a I *adj* incendiary; *fig (discurso etc)* inflammatory. II *nm,f (persona)* arsonist, fire-raiser.
incendio *nm* fire; **i. forestal**, forest fire.
incentivar *vtr* to give an incentive to.
incentivo *nm* incentive.
incertidumbre *nf* uncertainty, doubt.
incesante *adj* incessant, never-ending.
incesto *nm* incest.
incestuoso,-a *adj* incestuous.
incidencia *nf* 1 *(repercusión)* impact, effect; **la huelga tuvo escasa i.**, the strike had little effect. 2 *(hecho)* incident. 3 *Fís* incidence.
incidente *nm* incident.
incidir *vi* 1 *(incurrir)* to fall (**en**, into). 2 **i. en**, *(afectar)* to affect, influence.
incienso *nm* incense.
incierto,-a *adj (inseguro)* uncertain.
incineración *nf (de basuras)* incineration; *(de cadáveres)* cremation.
incinerar *vtr (basura)* to incinerate; *(cadáveres)* to cremate.
incipiente *adj* incipient, budding.
incisión *nf* incision, cut.
incisivo,-a I *adj (mordaz)* incisive, cutting; *(cortante)* sharp. II *nm Anat* incisor.
inciso *nm (paréntesis)* digression; **a modo de i.**, in passing, incidentally.
incitación *nf* incitement.
incitante *adj* 1 *(instigador)* inciting. 2 *(provocativo)* provocative.
incitar *vtr* to incite, urge.
incivil *adj* uncivil, rude.
inclemencia *nf* inclemency, harshness.
inclemente *adj* inclement, harsh.
inclinación *nf* 1 *(de terreno)* slope, incline; *(del cuerpo)* stoop. 2 *(reverencia)* bow. 3 *fig (tendencia)* tendency, inclination, penchant.
inclinado,-a *adj* inclined, slanting; *fig* **me siento i. a creerle**, I feel inclined to believe him.
inclinar I *vtr* 1 to incline, bend; *(cabeza)* to nod. 2 *fig (persuadir)* to persuade, induce. II **inclinarse** *vr* 1 to lean, slope, incline. 2 *(al saludar)* to bow. **i. ante**, to bow down to. 3 *fig (optar)* **i. a**, to be *o* feel inclined to; **me inclino por éste**, I'd rather have this one, I prefer this one.
incluido,-a *adj* 1 *(después del sustantivo)* included; *(antes del sustantivo)* including; **servicio no i.**, service not included; **i. I.V.A.**, including VAT; **todos pagan, incluidos los niños**, everyone has to pay, including children. 2 *(adjunto)* enclosed.
incluir [37] *vtr* 1 to include. 2 *(contener)* to contain, comprise. 3 *(adjuntar)* to enclose.
inclusión *nf* inclusion.
inclusive *adv* 1 *(incluido)* inclusive; **de martes a viernes i.**, from Tuesday to Friday inclusive; **hasta la lección ocho i.**, up to and including lesson eight. 2 *(incluso)* even.
incluso *adv* even; **i. mi madre**, even my mother.
incoar *vtr defect Jur* to initiate.
incógnita *nf* 1 *Mat* unknown quantity, unknown. 2 *(misterio)* mystery.
incógnito *nm* **de i.**, incognito.
incoherencia *nf* incoherence.
incoherente *adj* incoherent.
incoloro,-a *adj* colourless.
incólume *adj fml* unharmed; **salir i.**, to escape unharmed.
incombustible *adj* incombustible, fireproof.
incomodar I *vtr* 1 *(causar molestia)* to inconvenience, put out. 2 *(fastidiar)* to bother, annoy. II **incomodarse** *vr* 1 *(tomarse molestias)* to put oneself out, go out of one's way. 2 *(disgustarse)* to get annoyed *o* angry.
incomodidad *nf (falta de comodidad)* discomfort; *(molestia)* inconvenience.
incómodo,-a *adj* uncomfortable; **sentirse i.**, to feel uncomfortable *o* awkward.
incompatibilidad *nf* incompatibility; *Jur* **i. de caracteres**, mutual incompatibility.
incompatible *adj* incompatible.
incompetencia *nf* incompetence.
incompetente *adj & nmf* incompetent.
incompleto,-a *adj* incomplete; *(inacabado)* unfinished.
incomprensible *adj* incomprehensible.
incomprensión *nf* lack of understanding, failure to understand; *(indiferencia)* lack of sympathy.
incomunicado,-a *adj* 1 *(aislado)* isolated; **el pueblo se quedó i.**, the town was cut off. 2 *(en la cárcel)* in solitary confinement.
incomunicar |1| *vtr* 1 *(ciudad)* to isolate, cut off. 2 *(recluso)* to place in solitary confinement.
inconcebible *adj* inconceivable, unthinkable.
inconcluso,-a *adj* unfinished.
incondicional I *adj* unconditional; *(apoyo)* wholehearted; *(amigo)* faithful; *(partidario)* staunch. II *nm* diehard.
inconexo,-a *adj (incoherente)* incoherent, confused.
inconformismo *nm* nonconformity.
inconformista *adj & nmf* nonconformist.
inconfundible *adj* unmistakable, obvious.
incongruencia *nf* incongruity.
incongruente *adj* incongruous.
inconmensurable *adj* immeasurable, vast.
inconsciencia *nf Med* unconsciousness; *fig (irreflexión)* thoughtlessness; *(irresponsabilidad)* irresponsibility.
inconsciente I *adj* 1 *(con estar) (desmaya-*

do) unconscious. **2** (*con* **ser**) (*despreocupado*) unaware (**de**, of); *fig* (*irreflexivo*) thoughtless, irresponsible.
inconsecuente *adj* inconsistent.
inconsistente *adj* flimsy; (*argumento*) weak.
inconstancia *nf* inconstancy, fickleness.
inconstante *adj* inconstant, fickle.
incontable *adj* countless, innumerable.
incontenible *adj* uncontrollable, irrepressible.
incontestable *adj* indisputable, unquestionable.
incontinencia *nf* incontinence.
incontrolable *adj* uncontrollable.
incontrolado,-a I *adj* uncontrolled. II *nmf* troublemaker.
inconveniencia *nf* **1** inconvenience. **2** (*impropiedad*) unsuitability.
inconveniente I *adj* **1** inconvenient. **2** (*inapropiado*) unsuitable. II *nm* **1** (*objeción*) objection; **poner inconvenientes**, to raise objections. **2** (*desventaja*) disadvantage, drawback; (*problema*) difficulty; *¿tienes i. en acompañarme?*, would you mind coming with me?
incordiar |12| *vtr fam* to bother, pester.
incordio *nm fam* nuisance, pain.
incorporación *nf* incorporation.
incorporar I *vtr* **1** to incorporate (**en**, into). **2** (*levantar*) to help to sit up. II **incorporarse** *vr* **1** i. **a**, (*sociedad*) to join; (*trabajo*) to start; *Mil* **i. a filas**, to join up. **2** (*en la cama*) to sit up.
incorrección *nf* **1** (*falta*) incorrectness, inaccuracy; (*gramatical*) mistake. **2** (*descortesía*) discourtesy, impropriety.
incorrecto,-a *adj* **1** (*equivocado*) incorrect, inaccurate. **2** (*grosero*) impolite, discourteous.
incorregible *adj* incorrigible.
incrédulo,-a I *adj* **1** incredulous, disbelieving. **2** *Rel* unbelieving. II *nm,f* **1** disbeliever. **2** *Rel* unbeliever.
increíble *adj* incredible, unbelievable.
incrementar I *vtr* to increase. II **incrementarse** *vr* to increase.
incremento *nm* (*aumento*) increase; (*crecimiento*) growth; **i. de la temperatura**, rise in temperature.
increpar *vtr fml* to rebuke, reprimand.
incruento,-a *adj* bloodless.
incrustar I *vtr* (*insertar*) to encrust *o* incrust. **2** (*embutir*) to inlay; **incrustado con perlas**, inlaid with pearls.
incubadora *nf* incubator.
incubar *vtr* to incubate.
incuestionable *adj* unquestionable, indisputable.
inculcar |1| *vtr* (*principios*, *ideas*) to instil (**en**, into).
inculpado,-a *nm,f* the accused.
inculpar *vtr* to accuse (**de**, of), blame (**de**, for); *Jur* to charge (**de**, with).

inculto,-a I *adj* (*ignorante*) uneducated, uncouth. II *nm,f* ignoramus.
incultura *nf* (*ignorancia*) ignorance, lack of culture.
incumbencia *nf* **no es de mi i.**, it doesn't come within my province, it isn't my concern.
incumbir *vi* be incumbent (**a**, upon); **esto no te incumbe**, this is none of your business.
incumplimiento *nm* (*de un deber*) nonfulfilment; (*de una orden*) failure to execute; **i. de contrato**, breach of contract.
incumplir *vtr* not to fulfil; (*deber*) fail to fulfil; (*promesa*, *contrato*) to break; (*orden*) to fail to carry out.
incurrir *vi* (*cometer*) to fall (**en**, into); **i. en delito**, to commit a crime; **i. en (un) error**, to fall into error.
incursión *nf* raid, incursion.
indagar |7| *vtr* to investigate, inquire into.
indebido,-a *adj* **1** (*desconsiderado*) improper, undue. **2** (*ilegal*) unlawful, illegal.
indecencia *nf* indecency, obscenity.
indecente *adj* **1** (*impúdico*) indecent. **2** (*impresentable*) dreadful.
indecible *adj* unspeakable; (*inefable*) indescribable; **sufrir lo i.**, to suffer agonies.
indecisión *nf* indecision, hesitation.
indeciso,-a *adj* **1** (*vacilante*) hesitant, irresolute. **2** (*resultados etc*) inconclusive.
indefenso,-a *adj* defenceless, helpless.
indefinido,-a *adj* **1** (*indeterminado*) indefinite; (*impreciso*) undefined, vague. **2** *Ling* indefinite. ◆**indefinidamente** *adv* indefinitely.
indeleble *adj* indelible.
indemne *adj* (*persona*) unharmed, unhurt; (*cosa*) undamaged.
indemnización *nf* **1** (*acto*) indemnification. **2** *Fin* (*compensación*) indemnity, compensation; **i. por despido**, redundancy payment.
indemnizar |4| *vtr* to indemnify, compensate (**de**, **por**, for).
independencia *nf* independence.
independiente *adj* (*libre*) independent; (*individualista*) self-reliant.
◆**independientemente** *adv* **1** independently (**de**, of). **2** (*aparte de*) regardless, irrespective (**de**, of).
independizar |4| I *vtr* to make independent, grant independence to. II **independizarse** *vr* to become independent.
indescifrable *adj* indecipherable.
indescriptible *adj* indescribable.
indeseable *adj & nmf* undesirable.
indeterminación *nf* indecision, irresolution.
indeterminado,-a *adj* **1** indefinite; (*impreciso*) vague. **2** (*persona*) irresolute. **3** *Ling* indefinite.
India *nf* (**la**) **I.**, India.

Indias *nfpl* (las) I., the Indies; **las I. Orientales/Occidentales**, the East/West Indies.

indicación *nf* **1** *(señal)* indication, sign. **2** *(instrucción)* instruction, direction; **por i. de algn.**, at sb's suggestion.

indicado,-a *adj* right, suitable; **a la hora indicada**, at the specified time; **en el momento menos i.**, at the worst possible moment.

indicador,-a *nm* **1** indicator. **2** *Téc* gauge, dial, meter; *Aut* **i. del nivel de aceite**, (oil) dipstick; *Aut* **i. de velocidad**, speedometer.

indicar |1| *vtr (señalar)* to indicate, show, point out; **¿me podría i. el camino?**, could you show me the way?

indicativo,-a *adj* **1** indicative (**de**, of). **2** *Ling* (**modo**) **i.**, indicative (mode).

índice *nm* **1** *(de libro)* index, table of contents. **2** *(relación)* rate. **i. de natalidad/ mortalidad**, birth/death rate; *Fin* **í. de precios**, price index. **3** *Anat (dedo)* **í.**, index finger, forefinger.

indicio *nm* **1** *(señal)* indication, sign, token (**de**, of). **2** *Jur* **indicios**, *(prueba)* evidence *sing*.

índico,-a *adj* Indian; **Océano I.**, Indian Ocean.

indiferencia *nf* indifference, apathy.

indiferente *adj* **1** *(no importante)* unimportant; **me es i.**, it makes no difference to me. **2** *(apático)* indifferent.

indígena I *adj* indigenous, native (**de**, to). II *nmf* native (**de**, of).

indigencia *nf fml* poverty, indigence.

indigente *fml adj* needy, poverty-stricken.

indigestarse *vr* **1 se le indigestó la comida**, the meal gave her indigestion. **2** *(sufrir indigestión)* to get indigestion.

indigestión *nf* indigestion.

indigesto,-a *adj (comida)* indigestible, difficult to digest; **me siento i.**, I've got indigestion.

indignación *nf* indignation.

indignado,-a *adj* indignant (**por**, at, about).

indignante *adj* outrageous, infuriating.

indignar I *vtr* to infuriate, make angry. II **indignarse** *vr* to be *o* feel indignant (**por**, at, about).

indigno,-a *adj* **1** unworthy (**de**, of). **2** *(despreciable)* wretched, dreadful.

indio,-a *adj & nm,f* Indian; **en fila india**, in single file; *fam* **hacer el i.**, to act the fool.

indirecta *nf fam (insinuación)* hint, insinuation; **tirar *o* lanzar una i.**, to drop a hint; **coger la i.**, to get the message.

indirecto,-a *adj* indirect; *Ling* **estilo i.**, indirect *o* reported speech.

indisciplinado,-a *adj* undisciplined, unruly.

indiscreción *nf* indiscretion; *(comentario)* tactless remark.

indiscreto,-a *adj* indiscreet, tactless.

indiscutible *adj* indisputable, unquestionable.

indispensable *adj* indispensable, essential.

indisponer |19| *(pp indispuesto)* I *vtr* to upset, make unwell. II **indisponerse** *vr* **1** to fall ill, become unwell. **2** *fig* **i. con algn**, to fall out with sb.

indispuesto,-a *adj* indisposed, unwell.

indispuse *pt indef* → **indisponer**.

indistinto,-a *adj (indiferente)* immaterial, inconsequential; ◆**indistintamente** *adv* **pueden escribir en inglés o en español i.**, you can write in English or Spanish, it doesn't matter which.

individual I *adj* individual; **habitación i.**, single room. II *nmpl Dep* **individuales**, singles.

individualismo *nm* individualism.

individualista I *adj* individualistic. II *nmf* individualist.

individuo *nm* **1** individual. **2** *(tío)* bloke, guy.

índole *nf* **1** *(carácter)* character, nature. **2** *(clase, tipo)* kind, sort.

indolencia *nf* indolence, laziness.

indolente I *adj* indolent, lazy. II *nmf* idler.

indomable *adj* **1** *(animal)* untameable. **2** *(pueblo)* ungovernable, unruly; *(niño)* uncontrollable; *(pasión)* indomitable.

indómito,-a *adj* **1** *(no domado)* untamed; *(indomable)* untamable. **2** *(pueblo)* unruly; *(persona)* uncontrollable.

inducir |10| *vtr* **1** *(incitar, mover)* to lead, induce; **i. a error**, to lead into error, mislead. **2** *Elec (corriente)* to induce.

inductivo,-a *adj* inductive.

indudable *adj* indubitable, unquestionable; **es i. que**, there is no doubt that.

induje *pt indef* → **inducir**.

indulgencia *nf* indulgence, leniency.

indulgente *adj* indulgent (**con**, towards), lenient (**con**, with).

indultar *vtr Jur* to pardon.

indulto *nm Jur* pardon, amnesty.

indumentaria *nf* clothing, clothes *pl*.

industria *nf* industry.

industrial I *adj* industrial. II *nmf* industrialist.

industrialización *nf* industrialization.

industrializar |4| *vtr* to industrialize.

induzco *indic pres* → **inducir**.

INE *nm abr de* **Instituto Nacional de Estadística**.

inédito,-a *adj* **1** *(libro, texto)* unpublished. **2** *(nuevo)* completely new; *(desconocido)* unknown.

inefable *adj* ineffable, indescribable.

ineficacia *nf (ineptitud)* inefficiency; *(inutilidad)* ineffectiveness.

ineficaz *adj (inepto)* inefficient; *(inefectivo)* ineffective.
ineludible *adj* inescapable, unavoidable.
INEM *nm abr de* **Instituto Nacional de Empleo.**
ineptitud *nf* ineptitude, incompetence.
inepto,-a **I** *adj* inept, incompetent. **II** *nm,f* incompetent person.
inequívoco,-a *adj* unmistakable, unequivocal.
inercia *nf* **1** *Fís* inertia. **2** *fig (pasividad)* inertia, passivity; **hacer algo por i.**, to do sth out of habit.
inerte *adj (inanimado)* inert; *(inmóvil)* motionless.
inesperado,-a *adj (fortuito)* unexpected, unforeseen; *(imprevisto)* sudden.
inestabilidad *nf* instability.
inestable *adj* unstable, unsteady.
inestimable *adj* inestimable, invaluable.
inevitable *adj* inevitable, unavoidable.
inexistente *adj* non-existent.
inexorable *adj* inexorable.
inexperiencia *nf* lack of experience.
inexperto,-a *adj (inexperto)* inexpert; *(sin experiencia)* inexperienced.
inexplicable *adj* inexplicable.
inexpugnable *adj Mil* impregnable.
infalible *adj* infallible.
infamar *vtr* to defame, slander.
infame *adj (vil)* infamous, vile; *(despreciable)* dreadful, awful.
infamia *nf* disgrace, infamy.
infancia *nf* childhood, infancy.
infanta *nf* infanta, princess.
infante *nm* **1** infante, prince. **2** *Mil* infantryman.
infantería *nf Mil* infantry; **la i. de marina**, the marines.
infantil *adj* **1 literatura i.**, *(para niños)* children's literature. **2** *(aniñado)* childlike; *pey* childish, infantile.
infarto *nm Med* infarction, infarct; **i. (de miocardio)**, heart attack, coronary thrombosis; *fam* **de i.**, thrilling, stunning.
infatigable *adj* indefatigable, tireless.
infección *nf* infection.
infeccioso,-a *adj* infectious.
infectar I *vtr* to infect. **II infectarse** *vr* to become infected (**de**, with).
infeliz I *adj* unhappy; *(desdichado)* unfortunate. **II** *nmf fam* simpleton; **es un pobre i.**, he is a poor devil.
inferior I *adj* **1** *(más bajo)* lower. **2** *(calidad)* inferior; **de calidad i.**, of inferior quality. **3** *(cantidad)* lower, less; **i. a la media**, below average. **II** *nmf (persona)* subordinate, inferior.
inferioridad *nf* inferiority; **estar en i. de condiciones**, to be at a disadvantage; **complejo de i.**, inferiority complex.
inferir [5] *vtr lit (deducir)* to infer, deduce (**de**, from).

infernal *adj* infernal, hellish; *fig* **había un ruido i.**, there was a hell of a noise.
infestar *vtr* **1 infestado de**, *(parásitos)* infested with; *(plantas)* overgrown with. **2** *fig (llenar)* to overrun, invade; **infestado de turistas**, swarming with tourists. **3** *(infectar)* to infect.
infidelidad *nf* infidelity, unfaithfulness.
infiel I *adj (desleal)* unfaithful. **II** *nmf Rel* infidel.
infierno *nm* **1** *Rel* hell. **2** *fig (tormento)* hell; **su vida es un i.**, his life is sheer hell. **3** *(horno)* inferno; **en verano esto es un i.**, in summer it's like an inferno here; *fam* **¡vete al i.!**, go to hell!, get lost!
infiltración *nf (de agua)* infiltration; *(de noticia)* leak.
infiltrado,-a *nm,f* infiltrator.
infiltrar I *vtr* to infiltrate; *(noticia)* to leak. **II infiltrarse** *vr* to infiltrate (**en**, into).
ínfimo,-a *adj fml (mínimo)* extremely low; **detalle i.**, smallest detail; **ínfima calidad**, very poor quality.
infinidad *nf* **1** infinity; **2** *(sinfín)* great number; **en i. de ocasiones**, on countless occasions.
infinitivo,-a *adj & nm Ling* infinitive.
infinito,-a I *adj* infinite, endless. **II** *nm* infinity. ◆**infinito** *adv fam (muchísimo)* infinitely, immensely.
inflación *nf Econ* inflation.
inflacionario,-a, inflacionista *adj Econ* inflationary.
inflamable *adj* flammable.
inflamación *nf Med* inflammation.
inflamar I *vtr* **1** *Med* to inflame. **2** *(encender)* to set on fire, ignite. **II inflamarse** *vr* **1** *Med* to become inflamed. **2** *(incendiarse)* to catch fire.
inflar I *vtr* **1** *(hinchar)* to inflate, blow up; *Náut (vela)* to swell. **2** *fig (exagerar)* to exaggerate. **II inflarse** *vr* **1** to inflate; *Náut (vela)* to swell. **2** *fam* **i. de**, to overdo; **se inflaron de macarrones**, they stuffed themselves with macaroni.
inflexible *adj* inflexible.
infligir [6] *vtr* to inflict.
influencia *nf* influence; **ejercer** *o* **tener i. sobre algn**, to have an influence on *o* upon sb; **tener influencias**, to be influential; **tráfico de influencias**, old boy network.
influenciar [12] *vtr* to influence.
influir [37] **I** *vtr* to influence. **II** *vi* **1** to have influence. **2 i. en** *o* **sobre**, to influence, have an influence on.
influjo *nm* influence.
influyente *adj* influential.
información *nf* **1** information; **oficina de i.**, information bureau. **2 una i.**, *(noticia)* a piece of news, news *sing*. **3** *Tel* directory enquiries *pl*. **4** *(referencias)* references *pl*.

informado,-a *adj* informed; **de fuentes bien informadas**, from well-informed sources.

informal *adj* **1** *(reunión, cena)* informal. **2** *(comportamiento)* casual. **3** *(persona)* unreliable, untrustworthy.

informalidad *nf* *(incumplimiento)* unreliability; *(desenfado)* informality.

informar **I** *vtr* to inform (**de**, of); *(dar informes)* to report. **II informarse** *vr* *(procurarse noticias)* to find out (**de**, about); *(enterarse)* to enquire (**de**, about).

informática *nf* information technology, IT; **ley de i.**, data protection act.

informático,-a I *adj* computer, computing. **II** *nm,f* (computer) technician.

informativo,-a I *adj* **1** *Rad TV* news; **boletín i.**, news (broadcast). **2** *(explicativo)* informative, explanatory. **II** *nm Rad TV* news bulletin.

informe *nm* **1** report. **2 informes**, references; **pedir i. sobre algn**, to make enquiries about sb.

infracción *nf (de ley)* infringement, breach (**de**, of).

infractor,-a *nm,f* offender.

infraestructura *nf* infrastructure.

in fraganti *loc adv* in the act; **coger o pillar a algn in f.**, to catch sb red-handed.

infrahumano-o *adj* subhuman.

infranqueable *adj* impassable; *fig* insurmountable.

infrarrojo-a *adj* infra-red.

infrautilizar *vtr* to under-utilise.

infringir [6] *vtr* to infringe, contravene; **i. una ley**, to break a law.

infructuoso,-a *adj* fruitless, unsuccessful.

infundado,-a *adj* unfounded, groundless.

infundir *vtr* to infuse; *fig* to instil; **i. dudas**, to give rise to doubt; **i. respeto**, to command respect.

infusión *nf* infusion.

infuso,-a *adj fam irón* **ciencia infusa**, sheer genius.

ingeniar [12] **I** *vtr* to invent, devise. **II ingeniarse** *vr* **ingeniárselas para hacer algo**, to manage to do sth.

ingeniería *nf* engineering.

ingeniero,-a *nm,f* engineer; **i. agrónomo**, agricultural engineer; **i. de caminos**, civil engineer; **i. de minas/montes**, mining/forestry engineer; **i. de telecomunicaciones**, telecommunications engineer; **i. técnico**, technician.

ingenio *nm* **1** *(talento)* talent; *(inventiva)* inventiveness, creativeness; *(agudeza)* wit. **2** *(aparato)* device.

ingenioso,-a *adj* ingenious, clever; *(vivaz)* witty.

ingente *adj* huge, enormous.

ingenuidad *nf* ingenuousness, naïveté.

ingenuo,-a I *adj* ingenuous, naïve. **II** *nm,f* naïve person.

ingerir [5] *vtr (comida)* to ingest, consume; *(líquidos, alcohol)* to drink, consume.

Inglaterra *n* England.

ingle *nf Anat* groin.

inglés,-esa I *adj* English. **II** *nm,f (hombre)* Englishman; *(mujer)* Englishwoman; **los ingleses**, the English. **III** *nm (idioma)* English.

ingratitud *nf* ingratitude, ungratefulness.

ingrato,-a I *adj* **1** *(persona)* ungrateful. **2** *(noticia)* unpleasant. **3** *(trabajo)* thankless, unrewarding. **4** *(tierra)* unproductive. **II** *nm,f* ungrateful person.

ingrediente *nm* ingredient.

ingresar I *vtr* **1** *Fin* to deposit, pay in. **2** *Med* to admit; **la ingresaron en el hospital**, she was admitted to hospital. **II** *vi* **1** to enter; **i. en el ejército**, to enlist in the army, join the army; **i. en un club**, to join a club. **2 i. cadáver**, to be dead on arrival.

ingreso *nm* **1** *Fin* deposit; **hacer un i. en una cuenta**, to pay money into an account. **2** *(entrada)* entry (**en**, into); *(admisión)* admission (**en**, to). **3 ingresos**, *(sueldo, renta)* income *sing*; *(beneficios)* revenue *sing*.

inhábil *adj* **1** *(incapaz)* unfit; **i. para el trabajo**, unfit for work. **2 día i.**, non-working day.

inhabilitación *nf* **1** *fml (incapacidad)* disablement. **2** *Jur* disqualification.

inhabilitar *vtr* **1** *fml (incapacitar)* to disable; **inhabilitado para el trabajo**, unfit for work. **2** *Jur* to disqualify.

inhabitable *adj* uninhabitable.

inhalación *nf* inhalation.

inhalador *nm Med* inhaler.

inhalar *vtr* to inhale.

inherente *adj* inherent (**a**, in).

inhibición *nf* inhibition.

inhibir I *vtr* to inhibit. **II inhibirse** *vr* **1** *(cohibirse)* to be *o* feel inhibited. **2** *(abstenerse)* to refrain (**de**, from).

inhóspito,-a *adj* inhospitable.

inhumación *nf* burial.

inhumano,-a *adj* inhumane; *(cruel)* inhuman.

inhumar *vtr* to bury.

INI *nm abr de* **Instituto Nacional de Industria**.

inicial *adj & nf* initial; **punto i.**, starting point.

iniciar [12] **I** *vtr* **1** *(empezar)* to begin, start; *(discusión)* to initiate; *(una cosa nueva)* to pioneer. **2** *(introducir)* to initiate. **II iniciarse** *vr* **1 i. en algo**, *(aprender)* to start to study sth. **2** *(empezar)* to begin, start.

iniciativa *nf* initiative; **i. privada**, private enterprise; **por i. propia**, on one's own initiative.

inicio *nm* beginning, start; **a inicios de**, at the beginning of.

inimitable *adj* inimitable.
ininterrumpido,-a *adj* uninterrupted, continuous.
iniquidad *nf* iniquity.
injerencia *nf* interference, meddling (**en**, in).
injerirse *vr* to interfere, meddle (**en**, in).
injertar *vtr Agr Med* to graft.
injerto *nm* graft.
injuria *nf (insulto)* insult, affront; *(agravio)* outrage.
injuriar [12] *vtr (insultar)* to insult; *(ultrajar)* to outrage.
injusticia *nf* injustice, unfairness.
injustificado,-a *adj* unjustified.
injusto,-a *adj* unjust, unfair.
inmaculado,-a *adj* immaculate.
inmadurez *nf* immaturity.
inmaduro,-a *adj* immature.
inmediaciones *nfpl* neighbourhood *sing*.
inmediato,-a *adj* 1 *(en el tiempo)* immediate; **de i.**, at once. 2 *(en el espacio)* next (**a**, to), adjoining. ◆**inmediatamente** *adv* immediately, at once.
inmejorable *adj (trabajo)* excellent; *(precio)* unbeatable.
inmemorial *adj* immemorial; **desde tiempos inmemoriales**, since time immemorial.
inmensidad *nf* immensity, enormity.
inmenso,-a *adj* immense, vast.
inmerecido,-a *adj* undeserved, unmerited.
inmersión *nf* immersion; *(de submarino)* dive.
inmerso,-a *adj* immersed (**en**, in).
inmigración *nf* immigration.
inmigrante *adj & nm,f* immigrant.
inmigrar *vi* to immigrate.
inminente *adj* imminent, impending.
inmiscuirse [37] *vr* to interfere, meddle (**en**, in).
inmobiliaria *nf* estate agency, *US* real estate company.
inmobiliario,-a *adj* property, real-estate; **agente i.**, estate agent, *US* realtor.
inmolar *vtr fml* to immolate, sacrifice.
inmoral *adj* immoral.
inmoralidad *nf* immorality.
inmortal *adj & nmf* immortal.
inmortalidad *nf* immortality.
inmortalizar [4] *vtr* to immortalize.
inmóvil *adj* motionless, immobile.
inmovilista *adj* ultra-conservative.
inmovilizar [4] *vtr* 1 *(persona, cosa)* to immobilize, tie up. 2 *Fin (capital)* to immobilize, tie up.
inmueble I *adj* **bienes inmuebles**, real estate. **II** *nm* building.
inmundicia *nf* 1 *(suciedad)* dirt, filth; *fig* dirtiness. 2 *(basura)* rubbish, refuse.
inmundo,-a *adj* dirty, filthy; *fig* nasty.
inmune *adj* immune (**a**, to), exempt (**de**, from).
inmunidad *nf* immunity (**contra**, against); **i. diplomática/parlamentaria**, diplomatic/parliamentary immunity.
inmunizar [4] *vtr* to immunize (**contra**, against).
inmutarse *vr* to change countenance; **ni se inmutó**, he didn't turn a hair.
innato,-a *adj* innate, inborn.
innecesario,-a *adj* unnecessary.
innegable *adj* undeniable.
innovación *nf* innovation.
innovar *vtr & vi* to innovate.
innumerable *adj* innumerable, countless.
inocencia *nf* 1 innocence. 2 *(ingenuidad)* naïveté.
inocentada *nf fam* ≈ April Fool's joke; **hacer una i. a algn**, to play an April Fool's joke on sb.
inocente I *adj* innocent. **II** *nmf* innocent; **día de los Inocentes**, Holy Innocents' Day, 28th December, ≈ April Fools' Day.
inocuo,-a *adj* innocuous.
inodoro,-a I *adj* odourless. **II** *nm* toilet, lavatory.
inofensivo,-a *adj* harmless.
inolvidable *adj* unforgettable.
inoperante *adj* ineffective.
inopia *nf fig* **estar en la i.**, to be in the clouds, be miles away.
inopinado,-a *adj* unexpected.
inoportuno,-a *adj* inappropriate; **llegó en un momento muy i.**, he turned up at a very awkward moment.
inorgánico,-a *adj* inorganic.
inoxidable *adj* **acero i.**, stainless steel.
INP *nm abr de* **Instituto Nacional de Previsión**.
inquebrantable *adj fig* unshakeable; *(persona)* unyielding.
inquietante *adj* worrying.
inquietar I *vtr* to worry. **II inquietarse** *vr* to worry (**por**, about).
inquieto,-a *adj* 1 *(preocupado)* worried, (**por**, about). 2 *(intranquilo)* restless. 3 *(emprendedor)* eager.
inquietud *nf* 1 *(preocupación)* worry. 2 *(agitación)* restlessness. 3 *(anhelo)* eagerness.
inquilino,-a *nm,f* tenant.
inquirir [31] *vtr* to investigate.
inquisitivo,-a *adj* inquisitive.
inri *nm fam* insult; **para más o mayor i.**, to make matters worse.
insaciable *adj* insatiable.
insalubre *adj* unhealthy.
insano,-a *adj* 1 *(loco)* insane, mad. 2 *(insalubre)* unhealthy.
insatisfecho,-a *adj* dissatisfied.
inscribir *(pp* **inscrito)** **I** *vtr* 1 *(registrar)* to register; **i. a un niño en el registro civil**, to register a child's birth. 2 *(matricular)* to enrol, *US* enroll. 3 *(grabar)* to inscribe. **II inscribirse** *vr* 1 *(registrarse)* to

register; *(hacerse miembro)* to join. 2 *(matricularse)* to enrol, *US* enroll.
inscripción *nf* 1 *(matriculación)* enrolment, *US* enrollment, registration. 2 *(escrito etc)* inscription.
insecticida *nm* insecticide.
insecto *nm* insect.
inseguridad *nf* 1 *(falta de confianza)* insecurity. 2 *(duda)* uncertainty. 3 *(peligro)* lack of safety; **la i. ciudadana**, the breakdown of law and order.
inseguro,-a *adj* 1 *(poco confiado)* insecure. 2 *(dubitativo)* uncertain. 3 *(peligroso)* unsafe.
inseminar *vtr* to inseminate.
insensatez *nf* foolishness.
insensato,-a I *adj* foolish. II *nm,f* fool.
insensibilidad *nf* insensitivity.
insensible *adj* 1 *(indiferente)* insensitive (a, to), unfeeling. 2 *(imperceptible)* imperceptible. 3 *Med* numb.
inseparable *adj* inseparable.
insertar *vtr* to insert.
inservible *adj* useless.
insidia *nf* 1 *(trampa)* malicious ploy. 2 *(malicia)* maliciousness.
insidioso,-a *adj* insidious.
insigne *adj* distinguished.
insignia *nf* 1 *(emblema)* badge. 2 *(bandera)* flag.
insignificancia *nf* 1 *(intrascendencia)* insignificance. 2 *(nadería)* trifle.
insignificante *adj* insignificant.
insinuación *nf* insinuation.
insinuante *adj* insinuating; *(atrevido)* forward.
insinuar [30] I *vtr* to insinuate. II **insinuarse** *vr* **i. a algn**, to make advances to sb.
insípido,-a *adj* insipid; *fig* dull, flat.
insistencia *nf* insistence; **con i.**, insistently.
insistente *adj* insistent.
insistir *vi* to insist (**en**, on); **insistió en ese punto**, he stressed that point.
insociable *adj* unsociable.
insolación *nf Med* sunstroke; **coger una i.**, to get sunstroke.
insolencia *nf* insolence.
insolente *adj* insolent.
insolidaridad *nf* unsupportive stance.
insólito,-a *adj (poco usual)* unusual; *(extraño)* strange, odd.
insoluble *adj* insoluble.
insolvencia *nf Fin* insolvency.
insolvente *adj Fin* insolvent.
insomnio *nm* insomnia; **noche de i.**, sleepless night.
insondable *adj* unfathomable.
insonorizado,-a *adj* soundproof.
insonorizar [4] *vtr* to soundproof.
insoportable *adj* unbearable.
insospechado,-a *adj* unsuspected.
insostenible *adj* untenable.

inspección *nf* inspection.
inspeccionar *vtr* to inspect.
inspector,-a *nm,f* inspector; **i. de Hacienda**, tax inspector.
inspiración *nf* 1 inspiration. 2 *(inhalación)* inhalation.
inspirado,-a *adj* inspired.
inspirar I *vtr* 1 to inspire. 2 *(inhalar)* to inhale, breathe in. II **inspirarse** *vr* **i. en**, to be inspired by.
instalación *nf* installation; **instalaciones deportivas**, sports facilities.
instalar I *vtr* 1 to instal, *US* install. 2 *(puesto, tienda)* to set up. II **instalarse** *vr (persona)* to settle (down).
instancia *nf* 1 *(solicitud)* request; **a instancia(s) de**, at the request of. 2 *(escrito)* application form. 3 *Jur* **tribunal de primera i.**, court of first instance. 4 **en primera i.**, first of all; **en última i.**, as a last resort.
instantánea *nf* snapshot.
instantáneo,-a *adj* instantaneous; **café i.**, instant coffee. ◆**instantáneamente** *adv* instantly.
instante *nm* instant, moment; **a cada i.**, constantly; **al i.**, immediately, right away; **por instantes**, with every second; **¡un i.!**, just a moment!
instar *vtr* to urge.
instauración *nf* founding.
instaurar *vtr* to found.
instigador,-a *nm,f* instigator.
instigar [7] *vtr* to instigate; **i. a la rebelión**, to incite a rebellion.
instintivo,-a *adj* instinctive.
instinto *nm* instinct; **por i.**, instinctively; **i. de conservación**, instinct of self-preservation.
institución *nf* institution.
instituir [37] *vtr* to institute.
instituto *nm* 1 institute. 2 *Educ* state secondary school, *US* high school.
institutriz *nf* governess.
instituyo *indic pres* → **instituir**.
instrucción *nf* 1 *(educación)* education. 2 *(usu pl) (indicación)* instruction; **instrucciones para el *o* de uso**, directions for use. 3 *Jur* preliminary investigation; **la i. del sumario**, proceedings *pl*; **juez de i.**, examining magistrate. 4 *Mil* drill.
instructivo,-a *adj* instructive.
instruido,-a *adj* educated, well-educated.
instruir [37] *vtr* 1 to instruct. 2 *(enseñar)* to educate. 3 *Mil* to drill. 4 *Jur* to investigate.
instrumental *adj* instrumental.
instrumento *nm* instrument.
insubordinación *nf* insubordination.
insubordinado-a *adj* insubordinate.
insubordinarse *vr (sublevarse)* to rebel (**contra**, against).
insuficiencia *nf* insufficiency.
insuficiente I *adj* insufficient. II *nm Educ*

insufrible 150 **interno**

(nota) fail.
insufrible *adj* insufferable.
insular I *adj* insular, island. II *nmf* islander.
insulso,-a *adj* insipid.
insultante *adj* insulting.
insultar *vtr* to insult.
insulto *nm* insult.
insumisión *nf* refusal to do military service.
insumiso,-a I *adj* unsubmissive. II *nm* person who refuses to do military service.
insuperable *adj* 1 *(inmejorable)* unsurpassable. 2 *(problema)* insurmountable.
insurgente *adj & nmf* insurgent.
insurrección *nf* insurrection.
intacto,-a *adj* intact.
intachable *adj* irreproachable; **conducta i.**, impeccable behaviour.
integral I *adj* integral; *Culin* **pan i.**, wholemeal bread; **arroz i.**, brown rice. II *nf Mat* integral.
integrante I *adj* integral; **ser parte i. de**, to be an integral part of. II *nmf* member.
integrar I *vtr (formar)* to compose, make up; **el equipo lo integran once jugadores**, there are eleven players in the team. II **integrarse** *vr* to integrate (**en**, with).
integridad *nf* integrity.
íntegro,-a *adj* 1 *(entero)* whole, entire; *Cin Lit* **versión íntegra**, unabridged version. 2 *(honrado)* upright.
intelecto *nm* intellect.
intelectual *adj & nmf* intellectual.
inteligencia *nf (intelecto)* intelligence; **cociente de i.**, intelligence quotient, IQ.
inteligente *adj* intelligent.
inteligible *adj* intelligible.
intemperie *nf* bad weather; **a la i.**, in the open (air).
intempestivo,-a *adj* untimely.
intención *nf* intention; **con i.**, deliberately, on purpose; **con segunda/doble i.**, with an ulterior motive; **tener la i. de hacer algo**, to intend to do sth.
intencionado,-a *adj* deliberate.
intencional *adj* intentional.
◆**intencionadamente** *adv* on purpose.
intensidad *nf* intensity; *(del viento)* force.
intensificar [1] *vtr*, **intensificarse** *vr* to intensify; *(amistad)* to strengthen.
intensivo,-a *adj* intensive; *Agr* **cultivo i.**, intensive farming; *Educ* **curso i.**, crash course.
intenso,-a *adj* intense.
intentar *vtr* to try, attempt; *fam* **¡inténtalo!**, give it a go!.
intento *nm* attempt; **i. de suicidio**, attempted suicide.
intentona *nf* putsch.
inter- *pref* inter-.
intercalar *vtr* to insert.
intercambiar [12] *vtr* to exchange.
intercambio *nm* exchange; **i. comercial**, trade.
interceder *vi* to intercede.
interceptar *vtr* 1 *(detener)* to intercept. 2 *(carretera)* to block; *(tráfico)* to hold up.
intercesión *nf* intercession.
intercontinental *adj* intercontinental.
interdicto *nm* prohibition.
interés *nm* 1 interest; **poner i. en**, to take an interest in; **tener i. en** *o* **por**, to be interested in. 2 *(provecho personal)* self-interest; **hacer algo (sólo) por i.**, to do sth out of self-interest; **intereses creados**, vested interests. 3 *Fin* interest; **con un i. del 11%**, at an interest of 11%; **tipos de i.**, interest rates.
interesado,-a I *adj* 1 interested (**en**, in); **las partes interesadas**, the interested parties. 2 *(egoísta)* selfish. II *nm,f* interested person; **los interesados**, those interested *o* concerned.
interesante *adj* interesting.
interesar I *vtr* 1 *(tener interés)* to interest; **la poesía no me interesa nada**, poetry doesn't interest me at all. 2 *(concernir)* to concern. II *vi (ser importante)* to be of interest, to be important; **interesaría llegar pronto**, it is important to get there early. III **interesarse** *vr* **i. por** *o* **en**, to be interested in; **se interesó por ti**, he asked about *o* after you.
interferencia *nf* interference; *Rad TV* jamming.
interferir [5] *vtr* 1 to interfere with; *(plan)* to upset. 2 *Rad TV* to jam.
interfono *nm Tel* intercom.
interinidad *nf* 1 *(temporalidad)* temporariness. 2 *(empleo)* temporary employment.
interino,-a I *adj (persona)* acting. II *nm,f (trabajador temporal)* temporary worker.
interior I *adj* 1 inner, inside, interior; **habitación i.**, inner room; **ropa i.**, underwear. 2 *Pol* domestic, internal. 3 *Geog* inland. II *nm* 1 inside, interior; *fig* **en su i. no estaba de acuerdo**, deep down she disagreed. 2 *Geog* interior; *Pol* **Ministerio del I.**, Home Office, *US* Department of the Interior.
interiorizar [4] *vtr* to internalize.
interjección *nf Ling* interjection.
interlocutor,-a *nm,f* speaker; *(negociador)* negotiator.
intermediario *nm Com* middleman.
intermedio,-a I *adj* intermediate. II *nm TV (intervalo)* break.
interminable *adj* endless.
intermitente *adj* intermittent. II *nm Aut* indicator.
internacional *adj* international.
internado,-a I *nm,f* inmate. II *(colegio)* boarding school.
internar I *vtr (en hospital)* to confine. II **internarse** *vr* 1 *(penetrar)* to advance (**en**, into). 2 *Dep* to break through.
interno,-a I *adj* 1 internal; **por vía**

interna, internally. 2 *Pol* domestic. II *nm,f (alumno)* boarder; *Med (enfermo)* patient; *(preso)* inmate.

interponer [19] *(pp interpuesto)* I *vtr* to insert; *Jur* **i. un recurso**, to give notice of appeal. II **interponerse** *vr* to intervene.

interpretación *nf* 1 interpretation. 2 *Mús Teat* performance.

interpretar *vtr* 1 to interpret. 2 *Teat (papel)* to play; *(obra)* to perform; *Mús (concierto)* to play, perform; *(canción)* to sing.

intérprete *nmf* 1 *(traductor)* interpreter. 2 *Teat* performer; *Mús (cantante)* singer; *(músico)* performer.

interpuse *pt indef* → **interponer**.

interrogación *nf* interrogation; *Ling* **(signo de) i.**, question *o* interrogation mark.

interrogante *nf fig* question mark.

interrogar [7] *vtr* to question; *(testigo etc)* to interrogate.

interrogatorio *nm* interrogation.

interrumpir *vtr* to interrupt; *(tráfico)* to block.

interrupción *nf* interruption; **i. del embarazo**, termination of pregnancy.

interruptor *nm Elec* switch.

intersección *nf* intersection.

interurbano,-a *adj* intercity; *Tel* **conferencia interurbana**, long-distance call.

intervalo *nm* interval; **habrá intervalos de lluvia**, there will be periods of rain.

intervención *nf* 1 *(participación)* intervention, participation (**en**, in); *(aportación)* contribution (**en**, to). 2 *Med* intervention.

intervenir [27] I *vi (mediar)* to intervene (**en**, in); *(participar)* to take part (**en**, in); *(contribuir)* to contribute (**en**, to). II *vtr* 1 *(confiscar)* to confiscate, seize. 2 *Tel (teléfono)* to tap. 3 *Med* to operate on.

interventor,-a *nm,f (supervisor)* inspector; *Fin* **i. (de cuentas)**, auditor.

interviú *nm (pl intervius)* interview.

intestino,-a I *adj (luchas)* internal. II *nm Anat* intestine.

intimar *vi* to become close (**con**, to).

intimidad *nf (amistad)* intimacy; *(vida privada)* private life; *(privacidad)* privacy; **en la i.**, privately, in private.

intimidar *vtr* to intimidate.

íntimo,-a I *adj* 1 intimate. 2 *(vida)* private; **una boda íntima**, a quiet wedding. 3 *(amistad)* close. II *nm,f* close friend, intimate.

intolerable *adj* intolerable.

intolerancia *nf* intolerance.

intolerante I *adj* intolerant. II *nmf* intolerant person.

intoxicación *nf* poisoning; **i. alimentaria**, food poisoning.

intoxicar [1] *vtr* to poison.

intra- *pref* intra-.

intranquilidad *nf* worry.

intranquilizarse *vr* to get worried.

intranquilo,-a *adj (preocupado)* worried; *(agitado)* restless.

intransigente *adj* intransigent.

intransitable *adj* impassable.

intransitivo,-a *adj Ling* intransitive.

intratable *adj* 1 *(problema)* intractable. 2 *(persona)* unsociable.

intrépido,-a *adj* intrepid.

intriga *nf* intrigue; *Cin Teat* plot.

intrigante I *adj* 1 *(interesante)* intriguing, interesting. 2 *pey (maquinador)* scheming. II *nmf (persona)* schemer.

intrigar [7] I *vtr (interesar)* to intrigue, interest. II *vi (maquinar)* to plot.

intrincado,-a *adj* 1 *(cuestión, problema)* intricate. 2 *(bosque)* dense.

intrínseco,-a *adj* intrinsic.

introducción *nf* introduction.

introducir [10] I *vtr* 1 to introduce. 2 *(meter)* to insert, put in.

intromisión *nf (injerencia)* meddling; **perdón por la i.**, forgive the intrusion.

introspectivo,-a *adj* introspective.

introvertido,-a I *adj* introverted. II *nm,f* introvert.

intruso,-a I *adj* intrusive. II *nm,f* intruder; *Jur* trespasser.

intuición *nf* intuition.

intuir [37] *vtr* to know by intuition.

intuitivo,-a *adj* intuitive.

inundación *nf* flood.

inundar *vtr* to flood; *fig (de trabajo etc)* to swamp.

inusitado,-a *adj* unusual.

inútil I *adj* 1 useless; *(esfuerzo, intento)* vain, pointless. 2 *Mil* unfit (for service). II *nmf fam* good-for-nothing.

inutilidad *nf* uselessness.

inutilizar [4] *vtr* to make *o* render useless; *(máquina etc)* to put out of action.

invadir *vtr* to invade; *fig* **los estudiantes invadieron la calle**, students poured out onto the street.

invalidar *vtr* to invalidate.

invalidez *nf* 1 *Jur (nulidad)* invalidity. 2 *Med (minusvalía)* disability.

inválido,-a I *adj* 1 *Jur (nulo)* invalid. 2 *Med (minusválido)* disabled, handicapped. II *nm,f Med* disabled *o* handicapped person.

invariable *adj* invariable.

invasión *nf* invasion.

invasor,-a I *adj* invading. II *nm,f* invader.

invencible *adj* 1 *(enemigo)* invincible. 2 *(obstáculo)* insurmountable.

invención *nf (invento)* invention; *(mentira)* fabrication.

inventar *vtr* to invent; *(excusa, mentira)* to make up, concoct.

inventario *nm* inventory.

inventiva *nf* inventiveness; *(imaginación)* imagination.

invento *nm* invention.
inventor,-a *nm,f* inventor.
invernadero *nm* greenhouse; **efecto i.**, greenhouse effect.
invernal *adj* winter, wintry.
invernar [1] *vi* to hibernate.
inverosímil *adj* unlikely, improbable.
inversión *nf* 1 inversion. 2 *Fin* investment.
inverso,-a *adj* opposite; **en sentido i.**, in the opposite direction; **en orden i.**, in reverse order.
inversor,-a *nm,f Fin* investor.
invertebrado,-a *adj & nm Zool* invertebrate.
invertido,-a I *adj* inverted, reversed. II *nm,f* homosexual.
invertir [5] *vtr* 1 *(orden)* to invert, reverse. 2 *(dinero)* to invest (**en**, in); *(tiempo)* to spend (**en**, on).
investidura *nf* investiture; *Pol* vote of confidence.
investigación *nf* 1 *(policial etc)* investigation. 2 *(científica)* research.
investigador,-a *nm,f* 1 *(detective)* investigator. 2 *(científico)* researcher, research worker.
investigar [7] *vtr* to research; *(indagar)* to investigate.
investir [6] *vtr* to invest.
invidente I *adj* unsighted. II *nmf* unsighted person.
invierno *nm* winter.
invisible *adj* invisible.
invitación *nf* invitation.
invitado,-a I *adj* invited; **artista i.**, guest artist. II *nm,f* guest.
invitar *vtr* to invite; **hoy invito yo**, it's on me today; **me invitó a una copa**, he treated me to a drink.
invocar [1] *vtr* to invoke.
involucrar I *vtr* to involve (**en**, in). II **involucrarse** *vr* to get involved (**en**, in).
involuntario,-a *adj* involuntary; *(impremeditado)* unintentional.
invulnerable *adj* invulnerable.
inyección *nf* injection; **poner una i.**, to give an injection.
inyectar *vtr* to inject (**en**, into); **i. algo a algn**, to inject sb with sth.
IPC *abr de* **Índice de Precios al Consumo**, Retail Price Index, RPI.
ir [16] I *vi* 1 to go; **¡vamos!**, let's go!; **voy a Lima**, I'm going to Lima; **¡ya voy!**, (I'm) coming! 2 *(río, camino)* to lead; **esta carretera va a la frontera**, this road leads to the border. 3 *(funcionar)* to work (properly); **el ascensor no va**, the lift is out of order. 4 *(desenvolverse)* **¿cómo le va el nuevo trabajo?**, how is he getting on in his new job?; **¿cómo te va?**, how are things?, how are you doing? 5 *(sentar bien)* to suit; **el verde te va mucho**, green really suits you. 6 *(combinar)* to match; **el rojo no va con el verde**, red doesn't go with green. 7 *(vestir)* to wear; **ir con falda**, to wear a skirt; **ir de blanco/de uniforme**, to be dressed in white/in uniform. 8 *fam (importar, concernir)* to concern; **eso va por ti también**, and the same goes for you; **ni me va ni me viene**, I don't care one way or the other. 9 *fam (comportarse)* to act; **ir de guapo por la vida**, to be a flash Harry. 10 **va para abogado**, he's studying to be a lawyer. 11 *(ir + por)* **ir por la derecha**, to keep (to the) right; *(ir a buscar)* **ve (a) por agua**, go and fetch some water; *(haber llegado)* **voy por la página noventa**, I've got as far as page ninety. 12 *(locuciones)* **a eso iba**, I was coming to that; **¡ahí va!**, catch!; **en lo que va de año**, so far this year; **ir a parar**, to end up; **¡qué va!**, of course not!, nothing of the sort!; **va a lo suyo**, he looks after his own interests; **¡vamos a ver!**, let's see!; **¡vaya!**, fancy that; **¡vaya moto!**, what a bike!
II *v aux* 1 *(ir + gerundio)* **ir andando**, to go on foot; **va mejorando**, she's improving. 2 *(ir + pp)* **ya van rotos tres**, three (of them) have already been broken. 3 *(ir a + inf)* **iba a decir que**, I was going to say that; **va a llover**, it's going to rain; **vas a caerte**, you'll fall.
III **irse** *vr* 1 *(marcharse)* to go away, leave; **me voy**, I'm off; **¡vámonos!**, let's go!; **¡vete!**, go away!; **vete a casa**, go home. 2 *(líquido, gas) (escaparse)* to leak. 3 *(direcciones)* **¿por dónde se va a ...?** which is the way to ...? **por aquí se va al río**, this is the way to the river.
ira *nf* wrath, rage, anger.
iracundo,-a *adj* 1 *(irascible)* irascible. 2 *(enfadado)* irate, angry.
Irak *n* Irak.
Irán *n* Iran.
iraní *adj & nmf (pl* **iraníes***)* Iranian.
Iraq *n* → **Irak**.
iraquí *adj & nmf (pl* **iraquíes***)* Iraqi.
irascible *adj* irascible, irritable.
iris *nm inv Anat* iris; **arco i.**, rainbow.
Irlanda *n* Ireland; **I. del Norte**, Northern Ireland.
irlandés,-esa I *adj* Irish. II *nm,f (hombre)* Irishman; *(mujer)* Irishwoman; **los irlandeses**, the Irish. III *nm (idioma)* Irish.
ironía *nf* irony.
irónico,-a *adj* ironic.
IRPF *nm Econ abr de* **impuesto sobre la renta de las personas físicas**, income tax.
irracional *adj* irrational.
irradiar [12] *vtr* 1 *(emitir)* to radiate. 2 *Am fig (expulsar)* to expel.
irreal *adj* unreal.
irrealizable *adj* unattainable, unfeasible;

fig unreachable.
irreconocible *adj* unrecognizable.
irregular *adj* irregular.
irregularidad *nf* irregularity.
irremediable *adj* irremediable, incurable.
irremplazable *adj* irreplaceable.
irreparable *adj* irreparable.
irreprochable *adj* irreproachable, blameless.
irresistible *adj* 1 (*impulso, persona*) irresistible. 2 (*insoportable*) unbearable.
irresoluto,-a *adj* irresolute.
irresponsable *adj* irresponsible.
irreverente *adj* irreverent.
irrigación *nf* irrigation.
irrigar [7] *vtr* to irrigate, water.
irrisorio,-a *adj* derisory, ridiculous.
irritación *nf* irritation.
irritante *adj* irritating.
irritar I *vtr* 1 (*enfadar*) to irritate, exasperate. 2 *Med* to irritate. II **irritarse** *vr* 1 (*enfadarse*) to lose one's temper, get angry. 2 *Med* to become irritated.
irrompible *adj* unbreakable.
irrumpir *vi* to burst (**en**, into).
isla *nf* island, isle.
islam *nm Rel* Islam.
islámico,-a *adj* Islamic.
islandés,-esa I *adj* Icelandic. II *nm,f* (*persona*) Icelander. III *nm* (*idioma*) Icelandic.
Islandia *n* Iceland.
isleño,-a I *adj* island. II *nm,f* islander.
islote *nm* small *o* rocky island.
ismo *nm fam* ism.
Israel *n* Israel.
israelí *adj & nmf* (*pl* **israelíes**) Israeli.
istmo *nm Geog* isthmus.
Italia *n* Italy.
italiano,-a I *adj* Italian. II *nm,f* (*persona*) Italian. III *nm* (*idioma*) Italian.
itinerante *adj* itinerant, itinerating.
itinerario *nm* itinerary, route.
IVA *nm Econ abr de* **impuesto sobre el valor añadido,** value-added tax, VAT.
izar [4] *vtr* to hoist, raise.
izda., izqda *abr de* **izquierda,** left.
izdo., izqdo *abr de* **izquierdo,** left.
izquierda *nf* 1 left; **a la i.**, on the left; **girar a la i.**, to turn left. 2 (*mano*) left hand. 3 *Pol* **la i.**, the left; **de izquierdas,** left-wing.
izquierdista *Pol* I *adj* leftist, left-wing. II *nmf* leftist, left-winger.
izquierdo,-a *adj* 1 left; **brazo i.**, left arm. 2 (*zurdo*) left-handed.
izquierdoso,-a *adj fam* leftish.

J

J, j [´xota] *nf* (*la letra*) J,j.
jabalí *nm* (*pl* **jabalíes**) wild boar.
jabalina *nf Dep* javelin.
jabón *nm* soap; **j. de afeitar/tocador,** shaving/toilet soap.
jabonera *nf* soapdish.
jaca *nf* gelding.
jacaré *nm Am Zool* caiman.
jacinto *nm Bot* hyacinth.
jactancia *nf* boastfulness.
jactancioso,-a I *adj* boastful. II *nm,f* braggart.
jactarse *vr* to boast, brag (**de**, about).
jadeante *adj* panting, breathless.
jadear *vi* to pant, gasp.
jadeo *nm* panting, gasping.
jaez *nm pey* (*ralea*) kind, sort.
jalar I *vtr fam* (*comer*) to wolf down. II **jalarse** *vr fam* (*comerse*) to wolf down, scoff.
jalbegar [7] *vtr* to whitewash.
jalea *nf* jelly; **j. real,** royal jelly.
jalear *vtr* (*animar*) to cheer (on).
jaleo *nm* (*alboroto*) din, racket; (*riña*) row; (*confusión*) muddle; **armar j.**, to make a racket.
jalón¹ *nm* (*estaca*) stake; *fig* (*hito*) milestone.
jalón² *nm* 1 (*tirón*) pull, tug. 2 *Am Aut* lift.
jamaicano,-a *adj & nm,f* Jamaican.
jamar *vtr fam* to scoff, eat.
jamás *adv* 1 never; **j. he estado allí,** I have never been there. 2 ever; **el mejor libro que j. se ha escrito,** the best book ever written. 3 **nunca j.**, never again; **por siempre j.**, for ever (and ever).
jamba *nf Arquit* jamb.
jamón *nm* ham; **j. de York/serrano,** boiled/cured ham.
jamona *fam adj* buxom.
Japón *n* (**el**) **J.**, Japan.
japonés,-esa I *adj* Japanese. II *nm,f* (*persona*) Japanese; **los japoneses,** the Japanese. III *nm* (*idioma*) Japanese.
japuta *nf* (*pez*) Ray's bream.
jaque *nm Ajedrez* check; **dar j. a,** to check; **j. mate,** checkmate; **j. al rey,** check; *fig* **estar en j.,** to be stymied.
jaqueca *nf* migraine.
jara *nf Bot* rockrose.
jarabe *nm* syrup; **j. para la tos,** cough mixture.
jarana *nf fam* 1 (*juerga*) wild party, spree; **ir de j.**, to go on a spree *o* a binge. 2 (*jaleo*) racket, din.
jaranero,-a I *adj fam* fun-loving, party-loving. II *nm,f* pleasure seeker, party-lover.
jardín *nm* garden; **j. botánico,** botanical garden; **j. de infancia,** nursery school,

kindergarten.
jardinería *nf* gardening.
jardinero *nm* gardener.
jarra *nf* pitcher; **j. de cerveza**, beer mug; *fig* **de** *o* **en jarras**, arms akimbo, hands on hips.
jarro *nm* (*recipiente*) jug; (*contenido*) jugful; *fig* **echar un j. de agua fría a**, to pour cold water on.
jarrón *nm* vase; (*en arqueología*) urn.
jaspe *nm Min* jasper; **como el j.**, spotless, like a new pin.
Jauja *nf fig* promised land; **¡esto es J.!**, this is the life!
jaula *nf* (*para animales*) cage.
jauría *nf* pack of hounds.
jazmín *nm Bot* jasmine.
J.C. *abr de* **Jesucristo**, Jesus Christ, J.C.
jeep *nm Aut* jeep.
jefa *nf* female boss, manageress.
jefatura *nf* 1 (*cargo, dirección*) leadership. 2 (*sede*) central office; **j. de policía**, police headquarters.
jefe *nm* 1 head, chief, boss; *Com* manager; **j. de estación**, stationmaster; **j. de redacción**, editor-in-chief; **j. de ventas**, sales manager. 2 *Pol* leader; **J. de Estado**, Head of State. 3 *Mil* officer in command; **comandante en j.**, commander-in-chief.
Jehová *nm* Jehovah; **testigos de J.**, Jehovah's Witnesses.
jején *nm Am Ent* black fly.
jengibre *nm Bot* ginger.
jeque *nm* sheik, sheikh.
jerarquía *nf* 1 hierarchy. 2 (*categoría*) rank.
jerárquico,-a *adj* hierarchical.
jeremías *nmf inv* whiner, whinger.
jerez *nm* sherry.
jerga *nf* (*argot*) (*técnica*) jargon; (*vulgar*) slang; **la j. legal**, legal jargon.
jerigonza *nf* 1 (*extravagancia*) oddness. 2 (*galimatías*) gibberish.
jeringa *nf Med* syringe; *Aut* **j. de engrase**, grease gun.
jeringar [7] *vtr fam* 1 (*molestar*) to pester, annoy. 2 (*romper*) to break.
jeringuilla *nf* (hypodermic) syringe.
jeroglífico,-a I *adj* hieroglyphic. II *nm* 1 *Ling* hieroglyph, hieroglyphic. 2 (*juego*) rebus.
jersey *nm* (*pl* **jerseis**) sweater, pullover, jumper.
Jerusalén *n* Jerusalem.
Jesucristo *nm* Jesus Christ.
jesuita *adj & nmf* Jesuit.
Jesús I *nm* Jesus. II *interj* 1 (*expresa sorpresa*) good heavens! 2 (*al estornudar*) bless you!
jet *nf* jet set.
jeta *fam* **nf** 1 (*descaro*) cheek; **tener j.**, to be cheeky, have a nerve. 2 (*cara*) mug, face. 3 (*hocico*) snout.

jet-set *nf* jet set.
jíbaro,-a *nm,f Am* peasant.
jícara *nf* (*bol*) small cup; *Am* gourd.
jilguero,-a *nm,f Orn* goldfinch.
jilipollas *nmf inv fam ofens* → **gilipollas**.
jinete *nm* rider, horseman.
jiñar *vi vulg* to shit.
jirafa *nf* 1 giraffe. 2 (*de micrófono*) boom.
jirón *nm* (*trozo desgarrado*) shred, strip; (*pedazo suelto*) bit, scrap; **hecho jirones**, in shreds *o* tatters.
JJOO *nmpl abr de* **Juegos Olímpicos**, Olympic Games.
jocoso,-a *adj* funny, humorous.
joder *vulg ofens* I *interj* bloody hell!, shit! II *vtr* 1 (*fastidiar*) to piss off; **¡no me jodas!**, come on, don't give me that! 2 (*copular*) to fuck. 3 (*echar a perder*) to screw up; **¡la jodiste!**, you screwed it up! 4 (*romper*) to bugger. II **joderse** *vr* 1 (*aguantarse*) to put up with it; **¡hay que j.!**, you'll just have to grin and bear it. 2 (*echarse a perder*) to get screwed up; **¡se jodió el invento!**, that's really screwed things up. **¡que se joda!**, to hell with him! 3 (*romperse*) to go bust.
jodido,-a *adj vulg ofens* 1 (*maldito*) bloody, damned. 2 (*molesto*) annoying. 3 (*enfermo*) in a bad way; (*cansado*) knackered, exhausted. 4 (*estropeado, roto*) bust, kaput, buggered. 5 (*difícil*) shitty.
jodienda *nf vulg ofens* 1 (*coito*) fuck. 2 (*molestia*) pain in the arse.
jofaina *nf* washbasin.
jolgorio *nm fam* (*juerga*) binge; (*algazara*) fun.
jolín, jolines *interj fam* (*sorpresa*) gosh!, good grief!; (*enfado*) blast!, damn!
Jordania *n* Jordan.
jornada *nf* 1 **j. (laboral)**, (*día de trabajo*) working day; **j. intensiva**, continuous working day; **j. partida**, working day with a lunch break; **trabajo de media j./j. completa**, part-time/full-time work. 2 **jornadas**, conference *sing*.
jornal *nm* (*paga*) day's wage; **trabajar a j.**, to be paid by the day.
jornalero,-a *nm,f* day labourer *o US* laborer.
joroba I *nf* (*jiba*) hump. II *interj* drat!
jorobado,-a I *adj* hunchbacked. II *nm,f* hunchback.
jorobar *fam* I *vtr* 1 (*fastidiar*) to annoy, bother; **me joroba**, it really gets up my nose; **¡no jorobes!**, (*incredulidad*) pull the other one! 2 (*estropear*) to ruin, wreck. II **jorobarse** *vr* 1 (*fastidiarse*) to grin and bear it. 2 (*estropearse*) to break.
jota[1] *nf* 1 name of the letter J in Spanish. 2 (*cantidad mínima*) jot, scrap; **ni j.**, not an iota; **no entiendo ni j.**, I don't understand a thing.
jota[2] *nf Mús* Spanish dance and music.
joven I *adj* young; **de aspecto j.**, young-

jovial 155 **justicia**

looking. II *nmf (hombre)* youth, young man; *(mujer)* girl, young woman; **de j.**, as a young man *o* woman; **los jóvenes**, young people, youth.
jovial *adj* jovial, good-humoured.
joya *nf* 1 jewel, piece of jewellery; **joyas de imitación**, imitation jewellery *sing*. 2 *fig* **ser una j.**, *(persona)* to be a real treasure *o* gem.
joyería *nf (tienda)* jewellery shop, jeweller's (shop).
joyero,-a I *nm,f* jeweller. II *nm* jewel case *o* box.
juanete *nm (en el pie)* bunion.
jubilación *nf* 1 *(acción)* retirement; **j. anticipada**, early retirement. 2 *(pensión)* pension.
jubilado,-a I *adj* retired. II *nm,f* retired person, pensioner; **los jubilados**, retired people.
jubilar I *vtr (retirar)* to retire, pension off; *fam fig* to get rid of, ditch. II **jubilarse** *vr (retirarse)* to retire, go into retirement.
júbilo *nm* jubilation, joy.
jubón *nm* doublet, jerkin.
judería *nf (barrio)* Jewish quarter.
judía *nf* bean; **j. verde**, French bean, green bean.
judicial *adj* judicial; **vía j.**, legal channels.
judío,-a I *adj* Jewish. II *nm,f* Jew.
judo *nm Dep* judo.
juego *nm* 1 game; **j. de azar**, game of chance; **j. de cartas**, card game; *fig* **j. de manos**, sleight of hand; *fig* **j. de palabras**, play on words, pun; *fig* **j. limpio/sucio**, fair/foul play; 2 *Dep* game; **Juegos Olímpicos**, Olympic Games; **terreno de j.**, *Ten* court; *Ftb* field; **fuera de j.**, offside. 3 *(apuestas)* gambling; *fig* **poner algo en j.**, to put sth at stake. 4 *(conjunto de piezas)* set; **j. de café/té**, coffee/tea service; *fig* **ir a j. con**, to match.
juerga *nf fam* binge, rave-up; **ir de j.**, to go on a binge.
juerguista I *adj* fun-loving. II *nmf* fun-loving person, raver.
jueves *nm inv* Thursday; **J. Santo**, Maundy Thursday.
juez *nmf* judge; **j. de instrucción**, examining magistrate; **j. de paz**, justice of the peace; *Dep* **j. de salida**, starter; **j. de línea**, linesman.
jugada *nf* 1 move; *(en billar)* shot. 2 *fam* dirty trick.
jugador,-a player; *(apostador)* gambler.
jugar [32] I *vi* 1 to play; **j. a(l) fútbol/tenis**, to play football/tennis; *fig* **j. sucio**, to play dirty. 2 **j. con**, *(no tomar en serio)* to toy with. II *vtr* 1 to play. 2 *(apostar)* to bet, stake. III **jugarse** *vr* 1 *(arriesgar)* to risk; **j. fam j. el pellejo**, to risk one's neck. 2 *(apostar)* to bet, stake.
jugarreta *nf fam* dirty trick.
jugo *nm* juice; *fig* **sacar el j. a**, *(aprovechar)* to make the most of; *(explotar)* to squeeze dry.
jugoso,-a *adj* 1 juicy; **un filete j.**, a juicy steak. 2 *fig (sustancioso)* substantial, meaty; **un tema j.**, a meaty topic.
juguete *nm* toy; **pistola de j.**, toy gun; *fig* **ser el j. de algn**, to be sb's plaything.
juguetear *vi* to play.
juguetón,-ona *adj* playful.
juicio *nm* 1 *(facultad mental)* judgement, discernment; *(opinión)* opinion, judgement; **a j. de**, in the opinion of; **a mi j.**, in my opinion. 2 *(sensatez)* reason, common sense; **en su sano j.**, in one's right mind; **perder el j.**, to go mad *o* insane. 3 *Jur* trial, lawsuit; **llevar a algn a j.**, to take legal action against sb, sue sb.
juicioso,-a *adj* judicious, wise.
julio *nm* July.
junco *nm Bot* rush.
jungla *nf* jungle.
junio *nm* June.
júnior *adj Dep* junior; **campeonato j. de golf**, junior golf championship.
junta *nf* 1 *(reunión)* meeting, assembly; *Pol* **j. de gobierno**, cabinet meeting. 2 *(dirección)* board, committee; **j. directiva**, board of directors. 3 *Mil* army; **j. militar**, military junta. 4 *(parlamento regional)* regional parliament. 5 *Téc* joint.
juntar I *vtr* 1 *(unir)* to join, put together; *(piezas)* to assemble. 2 *(reunir) (sellos)* to collect; *(dinero)* to raise. II **juntarse** *vr* 1 *(unirse)* to join; *(ríos, caminos)* to meet; *(personas)* to gather. 3 *(amancebarse)* to live together.
junto,-a I *adj* together; **dos mesas juntas**, two tables side by side; **todos juntos**, all together. II *junto adv* **j. con**, together with; **j. a**, next to.
juntura *nf* 1 *Téc* joint, seam. 2 *Anat* joint.
jura *nf (acción)* oath; *(ceremonia)* swearing in; **j. de bandera**, oath of allegiance to the flag.
jurado *nm* 1 *(tribunal)* jury; *(en un concurso)* panel of judges, jury. 2 *(miembro del tribunal)* juror, member of the jury.
juramento *nm* 1 *Jur* oath; **bajo j.**, under oath. 2 *(blasfemia)* swearword, curse.
jurar I *vi Jur Rel* to swear, take an oath. II *vtr* to swear; **j. el cargo**, to take the oath of office; **j. por Dios**, to swear to God. III **jurarse** *vr fam* **jurársela(s) a algn**, to have it in for sb.
jurel *nm (pez)* scad, horse mackerel.
jurídico,-a *adj* legal.
jurisdicción *nf* jurisdiction.
jurisdiccional *adj* jurisdictional; **aguas jurisdiccionales**, territorial waters.
jurista *nmf* jurist, lawyer.
justicia *nf* justice; **tomarse la j. por su mano**, to take the law into one's own hands.

justiciero,-a *adj* severe.
justificable *adj* justifiable.
justificación *nf* justification.
justificado,-a *adj* justified, well-grounded.
justificante *nm* written proof; **j. de pago,** proof of payment.
justificar [1] I *vtr* to justify. II **justificarse** *vr* to clear oneself, justify oneself.
justo,-a I *adj* 1 just, fair, right; **un trato j.,** a fair deal. 2 *(apretado) (ropa)* tight; **estamos justos de tiempo,** we're pressed for time. 3 *(exacto)* right, accurate; **la palabra justa,** the right word. 4 *(preciso)* **llegamos en el momento j. en que salían,** we arrived just as they were leaving. 5 **lo j.,** just enough. II *nm,f* just *o* righteous person; **los justos,** the just, the righteous. III **justo** *adv (exactamente)* exactly, precisely; **j. al lado,** right beside. ◆**justamente** *adv* ¡j.!, precisely!; **j. detrás de,** right behind.
juvenil I *adj (aspecto)* youthful, young; **ropa j.,** young people's clothes; **delincuencia j.,** juvenile delinquency. II *nmf* **los juveniles,** the juveniles.
juventud *nf* 1 *(edad)* youth. 2 *(jóvenes)* young people.
juzgado *nm* court, tribunal; **j. de guardia,** police court.
juzgar [7] *vtr* to judge; **a j. por ...,** judging by ....

K

K, k [ka] *nf (la letra)* K, k.
ka *nf* name of the letter K in Spanish.
kárate *nm Dep* karate.
karateka *nmf Dep* person who does karate.
Kg, kg *abr de* **kilogramo(s),** kilograms, kilogrammes, kg.
kilo *nm* 1 *(medida)* kilo; *fam* **pesa un k.,** it weighs a ton. 2 *arg (millón)* a million pesetas.
kilogramo *nm* kilogram, kilogramme.
kilolitro *nm* kilolitre, *US* kiloliter.
kilometraje *nm* ≈ mileage.
kilométrico,-a *adj* kilometric, kilometrical; **billete k.,** multiple-journey ticket.
kilómetro *nm* kilometre, *US* kilometer.
kilovatio *nm* kilowatt; **k. hora,** kilowatt-hour.
kiosco *nm* → **quiosco.**
kiwi *nm* 1 *Orn* kiwi. 2 *(fruto)* kiwi (fruit), Chinese gooseberry.
Kleenex® *nm* Kleenex®, tissue.
Km, km *abr de* **kilómetro(s),** kilometre, kilometres, km, kms.
Kw, kw *abr de* **kilovatio(s),** kilowatt, kilowatts, kW, kw.

L

L, l ['ele] *nf (la letra)* L, l.
l *abr de* **litro(s),** litre, litres, *US* liter, liters, l.
la[1] *art def f* I the; **la mesa,** the table. II *pron dem* the one; **la del vestido azul,** the one in the blue dress; **la que vino ayer,** the one who came yesterday; → **el.**
la[2] *pron pers f (persona)* her; *(usted) (cosa)* it; **la invitaré,** I'll invite her along; **no la dejes abierta,** don't leave it open; **ya la avisaremos, señora,** we'll let you know, madam; → **le.**
la[3] *nm Mús* la, A.
laberinto *nm* labyrinth.
labia *nf fam* loquacity; *pey* glibness; **tener mucha l.,** to have the gift of the gab.
labio *nm* lip.
labor *nf* 1 job, task; **l. de equipo,** teamwork; **(de profesión) sus labores,** housewife. 2 *Agr* farmwork. 3 *(de costura)* needlework, sewing.
laborable *adj* 1 **día l.,** *(no festivo)* working day. 2 *Agr* arable.
laboral *adj* industrial; **accidente l.,** industrial accident; **conflictividad l.,** industrial unrest; **jornada l.,** working day; **Universidad L.,** technical training college.
laboratorio *nm* laboratory.
laborioso,-a *adj* 1 *(persona)* hardworking. 2 *(tarea)* laborious.
laborista *Pol* I *adj* Labour; **partido l.,** Labour Party. II *nmf* Labour (Party) member *o* supporter.
labrado,-a *adj Arte* carved.
labrador,-a *nm,f (granjero)* farmer; *(trabajador)* farm worker.
labranza *nf* farming.
labrar I *vtr* 1 *Agr* to till. 2 *(madera)* to carve; *(piedra)* to cut; *(metal)* to work. II **labrarse** *vr fig* **l. un porvenir,** to build a future for oneself.
laca *nf* 1 hair lacquer, hairspray; **l. de uñas,** nail polish *o* varnish. 2 *Arte* lacquer.
lacio,-a *adj* 1 *(pelo)* lank, limp. 2 **qué l.!,** *(soso)* what a weed!
lacónico,-a *adj* laconic; *(conciso)* terse.
lacra *nf* evil, curse; **una l. social,** a scourge of society.

lacrar *vtr* to seal with wax.
lacre *nm* sealing wax.
lacrimógeno,-a *adj* 1 gas l., tear gas. 2 *fig* una película lacrimógena, a tear-jerker.
lactar *vi* to breastfeed.
lácteo,-a *adj* productos lácteos, milk *o* dairy products; *Astron* Vía Láctea, Milky Way.
ladear I *vtr* (*inclinar*) to tilt; (*cabeza*) to lean. II **ladearse** *vr* 1 (*inclinarse*) to lean, tilt. 2 (*desviarse*) to go off to one side.
ladera *nf* slope.
ladino,-a *adj* (*astuto*) cunning, crafty.
lado *nm* 1 side; a un l., aside; al l., close by, nearby; al l. de, next to, beside; ponte de l., stand sideways. 2 (*en direcciones*) direction; por todos lados, *o* from all sides. 3 *fig* dar de l. a algn, to cold-shoulder sb; por otro l., (*además*) moreover; por un l. ..., por otro l. ..., on the one hand ..., on the other hand ....
ladrar *vi* to bark.
ladrillo *nm* 1 *Constr* brick. 2 *fam* (*pesado*) bore, drag.
ladrón,-ona I *nm,f* thief, robber; ¡al l.!, stop thief!. II *nm Elec* multiple socket.
lagartija *nf* small lizard.
lagarto *nm* lizard.
lago *nm* lake.
lágrima *nf* 1 tear; llorar a l. viva, to cry one's eyes out. 2 (*en lámpara*) teardrop.
lagrimoso,-a *adj* tearful.
laguna *nf* 1 small lake. 2 *fig* (*hueco*) gap.
La Haya *n* The Hague.
laico,-a I *adj* lay. II *nm,f* lay person; (*hombre*) layman; (*mujer*) laywoman.
lameculos *nmf inv ofens* bootlicker, arse-licker.
lamentable *adj* regrettable; (*infame*) lamentable.
lamentar I *vtr* to regret; lo lamento, I'm sorry. II **lamentarse** *vr* to complain.
lamento *nm* moan, wail.
lamer *vtr* to lick.
lámina *nf* 1 sheet, plate; l. de acero, steel sheet. 2 *Impr* plate.
laminado,-a I *adj* 1 laminated. 2 (*metales*) rolled; acero l., rolled steel. II *nm* lamination.
laminar *vtr* (*metal*) to roll.
lámpara *nf* 1 lamp; l. de pie, standard lamp. 2 *Elec* (*bombilla*) bulb. 3 *Rad* valve.
lamparón *nm fam* oil *o* grease stain.
lana *nf* wool; pura l. virgen, pure new wool.
lanar *adj* ganado l., sheep.
lance *nm lit* (*episodio*) incident.
lancha *nf* motorboat, launch; l. motora, speedboat; l. neumática, rubber dinghy; l. salvavidas, lifeboat.
langosta *nf* 1 lobster. 2 (*insecto*) locust.
langostino *nm* king prawn.
languidecer [33] *vi* to languish.
lánguido,-a *adj* languid; (*sin vigor*) listless.
lanudo,-a *adj* woolly, fleecy; (*peludo*) furry.
lanza *nf* spear, lance; punta de l., spearhead; *fig* romper una l. en favor de algn/de algo, to defend sb/sth.
lanzadera *nf* shuttle; l. espacial, space shuttle.
lanzado,-a *adj fam* reckless; ir l., to tear along.
lanzagranadas *nm inv Mil* grenade launcher.
lanzamiento *nm* 1 throwing, hurling. 2 *Dep* (*de disco, jabalina*) throw; (*de peso*) put. 3 *Mil* (*de cohete etc*) launching. 4 *Com* launch; precio de l., launch price. 5 *Náut* launch.
lanzar [4] I *vtr* 1 (*arrojar*) to throw, fling. 2 *fig* (*grito*) to let out. 3 *Náut Com Mil* to launch. II **lanzarse** *vr* 1 (*arrojarse*) to throw *o* hurl oneself; l. al suelo, to throw oneself to the ground. 2 (*emprender*) to embark on; l. a los negocios, to go into business. 3 (*irse, largarse*) *fam* to scram.
lapa *nf* 1 *Zool* limpet. 2 *pey* es una verdadera l., he/she sticks to you like glue.
lapicero *nm* pencil-case.
lápida *nf* headstone.
lapidario,-a *adj* lapidary.
lápiz *nm* pencil; l. labial *o* de labios, lipstick; l. de ojos, eyeliner.
lapso *nm* 1 (*período de tiempo*) period. 2 (*error*) lapse, slip.
lapsus *nm* slip; l. linguae, slip of the tongue.
largas *nfpl* dar l. a un asunto, to put a matter off.
largar [7] I *vtr* 1 *fam* (*golpe, discurso, dinero*) to give. 2 *Náut* l. amarras, to cast off. II **largarse** *vr fam* to clear off, split; ¡lárgate!, beat it!
largo,-a I *adj* 1 (*espacio*) long; (*tiempo*) long, lengthy; pasamos un mes l. allí, we spent a good month there; a lo l. de, (*espacio*) along; (*tiempo*) through; a la larga, in the long run. 2 (*excesivo*) too long; se hizo l. el día, the day dragged on. 3 largos años, many years. II *nm* 1 (*longitud*) length; ¿cuánto tiene de l.?, how long is it? 2 *Mús* largo. III **largo** *adv* l. y tendido, at length; *fam* ¡l. (de aquí)!, clear off!; esto va para l., this is going to last a long time.
largometraje *nm* feature film, full-length film.
laringe *nf* larynx.
laringitis *nf* laryngitis.
las[1] *art def fpl* 1 the; l. sillas, the chairs; lávate l. manos, wash your hands; (*no se traduce*) me gustan l. flores, I like flo-

wers. 2 **l. que,** *(personas)* the ones who, those who; *(objetos)* the ones that, those that; **toma l. que quieras,** take whichever ones you want; → **la y los.**

las² *pron pers fpl (ellas)* them; *(ustedes)* you; **l. llamaré mañana (a ustedes),** I'll call you tomorrow; **no l. rompas,** don't break them; **Pepa es de l. mías,** Pepa thinks the way I do; → **los.**

lasaña *nf* lasagna, lasagne.

lascivo,-a *adj* lewd, lecherous.

láser *nm inv* laser; **impresora l.,** laser printer.

lástima *nf* pity; **¡qué l.!,** what a pity!, what a shame!; **es una l. que ...,** it's a pity (that) ...; **estar hecho una l.,** to be a sorry sight; **tener l. a algn,** to feel sorry for sb.

lastimar *vtr* to hurt, injure.

lastre *nm* **1** *(peso)* ballast. **2** *fig* dead weight.

lata¹ *nf* **1** *(envase)* tin, *US* can; **en l.,** tinned *o US* canned. **2** *(hojalata)* tin(plate); **hecho de l.,** made of tin.

lata² *nf fam* nuisance, drag; **dar la l.,** to be a nuisance *o* a pest.

latente *adj* latent.

lateral **I** *adj* side, lateral; **salió por la puerta l.,** he went out by the side door; **escalón l.,** *(en letrero)* ramp. **II** *nm* side passage; *Aut* **(carril) l.,** side lane.

latido *nm (del corazón)* beat.

latifundio *nm* large landed estate.

latigazo *nm* **1** lash. **2** *arg (trago)* drink, swig.

látigo *nm* whip.

latín *nm* Latin.

latino,-a **I** *adj* Latin; **América Latina,** Latin America. **II** *nm,f* Latin American.

Latinoamérica *nf* Latin America.

latinoamericano,-a *adj & nm,f* Latin American.

latir *vi* to beat.

latitud *nf* **1** *Geog* latitude. **2** latitudes, region *sing*, area *sing*.

latón *nm* brass.

latoso,-a *adj fam* annoying.

laucha *nf Am* mouse.

laúd *nm* lute.

laurel *nm Bot* laurel, (sweet) bay; *Culin* bay leaf; *fig* **dormirse en los laureles,** to rest on one's laurels.

lava *nf* lava.

lavable *adj* washable.

lavabo *nm* **1** *(pila)* washbasin. **2** *(cuarto de aseo)* washroom. **3** *(retrete)* lavatory, toilet.

lavadero *nm (de coches)* carwash.

lavado *nm* wash, washing; *fig* **l. de cerebro,** brainwashing; **l. en seco,** dry-cleaning.

lavadora *nf* washing machine.

lavanda *nf* lavender.

lavandería *nf* **1** *(automática)* launderette, *US* laundromat. **2** *(atendida por personal)* laundry.

lavaplatos *nm inv* dishwasher.

lavar *vtr* to wash; **l. en seco,** to dry-clean.

lavativa *nf* enema.

lavavajillas *nm inv* dishwasher.

laxante *adj & nm* laxative.

laxar *vtr (vientre)* to loosen.

laxitud *nf* laxity, laxness.

lazada *nf (nudo)* bow.

lazarillo *nm* **perro l.,** guide dog, *US* Seeing Eye dog.

lazo *nm* **1** *(adorno)* bow. **2** *(nudo)* knot; **l. corredizo,** slipknot. **3** *(para reses)* lasso. **4** *fig (usu pl) (vínculo)* tie, bond.

le I *pron pers mf (objeto indirecto) (a él)* (to *o* for) him; *(a ella)* (to *o* for) her; *(a cosa)* (to *o* for) it; *(a usted)* (to *o* for) you; **lávale la cara,** wash his face; **le compraré uno,** I'll buy one for her; **¿qué le pasa (a usted)?,** what's the matter with you? **II** *pron pers m (objeto directo) (él)* him; *(usted)* you; **no le oigo,** I can't hear him; **no quiero molestarle,** I don't wish to disturb you.

leal I *adj* loyal, faithful. **II** *nmf* loyalist.

lealtad *nf* loyalty, faithfulness.

lebrel *nm* greyhound.

lección *nf* lesson; *fig* **dar una l. a algn,** to teach sb a lesson; *fig* **te servirá de l.,** let that be a lesson to you.

leche *nf* **1** milk; *Anat* **dientes de l.,** milk teeth; **l. descremada** *o* **desnatada,** skim *o* skimmed milk. **2** *fam* **mala l.,** badness. **3 ¡l.!,** damn! **4** *arg (golpe)* knock; **dar** *o* **pegar una l. a algn,** to clobber sb. **5** *vulg* semen.

lechera *nf* **1** *(vasija)* churn. **2** *arg* police car.

lechería *nf* dairy, creamery.

lechero,-a I *adj* milk, dairy; **central lechera,** dairy co-operative; **vaca lechera,** milk cow. **II** *nm* milkman.

lecho *nm Lit* bed; **l. del río,** river-bed; **l. mortuorio,** deathbed.

lechón *nm* sucking pig.

lechoso,-a *adj* milky.

lechuga *nf* lettuce.

lechuza *nf* owl.

lectivo,-a *adj* school; **horas lectivas,** teaching hours.

lector,-a I *nm,f (persona)* reader. **2** *Univ* lector, (language) assistant. **II** *nm* **l. de microfichas,** *(aparato)* microfile reader.

lectura *nf* reading.

leer [36] *vtr* to read; **léenos el menú,** read out the menu for us; *fig* **l. entre líneas,** to read between the lines.

legado *nm (herencia)* legacy.

legajo *nm* bundle (of papers).

legal *adj* **1** *Jur* legal, lawful; **requisitos legales,** legal formalities. **2** *fam (persona)* honest, trustworthy.

legalidad *nf* legality, lawfulness.

legalizar [4] *vtr* to legalize; *(documento)* to authenticate.

legaña *nf* sleep.

legar [7] *vtr (propiedad etc)* to bequeath; *fig (tradiciones etc)* to hand down, pass on.

legendario,-a *adj* legendary.

legión *nf* legion.

legionela *nf* legionnaire's disease.

legislación *nf* legislation.

legislar *vi* to legislate.

legislativo,-a *adj* legislative; **el poder l.,** parliament.

legislatura *nf* legislature.

legitimar *vtr* to legitimize; *(legalizar)* to legalize.

legitimidad *nf Jur* legitimacy; *(licitud)* justice.

legítimo,-a *adj* 1 *Jur* legitimate; **en legítima defensa,** in self-defence. 2 *(auténtico)* authentic, real; **oro l.,** pure gold.

lego,-a I *adj Rel* lay. II *nm* 1 layman; **ser l. en la materia,** to be a layman in the subject. 2 *Rel* lay brother.

legua *nf (medida)* league; *fig* **se nota a la l.,** it stands out a mile.

legumbres *nfpl* pulses.

lejanía *nf* distance.

lejano,-a *adj* distant, far-off; **parientes lejanos,** distant relatives; **el L. Oriente,** the Far East.

lejía *nf* bleach.

lejos *adv* far (away); **a lo l.,** in the distance; **de l.,** from a distance; *fig* **ir demasiado l.,** to go too far; *fig* **llegar l.,** to go a long way; *fig* **sin ir más l.,** to take an obvious example.

lelo,-a *fam* I *adj* stupid, silly. II *nm,f* ninny.

lema *nm* 1 *(divisa)* motto, slogan. 2 *(contraseña)* code name.

lencería *nf* 1 *(prendas)* lingerie. 2 *(ropa blanca) linen (goods pl).*

lendakari *nm* head of the Basque government.

lengua *nf* 1 tongue; *fig* **malas lenguas,** gossips; *fam fig* **irse de la l.,** to spill the beans; *fam fig* **tirarle a algn de la l.,** to try to draw sth out of sb. 2 *Ling* language; **l. materna,** native *o* mother tongue.

lenguado *nm (pez)* sole.

lenguaje *nm* language; *Inform* language; **l. corporal,** body language.

lengüeta *nf* 1 *(de zapato)* tongue. 2 *Mús* reed.

lente *nmf* lens; *Opt* **l. de contacto,** contact lenses.

lenteja *nf* lentil.

lentejuela *nf* sequin, spangle.

lentilla *nf* contact lens.

lentitud *nf* slowness; **con l.,** slowly.

lento,-a *adj* slow; **a fuego l.,** on a low heat.

leña *nf* 1 firewood; *fig* **echar l. al fuego,** to add fuel to the fire. 2 *fam (golpes)* knocks *pl.*

leñazo *nm arg (golpe)* blow, smash.

leñe *interj fam* damn it!

leño *nm* 1 log. 2 *fam (persona)* blockhead, half-wit.

león *nm* lion.

leona *nf* lioness.

leonera *nf* lion's den; *fig (habitación)* den.

leopardo *nm* leopard.

leotardos *nmpl* thick tights.

lepra *nf* leprosy.

leproso,-a I *adj* leprous. II *nm,f* leper.

les I *pron pers mfpl (objeto indirecto) (a ellos,-as)* them; *(a ustedes)* you; **dales el dinero,** give them the money; **les he comprado un regalo,** I've bought you a present. II *pron pers mpl (objeto directo) (ellos)* them; *(ustedes)* you; **l. esperaré,** I shall wait for you; **no quiero molestarles,** I don't wish to disturb you.

lesbiana *nf* lesbian.

lesión *nf* 1 *(corporal)* injury. 2 *Jur (perjuicio)* damage.

lesionar *vtr* to injure.

leso,-a *adj Jur* **crimen de lesa humanidad,** crime against humanity.

letal *adj* lethal, deadly.

letanía *nf* litany.

letargo *nm* lethargy.

letón,-ona I *adj* Latvian. II *nm,f* Latvian. III *nm (idioma)* Latvian, Lettish.

Letonia *n* Latvia.

letra *nf* 1 letter; **l. de imprenta,** block capitals; **l. mayúscula** capital letter; **l. minúscula** small letter; **l. pequeña,** small print. 2 *(escritura)* (hand)writing. 3 *Mús (texto)* lyrics *pl,* words *pl.* 4 *Fin* **l. (de cambio),** bill of exchange, draft. 5 *Univ* **letras,** arts.

letrado,-a *nm,f* lawyer.

letrero *nm (aviso)* notice, sign; *(cartel)* poster; **l. luminoso,** neon sign.

leucemia *nf* leukaemia, *US* leukemia.

levadizo,-a *adj* **puente l.,** drawbridge.

levadura *nf* yeast; **l. en polvo,** baking powder.

levantamiento *nm* 1 raising, lifting; *Dep* **l. de pesos,** weightlifting. 2 *(insurrección)* uprising, insurrection.

levantar I *vtr* 1 to raise, lift; *(mano, voz)* to raise; *(edificio)* to erect; *fig (ánimos)* to raise; **l. los ojos,** to look up. 2 *(castigo)* to suspend. II *vr* 1 *(ponerse de pie)* to stand up, rise. 2 *(salir de la cama)* to get up. 3 *(concluir)* to finish; **se levanta la sesión,** the meeting is closed. 4 *Pol* to rise, revolt; **l. en armas,** to rise up in arms. 5 *(viento)* to come up; *(tormenta)* to gather.

levante *nm* 1 **(el) L.,** Levante, the regions of Valencia and Murcia. 2 *(viento)* east wind, Levanter.

levar *vtr* **l. ancla,** to weigh anchor.

leve *adj* (*ligero*) light; *fig* (*de poca importancia*) slight. ◆**levemente** *adv* slightly.

levedad *nf* (*ligereza*) lightness; *fig* slightness; *fig* (*de ánimo*) levity; **heridas de l.**, minor injuries.

levitar *vi* to levitate.

léxico *Ling* **I** *nm* (*diccionario*) lexicon; (*vocabulario*) vocabulary, word list. **II** *adj* lexical.

ley *nf* 1 law; *Parl* bill, act; **aprobar una l.**, to pass a bill. 2 **oro de l.**, pure gold; **plata de l.**, sterling silver.

leyenda *nf* 1 (*relato*) legend. 2 (*en un mapa*) legend; (*en una moneda*) inscription; (*bajo ilustración*) caption.

liar [29] **I** *vtr* 1 (*envolver*) to wrap up; (*un cigarrillo*) to roll. 2 (*enredar*) to muddle up; (*confundir*) to confuse. **II liarse** *vr* 1 (*embarullarse*) to get muddled up. 2 *fam* (*salir con*) to get involved; (*besarse*) to neck. 3 **l. a bofetadas**, to come to blows.

libanés,-esa *adj & nm,f* Lebanese.

Líbano *n* **el L.**, the Lebanon.

libelo *nm* (*difamación*) lampoon, satire.

libélula *nf* dragonfly.

liberación *nf* (*de país*) liberation; (*de rehén*) release, freeing.

liberal I *adj* 1 liberal; (*carácter*) open-minded; *Pol* **Partido L.**, Liberal Party; **profesión l.**, profession. 2 (*generoso*) generous, liberal. **II** *nmf* liberal.

liberalizar [4] *vtr* to liberalize.

liberar *vtr* (*país*) to liberate; (*prisionero*) to free, release.

líbero *nm Ftb* sweeper.

libertad *nf* freedom, liberty; **en l.**, free; *Jur* (**en**) **l. bajo palabra/fianza**, (on) parole/bail; *Jur* (**en**) **l. condicional**, (on) parole; **l. de comercio**, free trade; **l. de expresión**, freedom of speech.

libertador,-a *nm,f* liberator.

libertar *vtr* to set free, release.

libertinaje *nm* licentiousness.

libertino,-a *adj & nm,f* libertine.

Libia *n* Libya.

libio,-a *adj & nm,f* Libyan.

libra *nf* (*moneda, peso*) pound; **l. esterlina**, pound sterling.

librador,-a *nm,f Fin* drawer.

librar I *vtr* to free; *Jur* to free, release. 2 *Com* (*una letra*) to draw. 3 **l. batalla**, to do *o* join battle. **II** *vi* **libro los martes**, (*no ir a trabajar*) I have Tuesdays off. **III librarse** *vr* to escape; **l. de algn**, to get rid of sb.

libre *adj* free; **entrada l.**, (*gratis*) admission free; (*sin restricción*) open to the public; **l. cambio**, free trade; **l. de impuestos**, tax-free.

librecambio, librecambismo *nm* free trade.

librería *nf* 1 (*tienda*) bookshop, *US* bookstore. 2 (*estante*) bookcase.

librero,-a *nm,f* bookseller.

libreta *nf* notebook; **l. (de ahorro)**, savings book.

libro *nm* book; **l. de texto**, textbook; *Com* **l. de caja**, cashbook; *Fin* **l. mayor**, ledger.

licencia *nf* 1 (*permiso*) permission; (*documentos*) permit, licence, *US* license; **l. de armas/caza**, gun/hunting licence. 2 (*libertad abusiva*) licence, *US* license, licentiousness. 3 *Am Aut* driving licence, *US* driver's license.

licenciado,-a *nm,f* 1 *Univ* graduate; **l. en Ciencias**, Bachelor of Science. 2 *Am* lawyer.

licenciar [12] **I** *vtr* 1 *Mil* to discharge. 2 *Univ* to confer a degree on. **II licenciarse** *vr Univ* to graduate.

licenciatura *nf Univ* (*título*) (bachelor's) degree (course); (*carrera*) degree course.

liceo *nm* 1 (*sociedad literaria*) literary society. 2 (*escuela*) secondary school.

licitar *vtr Com* (*pujar*) to bid for.

lícito,-a *adj* (*permisible*) allowed; *Jur* lawful.

licor *nm* liquor, spirits *pl*, *US* licor.

licuadora *nf* liquidizer.

licuar [10] *vtr* to liquidize.

lid *nf* (*combate*) contest.

líder *nmf* leader.

liderar *vtr* to lead, head.

liderato, liderazgo *nm* leadership; *Dep* top *o* first position.

lidia *nf* bullfight, bullfighting.

lidiador *nm* bullfighter.

lidiar [12] **I** *vtr Taur* to fight. **II** *vi* to fight; **l. con**, to contend with, fight against.

liebre *nf* hare. 2 *Dep* pacemaker.

liendre *nf* nit.

lienzo *nm* 1 *Tex* linen. 2 *Arte* canvas.

lifting *nm* facelift.

liga *nf* 1 *Dep Pol* league; **hacer buena l.**, to get on well together. 2 (*prenda*) garter.

ligamento *nm* ligament.

ligar [7] **I** *vtr* 1 to join; *fig* (*dos personas*) to unite. 2 *fam* (*coger*) to get. **II** *vi fam* (*seducir*) to get off with sb. **III ligarse** *vr* (*vincularse*) to become attached (**a**, to).

ligazón *nf* bond, tie.

ligereza *nf* 1 lightness; (*de tela, argumento*) flimsiness. 2 (*frivolidad*) flippancy; (*acto*) indiscretion; (*dicho*) indiscreet remark. 3 (*rapidez*) speed.

ligero,-a I *adj* 1 (*peso*) light, lightweight; **l. de ropa**, lightly clad. 2 (*ágil*) light on one's feet; (*veloz*) swift, quick. 3 (*leve*) slight; **brisa/comida ligera**, light breeze/meal. 4 **a la ligera**, lightly. **II** *adv* ligero (*rápido*) fast, swiftly. ◆**ligeramente** *adv* 1 (*levemente*) lightly. 2 (*un poco*) slightly.

light *adj inv* (*tabaco*) mild; *fig* (*persona*) lightweight.

ligón,-ona *adj & nm,f fam (hombre)* ladies' man; **es muy ligona**, she's hot stuff.
ligue *nm* pick-up.
liguero,-a I *adj Dep* league; **partido l.**, league match. II *nm* suspenders *pl*, *US* garter belt.
lija *nf* sandpaper; **papel de l.**, sandpaper.
lijar *vtr* to sand *o* sandpaper (down).
lila[1] *adj inv & nf* lilac.
lila[2] *fam* I *adj (tonto)* dumb, stupid. II *nmf (tonto)* twit.
lima[1] *nf (fruto)* lime.
lima[2] *nf (herramienta)* file; **l. de uñas**, nailfile.
limar *vtr* to file; *fig* **l. asperezas**, to smooth things over.
limbo *nm* limbo.
limitación *nf* limitation; **l. de velocidad**, speed limit.
limitar I *vtr* to limit, restrict. II *vi* to border; **l. con**, to border on.
límite *nm* limit; *Geog Pol* boundary, border; **caso l.**, borderline case; **fecha l.**, deadline; **velocidad l.**, maximum speed.
limítrofe *adj* neighbouring, *US* neighboring.
limo *nm* slime.
limón *nm* lemon.
limonada *nf* lemon squash.
limonero *nm* lemon tree.
limosna *nf* alms; **pedir l.**, to beg.
limpiabotas *nm inv* bootblack, shoeshine.
limpiacristales *nm inv* window cleaner.
limpiador,-a I *adj* cleansing. II *nm,f (persona)* cleaner. III *nm (producto)* cleaner.
limpiaparabrisas *nm inv* windscreen *o US* windshield wiper.
limpiar |12| *vtr* 1 to clean; *(con un trapo)* to wipe; *(zapatos)* to polish; *fig* to cleanse. 2 *fam (hurtar)* to pinch, nick.
limpieza *nf (calidad)* cleanliness; *(acción)* cleaning; *fig (integridad)* integrity; **con l.**, cleanly.
limpio,-a I *adj* 1 *(aseado)* clean. 2 *Dep* **juego l.**, fair play. 3 *Fin (neto)* net; **beneficios en l.**, net profit. 4 *fam* **pasar algo a l.** to produce a fair copy of sth. II **limpio** *adv* fairly; **jugar l.**, to play fair.
linaje *nm* lineage.
linaza *nf* **aceite de l.**, linseed oil.
lince *nm* lynx; **tiene ojos de l.**, he's eagle-eyed.
linchar *vtr* to lynch; *fam (pegar)* to beat up.
lindante *adj* bordering.
lindar *vi* **l. con**, to border on.
linde *nmf* boundary, limit.
lindero,-a I *adj* bordering, adjoining. II *nm* boundary, limit.
lindo,-a I *adj (bonito)* pretty, lovely; **de lo l.**, a great deal. II *adv Am (bien)* nicely.
línea *nf* 1 line; **l. aérea**, airline; **en líneas generales**, roughly speaking; *Inform* **fuera de l.**, off-line; **en l.**, on-line. 2 **guardar la l.**, to watch one's figure.
lineal *adj* linear; **dibujo l.**, line drawing.
lingote *nm* ingot; *(de oro, plata)* bar.
lingüista *nmf* linguist.
lino *nm* 1 *Bot* flax. 2 *Tex* linen.
linterna *nf* torch.
lío *nm* 1 *(paquete)* bundle. 2 *fam (embrollo)* mess, muddle; **hacerse un l.**, to get mixed up; **meterse en líos**, to get into trouble; **armar un l.**, to kick up a fuss. 3 *fam (relación amorosa)* affair.
lioso,-a *adj fam (asunto)* confusing.
lipotimia *nf* fainting fit.
liquidación *nf* 1 *Com (saldo)* clearance sale. 2 *Fin* liquidation.
liquidar I *vtr Com (deuda, cuenta)* to settle; *(mercancías)* to sell off. II *vr* 1 *fam (gastar)* to spend. 2 *fam* **l. a algn**, *(matar)* to bump sb off.
liquidez *nf* liquidity.
líquido,-a I *adj* 1 liquid. 2 *Fin* net. II *nm* 1 *(fluido)* liquid. 2 *Fin* liquid assets *pl*; **l. imponible**, taxable income.
lira *nf (moneda)* lira.
lírico,-a *adj* lyrical.
lirio *nm* iris.
lirismo *nm* lyricism.
lirón *nm* dormouse; *fig* **dormir como un l.**, to sleep like a log.
Lisboa *n* Lisbon.
lisiado,-a I *adj* crippled. II *nm,f* cripple.
lisiar |12| *vtr* to maim, cripple.
liso,-a *adj* 1 *(superficie)* smooth, even; *Dep* **los cien metros lisos**, the one hundred metres sprint. 2 *(pelo, falda)* straight. 3 *(tela)* self-coloured. 4 *Am (desvergonzado)* rude. II *adv* **lisa y llanamente**, purely and simply.
lisonjero,-a I *adj* flattering. II *nm,f* flatterer.
lista *nf* 1 *(relación)* list; **l. de espera**, waiting list; *(en avión)* standby; **pasar l.**, to call the register *o* the roll. 2 *(franja)* stripe; **de/a listas**, striped.
listado,-a I *adj* striped. II *nm* list; *Inform* listing.
listín *nm* **l. telefónico**, telephone directory.
listo,-a *adj* 1 **ser l.**, *(inteligente)* to be clever, smart. 2 **estar l.**, *(a punto)* to be ready.
listón *nm Dep* bar; *fig* **subir el l.**, to raise the requirements level.
litera *nf (cama)* bunk bed; *(en tren)* couchette.
literal *adj* literal.
literario,-a *adj* literary.
literato,-a *nm,f* writer, man *o* woman of letters.
literatura *nf* literature.
litigar |7| *vi Jur* to litigate.
litigio *nm Jur* lawsuit; *fig* dispute; **en l.**, in dispute.
litografía *nf* 1 *(técnica)* lithography. 2

litoral *(imagen)* lithograph.
litoral I *nm* coast, seaboard. **II** *adj* coastal.
litro *nm* litre, *US* liter.
liturgia *nf* liturgy.
liviano,-a *adj (de poco peso)* lightweight.
lívido,-a *adj* livid.
liza *nf* contest.
llaga *nf* sore; *(herida)* wound.
llama *nf* flame; **en llamas**, in flames, ablaze.
llamada *nf* call; *Tel* **l. interurbana**, long-distance call; **señal de l.**, ringing tone.
llamado,-a *adj* so-called.
llamamiento *nm* appeal.
llamar I *vtr* 1 to call; **l. (por teléfono)**, to ring up, call. 2 *(atraer)* to draw, attract; **l. la atención**, to attract attention. **II** *vi (a la puerta)* to knock. **III llamarse** *vr* to be called; **¿cómo te llamas?**, what's your name?
llamarada *nf* blaze.
llamativo,-a *adj* 1 *(color, ropa)* loud, flashy. 2 *(persona)* striking.
llaneza *nf (sencillez)* simplicity.
llano,-a I *adj* 1 *(superficie)* flat, level. 2 *(claro)* clear. 3 *(sencillo)* simple; **el pueblo l.**, the common people. **II** *nm* plain.
llanta *nf* 1 *(de rueda)* wheel rim. 2 *Am (neumático)* tyre, *US* tire.
llanto *nm* crying, weeping.
llanura *nf* plain.
llave *nf* 1 key; **cerrar con l.**, to lock; **llaves en mano**, *(en anuncio)* available for immediate occupation; *Aut* **l. de contacto**, ignition key. 2 *Téc* spanner; **l. inglesa**, adjustable spanner. 3 *(interruptor)* switch; **l. de paso**, stopcock. 4 *(en lucha)* lock. 5 *Tip* brace.
llavero *nm* key ring.
llegada *nf* arrival; *Dep* finish.
llegar [7] **I** *vi* 1 to arrive; **l. a Madrid**, to arrive in Madrid. 2 *(ser bastante)* to be enough. 3 *(alcanzar)* to reach; **¿llegas al techo?**, can you reach the ceiling? 4 *fig* **l. a las manos**, to come to blows; **l. a presidente**, to become president. 5 **l. a** + *inf.*, to go so far as to. 6 **l. a ser**, to become. **II llegarse** *vr* to stop by.
llenar I *vtr* 1 to fill; *(cubrir)* to cover. 2 *(satisfacer)* to satisfy. **II** *vi (comida)* to be filling. **III llenarse** *vr* to fill (up), become full.
lleno,-a I *adj* full (up); *fig* **de l.**, fully. **II** *nm Teat* full house.
llevadero,-a *adj* bearable, tolerable.
llevar I *vtr* 1 to take; *(hacia el oyente)* to bring; **adónde llevas eso?**, where are you taking that?; **te llevaré un regalo**, I'll bring you a present. 2 *(transportar)* to carry; **dejarse l.**, to get carried away. 3 *(prenda)* to wear; **llevaba falda**, she was wearing a skirt. 4 *(soportar)* to bear; **¿cómo lleva lo de su enfermedad?**, how's he bearing up? 5 *(tiempo)* **llevo dos años aquí**, I've been here for two years; **esto lleva mucho tiempo**, this takes a long time. 6 *(negocio)* to be in charge of. **II** *v aux* 1 **l.** + *gerundio*, to have been + *present participle*; **llevo dos años estudiando español**, I've been studying Spanish for two years. 2 **l.** + *participio pasado*, to have + *past participle*; **llevaba escritas seis cartas**, I had written six letters. **III llevarse** *vr* 1 to take away; *(premio)* to win; *(recibir)* to get. 2 *(arrastrar)* to carry away. 3 *(estar de moda)* to be fashionable. 4 **l. bien con algn**, to get on well with sb.
llorar *vi* to cry; *Lit* weep.
llorica *nmf fam* crybaby.
lloriquear *vi* to whimper, snivel.
llorón,-ona *adj* **un bebé l.**, a baby which cries a lot.
lloroso,-a *adj* tearful.
llover [4] *v impers* to rain.
llovizna *nf* drizzle.
lloviznar *v impers* to drizzle.
lluvia *nf* rain; **una l. de**, lots of; **l. radiactiva**, fallout; **l. ácida**, acid rain.
lluvioso,-a *adj* rainy.
lo¹ *art det neut* the; **lo mejor**, the best (part); **lo mismo**, the same thing; **lo mío**, mine; **lo tuyo**, yours.
lo² *pron pers m & neut* 1 *(cosa)* it; **debes hacerlo**, you must do it; **no lo creo**, I don't think so; *(no se traduce)* **no se lo dije**, I didn't tell her; → **le**. 2 **lo que ...**, what ...; **no sé lo que pasa**, I don't know what's going on. 3 **lo cual ...**, which ... 4 **lo de ...**, the business of ...; **cuéntame lo del juicio**, tell me about the trial.
loable *adj* praiseworthy, laudable.
loar *vtr* to praise.
lobo *nm* wolf; **como boca de l.**, pitch-dark; *fam* **¡menos lobos!**, pull the other one!
lóbrego,-a *adj* gloomy.
lóbulo *nm* lobe.
local I *adj* local. **II** *nm (recinto)* premises *pl*, site.
localidad *nf* 1 *(pueblo)* locality; *(en impreso)* place of residence. 2 *Cin Teat (asiento)* seat; *(entrada)* ticket.
localizar [4] *vtr* 1 *(encontrar)* to find. 2 *(fuego, dolor)* to localize.
loción *nf* lotion.
loco,-a I *adj* mad, crazy; **a lo l.**, crazily; **l. por**, crazy about; **volverse l.**, to go mad; *fam* **¡ni l.!**, I'd sooner die! **II** *nm,f* madman, madwoman; **hacerse el l.**, to act the fool.
locomotora *nf* locomotive.
locomotriz *adj* locomotive.
locuaz *adj* loquacious, talkative.
locución *nf* phrase.
locura *nf (enfermedad)* madness, insanity; **con l.**, madly; *fam* **esto es una l.**, this is

locutor,-a *nm,f TV Rad* presenter.
locutorio *nm* telephone booth.
lodo *nm* mud.
logaritmo *nm* logarithm.
lógica *nf* logic; **no tiene l.**, there's no logic to it.
lógico,-a *adj* logical; **era l. que ocurriera**, it was bound to happen.
logística *nf* logistics *sing o pl*.
logotipo *nm* logo.
lograr *vtr* 1 to get, obtain; *(premio)* to win; *(ambición)* to achieve. 2 **l. hacer algo**, to manage to do something.
logro *nm* achievement.
loma *nf* hillock, rise.
lombriz *nf* worm, earthworm.
lomo *nm* 1 back; **a lomo(s)**, on the back. 2 *Culin* loin. 3 *(de libro)* spine.
lona *nf* canvas.
loncha *nf* slice; **l. de bacon**, rasher.
lonchería *nf Am* snack bar.
londinense I *adj* of *o* from London. II *nmf* native *o* inhabitant of London.
Londres *n* London.
longaniza *nf* spicy (pork) sausage.
longevo,-a *adj* long lived.
longitud *nf* 1 length; **dos metros de l.**, two metres long; **l. de onda**, wavelength; *Dep* **salto de l.**, long jump. 2 *Geog* longitude.
lonja[1] *nf (loncha)* slice; **l. de bacon**, rasher.
lonja[2] *nf* **l. de pescado**, fish market.
loquería *nf Am* mental asylum, mental hospital.
lord *nm (pl* **lores)** lord; *GB Parl* **Cámara de los Lores**, House of Lords.
loro *nm* parrot.
los[1] I *art def mpl* the; **l. libros**, the books; **cierra l. ojos**, close your eyes; **l. García**, the Garcías; → **el, las** *y* **lo**. II *pron* **l. que**, *(personas)* those who; *(cosas)* the ones (that); **toma l. que quieras**, take whichever ones you want; **esos son l. míos/tuyos**, these are mine/yours; → **les**.
los[2] *pron pers mpl* them; **¿l. has visto?**, have you seen them?
losa *nf* (stone) slab, flagstone.
lote *nm* 1 set. 2 *Com* lot. 3 *Inform* batch. 4 *fam* **darse el l.**, to pet.
lotería *nf* lottery; **me tocó la l.**, I won a prize in the lottery.
loto *nf* 1 *Bot* lotus. 2 *(lotería)* lottery.
loza *nf* 1 *(material)* earthenware. 2 *(de cocina)* crockery.
lozano,-a *adj* 1 *(persona)* healthy looking. 2 *(plantas)* lush, luxuriant.
Ltda. *abr de* **Limitada**, Limited, Ltd.
lubricante *nm* lubricant.
lubricar [1] *vtr* to lubricate.
lucero *nm* (bright) star.
lucidez *nf* lucidity.
lúcido,-a *adj* lucid, clear.

luciérnaga *nf* glow-worm.
lucir [35] I *vi* 1 *(brillar)* to shine. 2 *fam (compensar)* **no le luce lo que estudia**, his studies don't get him anywhere. II *vtr (ropas)* to sport; *(talento)* to display. III **lucirse** *vr* 1 *(hacer buen papel)* to do very well. 2 *(pavonearse)* to show off.
lucrativo,-a *adj* lucrative, profitable.
lucro *nm* profit, gain; **afán de l.**, greed for money.
lucha *nf* 1 fight, struggle; **l. de clases**, class struggle. 2 *Dep* wrestling; **l. libre**, free-style wrestling.
luchador,-a *nm,f* 1 fighter. 2 *Dep* wrestler.
luchar *vi* 1 to fight, struggle. 2 *Dep* to wrestle.
lúdico,-a *adj* relating to games, recreational.
luego I *adv* 1 *(después)* then, next, afterwards. 2 *(más tarde)* later (on); **¡hasta l.!**, so long!; *Am* **l. de**, after. 3 **desde l.**, of course. II *conj* therefore.
lugar *nm* 1 place; **en primer l.**, in the first place; **en l. de**, instead of; **sin l. a dudas**, without a doubt; **tener l.**, to take place. 2 **dar l. a**, to cause, give rise to.
lugareño,-a *adj & nm,f* local.
lugarteniente *nmf* lieutenant.
lúgubre *adj* gloomy, lugubrious.
lujo *nm* luxury; **productos de l.**, luxury products; **no puedo permitirme ese l.**, I can't afford that.
lujoso,-a *adj* luxurious.
lujuria *nf* lechery, lust.
lujurioso,-a *adj* lecherous, lustful.
lumbre *nf* fire.
lumbrera *nf* luminary.
luminoso,-a *adj* luminous; *fig* bright.
luna *nf* 1 moon; *fig* **estar en la l.**, to have one's head in the clouds; **l. creciente/ llena**, crescent/full moon; *fig* **l. de miel**, honeymoon. 2 *(de escaparate)* pane; *(espejo)* mirror.
lunar *nm (redondel)* dot; *(en la piel)* mole, beauty spot; **vestido de lunares**, spotted dress.
lunar *adj* lunar.
lunático,-a *nm,f* lunatic.
lunes *nm inv* Monday; **vendré el l.**, I'll come on Monday.
lupa *nf* magnifying glass.
luso,-a *adj & nm,f* Portuguese.
lustrar *vtr* to polish; *(zapatos)* to shine.
lustre *nm (brillo)* shine, lustre, *US* luster; *fig (esplendor)* splendour, *US* splendor, glory; **dar o sacar l. a algo**, to polish sth.
lustro *nm* five-year period.
lustroso,-a *adj* shiny, glossy.
luto *nm* mourning.
Luxemburgo *n* Luxembourg.
luz *nf* 1 light; **apagar la l.**, to put out the light; **a la l. de**, in the light of; **a todas luces**, obviously; *fig* **dar a l.**, *(parir)* to

give birth to; *fig* dar l. verde a, to give the green light to. 2 *Aut* light; luces de cruce, dipped headlights; luces de posición, sidelights; l. larga, headlights *pl*. 3 luces, *(inteligencia)* intelligence *sing;* corto de l., dim-witted. 4 traje de luces, bullfighter's costume.

luzco *indic pres* → lucir.

M

M, m |'eme| *nf (la letra)* M, m.
m 1 *abr de* **metro(s)**, metre, metres, *US* meter, meters, m. 2 *abr de* **minuto(s)**, minute, minutes, min. 3 *abr de* **milla(s)**, mile, miles.
macabro,-a *adj* macabre.
macana *nf* 1 *Am (palo)* club. 2 *(trasto)* rubbish.
macanear *vtr Am (paparruchas)* to make up.
macanudo,-a *adj fam* great, terrific.
macarra *nm arg* yob.
macarrón *nm* 1 macaroon. 2 *Elec* sheath.
macarrones *nmpl* macaroni *sing.*
macedonia *nf* fruit salad.
macerar *vtr* to macerate.
maceta *nf (tiesto)* plant pot, flowerpot.
machacar [1] I *vtr* 1 to crush; *Dep* to smash. 2 *fam (estudiar con ahínco)* to swot up on, *US* grind away at. 3 *fam (insistir en)* to harp on about, go on about. II *vi* 1 *fam (insistir mucho)* to harp on, go on. 2 *fam (estudiar con ahínco)* to swot, cram, *US* grind. 3 *(en baloncesto)* to smash.
machacón,-ona *fam* I *adj (repetitivo)* repetitious; *(pesado)* boring, tiresome. II *nm,f (muy estudioso)* swot, *US* grind.
machamartillo (a) *loc adv (con firmeza)* firmly; *(con obstinación)* obstinately.
machete *nm* machete.
machismo *nm* machismo, male chauvinism.
machista *adj & nm* male chauvinist.
macho I *adj* 1 *(animal, planta)* male. 2 *fam (viril)* manly, virile, macho. II *nm* 1 *(animal, planta)* male. 2 *Téc (pieza)* male piece *o* part; *(de enchufe)* plug. 3 *fam (hombre viril)* macho, he-man, tough guy.
machote *nm Am (borrador)* rough draft.
macilento,-a *adj* gaunt.
macizo,-a I *adj* 1 *(sólido)* solid; **de oro m.**, of solid gold. 2 *(robusto)* solid, robust; *fam (atractivo)* well built. II *nm (masa sólida)* mass.
macramé *nm* macramé.
macro- *pref* macro-.
macro *nf Inform* macro.
macroeconomía *nf* macroeconomics *sing.*
macuto *nm (morral)* knapsack, haversack.
madeja *nf (de lana etc)* hank, skein.
madera *nf* 1 wood; *(de construcción)* timber, *US* lumber; **de m.**, wood, wooden. 2 *fig* **tiene m. de líder**, he has all the makings of a leader.
madero *nm* 1 *(de construcción)* timber; *(leño)* log. 2 *arg (policía)* cop; **los maderos**, the fuzz *pl*.
madrastra *nf* stepmother.
madre I *nf* 1 mother; **es m. de tres hijos**, she is a mother of three (children); **m. adoptiva**, adoptive mother; **m. alquilada**, surrogate mother; **m. de familia**, mother, housewife; **m. política**, mother-in-law; **m. soltera**, unmarried mother; *fig* **m. patria**, one's motherland. 2 *(de río)* bed. II *interj* ¡**m. de Dios!**, ¡**m. mía!**, good heavens!
madreperla *nf (nácar)* mother-of-pearl.
madreselva *nf* honeysuckle.
Madrid *n* Madrid.
madrileño,-a I *adj* of *o* from Madrid. II *nm,f* native *o* inhabitant of Madrid.
madrina *nf* 1 *(de bautizo)* godmother. 2 *(de boda)* ≈ bridesmaid. 3 *fig (protectora)* protectress.
madrugada *nf* 1 dawn; **de m.**, in the wee small hours. 2 early morning; **las tres de la m.**, three o'clock in the morning.
madrugador,-a I *adj* early rising. II *nm,f* early riser.
madrugar [7] *vi* to get up early.
madurar *vtr fig (un plan)* to think out. II *vi* 1 *(persona)* to mature. 2 *(fruta)* to ripen.
madurez *nf* 1 maturity. 2 *(de la fruta)* ripeness.
maduro,-a *adj* 1 mature; **de edad madura**, middle-aged. 2 *(fruta)* ripe.
maestría *nf* mastery; **con m.**, masterfully.
maestro,-a I *nm,f* 1 *Educ* teacher; **m. de escuela**, schoolteacher. 2 *(especialista)* master; **m. de obras**, foreman. 3 *Mús* maestro. II *adj* **obra maestra**, masterpiece; **llave maestra**, master key.
mafia *nf* mafia.
mafioso,-a I *adj* of *o* relating to the mafia. II *nm,f* member of the mafia, mafioso.
magdalena *nf* bun, cake.
magia *nf* magic; **por arte de m.**, as if by magic.
mágico,-a *adj* 1 magic. 2 *fig (maravilloso)* magical, wonderful.
magisterio *nm* teaching.
magistrado,-a *nm,f* judge; *Am* **primer m.**, prime minister.
magistral *adj (excelente)* masterly; **una jugada m.**, a master stroke.
magistratura *nf* magistracy.

magnánimo,-a *adj* magnanimous.
magnate *nm* magnate, tycoon.
magnesio *nm* magnesium.
magnético,-a *adj* magnetic.
magnetizar |4| *vtr* 1 *(imantar)* to magnetize. 2 *fig (hipnotizar)* to hypnotize.
magnetofón, magnetófono *nm* tape recorder.
magnetofónico,-a *adj* magnetic.
magnífico,-a *adj* magnificent, splendid.
magnitud *nf* magnitude, dimension; **de primera m.**, of the first order.
magno,-a *adj lit* great; **aula magna**, main amphitheatre.
mago,-a *nm,f* wizard, magician; **los tres Reyes Magos**, the Three Wise Men, the Three Kings.
magrear *vtr vulg* to grope.
magro,-a I *nm (de cerdo)* lean meat. II *adj (sin grasa)* lean.
magullar I *vtr* to bruise, damage. II **magullarse** *vr* to get bruised, get damaged.
mahometano,-a *adj & nm,f Rel* Mohammedan, Muslim.
mahonesa *nf* mayonnaise.
maillot *nm (malla)* leotard; *Dep* shirt.
maíz *nm* maize, *US* corn.
maizal *nm* field of maize *o US* corn.
majadería *nf* silly thing, absurdity.
majadero,-a *nm,f* fool, idiot.
majara, majareta *adj fam* loony, nutty.
majestad *nf* majesty.
majestuosidad *nf* majesty.
majestuoso,-a *adj* majestic, stately.
majo,-a *adj (bonito)* pretty, nice; *fam (simpático)* nice; **tiene un hijo muy m.**, she's got a lovely little boy; *fam* **ven aquí, m.**, come here, dear.
mal *nm* 1 evil, wrong. 2 *(daño)* harm; **no le deseo ningún m.**, I don't wish him any harm. 3 *(enfermedad)* illness, disease. II *adj* bad; **un m. año**, a bad year; → **malo,-a**. III *adv* badly, wrong; **lo hizo muy m.**, he did it very badly; **menos m. que ...**, it's a good job (that) ...; **no está (nada) m.**, it is not bad (at all); **te oigo/veo (muy) m.**, I can hardly hear/see you; **tomar a m.**, *(enfadarse)* to take badly.
malabar *adj* **(juegos) malabares**, juggling *sing.*
malabarista *nmf* juggler.
malapata *nf fam (mala suerte)* bad luck.
malaria *nf* malaria.
malcriado,-a I *adj* ill-mannered, ill-bred. II *nm,f* ill-mannered *o* uncivil person.
malcriar [29] *vtr* to spoil.
maldad *nf* 1 badness, evil. 2 *(acción perversa)* evil *o* wicked thing.
maldecir [12] I *vtr* to curse. II *vi* 1 *(blasfemar)* to curse. 2 *(criticar)* to speak ill *(de, of).*
maldición I *nf* curse. II *interj* damnation!
maldito,-a *adj* 1 *fam (molesto)* damned, bloody. 2 *(endemoniado)* damned, cursed; **¡maldita sea!**, damn it!
maleante *adj & nmf* delinquent, criminal.
malear I *vtr fig* to corrupt, pervert. II **malearse** *vr* to go bad.
maleducado,-a I *adj* bad-mannered. II *nm,f* bad-mannered person.
maleficio *nm (hechizo)* curse, spell.
maléfico,-a *adj* evil, harmful.
malentendido *nm* misunderstanding.
malestar *nm* 1 *(molestia)* discomfort. 2 *fig (inquietud)* uneasiness; **tengo m.**, I feel uneasy.
maleta I *nf* suitcase, case; **hacer la m.**, to pack one's things *o* case. II *nm fam (persona)* bungler.
maletero *nm Aut* boot, *US* trunk.
maletín *nm* briefcase.
malévolo,-a *adj* malevolent.
maleza *nf* 1 *(arbustos)* thicket, undergrowth. 2 *(malas hierbas)* weeds *pl.*
malgastar *vtr & vi* to waste, squander.
malhablado,-a I *adj* foul-mouthed. II *nm,f* foulmouthed person.
malhechor,-a *nm,f* wrongdoer, criminal.
malhumor *nm* bad temper *o* mood; **de m.**, in a bad temper *o* mood.
malicia *nf* 1 *(mala intención)* malice, maliciousness. 2 *(astucia)* cunning, slyness. 3 *(maldad)* badness, evil.
malicioso,-a I *adj* malicious, spiteful. II *nm,f* malicious *o* spiteful person.
maligno,-a *adj* malignant.
malintencionado,-a I *adj* ill-intentioned. II *nm,f* ill-intentioned person.
malla *nf* 1 *(prenda)* leotard. 2 *(red)* mesh. 3 *Am (bañador)* swimsuit, swimming costume.
Mallorca *n* Majorca.
mallorquín,-ina *adj & nm,f* Majorcan.
malo,-a I *adj* → **mal**. 1 bad; **un año m.**, a bad year; **estar a malas**, to be on bad terms; **por las malas**, by force. 2 *(persona) (malvado)* wicked, bad; *(travieso)* naughty. 3 *(de poca calidad)* bad, poor; **una mala canción/comida**, a poor song/meal. 4 *(perjudicial)* harmful; **el tabaco es m.**, tobacco is harmful. 5 **lo m. es que ...**, the problem is that .... 6 *(enfermo)* ill, sick. II *nm,f fam* **el m.**, the baddy *o* villain.
malograr I *vtr* to upset. II **malograrse** *vr* to fail, fall through.
maloliente *adj* foul-smelling.
malparado,-a *adj* **salir m.**, to end up in a sorry state.
malpensado,-a I *adj* nasty-minded. II *nm,f* nasty-minded person.
malsonante *adj (grosero)* rude, offensive; **palabras malsonantes**, foul language.
malta *nf (cebada)* malt.
maltratado,-a *adj* battered.
maltratar *vtr* to ill-treat, mistreat.
maltrecho,-a *adj* in a sorry state, wrecked.

malva I *adj inv* mauve. II *nm (color)* mauve. III *nf Bot* mallow.

malvado,-a I *adj* evil, wicked. II *nm,f* villain, evil person.

malvender *vtr* to sell at a loss.

malversar *vtr* to misappropriate, embezzle.

Malvinas *npl* las (Islas M.), the Falkland Islands.

malvivir *vi* to live very badly.

mamá *nf fam* mum, mummy.

mama *nf* 1 *(de mujer)* breast; *(de animal)* teat. 2 *fam (mamá)* mum, mummy.

mamada *nf* 1 *(bebé)* feed. 2 *vulg (felatio)* blow job.

mamadera *nf Am* feeding bottle.

mamar *vtr (leche)* to suck; *fig (adquirir)* to absorb.

mamarracho,-a *nm,f fam (persona)* ridiculous-looking person, mess, sight; *(cosa)* mess.

mameluco *nm fig* 1 fool, idiot, dim-wit. 2 *Am* boiler-suit.

mamífero,-a *nm,f* mammal.

mamón *nm vulg ofens* prick.

mampara *nf* screen.

mamporro *nm fam* wallop.

mampostería *nf* masonry.

mamut *nm* mammoth.

manada *nf* 1 *Zool (de vacas, elefantes)* herd; *(de ovejas)* flock; *(de lobos, perros)* pack; *(de leones)* pride. 2 *fam (multitud)* crowd, mob; **en manada(s)**, in crowds.

manager *nmf Dep Mús* manager.

manantial *nm* spring.

manar *vi* 1 to flow, run (**de**, from). II *vtr* to run with, flow with; **la herida manaba sangre**, blood flowed from his wound.

manazas *nmf inv fam* ham-fisted person.

mancebo *nm* 1 *(de farmacia)* assistant. 2 *arc (muchacho)* young man.

Mancha (La)¹ *n* La Mancha.

Mancha² *n* **el Canal de la M.**, the English Channel.

mancha *nf* stain, spot; **m. solar**, sunspot; **m. de tinta/vino**, ink/wine stain.

manchado,-a *adj* dirty, stained; **leche manchada**, milky coffee.

manchar I *vtr* to stain, dirty; *fig* to stain, blemish. II **mancharse** *vr* to get dirty.

manchego,-a *adj* of o from La Mancha.

manco,-a I *adj* 1 *(de un brazo)* one-armed; *(sin brazos)* armless. 2 *(de una mano)* one-handed; *(sin manos)* handless. II *nm,f* 1 *(de brazos)* one-armed o armless person. 2 *(de manos)* one-handed o handless person.

mancomunidad *nf* community, association.

mancornas *nfpl Am* cufflinks.

mandado *nm (recado)* order, errand; **hacer un m.**, to run an errand.

mandamás *nmf (pl* **mandamases)** *fam* bigwig, boss.

mandamiento *nm* 1 *(orden)* order, command. 2 **los Diez Mandamientos**, the Ten Commandments.

mandar *vtr* 1 to order; *fam* **¿mande?**, pardon? 2 *(grupo)* to lead, be in charge o command of; *Mil* to command. 3 *(enviar)* to send; **m. (a) por**, to send for; **m. algo por correo**, to post sth, send sth by the post; **m. recuerdos**, to send regards.

mandarina *nf* mandarin (orange), tangerine.

mandatario,-a *nm,f Pol* president.

mandato *nm* 1 *(orden)* order, command. 2 *Jur* writ, warrant. 3 *Pol (legislatura)* mandate, term of office.

mandíbula *nf* jaw; *fam* **reír a m. batiente**, to laugh one's head off.

mandil *nm* apron.

mando *nm* 1 *(autoridad)* command, control. 2 **los altos mandos del ejército**, high-ranking army officers. 3 *Téc (control)* controls *pl*; *Aut* **cuadro** *o* **tablero de mandos**, dashboard; **m. a distancia**, remote control; **palanca de m.**, *Téc* control lever; *(de avión, videojuego)* joystick.

mandón,-ona I *adj fam* bossy, domineering. II *nm,f fam* bossy o domineering person. III *nm Am (minero)* foreman.

manecilla *nf (de reloj)* hand.

manejable *adj* manageable; *(herramienta)* easy-to-use; *(coche)* manoeuvrable, *US* maneuvrable.

manejar I *vtr* 1 *(máquina)* to handle, operate; *fig (situación)* to handle. 2 *(negocio)* to run, manage. 3 *fig (a otra persona)* to domineer, boss about. 4 *(coche)* to drive. II **manejarse** *vr* to manage.

manejo *nm* 1 *(uso)* handling, use; **de fácil m.**, easy-to-use. 2 *fig (de un negocio)* management; *(de un coche)* driving. 3 *fig* tricks *pl*.

manera *nf* 1 way, manner; **a mi/tu m.**, (in) my/your way; **de cualquier m.**, *(mal)* carelessly, any old how; *(en cualquier caso)* in any case; **de esta m.**, in this way; **de ninguna m.**, in no way, certainly not; **de todas maneras**, anyway, at any rate, in any case; **es mi m. de ser**, that's the way I am; **no hay m.**, it's impossible. 2 **de m. que**, so; **de tal m. que**, in such a way that. 3 **maneras**, manners; **de buenas maneras**, politely.

manga *nf* 1 sleeve; **de m. corta/larga**, short-/long-sleeved; **sin mangas**, sleeveless; *fig* **hacer un corte de mangas a algn**, ≈ to give sb the fingers; *fig* **m. por hombro**, messy and untidy; *fig* **sacarse algo de la m.**, to pull sth out of one's hat. 2 *(de riego)* hose. 3 *(del mar)* arm. 4 *Dep* leg, round; *Ten* set.

mangante *arg nmf* thief.

mangar [7] *vtr arg* to pinch, nick, swipe.

mango *nm* handle.

mangonear *vi* 1 *fam (entrometerse)* to

meddle. 2 *fam (dar órdenes)* to throw one's weight around.
manguera *nf* hose.
mangui *nmf arg* thief.
manguito *nm* 1 *(para las mangas)* oversleeve; *(para flotar)* armband. 2 *Téc* sleeve.
maní *nm (pl* **manises)** peanut.
manía *nf* 1 dislike, ill will; **me tiene m.,** he has it in for me. 2 *(costumbre)* habit; **tiene la m. de llegar tarde,** he's always arriving late. 3 *(afición exagerada)* craze; **la m. de las motos,** the motorbike craze. 4 *Med* mania.
maníaco,-a, maniaco,-a *adj & nm,f Psic* manic; *fam (obseso)* maniac.
maniatar *vtr* to tie the hands of.
maniático,-a I *adj* fussy. **II** *nm,f* fusspot.
manicomio *nm* mental hospital.
manicura *nf* manicure.
manido,-a *adj* 1 *(comida)* off. 2 *(asunto)* trite, hackneyed.
manifestación *nf* 1 demonstration. 2 *(expresión)* manifestation, expression.
manifestante *nmf* demonstrator.
manifestar [24] **I** *vtr* 1 *(declarar)* to state, declare. 2 *(mostrar)* to show, display. **II manifestarse** *vr* 1 *(por la calle)* to demonstrate. 2 *(declararse)* to declare oneself; **se manifestó contrario a** ..., he spoke out against ...
manifiesto,-a I *adj* clear, obvious; **poner de m.,** *(revelar)* to reveal, show; *(hacer patente)* to make clear. **II** *nm* manifesto.
manigua *nf Am Geog* scrubland.
manilla *nf* 1 *(de reloj)* hand. 2 *Am (palanca)* lever.
manillar *nm* handlebar.
maniobra *nf* manoeuvre, *US* maneuver.
maniobrar *vi* to manoeuvre, *US* maneuver.
manipulación *nf* manipulation.
manipular *vtr* to manipulate; *(máquina)* to handle.
maniquí *nm (muñeco)* dummy.
manitas *nmf inv fam* 1 **ser un m.,** to be handy, be very good with one's hands. 2 **hacer m.,** to hold hands.
manivela *nf Téc* crank.
manjar *nm* dish, food.
mano *nf* 1 hand; **a m.,** *(sin máquina)* by hand; *(asequible)* at hand; **escrito a m.,** hand-written; **hecho a m.,** hand-made; **m. armada,** armed; **estrechar la m. a algn,** to shake hands with sb; **de segunda m.,** second-hand; **echar una m. a algn,** to give sb a hand; **¡manos a la obra!,** shoulders to the wheel!; **meter m.,** *(a un problema)* to tackle; *vulg* to touch up; **traerse algo entre manos,** to be up to sth; **equipaje de m.,** hand luggage. 2 *(lado)* side; **a m. derecha/izquierda,** on the right/left(-hand side). 3 **m. de pintura,** coat of paint. 4 **m. de obra,** labour (force).
manojo *nm* bunch; **ser un m. de nervios,** to be a bundle of nerves.
manopla *nf* mitten.
manoseado,-a *adj (objeto)* worn(-out); *(tema)* hackneyed.
manosear *vtr* to touch repeatedly, finger; *fam* to paw.
manotazo *nm* cuff, slap.
mansalva (a) *loc adv (en gran cantidad)* galore.
mansedumbre *nf* 1 *(de persona)* meekness, gentleness. 2 *(de animal)* tameness, docility.
manso,-a *adj* 1 *(persona)* gentle, meek. 2 *(animal)* tame, docile.
manta I *nf* 1 blanket; **m. eléctrica,** electric blanket. 2 *(zurra)* beating, hiding. **II** *nmf fam* lazy person, idler.
manteca *nf (de animal)* fat; **m. de cacao/cacahuete,** cocoa/peanut butter; **m. de cerdo,** lard.
mantecado *nm* shortcake.
mantel *nm* tablecloth.
mantener [24] **I** *vtr* 1 *(conservar)* to keep; **mantén el fuego encendido,** keep the fire burning; **m. la línea,** to keep in trim. 2 *(entrevista, reunión)* to have; **m. correspondencia con algn,** to correspond with sb. 3 *(ideas, opiniones)* to defend, maintain. 4 *(familia)* to support, feed. 5 *(peso)* to support, hold up. **II mantenerse** *vr* 1 *(sostenerse)* to stand. 2 **m. firme,** *(perseverar)* to hold one's ground. 3 *(sustentarse)* to live **(de,** on).
mantenimiento *nm* 1 *Téc* maintenance, upkeep; **servicio de m.,** maintenance service. 2 *(alimento)* sustenance, support. 3 **gimnasia y m.,** keep-fit.
mantequilla *nf* butter.
manto *nm* cloak.
mantón *nm* shawl.
mantuve *pt indef* → **mantener.**
manual I *adj* manual; **trabajo m.,** manual labour; *Educ* **trabajos manuales,** handicrafts. **II** *nm* manual, handbook.
manufactura *nf* 1 *(fabricación)* manufacture. 2 *(fábrica)* factory.
manufacturar *vtr* to manufacture.
manuscrito,-a *adj* manuscript.
manutención *nf* maintenance.
manzana *nf* 1 apple. 2 *(de edificios)* block.
manzanilla *nf* 1 *Bot* camomile. 2 *(infusión)* camomile tea. 3 *(vino)* manzanilla.
maña *nf* 1 *(astucia)* cunning. 2 *(habilidad)* skill.
mañana I *nf* morning; **a las dos de la m.,** at two in the morning; **de m.,** early in the morning; **por la m.,** in the morning. **II** *nm* tomorrow, the future. **III** *adv* tomorrow; **¡hasta m.!,** see you tomorrow! **m. por la m.,** tomorrow morning; **pasado m.,** the day after tomorrow.
mañoso,-a *adj* skilful, *US* skillful.

mapa *nm* map; **m. mudo,** blank map; *fam* **borrar del m.,** to wipe out.

maqueta *nf* 1 *(miniatura)* scale model, maquette. 2 *Mús* demo (tape).

maquiavélico,-a *adj* Machiavellian.

maquillaje *nm* make-up.

maquillar I *vtr* to make up. **II maquillarse** *vr* 1 *(ponerse maquillaje)* to put one's make-up on, make (oneself) up. 2 *(usar maquillaje)* to wear make-up.

máquina *nf* 1 *machine*; **escrito a m.,** typewritten; **hecho a m.,** machine-made; *fam* **a toda m.,** at full speed. **m. de afeitar (eléctrica),** (electric) razor *o* shaver; **m. de coser,** sewing machine; **m. de escribir,** typewriter; **m. fotográfica** *o* **de fotos,** camera; **m. tragaperras,** slot machine, one-armed bandit. 2 *fam (coche)* car.

maquinar *vtr* to machinate, plot.

maquinaria *nf* 1 machinery, machines *pl*. 2 *(de reloj etc) (mecanismo)* mechanism, works *pl*.

maquinilla *nf* **m. de afeitar,** safety razor.

maquinista *nmf (de tren)* engine driver.

mar I *nm & f* 1 sea; **en alta m.,** on the high seas; **m. adentro,** out to sea; **por m.,** by sea; **m. gruesa,** heavy sea; **m. picada,** rough sea. 2 *fam* **está la m. de guapa,** she's looking really beautiful; **llover a mares,** to rain cats and dogs. **II** *nm* sea. **M. del Norte,** North Sea; **M. Muerto/Negro,** Dead/Black Sea.

maraña *nf* tangle.

maratón *nm* marathon.

maratoniano,-a *adj* marathon.

maravilla *nf* marvel, wonder; **de m.,** wonderfully; **¡qué m. de película!,** what a wonderful film!; *fam* **a las mil maravillas,** marvellously.

maravillar I *vtr* to amaze, astonish. **II maravillarse** *vr* to marvel (**con,** at), wonder (**con,** at).

maravilloso,-a *adj* wonderful, marvellous, *US* marvelous.

marca *nf* 1 mark, sign. 2 *Com* brand, make; **ropa de m.,** brand-name clothes; **m. de fábrica,** trademark; **m. registrada,** registered trademark. 3 *Dep (récord)* record; **batir la m. mundial,** to break the world record.

marcador,-a *nm* 1 marker. 2 *Dep (tablero)* scoreboard; *(persona)* scorer.

marcaje *nm Dep* marking.

marcapasos *nm inv Med* pacemaker.

marcar [1] **I** *vtr* 1 to mark. 2 *Tel* to dial. 3 *(indicar)* to indicate, show; **el contador marca 1.327,** the meter reads 1,327. 4 *Dep (gol, puntos)* to score; *(a jugador)* to mark. 5 *(cabello)* to set. **II marcarse** *vr fam* **m. un farol,** to show off, boast.

marcha *nf* 1 march; **hacer algo sobre la m.,** to do sth as one goes along; **a marchas forzadas,** against the clock. 2 *estar en m., (vehículo)* to be in motion; *(máquina)* to be working; *(proyecto etc)* to be under way; **poner en m.,** to start. 3 *Aut* gear; **m. atrás,** reverse (gear). 4 *Mús* march. 5 *fam (juerga)* **hay mucha m.,** there's lots going on; **ella tiene mucha m.,** she likes a good time.

marchar I *vi* 1 *(ir)* to go, walk; *fam* **¡marchando!,** on your way!; **¡una cerveza!** - **¡marchando!,** a beer, please! - coming right up! 2 *(aparato)* to be on; **m. bien,** *(negocio)* to be going well. 3 *Mil* to march. **II marcharse** *vr (irse)* to leave, go away.

marchitar *vtr,* **marchitarse** *vr* to shrivel, wither.

marchito,-a *adj* shrivelled, *US* shriveled, withered.

marchoso,-a *fam* **I** *adj (persona)* fun-loving, wild. **II** *nm,f* raver, fun lover.

marcial *adj* martial; **artes marciales,** martial arts.

marcianitos *nmpl (juego)* space invaders.

marciano,-a *adj & nm,f* Martian.

marco *nm* 1 *(de cuadro etc)* frame. 2 *fig (ámbito)* framework; **acuerdo m.,** framework agreement. 3 *Fin (moneda)* mark.

marea *nf* 1 tide; **m. alta/baja,** high/low tide; **m. negra,** oil slick. 2 *fig (multitud)* crowd, mob.

mareado,-a *adj* 1 sick; *(en un avión)* airsick; *(en un coche)* carsick, travel-sick; *(en el mar)* seasick. 2 *euf (bebido)* tipsy. 3 *(aturdido)* dizzy.

marear I *vtr* 1 to make sick; *(en el mar)* to make seasick; *(en un avión)* to make airsick; *(en un coche)* to make carsick *o* travel-sick. 2 *(aturdir)* to make dizzy. 3 *fam (fastidiar)* to annoy, pester. 4 *Culin* to stir. **II marearse** *vr* 1 to get sick/ seasick/airsick/carsick *o* travel-sick. 2 *(quedar aturdido)* to get dizzy. 3 *euf (emborracharse)* to get tipsy.

mareo *nm* 1 *(náusea)* sickness; *(en el mar)* seasickness; *(en un avión)* airsickness; *(en un coche)* carsickness, travel-sickness; *(aturdimiento)* dizziness, lightheadedness.

marfil *nm* ivory.

margarina *nf* margarine.

margarita *nf* daisy.

margen *nmf* 1 border, edge; *(de río)* bank; *fig* **dejar algn/algo al m.,** to leave sb/sth out; *fig* **mantenerse al m.,** not to get involved; **al margen de,** leaving aside. 2 *(del papel)* margin. 3 *Com* **m. beneficiario,** profit margin.

marginación *nf (exclusión)* exclusion.

marginado,-a I *adj* excluded. **II** *nm,f* dropout.

marginal *adj* 1 marginal. 2 *Pol* fringe.

marginar *vtr (de un grupo, sociedad)* to leave out, exclude.

maría *nf arg* 1 *(droga)* marijuana, pot. 2 *Educ arg (asignatura fácil)* easy subject. 3

fam (ama de casa) housewife.
marica *nm vulg ofens* queer, poof.
maricón *nm vulg ofens* queer, poof.
marido *nm* husband.
mariguana, marihuana, marijuana *nf* marijuana.
marimacho *nm vulg* mannish woman, butch woman.
marimandón,-ona *nm,f fam* domineering person.
marimorena *nf fam* row, fuss; *fam* **armar(se) la m.**, to kick up a racket.
marina *nf* 1 *Náut* seamanship. 2 *Mil* navy; **m. de guerra**, navy; **m. mercante**, merchant navy. 3 *Geog (zona costera)* seacoast.
marinero,-a I *nm* sailor, seaman. II *adj* seafaring.
marino,-a I *adj* marine; **brisa marina**, sea breeze. II *nm* sailor.
marioneta *nf* marionette, puppet.
mariposa *nf* 1 *Ent* butterfly. 2 *(lamparilla)* oil lamp. 3 *Natación* butterfly.
mariposear *vi fig* 1 *(flirtear)* to flirt. 2 *(ser inconstante)* to be fickle.
mariposón *nm* 1 *(galanteador)* flirt. 2 *ofens (marica)* queer, pansy, poof.
mariquita I *nf Ent* ladybird. II *nm fam ofens (marica)* queer, pansy, poof.
mariscal *nm Mil* marshal; **m. de campo**, field marshal.
marisco *nm* shellfish; **mariscos**, seafood.
marisma *nf* marsh.
marisquería *nf* seafood restaurant, shellfish bar.
marítimo,-a *adj* maritime, sea; **ciudad marítima**, coastal town; **paseo m.**, promenade.
mármol *nm* marble.
marmóreo,-a *adj* marble.
maroma *nf* 1 *Náut* cable. 2 *(cuerda)* thick rope.
marqués *nm* marquis.
marquesa *nf* marchioness.
marquesina *nf* canopy; **m. (del autobús)**, bus shelter.
marquetería *nf* marquetry, inlaid work.
marrano,-a I *adj (sucio)* filthy, dirty. II *nm,f* 1 *fam (persona)* dirty pig, slob. 2 *(animal)* pig.
marras (de) *loc adv* **el individuo de m.**, the man in question.
marrón I *adj (color)* brown. II *nm* 1 *(color)* brown. 2 *arg (condena)* sentence.
marroquí *adj & nmf* Moroccan.
marroquinería *nf* leather goods.
Marruecos *n* Morocco.
marrullero,-a I *adj* cajoling, wheedling. II *nm,f* cajoler, wheedler.
Marte *n* Mars.
martes *nm inv* Tuesday; **m. y trece**, ≈ Friday the thirteenth.
martillo *nm* hammer.
mártir *nmf* martyr.

martirio *nm* 1 martyrdom. 2 *fig (fastidio)* torment.
martirizar |4| *vtr* 1 to martyr. 2 *fig (fastidiar)* to torture, torment.
marxista *adj & nmf* Marxist.
marzo *nm* March.
mas *conj lit* but.
más I *adv* 1 *(adicional)* more; **no tengo m.**, I haven't got any more. 2 *(comparativo)* more; **es m. alta/inteligente que yo**, she's taller/more intelligent than me; **tengo más dinero que tú**, I've more money than you; **más gente de la que esperas**, more people than you're expecting; **m. de**, *(con numerales, cantidad)* more than, over. 3 *(superlativo)* most; **es el m. bonito/caro**, it's the prettiest/most expensive. 4 *exclam* so ..., what a ...; **¡qué casa m. bonita!**, what a lovely house! **¡está m. guapa!**, she looks so beautiful! 6 *(después de pron interr e indef)* else; **¿algo m.?**, anything else?; **no, nada m.**, no, nothing else; **¿quién m.?**, who else?; **nadie/alguien m.**, nobody/somebody else. 7 **cada día** *o* **vez m.**, more and more; **estar de m.**, to be unnecessary; **traje uno de m.**, I brought a spare one; **es m.**, what's more, furthermore; **lo m. posible**, as much as possible; **m. bien**, rather; **m. o menos**, more or less; **m. aún**, even more; **¿qué m. da?**, what's the difference?; **todo lo m.**, at the most. 8 **por m.** + *(adj/adv* + *) que* + *subj*, however (much), no matter how (much); **por m. fuerte que sea**, however strong he may be; **por m. que grites no te oirá nadie**, no matter how much you shout nobody will hear you.
II *nm inv* **los/las m.**, the majority, most people; **sus m. y sus menos**, its pros and cons.
III *prep Mat* plus; **dos m. dos**, two plus *o* and two.
masa *nf* 1 mass. 2 *(de cosas)* bulk, volume; **m. salarial**, total wage bill. 3 *(gente)* mass; **en m.**, en masse; **medios de comunicación de masas**, mass media. 4 *Culin* dough. 5 *Constr* mortar.
masacrar *vtr* to massacre.
masacre *nf* massacre.
masaje *nm* massage; **dar masaje(s) (a)**, to massage.
masajista *nmf (hombre)* masseur; *(mujer)* masseuse.
mascar |1| *vtr & vi* to chew, masticate.
máscara *nf* mask; **m. de gas**, gas mask; **traje de m.**, fancy dress.
mascarilla *nf* 1 mask; **m. de oxígeno**, oxygen mask. 2 *Med* face mask. 3 *(cosmética)* face pack.
mascota *nf* mascot.
masculino,-a *adj* 1 *Zool Bot* male. 2 *(de hombre)* male, manly; **una voz masculina**, a manly voice. 3 *(para hombre)*

men's; **ropa masculina,** men's clothes, menswear. **4** *Ling* masculine.
mascullar *vtr* to mumble.
masificación *nf* overcrowding.
masificado,-a *adj* overcrowded.
masilla *nf* putty.
masivo,-a *adj* massive.
masón *nm* freemason, mason.
masonería *nf* freemasonry, masonry.
masoquista I *adj* masochistic. **II** *nmf* masochist.
máster *nm* master's degree.
masticar [1] *vt* to chew.
mástil *nm* **1** *(asta)* mast, pole. **2** *Náut* mast. **3** *(de guitarra)* neck.
mastín *nm* mastiff.
masturbación *nf* masturbation.
masturbar *vtr,* **masturbarse** *vr* to masturbate.
mata *nf* **1** *(matorral)* bush, shrub; **m. de pelo,** head of hair. **2** *(ramita)* sprig.
matadero *nm* slaughterhouse, abattoir.
matador *nm* matador, bullfighter.
matadura *nf* sore.
matamoscas *nm inv (pala)* fly swat.
matanza *nf* slaughter.
matar *vtr* **1** to kill; *fam* **m. el hambre/el tiempo,** to kill one's hunger/the time; *fam* **que me maten si ...,** I'll be damned if .... **2** *(cigarro, bebida)* to finish off. **3** *(sello)* to frank.
matasellos *nm inv* postmark.
matasuegras *nm inv* party blower.
mate[1] *adj (sin brillo)* matt.
mate[2] *nm Ajedrez* mate; **jaque m.,** checkmate.
matemática *nf,* **matemáticas** *nfpl* mathematics *sing.*
matemático,-a I *adj* mathematical. **II** *nm,f* mathematician.
materia *nf* **1** matter; **m. prima,** raw material. **2** *(tema)* matter, question; **índice de materias,** table of contents. **3** *Educ (asignatura)* subject.
material I *adj* material, physical; **daños materiales,** damage to property. **II** *nm* **1** material; **m. escolar/de construcción,** teaching/building material *o* materials *pl.* **2** *(equipo)* equipment; **m. de oficina,** office equipment. ◆**materialmente** *adv* physically.
materialista *adj & nmf* materialist.
maternal *adj* maternal, motherly.
maternidad *nf* maternity, motherhood.
materno,-a *adj* maternal; **abuelo m.,** maternal grandfather; **lengua materna,** native *o* mother tongue.
mates *nfpl fam* maths *sing, US* math *sing.*
matinal *adj* morning; **televisión m.,** breakfast television.
matiz *nm* **1** *(de color)* shade. **2** *(de palabra)* shade of meaning, nuance; **un m. irónico,** a touch of irony.
matización *nf* **hacer una m.,** to add a rider.
matizar [1] *vtr* **1** *fig (precisar)* to be more precise *o* explicit about. **2** *Arte* to blend, harmonize. **3** *fig (palabras, discurso)* to tinge; *(voz)* to vary, modulate.
matón,-ona *nm,f fam* thug, bully.
matorral *nm* brushwood, thicket.
matraca *nf (ruido)* rattle; *fam* **dar la m. a algn,** to pester *o* bother sb.
matrero,-a *nm,f Am (bandolero)* bandit, brigand.
matriarcado *nm* matriarchy.
matrícula *nf* **1** registration; **derechos de m.,** registration fee; **m. de honor,** distinction; **plazo de m.,** registration period. **2** *Aut (número)* registration number; *(placa)* number *o US* license plate.
matriculación *nf* registration.
matricular *vtr,* **matricularse** *vr* to register.
matrimonial *adj* matrimonial; **agencia m.,** marriage bureau; **enlace m.,** wedding; **vida m.,** married life.
matrimonio *nm* **1** marriage; **m. civil/religioso,** registry office/church wedding; **contraer m.,** to marry; **cama de m.,** double bed. **2** *(pareja casada)* married couple; **el m. y los niños,** the couple and their children; **el m. Romero,** Mr and Mrs Romero, the Romeros.
matriz *nf* **1** *Anat* womb, uterus. **2** *Mat* matrix. **3** *(de documento) (original)* original, master copy. **4** *Téc* mould, *US* mold. **5 casa m.,** parent company.
matrona *nf* midwife.
matutino,-a *adj* morning; **prensa matutina,** morning papers.
maullar [16] *vi* to miaow.
maullido *nm* miaowing, miaow.
maxilar *nm* jaw, jawbone.
máxima *nf* **1** *Meteor* maximum temperature. **2** *(aforismo)* maxim.
máxime *adv* especially, all the more so.
máximo,-a I *adj* maximum, highest; **la máxima puntuación,** the highest score. **II** *nm* maximum; **al m.,** to the utmost; **como m.,** *(como mucho)* at the most; *(lo más tarde)* at the latest.
mayo *nm* May.
mayonesa *nf* mayonnaise.
mayor I *adj* **1** *(comparativo) (tamaño)* larger, bigger *(que,* than); *(edad)* older, elder; **m. que yo,** older than me. **2** *(superlativo) (tamaño)* largest, biggest; *(edad)* oldest, eldest; **la m. parte,** the majority; **la m. parte de las veces,** most often. **3** *(adulto)* grown-up; **ser m. de edad,** to be of age. **4** *(maduro)* elderly, mature. **5** *(principal)* major, main; *Educ* **colegio m.,** hall of residence. **6** *Mús* major. **7** *Com* **al por m.,** wholesale; *fig (en abundancia)* by the score, galore. **II** *nm* **1** *Mil* major. **2 mayores,** *(adultos)* grown-

mayordomo *nm* butler.
mayoría *nf* majority; **en su m.**, in the main; **la m. de los niños**, most children; **m. absoluta/relativa**, absolute/relative majority; **m. de edad**, majority.
mayorista I *adj* wholesale. II *nmf* wholesaler; **precios de m.**, wholesale prices.
mayoritario,-a *adj* majority; **un gobierno m.**, a majority government.
mayúscula *nf* capital letter.
mayúsculo,-a *adj* 1 *Ling (letra)* capital. 2 *(error)* very big, enormous.
mazacote *nm* 1 *Culin* solid mass, stodge. 2 *(mezcla confusa)* hotch-potch.
mazapán *nm* marzipan.
mazmorra *nf* dungeon.
mazo *nm* mallet.
mazorca *nf* Agr cob.
me *pron pers* 1 *(objeto directo)* me; **no me mires**, don't look at me. 2 *(objeto indirecto)* me, to me, for me; **¿me das un caramelo?**, will you give me a sweet?; **me lo dio**, he gave it to me; **me es difícil hacerlo**, it is difficult for me to do it. 3 *(pron reflexivo)* myself; **me he cortado**, I've cut myself; **me voy/muero**, *(no se traduce)* I'm off/dying.
meada *nf vulg* piss; **echar una m.**, to have a piss.
meadero *nm vulg* bog.
meandro *nm* meander.
mear I *vi vulg* to (have a) piss. II **mearse** *vr* to wet oneself; *fig* **m. de risa**, to piss oneself (laughing).
MEC *nm abr de* **Ministerio de Educación y Ciencia**, Department of Education and Science.
mecachis *fam interj* darn it!, damn it!
mecánica *nf* 1 *(ciencia)* mechanics *sing*. 2 *(mecanismo)* mechanism, works *pl*.
mecánico,-a I *adj* mechanical. II *nm,f* mechanic.
mecanismo *nm* mechanism.
mecanizar [4] *vtr* to mechanize.
mecanografía *nf* typewriting, typing.
mecanografiar [29] *vtr* to type.
mecanógrafo,-a *nm,f* typist.
mecedora *nf* rocking chair.
mecenas *nmf inv* patron.
mecer [2] I *vtr* to rock. II **mecerse** *vr* to swing, rock.
mecha *nf* 1 *(de vela)* wick. 2 *Mil Min* fuse; *fam* **aguantar m.**, to grin and bear it. 3 *(de pelo)* streak; **hacerse mechas**, to have one's hair streaked.
mechar *vtr (carne)* to lard.
mechero,-a *nm* (cigarette) lighter.
mechón *nm* 1 *(de pelo)* lock. 2 *(de lana)* tuft.
medalla I *nf* medal. II *nmf Dep (campeón)* medallist, *US* medalist.
medallón *nm* medallion.
media *nf* 1 stocking; *Am (calcetín)* sock. 2 *(promedio)* average; *Mat* mean; **m. aritmética/geométrica**, arithmetic/geometric mean. 3 **a medias**, *(incompleto)* unfinished; *(entre dos)* half and half; **ir a medias**, to go halves.
mediación *nf* mediation, intervention; **por m. de un amigo**, through a friend.
mediado,-a *adj* half-full, half-empty; **a mediados de mes/semana**, about the middle of the month/week.
mediador,-a *nm,f* mediator.
medialuna *nf* 1 *(símbolo musulmán)* crescent. 2 *Am Culin (pasta)* croissant.
mediano,-a *adj* 1 middling, average. 2 *(tamaño)* medium-sized.
medianoche *nf* midnight.
mediante *prep* by means of, with the help of, using; **Dios m.**, God willing.
mediar [12] *vi* 1 *(intervenir)* to mediate, intervene; **m. en favor de** *o* **por algn**, to intercede on behalf of sb. 2 *(tiempo)* to pass; **mediaron tres semanas**, three weeks passed.
mediático,-a *adj* media.
medicación *nf* medication, medical treatment.
medicamento *nm* medicine, medicament.
medicina *nf* medicine; **estudiante de m.**, medical student, medic.
médico,-a I *nm,f* doctor; **m. de cabecera**, family doctor, general practitioner, GP. II *adj* medical.
medida *nf* 1 measure; **a (la) m.**, *(ropa)* made-to-measure; **a m. que avanzaba**, as he advanced; **en gran m.**, to a great extent. 2 *(dimensión)* measurement. 3 *(disposición)* measure; **adoptar** *o* **tomar medidas**, to take steps; **m. represiva**, deterrent.
medieval *adj* medieval.
medievo *nm* Middle Ages *pl*.
medio,-a I *adj* 1 half; **a m. camino**, halfway; **m. kilo**, half a kilo; **una hora y media**, one and a half hours, an hour and a half. 2 *(intermedio)* middle; **a media mañana/tarde**, in the middle of the morning/afternoon; **clase media**, middle class; **punto m.**, middle ground. 3 *(normal)* average; **salario m.**, average wage. II *adv* half; **está m. muerta**, she is half dead. III *nm* 1 *(mitad)* half. 2 *(centro)* middle; **en m. (de)**, *(en el centro)* in the middle (of); *(entre dos)* in between. 3 **medios de transporte**, means of transport; **por m. de ...**, by means of ...; **medios económicos**, means; **medios de comunicación**, (mass) media. 4 **m. ambiente**, environment. 5 *Dep (jugador)* halfback.
medioambiental *adj* environmental.
medioambientalista *nmf* environmentalist.
mediocre *adj* mediocre.
mediocridad *nf* mediocrity.
mediodía *nm* 1 *(hora exacta)* midday,

noon. 2 *(período aproximado)* early afternoon, lunchtime. 3 *(sur)* south.

medir [6] I *vtr* 1 *(distancia, superficie, temperatura)* to measure. 2 *(moderar)* to weigh; **mide tus palabras**, weigh your words. II *vi* to measure, be; **¿cuánto mides?**, how tall are you?; **mide dos metros**, he is two metres tall; **mide dos metros de alto/ancho/largo**, it is two metres high/wide/long.

meditar *vtr & vi* to meditate, ponder; **m. sobre algo**, to ponder over sth.

mediterráneo,-a I *adj* Mediterranean. II *nm* **el M.**, the Mediterranean.

medrar *vi* to climb the social ladder.

medroso,-a *adj* 1 *(temeroso)* fearful, fainthearted. 2 *(que causa miedo)* frightening.

médula *nf* 1 marrow; **m. ósea**, bone marrow. 2 *fig (lo más profundo)* marrow, pith; **hasta la m.**, to the marrow.

medusa *nf* jellyfish.

megafonía *nf* public-address system, PA system.

megáfono *nm* megaphone.

megalito *nm* megalith.

megalómano,-a *adj* megalomaniac.

mejicano,-a *adj & nm,f* Mexican.

Méjico *n* Mexico; **ciudad de M.**, Mexico City; **Nuevo M.**, New Mexico.

mejilla *nf* cheek.

mejillón *nm* mussel.

mejor I *adj* 1 *(comparativo)* better (que, than); **el m. de los dos**, the better of the two; **es m. no decírselo**, it's better not to tell her; **es m. que vayas**, you'd better go. 2 *(superlativo)* best; **el m. de los tres**, the best of the three; **tu m. amiga**, your best friend; **lo m.**, the best thing. II *adv* 1 *(comparativo)* better (que, than); **cada vez m.**, better and better; **ella conduce m.**, she drives better; **m. dicho**, or rather; **¡mucho o tanto m.!**, so much the better! 2 *(superlativo)* best; **es el que m. canta**, he is the one who sings the best; **a lo m.**, *(quizás)* perhaps; *(ojalá)* hopefully.

mejora *nf* improvement.

mejorar I *vtr* to improve; **m. la red vial**, to improve the road system; **m. una marca o un récord**, to break a record. II *vi* to improve, get better. III **mejorarse** *vr* to get better; **¡que te mejores!**, get well soon!

mejoría *nf* improvement.

melancolía *nf* melancholy.

melancólico,-a *adj* melancholic, melancholy.

melé *nf Dep* scrum.

melena *nf* (head of) hair; *(de león)* mane.

Melilla *n* Melilla.

melindroso,-a I *adj* affected, fussy, finicky. II *nm,f* affected *o* finicky person.

mella *nf* 1 *(hendedura)* nick, notch; *(en plato, taza etc)* chip. 2 *(en dentadura)* gap. 3 *fig* impression; **hacer m. en algn**, to make an impression on sb.

mellado,-a *adj (sin dientes)* gap-toothed.

mellizo,-a *adj & nm,f* twin.

melocotón *nm* peach.

melodía *nf* melody, tune.

melodrama *nm* melodrama.

melón *nm* 1 *(fruto)* melon. 2 *fam (tonto)* ninny. 3 *vulg* **melones**, *(tetas)* boobs.

melopea *nf fam* **coger** *o* **agarrar/llevar una m.**, to get/be drunk *o* pissed.

meloso,-a *adj* sweet, honeyed.

membrana *nf* membrane.

membrete *nm* letterhead.

membrillo *nm* 1 *Bot* quince; *(árbol)* quince tree; *(dulce)* quince preserve *o* jelly. 2 *fam (tonto)* dimwit.

memo,-a I *adj* silly, stupid. II *nm,f* nincompoop, ninny.

memorable *adj* memorable.

memorándum *nm (pl* **memorándums)** memorandum.

memoria *nf* 1 memory; **aprender/saber algo de m.**, to learn/know sth by heart; **irse de la m.**, to slip one's mind. 2 *(informe)* report, statement; **m. anual**, annual report. 3 *(recuerdo)* memory, recollection. 4 **memorias**, *(biografía)* memoirs.

memorístico *adj* acquired by memory.

memorizar [4] *vtr* to memorize.

menaje *nm* furniture and furnishing *pl*; **m. de cocina**, kitchen equipment *o* utensils.

mención *nf* mention; **m. honorífica**, honourable mention.

mencionar *vtr* to mention.

mendicidad *nf* begging.

mendigar [7] *vtr & vi* to beg.

mendigo,-a *nm,f* beggar.

mendrugo *nm* 1 crust *o* chunk (of stale bread). 2 *(tonto)* dimwit.

menear I *vtr* to shake, move; *(cola)* to wag, waggle; *fam (culo)* to wiggle. II **menearse** *vr* to move, shake; *fam* **una tormenta de no te menees**, a hell of a storm; *vulg* **meneársela**, to wank.

meneo *nm* shake; *(de cola)* wag, waggle; *(de culo)* wiggle.

menester *nm* 1 **es m.**, it is necessary. 2 **menesteres**, *(deberes)* jobs.

menestra *nf* vegetable stew.

mengano,-a *nm,f fam* so-and-so, what's-his *o* her-name.

menguante *adj* waning, on the wane; **cuarto m.**, last quarter.

menguar [22] I *vtr* 1 to diminish, reduce. 2 *(en labor de punto)* to decrease. II *vi* 1 to diminish, decrease. 2 *(la luna)* to wane.

meñique *adj & nm* **(dedo) m.**, little finger.

menopausia *nf Med* menopause.

menor I *adj* 1 *(comparativo) (de tamaño)*

smaller (**que**, than); (*de edad*) younger (**que**, than); **mal m.**, the lesser of two evils; **el m. de los dos**, the smaller of the two; **ser m. de edad**, to be a minor o under age. 2 (*superlativo*) (*de tamaño*) smallest; (*de intensidad*) least, slightest; **al m. ruido**, at the slightest noise; (*de edad*) youngest; **el m. de los tres**, the youngest of the three; **es la m.**, she's the youngest child. 3 *Mús* minor. 4 *Com* **al por m.**, retail. II *nmf* minor; *Jur* **tribunal de menores**, juvenile court.

menos I *adj* 1 (*comparativo*) (*con singular*) less; (*con plural*) fewer; **m. dinero/leche/tiempo que**, less money/milk/time than; **m. libros/pisos que**, fewer books/flats than; (*con cláusula*) **tiene m. años de lo que parece**, he's younger than he looks. 2 (*superlativo*) **fui el que perdí m. dinero**, I lost the least money. II *adv* 1 **m. de**, (*con singular*) less than; **m. de media hora**, less than a half hour; (*con plural*) fewer than, less than. 2 (*superlativo*) (*con singular*) least; (*con plural*) the fewest; **el m. inteligente de la clase**, the least intelligent boy in the class; **ayer fue cuando vinieron m. personas**, yesterday was when the fewest people came; (*con cantidad*) the least. III (*locuciones*) **a m. que + *subj***, unless; **al o por lo m.** at least; **echar a algn de m.**, to miss sb; **eso es lo de m.**, that's the least of it; **¡m. mal!**, just as well!; **nada m. que**, no less *o* no fewer than; **ni mucho m.**, far from it. IV *prep* 1 but, except; **todo m. eso**, anything but that. 2 *Mat* minus; **tres m. uno**, three minus one.

menoscabar *vtr* 1 (*perjudicar*) to damage. 2 *fig* (*desacreditar*) to discredit.

menoscabo *nm* harm, damage; **ir en m. de algo**, to be to the detriment of sth.

menospreciar [12] *vtr* to scorn, disdain.

menosprecio *nm* contempt, scorn, disdain.

mensáfono *nm* ansaphone.

mensaje *nm* message.

mensajero,-a *nm,f* messenger, courier.

menstruación *nf* menstruation.

mensual *adj* monthly; **dos visitas mensuales**, two visits a month.

mensualidad *nf* (*pago*) monthly payment; (*sueldo*) monthly salary *o* wage.

menta *nf* 1 *Bot* mint. 2 (*licor*) crème de menthe.

mental *adj* mental.

mentalidad *nf* mentality; **de m. abierta/cerrada**, open-/narrow-minded.

mentalizar [4] I *vtr* (*concienciar*) to make aware. II **mentalizarse** *vr* 1 (*concienciarse*) to become aware. 2 (*hacerse a la idea*) to come to terms (**a**, with).

mentar [1] *vtr* to mention, name.

mente *nf* mind; **se me quedó la m. en blanco**, my mind went blank; **m. abierta/tolerante/cerrada**, open/broad/closed mind.

mentecato,-a *nm,f* fool, idiot.

mentir [5] *vi* to lie, tell lies.

mentira *nf* lie; **aunque parezca m.**, strange as it may seem; **parece m.**, it is unbelievable.

mentiroso,-a I *adj* lying. II *nm,f* liar.

mentís *nm* denial.

mentón *nm Anat* chin.

menú *nm* menu.

menudillos *nmpl* giblets.

menudo,-a I *adj* minute, tiny; (*irónico*) tremendous; **la gente menuda**, the little ones *pl*; **¡m. lío/susto!**, what a mess/fright! II *adv* **a m.**, often.

meollo *nm* 1 *fig* (*quid*) essence. 2 (*miga*) crumb.

mercado *nm* market; **M. Común**, Common Market; **m. negro**, black market; **sacar algo al m.**, to put sth on the market.

mercadotecnia *nf* marketing.

mercancía *nf* commodity, goods *pl*.

mercante *adj* merchant; **barco/marina m.**, merchant ship/navy.

mercantil *adj* mercantile, commercial.

merced *nf fml* favour, *US* favor, grace; **a m. de**, at the mercy of.

mercenario,-a *adj & nm,f* mercenary.

mercería *nf* haberdasher's (shop), *US* notions store.

mercurio *nm* 1 *Quím* mercury, quicksilver. 2 **M.**, Mercury.

merecer [33] I *vtr* 1 to deserve. 2 (*uso impers*) **no merece la pena hacerlo**, it's not worth while doing it. II **merecerse** *vr* to deserve.

merecido,-a I *adj* deserved; **ella lo tiene m.**, (*recompensa*) she deserves it; (*castigo*) it serves her right. II *nm* just deserts *pl*.

merendar [1] I *vtr* to have as an afternoon snack, have for tea. II *vi* to have an afternoon snack, have tea.

merendero *nm* (*establecimiento*) tearoom, snack bar; (*en el campo*) picnic spot.

merengue *nm Culin* meringue.

merezco *indic pres* → **merecer**

meridiano,-a *nm* meridian.

meridional I *adj* southern. II *nmf* southerner.

merienda *nf* afternoon snack, tea.

mérito *nm* merit, worth; **hacer méritos para algo**, to strive to deserve sth.

merluza *nf* (*pez*) hake.

merma *nf* decrease, reduction.

mermar I *vtr* to cause to decrease *o* diminish. II *vi* to decrease, diminish. III **mermarse** *vr* to decrease, diminish.

mermelada *nf* 1 jam; **m. de fresa**, strawberry jam. 2 (*de agrios*) marmalade; **m. de naranja**, orange marmalade.

mero,-a *adj* mere, pure; **por el m. hecho de**, through the mere fact of.

merodear *vi* to prowl.
mes *nm* 1 month; **el m. pasado/que viene**, last/next month. 2 *(cobro)* monthly salary *o* wages *pl*; *(pago)* monthly payment. 3 *fam (menstruación)* period.
mesa *nf* 1 table; **poner/recoger la m.**, to set/clear the table; *(de despacho etc)* desk; **m. redonda**, round table. 2 *(junta directiva)* board, executive; **el presidente de la m.**, the chairman; **m. electoral**, electoral college.
meseta *nf* plateau, tableland, meseta; **la M.**, the plateau of Castile.
mesilla *nf* **m. de noche**, bedside table.
mesón *nm* old-style tavern.
mesonero,-a *nm,f* innkeeper.
mestizo,-a *adj & nm,f* half-breed, half-caste, mestizo.
mesura *nf fml* moderation, restraint.
meta *nf* 1 *(objetivo)* goal, aim, objective. 2 *(de carrera)* finish, finishing line. 3 *Ftb (portería)* goal.
metafísica *nf* metaphysics.
metáfora *nf* metaphor.
metal *nm* 1 metal; **metales preciosos**, precious metals. 2 *(timbre de la voz)* timbre. 3 *Mús* brass.
metálico,-a **I** *adj* metallic. **II** *nm* cash; **pagar en m.**, to pay (in) cash.
metalizado,-a *adj* metallic.
metalúrgico,-a **I** *adj* metallurgical. **II** *nm,f* metallurgist.
metedura *nf fam* **m. de pata**, blunder.
meteorito *nm* meteorite.
meteorología *nf* meteorology.
meteorológico,-a *adj* meteorological; **parte m.**, weather report.
meter **I** *vtr* 1 *(poner)* to put (**en**, in); *fig* **m. las narices en algo**, to poke one's nose into (**en**, in). 2 *(comprometer)* to involve (**en**, in), to get mixed up (**en**, in). 3 *fam fig (dar)* to give; **m. un rollo**, to go on and on; **m. prisa a algn**, to hurry sb up. 4 *(hacer)* to make; **m. ruido**, to make a noise. **II meterse** *vr* 1 *(entrar)* to go *o* come in, get into. 2 *(estar)* to be; **¿dónde te habías metido?**, where have you been (all this time)? 3 *(entrometerse)* to meddle. 4 **m. con algn**, *(en broma)* to get at sb.
meticuloso,-a *adj* meticulous.
metido,-a *adj fam* **estar muy m. en algo**, to be deeply involved in sth; **m. en años**, getting on (in years).
metódico,-a *adj* methodical.
método *nm* 1 method. 2 *Educ* course.
metodología *nf* methodology.
metomentodo *nmf inv fam* busybody.
metralleta *nf* sub machine-gun.
métrico,-a *adj* metric; **sistema m.**, metric system.
metro *nm* 1 *(medida)* metre, *US* meter. 2 *(tren)* underground, tube, *US* subway.
metrópoli *nf* metropolis.
metropolitano,-a **I** *adj* metropolitan. **II** *nm fml* underground, tube, *US* subway.
mexicano,-a *adj & nm,f* Mexican.
México *nm* Mexico.
mezcla *nf* 1 *(acción)* mixing, blending; *Rad Cin* mixing. 2 *(producto)* mixture, blend.
mezclar **I** *vtr* 1 *(dos o más cosas)* to mix, blend. 2 *(desordenar)* to mix up. 3 *(involucrar)* to involve, mix up. **II mezclarse** *vr* 1 *(cosas)* to get mixed up; *(gente)* to mingle. 2 *(relacionarse)* to get involved (**con**, with).
mezcolanza *nf fml* strange mixture, hotch-potch.
mezquino,-a *adj* 1 *(persona)* mean, stingy. 2 *(sueldo)* miserable.
mezquita *nf* mosque.
m/g *abr de* **miligramo**, milligramme, milligram, mg.
mi[1] *adj* my; **mi casa/trabajo**, my house/job; **mis cosas/libros**, my things/books.
mi[2] *nm Mús* E; **mi menor**, E minor.
mí *pron pers* me; **a mí me dio tres**, he gave me three; **compra otro para mí**, buy one for me too; **por mí mismo**, just by myself.
mía *adj & pron pos f* → **mío**.
miaja *nf* crumb; *fig* bit.
michelín *nm fam* spare tyre.
mico,-a *nm* 1 *Zool* long-tailed monkey. 2 *fam (pequeñajo)* little kid.
micra *nf (medida)* micron.
micro *nm fam* mike, microphone.
microbio *nm* microbe.
microbús *nm* minibus.
microchip *nm* (*pl* **microchips**) *Inform* microchip.
microficha *nf* microfiche.
micrófono *nm* microphone.
microonda *nf* **un (horno) microondas**, a microwave (oven).
microscopio *nm* microscope.
miedica *nmf fam* scaredy-cat.
miedo *nm (pavor)* fear; *(temor)* aprehension; **una película de m.**, a horror film; **tener m. de algo/algn**, to be afraid of sth/sb; *fam* **lo pasamos de m.**, we had a fantastic time; **un calor de m.**, sizzling heat.
miedoso,-a *adj* fearful.
miel *nf* honey; **luna de m.**, honeymoon.
miembro *nm* 1 *(socio)* member; **estado m.**, member state. 2 *Anat* limb; **m. viril**, penis.
mientras **I** *conj* 1 *(al mismo tiempo que)* while. 2 *(durante el tiempo que)* when, while; **m. viví en Barcelona**, when I lived in Barcelona. 3 **m. que**, *(por el contrario)* whereas. 4 **m. más/menos ...**, the more/less ... **II** *adv* **m. (tanto)**, meanwhile, in the meantime.
miércoles *nm inv* Wednesday; **M. de Ceniza**, Ash Wednesday.
mierda *nf vulg* 1 shit; **ese libro es una**

miga / **mismo**

m., that book is crap; **¡vete a la m.!**, piss off! 2 *fig* (*porquería*) dirt, filth. 3 (*borrachera*) bender.

miga *nf* (*de pan etc*) crumb; *fig* **hacer buenas migas con algn**, to get on well with sb.

migaja *nf* 1 (*de pan*) crumb. 2 *fig* bit, scrap. 3 **migajas**, (*del pan*) crumbs; *fig* leftovers.

migraña *nf Med* migraine.

mil *adj & nm* thousand; **m. pesetas**, a *o* one thousand pesetas.

milagro *nm* miracle.

milagroso,-a *adj* miraculous.

milano *nm Orn* kite; **m. real**, red kite.

milenario,-a I *adj* millenarian, millenial. II *nm* millenium.

milenio *nm* millenium.

milésimo,-a *adj & nm,f* thousandth.

mili *nf fam* military *o* national service; **hacer la m.**, to do one's military service.

milicia *nf* (*ejército*) militia; (*servicio militar*) military service.

milímetro *nm* millimetre, *US* millimeter.

militar I *adj* military. II *nm* military man, soldier. III *vi Pol* (*en un partido*) to be a member.

milla *nf* mile.

millar *nm* thousand.

millón *nm* million.

millonario,-a *adj & nm,f* millionaire.

mimar *vtr* to spoil, pamper.

mimbre *nm* wicker.

mimetismo *nm* mimicry.

mímica *nf* mimicry.

mimo *nm* 1 (*delicadeza*) care. 2 *fig* (*zalamería*) pampering. 3 *Teat* (*actor*) mime.

mina *nf* 1 mine; **ingeniero de minas**, mining engineer. 2 (*explosivo*) mine; **campo de minas**, minefield. 3 (*de lápiz*) lead; **lápiz de m.**, propelling pencil. 4 *fig* (*ganga*) gold mine.

minar *vtr* 1 *Mil Min* to mine. 2 *fig* (*desgastar*) to undermine.

mineral *adj* mineral. II *nm* ore.

minería *nf* 1 *Min* mining. 2 *Ind* mining industry.

minero,-a I *nm,f* miner. II *adj* mining.

miniatura *nf* miniature.

minifalda *nf* miniskirt.

minifundio *nm* smallholding.

mínima *nf* minimum temperature.

minimizar *vtr* to minimize.

mínimo,-a I *adj* 1 (*muy pequeño*) minute, tiny. 2 *Mat Téc* minimum, lowest; **m. común múltiplo**, lowest common denominator. II *nm* minimum; **como m.**, at least; **ni lo más m.**, not in the least.

minipimer® *nm o f* liquidizer, blender.

ministerio *nm* 1 *Pol* ministry, *US* department. 2 *Rel* ministry.

ministro,-a *nm,f* 1 *Pol* minister; **primer m.**, Prime Minister. 2 *Rel* minister.

minoría *nf* minority; *Jur* **m. de edad**, minority.

minoritario,-a *adj* minority.

minucioso,-a *adj* 1 (*persona*) meticulous. 2 (*informe, trabajo etc*) detailed.

minúsculo,-a *adj* miniscule, minute; **letra minúscula**, lower-case *o* small letter.

minusválido,-a I *adj* handicapped, disabled. II *nm,f* handicapped person, disabled person.

minuta *nf* 1 (*cuenta*) lawyer's bill. 2 (*menú*) menu.

minutero *nm* minute hand.

minuto *nm* minute.

mío,-a I *adj pos* of mine; **un amigo m.**, a friend of mine; **no es asunto m.**, it is none of my business. II *pron pos* mine; **ese libro es m.**, that book is mine; **lo m. es el tenis**, tennis is my strong point; *fam* **los míos**, my people *o* folks.

miope *nmf* myopic *o* short-sighted person.

miopía *nf* myopia, short-sightedness.

mira *nf* 1 *Téc* sight. 2 *fig* (*objetivo*) aim, target; **con miras a**, with a view to; **amplitud de miras**, broad-mindedness.

mirada *nf* look; **lanzar** *o* **echar una m.**, to glance at; **levantar la m.**, to raise one's eyes; **m. fija**, stare.

mirador *nm* 1 (*lugar con vista*) viewpoint. 2 (*balcón*) bay window, windowed balcony.

mirar *vtr* 1 to look at. 2 (*observar*) to watch. 3 **m. por algn/algo**, (*cuidar*) to look after sb/sth. 4 (*procurar*) to see; **mira que no le pase nada**, see that nothing happens to him. 5 (*dar a*) to look, face; **la casa mira al sur**, the house faces south.

mirilla *nf* spyhole, peephole.

mirlo *nm* blackbird.

misa *nf* mass.

misántropo,-a I *adj* misanthropic. II *nm,f* misanthrope, misanthropist.

miserable I *adj* 1 (*mezquino*) (*persona*) despicable; (*sueldo etc*) miserable. 2 (*pobre*) wretched, poor; **una vida m.**, a wretched life. II *nmf* 1 (*mezquino*) miser. 2 (*canalla*) wretch.

miseria *nf* 1 (*pobreza extrema*) extreme poverty. 2 (*insignificancia*) pittance; **ganar una m.**, to earn next to nothing. 3 (*tacañería*) miserliness, meanness.

misericordia *nf* mercy, compassion.

mísero,-a *adj* miserable, wretched.

misil *nm* missile; **m. tierra-aire**, surface-to-air missile.

misión *nf* mission; **m. cumplida**, mission accomplished.

misionero,-a *nm,f* missionary.

mismísimo,-a *adj superl fam* 1 (*preciso*) very; **en el m. centro**, right in the centre. 2 (*en persona*) in person.

mismo,-a I *adj* 1 same. 2 (*uso enfático*) **yo m.**, I myself; **aquí m.**, right here. II *pron* same; **es el m. de ayer**, it's the same one

misógino | 176 | **molesto**

as yesterday; **estamos en las mismas,** we're back to square one; **lo m.,** the same (thing); **dar** o **ser lo m.,** to make no difference; **por eso m.,** that is why; **por uno** o **sí m.,** by oneself. **III** *adv* **1** *(por ejemplo)* for instance; **que venga algn, Juan m.,** ask one of them to come, Juan, for instance. **2 así m.,** likewise.

misógino,-a I *adj* misogynous. **II** *nm,f* misogynist.

miss *nf* beauty queen.

míster *nm Ftb* coach, trainer.

misterio *nm* mystery.

misterioso,-a *adj* mysterious.

MIT *nm abr de* **Ministerio de Información y Turismo.**

mitad *nf* **1** half; **a m. de camino,** halfway there; **a m. de precio,** half price. **2** *(centro)* middle; **en la m. del primer acto,** half way through the first act; *fam* **eso me parte por la m.,** that really screws things up for me.

mítico,-a *adj* mythical.

mitigar [7] *vtr fml* to mitigate, palliate; *(luz)* to reduce.

mitin *nm Pol* meeting, rally.

mito *nm* myth.

mitología *nf* mythology.

mitote *nm Am (bulla)* uproar.

mixto *adj* mixed.

mobiliario *nm* furniture.

moca *nm* mocha, coffee.

mochila *nf* rucksack, backpack.

mochuelo *nm Zool* little owl.

moción *nf* motion; **m. de censura,** vote of censure.

moco *nm* snot; **sonarse los mocos,** to blow one's nose.

mocoso,-a *nm,f fam* brat.

moda *nf* **1** fashion; **a la m., de m.,** in fashion; **pasado de m.,** old-fashioned. **2** *(furor pasajero)* craze.

modales *nmpl* manners.

modalidad *nf* form, category; *Com* **m. de pago,** method of payment; *Dep* **m. deportiva,** sport.

modelar *vtr* to model, shape.

modélico,-a *adj* model.

modelo I *adj inv & nm* model. **II** *nmf* (fashion) model; **desfile de modelos,** fashion show.

modem *nm Inform Tel* modem.

moderación *nf* moderation.

moderado,-a *adj* moderate; **un m. aumento de temperatura,** a mild increase in temperature.

moderador,-a *nm,f* chairperson; *(hombre)* chairman; *(mujer)* chairwoman.

moderar I *vtr* **1** to moderate; *(velocidad)* to reduce. **2** *(debate)* to chair. **II moderarse** *vr* to be moderate.

modernizar [4] *vtr,* **modernizarse** *vr* to modernize.

moderno,-a *adj* modern.

modestia *nf* modesty; **m. aparte,** without wishing to be immodest.

modesto,-a *adj* modest.

módico,-a *adj* moderate; **una módica suma,** a modest o small sum.

modificar [1] *vtr* to modify.

modismo *nm* idiom.

modisto,-a *nm,f* **1** *(diseñador)* fashion designer. **2** *(sastre) (hombre)* couturier; *(mujer)* couturière.

modo *nm* **1** *(manera)* way, manner; **m. de empleo,** instructions for use; → **manera. 2 modos,** manners. **3** *Ling* mood.

modorra *nf (somnolencia)* drowsiness.

modoso,-a *adj* **1** *(educado)* well-behaved. **2** *(recatado)* modest.

modulación *nf* modulation.

modular *vtr* to modulate.

módulo *nm* module.

mofa *nf* mockery; **en tono de m.,** in a gibing tone.

mofarse *vr* to laugh (**de,** at), make fun (**de,** of).

moflete *nm* chubby cheek.

mogollón *nm arg* **1 m. de,** loads of; **me gusta un m.,** I like it loads. **2** *(confusión)* commotion; *(ruido)* racket.

moho *nm* **1** *Bot* mould, *US* mold. **2** *(de metales)* rust.

mohoso,-a *adj* **1** mouldy, *US* moldy. **2** *(oxidado)* rusty.

mojado,-a *adj (empapado)* wet; *(húmedo)* damp.

mojar I *vtr* **1** to wet; *(humedecer)* to damp; **m. pan en la leche,** to dip o dunk bread in one's milk. **2** *arg* **mojarla** to have it off. **II mojarse** *vr* to get wet.

mojón *nm* **1 m. kilométrico,** ≈ milestone. **2** *arg (mierda)* shit.

moka *nm* mocha.

molar I *vi fam* **me mola cantidad,** I really love it, it's brilliant. **II** *adj & nm Anat* molar.

molde *nm* mould, *US* mold; **letras de m.,** printed letters; **pan de m.,** ≈ sliced bread.

moldeador *nm (del pelo)* wave.

moldear *vtr* to mould, *US* mold.

mole *nf* mass, bulk.

molécula *nf* molecule.

moler [4] *vtr* **1** *(triturar)* to grind. **2 m. a algn a golpes,** to beat sb up.

molestar I *vtr* **1** *(incomodar)* to disturb, bother. **2** *fml* to bother; **¿le molestaría esperar fuera?,** would you mind waiting outside? **3** *(causar malestar)* to hurt. **II molestarse** *vr* **1** *(tomarse la molestia)* to bother. **2** *(ofenderse)* to take offence o *US* offense, get upset.

molestia *nf* **1** bother; **no es ninguna m.,** it is no trouble at all; **perdone las molestias,** forgive the inconvenience. **2** *Med (dolor)* trouble, slight pain.

molesto,-a *adj* **1** *(irritante)* annoying,

molinillo / **morder**

upsetting. 2 **estar m. con algn,** *(enfadado)* to be annoyed *o* upset with sb.
molinillo *nm* grinder.
molino *nm* mill; **m. de agua,** watermill; **m. de viento,** windmill.
mollera *nf fam* brains *pl*; **duro de m.,** *(tonto)* dense, thick; *(testarudo)* pigheaded.
molón,-ona *adj arg* flashy, showy.
momentáneo,-a *adj* momentary.
momento *nm* 1 *(instante)* moment; **al m.,** at once; **por momentos,** by the minute. 2 *(período)* time; **de m.,** for the time being; **en cualquier m.,** at any time.
momia *nf* mummy.
mona *nf fam* **coger una m.,** to get drunk; **dormir la m.,** to sleep it off.
monada *nf fam* **¡qué m.!,** how cute!
monaguillo *nm Rel* altar boy.
monarca *nmf* monarch.
monarquía *nf* monarchy.
monasterio *nm Rel* monastery.
monda *nf* 1 *(piel)* peel, skin. 2 *fam* **ser la m.,** *(divertido)* to be a scream.
mondadientes *nm inv* toothpick.
mondar I *vtr* to peel. II **mondarse** *vr fam* **m. (de risa),** to laugh one's head off.
moneda *nf* 1 *(pieza)* coin; **m. suelta,** small change; **acuñar m.,** to mint money. 2 *Fin* currency.
monedero *nm* purse.
monería *nf* → **monada.**
monetario,-a *adj* monetary.
mongol I *adj* Mongolian. II *nmf (persona)* Mongolian. II *nm (idioma)* Mongolian.
mongólico,-a *Med* I *adj* Down's syndrome. II *nm,f* **ser m.,** to have Down's syndrome.
monigote *nm* 1 *pey (persona)* wimp. 2 *(dibujo)* rough drawing *o* sketch (of a person).
monitor,-a *nm,f* monitor; *(profesor)* instructor.
monja *nf* nun.
monje *nm* monk.
mono,-a I *nm* 1 monkey. 2 *(prenda) (de trabajo)* boiler suit, overalls *pl*; *(de vestir)* catsuit. 3 *arg (droga)* cold turkey. II *adj fam (bonito)* pretty, cute.
monográfico,-a I *adj* monographic. II *nm* monograph.
monólogo *nm* monologue.
monopolio *nm* monopoly.
monopolizar [4] *vtr* to monopolize.
monótono,-a *adj* monotonous.
monserga *nf fam* drag.
monstruo *nm* 1 monster. 2 *(genio)* genius.
monstruoso,-a *adj* 1 *(repugnante)* monstrous. 2 *(enorme)* massive, huge.
monta *nf fig* **de poca m.,** of little importance.
montacargas *nm inv* service lift, *US* freight elevator.
montado-a I *adj (nata)* whipped. II *nm* sandwich.
montador,-a *nm,f* 1 *(operario)* fitter. 2 *Cin TV* film editor. 3 *Teat* producer.
montaje *nm* 1 *Téc (instalación)* fitting; *(ensamblaje)* assembling; **cadena de m.,** assembly line. 2 *Cin* editing and mounting. 3 *Teat* staging. 4 *Fot* montage. 5 *fam (farsa)* farce.
montaña *nf* mountain; **m. rusa,** big dipper.
montañismo *nm* mountaineering.
montañoso,-a *adj* mountainous.
montante *nm* 1 *Fin* amount. 2 *(de puerta)* post.
montar I *vi* 1 *(subirse)* to get in; *(en bici, a caballo)* to ride. 2 *Fin (ascender)* **m. a,** to amount to, come to. II *vtr* 1 *(colocar)* to put on. 2 *(máquina etc)* to assemble, *(negocio)* to set up, start. 3 *Culin* to whip. 4 *Cin Fot (película)* to edit, mount; *(fotografía)* to mount. 5 *Teat (obra)* to stage, mount. 6 *Zool (cubrir)* to mount. III **montarse** *vr* 1 *(subirse)* to get on; *(en coche)* to get in (**en**, to). 2 *fam (armarse)* to break out. 3 *arg* **montárselo bien,** to have things (nicely) worked out *o* set up.
monte *nm* 1 *(montaña)* mountain; *(con nombre propio)* mount; **de m.,** wild. 2 **el m.,** *(zona)* the hills.
montés,-a *adj (animal)* wild.
monto *nm* total.
montón *nm* heap, pile; **un m. de,** a load of; *arg* **me gusta un m.,** I really love it; *fam* **del m.,** run-of-the-mill, nothing special.
montura *nf* 1 *(cabalgadura)* mount. 2 *(de gafas)* frame.
monumento *nm* monument.
monzón *nm* monsoon.
moño *nm (de pelo)* bun.
MOPU *nm abr de* **Ministerio de Obras Públicas y Urbanismo,** ≈ Ministry of Public Works.
moquear *vi* to have a runny nose.
moqueta *nf* fitted carpet.
mora *nf (zarzamora)* blackberry.
morado,-a I *adj* purple; *fam* **pasarlas moradas,** to have a tough time; **ponerse m.,** to stuff oneself. II *nm* purple.
moral I *adj* moral. II *nf* 1 *(ética)* morals *pl*. 2 *(ánimo)* morale, spirits *pl*; **levantar la m. a algn,** raise sb's spirits.
moraleja *nf* moral.
moralista I *adj* moralistic. II *nmf* moralist.
moratoria *nf* moratorium.
morbo *nm fam (interés malsano)* morbid curiosity.
morboso,-a *adj (malsano)* morbid.
morcilla *nf* black pudding; *fam* **que le den m.,** he can drop dead for all I care.
mordaz *adj* biting.
mordaza *nf* gag.
mordedura *nf* bite.
morder [4] *vtr* to bite; **me ha mordido,** it

has bitten me; *fig* **m. el anzuelo**, to take the bait.
mordida *nf Am (soborno)* bribe.
mordisco *nm* bite.
mordisquear *vtr* to nibble (at).
moreno,-a I *adj* **1** *(pelo)* dark-haired; *(piel)* dark-skinned. **2** *(bronceado)* tanned; **ponerse m.**, to get a suntan; **pan/azúcar m.**, brown bread/sugar. **II** *nm,f (persona) (de pelo)* dark-haired person; *(de piel)* dark-skinned person.
morera *nf Bot* white mulberry.
moretón *nm fam* bruise.
morfina *nf* morphine.
morfinómano,-a I *nm,f* morphine addict. **II** *adj* addicted to morphine.
morgue *nf Am* morgue.
moribundo,-a *adj & nm,f* moribund.
morir [7] **I** *vi* **1** to die; **m. de frío/hambre/cáncer**, to die of cold/hunger/cancer; **m. de amor** *o* **pena**, to die from a broken heart. **II morirse** *vr* to die; **m. de hambre**, to starve to death; *fig* to be starving; **m. de aburrimiento**, to be bored to death; **m. de ganas (de hacer algo)**, to be dying (to do sth); **m. de risa**, to die laughing.
mormón,-ona *adj & nm,f* Mormon.
moro,-a *adj nm,f* **1** *Hist* Moor; *fam* **no hay moros en la costa**, the coast is clear. **2** *pey (musulmán)* Muslim; *(árabe)* Arab.
morocho,-a *adj Am (moreno)* swarthy.
moroso,-a *nm,f* bad debtor.
morral *nm* **1** *(para pienso)* nosebag. **2** *Mil* haversack; *(de cazador)* gamebag.
morralla *nf* **1** *(cosas sin valor)* rubbish, junk. **2** *(chusma)* scum.
morrear *vtr,* **morrearse** *vr vulg* to snog.
morreo *nm vulg* snog.
morro *nm* **1** *(de animal) (hocico)* snout. **2** *fam (de persona)* mouth, (thick) lips; **caerse de m.**, to fall flat on one's face; **por los morros**, without so much as a by your leave; *fam* **¡vaya m.!**, what a cheek! **3** *(de coche)* nose.
morrón *adj* **pimiento m.**, (fleshy) red pepper.
morsa *nf* walrus.
morse *nm* morse.
mortadela *nf* mortadella.
mortaja *nf* shroud.
mortal I *adj* **1** mortal. **2** *(mortífero)* fatal; **un accidente m.**, a fatal accident. **II** *nmf* mortal.
mortalidad *nf* mortality; **índice de m.**, death rate.
mortandad *nf* death toll.
mortecino,-a *adj* colourless, *US* colorless.
mortero *nm Culin Mil* mortar.
mortífero,-a *adj* deadly, lethal.
mortificar [1] *vtr* to mortify.
mortuorio,-a *adj* death; **lecho m.**, deathbed.

moruno,-a *adj* Moorish; *Culin* **pincho m.**, ≈ kebab.
mosaico *nm* mosaic.
mosca *nf* fly; **peso m.**, flyweight; *fam* **estar m.**, *(suspicaz)* to be suspicious; *(borracho)* to be pissed; *fam* **por si las moscas**, just in case; *fam* **¿qué m. te ha picado?**, what's biting you?
moscada *adj* **nuez m.**, nutmeg.
moscardón *nm* **1** *Ent* blowfly. **2** *fam (pesado)* pest.
moscovita *adj & nmf* Muscovite.
Moscú *n* Moscow.
mosquearse *vr fam* **1** *(enfadarse)* to get cross. **2** *(sospechar)* to smell a rat.
mosquetero *nm Hist* musketeer.
mosquitero *nm (red)* mosquito net.
mosquito *nm* mosquito.
mostaza *nf Bot Culin* mustard.
mosto *nm (bebida)* grape juice; *(del vino)* must.
mostrador *nm* **1** *(de tienda)* counter. **2** *(de bar)* bar.
mostrar I *vtr* to show; **muéstramelo**, show it to me. **II mostrarse** *vr* to be; **se mostró muy comprensiva**, she was very understanding.
mostrenco,-a I *nm,f* **1** *(ignorante)* blockhead. **2** *(gordo)* very fat person. **II** *adj (sin dueño)* ownerless; **bienes mostrencos**, ownerless property.
mota *nf* speck.
mote[1] *nm (apodo)* nickname; **poner m. a algn**, to give sb a nickname.
mote[2] *nm Am* boiled salted maize *o US* corn.
moteado,-a *adj* dotted.
motín *nm (amotinamiento)* mutiny; *(disturbio)* riot.
motivación *nf* motivation.
motivar *vtr* **1** *(causar)* to cause, give rise to. **2** *(inducir)* to motivate.
motivo *nm* **1** *(causa)* reason; *(usu pl)* grounds *pl*; **con este** *o* **tal m.**, for this reason; **con m. de**, on the occasion of; **sin m.**, for no reason at all; **bajo ningún m.**, under no circumstances. **2** *Art Mús* motif, leitmotif.
moto *nf Aut* motorbike.
motocicleta *nm* motorbike.
motociclismo *nm* motorcycling.
motociclista *nmf* motorcyclist.
motocross *nm* motocross.
motor,-a I *nm (grande)* engine; *(pequeño)* motor; **m. de reacción**, jet engine; **m. de explosión**, internal combustion engine; **m. eléctrico**, electric motor. **II** *adj Téc* motive.
motora *nf* motorboat.
motorista *nmf* motorcyclist.
motorizar [4] **I** *vtr* to motorize. **II motorizarse** *vr fam* to get oneself a car *o* motorbike.
motosierra *nf* power saw.

motriz *adj* fuerza m., motive power.
movedizo,-a *adj* arenas movedizas, quicksand *sing*.
mover [4] **I** *vtr* 1 to move; **m. algo de su sitio**, to move sth out of its place. 2 *(hacer funcionar)* to drive; **el motor mueve el coche**, the engine drives the car. **II moverse** *vr* 1 to move. 2 *fam (gestionar)* to do everything possible. 3 *(darse prisa)* to hurry up; **¡muévete!**, get a move on!
movida *nf arg* hay mucha m., there's a lot going on.
movido,-a *adj* 1 *Fot* blurred. 2 *(ocupado)* busy.
móvil I *adj* mobile; *TV Rad* **unidad m.**, outside broadcast unit. **II** *nm (de delito)* motive.
movilización *nf* mobilization.
movilizar [4] *vtr* to mobilize.
movimiento *nm* 1 *gen* movement; *Fís Téc* motion; **(poner algo) en m.**, (to set sth) in motion; **m. sísmico**, earth tremor. 2 *(actividad)* activity. 3 *Com Fin (entradas y salidas)* operations. 4 *Esp Hist* **el M.**, the Falangist Movement.
moviola *nf Cin TV* 1 *(cámara)* editing projector. 2 *(repetición)* action replay.
moza *nf* lass, young girl.
mozo *nm* 1 lad, boy. 2 *(de estación)* porter; *(de hotel)* bellboy, *US* bellhop. 3 *Mil* conscript.
mucamo,-a *nm,f Am* servant.
muchacha *nf* girl.
muchacho *nm* boy.
muchedumbre *nf (de gente)* crowd.
mucho,-a I *adj* 1 *sing (usu en frases afirmativas)* a lot of, lots of; *(usu en frases neg)* much; **m. tiempo**, a long time; **tengo m. sueño/mucha sed**, I am very sleepy/thirsty; **hay m. tonto suelto**, there are lots of idiots around; **¿bebes m. café? - no, no m.**, do you drink a lot of coffee?; - no, not much. 2 *(demasiado)* **es m. coche para mí**, this car is a bit too much for me. 3 **muchos,-as**, *(usu en frases afirmativas)* a lot of, lots of; *(usu en frases neg)* many; **tiene m. años**, he is very old. **II** *pron* 1 a lot, a great deal; **¿cuánta leche queda? - mucha**, how much milk is there left? - a lot. 2 **muchos,-as**, a lot, lots, many; **¿cuántos libros tienes? - muchos**, how many books have you got? - lots *o* a lot; **muchos creemos que ...**, many of us believe that ...
III *adv* 1 a lot, very much; **lo siento m.**, I'm very sorry; **como m.**, at the most; **con m.**, by far; **m. antes/después**, long before/after; **¡ni m. menos!**, no way!; **por m. (que)** + *subj*, however much. 2 *(tiempo)* **hace m. que no viene por aquí**, he has not been to see us for a long time. 3 *(a menudo)* often; **vamos m. al cine**, we go to the cinema quite often.
muda *nf (de ropa)* change of clothes.

mudanza *nf* move; **estar de m.**, to be moving; **camión de m.**, removal van.
mudar I *vtr* 1 *(ropa)* to change. 2 *(plumas, pelo)* to moult, *US* molt; *(piel)* to shed, slough. **II mudarse** *vr* **m. de casa/ropa** to move house/to change one's clothes.
mudo,-a I *adj* 1 *(que no habla)* dumb; **cine m.**, silent films *pl*. 2 *fig (callado)* speechless. **II** *nm,f* mute.
mueble I *nm* piece of furniture; **muebles**, furniture *sing*; **con/sin muebles**, furnished/unfurnished; **m. bar**, cocktail cabinet. **II** *adj* movable.
mueca *nf* 1 *(de burla)* mocking face; **hacer muecas**, to pull faces. 2 *(de dolor, asco)* grimace.
muela *nf* 1 *Anat* molar; **dolor de muelas**, toothache; **m. del juicio**, wisdom tooth. 2 *Téc (de molino)* millstone.
muelle¹ *nm* spring.
muelle² *nm Náut* dock.
muermo *nm fam (tedio)* boredom; *(rollo)* drag.
muerte *nf* death; **m. natural**, natural death; **dar m. a algn**, to kill sb; **odiar a algn a m.**, to loathe sb; *fam* **de mala m.**, lousy, rotten; *fam* **un susto de m.**, the fright of one's life.
muerto,-a I *adj* 1 dead; **caer m.**, to drop dead; **m. de hambre**, starving; **m. de frío**, frozen to death; **m. de miedo**, scared stiff; **m. de risa**, laughing one's head off; **horas muertas**, spare time; *Aut* **(en) punto m.**, (in) neutral. **II** *nm,f* 1 *(difunto)* dead person; **hacerse el m.**, to pretend to be dead; *fam* **cargar con el m.**, to do the dirty work. 2 *(víctima)* fatality; **hubo dos muertos**, two (people) died.
muesca *nf* notch.
muestra *nf* 1 *(espécimen)* sample, specimen. 2 *(modelo a copiar)* model. 3 *(prueba, señal)* **dar muestras de**, to show signs of; **m. de cariño/respeto**, token of affection/respect; **una m. más de ...**, yet another example of ...
muestral *adj* **error m.**, margin of error.
muestreo *nm* sampling.
mugido *nm (de vaca)* moo; *(de toro)* bellow.
mugir [6] *vi (vaca)* to moo, low; *(toro)* to bellow.
mugre *nf* filth.
mugriento,-a *adj* filthy.
mujer *nf* 1 woman; **dos mujeres**, two women; **m. de la limpieza**, cleaner; **m. de su casa**, houseproud woman. 2 *(esposa)* wife; **su futura m.**, his bride-to-be.
mujeriego I *adj* woman-chasing. **II** *nm* womanizer, woman chaser.
muleta *nf* 1 *(prótesis)* crutch. 2 *Taur* muleta.
muletilla *nf* pet word *o* phrase.
mullido,-a *adj* soft.

mulo *nm* mule.
multa *nf* fine; *Aut* ticket.
multar *vtr* to fine.
multi- *pref* multi-.
multicolor *adj* multicoloured, *US* multicolored.
multicopista *nf* duplicator.
multilateral *adj* multilateral.
multinacional *adj & nf* multinational.
múltiple *adj* 1 multiple; **accidente m.**, pile up. 2 **múltiples**, *(muchos)* many. II *nm* world championship.
multiplicación *nf Mat* multiplication.
multiplicar [1] I *vtr & vi* to multiply (**por**, by). II **multiplicarse** *vr (reproducirse, aumentar)* to multiply.
múltiplo,-a *adj & nm* multiple.
multirriesgo *adj inv* **póliza m.**, multiple risk policy.
multitud *nf* 1 *(de personas)* crowd. 2 *(de cosas)* multitude.
mundano,-a *adj* mundane.
mundial I *adj* worldwide; **campeón m.**, world champion; **de fama m.**, world-famous. II *nm* world championship.
◆**mundialmente** *adv* **m. famoso**, world-famous worldwide.
mundo *nm* world; **todo el m.**, everyone; **correr** *o* **ver m.**, to travel widely; **nada del otro m.**, nothing special; **el otro m.**, the hereafter.
muñeca *nf* 1 wrist. 2 *(juguete, muchacha)* doll.
muñeco *nm (juguete)* (little) boy doll; **m. de trapo**, rag doll; **m. de nieve**, snowman.
muñequera *nf* wristband.
munición *nf* ammunition.
municipal I *adj* municipal. II *nm (municipal)* policeman.
municipio *nm* 1 *(territorio)* municipality. 2 *(ayuntamiento)* town council.
muñón *nm Anat* stump.
muralla *nf* wall.
Murcia *n* Murcia.
murciélago *nm Zool* bat.
murmullo *nm* murmur.
murmuración *nf* gossip.
murmurar *vi* 1 *(criticar)* to gossip. 2 *(susurrar)* to whisper; *(refunfuñar)* to grumble. 3 *fig (río)* to murmur.
muro *nm* wall.
murrio,-a *adj fam* sad, blue.
musa *nf* muse.
musaraña *nf fam* **estar mirando a** *o* **pensando en las musarañas**, to be daydreaming *o* in the clouds.
musculatura *nf* musculature; **desarrollar la m.**, to develop one's muscles.
músculo *nm* muscle.
musculoso,-a *adj* muscular.
museo *nm* museum; **m. de arte** *o* **pintura**, art gallery.
musgo *nm* moss.
música *nf* music; **m. clásica**, classical music; **m. de fondo**, background music.
musical I *adj* musical. II *nm* musical.
músico,-a I *adj* musical. II *nm,f* musician.
muslo *nm* thigh.
mustio,-a *adj* 1 *(plantas)* wilted, withered. 2 *(persona)* sad, gloomy.
musulmán,-ana *adj & nm,f* Muslim, Moslem.
mutación *nf Biol* mutation.
mutilación *nf* mutilation.
mutilado,-a *nm,f* disabled person; **m. de guerra**, disabled serviceman.
mutilar *vtr* to mutilate.
mutis *nm Teat* exit.
mutua *nf* mutual benefit society.
mutualidad *nf* 1 *(reciprocidad)* mutuality. 2 *(asociación)* mutual benefit society.
mutuo,-a *adj* mutual.
muy *adv* very; **m. bueno/malo**, very good/bad; **¡m. bien!**, very good!; **m. mucho**, very much; **M. señor mío**, Dear Sir; **m. de los andaluces**, typically Andalusian; **m. de mañana/noche**, very early/late.

N

N, n |'ene| *nf (la letra)* N, n.
N *abr de* **Norte**, North, N.
n/ *abr de* **nuestro,-a**, our.
nabo *nm* 1 *Bot* turnip. 2 *vulg (pene)* prick.
nácar *nm* mother-of-pearl.
nacer [33] *vi* 1 to be born; **al n.**, at birth; **nací en Montoro**, I was born in Montoro; *fam fig* **n. de pie**, to be born under a lucky star. 2 *(pájaro)* to hatch (out). 3 *(pelo)* to begin to grow. 4 *(río)* to rise.
nacido,-a *adj* born; **n. de padre español**, born of a Spanish father; **recién n.**, newborn; *fig* **mal n.**, despicable, mean.
naciente *adj (nuevo)* new, recent; *(sol)* rising.
nacimiento *nm* 1 birth; **sordo de n.**, deaf from birth; **lugar de n.**, birthplace, place of birth. 2 *fig (principio)* origin, beginning; *(de río)* source. 3 *(belén)* Nativity scene, crib.
nación *nf* nation; **las Naciones Unidas**, the United Nations.
nacional I *adj* 1 national. 2 *(producto, mercado)* domestic; **vuelos nacionales**, domestic flights. II *nmf* national; *Hist* **los nacionales**, the Francoist forces.
nacionalidad *nf* nationality.
nacionalismo *nm* nationalism.

nacionalista *adj & nmf* nationalist.
nacionalizar |4] **I** *vtr* **1** *Econ (banca, industria)* to nationalize. **2** *(naturalizar)* to naturalize. **II nacionalizarse** *vr* to become naturalized; **n. español,** to take up Spanish citizenship.
nada I *pron* **1** *(como respuesta)* nothing; **qué quieres? - n.,** what do you want? - nothing. **2** *(con verbo)* not ... anything; *(enfático)* nothing; **no sé n.,** I don't know anything; **yo no digo n.,** I'm saying nothing. **3** *(con otro negativo)* anything; **no hace nunca n.,** he never does anything; **nadie sabía n.,** nobody knew anything. **4** *(en ciertas construcciones)* anything; **más que n.,** more than anything; **sin decir n.,** without saying anything; **casi n.,** hardly anything. **5 gracias, - de n.,** thanks, - don't mention it; *fam* **para n.,** not at all; **casi n.,** almost nothing; **como si n.,** just like that; **un rasguño de n.,** an insignificant little scratch; **n. de eso,** nothing of the kind; **n. de n.,** nothing at all; **n. más verla,** as soon as he saw her. **II** *adv* not at all; **no me gusta n.,** I don't like it at all; **no lo encuentro n. interesante,** I don't find it remotely interesting. **III** *nf* nothingness; **salir de la n.,** to come out of nowhere.
nadar *vi* **1** *Dep* to swim; **n. a braza,** to do the breaststroke. **2** *(flotar)* to float.
nadador,-a *nm,f* swimmer.
nadie I *pron* **1** *(como respuesta)* no-one, nobody; **quién vino? - n.,** who came? - no-one. **2** *(con verbo)* not ... anyone, anybody; *(enfático)* no-one, nobody; **no conozco a n.,** I don't know anyone *o* anybody; **no vi a n.,** I saw no-one. **3** *(con otro negativo)* anyone, anybody; **nunca habla con n.,** he never speaks to anybody. **4** *(en ciertas construcciones)* anybody, anyone; **más que n.,** more than anyone; **sin decírselo a n.,** without telling anyone; **casi n.,** hardly anyone. **II** *nm* nobody; **ser un don n.,** to be a nobody.
nado (a) *loc adv* swimming; **cruzar** *o* **pasar a n.,** to swim across.
nafta *nf Am (gasolina)* petrol, *US* gasoline.
nailon *nm* nylon; **medias de n.,** nylons *pl.*
naipe *nm* playing card.
nalga *nf* buttock; **nalgas,** bottom *sing,* buttocks.
nana *nf* lullaby.
napalm *nm* napalm.
napias *nfpl fam* snout *sing.*
Nápoles *n* Naples.
napolitano,-a *adj & nm,f* Neapolitan.
naranja I *nf* orange; *fig* **mi media n.,** my better half. **II** *adj & nm (color)* orange.
naranjada *nf* orangeade.
naranjo *nm* orange tree.
narciso *nm* **1** *(blanco)* narcissus; *(amarillo)* daffodil. **2** *fig (hombre)* narcissist.

narcótico *nm* narcotic; *(droga)* drug.
narcotizar |4] *vtr (drogar)* to drug.
narcotraficante *nmf* drug trafficker.
narcotráfico *nm* drug trafficking.
nariz *nf* **1** nose; *fam* **me da en la n. que ...,** I've got this feeling that .... **2** *fam* **narices,** nose *sing; fam* **en mis (propias) narices,** right under my very nose; *fam* **estar hasta las narices de,** to be totally fed up with; *fam* **meter las narices en algo,** to poke one's nose into sth; *fam* **por narices,** because I say so; *fam* **tocarle a algn las narices,** to get on sb's wick.
narración *nf* narration.
narrar *vtr* to narrate, tell.
narrativo,-a *adj & nf* narrative.
nata *nf* **1** cream; **n. batida/montada,** whipped cream. **2** *(de leche hervida)* skin. **3** *fig* cream, best.
natación *nf Dep* swimming.
natal *adj* **mi país n.,** my native country; **su pueblo n.,** his home town.
natalicio *nm* birthday.
natalidad *nf* birth rate; **control de n.,** birth control.
natillas *nfpl Culin* custard *sing.*
natividad *nf* Nativity.
nativo,-a *adj & nm,f* native.
nato,-a *adj* born.
natura *nf lit* nature; **contra n.,** against nature.
natural I *adj* natural; *(fruta, flor)* fresh; **de tamaño n.,** life-size; **en estado n.,** in its natural state; *Jur* **hijo n.,** illegitimate child. **II** *nmf* native.
naturaleza *nf* **1** nature; **en plena n.,** in the wild, in unspoilt countryside; *Arte* **n. muerta,** still life. **2** *(complexión)* physical constitution.
naturalidad *nf (sencillez)* naturalness; **con n.,** naturally, straightforwardly.
naturalismo *nm* naturalism.
naturalista I *adj* naturalistic. **II** *nmf* naturalist.
naturalización *nf* naturalization.
naturalizar [4] **I** *vtr* to naturalize. **II naturalizarse** *vr* to become naturalized.
naturalmente *adv* naturally; **¡n.!,** of course!
naturismo *nm* naturism.
naturista *nmf* naturist.
naufragar |7] *vi (barco)* to sink, be wrecked; *(persona)* to be shipwrecked.
naufragio *nm Náut* shipwreck.
náufrago,-a *nm,f* shipwrecked person, castaway.
náusea *nf (usu pl)* nausea, sickness; **me da n.,** it makes me sick; **sentir náuseas,** to feel sick.
nauseabundo,-a *adj* nauseating, sickening.
náutico,-a *adj* nautical.
navaja *nf* **1** *(cuchillo)* penknife, pocket-

navajada 182 **neto**

knife; **n. de afeitar,** razor. 2 *(molusco)* razor-shell.
navajada *nf,* **navajazo** *nm* stab, gash.
navajero *nm fam* thug.
naval *adj* naval.
Navarra *n* Navarre.
navarro,-a I *adj* Navarrese, of *o* from Navarre. **II** *nm,f* native *o* inhabitant of Navarre.
nave *nf* 1 ship; **n. (espacial),** spaceship, spacecraft. 2 *Ind* plant, building. 3 *(de iglesia)* nave; **n. lateral,** aisle.
navegable *adj* navigable.
navegación *nf* navigation; **n. costera,** coastal shipping.
navegar [7] *vi* 1 to navigate, sail. 2 *Av* to navigate, fly.
Navidad(es) *nf(pl)* Christmas; **árbol de Navidad,** Christmas tree; **Feliz Navidad/Felices Navidades,** Merry Christmas.
navideño,-a *adj* Christmas.
navío *nm* ship.
nazi *adj & nmf* Nazi.
nazismo *nm* Nazism.
n/c., n/cta. *abr de* **nuestra cuenta,** our account, our acct.
neblina *nf* mist, thin fog.
nebulosa *nf Astron* nebula.
nebuloso,-a *adj* 1 *Meteor* cloudy, hazy. 2 *fig* nebulous, vague.
necedad *nf* 1 *(estupidez)* stupidity, foolishness. 2 *(tontería)* stupid thing to say *o* to do.
necesario,-a *adj* necessary; **es n. hacerlo,** it has to be done; **es n. que vayas,** you must go; **no es n. que vayas,** there is no need for you to go; **si fuera n.,** if need be.
neceser *nm (de aseo)* toilet bag; *(de maquillaje)* make-up bag.
necesidad *nf* 1 necessity, need; **artículos de primera n.,** essentials; **por n.,** of necessity; **tener n. de,** to need. 2 *(pobreza)* poverty, hardship. 3 **hacer sus necesidades,** to relieve oneself.
necesitado,-a I *adj (pobre)* needy, poor; **n. de,** in need of. **II** *npl* **los necesitados,** the needy.
necesitar *vtr* to need; '**se necesita chico**', *(en anuncios)* 'boy wanted'.
necio,-a I *adj* silly, stupid. **II** *nm,f* fool, idiot.
necrología *nf* obituary.
néctar *nm* nectar.
nectarina *nf* nectarine.
neerlandés,-esa I *adj* Dutch, of *o* from the Netherlands. **II** *nm,f (persona) (hombre)* Dutchman; *(mujer)* Dutchwoman; **los neerlandeses,** the Dutch. **III** *nm (idioma)* Dutch.
nefasto,-a *adj* 1 *(perjudicial)* harmful. 2 *(funesto)* unlucky, ill-fated. 3 *(inútil)* hopeless.

negación *nf* 1 negation. 2 *(negativa)* denial; *(rechazo)* refusal. 3 *Ling* negative.
negado,-a I *adj* **ser n. para algo,** to be hopeless *o* useless at sth. **II** *nm,f* nohoper.
negar [1] **I** *vtr* 1 to deny; **negó haberlo robado,** he denied stealing it. 2 *(rechazar)* to refuse, deny; **le negaron la beca,** they refused him the grant. **II negarse** *vr* to refuse (**a,** to).
negativa *nf* denial.
negativo,-a *adj & nm* negative.
negligencia *nf* negligence.
negociación *nf* negotiation.
negociador,-a *adj* negotiating; **comité n.,** negotiating commitee.
negociante *nmf* dealer; *(hombre)* businessman; *(mujer)* businesswoman.
negociar [12] **I** *vtr Fin Pol* to negotiate. **II** *vi (comerciar)* to do business, deal.
negocio *nm Com Fin* business; *(transacción)* deal, transaction; *(asunto)* affair; **hombre de negocios,** businessman; **mujer de negocios,** businesswoman.
negra *nf* 1 *fig (mala suerte)* bad luck; **tener la n.,** to be very unlucky. 2 *Mús* crotchet, *US* quarter note.
negrilla, negrita *adj & nf Impr* bold (face).
negro,-a I *adj* 1 black; **estar n.,** *(bronceado)* to be suntanned. 2 *fig (suerte)* awful; *(desesperado)* desperate; *(furioso)* furious; **verlo todo n.,** to be very pessimistic; **vérselas negras para hacer algo,** to have a tough time doing sth. **II** *nm,f (hombre)* black; *(mujer)* black (woman). **III** *nm (color)* black.
nene,-a *nm,f (niño)* baby boy; *(niña)* baby girl.
nenúfar *nm Bot* water lily.
neocelandés,-esa I *adj* of *o* from New Zealand. **II** *nm,f* New Zealander.
neoclásico,-a *adj Arte Lit* neoclassic, neoclassical.
neologismo *nm* neologism.
neón *nm* neon.
neoyorkino,-a I *adj* of *o* from New York. **II** *nm,f* New Yorker.
neozelandés,-esa *adj & nm,f* → **neocelandés,-esa.**
nepotismo *nm* nepotism.
Neptuno *n* Neptune.
nervio *nm* 1 *Anat Bot* nerve; *(de la carne)* sinew. 2 *fig (fuerza, vigor)* nerve, courage. 3 **nervios,** nerves; **ataque de n.,** a fit of hysterics; **ser un manojo de n.,** to be a bundle of nerves; **tener los nervios de acero,** to have nerves of steel.
nerviosismo *nm* nerves *pl.*
nervioso,-a *adj* 1 nervous; **poner n. a algn,** to get on sb's nerves. 2 *(inquieto)* fidgety.
neto,-a *adj* 1 *(peso, cantidad)* net. 2 *(nítido)* neat, clear.

neumático,-a I *adj* pneumatic. **II** *nm* tyre, *US* tire; **n. de recambio,** spare tyre.

neumonía *nf* pneumonia.

neurálgico,-a *adj* neuralgic; *fig* **punto n.,** nerve centre.

neurólogo,-a *nm,f* neurologist.

neurosis *nf* neurosis.

neurótico,-a *adj & nm,f* neurotic.

neutral *adj* neutral.

neutralidad *nf* neutrality.

neutralizar [4] *vtr* to neutralize.

neutro,-a *adj* 1 *(imparcial)* neutral. 2 *Ling* neuter.

neutrón *nm Fís* neutron; **bomba de neutrones,** neutron bomb.

nevada *nf* snowfall.

nevar [1] *v impers* to snow.

nevera *nf* 1 *(frigorífico)* refrigerator, *fam* fridge. 2 *(portátil)* cool box.

nexo *nm* connection, link.

ni *conj* 1 no ... ni, ni ... ni, neither ... nor, not ... or; **no tengo tiempo ni dinero,** I have got neither time nor money; **ni ha venido ni ha llamado,** he hasn't come or phoned; **ni vengas ni hoy ni mañana,** don't come today or tomorrow. 2 *(ni siquiera)* not even; **ni por dinero,** not even for money; **ni se te ocurra,** don't even think about it; **¡ni hablar!,** no way!

Nicaragua *nf* Nicaragua.

nicaragüense, nicaragüeño,-a *adj & nm,f* Nicaraguan.

nicho *nm* niche.

nicotina *nf* nicotine.

nido *nm* nest.

niebla *nf* fog; **hay mucha n.,** it is very foggy.

nieto,-a *nm,f (niño)* grandson; *(niña)* granddaughter; **mis nietos,** my grandchildren.

nieve *nf* 1 *Meteor* snow; *Culin* **a punto de n.,** (beaten) stiff. 2 *arg (cocaína)* snow.

nigeriano,-a *adj & nm,f* Nigerian.

nigerino,-a *adj & nm,f* Nigerien.

Nilo *n* **el N.,** the Nile.

nilón *nm Tex* nylon.

nimio,-a *adj (insignificante)* insignificant, petty.

ninfómana *nf* nymphomaniac.

ningún *adj (delante de nm sing)* → **ninguno,-a.**

ninguno,-a I *adj* 1 *(con verbo)* not ... any; **no leí ninguna revista,** I didn't read any magazines; **no tiene ninguna gracia,** it is not funny at all. 2 **en ninguna parte,** nowhere; **de ningún modo,** no way. **II** *pron* 1 *(persona)* nobody, no one; **n. lo vio,** no one saw it; **n. de los dos,** neither of the two; **n. de ellos,** none of them. 2 *(cosa)* not ... any of them; *(enfático)* none of them; **me gusta n.,** I don't like any of them; **no vi n.,** I saw none of them.

niña *nf* 1 girl; → **niño,-a.** 2 *Anat* pupil; *fig* **es la n. de sus ojos,** she's the apple of his eye.

niñera *nf* nursemaid, nanny.

niñez *nf* infancy; *(a partir de los cuatro años)* childhood.

niño,-a *nm,f* 1 child; *(muchacho)* (small) boy; *(muchacha)* (little) girl; **de n.,** as a child; **n. prodigio,** child prodigy; *pey* **n. bien** o **de papá,** rich boy, rich kid; *pey* **n. bonito** o **mimado,** mummy's o daddy's boy. 2 *(bebé)* baby. 3 **niños,** children; *fig* **juego de niños,** child's play.

nipón,-ona *adj & nm,f* Japanese; **los nipones,** the Japanese.

níquel *nm* nickel.

niqui *nm* T-shirt.

níspero *nm (fruto)* medlar; *(árbol)* medlar tree.

nítido,-a *adj (claro)* clear; *(imagen)* sharp.

nitrógeno *nm* nitrogen.

nitroglicerina *nf* nitroglycerine.

nivel *nm* 1 *(altura)* level; **a n. del mar,** at sea level. 2 *(categoría)* standard; **n. de vida,** standard of living. 3 *(instrumento)* level; **n. de aire,** spirit level. 4 *Ferroc* **paso a n.,** level crossing, *US* grade crossing.

nivelar *vtr* 1 to level out o off. 2 *(equilibrar)* to balance out.

nº *abr de* **número,** number, n.

no I *adv* 1 *(como respuesta)* no; **te gusta? - no.,** do you like it? - no. 2 *(en otros contextos)* not; **n. vi a nadie,** I didn't see anyone; **aún no,** not yet; **ya no,** no longer, not any more. **no sin antes ...,** not without first ...; **¿por qué no?,** why not? 3 **no fumar/aparcar,** *(en letrero)* no smoking/parking. 4 **no sea que** + *subj*, in case. 5 **es rubia, ¿no?,** she's blonde, isn't she? 6 **llegaron anoche, ¿no?,** they arrived yesterday, didn't they? 6 *(como prefijo negativo)* non; **la no violencia,** non-violence. **II** *nm* no; **un no rotundo,** a definite no.

noble I *adj* noble. **II** *nmf (hombre)* nobleman; *(mujer)* noblewoman; **los nobles,** the nobility *sing*.

nobleza *nf* nobility.

noche *nf* evening; *(después de las diez)* night, night-time; **de n., por la n.,** at night; **esta n.,** tonight; **mañana por la n.,** tomorrow night o evening; **buenas noches,** *(saludo)* good evening; *(despedida)* good night; **son las nueve de la noche,** it's nine p.m.

nochebuena *nf* Christmas Eve.

nochevieja *nf* New Year's Eve.

noción *nf* 1 notion, idea. 2 **nociones,** smattering *sing*, basic knowledge *sing*; **n. de español,** a smattering of Spanish.

nocivo,-a *adj* noxious, harmful.

noctámbulo,-a *nm,f* sleepwalker; *fam* night-bird.

nocturno,-a *adj* 1 night; **vida nocturna,**

nodriza *nf* 1 (*ama*) wet nurse. 2 **buque n.**, supply ship.

nogal *nm Bot* walnut (tree).

nómada I *adj* nomadic. II *nmf* nomad.

nombrado,-a *adj* (*célebre*) famous, well-known.

nombramiento *nm* appointment.

nombrar *vtr* 1 (*designar*) to name, appoint; **n. a algn director**, to appoint sb director. 2 (*mencionar*) to name, mention.

nombre *nm* 1 name; **n. de pila**, Christian name; **n. y apellidos**, full name; **a n. de**, addressed to; **en n. de**, on behalf of. 2 *Ling* noun; **n. propio**, proper noun.

nómina *nf* 1 (*de sueldo*) pay slip. 2 (*plantilla*) payroll.

nominar *vtr* to nominate.

nominativo,-a *adj* **cheque n. a**, cheque made out to.

non *nm* 1 *Mat* odd number; **pares y nones**, odds and evens. 2 *fam* **nones**, (*negación*) no; **decir (que) nones**, to refuse.

nono,-a *adj* → **noveno,-a**.

norcoreano,-a *adj & nm,f* North Korean.

nordeste *nm* → **noreste**.

nórdico,-a I *adj* 1 (*del norte*) northern. 2 (*escandinavo*) Nordic. II *nm,f* Nordic person.

noreste *nm* northeast.

noria *nf* 1 (*de feria*) big wheel. 2 (*para agua*) water-wheel.

norirlandés,-esa I *adj* Northern Irish. II *nm,f* (*persona*) (*hombre*) Northern Irishman; (*mujer*) Northern Irishwoman; **los norirlandeses**, the Northern Irish.

norma *nf* norm; **n. de seguridad**, safety standard.

normal *adj* normal, usual; **lo n.**, the normal thing, what usually happens.

normalidad *nf* normality; **volver a la n.**, to return to normal.

normalizar [4] I *vtr* to normalize, restore to normal. II **normalizarse** *vr* to return to normal.

normativa *nf* rules *pl*.

noroeste *nm* northwest.

norte *nm* 1 north; **al n. de**, to the north of. 2 *fig* aim, goal.

norteafricano,-a *adj & nm,f* North African.

Norteamérica *n* North America.

norteamericano,-a *adj & nm,f* (North) American.

norteño,-a I *adj* northern. II *nm,f* Northerner.

Noruega *n* Norway.

noruego,-a I *adj* Norwegian. II *nm,f* Norwegian. III *nm* (*idioma*) Norwegian.

nos I *pron pers* (*directo*) us; (*indirecto*) us; **n. ha visto**, he has seen us; **n. trajo un regalo**, he brought us a present; **n. lo dio**, he gave it to us. II *pron* (*reflexivo*) ourselves; (*recíproco*) each other; **n. hemos divertido mucho**, we enjoyed ourselves a lot; **n. queremos mucho**, we love each other very much.

nosotros,-as *pron pers pl* 1 (*sujeto*) we; **n. lo vimos**, we saw it; **somos n.**, it is us. 2 (*complemento*) us; **con n.**, with us.

nostalgia *nf* nostalgia; (*morriña*) homesickness.

nostálgico,-a *adj* nostalgic; (*con morriña*) homesick.

nota *nf* 1 (*anotación*) note. 2 *Educ* mark, grade; **sacar buenas notas**, to get good marks. 3 *fig* (*detalle*) element, quality; **la n. dominante**, the prevailing quality. 4 *Mús* note; *fam* **dar la n.**, to make oneself noticed.

notable I *adj* (*apreciable*) noticeable; (*destacado*) outstanding, remarkable. II *nm* (*nota*) very good.

notar I *vtr* (*percibir*) to notice, note. II **notarse** *vr* 1 to be noticeable *o* evident, show; **no se nota**, it doesn't show; **se nota que ...**, one can see that ...

notaría *nf* (*despacho*) notary's office.

notarial *adj* notarial; **acta n.**, affidavit.

notario,-a *nm,f* notary (public), solicitor.

noticia *nf* news *sing*; **una n.**, a piece of news; **una buena n.**, good news; **no tengo n. de esto**, I don't know anything about it.

notificación *nf* notification; **sin n. previa**, without (previous) notice; *Jur* **n. judicial**, summons *sing*.

notificar |1| *vtr* to notify.

notorio,-a *adj* 1 (*evidente*) noticeable, evident. 2 (*famoso*) famous, well-known.

novatada *nf* 1 (*broma*) rough joke, rag. 2 **pagar la n.**, to learn the hard way.

novato,-a I *adj* (*persona*) inexperienced; *fam* green. II *nm,f* 1 (*principiante*) novice, beginner. 2 *Univ* fresher.

novecientos,-as *adj & nm,f* nine hundred.

novedad *nf* 1 (*cosa nueva*) novelty; **últimas novedades**, latest arrivals. 2 (*cambio*) change, development. 3 (*cualidad*) newness.

novedoso,-a *adj* 1 (*nuevo*) new, full of novelties. 2 (*innovador*) innovative.

novel I *adj* new, inexperienced. II *nmf* beginner, novice.

novela *nf Lit* novel; **n. corta**, short story; **n. policíaca**, detective story.

novelero,-a *adj* 1 fond of new things. 2 (*fantasioso*) highly imaginative.

novelesco,-a *adj* 1 (*de novela*) novelistic, fictional. 2 (*extraordinario*) bizarre, fantastic. .

novelista *nmf* novelist.

noveno,-a *adj & nm* ninth; **novena parte**, ninth.

noventa *adj & nm inv* ninety.

novia *nf* 1 (*amiga*) girlfriend. 2 (*prometida*)

noviazgo fiancée. 3 (*en boda*) bride.
noviazgo *nm* engagement.
noviembre *nm* November.
novillada *nf Taur* bullfight with young bulls.
novillero,-a *nm,f Taur* apprentice matador.
novillo,-a *nm,f* 1 (*toro*) young bull; (*vaca*) young cow. 2 *fam Educ* **hacer novillos**, to play truant *o US* hooky.
novio *nm* 1 (*amigo*) boyfriend. 2 (*prometido*) fiancé. 3 (*en boda*) bridegroom; **los novios**, the bride and groom.
nubarrón *nm fam* storm cloud.
nube *nf* cloud; *fig* **vivir en las nubes**, to have one's head in the clouds; *fig* **poner a algn por las nubes**, to praise sb to the skies.
nublado,-a *adj* cloudy, overcast.
nublarse *vr* to become cloudy, cloud over; *fig* **se le nubló la vista**, his eyes clouded over.
nuboso,-a *adj* cloudy.
nuca *nf* nape, back of the neck.
nuclear *adj* nuclear; **central n.**, nuclear power station.
núcleo *nm* nucleus; (*parte central*) core; **n. urbano**, city centre.
nudillo *nm* (*usu pl*) knuckle.
nudista *adj & nmf* nudist.
nudo *nm* 1 knot; **hacer un n.**, to tie a knot; *fig* **se me hizo un n. en la garganta**, I got a lump in my throat. 2 (*punto principal*) crux, core. 3 (*de comunicaciones*) centre, *US* center.
nuera *nf* daughter-in-law.
nuestro,-a I *adj pos* 1 our; **nuestra familia**, our family. 2 (*después del sustantivo*) of ours; **un amigo n.**, a friend of ours. II *pron pos* ours; **este libro es n.**, this book is ours.
nueve *adj & nm inv* nine.
nuevo,-a I *adj* 1 new; *fam* **¿qué hay de n.?**, what's new?; **de n.**, again; **N. York**, New York; **N. Zelanda**, New Zealand. 2 (*adicional*) further. II *nm,f* newcomer; (*principiante*) beginner. ◆**nuevamente** *adv* again.
nuez *nf* 1 walnut; **n. moscada**, nutmeg. 2 *Anat* n. (**de Adán**), Adam's apple.
nulidad *nf* 1 (*ineptitud*) incompetence. 2 *Jur* nullity.
nulo,-a *adj* 1 (*inepto*) useless, totally incapable. 2 (*sin valor*) null and void, invalid; **voto n.**, invalid vote. 3 **crecimiento n.**, zero growth.
núm. *abr de* **número**, number, n.
numeral *adj & nm* numeral.
numerar *vtr* to number.
numerario,-a I *adj* **profesor no n.**, teacher on a temporary contract. II *nm* 1 (*miembro*) full member. 2 (*dinero*) cash.
numérico,-a *adj* numerical.
número *nm* 1 number; **n. de matrícula**, registration number, *US* license number; **n. de serie**, serial number; *fig* **sin n.**, countless. 2 *Prensa* number, issue; **n. atrasado**, back number. 3 (*de zapatos*) size. 4 (*en espectáculo*) sketch, act; *fam* **montar un n.**, to make a scene.
numeroso,-a *adj* numerous.
nunca *adv* 1 (*como respuesta*) never; **cuándo volverás? - n.**, when will you come back? - never. 2 (*con verbo*) never; (*enfático*) not ... ever; **no he estado n. en España**, I've never been to Spain; **yo no haría n. eso**, I wouldn't ever do that. 3 (*en ciertas construcciones*) ever; **casi n.**, hardly ever; **más que n.**, more than ever. 4 **n. jamás**, never ever; (*futuro*) never again.
nupcial *adj* wedding, nuptial; **marcha n.**, wedding march.
nupcias *nfpl fml* wedding *sing*, nuptials; **casarse en segundas n.**, to marry again.
nutrición *nf* nutrition.
nutrir I *vtr* to nourish, feed. II **nutrirse** *vr* to feed (**de**, **con**, on).
nutritivo,-a *adj* nutritious, nourishing; **valor n.**, nutritional value.

Ñ

Ñ, ñ ['eɲe] *nf* (*la letra*) Ñ, ñ.
ñam *interj fam* ¡**ñ.**, **ñ.!**, yum-yum!, yummy!
ñame *nm Am* yarn.
ñapa *nf Am* bonus, little extra.
ñato,-a *adj Am* snub-nosed.
ñiquiñaque *nm fam* 1 (*objeto*) junk, rubbish. 2 (*persona*) good-for-nothing.
ñoñería, ñoñez *nf* 1 (*sosería*) insipidness, bore. 2 (*melindrería*) fussiness.
ñoño,-a I *adj* 1 (*soso*) insipid, dull. 2 (*melindroso*) fussy. II *nm,f* dull *or* spineless person.
ñu *nm* gnu.

O

O, o |o| *nf (la letra)* O, o.

o *conj* or; **jueves o viernes**, Thursday or Friday; **o ... o**, either ... or; **o sea**, that is (to say), in other words.

O. *abr de* **Oeste**, West, W.

oasis *nm inv* oasis.

obcecado,-a *adj fig* stubborn.

obcecar |1| **I** *vtr fig* to blind; **la ira lo obceca**, he is blinded by anger. **II obcecarse** *vr fig* to refuse to budge; *(obsesionarse)* to become obsessed.

obedecer |33| **I** *vtr* to obey. **II** *vi* **o. a**, *(provenir)* to be due to; **¿a qué obedece esa actitud?**, what's the reason behind this attitude?

obediencia *nf* obedience.

obediente *adj* obedient.

obertura *nf* overture.

obesidad *nf* obesity.

obeso,-a *adj* obese.

óbice *nm* obstacle; **eso no es ó. para que yo no ...**, it won't prevent me from ....

obispo *nm* bishop.

objeción *nf* objection; **poner una o.**, to raise an objection, object.

objetar **I** *vtr* **no tengo nada que o.**, I've got no objections. **II** *vi* **Mil** to be a conscientious objector.

objetividad *nf* objectivity.

objetivo,-a **I** *nm* **1** *(fin, meta)* objective, aim. **2** Mil target. **3** *Cin Fot* lens; **o. zoom**, zoom lens. **II** *adj* objective.

objeto *nm* **1** object; **objetos perdidos**, lost property *sing*; **mujer o.**, sex object. **2** *(fin)* aim, purpose; **con o. de ...**, in order to ...; **tiene por o. ...**, it is designed to .... **3** Ling object.

objetor,-a **I** *nm,f* objector; **o. de conciencia**, conscientious objector. **II** *adj* objecting, dissenting.

obligación *nf* **1** *(deber)* obligation; **por o.**, out of a sense of duty; **tengo o. de ...**, I have to .... **2** Fin bond, debenture.

obligado,-a *adj* obliged; **verse** *o* **estar o. a**, to be obliged to.

obligar |7| *vtr* to compel, force.

obligatorio,-a *adj* compulsory, obligatory.

obra *nf* **1** *(trabajo)* (piece of) work; **por o. de**, thanks to. **2** Arte work; **o. maestra**, masterpiece. **3** *(acto)* deed. **4** Constr building site. **5 obras**, *(arreglos)* repairs; 'carretera en o.', 'roadworks'; 'cerrado por o.', 'closed for repairs'.

obrar **I** *vi* **1** *(proceder)* to act, behave; **o. bien/mal**, to do the right/wrong thing. **2** *fml* **obra en nuestro poder ...**, we are in receipt of .... **II** *vtr (milagro)* to work.

obrero,-a I *nm,f* worker, labourer, US laborer. **II** *adj* working; **clase obrera**, working class; **movimiento o.**, labour movement.

obscenidad *nf* obscenity.

obsceno,-a *adj* obscene.

obscurecer |33| **I** *vi impers* to get dark. **II** *vtr* to darken. **III obscurecerse** *vr (nublarse)* to become cloudy.

obscuridad *nf* darkness; *fig* obscurity.

obscuro,-a *adj* **1** dark. **2** *fig (origen, idea)* obscure; *(futuro)* uncertain, gloomy; *(asunto)* shady; *(nublado)* overcast.

obsequiar |12| *vtr* to give away.

obsequio *nm* gift, present.

observación *nf* observation.

observador,-a I *nm,f* observer. **II** *adj* observant.

observancia *nf* observance.

observar *vtr* **1** *(mirar)* to observe, watch. **2** *(notar)* to notice. **3** *(cumplir)* to observe.

observatorio *nm* observatory.

obsesión *nf* obsession.

obsesionar I *vtr* to obsess; **estoy obsesionado con eso**, I can't get it out of my mind. **II obsesionarse** *vr* to get obsessed.

obsesivo,-a *adj* obsessive.

obseso,-a *nm,f* obsessed person; **un o. sexual**, a sex maniac.

obsoleto,-a *adj* obsolete.

obstaculizar |4| *vtr* to obstruct, get in the way of.

obstáculo *nm* obstacle.

obstante (no) *loc adv* nevertheless; *prep* notwithstanding.

obstetricia *nf* obstetrics *sing*.

obstinación *nf* obstinacy.

obstinado,-a *adj* obstinate.

obstinarse *vr* to persist **(en,** in).

obstrucción *nf* obstruction; Med blockage.

obstruir |37| **I** *vtr* **1** *(salida, paso)* to block, obstruct. **2** *(progreso)* to impede, block. **II obstruirse** *vr* to get blocked up.

obtención *nf* obtaining.

obtener |24| **I** *vtr (alcanzar)* to obtain, get. **II obtenerse** *vr* **o. de**, *(provenir)* to come from.

obturador *nm* Fot shutter.

obtuso,-a *adj* obtuse.

obús *nm* shell.

obviar |12| *vtr (problema)* to get round.

obvio,-a *adj* obvious.

oca *nf* goose.

ocasión *nf* **1** *(momento)* occasion; **con o. de ...**, on the occasion of ...; **en cierta o.**, once. **2** *(oportunidad)* opportunity, chance; **aprovechar la o.**, to make the most of an opportunity. **3** Com bargain; **de o.**, cheap; **precios de o.**, bargain prices.

ocasional *adj* **1** *(eventual)* occasional; **tra-

bajo o., casual work; **de forma o.**, occasionally. **2** *(fortuito)* accidental, chance.
ocasionar *vtr* to cause, bring about.
ocaso *nm* *(anochecer)* sunset; *fig (declive)* fall, decline.
occidental *adj* western, occidental.
occidente *nm* west; **el O.**, the West.
OCDE *nf abr de* **Organización para la Cooperación y el Desarrollo Económico**, Organization for Economic Co-operation and Development, OECD.
Oceanía *n* Oceania.
oceánico,-a *adj* oceanic.
océano *nm* ocean.
ochenta *adj & nm inv* eighty.
ocho *adj & nm inv* eight.
ochocientos,-as *adj & nm,f* eight hundred.
ocio *nm* leisure; **en mis ratos de o.**, in my spare *o* leisure time.
ocioso,-a *adj* **1** *(inactivo)* idle. **2** *(inútil)* pointless.
ocre *nm* ochre, *US* ocher.
octavilla *nf (panfleto)* hand-out, leaflet.
octavo,-a *adj & nm,f* eighth.
octogenario,-a *adj & nm,f* octogenarian.
octogésimo,-a *adj & nm,f* eightieth.
octubre *nm* October.
ocular *adj* **testigo o.**, eye witness.
oculista *nmf* ophthalmologist.
ocultar I *vtr* to conceal, hide; **o. algo a algn**, to hide sth from sb. **II ocultarse** *vr* to hide.
oculto,-a *adj* concealed, hidden.
ocupación *nf* occupation.
ocupado,-a *adj (persona)* busy; *(asiento)* taken; *(aseos, teléfono)* engaged; *(puesto de trabajo)* filled.
ocupante *nmf (de casa)* occupant, occupier; *(ilegal)* squatter; *(de vehículo)* occupant.
ocupar I *vtr* **1** to occupy. **2** *(espacio, tiempo)* to take up; *(cargo)* to hold, fill. **II ocuparse** *vr* **o. de**, *(cuidar)* to look after; *(encargarse)* to see to.
ocurrencia *nf (agudeza)* witty remark, wisecrack; *(idea)* idea.
ocurrente *adj* witty.
ocurrir I *v impers* to happen, occur; **¿qué ocurre?**, what's going on?; **¿qué te ocurre?**, what's the matter with you? **II ocurrirse** *vr* **no se me ocurre nada**, I can't think of anything; **se me ocurre que ...**, it occurs to me that ....
odiar |12| *vtr* to detest, hate; **odio tener que ...**, I hate having to ....
odio *nm* hatred, loathing; **mirada de o.**, hateful look.
odioso,-a *adj* hateful.
odontología *nf* dentistry, odontology.
odontólogo,-a *nm,f* dental surgeon, odontologist.
odre *nm* wineskin.
OEA *nf abr de* **Organización de Estados Americanos**, Organization of American States, OAS.
oeste *nm* west.
ofender I *vtr* to offend. **II ofenderse** *vr* to get offended (**con, por**, by), take offence *o US* offense (**con, por**, at).
ofensa *nf* offence, *US* offense.
ofensiva *nf* offensive.
ofensivo,-a *adj* offensive.
oferta *nf* offer; **Fin Ind** bid, tender, proposal; *Com* **de/en o.**, on (special) offer; **o. y demanda**, supply and demand.
ofertar *vtr* to offer.
off *adj* **voz en o.**, *Cin TV* voice-over; *Teat* voice offstage.
offset *nm Impr* offset.
oficial,-a I *adj* official. **II** *nm* **1** *Mil Náut* officer. **2** *(empleado)* clerk. **3** *(obrero)* skilled worker.
oficialismo *nm Am (gobierno)* government.
oficina *nf* office; **o. de empleo**, job centre, *US* job office; **o. de turismo**, tourist office; **o. de correos**, post office; **horas/horario de o.**, business hours.
oficinista *nmf* office worker, clerk.
oficio *nm* **1** *(ocupación)* job, occupation; *(profesión)* trade; **ser del o.**, to be in the trade. **2** *(comunicación oficial)* official letter *o* note; **de o.**, ex-officio; **abogado de o.**, state-appointed lawyer. **3** *Rel* service.
oficioso,-a *adj (noticia, fuente)* unofficial.
ofimática *nf* office automation.
ofimático,-a *adj Inform* **paquete o.**, business package.
ofrecer |33| **I** *vtr* **1** to offer. **2** *(aspecto)* to present. **II ofrecerse** *vr* **1** *(prestarse)* to offer, volunteer. **2** *(situación)* to present itself. **3** *fml* **¿qué se le ofrece?**, what can I do for you?
ofrecimiento *nm* offering.
ofrendar *vtr Rel* to make offerings *o* an offering.
ofrezco *indic pres* → **ofrecer**.
oftalmología *nf* ophthalmology.
oftalmólogo,-a *nm,f* ophthalmologist.
ofuscación *nf*, **ofuscamiento** *nm* blinding, dazzling.
ofuscar |1| *vtr* **1** *fig (confundir)* to blind. **2** *(deslumbrar)* to dazzle.
oídas (de) *loc adv* by hearsay.
oído *nm* **1** *(sentido)* hearing. **2** *(órgano)* ear; **aprender de o.**, to learn by ear; *fig* **hacer oídos sordos**, to turn a deaf ear.
oír |17| *vtr* to hear; **¡oye!**, hey!; **¡oiga!**, excuse me!; *fam* **como lo oyes**, believe it or not.
OIT *nf abr de* **Organización Internacional del Trabajo**, International Labour Organization, ILO.
ojal *nm* buttonhole.
ojalá I *interj* let's hope so!, I hope so! **II** *conj* (+ *subj*) **¡o. sea cierto!**, I hope it's

ojeada *nf* echar una o., to have a quick look.

ojeras *nfpl* rings *o* bags under the eyes.

ojeriza *nf* dislike.

ojo I *nm* 1 eye; o. morado black eye; ojos saltones, bulging eyes; *fig* a ojos vista, clearly, openly; *fig* calcular a o., to guess; *fam* no pegué o., I didn't sleep a wink. 2 *(de aguja)* eye; *(de cerradura)* keyhole. 3 *(de un puente)* span. II *interj* careful!, look out!

ojota *nf Am* sandal.

okupa *nmf* squatter.

ola *nf* wave; o. de calor, heatwave.

ole, olé *interj* bravo!

oleada *nf* wave; *fig* o. de turistas, influx of tourists.

oleaje *nm* swell.

óleo *nm Arte* oil; pintura *o* cuadro al ó., oil painting.

oleoducto *nm* pipeline.

oler [4] I *vtr* 1 *(percibir olor)* to smell. 2 *fig (adivinar)* to smell, feel. II *vi (exhalar)* to smell; o. a, to smell of; o. bien/mal, to smell good/bad. 2 *fig (parecer)* to smack (a, of). III olerse *vr fig (adivinar)* to feel, sense; me lo olía, I thought as much.

olfatear *vtr* 1 *(oler)* to sniff. 2 *fig (indagar)* to pry into.

olfato *nm* sense of smell; *fig* good nose, instinct.

oligarquía *nf* oligarchy.

olimpiada *nf Dep* Olympiad, Olympic Games *pl*; las olimpiadas, the Olympic Games.

olímpico,-a *adj* Olympic; Juegos Olímpicos, Olympic Games.

olímpicamente *adv* paso o. de estudiar, I couldn't give a damn about studying.

oliva *nf* olive; aceite de o., olive oil.

olivar *nm* olive grove.

olivo *nm* olive (tree).

olmo *nm* smooth-leaved elm.

olor *nm* smell; o. corporal, body odour.

oloroso,-a *adj* fragrant, sweet-smelling.

OLP *nf abr de* Organización para la Liberación de Palestina, Palestine Liberation Organization, PLO.

olvidadizo,-a *adj* forgetful.

olvidar I *vtr* 1 to forget; *fam* ¡olvídame!, leave me alone! 2 olvidé el paraguas allí, I left my umbrella there. II olvidarse *vr* to forget; se me ha olvidado hacerlo, I forgot to do it.

olvido *nm* 1 *(desmemoria)* oblivion. 2 *(lapsus)* oversight.

olla *nf* saucepan, pot; o. exprés *o* a presión, pressure cooker.

ombligo *nm* navel.

ominoso,-a *adj* shameful.

omisión *nf* omission.

omiso,-a *adj* hacer caso o. de, to take no notice of.

omitir *vtr* to omit, leave out.

omnipotente *adj* omnipotent, almighty.

omnipresente *adj* omnipresent.

omnisciente *adj* omniscient, all-knowing.

omnívoro,-a I *adj* omnivorous. II *nm,f* omnivore.

omóplato, omoplato *nm* shoulder blade.

OMS *nf abr de* Organización Mundial de la Salud, World Health Organization, WHO.

once I *adj inv* eleven. II *nm inv* eleven; *Ftb* eleven, team.

ONCE *nf abr de* Organización Nacional de Ciegos Españoles, ≈ Royal National Institute for the Blind, RNIB.

onda *nf* 1 *Fís* wave; *fam fig* estar en la o., to be with it; o. expansiva, shock wave; *Rad* o. larga/media/corta, long/medium/short wave. 2 *(en el agua)* ripple. 3 *(de pelo)* wave.

ondear *vi* 1 *(bandera)* to flutter. 2 *(de agua)* to ripple.

ondulación *nf* undulation; *(de agua)* ripple.

ondulado,-a *adj (pelo)* wavy; *(paisaje)* rolling.

ondulante *adj* undulating.

ondular I *vtr (el pelo)* to wave. II *vi (moverse)* to undulate.

oneroso,-a *adj (impuesto)* heavy.

onomástica *nf* saint's day.

onomatopeya *nf* onomatopoeia.

ONU *nf abr de* Organización de las Naciones Unidas, United Nations (Organization), UN(O).

onubense I *adj* of *o* from Huelva. II *nmf* native *o* inhabitant of Huelva.

onza *nf (medida)* ounce.

OPA *abr de* Oferta Pública de Adquisición, takeover bid.

opaco,-a *adj* opaque.

ópalo *nm* opal.

opción *nf* 1 *(elección)* option, choice; *(alternativa)* alternative. 2 *(posibilidad)* opportunity, chance.

opcional *adj* optional.

open *nm Golf* open.

OPEP *nf abr de* Organización de los Países Exportadores de Petróleo, Organization of Petroleum Exporting Countries, OPEC.

ópera *nf Mús* opera.

operación *nf* 1 *Med* operation; o. quirúrgica, surgical operation. 2 *Fin* transaction, deal; operaciones bursátiles, stock exchange transactions. 3 *Mat* operation.

operador,-a *nm,f* 1 *(técnico)* operator. 2 *Cin (de cámara) (hombre)* cameraman; *(mujer)* camerawoman; *(del proyector)* projectionist. 3 *Tel* operator.

operante *adj* operative.

operar I *vtr* 1 *Med* to operate (a, on). 2 *(cambio etc)* to bring about. II *vi Fin* to deal, do business (**con**, with). **III operarse** *vr* 1 *Med* to have an operation (**de**, for). 2 *(producirse)* to occur, come about.

operario,-a *nm,f* operator; *(obrero)* worker.

operativo,-a *adj* operative.

opereta *nf* (operetta).

opinar *vi* 1 *(pensar)* to think. 2 *(declarar)* to give one's opinion, be of the opinion.

opinión *nf* 1 *(juicio)* opinion; **cambiar de o.**, to change one's mind.

opio *nm* opium.

oponente *nmf* opponent.

oponer [19] *(pp* opuesto) **I** *vtr (resistencia)* to offer. **II oponerse** *vr (estar en contra)* to be opposed, be against; **se opone a aceptarlo**, he refuses to accept it.

oporto *nm (vino)* port.

oportunidad *nf* opportunity, chance.

oportunista *adj & nmf* opportunist.

oportuno,-a *adj* 1 *(adecuado)* timely; **¡qué o.!**, what good timing! 2 *(conveniente)* appropriate; **si te parece o.**, if you think it appropiate.

oposición *nf* 1 opposition. 2 *(examen)* competitive examination.

opositar *vi* to sit a competitive examination.

opositor,-a *nm,f* 1 *(candidato)* candidate for a competitive examination. 2 *Am Pol* opponent.

opresión *nf* oppression; **o. en el pecho**, tightness of the chest.

opresivo,-a *adj* oppressive.

opresor,-a **I** *nm,f* oppressor. **II** *adj* oppressive, oppressing.

oprimir *vtr* 1 *(pulsar)* to press. 2 *(subyugar)* to oppress.

oprobio *nm* ignominy, opprobrium.

optar *vi* 1 *(elegir)* to choose (**entre**, between); **opté por ir yo mismo**, I decided to go myself. 2 *(aspirar)* to apply (**a**, for); **puede o. a medalla**, he's in with a chance of winning a medal.

optativo,-a *adj* optional.

óptica *nf* 1 *(tienda)* optician's (shop). 2 *(punto de vista)* angle.

óptico,-a **I** *adj* optical. **II** *nm,f* optician.

optimismo *nm* optimism.

optimista **I** *adj* optimistic. **II** *nmf* optimist.

óptimo,-a *adj* optimum, excellent.

opuesto,-a *adj* 1 *(contrario)* contrary; **en direcciones opuestas**, in opposite directions; **gustos opuestos**, conflicting tastes. 2 *(de enfrente)* opposite; **el extremo o.**, the other end.

opulencia *nf* opulence.

opulento,-a *adj* opulent.

opuse *pt indef* → **oponer**.

oración *nf* 1 *Rel* prayer. 2 *Ling* clause, sentence.

oráculo *nm* oracle.

orador,-a *nm,f* speaker, orator.

oral *adj* oral; *Med* **por vía o.**, to be taken orally.

orangután *nm* orang-outang, orang-utan.

orar *vi Rel* to pray.

oratoria *nf* oratory.

órbita *nf* 1 orbit. 2 *Anat* eye socket.

orden I *nm* order; **o. público**, law and order; **por o. alfabético**, in alphabetical order; **de primer o.**, first-rate; **o. del día**, agenda; **del o. de**, approximately. **II** *nf* 1 *(mandato)* order; *Mil* **¡a la o.!**, sir! 2 *Jur* warrant, order; **o. de registro**, search warrant; **o. judicial**, court order.

ordenado,-a *adj* tidy.

ordenador,-a *nm* computer; **o. personal**, personal computer.

ordenamiento *nm* ordering.

ordenanza I *nm (empleado)* office boy. **II** *nf* regulations; **o. municipal**, by-laws.

ordenar I *vtr* 1 *(organizar)* to put in order; *(habitación)* to tidy up. 2 *(mandar)* to order. **II ordenarse** *vr Rel* to be ordained (**de**, as), take holy orders.

ordeñar *vtr* to milk.

ordinario,-a *adj* 1 *(corriente)* ordinary, common. 2 *(grosero)* vulgar, common.

orégano *nm* oregano, marjoram.

oreja *nf* ear; *(de sillón)* wing.

orejero,-a *adj Am (soplón)* grass.

orfanato *nm* orphanage.

orfebre *nm (del oro)* goldsmith; *(de la plata)* silversmith.

orfebrería *nf* gold *o* silver work.

orfelinato *nm* orphanage.

orgánico,-a *adj* organic.

organigrama *nm* organization chart; *Inform* flow chart.

organismo *nm* 1 *(ser vivo)* organism. 2 *(institución)* organization, body.

organista *nmf* organist.

organización *nf* organization.

organizado,-a *adj* organized; **viaje o.**, package tour.

organizador,-a I *adj* organizing. **II** *nm,f* organizer.

organizar [4] **I** *vtr* to organize. **II organizarse** *vr fig (armarse)* to happen.

órgano *nm* organ.

orgasmo *nm* orgasm.

orgía *nf* orgy.

orgullo *nm* 1 *(propia estima)* pride. 2 *(arrogancia)* arrogance.

orgulloso,-a *adj* 1 **estar o.**, *(satisfecho)* to be proud. 2 **ser o.**, *(arrogante)* to be arrogant, haughty.

orientación *nf* 1 *(dirección)* orientation, direction. 2 *(guía)* guidance; **curso de o.**, induction course.

oriental I *adj* eastern, oriental. **II** *nmf* Oriental.

orientar I *vtr* 1 *(enfocar)* to aim (**a**, at), intend (**a**, for); **orientado al consumo**, intended for consumption. 2 *(indicar camino)* to give directions to; *fig (aconsejar)* to

oriente 190 **otro**

advise. 3 **una casa orientada al sur,** a house facing south. 4 *(esfuerzo)* to direct. II **orientarse** *vr (encontrar el camino)* to get one's bearings, find one's way about.

oriente *nm* East, Orient; **el Extremo** *o* **Lejano/Medio/Próximo O.,** the Far/Middle/Near East.

orificio *nm* hole, opening; *Anat Téc* orifice; **o. de entrada,** inlet; **o. de salida,** outlet.

origen *nm* origin; **país de o.,** country of origin; **dar o. a,** to give rise to.

original *adj & nmf* original.

originalidad *nf* originality.

originar I *vtr* to cause, give rise to. II **originarse** *vr* to originate.

originario,-a *adj* native.
◆**originariamente** *adv* originally.

orilla *nf (borde)* edge; *(del río)* bank; *(del mar)* shore.

orillero,-a *adj Am (persona)* suburban.

orín[1] *nm (herrumbre)* rust.

orín[2] *nm (usu pl) (orina)* urine.

orina *nf* urine.

orinal *nm* chamberpot; *fam* potty.

orinar I *vi* to urinate. II **orinarse** *vr* to wet oneself.

oriundo,-a *adj* native of; **ser o. de,** to come from.

orla *nf Univ* graduation photograph.

ornamentar *vtr* to adorn, embellish.

ornamento *nm* ornament.

ornar *vt* to adorn, embellish.

ornato *nm (atavío)* finery; *(adorno)* decoration.

ornitología *nf* ornithology.

ornitólogo,-a *nm,f* ornithologist.

oro *nm* 1 gold; **de o.,** gold, golden; **o. de ley,** fine gold. 2 *Naipes* **oros,** *(baraja española)* ≈ diamonds.

orquesta *nf* orchestra; *(de verbena)* dance band.

orquestar *vtr* to orchestrate.

orquídea *nf* orchid.

ortiga *nf* (stinging) nettle.

ortodoxia *nf* orthodoxy.

ortodoxo,-a *adj & nm,f* orthodox.

ortografía *nf* orthography, spelling; **faltas de o.,** spelling mistakes.

ortográfico,-a *adj* orthografic, orthografical; **signos ortográficos,** punctuation *sing*.

ortopédico,-a *adj* orthopaedic, *US* orthopedic; **pierna ortopédica,** artificial leg.

oruga *nf* caterpillar.

orzuelo *nm Med* sty, stye.

os *pron pers pl* 1 *(complemento directo)* you; **os veo mañana,** I'll see you tomorrow. 2 *(complemento indirecto)* you, to you; **os daré el dinero,** I'll give you the money; **os escribiré,** I'll write to you. 3 *(con verbo reflexivo)* yourselves. 4 *(con verbo recíproco)* each other; **os queréis mucho,** you love each other very much.

osa *nf* **O. Mayor,** Great Bear, *US* Big Dipper; **O. Menor,** Little Bear, *US* Little Dipper.

osadía *nf* 1 *(audacia)* daring. 2 *(desvergüenza)* impudence.

osado,-a *adj* 1 *(audaz)* daring. 2 *(desvergonzado)* shameless.

osar *vi* to dare.

osario *nm* ossuary.

oscilación *nf* 1 oscillation. 2 *(de precios)* fluctuation.

oscilante *adj* 1 oscillating. 2 *(precios)* fluctuating.

oscilar *vi* 1 *Fís* to oscillate. 2 *(variar)* to vary, fluctuate.

oscuras (a) *loc adv* in the dark; **nos quedamos a o.,** we were left in darkness.

oscurecer [33] *vi impers & vtr & vr* → **obscurecer.**

oscuridad *nf* → **obscuridad.**

oscuro,-a *adj* → **obscuro,-a.**

óseo,-a *adj* osseous, bony; **tejido ó.,** bone tissue.

osito *nm fam* **o. (de peluche),** teddy bear.

ósmosis, osmosis *nf inv* osmosis.

oso *nm* bear; **o. polar,** polar bear; **o. hormiguero,** anteater; **o. marino,** fur seal; *fam fig* **hacer el o.,** to play the fool.

ostensible *adj* ostensible.

ostentación *nf* ostentation; **hacer o. de algo,** to show sth off.

ostentar *vtr* 1 *(lucir)* to flaunt. 2 *(cargo)* to hold.

ostentoso,-a *adj* ostentatious.

osteópata *nmf* osteopath.

osteopatía *nf* osteopathy.

ostra *nf* oyster; *fig* **aburrirse como una o.,** to be bored stiff; *fam* **¡ostras!,** crikey!, *US* gee!

ostracismo *nm* ostracism.

OTAN *nf abr de* **Organización del Tratado del Atlántico Norte,** North Atlantic Treaty Organization, NATO.

otear *vtr (horizonte)* to scan, search.

OTI *nf abr de* **Organización de la Televisión Iberoamericana.**

otitis *nf inv* infection and inflammation of the ear, otitis.

otoñal *adj* autumnal, autumn, *US* fall.

otoño *nm* autumn, *US* fall.

otorgamiento *nm (concesión)* granting; *(de un premio)* award.

otorgar [7] *vtr* 1 *(premio)* to award (**a,** to); **o. un indulto,** to grant pardon. 2 *(permiso)* to grant (**a,** to).

otorrinolaringólogo,-a *nm,f* ear, nose and throat specialist.

otro,-a I *adj indef* 1 *(sin artículo) (sing)* another; *(pl)* other; **o. coche,** another car; **otras personas,** other people. 2 *(con artículo definido)* other; **el o. coche,** the other car. 3 **otra cosa,** something else; **otra vez,** again. II *pron indef* 1 *(sin artículo) (sing)* another (one); *(pl) (personas)*

ovación / **país**

others; *(cosas)* other ones; **dame o.**, give me another (one); **no es mío, es de o.**, it's not mine, it's somebody else's. 2 *(con artículo definido)* *(sing)* the other (one); *(pl)* *(personas)* the others; *(cosas)* the other ones. 3 **hacer o. tanto**, to do likewise.
ovación *nf* ovation.
ovacionar *vtr* to give an ovation to, applaud.
oval, ovalado,-a *adj* oval.
óvalo *nm* oval.
ovario *nm* ovary.
oveja *nf* 1 sheep; *(hembra)* ewe; *fig* **la o. negra**, the black sheep.
overol *nm Am* overalls *pl*.
ovillo *nm* ball (of wool); *fig* **hacerse un o.**, to curl up into a ball.
ovino,-a *adj* ovine; **ganado o.**, sheep *pl*.
OVNI *nm abr de* **objeto volador no identificado**, unidentified flying object, UFO.
ovular I *adj* ovular. **II** *vi* to ovulate.
óvulo *nm* ovule.
oxidación *nf (metal)* rusting.
oxidado,-a *adj (metal)* rusty; *fig* **su inglés está un poco o.**, her English is a bit rusty.
oxidar I *vtr Quím* to oxidize; *(metales)* to rust. **II oxidarse** *vr Quím* to oxidize; *(metales)* to rust, go rusty.
óxido *nm* 1 oxide; **ó. de carbono**, carbon monoxide. 2 *(orín)* rust.
oxigenado,-a *adj* oxygenated; **agua oxigenada**, (hydrogen) peroxide.
oxígeno *nm* oxygen; **bomba de o.**, oxygen cylinder *o* tank.
oye *indic pres & imperat* → **oír**.
oyente *nmf* 1 *Rad* listener. 2 *Univ* occasional student.
ozono *nm* ozone; **capa de o.**, ozone layer.

P

P, p [pe] *nf (la letra)* P, p.
pabellón *nm* 1 **p. de deportes**, sports centre. 2 *(en feria)* stand. 3 *(bloque)* wing. 4 *(bandera)* flag.
pábulo *nm fml fig* fuel; **dar p. a**, to encourage.
pacer [33] *vtr & vi* to graze, pasture.
pachá *nm fam fig* **vivir como un p.**, to live like a king.
pachanguero,-a *adj fam pey (música)* catchy.
pachón,-ona *nm,f (perro)* pointer.
pachorra *nf fam* sluggishness; **tener p.**, to be phlegmatic.
paciencia *nf* patience; **armarse de p.**, to grin and bear it.
paciente *adj & nmf* patient.
pacificación *nf* pacification.
pacificador,-a I *adj* pacifying. **II** *nm,f* peacemaker.
pacificar [1] **I** *vtr* to pacify; *fig (apaciguar)* to appease, calm. **II pacificarse** *vr* to calm down.
pacífico,-a *adj* peaceful.
Pacífico *nm* **el (océano) P.**, the Pacific (Ocean).
pacifismo *nm* pacifism.
pacifista *adj & nmf* pacifist.
paco *nm Am fam (policía)* policeman.
pacotilla *nf fam* **de p.**, second-rate.
pactar *vtr* to agree.
pacto *nm* pact; **el P. de Varsovia**, the Warsaw Pact; **p. de caballeros**, gentlemen's agreement.
padecer [33] *vtr & vi* to suffer; **padece del corazón**, he suffers from heart trouble.
padecimiento *nm* suffering.
padrastro *nm* 1 stepfather. 2 *(pellejo)* hangnail.
padrazo *nm* easy-going *o* indulgent father.
padre I *nm* 1 father; **p. de familia**, family man. 2 **padres**, parents. **II** *adj fam* huge; **pegarse la vida p.**, to live like a king.
padrenuestro *nm* Lord's Prayer.
padrino *nm* 1 *(de bautizo)* godfather; *(de boda)* best man; **padrinos**, godparents. 2 *(espónsor)* sponsor.
padrón *nm* census.
paella *nf* paella (rice dish made with vegetables, meat and/or seafood).
paellera *nf* paella pan.
pág *abr de* **página**, page, p.
paga *nf (salario)* wage; *(de niños)* pocket money; **p. extra**, bonus.
pagadero,a *adj* payable; *Fin* **cheque p. al portador**, cheque payable to bearer.
pagador,-a *nm,f* payer.
pagano,-a *adj & nm,f* pagan, heathen.
pagar [7] *vtr* 1 to pay; **p. en metálico** *o* **al contado**, to pay cash; **p. por**, *(producto, mala acción)* to pay for; *fig* **(ella) lo ha pagado caro**, she's paid dearly for it. 2 *(recompensar)* repay.
pagaré *nm Fin* promissory note, IOU; **p. del tesoro**, treasury note.
página *nf* page; **en la p. 3**, on page 3; *fig* **una p. importante de la historia**, an important chapter in history.
pago *nm* payment; **p. adelantado** *o* **anticipado**, advance payment; **p. contra reembolso**, cash on delivery; **p. inicial**, down payment.
paila *nf Am (frying)* pan.
paipái, paipay *nm (pl* **paipáis***)* large palm fan.
país *nm* country, land; **vino del p.**, local wine; **P. Vasco**, Basque Country; **P. Va-**

paisaje 192 **panda**

lenciano, Valencia.
paisaje *nm* landscape, scenery.
paisano,-a I *adj* of the same country. **II** *nm,f* (*compatriota*) fellow countryman *o* countrywoman, compatriot; **en traje de p.,** in plain clothes.
Países Bajos *npl* **(los) P. B.,** the Netherlands, the Low Countries.
paja *nf* 1 straw. 2 *fam fig* (*bazofia*) padding, waffle. 3 *vulg* **hacerse una p.,** to wank.
pajar *nm* (*almacén*) straw loft; (*en el exterior*) straw rick.
pajarita *nf* 1 bow tie. 2 (*de papel*) paper bird.
pájaro *nm* 1 bird; **Madrid a vista de p.,** a bird's-eye view of Madrid; **p. carpintero,** woodpecker. 2 *fam* **tener pájaros,** to have daft ideas.
Pakistán *n* Pakistan.
pakistaní *adj & nmf* Pakistani.
pala *nf* 1 shovel; (*de jardinero*) spade; (*de cocina*) slice. 2 *Dep* (*de ping-pong, frontón*) bat; (*de remo*) blade.
palabra *nf* 1 word; **de p.,** by word of mouth; **dirigir la p. a algn,** to address sb; **juego de palabras,** pun. 2 (*promesa*) word; **p. de honor,** word of honour. 3 (*turno para hablar*) right to speak; **tener la p.,** to have the floor.
palabrería *nf* palaver.
palabrota *nf* swearword.
palacio *nm* (*grande*) palace; (*pequeño*) mansion; **P. de Justicia,** Law Courts.
paladar *nm* 1 palate. 2 (*sabor*) taste.
paladear *vtr* to savour, *US* savor, relish.
palanca *nf* 1 lever. 2 (*manecilla*) handle, stick; *Aut* **p. de cambio,** gearstick, *US* gearshift; **p. de mando,** control lever. 3 *Dep* (*trampolín*) diving board.
palangana *nf* washbasin.
palco *nm* box.
paleolítico *adj* palaeolithic, paleolithic.
paleontología *nf* palaeontology, paleontology.
Palestina *n* Palestine.
palestino,-a *adj & nm,f* Palestinian.
palestra *nf* arena; *fig* **salir *o* saltar a la p.,** to enter the fray, take the field.
paleta *nf* 1 (*espátula*) slice. 2 (*de pintor*) palette; (*de albañil*) trowel. 3 *Dep* (*de cricket, pingpong*) bat.
paletilla *nf* 1 shoulder blade. 2 *Culin* shoulder.
paleto,-a I *adj fam pey* unsophisticated, boorish. **II** *nm,f fam pey* country bumpkin, yokel.
paliar [12] *vtr* to alleviate, palliate.
paliativo,-a *adj & nm* palliative.
palidecer [33] *vi* 1 (*persona*) to turn pale. 2 *fig* (*disminuir*) to diminish, be on the wane.
palidez *nf* paleness, pallor.
pálido,-a *adj* pale.

palillero *nm* toothpick case.
palillo *nm* 1 (*mondadientes*) toothpick; **palillos chinos,** chopsticks. 2 *Mús* drumstick.
palio *nm* 1 canopy. 2 *Rel* pallium.
palique *nm fam* chat, small talk.
paliza *nf* 1 (*zurra*) thrashing, beating; **darle a algn una p.,** to beat sb up. 2 (*derrota*) beating. 3 *fam* (*pesadez*) bore, pain (in the neck).
palma *nf* 1 *Anat* palm. 2 *Bot* palm tree. 3 **hacer palmas,** to applaud.
palmada *nf* 1 (*golpe*) slap. 2 **palmadas,** applause, clapping.
palmar *vtr fam* **palmarla,** to snuff it, kick the bucket.
palmarés *nm* 1 (*historial*) service record. 2 (*vencedores*) list of winners.
palmatoria *nf* candlestick.
palmera *nf* palm tree.
palmo *nm* (*medida*) span; *fig* **p. a p.,** inch by inch.
palo *nm* 1 stick; (*vara*) rod; (*de escoba*) broomstick; *fig* **a p. seco,** on its own. 2 (*golpe*) blow; *fig* **dar un p. a algn,** to let sb down. 3 **de p.,** wooden. 4 *Dep* (*de portería*) woodwork. 5 *Golf* club. 6 *Naipes* suit.
paloma *nf* pigeon; *Lit* dove; **p. mensajera,** homing *o* carrier pigeon.
palomar *nm* pigeon house, dovecote.
palomilla *nf* 1 grain moth. 2 (*tuerca*) wing *o* butterfly nut.
palomitas (de maíz) *nfpl* popcorn *sing*.
palpable *adj* palpable.
palpar *vtr* to touch, feel; *Med* to palpate.
palpitación *nf* palpitation, throbbing.
palpitante *adj* palpitating, throbbing; (*asunto*) burning.
palpitar *vi* to palpitate, throb.
palúdico,-a *adj* malarial.
paludismo *nm* malaria.
palurdo,-a *adj* uncouth, boorish.
pamela *nf* broad-brimmed hat.
pampa *nf* pampa, pampas *pl*.
pamplina *nf fam* nonsense.
pan *nm* bread; **p. de molde,** loaf of bread; **p. integral,** wholemeal *o* wholewheat bread; **p. rallado,** breadcrumbs *pl*; *fam fig* **más bueno que el p.,** as good as gold; *fam fig* **es p. comido,** it's a piece of cake.
pana *nf* corduroy.
panacea *nf* panacea.
panadería *nf* baker's (shop), bakery.
panadero,-a *nm,f* baker.
panal *nm* honeycomb.
Panamá *n* Panama.
panamá *nm* (*sombrero*) Panama hat.
panameño,-a *adj & nm,f* Panamanian.
pancarta *nf* placard; (*en manifestación*) banner.
páncreas *nm inv* pancreas.
panda[1] *nm* panda.
panda[2] *nf* gang.

pandereta *nf* tambourine.
pandilla *nf fam* gang.
panecillo *nm* bread roll.
panel *nm* panel.
panera *nf* breadbasket.
pánfilo,-a *adj fam* (*bobo*) silly, stupid; (*crédulo*) gullible.
panfleto *nm* lampoon, political pamphlet.
pánico *nm* panic; **sembrar el p.**, to cause panic.
panocha *nf Bot* corncob; (*de trigo etc*) ear.
panoli *nmf fam* idiot.
panorama *nm* (*vista*) panorama, view; *fig* panorama.
panorámico,-a *adj* panoramic.
pantaletas *nfpl Am* panties.
pantalón *nm* (*usu pl*) trousers *pl*; **p. vaquero**, jeans *pl*.
pantalla *nf* 1 *Cin TV Inform* screen. 2 (*de lámpara*) shade. 3 *fig* **servir de p.**, to act as a decoy.
pantano *nm Geog* 1 (*natural*) marsh, bog. 2 (*artificial*) reservoir.
panteón *nm* pantheon, mausoleum; **p. familiar**, family vault.
pantera *nf* panther.
pantomima *nf Teat* pantomime, mime; *pey* (*farsa*) farce.
pantorrilla *nf Anat* calf.
pantufla *nf* slipper.
panty *nm* (pair of) tights *pl*.
panza *nf fam* belly, paunch.
panzada *nf fam* bellyful.
panzudo,-a, **panzón,-ona**, *adj* pot-bellied, paunchy.
pañal *nm* nappy, *US* diaper; *fig* **estar en pañales**, to be in one's infancy.
paño *nm* 1 cloth material; (*de lana*) woollen *o US* woolen cloth; (*para polvo*) duster, rag; (*de cocina*) dishcloth; *fig* **paños calientes**, half measures. 2 **paños**, (*ropa*) clothes; **en p. menores**, in one's underclothes.
pañoleta *nf* 1 shawl. 2 *Taur* bullfighter's tie.
pañuelo *nm* handkerchief; (*pañoleta*) shawl.
papa *nf* potato; *fam* **no saber ni p. (de algo)**, not to have the faintest idea (about sth).
Papa *nm* **el P.**, the Pope.
papá *nm fam* dad, daddy.
papada *nf* double chin.
papagayo *nm* parrot.
papamoscas *nm inv* flycatcher.
papanatas *nmf inv* sucker, twit.
paparrucha(da) *nf* (piece of) nonsense.
papaya *nf* papaya *o* papaw fruit.
papear *vi arg* to eat.
papel *nm* 1 paper; (*hoja*) piece *o* sheet of paper; **papeles**, (*documentos*) documents, identification papers; **p. higiénico**, toilet paper; **p. carbón**, carbon paper; **p. de carta**, writing paper, stationery; **p. de alumimio/de estraza**, aluminium foil/brown paper; **p. de fumar**, cigarette paper; **p. de lija**, sandpaper; *Fin* **p. moneda**, paper money, banknotes *pl*; **p. pintado**, wallpaper; **p. secante**, blotting paper. 2 *Cin Teat* role, part.
papeleo *nm fam* paperwork.
papelera *nf* (*en despacho*) wastepaper basket; (*en calle*) litter bin.
papelería *nf* (*tienda*) stationer's.
papeleta *nf* 1 (*de rifa*) ticket; (*de votación*) ballot paper; (*de resultados*) report. 2 *fam* (*dificultad*) tricky problem, difficult job.
papeo *nm arg* grub.
paperas *nfpl Med* mumps.
papilla *nf* pap, mush; (*de niños*) baby food.
papista *nmf* papist.
Papúa Nueva Guinea *n* Papua New Guinea.
paquete *nm* 1 (*de cigarrillos etc*) packet; (*postal*) parcel, package. 2 (*conjunto*) set, package; *Fin* **p. de acciones**, share package. 3 *Inform* software package. 4 *arg* (*castigo*) punishment. 5 *arg* (*pene*) prick.
Paquistán *n* Pakistan.
paquistaní *adj & nmf* Pakistani.
par **I** *adj Mat* even. **II** *nm* 1 (*pareja*) pair; (*dos*) couple. 2 *Mat* even number; **pares y nones**, odds and evens. 3 (*noble*) peer. 4 (*locuciones*) **a la p.**, (*a la vez*) at the same time; **de p. en p.**, wide open; *fig* **sin p.**, matchless.
para *prep* 1 for; **bueno p. la salud**, good for your health; **¿p. qué?**, what for?; **p. ser inglés habla muy bien español**, for an Englishman he speaks very good Spanish. 2 (*finalidad*) to, in order to; **p. terminar antes**, to *o* in order to finish earlier; **p. que lo disfrutes**, for you to enjoy. 3 (*tiempo*) by; **p. entonces**, by then. 4 (*a punto de*) **está p. salir**, it's about to leave. 5 (*locuciones*) **decir p. sí**, to say to oneself; **ir p. viejo**, to be getting old; **no es p. tanto**, it's not as bad as all that; **p. mí**, in my opinion.
parábola *nf* 1 *Geom* parabola. 2 *Rel* parable.
parabólico,-a *adj* parabolic; *TV* **antena parabólica**, satellite dish.
parabrisas *nm inv Aut* windscreen, *US* windshield.
paraca *nm fam* para(chutist).
paracaídas *nm inv* parachute.
paracaidista *nmf Dep* parachutist; *Mil* paratrooper.
parachoques *nm inv* bumper, *US* fender.
parada *nf* 1 stop; **p. de autobús**, bus stop; **p. de taxis**, taxi stand *o* rank. 2 *Ftb* save, stop.
paradero *nm* 1 (*lugar*) whereabouts *pl*. 2 *Am* (*apeadero*) stop.
parado,-a I *adj* 1 stopped, stationary; (*quieto*) still; (*fábrica*) at a standstill; *fig*

salir bien/mal p., to come off well/badly. 2 *(desempleado)* unemployed, out of work. 3 *fig (lento)* slow. 4 *Am (de pie)* standing. **II** *nm,f* unemployed person.

paradoja *nf* paradox.

paradójico,-a *adj* paradoxical.

parador *nm* roadside inn; **p. nacional** *o* **de turismo**, state-run hotel.

parafernalia *nf* paraphernalia *pl*.

parafrasear *vtr* to paraphrase.

paráfrasis *nf inv* paraphrase.

paraguas *nm inv* umbrella.

Paraguay *n* Paraguay.

paragüero *nm* umbrella stand.

paraíso *nm* 1 paradise; **p. terrenal**, heaven on earth; **Fin p. fiscal**, tax haven. 2 *Teat* gods *pl*, gallery.

paraje *nm* spot, place.

paralelo,-a *adj & nm* parallel.

parálisis *nm inv* paralysis; **p. infantil**, poliomyelitis.

paralítico,-a *adj & nm,f* paralytic.

paralización *nf* 1 *Med* paralysis. 2 *(detención)* halting, stopping.

paralizar [1] **I** *vtr* to paralyse; *(circulación)* to stop. **II paralizarse** *vr fig* to come to a standstill.

parámetro *nm* parameter.

paramilitar *adj* paramilitary.

páramo *nm* bleak plain *o* plateau, moor.

parangón *nm fml* comparison; **sin p.**, incomparable.

paranoia *nf* paranoia.

paranoico,-a *adj & nm,f* paranoiac, paranoid.

parapeto *nm* 1 parapet. 2 *(de defensa)* barricade.

parapléjico,-a *adj & nm,f* paraplegic.

parar I *vtr* to stop. 2 *Dep* to save. **II** *vi* 1 to stop; **p. de hacer algo**, to stop doing sth; **sin p.**, nonstop, without stopping; *fam* **no p.**, to be always on the go. 2 *(alojarse)* to stay. 3 *(acabar)* **fue a p. a la cárcel**, he ended up in jail. **III pararse** *vtr* 1 to stop; **p. a pensar**, to stop to think. 2 *Am (ponerse en pie)* to stand up.

pararrayos *nm inv* lightning conductor, *US* lightning rod.

parásito,-a *adj nm* parasite.

parasol *nm* sunshade, parasol.

parcela *nf* plot.

parche *nm* 1 patch. 2 *(emplasto)* plaster. 3 *pey (chapuza)* botched up *o* slapdash job.

parchís *nm* ludo.

parcial I *adj* 1 *(partidario)* biased. 2 *(no completo)* partial; **a tiempo p.**, part-time. **II** *adj & nm* **(examen) p.**, class examination.

parcialmente *adv* partially, partly.

parco,-a *adj (moderado)* sparing; *(frugal)* scant.

pardillo,-a I *nm,f pey* yokel, bumpkin. **II** *nm Orn* linnet.

pardo,-a *adj (marrón)* brown; *(gris)* dark grey.

parecer¹ *nm* 1 *(opinión)* opinion. 2 *(aspecto)* appearance.

parecer² [33] **I** *vi* to seem, look (like); **parece difícil**, it seems *o* looks difficult; **parecía (de) cera**, it looked like wax; *(uso impers)* **parece que no arranca**, it looks as if it won't start; **como te parezca**, whatever you like; **¿te parece?**, is that okay with you?; **parece que sí/no**, I think/don't think so; **¿qué te parece?**, what do you think of it? **II parecerse** 1 *vr* to be alike; **no se parecen**, they're not alike. 2 **p. a**, to look like, resemble; **se parecen a su madre**, they look like their mother.

parecido,-a *adj* 1 alike, similar. 2 **bien p.**, good-looking. **II** *nm* likeness, resemblance; **tener p. con algn**, to bear a resemblance to sb.

pared *nf* wall.

paredón *nm* 1 thick wall. 2 *fam* **le llevaron al p.**, he was shot by firing squad.

pareja *nf* 1 pair; **por parejas**, in pairs. 2 *(hombre y mujer)* couple; *(hijo e hija)* boy and girl; **hacen buena p.**, they make a nice couple, they're well matched. 3 *(en naipes)* pair; **doble p.**, two pairs. 4 *(de baile, juego)* partner.

parejo,-a *adj (parecido)* similar, alike. 2 **ir parejos**, to be neck and neck.

parentela *nf fam* relations *pl*, relatives *pl*.

parentesco *nm* relationship, kinship.

paréntesis *nm inv* 1 parenthesis, bracket; **entre p.**, in parentheses *o* brackets. 2 *(descanso)* break, interruption; *(digresión)* digression.

parezco *indic pres* → **parecer**.

paria *nmf* pariah.

parida *nf fam* silly thing.

pariente *nmf* relative, relation.

parir *vtr e vi* to give birth (to).

París *n* Paris.

parking *nm* car park, *US* parking lot.

parlamentario,-a I *adj* parliamentary. **II** *nm,f* member of parliament, MP, *US* congressman.

parlamento *nm* parliament.

parlanchín,-ina *adj fam* talkative, chatty.

parné *nm arg* dough, cash.

paro *nm* 1 *(huelga)* strike, stoppage. 2 *(desempleo)* unemployment; **estar en p.**, to be unemployed; **cobrar el p.**, to be on the dole.

parodia *nf* parody.

parodiar [12] *vtr* to parody.

parpadear *vi (ojos)* to blink; *fig (luz)* to flicker.

parpadeo *nm (de ojos)* blinking; *fig (de luz)* flickering.

párpado *nm* eyelid.

parque *nm* 1 park; **p. de atracciones**, funfair; **p. zoológico**, zoo; **p. nacional/ natural**, national park/nature reserve. 2

parqué   195   **pasar**

(de niños) playpen. **3 p. móvil,** total number of cars.
parqué *nm* parquet.
parquear *vtr Am* to park.
parquet *nm* → **parqué.**
parquímetro *nm Aut* parking meter.
parra *nf* grapevine.
párrafo *nm* paragraph.
parranda *nf fam* spree.
parricidio *nm* parricide.
parrilla *nf* **1** *Culin* grill; **pescado a la p.,** grilled fish. **2** *Téc* grate. **3** *Aut Dep* starting grid.
párroco *nm* parish priest.
parroquia *nf* parish; *(iglesia)* parish church.
parroquiano,-a *nm,f* (regular) customer.
parsimonia *nf* phlegm, calmness.
parte I *nf* **1** *(sección)* part. **2** *(en una repartición)* share. **3** *(lugar)* place, spot; **en o por todas partes,** everywhere; **se fue por otra p.,** he went another way. **4** *Jur* party. **5** *(bando)* side; **estoy de tu p.** I'm on your side. **6** *euf* **partes,** *(genitales)* private parts. **7** *(locuciones)* **por mi p.,** as far as I am concerned; **de p. de ...,** on behalf of ...; *Tel* **¿de p. de quién?,** who's calling?; **en gran p.,** to a large extent; **en p.,** partly; **la mayor p.,** the majority; **por otra p.,** on the other hand; **tomar p. en,** to take part in. **II** *nm (informe)* report.
partición *nf (reparto)* division, sharing out; *(de herencia)* partition; *(de territorio)* partition.
participación *nf* **1** participation. **2** *Fin (acción)* share, *US* stock; **p. en los beneficios,** profit-sharing. **3** *(en lotería)* part of a lottery ticket. **4** *(notificación)* notice, notification.
participante I *adj* participating. **II** *nmf* participant.
participar I *vi* **1** to take part, participate **(en,** in). **2** *Fin* to have shares in. **3** *fig* **p. de,** to share. **II** *vtr (notificar)* to notify.
partícipe *nmf* **1** participant; **hacer p. de algo,** *(notificar)* to inform about sth. **2** *Com Fin* partner.
participio *nm Ling* participle.
partícula *nf* particle.
particular I *adj* **1** *(concreto)* particular. **2** *(privado)* private, personal. **3** *(raro)* peculiar. **II** *nmf (individuo)* private individual. **III** *nm (asunto)* subject, matter.
particularidad *nf* special feature.
partida *nf* **1** *(salida)* departure. **2** *Com (remesa)* batch, consignment. **3** *(juego)* game. **4** *Fin (entrada)* item. **5** *Jur (certificado)* certificate; **p. de nacimiento,** birth certificate.
partidario,-a I *adj* **ser/no ser p. de algo,** to be for/against sth. **II** *nm,f* supporter, follower; **es p. del aborto,** he is in favour of abortion.
partidista *adj* biased, partisan.

partido,-a *nm* **1** *Pol* party. **2** *Dep* match, game; **p. amistoso,** friendly game; **p. de vuelta,** return match. **3** *(provecho)* advantage; **sacar p. de,** to profit from. **4** *Jur (distrito)* district. **5 tomar p. por,** to side with. **6 ser un buen p.,** to be a good catch.
partir I *vtr* to break; *(dividir)* to split, divide; *(cortar)* to cut; **p. a algn por la mitad,** to mess things up for sb. **II** *vi* **1** *(marcharse)* to leave, set out *o* off. **2 a p. de,** from. **III partirse** *vr* to split (up), break (up); *fam* **p. de risa,** to split one's sides laughing.
partisano,-a *nm,f* partian.
partitura *nf Mús* score.
parto *nm* childbirth, labour, *US* labor; **estar de p.,** to be in labour.
parvulario *nm* nursery school, kindergarten.
párvulo,-a *nm,f* infant.
pasa *nf* raisin; **p. de Corinto,** currant.
pasable *adj* passable, tolerable.
pasada *nf* **1 de p.,** in passing. **2** *(jugarreta)* dirty trick. **3** *fam* **eso es una p.,** it's too much!
pasadizo *nm* corridor, passage.
pasado,-a I *adj* **1** *(último)* last; **el año/ lunes p.,** last year/Monday. **2** *(anticuado)* dated, old-fashioned; **p. (de moda),** out of date *o* fashion. **3** *(alimento)* bad. **4** *Culin* cooked; **lo quiero muy p.,** I want it well done. **5 p. mañana,** the day after tomorrow. **II** *nm* past.
pasador *nm* **1** *(prenda)* pin, clasp; *(para el pelo)* (hair) slide, hairpin. **2** *(pestillo)* bolt, fastener.
pasaje *nm* **1** passage. **2** *(calle)* alley. **3** *(pasajeros)* passengers *pl.* **4** *(billete)* ticket.
pasajero,-a I *adj* passing, temporary; **aventura pasajera,** fling. **II** *nm,f* passenger.
pasamanos *nm inv (barra)* handrail; *(de escalera)* banister, bannister.
pasamontañas *nm inv* balaclava.
pasaporte *nm* passport.
pasapurés *nm inv Culin* potato masher.
pasar I *vtr* **1** to pass; *(objeto)* to pass, give; *(mensaje)* to give; *(página)* to turn; *(trasladar)* to move; **p. algo a limpio,** to make a clean copy of sth. **2** *(tiempo)* to spend, pass; **p. el rato,** to kill time. **3** *(padecer)* to suffer, endure; **p. hambre,** to go hungry. **4** *(río, calle)* to cross; *(barrera)* to pass through *o* over; *(límite)* to go beyond. **5** *(perdonar)* to forgive, tolerate; **p. algo (por alto),** to overlook sth. **6** *(introducir)* to insert, put through. **7** *(examen)* to pass. **8** *Cin* to run, show.
II *vi* **1** to pass; **¿ha pasado el autobús?,** has the bus gone by?; **ha pasado un hombre,** a man has gone past; **p. de largo,** to go by (without stopping); **el tren pasa por Burgos,** the train goes via

Burgos; **pasa por casa mañana,** come round to my house tomorrow. 2 **p. a,** *(continuar)* to go on to; **p. a ser,** to become. 3 *(entrar)* to come in. 4 *(tiempo)* to pass, go by. 5 **p. sin,** to do without; *fam* **paso de tí,** I couldn't care less about you; *fam* **yo paso,** count me out.

III *v impers (suceder)* to happen; **¿qué pasa aquí?,** what's going on here?; **¿qué te pasa?,** what's the matter?; *fam* **¿qué pasa?,** *(saludo)* how are you?; **pase lo que pase,** whatever happens, come what may.

IV pasarse *vr* 1 **se me pasó la ocasión,** I missed my chance; **se le pasó llamarme,** he forgot to phone me. 2 *(gastar tiempo)* to have a good/bad time; **pasárselo bien/ mal,** to have a good/bad time. 3 *(comida)* to go off. 4 *fam (excederse)* to go too far; **no te pases,** don't overdo it. 5 **pásate por mi casa,** call round to my place.

pasarela *nf (puente)* footbridge; *(de barco)* gangway; *(de moda)* catwalk.

pasatiempo *nm* pastime, hobby.

pascua *nf* 1 Easter. 2 **pascuas,** *(Navidad)* Christmas *sing*; **¡felices Pascuas!,** Merry Christmas!

pase *nm* 1 pass, permit. 2 *Cin* showing.

pasear I *vi* to go for a walk, take a walk. **II** *vt* 1 *(persona)* to take for a walk; *(perro)* to walk. 2 *fig (exhibir)* to show off. **III pasearse** *vr* to go for a walk.

paseíllo *nm Taur* opening parade.

paseo *nm* 1 walk; *(en bicicleta, caballo)* ride; *(en coche)* drive; **dar un p.,** to go for a walk *o* a ride. 2 *(avenida)* avenue.

pasillo *nm* corridor; *Av* **p. aéreo,** air corridor.

pasión *nf* passion.

pasional *adj* passionate; **crimen p.,** crime of passion.

pasividad *nf* passivity, passiveness.

pasivo,-a I *adj* passive; *(inactivo)* inactive. **II** *nm Com* liabilities *pl*.

pasmado,-a *adj (asombrado)* astounded, amazed; *(atontado)* flabbergasted; **dejar p.,** to astonish; **quedarse p.,** to be amazed.

pasmo *nm* astonishment, amazement.

paso,-a[1] *adj* **ciruela pasa,** prune; **uva pasa,** raisin.

paso[2] *nm* 1 step; *(modo de andar)* gait, walk; *(ruido al andar)* footstep; *Mil* **llevar el p.,** to keep in step; *fig* **a dos pasos,** a short distance away; *fig* **seguir los pasos de algn,** to follow in sb's footsteps. 2 *(camino)* passage, way; **abrirse p.,** to force one's way through; *Aut* **'ceda el p.',** 'give way'; **'prohibido el p.',** 'no entry'; **p. a nivel,** level *o US* grade crossing; **p. de cebra,** zebra crossing; **p. de peatones,** pedestrian crossing, *US* crosswalk; **p. elevado,** flyover, *US* overpass; **p. subterráneo,** *(para peatones)* subway; *(para coches)* underpass. 3 *(acción)* passage, passing; **a su p. por la ciudad,** when he was in town; **el p. del tiempo,** the passage of time; **estar de p.,** to be just passing through. 4 **p. de montaña,** mountain pass.

pasodoble *nm* paso doble.

pasota *nmf fam* waster.

pasta *nf* 1 paste; **p. de dientes** *o* **dentífrica,** toothpaste. 2 *(de pan, pasteles)* dough; *(italiana)* pasta. 3 *(galleta)* biscuit. 4 *fam (dinero)* dough, bread.

pastar *vtr & vi* to graze, pasture.

pastel *nm* 1 cake; *(de carne, fruta)* pie. 2 *Arte* pastel. 3 *fam* **descubrir el p.,** to spill the beans.

pastelería *nf* 1 *(tienda)* confectioner's (shop). 2 *(dulces)* confectionery.

pastelero,-a *nm,f* pastrycook, confectioner.

pastiche *nm* 1 pastiche. 2 *fam (chapuza)* botch(-up).

pastilla *nf* 1 tablet, pill; **pastillas para la tos,** cough drops. 2 *(de jabón)* bar. 3 *fam* **a toda p.,** at full speed.

pastizal *nm* grazing land, pasture.

pasto *nm* 1 *(hierba)* grass. 2 *(alimento)* fodder; **ser p. de,** to fall prey to.

pastor,-a I *nm,f* shepherd; *(mujer)* shepherdess; **perro p.,** sheepdog; **p. alemán,** Alsatian. **II** *nm Rel* pastor, minister.

pastoreo *nm* shepherding.

pastoso,-a *adj* pasty; *(lengua)* furry.

pata I *nf leg; (de patas arriba,** upside down; **estirar la p.,** to kick the bucket; **mala p.,** bad luck; **meter la p.,** to put one's foot in it; **p. de gallo,** crow's foot.

patada *nf (puntapié)* kick, stamp.

patalear *vi* to stamp one's feet (with rage).

pataleo *nm* kicking; *(de rabia)* stamping.

patán *nm* bumpkin, yokel.

patata *nf* potato; **patatas fritas,** chips, *US* French fries; *(de bolsa)* crisps, *US* potato chips.

patatús *nm inv fam* dizzy spell, queer turn.

paté *nm* pâté.

patear I *vtr (pelota)* to kick; *(pisotear)* to stamp on. **II** *vi (patalear)* to stamp one's foot with rage).

patentar *vtr* to patent.

patente I *nf (autorización)* licence, *US* license; *(de invención)* patent. **II** *adj (evidente)* patent, obvious.

pateo *nm* stamping; *(abucheo)* boo(ing), jeer(ing).

paternal *adj* paternal, fatherly.

paternalista *adj* paternalistic.

paternidad *nf* paternity, fatherhood.

paterno,a *adj* paternal.

patético,-a *adj* moving.

patíbulo *nm* scaffold, gallows *pl*.

patidifuso,-a *adj fam* dumbfounded, flabbergasted.
patilla *nf* 1 *(de gafas)* leg. 2 **patillas,** *(pelo)* sideboards, *US* sideburns.
patín *nm* 1 skate; *(patinete)* scooter; **p. de ruedas/de hielo,** roller/ice skate. 2 *Náut* pedal boat.
patinaje *nm* skating; **p. artístico,** figure skating; **p. sobre hielo/ruedas,** ice-/roller skating.
patinar *vi* 1 to skate; *(sobre ruedas)* to roller-skate; *(sobre hielo)* to ice-skate. 2 *(deslizarse)* to slide; *(resbalar)* to slip; *(vehículo)* to skid. 3 *fam (equivocarse)* to put one's foot in it, slip up.
patinazo *nm* 1 skid. 2 *fam (equivocación)* blunder, boob.
patinete *nm* scooter.
patio *nm* 1 *(de una casa)* yard, patio; *(de recreo)* playground. 2 *Teat Cin* **p. de butacas,** stalls.
pato *nm* duck; *fam* **pagar el p.,** to carry the can.
patochada *nf* blunder, boob.
patógeno,-a *adj* pathogenic.
patología *nf* pathology.
patológico,-a *adj* pathological.
patoso,-a *adj* clumsy, awkward.
patraña *nf* nonsense.
patria *nf* fatherland, native country; **madre p.,** motherland; **p. chica,** one's home town *o* region.
patriarca *nm* patriarch.
patrimonio *nm (bienes)* wealth; *(herencia)* inheritance.
patriota *nmf* patriot.
patriótico,-a *adj* patriotic.
patriotismo *nm* patriotism.
patrocinador,-a I *adj* sponsoring. **II** *nm,f* sponsor.
patrocinar *vtr* to sponsor.
patrocinio *nm* sponsorship, patronage.
patrón,-ona I *nm,f* 1 *(jefe)* boss. 2 *(de pensión) (hombre)* landlord; *(mujer)* landlady. 3 *Rel* patron saint. **II** *nm* 1 pattern. 2 *(medida)* standard.
patronal I *adj* employers'; **cierre p.,** lockout; **clase p.,** managerial class. **II** *nf (dirección)* management.
patronato, patronazgo *nm* 1 *(institución benéfica)* foundation. 2 *(protección)* patronage.
patrono,-a *nm,f* 1 boss; *(empresario)* employer. 2 *Rel* patron saint.
patrulla *nf* patrol; **estar de p.,** to be on patrol; **coche p.,** patrol car. 2 *(grupo)* group, band; **p. de rescate,** rescue party; **p. ciudadana,** vigilante group.
patrullar I *vtr* to patrol. **II** *vi* to be on patrol.
paulatino,-a *adj* gradual.
paupérrimo,-a *(adj superl de* **pobre***)* extremely poor, poverty-stricken.
pausa *nf* pause, break; *Mús* rest.

pausado,-a *adj* unhurried, calm.
pauta *nf* guidelines *pl.*
pava *nf fam* **pelar la p.,** to chat.
pavesa *nf* ash.
pavimentar *vtr* to pave.
pavimento *nm (de calle)* paving; *(de habitación)* flooring.
pavo *nm* 1 turkey; *fam* **no ser moco de p.,** to be nothing to scoff at. 2 *fam (tonto)* twit; *fam* **estar en la edad del p.,** to be growing up.
pavonearse *vr fam* to show off, strut.
pavoneo *nm fam* showing off, strutting.
pavor *nm* terror, dread.
payaso *nm* clown; **hacer el p.,** to act the clown.
payés,-a *nm,f* Catalan *o* Balearic peasant.
payo,-a *nm,f* non-Gipsy person.
paz *nf* peace; *(sosiego)* peacefulness; *fam* **¡déjame en p.!,** leave me alone!, **hacer las paces,** to make (it) up.
pazguato,-a *adj* 1 *(estúpido)* silly, stupid. 2 *(mojigato)* prudish.
PCE *nm Pol abr de* **Partido Comunista de España,** Spanish Communist party.
pe *nf fam* **de pe a pa,** from A to Z.
peaje *nf* toll; **autopista de p.,** toll motorway, *US* turnpike.
peatón *nm* pedestrian.
peca *nf* freckle.
pecado *nm Rel* sin; **p. capital** *o* **mortal,** deadly sin.
pecador,-a *nm,f* sinner.
pecaminoso,-a *adj* sinful.
pecar [1] *vi* to sin; *fig* **p. por defecto,** to fall short of the mark.
pecera *nf* fishbowl, fishtank.
pecho *nm* chest; *(de mujer)* breast, bust; *(de animal)* breast; **dar el p. (a un bebé),** to breast-feed (a baby); *fig* **tomar(se) (algo) a p.,** to take (sth) to heart.
pechuga *nf* 1 *(de ave)* breast. 2 *fam pey (de mujer)* boob.
pectoral *adj* pectoral, chest.
peculiar *adj (raro)* peculiar; *(característico)* characteristic.
peculiaridad *nf* peculiarity.
pedagogía *nf* pedagogy.
pedagógico,-a *adj* pedagogical.
pedal *nm* pedal.
pedalear *vi* to pedal.
pedante I *adj* pedantic. **II** *nmf* pedant.
pedantería *nf* pedantry.
pedazo *nm* piece, bit; **a pedazos,** in pieces; **caerse a pedazos,** to fall apart *o* to pieces; **hacer pedazos,** to break *o* tear to pieces, smash (up); *fam* **¡qué p. de coche!,** what a terrific car!
pederasta *nm* pederast.
pedernal *nm* flint.
pedestal *nm* pedestal.
pediatra *nmf* paediatrician, *US* pediatrician.
pediatría *nf* paediatrics *sing, US* pedia-

trics *sing*.
pediouro,-a *nm,f* chiropodist.
pedido *nm* **1** *Com* order; **hacer un p. a**, to place an order with. **2** *(petición)* request.
pedigrí *nm* pedigree.
pedir [6] *vtr* **1** to ask (for); **p. algo a algn**, to ask sb for sth; **te pido que te quedes**, I'm asking you to stay; **p. prestado**, to borrow; *fig* **p. cuentas**, to ask for an explanation. **2** *Com & (en bar etc)* to order. **3** *(mendigar)* to beg.
pedo *nm vulg* **1** fart; **tirarse un p.**, to fart. **2** *(borrachera)* bender.
pedrada *nf (golpe)* blow from a stone; *(lanzamiento)* throw of a stone.
pedrea *nf (en lotería)* small prizes *pl*.
pedregoso,-a *adj* stony, rocky.
pedrería *nf* precious stones *pl*, gems *pl*.
pedrisco *nm* hailstorm.
pega *nf* **1** *fam (objeción)* objection; **poner pegas**, to find fault. **2** **de p.**, *(falso)* sham.
pegadizo,-a *adj* catchy.
pegado,-a *adj* **1** *(adherido)* stuck. **2** *(quemado)* burnt.
pegajoso,-a *adj (pegadizo)* sticky; *fig (persona)* tiresome, hard to get rid of.
pegamento *nm* glue.
pegar [7] **I** *vtr* **1** *(adherir)* to stick; *(con pegamento)* to glue; *(coser)* to sew on; *fam* **no pegó ojo**, he didn't sleep a wink; **p. fuego a**, to set fire to. **2** *(golpear)* to hit. **3 p. un grito**, to shout; **p. un salto**, to jump. **4** *(contagiar)* to give; **me ha pegado sus manías**, I've caught his bad habits. **5** *(arrimar)* to put against, lean against. **II** *vi (adherirse)* to stick. **2** *(armonizar)* to match, go; **el azul no pega con el verde**, blue and green don't go together *o* don't match; *fig* **ella no pegaría aquí**, she wouldn't fit in here. **3** *(sol)* to beat down. **III pegarse** *vr* **1** *(adherirse)* to stick; *(pelearse)* to fight. **2** *fam (darse)* to have, get; **p. un tiro**, to shoot oneself. **3** *(comida)* to get burnt; **se me ha pegado el sol**, I've got a touch of the sun. **4** *fam* **pegársela a algn**, to trick *o* deceive sb. **5** *(arrimarse)* to get close. **6** *fam fig* to stick. **7** *Med (enfermedad)* to be catching *o* contagious; *fig (melodía)* to be catchy.
pegatina *nf* sticker.
peinado,-a *nm* hairstyle, *fam* hairdo.
peinar I *vtr* **1** *(pelo)* to comb. **2** *(registrar)* to comb. **II peinarse** *vr* to comb one's hair.
peine *nm* comb.
peineta *nf* ornamental comb.
pela *nf fam* peseta.
pelado,-a I *adj* **1** *(cabeza)* shorn; *(piel, fruta)* peeled; *(terreno)* bare. **2** *fam* **saqué un cinco p.**, *(en escuela)* I just scraped a pass; **a grito p.**, shouting and bawling. **3** *fam (arruinado)* broke, penniless. **4** *(desvergonzado)* impudent, insolent. **II** *nm fam* haircut.
peladura *nf* peeling.
pelagatos *nmf inv fam* poor devil, nobody.
pelaje *nm* **1** fur, hair. **2** *pey (apariencia)* looks *pl*, appearance.
pelambrera *nf fam* mop (of hair), long *o* thick hair.
pelapatatas *nm inv* potato peeler.
pelar I *vtr (cortar el pelo a)* to cut the hair of; *(fruta, patata)* to peel; *fam* **hace un frío que pela**, it's brass monkey weather. **II** *vi (despellejar)* to peel. **II pelarse** *vr* **1** *(cortarse el pelo)* to get one's hair cut. **2** *fam* **pelárselas**, to do sth fast.
peldaño *nm* step; *(de escalera de mano)* rung.
pelea *nf* fight; *(riña)* row, quarrel; **buscar p.**, to look for trouble.
peleado,-a *adj* **estar p. (con algn)**, not to be on speaking terms (with sb).
pelear I *vi* to fight; *(reñir)* to quarrel. **II pelearse** *vr* **1** to fight; *(reñir)* to quarrel. **2** *(enemistarse)* to fall out.
pelele *nm (muñeco)* straw puppet; *fig* puppet.
peleón,-ona *adj* **1** quarrelsome, aggressive. **2** *(vino)* cheap.
peletería *nf* furrier's; *(tienda)* fur shop.
peletero,-a *nm,f* furrier.
peliagudo,-a *adj* difficult, tricky.
pelícano *nm* pelican.
película *nf* **1** *Cin* film, picture, *US* movie; **p. de miedo** *o* **terror**, horror film; **p. del Oeste**, Western; *fam* **de p.**, fabulous. **2** *Fot* film.
peligrar *vi* to be in danger, be threatened; **hacer p.**, to endanger, jeopardize.
peligro *nm* danger; *(riesgo)* risk; **con p. de ...**, at the risk of ...; **correr (el) p. de ...**, to run the risk of ...; **poner en p.**, to danger.
peligroso,-a *adj* dangerous, risky.
pelirrojo,-a I *adj* red-haired; *(anaranjado)* ginger-haired. **II** *nm,f* redhead.
pellejo *nm* **1** *(piel)* skin. **2** *(odre)* wineskin. **3** *fam* **arriesgar** *o* **jugarse el p.**, to risk one's neck.
pelliza *nf* fur jacket.
pellizcar [1] *vtr* to pinch, nip.
pellizco *nm* pinch, nip.
pelma *nmf*, **pelmazo,-a** *nm,f (persona)* bore, drag.
pelo *nm* **1** hair; **cortarse el p.**, *(uno mismo)* to cut one's hair; *(en la peluquería)* to have one's hair cut; *fig* **no tiene ni un p. de tonto**, he's no fool; *fig* **no tener pelos en la lengua**, to be very outspoken; *fig* **tomar el p. a algn**, to pull sb's leg, take the mickey out of sb; *fam* **con pelos y señales**, in full detail; **por los pelos**, by the skin of one's teeth; *fam* **me puso el p. de punta**, it gave me the

pelón 199 **peor**

creeps. 2 (*de animal*) fur, coat, hair. 3 *Tex* (*de una tela*) nap, pile. 4 (*cerda*) bristle.
pelón,-ona *adj* (*sin pelo*) bald.
pelota I *nf* 1 ball; *fam* devolver la p., to give tit for tat. 2 *Dep* pelota. 3 *fam* (*cabeza*) nut. 4 hacer la p. a algn, to toady to sb, butter sb up. 5 *vulg* pelotas, (*testículos*) balls; en p., starkers. II *nmf fam* (*pelotillero*) crawler.
pelotari *nm* pelota player.
pelotear *vi Dep* to kick a ball around; *Ten* to knock up.
peloteo *nm Ten* knock-up.
pelotilla *nf fam* hacer la p. (a algn), to fawn on (sb).
pelotillero,-a *nm,f fam* crawler.
pelotón *nm* 1 *Mil* squad. 2 *fam* (*grupo*) small crowd, bunch; (*en ciclismo*) pack. 3 (*amasijo*) bundle.
pelotudo,-a *adj Am* slack, sloppy.
peluca *nf* wig.
peluche *nf* osito de p., teddy bear.
peludo,-a *adj* hairy, furry.
peluquería *nf* hairdresser's (shop).
peluquero,-a *nm,f* hairdresser.
peluquín *nm* toupee.
pelusa, pelusilla *nf* 1 fluff; (*de planta*) down. 2 *fam* jealousy (among children).
pelvis *nf inv* pelvis.
pena *nf* 1 (*tristeza*) grief, sorrow; *fig* me da p. de ella, I feel sorry for her; ¡qué p.!, what a pity! 2 (*dificultad*) hardships *pl*, trouble; no merece *o* vale la p. (ir), it's not worth while (going); a duras penas, with great difficulty. 3 (*castigo*) punishment, penalty; p. de muerte *o* capital, death penalty.
penacho *nm* 1 (*de ave*) crest, tuft. 2 *Mil* (*de plumas*) plume.
penal I *adj* penal; *Jur* código p., penal code. II *nm* prison, jail.
penalidad *nf* (*usu pl*) hardships *pl*, troubles *pl*.
penalización *nf* penalization; *Dep* penalty.
penalizar [4] *vtr* to penalize.
penalti *nm* (*pl* penaltis) *Dep* penalty; *fam* casarse de p., to have a shotgun wedding.
penar I *vtr* to punish. II *vi* to be in torment, suffer.
pendejo *nm Am* (*tonto*) jerk, dummy.
pendenciero,-a *adj* quarrelsome, argumentative.
pendiente I *adj* 1 (*por resolver*) pending; *Educ* asignatura p., failed subject; *Com* p. de pago, unpaid. 2 estar p. de, (*esperar*) to be waiting for; (*vigilar*) to be on the lookout for. 3 (*colgante*) hanging (de, from). II *nm* (*joya*) earring. III *nf* slope; (*de tejado*) pitch.
pendón *nm* 1 (*bandera*) banner. 2 *pey* (*mujer*) slut, whore; (*hombre*) playboy.

péndulo *nm* pendulum.
pene *nm* penis.
penetración *nf* penetration; (*perspicacia*) insight, perception.
penetrante *adj* penetrating; (*frío, voz, mirada*) piercing; *fig* (*inteligencia*) sharp, acute.
penetrar I *vtr* to penetrate; p. un misterio, to get to the bottom of a mystery. II *vi* (*entrar*) to go *o* get (en, in).
penicilina *nf* penicillin.
península *nf* peninsula.
penique *nm* penny, *pl* pence.
penitencia *nf* penance.
penitenciaría *nf* prison.
penitenciario,-a *adj* penitentiary, prison.
penoso,-a *adj* 1 (*lamentable*) sorry, distressing. 2 (*laborioso*) laborious, difficult.
pensado,-a *adj* 1 thought out; bien p., ... on reflection, ...; en el momento menos p., when least expected; mal p., twisted; tener algo p., to have sth planned, have sth in mind; tengo p. ir, I intend to go. 2 (*concebido*) designed.
pensamiento *nm* 1 thought. 2 (*máxima*) saying, motto. 3 *Bot* pansy.
pensar [1] I *vi* to think (en, of, about; sobre, about, over); *fig* sin p., (*con precipitación*) without thinking; (*involuntariamente*) involuntarily. II *vtr* 1 to think (de, of); (*considerar*) to think over *o* about; piénsalo bien, think it over; fam ¡ni pensarlo!, not on your life! 2 (*proponerse*) to intend; pienso quedarme, I plan to stay. 3 (*concebir*) to make; p. un plan, to make a plan; p. una solución, to find a solution.
pensativo,-a *adj* pensive, thoughtful.
pensión *nf* 1 (*residencia*) boarding house; (*hotel*) guesthouse; media p., half board; p. completa, full board. 2 (*paga*) pension, allowance; p. vitalicia, life annuity.
pensionista *nmf* pensioner.
pentágono *nm* pentagon.
pentagrama *nm* staff, stave.
penúltimo,-a *adj & nm,f* next to the last, penultimate.
penumbra *nf* penumbra, half-light.
penuria *nf* scarcity, shortage.
peña *nf* 1 rock, crag. 2 (*de amigos*) club. 3 *fam* (*gente*) people.
peñasco *nm* rock, crag.
peñón *nm* rock; el P. de Gibraltar, the Rock of Gibraltar.
peón *nm* 1 unskilled labourer *o US* laborer; p. agrícola, farmhand. 2 *Ajedrez* pawn.
peonada *nf* day's work.
peonza *nf* (spinning) top.
peor I *adj* 1 (*comparativo*) worse. 2 (*superlativo*) worst; en el p. de los casos, if the worst comes to the worst; lo p. es que, the worst of it is that. II *adv* 1 (*comparativo*) worse; ¡p. para mí *o* ti!, too

pepinillo 200 **perito**

bad! 2 *(superlativo)* worst.
pepinillo *nm* gherkin.
pepino *nm* cucumber; *fam* **me importa un p.**, I don't give a hoot.
pepita *nf (de fruta)* pip, seed; *(de metal)* nugget.
pepitoria *nf* fricassee; **pollo en p.**, fricassee of chicken.
peque *nm fam (niño)* kid.
pequeño,-a I *adj* small, little; *(bajo)* short. II *nm,f* child; **de p.**, as a child.
Pequín *n* Peking.
pera I *nf* 1 *Bot* pear; **p. de agua**, juicy pear. 2 *vulg (pene)* prick.
peral *nm* pear tree.
percance *nm* mishap, setback.
percatarse *vr* **p. de**, to realise.
percepción *nf* perception.
perceptible *adj* 1 perceptible. 2 *Fin* receivable, payable.
percha *nf (colgador)* (coat) hanger; *(de gallina)* perch.
perchero *nm* clothes rack.
percibir *vtr* 1 *(notar)* to perceive, notice. 2 *(cobrar)* to receive.
percusión *nf* percussion.
perdedor,-a I *adj* losing. II *nm,f* loser.
perder [3] I *vtr* 1 to lose. 2 *(tren, autobús)* to miss; *(tiempo)* to waste; *(oportunidad)* to miss. 3 *(pervertir)* to be the ruin o downfall of. II *vi* to lose; **echar (algo) a p.**, to spoil (sth); **echarse a p.**, to be spoilt; **salir perdiendo**, to come off worst. III **perderse** *vr* 1 *(extraviarse) (persona)* to get lost; **se me ha perdido la llave**, I've lost my key; **no te lo pierdas**, don't miss it. 2 *(pervertirse)* to go to rack and ruin.
perdición *nf* undoing, downfall.
pérdida *nf* 1 loss; **no tiene p.**, you can't miss it. 2 *(de tiempo, esfuerzos)* waste. 3 **Mil pérdidas**, losses.
perdido,-a *adj* 1 *(extraviado)* lost. 2 *fam (sucio)* filthy. 3 *fam* **loco p.**, mad as a hatter. 4 **estar p. por algn**, *(enamorado)* to be crazy about sb. 5 *(acabado)* finished; **¡estoy p.!**, I'm a goner!
perdigón *nm* pellet.
perdiguero,-a *adj* partidge-hunting; **perro p.**, setter.
perdiz *nf* partridge.
perdón *nm* pardon, forgiveness; **¡p.!**, sorry!; **pedir p.**, to apologize.
perdonar *vtr* 1 *(remitir)* to forgive. 2 **perdone!**, sorry!; **perdone que le moleste**, sorry for bothering you. 3 *(eximir)* to pardon; **perdonarle la vida a algn**, to spare sb's life; **p. una deuda**, to write off a debt.
perdurable *adj* 1 *(eterno)* everlasting. 2 *(duradero)* durable, long-lasting.
perdurar *vi* 1 *(durar)* to endure, last. 2 *(persistir)* to persist, continue to exist.
perecedero,-a *adj* perishable; **artículos perecederos**, perishables.
perecer [33] *vi* to perish, die.
peregrinación *nf*, **peregrinaje** *nm* pilgrimage.
peregrino,-a I *nm,f* pilgrim. II *adj* **ideas peregrinas**, crazy ideas.
perejil *nm* parsley.
perenne *adj* perennial, everlasting.
perentorio,-a *adj* peremptory, urgent.
pereza *nf* laziness, idleness.
perezoso,-a *adj (vago)* lazy, idle.
perfección *nf* perfection; **a la p.**, to perfection.
perfeccionamiento *nm* 1 *(acción)* perfecting. 2 *(mejora)* improvement.
perfeccionar *vtr* to perfect; *(mejorar)* improve, make better.
perfeccionista *adj & nmf* perfectionist.
perfecto,-a *adj* perfect.
◆**perfectamente** *adv* perfectly; **¡p.!**, *(de acuerdo)* agreed!, all right!
perfidia *nf* perfidy, treachery.
perfil *nm* 1 profile; *(contorno)* outline, contour; **de p.**, in profile. 2 *Geom* cross section.
perfilar I *vtr (dar forma)* to shape, outline. II **perfilarse** *vr (tomar forma)* to take shape.
perforación, **perforado** *nm* perforation; *Min* drilling, boring; *Inform (de tarjetas)* punching.
perforadora punch; *Min* drill; *Inform* **p. de teclado**, keypunch.
perforar *vtr* to perforate; *Min* to drill, bore; *Inform* to punch.
perfumar I *vtr & vi* to perfume. II **perfumarse** *vr* to put on perfume.
perfume *nm* perfume, scent.
pergamino *nm* parchment.
pericia *nf* expertise, skill.
periferia *nf* periphery; *(alrededores)* outskirts *pl.*
periférico,-a *adj & nm* peripheral.
perífrasis *nf inv* periphrasis, long-winded explanation.
perilla *nf (barba)* goatee; *fam* **de perilla(s)**, *(oportuno)* at the right moment; *(útil)* very handy.
perímetro *nm* perimeter.
periódico,-a I *nm* newspaper. II *adj* periodic; *Quím* **tabla periódica**, periodic table.
periodismo *nm* journalism.
periodista *nmf* journalist, reporter.
periodo, período *nm* period.
peripecia *nf* sudden change, vicissitude.
periplo *nm* voyage, tour.
periquete *nm fam* **en un p.**, in a jiffy.
periquito *nm* budgerigar, *fam* budgie.
periscopio *nm* periscope.
peritaje *nm (estudios)* technical studies *pl.*
perito *nm,f* technician, expert; **p. industrial/agrónomo**, ≈ industrial/agricultural expert.

peritonitis *nf* peritonitis.
perjudicar [1] *vtr* to harm, injure; *(intereses)* to prejudice.
perjudicial *adj* prejudicial, harmful.
perjuicio *nm* harm, damage; **en p. de**, to the detriment of; **sin p. de**, without prejudice to.
perjurar *vi* to commit perjury.
perjurio *nm* perjury.
perla *nf* pearl; *fig (persona)* gem, jewel; *fam* **me viene de perlas**, it's just the ticket.
permanecer [33] *vi* to remain, stay.
permanencia *nf* 1 *(inmutabilidad)* permanence. 2 *(estancia)* stay.
permanente I *adj* permanent. II *nf (de pelo)* permanent wave, perm; **hacerse la p.**, to have one's hair permed.
permisivo,-a *adj* permissive.
permiso *nm* 1 *(autorización)* permission. 2 *(licencia)* licence, *US* license, permit; **p. de conducir**, driving licence, *US* driver's license; **p. de residencia/trabajo**, residence/work permit. 3 *Mil* leave; **estar de p.**, to be on leave.
permitir *vtr* to permit, allow; **¿me permite?**, may I? II **permitirse** *vr* 1 to permit *o* allow oneself; **me permito recordarle que**, let me remind you that. 2 'no se permite fumar', 'no smoking'.
permutar *vtr* to exchange.
pernicioso,-a *adj* pernicious.
pernil *nm (de pantalón)* leg; *(jamón)* leg of pork.
pernocta *nf* Mil **(pase de) p.**, overnight pass.
pero I *conj* but; **p., ¿qué pasa aquí?**, now, what's going on here? II *nm* objection.
perogrullada *nf* truism, platitude.
perol *nm* large saucepan, pot.
perorata *nf* boring speech.
perpendicular *adj & nf* perpendicular.
perpetrar *vtr* to perpetrate, commit.
perpetuar [30] *vtr* to perpetuate.
perpetuo,-a *adj* perpetual, everlasting; *Jur* **cadena perpetua**, life imprisonment.
perplejidad *nf* perplexity, bewilderment.
perplejo,-a *adj* perplexed, bewildered.
perra *nf* 1 bitch. 2 *fam (moneda)* penny; **estar sin una p.**, to be broke.
perrera *nf* kennel, kennels *pl*.
perrería *nf fam* dirty trick.
perro,-a I *nm* dog; *fam* **un día de perros**, a lousy day; *fam* **vida de perros**, dog's life; *Culin* **p. caliente**, hot dog. II *adj fam (vago)* lazy.
persecución *nf* 1 pursuit. 2 *Pol (represión)* persecution.
perseguir [6] *vtr* 1 to pursue, chase; *(correr trás)* to run after, follow. 2 *(reprimir)* to persecute.
perseverante *adj* persevering.
perseverar *vi* 1 to persevere, persist. 2 *(durar)* to last.
persiana *nf* blinds *pl*.
pérsico,-a *adj* Persian; **golfo P.**, Persian Gulf.
persignarse *vr* to cross oneself.
persistencia *nf* persistence.
persistente *adj* persistent.
persistir *vi* to persist.
persona *nf* person; **algunas personas**, some people; *fam* **p. mayor**, grown-up.
personaje *nm* 1 *Cin Lit Teat* character. 2 *(celebridad)* celebrity, important person.
personal I *adj* personal, private. II *nm* 1 *(plantilla)* staff, personnel. 2 *fam (gente)* people.
personalidad *nf* personality.
personarse *vr* to present oneself, appear in person.
personificar [1] *vtr* to personify.
perspectiva *nf* 1 perspective. 2 *(futuro)* prospect.
perspicacia *nf* insight, perspicacity.
perspicaz *adj* sharp, perspicacious.
persuadir *vtr* to persuade; **estar persuadido de que**, to be convinced that.
persuasión *nf* persuasion.
persuasivo,-a *adj* persuasive, convincing.
pertenecer [33] *vi* to belong (**a**, to).
perteneciente *adj* belonging.
pertenencia *nf* 1 possessions *pl*, property. 2 *(a un partido etc)* affiliation, membership.
pértiga *nf* pole; *Dep* **salto con p.**, pole vault.
pertinaz *adj* 1 persistent. 2 *(obstinado)* obstinate, stubborn.
pertinente *adj* 1 pertinent, relevant. 2 *(apropiado)* appropriate.
perturbación *nf* disturbance; **p. del orden público**, breach of the peace; *Med* **p. mental**, mental disorder.
perturbado,-a *adj (mentally)* deranged *o* unbalanced.
perturbador,-a I *adj* disturbing. II *nm,f* unruly person.
perturbar *vtr (el orden)* to disturb.
Perú (el) *n* Peru.
peruano,-a *adj & nm,f* Peruvian.
perversión *nf* perversion.
perverso,-a *adj* perverse, evil.
pervertir [5] *vtr* to pervert, corrupt.
pervivir *vi* to survive.
pesa *nf* weight; **levantamiento de pesas**, weightlifting.
pesadez *nf* 1 heaviness; *(de estómago)* fullness. 2 *fam (fastidio)* drag, nuisance.
pesadilla *nf* nightmare; **de p.**, nightmarish.
pesado,-a I *adj* 1 heavy. 2 *(aburrido)* tedious, dull; **¡qué p.!**, what a drag!. II *nm,f* bore.
pesadumbre *nf* grief, affliction.
pésame *nm* condolence, sympathy; **dar el p.**, to offer one's condolences; **mi más**

sentido p., my deepest sympathy.
pesar I *vtr* to weigh; *fig (entristecer)* to grieve. **II** *vi* **1** to weigh; **¿cuánto pesas?**, how much do you weigh? **2** *(ser pesado)* to be heavy. **3** *fig (tener importancia)* **este factor pesa mucho**, this is a very important factor. **III** *nm* **1** *(pena)* sorrow, grief. **2** *(arrepentimiento)* regret; **a su p.**, to his regret. **3** **a p. de**, in spite of.
pesaroso,-a *adj* **1** *(triste)* sorrowful, sad. **2** *(arrepentido)* regretful, sorry.
pesca *nf* fishing; *fam* **y toda la p.**, and all that.
pescadería *nf* fish shop, fishmonger's (shop).
pescadero,-a *nm,f* fishmonger.
pescadilla *nf* young hake.
pescado *nm* fish.
pescador,-a I *adj* fishing. **II** *nm,f (hombre)* fisherman; *(mujer)* fisherwoman.
pescante *nm* **1** *(de carruaje)* coachman's seat. **2** *Constr* jib, boom. **3** *Náut* davit.
pescar [1] **I** *vi* **1** to fish. **II** *vtr* **1** to fish. **2** *fam (coger)* to catch.
pescozada *nf*, **pescozón** *nm* slap on the neck *o* head.
pescuezo *nm fam* neck.
pese a (que) *loc adv* in spite of (the fact that).
pesebre *nm* manger, stall.
peseta *nf* peseta; *fam* **hacer la p. a algn**, to give sb the fingers.
pesetero,-a *nm,f* skinflint.
pesimismo *nm* pessimism.
pesimista I *adj* pessimistic. **II** *nmf* pessimist.
pésimo,-a *adj* very bad, awful, terrible.
peso *nm* **1** weight; **al p.**, by weight; **p. bruto/neto**, gross/net weight; *fig* **me quité un p. de encima**, it took a load off my mind; *Box* **p. mosca/pesado**, flyweight/heavyweight. **2** *(importancia)* importance; **de p.**, *(persona)* influential; *(razón)* convincing.
pespunte *nm* backstitch.
pesquero,-a I *adj* fishing. **II** *nm* fishing boat.
pesquisa *nf* inquiry.
pestaña *nf* **1** eyelash, lash. **2** *Téc* flange; *(de neumático)* rim.
pestañear *vi* to blink; **sin p.**, without batting an eyelid.
peste *nf* **1** *(hedor)* stench, stink. **2** *Med* plague; *Hist* **la p. negra**, the Black Death. **3** **decir** *o* **echar pestes**, to curse.
pesticida *nm* pesticide.
pestilencia *nf* stench, stink.
pestilente *adj* stinking, foul.
pestillo *nm* bolt, latch.
petaca *nf* **1** *(para cigarrillos)* cigarette case; *(para bebidas)* flask. **2** *Am (maleta)* suitcase.
petaco *nm (de juego)* flipper; **máquina de petacos**, pinball machine.

pétalo *nm* petal.
petardo *nm* **1** firecracker, firework; *Mil* petard. **2** *fam (persona aburrida)* bore. **3** *(droga)* joint.
petate *nm Mil* luggage.
petición *nf* request; *Jur* petition, plea.
peto *nm* **pantalón de p.**, dungarees *pl*.
petrificar [1] *vtr*, **petrificarse** *vr* to petrify.
petróleo *nm* petroleum, oil.
petrolero *nm* oil tanker.
petulante *adj* arrogant, vain.
petunia *nf* petunia.
peyorativo,-a *adj* pejorative, derogatory.
pez[1] *nm* fish; **ella está como p. en el agua**, she's in her element; **p. gordo**, big shot.
pez[2] *nf* pitch, tar.
pezón *nm* nipple.
pezuña *nf* hoof.
piadoso,-a *adj* **1** *(devoto)* pious. **2** *(compasivo)* compassionate; **mentira piadosa**, white lie.
pianista *nmf* pianist, piano player.
piano *nm* piano.
piar [29] *vi* to chirp, tweet.
piara *nf* herd of pigs.
PIB *nm Fin abr de* **producto interior bruto**, gross domestic product, GDP.
pibe,-a *nm,f Am (niño)* kid.
picadero *nm* riding school.
picadillo *nm (de carne)* minced meat; *(de verduras)* vegetable salad.
picado,-a I *adj* **1** *(carne)* minced. **2** *(fruta)* bad; *(diente)* decayed. **3** *(mar)* choppy. **4** *fam (enfadado)* narked. **5 estar p. con**, *(en competición)* to be at loggerheads with. **II** *nm Av* dive; **caer en p.**, to plummet.
picador *nm Taur* mounted bullfighter, picador.
picadora *nf* mincer.
picadura *nf* **1** *(mordedura)* bite; *(de avispa, abeja)* sting. **2** *(en fruta)* spot; *Med (de viruela)* pockmark; *(en diente)* decay, caries *sing*; *(en metalurgia)* pitting.
picajoso,-a I *adj* touchy. **II** *nm,f* touchy person.
picante *adj* **1** *Culin* hot, spicy. **2** *fig (chiste etc)* risqué, spicy.
picapica *nf* **polvos p.**, itching powder *sing*.
picaporte *nm (aldaba)* door knocker; *(pomo)* door handle.
picar [1] **I** *vtr* **1** *(de insecto, serpiente)* to bite; *(de avispas, abejas)* to sting; *(barba)* to prick. **2** *(comer) (aves)* to peck (at); *(persona)* to nibble, pick at. **3** *Pesca* to bite. **4** *(perforar)* to prick, puncture. **5** *Culin (carne)* to mince. **6** *(incitar)* to incite, goad; **p. la curiosidad (de algn)**, to arouse (sb's) curiosity. **II** *vi* **1** *(escocer)* to itch; *(herida)* to smart; *(el sol)* to burn. **2** *Culin* to be hot. **3** *Pesca* to bite. **4** *fig (dejarse engañar)* to swallow it. **III picarse** *vr*

1 (*hacerse rivales*) to be at loggerheads. **2** (*fruta*) to spot, rot; (*ropa*) to become moth-eaten; (*dientes*) to decay. **3** (*enfadarse*) to get cross. **4** (*drogadicto*) to shoot up.

picardía *nf* **1** (*astucia*) craftiness. **2** (*palabrota*) swear word. **3** (*prenda*) baby-doll pyjamas.

pícaro,-a I *adj* **1** (*travieso*) naughty, mischievous; (*astuto*) sly, crafty. **2** (*procaz*) risqué. **II** *nm,f* rascal, rogue.

picatoste *nm* crouton.

pichi *nm* pinafore dress.

pichón *nm* young pigeon; **tiro al** *o* **de p.**, pigeon shooting.

pico *nm* **1** (*de ave*) beak, bill; *fam* (*boca*) mouth; **tener un p. de oro**, to have the gift of the gab. **2** (*punta*) corner. **3** *Geog* peak. **4** (*herramienta*) pick, pickaxe, US pickax. **5** (*cantidad*) odd amount; **cincuenta y p.**, fifty odd; **las dos y p.**, just after two. **6** (*drogas*) fix.

picoleto *nm fam* civil guard.

picor *nm* itch, tingling.

picotazo *nm* peck.

picotear *vtr & vi* **1** (*pájaro*) to peck. **2** (*comer*) to nibble.

pictórico,-a *adj* pictorial.

pídola *nf* leapfrog.

pie *nm* **1** foot; **pies**, feet; **a p.**, on foot; **de p.**, standing up; **de pies a cabeza**, from head to foot; **en p.**, standing; **el acuerdo sigue en p.**, the agreement still stands; **hacer p.**, to touch the bottom; **perder p.**, to get out of one's depth; *fig* **a p.** *o* **pies juntillas**, blindly; *fig* **al p. de la letra**, to the letter, word for word; *fig* **con buen/mal p.**, on the right/wrong footing; *fig* **con pies de plomo**, gingerly, cautiously; *fig* **dar p. a**, to give cause for. **2** (*de instrumento*) stand; (*de copa*) stem. **3** foot; (*de una ilustración*) caption; **p. de página**, foot of the page. **4** (*medida*) foot. **5** *Teat* cue. **6** *Lit* foot.

piedad *nf* **1** devoutness, piety. **2** (*compasión*) compassion, pity.

piedra *nf* stone; (*de mechero*) flint; **poner la primera p. a**, to lay the foundation stone; *fam* **fig me dejó** *o* **me quedé de p.**, I was flabbergasted.

piel *nf* **1** skin; **p. de gallina**, goose pimples *pl*. **2** (*de fruta, de patata*) skin, peel. **3** (*cuero*) leather; (*con pelo*) fur.

pienso *nm* fodder, feed; **piensos compuestos**, mixed feed *sing*.

pierna *nf* leg.

pieza *nf* **1** piece, part; **p. de recambio**, spare part; *fig* **me dejó** *o* **me quedé de p.**, I was speechless *o* dumbfounded *o* flabbergasted. **2** (*habitación*) room. **3** *Teat* play.

pigmento *nm* pigment.

pigmeo,-a I *adj* pigmy; *fig* pygmean. **II** *nm,f* Pygmy, Pigmy; *fig* pygmy, pigmy.

pijama *nm* pyjamas *pl*.

pijo,-a I *adj* posh; **un barrio p.**, a posh area. **II** *nm,f* (*chico*) poor little rich boy; (*chica*) poor little rich girl. **III** *nm* (*pene*) willy.

pila *nf* **1** *Elec* battery. **2** (*montón*) pile, heap; *fig* (*muchos*) piles *pl*, heaps *pl*, loads *pl*. **3** (*lavadero*) basin. **4** *fig* **nombre de p.**, Christian name.

pilar *nm* **1** *Arquit* pillar. **2** (*fuente*) waterhole.

píldora *nf* pill; **p. abortiva**, morning-after pill; *fig* **dorar la p. a algn**, to butter sb up.

pileta *nf* **1** (*pila*) sink. **2** *Am* (*piscina*) swimming pool.

pilila *nf fam* willy.

pillaje *nm* looting, pillage.

pillar I *vtr* **1** (*robar*) to plunder, loot. **2** (*coger*) to catch; (*alcanzar*) to catch up with; **lo pilló un coche**, he was run over by a car. **3** *fam* to be; **me pilla un poco lejos**, it's a bit far for *o* from me. **II pillarse** *vr* to catch; **p. un dedo/una mano**, to catch one's finger/hand.

pillo,-a I *adj* **1** (*travieso*) naughty. **2** (*astuto*) sly, cunning. **II** *nm,f* rogue.

pilotar *vtr Av* to pilot, fly; *Aut* to drive; *Náut* to steer.

piloto *nm* **1** *Av Náut* pilot; *Aut* driver; **piso p.**, show flat; **programa p.**, pilot programme. **2** (*luz*) pilot lamp, light.

piltrafa *nf* **1** *fam* weakling; **estar hecho una p.**, to be on one's last legs. **2** (*desecho*) scraps.

pimentón *nm* paprika, red pepper.

pimienta *nf* pepper.

pimiento *nm* (*fruto*) pepper; (*planta*) pimiento; **p. morrón**, sweet pepper; *fam* **me importa un p.**, I don't give a damn, I couldn't care less.

pimpollo *nm* **1** *Bot* shoot. **2** *fam* (*hombre*) handsome young man; (*mujer*) elegant young woman.

pinacoteca *nf* art gallery.

pináculo *nm* pinnacle.

pinar *nm* pine grove, pine wood.

pincel *nm* brush, paintbrush.

pincelada *nf* brushstroke, stroke of a brush.

pinchadiscos *nmf inv fam* disc jockey, DJ.

pinchar I *vtr* **1** (*punzar*) to jag; (*balón, globo*) to burst; (*rueda*) to puncture. **2** *fam* (*incitar*) to prod; (*molestar*) to get at, nag. **3** *Med* to inject, give an injection to. **4** *Tel* to bug. **II** *vi* **1** *Aut* to get a puncture. **2** *fam* **ni pincha ni corta**, he cuts no ice.

pinchazo *nm* **1** (*punzadura*) prick; *Aut* puncture, blowout. **2** (*de dolor*) sudden *o* sharp pain.

pinche *nm* **1** **p. de cocina**, kitchen assistant. **2** *Am* (*bribón*) rogue.

pinchito *nm* (*de carne*) type of kebab.

pincho *nm* 1 (*púa*) barb. 2 **p. moruno**, shish kebab; **p. de tortilla**, small portion of omelette.

ping-pong® *nm* table tennis, ping-pong.

pingüe *adj* abundant, plentiful; **pingües beneficios**, fat profits.

pingüino *nm* penguin.

pino *nm* pine; *fig* **hacer el p.**, to do a handstand; *fam* **en el quinto p.**, in the back of beyond.

pinole *nm Am* maize drink.

pinta I *nf* 1 *fam* (*aspecto*) look; **tiene p. de ser interesante**, it looks interesting. 2 (*mota*) dot; (*lunar*) spot. 3 (*medida*) pint. II *nmf* shameless person.

pintada *nf* graffiti.

pintado,-a *adj* **'recién p.'**, 'wet paint'; *fam fig* **nos viene que ni p.**, it is just the ticket; *fam fig* **te está que ni p.**, it suits you to a tee.

pintar I *vtr* 1 (*dar color*) to paint. 2 (*dibujar*) to draw, sketch. II *vi* (*importar*) to count; *fig* **yo aquí no pinto nada**, I am out of place here. III **pintarse** *vr* 1 (*maquillarse*) to put make-up on. 2 *fam* **pintárselas**, to manage.

pintarraj(e)ar *vtr* to daub.

pintor,-a *nm,f* painter.

pintoresco,-a *adj* 1 (*lugar*) picturesque. 2 (*raro*) eccentric, bizarre.

pintura *nf* 1 painting; **p. rupestre**, cave painting; *fam fig* **no la puedo ver ni en p.**, I can't stand the sight of her. 2 (*materia*) paint.

pinza *nf* (*para depilar*) tweezers *pl*, (*para tender*) clothes peg; (*de animal*) pincer, nipper; *Téc* tongs *pl*.

piña *nf* 1 (*de pino*) pine cone; (*ananás*) pineapple. 2 *fig* (*grupo*) clan, clique. 3 *fam* (*golpe*) thump.

piñón *nm* 1 pine seed *o* nut. 2 *Téc* pinion.

pío[1] *nm fam* **no dijo ni p.**, there wasn't a cheep out of him.

pío,-a[2] *adj* pious.

piojo *nm* louse.

pionero,-a *nm,f* pioneer.

pipa *nf* 1 (*de fumar*) pipe; **fumar en p.**, to smoke a pipe. 2 (*de fruta*) pip; (*de girasol*) sunflower seed.

pipí *nm fam* pee, wee-wee; **hacer p.**, to pee, wee-wee.

pique *nm* 1 resentment. 2 (*rivalidad*) needle. 3 **a p. de**, on the point of. 4 **irse a p.**, *Náut* to sink; (*un plan*) to fall through; (*un negocio*) to go bust.

piqueta *nf* pickaxe, *US* pickax.

piquete *nm* 1 (*de huelga*) picket. 2 *Mil* **p. de ejecución**, firing squad.

pira *nf* pyre.

pirado,-a *adj arg* crazy.

piragua *nf* canoe.

piragüismo *nm* canoeing.

piragüista *nmf* canoeist.

pirámide *nf* pyramid.

piraña *nf* piranha.

pirarse, pirárselas *vr arg* to clear off, hop it.

pirata *adj & nmf* pirate.

piratear *vtr fig* to pirate.

Pirineo(s) *nmpl* Pyrenees.

pirita *nf* pyrite.

pirómano,-a *nm,f Med* pyromaniac; *Jur* arsonist.

piropo *nm* **echar un p.**, to pay a compliment.

pirueta *nf* pirouette; *fig Pol* **hacer una p.**, to do a U-turn.

pirulí *nm* lollipop; *TV* television tower.

pis *nm fam* wee-wee, pee; **hacer p.**, to wee-wee, have a pee.

pisada *nf* step, footstep; (*huella*) footprint.

pisapapeles *nm inv* paperweight.

pisar *vtr* to tread on, step on.

piscifactoría *nf* fish farm.

piscina *nf* swimming pool.

piscolabis *nm inv fam* snack.

piso *nm* 1 flat, apartment; *Pol* **p. franco**, safe house. 2 (*planta*) floor; (*de carretera*) surface.

pisotear *vtr* (*aplastar*) to stamp on; (*pisar*) to trample on.

pisotón *nm* **me dio un p.**, he stood on my foot.

pista *nf* 1 track; **p. de baile**, dance floor; *Dep* **p. de esquí**, ski run *o* slope; *Dep* **p. de patinaje**, ice rink; *Dep* **p. de tenis**, tennis court; **p. de aterrizaje**, landing strip; **p. de despegue**, runway. 2 (*rastro*) trail, track. 3 **dame una p.**, give me a clue.

pistacho *nm* pistachio nut.

pisto *nm Culin* ≈ ratatouille.

pistola *nf* 1 gun, pistol. 2 (*para pintar*) spray gun.

pistolero *nm* gunman, gangster.

pistón *nm* 1 *Téc* (*émbolo*) piston. 2 (*de arma*) cartridge cap. 3 *Mús* key.

pita *nf* agave.

pitada *nf* booing, hissing.

pitar I *vtr* 1 (*silbato*) to blow. 2 *Dep* **el árbitro pitó un penalti**, the referee awarded a penalty. II *vi* 1 to whistle. 2 *Aut* to toot one's horn. 3 *Dep* to referee. 4 *fam* **salir pitando**, to fly off.

pitido *nm* whistle.

pitillera *nf* cigarette case.

pitillo *nm* cigarette, fag.

pito *nm* 1 whistle; *Aut* horn; *fam* **me importa un p.**, I don't give a hoot. 2 *fam* (*cigarrillo*) fag. 3 *fam* (*pene*) prick, willie.

pitón *nm* 1 (*serpiente*) python. 2 (*de toro*) horn.

pitorreo *nm fam* scoffing, teasing; **hacer algo de p.**, to do sth for a laugh.

pivot, pivote *nmf* pivot.

pizarra *nf* 1 (*encerado*) blackboard. 2 *Min* slate.

pizca *nf* little bit, tiny piece; **ni p.**, not a bit; **una p. de sal**, a pinch of salt.

placa *nf* 1 plate. 2 *(conmemorativa)* plaque.

placaje *nm Dep* tackle.

placentero,-a *adj* pleasant, agreeable.

placer *nm* pleasure; **ha sido un p. (conocerle)**, it's been a pleasure (meeting you); *fml* **tengo el p. de**, it gives me great pleasure to; **un viaje de p.**, a holiday trip.

placer [33] *vtr* to please.

placidez *nf* placidity.

plácido,-a *adj* placid, easy-going.

plaga *nf* 1 plague. 2 *Agr* pest, blight.

plagar [7] *vtr* to cover, fill.

plagiar [12] *vtr* 1 *(copiar)* to plagiarize. 2 *Am (secuestrar)* to kidnap.

plagiario,-a *nm,f Am (secuestrador)* kidnapper.

plagio *nm* plagiarism.

plan *nm* 1 *(proyecto)* plan. 2 *(programa)* scheme, programme; *Educ* **p. de estudios**, syllabus; **estar a p.** to be on a diet. 3 *fam* **en p. de broma**, for a laugh; **si te pones en ese p.**, if you're going to be like that (about it); **en p. barato**, cheaply. 4 *fam (cita)* date.

plana *nf* 1 page; **a toda p.**, full page; **primera p.**, front page. 2 *Mil* **p. mayor**, staff.

plancha *nf* 1 iron; *(de metal)* plate. 2 *Culin* hotplate; **sardinas a la p.**, grilled sardines. 3 *Impr* plate.

planchado *nm* ironing.

planchar *vtr* to iron.

planchazo *nm fam* blunder, boob.

planeador *nm* glider.

planear I *vtr* to plan. II *vi* to glide.

planeta *nm* planet.

planetario,-a I *adj* planetary. II *nm* planetarium.

planicie *nf* plain.

planificación *nf* planning; **p. familiar**, family planning.

planificar [1] *vtr* to plan.

planilla *nf Am* application form.

plano,-a I *nm* 1 *(de ciudad)* map; *Arquit* plan, draft. 2 *Cin* shot; **un primer p.**, a close-up; *fig* **estar en primer/segundo p.**, to be in the limelight/in the background. 3 *Mat* plane. II *adj* flat, even.

planta *nf* 1 plant. 2 *(del pie)* sole. 3 *(piso)* floor, storey; **p. baja**, ground floor.

plantación *nf* 1 plantation. 2 *(acción)* planting.

plantado,-a *fam* **dejar a algn p.**, to stand sb up.

plantar I *vtr* 1 *(árboles, campo)* to plant. 2 *(poner)* to put, place; **p. cara a algn**, to stand up to sb. 3 *fam* **p. a algn en la calle**, to throw sb out; **le ha plantado su novia**, his girlfriend has ditched him. II **plantarse** *vr* 1 to stand. 2 *(llegar)* to arrive; **en cinco minutos se plantó aquí**, he got here in five minutes flat.

planteamiento *nm (enfoque)* approach.

plantear I *vtr* 1 *(problema)* to pose, raise. 2 *(planear)* to plan. 3 *(proponer)* to put forward. 4 *(exponer)* to present. II **plantearse** *vtr & vr* 1 *(considerar)* to consider. 2 *(problema)* to arise.

plantel *nm fig* cadre, clique.

plantilla *nf* 1 *(personal)* staff, personnel. 2 *(de zapato)* insole. 3 *(patrón)* model, pattern.

plantón *nm fam* **dar un p. a algn**, to stand sb up.

plañir *vi* to mourn.

plasmar *vtr* 1 *(reproducir)* to capture. 2 *(expresar)* to express. II **plasmarse** *vr* **p. en**, to take the shape of.

plasta *nmf fam* bore.

plástico,-a I *adj* plastic. II *nm* 1 plastic. 2 *(disco)* record.

plastificar [1] *vtr* to coat *o* cover with plastic.

plastilina® *nf* Plasticine®.

plata *nf* 1 silver; *(objetos de plata)* silverware; *fam* **hablar en p.**, to lay (it) on the line; **p. de ley**, sterling silver. 2 *Am* money.

plataforma *nf* platform.

plátano *nm* 1 *(fruta)* banana. 2 *(árbol)* plane tree; **falso p.**, sycamore.

platea *nf Cin Teat* stalls *pl*, *US* ground floor.

platear *vtr* to silver-plate.

platense I *adj* of *o* from the River Plate. II *nmf* native *o* inhabitant of the River Plate.

plática *nf* chat, talk.

platicar [1] *vi* to chat, talk.

platillo *nm* 1 saucer; **p. volante**, flying saucer. 2 *Mús* cymbal.

platina *nf (de tocadiscos)* deck; **doble p.**, double deck.

platino *nm* 1 platinum. 2 *Aut* **platinos**, contact breaker *sing*, points.

plato *nm* 1 plate, dish. 2 *(parte de una comida)* course; **de primer p.**, for starters; **p. fuerte**, main course; **p. combinado**, one-course meal. 3 *(guiso)* dish. 4 *(de balanza)* pan, tray. 5 *(de tocadiscos)* turntable.

plató *nm Cin TV* (film) set.

plausible *adj* 1 *(admisible)* plausible, acceptable. 2 *(loable)* commendable.

playa *nf* 1 beach; *(costa)* seaside. 2 *Am* **p. de estacionamiento**, car park, *US* parking lot.

playera *nf* 1 *(zapatilla)* sandshoe, *US* sneaker. 2 *Am (camiseta)* teeshirt.

plaza *nf* 1 square. 2 *(mercado)* market, marketplace. 3 *Aut* seat. 4 *(laboral)* post, position. 5 **p. de toros**, bullring.

plazo *nm* 1 *(período)* time, period; *(término)* deadline; **a corto/largo p.**, in the

short term/in the long run; **el p. termina el viernes**, Friday is the deadline. 2 *Fin comprar a plazos*, to buy on hire purchase, *US* buy on an installment plan; **en seis plazos**, in six instalments.
pleamar *nf* high tide.
plebe *nf* masses *pl*, plebs *pl*.
plebeyo,-a I *adj* plebeian. II *nm,f* plebeian, pleb.
plebiscito *nm* plebiscite.
plegable *adj* folding, collapsible.
plegar [1] I *vtr* to fold. II **plegarse** *vr* to give way, bow.
plegaria *nf* prayer.
pleitear *vi* to conduct a lawsuit, plead.
pleito *nm* *Jur* lawsuit, litigation; **poner un p. (a algn)**, to sue (sb).
plenilunio *nm* full moon.
plenitud *nf* plenitude, fullness; **en la p. de la vida**, in the prime of life.
pleno,-a I *adj* full; **en plena noche**, in the middle of the night; **los empleados en p.**, the entire staff. II *nm* plenary meeting.
pletórico,-a *adj* abundant.
plexiglás® *nm* (*plástico*) Perspex®, *US* Plexiglass®.
pliego *nm* 1 (*hoja*) sheet *o* piece of paper; **p. de condiciones**, bidding specifications. 2 (*carta*) sealed letter.
pliegue *nm* 1 fold. 2 (*de vestido*) pleat.
plinto *nm* *Gimn* horse.
plisar *vtr* to pleat.
plomero,-a *nm Am* plumber.
plomizo,-a *adj* lead, leaden; (*color*) lead-colored, *US* lead-colored.
plomo *nm* 1 (*en metalurgia*) lead. 2 *Elec* (*fusible*) fuse. 3 (*bala*) slug, pellet.
pluma *nf* 1 feather. 2 (*de escribir*) fountain pen.
plumaje *nm* plumage.
plumazo *nm* **de un p.**, at a stroke.
plumero *nm* 1 (*para el polvo*) feather duster. 2 *fam* **se te ve el p.**, I can see through you.
plumier *nm* pencil box.
plural *adj & nm* plural.
pluralismo *nm* pluralism.
pluriempleo *nm* moonlighting.
plus *nm* bonus, bonus payment.
plusmarca *nf* record.
plusmarquista *nmf* record breaker.
plusvalía *nf* capital gain.
población *nf* 1 (*ciudad*) town; (*pueblo*) village. 2 (*habitantes*) population.
poblado,-a *adj* 1 populated; *fig* **p. de**, full of. 2 (*barba*) bushy, thick.
poblador,-a *nm,f* settler.
poblar [2] *vtr* 1 (*con gente*) to settle, people; (*con plantas*) to plant. 2 (*vivir*) to inhabit.
pobre I *adj* poor; **¡p.!**, poor thing!; **un hombre p.**, a poor man; **un p. hombre**, a poor devil. II *nmf* poor person; **los pobres**, the poor.
pobreza *nf* poverty; *fig* (*de medios, recursos*) lack.
pocilga *nf* pigsty.
pocillo *nm Am* cup.
pócima, poción *nf* potion; *pey* concoction, brew.
poco,-a I *nm* 1 **un p.**, (*con adj o adv*) a little; **un p. tarde/frío**, a little late/cold. 2 **un p.**, (*con sustantivo*) a little; **un p. de azúcar**, a little sugar. II *adj* 1 not much, little; **p. sitio/tiempo**, not much *o* little space/time; **poca cosa**, not much. 2 **pocos,-as**, not many, few; **pocas personas**, not many *o* few people. 3 **unos-as pocos-as**, a few. III *pron* 1 not much; **queda p.**, there isn't much left. 2 **pocos,-as**, (*cosas*) few, not many; **tengo muy pocos**, I have very few, I don't have very many. 3 **pocos,-as**, (*personas*) few people, not many people; **vinieron pocos**, few people came, not many people came. IV *adv* 1 (*con verbo*) not (very) much, little; **ella come p.**, she doesn't eat much, she eats little. 2 (*con adj*) not very; **es p. probable**, it's not very likely. V (*locuciones*) **a p. de**, shortly *o* a little after; **dentro de p.**, soon; **p. a p.**, little by little, gradually; **p. antes/después**, shortly *o* a little before/afterwards; **por p.**, almost.
pocho,-a *adj* 1 (*fruta*) bad, overripe. 2 *fig* (*persona*) (*débil*) off-colour, *US* off-color; (*triste*) depressed, down.
podar *vtr* to prune.
poder¹ *nm* power; *Econ* **p. adquisitivo**, purchasing power.
poder² [18] I *vtr* 1 (*capacidad*) to be able to; **no puede hablar**, she can't speak; **no podré llamarte**, I won't be able to phone; **no puedo más**, I can't take anymore; **guapa a más no p.**, unbelievably pretty. 2 (*permiso*) may, might; **¿puedo pasar?**, can *o* may I come in?; **¿se puede (entrar)?**, may I (come in)?; **aquí no se puede fumar**, you can't smoke here. 3 (*uso impers*) (*posibilidad*) may, might; **puede que no lo sepan**, they may *o* might not know; **no puede ser**, that's impossible; **puede (ser) (que sí)**, maybe, perhaps. 4 (*deber*) **podrías haberme advertido**, you might have warned me. II *vi* 1 to cope (*con*, with); **no puede con tanto trabajo**, he can't cope with so much work. 2 (*batir*) to be stronger than; **les puede a todos**, he can take on anybody.
poderoso,-a *adj* powerful.
podio, pódium *nm Dep* podium.
podré *indic fut* → **poder**.
podrido,-a *adj* 1 (*putrefacto*) rotten, putrid. 2 (*corrupto*) corrupt; *fam* **p. de dinero**, stinking rich.
podrir *vtr defect* → **pudrir**.

poema *nm* poem.
poesía *nf* 1 *(género)* poetry. 2 *(poema)* poem.
poeta *nmf* poet.
poético,-a *adj* poetic.
póker *nm* poker.
polaco,-a I *adj* Polish. II *nm,f* Pole. III *nm (idioma)* Polish.
polaridad *nf* polarity.
polarizar [4] *vtr* 1 to polarize. 2 *fig (ánimo, atención)* to concentrate.
polea *nf* pulley.
polémica *nf* controversy.
polémico,-a *adj* controversial.
polemizar [4] *vi* to argue, debate.
polen *nm* pollen.
poli- *pref* poly-.
poli *fam* I *nmf* cop. II *nf* **la p.**, the fuzz *pl*.
policía I *nf* police (force). II *nmf (hombre)* policeman; *(mujer)* policewoman.
policíaco,-a, policiaco,-a, policial *adj* police; **novela/película policíaca**, detective story/film.
polideportivo *nm* sports centre *o* US center *o* complex.
poliéster *nm* polyester.
polietileno *nm* polythene, US polyethylene.
polifacético,-a *adj* versatile, many-sided; **es un hombre muy p.**, he's a man of many talents.
poligamia *nf* polygamy.
políglota *adj & nm,f* polyglot.
polígono *nm* polygon; **p. industrial**, industrial estate.
polilla *nf* moth.
poliomielitis *nf* polio, poliomyelitis.
politécnico,-a *adj & nm* polytechnic.
política *nf* 1 politics *sing*. 2 *(estrategia)* policy.
político,-a I *adj* 1 political. 2 *(pariente)* in-law; **hermano p.**, brother-in-law; **su familia política**, her in-laws. II *nm,f* politician.
póliza *nf* 1 *(sello)* stamp. 2 **p. de seguros**, insurance policy.
polizón *nm* stowaway.
polo *nm* 1 *Elec Geog* pole; **P. Norte/Sur**, North/South Pole. 2 *(helado)* ice lolly, US Popsicle®. 2 *(prenda)* sports shirt, polo neck (sweater). 3 *Dep* polo.
Polonia *n* Poland.
polución *nf* pollution.
poltrona *nf* easy chair.
polvareda *nf* cloud of dust.
polvera *nf* powder compact.
polvo *nm* 1 dust; **limpiar** *o* **quitar el p.**, to dust; **en p.**, powdered; **polvo(s) de talco**, talcum powder. 2 *fam* **estar hecho p.**, *(cansado)* to be knackered; *(deprimido)* to be depressed. 3 *vulg* **echar un p.**, to have a screw.
pólvora *nf* gunpowder.

polvoriento,-a *adj* dusty.
polvorín *nm* gunpowder arsenal; *fig* powder keg.
polvorón *nm* sweet pastry.
polla *nf* 1 *vulg (pene)* prick. 2 *Orn* **p. de agua**, moorhen.
pollo *nm* 1 chicken. 2 *fam (joven)* lad.
pomada *nf* ointment.
pomelo *nm (fruto)* grapefruit; *(árbol)* grapefruit tree.
pómez *adj inv* **piedra p.**, pumice (stone).
pomo *nm (de puerta)* knob.
pompa *nf* 1 bubble. 2 *(ostentación)* pomp.
pompis *nm inv fam* botty.
pomposo,-a *adj* pompous.
pómulo *nm* cheekbone.
ponche *nm* punch.
poncho *nm* poncho.
ponderar *vtr* 1 *(asunto)* to weigh up *o* consider. 2 *(alabar)* to praise.
pondré *indic fut* → **poner**.
ponencia *nf* paper.
poner [19] *(pp* **puesto)** I *vtr* 1 to put; *(mesa, huevo)* to lay; *(gesto)* to make; *(multa)* to impose; *(telegrama)* to send; *(negocio)* to set up. 2 *(tele, radio etc)* to turn *o* switch on. 3 (+ adj) **p. triste a algn**, to make sb sad; **p. colorado a algn**, to make sb blush; **¿qué llevaba puesto?**, what was he wearing? 5 *(decir)* **¿qué pone aquí?**, what does it say here? 6 *(suponer)* **pongamos que Ana no viene**, supposing Ana doesn't turn up. 7 *TV Cin* to put on, show; **¿qué ponen en la tele?**, what's on the telly? 8 *Tel* **ponme con Manuel**, put me through to Manuel. 9 *(nombrar)* **le pondremos de nombre Pilar**, we are going to call her Pilar.
II **ponerse** *vr* 1 to put oneself; **ponte en mi lugar**, put yourself in my place; **ponte más cerca**, come closer. 2 *(vestirse)* to put on; **ella se puso el jersey**, she put her jumper on. 3 (+ adj) to become; **p. furioso/malo**, to become furious/ill. 4 *(sol)* to set. 5 *Tel* **p. al teléfono**, to answer the phone. 6 **p. a**, to start to; **p. a trabajar**, to get down to work.
poney *nm* pony.
pongo *indic pres* → **poner**.
poniente *nm* 1 *(occidente)* West. 2 *(viento)* westerly (wind).
pontífice *nm* Pontiff; **el Sumo P.**, His Holiness the Pope.
ponzoña *nf* 1 venom, poison. 2 **tener p.**, *(tristeza)* to be down in the dumps.
ponzoñoso,-a *adj* 1 venomous, poisonous. 2 *(triste)* down in the dumps.
popa *nf*; *fig* **ir viento en p.**, to go full speed ahead.
populacho *nm pey* plebs *pl*, masses *pl*.
popular *adj* 1 folk; **arte/música p.**, folk art/music. 2 *(medida)* popular. 3 *(actor)* well-known.

popularidad *nf* popularity.
popularizar [4] *vtr* to popularize.
populoso,-a *adj* densely populated.
popurrí *nm Mús* medley.
póquer *nm* poker.
por *prep* 1 *(agente)* by; **pintado p. Picasso**, painted by Picasso. 2 **p. qué, why**. 3 *(causa)* because of; **p. sus ideas**, because of her ideas; **p. necesidad/amor**, out of need/love; **suspendió p. no estudiar**, he failed because he didn't study. 4 *(tiempo)* **p. la mañana/noche**, in the morning/at night; **p. ahora**, for the time being; **p. entonces**, at that time. 5 *(en favor de)* for; **lo hago p. mi hermano**, I'm doing it for my brother('s sake). 6 *(lugar)* **pasamos p. Córdoba**, we went through Córdoba; **p. ahí**, over there; **¿p. dónde vamos?**, which way are we taking?; **p. la calle**, in the street; **mirar p. la ventana**, to look out the window; **entrar p. la ventana**, to get in through the window. 7 *(medio)* by; **p. avión/correo**, by plane/post. 8 *(a cambio de)* for; **cambiar algo p. otra cosa**, to exchange sth for sth else. 9 *(distributivo)* **p. cabeza**, a head, per person; **p. hora/mes**, per hour/month. 10 *Mat* **dos p. tres, seis**, two times three is six; **un diez p. ciento**, ten per cent. 11 *(con infinitivo)* in order to, so as to; **hablar p. hablar**, to talk for the sake of it. 12 *(locuciones)* **p. así decirlo**, so to speak; **p. más/muy ... que sea**, no matter how ... he *o* she is; **p. mí**, as far as I'm concerned.
porcelana *nf* porcelain.
porcentaje *nm* percentage.
porcino,-a *adj* **ganado p.**, pigs.
porción *nf* portion, part.
porche *nm* porch.
pordiosero,-a *nm,f* tramp.
porfía *nf (obstinación)* obstinacy, stubbornness.
porfolio *nm* portfolio.
pormenor *nm* detail; **venta al p.**, retail.
porno *adj inv fam* porn.
pornografía *nf* pornography.
pornográfico,-a *adj* pornographic.
poro *nm* pore.
poroso,-a *adj* porous.
porque *conj* 1 *(causal)* because; **¡p. no!**, just because. 2 *(final)* (+ *subj*) so that, in order that.
porqué *nm* reason.
porquería *nf* 1 *(suciedad)* dirt, filth. 2 *(birria)* rubbish. 3 *fam (chuchería)* rubbish, *US* junk food.
porra *nf* 1 *(de policía)* truncheon, baton. 2 *fam (locuciones)* **¡una p.!**, rubbish!; **¡vete a la p.!**, get lost!
porrazo *nm* thump.
porro *nm arg* joint.
porrón *nm* glass bottle with a spout coming out of its base, used for drinking wine.
porta(a)viones *nm inv* aircraft carrier.
portada *nf* 1 *(de libro etc)* cover; *(de periódico)* front page; *(de disco)* sleeve. 2 *(fachada)* front, facade.
portador,-a *nm,f Com* bearer; *Med* carrier.
portaequipajes *nm inv* 1 *Aut (maletero)* boot, *US* trunk; *(baca)* roof rack. 2 *(carrito)* luggage trolley.
portafolios *nm inv* briefcase.
portal *nm* 1 *(zaguán)* porch, entrance hall. 2 *(puerta de la calle)* main door. 3 **p. de Belén**, Nativity scene.
portamaletas *nm inv* → **portaequipajes**.
portaminas *nm inv* propelling pencil.
portamonedas *nm inv* purse.
portarse *vr* to behave; **p. mal**, to misbehave.
portátil *adj* portable.
portavoz *nmf* spokesperson; *(hombre)* spokesman; *(mujer)* spokeswoman.
portazo *nm* slam of a door; **dar un p.**, to slam the door.
porte *nm* 1 *(aspecto)* bearing. 2 *(transporte)* carriage.
portento *nm* 1 *(cosa)* wonder, marvel. 2 *(persona)* genius.
portentoso,-a *adj* extraordinary, prodigious.
porteño,-a I *adj* of *o* from Buenos Aires. II *nm,f* native *o* inhabitant of Buenos Aires.
portería *nf* 1 porter's lodge. 2 *Dep* goal.
portero,-a *nm,f* 1 *(de vivienda)* porter, caretaker; *(de edificio público)* doorman; **p. automático**, entryphone. 2 *Dep* goalkeeper.
pórtico *nm* 1 *(portal)* portico, porch. 2 *(con arcadas)* arcade.
portorriqueño,-a *adj & nm,f* Puerto Rican.
portuario,-a *adj* harbour, *US* harbor, port.
Portugal *n* Portugal.
portugués,-a I *adj* Portuguese. II *nm (idioma)* Portuguese.
porvenir *nm* future; **sin p.**, with no prospects.
pos- *pref* post-.
pos *adv* **en p. de**, after.
posada *nf* inn.
posaderas *nfpl fam* buttocks.
posadero,-a *nm,f* innkeeper.
posar I *vi (para retrato etc)* to pose. II *vtr* to put *o* lay down. III **posarse** *vr* to settle, alight.
posdata *nf* postscript.
pose *nf* 1 *(postura)* pose. 2 *(afectación)* posing.
poseedor,-a *nm,f* possessor.
poseer [36] *vtr* to possess, own.
poseído,-a *adj* possessed.
posesión *nf* possession; **estar en p. de**, to

have; **tomar p.**, (de un cargo) to take up (a post).
posesivo,-a *adj* possessive.
poseso,-a *adj & nm,f* possessed.
posguerra *nf* postwar period.
posibilidad *nf* possibility; *(oportunidad)* chance.
posibilitar *vtr* to make possible.
posible I *adj* possible; **de ser p.**, if possible; **en (la medida de) lo p.**, as far as possible; **haré todo lo p.**, I'll do everything I can; **lo antes p.**, as soon as possible; **es p. que venga**, he might come. **II** *nmpl* **posibles**, means.
posición *nf* position.
positivo,-a *adj* positive.
posmoderno,-a *adj* postmodern.
poso *nm* dregs *pl*, sediment.
posponer [19] *vtr* 1 *(aplazar)* to postpone, put off. 2 *(relegar)* to put in second place *o* behind, relegate.
post- *pref* post-.
posta *nf* **a p.**, on purpose.
postal I *adj* postal. **II** *nf* postcard.
poste *nm* pole; *Dep (de portería)* post.
póster *nm* poster.
postergar [7] *vtr* 1 *(relegar)* to relegate. 2 *(retrasar)* to delay; *(aplazar)* to postpone.
posteridad *nf* posterity; **pasar a la p.**, to go down in history.
posterior *adj* 1 *(lugar)* posterior, rear. 2 *(tiempo)* later (**a**, than); subsequent (**a**, to). ◆**posteriormente** *adv* subsequently, later.
posterioridad *nf* posteriority; **con p.**, later.
postgraduado,-a *adj & nm,f* postgraduate.
postigo *nm (de puerta)* wicket; *(de ventana)* shutter.
postín *nm fam* boasting, showing-off; **darse p.**, to show off, swank; **de p.**, posh, swanky.
postizo,-a I *adj* false, artificial; **dentadura postiza**, false teeth, dentures. **II** *nm* hairpiece.
postor *nm* bidder.
postrarse *vr* to prostrate oneself, kneel down.
postre *nm* dessert, sweet.
postrero,-a *adj (delante de nm sing*, **postrer**) last.
postrimería *nf (usu pl)* last part *o* period.
postular *vtr* to collect.
póstumo,-a *adj* posthumous.
postura *nf* 1 position, posture. 2 *fig (actitud)* attitude.
pos(t)venta *adj* **servicio p.**, after-sales service.
potable *adj* drinkable; **agua p./no p.**, drinking water/not drinking water.
potaje *nm* hotpot, stew.
pote *nm* pot; *(jarra)* jug.
potencia *nf* power; **en p.**, potential.

potencial I *adj* potential. **II** *nm* 1 potential; **p. eléctrico**, voltage; **p. humano**, manpower. 2 *Ling* conditional (tense).
potenciar [12] *vtr* to promote, strengthen.
potente *adj* powerful, strong.
potestad *nf* power, authority.
potingue *nm fam pey* 1 *(bebida)* concoction. 2 *(maquillaje)* make-up, face cream *o* lotion.
potra *nf fam* luck.
potro *nm* *Zool* colt; *(de gimnasia)* horse.
poyo *nm* stone bench.
pozo *nm* well; *Min* shaft, pit.
PP *nm Pol abr de* **Partido Popular**.
práctica *nf* 1 practice; **en la p.**, in practice. 2 *(formación)* placement; **período de prácticas**, practical training period.
practicante I *adj Rel* practising, *US* practicing. **II** *nmf Med* medical assistant.
practicar [1] **I** *vtr* to practise, *US* practice; *(operación)* to carry out. **II** *vi* to practise, *US* practice.
práctico,-a *adj* practical; *(útil)* handy, useful.
pradera *nf* meadow.
prado *nm* meadow, field.
Praga *n* Prague.
pragmático,-a I *adj* pragmatic. **II** *nm,f* pragmatist.
pre- *pref* pre-.
preámbulo *nm* 1 *(introducción)* preamble. 2 *(rodeo)* circumlocution.
preaviso *nm* previous warning, notice.
precalentamiento *nm* warm-up.
precalentar [1] *vtr* to preheat.
precario,-a *adj* precarious.
precaución *nf* 1 *(cautela)* caution; **con p.**, cautiously. 2 *(medida)* precaution.
precaver I *vtr* to guard against. **II** **precaverse** *vr* to take precautions (**de, contra**, against).
precavido,-a *adj* cautious, prudent.
precedencia *nf* precedence, priority.
precedente I *adj* preceding. **II** *nmf* predecessor. **III** *nm* precedent; **sin p.**, unprecedented.
preceder *vtr* to precede.
precepto *nm* precept.
preciarse [12] *vr* to fancy oneself (**de**, as).
precintar *vtr* to seal.
precinto *nm* seal.
precio *nm* price; **p. de coste**, cost price; **a cualquier p.**, at any price.
preciosidad *nf* 1 *(hermosura) (cosa)* lovely thing; *(persona)* darling. 2 *fml (cualidad)* preciousness.
precioso,-a *adj* 1 *(hermoso)* lovely, beautiful. 2 *(valioso)* precious, valuable.
precipicio *nm* precipice.
precipitación *nf* 1 *(prisa)* haste. 2 *(lluvia)* rainfall.
precipitado,-a *adj (apresurado)* hasty, hurried; *(irreflexivo)* rash.

precipitar I *vtr* 1 *(acelerar)* to hurry, rush. 2 *(arrojar)* to throw, hurl down. II **precipitarse** *vr* 1 *(persona)* to hurl oneself; *(acontecimientos)* to gather speed. 2 *(actuar irreflexivamente)* to hurry, rush.

precisar *vtr* 1 *(determinar)* to determine, give full details of; *(especificar)* to specify. 2 *(necesitar)* to require, need.

precisión *nm* 1 *(exactitud)* precision, accuracy; **con p.**, precisely, accurately. 2 *(aclaración)* clarification.

preciso,-a *adj* 1 *(necesario)* necessary, essential. 2 *(exacto)* accurate, exact; **en este p. momento,** at this very moment. 3 *(claro)* concise, clear. ◆**precisamente** *adv* *(con precisión)* precisely; *(exactamente)* exactly; **p. por eso,** for that very reason.

preconizar [4] *vtr* to advocate.

precoz *adj* 1 *(persona)* precocious. 2 *(fruta)* early.

precursor,-a *nm,f* precursor.

predecesor,-a *nm,f* predecessor.

predecir [12] *(pp* **predicho***) vtr* to foretell, predict.

predestinado,-a *adj* predestined.

predeterminar *vtr* to predetermine.

predicador,-a *nm,f* preacher.

predicado *nm* predicate.

predicar [1] *vtr* to preach.

predicción *nf* prediction, forecast.

predice *indic pres* → **predecir**.

predije *pt indef* → **predecir**.

predilección *nf* predilection.

predilecto,-a *adj* favourite, US favorite, preferred.

predisponer [19] *(pp* **predispuesto***) vtr* to predispose.

predisposición *nf* predisposition.

predominante *adj* predominant.

predominar *vi* to predominate.

predominio *nm* predominance.

preescolar *adj* preschool; **en p.**, in the nursery school.

prefabricado,-a *adj* prefabricated.

prefacio *nm* preface.

preferencia *nf* preference.

preferente *adj* preferable, preferential.

preferible *adj* preferable; **es p. que no vengas,** you'd better not come.

preferido,-a *nm,f* favourite, US favorite.

preferir [5] *vtr* to prefer.

prefijo *nm* 1 Tel code, US area code. 2 Ling prefix.

pregonar *vtr* *(anunciar)* to announce publicly; *fig* *(divulgar)* to reveal, disclose.

pregunta *nf* question; **hacer una p.** to ask a question.

preguntar I *vtr* to ask; **p. algo a algn,** to ask sb sth; **p. por algn,** to ask after *o* about sb. II **preguntarse** *vr* to wonder; **me pregunto si ...,** I wonder whether ....

preguntón,-ona *nm,f fam* busybody.

prehistoria *nf* prehistory.

prehistórico,-a *adj* prehistoric.

prejuicio *nm* prejudice; **tener prejuicios,** to be prejudiced, be biased.

preliminar *adj & nm* preliminary.

preludio *nm* prelude.

prematrimonial *adj* premarital.

prematuro,-a *adj* premature.

premeditación *nf* premeditation; **con p.,** deliberately.

premeditado,-a *adj* premeditated, deliberate.

premiado,-a *adj* prize-winning.

premiar [12] *vtr* 1 to award a prize (**a,** to). 2 *(recompesar)* to reward.

premio *nm* prize, award; *(recompensa)* reward.

premisa *nf* premise.

premonición *nf* premonition.

premura *nf* *(urgencia)* urgency; **p. de tiempo,** haste.

prenatal *adj* antenatal, prenatal.

prenda *nf* 1 *(prenda)* garment. 2 *(garantía)* token, pledge.

prendar I *vtr* to captivate, delight. II **prendarse** *vr* *(enamorarse)* to fall in love (**de,** with).

prendedor *nm* brooch, pin.

prender I *vtr* 1 *(sujetar)* to fasten, attach; *(con alfileres)* to pin. 2 **p. fuego a,** to set fire to. 3 *(arrestar)* to arrest. II *vi (fuego)* to catch; *(madera)* to catch fire; *(planta)* to take root. III **prenderse** *vr* to catch fire.

prensa *nf* press; *fig* **tener buena/mala p.**, to have a good/bad press.

prensar *vtr* to press.

preñado,-a *adj* 1 pregnant. 2 *fig (lleno)* pregnant (**de,** with), full (**de,** of).

preñar *vtr* *(mujer)* to make pregnant; *(animal)* to impregnate.

preocupación *nf* worry, concern.

preocupado,-a *adj* worried, concerned.

preocupar I *vtr* to worry; **me preocupa que llegue tan tarde,** I'm worried about him arriving so late. II **preocuparse** *vr* to worry, get worried (**por, about**); **no te preocupes,** don't worry; **p. de algn/algo,** to look after sb/to see to sth.

preparación *nf* preparation; *(formación)* training.

preparado,-a I *adj* 1 *(dispuesto)* ready, prepared; **comidas preparadas,** ready-cooked meals. 2 *(capacitado)* trained, qualified. II *nm* Farm preparation.

preparador,-a *nm,f* coach, trainer.

preparar I *vtr* 1 to prepare, get ready; **p. un examen,** to prepare for an exam. 2 Dep *(entrenar)* to train, coach. II **prepararse** *vr* 1 to prepare oneself, get ready. 2 Dep *(entrenarse)* to train.

preparativo *nm* preparation.

preparatorio,-a *adj* preparatory.

preponderante *adj* preponderant.

preposición *nf* Ling preposition.

prepotente *adj* domineering; *(arrogante)*

overbearing.
prerrogativa *nf* prerogative.
presa *nf* 1 prey; *fig* **ser p. de**, to be a victim of; **p. del pánico**, panic-stricken. 2 *(embalse)* dam.
presagiar |12| *vtr* to predict, foretell.
presagio *nm* 1 *(señal)* omen; **buen/mal p.**, good/bad omen. 2 *(premonición)* premonition.
presbiteriano,-a *adj & nm,f* Presbyterian.
presbítero *nm* priest.
prescindir *vi* **p. de**, to do without.
prescribir *(pp prescrito) vtr* to prescribe.
prescripción *nf* prescription; **p. facultativa**, medical prescription.
presencia *nm* presence; **hacer acto de p.**, to put in an appearance; **p. de ánimo**, presence of mind.
presencial *adj* **testigo p.**, eyewitness.
presenciar |12| *vtr (ver)* to witness.
presentable *adj* presentable; **no estoy p.**, I'm not dressed for the occasion.
presentación *nf* presentation; *(aspecto)* appearance; *(de personas)* introduction.
presentador,-a *nm,f Rad TV* presenter, host, hostess.
presentar I *vtr* 1 to present; *(mostrar)* to show, display; *(ofrecer)* to offer. 2 *(una persona a otra)* to introduce; **le presentó al doctor Ruiz**, may I introduce you to Dr Ruiz. II **presentarse** *vr* 1 *(comparecer)* to present oneself; *(inesperadamente)* to turn *o* come up. 2 *(ocasión, oportunidad)* to present itself, arise. 3 *(candidato)* to stand; **p. a unas elecciones**, to stand for election, *US* run for office; **p. a un examen**, to sit an examination. 4 *(darse a conocer)* to introduce oneself (**a**, to).
presente I *adj* present; **la p. (carta)**, this letter; **hacer p.**, to declare, state; **tener p.**, *(tener en cuenta)* to bear in mind; *(recordar)* to remember. II *nm* present.
presentimiento *nm* presentiment, premonition; **tengo el p. de que ...**, I have the feeling that ....
presentir |5| *vtr* to have a presentiment *o* premonition of; **presiento que lloverá**, I've got the feeling that it's going to rain.
preservación *nf* preservation, protection.
preservar *vtr* to preserve, protect (**de**, from; **contra**, against).
preservativo,-a *nm* sheath, condom.
presidencia *nf* 1 *Pol* presidency. 2 *(de una reunión) (hombre)* chairmanship; *(mujer)* chairwomanship.
presidencial *adj* presidential.
presidente,-a *nm,f* 1 *Pol* president; **p. del gobierno**, Prime Minister, Premier. 2 *(de una reunión)* chairperson.
presidiario,-a *nm,f* prisoner, convict.
presidio *nm* prison, penitentiary.
presidir *vtr* 1 *Pol* to rule, head. 2 *(reunión)* to chair, preside over.
presión *nf* pressure; **a** *o* **bajo p.**, under pressure; **grupo de p.**, pressure group, lobby; **p. arterial** *o* **sanguínea**, blood pressure; **p. atmosférica**, atmospheric pressure.
presionar *vtr* to press; *fig* to pressurize, put pressure on.
preso,-a I *adj* imprisoned. II *nm,f* prisoner.
prestación *nf* 1 service. 2 **prestaciones**, *(de coche etc)* performance.
prestado,-a *adj* **dejar p.**, to lend; **pedir p.**, to borrow; **vivir de p.**, to scrounge.
prestamista *nmf* moneylender.
préstamo *nm* loan.
prestar I *vtr* 1 to lend, loan; **¿me prestas tu pluma?**, can I borrow your pen? 2 *(atención)* to pay; *(ayuda)* to give; *(servicio)* to do. II **prestarse** *vr* 1 *(ofrecerse)* to offer oneself (**a**, to). 2 **p. a**, *(dar motivo)* to cause; **se presta a (crear) malentendidos**, it makes for misunderstandings.
presteza *nf* promptness; **con p.**, promptly.
prestidigitador,-a *nm,f* conjuror, magician.
prestigiar |12| *vtr* to give prestige to.
prestigio *nm* prestige.
prestigioso,-a *adj* prestigious.
presto,-a *adj fml (dispuesto)* ready, prepared. 2 *(rápido)* swift, prompt.
presumible *adj* probable, likely.
presumido,-a I *adj* vain, conceited. II *nm,f* vain person.
presumir I *vtr (suponer)* to presume, suppose. II *vi* 1 *(ser vanidoso)* to show off. 2 **presume de guapo**, he thinks he's good-looking.
presunción *nf* 1 *(suposición)* presumption, supposition. 2 *(vanidad)* vanity, conceit.
presunto,-a *adj* supposed; *Jur* alleged.
presuntuoso,-a *adj* 1 *(vanidoso)* vain, conceited. 2 *(pretencioso)* pretentious, showy.
presuponer |19| *(pp presupuesto) vtr* to presuppose.
presupuestar *vtr* to budget for; *(importe)* to estimate for.
presupuestario,-a *adj* budgetary.
presupuesto,-a *nm* 1 *Fin* budget; *(cálculo)* estimate. 2 *(supuesto)* supposition, assumption.
presuroso,-a *adj (rápido)* quick; *(con prisa)* in a hurry.
pretencioso,-a *adj* pretentious.
pretender *vtr (intentar)* to try; **¿qué pretendes insinuar?**, what are you getting at? 2 *(afirmar)* to claim. 3 *(aspirar a)* to try for. 4 *(cortejar)* to court, woo.
pretendiente,-a *nm,f* 1 *(al trono)* pretender. 2 *(a un cargo)* applicant, candidate. 3 *(amante)* suitor.
pretensión *nf* 1 *(aspiración)* aim, aspiration. 2 *(presunción)* pretentiousness.
pretérito,-a I *adj* past, former. II *nm Ling*

pretextar *vtr* to plead, allege.
pretexto *nm* pretext, excuse.
pretil *nm* parapet.
prevalecer [33] *vi* to prevail.
prevaler [26] *vi* → prevalecer.
prevención *nf* 1 (*precaución*) prevention; **en p. de**, as a prevention against. 2 (*medida*) precaution.
prevenir [27] *vtr* 1 (*preparar*) to prepare, get ready. 2 (*prever*) to prevent, forestall; (*evitar*) to avoid; **para p. la gripe**, to prevent flu; *prov* **más vale p. que curar**, prevention is better than cure. 3 (*advertir*) to warn.
preventivo,-a *adj* preventive; (*medidas*) precautionary; *Jur* **detención** *o* **prisión preventiva**, remand in custody.
prever [28] (*pp* **previsto**) *vtr* 1 (*prevenir*) to foresee, forecast. 2 (*preparar de antemano*) to cater for.
previo,-a *adj* previous, prior; **p. pago de su importe**, only on payment; **sin p. aviso**, without prior notice.
previsible *adj* predictable.
previsión *nf* 1 (*predicción*) forecast; **p. del tiempo**, weather forecast. 2 (*precaución*) precaution; **en p. de**, as a precaution against.
previsor,-a *adj* careful, far-sighted.
previsto,-a *adj* foreseen, forecast; **según lo p.**, as expected.
prima *nf* 1 (*gratificación*) bonus; **p. de seguro**, insurance premium. 2 (*persona*) → **primo,-a**.
primacía *nf* primacy.
primar I *vi* to have priority, prevail. II *vtr* to give a bonus to.
primario,-a *adj* primary.
primavera *nf* spring.
primer *adj* (*delante de nm*) → **primero,-a**.
primera *nf* 1 (*en tren*) first class. 2 *Aut* (*marcha*) first gear. 3 **a la p.**, at the first attempt; *fam* **de p.**, great, first class.
primero,-a I *adj* first; **a primera hora de la mañana**, first thing in the morning; **primera página/plana**, front page; **de primera necesidad**, basic. II *nm,f* first; **a primero(s) de mes**, at the beginning of the month. III *adv* 1 first. 2 (*más bien*) rather, sooner; → **primera**.
primicia *nf* novelty; **p. informativa**, scoop; **p. mundial**, world premiere.
primitivo,-a *adj* 1 primitive. 2 (*tosco*) coarse, rough.
primo,-a I *nm,f* 1 cousin; **p. hermano**, first cousin. 2 *fam* (*tonto*) fool, drip, dunce. II *adj* 1 **materia prima**, raw material. 2 (*número*) prime.
primogénito,-a *adj* & *nm,f* first-born.
primor *nm* 1 (*delicadeza*) delicacy. 2 (*belleza*) beauty.
primordial *adj* essential, fundamental.
primoroso,-a *adj* delicate, exquisite.

princesa *nf* princess.
principado *nm* principality.
principal *adj* main, principal; **lo p. es que ...**, the main thing is that ...; **puerta p.**, front door.
príncipe *nm* prince.
principiante I *adj* novice. II *nmf* beginner, novice.
principio *nm* 1 beginning, start; **a principio(s) de**, at the beginning of; **al p., en un p.**, at first, in the beginning. 2 (*fundamento*) principle; **en p.**, in principle. 3 **principios**, rudiments, basics.
pringar [7] I *vtr* (*ensuciar*) to make greasy *o* dirty. II *vi arg* (*trabajar*) to work hard. III **pringarse** *vr* 1 (*ensuciarse*) to get greasy *o* dirty. 2 *fam* (*meterse de lleno*) to get involved.
pringoso,-a *adj* (*grasiento*) greasy; (*sucio*) dirty.
pringue *nm* (*grasa*) grease.
prior,-a *nm,f* (*hombre*) prior; (*mujer*) prioress.
priori (a) *adv* a priori.
prioridad *nf* priority.
prioritario,-a *adj* priority.
prisa *nf* 1 (*rapidez*) hurry; **date p.**, hurry up; **tener p.**, to be in a hurry; **de/a p.**, in a hurry. 2 **correr p.**, to be urgent; **me corre mucha p.**, I need it right away.
prisión *nf* prison, jail.
prisionero,-a *nm,f* prisoner.
prisma *nm* prism.
prismáticos *nmpl* binoculars, field glasses.
priva *nf arg* booze.
privación *nf* deprivation.
privado,-a *adj* private.
privar I *vtr* (*despojar*) to deprive (**de**, of). II *vi* 1 *arg* (*gustar*) to like; (*estar de moda*) to be fashionable *o* popular. 2 *fam* (*beber*) to booze. III **privarse** *vr* (*abstenerse*) to deprive oneself (**de**, of), go without.
privativo,-a *adj* exclusive (**de**, of).
privilegiado,-a I *adj* privileged. II *nm,f* privileged person.
privilegio *nm* privilege.
pro I *nm* advantage; **los pros y los contras**, the pros and cons; **en p. de**, in favour of. II *prep* in favour *o US* favor of; **campaña p. desarme**, campaign for disarmament, disarmament campaign.
pro- *pref* pro-.
proa *nf* prow, bows *pl*.
probabilidad *nf* probability, likelihood; **tiene pocas probabilidades**, he stands little chance.
probable *adj* probable, likely; **es p. que llueva**, it'll probably rain.
probador *nm* fitting room.
probar [2] I *vtr* 1 (*comida, bebida*) to try. 2 (*comprobar*) to test, check. 3 (*intentar*) to try. 4 (*demostrar*) to prove, show. II *vi* to try; **p. a**, to attempt *o* try to. III **pro-**

barse *vr (ropa)* to try on.
probeta *nf* test tube; **niño p.**, test-tube baby.
problema *nm* problem.
problemático,-a *adj* problematic.
procedencia *nf* origin, source.
procedente *adj* 1 *(originario)* coming (**de**, from). 2 *(adecuado)* appropriate; *Jur* proper.
proceder I *vi* 1 **p. de**, *(provenir)* to come from. 2 *(actuar)* to act. 3 *(ser oportuno)* to be advisable *o* appropriate; *Jur* **la protesta no procede**, objection overruled. 4 **p. a**, *(continuar)* to go on to. II *nm (comportamiento)* behaviour, *US* behavior.
procedimiento *nm* 1 *(método)* procedure. 2 *Jur (trámites)* proceedings *pl*.
procesado,-a I *nm,f* accused. II *nm Inform* processing.
procesador *nm* processor; **p. de textos**, word processor.
procesamiento *nm* 1 *Jur* prosecution. 2 *Inform* **p. de datos/textos**, data/word processing.
procesar *vtr* 1 *Jur* to prosecute. 2 *(elaborar, transformar)* to process; *Inform* to process.
procesión *nf* procession.
proceso *nm* 1 process; *Inform* **p. de datos**, data processing. 2 *Jur* trial.
proclamación *nf* proclamation.
proclamar *vtr* to proclaim.
proclive *adj* prone, inclined.
procreación *nf* procreation.
procrear *vtr* to procreate.
procurador,-a *nm,f Jur* attorney.
procurar *vtr* 1 *(intentar)* to try, attempt; **procura que no te vean**, make sure they don't see you. 2 *(proporcionar)* (to manage) to get.
prodigar [7] *fml* I *vtr (dar generosamente)* to lavish. II **prodigarse** *vr* **p. en**, to be lavish in.
prodigio *nm* prodigy, miracle; **hacer prodigios**, to work wonders; **niño p.**, child prodigy.
prodigioso,-a *adj (sobrenatural)* prodigious; *(maravilloso)* wonderful, marvellous, *US* marvelous.
pródigo,-a *adj* generous, lavish; **ella es pródiga en regalos**, she's very generous with presents.
producción *nf (acción)* production; *(producto)* product; *Cin* production; **p. en cadena/serie**, assembly-line/mass production.
producir [10] I *vtr* 1 to produce; *(fruto, cosecha)* to yield, bear; *(ganancias)* to yield. 2 *fig (originar)* to cause, bring about. II **producirse** *vr* to take place, happen.
productividad *nf* productivity.
productivo,-a *adj* productive; *(beneficioso)* profitable.

producto *nm* product; *Agr (producción)* produce.
productor,-a I *adj* producing. II *nm,f* producer.
proeza *nf* heroic deed, exploit.
profanación *nf* desecration, profanation.
profanar *vtr* to desecrate, profane.
profano,-a I *adj* profane, secular. II *nm,f (hombre)* layman; *(mujer)* laywoman.
profecía *nf* prophecy.
proferir [5] *vtr* to utter; **p. insultos**, to hurl insults.
profesar *vtr* to profess.
profesión *nf* profession; **de p.**, by profession.
profesional *adj & nmf* professional.
profeso *adv* **ex p.**, intentionally.
profesor,-a *nm,f* teacher; *Univ* lecturer.
profesorado *nm (profesión)* teaching; *(grupo de profesores)* staff.
profeta *nm* prophet.
profetizar [4] *vtr* to prophesy, foretell.
profiláctico,-a I *adj* prophylactic. II *nm* condom, *US* prophylactic.
prófugo,-a I *adj & nm,f* fugitive. II *nm Mil* deserter.
profundidad *nf* depth; **un metro de p.**, one metre deep *o* in depth; *fig (de ideas etc)* profundity, depth.
profundizar [4] *vtr & vi (cavar)* to deepen; *fig (examinar)* to study in depth.
profundo,-a *adj* deep; *fig (idea, sentimiento)* profound.
profusión *nf* profusion.
progenitor,-a *nm,f (antepasado)* ancestor, progenitor; **progenitores**, *(padres)* parents.
programa *nm* programme, *US* program; *Inform* program; *Educ* syllabus.
programación *nf Rad TV* programme planning.
programador,-a *nm,f Inform* programmer.
programar *vtr* to programme, *US* program; *Inform* to program.
progre *adj & nmf fam* trendy, lefty.
progresar *vi* to progress, make progress.
progresista *adj & nmf* progressive.
progresivo,-a *adj & nmf* progressive.
progreso *nm* progress; **hace grandes progresos**, he's making great progress.
prohibición *nf* prohibition, ban.
prohibido,-a *adj* forbidden, prohibited; **'prohibida la entrada'**, 'no admittance'; **p. aparcar/fumar**, no parking/smoking.
prohibir [21] *vtr* to forbid, prohibit; **'se prohíbe pasar'**, 'no admittance *o* entry'.
prohibitivo,-a, prohibitorio,-a *adj* prohibitive.
prójimo,-a *nm,f* one's fellow man, one's neighbour *o US* neighbor.
proletariado *nm* proletariat.
proletario,-a *adj & nm,f* proletarian.
proliferar *vi* to proliferate.

prolífico,-a *adj* prolific.
prolijo,-a *adj* verbose, long-winded.
prólogo *nm* prologue, *US* prolog.
prolongación *nf* prolonging, extension, prolongation.
prolongado,-a *adj* long.
prolongar [7] I *vtr* (*alargar*) to prolong, extend. II **prolongarse** *vr* (*continuar*) to carry on.
promedio *nm* average; **como p.**, on average.
promesa *nf* promise; *fig* **la joven p. de la música,** the promising young musician.
prometedor,-a *adj* promising.
prometer I *vtr* to promise; **te lo prometo,** I promise. II *vi* to be promising. III **prometerse** *vr* (*pareja*) to get engaged.
prometido,-a I *adj* promised. II *nm,f* (*hombre*) fiancé; (*mujer*) fiancée.
prominente *adj* (*elevado*) protruding, projecting; (*importante*) prominent.
prosmicuo,-a *adj* promiscuous.
promoción *nf* promotion; *Educ* **p. universitaria,** class *o* year.
promocionar *vtr* (*cosas*) to promote; (*personas*) to give promotion to.
promotor,-a I *adj* promoting. II *nm,f* promoter.
promover [4] *vtr* 1 (*cosas, personas*) to promote; (*juicio, querella*) to initiate. 2 (*causar*) to cause, give rise to.
promulgar [7] *vtr* to promulgate.
pronombre *nm* pronoun.
pronosticar [1] *vtr* to predict, forecast; *Med* to make a prognosis of.
pronóstico *nm* (*del tiempo*) forecast; *Med* prognosis.
pronto,-a I *adj* quick, prompt; *fml* (*dispuesto*) prepared. II *nm* (*impulso*) sudden impulse. III *adv* (*deprisa*) quickly, rapidly; **al p.**, at first; **de p.**, suddenly; **por de** *o* **lo p.**, (*para empezar*) to start with. 2 (*temprano*) soon, early; **hasta p.**, see you soon!
pronunciación *nf* pronunciation.
pronunciamiento *nm* 1 *Mil* uprising, insurrection. 2 *Jur* pronouncement.
pronunciar [12] I *vtr* to pronounce; (*discurso*) to deliver. II **pronunciarse** *vr* 1 (*opinar*) to declare oneself. 2 (*sublevarse*) to rise up.
propagación *nf* propagation, spreading.
propagador,-a *nm,f* propagator.
propaganda *nf* (*política*) propaganda, (*comercial*) advertising, publicity.
propagar [7] I *vtr* to propagate, spread. II **propagarse** *vr* to spread.
propano *nm* propane.
propasarse *vr* to go too far.
propensión *nf* tendency, inclination.
propenso,-a *adj* 1 (*inclinado*) prone, inclined. 2 *Med* susceptible.
propiciar [12] *vtr* 1 (*causar*) to cause. 2 *Am* (*patrocinar*) to sponsor.

propicio,-a *adj* propitious, suitable; **ser p. a,** to be inclined to.
propiedad *nf* 1 (*posesión*) ownership; (*cosa poseída*) property. 2 (*cualidad*) property, quality; *fig* **con p.**, properly, appropriately.
propietario,-a *nm,f* owner.
propina *nf* tip; **dar p. (a algn)**, to tip (sb).
propinar *vtr* to give.
propio,-a *adj* 1 (*de uno*) own; **en su propia casa,** in his own house. 2 (*correcto*) suitable, appropriate; **juegos propios para su edad,** games suitable for their age. 3 (*característico*) typical, peculiar. 4 (*mismo*) (*hombre*) himself; (*mujer*) herself; (*animal, cosa*) itself; **el p. autor,** the author himself. 5 **propios,-as,** themselves; **los propios inquilinos,** the tenants themselves. 6 *Ling* proper.
◆**propiamente** *adv* **p. dicho,** strictly speaking.
proponer [19] (*pp* **propuesto**) I *vtr* to propose, suggest. II **proponerse** *vr* to intend.
proporción *nf* 1 proportion; **en p. con,** in proportion to. 2 **proporciones,** (*tamaño*) size *sing*.
proporcionado,-a *adj* (*mesurado*) proportionate, in proportion.
proporcional *adj* proportional.
proporcionar *vtr* (*dar*) to give; to supply *o* provide.
proposición *nf* 1 (*propuesta*) proposal. 2 (*oración*) clause.
propósito *nm* 1 (*intención*) intention. 2 **a p.,** (*por cierto*) by the way; (*adrede*) on purpose, intentionally; **a p. de viajes ...,** speaking of travelling ....
propuesta *nf* suggestion, proposal.
propuesto,-a *pp* → **proponer.**
propugnar *vtr* to advocate.
propulsar *vtr* (*vehículo*) to drive; *fig* (*idea*) to promote.
propulsión *nf* propulsion.
propulsor,-a *nm,f fig* (*persona*) promoter.
propuse *pt indef* → **proponer.**
prórroga *nf* 1 (*prolongación*) extension; *Dep* extra time, *US* overtime. 2 (*aplazamiento*) postponement; *Mil* deferment.
prorrogar [7] *vtr* 1 (*prolongar*) to extend. 2 (*aplazar*) to postpone; *Mil* to defer.
prorrumpir *vi* to burst (**en,** into).
prosa *nf* prose.
proscrito,-a I *adj* (*persona*) exiled, banished; (*cosa*) banned. II *nm,f* exile, outlaw.
proseguir [6] *vtr & vi* to carry on, continue.
prospección *nf* 1 *Min* prospect. 2 *Com* survey.
prospecto *nm* leaflet, prospectus.
prosperar *vi* (*negocio, país*) to prosper, thrive; (*propuesta*) to be accepted.

prosperidad *nf* prosperity.
próspero,-a *adj* prosperous, thriving; **p. año nuevo**, Happy New Year.
prostíbulo *nm* brothel.
prostitución *nf* prostitution.
prostituir [37] **I** *vtr* to prostitute. **II prostituirse** *vr* to prostitute oneself.
prostituta *nf* prostitute.
protagonista *nmf* 1 main character, leading role; **¿quién es el p.?**, who plays the lead? 2 *fig (centro)* centre *o US* center of attraction.
protagonizar [4] *vtr* to play the lead in, star in.
protección *nf* protection.
proteccionismo *nm* protectionism.
protector,-a I *adj* protecting, protective. **II** *nm,f* protector.
proteger [5] *vtr* to protect, defend.
protegido,-a *nm,f (hombre)* protégé; *(mujer)* protégée.
proteína *nf* protein.
prótesis *nf inv* prosthesis.
protesta *nf* protest; *Jur* objection.
protestante *adj & nmf Rel* Protestant.
protestar *vi* 1 to protest; *Jur* to object. 2 *fam (quejarse)* to complain.
protestón,-ona *nm,f* moaner, grumbler.
protocolo *nm* protocol.
protón *nm* proton.
prototipo *nm* prototype.
protuberancia *nf* protuberance.
protuberante *adj* protuberant, bulging.
prov. *abr de* **provincia**, province, prov.
provecho *nm* profit, benefit; **¡buen p.!**, enjoy your meal!; **sacar p. de algo**, to benefit from sth.
provechoso,-a *adj* beneficial.
proveedor,-a *nm,f* supplier, purveyor.
proveer [36] *(pp* **provisto***) vtr* to supply, provide.
proveniente *adj (procedente)* coming; *(resultante)* arising, resulting.
provenir [27] *vi* **p. de**, to come from.
proverbio *nm* proverb.
providencia *nf* providence.
provincia *nf* province.
provincial *adj* provincial.
provinciano,-a *adj & nm,f pey* provincial.
provisión *nf* provision.
provisional *adj* provisional.
provisto,-a *adj* **p. de**, equipped with.
provocación *nf* provocation.
provocado,-a *adj* provoked, caused; **incendio p.**, arson.
provocador,-a I *nm,f* instigator, agent provocateur. **II** *adj* provocative.
provocar [1] *vtr* 1 *(causar)* to cause; **p. un incendio**, to start a fire. 2 *(instigar)* to provoke. 3 *Am* **si no le provoca**, if he doesn't feel like it.
provocativo,-a *adj* provocative.
proxeneta *nmf* procurer, pimp.
proximidad *nf* proximity, closeness; **en las proximidades de**, close to, in the vicinity of.
próximo,-a *adj* 1 *(cercano)* near, close. 2 *(siguiente)* next. ◆**próximamente** *adv (pronto)* soon; *Cin Teat* 'coming soon'.
proyección *nf* 1 projection. 2 *Cin* showing.
proyectar *vtr* 1 *(luz)* to project. 2 *(planear)* to plan. 3 *Cin* to show.
proyectil *nm* projectile.
proyecto *nm (plan)* project, plan; **tener algo en p.**, to be planning sth; **p. de ley**, bill.
proyector *nm Cin* projector.
prudencia *nf* prudence, discretion; *(moderación)* care.
prudente *adj* prudent, sensible; *(conductor)* careful; **a una hora p.**, at a reasonable time.
prueba *nf* 1 proof; **en p. de**, as a sign of. 2 *(examen etc)* test; **a p.**, on trial; **a p. de agua/balas**, waterproof/bullet-proof; **haz la p.**, try it. 3 *Dep* event.
pseudo *adj* pseudo, pseudo.
psicoanálisis *nm inv* psychoanalysis.
psicodélico,-a *adj* psychedelic.
psicología *nf* psychology.
psicológico,-a *adj* psychological.
psicólogo,-a *nm,f* psychologist.
psicópata *nmf* psychopath.
psicosis *nf inv* psychosis.
psicotécnico,-a *adj* psychometric.
psicoterapia *nf* psychotherapy.
psique *nf* psyche.
psiquiatra *nmf* psychiatrist.
psiquiatría *nf* psychiatry.
psiquiátrico,-a I *adj* psychiatric; **hospital p.**, psychiatric hospital. **II** *nm* psychiatric hospital.
psíquico,-a *adj* psychic.
PSOE *nm Pol abr de* **Partido Socialista Obrero Español**, Socialist Workers' Party.
pta(s). *abr de* **peseta(s)**, peseta(s).
pts *abr de* **pesetas**.
púa *nf* 1 *(de planta)* thorn; *(de animal)* quill, spine; *(de peine)* tooth; **alambre de púas**, barbed wire. 2 *Mús* plectrum.
pub *nm (pl* **pubs, pubes***)* pub.
pubertad *nf* puberty.
publicación *nf* publication.
publicar [1] *vtr* 1 *(libro etc)* to publish. 2 *(secreto)* to publicize.
publicidad *nf* 1 *Com* advertising. 2 *(conocimiento público)* publicity.
publicitario,-a *adj* advertising.
público,-a I *adj* public. **II** *nm* public; *Teat* audience; *Dep* spectators *pl*.
pucherazo *nm* rigging of an election.
puchero *nm* 1 *(olla)* cooking pot; *(cocido)* stew. 2 **hacer pucheros**, to pout.
pucho *nm Am* dog-end.
pude *pt indef* → **poder**.
pudendo,-a *adj* **partes pudendas**, private

parts.
púdico,-a *adj* modest.
pudiente *adj* rich, wealthy.
pudor *nm* modesty.
pudoroso,-a *adj* modest.
pudrir *vtr* defect, **pudrirse** *vr* to rot, decay.
pueblerino,-a *adj pey (provinciano)* countrified, provincial.
pueblo *nm* 1 village; (small) town. 2 *(gente)* people; **el p. español**, the Spanish people.
puente *nm* 1 bridge; *Av* **p. aéreo**, *(civil)* air shuttle service; *Mil* airlift; **p. colgante**, suspension bridge; **p. levadizo**, drawbridge. 2 *(entre dos fiestas)* long weekend.
puerco,-a **I** *adj* filthy. **II** *nm,f* pig; **p. espín**, porcupine.
puericultura *nf* paediatrics *sing*, *US* pediatrics *sing*.
pueril *adj* childish, puerile.
puerro *nm* leek.
puerta *nf* door; *(verja, en aeropuerto)* gate; *Dep* goal; **p. corredera/giratoria**, sliding/revolving door; *fig* **a las puertas**, **en puertas**, imminent; *fig* **a p. cerrada**, behind closed doors.
puerto *nm* 1 *(de mar)* port, harbour, *US* harbor; **p. deportivo**, marina. 2 *(de montaña)* (mountain) pass.
Puerto Rico *n* Puerto Rico.
puertorriqueño,-a *adj & nm,f* Puerto Rican.
pues *conj* 1 *(puesto que)* as, since. 2 *(por lo tanto)* therefore. 3 *(entonces)* so. 4 *(para reforzar)* ¡**p. claro que sí**!, but of course!; **p. como iba diciendo**, well, as I was saying; ¡**p. mejor**!, so much the better!; ¡**p. no**!, certainly not! 5 *(como pregunta)* ¿**p.**?, why?
puesta *nf* 1 **p. de sol**, sunset. 2 *fig* **p. a punto**, tuning, adjusting; *fig* **p. al día**, updating; *Teat* **p. en escena**, staging; **p. en marcha**, starting-up, start-up; → **puesto,-a**.
puestero,-a *nm,f Am* stallholder.
puesto,-a **I** *conj* **p. que**, since, as. **II** *nm* 1 *(lugar)* place; *(asiento)* seat. 2 *(empleo)* position, post, job; **p. de trabajo**, job, post. 3 *(tienda)* stall. 4 *Mil* post. **III** *adj* 1 *(colocado)* set, put. 2 **llevar p.**, *(ropa)* to have on; *fam* **ir muy p.**, to be all dressed up. 3 *fam (borracho)* drunk. 4 *fam* **estar p. en una materia**, to be well up in a subject.
púgil *nm* boxer.
pugilato *nm* boxing.
pugna *nf* battle, fight.
pugnar *vi* to fight, struggle (**por**, for).
puja *nf (acción)* bidding; *(cantidad)* bid.
pujante *adj* thriving, prosperous.
pujanza *nf* strength, vigour, *US* vigor.
pujar *vtr* 1 *(pugnar)* to struggle. 2 *(en una subasta)* to bid higher.

pulcro,-a *adj* (extremely) neat.
pulga *nf* flea; *fam* **tener malas pulgas**, to be nasty, have a nasty streak.
pulgada *nf* inch.
pulgar *nm* thumb.
pulimentar *vtr* to polish.
pulir *vtr* 1 *(metal, madera)* to polish. 2 *(mejorar)* to polish up.
pulmón *nm* lung.
pulmonía *nf* pneumonia.
pulpa *nf* pulp.
pulpería *nf Am* store.
púlpito *nm* pulpit.
pulpo *nm* octopus.
pulsación *nf* pulsation; *(en mecanografía)* stroke, tap; **pulsaciones por minuto**, ≈ keystrokes per minute.
pulsar *vtr (timbre, botón)* to press; *(tecla)* to hit, strike.
pulsera *nf (aro)* bracelet; *(de reloj)* watchstrap; **reloj de p.**, wristwatch.
pulso *nm* 1 pulse; *fig* **tomar el p. a la opinión pública**, to sound out opinion. 2 *(mano firme)* steady hand; **a p.**, freehand; **ganarse algo a p.**, to deserve sth. 3 *fig* trial of strength; **echarse un p.**, to armwrestle.
pulverizador,-a *nm* spray, atomizer.
pulverizar [4] *vtr (sólidos)* to pulverize; *(líquidos)* to spray; *(un récord)* to smash.
pulla *nf* dig.
puma *nm* puma.
puna *nf Am* 1 high moor. 2 *(mal)* mountain *o* altitude sickness.
pundonor *nm* self-respect, self-esteem.
punta *nf* 1 *(extremo)* tip; *(extremo afilado)* point; *(de cabello)* end; **sacar p. a un lápiz**, to sharpen a pencil; **tecnología p.**, state-of-the-art technology; **me pone los nervios de p.**, he makes me very nervous. 2 *(periodo)* peak; **hora p.**, rush hour. 3 *(pequeña cantidad)* bit; **una p. de sal**, a pinch of salt. 4 *(clavo)* nail.
puntal *nm* prop; *(travesaño)* beam; *fig (soporte)* pillar, support.
puntapié *nm* kick.
puntear *vtr* 1 *(dibujar)* to dot. 2 *Mús (guitarra)* to pluck.
punteo *nm* plucking.
puntería *nf* aim; **tener buena/mala p.**, to be a good/bad shot.
puntero,-a *adj* leading.
puntiagudo,-a *adj* pointed, sharp.
puntilla *nf* 1 *(encaje)* lace. 2 **dar la p.**, *Taur* to finish (the bull) off; *fig (liquidar)* to finish off. 3 **de puntillas**, on tiptoe.
puntilloso,-a *adj* touchy.
punto *nm* 1 point; **a p.**, ready; *Culin* **en su p.**, just right; **a p. de**, on the point of; **hasta cierto p.**, to a certain *o* some extent; **p. muerto**, *Aut* neutral; *fig (impase)* deadlock; **p. de vista**, point of view. 2 *(marca)* dot; **línea de puntos**, dotted line. 3 *(lugar)* place, point. 4 **p. y seguido**,

puntuable *adj Dep* **una prueba p. para,** a race counting towards.
puntuación *nf Ling* punctuation. 2 *Dep* score. 3 *Educ* mark.
puntual I *adj* 1 punctual. 2 *(exacto)* accurate, precise. 3 *(caso)* specific. **II** *adv* punctually.
puntualidad *nf* punctuality.
puntualizar [4] *vtr* to make it clear.
puntuar [30] **I** *vtr* 1 *(al escribir)* to punctuate. 2 *Educ (calificar)* to mark. **II** *vi Dep* 1 *(marcar)* to score. 2 *(ser puntuable)* to count.
punzada *nf (de dolor)* sudden sharp pain.
punzante *adj (objeto)* sharp; *(dolor)* acute, piercing.
punzar [4] *vtr Téc* to punch.
puñado *nm* handful; *fam* **a puñados,** by the score, galore.
puñal *nm* dagger.
puñalada *nf* stab; *fig* **p. trapera,** stab in the back.
puñeta *nf fam* **hacer la p. a algn,** to pester sb, annoy sb; **¡puñetas!,** damn!; **¡vete a hacer puñetas!,** go to hell!
puñetazo *nm* punch.
puño *nm* 1 fist. 2 *(de camisa etc)* cuff. 3 *(de herramienta)* handle.
pupa *nf* 1 *(herida)* cold sore. 2 *fam (daño)* pain.
pupila *nf* pupil.
pupilo,-a *nm,f* pupil.
pupitre *nm* desk.
purasangre *adj & nm* thoroughbred.
puré *nm* purée; **p. de patata,** mashed potatoes; **p. de verduras,** thick vegetable soup.
pureta *nmf* old fogey.
pureza *nf* 1 purity. 2 *(castidad)* chastity.
purga *nf Med* purgative; *fig* purge.
purgante *adj & nm* purgative.
purgar [7] *vtr Med & fig* to purge.
purgatorio *nm* purgatory.
purificación *nf* purification.
purificar [1] *vtr* to purify.
purista *nmf* purist.
puritano,-a I *adj* puritanical. **II** *nm,f* puritan, Puritan.
puro,-a I *adj* 1 *(sin mezclas)* pure; **aire p.,** fresh air; **la pura verdad,** the plain truth; *Pol* **p. y duro,** hardline. 2 *(mero)* sheer, mere; **por pura curiosidad,** out of sheer curiosity. 3 *(casto)* chaste, pure. **II** *nm (cigarro)* cigar.
púrpura *adj inv* purple.
purpúreo,-a *adj* purple.
pus *nm* pus.
puse *pt indef* → **poner.**
pusilánime *adj* faint-hearted.
pústula *nf* sore, pustule.
puta *nf ofens* whore; **de p. madre,** great, terrific; **de p. pena,** bloody awful; **no tengo ni p. idea,** I haven't (got) a bloody clue; **pasarlas putas,** to go through hell, have a rotten time.
putada *nf vulg* dirty trick.
putear *vtr* to fuck *o* piss around.
puticlub *nm fam* brothel.
puto,-a I *adj ofens* bloody. **II** *nm* male prostitute, stud.
putrefacto,-a, pútrido,-a *adj* putrefied, rotten.
puzzle *nm* jigsaw puzzle.
P.V.P. *nm abr de* **precio de venta al público,** recommended retail price, RRP.
Pza., Plza. *abr de* **plaza,** square, Sq.

Q

Q, q |ku| *nf (la letra)* Q, q.
que[1] *pron rel* 1 *(sujeto) (persona)* who; *(cosa)* that, which; **el hombre q. vino,** the man who came; **la bomba q. estalló,** the bomb that *o* which went off. 2 *(complemento) (persona) no se traduce o* that *o* who *o fml* whom; *(cosa) no se traduce o* that, which; **la chica q. conocí,** the girl (that *o* who *o* whom) I met; **el coche q. compré,** the car (that *o* which) I bought. 3 **lo q.,** what; **lo q. más me gusta,** what I like best. 4 *(con infinitivo) no se traduce;* **hay mucho q. hacer,** there's a lot to do.
que[2] *conj* 1 *no se traduce o* that; **dijo que llamaría,** he said (that) he would call; **quiero q. vengas,** I want you to come. 2 *(consecutivo) no se traduce o* that; *(en comparativas)* than; **habla tan bajo q. no se le oye,** he speaks so quietly (that) he can't be heard; **más alto q. yo,** taller than me. 3 *(causal) no se traduce* **date deprisa q. no tenemos mucho tiempo,** hurry up, we haven't got much time. 4 *(enfático) no se traduce* **¡q. no!,** no!; **¡q. te calles!,** I said be quiet! 5 *(deseo, mandato)* (+ *subj*) *no se traduce* **¡q. te diviertas!,** enjoy yourself! 6 *(final)* so that; **ven q. te dé un beso,** come and let me give you a kiss. 7 *(disyuntivo)* whether; **me da igual que suba o no,** I couldn't care whether he comes up or not. 8 *(locuciones)* **¿a q. no ...?,** I bet you can't ...!; **q. yo sepa,** as far as I know; **yo q. tú,** if I were you.
qué I *pron interr* 1 what; **¿q. quieres?,** what do you want?; *fam* **¡y q.!,** so what? 2 *(exclamativo)* (+ *adj*) how; **¡q. bonito!,**

how pretty! 3 (+ n) what a; ¡q. lástima!, what a pity! 4 fam ¡q. de ...!, what a lot of ...!. II adj interr which; ¿q. libro quieres?, which book do you want?

quebrada nf Am stream.

quebradero nm fig q. de cabeza, headache.

quebradizo,-a adj (débil) fragile; (cabello, hielo) brittle.

quebrado nm Mat fraction.

quebradura nf 1 (grieta) crack. 2 Med hernia, rupture.

quebrantamiento nm (de una ley) violation, infringement.

quebrantar I vtr (promesa, ley) to break. II **quebrantarse** vr to break down.

quebrar [1] I vtr (romper) to break. II vi Fin to go bankrupt. III **quebrarse** vr to break; Med to rupture oneself.

queda nf toque de q., curfew.

quedar I vi 1 (restar) to be left, remain; **quedan dos**, there are two left. 2 (en un lugar) to arrange to meet; **quedamos en el bar**, I'll meet you in the bar. 3 **me queda corta**, (ropa) it is too short for me; **quedaría muy bien allí**, (objeto) it would look very nice there. 4 (acordar) to agree (en, to); ¿en qué quedamos?, so what's it to be? 5 (estar situado) to be; ¿dónde queda la estación?, where's the station? 6 (terminar) to end; ¿en qué quedó la película?, how did the film end? 7 (locuciones) q. en ridículo, to make a fool of oneself; q. bien/mal, to make a good/bad impression. II **quedarse** vr 1 (permanecer) to stay; **se quedó en casa**, she stayed home; q. sin dinero/pan, to run out of money/bread; q. con hambre, to still be hungry. 2 q. (con), (retener) to keep; **quédese (con) el cambio**, keep the change. 3 fam q. con algn, to make a fool of sb.

quedo adv softly, quietly.

quehacer nm task, chore.

queja nf complaint; (de dolor) groan, moan.

quejarse vr to complain (de, about).

quejica fam I adj grumpy. II nmf moaner.

quejido nm groan, cry.

quemado,-a adj 1 burnt, burned; (del sol) sunburnt. 2 fig (agotado) burnt-out.

quemador nm (de cocina etc) burner.

quemadura nf burn.

quemar I vtr to burn; fig (agotar) to burn out. II vi to be burning hot; **este café quema**, this coffee's boiling hot. III **quemarse** vr fig to burn oneself out.

quemarropa loc adv a q., point-blank.

quemazón nf smarting.

quepo indic pres → caber.

querella nf Jur lawsuit.

querer [20] I vtr 1 (amar) to love. 2 (desear) to want; ¿cuánto quiere por la casa?, how much does he want for the house?; sin q., without meaning to; **queriendo**, on purpose; ¡por lo que más quieras!, for heaven's sake!; ¿quiere pasarme el pan?, would you pass me the bread? 3 q. decir, to mean. 4 **no quiso darme permiso**, he refused me permission. II **quererse** vr to love each other. III nm love, affection.

querido,-a I adj dear, beloved; q. amigo, (en carta) dear friend. II nm,f (amante) lover; (mujer) mistress.

queroseno nm kerosene, kerosine.

querré indic fut → querer.

queso nm cheese; q. rallado, grated cheese; q. de cerdo, brawn, US headcheese.

quetzal nm (moneda) standard monetary unit of Guatemala.

quicio nm 1 (de puerta) doorpost. 2 fig **fuera de q.**, beside oneself; **sacar de q.**, (a algn) to infuriate; (algo) to take too far.

quid nm crux; **has dado en el q.**, you've hit the nail on the head.

quiebra nf Fin (bancarrota) bankruptcy; (crack) crash.

quiebro nm (con el cuerpo) dodge; Ftb dribbling.

quien pron rel 1 (con prep) no se traduce o fml whom; **el hombre con q. vino**, the man she came with; fml the man with whom she came. 2 (indefinido) whoever, anyone who; **q. quiera venir que venga**, whoever wants to can come; **hay q. dice lo contrario**, some people say the opposite; fig q. más q. menos, everybody.

quién pron interr 1 (sujeto) who?; ¿q. es?, who is it? 2 (complemento) who, fml whom; ¿para q. es?, who is it for?; ¿de q. es esa bici?, whose bike is that?

quienquiera pron indef (pl quienesquiera) whoever.

quieto,-a adj still; (mar) calm; ¡estáte q.!, keep still!, don't move!

quietud nf stillness; (calma) calm.

quijada nf jawbone.

quilate nm carat.

quilo nm → kilo.

quilla nf keel.

quimera nf fig fantasy, pipe dream.

química nf chemistry.

químico,-a I adj chemical. II nm,f chemist.

quimioterapia nf chemotherapy.

quimono nm kimono.

quincalla nf metal pots and pans pl, tinware.

quince adj & nm inv fifteen.

quinceañero,-a adj & nm,f fifteen-year-old.

quincena nf fortnight, two weeks.

quincenal adj fortnightly.

quiniela nf football pools pl.

quinientos,-as adj & nm,f five

quinina *nf* quinine.
quinqué *nm* oil lamp.
quinquenal *adj* quinquennial, five-year.
quinqui *nm fam* delinquent, petty criminal.
quinta *nf* 1 (*casa*) country house. 2 *Mil* conscription, *US* draft.
quintaesencia *nf* quintessence.
quintal *nm* (*medida*) 46 kg; **q. métrico**, ≈ 100 kg.
quinteto *nm* quintet.
quinto,-a I *adj & nm,f* fifth. II *nm Mil* conscript, recruit.
quiosco *nm* kiosk; **q. de periódicos**, newspaper stand.
quirófano *nm* operating theatre.
quiromancia *nf* palmistry.
quirúrgico,-a *adj* surgical.
quise *indic fut* → **querer**.
quisque, quisqui *pron fam* **todo** *o* **cada q.**, everyone, everybody.
quisquilloso,-a I *adj* fussy, finicky. II *nm,f* fusspot.
quiste *nm* cyst.
quitaesmalte(s) *nm inv* nail varnish *o* polish remover.
quitamanchas *nm inv* stain remover.
quitanieves *nm* (**máquina**) **q.**, snowplough, *US* snowplow.
quitar I *vtr* 1 to remove; (*ropa*) to take off; (*la mesa*) to clear; (*mancha*) to remove; (*dolor*) to relieve; (*hipo*) to stop; (*sed*) quench; (*hambre*) to take away. 2 (*apartar*) to take away, take off; *fig* **q. importancia a algo**, to play sth down; *fig* **q. las ganas a algn**, to put sb off. 3 (*robar*) to steal, take; *fig* (*tiempo*) to take up; (*sitio*) to take. 4 (*descontar*) to take off. 5 *fam* (*apagar*) to turn off. 6 **eso no quita para que ...**, that's no reason not to be .... 7 **¡quita!**, go away!. II **quitarse** *vr* 1 (*apartarse*) to move away. 2 (*mancha*) to come out; (*dolor*) to go away; **se me han quitado las ganas**, I don't feel like it any more. 3 (*ropa, gafas*) to take off. 4 **q. de beber/fumar**, to give up drinking/smoking. 5 **q. a algn de encima**, to get rid of sb.
quizá(s) *adv* perhaps, maybe.

R

R, r [ˈerre] *nf* (*la letra*) R, r.
rábano *nm* radish; *fam* **me importa un r.**, I couldn't care less.
rabia *nf* 1 *fig* (*ira*) fury, rage; **¡qué r.!**, how annoying!; **me da r.**, it gets up my nose; **me tiene r.**, he's got it in for me. 2 *Med* rabies *sing*.
rabiar [12] *vi* 1 *fig* (*sufrir*) to be in great pain. 2 *fig* (*enfadar*) to rage; **hacer r. a algn**, to make sb see red. 3 *Med* to have rabies.
rabieta *nf fam* tantrum; **coger una r.**, to throw a tantrum.
rabillo *nm* (*del ojo*) corner.
rabino *nm* rabbi.
rabioso,-a *adj* 1 *Med* rabid; **perro r.**, rabid dog. 2 *fig* (*enfadado*) furious. 3 **de rabiosa actualidad**, up-to-the-minute.
rabo *nm* tail; (*de fruta etc*) stalk.
racanear *vi fam* (*ser tacaño*) to be stingy.
rácano,-a *adj fam* 1 (*tacaño*) stingy, mean. 2 *pey* (*novato*) fresher.
racha *nf* (*de viento*) gust, squall; *fam* (*período*) spell, patch; **a rachas**, in fits and starts.
racial *adj* **discriminación r.**, racial discrimination; **disturbios raciales**, race riots.
racimo *nm* bunch, cluster.
raciocinio *nm* reason.
ración *nf* portion.
racional *adj* rational.
racionalizar [4] *vtr* to rationalize.
racionamiento *nm* rationing; **cartilla de r.**, ration book.
racionar *vtr* (*limitar*) to ration; (*repartir*) to ration out.
racismo *nm* racism.
racista *adj & nmf* racist.
radar *nm* (*pl* **radares**) *Téc* radar.
radiación *nf* radiation.
radiactividad *nf* radioactivity.
radiactivo,-a *adj* radioactive.
radiador *nm* radiator.
radiante *adj* radiant (**de**, with).
radiar [12] *vtr* to broadcast, transmit.
radical *adj* radical.
radicalizar [4] *vtr*, **radicalizarse** *vr* (*conflicto*) to intensify; (*postura*) to harden.
radicar [1] *vi* (*estar*) to be (situated) (**en**, in), be rooted (**en**, in).
radio I *nf* radio, wireless; (*aparato*) radio (set). II *nm* 1 radius; **r. de acción**, field of action, scope. 2 (*de rueda*) spoke.
radioactividad *nf* radioactivity.
radioactivo,-a *adj* radioactive.
radioaficionado,-a *nm,f* radio ham.
radiocasete *nm* (*pl* **radiocasetes**) radio cassette.
radioescucha *nmf* listener.
radiografía *nf* (*imagen*) X-ray.
radioyente *nmf* listener.
ráfaga *nf* (*de viento*) gust, squall; (*de disparos*) burst.
raído,-a *adj* 1 (*gastado*) worn. 2 *fam* (*desvergonzado*) insolent.
raigambre *nf* roots *pl*.
raíl *nm* rail.

raíz *nf* (*pl* **raíces**) root; **r. cuadrada**, square root; *fig* **a r. de**, as a result of.
raja *nf* (*corte*) cut, slit; (*hendidura*) crack, split.
rajar I *vtr* (*hender*) to crack, split; *arg* (*acuchillar*) to cut up. **II** *vi fam* to backbite. **III rajarse** *vr* **1** (*partirse*) to crack, split. **2** *fam* (*echarse atrás*) to back out. **3** *Am* (*acobardarse*) to chicken out.
rajatabla (a) *loc adv* strictly.
ralea *nf pey* type, sort.
ralentí *nm* neutral; **estar al r.**, to be ticking over.
ralentizar *vtr* to slow down.
rallado,-a *adj* **queso r.**, grated cheese; **pan r.**, breadcrumbs.
rallador *nm* grater.
ralladura *nf* gratings *pl*.
rallar *vtr* to grate.
ralo,-a *adj* sparse, thin.
rama *nf* branch; *fam* **andarse** *o* **irse por las ramas**, to beat about the bush.
ramaje *nm* branches *pl*.
ramalazo *nm fam* (*toque*) touch.
rambla *nf* (*avenida*) boulevard, avenue.
ramera *nf* prostitute, whore.
ramificación *nf* ramification.
ramificarse [1] *vr* to ramify, branch (out).
ramillete *nm* (*de flores*) posy.
ramo *nm* **1** (*de flores*) bunch, bouquet. **2** (*sector*) branch.
rampa *nf* ramp; **r. de lanzamiento**, launch pad.
ramplón,-ona *adj* coarse, vulgar.
rana *nf* frog; *fam* **salir r.**, to be a disappointment.
ranchero,-a *nm,f* (*granjero*) rancher, farmer.
rancho *nm* **1** (*granja*) ranch. **2** *Mil* (*comida*) mess.
rancio,-a *adj* **1** (*comida*) stale. **2** (*antiguo*) ancient.
rango *nm* rank; (*jerarquía elevada*) high social standing.
ranura *nf* slot.
rapar *vtr* (*afeitar*) to shave; (*pelo*) to crop.
rapaz I *adj* predatory; **ave r.**, bird of prey. **II** *nm,f* youngster; (*muchacho*) lad; (*muchacha*) lass.
rape *nm* **1** (*pez*) angler fish. **2** *fam* **cortado al r.**, close-cropped.
rapidez *nf* speed, rapidity.
rápido,-a I *adj* quick, fast, rapid. **II** *adv* quickly. **III** *nm* **1** (*tren*) fast train. **2 rápidos**, (*de un río*) rapids.
rapiña *nf* robbery, theft; **ave de r.**, bird of prey.
raptar *vtr* to kidnap, abduct.
rapto *nm* **1** (*secuestro*) kidnapping, abduction. **2** *fig* (*arrebato*) outburst, fit.
raqueta *nf* **1** (*de tenis*) racket; (*de ping-pong*) bat, *US* paddle. **2** (*de nieve*) snowshoe.
raquítico,-a *adj fam* (*escaso*) small, meagre, *US* meager; (*delgado*) emaciated.
raquitismo *nm* rickets *pl*.
rareza *nf* **1** rarity, rareness. **2** (*extravagancia*) eccentricity.
raro,-a *adj* **1** rare; **rara vez**, seldom. **2** (*extraño*) odd, strange.
ras *nm* level; **a r. de**, (on a) level with; **a r. de tierra**, at ground level.
rasante I *nf* **Aut cambio de r.**, brow of a hill. **II** *adj* (*vuelo*) low.
rasar *vtr* (*nivelar*) to level.
rasca *nf fam* (*frío*) cold.
rascacielos *nm inv* skyscraper.
rascar [1] **I** *vtr* (*con las uñas*) to scratch; (*guitarra*) to strum. **II** *vi* to chafe.
rasero *nm fig* **medir con el mismo r.**, to treat impartially.
rasgado,-a *adj* (*ojos*) slit, almond-shaped.
rasgar [7] *vtr* to tear, rip.
rasgo *nm* (*característica*) characteristic, feature; (*de la cara*) feature; *fig* **a grandes rasgos**, broadly speaking.
rasgón *nm* tear, rip.
rasguñar *vtr* to scratch, scrape.
rasguño *nm* scratch, scrape.
rasilla *nf* (*ladrillo*) tile.
raso,-a I *adj* (*llano*) flat, level; (*vuelo*) low; (*cielo*) clear, cloudless; **soldado r.**, private. **II** *nm* satin.
raspa *nf* (*de pescado*) bone, backbone.
raspador *nm* scraper.
raspadura *nf* (*ralladura*) scraping, scrapings *pl*.
raspar I *vtr* (*limar*) to scrape (off). **II** *vi* (*ropa etc*) to chafe.
rasposo,-a *adj* rough, sharp.
rastra *nf Agr* harrow; **a la r., a rastras**, dragging; *fig* (*de mal grado*) grudgingly.
rastreador *nm* tracker.
rastrear *vtr* (*zona*) to comb.
rastreo *nm* search.
rastrero,-a *adj* creeping; *fig* (*despreciable*) vile, base.
rastrillo *nm* **1** rake. **2** *fam* (*mercadillo*) flea market.
rastro *nm* **1** trace, sign; (*en el suelo*) track, trail. **2 el R.**, the Madrid flea market.
rastrojo *nm* stubble.
rasurar *vtr*, **rasurarse** *vr* to shave.
rata I *nf* rat. **II** *nm fam* (*tacaño*) mean *o* stingy person.
ratero,-a *nm,f* pickpocket.
raticida *nm* rat poison.
ratificar [1] *vtr* to ratify.
rato *nm* **1** (*momento*) while, time; **a ratos**, at times; **al poco r.**, shortly after; **hay para r.**, it'll take a while; **pasar un buen/mal r.**, to have a good/bad time; **ratos libres**, free time *sing*. **2** *fam* **un r.**, (*mucho*) very, a lot.
ratón *nm* mouse; *Inform* mouse.
ratonera *nf* mousetrap.
raudal *nm* torrent, flood; *fig* **a raudales**, in abundance.

raya *nf* 1 (*línea*) line; (*del pantalón*) crease; (*del pelo*) parting; **camisa a rayas**, striped shirt. 2 *fig* **tener a r.**, to keep at bay; **pasarse de la r.**, to go over the score. 3 (*de droga*) fix, dose.

rayano,-a *adj* bordering (**en**, on).

rayar I *vtr* (*arañar*) to scratch. II *vi* **r. en/con**, to border on.

rayo *nm* 1 ray, beam. 2 (*relámpago*) (flash of) lightning; **¡mal r. la parta!**, to hell with her!

rayón *nm* rayon.

rayuela *nf Am* hopscotch.

raza *nf* 1 (*humana*) race. 2 (*de animal*) breed.

razón *nf* 1 (*facultad*) reason; **uso de r.**, power of reasoning. 2 (*motivo*) reason; **r. de más para**, all the more reason to. 3 (*justicia*) rightness, justice; **dar la r. a algn**, to say that sb is right; **tienes r.**, you're right. 4 (*proporción*) ratio, rate; **a r. de**, at the rate of. 5 '**r. aquí**', 'enquire within', 'apply within'.

razonable *adj* reasonable.

razonado,-a *adj* reasoned, well-reasoned.

razonamiento *nm* reasoning.

razonar I *vtr* (*argumentar*) to reason out. II *vi* (*discurrir*) to reason.

RDA *nf Hist abr de* **República Democrática Alemana** *o* **de Alemania**, GDR.

re- *pref* re-.

reacción *nf* reaction; **avión de r.**, jet (plane); **r. en cadena**, chain reaction.

reaccionar *vi* to react.

reaccionario,-a *adj & nm,f* reactionary.

reacio,-a *adj* reluctant, unwilling.

reactor *nm* reactor; (*avión*) jet (plane).

readaptación *nf* rehabilitation; **r. profesional**, industrial retraining.

reafirmar *vtr* to reaffirm, reassert.

reagrupar *vtr*, **reagruparse** *vr* to regroup.

reajuste *nm* readjustment; **r. ministerial**, cabinet reshuffle.

real[1] *adj* (*efectivo, verdadero*) real; **en la vida r.**, in real life. ◆**realmente** *adv* really; (*en realidad*) actually, in fact.

real[2] *adj* (*regio*) royal.

realce *nm* (*relieve*) relief; *fig* (*esplendor*) splendour, *US* splendor.

realeza *nf* royalty.

realidad *nf* reality; **en r.**, in fact, actually; **la r. es que ...**, the fact of the matter is that ....

realismo *nm* realism.

realista I *adj* realistic. II *nmf* realist.

realizable *adj* feasible.

realización *nf* (*ejecución*) carrying out; *Cin TV* production.

realizador,-a *nm,f Cin TV* producer.

realizar [4] I *vtr* 1 (*hacer*) to carry out; (*ambición*) to achieve fulfil, *US* fulfill. 2 *Cin TV* to produce. 3 *Fin* to realize. II **realizarse** *vr* (*persona*) to fulfil *o US* fulfill oneself; (*sueño*) to come true.

realzar [4] *vtr* (*recalcar*) to highlight; *fig* (*belleza, importancia*) to enhance, heighten.

reanimación *nf* revival.

reanimar *vtr*, **reanimarse** *vr* to revive.

reanudación *nf* renewal, resumption, re-establishment; **r. de las clases**, return to school.

reanudar I *vtr* to renew, resume; **r. el paso** *o* **la marcha**, to set off again; **r. las clases**, to go back to school. II **reanudarse** *vr* to start again, resume.

reaparición *nf* reappearance, recurrence; (*de artista etc*) comeback.

reapertura *nf* reopening.

rearme *nm* rearmament.

reaseguro *nm* reinsurance.

reavivar *vtr* to revive.

rebaja *nf* (*descuento*) reduction, discount; **rebajas**, sales; **precio de r.**, sale price.

rebajar I *vtr* 1 (*precio*) to cut, reduce; (*cantidad*) to take off. 2 (*color*) to tone down, soften; (*intensidad*) to diminish. 3 (*trabajador*) to excuse, exempt (**de**, from). 4 (*humillar*) to humiliate. II **rebajarse** *vr* (*humillarse*) to humble oneself.

rebanada *nf* slice.

rebanar *vtr* to slice, cut into slices.

rebañar *vtr* (*plato etc*) to finish off.

rebaño *nm* (*de ovejas*) flock; (*de otros animales*) herd.

rebasar *vtr* 1 (*exceder*) to exceed, go beyond. 2 *Aut* to overtake.

rebatir *vtr* to refute.

rebeca *nf* cardigan.

rebelarse *vr* to rebel, revolt.

rebelde I *nmf* rebel. II *adj* rebellious; *fig* **una tos r.**, a persistent cough.

rebeldía *nf* 1 rebelliousness. 2 *Jur* default.

rebelión *nf* rebellion, revolt.

rebenque *nm Am* whip.

reblandecer [33] *vtr* to soften.

rebobinar *vtr* to rewind.

rebosante *adj* overflowing (**de**, with), brimming (**de**, with).

rebosar I *vi* to overflow, brim over; *fig* **r. de**, to be overflowing *o* brimming with. II *vtr* (*irradiar*) to radiate.

rebotar *vi* (*pelota*) to bounce, rebound; (*bala*) to ricochet.

rebote *nm* (*de pelota*) bounce, rebound; (*de bala*) ricochet; **de r.**, on the rebound.

rebozar [4] *vtr* to coat in breadcrumbs *o* batter.

rebullir *vi*, **rebullirse** *vr* to stir.

rebuscado,-a *adj* recherché.

rebuznar *vi* to bray.

recabar *vtr* (*información*) to obtain, manage to get.

recado *nm* (*mandado*) errand; (*mensaje*) message; **dejar un r.**, to leave a message.

recaer [39] *vi* 1 *Med* to relapse. 2 (*culpa*,

recaída 222 **recomendación**

responsabilidad) to fall (**sobre,** on).
recaída nf relapse.
recalcar [1] vtr to stress, emphasize.
recalcitrante adj recalcitrant.
recalentar [1] vtr (*comida*) to reheat, warm up; (*calentar demasiado*) to overheat.
recámara nf 1 (*de rueda*) tube. 2 Am (*habitación*) dressing room.
recambiar [12] vtr to change (over).
recambio nm 1 (*repuesto*) spare (part); **rueda de r.,** spare wheel. 2 (*de pluma etc*) refill.
recapacitar vi to think over.
recargable adj (*pluma*) refillable; (*mechero*) rechargeable.
recargado,-a adj overloaded; fig (*estilo*) overelaborate, affected.
recargar [7] vtr 1 Elec to recharge. 2 (*sobrecargar*) to overload; (*adornar mucho*) to overelaborate. 3 Fin to increase.
recargo nm extra charge, surcharge.
recatado,-a adj (*prudente*) prudent, cautious; (*modesto*) modest, decent.
recato nm (*cautela*) caution, prudence; (*pudor*) modesty.
recaudación nf (*cobro*) collection; (*cantidad recaudada*) takings pl; Dep gate.
recaudador,-a nm,f tax collector.
recaudar vtr to collect.
recaudo nm estar a buen r., to be in safekeeping.
recelar vtr r. de, to distrust.
recelo nm suspicion, distrust.
receloso,-a adj suspicious, distrustful.
recepción nf reception; (*en hotel*) reception (desk).
recepcionista nmf receptionist.
receptivo,-a adj receptive.
receptor,-a I nm,f (*persona*) recipient. II nm Rad TV receiver.
recesión nf recession.
receta nf recipe; Med prescription.
recetar vtr Med to prescribe.
rechace nm Dep rebound.
rechazar [4] vtr to reject, turn down; Mil to repel, drive back.
rechazo nm rejection.
rechiflar vtr 1 (*silbar*) to hiss, boo. 2 (*mofarse*) to mock, jeer at.
rechinar vi (*madera*) to creak; (*metal*) to squeak, screech; (*dientes*) to chatter.
rechistar vi sin r., that's final.
rechoncho,-a adj fam chubby, tubby.
rechupete (de) loc fam me sé el tema de r., I know the subject inside out; **la comida estaba de r.,** the food was mouthwateringly good.
recibidor nm entrance hall.
recibimiento nm reception, welcome.
recibir I vtr to receive; (*en casa*) to welcome; (*en la estación*) to meet. II **recibirse** vr Am r. de, to qualify as.
recibo nm 1 (*factura*) invoice, bill; (*resguardo*) receipt; **r. de la luz,** electricity bill. 2 **acusar r. de,** to acknowledge receipt of.
reciclado,-a I adj recycled. II nm (*reciclaje*) recycling.
reciclaje nm (*de residuos*) recycling; fig (*renovación*) retraining; **curso de r.,** refresher course.
reciclar vtr (*residuos*) to recycle; fig (*profesores etc*) to retrain.
recién adv 1 (*recientemente*) (*antes de pp*) recently, newly; **café r. hecho,** freshly-made coffee; **r. casados,** newlyweds; **r. nacido,** newborn baby. 2 Am (*hace poco*) recently. ◆**recientemente** adv recently, lately.
reciente adj recent.
recinto nm (*cercado*) enclosure; **r. comercial,** shopping precinct.
recio,-a I adj (*robusto*) strong, sturdy; (*grueso*) thick; (*voz*) loud. II adv hard.
recipiente nm receptacle, container.
recíproco,-a adj reciprocal.
recital nm Mús recital; Lit reading.
recitar vtr to recite.
reclamación nf 1 (*demanda*) claim, demand. 2 (*queja*) complaint.
reclamar I vtr to claim, demand. II vi 1 to protest (**contra,** against). 2 Jur to appeal.
reclamo nm 1 (*publicitario*) appeal. 2 (*en caza*) decoy bird, lure; fig inducement.
reclinar I vtr to lean (**sobre,** on). II **reclinarse** vr to lean back, recline.
recluir [37] vtr to shut away, lock away; (*encarcelar*) to imprison, intern.
reclusión nf seclusion; (*encarcelamiento*) imprisonment, internment.
recluso,-a nm,f prisoner, inmate.
recluta nmf recruit.
reclutamiento nm (*voluntario*) recruitment; (*obligatorio*) conscription.
recobrar I vtr to recover, retrieve; (*conocimiento*) to regain; **r. el aliento,** to get one's breath back. II **recobrarse** vr to recover, recuperate.
recochineo nm fam mockery.
recodo nm (*de río*) twist, turn; (*de camino*) bend.
recogedor nm dustpan.
recoger [5] I vtr 1 (*del suelo etc*) to pick up. 2 (*datos etc*) to gather, collect. 3 (*ordenar, limpiar*) to clean; **r. la mesa,** to clear the table. 4 (*ir a buscar*) to pick up, fetch. 5 (*cosecha*) to gather, pick. II **recogerse** vr 1 (*irse a casa*) to go home. 2 (*pelo*) to lift up.
recogida nf collection; Agr (*cosecha*) harvest, harvesting.
recolección nf Agr harvest, harvesting; (*recogida*) collection, gathering.
recomendable adj recommendable.
recomendación nf recommendation, reference.

recomendar [1] *vtr* to recommend.
recompensa *nf* reward.
recompensar *vtr* to reward.
recomponer [19] (*pp* **recompuesto**) *vtr* to repair, mend.
reconciliación *nf* reconciliation.
reconciliar [12] **I** *vtr* to reconcile. **II reconciliarse** *vr* to be reconciled.
recóndito,-a *adj* hidden, secret.
reconfortante *adj* comforting.
reconfortar *vtr* to comfort.
reconocer [34] *vtr* 1 to recognize. 2 (*admitir*) to recognize, admit. 3 *Med* (*paciente*) to examine.
reconocimiento *nm* 1 recognition. 2 *Med* examination, checkup.
reconquista *nf* reconquest.
reconstituyente *nm* tonic.
reconstruir [37] *vtr* to reconstruct.
reconversión *nf* reconversion; **r. industrial**, industrial redeployment.
reconvertir [5] *vtr* to reconvert; *Ind* to modernize.
recopilación *nf* 1 (*resumen*) summary, resumé. 2 (*compendio*) compilation, collection.
recopilar *vtr* to compile, collect.
récord *nm* record.
recordar [2] **I** *vtr* 1 (*rememorar*) to remember. 2 **r. algo a algn**, to remind sb of sth. **II** *vi* to remember.
recordatorio *nm* (*aviso*) reminder; (*de defunción*) notice of death.
recordman *nmf* record holder.
recorrer *vtr* (*distancia*) to cover, travel; (*país*) to tour, travel through *o* round; (*ciudad*) to visit, walk round.
recorrido *nm* (*distancia*) distance travelled; (*trayecto*) trip, journey; (*itinerario*) itinerary, route.
recortable *adj & nm* cutout.
recortar *vtr* to cut out.
recorte *nm* (*acción, de periódico*) cutting; (*de pelo*) trim, cut; *fig* (*de salarios etc*) cut.
recostado,-a *adj* reclining, leaning.
recostar [2] **I** *vtr* to lean. **II recostarse** *vr* (*tumbarse*) to lie down.
recoveco *nm* (*curva*) turn, bend; (*rincón*) nook, corner.
recreación *nf* recreation.
recrear I *vtr* 1 (*divertir*) to amuse, entertain. 2 (*crear de nuevo*) to recreate. **II recrearse** *vr* to amuse oneself, enjoy oneself; **r. con**, to take pleasure *o* delight in.
recreativo,-a *adj* recreational.
recreo *nm* 1 (*diversión*) recreation. 2 (*en el colegio*) break, recreation.
recriminar *vtr* to recriminate; (*reprochar*) to reproach.
recrudecer(se) [33] *vtr & vr* to worsen.
recrudecimiento *nm* worsening.
recta *nf Geom* straight line; (*de carretera*) straight stretch; *Dep* **la r. final**, the home straight.

rectangular *adj* rectangular.
rectángulo *nm* rectangle.
rectificación *nf* rectification; (*corrección*) correction.
rectificar [1] *vtr* to rectify; (*corregir*) to correct, remedy.
rectilíneo,-a *adj* straight.
rectitud *nf* straightness; *fig* uprightness, rectitude.
recto,-a I *adj* 1 (*derecho*) straight. 2 (*honesto*) upright, honest. 3 *Geom* right. **II** *nm Anat* rectum. **III** *adv* straight (on).
rector,-a I *adj* (*principio*) guiding, ruling. **II** *nm,f* rector.
recua *nf fig* string, series.
recuadro *nm Prensa* box.
recubrir (*pp* **recubierto**) *vtr* to cover.
recuento *nm* count; **hacer (el) r. de**, to count.
recuerdo *nm* 1 (*memoria*) memory. 2 (*regalo etc*) souvenir. 3 **recuerdos**, regards.
recuperación *nf* recovery; (*examen*) resit.
recuperar I *vtr* (*salud*) to recover; (*conocimiento*) to regain; (*tiempo, clases*) to make up. **II recuperarse** *vr* to recover.
recurrir *vi* 1 *Jur* to appeal. 2 **r. a**, (*a algn*) to turn to; (*a algo*) to make use of, resort to.
recurso *nm* 1 resource; **recursos naturales**, natural resources; **como último r.**, as a last resort. 2 *Jur* appeal.
recusar *vtr* to challenge, object to.
red *nf* net; (*sistema*) network; *Com* (*cadena*) chain of supermarkets; *fig* (*trampa*) trap.
redacción *nf* (*escrito*) composition, essay; (*acción*) writing; *Prensa* editing; (*redactores*) editorial staff.
redactar *vtr* to draft; *Prensa* to edit.
redactor,-a *nm,f Prensa* editor.
redada *nf* **r. policial**, (*en un solo sitio*) raid; (*en varios lugares a la vez*) round-up.
redentor,-a *nm,f* redeemer.
redicho,-a *adj fam* affected, pretentious.
redil *nm* fold, sheepfold.
redimir *vtr* to redeem.
rédito *nm* yield, interest.
redivivo *adj* revived.
redoblar I *vtr* to redouble. **II** *vi* (*tambor*) to roll.
redoble *nm* roll; (*de campanas*) peal.
redomado,-a *adj* utter, out-and-out.
redonda *nf* **a la r.**, around.
redondear *vtr* (*objeto*) to round, make round; (*cantidad*) to round up.
redondel *nm fam* (*círculo*) circle, ring; *Taur* ring, arena.
redondo,-a *adj* 1 round; *fig* **caer r.**, to collapse. 2 (*rotundo*) categorical; (*perfecto*) perfect.
reducción *nf* reduction.
reducido,-a *adj* (*disminuido*) reduced, decreased; (*pequeño*) limited, small.
reducir [10] **I** *vtr* (*disminuir*) to reduce. **II**

reducírse *vr* 1 (*disminuirse*) to be reduced, diminish. 2 (*limitarse*) to confine oneself.
redundancia *nf* redundancy, superfluousness; **valga la r.**, if I might say so again.
redundante *adj* redundant.
redundar *vi* **r. en**, (*resultar*) to result in, lead to.
reduplicar |1| *vtr* to redouble;
reembolsar *vtr* to reimburse; (*deuda*) to repay; (*importe*) to refund.
reembolso *nm* reimbursement; (*devolución*) refund; **contra r.**, cash on delivery.
reemplazar |4| *vtr* to replace (**con**, with).
reemplazo *nm* replacement; *Mil* call-up.
reestructuración *nf* restructuring.
reestructurar *vtr* to restructure.
ref. *abr de* **referencia**, reference, ref.
refaccionar *vtr Am* to repair, do up.
refectorio *nm* refectory, canteen.
referencia *nf* reference; **con r. a**, with reference to.
referéndum *nm* (*pl* **referéndums**) referendum.
referente *adj* **r. a**, concerning, regarding.
referir |5| I *vtr* to tell, relate. II **referirse** *vr* (*aludir*) to refer (**a**, to); **¿a qué te refieres?**, what do you mean?
refilón (de) *loc adv* (*de pasada*) briefly.
refinado,-a *adj* refined.
refinamiento *nm* refinement.
refinar *vtr* to refine.
refinería *nf* refinery.
reflector,-a I *adj* reflecting. II *nm Elec* spotlight, searchlight.
reflejar I *vtr* to reflect. II **reflejarse** *vr* to be reflected (**en**, in).
reflejo,-a I *nm* 1 (*imagen*) reflection. 2 (*destello*) gleam, glint. 3 *Anat* reflex. 4 **reflejos**, (*en el cabello*) streaks, highlights. II *adj* (*movimiento*) reflex.
reflexión *nf* reflection.
reflexionar *vi* to reflect (**sobre**, on), think (**sobre**, about).
reflexivo,-a *adj* 1 (*persona*) thoughtful. 2 *Ling* reflexive.
reflujo *nm* ebb (tide).
reforma *nf* 1 reform; **r. fiscal**, tax reform. 2 (*reparación*) repair.
reformador,-a *nm,f* reformer.
reformar I *vtr* to reform; (*edificio*) to renovate. II **reformarse** *vr* to reform.
reformatorio *nm* reformatory, reform school.
reforzar |2| *vtr* to reinforce, strengthen.
refractario,-a *adj* 1 *Téc* heat-resistant. 2 (*persona*) unwilling, reluctant.
refrán *nm* proverb, saying.
refregar |1| *vtr* to rub vigorously; *fig* **no me lo refriegues**, don't rub it in.
refrenar I *vtr* (*contener*) to restrain, curb. II **refrenarse** *vr* to restrain oneself.
refrendar *vtr* (*firmar*) to endorse, countersign; (*aprobar*) to approve.
refrescante *adj* refreshing.
refrescar |1| I *vtr* to refresh. II *vi* 1 (*tiempo*) to turn cool. 2 (*bebida*) to be refreshing. III **refrescarse** *vr* to cool down.
refresco *nm* soft drink, refreshments *pl*.
refriega *nf* (*lucha*) scuffle, brawl; (*escaramuza*) skirmish.
refrigeración *nf* (*enfriamiento*) refrigeration; (*aire acondicionado*) air conditioning.
refrigerado,-a *adj* air-conditioned.
refrigerador *nm* refrigerator, fridge.
refrigerar *vtr* to refrigerate; (*habitación*) to air-condition.
refrigerio *nm* snack, refreshments *pl*.
refuerzo *nm* reinforcement, strengthening.
refugiado,-a *adj & nm,f* refugee.
refugiarse |12| *vr* to shelter, take refuge.
refugio *nm* refuge.
refulgente *adj* radiant, brilliant.
refulgir |6| *vi* (*brillar*) to shine; (*resplandecer*) to glitter, sparkle.
refunfuñar *vi* to grumble, moan.
refutar *vtr* to refute.
regadera *nf* watering can; *fam* **estar como una r.**, to be as mad as a hatter.
regadío *nm* (*tierra*) irrigated land.
regalado,-a *adj* 1 (*gratis*) free; (*muy barato*) dirt cheap. 2 **una vida regalada**, an easy life.
regalar *vtr* 1 (*dar*) to give (as a present); (*en ofertas etc*) to give away. 2 **r. el oído a algn**, to flatter sb.
regaliz *nm* liquorice, *US* licorice.
regalo *nm* 1 gift, present; **de r.**, as a present. 2 (*comodidad*) pleasure, comfort.
regañadientes (a) *loc adv* reluctantly, unwillingly.
regañar I *vtr fam* to scold, tell off. II *vi* to nag.
regañina *nf* scolding, telling-off.
regañón,-ona *nm,f fam* nag.
regar |1| *vtr* to water.
regata *nf* boat race.
regatear I *vi* 1 to haggle, bargain. 2 *Dep* to dribble. II *vtr* **no r. esfuerzos**, to spare no effort.
regateo *nm* 1 (*de precios*) haggling. 2 *Dep* dribbling.
regazo *nm* lap.
regeneración *nf* regeneration.
regenerar *vtr* to regenerate.
regentar *vtr* to rule, govern; (*cargo*) to hold.
regente I *nmf Pol* regent. II *nm* (*director*) manager.
régimen *nm* (*pl* **regímenes**) 1 *Pol* regime. 2 *Med* diet; **estar a r.**, to be on a diet.
regimiento *nm* regiment.
regio,-a *adj* 1 (*real*) royal, regal. 2 (*suntuoso*) sumptuous, luxurious; *Am* (*magnífico*) splendid, majestic.
región *nf* region.

regional *adj* regional.
regionalista *adj & nmf* regionalist.
regir [6] **I** *vtr* to govern. **II** *vi* to be in force. **III regirse** *vr* to be guided, go (**por**, by).
registrado,-a *adj* **marca registrada**, registered trademark.
registrador,-a *adj* **caja registradora**, cash register.
registrar I *vtr* 1 (*examinar*) to inspect; (*cachear*) to frisk. 2 (*inscribir*) to register. 3 (*grabar*) to record. **II registrarse** *vr* 1 (*inscribirse*) to register, enrol. 2 (*detectarse*) to be recorded.
registro *nm* 1 inspection. 2 (*inscripción*) registration, recording; (*oficina*) registry office. 3 *Mús* register.
regla *nf* 1 (*norma*) rule; **en r.**, in order; **por r. general**, as a (general) rule; **r. de oro**, golden rule. 2 (*instrumento*) ruler. 3 *Mat* rule. 4 *Med* (*período*) period.
reglamentación *nf* 1 (*acción*) regulation. 2 (*reglamento*) regulations *pl*, rules *pl*.
reglamentar *vtr* to regulate.
reglamentario,-a *adj* statutory; *Mil* **arma reglamentaria**, regulation gun.
reglamento *nm* regulations *pl*, rules *pl*.
reglar *vtr* to regulate.
regocijar I *vtr* to delight, amuse. **II regocijarse** *vr* to be delighted, rejoice.
regocijo *nm* (*placer*) delight, joy; (*alborozo*) rejoicing, merriment.
regodearse *vr fam* to delight (**con**, in).
regodeo *nm fam* delight.
regordete,-a *adj fam* plump, chubby.
regresar *vi* to return.
regresión *nf* regression; (*decaimiento*) deterioration, decline.
regreso *nm* return.
reguero *nm* (*corriente*) trickle; (*de humo*) trail.
regulable *adj* adjustable.
regular I *vtr* 1 to regulate, control. 2 (*ajustar*) to adjust. **II** *adj* regular; **por lo r.**, as a rule; **vuelo r.**, scheduled flight. 2 *fam* (*mediano*) average, so-so. **III** *adv* so-so.
regularidad *nf* regularity; **con r.**, regularly.
regularizar [4] *vtr* to regularize.
regusto *nm* aftertaste.
rehabilitar *vtr* to rehabilitate; (*edificio*) to convert.
rehacer [15] (*pp* **rehecho**) **I** *vtr* to redo. **II rehacerse** *vr* (*recuperarse*) to recover, recuperate.
rehén *nm* hostage.
rehogar [7] *vtr* to brown.
rehuir [37] *vtr* to shun, avoid.
rehusar [18] *vtr* to refuse.
reina *nf* queen.
reinado *nm* reign.
reinante *adj* (*que reina*) reigning, ruling; (*prevaleciente*) prevailing.
reinar *vi* to reign.
reincidente *nmf Jur* recidivist.
reincidir *vi* to relapse, fall back (**en**, into).
reincorporarse *vr* **r. al trabajo**, to return to work.
reino *nm* kingdom; **el R. Unido**, the United Kingdom.
reinserción *nf* reintegration.
reinsertar(se) *vtr & vr* to reintegrate.
reintegrar *vtr* 1 (*trabajador*) to reinstate. 2 (*dinero*) to reimburse, refund.
reintegro *nm* (*en lotería*) winning of one's stake.
reír [6] **I** *vi* to laugh. **II reírse** *vr* 1 to laugh. 2 (*mofarse*) to laugh (**de**, at), make fun (**de**, of).
reiterar *vtr* to reiterate, repeat.
reivindicación *nf* claim, demand.
reivindicar [1] *vtr* to claim, demand; **el atentado fue reivindicado por los terroristas**, the terrorists claimed responsibility for the attack.
reivindicativo,-a *adj* protest.
reja *nf* 1 (*de ventana*) grill, grating; *fam* **estar entre rejas**, to be behind bars. 2 *Agr* ploughshare, *US* plowshare.
rejilla *nf* (*de ventana, ventilador, radiador*) grill; (*de horno*) gridiron; (*para equipaje*) luggage rack.
rejoneador,-a *nm,f Taur* bullfighter on horseback.
rejonear *vtr Taur* to fight on horseback.
rejuvenecer [33] *vtr* to rejuvenate.
relación *nf* 1 relationship; (*conexión*) connection, link; **con** *o* **en r. a**, with regard to; **relaciones públicas**, public relations. 2 (*lista*) list. 3 (*relato*) account. 4 *Mat Téc* ratio.
relacionado,-a *adj* related (**con**, to), connected (**con**, with).
relacionar I *vtr* to relate (**con**, to), connect (**con**, with). **II relacionarse** *vr* 1 to be related, be connected. 2 (*alternar*) to mix, get acquainted.
relajación *nf* relaxation.
relajante *adj* relaxing.
relajar I *vtr* to relax. **II relajarse** *vr* to relax; (*moral*) to deteriorate.
relamerse *vr* to lick one's lips.
relamido,-a *adj* (*afectado*) affected; (*pulcro*) prim and proper.
relámpago *nm* flash of lightning; *fig* **pasó como un r.**, he flashed past; *fig* **visita r.**, flying visit.
relampaguear *vi impers* to flash.
relanzar *vtr* to relaunch.
relatar *vtr* to narrate, relate.
relatividad *nf* relativity.
relativo,-a *adj* relative (**a**, to); **en lo r. a**, with regard to, concerning.
relato *nm* (*cuento*) tale, story.
relax *nm fam* relaxation.
relegar [7] *vtr* to relegate.
relente *nm* dew.

relevante *adj* important.
relevancia *nf* importance.
relevar I *vtr* to relieve, take over from; fue relevado del cargo, he was relieved of his duties. **II relevarse** *vr (turnarse)* to relieve one another.
relevo *nm* relief; *Dep* relay.
relieve *nm Arte* relief; *fig* **poner de r.**, to emphasize.
religión *nf* religion.
religioso,-a I *adj* religious. **II** *nm,f (hombre)* monk; *(mujer)* nun.
relinchar *vi* to neigh, whinny.
relincho *nm* neigh, whinny.
reliquia *nf* relic.
rellamada *nf Tel* redial.
rellano *nm* landing.
rellenar *vtr* 1 *(impreso etc)* to fill in. 2 *(un ave)* to stuff; *(un pastel)* to fill.
relleno,-a I *nm (de aves)* stuffing; *(de pasteles)* filling. **II** *adj* stuffed.
reloj *nm* clock; *(de pulsera)* watch; **r. de arena**, hourglass; **r. de sol**, sundial; **r. despertador**, alarm clock.
relojería *nf (tienda)* watchmaker's, clockmaker's; **bomba de r.**, time bomb.
relojero,-a *nm,f* watchmaker, clockmaker.
reluciente *adj* shining, gleaming.
relucir [35] *vi (brillar)* to shine, gleam; **sacar a r. un tema**, to bring up a subject.
relumbrar *vi* to shine, gleam.
reluzco *indic pres* → **relucir**.
remachar *vtr* to drive home, hammer home.
remache *nm* rivet.
remanente *nm (restos)* remainder; *(extra)* surplus.
remangar(se) [7] *vtr & vr (mangas, pantalones)* to roll up; *(camisa)* to tuck up.
remanso *nm* pool; *(lugar tranquilo)* quiet place.
remar *vi* to row.
remarcar [1] *vtr* to stress, underline.
rematadamente *adv* **r. loco**, as mad as a hatter.
rematar *vtr* 1 to finish off, put the finishing touches to. 2 *Com* to sell off cheaply. 3 *Dep* to shoot.
remate *nm* 1 *(final)* end, finish; **para r.**, to crown it all. 2 *Dep* shot at goal. 3 **de r.**, utter, utterly.
rembolsar *vtr* → **reembolsar**.
rembolso *nm* → **reembolso**.
remedar *vtr* to imitate, copy.
remediar [12] *vtr* 1 to remedy; *(enmendar)* to repair, make good. 2 *(evitar)* to avoid, prevent; **no pude remediarlo**, I couldn't help it.
remedio *nm (cura)* remedy, cure; *(solución)* solution; **¡qué r.!**, what else can I do!; **no hay más r.**, there's no choice; **sin r.**, without fail; *fam* **¡no tienes r.!**, you're hopeless!

remedo *nm (imitación)* imitation, copy; *(parodia)* parody.
rememorar *vtr* to remember, recall.
remendar [1] *vtr (ropa)* to patch.
remero,-a *nm,f* rower.
remesa *nf (de mercancías)* consignment, shipment; *(de dinero)* remittance.
remiendo *nm (parche)* patch.
remilgado,-a *adj (afectado)* affected; *(melindroso)* fussy, finicky; *(gazmoño)* prudish.
remilgo *nm* affectation; *(gazmoñería)* prudishness.
reminiscencia *nf* reminiscence.
remiso,-a *adj* reluctant.
remite *nm (en carta)* sender's name and address.
remitente *nmf* sender.
remitir I *vtr* 1 *(enviar)* to send. 2 *(referir)* to refer. **II** *vi (fiebre, temporal)* to subside. **III remitirse** *vr* **si nos remitimos a los hechos**, if we look at the facts; **remítase a la página diez**, see page ten.
remo *nm* oar; *(deporte)* rowing.
remodelación *nf (modificación)* reshaping; *(reorganización)* reorganization; *Pol* **r. ministerial** *o* **del gobierno**, cabinet reshuffle.
remodelar *vtr* to reshape; *(reorganizar)* to reorganize.
remojar *vtr* to soak (**en**, in).
remojo *nm* **dejar** *o* **poner en r.**, to soak, leave to soak.
remojón *nm fam* **darse un r.**, to go for a dip.
remolacha *nf* beetroot.
remolcador *nm* 1 *Náut* tug, tugboat. 2 *Aut* breakdown truck, *US* tow truck.
remolcar [1] *vtr* to tow.
remolino *nm (de agua)* whirlpool, eddy; *(de aire)* whirlwind.
remolón,-ona *adj* **hacerse el r.**, to shirk, slack.
remolonear *vi* to shirk, slack.
remolque *nm (acción)* towing; *(vehículo)* trailer; *fig* **ir a r. de algn**, to trundle along behind sb.
remontar I *vtr* 1 *(subir)* to go up. 2 *(superar)* to overcome. **II remontarse** *vr* 1 *(pájaros, aviones)* to soar. 2 *(datar)* to go back, date back (**a**, to).
remorder [4] *vtr* to trouble; **me remuerde la conciencia por ...**, I've got a bad conscience about ....
remordimiento *nm* remorse.
remoto,-a *adj* remote, faraway; **no tengo la más remota idea**, I haven't got the faintest idea.
remover [4] *vtr* 1 *(trasladar)* to move over. 2 *(tierra)* to turn over; *(líquido)* to shake up; *(comida etc)* to stir; *(asunto)* to stir up.
remozar [4] *vtr* to modernize.
remplazar [4] *vtr* → **reemplazar**.

remplazo nm → **reemplazo**.
remuneración nf remuneration.
remunerar vtr to remunerate.
renacer [33] vi to be reborn; *fig (revivir)* to revive, come back to life.
renacentista adj Renaissance.
renacimiento nm el R., the Renaissance.
renacuajo nm tadpole; *fam (niño pequeño)* shrimp.
renal adj kidney; **insuficiencia r.**, kidney failure.
rencilla nf quarrel.
rencor nm rancour, US rancor; *(resentimiento)* resentment; **guardar r. a algn**, to have a grudge against sb.
rencoroso,-a adj *(hostil)* rancorous; *(resentido)* resentful.
rendición nf surrender.
rendido,-a adj *(muy cansado)* exhausted, worn out.
rendija nf crack, split.
rendimiento nm *(producción)* yield, output; *(de máquina, motor)* efficiency, performance.
rendir [6] I vtr 1 *(fruto, beneficios)* to yield, produce. 2 *(cansar)* to exhaust, wear out. 3 **r. culto a**, to worship; **r. homenaje a**, to pay homage to. II vi *(dar beneficios)* to pay, be profitable. III **rendirse** vr 1 to surrender, give in; **¡me rindo!**, I give up! 2 *(cansarse)* to wear oneself out.
renegado,-a adj & nm,f renegade.
renegar [1] vtr **r. de**, to renounce, disown.
renegrido,-a adj blackened.
RENFE abr de Red Nacional de los Ferrocarriles Españoles.
renglón nm line; **a r. seguido**, immediately afterwards.
reno nm reindeer.
renombrado,-a adj renowned, famous.
renombre nm renown, fame.
renovable adj renewable.
renovación nf *(de contrato, pasaporte)* renewal; *(de una casa)* renovation.
renovar [2] vtr to renew; *(edificio)* to renovate.
renta nf 1 Fin *(ingresos)* income; *(beneficio)* interest, return; **r. per cápita**, per capita income; **r. fija**, fixed interest security. 2 *(alquiler)* rent.
rentable adj profitable.
rentar vtr to produce, yield.
renuncia nf 1 renunciation. 2 *(dimisión)* resignation.
renunciar [12] vi 1 **r. a**, to renounce, give up; *(no aceptar)* to decline. 2 *(dimitir)* to resign.
reñido,-a adj *(disputado)* tough, hard-fought.
reñir [6] I vtr *(regañar)* to scold, tell off. II vi *(discutir)* to quarrel, argue; *(pelear)* to fight; **r. con algn**, to fall out with sb.
reo nmf *(acusado)* defendant, accused; *(culpable)* culprit.
reojo (de) loc adv **mirar algo de r.**, to look at sth out of the corner of one's eye.
reparación nf repair; *(compensación)* reparation, amends pl.
reparar I vtr to repair; *(ofensa, injuria)* to make amends for; *(daño)* to make good. II vi **r. en**, *(darse cuenta de)* to notice; *(reflexionar sobre)* to think about.
reparo nm **no tener reparos en**, not to hesitate to; **me da r.**, I feel embarrassed.
repartidor,-a nm,f distributor.
repartir vtr 1 *(dividir)* to distribute, share out. 2 *(regalo, premio)* to give out, hand out; *(correo)* to deliver; *Naipes* to deal.
reparto nm 1 distribution, sharing out. 2 *(distribución)* handing out; *(de mercancías)* delivery. 3 Cin Teat cast.
repasar vtr 1 to revise, go over. 2 *(ropa)* to mend.
repaso nm revision.
repatear vtr fam to annoy, turn off.
repatriar [14] vtr to repatriate.
repecho nm short steep slope.
repelente adj repulsive, repellent; fam **niño r.**, little know-all.
repeler vtr *(rechazar)* to repel, repulse; *(repugnar)* to disgust.
repente nm fam *(arrebato)* fit, outburst; **de r.**, suddenly, all of a sudden.
repentino,-a adj sudden.
repercusión nf repercussion.
repercutir vi 1 *(sonido)* to resound, reverberate; *(objeto)* to rebound. 2 fig **r. en**, to have repercussions on, affect.
repertorio nm repertoire, repertory.
repesca nf fam second chance; *(examen)* resit.
repetición nf repetition; **r. de la jugada**, action replay.
repetido,-a adj **repetidas veces**, repeatedly.
repetidor,-a I adj repeating. II nm,f fam Educ student who is repeating a year.
repetir [6] I vtr 1 to repeat. 2 *(plato)* to have a second helping. II vi Educ to repeat a year. III **repetirse** vr 1 *(persona)* to repeat oneself. 2 *(hecho)* to recur. 3 **el pepino se repite**, cucumber repeats (on me/you/him etc).
repicar [1] vtr *(las campanas)* to peal, ring out.
repipi adj fam **niño r.**, little know-all.
repique nm *(de campanas)* peal, ringing.
repiquetear vtr & vi *(campanas)* to ring; *(tambor)* to beat.
repisa nf shelf, ledge.
replantear vtr, **replantearse** vr to reconsider, rethink.
replegarse [1] vr to fall back, retreat.
repleto,-a adj full (up), jam-packed; **r. de**, packed with, crammed with.
réplica nf 1 answer, reply. 2 *(copia)* replica.

replicar [1] I *vtr* to answer back. II *vi* 1 to reply, retort. 2 *(objetar)* to argue. 3 *Jur* to answer.
repliegue *nm Mil* withdrawal, retreat.
repoblación *nf* repopulation; **r. forestal,** reafforestation.
repoblar [2] *vtr* to repopulate; *(bosque)* to reafforest.
repollo *nm* cabbage.
reponer [19] I *vtr* 1 to put back, replace. 2 *Teat (obra)* to put on again; *Cin (película)* to rerun; *TV (programa)* to repeat. II **reponerse** *vr* **r. de,** to recover from, get over.
reportaje *nm Prensa Rad* report; *(noticias)* article, news item.
reportar *vtr (beneficios etc)* to bring.
reportero,-a *nm,f* reporter.
reposar I *vtr* to rest **(en,** on). II *vi (descansar)* to rest, take a rest; *(té)* to infuse; *(comida)* to stand.
reposición *nf TV* repeat; *Cin* rerun, re-showing.
reposo *nm* rest; **en r.,** at rest.
repostar *vtr (provisiones)* to stock up with; *Aut (gasolina)* to fill up.
repostería *nf* confectionery; *(tienda)* confectioner's (shop).
repostero,-a *nm,f* confectioner.
reprender *vtr* to reprimand, scold.
represalia *nf (usu pl)* reprisals *pl*, retaliation.
representación *nf* 1 representation. 2 *Teat* performance.
representante *nmf* representative.
representar *vtr* 1 to represent. 2 *(significar)* to mean, represent. 3 *Teat (obra)* to perform.
representativo,-a *adj* representative.
represión *nf* repression.
represivo,-a *adj* repressive.
reprimenda *nf* reprimand.
reprimir *vtr* to repress.
reprobar [2] *vtr (cosa)* to condemn; *(a persona)* to reproach, reprove.
réprobo,-a *adj & nm,f* reprobate.
reprochable *adj* reproachable.
reprochar *vtr* to reproach; **r. algo a algn,** to reproach sb for sth.
reproche *nm* reproach.
reproducción *nf* reproduction.
reproducir [10] I *vtr* to reproduce. II **reproducirse** *vr* 1 to reproduce, breed. 2 *(repetirse)* to recur, happen again.
reproductor,-a *adj* reproductive.
reptar *vi* to slither.
reptil *nm* reptile.
república *nf* republic.
republicano,-a *adj & nm,f* republican.
repudiar [12] *vtr* to repudiate.
repuesto *nm (recambio)* spare part, spare; *Aut* **rueda de r.,** spare wheel.
repugnancia *nf* loathing, disgust.
repugnante *adj* disgusting, revolting.
repugnar *vtr* to disgust, revolt.
repujar *vtr* to emboss.
repulsa *nf* rebuff.
repulsión *nf* repulsion, repugnance.
repulsivo,-a *adj* repulsive, revolting.
repuse *pt indef* → **reponer.**
reputación *nf* reputation.
reputar *vtr* to consider, deem.
requemar *vtr* to scorch.
requerimiento *nm* 1 *(súplica)* request. 2 *Jur (aviso)* summons *pl*.
requerir [5] *vtr* 1 to require. 2 *(solicitar)* to request. 3 *Jur (avisar)* to summon.
requesón *nm* cottage cheese.
requete- *pref fam* really, very, incredibly; **requetebueno,** brilliant.
réquiem *nm (pl* **réquiems)** requiem.
requisa *nf* 1 *(inspección)* inspection. 2 *Mil* requisition.
requisar *vtr* to requisition.
requisito *nm* requirement, requisite.
res *nf* animal.
resabiado,-a *adj pey* pedantic.
resabio *nm* 1 *(mal sabor)* unpleasant *o* bad aftertaste. 2 *(vicio)* bad habit.
resaca *nf* 1 hangover. 2 *Náut* undertow, undercurrent.
resaltar *vi* 1 *(sobresalir)* to project, jut out. 2 *fig* to stand out.
resarcir [3] *vtr* to compensate.
resbaladizo,-a *adj* slippery.
resbalar(se) *vi & vr* to slip; *Aut* to skid.
resbalón *nm* slip.
rescatar *vtr (persona)* to rescue; *(objeto)* to recover.
rescate *nm* 1 *(salvamento)* rescue; *(recuperación)* recovery. 2 *(suma)* ransom.
rescindir *vtr* to rescind, annul; *(contrato)* to cancel.
rescisión *nf* rescission, annulment.
rescoldo *nm* 1 embers *pl*. 2 *fig (recelo)* lingering doubt.
resecarse [1] *vr* to dry up, become parched.
reseco,-a *adj* very dry, parched.
resentido,-a *adj* resentful.
resentimiento *nm* resentment.
resentirse [5] *vr* 1 **r. de,** to suffer from, feel the effects of. 2 *(ofenderse)* to feel offended; **r. por algo,** to take offence at sth, feel bitter about sth.
reseña *nf* review; *Prensa* write-up.
reserva I *nf* 1 *(de entradas etc)* reservation, booking. 2 *(provisión)* reserve, stock; **un vino de r.,** a vintage wine. 3 *Mil* reserve, reserves *pl*. 4 *(duda)* reservation. II *nmf Dep* reserve, substitute.
reservado,-a I *adj (persona)* reserved, quiet. II *nm* private room.
reservar I *vtr* 1 *(billetes etc)* to reserve, book. 2 *(dinero, tiempo etc)* to keep, save. II **reservarse** *vr* 1 to save oneself (**para,** for). 2 *(sentimientos)* to keep to oneself. 3 **r. el derecho de,** to reserve the right to.

resfriado,-a I *nm* (*catarro*) cold; **coger un r.**, to catch (a) cold. **II** *adj* **estar r.**, to have a cold.
resfriarse *vr* to catch (a) cold.
resguardar *vtr* (*proteger*) to protect, shelter (**de**, from).
resguardo *nm* 1 (*recibo*) receipt. 2 (*protección*) protection, shelter.
residencia *nf* residence; **r. de ancianos**, old people's home.
residencial *adj* residential.
residente *adj & nmf* resident.
residir *vi* to reside, live (**en**, in); *fig* to lie (**en**, in).
residuo *nm* 1 residue. 2 **residuos**, waste *sing*.
resignación *nf* resignation.
resignado,-a *adj* resigned.
resignarse *vr* to resign oneself (**a**, to).
resina *nf* resin.
resistencia *nf* 1 resistance. 2 (*aguante*) endurance, stamina. 3 *Elec* element.
resistente *adj* 1 resistant (**a**, to). 2 (*fuerte*) tough, hardy.
resistir I *vi* 1 to resist. 2 (*aguantar*) to hold (out). **II** *vtr* (*situación, persona*) to put up with; (*tentación*) to resist. **III resistirse** *vr* to resist; (*oponerse*) to offer resistance; (*negarse*) to refuse.
resolución *nf* 1 (*solución*) solution. 2 (*decisión*) resolution.
resolver [4] (*pp* **resuelto**) **I** *vtr* (*problema*) to solve; (*asunto*) to settle. **II** *vi* (*decidir*) to resolve, decide. **III resolverse** *vr* 1 (*solucionarse*) to be solved. 2 (*decidirse*) to resolve, make up one's mind (**a**, to).
resollar [7] *vi* to breathe heavily; (*con silbido*) to wheeze.
resonancia *nf* 1 (*sonora*) resonance. 2 (*repercusión*) repercussions *pl*.
resonar [6] *vi* to resound; (*tener eco*) to echo.
resoplar *vi* (*respirar*) to breathe heavily; (*de cansancio*) to puff and pant; (*de enfado*) to huff and puff.
resoplido *nm* (*silbido*) wheezing; (*de cansancio*) panting; (*de enfado*) snort.
resorte *nm* 1 (*muelle*) spring. 2 *fig* means *pl*.
respaldar *vtr* to support, back (up).
respaldo *nm* (*de silla etc*) back; *fig* (*apoyo*) support, backing.
respectar *vtr* to concern, regard; **por lo que a mí respecta**, as far as I'm concerned.
respectivo,-a *adj* respective; **en lo r. a**, with regard to, regarding.
respecto *nm* **al r.**, **a este r.**, in this respect; **con r. a**, **r. a**, **r. de**, with regard to; **r. a mí**, as for me, as far as I am concerned.
respetable I *adj* respectable. **II** *nm fam* **el r.**, the audience.
respetar *vtr* to respect; **hacerse r. de todos**, to command everyone's respect.
respeto *nm* 1 respect; **por r.**, out of consideration. 2 (*recelo*) fear.
respetuoso,-a *adj* respectful.
respingar [7] *vi* to shy.
respingo *nm* start, jump.
respingón,-ona *adj* (*nariz*) snub, upturned.
respiración *nf* (*acción*) breathing, respiration; (*aliento*) breath; **r. artificial**, artificial resuscitation.
respirar *vi* to breathe; **¡por fin respiro!**, well, that's a relief!
respiratorio,-a *adj* respiratory.
respiro *nm* 1 breathing. 2 (*descanso*) breather, break.
resplandecer [33] *vi* to shine.
resplandeciente *adj* (*brillante*) shining; (*esplendoroso*) resplendent, radiant.
resplandor *nm* (*brillo*) brightness; (*muy intenso*) brilliance; (*de fuego*) glow, blaze.
responder I *vtr* to answer. **II** *vi* 1 (*una carta*) to reply. 2 (*reaccionar*) to respond. 3 (*protestar*) to answer back. 4 **r. de algn**, to be responsible for sb; **r. por algn**, to vouch for sb.
respondón,-ona *adj fam* argumentative, cheeky.
responsabilidad *nf* responsibility.
responsabilizar [4] **I** *vtr* to make *o* hold responsible (**de**, for). **II responsabilizarse** *vr* to assume *o* claim responsibility (**de**, for).
responsable I *adj* responsible. **II** *nmf* **el/la r.**, (*encargado*) the person in charge; (*de robo etc*) the perpetrator.
respuesta *nf* answer, reply; (*reacción*) response.
resquebrajarse *vr* to crack.
resquemor *nm* resentment, ill feeling.
resquicio *nm* crack, chink.
resta *nf* subtraction.
restablecer [33] **I** *vtr* to re-establish; (*el orden*) to restore. **II restablecerse** *vr Med* to recover.
restablecimiento *nm* 1 re-establishment; (*del orden etc*) restoration. 2 *Med* recovery.
restante *adj* remaining; **lo r.**, the rest, the remainder.
restar I *vtr* 1 *Mat* to subtract, take away. 2 **r. importancia a algo**, to play sth down. **II** *vi* (*quedar*) to be left, remain.
restauración *nf* restoration.
restaurador,-a I *nm,f* restorer. **II** *adj* restoring.
restaurante *nm* restaurant.
restaurar *vtr* to restore.
restitución *nf* restitution.
restituir [37] *vtr* (*restablecer*) to restore; (*devolver*) to return, give back.
resto *nm* 1 rest, remainder. *Mat* remainder. 2 **restos**, remains; (*de comida*) leftovers.

restregar [1] *vtr* to rub hard, scrub.
restricción *nf* restriction.
restrictivo,-a *adj* restrictive.
restringir [6] *vtr* to restrict, limit.
resucitar *vtr & vi* to resuscitate.
resuelto,-a *adj* (*decidido*) resolute, determined.
resuello *nm* breath, gasp.
resultas *nfpl* a r. de, as a result of.
resultado *nm* result; (*consecuencia*) outcome; dar buen r., to work, give results.
resultante *adj* resulting.
resultar *vi* 1 (*ser*) to turn *o* work out; así resulta más barato, it works out cheaper this way; me resultó fácil, it turned out to be easy for me. 2 (*ocurrir*) resulta que ..., the thing is ...; y ahora resulta que no puede venir, and now it turns out that she can't come. 3 (*tener éxito*) to be successful; la fiesta no resultó, the party wasn't a success.
resumen *nm* summary; en r., in short, to sum up.
resumir I *vtr* to sum up; (*recapitular*) to summarize. II **resumirse** *vr* (*reducirse*) to be reduced to.
resurgir [6] *vi* to reappear.
resurrección *nf* resurrection.
retablo *nm* altarpiece.
retaguardia *nf* rearguard.
retahíla *nf* series *sing*, string.
retal *nm* (*pedazo*) scrap.
retar *vtr* to challenge.
retardarse *vr* to be delayed.
retardo *nm* delay.
retazo *nm* (*pedazo*) scrap; (*fragmento*) fragment, piece.
rete- *pref fam Am* very.
retención *nf* retention; *Fin* withholding; r. de tráfico, (traffic) hold-up, traffic jam.
retener [24] *vtr* 1 (*conservar*) to retain. 2 *Fin* (*descontar*) to deduct. 3 (*detener*) to detain.
reticencia *nf* reticence, reserve.
reticente *adj* reticent, reserved.
retina *nf* retina.
retintín *nm* (*tono irónico*) innuendo, sarcastic tone.
retirada *nf* retreat, withdrawal.
retirado,-a I *adj* 1 (*alejado*) remote. 2 (*jubilado*) retired. II *nm,f* retired person, *US* retiree.
retirar I *vtr* to take away, remove; (*dinero*) to withdraw; (*ofensa*) to take back. II **retirarse** *vr* 1 (*apartarse*) to withdraw, draw back; (*irse*) to retire. 2 (*jubilarse*) to retire. 3 *Mil* to retreat, withdraw.
retiro *nm* 1 (*jubilación*) retirement; (*pensión*) pension. 2 (*lugar tranquilo*) retreat. 3 *Rel* retreat.
reto *nm* challenge.
retocar [1] *vtr* to touch up.
retoño *nm* (*rebrote*) shoot, sprout; *fig* (*niño*) kid.
retoque *nm* retouching, touching up; los últimos retoques, the finishing touches.
retorcer [4] I *vtr* (*cuerda, hilo*) to twist; (*ropa*) to wring (out). II **retorcerse** *vr* to twist, become twisted; r. de dolor, to writhe in pain.
retorcido,-a *adj fig* twisted.
retórica *nf* rhetoric.
retórico,-a *adj* rhetorical.
retornable *adj* returnable; 'envase no r.', 'nondeposit bottle'.
retornar I *vtr* to return, give back. II *vi* to return, come back, go back.
retorno *nm* return.
retortijón *nm* (*dolor*) stomach cramp.
retozar [4] *vi* to frolic, romp.
retracción *nf* retraction.
retractar I *vtr* to retract. II **retractarse** *vr* to retract, take back (de, -).
retraerse *vr* (*retirarse*) to withdraw; (*por miedo*) to shy away.
retraído,-a *adj* shy, reserved.
retraimiento *nm* (*timidez*) shyness.
retransmisión *nf* broadcast, transmission.
retransmitir *vtr* to broadcast.
retrasado,-a I *adj* 1 (*tren*) late; (*reloj*) slow; voy r., I'm behind schedule. 2 (*país*) backward, underdeveloped. 3 (*mental*) retarded, backward. II *nm,f* r. (mental), mentally retarded person.
retrasar I *vtr* 1 (*retardar*) to slow down. 2 (*atrasar*) to delay, postpone. 3 (*reloj*) to put back. II **retrasarse** *vr* to be late, be delayed; (*reloj*) to be slow.
retraso *nm* delay; con r., late; una hora de r., an hour behind schedule; r. mental, mental deficiency.
retratar I *vtr* (*pintar*) to paint a portrait of; *Fot* to take a photograph of; *fig* (*describir*) to describe, depict. II **retratarse** *vr Fot* to have one's photograph taken.
retrato *nm* (*pintura*) portrait; *Fot* photograph; r. robot, identikit picture, photofit picture; ser el vivo r. de, to be the spitting image of.
retreta *nf* retreat.
retrete *nm* lavatory, toilet.
retribución *nf* (*pago*) pay, payment; (*recompensa*) reward.
retribuir *vtr* (*pagar*) to pay; (*recompensar*) to reward.
retro *adj inv fam* (*retrógrado*) reactionary; (*antiguo*) old-fashioned.
retroactivo,-a *adj* retroactive; con efecto r., retrospectively.
retroceder *vi* to move back, back away.
retroceso *nm* 1 (*movimiento*) backward movement. 2 *Med* deterioration, worsening. 3 *Econ* recession.
retrógrado,-a *adj & nm,f* (*reaccionario*) reactionary.
retropropulsión *nf Av* jet propulsion.
retrospectivo,-a *adj & nf* retrospective.

retrovisor *nm Aut* rear-view mirror.
retumbar *vi (resonar)* to resound, echo; *(tronar)* to thunder, boom.
retuve *pt indef* → **retener**.
reúma, reumatismo *nm* rheumatism.
reumático,-a *adj & nm,f* rheumatic.
reunión *nf* meeting; *(reencuentro)* reunion.
reunir [19] **I** *vtr* to gather together; *(dinero)* to raise; *(cualidades)* to have, possess; *(requisitos)* to fulfil. **II reunirse** *vr* to meet, gather; **r. con algn**, to meet sb.
revalidar *vtr* to ratify, confirm; *Dep (título)* to retain.
revalorizar [4] *vtr*, **revalorizarse** *vr (moneda)* to revalue.
revancha *nf* revenge; *Dep* return match.
revanchista *adj* vengeful, vindictive.
revelación *nf* revelation.
revelado *nm Fot* developing.
revelar *vtr* **1** to reveal, disclose. **2** *Fot (película)* to develop.
revender *vtr (entradas)* to tout.
reventa *nf (de entradas)* touting.
reventado,-a *adj fam (cansado)* knackered.
reventar [1] **I** *vtr* **1** to burst. **2** *(romper)* to break, smash. **3** *(fastidiar)* to annoy, bother. **II** *vi (estallar)* to burst; **r. de ganas de hacer algo**, to be dying to do sth; **está que revienta**, he's bursting at the seams. **III reventarse** *vr (estallar)* to burst, explode.
reventón *nm (de neumático)* blowout, puncture, flat tyre *o US* tire.
reverberación *nf* reverberation.
reverberar *vi* to reverberate.
reverencia *nf (respeto)* reverence. **2** *(inclinación) (de hombre)* bow; *(de mujer)* curtsy.
reverenciar [12] *vtr* to revere, venerate.
reverendo,-a *adj & nm,f* reverend.
reversible *adj* reversible.
reverso *nm* reverse, back.
revertido,-a *adj* **llamada a cobro r.**, reverse-charge call, *US* collect call.
revertir [5] *vi* to result **(en,** in).
revés *nm* **1** *(reverso)* reverse; **al** *o* **del r.**, *(al contrario)* the other way round; *(la parte interior en el exterior)* inside out; *(boca abajo)* upside down; *(la parte de detrás delante)* back to front; **al r. de lo que dicen**, contrary to what they say. **2** *(bofetada)* slap; **Ten** backhand (stroke). **3** *fig (contrariedad)* setback, reverse; **los reveses de la vida**, life's misfortunes; **reveses de fortuna**, setbacks, blows of fate.
revestimiento *nm Téc* covering, coating.
revestir [6] *vtr* **1** *(recubrir)* to cover **(de,** with), coat **(de,** with), line **(de,** with). **2** *fig* **la herida no reviste importancia**, the wound is not serious.
revisar *vtr* to check; *(coche)* to service.
revisión *nf* checking; *(de coche)* service, overhaul; **r. médica**, checkup.

revisor,-a *nm,f* ticket inspector.
revista *nf* **1** magazine. **2 pasar r. a**, to inspect, review. **3** *Teat* revue.
revitalizar [4] *vtr* to revitalize.
revivir *vi & vtr* to revive.
revocar [1] *vtr* to revoke, repeal.
revolcar [2] **I** *vtr (persona)* to floor, crush. **II revolcarse** *vr* to roll about.
revolcón *nm* fall, tumble; *vulg (sexual)* romp.
revolotear *vi* to fly about, flutter about.
revoltijo, revoltillo *nm* mess, jumble.
revoltoso,-a *adj (travieso)* mischievous, naughty.
revolución *nf* revolution.
revolucionar *vtr* to revolutionize.
revolucionario,-a *adj & nm,f* revolutionary.
revolver [4] *(pp* **revuelto)** **I** *vtr (desordenar)* to mess up, disturb; **me revuelve el estómago**, it turns my stomach. **II revolverse** *vr* **1** *(agitarse)* to roll. **2** *fig* **r. contra algn**, to turn against sb. **3** *(el tiempo)* to turn stormy; *(el mar)* to become rough.
revólver *nm (pl* **revólveres)** revolver.
revuelo *nm fig* stir, commotion.
revuelta *nf* **1** *(insurrección)* revolt. **2** *(curva)* bend, turn.
revuelto,-a *adj* **1** *(desordenado)* jumbled, in a mess. **2** *(tiempo)* stormy, unsettled; *(mar)* rough. **3** *(agitado)* excited.
revulsivo,-a *adj & nm* revulsive.
rey *nm* king; **Rel (el día de) Reyes**, (the) Epiphany, 6 January.
reyerta *nf* quarrel, dispute.
rezagado,-a *nm,f* straggler, latecomer.
rezagarse *vr* to lag *o* fall behind.
rezar [4] **I** *vi* **1** *(orar)* to pray. **2** *(decir)* to say, read. **II** *vtr (oración)* to say.
rezo *nm* prayer.
rezumar *vtr* to ooze; *fig* to exude.
RFA *nf Hist abr de* **República Federal de Alemania**, Federal Republic of Germany, FRG.
ría *nf* estuary.
riada *nf* flood.
ribera *nf (de río)* bank; *(zona)* riverside, waterfront.
ribete *nm* edging, border.
ribetear *vtr* to edge, border.
rico,-a **I** *adj* **1 ser r.**, *(adinerado)* to be rich, wealthy; *(abundante)* to be rich; *(bonito)* to be lovely *o* adorable; *(fértil)* to be rich *o* fertile. **2 estar r.**, *(delicioso)* to be delicious. **II** *nm,f* rich person.
◆**ricamente** *adv fam* **tan r.**, very well.
rictus *nm inv* grin.
ridiculez *nf* ridiculous thing; *(cualidad)* ridiculousness.
ridiculizar [4] *vtr* to ridicule.
ridículo,-a I *adj* ridiculous. **II** *nm* ridicule; **hacer el r., quedar en r.**, to make a fool of oneself; **poner a algn en r.**, to make a

fool of sb.
riego *nm* watering, irrigation; **r. sanguíneo,** blood circulation.
riel *nm* rail.
rienda *nf* rein; *fig* **dar r. suelta a,** to give free rein to; *fig* **llevar las riendas,** to hold the reins, be in control.
riesgo *nm* risk; **correr el r. de,** to run the risk of; **seguro a todo r.,** fully-comprehensive insurance.
rifa *nf* raffle.
rifar *vtr* to raffle (off).
rifle *nm* rifle.
rigidez *nf* rigidity, stiffness; *fig* (*severidad*) strictness, inflexibility.
rígido,-a *adj* rigid, stiff; *fig* (*severo*) strict, inflexible.
rigor *nm* rigour, *US* rigor; (*severidad*) severity; **con r.,** rigorously; **de r.,** indispensable.
riguroso,-a *adj* rigorous; (*severo*) severe, strict. ◆**rigurosamente** *adv* rigorously; (*meticulosamente*) meticulously; (*severamente*) severely; **r. cierto,** absolutely true.
rijo *indic pres* → **regir**.
rima *nf* rhyme.
rimar *vtr & vi* to rhyme (**con,** with).
rimbombante *adj* (*lenguaje*) pompous, pretentious.
rímel *nm* mascara.
Rin *n* **el R.,** the Rhine.
rincón *nm* corner; *fam* (*lugar remoto*) nook.
rinoceronte *nm* rhinoceros.
riña *nf* (*pelea*) fight; (*discusión*) row, quarrel.
riñón *nm* kidney; *fam* **costar un r.,** to cost an arm and a leg; *Med* **r. artificial,** kidney machine.
río *nm* river; **r. abajo,** downstream; **r. arriba,** upstream.
Rioja *n* Rioja.
rioplatense *adj* from *o* of Buenos Aires.
ripio *nm* (*palabras de relleno*) waffle; *fam* **no perder r.,** not to miss a trick.
riqueza *nf* 1 wealth. 2 (*cualidad*) wealthiness.
risa *nf* laugh; (*carcajadas*) laughter; **es (cosa) de r.,** it's laughable; **me da r.,** it makes me laugh; **tomarse algo a r.,** to laugh sth off; *fig* **morirse** *o* **mondarse de r.,** to die *o* fall about laughing; *fam* **mi hermano es una r.,** my brother is a laugh; *fam fig* **tener algo muerto de r.,** to leave sth lying around.
risco *nm* crag, cliff.
risible *adj* laughable.
risilla, risita *nf* giggle, titter; (*risa falsa*) false laugh.
risotada *nf* guffaw.
ristra *nf* string.
ristre *nm* **en r.,** at the ready.
risueño,-a *adj* smiling.
rítmico,-a *adj* rhythmic; **gimnasia rítmica,** eurhythmics *sing*, *US* eurythmics *sing*.
ritmo *nm* 1 rhythm. 2 (*paso*) rate; **llevar un buen r. de trabajo,** to work at a good pace.
rito *nm* 1 rite. 2 (*ritual*) ritual.
ritual *adj & nm* ritual.
rival *adj & nmf* rival.
rivalidad *nf* rivalry.
rivalizar [4] *vi* to rival (**en,** in).
rizado,-a *adj* 1 (*pelo*) curly. 2 (*mar*) choppy.
rizar [4] **I** *vtr* (*pelo*) to curl; (*tela, papel*) to crease; **r. el rizo,** *fig* to make things even more complicated. **II rizarse** *vr* (*pelo*) to curl, go curly.
rizo *nm* 1 (*de pelo*) curl. 2 (*en el agua*) ripple.
RNE *nf abr de* **Radio Nacional de España**.
robalo *nm* (*pez*) bass.
robar *vtr* 1 (*objeto*) to steal; (*banco, persona*) to rob; (*casa*) to burgle; *fig* **en aquel supermercado te roban,** they really rip you off in that supermarket. 2 *Naipes* to draw.
roble *nm* oak (tree).
robledal, robledo *nm* oak grove *o* wood.
robo *nm* robbery, theft; (*en casa*) burglary; *fam* (*timo*) rip-off.
robot *nm* (*pl* **robots**) robot; **r. de cocina,** food processor.
robótica *nf* robotics *sing*.
robustecer [33] *vtr* to strengthen.
robusto,-a *adj* robust, sturdy.
roca *nf* rock.
rocalla *nf* pebbles *pl*, stone chippings *pl*.
rocambolesco,-a *adj* incredible, farfetched.
roce *nm* 1 (*fricción*) rubbing; (*en la piel*) chafing. 2 (*marca*) (*en la pared etc*) scuff mark; (*en la piel*) chafing mark, graze. 3 (*contacto ligero*) brush, light touch. 4 *fam* (*trato entre personas*) contact. 5 *fam* (*discusión*) brush.
rociar [29] *vtr* (*salpicar*) to spray, sprinkle.
rocín *nm* nag, hack.
rocío *nm* dew.
Rocosas *npl* **las R.,** the Rockies.
rocoso,-a *adj* rocky, stony.
rodaballo *nm* (*pez*) turbot.
rodado,-a *adj* 1 (*piedra*) smooth, rounded; **canto r.,** boulder. 2 **tráfico r.,** road traffic, vehicular traffic.
rodaja *nf* slice; **en rodajas,** sliced.
rodaje *nm* 1 (*filmación*) filming, shooting. 2 *Aut* running in.
Ródano *n* **el R.,** the Rhone.
rodante *adj* rolling.
rodar [2] **I** *vtr* (*película etc*) to film, shoot. **II** *vi* to roll, turn.
rodear I *vtr* to surround, encircle. **II rodearse** *vr* to surround oneself (**de,** with).
rodeo *nm* 1 (*desvío*) detour. 2 (*al hablar*)

evasiveness; **andarse con rodeos,** to beat about the bush; **no andarse con rodeos,** to get straight to the point. 3 *Am* rodeo.

rodilla *nf* knee; **de rodillas,** *(arrodillado)* kneeling; **hincarse/ponerse de rodillas,** to kneel down, go down on one's knees.

rodillera *nf (de pantalón)* knee patch; *Dep* knee pad.

rodillo *nm* roller; **r. de cocina,** rolling pin.

rododendro *nm* rhododendron.

roedor *nm* rodent.

roer [38] *vtr (hueso)* to gnaw; *(galleta)* to nibble at; *fig (conciencia)* to gnaw at, nag at; *fig* **un hueso duro de r.,** a hard nut to crack.

rogar [2] *vtr (pedir)* to request, ask; *(implorar)* to beg; **hacerse de r.,** to play hard to get; **'se ruega silencio',** 'silence please'; **rogamos disculpen la molestia,** please forgive the inconvenience.

roído,-a *adj* gnawed, eaten away.

rojizo,-a *adj* reddish.

rojo,-a I *adj* **1** red; *Fin* **estar en números rojos,** to be in the red. **2** *Pol (comunista)* red. **II** *nm (color)* red; **al r. vivo,** *(caliente)* red-hot; *fig (tenso)* very tense. **III** *nm,f Pol (comunista)* red.

rol *nm* role; **juego de r.,** role play.

rollizo,-a *adj* chubby, plump.

rollo *nm* **1** *(de papel etc)* roll. **2** *fam (pesadez)* drag, bore; **es el mismo r. de siempre,** it's the same old story; **un r. de libro,** a boring book. **3** *fam (amorío)* affair.

Roma *n* Rome.

romana *nf* **calamares a la r.,** squid in batter.

romance *nm* **1** *(aventura amorosa)* romance. **2** *(idioma)* Romance; *fig* **hablar en r.,** to speak plainly. **3** *Lit* narrative poem, ballad.

románico,-a *adj & nm* Romanesque.

romanticismo *nm* romanticism.

romántico,-a *adj & nm,f* romantic.

rombo *nm* rhombus.

romería *nf Rel* pilgrimage.

romero *nm Bot* rosemary.

romo,-a *adj* **1** blunt. **2** *(nariz)* snub.

rompecabezas *nm inv (juego)* (jigsaw) puzzle; *fig (problema)* riddle, puzzle.

rompeolas *nm inv* breakwater, jetty.

romper *(pp* **roto) I** *vtr* **1** to break; *(papel, tela)* to tear; *(vajilla, cristal)* to smash, shatter. **2** *(relaciones)* to break off. **II** *vi* **1** *(olas, día)* to break. **2** *(acabar)* to break (**con,** with); **rompió con su novio,** she broke it off with her boyfriend. **3 r. a llorar,** to burst out crying; **r. en llanto,** to burst into tears. **III romperse** *vr* to break; *(papel, tela)* to tear; **se rompió por la mitad,** it broke *o* split in half; *fig* **r. la cabeza,** to rack one's brains.

ron *nm* rum.

roncar [1] *vi* to snore.

roncha *nf (en la piel)* swelling, lump.

ronco,-a *adj* hoarse; **quedarse r.,** to lose one's voice.

ronda *nf* **1** round; *(patrulla)* patrol. **2** *(carretera)* ring road; *(paseo)* avenue. **3 pagar una r.,** to pay for a round of drinks.

rondar I *vtr* **1** *(vigilar)* to patrol, do the rounds of. **2** *pey (merodear)* to prowl around, hang about. **3** *(estar cerca de)* to be about *o* approximately; **ronda los cuarenta,** she is about forty. **II** *vi* **1** *(vigilar)* to patrol. **2** *(merodear)* to prowl around, roam around.

ronquera *nf* hoarseness.

ronquido *nm* snore.

ronronear *vi* to purr.

ronroneo *nm* purring.

roña *nf* **1** *(mugre)* filth, dirt. **2** *Vet (sarna)* mange.

roñica *fam* **I** *adj* mean, stingy. **II** *nmf* scrooge, miser.

roñoso,-a *adj* **1** *(mugriento)* filthy, dirty. **2** *Vet (sarnoso)* mangy. **3** *fam (tacaño)* mean, stingy.

ropa *nf* clothes *pl,* clothing; *fig* **a quema r.,** point-blank; **r. blanca,** (household) linen; **r. interior,** underwear.

ropaje *nm* clothes.

ropero *nm* **(armario) r.,** wardrobe, *US* (clothes) closet.

roque *nm* **1** *(en ajedrez)* rook. **2** *fam* **quedarse r.,** to fall fast asleep.

rosa I *adj inv (color)* pink; **novela r.,** romantic novel. **II** *nf Bot* rose; *(en la piel)* birthmark; **r. de los vientos,** compass (rose). **III** *nm (color)* pink.

rosáceo,-a *adj* rose-coloured, rosy.

rosado,-a I *adj (color)* pink, rosy; *(vino)* rosé. **II** *nm (vino)* rosé.

rosal *nm* rosebush.

rosaleda *nf* rose garden.

rosario *nm Rel* rosary; *(sarta)* string, series *sing.*

rosbif *nm* roast beef.

rosca *nf* **1** *(de tornillo)* thread; **tapón de r.,** screw top; *fig* **pasarse de r.,** to go too far. **2** *(espiral)* spiral, coil.

rosco *nm (pastel)* ring-shaped roll *o* pastry; *arg* **no comerse un r.,** not to get one's oats.

rosetón *nm* rose window.

rosquilla *nf* ring-shaped pastry; *fam fig* **venderse como rosquillas,** to sell like hot cakes.

rostro *nm* face; *fam* **tener mucho r.,** to have a lot of nerve; *fam* **¡vaya r.!,** what cheek!

rotación *nf* rotation.

rotativo,-a I *adj* rotary, revolving. **II** *nm* newspaper.

roto,-a I *adj* broken; *(papel)* torn; *(ropa)* in tatters, tattered. **II** *nm (agujero)* hole, tear.

rótula *nf* **1** *Anat* kneecap. **2** *Téc* ball-and-

socket joint.
rotulador *nm* felt-tip pen.
rotular *vtr* to letter, label.
rótulo *nm* (*letrero*) sign, notice; (*titular*) title, heading.
rotundo,-a *adj* categorical; **éxito r.**, resounding success; **un no rotundo**, a flat refusal.
rotura *nf* (*ruptura*) breaking; *Med* fracture.
roturar *vtr* to plough, *US* plow.
roulotte *nf* caravan.
rozadura *nf* scratch, abrasion.
rozamiento *nm* rubbing, friction.
rozar [4] **I** *vtr* to touch, rub against, brush against. **II** *vi* to rub. **III rozarse** *vr* to rub, brush (**con**, against).
Rte. *abr de* **remite, remitente**, sender.
RTVE *nf abr de* **Radio Televisión Española**.
rubéola *nf* German measles *pl*, rubella.
rubí *nm* (*pl* **rubíes**) ruby.
rubicundo,-a *adj* rosy, reddish.
rubio,-a I *adj* (*pelo, persona*) fair, blond; **r. de bote**, peroxide blonde; **tabaco r.**, Virginia tobacco. **II** *nm,f* blond.
rublo *nm* rouble.
rubor *nm* blush, flush.
ruborizarse [4] *vr* to blush, go red.
ruboroso,-a *adj* blushing, bashful.
rúbrica *nf* **1** (*de firma*) flourish added to a signature. **2** (*título*) title, heading.
rubricar [1] *vtr* **1** (*firmar*) to sign with a flourish. **2** (*respaldar*) to endorse, ratify.
rudeza *nf* roughness, coarseness.
rudimentario,-a *adj* rudimentary.
rudimento *nm* rudiment.
rudo,-a *adj* rough, coarse.
rueda *nf* **1** wheel; *Aut* **r. de recambio**, spare wheel; *Aut* **r. delantera/trasera**, front/rear wheel; **r. de prensa**, press conference; *fam* **ir sobre ruedas**, to go very smoothly. **2** (*rodaja*) round slice.
ruedo *nm* **1** *Taur* bullring, arena. **2** (*de falda*) hem.
ruego *nm* request.
rufián *nm* villain, scoundrel.

rugby *nm* rugby.
rugido *nm* (*de animal*) roar; (*del viento*) howl; (*de tripas*) rumbling *sing*.
rugir [6] *vi* to roar; (*viento*) to howl.
rugoso,-a *adj* rough.
ruibarbo *nm* rhubarb.
ruido *nm* noise; (*sonido*) sound; (*jaleo*) din, row; *fig* stir, commotion; **hacer r.**, to make a noise.
ruidoso,-a *adj* noisy, loud.
ruin *adj* **1** (*vil*) vile, despicable. **2** (*tacaño*) mean, stingy.
ruina *nf* ruin; (*derrumbamiento*) collapse; (*de persona*) downfall.
ruindad *nf* vileness, meanness; (*acto*) mean act, low trick.
ruinoso,-a *adj* dilapidated, tumbledown.
ruiseñor *nm* nightingale.
ruleta *nf* roulette.
rulo *nm* **1** (*para el pelo*) curler, roller. **2** *Culin* rolling pin.
rulot(a) *nf* (*pl* **rulots**) caravan.
Rumanía *n* Rumania, Roumania.
rumba *nf* rhumba, rumba.
rumbo *nm* direction, course; (**con**) **r. a**, bound for, heading for.
rumiante *nm* ruminant.
rumiar [12] **I** *vtr* **1** (*mascar*) to chew. **2** *fig* (*pensar*) to ruminate, reflect on, chew over. **II** *vi* to ruminate, chew the cud.
rumor *nm* **1** rumour, *US* rumor. **2** (*murmullo*) murmur.
rumorearse *v impers* to be rumoured, *US* be rumored.
runrún, runruneo *nm* buzz, noise.
rupestre *adj* **pintura r.**, cave painting.
ruptura *nf* breaking; (*de relaciones*) breaking-off.
rural *adj* rural, country.
Rusia *n* Russia.
ruso,-a *adj & nm,f* Russian.
rústico,-a *adj* rustic, rural.
ruta *nf* route, road.
rutilar *vi* to sparkle.
rutina *nf* routine; **por r.**, as a matter of course.
rutinario,-a *adj* routine.

S

S, s ['ese] *nf* (*la letra*) S,s.
S *abr de* **Sur**, South, S.
S. *abr de* **San** *o* **Santo**, Saint, St.
s. *abr de* **siglo**, century, c.
S.A. *abr de* **Sociedad Anónima**, PLC, plc.
sábado *nm* Saturday.
sabana *nf* savannah.
sábana *nf* sheet; *fam* **se me pegaron las sábanas**, I overslept.
sabandija *nf* (*insecto*) creepy-crawly; (*persona*) creep.
sabañón *nm* chilblain.

sabático,-a *adj* sabbatical.
sabelotodo *nmf inv* know-all.
saber¹ *nm* knowledge.
saber² [21] **I** *vtr* **1** to know; **hacer s.**, to inform; **para que lo sepas**, for your information; **que yo sepa**, as far as I know; **vete tú a s.**, goodness knows; **¡y yo qué sé!**, how should I know!; *fig* **a s.**, namely. **2** (*tener habilidad*) to be able to; **¿sabes cocinar?**, can you cook?; **¿sabes hablar inglés?**, can you speak English? **3** (*enterarse*) to learn, find out; **lo supe**

sabido 235 **saldo**

ayer, I found this out yesterday. **II** *vi* **1** *(tener sabor a)* to taste **(a,** of); **sabe a fresa,** it tastes of strawberries; *fig* **me sabe mal,** I feel guilty *o* bad about that. **2** *Am (soler)* to be accustomed to.
sabido,-a *adj* known; **como es s.,** as everyone knows.
sabiduría *nf* wisdom.
sabiendas (a) *loc adv* **lo hizo a s.,** he did it in the full knowledge of what he was doing; **a s. de que ...,** knowing full well that ....
sabihondo,-a *fam nm,f (sabelotodo)* know-all; *(pedante)* pedant.
sabio,-a I *adj (prudente)* wise. **II** *nm,f* scholar.
sabiondo,-a *adj fam →* **sabihondo,-a.**
sable *nm* sabre, *US* saber.
sabor *nm (gusto)* taste, flavour, *US* flavor; **con s. a limón,** lemon-flavoured; **sin s.,** tasteless; **me deja mal s. de boca,** it leaves a bad taste in my mouth.
saborear *vtr (degustar)* to taste; *fig (apreciar)* to savour, *US* savor.
sabotaje *nm* sabotage.
saboteador,-a *nm,f* saboteur.
sabotear *vtr* to sabotage.
sabré *indic fut →* **saber.**
sabroso,-a *adj* **1**. tasty; *(delicioso)* delicious. **2** *(agradable)* delightful.
sabueso *nm* bloodhound.
sacacorchos *nm inv* corkscrew.
sacamuelas *nmf inv fam* dentist.
sacapuntas *nm inv* pencil sharpener.
sacar [1] *vtr* **1** to take out; *(con más fuerza)* to pull out; **s. dinero del banco,** to withdraw money from the bank; **s. la lengua,** to stick one's tongue out; *fig* **s. faltas a algo,** to find fault with sth; *fig* **s. adelante,** to help to get on; **s. provecho de algo,** to benefit from sth; **s. algo en claro** *o* **en limpio,** to make sense of sth. **2** *(obtener)* to get; *(dinero)* to get, make; *(conclusiones)* to draw, reach; *(entrada)* to get, buy. **3** *(producto)* to bring out; *(nueva moda)* to bring in; *(libro, disco)* to bring out. **4** *(fotografía)* to take; *(fotocopia)* to make. **5** *Ten* to serve; *Ftb* to kick off.
sacarina *nf* saccharin.
sacerdotal *adj* priestly.
sacerdote *nm* priest; **sumo s.,** high priest.
saciar [12] *vtr* to satiate; *(sed)* to quench; *(deseos, hambre)* to satisfy; *(ambiciones)* to fulfil, *US* fulfill.
saciedad *nf* satiety; **repetir algo hasta la s.,** to repeat sth ad nauseam.
saco *nm* **1** sack; **s. de dormir,** sleeping bag. **2 Mil entrar a s. en una ciudad,** to pillage a town. **3** *Am (chaqueta)* jacket.
sacralizar [4] *vtr* to consecrate.
sacramento *nm* sacrament.
sacrificar [1] **I** *vtr* to sacrifice. **II sacrificarse** *vr* to make a sacrifice *o* sacrifices.
sacrificio *nm* sacrifice.
sacrilegio *nm* sacrilege.
sacrílego,-a *adj* sacrilegious.
sacristán *nm* verger, sexton.
sacristía *nf* vestry, sacristy.
sacro,-a *adj* sacred.
sacudida *nf* **1** shake; *(espasmo)* jolt, jerk; **s. eléctrica,** electric shock. **2** *(de terremoto)* tremor.
sacudir *vtr* **1** *(agitar)* to shake; *(alfombra, sábana)* to shake out; *(arena, polvo)* to shake off. **2** *(golpear)* to beat. **3** *(conmover)* to shock, stun.
sádico,-a I *adj* sadistic. **II** *nm,f* sadist.
sadismo *nm* sadism.
sadomasoquista I *adj* sadomasochistic. **II** *nmf* sadomasochist.
saeta *nf* **1** *(dardo)* dart. **2** *(canción)* popular religious song.
safari *nm* *(cacería)* safari; *(parque)* safari park.
sagacidad *nf fml (listeza)* cleverness; *(astucia)* astuteness, shrewdness.
sagaz *adj (listo)* clever; *(astuto)* astute, shrewd.
Sagitario *nm* Sagittarius.
sagrado,-a *adj* sacred.
sagrario *nm* tabernacle.
Sáhara *n* Sahara.
saharaui *adj & nmf* Saharan.
sahariana *nf* safari jacket.
sainete *nm Teat* comic sketch, one-act farce.
sajón,-ona *adj & nm,f* Saxon.
sal *nf* **1** salt; **s. fina,** table salt; **s. gema,** salt crystals; **s. gorda,** cooking salt. **2** *fig (gracia)* wit.
sal *imperat →* **salir.**
sala *nf* room; *(en un hospital)* ward; *Jur* courtroom. **s. de estar,** lounge, living room; **s. de espera,** waiting room; **s. de exposiciones,** exhibition hall; **s. de fiestas,** nightclub, discotheque; **s. de lectura,** reading room.
salado,-a *adj* **1** *(con sal)* salted; *(con exceso de sal)* salty; **agua salada,** salt water. **2** *fig (encantador)* charming. **3** *Am (infortunado)* unlucky.
salamandra *nf* salamander.
salamanquesa *nf* gecko.
salame, salami *nm* salami.
salar *vtr* to salt, add salt to.
salarial *adj* salary, wage.
salario *nm* salary, wages *pl*; **s. mínimo,** minimum wage.
salazón *nm* salted meat *o* fish.
salchicha *nf* sausage.
salchichón *nm (salami-type)* sausage.
saldar *vtr* **1** *Fin (cuenta)* to settle; *(deuda)* to pay off. **2** *Com (vender barato)* to sell off. **3** *fig (diferencias)* to settle, resolve.
saldo *nm* **1 saldos,** sales; **a precio de s.,** at bargain prices. **2** *Fin* balance. **3** *(de*

saldré *indic fut* → **salir**.
saledizo,-a *adj* projecting.
salero *nm* 1 *(recipiente)* saltcellar. 2 *fig (gracia)* charm.
salgo *indic pres* → **salir**.
salida *nf* 1 *(partida)* departure; *(puerta etc)* exit, way out; **callejón sin s.**, dead end; **s. de emergencia**, emergency exit. 2 *Dep* start; **línea de s.**, starting line; **s. nula**, false start. 3 **te vi a la s. del cine**, I saw you leaving the cinema. 4 *(de un astro)* rising; **s. del sol**, sunrise. 5 *(profesional)* opening; *Com* outlet. 6 *(recurso)* solution, way out; **no tengo otra s.**, I have no other option. 7 *fam (ocurrencia)* witty remark, witticism. 8 *Inform* output.
salido,-a *adj* 1 prominent, projecting. 2 *vulg (persona)* horny.
saliente *adj* 1 projecting, prominent; *fig* outstanding. 2 *(cesante)* outgoing.
salina *nf* salt mine.
salino,-a *adj* saline.
salir [22] **I** *vi* 1 *(de un sitio)* to go out, leave; *(venir de dentro)* to come out; **salió de la habitación**, she left the room; **s. de la carretera**, to turn off the road. 2 *(tren etc)* to depart. 3 *(novios)* to go out (**con**, with). 4 *(aparecer)* to appear; *(revista, disco)* to come out; *(ley)* to come in; *(trabajo, vacante)* to come up. 5 *(resultar)* to turn out, turn out to be; **el pequeño les ha salido muy listo**, their son has turned out to be very clever; **¿cómo te salió el examen?**, how did your exam go?; **s. ganando**, to come out ahead *o* on top; **salió presidente**, he was elected president. 6 **s. a,** *(precio)* to come to, work out at; **s. barato/caro**, to work out cheap/expensive. 7 **ha salido al abuelo**, he takes after her grandfather. 8 *(problema)* to work out; **esta cuenta no me sale**, I can't work this sum out. 8 **¡con qué cosas sales!**, the things you come out with! **II salirse** *vr* 1 *(líquido, gas)* to leak (out); *fig* **s. de lo normal**, to be out of the ordinary; **se salió de la carretera**, he went off the road. 2 *fam* **s. con la suya**, to get one's own way.
saliva *nf* saliva.
salivar *vi* to salivate.
salivazo *nm* spit.
salmantino,-a I *adj* of *o* from Salamanca. **II** *nm,f* native *o* inhabitant of Salamanca.
salmo *nm* psalm.
salmón I *nm (pescado)* salmon. **II** *adj inv (color)* salmon pink, salmon.
salmonete *nm (pescado)* red mullet.
salmorejo *nm (salsa)* sauce made from vinegar, water, pepper and salt.
salmuera *nf* brine.
salobre *adj (agua)* brackish; *(gusto)* salty, briny.

salón *nm* 1 *(en una casa)* lounge, sitting room. 2 **s. de actos**, assembly hall; **s. de baile**, dance hall. 3 **s. de belleza**, beauty salon; **s. de té**, tearoom, teashop. 4 **s. del automóvil**, motor show.
salpicadura *nf* splashing.
salpicar [1] *vtr* 1 *(rociar)* to splash; **me salpicó el abrigo de barro**, he splashed mud on my coat. 2 *fig (esparcir)* to sprinkle.
salpicón *nm* 1 splash. 2 *Culin* cocktail.
salpimentar [1] *vtr* to season.
salpullido *nm* rash.
salsa *nf n* sauce; *(de carne)* gravy; *fig* **en su (propia) s.**, in one's element.
saltador,-a *nm,f Dep* jumper.
saltamontes *nm inv* grasshopper.
saltar I *vtr (obstáculo, valla)* to jump (over). **II** *vi* 1 to jump; *fig* **s. a la vista**, to be obvious. 2 *(cristal etc)* to break, shatter; *(plomos)* to go, blow. 3 *(desprenderse)* to come off. 4 *(encolerizarse)* to explode, blow up; **por menos de nada salta**, the smallest thing makes him explode. **III saltarse** *vr* 1 *(omitir)* to skip, miss out; **s. el semáforo/turno**, to jump the lights/the queue. 2 *(botón)* to come off; **se me saltaron las lágrimas**, tears came to my eyes.
salteado,-a *adj* 1 *(espaciado)* spaced out. 2 *Culin* sauté, sautéed.
saltear *vtr Culin* to sauté.
saltimbanqui *nmf* acrobat, tumbler.
salto *nm* 1 *(acción)* jump, leap; *fig (paso adelante)* leap forward; **a saltos**, in leaps and bounds; **dar *o* pegar un s.**, to jump, leap; **de un s.**, in a flash; *fig* **a s. de mata**, every now and then; **s. de agua**, waterfall; **s. de cama**, negligée. 2 *Dep* jump; **s. de altura**, high jump; **s. de longitud**, long jump; **s. mortal**, somersault.
saltón,-ona *adj* prominent; **ojos saltones**, bulging eyes.
salubre *adj* salubrious.
salubridad *nf* healthiness; **por razones de s.**, for health reasons.
salud *nf* health; **beber a la s. de algn**, to drink to sb's health; *fam* **¡s.!**, cheers!
saludable *adj* 1 *(sano)* healthy, wholesome. 2 *fig (beneficioso)* good, beneficial.
saludar *vtr* 1 *(decir hola a)* to say hello to, to greet; **saluda de mi parte a**, give my regards to; **le saluda atentamente**, *(en una carta)* yours faithfully. 2 *Mil* to salute.
saludo *nm* 1 greeting; **un s. de**, best wishes from. 2 *Mil* salute.
salva *nf Mil* salvo, volley.
salvación *nf* salvation.
salvado *nm* bran.
salvador,-a I *nm,f* saviour; *(rescatador)* rescuer. **II** *nm* **El S.**, El Salvador.
salvadoreño,-a *adj & nm,f* Salvadoran,

salvaguarda *nf* → **salvaguardia**.
salvaguardar *vtr* to safeguard (**de**, from), protect (**de**, from).
salvajada *nf* brutal act.
salvaje *adj* **1** *Bot* wild, uncultivated; *Zool* wild; *(pueblo, tribu)* savage, uncivilized. **2** *fam (violento)* savage, wild.
salvajismo *nm* savagery.
salvamento, salvamiento *nm* rescue.
salvar I *vtr* **1** to save, rescue (**de**, from). **2** *(obstáculo)* to clear; *(dificultad)* to get round, overcome. **3** *(exceptuar)* to exclude, except; **salvando ciertos errores**, except for a few mistakes. **II salvarse** *vr* **1** *(sobrevivir)* to survive, come out alive; *fam (escaparse)* to escape (**de**, from); **¡sálvese quien pueda!**, every man for himself!; *fam* **s. por los pelos**, to have a narrow escape. **2** *Rel* to be saved, save one's soul.
salvavidas *nm inv* life belt.
salvedad *nf* **1** *(excepción)* exception. **2** *(reserva)* proviso.
salvia *nf Bot* sage.
salvo,-a I *adj* unharmed, safe; **a s.**, safe. **II** *adv (exceptuando)* except (for); **s. que**, unless.
salvoconducto *nm* safe-conduct.
san *adj* saint; → **santo,-a**.
sanar I *vtr (curar)* to cure, heal. **II** *vi* **1** *(persona)* to recover, get better. **2** *(herida)* to heal.
sanatorio *nm* sanatorium.
sanción *nf* **1** sanction. **2** *(aprobación)* sanction, approval. **3** *Jur* penalty.
sancionar *vtr* **1** *(castigar)* to penalize. **2** *(aprobar)* to sanction.
sancochar *vtr* to parboil; *Am* to boil meat in water and salt.
sandalia *nf* sandal.
sándalo *nm* sandalwood.
sandez *nf* piece of nonsense.
sandía *nf* watermelon.
sandwich *nm* sandwich.
sandwichera *nf* toasted sandwich maker.
saneamiento *nm (de terreno)* drainage, draining; *(de una empresa)* reorganisation.
sanear *vtr (terrenos)* to drain; *(empresa)* to reorganise.
sangrar I *vtr* **1** to bleed. **2** *fam (sacar dinero)* to bleed dry. **II** *vi* to bleed.
sangre *nf* blood; **donar s.**, to give blood; **s. fría**, sang-froid; **a s. fría**, in cold blood.
sangría *nf* **1** *Med* bleeding, bloodletting; *fig* drain. **2** *(timo)* rip-off. **3** *(bebida)* sangría.
sangriento,-a *adj (guerra etc)* bloody.
sanguijuela *nf* leech, bloodsucker.
sanguinario,-a *adj* bloodthirsty.
sanguíneo,-a *adj* blood; **grupo s.**, blood group.
sanidad *nf* health; **Ministerio de S.**, Department of Health.
sanitario,-a I *adj* health. **II** *nm* toilet.
sano,-a *adj* **1** *(bien de salud)* healthy; **s. y salvo**, safe and sound. **2** *(comida)* healthy, wholesome. **3** **en su s. juicio**, in one's right mind.
santiamén *nm fam* **en un s.**, in a flash, in no time at all.
santidad *nf* saintliness, holiness.
santificar [1] *vtr* to sanctify.
santiguarse [22] *vr* to cross oneself.
santo,-a I *adj* **1** holy, sacred. **2** *(bueno)* saintly; **un s. varón**, a saint. **II** *nm,f* **1** saint; *fam* **¡por todos los santos!**, for heaven's sake!; *fig* **se me fue el s. al cielo**, I clean forgot. **2** *(día onomástico)* saint's day; *fig* **¿a s. de qué?**, why on earth?
santuario *nm* sanctuary, shrine.
saña *nf* fury; **con s.**, furiously.
sapo *nm* toad; *fam* **echar sapos y culebras**, to rant and rave.
saque *nm* **1** *Ftb* **s. inicial**, kick-off; **s. de banda**, throw-in; **s. de esquina**, corner kick. **2** *Ten* service.
saquear *vtr (ciudad)* to sack, plunder; *(casas, tiendas)* to loot.
saqueo *nm (de ciudades)* sacking, plundering; *(de casa, tienda)* looting.
S.A.R. *abr de* **Su Alteza Real**, His *o* Her Royal Highness, H.R.H.
sarampión *nm* measles *pl*.
sarao *nm* knees-up.
sarcasmo *nm* sarcasm.
sarcástico,-a *adj* sarcastic.
sarcófago *nm* sarcophagus.
sardana *nf* sardana (Catalan dance and music).
sardina *nf* sardine.
sardónico,-a *adj* sardonic.
sargento *nm* sergeant.
sarmiento *nm* vine shoot.
sarna *nf Med* scabies *sing*; *Zool* mange.
sarpullido *nm* rash.
sarracina *nf* massacre.
sarro *nm (sedimento)* deposit; *(en los dientes)* tartar; *(en la lengua)* fur.
sarta *nf* string.
sartén *nf* frying pan, *US* skillet; *fig* **tener la s. por el mango**, to have the upper hand.
sastre *nm* tailor.
Satanás *nm* Satan.
satánico,-a *adj* satanic.
satélite *nm* satellite; *fig* **país s.**, satellite state; **televisión vía s.**, satellite TV.
satén *nm* satin.
satinar *vtr* to gloss, make glossy.
sátira *nf* satire.
satírico,-a *adj* satirical.
satirizar [4] *vtr* to satirize.
satisfacción *nf* satisfaction; **s. de un deseo**, fulfilment of a desire.
satisfacer [15] *(pp* **satisfecho)** *vtr* **1** *(de-*

satisfactorio 238 **seglar**

seos, necesidades) to satisfy. 2 (*requisitos*) to meet, satisfy. 3 (*deuda*) to pay.

satisfactorio,-a *adj* satisfactory.

satisfecho,-a *adj* satisfied; **me doy por s.,** that's good enough for me; **s. de sí mismo,** self-satisfied, smug.

saturar *vtr* to saturate.

Saturno *nm* Saturn.

sauce *nm* willow; **s. llorón,** weeping willow.

saudí, saudita *adj & nmf* Saudi; **Arabia Saudita,** Saudi Arabia.

sauna *nf* sauna.

savia *nf* sap.

saxo *nm Mús fam* sax.

saxofón *nm* saxophone.

saxofonista *nmf* saxophonist.

sayo *nm* cassock, smock.

sazonar *vtr* to season, flavour, *US* flavor.

s/c. *abr de* **su cuenta,** your account.

Sdad. *abr de* **sociedad,** Society, Soc.

se[1] *pron* 1 (*reflexivo*) (*objeto directo*) (*a él mismo*) himself; (*animal*) itself; (*a ella misma*) herself; (*animal*) itself; (*a usted mismo*) yourself; (*a ellos mismos*) themselves; (*a ustedes mismos*) yourselves. 2 (*objeto indirecto*) (*a él mismo*) (to *o* for) himself; (*animal*) (to *o* for) itself; (*a ella misma*) (to *o* for) herself; (*animal*) (to *o* for) itself; (*a usted mismo*) (to *o* for) yourself; (*a ellos mismos*) (to *o* for) themselves; (*a ustedes mismos*) (to *o* for) yourselves; **se compró un nuevo coche,** he bought himself a new car; **todos los días se lava el pelo,** she washes her hair every day. 3 (*recíproco*) one another, each other. 4 (*voz pasiva*) **el vino se guarda en cubas,** wine is kept in casks. 5 (*impersonal*) **nunca se sabe,** you never know; **se habla inglés,** English spoken; **se dice que ...,** it is said that ....

se[2] *pron pers* (*a él*) (to *o* for) him; (*a ella*) (to *o* for) her; (*a usted o ustedes*) (to *o* for) you; (*a ellos*) (to *o* for) them; **se lo diré en cuanto les vea,** I'll tell them as soon as I see them; **¿se lo explico?,** shall I explain it to you?; **¿se lo has dado ya?,** have you given it to him yet?

sé[1] *indic pres* → **saber.**

sé[2] *imperat* → **ser.**

S.E. *abr de* **Su Excelencia,** His *o* Her Excellency, HE.

sea *subj pres* → **ser.**

sebo *nm* (*grasa*) fat.

secado *nm* drying.

secador,-a I *nm* dryer, drier; **s. de pelo,** hairdryer. **II** *nf* tumble dryer.

secano *nm* dry land.

secante *adj* **papel s.,** blotting paper.

secar [1] **I** *vtr* to dry. **II secarse** *vr* 1 to dry; **sécate,** dry yourself; **s. las manos,** to dry one's hands. 2 (*marchitarse*) to dry up, wither.

sección *nf* section.

seco,-a *adj* 1 dry; **frutos secos,** dried fruit; **limpieza en s.,** dry-cleaning; *fig* **a palo s.,** on its own; *fig* **a secas,** just, only. 2 (*tono*) curt, sharp; (*golpe, ruido*) sharp; *fig* **frenar en s.,** to pull up sharply; *fig* **parar en s.,** to stop dead. 3 (*delgado*) skinny.

secreción *nf* secretion.

secretaría *nf* (*oficina*) secretary's office; **S. de Estado,** State Department.

secretariado *nm* 1 (*oficina*) secretariat. 2 *Educ* secretarial course.

secretario,-a *nm,f* secretary.

secreto,-a I *adj* secret; **en s.,** in secret, secretly. **II** *nm* secret; **guardar un s.,** to keep a secret; **con mucho s.,** in great secrecy.

secta *nf* sect.

sectario,-a *adj* sectarian.

sector *nm* 1 sector. 2 (*zona*) area; **un s. de la ciudad,** an area of the city.

sectorial *adj* sectoral.

secuela *nf* consequence.

secuencia *nf* sequence.

secuestrador,-a *nm,f* 1 (*de persona*) kidnapper; (*de un avión*) hijacker. 2 *Jur* sequestrator.

secuestrar *vtr* 1 (*persona*) to kidnap; (*aviones*) to hijack. 2 *Jur* to confiscate.

secuestro *nm* 1 (*de persona*) kidnapping; (*de un avión*) highjacking. 2 *Jur* confiscation.

secular *adj* 1 *Rel* secular, lay. 2 (*antiquísimo*) ancient, age-old.

secundar *vtr* to back.

secundario,-a *adj* secondary.

secuoya *nf Bot* redwood, sequoia; **s. gigante,** giant sequoia.

sed *nf* thirst; **tener s.,** to be thirsty.

seda *nf* silk.

sedal *nm* fishing line.

sedante *adj & nm* sedative.

sede *nf* 1 headquarters, head office; (*de gobierno*) seat. 2 **la Santa S.,** the Holy See.

sedentario,-a *adj* sedentary.

sedición *nf* sedition.

sedicioso,-a I *adj* rebellious. **II** rebel.

sediento,-a *adj* thirsty; *fig* **s. de poder,** hungry for power.

sedimentarse *vr* to settle.

sedimentario,-a *adj* sedimentary.

sedimento *nm* sediment, deposit.

sedoso,-a *adj* silky, silken.

seducción *nf* seduction.

seducir [10] *vtr* to seduce; (*persuadir*) to tempt.

seductor,-a I *adj* seductive; (*persuasivo*) tempting. **II** *nm,f* seducer.

segadora *nf* (*máquina*) reaper, harvester.

segar [1] *vtr* to reap, cut.

seglar I *adj* secular, lay. **II** *nmf* lay person; (*hombre*) layman; (*mujer*) laywoman.

segmento *nm* segment.
segregación *nf* 1 *(separación)* segregation. 2 *(secreción)* secretion.
segregar |7| *vtr* 1 *(separar)* to segregate. 2 *(secretar)* to secrete.
seguida *nf* **en s.**, immediately, straight away.
seguido,-a *adj* 1 *(continuo)* continuous. 2 *(consecutivo)* consecutive, successive; **tres veces seguidas**, on three consecutive occasions; **tres lunes seguidos**, three Mondays in a row.
seguido *adv* straight; **todo s.**, straight on, straight ahead.
seguidor,-a *nm,f* follower.
seguimiento *nm* 1 pursuit. 2 *Prensa* in-depth coverage. 3 **estación de s.** *(espacial)*, tracking station.
seguir |6| I *vtr* 1 to follow. 2 *(camino)* to continue. 3 *(perseguir)* to chase. II *vi* 1 to follow. 2 **s. + ger**, *(continuar)* to continue, go on, keep on; **siguió hablando**, he continued *o* went on *o* kept on speaking. 3 **s. + adj/pp**, to continue to be, be still; **sigo resfriado**, I've still got the cold; **sigue con vida**, he's still alive. III **seguirse** *vr* to follow, ensue.
según I *prep* 1 according to; **s. la Biblia**, according to the Bible. 2 *(en función de)* depending on; **varía s. el tiempo (que haga)**, it varies depending on the weather. II *adv* 1 depending on; **s. estén las cosas**, depending on how things stand; **¿vendrás mañana? - s.**, will you come tomorrow? - it depends. 2 *(tal como)* just as; **estaba s. lo dejé**, it was just as I had left it. 3 *(a medida que)* as; **s. iba leyendo ...**, as I read on ....
segundero *nm* second hand.
segundo,-a¹ I *adj* second; *fig* **decir algo con segundas (intenciones)**, to say sth with a double meaning. II *nm,f (de una serie)* second (one).
segundo² *nm (tiempo)* second; **sesenta segundos**, sixty seconds.
seguramente *adv* 1 *(seguro)* surely. 2 *(probablemente)* most probably; **s. no lloverá**, it isn't likely to rain.
seguridad *nf* 1 security; **cerradura de s.**, security lock. 2 *(física)* safety; **s. en carretera**, road safety; **para mayor s.**, to be on the safe side. 3 *(confianza)* confidence; **s. en sí mismo**, self-confidence. 4 *(certeza)* sureness; **con toda s.**, most probably; **tener la s. de que ...**, to be certain that .... 5 **S. Social**, ≈ Social Security, *GB* National Health Service. 6 *(fiabilidad)* reliability.
seguro,-a I *adj* 1 *(cierto)* sure; **estoy s. de que ...**, I am sure that ...; **dar algo por s.**, to take sth for granted. 2 *(libre de peligro)* safe; *fig* **ir sobre s.**, to play safe. 3 *(protegido)* secure. 4 *(fiable)* reliable. 5 **está segura de ella misma**, she has self-confidence. 6 *(firme)* steady, firm. II *nm* 1 *Seg* insurance; **s. a todo riesgo**, fully comprehensive insurance; **s. contra terceros**, third party insurance; **s. de vida**, life insurance. 2 *(dispositivo)* safety catch *o* device. III *adv* for sure, definitely.
seis *adj & nm inv* six.
seiscientos,-as *adj & nm,f* six hundred.
seísmo *nm (terremoto)* earthquake; *(temblor de tierra)* earth tremor.
selección *nf* 1 selection. 2 *Dep* team.
seleccionador,-a *nm,f* 1 selector. 2 *Dep* manager.
seleccionar *vtr* to select.
selectividad *nf* selectivity; *Univ* **(prueba de) s.**, entrance examination.
selectivo,-a *adj* selective.
selecto,-a *adj* select; **ambiente s.**, exclusive atmosphere.
self-service *nm* self-service cafeteria.
selva *nf* jungle.
sellar *vtr (documento)* to seal; *(carta)* to stamp.
sello *nm* 1 *(de correos)* stamp; *(para documentos)* seal. 2 *(precinto)* seal.
semáforo *nm* traffic lights *pl*.
semana *nf* week; **entre s.**, during the week; **S. Santa**, Holy Week.
semanal *adj & nm* weekly.
semanario *nm* weekly magazine.
semblante *nm lit (cara)* face; *fig (aspecto)* look.
sembrado *nm* sown field.
sembrar |26| *vtr* 1 *Agr* to sow. 2 *fig* **s. el pánico**, to spread panic.
semejante I *adj* 1 *(parecido)* similar; **nunca he visto nada s.**, I've never seen anything like it. 2 *pey (comparativo)* such; **s. desvergüenza**, such insolence. II *nm (prójimo)* fellow being.
semejanza *nf* similarity, likeness.
semen *nm* semen.
semental *nm* stud.
semestral *adj* half-yearly.
semestre *nm* six-month period, semester.
semicírculo *nm* semicircle.
semifinal *nf* semifinal.
semifinalista *nmf* semifinalist.
semilla *nf* seed.
semillero *nm* seedbed.
seminario *nm* 1 *Educ* seminar. 2 *Rel* seminary.
sémola *nf* semolina.
Sena *n* **el S.**, the Seine.
senado *nm* senate.
senador,-a *nm,f* senator.
sencillez *nf* simplicity.
sencillo,-a *adj* 1 *(fácil)* simple, easy. 2 *(natural)* natural, unaffected. 3 *(billete)* single. 4 *(sin adornos)* simple, plain.
senda *nf*, **sendero** *nm* path.
sendos,-as *adj pl* one each; **con sendas carteras**, each carrying a briefcase.

senil *adj* senile.
seno *nm* **1** *(pecho)* breast. **2** *fig* bosom, heart; **en el s. de,** within. **3** *Mat* sine.
sensación *nf* **1** sensation, feeling; **tengo la s. de que ...,** I have a feeling that .... **2** *(impresión)* sensation; **causar s.,** to cause a sensation.
sensacional *adj* sensational.
sensacionalista *adj* sensationalist; **prensa s.,** gutter press.
sensato,-a *adj* sensible.
sensibilizar [4] *vtr* to make aware; **s. a la opinión pública,** to increase public awareness.
sensible *adj* **1** sensitive. **2** *(perceptible)* perceptible. ◆**sensiblemente** *adv* noticeably, considerably.
sensiblero,-a *adj* over-sentimental, mawkish.
sensitivo,-a *adj* sense; **órgano s.,** sense organ.
sensorial, sensorio,-a *adj* sensory.
sensual *adj* sensual.
sensualidad *nf* sensuality.
sentada *nf* **1** sitting. **2** *fam (protesta)* sit-in (demonstration).
sentado,-a *adj (establecido)* established, settled; **dar algo por s.,** to take sth for granted; **dejar s. que ...,** to make it clear that ....
sentar [1] **I** *vtr* **1** to sit. **2** *(establecer)* to establish; **s. las bases,** to lay the foundations. **II** *vi* **1** *(color, ropa etc)* to suit; **el pelo corto te sienta mal,** short hair doesn't suit you. **2 s. bien/mal a,** *(comida)* to agree/disagree with; **la sopa te sentará bien,** the soup will do you good. **3 le sentó mal la broma,** she didn't like the joke. **III sentarse** *vr* to sit, sit down.
sentencia *nf* **1** sentence; **visto para s.,** ready for judgement. **2** *(aforismo)* maxim, saying.
sentenciar [12] *vtr* *Jur* to sentence (a, to).
sentido,-a **I** *nm* **1** sense; **los cinco sentidos,** the five senses; **s. común,** common sense; **s. del humor,** sense of humour. **2** *(significado)* meaning; **doble s.,** double meaning; **no tiene s.,** it doesn't make sense. **3** *(dirección)* direction; **(de) s. único,** one-way. **4** *(conciencia)* consciousness; **perder el s.,** to faint. **II** *adj* deeply felt; *fml* **mi más s. pésame,** my deepest sympathy.
sentimental **I** *adj* sentimental; **vida s.,** love life. **II** *nmf* sentimental person.
sentimiento *nm* **1** feeling. **2** *(pesar)* sorrow, grief; *fml* **le acompaño en el s.,** my deepest sympathy.
sentir¹ *nm* **1** *(sentimiento)* feeling. **2** *(opinión)* opinion, view.
sentir² [5] **I** *vtr* **1** to feel; **s. hambre/calor,** to feel hungry/hot. **2** *(lamentar)* to regret, be sorry about; **lo siento (mu-**

cho), I'm (very) sorry; **siento molestarle,** I'm sorry to bother you. **II sentirse** *vr* to feel; **me siento mal,** I feel ill; **s. con ánimos de hacer algo,** to feel like doing sth.
senyera *nf* Catalan flag.
seña *nf* **1** mark. **2** *(gesto)* sign; **hacer señas a algn,** to signal to sb. **3** *(indicio)* sign. **3 señas,** *(dirección)* address *sing*.
señal *nf* **1** *(indicio)* sign, indication; **en s. de,** as a sign of, as a token of. **2** *(placa)* sign; **s. de tráfico,** road sign. **3** *(gesto etc)* signal, sign. **4** *(marca)* mark; *(vestigio)* trace. **5** *Tel* tone; **s. de llamada,** dialling *o US* dial tone. **6 Com** deposit.
señalado,-a *adj (importante)* important; **un día s.,** a red-letter day.
señalar **I** *vtr* **1** *(indicar)* to mark, indicate; **s. con el dedo,** to point at. **2** *(resaltar)* to point out. **3** *(precio, fecha)* to fix, arrange.
señor *nm* **1** *(hombre)* man; *(caballero)* gentleman. **2** *Rel* **El S.,** the Lord. **3** *(con apellido)* Mr; *(tratamiento de respeto)* sir; **el Sr. Gutiérrez,** Mr Gutiérrez; **muy s. mío,** *(en carta)* Dear Sir. **4** *(con título) (no se traduce)* **el s. ministro,** the Minister.
señora *nf* **1** *(mujer)* woman; *fml* lady; **¡señoras y señores!,** ladies and gentlemen! **2** *Rel* **Nuestra S.,** Our Lady. **3** *(con apellido)* Mrs; *(tratamiento de respeto)* madam; **la Sra. Salinas,** Mrs Salinas; **muy s. mía,** *(en carta)* Dear Madam. **4** *(con título) (no se traduce)* **la s. ministra,** the Minister. **5** *(esposa)* wife.
señoría *nf* **1** *Jur (hombre)* lordship; *(mujer)* ladyship. **2** *Pol* **sus señorías,** the honourable gentlemen.
señorita *nf* **1** *(joven)* young woman; *fml* young lady. **2** *(tratamiento de respeto)* Miss; **S. Padilla,** Miss Padilla. **3** *Educ* **la s.,** the teacher, Miss.
señuelo *nm (en caza)* decoy.
sepa *subj pres* → **saber.**
separación *nf* **1** separation; *Jur* **s. conyugal,** legal separation. **2** *(espacio)* space, gap.
separado,-a *adj* **1** separate; **por s.,** separately, individually. **2** *(divorciado)* separated.
separar **I** *vtr* **1** to separate. **2** *(desunir)* to detach, remove. **3** *(dividir)* to divide, separate. **4** *(apartar)* to move away. **II separarse** *vr* **1** to separate, part company. **2** *(matrimonio)* to separate. **3** *(apartarse)* to move away **(de,** from).
separata *nf* offprint.
separatismo *nm* separatism.
separatista *adj* & *nmf* separatist.
sepia **I** *nf (pez)* cuttlefish. **II** *adj* & *nm (color)* sepia.
septentrional *adj* northern.
septiembre *nm* September; **el 5 de s.,** the 5th of September; **en s.,** in September.

séptimo,-a *adj & nm,f* seventh; **la o una séptima parte**, a seventh.
sepulcral *adj (silencio)* deathly.
sepulcro *nm* tomb.
sepultura *nf* grave.
sepulturero,-a *nm,f* gravedigger.
sequía *nf* drought.
séquito *nm* entourage, retinue.
SER *nf Rad TV abr de* **Sociedad Española de Radiodifusión**.
ser[1] *nm* being; **s. humano**, human being; **s. vivo**, living being.
ser[2] [23] *vi* 1 (+ *adj*) to be; **es alto y rubio**, he is tall and fair; **el edificio es gris**, the building is grey. 2 (+ *profesión*) to be a(n); **Rafael es músico**, Rafael is a musician. 3 **s. de**, *(procedencia)* to be *o* come from; **¿de dónde eres?**, where are you from?, where do you come from? 4 **s. de**, (+ *material*) to be made of. 5 **s. de**, (+ *poseedor*) to belong to; **el perro es de Miguel**, the dog belongs to Miguel; **¿de quién es este abrigo?**, whose coat is this? 6 **s. para**, *(finalidad)* to be for; **esta agua es para lavar**, this water is for washing. 7 (+ *día, hora*) to be; **hoy es dos de noviembre**, today is the second of November; **son las cinco de la tarde**, it's five o'clock. 8 (+ *cantidad*) **¿cuántos estaremos en la fiesta?** how many of us will there be at the party? 9 *(costar)* to be, cost; **¿cuánto es?**, how much is it? 10 *(tener lugar)* to be; **el estreno será mañana**, tomorrow is the opening night. 11 **¿qué es de Gonzalo?**, what has become of Gonzalo? 12 *(auxiliar en pasiva)* to be; **fue asesinado**, he was murdered. 13 *(locuciones)* **¿cómo es eso?**, **¿cómo puede s.?**, how can that be?; **es más**, furthermore; **es que ...**, it's just that ...; **como sea**, anyhow; **o sea**, that is (to say); **por si fuera poco**, to top it all; **sea como sea**, in any case, be that as it may; **a no s. que**, unless; **de no s. por ...**, had it not been for ...; **eso era de esperar**, it was to be expected.
serenarse *vr* to calm down.
serenidad *nf* serenity.
sereno[1] *nm (vigilante)* night watchman.
sereno,-a[2] *adj* 1 calm. 2 *fam* **estar s.**, *(sobrio)* to be sober.
serial *nm Rad TV* serial.
serie *nf* 1 series *sing*; **fabricación en s.**, mass production; **lleva ABS de s.**, it has ABS fitted as standard; **fuera de s.**, out of the ordinary. 2 *Rad TV* series *sing*.
seriedad *nf* 1 seriousness. 2 *(formalidad)* reliability, dependability; **falta de s.**, irresponsibility.
serio,-a *adj* 1 *(severo)* serious; **en s.**, seriously. 2 *(formal)* reliable, responsible.
sermón *nm* sermon.
sermonear *vi & vtr fam* to lecture.

seropositivo,-a *adj* HIV-positive.
serpentear *vi (zigzaguear)* to wind one's way, meander.
serpentina *nf (de papel)* streamer.
serpiente *nf* snake; **s. de cascabel**, rattlesnake; **s. pitón**, python.
serranía *nf* mountainous area *o* country.
serrar [1] *vtr* to saw.
serrín *nm* sawdust.
serrucho *nm* handsaw.
servicial *adj* helpful, obliging.
servicio *nm* 1 service; **s. a domicilio**, delivery service. 2 *Mil* service; **s. militar**, military service; **estar de s.**, to be on duty. 3 **servicios**, *(retrete)* toilet *sing*, *US* rest room *sing*.
servidor,-a *nm,f* servant; *fam* **un s.**, yours truly.
servil *adj* servile.
servilleta *nf* serviette, napkin.
servilletero *nm* serviette ring, napkin ring.
servio,-a *adj & nm,f* Serbian.
servir [6] **I** *vtr* to serve; **¿en qué puedo servirle?**, what can I do for you?, may I help you?; **¿te sirvo una copa?**, will I pour you a drink? **II** *vi* 1 to serve. 2 *(valer)* to be useful, be suitable; **no sirve de nada llorar**, it's no use crying; **ya no sirve**, it's no use; **¿para qué sirve esto?**, what is this (used) for? 3 **s. de**, to serve as, act as. **III servirse** *vr* 1 *(comida etc)* to help oneself. 2 *fml* **sírvase comunicarnos su decisión**, please inform us of your decision.
sésamo *nm* sesame.
sesenta *adj & nm inv* sixty.
sesgar [7] *vtr* 1 *(cortar)* to cut diagonally. 2 *(torcer)* to slant.
sesgo *nm fig* slant, turn; **tomar un s. favorable**, to take a turn for the better.
sesión *nf* 1 *(reunión)* meeting, session; *Jur* session, sitting. 2 *Cin* showing.
seso *nm* brain.
set *nm Ten* set.
seta *nf (comestible)* mushroom; **s. venenosa**, toadstool.
setecientos,-as *adj & nm inv* seven hundred.
setenta *adj & nm inv* seventy.
setiembre *nm* September.
seto *nm* hedge.
seudónimo *nm* pseudonym; *(de escritores)* pen name.
severidad *nf* severity.
severo,-a *adj* severe.
Sevilla *n* Seville.
sexismo *nm* sexism.
sexista *adj* sexist.
sexo *nm* 1 sex. 2 *(órgano)* genitals *pl*.
sexólogo,-a *nm,f* sexologist.
sexto,-a *adj & nm,f* sixth.
sexual *adj* sexual; **vida s.**, sex life.
sexualidad *nf* sexuality.

sexy *adj* sexy.
s/f. *abr de* **su favor,** your favour *o US* favor.
shock *nm* shock.
show *nm* show.
si¹ *conj* **1** *(condicional)* if; **como si,** as if; **si no,** if not; **si quieres,** if you like, if you wish. **2** *(pregunta indirecta)* whether, if; **me preguntó si me gustaba,** he asked me if I liked it; **no sé si ir o no,** *(disyuntivo)* I don't know whether to go or not. **3** *(sorpresa)* **¡si está llorando!,** but she's crying!
si² *nm* *(pl* **sis)** *Mús* B; *(en solfeo)* ti.
sí¹ *pron pers* **1** *(singular)* *(él)* himself; *(ella)* herself; *(cosa)* itself; *(plural)* themselves; **de por sí, en sí,** in itself; **hablaban entre sí,** they were talking among themselves *o* to each other; **por sí mismo,** by himself. **2** *(uno mismo)* oneself; **decir para sí,** to say to oneself.
sí² **I** *adv* **1** yes; **dije que sí,** I said yes, I accepted, I agreed; **porque sí,** just because; **¡que sí!,** yes, I tell you!; **un día sí y otro no,** every other day. **2** *(uso enfático)* *(no se traduce)* **sí que me gusta,** of course I like it; **¡eso sí que no!,** certainly not!. **II** *nm* *(pl* **síes)** yes; **los síes,** *(en parlamento)* the ayes.
siamés,-esa *nm,f* Siamese twin.
sibarita *nmf* sybarite.
sicario *nm* hired gunman; *fam* hitman.
Sicilia *n* Sicily.
sico- → **psico-**.
sicómoro *nm* sycamore.
SIDA *nm* *abr de* **síndrome de inmunodeficiencia adquirida,** acquired immune deficiency syndrome, AIDS.
sidecar *nm* sidecar.
siderurgia *nf* iron and steel industry.
siderúrgico,-a *adj* iron and steel; **la industria siderúrgica,** the iron and steel industry.
sidra *nf* cider.
siempre *adv* always; **s. pasa lo mismo,** it's always the same; **como s.,** as usual; **a la hora de s.,** at the usual time; **eso es así desde s.,** it has always been like that; **para s.,** for ever; **s. que,** *(cada vez que)* whenever; *(a condición de que)* provided, as long as; **s. y cuando,** provided, as long as.
sien *nf* temple.
sierra *nf* **1** saw; **s. mecánica,** power saw. **2** *Geog* mountain range, sierra.
siervo,-a *nm,f* slave.
siesta *nf* siesta, nap; **dormir la s.,** to have a siesta *o* an afternoon nap.
siete *adj & nm inv* seven.
sietemesino,-a *nm,f* seven-month baby, premature baby.
sífilis *nf inv* syphilis.
sifón *nm* siphon; **whisky con s.,** whisky and soda.

sig. *abr de* **siguiente,** following.
sigilo *nm* secrecy; **entrar con mucho s.,** to tiptoe in.
sigiloso,-a *adj* secretive.
◆**sigilosamente** *adv* *(secretamente)* secretly; **entró s. en la habitación,** she crept *o* slipped into the room.
sigla *nf* acronym.
siglo *nm* century; **el s. veintiuno,** the twenty-first century; *fam* **hace siglos que no le veo,** I haven't seen him for ages.
signatario,-a *adj & nm,f* signatory.
significación *nf* **1** *(sentido)* meaning. **2** *(importancia)* significance.
significado *nm* meaning.
significar [1] *vtr* to mean.
significativo,-a *adj* significant; *(expresivo)* meaningful.
signo *nm* **1** sign; **s. del zodiaco,** zodiac sign. **2** *Ling* mark; **s. de interrogación,** question mark.
sigo *indic pres* → **seguir**.
siguiente *adj* following, next; **¡el s.!,** next, please!; **al día s.,** the following day.
sílaba *nf* syllable.
silbar *vi* to whistle; *(abuchear)* to hiss, boo.
silbato *nm* whistle.
silbido *nm* whistle, whistling; *(agudo)* hiss.
silenciador *nm* *(de arma)* silencer; *(de coche, moto)* silencer, *US* muffler.
silenciar [12] *vtr* **1** *(un sonido)* to muffle. **2** *(noticia)* to hush up.
silencio *nm* silence; **imponer s. a algn,** to make sb be quiet.
silencioso,-a *adj* *(persona)* quiet; *(motor etc)* silent.
silicio *nm* silicon.
silicona *nf* silicone.
silla *nf* **1** chair; **s. de ruedas,** wheelchair; **s. giratoria,** swivel chair. **2** *(de montura)* saddle.
sillín *nm* saddle.
sillón *nm* armchair.
silo *nm* silo.
silueta *nf* silhouette; *(de cuerpo)* figure.
silvestre *adj* wild.
simbólico,-a *adj* symbolic; **precio s.,** token price.
simbolizar [4] *vtr* to symbolize.
símbolo *nm* symbol.
simetría *nf* symmetry.
simétrico,-a *adj* symmetrical.
simiente *nf* seed.
similar *adj* similar.
similitud *nf* similarity.
simio *nm* monkey.
simpatía *nf* liking, affection; **le tengo mucha s.,** I am very fond of him.
simpático,-a *adj* *(amable)* nice, likeable; **me cae s.,** I like him.
simpatizante *nmf* sympathizer.

simpatizar [4] *vi* 1 to sympathise (**con**, with). 2 *(llevarse bien)* to hit it off (**con**, with).

simple I *adj* 1 simple. 2 *(fácil)* simple, easy. 3 *(mero)* mere. 4 *(persona)* simple, simple-minded. II *nm (persona)* simpleton.

simpleza *nf* simple-mindedness; *(tontería)* nonsense.

simplificar [1] *vtr* to simplify.

simposio *nm* symposium.

simulacro *nm* sham, pretence; **un s. de ataque**, a mock attack.

simular *vtr* to simulate.

simultanear *vtr* to combine; **simultanea el trabajo y los estudios**, he's working and studying at the same time.

simultáneo,-a *adj* simultaneous.

sin *prep* 1 without; **s. dinero/tí**, without money/you; **estamos s. pan**, we're out of bread; **s. hacer nada**, without doing anything; **cerveza s.**, alcohol-free beer; **s. más ni más**, without further ado. 2 (+ *inf*) **está s. secar**, it hasn't been dried.

sinagoga *nf* synagogue.

sincerarse *vr* to open one's heart (**con**, to).

sinceridad *nf* sincerity; **con toda s.**, in all sincerity.

sincero,-a *adj* sincere.

sincronizar [4] *vtr* to synchronize.

sindical *adj* trade union, union.

sindicalista *nmf* trade unionist.

sindicato *nm* union, trade union.

síndrome *nm* syndrome.

sinfín *nm* endless number; **un s. de**, lots of.

sinfonía *nf* symphony.

single *nm* single, 7-inch.

singular I *adj* 1 singular. 2 *(excepcional)* exceptional, unique. 3 *(raro)* peculiar, odd. II *nm Ling* singular; **en s.**, in the singular.

siniestrado,-a *adj* stricken.

siniestro,-a I *adj* sinister, ominous. II *nm* disaster, catastrophe.

sino¹ *nm fml* fate, destiny.

sino² *conj* 1 but; **no fui a Madrid, s. a Barcelona**, I didn't go to Madrid but to Barcelona. 3 *(excepto)* **nadie s. él**, no-one but him; **no quiero s. que me oigan**, I only want them to listen (to me).

sinónimo,-a I *adj* synonymous. II *nm* synonym.

sinóptico,-a *adj* **cuadro s.**, diagram, chart.

sinsabor *nm (usu pl)* trouble, worry.

sintético,-a *adj* synthetic.

sintetizador *nm* synthesizer.

sintetizar [4] *vtr* to synthesize.

síntoma *nm* symptom.

sintonía *nf* 1 *Elec Rad* tuning. 2 *Mús Rad (de programa)* signature tune. 3 *fig* harmony.

sintonizador *nm Rad* tuning knob.

sintonizar [4] *vtr* 1 *Rad* to tune in. 2 *(simpatizar)* to be in tune (**con**, with).

sinuoso,-a *adj (camino)* winding.

sinvergüenza I *adj (desvergonzado)* shameless; *(descarado)* cheeky. II *nmf (desvergonzado)* rogue; *(caradura)* cheeky devil.

sionismo *nm* Zionism.

siquiera I *adv (por lo menos)* at least; **ni s.**, not even. II *conj fml (aunque)* although, even though.

sirena *nf* 1 siren, mermaid. 2 *(señal acústica)* siren.

Siria *n* Syria.

sirimiri *nm* fine drizzle.

sirio,-a *adj & nm,f* Syrian.

sirviente,-a *nm,f* servant.

sisar *vtr (hurtar)* to pilfer, filch.

sisear *vi* to hiss.

sísmico,-a *adj* seismic.

sismógrafo *nm* seismograph.

sistema *nm* system; **por s.**, as a rule; **s. nervioso**, nervous system; **s. montañoso**, mountain chain.

sistemático,-a *adj* systematic.

sitiar [12] *vtr* to besiege.

sitio¹ *nm* 1 *(lugar)* place; **en cualquier s.**, anywhere; **en todos los sitios**, everywhere; *fig* **quedarse en el s.**, to die. 2 *(espacio)* room; **hacer s.**, to make room.

sitio² *nm* siege; **estado de s.**, state of emergency.

sito,-a *adj fml* situated, located.

situación *nf* 1 situation; **su s. económica es buena**, his financial position is good. 2 *(ubicación)* situation, location.

situado,-a *adj* situated; *fig* **estar bien s.**, to have a good position.

situar [30] I *vtr* to locate. II **situarse** *vr* to be situated *o* located.

sketch *nm Cin Teat* sketch.

s/L *abr de* **su letra (de crédito)**.

S.L. *abr de* **Sociedad Limitada**, limited company, Ltd.

slip *nm* underpants *pl*.

slogan *nm* slogan.

S.M. *abr de* **Su Majestad**, *(rey)* His Majesty; *(reina)* Her Majesty.

smoking *nm* dinner jacket, *US* tuxedo.

s/n. *abr de* **sin número**.

snob *adj & nmf* → **esnob**.

snobismo *nm* → **esnobismo**.

so¹ *prep (bajo)* under; **so pena de**, under penalty of.

so² *nm fam* **¡so imbécil!**, you damned idiot!

sobaco *nm* armpit.

sobar *vtr* 1 *fam (dormir)* to sleep. 2 *vulg (manosear)* to fondle, paw.

soberanía *nf* sovereignty.

soberano,-a I *adj* 1 sovereign. 2 *fam* huge, great. II *nm,f (monarca)* sovereign.

soberbia *nf* pride.

soberbio,-a *adj* 1 proud. 2 *(magnífico)* splendid, magnificent.
sobón,-ona *nm,f fam* **ser un s.**, to be fresh *o* all hands.
sobornar *vtr* to bribe.
soborno *nm (acción)* bribery; *(dinero etc)* bribe.
sobra *nf* 1 **de s.**, *(no necesario)* superfluous; **tener de s.**, to have plenty; **estar de s.**, not to be needed; **saber algo de s.**, to know sth only too well. 2 **sobras**, *(restos)* leftovers.
sobrado,-a *adj (que sobra)* abundant, more than enough; **sobradas veces**, repeatedly; **andar s. de tiempo/dinero**, to have plenty of time/money.
◆**sobradamente** *adv* only too well.
sobrante I *adj* remaining, spare. II *nm* surplus, excess.
sobrar *vi* 1 to be more than enough, *(sing)* be too much, *(pl)* to be too many; **sobran tres sillas**, there are three chairs too many; **sobran comentarios**, I've nothing further to add; *fam* **tú sobras aquí**, you are not wanted here. 2 *(quedar)* to be left over; **ha sobrado carne**, there's still some meat left.
sobrasada *nf* sausage spread.
sobre[1] *nm* 1 *(para carta)* envelope. 2 *(de sopa etc)* packet.
sobre[2] *prep* 1 *(encima de)* on, upon, on top of. 2 *(por encima de)* over, above. 3 *(acerca de)* about, on. 4 *(aproximadamente)* about; **vendré s. las ocho**, I'll come at about eight o'clock. 5 **s. todo**, especially, above all.
sobre- *pref* super-, over-.
sobrealimentado,-a *adj* overfed.
sobrecarga *nf* overload.
sobrecargar [7] *vtr* to overload.
sobrecogedor,-a *adj* dramatic, awesome.
sobrecoger [5] *vtr (conmover)* to shock.
sobredosis *nf inv* overdose.
sobreentenderse *vr* **se sobreentiende**, that goes without saying.
sobrehumano,-a *adj* superhuman.
sobregiro *nm* overdraft.
sobreimpresión *nf Fot Cin* superimposing.
sobrellevar *vtr* to endure, bear.
sobremesa[1] *nf* afternoon.
sobremesa[2] *nf* **ordenador de s.**, desktop computer.
sobrenatural *adj* supernatural.
sobrenombre *nm* nickname.
sobrepasar I *vtr* to exceed, surpass; *(rival)* to beat. II **sobrepasarse** *vr* to go too far.
sobrepeso *nm (de carga)* overload, excess weight; *(de persona)* excess weight.
sobreponerse *vr* 1 **s. a**, *(superar)* to overcome; **s. al dolor**, to overcome pain. 2 *(animarse)* to pull oneself together.
sobreproducción *nf* overproduction.

sobresaliente I *nm (nota)* A. II *adj (que destaca)* outstanding, excellent.
sobresalir [22] *vi* stick out, protrude; *fig (destacar)* to stand out, excel.
sobresaltar I *vtr* to startle. II **sobresaltarse** *vr* to be startled, start.
sobresalto *nm (movimiento)* start; *(susto)* fright.
sobreseer [36] *vtr Jur* to stay; **s. una causa**, to stay proceedings.
sobretodo *nm (abrigo)* overcoat; *(guardapolvo)* overalls *pl*.
sobrevalorar *vtr* to overestimate.
sobrevenir [27] *vi* to happen unexpectedly.
sobreviviente I *adj* surviving. II *nmf* survivor.
sobrevivir *vi* to survive.
sobrevolar [2] *vtr* to fly over.
sobriedad *nf* sobriety; *(en la bebida)* soberness.
sobrina *nf* niece.
sobrino *nm* nephew.
sobrio,-a *adj* sober.
socarrón,-ona *nm,f* 1 *(sarcástico)* sarcastic. 2 *(astuto)* sly, cunning.
socavar *vtr fig* to undermine.
socavón *nm (bache)* pothole.
sociable *adj* sociable, friendly.
social *adj* social.
socialdemócrata I *adj* social democratic. II *nmf* social democrat.
socialismo *nm* socialism.
socialista *adj & nmf* socialist.
socializar [4] *vtr* to socialize.
sociedad *nf* 1 society; **s. de consumo**, consumer society. 2 *(asociación)* association, society. 3 *Com* company; **s. anónima**, public liability company; **s. limitada**, limited company.
socio,-a *nm,f* 1 *(miembro)* member; **hacerse s. de un club**, to become a member of a club, join a club. 2 *Com (asociado)* partner.
sociología *nf* sociology.
sociológico,-a *adj* sociological.
sociólogo,-a *nm,f* sociologist.
socorrer *vtr* to help, assist.
socorrido,-a *adj* handy, useful.
socorrista *nmf* life-saver, lifeguard.
socorro *nm* help, assistance; **¡s.!**, help!; **puesto de s.**, first-aid post.
soda *nf* soda water.
soez *adj* vulgar, crude.
sofá *nm (pl* **sofás***)* sofa, settee; **s. cama**, sofa bed, studio couch.
Sofía *n* Sophia.
sofisticado,-a *adj* sophisticated.
sofocado,-a *adj* suffocated.
sofocante *adj* suffocating, stifling; **hacía un calor s.**, it was unbearably hot.
sofocar [1] I *vtr* 1 *(ahogar)* to suffocate, smother. 2 *(incendio)* to extinguish, put out. II **sofocarse** *vr* 1 *(ahogarse)* to suffo-

sofoco 245 **sombrío**

cate, stifle. 2 *fam (irritarse)* to get upset.
sofoco *nm fig (vergüenza)* embarrassment; **le dio un s.**, *(disgusto)* it gave her quite a turn.
sofocón *nm fam* shock; **llevarse un s.**, to get upset.
sofreír [6] *vtr* to fry lightly, brown.
sofrito *nm* fried tomato and onion sauce.
software *nm* software.
soga *nf* rope; *fig* **estar con la s. al cuello**, to be in dire straits.
soja *nf* soya bean, *US* soybean.
sojuzgar [7] *vtr* to subjugate.
sol[1] *nm* 1 sun. 2 *(luz)* sunlight; *(luz y calor)* sunshine; **hace s.**, it's sunny, the sun is shining; **tomar el s.**, to sunbathe; **al *o* bajo el s.**, in the sun; **de s. a s.**, from sunrise to sunset. 3 *Fin* standard monetary unit of Perú.
sol[2] *nm Mús* G; *(solfeo)* so.
solamente *adv* only; **no s.**, not only; **s. con mirarte lo sé**, I know just by looking at you; **s. que ...**, except that ....
solapa *nf (de chaqueta)* lapel; *(de sobre, bolsillo, libro)* flap.
solapado,-a *adj (persona)* sly. ◆ **solapadamente** *adv* stealthily, in an underhand way.
solapamiento *nm* overlap.
solapar I *vtr fig* to conceal, cover up. **II** *vi* to overlap.
solar[1] *adj* solar; **luz s.**, sunlight.
solar[2] *nm (terreno)* plot; *(en obras)* building site.
solario, solárium *nm* sunbed.
solaz *nm fml (descanso)* rest, relaxation; *(esparcimiento)* recreation, entertainment.
solazarse [4] *vr (relajar)* to relax; *(divertir)* to entertain oneself, amuse oneself.
soldado *nm* soldier; **s. raso**, private.
soldador,-a I *nm,f* welder. II *nm* soldering iron.
soldar [2] *vtr (cable)* to solder; *(chapa)* to weld.
soleado,-a *adj* sunny.
soledad *nf (estado)* solitude; *(sentimiento)* loneliness.
solemne *adj* 1 *(majestuoso)* solemn. 2 *pey* downright.
solemnidad *nf* solemnity.
soler [4] *vi defect* 1 *(en presente)* to be in the habit of; **solemos ir en coche**, we usually go by car; **sueles equivocarte**, you are usually wrong. 2 *(en pasado)* to use to; **solía pasear por aquí**, he used to walk round here.
solera *nf fig* tradition; **de s.**, old-established; **vino de s.**, vintage wine.
solfa *nf* 1 *Mús* solfa; *fam* **poner en s.**, to ridicule. 2 *fam (paliza)* thrashing, beating.
solicitar *vtr (información etc)* to request, ask for; *(trabajo)* to apply for.
solícito,-a *adj* obliging, attentive.

solicitud *nf (petición)* request; *(de trabajo)* application.
solidaridad *nf* solidarity.
solidario,-a I *adj* 1 supportive; **una sociedad solidaria**, a caring society. 2 *Jur* jointly responsible.
solidarizarse *vr* to show one's solidarity **(con**, with).
solidez *nf* solidity, strength.
sólido,-a *adj* solid, strong.
soliloquio *nm* soliloquy.
solista *nmf* soloist.
solitario,-a I *adj* 1 *(que está solo)* solitary, lone; *(que se siente solo)* lonely. II *nm* 1 *(diamante)* solitaire. 2 *Naipes* solitaire, patience.
soliviantar *vtr (irritar)* to irritate.
sollozar [4] *vi* to sob.
sollozo *nm* sob.
solo,-a I *adj* 1 only, single; **ni un s. día**, not a single day; **una sola vez**, only once, just once. 2 *(solitario)* lonely. 3 **hablar s.**, to talk to oneself; **se enciende s.**, it switches itself on automatically; **a solas**, alone, by oneself. II *nm Mús* solo.
sólo *adv* only; **no s. ... sino (también)**, not only ... but (also); **con s.**, **(tan) s. con**, just by.
solomillo *nm* sirloin.
soltar [2] I *vtr* 1 *(desasir)* to let go of; **¡suéltame!**, let me go! 2 *(prisionero)* to release. 3 *(humo, olor)* to give off. 4 *(bofetada)* to deal; *(carcajada)* to let out; **me soltó un rollo**, he bored me to tears. II **soltarse** *vr* 1 *(desatarse)* to come loose. 2 *(perro etc)* to get loose, break loose. 3 *(desprenderse)* to come off.
soltero,-a I *adj* single, unmarried. II *nm (hombre)* bachelor, single man. III *nf (mujer)* single woman, spinster.
solterón,-ona *pey* I *nm (hombre)* old bachelor. II *nf (mujer)* old maid.
soltura *nf (agilidad)* agility; *(seguridad)* confidence, assurance; **habla italiano con s.**, he speaks Italian fluently.
soluble *adj* soluble; **café s.**, instant coffee.
solución *nf* solution.
solucionar *vtr* to solve; *(arreglar)* to settle.
solvencia *nf* 1 *Fin* solvency. 2 *(fiabilidad)* reliability; **fuentes de toda s.**, completely reliable sources.
solventar *vtr (problema)* to solve, resolve; *(deuda, asunto)* to settle.
solvente *adj* 1 *Fin* solvent. 2 *(fiable)* reliable.
sombra *nf* 1 shade. 2 *(silueta proyectada)* shadow; **s. de ojos**, eyeshadow; **sin s. de duda**, beyond a shadow of doubt. 3 **tener buena s.**, *(tener suerte)* to be lucky.
sombrero *nm* hat; **s. de copa**, top hat; **s. hongo**, bowler hat.
sombrilla *nf* parasol, sunshade.
sombrío,-a *adj (oscuro)* dark; *(tenebroso)*

sombre, gloomy; *fig (persona)* gloomy, sullen.
somero,-a *adj* superficial, shallow.
someter I *vtr* **1** to subject; **s. a prueba,** to put to the test; **s. algo a votación,** to put sth to the vote. **2** *(rebeldes)* to subdue, put down. **II someterse** *vr* **1** *(subordinarse)* to submit. **2** *(rendirse)* to surrender, yield. **3 s. a un tratamiento,** to undergo treatment.
somier *nm (pl* **somieres***)* spring mattress.
somnífero *nm* sleeping pill.
somnoliento,-a *adj* sleepy, drowsy.
son *nm* sound; **al s. del tambor,** to the sound of the drum; **venir en s. de paz,** to come in peace.
sonado,-a *adj* **1** much talked of. **2** *(trastocado)* mad, crazy.
sonajero *nm* baby's rattle.
sonámbulo,-a *nm,f* somnambulist, sleepwalker.
sonar [2] **I** *vi* **1** to sound; **s. a,** to sound like; **suena bien,** it sounds good. **2** *(timbre, teléfono)* to ring; **sonaron las cinco,** the clock struck five. **3 tu nombre/cara me suena,** your name/face rings a bell. **II sonarse** *vr* **s. (la nariz),** to blow one's nose.
sonda *nf* **1** *Med* sound, probe. **2 s. espacial,** space probe.
sondear *vtr* **1** *(opinión)* to test, sound out. **2** *Med* to sound, probe. **3** *Náut* to sound.
sondeo *nm* **1** *(encuesta)* poll. **2** *Med* sounding, probing. **3** *Náut* sounding.
soneto *nm Lit* sonnet.
sonido *nm* sound.
sonoro,-a *adj* **1** *Cin* sound; **banda sonora,** soundtrack. **2** *(resonante)* loud, resounding. **3** *Ling* voiced.
sonreír [6] *vi,* **sonreírse** *vr* to smile; **me sonrió,** he smiled to me.
sonriente *adj* smiling.
sonrisa *nf* smile.
sonrojarse *vr* to blush.
sonrojo *nm* blush.
sonsacar [1] *vtr* to wheedle; *(secreto)* to worm out.
soñador,-a *nm,f* dreamer.
soñar [2] *vtr & vi* **1** to dream; **s. con,** to dream of *o* about; **¡ni soñarlo!,** not on your life! **2** *(fantasear)* to daydream, dream.
soñoliento,-a *adj* sleepy, drowsy.
sopa *nf* soup; **s. juliana,** spring vegetable soup; *fig* **quedar hecho una s.,** to get soaked to the skin.
sopera *nf* soup tureen.
sopero,-a *adj* **cucharada sopera,** soup spoon.
sopesar *vtr* to try the weight of; *fig* to weigh up.
sopetón *nm fam* slap; **de s.,** all of a sudden.
soplado *nm* glass-blowing.

soplar I *vi (viento)* to blow. **II** *vtr* **1** *(polvo etc)* to blow away; *(para enfriar)* to blow on. **2** *(para apagar)* to blow out. **3** *(para inflar)* to blow up. **4** *(en examen etc)* to whisper *o* tell the answer.
soplete *nm* blowlamp, blowtorch.
soplido *nm* blow, puff.
soplillo *nm* fan; *fam* **orejas de s.,** cauliflower ears.
soplo *nm* **1** *(acción)* blow, puff; *(de viento)* gust. **2** *Med* murmur.
soplón,-ona *nm,f fam (niño)* telltale, sneak; *(delator)* informer, squealer.
soporífero,-a *adj* **1** *(que adormece)* soporific, sleep-inducing. **2** *(aburrido)* boring, dull.
soportable *adj* bearable.
soportal *nm* porch; **soportales,** arcade *sing.*
soportar *vtr* **1** *(peso)* to support, bear. **2** *fig (calor, ruido)* to bear, endure; *(situación)* to put up with, to bear; **no te soporto,** I can't stand you.
soporte *nm* support; **s. publicitario,** advertising medium.
soprano *nmf* soprano.
sorber *vtr* **1** *(beber)* to sip. **2** *(absorber)* to soak up, absorb.
sorbete *nm* sorbet, sherbet.
sorbo *nm* sip; *(trago)* gulp; **de un s.,** in one gulp.
sordera *nf* deafness.
sórdido,-a *adj* squalid, sordid.
sordo,-a I *adj* **1** *(persona)* deaf; **s. como una tapia,** stone-deaf. **2** *(golpe, ruido, dolor)* dull. **II** *nm,f* deaf person; **los sordos,** the deaf *pl*; *fam fig* **hacerse el s.,** to turn a deaf ear.
sordomudez *nf* deaf-muteness.
sordomudo,-a I *adj* deaf and dumb, deaf-mute. **II** *nm,f* deaf and dumb person, deaf-mute.
sorprendente *adj* surprising.
sorprender *vtr* **1** *(extrañar)* to surprise. **2** *(coger desprevenido)* to catch unawares, take by surprise.
sorpresa *nf* surprise; **coger de *o* por s.,** to take by surprise.
sorpresivo,-a *adj Am* unexpected, surprising.
sortear *vtr* **1** to draw *o* cast lots for; *(rifar)* to raffle (off). **2** *(evitar)* to avoid, get round.
sorteo *nm* draw; *(rifa)* raffle.
sortija *nf* ring.
sortilegio *nm* spell.
S.O.S. *nm* SOS.
sosa *nf* soda; **s. cáustica,** caustic soda.
sosegado,-a *adj (tranquilo)* calm, quiet; *(pacífico)* peaceful.
sosegar [1] **I** *vtr* to calm, quieten. **II sosegarse** *vr* to calm down.
sosiego *nm (calma)* calmness; *(paz)* peace, tranquility.

soslayo (al, de) *loc adv* **mirar de s.**, to look sideways (at).
soso,-a *adj* lacking in salt; *fig (persona)* insipid, dull.
sospecha *nf* suspicion.
sospechar I *vi (desconfiar)* to suspect; **s. de algn**, to suspect sb. II *vtr (pensar)* to suspect.
sospechoso,-a I *adj* suspicious; **s. de**, suspected of. II *nm,f* suspect.
sostén *nm* 1 *(apoyo)* support. 2 *(sustento)* sustenance. 3 *(prenda)* bra, brassière.
sostener [24] I *vtr* 1 *(sujetar)* to support, hold up. 2 *(con la mano)* to hold. 3 *fig (teoría etc)* to defend, uphold; **s. que ...**, to maintain that .... 4 *(conversación)* to hold, sustain. 5 *(familia)* to support. II **sostenerse** *vr* 1 *(mantenerse)* to support oneself. 2 *(permanecer)* to stay, remain.
sostenido,-a *adj* 1 *(continuado)* sustained. 2 *Mús* sharp.
sostuve *pt indef* → **sostener**.
sota *nf Naipes* jack, knave.
sotana *nf* cassock, soutane.
sótano *nm* basement, cellar.
soto *nm* grove.
soviético,-a *adj & nm,f* Soviet; *Hist* **la Unión Soviética**, the Soviet Union.
soy *indic pres* → **ser**.
S.P. *abr de* **Servicio Público**.
sport (de) *loc adj* casual, sports; **chaqueta s.**, sports jacket.
spot *nm (pl* **spots**) *TV* commercial, advert, ad.
spray *nm (pl* **sprays**) spray.
sprint *nm* sprint.
Sr. *abr de* **Señor**, Mister, Mr.
Sra. *abr de* **Señora**, Mrs.
S.R.C., s.r.c. *abr de* **se ruega contestación**, please reply, R.S.V.P.
Srta. *abr de* **Señorita**, Miss.
SS *nf abr de* **Seguridad Social**, ≈ National Health Service, NHS.
SS.AA. *abr de* **Sus Altezas**, Their Royal Highnesses.
Sta., sta. *abr de* **Santa**, Saint, St.
stand *nm Com* stand.
standard *adj & nm* standard.
status *nm inv* status.
Sto., sto. *abr de* **Santo**, Saint, St.
su *adj pos (de él)* his; *(de ella)* her; *(de usted, ustedes)* your; *(de animales o cosas)* its; *(impersonal)* one's; *(de ellos)* their; **su coche**, his *o* her *o* your *o* their car; **su pata**, its leg; **sus libros**, his *o* her *o* your *o* their books; **sus patas**, its legs.
suave *adj* 1 smooth; *(luz, voz etc)* soft. 2 *Meteor (templado)* mild.
suavidad *nf* 1 smoothness; *(dulzura)* softness. 2 *Meteor* mildness.
suavizante *nm (para el pelo)* (hair) conditioner; *(para la ropa)* fabric softener.
suavizar [4] I *vtr* to smooth (out). II **suavizarse** *vr (temperatura)* to get milder; *(persona)* to calm down.
subacuático,-a *adj* underwater.
subalimentado,-a *adj* undernourished, underfed.
subalterno,-a *adj & nm,f* subordinate, subaltern.
subarrendar [1] *vtr Com* to sublet, sublease.
subasta *nf* auction.
subastar *vtr* to auction (off), sell at auction.
subcampeón *nm Dep* runner-up.
subconsciente *adj & nm* subconscious.
subdesarrollado,-a *adj* underdeveloped.
subdesarrollo *nm* underdevelopment.
subdirector,-a *nm,f* assistant director *o* manager.
súbdito,-a *nm,f* subject, citizen; **s. francés**, French citizen.
subdividir *vtr* to subdivide.
subestimar *vtr* to underestimate.
subida *nf* 1 *(de temperatura)* rise; *(de precios, salarios)* rise, increase. 2 *(ascenso)* ascent, climb. 3 *(pendiente)* slope, hill. 4 *fam (drogas)* high.
subido,-a *adj* **s. de tono**, daring, risqué.
subir I *vtr* 1 to go up. 2 *(llevar arriba)* to take up, bring up. 3 *(cabeza, mano)* to lift, raise. 4 *(precio, salario)* to put up. 5 *(volumen)* to turn up; *(voz)* to raise. II *vi* 1 *(ir arriba)* to go up, come up. 2 **s. a**, *(un coche)* to get into; *(un autobús)* to get on; *(un barco, avión, tren)* to board, get on. 3 *(aumentar)* to rise, go up. III **subirse** *vr* 1 to climb up; *fig* **el vino se le subió a la cabeza**, the wine went to his head. 2 **s. a**, *(un coche)* to get into; *(un autobús, avión, tren)* to get on, board; *(caballo, bici)* to get on. 3 *(cremallera)* to do up; *(mangas)* to roll up.
súbito,-a *adj* sudden. ✦**súbitamente** *adv* suddenly.
subjetivo,-a *adj* subjective.
sublevación *nf* rising, rebellion.
sublevar I *vtr fig (indignar)* to infuriate, enrage. II **sublevarse** *vr* to rebel, revolt.
sublime *adj* sublime.
submarinismo *nm* skin-diving.
submarino,-a I *adj* submarine, underwater. II *nm* submarine.
subnormal I *adj* mentally handicapped. II *nmf* mentally handicapped person.
suboficial *nm* 1 *Mil* noncommissioned officer. 2 *Náut* petty officer.
subordinado,-a *adj & nm,f* subordinate.
subordinar *vtr* to subordinate.
subproducto *nm* by-product.
subrayar *vtr* to underline; *fig (recalcar)* to emphasize, stress.
subrepticio,-a *adj* surreptitious.
subrutina *nf* subroutine.
subsanar *vtr (error)* to rectify, put right; *(daño)* to make up for.
subscribir *(pp* **subscrito)** *vtr* → **suscribir**.

subscripción *nf* subscription.
subscrito,-a *adj & nm,f* → **suscrito,-a**.
subsecretario,-a *nm,f* undersecretary.
subsidiario,-a *adj* subsidiary.
subsidio *nm* allowance, benefit; **s. de desempleo**, unemployment benefit.
subsistencia *nf* subsistence.
subsistir *vi* to subsist, remain; *(vivir)* to live on, survive.
subsuelo *nm* subsoil.
subterráneo,-a **I** *adj* underground. **II** *nm (túnel)* tunnel, underground passage.
subtítulo *nm* subtitle.
suburbano,-a *adj* suburban.
suburbio *nm (barrio pobre)* slums *pl*; *(barrio periférico)* suburb.
subvención *nf* subsidy.
subvencionar *vtr* to subsidize.
subversión *nf* subversion.
subversivo,-a *adj* subversive.
subyacente *adj* underlying.
subyugar [7] *vtr* to subjugate.
succionar *vtr* to suck (in).
sucedáneo,-a *adj & nm* substitute.
suceder **I** *vi* 1 *(ocurrir) (uso impers.)* to happen, occur; **¿qué sucede?**, what's going on?, what's the matter? 2 *(seguir)* to follow, succeed. **II sucederse** *vr* to follow one another, come after the other.
sucesión *nf* 1 *(serie)* series *sing*, succession. 2 *(al trono)* succession. 3 *(descendencia)* issue, heirs *pl*.
sucesivo,-a *adj* following, successive; **en lo s.**, from now on. ◆**sucesivamente** *adv* **y así s.**, and so on.
suceso *nm (hecho)* event, occurrence; *(incidente)* incident; *Prensa* **sección de sucesos**, accident and crime reports.
sucesor,-a *nm,f* successor.
suciedad *nf* 1 dirt. 2 *(calidad)* dirtiness.
sucinto,-a *adj* concise, succinct.
sucio,-a **I** *adj* dirty; **en s.**, in rough; *fig* **juego s.**, foul play; *fig* **negocio s.**, shady business. **II** *adv* **jugar s.**, to play dirty.
sucre *nm Fin* standard monetary unit of Ecuador.
suculento,-a *adj* succulent, juicy.
sucumbir *vi* to succumb, yield.
sucursal *nf Com Fin* branch, branch office.
sudaca *nmf pey* South American.
sudadera *nf* sweatshirt.
Sudáfrica *n* South Africa.
sudafricano,-a *adj & nm,f* South African.
Sudamérica *n* South America.
sudamericano,-a *adj & nm,f* South American.
sudar *vtr & vi* to sweat; *fam fig* **s. la gota gorda**, to sweat blood.
sudeste *nm* southeast.
sudoeste *nm* southwest.
sudor *nm* sweat; *fig* **con el s. de mi frente**, by the sweat of my brow.
sudoroso,-a *adj* sweaty.

Suecia *n* Sweden.
sueco,-a **I** *adj* Swedish. **II** *nm,f (persona)* Swede. **III** *nm (idioma)* Swedish.
suegra *nf* mother-in-law.
suegro *nm* father-in-law; **mis suegros**, my in-laws.
suela *nf (de zapato)* sole.
sueldo *nm* salary, wages *pl*.
suelo *nm* 1 *(superficie)* ground; *(de interior)* floor; *fig* **estar por los suelos**, *(precios)* to be rock-bottom. 2 *(territorio)* soil, land. 3 *(campo, terreno)* land; **s. cultivable**, arable land. 4 *(de carretera)* surface.
suelto,-a **I** *adj* 1 *(desatado)* loose, undone. 2 *fig* **dinero s.**, loose change; **hojas sueltas**, loose sheets (of paper); **se venden sueltos**, they are sold singly *o* separately *o* loose. 3 *(en libertad)* free; *(huido)* at large. 4 *(vestido, camisa)* loose, loose-fitting. **II** *nm (dinero)* (loose) change.
sueño *nm* 1 sleep; *(ganas de dormir)* sleepiness; **tener s.**, to feel *o* be sleepy. 2 *(cosa soñada)* dream.
suero *nm Med* serum; *(de la leche)* whey.
suerte *nf* 1 *(fortuna)* luck; **por s.**, fortunately; **probar s.**, to try one's luck; **tener s.**, to be lucky; **¡que tengas s.!**, good luck! 2 **echar algo a suertes**, to draw lots for sth. 3 *(destino)* fate, destiny. 4 *fml (género)* kind, sort, type.
suéter *nm* sweater.
suficiencia *nf* 1 *(engreimiento)* smugness, complacency. 2 *Educ* **prueba de s.**, final exam.
suficiente **I** *adj (bastante)* sufficient, enough. **II** *nm Educ* pass. ◆ **suficientemente** *adv* sufficiently; **no es lo s. rico como para ...** he isn't rich enough to ....
sufijo *nm* suffix.
sufragar [7] **I** *vtr (gastos)* to pay, defray. **II** *vi Am* to vote (**por**, for).
sufragio *nm Pol* suffrage; *(voto)* vote.
sufrido,-a *adj (persona)* long-suffering.
sufrimiento *nm* suffering.
sufrir **I** *vi* to suffer; **s. del corazón**, to have a heart condition. **II** *vtr* 1 *(accidente)* to have; *(operación)* to undergo; *(dificultades, cambios)* to experience; **s. dolores de cabeza**, to suffer from headaches. 2 *(aguantar)* to bear, put up with.
sugerencia *nf* suggestion.
sugerente *adj* suggestive.
sugerir [5] *vtr* to suggest.
sugestión *nf* suggestion.
sugestionar *vtr* to influence, persuade.
sugestivo,-a *adj* suggestive; *(atractivo)* alluring.
suicida **I** *nmf (persona)* suicide. **II** *adj* suicidal.
suicidarse *vr* to commit suicide, kill oneself.
suicidio *nm* suicide.
suite *nf* suite.

Suiza *n* Switzerland.
suizo,-a I *adj* Swiss. II *nm,f (persona)* Swiss. III *nm Culin* eclair.
sujetador *nm (prenda)* bra, brassière.
sujetar I *vtr* 1 *(agarrar)* to hold. 2 *(fijar)* to hold down, hold in place. 3 *fig (someter)* to restrain. II **sujetarse** *vr (agarrarse)* to hold on.
sujeto,-a I *nm* subject; *(individuo)* fellow, individual. II *adj (atado)* fastened, secure; **s. a**, *(sometido)* subject to, liable to.
sulfato *nm* sulphate.
sulfurar I *vtr fam (exasperar)* to exasperate, infuriate. II **sulfurarse** *vr fam* to lose one's temper, blow one's top.
sultán *nm* sultan.
suma *nf* 1 *(cantidad)* sum, amount. 2 *Mat* sum, addition; **s. total**, sum total. 3 **en s.**, in short.
sumamente *adv* extremely, highly.
sumar I *vtr Mat* to add, add up. II **sumarse** *vr* **s. a**, *(huelga)* to join; *(propuesta)* to support.
sumario,-a I *adj* summary, brief; *Jur* **juicio s.**, summary proceedings *pl*. II *nm Jur* summary.
sumarísimo,-a *adj Jur* swift, expeditious.
sumergible *adj & nm* submersible.
sumergir [6] I *vtr* to submerge, submerse; *(hundir)* to sink, plunge. II **sumergirse** *vr* to submerge, go underwater; *(hundirse)* to sink.
sumidero *nm* drain, sewer.
suministrar *vtr* to supply, provide; **s. algo a algn**, to supply sb with sth.
suministro *nm* supply.
sumir *vtr (hundir)* to sink, plunge; *fig* to plunge.
sumiso,-a *adj* submissive, obedient.
sumo,-a *adj (supremo)* supreme; **con s. cuidado**, with extreme care; **a lo s.**, at (the) most.
suntuoso,-a *adj* sumptuous, magnificent.
supe *pt indef* → **saber**.
supeditar *vtr* to subject (**a**, to).
super- *pref* super-.
súper *fam* I *adj* super, great. II *nm* 1 *(supermercado)* supermarket. 2 *(gasolina)* 4 star.
superado,-a *adj* outdated, obsolete.
superar I *vtr* 1 *(obstáculo etc)* to overcome, surmount; *(prueba)* pass. 2 *(aventajar)* to surpass, excel. II **superarse** *vr* to improve *o* better oneself.
superávit *nm* surplus.
superdotado,-a I *adj* exceptionally gifted. II *nm,f* genius.
superficial *adj* superficial.
superficialidad *nf* superficiality.
superficie *nf* surface; *(área)* area; *Com* **grandes superficies**, hypermarkets.
superfluo,-a *adj* superfluous.
superhombre *nm* superman.
superior I *adj* 1 *(posición)* top, upper. 2 *(cantidad)* greater, higher, larger (**a**, than). 3 *(calidad)* superior; **calidad s.**, top quality. 4 *Educ* higher. II *nm (jefe)* superior.
superioridad *nf* superiority.
supermán *nm (pl* **supermanes***)* superman.
supermercado *nm* supermarket.
superpoblación *nf* overpopulation.
superponer [19] *vtr* to superimpose.
superpotencia *nf* superpower.
superproducción *nf* 1 *Ind* overproduction. 2 *Cin* mammoth production.
supersónico,-a *adj* supersonic.
superstición *nf* superstition.
supersticioso,-a *adj* superstitious.
supervisar *vtr* to supervise.
supervisor,-a *nm,f* supervisor.
supervivencia *nf* survival.
supino,-a *adj* 1 *(boca arriba)* supine, face up. 2 *fig (absoluto)* total absolute.
súpito,-a *adj Am* sudden.
suplantar *vtr* to supplant, take the place of.
suplementario,-a *adj* supplementary, additional.
suplemento *nm* supplement; **sin s.**, without extra charge.
suplente *adj & nmf (sustituto)* substitute, deputy; *Dep* substitute.
supletorio,-a *adj* supplementary, additional; **cama supletoria**, extra bed; **teléfono s.**, extension.
súplica *nf* entreaty, plea.
suplicar [1] *vtr* to beseech, beg.
suplicio *nm (tortura)* torture; *fig (tormento)* torment.
suplir *vtr* 1 *(reemplazar)* to replace, substitute. 2 *(compensar)* to make up for.
suponer [19] I *(pp* **supuesto***) vtr* 1 *(significar)* to mean. 2 *(implicar)* to entail. 3 *(representar)* to account for. 4 *(pensar)* to suppose; **supongo que sí**, I suppose so; **supongamos que ...**, let's assume that .... 5 *(adivinar)* to guess; **(me) lo suponía**, I guessed as much.
suposición *nf* supposition.
supositorio *nm* suppository.
supremacía *nf* supremacy.
supremo,-a *adj* supreme.
supresión *nf (de una ley etc)* abolition; *(de restricciones)* lifting; *(de una palabra)* deletion; *(de una rebelión)* suppression; *(omisión)* omission.
suprimir *vtr* 1 *(ley, impuesto)* to abolish; *(restricción)* to lift; *(palabra)* to delete, take *o* leave out; *(rebelión)* to suppress. 2 *(omitir)* to omit.
supuesto,-a I *adj* 1 *(asumido)* supposed, assumed; **¡por s.!**, of course!; **dar algo por s.**, to take sth for granted. 2 *(presunto)* alleged. II *nm* assumption; **en el s. de que**, on the assumption that.
supurar *vi* to suppurate, fester.
supuse *pt indef* → **suponer**.

sur *nm* south.
Suramérica *nf* South America.
suramericano,-a *adj & nm,f* South American.
surcar |1| *vtr Agr* to plough; *fig (olas)* to cut through.
surco *nm Agr* furrow; *(en un disco)* groove.
sureño,-a I *adj* southern. II *nm,f* southerner.
sureste *adj & nm* → **sudeste**.
surf(ing) *nm Dep* surfing.
surfista *nmf* surfer.
surgir |6| *vi (aparecer)* to arise, emerge, appear; *(problema, dificultad)* to crop up.
suroeste *adj & nm* → **sudoeste**.
surrealista *adj & nmf* surrealist.
surtido,-a I *adj* 1 *(variado)* assorted. 2 **bien s.**, well stocked. II *nm* selection, assortment.
surtidor *nm* spout; **s. de gasolina**, petrol *o US* gas pump.
surtir *vtr* 1 to supply, provide. 2 **s. efecto**, to have the desired effect.
susceptible *adj* susceptible; *(quisquilloso)* oversensitive, touchy.
suscitar *vtr (provocar)* to cause, provoke; *(rebelión)* to stir up, arouse; *(interés etc)* to arouse.
suscribir *(pp* **suscrito)** I *vtr* 1 to subscribe to, endorse. 2 *fml (firmar)* to sign. II **suscribirse** *vr* to subscribe **(a,** to).
suscripción *nf* subscription.
susodicho,-a *adj* above-mentioned, aforesaid.
suspender I *vtr* 1 *(ley)* to suspend; *(reunión)* to adjourn. 2 *(examen)* to fail; **me han suspendido**, I've failed (the exam). 3 *(colgar)* to hang, suspend. II *vi Educ* **he suspendido**, I've failed.
suspense *nm* suspense; **novela/película de s.**, thriller.
suspensión *nf* 1 hanging (up), suspension. 2 *Aut* suspension. 3 *Fin Jur* **s. de pagos**, suspension of payments.
suspensivo,-a *adj* **puntos suspensivos**, suspension points.
suspenso *nm* 1 *Educ* fail. 2 **en s.**, *(asunto, trabajo)* pending; **estar en s.**, to be pending.
suspicacia *nf* suspiciousness.
suspicaz *adj* suspicious; *(desconfiado)* distrustful.
suspirar *vi* to sigh.
suspiro *nm* sigh.
sustancia *nf* substance.
sustancial *adj* 1 substantial. 2 *(fundamental)* essential, fundamental.
sustantivo,-a I *adj* substantive. II *nm Ling* noun.
sustentar *vtr* 1 *(peso)* to support. 2 *(familia)* to maintain, support. 3 *(teoría)* to support, defend.
sustento *nm* 1 *(alimento)* sustenance, food. 2 *(apoyo)* support.
sustitución *nf* substitution, replacement.
sustituir |37| *vtr* to substitute, replace.
sustituto,-a *nm,f* substitute, stand-in.
susto *nm* fright, scare; **llevarse** *o* **darse un s.**, to get a fright.
sustraer |25| *vtr* 1 *Mat* to subtract. 2 *(robar)* to steal, remove.
sustrato *nm* substratum.
susurrar *vtr* to whisper.
susurro *nm* whisper.
sutil *adj* 1 *(diferencia, pregunta)* subtle. 2 *(delgado)* thin, fine. 3 *(aroma)* delicate.
sutileza *nf* 1 *(dicho)* subtlety. 2 *(finura)* fineness.
suyo,-a *adj & pron pos (de él)* his; *(de ella)* hers; *(de usted, ustedes)* yours; *(de animal o cosa)* its; *(de ellos, ellas)* theirs; **los zapatos no son suyos**, the shoes aren't hers; **varios amigos suyos**, several friends of his *o* hers *o* yours *o* theirs; *fam* **es muy s.**, he's very aloof; *fam* **hacer de las suyas**, to be up to one's tricks; *fam* **ir (cada uno) a lo s.**, to mind one's own business; *fam* **salirse con la suya**, to get one's way.
svástica *nf* swastika.

T

T, t |te| *nf (la letra)* T, t.
t *abr de* **tonelada(s)**, ton, tons.
tabacalero,-a I *nm,f (vendedor)* tobacco trader. II *nf* **La Tabacalera**, Spanish state tobacco monopoly.
tabaco *nm* 1 *(planta, hoja)* tobacco; **t. rubio**, Virginia tobacco. 2 *(cigarrillos)* cigarettes *pl*.
tábano *nm* horsefly.
tabaquismo *nm* nicotine poisoning.
tabarra *nf fam* nuisance, bore; **dar la t.**, to go on and on.
tabasco *nm* tabasco sauce.
taberna *nf* pub, bar; *(antiguamente)* tavern.
tabernero,-a *nm,f* publican; *(hombre)* landlord; *(mujer)* landlady.
tabique *nm* 1 *(pared)* partition (wall). 2 *Anat* **t. nasal**, nasal wall.
tabla *nf* 1 board; *Dep* **t. de surf**, surfboard; *Dep* **t. de windsurf**, sailboard. 2 *(de vestido)* pleat. 3 *Mat* table. 4 *Ajedrez* **tablas**, stalemate *sing*, draw *sing*; **quedar en t.**, *(juego)* to end in a draw. 5 *Taur* **tablas**, fence *sing*. 6 *Teat* **las tablas**, the stage *sing*; *fig* **tener (muchas) t.**, to be an old hand.
tablado *nm* 1 *(plataforma)* wooden plat-

form. 2 *Teat* stage.
tablao *nm fam* flamenco bar *o* show.
tablero *nm* 1 *(tablón)* panel, board; **t. de mandos,** *(de coche)* dash(board). 2 *(en juegos)* board; **t. de ajedrez,** chessboard.
tableta *nf (de chocolate)* bar.
tablón *nm* plank; *(en construcción)* beam; **t. de anuncios,** notice *o US* bulletin board.
tabú *adj & nm (pl* **tabúes***)* taboo.
tabular *vtr* to tabulate.
taburete *nm* stool.
tacaño,-a I *adj* mean, stingy. **II** *nm,f* miser.
tacatá, tacataca *nm* baby-walker.
tacha *nf (defecto)* flaw, defect; **sin t.,** flawless, without blemish.
tachar *vtr* 1 to cross out. 2 *fig* **t. de,** to accuse of.
tacho *nm Am* bucket.
tachón *nm (borrón)* crossing out.
tachuela *nf* tack, stud.
tácito,-a *adj* tacit.
taciturno,-a *adj* 1 *(callado)* taciturn. 2 *(triste)* sullen.
taco *nm* 1 *(de billetes)* wad; *Culin (de jamón, queso)* cube, piece; *(de bota de fútbol)* stud; *(en billar)* cue. 2 *Culin* taco, rolled-up tortilla pancake. 3 *fam (palabrota)* swearword. 4 *fam (lío)* mess, muddle; **armarse o hacerse un t.,** to get all mixed up. 5 **me gusta un t.,** I like it a lot. 6 *fam* **tacos,** *(años)* years.
tacón *nm* heel; **zapatos de t.,** high-heeled shoes.
taconeo *nm (pisada)* heel tapping; *(golpe)* stamping with the heels.
táctica *nf* tactics *pl.*
táctil *adj* tactile; **pantalla t.,** touch screen.
táctico,-a *adj* tactical.
tacto *nm* 1 *(sentido)* touch. 2 *fig (delicadeza)* tact; **tener t.,** to be tactful.
taekwondo *nm* tae kwon do.
tafetán *nm* taffeta.
tahur *nm* cardsharp.
Tailandia *n* Thailand.
tailandés,-esa I *adj* Thai. **II** *nm,f (persona)* Thai; **los tailandeses,** the Thai *o* Thais. **III** *nm (idioma)* Thai.
taimado,-a *adj* sly, crafty.
tajada *nf* 1 slice; *fig* **sacar *o* llevarse t.,** to take one's share. 2 *fam (borrachera)* drunkenness.
tajante *adj* incisive.
Tajo *n* **el T.,** the Tagus.
tal I *adj* 1 *(semejante)* such; *(más sustantivo singular contable)* such a; **en tales condiciones,** in such conditions; **nunca dije t. cosa,** I never said such a thing. 2 *(persona)* person called ...; **te llamó una t. Amelia,** someone called Amelia phoned you. 4 *(locuciones)*

t. vez, perhaps, maybe; **como si t. cosa,** as if nothing had happened. **II** *adv* 1 *(así)* just; **t. cual,** just as it is; **t. (y) como,** just as. 2 **¿qué t.?,** how are things?; **¿qué t. ese vino?,** how do you find this wine? **III** *conj* as; **con t. (de) que** + *subj,* so long as, provided. **IV** *pron (cosa)* something; *(persona)* someone, somebody; **t. para cual,** two of a kind; **y t. y cual,** and so on.
tala *nf* tree felling.
taladradora *nf* drill.
taladrar *vtr* to drill; *(pared)* to bore through; *(papeles)* to punch.
taladro *nm* 1 *(herramienta)* drill. 2 *(agujero)* hole.
talante *nm* 1 *(carácter)* disposition. 2 *(voluntad)* **de buen t.,** willingly; **de mal t.,** unwillingly, reluctantly.
talar *vtr (árboles)* to fell, cut down.
talco *nm* talc; **polvos de t.,** talcum powder.
talega *nf* bag, sack.
talego *nm* 1 long bag, long sack. 2 *arg (cárcel)* clink, hole. 3 *arg (mil pesetas)* one thousand peseta note.
talento *nm* talent.
Talgo *nm* fast passenger train.
talismán *nm* talisman, lucky charm.
talla *nf* 1 *(de prenda)* size; **¿qué t. usas?,** what size are you? 2 *(estatura)* height; *fig* stature; *fig* **dar la t.,** to make the grade. 3 *(escultura)* carving, sculpture. 4 *(tallado)* cutting, carving.
tallado,-a *nm (de madera)* carving; *(de piedras preciosas)* cutting; *(de metales)* engraving.
tallar *vtr* 1 *(madera, piedra)* to carve, shape; *(piedras preciosas)* to cut; *(metales)* to engrave. 2 *(medir)* to measure the height of.
tallarines *nmpl* tagliatelle *sing.*
talle *nm* 1 *(cintura)* waist. 2 *(cuerpo) (de hombre)* build, physique; *(de mujer)* figure, shape.
taller *nm* 1 *(obrador)* workshop; *Aut* **t. de reparaciones,** garage. 2 *Ind* factory, mill.
tallo *nm* stem, stalk.
talón *nm* 1 *(del pie)* heel. 2 *(cheque)* cheque, *US* check.
talonario *nm (de cheques)* cheque *o US* check book; *(de billetes)* book of tickets.
tamaño *nm* size; **de gran t.,** large; **del t. de,** as large as, as big as.
tamaño,-a *adj* such a big, so big a.
tamarindo *nm* tamarind.
tambalearse *vr (persona)* to stagger; *(mesa)* to wobble; *fig* to teeter.
tambero *nm Am (mesonero)* innkeeper, landlord.
también *adv (igualmente)* too, also, as well; **tú t. puedes venir,** you can come too; **¿lo harás?, yo t.,** are you going to do it?, so am I.

tambor *nm* 1 (*Mús, de lavadora, de freno*) drum. 2 *Anat* eardrum.
Támesis *n* el T., the Thames.
tamiz *nm* sieve.
tamizar [1] *vtr* to sieve.
tampoco *adv* 1 (*en afirmativas*) nor, neither; **Juan no vendrá y María t.**, Juan won't come and neither will Maria; **no lo sé, - yo t.**, I don't know, - neither do I. 2 (*en negativas*) either, not ... either; **la Bolsa no sube, pero t. baja**, the stock market isn't going up, but it's not going down either.
tampón *nm* tampon.
tan *adv* 1 *such*; (*más sustantivo singular contable*) such a; **es t. listo**, he's such a clever fellow; **no me gusta t. dulce**, I don't like it so sweet; **¡qué gente t. agradable!**, such nice people!; **¡qué vestido t. bonito!**, what a beautiful dress! 2 (*comparativo*) **t. ... como**, as ... as; **t. alto como tú**, as tall as you (are). 3 (*consecutivo*) so ... (that); **iba t. deprisa que no lo vi**, he was going so fast that I couldn't see him. 4 **t. siquiera**, at least; **t. sólo**, only.
tanda *nf* (*conjunto*) batch, lot; (*serie*) series *sing*; **por tandas**, in groups.
tándem *nm* tandem.
tanga *nm* tanga.
tangente *nf* tangent; *fig* **salirse** *o* **escaparse por la t.**, to go off at a tangent.
Tánger *n* Tangier.
tangible *adj* tangible.
tango *nm* tango.
tanque *nm* tank.
tantear I *vtr* 1 *fig* **t. a algn**, to sound sb out; **t. el terreno**, to see how the land lies. 2 (*calcular*) to estimate, guess. **II** *vi Dep* (to keep) score.
tanteo *nm* 1 (*cálculo*) estimate, guess. 2 *Dep* score.
tanto,-a I *nm* 1 (*punto*) point. 2 (*cantidad imprecisa*) so much, a certain amount; **t. por ciento**, percentage. 3 **un t.**, a bit; **la casa es un t. pequeña**, the house is rather *o* somewhat small. 4 **estar al t.**, (*informado*) to be informed; (*pendiente*) to be on the lookout.
II *adj* 1 (+ *singular*) so much; (+ *plural*) so many; **no le des t. dinero**, don't give him so much money; **¡ha pasado t. tiempo!**, it's been so long!; **no comas tantas manzanas**, don't eat so many apples. 2 **cincuenta y tantas personas**, fifty odd people; **en el año sesenta y tantos**, in nineteen sixty something. 3 **t. como**, as much as; **tantos,-as como**, as many as.
III *pron* (+ *singular*) so much; **otro t.**, as much again, the same again; **no es** *o* **hay para t.**, it's not that bad. 2 (+ *plural*) so many; **otros tantos**, as many again; **uno de tantos**, run-of-the-mill; *fam* **a las tantas**, very late, at an unearthly hour.
IV *adv* 1 (*cantidad*) so much; **t. mejor/ peor**, so much the better/worse; **t. más cuanto que**, all the more so because. 2 (*tiempo*) so long. 3 (*frecuencia*) so often. 4 **t. ... como**, both ... and; **t. tú como yo**, both you and I; **t. si vienes como si no**, whether you come or not. 5 (*locuciones*) **por lo t.**, therefore; **¡y t.!**, oh yes!, and how!
tañer [38] *vtr* to play.
tapa *nf* 1 (*cubierta*) lid; (*de botella*) cap, top; (*de libro*) cover; (*de zapato*) heel-plate; *Aut* (*de cilindro*) head. 2 (*aperitivo*) appetizer.
tapadera *nf* (*tapa*) cover, lid; *fig* cover, front.
tapadillo *nm* **hacer algo de t.**, to do sth secretly.
tapar I *vtr* 1 to cover; (*botella etc*) to put the lid *o* top on; (*con ropas o mantas*) to wrap up. 2 (*ocultar*) to hide; (*vista*) to block. 3 (*encubrir*) to cover up for sb. **II taparse** *vr* (*cubrirse*) to cover oneself; (*abrigarse*) to wrap up.
taparrabos *nm inv* loincloth.
tapete *nm* (table) cover; *fig* **poner algo sobre el t.**, to table sth.
tapia *nf* garden wall.
tapiar [12] *vtr* 1 (*área*) to wall off. 2 (*puerta, ventana etc*) to wall, close up.
tapicería *nf* 1 tapestry; (*de muebles, coche*) upholstery. 2 (*tienda*) upholsterer's shop *o* workshop.
tapioca *nf* tapioca.
tapiz *nm* tapestry.
tapizar [4] *vtr* to upholster.
tapón *nm* 1 (*de lavabo etc*) stopper, plug; (*de botella*) cap, cork; **t. de rosca**, screw-on cap. 2 (*de oídos*) earplug. 3 (*en baloncesto*) block. 4 *Aut* traffic jam.
taponar I *vtr* 1 (*tubería, hueco*) to plug. 2 *Med* (*herida*) to tampon. **II taponarse** *vr* **se me han taponado los oídos**, my ears are blocked up.
taquigrafía *nf* shorthand.
taquígrafo,-a *nm,f* shorthand writer.
taquilla *nf* 1 ticket office, booking office; *Cin Teat* box-office; **un éxito de t.**, a box-office success. 2 (*recaudación*) takings *pl*. 3 (*armario*) locker.
taquillero,-a I *adj* popular; **película taquillera**, box office hit. **II** *nm,f* booking *o* ticket clerk.
tara *nf* 1 (*peso*) tare. 2 (*defecto*) defect, fault.
tarántula *nf* tarantula.
tararear *vtr* to hum.
tardanza *nf* delay.
tardar I *vtr* to take time; **¿cuánto va a t.?**, how long will it take?; **tardé dos horas en venir**, it took me two hours to get here. **II** *vi* (*demorar*) to take long; **si tarda mucho me voy**, if it takes much

longer, I'm going; **no tardes**, don't be long; **a más t.**, at the latest. **III tardarse** vr *¿cuánto se tarda en llegar?*, how long does it take to get there?

tarde I nf **1** *(hasta las cinco)* afternoon. **2** *(después de las cinco)* evening. **3 la t.- noche**, late evening. **II** adv **1** late; **siento llegar t.**, sorry I'm late. **2** *(locuciones)* **de t. en t.**, very rarely, not very often; **(más) t. o (más) temprano**, sooner or later.

tardío,-a adj late, belated.

tardo,-a adj slow.

tarea nf job, task; **tareas**, *(de ama de casa)* housework *sing*; *(de estudiante)* homework *sing*.

tarifa nf **1** *(precio)* tariff, rate; *(en transportes)* fare. **2** *(lista de precios)* price list.

tarima nf platform, dais.

tarjeta nf card; **t. postal**, postcard; **t. de crédito**, credit card; **t. de visita**, visiting o US calling card; *Inform* **t. perforada**, punch o punched card.

tarraconense I adj of o from Tarragona. **II** nmf native o inhabitant of Tarragona.

tarro nm **1** *(vasija)* jar, pot, tub. **2** fam *(cabeza)* bonce. **3** Am *(lata)* tin, can.

tarta nf tart, pie.

tartamudear vi to stutter, stammer.

tartamudo,-a I adj stuttering, stammering. **II** nm,f stutterer, stammerer.

tartana nf fam *(coche viejo)* banger, heap.

tártaro,-a adj **salsa tártara**, tartar sauce.

tartera nf **1** *(fiambrera)* lunch box. **2** *(cazuela)* baking tin.

tarugo nm **1** *(de madera)* lump of wood. **2** fam *(persona)* blockhead.

tarumba adj fam crazy, mad; **estar t.**, to be bonkers.

tasa nf **1** *(precio)* fee; **tasas académicas**, course fees. **2** *(impuesto)* tax. **3** *(índice)* rate; **t. de natalidad/mortalidad**, birth/death rate. **4** *(valoración)* valuation, appraisal.

tasación nf valuation.

tasador,-a nm,f valuer.

tasar vtr **1** *(valorar)* to value; **t. una casa en diez millones de pesetas**, to value a house at ten million pesetas. **2** *(poner precio)* to set o fix the price of.

tasca nf fam bar, pub.

tata nf fam nanny.

tatarabuelo,-a nm,f *(hombre)* great-great-grandfather; *(mujer)* great-great-grandmother; **tatarabuelos**, great-great grandparents.

tataranieto,-a nm,f *(hombre)* great-great-grandson; *(mujer)* great-great-granddaughter; **tataranietos**, great-great-grandchildren.

tatuaje nm tattoo.

tatuar [10] vtr to tattoo.

taurino,-a adj of o relating to bullfighting.

Tauro nm Taurus.

tauromaquia nf tauromachy, (art of) bullfighting.

TAV abr de **Tren de Alta Velocidad**.

taxativo,-a adj categorical.

taxi nm taxi.

taxímetro nm taximeter, clock.

taxista nmf taxi driver.

taza nf **1** cup; **una t. de café**, *(recipiente)* coffee cup; *(contenido)* a cup of coffee. **2** *(de retrete)* bowl.

tazón nm bowl.

te pron pers **1** *(complemento directo)* you; *(complemento indirecto)* (to o for) you; **no quiero verte**, I don't want to see you; **te compraré uno**, I'll buy one for you, I'll buy you one; **te lo dije**, I told you so. **2** *(reflexivo)* yourself; **lávate**, wash yourself; *(sin traducción)* **bébetelo todo**, drink it up; **no te vayas**, don't go.

té nm (pl **tés**) tea; **t. con limón**, lemon tea.

tea nf torch.

teatral adj **1 grupo t.**, theatre company; **obra t.**, play. **2** fig *(teatrero)* theatrical.

teatrero,-a adj theatrical.

teatro nm **1** theatre, US theater; **obra de t.**, play; **autor de t.**, playwright. **2** Lit drama.

tebeo nm children's comic.

techar vtr to roof.

techo nm *(de habitación)* ceiling; *(tejado)* roof; Aut **t. corredizo**, sun roof.

tecla nf key; fig **dar en la t.**, to get it right.

teclado nm keyboard; *Inform* **t. expandido**, expanded keyboard.

teclear I vtr to key in. **II** vi to drum with one's fingers.

técnica nf **1** *(tecnología)* technology. **2** *(método)* technique. **3** *(habilidad)* skill.

técnico,-a I adj technical. **II** nm,f technician, technical expert.

tecnicolor nm Technicolor.

tecno- pref techno-.

tecnócrata nmf technocrat.

tecnología nf technology.

tecnológico,-a adj technological.

tedio nm tedium, boredom.

tedioso,-a adj tedious, boring.

teja nf Constr tile; fam fig **a toca t.**, on the nail.

tejado nm roof.

tejanos nmpl jeans.

tejemaneje nm fam **1** *(actividad)* bustle, fuss. **2** *(maquinación)* intrigue, scheming.

tejer vtr *(en el telar)* to weave; *(hacer punto)* to knit; *(telaraña)* to spin; fig *(plan)* to plot, to scheme.

tejido nm **1** fabric; **t. de punto**, knitted fabric. **2** Anat tissue.

tejo nm fam **tirar los tejos a algn**, to make a play for sb.

tejón nm badger.

tel. abr de **teléfono**, telephone, tel.

tela nf **1** Tex material, fabric, cloth; *(de la*

leche) skin; **t. de araña,** cobweb; **t. metálica,** gauze. **2** *fam (dinero)* dough. **3** *Arte* canvass. **4** *fig* **poner en t. de juicio,** to question; *fig* **tiene mucha t.,** it's not an easy thing.
telar *nm Tex* loom.
telaraña *nf* cobweb, spider's web.
tele *nf fam* telly, TV.
telearrastre *nm* ski lift.
telecabina *nm* cable car.
telecomunicaciones *nfpl* telecommunications.
telediario *nm TV* television news bulletin.
teledirigido,-a *adj* remote-controlled.
telefax *nm* telefax, fax.
teleférico *nm* cable car *o* railway.
telefilm, telefilme *nm* TV film.
telefonazo *nm* **dar un t. (a algn),** to give (sb) a ring.
telefonear *vt & vi* to telephone, phone.
telefónica *nf* **Compañía T.,** ≈ British Telecom.
telefónico,-a *adj* telephone; **llamada telefónica,** telephone call.
telefonista *nmf* (telephone) operator.
teléfono *nm* telephone, phone; **t. portátil,** portable telephone; **t. móvil,** car phone; **está hablando por t.,** she's on the phone; **te llamó por t.,** she phoned you.
telegrafiar [29] *vtr* to telegraph, wire.
telegráfico,-a *adj* telegraphic; **giro t.,** giro, money order.
telégrafo *nm* **1** telegraph. **2 telégrafos,** post office *sing*.
telegrama *nm* telegram, cable.
teleimpresor *nm*, **teleimpresora** *nf* teleprinter.
telele *nm fam* **darle a uno un t.,** to have a fit.
telemando *nm* remote control (unit).
telenovela *nf* television serial.
teleobjetivo *nm* telephoto lens *sing*.
telepático,-a *adj* telepathic.
telescopio *nm* telescope.
teleserie *nf* television series.
telesilla *nm* chair lift.
telespectador,-a *nm,f TV* viewer.
telesquí *nm* ski lift.
teletexto *nm* teletext.
teletipo *nm* teleprinter.
televidente *nm,f TV* viewer.
televisar *vtr* to televise.
televisión *nf* **1** *(sistema)* television. **2** *fam (aparato)* television set; **t. en color/en blanco y negro,** colour/black and white television; **ver la t.,** to watch television.
televisivo,-a *adj* television; **espacio t.,** television programme.
televisor *nm* television set.
télex *nm inv* telex.
telón *nm Teat* curtain; *Pol Hist* **t. de acero,** iron curtain; **t. de fondo,** *Teat* backdrop; *fig* background.
telonero,-a *adj* **(grupo) t.,** support band.

tema *nm* **1** *(asunto)* topic, subject; *(de examen)* subject; **temas de actualidad,** current affairs. **2** *Mús* theme.
temario *nm (de examen)* programme.
temática *nf* subject matter.
temático,-a *adj* thematic.
temblar [1] *vi (de frío)* to shiver; *(de miedo)* to tremble **(de,** with); *(voz)* to quiver; *(pulso)* to shake.
tembleque *nm fam* shaking fit.
temblón,-ona *adj fam* trembling, shaky.
temblor *nm* tremor, shudder; **t. de tierra,** earth tremor.
tembloroso,-a, tembloso,-a *adj* shaking; *(voz)* quivering, *(de frío)* shivering; *(de miedo)* trembling; **manos temblorosas,** shaky hands.
temer I *vtr* to fear, be afraid; **temo que esté muerto,** I fear he's dead; **temo que no podrá recibirte,** I'm afraid (that) he won't be able to see you. **II** *vi* to be afraid. **III temerse** *vr* to fear, be afraid; **¡me lo temía!,** I was afraid this would happen!
temerario,-a *adj* reckless, rash.
temeridad *nf* **1** *(actitud)* temerity, rashness. **2** *(acto temerario)* reckless act.
temeroso,-a *adj* **1** fearful, timid. **2** *(temible)* frightful.
temible *adj* fearful, frightful.
temor *nm* **1** fear. **2** *(recelo)* worry, apprehension.
témpano *nm* ice floe.
temperamental *adj* temperamental.
temperamento *nm* temperament; **tener t.,** to have a strong character.
temperatura *nf* temperature.
tempestad *nf* storm; *fig* turmoil, uproar.
tempestuoso,-a *adj* stormy, tempestuous.
templado,-a *adj* **1** *(agua)* lukewarm; *(clima)* mild, temperate. **2** *Mús (afinado)* tuned.
templanza *nf* moderation, restraint.
templar *vt* **1** to moderate. **2** *(algo frío)* to warm up; *(algo caliente)* to cool down. **3** *Mús (instrumento)* to tune. **4** *Téc (metal)* to temper.
temple *nm* **1** *(fortaleza)* boldness, courage. **2** *Arte* tempera.
templete *nm* bandstand.
templo *nm* temple.
temporada *nf* **1** season; **t. alta,** high *o* peak season; **t. baja,** low *o* off season. **2** *(período)* period, time; **por temporadas,** on and off.
temporal I *adj* temporary, provisional. **II** *nm* storm.
temporero,-a *nm,f* seasonal *o* temporary worker.
tempranero,-a *adj* **1** *(persona)* earlyrising. **2** *(cosecha)* early.
temprano,-a *adj & adv* early.
tenacidad *nf* **1** *(perseverancia)* tenacity,

perseverance. 2 *(de metal)* tensile strength.
tenacillas *nfpl (para pelo)* curling tongs.
tenaz *adj* tenacious.
tenaza *nf*, **tenazas** *nfpl (herramienta)* pliers, pincers; *(para el fuego)* tongs.
tendedero *nm* clothesline, drying place.
tendencia *nf* tendency.
tendencioso,-a *adj* tendentious, biased.
tender [3] I *vtr* 1 *(mantel etc)* to spread out; *(para secar)* to hang out. 2 *(red)* to cast; *(puente)* to build; *(vía, cable)* to lay; *(trampa)* to lay, set. 3 *(mano)* to stretch *o* hold out. 4 *(tumbar)* to lay. II *vi* to tend (a, to), have a tendency (a, to). III **tenderse** *vr* to lie down, stretch out.
tenderete *nm (puesto)* market stall.
tendero,-a *nm,f* shopkeeper.
tendido *nm* 1 *(de vía, cable)* laying; *(de puente)* construction; **t. eléctrico**, electrical installation. 2 *Taur (asientos)* front tiers *pl* of seats, *US* bleachers *pl*.
tendón *nm* tendon, sinew.
tenebroso,-a *adj (sombrío)* dark, gloomy; *(siniestro)* sinister, shady.
tenedor,-a *nm* fork.
teneduría *nf* **t. de libros**, book-keeping.
tenencia *nf Jur* **t. ilícita de armas**, illegal possession of arms.
tener [24] I *vtr* 1 to have, have got; **tenemos un examen**, we've got *o* we have an exam; **va a t. un niño**, she's going to have a baby, she's expecting; **¡ahí (lo) tienes!**, here you are! 2 *(poseer)* to own, possess. 3 *(sostener)* to hold; **tenme el bolso un momento**, hold my bag a minute; **ten, es para ti**, take this *o* here you are, it's for you. 4 **t. calor/frío**, to be hot/cold; **t. cariño a algn**, to be fond of sb; **t. miedo**, to be frightened. 5 *(edad)* to be; **tiene dieciocho (años)**, he's eighteen (years old). 6 *(medida)* **la casa tiene cien metros cuadrados**, the house is 100 square metres. 7 *(contener)* to hold, contain. 8 *(mantener)* to keep; **me tuvo despierto toda la noche**, he kept me up all night. 9 **t. por**, *(considerar)* to consider, think; **me tienen por estúpido**, they think I'm a fool; **ten por seguro que lloverá**, you can be sure it'll rain. 10 **t. que**, to have (got) to; **tengo que irme**, I must leave; **tienes/tendrías que verlo**, you must/should see it.
II **tenerse** *vr* 1 **t. en pie**, to stand (up). 2 **t. por**, *(considerarse)* to think *o* consider oneself; **se tiene por muy inteligente**, he thinks he's very intelligent.
tenga *subj pres* → **tener**.
tengo *indic pres* → **tener**.
teniente *nm* 1 *Mil* lieutenant. 2 **t. (de) alcalde**, deputy mayor.
tenis *nm* tennis.
tenista *nmf* tennis player.
tenor[1] *nm Mús* tenor.

tenor[2] *nm* **a t. de**, according to.
tensar *vtr (cable etc)* to tighten; *(arco)* to draw.
tensión *nf* 1 tension; **en t.**, tense. 2 *Elec* tension, voltage. 3 *Med* **t. arterial**, blood pressure; **t. nerviosa**, nervous strain. 4 *Téc* stress.
tenso,-a *adj* 1 *(cuerda, cable)* tense, taut. 2 *(persona)* tense; *(relaciones)* strained.
tentación *nf* temptation.
tentáculo *nm* tentacle.
tentador,-a *adj* tempting.
tentar [1] I *vtr* 1 *(palpar)* to feel, touch. 2 *(incitar)* to tempt.
tentativa *nf* attempt; *Jur* **t. de asesinato**, attempted murder.
tentempié *nm fam (pl* **tentempiés)** 1 *(comida)* snack, bite. 2 *(juguete)* tumbler.
tenue *adj* 1 *(luz, sonido)* subdued, faint. 2 *(delgado)* thin, light.
teñir [6] I *vtr* 1 *(pelo etc)* to dye. 2 *fig* to tinge with. II **teñirse** *vr* **t. el pelo**, to dye one's hair.
teología *nf* theology.
teorema *nm* theorem.
teoría *nf* theory; **en t.**, theoretically.
teórico,-a *adj* theoretical.
teorizar [4] *vi* to theorize (**sobre**, on).
tequila *nm* tequila.
terapeuta *nmf* therapist.
terapia *nf* therapy.
tercer *adj* third; **el t. mundo**, the third world.
tercermundista *adj* third-world.
tercero,-a I *adj* third. II *nm,f* 1 *(de una serie)* third; **a la tercera va la vencida**, third time lucky. III *nm (mediador)* mediator; *Jur* third party.
terceto *nm Mús* trio.
terciar [12] I *vi* 1 *(mediar)* to mediate, arbitrate. 2 *(participar)* to take part, participate. II **terciarse** *vr* **si se tercia**, should the occasion arise.
terciario,-a *adj* tertiary.
tercio *nm* 1 *(parte)* (one) third. 2 *(de cerveza)* medium-size bottle of beer. 3 *Taur* stage, part (of a bullfight).
terciopelo *nm* velvet.
terco,-a *adj* stubborn, obstinate.
tergiversar *vtr (verdad)* to distort; *(palabras)* to twist.
termal *adj* thermal.
termas *nfpl (baños)* spa *sing*, hot baths *o* springs *pl*.
térmico,-a *adj* thermal; **central térmica**, coal- fired power station.
terminación *nf* completion.
terminal I *adj* terminal. II *nf* 1 *(de aeropuerto)* terminal; *(de autobús)* terminus. 2 *Elec Inform* terminal.
terminante *adj* 1 *(categórico)* categorical, final. 2 *(dato, resultado)* conclusive.
◆**terminantemente** *adv* categorically; **t. prohibido**, strictly forbidden.

terminar I *vtr* (*acabar*) to finish, complete; (*completamente*) to finish off. **II** *vi* **1** (*acabarse*) to finish, end; **termina en seis**, it ends with a six; **no termina de convencerse**, he still isn't quite convinced. **2** (*ir a parar*) to end up (**en**, in); **terminó por comprarlo**, he ended up buying it. **3 t. con**, (*eliminar*) to put an end to. **III terminarse** *vr* **1** to finish, end, be over. **2** (*vino, dinero etc*) to run out.

término *nm* **1** (*final*) end, finish. **2** (*palabra*) term, word; **en otros términos**, in other words; **en términos generales**, generally speaking. **3 t. municipal**, district. **4 por t. medio**, on average. **5** *fig* **en último t.**, as a last resort.

terminología *nf* terminology.

termo *nm* thermos (flask), flask.

termodinámico,-a *adj* thermodynamic.

termómetro *nm* thermometer.

termonuclear *adj* thermonuclear.

termostato *nm* thermostat.

ternera *nf* calf; (*carne*) veal.

ternero *nm* calf.

ternura *nf* tenderness.

terquedad *nf* stubbornness, obstinacy.

terracota *nf* terracotta.

Terranova *n* Newfoundland.

terraplén *nm* embankment.

terráqueo,-a *adj* **globo t.**, (*tierra*) (the) earth; (*esfera*) globe.

terrateniente *nmf* landowner.

terremoto *nm* earthquake.

terrenal *adj* **un paraíso t.**, a heaven on earth.

terreno *nm* **1** (*tierra*) (piece of) land, ground; *Geol* terrain; (*campo*) field; **ganar/perder t.**, to gain/lose ground. **2** *Dep* field, ground. **3** *fig* field, sphere.

terrestre *adj* **1** (*de la tierra*) terrestrial, earthly. **2** (*por tierra*) by land; **por vía t.**, by land.

terrible *adj* terrible, awful.

terrícola *nmf* (*en ciencia ficción*) earthling.

terrier *nf* terrier.

territorio *nm* territory.

terrón *nm* (*de azúcar*) lump; (*de tierra*) clod.

terror *nm* terror; *Cin* horror.

terrorífico,-a *adj* terrifying, frightening.

terrorismo *nm* terrorism.

terrorista *adj & nmf* terrorist.

terroso,-a *adj* (*color*) earth-coloured, *US* earth-colored.

terruño *nm* (*terreno*) piece of land; (*patria chica*) homeland, native land.

terso,-a *adj* smooth.

tersura *nf* smoothness.

tertulia *nf* get-together; **t. literaria**, literary gathering.

tesina *nf* first degree dissertation.

tesis *nf inv* thesis; (*opinión*) view, theory.

tesón *nm* tenacity, firmness.

tesorero,-a *nm,f* treasurer.

tesoro *nm* **1** treasure. **2** (*erario*) exchequer; **T. Público**, Treasury.

test *nm* test.

testaferro *nm* front man.

testamentario,-a *Jur* **I** *adj* testamentary. **II** *nm,f* executor.

testamento *nm* **1** *Jur* will; **hacer** *o* **otorgar t.**, to make *o* draw up one's will. **2** *Rel* Testament.

testar *vi* to make *o* draw up one's will.

testarudo,-a *adj* stubborn, obstinate.

testículo *nm* testicle.

testificar [1] *vtr* to testify.

testigo I *nmf* witness; *Jur* **t. de cargo/ descargo**, witness for the prosecution/ defence; *Jur* **t. ocular/presencial**, eyewitness; *Rel* **Testigos de Jehová**, Jehovah's Witnesses. **II** *nm Dep* baton.

testimoniar [12] *vtr* **1** (*dar testimonio*) to testify to, attest to. **2** (*mostrar*) to show.

testimonio *nm Jur* testimony; (*prueba*) evidence, proof.

teta *nf fam* **1** tit, boob; **niño de t.**, breastfeeding baby. **2** (*de vaca*) udder.

tétano *nm* tetanus.

tetera *nf* teapot.

tetilla *nf* **1** *Anat* man's nipple. **2** (*de biberón*) (rubber) teat.

tetina *nf* (rubber) teat.

tétrico,-a *adj* gloomy, dull.

textil *adj & nm* textile.

texto *nm* text; **libro de t.**, textbook.

textual *adj* textual; (*exacto*) literal; **en palabras textuales**, literally.

textura *nf Tex* texture; (*en minerales*) structure.

tez *nf* complexion.

ti *pron pers* you; **es para ti**, it's for you; **hazlo por ti**, do it for your own sake; **piensas demasiado en ti mismo**, you think too much about yourself.

tía *nf* **1** (*pariente*) aunt. **2** *arg* (*mujer*) girl, woman.

tibieza *nf* tepidity; *fig* lack of enthusiasm.

tibio,-a *adj* tepid, lukewarm; *fam* **ponerse t. de cerveza**, to get pissed.

tiburón *nm* shark.

tic *nm* (*pl* **tiques**) tic, twitch; **t. nervioso**, nervous tic *o* twitch.

ticket *nm* (*pl* **tickets**) (*billete*) ticket; (*recibo*) receipt.

tictac *nm* tick-tock, ticking.

tiempo *nm* **1** time; **a t.**, in time; **a su (debido) t.**, in due course; **a un t.**, **al mismo t.**, at the same time; **al poco t.**, soon afterwards; **antes de t.**, (too) early *o* soon; **con el t.**, in the course of time, with time; **con t.**, in advance; **¿cuánto t.?**, how long?; **¿cuánto t. hace?**, how long ago?; **demasiado t.**, too long; **estar a t. de**, to still have time to; **hacer t.**, to kill time; **¿nos da t. de llegar?**, have we got (enough) time to get there?; **t. libre**, free time; *fig* **dar t. al t.**, to let matters

tienda   257   **tiranizar**

take their course. 2 *(meteorológico)* weather; ¿qué t. hace?, what's the weather like?; hace buen/mal t., the weather is good/bad. 3 *(edad)* age; ¿cuánto *o* qué t. tiene tu niño?, how old is your baby *o* child? 4 *Mús* movement. 5 *Dep* half. 6 *Ling* tense.

tienda *nf* 1 shop, *US* store; ir de tiendas, to go shopping. 2 t. (de campaña), tent.

tienta *nf* a tientas, by touch; andar a tientas, to feel one's way; buscar (algo) a tientas, to grope (for sth).

tiento *nm* tact; con t., tactfully.

tierno,-a *adj* 1 *(blando)* tender, soft. 2 *(reciente)* fresh.

tierra *nf* 1 *(planeta)* earth. 2 *Agr* land, soil. 3 *(continente)* land; tocar t., to land. 4 *(país)* country; t. de nadie, no-man's-land. 5 *(suelo)* ground; *fig* echar *o* tirar por t., to spoil. 6 *Elec* earth, *US* ground.

tierral *nm Am* cloud of dust.

tieso,-a *adj (rígido)* stiff, rigid; *(erguido)* upright, erect.

tiesto *nm* flowerpot.

tifoidea *nf* (fiebre) t., typhoid (fever).

tifón *nm* typhoon.

tifus *nm inv* typhus (fever).

tigre *nm* tiger; *Am* jaguar.

tijeras *nfpl* (pair of) scissors *pl.*

tijereta *nf* 1 *(insecto)* earwig. 2 *Dep* scissors *pl.*

tila *nf (flor)* lime *o* linden blossom; *(infusión)* lime *o* linden blossom tea.

tildar *vtr* to call, brand; me tildó de ladrón, he called me a thief.

tilde *nm & f* written accent.

tilín *nm (sonido)* ting-a-ling; *fig* José le hace t., she fancies José.

tilo *nm* lime tree.

timar *vtr* to swindle; me han timado, they did me.

timbal *nm* kettledrum.

timbrar *vtr (carta)* to stamp; *(documento)* to seal.

timbre *nm* 1 *(de la puerta)* bell. 2 *(sello)* stamp, seal; *Fin* fiscal *o* revenue stamp. 3 *Mús (sonido)* timbre.

timidez *nf* shyness, timidity.

tímido,-a *adj* shy, timid; *fig (mejoría)* light; *(intento)* cautious.

timo *nm* swindle, fiddle; es un t., it's a rip-off.

timón *nm* 1 *Náut Av* rudder; golpe de t., U-turn. 2 *Am Aut* steering wheel.

timonel *nm* helmsman.

tímpano *nm Anat* eardrum.

tinaja *nf* large earthenware jar.

tinerfeño,-a I *adj* of *o* from to Tenerife. II *nm,f* native *o* inhabitant of Tenerife.

tinglado *nm* 1 *(intriga)* intrigue. 2 *(cobertizo)* shed.

tinieblas *nfpl* darkness *sing.*

tino *nm* 1 *(puntería)* (good) aim; tener buen t., to be a good shot. 2 *(tacto)* (common) sense, good judgement.

tinta *nf* 1 ink; t. china, Indian ink; t. simpática, invisible ink. 2 *fig* medias tintas, ambiguities, half measures.

tintar *vtr* to dye.

tinte *nm* 1 dye. 2 *fig (matiz)* shade, overtone.

tintero *nm* inkpot, inkwell; *fig* se quedó en el t., it wasn't said.

tintinear *vi (vidrio)* to clink; *(campana)* to jingle, tinkle.

tintineo *nm (de vidrio)* clinking; *(de campana)* jingling.

tinto I *adj (vino)* red. II *nm (vino)* red wine.

tintorería *nf* dry-cleaner's.

tintura *nf* 1 *(colorante)* dye. 2 *Quím* tincture; t. de yodo, iodine.

tío *nm* 1 *(pariente)* uncle; mis tíos, my uncle and aunt. 2 *fam* fellow, bloke, *US* guy.

tiovivo *nm* roundabout, merry-go-round.

tipazo *nm fam* good figure.

típico,-a *adj* 1 typical; eso es t. de Antonio, that's just like Antonio. 2 *(baile, traje)* traditional.

tipificar [1] *vtr* 1 *(normalizar)* to standardize. 2 *(caracterizar)* to typify.

tipismo *nm* local colour.

tipo *nm* 1 *(clase)* type, kind. 2 *fam (persona)* guy, fellow, bloke, *US* guy; t. raro, weirdo. 3 *Anat (de hombre)* build, physique; *(de mujer)* figure; *fig* jugarse el t., to risk one's neck; aguantar el t., to keep one's cool *o* head. 4 *Fin* rate; t. bancario *o* de descuento, bank rate; t. de cambio/interés, rate of exchange/interest. 5 el político t. de la izquierda, the typical left-wing politician.

tipografía *nf* typography.

tipográfico,-a *adj* typographic; error t., printing error.

tipógrafo,-a *nm,f* typographer.

tiquismiquis *fam* I *nmf inv* fusspot. II *nmpl* 1 *(escrúpulos)* silly scruples. 2 *(rencillas)* bickering *sing.*

tira *nf* 1 *(banda, cinta)* strip. 2 *(de dibujos)* comic strip. 3 *fam* la t. de gente, a lot *o* loads of people. 4 t. y afloja, tug of war.

tirabuzón *nm* ringlet.

tirachinas *nm* catapult, *US* slingshot.

tirada *nf (impresión)* printing; *(edición)* edition.

tirado,-a *adj fam* 1 *(precio)* dirt cheap. 2 *(examen)* dead easy. 3 *fam* dejar t. (a algn), to let (sb) down.

tirador *nm* 1 *(persona)* marksman. 2 *(pomo)* knob, handle; *(cordón)* bell pull. 3 *(tirachinas)* catapult, *US* slingshot.

tiralíneas *nm inv* tracer, drawing *o* ruling pen.

tiranía *nf* tyranny.

tiránico,-a *adj* tyrannical.

tiranizar [4] *vtr* to tyrannize.

tirano,-a *nm,f* tyrant.
tirante I *adj* (*cable etc*) tight, taut; (*situación, relación*) tense. II *nm* 1 (*de vestido etc*) strap; **tirantes**, braces, US suspenders. 2 *Téc* brace, stay.
tirar I *vtr* 1 (*echar*) to throw, fling. 2 (*dejar caer*) to drop. 3 (*desechar*) to throw away; *fig* (*dinero*) to squander. 4 (*derribar*) to knock down; **t. la puerta (abajo)**, to smash the door in. 5 (*foto*) to take. 6 *Impr* to print. 7 (*beso*) to blow. II *vi* 1 **t. de**, (*cuerda, puerta*) to pull. 2 (*chimenea, estufa*) to draw. 3 (*funcionar*) to work, run. 4 **ir tirando**, to get by. 5 **t. a**, to tend towards; **tira a rojo**, it's reddish. 6 **tira a la izquierda**, turn left; **¡venga, tira ya!**, come on, get going! 7 (*disparar*) to shoot, fire; *Ftb* **t. a puerta**, to shoot at goal. III **tirarse** *vr* 1 (*lanzarse*) to throw o hurl oneself; **t. de cabeza al agua**, to dive into the water. 2 (*tumbarse*) to lie down. 3 *fam* (*tiempo*) to spend; **me tiré una hora esperando**, I waited (for) a good hour. 4 *vulg* **t. a algn**, to lay sb.
tirita® *nf* Elastoplast®, Band-aid®, plaster.
tiritar *vi* to shiver, to shake.
tiro *nm* 1 (*lanzamiento*) throw. 2 (*disparo, ruido*) shot; *Ftb* **t. a gol**, shot at goal; **t. al blanco**, target shooting; **t. al plato**, clay pigeon shooting; **t. con arco**, archery. 3 (*de vestido*) shoulder width. 4 (*de chimenea*) draught, US draft; **animal de t.**, draught animal.
tirón *nm* pull, tug; (*del bolso*) snatch; *fam* **de un t.**, in one go.
tirotear *vtr* to shoot, snipe.
tiroteo *nm* shooting, firing to and fro.
tirria *nf fam* dislike; **le tengo t.**, I dislike him, I can't stand him.
tísico,-a *adj* tubercular, consumptive.
tisis *nf inv* tuberculosis, consumption.
tisú *nm* tissue, paper hankie.
títere *nm* (*marioneta*) puppet; **no dejar t. con cabeza**, to spare no-one.
titilar *vi* (*luz*) to flicker; (*estrella*) to twinkle.
titiritero,-a *nm,f* 1 puppeteer. 2 (*acróbata*) travelling acrobat.
titubeante *adj* (*indeciso*) hesitant; (*al hablar*) stammering.
titubear *vi* 1 (*dudar*) to hesitate, waver. 2 (*al hablar*) to stammer.
titubeo *nm* 1 (*duda*) hesitation. 2 (*al hablar*) stammering.
titulación *nf* qualifications *pl*.
titulado,-a *adj* (*licenciado*) graduate; (*diplomado*) qualified.
titular[1] I *nmf* (*persona*) holder. II *nm Prensa* headline. III *adj* appointed, official.
titular[2] I *vtr* (*poner título*) to call. II **titularse** *vr* 1 (*película etc*) to be called; **¿cómo se titula?**, what is it called? 2 *Educ* to graduate (**en**, in).

titulariedad *nf Educ* tenure.
titulitis I *nf* obsession with qualifications. II *nm fam* certificate.
título *nm* 1 title. 2 *Educ* degree; (*diploma*) diploma. 3 *Prensa* (*titular*) headline. 4 **a t. de ejemplo**, by way of example.
tiza *nf* chalk; **una t.**, a piece of chalk.
tiznada *nf Am* **hijo de la t.**, son of a bitch.
tiznar *vtr* to blacken (with soot).
tizne *nm* soot.
tizón *nm* half-burnt stick, brand.
toalla *nf* towel; **tirar la t.**, to throw in the towel.
toallero *nm* towel rack *o* rail.
tobera *nf* nozzle.
tobillo *nm* ankle.
tobogán *nm* slide, chute.
toca *nf* (*sombrero*) headdress; (*de monja*) wimple.
tocadiscos *nm inv* record player; **t. digital** *o* **compacto**, CD player.
tocado[1] *nm* 1 (*peinado*) coiffure, hairdo. 2 (*prenda*) headdress.
tocado,-a[2] *adj fam* crazy, touched.
tocador *nm* 1 (*mueble*) dressing table. 2 (*habitación*) dressing room; **t. de señoras**, powder room.
tocante *a loc adv* **en lo t. a ...**, with reference to ....
tocar [1] I *vtr* 1 to touch; *fam fig* **toca madera**, touch wood. 2 (*instrumento, canción*) to play; (*timbre, campana*) to ring; (*puerta*) to knock; (*bocina*) to blow. 3 (*tema, asunto*) to touch on. 4 (*afectar*) to concern; **por lo que a mí me toca**, as far as I am concerned. II *vi* 1 **¿a quién le toca?**, (*en juegos*) whose turn is it? 2 **me tocó el gordo**, (*en rifa*) I won the jackpot. 3 **t. con**, to be next to; *fig* **t. a su fin**, to be coming to an end. III **tocarse** *vr* (*una cosa con otra*) to touch each other; **¿os tocáis algo?**, (*ser parientes*) are you related?
tocarse *vr* (*cubrirse*) to cover one's head.
tocata I *nf Mús* toccata. II *nm fam* record player.
tocateja (a) *loc adv* **pagar a t.**, to pay on the nail.
tocayo,-a *nm,f* namesake.
tocho *nm fam* (*libro*) (*grande*) tome.
tocino *nm* lard; **t. ahumado**, smoked bacon; **t. de cielo**, sweet made with egg yolk.
tocólogo,-a *nm* tocologist, obstetrician.
tocuyo *nm Am* coarse cotton cloth.
todavía *adv* 1 (*aún*) still; (*en negativas*) yet; **t. la quiere**, he still loves her; **t. no**, not yet; **no mires t.**, don't look yet. 2 (*para reforzar*) even, still; **t. más/menos**, even more/less.
todo,-a I *adj* 1 all; **t. el pan**, all the bread; **t. el mundo**, (absolutely) everybody; **t. el día**, all day, the whole *o* en-

tire day; *fam* t. quisqui, every Tom, Dick and Harry. 2 *(cada)* every; t. ciudadano de más de dieciocho años, every citizen over eighteen years of age. 3 *(entero)* complete, thorough; es toda una mujer, she is every inch a woman. 4 todos,-as, all; *(con expresiones de tiempo)* every; t. los niños, all the children; t. los martes, every Tuesday.
II *nm (totalidad)* whole.
III *pron* 1 *(sin excluir nada)* all, everything; ante t., first of all; con t., in spite of everything; del t., completely; después de t., after all; eso es t., that's all, that's it; estar en t., to be really with it; hay de t., there are all sorts; lo sé t., I know all about it; t. lo contrario, quite the contrary *o* opposite; t. lo más, at the most. 2 *(cualquiera)* anybody; t. aquél *o* el que quiera, anybody who wants (to). 3 todos,-as, *(cada uno)* t. aprobamos, we all passed; t. fueron, they all went.
IV *adv* completely, totally; volvió t. sucio, he was all dirty when he got back.

todopoderoso,-a *adj* all-powerful, almighty.

todoterreno *nm* all-terrain vehicle.

toga *nf* 1 gown, robe. 2 *Hist* toga.

Tokio *n* Tokyo.

toldo *nm* 1 *(cubierta)* awning. 2 *Am (cabaña)* tent, teepee.

tolerancia *nf* tolerance.

tolerante *adj* tolerant.

tolerar *vtr* to tolerate; *(situación)* to stand; *(gente)* to put up with.

toma *nf* 1 *(acción)* taking; *Elec* t. de corriente, plug, socket. 2 *Med* dose. 3 *Mil* capture. 4 *Cin* take, shot. 5 t. de posesión, swearing-in. 6 *fam fig* toma y daca, give and take.

tomado,-a *adj* 1 *(voz)* hoarse. 2 *Am (borracho)* drunk. 3 tenerla tomada con algn, to have it in for sb.

tomadura *nf fam* t. de pelo, leg-pull; *(timo)* rip-off.

tomar I *vtr* 1 *(coger)* to take; *(autobús, tren)* to catch; *(decisión)* to make, take; toma, here (you are); t. el sol, to sunbathe; *Av* t. tierra, to land; *fam* tomarla con algn, to have it in for sb. 2 *(comer, beber)* to have. 3 t. algo a mal, to take sth badly; t. en serio/broma, to take seriously/as a joke. 4 *(confundir)* to take (por, for). 5 *Mil* to take. II tomarse *vr* 1 *(comer)* to eat; *(beber)* to drink. 2 *fam* no te lo tomes así, don't take it like that.

tomate *nm* tomato; salsa de t., *(de lata)* tomato sauce; *(de botella)* ketchup.

tomavistas *nm inv cine o US* movie camera.

tómbola *nf* tombola.

tomillo *nm* thyme.

tomo *nm* volume; *fam* de t. y lomo, utter, out-and-out.

ton *nm* sin t. ni son, without rhyme or reason.

tonada *nf* 1 *Mús* tune, song. 2 *Am (acento)* accent.

tonalidad *nf* tonality.

tonel *nm* barrel, cask.

tonelada *nf* ton; t. métrica, tonne.

tonelaje *nm* tonnage.

tonelero,-a *nm,f* cooper.

tongo *nm* fix.

tónico,-a I *nm Med* tonic; *(cosméticos)* skin tonic. II *nf* 1 *(tendencia)* tendency, trend; tónica general, overall trend. 2 *(bebida)* tonic (water). 3 *Mús* tonic. III *adj* 1 *Ling* tonic, stressed. 2 *Mús Med* tonic.

tonificante *adj* invigorating.

tonificar [1] *vtr* to tone up, invigorate.

tono *nm* tone; a t. con, in tune *o* in harmony with; subir de t. *o* el t., to speak louder; un t. alto/bajo, a high/low pitch; *fig* darse t., to put on airs; *fig* fuera de t., inappropiate, out of place; dar el t., to set the tone.

tontear *vi* 1 to act the clown, fool about. 2 *(galantear)* to flirt.

tontería *nf* 1 stupidity, silliness. 2 *(dicho, hecho)* silly *o* stupid thing. 3 *(insignificancia)* trifle.

tonto,-a I *adj* silly, dumb. II *nm,f* fool, idiot; t. de remate *o* de capirote, prize idiot.

topacio *nm* topaz.

toparse *vr* t. con, to bump into; *(dificultades)* to run up against, encounter; t. con algo, to come across sth.

tope I *nm* 1 *(límite)* limit, end; *fam* a t., *(al máximo)* flat out; *fig* estar hasta los topes, to be full up; fecha t., deadline. 2 *Téc* stop, check. 3 *Ferroc* buffer. II *adv fam* incredibly; t. difícil, really difficult.

tópico,-a I *nm* commonplace, cliché. II *adj Med* Farm for external use.

topo *nm* mole.

topografía *nf* topography.

topónimo *nm* place name.

toque *nm* 1 touch; *fam* dar un t. a algn, *(avisar)* to let sb know; *(advertir)* to warn sb. 2 *(de campanas)* peal; *fig* warning; t. de queda, curfew.

toquetear *vtr* to fiddle with, finger.

toquilla *nf* (knitted) shawl.

tórax *nm* thorax.

torbellino *nm* 1 *(de viento)* whirlwind. 2 *fig (confusión)* whirl, turmoil.

torcedura *nf (acción)* twist, twisting; *Med* sprain.

torcer [4] I *vtr* 1 *(metal)* to bend; *(cuerda, hilo)* to twist; *Med* to sprain; *fig (esquina)* to turn. 2 *(inclinar)* to slant. II *vi* to turn (left *o* right). III torcerse *vr* 1 *(doblarse)* to twist, bend. 2 *Med* se me torció el tobillo, I sprained my ankle. 3 *(plan)* to fall through. 4 *(desviarse)* to go off to the side.

torcido,-a *adj* twisted; *(ladeado)* slanted, lopsided; *(corbata)* crooked.

tordo,-a **I** *adj* dapple-grey. **II** *nm* Orn thrush.

torear **I** *vtr* to fight; *fam* **t. a algn**, to tease *o* confuse sb; *fam* **t. un asunto**, to tackle a matter skilfully. **II** *vi* to fight.

toreo *nm* bullfighting.

torero,-a *nm,f* bullfighter.

tormenta *nf* storm.

tormento *nm* *(tortura)* torture; *(padecimiento)* torment.

tormentoso,-a *adj* stormy.

tornado *nm* tornado.

tornar *fml* **I** *vtr* *(convertir)* to transform, to turn (en, into). **II** *vi* *(regresar)* to return, go back; **t. en sí**, to regain consciousness. **III tornarse** *vr* to become, turn.

tornasolado,-a *adj* iridescent.

torneo *nm* **1** *Dep* tournament. **2** *Hist* tourney, joust.

tornillo *nm* screw.

torniquete *nm* **1** turnstile. **2** *Med* tourniquet.

torno *nm* **1** *Téc* lathe; *(de alfarero)* wheel. **2** **en t. a**, *(alrededor de)* around; *(acerca de)* about.

toro *nm* bull; **¿te gustan los toros?**, do you like bullfighting?

toronja *nf* grapefruit.

torpe *adj* **1** *(sin habilidad)* clumsy. **2** *(tonto)* dim, thick. **3** *(movimiento)* slow, awkward.

torpedear *vtr* to torpedo.

torpedo *nm* torpedo.

torpeza *nf* **1** *(física)* clumsiness; *(mental)* dimness, stupidity. **2** *(lentitud)* slowness, heaviness. **3** *(error)* blunder.

torre *nf* **1** tower. **2** *Mil Náut* turret. **3** *Ajedrez* rook, castle.

torrefacto,-a *adj* roasted; **café t.**, high roast coffee.

torrencial *adj* torrential.

torrente *nm* **1** *(de agua)* torrent. **2** *fig* **t. de voz**, strong *o* powerful voice.

torrezno *nm* rasher of fried bacon.

tórrido,-a *adj* torrid.

torrija *nf* French toast.

torsión *nf* **1** *(torcedura)* twist, twisting. **2** *Téc* torsion.

torso *nm* **1** *Anat* torso. **2** *Arte* bust.

torta *nf* **1** *Culin* cake; **2** *fam* *(golpe)* slap, punch.

tortazo *nm* *fam* **1** *(bofetada)* slap, punch. **2** *(golpe)* whack, thump.

tortícolis *nf inv* crick in the neck.

tortilla *nf* **1** *(egg)* omelette, *US* omelet; **t. francesa/española**, (plain)/potato omelette. **2** *Am* tortilla.

tortillera *nf vulg* dyke, lesbian.

tórtola *nf* dove.

tortuga *nf* *(de tierra)* tortoise, *US* turtle; *(de mar)* turtle.

tortuoso,-a *adj* tortuous.

tortura *nf* torture.

torturar *vtr* to torture.

tos *nf* cough; **t. ferina**, whooping cough.

tosco,-a *adj* *(basto)* rustic, rough; *(persona)* uncouth.

toser *vi* to cough.

tosquedad *nf* roughness.

tostada *nf* (slice of) toast.

tostado,-a *adj* **1** *(pan)* toasted. **2** *(moreno)* tanned, brown.

tostador *nm* toaster.

tostar [2] *vtr* *(pan)* to toast; *(café)* to roast; *(carne, pescado)* to brown; *fig* *(la piel)* to tan.

tostón *nm* **1** *Culin* (pan frito) crouton. **2** *fam* *(tabarra)* bore, drag.

total **I** *adj* *(completo)* total. **II** *nm* **1** *(todo)* whole; **en t.**, in all. **2** *Mat* total. **III** *adv* so, in short; **¿t. para qué?**, what's the point anyhow?; *fam* **t. que ..., so ...; t., tampoco te hará caso**, he won't listen to you, anyway.

totalidad *nf* whole, totality; **la t. de**, all of; **en su t.**, as a whole.

totalitario,-a *adj* totalitarian.

totalizar [4] **I** *vtr* to total. **II** *vi* to amount to.

tóxico,-a **I** *adj* toxic, poisonous. **II** *nm* poison.

toxicología *nf* toxicology.

toxicólogo,-a *nm,f* toxicologist.

toxicomanía *nf* drug addiction.

toxicómano,-a *Med* **I** *adj* addicted to drugs. **II** *nm* drug addict.

tozudo,-a *adj* obstinate, stubborn.

traba *nf* **1** *(de rueda)* chock; *(enlace)* bond, tie. **2** *fig* *(obstáculo)* hindrance, obstacle.

trabajador,-a **I** *nm,f* worker, labourer, *US* laborer. **II** *adj* hard-working.

trabajar **I** *vi* to work; **trabaja mucho**, he works hard; **t. de camarera**, to work as a waitress. **II** *vtr* **1** to work (on); *(la tierra)* to till. **2** *(asignatura etc)* to work on. **3** *fam* *(convencer)* to (try to) persuade.

trabajo *nm* **1** *(ocupación)* work; **t. a destajo**, piecework; **t. eventual**, casual labour; **trabajos manuales**, arts and crafts. **2** *(empleo)* employment, job. **3** *(tarea)* task, job. **4** *Educ* *(redacción)* report, paper. **5** *(esfuerzo)* effort; **cuesta t. creerlo**, it's hard to believe.

trabajoadicto *nm,f* workaholic.

trabajoso,-a *adj* *(laborioso)* hard, laborious; *(difícil)* difficult.

trabalenguas *nm inv* tongue twister.

trabar **I** *vtr* **1** *(sujetar)* to lock, fasten; *(un plan)* to obstruct. **2** *(conversación, amistad)* to start, to strike up. **3** *Culin* to thicken. **II trabarse** *vr* **1** *(cuerdas)* to get tangled up. **2** *fig* **se le trabó la lengua**, he got tongue-tied.

trabazón *nf* *(de ideas)* link.

trabilla *nf* *(de pantalón)* belt loop.

trabuco *nm* blunderbuss.

tracción *nf* traction; *Aut* t. delantera/trasera, front-/rear-wheel drive; *Aut* t. en las cuatro ruedas, four-wheel drive.

tractor *nm* tractor.

tradición *nf* tradition.

tradicional *adj* traditional.

traducción *nf* translation; t. directa/inversa, translation from/into a foreign language.

traducir [10] I *vtr* to translate (a, into). II **traducirse** *vr fig* to result (en, in).

traductor,-a *nm,f* translator.

traer [25] I *vtr* 1 to bring; trae, give it to me. 2 (*llevar puesto*) to wear. 3 (*llevar consigo*) to carry. 4 (*problemas*) to cause; traerá como consecuencia ..., it will result in .... II **traerse** *vr* (*llevar consigo*) to bring along; *fig* ¿qué se trae entre manos?, what is he up to?

traficante *nmf* (*de drogas etc*) trafficker, pusher.

traficar [1] *vi* (*ilegalmente*) to traffic (con, in).

tráfico *nm* 1 *Aut* traffic; t. rodado, road traffic. 2 *Com* traffic, trade; t. de drogas, drug traffic.

tragaluz *nm* skylight.

tragaperras *nf inv* (*máquina*) t., slot machine.

tragar [7] I *vtr* 1 (*ingerir*) to swallow. 2 *fam* (*engullir*) to gobble up, tuck away. 3 *fig* (*a una persona*) to stand, stomach. 4 *fig* (*creer*) to believe, swallow. II **tragarse** *vr* 1 (*ingerir*) to swallow. 2 *fig* (*creer*) to believe, swallow.

tragedia *nf* tragedy.

trágico,-a *adj* tragic.

trago *nm* 1 (*bebida*) swig; **de un t.**, in one go. 2 **pasar un mal t.**, to have a bad time of it.

tragón,-ona *nm,f* glutton, big eater.

traición *nf* treason, betrayal; **a t.**, treacherously; **alta t.**, high treason.

traicionar *vtr* to betray; (*delatar*) to give away, betray.

traicionero,-a *adj* treacherous.

traidor,-a I *adj* treacherous. II *nm,f* traitor.

traigo *indic pres* → traer.

tráiler *nm* (*pl* tráilers) 1 *Cin* trailer, *US* preview. 2 *Aut* articulated lorry, *US* trailer truck.

traje¹ *nm* 1 (*de hombre*) suit; t. de baño, bathing suit *o* costume, swimsuit; t. de paisano, civilian clothes *pl;* t. de luces, bullfighter's costume. 2 (*de mujer*) dress; t. de chaqueta, two-piece suit; t. de novia, wedding dress.

traje² *pt indef* → traer.

trajeado,-a *adj fam* sharp, dapper.

trajearse *vr* to dress up.

trajín *nm fam* comings and goings *pl*, hustle and bustle.

trajinar *vi* to run *o* bustle about.

trama *nf* 1 *Tex* weft, woof. 2 *Lit* plot.

tramar *vtr* to plot, cook up; ¿qué tramas?, what are you up to?

tramitar *vtr* 1 (*gestionar*) to take the necessary (legal) steps to obtain. 2 *fml* (*despachar*) to convey, transmit. 3 *Com Jur Fin* to carry out, to process.

trámite *nm* (*paso*) step; (*formalidad*) formality; *Com Jur Fin* procedures *pl*, proceeding.

tramo *nm* (*de carretera*) section, stretch; (*de escalera*) flight.

tramoya *nf* (*maquinaria*) stage machinery; (*trama*) plot, scheme.

trampa *nf* 1 (*de caza*) trap, snare. 2 (*puerta*) trap door. 3 (*engaño*) fiddle; hacer trampa(s), to cheat. 4 (*truco*) trick.

trampilla *nf* trap door, hatch.

trampolín *nm* 1 *Natación* diving board. 2 *Esquí* ski jump.

tramposo,-a I *adj* deceitful. II *nm,f* cheat; *Naipes* cardsharp.

tranca *nf* (*garrote*) cudgel; *fam* **a trancas y barrancas**, with great difficulty. 2 (*en puerta, ventana*) bar.

trance *nm* 1 (*coyuntura*) (critical) moment; **estar en t. de ...**, to be on the point of ... 2 (*éxtasis*) trance.

tranquilidad *nf* calmness, tranquillity, *US* tranquility; **con t.**, calmly; **pídemelo con toda t.**, don't hesitate to ask me.

tranquilizante *nm fig* tranquillizer, *US* tranquilizer.

tranquilizar [4] I *vtr* to calm down; **lo dijo para tranquilizarme**, he said it to reassure me. II **tranquilizarse** *vr* (*calmarse*) to calm down.

tranquilo,-a *adj* 1 (*persona, lugar*) calm; (*agua*) still; (*conciencia*) clear; *fam* tú t., don't you worry. 2 (*despreocupado*) placid, easy-going.

tranquillo *nm fig* knack; **coger el t. a algo**, to get the knack of sth.

transacción *nf* transaction, deal.

transatlántico,-a I *nm* *Náut* (ocean) liner. II *adj* transatlantic.

transbordador *nm* (car) ferry; t. espacial, space shuttle.

transbordar I *vtr* to transfer; *Náut* (*mercancías*) to transship. II *vi* *Ferroc* to change trains, *US* transfer.

transbordo *nm* 1 *Ferroc* change, *US* transfer; **hacer t.**, to change *o* transfer. 2 *Náut* transshipment.

transcurrir *vi* 1 (*tiempo*) to pass, to go by. 2 (*acontecer*) to take place.

transcurso *nm* course *o* passing (of time); **en el t. de**, in the course of, during.

transeúnte *nmf* 1 (*peatón*) passer-by. 2 (*residente temporal*) temporary resident, *US* transient.

transferencia *nf* transference; *Fin* transfer; t. bancaria, banker's order.

transferible *adj* transferable.

transferir |5| *vtr* to transfer.
transformación *nf* transformation.
transformador *nm Elec* transformer.
transformar I *vtr* to transform, change. **II transformarse** *vr* to change, to turn (**en**, into); (*algo plegable*) to convert.
tránsfuga *nmf* **1** *Mil* deserter. **2** *Pol* turncoat.
transfusión *nf* transfusion.
transgredir *vtr defect* to transgress, break.
transgresor,-a *nm,f* transgressor, lawbreaker.
transición *nf* transition.
transido,-a *adj fml* **t. de angustia**, overcome by anxiety; **t. de dolor**, racked with pain.
transigente *adj* tolerant.
transigir |6| *vi* to compromise.
transistor *nm* transistor.
transitable *adj* passable.
transitado,-a *adj* (*carretera*) busy.
transitar *vi* to pass.
transitivo,-a *adj* transitive.
tránsito *nm* **1** *Aut* traffic. **2** (*movimiento*) movement, passage; **pasajeros en t.**, passengers in transit.
transitorio,-a *adj* transitory.
translucir |35| *vtr* → **traslucir**.
transmisión *nf* **1** transmission. **2** *Téc* drive; **t. delantera/trasera**, front-/rearwheel drive. **3** *Rad TV* transmission, broadcast.
transmisor *nm* transmitter.
transmitir *vtr* **1** to transmit, pass on. **2** *Rad TV* to transmit, broadcast. **3** *Jur* to transfer, hand down.
transparencia *nf* **1** transparency; *Pol* openness. **2** *Fot* slide.
transparentarse *vr* to be transparent; **esta tela se transparenta**, this is seethrough material; **se le transparentaban las bragas**, you could see her underpants.
transparente I *adj* transparent; *Pol* open. **II** *nm* **1** (*visillo*) net curtain. **2** (*pantalla*) shade, blind.
transpiración *nf* perspiration.
transpirar *vi* to perspire.
transplante *nm* transplant; *Med* **t. de corazón/córnea**, heart/eye transplant.
transponer |19| **I** *vtr* (*mudar de sitio*) to transpose, move about. **II transponerse** *vr* (*desmayarse*) to faint.
transportar *vtr* to transport; (*pasajeros*) to carry; (*mercancías*) to ship.
transporte *nm* **1** transport. **2** *Com* freight; **t. de mercancías**, freight transport; **t. marítimo**, shipment.
transportista *nmf* carrier.
transvase *nm* **1** (*de líquidos*) decanting. **2** (*de ríos*) transfer.
transversal *adj* transverse, cross.
tranvía *nm* tram, tramcar; *US* streetcar.
trapecio *nm* trapeze.

trapecista *nmf* trapeze artiste.
trapero,-a I *nm* rag-and-bone man, *US* junkman. **II** *adj* **puñalada trapera**, stab in the back.
trapichear *vi* to be up to something.
trapicheo *nm* jiggery-pokery.
trapo *nm* **1** (*viejo, roto*) rag. **2** (*bayeta*) cloth; **t. de cocina**, dishcloth; **t. del polvo**, duster; *fam* **poner (a algn) como un t.** (*sucio*), to tear sb apart.
tráquea *nf* trachea, windpipe.
traqueteo *nm* rattle, clatter.
tras *prep* **1** (*después de*) after; **uno t. otro**, one after the other. **2** (*detrás*) behind; **sentados uno t. oto**, sitting one behind the other. **3** **andar/ir t.**, to be after; **la policía iba t. ella**, the police were after her.
trasatlántico,-a *adj* & *nm* → **transatlántico,-a**.
trasbordador *nm* → **transbordador**.
trasbordar *vtr* & *vi* → **transbordar**.
trasbordo *nm* → **transbordo**.
trascendencia *nf* **1** (*importancia*) importance, significance. **2** (*en filosofía*) transcendence.
trascendental, trascendente *adj* **1** significant, far-reaching. **2** (*en filosofía*) transcendental.
trascender |3| *vtr vi* **1** (*noticia*) to become known, leak out. **2** (*tener consecuencias*) to have far-reaching consequences. **3** **t. de**, to go beyond.
trascribir *vtr* → **trascribir**.
trascripción *nf* → **transcripción**.
trascurrir *vi* → **transcurrir**.
trascurso *nm* → **transcurso**.
trasero,-a I *adj* back, rear; **en la parte trasera**, at the back. **II** *nm euf* bottom, bum.
trasferencia *nf* → **transferencia**.
trasferible *adj* → **transferible**.
trasferir |5| *vtr* → **transferir**.
trasfondo *nm* background.
trasformación *nf* → **transformación**.
trasformador *adj* & *nm* → **transformador**.
trasformar *vtr* → **transformar**.
trásfuga *nmf* → **tránsfuga**.
trasfusión *nf* → **transfusión**.
trasgredir *vtr* → **transgredir**.
trasgresión *nf* → **transgresión**.
trasgresor,-a *nm,f* → **transgresor,-a**.
trashumancia *nf* seasonal movement of livestock.
trasiego *nm* comings and goings *pl*, hustle and bustle.
trasladar I *vtr* (*cosa*) to move; (*persona*) to move, transfer. **II trasladarse** *vr* to go, move.
traslado *nm* (*de casa*) move, removal; (*de personal*) transfer; *Educ* **t. de expediente**, transfer of student record.
traslucirse *vr* to show (through).

trasluz *nm* **mirar algo al t.**, to hold sth against the light.

trasmano *nm* **a t.**, out of reach; **(me) coge a t.**, it's out of my way.

trasmisión *nf* → transmisión.

trasmisor,-a *adj & nm* → transmisor,-a.

trasmitir *vtr* → transmitir.

trasnochado,-a *adj (desfasado)* old, hackneyed.

trasnochador,-a I *adj* given to staying up late. **II** *nm,f* night bird, nighthawk.

trasnochar *vi* to stay up (very) late.

traspapelarse *vr* to get mislaid *o* misplaced.

trasparencia *nf* → transparencia.

trasparentar *vtr* → transparentar.

trasparente *adj & nm* → transparente.

traspasar *vtr* **1** *(atravesar)* to go through; *(río)* to cross. **2** *(negocio, local)* to transfer; **'se traspasa'**, 'for sale'. **3** *fig (exceder)* to exceed, go beyond.

traspaso *nm* **1** *(de propiedad etc)* transfer. **2** *Com (venta)* sale.

traspié *nm (pl* **traspiés)** stumble, trip; **dar un t.**, to trip; *fig* to slip up.

traspiración *nf* → transpiración.

traspirar *vi* → transpirar.

trasplantar *vtr* → transplantar.

trasplante *nm* → transplante.

trasponer [19] *vtr* → transponer.

trasportador,a *adj & nm adj* → transportador,-a.

trasportar *vtr* → transportar.

trasporte *nm* → transporte.

traspuesto,-a *adj* **quedarse t.**, to faint.

trasquilar *vtr (oveja)* to shear; *(pelo)* to crop.

trastabillar *vi (tambalearse)* to stagger, totter.

trastada *nf fam* **hacer trastadas**, to be up to mischief.

trastazo *nm fam* wallop, thump.

traste¹ *nm Mús* fret.

traste² *nm* **1** *(trasto)* piece of junk. **2** *fig* **dar al t. (con un plan)**, to spoil (a plan); **irse al t.**, to fall through.

trastear *vi (revolver)* to rummage about.

trastero *nm* **(cuarto) t.**, junk room.

trastienda *nf* back shop.

trasto *nm (objeto cualquiera)* thing; *(cosa inservible)* piece of junk.

trastocar [2] *vtr* → trastornar.

trastornado,-a *adj (loco)* mad, unhinged.

trastornar I *vtr* **1** *(planes)* to disrupt. **2** *fig (persona)* to unhinge. **II trastornarse** *vr (enloquecer)* to go out of one's mind, go mad.

trastorno *nm (molestia)* trouble, inconvenience; **t. mental**, mental disorder *o* disturbance.

trasvasar *vtr* → transvasar.

trasvase *nm* → transvase.

trasversal *adj* → transversal.

trasverso,-a *adj* → transverso,-a.

trata *nf* slave trade *o* traffic; **t. de blancas**, white slave trade.

tratable *adj* easy to get along with, congenial.

tratado *nm* **1** *(pacto)* treaty. **2** *(estudio)* treatise.

tratamiento *nm* **1** treatment. **2** *Téc* processing, treatment. **3** *Inform* processing.

tratar I *vtr* **1** *(atender)* to treat; **t. bien/mal**, to treat well/badly. **2** *Med* to treat. **3** *(asunto)* to discuss. **4** *Inform Téc* to process. **5 me trata de tú**, he addresses me as 'tu'. **II** *vi* **1 t. de**, *(intentar)* to try. **2 t. de** *o* **sobre** *o* **acerca**, to be about; **¿de qué trata?**, what is it about? **3 t. con**, *(tener tratos)* to deal with; *(negociar)* to negotiate with; *(relacionarse)* to move among. **4** *Com* **t. en**, to deal in. **III tratarse** *vr* **1** *(relacionarse)* to be on speaking terms. **2 se trata de**, *(es cuestión de)* it's a question of; **se trata de un caso excepcional**, it's an exceptional case.

trato *nm* **1** *(de personas)* manner; *(contacto)* contact; **malos tratos**, ill-treatment *sing*. **2** *(acuerdo)* agreement; **¡t. hecho!**, it's a deal! **3** *Com* deal.

trauma *nm* trauma.

traumático,-a *adj* traumatic.

traumatizar *vtr Med* to traumatize; *fam* to shock.

través I *prep* **a t. de**, *(superficie)* across, over; *(agujero etc)* through; **a t. del río**, across the river; **a t. del agujero**, through the hole. **2** *fig* **a t. de**, through; **a t. del periódico**, through the newspaper. **II** *adv* **de t.**, *(transversalmente)* crosswise; *(de lado)* sideways. **III** *nm (pl* **traveses)** *fig (desgracia)* misfortune.

travesaño *nm Ftb* crossbar.

travesía *nf (viaje)* crossing.

travestí, travesti *nmf* transvestite.

travesura *nf* mischief, childish prank.

travieso,-a *adj* mischievous.

trayecto *nm* **1** *(distancia)* distance; *(recorrido)* route; *(trecho)* stretch. **2** *(viaje)* journey.

trayectoria *nf* **1** *(de proyectil, geométrica)* trajectory. **2** *fig (orientación)* line, course.

traza *nf* **1** *(apariencia)* looks *pl*, appearance; **no lleva trazas de curarse**, it doesn't look as if he's going to get better. **2** *Arquit* plan, design.

trazado,-a *nm* **1** *(plano)* layout, plan. **2** *(de carretera, ferrocarril)* route.

trazar [4] *vtr (línea)* to draw; *(plano)* to design; *fig (plan)* to draw up the broad lines of.

trazo *nm* **1** *(línea)* line. **2** *(de letra)* stroke.

trébol *nm* **1** trefoil. **2** *Naipes* club.

trece *inv* **I** *adj* thirteen. **II** *nm* thirteen; *fig* **estar** *o* **mantenerse** *o* **seguir en sus t.**, to stick to one's guns.

trecho *nm* distance, way; *(tramo)* stretch; **de t. en t.**, from time to time.

tregua *nf Mil* truce; *fig* respite.
treinta *adj & nm inv* thirty.
treintena *nf* **una t. de,** (about) thirty.
treintavo,-a *adj & nm* thirtieth.
tremendista *adj* over the top.
tremendo,-a *adj* 1 *(terrible)* terrible, dreadful. 2 *(muy grande)* enormous; *fig* tremendous.
trementina *nf* turpentine.
trémulo,-a *adj lit (vacilante)* quivering, tremulous; *(luz)* flickering.
tren *nm* 1 train. 2 *Av* **t. de aterrizaje,** undercarriage; **t. de lavado,** car wash. 3 **t. de vida,** life style.
trenca *nf* duffle coat.
trenza *nf (de pelo)* plait, *US* braid.
trepador,-a *adj* climbing.
trepar *vtr & vi* to climb.
trepidante *adj* vibrating, shaking; *fig* **lleva un ritmo de vida t.,** he leads a hectic *o* frantic life.
trepidar *vi* to vibrate, shake.
tres I *adj inv (cardinal)* three; *(ordinal)* third; *fam* **de t. al cuarto,** cheap, of little value. II *nm (pl* **treses)** three; **t. en raya,** noughts and crosses, *US* tick-tack-toe.
trescientos,-as *adj & nm,f* three hundred.
tresillo *nm* 1 *(mueble)* (three-piece) suite. 2 *Mús* triplet.
treta *nf* trick, ruse.
triángulo *nm* triangle; *fig* **t. amoroso,** eternal triangle.
tribal *adj* tribal.
tribu *nf* tribe.
tribuna *nf* 1 *(plataforma)* rostrum, dais; **t. de (la) prensa,** press box. 2 *Dep* stand.
tribunal *nm* 1 *Jur* court; **t. de apelación,** court of appeal; **T. Supremo,** High Court, *US* Supreme Court; **t. (tutelar) de menores,** juvenile court. 2 *(de examen)* board of examiners.
tributar *vtr* to pay.
tributario,-a *adj* **sistema t.,** tax system.
tributo *nm* 1 *Com* tax. 2 **pagar t. a,** *(homenaje)* to pay tribute to.
triciclo *nm* tricycle.
tricornio *nm* three-cornered hat.
tridimensional *adj* three-dimensional.
trienio *nm* three year period.
trifásico,-a I *adj Elec* three-phase. II *nm* adapter.
trigésimo,-a *adj & nm,f* thirtieth; **t. primero,** thirty-first.
trigo *nm* wheat.
trilogía *nf* trilogy.
trilla *nf* threshing.
trillado,-a *adj fig* well-worn.
trilladora *nf* threshing machine; **t. segadora,** combine harvester.
trillar *vtr* to thresh.
trimestral *adj* quarterly, three-monthly.
trimestre *nm* quarter; *Educ* term.
trinar *vi* 1 to warble. 2 *fam* to rage, fume; **Santiago está que trina,** Santiago is really fuming.
trincar¹ |1| *vtr fam (capturar)* to catch.
trincar² *vtr fam* to drink.
trinchar *vtr (carne)* to carve, slice (up).
trinchera *nf* trench.
trineo *nm* sledge, sleigh.
trinidad *nf* **la Santísima T.,** the Holy Trinity.
trino *nm* 1 warble, trill. 2 *Mús* trill.
trío *nm* trio.
tripa *nf* 1 *(intestino)* gut, intestine; *fam* tummy; **dolor de t.,** stomach ache. 2 **tripas,** innards.
triple *adj & nm* triple.
triplicado,-a *adj* triplicate; **por t.,** in triplicate.
triplicar |1| *vtr* to triple, treble.
trípode *nm* tripod.
tríptico *nm* 1 *(cuadro)* triptych. 2 *(folleto)* leaflet.
tripulación *nf* crew.
tripulante *nmf* crew member.
tripular *vtr* to man.
trip(y) *nm arg (droga)* trip.
triquiñuela *nf fam* trick, dodge.
tris *nm* **estar en un t. de,** to be on the verge of.
triste *adj* 1 *(persona, situación)* sad. 2 *(lugar)* gloomy.
tristeza *nf* sadness.
triturar *vtr (machacar)* to grind (up).
triunfador,-a I *adj* winning. II *nm,f* winner.
triunfal *adj* triumphant.
triunfar *vi* to triumph.
triunfo *nm* 1 *(victoria)* triumph, victory; *Dep* win. 2 *(éxito)* success.
trivial *adj* trivial.
trivialidad *nf* triviality.
trivializar *vtr* to trivialize, minimize.
triza *nf* bit, fragment; **hacer trizas,** to tear to shreds.
trocar |2| *vtr* to barter.
trocear *vtr* to cut up (into bits *o* pieces).
trochemoche (a) *loc adv fam* haphazardly.
trofeo *nm* trophy.
trola *nf fam* fib.
trolebús *nm* trolley bus.
tromba *nf* **t. de agua,** violent downpour.
trombón *nm* trombone.
trombosis *nf inv* thrombosis.
trompa *nf* 1 *Mús* horn. 2 *(de elefante)* trunk. 3 *Anat* tube. 4 *fam* **estar t.,** to be sloshed *o* plastered.
trompazo *nm fam* bump; **darse** *o* **pegarse un t.,** to have a bump.
trompeta *nf* trumpet.
trompetista *nmf* trumpet player, trumpeter.
trompicón *nm* trip, stumble; **hacer algo a trompicones,** to do sth in fits and starts.

trompo *nm* spinning top.

tronar [2] **I** *vi* to thunder. **II** *vtr Am* to shoot.

tronchar I *vtr (rama, tronco)* to cut down, fell; *fig (esperanzas etc)* to destroy. **II troncharse** *vr* **t. de risa**, to split one's sides with laughter.

troncho *nm* stem, stalk.

tronco *nm* **1** *Anat* trunk, torso. **2** *Bot (de árbol)* trunk; *(leño)* log; *fam fig* **dormir como un t.**, to sleep like a log.

tronera *nf* **1** *(de billar)* pocket. **2** *(ventana)* small window; *(de fortificación)* loophole; *Náut* porthole.

trono *nm* throne.

tropa *nf* **1** squad. **2 tropas**, troops *pl*.

tropel *nm* throng, mob; **en t.**, in a mad rush.

tropezar [1] *vi* **1** to trip, stumble (**con**, on). **2 t. con algo**, to come across sth; **t. con algn/dificultades**, to run into sb/difficulties.

tropezón *nm* **1** *(traspié)* trip, stumble; **dar un t.**, to trip. **2** *(error)* slip-up, faux pas. **3** *(de comida)* chunk of meat.

tropical *adj* tropical.

trópico *nm* tropic.

tropiezo I *nm* **1** *(obstáculo)* trip. **2** *fig (error)* blunder, faux pas. **II** *indic pres* → **tropezar**.

trotamundos *nmf inv* globe-trotter.

trotar *vi* to trot.

trote *nm* **1** trot; **al t.**, at a trot. **2** *fam* **ya no está para esos trotes**, he cannot keep up the pace any more.

trovador *nm* troubadour.

trozo *nm* piece.

trucar [1] *vtr* to doctor, alter.

truco *nm* **1** *(ardid)* trick; **aquí hay t.**, there's something fishy going on here. **2 coger el t. (a algo)**, to get the knack *o* hang (of sth).

truculento,-a *adj* cruel.

trucha *nf* trout.

trueno *nm* thunder; **un t.**, a thunderclap.

trueque *nm* barter.

trufa *nf* truffle.

truhán,-ana *nm,f* rogue, crook.

truncar [1] *vtr* to truncate; *fig (vida etc)* to cut short; *fig (esperanzas)* to shatter.

trust *nm (pl* **trusts***)* trust, cartel.

tu *adj pos* your; **tu libro**, your book; **tus libros**, your books.

tú *pron* you; **de tú a tú**, on equal terms.

tuba *nf* tuba.

tubérculo *nm* **1** *Bot* tuber. **2** *Med* tubercle.

tuberculosis *nf inv* tuberculosis.

tubería *nf* **1** *(de agua)* piping, pipes *pl*. **2** *(de gas)* pipeline.

tubo *nm* **1** tube; **t. de ensayo**, test tube. **2** *(tubería)* pipe; *Aut* **t. de escape**, exhaust (pipe).

tucán *nm* toucan.

tuerca *nf* nut.

tuerto,-a I *adj* one-eyed, blind in one eye. **II** *nm,f* one-eyed person.

tuerzo *indic pres* → **torcer**.

tuétano *nm* marrow; **hasta el t.**, to one's fingertips.

tufo *nm* foul odour *o US* odor *o* smell.

tugurio *nm* hovel.

tul *nm* tulle.

tulipa *nf* small tulip.

tulipán *nm* tulip.

tullido,-a *adj* crippled, disabled.

tullir *vtr* to cripple.

tumba *nf* grave, tomb.

tumbar I *vtr* to knock down *o* over. **II tumbarse** *vr (acostarse)* to lie down, to stretch out.

tumbo *nm* **dar tumbos**, to reel.

tumbona *nf* easy chair; *(de lona)* deck chair.

tumor *nm* tumour, *US* tumor.

tumulto *nm* tumult, commotion.

tumultuoso,-a *adj* tumultuous, riotous.

tuna *nf* student folkloric music group.

tunante,-a *nm,f* rogue, crook.

túnel *nm* tunnel; **el t. del Canal de la Mancha**, the Channel Tunnel.

Túnez *n* **1** *(país)* Tunisia. **2** *(ciudad)* Tunis.

túnica *nf* tunic.

tuno,-a I *nm,f (bribón)* rogue, crook. **II** *nm* member of a **tuna**.

tuntún (al) *nm* haphazardly, any old how.

tupé *nm (pl* **tupés***) (flequillo)* quiff.

tupido,-a *adj* thick, dense.

turba[1] *nf (combustible)* peat.

turba[2] *nf (muchedumbre)* mob, crowd.

turbado,-a *adj* **1** *(alterado)* disturbed. **2** *(preocupado)* worried, anxious. **3** *(desconcertado)* confused.

turbante *nm* turban.

turbar I *vtr* **1** *(alterar)* to unsettle. **2** *(preocupar)* to upset *o* worry. **3** *(desconcertar)* to baffle, put off. **II turbarse** *vr* **1** *(preocuparse)* to be *o* become upset. **2** *(desconcertarse)* to be *o* become confused *o* baffled.

turbina *nf* turbine.

turbio,-a *adj (agua)* cloudy; *pey (negocio etc)* shady, dubious.

turborreactor *nm* turbojet (engine).

turbulencia *nf* turbulence.

turbulento,-a *adj* turbulent.

turco,-a I *adj* Turkish. **II** *nm,f (persona)* Turk; *fig* **cabeza de t.**, scapegoat. **III** *nm (idioma)* Turkish.

turismo *nm* **1** tourism; **ir de t.**, to go touring. **2** *Aut* car.

turista *nmf* tourist.

turístico,-a *adj* tourist; **de interés t.**, of interest to tourists.

turnarse *vr* to take turns.

turno *nm* **1** *(en juegos etc)* turn, go. **2** *(de trabajo)* shift; **estar de t.**, to be on duty;

t. de día/noche, day/night shift.
turquesa *adj & nf* turquoise.
Turquía *n* Turkey.
turrón *nm* nougat.
tute *nm fam* **darse un t. de algo,** to go to town doing sth.
tutear I *vtr* to address as tú. **II tutearse** *vr* to address (each other *o* one another) as tú.
tutela *nf* 1 *Jur* guardianship, tutelage. 2 *fig (protección)* protection, guidance.
tuteo *nm* use of the tú form of address.

tutor *nm* 1 *Jur* guardian. 2 *Educ* tutor.
tuve *pt indef* → tener.
tuyo,-a I *adj pos (con personas)* of yours; *(con objetos)* one of your; **¿es amigo t.?,** is he a friend of yours?; **unas amigas tuyas,** some friends of yours; **un libro t.,** one of your books. **II** *pron pos* yours; **éste es t.,** this one is yours; *fam* **los tuyos,** *(familiares)* your family.
TV *abr de* **televisión,** television, TV.
TVE *nf abr de* **Televisión Española.**

U

U, u [u] *nf (la letra)* U, u.
u *conj (delante de palabras que empiecen por o o ho)* or; **siete u ocho,** seven or eight; **ayer u hoy,** yesterday or today.
ubicación *nf* location, position.
ubicar [1] **I** *vtr Am (situar)* to locate, situate. **II ubicarse** *vr* to be situated *o* located.
ubicuo,-a *adj* ubiquitous.
ubre *nf* udder.
Ucrania *n* Ukraine.
ucraniano,-a *adj & nm,f* Ukrainian.
Ud. *abr de* **usted,** you.
Uds. *abr de* **ustedes,** you.
ufanarse *vr* to boast **(de,** of).
ufano,-a *adj* conceited.
UGT *nf abr de* **Unión General de Trabajadores.**
ugetista *adj* relating to the UGT.
ujier *nm* usher.
úlcera *nf* ulcer.
ulcerar *vtr,* **ulcerarse** *vr* to ulcerate.
ulterior *adj (siguiente)* subsequent.
ultimar *vtr* 1 *(terminar)* to finalize. 2 *Am (matar)* to kill, finish off.
ultimátum *nm (pl* **ultimátums)** ultimatum.
último,-a *adj* 1 last; **el u. día,** the last day; **llegar el ú.,** to arrive last; **por ú.,** finally; **a últimos de mes,** at the end of the month; **en las últimas,** on one's last legs. 2 *(más reciente)* latest; **últimas noticias,** latest news; *fam* **a la última,** up to the minute. 3 *(más alto)* top; **el u. piso,** the top flat. 4 *(más bajo)* lowest; **el u. de la lista,** the lowest in the list. 5 *(más lejano)* back, last; **la última fila,** the back row. 6 *(definitivo)* final. ◆**últimamente** *adv* lately, recently.
ultra *nmf* extreme right-winger; **los ultras,** the extreme right *sing.*
ultra- *pref* ultra-.
ultraderecha *nf Pol* extreme right.
ultraderechista *Pol* **I** *adj* extreme right-wing. **II** *nmf* extreme right-winger.
ultraizquierda *nf* extreme left.
ultrajar *vtr* to outrage, offend.

ultraje *nm* outrage, offence.
ultramar *nm* overseas (countries), abroad; **del** *o* **en u.,** overseas.
ultramarinos *nm* groceries; **tienda de u.,** greengrocer.
ultranza (a) *loc adv* 1 *(a todo trance)* at all costs, at any price; **defender algo a u.,** to defend sth to the death. 2 *(acérrimo)* out-and-out, extreme.
ultrasónico,-a *adj* ultrasonic.
ultratumba *nf* afterlife.
ultravioleta *adj inv* ultraviolet.
ulular *vi (viento)* to howl; *(búho)* to hoot.
umbral *nm* threshold.
umbrío,-a, umbroso,-a *adj* shady.
un,-a I *art indet* 1 a; *(antes de vocal)* an; **un coche,** a car; **un huevo,** an egg; **una flor,** a flower. 2 **unos,-as,** some; **unas flores,** some flowers. **II** *adj (delante de nm sing)* one; **un chico y dos chicas,** one boy and two girls; → *tamb* **uno,-a I.**
unánime *adj* unanimous.
unanimidad *nf* unanimity; **por u.,** unanimously.
unción *nf* unction.
undécimo,-a *adj* eleventh.
UNED *nf abr de* **Universidad Nacional de Educación a Distancia,** ≈ Open University, OU.
ungir [6] *vtr Rel* to anoint.
ungüento *nm* ointment.
único,-a *adj* 1 *(solo)* only; **es el ú. que tengo,** it's the only one I've got; **hijo ú.,** only child; **lo ú. que quiero,** the only thing I want; **el Mercado Ú.,** the Single Market; **el Acta Única,** the Single European Act. 2 *(extraordinario)* unique. ◆**únicamente** *adv* only, solely.
unidad *nf* 1 unit. 2 *(cohesión)* unity.
unido,-a *adj* united; **están muy unidos,** they are very attached to one another; **una familia muy unida,** a very close family.
unifamiliar *adj* **vivienda u.,** detached house.
unificación *nf* unification.
unificar [1] *vtr* to unify.

uniformar *vtr* 1 *(igualar)* to make uniform, standardize. 2 *(poner un uniforme a)* to put into uniform, give a uniform to.

uniforme I *nm (prenda)* uniform. II *adj* 1 *(igual)* uniform. 2 *(superficie)* even.

uniformidad *nf* 1 *(igualdad)* uniformity. 2 *(de superficie)* evenness.

unilateral *adj* unilateral.

unión *nf* union.

Unión Soviética *n* Soviet Union.

unir I *vtr (juntar)* to unite, join (together); **esta carretera une las dos comarcas**, this road links both districts. II **unirse** *vr (juntarse)* to unite, join.

unisex *adj inv* unisex.

unísono *nm* unison; **al u.**, in unison.

unitario,-a *adj* unitary; **precio u.**, unit price.

universal *adj* universal; **historia u.**, world history.

universidad *nf* university; **u. a distancia**, ≈ Open University; **u. laboral**, technical college.

universitario,-a I *adj* university. II *nm,f* university student.

universo *nm* universe.

uno,-a I *nm inv* one; **el u.**, (number) one; **el u. de mayo**, the first of May. II *nf (hora)* **es la una**, it's one o'clock. III *adj* **unos,-as**, some; **unas cajas**, some boxes; **habrá unos** *o* **unas veinte**, there must be around twenty. IV *pron* 1 one; **u. (de ellos), una (de ellas)**, one of them; **unos cuantos**, a few; **se miraron el u. al otro**, they looked at each other; **de u. en u.**, one by one; **un trás otro**, one after the other; **una de dos**, one of the two. 2 *(persona)* someone, somebody; **u. que pasaba por allí**, some passer-by; **vive con u.**, she's living with some man. **unos ... otros**, some people ... others. 3 *(impers)* you, one; **u. tiene que ...**, you have to ....

untar *vtr* to grease, smear; *(mantequilla)* to spread.

untura *nf* ointment.

uña *nf* 1 nail; **morderse** *o* **comerse las uñas** to bite one's fingernails; *fig* **ser u. y carne**, to be hand in glove. 2 *Zool (garra)* claw; *(pezuña)* hoof.

uperizado,-a *adj* **leche uperizada**, UHT milk.

Urales *nmpl* **los U.**, the Urals.

uranio *nm* uranium.

Urano *nm* Uranus.

urbanidad *nf* urbanity, politeness.

urbanismo *nm* town planning.

urbanístico,-a *adj* town-planning.

urbanización *nf* 1 *(barrio)* housing development *o* estate. 2 *(proceso)* urbanization.

urbanizar *vtr* to build up.

urbano,-a *adj* urban, city; **guardia u.**, (traffic) policeman.

urbe *nf* large city.

urdimbre *nf* 1 *Tex* warp. 2 *(trama)* intrigue.

urdir *vtr* 1 *Tex* to warp. 2 *(tramar)* to plot, scheme.

urgencia *nf* 1 urgency. 2 *(emergencia)* emergency.

urgente *adj* urgent; **correo u.**, express mail.

urgir [6] *vi* to be urgent *o* pressing; **me urge (tenerlo)**, I need it urgently.

urinario *nm* urinal.

urna *nf* 1 *Pol* ballot box. 2 *(vasija)* urn.

urólogo,-a *nm,f Med* urologist.

urraca *nf* magpie.

URSS *nf Hist abr de* **Unión de Repúblicas Socialistas Soviéticas**, Union of Socialist Soviet Republics, USSR.

urticaria *nf Med* hives.

Uruguay *n* **(el) U.**, Uruguay.

uruguayo,-a *adj & nm,f* Uruguayan.

usado,-a *adj (ropa)* second-hand, used.

usanza *nf lit* **a la antigua u.**, in the old style.

usar I *vtr* 1 to use. 2 *(prenda)* to wear. II **usarse** *vr* to be used *o* in fashion.

usina *nf Am (central eléctrica)* power station.

USO *nf abr de* **Unión Sindical Obrera**.

uso *nm* 1 use; *Farm* **u. externo/tópico**, external/local application. 2 *(de poder, privilegio)* exercise. 3 *(de prenda)* wearing; **haga u. del casco**, wear a helmet. 4 *(costumbre)* usage, custom; **al u.**, conventional.

usted, *pl* **ustedes** *pron pers fml* you; **¿quién es u.?**, **¿quiénes son ustedes?**, who are you?

usual *adj* usual, common.

usuario,-a *nm,f* user.

usura *nf* usury.

usurero,-a *nm,f* usurer.

usurpar *vtr* to usurp.

utensilio *nm* utensil; *(herramienta)* tool.

útero *nm* uterus, womb.

útil I *adj* useful; *(día)* working. II *nm (herramienta)* tool, instrument.

utilidad *nf* usefulness, utility; *(beneficio)* profit.

utilitario,-a I *nm (coche)* utility vehicle. II *adj* utilitarian.

utilización *nf* use, utilization.

utilizar [4] *vtr* to use, utilize.

utopía *nf* utopia.

utópico,-a *adj & nm,f* utopian.

uva *nf* grape; **u. blanca**, green grape.

UVI *nf abr de* **unidad de vigilancia intensiva**, intensive care unit, ICU.

úvula *nf* uvula.

V

V, v ['uβe] *nf (la letra)* V, v.
V *Elec abr de* **voltio(s)**, volt, volts, V.
vaca *nf* 1 cow. 2 *(carne)* beef.
vacaciones *nfpl* holidays *pl, US* vacation; *(viaje)* holiday; **durante las v.**, during the holidays; **estar/irse de v.**, to be/go on holiday.
vacante I *adj* vacant. II *nf* vacancy.
vaciar [29] I *vtr* 1 *(recipiente)* to empty; *(contenido)* to empty out. 2 *(terreno)* to hollow out. 3 *Arte* to cast, mould, *US* mold. II **vaciarse** *vr* to empty.
vacilación *nf* hesitation.
vacilante *adj* 1 *(persona)* hesitant, irresolute. 2 *(voz)* hesitant, faltering. 3 *(luz)* flickering.
vacilar *vi* 1 *(dudar)* to hesitate; **sin v.**, without hesitation. 2 *(voz)* to falter. 3 *(luz)* to flicker. 4 *fam (jactarse)* to show off.
vacío,-a I *adj* 1 empty; *(hueco)* hollow. 2 *(sin ocupar)* vacant, unoccupied. II *nm* 1 emptiness, void. 2 *(hueco)* gap; *(espacio)* (empty) space. 3 *Fís* vacuum; **envasado al v.**, vacuum-packed.
vacuna *nf* vaccine; *Vet* cowpox.
vacunación *nf* vaccination.
vacunar I *vtr* to vaccinate (**contra**, against); *fig* to inure. II **vacunarse** *vr* to get oneself vaccinated.
vacuno,-a *adj* bovine; **ganado v.**, cattle.
vacuo,-a *adj* vacuous, empty.
vadear *vtr (río)* to ford; *fig (dificultad)* to overcome.
vado *nm* 1 *(de un río)* ford. 2 *Aut* **'v. permanente'**, 'keep clear'.
vagabundear *vi* to wander, roam.
vagabundo,-a I *adj (errante)* wandering, *pey* vagrant; **perro v.**, stray dog. II *nm,f* wanderer; *(sin casa)* tramp, *US* hobo; *pey* vagrant, tramp.
vagancia *nf* idleness, laziness.
vagar [7] *vi* to wander about, roam about.
vagido *nm* cry of a newborn baby.
vagina *nf* vagina.
vago,-a I *adj* 1 *(perezoso)* lazy. 2 *(indefinido)* vague. II *nm,f* 1 *(holgazán)* layabout. 2 *Jur* vagrant.
vagón *nm (para pasajeros)* carriage, coach, *US* car; *(para mercancías)* truck, wagon, *US* freight car, *US* boxcar.
vaguedad *nf* vagueness.
vaho *nm (de aliento)* breath; *(vapor)* vapour, *US* vapor.
vaina I *nf* 1 *(de espada)* sheath, scabbard. 2 *Bot* pod. 3 *Am fam (molestia)* bother, nuisance. II *nmf (persona)* dimwit.
vainilla *nf* vanilla.
vaivén *nm* 1 *(oscilación)* swinging, to-and-fro movement. 2 *(de gente)* coming and going, bustle; *fig* **vaivenes**, ups and downs.
vajilla *nf* crockery, dishes *pl*; **una v.**, a set of dishes, a dinner service.
valdré *indic fut* → **valer**.
vale¹ *interj* all right, O.K.
vale² *nm* 1 *(comprobante)* voucher. 2 *(pagaré)* promissory note, IOU (I owe you).
valedero,-a *adj* valid.
valenciano,-a *adj* Valencian; **Comunidad Valenciana**, Valencia.
valentía *nf* courage, bravery.
valentón,-ona *pey* I *adj* bragging, boastful. II *nm,f* braggart.
valer [26] I *vtr* 1 to be worth; **no vale nada**, it is worthless; **vale una fortuna**, it is worth a fortune; **no vale la pena (ir)**, it's not worth while (going). 2 *(costar)* to cost; **¿cuánto vale?**, how much is it? 3 *(proporcionar)* to earn. II *vi* 1 *(servir)* to be useful, be of use. 2 *(ser válido)* to be valid, count; **no vale hacer trampa**, cheating isn't on. 3 **más vale**, it is better; **más vale que te vayas ya**, you had better leave now. III **valerse** *vr* to use, make use (**de**, of); **v. por sí mismo**, to be able to manage on one's own.
valeroso,-a *adj* brave, courageous.
valgo *indic pres* → **valer**.
valía *nf* value, worth.
validez *nf* validity.
válido,-a *adj* valid.
valiente *adj* 1 *(valeroso)* brave, courageous. 2 *irón* **¡v. amigo eres tú!**, a fine friend you are!
valija *nf (de correos)* mailbag; **v. diplomática**, diplomatic bag.
valioso,-a *adj* valuable.
valor *nm* 1 *(valía)* value, worth; *(precio)* price; **objetos de v.**, valuables; **sin v.**, worthless; **v. alimenticio**, food value. 2 *(valentía)* courage. 3 *Fin* **valores**, securities, bonds.
valoración *nf* valuation.
valorar *vtr* to value, calculate the value of.
valorización *nf* 1 *(tasación)* valuation. 2 *(revalorización)* appreciation.
valorizar [4] *vtr* 1 *(tasar)* to value. 2 *(revalorizar)* to raise the value of.
vals *nm* waltz; **bailar el v.**, to waltz.
válvula *nf* valve; **v. de seguridad**, safety valve.
valla *nf* 1 *(cerca)* fence; *(muro)* wall; **v. publicitaria**, hoarding, *US* billboard. 2 *Dep* hurdle; **las 100 metros vallas**, the 100 metres hurdle race.
vallado *nm* fence.
vallar *vtr* to fence (in).
valle *nm* valley.
vallisoletano,-a I *adj* of *o* from Vallado-

vampiro 269 **veleta**

lid. II *nm,f* native *o* inhabitant of Valladolid.
vampiro *nm* vampire.
vanagloriarse [12] *vr* to boast (**de**, of).
vandalismo *nm* vandalism.
vándalo,-a *nm,f* vandal.
vanguardia *nf* 1 avant-garde, vanguard; *fig* **ir a la v. de**, to be at the forefront of. 2 *Mil* vanguard, van.
vanguardista I *adj* avant-garde. **II** *nm,f* avant-gardist.
vanidad *nf* vanity.
vanidoso,-a *adj* vain, conceited.
vano,-a *adj* 1 *(vanidoso)* vain, conceited. 2 *(esfuerzo, esperanza)* vain, futile; **en v.**, in vain.
vapor *nm* 1 *(de agua hirviendo)* steam; *Culin* **al v.**, steamed. 2 *(gas)* vapour, US vapor; **v. de agua**, water vapour.
vaporizador *nm* vaporizer, spray.
vaporizar [4] **I** *vtr* to vaporize. **II vaporizarse** *vr* to vaporize, become vaporized, evaporate.
vaporoso,-a *adj* vaporous.
vapulear *vtr (físicamente)* to shake; *(con palabras)* to slate.
vaqueriza *nf* cowshed.
vaquero,-a I *nm* cowherd, US cowboy. **II** *adj* **pantalón v.**, jeans *pl*, pair *sing* of jeans. **III** *nmpl* **vaqueros**, *(prenda)* jeans, pair *sing* of jeans.
vara *nf* pole, rod.
varar I *vtr* to beach, dock. **II** *vi* to run aground.
variable *adj & nf* variable.
variación *nf* variation.
variado,-a *adj* varied; **galletas variadas**, assorted biscuits.
variante *nf* variant; *Aut* detour.
variar [29] **I** *vtr* to vary, change. **II** *vi* to vary, change; *irón* **para v.**, as usual, just for a change.
varice, várice *nf* → **variz**.
varicela *nf* chickenpox.
variedad *nf* 1 variety. 2 *Teat* **variedades**, variety show *sing*.
varilla *nf (vara)* rod, stick; *(de abanico, paraguas)* rib.
varios,-as *adj* several.
variopinto,-a *adj* diverse, assorted; **un público v.**, a varied audience.
varita *nf* **v. mágica**, magic wand.
variz *nm* varicose vein.
varón *nm (hombre)* man; *(chico)* boy; **hijo v.**, male child; **sexo v.**, male sex.
varonil *adj* manly, virile.
Varsovia *n* Warsaw.
vas *indic pres* → **ir**.
vasallo,-a *nm,f Hist* vassal.
vasco,-a *adj* Basque; **el País V.**, the Basque Country.
vascuence *nm (idioma)* Basque.
vasectomía *nf* vasectomy.
vaselina *nf* vaseline®.

vasija *nf* pot.
vaso *nm* 1 *(para beber)* glass. 2 *(florero)* vase. 3 *Anat* vessel.
vástago *nm* 1 *Bot* shoot. 2 *fig (hilo)* offspring. 3 *Téc* rod, stem.
vasto,-a *adj* vast.
Vaticano *nm* **el V.**, Vatican.
vaticinar *vtr* to prophesy, predict.
vaticinio *nm* prophesy, prediction.
vatio *nm* watt.
vaya[1] *interj* **¡v. lío!**, what a mess!
vaya[2] *subj pres* → **ir**.
Vd. Vds. *abr de* **usted, ustedes**, you.
ve I *imperat* → **ir**. **II** *indic pres* → **ver**.
vecinal *adj* local.
vecindad *nf*, **vecindario** *nm* 1 *(área)* neighbourhood, US neighborhood, vicinity. 2 *(vecinos)* community, residents *pl*.
vecino,-a I *nm,f* 1 *(persona)* neighbour, US neighbor; **el v. de al lado**, the next-door neighbour. 2 *(residente)* resident. **II** *adj* neighbouring, US neighboring, nearby.
veda *nf (de caza)* close season, US closed season; **levantar la v.**, to open the season.
vedado *adj* **coto v. de caza**, private hunting ground.
vedar *vtr* to forbid, prohibit.
vega *nf* fertile plain *o* lowland.
vegetación *nf* 1 *Bot* vegetation. 2 *Med* **vegetaciones**, adenoids.
vegetal *nm* vegetable.
vegetar *vi fig* to vegetate.
vegetariano,-a *adj & nm,f* vegetarian.
vehemencia *nf* vehemence.
vehemente *adj* vehement.
vehículo *nm* vehicle.
veinte *adj & nm inv* twenty.
veintena *nf (veinte)* twenty; **una v. de**, about twenty.
vejación *nf* humiliation.
vejar *vtr* to humiliate.
vejatorio,-a *adj* humiliating.
vejez *nf* old age.
vejiga *nf* bladder.
vela[1] *nf* 1 candle. 2 *fam* **quedarse a dos velas**, to be in the dark. 3 **pasar la noche en v.**, to have a sleepless night.
vela[2] *nf Náut* sail.
velada *nf* evening (party).
velado,-a *adj* 1 *(oculto)* veiled, hidden. 2 *Fot* blurred.
velador *nm* 1 *(mesa)* table. 2 *Am (mesilla de noche)* bedside table.
velar[1] *vi* 1 **v. por**, to watch over. 2 *(hacer guardia)* to keep watch.
velar[2] *Fot* **I** *vtr* to blur. **II velarse** *vr* to become blurred.
velatorio *nm* vigil, wake.
veleidad *nf* fickleness.
veleidoso,-a *adj* fickle.
velero *nm* sailing boat *o* ship.
veleta I *nf* weather vane, weathercock. **II**

velo *nmf fam* fickle *o* changeable person.
velo *nm* veil.
velocidad *nf* 1 *(rapidez)* speed; *(de proyectil etc)* velocity; *Aut* **v. máxima**, speed limit; *Inform* **v. de transmisión**, bit rate; *Inform* **v. operativa**, operating speed. 2 *Aut (marcha)* gear.
velocímetro *nm* speedometer.
velocista *nmf* sprinter.
velódromo *nm* cycle track, *US* velodrome.
veloz **I** *adj* swift, rapid. **II** *adv* quickly, fast.
vello *nm* hair.
vellón *nm* fleece.
velloso,-a, **velludo,-a** *adj* downy.
vena *nf* vein.
venado *nm* deer, stag; *Culin* venison.
vencedor,-a **I** *nm,f* winner. **II** winning.
vencejo *nm* Orn swift.
vencer [2] **I** *vtr* 1 *(al enemigo)* to defeat; *(al contrincante)* to beat. 2 *(dificultad)* to overcome, surmount. **II** *vi* 1 *(pago, deuda)* to fall due, be payable. 2 *(plazo)* to expire. **III vencerse** *vr (torcerse)* to warp.
vencido,-a *adj* 1 *Mil (derrotado)* defeated; *Dep* beaten; *fig* **darse por v.**, to give up, accept defeat. 2 *(pago, deuda)* due, payable. 3 *(plazo)* expired. 4 *fam* **a la tercera va la vencida**, third time lucky.
vencimiento *nm* 1 *Com* maturity. 2 *(de un plazo)* expiry.
venda *nf* bandage.
vendaje *nm* dressing.
vendar *vtr* to bandage; *fig* **v. los ojos a algn**, to blindfold sb.
vendaval *nm* gale.
vendedor,-a *nm,f* seller; *(hombre)* salesman; *(mujer)* saleswoman.
vender **I** *vtr* to sell; **v. a plazos/al contado**, to sell on credit/for cash; **v. al por mayor/menor**, to (sell) wholesale/retail. **II venderse** *vr* 1 to sell; **este disco se vende bien**, this record is selling well; **for sale**. 2 *(claudicar)* to sell out.
vendimia *nf* grape harvest.
vendré *indic fut* → **venir**.
Venecia *n* Venice.
veneno *nm* poison; *(de serpiente)* venom.
venenoso,-a *adj* poisonous.
venerable *adj* venerable.
veneración *nf* veneration.
venerar *vtr* to venerate, revere.
venéreo,-a *adj* venereal.
venero *nm* spring.
venezolano,-a *adj & nm,f* Venezuelan.
Venezuela *n* Venezuela.
venga *subj pres* → **venir**.
venganza *nf* vengeance, revenge.
vengar [7] **I** *vtr* to avenge. **II vengarse** *vr* to avenge oneself; **v. de algn**, to take revenge on sb.
vengativo,-a *adj* vengeful, vindictive.
vengo *indic pres* → **venir**.

venia *nf* 1 *fml (permiso)* permission. 2 *(perdón)* pardon.
venial *adj* venial.
venida *nf* coming, arrival.
venidero,-a *adj* future, coming.
venir [27] **I** *vi* 1 to come; *fig* **v. a menos**, to come down in the world; *fig* **v. al mundo**, to be born; **el año que viene**, next year; *fig* **v. a la memoria**, to remember; *fam* **¡venga ya!**, *(vamos)* come on!; *(expresa incredulidad)* come off it! 2 **v. grande/pequeño**, *(ropa)* to be too big/small; **v. mal/bien**, to be inconvenient/convenient; **el metro me viene muy bien**, I find the underground very handy. 3 *(en pasivas)* **esto vino provocado por ...**, this was brought about by .... 4 **esto viene ocurriendo desde hace mucho tiempo**, this has been going on for a long time now. **II venirse** *vr* **v. abajo**, to collapse.
venta *nf* 1 sale; **en v.**, for sale; **a la v.**, on sale; **v. a plazos/al contado**, credit/cash sale; **v. al por mayor/al por menor**, wholesale/retail. 2 *(posada)* country inn.
ventaja *nf* advantage; **llevar v. a**, to have the advantage over; **le sacó dos metros de v. a**, he beat him by two metres.
ventajoso,-a *adj* advantageous.
ventana *nf* 1 window. 2 *(de la nariz)* nostril.
ventanal *nm* large window.
ventanilla *nf* 1 window. 2 *(de la nariz)* nostril.
ventanuco *nm* small window.
ventilación *nf* ventilation; **sin v.**, unventilated.
ventilador *nm* ventilator; *(de coche)* fan.
ventilar **I** *vtr* 1 *(habitación)* to ventilate, air. 2 *fig (opinión)* to air. **II ventilarse** *vr fam (terminar)* to finish off.
ventisca *nf* blizzard; *(de nieve)* snowstorm.
ventosa *nf* sucker; *Med* cupping glass.
ventosear *vi* to break wind.
ventoso,-a *adj* windy.
ventrílocuo,-a *nm,f* ventriloquist.
ventura *nf* 1 *(felicidad)* happiness. 2 *(suerte)* luck; *(casualidad)* chance.
venturoso,-a *adj* lucky, fortunate.
Venus *nm* Venus.
veo-veo *nm fam* **el (juego del) v.-v.**, I-spy.
ver[1] *nm* **de buen v.**, good-looking.
ver[2] [28] **I** *vtr* 1 to see; *(televisión)* to watch; **a v.**, let me see, let's see; **a v. si escribes**, I hope you'll write; **(ya) veremos**, we'll see; *fam* **había un jaleo que no veas**, you should have seen the fuss that was made; **no veo por qué**, I can't see why; **a mi modo de v.**, as I see it. 2 **no tener nada que v. con**, to have nothing to do with. **II verse** *vr* 1 *(imagen etc)* to be seen. 2 *(encontrarse con algn)* to

meet, see each other; ¡nos vemos!, see you later! **3 no se pueden ni v.**, (*soportarse*) they can't stand (the sight of) each other. **4 Am te ves divina**, you look divine.

vera *nf* edge, border; **a la v. de**, beside, next to.

veracidad *nf* veracity, truthfulness.

veraneante *nmf* holidaymaker, *US* (summer) vacationist.

veranear *vi* to spend one's summer holiday.

veraneo *nm* summer holiday.

veraniego,-a *adj* summer.

verano *nm* summer.

veras *nfpl* **de v.**, really, seriously.

veraz *adj* veracious, truthful.

verbal *adj* verbal.

verbena *nf* street party.

verbo *nm* verb.

verborrea *nf fam* verbosity, verbal diarrhoea.

verdad *nf* 1 truth; **es v.**, it is true; **a decir v.**, to tell the truth; **¡de v.!**, really, truly; **un amigo de v.**, a real friend. 2 (*en frase afirmativa*) **está muy bien, ¿(no es) v.?**, it is very good, isn't it?; (*en frase negativa*) **no te gusta, ¿v.?**, you don't like it, do you?.

verdadero,-a *adj* true, real.
◆**verdaderamente** *adv* truly, really.

verde I *adj* 1 green. 2 (*fruta*) unripe. 3 *fam* (*chiste, película*) blue; **viejo v.**, dirty old man. 4 *fam fig* **poner v. a algn**, to call sb every name under the sun. **II** *nm* 1 (*color*) green. 2 *Pol* **los verdes**, the Greens.

verdear *vi* to turn green.

verdor *nm* (*color*) greenness; (*de plantas*) verdure.

verdoso,-a *adj* greenish.

verdugo,-a I *nm* executioner. **II** *nmf fig* tyrant.

verdulería *nf* greengrocer's (shop).

verdulero,-a *nm,f* greengrocer.

verdura *nf* vegetables *pl*, greens *pl*.

vereda *nf* 1 (*camino*) path, lane. 2 *Am* (*acera*) pavement, *US* sidewalk.

veredicto *nm* verdict.

verga *nf* penis.

vergonzoso,-a *adj* 1 (*penoso*) shameful, disgraceful. 2 (*tímido*) shy, bashful.

vergüenza *nf* 1 shame; **¿no te da v.?**, aren't you ashamed?, have you no shame?; **es una v.**, it's a disgrace. 2 (*timidez*) shyness, bashfulness; **tener v.**, to be shy; **me da v.**, I'm too embarrassed.

vericueto *nm* winding path; *fig* **los vericuetos**, the ins and outs.

verídico,-a *adj* truthful, true.

verificar [1] **I** *vtr* (*comprobar*) to check. **II verificarse** *vr* to take place, occur.

verja *nf* (*reja*) grating; (*cerca*) railing, railings *pl*; (*puerta*) iron gate.

vermut, vermú *nm* (*pl* **vermús**) vermouth.

verosímil *adj* probable, likely; (*creíble*) credible.

verruga *nf* wart.

versado,-a *adj* well-versed (**en**, in).

versar *vi* **v. sobre**, to be about, deal with.

versátil *adj* 1 versatile. 2 (*voluble*) changeable, inconstant.

versatilidad *nf* 1 versatility. 2 (*volubilidad*) changeableness, inconstancy.

versículo *nm* verse.

versión *nf* version; **película en v. original**, film in the original language.

verso *nm* 1 (*poesía*) verse. 2 (*línea*) line.

vértebra *nf* vertebra.

vertebrado,-a *adj & nm* vertebrate.

vertedero *nm* (*de basura*) rubbish dump, tip.

verter [3] **I** *vtr* 1 to pour (out). 2 (*basura*) to dump. **II** *vi* (*río*) to flow, run (**a**, into).

vertical *adj* vertical.

vértice *nm* vertex.

vertiente *nf* 1 (*de una montaña, un tejado*) slope; *fig* aspect. 2 *Am* (*manantial*) spring.

vertiginoso,-a *adj* dizzy, giddy; *fig* (*velocidad*) breakneck.

vértigo *nm* vertigo; **me da v.**, it makes me dizzy.

vesícula *nf* vesicle; **v. biliar**, gall bladder.

vespa® *nf* (motor) scooter.

vespertino,-a I *adj* evening. **II** *nm Prensa* evening newspaper.

vespino® *nm* moped.

vestíbulo *nm* (*de casa*) hall; (*de edificio público*) foyer.

vestido,-a I *nm* (*ropa*) clothes *pl*; (*de mujer*) dress. **II** *adj* dressed; **policía v. de paisano**, plain clothes policeman.

vestidura *nf* clothing, clothes *pl*.

vestigio *nm* vestige, trace.

vestimenta *nf* clothes *pl*, garments *pl*.

vestir [6] **I** *vtr* 1 (*a alguien*) to dress. 2 (*llevar puesto*) to wear. **II** *vi* 1 to dress; **ropa de (mucho) v.**, formal dress. 2 *fam* **la seda viste mucho**, silk always looks very elegant. **III vestirse** *vr* 1 to get dressed, dress. 2 **v. de**, to wear, dress in; (*disfrazarse*) to disguise oneself as, to dress up as.

vestuario *nm* 1 (*conjunto de vestidos*) clothes *pl*, wardrobe; *Teat* wardrobe, costumes *pl*. 2 (*camerino*) dressing room. 3 *Dep* changing room *sing*.

veta *nf Min* vein, seam; (*de carne*) streak.

vetar *vtr* to veto.

veterano,-a *adj & nm,f* veteran.

veterinario,-a I *nm,f* veterinary surgeon, vet, *US* veterinarian. **II** *nf* veterinary medicine *o* science.

veto *nm* veto; **derecho a v.**, power *o* right of veto.

vetusto,-a *adj fml* ancient.

vez *nf* 1 time; **una v.**, once; **dos veces**, twice; **cinco veces**, five times; **a *o* algunas veces**, sometimes; **cada v.**, each *o* every time; **cada v. más**, more and more; **de v. en cuando**, now and again, every now and then; **¿le has visto alguna v.?**, have you ever seen him?; **otra v.**, again; **a la v.**, at the same time; **tal v.**, perhaps, maybe; **de una v.**, in one go; **de una v. para siempre**, once and for all; **en v. de**, instead of; **érase *o* había una v.**, *(en cuentos etc)* once upon a time. 2 *(turno)* turn. 3 **hacer las veces de**, to do duty as.
v.g(r). *abr de* **verbigracia**, for example, eg.
vía I *nf* 1 *Ferroc* track, line. 2 *(camino)* road; **v. pública**, public thoroughfare; **V. Láctea**, Milky Way. 3 *Anat* passage, tract; *Farm* **(por) v. oral**, to be taken orally. 4 *fig* **por v. oficial**, through official channels; **por v. aérea/marítima**, by air/sea. 5 **en vías de**, in the process of; **países en vías de desarrollo**, developing countries. II *prep (a través de)* via, through; **v. París**, via Paris; **transmisión v. satélite**, satellite transmission.
viable *adj* viable.
viaducto *nm* viaduct.
viajante *nmf* commercial traveller, travelling salesman *o* saleswoman.
viajar *vi* to travel.
viaje *nm (recorrido)* journey, trip; *(largo, en barco)* voyage; **¡buen v.!, bon voyage!, have a good trip!**; **estar de v.**, to be away (on a trip); **irse *o* marcharse de v.**, to go on a journey *o* trip; **v. de negocios**, business trip; **v. de novios**, honeymoon.
viajero,-a I *nm,f* 1 traveller. 2 *(en transporte público)* passenger. II *adj* **cheque v.**, travellers cheque.
viandante *nmf* passer-by.
viario,-a *adj* road, highway; **red viaria**, road network.
víbora *nf* viper.
vibración *nf* vibration.
vibrador *nm* vibrator.
vibrar *vtr & vi* to vibrate.
vicario,-a *nm,f* vicar.
vicepresidente,-a *nm,f* 1 *Pol* vice president. 2 *(de compañía, comité)* vicechairperson; *(hombre)* vice-chairman; *(mujer)* vice-chairwoman.
vicesecretario,-a *nm,f* assistant secretary.
viceversa *adv* vice versa.
viciado,-a *adj* 1 *(corrompido)* corrupt. 2 *(aire)* foul.
viciar [12] I *vtr* 1 *(corromper)* to corrupt. 2 *(estropear)* to waste. II **viciarse** *vr* 1 *(deformarse)* to go out of shape. 2 *(corromperse)* to become corrupted.
vicio *nm* 1 vice. 2 *(mala costumbre)* bad habit. 3 *fam (destreza)* skill.
vicioso,-a I *adj* 1 *(persona)* depraved, perverted. 2 **círculo v.**, vicious circle. II *nm,f* depraved person; **v. del trabajo**, workaholic.
vicisitud *nf (usu pl)* vicissitude.
víctima *nf* victim.
victoria *nf* victory.
victorioso,-a *adj* victorious.
vicuña *nf* vicuna.
vid *nf* vine, grapevine.
vida *nf* 1 *adj* life; *(periodo)* lifetime; **de toda la v.**, life-long; **en mi v.**, never in my life; **de por v.**, for life; **ganarse la v.**, to earn one's living; **¿qué es de tu v.?**, how's life?; **estar con/sin v.**, to be alive/dead.
vidente *nmf* clairvoyant.
vídeo *nm* video; **grabar en v.**, to videotape.
videoclub *nm* video club.
videocámara *nf* video camera.
videoconferencia *nf* videoconferencing; *(sesión)* videoconference.
videojuego *nm* video game.
vidriera *nf* 1 stained-glass window. 2 *Am (escaparate)* shop window.
vidrio *nm* glass.
viejo,-a I *adj* old; **hacerse v.**, to grow old; **un v. amigo**, an old friend. II *nm,f (hombre, padre)* old man; *(mujer, madre)* old woman; **los viejos**, old people; *fam* **mis viejos**, my parents.
Viena *n* Vienna.
vienés,-esa *adj & nm,f* Viennese.
viento *nm* wind; **hace *o* sopla mucho v.**, it is very windy; *fam fig* **vete a tomar v.**, get lost.
vientre *nm* 1 belly; **hacer de v.**, to have a bowel movement. 2 *(útero)* womb.
viernes *nm inv* Friday; **V. Santo**, Good Friday.
Vietnam *n* Vietnam.
vietnamita *adj & nmf* Vietnamese.
viga *nf (de madera)* beam; *(de hierro)* girder.
vigencia *nf* validity; **entrar en v.**, to come into force *o* effect.
vigente *adj* in force.
vigésimo,-a *adj & nm,f* twentieth.
vigía I *nf* watchtower, lookout post. II *nmf* lookout; *(hombre)* watchman; *(mujer)* watchwoman.
vigilancia *nf* vigilance, watchfulness; *Med* **unidad de v. intensiva**, intensive care unit.
vigilante *nm* watchman; *(de banco)* guard.
vigilar I *vtr* to watch; *(un lugar)* to guard; **vigila que no entren**, make sure they don't get in. II *vi (gen)* to keep watch.
vigilia *nf* 1 vigil. 2 *(víspera)* eve. 3 *Rel (abstinencia)* abstinence.
vigor *nm* 1 vigour, *US* vigor; *(fuerza)* strength. 2 **en v.**, in force.
vigoroso,-a *adj* vigorous.
VIH *abr de* **Virus de Inmunodeficiencia Humana**, Human Immunodeficiency

Virus, HIV.
vikingo *nm* Viking.
vil *adj fml* vile, base.
vileza *nf* **1** vileness, baseness. **2** (*acto*) vile act, despicable deed.
vilipendiar [12] *vtr fml* to vilify, revile.
vilo (en) *loc adv* (*persona*) on tenterhooks; (*cosa*) up in the air.
villa *nf* **1** (*población*) town. **2** (*casa*) villa, country house.
villancico *nm* (Christmas) carol.
vinagre *nm* vinegar.
vinagrera *nf* vinagreras, oil and vinegar cruets, cruet (stand) *sing*.
vinagreta *nf* vinaigrette sauce.
vinajeras *nfpl* cruets.
vincha *nf Am* headband.
vinculante *adj* binding.
vincular *vtr* to link, bind; (*relacionar*) to relate, connect.
vínculo *nm* link.
vine *pt indef* ⇨ venir.
vinícola *adj* wine-producing.
vinicultor,-a *nm,f* wine producer.
vinicultura *nf* wine production *o* growing.
vinilo *nm* vinyl.
vino *nm* wine; **tomar un v.**, to have a glass of wine; **v. blanco/tinto/dulce/seco**, white/red/sweet/dry wine; **v. rosado**, rosé.
viña *nf* vineyard.
viñedo *nm* vineyard.
viñeta *nf* illustration.
viola *nf* viola.
violación *nf* **1** (*de una persona*) rape. **2** (*de ley, derecho*) violation, infringement.
violador,-a *n* rapist.
violar *vtr* **1** (*persona*) to rape. **2** (*ley, derecho*) to violate, infringe.
violencia *nf* **1** violence; **la no v.**, non-violence. **2** (*incomodidad*) embarrassment.
violentar *vtr* **1** (*forzar*) to force, break open; (*sitio*) to break into, enter by force. **2** (*enojar*) to infuriate.
violento,-a *adj* **1** violent. **2** (*situación*) embarrassing, awkward. **3 sentirse v.**, (*incómodo*) to feel embarrassed *o* awkward.
violeta *adj & nm & nf* violet.
violín *nm* violin; *fam* fiddle.
violinista *nmf* violinist.
violón *nm* double bass.
violoncelista, violonchelista *nmf* cellist.
violoncelo, violonchelo *nm* violoncello, cello.
viraje *nm* **1** turn. **2** *fig* about-face, U-turn.
virar *vi* **1** (*girar*) to turn round. **2** *fig* to change.
virgen **I** *adj* **1** (*persona, selva*) virgin. **2** (*aceite, lana*) pure; (*cinta*) blank. **II** *nmf* virgin; *fam* **ser un viva la v.**, to be a devil-may-care person.
virginidad *nf* virginity.

virgo *nm* hymen.
Virgo *nm* Virgo.
virguería *nf arg* gem, marvel; **hacer virguerías**, to work wonders, be a dab hand.
virguero,-a *adj arg* smart, great; **esta camisa es muy virguera**, that shirt is the business.
vírico,-a *adj* viral.
viril *adj* virile, manly; **miembro v.**, penis.
virilidad *nf* virility.
virtual *adj* virtual.
virtud *nf* **1** virtue; *fig* **en v. de**, by virtue of. **2** (*propiedad*) property, quality.
virtuoso,-a **I** *adj* virtuous. **II** *nm,f* **1** virtuous person. **2** (*músico*) virtuoso.
viruela *nf* smallpox; **viruelas**, pockmarks *pl*.
virulé (a la) *loc adv fam* **1** (*torcido*) crooked, twisted. **2 un ojo a la v.**, a black eye.
virulencia *nf* virulence.
virulento,-a *adj* virulent.
virus *nm inv* virus.
visa *nf Am* visa.
visado *nm* visa.
víscera *nf* **1** internal organ. **2 vísceras**, viscera, entrails.
visceral *adj* **1** *Anat* visceral. **2** *fig* profound, deep-rooted.
viscoso,-a *adj* viscous.
visera *nf* (*de gorra*) peak; (*de casco*) visor.
visibilidad *nf* visibility; **curva con mala v.**, blind corner.
visible *adj* visible; (*evidente*) evident.
visillo *nm* small lace *o* net curtain.
visión *nf* **1** vision. **2** (*vista*) sight; *fig* **v. de conjunto**, overall view; **con v. de futuro**, forward-looking. **3** (*aparición*) vision.
visionario,-a *nm,f* visionary; (*iluso*) person who imagines things.
visita *nf* **1** (*acción*) visit; **hacer una v.**, to pay a visit; **estar de v.**, to be visiting. **2** (*invitado*) visitor, guest.
visitador,-a *nm,f Farm* pharmaceutical salesman *o* saleswoman.
visitante **I** *nmf* visitor. **II** *adj* (*equipo*) away.
visitar *vtr* to visit.
vislumbrar *vtr* to glimpse.
viso *nm* (*reflejo*) sheen. **2** *fig* **tener visos de**, to seem, appear.
visón *nm* mink.
visor *nm Fot* viewfinder.
víspera *nf* (*día anterior*) day before; (*de festivo*) eve; **en vísperas de**, in the period leading up to.
vista *nf* **1** sight; **a la v.**, visible; **a primera** *o* **simple v.**, at first sight, on the face of it; **con vistas a**, with a view to; **en v. de**, in view of, considering; **corto de v.**, short-sighted; **conocer a algn de v.**, to know sb by sight; **perder de v. a**, to lose sight of; **quítalo de mi v.**, take it away;

fig **tener mucha v. para**, to have a good eye for; *fig* **volver la v. atrás**, to look back; *fam* **¡hasta la v.!**, goodbye!, see you!; *fam* **hacer la v. gorda**, to turn a blind eye. 2 *(panorama)* view; **con vista(s) al mar**, overlooking the sea. 3 *Jur* trial, hearing.
vistazo *nm* glance; **echar un v. a algo**, *(ojear)* to have a (quick) look at sth; *(tener cuidado de)* to keep an eye on sth.
visto,-a I *adj* 1 **está v. que ...**, it is obvious that ...; **por lo v.**, evidently, apparently; **v. que**, in view of the fact that, seeing *o* given that. 2 **estar bien v.**, to be well looked upon, be considered acceptable; **estar mal v.**, to be frowned upon. 3 **estar muy v.**, to be old hat. II *nm* **v. bueno**, approval, O.K.
vistoso,-a *adj* eye-catching.
visual *adj* visual; **campo v.**, field of vision.
visualizar [4] *vtr* to visualize; *(película)* to view.
vital *adj* 1 vital. 2 *(persona)* full of vitality.
vitalicio,-a *adj* life, for life; **pensión/cargo v.**, life pension/permanent post.
vitalidad *nf* vitality.
vitamina *nf* vitamin.
vitamínico,-a *adj* vitamin; **complejo v.**, multivitamins.
viticultura *nf* wine growing.
viticultor,-a *nmf* wine grower.
vitorear *vtr* to cheer.
vítreo,-a *adj* vitreous.
vitrina *nf* *(aparador)* glass *o* display cabinet; *(de exposición)* glass case, showcase; *Am* *(escaparate)* shop window.
vituallas *nfpl* provisions.
vituperar *vtr* to condemn.
vituperio *nm* condemnation.
viudo,-a *nm,f* *(hombre)* widower; *(mujer)* widow.
viva *interj* **¡v.!**, hurrah!
vivacidad *nf* vivacity.
vivaracho,-a *adj fam* lively, sprightly.
vivaz *adj* 1 lively, vivacious. 2 *(perspicaz)* sharp, quick-witted.
vivencias *nfpl* personal experience.
víveres *nmpl* provisions, supplies.
vivero *nm* *(de plantas)* nursery; *(de peces)* fish farm *o* hatchery; *fig* breeding ground, hotbed.
viveza *nf* 1 liveliness, vivacity; *(en los ojos)* sparkle. 2 *(agudeza)* sharpness, quick-wittedness.
vividor,-a *nm,f pey* sponger, scrounger.
vivienda *nf* 1 housing. 2 *(casa)* house; *(piso)* flat.
vivir I *vi* to live; **vive de sus ahorros**, she lives off her savings; **viven de la pesca**, they make their living by fishing. II *vtr* to live through. III *nm* life.
vivito,-a *adj fam* **v. y coleando**, alive and kicking.

vivo,-a I *adj* 1 alive; **de viva voz**, verbally, by word of mouth; **en v.**, *(programa)* live; *fam* **es el v. retrato** *o* **la viva imagen de**, she is the spitting image of. 2 **al rojo v.**, red-hot. 3 *(vivaz)* lively, vivacious. 4 *(listo)* sharp, clever. 5 *(color)* vivid, bright. 6 *(descripción)* lively, graphic. II *nm* **los vivos**, the living.
Vizcaya *n* **el golfo de V.**, the Bay of Biscay.
VºBº *abr de* **visto bueno**.
vocablo *nm* word, term.
vocabulario *nm* vocabulary.
vocación *nf* vocation, calling; **con v. europea**, with leanings towards Europe.
vocacional *adj* vocational.
vocal I *nf Ling* vowel. II *nmf* member.
vocalista *nmf Mús* vocalist, singer.
vocalizar [4] *vtr & vi* to vocalize.
voceador,-a *nm,f Am* vendor.
vocerío *nm* shouting.
vocero,-a *nm,f Am* spokesperson; *(hombre)* spokesman; *(mujer)* spokeswoman.
vociferante *adj* vociferous.
vociferar *vtr & vi* to vociferate.
vodka *nm* vodka.
vol. *abr de* **volumen**, volume, vol.
volado,-a *adj fam* **estar v.**, to have a screw loose.
volador,-a *adj* flying.
volandas (en) *loc adv (por el aire)* in the air, flying through the air.
volante I *nm* 1 *Aut* steering wheel; **ir al v.**, to be driving; **un as del v.**, a motor-racing champion. 2 *Cost* frill, ruffle. 3 *Med* note. II *adj* flying; **platillo v.**, flying saucer.
volantín *nm Am (cometa)* small kite.
volar [2] I *vi* 1 to fly; *fig* **lo hizo volando**, he did it in a flash. 2 *fam (desaparecer)* to disappear, vanish. II *vtr (edificios)* to blow up; *(caja fuerte)* to blow open; *Min* to blast. III **volarse** *vr (papel etc)* to be blown away.
volátil *adj* volatile.
volatinero,-a *nm,f* acrobat.
volcán *nm* volcano.
volcánico,-a *adj* volcanic.
volcar [2] I *vtr* 1 *(cubo etc)* to knock over; *(barco, bote)* to capsize. 2 *(vaciar)* to empty out. 3 *(tiempo)* to invest. II *vi (coche)* to turn over; *(barco)* to capsize. III **volcarse** *vr* 1 *(vaso, jarra)* to fall over, tip over; *(coche)* to turn over; *(barco)* to capsize. 2 *fig* **v. con**, to do one's utmost for.
voleibol *nm* volleyball.
voleo *nm fig* **a(l) v.**, at random, haphazardly.
voltaje *nm* voltage.
voltear I *vtr* to turn upside down. II *vi* to turn over, roll over.
voltereta *nf* somersault.
voltio *nm* volt.

voluble *adj* fickle, changeable.
volumen *nm* volume.
voluminoso,-a *adj* voluminous; *(enorme)* massive, bulky.
voluntad *nf* will; **fuerza de v.**, willpower; **tiene mucha v.**, he is very strong-willed; **a v.**, at will.
voluntario,-a I *adj* voluntary; **ofrecerse v.**, to volunteer. II *nm,f* volunteer.
voluntarioso,-a *adj* willing.
voluptuoso,-a *adj* voluptuous.
volver [4] *(pp vuelto)* I *vi* 1 to return; *(venir)* to come back; *(ir)* to go back; **v. en sí**, to come round, recover consciousness. 2 **v. a hacer algo**, to do sth again. II *vtr* 1 *(convertir)* to turn, make; **me vas a v. loco**, you are driving me mad. 2 *(dar vuelta a)* to turn; *(boca abajo)* to turn upside down; *(de fuera adentro)* to turn inside out; *(de atrás adelante)* to turn back to front; *(dar la vuelta a)* to turn over; **volverle la espalda a algn**, to turn one's back on sb; *fig* **v. la vista atrás**, to look back; **al v. la esquina**, on turning the corner. II **volverse** *vr* 1 to turn. 2 *(regresar) (venir)* to come back; *(ir)* to go back. 3 *(convertirse)* to become; **v. loco -a**, to go mad.
vomitar I *vi* to vomit, be sick; **tengo ganas de v.**, I feel sick, I want to be sick. II *vtr* to vomit, bring up.
vómito *nm (lo vomitado)* vomit; *(acción)* vomiting.
vomitona *nf fam* vomit.
voracidad *nf* voracity, voraciousness.
vorágine *nf* whirlpool; *fig* maelstrom.
voraz *adj* voracious; *fig* raging, fierce.
vórtice *nm* vortex.
vos *pron pers* 1 *arc (usted)* ye, you. 2 *Am (tú)* you.
vosotros,-as *pron pers pl* 1 *(sujeto)* you. 2 *(con prep)* you; **entre v.**, among yourselves; **sin vosotras**, without you.
votación *nf* 1 *(voto)* vote, ballot. 2 *(acción)* voting.
votante *nmf* voter.
votar *vi* to vote; **v. a algn**, to vote (for) sb.
voto *nm* 1 vote; **tener v.**, to have the right to vote; **v. secreto**, secret ballot. 2 *Rel* vow.
vox *nf* **esto es v. populi**, this is common knowledge.

voy *indic pres* → **ir**.
voz *nf* 1 voice; **en v. alta**, aloud; **en v. baja**, in a low voice; **a media v.**, in a low voice, softly; **de viva v.**, verbally. 2 *(grito)* shout; **a voces**, shouting; **dar voces**, to shout; *fig* **estar pidiendo algo a voces**, to be crying out for sth; *fig* **secreto a voces**, open secret; **a v. en grito**, at the top of one's voice. 3 **no tener ni v. ni voto**, to have no say in the matter; *fig* **llevar la v. cantante**, to rule the roost. 4 *Gram* **v. pasiva**, passive voice.
vudú *nm* voodoo.
vuelco *nm* upset, tumble; **dar un v.**, *(coche)* to overturn; *fig* **me dio un v. el corazón**, my heart missed a beat.
vuelo *nm* 1 flight; **v. chárter/regular**, charter/scheduled flight; **v. sin motor**, gliding; *fig* **cazarlas** *o* **cogerlas al v.**, to be quick on the uptake. 2 *Cost* **una falda de v.**, a full skirt.
vuelta *nf* 1 *(regreso)* return; *(viaje)* return journey; **v. de correo**, by return post; **estar de v.**, to be back; *Dep* **partido de v.**, return match. 2 *(giro)* turn; *(en carreras)* lap; *Dep (ciclista)* tour; **dar media v.**, to turn round; *fig* **la cabeza me da vueltas**, my head is spinning; *fig* **no le des más vueltas**, stop worrying about it; **v. de campana**, somersault. 3 *(dinero)* change. 4 **dar una v.**, *(a pie)* to go for a walk *o* stroll; *(en coche)* to go for a drive *o* a spin (in the car). 5 *fig* **no tiene v. de hoja**, there's no doubt about it.
vuelto,-a I *adj* **jersey de cuello v.**, roll-neck sweater. II *nm Am* change.
vuestro,-a I *adj pos (antes del sustantivo)* your; *(después del sustantivo)* of yours; **v. libro**, your book; **un amigo v.**, a friend of yours. II *pron pos* yours; **éstos son los vuestros**, these are yours; **lo v.**, what is yours, what belongs to you.
vulgar *adj* 1 vulgar. 2 **el término v.**, the everyday term. ◆**vulgarmente** *adv* **v. llamado**, commonly known as.
vulgaridad *nf* vulgarity.
vulgarizar [4] *vtr (popularizar)* to popularize.
vulgo *nm* **el v.**, the common people *pl*; *pey* the masses.
vulnerable *adj* vulnerable.
vulnerar *vtr (ley, acuerdo)* to violate.
vulva *nf* vulva.

W

W, w [uβe'δoβle] *nf (la letra)* W, w.
W *abr de* **vatio(s)**, Watt, Watts, W.
walkie-talkie *nm* walkie-talkie.
walkman® *nm* walkman®.
wáter *nm (pl wáteres) fam* toilet.
waterpolo *nm* water polo.
whisky *nm (escocés)* whisky; *(irlandés, US)* whiskey.
windsurf, windsurfing *nm* windsurfing.
windsurfista *nmf* windsurfer.

X

X, x ['ekis] *nf (la letra)* X, x.
xenofobia *nf* xenophobia.
xenófobo,-a I *adj* xenophobic. **II** *nm,f* xenophobe.
xerografía *nf* xerography.
xilófono *nm* xylophone.

Y

Y, y [iɣri'eɣa] *nf (la letra)* Y, y.
y *conj* 1 and; **una chica alta y morena**, a tall, dark-haired girl; **son las tres y cuarto**, it's a quarter past three. 2 ¿**y qué?**, so what?; ¿**y si no llega a tiempo?**, what if he doesn't arrive in time?; ¿**y tú?**, what about you?; ¿**y eso?**, how come?; **y eso que**, although, even though; **¡y tanto!**, you bet!, and how!; → e.
ya I *adv* 1 already; **ya lo sabía**, I already knew; **ya en la Edad Media**, as far back as the Middle Ages. 2 *(ahora mismo)* now; **es preciso actuar ya**, it is vital that we act now; **¡hazlo ya!**, do it at once!; **ya mismo**, right away. 3 *(en el futuro)* **ya hablaremos luego**, we'll talk about it later; **ya nos veremos**, see you!; **ya verás**, you'll see. 4 **ya no**, no longer; **ya no viene por aquí**, he doesn't come round here any more. 5 *(refuerza el verbo)* **ya era hora**, about time too; **ya lo creo**, of course, I should think so; **¡ya voy!**, coming!; **¡ya está!**, that's it!. **II** *conj* **ya que**, since.
yacaré *nm Am* alligator, cayman.
yacer [33] *vi* to lie, be lying.
yacimiento *nm* bed, deposit; **yacimientos petrolíferos**, oilfields.
yaguar *nm* jaguar.
yanqui *pey* **I** *adj* Yankee. **II** *nmf* Yankee, Yank.
yarará *nm Am* large poisonous snake.
yaraví *nm Am* Quechuan song.
yarda *nf* yard.
yate *nm* yacht.
yaya *nf Am Bot* lancewood; *fam (abuela)* granny.
yedra *nf* → **hiedra**.
yegua *nf* mare.
yema *nf* 1 *(de huevo)* yolk. 2 *Bot* bud. 3 **y. del dedo**, fingertip. 4 *Culin* sweet made from sugar and egg yolk.
Yemen *n* Yemen.
yen *nm (moneda)* yen.
yendo *ger* → **ir**.
yerba *nf* 1 → **hierba**. 2 *Am* maté.
yerbatero,-a *Am* **I** *nm,f (curandero)* witch doctor who uses herbs. **II** *adj* maté.
yermo,-a *adj* 1 *(baldío)* barren, uncultivated. 2 *(despoblado)* deserted, uninhabited.
yerno *nm* son-in-law.
yerro *indic pres* → **errar**.
yeso *nm* 1 *Geol* gypsum. 2 *Constr* plaster.
Yibuti *n* Djibouti.
yiu-yitsu *nm* jujitsu.
yo *pron pers* I; **entre tú y yo**, between you and me; ¿**quién es?** - **soy yo**, who is it? - it's me; **yo no**, not me; **yo que tú**, if I were you; **yo mismo**, I myself.
yodo *nm* iodine.
yoga *nm* yoga.
yogur *nm* yogurt, yoghurt.
yogurtera *nf* yoghurt maker.
yonqui *nmf arg* junkie, drug addict.
yoyo, yoyó *nm* yo-yo.
yuca *nf* yucca.
Yucatán *n* Yucatan.
yudo *nm* judo.
yudoka *nmf* judoka.
yugo *nm* yoke.
Yugoslavia *n* Yugoslavia.
yugoslavo,-a, yugoeslavo,-a *adj & nm,f* Yugoslav, Yugoslavian.
yugular *nf* jugular.
yunque *nm* anvil.
yunta *nf* yoke *o* team of oxen.
yuxtaponer [19] *(pp* **yuxtapuesto)** *vtr* to juxtapose.
yuxtaposición *nf* juxtaposition.

Z

Z, z ['θeta] *nf (la letra)* Z, z.
zafarse *vr (librarse)* to get away (de, from), escape (de, from).
zafio,-a *adj* uncouth.
zafiro *nm* sapphire.
zaga *nf* **a la z.**, behind, at the rear.
zaguán *nm* hall, hallway.
zaherir [5] *vtr* to hurt.
zahúrda *nf* pigsty.
zaino,-a *adj (caballo)* chestnut; *(toro)* black.
Zaire *n* Zaire.
zalamería *nf* flattery.
zalamero,-a **I** *nm,f* flatterer, fawner. **II**

zamarra *adj* flattering, fawning.
zamarra *nf (prenda)* sheepskin jacket.
Zambia *n* Zambia.
zambo,-a **I** *adj* **1** *(patizambo)* knock-kneed. **2** *Am (persona)* half Indian and half Negro. **II** *nm,f Am (persona)* person who is half Indian and half Negro.
zambomba *nf* kind of primitive drum.
zambullida *nf* plunge.
zambullirse *vr* to plunge.
zamparse *vr fam* to gobble down.
zanahoria *nf* carrot.
zancada *nf* stride.
zancadilla *nf* **ponerle la z. a algn,** to trip sb up.
zanco *nm* stilt.
zancudo,-a **I** *adj* **1** long-legged. **2** *Orn* wading; **ave zancuda,** wading bird, wader. **II** *nm Am* mosquito.
zángano,-a **I** *nm (insecto)* drone. **II** *nm,f fam (persona)* idler, lazybones *inv*.
zanja *nf* ditch, trench.
zanjar *vtr (asunto)* to settle.
zapallo *nm Am* pumpkin, calabash.
zapata *nf* **1** *(cuña)* wedge. **2** *Téc* shoe.
zapatear *vi* to tap one's feet.
zapatería *nf* shoe shop.
zapatero,-a *nm,f (vendedor)* shoe dealer; *(fabricante)* shoemaker, cobbler.
zapatilla *nf* slipper; **zapatillas de deporte,** trainers.
zapato *nm* shoe; **zapatos de tacón,** high-heeled shoes.
zar *nm* czar, tsar.
Zaragoza *n* Saragossa.
zaragozano,-a **I** *adj* of *o* from Saragossa. **II** *nm,f* native *o* inhabitant of Saragossa.
zarandear *vtr* to shake.
zarandeo *nm* shaking.
zarcillo *nm* **1** *(pendiente)* earring. **2** *Bot* tendril.
zarina *nf* czarina, tsarina.
zarpa *nf* claw.
zarpar *vi* to weigh anchor, set sail.
zarpazo *nm* clawing; **dar** *o* **pegar un z. a,** to claw.
zarza *nf* bramble, blackberry bush.
zarzal *nm* bramble patch.

zarzamora *nf (zarza)* blackberry bush; *(fruto)* blackberry.
zarzuela *nf* **1** Spanish operetta. **2 la Z.,** royal residence in Madrid. **3** *Culin* fish stew.
zenit *nm* zenith.
zigzag *nm (pl zigzags o zigzagues)* zigzag.
zigzaguear *vi* to zigzag.
Zimbabwe *n* Zimbabwe.
zinc *nm* zinc.
zócalo *nm* **1** *(de pared)* skirting board. **2** *(pedestal)* plinth.
zodiaco, zodíaco *nm* zodiac; **signo del z.,** sign of the zodiac.
zona *nf* zone; *(región)* region; **z. verde,** park.
zoo *nm* zoo.
zoología *nf* zoology.
zoológico,-a **I** *adj* zoological; **parque z.,** zoo. **II** *nm* zoo.
zoom *nm Cin Fot* zoom.
zopenco,-a *nm,f fam* dope, half-wit.
zopilote *nm Am* buzzard.
zoquete *nmf fam* blockhead.
zorra *nf* **1** vixen. **2** *fam* slut.
zorro,-a **I** *nm* fox. **II** *adj fam* **1** *(astuto)* cunning, sly. **2** *vulg* **no tener ni zorra (idea),** not to have the slightest idea.
zorzal *nm Orn* thrush.
zozobrar *vi* to be in danger of going under.
zueco *nm* clog.
zumbado,-a *adj fam* crazy, mad.
zumbar **I** *vi* to buzz, hum; **me zumban los oídos,** my ears are buzzing; *fam* **salir zumbando,** to zoom off. **II** *vtr fam* to thrash.
zumbido *nm* buzzing, humming.
zumo *nm* juice.
zurcir [3] *vtr Cost* to darn; *fam* **¡que te zurzan!,** go to hell!
zurda *nf (mano)* left hand.
zurdo,-a **I** *nm,f (persona)* left-handed person. **II** *adj* left-handed.
zurrar *vtr (pegar)* to beat, flog.
zutano,-a *nm,f fam* so-and-so; *(hombre)* what's-his-name; *(mujer)* what's-her-name.

English - Spanish
Inglés - Español

TABLA DE VERBOS IRREGULARES INGLESES

American forms have been indicated by *. Unusual, archaic or literary forms are given in brackets.

infinitive	past tense	past participle
abide	abided, (abode)	abided
arise	arose	arisen
be	was, were	been
awake	awoke, awaked	awoken, (awaked)
bear	bore	borne
beat	beat	beaten
become	became	become
befall	befell	befallen
begin	began	begun
behold	beheld	beheld
bend	bent	bent
beseech	besought	besought
bet	bet, betted	bet, betted
bid (offer)	bid	bid
bid (command)	bade	bidden
bind	bound	bound
bite	bit	bitten
bleed	bled	bled
blow	blew	blown
break	broke	broken
breed	bred	bred
bring	brought	brought
broadcast	broadcast	broadcast
build	built	built
burn	burnt, burned	burnt, burned
burst	burst	burst
buy	bought	bought
cast	cast	cast
catch	caught	caught
choose	chose	chosen
cling	clung	clung
clothe	clothed, (clad)	clothed, (clad)
come	came	come
cost	cost	cost
creep	crept	crept
crow	crowed, (crew)	crowed
cut	cut	cut
deal	dealt	dealt
dig	dug	dug
dive	dived, dove*	dived
do	did	done
draw	drew	drawn
dream	dreamt, dreamed	dreamt, dreamed
drink	drank	drunk
drive	drove	driven
dwell	dwelt, dwelled	dwelt, dwelled
eat	ate	eaten
fall	fell	fallen
feed	fed	fed
feel	felt	felt
fight	fought	fought
find	found	found

(ii)

fit	fit*, fitted	fit*, fitted
flee	fled	fled
fling	flung	flung
fly	flew	flown
forbid	forbad(e)	forbidden
forget	forgot	forgotten
forgive	forgave	forgiven
forsake	forsook	forsaken
freeze	froze	frozen
get	got	got, gotten*
give	gave	given
go	went	gone
grind	ground	ground
grow	grew	grown
hang	hung, hanged	hung, hanged
have	had	had
hear	heard	heard
hide	hid	hidden
hit	hit	hit
hold	held	held
hurt	hurt	hurt
keep	kept	kept
kneel	knelt, kneeled	knelt, kneeled
know	knew	known
lay	laid	laid
lead	led	led
lean	leant, leaned	leant, leaned
leap	leapt, leaped	leapt, leaped
learn	learnt, learned	learnt, learned
leave	left	left
lend	lent	lent
let	let	let
lie	lay	lain
light	lit, lighted	lit, lighted
lose	lost	lost
make	made	made
mean	meant	meant
meet	met	met
mow	mowed	mown, mowed
pay	paid	paid
plead	pled*, pleaded	pled*, pleaded
put	put	put
quit	quit, (quitted)	quit, (quitted)
read	read [red]	read [red]
rend	rent	rent
rid	rid	rid
ride	rode	ridden
ring	rang	rung
rise	rose	risen
run	ran	run
saw	sawed	sawn, sawed
say	said	said
see	saw	seen
seek	sought	sought
sell	sold	sold
send	sent	sent
set	set	set
sew	sewed	sewn, sewed

(iii)

shake	shook	shaken
shear	sheared	shorn, sheared
shed	shed	shed
shine	shone	shone
shoe	shod, shoed	shod, shoed
shoot	shot	shot
show	showed	shown, showed
shrink	shrank, shrunk	shrunk
shut	shut	shut
sing	sang	sung
sink	sank	sunk
sit	sat	sat
slay	slew	slain
sleep	slept	slept
slide	slid	slid
sling	slung	slung
slink	slunk	slunk
slit	slit	slit
smell	smelt, smelled	smelt, smelled
sneak	snuck*, sneaked	snuck*, sneaked
sow	sowed	sown, sowed
speak	spoke	spoken
speed	sped, speeded	sped, speeded
spell	spelt, spelled	spelt, spelled
spend	spent	spent
spill	spilt, spilled	spilt, spilled
spin	spun	spun
spit	spat, spit*	spat, spit*
split	split	split
spoil	spoilt, spoiled	spoilt, spoiled
spread	spread	spread
spring	sprang	sprung
stand	stood	stood
steal	stole	stolen
stick	stuck	stuck
sting	stung	stung
stink	stank	stunk
strew	strewed	strewn, strewed
stride	strode	stridden
strike	struck	struck
string	strung	strung
strive	strove	striven
swear	swore	sworn
sweat	sweat*, sweated	sweat*, sweated
sweep	swept	swept
swell	swelled	swollen, swelled
swim	swam	swum
swing	swung	swung
take	took	taken
teach	taught	taught
tear	tore	torn
tell	told	told
think	thought	thought
thrive	thrived, (throve)	thrived, (thriven)
throw	threw	thrown
thrust	thrust	thrust
tread	trod	trodden
understand	understood	understood

undertake	undertook	undertaken
wake	woke	woken
wear	wore	worn
weave	wove	woven
weep	wept	wept
wet	wet, wetted	wet, wetted
win	won	won
wind	wound	wound
wring	wrung	wrung
write	wrote	written

Fonética Inglesa

En este diccionario la transcripción fonética de las palabras inglesas se basa en el sistema de la Asociación Fonética Internacional (AFI) con algunas modificaciones. Cada entrada viene seguida de su correspondiente transcripción fonética entre corchetes ([ ]). El acento primario se indica mediante un ' delante de la sílaba acentuada.

Las consonantes

[p]	pen
[b]	bill
[t]	tent
[d]	desk
[k]	car
[g]	goal
[tʃ]	teacher
[dʒ]	age
[f]	fish
[v]	have
[θ]	method
[ð]	mother
[s]	icy
[z]	easy
[ʃ]	shoe
[ʒ]	measure
[h]	hat
[m]	milk
[n]	name
[ŋ]	sing
[l]	light
[r]	read
[j]	yoghurt
[w]	watch
[x]	loch (como en legión)
[ʳ]	se llama 'linking r' y se encuentra únicamente a final de palabra. Se pronuncia sólo cuando la palabra siguiente empieza por una vocal: mother ['mʌðəʳ]

Las vocales y los diptongos

[iː]	sheep
[ɪ]	ship, houses
[e]	bed
[æ]	cat
[ɑː]	father
[ɒ]	dog
[ɔː]	horse
[ʊ]	woman
[uː]	blue
[ʌ]	cup
[ɜː]	earth
[ə]	about
[ə]	opcional. En algunos casos se pronuncia y en otros se omite: trifle ['traɪfəl]
[eɪ]	table
[əʊ]	go
[aɪ]	time
[aʊ]	house
[ɔɪ]	boy
[ɪə]	fierce
[eə]	care
[ʊə]	during

(vi)

A

A, a [eɪ] *n* **1** (*the letter*) A, a *f*. **2** *Mus* la *m*.
a [eɪ, *unstressed* ə] *indef art* (*before vowel or silent h* **an**) **1** un, una; **a man/a woman**, un hombre/una mujer; **he has a big nose**, tiene la nariz grande. **2** (*omitted in Span*) **half a litre/an hour**, medio litro/media hora; **a hundred/thousand people**, cien/mil personas; **let's have a drink**, vamos a beber algo; **he's a teacher**, es profesor; **what a pity**, qué pena. **3** (*each*) **60 pence a kilo**, 60 peniques el kilo; **to eat grapes two at a time**, comer las uvas de dos en dos; **three times a week**, tres veces a la semana. **4** (*a certain*) un *or* una tal; **a Mr Rees phoned**, llamó un tal Sr. Rees.
AA [eɪ'eɪ] **1** *abbr of* **Alcoholics Anonymous**, Alcohólicos Anónimos, AA. **2** *abbr of* **Automobile Association**, ≈ Automóvil Club *m*, AC.
AAA [eɪeɪ'eɪ] **1** *GB abbr of* **Amateur Athletic Association**, Asociación Atlética Amateur, AAA. **2** *US abbr of* **Automobile Association of America**, ≈ Automóvil Club *m* of America, AC.
aback [ə'bæk] *adv* **to be taken a.**, quedarse de una pieza (**by**, por).
abandon [ə'bændən] **I** *n* desenfreno *m*; **with reckless a.**, desenfrenadamente. **II** *vtr* (*child*) abandonar; (*job*) dejar; (*project*) renunciar a.
abase [ə'beɪs] *vtr* **to a. oneself**, humillarse.
abashed [ə'bæʃt] *adj* desconcertado,-a.
abate [ə'beɪt] *vi* (*anger*) apaciguarse; (*storm*) amainar.
abattoir ['æbətwɑːr] *n* matadero *m*.
abbey ['æbɪ] *n* abadía *f*.
abbot ['æbət] *n* abad *m*.
abbreviate [ə'briːvɪeɪt] *vtr* abreviar.
abbreviation [əbriːvɪ'eɪʃən] *n* abreviatura *f*.
abdicate ['æbdɪkeɪt] *vtr & vi* abdicar.
abdication [æbdɪ'keɪʃən] *n* abdicación *f*.
abdomen ['æbdəmən] *n* abdomen *m*.
abduct [æb'dʌkt] *vtr* raptar, secuestrar.
aberration [æbə'reɪʃən] *n* aberración *f*.
abet [ə'bet] *vtr* **to aid and a. sb**, ser cómplice de algn.
abeyance [ə'beɪəns] *n* **to be in a.**, estar en desuso.
abhor [əb'hɔːr] *vtr* aborrecer.
abhorrent [əb'hɒrənt] *adj* aborrecible.
abide [ə'baɪd] *vtr* aguantar; **I can't a. it**, no lo aguanto. ◆**abide by** *vtr* (*promise*) cumplir con; (*rules*) atenerse a.
ability [ə'bɪlɪtɪ] *n* (*capability*) capacidad *f*, aptitud *f*; (*talent*) talento *m*.
abject ['æbdʒekt] *adj* (*state*) miserable; (*apology*) rastrero,-a.

ablaze [ə'bleɪz] *adj & adv* en llamas, ardiendo.
able ['eɪbəl] *adj* (*capable*) capaz; **will you be a. to come on Tuesday?**, ¿podrás venir el martes?
able-bodied [eɪbəl'bɒdɪd] *adj* sano,-a; **a.-b. seaman**, marinero *m* de primera.
abnormal [æb'nɔːməl] *adj* anormal. ◆**abnormally** *adv* anormalmente; (*large*) extraordinariamente.
aboard [ə'bɔːd] **I** *adv* a bordo; **to go a.**, (*ship*) embarcarse; (*train*) subir. **II** *prep* a bordo de.
abode [ə'bəʊd] *n* *Jur* **of no fixed a.**, sin domicilio fijo.
abolish [ə'bɒlɪʃ] *vtr* abolir.
abolition [æbə'lɪʃən] *n* abolición *f*.
abominable [ə'bɒmɪnəbəl] *adj* abominable; (*dreadful*) terrible.
aborigine [æbə'rɪdʒɪnɪ] *n* aborigen *mf* australiano,-a.
abort [ə'bɔːt] **I** *vtr Med* hacer abortar; *fig* (*plan etc*) archivar. **II** *vi Med* abortar.
abortion [ə'bɔːʃən] *n* *Med* aborto *m*; **a. law**, ley *f* del aborto; **to have an a.**, abortar.
abortive [ə'bɔːtɪv] *adj* (*plan*) fracasado,-a; (*attempt*) frustrado,-a.
abound [ə'baʊnd] *vi* **to a. in** *or* **with**, abundar en.
about [ə'baʊt] *adv & prep* **1** (*concerning*) acerca de, sobre; **a programme a. Paris**, un programa sobre París; **to be worried a. sth**, estar preocupado,-a por algo; **to speak a. sth**, hablar de algo; **what's it all a.?**, (*what's happening?*) ¿qué pasa?; (*story etc*) ¿de qué se trata?; *fam* **how a. a game of tennis?**, ¿qué te parece un partido de tenis? **2** (*around*) por todas partes; **don't leave things lying a.**, no dejes las cosas por medio; **there's nobody a.**, no hay nadie; **to look a.**, mirar alrededor; **to rush a.**, correr de un lado para otro; **we went for a walk a. the town**, dimos una vuelta por el pueblo. **3** (*approximately*) más o menos; **it's a. 3 o'clock**, son más o menos las 3; **it's a. time you got up**, ya es hora de que te levantes; **it's just a. finished**, está casi terminado; **she's a. 40**, tiene unos 40 años. **4** **it's a. to start**, está a punto de empezar; **not to be a. to do sth**, no estar dispuesto,-a a hacer algo.
about-turn [əbaʊt'tɜːn, əbaʊt'feɪs], *US* **about-face** *n* media vuelta *f*; **to do an a.-t.**, dar media vuelta; *fig* cambiar de idea por completo.
above [ə'bʌv] *adv & prep* **1** (*higher than*) encima de, sobre, arriba; **100 metres a. sea level**, 100 metros sobre el nivel del mar; **it's a. the door**, está encima de la

puerta; **the flat a.**, el piso de arriba. 2 *(greater than)* superior (a); **amounts a. £10**, cantidades superiores a las 10 libras; *fig* **a policy imposed from a.**, una política impuesta desde arriba. 3 **a. all**, sobre todo; **he's not a. stealing**, es capaz incluso de robar. 4 *(in book etc)* más arriba.

above-board [ə'bʌvbɔːd] *adj (scheme)* legítimo,-a.

above-mentioned [ə'bʌvmenʃənd] *adj* susodicho,-a.

abrasive [ə'breɪsɪv] **I** *adj (substance)* abrasivo,-a; *fig (voice, wit etc)* cáustico,-a. **II** *n* abrasivo *m*.

abreast [ə'brest] *adv* **to walk 3 a.**, ir de 3 en fondo; *fig* **to keep a. of things**, mantenerse al día.

abridged [ə'brɪdʒd] *adj (book)* abreviado,-a.

abroad [ə'brɔːd] *adv* **to be a.**, estar en el extranjero; **to go a.**, irse al extranjero.

abrupt [ə'brʌpt] *adj (manner)* brusco,-a; *(tone)* áspero,-a; *(change)* súbito,-a. ◆**abruptly** *adv (act)* bruscamente; *(speak)* con aspereza; *(change)* repentinamente.

abscess ['æbses] *n* absceso *m*; *(on gum)* flemón *m*.

abscond [əb'skɒnd] *vi* huir.

absence ['æbsəns] *n (of person)* ausencia *f*; *(of thing)* falta *f*.

absent ['æbsənt] *adj* ausente; *fig* **an a. look**, una mirada distraída. ◆**absently** *adv* distraídamente.

absentee [æbsən'tiː] *n* ausente *mf*.

absenteeism [æbsən'tiːɪzəm] *n* absentismo *m*.

absent-minded [æbsənt'maɪndɪd] *adj* distraído,-a.

absolute ['æbsəluːt] *adj* absoluto,-a; *(failure)* total; *(truth)* puro,-a; **it's an a. disgrace**, es una auténtica vergüenza. ◆**absolutely I** *adv (completely)* completamente; **a. wrong**, totalmente equivocado,-a; **a. not**, en absoluto; **you're a. right**, tienes toda la razón. **II** *interj* **a.!**, ¡desde luego!

absolve [əb'zɒlv] *vtr* absolver *(from*, de).

absorb [əb'zɔːb] *vtr (liquid)* absorber; *(sound, blow)* amortiguar; *fig* **to be absorbed in sth**, estar absorto,-a en algo.

absorbing [əb'zɔːbɪŋ] *adj (book, work)* absorbente.

abstain [əb'steɪn] *vi* abstenerse *(from*, de).

abstemious [əb'stiːmɪəs] *adj* abstemio,-a.

abstention [əb'stenʃən] *n* abstención *f*.

abstinence ['æbstɪnəns] *n* abstinencia *f*.

abstract ['æbstrækt] **I** *adj* abstracto,-a. **II** *n (of thesis etc)* resumen *m*.

abstruse [əb'struːs] *adj* abstruso,-a.

absurd [əb'sɜːd] *adj* absurdo,-a.

abundance [ə'bʌndəns] *n* abundancia *f*.

abundant [ə'bʌndənt] *adj* abundante,

rico,-a **(in**, en).

abuse [ə'bjuːs] **I** *n* 1 *(ill-treatment)* malos tratos; *(misuse)* abuso *m*. 2 *(insults)* injurias *fpl*. **II** [ə'bjuːz] *vtr* 1 *(ill-treat)* maltratar; *(misuse)* abusar de. 2 *(insult)* injuriar.

abusive [əb'juːsɪv] *adj (insulting)* insultante.

abysmal [ə'bɪzməl] *adj (conditions)* extremo,-a; *fam (very bad)* fatal, pésimo,-a.

abyss [ə'bɪs] *n* abismo *m*; *fig* extremo *m*.

AC ['eɪsiː] *abbr of* **alternating current**, corriente alterna, CA.

academic [ækə'demɪk] **I** *adj* académico,-a; *(career)* universitario,-a; *(discussion)* teórico,-a; **a. year**, año *m* escolar. **II** *n* académico,-a *m,f*.

academy [ə'kædəmɪ] *n (society)* academia *f*; *Educ* instituto *m* de enseñanza media; **a. of music**, conservatorio *m*.

accede [æk'siːd] *vi* acceder (**to**, a).

accelerate [æk'seləreɪt] **I** *vtr (engine)* acelerar; *(step)* aligerar. **II** *vi (car, engine)* acelerar.

acceleration [ækselə'reɪʃən] *n* aceleración *f*.

accelerator [æk'seləreɪtər] *n* acelerador *m*.

accent ['æksənt] *n* acento *m*.

accentuate [æk'sentjʊeɪt] *vtr* subrayar.

accept [ək'sept] *vtr & vi* aceptar; *(theory)* admitir; **do you a. that ...?**, ¿estás de acuerdo en que ...?

acceptable [ək'septəbəl] *adj (satisfactory)* aceptable; *(tolerable)* admisible.

acceptance [ək'septəns] *n (act of accepting)* aceptación *f*; *(good reception)* aprobación *f*.

access ['ækses] *n* acceso *m*; **a. road**, carretera *f* de acceso; **to have a. to sth**, tener libre acceso a algo.

accessible [ək'sesəbəl] *adj (place, position)* accesible; *(person)* asequible.

accession [ək'seʃən] *n* subida *f* (al trono).

accessory [ək'sesərɪ] *n* 1 *Jur* cómplice *mf*. 2 **accessories**, accesorios *mpl*; *(for outfit)* complementos *mpl*.

accident ['æksɪdənt] *n* accidente *m*; *(coincidence)* casualidad *f*; **it was an a. on my part**, lo hice sin querer; **car a.**, accidente *m* de carretera; **by a.**, por casualidad.

accidental [æksɪ'dentəl] *adj* fortuito,-a; *(unintended)* imprevisto,-a. ◆**accidentally** *adv (by chance)* por casualidad; **he did it a.**, lo hizo sin querer.

accident-prone ['æksɪdəntprəʊn] *adj* propenso,-a a los accidentes.

acclaim [ə'kleɪm] **I** *n* aclamación *f*. **II** *vtr* aclamar.

acclimatize [ə'klaɪmətaɪz] *vtr* aclimatar.

acclimatized [ə'klaɪmətaɪzd] *adj* aclimatado,-a; **to become a.**, aclimatarse.

accolade |'ækəleɪd| n elogio m.
accommodate |ə'kɒmədeɪt| vtr 1 (guests) alojar. 2 **to a. sb's wishes**, complacer a algn.
accommodating |ə'kɒmədeɪtɪŋ| adj (obliging) complaciente; (understanding) comprensivo,-a.
accommodation |əkɒmə'deɪʃən| n (US also **accommodations**) (lodgings) alojamiento m.
accompany |ə'kʌmpənɪ| vtr acompañar.
accomplice |ə'kʌmplɪs| n cómplice mf.
accomplish |ə'kʌmplɪʃ| vtr (aim) conseguir; (task, mission) llevar a cabo.
accomplished |ə'kʌmplɪʃt| adj dotado,-a, experto,-a.
accomplishment |ə'kʌmplɪʃmənt| n 1 (of task) realización f; (of duty) cumplimiento m. 2 **accomplishments**, (talents) dotes fpl.
accord |ə'kɔːd| I n (agreement) acuerdo m; **of her or his own a.**, espontáneamente. II vtr (honour etc) conceder.
accordance |ə'kɔːdəns| n **in a. with**, de acuerdo con.
according |ə'kɔːdɪŋ| prep **a. to**, según; **everything went a. to plan**, todo salió conforme a los planes.
accordingly |ə'kɔːdɪŋlɪ| adv 1 **to act a.**, (appropriately) obrar según y conforme. 2 (therefore) así pues.
accordion |ə'kɔːdɪən| n acordeón m.
account |ə'kaʊnt| n 1 (report) informe m; **by all accounts**, al decir de todos. 2 **I was fearful on her a.**, sufría por ella; **it's of no a.**, no tiene importancia; **on a. of**, a causa de; **on no a.**, bajo ningún concepto; **to take a. of**, **to take into a.**, tener en cuenta. 3 Com cuenta f; **to keep the accounts**, llevar las cuentas; **accounts department**, servicio m de contabilidad; **to open/close an a.**, abrir/cancelar una cuenta; **current a.**, cuenta corriente; **a. number**, número m de cuenta. ◆**account for** vtr (explain) explicar.
accountable |ə'kaʊntəbəl| adj **to be a. to sb for sth**, ser responsable ante algn de algo.
accountancy |ə'kaʊntənsɪ| n contabilidad f.
accountant |ə'kaʊntənt| n contable mf.
accredited |ə'kredɪtɪd| adj acreditado,-a.
accrue |ə'kruː| vi (interest) acumularse.
accumulate |ə'kjuːmjʊleɪt| I vtr acumular; (fortune) amasar. II vi acumularse.
accuracy |'ækjʊrəsɪ| n (of number etc) exactitud f; (of shot, criticism) certeza f.
accurate |'ækjərɪt| adj (number) exacto,-a; (shot, criticism) certero,-a; (answer) correcto,-a; (observation) acertado,-a; (instrument) de precisión; (translation) fiel.
accusation |ækjʊ'zeɪʃən| n acusación f.
accuse |ə'kjuːz| vtr acusar.

accused |ə'kjuːzd| n **the a.**, el/la acusado,-a.
accustom |ə'kʌstəm| vtr acostumbrar; **to be accustomed to doing sth**, estar acostumbrado,-a a hacer algo.
ace |eɪs| n 1 Cards & fig as m. 2 **Ten ace** m.
acetate |'æsɪteɪt| n acetato m.
acetone |'æsɪtəʊn| n acetona f.
ache |eɪk| I n dolor m; **aches and pains**, achaques mpl. II vi doler; **my back aches**, me duele la espalda.
achieve |ə'tʃiːv| vtr (attain) conseguir, alcanzar; (accomplish) llevar a cabo, realizar.
achievement |ə'tʃiːvmənt| n (attainment) logro m; (completion) realización f; (feat) hazaña f.
acid |'æsɪd| I adj ácido,-a; (taste) agrio,-a; (remark) mordaz; **a. rain**, lluvia ácida; fig **a. test**, prueba decisiva. II n ácido m.
acknowledge |ək'nɒlɪdʒ| vtr 1 (recognize) reconocer; (claim, defeat) admitir; (present) agradecer; (letter) acusar recibo de. 2 (greet) saludar.
acknowledgement |ək'nɒlɪdʒmənt| n 1 (recognition) reconocimiento m; (of letter) acuse m de recibo. 2 **acknowledgements**, (in preface) menciones fpl.
acne |'æknɪ| n acné m.
acorn |'eɪkɔːn| n bellota f.
acoustic |ə'kuːstɪk| I adj acústico,-a. II npl **acoustics**, acústica f sing.
acquaint |ə'kweɪnt| vtr **to a. sb with the facts**, informar a algn de los detalles; **to be acquainted with the procedure**, estar al corriente de como se procede; **to be acquainted with sb**, conocer a algn.
acquaintance |ə'kweɪntəns| n 1 conocimiento m; **to make sb's a.**, conocer a algn. 2 (person) conocido,-a m,f.
acquiesce |ækwɪ'es| vi consentir (**in**, en).
acquiescent |ækwɪ'esənt| adj conforme.
acquire |ə'kwaɪər| vtr adquirir.
acquisition |ækwɪ'zɪʃən| n adquisición f.
acquisitive |ə'kwɪzɪtɪv| adj codicioso,-a.
acquit |ə'kwɪt| vtr 1 Jur **to a. sb of sth**, absolver a algn de algo. 2 **to a. oneself well**, defenderse bien.
acquittal |ə'kwɪtəl| n absolución f.
acre |'eɪkər| n acre m (aprox 40,47 áreas).
acrid |'ækrɪd| adj (smell, taste) acre.
acrimonious |ækrɪ'məʊnɪəs| adj (remark) cáustico,-a; (dispute) enconado,-a.
acrobat |'ækrəbæt| n acróbata mf.
across |ə'krɒs| I adv a través de; **the river is 30 metres a.**, el río mide 30 metros de ancho; **to go a.**, atravesar; **to run a.**, atravesar corriendo. II prep 1 a través de; **they live a. the road**, viven enfrente; **to go a. the street**, cruzar la calle. 2 (at the other side of) al otro lado de.
acrylic |ə'krɪlɪk| adj acrílico,-a.
act |ækt| I n 1 (action) acto m, acción f; **a.**

of God, caso *m* de fuerza mayor. **2** *Parl* ley *f*, decreto *m*. **3** *Theat* acto *m*; *(turn in show)* número *m*. **II** *vtr Theat (part)* interpretar; *(character)* representar; *fig* **to a. the fool,** hacer el tonto. **III** *vi 1 Theat* hacer teatro; *Cin* hacer cine; *fig (pretend)* fingir. **2** *(behave)* comportarse. **3** *(take action)* actuar, obrar; **to a. on sb's advice,** seguir el consejo de algn. **4** *(work)* funcionar; *(drug etc)* actuar; **to a. as a deterrent,** servir de disuasivo. **5 to a. as director,** hacer de director. ◆**act out** *vtr* exteriorizar. ◆**act up** *vi fam (machine)* funcionar mal; *(child)* dar guerra.

acting ['æktɪŋ] **I** *adj* interino,-a. **II** *n (profession)* teatro *m*; **he's done some a.,** ha hecho algo de teatro.

action ['ækʃən] *n* **1** *(deed)* acción *f*; *Mil* acción de combate; **to be out of a.,** *(person)* estar fuera de servicio; *(machine)* estar estropeado,-a; **to take a.,** tomar medidas. **2** *Jur* demanda *f*. **3** *TV* **a. replay,** repetición *f*.

activate ['æktɪveɪt] *vtr* activar.

active ['æktɪv] *adj* activo,-a; *(energetic)* vigoroso,-a; *(interest)* vivo,-a; *Ling* **a. voice,** voz activa.

activist ['æktɪvɪst] *n* activista *mf*.

activity [æk'tɪvɪtɪ] *n (of person)* actividad *f*; *(on street etc)* bullicio *m*.

actor ['æktər] *n* actor *m*.

actress ['æktrɪs] *n* actriz *f*.

actual ['æktʃʊəl] *adj* real, verdadero,-a.

actually ['æktʃʊəlɪ] *adv (really)* en efecto, realmente; *(even)* incluso, hasta; *(in fact)* de hecho.

acumen ['ækjʊmən] *n* perspicacia *f*.

acupuncture ['ækjʊpʌŋktʃər] *n* acupuntura *f*.

acute [ə'kjuːt] *adj* agudo,-a; *(pain)* intenso,-a; *(hearing)* muy fino,-a; *(shortage)* grave; *(mind)* perspicaz.

ad [æd] *n fam* anuncio *m*.

AD [eɪ'diː] *abbr of* **Anno Domini,** después de Cristo, d.d.C.

adamant ['ædəmənt] *adj* firme, inflexible.

adapt [ə'dæpt] **I** *vtr* adaptar (**to,** a); **to a. oneself to sth,** adaptarse a algo. **II** *vi* adaptarse.

adaptable [ə'dæptəbəl] *adj (instrument)* ajustable; **he's very a.,** se amolda fácilmente a las circunstancias.

adaptation [ædəp'teɪʃən] *n* adaptación *f*.

adapter, adaptor [ə'dæptər] *n Elec* ladrón *m*.

add [æd] **I** *vtr (numbers)* sumar; *(one thing to another)* añadir. **II** *vi (count)* sumar. ◆**add to** *vtr* aumentar. ◆**add up I** *vtr* sumar. **II** *vi (numbers)* sumar; *fig* **it doesn't a. up,** no tiene sentido; **it doesn't a. up to much,** no es gran cosa.

added ['ædɪd] *adj* adicional.

adder ['ædər] *n* víbora *f*.

addict ['ædɪkt] *n* adicto,-a *m,f*; *fam* **television a.,** teleadicto,-a *m,f*.

addicted [ə'dɪktɪd] *adj* adicto,-a; **to become a. to sth,** enviciarse con algo.

addiction [ə'dɪkʃən] *n (to gambling etc)* vicio *m*; *(to drugs)* adicción *f*.

addictive [ə'dɪktɪv] *adj* que crea adicción.

addition [ə'dɪʃən] *n Math* adición *f*; *(increase)* aumento *m*; **an a. to the family,** un nuevo miembro de la familia; **in a. to,** además de.

additional [ə'dɪʃənəl] *adj* adicional.

additive ['ædɪtɪv] *n* aditivo *m*.

address [ə'dres] **I** *n* **1** *(on letter)* dirección *f*, señas *fpl*. **2** *(speech)* discurso *m*. **II** *vtr* **1** *(letter)* dirigir. **2** *(speak to)* dirigirse (**to,** a); **to a. the floor,** tomar la palabra. **3** *(use form of address to)* tratar de.

adenoids ['ædɪnɔɪdz] *npl* vegetaciones *fpl* (adenoideas).

adept [ə'dept] **I** *adj* experto,-a, (**at,** en). **II** *n* experto,-a.

adequate ['ædɪkwɪt] *adj (enough)* suficiente; *(satisfactory)* adecuado,-a.

adhere [əd'hɪər] *vi (stick)* pegarse (**to,** a). ◆**adhere to** *vtr (policy)* adherirse a; *(contract)* cumplir con.

adherent [əd'hɪərənt] *n* partidario,-a *m,f*.

adhesive [əd'hiːsɪv] **I** *adj* adhesivo,-a; *(sticky)* pegajoso,-a; **a. tape,** cinta adhesiva. **II** *n* adhesivo *m*.

ad hoc [æd'hɒk] *adj (remark)* improvisado,-a; **an ad h. committee,** un comité especial.

ad infinitum [ædɪnfɪ'naɪtəm] *adv* hasta el infinito.

adjacent [ə'dʒeɪsənt] *adj (building)* contiguo,-a; *(land)* colindante; **a. to,** contiguo,-a a.

adjective ['ædʒɪktɪv] *n* adjetivo *m*.

adjoining [ə'dʒɔɪnɪŋ] *adj* contiguo,-a; *(land)* colindante; **the a. room,** la habitación de al lado.

adjourn [ə'dʒɜːn] **I** *vtr (postpone)* aplazar; *(court)* levantar. **II** *vi* aplazarse (**until,** hasta).

adjudicate [ə'dʒuːdɪkeɪt] *vtr* juzgar.

adjudicator [ə'dʒuːdɪkeɪtər] *n* juez,-a *m,f*.

adjust [ə'dʒʌst] **I** *vtr (machine)* ajustar; *fig (methods)* variar. **II** *vi (person)* adaptarse (**to,** a).

adjustable [ə'dʒʌstəbəl] *adj* ajustable.

adjustment [ə'dʒʌstmənt] *n* **1** *(to machine etc)* ajuste *m*; *(by person)* adaptación *f*. **2** *(change)* modificación *f*.

ad lib [æd'lɪb] **I** *adv (speak)* sin preparación; *(continue)* a voluntad. **II** *adj (speech)* improvisado,-a. **III ad-lib** *vi* improvisar.

administer [əd'mɪnɪstər] *vtr (country)* gobernar; *(justice)* administrar.

administration [ədmɪnɪ'streɪʃən] *n (of country)* gobierno *m*; *(of justice)* administración *f*; *(governing body)* dirección *f*.

administrative [əd'mɪnɪstrɪtɪv] *adj*

administrativo,-a.
admirable ['ædmərəbəl] *adj* admirable.
admiral ['ædmərəl] *n* almirante *m*.
admiration [ædmə'reɪʃən] *n* admiración *f*.
admire [əd'maɪər] *vtr* admirar.
admirer [əd'maɪərər] *n* admirador,-a *m,f*.
admissible [əd'mɪsəbəl] *adj* admisible.
admission [əd'mɪʃən] *n* 1 (*to school etc*) ingreso *m*; (*price*) entrada *f*. 2 (*of fact*) reconocimiento *m*; (*confession*) confesión *f*.
admit [əd'mɪt] *vtr* 1 (*person*) dejar entrar; **to be admitted to hospital**, ser ingresado,-a en el hospital. 2 (*acknowledge*) reconocer; (*crime, guilt*) confesar.
admittance [əd'mɪtəns] *n* (*entry*) entrada *f*.
admittedly [əd'mɪtɪdlɪ] *adv* la verdad es que ....
admonish [əd'mɒnɪʃ] *vtr* amonestar.
ad nauseam [æd'nɔːzɪæm] *adv* hasta la saciedad.
ado [ə'duː] *n* **without further a.**, sin más.
adolescence [ædə'lesəns] *n* adolescencia *f*.
adolescent [ædə'lesənt] *n* adolescente *mf*.
adopt [ə'dɒpt] *vtr* adoptar; (*suggestion*) aceptar.
adopted [ə'dɒptɪd] *adj* **a. child**, hijo,-a *m,f* adoptivo,-a.
adoption [ə'dɒpʃən] *n* adopción *f*; **country of a.**, país adoptivo.
adore [ə'dɔːr] *vtr* adorar.
adorn [ə'dɔːn] *vtr* adornar.
adornment [ə'dɔːnmənt] *n* adorno *m*.
adrenalin [ə'drenəlɪn] *n* adrenalina *f*.
Adriatic [eɪdrɪ'ætɪk] *adj* **the A. (Sea)**, el (Mar) Adriático.
adrift [ə'drɪft] *adv* **to come a.**, (*boat*) irse a la deriva; (*rope*) soltarse; *fig* **to go a.**, (*plans*) ir a la deriva.
adult ['ædʌlt] I *adj* (*person*) adulto,-a, mayor; (*film, education*) para adultos. II *n* adulto,-a *m,f*.
adulterate [ə'dʌltəreɪt] *vtr* adulterar.
adulterer [ə'dʌltərər] *n* adúltero *m*.
adulteress [ə'dʌltrɪs] *n* adúltera *f*.
adultery [ə'dʌltərɪ] *n* adulterio *m*.
advance [əd'vɑːns] I *n* 1 (*movement*) avance *m*; *fig* (*progress*) progreso *m*; **to have sth ready in a.**, tener algo preparado de antemano; **to make advances**, (*to a person*) insinuarse (**to**, a). 2 (*loan*) anticipo *m*. II *adj* (*before time*) adelantado,-a; *Cin Theat* **a. bookings**, reservas *fpl* por adelantado. III *vtr* 1 (*troops*) avanzar; (*time, date*) adelantar. 2 (*idea*) proponer; (*opinion*) dar. 3 *Fin* (*sum of money*) anticipar. IV *vi* (*move forward*) avanzar, adelantarse; (*make progress*) hacer progresos; (*gain promotion*) ascender.
advanced [əd'vɑːnst] *adj* (*developed*) avanzado,-a; (*student*) adelantado,-a; (*course*) superior; *Educ* **A. level**, examen *m* superior de segunda enseñanza, ≈ COU *m*.
advancement [əd'vɑːnsmənt] *n* (*progress*) adelanto *m*; (*promotion*) ascenso *m*.
advantage [əd'vɑːntɪdʒ] *n* ventaja *f*; *Ten* **a. Velasco**, ventaja para Velasco; **to take a. of sb/sth**, abusar de algn/aprovechar algo.
advantageous [ædvən'teɪdʒəs] *adj* ventajoso,-a.
advent ['ædvent] *n* (*arrival*) llegada *f*; (*of Christ*) advenimiento *m*; **A.**, Adviento *m*.
adventure [əd'ventʃər] *n* aventura *f*.
adventurous [əd'ventʃərəs] *adj* aventurero,-a.
adverb ['ædvɜːb] *n* adverbio *m*.
adversary ['ædvəsərɪ] *n* adversario,-a *m,f*.
adverse ['ædvɜːs] *adj* (*effect*) desfavorable; (*conditions*) adverso,-a; (*winds*) contrario,-a.
adversity [əd'vɜːsɪtɪ] *n* adversidad *f*.
advert ['ædvɜːt] *n fam* anuncio *m*.
advertise ['ædvətaɪz] I *vtr* anunciar. II *vi* hacer publicidad; (*in newspaper*) poner un anuncio; **to a. for sth/sb**, buscar algo/a algn mediante un anuncio.
advertisement [əd'vɜːtɪsmənt] *n* anuncio *m*; **advertisements**, publicidad *f sing*.
advertiser ['ædvətaɪzər] *n* anunciante *mf*.
advertising ['ædvətaɪzɪŋ] I *n* publicidad *f*, propaganda *f*; (*in newspaper*) anuncios *mpl*. II *adj* publicitario,-a; **a. agency**, agencia *f* de publicidad.
advice [əd'vaɪs] *n* consejos *mpl*; **a piece of a.**, un consejo; **to take legal a. on a matter**, consultar el caso con un abogado; **to take sb's a.**, seguir los consejos de algn.
advisable [əd'vaɪzəbəl] *adj* aconsejable.
advise [əd'vaɪz] *vtr* aconsejar; (*on business etc*) asesorar; **I a. you to do it**, te aconsejo que lo hagas.
adviser [əd'vaɪzər] *n* consejero,-a *m,f*; (*in business etc*) asesor,-a *m,f*.
advisory [əd'vaɪzərɪ] *adj* asesor,-a.
advocate ['ædvəkɪt] I *n* *Scot* *Jur* abogado,-a *m,f*; (*supporter*) defensor,-a *m,f*. II ['ædvəkeɪt] *vtr* (*reform*) abogar por; (*plan*) apoyar.
aerial ['eərɪəl] I *adj* aéreo,-a. II *n* antena *f*.
aerobics [eə'rəubɪks] *n* aerobic *m*.
aerodrome ['eərədrəum] *n GB* aeródromo *m*.
aerodynamics [eərəudaɪ'næmɪks] *n* aerodinámica *f*.
aeroplane ['eərəpleɪn] *n* avión *m*.
aerosol ['eərəsɒl] *n* aerosol *m*.
aerospace ['eərəuspeɪs] *adj* aeroespacial.
aesthetic [iːs'θetɪk] *adj* estético,-a.
afar [ə'fɑːr] *adv* lejos; **from a.**, desde lejos.

affair [əˈfeər] *n* (*matter*) asunto *m*; (*event*) acontecimiento *m*; **that's my a.**, eso es asunto mío; **business affairs**, negocios *mpl*; **foreign affairs**, asuntos exteriores; **love a.**, aventura *f* amorosa.

affect [əˈfekt] *vtr* (*person, health*) afectar; (*prices, future*) influir en; (*touch emotionally*) conmover.

affected [əˈfektɪd] *adj* **1** (*unnatural*) afectado,-a. **2** (*influenced*) influido,-a. **3** (*touched emotionally*) conmovido,-a. **4** (*pretended*) fingido,-a.

affection [əˈfekʃən] *n* afecto *m*, cariño *m*.

affectionate [əˈfekʃənɪt] *adj* cariñoso,-a.

affidavit [æfɪˈdeɪvɪt] *n* declaración escrita y jurada.

affiliated [əˈfɪlieɪtɪd] *adj* afiliado,-a; **to be** *or* **become a.**, afiliarse (**to, with**, a).

affinity [əˈfɪnɪtɪ] *n* afinidad *f*; (*liking*) simpatía *f*.

affirm [əˈfɜːm] *vtr* afirmar, sostener.

affirmation [æfəˈmeɪʃən] *n* afirmación *f*.

affirmative [əˈfɜːmətɪv] **I** *adj* afirmativo,-a. **II** *n* **he answered in the a.**, contestó que sí.

affix [əˈfɪks] *vtr* (*stamp*) pegar.

afflict [əˈflɪkt] *vtr* afligir.

affluence [ˈæfluəns] *n* opulencia *f*.

affluent [ˈæfluənt] *adj* (*society*) opulento, -a; (*person*) rico,-a.

afford [əˈfɔːd] *vtr* **1** (*be able to buy*) permitirse el lujo de; **I can't a. a new car**, no puedo pagar un coche nuevo. **2** (*be able to do*) permitirse; **you can't a. to miss the opportunity**, no puedes perderte la ocasión.

affront [əˈfrʌnt] **I** *n* afrenta *f*. **II** *vtr* afrentar.

afield [əˈfiːld] *adv* **far a.**, muy lejos.

afloat [əˈfləʊt] *adv* **to keep a.**, mantenerse a flote.

afoot [əˈfʊt] *adv* **there's a plan a.**, hay un proyecto en marcha; **there's something strange a.**, se está tramando algo.

aforementioned [əˈfɔːmenʃənd], **aforesaid** [əˈfɔːsed] *adj* susodicho,-a.

afraid [əˈfreɪd] *adj* **1 to be a.**, tener miedo (**of sb**, a algn; **of sth**, de algo); **I'm a. of it**, me da miedo. **2 I'm a. not**, me temo que no; **I'm a. so**, me temo que sí; **I'm a. you're wrong**, me temo que estás equivocado,-a.

afresh [əˈfreʃ] *adv* de nuevo.

Africa [ˈæfrɪkə] *n* África.

African [ˈæfrɪkən] *adj & n* africano,-a (*m,f*).

Afro [ˈæfrəʊ] *n & adj fam* (*hairstyle*) afro (*m*).

aft [ɑːft] *adv* en popa; **to go a.**, ir en popa.

after [ˈɑːftər] **I** *adv* después; **soon a.**, poco después; **the day a.**, el día siguiente. **II** *prep* **1** (*later*) después de; *US* **it's ten a. five**, son las cinco y diez; **soon a. arriving**, al poco rato de llegar; **the day a. tomorrow**, pasado mañana. **2** (*behind*) detrás de, tras; **a. you!**, ¡pase usted!; **they went in one a. the other**, entraron uno tras otro; **the police are a. them**, la policía anda tras ellos. **3** (*about*) por; **they asked a. you**, preguntaron por ti; **what's he a.?**, ¿qué pretende? **4 he takes a. his uncle**, se parece a su tío; **she was named a. her grandmother**, la llamaron como su abuela. **III** *conj* después (de) que; **a. it happened**, después de que ocurriera.

after-effect [ˈɑːftərɪfekt] *n* efecto *m* secundario.

afterlife [ˈɑːftəlaɪf] *n* vida *f* después de la muerte.

aftermath [ˈɑːftəmæθ] *n* secuelas *fpl*.

afternoon [ɑːftəˈnuːn] *n* tarde *f*; **good a.!**, ¡buenas tardes!; **in the a.**, por la tarde.

afters [ˈɑːftəz] *npl fam* postre *m*.

after-sales service [ɑːftəseɪlzˈsɜːvɪs] *n Com* servicio *m* posventa.

aftershave (lotion) [ˈɑːftəʃeɪv(ˈləʊʃən)] *n* loción *f* para después del afeitado.

afterthought [ˈɑːftəθɔːt] *n* ocurrencia *f* tardía.

afterwards [ˈɑːftəwədz] *adv* después, más tarde.

again [əˈgen] *adv* **1** otra vez, de nuevo; **I tried a. and a.**, lo intenté una y otra vez; **to do sth a.**, volver a hacer algo; **never a.!**, ¡nunca más!; **now and a.**, de vez en cuando; **once a.**, otra vez. **2** (*besides*) además; **then a.**, por otra parte.

against [əˈgenst] *prep* **1** (*touching*) contra. **2** (*opposing*) contra, en contra (de); **a. the grain**, a contrapelo; **it's a. the law**, es ilegal. **3 as a.**, en contraste con, comparado con.

age [eɪdʒ] **I** *n* **1** edad *f*; **she's 18 years of a.**, tiene 18 años; **to be under a.**, ser menor de edad; **to come of a.**, llegar a la mayoría de edad; **a. limit**, límite *m* de edad; **old a.**, vejez *f*. **2** (*period*) época *f*; **the Iron A.**, la Edad de Hierro. **3** *fam* (*long time*) eternidad *f*; **it's ages since I last saw her**, hace siglos que no la veo. **II** *vtr & vi* envejecer.

aged[1] [eɪdʒd] *adj* de *or* a la edad de.

aged[2] [ˈeɪdʒɪd] *npl* **the a.**, los ancianos.

agency [ˈeɪdʒənsɪ] *n* **1** *Com* agencia *f*. **2** **by the a. of**, por medio de.

agenda [əˈdʒendə] *n* orden *m* del día.

agent [ˈeɪdʒənt] *n* agente *mf*; (*representative*) representante *mf*.

aggravate [ˈægrəveɪt] *vtr* (*worsen*) agravar; (*annoy*) molestar.

aggregate [ˈægrɪgɪt] *n* conjunto *m*; **on a.**, en conjunto.

aggression [əˈgreʃən] *n* agresión *f*.

aggressive [əˈgresɪv] *adj* (*violent*) agresivo,-a, violento,-a; (*dynamic*)

dinámico,-a.
aggrieved [ə'griːvd] *adj* apenado,-a.
aghast [ə'ɡɑːst] *adj* espantado,-a.
agile ['ædʒaɪl] *adj* ágil.
agitate ['ædʒɪteɪt] **I** *vtr* (*shake*) agitar; *fig* (*worry*) perturbar. **II** *vi Pol* **to a. against sth**, hacer campaña en contra de algo.
agitator ['ædʒɪteɪtər] *n Pol* agitador,-a *m,f*.
AGM [eɪdʒiː'em] *abbr of* **annual general meeting**, junta *f* general anual.
agnostic [æɡ'nɒstɪk] *n* agnóstico,-a *m,f*.
ago [ə'ɡəʊ] *adv* **a long time a.**, hace mucho tiempo; **as long a. as 1910**, ya en 1910; **a week a.**, hace una semana; **how long a.?**, ¿hace cuánto tiempo?
agog [ə'ɡɒɡ] *adj* ansioso,-a.
agonizing ['æɡənaɪzɪŋ] *adj* (*pain*) atroz; (*decision*) desesperante.
agony ['æɡənɪ] *n* dolor *m* muy fuerte; (*anguish*) angustia *f*; **he was in a. with his back**, tenía un dolor insoportable de espalda.
agree [ə'ɡriː] **I** *vi* 1 (*be in agreement*) estar de acuerdo; (*reach agreement*) ponerse de acuerdo; (*consent*) consentir; **to a. to do sth**, consentir en hacer algo; **to a. with sb**, estar de acuerdo con algn. 2 (*harmonize*) (*things*) concordar; (*people*) congeniar; **onions don't a. with me**, la cebolla no me sienta bien. **II** *vtr* acordar.
agreeable [ə'ɡriːəbəl] *adj* (*pleasant*) agradable; (*person*) simpático,-a; (*in agreement*) de acuerdo.
agreement [ə'ɡriːmənt] *n* (*arrangement*) acuerdo *m*; *Com* contrato *m*; **to reach an a.**, llegar a un acuerdo.
agricultural [æɡrɪ'kʌltʃərəl] *adj* agrícola; (*college*) de agricultura.
agriculture ['æɡrɪkʌltʃər] *n* agricultura *f*.
aground [ə'ɡraʊnd] *adv* **to run a.**, encallar, varar.
ahead [ə'hed] *adv* delante; (*early*) antes; **go a.!**, ¡adelante!; **to be a.**, llevar la ventaja; **to go a.**, ir adelante; *fig* **to go a. with sth**, llevar algo adelante; (*start*) comenzar algo; **to get a.**, triunfar; **to look a.**, pensar en el futuro.
aid [eɪd] **I** *n* ayuda *f*; (*rescue*) auxilio *m*; **in a. of**, a beneficio de; **to come to the a. of sb**, acudir en ayuda de algn. **II** *vtr* ayudar; **to a. and abet sb**, ser cómplice de algn.
aide [eɪd] *n* ayudante *mf*.
Aids [eɪdz] *n* (*abbr of* **Acquired Immune Deficiency Syndrome**), SIDA *m* (Síndrome *m* de Inmunodeficiencia Adquirida).
ailing ['eɪlɪŋ] *adj* achacoso,-a.
ailment ['eɪlmənt] *n* enfermedad *f* (leve), achaque *m*.
aim [eɪm] **I** *n* (*with weapon*) puntería *f*; (*target*) propósito *m*. **II** *vtr* (*gun*) apuntar (at, a, hacia); (*attack, action*) dirigir (at, a, hacia). ◆**aim at** *vtr* (*target*) tirar para;

to a. at doing sth, tener pensado hacer algo. ◆**aim to** *vtr* **to a. to do sth**, tener la intención de hacer algo.
aimless ['eɪmlɪs] *adj* sin objeto, sin propósito. ◆**aimlessly** *adv* (*wander*) sin rumbo fijo.
air [eər] **I** *n* 1 aire *m*; **to travel by a.**, viajar en avión; **to throw sth up in the a.**, lanzar algo al aire; **fig it's still in the a.**, todavía queda por resolver; **a. base**, base aérea; **a. bed**, colchón *m* hinchable; **a. conditioning**, aire acondicionado; **A. Force**, Fuerzas Aéreas; **a. freshener**, ambientador *m*; **a. gun**, pistola *f* de aire comprimido; **a. hostess**, azafata *f*; **a. letter**, carta aérea; **a. pocket**, bache *m*; **a. pressure**, presión atmosférica; **a. raid**, ataque aéreo; **a. terminal**, terminal aérea; **a. traffic control**, control *m* de tráfico aéreo; **a. traffic controller**, controlador,-a *m,f* aéreo,-a. 2 *Rad TV* **to be on the a.**, (*programme*) estar emitiendo; (*person*) estar transmitiendo. 3 (*appearance*) aspecto *m*. **II** *vtr* (*bed, clothes*) airear; (*room*) ventilar; *fig* (*grievance*) airear; (*knowledge*) hacer alarde de.
airborne ['eəbɔːn] *adj* (*aircraft*) en vuelo; (*troops*) aerotransportado,-a.
air-conditioned ['eəkəndɪʃənd] *adj* climatizado,-a.
aircraft ['eəkrɑːft] *n inv* avión *m*; **a. carrier**, portaviones *m inv*.
airfield ['eəfiːld] *n* campo *m* de aviación.
airlift ['eəlɪft] *n* puente aéreo.
airline ['eəlaɪn] *n* línea aérea.
airlock ['eəlɒk] *n* (*in pipe*) bolsa *f* de aire; (*in spacecraft*) esclusa *f* de aire.
airmail ['eəmeɪl] *n* correo *m* aéreo; **by a.**, por avión.
airplane ['eəpleɪn] *n US* avión *m*.
airport ['eəpɔːt] *n* aeropuerto *m*.
airsick ['eəsɪk] *adj* **to be a.**, marearse en avión.
airstrip ['eəstrɪp] *n* pista *f* de aterrizaje.
airtight ['eətaɪt] *adj* hermético,-a.
airy ['eərɪ] *adj* (**airier, airiest**) (*well-ventilated*) bien ventilado,-a; (*vague, care-free*) ligero,-a.
aisle [aɪl] *n* (*in church*) nave *f*; (*in theatre*) pasillo *m*.
ajar [ə'dʒɑːr] *adj & adv* entreabierto,-a.
akin [ə'kɪn] *adj* semejante.
alacrity [ə'lækrɪtɪ] *n* **with a.**, con presteza.
alarm [ə'lɑːm] **I** *n* 1 alarma *f*; **a. clock**, despertador *m*. 2 (*fear*) inquietud *f*; **to cause a.**, provocar temor. **II** *vtr* alarmar.
alas [ə'læs] *interj* ¡ay!, ¡ay de mí!
albatross ['ælbətrɒs] *n* albatros *m*.
albeit [ɔːl'biːɪt] *conj* aunque, no obstante.
album ['ælbəm] *n* álbum *m*.
alcohol ['ælkəhɒl] *n* alcohol *m*.
alcoholic [ælkə'hɒlɪk] *adj & n* alcohólico,-a (*m,f*).

alcove ['ælkəʊv] n hueco m.
ale [eɪl] n cerveza f; **brown/pale a.**, cerveza negra/rubia.
alert [ə'lɜːt] I adj alerta; (lively) despabilado,-a. II n alerta m; **to be on the a.**, estar alerta. III vtr **to a. sb to sth**, avisar a algn de algo.
A-level ['eɪlevəl] n GB Educ abbr of **Advanced level**, ≈ Curso m de Orientación Universitaria, COU m.
algae ['ældʒiː] npl algas fpl.
algebra ['ældʒɪbrə] n álgebra f.
Algeria [æl'dʒɪərɪə] n Argelia.
Algerian [æl'dʒɪərɪən] adj & n argelino,-a (m,f).
Algiers [æl'dʒɪəz] n Argel.
alias ['eɪlɪəs] I n alias m. II adv alias.
alibi ['ælɪbaɪ] n coartada f.
alien ['eɪlɪən] I adj (foreign) extranjero,-a; (from space) extraterrestre; **a. to**, ajeno a. II n (foreigner) extranjero,-a m,f; (from space) extraterrestre mf.
alienate ['eɪlɪəneɪt] vtr 1 **to a. sb**, ofender a algn; **to a. oneself from sb**, alejarse de algn. 2 Jur enajenar.
alight[1] [ə'laɪt] adj (on fire) ardiendo,-a.
alight[2] [ə'laɪt] vi (get off) apearse (from, de).
align [ə'laɪn] vtr alinear.
alike [ə'laɪk] I adj (similar) parecidos,-as; (the same) iguales. II adv (in the same way) de la misma manera, igualmente; dressed a., vestidos,-as iguales.
alimony ['ælɪmənɪ] n Jur pensión alimenticia.
alive [ə'laɪv] adj vivo,-a; fig (teeming) lleno,-a (with, de); **to be a.**, estar vivo,-a.
alkaline ['ælkəlaɪn] adj alcalino,-a.
all [ɔːl] I adj todo,-a, todos,-as; **a. year**, (durante) todo el año; **a. kinds of things**, todo tipo de cosas; **at a. hours**, a todas horas; **at a. times**, siempre; **she works a. the time**, siempre está trabajando; **all six of us were there**, los seis estábamos allí. II pron todo,-a, todos,-as; **after a.**, al fin y al cabo; **a. of his work**, toda su obra; **a. of us**, todos,-as nosotros,-as; **a. who saw it**, todos los que lo vieron; **a. you can do is wait**, lo único que puedes hacer es esperar; **I don't like it at a.**, no me gusta en absoluto; **is that a.?**, ¿eso es todo?; **most of** or **above a.**, sobre todo; **once and for a.**, de una vez por todas; **thanks - not at a.**, gracias - de nada; **a. in a.**, en conjunto; **that's a.**, ya está; **the score was one a.**, empataron a uno.
III adv **a. by myself**, completamente solo,-a; **a. at once**, (suddenly) de repente; (altogether) de una vez; **a. the better**, tanto mejor; **a. the same**, de todos modos; **he knew it a. along**, lo sabía desde el principio; **if it's a. the same to you**, si no te importa; **it's a. but impossible**, es

casi imposible; **I'm not a. that tired**, no estoy tan cansado,-a como eso.
IV n **to give one's a.**, darse por completo.
Allah ['ælə] n Alá m.
allay [ə'leɪ] vtr (fears, doubts) apaciguar.
allegation [ælɪ'geɪʃən] n alegato m.
allege [ə'ledʒ] vtr sostener, pretender (that, que).
allegedly [ə'ledʒɪdlɪ] adv supuestamente.
allegiance [ə'liːdʒəns] n lealtad f.
allergic [ə'lɜːdʒɪk] adj alérgico,-a (to, a).
allergy ['ælədʒɪ] n alergia f.
alleviate [ə'liːvɪeɪt] vtr (pain) aliviar.
alley ['ælɪ] n callejón m.
alliance [ə'laɪəns] n alianza f.
allied ['ælaɪd] adj aliado,-a.
alligator ['ælɪgeɪtər] n caimán m.
all-in [ɔːl'ɪn] adj (price) todo incluido; Sport **a.-in wrestling**, lucha f libre.
alliteration [əlɪtə'reɪʃən] n aliteración f.
all-night [ɔːl'naɪt] adj (café etc) abierto,-a toda la noche; (vigil) que dura toda la noche.
allocate ['æləkeɪt] vtr destinar (to, para).
allocation [ælə'keɪʃən] n 1 (distribution) asignación f. 2 (amount allocated) cuota f.
allot [ə'lɒt] vtr asignar.
allotment [ə'lɒtmənt] n 1 (distribution) asignación f. 2 (land) parcela f.
all-out [ɔːl'aʊt] I adj (effort) supremo,-a; (attack) concentrado,-a. II **all out** adv **to go a. o. to do sth**, emplearse a fondo para hacer algo.
allow [ə'laʊ] vtr 1 (permit) permitir; (a request) acceder a; **to a. sb to do sth**, permitir que algn haga algo. 2 (allot) (time) dejar; (money) destinar. ◆**allow for** vtr tener en cuenta.
allowance [ə'laʊəns] n (payment) pensión f, subvención f; (discount) descuento m; **to make allowances for sb/sth**, disculpar a algn/tener algo en cuenta; **tax a.**, desgravación f fiscal; **travel a.**, dietas fpl de viaje.
alloy ['ælɔɪ] n aleación f.
all right [ɔːl'raɪt] I adj (okay) bien; **thank you very much - that's a. r.**, muchas gracias - de nada. II adv 1 (well) bien. 2 (definitely) sin duda. 3 (okay) de acuerdo, vale.
all-round [ɔːl'raʊnd] adj (athlete etc) completo,-a.
all-terrain [ɔːltə'reɪn] adj **a.-t. vehicle**, todoterreno m.
all-time ['ɔːltaɪm] adj **an a.-t. low**, una baja sin antecedente; **the a.-t. greats**, los grandes de siempre.
allude [ə'luːd] vi **to a. to**, aludir a.
alluring [ə'ljʊərɪŋ] adj atractivo,-a.
allusion [ə'luːʒən] n alusión f.
ally ['ælaɪ] I n aliado,-a m,f. II vtr **to a. oneself to/with sb**, aliarse a/con algn.
almighty [ɔːl'maɪtɪ] I adj (all-powerful)

almond 289 **amicable**

todopoderoso,-a. II *n* the A., El Todopoderoso.
almond ['ɑ:mənd] *n* almendra *f*.
almost ['ɔ:lməʊst] *adv* casi.
alms [ɑ:mz] *npl* limosna *f sing*.
aloft [ə'lɒft] *adv* arriba.
alone [ə'ləʊn] I *adj* solo,-a; **can I speak to you a.?**, ¿puedo hablar contigo a solas?; **let a.**, ni mucho menos; **leave it a.!**, ¡no lo toques!; **leave me a.**, déjame en paz; **to be a.**, estar solo,-a. II *adv* solamente, sólo.
along [ə'lɒŋ] I *adv* **come a.!**, ¡anda, ven!; **he'll be a. in 10 minutes**, llegará dentro de 10 minutos; **a. with**, junto con. II *prep* (*the length of*) a lo largo de; **to walk a. the street**, andar por la calle; **it's just a. the street**, está un poco más abajo.
alongside [ə'lɒŋsaɪd] I *adv* *Naut* de costado. II *prep* al lado de.
aloof [ə'lu:f] I *adj* (*person*) distante. II *adv* **to keep oneself a.**, mantenerse a distancia (*from*, de).
aloud [ə'laʊd] *adv* en voz alta.
alphabet ['ælfəbet] *n* alfabeto *m*.
alphabetical [ælfə'betɪkəl] *adj* alfabético,-a. ◆**alphabetically** *adv* por orden alfabético.
alpine ['ælpaɪn] *adj* alpino,-a.
Alps [ælps] *npl* the A., los Alpes.
already [ɔ:l'redɪ] *adv* ya.
alright [ɔ:l'raɪt] *adj & adv* → **all right**.
Alsatian [æl'seɪʃən] *n* pastor *m* alemán.
also ['ɔ:lsəʊ] *adv* también, además.
also-ran ['ɔ:lsəʊræn] *n fam* (*person*) segundón,-ona *m,f*.
altar ['ɔ:ltər] *n* altar *m*.
alter ['ɔ:ltər] I *vtr* (*plan*) cambiar, retocar; (*project*) modificar; (*clothing*) arreglar; (*timetable*) revisar. II *vi* cambiar, cambiarse.
alteration [ɔ:ltə'reɪʃən] *n* (*to plan*) cambio *m*; (*to project*) modificación *f*; (*to clothing*) arreglo *m*; (*to timetable*) revisión *f*; **alterations**, (*to building*) reformas *fpl*.
alternate [ɔ:l'tɜ:nɪt] I *adj* alterno,-a; **on a. days**, cada dos días. II ['ɔ:ltəneɪt] *vtr* alternar. ◆**alternately** *adv* a. hot and cold, ahora caliente, ahora frío.
alternative [ɔ:l'tɜ:nətɪv] I *adj* alternativo,-a. II *n* alternativa *f*; **I have no a. but to accept**, no tengo más remedio que aceptar. ◆**alternatively** *adv* o bien; **a. you could walk**, o bien podrías ir andando.
alternator ['ɔ:ltəneɪtər] *n Aut* alternador *m*.
although [ɔ:l'ðəʊ] *conj* aunque.
altitude ['æltɪtju:d] *n* altitud *f*.
alto ['æltəʊ] *adj & n* (*male singer, instrument*) alto (*m*); (*female singer*) contralto (*f*).
altogether [ɔ:ltə'geðər] *adv* (*in total*) en conjunto, en total; (*completely*) completamente, del todo.

altruism ['æltru:ɪzəm] *n* altruismo *m*.
aluminium [ælju'mɪnɪəm], *US* **aluminum** [ə'lu:mɪnəm] *n* aluminio *m*.
always ['ɔ:lweɪz] *adv* siempre.
AM [eɪ'em] *Rad abbr of* **amplitude modulation**, AM.
am [æm] *1st person sing pres* → **be**.
a.m. [eɪ'em] *abbr of* **ante meridiem**, de la mañana.
amalgamate [ə'mælgəmeɪt] I *vtr* (*metals*) amalgamar. II *vi* (*metals*) amalgamarse; (*companies*) fusionarse.
amalgamation [əmælgə'meɪʃən] *n* fusión *f*.
amass [ə'mæs] *vtr* (*money*) amontonar; (*information*) acumular.
amateur ['æmətər] I *n* amateur *mf*, aficionado,-a *m,f*. II *adj* aficionado,-a; (*work etc*) *pej* chapucero,-a.
amateurish ['æmətərɪʃ] *adj* chapucero,-a.
amaze [ə'meɪz] *vtr* asombrar, pasmar; **to be amazed at sth**, quedarse pasmado,-a de algo.
amazement [ə'meɪzmənt] *n* asombro *m*, sorpresa *f*.
amazing [ə'meɪzɪŋ] *adj* asombroso,-a, increíble.
ambassador [æm'bæsədər] *n* embajador,-a *m,f*.
amber ['æmbər] I *n* ámbar *m*. II *adj* ambarino,-a; (*traffic light*) amarillo,-a.
ambiguity [æmbɪ'gju:ɪtɪ] *n* ambigüedad *f*.
ambiguous [æm'bɪgjʊəs] *adj* ambiguo,-a.
ambition [æm'bɪʃən] *n* ambición *f*.
ambitious [æm'bɪʃəs] *adj* ambicioso,-a.
ambivalent [æm'bɪvələnt] *adj* ambivalente.
amble ['æmbəl] *vi* deambular.
ambulance ['æmbjʊləns] *n* ambulancia *f*; **a. man**, ambulanciero *m*.
ambush ['æmbʊʃ] I *n* emboscada *f*. II *vtr* tender una emboscada a; *fig* atacar por sorpresa.
amen [ɑ:'men] *interj* amén.
amenable [ə'mi:nəbəl] *adj* I'd be quite a. to doing that, no me importaría nada hacer eso; **a. to reason**, razonable.
amend [ə'mend] *vtr* (*law*) enmendar; (*error*) subsanar.
amendment [ə'mendmənt] *n* enmienda *f*.
amends [ə'mendz] *npl* **to make a. to sb for sth**, compensar a algn por algo.
amenities [ə'mi:nɪtɪz] *npl* comodidades *fpl*.
America [ə'merɪkə] *n* (*continent*) América *f*; (*USA*) Estados *mpl* Unidos; **South A.**, América del Sur, Sudamérica *f*.
American [ə'merɪkən] *adj & n* americano,-a (*m,f*); (*of USA*) norteamericano,-a (*m,f*), estadounidense (*mf*).
amiable ['eɪmɪəbəl] *adj* amable, afable.
amicable ['æmɪkəbəl] *adj* amistoso,-a.

amid(st) ['æmɪd(st)] *prep* entre, en medio de.

amiss [ə'mɪs] *adj & adv* mal; **there's sth a.**, algo anda mal; **to take sth a.**, tomar algo a mal.

ammonia [ə'məʊnɪə] *n* amoníaco *m*.

ammunition [æmjʊ'nɪʃən] *n* municiones *fpl*.

amnesia [æm'ni:ʒə] *n* amnesia *f*.

amnesty ['æmnɪstɪ] *n* amnistía *f*.

amok [ə'mɒk] *adv fig* **to run a.**, *(child)* desmadrarse; *(inflation etc)* dispararse.

among(st) [ə'mʌŋ(st)] *prep* entre.

amoral [eɪ'mɒrəl] *adj* amoral.

amorous ['æmərəs] *adj* cariñoso,-a.

amorphous [ə'mɔ:fəs] *adj* amorfo,-a.

amount [ə'maʊnt] *n* cantidad *f*; *(of money)* suma *f*; *(of bill)* importe *m*. ◆**amount to** *vtr* ascender a; *fig* equivaler a.

amp [æmp], **ampère** ['æmpeə'] *n* amperio *m*.

amphetamine [æm'fetəmi:n] *n* anfetamina *f*.

amphibian [æm'fɪbɪən] *adj & n* anfibio,-a *(m)*.

amphibious [æm'fɪbɪəs] *adj* anfibio,-a.

amphitheatre ['æmfɪθɪətə'] *n* anfiteatro *m*.

ample ['æmpəl] *adj (enough)* bastante; *(more than enough)* abundante; *(large)* amplio,-a.

amplifier ['æmplɪfaɪə'] *n* amplificador *m*.

amputate ['æmpjʊteɪt] *vtr* amputar.

amuck [ə'mʌk] *adv* → **amok**.

amuse [ə'mju:z] *vtr* divertir, entretener.

amusement [ə'mju:zmənt] *n (enjoyment)* diversión *f*; *(laughter)* risa *f*; *(pastime)* pasatiempo *m*; **a. arcade**, salón *m* de juegos; **a. park**, parque *m* de atracciones.

amusing [ə'mju:zɪŋ] *adj* divertido,-a.

an [æn, *unstressed* ən] *indef art* → **a**.

anabolic steroid [ænəbɒlɪk'stɪərɔɪd] *n* esteroide *m* anabolizante.

anaemia [ə'ni:mɪə] *n* anemia *f*.

anaemic [ə'ni:mɪk] *adj* anémico,-a; *fig (weak)* débil.

anaesthetic [ænɪs'θetɪk] *n* anestesia *f*.

anaesthetist [ə'ni:sθətɪst] *n* anestesista *mf*.

analog(ue) ['ænəlɒg] *n* análogo *m*; **a. computer**, ordenador analógico; **a. watch**, reloj *m* de agujas.

analogy [ə'nælədʒɪ] *n* analogía *f*.

analyse ['ænəlaɪz] *vtr* analizar.

analysis [ə'nælɪsɪs] *n (pl* **analyses** [ə'nælɪsi:z]) análisis *m inv*.

analyst ['ænəlɪst] *n* analista *mf*; *(psychoanalyst)* psicoanalista *mf*.

analyze ['ænəlaɪz] *vtr US* → **analyse**.

analytic(al) [ænə'lɪtɪk(əl)] *adj* analítico, -a.

anarchist ['ænəkɪst] *n* anarquista *mf*.

anarchy ['ænəkɪ] *n* anarquía *f*.

anathema [ə'næθəmə] *n* **the very idea was a. to him**, le repugnaba sólo de pensarlo.

anatomy [ə'nætəmɪ] *n* anatomía *f*.

ancestor ['ænsestə'] *n* antepasado *m*.

anchor ['æŋkə'] **I** *n Naut* ancla *f*; *fig* áncora *f*; **to drop a.**, echar el ancla; **to weigh a.**, zarpar. **II** *vtr Naut* anclar; *fig (fix securely)* sujetar. **III** *vi* anclar.

anchovy ['æntʃəvɪ] *n* anchoa *f*.

ancient ['eɪnʃənt] *adj* antiguo,-a.

ancillary [æn'sɪlərɪ] *adj & n* auxiliar *(mf)*.

and [ænd, *unstressed* ənd, ən] *conj* y; *(before* i-, hi-*)* e; **a hundred a. one**, ciento uno; **a. so on** etcétera; **Bill a. Pat**, Bill y Pat; **Chinese a. Indian**, chino e indio; **come a. see us**, ven a vernos; **four a. a half**, cuatro y medio; **she cried a. cried**, no paró de llorar; **try a. help me**, trata de ayudarme; **wait a. see**, espera a ver; **worse a. worse**, cada vez peor.

Andalusia [ændə'lu:zɪə] *n* Andalucía.

Andalusian [ændə'lu:zɪən] *adj* andaluz, -a.

Andes ['ændi:z] *npl* **the A.**, los Andes.

Andorra [æn'dɔ:rə] *n* Andorra.

anecdote ['ænɪkdəʊt] *n* anécdota *f*.

anemia [ə'ni:mɪə] *n US* → **anaemia**.

anesthetic [ænɪs'θetɪk] *n US* → **anaesthetic**.

angel ['eɪndʒəl] *n* ángel *m*.

anger ['æŋgə'] **I** *n* cólera *f*. **II** *vtr* enojar.

angina [æn'dʒaɪnə] *n* angina *f* (de pecho).

angle ['æŋgəl] *n* ángulo *m*; *fig* punto *m* de vista.

angler ['æŋglə'] *n* pescador,-a *m,f* de caña.

Anglican ['æŋglɪkən] *adj & n* anglicano,-a *(m,f)*.

Anglo-Saxon [æŋgləʊ'sæksən] *adj & n* anglosajón,-ona *(m,f)*.

Angola [æŋ'gəʊlə] *n* Angola.

angry ['æŋgrɪ] *adj* **(angrier, angriest)** *(person etc)* enfadado,-a; *(voice)* airado,-a; **to get a. with sb about sth**, enfadarse con algn por algo. ◆**angrily** *adv* furiosamente.

anguish ['æŋgwɪʃ] *n* angustia *f*.

angular ['æŋgjʊlə'] *adj (shape)* angular; *(face)* anguloso,-a.

animal ['ænɪməl] **I** *adj* animal. **II** *n* animal *m*; *fig* bestia *f*.

animate ['ænɪmɪt] **I** *adj* vivo,-a. **II** ['ænɪmeɪt] *vtr* animar; *fig* estimular.

animated ['ænɪmeɪtɪd] *adj (lively)* animado,-a.

animosity [ænɪ'mɒsɪtɪ] *n* animosidad *f*.

aniseed ['ænɪsi:d] *n* anís *m*.

ankle ['æŋkəl] *n* tobillo *m*; **a. boots**, botines *mpl*; **a. socks**, calcetines cortos.

annex [æ'neks] *vtr (territory)* anexionar.

annexe, *US* **annex** ['æneks] *n (building)* (edificio *m*) anexo *m*.

annihilate [ə'naɪəleɪt] *vtr* aniquilar.

anniversary [ænɪˈvɜːsərɪ] *n* aniversario *m*; **wedding a.**, aniversario de bodas.

announce [əˈnaʊns] *vtr* anunciar; *(news)* comunicar; *(fact)* hacer saber.

announcement [əˈnaʊnsmənt] *n* anuncio *m*; *(news)* comunicación *f*; *(statement)* declaración *f*.

announcer [əˈnaʊnsər] *n* TV Rad locutor,-a *m,f*.

annoy [əˈnɔɪ] *vtr* molestar, fastidiar; **to get annoyed**, enfadarse, molestarse.

annoyance [əˈnɔɪəns] *n* (feeling) enojo *m*; (thing) molestia *f*, fastidio *m*.

annoying [əˈnɔɪɪŋ] *adj* molesto,-a, fastidioso,-a.

annual [ˈænjʊəl] I *adj* anual. II *n* (book) anuario *m*; (plant) anual *m*. ◆**annually** *adv* anualmente.

annul [əˈnʌl] *vtr* anular.

annulment [əˈnʌlmənt] *n* anulación *f*.

anomaly [əˈnɒməlɪ] *n* anomalía *f*.

anonymity [ænəˈnɪmɪtɪ] *n* anonimato *m*.

anonymous [əˈnɒnɪməs] *adj* anónimo,-a.

anorak [ˈænəræk] *n* anorak *m*.

anorexia [ænəˈreksɪə] *n* anorexia *f*.

another [əˈnʌðər] I *adj* otro,-a; **a. one**, otro,-a; **without a. word**, sin más. II *pron* otro,-a; **have a.**, toma otro,-a; **to love one a.**, quererse el uno al otro.

ansaphone [ˈɑːnsəfəʊn] *n* mensáfono *m*.

answer [ˈɑːnsər] I *n* (to letter etc) contestación *f*; (to question) respuesta *f*; (to problem) solución *f*; **in a. to your letter**, contestando a su carta; **there's no a.**, (on telephone) no contestan; (at door) no abren. II *vtr* contestar a; (problem) resolver; (door) abrir; (phone) contestar. III *vi* contestar, responder. ◆**answer back** *vi* replicar; **don't a. back!**, ¡no seas respondón! ◆**answer for** *vtr* responder de; **he's got a lot to a. for**, es responsable dc muchas cosas. ◆**answer to** *vtr* (name) responder a; (description) corresponder a.

answerable [ˈɑːnsərəbəl] *adj* **to be a. to sb for sth**, ser responsable ante algn de algo.

answering machine [ˈɑːnsərɪŋməʃiːn] *n* contestador automático.

ant [ænt] *n* hormiga *f*; **a. hill**, hormiguero *m*.

antagonism [ænˈtæɡənɪzəm] *n* antagonismo *m* (**between**, entre), hostilidad *f* (**towards**, hacia).

antagonize [ænˈtæɡənaɪz] *vtr* enemistar, malquistar.

Antartic [æntˈtɪktɪk] I *adj* antártico,-a; **A. Ocean**, océano Antártico. II *n* **the A.**, La Antártica.

Antarctica [æntˈtɪktɪkə] *n* Antártida.

antecedent [æntɪˈsiːdənt] *n* antecedente *m*.

antelope [ˈæntɪləʊp] *n* antílope *m*.

antenatal [æntɪˈneɪtəl] *adj* antenatal; (clinic) prenatal.

antenna [ænˈtenə] *n* **1** (*pl* **antennae** [ænˈteniː]) (of animal, insect) antena *f*. **2** (*pl* **antennas**) TV Rad antena *f*.

anthem [ˈænθəm] *n* motete *m*; **national a.**, himno *m* nacional.

anthology [ænˈθɒlədʒɪ] *n* antología *f*.

anthracite [ˈænθrəsaɪt] *n* antracita *f*.

anthropology [ænθrəˈpɒlədʒɪ] *n* antropología *f*.

anti-aircraft [æntɪˈeəkrɑːft] *adj* antiaéreo,-a.

antibiotic [æntɪbaɪˈɒtɪk] *n* antibiótico *m*.

antibody [ˈæntɪbɒdɪ] *n* anticuerpo *m*.

anticipate [ænˈtɪsɪpeɪt] *vtr* **1** (expect) esperar. **2** (predict) prever; (get ahead of) anticiparse a, adelantarse a.

anticipation [æntɪsɪˈpeɪʃən] *n* (expectation) esperanza *f*; (expectancy) ilusión *f*.

anticlimax [æntɪˈklaɪmæks] *n* (disappointment) decepción *f*.

anticlockwise [æntɪˈklɒkwaɪz] *adv* en sentido contrario a las agujas del reloj.

antics [ˈæntɪks] *npl* payasadas *fpl*; (naughtiness) travesuras *fpl*.

anticyclone [æntɪˈsaɪkləʊn] *n* anticiclón *m*.

antidote [ˈæntɪdəʊt] *n* antídoto *m*.

antifreeze [ˈæntɪfriːz] *n* anticongelante *m*.

antihistamine [æntɪˈhɪstəmɪn] *n* antihistamínico *m*.

antinuclear [æntɪˈnjuːklɪər] *adj* antinuclear.

antipathy [ænˈtɪpəθɪ] *n* antipatía *f* (**to**, a).

antiquated [ˈæntɪkweɪtɪd] *adj* anticuado,-a.

antique [ænˈtiːk] I *adj* antiguo,-a. II *n* antigüedad *f*; **a. dealer**, anticuario,-a *m,f*; **a. shop**, tienda *f* de antigüedades.

antiquity [ænˈtɪkwɪtɪ] *n* antigüedad *f*.

anti-Semitism [æntɪˈsemɪtɪzəm] *n* antisemitismo *m*.

antiseptic [æntɪˈseptɪk] *adj & n* antiséptico,-a (*m*).

antisocial [æntɪˈsəʊʃəl] *adj* (delinquent) antisocial; (unsociable) insociable.

antithesis [ænˈtɪθɪsɪs] *n* antítesis *f*.

antler [ˈæntlər] *n* cuerna *f*; **antlers**, cornamenta *f*.

Antwerp [ˈæntwɜːp] *n* Amberes.

anus [ˈeɪnəs] *n* ano *m*.

anvil [ˈænvɪl] *n* yunque *m*.

anxiety [æŋˈzaɪɪtɪ] *n* (concern) inquietud *f*; (worry) preocupación *f*; (fear) angustia *f*; (eagerness) ansia *f*.

anxious [ˈæŋkʃəs] *adj* (concerned) inquieto,-a; (worried) preocupado,-a; (fearful) angustiado,-a; (eager) ansioso,-a; **to be a. about sth**, estar preocupado,-a por algo.

any [ˈenɪ] I *adj* (in questions, conditionals) algún,-una; (in negative clauses) ningún,-una; (no matter which) cualquier,-a; (every) todo,-a; **a. doctor will say the**

same, cualquier médico te dirá lo mismo; **are there a. seats left?,** ¿quedan plazas?; **at a. moment,** en cualquier momento; **have you a. apples?,** ¿tienes manzanas?; **have you a. money?,** ¿tienes (algo de) dinero?; **I don't have a. time,** no tengo tiempo; **in a. case,** de todas formas.

II *pron (in questions)* alguno,-a; *(in negative clauses)* ninguno,-a; *(no matter which)* cualquiera; **do they have a.?,** ¿tienen alguno?; **I don't want a.,** no quiero ninguno,-a; **I need some paper, have you a.?,** necesito papel, ¿tienes?; **you can have a. (one),** coge el *or* la que quieras.

III *adv* **is there a. more?,** ¿hay más?; **I used to like it but not a. more/longer,** antes me gustaba pero ya no; **is he a. better?,** ¿está mejor?

anybody ['enɪbɒdɪ] *pron (in questions, conditionals)* alguien, alguno,-a; *(in negative clauses)* nadie, ninguno,-a; *(no matter who)* cualquiera; **a. but me,** cualquiera menos yo; **bring a. you like,** trae a quien quieras; **do you see a. over there?,** ¿ves a alguien allí?; **I can't find a.,** no encuentro a nadie.

anyhow ['enɪhaʊ] *adv* 1 *(in spite of that)* en todo caso, de todas formas; *(changing the subject)* bueno, pues. 2 *(carelessly)* desordenadamente, de cualquier modo *or* forma.

anyone ['enɪwʌn] *pron* → **anybody.**

anything ['enɪθɪŋ] I *pron (in questions, conditionals)* algo, alguna cosa; *(in negative clauses)* nada; *(no matter what)* cualquier cosa; **a. but that,** cualquier cosa menos eso. **a. else?,** ¿algo más?; **can I do a. for you?,** ¿puedo ayudarte en algo?; **hardly a.,** casi nada; **if a., I'd buy the big one,** de comprar uno compraría el grande; **to run/work like a.,** correr/trabajar a más no poder. II *adv* **is this a. like what you wanted?,** ¿viene a ser éste lo que querías?

anyway ['enɪweɪ] *adv* → **anyhow.**

anywhere ['enɪweər] *adv* 1 *(in questions, conditionals)* **(situation)** en alguna parte; *(movement)* a alguna parte; **could it be a. else?,** ¿podría estar en otro sitio? 2 *(in negative clauses)* **(situation)** en ninguna parte; *(movement)* a ninguna parte; *(no matter where)* dondequiera, en cualquier parte; **go a. you like,** ve a donde quieras; **we aren't a. near finished,** no hemos terminado ni mucho menos.

apart [ə'pɑːt] *adv* 1 aparte; **to fall a.,** deshacerse; **to take sth a.,** desmontar algo. 2 *(distant)* alejado,-a; *(separate)* separado,-a; **to be poles a.,** ser polos opuestos; **you can't tell the twins a.,** no se puede distinguir los mellizos el uno del otro. 3 **a. from,** aparte de.

apartheid [ə'pɑːtheɪt] *n* apartheid *m*.

apartment [ə'pɑːtmənt] *n (large room)* salón *m*; *US (flat)* piso *m*, apartamento *m*; **a. block,** bloque *m* de pisos.

apathetic [æpə'θetɪk] *adj* apático,-a.

apathy ['æpəθɪ] *n* apatía *f*.

ape [eɪp] I *n* mono *m*. II *vtr* imitar, copiar.

apéritif [ə'perɪtiːf] *n* aperitivo *m*.

aperture ['æpətʃər] *n (hole, crack)* resquicio *m*, rendija *f*; *Phot* abertura *f*.

apex ['eɪpeks] *n (of triangle)* vértice *m*; *fig* cumbre *f*.

aphrodisiac [æfrə'dɪzɪæk] *n* afrodisíaco *m*.

apiece [ə'piːs] *adv* cada uno,-a.

aplomb [ə'plɒm] *n* aplomo *m*.

apocalypse [ə'pɒkəlɪps] *n* apocalipsis *m inv*.

apolitical [eɪpə'lɪtɪkəl] *adj* apolítico,-a.

apologetic [əpɒlə'dʒetɪk] *adj (remorseful)* de disculpa; **he was very a.,** pidió mil perdones. ◆**apologetically** *adv* disculpándose, pidiendo perdón.

apologize [ə'pɒlədʒaɪz] *vi (say sorry)* disculparse; **they apologized to us for the delay,** se disculparon con nosotros por el retraso.

apology [ə'pɒlədʒɪ] *n* disculpa *f*, excusa *f*; *fam* **what an a. for a meal!,** ¡vaya birria de comida!

apoplectic [æpə'plektɪk] *adj Med* apopléctico,-a; *fam* **to be a. with rage,** estar furioso,-a.

apostle [ə'pɒsəl] *n* apóstol *m*.

apostrophe [ə'pɒstrəfɪ] *n* apóstrofo *m*.

appal, *US* **appall** [ə'pɔːl] *vtr* horrorizar; **to be appalled by sth,** quedar horrorizado,-a por algo.

appalling [ə'pɔːlɪŋ] *adj (horrifying)* horroroso,-a; *fam (very bad)* pésimo,-a, fatal.

apparatus [æpə'reɪtəs] *n* aparato *m*; *(equipment)* equipo *m*.

apparent [ə'pærənt] *adj (obvious)* evidente; *(seeming)* aparente; **to become a.,** ponerse de manifiesto. ◆**apparently** *adv (seemingly)* por lo visto.

apparition [æpə'rɪʃən] *n* aparición *f*.

appeal [ə'piːl] I *n* 1 *(request)* solicitud *f*; *(plea)* súplica *f*. 2 *(attraction)* atractivo *m*; *(interest)* interés *m*. 3 *Jur* apelación *f*. II *vi* 1 *(plead)* rogar, suplicar (**to,** a); **to a. for help,** solicitar ayuda. 2 *(attract)* atraer; *(interest)* interesar; **it doesn't a. to me,** no me dice nada. 3 *Jur* apelar.

appealing [ə'piːlɪŋ] *adj (moving)* conmovedor,-a; *(attractive)* atractivo,-a; *(tempting)* atrayente.

appear [ə'pɪər] *vi* 1 *(become visible)* aparecer; *(publicly)* presentarse; *(on stage)* actuar; **to a. before a court,** comparecer ante un tribunal; **to a. on television,** salir en la televisión. 2 *(seem)* parecer; **he**

appears relaxed, parece relajado; **so it appears,** según parece.
appearance |əˈpɪərəns| n 1 *(becoming visible)* aparición f; *(publicly)* presentación f; *(on stage)* actuación f; *(before court)* comparecencia f; *(of book etc)* publicación f; **to put in an a.,** hacer acto de presencia. 2 *(look)* apariencia f, aspecto m; **to all appearances,** al parecer.
appease |əˈpiːz| vtr apaciguar; *(curiosity)* satisfacer.
appeasement |əˈpiːzmənt| n Pol entreguismo m.
appendicitis |əpendɪˈsaɪtɪs| n apendicitis f.
appendix |əˈpendɪks| n *(pl* **appendices** |əˈpendɪsiːz|) apéndice m.
appetite |ˈæpɪtaɪt| n apetito m; *fig* deseo m.
appetizer [ˈæpɪtaɪzər] n *(drink)* aperitivo m; *(snack)* tapa f, pincho m.
applaud |əˈplɔːd| vtr & vi aplaudir.
applause |əˈplɔːz| n aplausos mpl.
apple |ˈæpəl| n manzana f; **a. tree,** manzano m.
appliance |əˈplaɪəns| n dispositivo m.
applicable |əˈplɪkəbəl| adj aplicable.
applicant [ˈæplɪkənt] n *(for post)* candidato,-a m,f; *(to court, for tickets)* solicitante mf.
application |æplɪˈkeɪʃən| n 1 *(of cream)* aplicación f. 2 *(for post etc)* solicitud f; **a. form,** solicitud f; **job a.,** solicitud de empleo. 3 *(effort)* aplicación f; **she lacks a.,** no se aplica.
applied |əˈplaɪd| adj aplicado,-a.
apply |əˈplaɪ| I vtr aplicar; *(brake)* echar; *(law)* recurrir a; *(force)* usar; **to a. oneself to,** dedicarse a. II vi 1 *(refer)* aplicarse (**to, a**). 2 *(for job)* presentar una solicitud; *(for information, to court)* presentar una petición. ◆**apply for** vtr *(post, information)* solicitar; *(tickets)* pedir.
appoint |əˈpɔɪnt| vtr *(person)* nombrar; *(time, place etc)* fijar, señalar.
appointment |əˈpɔɪntmənt| n 1 *(to post)* nombramiento m; *(post)* cargo m. 2 *(meeting)* cita f; **to make an a. with,** citarse con; *(at doctor's)* pedir hora a.
apportion |əˈpɔːʃən| vtr *fig (blame)* echar.
appraisal |əˈpreɪzəl| n evaluación f.
appreciable |əˈpriːʃəbəl| adj *(difference)* apreciable; *(sum)* importante.
appreciate |əˈpriːʃɪeɪt| I vtr 1 *(be thankful for)* agradecer. 2 *(understand)* entender. 3 *(value)* apreciar, valorar. II vi *(increase in value)* apreciarse.
appreciation |əpriːʃɪˈeɪʃən| n 1 *(of help, advice)* agradecimiento m; *(of difficulty)* comprensión f; *(of wine etc)* aprecio m; *(appraisal)* evaluación f. 2 *(increase in value)* apreciación f.
appreciative |əˈpriːʃɪətɪv| adj *(thankful)* agradecido,-a; *(responsive)* apreciativo,-a.

apprehend |æprɪˈhend| vtr *(arrest)* detener.
apprehension |æprɪˈhenʃən| n 1 *(arrest)* detención f. 2 *(fear)* aprensión f.
apprehensive |æprɪˈhensɪv| adj *(fearful)* aprensivo,-a.
apprentice |əˈprentɪs| n aprendiz,-a m,f.
apprenticeship |əˈprentɪsʃɪp| n aprendizaje m.
approach |əˈprəʊtʃ| I n 1 *(coming near)* acercamiento m; *(to town)* acceso m; **a. road,** vía f de acceso. 2 *(to problem)* enfoque m. II *(come near to)* acercarse a; *(be similar to)* aproximarse a; *fig (problem)* abordar; *(person)* dirigirse a; **to a. sb about sth,** dirigirse a algn a propósito de algo. III vi acercarse.
approachable |əˈprəʊtʃəbəl| adj *(person)* accesible.
appropriate¹ |əˈprəʊprɪɪt| adj *(suitable)* apropiado,-a, adecuado,-a; *(convenient)* oportuno,-a.
appropriate² |əˈprəʊprɪeɪt| vtr *(allocate)* asignar; *(steal)* apropiarse de.
approval |əˈpruːvəl| n aprobación f, visto m bueno; **Com to get sth on a.,** adquirir algo sin compromiso de compra.
approve |əˈpruːv| vtr aprobar; **approved school,** reformatorio m. ◆**approve of** vtr aprobar.
approving |əˈpruːvɪŋ| adj *(look etc)* aprobatorio,-a.
approx |əˈprɒks| abbr of **approximately,** aprox.
approximate |əˈprɒksɪmɪt| I adj aproximado,-a. II |əˈprɒksɪmeɪt| vtr aproximarse a. ◆**approximately** adv aproximadamente.
apricot [ˈeɪprɪkɒt] n albaricoque m.
April [ˈeɪprɪl] n abril m; **A. Fools' Day,** día m uno de abril, ≈ día de los Inocentes (28 de diciembre).
apron [ˈeɪprən] n delantal m; *(for workman)* mandil m.
apt |æpt| adj 1 *(suitable)* apropiado,-a; *(remark)* acertado,-a, oportuno,-a; *(name)* justo,-a; *(description)* exacto,-a. 2 **to be a. to do sth,** ser propenso,-a a hacer algo. ◆**aptly** adv acertadamente.
aptitude [ˈæptɪtjuːd] n capacidad f; **a. test,** prueba f de aptitud.
aqualung [ˈækwəlʌŋ] n botella f de oxígeno.
aquamarine |ækwəməˈriːn| I n Min aguamarina f. II adj de color de aguamarina.
aquarium |əˈkweərɪəm| n acuario m.
Aquarius |əˈkweərɪəs| n Acuario m.
aquatic |əˈkwætɪk| adj acuático,-a.
aqueduct [ˈækwɪdʌkt] n acueducto m.
Arab [ˈærəb] adj & n árabe (mf).
Arabian |əˈreɪbɪən| adj árabe.
Arabic [ˈærəbɪk] I adj árabe, arábigo,-a; **A. numerals,** numeración arábiga. II n *(language)* árabe m.

arable ['ærəbəl] *adj* cultivable.
Aragon ['ærəgən] *n* Aragón.
arbitrary ['ɑːbɪtrərɪ] *adj* arbitrario,-a.
arbitrate ['ɑːbɪtreɪt] *vtr & vi* arbitrar.
arbitration [ɑːbɪ'treɪʃən] *n* arbitraje *m*.
arc [ɑːk] *n* arco *m*; **a. lamp**, arco voltaico.
arcade [ɑː'keɪd] *n* arcada *f*; *(passageway)* pasaje *m*; **shopping a.**, galerías *fpl* (comerciales).
arch [ɑːtʃ] **I** *n* **1** *Archit* arco *m*; *(vault)* bóveda *f*. **2** *Anat* empeine *m*. **II** *vtr (back)* arquear.
archaeologist [ɑːkɪ'ɒlədʒɪst] *n* arqueólogo,-a *m,f*.
archaeology [ɑːkɪ'ɒlədʒɪ] *n* arqueología *f*.
archaic [ɑː'keɪɪk] *adj* arcaico,-a.
archbishop [ɑːtʃ'bɪʃəp] *n* arzobispo *m*.
arched [æːtʃt] *adj* arqueado,-a.
archeology [ɑːkɪ'ɒlədʒɪ] *n US* → **archaeology**.
archer ['ɑːtʃər] *n* arquero,-a *m,f*.
archery ['ɑːtʃərɪ] *n* tiro *m* con arco.
archetypal ['ɑːkɪtaɪpəl] *adj* arquetípico,-a.
archipelago [ɑːkɪ'pelɪɡəʊ] *n* archipiélago *m*.
architect ['ɑːkɪtekt] *n* arquitecto,-a *m,f*.
architectural [ɑːkɪ'tektʃərəl] *adj* arquitectónico,-a.
architecture ['ɑːkɪtektʃər] *n* arquitectura *f*.
archives ['ɑːkaɪvz] *npl* archivos *mpl*.
archway ['ɑːtʃweɪ] *n* (arch) arco *m*; *(vault)* bóveda *f*; *(in church)* atrio *m*; *(passage)* pasaje *m*.
arctic ['ɑːktɪk] **I** *adj* ártico,-a; **A. Circle**, círculo *m* polar Ártico. **II** *n* **the A.**, el Ártico.
ardent ['ɑːdənt] *adj (supporter etc)* apasionado,-a; *(desire)* ardiente.
ardour, *US* **ardor** ['ɑːdər] *n* pasión *f*, ardor *m*.
arduous ['ɑːdjʊəs] *adj* arduo,-a, penoso,-a.
are [ɑːr] *2nd person sing pres, 1st, 2nd, 3rd person pl pres* → **be**.
area ['eərɪə] *n (surface)* área *f*, superficie *f*; *(space)* extensión *f*; *(region)* región *f*; *(of town)* zona *f*; *fig (field)* campo *m*; *US Tel* **a. code**, prefijo *m* local.
arena [ə'riːnə] *n (stadium)* estadio *m*; *(bullring)* plaza *f*; *(circus)* pista *f*; *fig (stage)* campo *m* de batalla.
Argentina [ɑːdʒən'tiːnə] *n* Argentina *f*.
Argentinian [ɑːdʒən'tɪnɪən] *adj & n* argentino,-a *(m,f)*.
arguable ['ɑːɡjʊəbəl] *adj* discutible.
◆**arguably** *adv* **it's a. the best**, hay quienes dicen que es el mejor.
argue ['ɑːɡjuː] **I** *vtr (reason)* discutir; *(point of view)* mantener. **II** *vi (quarrel)* discutir; *(reason)* argumentar, razonar; **to a. for**, abogar por; **to a. against sth**, ponerse en contra de algo.
argument ['ɑːɡjʊmənt] *n (reason)* argumento *m* (**for**, a favor de; **against**, en contra de); *(quarrel)* discusión *f*, disputa *f*; **for the sake of a.**, por decir algo.
argumentative [ɑːɡjʊ'mentətɪv] *adj* **she's very a.**, le gusta discutir por todo.
aria ['ɑːrɪə] *n* aria *f*.
arid ['ærɪd] *adj* árido,-a.
Aries ['eəriːz] *n* Aries *m*.
arise [ə'raɪz] *vi (pt arose; pp arisen* [ə'rɪzən]) *(get up)* levantarse; *(happen)* surgir; **should the occasion a.**, si se presenta la ocasión.
aristocracy [ærɪ'stɒkrəsɪ] *n* aristocracia *f*.
aristocrat ['ærɪstəkræt] *n* aristócrata *mf*.
arithmetic [ə'rɪθmətɪk] *n* aritmética *f*.
ark [ɑːk] *n* arca *f*; **Noah's A.**, el arca de Noé.
arm [ɑːm] **I** *n* **1** brazo *m*; *(of garment)* manga *f*; **to walk a. in a.**, ir cogidos,-as del brazo. **2** *Mil* **arms**, armas *fpl*; **arms race**, carrera armamentística; **coat of arms**, escudo *m*. **II** *vtr* armar; **to a. oneself against sth**, armarse contra algo.
armaments ['ɑːməmənts] *npl* armamentos *mpl*.
armchair ['ɑːmtʃeər] *n* sillón *m*.
armed [ɑːmd] *adj* armado,-a; **a. forces**, fuerzas armadas; **a. robbery**, robo *m* a mano armada.
armistice ['ɑːmɪstɪs] *n* armisticio *m*.
armour, *US* **armor** ['ɑːmər] *n (on vehicle)* blindaje *m*; *(suit of)* **a.**, armadura *f*.
armoured car, *US* **armored car** [ɑːməd'kɑːr] *n* coche *m* blindado.
armour-plated ['ɑːməpleɪtɪd] *adj* acorazado,-a.
armoury, *US* **armory** ['ɑːmərɪ] *n* arsenal *m*.
armpit ['ɑːmpɪt] *n* axila *f*, sobaco *m*.
army ['ɑːmɪ] *n* ejército *m*.
aroma [ə'rəʊmə] *n* aroma *m*.
arose [ə'rəʊz] *pt* → **arise**.
around [ə'raʊnd] **I** *adv* alrededor; **all a.**, por todos los lados; **are the children a.?**, ¿están los niños por aquí?; **he looked a.**, miró (a su) alrededor. **II** *prep* **1** alrededor de; **a. the corner**, a la vuelta de la esquina; **a. here**, por aquí. **2** *(approximately)* aproximadamente.
arouse [ə'raʊz] *vtr* despertar; *(sexually)* excitar.
arrange [ə'reɪndʒ] **I** *vtr* **1** *(order)* ordenar; *(hair, flowers)* arreglar; *Mus* adaptar. **2** *(plan)* organizar; *(agree on)* quedar en; **to a. a time**, fijar una hora; **arranged marriage**, boda arreglada. **II** *vi* **I shall a. for him to be there**, lo arreglaré para que pueda asistir.
arrangement [ə'reɪndʒmənt] *n* **1** *(display)* colocación *f*; *Mus* adaptación *f*. **2** *(agreement)* acuerdo *m*. **3** **arrangements**, *(plans)* planes *mpl*; *(preparations)* preparativos

mpl.
array |ə'reɪ| *n* colección *f;* **a great a. of goods,** un gran surtido de productos.
arrears |ə'rɪəz| *npl* atrasos *mpl;* **to be in a. with the rent,** estar atrasado,-a con el alquiler; **to be paid in a.,** cobrar con retraso.
arrest |ə'rest| **I** *n* detención *f;* **to be under a.,** estar detenido,-a. **II** *vtr (criminal)* detener; *fig (progress)* frenar.
arresting |ə'restɪŋ| *adj* llamativo,-a.
arrival |ə'raɪvəl| *n* llegada *f;* **a new a.,** un,-a recién llegado,-a.
arrive |ə'raɪv| *vi* llegar (**at, in, a**).
arrogance |'ærəgəns| *n* arrogancia *f.*
arrogant |'ærəgənt| *adj* arrogante.
arrow |'ærəʊ| *n* flecha *f.*
arse |'ɑːs| *n vulg* culo *m.*
arsenal |'ɑːsənəl| *n* arsenal *m.*
arsenic |'ɑːsənɪk| *n* arsénico *m.*
arson |'ɑːsən| *n* incendio *m* provocado.
art |ɑːt| *n* 1 arte *m; (drawing)* dibujo *m;* **the arts,** las bellas artes; **arts and crafts,** artes *fpl* y oficios *mpl;* **a. gallery,** galería *f* de arte. 2 **arts,** *(branch of knowledge)* letras *fpl.*
artefact |'ɑːtɪfækt| *n* artefacto *m; (in archaeology)* objeto *m* de arte.
artery |'ɑːtərɪ| *n* arteria *f.*
artful |'ɑːtfʊl| *adj (cunning)* ladino,-a.
arthritis |ɑː'θraɪtɪs| *n* artritis *f.*
artichoke |'ɑːtɪtʃəʊk| *n* alcachofa *f.*
article |'ɑːtɪkəl| *n* 1 artículo *m; Press* artículo; **a. of clothing,** prenda *f* de vestir. 2 *Jur* **articles,** contrato *m sing* de aprendizaje.
articulate¹ |ɑː'tɪkjʊlɪt| *adj (speech)* claro,-a; *(person)* que se expresa bien.
articulate² |ɑː'tɪkjʊleɪt| *vtr & vi* articular; *(words)* pronunciar; **articulated lorry,** camión articulado.
artificial |ɑːtɪ'fɪʃəl| *adj* artificial; *(limb)* postizo,-a; **a. intelligence,** inteligencia *f* artificial.
artillery |ɑː'tɪlərɪ| *n* artillería *f.*
artisan |'ɑːtɪzæn| *n* artesano,-a *m,f.*
artist |'ɑːtɪst| *n* artista *mf; (painter)* pintor,-a *m,f.*
artistic |ɑː'tɪstɪk| *adj* artístico,-a.
artistry |'ɑːtɪstrɪ| *n* arte *m,* talento artístico.
as |æz, *unstressed* əz| **I** *adv & conj* 1 *(comparison)* **as ... as ...,** tan ... como ...; **as far as,** hasta; *fig* **as far as I'm concerned,** por lo que a mi respecta; **as many as,** tantos,-as como; **as much as,** tanto,-a como; **as tall as me,** tan alto,-a como yo; **as opposed to,** a diferencia de; **as little as £5,** tan sólos cinco libras ; **as soon as they arrive,** en cuanto lleguen; **I'll stay as long as I can,** quedaré todo el tiempo que pueda; **just as big,** igual de grande; **three times as fast,** tres veces más rápido; **the same as,** igual que. 2 *(manner)* como; **as a rule,** por regla general; **as you know,** como ya sabéis; **as you like,** como quieras; **do as I say,** haz lo que yo te digo; **he's working as a doctor,** está trabajando de médico; **I thought as much,** ya me lo suponía; **it serves as a table,** sirve de mesa; **leave it as it is,** déjalo tal como está; **he was dressed as a pirate,** iba vestido de pirata. 3 *(while, when)* mientras (que); **as a child,** de niño,-a; **as I was eating,** mientras comía; **as we were leaving we saw Pat,** al salir vimos a Pat. 4 *(though)* aunque; **be that as it may,** por mucho que así sea; **young as he is,** aunque es joven. 5 *(because)* como, ya que. 6 *(and so)* igual que; **as do I,** igual que yo; **as well,** también. 7 *(purpose)* para; **so as to do sth,** para hacer algo. 8 **as for my brother,** en cuanto a mi hermano. 9 **as from, as of,** a partir de. 10 **to act as if,** actuar como si + *subj;* **it looks as if the concert is off,** parece ser que no habrá concierto. 11 **it's late enough as it is,** ya es muy tarde; **as it were,** por así decirlo. 12 **as long as,** *(only if)* siempre que, con tal de que. 13 **as regards,** en cuanto a, por lo que se refiere a; **as usual,** como siempre; **as yet,** aún, todavía.
II *rel pron* **such as,** tal(es) como.
asbestos |æz'bestəs| *n* amianto *m,* asbesto *m.*
ascend |ə'send| *vi* subir, ascender.
ascendancy |ə'sendənsɪ| *n* dominio *m,* influencia *f.*
ascendant |ə'sendənt| *n* **to be in the a.,** estar en auge.
ascent |ə'sent| *n* subida *f.*
ascertain |æsə'teɪn| *vtr* averiguar, enterarse de.
ascribe |ə'skraɪb| *vtr* **to a. sth to,** imputar algo a.
aseptic |ə'septɪk| *adj* aséptico,-a.
ash¹ |æʃ| *n Bot* fresno *m.*
ash² |æʃ| *n* ceniza *f;* **a. bin,** *US* **a. can,** cubo *m* de la basura; *Rel* **A. Wednesday,** miércoles *m inv* de ceniza.
ashamed |ə'ʃeɪmd| *adj* avergonzado,-a; **you ought to be a. of yourself!,** ¡te debería dar vergüenza!
ashen |'æʃən| *adj (face)* pálido,-a.
ashore |ə'ʃɔːr| *adv (position)* en tierra; **to go a.,** desembarcar; **to swim a.,** nadar hacia tierra.
ashtray |'æʃtreɪ| *n* cenicero *m.*
Asia |'eɪʒə| *n* Asia; **A. Minor,** Asia Menor.
Asian |'eɪʒən| *adj & n* asiático,-a *(m,f).*
aside |ə'saɪd| **I** *adv* al lado, aparte; **to cast a.,** echar a un lado; **to stand a.,** apartarse. **II** *prep* **a. from,** *(apart from)* aparte de; *(as well as)* además de. **III** *n Theat* aparte *m.*
ask |ɑːsk| **I** *vtr* 1 preguntar; **to a. sb a**

question, hacer una pregunta a algn. 2 *(request)* pedir, solicitar; **she asked me to post it,** me pidió que lo echara al buzón. 3 *(invite)* invitar. II *vi (inquire)* preguntar; *(request)* pedir. ◆**ask after** *vtr* to a. after sb, preguntar por algn. ◆**ask for** *vtr (help)* pedir, solicitar; *(person)* preguntar por. ◆**ask out** *vtr* to a. sb out, invitar a algn a salir.

askance |ə'skæns| *adv* to look a. at sb, mirar a algn con recelo.

askew |ə'skju:| I *adj* ladeado,-a. II *adv* de lado.

asleep |ə'sli:p| *adj (person)* dormido,-a; *(limb)* adormecido,-a; **to fall a.,** quedarse dormido,-a.

asparagus |ə'spærəgəs| *n inv* espárragos *mpl.*

aspect |'æspekt| *n* 1 *(of question)* aspecto *m.* 2 *(of building)* orientación *f.*

aspersions |ə'spз:ʃənz| *npl* to cast a. on sb, difamar a algn.

asphalt |'æsfælt| *n* asfalto *m.*

asphyxiation |æsfɪksɪ'eɪʃən| *n* asfixia *f.*

aspiration |æspə'reɪʃən| *n* aspiración *f.*

aspire |ə'spaɪər| *vi* to a. to, aspirar a.

aspirin® |'æsprɪn| *n* aspirina® *f.*

ass¹ |æs| *n* 1 *Zool* asno,-a *m,f;* burro,-a *m,f; fam fig* burro,-a *f.*

ass² |æs| *n US vulg* culo *m.*

assailant |ə'seɪlənt| *n* agresor,-a *m,f,* atacante *mf.*

assassin |ə'sæsɪn| *n* asesino,-a *m,f.*

assassinate |ə'sæsɪneɪt| *vtr* asesinar.

assassination |əsæsɪ'neɪʃən| *n* asesinato *m.*

assault |ə'sɔːlt| I *n Mil* ataque *m* **(on,** a); *Jur* agresión *f.* II *vtr Mil* asaltar, atacar; *Jur* agredir; *(sexually)* violar.

assemble |ə'sembəl| I *vtr (people)* reunir, juntar; *(furniture)* montar. II *vi (people)* reunirse, juntarse.

assembly |ə'sembli| *n* reunión *f,* asamblea *f; Tech* montaje *m; Ind* **a. line,** cadena *f* de montaje; *Educ* **morning a.,** servicio *m* matinal.

assent |ə'sent| I *n (agreement)* asentimiento *m; (consent)* consentimiento *m; (approval)* aprobación *f.* II *vi* asentir, consentir **(to,** en).

assert |ə'sз:t| *vtr* afirmar; **to a. oneself,** imponerse; **to a. one's rights,** hacer valer sus derechos.

assertive |ə'sз:tɪv| *adj* enérgico,-a.

assess |ə'ses| *vtr (estimate value)* valorar; *(damages, price)* calcular; *(tax)* gravar; *fig (effect)* evaluar.

assessment |ə'sesmənt| *n (of value)* valoración *f; (of damages etc)* cálculo *m; (of taxes)* gravamen *m; fig* juicio *m.*

assessor |ə'sesər| *n* asesor,-a *m,f.*

asset |'æset| *n* 1 ventaja *f;* **to be an a.,** *(person)* ser de gran valor. 2 *Fin* **assets,** bienes *mpl;* **fixed assets,** bienes raíces.

assiduous |ə'sɪdjʊəs| *adj* asiduo,-a.

assign |ə'saɪn| *vtr (task)* asignar; *(property etc)* ceder; **to a. sb to a job,** designar a algn para un trabajo.

assignment |ə'saɪnmənt| *n (allocation)* asignación *f; (task)* tarea *f; (mission)* misión *f; (appointment)* cita *f.*

assimilate |ə'sɪmɪleɪt| *vtr* asimilar.

assist |ə'sɪst| *vtr & vi* ayudar.

assistance |ə'sɪstəns| *n* ayuda *f,* auxilio *m.*

assistant |ə'sɪstənt| *n* ayudante *mf;* **a. manager,** subdirector,-a *m,f;* **shop a.,** dependiente,-a *m,f;* **(language) a.,** lector,-a *m,f.*

associate¹ |ə'səʊʃɪeɪt| I *vtr (ideas)* relacionar; *(companies)* asociar; **to be associated with sth,** estar relacionado,-a con algo. II *vi* **to a. with,** tratar con.

associate² |ə'səʊʃɪɪt| I *adj* asociado,-a. II *n (colleague)* colega *mf; (partner)* socio,-a *m,f; (accomplice)* cómplice *mf.*

association |əsəʊsɪ'eɪʃən| *n* asociación *f; (company)* sociedad *f.*

assorted |ə'sɔːtɪd| *adj* surtido,-a, variado,-a.

assortment |ə'sɔːtmənt| *n* surtido *m,* variedad *f.*

assume |ə'sjuːm| I *vtr (power)* asumir; *(attitude, name)* adoptar; **an assumed name,** un nombre falso. II *vi (suppose)* suponer.

assumption |ə'sʌmpʃən| *n* 1 *(of power)* toma *f;* **a. of office,** toma de posesión. 2 *(supposition)* suposición *f.*

assurance |ə'ʃʊərəns| *n* 1 *(guarantee)* garantía *f.* 2 *(confidence)* confianza *f.* 3 *(insurance)* seguro *m.*

assure |ə'ʃʊər| *vtr* asegurar.

asterisk |'æstərɪsk| *n* asterisco *m.*

astern |ə'stз:n| *adv* a popa.

asthma |'æsmə| *n* asma *f.*

astonish |ə'stɒnɪʃ| *vtr* asombrar, pasmar; **I was astonished,** me quedé pasmado,-a.

astonishing |ə'stɒnɪʃɪŋ| *adj* asombroso, -a, pasmoso,-a.

astonishment |ə'stɒnɪʃmənt| *n* asombro *m;* **to my a.,** para gran sorpresa mía.

astound |ə'staʊnd| *vtr* asombrar, pasmar.

astray |ə'streɪ| *adv* to go a., extraviarse; *(fig)* equivocarse; **to lead sb a.,** llevar a algn por mal camino.

astride |ə'straɪd| *prep* a horcajadas sobre.

astrology |ə'strɒlədʒɪ| *n* astrología *f.*

astronaut |'æstrənɔːt| *n* astronauta *mf.*

astronomer |ə'strɒnəmər| *n* astrónomo,-a *m,f.*

astronomical |æstrə'nɒmɪkəl| *adj* astronómico,-a.

astronomy |ə'strɒnəmɪ| *n* astronomía *f.*

Asturias |æ'stʊərɪæs| *n* Asturias.

astute |ə'stjuːt| *adj* astuto,-a.

asylum |ə'saɪləm| *n* 1 *(protection)* asilo *m;* **to seek political a.,** pedir asilo político.

2 mental a., manicomio m.

at [æt] prep **1** (position) a, en; **at school/work**, en el colegio/trabajo; **at the window**, a la ventana; **at the top**, en lo alto. **2** (direction) a; **to be angry at sb/sth**, enfadarse con algn/por algo; **to laugh at sb**, reírse de algn; **to look at sth/sb**, mirar algo/a algn; **to shout at sb**, gritarle a algn. **3** (time) a; **at Easter/Christmas**, en Semana Santa/Navidad; **at six o'clock**, a las seis; **at first**, al principio; **at last**, por fin; **at once**, enseguida; **at that time**, entonces; **at the moment**, ahora. **4** (manner) a, en; **at best/worst**, en el mejor/peor de los casos; **at hand**, a mano; **at least**, por lo menos; **not at all**, en absoluto; (don't mention it) de nada. **5** (rate) a; **they retail at 100 pesetas each**, se venden a 100 pesetas la unidad; **two at a time**, de dos en dos.

ate [et, eɪt] pt → **eat**.

atheist ['eɪθɪɪst] n ateo,-a m,f.

Athens ['æθɪnz] n Atenas.

athlete ['æθliːt] n atleta mf.

athletic [æθ'letɪk] **I** adj atlético,-a; (sporty) deportista. **II** npl **athletics** atletismo m sing.

Atlantic [ət'læntɪk] adj **the A. (Ocean)**, el (océano) Atlántico.

atlas ['ætləs] n atlas m.

atmosphere ['ætməsfɪər] n atmósfera f; fig (ambience) ambiente m.

atmospheric [ætməs'ferɪk] adj atmosférico,-a.

atom ['ætəm] n átomo m; **a. bomb**, bomba atómica.

atomic [ə'tɒmɪk] adj atómico,-a.

atone [ə'təʊn] vi **to a. for**, expiar.

atrocious [ə'trəʊʃəs] adj atroz.

attach [ə'tætʃ] vtr (stick) pegar; (fasten) sujetar; (document) adjuntar; **to a. importance to sth**, dar importancia a algo; fig **to be attached to**, (be fond of) tener cariño a.

attaché [ə'tæʃeɪ] n agregado,-a m,f; **a. case**, maletín m.

attachment [ə'tætʃmənt] n **1** Tech accesorio m; (action) acoplamiento m. **2** (fondness) apego m (**to**, por).

attack [ə'tæk] **I** n **1** (assault) ataque m, asalto m; **an a. on sb's life**, un atentado contra la vida de algn. **2** Med ataque m. **II** vtr (assault) atacar, asaltar; fig (problem) abordar, (job) emprender; fig (criticize) atacar.

attacker [ə'tækər] n asaltante mf, agresor,-a m,f.

attain [ə'teɪn] vtr (aim) lograr; (rank, age) llegar a.

attainment [ə'teɪnmənt] n (achievement) logro m; (skill) talento m.

attempt [ə'tempt] **I** n intento m, tentativa f; **at the second a.**, a la segunda; **an a. on sb's life**, un atentado contra la vida de algn. **II** vtr intentar; **to a. to do sth**, tratar de or intentar hacer algo; **J̄ur attempted murder/rape**, intento m de asesinato/violación.

attend [ə'tend] **I** vtr (be present at) asistir a; (care for, wait on) atender. **II** vi (be present) asistir; (pay attention) prestar atención. ◆**attend to** vtr (business) ocuparse de; (in shop) atender a.

attendance [ə'tendəns] n asistencia f.

attendant [ə'tendənt] n (in cinema etc) acomodador,-a m,f; (in museum) guía mf; (in car park) vigilante,-a m,f.

attention [ə'tenʃən] n **1** atención f; **for the a. of Miss Jones**, a la atención de la Srta. Jones; **pay a.!**, ¡atiende!; **to pay a. to sb/sth**, prestar atención a algn/algo. **2** Mil **a.!**, ¡firmes!; **to stand to a.**, estar firmes.

attentive [ə'tentɪv] adj (listener) atento,-a; (helpful) solícito,-a.

attest [ə'test] vi **to a. to**, dar testimonio a.

attic ['ætɪk] n ático m.

attire [ə'taɪər] n fml traje m.

attitude ['ætɪtjuːd] n actitud f; (position of body) postura f; **an a. of mind**, un estado de ánimo.

attorney [ə'tɜːnɪ] n **1** US (lawyer) abogado,-a m,f; **A. General**, ≈ Ministro,-a m,f de Justicia; **district a.**, fiscal mf. **2** J̄ur **power of a.**, poderes mpl.

attract [ə'trækt] vtr atraer; **to a. attention**, llamar la atención; **to a. a waiter's attention**, llamar a un camarero.

attraction [ə'trækʃən] n **1** (power) atracción f. **2** (attractive thing) atractivo m; (charm) encanto m; (incentive) aliciente m; **the main a.**, el número fuerte.

attractive [ə'træktɪv] adj atractivo,-a; (good-looking) guapo,-a; (idea, proposition) atrayente.

attribute[1] ['ætrɪbjuːt] n (quality) atributo m.

attribute[2] [ə'trɪbjuːt] vtr atribuir.

attrition [ə'trɪʃən] n **war of a.**, guerra f de desgaste.

aubergine ['əʊbəʒiːn] n berenjena f.

auburn ['ɔːbən] adj castaño rojizo inv.

auction ['ɔːkʃən] **I** n subasta f. **II** vtr subastar.

auctioneer [ɔːkʃə'nɪər] n subastador,-a m,f.

audacious [ɔː'deɪʃəs] adj (daring) audaz; (bold) atrevido,-a; (impudent) descarado,-a.

audible ['ɔːdɪbəl] adj audible.

audience ['ɔːdɪəns] n **1** (spectators) público m; (at concert, conference) auditorio m; (television) telespectadores mpl. **2** (meeting) audiencia f.

audio-visual [ɔːdɪəʊ'vɪzjʊəl] adj audiovisual; **a.-v. aids**, apoyo m audiovisual.

audit ['ɔːdɪt] **I** n revisión f de cuentas. **II**

audition 298 **awesome**

vtr revisar, intervenir.
audition |ɔːˈdɪʃən| **I** *n* prueba *f*. **II** *vtr* **to a. sb for a part**, probar a algn para un papel.
auditor |ˈɔːdɪtər| *n* revisor,-a *m,f* de cuentas.
auditorium |ɔːdɪˈtɔːrɪəm| *n* auditorio *m*.
augment |ɔːgˈment| *vtr* aumentar.
augur |ˈɔːgər| *vi* **to a. well**, ser de buen agüero.
August |ˈɔːgəst| *n* agosto *m*.
aunt |ɑːnt| *n (also fam* **auntie**, **aunty** |ˈɑːntɪ|) tía *f*.
au pair |əʊˈpeər| *n* **au p. (girl)**, au pair *f*.
aura |ˈɔːrə| *n* aura *f*; *Rel* aureola *f*.
aural |ˈɔːrəl| *adj* auditivo,-a, del oído.
auspices |ˈɔːspɪsɪz| *npl* **under the a. of**, bajo los auspicios de.
auspicious |ɔːˈspɪʃəs| *adj* de buen augurio.
austere |ɒˈstɪər| *adj* austero,-a.
austerity |ɒˈsterɪtɪ| *n* austeridad *f*.
Australia |ɒˈstreɪlɪə| *n* Australia.
Australian |ɒˈstreɪlɪən| *adj & n* australiano,-a *(m,f)*.
Austria |ˈɒstrɪə| *n* Austria.
Austrian |ˈɒstrɪən| *adj & n* austríaco,-a *(m,f)*.
authentic |ɔːˈθentɪk| *adj* auténtico,-a.
author |ˈɔːθər| *n* autor,-a *m,f*.
authoritarian |ɔːθɒrɪˈteərɪən| *adj* autoritario,-a.
authoritative |ɔːˈθɒrɪtətɪv| *adj (reliable)* autorizado,-a; *(authoritarian)* autoritario,-a.
authority |ɔːˈθɒrɪtɪ| *n* autoridad *f*; **local a.**, ayuntamiento *m*.
authorize |ˈɔːθəraɪz| *vtr* autorizar; *(payment etc)* aprobar; **to a. sb to do sth**, autorizar a algn a hacer algo.
auto |ˈɔːtəʊ| *n US* coche *m*, *Am* carro *m*.
autobiography |ɔːtəʊbaɪˈɒgrəfɪ| *n* autobiografía *f*.
autograph |ˈɔːtəgrɑːf| **I** *n* autógrafo *m*. **II** *vtr (sign)* firmar; *(book, photo)* dedicar.
automatic |ɔːtəˈmætɪk| **I** *adj* automático,-a. **II** *n (car)* coche automático; *(gun)* pistola automática.
◆**automatically** *adv* automáticamente.
automation |ɔːtəˈmeɪʃən| *n* automatización *f*; **office a.**, ofimática *f*.
automaton |ɔːˈtɒmətɒn| *n (pl* **automata** |ɔːˈtɒmətə|) autómata *m*.
automobile |ˈɔːtəməbiːl| *n US* coche *m*, automóvil *m*, *Am* carro *m*.
autonomous |ɔːˈtɒnəməs| *adj* autónomo,-a.
autonomy |ɔːˈtɒnəmɪ| *n* autonomía *f*.
autopsy |ˈɔːtɒpsɪ| *n* autopsia *f*.
autumn |ˈɔːtəm| *n* otoño *m*.
auxiliary |ɔːgˈzɪljərɪ| *adj* auxiliar.
Av., av. *abbr of* **Avenue**, avenida *f*, Av., Avda.
avail |əˈveɪl| **I** *n* **to no a.**, en vano. **II** *vtr*

to a. oneself of sth, aprovecharse de algo.
available |əˈveɪləbəl| *adj (thing)* disponible; *(person)* libre.
avalanche |ˈævəlɑːnʃ| *n* avalancha *f*.
avarice |ˈævərɪs| *n* avaricia *f*.
Ave *abbr of* **Avenue**, Avenida *f*, Av., Avda.
avenge |əˈvendʒ| *vtr* vengar.
avenue |ˈævɪnjuː| *n* avenida *f*; *fig* vía *f*.
average |ˈævərɪdʒ| **I** *n* promedio *m*, media *f*; **on a.**, por término medio. **II** *adj* medio,-a; *(condition)* regular. **III** *vtr* sacar la media de; **he averages 8 hours' work a day**, trabaja una media de 8 horas al día. ◆**average out at** *vtr* salir a una media de.
averse |əˈvɜːs| *adj* **to be a. to sth**, ser reacio,-a a algo.
aversion |əˈvɜːʃən| *n (feeling)* aversión *f*; *(thing)* bestia negra.
avert |əˈvɜːt| *vtr (eyes, thoughts)* apartar **(from**, de); *(accident)* impedir; *(danger)* evitar.
avid |ˈævɪd| *adj (reader)* voraz. ◆**avidly** *adv* vorazmente.
avocado |ævəˈkɑːdəʊ| *n (also **avocado pear**)* aguacate *m*.
avoid |əˈvɔɪd| *vtr* evitar; *(question)* eludir.
avoidable |əˈvɔɪdəbəl| *adj* evitable.
await |əˈweɪt| *vtr* esperar, aguardar.
awake |əˈweɪk| **I** *adj* despierto,-a; **to be a.**, estar despierto,-a. **II** *vtr (pt* **awoke**, **awaked**; *pp* **awoken**, **awaked)** despertar.
awaken |əˈweɪkən| *vtr & vi (pt* **awakened**; *pp* **awoken)** → **awake II**.
awakening |əˈweɪkənɪŋ| *n* despertar *m*.
award |əˈwɔːd| **I** *n (prize)* premio *m*; *(medal)* condecoración *f*; *Jur* indemnización *f*; *(grant)* beca *f*. **II** *vtr (prize)* conceder, otorgar; *(medal)* dar; *(damages)* adjudicar.
aware |əˈweər| *adj (informed)* enterado,-a; **not that I'm a. of**, que yo sepa no; **to be a. of sth**, ser consciente de algo; **to become a. of sth**, darse cuenta de algo.
awareness |əˈweənɪs| *n* conciencia *f* (**of**, de).
awash |əˈwɒʃ| *adj* inundado,-a (**with**, de).
away |əˈweɪ| *adv* **far a.**, lejos; **go a.!**, ¡lárgate!; **it's 3 miles a.**, está a 3 millas (de distancia); **keep a. from the fire!**, ¡no te acerques al fuego!; **right a.**, en seguida; **to be a.**, *(absent)* estar ausente; *(out)* estar fuera; **to die a.**, desvanecerse; **to give sth a.**, regalar algo; *(secret)* revelar algo; **to go a.**, irse; *Sport* **to play a.**, jugar fuera; **to turn a.**, volver la cara; **to work a.**, trabajar.
awe |ɔː| *n (fear)* temor *m*; *(amazement)* asombro *m*; **he was in a. of his father**, le intimidaba su padre.
awe-inspiring |ˈɔːɪnspaɪərɪŋ| *adj* impresionante, imponente.
awesome |ˈɔːsəm| *adj* impresionante.

awful ['ɔːfʊl] *adj fam* espantoso,-a; **an a. lot of work,** muchísimo trabajo.
◆**awfully** *adv fam* terriblemente.
awkward ['ɔːkwəd] *adj (clumsy)* torpe; *(difficult)* pesado,-a; *(object)* incómodo,-a; *(moment)* inoportuno,-a; *(situation)* embarazoso,-a; *(problem)* difícil.
awning ['ɔːnɪŋ] *n (on ship)* toldo *m*; *(on shop)* marquesina *f*.

awoke [ə'wəʊk] *pt* → **awake**.
awoken [ə'wəʊkən] *pp* → **awake**.
axe, *US* **ax** [æks] **I** *n* hacha *f*. **II** *vtr fig (jobs)* eliminar; *(costs)* reducir; *(plan)* cancelar; *(person)* despedir.
axis ['æksɪs] *n (pl* **axes** ['æksiːz]) eje *m*.
axle ['æksəl] *n* eje *m; Tech* árbol *m*.
ayatollah [aɪə'tɒlə] *n* ayatolá *m*.
Aztec ['æztek] *adj & n* azteca (*mf*).

B

B, b [biː] *n* **1** *(the letter)* B, b *f; Aut* **B road,** carretera secundaria. **2** *Mus* si *m*; **B flat,** si *m* bemol.
BA [biː'eɪ] *abbr of* **Bachelor of Arts,** Licenciado en Filosofía y Letras.
babble ['bæbəl] *vi (baby)* balbucear; *(brook)* murmurar.
babe [beɪb] *n* **1** *(baby)* bebé *m*. **2** *US fam* **hi, b.!,** ¡hola, guapa!
baboon [bə'buːn] *n* zambo *m*.
baby ['beɪbɪ] *n* **1** bebé *m*; *(young child)* niño,-a *m,f*; **b. carriage,** cochecito *m* de niño; **b. face,** cara *f* de niño. **2** *(animal)* cría *f*. **3** *fam (darling)* querido,-a *m,f*.
baby-sit ['beɪbɪsɪt] *vi* hacer de canguro.
baby-sitter ['beɪbɪsɪtə*r*] *n* canguro *mf*.
baby-walker ['beɪbɪwɔːkə*r*] *n* tacataca *m*.
bachelor ['bætʃələ*r*] *n* **1** soltero *m*. **2** *Univ* licenciado,-a *m,f*; **B. of Arts/Science,** licenciado,-a *m,f* en Filosofía y Letras/ Ciencias.
back [bæk] **I** *n* **1** *(of person)* espalda *f*; *(of animal)* lomo *m*; **b. to front,** al revés; *fig* **to get sb's b. up,** poner negro a algn; *fig* **to have one's b. to the wall,** estar en un aprieto. **2** *(of book)* lomo *m*; *(of chair)* respaldo *m*; *(of coin)* reverso *m*; *(of hand)* dorso *m*; *(of house, car)* parte *f* de atrás; *fig* **he knows Leeds like the b. of his hand,** se conoce Leeds como la palma de la mano. **3** *(of stage, cupboard)* fondo *m*; *fam* **at the b. of beyond,** en el quinto pino. **4** *Ftb* defensa *m*.
II *adj* **1** trasero,-a, de atrás; **b. door,** puerta *f* de atrás; **b. seat,** asiento *m* de detrás; *fig* **to take a b. seat,** pasar al segundo plano; *Aut* **b. wheel,** rueda trasera. **2 b. rent,** alquiler atrasado; **b. pay,** atrasos *mpl*; *Press* **b. number,** número *m* atrasado.
III *adv* **1** *(to the rear)* atrás; *(towards the rear)* hacia atrás; **b. and forth,** de acá para allá. **2 some years b.,** hace unos años.
IV *vtr* **1** *(support)* apoyar, respaldar. **2** *Fin* financiar. **3** *(bet on)* apostar por. **4** *(car etc)* dar marcha atrás a.
V *vi* **1** *(move backwards)* retroceder. **2** *(car etc)* dar marcha atrás.

◆**back away** *vi* retirarse. ◆**back down** *vi* echarse atrás. ◆**back off** *vi* desistir. ◆**back out** *vi (withdraw)* retractarse, volverse atrás. ◆**back up I** *vtr* apoyar. **II** *vi Aut* ir marcha atrás.
backache ['bækeɪk] *n* dolor *m* de espalda.
backbencher ['bækbentʃə*r*] *n* diputado,-a *m,f* que no es ministro.
backbiting ['bækbaɪtɪŋ] *n* murmuración *f*.
backbone ['bækbəʊn] *n Anat* columna *f*.
backcloth ['bækklɒθ] *n* telón *m* de fondo.
backdate [bæk'deɪt] *vtr* antedatar.
backdated [bæk'deɪtɪd] *adj* con efecto retroactivo.
backdrop ['bækdrɒp] *n* telón *m* de fondo.
backer ['bækə*r*] *n* **1** *Fin* promotor,-a *m,f*. **2** *Pol* partidario, -a *m,f*. **3** *(person who bets)* apostante *mf*.
backfire [bæk'faɪə*r*] *vi* **1** *Aut* petardear. **2** *fig* **our plan backfired,** nos salió el tiro por la culata.
background ['bækgraʊnd] *n* **1** fondo *m*; **to stay in the b.,** quedarse en segundo plano; **b. music,** música de fondo. **2** *(origin)* origen *m*; *(past)* pasado *m*; *(education)* formación *f*. **3** *(circumstances)* antecedentes *mpl*. **4** *(atmosphere)* ambiente *m*.
backhand ['bækhænd] *n Sport* revés *m*.
backhanded ['bækhændɪd] *adj* equívoco,-a, ambiguo,-a.
backhander ['bækhændə*r*] *n sl (bribe)* soborno *m*.
backing ['bækɪŋ] *n* **1** *(support)* apoyo *m*; *Com Fin* respaldo financiero. **2** *Mus* acompañamiento *m*.
backlash ['bæklæʃ] *n* reacción violenta y repentina.
backlog ['bæklɒg] *n* **to have a b. of work,** tener un montón de trabajo atrasado.
backpack ['bækpæk] *n* mochila *f*.
backpedal ['bækpedəl] *vi fam* dar marcha atrás.
backside [bæk'saɪd] *n fam* trasero *m*, culo *m*.
backstage [bæk'steɪdʒ] *adv* entre bastidores.
backstroke ['bækstrəʊk] *n* espalda *f*.
backtrack ['bæktræk] *vi fig* volverse atrás.

backup ['bækʌp] *n* apoyo *m*, respaldo *m*; *Comput* **b. (file)**, fichero *m* de apoyo.

backward ['bækwəd] **I** *adj* **1** *(movement)* hacia atrás. **2** *(country)* subdesarrollado, -a; *(child)* retrasado,-a. **II** *adv esp US* hacia atrás.

backwards ['bækwədz] *adv* hacia atrás; **to walk b.**, andar de espaldas.

backyard [bæk'jɑːd] *n* patio trasero; *US* jardín trasero.

bacon ['beɪkən] *n* tocino *m*, beicon *m*.

bacteria [bæk'tɪərɪə] *npl* bacterias *fpl*.

bad [bæd] **I** *adj* **(worse, worst) 1** *(poor)* malo,-a; **to go from b. to worse**, ir de mal en peor. **2** *(decayed)* podrido,-a; **to go b.**, echarse a perder. **3 that's too b.!**, ¡qué pena! **4** *(wicked)* malo,-a; **to use b. language**, ser mal hablado,-a. **5** *(accident)* grave; *(headache)* fuerte. **6** *(ill)* enfermo, -a. **7 b. debt**, deuda *f* incobrable. **II** *n* lo malo. ◆**badly** *adv* **1** mal; **he did b. in the exam**, le salió mal el examen; **to be b. off**, andar mal de dinero. **2** *(seriously)* gravemente. **3** *(very much)* mucho; **to miss sb b.**, echar mucho de menos a algn; **we need it b.**, nos hace mucha falta.

bade [beɪd] *pt* → **bid**.

badge [bædʒ] *n* insignia *f*; *(metal disc)* chapa *f*.

badger ['bædʒər] **I** *n* tejón *m*. **II** *vtr* acosar.

badminton ['bædmɪntən] *n* bádminton *m*.

bad-tempered [bæd'tempəd] *adj* **to be b.-t.**, *(temperament)* tener mal genio; *(temporarily)* estar de mal humor.

baffle ['bæfəl] **I** *vtr* desconcertar. **II** *n Tech* pantalla acústica.

baffling ['bæflɪŋ] *adj* incomprensible, enigmático,-a.

bag [bæg] **I** *n* **1** *(large)* bolsa *f*; *(handbag)* bolso *m*; *fam* **bags of**, montones de; **travel b.**, bolsa de viaje. **2** *(hunting)* caza *f*; *fam* **it's in the b.**, es cosa hecha. **3** *pej* **old b.**, *(woman)* bruja *f*. **4 bags**, *(under eyes)* ojeras *fpl*. **II** *vtr* **1** *(put into sacks)* meter en sacos. **2** *fam* coger.

baggage ['bægɪdʒ] *n* **1** equipaje *m*. **2** *Mil* bagaje *m*.

baggy ['bægɪ] *adj* **(baggier, baggiest)** holgado,-a; **b. trousers**, pantalones anchos.

bagpipes ['bægpaɪps] *npl* gaita *f sing*.

Bahamas [bə'hɑːməz] *npl* **the B.**, las Bahamas.

bail[1] [beɪl] *n Jur* fianza *f*; **on b.**, bajo fianza; **to stand b. for sb**, salir fiador por algn. ◆**bail out** *vtr fig (person)* sacar de un apuro.

bail[2] [beɪl] *vi Naut* **to b. (out)**, achicar.

bailiff ['beɪlɪf] *n* **1** *Jur* alguacil *m*. **2** *(steward)* administrador *m*.

bait [beɪt] **I** *n* cebo *m*; **to rise to the b.**, tragar el anzuelo, picar. **II** *vtr* **1** *Fishing* cebar. **2** *(torment)* hostigar.

baize [beɪz] *n* bayeta *f*; **green b.**, tapete *m* verde.

bake [beɪk] **I** *vtr* **1** cocer al horno. **2** *(harden)* endurecer. **II** *vi fam* hacer mucho calor.

baked [beɪkt] *adj* al horno; **b. potato**, patata *f* al horno.

baker ['beɪkər] *n* panadero,-a *m,f*.

bakery ['beɪkərɪ] *n* panadería *f*.

baking ['beɪkɪŋ] *n* cocción *f*; **b. dish**, fuente *f* para horno; **b. powder**, levadura *f* en polvo; **b. tin**, molde *m*.

balaclava [bælə'klɑːvə] *n* pasamontañas *m inv*.

balance ['bæləns] **I** *n* **1** *(scales)* balanza *f*; *fig* **to hang in the b.**, estar en juego. **2** *(equilibrium)* equilibrio *m*; *Pol* **b. of power**, equilibrio de fuerzas. **3** *Fin* saldo *m*; **b. of payments**, balanza *f* de pagos; **b. sheet**, balance *m*; **credit b.**, saldo acreedor. **4** *(remainder)* resto *m*. **II** *vtr* **1** poner en equilibrio (**on**, en). **2** *(budget)* equilibrar; **to b. the books**, hacer el balance. **3** *(weigh up)* sopesar. **III** *vi* guardar el equilibrio. ◆**balance out** *vi (figures)* corresponderse.

balanced ['bælənst] *adj* equilibrado,-a.

balcony ['bælkənɪ] *n* balcón *m*; *Theat* anfiteatro *m*.

bald [bɔːld] *adj* **1** *(person)* calvo,-a. **2** *(tyre)* desgastado,-a. **3** *(style)* escueto,-a.

baldness ['bɔːldnɪs] *n* **1** *(of person)* calvicie *f*. **2** *(of tyre)* desgaste *m*. **3** *(of style)* sencillez *f*.

bale[1] [beɪl] **I** *n* fardo *m*. **II** *vtr* embalar.

bale[2] [beɪl] *vtr* → **bail**[2]. ◆**bale out I** *vi Av* saltar en paracaídas de un avión. **II** *vtr fig (person)* sacar de apuros a.

Balearic [bælɪ'ærɪk] *adj* **the B. Islands**, las Islas Baleares.

baleful ['beɪlfʊl] *adj* funesto,-a, siniestro,-a.

Balkan ['bɔːlkən] *adj* **the Balkans**, los Balcanes.

ball[1] [bɔːl] *n* **1** *(in cricket, tennis etc)* pelota *f*; *Ftb* balón *m*; *(in billiards, golf etc)* bola *f*; *fig* **the b. is in your court**, ahora te toca a ti; *fig* **to play b. with sb**, cooperar con algn; *fam* **to be on the b.**, ser un espabilado; *Tech* **b. bearing**, rodamiento *m* de bolas. **2** *(of paper)* bola *f*; *(of wool)* ovillo *m*. **3** *US* béisbol *m*; *fig* **it's a whole new b. game**, es otra historia. **4** *vulg offens* **balls**, cojones *mpl*.

ball[2] [bɔːl] *n* baile *m*.

ballad ['bæləd] *n* balada *f*.

ballast ['bæləst] *n Naut* lastre *m*.

ballerina [bælə'riːnə] *n* bailarina *f*.

ballet ['bæleɪ] *n* ballet *m*; **b. dancer**, bailarín,-ina *m,f*.

ballistic [bə'lɪstɪk] *adj* balístico,-a.

ballistics [bə'lɪstɪks] *n* balística *f*.

balloon [bə'lu:n] **I** *n* **1** globo *m*. **2** *(in cartoon)* bocadillo *m*. **II** *vi* hincharse; *fig* aumentar rápidamente.

ballot ['bælət] **I** *n* votación *f*; **b. box**, urna *f*; **b. paper**, papeleta *f*. **II** *vtr* someter a votación.

ballpoint (pen) ['bɔ:lpɔɪnt ('pen)] *n* bolígrafo *m*.

ballroom ['bɔ:lru:m] *n* salón *m* de baile.

ballyhoo [bælɪ'hu:] *n fam (fuss)* jaleo *m*.

balm [bɑ:m] *n* bálsamo *m*.

balmy ['bɑ:mɪ] *adj (balmier, balmiest) (weather)* suave.

Baltic ['bɔ:ltɪk] *adj* báltico,-a; **the B. (Sea)**, el (Mar) Báltico.

balustrade [bæləstreɪd] *n* barandilla *f*.

bamboo [bæm'bu:] *n* bambú *m*.

bamboozle [bæm'bu:zəl] *vtr fam* **1** *(puzzle)* dejar perplejo. **2** *(trick)* engañar, embaucar.

ban [bæn] **I** *n* prohibición *f*. **II** *vtr* **1** *(prohibit)* prohibir. **2** *(exclude)* excluir.

banal [bə'nɑ:l] *adj* banal, trivial.

banana [bə'nɑ:nə] *n* plátano *m*, *Am* banana *f*; *fam* **to go bananas**, volverse loco, -a.

band [bænd] **I** *n* **1** *(strip)* tira *f*; *(ribbon)* cinta *f*; *(stripe)* raya *f*. **3** *Rad* banda *f*. **4** *(group)* grupo *m*; *(of youths)* pandilla *f*; *(of thieves)* banda *f*. **5** *Mus* banda *f*. **II** *vi* **to b. together**, unirse, juntarse.

bandage ['bændɪdʒ] **I** *n* venda *f*. **II** *vtr* vendar.

Band-Aid® ['bændeɪd] *n US* tirita® *f*.

B & B [bi:ən'bi:] *n abbr of* **bed and breakfast**.

bandit ['bændɪt] *n* bandido *m*.

bandstand ['bændstænd] *n* quiosco *m* de música.

bandwagon ['bændwægən] *n fig* **to jump on the b.**, subirse al tren.

bandy ['bændɪ] **I** *vtr (words, ideas)* intercambiar. **II** *adj (bandier, bandiest)* torcido,-a hacia fuera. ◆**bandy about** *vtr (ideas)* propagar, difundir.

bandy-legged ['bændɪleg(ɪ)d] *adj* patizambo,-a.

bang [bæŋ] **I** *n* **1** *(blow)* golpe *m*. **2** *(noise)* ruido *m*; *(explosion)* estallido *m*; *(of gun)* estampido *m*; **to shut the door with a b.**, dar un portazo. **II** *vtr* golpear; **to b. sth shut**, cerrar algo de golpe. **III** *vi* golpear; **to b. shut**, cerrarse de golpe. **IV** *interj (blow)* ¡zas!; **b., b.!**, *(of gun)* ¡pum, pum! **V** *adv fam* justo.

banger ['bæŋər] *n* **1** *(firework)* petardo *m*. **2** *fam (sausage)* salchicha *f*. **3** *fam* **old b.**, *(car)* tartana *f*.

bangle ['bæŋgəl] *n* brazalete *m*.

banish ['bænɪʃ] *vtr* desterrar.

banister ['bænɪstər] *n* pasamanos *m inv*.

bank¹ [bæŋk] **I** *n* **1** *Com Fin* banco *m*; **b. account**, cuenta bancaria; **b. card**, tarjeta bancaria; **b. clerk**, empleado, -a *m,f* de banca; **b. draft**, letra bancaria; **b. holiday**, fiesta *f* nacional; **b. statement**, extracto *m* de cuenta. **2** *(in gambling)* banca *f*. **3** *(store)* banco *m*. **II** *vtr Com Fin* depositar, ingresar. **III** *vi Com Fin* **to b. with**, tener una cuenta en. ◆**bank on** *vtr* contar con.

bank² [bæŋk] **I** *n* **1** *(mound)* loma *f*; *(embankment)* terraplén *m*. **2** *(of river)* ribera *f*; *(edge)* orilla *f*. **II** *vtr & vi Av* ladearse.

bankbook ['bæŋkbʊk] *n* libreta *f* de ahorros.

banker ['bæŋkər] *n* banquero,-a *m,f*.

banking ['bæŋkɪŋ] *n* banca *f*.

banknote ['bæŋknəʊt] *n* billete *m* de banco.

bankrupt ['bæŋkrʌpt] **I** *adj* en quiebra; **to go b.**, quebrar. **II** *vtr* llevar a la bancarrota.

bankruptcy ['bæŋkrʌptsɪ] *n* quiebra *f*, bancarrota *f*.

banner ['bænər] *n (in demonstration)* pancarta *f*; *(flag)* bandera *f*.

banns [bænz] *npl* amonestaciones *fpl*.

banquet ['bæŋkwɪt] *n* banquete *m*.

banter ['bæntər] **I** *n* bromas *fpl*. **II** *vi* bromear.

bap [bæp] *n* bollo *m*, panecillo *m*.

baptism ['bæptɪzəm] *n* bautismo *m*.

baptize [bæp'taɪz] *vtr* bautizar.

bar [bɑ:r] **I** *n* **1** *(of gold)* barra *f*; *(of chocolate)* tableta *f*; *(of soap)* pastilla *f*; *Com* **b. code**, código *m* de barras. **2** *(of cage)* barrote *m*; *fam* **to be behind bars**, estar en la cárcel. **3** *(obstacle)* obstáculo *m*. **4** *Jur (dock)* banquillo *m*; *(court)* tribunal *m*. **5** *Jur* **the B.**, *(profession)* abogacía *f*; *(body of lawyers)* colegio *m* de abogados. **6** *(pub)* bar *m*; *(counter)* barra *f*. **7** *Mus* compás *m*. **II** *vtr* **1** *(door)* atrancar; *(road)* cortar. **2** *(exclude)* excluir *(from, de)*. **3** *(prohibit)* prohibir. **III** *prep* salvo; **b. none**, sin excepción.

barbarian [bɑ:'beərɪən] *adj & n* bárbaro,-a *(m,f)*.

barbaric [bɑ:'bærɪk] *adj* bárbaro,-a.

barbecue ['bɑ:bɪkju:] **I** *n* barbacoa *f*. **II** *vtr* asar a la parrilla.

barbed [bɑ:bd] *adj* **1 b. wire**, alambre *m* de púas. **2** *fig (remark)* mordaz.

barber ['bɑ:bər] *n* barbero,-a *m,f*; **b.'s (shop)**, barbería *f*.

barbiturate [bɑ:'bɪtjʊrɪt] *n* barbitúrico *m*.

bare [beər] **I** *adj* **1** desnudo,-a; *(head)* descubierto,-a; *(foot)* descalzo,-a; *(room)* sin muebles; **to lay b.**, poner al descubierto; **with his b. hands**, sólo con las manos. **2** *(basic)* mero,-a; **the b. minimum**, lo mínimo. **II** *vtr* desnudar; *(uncover)* descubrir.

bareback(ed) ['beəbæk(t)] *adj & adv* **to ride b.**, montar un caballo a pelo.

barefaced ['beəfeɪst] *adj* desvergonzado,

barefoot ['beəfʊt] *adj & adv* descalzo,-a.
barely ['beəlɪ] *adv* apenas.
bargain ['bɑːgɪn] I *n* 1 *(agreement)* pacto *m*; *(deal)* negocio *m*; **into the b.**, por añadidura, además; **to drive a hard b.**, imponer condiciones duras; **to strike a b.**, cerrar un trato. 2 *(cheap purchase)* ganga *f*; **b. price**, precio *m* de oferta. II *vi* 1 negociar. 2 *(haggle)* regatear.
◆**bargain for** *vtr* esperar, contar con.
barge [bɑːdʒ] I *n* gabarra *f*. II *vtr fam* **to b. into**, *(room)* irrumpir en; *(person)* tropezar con. ◆**barge in** *vi fam* 1 *(go in)* entrar sin permiso. 2 *(interfere)* entrometerse.
baritone ['bærɪtəʊn] *adj & n* barítono *(m)*.
bark[1] [bɑːk] I *n* ladrido *m*. II *vi (dog)* ladrar.
bark[2] [bɑːk] *n Bot* corteza *f*.
barley ['bɑːlɪ] *n* cebada *f*; **b. sugar**, azúcar *m* cande.
barmaid ['bɑːmeɪd] *n* camarera *f*.
barman ['bɑːmən] *n* camarero *m*, barman *m*.
barn [bɑːn] *n* granero *m*; **b. dance**, baile *m* popular.
barnacle ['bɑːnəkəl] *n* percebe *m*.
barometer [bə'rɒmɪtər] *n* barómetro *m*.
baron ['bærən] *n* barón *m*.
baroness ['bærənɪs] *n* baronesa *f*.
baroque [bə'rɒk] *adj* barroco,-a.
barrack ['bærək] *vtr* abuchear.
barracks ['bærəks] *n Mil* cuartel *m sing*.
barrage ['bærɑːdʒ] *n* 1 *(dam)* presa *f*. 2 *Mil* barrera *f* de fuego. 3 *fig (of questions)* lluvia *f*.
barrel ['bærəl] *n* 1 *(of wine)* tonel *m*; *(of beer, oil)* barril *m*. 2 *(of firearm)* cañón *m*.
barren ['bærən] *adj* estéril; *(land)* yermo,-a.
barricade [bærɪ'keɪd] I *n* barricada *f*. II *vtr* levantar barricadas; **to b. oneself in**, parapetarse.
barrier ['bærɪər] *n* barrera *f*.
barrister ['bærɪstər] *n GB* abogado,-a *m,f* (capacitado,-a para ejercer ante tribunales superiores).
barrow ['bærəʊ] *n* carretilla *f*.
bartender ['bɑːtendər] *n US* camarero *m*, barman *m*.
barter ['bɑːtər] *vtr* trocar **(for,** por).
base [beɪs] I *n* base *f*; *(foot)* pie *m*; *(of column)* basa *f*; *Sport (of team)* concentración *f*; **air/naval b.**, base *f* aérea/naval. II *vtr* 1 basar, fundar **(on,** en). 2 *(troops)* estacionar. III *adj* 1 *(despicable)* bajo,-a, despreciable. 2 *(metals)* común.
baseball ['beɪsbɔːl] *n* béisbol *m*.
baseline ['beɪslaɪn] *n Ten* línea *f* de saque.
basement ['beɪsmənt] *n* sótano *m*.
bash [bæʃ] I *n (heavy blow)* golpetazo *m*; *(dent)* bollo *m*; *fam (attempt)* intento *m*. II *vtr* golpear.
bashful ['bæʃfʊl] *adj* tímido,-a.
basic ['beɪsɪk] I *adj* básico,-a; **b. pay**, sueldo *m* base. II *npl* **basics**, lo fundamental. ◆**basically** *adv* fundamentalmente.
basil ['bæzəl] *n* albahaca *f*.
basin ['beɪsən] *n* 1 *(washbowl)* palangana *f*; *(for washing up)* barreño *m*; *(in bathroom)* lavabo *m*; *(dish)* cuenco *m*. 2 *(of river)* cuenca *f*.
basis ['beɪsɪs] *n (pl* **bases** ['beɪsiːz]) base *f*; **on the b. of**, en base a.
bask [bɑːsk] *vi* tostarse; **to b. in the sun**, tomar el sol.
basket ['bɑːskɪt] *n* cesta *f*, cesto *m*.
basketball ['bɑːskɪtbɔːl] *n* baloncesto *m*.
Basque [bæsk, bɑːsk] I *adj* vasco,-a; **B. Country**, País Vasco, Euskadi; **B. flag**, ikurriña *f*; **B. nationalist**, abertzale *mf*. II *n* 1 *(person)* vasco,-a *m,f*. 2 *(language)* vasco *m*, euskera *m*.
bass[1] [bæs] *n inv (seawater)* lubina *f*; *(freshwater)* perca *f*.
bass[2] [beɪs] I *n* 1 *(singer)* bajo *m*. 2 *(notes)* graves *mpl*; **b. drum**, bombo *m*; **b. guitar**, bajo *m*. II *adj* bajo,-a.
bassoon [bə'suːn] *n* fagot *m*.
bastard ['bɑːstəd, 'bæstəd] I *n* 1 bastardo,-a *m,f*. 2 *ofens* cabrón *m*, hijo *m* de puta; **poor b.!**, ¡el pobre! II *adj* bastardo,-a.
baste [beɪst] *vtr Culin* untar.
bastion ['bæstɪən] *n* baluarte *m*, bastión *m*.
bat[1] [bæt] I *n (in cricket, baseball)* bate *m*; *(in table tennis)* pala *f*; *fig* **to do sth off one's own b.**, hacer algo por cuenta propia. II *vi (in cricket, baseball)* batear.
bat[2] [bæt] *n Zool* murciélago *m*.
bat[3] [bæt] *vtr fam* **without batting an eyelid**, sin pestañear.
batch [bætʃ] *n (of bread)* hornada *f*; *(of goods)* lote *m*; *Comput* **b. processing**, procesamiento *m* por lotes.
bated ['beɪtɪd] *adj* **with b. breath**, sin respirar.
bath [bɑːθ] I *n* 1 baño *m*; **to have a b.**, bañarse; **b. towel**, toalla *f* de baño. 2 *(tub)* bañera *f*. 3 **baths**, piscina *f* municipal. II *vtr* bañar.
bathe [beɪð] I *vi* bañarse. II *vtr* 1 *(wound)* lavar. 2 **he was bathed in sweat**, *(covered)* estaba empapado de sudor.
bather ['beɪðər] *n* bañista *mf*.
bathing ['beɪðɪŋ] *n* baño *m*; **b. cap**, gorro *m* de baño; **b. costume**, traje *m* de baño; **b. trunks**, bañador *m* de hombre.
bathrobe ['bɑːθrəʊb] *n* albornoz *m*.
bathroom ['bɑːθruːm] *n* cuarto *m* de baño.
bathtub ['bɑːθtʌb] *n* bañera *f*.
baton ['bætən, 'bætɒn] *n* 1 *Mus* batuta *f*.

battalion / **bean**

2 *(truncheon)* porra *f*. 3 *Sport* testigo *m*.
battalion [bə'tæljən] *n* batallón *m*.
batter[1] ['bætər] *vtr* aporrear, apalear.
batter[2] ['bætər] *n (in cricket, baseball)* bateador-a, *m,f*.
batter[3] ['bætər] *Culin* I *n* pasta *f* (para rebozar); **fish in b.**, pescado rebozado. II *vtr* rebozar.
battered ['bætəd] *adj (car)* abollado,-a; *(person)* maltratado,-a.
battering ['bætərɪŋ] *n* paliza *f*; **to take a b.**, recibir una paliza; *Mil* **b. ram**, ariete *m*.
battery ['bætərɪ] *n* 1 *(for torch, radio)* pila *f*; *Aut* batería *f*. 2 *Jur* **assault and b.**, lesiones *fpl*.
battle ['bætəl] I *n* batalla *f*; *fig* lucha *f*; **to do b.**, librar batalla; *fig* **b. cry**, lema *m*. II *vi* luchar.
battlefield ['bætəlfi:ld] *n* campo *m* de batalla.
battleship ['bætəlʃɪp] *n* acorazado *m*.
bauble ['bɔ:bəl] *n* chuchería *f*.
bawdy ['bɔ:dɪ] *adj (joke etc)* verde.
bawl [bɔ:l] *vi* gritar, chillar.
bay[1] [beɪ] *n Geog* bahía *f*; *(large)* golfo *m*; **B. of Biscay**, golfo de Vizcaya; **B. of Bengal**, golfo de Bengala.
bay[2] [beɪ] *n* 1 *(recess)* hueco *m*; **b. window**, ventana salediza. 2 *(in factory)* nave *f*; **cargo b.**, bodega *f* de carga.
bay[3] [beɪ] *n* laurel *m*.
bay[4] [beɪ] I *vi (dog)* aullar. II *n* ladrido *m*; *fig* **at b.**, acorralado,-a; *fig* **to keep sb at b.**, mantener a algn a raya.
bayonet ['beɪənɪt] *n* bayoneta *f*.
bazaar [bə'zɑːr] *n* 1 *(market)* bazar *m*. 2 *(Church)* **b.**, *(charity sale)* rastrillo benéfico.
BBC [bi:bi:'si:] *abbr of* **British Broadcasting Corporation**, Compañía británica de radiofusión, BBC *f*.
BC [bi:'si:] *abbr of* **before Christ**, a.d.C.
be [bi:, *unstressed* bɪ] I *vi (pres 1st person sing* **am**; *3rd person sing* **is**; *2nd person sing & all persons pl* **are**; *pt 1st & 3rd persons sing* **was**; *2nd person sing & all persons pl* **were**; *pp* **been**) 1 ser; **he is very tall**, es muy alto; **Madrid is the capital**, Madrid es la capital; **sugar is sweet**, el azúcar es dulce. 2 *(nationality, occupation)* ser; **he's Italian**, es italiano. 3 *(origin, ownership)* ser; **the car is Domingo's**, el coche es de Domingo; **this painting is by Goya**, este cuadro es de Goya. 4 *(price)* costar; *(total)* ser; **a return ticket is £24**, un billete de ida y vuelta cuesta £24; **how much is a kilo of cod?**, ¿a cuánto está el kilo de bacalao?; **how much is it?**, ¿cuánto es? 5 *(temporary state)* estar; **how are you? - I'm very well**, ¿cómo estás? - estoy muy bien; **this soup is cold**, esta sopa está fría; **to be cold/afraid/hungry**, tener frío/miedo/hambre; **to be lucky**, tener suerte. 6 *(location)* estar; **Aberdeen is in Scotland**, Aberdeen está en Escocia; **Birmingham is two hundred miles from London**, Birmingham está a doscientas millas de Londres. 7 *(age)* tener; **she is thirty (years old)**, tiene treinta años.
II *v aux* 1 *(with pres p)* estar; **he is writing a letter**, está escribiendo una carta; **she was singing**, estaba cantando; **they are leaving next week**, se van la semana que viene; **we have been waiting for a long time**, hace mucho que estamos esperando; **he is coming**, *(emphatic)* es seguro que viene. 2 *(passive)* ser; **he was murdered**, fue asesinado; **she is allowed to smoke**, se le permite fumar. 3 *(obligation)* **I am to see him this afternoon**, debo verle esta tarde; **you are not to smoke here**, no se puede fumar aquí.
III *v impers* 1 *(with there)* haber; **there is, there are, hay; there was, there were, había; there will be, habrá; there would be, habría; there have been a lot of complaints**, ha habido muchas quejas; **there were ten of us**, éramos diez. 2 *(with it)* **it's late**, es tarde; **it is said that**, se dice que; **who is it? - it's me**, ¿quién es? - soy yo; **what is it?**, ¿qué pasa? 3 *(weather)* **it's foggy**, hay niebla; **it's cold/hot**, hace frío/calor. 4 *(time)* ser; **it's one o'clock**, es la una; **it's four o'clock**, son las cuatro. 5 *(date)* **it's the 11th/Tuesday today**, hoy es 11/martes. 6 *(tag questions)* ¿verdad?, ¿no?; **it's lovely, isn't it?**, es bonito, ¿no?; **you're happy, aren't you?**, estás contento, ¿verdad? **he's not very clever, is he?**, no es muy listo, ¿verdad? 7 *(unreal conditions)* **if I was/were you ...**, yo en tu lugar ...; **if you were a millionaire ...**, si fueras millonario .... 8 *pres & past perfect (visit, go)* estar, ir; **I've been to Paris**, he estado en París.
beach [bi:tʃ] I *n* playa *f*. II *vtr* varar.
beacon ['bi:kən] *n* 1 *Av Naut* baliza *f*. 2 *(lighthouse)* faro *m*.
bead [bi:d] *n* 1 *(of necklace etc)* cuenta *f*; **glass b.**, abalorio *m*. 2 *(of liquid)* gota *f*.
beady ['bi:dɪ] *adj (beadier, beadiest) (eyes)* pequeños y brillantes.
beagle ['bi:gəl] *n* beagle *m*.
beak [bi:k] *n* 1 *(of bird)* pico *m*. 2 *fam (nose)* nariz ganchuda.
beaker ['bi:kər] *n (tumbler)* taza alta, jarra *f*.
beam [bi:m] I *n* 1 *Archit* viga *f*. 2 *(of light)* rayo *m*; *Phys* haz *m*. 3 *Gymn* barra fija. 4 *(smile)* sonrisa *f* radiante. II *vi (sun)* brillar. 2 *(smile)* sonreír. III *vtr* 1 *(broadcast)* difundir, emitir. 2 *(transmit)* transmitir.
beaming ['bi:mɪŋ] *adj (smiling)* radiante.
bean [bi:n] *n* alubia *f*, judía *f*, frijol *m*; *fam* **to spill the beans**, descubrir el

pastel; **baked beans,** alubias cocidas en salsa de tomate; **broad b.,** haba *f*; **butter b.,** judía *f*; **coffee b.,** grano *m* de café; **green/runner b.,** judía verde; **haricot b.,** alubia; **kidney b.,** frijol.

beansprout ['bi:nspraʊt] *n* brote *m* de soja.

bear[1] [beər] (*pt* **bore**; *pp* **borne**) I *vtr* 1 (*carry*) llevar. 2 (*support*) sostener. 3 (*endure*) soportar, aguantar; **I can't b. him,** no lo soporto. 4 (*fruit*) dar; *Fin* (*interest*) devengar. 5 **to b. a resemblance to,** parecerse a. 6 **to b. a grudge against sb,** guardar rencor a algn; **to b. in mind,** tener presente. 7 **to b. witness,** atestiguar. 8 (*pp* **born** *passive only, not followed by* **by**) (*give birth to*) dar a luz; **he was born in Wakefield,** nació en Wakefield. II *vi* (*turn*) girar, torcer; **to b. left,** girar a la izquierda. ◆**bear down** *vi* (*approach*) correr (**on,** sobre). ◆**bear out** *vtr* (*confirm*) confirmar. ◆**bear up** *vi* (*endure*) resistir. ◆**bear with** *vtr* tener paciencia con.

bear[2] [beər] *n* 1 oso *m*; **b. cub,** osezno *m*; *Astr* **Great B.,** Osa *f* Mayor; **Little B.,** Osa Menor. 2 *Fin* bajista *mf*.

beard [bɪəd] *n* barba *f*.

bearer ['beərər] *n* portador,-a *m,f*; (*of passport, office*) titular *mf*.

bearing ['beərɪŋ] *n* 1 (*posture*) porte *m*. 2 (*relevance*) relación *f*; **to have a b. on,** estar relacionado,-a con. 3 *Tech* cojinete *m*. *Naut* (*bearings*) posición *f*, orientación *f*; **to get one's bearings,** orientarse; **to lose one's bearings,** desorientarse.

beast [bi:st] *n* 1 bestia *f*; **b. of burden,** bestia de carga. 2 *fig* bestia *f*, bruto *m*. 3 **beasts,** (*cattle*) reses *fpl*.

beastly ['bi:stlɪ] *adj* (**beastlier, beastliest**) *fam* asqueroso,-a.

beat [bi:t] I *vtr* (*pt* **beat**; *pp* **beaten** ['bi:tən]) 1 (*hit*) pegar, golpear; (*clothes*) sacudir; (*drum*) tocar; **off the beaten track,** en un lugar muy apartado; *sl* **b. it!,** ¡lárgate! 2 *Culin* batir. 3 (*defeat*) batir, vencer; **we b. them 5-2,** les ganamos 5 a 2. 4 **to b. a retreat,** batirse en retirada. 5 *Mus* (*time*) marcar. 6 **to b. the traffic,** evitar los embotellamientos de tráfico. 7 *sl* (*puzzle*) extrañar; **it beats me,** no lo entiendo. II *vi* 1 (*heart*) latir. 2 (*strike*) dar golpes; *fig* **to b. about the bush,** andarse por las ramas. III *n* 1 (*of heart*) latido *m*. 2 *Mus* ritmo *m*, compás *m*. 3 (*of policeman*) ronda *f*. IV *adj* *fam* (*exhausted*) agotado,-a. ◆**beat down** *vi* (*sun*) apretar. ◆**beat off** *vtr* rechazar. ◆**beat up** *vtr fam* dar una paliza a.

beating ['bi:tɪŋ] *n* 1 (*thrashing*) paliza *f*. 2 (*defeat*) derrota *f*. 3 (*of drum*) toque *m*. 4 (*of heart*) latido *m*.

beautician [bju:'tɪʃən] *n* esteticista *mf*.

beautiful ['bju:tɪfʊl] *adj* hermoso,-a, bello,-a; (*delicious*) delicioso,-a; **b. people,** gente *f* guapa.

beauty ['bju:tɪ] *n* belleza *f*, hermosura *f*; **b. contest,** concurso *m* de belleza; **b. queen,** miss *f*; **b. salon,** salón *m* de belleza; **b. spot,** (*on face*) lunar *m*; (*place*) lugar pintoresco.

beaver ['bi:vər] I *n* castor *m*. II *vi* **to b. away at sth,** meterse de lleno en algo.

became [bɪ'keɪm] *pt* → **become**.

because [bɪ'kɒz] I *conj* porque. II *prep* **b. of,** a causa de, debido a.

beckon ['bekən] *vtr* & *vi* llamar (con la mano); **to b. to sb,** llamar a algn con señas.

becoming [bɪ'kʌmɪŋ] *adj* 1 (*dress*) favorecedor,-a. 2 (*behaviour*) conveniente, apropiado,-a.

bed [bed] *n* 1 cama *f*; **to get out of b.,** levantarse de la cama; **to go to b.,** acostarse; **to make the b.,** hacer la cama; *GB* **b. and breakfast,** (*service*) cama y desayuno *m*; (*sign*) 'pensión'; **b. linen,** ropa *f* de cama. 2 (*of river*) lecho *m*; (*of sea*) fondo *m*. 3 *Geol* capa *f*. 4 (**flower**) **b.,** arriate *m*.

bedbug ['bedbʌg] *n* chinche *mf*.

bedclothes ['bedkləʊðz] *npl*, **bedding** ['bedɪŋ] *n* ropa *f* de cama.

bedlam ['bedləm] *n* algarabía *f*, alboroto *m*.

bedraggled [bɪ'drægəld] *adj* (*wet*) mojado,-a; (*dirty*) ensuciado,-a.

bedridden ['bedrɪdən] *adj* postrado,-a en cama.

bedroom ['bedru:m] *n* dormitorio *m*.

bedside ['bedsaɪd] *n* **at sb's b.,** junto a la cama de algn; **b. table,** mesilla *f* de noche.

bedsit ['bedsɪt] *n fam*, **bedsitter** [bed'sɪtər] *n* estudio *m*.

bedspread ['bedspred] *n* colcha *f*.

bedtime ['bedtaɪm] *n* hora *f* de acostarse.

bee [bi:] *n* abeja *f*.

beech [bi:tʃ] *n* haya *f*.

beef [bi:f] *n* carne *f* de vaca, *Am* carne de res; **roast b.,** rosbif *m*. ◆**beef up** *vtr fam* reforzar.

beefburger ['bi:fbɜ:gər] *n* hamburguesa *f*.

beefsteak ['bi:fsteɪk] *n* bistec *m*.

beehive ['bi:haɪv] *n* colmena *f*.

beeline ['bi:laɪn] *n fam* **to make a b. for sth,** ir directo hacia algo.

been [bi:n, bɪn] *pp* → **be**.

beep [bi:p] *n* (*of apparatus*) pitido *m*; (*of horn*) pito *m*.

beer [bɪər] *n* cerveza *f*; **a glass of b.,** una caña.

beet [bi:t] *n* remolacha *f*; *US* **red b.,** remolacha.

beetle ['bi:təl] *n* escarabajo *m*.

beetroot ['bi:tru:t] *n* remolacha *f*.

befit [bɪ'fɪt] *vtr* convenir a, corresponder a.

before 305 **belt**

before [bɪ'fɔːr] I *conj* 1 *(earlier than)* antes de que (+ *subj*), antes de (+ *infin*); **b. she goes,** antes de que se vaya; **b. leaving,** antes de salir. 2 *(rather than)* antes que (+ *infin*). II *prep* 1 *(place)* delante de; *(in the presence of)* ante. 2 *(order, time)* antes de; **b. Christ,** antes de Cristo; **b. long,** dentro de poco; **b. 1950,** antes de 1950; **I saw it b. you,** lo vi antes que tú. III *adv* 1 *(time)* antes; **I have met him b.,** ya lo conozco; **not long b.,** poco antes; **the night b.,** la noche anterior. 2 *(place)* delante, por delante.

beforehand [bɪ'fɔːhænd] *adv* 1 *(earlier)* antes. 2 *(in advance)* de antemano, con anticipación.

befriend [bɪ'frend] *vtr* trabar amistad con.

beg [beg] I *vtr* 1 *(money etc)* pedir. 2 *(beseech)* rogar, suplicar; **I b. your pardon!,** ¡perdone usted!; **I b. your pardon?,** ¿cómo ha dicho usted? II *vi* 1 *(solicit)* mendigar; *(dog)* pedir; **to b. for money,** pedir limosna. 2 **to b. for help/mercy,** *(beseech)* implorar ayuda/compasión.

began [bɪ'gæn] *pt* → **begin**.

beggar ['begər] *n* 1 mendigo,-a *m,f.* 2 *fam euph (chap)* tío *m.*

begin [bɪ'gɪn] *vtr & vi (pt* **began**; *pp* **begun)** empezar, comenzar; **to b. again,** volver a empezar; **to b. at the beginning,** empezar por el principio; **to b. doing** *or* **to do sth,** empezar a hacer algo; **to b. with ...,** *(initially)* para empezar ....

beginner [bɪ'gɪnər] *n* principiante *mf.*

beginning [bɪ'gɪnɪŋ] *n* 1 principio *m,* comienzo *m;* **at the b. of May,** a principios de mayo; **from the b.,** desde el principio; **in the b.,** al principio. 2 *(origin)* origen *m.*

begonia [bɪ'gəʊnjə] *n* begonia *f.*

begrudge [bɪ'grʌdʒ] *vtr* dar de mala gana; *(envy)* envidiar.

beguile [bɪ'gaɪl] *vtr (charm)* seducir.

begun [bɪ'gʌn] *pp* → **begin**.

behalf [bɪ'hɑːf] *n* **on b. of,** *US* **in b. of,** en nombre de, de parte de; **don't worry on my b.,** no te preocupes por mí.

behave [bɪ'heɪv] *vi* 1 *(person)* portarse, comportarse; **b. yourself!,** ¡pórtate bien!; **to b. well/badly,** portarse bien/mal. 2 *(machine)* funcionar.

behaviour, *US* **behavior** [bɪ'heɪvjər] *n* 1 *(of person)* comportamiento *m,* conducta *f.* 2 *(of machine)* funcionamiento *m.*

behead [bɪ'hed] *vtr* decapitar.

beheld [bɪ'held] *pt & pp* → **behold**.

behind [bɪ'haɪnd] I *prep* 1 detrás de; **b. sb's back,** a espaldas de algn; **b. the scenes,** entre bastidores; **to be b. sb,** apoyar a algn; **what motive was there b. the crime?,** ¿cuál fue el móvil del crimen? 2 **b. the times,** *(less advanced than)* anticuado,-a. II *adv* 1 *(in the rear)* detrás, atrás; **I've left my umbrella b.,** se me ha olvidado el paraguas. 2 **to be b. with one's payments,** *(late)* estar atrasado,-a en los pagos. III *n fam* trasero *m.*

behold [bɪ'həʊld] *vtr (pt & pp* **beheld**) *arch* contemplar.

beige [beɪʒ] *adj & n* beige *(m).*

being ['biːɪŋ] *n* 1 ser *m.* 2 *(existence)* existencia *f;* **to come into b.,** nacer.

belated [bɪ'leɪtɪd] *adj* tardío,-a.

belch [beltʃ] I *vi (person)* eructar. II *vtr (smoke, flames)* vomitar, arrojar. III *n* eructo *m.*

beleaguered [bɪ'liːgəd] *adj* asediado,-a.

belfry ['belfrɪ] *n* campanario *m.*

Belgian ['beldʒən] *adj & n* belga *(mf).*

Belgium ['beldʒəm] *n* Bélgica.

Belgrade [bel'greɪd] *n* Belgrado.

belie [bɪ'laɪ] *vtr* desmentir.

belief [bɪ'liːf] *n* 1 creencia *f;* **beyond b.,** increíble. 2 *(opinion)* opinión *f.* 3 *(faith)* fe *f.* 4 *(confidence)* confianza *f* **(in,** en).

believe [bɪ'liːv] I *vi* 1 *(have faith)* creer. 2 **to b. in,** *(be in favour of)* ser partidario,-a de. 3 *(think)* creer; **I b. so,** creo que sí. II *vtr* creer.

believer [bɪ'liːvər] *n* 1 *Rel* creyente *mf.* 2 partidario,-a *m,f* **(in,** de).

belittle [bɪ'lɪtəl] *vtr (person)* menospreciar; *(problem)* minimizar.

bell [bel] *n (of church)* campana *f;* *(small)* campanilla *f;* *(of school, door, bicycle etc)* timbre *m;* *(on cat)* cascabel *m;* *(on cow)* cencerro *m; fig* **that rings a b.,** eso me suena; **b. jar,** campana; **b. tower,** campanario *m.*

bell-bottoms ['belbɒtəmz] *npl* pantalones *mpl* de campana.

belligerent [bɪ'lɪdʒərənt] *adj* agresivo,-a.

bellow ['beləʊ] *vi (bull)* bramar; *(person)* rugir.

bellows ['beləʊz] *npl* **(pair of) b.,** fuelle *m sing.*

belly ['belɪ] *n* 1 *(of person)* barriga *f;* **b. flop,** panzazo *m.* 2 *(of animal)* panza *f.*

bellyache ['belɪeɪk] *n fam* dolor *m* de vientre.

belong [bɪ'lɒŋ] *vi* 1 pertenecer **(to,** a). 2 *(be a member)* ser socio,-a **(to,** de); *Pol* **to b. to a party,** ser miembro de un partido. 3 *(have a proper place)* corresponder; **this chair belongs here,** esta silla va aquí.

belongings [bɪ'lɒŋɪŋz] *npl* efectos *mpl* personales.

beloved [bɪ'lʌvɪd, bɪ'lʌvd] I *adj* amado, -a, querido,-a. II *n* amado,-a *m,f.*

below [bɪ'ləʊ] I *prep* debajo de; **b. average,** por debajo de la media; **ten degrees b. zero,** diez grados bajo cero. II *adv* a-bajo; **above and b.,** arriba y abajo; **see b.,** véase más abajo.

belt [belt] I *n* 1 cinturón *m;* **blow below the b.,** golpe *m* bajo. 2 *Tech* correa *f,*

cinta f. 3 (area) zona f. II vtr sl pegar una paliza a. ◆belt along vi fam ir a todo gas. ◆belt out vtr fam (song) cantar a voz en grito. ◆belt up vi fam callarse.
bemused [bɪ'mju:zd] adj perplejo,-a.
bench [bentʃ] n 1 (seat) banco m. 2 Parl escaño m. 3 Jur the b., (judges) la magistratura. 4 Sport banquillo m. 5 b. mark, Geol cota f de referencia; fig punto m de referencia.
bend [bend] I vtr (pt & pp bent) doblar; (back) encorvar; (head) inclinar; fam to b. the rules, hacer una excepción. II vi doblarse; (road) torcerse. 2 to b. (over), inclinarse; fam he bends over backwards to please her, hace lo imposible por complacerla. III n 1 (in river, road) curva f; (in pipe) recodo m; GB sl round the b., loco,-a perdido,-a. ◆bend down vi inclinarse.
beneath [bɪ'ni:θ] I prep (below) bajo, debajo de; fig it's b. him, es indigno de él. II adv debajo.
benefactor ['benɪfæktər] n bienhechor,-a m,f.
beneficial [benɪ'fɪʃəl] adj 1 (doing good) benéfico,-a. 2 (advantageous) beneficioso,-a.
beneficiary [benɪ'fɪʃərɪ] n beneficiario,-a m,f.
benefit ['benɪfɪt] I vtr beneficiar. II vi sacar provecho (**from** or **by**, de). III n 1 (advantage) beneficio m, provecho m; **for the b. of**, en beneficio de; **I did it for your b.**, lo hice por tu bien. 2 (allowance) subsidio m; **unemployment b.**, subsidio de desempleo. 3 (event) función f benéfica.
benevolent [bɪ'nevələnt] adj benévolo,-a.
Bengal [beŋ'gɔ:l] n Bengala.
benign [bɪ'naɪn] adj benigno,-a.
bent [bent] I adj 1 (curved) curvado,-a. 2 **to be b. on doing sth**, (determined) estar empeñado,-a en hacer algo. 3 sl (corrupt) deshonesto,-a. 4 sl (homosexual) gay. II n (inclination) inclinación f (**towards**, hacia).
benzine ['benzi:n] n Chem bencina f.
bequeath [bɪ'kwi:ð] vtr Jur legar.
bequest [bɪ'kwest] n Jur legado m.
bereaved [bɪ'ri:vd] npl **the b.**, los familiares del/de un difunto.
bereavement [bɪ'ri:vmənt] n (mourning) duelo m.
bereft [bɪ'reft] adj **b. of**, privado,-a de.
beret ['bereɪ] n boina f.
Berlin [bɜ:'lɪn] n Berlín.
Bermuda [bə'mju:də] n las (Islas) Bermudas; **B. shorts**, bermudas fpl.
Bern [bɜ:n] n Berna f.
berry ['berɪ] n baya f.
berserk [bə'sɜ:k, bə'zɜ:k] adj **to go b.**, volverse loco,-a.
berth [bɜ:θ] Naut I n 1 (mooring) amarradero m; fig **to give sb a wide b.**, evitar a algn. 2 (bed) litera f. II vi atracar.
beseech [bɪ'si:tʃ] vtr suplicar, implorar.
beset [bɪ'set] vtr (pt & pp **beset**) acosar; **it is b. with dangers**, está plagado de peligros.
beside [bɪ'saɪd] prep 1 (next to) al lado de, junto a. 2 (compared with) comparado con. 3 **he was b. himself with joy**, estaba loco de alegría; **that's b. the point**, eso no viene al caso; **to be b. oneself**, estar fuera de sí.
besides [bɪ'saɪdz] I prep 1 (in addition to) además de. 2 (except) excepto, menos; **no one b. me**, nadie más que yo. II adv además.
besiege [bɪ'si:dʒ] vtr (city) sitiar; fig asediar.
besought [bɪ'sɔ:t] pt & pp → beseech.
best [best] I adj (superl of **good**) mejor; **b. man**, ≈ padrino m de boda; **her b. friend**, su mejor amiga; **the b. thing would be to phone them**, lo mejor sería llamarles; **we had to wait the b. part of a year**, tuvimos que esperar casi un año; **with b. wishes from Mary**, (in letter) con mis mejores deseos, Mary. II adv (superl of **well**) mejor; **as b. I can**, lo mejor que pueda; **I like this one b.**, éste es el que más me gusta; **the world's b. dressed man**, el hombre mejor vestido del mundo. III n lo mejor; **all the b.!**, ¡que te vaya bien!; **at b.**, a lo más; **to be at one's b.**, estar en plena forma; **to do one's b.**, hacer todo lo posible; **to make the b. of sth**, sacar el mejor partido de algo; **to the b. of my knowledge**, que yo sepa.
bestiality [bestɪ'ælɪtɪ] n bestialidad f.
bestow [bɪ'stəʊ] vtr (favour etc) conceder; (honours, power) otorgar (**on**, a); (title etc) conferir (**on**, a).
best-seller [best'selər] n best-seller m.
best-selling ['bestselɪŋ] adj **a b.-s. author**, un autor de superventas.
bet [bet] I n apuesta f. II vtr (pt & pp **bet** or **betted**) apostar. III vi apostar (**on**, por); fam **you b.!**, ¡y tanto!
Bethlehem ['beθlɪhem] n Belén.
betray [bɪ'treɪ] vtr 1 traicionar. 2 (be unfaithful to) engañar. 3 (reveal) revelar.
betrayal [bɪ'treɪəl] n traición f.
better ['betər] I adj 1 (comp of **good**) mejor; **that's b.!**, ¡así está mejor!; **the weather is b. than last week**, hace mejor tiempo que la semana pasada; **to be no b. than ...**, no ser más que ...; **to get b.**, mejorar. 2 (healthier) mejor (de salud). 3 **b. off**, (better) mejor; (richer) más rico,-a; **you'd be b. off going home**, lo mejor es que te vayas a casa. 4 **the b. part of the day**, la mayor parte del día. II adv (comp of **well**) 1 mejor; **all the b.**, so much the b., tanto mejor; **b. and b.**, cada vez me-

jor; *prov* b. late than never, más vale tarde que nunca. 2 we had b. leave, más vale que nos vayamos. 3 to think b. of, (*plan*) cambiar de. III *n* mejor; a change for the b., una mejora; to get the b. of sb, vencer a algn. IV *vtr* 1 (*improve*) mejorar. 2 (*surpass*) superar.

betting ['betɪŋ] *n* apuestas *fpl*; *GB* b. shop, quiosco *m* de apuestas.

between [bɪ'twiːn] I *prep* entre; b. you and me, entre nosotros; closed b. 1 and 2, cerrado de 1 a 2. II *adv* in b., (*position*) en medio; (*time*) entretanto, mientras (tanto).

beverage ['bevərɪdʒ] *n* bebida *f*.

bevy ['bevɪ] *n* bandada *f*.

beware [bɪ'weər] *vi* tener cuidado (of, con); b.!, ¡cuidado!; 'b. of the dog', (*sign*) 'cuidado con el perro'.

bewildered [bɪ'wɪldəd] *adj* desconcertado,-a.

bewilderment [bɪ'wɪldəmənt] *n* desconcierto *m*.

bewitching [bɪ'wɪtʃɪŋ] *adj* fascinador,- a.

beyond [bɪ'jɒnd] I *prep*. más allá de; b. belief, increíble; b. doubt, sin lugar a dudas; it is b. me why ..., no comprendo por qué ...; it's b. a joke, eso ya no tiene gracia; she is b. caring, ya no le importa; this task is b. me, no puedo con esta tarea. II *adv* más allá, más lejos.

bias ['baɪəs] *n* (*tendency*) tendencia *f* (**to-wards**, hacia); (*prejudice*) prejuicio *m*.

bias(s)ed ['baɪəst] *adj* parcial; to be b. against sth/sb, tener prejuicio en contra de algo/algn.

bib [bɪb] *n* (*for baby*) babero *m*; (*of apron*) peto *m*.

Bible ['baɪbəl] *n* Biblia *f*; *sl* B. basher, B. thumper, evangelista *mf*.

bibliography [bɪblɪ'ɒɡrəfɪ] *n* bibliografía *f*.

bicarbonate [baɪ'kɑːbənɪt] *n* bicarbonato *m*; b. of soda, bicarbonato sódico.

biceps ['baɪseps] *n* bíceps *m*.

bicker ['bɪkər] *vi* reñir.

bicycle ['baɪsɪkəl] *n* bicicleta *f*; b. pump, bomba *f* (de aire); to go by b., ir en bicicleta.

bid [bɪd] I *vtr* (*pt* bid or bade; *pp* bid or bidden) 1 (*say*) decir; to b. sb farewell, despedirse de algn. 2 (*command*) mandar, ordenar; she bade him be quiet, le mandó que se callase. 3 (*invite*) invitar; he bade me sit down, me invitó a sentarme. 4 (*at auction*) (*pt & pp* bid) pujar. II *vi* (*at auction*) pujar (**for**, por). III *n* 1 (*offer*) oferta *f*. 2 (*at auction*) puja *f*. 3 (*attempt*) intento *m*, tentativa *f*.

bidder ['bɪdər] *n* the highest b., el mejor postor.

bidding ['bɪdɪŋ] *n* 1 (*at auction*) puja *f*. 2 (*order*) orden *f*; to do sb's b., cumplir la orden de algn.

bide [baɪd] *vtr* (*pt* bided or bode; *pp* bided) esperar; to b. one's time, esperar el momento oportuno.

bidet ['biːdeɪ] *n* bidé *m*.

bifocal [baɪ'fəʊkəl] I *adj* bifocal. II *npl* **bifocals** lentes *fpl* bifocales.

big [bɪɡ] I *adj* (**bigger**, **biggest**) grande (gran *before sing noun*); a b. clock, un reloj grande; a b. surprise, una gran sorpresa; my b. brother, mi hermano mayor; *fam* iron b. deal!, ¿y qué?; b. business, los grandes negocios; B. dipper, montaña rusa; *Astron US* B. Dipper, Osa *f* Mayor; b. toe, dedo gordo del pie; *fam* b. gun, b. shot, pez gordo; *fam* to make the b. time, tener éxito; *fam* b. top, carpa *f*. II *adv* 1 (*on a grand scale*) a lo grande. 2 (*well*) de manera excepcional.

bigamy ['bɪɡəmɪ] *n* bigamia *f*.

bighead ['bɪɡhed] *n fam* creído,-a *m,f*, engreído,-a *m,f*.

bigheaded [bɪɡ'hedɪd] *adj* creído,-a, engreído,-a.

bigot ['bɪɡət] *n* intolerante *mf*.

bigoted ['bɪɡətɪd] *adj* intolerante.

bigotry ['bɪɡətrɪ] *n* intolerancia *f*.

bigwig ['bɪɡwɪɡ] *n fam* pez gordo.

bike [baɪk] *fam* (*abbr of* **bicycle** *or* **motor-bike**) *n* (*bicycle*) bici *f*; (*motorcycle*) moto *f*; *sl* **on your b.!**, ¡vete de aquí!

bikini [bɪ'kiːnɪ] *n* bikini *m*.

bilateral [baɪ'lætərəl] *adj* bilateral.

bile [baɪl] *n* bilis *f*.

bilingual [baɪ'lɪŋɡwəl] *adj* bilingüe.

bill[1] [bɪl] I *n* 1 (*for gas etc*) factura *f*, recibo *m*. 2 *esp GB* (*in restaurant*) cuenta *f*. 3 *Parl* proyecto *m* de ley. 4 *US* (*banknote*) billete *m* de banco. 5 (*poster*) cartel *m*; on the b., en cartel; 'post no bills', 'prohibido fijar carteles'; *Theat* to top the b., encabezar el reparto; b. of exchange, letra *f* de cambio; *Pol* B. of Rights, declaración *f* de derechos. II *vtr* 1 (*send bill to*) facturar. 2 *Theat* programar.

bill[2] [bɪl] *n* (*of bird*) pico *m*.

Bill [bɪl] *n dimin of* **William**; *GB sl* **the Old B.**, la poli.

billboard ['bɪlbɔːd] *n US* (*hoarding*) cartelera *f*.

billet ['bɪlɪt] I *n* alojamiento *m*. II *vtr* alojar.

billfold ['bɪlfəʊld] *n US* cartera *f*, billetero *m*.

billiards ['bɪljədz] *n* billar *m*.

billion ['bɪljən] *n US* mil millones *mpl*; *GB* (*former use*) billón *m*.

billionaire [bɪljə'neər] *n* multimillonario,-a *m,f*.

billow ['bɪləʊ] I *n* (*of water*) ola *f*; (*of smoke*) nube *f*. II *vi* (*sea*) ondear; (*sail*) hincharse.

billy goat ['bɪlɪɡəʊt] *n* macho cabrío.

bin [bɪn] *n* (*for storage*) cajón *m*; **bread b.**, panera *f*; (**rubbish**) **b.**, cubo *m* de la

basura.
binary ['baɪnərɪ] *adj* b. **number**, número binario.
bind [baɪnd] *vtr (pt & pp* **bound**) 1 *(tie up)* atar. 2 *Med (bandage)* vendar. 3 *(book)* encuadernar. 4 *(require)* obligar. 5 *(join sep)* unir. ◆**bind over** *vtr Jur* obligar legalmente.
binder ['baɪndər] *n (file)* carpeta *f*.
binding ['baɪndɪŋ] *adj (promise)* comprometedor,-a; *(contract)* vinculante.
binge [bɪndʒ] *n fam* borrachera *f*; **to go on a b.**, irse de juerga.
bingo ['bɪŋgəʊ] *n* bingo *m*.
binoculars [bɪ'nɒkjʊləz] *npl* prismáticos *mpl*, gemelos *mpl*.
biochemistry [baɪəʊ'kemɪstrɪ] *n* bioquímica *f*.
biodegradable [baɪəʊdɪ'greɪdəbəl] *adj* biodegradable.
biography [baɪ'ɒgrəfɪ] *n* biografía *f*.
biological [baɪə'lɒdʒɪkəl] *adj* biológico, -a; b. **warfare**, guerra biológica.
biologist [baɪ'ɒlədʒɪst] *n* biólogo,-a *m,f*.
biology [baɪ'ɒlədʒɪ] *n* biología *f*.
biorhythm ['baɪəʊrɪðəm] *n* biorritmo *m*.
biosphere ['baɪəsfɪər] *n* biosfera *f*.
birch [bɜːtʃ] **I** *n* 1 *Bot* abedul *m*. 2 *(rod)* vara *f* (de abedul). **II** *vtr* azotar.
bird [bɜːd] *n* pájaro *m*, ave *f*; *fig* **to kill two birds with one stone**, matar dos pájaros de un tiro; **they're birds of a feather**, son tal para cual; b. **of prey**, ave de rapiña. 2 *GB sl (girl)* tía *f*, chica *f*.
birdcage ['bɜːdkeɪdʒ] *n* jaula *f*.
birdie ['bɜːdɪ] *n Golf* birdie *m*.
bird's-eye view [bɜːdzaɪ'vjuː] *n* vista *f* de pájaro.
bird-watcher ['bɜːdwɒtʃər] *n* ornitólogo,-a *m,f*.
Biro® ['baɪrəʊ] *n fam* boli *m*.
birth [bɜːθ] *n* 1 nacimiento *m*; *(childbirth)* parto *m*; **by b.**, de nacimiento; **to give b. to a child**, dar a luz a un niño; b. **certificate**, partida *f* de nacimiento; b. **control**, *(family planning)* control *m* de la natalidad; *(contraception)* métodos anticonceptivos; **b. rate**, índice *m* de natalidad. 2 **of noble b.**, *(parentage)* de noble linaje.
birthday ['bɜːθdeɪ] *n* cumpleaños *m inv*.
birthmark ['bɜːθmɑːk] *n* antojo *m*.
birthplace ['bɜːθpleɪs] *n* lugar *m* de nacimiento.
Biscay ['bɪskeɪ] *n* Vizcaya; **the Bay of B.**, el golfo de Vizcaya.
biscuit ['bɪskɪt] *n* galleta *f*; *(muffin)* bollo *m*, bizcocho *m*; *fam* **that really takes the b.!**, ¡eso ya es el colmo!
bisect [baɪ'sekt] *vtr* bisegmentar; *Geom* bisecar.
bisexual [baɪ'seksjʊəl] *adj* bisexual.
bishop ['bɪʃəp] *n* 1 *Rel* obispo *m*. 2 *Chess* alfil *m*.

bison ['baɪsən] *n inv* bisonte *m*.
bit¹ [bɪt] *n* 1 *(small piece)* trozo *m*, pedazo *m*; **to smash sth to bits**, hacer añicos algo; *fig* **thrilled to bits**, muy emocionado,-a; *fig* **to do one's b.**, poner de su parte. 2 *(small quantity)* poco *m*; **a b. of sugar**, un poco de azúcar; **a b. of advice**, un consejo; **a b. of news**, una noticia; **bits and pieces**, trastos *mpl*; *fig* **b. by b.**, poco a poco. 3 **a b.**, *(slightly)* un poco; **a b. longer**, un ratito más; **a b. worried**, un poco preocupado. 4 *(coin)* moneda *f*.
bit² [bɪt] *n (of tool)* broca *f*.
bit³ [bɪt] *n Comput* bit *m*.
bit⁴ [bɪt] *pt* → **bite**.
bitch [bɪtʃ] **I** *n* 1 *Zool (female)* hembra *f*; *(dog)* perra *f*. 2 *fam (spiteful woman)* bruja *f*. **II** *vi fam* **to b. (about)**, *(criticize)* criticar.
bitchy ['bɪtʃɪ] *adj fam (spiteful)* maldiciente; *(malicious)* malicioso,-a; *(malevolent)* malintencionado,-a.
bite [baɪt] **I** *n* 1 *(act)* mordisco *m*. 2 *(wound)* mordedura *f*; *(insect)* b., picadura *f*. 3 *(mouthful)* bocado *m*. 4 *fam (snack)* bocado *m*. **II** *vtr (pt* bit; *pp* bitten) morder; *(insect)* picar; **to b. one's nails**, morderse las uñas; *fig* **to b. the dust**, *(suffer defeat)* morder el polvo; *(die)* palmarla; *fam* **to b. sb's head off**, echarle una bronca a algn. **III** *vi* 1 morder; *(insect)* picar. 2 *fig (take effect)* surtir efecto. 3 *Fishing* picar.
biting ['baɪtɪŋ] *adj (wind)* cortante; *fig (criticism)* mordaz.
bitten ['bɪtən] *pp* → **bite**.
bitter ['bɪtər] **I** *adj* 1 amargo,-a. 2 *(weather)* glacial; *(wind)* cortante. 3 *(person)* amargado,-a. 4 *(struggle)* encarnado,-a; *(hatred)* implacable. **II** *n* 1 *(beer)* cerveza amarga. 2 **bitters**, bíter *m*. ◆**bitterly** *adv* **she was b. disappointed**, sufrió una terrible decepción.
bitterness ['bɪtənɪs] *n* 1 amargura *f*. 2 *(of weather)* crudeza *f*. 3 *(of person)* rencor *m*.
bittersweet [bɪtə'swiːt] *adj* agridulce.
bitumen ['bɪtjʊmɪn] *n* betún *m*.
bizarre [bɪ'zɑːr] *adj (odd)* extraño,-a; *(eccentric)* estrafalario,-a.
blab [blæb] *vi fam* parlotear; *(let out a secret)* chivarse.
black [blæk] **I** *adj* 1 *(colour)* negro,-a; **a b. and white television**, un televisor en blanco y negro; *fig* **b. and blue**, amoratado,-a; **to put sth down in b. and white**, poner algo por escrito; *Av* **b. box**, caja negra; **b. coffee**, café solo; **b. eye**, ojo morado; **b. hole**, agujero negro; **b. humour**, humor negro; **b. magic**, magia negra; **b. market**, mercado negro; **b. pudding**, morcilla *f*; **B. Sea**, Mar Negro; *Aut* **b. spot**, punto negro; *GB* **the B. Country**, la región de los Midlands; *fig* **b.**

sheep, oveja negra. 2 *(gloomy)* negro,-a; *fig* **a b. day,** un día aciago. II *n* 1 *(colour)* negro *m*. 2 *(person)* negro,-a *m,f*. III *vtr* 1 *(make black)* ennegrecer. 2 *(polish)* lustrar. 3 *(boycott)* boicotear. ◆**black out** I *vtr* 1 *(extinguish lights in)* apagar las luces de. 2 *(censor)* censurar. II *vi (faint)* desmayarse.

blackberry ['blækbərɪ] *n* zarzamora *f*.

blackbird ['blækbɔːd] *n* mirlo *m*.

blackboard ['blækbɔːd] *n* pizarra *f*, encerado *m*.

blackcurrant [blæk'kʌrənt] *n* grosella negra.

blacken ['blækən] *vtr* 1 *(make black)* ennegrecer. 2 *fig (defame)* manchar.

blackhead ['blækhed] *n* espinilla *f*.

blackjack ['blækdʒæk] *n Cards* veintiuna *f*.

blackleg ['blækleg] *n* esquirol *m*.

blacklist ['blæklɪst] *n* lista negra.

blackmail ['blækmeɪl] I *n* chantaje *m*. II *vtr* chantajear.

blackout ['blækaʊt] *n* 1 *(of lights)* apagón *m*. 2 *Rad TV* censura *f*. 3 *(fainting)* pérdida *f* de conocimiento.

blacksmith ['blæksmɪθ] *n* herrero *m*.

bladder ['blædər] *n* vejiga *f*; **gall b.,** vesícula *f* biliar.

blade [bleɪd] *n* 1 *(of grass)* brizna *f*. 2 *(of knife etc)* hoja *f*. 3 *(of propeller, oar)* pala *f*.

blame [bleɪm] I *n* culpa *f*; **to take the b. for sth,** asumir la responsabilidad de algo. II *vtr* echar la culpa a; **he is to b.,** él tiene la culpa.

blameless ['bleɪmlɪs] *adj (person)* inocente; *(conduct)* intachable.

blancmange [blə'mɒnʒ] *n* tipo de budín *m* dulce.

bland [blænd] *adj (climate)* suave; *(food)* soso,-a.

blank [blæŋk] I *adj* 1 *(without writing)* en blanco; *Fin* **b. cheque,** cheque *m* en blanco. 2 *(empty)* vacío,-a; **a b. look,** una mirada inexpresiva. 3 **a b. refusal,** *(absolute)* una negativa rotunda. II *n* 1 *(space)* espacio *m* en blanco; **to draw a b.,** no tener éxito. 2 *Mil* cartucho *m* de fogueo. 3 *US (form)* impreso *m*.

blanket ['blæŋkɪt] I *n* manta *f*; *fig* capa *f*. II *adj* general.

blare [bleər] *vi* resonar. ◆**blare out** *vtr* pregonar.

blasé ['blɑːzeɪ] *adj* de vuelta (de todo).

blasphemous ['blæsfɪməs] *adj* blasfemo,-a.

blasphemy ['blæsfɪmɪ] *n* blasfemia *f*.

blast [blɑːst] I *n* 1 *(of wind)* ráfaga *f*. 2 *(of horn etc)* toque *m*; **at full b.,** a toda marcha. 3 *(explosion)* explosión *f*; **b. furnace,** alto horno. 4 *(shock wave)* onda *f* de choque. II *vtr* 1 *(blow up)* volar; *fam* **b. (it)!,** ¡maldito sea! 2 *fig (destroy)* arruinar. 3 *fig (criticize)* criticar.

blasted ['blɑːstɪd] *adj* maldito,-a.

blast-off ['blɑːstɒf] *n* despegue *m*.

blatant ['bleɪtənt] *adj (very obvious)* evidente; *(shameless)* descarado,-a; **a b. lie,** una mentira patente.

blaze[1] [bleɪz] I *n* 1 *(burst of flame)* llamarada *f*. 2 *(fierce fire)* incendio *m*. 3 *(of sun)* resplandor *m*. 4 *fig (of anger)* arranque *m*. II *vi* 1 *(fire)* arder. 2 *(sun etc)* brillar.

blaze[2] [bleɪz] *vtr* **to b. a trail,** abrir un camino.

blazer ['bleɪzər] *n* chaqueta *f* sport.

bleach [bliːtʃ] I *n (household)* lejía *f*. II *vtr* 1 *(whiten)* blanquear; *(fade)* descolorir. 2 *(hair)* decolorar.

bleachers ['bliːtʃəz] *npl US Sport (seats)* gradas *fpl*.

bleak [bliːk] *adj* 1 *(countryside)* desolado,-a. 2 *(weather)* desapacible. 3 *(future)* poco prometedor,-a.

bleary ['blɪərɪ] *adj* **(blearier, bleariest)** *(eyes) (due to tears)* lloroso,-a; *(due to tiredness)* cansado,-a.

bleary-eyed [blɪərɪ'aɪd] *adj* con los ojos llorosos or cansados.

bleat [bliːt] I *n* balido *m*. II *vi (animal)* balar.

bled [bled] *pt & pp* → **bleed.**

bleed [bliːd] I *vi (pt & pp* **bled)** sangrar. II *vtr Med* sangrar; *fam* **to b. sb dry,** sacarle a algn hasta el último céntimo.

bleeding ['bliːdɪŋ] I *n (loss of blood)* pérdida *f* de sangre. II *adj* 1 *Med* sangrante. 2 *sl offens* puñetero,-a.

bleep [bliːp] I *n* bip *m*, pitido *m*. II *vi* pitar.

bleeper ['bliːpər] *n fam* busca *m*, buscapersonas *m inv*.

blemish ['blemɪʃ] *n (flaw)* defecto *m*; *(on fruit)* maca *f*; *fig* mancha *f*; *fig* **without b.,** sin tacha.

blend [blend] I *n* mezcla *f*. II *vtr (mix)* mezclar; *(colours)* armonizar. III *vi (mix)* mezclarse; *(colours)* armonizar.

blender ['blendər] *n* licuadora *f*.

bless [bles] *vtr (pt & pp* **blessed** or **blest)** 1 bendecir; *fam* **b. you!,** *(after a sneeze)* ¡Jesús! 2 **blessed with good eyesight,** dotado,-a de buena vista.

blessing ['blesɪŋ] *n* bendición *f*; *(advantage)* ventaja *f*; **a mixed b.,** una ventaja relativa.

blew [bluː] *pt* → **blow.**

blight [blaɪt] I *n* plaga *f*. II *vtr fig (spoil)* arruinar; *(frustrate)* frustrar.

blimey ['blaɪmɪ] *interj fam* ¡caramba!, ¡caray!

blind [blaɪnd] I *adj* ciego,-a; **a b. man,** un ciego; **a b. woman,** una ciega; *fig* **b. faith,** fe ciega; *fig* **to turn a b. eye,** hacer la vista gorda; **b. alley,** callejón *m* sin salida; *Aut* **b. corner,** curva *f* sin visibilidad; **b. spot,** ángulo muerto; *fam* **b.**

date, cita *f* a ciegas. **II** *adv* a ciegas; *fam* **to get b. drunk,** agarrar una curda. **III** *n* **1** *(on window)* persiana *f*. **2** *pl* **the b.,** los ciegos. **IV** *vtr* **1** cegar, dejar ciego; *fig* **blinded by ambition,** cegado por la ambición. **2** *(dazzle)* deslumbrar.

blinders ['blaɪndəz] *npl US* anteojeras *fpl*.

blindfold ['blaɪndfəʊld] **I** *n* venda *f*. **II** *vtr* vendar los ojos a.

blinding ['blaɪndɪŋ] *adj* cegador,-a, deslumbrante.

blindly ['blaɪndlɪ] *adv* a ciegas, ciegamente.

blindness ['blaɪndnɪs] *n* ceguera *f*.

blink [blɪŋk] *vi (eyes)* pestañear; *(lights)* parpadear.

blinkered ['blɪŋkəd] *adj fig* de miras estrechas.

blinkers ['blɪŋkəz] *npl (on horse)* anteojeras *fpl*.

bliss [blɪs] *n* felicidad *f*; **it was b.!,** ¡fue maravilloso!

blissful ['blɪsfʊl] *adj (happy)* feliz; *(marvellous)* maravilloso,-a.

blister ['blɪstər] **I** *n (on skin)* ampolla *f*; *(on paint)* burbuja *f*. **II** *vi* ampollarse.

blithe [blaɪð] *adj* alegre. ◆**blithely** *adv* alegremente.

blitz [blɪts] **I** *n* bombardeo aéreo. **II** *vtr* bombardear.

blizzard ['blɪzəd] *n* ventisca *f*.

bloated ['bləʊtɪd] *adj* hinchado,-a.

blob [blɒb] *n (drop)* gota *f*; *(spot)* mancha *f*.

bloc [blɒk] *n Pol* bloque *m*.

block [blɒk] **I** *n* **1** bloque *m*; *(of wood)* taco *m*; **in b. capitals,** en mayúsculas. **2** **a b. of flats,** un bloque de pisos. **3** *(group of buildings)* manzana *f*. **4** *(obstruction)* bloqueo *m*. **5** *Fin* **a b. of shares,** un paquete de acciones. **6** *fam (head)* coco *m*. **II** *vtr* **1** *(obstruct)* obstruir; *Aut* '**road blocked**', 'carretera cortada'; **to b. the way,** cerrar el paso. **2** *Sport (player)* obstaculizar. **3** *Fin Parl* bloquear. ◆**block up** *vtr* bloquear, obstruir; **to get blocked up,** *(pipe)* obstruirse.

blockade [blɒ'keɪd] *n* bloqueo *m*.

blockage ['blɒkɪdʒ] *n* bloqueo *m*, obstrucción *f*; *(traffic jam)* atasco *m*.

blockbuster ['blɒkbʌstər] *n fam* exitazo *m*; *Cin TV* gran éxito *m* de taquilla; *(book)* éxito *m* de ventas.

bloke [bləʊk] *n fam* tío *m*, tipo *m*.

blond [blɒnd] *adj & n* rubio (*m*).

blonde [blɒnd] *adj & n* rubia (*f*).

blood [blʌd] *n* **1** sangre *f*; **b. bank,** banco *m* de sangre; **b. cell,** glóbulo *m*; **b. donor,** donante *mf* de sangre; **b. group,** grupo sanguíneo; **b. pressure,** tensión *f* arterial; **b. test,** análisis *m* de sangre; **b. transfusion,** transfusión *f* de sangre; **b. vessel,** vaso sanguíneo; **blue b.,** sangre azul; **high/low b. pressure,** hipertensión *f*/hipotensión *f*. **2** *(race)* sangre *f*, raza *f*.

bloodbath ['blʌdbɑːθ] *n fig* baño *m* de sangre.

bloodhound ['blʌdhaʊnd] *n* sabueso *m*.

bloodshed ['blʌdʃed] *n* derramamiento *m* de sangre.

bloodshot ['blʌdʃɒt] *adj* inyectado,-a de sangre.

bloodstream ['blʌdstriːm] *n* corriente *f* sanguínea.

bloodthirsty ['blʌdθɜːstɪ] *adj* sanguinario,-a.

bloody ['blʌdɪ] **I** *adj* (**bloodier, bloodiest**) **1** *(battle)* sangriento,-a. **2** *(bloodstained)* manchado,-a de sangre. **3** *sl (damned)* condenado,-a, puñetero,-a. **II** *adv sl* **it's b. difficult!,** ¡joder, qué difícil!; **not b. likely!,** ¡ni de coña!

bloody-minded [blʌdɪ'maɪndɪd] *adj fam* terco,-a.

bloom [bluːm] **I** *n* **1** *(flower)* flor *f*; **in full b.,** en flor. **2** *(on fruit)* vello *m*. **II** *vi (blossom)* florecer.

blooming ['bluːmɪŋ] *adj* **1** *(blossoming)* floreciente. **2** *fam euph (damned)* maldito,-a, condenado,-a.

blossom ['blɒsəm] **I** *n (flower)* flor *f*. **II** *vi* florecer; *fig* **to b. out,** alcanzar la plenitud.

blot [blɒt] **I** *n (of ink)* borrón *m*; *fig* mancha *f*. **II** *vtr* **1** *(with ink)* emborronar. **2** *(dry)* secar. **III** *vi (ink)* correrse. ◆**blot out** *vtr (memories)* borrar; *(view)* ocultar.

blotchy ['blɒtʃɪ] *adj (skin etc)* enrojecido,-a; *(paint etc)* cubierto,-a de manchas.

blotting-paper ['blɒtɪŋpeɪpər] *n* papel *m* secante.

blouse [blaʊz] *n* blusa *f*.

blow[1] [bləʊ] *n* golpe *m*; **to come to blows,** llegar a las manos; **it came as a terrible b.,** fue un duro golpe.

blow[2] [bləʊ] **I** *vi (pt* **blew***, pp* **blown**) **1** *(wind)* soplar; **to b. shut,** cerrarse de golpe. **2** *(fuse)* fundirse. **3** *(tyre)* reventar. **II** *vtr* **1** *(kiss)* mandar. **2** *(trumpet etc)* tocar; *fig* **to b. one's own trumpet,** darse bombo. **3** *(one's nose)* sonarse. **4** *(fuse)* fundir. **5** *fam (waste)* despilfarrar. **6** *fam (chances)* dar al traste con. **7** *(explode)* volar; *fig* **to b. sb's cover,** descubrir la tapadera de algn; *fam* **to b. one's top,** salirse de sus casillas. ◆**blow away** *vtr* **blow off.** ◆**blow down** *vtr* derribar. ◆**blow off** *I vtr (by wind)* llevarse. **II** *(hat)* salir volando. ◆**blow out I** *vtr* apagar. **II** *vi* apagarse. ◆**blow over** *vi (storm)* calmarse; *(scandal)* olvidarse. ◆**blow up I** *vtr* **1** *(building)* volar. **2** *(inflate)* inflar. **3** *Phot* ampliar. **II** *vi (explode)* explotar.

blowlamp ['bləʊlæmp] *n* soplete *m*.

blown [bləʊn] *pp* → **blow**.

blowout ['bləuaut] *n Aut* reventón *m*; *sl* comilona *f*.

blowtorch ['bləutɔːtʃ] *n US* soplete *m*.

blow-up ['bləuʌp] *n Phot* ampliación *f*.

blubber ['blʌbəʳ] I *n* grasa *f* de ballena. II *vi fam* llorar a moco tendido.

bludgeon ['blʌdʒən] *vtr* aporrear; *fig* **to b. sb into doing sth**, forzar a algn a hacer algo.

blue [bluː] I *adj* 1 (*colour*) azul; *fig* **once in a b. moon**, de higos a brevas; *fam* **to scream b. murder**, gritar como un loco; **b. jeans**, vaqueros *mpl*, tejanos *mpl*. 2 (*sad*) triste; **to feel b.**, sentirse deprimido. 3 (*obscene*) verde; **b. joke**, chiste *m* verde. II *n* 1 (*colour*) azul *m*; *fam* **the boys in b.**, los maderos. 2 **out of the b.**, (*suddenly*) de repente; (*unexpectedly*) como llovido del cielo.

bluebell ['bluːbel] *n* campanilla *f*.

blueberry ['bluːbərɪ] *n* arándano *m*.

bluebottle ['bluːbɒtəl] *n* moscarda *f*, mosca *f* azul.

blue-collar ['bluːkɒləʳ] *adj* **b.-c. worker**, obrero,-a *m,f*.

blueprint ['bluːprɪnt] *n* anteproyecto *m*.

blues [bluːz] *n* 1 *Mus* **the b.**, el blues. 2 *fam* (*sadness*) tristeza *f*, melancolía *f*; **to have the b.**, sentirse deprimido.

bluetit ['bluːtɪt] *n* herrerillo *m* común.

bluff [blʌf] I *n* (*trick*) farol *m*; **to call sb's b.**, hacer que algn ponga sus cartas encima de la mesa. II *adj* (*abrupt*) brusco,-a; (*forthright*) francote,-a. III *vi* tirarse un farol; **to b. one's way through sth**, hacer colar algo.

blunder ['blʌndəʳ] I *n* metedura *f* de pata; *fam* patinazo *m*. II *vi* meter la pata, pegar un patinazo.

blunt [blʌnt] I *adj* 1 (*knife*) desafilado,-a; (*pencil*) despuntado,-a; **b. instrument**, instrumento *m* contundente. 2 (*frank*) directo,-a, francote,-a; (*statement*) tajante. II *vtr* (*pencil*) despuntar; (*knife*) desafilar. ◆**bluntly** *adv* francamente.

blur [blɜːʳ] I *n* aspecto borroso. II *vtr* (*windows*) empañar; (*shape*) desdibujar; (*memory*) enturbiar.

blurb [blɜːb] *n* (*in book*) resumen *m*.

blurred [blɜːd] *adj* borroso,-a.

blurt [blɜːt] *vtr* **to b. out**, dejar escapar.

blush [blʌʃ] I *n* rubor *m*. II *vi* ruborizarse.

blusher ['blʌʃəʳ] *n* colorete *m*.

blustery ['blʌstərɪ] *adj* borrascoso,-a.

boar [bɔːʳ] *n* verraco *m*; **wild b.**, jabalí *m*.

board [bɔːd] I *n* 1 (*plank*) tabla *f*. 2 (*work surface*) mesa *f*; (*blackboard*) pizarra *f*; (*for games*) tablero *m*. 3 (*meals*) pensión *f*; **full b.**, pensión completa; **b. and lodging**, casa *f* y comida. 4 (*committee*) junta *f*, consejo *m*; **b. of directors**, consejo de administración; **b. room**, sala *f* del consejo. 5 *Naut* **on b.**, a bordo. 6 *fig* **above b.**, en regla; **across-the-b.**, general; **to let sth go by the b.**, abandonar algo. II *vtr* (*ship, plane etc*) embarcarse en, subir a. III *vi* 1 (*lodge*) alojarse. 2 (*at school*) estar interno,-a. ◆**board up** *vtr* tapar.

boarder ['bɔːdəʳ] *n* 1 (*in boarding house*) huésped *mf*. 2 (*at school*) interno,-a *m,f*.

boarding ['bɔːdɪŋ] *n* 1 (*embarkation*) embarque *m*; **b. card**, **b. pass**, tarjeta *f* de embarque. 2 (*lodging*) alojamiento *m*, pensión *f*; **b. house**, pensión *f*; **b. school**, internado *m*.

boast [bəust] I *n* jactancia *f*, alarde *m*. II *vi* jactarse, alardear (**about**, de). III *vtr* presumir de, alardear de; **the town boasts an Olympic swimming pool**, la ciudad disfruta de una piscina olímpica.

boat [bəut] *n* barco *m*; (*small*) barca *f*, bote *m*; (*launch*) lancha *f*; (*large*) buque *m*; *fig* **we're all in the same b.**, todos estamos en el mismo barco; **fishing b.**, barco de pesca.

boater ['bəutəʳ] *n* canotié *m*, canotier *m*.

boatswain ['bəusən] *n* contramaestre *m*.

boatyard ['bəutjɑːd] *n* astillero *m*.

bob [bɒb] I *n* 1 (*haircut*) pelo *m* a lo chico. 2 *fam inv* (*shilling*) chelín *m*. II *vi* **to b. up and down**, subir y bajar.

bobbin ['bɒbɪn] *n* (*of sewing machine*) canilla *f*; (*for lace-making*) bolillo *m*.

bobby ['bɒbɪ] *n fam* (*policeman*) poli *m*.

bobsleigh ['bɒbsleɪ] *n* bobsleigh *m*.

bode[1] [bəud] *pt* → **bide**.

bode[2] [bəud] *vtr & vi* presagiar; **to b. well/ill**, ser de buen/mal agüero.

bodice ['bɒdɪs] *n* 1 (*sleeveless undergarment*) corpiño *m*. 2 (*of dress*) cuerpo *m*.

bodily ['bɒdɪlɪ] I *adj* físico,-a; **b. harm**, daños *mpl* corporales. II *adv* **to carry sb b.**, llevar a algn en brazos.

body ['bɒdɪ] *n* 1 cuerpo *m*; **b. language**, expresión *f* corporal; **b. odour**, olor *m* corporal. 2 (*corpse*) cadáver *m*. 3 (*main part*) parte *f* principal. 4 *Aut* carrocería *f*; *Naut* casco *m*. 5 (*organization*) organismo *m*; (*profession*) cuerpo *m*; **the b. politic**, el estado. 6 (*group of people*) conjunto *m*, grupo *m*.

body-blow ['bɒdɪbləu] *n fig* duro golpe *m*.

body-builder ['bɒdɪbɪldəʳ] *n* culturista *mf*.

body-building ['bɒdɪbɪldɪŋ] *n* culturismo *m*.

bodyguard ['bɒdɪgɑːd] *n* guardaespaldas *mf inv*.

bodywork ['bɒdɪwɜːk] *n Aut* carrocería *f*.

Boer ['bəuəʳ] *adj* **the B. War**, la guerra del Transvaal.

bog [bɒg] *n* 1 ciénaga *f*. 2 *sl* (*lavatory*) meódromo *m*. ◆**bog down** *vtr* **to get bogged down**, atascarse.

bogey ['bəugɪ] *n* 1 (*spectre*) espectro *m*, fantasma *m*. 2 (*bugbear*) pesadilla *f*. 3

boggle

Golf bogey *m*. 4 *sl* (*mucus*) moco *m*.
boggle ['bɒgəl] *vi fam* **the mind boggles**, ¡es alucinante!
bogus ['bəʊgəs] *adj* falso,-a; **b. company**, compañía fantasma.
boil[1] [bɔɪl] **I** *n* **to come to the b.**, empezar a hervir. **II** *vtr* (*water*) hervir; (*food*) cocer; (*egg*) cocer, pasar por agua. **III** *vi* hervir; *fig* **to b. with rage**, estar furioso.
◆**boil down** *vi* reducirse (**to**, a).
◆**boil over** *vi* (*milk*) salirse.
boil[2] [bɔɪl] *n Med* furúnculo *m*.
boiled [bɔɪld] *adj* **b. egg**, huevo cocido *or* pasado por agua.
boiler ['bɔɪlər] *n* caldera *f*; **b. suit**, mono *m*.
boiling ['bɔɪlɪŋ] *adj* **b. water**, agua hirviendo; **it's b. hot**, (*food*) quema; (*weather*) hace un calor agobiante; **b. point**, punto *m* de ebullición.
boisterous ['bɔɪstərəs] *adj* 1 (*person, party*) bullicioso,-a. 2 (*weather*) borrascoso,-a.
bold [bəʊld] *adj* 1 (*brave*) valiente. 2 (*daring*) audaz. 3 (*features*) marcado,-a; *Typ* **b. type**, negrita *f*. 4 (*impudent*) descarado,-a.
Bolivia [bə'lɪvɪə] *n* Bolivia.
Bolivian [bə'lɪvɪən] *adj & n* boliviano,-a (*m,f*).
bollard ['bɒlɑːd] *n Aut* baliza *f*.
bollocks ['bɒləks] *npl vulg* cojones *mpl*; **b.!**, (*disagreement*) ¡y un huevo!
Bolshevik ['bɒlʃəvɪk] *adj & n* bolchevique (*mf*).
bolster ['bəʊlstər] **I** *n* (*pillow*) cabezal *m*, travesaño *m*. **II** *vtr* (*strengthen*) reforzar; (*support*) apoyar.
bolt [bəʊlt] **I** *n* 1 (*on door*) cerrojo *m*; (*small*) pestillo *m*. 2 *Tech* perno *m*, tornillo *m*. 3 (*of lightning*) rayo *m*. 4 (*crossbow*) flecha *f*. **II** *vtr* 1 (*lock*) cerrar con cerrojo. 2 *Tech* sujetar con pernos. 3 *fam* (*food*) engullir. **III** *vi* (*person*) largarse; (*horse*) desbocarse. **IV** *adv* **b. upright**, derecho.
bomb [bɒm] **I** *n* bomba *f*; *GB sl* **to cost a b.**, costar un ojo de la cara; **b. disposal squad**, brigada *f* de artificieros; **b. scare**, amenaza *f* de bomba; **car b.**, cochebomba *m*; **letter b.**, carta-bomba *f*. **II** *vtr* (*city etc*) bombardear; (*by terrorists*) volar. **III** *vi fam* **to b. (along)**, (*car*) ir a toda pastilla.
bombard [bɒm'bɑːd] *vtr* bombardear.
bombardment [bɒm'bɑːdmənt] *n* bombardeo *m*.
bombastic [bɒm'bæstɪk] *adj* rimbombante.
bomber ['bɒmər] *n* 1 *Av* bombardero *m*; **b. jacket**, cazadora *f*. 2 terrorista *mf* que coloca bombas.
bombshell ['bɒmʃel] *n* 1 *Mil* obús *m*. 2 *fig* (*surprise*) bomba *f*. 3 *fam* **a blonde b.**, una rubia explosiva.

bona fide [bəʊnəˈfaɪdɪ] *adj* 1 (*genuine*) auténtico,-a. 2 (*in good faith*) bienintencionado,-a.
bond [bɒnd] *n* 1 (*link*) lazo *m*, vínculo *m*. 2 *Fin* bono *m*. 3 *Jur* (*bail*) fianza *f*. 4 (*binding agreement*) acuerdo *m*. 5 (*warehouse*) depósito *m*; **in b.**, en depósito. 6 *US* (*guarantee*) garantía *f*. 7 **bonds**, (*shackles*) cadenas *fpl*. **II** *vtr* 1 (*join*) pegar. 2 (*merchandise*) poner en depósito.
bondage ['bɒndɪdʒ] *n* esclavitud *f*.
bone [bəʊn] **I** *n* hueso *m*; (*in fish*) espina *f*; *fig* **b. of contention**, manzana *f* de la discordia; *fig* **to make no bones about sth**, no andarse con rodeos en un asunto; **b. china**, porcelana fina. 2 **bones**, (*remains*) restos *mpl*; **the bare bones**, lo esencial. **II** *vtr* (*meat*) deshuesar; (*fish*) quitar las espinas a. ◆**bone up on** *vtr fam* empollar.
bone-dry [bəʊn'draɪ] *adj* completamente seco,-a.
bone-idle [bəʊn'aɪdl] *adj* gandul,-a.
bonfire ['bɒnfaɪər] *n* hoguera *f*, fogata *f*; **B. Night**, noche *f* del cinco de noviembre.
bonkers ['bɒŋkəz] *adj GB sl* chalado,-a.
bonnet ['bɒnɪt] *n* 1 (*child's*) gorra *f*. 2 *Aut* capó *m*.
bonus ['bəʊnəs] *n* 1 (*on wages*) prima *f*. 2 *Fin* (*on shares*) dividendo *m* extraordinario. 3 *GB Ins* beneficio *m*.
bony ['bəʊnɪ] *adj* (**bonier**, **boniest**) (*person*) huesudo,-a; (*fish*) lleno,-a de espinas.
boo [buː] **I** *interj* ¡bu!. **II** *n* abucheo *m*. **III** *vtr* abuchear.
boob [buːb] *n GB sl* 1 (*silly mistake*) patinazo *m*. 2 **boobs**, (*breasts*) tetas *fpl*.
booby ['buːbɪ] *n* **b. prize**, premio *m* de consolación; **b. trap**, trampa *f*; *Mil* trampa explosiva.
boogie ['buːgɪ] *vi fam* bailar.
book [bʊk] **I** *n* 1 libro *m*; *fig* **in my b.**, según mi punto de vista; *fig* **by the b.**, según las reglas; **b. end**, sujetalibros *m inv*; *GB* **b. token**, vale *m* para comprar libros; **savings b.**, libreta *f* de ahorros. 2 (*of stamps*) carpeta *f*; (*of matches*) cajetilla *f*. 3 *Com* **books**, cuentas *fpl*; **to keep the books**, llevar las cuentas. **II** *vtr* 1 (*reserve*) reservar; (*return flight*) cerrar. 2 (*engage*) contratar. 3 (*by police*) poner una multa a. 4 *Ftb* amonestar. ◆**book into** *vtr* (*hotel*) reservar una habitación en. ◆**book out** *vi* (*of hotel*) marcharse. ◆**book up** *vtr* **booked up**, completo.
booking ['bʊkɪŋ] *n esp GB* (*reservation*) reserva *f*; **b. office**, taquilla *f*.
bookmaker ['bʊkmeɪkər] *n* corredor,-a *m,f* de apuestas.
bookseller ['bʊkselər] *n* librero,-a *m,f*.
bookshelf ['bʊkʃelf] *n* **bookshelves**, estantería *f sing*.

bookshop ['bʊkʃɒp] *n* librería *f*.
bookstall ['bʊkstɔ:l] *n* quiosco *m*.
bookstore ['bʊkstɔ:r] *n US* librería *f*.
bookworm ['bʊkwɜ:m] *n fam* ratón *m* de biblioteca.
boom¹ [bu:m] **I** *n* **1** (*noise*) estampido *m*, trueno *m*. **2** (*sudden prosperity*) boom *m*, auge *m*. **II** *vi* **1** (*thunder*) retumbar; (*cannon*) tronar. **2** (*prosper*) estar en auge.
boom² [bu:m] *n* (*of microphone*) jirafa *f*.
boomerang ['bu:məræŋ] *n* bumerang *m*, bumerán *m*.
booming ['bu:mɪŋ] *adj* **1** (*voice, thunder*) que retumba. **2** (*prosperous*) en auge.
boon [bu:n] *n* (*blessing*) bendición *f*.
boost [bu:st] **I** *n* estímulo *m*, empujón *m*. **II** *vtr* **1** (*increase*) aumentar. **2 to b. sb's confidence**, subirle la moral a algn. **3** (*tourism, exports*) fomentar. **4** (*voltage*) elevar.
booster ['bu:stər] *n* **1** *Elec* elevador *m* de voltaje. **2** *Rad TV* (*amplifier*) amplificador *m*. **3** *Med* **b. (shot)**, revacunación *f*.
boot¹ [bu:t] **I** *n* **1** bota *f*; (*short*) botín *m*; *fig* **he's too big for his boots**, es muy creído; *fam* **to put the b. in**, pisotear; *fam* **she got the b.**, la echaron (del trabajo); **b. polish**, betún *m*. **2** *GB Aut* maletero *m*. **II** *vtr fam* **1** *Ftb* (*ball*) chutar. **2 to b. (out)**, echar a patadas.
boot² [bu:t] *n* **to b.**, además.
bootblack ['bu:tblæk] *n esp US* limpiabotas *mf inv*.
booth [bu:ð, bu:θ] *n* **1** (*in language lab etc*) cabina *f*; **telephone b.**, cabina telefónica. **2** (*at fair*) puesto *m*.
bootleg ['bu:tleg] *adj* de contrabando.
bootlegger ['bu:tlegər] *n* contrabandista *m*.
booty ['bu:tɪ] *n* botín *m*.
booze [bu:z] *fam* **I** *n* priva *f*. **II** *vi* privar.
bop [bɒp] **I** *n* **1** *Mus* be-bop *m*. **2** *fam* (*dance*) baile *m*. **II** *vi fam* (*dance*) bailar.
Bordeaux [bɔ:ˈdəʊ] *n* **1** (*city*) Burdeos *f*. **2** (*wine*) burdeos *m*.
border ['bɔ:dər] **I** *n* **1** borde *m*, margen *m*. **2** *Sew* ribete *m*. **3** (*frontier*) frontera *f*; **b. town**, pueblo fronterizo. **4** (*flower bed*) arriate *m*. **III** *vtr Sew* ribetear. ◆**border on** *vtr* **1** *Geog* lindar con. **2** *fig* rayar en.
borderline ['bɔ:dəlaɪn] **I** *n* **1** (*border*) frontera *f*. **2** (*dividing line*) línea divisoria. **II** *adj* **1** (*on the border*) fronterizo,-a. **2** *fig* (*case etc*) dudoso,-a.
bore¹ [bɔ:r] **I** *vtr Tech* taladrar, perforar. **II** *n* **1** *Tech* (*hole*) taladro *m*. **2** (*of gun*) calibre *m*.
bore² [bɔ:r] **I** *vtr* aburrir. **II** *n* (*person*) pesado,-a *m,f*, pelma *mf*; (*thing*) lata *f*, rollo *m*; **what a b.!**, ¡qué rollo!
bore³ [bɔ:r] *pt* → **bear¹**.
bored [bɔ:d] *adj* aburrido,-a; **to be b. stiff** *or* **to tears**, estar aburrido,-a como una ostra.

boredom ['bɔ:dəm] *n* aburrimiento *m*.
boring ['bɔ:rɪŋ] *adj* (*uninteresting*) aburrido,-a; (*tedious*) pesado,-a, latoso,-a.
born [bɔ:n] **I** *pp* → **bear¹**; **to be b.**, nacer; **I wasn't b. yesterday**, no nací ayer. **II** *adj* (*having natural ability*) nato,-a; **b. poet**, poeta nato.
born-again ['bɔ:nəgen] *adj Rel* converso,-a.
borne [bɔ:n] *pp* → **bear¹**.
borough ['bʌrə] *n* **1** (*town*) ciudad *f*; *US* (*municipality*) municipio *m*. **2** *esp GB* (*constituency*) distrito *m* electoral.
borrow ['bɒrəʊ] **I** *vtr* **1** pedir *or* tomar prestado; **can I b. your pen?**, ¿me dejas tu bolígrafo? **2** (*ideas etc*) apropiarse. **II** *vi* pedir *or* tomar prestado.
borstal ['bɔ:stəl] *n GB fam* reformatorio *m*.
bosom ['bʊzəm] *n* **1** (*breast*) pecho *m*; (*breasts*) pechos *mpl*; **b. friend**, amigo,-a *m,f* del alma. **2** *fig* seno *m*.
boss [bɒs] **I** *n* **1** (*head*) jefe,-a *m,f*; (*factory owner etc*) patrón,-ona *m,f*. **2** *esp US Pol* jefe *m*; *pej* cacique *m*. **II** *vtr* **to b. sb about** *or* **around**, mandar sobre algn.
bossy ['bɒsɪ] *adj* (**bossier, bossiest**) *fam* mandón,-ona.
bosun ['bəʊsən] *n* contramaestre *m*.
botanic(al) [bəˈtænɪk(əl)] *adj* botánico,-a; **b. garden**, jardín botánico.
botany ['bɒtənɪ] *n* botánica *f*.
botch [bɒtʃ] **I** *vtr* chapucear; **a botched job**, una chapuza. **II** *n* chapuza *f*.
both [bəʊθ] **I** *adj* ambos,-as, los dos, las dos; **b. men are teachers**, ambos son profesores; **hold it with b. hands**, sujétalo con las dos manos. **II** *pron* **b. (of them)**, ambos,-as, los dos, las dos; **b. of you**, vosotros dos. **III** *conj* **a la vez**; **b. England and Spain are in Europe**, tanto Inglaterra como España están en Europa.
bother ['bɒðər] **I** *vtr* **1** (*disturb*) molestar; (*be a nuisance to*) dar la lata a. **2** (*worry*) preocupar; *fam* **I can't be bothered**, no tengo ganas. **II** *vi* molestarse; **don't b. about me**, no te preocupes por mí; **he didn't b. shaving**, no se molestó en afeitarse. **III** *n* **1** (*disturbance*) molestia *f*; (*nuisance*) lata *f*. **2** (*trouble*) problemas *mpl*. **IV** *interj GB* ¡maldito sea!
bothersome ['bɒðəsəm] *adj* molesto,-a.
bottle ['bɒtəl] **I** *n* **1** botella *f*; (*of perfume, ink*) frasco *m*; *fam* **to hit the b.**, darle a la bebida; **baby's b.**, biberón *m*; **b. opener**, abrebotellas *m inv*. **2** *GB sl* **to have a lot of b.**, (*nerve*) tener muchas agallas. **II** *vtr* (*wine*) embotellar; (*fruit*) enfrascar. ◆**bottle out** *vi GB sl* encogerse. ◆**bottle up** *vtr* reprimir.
bottle-bank ['bɒtəlbæŋk] *n* contenedor *m* de vidrio.
bottled ['bɒtəld] *adj* (*beer, wine*) en botella, embotellado,-a; (*fruit*) envasado,-a.

bottle-green ['bɒtəlgri:n] *adj* verde botella.

bottleneck ['bɒtəlnek] *n Aut* embotellamiento *m*, atasco *m*.

bottom ['bɒtəm] **I** *adj* **1** (*lowest*) más bajo,-a, (*drawer, shelf*) de abayo; *Aut* b. gear, primera *f*. **2** (*last*) último,-a; **b. line**, *Fin* saldo *m* final; *fig* resultado *m* final. **II** *n* **1** parte *f* inferior; (*of sea, garden, street, box*) fondo *m*; (*of bottle*) culo *m*; (*of page, hill*) pie *m*; *Educ* **to be (at) the b. of the class**, ser el último *or* la última de la clase; **to touch b.**, tocar fondo; *fam* **bottoms up!**, ¡salud! **2 to get to the b. of a matter**, llegar al meollo de una cuestión; **who is at the b. of all this?**, ¿quién está detrás de todo esto? **3** (*buttocks*) trasero *m*. ◆**bottom out** *vi Fin* tocar fondo.

bottomless ['bɒtəmlɪs] *adj* (*pit*) sin fondo; (*mystery*) insondable.

boudoir ['bu:dwɑ:r] *n* tocador *m*.

bough [baʊ] *n* rama *f*.

bought [bɔ:t] *pt & pp* → **buy**.

bouillon ['bu:jɒn] *n* caldo *m*.

boulder ['bəʊldər] *n* canto rodado.

boulevard ['bu:lvɑ:r] *n* bulevar *m*.

bounce [baʊns] **I** *vi* **1** (*ball*) rebotar. **2** (*jump*) saltar. **3** *sl* (*cheque*) ser rechazado (por el banco). **II** *vtr* (*ball*) botar. **III** *n* **1** (*of ball*) bote *m*. **2** (*jump*) salto *m*. **3** (*energy*) vitalidad *f*. ◆**bounce back** *vi* (*recover health*) recuperarse, recobrarse.

bouncer ['baʊnsər] *n sl* gorila *m*.

bound[1] [baʊnd] *adj* **1** (*tied up*) atado,-a. **2** (*book*) encuadernado,-a. **3** (*obliged*) obligado,-a. **4 b. (up)**, (*linked*) vinculado,-a (**with**, a). **5 it's b. to happen**, sucederá con toda seguridad; **it was b. to fail**, estaba destinado al fracaso.

bound[2] [baʊnd] **I** *vi* saltar. **II** *n* salto *m*.

bound[3] [baʊnd] *adj* **b. for**, con destino a, rumbo a; **to be b. for**, dirigirse a.

boundary ['baʊndərɪ] *n* límite *m*.

boundless ['baʊndlɪs] *adj* ilimitado,-a, sin límites.

bounds [baʊndz] *npl* **beyond the b. of reality**, más allá de la realidad; **her ambition knows no b.**, su ambición no conoce límites; **the river is out of b.**, está prohibido bajar al río.

bounty ['baʊntɪ] *n* prima *f*, gratificación *f*.

bouquet [bu:'keɪ, bəʊ'keɪ] *n* **1** (*of flowers*) ramillete *m*. **2** [bu:'keɪ] (*of wine*) aroma *m*, buqué *m*.

bourbon ['bɜ:bən] *n* bourbon *m*.

bourgeois ['bʊəʒwɑ:] *adj & n* burgués, -esa (*m,f*).

bourgeoisie [bʊəʒwɑ:'zi:] *n* burguesía *f*.

bout [baʊt] *n* **1** (*of work*) turno *m*; (*of illness*) ataque *m*. **2** *Box* combate *m*.

boutique [bu:'ti:k] *n* boutique *f*, tienda *f*.

bow[1] [baʊ] **I** *vi* **1** hacer una reverencia. **2** (*give in*) ceder. **II** *n* (*with head, body*) reverencia *f*. ◆**bow out** *vi* retirarse (**of**, de).

bow[2] [bəʊ] *n* **1** *Sport & Mus* arco *m*; *fig* **to have more than one string to one's b.**, ser una persona de recursos. **2** (*knot*) lazo *m*; **b. tie**, pajarita *f*.

bow[3] [baʊ] *n esp Naut* proa *f*.

bowel ['baʊəl] *n* **1** intestino *m*. **2 bowels**, entrañas *fpl*.

bowl[1] [bəʊl] *n* **1** (*dish*) cuenco *m*; (*for soup*) tazón *m*; (*for washing hands*) palangana *f*; (*for washing clothes, dishes*) barreño *m*; (*of toilet*) taza *f*. **2** *Geol* cuenca *f*.

bowl[2] [bəʊl] **I** *n* bola *f*. **II** *vtr* (*in cricket*) lanzar. **III** *vi* **1** (*play bowls*) jugar a los bolos. **2** (*in cricket*) lanzar la pelota. ◆**bowl along** *vi fam* (*car*) ir volando. ◆**bowl out** *vtr* (*in cricket*) eliminar. ◆**bowl over** *vtr* **1** (*knock down*) derribar. **2** *fig* (*astonish*) desconcertar.

bow-legged ['bəʊleg(ɪ)d] *adj* patizambo,-a.

bowler[1] ['bəʊlər] *n* (*in cricket*) lanzador,-a *m,f*.

bowler[2] ['bəʊlər] *n* (*hat*) bombín *m*.

bowling ['bəʊlɪŋ] *n* (*game*) bolos *mpl*; **b. alley**, bolera *f*; **b. green**, campo *m* de bolos.

bowls [bəʊlz] *npl Sport* bolos *mpl*.

box[1] [bɒks] *n* **1** caja *f*; (*large*) cajón *m*; (*of matches*) cajetilla *f*; **jewellery b.**, joyero *m*; *Theat* **b. office**, taquilla *f*; **b. office success**, éxito taquillero. **2** *Press* recuadro *m*. **3** *Jur* (**witness**) **b.**, barra *f* de los testigos. **4** *Theat* palco *m*. **5** *GB fam* (*television*) caja tonta. **II** *vtr* (*pack*) embalar.

box[2] [bɒks] *Sport* **I** *vi* boxear. **II** *vtr* (*hit*) pegar; **to b. sb's ears**, dar un cachete a algn.

boxer ['bɒksər] *n* **1** *Box* boxeador *m*. **2** (*dog*) bóxer *m*.

boxing ['bɒksɪŋ] *n* boxeo *m*; **b. ring**, cuadrilátero *m*.

Boxing Day ['bɒksɪŋdeɪ] *n GB* el día de San Esteban (26 de diciembre).

boxroom ['bɒksru:m] *n* trastero *m*.

boy [bɔɪ] *n* **1** (*child*) niño *m*, chico *m*; (*youth*) joven *m*; *fam* **oh b.!**, ¡vaya! **2** (*son*) hijo *m*.

boycott ['bɔɪkɒt] **I** *n* boicot *m*. **II** *vtr* boicotear.

boyfriend ['bɔɪfrend] *n* novio *m*; (*live-in*) compañero *m*.

boyhood ['bɔɪhʊd] *n* niñez *f*, juventud *f*.

boyish ['bɔɪɪʃ] *adj* juvenil, de muchacho.

bra [brɑ:] *n abbr of* **brassiere**.

brace [breɪs] **I** *n* **1** (*clamp*) abrazadera *f*; (*of drill*) berbiquí *m*; (*for teeth*) aparato *m*. **2** (*of wood*) puntal *m*. **3** (*pair*) par *m*. **4** *GB* **braces**, tirantes *mpl*. **II** *vtr* **1** (*wall*) apuntalar. **2** (*strengthen*) reforzar. **3 to b. oneself**, prepararse (**for**, para). ◆**brace**

bracelet 315 **break**

up *vi* cobrar ánimo.
bracelet |'breɪslɪt| *n* pulsera *f*.
bracing |'breɪsɪŋ| *adj (wind)* fresco,-a; *(stimulating)* tonificante.
bracken |'brækən| *n* helecho *m*.
bracket |'brækɪt| **I** *n* 1 *Typ (round)* paréntesis *m*; *(square)* corchete *m*; *(curly)* llave *f*; **in brackets**, entre paréntesis. 2 *(support)* soporte *m*; *(for lamp)* brazo *m*; *(shelf)* repisa *f*. 3 *(for tax)* sector *m*. **II** *vtr* 1 *Ling (phrase etc)* poner entre paréntesis. 2 *(group together)* agrupar, juntar.
brag |bræg| *vi* jactarse (**about**, de).
braggart |'brægət| *n* fanfarrón,-ona *m,f*.
braid |breɪd| **I** *vtr* trenzar. **II** *n* 1 *Sew* galón *m*. 2 *esp US (plait)* trenza *f*.
Braille |breɪl| *n* Braille *m*.
brain |breɪn| *n* 1 cerebro *m*; **she's got cars on the b.**, está obsesionada por los coches; *Med* **b. death**, muerte *f* cerebral; *fig* **b. drain**, fuga *f* de cerebros; **b. wave**, idea *f* genial. 2 *fam* **brains**, inteligencia *f*; **to have brains**, ser inteligente; **b. trust**, grupo *m* de expertos. 3 *Culin* **brains**, sesos *mpl*.
brainchild |'breɪntʃaɪld| *n* invento *m*, idea *f* genial.
brainpower |'breɪnpaʊər| *n* capacidad *f* intelectual.
brainstorm |'breɪnstɔːm| *n* 1 *(outburst)* arranque *m*. 2 *(brain wave)* genialidad *f*, lluvia *f* de ideas.
brainwash |'breɪnwɒʃ| *vtr* lavar el cerebro a.
brainy |'breɪnɪ| *adj* (**brainier, brainiest**) *fam* listo,-a.
braise |breɪz| *vtr* cocer a fuego lento.
brake |breɪk| **I** *n Aut (also pl)* freno *m*; **b. drum**, tambor *m* del freno; **b. fluid**, líquido *m* de frenos; **b. light**, luz *f* de freno. **II** *vi* frenar, echar el freno.
bramble |'bræmbəl| *n* zarza *f*, zarzamora *f*.
bran |bræn| *n* salvado *m*.
branch |brɑːntʃ| **I** *n (of tree)* rama *f*; *(of road)* bifurcación *f*; *(of science etc)* ramo *m*; *Com* **b. (office)**, sucursal *f*. **II** *vi (road)* bifurcarse. ◆**branch off** *vi* desviarse. ◆**branch out** *vi* diversificarse.
brand |brænd| **I** *n* 1 *Com* marca *f*; **b. name**, marca de fábrica. 2 *(type)* clase *f*. 3 *(on cattle)* hierro *m*. **II** *vtr* 1 *(animal)* marcar con hierro candente. 2 *(label)* tildar.
brandish |'brændɪʃ| *vtr* blandir.
brand-new |brænd'njuː| *adj* flamante.
brandy |'brændɪ| *n* coñac *m*, brandy *m*.
brash |bræʃ| *adj* 1 *(impudent)* descarado,-a. 2 *(reckless)* temerario,-a. 3 *(loud, showy)* chillón,-ona.
brass |brɑːs| **I** *n* latón *m*; *sl (money)* pasta *f*; *Mus* instrumentos *mpl* de metal; **b. band**, banda *f* de metal.
brassiere |'bræzɪər| *n* sostén *m*, sujetador *m*.
brat |bræt| *n fam* mocoso,-a *m,f*.
bravado |brə'vɑːdəʊ| *n* bravuconería *f*.
brave |breɪv| **I** *adj* valiente, valeroso,-a. **II** *n US* (**Indian**) **b.**, guerrero *m* indio. **III** *vtr* 1 *(face)* hacer frente a. 2 *(defy)* desafiar. ◆**bravely** *adv* valientemente.
bravery |'breɪvərɪ| *n* valentía *f*, valor *m*.
bravo |brɑː'vəʊ| *interj* ¡bravo!
brawl |brɔːl| **I** *n* reyerta *f*. **II** *vi* pelearse.
brawn |brɔːn| *n* 1 *(strength)* fuerza física. 2 *Culin GB* carne *f* de cerdo adobada.
bray |breɪ| **I** *n (of donkey)* rebuzno *m*. **II** *vi* rebuznar.
brazen |'breɪzən| *adj* descarado,-a.
brazil |brə'zɪl| *n* **b. nut**, nuez *f* del Brasil.
Brazil |brə'zɪl| *n* (el) Brasil.
Brazilian |brə'zɪlɪən| *adj & n* brasileño,-a *(m,f)*.
breach |briːtʃ| **I** *n* 1 *(in wall)* brecha *f*. 2 *(violation)* incumplimiento *m*; **b. of confidence**, abuso *m* de confianza; **b. of contract**, incumplimiento de contrato; **b. of the law**, violación *f* de la ley; **b. of the peace**, alteración *f* del orden público. 3 *(in relations)* ruptura *f*. **II** *vtr* violar.
bread |bred| *n* 1 pan *m*; **b. and butter**, pan con mantequilla; *fig* **our daily b.**, el pan nuestro de cada día. 2 *sl (money)* pasta *f*, *Am* plata *f*.
breadboard |'bredbɔːd| *n* tabla *f* (para cortar el pan).
breadcrumb |'bredkrʌm| *n* miga *f* de pan; **breadcrumbs**, pan *m sing* rallado.
breadline |'bredlaɪn| *n fam* miseria *f*; **to be on the b.**, vivir en la miseria.
breadth |bredθ| *n* 1 *(width)* anchura *f*; **it is two metres in b.**, tiene dos metros de ancho. 2 *(extent)* amplitud *f*.
breadwinner |'bredwɪnər| *n* cabeza *mf* de familia.
break |breɪk| **I** *vtr* (*pt* **broke**; *pp* **broken**) 1 romper; **to b. a leg**, romperse la pierna; **to b. a record**, batir un récord; **to b. even**, no tener ni ganancias ni pérdidas; *fig* **to b. one's back**, matarse a trabajar; *fig* **to b. sb's heart**, partirle el corazón a algn; *fig* **to b. the ice**, romper el hielo. 2 *(fail to keep)* faltar a; **to b. a contract**, romper un contrato; **to b. the law**, violar la ley. 3 *(destroy)* destrozar; *Fin* arruinar. 4 *(interrupt)* interrumpir. 5 *(code)* descifrar. 6 *(fall)* amortiguar. 7 **he broke the news to him**, le comunicó la noticia.

II *vi* 1 romperse; *(clouds)* dispersarse; *(waves)* romper. 2 *(storm)* estallar. 3 *(voice)* cambiar. 4 *(health)* resentirse. 5 **when day breaks**, al rayar el alba. 6 *(story)* divulgarse.

III *n* 1 *(fracture)* rotura *f*; *(crack)* grieta *f*; *(opening)* abertura *f*. 2 *(in relationship)* ruptura *f*. 3 *(pause)* pausa *f*, descanso *m*; *(at school)* recreo *m*; **to take a b.**, des-

cansar un rato; *(holiday)* tomar unos días libres; **without a b.**, sin parar. 4 *fam (chance)* oportunidad *f*; **a lucky b.**, un golpe de suerte.
◆**break away** *vi* 1 *(become separate)* desprenderse (from, de). 2 *(escape)* escaparse. ◆**break down** I *vtr* 1 *(door)* derribar. 2 *(resistance)* acabar con. 3 *(costs)* desglosar. II *vi* 1 *Aut* tener una avería. 2 *(resistance)* ceder. 3 *(health)* debilitarse. 4 *(weep)* ponerse a llorar. ◆**break in** I *vtr* acostumbrar; **to b. in a pair of shoes**, cogerle la forma a los zapatos. II *vi (burglar)* entrar por la fuerza. ◆**break into** *vtr* 1 *(burgle) (house)* allanar; *(safe)* forzar. 2 **to b. into song**, empezar a cantar. ◆**break off** I *vtr* partir. II *vi* 1 *(become detached)* desprenderse. 2 *(talks)* interrumpirse. 3 *(stop)* pararse. ◆**break out** *vi* 1 *(prisoners)* escaparse. 2 *(war etc)* estallar; **to b. out in a rash**, salirle a uno una erupción. ◆**break through** I *vtr* 1 *(crowd)* abrirse paso por; *(cordon)* romper. 2 *(clouds)* atravesar. II *vi* 1 *(crowd)* abrirse paso. 2 *(sun)* salir. ◆**break up** I *vtr (object)* romper; *(car)* desguazar; *(crowd)* disolver. II *vi* 1 *(object)* romperse. 2 *(crowd)* disolverse; *(meeting)* levantarse. 3 *(relationship)* fracasar; *(couple)* separarse. 4 *Educ* terminar. ◆**break with** *vtr (past)* romper con.
breakable ['breɪkəbəl] *adj* frágil.
breakage ['breɪkɪdʒ] *n (breaking)* rotura *f*.
breakaway ['breɪkəweɪ] *adj* disidente.
breakdown ['breɪkdaʊn] *n* 1 *Aut* avería *f*; **b. truck**, grúa *f*. 2 **(nervous)** b., crisis *f* nerviosa. 3 *(in communications)* ruptura *f*. 4 *(analysis)* análisis *m*; *Fin* desglose *m*.
breaker ['breɪkər] *n* 1 *(wave)* ola *f* grande. 2 *Tech* trituradora *f*. 3 *(switch)* interruptor automático.
breakfast ['brekfəst] I *n* desayuno *m*; **to have b.**, desayunar. II *vi* desayunar.
break-in ['breɪkɪn] *n* robo *m* (con allanamiento de morada).
breaking ['breɪkɪŋ] *n* 1 rotura *f*; **b. point**, punto *m* de ruptura. 2 *Jur* **b. and entering**, allanamiento *m* de morada.
breakthrough ['breɪkθruː] *n* paso *m* adelante, avance *m*.
breakwater ['breɪkwɔːtər] *n* rompeolas *m inv*.
breast [brest] *n (chest)* pecho *m*; *(of woman)* pecho, seno *m*; *(of chicken etc)* pechuga *f*; *fig* **to make a clean b. of it**, dar la cara.
breast-feed ['brestfiːd] *vtr* dar el pecho a, amamantar a.
breaststroke ['breststrəʊk] *n* braza *f*.
breath [breθ] *n* 1 aliento *m*; *(breathing)* respiración *f*; **in the same b.**, al mismo tiempo; **out of b.**, sin aliento; **to catch one's b.**, recobrar el aliento; **to draw b.**, respirar; **under one's b.**, en voz baja; *fig* **to take sb's b. away**, dejar pasmado a algn; *Aut* **b. test**, alcoholemia *f*. 2 **to go out for a b. of fresh air**, salir a tomar el aire.
Breathalyzer® ['breθəlaɪzər] *n GB* alcoholímetro *m*.
breathe [briːð] I *vtr* respirar; **to b. a sigh of relief**, dar un suspiro de alivio. II *vi* respirar; **to b. in**, aspirar; **to b. out**, espirar; **to b. heavily**, resoplar.
breather ['briːðər] *n fam (rest)* descanso *m*.
breathing ['briːðɪŋ] *n* respiración *f*; **b. space**, pausa *f*, respiro *m*.
breathless ['breθlɪs] *adj* sin aliento, jadeante.
breathtaking ['breθteɪkɪŋ] *adj* impresionante.
breeches ['brɪtʃɪz, 'briːtʃɪz] *npl* bombachos *mpl*; **knee b., riding b.**, pantalones *mpl* de montar.
breed [briːd] I *n (of animal)* raza *f*; *fig (class)* clase *f*. II *vtr (pt & pp* bred) *(animals)* criar; *fig (ideas)* engendrar. III *vi (animals)* reproducirse.
breeder ['briːdər] *n* 1 *(person)* criador,-a *m*,*f*. 2 **(fast) b. reactor**, reactor *m* generador.
breeding ['briːdɪŋ] *n* 1 *(of animals)* cría *f*; *fig* **b. ground**, caldo *m* de cultivo. 2 *(of person)* educación *f*.
breeze [briːz] I *n* brisa *f*; *Constr* **b. block**, bloque *m* de cemento. II *vi* **to b. in/out**, entrar/salir despreocupadamente.
breezy ['briːzɪ] *adj* (breezier, breeziest) 1 *(weather)* ventoso,-a. 2 *(person)* despreocupado,-a.
brevity ['brevɪtɪ] *n* brevedad *f*.
brew [bruː] I *vtr (beer)* elaborar; *(hot drink)* preparar. II *vi (tea)* reposar; *fig* **a storm is brewing**, se prepara una tormenta; *fam* **something's brewing**, algo se está cociendo. III *n* 1 *(of tea)* infusión *f*; *fam (of beer)* birra *f*. 2 *(magic potion)* brebaje *m*.
brewer ['bruːər] *n* cervecero,-a *m*,*f*.
brewery ['bruːərɪ] *n* cervecería *f*.
brewing ['bruːɪŋ] I *adj* cervecero,-a. II *n (of beer)* elaboración *f* de la cerveza.
briar ['braɪər] *n* brezo *m*.
bribe [braɪb] I *vtr* sobornar. II *n* soborno *m*.
bribery ['braɪbərɪ] *n* soborno *m*.
bric-a-brac ['brɪkəbræk] *n* baratijas *fpl*.
brick [brɪk] *n* ladrillo *m*; *fam (reliable person)* persona *f* de confianza.
bricklayer ['brɪkleɪər] *n* albañil *m*.
brickwork ['brɪkwɜːk] *n* ladrillos *mpl*.
bridal ['braɪdəl] *adj* nupcial.
bride [braɪd] *n* novia *f*; **the b. and groom**, los novios.
bridegroom ['braɪdgruːm] *n* novio *m*.
bridesmaid ['braɪdzmeɪd] *n* dama *f* de

bridge¹ [brɪdʒ] **I** *n* puente *m*; *(of nose)* caballete *m*; *(of ship)* puente de mando. **II** *vtr* 1 *(river)* tender un puente sobre. 2 *(gap)* llenar; *Fin* **bridging loan**, crédito *m* a corto plazo.

bridge² [brɪdʒ] *n Cards* bridge *m*.

bridle ['braɪdəl] **I** *n* brida *f*; *(bit)* freno *m*; **b. path**, camino *m* de herradura. **II** *vtr (horse)* embridar.

brief [briːf] **I** *adj* 1 *(short)* breve. 2 *(concise)* conciso,-a. **II** *n* 1 *(report)* informe *m*; **in b.**, en resumen. 2 *Jur* expediente *m*. 3 *Mil* instrucciones *fpl*. 4 **briefs**, *(for men)* calzoncillos *mpl*; *(for women)* bragas *fpl*. **III** *vtr* 1 *(inform)* informar. 2 *(instruct)* dar instrucciones a. ◆**briefly** *adv* brevemente; **as b. as possible**, con la mayor brevedad (posible).

briefcase ['briːfkeɪs] *n* cartera *f*, portafolios *mpl*.

briefing ['briːfɪŋ] *n (meeting)* reunión informativa.

brigade [brɪ'geɪd] *n* brigada *f*.

brigadier [brɪɡə'dɪər] *n* general *m* de brigada.

bright [braɪt] *adj* 1 *(light, sun, eyes)* brillante; *(colour)* vivo,-a; *(day)* claro,-a. 2 *(cheerful)* alegre; **to look on the b. side**, mirar el lado bueno. 3 *(clever)* listo,-a, espabilado,-a. 4 *(promising)* prometedor,-a. ◆**brightly** *adv* brillantemente.

brighten ['braɪtən] *vi (prospects)* mejorarse; *(face)* iluminarse. ◆**brighten up I** *vtr (room etc)* alegrar. **II** *vi (weather)* despejarse; *(person)* animarse.

brightness ['braɪtnɪs] *n* 1 *(of sun)* resplandor *m*; *(of day)* claridad *f*; *(of colour)* viveza *f*. 2 *(cleverness)* inteligencia *f*.

brilliance ['brɪljəns] *n* 1 *(of light)* brillo *m*; *(of colour)* viveza *f*. 2 *(of person)* brillantez *f*.

brilliant ['brɪljənt] **I** *adj* brillante; *(idea)* genial; *fam (very good)* estupendo,-a. **II** *n* brillante *m*.

brim [brɪm] **I** *n* borde *m*; *(of hat)* ala *f*; **full to the b.**, lleno hasta el borde. **II** *vi* rebosar (**with**, de). ◆**brim over** rebosar.

brine [braɪn] *n* salmuera *f*.

bring [brɪŋ] *vtr (pt & pp* **brought**) 1 *(carry sth to sb, take sth or sb with you)* traer; **could you b. that book?**, ¿podrías traerme el libro? 2 *(take to a different position)* llevar; **the war brought hunger to many homes**, la guerra llevó el hambre a muchos hogares. 3 *(cause)* provocar; **he brought it upon himself**, se lo buscó. 4 *(persuade)* convencer; **how did they b. themselves to do it?**, ¿cómo llegaron a hacerlo? 5 *(lead)* llevar. 6 **to b. an action against**, acusar. ◆**bring about** *vtr* provocar. ◆**bring along** *vtr* traer. ◆**bring back** *vtr* 1 *(return)* devolver. 2 *(reintroduce)* volver a introducir. 3 *(make one remember)* traerle a la memoria. ◆**bring down** *vtr* 1 *(from upstairs)* bajar. 2 *(government)* derribar; *Theat* **to b. the house down**, echar el teatro abajo con los aplausos. 3 *(reduce)* rebajar. ◆**bring forward** *vtr* 1 *(meeting etc)* adelantar. 2 *(present)* presentar. 3 *Fin* **brought forward**, suma y sigue. ◆**bring in** *vtr* 1 *(yield)* dar. 2 *(show in)* hacer entrar. 3 *(law etc)* introducir; *(fashion)* lanzar. ◆**bring off** *vtr* lograr, conseguir. ◆**bring on** *vtr* provocar. ◆**bring out** *vtr* 1 *(publish)* publicar. 2 *(reveal)* recalcar; **he brings out the worst in me**, despierta lo peor que hay en mí. ◆**bring round** *vtr* 1 *(revive)* hacer volver en sí. 2 *(persuade)* convencer. ◆**bring to** *vtr* reanimar. ◆**bring up** *vtr* 1 *(educate)* criar, educar. 2 *(subject)* plantear. 3 *(vomit)* devolver.

brink [brɪŋk] *n (edge)* borde *m*; *fig* **on the b. of ruin**, al borde de la ruina; **on the b. of tears**, a punto de llorar.

brisk [brɪsk] *adj* enérgico,-a; *(pace)* rápido,-a; *(trade)* activo,-a; *(weather)* fresco,-a.

bristle ['brɪsəl] **I** *n* cerda *f*. **II** *vi* 1 erizarse. 2 *(show anger)* enfurecer (**at**, con). ◆**bristle with** *vtr (be full of)* estar lleno,-a de.

Brit [brɪt] *n fam* británico,-a *m,f*.

Britain ['brɪtən] *n* (**Great**) **B.**, Gran Bretaña.

British ['brɪtɪʃ] **I** *adj* británico,-a; **the B. Isles**, las Islas Británicas. **II** *npl* **the B.**, los británicos.

brittle ['brɪtəl] *adj* quebradizo,-a, frágil.

broach [brəʊtʃ] *vtr (subject)* abordar.

broad [brɔːd] *adj* 1 *(wide)* ancho,-a; *(large)* extenso,-a. 2 **a b. hint**, *(clear)* una indirecta clara. 3 *(daylight)* pleno,-a. 4 *(not detailed)* general. 5 *(accent)* marcado,-a, cerrado,-a. **II** *n US sl (woman)* tía *f*. ◆**broadly** *adv* en términos generales.

broadcast ['brɔːdkɑːst] *Rad TV* **I** *n* emisión *f*. **II** *vtr (pt & pp* **broadcast**) emitir, transmitir.

broadcaster ['brɔːdkɑːstər] *n* locutor,-a *m,f*.

broadcasting ['brɔːdkɑːstɪŋ] *n Rad* radiodifusión *f*; *TV* transmisión *f*; *Rad* **b. station**, emisora *f*.

broaden ['brɔːdən] *vtr* ensanchar.

broad-minded [brɔːd'maɪndɪd] *adj* liberal, tolerante.

broadsheet ['brɔːdʃiːt] *n* folleto *m*.

broccoli ['brɒkəlɪ] *n* brécol *m*.

brochure ['brəʊʃər, 'brəʊʃjʊər] *n* folleto *m*.

broil [brɔɪl] *vtr US* asar a la parrilla.

broke [brəʊk] *adj fam* **to be (flat) b.**, estar sin blanca.

broken ['brəʊkən] *adj* **1** roto,-a; *(machinery)* averiado,-a; *(leg)* fracturado,-a. **2** *(home)* deshecho,-a; *(person)* destrozado,-a; *(ground)* accidentado,-a; **to speak b. English**, chapurrear el inglés.

broken-hearted [brəʊkən'hɑːtɪd] *adj fig* con el corazón destrozado.

broker ['brəʊkər] *n* corredor *m*, agente *mf* de Bolsa.

brolly ['brɒlɪ] *n fam* paraguas *m inv*.

bronchitis [brɒŋ'kaɪtɪs] *n* bronquitis *f*.

bronze [brɒnz] **I** *n* bronce *m*. **II** *adj* *(material)* de bronce; *(colour)* bronceado,-a.

bronzed [brɒnzd] *adj* *(suntanned)* bronceado,-a.

brooch [brəʊtʃ] *n* broche *m*.

brood [bruːd] **I** *n* *(birds)* cría *f*; *hum (children)* prole *m*. **II** *vi* *(hen)* empollar; *fig (ponder)* rumiar; *fig* **to b. over a problem**, darle vueltas a un problema.

broody ['bruːdɪ] *adj* **1** *(woman)* con ganas de tener hijos. **2** *(pensive)* pensativo,-a. **3** *(moody)* melancólico,-a.

brook¹ [brʊk] *n* arroyo *m*.

brook² [brʊk] *vtr (usu in negative)* soportar, aguantar.

broom [bruːm] *n* **1** escoba *f*. **2** *Bot* retama *f*.

broomstick ['bruːmstɪk] *n* palo *m* de escoba.

Bros *Com abbr of* **Brothers**, Hermanos *mpl*, Hnos.

broth [brɒθ] *n* caldo *m*.

brothel ['brɒθəl] *n* burdel *m*.

brother ['brʌðər] *n* hermano *m*; **brothers and sisters**, hermanos.

brotherhood ['brʌðəhʊd] *n* hermandad *f*.

brother-in-law ['brʌðərɪnlɔː] *n* cuñado *m*.

brotherly ['brʌðəlɪ] *adj* fraternal.

brought [brɔːt] *pt & pp* → **bring**.

brow [braʊ] *n* **1** *(forehead)* frente *f*. **2** *(eyebrow)* ceja *f*. **3** *(of hill)* cima *f*.

brown [braʊn] **I** *adj* **1** marrón; *(hair, eyes)* castaño,-a; **b. bread**, pan *m* integral; **b. paper**, papel *m* de estraza; **b. sugar**, azúcar moreno. **2** *(tanned)* moreno,-a. **II** *n* marrón *m*. **III** *vtr Culin* dorar; *(tan)* broncear.

Brownie ['braʊnɪ] *n* niña exploradora.

brownish ['braʊnɪʃ] *adj* pardusco,-a.

browse [braʊz] **I** *vi (person in shop)* mirar; *(through book)* hojear. **II** *n* **to have a b.**, dar un vistazo (**in**, a).

bruise [bruːz] **I** *n* morado *m*, cardenal *m*. **II** *vtr (body)* contusionar; *(fruit)* estropear. **III** *vi (body)* magullarse; *(fruit)* estropearse.

brunch [brʌntʃ] *n* combinación *f* de desayuno y almuerzo.

brunette [bruː'net] *adj & n* morena *(f)*.

brunt [brʌnt] *n* lo peor; **to bear the b.**, llevar el peso.

brush¹ [brʌʃ] **I** *n* **1** *(for hair, teeth)* cepillo *m*; *Art* pincel *m*; *(for house-painting)* brocha *f*. **2** *(with the law)* roce *m*. **II** *vtr* **1** cepillar; **to b. one's hair**, cepillarse el pelo; **to b. one's teeth**, cepillarse los dientes. **2** *(touch lightly)* rozar. **III** *vi* **to b. against**, rozar al pasar. ◆**brush aside** *vtr* dejar de lado. ◆**brush off** *vtr* ignorar. ◆**brush up** *vtr* repasar.

brush² [brʌʃ] *n (undergrowth)* broza *f*, maleza *f*.

brushwood ['brʌʃwʊd] *n* maleza *f*.

brusque [bruːsk, brʊsk] *adj* brusco,-a; *(words)* áspero,-a.

Brussels ['brʌsəlz] *n* Bruselas.

brutal ['bruːtəl] *adj* brutal, cruel.

brute [bruːt] **I** *adj* bruto,-a; **b. force**, fuerza bruta. **II** *n (animal)* bruto *m*; *(person)* bestia *f*.

BSc [biːes'siː] *abbr of* **Bachelor of Science**.

bubble ['bʌbəl] **I** *n* burbuja *f*; **b. bath**, espuma *f* de baño; **b. gum**, chicle *m*; **soap b.**, pompa *f* de jabón. **II** *vi* burbujear; *Culin* borbotear.

bubbly ['bʌblɪ] **I** *adj (bubblier, bubbliest)* efervescente. **II** *n fam* champán *m*, cava *m*.

buck¹ [bʌk] **I** *n* **1** *Zool* macho *m*; *(male deer)* ciervo *m*; *(male goat)* macho cabrío; *fam* **to pass the b. to sb**, echarle el muerto a algn. **II** *vi (horse)* corcovear. ◆**buck up** **I** *vtr fam* **b. your ideas up!**, ¡espabílate!. **II** *vi (cheer up)* animarse.

buck² [bʌk] *n US fam* dólar *m*.

bucket ['bʌkɪt] **I** *n* cubo *m*; *fam* **it rained buckets**, llovía a cántaros. **II** *vi fam (rain)* llover a cántaros.

buckle ['bʌkəl] **I** *n* hebilla *f*. **II** *vtr* abrochar con hebilla. **III** *vi* **1** *(wall, metal)* combarse. **2** *(knees)* doblarse.

bud [bʌd] **I** *n (shoot)* brote *m*; *(flower)* capullo *m*. **II** *vi* brotar; *fig* florecer.

Buddhism ['bʊdɪzəm] *n* budismo *m*.

budding ['bʌdɪŋ] *adj* en ciernes.

buddy ['bʌdɪ] *n US fam* amigote *m*, compinche *m*.

budge [bʌdʒ] *vi* **1** *(move)* moverse. **2** *(yield)* ceder.

budgerigar ['bʌdʒərɪgɑːr] *n* periquito *m*.

budget ['bʌdʒɪt] **I** *n* presupuesto *m*; *Pol* **the B.**, los presupuestos del Estado. **II** *vi* hacer un presupuesto (**for**, para).

budgie ['bʌdʒɪ] *n fam* → **budgerigar**.

buff¹ [bʌf] **I** *adj & n (colour)* color *(m)* de ante. **II** *vtr* dar brillo a.

buff² [bʌf] *n fam (enthusiast)* aficionado,-a *m,f*.

buffalo ['bʌfələʊ] *n (pl* **buffaloes** *or* **buffalo***)* búfalo *m*.

buffer ['bʌfər] **I** *n* **1** *(device)* amortiguador *m*; *Rail* tope *m*; **b. zone**, zona *f* de seguridad. **2** *Comput* memoria intermedia. **II** *vtr* amortiguar.

buffet¹ ['bʊfeɪ] *n* **1** *(snack bar)* bar *m*; *(at*

railway station) cantina *f*; **Rail b. car**, coche *m* restaurante. **2** (*self-service meal*) bufet *m* libre. **3** (*item of furniture*) aparador *m*.
buffet² ['bʌfɪt] *vtr* golpear.
buffoon [bə'fuːn] *n* bufón *m*, payaso *m*.
bug [bʌg] **I** *n* **1** (*insect*) bicho *m*. **2** *fam* (*microbe*) microbio *m*; **the flu b.**, el virus de la gripe. **3** (*hidden microphone*) micrófono oculto. **4** *Comput* error *m*. **II** *vtr fam* **1 to b. a room**, ocultar micrófonos en una habitación; **to b. a phone**, pinchar un teléfono. **2** (*annoy*) fastidiar, molestar.
bugger ['bʌgər] **I** *n* **1** sodomita *m*. **2** *sl offens* (*person*) gilipollas *mf inv*; (*thing*) coñazo *m*; **poor b.!**, ¡el pobre! **II** *interj sl offens* ¡joder!. **III** *vtr* sodomizar. ◆**bugger about** *vulg* **I** *vi* hacer chorradas. **II** *vtr* **they really buggered him about**, se las hicieron pasar canutas. ◆**bugger off** *vi sl offens* pirarse; **b. off!**, ¡vete a la mierda! ◆**bugger up** *vtr sl vulg* jorobar.
buggy ['bʌgɪ] *n* (*baby's pushchair*) cochecito *m* de niño.
bugle ['bjuːgəl] *n* bugle *m*.
build [bɪld] **I** *vtr* (*pt & pp* **built**) construir. **II** *n* (*physique*) tipo *m*, físico *m*. ◆**build up** *vtr* (*accumulate*) acumular; **to b. up a reputation**, labrarse una buena reputación.
builder ['bɪldər] *n* constructor,-a *m,f*; (*contractor*) contratista *mf*.
building ['bɪldɪŋ] *n* edificio *m*, construcción *f*; **b. site**, obra *f*; **b. society**, sociedad hipotecaria.
build-up ['bɪldʌp] *n* **1** (*accumulation*) aumento *m*; (*of gas*) acumulación *f*. **2** (*publicity*) propaganda *f*.
built [bɪlt] *pt & pp* → **build**.
built-in [bɪlt'ɪn] *adj* **1** (*cupboard*) empotrado,-a. **2** (*incorporated*) incorporado,-a.
built-up [bɪlt'ʌp] *adj* urbanizado,-a.
bulb [bʌlb] *n* **1** *Bot* bulbo *m*. **2** (*lightbulb*) bombilla *f*.
Bulgaria [bʌl'geərɪə] *n* Bulgaria.
Bulgarian [bʌl'geərɪən] **I** *adj* búlgaro,-a. **II** *n* **1** (*person*) búlgaro,-a *m,f*. **2** (*language*) búlgaro *m*.
bulge [bʌldʒ] **I** *n* protuberancia *f*; (*in pocket*) bulto *m*. **II** *vi* (*swell*) hincharse; (*be full*) estar repleto,-a.
bulk [bʌlk] *n* **1** (*mass*) masa *f*, volumen *m*; *Com* **in b.**, a granel; **to buy in b.**, comprar algo al por mayor. **2** (*greater part*) mayor parte *f*.
bulky ['bʌlkɪ] *adj* (**bulkier, bulkiest**) **1** (*large*) voluminoso,-a. **2 this crate is rather b.**, esta caja es un armatoste.
bull [bʊl] *n* **1** toro *m*; *fig* **to take the b. by the horns**, coger al toro por los cuernos. **2** *Fin* alcista *mf*.

bulldog ['bʊldɒg] *n* buldog *m*.
bulldoze ['bʊldəʊz] *vtr* (*land*) nivelar; (*building*) derribar.
bulldozer ['bʊldəʊzər] *n* bulldozer *m*.
bullet ['bʊlɪt] *n* bala *f*; **b. wound**, balazo *m*.
bulletin ['bʊlɪtɪn] *n* boletín *m*; *Rad TV* **news b.**, boletín de noticias.
bullet-proof ['bʊlɪtpruːf] *adj* a prueba de balas; **b.-p. vest**, chaleco *m* antibalas.
bullfight ['bʊlfaɪt] *n* corrida *f* de toros.
bullfighter ['bʊlfaɪtər] *n* torero,-a *m,f*.
bullfighting ['bʊlfaɪtɪŋ] *n* los toros *mpl*; (*art*) tauromaquia *f*.
bullion ['bʊljən] *n* (*gold, silver*) lingote *m*.
bullish ['bʊlɪʃ] *adj Fin* (*market*) en alza.
bullock ['bʊlək] *n* buey *m*.
bullring ['bʊlrɪŋ] *n* plaza *f* de toros.
bull's-eye ['bʊlzaɪ] *n* (*of target*) blanco *m*.
bully ['bʊlɪ] **I** *n* matón *m*. **II** *vtr* (*terrorize*) intimidar; (*bulldoze*) tiranizar. **III** *interj* **iron b. for you!**, ¡bravo!
bulwark ['bʊlwək] *n* baluarte *m*.
bum¹ [bʌm] *n fam* (*bottom*) culo *m*.
bum² [bʌm] *fam* **I** *n* **1** *US* (*tramp*) vagabundo *m*. **2** (*idler*) holgazán,-ana *m,f*. **II** *vi* gorronear. ◆**bum around** *vi fam* vaguear.
bumblebee ['bʌmbəlbiː] *n* abejorro *m*.
bumbling ['bʌmblɪŋ] *adj* torpe.
bump [bʌmp] **I** *n* **1** (*swelling*) chichón *m*; (*lump*) abolladura *f*; (*on road*) bache *m*. **2** (*blow*) choque *m*, golpe *m*. **3** (*jolt*) sacudida *f*. **II** *vtr* golpear; **to b. one's head**, darse un golpe en la cabeza. **III** *vi* chocar (**into**, contra). ◆**bump into** *vtr* (*meet*) tropezar con. ◆**bump off** *vtr sl* liquidar.
bumper ['bʌmpər] **I** *adj* abundante; **b. edition**, edición *f* especial. **II** *n Aut* parachoques *m inv*.
bumptious ['bʌmpʃəs] *adj* presuntuoso,-a, engreído,-a.
bumpy ['bʌmpɪ] *adj* (**bumpier, bumpiest**) con muchos baches.
bun [bʌn] *n* **1** (*bread*) panecillo *m*; (*sweet*) bollo *m*; *fig vulg* **she's got a b. in the oven**, esta preñada. **2** (*of hair*) moño *m*.
bunch [bʌntʃ] **I** *n* (*of keys*) manojo *m*; (*of flowers*) ramo *m*; (*of grapes*) racimo *m*; (*of people*) grupo *m*; (*gang*) pandilla *f*. **II** *vi* **to b. together**, juntarse, agruparse.
bundle ['bʌndəl] **I** *n* (*of clothes*) bulto *m*, fardo *m*; (*of papers*) fajo *m*; (*of wood*) haz *m*. **II** *vtr* **1** (*make a bundle of*) liar, atar. **2** (*push*) empujar.
bung [bʌŋ] **I** *n* tapón *m*. **II** *vtr fam* **1** (*throw*) arrojar. **2** (*put*) meter. ◆**bung up** *vtr fam* atascar.
bungalow ['bʌŋgələʊ] *n* chalé *m*, bungalow *m*.
bungle ['bʌŋgəl] *vtr* chapucear.
bunion ['bʌnjən] *n* juanete *m*.
bunk [bʌŋk] *n* (*bed*) litera *f*.

bunker |'bʌŋkər| n 1 (coal) carbonera. 2 Mil búnker m. 3 Golf bunker m.

bunny |'bʌnɪ| n fam (baby talk) b. (rabbit), conejito m.

bunting |'bʌntɪŋ| n (material) lanilla f; (flags) banderines mpl; Naut empavesada f.

buoy |bɔɪ| I n boya f. II vtr mantener a flote (**up**, a). ◆**buoy up** vtr fig alentar, animar.

buoyancy |'bɔɪənsɪ| n 1 (of object) flotabilidad f. 2 Fin tendencia f alcista. 3 (optimism) optimismo m.

buoyant |'bɔɪənt| adj 1 (object) flotante. 2 Fin con tendencia alcista. 3 (optimistic) optimista.

burble |'bɜːbəl| vi 1 (stream) murmurar; (baby) balbucear. 2 (talk quickly) farfullar.

burden |'bɜːdən| I n carga f; fig **to be a b. to sb**, ser una carga para algn. II vtr cargar (**with**, con).

bureau |'bjʊərəʊ| n (pl **bureaux**) 1 (desk) escritorio m. 2 (office) agencia f, oficina f. 3 US (chest of drawers) cómoda f. 4 US Pol departamento m del Estado.

bureaucracy |bjʊəˈrɒkrəsɪ| n burocracia f.

bureaucrat |'bjʊərəkræt| n burócrata mf.

bureaucratic |bjʊərəˈkrætɪk| adj burocrático,-a.

burgeon |'bɜːdʒən| vi florecer.

burger |'bɜːɡər| n fam abbr of **hamburger**.

burglar |'bɜːɡlər| n ladrón,-ona m,f; **b. alarm**, alarma f antirrobo.

burglary |'bɜːɡlərɪ| n robo m con allanamiento de morada.

burial |'berɪəl| n entierro m.

burly |'bɜːlɪ| adj (**burlier, burliest**) fornido,-a, fuerte.

Burma |'bɜːmə| n Birmania.

Burmese |bɜːˈmiːz| I adj birmano,-a. II n 1 (person) birmano,-a m,f. 2 (language) birmano m.

burn |bɜːn| I n quemadura f. II vtr (pt & pp **burnt** or **burned**) quemar. III vi 1 (fire) arder; (building, food) quemarse. 2 (lamp) estar encendido,-a. 3 (sore) escocer. ◆**burn down** I vtr incendiar. II vi incendiarse. ◆**burn out** vi (people) quemarse. ◆**burn up** vtr (energy, calories) quemar.

burner |'bɜːnər| n quemador m.

burning |'bɜːnɪŋ| adj 1 (on fire) incendiado,-a; (hot) abrasador,-a. 2 (passionate) ardiente. 3 **a b. question**, una cuestión candente.

burnt |bɜːnt| adj quemado,-a; **b. almonds**, almendras tostadas.

burp |bɜːp| I n eructo m. II vi eructar.

burrow |'bʌrəʊ| I n madriguera f; (for rabbits) conejera f. II vi 1 hacer una madriguera. 2 (search) hurgar.

bursar |'bɜːsər| n tesorero,-a m,f.

bursary |'bɜːsərɪ| n beca f.

burst |bɜːst| I n 1 (explosion) estallido m; (of tyre) reventón m. 2 (of applause) arranque m; (rage) arrebato m; **b. of gunfire**, ráfaga f de tiros; **b. of laughter**, carcajadas fpl. II vtr (pt & pp **burst**) (balloon) reventar; fig **the river b. its banks**, el río se salió de madre. III vi 1 reventarse; (shell) estallar. 2 (enter suddenly) irrumpir (**into**, en). ◆**burst into** vi **to b. into laughter/tears**, echarse a reír/allorar. ◆**burst open** vi abrirse violentamente. ◆**burst out** vi **to b. out laughing**, echarse a reír.

bursting |'bɜːstɪŋ| adj **the bar was b. with people**, el bar estaba atestado de gente; fam **to be b. to do sth**, reventar por hacer algo.

bury |'berɪ| vtr 1 enterrar; **to be buried in thought**, estar absorto en pensamientos. 2 (hide) ocultar.

bus |bʌs| n (pl **buses**, US **busses**) autobús m; **b. conductor**, revisor m; **b. driver**, conductor, -a m,f; **b. stop**, parada f de autobús.

bush |bʊʃ| n (shrub) arbusto m. 2 Austral **the b.**, el monte; fam **b. telegraph**, radio f macuto.

bushy |'bʊʃɪ| adj espeso,-a, tupido,-a.

business |'bɪznɪs| n 1 (commerce) negocios mpl; **how's b.?**, ¿cómo andan los negocios?; **to be away on b.**, estar en viaje de negocios; **b. deal**, negocio m; **b. hours**, horas fpl de oficina; **b. trip**, viaje m de negocios. 2 (firm) empresa f. 3 (matter) asunto m; **I mean b.**, estoy hablando en serio; **it's no b. of mine**, no es asunto mío; **to make it one's b. to ...**, encargarse de ...; **to get down to b.**, ir al grano; **to go about one's b.**, ocuparse de sus asuntos.

businesslike |'bɪznɪslaɪk| adj (practical) eficiente; (methodical) metódico,-a; (serious) serio,-a.

businessman |'bɪznɪsmən| n hombre m de negocios.

businesswoman |'bɪznɪswʊmən| n mujer f de negocios.

busker |'bʌskər| n fam músico,-a m,f callejero,-a.

bust[1] |bʌst| n 1 (of woman) pecho m. 2 Art busto m.

bust[2] |bʌst| I vtr 1 fam estropear. 2 sl (person) trincar; (place) hacer una redada. II adj fam 1 (damaged) estropeado,-a. 2 **to go b.**, (bankrupt) quebrar.

bustle |'bʌsəl| I n (activity, noise) bullicio m. II vi **to b. about**, ir y venir.

bustling |'bʌslɪŋ| adj bullicioso,-a.

bust-up |'bʌstʌp| n fam riña f, pelea f.

busy |'bɪzɪ| I adj 1 ocupado,-a, atareado,-a; (life) ajetreado,-a; (street) concurrido,-a. 2 esp US Tel ocupado,-a;

b. signal, señal *f* de comunicando. II *vtr* **to b. oneself doing sth**, ocuparse haciendo algo.

busybody ['bɪzɪbɒdɪ] *n* entrometido,-a *m,f*.

but [bʌt] I *conj* 1 pero; **b. yet**, a pesar de todo. 2 *(after negative)* sino; **not two b. three**, no dos sino tres; **she's not Spanish b. Portuguese**, no es española sino portuguesa. II *adv* **had we b. known**, de haberlo sabido; **we can b. try**, al menos podemos intentarlo; **b. for her we would have drowned**, si no hubiera sido por ella, nos habríamos ahogado. III *prep* salvo, menos; **everyone b. her**, todos menos ella; **he's anything b. handsome**, es todo menos guapo. IV *npl* **ifs and buts**, pegas *fpl*.

butane ['bjuːteɪn] *n* butano *m*; **b. gas**, gas butano.

butcher ['bʊtʃər] I *n* carnicero,-a *m,f*; **b.'s (shop)**, carnicería *f*. II *vtr (animals)* matar; *(people)* masacrar.

butler ['bʌtlər] *n* mayordomo *m*.

butt[1] [bʌt] *n* 1 *(end)* extremo *m*; *(of rifle)* culata *f*; *(of cigarette)* colilla *f*. 2 **he was the b. of all the jokes**, era el blanco de todas las bromas. 3 *US fam (bottom)* culo *m*.

butt[2] [bʌt] I *n (with head)* cabezazo *m*. II *vtr (strike with head)* dar un cabezazo a. 2 **to b. your way through**, *(shove)* abrirte paso. ◆**butt in** *vi* entrar en la conversación.

butt[3] [bʌt] *n (barrel)* tonel *m*.

butter ['bʌtər] I *n* mantequilla *f*; **b. dish**, mantequera *f*. II *vtr* untar con mantequilla.

buttercup ['bʌtəkʌp] *n* ranúnculo *m*, botón *m* de oro.

butterfingers ['bʌtəfɪŋɡəz] *n fam* manazas *mf inv*.

butterfly ['bʌtəflaɪ] *n* mariposa *f*.

buttock ['bʌtək] *n* nalga *f*; **buttocks**, nalgas *fpl*.

button ['bʌtən] I *n* botón *m*. II *vtr* **to b. (up)**, abrochar(se), abotonar(se).

buttonhole ['bʌtənhəʊl] *n* ojal *m*.

buttress ['bʌtrɪs] I *n* 1 contrafuerte *m*. 2 *(support)* apoyo *m*. II *vtr* apuntalar; *fig* reforzar, apoyar.

buxom ['bʌksəm] *adj (woman)* pechugona.

buy [baɪ] I *n* compra *f*; **a good b.**, una ganga. II *vtr (pt & pp bought)* 1 comprar; **she bought that car from a neighbour**, compró ese coche a un vecino. 2 *sl (believe)* tragar. ◆**buy off** *vtr* sobornar. ◆**buy out** *vtr* adquirir la parte de. ◆**buy up** *vtr* comprar en grandes cantidades.

buyer ['baɪər] *n* comprador,-a *m,f*.

buzz [bʌz] I *n* 1 *(of bee)* zumbido *m*; *(of conversation)* rumor *m*. 2 *fam (telephone call)* telefonazo *m*. II *vi* zumbar.

buzzer ['bʌzər] *n* timbre *m*.

by [baɪ] I *prep* 1 *(indicating agent)* por; **composed by Bach**, compuesto,-a por Bach; **a film by Almodóvar**, una película de Almodóvar. 2 *(via)* por; **he left by the back door**, salió por la puerta trasera. 3 *(manner)* por; **by car/train**, en coche/tren; **by credit card**, con tarjeta de crédito; **by chance**, por casualidad; **by oneself**, solo,-a; **made by hand**, hecho a mano; **you can obtain a ticket by filling in the coupon**, puede conseguir una entrada llenando el cupón. 4 *(amount)* por; **little by little**, poco a poco; **they are sold by the dozen**, se venden por docenas; **to be paid by the hour**, cobrar por horas. 5 **by far**, con mucho; **he won by a foot**, ganó por un pie. 6 *(beside)* al lado de, junto a; **side by side**, juntos. 7 **to walk by a building**, *(pass)* pasar por delante de un edificio. 8 *(time)* para; **by now**, ya; **by then**, para entonces; **we have to be there by nine**, tenemos que estar allí para las nueve; **by the time we arrive**, (para) cuando lleguemos; **by this time next year**, el año que viene por estas fechas. 9 *(during)* de; **by day/night**, de día/noche. 10 *(in an oath)* por; **by God!**, ¡por Dios! 11 *Math* por. 12 *(according to)* según; **is that O.K by you?**, ¿te viene bien? 13 **he had two children by his first wife**, tuvo dos hijos con su primera esposa. 14 *(phrases)* **bit by bit**, poco a poco; **day by day**, día a día; **what do you mean by that?**, ¿qué quieres decir con eso?; **by the way**, a propósito.

II *adv* 1 **to go by**, *(past)* pasar; **she just walked by**, pasó de largo. 2 **by and by**, con el tiempo; **by and large**, en conjunto.

bye [baɪ] *n* 1 *fam* ¡hasta luego! 2 **by the b.** por cierto.

bye-bye ['baɪbaɪ] *n fam* ¡adiós!, ¡hasta luego!

by-election ['baɪɪlekʃən] *n* elección *f* parcial.

bygone ['baɪɡɒn] I *adj* pasado,-a. II *npl* **let bygones be bygones**, lo pasado pasado está.

by-law ['baɪlɔː] *n* ley *f* municipal.

bypass ['baɪpɑːs] I *n* 1 *(road)* carretera *f* de circunvalación. 2 *Med* **b. surgery**, cirugía *f* de by-pass. II *vtr* evitar.

by-product ['baɪprɒdʌkt] *n Chem Ind* derivado *m*, subproducto *m*; *fig* consecuencia *f*.

by-road ['baɪrəʊd] *n* carretera secundaria.

bystander ['baɪstændər] *n* testigo *mf*.

byte [baɪt] *n Comput* byte *m*, octeto *m*.

byword ['baɪwɜːd] *n* **it became a b. for modernity**, se convirtió en sinónimo de modernidad.

C

C, c |siː| *n* **1** *(the letter)* C, c *f*. **2** *Mus* do *m*.

C 1 *abbr of* **Celsius**, C. **2** *abbr of* **Centigrade**, C.

cab |kæb| *n US* taxi *m*; **c. driver**, taxista *mf*.

cabaret |'kæbəreɪ| *n* cabaret *m*.

cabbage |'kæbɪdʒ| *n* col *f*, berza *f*; **red c.**, (col) lombarda *f*.

cabin |'kæbɪn| *n* **1** *(hut)* choza *f*; **log c.**, cabaña *f*. **2** *Naut* camarote *m*. **3** *(of lorry, plane)* cabina *f*.

cabinet |'kæbɪnɪt| *n* **1** *(item of furniture)* armario *m*; *(glassfronted)* vitrina *f*; **c. maker**, ebanista *mf*. **2** *Pol* gabinete *m*, consejo *m* de ministros.

cable |'keɪbəl| **I** *n* cable *m*; **c. car**, teleférico *m*; **c. TV**, televisión *f* por cable. **II** *vtr & vi* cablegrafiar, telegrafiar.

cache |kæʃ| *n* alijo *m*.

cackle |'kækəl| *vi* cacarear.

cactus |'kæktəs| *n* *(pl* **cacti** |'kæktaɪ|) cactus *m*.

CAD |kæd| *abbr of* **computer-aided** *or* **-assisted design** *or* **draughting**, diseño *m* con ayuda de ordenador.

cad |kæd| *n GB fam* canalla *m*.

caddie |'kædɪ| *n Golf* cadi *m*.

cadet |kə'det| *n Mil* cadete *m*.

cadge |kædʒ| *fam vtr & vi* gorronear.

Caesarean |siː'zeərɪən| *n Med* **she had a c.**, le hicieron una cesárea; **C. section**, operación *f* cesárea.

café |'kæfeɪ| *n*, **cafeteria** |kæfɪ'tɪərɪə| *n* cafetería *f*.

caffeine |'kæfiːn| *n* cafeína *f*.

cage |keɪdʒ| **I** *n* jaula *f*. **II** *vtr* enjaular.

cagey |'keɪdʒɪ| *adj* (**cagier**, **cagiest**) *fam* reservado,-a.

cagoule |kə'guːl| *n (garment)* canguro *m*.

Cairo |'kaɪrəʊ| *n* (el) Cairo.

cajole |kə'dʒəʊl| *vtr* engatusar.

cake |keɪk| **I** *n* **1** pastel *m*, tarta *f*; *fam fig* **it's a piece of c.**, está chupado; **birthday c.**, pastel de cumpleaños; **c. shop**, pastelería *f*. **2** *(of soap)* pastilla *f*. **II** *vi (mud)* endurecerse. **II** *vtr* **caked with ...**, cubierto,-a de ....

calamity |kə'læmɪtɪ| *n* calamidad *f*.

calcium |'kælsɪəm| *n* calcio *m*.

calculate |'kælkjʊleɪt| *vtr* calcular.

calculated |'kælkjʊleɪtɪd| *adj* intencionado,-a.

calculating |'kælkjʊleɪtɪŋ| *adj* **1 c. machine**, calculadora *f*. **2** *pej (person)* calculador,-a.

calculation |kælkjʊ'leɪʃən| *n* cálculo *m*.

calculator |'kælkjʊleɪtər| *n* calculadora *f*.

calendar |'kælɪndər| *n* calendario *m*; **c. year**, año *m* civil.

calf¹ |kɑːf| *n (pl* **calves** |kɑːvz|) *(of cattle)* becerro,-a *m,f*; ternero,-a *m,f*; *(of other animals)* cría *f*.

calf² |kɑːf| *n (pl* **calves** |kɑːvz|) *Anat* pantorilla *f*.

calfskin |'kɑːfskɪn| *n* piel *f* de becerro.

caliber |'kælɪbər|, **calibre** |'kælɪbər| *n* calibre *m*.

call |kɔːl| **I** *vtr* **1** llamar; **to c. sb names**, poner verde a algn; **what's he called?**, ¿cómo se llama? **2** *(meeting etc)* convocar; **to c. sth to mind**, traer algo a la memoria.

II *vi* **1** llamar; *Tel* **who's calling?**, ¿de parte de quién? **2 to c. at sb's (house)**, pasar por casa de algn; **to c. for sth/sb**, pasar a recoger algo/a algn. **3** *(trains)* parar. **4 to c. for**, *(require)* exigir; **that wasn't called for**, eso no estaba justificado.

III *n* **1** llamada *f*, grito *m*. **2** *(visit)* visita *f*; **to pay a c. on sb**, visitar a algn. **3** *Tel* **(phone) c.**, llamada *f*; **c. box**, cabina telefónica. **4** *Med* **to be on c.**, estar de guardia. **5** **there's no c. for you to worry**, no hay motivo para que te preocupes.

◆**call away** *vtr* **to be called away on business**, tener que ausentarse por motivos de trabajo. ◆**call back** *vi (phone again)* llamar otra vez; *(visit again)* volver. ◆**call in I** *vtr (doctor)* llamar. **II** *vi* **1 I'll c. in tomorrow**, *(visit)* mañana me paso. **2** *Naut* hacer escala (**at**, en). ◆**call off** *vtr* suspender. ◆**call on** *vtr* **1** visitar. **2 to c. on sb for support**, recurrir a algn en busca de apoyo. ◆**call out I** *vtr* **1** *(shout)* gritar. **2** *(doctor)* hacer venir; *(workers)* convocar a la huelga. **II** *vi* gritar. ◆**call up** *vtr* **1** *Tel* llamar (por teléfono). **2** *Mil* llamar a filas, reclutar.

caller |'kɔːlər| *n* visita *mf*; *Tel* persona *f* que llama.

calling |'kɔːlɪŋ| *n esp Rel* llamada *f*, vocación *f*.

callous |'kæləs| *adj* insensible, duro,-a.

call-up |'kɔːlʌp| *n* llamamiento *m* a filas.

calm |kɑːm| **I** *adj* **1** *(weather, sea)* en calma. **2** *(relaxed)* tranquilo,-a; **keep c.!**, ¡tranquilo,-a!. **II** *n* **1** *(of weather, sea)* calma *f*. **2** *(tranquility)* tranquilidad *f*. **III** *vtr* calmar, tranquilizar. **IV** *vi* **to c. (down)**, calmarse, tranquilizarse.

Calor Gas® |'kæləgæs| *n* (gas *m*) butano *m*.

calorie, calory |'kælərɪ| *n* caloría *f*.

calve |kɑːv| *vi (cow)* parir (un becerro).

calves |kɑːvz| *npl* → **calf¹, calf²**.

Cambodia |kæm'bəʊdɪə| *n* Camboya.

came |keɪm| *pt* → **come**.

camel ['kæməl] *n* camello,-a *m,f*.
cameo ['kæmɪəʊ] *n* camafeo *m*.
camera ['kæmərə] *n* **1** cámara *f* or máquina *f* fotográfica; *Cin TV* cámara. **2** *Jur* **in c.**, a puerta cerrada.
cameraman ['kæmərəmən] *n* cámara *mf*.
Cameroon [kæmə'ru:n] *n* Camerún.
camomile ['kæməmaɪl] *n* camomila *f*; **c. tea**, (infusión *f* de) manzanilla *f*.
camouflage ['kæməflɑ:ʒ] **I** *n* camuflaje *m*. **II** *vtr* camuflar.
camp¹ [kæmp] **I** *n* campamento *m*; **c. bed**, cama *f* plegable; **c. site**, camping *m*. **II** *vi* **to go camping**, ir de camping.
camp² [kæmp] *adj fam* afeminado,-a; *(affected)* amanerado,-a.
campaign [kæm'peɪn] **I** *n* campaña *f*. **II** *vi* **to c. for sb/sth**, hacer una campaña a favor de algn/de algo.
campaigner [kæm'peɪnər] *n* defensor,-a *m,f* **(for,** de).
camper ['kæmpər] *n* **1** *(person)* campista *mf*. **2** *US (vehicle)* caravana *f*.
camping ['kæmpɪŋ] *n* **c. ground, c. site**, camping *m*.
campus ['kæmpəs] *n* campus *m*, ciudad *f* universitaria.
can¹ [kæn] *v aux (pt* **could)** **1** *(be able to)* poder; **he could have come**, podría haber venido; **I'll phone you as soon as I c.**, te llamaré en cuanto pueda; **she can't do it**, no puede hacerlo; **I cannot understand why**, *(fml & emphatic)* no entiendo por qué. **2** *(know how to)* saber; **c. you ski?**, ¿sabes esquiar?; **I can't speak English**, no sé hablar inglés. **3** *(be permitted to)* poder; **he can't go out tonight**, no le dejan salir esta noche. **4** *(be possible)* poder; **she could have forgotten**, puede (ser) que lo haya olvidado; **they can't be very poor**, no deben ser muy pobres; **what c. it be?**, ¿qué será?
can² [kæn] **I** *n* **1** *(of oil)* bidón *m*. **2** *US (tin)* lata *f*, bote *m*. **II** *vtr* **1** *(fish, fruit)* envasar, enlatar. **2** *US fam* desestimar.
Canada ['kænədə] *n* Canadá.
Canadian [kə'neɪdɪən] *adj & n* canadiense *(mf)*.
canal [kə'næl] *n* canal *m*.
canary [kə'neərɪ] *n* canario *m*.
Canary Islands [kə'neərɪaɪləndz] *npl* (Islas *fpl*) Canarias *fpl*.
cancel ['kænsəl] *vtr (train, contract)* cancelar; *Com* anular; *(permission)* retirar; *(decree)* revocar.
cancellation [kænsɪ'leɪʃən] *n* cancelación *f*; *Com* anulación *f*.
cancer ['kænsər] *n* **1** *Med* cáncer *m*; **breast c.**, cáncer de mama; **c. research**, cancerología *f*. **2** *C., (in astrology)* Cáncer *m*.
candelabra [kændɪ'lɑ:brə] *n* candelabro *m*.
candid ['kændɪd] *adj* franco,-a, sincero,-a.

candidate ['kændɪdeɪt, 'kændɪdɪt] *n* candidato,-a *m,f*; *(in exam)* opositor,-a *m,f*.
candle ['kændəl] *n* vela *f*; *(in church)* cirio *m*.
candlelight ['kændəllaɪt] *n* luz *f* de vela; **by c.**, a la luz de las velas.
candlestick ['kændəlstɪk] *n* candelero *m*, palmatoria *f*; *(in church)* cirial *m*.
candour, *US* **candor** ['kændər] *n* franqueza *f*.
candy ['kændɪ] *n US* caramelo *m*.
candyfloss ['kændɪflɒs] *n GB* algodón *m* dulce.
cane [keɪn] **I** *n* **1** *Bot* caña *f*; **c. sugar**, azúcar *m* de caña. **2** *(wicker)* mimbre *m*. **3** *(walking stick)* bastón *m*; *(for punishment)* palmeta *f*. **II** *vtr* castigar con la palmeta.
canine ['keɪnaɪn] *adj Zool* canino,-a; **c. tooth**, colmillo *m*.
canister ['kænɪstər] *n* bote *m*.
canned [kænd] *adj* enlatado,-a; **c. foods**, conservas *fpl*.
cannibal ['kænɪbəl] *adj & n* caníbal *(mf)*.
cannon ['kænən] **I** *n (pl* **cannons** *or* **cannon)** cañón *m*; *fig* **c. fodder**, carne *f* de cañón. **II** *vi* chocar **(into**, contra).
cannonball ['kænənbɔ:l] *n* bala *f* de cañón.
cannot ['kænɒt, kæ'nɒt] *v aux* → **can¹**.
canoe [kə'nu:] *n* canoa *f*; *Sport* piragua *f*.
canon ['kænən] *n Rel* canon *m*.
canopy ['kænəpɪ] *n* **1** *(on throne)* dosel *m*. **2** *(awning)* toldo *m*.
can't [kɑ:nt] *v aux* → **can¹**.
Cantabria *n* Cantabria.
cantankerous [kæn'tæŋkərəs] *adj* intratable.
canteen [kæn'ti:n] *n* **1** *(restaurant)* cantina *f*. **2** *(set of cutlery)* juego *m* de cubiertos. **3** *(flask)* cantimplora *f*.
canter ['kæntər] **I** *n* medio galope. **II** *vi* a medio galope.
canvas ['kænvəs] *n* **1** *Tex* lona *f*. **2** *(painting)* lienzo *m*.
canvass ['kænvəs] *vi* **1** *Pol* hacer propaganda electoral. **2** *Com* hacer promoción, buscar clientes.
canvasser ['kænvəsər] *n Pol* persona *f* que hace propaganda electoral de puerta en puerta.
canyon ['kænjən] *n* cañón *m*; **the Grand C.**, el Gran Cañón.
cap [kæp] **I** *n* **1** gorro *m*; *(soldier's)* gorra *f*. **2** *GB Sport* **to win a c. for England**, ser seleccionado,-a para el equipo de Inglaterra. **3** *(of pen)* capuchón *m*; *(of bottle)* chapa *f*. **II** *vtr* **1** *(bottle)* poner la chapa a; *fig* **to c. it all**, para colmo. **2** *GB Sport* seleccionar.
capability [keɪpə'bɪlɪtɪ] *n* habilidad *f*.
capable ['keɪpəbəl] *adj* **1** *(skilful)* hábil. **2** *(able)* capaz **(of**, de).
capacity [kə'pæsɪtɪ] *n* **1** capacidad *f*. **2**

cape *(position)* puesto *m*; **in her c. as manageress**, en calidad de gerente.

cape¹ [keɪp] *n (garment)* capa *f*.

cape² [keɪp] *n Geog* cabo *m*, promontorio *m*; **C. Horn**, Cabo de Hornos; **C. Town**, Ciudad del Cabo; **C. Verde**, Cabo Verde.

caper ['keɪpər] *n (prank)* travesura *f*.

capital ['kæpɪtəl] **I** *n* 1 *(town)* capital *f*. 2 *Fin* capital *m*; **c. expenditure**, inversión *f* de capital. 3 *(letter)* mayúscula *f*. **II** *adj* 1 *(city)* capital. 2 **c. punishment**, pena *f* capital. 3 *(primary)* primordial. 4 **c. letter**, mayúscula *f*.

capitalism ['kæpɪtəlɪzəm] *n* capitalismo *m*.

capitalist ['kæpɪtəlɪst] *adj & n* capitalista *(mf)*.

capitalize ['kæpɪtəlaɪz] *vi Fin* capitalizar; *fig* **to c. on sth**, sacar provecho *or* beneficio de algo.

capitulate [kə'pɪtjʊleɪt] *vi* capitular.

Capricorn ['kæprɪkɔːn] *n* Capricornio *m*.

capsicum ['kæpsɪkəm] *n* pimiento *m*.

capsize [kæp'saɪz] **I** *vtr* hacer zozobrar. **II** *vi* zozobrar.

capsule ['kæpsjuːl] *n* cápsula *f*.

captain ['kæptɪn] **I** *n* capitán *m*. **II** *vtr* capitanear.

caption ['kæpʃən] *n (under picture)* leyenda *f*; *Cin* subtítulo *m*.

captivating ['kæptɪveɪtɪŋ] *adj* seductor, -a.

captive ['kæptɪv] **I** *n* cautivo,-a *m,f*. **II** *adj* cautivo,-a.

captivity [kæp'tɪvɪtɪ] *n* cautiverio *m*.

capture ['kæptʃər] **I** *vtr* 1 capturar, apresar; *Mil (town)* tomar. 2 *(market)* acaparar. 3 *fig (mood)* captar. **II** *n* 1 captura *f*; *(of town)* toma *f*. *(of fugitive)* captura *f*.

car [kɑːr] *n* 1 coche *m*, *Am* carro *m*; **c. ferry**, transbordador *m* para coches; *GB* **c. park**, parking *m*, aparcamiento *m*; **c. wash**, túnel *m* de lavado. 2 *GB Rail* coche *m*.

carafe [kə'ræf, kə'rɑːf] *n* garrafa *f*.

caramel ['kærəmel] *n* azúcar *m* quemado; *(sweet)* caramelo *m*.

carat, *US* **karat** ['kærət] *n* kilate *m*.

caravan ['kærəvæn] *n* 1 *(vehicle)* remolque *m*, caravana *f*. 2 *(in the desert)* caravana *f*.

carbohydrate [kɑːbəʊ'haɪdreɪt] *n* hidrato *m* de carbono, carbohidrato *m*.

carbon ['kɑːbən] *n* carbono *m*; **c. copy**, copia *f* al papel carbón; *fig* copia exacta; **c. dioxide**, dióxido *m* de carbono; **c. paper**, papel *m* carbón.

carburettor [kɑːbjʊ'retər], *US* **carburetor** ['kɑːbjʊretər] *n* carburador *m*.

carcass ['kɑːkəs] *n* res *f* muerta.

card [kɑːd] *n* 1 tarjeta *f*; *(of cardboard)* cartulina *f*; **birthday/visiting c.**, tarjeta de cumpleaños/de visita. 2 *(in file)* ficha *f*; *(identity)* carnet *m*; **c. index**, fichero *m*. 3 **pack of cards**, baraja *f*, cartas *fpl*; **(play-ing) c.**, naipe *m*, carta *f*; *fig* **on the cards**, previsto.

cardboard ['kɑːdbɔːd] *n* cartón *m*; **c. box**, caja *f* de cartón; **c. cutout**, recortable *m*.

cardiac ['kɑːdɪæk] *adj* cardíaco,-a; **c. arrest**, paro cardíaco.

cardigan ['kɑːdɪgən] *n* rebeca *f*.

cardinal ['kɑːdɪnəl] **I** *n Rel* cardenal *m*. **II** *adj* cardinal; **c. numbers**, números *mpl* cardinales.

care [keər] **I** *vi (be concerned)* preocuparse (about, por); **I don't c.**, no me importa; *fam* **for all I c.**, me trae sin cuidado; *fam* **he couldn't c. less**, le importa un bledo. **II** *n* 1 *(attention, protection)* cuidado *m*, atención *f*; **'c. of...'**, *(on letter)* 'al cuidado de...'; **medical c.**, asistencia *f* médica; **to take c. of**, cuidar; *(business)* ocuparse de. 2 *(carefulness)* cuidado *m*; **take c.**, *(be careful)* ten cuidado; *(as farewell)* ¡cuídate! 3 *(worry)* preocupación *f*. ◆**care for** *vtr* 1 *(look after)* cuidar. 2 *(like)* gustar, interesar; **would you c. for a coffee?**, ¿te apetece un café?

career [kə'rɪər] **I** *n* carrera *f*. **II** *vi* correr a toda velocidad.

carefree ['keəfriː] *adj* despreocupado,-a.

careful ['keəfʊl] *adj* cuidadoso,-a; *(cautious)* prudente; **be c.!**, ¡ojo!; **to be c.**, tener cuidado. ◆**carefully** *adv (painstakingly)* cuidadosamente; *(cautiously)* con cuidado.

careless ['keəlɪs] *adj (about clothes)* desaliñado,-a; *(driving)* negligente; **a c. mistake**, un descuido. ◆**carelessly** *adv* descuidadamente, a la ligera.

carelessness ['keəlɪsnɪs] *n* descuido *m*.

caress [kə'res] **I** *n* caricia *f*. **II** *vtr* acariciar.

caretaker ['keəteɪkər] *n (in school etc)* bedel *mf*; *(in block of flats)* portero,-a *m,f*.

cargo ['kɑːgəʊ] *n (pl* **cargoes** *or* **cargos***)* carga *f*, cargamento *m*; *Naut* **c. boat**, buque *m* de carga, carguero *m*.

Caribbean [kærɪ'bɪən, *US* kə'rɪbɪən] *adj* caribe, caribeño,-a; **the C. (Sea)**, el (Mar) Caribe.

caricature ['kærɪkətjʊər] *n* caricatura *f*.

caring ['keərɪŋ] *adj* solidario,-a.

carnage ['kɑːnɪdʒ] *n fig* carnicería *f*.

carnal ['kɑːnəl] *adj* carnal.

carnation [kɑː'neɪʃən] *n* clavel *m*.

carnival ['kɑːnɪvəl] *n* carnaval *m*.

carnivorous [kɑː'nɪvərəs] *adj* carnívoro, -a.

carol ['kærəl] *n* villancico *m*.

carp¹ [kɑːp] *n (fish)* carpa *f*.

carp² [kɑːp] *vi* refunfuñar.

carpenter ['kɑːpɪntər] *n* carpintero,-a *m,f*.

carpentry ['kɑːpɪntrɪ] *n* carpintería *f*.

carpet ['kɑːpɪt] **I** *n* moqueta *f*. **II** *vtr fig* **carpeted with**, cubierto,-a de.

carriage |'kærɪdʒ| *n* 1 *(horse-drawn)* carruaje *m*; *Rail* vagón *m*, coche *m*; *(of gun)* cureña *f*; *(of typewriter)* carro *m*. 2 *(of goods)* porte *m*, transporte *m*.

carriageway |'kærɪdʒweɪ| *n GB* carril *m*, autovía *f*; **dual c.**, autovía.

carrier |'kærɪər| *n* 1 *(company)* transportista *mf*; *GB* **c. bag**, bolsa *f* de plástico; **c. pigeon**, paloma mensajera. 2 *Med* portador,-a *m,f*.

carrot |'kærət| *n* zanahoria *f*.

carry |'kærɪ| I *vtr* 1 llevar; *(goods)* transportar. 2 *(stock)* tener; *(responsibility, penalty)* conllevar, implicar. **3 the motion was carried**, se aprobó la moción. 4 *(disease)* ser portador,-a de. II *vi (sound)* oírse. ◆**carry away** *vtr* llevarse; **to get carried away**, entusiasmarse. ◆**carry forward** *vtr Fin* carried forward, suma y sigue. ◆**carry off** *vtr (prize)* llevarse; *fam* **to c. it off**, salir airoso,-a. ◆**carry on** I *vtr* continuar; *(conversation)* mantener. II *vi* 1 continuar, seguir adelante; **c. on!**, ¡adelante! 2 *fam (make a fuss)* hacer una escena; **don't c. on about it**, ¡no te enrolles! 3 *fam* **to c. on with sb**, estar liado,-a con algn. ◆**carry out** *vtr (plan)* llevar a cabo, realizar; *(test)* verificar.

carrycot |'kærɪkɒt| *n* cuna *f* portátil.

carsick |'kɑːsɪk| *adj* mareado,-a (en el coche).

cart |kɑːt| I *n (horse-drawn)* carro *m*; *(handcart)* carretilla *f*. II *vtr* carretear.

cartel |kɑːˈtel| *n* cártel *m*.

carton |'kɑːtən| *n (of cream etc)* caja *f*.

cartoon |kɑːˈtuːn| *n (strip)* tira cómica, historieta *f*; *Art* cartón *m*; *(animated)* dibujos *mpl* animados.

cartoonist |kɑːˈtuːnɪst| *n* caricaturista *mf*.

cartridge |'kɑːtrɪdʒ| *n* 1 cartucho *m*. 2 *(for pen)* recambio *m*; **c. paper**, papel guarro.

carve |kɑːv| *vtr* 1 *(wood)* tallar; *(stone, metal)* cincelar, esculpir. 2 *(meat)* trinchar.

cascade |kæsˈkeɪd| *n* cascada *f*.

case[1] |keɪs| *n* 1 caso *m*; **a c. in point**, un buen ejemplo; **in any c.**, en cualquier caso, de todas formas; **in c. of doubt**, en caso de duda; **just in c.**, por si acaso. 2 *Med caso m*; **c. history**, historial clínico. 3 *Jur* causa *f*.

case[2] |keɪs| I *n* 1 *(suitcase)* maleta *f*; *(small)* estuche *m*; *(soft)* funda *f*. 2 **a c. of wine**, una caja de botellas de vino. 3 *Typ* **lower c.**, minúscula *f*; **upper c.**, mayúscula *f*.

cash |kæʃ| I *n* dinero efectivo; **to pay c.**, pagar al contado *or* en efectivo; **c. desk**, caja *f*; **c. on delivery**, entrega *f* contra reembolso; **c. dispenser**, cajero automático; **c. register**, caja registradora. II *vtr (cheque)* cobrar. ◆**cash in** *vi fam fig* **to c. in on sth**, sacar provecho de algo. II *vtr* hacer efectivo,-a.

cash-and-carry |kæʃənˈkærɪ| *adj & adv* de venta al por mayor y pago al contado.

cashew |'kæʃuː| *n* **c. (nut)**, anacardo *m*.

cashier |kæˈʃɪər| *n* cajero,-a *m,f*.

cashmere |'kæʃmɪər| *n* cachemira *f*.

casino |kəˈsiːnəʊ| *n* casino *m*.

cask |kɑːsk| *n* tonel *m*, barril *m*.

casket |'kɑːskɪt| *n (box)* cofre *m*; *(coffin)* ataúd *m*.

casserole |'kæsərəʊl| *n* 1 *(container)* cacerola *f*. 2 *Culin* guisado *m*.

cassette |kæˈset| *n* cassette *f*; **c. recorder**, cassette *m*.

cast |kɑːst| I *vtr (pt & pp* **cast***)* 1 *(net, fishing line)* echar, arrojar; *(light)* proyectar; *(glance)* lanzar; *(anchor)* echar; *(vote)* emitir; *(skin)* mudar. 2 *fig* **to c. doubts on sth**, poner algo en duda; **to c. suspicion on sb**, levantar sospechas sobre algn. 3 *(metal)* moldear; **c. iron**, hierro fundido. 4 *Theat (play)* hacer el reparto de. II *n (mould)* molde *m*; *(product)* pieza *f*. 2 *Med* **(plaster) c.**, escayola *f*. 3 *Theat* reparto *m*. ◆**cast off** *vi Naut* soltar (las) amarras.

castanets |kæstəˈnets| *npl* castañuelas *fpl*.

castaway |'kɑːstəweɪ| *n* náufrago,-a *m,f*.

caste |kɑːst| *n* casta *f*.

caster |'kɑːstər| *n* **c. sugar**, azúcar molido muy fino.

Castile |kæˈstiːl| *n* Castilla.

Castilian |kæˈstɪljən| I *adj* castellano,-a. II *n* **C. (Spanish)**, *(language)* castellano *m*.

casting |'kɑːstɪŋ| *n* **c. vote**, voto *m* de calidad.

cast-iron |'kɑːstaɪən| *adj* de hierro fundido.

castle |'kɑːsəl| I *n* 1 castillo *m*. 2 *Chess* torre *f*. II *vi Chess* enrocar.

castor[1] |'kɑːstər| *n* **c. oil**, aceite *m* de ricino.

castor[2] |'kɑːstər| *n (on furniture)* ruedecilla *f*.

castrate |kæˈstreɪt| *vtr* castrar.

casual |'kæʒjʊəl| *adj* 1 *(meeting etc)* fortuito,-a. 2 *(worker)* eventual. 3 *(clothes)* (de) sport. 4 *(visit)* de paso. 5 *(person, attitude)* despreocupado,-a, informal.

casualty |'kæʒjʊəltɪ| *n* 1 *Mil* baja *f*; **casualties**, pérdidas *fpl*. 2 *(injured)* herido,-a *m,f*.

cat |kæt| *n* gato,-a *m,f*; *fig* **to let the c. out of the bag**, descubrir el pastel.

Catalan |'kætəlæn| I *adj* catalán,-ana; **C. flag**, senyera *f*. II *n* 1 *(person)* catalán, -ana *m,f*. 2 *(language)* catalán *m*.

catalogue, *US* **catalog** |'kætəlɒg| I *n* catálogo *m*. II *vtr* catalogar.

Catalonia |kætəˈləʊnɪə| *n* Cataluña.

catalyst |'kætəlɪst| *n* catalizador *m*.

catapult |'kætəpʌlt| *n* tirachinas *m inv*.

catarrh |kəˈtɑːr| *n* catarro *m*.

catastrophe |kəˈtæstrəfɪ| *n* catástrofe *f*.

catastrophic |kætəˈstrɒfɪk| *adj*

catastrófico,-a.
catch [kætʃ] **I** *vtr* (*pt & pp* **caught**) 1 (*ball, thief*) coger; (*fish*) pescar; (*mouse etc*) atrapar; (*train, bus*) coger, Am agarrar; **to c. a cold,** coger un resfriado; **to c. fire,** (*log*) prenderse; (*building*) incendiarse; **to c. hold of,** agarrar; **to c. sb's eye,** captar la atención de algn; **to c. sight of,** entrever. 2 (*surprise*) pillar, sorprender. 3 (*hear*) entender. 4 **to c. one's breath,** (*hold*) sostener la respiración; (*recover*) recuperar el aliento. **II** *vi* (*sleeve etc*) engancharse (**on,** en); (*fire*) encenderse. **III** *n* 1 (*of ball*) parada *f*; (*of fish*) presa *f*. 2 (*on door*) pestillo *m*. 3 (*drawback*) pega *f*; **c. question,** pregunta *f* con pega. 4 **c. phrase,** slogan *m*.
◆**catch on** *vi fam* 1 (*become popular*) ganar popularidad. 2 (*understand*) caer en la cuenta. ◆**catch out** *vtr fam* **to c. sb out,** pillar a algn cometiendo una falta. ◆**catch up** *vi* 1 **to c. up with sb,** (*reach*) alcanzar a algn. 2 (*with news*) ponerse al corriente (**on,** de); **to c. up on sleep,** recuperar el sueño perdido; **to c. up with work,** ponerse al día de trabajo.
catching ['kætʃɪŋ] *adj* (*disease*) contagioso,-a.
catchment ['kætʃmənt] *n* **c. area,** zona *f* de captación.
catchword ['kætʃwɜːd] *n* lema *m*.
catchy ['kætʃɪ] *adj* (**catchier, catchiest**) *fam* (*tune*) pegadizo,-a.
categoric(al) [kætɪ'gɒrɪk(əl)] *adj* categórico,-a.
categorize ['kætɪgəraɪz] *vtr* clasificar.
category ['kætɪgərɪ] *n* categoría *f*.
cater ['keɪtər] *vi* 1 **to c. for,** (*wedding etc*) proveer comida para. 2 **to c. for,** (*taste*) atender a.
caterer ['keɪtərər] *n* proveedor,-a *m,f*.
catering ['keɪtərɪŋ] *n* abastecimiento *m* (de comidas por encargo).
caterpillar ['kætəpɪlər] *n* 1 oruga *f*. 2 **c. (tractor),** tractor *m* de oruga.
cathedral [kə'θiːdrəl] *n* catedral *f*.
Catholic ['kæθəlɪk] *adj & n* católico,-a (*m,f*).
catholic ['kæθəlɪk] *adj* católico,-a.
Catholicism [kə'θɒlɪsɪzəm] *n* catolicismo *m*.
Catseye® ['kætsaɪ] *n* GB catafaro *m*.
cattle ['kætəl] *npl* ganado *m* (vacuno).
catty ['kætɪ] *adj* (**cattier, cattiest**) *fam* (*remark*) malintencionado,-a; (*person*) malicioso,-a.
catwalk ['kætwɔːk] *n* pasarela *f*.
Caucasian [kɔː'keɪzɪən] *adj & n* caucásico,-a (*m,f*), blanco,-a (*m,f*).
caucus ['kɔːkəs] *n* comité *m* central, ejecutiva *f*.
caught [kɔːt] *pt & pp* → **catch**.
cauliflower ['kɒlɪflaʊər] *n* coliflor *f*.
cause [kɔːz] **I** *n* 1 (*origin*) causa *f*. 2 (*reason*) motivo *m*. 3 **for a good c.,** por una buena causa. **II** *vtr* causar; **to c. sb to do sth,** hacer que algn haga algo.
caustic ['kɔːstɪk] *adj* cáustico,-a; *fig* mordaz.
caution ['kɔːʃən] **I** *n* 1 (*care*) cautela *f*, prudencia *f*. 2 (*warning*) aviso *m*, advertencia *f*. 3 GB *Jur* reprensión *f*. **II** *vtr* advertir, amonestar.
cautious ['kɔːʃəs] *adj* cauteloso,-a, prudente.
cavalcade [kævəl'keɪd] *n* cabalgata *f*.
cavalier [kævə'lɪər] **I** *adj* arrogante. **II** *n* caballero *m*.
cavalry ['kævəlrɪ] *n* caballería *f*.
cave [keɪv] *n* cueva *f*. ◆**cave in** *vi* (*roof etc*) derrumbarse, hundirse.
caveman ['keɪvmæn] *n* hombre *m* de las cavernas.
cavern ['kævən] *n* caverna *f*.
caviar(e) ['kævɪɑːr] *n* caviar *m*.
cavity ['kævɪtɪ] *n* 1 (*hole*) cavidad *f*. 2 (*in tooth*) caries *f inv*.
cavort [kə'vɔːt] *vi* retozar, brincar.
CB [siː'biː] *abbr* **Citizens' Band,** banda ciudadana, CB.
CBI [siːbiː'aɪ] GB *abbr of* **Confederation of British Industry,** ≈ CEOE *f*.
cc [siː'siː] *abbr of* **cubic centimetre(s),** cc.
CD [siː'diː] *abbr of* **compact disc,** CD *m*; **CD player,** tocadiscos *m* digital *o* compacto.
cease [siːs] *vtr* cesar; **to c. doing** *or* **to do sth,** dejar de hacer algo. **II** *vi* terminar.
cease-fire [siːs'faɪər] *n* alto *m* el fuego.
ceaseless ['siːslɪs] *adj* incesante.
cedar ['siːdər] *n* cedro *m*.
cede [siːd] *vtr* ceder.
ceiling ['siːlɪŋ] *n* techo *m*.
celebrate ['selɪbreɪt] **I** *vtr* (*occasion*) celebrar. **II** *vi* divertirse.
celebrated ['selɪbreɪtɪd] *adj* célebre.
celebration [selɪ'breɪʃən] *n* 1 celebración *f*. 2 **celebrations,** festividades *fpl*.
celebrity [sɪ'lebrɪtɪ] *n* celebridad *f*.
celery ['selərɪ] *n* apio *m*.
celibate ['selɪbɪt] *adj & n* célibe (*mf*).
cell [sel] *n* 1 (*in prison*) celda *f*. 2 Biol Pol célula *f*. 3 Elec pila *f*.
cellar ['selər] *n* sótano *m*; (*for wine*) bodega *f*.
cello ['tʃeləʊ] *n* violoncelo *m*.
cellophane ['seləfeɪn] *n* celofán *m*.
celluloid ['seljʊlɔɪd] *n* celuloide *m*.
cellulose ['seljʊləʊs] *n* celulosa *f*.
Celsius ['selsɪəs] *adj* Celsio.
Celt [kelt, selt] *n* celta *mf*.
Celtic ['keltɪk, 'seltɪk] **I** *n* (*language*) celta *m*. **II** *adj* celta.
cement [sɪ'ment] **I** *n* cemento *m*; **c. mixer,** hormigonera *f*. **II** *vtr* Constr unir con cemento; *fig* (*friendship*) cimentar.
cemetery ['semɪtrɪ] *n* cementerio *m*.

censor ['sensər] I *n* censor,-a *m,f*. II *vtr* censurar.

censorship ['sensəʃɪp] *n* censura *f*.

censure ['senʃər] I *n* censura *f*. II *vtr* censurar.

census ['sensəs] *n* censo *m*.

cent [sent] *n* 1 centavo *m*, céntimo *m*. 2 **per c.**, por ciento.

centenary [sen'ti:nərɪ] *n* centenario *m*.

center ['sentər] *n & vtr US* → **centre**.

centigrade ['sentɪgreɪd] *adj* centígrado,-a.

centilitre, *US* **centiliter** ['sentɪli:tər] *n* centilitro *m*.

centimetre, *US* **centimeter** ['sentɪmi:tər] *n* centímetro *m*.

centipede ['sentɪpi:d] *n* ciempiés *m inv*.

central ['sentrəl] *adj* central; **c. heating**, calefacción *f* central; **C. America**, Centroamérica; **C. American**, centroamericano,-a *m,f*. ◆**centrally** *adv* **c. heated**, con calefacción central; **c. situated**, céntrico,-a.

centralize ['sentrəlaɪz] *vtr* centralizar.

centre ['sentər] I *n* centro *m*; **town c.**, centro de la ciudad; *Ftb* **c. forward**, delantero centro; *Ftb* **c. half**, medio centro; *Pol* **c. party**, partido *m* centrista; **sports c.**, centro deportivo. II *vtr* (*attention etc*) centrar (**on**, en).

century ['sentʃərɪ] *n* siglo *m*; **the nineteenth c.**, el siglo diecinueve.

ceramic [sɪ'ræmɪk] I *n* cerámica *f*. II *adj* de cerámica.

ceramics [sɪ'ræmɪks] *n sing* cerámica *f*.

cereal ['sɪərɪəl] *n* cereal *m*.

cerebral ['serɪbrəl, sɪ'ri:brəl] *adj* cerebral; **c. palsy**, parálisis *f* cerebral.

ceremony ['serɪmənɪ] *n* ceremonia *f*.

certain ['sɜ:tən] I *adj* 1 (*sure*) seguro,-a; **to be c.**, estar seguro,-a; **to make c. of sth**, asegurarse de algo. 2 **to a c. extent**, hasta cierto punto. 3 (*not known*) cierto,-a; **a c. Miss Ward**, una tal señorita Ward. 4 (*true*) cierto,-a. II *adv* **for c.**, a ciencia cierta. ◆**certainly** *adv* desde luego; **c. not**, de ninguna manera.

certainty ['sɜ:təntɪ] *n* certeza *f*; (*assurance*) seguridad *f*.

certificate [sə'tɪfɪkɪt] *n* certificado *m*; *Educ* diploma *m*.

certified ['sɜ:tɪfaɪd] *adj* certificado,-a; (*copy*) compulsado,-a.

certify ['sɜ:tɪfaɪ] *vtr* certificar.

cervical ['sɜ:vɪkəl, sə'vaɪkəl] *adj* **c. cancer**, cáncer *m* del útero; **c. smear**, frotis *m* cervical.

cervix ['sɜ:vɪks] *n* 1 (*uterus*) cuello *m* del útero. 2 (*neck*) cerviz *f*, cuello *m*.

cessation [se'seɪʃən] *n* cese *m*.

cesspit ['sespɪt] *n* pozo negro.

Ceuta *n* Ceuta.

Ceylon [sɪ'lɒn] *n* Ceilán.

cf *abbr* of **confer**, (*compare*) compárese, cfr.

chafe [tʃeɪf] I *vtr* (*make sore*) rozar. II *vi* (*skin*) irritarse; (*item of clothing*) rozar.

chaffinch ['tʃæfɪntʃ] *n* pinzón *m* vulgar.

chagrin ['ʃægrɪn] *n* disgusto *m*, desilusión *f*.

chain [tʃeɪn] I *n* cadena *f*; *fig* (*of events*) serie *f*; **c. of mountains**, cordillera *f*; **c. reaction**, reacción *f* en cadena; **c. saw**, sierra mecánica. II *vtr* **to c. (up)**, encadenar.

chain-smoke ['tʃeɪnsməʊk] *vi* fumar un pitillo tras otro.

chair [tʃeər] I *n* 1 silla *f*; (*with arms*) sillón *m*; **c. lift**, telesilla *m*. 2 (*position*) presidencia *f*; *Univ* cátedra *f*. II *vtr* presidir.

chairman ['tʃeəmən] *n* presidente *m*.

chairperson ['tʃeəpɜ:sən] *n* presidente,-a *m,f*.

chalet ['ʃæleɪ] *n* chalet *m*, chalé *m*.

chalk [tʃɔ:k] I *n* (*for writing*) tiza *f*. II ◆**chalk up** *vtr fam* (*victory etc*) apuntarse.

challenge ['tʃælɪndʒ] I *vtr* 1 retar, desafiar; **to c. sb to do sth**, retar a algn a que haga algo. 2 (*authority etc*) poner a prueba; (*statement*) poner en duda. 3 *Mil* dar el alto a. II *n* 1 reto *m*, desafío *m*. 2 *Mil* quién vive *m*.

challenging ['tʃælɪndʒɪŋ] *adj* (*idea*) desafiante; (*task*) que presenta un desafío.

chamber ['tʃeɪmbər] *n* 1 (*hall*) cámara *f*; **C. of Commerce**, Cámara de Comercio. 2 *Mus* **c. music**, música *f* de cámara. 3 *GB Jur* **chambers**, gabinete *m sing*.

chambermaid ['tʃeɪmbəmeɪd] *n* camarera *f*.

chameleon [kə'mi:lɪən] *n* camaleón *m*.

champagne [ʃæm'peɪn] *n* (*French*) champán *m*; (*from Catalonia*) cava *m*.

champion ['tʃæmpɪən] *n* campeón,-ona *m,f*; *fig* **c. of human rights**, defensor,-a de los derechos humanos.

championship ['tʃæmpɪənʃɪp] *n* campeonato *m*.

chance [tʃɑ:ns] I *n* 1 (*fortune*) casualidad *f*, azar *m*; **by c.**, por casualidad; **to take a c.**, arriesgarse; **c. meeting**, encuentro *m* casual. 2 (*likelihood*) posibilidad *f*; **(the) chances are that ...**, lo más posible es que .... 3 (*opportunity*) oportunidad *f*. II *vtr* **to c. upon**, encontrar por casualidad. III *vtr* arriesgar.

chancellor ['tʃɑ:nsələr] *n* 1 (*head of state, in embassy*) canciller *m*. 2 *GB Univ* rector,-a *m,f*. 3 *GB* **C. of the Exchequer**, ministro,-a *m,f* de Hacienda.

chandelier [ʃændɪ'lɪər] *n* araña *f* (de luces).

change [tʃeɪndʒ] I *vtr* cambiar; **to c. gear**, cambiar de marcha; **to c. one's mind/the subject**, cambiar de opinión/de tema; **to c. trains**, hacer trasbordo; **to get changed**, cambiarse de ropa; *fig* **to c.**

changeable 328 **check**

hands, cambiar de dueño,-a. II *vi* cambiar, cambiarse; **to c. for the better/ worse,** mejorar/empeorar; **to c. into,** convertirse en. III *n* 1 cambio *m*; **for a c.,** para variar; **c. of heart,** cambio de parecer; **c. of scene,** cambio de aires. 2 *(money)* cambio *m*; *(after purchase)* vuelta *f*; **small c.,** suelto *m*. ◆**change over** *vi* cambiarse.

changeable ['tʃeɪndʒəbəl] *adj (weather)* variable; *(person)* inconstante.

changeover ['tʃeɪndʒəʊvər] *n* conversión *f*.

changing ['tʃeɪndʒɪŋ] I *n* 1 **c. room,** vestuario *m*. 2 *Mil* relevo *m* (de la guardia). II *adj* cambiante.

channel ['tʃænəl] I *n* 1 *Geog* canal *m*; *(of river)* cauce *m*; **the C. Islands,** las Islas Anglonormandas; **the English C.,** el Canal de la Mancha. 2 *(administrative)* vía *f*. 3 *TV Rad* canal *m*, cadena *f*. II *vtr* fg *(ideas etc)* canalizar, encauzar.

chant [tʃɑːnt] I *n Rel* cántico *m*; *(of demonstrators)* slogan *m*. II *vtr & vi Rel* cantar; *(demonstrators)* corear.

chaos ['keɪɒs] *n* caos *m*.

chaotic [keɪ'ɒtɪk] *adj* caótico,-a.

chap [tʃæp] *n fam* chico *m*, tío *m*.

chapel ['tʃæpəl] *n* capilla *f*.

chaperon(e) ['ʃæpərəʊn] *n* carabina *f*.

chaplain ['tʃæplɪn] *n* capellán *m*.

chapter ['tʃæptər] *n* 1 capítulo *m*. 2 *Rel* cabildo *m*.

char [tʃɑːr] *vtr* chamuscar, carbonizar.

character ['kærɪktər] *n* 1 carácter *m*. 2 *fam (person)* tipo *m*. 3 *Theat* personaje *m*.

characteristic [kærɪktə'rɪstɪk] I *n* característica *f*. II *adj* característico,-a.

characterize ['kærɪktəraɪz] *vtr* caracterizar.

charcoal ['tʃɑːkəʊl] *n Min* carbón *m* vegetal; *Art* **c. drawing,** carboncillo *m*; **c. grey,** gris marengo *or* oscuro.

charge [tʃɑːdʒ] I *vtr* 1 cobrar; **c. it to my account,** cárguelo en mi cuenta. 2 **to c. sb with a crime,** acusar a algn de un crimen. 3 *Mil* cargar contra. 4 *Elec* cargar. II *vi Elec Mil* cargar; **to c. about,** andar a lo loco. III *n* 1 *(cost)* precio *m*; **bank charges,** comisión *f*; **free of c.,** gratis; **service c.,** servicio *m*; **c. account,** cuenta *f* corriente. 2 **to be in c. of,** estar a cargo de; **to take c. of,** hacerse cargo de. 3 *Jur* cargo *m*, acusación *f*. 4 *(explosive)* carga explosiva. 5 *Elec* carga *f*.

charged [tʃɑːdʒd] *adj fig* emotivo,-a.

charismatic [kærɪz'mætɪk] *adj* carismático,-a.

charitable ['tʃærɪtəbəl] *adj (person)* caritativo,-a; *(organization)* benéfico,-a.

charity ['tʃærɪtɪ] *n* caridad *f*; *(organization)* institución benéfica.

charlady ['tʃɑːleɪdɪ] *n GB* mujer *f* de la limpieza.

charlatan ['ʃɑːlətən] *n (doctor)* curandero,-a *m,f*.

charm [tʃɑːm] I *n* 1 *(quality)* encanto *m*. 2 *(spell)* hechizo *m*; **lucky c.,** amuleto *m*. II *vtr* encantar.

charming ['tʃɑːmɪŋ] *adj* encantador,-a.

chart [tʃɑːt] I *n* 1 *(giving information)* tabla *f*; *(graph)* gráfico *m*. 2 *(map)* carta *f* de navegación. 3 **Mus the charts,** la lista de éxitos. II *vtr Av Naut (on map)* trazar.

charter ['tʃɑːtər] I *n* 1 *(of institution)* estatutos *mpl*; *(of rights)* carta *f*. 2 **c. flight,** vuelo *m* chárter. II *vtr (plane, boat)* fletar.

chartered accountant [tʃɑːtədə'kaʊntənt] *n GB* contable *mf* diplomado,-a.

charwoman ['tʃɑːwʊmən] *n GB* → **charlady.**

chase [tʃeɪs] I *vtr* perseguir; *(hunt)* cazar. II *n* persecución *f*; *(hunt)* caza *f*.

chasm ['kæzəm] *n Geog* sima *f*; *fig* abismo *m*.

chassis ['ʃæsɪ] *n* chasis *m inv*.

chastise [tʃæs'taɪz] *vtr* castigar.

chastity ['tʃæstɪtɪ] *n* castidad *f*.

chat [tʃæt] I *n* charla *f*; *GB* **c. show,** coloquio *m*. II *vi* charlar. ◆**chat up** *vtr fam (intentar)* ligar con algn.

chatter ['tʃætər] I *vi (person)* parlotear; *(bird)* piar; *(teeth)* castañetear. II *n (of person)* parloteo *m*; *(of birds)* gorjeo *m*; *(of teeth)* castañeteo *m*.

chatterbox ['tʃætəbɒks] *n fam* parlanchín,-ina *m,f*.

chatty ['tʃætɪ] *adj (chattier, chattiest)* hablador,-a.

chauffeur ['ʃəʊfər, ʃəʊ'fɜːr] *n* chófer *mf*.

chauvinism ['ʃəʊvɪnɪzəm] *n* chovinismo *m*; **male c.,** machismo *m*.

chauvinist ['ʃəʊvɪnɪst] *adj & n* chovinista *(mf)*; **male c.,** machista *m*.

cheap [tʃiːp] I *adj* barato,-a; *(fare)* económico,-a; *(joke)* de mal gusto; *(contemptible)* bajo,-a; *fam* **dirt c.,** tirado,-a. II *n GB fam* **on the c.,** en plan barato. III *adv* barato. ◆**cheaply** *adv* barato, en plan económico.

cheapen ['tʃiːpən] *vtr fig* degradar.

cheat [tʃiːt] I *vtr* engañar; **to c. sb out of sth,** estafar algo a algn. II *vi* 1 *(at games)* hacer trampa; *(in exam etc)* copiar(se). 2 *fam (husband, wife)* poner cuernos (**on,** a). III *n (trickster)* tramposo,-a.

check [tʃek] I *vtr* repasar; *(facts)* comprobar; *(tickets)* controlar; *(tyres, oil)* revisar. 2 *(impulse)* refrenar; *(growth)* retardar. 3 *(stop)* detener. 4 *Chess* dar jaque a. II *vi* comprobar. III *n* 1 *(of documents etc)* revisión *f*; *(of facts)* comprobación *f*. 2 *Chess* jaque *m*. 3 *(pattern)* cuadro *m*. 4 **to keep in c.,** *(feelings)* contener; *(enemy)* mantener a raya. 5 *US* → **cheque.** ◆**check in** *vi (at airport)* facturar; *(at hotel)* registrarse (**at, en**). ◆**check out** I *vi (of ho-*

checked   329   **chip**

tel) dejar el hotel. II *vtr (facts)* verificar. ◆**check up** *vi* to c. up on sb, hacer averiguaciones sobre algn; **to c. up on sth**, comprobar algo.
checked [tʃekt] *adj* a cuadros.
checker ['tʃekər] *n US (cashier)* cajero,-a *m,f.*
checkered ['tʃekəd] *adj US* → **chequered**.
checkers ['tʃekəz] *n US (game)* damas *fpl.*
check-in ['tʃekɪn] *n* **c.-in desk**, *(at airport)* mostrador *m* de facturación.
checkmate ['tʃekmeɪt] I *n Chess* jaque mate *m.* II *vtr Chess* dar (jaque) mate a; *fig* poner en un callejón sin salida.
checkout ['tʃekaʊt] *n (counter)* caja *f.*
checkpoint ['tʃekpɔɪnt] *n* control *m.*
checkup ['tʃekʌp] *n Med* chequeo *m*, examen médico.
cheek [tʃiːk] *n* 1 mejilla *f.* 2 *fam (nerve)* cara *f*; **what c.!**, ¡vaya jeta!
cheekbone ['tʃiːkbəʊn] *n* pómulo *m.*
cheeky ['tʃiːkɪ] *adj* **(cheekier, cheekiest)** *fam* fresco,-a, descarado,-a.
cheep [tʃiːp] I *n (of bird)* pío *m.* II *vi* piar.
cheer [tʃɪər] I *vi* aplaudir, aclamar. II *vtr* 1 *(applaud)* vitorear, aclamar. 2 *(make hopeful)* animar. III *n* viva *m*; **cheers**, aplausos *mpl*; *fam* **cheers!**, *(thank you)* gracias; *(before drinking)* ¡salud! ◆**cheer up** I *vi* animarse. II *vtr* **to c. sb up**, alegrar *or* animar a algn.
cheerful ['tʃɪəfʊl] *adj* alegre.
cheerio [tʃɪərɪ'əʊ] *interj GB fam* ¡hasta luego!
cheese [tʃiːz] *n* queso *m.*
cheesecake ['tʃiːzkeɪk] *n* tarta *f* de queso.
cheetah ['tʃiːtə] *n* guepardo *m.*
chef [ʃef] *n* chef *m.*
chemical ['kemɪkəl] I *n* sustancia química, producto químico. II *adj* químico,-a.
chemist ['kemɪst] *n* 1 químico,-a *m,f.* 2 *GB* **c.'s** *(shop)*, farmacia *f*; **dispensing c.**, farmacéutico,-a *m,f.*
chemistry ['kemɪstrɪ] *n* química *f.*
cheque [tʃek] *n* cheque *m*; **to pay by c.**, pagar con (un) cheque; **c. book**, talonario *m* (de cheques); **c. card**, tarjeta *f* de identificación bancaria.
chequered ['tʃekəd] *adj* a cuadros; *fig* **a c. career**, una carrera con altibajos.
cherish ['tʃerɪʃ] *vtr* 1 *(person)* tenerle mucho cariño a. 2 *fig (hopes etc)* abrigar.
cherry ['tʃerɪ] *n* cereza *f.*
chess [tʃes] *n* ajedrez *m.*
chessboard ['tʃesbɔːd] *n* tablero *m* de ajedrez.
chesspiece ['tʃespiːs] *n* pieza *f* de ajedrez.
chest [tʃest] *n* 1 *Anat* pecho *m.* 2 *(for linen)* arca *f*; *(for valuables)* cofre *m*; **c. of**

drawers, cómoda *f.*
chestnut ['tʃesnʌt] *n (tree, colour)* castaño *m*; *(nut)* castaña *f.*
chew [tʃuː] *vtr* masticar, mascar.
chewing gum ['tʃuːɪŋgʌm] *n* chicle *m.*
chic [ʃiːk] *adj* elegante.
chick [tʃɪk] *n* pollito *m.*
chicken ['tʃɪkɪn] I *n* 1 pollo *m.* 2 *sl (coward)* gallina *m.* II *vi fam* **to c. out**, rajarse (por miedo).
chickenpox ['tʃɪkɪnpɒks] *n* varicela *f.*
chickpea ['tʃɪkpiː] *n* garbanzo *m.*
chicory ['tʃɪkərɪ] *n* achicoria *f.*
chief [tʃiːf] I *n* jefe *m.* II *adj* principal. ◆**chiefly** *adv (above all)* sobre todo; *(mainly)* principalmente.
chiffon [ʃɪ'fɒn, 'ʃɪfɒn] *n* gasa *f.*
chilblain ['tʃɪlbleɪn] *n* sabañón *m.*
child [tʃaɪld] *n (pl* **children)** niño,-a *m,f*; *(son)* hijo *m*; *(daughter)* hija *f*; **c. minder**, persona *f* que cuida niños en su propia casa.
childbirth ['tʃaɪldbɜːθ] *n* parto *m.*
childhood ['tʃaɪldhʊd] *n* infancia *f*, niñez *f.*
childish ['tʃaɪldɪʃ] *adj* pueril, aniñado.
childlike ['tʃaɪldlaɪk] *adj* infantil.
children ['tʃɪldrən] *npl* → **child**.
Chile ['tʃɪlɪ] *n* Chile.
Chilean ['tʃɪlɪən] *adj & n* chileno,-a *(m,f).*
chill [tʃɪl] I *n* 1 *Med* resfriado *m.* 2 *(coldness)* fresco *m.* II *adj* frío,-a. III *vtr (meat)* refrigerar; *(wine)* enfriar.
chil(l)i ['tʃɪlɪ] *n* chile *m.*
chilly ['tʃɪlɪ] *adj* **(chillier, chilliest)** frío,-a.
chime [tʃaɪm] I *n (peal)* campanada *f.* II *vtr* **to c. five o'clock**, *(of clock)* dar las cinco. III *vi* sonar. ◆**chime in** *vi fam* intervenir.
chimney ['tʃɪmnɪ] *n* chimenea *f*; **c. sweep**, deshollinador *m.*
chimpanzee [tʃɪmpæn'ziː] *n* chimpancé *m.*
chin [tʃɪn] *n* barbilla *f*, mentón *m*; **double c.**, papada *f.*
china ['tʃaɪnə] *n* loza *f.*
China ['tʃaɪnə] *n* China.
Chinese [tʃaɪ'niːz] I *adj* chino,-a. II *n* 1 *(person)* chino,-a *m,f.* 2 *(language)* chino *m.*
chink¹ [tʃɪŋk] *n (opening)* resquicio *m*; *(crack)* grieta *f.*
chink² [tʃɪŋk] I *vi* tintinear. II *n* tintineo *m.*
chip [tʃɪp] I *n* 1 *(of wood)* astilla *f*; *(of stone)* lasca *f*; *(in cup)* mella *f.* 2 *GB Culin* **chips**, patatas fritas. 3 *Comput* chip *m.* 4 *(in gambling)* ficha *f.* II *vtr (wood)* astillar; *(stone)* resquebrajar; *(china, glass)* mellar. III *vi (wood)* astillarse; *(china, glass)* mellarse; *(paint)* desconcharse. ◆**chip in** *vi fam* 1 meterse. 2 *(with money)* poner algo (de dinero).

chiropodist [kɪˈrɒpədɪst] *n* pedicuro,-a *m,f*.

chirp [tʃɜːp] *vi (birds)* gorjear.

chisel [ˈtʃɪzəl] *n* cincel *m*.

chit [tʃɪt] *n* nota *f; (small invoice)* vale *m*.

chitchat [ˈtʃɪtʃæt] *n fam* palique *m*.

chivalry [ˈʃɪvəlrɪ] *n* caballerosidad *f*.

chives [tʃaɪvz] *npl* cebolleta *f sing*.

chlorine [ˈklɔːriːn] *n* cloro *m*.

chock-a-block [tʃɒkəˈblɒk], **chock-full** [tʃɒkˈfʊl] *adj fam* (lleno,-a) hasta los topes.

chocolate [ˈtʃɒkəlɪt] I *n* chocolate *m*; **chocolates**, bombones *mpl*. II *adj* de chocolate.

choice [tʃɔɪs] I *n* elección *f*; **a wide c.**, un gran surtido; **by c.**, por gusto. II *adj* selecto,-a.

choir [ˈkwaɪər] *n* coro *m*, coral *f*.

choirboy [ˈkwaɪəbɔɪ] *n* niño *m* de coro.

choke [tʃəʊk] I *vtr* 1 *(person)* ahogar. 2 *(obstruct)* obstruir. II *vi* ahogarse; **to c. on food**, atragantarse con la comida. III *n Aut* estárter *m*. ◆**choke back** *vtr (emotions)* tragarse.

cholera [ˈkɒlərə] *n* cólera *m*.

cholesterol [kəˈlestərɒl] *n* colesterol *m*.

choose [tʃuːz] I *vtr (pt* **chose**; *pp* **chosen**) escoger, elegir; *(decide on)* optar por. II *vi* escoger, elegir.

choos(e)y [ˈtʃuːzɪ] *adj (choosier, choosiest) fam* exigente.

chop [tʃɒp] I *vtr* 1 *(wood)* cortar; *(tree)* talar. 2 *Culin* cortar a pedacitos. II *n* 1 *(blow)* tajo *m*; *(with axe)* hachazo *m*. 2 *Culin* chuleta *f*.

chopper [ˈtʃɒpər] *n fam* helicóptero *m*.

choppy [ˈtʃɒpɪ] *adj (choppier, choppiest) (sea)* picado,-a.

chopsticks [ˈtʃɒpstɪks] *npl* palillos *mpl*.

chord [kɔːd] *n Mus* acorde *m*; *fig* **it strikes a c.**, (me) suena.

chore [tʃɔːr] *n* quehacer *m*, tarea *f*.

chortle [ˈtʃɔːtəl] *vi* reír con ganas.

chorus [ˈkɔːrəs] *n Mus Theat* coro *m*; *(in a song)* estribillo *m*; **c. girl**, corista *f*.

chose [tʃəʊz] *pt* → **choose**.

chosen [ˈtʃəʊzən] *pp* → **choose**.

Christ [kraɪst] *n* Cristo *m*, Jesucristo *m*.

christen [ˈkrɪsən] *vtr* bautizar.

christening [ˈkrɪsənɪŋ] *n* bautizo *m*.

Christian [ˈkrɪstʃən] I *adj* cristiano,-a; **c. name**, nombre *m* de pila. II *n* cristiano,-a *m,f*.

Christianity [krɪstɪˈænɪtɪ] *n* cristianismo *m*.

Christmas [ˈkrɪsməs] *n* Navidad *f*; **merry C.**, feliz Navidad; **C. card**, tarjeta *f* de Navidad; **C. carol**, villancico *m*; **C. Day**, día *m* de Navidad; **C. Eve**, Nochebuena *f*.

chrome [krəʊm] *n* cromo *m*.

chromium [ˈkrəʊmɪəm] *n* cromo *m*; **c. plating**, cromado *m*.

chromosome [ˈkrəʊməsəʊm] *n* cromosoma *m*.

chronic [ˈkrɒnɪk] *adj* crónico,-a.

chronicle [ˈkrɒnɪkəl] I *n* crónica *f*. II *vtr* hacer la crónica de.

chronological [krɒnəˈlɒdʒɪkəl] *adj* cronológico,-a.

chrysanthemum [krɪˈsænθəməm] *n* crisantemo *m*.

chubby [ˈtʃʌbɪ] *adj (chubbier, chubbiest)* rellenito,-a.

chuck [tʃʌk] *vtr fam* tirar; **to c. one's job in** *or* **up**, dejar el trabajo; **to c. sb out**, echar a algn; **to c. sth away** *or* **out**, tirar algo.

chuckle [ˈtʃʌkəl] I *vi* reír entre dientes. II *n* sonrisita *f*.

chug [tʃʌg] *vi* traquetear.

chum [tʃʌm] *n* compinche *mf*, compañero,-a *m,f*.

chunk [tʃʌŋk] *n fam* cacho *m*, pedazo *m*.

church [tʃɜːtʃ] *n* iglesia *f*; **to go to c.**, ir a misa; **C. of England**, Iglesia Anglicana.

churchyard [ˈtʃɜːtʃjɑːd] *n* cementerio *m*, campo santo.

churlish [ˈtʃɜːlɪʃ] *adj* grosero,-a.

churn [tʃɜːn] I *n (for butter)* mantequera *f*; *GB (for milk)* lechera *f*. II *vtr (butter)* hacer. III *vi* revolverse, agitarse. ◆**churn out** *vtr fam* producir en serie.

chute [ʃuːt] *n (channel)* conducto *m*; *(slide)* tobogán *m*.

chutney [ˈtʃʌtnɪ] *n* conserva *f* (de frutas) picante.

CIA [siːaɪˈeɪ] *US abbr of* **Central Intelligence Agency**, Agencia *f* Central de Información, CIA *f*.

CID [siːaɪˈdiː] *GB abbr of* **Criminal Investigation Department**, ≈ Brigada *f* de Investigación Criminal, BIC.

cider [ˈsaɪdər] *n* sidra *f*.

cigar [sɪˈgɑːr] *n* puro *m*.

cigarette [sɪgəˈret] *n* cigarrillo *m*; **c. case**, pitillera *f*; **c. end**, colilla *f*; **c. holder**, boquilla *f*; **c. lighter**, mechero *m*.

Cinderella [sɪndəˈrelə] *n* Cenicienta *f*.

cine camera [ˈsɪnɪkæmərə] *n GB* cámara cinematográfica.

cinema [ˈsɪnɪmə] *n* cine *m*.

cinnamon [ˈsɪnəmən] *n* canela *f*.

cipher [ˈsaɪfər] *n (numeral)* cifra *f*.

circle [ˈsɜːkəl] I *n* 1 círculo *m*; *(of people)* corro *m*; **in business circles**, en el mundo de los negocios. 2 *Theat* anfiteatro *m*. II *vtr (surround)* rodear; *(move round)* dar la vuelta a. III *vi* dar vueltas.

circuit [ˈsɜːkɪt] *n* 1 *(journey)* recorrido *m*. 2 *Elec* circuito *m*. 3 *Sport (events)* liga *f*; *GB (track)* circuito *m*. 4 *GB Jur* **c. judge**, juez *mf* de distrito.

circular [ˈsɜːkjʊlər] *adj & n* circular (*f*).

circulate [ˈsɜːkjʊleɪt] I *vtr (news)* hacer circular. II *vi* circular.

circulation [sɜːkjʊˈleɪʃən] *n* 1 *(of blood)*

circulación f. 2 (of newspaper) tirada f.
circumcise ['sɜːkəmsaɪz] vtr circuncidar.
circumference [səˈkʌmfərəns] n circunferencia f.
circumspect ['sɜːkəmspekt] adj prudente.
circumstance ['sɜːkəmstəns] n (usu pl) circunstancia f; **under no circumstances, en ningún caso; economic circumstances,** situación económica.
circumvent [sɜːkəmˈvent] vtr fig burlar.
circus ['sɜːkəs] n circo m.
cirrhosis [sɪˈrəʊsɪs] n cirrosis f.
CIS [siːaɪˈes] n abbr of **Commonwealth of Independent States,** CEI.
cistern ['sɪstən] n cisterna f.
cite [saɪt] vtr (quote) citar.
citizen ['sɪtɪzən] n ciudadano,-a m,f.
citizenship ['sɪtɪzənʃɪp] n ciudadanía f.
citr(o)us ['sɪtrəs] adj **c. fruit,** agrios mpl.
city ['sɪtɪ] n 1 ciudad f. 2 Fin **the C.,** el centro financiero de Londres.
civic ['sɪvɪk] adj cívico,-a; GB **c. centre,** centro cívico; **c. duties,** obligaciones cívicas.
civil ['sɪvəl] adj 1 civil; **c. defence,** defensa f civil; **c. rights,** derechos mpl civiles; **c. servant,** funcionario,-a m,f; Pol **c. service,** administración pública. 2 (polite) cortés, educado,-a.
civilian [sɪˈvɪljən] adj & n civil (mf); **c. clothing,** traje m de paisano.
civilization [sɪvɪlaɪˈzeɪʃən] n civilización f.
civilized ['sɪvɪlaɪzd] adj civilizado,-a.
clad [klæd] adj lit vestido,-a.
claim [kleɪm] I vtr 1 (benefits, rights) reclamar; Jur (compensation) exigir. 2 (assert) afirmar. II n 1 (demand) reclamación f; Jur demanda f; **to put in a c.,** reclamar una indemnización. 2 (right) derecho m. 3 (assertion) pretensión f.
claimant ['kleɪmənt] n Jur demandante mf.
clairvoyant [kleəˈvɔɪənt] n clarividente mf.
clam [klæm] n almeja f. ◆**clam up** vi fam callarse.
clamber ['klæmbər] vi trepar (**over,** por).
clammy ['klæmɪ] adj (**clammier, clammiest**) (weather) bochornoso,-a; (hand) pegajoso,-a.
clamor ['klæmər] n US → **clamour.**
clamour ['klæmər] I n clamor m. II vi clamar; **to c. for,** pedir a gritos.
clamp [klæmp] I n (for carpentry) tornillo m de banco; Tech abrazadera f; **wheel c.,** cepo m. II vtr sujetar con abrazaderas. ◆**clamp down on** vtr aumentar los esfuerzos contra.
clan [klæn] n clan m.
clandestine [klænˈdestɪn] adj clandestino,-a.
clang [klæŋ] I vi sonar. II n sonido metálico.

clap [klæp] I vi aplaudir. II n 1 palmada f. 2 **a c. of thunder,** un trueno.
clapping ['klæpɪŋ] n aplausos mpl.
claret ['klærət] n GB (wine) clarete m; (colour) burdeos m.
clarify ['klærɪfaɪ] vtr aclarar.
clarinet [klærɪˈnet] n clarinete m.
clarity ['klærɪtɪ] n claridad f.
clash [klæʃ] I vi 1 (cymbals) sonar; (swords) chocar; fig (disagree) estar en desacuerdo. 2 (colours) desentonar. 3 (dates) coincidir. II n 1 (sound) sonido m. 2 (fight) choque m; fig (conflict) conflicto m.
clasp [klɑːsp] I n 1 (on belt) cierre m; (on necklace) broche m. 2 (grasp) apretón m; **c. knife,** navaja f. II vtr (object) agarrar; **to c. hands,** juntar las manos.
class [klɑːs] I n 1 clase f; **c. struggle,** lucha f de clases; Educ **c. of '84,** promoción f de 1984; Rail **second c. ticket,** billete m de segunda (clase). II vtr clasificar.
classic ['klæsɪk] I adj clásico,-a. II n 1 (author) autor clásico; (work) obra clásica. 2 **the classics,** (literature) las obras clásicas; (languages) clásicas fpl.
classical ['klæsɪkəl] adj clásico,-a.
classified ['klæsɪfaɪd] adj (information) secreto,-a; **c. advertisements,** anuncios mpl por palabras.
classify ['klæsɪfaɪ] vtr clasificar.
classless ['klɑːslɪs] adj sin clases.
classmate ['klɑːsmeɪt] n compañero,-a m,f de clase.
classroom ['klɑːsruːm] n aula f, clase f.
clatter ['klætər] I vi hacer ruido; (things falling) hacer estrépito. II n ruido m, estrépito m.
clause [klɔːz] n 1 Jur cláusula f. 2 Ling oración f.
claw [klɔː] I n (of bird, lion) garra f; (of cat) uña f; (of crab) pinza f. II vtr agarrar, arañar; (tear) desgarrar. ◆**claw at** vtr agarrar, arañar.
clay [kleɪ] n arcilla f; **c. pigeon shooting,** tiro m al plato.
clean [kliːn] I adj 1 limpio,-a. 2 (unmarked, pure) sin defecto; **a c. copy,** una copia en limpio; **to have a c. record,** no tener antecedentes (penales). 3 (not obscene) decente. 4 fig **to make a c. sweep of it,** arrasar. II adv 1 **to play c.,** jugar limpio; fam **to come c.,** confesarlo todo. 2 fam por completo; **it went c. through the middle,** pasó justo por el medio. III vtr (room) limpiar; **to c. one's teeth,** lavarse los dientes. ◆**clean out** vtr (room) limpiar a fondo. ◆**clean up** vtr & vi limpiar.
clean-cut ['kliːnkʌt] adj (person) limpio, -a, pulcro,-a.
cleaner ['kliːnər] n limpiador,-a m,f.
cleaning ['kliːnɪŋ] n limpieza f.
cleanliness ['klenlɪnɪs] n limpieza f.

cleanse [klenz] *vtr* limpiar.
cleansing ['klenzɪŋ] *n* c. lotion, leche limpiadora.
clear [klɪər] **I** *adj* **1** claro,-a; *(road, day)* despejado,-a; **c. conscience**, conciencia tranquila. **2** *(obvious)* claro,-a; **to make sth c.**, aclarar algo. **3** *(majority)* absoluto; *(profit)* neto; **three c. days**, tres días completos. **4** *(free)* libre. **II** *adv* **1** *fig* **loud and c.**, claramente. **2 stand c.!**, ¡apártese!; **to stay c. of**, evitar. **III** *vtr* **1** *(room)* vaciar; *Com* liquidar; **to c. one's throat**, aclararse la garganta; **to c. the table**, quitar la mesa. **2** *(authorize)* autorizar. **3** *(hurdle)* salvar. **4 to c. sb of a charge**, exculpar a algn de un delito. **IV** *vi (sky)* despejarse.
◆**clear away** *vtr* quitar. ◆**clear off** *vi fam* largarse; **c. off!**, ¡largo! ◆**clear out** *vtr (room)* limpiar a fondo; *(cupboard)* vaciar. ◆**clear up I** *vtr* **1** *(tidy)* recoger; *(arrange)* ordenar. **2** *(mystery)* resolver; *(misunderstanding)* aclarar. **II** *vi (weather)* despejarse; *(problem)* desaparecer.
◆**clearly** *adv* **1** claramente. **2** *(at start of sentence)* evidentemente.
clearance ['klɪərəns] *n* **1** *(of area)* despeje *m; Com* **c. sale**, liquidación *f* (de existencias). **2** *(space)* espacio *m* libre. **3** *(authorization)* autorización *f*.
clear-cut [klɪə'kʌt] *adj* claro,-a.
clearing ['klɪərɪŋ] *n* **1** *(in wood)* claro *m*. **2** *(of rubbish)* limpieza *f*. **3** *(of cheque)* compensación *f*.
clearway ['klɪəweɪ] *n GB* carretera *f* donde está prohibido parar.
cleaver ['kli:vər] *n* cuchillo *f* de carnicero.
clef [klef] *n* clave *f*; **bass/treble c.**, clave de fa/de sol.
cleft [kleft] *n* hendidura *f*, grieta *f*.
clementine ['klemənˌtaɪn] *n* clementina *f*.
clench [klentʃ] *vtr (teeth, fist)* apretar.
clergy ['klɜːdʒɪ] *n* clero *m*.
clergyman ['klɜːdʒɪmən] *n* clérigo *m*.
clerical ['klerɪkəl] *adj* **1** *Rel* clerical. **2** *(staff, work)* de oficina.
clerk [klɑːk, *US* klɜːrk] *n* **1** *(office worker)* oficinista *mf; (civil servant)* funcionario,-a *m,f*. **2** *US Com* dependiente,-a *m,f*, vendedor,-a *m,f*.
clever ['klevər] *adj* **1** *(person)* inteligente, listo,-a; **to be c. at sth**, tener aptitud para algo; *fam* **c. Dick**, sabiondo,-a *m,f*. **2** *(argument)* ingenioso,-a.
cliché ['kli:ʃeɪ] *n* cliché *m*.
click [klɪk] **I** *n (sound)* clic *m*. **II** *vtr (tongue)* chasquear. **III** *vi* **it didn't c.**, *(I didn't realize)* no me di cuenta.
client ['klaɪənt] *n* cliente *mf*.
clientele [kli:ɒn'tel] *n* clientela *f*.
cliff [klɪf] *n* acantilado *m*.
climate ['klaɪmɪt] *n* clima *m*.
climax ['klaɪmæks] *n* **1** *(peak)* clímax *m*, punto *m* culminante. **2** *(sexual)* orgasmo *m*.

climb [klaɪm] **I** *vtr (ladder)* subir a; *(mountain)* escalar; *(tree)* trepar a. **II** *vi (plants)* trepar; *Av* subir; *fig (socially)* ascender. **III** *n* subida *f*, ascensión *f*.
◆**climb down** *vi* bajar; *fig* volverse atrás.
climber ['klaɪmər] *n* alpinista *mf*, *Am* andinista *mf*.
climbing ['klaɪmɪŋ] *n Sport* montañismo *m*, alpinismo *m*, *Am* andinismo *m*.
clinch [klɪntʃ] **I** *vtr* resolver; *(deal)* cerrar. **II** *n sl* abrazo apasionado.
cling [klɪŋ] *vi (pt & pp* **clung**) *(hang on)* agarrarse; *(clothes)* ajustarse; *(smell)* pegarse; **to c. together**, unirse.
clinic ['klɪnɪk] *n (in state hospital)* ambulatorio *m; (specialized)* clínica *f*.
clinical ['klɪnɪkəl] *adj* **1** *Med* clínico,-a. **2** *(detached)* frío,-a.
clink [klɪŋk] **I** *vi* tintinear. **II** *n* tintineo *m*.
clip¹ [klɪp] **I** *vtr (cut)* cortar; *(ticket)* picar. **II** *n* **1** *(of film)* extracto *m*. **2** *(with scissors)* tijeretada *f*.
clip² [klɪp] **I** *n (for hair)* pasador *m; (for paper)* clip *m*, sujetapapeles *m inv; (brooch)* clip. **II** *vtr* sujetar.
clippers ['klɪpəz] *npl (for hair)* maquinilla *f* para rapar; *(for nails)* cortauñas *m inv; (for hedge)* tijeras *fpl* de podar.
clipping ['klɪpɪŋ] *n* recorte *m*.
clique [kli:k, klɪk] *n pej* camarilla *f*.
cloak [kləʊk] **I** *n (garment)* capa *f*. **II** *vtr* encubrir.
cloakroom ['kləʊkru:m] *n* guardarropa *m; euph (toilets)* servicios *mpl*.
clock [klɒk] **I** *n* reloj *m*. **II** *vtr (race)* cronometrar. ◆**clock in**, **clock on** *vi* fichar. ◆**clock off**, **clock out** *vi* fichar a la salida. ◆**clock up** *vtr (mileage)* hacer.
clockwise ['klɒkwaɪz] *adj & adv* en el sentido de las agujas del reloj.
clockwork ['klɒkwɜːk] *n* mecanismo *m*; **c. toy**, juguete *m* de cuerda.
clog [klɒg] **I** *vtr* obstruir; *(pipe)* atascar; **to get clogged up**, atascarse. **II** *n (footwear)* zueco *m*.
cloister ['klɔɪstər] *n* claustro *m*.
close¹ [kləʊs] **I** *adj* **1** *(in space, time)* cercano,-a; *(print, weave)* compacto,-a; *(encounter)* cara a cara; *(contact)* directo, -a; **c. to**, cerca de; **c. together**, juntos; *fig* **we had a c. shave**, nos libramos por los pelos. **2** *(relationship)* estrecho,-a; *(friend)* íntimo. **3** *(inspection)* detallado,-a; *(watch)* atento,-a. **4** *(contest)* reñido,-a; **a c. resemblance**, un gran parecido. **5** *(air)* cargado,-a; *(weather)* bochornoso,-a. **6** *(secretive)* reservado,-a. **7 c. season**, *(in hunting)* veda *f*. **II** *adv* cerca; **they live c. by** *or* **c. at hand**, viven cerca; **to stand c. together**, estar apretados,-as. ◆**closely** *adv* **1** *(tightly)* estrechamente, muy; **c.**

contested, muy reñido,-a; **they are c. related,** *(people)* son parientes próximos. 2 *(attentively)* con atención; **to follow (events) c.,** seguir de cerca (los acontecimientos).

close² [kləʊz] I *vtr* 1 cerrar; **closing time,** hora *f* de cierre. 2 *(end)* concluir, terminar; *(meeting)* levantar. II *vi* 1 *(shut)* cerrar, cerrarse. 2 *(end)* concluirse, terminarse. III *n* fin *m*, final *m*. ◆**close down** *vi (business)* cerrar para siempre; *Rad TV* cerrar. ◆**close in** *vi* **to c. in on sb,** rodear a algn.

closed [kləʊzd] *adj* cerrado,-a; *Ind* **c. shop,** empresa *f* que emplea solamente a miembros de un sindicato.

close-knit [kləʊsˈnɪt] *adj fig* unido,-a.

closet [ˈklɒzɪt] *n US* armario *m*.

close-up [ˈkləʊsʌp] *n* primer plano *m*.

closure [ˈkləʊʒər] *n* cierre *m*.

clot [klɒt] I *n* 1 *(of blood)* coágulo *m*; *Med* **c. on the brain,** embolia *f* cerebral. 2 *GB fam* tonto,-a *m,f*. II *vi* coagularse.

cloth [klɒθ] *n* tela *f*, paño *m*; *(rag)* trapo *m*; *(tablecloth)* mantel *m*.

clothe [kləʊð] *vtr (pt & pp* **clothed** or **clad)** vestir **(in, with,** de); *fig* revestir, cubrir **(in, with,** de).

clothes [kləʊðz] *npl* ropa *f sing*, vestidos *mpl*; **c. brush,** cepillo *m* de la ropa; **c. hanger,** percha *f*; **c. horse,** tendedero *m* plegable; **c. line,** tendedero *f*; **c. peg,** pinza *f*.

clothing [ˈkləʊðɪŋ] *n* ropa *f*.

cloud [klaʊd] I *n* nube *f*. II *vtr* nublar; *fig* **to c. the issue,** complicar el asunto. III *vi* **to c. over,** nublarse.

cloudy [ˈklaʊdɪ] *adj (cloudier, cloudiest)* 1 *(sky)* nublado,-a. 2 *(liquid)* turbio,-a.

clout [klaʊt] *fam* I *n* 1 *(blow)* tortazo *m*. 2 *(influence)* influencia *f*. II *vtr* dar un tortazo a.

clove¹ [kləʊv] *n (spice)* clavo *m*.

clove² [kləʊv] *n (of garlic)* diente *m*.

clover [ˈkləʊvər] *n* trébol *m*.

clown [klaʊn] I *n* payaso *m*. II *vi* **to c. (about** or **around),** hacer el payaso.

cloying [ˈklɔɪɪŋ] *adj* empalagoso,-a.

club [klʌb] I *n* 1 *(society)* club *m*; *sports* **c.,** club deportivo. 2 *(heavy stick)* garrote *m*, porra *f*; *Golf* palo *m*. 3 *Cards* trébol *m*. 4 *Culin* **c. sandwich,** sandwich *m* doble. II *vtr* aporrear. III *vi* **to c. together,** pagar entre varios.

clubhouse [ˈklʌbhaʊs] *n* sede *f* de un club.

cluck [klʌk] I *n* cloqueo *m*. II *vi* cloquear.

clue [kluː] *n (sign)* indicio *m*; *(to mystery)* pista *f*; *(in crossword)* clave *f*; *fam* **I haven't a c.,** no tengo ni idea.

clump [klʌmp] *n (of trees)* grupo *m*; *(of plants)* mata *f*.

clumsy [ˈklʌmzɪ] *adj (clumsier, clumsiest)* desmañado,-a, torpe; *(awkward)* tosco,-a.

clung [klʌŋ] *pt & pp* → **cling.**

cluster [ˈklʌstər] I *n* grupo *m*; *(of grapes)* racimo *m*. II *vi* agruparse.

clutch [klʌtʃ] I *vtr* agarrar. II *vi fig* **to c. at straws,** aferrarse a cualquier cosa. III *n* 1 *Aut* embrague *m*. 2 *fig* **to fall into sb's clutches,** caer en las garras de algn.

clutter [ˈklʌtər] *vtr* **to c. (up),** llenar, atestar.

cm *abbr of* **centimetre(s),** centímetro(s), cm.

CND [siːenˈdiː] *GB abbr of* **Campaign for Nuclear Disarmament,** campaña *f* para el desarme nuclear.

Co 1 *Com abbr of* **Company,** C., Cª, Cía. 2 *abbr of* **County.**

c/o [siːˈəʊ] *abbr of* **care of,** en casa de, c/ d.

coach [kəʊtʃ] I *n* 1 *Aut* autocar *m*; *(carriage)* carruaje *m*; **c. tour,** excursión *f* en autocar. 2 *Rail* coche *m*, vagón *m*. 3 *Sport* entrenador,-a *m,f*. II *vtr Sport* entrenar; *Educ* dar clases particulares a.

coagulate [kəʊˈægjʊleɪt] *vi* coagularse.

coal [kəʊl] *n* carbón *m*, hulla *f*; **c. bunker,** carbonera *f*; **c. merchant,** carbonero *m*; **c. mine,** mina *f* de carbón.

coalfield [ˈkəʊlfiːld] *n* yacimiento *m* de carbón.

coalition [kəʊəˈlɪʃən] *n* coalición *f*.

coarse [kɔːs] *adj (material)* basto,-a; *(skin)* áspero,-a; *(language)* grosero,-a, ordinario,-a.

coast [kəʊst] I *n* costa *f*, litoral *m*; *fam fig* **the c. is clear,** no hay moros en la costa. II *vi Aut* ir en punto muerto.

coastal [ˈkəʊstəl] *adj* costero,-a.

coaster [ˈkəʊstər] *n (mat)* salvamanteles *m inv*.

coastguard [ˈkəʊstɡɑːd] *n* guardacostas *m inv*.

coastline [ˈkəʊstlaɪn] *n* litoral *m*, costa *f*.

coat [kəʊt] I *n* 1 *(overcoat)* abrigo *m*; *(short)* chaquetón *m*; **c. hanger,** percha *f*. 2 *(of animal)* pelo *m*. 3 *(of paint)* mano *f*, capa *f*. 4 **c. of arms,** escudo *m* de armas. II *vtr* cubrir **(with,** de); *(with liquid)* bañar **(with,** en).

coating [ˈkəʊtɪŋ] *n* capa *f*, baño *m*.

coax [kəʊks] *vtr* engatusar.

cob [kɒb] *n* mazorca *f*.

cobble [ˈkɒbəl] *n* adoquín *m*.

cobbler [ˈkɒblər] *n* zapatero *m*.

cobweb [ˈkɒbweb] *n* telaraña *f*.

cocaine [kəˈkeɪn] *n* cocaína *f*.

cock [kɒk] I *n* 1 *Orn* gallo *m*; *(male bird)* macho *m*. 2 *(on gun)* percutor *m*. 3 *sl vulg (penis)* polla *f*. II *vtr (ears)* erguir. ◆**cock up** *vtr GB sl* chapucear.

cocker [ˈkɒkər] *n* **c. spaniel,** cocker *m*.

cockerel [ˈkɒkərəl] *n* gallo *m* joven.

cockeyed [ˈkɒkaɪd] *adj fam (lopsided)*

torcido,-a; *(scheme)* disparatado,-a.
cockle ['kɒkəl] *n* berberecho *m*.
cockney ['kɒknɪ] **I** *adj* del East End londinense. **II** *n* persona *f* del East End londinense.
cockpit ['kɒkpɪt] *n* cabina *f* del piloto.
cockroach ['kɒkrəʊtʃ] *n* cucaracha *f*.
cocktail ['kɒkteɪl] *n* cóctel *m*; **c. lounge**, bar *m*; **c. party**, cóctel; **prawn c.**, cóctel de gambas; **Molotov c.**, cóctel Molotov.
cocky ['kɒkɪ] *adj* (**cockier, cockiest**) *fam* creído,-a.
cocoa ['kəʊkəʊ] *n* cacao *m*.
coconut ['kəʊkənʌt] *n* coco *m*.
cocoon [kə'ku:n] *n* capullo *m*.
COD [si:əʊ'di:] *GB abbr of* **cash on delivery**, CAE.
cod [kɒd] *n* bacalao *m*; **c. liver oil**, aceite *m* de hígado de bacalao.
code [kəʊd] **I** *n* código *m*; *(symbol)* clave *f*; *Tel* prefijo *m*. **II** *vtr (message)* cifrar, poner en clave.
co-ed [kəʊ'ed] *fam* **I** *adj* mixto,-a. **II** *n* colegio mixto.
coerce [kəʊ'ɜ:s] *vtr* coaccionar.
coercion [kəʊ'ɜ:ʃən] *n* coacción *f*.
coexist [kəʊɪg'zɪst] *vi* coexistir.
coffee ['kɒfɪ] *n* café *m*; **c. bar/shop**, cafetería *f*; **c. break**, descanso *m*; **c. table**, mesita *f* de café.
coffeepot ['kɒfɪpɒt] *n* cafetera *f*.
coffer ['kɒfə'] *n* arca *f*.
coffin ['kɒfɪn] *n* ataúd *m*.
cog [kɒg] *n* diente *m*.
cognac ['kɒnjæk] *n* coñac *m*.
coherent [kəʊ'hɪərənt] *adj* coherente.
coil [kɔɪl] **I** *vtr* **to c. (up)**, enrollar. **II** *vi* enroscarse. **III** *n* **1** *(loop)* vuelta *f*; *(of rope)* rollo *m*; *(of hair)* rizo *m*. **2** *(contraceptive)* espiral *f*. **3** *Elec* carrete *m*, bobina *f*.
coin [kɔɪn] **I** *n* moneda *f*. **II** *vtr* **1** *(money)* acuñar. **2** *fig* **to c. a phrase**, por así decirlo.
coinage ['kɔɪnɪdʒ] *n* moneda *f*, sistema *m* monetario.
coincide [kəʊɪn'saɪd] *vi* coincidir (**with**, con).
coincidence [kəʊ'ɪnsɪdəns] *n* coincidencia *f*.
coincidental [kəʊɪnsɪ'dentəl] *adj* casual.
◆**coincidentally** *adv* por casualidad *or* coincidencia.
Coke® [kəʊk] *n (abbr of* **Coca-Cola®**) *fam* coca-cola *f*.
coke [kəʊk] *n (coal)* coque *m*.
colander ['kɒləndə'] *n* colador *m*.
cold [kəʊld] **I** *adj* frío,-a; **I'm c.**, tengo frío; **it's c.**, *(weather)* hace frío; *(thing)* está frío,-a; *fig* **to get c. feet (about doing sth)**, entrarle miedo a algn (de hacer algo); **c. cream**, crema *f* hidratante; *fig* **it leaves me c.**, no me dice nada; **c. war**, guerra fría. **II** *n* **1** frío *m*. **2** *Med* resfriado *m*; **to catch a c.**, resfriarse, acatarrarse; **to have a c.**, estar resfriado,-a; **c. sore**, herpes *m* (en el labio).
cold-blooded [kəʊld'blʌdɪd] *adj* **1** *(animal)* de sangre fría. **2** *fig (person)* frío,-a; *(crime)* a sangre fría.
coleslaw ['kəʊlslɔ:] *n* ensalada *f* de col.
collaborate [kə'læbəreɪt] *vi* colaborar (**with**, con).
collaborator [kə'læbəreɪtə'] *n Pol* colaboracionista *mf*.
collapse [kə'læps] **I** *vi (break down)* derrumbarse; *(cave in)* hundirse; *fig (prices)* caer en picado; *Med* sufrir un colapso. **II** *vtr (table)* plegar. **III** *n (breaking down)* derrumbamiento *m*; *(caving in)* hundimiento *m*; *Med* colapso *m*.
collapsible [kə'læpsəbəl] *adj* plegable.
collar ['kɒlə'] **I** *n (of garment)* cuello *m*; *(for dog)* collar *m*. **II** *vtr fam* pescar, agarrar.
collarbone ['kɒləbəʊn] *n* clavícula *f*.
collateral [kɒ'lætərəl] **I** *n Fin* garantía subsidiaria. **II** *adj* colateral.
colleague ['kɒli:g] *n* colega *mf*.
collect [kə'lekt] **I** *vtr* **1** *(gather)* recoger. **2** *(stamps etc)* coleccionar. **3** *(taxes)* recaudar. **II** *vi* **1** *(people)* reunirse. **2** *(for charity)* hacer una colecta (**for**, para). **III** *adv US Tel* **to call c.**, llamar a cobro revertido.
collection [kə'lekʃən] *n* **1** *(of mail)* recogida *f*; *(of money)* colecta *f*. **2** *(of stamps)* colección *f*. **3** *(of taxes)* recaudación *f*. **4** *(of people)* grupo *m*.
collective [kə'lektɪv] **I** *adj* colectivo,-a; **c. bargaining**, negociación colectiva. **II** *n* colectivo *m*.
collector [kə'lektə'] *n* **1** *(of stamps)* coleccionista *mf*. **2** **tax c.**, recaudador,-a *m,f* (de impuestos).
college ['kɒlɪdʒ] *n* colegio *m*; *(of university)* colegio mayor.
collide [kə'laɪd] *vi* chocar, colisionar.
collie ['kɒlɪ] *n* perro *m* pastor escocés.
colliery ['kɒljərɪ] *n GB* mina *f* de carbón.
collision [kə'lɪʒən] *n* choque *m*.
colloquial [kə'ləʊkwɪəl] *adj* coloquial.
collusion [kə'lu:ʒən] *n* conspiración *f*.
cologne [kə'ləʊn] *n* (agua *f* de) colonia *f*.
Colombia [kə'lɒmbɪə] *n* Colombia.
Colombian [kə'lɒmbɪən] *adj & n* colombiano,-a (*m,f*).
colon¹ ['kəʊlən] *n Typ* dos puntos *mpl*.
colon² ['kəʊlən] *n Anat* colon *m*.
colonel ['kɜ:nəl] *n* coronel *m*.
colonial [kə'ləʊnɪəl] *adj* colonial.
colonize ['kɒlənaɪz] *vtr* colonizar.
colony ['kɒlənɪ] *n* colonia *f*.
color ['kʌlə'] *n & vtr & vi US* → **colour**.
colossal [kə'lɒsəl] *adj* colosal.
colour ['kʌlə'] **I** *n* **1** color *m*; **what c. is it?**, ¿de qué color es?; **c. film/television**, película *f*/televisión *f* en color; **c.**

scheme, combinación *f* de colores. 2 *(race)* color *m;* **c. bar,** discriminación *f* racial. 3 **colours,** *GB Sport* colores *mpl; Mil (flag)* bandera *f sing.* II *vtr* colorear. III *vi* to c. (up), ruborizarse.
colour-blind ['kʌləblaɪnd] *adj* daltónico, -a.
Coloured ['kʌləd] *adj* de color.
coloured ['kʌləd] *adj (photograph)* en color.
colourful ['kʌləful] *adj* 1 con muchos colores; *fig* lleno,-a de color; *(person)* pintoresco,-a.
colouring ['kʌlərɪŋ] *n (colour)* colorido *m.*
colourless ['kʌləlɪs] *adj* incoloro,-a; *fig* soso,-a.
colt [kəʊlt] *n* potro *m.*
column ['kɒləm] *n* columna *f.*
columnist ['kɒləmnɪst] *n* columnista *mf.*
coma ['kəʊmə] *n* coma *m;* **to go into a c.,** entrar en coma.
comb [kəʊm] I *n* peine *m.* II *vtr* 1 peinar; **to c. one's hair,** peinarse.
combat ['kɒmbæt] I *n* combate *m.* II *vtr (enemy, disease)* combatir. III *vi* combatir **(against,** contra).
combination [kɒmbɪ'neɪʃən] *n* combinación *f.*
combine [kəm'baɪn] I *vtr* combinar. II *vi* combinarse; *(companies)* asociarse. III ['kɒmbaɪn] *n* 1 *Com* asociación *f.* 2 **c. harvester,** cosechadora *f.*
combustion [kəm'bʌstʃən] *n* combustión *f.*
come [kʌm] *vi (pt* came; *pp* come) 1 venir; *(arrive)* llegar; **coming!,** ¡voy!; **to c. and go,** ir y venir; *fig* **in years to c.,** en el futuro. 2 **to c. apart/undone,** desatarse/ soltarse. 3 *(happen)* suceder; **that's what comes of being too impatient,** es lo que pasa por ser demasiado impaciente; *fam* **how c.?,** ¿y eso? 4 **I came to believe that ...,** llegué a creer que .... 5 *fig* **c. what may,** pase lo que pase. 6 *sl (have orgasm)* correrse.
◆**come about** *vi* ocurrir, suceder.
◆**come across** I *vtr (thing)* encontrar por casualidad; **to c. across sb,** tropezar con algn. II *vi fig* **to c. across well,** causar buena impresión. ◆**come along** *vi* 1 *(arrive)* venir; **c. along!,** ¡venga! 2 *(make progress)* progresar. ◆**come away** *vi (leave)* salir; *(part)* desprenderse **(from,** de). ◆**come back** *vi (return)* volver.
◆**come before** *vtr* 1 preceder. 2 *(court)* comparecer ante. ◆**come by** *vtr* adquirir. ◆**come down** *vi* bajar; *(rain)* caer; *(building)* ser derribado,-a; **to c. down with the flu,** coger la gripe. ◆**come forward** *vi (advance)* avanzar; *(volunteer)* ofrecerse. ◆**come in** *vi* 1 *(enter)* entrar; **c. in!,** ¡pase! 2 *(arrive) (train)* llegar; *(tide)* subir; *fam fig* **where do I c. in?,** y yo ¿qué pinto? 3 **to c. in handy,** venir bien. 4 **to c. in for,** ser objeto de.
◆**come into** *vtr* 1 *(enter)* entrar en. 2 *(inherit)* heredar. ◆**come off** I *vtr (fall from)* caerse de; *fam* **c. off it!,** ¡venga ya!. II *vi* 1 *(fall)* caerse; *(stain)* quitarse; *(button)* caerse. 2 *fam (take place)* pasar; *(succeed)* salir bien; **to c. off badly,** salir mal. ◆**come on** *vi* 1 **c. on!,** *(hurry)* ¡venga! 2 *(make progress)* progresar. 3 *(rain, illness)* comenzar. ◆**come out** *vi* 1 salir **(of,** de); *(book)* aparecer; *(product)* estrenarse; *(facts)* revelarse. 2 *(stain)* quitarse; *(colour)* desteñir. 3 **to c. out against/in favour of sth,** declararse en contra/a favor de algo; *GB Ind* **to c. out (on strike),** declararse en huelga. 4 *(turn out)* salir. ◆**come over** I *vi* venir. II *vtr* 1 *(hill)* aparecer en lo alto de. 2 *fam* **what's c. over you?,** ¿qué te pasa? ◆**come round** I *vtr (corner)* dar la vuelta a. II *vi* 1 *(visit)* venir. 2 *(regain consciousness)* volver en sí. 3 **to c. round to sb's way of thinking,** dejarse convencer por algn. ◆**come through** I *vtr* 1 *(cross)* cruzar. 2 *(illness)* recuperarse de; *(accident)* sobrevivir. II *vi (message)* llegar. ◆**come to** I *vi (regain consciousness)* volver en sí. II *vtr* 1 **to c. to one's senses,** *fig* recobrar la razón. 2 *(amount to)* costar. 3 *(arrive at)* llegar a; **to c. to an end,** terminar; *fam* **c. to that,** a propósito. ◆**come under** *vtr fig* **to c. under fire from sb,** ser criticado,-a por algn; ◆**come up** *vi* 1 *(rise)* subir; *(approach)* acercarse **(to,** a). 2 *(difficulty, question)* surgir; **to c. up with a solution,** encontrar una solución; **to c. up against problems,** encontrarse con problemas. 3 *(sun)* salir. 4 **to c. up to,** igualar; **to c. up to sb's expectations,** satisfacer a algn. 5 *fam* **three chips, coming up!,** ¡van tres de patatas fritas! ◆**come upon** *vtr* → **come across.**
comeback ['kʌmbæk] *n fam* 1 *(of person)* reaparición *f;* **to make a c.,** reaparecer. 2 *(answer)* réplica *f.*
comedian [kə'miːdɪən] *n* cómico *m.*
comedienne [kəmiːdɪ'en] *n* cómica *f.*
comedown ['kʌmdaʊn] *n fam* desilusión *f,* revés *m.*
comedy ['kɒmɪdɪ] *n* comedia *f.*
comet ['kɒmɪt] *n* cometa *m.*
comeuppance [kʌm'ʌpəns] *n fam* **to get one's c.,** llevarse su merecido.
comfort ['kʌmfət] I *n* comodidad *f; US* **c. station,** servicios *mpl.* 2 *(consolation)* consuelo *m;* **to take c. in or from sth,** consolarse con algo. II *vtr* consolar.
comfortable ['kʌmfətəbəl] *adj (chair, person, margin)* cómodo,-a; *(temperature)* agradable. ◆**comfortably** *adv (win)* con facilidad; **to be c. off,** vivir cómodamente.
comforter ['kʌmfətər] *n* 1 *GB (scarf)* bu-

comforting / **comparable**

fanda *f*. 2 *(for baby)* chupete *m*. 3 *US* edredón *m*.
comforting ['kʌmfətɪŋ] *adj* consolador,-a.
comic ['kɒmɪk] I *adj* cómico,-a; **c. strip,** tira cómica, historieta *f*. II *n* 1 *(person)* cómico,-a *m,f*. 2 *Press* tebeo *m*, comic *m*.
coming ['kʌmɪŋ] I *adj (year)* próximo,-a; *(generation)* futuro,-a. II *n* venida *f*, llegada *f*; **comings and goings,** idas y venidas; *fig* **c. and going,** ajetreo *m*.
comma ['kɒmə] *n* coma *f*.
command [kə'mɑːnd] *vtr* 1 mandar. 2 *(respect)* infundir; *(sympathy)* merecer; *(money etc)* disponer de. II *n* 1 *(order)* orden *f*; *(authority)* mando *m*; **to be at sb's c.,** estar a las órdenes de algn. 2 *(of language)* dominio *m*. 3 *(disposal)* disposición *f*.
commandeer [kɒmən'dɪər] *vtr* requisar.
commander [kə'mɑːndər] *n* comandante *m*.
commanding [kə'mɑːndɪŋ] *adj* dominante; *Mil* **c. officer,** comandante *m*.
commandment [kə'mɑːndmənt] *n* mandamiento *m*.
commando [kə'mɑːndəʊ] *n* comando *m*.
commemorate [kə'meməreɪt] *vtr* conmemorar.
commence [kə'mens] *vtr & vi fml* comenzar.
commend [kə'mend] *vtr* 1 *(praise)* alabar, elogiar. 2 *(entrust)* encomendar. 3 *(recommend)* recomendar.
commensurate [kə'menʃərɪt] *adj* proporcional; **c. to** *or* **with,** en proporción con.
comment ['kɒment] I *n* comentario *m*; **no c.,** sin comentario. II *vi* hacer comentarios.
commentary ['kɒməntərɪ] *n* comentario *m*.
commentator ['kɒmənteɪtər] *n* comentarista *mf*.
commerce ['kɒmɜːs] *n* comercio *m*.
commercial [kə'mɜːʃəl] I *adj* comercial; *TV* **c. break,** corte publicitario. II *n TV* anuncio *m*.
commiserate [kə'mɪzəreɪt] *vi* compadecerse **(with,** de).
commission [kə'mɪʃən] I *n* 1 *Mil* despacho *m* (de oficial); **out of c.,** fuera de servicio. 2 *(of enquiry)* comisión *f*; *(job)* encargo *m*. 3 *(payment)* comisión *f*. II *vtr* 1 *Mil* nombrar. 2 *(order)* encargar. 3 *Naut* poner en servicio.
commissionaire [kəmɪʃə'neər] *n GB* portero *m*.
commissioner [kə'mɪʃənər] *n (official)* comisario *m*; **c. of police,** comisario de policía.
commit [kə'mɪt] *vtr* 1 *(crime)* cometer; **to c. suicide,** suicidarse. 2 **to c. oneself (to do sth),** comprometerse (a hacer algo). 3

to c. sth to sb's care, confiar algo a algn.
commitment [kə'mɪtmənt] *n* compromiso *m*.
committee [kə'mɪtɪ] *n* comisión *f*, comité *m*.
commode [kə'məʊd] *n (chair)* silla *f* con orinal; *(chest of drawers)* cómoda *f*.
commodity [kə'mɒdɪtɪ] *n* artículo *m*.
common ['kɒmən] I *adj* 1 común; **that's c. knowledge,** eso lo sabe todo el mundo; **c. law,** derecho consuetudinario; **C. Market,** Mercado *m* Común; *GB* **c. room,** sala *f* de profesores *or* de estudiantes. 2 *(ordinary)* corriente. 3 *(vulgar)* ordinario,-a, maleducado,-a. II *n (land)* campo *m* or terreno *m* comunal.
commonplace ['kɒmənpleɪs] *adj* corriente.
Commons ['kɒmənz] *npl GB* **the (House of) C.,** (la Cámara de) los Comunes.
Commonwealth ['kɒmənwelθ] *n GB* **the C.,** la Commonwealth; **C. of Independent States,** Comunidad *f* de Estados Independientes.
commotion [kə'məʊʃən] *n* alboroto *m*.
commune¹ [kə'mjuːn] *vi (converse)* conversar íntimamente; *(with nature)* estar en comunión **(with,** con).
commune² ['kɒmjuːn] *n* comuna *f*.
communicate [kə'mjuːnɪkeɪt] I *vi* comunicarse **(with,** con). II *vtr* comunicar.
communication [kəmjuːnɪ'keɪʃən] *n* 1 comunicación *f*. 2 *GB Rail* **c. cord,** timbre *m* de alarma.
communion [kə'mjuːnjən] *n* comunión *f*; **to take c.,** comulgar.
communiqué [kə'mjuːnɪkeɪ] *n* comunicado *m* oficial.
communism ['kɒmjʊnɪzəm] *n* comunismo *m*.
communist ['kɒmjʊnɪst] *adj & n* comunista *(mf)*.
community [kə'mjuːnɪtɪ] *n* comunidad *f*; *(people)* colectividad *f*; **c. centre,** centro *m* social.
commute [kə'mjuːt] I *vi* viajar diariamente al lugar de trabajo. II *vtr Jur* conmutar.
commuter [kə'mjuːtər] *n* persona *f* que viaja diariamente al lugar de trabajo.
compact¹ [kəm'pækt] I *adj* compacto,-a; *(style)* conciso,-a; **c. disc,** disco compacto. II ['kɒmpækt] *n (for powder)* polvera *f*.
compact² ['kɒmpækt] *n Pol* pacto *m*.
companion [kəm'pænjən] *n* compañero, -a *m,f*.
companionship [kəm'pænjənʃɪp] *n* compañerismo *m*.
company ['kʌmpənɪ] *n* 1 compañía *f*; **to keep sb c.,** hacer compañía a algn. 2 *Com* empresa *f*, compañía *f*.
comparable ['kɒmpərəbəl] *adj* compara-

comparative 337 **compromise**

ble (**to, with,** con).
comparative [kəm'pærətɪv] **I** *adj* comparativo,-a; *(relative)* relativo,-a. **II** *n* Ling comparativo *m*. ◆**comparatively** *adv* relativamente.
compare [kəm'peər] **I** *vtr* comparar (**to, with,** con); (**as**) **compared with,** en comparación con. **II** *vi* compararse.
comparison [kəm'pærɪsən] *n* comparación *f*; **by c.,** en comparación; **there's no c.,** no se puede comparar.
compartment [kəm'pɑːtmənt] *n* (*section*) compartimiento *m*; Rail departamento *m*.
compass ['kʌmpəs] *n* 1 brújula *f*. 2 (**pair of**) **compasses,** compás *m*. 3 *fig (range)* límites *mpl*.
compassion [kəm'pæʃən] *n* compasión *f*.
compassionate [kəm'pæʃənət] *adj* compasivo,-a.
compatible [kəm'pætəbəl] *adj* compatible.
compel [kəm'pel] *vtr* 1 (*oblige*) obligar; **to c. sb to do sth,** obligar a algn a hacer algo. 2 (*admiration*) despertar.
compelling [kəm'pelɪŋ] *adj* irresistible.
compensate ['kɒmpənseɪt] **I** *vtr* compensar; **to c. sb for sth,** indemnizar a algn de algo. **II** *vi* compensar.
compensation [kɒmpən'seɪʃən] *n* compensación *f*; (*for loss*) indemnización *f*.
compere ['kɒmpeər] *GB n* animador,-a *m,f*.
compete [kəm'piːt] *vi* competir.
competence ['kɒmpɪtəns] *n* 1 (*ability*) aptitud *f*. 2 (*of court etc*) competencia *f*.
competent ['kɒmpɪtənt] *adj* competente.
competition [kɒmpɪ'tɪʃən] *n* 1 (*contest*) concurso *m*. 2 Com competencia *f*.
competitive [kəm'petɪtɪv] *adj* competitivo,-a.
competitor [kəm'petɪtər] *n* competidor,-a *m,f*.
compilation [kɒmpɪ'leɪʃən] *n* recopilación *f*.
compile [kəm'paɪl] *vtr* compilar, recopilar.
complacency [kəm'pleɪsənsɪ] *n* complacencia *f*.
complacent [kəm'pleɪsənt] *adj* autocomplaciente.
complain [kəm'pleɪn] *vi* quejarse (**of, about,** de).
complaint [kəm'pleɪnt] *n* 1 queja *f*; Com reclamación *f*. 2 *Jur* demanda *f*. 3 Med enfermedad *f*.
complement ['kɒmplɪmənt] **I** *n* 1 complemento *m*. 2 *Naut* dotación *f*. **II** *vtr* complementar.
complementary [kɒmplɪ'mentərɪ] *adj* complementario,-a.
complete [kəm'pliːt] **I** *adj* 1 (*entire*) completo,-a. 2 (*absolute*) total. **II** *vtr* completar; **to c. a form,** rellenar un formulario. ◆**completely** *adv* completamente,

por completo.
completion [kəm'pliːʃən] *n* terminación *f*; **near c.,** casi terminado,-a; **on c.,** en cuanto se termine.
complex ['kɒmpleks] **I** *adj* complejo,-a. **II** *n* complejo *m*; **inferiority c.,** complejo de inferioridad.
complexion [kəm'plekʃən] *n* tez *f*; *fig* aspecto *m*.
compliance [kəm'plaɪəns] *n* conformidad *f*; **in c. with,** de acuerdo con.
complicate ['kɒmplɪkeɪt] *vtr* complicar.
complicated ['kɒmplɪkeɪtɪd] *adj* complicado,-a.
complication [kɒmplɪ'keɪʃən] *n* complicación *f*.
complicity [kəm'plɪsɪtɪ] *n* complicidad *f*.
compliment ['kɒmplɪmənt] **I** *n* 1 cumplido *m*; **to pay sb a c.,** hacerle un cumplido a algn. 2 **compliments,** saludos *mpl*. **II** ['kɒmplɪment] *vtr* felicitar; **to c. sb on sth,** felicitar a algn por algo.
complimentary [kɒmplɪ'mentərɪ] *adj* 1 (*praising*) elogioso,-a. 2 (*free*) gratis.
comply [kəm'plaɪ] *vi* obedecer; **to c. with,** (*order*) cumplir con; (*request*) acceder a.
component [kəm'pəʊnənt] **I** *n* componente *m*. **II** *adj* componente; **c. part,** parte *f*.
compose [kəm'pəʊz] *vtr & vi* 1 componer; **to be composed of,** componerse de. 2 **to c. oneself,** calmarse.
composed [kəm'pəʊzd] *adj* (*calm*) sereno,-a.
composer [kəm'pəʊzər] *n* compositor,-a *m,f*.
composite ['kɒmpəzɪt] *adj* compuesto,-a.
composition [kɒmpə'zɪʃən] *n* composición *f*; (*essay*) redacción *f*.
compost ['kɒmpɒst] *n* abono *m*.
composure [kəm'pəʊʒər] *n* calma *f*, serenidad *f*.
compound[1] ['kɒmpaʊnd] **I** *n* compuesto *m*. **II** [kəm'paʊnd] *vtr* (*problem*) agravar. **III** ['kɒmpaʊnd] *adj* compuesto,-a; (*fracture*) complicado.
compound[2] ['kɒmpaʊnd] *n* (*enclosure*) recinto *m*.
comprehend [kɒmprɪ'hend] *vtr* comprender.
comprehensible [kɒmprɪ'hensəbəl] *adj* comprensible.
comprehension [kɒmprɪ'henʃən] *n* comprensión *f*.
comprehensive [kɒmprɪ'hensɪv] **I** *adj* 1 (*knowledge*) amplio,-a; (*study*) detallado, -a. 2 *Ins* a todo riesgo. 3 *GB* **c. school,** ≈ instituto *m* de segunda enseñanza.
compress [kəm'pres] **I** *vtr* comprimir. **II** ['kɒmpres] *n* compresa *f*.
comprise [kəm'praɪz] *vtr* comprender; (*consist of*) constar de.
compromise ['kɒmprəmaɪz] **I** *n* término

medio; **to reach a c.,** llegar a un acuerdo. II *vi (two people)* llegar a un acuerdo; *(individual)* transigir. III *vtr (person)* comprometer.
compulsion [kəm'pʌlʃən] *n* obligación *f.*
compulsive [kəm'pʌlsɪv] *adj* compulsivo,-a.
compulsory [kəm'pʌlsərɪ] *adj* obligatorio,-a.
computer [kəm'pjuːtər] *n* ordenador *m,* computadora *f;* **c. programmer,** programador,-a *m,f* de ordenadores; **c. science,** informática *f;* **personal c.,** ordenador personal.
computerize [kəm'pjuːtəraɪz] *vtr* informatizar.
computing [kəm'pjuːtɪŋ] *n* informática *f.*
comrade ['kɒmreɪd] *n* 1 *(companion)* compañero,-a *m,f.* 2 *Pol* camarada *mf.*
comradeship ['kɒmreɪdʃɪp] *n* camaradería *f.*
con [kɒn] *sl* I *vtr* estafar, timar. II *n* estafa *f,* camelo *m;* **c. man,** estafador *m.*
concave ['kɒnkeɪv] *adj* cóncavo,-a.
conceal [kən'siːl] *vtr* ocultar; *(emotions)* disimular.
concede [kən'siːd] *vtr* conceder.
conceit [kən'siːt] *n* presunción *f,* vanidad *f.*
conceited [kən'siːtɪd] *adj* presuntuoso,-a.
conceivable [kən'siːvəbəl] *adj* concebible.
conceive [kən'siːv] *vtr & vi* concebir.
concentrate ['kɒnsəntreɪt] I *vtr* concentrar. II *vi* **to c. on sth,** concentrarse en algo.
concentration [kɒnsən'treɪʃən] *n* concentración *f;* **c. camp,** campo *m* de concentración.
concept ['kɒnsept] *n* concepto *m.*
conception [kən'sepʃən] *n Med* concepción *f; (understanding)* concepto *m,* idea *f.*
concern [kən'sɜːn] I *vtr* 1 concernir, afectar; **as far as I'm concerned,** por lo que a mí se refiere. 2 *(worry)* preocupar. II *n* 1 it's no c. of mine, no es asunto mío. 2 *(worry)* preocupación *f.* 3 *Com* negocio *m.*
concerned [kən'sɜːnd] *adj* 1 *(affected)* afectado,-a. 2 *(worried)* preocupado,-a (about, por).
concerning [kən'sɜːnɪŋ] *prep* con respecto a, en cuanto a.
concert ['kɒnsət, 'kɒnsɜːt] *n Mus* concierto *m;* **c. hall,** sala *f* de conciertos.
concerted [kən'sɜːtɪd] *adj* concertado,-a.
concertina [kɒnsə'tiːnə] *n* concertina *f.*
concerto [kən'tʃeətəʊ] *n* concierto *m.*
concession [kən'seʃən] *n* 1 concesión *f;* **tax c.,** privilegio *m* fiscal. 2 *Com* reducción *f.*
concise [kən'saɪs] *adj* conciso,-a.
conclude [kən'kluːd] *vtr & vi* concluir.

conclusion [kən'kluːʒən] *n* conclusión *f;* **to reach a c.,** llegar a una conclusión.
conclusive [kən'kluːsɪv] *adj* concluyente.
concoct [kən'kɒkt] *vtr (dish)* confeccionar; *fig (plan)* fraguar; *(excuse)* inventar.
concoction [kən'kɒkʃən] *n (mixture)* mezcolanza *f; pej (brew)* brebaje *m.*
concourse ['kɒŋkɔːs] *n* explanada *f.*
concrete ['kɒnkriːt] I *n* hormigón *m;* **c. mixer,** hormigonera *f.* II *adj* 1 *(definite)* concreto,-a. 2 *(made of concrete)* de hormigón.
concur [kən'kɜːr] *vi* 1 **to c. with,** *(agree)* estar de acuerdo con. 2 *(coincide)* coincidir.
concurrent [kən'kʌrənt] *adj* simultáneo,-a.
concussion [kən'kʌʃən] *n* conmoción *f* cerebral.
condemn [kən'dem] *vtr* condenar.
condemnation [kɒndem'neɪʃən] *n* condena *f.*
condensation [kɒnden'seɪʃən] *n* condensación *f.*
condense [kən'dens] I *vtr* condensar. II *vi* condensarse.
condensed [kən'denst] *adj* **c. milk,** leche condensada.
condescending [kɒndɪ'sendɪŋ] *adj* condescendiente.
condition [kən'dɪʃən] I *n* condición *f;* **to be in good c.,** estar en buen estado; **on c. that ...,** a condición de que ...; **on one c.,** con una condición; **heart c.,** enfermedad cardíaca; **conditions,** *(circumstances)* circunstancias *fpl.* II *vtr* condicionar.
conditional [kən'dɪʃənəl] *adj* condicional.
conditioner [kən'dɪʃənər] *n* acondicionador *m.*
condolences [kən'dəʊlənsɪz] *npl* pésame *m sing;* **please accept my c.,** le acompaño en el sentimiento.
condom ['kɒndəm] *n* preservativo *m.*
condone [kən'dəʊn] *vtr* perdonar, consentir.
condor ['kɒndɔːr] *n* cóndor *m.*
conducive [kən'djuːsɪv] *adj* conducente.
conduct ['kɒndʌkt] I *n (behaviour)* conducta *f,* comportamiento *m.* II [kən'dʌkt] *vtr (lead)* guiar; *(business, orchestra)* dirigir; **conducted tour,** visita acompañada; **to c. oneself,** comportarse. III *vi Mus* dirigir.
conductor [kən'dʌktər] *n* 1 *(on bus)* cobrador *m.* 2 *US Rail* revisor,-a *m,f.* 3 *Mus* director,-a *m,f.* 4 *Phys* conductor *m.*
conductress [kən'dʌktrɪs] *n (on bus)* cobradora *f.*
cone [kəʊn] *n* 1 cono *m;* **ice-cream c.,** cucurucho *m.* 2 *Bot* piña *f.*
confectioner [kən'fekʃənər] *n* confitero,-a *m,f;* **c.'s (shop),** confitería *f.*
confectionery [kən'fekʃənərɪ] *n* dulces

mpl.
confederate [kənˈfedərɪt] **I** *adj* confederado,-a. **II** *n* confederado,-a *m,f*; *Jur* cómplice *mf*.
confer [kənˈfɜːʳ] **I** *vtr* to c. a title on sb, conferir un título a algn. **II** *vi* consultar.
conference [ˈkɒnfərəns] *n* conferencia *f*.
confess [kənˈfes] **I** *vi* confesar; *Rel* confesarse. **II** *vtr* confesar.
confession [kənˈfeʃən] *n* confesión *f*.
confessional [kənˈfeʃənəl] *n* confesionario *m*.
confetti [kənˈfetɪ] *n* confeti *m*.
confide [kənˈfaɪd] *vi* to c. in sb, confiar en algn.
confidence [ˈkɒnfɪdəns] *n* **1** confianza *f*; **vote of c./no c.**, voto *m* de confianza/de censura; **c. trick**, camelo *m*. **2** *(secret)* confidencia *f*; **in c.**, en confianza.
confident [ˈkɒnfɪdənt] *adj* seguro,-a.
confidential [kɒnfɪˈdenʃəl] *adj (secret)* confidencial; *(entrusted)* de confianza.
confine [kənˈfaɪn] *vtr* encerrar; *fig* limitar.
confinement [kənˈfaɪnmənt] *n* **1** *(prison)* prisión *f*; **to be in solitary c.**, estar incomunicado,-a. **2** *Med* parto *m*.
confirm [kənˈfɜːm] *vtr* confirmar.
confirmation [kɒnfəˈmeɪʃən] *n* confirmación *f*.
confirmed [kənˈfɜːmd] *adj* empedernido,-a.
confiscate [ˈkɒnfɪskeɪt] *vtr* confiscar.
conflict [ˈkɒnflɪkt] **I** *n* conflicto *m*. **II** [kənˈflɪkt] *vi* chocar (with, con).
conflicting [kənˈflɪktɪŋ] *adj* contradictorio,-a.
conform [kənˈfɔːm] *vi* conformarse; **to c. to** *or* **with**, *(customs)* amoldarse a; *(rules)* someterse a.
confound [kənˈfaʊnd] *vtr* confundir, desconcertar.
confront [kənˈfrʌnt] *vtr* hacer frente a.
confrontation [kɒnfrʌnˈteɪʃən] *n* confrontación *f*.
confuse [kənˈfjuːz] *vtr (person)* despistar; *(thing)* confundir (with, con); **to get confused**, confundirse.
confused [kənˈfjuːzd] *adj (person)* confundido,-a; *(mind, ideas)* confuso,-a.
confusing [kənˈfjuːzɪŋ] *adj* confuso,-a.
confusion [kənˈfjuːʒən] *n* confusión *f*.
congeal [kənˈdʒiːl] *vi* coagularse.
congenial [kənˈdʒiːnjəl] *adj* agradable.
congenital [kənˈdʒenɪtəl] *adj* congénito,-a.
congested [kənˈdʒestɪd] *adj* **1** *(street)* repleto,-a de gente; *(city)* superpoblado,-a. **2** *Med* congestionado,-a.
congestion [kənˈdʒestʃən] *n* congestión *f*.
conglomeration [kənglɒməˈreɪʃən] *n* conglomeración *f*.
congratulate [kənˈgrætjʊleɪt] *vtr* felicitar.
congratulations [kəngrætjʊˈleɪʃənz] *npl* felicitaciones *fpl*; **c.!**, ¡enhorabuena!
congregate [ˈkɒŋgrɪgeɪt] *vi* congregarse.
congregation [kɒŋgrɪˈgeɪʃən] *n (group)* congregación *f*; *Rel* fieles *mpl*.
congress [ˈkɒŋgres] *n* congreso *m*.
Congressman [ˈkɒŋgresmən] *n* congresista *m*.
conifer [ˈkɒnɪfəʳ] *n* conífera *f*.
conjecture [kənˈdʒektʃəʳ] **I** *n* conjetura *f*. **II** *vtr* conjeturar. **III** *vi* hacer conjeturas.
conjugal [ˈkɒndʒʊgəl] *adj* conyugal.
conjugate [ˈkɒndʒʊgeɪt] *vtr* conjugar.
conjunction [kənˈdʒʌŋkʃən] *n* conjunción *f*; *fig* **in c. with**, conjuntamente con.
conjunctivitis [kəndʒʌŋktɪˈvaɪtɪs] *n* conjuntivitis *f*.
conjure [ˈkʌndʒəʳ] **I** *vtr* to c. (up), *(magician)* hacer aparecer; *(memories)* evocar. **II** *vi* hacer juegos de manos.
conjurer [ˈkʌndʒərəʳ] *n* prestidigitador,-a *m,f*.
conker [ˈkɒŋkəʳ] *n fam* castaña *f*.
connect [kəˈnekt] **I** *vtr (join)* juntar, unir; *(wires)* empalmar; *fig* **to be connected by marriage**, estar emparentado,-a por matrimonio. **2** *(instal)* instalar; *Elec* conectar. **3** *Tel (person)* poner. **4** *fig (associate)* asociar. **II** *vi* unirse; *(rooms)* comunicarse; *(train, flight)* enlazar or empalmar (with, con).
connected [kəˈnektɪd] *adj* unido,-a; *(events)* relacionado,-a; *fig* **to be well c.**, *(person) fam* tener enchufe.
connection [kəˈnekʃən] *n* **1** *(joint)* juntura *f*, unión *f*; *Elec* conexión *f*; *Tel* instalación *f*. **2** *Rail* correspondencia *f*. **3** *fig (of ideas)* relación *f*; **in c. with**, *(regarding)* con respecto a. **4** *(person)* contacto *m*.
connive [kəˈnaɪv] *vi* to c. at, hacer la vista gorda con.
connoisseur [kɒnɪˈsɜːʳ] *n* conocedor,-a *m,f*.
connotation [kɒnəˈteɪʃən] *n* connotación *f*.
conquer [ˈkɒŋkəʳ] *vtr (enemy, bad habit)* vencer; *(country)* conquistar.
conqueror [ˈkɒŋkərəʳ] *n* conquistador *m*.
conquest [ˈkɒŋkwest] *n* conquista *f*.
conscience [ˈkɒnʃəns] *n* conciencia *f*; **to have a clear c.**, tener la conciencia tranquila; **to have a guilty c.**, sentirse culpable.
conscientious [kɒnʃɪˈenʃəs] *adj* concienzudo,-a; **c. objector**, objetor,-a *m,f* de conciencia.
conscious [ˈkɒnʃəs] *adj (aware)* consciente; *(choice etc)* deliberado,-a.
consciousness [ˈkɒnʃəsnɪs] *n Med* conocimiento *m*; *(awareness)* consciencia *f*.
conscript [ˈkɒnskrɪpt] *n* recluta *m*.
conscription [kənˈskrɪpʃən] *n* servicio *m* militar obligatorio.
consecrate [ˈkɒnsɪkreɪt] *vtr* consagrar.

consecutive [kənˈsekjʊtɪv] *adj* consecutivo,-a.

consensus [kənˈsensəs] *n* consenso *m*.

consent [kənˈsent] **I** *n* consentimiento *m*; **by common c.**, de común acuerdo. **II** *vi* consentir (**to**, en).

consequence [ˈkɒnsɪkwəns] *n* consecuencia *f*.

consequent [ˈkɒnsɪkwənt] *adj* consiguiente. ◆**consequently** *adv* por consiguiente.

conservation [kɒnsəˈveɪʃən] *n* conservación *f*.

conservative [kənˈsɜːvətɪv] **I** *adj* cauteloso,-a. **II** *adj* & *n* Pol **C.**, conservador,-a (*m,f*).

conservatory [kənˈsɜːvətrɪ] *n* 1 (*greenhouse*) invernadero *m*. 2 *Mus* conservatorio *m*.

conserve [kənˈsɜːv] **I** *vtr* conservar. **II** [ˈkɒnsɜːv] *n* conserva *f*.

consider [kənˈsɪdər] *vtr* 1 (*ponder on, regard*) considerar; **to c. doing sth**, pensar hacer algo. 2 (*keep in mind*) tener en cuenta.

considerable [kənˈsɪdərəbəl] *adj* considerable. ◆**considerably** *adv* bastante.

considerate [kənˈsɪdərɪt] *adj* considerado,-a.

consideration [kənsɪdəˈreɪʃən] *n* consideración *f*; **without due c.**, sin reflexión.

considering [kənˈsɪdərɪŋ] *prep* teniendo en cuenta.

consign [kənˈsaɪn] *vtr* Com consignar; *fig* entregar.

consignment [kənˈsaɪnmənt] *n* envío *m*.

consist [kənˈsɪst] *vi* **to c. of**, consistir en.

consistency [kənˈsɪstənsɪ] *n* 1 (*of actions*) consecuencia *f*. 2 (*of mixture*) consistencia *f*.

consistent [kənˈsɪstənt] *adj* consecuente; **c. with**, de acuerdo con.

consolation [kɒnsəˈleɪʃən] *n* consuelo *m*; **c. prize**, premio *m* de consolación.

console¹ [kənˈsəʊl] *vtr* consolar.

console² [ˈkɒnsəʊl] *n* consola *f*.

consolidate [kənˈsɒlɪdeɪt] **I** *vtr* consolidar. **II** *vi* consolidarse.

consonant [ˈkɒnsənənt] *n* consonante *f*.

consortium [kənˈsɔːtɪəm] *n* consorcio *m*.

conspicuous [kənˈspɪkjʊəs] *adj* (*striking*) llamativo,-a; (*easily seen*) visible; (*mistake*) evidente.

conspiracy [kənˈspɪrəsɪ] *n* conjura *f*.

conspire [kənˈspaɪər] *vi* conspirar.

constable [ˈkʌnstəbəl] *n* policía *m*, guardia *m*; **chief c.**, jefe *m* de policía.

constabulary [kənˈstæbjʊlərɪ] *n* GB comisaría *f*.

constant [ˈkɒnstənt] **I** *adj* constante; (*continuous*) incesante; (*loyal*) fiel, leal. **II** *n* constante *f*.

constellation [kɒnstɪˈleɪʃən] *n* constelación *f*.

consternation [kɒnstəˈneɪʃən] *n* consternación *f*.

constipated [ˈkɒnstɪpeɪtɪd] *adj* **to be c.**, estar estreñido,-a.

constipation [kɒnstɪˈpeɪʃən] *n* estreñimiento *m*.

constituency [kənˈstɪtjʊənsɪ] *n* circunscripción *f* electoral.

constituent [kənˈstɪtjʊənt] **I** *adj* (*component*) constituyente. **II** *n* 1 (*part*) componente *m*. 2 *Pol* votante *mf*.

constitute [ˈkɒnstɪtjuːt] *vtr* constituir.

constitution [kɒnstɪˈtjuːʃən] *n* constitución *f*.

constitutional [kɒnstɪˈtjuːʃənəl] *adj* constitucional.

constrained [kənˈstreɪnd] *adj* **to feel c. to do sth**, sentirse obligado,-a a hacer algo.

constraint [kənˈstreɪnt] *n* coacción *f*; **to feel c. in sb's presence**, sentirse cohibido,-a ante algn.

construct [kənˈstrʌkt] *vtr* construir.

construction [kənˈstrʌkʃən] *n* construcción *f*.

constructive [kənˈstrʌktɪv] *adj* constructivo,-a.

construe [kənˈstruː] *vtr* interpretar.

consul [ˈkɒnsəl] *n* cónsul *mf*.

consulate [ˈkɒnsjʊlɪt] *n* consulado *m*.

consult [kənˈsʌlt] *vtr* & *vi* consultar (**about**, sobre).

consultant [kənˈsʌltənt] *n* Med especialista *mf*; *Com Ind* asesor,-a *m,f*.

consultation [kɒnsəlˈteɪʃən] *n* consulta *f*.

consulting [kənˈsʌltɪŋ] *adj* **c. room**, consulta *f*.

consume [kənˈsjuːm] *vtr* consumir.

consumer [kənˈsjuːmər] *n* consumidor,-a *m,f*; **c. goods**, bienes *mpl* de consumo.

consummate [ˈkɒnsəmeɪt] **I** *vtr* consumar. **II** [ˈkɒnsəmɪt] *adj* consumado,-a.

consumption [kənˈsʌmpʃən] *n* 1 (*of food*) consumo *m*; **fit for c.**, apto,-a para el consumo. 2 *Med* tisis *f*.

cont. *abbr* of **continued**, sigue.

contact [ˈkɒntækt] **I** *n* contacto *m*; **c. lenses**, lentes *fpl* de contacto. **II** *vtr* ponerse en contacto con.

contagious [kənˈteɪdʒəs] *adj* contagioso,-a.

contain [kənˈteɪn] *vtr* contener; **to c. oneself**, contenerse.

container [kənˈteɪnər] *n* 1 (*box, package*) recipiente *m*; (*bottle*) envase *m*. 2 *Naut* contenedor *m*.

contaminate [kənˈtæmɪneɪt] *vtr* contaminar.

contamination [kəntæmɪˈneɪʃən] *n* contaminación *f*.

contd. *abbr* of **continued**, sigue.

contemplate [ˈkɒntempleɪt] *vtr* 1 (*consider*) considerar, pensar en. 2 (*look at*) contemplar.

contemporary [kənˈtemprərɪ] *adj & n* contemporáneo,-a *(m,f)*.
contempt [kənˈtempt] *n* desprecio *m*; **to hold in c.**, despreciar; **c. of court**, desacato *m* a los tribunales.
contemptible [kənˈtemptəbəl] *adj* despreciable.
contemptuous [kənˈtemptjʊəs] *adj* despectivo,-a.
contend [kənˈtend] I *vi* competir; *fig* **there are many problems to c. with**, se han planteado muchos problemas. II *vtr* afirmar.
contender [kənˈtendər] *n* contendiente *mf*.
content¹ [ˈkɒntent] *n* contenido *m*; **table of contents**, índice *m* de materias.
content² [kənˈtent] I *adj* contento,-a. II *vtr* contentar. III *n* contento *m*; **to one's heart's c.**, todo lo que uno quiera.
contented [kənˈtentɪd] *adj* contento,-a, satisfecho,-a.
contention [kənˈtenʃən] *n* 1 (*dispute*) controversia *f*. 2 (*point*) punto *m* de vista.
contentment [kənˈtentmənt] *n* contento *m*.
contest [ˈkɒntest] I *n* concurso *m*; *Sport* prueba *f*. II [kənˈtest] *vtr* 1 (*matter*) rebatir; (*verdict*) impugnar; *fig* (*will*) disputar. 2 *Pol* (*seat*) luchar por.
contestant [kənˈtestənt] *n* concursante *mf*.
context [ˈkɒntekst] *n* contexto *m*.
continent [ˈkɒntɪnənt] *n* continente *m*; **(on) the C.**, (en) Europa.
continental [kɒntɪˈnentəl] *adj* 1 continental; **c. shelf**, plataforma *m* continental. 2 *GB* **C.**, europeo,-a; **c. quilt**, edredón *m* de pluma.
contingency [kənˈtɪndʒənsɪ] *n* contingencia *f*; **c. plans**, planes *mpl* para casos de emergencia.
contingent [kənˈtɪndʒənt] *adj & n* contingente (*m*).
continual [kənˈtɪnjʊəl] *adj* continuo,-a, constante.
continuation [kəntɪnjʊˈeɪʃən] *n* (*sequel etc*) continuación *f*; (*extension*) prolongación *f*.
continue [kənˈtɪnjuː] *vtr & vi* continuar, seguir; **to c. to do sth**, seguir *or* continuar haciendo algo.
continuous [kənˈtɪnjʊəs] *adj* continuo,-a.
contort [kənˈtɔːt] *vtr* retorcer.
contortion [kənˈtɔːʃən] *n* contorsión *f*.
contour [ˈkɒntʊər] *n* contorno *m*; **c. line**, línea *f* de nivel.
contraband [ˈkɒntrəbænd] *n* contrabando *m*.
contraception [kɒntrəˈsepʃən] *n* anticoncepción *f*.
contraceptive [kɒntrəˈseptɪv] *adj & n* anticonceptivo (*m,f*).
contract [kənˈtrækt] I *vi Phys* contraerse. II *vtr* 1 contraer. 2 **to c. to do sth**, (*make agreement*) comprometerse por contrato a hacer algo. III [ˈkɒntrækt] *n* contrato *m*; **to enter into a c.**, hacer un contrato.
contraction [kənˈtrækʃən] *n* contracción *f*.
contractor [kənˈtræktər] *n* contratista *mf*.
contradict [kɒntrəˈdɪkt] *vtr* contradecir.
contradiction [kɒntrəˈdɪkʃən] *n* contradicción *f*; **it's a c. in terms**, no tiene lógica.
contradictory [kɒntrəˈdɪktərɪ] *adj* contradictorio,-a.
contraption [kənˈtræpʃən] *n fam* cacharro *m*.
contrary [ˈkɒntrərɪ] I *adj* 1 contrario,-a. 2 [kənˈtreərɪ] terco,-a. II *n* **on the c.**, todo lo contrario; **unless I tell you to the c.**, a menos que te diga lo contrario. III *adv* **c. to**, en contra de.
contrast [kənˈtrɑːst] I *vi* contrastar. II [ˈkɒntrɑːst] *n* contraste *m*.
contrasting [kənˈtrɑːstɪŋ] *adj* opuesto,-a.
contravene [kɒntrəˈviːn] *vtr* contravenir.
contribute [kənˈtrɪbjuːt] I *vtr* (*money*) contribuir con; (*ideas, information*) aportar. II *vi* 1 contribuir; (*in discussion*) participar. 2 *Press* colaborar (**to**, en).
contribution [kɒntrɪˈbjuːʃən] *n* 1 (*of money*) contribución *f*; (*of ideas etc*) aportación *f*. 2 *Press* colaboración *f*.
contributor [kənˈtrɪbjʊtər] *n* (*to newspaper*) colaborador,-a *m,f*.
contrive [kənˈtraɪv] *vtr* inventar, idear; **to c. to do sth**, buscar la forma de hacer algo.
contrived [kənˈtraɪvd] *adj* artificial, forzado,-a.
control [kənˈtrəʊl] I *vtr* controlar; (*person, animal*) dominar; (*vehicle*) manejar; **to c. one's temper**, controlarse. II *n* 1 (*power*) control *m*, dominio *m*; (*authority*) autoridad *f*; **out of c.**, fuera de control; **to be in c.**, estar al mando; **to be under c.**, (*situation*) estar bajo control; **to go out of c.**, descontrolarse; **to lose c.**, perder los estribos. 2 *Aut Av* (*device*) mando *m*; *Rad TV* botón *m* de control; **c. panel**, tablero *m* de instrumentos; **c. room**, sala *f* de control; *Av* **c. tower**, torre *f* de control.
controversial [kɒntrəˈvɜːʃəl] *adj* controvertido,-a, polémico,-a.
controversy [ˈkɒntrəvɜːsɪ, kənˈtrɒvəsɪ] *n* polémica *f*.
conurbation [kɒnɜːˈbeɪʃən] *n* conurbación *f*.
convalesce [kɒnvəˈles] *vi* convalecer.
convalescence [kɒnvəˈlesəns] *n* convalecencia *f*.
convalescent [kɒnvəˈlesənt] *adj* convaleciente; **c. home**, clínica *f* de reposo.
convene [kənˈviːn] I *vtr* convocar. II *vi* reunirse.
convenience [kənˈviːnɪəns] *n* conve-

niencia f, comodidad f; **all modern conveniences**, todas las comodidades; **at your c.**, cuando le convenga; **c. food**, comida precocinada; *GB euph* **public conveniences**, aseos públicos.
convenient [kən'viːnɪənt] *adj (time, arrangement)* conveniente, oportuno,-a; *(place)* bien situado,-a.
convent ['kɒnvənt] *n* convento *m*.
convention [kən'venʃən] *n* convención *f*.
conventional [kən'venʃənəl] *adj* clásico,-a; *(behaviour)* convencional.
converge [kən'vɜːdʒ] *vi* convergir.
conversant [kən'vɜːsənt] *adj fml* **to be c. with a subject**, ser versado,-a en una materia.
conversation [kɒnvə'seɪʃən] *n* conversación *f*.
conversational [kɒnvə'seɪʃənəl] *adj* coloquial.
converse¹ [kən'vɜːs] *vi* conversar.
converse² ['kɒnvɜːs] *n* **the c.**, lo opuesto. ◆**conversely** *adv* a la inversa.
conversion [kən'vɜːʃən] *n Math Rel* conversión *f* (**to**, a; **into**, en).
convert [kən'vɜːt] **I** *vtr* convertir. **II** ['kɒnvɜːt] *n* converso,-a *m,f*.
convertible [kən'vɜːtəbəl] **I** *adj* convertible. **II** *n Aut* descapotable *m*.
convex ['kɒnveks, kɒn'veks] *adj* convexo,-a.
convey [kən'veɪ] *vtr* 1 *(carry)* transportar. 2 *(sound)* transmitir; *(idea)* comunicar.
conveyor [kən'veɪər] *n* **c. belt**, cinta transportadora.
convict [kən'vɪkt] **I** *vtr* declarar culpable a, condenar. **II** ['kɒnvɪkt] *n* presidiario,-a *m,f*.
conviction [kən'vɪkʃən] *n* 1 *(belief)* creencia *f*, convicción *f*. 2 *Jur* condena *f*.
convince [kən'vɪns] *vtr* convencer.
convincing [kən'vɪnsɪŋ] *adj* convincente.
convoluted ['kɒnvəluːtɪd] *adj* intrincado,-a.
convoy ['kɒnvɔɪ] *n* convoy *m*.
convulse [kən'vʌls] *vtr* convulsionar; *fam* **to be convulsed with laughter**, troncharse de risa.
convulsion [kən'vʌlʃən] *n* convulsión *f*.
coo [kuː] *vi (pigeon)* arrullar.
cook [kʊk] **I** *vtr* cocinar, guisar; *(dinner)* preparar; *sl* **to c. the books**, falsificar las cuentas. **II** *vi (person)* cocinar, guisar; *(food)* cocerse. **III** *n* cocinero,-a *m,f*.
cookbook ['kʊkbʊk] *n US* libro *m* de cocina.
cooker ['kʊkər] *n* cocina *f*.
cookery ['kʊkərɪ] *n* cocina *f*; **c. book**, libro *m* de cocina.
cookie ['kʊkɪ] *n US* galleta *f*.
cooking ['kʊkɪŋ] *n* cocina *f*.
cool [kuːl] **I** *adj* 1 fresco,-a; **it's c.**, *(weather)* hace fresquito. 2 *fig (calm)* tranquilo,-a; *(reserved)* frío,-a. **II** *n* 1 *(coolness)* fresco *m*. 2 *sl* **to lose one's c.**, perder la calma. **III** *vtr (air)* refrescar; *(drink)* enfriar. **IV** *adv fam* **to play it c.**, hacer como si nada. ◆**cool down, cool off** *vi fig* calmarse; *(feelings)* enfriarse.
coolness ['kuːlnɪs] *n* 1 *fig (calmness)* calma *f*; *(composure)* aplomo *m*. 2 *fam (nerve, cheek)* frescura *f*.
coop [kuːp] **I** *n* gallinero *m*. **II** *vtr* **to c. (up)**, encerrar.
co-operate [kəʊ'ɒpəreɪt] *vi* cooperar.
co-operation [kəʊɒpə'reɪʃən] *n* cooperación *f*.
co-operative [kəʊ'ɒpərətɪv] **I** *adj (helpful)* cooperador,-a. **II** *n* cooperativa *f*.
co-ordinate [kəʊ'ɔːdɪneɪt] **I** *vtr* coordinar. **II** [kəʊ'ɔːdɪnɪt] *n* 1 *Math* coordenada *f*. 2 **co-ordinates**, *(clothes)* conjunto *m sing*.
co-ordination [kəʊɔːdɪ'neɪʃən] *n* coordinación *f*.
cop [kɒp] *sl* **I** *n (policeman)* poli *m*. **II** *vtr* **you'll c. it**, te vas a ganar una buena. ◆**cop out** *vi* rajarse.
cope [kəʊp] *vi* arreglárselas; **to c. with**, *(person, work)* poder con; *(problem)* hacer frente a.
Copenhagen [kəʊpən'heɪgən] *n* Copenhague.
copious ['kəʊpɪəs] *adj* copioso,-a, abundante.
copper¹ ['kɒpər] **I** *n Min* cobre *m*. **II** *adj (colour)* cobrizo,-a.
copper² ['kɒpər] *n sl* poli *mf*.
coppice ['kɒpɪs], **copse** [kɒps] *n* arboleda *f*, bosquecillo *m*.
copulate ['kɒpjʊleɪt] *vi* copular.
copy ['kɒpɪ] **I** *n* 1 copia *f*. 2 *(of book)* ejemplar *m*. 3 *Print* manuscrito *m*. 4 *Press fam* asunto *m*. **II** *vtr & vi* copiar.
copycat ['kɒpɪkæt] *n fam* copión,-ona *m,f*.
copyright ['kɒpɪraɪt] *n* derechos *mpl* de autor.
coral ['kɒrəl] *n* coral *m*; **c. reef**, arrecife *m* de coral.
cord [kɔːd] *n* 1 *(string)* cuerda *f*; *Elec* cordón *m*. 2 *Tex (corduroy)* pana *f*; **cords**, pantalones *mpl* de pana.
cordial ['kɔːdɪəl] **I** *adj* cordial. **II** *n* licor *m*.
cordon ['kɔːdən] **I** *n* cordón *m*. **II** *vtr* **to c. off a street**, acordonar una calle.
corduroy ['kɔːdərɔɪ] *n* pana *f*.
core [kɔːr] **I** *n (of fruit)* corazón *m*; *Elec* núcleo *m*; *fig* **hard c.**, los incondicionales. **II** *vtr* quitarle el corazón a.
coriander [kɒrɪ'ændər] *n* culantro *m*.
cork [kɔːk] *n* corcho *m*; **c. oak**, alcornoque *m*.
corkscrew ['kɔːkskruː] *n* sacacorchos *m inv*.
corn¹ [kɔːn] *n* cereal *m*; *(grain)* granos *mpl*; *(maize)* maíz *m*; **c. on the cob**, ma-

zorca *f* de maíz.
corn² [kɔːn] *n Med* callo *m*.
cornea ['kɔːnɪə] *n* córnea *f*.
corner ['kɔːnə^r] **I** *n* **1** *(of street)* esquina *f*; *(bend in road)* curva *f*; **round the c.**, a la vuelta de la esquina; *Ftb* **c. kick**, córner *m*; **c. shop**, tienda pequeña de barrio. **2** *(of room)* rincón *m*. **II** *vtr* **1** *(enemy)* arrinconar. **2** *Com* acaparar. **III** *vi Aut* tomar una curva.
cornerstone ['kɔːnəstəʊn] *n* piedra *f* angular.
cornet ['kɔːnɪt] *n* **1** *Mus* corneta *f*. **2** *GB (for ice cream)* cucurucho *m*.
cornflakes ['kɔːnfleɪks] *npl* copos *mpl* de maíz, cornflakes *mpl*.
cornflour ['kɔːnflaʊə^r] *n* harina *f* de maíz.
cornstarch ['kɔːnstɑːtʃ] *n US* → **cornflour**.
Cornwall ['kɔːnwɔːl] *n* Cornualles.
corny ['kɔːnɪ] *adj* (**cornier, corniest**) *fam* gastado,-a.
corollary [kə'rɒlərɪ] *n* corolario *m*.
coronary ['kɒrənərɪ] *adj* coronario,-a; **c. thrombosis**, trombosis coronaria.
coronation [kɒrə'neɪʃən] *n* coronación *f*.
coroner ['kɒrənə^r] *n* juez *mf* de instrucción.
corporal¹ ['kɔːpərəl] *adj* corporal; **c. punishment**, castigo *m* corporal.
corporal² ['kɔːpərəl] *n Mil* cabo *m*.
corporate ['kɔːpərɪt] *adj* corporativo,-a.
corporation [kɔːpə'reɪʃən] *n* **1** *(business)* sociedad anónima. **2** *(of city)* ayuntamiento *m*.
corps [kɔː^r] *n* (*pl* **corps** [kɔːz]) cuerpo *m*.
corpse [kɔːps] *n* cadáver *m*.
corpulent ['kɔːpjʊlənt] *adj* corpulento,-a.
corpuscle ['kɔːpʌsəl] *n* corpúsculo *m*.
corral [kə'rɑːl] *n US* corral *m*.
correct [kə'rekt] **I** *vtr* **1** *(mistake)* corregir. **2** *(child)* reprender. **II** *adj* correcto,-a, exacto,-a; *(behaviour)* formal.
correction [kə'rekʃən] *n* corrección *f*.
correlation [kɒrɪ'leɪʃən] *n* correlación *f*.
correspond [kɒrɪ'spɒnd] *vi* **1** corresponder; **to c. to**, equivaler a. **2** *(by letter)* escribirse.
correspondence [kɒrɪ'spɒndəns] *n* correspondencia *f*; **c. course**, curso *m* por correspondencia.
correspondent [kɒrɪ'spɒndənt] *n Press* corresponsal *mf*; **special c.**, enviado,-a *m,f* especial.
corridor ['kɒrɪdɔː^r] *n* pasillo *m*.
corroborate [kə'rɒbəreɪt] *vtr* corroborar.
corrode [kə'rəʊd] **I** *vtr* corroer. **II** *vi* corroerse.
corrosion [kə'rəʊʒən] *n* corrosión *f*.
corrugated ['kɒrʊgeɪtəd] *adj* **c. iron**, hierro ondulado.
corrupt [kə'rʌpt] **I** *adj* *(person)* corrompido,-a, corrupto,-a; *(actions)* deshonesto,-a. **II** *vtr & vi* corromper.

corruption [kə'rʌpʃən] *n* corrupción *f*.
corset ['kɔːsɪt] *n (garment)* faja *f*.
Corsica ['kɔːsɪkə] *n* Córcega.
cortège [kɔː'teɪʒ] *n* cortejo *m*, comitiva *f*.
cosh [kɒʃ] *n GB* porra *f*.
cosmetic [kɒz'metɪk] **I** *n* cosmético *m*. **II** *adj* cosmético,-a; **c. surgery**, cirugía plástica.
cosmic ['kɒzmɪk] *adj* cósmico,-a.
cosmonaut ['kɒzmənɔːt] *n* cosmonauta *mf*.
cosmopolitan [kɒzmə'pɒlɪtən] *adj* cosmopolita.
cosset ['kɒsɪt] *vtr* mimar.
cost [kɒst] **I** *n (price)* precio *m*, coste *m*; **c. of living**, coste de la vida; **to count the c.**, considerar las desventajas; **at all costs**, a toda costa. **II** *vtr & vi (pt & pp cost)* costar, valer; **how much does it c.?**, ¿cuánto cuesta?; **whatever it costs**, cueste lo que cueste. **III** *vtr (pt & pp costed) Com Ind* calcular el coste de.
co-star ['kəʊstɑː^r] *n Cin Theat* coprotagonista *mf*.
Costa Rica [kɒstə'riːkə] *n* Costa Rica.
Costa Rican [kɒstə'riːkən] *adj & n* costarricense *(mf)*.
cost-effective [kɒstɪ'fektɪv] *adj* rentable.
costly ['kɒstlɪ] *adj* (**costlier, costliest**) costoso,-a.
costume ['kɒstjuːm] *n* traje *m*; **swimming c.**, bañador *m*; **c. jewellery**, bisutería *f*.
cosy ['kəʊzɪ] *adj* (**cosier, cosiest**) *(atmosphere)* acogedor,-a; *(bed)* calentito,-a; **it's c. in here**, aquí se está bien.
cot [kɒt] *n* cuna *f*.
cottage ['kɒtɪdʒ] *n* casa *f* de campo; **c. cheese**, requesón *m*; **c. industry**, industria casera; *GB* **c. pie**, pastel *m* de carne picada con puré de patatas.
cotton ['kɒtən] *n* **1** *Bot* algodonero *m*; *Tex* algodón *m*; **c. wool**, algodón hidrófilo. **2** *(thread)* hilo *m*. ◆**cotton on** *vi fam* **to c. on to sth**, caer en la cuenta de algo.
couch [kaʊtʃ] *n* sofá *m*; *(in surgery)* camilla *f*.
couchette [kuː'ʃet] *n Rail* litera *f*.
cough [kɒf] **I** *vi* toser. **II** *n* tos *f*; **c. drop**, pastilla *f* para la tos; **c. mixture**, jarabe *m* para la tos. ◆**cough up** *vtr fam* **to c. up the money**, soltar la pasta.
could [kʊd] *v aux* → **can¹**.
council ['kaʊnsəl] *n (body)* consejo *m*; *GB* **c. house**, vivienda *f* de protección oficial; **town c.**, consejo *m* municipal, ayuntamiento *m*.
councillor, *US* **councilor** ['kaʊnsələ^r] *n* concejal *mf*.
counsel ['kaʊnsəl] **I** *n* **1** *(advice)* consejo *m*. **2** *Jur* abogado,-a *m,f*. **II** *vtr* aconsejar.
counsellor, *US* **counselor** ['kaʊnsələ^r] *n* **1** *(adviser)* asesor,-a *m,f*. **2** *US Jur* abogado,-a *m,f*.

count¹ [kaʊnt] **I** vtr **1** contar. **2** fig **to c. oneself lucky**, considerarse afortunado, -a. **II** vi contar; **that doesn't c.**, eso no vale; **to c. to ten**, contar hasta diez. **III** n **1** cuenta f; (total) recuento m. **2** Jur cargo m. ◆**count on** vtr contar con.

count² [kaʊnt] n (nobleman) conde m.

countdown ['kaʊntdaʊn] n cuenta f atrás.

countenance ['kaʊntɪnəns] **I** n semblante m, rostro m. **II** vtr aprobar.

counter¹ ['kaʊntər] n **1** (in shop) mostrador m; (in bank) ventanilla f. **2** (in board games) ficha f.

counter² ['kaʊntər] n contador m.

counter³ ['kaʊntər] **I** adv **c. to**, en contra de. **II** vtr (attack) contestar a; (trend) contrarrestar. **III** vi contestar.

counteract [kaʊntər'ækt] vtr contrarrestar.

counterattack ['kaʊntərətæk] n contraataque m.

counterfeit ['kaʊntəfɪt] **I** adj falsificado, -a; **c. coin**, moneda falsa. **II** n falsificación f. **III** vtr falsificar.

counterfoil ['kaʊntəfɔɪl] n GB (of cheque) matriz f.

countermand [kaʊntə'mɑːnd] vtr (command) revocar; Com (order) anular.

counterpart ['kaʊntəpɑːt] n homólogo,-a m,f.

counterproductive [kaʊntəprə'dʌktɪv] adj contraproducente.

countersign ['kaʊntəsaɪn] vtr refrendar.

countess ['kaʊntɪs] n condesa f.

countless ['kaʊntlɪs] adj innumerable, incontable.

country ['kʌntrɪ] n **1** (state) país m; **native c.**, patria f. **2** (rural area) campo m; **c. dancing**, baile m popular.

countryman ['kʌntrɪmən] n **1** (rural) hombre m del campo. **2** (compatriot) compatriota m.

countryside ['kʌntrɪsaɪd] n (area) campo m; (scenery) paisaje m.

county ['kaʊntɪ] n condado m.

coup [kuː] n golpe m; **c. d'état**, golpe de estado.

couple ['kʌpəl] **I** n **1** (of people) pareja f; **a married c.**, un matrimonio. **2** (of things) par m; fam **a c. of times**, un par de veces. **II** vtr (wagons) enganchar.

coupling ['kʌplɪŋ] n Rail enganche m.

coupon ['kuːpɒn] n **1** cupón m. **2** GB Ftb quiniela f.

courage ['kʌrɪdʒ] n coraje m, valentía f.

courageous [kə'reɪdʒəs] adj valeroso,-a, valiente.

courgette [kʊə'ʒet] n calabacín m.

courier ['kʊərɪər] n **1** (messenger) mensajero,-a m,f. **2** (guide) guía mf turístico,-a.

course [kɔːs] n **1** (of river) curso m; Naut Av rumbo m. **2** fig desarrollo m; **in the c. of construction**, en vías de construcción; **in the c. of time**, con el tiempo. **3** (series) ciclo m; **a c. of treatment**, un tratamiento. **4** Educ curso m; Univ asignatura f. **5** (for golf) campo m; (for horse-racing) hipódromo m. **6** Culin plato m. **7** of c., claro, por supuesto; **of c. not!**, ¡claro que no!.

court [kɔːt] **I** n **1** Jur tribunal m; **c. martial**, consejo m de guerra; **c. order**, orden f judicial. **2** (royal) corte f. **3** Sport pista f, cancha f. **II** vtr (woman) hacer la corte a; fig **to c. danger**, buscar el peligro; fig **to c. disaster**, exponerse al desastre. **III** vi (couple) tener relaciones.

courteous ['kɜːtɪəs] adj cortés.

courtesy ['kɜːtɪsɪ] n **1** cortesía f, educación f. **2** **by c. of**, por cortesía de.

courthouse ['kɔːthaʊs] n palacio m de justicia.

courtier ['kɔːtɪər] n cortesano,-a m,f.

court-martial ['kɔːtmɑːʃəl] vtr someter a consejo de guerra.

courtroom ['kɔːtruːm] n sala f de justicia.

courtyard ['kɔːtjɑːd] n patio m.

cousin ['kʌzən] n primo,-a m,f; **first c.**, primo,-a hermano,-a.

cove [kəʊv] n cala f, ensenada f.

covenant ['kʌvənənt] n convenio m, pacto m.

cover ['kʌvər] **I** vtr **1** cubrir (**with**, de); (furniture) revestir (**with**, de); (with lid) tapar. **2** (hide) disimular. **3** (protect) abrigar. **4** (distance) recorrer. **5** Journ investigar. **6** (deal with) abarcar. **7** (include) incluir. **8** Sport marcar. **II** vi **to c. for sb**, sustituir a algn. **III** n **1** cubierta f; (lid) tapa f; (on bed) manta f; (of chair etc) funda f; (of book) tapa f; (of magazine) portada f; **c. girl**, modelo f de revista. **3** (in restaurant) cubierto m. **4** **under separate c.**, por separado. **5** Ins **full c.**, cobertura completa; GB **c. note**, seguro m provisional. **6** (protection) abrigo m; **to take c.**, abrigarse; **under c.**, al abrigo; (indoors) bajo techo. ◆**cover up I** vtr **1** cubrir. **2** (crime) encubrir. **II** vi **1** (person) abrigarse. **2** **to c. up for sb**, encubrir a algn.

coverage ['kʌvərɪdʒ] n cobertura f.

coveralls ['kʌvərɔːlz] npl US mono m sing.

covering ['kʌvərɪŋ] **I** n cubierta f, envoltura f. **II** adj (letter) explicatorio,-a.

covert ['kʌvət] adj disimulado,-a, secreto,-a.

cover-up ['kʌvərʌp] n encubrimiento m.

covet ['kʌvɪt] vtr codiciar.

cow¹ [kaʊ] n vaca f; pej (woman) arpía f, bruja f.

cow² [kaʊ] vtr intimidar.

coward ['kaʊəd] n cobarde mf.

cowardice ['kaʊədɪs] n cobardía f.

cowardly ['kauədlı] *adj* cobarde.
cowboy ['kaubɔɪ] *n* vaquero *m.*
cower ['kauər] *vi (with fear)* encogerse.
cox [kɒks] *n* timonel *m.*
coy [kɔɪ] *adj (shy)* tímido,-a; *(demure)* coquetón,-ona.
cozy ['kəuzı] *adj US* → cosy.
crab [kræb] *n* 1 cangrejo *m.* 2 c. apple, manzana *f* silvestre.
crack [kræk] I *vtr* 1 *(cup)* partir; *(bone)* fracturar; *(nut)* cascar; *(safe)* forzar. 2 *(whip)* hacer restallar. 3 *fig (problem)* dar con la solución de; *(joke)* contar. II *vi* 1 *(glass)* partirse; *(wall)* agrietarse. 2 *(whip)* restallar. 3 **fam to get cracking on sth**, ponerse a hacer algo. III *n* 1 *(in cup)* raja *f*; *(in wall, ground)* grieta *f.* 2 *(of whip)* restallido *m*; *(of gun)* detonación *f.* 3 *fam (blow)* golpetazo *m.* 4 *fam* **to have a c. at sth**, *(attempt)* intentar hacer algo. 5 *sl (wisecrack)* réplica aguda. 6 *sl (drug)* crack *m.* IV *adj sl* de primera. ◆**crack down on** *vtr* atajar con mano dura. ◆**crack up** *vi fam fig (go mad)* desquiciarse; *(with laughter)* partirse de risa.
cracker ['krækər] *n* 1 *(biscuit)* galleta salada. 2 *(firework)* petardo *m.*
crackle ['krækəl] *vi* crujir; *(fire)* crepitar.
cradle ['kreɪdəl] *n (baby's)* cuna *f.*
craft ['krɑːft] *n* 1 *(occupation)* oficio *m*; *(art)* arte *m*; *(skill)* destreza *f.* 2 *(cunning)* maña *f.* 3 *Naut* embarcación *f.*
craftsman ['krɑːftsmən] *n* artesano *m.*
craftsmanship ['krɑːftsmənʃɪp] *n* arte *f.*
crafty ['krɑːftı] *adj (craftier, craftiest)* astuto,-a.
crag [kræg] *n* peña *f*, peñasco *m.*
cram [kræm] I *vtr* atiborrar; **crammed with**, atestado,-a, de. II *vi Educ fam* empollar.
cramp¹ [kræmp] *n Med* calambre *m*; **cramps**, retortijones *mpl.*
cramp² [kræmp] *vtr (development etc)* poner trabas a.
cramped [kræmpt] *adj* atestado,-a; *(writing)* apretado,-a.
cranberry ['krænbərı] *n* arándano *m.*
crane [kreın] I *n* 1 *Zool* grulla *f* común. 2 *(device)* grúa *f.* II *vtr* estirar.
crank [kræŋk] *n* 1 *Tech* manivela *f.* 2 *fam (eccentric)* tío raro.
crankshaft ['kræŋkʃɑːft] *n* árbol *m* del cigüeñal.
cranny ['krænı] *n fig* **in every nook and c.**, en todos los rincones.
crap [kræp] *n fam* mierda *f.*
crash [kræʃ] I *vtr* **to c. one's car**, tener un accidente con el coche. II *vi* 1 *(car, plane)* estrellarse; *(collide)* chocar; **to c. into**, estrellarse contra. 2 *Com* quebrar. III *n* 1 *(noise)* estrépito *m.* 2 *(collision)* choque *m*; **car/plane c.**, accidente *m* de coche/avión; *fig* **c. course**, curso intensivo; **c. helmet**, casco *m* protector. 3 *Com* quiebra *f.*
crash-land [kræʃ'lænd] *vi* hacer un aterrizaje forzoso.
crass [kræs] *adj (person)* grosero,-a; *(error)* garrafal.
crate [kreɪt] *n* caja *f*, cajón *m* (para embalaje).
crater ['kreɪtər] *n* cráter *m.*
cravat [krə'væt] *n* pañuelo *m* (de hombre).
crave [kreɪv] *vi* **to c. for sth**, ansiar algo.
craving ['kreɪvɪŋ] *n* ansia *f*; *(in pregnancy)* antojo *m.*
crawfish ['krɔːfɪʃ] *n* langosta *f.*
crawl [krɔːl] I *vi (baby)* gatear; *(vehicle)* avanzar lentamente; *fig* **to c. to sb**, arrastrarse a los pies de algn. II *n (swimming)* crol *m.*
crayfish ['kreɪfɪʃ] *n* cangrejo *m* de río.
crayon ['kreɪɒn] *n* cera *f.*
craze [kreız] *n* manía *f*; *(fashion)* moda *f*; **it's the latest c.**, es el último grito.
crazy ['kreızı] *adj (crazier, craziest) fam* loco,-a, chalado,-a; *GB* **c. paving**, pavimento *m* en mosaico.
creak [kriːk] *vi (floor)* crujir; *(hinge)* chirriar.
cream [kriːm] I *n* 1 *(of milk)* nata *f*; **c. coloured**, color crema; *fig* **the c.**, la flor y nata; **c. cheese**, queso *m* crema. 2 *(cosmetic)* crema *f.* II *vtr* 1 *(milk)* desnatar. 2 *Culin* batir; **creamed potatoes**, puré *m* de patatas.
creamy ['kriːmı] *adj (creamier, creamiest)* cremoso,-a.
crease [kriːs] I *n (wrinkle)* arruga *f*; *(fold)* pliegue *m*; *(on trousers)* raya *f.* II *vtr (clothes)* arrugar. III *vi* arrugarse.
create [kriː'eɪt] *vtr* crear.
creation [kriː'eɪʃən] *n* creación *f.*
creative [kriː'eɪtɪv] *adj (person)* creativo,-a.
creativity [kriːeɪ'tɪvɪtı] *n* creatividad *f.*
creator [kriː'eɪtər] *n* creador,-a *m,f.*
creature ['kriːtʃər] *n (animal)* criatura *f.*
crèche [kreɪʃ, kreʃ] *n* guardería *f.*
credence ['kriːdəns] *n* **to give c. to**, dar crédito a.
credentials [krɪ'denʃəlz] *npl* credenciales *fpl.*
credible ['kredɪbəl] *adj* creíble.
credit ['kredɪt] I *n* 1 *Com* crédito *m*; **on c.**, a crédito; **c. card**, tarjeta *f* de crédito. 2 **to give c. to sb for sth**, reconocer algo a algn. 3 *(benefit)* honor *m*; **to be a c. to**, hacer honor a. 4 *Cin TV* **credits**, créditos *mpl.* II *vtr* 1 *Com* abonar. 2 *(believe)* creer. 3 *fig* atribuir; **he is credited with having ...**, se le atribuye haber ...
creditor ['kredɪtər] *n* acreedor,-a *m,f.*
creed [kriːd] *n* credo *m.*
creek [kriːk] *n* 1 *GB* cala *f.* 2 *US Austral* riachuelo *m.*
creep [kriːp] I *vi (pt & pp crept)* andar si-

creeper 346 **crown**

lenciosamente; *(insect)* arrastrarse; *(plant)* trepar; **to c. up on sb**, sorprender a algn. II *n fam (person)* pelotillero,-a *m,f*.
creeper ['kri:pə^r] *n Bot* trepadora *f*.
creepy ['kri:pɪ] *adj (creepier, creepiest) fam* espeluznante.
cremate [krɪ'meɪt] *vtr* incinerar.
crematorium [kremə'tɔ:rɪəm] *n* crematorio *m*.
crepe [kreɪp] *n* 1 *Tex* crepé *m*. 2 **c. paper**, papel *m* crespón.
crept [krept] *pt & pp* → **creep**.
crescendo [krɪ'ʃendəʊ] *n* crescendo *m*.
crescent ['kresənt] I *n (shape)* medialuna *f*; *GB (street)* calle *f* en medialuna. II *adj* creciente.
cress [kres] *n* berro *m*.
crest [krest] *n* 1 *(of cock, wave)* cresta *f*; *(on helmet)* penacho *m*; *(of hill)* cima *f*. 2 *(heraldic)* blasón *m*.
crestfallen ['krestfɔ:lən] *adj* abatido,-a.
Crete [kri:t] *n* Creta.
cretin ['kretɪn] *n* cretino,-a *m,f*.
crevasse [krɪ'væs] *n* grieta *f*, fisura *f*.
crevice ['krevɪs] *n* grieta *f*, hendedura *f*.
crew [kru:] *n* Av Naut tripulación *f*; **c. cut**, corte *m* al rape; **c.-neck sweater**, jersey *m* con cuello redondo.
crib [krɪb] I *n (manger)* pesebre *m*; *(for baby)* cuna *f*. II *vtr fam* 1 *(copy)* copiar. 2 *(steal)* quitar.
crick [krɪk] *n fam* **a c. in the neck**, una tortícolis.
cricket¹ ['krɪkɪt] *n Ent* grillo *m*.
cricket² ['krɪkɪt] *n Sport* cricket *m*.
crime [kraɪm] *n* delincuencia *f*; *(offence)* delito *m*.
criminal ['krɪmɪnəl] *adj & n* criminal *(mf)*; **c. law**, derecho *m* penal; **c. record**, antecedentes *mpl* penales.
crimson ['krɪmzən] *adj & n* carmesí *(m)*.
cringe [krɪndʒ] *vi* abatirse, encogerse.
crinkle ['krɪŋkəl] *vtr* fruncir, arrugar.
cripple ['krɪpəl] I *n* lisiado,-a *m,f*, mutilado,-a *m,f*. II *vtr* mutilar, dejar cojo,-a; *fig* paralizar.
crisis ['kraɪsɪs] *n (pl* **crises** ['kraɪsi:z]) crisis *f inv*.
crisp [krɪsp] I *adj* crujiente; *(lettuce)* fresco,-a; *(banknote)* nuevo,-a; *(weather)* frío,-a y seco,-a; *fig (style)* directo,-a. II *n GB* **(potato) c.**, patata frita.
crisscross ['krɪskrɒs] *n* líneas *fpl* entrecruzadas.
criterion [kraɪ'tɪərɪən] *n (pl* **criteria** [kraɪ'tɪərɪə]) criterio *m*.
critic ['krɪtɪk] *n Art Theat* crítico,-a *m,f*.
critical ['krɪtɪkəl] *adj* crítico,-a. ◆**critically** *adv* críticamente; **c. ill**, gravemente enfermo,-a.
criticism ['krɪtɪsɪzəm] *n* crítica *f*.
criticize ['krɪtɪsaɪz] *vtr* criticar.
croak [krəʊk] *vi (frog)* croar; *(raven)* graznar; *(person)* hablar con voz ronca.

crochet ['krəʊfeɪ] *n* ganchillo *m*.
crockery ['krɒkərɪ] *n* loza *f*.
crocodile ['krɒkədaɪl] *n* cocodrilo *m*.
crocus ['krəʊkəs] *n* azafrán *m*.
crony ['krəʊnɪ] *n* compinche *mf*.
crook [krʊk] I *n* 1 *(of shepherd)* cayado *m*. 2 *fam* caco *m*. II *vtr (arm)* doblar.
crooked ['krʊkɪd] *adj* 1 *(stick, picture)* torcido,-a; *(path)* tortuoso,-a. 2 *fam (dishonest)* deshonesto,-a.
crop [krɒp] I *n* 1 cultivo *m*; *(harvest)* cosecha *f*; *(of hair)* mata *f*. 2 *(whip)* fusta *f*. II *vtr (hair)* rapar; *(grass)* cortar. ◆**crop up** *vi fam* surgir, presentarse.
croquet ['krəʊkeɪ] *n* croquet *m*.
cross [krɒs] I *n* 1 cruz *f*. 2 *(breeds)* cruce *m*. 3 **c. section**, sección *f* transversal. II *vtr* 1 cruzar. 2 *Rel* **to c. oneself**, hacer la señal de la cruz; *fam* **c. my heart!**, ¡te lo juro! 3 *(thwart)* contrariar. III *vi* cruzar; *(roads)* cruzarse; **to c. over**, cruzar. IV *adj* 1 *fig* **they are at c. purposes**, hay un malentendido entre ellos. 2 *(angry)* enfadado,-a. ◆**cross off**, **cross out** *vtr* tachar, rayar.
crossbar ['krɒsbɑ:^r] *n* travesaño *m*.
cross-country ['krɒskʌntrɪ] I *n* **c.-c. race**, cros *m*. II [krɒs'kʌntrɪ] *adv* campo través.
cross-examine [krɒsɪg'zæmɪn] *vtr* interrogar.
cross-eyed ['krɒsaɪd] *adj* bizco,-a.
crossfire ['krɒsfaɪə^r] *n* fuego cruzado.
crossing ['krɒsɪŋ] *n* cruce *m*; **pedestrian c.**, paso *m* de peatones; **sea c.**, travesía *f*.
cross-legged [krɒs'legɪd] *adj* con las piernas cruzadas.
cross-reference [krɒs'refərəns] *n* remisión *f*.
crossroads ['krɒsrəʊdz] *n* cruce *m*; *fig* encrucijada *f*.
crosswind ['krɒswɪnd] *n* viento *m* lateral.
crossword ['krɒswɜ:d] *n* **c. (puzzle)**, crucigrama *m*.
crotch [krɒtʃ] *n* entrepierna *f*.
crotchet ['krɒtʃɪt] *n Mus* negra *f*.
crotchety ['krɒtʃɪtɪ] *adj fam* gruñón,-ona.
crouch [kraʊtʃ] *vi* **to c. (down)**, agacharse.
crow¹ [krəʊ] *n* cuervo *m*; *fig* **as the c. flies**, en línea recta; **c.'s-feet**, patas *fpl* de gallo.
crow² [krəʊ] I *vi (cock)* cantar; *fig* **to c. over sth**, jactarse de algo. 2 *(baby)* balbucir. II *n (of cock)* canto *m*.
crowbar ['krəʊbɑ:^r] *n* palanca *f*.
crowd [kraʊd] I *n* muchedumbre *f*; **the c.**, el populacho; *fam (gang)* pandilla *f*. II *vtr (streets)* llenar. III *vi* apiñarse; **to c. in/out**, entrar/salir en tropel.
crowded ['kraʊdɪd] *adj* atestado,-a, lleno,-a.
crown [kraʊn] I *n* 1 corona *f*; *(garland)* guirnalda *f*; **the c. jewels**, las joyas de la

corona; **GB** *Jur* **c. court,** tribunal *m* superior; **C. Prince,** príncipe heredero. **2** *Anat* coronilla *f*; *(of hat, tree)* copa *f*. II *vtr* coronar; *fam fig* **to c. it all,** y para más inri.
crucial ['kru:ʃəl] *adj* decisivo,-a.
crucifix ['kru:sɪfɪks] *n* crucifijo *m*.
crucifixion [kru:sɪ'fɪkʃən] *n* crucifixión *f*.
crucify ['kru:sɪfaɪ] *vtr* crucificar.
crude [kru:d] *adj* **1** *(manners, style)* tosco,-a, grosero,-a; *(tool)* primitivo,-a. **2 c. oil,** crudo *m*.
cruel [kruəl] *adj* cruel **(to,** con).
cruelty ['kruəltɪ] *n* crueldad *f* **(to,** hacia).
cruet ['kru:ɪt] *n* **c. set,** vinagreras *fpl*.
cruise [kru:z] **I** *vi* **1** *Naut* hacer un crucero. **2** *Aut* viajar a velocidad constante; *Av* viajar a velocidad de crucero. II *n* **1** *Naut* crucero *m*. **2 c. missile,** misil teledirigido.
cruiser ['kru:zər] *n* (barco *m*) crucero *m*.
crumb [krʌm] *n* miga *f*, migaja *f*.
crumble ['krʌmbəl] **I** *vtr* desmigar. **II** *vi* *(wall)* desmoronarse; *fig (hopes)* desvanecerse.
crumbly ['krʌmblɪ] *adj* **(crumblier, crumbliest)** que se desmigaja.
crumpet ['krʌmpɪt] *n* **GB** clase *f* de crepe grueso que se puede tostar.
crumple ['krʌmpəl] *vtr* arrugar.
crunch [krʌntʃ] **I** *vtr (food)* ronchar; *(with feet)* hacer crujir. II *n fam* **when it comes to the c.,** a la hora de la verdad.
crunchy ['krʌntʃɪ] *adj* **(crunchier, crunchiest)** crujiente.
crusade [kru:'seɪd] *n* cruzada *f*.
crush [krʌʃ] **I** *vtr* aplastar; *(wrinkle)* arrugar; *(grind)* moler; *(squeeze)* exprimir. II *n* **1** *(of people)* gentío *m*. **2 orange c.,** naranjada *f*.
crushing ['krʌʃɪŋ] *adj fig (defeat, reply)* aplastante.
crust [krʌst] *n* corteza *f*.
crutch [krʌtʃ] *n* *Med* muleta *f*; *fig* apoyo *m*.
crux [krʌks] *n* **the c. of the matter,** el quid de la cuestión.
cry [kraɪ] **I** *vi (pt & pp* **cried) 1** gritar. **2** *(weep)* llorar. II *vtr* gritar; *fig* **to c. wolf,** dar una falsa alarma. III *n* **1** grito *m*. **2** *(weep)* llanto *m*. ◆**cry off** *vi fam* rajarse. ◆**cry out** *vi* gritar; **to c. out for sth,** pedir algo a gritos.
crying ['kraɪɪŋ] *adj* **it's a c. shame,** es una vergüenza.
cryptic ['krɪptɪk] *adj* enigmático,-a.
crystal ['krɪstəl] *n* cristal *m*.
crystal-clear [krɪstəl'klɪər] *adj* claro,-a como el agua.
crystallize ['krɪstəlaɪz] **I** *vtr* cristalizar. **II** *vi* cristalizarse.
cub [kʌb] *n* **1** *(animal)* cachorro *m*. **2** *(junior scout)* niño *m* explorador.
Cuba ['kju:bə] *n* Cuba.

Cuban ['kju:bən] *adj & n* cubano,-a (*m,f*).
cubbyhole ['kʌbɪhəʊl] *n* cuchitril *m*.
cube [kju:b] **I** *n* cubo *m*; *(of sugar)* terrón *m*; **c. root,** raíz cúbica. II *vtr Math* elevar al cubo.
cubic ['kju:bɪk] *adj* cúbico,-a.
cubicle ['kju:bɪkəl] *n* cubículo *m*; *(at swimming pool)* caseta *f*.
cuckoo ['kʊku:] **I** *n* cuco *m*; **c. clock,** reloj *m* de cuco. II *adj fam* lelo,-a.
cucumber ['kju:kʌmbər] *n* pepino *m*.
cuddle ['kʌdəl] **I** *vtr* abrazar. II *vi* abrazarse.
cuddly ['kʌdlɪ] *adj* **c. toy,** muñeco *m* de peluche.
cue¹ [kju:] *n Theat* pie *m*.
cue² [kju:] *n (in billiards)* taco *m*; **c. ball,** bola blanca.
cuff¹ [kʌf] *n (of sleeve)* puño *m*; *US (of trousers)* dobladillo *m*; *fig* **to do sth off the c.,** improvisar algo.
cuff² [kʌf] **I** *vtr* abofetear. II *n* bofetada *f*.
cufflinks ['kʌflɪŋks] *npl* gemelos *mpl*.
cul-de-sac ['kʌldəsæk] *n* callejón *m* sin salida.
cull [kʌl] *vtr* **1** *(choose)* escoger. **2** *(animals)* eliminar.
culminate ['kʌlmɪneɪt] *vi* **to c. in,** terminar en.
culmination [kʌlmɪ'neɪʃən] *n* culminación *f*, punto *m* culminante.
culottes [kju:'lɒts] *npl* falda-pantalón *f sing*.
culprit ['kʌlprɪt] *n* culpable *mf*.
cult [kʌlt] *n* culto *m*; **c. figure,** ídolo *m*.
cultivate ['kʌltɪveɪt] *vtr* cultivar.
cultivated ['kʌltɪveɪtɪd] *adj (person)* culto,-a.
cultivation [kʌltɪ'veɪʃən] *n* cultivo *m* (de la tierra).
cultural ['kʌltʃərəl] *adj* cultural.
culture ['kʌltʃər] *n* cultura *f*.
cultured ['kʌltʃəd] *adj* → **cultivated**.
cumbersome ['kʌmbəsəm] *adj (awkward)* incómodo,-a; *(bulky)* voluminoso,-a.
cum(m)in ['kʌmɪn] *n* comino *m*.
cumulative ['kju:mjʊlətɪv] *adj* acumulativo,-a.
cunning ['kʌnɪŋ] **I** *adj* astuto,-a. II *n* astucia *f*.
cup [kʌp] **I** *n* taza *f*; *Sport* copa *f*; **C. Final,** final *f* de copa; **c. tie,** partido *m* de copa. II *vtr (hands)* ahuecar.
cupboard ['kʌbəd] *n* armario *m*; *(on wall)* alacena *f*.
curate ['kjʊərɪt] *n* cura *m* coadjutor.
curator [kjʊə'reɪtər] *n* conservador,-a *m,f*.
curb [kɜ:b] **I** *n (kerb)* bordillo *m*. II *vtr (horse)* refrenar; *fig (public spending)* contener.
curd [kɜ:d] *n* cuajada *f*.
curdle ['kɜ:dəl] *vi* cuajarse.

cure [kjʊər] I *vtr* curar. II *n (remedy)* cura *f*, remedio *m*.
curfew ['kɜːfjuː] *n* toque *m* de queda.
curiosity [kjʊərɪ'ɒsɪtɪ] *n* curiosidad *f*.
curious ['kjʊərɪəs] *adj* 1 *(inquisitive)* curioso,-a. 2 *(odd)* extraño,-a.
curl [kɜːl] I *vtr (hair)* rizar; *(lip)* fruncir. II *vi* rizarse. III *n (of hair)* rizo *m*; *(of smoke)* espiral *f*. ◆**curl up** *vi* enroscarse.
curly ['kɜːlɪ] *adj* (**curlier, curliest**) rizado,-a.
currant ['kʌrənt] *n* pasa *f* (de Corinto).
currency ['kʌrənsɪ] *n* 1 moneda *f*; **foreign c.**, divisa *f*. 2 **to gain c.**, cobrar fuerza.
current ['kʌrənt] I *adj* 1 *(opinion)* general; *(word)* en uso; *(year)* en curso; **c. account**, cuenta *f* corriente; **c. affairs**, actualidad *f sing* (política); *Fin* **c. assets**, activo *m sing* disponible. 2 **the c. issue**, *(of magazine, newspaper)* el último número. II *n* corriente *f*. ◆**currently** *adv* actualmente.
curriculum [kə'rɪkjʊləm] *n* (*pl* **curricula** [kə'rɪkjʊlə]) plan *m* de estudios; **c. vitae**, curriculum *m* (vitae).
curry¹ ['kʌrɪ] *n* curry *m*; **chicken c.**, pollo *m* al curry.
curry² ['kʌrɪ] *vtr* **to c. favour with**, congraciarse con.
curse [kɜːs] I *n* maldición *f*; *(oath)* palabrota *f*; *fig* azote *m*. II *vtr* maldecir. III *vi* blasfemar.
cursor ['kɜːsər] *n* cursor *m*.
cursory ['kɜːsərɪ] *adj* rápido,-a.
curt [kɜːt] *adj* brusco,-a, seco,-a.
curtail [kɜː'teɪl] *vtr (expenses)* reducir; *(text)* acortar.
curtain ['kɜːtən] *n* cortina *f*; *Theat* telón *m*; *fig* velo *m*.
curts(e)y ['kɜːtsɪ] I *n* reverencia *f*. II *vi* hacer una reverencia (**to**, a).
curve [kɜːv] I *n* curva *f*. II *vtr* encorvar. III *vi* torcerse, describir una curva.
cushion ['kʊʃən] I *n* cojín *m*; *(large)* almohadón *m*; *(of billiard table)* banda *f*. II *vtr fig* amortiguar; *(person)* proteger.
cushy ['kʊʃɪ] *adj* (**cushier, cushiest**) *fam* cómodo,-a.
custard ['kʌstəd] *n* natillas *fpl*; **c. powder**, polvos *mpl* para natillas.
custodian [kʌs'təʊdɪən] *n* conserje *mf*, guarda *m*.
custody ['kʌstədɪ] *n* custodia *f*; **to take into c.**, detener.
custom ['kʌstəm] *n* 1 *(habit)* costumbre *f*. 2 *Com* clientela *f*.
customary ['kʌstəmərɪ] *adj* habitual.
customer ['kʌstəmər] *n* cliente *mf*.
customize ['kʌstəmaɪz] *vtr* hacer por encargo.
custom-made [kʌstəm'meɪd] *adj* hecho,-a a la medida.
customs ['kʌstəmz] *n sing or pl* aduana *f*; **c. duty**, derechos *mpl* de aduana; **c. officer**, agente *mf* de aduana.
cut [kʌt] I *vtr (pt & pp cut)* 1 cortar; *(stone)* tallar; *(record)* grabar; **he's cutting a tooth**, le está saliendo un diente; **to c. one's finger**, cortarse el dedo; *fig* **to c. a long story short**, en resumidas cuentas; *fig* **to c. corners**, recortar presupuestos. 2 *(reduce)* reducir. 3 *(divide up)* dividir (**into**, en).
II *n* 1 corte *m*; *(in skin)* cortadura *f*; *(wound)* herida *f*; *(with knife)* cuchillada *f*. 2 *(of meat)* clase *f* de carne. 3 *(reduction)* reducción *f*. 4 *fig* **to be a c. above sb**, estar por encima de algo.
III *adj* cortado,-a; *(price)* reducido,-a; *fig* **c. and dried**, convenido,-a de antemano; **c. glass**, cristal tallado.
IV *vi* 1 cortar; *fam fig* **to c. loose**, romper con todo. 2 *Cin* **c.!**, ¡corten! ◆**cut back** *vtr (expenses)* reducir; *(production)* disminuir. ◆**cut down** *vtr (tree)* talar; **to c. down on**, reducir. ◆**cut in** *vi (driver)* adelantar bruscamente. ◆**cut off** *vtr (water etc)* cortar; *(place)* aislar; *(heir)* excluir; *Tel* **I've been c. off**, me han cortado (la comunicación). ◆**cut out** I *vtr* 1 *(from newspaper)* recortar; *(person)* **to be c. out for sth**, estar hecho,-a para algo. 2 *(delete)* suprimir. II *vi (engine)* calarse. ◆**cut up** *vtr* cortar en pedazos.
cutback ['kʌtbæk] *n* reducción *f* (**in**, de).
cute [kjuːt] *adj* mono,-a, lindo,-a; *US fam pej* listillo,-a.
cuticle ['kjuːtɪkəl] *n* cutícula *f*.
cutlery ['kʌtlərɪ] *n* cubiertos *mpl*.
cutlet ['kʌtlɪt] *n* chuleta *f*.
cut-price [kʌt'praɪs] *adj (article)* a precio rebajado.
cutthroat ['kʌtθrəʊt] I *n* asesino,-a *m,f*, matón *m*. II *adj (cruel)* cruel; *(competition)* feroz.
cutting ['kʌtɪŋ] I *n (from newspaper)* recorte *m*; *Rail* tajo *m*. II *adj* cortante; *(remark)* mordaz.
CV, cv [siː'viː] *abbr of* **curriculum vitae**.
cwt. *abbr of* **hundredweight**, quintal *m*.
cyanide ['saɪənaɪd] *n* cianuro *m*.
cycle ['saɪkəl] I *n* 1 ciclo *m*. 2 *(bicycle)* bicicleta *f*; *(motorcycle)* moto *f*. II *vi* ir en bicicleta.
cycling ['saɪklɪŋ] *n* ciclismo *m*.
cyclist ['saɪklɪst] *n* ciclista *mf*.
cyclone ['saɪkləʊn] *n* ciclón *m*.
cygnet ['sɪgnɪt] *n* pollo *m* de cisne.
cylinder ['sɪlɪndər] *n* 1 cilindro *m*. 2 *(for gas)* bombona *f*.
cymbal ['sɪmbəl] *n* címbalo *m*, platillo *m*.
cynic ['sɪnɪk] *n* cínico,-a *m,f*.
cynical ['sɪnɪkəl] *adj* cínico,-a.
cynicism ['sɪnɪsɪzəm] *n* cinismo *m*.
cypress ['saɪprəs] *n* ciprés *m*.

Cypriot ['sɪpriət] *adj & n* chipriota *(mf)*.
Cyprus ['saɪprəs] *n* Chipre.
cyst [sɪst] *n* quiste *m*.
cystitis [sɪ'staɪtɪs] *n* cistitis *f*.
czar [zɑːʳ] *n* zar *m*.

Czech |tʃek| **I** *adj* checo,-a. **II** *n* 1 *(person)* checo,-a *m,f*. 2 *(language)* checo *m*.
Czechoslovakia [tʃekəʊslə(ʊ)'vækɪə] *n* Checoslovaquia.

D

D, d [diː] *n* 1 *(the letter)* D, d *f*. 2 *Mus* re *m*.
D.A. [diː'eɪ] *US abbr of* **District Attorney**.
dab [dæb] **I** *n (small quantity)* toque *m*. **II** *vtr* 1 *(apply)* aplicar. 2 *(touch lightly)* tocar ligeramente.
dabble ['dæbəl] *vi* **to d. in politics**, meterse en política.
dachshund ['dækshʊnd] *n* perro *m* salchicha.
dad [dæd], **daddy** ['dædɪ] *n fam* papá *m*, papi *m*.
daddy-longlegs [dædɪ'lɒŋlegz] *n inv GB fam* típula *f*.
daffodil ['dæfədɪl] *n* narciso *m*.
daft [dɑːft] *adj GB fam* chalado,-a; *(idea)* tonto,-a.
dagger ['dægəʳ] *n* puñal *m*, daga *f*.
dahlia ['deɪlɪə] *n* dalia *f*.
daily ['deɪlɪ] **I** *adj* diario,-a, cotidiano,-a. **II** *adv* diariamente; **three times d.**, tres veces al día. **III** *n* 1 *(newspaper)* diario *m*. 2 *GB fam (cleaning lady)* asistenta *f*.
dainty ['deɪntɪ] *adj* **(daintier, daintiest)** *(flower)* delicado,-a; *(child)* precioso,-a; *(food)* exquisito,-a.
dairy ['deərɪ] *n (on farm)* vaquería *f*; *(shop)* lechería *f*; **d. farming**, industria lechera; **d. produce**, productos lácteos.
dais ['deɪɪs] *n (in hall)* tarima *f*; *(in ceremony)* estrado *m*.
daisy ['deɪzɪ] *n* margarita *f*.
daisywheel ['deɪzɪwiːl] *n (printer)* margarita *f*.
dale [deɪl] *n* valle *m*, hondonada *f*.
Dalmatian [dæl'meɪʃən] *n* (perro *m*) dálmata *m*.
dam [dæm] **I** *n (barrier)* dique *m*; *(lake)* presa *f*. **II** *vtr (water)* represar. ◆**dam up** *vtr fig (emotion)* contener.
damage ['dæmɪdʒ] **I** *n* 1 daño *m*; *(to health, reputation)* perjuicio *m*; *(to relationship)* deterioro *m*. 2 *Jur* **damages**, daños *mpl* y perjuicios *mpl*. **II** *vtr (harm)* dañar, hacer daño a; *(spoil)* estropear; *(undermine)* perjudicar.
damaging ['dæmɪdʒɪŋ] *adj* perjudicial.
damn [dæm] **I** *vtr* condenar. **II** *interj fam* **d. (it)!**, ¡maldito,-a sea!; **well, I'll be damned!**, ¡vaya por Dios!. **III** *n fam* **I don't give a d.**, me importa un bledo. **IV** *adj fam* maldito,-a. **V** *adv fam* muy, sumamente.

damned [dæmd] **I** *adj* → **damn IV**. **II** *adv* → **damn V**.
damnedest ['dæmdɪst] *n fam* **to do one's d. to ...**, hacer todo lo posible para ....
damning ['dæmɪŋ] *adj (evidence)* irrefutable; *(criticism)* mordaz.
damp [dæmp] **I** *adj* húmedo,-a; *(wet)* mojado,-a. **II** *n* humedad *f*. **III** *vtr* 1 *(for ironing)* humedecer. **2 to d. (down)**, *(fire)* sofocar; *fig (violence)* frenar.
dampen ['dæmpən] *vtr* humedecer; *fig* frenar.
damper ['dæmpəʳ] *n fig* **to put a d. on sth**, poner freno a algo.
damsel ['dæmzəl] *n lit* doncella *f*.
damson ['dæmzən] *n* ciruela damascena.
dance [dɑːns] **I** *n* baile *m*; *(classical, tribal)* danza *f*; **d. band**, orquesta *f* de baile; **d. floor**, pista *f* de baile; **d. hall**, salón *m* de baile. **II** *vi & vtr* bailar.
dancer ['dɑːnsəʳ] *n (by profession)* bailarín,-ina *m,f*.
dandelion ['dændɪlaɪən] *n* diente *m* de león.
dandruff ['dændrəf] *n* caspa *f*.
Dane [deɪn] *n* danés,-esa *m,f*.
danger ['deɪndʒəʳ] *n* 1 *(risk)* riesgo *m*; *(of war etc)* amenaza *f*. 2 *(peril)* peligro *m*; **'d.'**, 'peligro'; **out of d.**, fuera de peligro.
dangerous ['deɪndʒərəs] *adj* peligroso,-a; *(risky)* arriesgado,-a; *(harmful)* nocivo,-a; *(illness)* grave. ◆**dangerously** *adv* peligrosamente.
dangle ['dæŋgəl] **I** *vi (hang)* colgar; *(swing)* balancearse. **II** *vtr (legs)* colgar; *(bait)* dejar colgado,-a; *(swing)* balancear en el aire.
Danish ['deɪnɪʃ] **I** *adj* danés,-esa; **D. pastry**, pastel *m* de hojaldre. **II** *n (language)* danés *m*.
dapper ['dæpəʳ] *adj* pulcro,-a.
dappled ['dæpəld] *adj (shade)* moteado,-a.
dare [deəʳ] **I** *vi* atreverse, osar; **he doesn't d. be late**, no se atreve a llegar tarde; **how d. you!**, ¿cómo te atreves?; *esp GB* **I d. say**, quizás; *iron* ya (lo creo). **II** *vtr (challenge)* desafiar. **III** *n* desafío *m*.
daredevil ['deədevəl] *adj & n* atrevido,-a *(m,f)*, temerario,-a *(m,f)*.
daring ['deərɪŋ] **I** *adj* 1 *(bold)* audaz, osado,-a. 2 *(clothes)* atrevido,-a. **II** *n* atrevimiento *m*, osadía *f*.
dark [dɑːk] **I** *adj* 1 *(room, colour)* oscuro,-a; *(hair, complexion)* moreno,-a; *(eyes, fu-*

ture) negro,-a. **2** *fig (gloomy)* triste. **3** *fig* **to be a d. horse,** ser una incógnita; *(discreet)* ser una caja de sorpresas. **4** *fig (sinister)* siniestro,-a. **II** *n* **1** *(darkness)* oscuridad *f,* tinieblas *fpl;* **after d.,** después del anochecer. **2** *fig* **to be in the d. (about),** estar a oscuras (sobre).

darken ['dɑːkən] **I** *vtr (sky)* oscurecer; *(colour)* hacer más oscuro,-a. **II** *vi* oscurecerse; *(sky)* nublarse; *fig (face)* ensombrecerse.

darkness ['dɑːknɪs] *n* oscuridad *f,* tinieblas *fpl.*

darkroom ['dɑːkruːm] *n* cuarto oscuro.

darling ['dɑːlɪŋ] *adj & n* querido,-a *(m,f).*

darn [dɑːn] **I** *vtr* zurcir. **II** *n* zurcido *m.*

dart [dɑːt] **I** *n* **1** *(missile)* dardo *m.* **2 darts,** *sing* dardos *mpl.* **II** *vi (fly about)* revolotear; **to d. in/out,** entrar/salir corriendo.

dartboard ['dɑːtbɔːd] *n* diana *f.*

dash [dæʃ] **I** *n* **1** *(rush)* carrera *f.* **2** *esp US (race)* sprint *m.* **3** *(small amount)* poquito *m; (of salt)* pizca *f; (of liquid)* gota *f.* **4** *Typ* guión largo; *(hyphen)* guión. **5** *(vitality)* brío *m.* **II** *vt* **1** *(throw)* arrojar. **2** *(smash)* estrellar; *fig* **to d. sb's hopes,** desvanecer las esperanzas de algn. **III** *vi (rush)* correr; **to d. around,** correr de un lado a otro; **to d. out,** salir corriendo; *fam* **I must d.!,** ¡me voy pitando!
◆**dash off** *vi* salir corriendo.

dashboard ['dæʃbɔːd] *n Aut* salpicadero *m.*

dashing ['dæʃɪŋ] *adj (appearance)* garboso,-a.

data ['deɪtə, 'dɑːtə] *npl* datos *mpl;* **d. bank** *or* **base,** banco *m* de datos; **d. processing,** *(act)* proceso *m* de datos; *(science)* informática *f;* **d. protection act,** ley *f* de informática.

date¹ [deɪt] **I** *n* **1** *fecha f;* **what's the d. today?** ¿qué día es hoy?; **out of d.,** *(ideas)* anticuado,-a; *(expression)* desusado,-a; *(invalid)* caducado,-a; **to d., hasta la fecha;** *fig* **to be up to d.,** estar al día; **d. of birth,** fecha de nacimiento. **2** *(social event)* compromiso *m; fam (with girl, boy)* cita *f.* **3** *US fam (person dated)* ligue *m.* **II** *vtr (ruins)* datar. **III** *vi (ideas)* quedar anticuado,-a. ◆**d. back to, date from** *vtr* remontar a, datar de.

date² [deɪt] *n (fruit)* dátil *m;* **d. palm,** datilera *f.*

dated ['deɪtɪd] *adj (idea)* anticuado,-a; *(fashion)* pasado,-a de moda; *(expression)* desusado,-a.

daub [dɔːb] *vtr* embadurnar; *(with oil, grease)* untar.

daughter ['dɔːtər] *n* hija *f.*

daughter-in-law ['dɔːtərɪnlɔː] *n* nuera *f,* hija política.

daunting ['dɔːntɪŋ] *adj* desalentador,-a.

dawdle ['dɔːdəl] *vi fam (walk slowly)* andar despacio; *(waste time)* perder el tiempo.

dawn [dɔːn] **I** *n* alba *f,* amanecer *m.* **II** *vi* **1** *(day)* amanecer. **2** *fig (age, hope)* comenzar. **3** *fig* **suddenly it dawned on him that ...,** de repente cayó en la cuenta de que ....

day [deɪ] *n* **1** día *m;* **d. in, d. out,** día tras día; **d. by d.,** diariamente; **good d.!,** ¡buenos días!; **once a d.,** una vez al día; **one of these days, (on) the next** *or* **following d.,** el *or* al día siguiente; **the d. after tomorrow,** pasado mañana; **the d. before yesterday,** anteayer; **the other d.,** el otro día; *fig* **to live from d. to d.,** vivir al día; *fig* **to win the d.,** llevarse la palma; *fam* **to call it a d.,** *(finish)* dar por acabado un trabajo; *(give up)* darse por vencido,-a; *fam* **to make sb's d.,** alegrarle a algn el día; *GB Rail* **d. return (ticket),** billete *m* de ida y vuelta para el mismo día; **d. trip,** excursión *f* de un día. **2** *(daylight)* día *m;* **by d.,** de día; **d. and night,** de día y de noche; *GB* **d. shift,** turno *m* de día. **3** *(period of work)* jornada *f;* **an eight-hour d.,** una jornada de ocho horas; **paid by the d.,** pagado,-a a jornal; **d. off,** día de fiesta; **I'll take a d. off tomorrow,** mañana me tomaré el día libre. **4** *(era)* época *f;* **in those days,** en aquellos tiempos; **these days, in this d. and age,** hoy (en) día.

daybreak ['deɪbreɪk] *n* amanecer *m.*

daydream ['deɪdriːm] **I** *n* ensueño *m; (vain hope)* fantasía *f.* **II** *vi* soñar despierto,-a; *(hope vainly)* hacerse ilusiones.

daylight ['deɪlaɪt] *n* luz *f* del día; **in broad d.,** en pleno día; **to scare the (living) daylights out of sb,** pegarle a algn un susto de muerte.

daytime ['deɪtaɪm] *n* día *m;* **in the d.,** de día.

day-to-day ['deɪtədeɪ] *adj* cotidiano,-a, diario,-a.

daze [deɪz] *n* aturdimiento *m;* **in a d.,** aturdido,-a.

dazed [deɪzd] *adj* aturdido,-a, atontado, -a.

dazzle ['dæzəl] *vtr* deslumbrar.

D-day ['diːdeɪ] *n* día *m* D.

deacon ['diːkən] *n* diácono *m.*

dead [ded] **I** *adj* **1** muerto,-a; **he was shot d.,** le mataron a tiros; **to be d.,** estar muerto,-a; *fam fig* **over my d. body!,** ¡sobre mi cadáver!; **d. man,** muerto *m.* **2** *(machine)* averiado,-a; *(phone)* cortado,-a. **3** *(numb)* entumecido,-a; *(limb)* adormecido,-a; **my leg's gone d.,** se me ha dormido la pierna. **4** *(silence, secrecy)* total; **d. end,** callejón *m* sin salida; *Sport* **d. heat,** empate *m; fam* **d. loss,** inútil *m,* birria *f.* **II** *adv* **1** *(exactly)* justo; **d. on time,** a la hora en punto. **2** **to stop d.,**

deaden 351 **deceit**

pararse en seco. 3 *(very)* muy; *fam* **d. beat, d. tired,** rendido,-a; *fam* **it's d. easy!,** ¡está chupado,-a!; *Aut* **'d. slow',** 'al paso'; *fam* **you're d. right,** tienes toda la razón. III *n* 1 **the d.,** *(pl)* los muertos. 2 **at d. of night,** a altas horas de la noche.

deaden ['dedən] *vtr (impact, noise)* amortiguar; *fig (pain, feeling)* calmar, aliviar.

deadline ['dedlaɪn] *n (date)* fecha *f* tope; *(time)* hora *f* tope; **we have to meet the d.,** tenemos que hacerlo dentro del plazo.

deadlock ['dedlɒk] *n* punto muerto.

deadly ['dedlɪ] I *adj (deadlier, deadliest)* mortal; *(weapon)* mortífero,-a; *(aim)* certero,-a. II *adv (extremely)* terriblemente, sumamente.

deadpan ['dedpæn] *adj fam (face)* sin expresión; *(humour)* guasón,-ona.

deaf [def] I *adj* sordo,-a; *fig* **to turn a d. ear,** hacerse el sordo; **d. mute,** sordomudo,-a *m,f*. II *npl* **the d.,** los sordos; **the d. and dumb,** los sordomudos.

deafen ['defən] *vtr* ensordecer.

deafening ['defənɪŋ] *adj* ensordecedor,-a.

deafness ['defnɪs] *n* sordera *f*.

deal [diːl] I *n* 1 *Com Pol* trato *m*, pacto *m*; **business d.,** negocio *m*, transacción *f*; **to do a d. with sb,** *(transaction)* cerrar un trato con algn; *(agreement)* pactar algo con algn; *fam* **it's a d.!,** ¡trato hecho! 2 *(amount)* cantidad *f*; **a good d. of criticism,** muchas críticas; **a good d. slower,** mucho más despacio. 3 *Cards* reparto *m*. II *vtr (pt & pp dealt)* 1 *Cards* dar (**to,** a). 2 **to d. sb a blow,** asestarle un golpe a algn. ◆**deal in** *vtr (goods)* comerciar en, tratar en; *(drugs)* traficar con. ◆**deal out** *vtr* repartir. ◆**deal with** *vtr (firm, person)* tratar con; *(subject, problem)* abordar, ocuparse de; *(in book etc)* tratar de.

dealer ['diːlər] *n* 1 *Com (in goods)* comerciante *mf*; *(in drugs)* traficante *mf*. 2 *Cards* repartidor,-a *m,f*.

dealings ['diːlɪŋz] *npl* 1 *(relations)* trato *m sing*. 2 *Com* negocios *mpl*.

dealt [delt] *pt & pp* → **deal**.

dean [diːn] *n* 1 *Rel* deán *m*. 2 *Univ* decano *m*.

dear [dɪər] I *adj* 1 *(loved)* querido,-a; **to hold sth/sb d.,** apreciar mucho algo/a algn. 2 *(in letter)* Querido,-a; *fam* **D. Andrew,** Querido Andrew; *fml* **D. Madam,** Estimada señora; *fml* **D. Sir(s),** Muy señor(es) mío(s). 3 **it is very d. to me,** *(precious)* le tengo un gran cariño. 4 *GB (expensive)* caro,-a. II *n* querido,-a *m,f*; **my d.,** mi vida. III *interj* **oh d.!, d. me!,** *(surprise)* ¡caramba!; *(disappointment)* ¡qué pena! ◆**dearly** *adv* muchísimo; *fig* **he paid d. for his mistake,** su error le costó caro.

dearth [dɜːθ] *n fml* escasez *f*.

death [deθ] *n* 1 muerte *f*; *fml* fallecimiento *m*; **to put sb to d.,** dar muerte a algn; *fam* **to be bored to d.,** aburrirse como una ostra; *fam* **to be scared to d.,** estar muerto,-a de miedo; *fam* **to be sick to d. of,** estar hasta la coronilla de; **d. certificate,** certificado *m* de defunción; **d. penalty,** pena *f* de muerte; **d. sentence,** pena *f* de muerte; **d. rate,** índice *m* de mortalidad; **d. squad,** escuadrón *m* de la muerte. 2 *fig (end)* fin *m*.

deathbed ['deθbed] *n* **to be on one's d.,** estar en el lecho de muerte.

deathly ['deθlɪ] *adj (deathlier, deathliest) (silence)* sepulcral; **d. pale,** pálido,-a como un muerto.

debacle [deɪ'bɑːkəl] *n* debacle *f*.

debar [dɪ'bɑːr] *vtr fml* excluir, prohibir.

debase [dɪ'beɪs] *vtr fig* envilecer; **to d. oneself,** humillarse.

debate [dɪ'beɪt] I *n* debate *m*; **a heated d.,** una discusión acalorada. II *vtr* 1 *(discuss)* discutir. 2 *(wonder about)* dar vueltas a, discutir.

debat(e)able [dɪ'beɪtəbəl] *adj* discutible.

debauchery [dɪ'bɔːtʃərɪ] *n* libertinaje *m*.

debilitating [dɪ'bɪlɪteɪtɪŋ] *adj* debilitante; *(heat, climate)* agotador,-a.

debit ['debɪt] I *n* débito *m*; **d. balance,** saldo negativo. II *vtr* **d. Mr Jones with £20,** cargar la suma de veinte libras en la cuenta del Sr. Jones.

debris ['debriː, 'deɪbriː] *n sing* escombros *mpl*.

debt [det] *n* deuda *f*; **to be deeply in d.,** estar cargado,-a de deudas; *fig* **to be in sb's d.,** estar en deuda con algn.

debtor ['detər] *n* deudor,-a *m,f*.

debug [diː'bʌg] *vtr Comput* eliminar fallos de.

debunk [diː'bʌŋk] *vtr fam* desacreditar, desprestigiar.

debut ['debjuː, 'deɪbjuː] *n* debut *m*; **to make one's d.,** debutar.

debutante ['debjʊtɑːnt] *n* debutante *f*.

decade [de'keɪd, 'dekeɪd] *n* decenio *m*, década *f*.

decadence ['dekədəns] *n* decadencia *f*.

decadent ['dekədənt] *adj* decadente.

decaffeinated [dɪ'kæfɪneɪtɪd] *adj* descafeinado,-a.

decanter [dɪ'kæntər] *n* jarra *f*, jarro *m*.

decapitate [dɪ'kæpɪteɪt] *vtr* decapitar.

decay [dɪ'keɪ] I *n (of food, body)* descomposición *f*; *(of teeth)* caries *f inv*; *(of buildings)* desmoronamiento *m*; *fig* decadencia *f*. II *vi* descomponerse; *(teeth)* cariarse; *(building)* deteriorarse; *fig* corromperse.

deceased [dɪ'siːst] *fml adj* difunto,-a, fallecido,-a.

deceit [dɪ'siːt] *n* 1 *(dishonesty)* falta *f* de

deceitful 352 **deepen**

honradez, falsedad *f.* 2 *(trick)* engaño *m,* mentira *f.*
deceitful [dɪˈsiːtfʊl] *adj* falso,-a.
deceive [dɪˈsiːv] *vtr (mislead)* engañar; *(lie to)* mentir.
December [dɪˈsembər] *n* diciembre *m.*
decency [ˈdiːsənsɪ] *n* decencia *f;* (modesty) pudor *m;* (morality) moralidad *f.*
decent [ˈdiːsənt] *adj* decente; *(person)* honrado,-a; *fam (kind)* simpático,-a.
decentralize [diːˈsentrəlaɪz] *vtr* descentralizar.
deception [dɪˈsepʃən] *n* engaño *m.*
deceptive [dɪˈseptɪv] *adj* engañoso,-a.
◆**deceptively** *adv* it looks d. simple, parece engañosamente sencillo,-a.
decibel [ˈdesɪbel] *n* decibelio *m.*
decide [dɪˈsaɪd] I *vtr* 1 decidir; **to d. to do sth,** decidir hacer algo. 2 *(matter, question)* resolver, determinar. II *vi (reach decision)* decidirse; **to d. against sth,** decidirse en contra de algo. ◆**decide on** *vtr (choose)* optar por.
decided [dɪˈsaɪdɪd] *adj* 1 *(noticeable)* marcado,-a. 2 *(resolute)* decidido,-a; *(views)* categórico,-a. ◆**decidedly** *adv fml* 1 *(clearly)* indudablemente. 2 *(resolutely)* decididamente.
deciding [dɪˈsaɪdɪŋ] *adj* decisivo,-a.
deciduous [dɪˈsɪdjʊəs] *adj* de hoja caduca.
decimal [ˈdesɪməl] I *adj* decimal; **d. point,** coma *f* (de fracción decimal). II *n* decimal *m.*
decimate [ˈdesɪmeɪt] *vtr* diezmar.
decipher [dɪˈsaɪfər] *vtr* descifrar.
decision [dɪˈsɪʒən] *n* 1 decisión *f;* *Jur* fallo *m;* **to come to a d.,** llegar a una decisión; **to make a d.,** tomar una decisión. 2 *(resolution)* resolución *f.*
decisive [dɪˈsaɪsɪv] *adj* 1 *(resolute)* decidido,-a, resuelto,-a. 2 *(conclusive)* decisivo,-a.
deck [dek] I *n* 1 *(of ship)* cubierta *f;* **on/below d.,** en/bajo cubierta; **d. chair,** tumbona *f.* 2 *(of bus)* piso *m;* **top d.,** piso de arriba. 3 *esp US (of cards)* baraja *f.* 4 *(of record player)* plato *m.* II *vtr* **to d. out,** adornar.
declaration [dekləˈreɪʃən] *n* declaración *f.*
declare [dɪˈkleər] *vtr* declarar; *(winner, innocence)* proclamar; *(decision)* manifestar.
declared [dɪˈkleəd] *adj (opponent)* declarado,-a; *(intention)* manifiesto,-a.
decline [dɪˈklaɪn] I *n* 1 *(decrease)* disminución *f.* 2 *(deterioration)* deterioro *m;* *(of health)* empeoramiento *m;* **to fall into d.,** empezar a decaer. II *vi (decrease)* disminuir; *(amount)* bajar; *(business)* decaer. 2 *(deteriorate)* deteriorarse; *(health)* empeorar. 3 *(refuse)* negarse. III *vtr* 1 *(refuse)* rechazar. 2 *Ling* declinar.
declutch [dɪˈklʌtʃ] *vi* soltar el embrague.

decode [diːˈkəʊd] *vtr* descifrar.
decompose [diːkəmˈpəʊz] *vi* descomponerse.
décor [ˈdeɪkɔːr] *n* decoración *f;* *Theat* decorado *m.*
decorate [ˈdekəreɪt] *vtr* 1 *(adorn)* decorar, adornar **(with,** con). 2 *(paint)* pintar; *(wallpaper)* empapelar. 3 *(honour)* condecorar.
decoration [dekəˈreɪʃən] *n* 1 *(decor)* decoración *f;* **Christmas decorations,** adornos navideños. 2 *(medal)* condecoración *f.*
decorative [ˈdekərətɪv] *adj* decorativo,-a.
decorator [ˈdekəreɪtər] *n* decorador,-a *m,f;* *(painter)* pintor,-a *m,f;* *(paperhanger)* empapelador,-a *m,f.*
decorum [dɪˈkɔːrəm] *n* decoro *m.*
decoy [ˈdiːkɔɪ] *n fig* señuelo *m.*
decrease [ˈdiːkriːs] I *n* disminución *f;* *(in speed, size, price)* reducción *f.* II [dɪˈkriːs] *vi* disminuir; *(strength)* menguar; *(price, temperature)* bajar; *(speed, size)* reducir. III *vtr* disminuir, reducir; *(price, temperature)* bajar.
decree [dɪˈkriː] I *n* 1 *Pol Rel* decreto *m.* 1 *esp US Jur* sentencia *f;* **d. absolute,** sentencia definitiva de divorcio; **d. nisi,** sentencia provisional de divorcio. II *vtr* *Pol Rel* decretar, pronunciar.
decrepit [dɪˈkrepɪt] *adj* decrépito,-a.
dedicate [ˈdedɪkeɪt] *vtr* consagrar, dedicar.
dedicated [ˈdedɪkeɪtɪd] *adj* ardiente; **d. to,** entregado,-a a.
dedication [dedɪˈkeɪʃən] *n (act)* dedicación *f;* *(commitment)* entrega *f;* *(in book)* dedicatoria *f.*
deduce [dɪˈdjuːs] *vtr* deducir **(from,** de).
deduct [dɪˈdʌkt] *vtr* descontar **(from,** de).
deduction [dɪˈdʌkʃən] *n* 1 *(conclusion)* conclusión *f.* 2 *(subtraction)* descuento *m.*
deed [diːd] *n* 1 *(act)* acto *m;* *(feat)* hazaña *f.* 2 *Jur* escritura *f;* **title deeds,** título *m sing* de propiedad.
deem [diːm] *vtr fml* estimar.
deep [diːp] I *adj* 1 profundo,-a; *(breath, sigh)* hondo,-a; **it's ten metres d.,** tiene diez metros de profundidad. 2 *(voice)* grave; *(shame)* grande; *(interest)* vivo,-a. 3 *(colour)* oscuro,-a. 4 *(serious)* grave. II *adv* **to dig d.,** cavar hondo; **to be d. in thought,** estar absorto,-a; **to look d. into sb's eyes,** penetrar a algn con la mirada; *fig* **nine d.,** de nueve en fondo. ◆**deeply** *adv* profundamente, hondo; **to be d. in debt,** estar cargado,-a de deudas.
deepen [ˈdiːpən] I *vtr (well)* profundizar, ahondar; *fig (knowledge)* aumentar. II *vi (river etc)* hacerse más hondo or profundo; *fig (knowledge)* aumentar; *(colour, emotion)* intensificarse; *(sound, voice)* hacerse más grave.

deep-freeze [di:p'fri:z] I *n* congelador *m*. II *vtr* congelar.

deep-fry [di:p'fraɪ] *vtr* freír en mucho aceite.

deep-rooted [di:p'ru:tɪd] *adj fig* arraigado,-a.

deep-seated [di:p'si:tɪd] *adj fig* arraigado,-a.

deep-set [di:p'set] *adj (eyes)* hundido,-a.

deer [dɪər] *n inv* ciervo *m*.

deface [dɪ'feɪs] *vtr (book, poster)* garabatear.

de facto [deɪ'fæktəʊ] *adj & adv fml* de hecho.

defamation [defə'meɪʃən] *n* difamación *f*.

default [dɪ'fɔ:lt] I *vi* 1 *(not act)* faltar a sus compromisos. 2 *Jur* estar en rebeldía. 3 *(not pay)* suspender pagos. II *n* 1 *(failure to act)* omisión *f*. 2 *(failure to pay)* incumplimiento *m* de pago. 3 *Jur* rebeldía *f*; **in d. of**, a falta de; **to win by d.**, ganar por incomparecencia del adversario.

defaulter [dɪ'fɔ:ltər] *n (on loan)* moroso,-a *mf; Jur Mil* rebelde *mf*.

defeat [dɪ'fi:t] I *vtr* 1 derrotar, vencer; *(motion)* rechazar. 2 *fig* frustrar. II *n* 1 *(of army, team)* derrota *f;* (of motion) rechazo *m*. 2 *fig* fracaso *m*.

defeatist [dɪ'fi:tɪst] *adj & n* derrotista *(mf)*.

defect ['di:fekt] I *n* defecto *m; (flaw)* desperfecto *m*. II [dɪ'fekt] *vi* desertar **(from**, de); *(from country)* huir.

defective [dɪ'fektɪv] *adj (faulty)* defectuoso,-a; *(flawed)* con desperfectos; *(lacking)* incompleto,-a.

defector [dɪ'fektər] *n Pol* tránsfuga *mf*, trásfuga *mf*.

defence [dɪ'fens] *n* 1 defensa *f;* **the Ministry of D.**, el Ministerio de Defensa; **to come to sb's d.**, salir en defensa de algn. 2 *usu sing Jur* defensa *f*. 3 *Sport GB* [dɪ'fens], *US* ['di:fens] **the d.**, la defensa.

defenceless [dɪ'fenslɪs] *adj* indefenso,-a.

defend [dɪ'fend] *vtr* defender.

defendant [dɪ'fendənt] *n Jur* acusado,-a *m,f*.

defender [dɪ'fendə] *n* defensor,-a *m,f; Sport* defensa *mf*.

defending [dɪ'fendɪŋ] *adj Sport* defensor,-a; **d. champion**, campeón,-ona *m,f* titular.

defense [dɪ'fens, 'di:fens] *n US* → **defence**.

defensive [dɪ'fensɪv] I *adj* defensivo,-a. II *n* **to be on the d.**, estar a la defensiva.

defer¹ [dɪ'fɜ:] *vtr* aplazar, retrasar.

defer² [dɪ'fɜ:] *vi* **to d. to**, deferir a.

deference ['defərəns] *n fml* deferencia *f*, respeto *m;* **out of** *or* **in d. to**, por respeto *or* por deferencia a.

defiance [dɪ'faɪəns] *n* 1 *(challenge)* desafío *m;* **in d. of**, a despecho de. 2 *(resistance)* resistencia *f*.

defiant [dɪ'faɪənt] *adj (challenging)* desafiante; *(bold)* insolente.

deficiency [dɪ'fɪʃənsɪ] *n* 1 *(lack)* falta *f*, carencia *f*. 2 *(shortcoming)* defecto *m*.

deficient [dɪ'fɪʃənt] *adj* deficiente; **to be d. in sth**, carecer de algo.

deficit ['defɪsɪt] *n* déficit *m*.

defile [dɪ'faɪl] *vtr fml* 1 *(mind)* corromper; *(honour)* manchar; *(woman)* deshonrar. 2 *(desecrate)* profanar.

define [dɪ'faɪn] *vtr* definir; *(duties, powers)* delimitar.

definite ['defɪnɪt] *adj* 1 *(clear)* claro,-a; *(progress)* notable. 2 *(date, place)* determinado,-a; **is it d.?**, ¿es seguro? ◆**definitely** I *adv* sin duda; **he was d. drunk**, no cabe duda de que estaba borracho. II *interj* ¡desde luego!

definition [defɪ'nɪʃən] *n* definición *f;* **by d.**, por definición.

definitive [dɪ'fɪnɪtɪv] *adj* definitivo,-a.

deflate [dɪ'fleɪt] *vtr* 1 *(tyre etc)* desinflar. 2 *fig* rebajar; **to d. sb**, hacer bajar los humos a algn. 3 **to d. the economy**, tomar medidas deflacionistas.

deflationary [dɪ'fleɪʃənərɪ] *adj Econ* deflacionista.

deflect [dɪ'flekt] *vtr* desviar.

deflection [dɪ'flekʃən] *n* desviación *f*.

deforestation [di:forɪs'teɪʃən] *n* deforestación *f*.

deformed [dɪ'fɔ:md] *adj* deforme.

deformity [dɪ'fɔ:mɪtɪ] *n* deformidad *f*.

defraud [dɪ'frɔ:d] *vtr* estafar.

defrost [di:'frost] *vtr* 1 *(freezer, food)* descongelar. 2 *US (windscreen)* desempañar.

deft [deft] *adj* hábil, diestro,-a.

defunct [dɪ'fʌŋkt] *adj (person)* difunto,-a; *(thing)* en desuso.

defuse [di:'fju:z] *vtr (bomb)* desactivar; *fig* **to d. a situation**, reducir la tensión de una situación.

defy [dɪ'faɪ] *vtr* 1 *(person)* desafiar; *(law, order)* contravenir. 2 *(challenge)* retar, desafiar.

degenerate [dɪ'dʒenəreɪt] I *vi* degenerar **(into**, en). II [dɪ'dʒenərɪt] *adj & n* degenerado,-a *(m,f)*.

degrading [dɪ'greɪdɪŋ] *adj* degradante.

degree [dɪ'gri:] *n* 1 grado *m;* **to some d.**, hasta cierto punto. 2 *(stage)* etapa *f;* **by degrees**, poco a poco. 3 *(qualification)* título *m; (doctorate)* doctorado *m;* **to have a d. in science**, ser licenciado en ciencias.

dehydrated [di:haɪ'dreɪtɪd] *adj (person)* deshidratado,-a; *(vegetables)* seco,-a.

de-ice [di:'aɪs] *vtr* quitar el hielo a, deshelar.

de-icer [di:'aɪsər] *n* anticongelante *m*.

deign [deɪn] *vi* dignarse.

deity ['deɪɪtɪ] *n* deidad *f*.

dejected |dɪ'dʒektɪd| *adj* desalentado,-a, abatido,-a.

delay |dɪ'leɪ| I *vtr* 1 *(flight, train)* retrasar; *(person)* entretener; **delayed action,** acción retardada. 2 *(postpone)* aplazar. II *vi* **don't d.,** no lo deje para más tarde. III *n* retraso *m*.

delectable |dɪ'lektəbəl| *adj* delicioso,-a.

delegate |'delɪgɪt| I *n* delegado,-a *m,f*. |'delɪgeɪt| *vtr* delegar **(to,** en); **to d. sb to do sth,** encargar a algn que haga algo.

delegation |delɪ'geɪʃən| *n* delegación *f*.

delete |dɪ'liːt| *vtr* tachar, suprimir.

deliberate |dɪ'lɪbərɪt| I *adj (intentional)* deliberado,-a, intencionado,-a; *(studied)* premeditado,-a; *(careful)* prudente; *(unhurried)* pausado,-a. II *vtr* |dɪ'lɪbəreɪt| deliberar. III *vi* deliberar **(on, about,** sobre). ◆**deliberately** *adv (intentionally)* a propósito; *(unhurriedly)* pausadamente.

deliberation |dɪlɪbə'reɪʃən| *n* 1 *esp pl (consideration)* deliberación *f*. 2 *(care)* cuidado *m*; *(unhurriedness)* pausa *f*.

delicacy |'delɪkəsɪ| *n* 1 delicadeza *f*. 2 *(food)* manjar *m* (exquisito).

delicate |'delɪkɪt| *adj* delicado,-a; *(handiwork)* fino,-a; *(instrument)* sensible; *(flavour)* sutil.

delicious |dɪ'lɪʃəs| *adj* delicioso,-a.

delight |dɪ'laɪt| I *n* 1 *(pleasure)* placer *m*; **he took d. in it,** le encantó. 2 *(source of pleasure)* encanto *m*, delicia *f*. II *vtr* encantar.

delighted |dɪ'laɪtɪd| *adj* encantado,-a; *(smile)* de alegría; **I'm d. to see you,** me alegro mucho de verte.

delightful |dɪ'laɪtfʊl| *adj* encantador,-a; *(view, person)* muy agradable; *(meal, weather)* delicioso,-a.

delinquency |dɪ'lɪŋkwənsɪ| *n* delincuencia *f*; **juvenile d.,** delincuencia juvenil.

delinquent |dɪ'lɪŋkwənt| *adj & n* delincuente *(mf)*.

delirious |dɪ'lɪrɪəs| *adj* delirante.

deliver |dɪ'lɪvər| *vtr* 1 *(goods)* repartir, entregar; *(message)* dar; *(order)* despachar; *fig* **to d. the goods,** cumplir con la obligación. 2 *(blow)* asestar; *(speech, verdict)* pronunciar. 3 *Med* ayudar en el nacimiento de. 4 *fml (rescue)* liberar.

delivery |dɪ'lɪvərɪ| *n* 1 *(of goods)* reparto *m*, entrega *f*; **to take d. of,** recibir un pedido; **d. note,** albarán *m* de entrega; *GB* **d. van,** furgoneta *f* de reparto. 2 *(of speech)* declamación *f*. 3 *(of baby)* parto *m*.

delta |'deltə| *n Geog* delta *m*.

delude |dɪ'luːd| *vtr* engañar; **don't d. yourself,** no te hagas ilusiones.

deluge |'deljuːdʒ| I *n (flood)* inundación *f*; *(rain)* diluvio *m*; *fig (of letters etc)* avalancha *f*. II *vtr fml* inundar.

delusion |dɪ'luːʒən| *n* 1 *(state, act)* engaño *m*. 2 *(false belief)* ilusión *f* (vana); **delusions of grandeur,** delirios *mpl* de grandeza.

de luxe |də'lʌks, də'lʊks| *adj* de lujo *inv*.

delve |delv| *vi* **to d. into,** *(pocket)* hurgar en; *(subject)* profundizar en.

demand |dɪ'mɑːnd| I *n* 1 solicitud *f*; *(for pay rise, rights)* reclamación *f*; *(need)* necesidad *f*; **on d.,** a petición. 2 *(claim)* exigencia *f*; **to be in d.,** ser solicitado,-a. 3 *Econ* demanda *f*. II *vtr* 1 exigir; *(rights)* reclamar; **to d. that ...,** insistir en que ... (+ *subj*). 2 *(need)* requerir.

demanding |dɪ'mɑːndɪŋ| *adj* 1 *(person)* exigente. 2 *(job)* agotador,-a.

demean |dɪ'miːn| *vtr fml* **to d. oneself,** rebajarse.

demeaning |dɪ'miːnɪŋ| *adj fml* humillante.

demeanour, *US* **demeanor** |dɪ'miːnər| *n fml* 1 *(behaviour)* comportamiento *m*, conducta *f*. 2 *(bearing)* porte *m*.

demented |dɪ'mentɪd| *adj Med* demente; *fam* loco,-a.

demise |dɪ'maɪz| *n (death) fml* fallecimiento *m*; *fig (of institution)* desaparición *f*; *(of ambition etc)* fracaso *m*.

demist |diː'mɪst| *vtr Aut* desempañar.

demo |'deməʊ| *n fam* manifestación *f*; **d. tape,** maqueta *f*.

demobilize |diː'məʊbɪlaɪz| *vtr* desmovilizar.

democracy |dɪ'mɒkrəsɪ| *n* democracia *f*.

democrat |'deməkræt| *n* demócrata *mf*; *Pol* **Christian D.,** democratacristiano,-a *m,f*; **Social D.,** socialdemócrata *mf*.

democratic |demə'krætɪk| *adj* democrático,-a; *US Pol* **D. party,** partido *m* demócrata.

demographic |demə'græfɪk| *adj* demográfico,-a.

demolish |dɪ'mɒlɪʃ| *vtr (building)* derribar, demoler; *fig (theory, proposal)* echar por tierra.

demolition |demə'lɪʃən| *n* demolición *f*.

demon |'diːmən| *n* demonio *m*.

demonstrate |'demənstreɪt| I *vtr* demostrar. II *vi Pol* manifestarse.

demonstration |demən'streɪʃən| *n* 1 *(proof)* demostración *f*, prueba *f*. 2 *(explanation)* explicación *f*. 3 *Pol* manifestación *f*.

demonstrative |dɪ'mɒnstrətɪv| *adj* expresivo.

demonstrator |'demənstreɪtər| *n* manifestante *mf*.

demoralize |dɪ'mɒrəlaɪz| *vtr* desmoralizar.

demoralizing |dɪ'mɒrəlaɪzɪŋ| *adj* desmoralizador,-a, desmoralizante.

demote |dɪ'məʊt| *vtr* rebajar de graduación a.

demure |dɪ'mjʊər| *adj (person)* recatado, -a.

den [den] *n* **1** *(of animal)* guarida *f*. **2** *fam (study)* estudio *m*.

denial [dɪ'naɪəl] *n* **1** *(of charge)* desmentido *m*. **2** *(of rights)* denegación *f*; *(of request)* negativa *f*.

denim ['denɪm] *n* dril *m*; **d. skirt**, falda tejana; **denims**, tejanos *mpl*, vaqueros *mpl*.

Denmark ['denmɑːk] *n* Dinamarca.

denomination [dɪnɒmɪ'neɪʃən] *n* **1** *Rel* confesión *f*. **2** *Fin (of coins)* valor *m*.

denominator [dɪ'nɒmɪneɪtər] *n* denominador *m*.

denote [dɪ'nəʊt] *vtr (show)* indicar; *(mean)* significar.

denounce [dɪ'naʊns] *vtr* denunciar; *(criticize)* censurar.

dense [dens] *adj* **1** denso,-a; *(crowd)* numeroso,-a. **2** *fam (stupid)* torpe.
◆**densely** *adv* densamente.

density ['densɪtɪ] *n* densidad *f*.

dent [dent] **I** *n* abolladura *f*. **II** *vtr (car)* abollar.

dental ['dentəl] *adj* dental; **d. floss**, hilo *m* dental; **d. surgeon**, odontólogo,-a *m,f*; **d. surgery**, *(place)* clínica *f* dental; *(treatment)* cirugía *f* dental.

dentist ['dentɪst] *n* dentista *mf*.

dentistry ['dentɪstrɪ] *n* odontología *f*.

denture ['dentʃər] *n (usu pl)* dentadura postiza.

denunciation [dɪnʌnsɪ'eɪʃən] *n* denuncia *f*, condena *f*.

deny [dɪ'naɪ] *vtr* **1** *(repudiate)* negar; *(rumour, report)* desmentir; *(charge)* rechazar. **2** *(refuse)* negar.

deodorant [diː'əʊdərənt] *n* desodorante *m*.

depart [dɪ'pɑːt] *vi* marcharse, irse; *fig (from subject)* desviarse (**from**, de).

department [dɪ'pɑːtmənt] *n* sección *f*; *(in university)* departamento *m*; *(in government)* ministerio *m*; **d. store**, grandes almacenes *mpl*.

departure [dɪ'pɑːtʃər] *n* partida *f*; *Av Rail* salida *f*; *Av* **d. lounge**, sala *f* de embarque.

depend [dɪ'pend] **I** *vi (rely)* fiarse (**on, upon**, de). **II** *v impers (be determined by)* depender (**on, upon**, de); **it depends on the weather**, según el tiempo que haga; **that depends**, según.

dependable [dɪ'pendəbəl] *adj (person)* responsable, fiable; *(income)* seguro,-a; *(machine)* fiable.

dependant, *US* **dependent** [dɪ'pendənt] *n* dependiente *mf*.

dependence [dɪ'pendəns] *n* dependencia *f*.

dependent [dɪ'pendənt] **I** *adj* dependiente; **to be d. on sth**, depender de algo. **II** *n US* → **dependant**.

depict [dɪ'pɪkt] *vtr Art* representar; *fig* describir.

deplete [dɪ'pliːt] *vtr* reducir.

deplorable [dɪ'plɔːrəbəl] *adj* lamentable.

deplore [dɪ'plɔːr] *vtr* deplorar.

deploy [dɪ'plɔɪ] *vtr Mil* desplegar; *fig* utilizar.

depopulate [diː'pɒpjʊleɪt] *vtr* despoblar.

deport [dɪ'pɔːt] *vtr* expulsar (**from**, de; **to**, a).

deportation [diːpɔː'teɪʃən] *n* expulsión *f*.

deportment [dɪ'pɔːtmənt] *n fml* porte *m*.

depose [dɪ'pəʊz] *vtr* deponer.

deposit [dɪ'pɒzɪt] **I** *n* **1** sedimento *m*; *Min* yacimiento *m*; *(in wine)* poso *m*. **2** *(in bank)* depósito *m*; **d. account**, cuenta *f* de ahorros. **3** *Com (on purchase)* señal *f*; *(on rented car, flat)* depósito *m*; *(on house)* entrada *f*. **II** *vtr* depositar; *(into account)* ingresar.

deposition [depə'zɪʃən] *n* **1** *(of leader)* destitución *f*. **2** *Jur (of witness)* declaración *f*.

depositor [dɪ'pɒzɪtər] *n* depositante *mf*.

depot ['depəʊ] *n* almacén *m*; *Mil* depósito *m*; *(bus garage)* garaje *m* (de autobuses).

depraved [dɪ'preɪvd] *adj (person)* depravado,-a.

deprecate ['deprɪkeɪt] *vtr* desaprobar, censurar.

depreciate [dɪ'priːʃɪeɪt] *vi* depreciarse.

depreciation [dɪpriːʃɪ'eɪʃən] *n* depreciación *f*.

depress [dɪ'pres] *vtr* **1** *(person)* deprimir. **2** *Econ (profits)* reducir; *(trade)* dificultar. **3** *fml (switch, lever etc)* presionar; *(clutch, piano pedal)* pisar.

depressed [dɪ'prest] *adj* **1** *(person)* deprimido,-a; **to get d.**, deprimirse. **2** *(market)* en crisis. **3** *(surface)* hundido,-a.

depressing [dɪ'presɪŋ] *adj* deprimente.

depression [dɪ'preʃən] *n* depresión *f*.

deprivation [deprɪ'veɪʃən] *n (hardship)* privación *f*; *(loss)* pérdida *f*.

deprive [dɪ'praɪv] *vtr* privar (**of**, de).

deprived [dɪ'praɪvd] *adj* necesitado,-a.

Dept *abbr of* **Department**, dpt, dpto; *(in store)* sección *f*.

depth [depθ] *n* **1** profundidad *f*. **2** *fig (of emotion)* intensidad *f*; *(of thought)* complejidad *f*; **to be in the depths of despair**, estar completamente desesperado,-a; **in d.**, a fondo.

deputation [depjʊ'teɪʃən] *n* delegación *f*.

deputy ['depjʊtɪ] *n* **1** *(substitute)* suplente *mf*; **d. chairman**, vicepresidente *m*; **d. head**, subdirector,-a *m,f*. **2** *Pol* diputado,-a *m,f*.

derail [dɪ'reɪl] *vtr* hacer descarrilar.

deranged [dɪ'reɪndʒd] *adj* trastornado,-a.

derby ['dɑːbɪ] *n* **1** *Sport* prueba *f*. **2** ['dɜːrbɪ] *US* sombrero hongo.

derelict ['derɪlɪkt] *adj* abandonado,-a, en ruinas.

deride [dɪ'raɪd] *vtr* ridiculizar, burlarse de.

derisive [dɪˈraɪsɪv] *adj* burlón,-ona.
derisory [dɪˈraɪsərɪ] *adj* irrisorio,-a.
derivative [deˈrɪvətɪv] **I** *adj* (*art, writing*) sin originalidad. **II** *n* (*of word, substance*) derivado *m*.
derive [dɪˈraɪv] **I** *vtr* sacar. **II** *vi* (*word*) derivarse (**from**, de); (*skill*) provenir (**from**, de).
derogatory [dɪˈrɒɡətərɪ] *adj* (*remark, article*) despectivo,-a; (*meaning*) peyorativo,-a.
derrick [ˈderɪk] *n Petrol* torre *f* de perforación.
descend [dɪˈsend] **I** *vi* 1 descender; **to d. from**, (*be related to*) descender de. **II** *vtr* (*stairs*) bajar.
descendant [dɪˈsendənt] *n* descendiente *mf*.
descent [dɪˈsent] *n* 1 descenso *m*. 2 *fig* (*into madness, poverty*) caída *f*. 3 (*slope*) declive *m*. 4 (*ancestry*) ascendencia *f*.
describe [dɪˈskraɪb] *vtr* 1 describir. 2 (*circle*) trazar.
description [dɪˈskrɪpʃən] *n* 1 descripción *f*; **to defy d.**, superar la descripción. 2 (*type*) clase *f*.
desecrate [ˈdesɪkreɪt] *vtr* profanar.
desert[1] [ˈdezət] *n* desierto *m*.
desert[2] [dɪˈzɜːt] **I** *vtr* (*place, family*) abandonar. **II** *vi Mil* desertar (**from**, de).
deserter [dɪˈzɜːtər] *n* desertor,-a *m,f*.
desertion [dɪˈzɜːʃən] *n* abandono *m*; *Pol* defección *f*; *Mil* deserción *f*.
deserts [dɪˈzɜːts] *npl* **to get one's just d.**, llevarse su merecido.
deserve [dɪˈzɜːv] *vtr* (*rest, punishment*) merecer; (*prize, praise*) ser digno de.
deservedly [dɪˈzɜːvɪdlɪ] *adv* con (toda) razón.
deserving [dɪˈzɜːvɪŋ] *adj* (*person*) de valía; (*cause*) meritorio,-a.
design [dɪˈzaɪn] **I** *n* 1 diseño *m*. 2 (*drawing, blueprint*) plano *m*. 3 (*layout*) disposición *f*. 4 (*pattern*) dibujo *m*. 5 *fig* (*scheme*) intención *f*; **by d.**, a propósito; *fam* **to have designs on**, tener puestas las miras en. **II** *vtr* diseñar.
designate [ˈdezɪɡneɪt] **I** *vtr* 1 (*appoint*) designar, nombrar. 2 *fml* (*boundary*) señalar. **II** [ˈdezɪɡnɪt] *adj* designado,-a.
designer [dɪˈzaɪnər] *n Art* diseñador,-a *m,f*; **d. jeans**, pantalones *mpl* de marca.
desirable [dɪˈzaɪərəbəl] *adj* deseable; (*asset, offer*) atractivo,-a.
desire [dɪˈzaɪər] **I** *n* deseo *m*; **I haven't the slightest d. to go**, no me apetece nada ir. **II** *vtr* desear.
desist [dɪˈzɪst] *vi fml* desistir (**from**, de).
desk [desk] *n* (*in school*) pupitre *m*; (*in office*) escritorio *m*; *US* **d. clerk**, recepcionista *mf*; **d. job**, trabajo *m* de oficina; **news d.**, redacción *f*; **reception d.**, recepción *f*.
desktop [ˈdesktɒp] *n* **d. computer**, ordenador *m* de sobremesa; **d. publishing**, autoedición *f*.
desolate [ˈdesəlɪt] *adj* 1 (*uninhabited*) desierto,-a; (*barren*) yermo,-a. 2 (*person*) desconsolado,-a.
desolation [desəˈleɪʃən] *n* 1 (*of place*) desolación *f*; (*by destruction*) asolamiento *m*. 2 (*of person*) desconsuelo *m*.
despair [dɪˈspeər] **I** *n* desesperación *f*; **to drive sb to d.**, desesperar a algn. **II** *vi* desesperar(se) (**of**, de).
despairing [dɪˈspeərɪŋ] *adj* desesperado,-a.
despatch [dɪˈspætʃ] *n & vtr* → **dispatch**.
desperate [ˈdespərɪt] *adj* 1 desesperado,-a; (*struggle*) encarnizado,-a. 2 (*need*) apremiante. ◆**desperately** *adv* (*recklessly*) desesperadamente; (*struggle*) encarnizadamente; (*ill*) gravemente; (*in love*) locamente; (*difficult*) sumamente.
desperation [despəˈreɪʃən] *n* desesperación *f*; **in d.**, a la desesperada.
despicable [dɪˈspɪkəbəl] *adj* despreciable; (*behaviour*) indigno,-a.
despise [dɪˈspaɪz] *vtr* despreciar, menospreciar.
despite [dɪˈspaɪt] *prep fml* a pesar de.
despondent [dɪˈspɒndənt] *adj* abatido,-a.
despot [ˈdespɒt] *n* déspota *mf*.
dessert [dɪˈzɜːt] *n* postre *m*; **d. wine**, vino *m* dulce.
dessertspoon [dɪˈzɜːtspuːn] *n* 1 cuchara *f* de postre. 2 **d.(ful)**, (*measure*) cucharada *f* de postre.
destination [destɪˈneɪʃən] *n* destino *m*.
destined [ˈdestɪnd] *adj* 1 **d. to fail**, condenado,-a al fracaso. 2 (*bound*) con destino (**for**, a).
destiny [ˈdestɪnɪ] *n* destino *m*.
destitute [ˈdestɪtjuːt] *adj* indigente.
destroy [dɪˈstrɔɪ] *vtr* destruir; (*vehicle, old furniture*) destrozar.
destroyer [dɪˈstrɔɪər] *n Naut* destructor *m*.
destruction [dɪˈstrʌkʃən] *n* destrucción *f*; *fig* ruina *f*.
destructive [dɪˈstrʌktɪv] *adj* (*gale etc*) destructor,-a; (*tendency, criticism*) destructivo,-a.
detach [dɪˈtætʃ] *vtr* (*remove*) separar.
detachable [dɪˈtætʃəbəl] *adj* separable (**from**, de).
detached [dɪˈtætʃt] *adj* 1 (*separated*) separado,-a; **d. house**, casa *f* independiente. 2 (*impartial*) objetivo,-a.
detachment [dɪˈtætʃmənt] *n* 1 (*impartiality*) objetividad *f*; (*aloofness*) desapego *m*. 2 *Mil* destacamento *m*.
detail [ˈdiːteɪl] **I** *n* 1 detalle *m*, pormenor *m*; **without going into detail(s)**, sin entrar en detalles; **details**, (*information*) información *f sing*. 2 *Mil* destacamento *m*. **II** *vtr* 1 (*list*) detallar, enumerar. 2 *Mil* (*appoint*) destacar.
detailed [ˈdiːteɪld] *adj* detallado,-a,

minucioso,-a.
detain [dɪ'teɪn] *vtr* 1 *Jur* detener. 2 *(delay)* retener.
detainee [di:teɪ'ni:] *n Pol* preso,-a *m,f*.
detect [dɪ'tekt] *vtr* 1 *(error, movement)* advertir; *(difference)* notar; *(smell, sound)* percibir. 2 *(discover)* descubrir; *(enemy ship)* detectar; *(position)* localizar.
detection [dɪ'tekʃən] *n* 1 descubrimiento *m*; *(of smell, sound)* percepción *f*. 2 *(discovery)* *(of enemy ship)* detección *f*.
detective [dɪ'tektɪv] *n* detective *mf*; **d. story**, novela policíaca.
detector [dɪ'tektər] *n* aparato *m* detector.
detention [dɪ'tenʃən] *n (of suspect etc)* detención *f*, arresto *m*; *Educ* **to get d.**, quedarse castigado,-a.
deter [dɪ'tɜːr] *vtr (dissuade)* disuadir (**from**, de); *(stop)* impedir.
detergent [dɪ'tɜːdʒənt] *n* detergente *m*.
deteriorate [dɪ'tɪərɪəreɪt] *vi* deteriorarse.
deterioration [dɪtɪərɪə'reɪʃən] *n* empeoramiento *m*; *(of substance, friendship)* deterioro *m*.
determination [dɪtɜːmɪ'neɪʃən] *n (resolution)* resolución *f*.
determine [dɪ'tɜːmɪn] *vtr* determinar.
determined [dɪ'tɜːmɪnd] *adj (person)* decidido,-a; *(effort)* enérgico,-a.
deterrent [dɪ'terənt] **I** *adj* disuasivo,-a. **II** *n* fuerza disuasoria.
detest [dɪ'test] *vtr* detestar, odiar.
detonate ['detəneɪt] *vtr & vi* detonar.
detonation [detə'neɪʃən] *n* detonación *f*.
detour ['di:tʊər] *n* desvío *m*.
detract [dɪ'trækt] *vi* quitar mérito (**from**, a).
detractor [dɪ'træktər] *n* detractor,-a *m,f*.
detriment ['detrɪmənt] *n* perjuicio *m* (**to**, de).
detrimental [detrɪ'mentəl] *adj* perjudicial (**to**, para).
deuce [djuːs] *n Ten* cuarenta iguales *mpl*.
devaluation [diːvæljuː'eɪʃən] *n* devaluación *f*.
devastate ['devəsteɪt] *vtr (city, area)* asolar; *fig (person)* desolar.
devastating ['devəsteɪtɪŋ] *adj (fire)* devastador,-a; *(wind, flood)* arrollador,-a.
devastation [devə'steɪʃən] *n* asolación *f*.
develop [dɪ'veləp] **I** *vtr* 1 desarrollar; *(trade)* fomentar; *(skill)* perfeccionar; *(plan)* elaborar; *(habit)* contraer; *(interest)* mostrar. 2 *(natural resources)* aprovechar; *Constr (site)* urbanizar. 3 *Phot* revelar. **II** *vi* 1 *(body, industry)* desarrollarse; *(system)* perfeccionarse; *(interest)* crecer. 2 *(appear)* crearse; *(evolve)* evolucionar.
developer [dɪ'veləpər] *n* (**property**) **d.**, inmobiliaria *f*.
development [dɪ'veləpmənt] *n* 1 desarrollo *m*; *(of trade)* fomento *m*; *(of skill)* perfección *f*; *(of character)* formación *f*. 2 *(advance)* avance *m*. 3 **there are no new developments**, no hay ninguna novedad. 4 *(exploitation)* explotación *f*. 5 *Constr* urbanización *f*.
deviate ['diːvɪeɪt] *vi* desviarse (**from**, de).
deviation [diːvɪ'eɪʃən] *n (from norm, route)* desviación *f* (**from**, de); *(from truth)* alejamiento *m*.
device [dɪ'vaɪs] *n* 1 aparato *m*; *(mechanism)* mecanismo *m*. 2 *(trick, scheme)* ardid *m*.
devil ['devəl] *n* diablo *m*, demonio *m*; **d.'s advocate**, abogado,-a *m,f* del diablo; *fam* **where the d. did you put it?**, ¿dónde demonios lo pusiste?; **you lucky d.!**, ¡vaya suerte que tienes!
devious ['diːvɪəs] *adj* 1 *(winding)* tortuoso,-a. 2 *esp pej (person)* taimado,-a.
devise [dɪ'vaɪs] *vtr* idear, concebir.
devoid [dɪ'vɔɪd] *adj* desprovisto,-a (**of**, de).
devolution [diːvə'luːʃən] *n Pol* transmisión *f* de poderes a las regiones.
devote [dɪ'vəʊt] *vtr* dedicar; **she devoted her life to helping the poor**, consagró su vida a la ayuda de los pobres.
devoted [dɪ'vəʊtɪd] *adj* fiel, leal (**to**, a).
devotee [devə'tiː] *n (of religion)* devoto,-a *m,f*; *(of theatre, sport)* aficionado,-a *m,f*; *Pol* partidario,-a *m,f*.
devotion [dɪ'vəʊʃən] *n* devoción *f*; *(to cause)* dedicación *f*.
devour [dɪ'vaʊər] *vtr* devorar.
devout [dɪ'vaʊt] *adj* devoto,-a.
dew [djuː] *n* rocío *m*.
dexterity [dek'sterɪtɪ] *n* destreza *f*.
dext(e)rous ['dekstrəs] *adj* diestro,-a.
diabetes [daɪə'biːtiːz, daɪə'biːtɪs] *n* diabetes *f*.
diabetic [daɪə'betɪk] *adj & n* diabético,-a *(m,f)*.
diabolical [daɪə'bɒlɪkəl] *adj* 1 *(evil)* diabólico,-a. 2 *fam (unbearable)* espantoso,-a.
diagnose ['daɪəgnəʊz] *vtr* diagnosticar.
diagnosis [daɪəg'nəʊsɪs] *n* (*pl* **diagnoses** [daɪəg'nəʊsiːz]) diagnóstico *m*.
diagonal [daɪ'ægənəl] *adj & n* diagonal *(f)*. ◆**diagonally** *adv* en diagonal, diagonalmente.
diagram ['daɪəgræm] *n* diagrama *m*; *(of process, system)* esquema *m*; *(of workings)* gráfico *m*.
dial ['daɪəl, daɪl] **I** *n (of clock)* esfera *f*; *(of radio)* cuadrante *m*; *(of telephone)* disco *m*; *(of machine)* botón *m* selector. **II** *vi & vtr Tel* marcar; **dialling code**, prefijo *m*; **dialling tone**, señal *f* de marcar.
dialect ['daɪəlekt] *n* dialecto *m*.
dialogue, *US* **dialog** ['daɪəlɒŋ] *n* diálogo *m*.
diameter [daɪ'æmɪtər] *n* diámetro *m*.
diametrically [daɪə'metrɪkəlɪ] *adv* diametralmente.
diamond ['daɪəmənd] *n* 1 diamante *m*. 2

diaper ['daɪəpər] *n US* pañal *m*.
diaphragm ['daɪəfræm] *n* diafragma *m*.
diarrhoea, *US* **diarrhea** [daɪə'rɪə] *n* diarrea *f*.
diary ['daɪərɪ] *n* 1 diario *m*; **to keep a d.**, llevar un diario. 2 *GB (for appointments)* agenda *f*.
dice [daɪs] **I** *npl* dados *mpl*. **II** *vtr Culin* cortar en cuadritos.
dichotomy [daɪ'kɒtəmɪ] *n* dicotomía *f*.
dictate [dɪk'teɪt] **I** *vtr (letter, order)* dictar. **II** *vi* **to d. to sb**, dar órdenes a algn. **III** ['dɪkteɪt] *n fig* **the dictates of conscience**, los dictados de la conciencia.
dictation [dɪk'teɪʃən] *n* dictado *m*.
dictator [dɪk'teɪtər] *n* dictador,-a *m,f*.
dictatorship [dɪk'teɪtəʃɪp] *n* dictadura *f*.
diction ['dɪkʃən] *n* dicción *f*.
dictionary ['dɪkʃənərɪ] *n* diccionario *m*.
did [dɪd] *pt* → **do**.
die [daɪ] *vi* 1 morir, morirse; *fam fig* **to be dying for sth/to do sth**, morirse por algo/de ganas de hacer algo. 2 *fig (flame)* extinguirse; *fig* **to d. hard**, *(habit)* tardar en desaparecer. 3 *(engine)* calarse; *(battery)* agotarse. ◆**die away** *vi* desvanecerse. ◆**die down** *vi (fire)* extinguirse; *(wind)* amainar; *(noise, excitement)* disminuir. ◆**die off** *vi* morir uno por uno. ◆**die out** *vi* extinguirse.
die-hard ['daɪhɑːd] *n* reaccionario,-a *m,f*.
diesel ['diːzəl] *n* 1 *(oil)* gasoil *m*. 2 **d. engine**, motor *m* diesel. 2 *fam (vehicle)* vehículo *m* diesel.
diet [daɪət] **I** *n (normal food)* dieta *f*; *(selected food)* régimen *m*; **to be on a d.**, estar a régimen. **II** *vi* estar a régimen.
dietician [daɪɪ'tɪʃən] *n* especialista *mf* en dietética.
differ ['dɪfər] *vi (be unlike)* ser distinto,-a; *(disagree)* discrepar.
difference ['dɪfərəns] *n* 1 *(dissimilarity)* diferencia *f*; **it makes no d. (to me)**, (me) da igual; **what d. does it make?**, ¿qué más da? 2 *(disagreement)* desacuerdo *m*.
different ['dɪfərənt] *adj* diferente, distinto,-a; **you look d.**, pareces otro,-a. ◆**differently** *adv* de otra manera.
differentiate [dɪfə'renʃɪeɪt] **I** *vtr* distinguir, diferenciar *(from, de)*. **II** *vi* distinguir *(between, entre)*.
difficult ['dɪfɪkəlt] *adj* difícil.
difficulty ['dɪfɪkəltɪ] *n* dificultad *f*; *(problem)* problema *m*; **to be in difficulties**, estar en un apuro.
diffident ['dɪfɪdənt] *adj* tímido,-a.
diffuse [dɪ'fjuːs] **I** *adj (light)* difuso,-a; *fig* vago,-a. **II** [dɪ'fjuːz] *vtr* difundir; *(heat)* desprender.
dig [dɪg] **I** *n* 1 *(poke)* codazo *m*. 2 *fam (gibe)* pulla *f*. 3 *(archeological)* excavación *f*. 3 *GB* **digs**, *(lodgings)* alojamiento *m sing*; *(room)* habitación *f sing* alquilada. **II** *vtr (pt & pp* **dug)** 1 *(earth)* cavar; *(tunnel)* excavar. 2 *fam fig* **to d. one's heels in**, mantenerse en sus trece. **III** *vi (person)* cavar; *(animal)* escarbar; *(excavate)* excavar. ◆**dig in** *vi Mil* atrincherarse. ◆**dig out** *vtr fig (old suit)* sacar; *(information)* descubrir. ◆**dig up** *vtr (weeds)* arrancar; *(buried object)* desenterrar; *(road)* levantar; *fig* sacar a relucir.
digest ['daɪdʒest] **I** *n (summary)* resumen *m*. **II** [dɪ'dʒest] *vtr (food)* digerir; *fig (facts)* asimilar.
digestion [dɪ'dʒestʃən] *n* digestión *f*.
digestive [dɪ'dʒestɪv] *adj* digestivo,-a; *GB* **d. biscuit**, galleta *f* integral.
digger ['dɪgər] *n* excavadora *f*.
digit ['dɪdʒɪt] *n* 1 *Math* dígito *m*. 2 *fml Anat* dedo *m*.
digital ['dɪdʒɪtəl] *adj* digital.
dignified ['dɪgnɪfaɪd] *adj (manner)* solemne, serio,-a; *(appearance)* majestuoso,-a.
dignitary ['dɪgnɪtərɪ] *n* dignatario *m*.
dignity ['dɪgnɪtɪ] *n* dignidad *f*.
digress [daɪ'gres] *vi* apartarse del tema.
dike [daɪk] *n US* → **dyke**.
dilapidated [dɪ'læpɪdeɪtɪd] *adj* en mal estado.
dilemma [dɪ'lemə, daɪ'lemə] *n* dilema *m*.
diligent ['dɪlɪdʒənt] *adj (worker)* diligente; *(inquiries, search)* esmerado,-a.
dilute [daɪ'luːt] **I** *vtr* diluir; *(wine, milk)* aguar; *fig (effect, influence)* atenuar. **II** *vi* diluirse.
dim [dɪm] **I** *adj* **(dimmer, dimmest)** 1 *(light)* débil, tenue; *(room)* oscuro,-a; *(outline)* borroso,-a; *(eyesight)* defectuoso,-a; *fig (memory)* vago,-a; *fig (future)* sombrío,-a. 2 *fam (stupid)* torpe. **II** *vtr (light)* bajar. **III** *vi (light)* bajarse; *(sight)* nublarse; *fig (joy)* extinguirse. ◆**dimly** *adv* vagamente.
dime [daɪm] *n US* moneda *f* de diez centavos.
dimension [daɪ'menʃən] *n* dimensión *f*.
diminish [dɪ'mɪnɪʃ] *vtr & vi* disminuir.
diminutive [dɪ'mɪnjʊtɪv] **I** *adj* diminuto,-a. **II** *n Ling* diminutivo *m*.
dimmer ['dɪmər] *n* **(switch)**, regulador *m* de voltaje.
dimple ['dɪmpəl] *n* hoyuelo *m*.
din [dɪn] *n (of crowd)* alboroto *m*; *(of machinery)* estruendo *m*.
dine [daɪn] *vi fml* cenar; **to d. out**, cenar fuera.
diner ['daɪnər] *n* 1 *(person)* comensal *mf*. 2 *US (restaurant)* restaurante barato.
dinghy ['dɪŋgɪ] *n* bote *m*; **(rubber) d.**, bote neumático.
dingy ['dɪndʒɪ] *adj* **(dingier, dingiest)** 1 *(dark)* oscuro,-a. 2 *(dirty)* sucio,-a. 3 *(colour)* desteñido,-a.

dining car |'daɪnɪŋkɑːr| *n* vagón *m* restaurante.

dining room |'daɪnɪŋruːm| *n* comedor *m*.

dinner |'dɪnər| *n (at midday)* comida *f*; *(in evening)* cena *f*; **d. jacket**, smoking *m*; **d. service**, vajilla *f*; **d. table**, mesa *f* de comedor.

dinosaur |'daɪnəsɔːr| *n* dinosaurio *m*.

dint |dɪnt| *n* **by d. of**, a fuerza de.

diocese |'daɪəsɪs| *n* diócesis *f inv*.

dioxide |daɪ'ɒksaɪd| *n* bióxido *m*.

dip |dɪp| **I** *n* **1** *fam (bathe)* chapuzón *m*. **2** *(of road)* pendiente *f*; *(in ground)* depresión *f*. **3** *Culin* salsa *f*. **II** *vtr* **1** bañar; *(spoon, hand)* meter. **2** *GB Aut* **to d. one's lights**, poner luces de cruce. **III** *vi (road)* bajar. ◆**dip into** *vtr* **1** *(savings)* echar mano de. **2** *(book)* hojear.

diphthong |'dɪfθɒŋ| *n* diptongo *m*.

diploma |dɪ'pləʊmə| *n* diploma *m*.

diplomacy |dɪ'pləʊməsɪ| *n* diplomacia *f*.

diplomat |'dɪpləmæt| *n* diplomático,-a *m,f*.

diplomatic |dɪplə'mætɪk| *adj* diplomático,-a.

dipstick |'dɪpstɪk| *n* indicador *m* de nivel del aceite.

dire |daɪər| *adj (urgent)* extremo,-a; *(serious)* grave.

direct |dɪ'rekt, 'daɪrekt| **I** *adj* **1** directo,-a; **d. current**, corriente continua. **2** **the d. opposite**, todo lo contrario. **II** *adv* directamente. **III** *vtr* **1** dirigir; **can you d. me to a bank?**, ¿me puede indicar dónde hay un banco? **2** *fml (order)* mandar.

direction |dɪ'rekʃən, daɪ'rekʃən| *n* **1** dirección *f*; **sense of d.**, sentido *m* de la orientación. **2 directions**, *(to place)* señas *fpl*; **d. for use**, modo *m* de empleo. **3** *Theat* puesta *f* en escena.

directive |dɪ'rektɪv, daɪ'rektɪv| *n* directiva *f*.

directly |dɪ'rektlɪ, daɪ'rektlɪ| **I** *adv* **1** *(above etc)* exactamente, justo. **2** *(speak)* francamente. **3** *(descend)* directamente. **4** *(come)* en seguida. **II** *conj fam* en cuanto.

director |dɪ'rektər, daɪ'rektər| *n* director,-a *m,f*.

directory |dɪ'rektərɪ, daɪ'rektərɪ| *n Tel* guía telefónica; **d. enquiries**, (servicio *m* de) información *f*.

dirt |dɜːt| *n* suciedad *f*.

dirt-cheap |dɜːt'tʃiːp| *adv & adj fam* tirado,-a.

dirty |'dɜːtɪ| **I** *adj (dirtier, dirtiest)* **1** sucio,-a. **2 to give sb a d. look**, fulminar a algn con la mirada. **3** *(joke)* verde; *(mind)* pervertido,-a; **d. word**, palabrota *f*; **d. old man**, viejo *m* verde. **II** *vtr* ensuciar.

disability |dɪsə'bɪlɪtɪ| *n* incapacidad *f*, discapacidad *f*; **d. pension**, pensión *f* por invalidez.

disabled |dɪ'seɪbəld| **I** *adj* minusválido,-a. **II** *npl* **the d.**, los minusválidos.

disadvantage |dɪsəd'vɑːntɪdʒ| *n* desventaja *f*; *(obstacle)* inconveniente *m*.

disaffection |dɪsə'fekʃən| *n* descontento *m*.

disagree |dɪsə'griː| *vi* **1** *(differ)* no estar de acuerdo **(with**, con); **to d. on** *or* **over sth**, reñir por algo. **2** *(not match)* discrepar **(with**, de, con). **3 garlic disagrees with me**, el ajo no me sienta bien.

disagreeable |dɪsə'griːəbəl| *adj* desagradable.

disagreement |dɪsə'griːmənt| *n* **1** desacuerdo *m*; *(argument)* riña *f*. **2** *(non-correspondence)* discrepancia *f*.

disallow |dɪsə'laʊ| *vtr (goal)* anular; *(objection)* rechazar.

disappear |dɪsə'pɪər| *vi* desaparecer.

disappearance |dɪsə'pɪərəns| *n* desaparición *f*.

disappoint |dɪsə'pɔɪnt| *vtr (person)* decepcionar, defraudar; *(hope, ambition)* frustrar.

disappointed |dɪsə'pɔɪntɪd| *adj* decepcionado,-a.

disappointing |dɪsə'pɔɪntɪŋ| *adj* decepcionante.

disappointment |dɪsə'pɔɪntmənt| *n* decepción *f*.

disapproval |dɪsə'pruːvəl| *n* desaprobación *f*.

disapprove |dɪsə'pruːv| *vi* **to d. of**, desaprobar.

disarm |dɪs'ɑːm| **I** *vtr* desarmar. **II** *vi* desarmarse.

disarmament |dɪs'ɑːməmənt| *n* desarme *m*.

disarray |dɪsə'reɪ| *n fml* **in d.**, *(room, papers)* en desorden; *(hair)* desarreglado,-a; *(thoughts)* confuso,-a.

disaster |dɪ'zɑːstər| *n* desastre *m*.

disastrous |dɪ'zɑːstrəs| *adj* desastroso,-a.

disband |dɪs'bænd| **I** *vtr* disolver. **II** *vi* disolverse.

disbelief |dɪsbɪ'liːf| *n* incredulidad *f*.

disc |dɪsk| *n* disco *m*; *Comput* disquete *m*; **d. jockey**, disc-jockey *mf*, pinchadiscos *mf inv*.

discard |dɪs'kɑːd| *vtr (old things)* deshacerse de; *(plan)* descartar.

discern |dɪ'sɜːn| *vtr (shape, difference)* percibir; *(truth)* darse cuenta de.

discerning |dɪ'sɜːnɪŋ| *adj (person)* perspicaz; *(taste)* refinado,-a.

discharge |dɪs'tʃɑːdʒ| *fml* **I** *vtr* **1** *(smoke)* emitir; *(liquid)* echar; *(cargo)* descargar. **2** *(prisoner)* soltar; *(patient)* dar de alta a; *(soldier)* licenciar; *(employee)* despedir. **3** *(debt)* saldar. **4** *(fulfil)* cumplir. **II** |'dɪstʃɑːdʒ| *n* **1** *(of current, load)* descarga *f*; *(of gases)* escape *m*. **2** *(of prisoner)* liberación *f*; *(of patient)* alta *f*; *(of soldier)* licencia *f*. **3** *(of debt)* descargo *m*. **4** *(of duty)* cumplimiento *m*.

disciple [dɪ'saɪpəl] *n* discípulo,-a *m,f*.
discipline ['dɪsɪplɪn] **I** *n* disciplina *f*. **II** *vtr (child)* castigar; *(worker)* sancionar; *(official)* expedientar.
disclaim [dɪs'kleɪm] *vtr fml* negar tener.
disclose [dɪs'kləʊz] *vtr* revelar.
disclosure [dɪs'kləʊʒəʳ] *n* revelación *f*.
disco ['dɪskəʊ] *n (abbr of discotheque) fam* disco *f*.
discolour, US **discolor** [dɪs'kʌləʳ] *vtr* descolorir.
discomfort [dɪs'kʌmfət] *n* 1 *(lack of comfort)* incomodidad *f*. 2 *(pain)* malestar *m*. 3 *(unease)* inquietud *f*.
disconcert [dɪskən'sɜːt] *vtr* desconcertar.
disconcerting [dɪskən'sɜːtɪŋ] *adj* desconcertante.
disconnect [dɪskə'nekt] *vtr* desconectar **(from**, de); *(gas, electricity)* cortar.
disconnected [dɪskə'nektɪd] *adj* inconexo,-a.
disconsolate [dɪs'kɒnsəlɪt] *adj* desconsolado,-a.
discontent [dɪskən'tent] *n* descontento *m*.
discontented [dɪskən'tentɪd] *adj* descontento,-a.
discontinue [dɪskən'tɪnjuː] *vtr fml* abandonar; *(work)* interrumpir.
discord ['dɪskɔːd] *n* 1 *fml* discordia *f*. 2 *Mus* disonancia *f*.
discordant [dɪs'kɔːdənt] *adj* discordante.
discotheque ['dɪskətek] *n* discoteca *f*.
discount ['dɪskaʊnt] **I** *n* descuento *m*. **II** [dɪs'kaʊnt] *vtr* 1 *(price)* rebajar. 2 *(view, suggestion)* descartar.
discourage [dɪs'kʌrɪdʒ] *vtr (dishearten)* desanimar; *(advances)* rechazar.
discouraging [dɪs'kʌrɪdʒɪŋ] *adj* desalentador,-a.
discover [dɪ'skʌvəʳ] *vtr* descubrir; *(missing person, object)* encontrar.
discovery [dɪ'skʌvərɪ] *n* descubrimiento *m*.
discredit [dɪs'kredɪt] **I** *n* descrédito *m*. **II** *vtr (person, régime)* desacreditar; *(theory)* poner en duda.
discreet [dɪ'skriːt] *adj* discreto,-a; *(distance, silence)* prudente; *(hat, house)* modesto,-a.
discrepancy [dɪ'skrepənsɪ] *n* diferencia *f*.
discretion [dɪ'skreʃən] *n* discreción *f*; *(prudence)* prudencia *f*; **at the d. of ...**, a juicio de ....
discriminate [dɪ'skrɪmɪneɪt] *vi* discriminar **(between**, entre); **to d. against sth/sb**, discriminar algo/a algn.
discriminating [dɪ'skrɪmɪneɪtɪŋ] *adj (person)* entendido,-a; *(taste)* refinado,-a.
discrimination [dɪskrɪmɪ'neɪʃən] *n* 1 *(bias)* discriminación *f*. 2 *(distinction)* diferenciación *f*.
discuss [dɪ'skʌs] *vtr* discutir; *(in writing)* tratar de.
discussion [dɪ'skʌʃən] *n* discusión *f*.

disdain [dɪs'deɪn] *fml* **I** *n* desdén *m*. **II** *vtr* desdeñar.
disdainful [dɪs'deɪnfʊl] *adj fml* desdeñoso,-a.
disease [dɪ'ziːz] *n* enfermedad *f*; *fig* mal *m*.
disembark [dɪsɪm'bɑːk] *vtr & vi* desembarcar.
disenchanted [dɪsɪn'tʃɑːntɪd] *adj* desencantado,-a, desilusionado,-a.
disengage [dɪsɪn'geɪdʒ] *vtr* soltar; *Aut* **to d. the clutch**, soltar el embrague, desembragar.
disentangle [dɪsɪn'tæŋgəl] *vtr* desenredar.
disfigure [dɪs'fɪgəʳ] *vtr* desfigurar.
disgrace [dɪs'greɪs] **I** *n* 1 desgracia *f*; **to be in d.**, estar desacreditado,-a; **to fall into d.**, caer en desgracia. 2 *(shame)* vergüenza *f*, escándalo *m*. **II** *vtr* deshonrar, desacreditar.
disgraceful [dɪs'greɪsfʊl] *adj* vergonzoso,-a.
disgruntled [dɪs'grʌntəld] *adj* contrariado,-a, disgustado,-a.
disguise [dɪs'gaɪz] **I** *n* disfraz *m*; **in d.**, disfrazado,-a. **II** *vtr* 1 *(person)* disfrazar **(as**, de). 2 *(feelings)* disimular.
disgust [dɪs'gʌst] **I** *n* 1 *(loathing)* repugnancia *f*, asco *m*. 2 *(strong disapproval)* indignación *f*. **II** *vtr* 1 *(revolt)* repugnar, dar asco a. 2 *(offend)* indignar.
disgusting [dɪs'gʌstɪŋ] *adj* asqueroso,-a, repugnante; *(behaviour, state of affairs)* intolerable.
dish [dɪʃ] *n (for serving)* fuente *f*; *(course)* plato *m*; **to wash or do the dishes**, fregar los platos. ◆**dish out** *vtr fam (food)* servir; *(books, advice)* repartir; **to d. it out (to sb)**, *(criticize)* criticar (a algn). ◆**dish up** *vtr (meal)* servir.
dishcloth ['dɪʃklɒθ] *n* trapo *m* de fregar.
dishearten [dɪs'hɑːtən] *vtr* desanimar.
dishevelled, US **disheveled** [dɪ'ʃevəld] *adj (hair)* despeinado,-a; *(appearance)* desaliñado,-a.
dishonest [dɪs'ɒnɪst] *adj (person)* poco honrado,-a; *(means)* fraudulento,-a.
dishonesty [dɪs'ɒnɪstɪ] *n (of person)* falta *f* de honradez.
dishonour, US **dishonor** [dɪs'ɒnəʳ] **I** *n fml* deshonra *f*. **II** *vtr (name)* deshonrar.
dishonourable [dɪs'ɒnərəbəl] *adj* deshonroso,-a.
dishtowel ['dɪʃtaʊəl] *n* US trapo *m* de cocina.
dishwasher ['dɪʃwɒʃəʳ] *n* lavaplatos *m inv*; *(person)* lavaplatos *mf inv*.
disillusion [dɪsɪ'luːʒən] *vtr* desilusionar.
disincentive [dɪsɪn'sentɪv] *n* freno *m*.
disinfect [dɪsɪn'fekt] *vtr* desinfectar.
disinfectant [dɪsɪn'fektənt] *n* desinfectante *m*.
disinherit [dɪsɪn'herɪt] *vtr* desheredar.

disintegrate [dɪs'ɪntɪgreɪt] *vi* desintegrarse.

disintegration [dɪsɪntɪ'greɪʃən] *n* desintegración *f*.

disinterested [dɪs'ɪntrɪstɪd] *adj* desinteresado,-a.

disjointed [dɪs'dʒɔɪntɪd] *adj* inconexo,-a.

disk [dɪsk] *n US* disco *m*; *Comput* disquete *m*; **d. drive**, disquetera *f*, disketera *f*.

diskette [dɪs'ket] *n Comput* disquete *m*.

dislike [dɪs'laɪk] **I** *n* antipatía *f*, aversión *f* (**for, of, a**, hacia). **II** *vtr* tener antipatía *or* aversión a *or* hacia.

dislocate ['dɪsləkeɪt] *vtr* (*joint*) dislocar.

dislodge [dɪs'lɒdʒ] *vtr* sacar.

disloyal [dɪs'lɔɪəl] *adj* desleal.

dismal ['dɪzməl] *adj* **1** (*prospect*) sombrío,-a; (*place, weather*) deprimente; (*person*) triste. **2** (*failure*) lamentable.

dismantle [dɪs'mæntəl] *vtr* desmontar.

dismay [dɪs'meɪ] **I** *n* consternación *f*. **II** *vtr* consternar.

dismiss [dɪs'mɪs] *vtr* **1** (*idea*) descartar. **2** (*employee*) despedir; (*official*) destituir. **3 to d. sb**, (*from room, presence*) dar permiso a algn para retirarse. **4** (*reject*) rechazar; *Jur* desestimar; (*case*) sobreseer.

dismissal [dɪs'mɪsəl] *n* **1** (*of employee*) despido *m*; (*of official*) destitución *f*. **2** (*of claim*) rechazo *m*; *Jur* desestimación *f*.

dismount [dɪs'maʊnt] *vi fml* apearse (**from**, de).

disobedience [dɪsə'biːdɪəns] *n* desobediencia *f*.

disobedient [dɪsə'biːdɪənt] *adj* desobediente.

disobey [dɪsə'beɪ] *vtr* & *vi* desobedecer; (*law*) violar.

disorder [dɪs'ɔːdər] *n* **1** (*untidiness*) desorden *m*. **2** (*riot*) disturbio *m*. **3** (*of organ, mind*) trastorno *m*; (*of speech*) defecto *m*.

disorderly [dɪs'ɔːdəlɪ] *adj* **1** (*untidy*) desordenado,-a. **2** (*meeting*) alborotado,-a; (*conduct*) escandaloso,-a.

disorganized [dɪs'ɔːgənaɪzd] *adj* desorganizado,-a.

disorient [dɪs'ɔːrɪənt], **disorientate** [dɪs'ɔːrɪənteɪt] *vtr* desorientar.

disown [dɪs'əʊn] *vtr* desconocer.

disparaging [dɪ'spærɪdʒɪŋ] *adj* despectivo,-a.

disparity [dɪ'spærɪtɪ] *n fml* disparidad *f*.

dispassionate [dɪs'pæʃənɪt] *adj* desapasionado,-a.

dispatch [dɪ'spætʃ] **I** *n* **1** (*official message*) despacho *m*; (*journalist's report*) reportaje *m*; (*military message*) parte *m*. **2** (*of mail*) envío *m*; (*of goods*) consignación *f*. **II** *vtr* **1** (*mail*) enviar; (*goods*) expedir. **2** *fam* (*food*) zamparse; (*job*) despachar.

dispel [dɪ'spel] *vtr* disipar.

dispensary [dɪ'spensərɪ] *n* dispensario *m*.

dispense [dɪ'spens] *vtr* (*supplies*) repartir; (*justice*) administrar. ◆**dispense with** *vtr* (*do without*) prescindir de.

dispenser [dɪ'spensər] *n* máquina expendedora; **cash d.**, cajero automático; **soap d.**, dosificador *m* de jabón.

dispensing chemist [dɪspensɪŋ'kemɪst] *n GB* farmacéutico,-a *m,f*.

dispersal [dɪ'spɜːsəl] *n* dispersión *f*.

disperse [dɪ'spɜːs] **I** *vtr* dispersar. **II** *vi* dispersarse; (*fog*) disiparse.

dispirited [dɪ'spɪrɪtɪd] *adj* abatido,-a.

displace [dɪs'pleɪs] *vtr* **1** desplazar; **displaced person**, desterrado,-a *m,f*. **2** (*supplant*) sustituir.

display [dɪ'spleɪ] **I** *n* (*exhibition*) exposición *f*; *Comput* visualización *f*; (*of feelings, skills*) demostración *f*; (*of force*) despliegue *m*; **d. window**, escaparate *m*; **military d.**, desfile *m* militar. **II** *vtr* **1** mostrar; (*goods*) exponer; *Comput* visualizar. **2** (*feelings*) manifestar.

displease [dɪs'pliːz] *vtr* disgustar; (*offend*) ofender.

displeasure [dɪs'pleʒər] *n* disgusto *m*.

disposable [dɪ'spəʊzəbəl] *adj* **1** (*throwaway*) desechable. **2** (*available*) disponible.

disposal [dɪ'spəʊzəl] *n* **1** (*removal*) eliminación *f*. **2** (*availability*) disponibilidad *f*; **at my d.**, a mi disposición. **3** *fml* (*arrangement*) disposición *f*. **4** (*sale*) venta *f*; (*of property*) traspaso *m*.

dispose [dɪ'spəʊz] **I** *vi* **to d. of**, (*remove*) eliminar; (*rubbish*) tirar; (*unwanted object*) deshacerse de; (*matter*) resolver; (*sell*) vender; (*property*) traspasar. **II** *vtr fml* (*arrange*) disponer.

disposed [dɪ'spəʊzd] *adj* (*inclined*) dispuesto,-a.

disposition [dɪspə'zɪʃən] *n* **1** (*temperament*) genio *m*. **2** *fml* (*arrangement*) disposición *f*.

disproportionate [dɪsprə'pɔːʃənɪt] *adj* desproporcionado,-a (**to**, a).

disprove [dɪs'pruːv] *vtr* refutar.

dispute ['dɪspjuːt] **I** *n* (*disagreement*) discusión *f*; (*quarrel*) disputa *f*; **industrial d.**, conflicto *m* laboral. **II** [dɪ'spjuːt] *vtr* (*claim*) refutar; (*territory*) disputar; (*matter*) discutir. **III** *vi* discutir (**about, over,** de, sobre).

disqualify [dɪs'kwɒlɪfaɪ] *vtr* **1** *Sport* descalificar. **2** (*make ineligible*) incapacitar.

disquiet [dɪs'kwaɪət] *n* preocupación *f*, inquietud *f*.

disregard [dɪsrɪ'gɑːd] **I** *n* indiferencia *f*; (*for safety*) despreocupación *f*. **II** *vtr* descuidar; (*ignore*) ignorar.

disrepair [dɪsrɪ'peər] *n* mal estado *m*; **in (a state of) d.**, en mal estado; **to fall into d.**, deteriorarse.

disreputable [dɪs'repjʊtəbəl] *adj* (*person, area*) de mala fama; (*behaviour*) vergonzoso,-a.

disrepute |dɪsrɪ'pjuːt| n mala fama f, oprobio m.
disrespectful |dɪsrɪ'spektfʊl| adj irrespetuoso,-a.
disrupt |dɪs'rʌpt| vtr (meeting, traffic) interrumpir; (schedule etc) desbaratar.
disruption |dɪs'rʌpʃən| n (of meeting, traffic) interrupción f; (of schedule etc) desbaratamiento m.
dissatisfaction |dɪssætɪs'fækʃən| n descontento m, insatisfacción f.
dissatisfied |dɪs'sætɪsfaɪd| adj descontento,-a.
dissect |dɪ'sekt, daɪ'sekt| vtr disecar.
disseminate |dɪ'semɪneɪt| vtr fml diseminar, difundir.
dissent |dɪ'sent| I n disentimiento m. II vi disentir.
dissertation |dɪsə'teɪʃən| n disertación f; Univ tesina f (**on**, sobre).
disservice |dɪs'sɜːvɪs| n perjuicio m; **to do sth/sb a d.**, perjudicar algo/a algn.
dissident |'dɪsɪdənt| adj & n disidente (mf).
dissimilar |dɪ'sɪmɪlər| adj no parecido,-a.
dissipate |'dɪsɪpeɪt| I vtr 1 disipar. 2 (waste) derrochar. II vi disiparse.
dissociate |dɪ'səʊʃɪeɪt| vtr **to d. oneself**, distanciarse.
dissolute |'dɪsəluːt| adj disoluto,-a.
dissolution |dɪsə'luːʃən| n disolución f; (of agreement) rescisión f.
dissolve |dɪ'zɒlv| I vtr disolver. II vi disolverse.
dissuade |dɪ'sweɪd| vtr disuadir (**from**, de).
distance |'dɪstəns| I n distancia f; **in the d.**, a lo lejos; fam **to stay the d.**, completar la prueba. II vtr distanciarse.
distant |'dɪstənt| adj 1 (place, time) lejano,-a; (look) distraído,-a. 2 (aloof) distante, frío,-a.
distaste |dɪs'teɪst| n aversión f.
distasteful |dɪs'teɪstfʊl| adj desagradable.
distend |dɪ'stend| fml I vtr dilatar. II vi dilatarse.
distil, US **distill** |dɪs'tɪl| vtr destilar.
distillery |dɪ'stɪlərɪ| n destilería f.
distinct |dɪ'stɪŋkt| adj 1 (different) diferente; **as d. from**, a diferencia de. 2 (smell, change) marcado,-a; (idea, intention) claro,-a.
distinction |dɪ'stɪŋkʃən| n 1 (difference) diferencia f. 2 (excellence) distinción f. 3 Educ sobresaliente m.
distinctive |dɪ'stɪŋktɪv| adj distintivo,-a.
distinguish |dɪ'stɪŋgwɪʃ| vtr distinguir.
distinguished |dɪ'stɪŋgwɪʃt| adj distinguido,-a.
distinguishing |dɪ'stɪŋgwɪʃɪŋ| adj distintivo,-a, característico,-a.
distort |dɪ'stɔːt| vtr (misrepresent) deformar; (words) tergiversar.
distortion |dɪ'stɔːʃən| n deformación f; (of sound, image) distorsión f.
distract |dɪ'strækt| vtr distraer.
distracted |dɪ'stræktɪd| adj distraído,-a.
distraction |dɪ'strækʃən| n (interruption) distracción f; (confusion) confusión f; **to drive sb to d.**, sacar a algn de quicio.
distraught |dɪ'strɔːt| adj (anguished) afligido,-a.
distress |dɪ'stres| I n (mental) angustia f; (physical) dolor m; **d. signal**, señal f de socorro. II vtr (upset) apenar.
distressing |dɪ'stresɪŋ| adj penoso,-a.
distribute |dɪ'strɪbjuːt| vtr distribuir, repartir.
distribution |dɪstrɪ'bjuːʃən| n distribución f.
distributor |dɪ'strɪbjʊtər| n 1 Com distribuidor,-a m,f. 2 Aut delco m.
district |'dɪstrɪkt| n (of country) región f; (of town) barrio m; US **d. attorney**, fiscal m; **d. council**, corporación f local; **d. nurse**, practicante mf.
distrust |dɪs'trʌst| I n recelo m. II vtr desconfiar de.
disturb |dɪ'stɜːb| vtr 1 (inconvenience) molestar. 2 (silence) romper; (sleep) interrumpir. 3 (worry) perturbar. 4 (papers) desordenar.
disturbance |dɪ'stɜːbəns| n 1 (of routine) alteración f. 2 (commotion) disturbio m, alboroto m.
disturbed |dɪ'stɜːbd| adj (mentally) inestable.
disturbing |dɪ'stɜːbɪŋ| adj inquietante.
disuse |dɪs'juːs| n desuso m.
disused |dɪs'juːzd| adj abandonado,-a.
ditch |dɪtʃ| I n zanja f; (at roadside) cuneta f; (for irrigation) acequia f. II vtr fam (plan, friend) abandonar.
dither |'dɪðər| vi GB fam vacilar, titubear.
ditto |'dɪtəʊ| n ídem, lo mismo.
dive |daɪv| I n 1 (into water) salto m de cabeza; (of submarine) inmersión f; (of plane) picado m; Sport salto m. 2 fam (bar) antro m. II vi tirarse de cabeza; (submarine) sumergirse; (plane) bajar en picado; Sport saltar. 3 **he dived for the phone**, se precipitó hacia el teléfono.
diver |'daɪvər| n (person) buceador,-a m,f; (professional) buzo m; Sport saltador,-a m,f.
diverge |daɪ'vɜːdʒ| vi divergir.
diverse |daɪ'vɜːs| adj (varied) diverso,-a, variado,-a; (different) distinto,-a, diferente.
diversion |daɪ'vɜːʃən| n 1 (distraction) distracción f. 2 GB (detour) desvío m.
divert |daɪ'vɜːt| vtr desviar.
divide |dɪ'vaɪd| I vtr dividir. II vi (road, stream) bifurcarse. III n división f, diferencia f.
dividend |'dɪvɪdend| n Com dividendo m;

divine 363 **dodgem**®

fig beneficio *m*.
divine [dɪ'vaɪn] *adj* divino,-a.
diving board ['daɪvɪŋbɔːd] *n* trampolín *m*.
divinity [dɪ'vɪnɪtɪ] *n* 1 divinidad *f*. 2 *(subject)* teología *f*.
division [dɪ'vɪʒən] *n* 1 división *f*. 2 *(sharing)* reparto *m*. 3 *(of organization)* sección *f*.
divorce [dɪ'vɔːs] I *n* divorcio *m*. II *vtr* **she divorced him**, se divorció de él. III *vi* divorciarse.
divorcé [dɪ'vɔːseɪ], **divorcée** [dɪvɔː'siː] *n* divorciado,-a *m,f*.
divulge [daɪ'vʌldʒ] *vtr fml* divulgar, revelar.
DIY [diːaɪ'waɪ] *n GB abbr of* **do-it-yourself**, bricolaje *m*.
dizziness ['dɪzɪnɪs] *n* vértigo *m*.
dizzy ['dɪzɪ] *adj (dizzier, dizziest)* 1 *(person) (unwell)* mareado,-a. 2 *(height, pace)* vertiginoso,-a.
DJ ['diːdʒeɪ] *n fam abbr of* **disc jockey**.
DNA [diːen'eɪ] *n abbr of* **deoxyribonucleic acid**, ácido *m* desoxirribonucleico, ADN *m*.
do [duː, *unstressed* dʊ, də] I *v aux (3rd person sing pres* **does**; *pt* **did**; *pp* **done**) 1 *(in negatives and questions) (not translated in Span)* **do you want some coffee?**, ¿quieres café?; **do you drive?**, ¿tienes carnet de conducir?; **don't you want to come?**, ¿no quieres venir?; **he doesn't smoke**, no fuma. 2 *(emphatic) (not translated in Span)* **do come with us!**, ¡ánimo, vente con nosotros!; **I do like your bag**, me encanta tu bolso. 3 *(substituting main verb) (in sentence) (not translated in Span)* **I don't believe him - neither do I**, no le creo - yo tampoco; **I'll go if you do**, si vas tú, voy yo; **I think it's dear, but he doesn't**, a mí me parece caro pero a él no; **who went? - I did**, ¿quién asistió? - yo. 4 *(in question tags)* **he refused, didn't he?**, dijo que no, ¿verdad?; **I don't like it, do you?**, a mí no me gusta, ¿y a ti?
II *vtr* 1 hacer; *(task)* realizar; *(duty)* cumplir con; **to do one's best**, hacer todo lo posible; **to do sth again**, volver a hacer algo; **to do sth for sb**, hacer algo por algn; **to do the cooking/cleaning**, cocinar/limpiar; **to do the dishes**, lavar los platos; **what can I do for you?**, ¿en qué puedo servirle?; **what do you do (for a living)?**, ¿a qué te dedicas?; **what's to be done?**, ¿qué se puede hacer?; *fam* **he's done it!**, ¡lo ha conseguido! 2 **do you do sportswear?**, *(make, offer)* ¿(aquí) tienen ropa de deporte? 3 *(distance)* recorrer; *(speed)* **we were doing eighty**, íbamos a ochenta; **this car can do a hundred and twenty**, este coche puede alcanzar los ciento veinte.

III *vi* 1 *(act)* hacer; **do as I tell you**, haz lo que te digo; **you did right**, hiciste bien. 2 **he did badly in the exams**, los exámenes le salieron mal; **how are you doing?**, ¿qué tal?; **how do you do?**, *(greeting)* ¿cómo está usted?; *(answer)* mucho gusto; **to do well**, *(person)* tener éxito; *(business)* ir bien. 3 **five pounds will do**, *(suffice)* con cinco libras será suficiente; *fam* **that will do!**, ¡basta ya! 4 **this cushion will do as a pillow**, *(be suitable)* este cojín servirá de almohada; **this won't do**, esto no puede ser.
IV *n fam* 1 *GB (party)* fiesta *f*; *(event)* ceremonia *f*. 2 **do's and don'ts**, reglas *fpl* de conducta.
◆**do away with** *vtr* 1 *(abolish)* abolir; *(discard)* deshacerse de. 2 *(kill)* asesinar.
◆**do down** *vtr fam (humiliate)* hacer quedar mal. ◆**do for** *fam vtr (destroy, ruin)* arruinar; *fig* **I'm done for if I don't finish this**, estoy perdido,-a si no acabo esto. ◆**do in** *vtr sl* 1 *(kill)* cargarse. 2 **I'm done in**, *(exhausted)* estoy hecho,-a polvo. ◆**do over** *vtr fam* 1 *US (repeat)* repetir. 2 *GB (thrash)* dar una paliza a. ◆**do up** *vtr* 1 *(wrap)* envolver. 2 *(belt etc)* abrochar; *(laces)* atar. 3 *(dress up)* arreglar. 4 *fam (redecorate)* renovar. ◆**do with** *vtr* 1 **I could do with a rest**, *(need)* un descanso no me vendría nada mal. 2 **to have** *or* **be to do with**, *(concern)* tener que ver con. ◆**do without** *vtr* pasar sin, prescindir de.
docile ['dəʊsaɪl] *adj* dócil; *(animal)* manso,-a.
dock¹ [dɒk] I *n Naut* **the docks**, el muelle. II *vi* 1 *(ship)* atracar. 2 *(spacecraft)* acoplarse.
dock² [dɒk] *vtr (reduce)* descontar.
dock³ [dɒk] *n Jur* banquillo *m* (de los acusados).
docker ['dɒkə*r*] *n* estibador *m*.
dockland ['dɒklænd] *n* zona *f* del puerto.
dockyard ['dɒkjɑːd] *n* astillero *m*.
doctor ['dɒktə*r*] I *n* 1 *Med* médico,-a *m,f*. 2 *Univ* doctor,-a *m,f*; **D. of Law**, doctor en derecho. II *vtr pej (figures)* falsificar; *(text)* arreglar; *(drink etc)* adulterar.
doctorate ['dɒktərɪt] *n* doctorado *m*.
doctrine ['dɒktrɪn] *n* doctrina *f*.
document ['dɒkjʊmənt] I *n* documento *m*; **documents**, documentación *f*. II *vtr* documentar.
documentary [dɒkjʊ'mentərɪ] *adj & n* documental (*m*).
dodge [dɒdʒ] I *vtr* 1 *(blow)* esquivar; *(pursuer)* despistar; *fig* eludir. 2 *fam* **to d. one's taxes**, engañar a Hacienda. II *vi (move aside)* echarse a un lado. III *n* 1 *(movement)* regate *m*. 2 *fam (trick)* truco *m*.
dodgem® ['dɒdʒəm] *n fam* **d. (car)**, coche *m* de choque.

dodgy ['dɒdʒɪ] *adj* (*dodgier, dodgiest*) *GB fam* (*risky*) arriesgado,-a; (*tricky*) difícil; (*dishonest, not working properly*) chungo,-a.

doe [dəʊ] *n inv* (*of deer*) gama *f*; (*of rabbit*) coneja *f*.

does [dʌz] *3rd person sing pres* → do.

doesn't ['dʌzənt] = does not.

dog [dɒg] **I** *n* **1** perro,-a *m,f*; *fam fig* **a d.'s life**, una vida de perros; **d. collar**, (*of dog*) collar *m* de perro; *Rel fam* alzacuello *m*. **2** (*male canine*) macho *m*; (*fox*) zorro *m*; (*wolf*) lobo *m*. **3** *fam* **dirty d.**, canalla *m*. **4** *US fam* (*disappointment*) desastre *m*. **II** *vtr* acosar; **to d. sb's footsteps**, seguir los pasos de algn; *fig* **dogged by bad luck**, perseguido,-a por la mala suerte.

dog-eared ['dɒgɪəd] *adj* (*book*) con los bordes de las páginas doblados; (*shabby*) sobado,-a.

dogged ['dɒgɪd] *adj* obstinado,-a, tenaz.

doghouse ['dɒghaʊs] *n US fam* perrera *f*; *fig* **to be in the d.**, estar castigado,-a.

dogma ['dɒgmə] *n* dogma *m*.

dogmatic [dɒg'mætɪk] *adj* dogmático,-a.

dogsbody ['dɒgzbɒdɪ] *n GB fam* (*drudge*) burro *m* de carga.

doh [dəʊ] *n Mus* do *m*.

doing ['du:ɪŋ] *n* **1** (*action*) obra *f*; **it was none of my d.**, yo no tuve nada que ver; *fig* **it took some d.**, costó trabajo hacerlo. **2 doings**, (*activities*) actividades *fpl*.

do-it-yourself [du:ɪtjə'self] *n* bricolaje *m*.

doldrums ['dɒldrəmz] *npl fam fig* **to be in the d.**, (*person*) estar abatido,-a; (*trade*) estar estancado,-a.

dole [dəʊl] **I** *n GB fam* **the d.**, el paro; **to be** *or* **go on the d.**, estar en el paro; *fig* **d. queue**, los parados. **II** *vtr* **to d.** (**out**), repartir.

doleful ['dəʊlfʊl] *adj* triste, afligido,-a.

doll [dɒl] **I** *n* **1** (*toy*) muñeca *f*. **2** *US fam* (*girl*) muñeca *f*. **II** *vtr fam* **to d. oneself up**, ponerse guapa.

dollar ['dɒlər] *n* dólar *m*.

dolphin ['dɒlfɪn] *n* delfín *m*.

domain [də'meɪn] *n* **1** (*sphere*) campo *m*, esfera *f*; **that's not my d.**, no es de mi competencia. **2** (*territory*) dominio *m*.

dome [dəʊm] *n* (*roof*) cúpula *f*; (*ceiling*) bóveda *f*.

domestic [də'mestɪk] *adj* **1** (*appliance, pet*) doméstico,-a; **d. science**, economía doméstica. **2** (*home-loving*) casero,-a. **3** (*flight, news*) nacional; (*trade, policy*) interior.

domesticate [də'mestɪkeɪt] *vtr* (*make home-loving*) volver hogareño,-a *or* casero,-a.

domicile ['dɒmɪsaɪl] *n* domicilio *m*.

dominant ['dɒmɪnənt] *adj* dominante.

dominate ['dɒmɪneɪt] *vtr & vi* dominar.

domineering [dɒmɪ'nɪərɪŋ] *adj* dominante.

Dominican [də'mɪnɪkən] *adj & n* (*of Dominica*) dominicano,-a (*m,f*); **D. Republic**, República Dominicana.

dominion [də'mɪnjən] *n* dominio *m*.

domino ['dɒmɪnəʊ] *n* (*pl* **dominoes**) (*piece*) ficha *f* de dominó; **dominoes**, (*game*) dominó *m sing*.

don [dɒn] *n GB Univ* catedrático,-a *m,f*.

donate [dəʊ'neɪt] *vtr* donar.

donation [dəʊ'neɪʃən] *n* donativo *m*.

done [dʌn] *adj* **1** (*finished*) terminado,-a; **it's over and d. with**, se acabó. **2** *fam* (*tired*) rendido,-a. **3** (*meat*) hecho,-a; (*vegetables*) cocido,-a.

donkey ['dɒŋkɪ] *n* burro,-a *m,f*.

donor ['dəʊnər] *n* donante *m*.

don't [dəʊnt] = do not.

doodle ['du:dəl] *vi fam* (*write*) garabatear; (*draw*) hacer dibujos.

doom [du:m] **I** *n* (*fate*) destino *m* (funesto); (*ruin*) perdición *f*; (*death*) muerte *f*. **II** *vtr usu pass* (*destine*) destinar; **doomed to failure**, condenado,-a al fracaso.

doomsday ['du:mzdeɪ] *n* día *m* del juicio final.

door [dɔ:r] *n* puerta *f*; **front/back d.**, puerta principal/trasera; *fig* **behind closed doors**, a puerta cerrada; **d. handle**, manilla *f* (de la puerta); **d. knocker**, picaporte *m*; **next d.** (**to**), (en) la casa de al lado (de).

doorbell ['dɔ:bel] *n* timbre *m* (de la puerta).

doorknob ['dɔ:nɒb] *n* pomo *m*.

doorman ['dɔ:mən] *n* portero *m*.

doormat ['dɔ:mæt] *n* felpudo *m*, esterilla *f*; *fam fig* (*person*) trapo *m*.

doorstep ['dɔ:step] *n* peldaño *m*; *fig* **on one's d.**, a la vuelta de la esquina.

door-to-door [dɔ:tə'dɔ:r] *adj* a domicilio.

doorway ['dɔ:weɪ] *n* portal *m*, entrada *f*.

dope [dəʊp] **I** *n* **1** *sl* (*drug*) chocolate *m*. **2** *fam* (*person*) imbécil *mf*. **II** *vtr* (*food, drink*) adulterar con drogas; *Sport* dopar.

dop(e)y ['dəʊpɪ] *adj* (**dopier, dopiest**) *fam* **1** (*sleepy*) medio dormido,-a; (*fuddled*) atontado,-a. **2** *sl* (*silly*) torpe.

dormant ['dɔ:mənt] *adj* inactivo,-a; *fig* (*rivalry*) latente.

dormitory ['dɔ:mɪtərɪ] *n* **1** (*in school*) dormitorio *m*. **2** *US* (*in university*) colegio *m* mayor.

dosage ['dəʊsɪdʒ] *n fml* (*amount*) dosis *f inv*.

dose [dəʊs] **I** *n* dosis *f inv*. **II** *vtr* (*patient*) medicar.

doss [dɒs] *vi GB sl* sobar.

dosshouse ['dɒshaʊs] *n GB sl* pensión *f* de mala muerte.

dossier ['dɒsɪeɪ] *n* expediente *m*.

dot [dɒt] **I** *n* punto *m*; **on the d.**, en punto. **II** *vtr* **1** *fam* **to d. one's i's and**

cross one's t's, poner los puntos sobre las íes. **2** *(scatter)* esparcir, salpicar.
dote [dəʊt] *vi* **to d. on sb,** chochear con algn.
double ['dʌbəl] **I** *adj* doble; **it's d. the price,** cuesta dos veces más; **d. bass,** contrabajo *m*; **d. bed,** cama *f* de matrimonio; **d. bill,** programa *m* doble; *GB* **d. cream,** nata *f* para montar; **d. glazing,** ventana *f* doble. **II** *adv* doble; **folded d.,** doblado,-a por la mitad. **III** *n* **1** vivo retrato *m*; *Cin Theat* doble *m*. **2 to earn d.,** ganar el doble; *fam* **at** or **on the d.,** corriendo. **3** *Ten* **doubles,** (partido *m sing* de) dobles *mpl*. **IV** *vtr* doblar; *fig (efforts)* redoblar. **V** *vi* **1** *(increase)* doblarse. **2 to d. as,** *(serve)* hacer las veces de.
◆**double back** *vi* to d. back on one's tracks, volver sobre sus pasos.
◆**double up I** *vtr (bend)* doblar. **II** *vi* **1** *(bend)* doblarse. **2** *(share room)* compartir la habitación **(with,** con).
double-barrelled ['dʌbəlbærəld] *adj* **1** *(gun)* de dos cañones. **2** *GB (surname)* compuesto,-a.
double-breasted ['dʌbəlbrestɪd] *adj* cruzado,-a.
double-check [dʌbəl'tʃek] *vtr & vi* repasar dos veces.
double-cross [dʌbəl'krɒs] *fam* **I** *vtr* engañar, traicionar. **II** *n* engaño *m*, traición *f*.
double-decker [dʌbəl'dekər] *n GB* **d.-d. (bus),** autobús *m* de dos pisos.
double-edged [dʌbəl'edʒd] *adj* de doble filo.
doubt [daʊt] **I** *n* duda *f*; **beyond (all) d.,** sin duda alguna; **no d.,** sin duda; **there's no d. about it,** no cabe la menor duda; **to be in d. about sth,** dudar algo; **to be open to d.,** *(fact)* ser dudoso,-a; *(outcome)* ser incierto,-a. **II** *vtr* **1** *(distrust)* desconfiar de. **2** *(not be sure of)* dudar; **I d. if** *or* **whether he'll come,** dudo que venga.
doubtful ['daʊtful] *adj* **1** *(future)* dudoso,-a, *(look)* dubitativo,-a; **I'm a bit d. about it,** no me convence del todo; **it's d. whether ...,** no se sabe seguro si .... **2** *(questionable)* sospechoso,-a.
doubtless ['daʊtlɪs] *adv* sin duda, seguramente.
dough [dəʊ] *n* **1** *(for bread)* masa *f*; *(for pastries)* pasta *f*. **2** *sl (money)* pasta *f*.
doughnut ['dəʊnʌt] *n* rosquilla *f*, dónut® *m*.
douse [daʊs] *vtr* **1** *(soak)* mojar. **2** *(extinguish)* apagar.
dove [dʌv] *n* paloma *f*.
dovetail ['dʌvteɪl] *vtr fig (plans)* sincronizar.
dowdy ['daʊdɪ] *adj (dowdier, dowdiest)* poco elegante.
down¹ [daʊn] **I** *prep* **1** *(to or at a lower level)* **d. the river,** río abajo; **to go d. the road,** bajar la calle. **2** *(along)* por. **II** *adv* **1** *(to lower level)* (hacia) abajo; *(to floor)* al suelo; *(to ground)* a tierra; **to fall d.,** caerse; **to go d.,** *(price, person)* bajar; *(sun)* ponerse. **2** *(at lower level)* abajo; **d. there,** allí abajo; **face d.,** boca abajo; *fig* **to be d. with a cold,** estar resfriado,-a; *fam fig* **to feel d.,** estar deprimido,-a; *fam fig* **d. under,** Australia *f*, Nueva Zelanda *f*. **3 I'm d. to my last stamp,** no me queda más que un solo sello; **sales are d. by five percent,** las ventas han bajado un cinco por ciento. **4 to take sth d.,** *(in writing)* apuntar algo. **5 d. through the ages,** a través de los siglos. **III** *adj (payment)* al contado; *(on property)* de entrada. **IV** *vtr fam (drink)* tomarse de un trago; *(food)* zamparse. **V** *n* **ups and downs,** altibajos *mpl*. **VI** *interj* **d. with taxes!,** ¡abajo los impuestos!
down² [daʊn] *n* **1** *(on bird)* plumón *m*. **2** *(on cheek, peach)* pelusa *f*; *(on body)* vello *m*.
down-and-out ['daʊnənaʊt] **I** *adj* en las últimas. **II** *n* vagabundo,-a *m,f*.
downbeat ['daʊnbiːt] *adj fam (gloomy)* deprimido,-a.
downcast ['daʊnkɑːst] *adj* abatido,-a.
downfall ['daʊnfɔːl] *n (of régime)* caída *f*; *(of person)* perdición *f*.
downgrade ['daʊngreɪd] *vtr* degradar.
downhearted [daʊn'hɑːtɪd] *adj* desalentado,-a.
downhill [daʊn'hɪl] **I** *adj (skiing)* de descenso; *fam* **after his first exam, the rest were all d.,** después del primer examen, los demás le fueron sobre ruedas. **II** *adv* **to go d.,** ir cuesta abajo; *fig (standards)* deteriorarse.
down-market [daʊn'mɑːkɪt] **I** *adj* barato,-a. **II** *adv* **to move d.,** *(of company)* producir artículos más asequibles.
downpour ['daʊnpɔːr] *n* chaparrón *m*.
downright ['daʊnraɪt] *fam* **I** *adj (blunt)* tajante; *(categorical)* categórico,-a; **it's a d. lie,** es una mentira y gorda. **II** *adv (totally)* completamente.
downstairs [daʊn'steəz] **I** *adv* abajo; *(to ground floor)* a la planta baja; **to go d.,** bajar la escalera. **II** *adj (on ground floor)* de la planta baja.
downstream [daʊn'striːm] *adv* río abajo.
down-to-earth [daʊntʊ'ɜːθ] *adj* realista.
downtown [daʊn'taʊn] *adv US* en el centro (de la ciudad).
downturn ['daʊntɜːn] *n* baja *f*.
downward ['daʊnwəd] *adj (slope)* descendente; *(look)* hacia abajo; *Fin (tendency)* a la baja.
downward(s) ['daʊnwəd(z)] *adv* hacia abajo.
dowry ['daʊərɪ] *n* dote *f*.
doz *abbr of* **dozen,** docena *f*, doc.
doze [dəʊz] **I** *vi* dormitar. **II** *n* cabezada *f*; **to have a d.,** echar una cabezada.

dozen ['dʌzən] n docena f; **half a d./a d. eggs,** media docena/una docena de huevos; *fam* **dozens of,** un montón de.

Dr *abbr of* **Doctor,** Doctor,-a *m,f,* Dr., Dra.

drab [dræb] *adj* (**drabber, drabbest**) 1 (*ugly*) feo,-a; (*dreary*) monótono,-a, gris. 2 (*colour*) pardo,-a.

draft [drɑːft] **I** *n* 1 borrador *m.* 2 (*bill of exchange*) giro *m.* 3 *US* servicio militar obligatorio. 4 *US* → **draught. II** *vtr* 1 hacer un borrador de. 2 *US Mil* reclutar.

draftsman ['drɑːftsmən] *n US* → **draughtsman.**

drag [dræg] **I** *vtr* 1 (*pull*) arrastrar; *fig* **to d. one's heels (over sth),** dar largas (a algo). 2 (*lake*) rastrear. **II** *vi* 1 (*trail*) arrastrarse. 2 (*person*) rezagarse. **III** *n* 1 *Tech* resistencia *f* (aerodinámica). 2 *fam* (*nuisance*) lata *f.* 3 *fam* (*on cigarette*) calada *f.* 4 *sl* **to be in d.,** ir vestido de mujer.
◆**drag off** *vtr* llevarse arrastrando.
◆**drag on** *vi* (*of war, strike*) hacerse interminable. ◆**drag out** *vtr* (*speech etc*) alargar.

dragon ['drægən] *n* dragón *m.*

dragonfly ['drægənflaɪ] *n* libélula *f.*

drain [dreɪn] **I** *n* 1 (*for water*) desagüe *m*; (*for sewage*) alcantarilla *f.* 2 (*grating*) sumidero *m.* 3 *fig* **the boys are a d, on her strength,** los niños la dejan agotada. **II** *vtr* 1 (*marsh etc*) avenar; (*reservoir*) desecar. 2 (*crockery*) escurrir. 3 (*empty*) (*glass*) apurar; *fig* (*capital etc*) agotar. **III** *vi* 1 (*crockery*) escurrirse. 2 **to d. (away),** (*liquid*) irse.

drainage ['dreɪnɪdʒ] *n* (*of marsh*) drenaje *m*; (*of reservoir, building*) desagüe *m*; (*of town*) alcantarillado *m.*

drainpipe ['dreɪnpaɪp] *n* tubo *m* de desagüe.

dram [dræm] *n fam* trago *m* (de whisky).

drama ['drɑːmə] *n* 1 (*play*) obra *f* de teatro; *fig* drama. 2 *Lit* (*subject*) teatro *m.*

dramatic [drəˈmætɪk] *adj* 1 (*change*) impresionante; (*moment*) emocionante. 2 *Theat* dramático,-a, teatral.

dramatist ['dræmətɪst] *n* dramaturgo,-a *m,f.*

dramatization [dræmətaɪˈzeɪʃən] *n* adaptación *f* teatral.

dramatize ['dræmətaɪz] *vtr* 1 (*adapt*) hacer una adaptación teatral de. 2 (*exaggerate*) dramatizar.

drank [dræŋk] *pt* → **drink.**

drape [dreɪp] **I** *vtr* **to d. sth over sth,** colgar algo sobre algo; **draped with,** cubierto,-a de. **II** *n* 1 (*of fabric*) caída *f.* 2 *US* cortina *f.*

draper ['dreɪpər] *n GB* pañero *m,f.*

drastic ['dræstɪk] *adj* 1 (*measures*) drástico,-a, severo,-a. 2 (*change*) radical.

draught [drɑːft] **I** *n* 1 (*of cold air*) corriente *f* (de aire). 2 (*of liquid*) trago *m.* 3 **d. (beer),** cerveza *f* de barril. 4 *GB* **draughts,** (*game*) damas *fpl.* 5 *Naut* calado *m.* **II** *adj* (*animal*) de tiro.

draughtboard ['drɑːftbɔːd] *n GB* tablero *m* de damas.

draughtsman ['drɑːftsmən] *n* delineante *mf.*

draw [drɔː] **I** *vtr* (*pt* **drew**; *pp* **drawn**) 1 (*picture*) dibujar; (*line*) trazar. 2 (*pull*) tirar de; (*train, carriage*) arrastrar; (*curtains*) (*open*) descorrer; (*close*) correr; (*blinds*) bajar. 3 (*remove*) sacar; (*salary*) cobrar; (*cheque*) librar. 4 (*attract*) atraer; (*attention*) llamar. 5 *fig* (*strength*) sacar. 6 **to d. breath,** respirar. 7 **to d. lots,** echar a suertes. 8 (*comparison*) hacer; (*conclusion*) sacar. **II** *vi* 1 (*sketch*) dibujar. 2 (*move*) **the train drew into/out of the station,** el tren entró en/salió de la estación; **to d. apart (from),** separarse (de); **to d. to an end,** acabarse. 3 *Sport* **they drew two all,** empataron a dos. **III** *n* 1 (*raffle*) sorteo *m.* 2 *Sport* empate *m.* 3 *fig* (*attraction*) atracción *f.* ◆**draw in** *vi* (*days*) acortarse. ◆**draw on** *vtr* (*savings*) recurrir a; (*experience*) aprovecharse de. ◆**draw out** *vtr* 1 (*make long*) alargar. 2 (*encourage to speak*) desatar la lengua a. 3 (*from pocket, drawer etc*) sacar. ◆**draw up** *vtr* (*contract*) preparar; (*plan*) esbozar.

drawback ['drɔːbæk] *n* desventaja *f*, inconveniente *m.*

drawbridge ['drɔːbrɪdʒ] *n* puente levadizo.

drawer ['drɔːər] *n* cajón *m.*

drawing ['drɔːɪŋ] *n* dibujo *m*; *fam fig* **to go back to the d. board,** volver a empezar; *GB* **d. pin,** chincheta *f*; *fml* **d. room,** sala *f* de estar.

drawl [drɔːl] **I** *vi* hablar arrastrando las palabras. **II** *n* voz cansina; *US* **a Southern d.,** un acento sureño.

drawn [drɔːn] *adj* (*tired*) ojeroso,-a.

dread [dred] *vtr* temer a, tener pavor a. **II** *n* temor *m.*

dreadful ['dredfʊl] *adj* 1 (*shocking*) espantoso,-a. 2 *fam* (*awful*) fatal; **how d.!,** ¡qué horror! ◆**dreadfully** *adv fam* (*horribly*) terriblemente; (*very*) muy, sumamente.

dream [driːm] **I** *n* 1 sueño *m.* 2 (*daydream*) ensueño *m.* 3 *fam* (*marvel*) maravilla *f.* **II** *vtr* (*pt & pp* **dreamed** *or* **dreamt**) soñar. **III** *vi* soñar (**of, about,** con).

dreamer ['driːmər] *n* soñador,-a *m,f.*

dreamy ['driːmɪ] *adj* (**dreamier, dreamiest**) (*absent-minded*) distraído,-a; (*wonderful*) de ensueño.

dreary ['drɪərɪ] *adj* (**drearier, dreariest**) 1 (*gloomy*) triste. 2 *fam* (*boring*) aburrido,-a, pesado,-a.

dredge [dredʒ] *vtr & vi* dragar, rastrear.
◆**dredge up** *vtr* 1 (*body*) sacar del

agua. 2 *fam fig* sacar a relucir.
dregs |dregz| *npl* poso *m sing*.
drench |drentʃ| *vtr* empapar.
dress |dres| **I** *n* 1 (*frock*) vestido *m*. 2 (*clothing*) ropa *f*; **d. rehearsal,** ensayo *m* general; **d. shirt,** camisa *f* de etiqueta. **II** *vtr* 1 (*person*) vestir; **he was dressed in a grey suit,** llevaba (puesto) un traje gris. 2 (*salad*) aliñar. 3 (*wound*) vendar. **III** *vi* vestirse. ◆**dress up I** *vi* 1 (*in disguise*) disfrazarse (**as,** de). 2 (*in best clothes*) vestirse elegante. **II** *vtr fig* disfrazar.
dresser |'dresər| *n* 1 *GB* (*in kitchen*) aparador *m*. 2 *US* (*in bedroom*) tocador *m*. 3 *Theat* ayudante *mf* de camerino.
dressing |'dresɪŋ| *n* 1 (*bandage*) vendaje *m*. 2 (*salad*) d., aliño *m*. 3 **d. gown,** bata *f*; **d. room,** *Theat* camerino *m*; *Sport* vestuario *m*; **d. table,** tocador *m*.
dressmaker |'dresmeɪkər| *n* modista *mf*.
dressy |'dresɪ| *adj* (**dressier, dressiest**) vistoso,-a.
drew |druː| *pt* → **draw**.
dribble |'drɪbəl| **I** *vi* 1 (*baby*) babear. 2 (*liquid*) gotear. **II** *vtr Sport* (*ball*) driblar. **III** *n* (*saliva*) saliva *f*; (*of water, blood*) gotas *fpl*.
dried |draɪd| *adj* (*fruit*) seco,-a; (*milk*) en polvo.
drier |'draɪər| *n* → **dryer**.
drift |drɪft| **I** *vi* 1 (*boat*) ir a la deriva; *fig* (*person*) ir sin rumbo, vagar; **they drifted away,** se marcharon poco a poco. 2 (*snow*) amontonarse. **II** *n* 1 (*flow*) flujo *m*. 2 (*of snow*) ventisquero *m*; (*of sand*) montón *m*. 3 *fig* (*meaning*) idea *f*.
driftwood |'drɪftwʊd| *n* madera *f* flotante.
drill |drɪl| **I** *n* 1 (*handtool*) taladro *m*; *Min* barrena *f*; **dentist's d.,** fresa *f*; **pneumatic d.,** martillo neumático. 2 *esp Mil* instrucción *f*. **II** *vtr* 1 (*wood etc*) taladrar. 2 (*soldiers, children*) instruir. **III** *vi* (*by hand*) taladrar; (*for oil, coal*) perforar, sondar.
drink |drɪŋk| **I** *vtr* (*pt* **drank**; *pp* **drunk**) beber. **II** *vi* beber; **to have sth to d.,** tomarse algo; **to d. to sth/sb,** brindar por algo/algn. **III** *n* bebida *f*; (*alcoholic*) copa *f*.
drinker |'drɪŋkər| *n* bebedor,-a *m,f*.
drinking |'drɪŋkɪŋ| *n* **d. water,** agua *f* potable.
drip |drɪp| **I** *n* 1 goteo *m*. 2 *Med* gota a gota *m inv*. 3 *fam* (*person*) necio,-a *m,f*. **II** *vi* gotear; **he was dripping with sweat,** el sudor le caía a gotas.
drip-dry |'drɪpdraɪ| *adj* que no necesita planchado.
dripping |'drɪpɪŋ| *n Culin* pringue *f*.
drive |draɪv| **I** *vtr* (*pt* **drove**; *pp* **driven**) 1 (*vehicle*) conducir, *Am* manejar; (*person*) llevar. 2 (*power*) impulsar. 3 (*enemy*) acosar; (*ball*) mandar. 4 (*stake*) hincar; (*nail*) clavar. 5 (*compel*) forzar, obligar; **to d. sb mad,** volver loco,-a a algn. 6 **to d.** (**off**), rechazar. **II** *vi Aut* conducir, *Am* manejar. **III** *n* 1 (*trip*) paseo *m* en coche; **to go for a d.,** dar una vuelta en coche. 2 (*to house*) camino *m* de entrada. 3 (*transmission*) transmisión *f*; *Aut* tracción *f*; *Aut* **left-hand d.,** conducción *f* por la izquierda. 4 *Golf* golpe *m* inicial. 5 (*campaign*) campaña *f*. 6 (*need*) necesidad *f*; (*energy*) energía *f*, vigor *m*; **sex d.,** instinto *m* sexual.
drive-in |'draɪvɪn| *n US* (*cinema*) autocine *m*.
driven |'drɪvən| *pp* → **drive**.
driver |'draɪvər| *n* (*of car, bus*) conductor,-a *m,f*; (*of train*) maquinista *mf*; (*of lorry*) camionero,-a *m,f*; (*of racing car*) piloto *mf*; *US* **d.'s license,** carnet *m* de conducir.
driveway |'draɪvweɪ| *n* (*to house*) camino *m* de entrada.
driving |'draɪvɪŋ| **I** *n* 1 **d. licence,** carnet *m* de conducir; **d. school,** autoescuela *f*; **d. test,** examen *m* de conducir. **II** *adj* 1 (*rain*) intenso,-a. 2 **d. force,** fuerza *f* motriz.
drizzle |'drɪzəl| **I** *n* llovizna *f*. **II** *vi* lloviznar.
droll |drəʊl| *adj* gracioso,-a.
dromedary |'drɒmədərɪ| *n* dromedario *m*.
drone |drəʊn| *vi* (*bee etc*) zumbar.
droop |druːp| *vi* (*flower*) marchitarse; (*eyelids*) caerse.
drop |drɒp| **I** *n* 1 (*of liquid*) gota *f*; **eye drops,** colirio *m sing*. 2 (*sweet*) pastilla *f*. 3 (*descent*) desnivel *m*. 4 (*in price*) bajada *f*; (*in temperature*) descenso *m*. **II** *vtr* 1 (*let fall*) dejar caer; (*lower*) bajar; (*reduce*) disminuir; **to d. a hint,** soltar una indirecta. 2 (*abandon*) (*subject, charge etc*) abandonar, dejar; *Sport* **he was dropped from the team,** le echaron del equipo. 3 (*omit*) (*spoken syllable*) comerse. **III** *vi* (*object*) caerse; (*person*) tirarse; (*voice, price, temperature*) bajar; (*wind*) amainar; (*speed*) disminuir. ◆**drop by, drop in, drop round** *vi fam* (*visit*) pasarse (**at,** por). ◆**drop off I** *vi fam* (*fall asleep*) quedarse dormido,-a. **II** *vtr* (*deliver*) dejar. ◆**drop out** *vi* (*from college*) dejar los estudios; (*from society*) marginarse; (*from competition*) retirarse.
dropout |'drɒpaʊt| *n fam pej* automarginado,-a *m,f*.
dropper |'drɒpər| *n* cuentagotas *m inv*.
droppiings |'drɒpɪŋz| *npl* excrementos *mpl*.
drought |draʊt| *n* sequía *f*.
drove |drəʊv| *n* (*of cattle*) manada *f*.
drown |draʊn| **I** *vtr* 1 ahogar. 2 (*place*) inundar. **II** *vi* ahogarse; **he (was) drowned,** murió ahogado.

drowsy ['drauzɪ] *adj* (**drowsier, drowsiest**) soñoliento,-a; **to feel d.**, tener sueño.

drudgery ['drʌdʒərɪ] *n* trabajo duro y pesado.

drug [drʌg] **I** *n* **1** (*medicine*) medicamento *m*. **2** (*narcotic*) droga *f*, estupefaciente *m*; **to be on drugs**, drogarse; **d. addict**, drogadicto,-a *m,f*; **d. addiction**, drogadicción *f*; **d. squad**, brigada *f* antidroga. **II** *vtr* (*person*) drogar; (*food, drink*) adulterar con drogas.

druggist ['drʌgɪst] *n US* farmacéutico,-a *m,f*.

drugstore ['drʌgstɔːr] *n US* establecimiento *m* donde se compran medicamentos, periódicos etc.

drum [drʌm] **I** *n* **1** tambor *m*; **to play the drums**, tocar la batería. **2** (*container*) bidón *m*. **II** *vi fig* (*with fingers*) tabalear. **III** *vtr fig* **to d. sth into sb**, enseñar algo a algn a machamartillo. ◆**drum up** *vtr fam* solicitar.

drummer ['drʌmər] *n* (*in band*) tambor *mf*; (*in pop group*) batería *mf*.

drumstick ['drʌmstɪk] *n Mus* baqueta *f*, *fam* palillo *m*.

drunk [drʌŋk] **I** *adj* borracho,-a; **to get d.**, emborracharse. **II** *n* borracho,-a *m,f*.

drunkard ['drʌŋkəd] *n* borracho,-a *m,f*.

dry [draɪ] **I** *adj* (**drier, driest** *or* **dryer, dryest**) 1 seco,-a. 2 (*wry*) socarrón,-ona. **II** *vtr* (*pt & pp* **dried**) secar. **III** *vi* **to d. (off)**, secarse.

dry-clean [draɪ'kliːn] *vtr* limpiar *or* lavar en seco.

dryer ['draɪər] *n* secadora *f*.

dub¹ [dʌb] *vtr* (*subtitle*) doblar (**into**, a).

dub² [dʌb] *vtr* **1** (*give nickname to*) apodar. **2** (*knight*) armar.

dubious ['djuːbɪəs] *adj* **1** (*morals etc*) dudoso,-a; (*compliment*) equívoco,-a. **2** (*doubting*) indeciso,-a.

Dublin ['dʌblɪn] *n* Dublín.

duchess ['dʌtʃɪs] *n* duquesa *f*.

duck¹ [dʌk] *n* pato,-a *m,f*; *Culin* pato *m*.

duck² [dʌk] **I** *vtr* **1** (*submerge*) dar una ahogadilla a. **2** (*evade*) esquivar. **II** *vi* **1** (*evade blow*) esquivar. **2** *fam* **to d. (out)**, rajarse.

duckling ['dʌklɪŋ] *n* patito *m*.

duct [dʌkt] *n* (*for fuel etc*) conducto *m*; *Anat* canal *m*.

dud [dʌd] *fam* **I** *adj* **1** (*useless*) inútil; (*defective*) estropeado,-a. **2** (*banknote*) falso,-a; (*cheque*) sin fondos. **II** *n* (*useless thing*) engañifa *f*; (*person*) desastre *m*.

due [djuː] **I** *adj* **1** (*expected*) esperado,-a; **the train is d. (to arrive) at ten**, el tren debe llegar a las diez. **2** *fml* (*proper*) debido,-a; **in d. course**, a su debido tiempo. **3** (*owing*) pagadero,-a; **how much are you d.?**, (*owed*) ¿cuánto te deben? **4 to be d. to**, (*caused by*) deberse a; **d. to**, (*because of*) debido de. **II** *adv* (*north etc*) derecho hacia. **III** *n* **1 to give sb their d.**, dar a algn su merecido. **2 dues**, (*fee*) cuota *f sing*.

duel ['djuːəl] *n* duelo *m*.

duet [djuː'et] *n* dúo *m*.

duffel ['dʌfəl] *n* **d. bag**, petate *m*; **d. coat**, trenca *f*.

dug [dʌg] *pt & pp* → **dig**.

duke [djuːk] *n* duque *m*.

dull [dʌl] **I** *adj* **1** (*boring*) pesado,-a; (*place*) sin interés. **2** (*light*) apagado,-a; (*weather*) gris. **3** (*sound, ache*) sordo,-a. **4** *fig* (*slow-witted*) torpe. **II** *vtr* **1** (*pain*) aliviar. **2** *fig* (*faculty*) embotar.

duly ['djuːlɪ] *adv fml* (*properly*) debidamente; (*as expected*) como era de esperar; (*in due course*) a su debido tiempo.

dumb [dʌm] **I** *adj* **1** *Med* mudo,-a. **2** *fam* (*stupid*) tonto,-a. **II** *npl* **the d.**, los mudos.

dumbbell ['dʌmbel] *n Sport* pesa *f*.

dumbfounded [dʌm'faundɪd], **dumbstruck** ['dʌmstrʌk] *adj* pasmado,-a.

dummy ['dʌmɪ] *n* **1** (*sham*) imitación *f*. **2** (*in shop window*) maniquí *m*; (*of ventriloquist*) muñeco *m*. **3** *GB* (*for baby*) chupete *m*.

dump [dʌmp] **I** *n* **1** (*tip*) vertedero *m*; (*for old cars*) cementerio *m* (de coches). **2** *fam pej* (*place*) estercolero *m*; (*town*) poblacho *m*; (*dwelling*) tugurio *m*. **3** *Mil* depósito *m*. **II** *vtr* **1** (*rubbish*) verter; (*truck contents*) descargar. **2** (*person*) dejar; *Com* inundar el mercado con. **3** *Comput* (*transfer*) copiar de memoria interna.

dumping ['dʌmpɪŋ] *n* vertido *m*.

dumpling ['dʌmplɪŋ] *n Culin* bola *f* de masa hervida.

dumpy ['dʌmpɪ] *adj* (**dumpier, dumpiest**) *fam* rechoncho,-a.

dunce [dʌns] *n fam* tonto,-a *m,f*.

dune [djuːn] *n* (*sand*) **d.**, duna *f*.

dung [dʌŋ] *n* estiércol *m*.

dungarees [dʌŋgə'riːz] *npl* mono *m sing*.

dungeon ['dʌndʒən] *n* calabozo *m*, mazmorra *f*.

duo ['djuːəʊ] *n Mus* dúo *m*; *fam* pareja *f*.

dupe [djuːp] **I** *vtr* engañar. **II** *n* ingenuo,-a *m,f*.

duplex ['djuːpleks] *n US* (*house*) casa adosada; *US* **d. apartment**, dúplex *m inv*.

duplicate ['djuːplɪkeɪt] **I** *vtr* **1** (*copy*) duplicar; (*film, tape*) reproducir. **2** (*repeat*) repetir. **II** ['djuːplɪkɪt] *n* duplicado *m*; **in d.**, por duplicado.

durable ['djʊərəbəl] *adj* duradero,-a.

duration [djʊ'reɪʃən] *n fml* duración *f*.

duress [djʊ'res] *n fml* coacción *f*.

during ['djʊərɪŋ] *prep* durante.

dusk [dʌsk] *n fml* crepúsculo *m*; **at d.**, al anochecer.

dust [dʌst] **I** *n* polvo *m*; **d. cloud**, polvareda *f*; **d. jacket**, sobrecubierta *f*. **II** *vtr* **1**

(*furniture*) quitar el polvo a. 2 (*cake*) espolvorear.
dustbin ['dʌstbɪn] *n GB* cubo *m* de la basura.
duster ['dʌstər] *n* (*for housework*) trapo *m* or paño *m* (del polvo); **feather d.**, plumero *m*.
dustman ['dʌstmən] *n GB* basurero *m*.
dustpan ['dʌstpæn] *n* recogedor *m*.
dusty ['dʌstɪ] *adj* (**dustier, dustiest**) polvoriento,-a.
Dutch [dʌtʃ] **I** *adj* holandés,-esa; *fig* **D. cap**, diafragma *m*. **II** *n* 1 *pl* **the D.**, los holandeses. 2 (*language*) holandés *m*; **it's double D. to me**, me suena a chino. **III** *adv fig* **to go D. (with sb)**, pagar cada uno lo suyo.
Dutchman ['dʌtʃmən] *n* holandés *m*.
Dutchwoman ['dʌtʃwʊmən] *n* holandesa *f*.
duty ['djuːtɪ] *n* 1 deber *m*; **to do one's d.**, cumplir con su deber. 2 (*task*) función *f*. **3 to be on d.**, estar de servicio; *Med Mil* estar de guardia; **d. chemist**, farmacia *f* de guardia. 4 (*tax*) impuesto *m*; **customs d.**, derechos *mpl* de aduana.
duty-free ['djuːtɪfriː] **I** *adj* libre de impuestos. **II** *adv* sin pagar impuestos. **III** *n* duty-free *m*.

duvet ['duːveɪ] *n* edredón *m*.
dwarf [dwɔːf] **I** *n* (*pl* **dwarves** [dwɔːvz]) (*person*) enano,-a *m,f*. **II** *vtr* hacer parecer pequeño,-a a.
dwell [dwel] *vi* (*pt & pp* **dwelt**) *fml* morar. ◆**dwell on** *vtr* hablar extensamente de; **let's not d. on it**, olvidémoslo.
dwelling ['dwelɪŋ] *n fml & hum* morada *f*, vivienda *f*.
dwindle ['dwɪndəl] *vi* menguar, disminuir.
dye [daɪ] **I** *n* tinte *m*. **II** *vtr* (*pres p* **dyeing**; *pt & pp* **dyed**) teñir; **to d. one's hair black**, teñirse el pelo de negro.
dying ['daɪɪŋ] *adj* (*person*) moribundo,-a *m,f*, agonizante *mf*; *fig* (*custom*) en vías de desaparición.
dyke [daɪk] *n* 1 (*bank*) dique *m*; (*causeway*) terraplén *m*. 2 *offens sl* tortillera *f*.
dynamic [daɪ'næmɪk] *adj* dinámico,-a.
dynamics [daɪ'næmɪks] *n* dinámica *f*.
dynamism ['daɪnəmɪzəm] *n fig* dinamismo *m*.
dynamite ['daɪnəmaɪt] *n* dinamita *f*.
dynamo ['daɪnəməʊ] *n* dínamo *f*.
dynasty ['dɪnəstɪ] *n* dinastía *f*.
dysentery ['dɪsəntrɪ] *n* disentería *f*.
dyslexia [dɪs'leksɪə] *n* dislexia *f*.

E

E, e [iː] *n* 1 (*the letter*) E, e *f*. 2 *Mus* mi *m*.
E *abbr of* **East**, Este, E.
each [iːtʃ] **I** *adj* cada; **e. day/month**, todos los días/meses; **e. person**, cada cual; **e. time I see him**, cada vez que lo veo. **II** *pron* 1 cada uno,-a; **two pounds e.**, dos libras cada uno; **we bought one e.**, nos compramos uno cada uno. 2 **e. other**, el uno al otro; **they hate e. other**, se odian.
eager ['iːgər] *adj* (*anxious*) impaciente; (*desirous*) deseoso,-a; **e. to begin**, impaciente por empezar; **to be e. for success**, codiciar el éxito. ◆**eagerly** *adv* (*anxiously*) con impaciencia; (*keenly*) con ilusión.
eagle ['iːgəl] *n* águila *f*.
ear [ɪər] *n* 1 oreja *f*; (*sense of hearing*) oído *m*. 2 (*of corn etc*) espiga *f*.
earache ['ɪəreɪk] *n* dolor *m* de oídos.
eardrum ['ɪədrʌm] *n* tímpano *m*.
earl [ɜːl] *n* conde *m*.
earlobe ['ɪələʊb] *n* lóbulo *m*.
early ['ɜːlɪ] *adj* (**earlier, earliest**) **I** *adj* 1 (*before the usual time*) temprano,-a; **to have an e. night**, acostarse pronto; **you're e.!**, ¡qué pronto has venido! 2 (*at first stage, period*) **at an e. age**, siendo joven; **e. on**, al principio; **e. work**, obra de juventud; **in her e. forties**, a los cuarenta y pocos; **it's still e. days**, aún es pronto. 3 (*in the near future*) **an e. reply**, una respuesta pronta; **at the earliest**, cuanto antes. **II** *adv* 1 (*before the expected time*) temprano, pronto; **earlier on**, antes; **five minutes e.**, con cinco minutos de adelanto; **to leave e.**, irse pronto. 2 (*near the beginning*) **as e. as 1914**, ya en 1914; **as e. as possible**, tan pronto como sea posible; **to book e.**, reservar con tiempo; **in e. July**, a principios de julio.
earmark ['ɪəmɑːk] *vtr* destinar (**for**, para, a).
earn [ɜːn] *vtr* 1 (*money*) ganar; **to e. one's living**, ganarse la vida. 2 (*reputation*) ganarse. **3 to e. interest**, cobrar interés *or* intereses.
earnest ['ɜːnɪst] **I** *adj* serio,-a, formal. **II** *n* **in e.**, de veras, en serio.
earnings ['ɜːnɪŋz] *npl* ingresos *mpl*.
earring ['ɪərɪŋ] *n* pendiente *m*.
earshot ['ɪəʃɒt] *n* **out of e.**, fuera del alcance del oído; **within e.**, al alcance del oído.
earth [ɜːθ] **I** *n* 1 tierra *f*; *fig* **to be down to e.**, ser práctico; *fam* **where/why on e. ...?**, ¿pero dónde/por qué demonios ...? 2 *Elec* toma *f* de tierra. **II** *vtr Elec* conectar a tierra.
earthenware ['ɜːðənweər] **I** *n* loza *f*. **II**

adj de barro.
earthquake ['ɜːθkweɪk] *n* terremoto *m*.
earthshattering ['ɜːθʃætərɪŋ] *adj* trascendental; **e. news**, noticia bomba.
earthworm ['ɜːθwɜːm] *n* lombriz *f* de tierra.
earthy ['ɜːθɪ] *adj* (*earthier, earthiest*) 1 (*taste*) terroso,-a. 2 (*bawdy*) tosco,-a.
earwig ['ɪəwɪg] *n* tijereta *f*.
ease [iːz] I *n* 1 (*freedom from discomfort*) tranquilidad *f*; *Mil* posición *f* de descanso; **at e.**, relajado,-a. 2 (*lack of difficulty*) facilidad *f*. 3 (*affluence*) comodidad *f*. 4 **e. of manner**, naturalidad *f*. II *vtr* 1 (*pain*) aliviar. 2 (*move gently*) deslizar con cuidado. ◆**ease off, ease up** *vi* 1 (*decrease*) disminuir. 2 (*slow down*) ir más despacio.
easel ['iːzəl] *n* caballete *m*.
east [iːst] I *n* este *m*; **the Middle E.**, el Oriente Medio. II *adj* del este, oriental; **E. Germany**, Alemania Oriental. III *adv* al *or* hacia el este.
Easter ['iːstər] *n* Semana Santa, Pascua *f*; **E. egg**, huevo *m* de Pascua; **E. Sunday**, Domingo *m* de Resurrección.
easterly ['iːstəlɪ] *adj* (*from the east*) del este; (*to the east*) hacia al este.
eastern ['iːstən] *adj* oriental, del este.
eastward(s) ['iːstwəd(z)] *adv* hacia el este.
easy ['iːzɪ] *adj* (*easier, easiest*) I *adj* 1 (*simple*) fácil, sencillo,-a. 2 (*unworried, comfortable*) cómodo,-a, tranquilo,-a; **fam I'm e.!**, me da lo mismo; **e. chair**, butacón *m*. II *adv* **go e. on the wine**, no te pases con el vino; *fam* **to take things e.**, tomarse las cosas con calma; *fam* **take it e.!**, ¡tranquilo! ◆**easily** *adv* fácilmente; **e. the best**, con mucho el mejor.
easy-going [iːzɪ'gəʊɪŋ] *adj* (*calm*) tranquilo,-a; (*lax*) despreocupado,-a; (*undemanding*) poco exigente.
eat [iːt] (*pt* **ate** [et, eɪt], *pp* **eaten**) *vtr* comer. ◆**eat away** *vtr* desgastar; (*metal*) corroer. ◆**eat into** *vtr* 1 (*wood*) roer. 2 *fig* (*savings*) consumir. ◆**eat out** *vi* comer fuera. ◆**eat up** *vtr* 1 (*meal*) terminar. 2 *fig* (*petrol*) consumir; (*miles*) recorrer rápidamente.
eatable ['iːtəbəl] *adj* comestible.
eaten ['iːtən] *pp* → **eat**.
eau de Cologne [əʊdəkə'ləʊn] *n* colonia *f*.
eaves [iːvz] *npl* alero *m sing*.
eavesdrop ['iːvzdrɒp] *vi* escuchar disimuladamente.
ebb [eb] I *n* reflujo *m*; **e. and flow**, flujo y reflujo; *fig* **to be at a low e.**, estar decaído. II *vi* 1 (*tide*) bajar; **to e. and flow**, subir y bajar. 2 *fig* **to e. away**, decaer.
ebony ['ebənɪ] I *n* ébano *m*. II *adj* de ébano.
eccentric [ɪk'sentrɪk] *adj & nm,f* excéntrico,-a.
ecclesiastic [ɪkliːzɪ'æstɪk] *adj & nm,f* eclesiástico,-a.
echelon ['eʃəlɒn] *n* escalafón *m*.
echo ['ekəʊ] I *n* (*pl* **echoes**) eco *m*. II *vtr* (*repeat*) repetir. III *vi* resonar, hacer eco.
eclectic [ɪ'klektɪk] *adj* ecléctico,-a.
eclipse [ɪ'klɪps] I *n* eclipse *m*. II *vtr* eclipsar.
ecological [iːkə'lɒdʒɪkəl] *adj* ecológico, -a.
ecology [ɪ'kɒlədʒɪ] *n* ecología *f*.
economic [iːkə'nɒmɪk] *adj* económico,-a; (*profitable*) rentable.
economical [iːkə'nɒmɪkəl] *adj* económico,-a.
economics [iːkə'nɒmɪks] *n sing* (*science*) economía *f*; *Educ* (ciencias *fpl*) económicas *fpl*.
economist [ɪ'kɒnəmɪst] *n* economista *mf*.
economize [ɪ'kɒnəmaɪz] *vi* economizar.
economy [ɪ'kɒnəmɪ] *n* 1 *Pol* **the e.**, la economía. 2 (*saving*) ahorro *m*; **e. class**, clase *f* turista.
ecosystem [ˈiːkəʊsɪstəm] *n* ecosistema *m*.
ecstasy ['ekstəsɪ] *n* éxtasis *m*.
ecstatic [ek'stætɪk] *adj* extático,-a.
Ecuador ['ekwədɔːr] *n* Ecuador.
eczema ['eksɪmə] *n* eczema *m*.
eddy ['edɪ] I *n* remolino *m*. II *vi* arremolinarse.
edge [edʒ] I *n* borde *m*; (*of knife*) filo *m*; (*of coin*) canto *m*; (*of water*) orilla *f*; **on the e. of town**, en las afueras de la ciudad; **to have the e. on sb**, llevar ventaja a algn; *fig* **to be on e.**, tener los nervios de punta. II *vtr Sew* ribetear. III *vi* **to e. closer**, acercarse lentamente; **to e. forward**, avanzar poco a poco.
edgeways ['edʒweɪz] *adv* de lado; *fig* **I couldn't get a word in e.**, no pude decir ni pío.
edging ['edʒɪŋ] *n* borde *m*; *Sew* ribete *m*.
edgy ['edʒɪ] *adj* (**edgier, edgiest**) nervioso,-a.
edible ['edɪbəl] *adj* comestible.
edict ['iːdɪkt] *Hist n* edicto *m*; *Jur* decreto *m*.
Edinburgh ['edɪnbrə] *n* Edimburgo.
edit ['edɪt] *vtr* 1 (*prepare for printing*) preparar para la imprenta. 2 (*rewrite*) corregir; **to e. sth out**, suprimir algo. 3 *Press* ser redactor,-a de. 4 *Cin Rad TV* montar; (*cut*) cortar.
edition [ɪ'dɪʃən] *n* edición *f*.
editor ['edɪtər] *n* (*of book*) editor,-a *m,f*; *Press* redactor, -a *m,f*; *Cin TV* montador,-a *m,f*.
editorial [edɪ'tɔːrɪəl] I *adj* editorial; **e. staff**, redacción *f*. II *n* editorial *m*.
educate ['edjʊkeɪt] *vtr* educar.
educated ['edjʊkeɪtɪd] *adj* culto,-a.
education [edjʊ'keɪʃən] *n* 1 (*schooling*) enseñanza *f*; **adult e.**, educación *f* de

adultos; **Ministry of E.**, Ministerio *m* de Educación. **2** *(training)* formación *f*. **3** *(studies)* estudios *mpl*. **4** *(culture)* cultura *f*.
educational [edju'keɪʃənəl] *adj* educativo,-a, educacional.
eel [i:l] *n* anguila *f*.
eerie ['ɪərɪ] *adj* **(eerier, eeriest)** siniestro,-a.
efface [ɪ'feɪs] *vtr* borrar.
effect [ɪ'fekt] **I** *n* **1** efecto *m*; **in e.**, efectivamente; **to come into e.**, entrar en vigor; **to have an e. on**, afectar a; **to no e.**, sin resultado alguno; **to take e.**, *(drug)* surtir efecto; *(law)* entrar en vigor. **2** *(impression)* impresión *f*. **3 effects**, *(possessions)* efectos *mpl*. **II** *vtr fml* provocar.
effective [ɪ'fektɪv] *adj* **1** *(successful)* eficaz. **2** *(real)* efectivo,-a. **3** *(impressive)* impresionante. ◆**effectively** *adv* **1** *(successfully)* eficazmente. **2** *(in fact)* en efecto.
effeminate [ɪ'femɪnɪt] *adj* afeminado,-a.
effervescent [efə'vesənt] *adj* efervescente.
efficiency [ɪ'fɪʃənsɪ] *n (of person)* eficacia *f*; *(of machine)* rendimiento *m*.
efficient [ɪ'fɪʃənt] *adj* eficaz, eficiente; *(machine)* de buen rendimiento.
effigy ['efɪdʒɪ] *n* efigie *f*.
effluent ['efluənt] *n* vertidos *mpl*.
effort ['efət] *n* **1** esfuerzo *m*; **to make an e.**, hacer un esfuerzo, esforzarse. **2** *(attempt)* intento *m*.
effortless ['efətlɪs] *adj* sin esfuerzo.
effrontery [ɪ'frʌntərɪ] *n* desfachatez *f*.
effusive [ɪ'fju:sɪv] *adj* efusivo,-a.
eg [i:'dʒi:] *abbr of* **exempli gratia**, p. ej.
egalitarian [ɪgælɪ'teərɪən] *adj* igualitario,-a.
egg [eg] **I** *n* huevo *m*; *fam fig* **to put all one's eggs in one basket**, jugárselo todo a una carta; **e. cup**, huevera *f*; **e. timer**, reloj *m* de arena; **e. white**, clara *f* de huevo. **II** *vtr* **to e. sb on (to do sth)**, empujar a algn (a hacer algo).
eggplant ['egplɑ:nt] *n US* berenjena *f*.
eggshell ['egʃel] *n* cáscara *f* de huevo.
ego ['i:gəʊ, 'egəʊ] *n* **1** ego *m*; *fam* **e. trip**, autobombo *m*. **2** *fam* amor propio.
egocentric(al) [i:gəʊ'sentrɪk(əl)] *adj* egocéntrico,-a.
egoism ['i:gəʊɪzəm] *n* egoísmo *m*.
egoist ['i:gəʊɪst] *n* egoísta *mf*.
egotistic(al) [i:gəʊ'tɪstɪk(əl)] *adj* egotista.
Egypt ['i:dʒɪpt] *n* Egipto.
Egyptian [ɪ'dʒɪpʃən] *adj & n* egipcio,-a *(m,f)*.
eiderdown ['aɪdədaʊn] *n* edredón *m*.
eight [eɪt] *adj & n* ocho *(m) inv*.
eighteen [eɪ'ti:n] *adj & n* dieciocho *(m) inv*.
eighteenth [eɪ'ti:nθ] **I** *adj & n* decimoctavo *(m,f)*. **II** *n (fraction)* decimoctavo *m*.
eighth [eɪtθ] **I** *adj & n* octavo,-a *(m,f)*. **II** *n (fraction)* octavo *m*.
eighty ['eɪtɪ] *adj & n* ochenta *(m) inv*.
Eire ['eərə] *n* Eire.
either ['aɪðər, 'i:ðər] **I** *pron* **1** *(affirmative)* cualquiera; **e. of them**, cualquiera de los dos; **e. of us**, cualquiera de nosotros dos. **2** *(negative)* ninguno, ninguna; ni el uno ni el otro, ni la una ni la otra; **I don't want e. of them**, no quiero ninguno de los dos. **II** *adj (both)* cada, los dos, las dos; **on e. side**, en ambos lados; **in e. case**, en cualquier de los dos casos. **III** *conj* o; **e. ... or ...**, o ... o ...; **e. Friday or Saturday**, o (bien) el viernes o el sábado. **IV** *adv (after negative)* tampoco; **I don't want to do it e.**, yo tampoco quiero hacerlo.
ejaculate [ɪ'dʒækjʊleɪt] *vi (man)* eyacular.
eject [ɪ'dʒekt] **I** *vtr* expulsar. **II** *vi Av* eyectarse.
eke [i:k] *vtr* **to e. out a living**, ganarse la vida a duras penas.
elaborate [ɪ'læbəreɪt] **I** *vtr* **1** *(devise)* elaborar. **2** *(explain)* explicar detalladamente. **II** *vi* explicarse; **to e. on sth**, explicar algo con más detalles. **II** [ɪ'læbərɪt] *adj* **1** *(complicated)* complicado,-a. **2** *(detailed)* detallado,-a; *(style)* esmerado,-a.
elapse [ɪ'læps] *vi* transcurrir, pasar.
elastic [ɪ'læstɪk] **I** *adj* elástico,-a; *fig* flexible; **e. band**, goma elástica. **II** *n* elástico *m*.
Elastoplast® [ɪ'læstəplɑ:st] *n* tirita *f*.
elated [ɪ'leɪtɪd] *adj* eufórico,-a.
elation [ɪ'leɪʃən] *n* regocijo *m*.
elbow ['elbəʊ] **I** *n* **1** codo *m*; *fig* **e. room**, espacio *m*. **2** *(bend)* recodo *m*. **II** *vtr* **to e. sb**, dar un codazo a algn.
elder¹ ['eldər] **I** *adj* mayor. **II** *n* **the elders**, los ancianos.
elder² ['eldər] *n Bot* saúco *m*.
elderly ['eldəlɪ] **I** *adj* anciano,-a. **II** *npl* **the e.**, los ancianos.
eldest ['eldɪst] **I** *adj* mayor. **II** *n* el *or* la mayor.
elect [ɪ'lekt] **I** *vtr* **1** *Pol* elegir. **2** **to e. to do sth**, *(choose)* decidir hacer algo. **II** *adj* **the president e.**, el presidente electo.
election [ɪ'lekʃən] *n* elección *f*; **general e.**, elecciones *fpl* generales. **II** *adj* electoral.
electioneering [ɪlekʃə'nɪərɪŋ] *n* electoralismo *m*.
elector [ɪ'lektər] *n* elector,-a *m,f*.
electoral [ɪ'lektərəl] *adj* electoral.
electorate [ɪ'lektərɪt] *n* electorado *m*.
electric [ɪ'lektrɪk] *adj* **1** eléctrico,-a; **e. blanket**, manta eléctrica; **e. chair**, silla eléctrica; **e. shock**, electrochoque *m*. **2** *fig* electrizante.

electrical |ɪˈlektrɪkəl| adj eléctrico,-a.
electrician |ɪlekˈtrɪʃən| n electricista mf.
electricity |ɪlekˈtrɪsɪtɪ| n electricidad f; **e. bill**, recibo m de la luz.
electrify |ɪˈlektrɪfaɪ| vtr 1 (railway line) electrificar. 2 fig (excite) electrizar.
electrocute |ɪˈlektrəkjuːt| vtr electrocutar.
electron |ɪˈlektrɒn| n electrón m.
electronic |ɪlekˈtrɒnɪk| adj electrónico,-a.
electronics |ɪlekˈtrɒnɪks| n 1 (science) electrónica f. 2 (of machine) componentes mpl electrónicos.
elegant |ˈelɪgənt| adj elegante.
element |ˈelɪmənt| n 1 elemento m. 2 (part) parte f. 3 (electrical) resistencia f. 4 fam fig **to be in one's e.**, estar en su salsa.
elementary |elɪˈmentərɪ| adj (basic) elemental; (not developed) rudimentario,-a; (easy) fácil; **e. school**, escuela primaria.
elephant |ˈelɪfənt| n elefante m.
elevate |ˈelɪveɪt| vtr elevar; (in rank) ascender.
elevation |elɪˈveɪʃən| n 1 elevación f. 2 Archit alzado m. 3 (above sea level) altitud f.
elevator |ˈelɪveɪtər| n US ascensor m.
eleven |ɪˈlevən| adj & once (m) inv.
elevenses |ɪˈlevənzɪz| npl fam bocadillo m de las once.
eleventh |ɪˈlevənθ| I adj & nm,f undécimo,-a. II n (fraction) undécimo m.
elicit |ɪˈlɪsɪt| vtr obtener.
eligible |ˈelɪdʒəbəl| adj apto,-a; **he isn't e. to vote**, no tiene derecho al voto.
eliminate |ɪˈlɪmɪneɪt| vtr eliminar.
elite |ɪˈliːt| n elite f.
elitist |ɪˈliːtɪst| adj elitista.
elm |elm| n olmo m.
elocution |eləˈkjuːʃən| n elocución f.
elongate |ˈiːlɒŋgeɪt| vtr alargar.
elope |ɪˈləʊp| vi fugarse para casarse.
eloquent |ˈeləkwənt| adj elocuente.
else |els| adv 1 **anyone e.**, alguien más; **anything e.?**, ¿algo más?; **everything e.**, todo lo demás; **no-one e.**, nadie más; **someone e.**, otro,-a; **something e.**, otra cosa, algo más; **somewhere e.**, en otra parte; **what e.?**, ¿qué más?; **where e.?**, ¿en qué otro sitio? 2 **or e.**, (otherwise) si no.
elsewhere |elsˈweər| adv en otra parte.
elucidate |ɪˈluːsɪdeɪt| vtr aclarar.
elude |ɪˈluːd| vtr 1 (escape) eludir; **his name eludes me**, no consigo acordarme de su nombre. 2 (avoid) esquivar.
elusive |ɪˈluːsɪv| adj esquivo,-a; (evasive) evasivo,-a.
emaciated |ɪˈmeɪsɪeɪtɪd| adj demacrado,-a.
emanate |ˈeməneɪt| vi provenir (**from**, de).
emancipate |ɪˈmænsɪpeɪt| vtr emancipar.

emancipation |ɪmænsɪˈpeɪʃən| n emancipación f.
embankment |ɪmˈbæŋkmənt| n 1 (made of earth) terraplén m. 2 (of river) dique m.
embargo |emˈbɑːgəʊ| n (pl **embargoes**) embargo m.
embark |emˈbɑːk| I vtr (merchandize) embarcar. II vi embarcar, embarcarse; fig **to e. upon**, emprender; (sth difficult) embarcarse en.
embarkation |embɑːˈkeɪʃən| n embarque m.
embarrass |ɪmˈbærəs| vtr avergonzar.
embarrassed |ɪmˈbærəst| adj avergonzado,-a.
embarrassing |ɪmˈbærəsɪŋ| adj embarazoso,-a.
embarrassment |ɪmˈbærəsmənt| n vergüenza f.
embassy |ˈembəsɪ| n embajada f.
embed |ɪmˈbed| vtr (jewels) incrustar; fig grabar.
embellish |ɪmˈbelɪʃ| vtr embellecer; (story) exagerar.
ember |ˈembər| n ascua f, rescoldo m.
embezzle |ɪmˈbezəl| vtr desfalcar, malversar.
embezzlement |ɪmˈbezəlmənt| n malversación f.
embitter |ɪmˈbɪtər| vtr amargar.
embittered |ɪmˈbɪtəd| adj amargado,-a, resentido,-a.
emblem |ˈembləm| n emblema m.
embody |ɪmˈbɒdɪ| vtr 1 (include) abarcar. 2 (personify) encarnar.
embossed |ɪmˈbɒst| adj en relieve.
embrace |ɪmˈbreɪs| I vtr 1 abrazar. 2 (accept) adoptar. 3 (include) abarcar. II vi abrazarse. III n abrazo m.
embroider |ɪmˈbrɔɪdər| vtr 1 Sew bordar. 2 fig (story, truth) adornar, embellecer.
embroidery |ɪmˈbrɔɪdərɪ| n bordado m.
embryo |ˈembrɪəʊ| n embrión m.
emerald |ˈemərəld| n esmeralda f.
emerge |ɪˈmɜːdʒ| vi salir; (problem) surgir; **it emerged that ...**, resultó que ....
emergence |ɪˈmɜːdʒəns| n aparición f.
emergency |ɪˈmɜːdʒənsɪ| n emergencia f; Med urgencia f; **in an e.**, en caso de emergencia; **e. exit**, salida f de emergencia; **e. landing**, aterrizaje forzoso; **e. measures**, medidas fpl de urgencia; Aut **e. stop**, frenazo m en seco; Pol **state of e.**, estado m de excepción.
emery |ˈemərɪ| n **e. board**, lima f de uñas.
emigrant |ˈemɪgrənt| n emigrante mf.
emigrate |ˈemɪgreɪt| vi emigrar.
emigration |emɪˈgreɪʃən| n emigración f.
eminent |ˈemɪnənt| adj eminente.
emission |ɪˈmɪʃən| n emisión f.
emit |ɪˈmɪt| vtr (signals) emitir; (smells) despedir; (sound) producir.

emotion |ɪˈməʊʃən| *n* emoción *f*.
emotional |ɪˈməʊʃənəl| *adj* **1** emocional. **2** *(moving)* conmovedor,-a.
emotive |ɪˈməʊtɪv| *adj* emotivo,-a.
emperor |ˈempərər| *n* emperador *m*.
emphasis |ˈemfəsɪs| *n* (*pl* **emphases** |ˈemfəsiːz|) énfasis *m*; **to place e. on sth**, hacer hincapié en algo.
emphasize |ˈemfəsaɪz| *vtr* subrayar, hacer hincapié en; *(insist)* insistir; *(highlight)* hacer resaltar.
emphatic |emˈfætɪk| *adj* *(forceful)* enfático,-a; *(convinced)* categórico,-a.
◆**emphatically** *adv* categóricamente.
empire |ˈempaɪər| *n* imperio *m*.
employ |ɪmˈplɔɪ| *vtr* emplear; *(time)* ocupar.
employee |emˈplɔɪiː, emplɔɪˈiː| *n* empleado,-a *m, f*.
employer |ɪmˈplɔɪər| *n* patrón,-ona *m, f*.
employment |ɪmˈplɔɪmənt| *n* empleo *m*; **e. agency**, agencia *f* de colocaciones; **full e.**, pleno empleo.
empower |ɪmˈpaʊər| *vtr* autorizar.
empress |ˈemprɪs| *n* emperatriz *f*.
emptiness |ˈemptɪnɪs| *n* vacío *m*.
empty |ˈemptɪ| **I** *adj* (**emptier, emptiest**) vacío,-a; **an e. house**, una casa deshabitada; **e. promises**, promesas *fpl* vanas. **II** *vtr* vaciar. **III** *vi* **1** vaciarse. **2** *(river)* desembocar (**into**, en). **IV** *npl* **empties**, envases vacíos.
empty-handed |emptɪˈhændɪd| *adj* con las manos vacías.
emulate |ˈemjʊleɪt| *vtr* emular.
emulsion |ɪˈmʌlʃən| *n* emulsión *f*; **e. paint**, pintura *f* mate.
enable |ɪnˈeɪbəl| *vtr* permitir.
enact |ɪnˈækt| *vtr* *(play)* representar; *(law)* promulgar.
enamel |ɪˈnæməl| *n* esmalte *m*.
enamoured, *US* **enamored** |ɪˈnæməd| *adj* enamorado,-a; **to be e. of** *or* **by sth**, encantarle algo a algn.
encase |ɪnˈkeɪs| *vtr* **encased in**, revestido de.
enchant |ɪnˈtʃɑːnt| *vtr* encantar.
enchanting |ɪnˈtʃɑːntɪŋ| *adj* encantador,-a.
encircle |ɪnˈsɜːkəl| *vtr* rodear.
enclave |ˈenkleɪv| *n* enclave *m*.
enclose |ɪnˈkləʊz| *vtr* **1** *(surround)* rodear. **2** *(fence in)* cercar. **3** *(in envelope)* adjuntar; **please find enclosed**, le enviamos adjunto.
enclosure |ɪnˈkləʊʒər| *n* **1** *(fenced area)* cercado *m*. **2** *(in envelope)* documento adjunto. **3** *(of racecourse)* recinto *m*.
encompass |ɪnˈkʌmpəs| *vtr* abarcar.
encore |ˈɒŋkɔːr| **I** *interj* ¡otra!, ¡bis! **II** *n* repetición *f*, bis *m*.
encounter |ɪnˈkaʊntər| **I** *n* *(meeting)* encuentro *m*. **II** *vtr* encontrar, encontrarse con; *(problems)* tropezar con.

encourage |ɪnˈkʌrɪdʒ| *vtr* **1** *(person)* animar. **2** *(tourism, trade)* fomentar.
encouragement |ɪnˈkʌrɪdʒmənt| *n* estímulo *m*.
encroach |ɪnˈkrəʊtʃ| *vi* **to e. on**, *(territory)* invadir; *(rights)* usurpar; *(time, freedom)* quitar.
encrusted |ɪnˈkrʌstɪd| *adj* incrustado,-a (**with**, de).
encumber |ɪnˈkʌmbər| *vtr* estorbar; *(with debts)* gravar.
encyclop(a)edia |ensaɪkləʊˈpiːdɪə| *n* enciclopedia *f*.
end |end| **I** *n* **1** *(of stick)* punta *f*; *(of street)* final *m*; *(of table)* extremo *m*; *fig* **to make ends meet**, llegar a final de mes; *fig* **it makes my hair stand on e.**, me pone el pelo de punta. **2** *(conclusion)* fin *m*, final *m*; **in the e.**, al final; **for hours on e.**, hora tras hora; **no e. of**, un sinfín de; **to bring an e. to sth**, poner fin a algo; **to put an e. to**, acabar con. **3** *(aim)* objetivo *m*, fin *m*; **to no e.**, en vano. **II** *vtr* acabar, terminar. **III** *vi* acabarse, terminarse. ◆**end up** *vi* terminar; **it ended up in the dustbin**, fue a parar al cubo de la basura; **to e. up doing sth**, terminar por hacer algo.
endanger |ɪnˈdeɪndʒər| *vtr* poner en peligro.
endangered |ɪnˈdeɪndʒəd| *adj* en peligro.
endearing |ɪnˈdɪərɪŋ| *adj* simpático,-a.
endeavour, *US* **endeavor** |ɪnˈdevər| **I** *n* esfuerzo *m*. **II** *vi* intentar, procurar.
ending |ˈendɪŋ| *n* final *m*.
endive |ˈendaɪv| *n* *Bot* **1** endibia *f*. **2** *US* escarola *f*.
endless |ˈendlɪs| *adj* interminable.
endorse |ɪnˈdɔːs| *vtr* **1** *Fin* endosar. **2** *(approve)* aprobar; *(support)* apoyar.
endorsement |ɪnˈdɔːsmənt| *n* **1** *Fin* endoso *m*. **2** *Aut* nota *f* de sanción. **3** *(approval)* aprobación *f*.
endow |ɪnˈdaʊ| *vtr* dotar; **to be endowed with**, estar dotado,-a de.
endurance |ɪnˈdjʊərəns| *n* resistencia *f*.
endure |ɪnˈdjʊər| **I** *vtr* *(bear)* aguantar, soportar. **II** *vi* perdurar.
enemy |ˈenəmɪ| *adj & n* enemigo,-a (*m, f*).
energetic |enəˈdʒetɪk| *adj* enérgico,-a.
energy |ˈenədʒɪ| *n* energía *f*.
enforce |ɪnˈfɔːs| *vtr* *(law)* hacer cumplir.
enforcement |ɪnˈfɔːsmənt| *n* aplicación *f*.
engage |ɪnˈgeɪdʒ| *vtr* **1** *(hire)* contratar. **2** *(attention)* llamar. **3** *(in conversation)* entablar. **4** *Tech* engranar; *Aut* **to e. the clutch**, pisar el embrague.
engaged |ɪnˈgeɪdʒd| *adj* **1** *(betrothed)* prometido,-a; **to get e.**, prometerse. **2** *(busy)* ocupado,-a; *Tel* **it's e.**, está comunicando.
engagement |ɪnˈgeɪdʒmənt| *n* **1** *(betrothal)* petición *f* de mano; *(period)* no-

engaging 374 **entirety**

viazgo *m*; **e. ring,** anillo *m* de compromiso. 2 *(appointment)* cita *f.* 3 *Mil* combate *m.*
engaging [ɪnˈgeɪdʒɪŋ] *adj* simpático,-a, agradable.
engender [ɪnˈdʒendər] *vtr* engendrar.
engine [ˈendʒɪn] *n* motor *m*; *Rail* locomotora *f*; **e. room,** sala *f* de máquinas; **e. driver,** maquinista *mf.*
engineer [endʒɪˈnɪər] **I** *n* 1 ingeniero,-a *m, f*; **civil e.,** ingeniero de caminos. 2 *US Rail* maquinista *mf.* **II** *vtr fig (contrive)* maquinar.
engineering [endʒɪˈnɪərɪŋ] *n* ingeniería *f*; **electrical e.,** electrotecnia *f*; **civil e.,** ingeniería civil.
England [ˈɪŋglənd] *n* Inglaterra.
English [ˈɪŋglɪʃ] **I** *adj* inglés,-esa. **II** *n* 1 *(language)* inglés *m.* 2 *pl* **the E.,** los ingleses.
Englishman [ˈɪŋglɪʃmən] *n* inglés *m.*
English-speaking [ˈɪŋglɪʃspiːkɪŋ] *adj* de habla inglesa.
Englishwoman [ˈɪŋglɪʃwʊmən] *n* inglesa *f.*
engraving [ɪnˈgreɪvɪŋ] *n* grabado *m.*
engrossed [ɪnˈgrəʊst] *adj* absorto,-a **(in,** en).
engulf [ɪnˈgʌlf] *vtr* tragarse.
enhance [ɪnˈhɑːns] *vtr (beauty)* realzar; *(power, chances)* aumentar.
enigma [ɪˈnɪgmə] *n* enigma *m.*
enjoy [ɪnˈdʒɔɪ] **I** *vtr* 1 disfrutar de; **to e. oneself,** pasarlo bien. 2 *(benefit from)* gozar de.
enjoyable [ɪnˈdʒɔɪəbəl] *adj* agradable; *(amusing)* divertido,-a.
enjoyment [ɪnˈdʒɔɪmənt] *n* placer *m*, gusto *m.*
enlarge [ɪnˈlɑːdʒ] **I** *vtr* extender, ampliar; *Phot* ampliar. **II** *vi* **to e. upon a subject,** extenderse sobre un tema.
enlargement [ɪnˈlɑːdʒmənt] *n Phot* ampliación *f.*
enlighten [ɪnˈlaɪtən] *vtr* iluminar.
enlightened [ɪnˈlaɪtənd] *adj* 1 *(learned)* culto,-a; *(informed)* bien informado,-a. 2 *Hist* ilustrado,-a.
enlightenment [ɪnˈlaɪtənmənt] *n* **the Age of E.,** el Siglo de las Luces.
enlist [ɪnˈlɪst] **I** *vtr Mil* reclutar; **to e. sb's help,** conseguir ayuda de algn. **II** *vi Mil* alistarse.
enmity [ˈenmɪtɪ] *n* enemistad *f*, hostilidad *f.*
enormous [ɪˈnɔːməs] *adj* enorme.
◆**enormously** *adv* enormemente; **I enjoyed myself e.,** lo pasé genial.
enough [ɪˈnʌf] **I** *adj* bastante, suficiente; **e. books,** bastantes libros; **e. money,** bastante dinero; **have we got e. petrol?,** ¿tenemos suficiente gasolina? **II** *adv* bastante; **oddly e. ...,** lo curioso es que ...; **sure e.,** en efecto. **III** *n* lo bastante,

lo suficiente; **e. to live on,** lo suficiente para vivir; **it isn't e.,** no basta; **more than e.,** más que suficiente; *fam* **e. is e.,** ya está!; *fam* **I've had e.!,** estoy harto!
enquire [ɪnˈkwaɪər] *vi* preguntar.
enquiry [ɪnˈkwaɪərɪ] *n* 1 *(question)* pregunta *f*; **to make an e.,** preguntar; **enquiries,** información *f.* 2 *(investigation)* investigación *f.*
enrage [ɪnˈreɪdʒ] *vtr* enfurecer.
enrich [ɪnˈrɪtʃ] *vtr* enriquecer.
enrol, *US* **enroll** [ɪnˈrəʊl] **I** *vtr* matricular. **II** *vi* matricularse, inscribirse.
enrolment [ɪnˈrəʊlmənt] *n* matrícula *f.*
en route [ɒnˈruːt] *adv* en *or* por el camino.
ensign [ˈensaɪn] *n (flag)* bandera *f*; *Naut* pabellón *m.*
enslave [ɪnˈsleɪv] *vtr* esclavizar.
ensue [ɪnˈsjuː] *vi* 1 *(follow)* seguir. 2 *(result)* resultar **(from,** de).
ensure [ɪnˈʃʊər] *vtr* asegurar.
entail [ɪnˈteɪl] *vtr (involve)* suponer.
entangle [ɪnˈtæŋgəl] *vtr* enredar.
enter [ˈentər] **I** *vtr* 1 *(go into)* entrar en; *fig (join)* ingresar en. 2 *(write down)* apuntar, anotar. 3 **to e. one's name for a course,** *(register)* matricularse en un curso. 4 *Comput* dar entrada a. **II** *vi* entrar.
◆**enter into** *vtr* 1 *(agreement)* firmar; *(negotiations)* iniciar; *(bargain)* cerrar. 2 *(relations)* establecer; *(conversation)* entablar.
enterprise [ˈentəpraɪz] *n* empresa *f*; **free e.,** libre empresa; **private e.,** iniciativa privada; *(as a whole)* el sector privado; **public e.,** el sector público.
enterprising [ˈentəpraɪzɪŋ] *adj* emprendedor,-a.
entertain [entəˈteɪn] **I** *vtr* 1 *(amuse)* divertir. 2 *(consider)* considerar; **to e. an idea,** abrigar una idea. **II** *vi* tener invitados.
entertainer [entəˈteɪnər] *n* artista *mf.*
entertaining [entəˈteɪnɪŋ] *adj* divertido,-a.
entertainment [entəˈteɪnmənt] *n* 1 diversión *f.* 2 *Theat* espectáculo *m.*
enthralling [ɪnˈθrɔːlɪŋ] *adj* fascinante.
enthuse [ɪnˈθjuːz] *vi* entusiasmarse **(over,** por).
enthusiasm [ɪnˈθjuːzɪæzəm] *n* entusiasmo *m.*
enthusiast [ɪnˈθjuːzɪæst] *n* entusiasta *mf.*
enthusiastic [ɪnθjuːzɪˈæstɪk] *adj* entusiasta; *(praise)* caluroso,-a; **to be e. about sth,** entusiasmarse por algo.
entice [ɪnˈtaɪs] *vtr* seducir, atraer.
enticing [ɪnˈtaɪsɪŋ] *adj* atractivo,-a, tentador,-a.
entire [ɪnˈtaɪər] *adj* entero,-a, todo,-a.
◆**entirely** *adv* 1 *(completely)* totalmente. 2 *(solely)* exclusivamente.
entirety [ɪnˈtaɪərɪtɪ] *n* **in its e.,** en su to-

talidad.
entitle |ɪnˈtaɪtəl| *vtr* **1** dar derecho a; **to be entitled to,** tener derecho a. **2** *(book etc)* titular.
entity |ˈentɪtɪ| *n* entidad *f*.
entourage |ɒntʊˈrɑːʒ| *n* séquito *m*.
entrails |ˈentreɪlz| *npl* tripas *fpl*; *fig* entrañas *fpl*.
entrance[1] |ˈentrəns| *n* **1** entrada *f*; **e. fee,** *(to museum etc)* entrada; *(to organization)* cuota *f*. **2** *(admission)* ingreso *m*; **e. examination,** examen *m* de ingreso.
entrance[2] |ɪnˈtrɑːns| *vtr* encantar.
entrant |ˈentrənt| *n* (*in competition*) participante *mf*; *(applicant)* aspirante *mf*.
entreat |ɪnˈtriːt| *vtr fml* suplicar, rogar.
entrenched |ɪnˈtrentʃt| *adj* firmemente enraizado,-a.
entrepreneur |ɒntrəprəˈnɜːr| *n* empresario, -a *m,f*.
entrust |ɪnˈtrʌst| *vtr* encargar (**with,** de); **to e. sth to sb,** dejar algo al cuidado de algn.
entry |ˈentrɪ| *n* **1** *(entrance)* entrada *f*; **no e.,** dirección prohibida. **2** *(in competition)* participante *mf*.
enumerate |ɪˈnjuːməreɪt| *vtr* enumerar.
enunciate |ɪˈnʌnsɪeɪt| *vtr (words)* articular; *(ideas)* formular.
envelop |ɪnˈveləp| *vtr* envolver.
envelope |ˈenvələup| *n* sobre *m*.
envious |ˈenvɪəs| *adj* envidioso,-a; **to feel e.,** tener envidia.
environment |ɪnˈvaɪərənmənt| *n* medio *m* ambiente.
environmental |ɪnvaɪərənˈmentəl| *adj* medioambiental.
envisage |ɪnˈvɪzɪdʒ| *vtr (imagine)* imaginarse; *(foresee)* prever.
envoy |ˈenvɔɪ| *n* enviado,-a *m,f*.
envy |ˈenvɪ| **I** *n* envidia *f*. **II** *vtr* envidiar, tener envidia de.
enzyme |ˈenzaɪm| *n* enzima *m*.
ephemeral |ɪˈfemərəl| *adj* efímero,-a.
epic |ˈepɪk| **I** *n* epopeya *f*. **II** *adj* épico,-a.
epidemic |epɪˈdemɪk| *n* epidemia *f*; *fig (of crime etc)* ola *f*.
epilepsy |ˈepɪlepsɪ| *n* epilepsia *f*.
epilogue, *US* **epilog** |ˈepɪlɒg| *n* epílogo *m*.
episode |ˈepɪsəud| *n* episodio *m*.
epistle |ɪˈpɪsəl| *n* epístola *f*.
epitaph |ˈepɪtɑːf| *n* epitafio *m*.
epitome |ɪˈpɪtəmɪ| *n fml* personificación *f*.
epitomize |ɪˈpɪtəmaɪz| *vtr fml* personificar.
epoch |ˈiːpɒk| *n* época *f*.
equable |ˈekwəbəl| *adj* **1** *(person)* ecuánime. **2** *(climate)* uniforme.
equal |ˈiːkwəl| **I** *adj* igual; **to be e. to the occasion,** estar a la altura de las circunstancias; **e. pay,** igualdad *f* de salarios. **II** *n* igual *mf*; **to treat sb as an e.,** tratar a algn de igual a igual. **III** *vtr* **1** *Math* equivaler. **2** *(match)* igualar.
◆**equally** *adv* igualmente; **e. pretty,** igual de bonito; **to share sth e.,** dividir algo en partes iguales.
equality |iːˈkwɒlɪtɪ| *n* igualdad *f*.
equalize |ˈiːkwəlaɪz| **I** *vi Ftb* empatar. **II** *vtr* igualar.
equalizer |ˈiːkwəlaɪzər| *n Ftb* gol *m* del empate; *(of sound)* ecualizador *m*.
equanimity |ekwəˈnɪmɪtɪ| *n* ecuanimidad *f*.
equate |ɪˈkweɪt| *vtr* equiparar, comparar (**to, a, con**).
equation |ɪˈkweɪʒən, ɪˈkweɪʃən| *n Math* ecuación *f*.
equator |ɪˈkweɪtər| *n* ecuador *m*.
equatorial |ekwəˈtɔːrɪəl| *adj* ecuatorial.
equestrian |ɪˈkwestrɪən| *adj* ecuestre.
equilibrium |iːkwɪˈlɪbrɪəm| *n* equilibrio *m*.
equinox |ˈiːkwɪnɒks| *n* equinoccio *m*.
equip |ɪˈkwɪp| *vtr (with tools, machines)* equipar; *(with food)* proveer.
equipment |ɪˈkwɪpmənt| *n (materials)* equipo *m*; **office e.,** material *m* de oficina.
equipped |ɪˈkwɪpt| *adj (with tools, machines)* equipado,-a; *(with skills)* dotado,-a.
equitable |ˈekwɪtəbəl| *adj* equitativo,-a.
equities |ˈekwɪtɪz| *npl* acciones ordinarias.
equivalent |ɪˈkwɪvələnt| *adj & n* equivalente (*m*); **to be e. to,** equivaler a, ser equivalente a.
equivocal |ɪˈkwɪvəkəl| *adj* equívoco,-a.
era |ˈɪərə| *n* era *f*.
eradicate |ɪˈrædɪkeɪt| *vtr* erradicar.
erase |ɪˈreɪz| *vtr* borrar.
eraser |ɪˈreɪzər| *n* goma *f* de borrar.
erect |ɪˈrekt| **I** *adj* **1** *(upright)* erguido,-a. **2** *(penis)* erecto,-a. **II** *vtr (monument)* levantar, erigir.
erection |ɪˈrekʃən| *n* **1** *(of building)* construcción *f*. **2** *(penis)* erección *f*.
ermine |ˈɜːmɪn| *n* armiño *m*.
erode |ɪˈrəud| *vtr* **1** *(rock, soil)* erosionar. **2** *(metal)* corroer, desgastar; *fig (power, confidence)* hacer perder.
erosion |ɪˈrəuʒən| *n Geol* erosión *f*.
erotic |ɪˈrɒtɪk| *adj* erótico,-a.
err |ɜːr| *vi* errar; **to e. on the side of ...,** pecar por exceso de ....
errand |ˈerənd| *n* recado *m*; **e. boy,** recadero *m*.
erratic |ɪˈrætɪk| *adj (performance, behaviour)* irregular; *(weather)* muy variable; *(person)* caprichoso,-a.
erroneous |ɪˈrəunɪəs| *adj* erróneo,-a.
error |ˈerər| *n* error *m*, equivocación *f*.
erupt |ɪˈrʌpt| *vi* **1** *(volcano)* entrar en erupción; *(violence)* estallar. **2 his skin erupted in a rash,** le salió una erupción.

eruption [ɪˈrʌpʃən] *n* erupción *f*.
escalate [ˈeskəleɪt] *vi (war)* intensificarse; *(prices)* aumentar; *(change)* convertirse (**into**, en).
escalation [eskəˈleɪʃən] *n (of war)* intensificación *f*, escalada *f*; *(of prices)* subida *f*.
escalator [ˈeskəleɪtəʳ] *n* escalera mecánica.
escalope [ˈeskəlɒp] *n* escalope *m*.
escapade [ˈeskəpeɪd] *n* aventura *f*.
escape [ɪsˈkeɪp] **I** *n* huída *f*, fuga *f*; *(of gas)* escape *m*; **e. route**, vía *f* de escape. **II** *vi* escaparse. **III** *vtr* **1** *(avoid)* evitar, huir de; **to e. punishment**, librarse del castigo. **2** *fig* **his name escapes me**, no recuerdo su nombre.
escapism [ɪˈskeɪpɪzəm] *n* evasión *f*.
escort [ˈeskɔːt] **I** *n* **1** *(companion)* acompañante *mf*. **2** *Mil* escolta *f*. **II** [ɪsˈkɔːt] *vtr* **1** *(accompany)* acompañar. **2** *(protect)* escoltar.
Eskimo [ˈeskɪməʊ] *adj & n* esquimal *(mf)*.
esoteric [esəʊˈterɪk] *adj* esotérico,-a.
especial [ɪˈspeʃəl] *adj* especial.
◆**especially** *adv* especialmente, sobre todo.
espionage [ˈespɪənɑːʒ] *n* espionaje *m*.
esplanade [espləˈneɪd] *n* paseo marítimo.
espouse [ɪˈspaʊz] *vtr fml (cause)* abrazar, adoptar.
espresso [eˈspresəʊ] *n* **e. (coffee)**, café *m* exprés.
esquire [ɪˈskwaɪəʳ] *n GB* señor *m*; **Timothy Whiteman E.**, Sr. Don Timothy Whiteman.
essay [ˈeseɪ] *n Educ* redacción *f*.
essence [ˈesəns] *n* esencia *f*; **in e.**, esencialmente.
essential [ɪˈsenʃəl] **I** *adj* esencial, imprescindible. **II** *n* necesidad básica; **the essentials**, lo fundamental.
◆**essentially** *adv* esencialmente.
establish [ɪˈstæblɪʃ] *vtr* **1** *(found)* establecer; *(business)* montar. **2** *Jur* **to e. a fact**, probar un hecho; **to e. the truth**, demostrar la verdad.
established [ɪˈstæblɪʃt] *adj (person)* establecido,-a; *(fact)* conocido,-a.
establishment [ɪˈstæblɪʃmənt] *n* establecimiento *m*; **the E.**, el sistema.
estate [ɪˈsteɪt] *n* **1** *(land)* finca *f*; *GB* **e. agent**, agente *mf* inmobiliario,-a; *GB* **e. car**, coche *m* modelo familiar. **2** *(housing)* **e.**, zona urbanizada. **3** *(property)* bienes *mpl*. **4** *(inheritance)* herencia *f*.
esteem [ɪˈstiːm] **I** *n* **to hold sb in great e.**, apreciar mucho a algn. **II** *vtr* estimar.
esthetic [esˈθetɪk] *adj US* estético,-a.
estimate [ˈestɪmɪt] **I** *n* **1** *(calculation)* cálculo *m*; *(likely cost of work)* presupuesto *m*; **rough e.**, cálculo aproximado. **II** [ˈestɪmeɪt] *vtr* calcular; *fig* pensar, creer.

estimation [estɪˈmeɪʃən] *n* **1** *(opinion)* juicio *m*, opinión *f*. **2** *(esteem)* estima *f*.
estrange [ɪˈstreɪndʒ] *vtr* **to become estranged**, alejarse (**from**, de).
Estremadura [estreɪməˈdʊərə] *n* Extremadura.
estuary [ˈestjʊərɪ] *n* estuario *m*.
etching [ˈetʃɪŋ] *n* aguafuerte *m*.
eternal [ɪˈtɜːnəl] *adj* eterno,-a, incesante; **e. triangle**, triángulo amoroso.
eternity [ɪˈtɜːnɪtɪ] *n* eternidad *f*.
ether [ˈiːθəʳ] *n* éter *m*.
ethereal [ɪˈθɪərɪəl] *adj* etéreo,-a.
ethical [ˈeθɪkəl] *adj* ético,-a.
ethics [ˈeθɪks] *n* ética *f*.
Ethiopia [iːθɪˈəʊpɪə] *n* Etiopía.
ethnic [ˈeθnɪk] *adj* étnico,-a.
ethos [ˈiːθɒs] *n* carácter distintivo.
etiquette [ˈetɪket] *n* protocolo *m*, etiqueta *f*.
etymology [etɪˈmɒlədʒɪ] *n* etimología *f*.
eucalyptus [juːkəˈlɪptəs] *n* eucalipto *m*.
euphemism [ˈjuːfɪmɪzəm] *n* eufemismo *m*.
euphoria [juːˈfɔːrɪə] *n* euforia *f*.
Eurocheque [ˈjʊərəʊtʃek] *n* eurocheque *m*.
Eurocrat [ˈjʊərəkræt] *n* eurócrata *mf*.
Euro-MP [ˈjʊərəʊempiː] *n* eurodiputado, -a *m,f*.
Europe [ˈjʊərəp] *n* Europa.
European [jʊərəˈpɪən] *adj & n* europeo,-a *(m,f)*; **E. Economic Community**, Comunidad Económica Europea.
euthanasia [juːθəˈneɪzɪə] *n* eutanasia *f*.
evacuate [ɪˈvækjʊeɪt] *vtr* evacuar.
evacuation [ɪvækjʊˈeɪʃən] *n* evacuación *f*.
evade [ɪˈveɪd] *vtr* evadir.
evaluate [ɪˈvæljʊeɪt] *vtr* evaluar.
evaluation [ɪvæljʊˈeɪʃən] *n* evaluación *f*.
evangelical [iːvænˈdʒelɪkəl] *adj* evangélico,-a.
evangelist [ɪˈvændʒɪlɪst] *n* evangelista *mf*.
evaporate [ɪˈvæpəreɪt] **I** *vtr* evaporar; **evaporated milk**, leche condensada sin endulzar. **II** *vi* evaporarse; *fig* desvanecerse.
evasion [ɪˈveɪʒən] *n* **1** evasión *f*. **2** *(evasive answer)* evasiva *f*.
evasive [ɪˈveɪsɪv] *adj* evasivo,-a.
eve [iːv] *n* víspera *f*; **on the e. of**, en vísperas de.
even [ˈiːvən] **I** *adj* **1** *(smooth)* liso,-a; *(level)* llano,-a. **2** *(regular)* uniforme. **3** *(equally balanced)* igual; *Sport* **to be e.**, ir empatados,-as; **to get e. with sb**, desquitarse con algn. **4** *(number)* par. **5** *(at the same level)* a nivel. **6** *(quantity)* exacto,-a. **II** *adv* **1** incluso, hasta, aun; **e. now**, incluso ahora; **e. so**, aun así; **e. the children knew**, hasta los niños lo sabían. **2** *(negative)* ni siquiera; **she can't e. write her name**, ni siquiera sabe escribir su nombre; **without e. speaking**, sin hablar

evening 377 **exceptional**

siquiera. **3** *(before comparative)* aun, todavía; **e. worse,** aun peor. **4 e. as,** mientras; **e. if,** incluso si; **e. though,** aunque. **III** *vtr* igualar.

evening ['iːvnɪŋ] *n* **1** *(early)* tarde *f*; *(late)* noche *f*; **in the e.,** por la tarde; **tomorrow e.,** mañana por la tarde; **e. class,** clase nocturna; **e. dress,** *(man)* traje *m* de etiqueta; *(woman)* traje de noche; **e. paper,** periódico vespertino. **2** *(greeting)* **good e.!,** *(early)* ¡buenas tardes!; *(late)* ¡buenas noches!

event [ɪ'vent] *n* **1** *(happening)* suceso *m*, acontecimiento *m*. **2** *(case)* caso *m*; **at all events,** en todo caso; **in the e. of fire,** en caso de incendio. **3** *Sport* prueba *f*.

eventful [ɪ'ventfʊl] *adj* **an e. day,** *(busy)* un día agitado; *(memorable)* un día memorable.

eventual [ɪ'ventʃʊəl] *adj (ultimate)* final; *(resulting)* consiguiente. ◆**eventually** *adv* finalmente.

eventuality [ɪventʃʊ'ælɪtɪ] *n* eventualidad *f*.

ever ['evər] *adv* **1** nunca, jamás; **stronger than e.,** más fuerte que nunca. **2** *(interrogative)* alguna vez; **have you e. been there?,** ¿has estado allí alguna vez? **3** *(always)* siempre; **for e.,** para siempre; **for e. and e.,** para siempre jamás. **4** *(emphasis)* **how e. did you manage it?,** ¿cómo diablos lo conseguiste?; **why e. not?,** ¿por qué no?; *fam* **so, e. such,** muy; **thank you e. so much,** muchísimas gracias.

evergreen ['evəgriːn] **I** *adj* de hoja perenne. **II** *n* árbol *m* or planta *f* de hoja perenne.

everlasting [evə'lɑːstɪŋ] *adj* eterno,-a.

evermore [evə'mɔːr] *adv* **for e.,** para siempre jamás.

every ['evrɪ] *adj* **1** *(each)* cada; **e. now and then,** de vez en cuando; **e. day,** todos los días; **e. other day,** cada dos días; **e. one of you,** todos,-as vosotros,-as; **e. citizen,** todo ciudadano. **2 you had e. right to be angry,** tenías toda la razón para estar enfadado.

everybody ['evrɪbɒdɪ] *pron* todo el mundo, todos,-as.

everyday ['evrɪdeɪ] *adj* diario,-a, de todos los días; **an e. occurrence,** un suceso cotidiano.

everyone ['evrɪwʌn] *pron* todo el mundo, todos,-as.

everything ['evrɪθɪŋ] *pron* todo; **he eats e.,** come de todo; **she means e. to me,** ella lo es todo para mí.

everywhere ['evrɪweər] *adv* en todas partes, por todas partes.

evict [ɪ'vɪkt] *vtr* desahuciar.

evidence ['evɪdəns] **I** *n* **1** *(proof)* evidencia *f*. **2** *Jur* testimonio *m*; **to give e.,** prestar declaración. **3** *(sign)* indicio *m*, señal *f*; **to be in e.,** dejarse notar.

evident ['evɪdənt] *adj* evidente, manifiesto,-a. ◆**evidently** *adv* evidentemente, al parecer.

evil ['iːvəl] **I** *adj (wicked)* malo,-a, malvado,-a; *(harmful)* nocivo,-a; *(unfortunate)* aciago,-a. **II** *n* mal *m*.

evocative [ɪ'vɒkətɪv] *adj* evocador,-a.

evoke [ɪ'vəʊk] *vtr* evocar.

evolution [iːvə'luːʃən] *n* evolución *f*; *Biol* desarrollo *m*.

evolve [ɪ'vɒlv] **I** *vi (species)* evolucionar; *(ideas)* desarrollarse. **II** *vtr* desarrollar.

ewe [juː] *n* oveja *f*.

ex [eks] *n* **her e.,** su ex marido; **his e.,** su ex mujer.

ex- [eks] *pref* ex, antiguo,-a; **ex-minister,** ex ministro *m*.

exacerbate [ɪg'zæsəbeɪt] *vtr* exacerbar.

exact [ɪg'zækt] **I** *adj (accurate)* exacto,-a; *(definition)* preciso,-a; **this e. spot,** ese mismo lugar. **II** *vtr* exigir. ◆**exactly** *adv* exactamente; precisamente; **e.!,** ¡exacto!

exacting [ɪg'zæktɪŋ] *adj* exigente.

exaggerate [ɪg'zædʒəreɪt] *vi & vtr* exagerar.

exaggeration [ɪgzædʒə'reɪʃən] *n* exageración *f*.

exalt [ɪg'zɔːlt] *vtr fml* exaltar.

exam [ɪg'zæm] *n fam* examen *m*.

examination [ɪgzæmɪ'neɪʃən] *n* **1** *Educ* examen *m*; **to sit an e.,** hacer un examen. **2** *Med* reconocimiento *m*. **3** *Jur* interrogatorio *m*.

examine [ɪg'zæmɪn] *vtr Educ* examinar; *(customs)* registrar; *Med* hacer un reconocimiento médico a; *Jur* interrogar.

examiner [ɪg'zæmɪnər] *n* examinador,-a *m,f*.

example [ɪg'zɑːmpəl] *n* ejemplo *m*; *(specimen)* ejemplar *m*; **for e.,** por ejemplo.

exasperate [ɪg'zɑːspəreɪt] *vtr* exasperar.

exasperation [ɪgzɑːspə'reɪʃən] *n* exasperación *f*.

excavate ['ekskəveɪt] *vtr* excavar.

excavation [ekskə'veɪʃən] *n* excavación *f*.

exceed [ek'siːd] *vtr* exceder, sobrepasar. ◆**exceedingly** *adv* extremadamente, sumamente.

excel [ɪk'sel] **I** *vi* sobresalir. **II** *vtr* superar.

excellency ['eksələnsɪ] *n* **His E.,** Su Excelencia.

excellent ['eksələnt] *adj* excelente.

except [ɪk'sept] **I** *prep* excepto, salvo; **e. for the little ones,** excepto los pequeños; **e. that ...,** salvo que .... **II** *vtr* exceptuar.

exception [ɪk'sepʃən] *n* **1** excepción *f*; **with the e. of,** a excepción de; **without e.,** sin excepción. **2** *(objection)* objeción *f*; **to take e. to sth,** ofenderse por algo.

exceptional [ɪk'sepʃənəl] *adj* excepcio-

nal.
excerpt [ek'sɜːpt] n extracto m.
excess [ɪk'ses] I n exceso m. II adj ['ekses] excedente; **e. baggage**, exceso m de equipaje; **e. fare**, suplemento m.
excessive [ɪk'sesɪv] adj excesivo,-a. ◆**excessively** adv excesivamente, en exceso.
exchange [ɪks'tʃeɪndʒ] I n 1 cambio m; **e. of ideas**, intercambio m de ideas; **in e. for**, a cambio de. 2 Fin **e. rate**, tipo m de cambio. 3 (**telephone**) **e.**, central telefónica. II 1 vtr intercambiar; **to e. blows**, golpearse. 2 (prisoners) canjear.
exchequer [ɪks'tʃekər] n GB **the E.**, Hacienda f; **Chancellor of the E.**, Ministro m de Hacienda.
excise ['eksaɪz] n impuesto m sobre el consumo; **e. duty**, derechos mpl de aduana.
excitable [ɪk'saɪtəbəl] adj excitable.
excite [ɪk'saɪt] vtr (stimulate) excitar; (move) emocionar; (enthuse) entusiasmar; (arouse) provocar.
excitement [ɪk'saɪtmənt] n (stimulation) excitación f; (emotion) emoción f; (commotion) agitación f.
exciting [ɪk'saɪtɪŋ] adj apasionante, emocionante.
exclaim [ɪk'skleɪm] I vi exclamar. II vtr gritar.
exclamation [eksklə'meɪʃən] n exclamación f; **e. mark**, US **e. point**, signo m de admiración.
exclude [ɪk'skluːd] vtr excluir; (from club) no admitir.
excluding [ɪk'skluːdɪŋ] prep excepto.
exclusion [ɪk'skluːʒən] n exclusión f.
exclusive [ɪk'skluːsɪv] I adj exclusivo,-a; (neighbourhood) selecto,-a; (club) cerrado, -a. II n Press exclusiva f. ◆**exclusively** adv exclusivamente.
excommunicate [ekskə'mjuːnɪkeɪt] vtr excomulgar.
excrement ['ekskrɪmənt] n excremento m.
excruciating [ɪk'skruːʃieɪtɪŋ] adj insoportable. ◆**excruciatingly** adv horriblemente.
excursion [ɪk'skɜːʃən] n excursión f.
excusable [ɪk'skjuːzəbəl] adj perdonable.
excuse [ɪk'skjuːz] I vtr 1 perdonar, disculpar; **e. me!**, con permiso; **may I be excused for a moment?**, ¿puedo salir un momento? 2 (exempt) dispensar. 3 (justify) justificar. II [ɪk'skjuːs] n excusa f; **to make an e.**, dar excusas.
ex-directory [eksdɪ'rektərɪ] adj Tel que no se encuentra en la guía telefónica.
execute ['eksɪkjuːt] vtr 1 (order) cumplir; (task) realizar. 2 Jur cumplir. 3 (person) ejecutar.
execution [eksɪ'kjuːʃən] n 1 (of order) cumplimiento m; (of task) realización f. 2 Jur cumplimiento m. 3 (of person) ejecución f.
executioner [eksɪ'kjuːʃənər] n verdugo m.
executive [ɪg'zekjutɪv] I adj ejecutivo,-a. II n ejecutivo,-a m,f.
executor [ɪg'zekjutər] n albacea m.
exemplary [ɪg'zemplərɪ] adj ejemplar.
exemplify [ɪg'zemplɪfaɪ] vtr ejemplificar.
exempt [ɪg'zempt] I vtr eximir (from, de). II adj exento,-a; **e. from tax**, libre de impuesto.
exemption [ɪg'zempʃən] n exención f.
exercise ['eksəsaɪz] I n ejercicio m; **e. book**, cuaderno m. II vtr 1 (rights, duties) ejercer. 2 (dog) sacar de paseo. III vi hacer ejercicio.
exert [ɪg'zɜːt] vtr (influence) ejercer; **to e. oneself**, esforzarse.
exertion [ɪg'zɜːʃən] n esfuerzo m.
exhale [eks'heɪl] I vtr (breathe) exhalar. II vi espirar.
exhaust [ɪg'zɔːst] I vtr agotar. II n (gas) gases mpl de combustión; **e. pipe**, tubo m de escape.
exhausted [ɪg'zɔːstɪd] adj agotado,-a.
exhaustion [ɪg'zɔːstʃən] n agotamiento m.
exhaustive [ɪg'zɔːstɪv] adj exhaustivo,-a.
exhibit [ɪg'zɪbɪt] I n Art objeto expuesto; Jur prueba f instrumental. II vtr Art exponer; (surprise etc) mostrar.
exhibition [eksɪ'bɪʃən] n exposición f.
exhibitionist [eksɪ'bɪʃənɪst] adj & n exhibicionista (mf).
exhilarating [ɪg'zɪlərɪtɪŋ] adj estimulante.
exhilaration [ɪgzɪlə'reɪʃən] n regocijo m.
exhume [eks'hjuːm] vtr exhumar.
exile ['eksaɪl] I n 1 (banishment) exilio m. 2 (person) exiliado,-a m,f. II vtr exiliar.
exist [ɪg'zɪst] vi existir; (have little money) malvivir.
existence [ɪg'zɪstəns] n existencia f.
existing [ɪg'zɪstɪŋ] adj existente, actual.
exit ['eksɪt] I n 1 salida f. 2 Theat mutis m. II vi Theat hacer mutis.
exodus ['eksədəs] n éxodo m.
exonerate [ɪg'zɒnəreɪt] vtr fml exonerar (from, de).
exorbitant [ɪg'zɔːbɪtənt] adj exorbitante, desorbitado,-a.
exotic [ɪg'zɒtɪk] adj exótico,-a.
expand [ɪk'spænd] I vtr (enlarge) ampliar; (gas, metal) dilatar. II vi (grow) ampliarse; (metal) dilatarse; (become more friendly) abrirse. ◆**expand on** vtr ampliar.
expanse [ɪk'spæns] n extensión f.
expansion [ɪk'spænʃən] n (in size) expansión f; (of gas, metal) dilatación f.
expatriate [eks'pætrɪɪt] I adj & n expatriado,-a (m,f). II [eks'pætrɪeɪt] vtr expatriar.

expect [ɪk'spekt] **I** *vtr* **1** *(anticipate)* esperar; **I half-expected that to happen,** suponía que iba a ocurrir. **2** *(demand)* contar con. **3** *(suppose)* suponer. **II** *vi fam* **to be expecting,** estar embarazada.

expectancy [ɪk'spektənsɪ] *n* expectación *f*.

expectant [ɪk'spektənt] *adj* ilusionado,-a; **e. mother,** mujer embarazada.

expectation [ekspek'teɪʃən] *n* esperanza *f*; **contrary to e.,** contrariamente a lo que se esperaba.

expedient [ɪk'spi:dɪənt] **I** *adj* conveniente, oportuno,-a. **II** *n* expediente *m*, recurso *m*.

expedition [ekspɪ'dɪʃən] *n* expedición *f*.

expel [ɪk'spel] *vtr* expulsar.

expend [ɪk'spend] *vtr* gastar.

expendable [ɪk'spendəbəl] *adj* prescindible.

expenditure [ɪk'spendɪtʃər] *n* desembolso *m*.

expense [ɪk'spens] *n* gasto *m*; **all expenses paid,** con todos los gastos pagados; **to spare no e.,** no escatimar gastos; *fig* **at the e. of,** a costa de; **e. account,** cuenta *f* de gastos de representación.

expensive [ɪk'spensɪv] *adj* caro,-a, costoso,-a.

experience [ɪk'spɪərɪəns] **I** *n* experiencia *f*. **II** *vtr (sensation)* experimentar; *(difficulty, loss)* sufrir.

experienced [ɪk'spɪərɪənst] *adj* experimentado,-a.

experiment [ɪk'sperɪmənt] **I** *n* experimento *m*. **II** *vi* experimentar, hacer experimentos **(on, with,** con).

experimental [ɪksperɪ'mentəl] *adj* experimental.

expert ['ekspɜːt] **I** *adj* experto,-a. **II** *n* experto,-a *m,f*, especialista *mf*.

expertise [ekspɜː'tiːz] *n* pericia *f*.

expire [ɪk'spaɪər] *vi* **1** *(die)* expirar; *(mandate)* terminar. **2** *Com Ins* vencer; *(ticket)* caducar.

expiry [ɪk'spaɪərɪ] *n* vencimiento *m*; **e. date,** fecha *f* de caducidad.

explain [ɪk'spleɪn] **I** *vtr* explicar; *(clarify)* aclarar; **to e. oneself,** justificarse. **II** *vi* explicarse.

explanation [eksplə'neɪʃən] *n* explicación *f*; *(clarification)* aclaración *f*.

explanatory [ɪk'splænətərɪ] *adj* explicativo,-a, aclaratorio,-a.

explicit [ɪk'splɪsɪt] *adj* explícito,-a.

explode [ɪk'spləʊd] **I** *vtr* **1** *(bomb)* hacer explotar. **2** *fig (theory)* echar por tierra. **II** *vi* **1** *(bomb)* estallar, explotar; *fig* **to e. with** *or* **in anger,** montar en cólera.

exploit ['eksplɔɪt] **I** *n* proeza *f*, hazaña *f*. **II** [ek'splɔɪt] *vtr* explotar.

exploitation [eksplɔɪ'teɪʃən] *n* explotación *f*.

exploratory [ek'splɒrətərɪ] *adj* exploratorio,-a.

explore [ɪk'splɔːr] *vtr* explorar.

explorer [ɪk'splɔːrər] *n* explorador,-a *m,f*.

explosion [ɪk'spləʊʒən] *n* explosión *f*.

explosive [ɪk'spləʊsɪv] **I** *adj* explosivo,-a; **e. issue,** asunto delicado. **II** *n* explosivo *m*.

exponent [ɪk'spəʊnənt] *n* exponente *m*; *(supporter)* defensor,-a *m,f*.

export [ɪk'spɔːt] **I** *vtr* exportar. **II** ['ekspɔːt] *n* **1** *(trade)* exportación *f*. **2** *(commodity)* artículo *m* de exportación.

exporter [eks'pɔːtər] *n* exportador,-a *m,f*.

expose [ɪk'spəʊz] *vtr (uncover)* exponer; *(secret)* revelar; *(plot)* descubrir; **to e. oneself,** exhibirse desnudo.

exposed [ɪk'spəʊzd] *adj* expuesto,-a.

exposure [ɪk'spəʊʒər] *n* **1** *(to light, cold, heat)* exposición *f*; **to die of e.,** morir de frío. **2** *Phot* fotografía *f*; **e. meter,** fotómetro *m*. **3** *(of criminal)* descubrimiento *m*.

expound [ɪk'spaʊnd] *vtr* exponer.

express [ɪk'spres] **I** *adj* **1** *(explicit)* expreso,-a. **2** *GB (letter)* urgente; **e. train,** expreso *m*. **II** *n Rail* expreso *m*. **III** *vtr* expresar. **IV** *adv* **send it e.,** mándalo urgente. ◆**expressly** *adv fml* expresamente.

expression [ɪk'spreʃən] *n* expresión *f*.

expulsion [ɪk'spʌlʃən] *n* expulsión *f*.

exquisite [ɪk'skwɪzɪt] *adj* exquisito,-a.

extend [ɪk'stend] **I** *vtr* **1** *(enlarge)* ampliar; *(lengthen)* alargar; *(increase)* aumentar; *fig* **the prohibition was extended to cover cigarettes,** extendieron la prohibición a los cigarrillos. **2** *(give)* rendir, dar; **to e. a welcome to sb,** recibir a algn. **3** *(prolong)* prolongar. **II** *vi* **1** *(stretch)* extenderse. **2** *(last)* prolongarse.

extension [ɪk'stenʃən] *n* **1** extensión *f*; *(of time)* prórroga *f*. **2** *Constr* anexo *m*.

extensive [ɪk'stensɪv] *adj* extenso,-a.

extent [ɪk'stent] *n* **1** *(area)* extensión *f*. **2** **to some e.,** hasta cierto punto; **to a large e.,** en gran parte; **to a lesser e.,** en menor grado; **to such an e.,** hasta tal punto.

extenuating [ɪk'stenjʊeɪtɪŋ] *adj* atenuante.

exterior [ɪk'stɪərɪər] **I** *adj* exterior, externo,-a. **II** *n* exterior *m*.

exterminate [ɪk'stɜːmɪneɪt] *vtr* exterminar.

extermination [ɪkstɜːmɪ'neɪʃən] *n* exterminación *f*, exterminio *m*.

external [ek'stɜːnəl] *adj* externo,-a, exterior.

extinct [ɪk'stɪŋkt] *adj* extinguido,-a.

extinction [ɪk'stɪŋkʃən] *n* extinción *f*.

extinguish [ɪk'stɪŋgwɪʃ] *vtr* extinguir, apagar.

extinguisher [ɪk'stɪŋgwɪʃər] *n* extintor *m*.

extol, *US* **extoll** [ɪk'stəʊl] *vtr* ensalzar,

extort [ɪk'stɔːt] *vtr* arrancar; *(money)* sacar.
extortion [ɪk'stɔːʃən] *n* extorsión *f*.
extortionate [ɪk'stɔːʃənɪt] *adj* desorbitado,-a.
extra ['ekstrə] I *adj* extra; *(spare)* de sobra. II *adv* extra; e. fine, extra fino. III *n (additional charge)* suplemento *m*; *Cin* extra *mf*; *(newspaper)* edición *f* especial.
extract ['ekstrækt] I *n* extracto *m*. II [ɪk'strækt] *vtr (tooth, information)* extraer; *(confession)* arrancar.
extraction [ɪk'strækʃən] *n* extracción *f*.
extracurricular [ekstrəkə'rɪkjʊlər] *adj* extracurricular.
extradite ['ekstrədaɪt] *vtr* extraditar.
extramarital [ekstrə'mærɪtəl] *adj* extramatrimonial.
extramural [ekstrə'mjʊərəl] *adj* e. course, curso *m* para estudiantes libres.
extraordinary [ɪk'strɔːdənərɪ] *adj (meeting)* extraordinario,-a; *(behaviour etc)* extraño,-a.
extravagance [ɪk'strævɪgəns] *n (with money)* derroche *m*; *(of behaviour)* extravagancia *f*.
extravagant [ɪk'strævɪgənt] *adj (wasteful)* derrochador,-a; *(excessive)* exagerado,-a; *(luxurious)* lujoso,-a.
extreme [ɪk'striːm] I *adj* extremo,-a; an e. case, un caso excepcional; to hold e. views, tener opiniones radicales. II *n* extremo *m*; in the e., en sumo grado.
◆**extremely** *adv* extremadamente; I'm e. sorry, lo siento de veras.
extremist [ɪk'striːmɪst] *n* extremista *mf*.
extremity [ɪk'stremɪtɪ] *n* extremidad *f*.
extricate ['ekstrɪkeɪt] *vtr* sacar; to e. oneself, lograr salir (**from**, de).
extrovert ['ekstrəvɜːt] *adj & n* extrovertido,-a *(m,f)*.
exuberant [ɪg'zjuːbərənt] *adj* exuberante.
exude [ɪg'zjuːd] *vtr & vi (moisture, sap)* exudar; *fig* rebosar.
exultant [ɪg'zʌltənt] *adj* jubiloso,-a.
eye [aɪ] I *n* ojo *m*; *fig* **I couldn't believe my eyes**, no podía creerlo; *fig* **in the eyes of**, según; *fig* **not to take one's eyes off sb/sth**, no quitar la vista de encima a algn/algo; *fig* **to catch sb's e.**, llamar la atención a algn; *fig* **to have an e. for**, tener buen ojo para; *fig* **to make eyes at sb**, echar miraditas a algn; *fig* **to see e. to e. with sb**, estar de acuerdo con algn; *fig* **to turn a blind e.**, hacer la vista gorda (**to**, a); *fig* **with an e. to**, con miras a; **to keep an e. on sb/sth**, vigilar a algn/algo; **to keep an e. out for**, estar pendiente de; **black e.**, ojo morado. II *vtr* observar.
eyeball ['aɪbɔːl] *n* globo *m* ocular.
eyebrow ['aɪbraʊ] *n* ceja *f*.
eyecatching ['aɪkætʃɪŋ] *adj* llamativo,-a.
eyelash ['aɪlæʃ] *n* pestaña *f*.
eyelid ['aɪlɪd] *n* párpado *m*.
eyeliner ['aɪlaɪnər] *n* lápiz *m* de ojos.
eye-opener ['aɪəʊpənər] *n* revelación *f*, gran sorpresa *f*.
eyeshadow ['aɪfædəʊ] *n* sombra *f* de ojos.
eyesight ['aɪsaɪt] *n* vista *f*.
eyesore ['aɪsɔːr] *n* monstruosidad *f*.
eyestrain ['aɪstreɪn] *n* vista cansada.
eyewash ['aɪwɒʃ] *n* colirio *m*; *fig* **it's all e.**, eso son disparates.
eyewitness ['aɪwɪtnɪs] *n* testigo *mf* ocular.

F

F, f [ef] *n* 1 *(the letter)* F, f *f*. 2 *Mus* fa *m*.
F [ef] *abbr of* **Fahrenheit**, Fahrenheit, F.
fable ['feɪbəl] *n* fábula *f*.
fabric ['fæbrɪk] *n* 1 *Tex* tela *f*, tejido *m*. 2 *Constr* estructura *f*.
fabricate ['fæbrɪkeɪt] *vtr* fabricar.
fabrication [fæbrɪ'keɪʃən] *n* *fig* fabricación *f*.
fabulous ['fæbjʊləs] *adj* fabuloso,-a.
façade *n* [fə'sɑːd, fæ'sɑːd] *n* fachada *f*.
face [feɪs] I *n* 1 cara *f*, rostro *m*; **f. to f.**, cara a cara; **I told him to his f.**, se lo dije en la cara; **she slammed the door in my f.**, me dió con la puerta en las narices; **to look sb in the f.**, mirarle a algn a la cara; **f. cloth**, paño *m*; **f. cream**, crema *f* facial; **f. pack**, mascarilla *f* facial. 2 *(expression)* cara *f*, expresión *f*; **to pull a long f.**, poner cara larga; **to pull faces**, hacer muecas. 3 *(surface)* superficie *f*; *(of card, coin)* cara *f*; *(of watch)* esfera *f*; **f. down/up**, boca abajo/arriba; *fig* **in the f. of danger**, ante el peligro; **f. value**, valor *m* nominal; **to take sth at f. value**, entender algo sólo en su sentido literal. 4 *(appearance)* aspecto *m*; **on the f. of it**, a primera vista; **to lose f.**, desprestigiarse; **to save f.**, salvar las apariencias.
II *vtr* 1 *(look onto)* dar a; *(be opposite)* estar enfrente de. 2 **to f. the wall/window**, *(of person)* estar de cara a la pared/ventana. 3 *(problem)* hacer frente a; **let's f. it**, hay que reconocerlo; **to f. up to**, hacer cara a. 4 *(tolerate)* soportar, aguantar.
III *vi* **to f. on to**, dar a; **to f. towards**, mirar hacia; **f. this way**, vuélvase de este lado.
facelift ['feɪslɪft] *n Med* lifting *m*; *fig* renovación *f*.

facet ['fæsɪt] *n* faceta *f*.
facetious [fə'si:ʃəs] *adj* bromista.
facial ['feɪʃəl] *adj* facial.
facile ['fæsaɪl] *adj* superficial.
facilitate [fə'sɪlɪteɪt] *vtr* facilitar.
facility [fə'sɪlɪtɪ] *n* 1 (*ease*) facilidad *f*. 2 **facilities**, (*means*) facilidades *fpl*; **credit f.**, facilidades de crédito. 3 **facilities**, (*rooms, means*) instalaciones *fpl*; **cooking f.**, derecho *m* a cocina.
facing ['feɪsɪŋ] *adj* de enfrente.
facsimile [fæk'sɪmɪlɪ] *n* 1 (*copy*) facsímil *m*. 2 (*message*) telefax *m*. 3 (*machine*) facsímil *m*.
fact [fækt] *n* hecho *m*; **as a matter of f.**, de hecho; **the f. that he confessed**, el hecho de que confesara; **in f.**, en realidad.
fact-finding ['fæktfaɪndɪŋ] *adj* investigador,-a.
faction ['fækʃən] *n* (*group*) facción *f*.
factor ['fæktər] *n* factor *m*.
factory ['fæktərɪ] *n* fábrica *f*.
factual ['fæktʃʊəl] *adj* **a f. error**, un error de hecho.
faculty ['fækəltɪ] *n* 1 facultad *f*. 2 *US Univ* profesorado *m*, cuerpo *m* docente.
fad [fæd] *n* *fam* (*craze*) moda pasajera; (*whim*) capricho *m*.
fade [feɪd] *vi* (*colour*) desteñirse; (*flower*) marchitarse; (*light*) apagarse. ◆**fade away** *vi* desvanecerse. ◆**fade in, fade out** *vtr* *Cin* *TV* fundir.
faded ['feɪdɪd] *adj* (*colour*) desteñido,-a; (*flower*) marchito,-a.
fag [fæg] *n* *sl* 1 *GB* *fam* (*cigarette*) pitillo *m*. 2 *US* *sl* (*homosexual*) marica *m*.
fail [feɪl] **I** *n* 1 *Educ* suspenso *m*. 2 **without f.**, sin falta. **II** *vtr* 1 **don't f. me**, no me falles; **words f. me**, no encuentro palabras. 2 (*exam*) suspender. 3 (*to be unable*) no lograr; **he failed to score**, no logró marcar. 4 (*neglect*) dejar de; **don't f. to come**, no deje de venir. 5 (*of health*) deteriorarse. **III** *vi* 1 (*show, film*) fracasar; (*brakes*) fallar. 2 (*business*) quebrar; *Educ* suspender.
failing ['feɪlɪŋ] **I** *n* 1 (*shortcoming*) defecto *m*. 2 (*weakness*) punto *m* débil. **II** *prep* a falta de.
failure ['feɪljə] *n* 1 fracaso *m*. 2 *Com* quiebra *f*. 3 *Educ* suspenso *m*. 4 (*person*) fracasado,-a *m,f*. 5 (*breakdown*) avería *f*; **brake f.**, fallo *m* de los frenos; **power f.**, apagón *m*; *Med* **heart f.**, paro cardíaco. 6 **her f. to answer**, (*neglect*) el hecho de que no contestara.
faint [feɪnt] **I** *adj* 1 (*sound*) débil; (*colour*) pálido,-a; (*outline*) borroso,-a; (*recollection*) vago,-a; **I haven't the faintest idea**, no tengo la más mínima idea. 2 (*giddy*) mareado,-a. **II** *n* desmayo *m*. **III** *vi* desmayarse.
faint-hearted [feɪnt'hɑ:tɪd] *adj* temeroso,-a.
fair¹ [feər] **I** *adj* 1 (*impartial*) imparcial; (*just*) justo,-a; **it's not f.**, no hay derecho; *fam* **f. enough!**, ¡vale! 2 (*hair*) rubio,-a. 3 (*weather*) bueno,-a. 4 (*beautiful*) bello,-a. 5 **a f. number**, un buen número; **he has a f. chance**, tiene bastantes probabilidades. **II** *adv* **to play f.**, jugar limpio. ◆**fairly** *adv* 1 (*justly*) justamente. 2 (*moderately*) bastante.
fair² [feər] *n* feria *f*; **trade f.**, feria de muestras.
fairground ['feəgraʊnd] *n* real *m* de la feria.
fairness ['feənɪs] *n* justicia *f*, equidad *f*; **in all f.**, para ser justo,-a.
fairy ['feərɪ] *n* 1 hada *f*; **f. godmother**, hada madrina; **f. tale**, cuento *m* de hadas. 2 *sl* *offens* marica *m*.
fait accompli [feɪtə'kɒmpli:] *n* *fml* hecho consumado.
faith [feɪθ] *n* 1 *Rel* fe *f*. 2 (*trust*) confianza *f*; **in good f.**, de buena fe.
faithful ['feɪθfʊl] **I** *adj* fiel. **II** *npl* **the f.**, los fieles. ◆**faithfully** *adv* fielmente; **yours f.**, (*in letter*) le saluda atentamente.
fake [feɪk] **I** *adj* falso,-a. **II** *n* 1 (*object*) falsificación *f*. 2 (*person*) impostor,-a *m,f*. **III** *vtr* 1 (*forge*) falsificar. 2 (*feign*) fingir. **IV** *vi* (*pretend*) fingir.
falcon ['fɔ:lkən] *n* halcón *m*.
Falklands ['fɔ:lkləndz] *npl* **the F.**, las (Islas) Malvinas.
fall [fɔ:l] **I** *n* 1 caída *f*. 2 (*of rock*) desprendimiento *m*; **f. of snow**, nevada *f*. 3 (*decrease*) baja *f*. 4 *US* otoño *m*. 5 (*usu pl*) cascada *f*; **Niagara Falls**, las cataratas del Niágara. **II** *vi* (*pt* **fell**; *pp* **fallen**) 1 caer, caerse; **they f. into two categories**, se dividen en dos categorías; *fig* **night was falling**, anochecía; *fig* **to f. into line**, aceptar las reglas; *fig* **to f. short**, no alcanzar (**of**, -). 2 (*in battle*) caer. 3 (*temperature, prices*) bajar. 4 **to f. asleep**, dormirse; **to f. ill**, caer enfermo,-a; **to f. in love**, enamorarse. ◆**fall back** *vi* replegarse. ◆**fall back on** *vtr* echar mano a, recurrir a. ◆**fall behind** *vi* (*in race*) quedarse atrás; **to f. behind with one's work**, retrasarse en el trabajo. ◆**fall down** *vi* 1 (*picture etc*) caerse. 2 (*building*) derrumbarse. 3 (*argument*) fallar. ◆**fall for** *vtr* 1 (*person*) enamorarse de. 2 (*trick*) dejarse engañar por. ◆**fall in** *vi* 1 (*roof*) desplomarse. 2 *Mil* formar filas. ◆**fall off** **I** *vi* 1 (*drop off*) caerse. **II** *vtr* **to f. off sth**, caerse de algo. 2 (*part*) desprenderse. 3 (*diminish*) disminuir. ◆**fall out** *vi* 1 (*hair*) caerse. 2 *Mil* romper filas. 3 (*quarrel*) pelearse. ◆**fall over** *vi* caerse. ◆**fall through** *vi* (*plan*) fracasar.
fallacy ['fæləsɪ] *n* falacia *f*.
fallen ['fɔ:lən] *pp* → **fall**.

fallible ['fælɪbəl] *adj* falible.

fall-out ['fɔːlaʊt] *n* (**radioactive**) f., lluvia radioactiva; f. **shelter**, refugio antiatómico.

fallow ['fæləʊ] *adj Agr* en barbecho.

false [fɔːls] *adj* falso,-a; **f. step**, paso *m* en falso; **f. start**, salida nula; **f. teeth**, dentadura postiza; **f. alarm**, falsa alarma.

falsehood ['fɔːlshʊd] *n* falsedad *f*.

falsify ['fɔːlsɪfaɪ] *vt* (*records, accounts*) falsificar; (*story*) falsear.

falter ['fɔːltər] *vi* vacilar; (*voice*) fallar.

faltering ['fɔːltərɪŋ] *adj* vacilante.

fame [feɪm] *n* fama *f*.

familiar [fəˈmɪlɪər] *adj* 1 (*common*) familiar, conocido,-a; **his face is f.**, su cara me suena. 2 (*aware, knowledgeable*) enterado,-a, al corriente (**with**, de). 3 **to be on f. terms with sb**, (*know well*) tener confianza con algn.

familiarity [fəmɪlɪˈærɪtɪ] *n* 1 (*awareness, knowledge*) familiaridad (**with**, con). 2 (*intimacy*) confianza *f*.

familiarize [fəˈmɪlɪəraɪz] *vtr* 1 (*become acquainted*) familiarizarse (**with**, con). 2 (*make understandable*) popularizar.

family ['fæmɪlɪ] *n* familia *f*; **f. allowance**, subsidio *m* familiar; **f. doctor**, médico *m* de cabecera; **f. man**, hombre hogareño; **f. planning**, planificación *f* familiar; **f. tree**, árbol genealógico.

famine ['fæmɪn] *n* hambre *f*, escasez *f* de alimentos.

famished ['fæmɪʃt] *adj fam* muerto,-a de hambre.

famous ['feɪməs] *adj* célebre, famoso,-a (**for**, por). ◆**famously** *adv fam* estupendamente.

fan [fæn] *I n* 1 abanico *m*; *Elec* ventilador *m*. 2 (*person*) aficionado,-a *m,f*; (*of pop star etc*) fan *m,f*; **f. club**, club *m* de fans; **football f.**, hincha *mf*. *II vtr* 1 abanicar. 2 (*fire, passions*) avivar. ◆**fan out** *vi* (*troops*) desplegarse en abanico.

fanatic [fəˈnætɪk] *adj & n* fanático,-a (*m,f*).

fanatical [fəˈnætɪkəl] *adj* fanático,-a.

fanciful ['fænsɪfʊl] *adj* 1 (*person*) caprichoso,-a. 2 (*idea*) fantástico,-a.

fancy ['fænsɪ] *I adj* (**fancier, fanciest**) de fantasía; **f. dress**, disfraz *m*; **f. dress ball**, baile *m* de disfraces; **f. prices**, precios *mpl* exorbitantes. *II n* 1 (*imagination*) fantasía *f*. 2 (*whim*) capricho *m*, antojo *m*; **to take a f. to sb**, cogerle cariño a algn; **to take a f. to sth**, encapricharse con algo; **what takes your f.?**, ¿qué se le antoja? 3 (*like, want*) imaginarse; *fam* **f. that!**, ¡fíjate!; *fam* **f. seeing you here!**, ¡qué casualidad verte por aquí! 2 (*like, want*) apetecer; **do you f. a drink?**, ¿te apetece una copa?; *fam* **I f. her**, ella me gusta; *fam* **to f. oneself**, ser creído,-a *or* presumido,-a.

fanfare ['fænfeər] *n* fanfarria *f*.

fang [fæŋ] *n* colmillo *m*.

fantasize ['fæntəsaɪz] *vi* fantasear.

fantastic [fænˈtæstɪk] *adj* fantástico,-a.

fantasy ['fæntəsɪ] *n* fantasía *f*.

far [fɑːr] (**farther** *or* **further**, **farthest** *or* **furthest**) *I adj* 1 (*distant*) lejano,-a; **the F. East**, el Lejano Oriente. 2 **at the f. end**, en el otro extremo. 3 **the f. left**, la extrema izquierda. *II adv* 1 (*distant*) lejos; **f. and wide**, por todas partes; **f. off**, a lo lejos; **farther back**, más atrás; **farther north**, más al norte; **how f. is it to Cardiff?**, ¿cuánto hay de aquí a Cardiff?; *fig* **as f. as I can**, en lo que puedo; **as f. as I know**, que yo sepa; **as f. as possible**, en lo posible; *fig* **f. from complaining**, he seemed pleased, lejos de quejarse, parecía contento; *fig* **he went so f. as to swear**, llegó a jurar; *fig* **I'm f. from satisfied**, no estoy satisfecho,-a ni mucho menos; *fig* **in so f. as ...**, en la medida en que ...; **so f. so good**, pasarse de la raya. 2 (*in time*) **as f. back as the fifties**, ya en los años cincuenta; **f. into the night**, hasta muy entrada la noche; **so f.**, hasta ahora. 3 (*much*) mucho; **by f.**, con mucho; **f. cleverer**, mucho más listo,-a; **f. too much**, demasiado; **you're not f. wrong**, casi aciertas.

faraway ['fɑːrəweɪ] *adj* lejano,-a, remoto,-a.

farce [fɑːs] *n* farsa *f*.

farcical ['fɑːsɪkəl] *adj* absurdo,-a.

fare [feər] *I n* 1 (*ticket price*) tarifa *f*, precio *m* del billete; (*for boat*) pasaje *m*; **half f.**, media tarifa. 2 (*passenger*) pasajero,-a *m,f*. 3 (*food*) comida *f*. *II vi* **how did you f.?**, ¿qué tal te fue?

farewell [feəˈwel] *I interj arch* ¡adiós! *II n* despedida *f*.

far-fetched [fɑːˈfetʃt] *adj* rebuscado,-a.

farm [fɑːm] *I n* granja *f*, *Am* hacienda *f*. *II vtr* cultivar, labrar. ◆**farm out** *vtr* encargar fuera.

farmer ['fɑːmər] *n* granjero,-a *m,f*, *Am* hacendado,-a *m,f*.

farmhand ['fɑːmhænd] *n* peón *m*, labriego,-a *m,f*.

farmhouse ['fɑːmhaʊs] *n* granja *f*, *Am* hacienda *f*.

farming ['fɑːmɪŋ] *I n* 1 (*agriculture*) agricultura *f*. 2 (*of land*) cultivo *m*, labranza *f*. *II adj* agrícola.

farmyard ['fɑːmjɑːd] *n* corral *m*.

far-reaching [fɑːˈriːtʃɪŋ] *adj* de gran alcance.

far-sighted [fɑːˈsaɪtɪd] *adj* 1 (*person*) con visión de futuro. 2 (*plan*) con miras al futuro.

fart [fɑːt] *vulg I n* pedo *m*. *II vi* echarse un pedo.

farther ['fɑːðər] *adj & adv comp* → **far**.

farthest ['fɑːðɪst] *adj & adv superl* → **far**.

fascinate ['fæsɪneɪt] *vtr* fascinar.
fascinating ['fæsɪneɪtɪŋ] *adj* fascinante.
fascination [fæsɪ'neɪʃən] *n* fascinación *f*.
fascism ['fæʃɪzəm] *n* fascismo *m*.
fascist ['fæʃɪst] *adj & n* fascista (*mf*).
fashion ['fæʃən] **I** *n* **1** (*manner*) manera *f*, modo *m*; **after a f.**, más o menos. **2** (*latest style*) moda *f*; **to go/be out of f.**, pasar/no estar de moda; **f. designer**, diseñador,-a *m,f* de modas; **f. parade**, desfile *m* de modelos. **II** *vtr* (*metal*) labrar; (*clay*) formar.
fashionable ['fæʃənəbəl] *adj* **1** de moda. **2** (*area, hotel*) elegante.
fast[1] [fɑːst] **I** *adj* **1** (*quick*) rápido,-a. **2** **hard and f. rules**, reglas estrictas. **3** (*clock*) adelantado,-a. **II** *adv* **1** rápidamente, deprisa; **how f.?**, ¿a qué velocidad? **2** (*securely*) firmemente; **f. asleep**, profundamente dormido,-a.
fast[2] [fɑːst] **I** *n* ayuno *m*. **II** *vi* ayunar.
fasten ['fɑːsən] **I** *vtr* **1** (*attach*) sujetar; (*fix*) fijar. **2** (*belt*) abrochar; (*bag*) asegurar; (*shoe laces*) atar. **II** *vi* (*dress*) abrocharse.
fastener ['fɑːsənər] *n* cierre *m*.
fastidious [fæ'stɪdɪəs] *adj* quisquilloso,-a.
fat [fæt] **I** *adj* (**fatter, fattest**) **1** gordo,-a. **2** (*book, file*) grueso,-a. **3** (*meat*) que tiene mucha grasa. **II** *n* grasa *f*; **cooking f.**, manteca *f* de cerdo.
fatal ['feɪtəl] *adj* **1** (*accident, illness*) mortal. **2** (*ill-fated*) fatal, funesto,-a. **3** (*fateful*) fatídico,-a. ◆**fatally** *adv* **f. wounded**, mortalmente herido,-a.
fatalistic [feɪtə'lɪstɪk] *adj* fatalista.
fatality [fə'tælɪtɪ] *n* víctima *f* mortal.
fate [feɪt] *n* destino *m*, suerte *f*.
fateful ['feɪtful] *adj* fatídico,-a, aciago,-a.
father ['fɑːðər] *n* **1** padre *m*; **my f. and mother**, mis padres; **F. Christmas**, Papá *m* Noel. **2** *Rel* padre *m*.
father-in-law ['fɑːðərɪnlɔː] *n* suegro *m*.
fatherland ['fɑːðəlænd] *n* patria *f*.
fatherly ['fɑːðəlɪ] *adj* paternal.
fathom ['fæðəm] **I** *n* *Naut* braza *f*. **II** *vtr* comprender. ◆**fathom out** *vtr* comprobar; **I can't f. it out**, no me lo explico.
fatigue [fə'tiːg] *n* **1** (*tiredness*) fatiga *f*. **2** *Mil* faena *f*; **f. dress**, traje *m* de faena.
fatten ['fætən] *vtr* engordar.
fattening ['fætənɪŋ] *adj* que engorda.
fatty ['fætɪ] **I** *adj* (*food*) graso,-a; *Anat* (*tissue*) adiposo,-a. **II** *n* *fam* (*person*) gordinflón,-ona *m,f*.
fatuous ['fætjʊəs] *adj* necio,-a.
faucet ['fɔːsɪt] *n* *US* grifo *m*.
fault [fɔːlt] **I** *n* **1** (*defect*) defecto *m*. **2** (*in merchandise*) desperfecto *m*; **to find f. with**, poner reparos a. **3** (*blame*) culpa *f*; **to be at f.**, tener la culpa. **4** (*mistake*) error *m*. **5** *Geol* falla *f*. **6** *Ten* falta *f*. **II** *vtr* criticar.
faultless ['fɔːltlɪs] *adj* intachable.

faulty ['fɔːltɪ] *adj* defectuoso,-a.
fauna ['fɔːnə] *n* fauna *f*.
faux pas [fəʊ'pɑː] *n* *inv* *fml* (*mistake*) paso *m* en falso; (*blunder*) metedura *f* de pata.
favour, *US* **favor** ['feɪvər] **I** *n* **1** favor *m*; **in f. of**, a favor de; **to be in f. with sb**, gozar del favor de algn; **to ask sb a f.**, pedirle un favor a algn. **2** **1-0 in our f.**, (*advantage*)1-0 a favor nuestro. **II** *vtr* **1** (*person*) favorecer a. **2** (*approve*) estar a favor de.
favourable ['feɪvərəbəl] *adj* favorable.
favourite ['feɪvərɪt] *adj & n* favorito,-a *m,f*.
favouritism ['feɪvərɪtɪzəm] *n* favoritismo *m*.
fawn[1] [fɔːn] **I** *adj* (de) color café claro. **II** *n* *Zool* cervato *m*. **2** color *m* café claro.
fawn[2] [fɔːn] *vi* adular (**on**, a).
fax [fæks] **I** *n* (*machine, message*) fax *m*. **II** *vtr* mandar por fax.
fear [fɪər] **I** *n* miedo *m*, temor *m*; **for f. of**, por temor a; *fam* **no f.!**, ¡ni pensarlo!. **II** *vtr* temer; **I f. it's too late**, me temo que ya es tarde. **III** *vi* temer (**for**, por).
fearful ['fɪəful] *adj* **1** (*person*) temeroso,-a. **2** (*frightening*) espantoso,-a.
fearless ['fɪəlɪs] *adj* intrépido,-a.
feasible ['fiːzəbəl] *adj* (*practicable*) factible; (*possible*) viable.
feasibility [fiːzə'bɪlɪtɪ] *n* viabilidad *f*.
feast [fiːst] *n* **1** banquete *m*; *fam* comilona *f*. **2** *Rel* **f. day**, fiesta *f* de guardar.
feat [fiːt] *n* hazaña *f*.
feather ['feðər] **I** *n* pluma *f*; **f. duster**, plumero *m*. **II** *vtr* *fam* **to f. one's nest**, hacer su agosto.
feature ['fiːtʃər] **I** *n* **1** (*of face*) rasgo *m*, facción *f*. **2** (*characteristic*) característica *f*. **3** **f. film**, largometraje *m*. **4** *Press* crónica *f* especial. **II** *vtr* **1** poner de relieve. **2** *Cin* tener como protagonista a. **III** *vi* figurar.
February ['februərɪ] *n* febrero *m*.
fed [fed] *adj* *fam* **f. up**, harto,-a (**with**, de).
federal ['fedərəl] *adj* federal.
federation [fedə'reɪʃən] *n* federación *f*.
fee [fiː] *n* (*of lawyer, doctor*) honorarios *mpl*; *Ftb* **transfer f.**, prima *f* de traslado; *Univ* **tuition fees**, derechos *mpl* de matrícula.
feeble ['fiːbəl] *adj* débil.
feed [fiːd] **I** *vtr* (*pt & pp* **fed**) **1** (*give food to*) dar de comer a; *fig* (*fire*) alimentar; **to f. a baby**, (*breast-feed*) amamantar a un bebé; (*with bottle*) dar el biberón a un bebé. **2** *Elec* alimentar. **3** (*insert*) introducir. **II** *vi* comer (**on**, -); (*cows, sheep*) pacer. **III** *n* **1** (*food*) comida *f*; **cattle f.**, pienso *m*. **2** *Tech* alimentación *f*. ◆**feed up** *vtr* cebar.
feedback ['fiːdbæk] *n* **1** *Tech* feedback *m*. **2** *fig* reacción *f*.
feeder ['fiːdər] *n* *Tech* alimentador *m*.

feeding ['fi:dɪŋ] n f. bottle, biberón m.
feel [fi:l] I vi (pt & pp felt) 1 (emotion, sensation) sentir; **how do you f.?**, ¿qué tal te encuentras?; **I f. bad about it**, me da pena; **I f. (sorry) for him**, le compadezco; **to f. happy/uncomfortable**, sentirse feliz/incómodo; **I f. cold/sleepy**, tener frío/sueño; ◆m **to f. up to sth**, sentirse con ánimos para hacer algo. 2 (seem) **your hand feels cold**, tienes la mano fría; **it feels like summer**, parece verano. 3 (opinion) opinar; **I f. sure that ...**, estoy seguro,-a de que ... 4 **I f. like an ice cream**, me apetece un helado; **to f. like doing sth**, tener ganas de hacer algo. II vtr 1 (touch) tocar. 2 **she feels a failure**, se siente inútil. 3 (notice, be aware of) notar. III n 1 (touch, sensation) tacto m; fig **to get the f. for sth**, cogerle el truco a algo. 2 (atmosphere) ambiente m. ◆**feel for** vtr 1 (search for) buscar. 2 (have sympathy for) compadecer.
feeler ['fi:lər] n Ent antena f; fig **to put one's feelers out**, tantear el terreno.
feeling ['fi:lɪŋ] I n 1 (emotion) sentimiento m; **ill f.**, rencor m. 2 (compassion) compasión f. 3 **I had the f. that ...**, (impression) tuve la impresión de que ... 4 (sensitivity) sensibilidad f. 5 (opinion) opinión f; **to express one's feelings**, expresar sus opiniones. II adj sensible, compasivo,-a.
feet [fi:t] npl → **foot**.
feign [feɪn] vtr fingir.
feint [feɪnt] Sport I n finta f. II vi fintar.
fell¹ [fel] pt → **fall**.
fell² [fel] vtr (trees) talar; fig (enemy) derribar.
fellow ['feləʊ] n 1 (companion) compañero,-a m,f; **f. citizen**, conciudadano,-a m,f; **f. countryman/countrywoman**, compatriota mf; **f. men**, prójimos mpl; **f. passenger/student**, compañero,-a m,f; de viaje/estudios. 2 fam (chap) tipo m, tío m. 3 (of society) socio,-a m,f.
fellowship ['feləʊʃɪp] n 1 (comradeship) camaradería f. 2 Univ beca f de investigación.
felony ['felənɪ] n crimen m, delito m mayor.
felt¹ [felt] pt & pp → **feel**.
felt² [felt] n Tex fieltro m.
felt-tip(ped) ['felttɪp(t)] adj f.-t. pen, rotulador m.
female ['fi:meɪl] I adj 1 Zool hembra 2 femenino,-a. II n 1 Zool hembra f. 2 (woman) mujer f; (girl) chica f.
feminine ['femɪnɪn] adj femenino,-a.
feminism ['femɪnɪzəm] n feminismo m.
feminist ['femɪnɪst] adj & n feminista (mf).
fence [fens] I n cerca f, valla f; fig **to sit on the f.**, ver los toros desde la barrera. II vi Sport practicar la esgrima. ◆**fence in** vtr meter en un cercado.
fencing ['fensɪŋ] n Sport esgrima f.
fend [fend] vi **to f. for oneself**, valerse por sí mismo. ◆**fend off** vtr (blow) parar; (question) rehuir; (attack) rechazar.
fender ['fendər] n 1 (fireplace) pantalla f. 2 US Aut parachoques m inv. 3 Naut defensa f.
ferment ['fɜ:ment] I n fig **in a state of f.**, agitado,-a. II [fə'ment] vtr & vi fermentar.
fern [fɜ:n] n helecho m.
ferocious [fə'rəʊʃəs] adj feroz.
ferocity [fə'rɒsɪtɪ] n ferocidad f.
ferret ['ferɪt] I n hurón m. II vi huronear, husmear. ◆**ferret out** vtr descubrir.
ferry ['ferɪ] I n 1 (small) barca f de pasaje. 2 (large, for cars) transbordador m, ferry m. II vtr transportar.
fertile ['fɜ:taɪl] adj fértil.
fertility [fə'tɪlɪtɪ] n (of soil) fertilidad f.
fertilize ['fɜ:tɪlaɪz] vtr 1 (soil) abonar. 2 (egg) fecundar.
fertilizer ['fɜ:tɪlaɪzər] n abono m.
fervent ['fɜ:vənt] adj ferviente.
fervour, US **fervor** ['fɜ:vər] n fervor m.
fester ['festər] vi supurar.
festival ['festɪvəl] n (event) festival m; (celebration) fiesta f.
festive ['festɪv] adj festivo,-a; **the f. season**, las fiestas de Navidad.
festivity [fes'tɪvɪtɪ] n **the festivities**, las fiestas.
festoon [fe'stu:n] vtr adornar.
fetch [fetʃ] I vtr 1 (go for) ir a buscar. 2 (bring) traer. 3 **how much did it f.?**, (sell for) ¿por cuánto se vendió?
fetching ['fetʃɪŋ] adj atractivo,-a.
fete [feɪt] I n fiesta f. II vtr festejar.
fetish ['fetɪʃ, 'fi:tɪʃ] n fetiche m.
fetus ['fi:təs] n US → **foetus**.
feud [fju:d] I n enemistad duradera. II vi pelear.
feudal ['fju:dəl] adj feudal.
fever ['fi:vər] n fiebre f.
feverish ['fi:vərɪʃ] adj febril.
few [fju:] I adj 1 (not many) pocos,-as; **as f. as**, solamente. 2 (some) algunos,-as, unos,-as cuantos,-as; **a f. books**, unos or algunos libros; **she has fewer books than I thought**, tiene menos libros de lo que pensaba; **for the past f. years**, durante estos últimos años; **in the next f. days**, dentro de unos días; **quite a f.**, bastantes. II pron 1 (not many) pocos,-as; **there are too f.**, no hay suficientes; **the fewer the better**, cuantos menos mejor. 2 **a f.**, (some) algunos,-as, unos,-as cuantos,-as; **the chosen f.**, los elegidos; **who has the fewest?**, ¿quién tiene menos?
fiancé [fɪ'ɒnseɪ] n prometido m.
fiancée [fɪ'ɒnseɪ] n prometida f.
fiasco [fɪ'æskəʊ] n fiasco m.

fib [fɪb] *fam* **I** *n* trola *f*. **II** *vi* contar trolas.
fibre, *US* **fiber** ['faɪbər] *n* fibra *f*.
fibreglass, *US* **fiberglass** ['faɪbəglɑːs] *n* fibra *f* de vidrio.
fickle ['fɪkəl] *adj* inconstante, voluble.
fiction ['fɪkʃən] *n* ficción *f*.
fictional ['fɪkʃənəl] *adj* **1** *Lit* novelesco,-a. **2** (*imaginative*) ficticio,-a.
fictitious [fɪk'tɪʃəs] *adj* ficticio,-a.
fiddle ['fɪdəl] *fam* **I** *n* **1** *Mus* violín *m*. **2** (*shady deal*) trampa *f*. **II** *vtr* estafar; (*accounts*) falsificar. **III** *vi* juguetear (**with**, con). ◆**fiddle about** *vi* perder tiempo.
fiddly ['fɪdlɪ] *adj fam* laborioso,-a.
fidelity [fɪ'delətɪ] *n* fidelidad *f*.
fidget ['fɪdʒɪt] *vi* **1** moverse; **stop fidgeting!**, ¡estáte quieto! **2** jugar (**with**, con).
field [fiːld] **I** *n* **1** campo *m*; **f. glasses**, gemelos *mpl*; **f. marshal**, mariscal *m* de campo. **2** *Geol Min* yacimiento *m*. **3** **f. trip**, viaje *m* de estudios; **f. work**, trabajo *m* de campo. **II** *vtr Sport* **1** (*ball*) parar y devolver. **2** (*team*) presentar.
fiend [fiːnd] *n* demonio *m*; *fam* (*fanatic*) fanático,-a *m,f*.
fiendish ['fiːndɪʃ] *adj fam* diabólico,-a.
fierce [fɪəs] *adj* (*animal*) feroz; (*argument*) acalorado,-a; (*heat, competition*) intenso, -a; (*wind*) violento,-a.
fiery ['faɪərɪ] *adj* (*temper*) fogoso,-a; (*speech*) acalorado,-a; (*colour*) encendido,-a.
fifteen [fɪf'tiːn] *adj & n* quince (*m*) *inv*.
fifteenth [fɪf'tiːnθ] **I** *adj & n* decimoquinto,-a (*m,f*). **II** *n* (*fraction*) quinzavo *m*.
fifth [fɪfθ] **I** *adj & n* quinto,-a (*m,f*). **II** *n* (*fraction*) quinto *m*.
fifty ['fɪftɪ] **I** *adj* cincuenta *inv*; *fam* **a f.-f. chance**, una probabilidad del cincuenta por ciento; *fam* **to go f.-f.**, ir a medias. **II** *n* cincuenta *m inv*.
fig[1] [fɪg] *n* (*fruit*) higo *m*.
fig[2] [fɪg] *abbr of* **figure**, fig.
fight [faɪt] **I** *vtr* (*pt & pp* **fought**) **1** pelear(se) con, luchar con; (*of boxer*) enfrentarse a, luchar con; *Taur* lidiar; *fig* (*corruption*) combatir (**against**, contra). **2** (*battle*) librar; (*war*) hacer. **3** (*decision*) recurrir contra. **II** *vi* **1** pelear(se), luchar. **2** (*quarrel*) reñir; **to f. over sth**, disputarse la posesión de algo. **3** *fig* (*struggle*) luchar (**for/against**, por/contra). **III** *n* **1** pelea *f*, lucha *f*; *Box* combate *m*. **2** (*quarrel*) riña *f*. **3** *fig* (*struggle*) lucha *f*. **4** (*spirit*) combatividad *f*. ◆**fight back I** *vtr* (*tears*) contener. **II** *vi* contraatacar. ◆**fight off** *vtr* **1** (*attack*) rechazar. **2** (*illness*) cortar. ◆**fight out** *vtr* discutir.
fighter ['faɪtər] *n* **1** (*person*) combatiente *mf*; *Box* púgil *m*. **2** *fig* luchador,-a *m,f*. **3** (**plane**), (avión *m* de) caza *m*; **f. bomber**, cazabombardero *m*.
fighting ['faɪtɪŋ] **I** *adj* **he's got a f. chance**, tiene verdaderas posibilidades. **II** *n* lucha *f*.
figment ['fɪgmənt] *n* **it's a f. of your imagination**, es un producto de tu imaginación.
figurative ['fɪgərətɪv] *adj* figurado,-a.
figure ['fɪgər, *US* 'fɪgjər] **I** *n* **1** (*form, outline*) forma *f*, silueta *f*. **2** (*shape, statue, character*) figura *f*; **she has a good f.**, tiene buen tipo. **3** (*in book*) dibujo *m*. **4 f. of speech**, figura retórica. **5** *Math* cifra *f*. **II** *vtr US fam* imaginarse. **III** *vi* **1** (*appear*) figurar. **2** *US fam* **that figures**, eso tiene sentido. ◆**figure out** *vtr fam* comprender; **I can't f. it out**, no me lo explico.
figurehead ['fɪgəhed] *n fig* figura decorativa.
filament ['fɪləmənt] *n* filamento *m*.
filch [fɪltʃ] *vtr sl* mangar, birlar.
file [faɪl] **I** *n* **1** (*tool*) lima *f*. **2** (*folder*) carpeta *f*. **3** (*archive, of computer*) archivo *m*; **on f.**, archivado,-a. **4** (*line*) fila *m*; **in single f.**, en fila india. **II** *vtr* **1** (*smooth*) limar. **2** (*put away*) archivar. **III** *vi* **to f. past**, desfilar.
filing ['faɪlɪŋ] *n* clasificación *f*; **f. cabinet**, archivador *m*; (*for cards*) fichero *m*.
Filipino [fɪlɪ'piːnəʊ] *n* filipino,-a *m,f*.
fill [fɪl] **I** *vtr* **1** (*space, time*) llenar (**with**, de). **2** (*post, requirements*) cubrir. **3** *Culin* rellenar. **II** *vi* llenarse (**with**, de). **III** *n* **to eat one's f.**, comer hasta hartarse. ◆**fill in I** *vtr* **1** (*space, form*) rellenar. **2** (*inform*) *fam* poner al corriente (**on**, de). **3** (*time*) pasar. **II** *vi* **to f. in for sb**, sustituir a algn. ◆**fill out I** *vtr US* (*form*) llenar. **II** *vi fam* engordar. ◆**fill up I** *vtr* llenar hasta arriba; *Aut fam* **f. her up!**, ¡llénelo! **II** *vi* llenarse.
fillet ['fɪlɪt] *n* filete *m*; **f. steak**, filete.
filling ['fɪlɪŋ] **I** *adj* que llena mucho. **II** *n* **1** (*stuffing*) relleno *m*. **2** (*in tooth*) empaste *m*. **3** *GB* **f. station**, gasolinera *f*.
fillip ['fɪlɪp] *n fam* estímulo *m*.
film [fɪlm] **I** *n* **1** *Cin, Phot* película *f*; **f. star**, estrella *f* de cine. **2** (*layer*) capa *f*. **II** *vtr Cin* filmar. **III** *vi Cin* rodar.
film-strip ['fɪlmstrɪp] *n* cortometraje *m*.
filter ['fɪltər] **I** *n* filtro *m*; *Aut* **f. lane**, carril *m* de acceso. **II** *vtr* filtrar. **III** *vi Aut* **to f. to the right**, girar a la derecha. ◆**filter through** *vi fig* filtrarse (**to**, a).
filter-tip ['fɪltətɪp] *n* (*cigarette*) cigarrillo *m* con filtro.
filth [fɪlθ] *n* (*dirt*) porquería *f*; *fig* porquerías *fpl*.
filthy ['fɪlθɪ] *adj* (**filthier, filthiest**) **1** (*dirty*) asqueroso,-a. **2** (*obscene*) obsceno, -a.
fin [fɪn] *n Zool Av* aleta *f*.
final ['faɪnəl] **I** *adj* **1** (*last*) último,-a, final. **2** (*definitive*) definitivo,-a. **II** *n* **1** *Sport* final *f*. **2** *Univ* **finals**, exámenes *mpl* de

finale fin de carrera. ◆**finally** *adv* (*lastly*) por último; (*at last*) por fin.

finale |fɪˈnɑːlɪ| *n* final *m*.

finalist |ˈfaɪnəlɪst| *n* finalista *mf*.

finalize |ˈfaɪnəlaɪz| *vtr* ultimar; (*date*) fijar.

finance |ˈfaɪnæns, fɪˈnæns| I *n* 1 finanzas *fpl*. 2 **finances**, fondos *mpl*. II *vtr* financiar.

financial |faɪˈnænʃəl, fɪˈnænʃəl| *adj* financiero,-a; **f. crisis**, crisis económica; **f. year**, año económico.

financier |faɪˈnænsɪər, fɪˈnænsɪər| *n* financiero,-a *m,f*.

finch |fɪntʃ| *n* pinzón *m*.

find |faɪnd| I *vtr* (*pt & pp* **found**) 1 (*locate*) encontrar. 2 (*think*) encontrar. 3 **this found its way into my bag**, esto vino a parar a mi bolso. 4 (*discover*) descubrir; **it has been found that ...**, se ha comprobado que ... 5 *Jur* **to f. sb guilty/not guilty**, declarar culpable/inocente a algn. 6 **I can't f. the courage to tell him**, no tengo valor para decírselo; **I found it impossible to get away**, me resultó imposible irme. II *n* hallazgo *m*. ◆**find out** I *vtr* 1 (*enquire*) averiguar. 2 (*discover*) descubrir. II *vi* 1 **to f. out about sth**, informarse sobre algo. 2 (*discover*) enterarse.

findings |ˈfaɪndɪŋz| *npl* conclusiones *fpl*.

fine[1] |faɪn| I *n* multa *f*. II *vtr* multar.

fine[2] |faɪn| I *adj* 1 (*delicate etc*) fino,-a. 2 (*subtle*) sutil. 3 (*excellent*) excelente. 4 (*weather*) bueno; **it was f.**, hacía buen tiempo. 5 **the f. arts**, las bellas artes. 6 (*all right*) bien. II *adv* **fam** muy bien. III *interj* ¡vale! ◆**finely** *adv* 1 finamente; **f. chopped**, picado fino. 2 **f. tuned**, a punto.

finery |ˈfaɪnərɪ| *n* galas *fpl*.

finesse |fɪˈnes| *n* (*delicacy*) finura *f*; (*cunning*) astucia *f*; (*tact*) sutileza *f*.

finger |ˈfɪŋgər| I *n* dedo *m* (de la mano); *fam* **to keep one's fingers crossed**, esperar que todo salga bien; *fam* **you've put your f. on it**, has dado en el clavo; **middle f.**, dedo corazón. II *vtr* tocar; *pej* manosear.

fingernail |ˈfɪŋgəneɪl| *n* uña *f*.

fingerprint |ˈfɪŋgəprɪnt| *n* huella *f* dactilar.

fingertip |ˈfɪŋgətɪp| *n* punta *f* or yema *f* del dedo.

finicky |ˈfɪnɪkɪ| *adj* (*person*) quisquilloso, -a.

finish |ˈfɪnɪʃ| I *n* 1 fin *m*; (*of race*) llegada *f*. 2 (*surface*) acabado *m*. II *vtr* 1 (*complete*) acabar, terminar; **to f. doing sth**, terminar de hacer algo. 2 (*use up*) agotar. III *vi* acabar, terminar; **to f. second**, quedar el segundo. ◆**finish off** *vtr* 1 (*complete*) terminar completamente. 2 (*kill*) *fam* rematar. ◆**finish up** I *vtr* acabar, agotar. II *vi* **to f. up in jail**, ir a parar a la carcel.

finished |ˈfɪnɪʃt| *adj* 1 (*product*) acabado, -a. 2 *fam* (*exhausted*) rendido,-a.

finishing |ˈfɪnɪʃɪŋ| *adj* **to put the f. touch(es) to sth**, darle los últimos toques a algo; **f. line**, (línea *f* de) meta *f*; **f. school**, escuela privada de modales para señoritas.

finite |ˈfaɪnaɪt| *adj* finito,-a; (*verb*) conjugable.

Finland |ˈfɪnlənd| *n* Finlandia.

Finn |fɪn| *n* finlandés,-esa *m,f*.

Finnish |ˈfɪnɪʃ| I *adj* finlandés,-esa. II *n* (*language*) finlandés *m*.

fir |fɜː| *n* abeto *m*.

fire |ˈfaɪər| I *n* 1 fuego *m*. 2 (*accident etc*) incendio *m*; **to be on f.**, estar en llamas; **to catch f.**, incendiarse; **f. alarm**, alarma *f* de incendios; **f. brigade**, (cuerpo *m* de) bomberos *mpl*; **f. engine**, coche *m* de bomberos; **f. escape**, escalera *f* de incendios; **f. exit**, salida *f* de emergencia; **f. extinguisher**, extintor *m*; **f. fighting**, extinción *f* de incendios; **f. station**, parque *m* de bomberos. 3 (*heater*) estufa *f*. 4 *Mil* fuego *m*; **to open f.**, abrir fuego; *fig* **to come under f.**, ser el blanco de las críticas. II *vtr* 1 (*gun*) disparar (at, a); (*rocket*) lanzar; *fig* **to f. questions at sb**, bombardear a algn a preguntas. 2 *fam* (*dismiss*) despedir. III *vi* (*shoot*) disparar (at, sobre).

firearm |ˈfaɪərɑːm| *n* arma *f* de fuego.

fire-fighter |ˈfaɪəfaɪtər| *n* US bombero *m*.

fireman |ˈfaɪəmən| *n* bombero *m*.

fireplace |ˈfaɪəpleɪs| *n* chimenea *f*; (*hearth*) hogar *m*.

fireside |ˈfaɪəsaɪd| *n* hogar *m*; **by the f.**, al calor de la lumbre.

firewood |ˈfaɪəwʊd| *n* leña *f*.

fireworks |ˈfaɪəwɜːks| *npl* fuegos *mpl* artificiales.

firing |ˈfaɪərɪŋ| *n Mil* tiroteo *m*; **f. line**, línea *f* de fuego; **f. squad**, pelotón *m* de fusilamiento.

firm |fɜːm| I *adj* firme; **to be f. with sb**, (*strict*) tratar a algn con firmeza. II *n Com* empresa *f*, firma *f*. ◆**firmly** *adv* firmemente.

firmness |ˈfɜːmnɪs| *n* firmeza *f*.

first |fɜːst| I *adj* primero,-a; (*before masculine singular noun*) primer; **Charles the F.**, Carlos Primero; **for the f. time**, por primera vez; **in the f. place**, en primer lugar; **f. floor**, primer piso *m*, *US* planta baja; **f. name**, nombre *m* de pila. II *adv* (*before anything else*) primero; **f. and foremost**, ante todo; **f. of all**, en primer lugar. III *n* 1 **the f.**, el primero, la primera; **the f. of April**, el uno or el primero de abril; **f. aid**, primeros auxilios; **f. aid box**, botiquín *m*. 2 **at f.**, al principio; **from the (very) f.**, desde el principio. 3

Aut primera *f*. **4** *Univ* to get a f., sacar un sobresaliente. ◆**firstly** *adv* en primer lugar.

first-class ['fɜːstklɑːs] **I** *adj* de primera clase. **II first class** *adv* to travel f. c., viajar en primera.

first-hand ['fɜːsthænd] *adv & adj* de primera mano.

first-rate ['fɜːstreɪt] *adj* de primera.

fiscal ['fɪskəl] *adj* fiscal.

fish [fɪʃ] **I** *n* (*pl* fish) **1** pez *m*; f. shop, pescadería *f*. **2** *Culin* pescado *m*; f. and chips, pescado frito con patatas fritas; *US* f. stick, palito *m* de pescado. **II** *vi* pescar; *fig* to f. in one's pocket for sth, buscar algo en el bolsillo.

fishbone ['fɪʃbəʊn] *n* espina *f*, raspa *f*.

fisherman ['fɪʃəmən] *n* pescador *m*.

fishfinger [fɪʃ'fɪŋgər] *n* palito *m* de pescado.

fishing ['fɪʃɪŋ] *n* pesca *f*; to go f., ir de pesca; f. net, red *f* de pesca; f. rod, caña *f* de pescar; f. tackle, aparejo *m* de pescar.

fishmonger ['fɪʃmʌŋgər] *n GB* pescadero,-a *m,f*; fishmonger's (shop), pescadería *f*.

fishy ['fɪʃɪ] *adj* (fishier, fishiest) de pescado; *fam fig* there's something f. going on, aquí hay gato encerrado.

fist [fɪst] *n* puño *m*.

fit¹ [fɪt] **I** *vtr* **1** ir bien a; that suit doesn't f. you, ese traje no te entalla. **2** *Sew* probar. **3** the key doesn't f. the lock, la llave no es de esta cerradura. **4** (*install*) colocar; a car fitted with a radio, un coche provisto de radio. **5** *fig* she doesn't f. the description, no responde a la descripción. **II** *vi* **1** (*be of right size*) caber. **2** (*facts etc*) cuadrar. **III** *adj* **1** (*suitable*) apto,-a, adecuado,-a (for, para); are you f. to drive?, ¿estás en condiciones de conducir? **2** (*healthy*) en (plena) forma; to keep f., mantenerse en forma. **IV** *n* ajuste *m*; *Sew* corte *m*; to be a good f., encajar bien. ◆**fit in I** *vi* **1** he didn't f. in with his colleagues, no encajó con sus compañeros de trabajo. **2** (*tally*) cuadrar (with, con). **II** *vtr* (*find time for*) encontrar un hueco para. ◆**fit out** *vtr* equipar.

fit² [fɪt] *n* **1** *Med* ataque *m*. **2** *fig* arrebato *m*; f. of anger, arranque *m* de cólera; *fig* by fits and starts, a trompicones.

fitful ['fɪtful] *adj* discontinuo,-a.

fitness ['fɪtnɪs] *n* **1** (*aptitude*) aptitud *f*, capacidad *f*. **2** (*health*) (buen) estado físico.

fitted ['fɪtɪd] *adj* empotrado,-a; f. carpet, moqueta *f*; f. cupboard, armario empotrado.

fitter ['fɪtər] *n* ajustador,-a *m,f*.

fitting ['fɪtɪŋ] **I** *adj* apropiado,-a. **II** *n* **1** (*of dress*) prueba *f*; f. room, probador *m*. **2** (*usu pl*) accesorio *m*; light fittings, apliques eléctricos.

five [faɪv] *adj & n* cinco (*m*) *inv*.

fiver ['faɪvər] *n fam* billete *m* de cinco libras *or* dólares.

fix [fɪks] **I** *n* **1** *fam* to be in a f., estar en un apuro. **2** (*drugs*) *sl* chute *m*. **II** *vtr* **1** (*fasten*) fijar, asegurar. **2** (*date, price*) fijar; (*limit*) señalar. **3** he'll f. it with the boss, (*arrange*) se las arreglará con el jefe. **4** (*repair*) arreglar. **5** *US* (*food, drink*) preparar. ◆**fix up** *vtr* (*arrange*) arreglar; to f. sb up with sth, proveer a algn de algo.

fixation [fɪk'seɪʃən] *n* idea fija.

fixed [fɪkst] *adj* **1** fijo,-a. **2** *fam* (*match etc*) amañado,-a.

fixture ['fɪkstʃər] *n* **1** *Sport* encuentro *m*. **2** fixtures, (*in building*) accesorios *mpl*.

fizz [fɪz] **I** *n* burbujeo *m*. **II** *vi* burbujear. ◆**fizzle out** ['fɪzəlaʊt] *vi* quedar en nada.

fizzy ['fɪzɪ] *adj* (fizzier, fizziest) (*water*) con gas.

flabbergasted ['flæbəgɑːstɪd] *adj* pasmado,-a.

flabby ['flæbɪ] *adj* (flabbier, flabbiest) fofo,-a.

flag [flæg] **I** *n* bandera *f*; *Naut* pabellón *m*. **II** *vtr fig* to f. down a car, hacer señales a un coche para que pare. **III** *vi* (*interest*) decaer; (*conversation*) languidecer.

flagpole ['flægpəʊl] *n* asta *f* de bandera.

flagrant ['fleɪgrənt] *adj* flagrante.

flagship ['flægʃɪp] *n* buque insignia *m*.

flagstone ['flægstəʊn] *n* losa *f*.

flair [fleər] *n* facilidad *f*.

flak [flæk] *n* **1** *Mil* fuego antiaéreo. **2** *fam* críticas *fpl*.

flake [fleɪk] **I** *n* (*of snow*) copo *m*; (*of skin, soap*) escama *f*; (*of paint*) desconchón *m*. **II** *vi* (*skin*) descamarse; (*paint*) desconcharse.

flamboyant [flæm'bɔɪənt] *adj* extravagante.

flame [fleɪm] *n* llama *f*; to go up in flames, incendiarse.

flameproof ['fleɪmpruːf] *adj* ininflamable.

flamingo [flə'mɪŋgəʊ] *n* flamenco *m*.

flammable ['flæməbəl] *adj* inflamable.

flan [flæn] *n* tarta rellena; fruit f., tarta de fruta.

flank [flæŋk] **I** *n* **1** (*of animal*) ijada *f*. **2** *Mil* flanco *m*. **II** *vtr* flanquear.

flannel ['flænəl] *n* **1** *Tex* franela *f*. **2** *GB* (*face cloth*) toallita *f*.

flap [flæp] **I** *vtr* (*wings, arms*) batir. **II** *vi* (*wings*) aletear; (*flag*) ondear. **III** *n* **1** (*of envelope, pocket*) solapa *f*; (*of tent*) faldón *m*. **2** (*of wing*) aletazo *m*. **3** *fam* to get into a f., ponerse nervioso,-a.

flare [fleər] **I** *n* **1** (*flame*) llamarada *f*. **2** *Mil Naut* bengala *f*. **II** *vi* to f. (up), (*fire*) llamear; *fig* (*person*) encolerizarse; (*trouble*) estallar.

flared [fleəd] *adj* (*trousers etc*)

acampanado,-a.
flash [flæʃ] **I** n 1 (of light) destello m; (of lightning) relámpago m; fig **in a f.**, en un santiamén; fig **a f. in the pan**, un éxito fugaz. 2 **news f.**, noticia f de última hora. 3 Phot flash m. **II** adj sl chulo,-a. **III** vtr 1 (torch) dirigir. 2 Rad TV transmitir. 3 **he flashed his card**, enseñó rápidamente su carnet. **IV** vi 1 (light) destellar. 2 **a car flashed past**, un coche pasó como un rayo.
flashback ['flæʃbæk] n flashback m.
flashcube ['flæʃkjuːb] n cubo m flash.
flashlight ['flæʃlaɪt] n US linterna f.
flashy ['flæʃɪ] adj (**flashier**, **flashiest**) fam chillón,-a.
flask [flɑːsk, flæsk] n frasco m; (**thermos**) f., termo m.
flat [flæt] **I** adj (**flatter**, **flattest**) 1 (surface) llano,-a. 2 (beer) sin gas. 3 (battery) descargado,-a; (tyre) desinflado,-a. 4 (rate) fijo,-a. 5 (categorical) rotundo,-a. 6 (dull) soso,-a. 7 Mus B f., si m bemol. **II** adv 1 **to fall f. on one's face**, caerse de bruces. 2 **in ten seconds f.**, en diez segundos justos. 3 **fam to go f. out**, ir a todo gas. **III** n 1 (appartment) piso m. 2 US Aut pinchazo m. 3 **mud flats**, marismas fpl. ◆**flatly** adv rotundamente.
flatmate ['flætmeɪt] n GB compañero,-a m,f de piso.
flatten ['flætən] vtr 1 (make level) allanar. 2 (crush) aplastar.
flatter ['flætər] vtr 1 adular, halagar. 2 (clothes, portrait) favorecer. 3 **to f. oneself**, hacerse ilusiones.
flattering ['flætərɪŋ] adj 1 (words) halagador,-a. 2 (dress, portrait) favorecedor,-a.
flattery ['flætərɪ] n adulación f, halago m.
flaunt [flɔːnt] vtr hacer alarde de.
flavour, US **flavor** ['fleɪvər] **I** n 1 sabor m. **II** vtr Culin sazonar (**with**, con).
flavoured, US **flavored** ['fleɪvəd] adj **strawberry f.**, con sabor a fresa.
flavouring, US **flavoring** ['fleɪvərɪŋ] n condimento m; **artificial f.**, aroma m artificial.
flaw [flɔː] n (failing) defecto m; (fault) desperfecto m.
flawless ['flɔːlɪs] adj perfecto,-a.
flax [flæks] n lino m.
flaxen ['flæksən] adj (hair) rubio pajizo.
flea [fliː] n pulga f; **f. market**, rastro m.
fleck [flek] n (speck) mota f, punto m.
fledg(e)ling ['fledʒlɪŋ] adj fig novato,-a.
flee [fliː] **I** vtr (pt & pp **fled**) huir de. **II** vi huir (**from**, de).
fleece [fliːs] **I** n 1 (sheep's coat) lana f. 2 (sheared) vellón m. **II** vtr fam (cheat) sangrar.
fleet [fliːt] n flota f.
fleeting ['fliːtɪŋ] adj fugaz.
Flemish ['flemɪʃ] **I** adj flamenco,-a. **II** n (language) flamenco m.
flesh [fleʃ] n 1 carne f; fig **in the f.**, en persona; fig **to be of f. and blood**, ser de carne y hueso; **f. wound**, herida f superficial. 2 (of fruit) pulpa f.
flew [fluː] pt → **fly**.
flex [fleks] **I** n GB Elec cable m. **II** vtr (muscles) flexionar.
flexible ['fleksɪbəl] adj flexible.
flexibility [fleksɪ'bɪlɪtɪ] n flexibilidad f.
flick [flɪk] **I** n movimiento rápido; (of finger) capirotazo m. **II** vtr (with finger) dar un capirotazo a. ◆**flick through** vtr (book) hojear.
flicker ['flɪkər] **I** n 1 parpadeo m; (of light) titileo m. 2 fig **a f. of hope**, un destello de esperanza. **II** vi (eyes) parpadear; (flame) vacilar.
flier ['flaɪər] n aviador,-a m,f.
flight [flaɪt] n 1 vuelo m; **f. path**, trayectoria f de vuelo; **f. recorder**, registrador m de vuelo. 2 (of ball) trayectoria f. 3 (escape) huida f, fuga f; **to take f.**, darse a la fuga. 4 (of stairs) tramo m.
flight-deck ['flaɪtdek] n (cockpit) cabina f del piloto.
flimsy ['flɪmzɪ] adj (**flimsier**, **flimsiest**) (cloth) ligero,-a; (paper) fino,-a; (structure) poco sólido,-a; (excuse) poco convincente.
flinch [flɪntʃ] vi (wince) estremecerse.
fling [flɪŋ] **I** vtr (pt & pp **flung**) arrojar. **II** n fam **to have a f.**, echar una cana al aire.
flint [flɪnt] n 1 (stone) pedernal m. 2 (in lighter) piedra f de mechero.
flip [flɪp] **I** n (flick) capirotazo m. **II** vtr (toss) tirar (al aire); **to f. a coin**, echar a cara o cruz.
flip-flop ['flɪpflɒp] n 1 Comput báscula f biestable. 2 (footwear) chancleta f.
flippant ['flɪpənt] adj frívolo,-a.
flipper ['flɪpər] n aleta f.
flirt [flɜːt] **I** n coqueto,-a m,f. **II** vi flirtear, coquetear; **to f. with death**, jugar con la muerte.
flirtation [flɜː'teɪʃən] n flirteo m, coqueteo m.
flit [flɪt] vi revolotear.
float [fləʊt] **I** n 1 flotador m. 2 (money) cambio m. 3 (in procession) carroza f. **II** vtr 1 poner a flote. 2 (shares) emitir; (currency, business) hacer flotar. **III** vi flotar.
floating ['fləʊtɪŋ] adj flotante; (voter) indeciso,-a.
flock [flɒk] **I** n Zool rebaño m; Orn bandada f; Rel grey f; (crowd) multitud f. **II** vi acudir en masa.
flog [flɒɡ] vtr 1 azotar; fam fig **flogged to death**, (idea) trillado. 2 sl (sell) vender.
flood [flʌd] **I** n inundación f; (of river) riada f; fig torrente m. **II** vtr inundar. **III** vi (river) desbordarse; fig **to f. in**, entrar a raudales.

flooding |'flʌdɪŋ| *n* inundaciones *fpl*.
floodlight |'flʌdlaɪt| *n* foco *m*.
floor |flɔːr| I *n* 1 (*of room*) suelo *m*; **dance f.**, pista *f* de baile. 2 (*of ocean, forest*) fondo *m*. 3 (*storey*) piso *m*; **first f.**, *GB* primer piso *m*, *US* planta baja; *GB* **ground f.**, planta baja. II *vtr fig* dejar perplejo,-a.
floorboard |'flɔːbɔːd| *n* tabla *f* (del suelo).
flop |flɒp| I *n fam* fracaso *m*. II *vi* 1 **to f. down on the bed**, tumbarse en la cama. 2 *fam* fracasar.
floppy |'flɒpɪ| *adj* (*floppier, floppiest*) flojo,-a; *Comput* **f. disk**, disco *m* flexible.
flora |'flɔːrə| *n* flora *f*.
florid |'flɒrɪd| *adj* (*style*) florido,-a.
florist |'flɒrɪst| *n* florista *mf*; **f.'s**, floristería *f*.
flounce¹ |flaʊns| *vi* **to f. in/out**, entrar/salir airadamente.
flounce² |flaʊns| *n Sew* volante *m*.
flounder¹ |'flaʊndər| *n* (*fish*) platija *f*.
flounder² |'flaʊndər| *vi* 1 (*struggle*) forcejear; *fig* enredarse. 2 (*be at a loss*) no saber que decir or hacer.
flour |'flaʊər| *n* harina *f*.
flourish |'flʌrɪʃ| I *n* 1 (*gesture*) ademán *m* (teatral). 2 (*under signature*) rúbrica *f*. II *vtr* (*brandish*) agitar. III *vi* (*thrive*) florecer; (*plant*) crecer.
flourishing |'flʌrɪʃɪŋ| *adj* floreciente.
flout |flaʊt| *vtr Jur* desacatar.
flow |fləʊ| I *n* (*of river*) corriente *f*; (*of traffic*) circulación *f*; (*of capital*) movimiento *m*; (*of people, goods*) afluencia *f*; **f. chart**, diagrama *m* de flujo; *Comput* organigrama *m*. II *vi* (*blood, river*) fluir; (*sea*) subir; (*traffic*) circular.
flower |'flaʊər| I *n* flor *f*; **f. bed**, arriate *m*. II *vi* florecer.
flowerpot |'flaʊəpɒt| *n* maceta *f*.
flowery |'flaʊrɪ| *adj fig* florido,-a.
flowing |'fləʊɪŋ| *adj* (*hair*) suelto,-a; (*dress*) de mucho vuelo; (*style*) fluido,-a; (*shape, movement*) natural.
flown |fləʊn| *pp* → **fly**.
flu |fluː| *n* (*abbr of* **influenza**) gripe *f*.
fluctuate |'flʌktjʊeɪt| *vi* fluctuar.
fluctuation |flʌktjʊ'eɪʃən| *n* fluctuación *f*.
flue |fluː| *n* conducto *m* de humos; (*chimney*) cañón *m*.
fluent |'fluːənt| *adj* 1 **he speaks f. German**, habla el alemán con soltura. 2 (*eloquent*) fluido,-a.
fluff |flʌf| I *n* (*down*) pelusa *f*. II *vtr* **to f. sth**, hacer algo mal.
fluffy |'flʌfɪ| *adj* (*fluffier, fluffiest*) (*pillow*) mullido,-a; (*toy*) de peluche; (*cake*) esponjoso,-a.
fluid |'fluːɪd| I *adj* (*movement*) natural; (*style, prose*) fluido; (*situation*) incierto,-a. II *n* fluido *m*, líquido *m*.
fluke |fluːk| *n fam* chiripa *f*; **by a f.**, por chiripa.
flummox |'flʌməks| *vtr fam* desconcertar.
flung |flʌŋ| *pt & pp* → **fling**.
fluorescent |flʊə'resənt| *adj* fluorescente.
fluoride |'flʊəraɪd| *n* fluoruro *m*.
flurry |'flʌrɪ| *n* 1 (*of wind*) ráfaga *f*; (*of snow*) nevasca *f*. 2 *fig* (*bustle*) agitación *f*.
flush |flʌʃ| I *adj* **f. with**, (*level*) a ras de. II *n* (*blush*) rubor *m*. III *vtr* **to f. the lavatory**, tirar de la cadena. IV *vi* 1 **the loo won't f.**, la cisterna del wáter no funciona. 2 (*blush*) ruborizarse.
flushed |flʌʃt| *adj* (*cheeks*) rojo,-a, encendido,-a; *fig* **f. with success**, emocionado,-a ante el éxito.
fluster |'flʌstər| *vtr* **to get flustered**, ponerse nervioso,-a.
flute |fluːt| *n* flauta *f*.
flutter |'flʌtər| I *vi* (*leaves, birds*) revolotear; (*flag*) ondear. II *n fam* (*bet, gambling*) apuesta pequeña.
flux |flʌks| *n* (*flow*) flujo *m*; (*instability*) inestabilidad *f*; *fig* **to be in a state of f.**, estar cambiando constantemente.
fly¹ |flaɪ| I *vtr* (*pt* **flew**; *pp* **flown**) 1 *Av* pilotar. 2 (*merchandise, troops*) transportar. 3 (*distance*) recorrer. 4 (*kite*) hacer volar. II *vi* 1 (*bird, plane*) volar. 2 (*go by plane*) ir en avión. 3 (*flag*) ondear. 4 **to f. into a rage**, montar en cólera. 5 **the train flew past**, el tren pasó volando. 6 *fam* **to go flying**, (*fall*) caerse. III *n* **flies**, bragueta *f sing*.
fly² |flaɪ| *n* (*insect*) mosca *f*; **f. spray**, spray *m* matamoscas.
flying |'flaɪɪŋ| *adj* volador,-a; (*rapid*) rápido,-a; **a f. visit**, una visita relámpago; *fig* **to come out of an affair with f. colours**, salir airoso,-a de un asunto; *fig* **to get off to a f. start**, empezar con buen pie; **f. picket**, piquete *m* (informativo); **f. saucer**, platillo *m* volante. II *n* 1 (*action*) vuelo *m*. 2 (*aviation*) aviación *f*.
flyleaf |'flaɪliːf| *n* (*of book*) guarda *f*.
flyover |'flaɪəʊvər| *n* paso elevado.
flypast |'flaɪpɑːst| *n GB Av* desfile aéreo.
flyweight |'flaɪweɪt| *n Box* peso *m* mosca.
foal |fəʊl| *n* potro,-a *m,f*.
foam |fəʊm| I *n* espuma *f*; **f. bath**, espuma de baño; **f. rubber**, goma espuma. II *vi* hacer espuma.
fob |fɒb| *vtr fam* **to f. sb off with excuses**, darle largas a algn. ◆**fob off** *vtr fam* **he fobbed off his old radio on a stranger**, le colocó su radio vieja a un desconocido.
focus |'fəʊkəs| I *vtr* centrarse (**on**, en). II *vi* enfocar; **to f. on sth**, *Phot* enfocar algo; *fig* centrarse en algo. III *n* (*pl* **focuses**) foco *m*; **to be in f./out of f.**, estar enfocado,-a/desenfocado,-a.
fodder |'fɒdər| *n* pienso *m*.
foe |fəʊ| *n fml* enemigo,-a *m,f*.
foetus |'fiːtəs| *n* feto *m*.

fog [fɒg] *n* niebla *f*; *(at sea)* bruma *f*.

fogey ['fəʊgɪ] *n fam* old f., cascarrabias *mf inv*.

foggy ['fɒgɪ] *adj (foggier, foggiest)* it is f., hay niebla; *fam* I haven't the foggiest (idea), no tengo la más mínima idea.

foghorn ['fɒghɔːn] *n* sirena *f* (de niebla).

foglamp ['fɒglæmp], *US* **foglight** ['fɒglaɪt] *n* faro *m* antiniebla.

foil [fɔɪl] I *n* 1 aluminium f., papel *m* de aluminio. 2 *(in fencing)* florete *m*. II *vtr (plot)* desbaratar.

fold [fəʊld] I *n (crease)* pliegue *m*. II *vtr* plegar, doblar; **to f. one's arms**, cruzar los brazos. III *vi* 1 **to f. (up)**, *(chair etc)* plegarse; *Com* quebrar.

folder ['fəʊldər] *n* carpeta *f*.

folding ['fəʊldɪŋ] *adj (chair etc)* plegable.

foliage ['fəʊlɪdʒ] *n* follaje *m*.

folk [fəʊk] I *npl* 1 *(people)* gente *f*. 2 *fam* **folks**, *(family)* padres *mpl*; **one's f.**, la familia. II *adj* popular; **f. music**, música *f* folk; **f. song**, canción *f* popular.

folklore ['fəʊklɔːr] *n* folklore *m*.

follow ['fɒləʊ] I *vtr* seguir; *(pursue)* perseguir; *(understand)* comprender; *(way of life)* llevar. II *vi* 1 *(come after)* seguir; **as follows**, como sigue. 2 *(result)* resultar; **that doesn't f.**, eso no es lógico. 3 *(understand)* entender. ◆**follow through, follow up** *vtr (idea)* llevar a cabo; *(clue)* investigar.

follower ['fɒləʊər] *n* seguidor,-a *m,f*.

following ['fɒləʊɪŋ] I *adj* siguiente. II *n* seguidores *mpl*.

folly ['fɒlɪ] *n* locura *f*, desatino *m*.

fond [fɒnd] *adj (loving)* cariñoso,-a; **to be f. of sb**, tenerle mucho cariño a algn; **to be f. of doing sth**, ser aficionado,-a a hacer algo.

fondness ['fɒndnɪs] *n (love)* cariño *m* (**for**, a); *(liking)* afición *f* (**for**, a).

fondle ['fɒndəl] *vtr* acariciar.

font [fɒnt] *n Rel* pila *f*.

food [fuːd] *n* comida *f*; **f. chain**, cadena trófica; **f. poisoning**, intoxicación alimenticia.

foodstuffs ['fuːdstʌfs] *npl* productos alimenticios.

fool [fuːl] I *n* 1 tonto,-a *m,f*, imbécil *mf*; **to make a f. of sb**, poner a algn en ridículo; **to play the f.**, hacer el tonto. 2 *Culin* ≈ mousse *f* de fruta. II *vtr (deceive)* engañar. III *vi (joke)* bromear; **to f. about** *or* **around**, hacer el tonto.

foolhardy ['fuːlhɑːdɪ] *adj (foolhardier, foolhardiest)* temerario,-a; *(person)* intrépido,-a.

foolish ['fuːlɪʃ] *adj* estúpido,-a.

foolproof ['fuːlpruːf] *adj* infalible.

foot [fʊt] I *n (pl* **feet** [fiːt]*) n Zool* pata *f*; **on f.**, a pie, andando; *fig* **to find one's feet**, acostumbrarse; *fam fig* **to put one's f. down**, *(control)* imponerse; *(in car)* pisar a fondo; *fam fig* **to put one's f. in it**, meter la pata; *fam fig* **to put one's feet up**, descansar. II *vtr* **to f. the bill**, *(pay)* pagar la cuenta.

footage ['fʊtɪdʒ] *n Cin* metraje *m*.

football ['fʊtbɔːl] *n* 1 *(soccer)* fútbol *m*; **bar f.**, futbolín *m*; **f. ground**, campo *m* de fútbol; **f. match**, partido *m* de fútbol; **f. pools**, quinielas *fpl*. 2 *(ball)* balón *m*.

footballer ['fʊtbɔːlər] *n* futbolista *mf*.

footbridge ['fʊtbrɪdʒ] *n* puente *m* para peatones.

foothills ['fʊthɪlz] *npl* estribaciones *fpl*.

foothold ['fʊthəʊld] *n fig* **to gain a f.**, afianzarse en una posición.

footing ['fʊtɪŋ] *n* **to lose one's f.**, perder el equilibrio; **on a friendly f.**, en plan amistoso; **on an equal f.**, en pie de igualdad.

footlights ['fʊtlaɪts] *npl* candilejas *fpl*.

footman ['fʊtmən] *n* lacayo *m*.

footnote ['fʊtnəʊt] *n* nota *f* a pie de página.

footpath ['fʊtpɑːθ] *n (track)* sendero *m*.

footprint ['fʊtprɪnt] *n* pisada *f*.

footsore ['fʊtsɔːr] *adj* con los pies doloridos.

footstep ['fʊtstep] *n* paso *m*.

footwear ['fʊtweər] *n* calzado *m*.

for [fɔːr] I *prep* 1 *(intended)* para; **curtains f. the bedroom**, cortinas para el dormitorio; **f. sale**, en venta; **it's time f. bed**, es hora de acostarse. 2 *(representing)* por; **a cheque f. ten pounds**, un cheque de diez libras; **J f. John**, J de Juan; **what's the Spanish f. 'rivet'?**, ¿cómo se dice 'rivet' en español? 3 *(purpose)* para; **it's good f. the digestion**, es bueno para la digestión; **what's this f.?**, ¿para qué sirve esto? 4 *(because of)* por; **famous f. its cuisine**, famoso,-a por su cocina; **to jump f. joy**, saltar de alegría. 5 *(on behalf of)* por; **the campaign f. peace**, la campaña por la paz; **will you do it f. me?**, ¿lo harás por mí? 6 *(during)* por, durante; **I lent it to her f. a year**, se lo presté por un año; **I shall stay f. two weeks**, me quedaré dos semanas; **I was ill f. a month**, estuve enfermo,-a durante un mes; **I've been here f. three months**, hace tres meses que estoy aquí. 7 *(distance)* **I walked f. ten kilometres**, caminé diez kilómetros. 8 *(at a point in time)* para; **I can do it f. next Monday**, puedo hacerlo para el lunes que viene; **f. the last time**, por última vez. 9 *(destination)* para. 10 *(amount of money)* por; **I got the car f. five hundred pounds**, conseguí el coche por quinientas libras. 11 *(in favour of)* de; **are you f. or against?**, ¿estás a favor o en contra?; **to vote f. sb**, votar a algn. 12 *(to obtain)* para; **to run f. the bus**, correr para coger al autobús; **to send sb f. water**, mandar a algn a por agua. 13

forage

(with respect to) en cuanto a; **as f. him**, en cuanto a él; **f. all I care**, por mí; **f. all I know**, que yo sepa; **f. one thing**, para empezar. **14** *(despite)* a pesar de; **f. all that**, aún así; **he's tall f. his age**, está muy alto para su edad. **15** *(instead of)* por; **can you go f. me?**, ¿puede ir por mí? **16** *(towards)* hacia, por; **affection f. sb**, cariño hacia algn; **his love f. you**, su amor por ti. **17** *(as)* por; **to leave sb f. dead**, dar a algn por muerto,-a; **what do you use f. fuel?**, ¿qué utilizan como combustible? **18** *(in exchange)* por; **to exchange one thing f. another**, cambiar una cosa por otra; **how much did you sell it f.?**, ¿por cuánto lo vendiste? **19** (+ *object* + *infin*) **there's no reason f. us to quarrel**, no hay motivo para que riñamos; **it's time f. you to go**, es hora de que os marchéis; **it's easy f. him to say that**, le es fácil decir eso.
II *conj* *(since, as)* ya que, puesto que.

forage ['fɒrɪdʒ] **I** *n* forraje *m*. **II** *vi* hurgar.

foray ['fɒreɪ] *n* incursión *f*.

forbearance [fɔː'beərəns] *n* paciencia *f*.

forbid [fə'bɪd] *vtr* *(pt* **forbade**; *pp* **forbidden** [fə'bɪdən]) prohibir; **to f. sb to do sth**, prohibirle a algn hacer algo.

forbidding [fə'bɪdɪŋ] *adj* *(stern)* severo,-a; *(bleak)* inhóspito,-a.

force [fɔːs] **I** *n* **1** fuerza *f*; **by f.**, por la fuerza; **to come into f.**, entrar en vigor. **2** *Mil* cuerpo *m*; **the (armed) forces**, las fuerzas armadas; **the police f.**, la policía. **II** *vtr* forzar; **to f. sb to do sth**, forzar a algn a hacer algo.

forced [fɔːst] *adj* forzado,-a; **f. landing**, aterrizaje forzoso.

force-feed ['fɔːsfiːd] *vtr* alimentar a la fuerza.

forceful ['fɔːsfʊl] *adj* **1** *(person)* enérgico, -a. **2** *(argument)* convincente.

forcible ['fɔːsəbəl] *adj* **f. entry**, allanamiento *m* de morada. ◆**forcibly** *adv* a or por la fuerza.

forceps ['fɔːseps] *npl* fórceps *m sing*.

ford [fɔːd] **I** *n* vado *m*. **II** *vtr* vadear.

fore [fɔːr] *fig* **to come to the f.**, empezar a destacar.

forearm ['fɔːrɑːm] *n* antebrazo *m*.

foreboding [fɔː'bəʊdɪŋ] *n* presentimiento *m*.

forecast ['fɔːkɑːst] **I** *n* pronóstico *m*. **II** *vtr* *(pt & pp* **forecast** *or* **forecasted**) pronosticar.

forecourt ['fɔːkɔːt] *n* *(of garage)* área *f* de servicio.

forefathers ['fɔːfɑːðəz] *npl* antepasados *mpl*.

forefront ['fɔːfrʌnt] *n* **in the f.**, a la vanguardia.

forego [fɔː'gəʊ] *vtr fml* *(pt* **forewent**; *pp* **foregone**) sacrificar.

foregone ['fɔːgɒn] *adj* **a f. conclusion**, un resultado inevitable.

foreground ['fɔːgraʊnd] *n* primer plano *m*.

forehead ['fɒrɪd, 'fɔːhed] *n* frente *f*.

foreign ['fɒrɪn] *adj* extranjero,-a; *(trade, policy)* exterior; **f. exchange**, divisas *fpl*; **the F. Office**, el Ministerio de Asuntos Exteriores; **f. body**, cuerpo extraño.

foreigner ['fɒrɪnər] *n* extranjero,-a *m,f*.

foreman ['fɔːmən] *n* **1** *Ind* capataz *m*. **2** *Jur* presidente *m* del jurado.

foremost ['fɔːməʊst] *adj* principal; **first and f.**, ante todo.

forename ['fɔːneɪm] *n* nombre *m* de pila.

forensic [fə'rensɪk] *adj* forense.

forerunner ['fɔːrʌnər] *n* precursor,-a *m,f*.

foresee [fɔː'siː] *vtr* *(pt* **foresaw** *pp* **foreseen)** prever.

foreseeable [fɔː'siːəbəl] *adj* previsible; **in the f. future**, en un futuro próximo.

foreshadow [fɔː'ʃædəʊ] *vtr* presagiar.

foresight ['fɔːsaɪt] *n* previsión *f*.

forest ['fɒrɪst] *n* bosque *m*.

forestall [fɔː'stɔːl] *vtr* *(plan)* anticiparse a; *(danger)* prevenir.

forestry ['fɒrɪstrɪ] *n* silvicultura *f*.

foretaste ['fɔːteɪst] *n* anticipo *m* (**of**, de).

foretell [fɔː'tel] *vtr* *(pt & pp* **foretold**) presagiar.

forever [fə'revər] *adv* **1** *(eternally)* siempre. **2** *(for good)* para siempre. **3** *fam* *(ages)* siglos *mpl*.

foreword ['fɔːwɜːd] *n* prefacio *m*.

forfeit ['fɔːfɪt] **I** *n* *(penalty)* pena *f*; *(in games)* prenda *f*. **II** *vtr* perder.

forgave [fə'geɪv] *pt* → **forgive**.

forge [fɔːdʒ] **I** *n* **1** *(furnace)* fragua *f*. **2** *(blacksmith's)* herrería *f*. **II** *vtr* **1** *(counterfeit)* falsificar. **2** *(metal)* forjar. **III** *vi* **to f. ahead**, hacer grandes progresos.

forger ['fɔːdʒər] *n* falsificador,-a *m,f*.

forgery ['fɔːdʒərɪ] *n* falsificación *f*.

forget [fə'get] **I** *vtr* *(pt* **forgot**; *pp* **forgotten**) olvidar, olvidarse de; **I forgot to close the window**, se me olvidó cerrar *or* me olvidé de cerrar la ventana; **I've forgotten my key**, he olvidado la llave. **II** *vi* olvidarse.

forgetful [fə'getfʊl] *adj* olvidadizo,-a.

forget-me-not [fə'getmɪnɒt] *n* nomeolvides *f inv*.

forgive [fə'gɪv] *vtr* *(pt* **forgave** *pp* **forgiven** [fə'gɪvən]) perdonar; **to f. sb for sth**, perdonarle algo a algn.

forgiveness [fə'gɪvnɪs] *n* perdón *m*.

forgo [fɔː'gəʊ] *vtr* → **forego**.

forgot [fə'gɒt] *pt*, **forgotten** [fə'gɒtən] *pp* → **forget**.

fork [fɔːk] **I** *n* **1** *Agr* horca *f*. **2** *(cutlery)* tenedor *m*. **3** *(in road)* bifurcación *f*. **II** *vi* *(roads)* bifurcarse. ◆**fork out** *vtr fam* *(money)* soltar.

fork-lift truck [fɔːklɪft'trʌk] *n* carretilla *f*

elevadora de horquilla.
forlorn [fəˈlɔːn] *adj (forsaken)* abandonado,-a; *(desolate)* triste; *(without hope)* desesperado,-a.
form [fɔːm] **I** *n* **1** *(shape)* forma *f*. **2** *(type)* clase *f*. **3 for f.'s sake,** para guardar las formas. **4** *(document)* formulario *m*. **5 on/on top/off f.,** en/en plena/en baja forma. **6** *Educ* clase *f*; **the first f.,** el primer curso. **II** *vtr* formar; **to f. an impression,** formarse una impresión. **III** *vi* formarse.
formal [ˈfɔːməl] *adj* **1** *(official)* oficial; **a f. application,** una solicitud en forma. **2** *(party, dress)* de etiqueta. **3** *(ordered)* formal. **4** *(person)* formalista. ◆**formally** *adv* oficialmente.
formality [fɔːˈmælɪtɪ] *n* formalidad *f*.
format [ˈfɔːmæt] **I** *n* formato *m*. **II** *vtr Comput* formatear.
formation [fɔːˈmeɪʃən] *n* formación *f*.
formative [ˈfɔːmətɪv] *adj* formativo,-a.
former [ˈfɔːmər] *adj* **1** *(time)* anterior. **2** *(one-time)* antiguo,-a; *(person)* ex; **the f. champion,** el excampeón. **3** *(first)* aquél, aquélla; **Peter and Lisa came, the f. wearing a hat,** vinieron Peter y Lisa, aquél llevaba sombrero. ◆**formerly** *adv* antiguamente.
formidable [ˈfɔːmɪdəbəl] *adj (prodigious)* formidable; *(daunting)* terrible.
formula [ˈfɔːmjʊlə] *n* fórmula *f*.
forsake [fəˈseɪk] *vtr (pt* **forsook** [fɔːˈsʊk] *pp* **forsaken** [fɔːˈseɪkən] *Lit* **1** *(abandon, desert)* abandonar. **2** *(give up)* renunciar a.
fort [fɔːt] *n* fortaleza *f*.
forte [ˈfɔːteɪ] *n* fuerte *m*.
forth [fɔːθ] *adv fml* **and so f.,** y así sucesivamente; **to go back and f.,** ir de acá para allá.
forthcoming [fɔːθˈkʌmɪŋ] *adj* **1** *(event)* próximo,-a. **2 no money was f.,** no hubo oferta de dinero. **3** *(communicative)* comunicativo,-a.
forthright [ˈfɔːθraɪt] *adj* franco,-a.
fortify [ˈfɔːtɪfaɪ] *vtr* fortificar.
fortitude [ˈfɔːtɪtjuːd] *n* fortaleza *f*, fuerza *f*.
fortnight [ˈfɔːtnaɪt] *n GB* quincena *f*.
fortnightly [ˈfɔːtnaɪtlɪ] *GB* **I** *adj* quincenal. **II** *adv* cada quince días.
fortress [ˈfɔːtrɪs] *n* fortaleza *f*.
fortunate [ˈfɔːtʃənɪt] *adj* afortunado,-a; **it was f. that he came,** fue una suerte que viniera. ◆**fortunately** *adv* afortunadamente.
fortune [ˈfɔːtʃən] *n* **1** *(luck, fate)* suerte *f*; **to tell sb's f.,** echar la buenaventura a algn. **2** *(money)* fortuna *f*.
fortune-teller [ˈfɔːtʃəntelər] *n* adivino,-a *m,f*.
forty [ˈfɔːtɪ] *adj & n* cuarenta *(m) inv*.
forum [ˈfɔːrəm] *n* foro *m*.
forward [ˈfɔːwəd] **I** *adv* **1** *(also* **forwards)** *(direction and movement)* hacia adelante. **2**
fig **to come f.,** ofrecerse. **3 from this day f.,** de ahora en adelante. **II** *adj* **1** *(movement)* hacia adelante; *(position)* delantero,-a. **2** *(person)* fresco,-a. **III** *n Sport* delantero,-a *m,f*. **IV** *vtr* **1** *(send on)* remitir. **2** *fml (send goods)* expedir. **3** *fml (further)* fomentar.
forwent [fɔːˈwent] *pt* → **forego**.
fossil [ˈfɒsəl] *n* fósil *m*; **f. fuel,** combustible *m* fósil.
foster [ˈfɒstər] **I** *vtr* **1** *(child)* criar. **2** *fml (hopes)* abrigar; *(relations)* fomentar. **II** *adj* **f. child,** hijo,-a adoptivo,-a; **f. father** padre adoptivo; **f. mother,** madre adoptiva; **f. parents,** padres adoptivos.
fought [fɔːt] *pt & pp* → **fight**.
foul [faʊl] **I** *adj* **1** *(smell)* fétido,-a; *(taste)* asqueroso,-a. **2** *(deed)* atroz; *(weather)* de perros. **3** *(language)* grosero,-a. **4 to fall f. of,** tener problemas con; *Sport* **f. play,** juego sucio; *Jur* **f. play is suspected,** se sospecha que se haya cometido un acto criminal. **II** *n Sport* falta *f*. **III** *vtr* **1** *(dirty)* ensuciar; *(air)* contaminar. **2** *Sport* cometer una falta contra.
found[1] [faʊnd] *pt & pp* → **find**.
found[2] [faʊnd] *vtr (establish)* fundar.
foundation [faʊnˈdeɪʃən] *n* **1** *(establishment)* fundación *f*. **2** *(basis)* fundamento *m*. **3 f. (cream),** maquillaje *m* de fondo. **4** *Constr* **foundations,** cimientos *mpl*.
founder[1] [ˈfaʊndər] *n* fundador,-a *m,f*.
founder[2] [ˈfaʊndər] *vi* **1** *fml (sink)* hundirse. **2** *fig (plan, hopes)* fracasar.
foundry [ˈfaʊndrɪ] *n* fundición *f*.
fountain [ˈfaʊntɪn] *n (structure)* fuente *f*; *(jet)* surtidor *m*; **f. pen,** pluma estilográfica.
four [fɔːr] *adj & n* cuatro *(m) inv*; **on all fours,** a gatas.
four-door [ˈfɔːdɔːr] *adj Aut* de cuatro puertas.
four-poster [fɔːˈpəʊstər] *n* **f.-p. (bed),** cama *f* con dosel.
foursome [ˈfɔːsəm] *n* grupo *m* de cuatro personas.
fourteen [fɔːˈtiːn] *adj & n* catorce *(m) inv*.
fourteenth [fɔːˈtiːnθ] **I** *adj & n* decimocuarto,-a *(m,f)*. **II** *n (fraction)* catorceavo *m*.
fourth [fɔːθ] **I** *adj & n* cuarto,-a *(m,f)*. **II** *n* **1** *(fraction)* cuarto *m*. **2** *Aut* cuarta *f* (velocidad).
fowl [faʊl] *n* aves *fpl* de corral.
fox [fɒks] **I** *n* zorro,-a *m,f*. **II** *vtr* **1** *(perplex)* dejar perplejo,-a. **2** *(deceive)* engañar.
foyer [ˈfɔɪeɪ, ˈfɔɪə] *n* vestíbulo *m*.
fracas [ˈfrækɑː] *n* gresca *f*, reyerta *f*.
fraction [ˈfrækʃən] *n* fracción *f*.
fracture [ˈfræktʃər] **I** *n* fractura *f*. **II** *vtr* fracturar.
fragile [ˈfrædʒaɪl] *adj* frágil.

fragment ['frægmənt] n fragmento m.
fragrance ['freɪgrəns] n fragancia f, perfume m.
fragrant ['freɪgrənt] adj fragante, aromático,-a.
frail [freɪl] adj frágil, delicado,-a.
frame [freɪm] I n 1 (of window, door, picture) marco m; (of machine) armazón m; (of bicycle) cuadro m; (of spectacles) montura f; fig f. of mind, estado m de ánimo. 2 Cin TV fotograma m. II vtr 1 (picture) enmarcar. 2 (question) formular. 3 fam (innocent person) incriminar.
framework ['freɪmwɜːk] n fig within the f. of ..., dentro del marco de ...
franc [fræŋk] n franco m.
France [frɑːns] n Francia.
franchise ['fræntʃaɪz] n 1 Pol derecho m al voto. 2 Com concesión f, licencia f.
frank [fræŋk] I adj franco,-a. II vtr (mail) franquear. ◆**frankly** adv francamente.
frankness ['fræŋknɪs] n franqueza f.
frantic ['fræntɪk] adj (anxious) desesperado,-a; (hectic) frenético,-a.
fraternal [frə'tɜːnəl] adj fraterno,-a.
fraternity [frə'tɜːnɪtɪ] n (society) asociación f; Rel cofradía f; US Univ club m de estudiantes.
fraud [frɔːd] n 1 fraude m. 2 (person) impostor,-a m,f.
fraught [frɔːt] adj 1 (full) cargado,-a (with, de). 2 (tense) nervioso,-a.
fray¹ [freɪ] vi 1 (cloth) deshilacharse. 2 (nerves) crisparse; his temper frequently frayed, se irritaba a menudo.
fray² [freɪ] n combate m.
freak [friːk] I n 1 (monster) monstruo m. 2 fam (eccentric) estrafalario,-a m,f. 3 fam (fan) fanático,-a m,f. II adj 1 (unexpected) inesperado,-a. 2 (unusual) insólito,-a.
freckle ['frekəl] n peca f.
free [friː] I adj 1 libre; to set sb f., poner en libertad a algn; f. kick, tiro m libre; f. speech, libertad f de expresión; f. will, libre albedrío m; f. trade, libre cambio m; f. time, tiempo m libre. 2 f. (of charge), (gratis) gratuito,-a; f. gift, obsequio m. 3 (generous) generoso,-a. II adv (for) f., gratis. 2 (loose) suelto,-a. III vtr 1 (liberate) poner en libertad. 2 (let loose, work loose) soltar. 3 (untie) desatar. 4 (exempt) eximir (from, de). ◆**freely** adv 1 libremente. 2 (openly) abiertamente.
freedom ['friːdəm] n 1 (liberty) libertad f; f. of the press, libertad de prensa. 2 (exemption) exención f.
free-for-all ['friːfərɔːl] n pelea f.
freehold ['friːhəʊld] adj en propiedad absoluta.
freelance ['friːlɑːns] adj independiente.
freemason ['friːmeɪsən] n francmasón, -ona m,f.
free-range ['friːreɪndʒ] adj GB de granja.
free-style ['friːstaɪl] n Swimming estilo m libre.
freeway ['friːweɪ] n US autopista f.
freewheel [friː'wiːl] vi ir en punto muerto.
freeze [friːz] I vtr (pt froze; pp frozen) congelar. II n Meteor helada f; price f., congelación f de precios; TV Cin f. frame, imagen congelada. III vi (liquid) helarse; (food) congelarse.
freeze-dried ['friːzdraɪd] adj liofilizado,-a.
freezer ['friːzər] n congelador m.
freezing ['friːzɪŋ] adj 1 glacial. 2 f. point, punto m de congelación; above/below f. point, sobre/bajo cero.
freight [freɪt] n 1 (transport) transporte m. 2 (goods, price) flete m; f. train, tren m de mercancías.
French [frentʃ] I adj francés,-esa; F. bean, judía f verde; F. dressing, vinagreta f; US F. fries, patatas fpl fritas; F. window, puerta f vidriera. II n 1 (language) francés m. 2 pl the F., los franceses.
Frenchman ['frentʃmən] n francés m.
Frenchwoman ['frentʃwʊmən] n francesa f.
frenetic [frɪ'netɪk] adj frenético,-a.
frenzy ['frenzɪ] n frenesí m.
frequency ['friːkwənsɪ] n frecuencia f.
frequent ['friːkwənt] I adj frecuente. II [frɪ'kwent] vtr frecuentar. ◆**frequently** adv frecuentemente, a menudo.
fresh [freʃ] adj 1 fresco,-a; f. water, agua f dulce; f. bread, pan del día. 2 (new) nuevo,-a; open a f. packet, abre otro paquete. 3 (air) puro,-a; in the f. air, al aire libre. ◆**freshly** adv recién, recientemente.
freshen ['freʃən] vi (wind) refrescar. ◆**freshen up** vi asearse.
fresher ['freʃər], **freshman** ['freʃmən] n Univ estudiante mf de primer año, novato,-a m,f.
freshness ['freʃnɪs] n frescura f.
freshwater ['freʃwɔːtər] adj de agua dulce.
fret [fret] vi preocuparse (about, por).
FRG [efɑːˈdʒiː] n Hist abbr of Federal Republic of Germany, República Federal de Alemania, RFA.
friar ['fraɪər] n fraile m.
friction ['frɪkʃən] n fricción f.
Friday ['fraɪdɪ] n viernes m.
fridge [frɪdʒ] n fam nevera f, frigorífico m.
friend [frend] n amigo,-a m,f; a f. of mine, un,-a amigo,-a mío,-a; to make friends with sb, hacerse amigo,-a de algn; to make friends again, hacer las paces.
friendliness ['frendlɪnɪs] n amabilidad f, simpatía f.
friendly ['frendlɪ] adj (friendlier, friendliest) (person) simpático,-a; (at-

mosphere) acogedor,-a; **f. advice**, consejo *m* de amigo; **f. nation**, nación amiga.

friendship ['frendʃɪp] *n* amistad *f*.

frieze [friːz] *n* friso *m*.

frigate ['frɪgɪt] *n* fragata *f*.

fright [fraɪt] *n* 1 (*of hair*) miedo *m*; **to take f.**, asustarse. 2 (*shock*) susto *m*; **to get a f.**, pegarse un susto.

frighten ['fraɪtən] *vtr* asustar. ◆**frighten away, frighten off** *vtr* ahuyentar.

frightened ['fraɪtənd] *adj* asustado,-a; **to be f. of sb**, tenerle miedo a algn.

frightening ['fraɪtənɪŋ] *adj* espantoso,-a.

frightful ['fraɪtfʊl] *adj* espantoso,-a, horroroso,-a. ◆**frightfully** *adv* tremendamente, terriblemente.

frigid ['frɪdʒɪd] *adj* frígido,-a.

frill [frɪl] *n* (*on dress*) volante *m*; *fig* **frills**, (*decorations*) adornos *mpl*.

fringe [frɪndʒ] *n* 1 (*of hair*) flequillo *m*. 2 (*edge*) borde *m*; *fig* **on the f. of society**, al margen de la sociedad; **f. theatre**, teatro *m* experimental; **f. benefits**, extras *mpl*.

Frisbee® ['frɪzbiː] *n* platillo *m*.

frisk [frɪsk] *vtr fam* (*search*) registrar.

frisky ['frɪskɪ] *adj* (**friskier, friskiest**) 1 (*children, animals*) juguetón,-a. 2 (*adult*) vivo,-a.

fritter ['frɪtər] *n* buñuelo *m*. ◆**fritter away** *vtr* malgastar.

frivolous ['frɪvələs] *adj* frívolo,-a.

frizzy ['frɪzɪ] *adj* (**frizzier, frizziest**) crespo,-a.

frock [frɒk] *n* vestido *m*; **f. coat**, levita *f*.

frog [frɒg] *n* rana *f*; **frogs' legs**, ancas *fpl* de rana; *fig* **to have a f. in one's throat**, tener carraspera.

frogman ['frɒgmən] *n* hombre *m* rana.

frolic ['frɒlɪk] *vi* retozar, juguetear.

from [frɒm, *unstressed* frəm] *prep* 1 (*time*) desde, a partir de; **f. now on**, a partir de ahora; **f. Monday to Friday**, de lunes a viernes; **f. the eighth to the seventeenth**, desde el ocho hasta el diecisiete; **f. time to time**, de vez en cuando. 2 (*price, number*) desde, de; **dresses f. five pounds**, vestidos desde cinco libras; **a number f. one to ten**, un número del uno a diez. 3 (*origin*) de; **a letter f. her father**, una carta de su padre; **f. English into Spanish**, del inglés al español; **he's f. Malaga**, es de Málaga; **the train f. Bilbao**, el tren procedente de Bilbao; **to go f. door to door**, ir de puerta en puerta; **her eyes were red f. crying**, tenía los ojos rojos de llorar. 4 (*distance*) de; **the town is four miles f. the coast**, el pueblo está a cuatro millas de la costa. 5 (*out of*) de; **bread is made f. flour**, el pan se hace con harina. 6 (*remove, subtract*) a; **he took the book f. the child**, le quitó el libro al niño; **take three f. five**, restar tres a cinco. 7 (*according to*) según,

por; **f. what the author said**, según lo que dijo el autor; **speaking f. my own experience**, hablando por experiencia propia. 8 (*position*) desde, de; **f. here**, desde aquí. 9 **can you tell margarine f. butter?**, ¿puedes distinguir entre la margarina y la mantequilla?

front [frʌnt] **I** *n* 1 parte delantera; **in f. (of)**, delante (de). 2 (*of building*) fachada *f*. 3 **Mil Pol Meteor** frente *m*. 4 (*seaside*) paseo marítimo. 5 *fig* **she put on a brave f.**, hizo de tripas corazón. **II** *adj* delantero,-a, de delante; **Parl f. bench**, primera fila de escaños donde se sientan los ministros del Gobierno o de la Oposición; **f. door**, puerta *f* principal; **f. room**, salón *m*; **f. seat**, asiento *m* de delante.

frontier ['frʌntɪər] *n* frontera *f*.

front-page ['frʌntpeɪdʒ] *adj* de primera página.

frost [frɒst] **I** *n* 1 (*covering*) escarcha *f*. 2 (*freezing*) helada *f*. **II** *vt* **US Culin** recubrir con azúcar glas. ◆**frost over** *vi* escarchar.

frostbite ['frɒstbaɪt] *n* congelación *f*.

frosted ['frɒstɪd] *adj* 1 (*glass*) esmerilado,-a. 2 **US Culin** recubierto,-a de azúcar glas.

frosty ['frɒstɪ] *adj* (**frostier, frostiest**) 1 **it will be a f. night tonight**, esta noche habrá helada. 2 *fig* glacial.

froth [frɒθ] **I** *n* espuma *f*; (*from mouth*) espumarajos *mpl*. **II** *vi* espumar.

frothy ['frɒθɪ] *adj* (**frothier, frothiest**) espumoso,-a.

frown [fraʊn] *vi* fruncir el ceño. ◆**frown upon** *vtr* desaprobar.

froze [frəʊz] *pt* → **freeze**.

frozen ['frəʊzən] *adj* (*liquid, feet etc*) helado,-a; (*food*) congelado,-a.

frugal ['fruːgəl] *adj* frugal.

fruit [fruːt] *n* 1 **Bot** fruto *m*. 2 (*apple, orange etc*) fruta *f*; **f. cake**, pastel *m* con fruto seco; **f. machine**, máquina *f* tragaperras; **f. salad**, macedonia *f* de frutas. 3 **fruits**, (*rewards*) frutos *mpl*.

fruitful ['fruːtfʊl] *adj fig* provechoso,-a.

fruition [fruːˈɪʃən] *n fml* **to come to f.**, realizarse.

frustrate [frʌˈstreɪt] *vtr* frustrar.

frustrated [frʌˈstreɪtɪd] *adj* frustrado,-a.

frustration [frʌˈstreɪʃən] *n* frustración *f*.

fry[1] [fraɪ] **I** *vtr* (*pt & pp* **fried**) freír. **II** *vi fig* asarse.

fry[2] [fraɪ] *npl* **small f.**, gente *f* de poca monta.

frying pan ['fraɪɪŋpæn], **US fry-pan** ['fraɪpæn] *n* sartén *f*.

ft *abbr of* **foot**, pie *m*; *abbr of* **feet**, pies *mpl*.

fuck [fʌk] *vulg offens vtr & vi* joder; **f. (it)!**, ¡joder! ◆**fuck off** *vi* **f. off!**, ¡vete a la mierda! ◆**fuck up** *vtr* joder.

fucking ['fʌkɪŋ] *vulg* **I** *adj* **f. idiot!**, ¡gili-

fuddy-duddy

pollas!; **where are my f. keys?**, ¿dónde coño están las llaves? II *adv* **a f. good film**, una película de puta madre.

fuddy-duddy ['fʌdɪdʌdɪ] *n* persona chapada a la antigua.

fudge [fʌdʒ] I *n* Culin dulce *m* hecho con azúcar, leche y mantequilla. II *vtr* (*figures*) amañar.

fuel ['fjʊəl] I *n* 1 combustible *m*; (*for engines*) carburante *m*; **f. tank**, depósito *m* de combustible. II *vtr fig* (*ambition*) estimular; (*difficult situation*) empeorar.

fugitive ['fju:dʒɪtɪv] *n fml* fugitivo,-a *m,f*.

fulfil, US **fulfill** [fʊl'fɪl] *vtr* 1 (*task, ambition*) realizar; (*promise*) cumplir; (*role*) desempeñar. 2 (*wishes*) satisfacer.

fulfilment, US **fulfillment** [fʊl'fɪlmənt] *n* 1 (*of ambition*) realización *f*. 2 (*of duty, promise*) cumplimiento *m*.

full [fʊl] I *adj* 1 lleno,-a de; **I'm f. (up)**, no puedo más. 2 (*complete*) completo,-a; **at f. speed**, a toda velocidad; **f. text**, texto íntegro; *fam* **in f. swing**, en plena marcha; **f. board**, pensión completa; **f. employment**, pleno empleo *m*; **f. house**, lleno total; **f. moon**, luna llena; **f. stop**, punto *m*. II *n* **in f.**, en su totalidad; **name in f.**, nombre y apellidos completos. III *adv* **f. well**, perfectamente. ◆**fully** *adv* completamente.

full-blown ['fʊlbləʊn] *adj* auténtico,-a.

fullness ['fʊlnɪs] *n* **in the f. of time**, con el tiempo.

full-scale ['fʊlskeɪl] *adj* 1 (*model*) de tamaño natural. 2 **f.-s. search**, registro *m* a fondo; **f.-s. war**, guerra generalizada *or* total.

full-time ['fʊltaɪm] I *adj* de jornada completa. II *adv* **to work f. t.**, trabajar a tiempo completo.

fully-fledged ['fʊlɪfledʒd] *adj* hecho,-a y derecho,-a.

fulsome ['fʊlsəm] *adj* excesivo,-a, exagerado,-a.

fumble ['fʌmbəl] *vi* hurgar; **to f. for sth**, buscar algo a tientas; **to f. with sth**, manejar algo con torpeza.

fume [fju:m] I *n* (*usu pl*) humo *m*. II *vi* echar humo.

fun [fʌn] I *n* (*amusement*) diversión *f*; **in or for f.**, en broma; **to have f.**, divertirse, pasarlo bien; **to make f. of sb**, reírse de algn. II *adj* divertido,-a.

function ['fʌŋkʃən] I *n* 1 función *f*. 2 (*ceremony*) acto *m*; (*party*) recepción *f*. II *vi* funcionar.

functional ['fʌŋkʃənəl] *adj* funcional.

fund [fʌnd] I *n* 1 Com fondo *m*. 2 **funds**, fondos *mpl*. II *vtr* (*finance*) patrocinar.

fundamental [fʌndə'mentəl] I *adj* fundamental. II *npl* **fundamentals**, los fundamentos.

funeral ['fju:nərəl] *n* funeral *m*; **f. march**, marcha *f* fúnebre; US **f. parlor**, funeraria *f*; **f. service**, misa *f* de cuerpo presente.

funfair ['fʌnfeər] *n* GB parque *m* de atracciones.

fungus ['fʌŋgəs] *n* (*pl* **fungi** ['fʌŋgaɪ]) 1 Bot hongo *m*. 2 Med fungo *m*.

funnel ['fʌnəl] I *n* 1 (*for liquids*) embudo *m*. 2 Naut chimenea *f*. II *vtr fig* (*funds, energy*) encauzar.

funny ['fʌnɪ] *adj* (**funnier, funniest**) 1 (*peculiar*) raro,-a, extraño,-a; **that's f.!**, ¡qué raro! 2 (*amusing*) divertido,-a, gracioso, -a; **I found it very f.**, me hizo mucha gracia. 3 *fam* (*ill*) mal. 4 *fam* (*dishonest*) dudoso,-a. ◆**funnily** *adv fam* **f. enough**, aunque parezca extraño.

fur [fɜ:r] I *n* 1 (*of living animal*) pelo *m*. 2 (*of dead animal*) piel *f*. 3 (*in kettle, on tongue*) sarro *m*. II *adj* de piel; **f. coat**, abrigo *m* de pieles.

furious ['fjʊərɪəs] *adj* 1 (*angry*) furioso,-a. 2 (*vigorous*) violento,-a.

furlong ['fɜ:lɒŋ] *n* (*measurement*) = *aprox* 201 metros.

furnace ['fɜ:nɪs] *n* horno *m*.

furnish ['fɜ:nɪʃ] *vtr* 1 (*house*) amueblar. 2 *fml* (*food*) suministrar; (*details*) facilitar.

furnishings ['fɜ:nɪʃɪŋz] *npl* 1 muebles *mpl*. 2 (*fittings*) accesorios *mpl*.

furniture ['fɜ:nɪtʃər] *n* muebles *mpl*; **a piece of f.**, un mueble.

furrow ['fʌrəʊ] *n* Agr surco *m*; (*on forehead*) arruga *f*.

furry ['fɜ:rɪ] *adj* (**furrier, furriest**) 1 (*hairy*) peludo,-a. 2 (*tongue, kettle*) sarroso,-a.

further ['fɜ:ðər] I *adj* → **far**. 1 (*new*) nuevo,-a; **until f. notice**, hasta nuevo aviso. 2 (*additional*) otro,-a, adicional. 3 (*later*) posterior; **f. education**, estudios *mpl* superiores. II *adv* 1 (*more*) más; **f. back**, más atrás; **f. along**, más adelante; **she heard nothing f.**, no volvió a saber nada más. 2 *fml* **f. to your letter of the 9th**, con referencia a su carta del 9 del corriente. 3 *fml* (*besides*) además. III *vtr* fomentar.

furthermore ['fɜ:ðəmɔ:r] *adv fml* además.

furthest ['fɜ:ðɪst] *adj* → **far**; más lejano, -a.

furtive ['fɜ:tɪv] *adj* furtivo,-a.

fury ['fjʊərɪ] *n* furia *f*, furor *m*.

fuse [fju:z] I *n* 1 Elec fusible *m*; **f. box**, caja *f* de fusibles. 2 (*of bomb*) mecha *f*. II *vi* 1 Elec **the lights fused**, se fundieron los plomos. 2 *fig* (*merge*) fusionarse. 3 (*melt*) fundirse. III *vtr* 1 Elec fundir los plomos de. 2 *fig* (*merge*) fusionar. 3 (*melt*) fundir.

fuselage ['fju:zɪlɑ:ʒ] *n* fuselaje *m*.

fuss [fʌs] I *n* (*commotion*) jaleo *m*; **to kick up a f.**, armar un escándalo; **stop making a f.**, (*complaining*) deja ya de quejarte; **to make a f. of**, (*pay attention to*) mimar a. II *vi* preocuparse (**about**, por).

fussy ['fʌsɪ] *adj* (**fussier, fussiest**) exigente; (*nitpicking*) quisquilloso,-a.
futile ['fjuːtaɪl] *adj* inútil, vano,-a.
futility [fjuː'tɪlɪtɪ] *n* inutilidad *f*.
future ['fjuːtʃər] **I** *n* futuro *m*, porvenir *m*; **in the near f.**, en un futuro próximo; **in f.**, de aquí en adelante. **II** *adj* futuro,-a.
futuristic [fjuːtʃə'rɪstɪk] *adj* futurista.
fuzzy ['fʌzɪ] *adj* (**fuzzier, fuzziest**) **1** (*hair*) muy rizado,-a. **2** (*blurred*) borroso,-a.

G

G, g [dʒiː] *n* **1** (*the letter*) G, g *f*. **2** *Mus* G, sol *m*.
g [dʒiː] *abbr of* **gram(s), gramme(s)**, g.
gabble ['gæbəl] **I** *n* chapurreo *m*. **II** *vi* hablar atropelladamente.
gable ['geɪbəl] *n* aguilón *m*.
gadget ['gædʒɪt] *n* artilugio *m*, aparato *m*.
Gaelic ['geɪlɪk] **I** *adj* gaélico,-a. **II** *n* (*language*) gaélico *m*.
gaffe [gæf] *n* metedura *f* de pata, plancha *f*; **to make a g.**, meter la pata, patinar.
gag [gæg] **I** *n* **1** mordaza *f*. **2** *fam* (*joke*) chiste *m*. **II** *vtr* amordazar.
gage [geɪdʒ] *n & vtr US* → **gauge**.
gaiety ['geɪətɪ] *n* regocijo *m*.
gaily ['geɪlɪ] *adv* alegremente.
gain [geɪn] **I** *n* ganancia *f*, beneficio *m*; (*increase*) aumento *m*. **II** *vtr* ganar; *fig* **to g. ground**, ganar terreno; **to g. speed**, ganar velocidad, acelerar; **to g. weight**, aumentar de peso.
gait [geɪt] *n* (manera *f* de) andar *m*.
gal (*pl* **gal** or **gals**) *abbr of* **gallon**.
gala ['gɑːlə, 'geɪlə] *n* gala *f*, fiesta *f*.
galaxy ['gæləksɪ] *n* galaxia *f*.
gale [geɪl] *n* vendaval *m*.
Galicia [gə'lɪʃə] *n* Galicia.
Galician [gə'lɪʃɪən, gə'lɪʃən] **I** *adj* gallego,-a. **II** *n* **1** (*person*) gallego,-a *m,f*. **2** (*language*) gallego *m*.
gall [gɔːl] **I** *n fam* descaro *m*. **II** *vtr* molestar, irritar.
gallant ['gælənt] *adj* (*brave*) valiente; (*also* [gə'lænt]) (*chivalrous*) galante.
gallantry ['gæləntrɪ] *n* (*bravery*) gallardía *f*; (*politeness*) galantería *f*.
galleon ['gælɪən] *n* galeón *m*.
gallery ['gælərɪ] *n* **1** galería *f*. **2** *Theat* gallinero *m*. **3** (*court*) tribuna *f*.
galley ['gælɪ] *n* **1** (*ship*) galera *f*; **g. slave**, galeote *m*. **2** (*kitchen*) cocina *f*.
Gallicism ['gælɪsɪzəm] *n* galicismo *m*.
gallivant ['gælɪvænt] *vi fam* callejear.
gallon ['gælən] *n* galón *m* (≈ 4,55 litros; *US* 3,79 litros).
gallop ['gæləp] **I** *n* galope *m*. **II** *vi* galopar.
gallows ['gæləʊz] *npl* horca *f sing*, patíbulo *m sing*.
gallstone ['gɔːlstəʊn] *n* cálculo *m* biliar.
galore [gə'lɔːr] *adv fam* en cantidad, en abundancia.
galvanize ['gælvənaɪz] *vtr* (*metal*) galvanizar; *fig* **to g. sb into action**, galvanizar a algn.
galvanized ['gælvənaɪzd] *adj* galvanizado,-a.
gambit ['gæmbɪt] *n Chess* gambito *m*; *fig* táctica *f*.
gamble ['gæmbəl] **I** *n* (*risk*) riesgo *m*; (*risky undertaking*) empresa arriesgada; (*bet*) apuesta *f*. **II** *vi* (*bet*) jugar; (*take a risk*) arriesgarse.
gambler ['gæmblər] *n* jugador,-a *m,f*.
gambling ['gæmblɪŋ] *n* juego *m*.
gambol ['gæmbəl] *vi* brincar.
game [geɪm] **I** *n* **1** juego *m*; **g. of chance**, juego de azar. **2** (*match*) partido *m*; (*of bridge*) partida *f*. **3 games**, *Sport* juegos *mpl*; *GB Educ* educación física. **4** (*hunting*) caza *f*; *fig* presa *f*; **g. reserve**, coto *m* de caza. **II** *adj* **g. for anything**, dispuesto,-a a todo. ◆**gamely** *adv* resueltamente.
gamekeeper ['geɪmkiːpər] *n* guardabosque *mf*.
gammon ['gæmən] *n GB* jamón ahumado *or* curado.
gamut ['gæmət] *n* gama *f*; **to run the g. of ...**, experimentar todas las posibilidades de ...
gang [gæŋ] *n* (*of criminals*) banda *f*; (*of youths*) pandilla *f*; (*of workers*) cuadrilla *f*. ◆**gang up** *vi fam* confabularse (**on**, contra).
gangplank ['gæŋplæŋk] *n* plancha *f*.
gangrene ['gæŋgriːn] *n* gangrena *f*.
gangster ['gæŋstər] *n* gángster *m*.
gangway ['gæŋweɪ] *n Naut* pasarela *f*; *Theat* pasillo *m*.
gantry ['gæntrɪ] *n* puente *m* transversal.
gaol [dʒeɪl] *n & vtr GB* → **jail**.
gap [gæp] *n* **1** abertura *f*, hueco *m*; (*blank space*) blanco *m*; (*in traffic*) claro *m*; **to bridge a g.**, rellenar un hueco. **2** (*in time*) intervalo *m*; (*emptiness*) vacío *m*. **3** (*gulf*) diferencia *f*. **4** (*deficiency*) laguna *f*.
gape [geɪp] *vi* (*person*) quedarse boquiabierto,-a, mirar boquiabierto,-a; (*thing*) estar abierto,-a.
gaping ['geɪpɪŋ] *adj fig* profundo,-a.
garage ['gærɑːʒ, 'gærɪdʒ] *n* garaje *m*; (*for repairs*) taller mecánico; (*filling station*) gasolinera *f*.
garbage ['gɑːbɪdʒ] *n US* basura *f*; *fig* tonterías *fpl*; **g. can**, cubo *m* de la basura; **g. truck**, camión *m* de la basura.
garbled ['gɑːbəld] *adj* embrollado,-a; **g.

account, relato confuso.
garden ['gɑ:dən] *n* jardín *m*; **g. centre**, centro *m* de jardinería; **g. party**, recepción *f* al aire libre.
gardener ['gɑ:dənər] *n* jardinero,-a *m,f*.
gardening ['gɑ:dənɪŋ] *n* jardinería *f*; **his mother does the g.**, su madre es la que cuida el jardín.
gardenia [gɑ:'di:nɪə] *n* gardenia *f*.
gargle ['gɑ:gəl] *vi* hacer gárgaras.
gargoyle ['gɑ:gɔɪl] *n* gárgola *f*.
garish ['geərɪʃ] *adj* chillón,-ona.
garland ['gɑ:lənd] *n* guirnalda *f*.
garlic ['gɑ:lɪk] *n* ajo *m*.
garment ['gɑ:mənt] *n* prenda *f*.
garnish ['gɑ:nɪʃ] *vtr* guarnecer.
garrison ['gærɪsən] *n* guarnición *f*.
garrulous ['gærʊləs] *adj* locuaz.
garter ['gɑ:tər] *n* liga *f*.
gas [gæs] **I** *n* 1 gas *m*; **g. chamber**, cámara *f* de gas; **g. cooker**, cocina *f* de gas; **g. fire**, estufa *f* de gas; **g. mask**, careta *f* antigás; **g. ring**, hornillo *m* de gas. 2 *US* gasolina *f*; **g. station**, gasolinera *f*. **II** *vtr (asphyxiate)* asfixiar con gas. **III** *vi fam (talk)* charlotear.
gash [gæʃ] **I** *n* herida profunda. **II** *vtr* hacer un corte en; **he gashed his forehead**, se hizo una herida en la frente.
gasket ['gæskɪt] *n* junta *f*.
gasoline ['gæsəli:n] *n US* gasolina *f*.
gasp [gɑ:sp] **I** *n (cry)* grito sordo; *(breath)* bocanada *f*; *fig* **to be at one's last g.**, estar en las últimas. **II** *vi (in surprise)* quedar boquiabierto,-a; *(breathe)* jadear.
gassy ['gæsɪ] *adj (gassier, gassiest)* gaseoso,-a.
gastric ['gæstrɪk] *adj* gástrico,-a.
gastronomic [gæstrə'nɒmɪk] *adj* gastronómico,-a.
gate [geɪt] *n* 1 puerta *f*. 2 *(at football ground)* entrada *f*; **g. (money)**, taquilla *f*. 3 *(attendance)* entrada *f*.
gateau ['gætəʊ] *n* pastel *m* con nata.
gatecrash ['geɪtkræʃ] **I** *vtr* colarse en. **II** *vi* colarse.
gateway ['geɪtweɪ] *n* puerta *f*; *fig* pasaporte *m*.
gather ['gæðə] **I** *vtr* 1 *(collect)* juntar; *(pick)* coger; *(pick up)* recoger. 2 *(bring together)* reunir. 3 *(harvest)* cosechar. 4 **to g. speed**, ir ganando velocidad; **to g. strength**, cobrar fuerzas. 5 *(understand)* suponer; **I g. that ...**, tengo entendido que .... 6 *Sew* fruncir. **II** *vi* 1 *(come together)* reunirse. 2 *(form)* formarse.
◆**gather round** *vi* agruparse.
gathering ['gæðərɪŋ] **I** *adj* creciente. **II** *n* reunión *f*.
gauche [gəʊʃ] *adj (clumsy)* torpe; *(tactless)* sin tacto.
gaudy ['gɔ:dɪ] *adj (gaudier, gaudiest)* chillón,-ona.
gauge [geɪdʒ] **I** *n* 1 medida *f* estándar; *(of gun, wire)* calibre *m*. 2 *Rail* ancho *m* de vía. 3 *(calibrator)* indicador *m*. 4 *fig (indication)* indicación *f*. **II** *vtr* 1 *(measure)* medir, calibrar. 2 *fig (judge)* juzgar.
gaunt [gɔ:nt] *adj (lean)* demacrado,-a; *(desolate)* lúgubre.
gauntlet ['gɔ:ntlɪt] *n* guantelete *m*; *fig* **to run the g. of ...**, estar sometido,-a a ...; *fig* **to throw down the g.**, arrojar el guante.
gauze [gɔ:z] *n* gasa *f*.
gave [geɪv] *pt* → **give**.
gawky ['gɔ:kɪ] *adj (gawkier, gawkiest)* desgarbado,-a.
gay [geɪ] *adj* 1 *(homosexual)* gay. 2 *(happy)* alegre.
gaze [geɪz] **I** *n* mirada fija. **II** *vi* mirar fijamente.
gazelle [gə'zel] *n* gacela *f*.
gazette [gə'zet] *n* gaceta *f*; *US* periódico *m*.
gazump [gə'zʌmp] *vi GB fam* romper un compromiso de venta para vender a un precio más alto.
GB [dʒi:'bi:] *abbr of* **Great Britain**.
GCE [dʒi:si:'i:] *abbr of* **General Certificate of Education (A-Level)**, ≈ COU *m*.
GCSE [dʒi:si:es'i:] *abbr of* **General Certificate of Secondary Education**, ≈ BUP *m*.
GDP [dʒi:di:'pi:] *abbr of* **gross domestic product**, producto *m* interior bruto, PIB *m*.
GDR [dʒi:di:'ɑ:r] *n Hist abbr of* **German Democratic Republic**, RDA.
gear [gɪər] **I** *n* 1 *(equipment)* equipo *m*. 2 *fam (belongings)* bártulos *mpl*. 3 *fam (clothing)* ropa *f*. 4 *Tech* engranaje *m*. 5 *Aut* velocidad *f*, marcha *f*; **first g.**, primera *f* (velocidad *f*); **g. lever**, palanca *f* de cambio. **II** *vtr* ajustar, adaptar.
gearbox ['gɪəbɒks] *n* caja *f* de cambios.
gearstick ['gɪəstɪk], *US* **gearshift** ['gɪəʃɪft] *n* palanca *f* de cambio.
geese [gi:s] *npl* → **goose**.
gel [dʒel] **I** *n* gel *m*; *(for hair)* gomina *f*. **II** *vi fig (ideas etc)* cuajar. **III** *vtr (hair)* engominar.
gelatin ['dʒelətɪn] *n* gelatina *f*.
gelignite ['dʒelɪgnaɪt] *n* gelignita *f*.
gem [dʒem] *n* piedra preciosa; *fig (person)* joya *f*.
Gemini ['dʒemɪnaɪ] *n* Géminis *m sing*.
gen [dʒen] *n fam* **to get the g. on sth**, informarse sobre algo.
gender ['dʒendər] *n* género *m*.
gene [dʒi:n] *n* gene *m*, gen *m*.
general ['dʒenərəl] **I** *adj* general; **g. knowledge**, conocimientos generales; **in g.**, en general; **the g. public**, el público; **g. practitioner (GP)**, médico *m* de cabecera. **II** *n Mil* general *m*. ◆**generally** *adv* generalmente, en general.

generalization [dʒenərəlaɪ'zeɪʃən] *n* generalización *f*.

generalize ['dʒenərəlaɪz] *vtr & vi* generalizar.

generate ['dʒenəreɪt] *vtr* generar.

generation [dʒenə'reɪʃən] *n* generación *f*; **g. gap**, abismo *m* or conflicto *m* generacional.

generator ['dʒenəreɪtər] *n* generador *m*.

generosity [dʒenə'rɒsɪtɪ] *n* generosidad *f*.

generous ['dʒenərəs] *adj* generoso,-a; *(plentiful)* copioso,-a.

genetic [dʒɪ'netɪk] *adj* genético,-a; **g. engineering**, ingeniería genética.

genetics [dʒɪ'netɪks] *n* genética *f*.

Geneva [dʒɪ'niːvə] *n* Ginebra.

genial ['dʒiːnɪəl, 'dʒiːnjəl] *adj* cordial.

genie ['dʒiːnɪ] *n* duende *m*, genio *m*.

genitals ['dʒenɪtəlz] *npl* órganos *mpl* genitales.

genius ['dʒiːnjəs, 'dʒiːnɪəs] *n* 1 *(person)* genio *m*. 2 *(gift)* don *m*.

genre ['ʒɒnrə] *n* género *m*.

gent [dʒent] *n* *(abbr of* **gentleman***)* *fam* señor *m*, caballero *m*; **the gents**, los servicios (de caballeros).

genteel [dʒen'tiːl] *adj* fino,-a, distinguido,-a.

gentle ['dʒentəl] *adj* dulce, tierno,-a; *(breeze)* suave. ◆**gently** con cuidado.

gentleman ['dʒentəlmən] *n* caballero *m*; **g.'s agreement**, pacto *m* de caballeros.

gentry ['dʒentrɪ] *n* pequeña nobleza, alta burguesía.

genuine ['dʒenjʊɪn] *adj* auténtico,-a, genuino,-a; *(sincere)* sincero,-a.
◆**genuinely** *adv* auténticamente.

geographic(al) [dʒɪə'græfɪk(əl)] *adj* geográfico,-a.

geography [dʒɪ'ɒgrəfɪ, 'dʒɒgrəfɪ] *n* geografía *f*.

geologic(al) [dʒɪə'lɒdʒɪk(əl)[*adj* geológico,-a.

geology [dʒɪ'ɒlədʒɪ] *n* geología *f*.

geometric(al) [dʒɪə'metrɪk(əl)] *adj* geométrico,-a.

geometry [dʒɪ'ɒmɪtrɪ] *n* geometría *f*.

geopolitical [dʒɪːəʊpə'lɪtɪkəl] *adj* geopolítico,-a.

geranium [dʒɪ'reɪnɪəm] *n* geranio *m*.

geriatric [dʒerɪ'ætrɪk] *adj* geriátrico,-a.

germ [dʒɜːm] *n* 1 *Biol & fig* germen *m*. 2 *Med* microbio *m*.

German ['dʒɜːmən] I *adj* alemán,-ana; **G. measles**, rubeola *f*. II *n* 1 alemán,-ana *m,f*. 2 *(language)* alemán *m*.

Germany ['dʒɜːmənɪ] *n* Alemania *f*.

germinate ['dʒɜːmɪneɪt] *vi* germinar.

gestation [dʒe'steɪʃən] *n* gestación *f*.

gesticulate [dʒe'stɪkjʊleɪt] *vi* gesticular.

gesture ['dʒestʃər] I *n* gesto *m*, ademán *m*; **it's an empty g.**, es pura formalidad. II *vi* gesticular, hacer gestos.

get [get] I *vtr* *(pt & pp* **got**, *pp US also*

gotten*)* 1 *(obtain)* obtener, conseguir; **to g. one's own way**, salirse con la suya. 2 *(earn)* ganar. 3 *(fetch) (something)* traer; *(somebody)* ir a por; **g. the police!**, ¡llama a la policía!; *Tel* **g. me Mr Brown**, póngame con el Sr. Brown. 4 *(receive)* recibir; *fam* **he got the sack**, le despidieron. 5 *(bus, train, thief etc)* *Span* coger; *Am* agarrar. 6 *(prepare)* preparar; **can I g. you something to eat?**, ¿quieres comer algo? 7 *(ask)* pedir; **g. him to call me**, dile que me llame. 8 **to g. sb to agree to sth**, conseguir que algn acepte algo. 9 **when did you g. the house painted?** ¿cuándo os pintaron la casa?; **to g. one's hair cut**, cortarse el pelo. 10 **they got him in the chest**, le dieron en el pecho. 11 **have got, have got to** → **have**. 12 *fam (understand)* entender. 13 *(record) (in writing)* apuntar; *(on tape)* grabar.

II *vi* 1 *(become)* ponerse; **to g. dark**, anochecer; **to g. dressed**, vestirse; **to g. drunk**, emborracharse; **to g. late**, hacerse tarde; **to g. married**, casarse; **to g. used to doing sth**, acostumbrarse a hacer algo; **to get paid**, cobrar. 2 *fig* **we are not getting anywhere**, así no vamos a ninguna parte. 3 *(arrive)* llegar. 4 **to g. to**, *(come to)* llegar a; **to g. to know sb**, llegar a conocer a algn.

◆**get about**, ◆**get across** *vtr (idea etc)* hacer comprender. ◆**get ahead** *vi* progresar. ◆**get along** *vi* 1 *(leave)* marcharse. 2 *(manage)* arreglárselas. 3 *(two people)* llevarse bien. ◆**get around** *vi (person)* salir; *(travel)* viajar; *(news)* difundirse. ◆**get at** *vtr* 1 *(reach)* alcanzar. 2 *(ascertain)* descubrir. 3 *(insinuate)* insinuar; **what are you getting at?**, ¿a dónde quieres llegar? 4 *(criticize)* criticar. ◆**get away** *vi* escaparse. ◆**get away with** *vtr* salir impune de. ◆**get back** I *vi* 1 *(return)* regresar, volver. 2 **g. back!**, *(move backwards)* ¡atrás!. II *vtr (recover)* recuperar; *fam* **to g. one's own back on sb**, vengarse de algn. ◆**get by** *vi* 1 *(manage)* arreglárselas; **she can g. by in French**, sabe defenderse en francés. 2 *(pass)* pasar. ◆**get down** I *vtr (depress)* deprimir. II *vi (descend)* bajar. ◆**get down to** *vi* ponerse a; **to g. down to the facts**, ir al grano. ◆**get in** I *vi* 1 *(arrive)* llegar. 2 *Pol* ser elegido,-a. II *vtr* 1 *(buy)* comprar. 2 *(collect)* recoger; *fam* **he couldn't g. a word in edgeways**, no pudo decir ni pío. ◆**get into** *vtr* *fig* **to g. into bad habits**, adquirir malas costumbres; **to g. into trouble**, meterse en un lío. ◆**get off** I *vtr* 1 *(bus etc)* bajarse de. 2 *(remove)* quitarse. II *vi* 1 bajarse; *fam* **g. off!**, ¡fuera! 2 **to g. off to a good start**, *(begin)* empezar bien. 3 *(escape)* escaparse; **to g. off lightly**, salir

getaway 399 **give**

bien librado,-a. ◆**get off with** *vtr fam* ligar. ◆**get on I** *vtr* (*board*) subir a. II *vi* 1 (*board*) subirse. 2 (*make progress*) hacer progresos; **how are you getting on?**, ¿cómo te van las cosas? 3 **to g. on** (*well with sb*), llevarse bien (con algn). 4 (*continue*) seguir; **to g. on with one's work**, seguir trabajando. 5 **it's getting on for eleven**, son casi las once; **time's getting on**, se está haciendo tarde. ◆**get on to** *vtr* 1 (*find a person*) localizar; (*find out*) descubrir. 2 (*continue*) pasar a. ◆**get out I** *vtr* (*object*) sacar. II *vi* 1 (*room etc*) salir (*of, de*); (*train*) bajar (*of, de*). 2 (*escape*) escaparse (*of, de*); **to g. out of an obligation**, librarse de un compromiso. 3 (*news*) difundirse; (*secret*) hacerse público. ◆**get over** *vtr* 1 (*illness*) recuperarse; **I can't g. over him**, no le puedo olvidar. 2 (*difficulty*) vencer. 3 (*convey*) hacer comprender. ◆**get round** *vtr* 1 (*problem*) salvar; (*difficulty*) vencer. 2 (*rule*) soslayar. 3 (*win over*) persuadir. ◆**get round to** *vi* **if I g. round to it**, si tengo tiempo. ◆**get through I** *vi* 1 (*message*) llegar. 2 *Educ* aprobar. 3 *Tel* **to g. through to sb**, conseguir comunicar con algn. II *vtr* 1 **to g. through a lot of work**, trabajar mucho. 2 (*consume*) consumir. 3 *Educ* aprobar. ◆**get together I** *vi* (*people*) juntarse, reunirse. II *vtr* (*people*) juntar, reunir. ◆**get up I** *vi* (*rise*) levantarse. II *vtr* 1 (*wake*) despertar. 2 (*disguise*) **to g. oneself up as ...**, disfrazarse de .... ◆**get up to** *vi* hacer; **to g. up to mischief**, hacer de las suyas.

getaway ['getəweɪ] *n* fuga *f*; **to make one's g.**, fugarse.

get-together ['getəgeðər] *n* reunión *f*.

geyser ['giːzə, *US* 'gaɪzər] *n* 1 *Geog* géiser *m*. 2 (*water heater*) calentador *m* de agua.

ghastly ['ɡɑːstlɪ] *adj* (**ghastlier, ghastliest**) horrible, espantoso,-a.

gherkin ['ɡɜːkɪn] *n* pepinillo *m*.

ghetto ['ɡetəʊ] *n* gueto *m*.

ghost [ɡəʊst] *n* fantasma *m*; **g. story**, cuento *m* de fantasmas; **g. town**, pueblo *m* fantasma.

ghost-writer ['ɡəʊstraɪtər] *n* negro,-a, *m,f*.

ghoulish ['ɡuːlɪʃ] *adj* macabro,-a.

giant ['dʒaɪənt] *adj & n* gigante *m*.

gibberish ['dʒɪbərɪʃ] *n* galimatías *m inv*.

gibe [dʒaɪb] I *n* mofa *f*. II *vi* mofarse (**at**, **de**).

giblets ['dʒɪblɪts] *npl* menudillos *mpl*.

Gibraltar [dʒɪ'brɔːltər] *n* Gibraltar.

Gibraltarian [dʒɪbrɔːl'teərɪən] *adj & n* gibraltareño,-a (*m,f*).

giddiness ['ɡɪdɪnɪs] *n* mareo *m*; (*vertigo*) vértigo *m*.

giddy ['ɡɪdɪ] *adj* (**giddier, giddiest**) mareado,-a; **it makes me g.**, me da vértigo; **to feel g.**, sentirse mareado,-a.

gift [ɡɪft] *n* 1 regalo *m*; *Com* obsequio *m*; **g. token**, vale *m*. 2 (*talent*) don *m*; **to have a g. for music**, estar muy dotado,-a para la música.

gifted ['ɡɪftɪd] *adj* dotado,-a.

gig [ɡɪɡ] *n sl Mus* actuación *f*.

gigantic [dʒaɪ'ɡæntɪk] *adj* gigantesco,-a.

giggle ['ɡɪɡəl] I *n* risita *f*. 2 (*lark*) broma *f*, diversión *f*. II *vi* reírse tontamente.

gild [ɡɪld] *vtr* dorar.

gill[1] [dʒɪl] *n* (*measurement*) medida *f* de líquidos (≈ 0,142 litro).

gill[2] [ɡɪl] *n* (*of fish*) branquia *f*, agalla *f*.

gilt [ɡɪlt] I *adj* dorado,-a. II *n* (*colour*) dorado *m*.

gilt-edged ['ɡɪltedʒd] *adj* **g.-e. securities**, valores *mpl* de máxima garantía.

gimmick ['ɡɪmɪk] *n* truco *m*; (*in advertising*) reclamo *m*.

gin [dʒɪn] *n* ginebra *f*; **g. and tonic**, gin tonic *m*.

ginger ['dʒɪndʒər] I *n* jengibre *m*; **g. ale**, ginger ale *m*. II *adj* 1 de jengibre. 2 (*hair*) pelirrojo,-a.

gingerbread ['dʒɪndʒəbred] *n* pan *m* de jengibre.

gingerly ['dʒɪndʒəlɪ] *adv* cautelosamente.

gipsy ['dʒɪpsɪ] *adj & n* gitano,-a (*m,f*).

giraffe [dʒɪ'rɑːf] *n* jirafa *f*.

girder ['ɡɜːdər] *n* viga *f*.

girdle ['ɡɜːdəl] *n* faja *f*.

girl [ɡɜːl] *n* 1 chica *f*, joven *f*; (*child*) niña *f*; **g. guide**, *US* **g. scout**, exploradora *f*. 2 (*daughter*) hija *f*. 3 (*sweetheart*) novia *f*.

girlfriend ['ɡɜːlfrend] *n* 1 (*lover*) novia *f*. 2 (*female friend*) amiga *f*.

girlhood ['ɡɜːlhʊd] *n* niñez *f*.

girlish ['ɡɜːlɪʃ] *adj* 1 de niña. 2 (*effeminate*) afeminado,-a.

giro ['dʒaɪrəʊ] *n GB* giro *m* (postal); **g. (cheque)**, cheque *m* de giros postales.

gist [dʒɪst] *n* esencia *f*, lo esencial; **did you get the g. of what he was saying?**, ¿cogiste la idea de lo que decía?

give [ɡɪv] I *n* (*elasticity*) elasticidad *f*.
II *vtr* (*pt* **gave**; *pp* **given**) 1 dar; **to g. sth to sb**, dar algo a algn; **to g. a start**, pegar un salto; **to g. sb a present**, regalar algo a algn. 2 (*provide*) suministrar; **to g. sb sth to eat**, dar de comer a algn. 3 (*pay*) pagar. 4 (*concert*) dar; (*speech*) pronunciar. 5 (*dedicate*) dedicar. 6 (*grant*) otorgar; **to g. sb one's attention**, prestar atención a algn. 7 **to g. sb to understand that ...**, dar a entender a algn que .... 8 (*yield*) ceder; **to g. way**, *Aut* ceder el paso; *fig* ceder; (*of legs*) flaquear.
III *vi* 1 **to g. as good as one gets**, devolver golpe por golpe. 2 (*yield*) ceder; (*fabric*) dar de sí.

◆**give away** *vtr* 1 repartir; (*present*) regalar. 2 (*disclose*) revelar; **to g. the game away**, descubrir el pastel. 3 (*betray*) trai-

given   400   **glum**

cionar. ◆**give back** *vtr* devolver.
◆**give in** I *vi* 1 (*admit defeat*) darse por vencido,-a; (*surrender*) rendirse. 2 **to g. in to**, ceder ante. II *vtr* (*hand in*) entregar.
◆**give off** *vtr* (*smell etc*) despedir.
◆**give out** *vtr* distribuir, repartir.
◆**give over** I *vtr* (*hand over*) entregar; (*devote*) dedicar. II *vi fam* g. over!, ¡basta ya! ◆**give up** I *vtr* 1 (*idea*) abandonar; **to g. up smoking**, dejar de fumar. 2 (*betray*) traicionar. 3 (*hand over*) entregar; **to g. oneself up**, entregarse. II *vi* (*admit defeat*) darse por vencido,-a, rendirse.
◆**give up on** *vtr* darse por vencido con.
given ['gɪvən] I *adj* 1 (*particular*) dado,-a; **at a g. time**, en un momento dado. 2 **g. to**, dado,-a a. II *conj* 1 (*considering*) dado,-a. 2 (*if*) si.
glacial ['gleɪsɪəl] *adj* 1 *Geol* glaciar. 2 (*icy*) glacial; *fig* g. look, mirada *f* glacial.
glacier ['gleɪsɪər] *n* glaciar *m*.
glad [glæd] *adj* (**gladder, gladdest**) contento,-a; (*happy*) alegre; **he'll be only too g. to help you**, tendrá mucho gusto en ayudarle; **to be g.**, alegrarse.
◆**gladly** *adv* con mucho gusto.
gladiator ['glædɪeɪtər] *n Hist* gladiador *m*.
glamor ['glæmər] *n US* → **glamour**.
glamorous ['glæmərəs] *adj* atractivo,-a, encantador,-a.
glamour ['glæmər] *n* atractivo *m*; (*charm*) encanto *m*; **a g. girl**, una belleza.
glance [glɑːns] I *n* mirada *f*, vistazo *m*; **at a g.**, de un vistazo; **at first g.**, a primera vista. II *vi* echar un vistazo (**at**, a).
◆**glance off** *vtr* (*ball etc*) rebotar de.
glancing ['glɑːnsɪŋ] *adj* (*blow*) oblicuo,-a.
gland [glænd] *n* glándula *f*.
glandular ['glændjʊlər] *adj* glandular; **g. fever**, mononucleosis infecciosa.
glare [gleər] I *n* (*light*) luz *f* deslumbrante; (*dazzle*) deslumbramiento *m*; (*look*) mirada *f* feroz. II *vi* (*dazzle*) deslumbrar; (*look*) lanzar una mirada furiosa (**at**, a).
glaring ['gleərɪŋ] *adj* (*light*) deslumbrante; (*colour*) chillón,-ona; (*obvious*) evidente.
glass [glɑːs] *n* 1 (*material*) vidrio *m*; **pane of g.**, cristal *m*. 2 (*drinking vessel*) vaso *m*; **wine g.**, copa *f* (para vino). 3 **glasses**, gafas *fpl*; **to wear g.**, llevar gafas.
glasshouse ['glɑːshaʊs] *n* invernadero *m*.
glassware ['glɑːsweər] *n* cristalería *f*.
glassy ['glɑːsɪ] *adj* (**glassier, glassiest**) (*water*) cristalino,-a; (*eyes*) vidrioso,-a.
glaze [gleɪz] I *n* (*varnish*) barniz *m*; (*for pottery*) vidriado *m*. II *vtr* 1 (*windows*) acristalar; 2 (*varnish*) barnizar; (*ceramics*) vidriar. 3 *Culin* glasear.
glazed [gleɪzd] *adj* (*eyes*) de mirada ausente.
glazier ['gleɪzɪər] *n* vidriero,-a *m,f*.
gleam [gliːm] I *n* 1 destello *m*. 2 *fig* (*glimmer*) rayo *m*. II *vi* brillar, relucir.
gleaming ['gliːmɪŋ] *adj* brillante, reluciente.
glean [gliːn] *vtr fig* recoger, cosechar.
glee [gliː] *n* gozo *m*.
gleeful ['gliːfʊl] *adj* gozoso,-a.
glen [glen] *n* cañada *f*.
glib [glɪb] *adj* (**glibber, glibbest**) *pej* de mucha labia.
glide [glaɪd] *vi* 1 (*slip, slide*) deslizarse. 2 *Av* planear.
glider ['glaɪdər] *n* planeador *m*.
gliding ['glaɪdɪŋ] *n* vuelo *m* sin motor.
glimmer ['glɪmər] *n* 1 (*light*) luz *f* tenue. 2 *fig* (*trace*) destello *m*.
glimpse [glɪmps] I *n* atisbo *m*. II *vtr* atisbar.
glint [glɪnt] I *n* destello *m*, centelleo *m*; **he had a g. in his eye**, le brillaban los ojos. II *vi* destellar, centellear.
glisten ['glɪsən] *vi* relucir, brillar.
glitter ['glɪtər] I *n* brillo *m*. II *vi* relucir.
gloat [gləʊt] *vi* jactarse; **to g. over another's misfortune**, recrearse con la desgracia de otro.
global ['gləʊbəl] *adj* 1 (*of the world*) mundial. 2 (*overall*) global.
globe [gləʊb] *n* globo *m*, esfera *f*.
gloom [gluːm] *n* (*obscurity*) penumbra *f*; (*melancholy*) melancolía *f*; (*despair*) desolación *f*.
gloomy ['gluːmɪ] *adj* (**gloomier, gloomiest**) (*dark*) oscuro,-a; (*weather*) gris; (*dismal*) deprimente; (*despairing*) pesimista; (*sad*) triste.
glorify ['glɔːrɪfaɪ] *vtr* glorificar.
glorious ['glɔːrɪəs] *adj* (*momentous*) glorioso,-a; (*splendid*) magnífico,-a, espléndido,-a.
glory ['glɔːrɪ] *n* gloria *f*; *fig* (*splendour*) esplendor *m*; *fig* (*triumph*) triunfo *m*.
gloss [glɒs] I *n* 1 (*explanation*) glosa *f*. 2 (*sheen*) brillo *m*; **g. (paint)**, pintura *f* brillante. II *vi* glosar. ◆**gloss over** *vtr fig* encubrir.
glossary ['glɒsərɪ] *n* glosario *m*.
glossy ['glɒsɪ] *adj* (**glossier, glossiest**) lustroso,-a; **g. magazine**, revista *f* de lujo.
glove [glʌv] *n* guante *m*; *Aut* **g. compartment**, guantera *f*.
glow [gləʊ] I *n* brillo *m*; (*of fire*) incandescencia *f*; (*of sun*) arrebol *m*; (*heat*) calor *m*; (*light*) luz *f*; (*in cheeks*) rubor *m*. II *vi* brillar; (*fire*) arder; *fig* rebosar de.
glower ['glaʊər] *vi* poner cara de enfadado,-a.
glowing ['gləʊɪŋ] *adj* 1 (*fire*) incandescente; (*colour*) vivo,-a; (*light*) brillante. 2 (*cheeks*) encendido,-a. 3 *fig* (*report*) entusiasta.
glucose ['gluːkəʊz] *n* glucosa *f*.
glue [gluː] I *n* pegamento *m*, cola *f*. II *vtr* pegar (**to**, a).
glum [glʌm] *adj* (**glummer, glummest**)

glut   401   **go-ahead**

alicaído,-a.

glut |glʌt| *n* superabundancia *f*, exceso *m*.

glutton |'glʌtən| *n* glotón,-ona *m,f*; *fam fig* **a g. for punishment**, masoquista *m,f*.

GMT |dʒi:em'ti:| *abbr of* **Greenwich Mean Time**, Hora media de Greenwich, GMT.

gnarled |nɑ:ld| *adj* nudoso,-a.

gnash |næʃ| *vtr* rechinar.

gnat |næt| *n* mosquito *m*.

gnaw |nɔ:| *vtr* & *vi* (*chew*) roer.

GNP |dʒi:en'pi:| *abbr of* **gross national product**, producto nacional bruto, PNB *m*.

gnome |nəʊm| *n* gnomo *m*.

go |gəʊ| **I** *vi* (3rd person sing pres **goes**; *pt* **went**; *pp* **gone**) 1 ir; **to go by car/on foot**, ir en coche/a pie; **to go for a walk**, (ir a) dar un paseo; **to g. on a journey**, ir de viaje; **to go shopping**, ir de compras; *fig* **to go too far**, pasarse (de la raya). 2 (*depart*) irse, marcharse; (*bus*) salir. 3 (*disappear*) desaparecer. 4 (*function*) funcionar; *fig* **to get things going**, poner las cosas en marcha. 5 (*sell*) venderse; **shoes going cheap**, zapatos a precios de rebaja. 6 (*become*) quedarse, volverse; **to go blind**, quedarse ciego,-a; **to go mad**, volverse loco,-a. 7 (*progress*) ir, marchar; **everything went well**, todo salió bien; **how's it going?**, qué tal (te van las cosas)? 8 **to be going to**, (*in the future*) ir a; (*on the point of*) estar a punto de. 9 (*fit*) caber. 10 (*be kept*) guardarse. 11 (*be available*) quedar; **I'll take whatever's going**, me conformo con lo que hay. 12 (*be acceptable*) valer; **anything goes**, todo vale. 13 (*break*) romperse; (*yield*) ceder. 14 **how does that song go?**, ¿cómo es aquella canción? 15 (*time*) pasar; **there are only two weeks to go**, sólo quedan dos semanas. 16 (*be inherited*) pasar (**to**, a). 17 (*say*) decir; **as the saying goes**, según el dicho. 18 **to let sth go**, soltar algo.

II *vtr* 1 (*travel*) hacer, recorrer. 2 **to go it alone**, apañárselas solo.

III *n* 1 (*energy*) energía *f*, dinamismo *m*. 2 (*try*) intento *m*; **to have a go at sth**, probar suerte con algo. 3 (*turn*) turno *m*; **it's your go**, te toca a ti. 4 **to make a go of sth**, tener éxito en algo. 5 **I knew from the word go**, lo sabía desde el principio. 6 **to have a go at sb**, criticar a algn.

◆**go about I** *vtr* 1 (*task*) emprender; **how do you go about it?**, ¿cómo hay que hacerlo? 2 **to go about one's business**, ocuparse de sus asuntos. **II** *vi* (*rumour*) correr. ◆**go after** *vtr* (*pursue*) andar tras. ◆**go against** *vtr* (*oppose*) ir en contra de; (*verdict*) ser desfavorable a. ◆**go ahead** *vi* 1 (*proceed*) proceder. 2 **we'll go on ahead**, iremos delante. ◆**go along I** *vtr* (*street*) pasar por. **II** *vi* (*progress*) progresar. ◆**go along with** *vtr* 1 (*agree with*) estar de acuerdo con. 2 (*accompany*) acompañar. ◆**go around** *vi* 1 (*rumour*) correr. 2 **there's enough to go around**, hay para todos. ◆**go away** *vi* marcharse. ◆**go back** *vi* 1 (*return*) volver, regresar. 2 *fig* **to go back to**, (*date from*) datar de. ◆**go back on** *vtr* **to go back on one's word**, faltar a su palabra. ◆**go back to** *vtr* volver a. ◆**go by** *vi* pasar; **as time goes by**, con el tiempo. ◆**go down** *vi* 1 (*descend*) bajar; (*sun*) ponerse; (*ship*) hundirse. 2 (*diminish*) disminuir; (*temperature*) bajar. 3 (*be received*) ser acogido,-a. ◆**go down with** *vtr* (*contract*) coger. ◆**go for** *vtr* 1 (*attack*) lanzarse sobre; *fam fig* **go for it!**, ¡a por ello! 2 (*fetch*) ir por. 3 *fam* (*like*) gustar. ◆**go in** *vi* entrar. ◆**go in for** *vtr* (*exam*) presentarse a; (*hobby*) dedicarse a. ◆**go into** *vtr* 1 (*enter*) entrar en; **to go into journalism**, dedicarse al periodismo. 2 (*study*) examinar; (*matter*) investigar. 3 (*energy, money*) invertir en. ◆**go off I** *vi* 1 (*leave*) irse, marcharse. 2 (*bomb*) explotar; (*gun*) dispararse; (*alarm*) sonar. 3 (*food*) pasarse. 4 (*event*) resultar. **II** *vtr fam* **to go off sth**, perder el gusto *or* el interés por algo. ◆**go on** *vi* 1 (*continue*) seguir, continuar; **to go on talking**, seguir hablando; *fam* **to go on and on about sth**, no parar de hablar sobre algo; (*complain*) quejarse constantemente de algo. 2 (*happen*) pasar, ocurrir. 3 (*time*) transcurrir, pasar. 4 (*light*) encenderse. ◆**go out** *vi* 1 (*leave*) salir; **to go out for a meal**, comer *or* cenar fuera. 2 (*boy and girl*) salir juntos. 3 (*fire, light*) apagarse. 4 (*tide*) bajar. 5 *TV Rad* transmitirse. 6 **to go (all) out**, ir a por todas. 7 (*in competition*) perder la eliminatoria. ◆**go over** *vtr* (*revise*) repasar. ◆**go over to** *vtr* 1 acercarse a. 2 **to go over to the enemy**, pasarse al enemigo. 3 (*switch to*) pasar a. ◆**go round** *vi* 1 (*revolve*) dar vueltas. 2 **to go round to sb's house**, pasar por casa de algn. ◆**go through I** *vi* (*bill*) ser aprobado,-a. **II** *vtr* 1 (*examine*) examinar; (*search*) registrar. 2 (*rehearse*) ensayar. 3 (*spend*) gastar. 4 (*list etc*) explicar. 5 (*endure*) sufrir. ◆**go through with** *vtr* llevar a cabo. ◆**go under** *vi* 1 (*ship*) hundirse. 2 (*business*) fracasar. ◆**go up** *vi* 1 (*price etc*) subir. 2 **to go up to sb**, acercarse a algn. 3 (*in a lift*) subir. 4 **to go up in flames**, quemarse. 5 *Sport* (*be promoted*) subir. ◆**go with** *vtr* 1 (*accompany*) ir con. 2 (*colours*) hacer juego con. ◆**go without** **I** *vtr* 1 *fam* pasarse sin, prescindir de. 2 *fam* **that goes without saying**, eso es evidente. **II** *vi* (*not have*) aguantarse sin nada.

goad |gəʊd| *vtr* aguijonear.

go-ahead |'gəʊəhed| *fam n* **to give sb the**

go-a., dar luz verde a algn.
goal [gəʊl] n 1 *Sport* gol m; **g. kick**, saque m de puerta; (g.) **post**, poste m; **g. scorer**, goleador,-a m,f. 2 (*aim, objective*) meta f, objetivo m.
goalkeeper ['gəʊlkiːpəʳ] n portero,-a m,f.
goat [gəʊt] n (*female*) cabra f; (*male*) macho cabrío.
gob [gɒb] n *GB sl* boca f.
gobble ['gɒbəl] vtr engullir.
go-between ['gəʊbɪtwiːn] n intermediario,-a m,f.
goblet ['gɒblɪt] n copa f.
god [gɒd] n dios m; **for G.'s sake!**, ¡por Dios!; **G., Dios; (my) G.!**, ¡Dios mío!; **G. forbid**, ¡Dios no lo quiera!; **G. only knows**, sabe Dios.
godchild ['gɒdtʃaɪld] n ahijado,-a m,f.
goddaughter ['gɒdɔːtəʳ] n ahijada f.
goddess ['gɒdɪs] n diosa f.
godfather ['gɒdfɑːðəʳ] n padrino m.
godforsaken ['gɒdfəseɪkən] adj (*place*) remoto,-a.
godmother ['gɒdmʌðəʳ] n madrina f.
godparents ['gɒdpeərənts] npl padrinos mpl.
godsend ['gɒdsend] n regalo inesperado.
godson ['gɒdsʌn] n ahijado m.
goggles ['gɒgəlz] npl gafas protectoras.
going ['gəʊɪŋ] I adj 1 (*price*) corriente; **the g. rate**, el precio medio. 2 **a g. concern**, un negocio que marcha bien. 3 **to get** or **be g.**, marcharse. 4 **to keep g.**, resistir. II n 1 **that was good g.!**, ¡qué rápido! 2 *fig* **to get out while the g. is good**, retirarse antes que sea demasiado tarde.
goings-on [gəʊɪŋz'ɒn] npl *fam* tejemanejes mpl.
go-kart ['gəʊkɑːt] n *Sport* kart m.
gold [gəʊld] I n oro m; **g. leaf**, pan m de oro; **g. medal**, medalla f de oro; **g. mine**, mina f de oro. II adj de oro; (*colour*) oro, dorado,-a.
golden ['gəʊldən] adj de oro; (*colour*) dorado,-a; *fig* **a g. opportunity**, una excelente oportunidad; *Orn* **g. eagle**, águila f real; *fig* **g. handshake**, indemnización f por despido; **g. wedding**, bodas fpl de oro.
goldfish ['gəʊldfɪʃ] n pez m de colores.
gold-plated [gəʊld'pleɪtɪd] adj chapado,-a en oro.
goldsmith ['gəʊldsmɪθ] n orfebre m.
golf [gɒlf] n golf m; **g. ball**, pelota f de golf; **g. club**, (*stick*) palo m de golf; (*place*) club m de golf; **g. course**, campo m de golf.
golfer ['gɒlfəʳ] n golfista mf.
golly ['gɒlɪ] interj ¡vaya!.
gone [gɒn] adj desaparecido,-a.
gong [gɒŋ] n gong m.
good [gʊd] I adj (*better, best*) 1 (*before noun*) buen,-a; (*after noun*) bueno,-a; **a g. book**, un buen libro; **g. afternoon, evening**, buenas tardes; **g. morning**, buenos días; **g. night**, buenas noches; **it looks g.**, tiene buena pinta; **to be as g. as new**, estar como nuevo,-a; **to feel g.**, sentirse bien; **to have a g. time**, pasarlo bien; **to smell g.**, oler bien; **G. Friday**, Viernes m Santo. 2 (*kind*) amable; (*generous*) generoso,-a. 3 (*healthy*) sano,-a. 4 (*morally correct*) correcto,-a; **be g.!**, ¡pórtate bien! 5 **he's g. at languages**, tiene facilidad para los idiomas. 6 (*attractive*) bonito,-a; **red looks g. on you**, el rojo te favorece mucho; **g. looks**, atractivo m sing, belleza f sing. 7 **it's as g. as an offer**, equivale a una oferta; **it's as g. a way as any**, es una manera como otra cualquiera. 8 (*at least*) como mínimo. 9 (*sufficient*) bastante. 10 **to make g.**, (*injustice*) reparar; (*loss*) compensar; (*succeed in life*) triunfar. 11 (*reliable*) de confianza. 12 (*propitious*) propicio,-a. 13 **she comes from a g. family**, es de buena familia. 14 (*character*) agradable; **he's in a g. mood**, está de buen humor.
II n 1 bien m; **g. and evil**, el bien y el mal; **to do g.**, hacer el bien. 2 (*advantage*) bien m, provecho m; **for your own g.**, para tu propio bien; **it's no g. waiting**, no sirve de nada esperar; **it will do you g.**, te hará bien. 3 *Com* **goods**, (*possessions*) bienes mpl. 4 *Com* **goods**, artículos mpl, géneros mpl; **g. train**, tren m de mercancías.
III adv **she's gone for g.**, se ha ido para siempre.
IV interj **g.!**, ¡muy bien!
goodbye ['gʊdbaɪ] I interj ¡adiós!. II n adiós m, despedida f; **to say g. to sb**, despedirse de algn.
good-for-nothing ['gʊdfənʌθɪŋ] adj & n inútil (mf).
good-hearted [gʊd'hɑːtɪd] adj de buen corazón.
good-looking [gʊd'lʊkɪŋ] adj guapo,-a.
good-natured [gʊd'neɪtʃəd] adj amable, bondadoso,-a.
goodness ['gʊdnɪs] n bondad f; **my g.!**, ¡Dios mío!; **thank g.!**, ¡gracias a Dios!; **for g. sake!**, ¡por Dios!
good-tempered [gʊd'tempəd] adj apacible.
goodwill [gʊd'wɪl] n 1 buena voluntad f. 2 *Com* (*reputation*) buen nombre m.
goose [guːs] n (pl **geese** [giːs]) ganso m, oca f.
gooseberry ['gʊzbərɪ, 'guːsbərɪ] n uva espina, grosella espinosa; *fam* **to play g.**, hacer de carabina.
gooseflesh ['guːsfleʃ] n, **goosepimples** ['guːspɪmpəlz] npl carne f de gallina.
goose-step ['guːsstep] vi ir a paso de la oca.
gore¹ [gɔːʳ] n sangre derramada.

gore² [gɔːr] *vtr Taur* cornear, dar cornadas a.
gorge [gɔːdʒ] **I** *n* desfiladero *m*. **II** *vtr & vi* **to g.** (oneself), atiborrarse (**on**, de).
gorgeous ['gɔːdʒəs] *adj* magnífico,-a, estupendo,-a; *(person)* atractivo,-a, guapo,-a.
gorilla [gə'rɪlə] *n* gorila *m*.
gorse [gɔːs] *n* aulaga *f*.
gory ['gɔːrɪ] *adj* (**gorier**, **goriest**) sangriento,-a.
gosh [gɒʃ] *interj fam* ¡cielos!, ¡caray!
go-slow [gəʊ'sləʊ] *n* huelga *f* de celo.
gospel ['gɒspəl] *n* **the G.**, el Evangelio; *fam* **it's the g. truth**, es la pura verdad.
gossip ['gɒsɪp] **I** *n* **1** *(rumour)* cotilleo *m*; **g. column**, ecos *mpl* de sociedad. **2** *(person)* chismoso,-a *m,f*, cotilla *mf*. **II** *vi (natter)* cotillear, chismorrear.
got [gɒt] *pt & pp* → **get**.
Gothic ['gɒθɪk] *adj* gótico,-a.
gotten ['gɒtən] *pp US* → **get**.
gourmet ['guəmeɪ] *n* gourmet *mf*.
gout [gaʊt] *n* gota *f*.
govern ['gʌvən] *vtr* **1** gobernar. **2** *(determine)* determinar.
governess ['gʌvənɪs] *n* institutriz *f*.
governing ['gʌvənɪŋ] *adj* gobernante; **g. body**, consejo *m* de administración.
government ['gʌvənmənt] *n* gobierno *m*.
governmental [gʌvən'mentəl] *adj* gubernamental.
governor ['gʌvənər] *n (ruler)* gobernador,-a *m,f*; *(of prison)* director,-a *m,f*; *(of school)* administrador,-a *m,f*.
gown [gaʊn] *n (dress)* vestido largo; *Jur Univ* toga *f*.
GP [dʒiː'piː] *abbr of* **general practioner**.
GPO [dʒiːpiː'əʊ] *GB abbr of* **General Post Office**.
grab [græb] **I** *n* agarrón *m*; *fam* **to be up for grabs**, estar disponible. **II** *vtr* **1** agarrar; **to g. hold of sb**, agarrarse a algn. **2** *fig* **g. a bottle of wine**, píllate una botella de vino. **3** *fig* **how does that g. you?**, ¿qué te parece?
grace [greɪs] **I** *n* **1** gracia *f*; *fig* **to fall from g.**, caer en desgracia. **2** **to say g.**, bendecir la mesa. **3** **to do sth with good g.**, hacer algo de buena gana. **4** **five days' g.**, *(reprieve)* un plazo de cinco días. **5** *(elegance)* elegancia *f*. **6** **Your G.**, (Su) Excelencia. **II** *vtr* **1** *(adorn)* adornar. **2** *(honour)* honrar.
graceful ['greɪsfʊl] *adj* elegante; *(movement)* garboso,-a. ◆**gracefully** *adv* **1** *(beautifully)* con gracia, con elegancia. **2** *(accept)* con cortesía.
gracious ['greɪʃəs] *adj* **1** *(elegant)* elegante. **2** *(courteous)* cortés. **3** *(kind)* amable. **II** *interj* **good g. (me)!**, **goodness g.!**, ¡santo cielo!
grade [greɪd] **I** *n* **1** *(quality)* grado *m*; *(rank)* categoría *f*; *Mil* rango *m*. **2** *Educ (mark)* nota *f*. **3** *US Educ (class)* clase *f*; *US* **g. school**, escuela primaria. **4** *(level)* nivel *m*; **to make the g.**, llegar al nivel deseado. **5** *US (slope)* pendiente *f*. **6** *US* **g. crossing**, paso *m* a nivel. **II** *vtr* clasificar.
gradient ['greɪdɪənt] *n (graph)* declive *m*; *(hill)* cuesta *f*, pendiente *f*.
gradual ['grædjʊəl] *adj* gradual, progresivo,-a. ◆**gradually** *adv* poco a poco.
graduate ['grædjʊɪt] **I** *n Educ* titulado,-a *m,f*; *Univ* licenciado,-a *m,f*; *US* **g. school**, escuela *f* para graduados. **II** *vi* ['grædjʊeɪt] **1** *Educ* sacarse el título; *Univ* licenciarse (**in**, en). **2** **to g. to**, pasar a.
graduation [grædjʊ'eɪʃən] *n* graduación *f*; *Univ* **g. ceremony**, ceremonia *f* de entrega de los títulos.
graffiti [grə'fiːtiː] *n npl* grafiti *mpl*.
graft [grɑːft] **I** *n* **1** *Med* injerto *m*. **2** *fam (work)* trabajo *m*. **3** *US (bribery)* soborno *m*. **II** *vtr Med* injertar (**on to**, en). **III** *vi fam* trabajar duro.
grain [greɪn] *n* **1** *(cereals)* cereales *mpl*. **2** *(particle)* grano *m*; *fig* **there's not a g. of truth in it**, no tiene ni pizca de verdad. **3** *(in wood)* fibra *f*; *(in stone)* veta *f*; *(in leather)* flor *f*; *fig* **to go against the g.**, ir a contrapelo.
gram [græm] *n* gramo *m*.
grammar ['græmər] *n* gramática *f*; **g. (book)**, libro *m* de gramática; **g. school**, instituto estatal de segunda enseñanza al que se ingresa por examen selectivo.
grammatical [grə'mætɪkəl] *adj* gramatical.
gramme [græm] *n* gramo *m*.
gramophone ['græməfəʊn] *n* gramófono *m*.
granary ['grænərɪ] *n* granero *m*.
grand [grænd] **I** *adj* **1** grande; *(before sing noun)* gran; **g. piano**, piano *m* de cola; **G. Prix**, Gran Premio *m*. **2** *(splendid)* grandioso,-a, magnífico,-a; *(impressive)* impresionante. **3** **g. total**, total *m*. **4** *fam (wonderful)* estupendo,-a. **II** *n sl* mil libras *fpl*, *US* mil dólares *mpl*.
grandchild ['græntʃaɪld] *n* nieto,-a *m,f*.
granddad ['grændæd] *n fam* abuelo *m*.
granddaughter ['grændɔːtər] *n* nieta *f*.
grandeur ['grændʒər] *n* grandeza *f*, grandiosidad *f*.
grandfather ['grænfɑːðər] *n* abuelo *m*; **g. clock**, reloj *m* de caja.
grandiose ['grændɪəʊs] *adj* grandioso,-a.
grandma ['grænmɑː] *n fam* abuelita *f*.
grandmother ['grænmʌðər] *n* abuela *f*.
grandpa ['grænpɑː] *n fam* abuelito *m*.
grandparents ['grænpeərənts] *npl* abuelos *mpl*.
grandson ['grænsʌn] *n* nieto *m*.
grandstand ['grænstænd] *n* tribuna *f*.

granite ['grænɪt] n granito m.
granny ['grænɪ] n fam abuelita f.
grant [grɑːnt] I vtr 1 (allow) conceder, otorgar. 2 (admit) admitir; **to take sb for granted**, no apreciar a algn en lo que vale; **to take sth for granted**, dar algo por sentado. II n Educ beca f; (subsidy) subvención f.
granulated ['grænjʊleɪtɪd] adj granulado,-a.
granule ['grænjuːl] n gránulo m.
grape [greɪp] n uva f; **g. juice**, mosto m.
grapefruit ['greɪpfruːt] n pomelo m.
grapevine ['greɪpvaɪn] n Bot vid f; (against wall) parra f; fam **I heard it on or through the g.**, me enteré por ahí.
graph [grɑːf, græf] n gráfica f.
graphic ['græfɪk] adj gráfico,-a; **g. arts**, artes fpl gráficas; **g. designer**, grafista mf.
graphics ['græfɪks] n 1 (study) grafismo m. 2 pl Comput gráficas fpl.
grapple ['græpəl] I vi (struggle) luchar cuerpo a cuerpo (**with**, con); **fig to g. with a problem**, intentar resolver un problema. II n (hook) garfio m.
grasp [grɑːsp] I vtr 1 agarrar. 2 (understand) comprender. II n 1 (grip) agarrón m. 2 (understanding) comprensión f; **within sb's g.**, al alcance de algn.
grasping ['grɑːspɪŋ] adj avaro,-a.
grass [grɑːs] I n 1 hierba f; (lawn) césped m; (pasture) pasto m; 'keep off the g.', 'prohibido pisar el césped'; **g. court**, pista f de tierra; **g. roots**, base f; **g. snake**, culebra f. 2 sl (drug) hierba f. II vi GB sl chivarse (**on**, a). ◆**grass over** vi cubrirse de hierba.
grasshopper ['grɑːshɒpər] n saltamontes m inv.
grassland ['grɑːslænd] n pradera f.
grass-roots ['grɑːsruːts] adj de base; **at g.-r. level**, a nivel popular.
grassy ['grɑːsɪ] adj (grassier, grassiest) cubierto,-a de hierba.
grate¹ [greɪt] I vtr Culin rallar. II vi chirriar.
grate² [greɪt] n 1 (in fireplace) rejilla f. 2 (fireplace) chimenea f. 3 Constr rejilla f, reja f.
grateful ['greɪtfʊl] adj agradecido,-a; **to be g. for**, agradecer.
grater ['greɪtər] n Culin rallador m.
gratification [ˌgrætɪfɪ'keɪʃən] n (pleasure) placer m, satisfacción f.
gratify ['grætɪfaɪ] vtr 1 (please) complacer. 2 (yield to) sucumbir a.
gratifying ['grætɪfaɪɪŋ] adj grato,-a.
grating¹ ['greɪtɪŋ] n rejilla f, reja f.
grating² ['greɪtɪŋ] adj chirriante; (tone) áspero,-a.
gratis ['greɪtɪs, 'grætɪs] adv gratis.
gratitude ['grætɪtjuːd] n agradecimiento m.
gratuitous [grə'tjuːɪtəs] adj gratuito,-a.

gratuity [grə'tjuːɪtɪ] n gratificación f.
grave¹ [greɪv] n sepultura f, tumba f.
grave² [greɪv] adj (look etc) serio,-a; (situation) grave.
gravel ['grævəl] n grava f, gravilla f.
gravestone ['greɪvstəʊn] n lápida f sepulcral.
graveyard ['greɪvjɑːd] n cementerio m.
gravity ['grævɪtɪ] n gravedad f.
gravy ['greɪvɪ] n salsa f, jugo m (de la carne).
gray [greɪ] adj & n US → **grey**.
graze¹ [greɪz] vi pacer, pastar.
graze² [greɪz] I vtr (scratch) rasguñar; (brush against) rozar. II n rasguño m.
grease [griːs, griːz] I n grasa f. II vtr engrasar.
greaseproof ['griːspruːf] adj **g. paper**, papel graso.
greasy ['griːsɪ, 'griːzɪ] adj (greasier, greasiest) 1 (oily) grasiento,-a; (hair, food) graso,-a. 2 (slippery) resbaladizo,-a. 3 fam (ingratiating) pelotillero,-a.
great [greɪt] I adj 1 grande; (before sing noun) gran; (pain, heat) fuerte; **a g. many**, muchos,-as; **G. Britain**, Gran Bretaña. 2 fam (excellent) estupendo,-a, magnífico,-a; **to have a g. time**, pasarlo en grande. II adv fam muy bien, estupendamente. ◆**greatly** adv muy, mucho.
great-aunt [greɪt'ɑːnt] n tía abuela.
great-grandchild [greɪt'græntʃaɪld] n bisnieto,-a f.
great-grandfather [greɪt'grænfɑːðər] n bisabuelo m.
great-grandmother [greɪt'grænmʌðər] n bisabuela f.
greatness ['greɪtnɪs] n grandeza f.
great-uncle [greɪt'ʌŋkəl] n tío abuelo.
Greece [griːs] n Grecia.
greed [griːd], **greediness** ['griːdɪnɪs] n (for food) gula f; (for money) codicia f, avaricia f.
greedy ['griːdɪ] adj (greedier, greediest) (for food) glotón,-ona; (for money) codicioso,-a (**for**, de).
Greek [griːk] I adj griego,-a. II n 1 (person) griego,-a m,f. 2 (language) griego m.
green [griːn] I n 1 (colour) verde m. 2 Golf campo m; **village g.**, plaza f (del pueblo). 3 **greens**, verdura f sing, verduras fpl. II adj 1 verde; **g. bean**, judía f verde; **g. belt**, zona f verde; **g. pepper**, pimiento m verde; **she was g. with envy**, se la comía la envidia. 2 (inexperienced) verde, novato,-a; (gullible) crédulo,-a. 3 Pol **G. Party**, Partido m Verde.
greenery ['griːnərɪ] n follaje m.
greenfly ['griːnflaɪ] n pulgón m.
greengage ['griːngeɪdʒ] n ciruela claudia.
greengrocer ['griːnɡrəʊsər] n GB verdulero,-a m,f.

greenhouse ['gri:nhaʊs] n invernadero m; **g. effect,** efecto invernadero.
greenish ['gri:nɪʃ] adj verdoso,-a.
Greenland ['gri:nlənd] n Groenlandia.
greet [gri:t] vtr (wave at) saludar; (receive) recibir; (welcome) dar la bienvenida a.
greeting ['gri:tɪŋ] n 1 saludo m; **greetings card,** tarjeta f de felicitación. 2 (reception) recibimiento m; (welcome) bienvenida f.
gregarious [grɪ'geərɪəs] adj gregario,-a, sociable.
Grenada [gre'neɪdə] n Granada.
grenade [grɪ'neɪd] n granada f.
grew [gru:] pt → grow.
grey [greɪ] I adj (colour) gris; (hair) cano,-a; (sky) nublado,-a; **g. matter,** materia f gris. II n 1 (colour) gris m. 2 (horse) caballo tordo.
grey-haired ['greɪheəd] adj canoso,-a.
greyhound ['greɪhaʊnd] n galgo m.
greyish ['greɪɪʃ] adj grisáceo,-a.
grid [grɪd] n 1 (on map) cuadrícula f. 2 (of electricity etc) red f nacional. 3 → **gridiron.**
gridiron ['grɪdaɪən] n Culin parrilla f.
grief [gri:f] n dolor m, pena f; **fam to come to g.,** (car, driver) sufrir un accidente; (plans) irse al traste.
grievance ['gri:vəns] n (wrong) agravio m; (resentment) queja f.
grieve [gri:v] I vtr apenar, dar pena a. II vi apenarse, afligirse; **to g. for sb,** llorar la muerte de algn.
grievous ['gri:vəs] adj (offence) grave; **g. bodily harm,** lesiones fpl corporales graves.
grill [grɪl] I vtr 1 Culin asar a la parrilla. 2 fam (interrogate) interrogar duramente. II n parrilla f; (dish) parrillada f.
grill(e) [grɪl] n (grating) reja f.
grim [grɪm] adj (grimmer, grimmest) 1 (sinister) macabro,-a; (landscape) lúgubre; (smile) sardónico,-a. 2 (manner) severo,-a; (person) ceñudo,-a. 3 (resolute) inexorable. 4 fam (unpleasant) desagradable; **g. reality,** la dura realidad.
grimace [grɪ'meɪs] I n mueca f. II vi hacer una mueca.
grimy ['graɪmɪ] adj (grimier, grimiest) mugriento,-a.
grin [grɪn] I vi sonreír abiertamente. II n sonrisa abierta.
grind [graɪnd] I vtr (pt & pp **ground**) (mill) moler; (crush) triturar; (sharpen) afilar; **to g. one's teeth,** hacer rechinar los dientes. II vi rechinar; **to g. to a halt,** (vehicle) pararse lentamente; (production etc) pararse poco a poco. III n fam **the daily g.,** la rutina cotidiana; **what a g.!,** ¡qué rollo! ◆**grind down** vtr fig **to g. down the opposition,** acabar con la oposición.
grip [grɪp] I n 1 (hold) agarrón m; (handshake) apretón m; (of tyre) adherencia f; **get a g. on yourself!,** ¡tranquilízate!; **to get to grips with a problem,** superar un problema. 2 (handle) asidero m. 3 (travel bag) maletín m. 4 (hairgrip) pasador m. II vtr 1 agarrar, asir; (hand) apretar. 2 fig (of film, story) captar la atención de; **to be gripped by fear,** ser presa del miedo.
gripe [graɪp] I vi fam (complain) quejarse. II n 1 Med (pain) retortijón m. 2 fam (complaint) queja f.
gripping ['grɪpɪŋ] adj (film, story) apasionante.
grisly ['grɪzlɪ] adj (grislier, grisliest) espeluznante.
gristle ['grɪsəl] n cartílago m, ternilla f.
grit [grɪt] I n 1 (gravel) grava f. 2 fam (courage) valor m. II vtr fig **to g. one's teeth,** apretar los dientes.
gritty ['grɪtɪ] adj (grittier, grittiest) valiente.
grizzly ['grɪzlɪ] adj **g. bear,** oso pardo.
groan [grəʊn] I n 1 (of pain) gemido m. 2 fam (of disapproval) gruñido m. II vi 1 (in pain) gemir. 2 fam (complain) quejarse (**about,** de).
grocer ['grəʊsər] n tendero,-a m,f.
groceries ['grəʊsərɪz] npl comestibles mpl.
grocery ['grəʊsərɪ] n (shop) tienda f de ultramarinos; US **g. store,** supermercado m.
groggy ['grɒgɪ] adj (groggier, groggiest) fam Box grogui; fig (unsteady) atontado,-a; (weak) débil.
groin [grɔɪn] n 1 ingle f. 2 US → **groyne.**
groom [gru:m] I n 1 mozo m de cuadra. 2 (bridegroom) novio m. II vtr (horse) almohazar; (clothes, appearance) cuidar.
groove [gru:v] n (furrow etc) ranura f; (of record) surco m.
grope [grəʊp] vi 1 (search about) andar a tientas; **to g. for sth,** buscar algo a tientas. 2 sl (fondle) meter mano.
gross [grəʊs] I adj 1 grosero,-a; (joke) verde. 2 (fat) obeso,-a. 3 (flagrant) flagrante; (ignorance) craso,-a. 4 Com Econ bruto,-a; **g. national product,** producto nacional bruto. II vtr Com recaudar (en bruto). ◆**grossly** adv enormemente.
grotesque [grəʊ'tesk] adj grotesco,-a.
grotto ['grɒtəʊ] n gruta f.
ground¹ [graʊnd] I n 1 suelo m, tierra f; **at g. level,** al nivel del suelo; Av **to get off the g.,** despegar; Av **g. control,** control m de tierra; **g. floor,** planta baja; Av **g. staff,** personal m de tierra; **g. swell,** marejada f. 2 (terrain) terreno m; **to gain/lose g.,** ganar/perder terreno; fig **to stand one's g.,** mantenerse firme; **football g.,** campo m de fútbol. 3 US Elec tierra f. 4 **grounds,** (gardens) jardines mpl. 5 **grounds,** (reason) motivo m sing. 6 **grounds,** (sediment) poso m sing. II vtr 1 Av obligar a quedarse en tierra; Naut va-

rar. 2 *US Elec* conectar con tierra.
ground² [graond] *adj (coffee)* molido,-a; *US (meat)* picado,-a.
grounding ['graondıŋ] *n* base *f*; **to have a good g. in**, tener buenos conocimientos de.
groundless ['graondlıs] *adj* infundado,-a.
groundsheet ['graondʃi:t] *n* tela *f* impermeable.
groundsman ['graondzmən] *n* encargado *m* de campo.
groundwork ['graondwɜ:k] *n* trabajo preparatorio.
group [gru:p] **I** *n* grupo *m*, conjunto *m*. **II** *vtr* agrupar, juntar **(into**, en). **III** *vi* **to g. (together)**, agruparse, juntarse.
grouse¹ [graos] *n Orn* urogallo *m*.
grouse² [graos] *fam* **I** *vi* quejarse **(about**, de). **II** *n* queja *f*.
grove [groov] *n* arboleda *f*.
grovel ['grovəl] *vi* humillarse **(to**, ante); *(crawl)* arrastrarse **(to**, ante).
grow [groo] **I** *vtr* *(pt grew; pp grown) (cultivate)* cultivar; **to g. a beard**, dejarse (crecer) la barba. **II** *vi* 1 crecer; *(increase)* aumentar. 2 *(become)* hacerse, volverse; **to g. accustomed to**, acostumbrarse a; **to g. dark**, oscurecer; **to g. old**, envejecer. ◆**grow out of** *vtr* **he's grown out of his shirt**, se le ha quedado pequeña la camisa. 2 *fig (phase etc)* superar. ◆**grow up** *vi* crecer, hacerse mayor.
grower ['groʊə*r*] *n* cultivador,-a *m,f*.
growing ['groʊıŋ] *adj (child)* que crece; *(problem etc)* creciente; **he's a g. boy**, está dando el estirón.
growl [graol] **I** *vi* gruñir. **II** *n* gruñido *m*.
grown [groon] *adj* crecido,-a, adulto,-a.
grown-up ['groonʌp] *adj & n* adulto,-a *(m,f)*; **the g.-ups**, los mayores.
growth [groʊθ] *n* 1 crecimiento *m*; *(increase)* aumento *m*; *(development)* desarrollo *m*. 2 *Med* bulto *m*.
groyne [grɔın] *n* espigón *m*.
grub [grʌb] *n* 1 *(larva)* gusano *m*. 2 *sl (food)* papeo *m*.
grubby ['grʌbı] *adj* (**grubbier, grubbiest**) sucio,-a.
grudge [grʌdʒ] **I** *n* rencor *m*; **to bear sb a g.**, guardar rencor a algn. **II** *vtr (give unwillingly)* dar a regañadientes; **he grudges me my success**, me envidia el éxito.
grudgingly ['grʌdʒıŋlı] *adv* a regañadientes.
gruelling, *US* **grueling** ['gru:əlıŋ] *adj* penoso,-a.
gruesome ['gru:səm] *adj* espantoso,-a, horrible.
gruff [grʌf] *adj (manner)* brusco,-a; *(voice)* áspero,-a.
grumble ['grʌmbəl] **I** *vi* refunfuñar. **II** *n* queja *f*.
grumpy ['grʌmpı] *adj* (**grumpier, grumpiest**) gruñón,-ona.

grunt [grʌnt] **I** *vi* gruñir. **II** *n* gruñido *m*.
guarantee [gærən'ti:] **I** *n* garantía *f*; *(certificate)* certificado *m* de garantía. **II** *vtr* garantizar; *(assure)* asegurar.
guard [ga:d] **I** *vtr* 1 *(protect)* defender, proteger; *(keep watch over)* vigilar. 2 *(control)* guardar. **II** *vi* protegerse **(against**, de, contra). **III** *n* 1 **to be on one's g.**, estar en guardia; **to catch sb off his g.**, coger desprevenido a algn. 2 *(sentry)* guardia *mf*; **g. of honour**, guardia de honor; **to stand g.**, montar la guardia; **g. dog**, perro *m* guardián. 3 *GB Rail* jefe *m* de tren; **g.'s van**, furgón *m* de cola. 4 *(on machine)* dispositivo *m* de seguridad; **fire g.**, pantalla *f*.
guarded ['ga:dıd] *adj* cauteloso,-a, precavido,-a.
guardhouse ['ga:dhaos] *n Mil* 1 *(headquarters)* cuerpo *m* de guardia. 2 *(prison)* prisión *f* militar.
guardian ['ga:dıən] *n* 1 guardián,-ana *m,f*; **g. angel**, ángel *m* de la guarda. 2 *Jur (of minor)* tutor,-a *m,f*.
Guatemala [gwa:tə'ma:lə] *n* Guatemala.
Guatemalan [gwa:tə'ma:lən] *adj & n* guatemalteco,-a *(m,f)*.
guava ['gwa:və] *n Bot* guayaba *f*; **g. tree**, guayabo *m*.
guer(r)illa [gə'rılə] *n* guerrillero,-a *m,f*; **g. warfare**, guerra *f* de guerrillas.
guess [ges] **I** *vtr & vi* 1 adivinar; **I guessed as much**, me lo imaginaba; **to g. right/wrong**, acertar/no acertar. 2 *US fam* pensar, suponer; **I g. so**, supongo que sí. **II** *n* conjetura *f*, *(estimate)* cálculo *m*; **at a rough g.**, a ojo de buen cubero; **to have** *or* **make a g.**, intentar adivinar.
guesswork ['geswɜ:k] *n* conjetura *f*.
guest [gest] *n* (*at home*) invitado,-a *m,f*; *(in hotel)* cliente,-a *m,f*, huésped,-a *m,f*; **g. artist**, artista *mf* invitado,-a; **g. room**, cuarto *m* de los invitados.
guesthouse ['gesthaos] *n* casa *f* de huéspedes.
guffaw [gʌ'fɔ:] *vi* reírse a carcajadas.
guidance ['gaıdəns] *n* orientación *f*, consejos *mpl*; **for your g.**, a título de información.
guide [gaıd] **I** *vtr* guiar, dirigir. **II** *n (person)* guía *mf*; *GB* **girl g.**, exploradora *f*; **g. dog**, perro lazarillo. 2 *(guidebook)* guía *f*.
guidebook ['gaıdbok] *n* guía *f*.
guided ['gaıdıd] *adj* dirigido,-a; **g. tour**, visita con guía; **g. missile**, misil teledirigido.
guideline ['gaıdlaın] *n* pauta *f*.
guild [gıld] *n* gremio *m*.
guile [gaıl] *n* astucia *f*.
guillotine ['gılətı:n] *n* guillotina *f*.
guilt [gılt] *n* 1 culpa *f*. 2 *Jur* culpabilidad *f*.
guilty ['gıltı] *adj* (**guiltier, guiltiest**)

culpable (of, de); **to have a g. conscience**, remorderle a uno la conciencia.
guinea[1] ['gɪnɪ] n g. **pig**, conejillo m de Indias, cobayo m; fig **to act as a g. pig**, servir de conejillo de Indias.
guinea[2] ['gɪnɪ] n (coin) guinea f (approx 21 chelines).
guise [gaɪz] n **under the g. of**, so pretexto de.
guitar [gɪ'tɑː^r] n guitarra f.
guitarist [gɪ'tɑːrɪst] n guitarrista mf.
gulf [gʌlf] n 1 golfo m; **G. of Mexico**, Golfo de Méjico; **G. Stream**, corriente f del Golfo de Méjico. 2 fig abismo m.
gull [gʌl] n gaviota f.
gull(e)y ['gʌlɪ] n barranco m, hondonada f.
gullible ['gʌləbəl] adj crédulo,-a.
gulp [gʌlp] I n trago m. II vtr tragar; **to g. sth down**, (drink) tomarse algo de un trago; (food) engullir algo. III vi 1 (swallow air) tragar aire. 2 fig (with fear) tragar saliva.
gum[1] [gʌm] I n goma f. II vtr pegar con goma.
gum[2] [gʌm] n Anat encía f.
gumboots ['gʌmbuːts] npl botas fpl de agua.
gun [gʌn] n arma f de fuego; (handgun) pistola f, revólver m; (rifle) fusil m, escopeta f; (cannon) cañón m; **the big guns**, los peces gordos. ◆**gun down** vtr matar a tiros.
gunboat ['gʌnbəʊt] n cañonero m.
gunfire ['gʌnfaɪə^r] n tiros mpl.
gunman ['gʌnmən] n pistolero m, gángster m.
gunpoint ['gʌnpɔɪnt] n **at g.**, a punta de pistola.
gunpowder ['gʌnpaʊdə^r] n pólvora f.
gunrunner ['gʌnrʌnə^r] n traficante mf de armas.
gunshot ['gʌnʃɒt] n disparo m, tiro m.
gunsmith ['gʌnsmɪθ] n armero m.
gurgle ['gɜːgəl] vi (baby) gorjear; (liquid) gorgotear; (stream) murmurar.
guru ['gʊruː, 'gʊːruː] n gurú m.
gush [gʌʃ] I vi 1 brotar. 2 fig **to g. over sb**, enjabonar a algn. II n (of water) chorro m; (of words) torrente m.
gushing ['gʌʃɪŋ] adj fig (person) efusivo, -a.
gusset ['gʌsɪt] n escudete m.
gust [gʌst] n (of wind) ráfaga f, racha f.
gusto ['gʌstəʊ] n entusiasmo m.
gut [gʌt] I n 1 Anat intestino m. 2 (catgut) cuerda f de tripa. 3 **guts**, (entrails) tripas fpl; sl **to have g.**, tener agallas. II vtr 1 (fish) destripar. 2 (destroy) destruir por dentro. III adj fam **g. reaction**, reacción f visceral.
gutter ['gʌtə^r] n (in street) arroyo m; (on roof) canalón m; fig **g. press**, prensa amarilla.
guttural ['gʌtərəl] adj gutural.
guy[1] [gaɪ] n fam tipo m, tío m.
guy[2] [gaɪ] n (rope) viento m, cuerda f.
guzzle ['gʌzəl] vtr & vi fam (food etc) zamparse; (car) tragar mucho.
gym [dʒɪm] fam 1 (gymnasium) gimnasio m. 2 (gymnastics) gimnasia f; **g. shoes**, zapatillas fpl de deporte.
gymnasium [dʒɪm'neɪzɪəm] n gimnasio m.
gymnast ['dʒɪmnæst] n gimnasta mf.
gymnastics [dʒɪm'næstɪks] n gimnasia f.
gynaecologist, US **gynecologist** [gaɪnɪ'kɒlədʒɪst] n ginecólogo,-a m,f.
gypsy ['dʒɪpsɪ] adj & n gitano,-a (m,f).
gyrate [dʒaɪ'reɪt] vi girar.

H

H, h [eɪtʃ] n (the letter) H, h f.
haberdashery [hæbə'dæʃərɪ] n 1 GB artículos mpl de mercería. 2 US ropa masculina.
habit ['hæbɪt] n 1 costumbre f. 2 (garment) hábito m.
habitable ['hæbɪtəbəl] adj habitable.
habitat ['hæbɪtæt] n hábitat m.
habitual [hə'bɪtjʊəl] adj habitual; (drinker, liar) empedernido,-a. ◆**habitually** adv por costumbre.
hack[1] [hæk] I n (cut) corte m; (with an axe) hachazo m. II vtr (with knife, axe) cortar; (kick) dar un puntapié a.
hack[2] [hæk] n fam (writer) escritorzuelo,-a m,f; (journalist) gacetillero,-a m,f.
hackneyed ['hæknɪd] adj trillado,-a.
hacksaw ['hæksɔː] n sierra f para metales.
had [hæd] pt & pp → **have**.
haddock ['hædək] n abadejo m.
haemophilia [hiːməʊ'fɪlɪə] n hemofilia f.
haemophiliac [hiːməʊ'fɪlɪæk] adj & n hemofílico,-a (m,f).
haemorrhage ['hemərɪdʒ] n hemorragia f.
haemorrhoids ['hemərɔɪdz] npl hemorroides fpl.
hag [hæg] n pej bruja f, arpía f.
haggard ['hægəd] adj ojeroso,-a.
haggle ['hægəl] vi regatear.
Hague [heɪg] n **The H., La Haya**.
hail[1] [heɪl] I n granizo m; fig **a h. of bullets/insults**, una lluvia de balas/insultos. II vi granizar.
hail[2] [heɪl] I vtr 1 (taxi etc) parar. 2 (acclaim) aclamar. II vi **to h. from**, (origi-

hailstone ['heɪlstəʊn] n granizo m.
hailstorm ['heɪlstɔːm] n granizada f.
hair [heə'] n (strand) pelo m, cabello m; (mass) pelo m, cabellos mpl; (on arm, leg) vello m; **to have long h.**, tener el pelo largo.
hairbrush ['heəbrʌʃ] n cepillo m (para el pelo).
haircut ['heəkʌt] n corte m de pelo; **to have a h.**, cortarse el pelo.
hairdo ['heədu:] n fam peinado m.
hairdresser ['heədresə'] n peluquero,-a m,f; **h.'s (shop)**, peluquería f.
hairdryer, hairdrier ['heədraɪə'] n secador m (de pelo).
hair-grip ['heəgrɪp] n horquilla f, pasador m.
hairline ['heəlaɪn] I adj muy fino,-a. II n nacimiento m del pelo; **receding h.**, entradas fpl.
hairnet ['heənet] n redecilla f.
hairpiece ['heəpi:s] n postizo m.
hairpin ['heəpɪn] n horquilla f; **h. bend**, curva muy cerrada.
hair-raising ['heəreɪzɪŋ] adj espeluznante.
hair-remover ['heərɪmu:və'] n depilatorio m.
hairspray ['heəspreɪ] n laca f (para el pelo).
hairstyle ['heəstaɪl] n peinado m, corte m de pelo.
hairy ['heərɪ] adj (**hairier, hairiest**) 1 (with hair) peludo,-a. 2 fig (frightening) enervante, espantoso,-a.
hake [heɪk] n merluza f; (young) pescadilla f.
half [hɑːf] I n (pl **halves**) mitad f; Sport (period) tiempo m; **he's four and a h.**, tiene cuatro años y medio; **to cut in h.**, cortar por la mitad. II adj medio,-a; **h. a dozen/an hour**, media docena/hora; **h. board**, media pensión; **h. fare**, media tarifa; **h. term**, medio trimestre; **h. year**, semestre m. III adv medio, a medias; **h. asleep**, medio dormido,-a.
half-caste ['hɑːfkɑːst] adj & n mestizo,-a (m,f).
half-day [hɑːf'deɪ] n media jornada.
half-hearted [hɑːf'hɑːtɪd] adj poco entusiasta.
half-hour [hɑːf'aʊə'] n media hora.
half-life ['hɑːflaɪf] n media vida.
half-mast [hɑːf'mɑːst] n **at h.**, a media asta.
half-price [hɑːf'praɪs] adv a mitad de precio.
half-time [hɑːf'taɪm] n descanso m.
half-way [hɑːf'weɪ] I adj intermedio,-a. II **halfway** [hɑːf'weɪ] adv a medio camino, a mitad de camino.
half-yearly ['hɑːfjɪəlɪ] adj semestral.
halibut ['hælɪbət] n mero m.
hall [hɔːl] n 1 (lobby) vestíbulo m. 2 (building) sala f; Univ **h. of residence**, colegio m mayor.
hallmark ['hɔːlmɑːk] n 1 (on gold, silver) contraste m. 2 fig sello m.
hallo [hə'ləʊ] interj ¡hola!
hallowed ['hæləʊd] adj santificado,-a.
Hallowe('en [hæləʊ'i:n] n víspera f de Todos los Santos.
hallucinate [hə'lu:sɪneɪt] vi alucinar.
hallucination [həlu:sɪ'neɪʃən] n alucinación f.
hallucinogenic [həlu:sɪnəʊ'dʒenɪk] adj alucinógeno,-a.
hallway ['hɔːlweɪ] n vestíbulo m.
halo ['heɪləʊ] n 1 Rel aureola f. 2 Astron halo m.
halt [hɔːlt] I n (stop) alto m, parada f; **to call a h. to sth**, poner fin a algo. II vtr parar. III vi pararse.
halting ['hɔːltɪŋ] adj vacilante.
halve [hɑːv] vtr 1 partir por la mitad; (reduce by half) reducir a la mitad. 2 (share) compartir.
halves [hɑːvz] pl → **half**.
ham [hæm] n jamón m; **boiled h.**, jamón de York; **Parma** or **cured h.**, jamón serrano.
hamburger ['hæmbɜːgə'] n hamburguesa f.
hamlet ['hæmlɪt] n aldea f.
hammer ['hæmə'] I n 1 martillo m; **the h. and sickle**, la hoz y el martillo. 2 (of gun) percursor m. 3 Sport lanzamiento m de martillo. II vtr 1 martillar; (nail) clavar; fig **to h. home**, insistir sobre. 2 fam (defeat) dar una paliza a. III vi martillar, dar golpes.
hammering ['hæmərɪŋ] n fam paliza f.
hammock ['hæmək] n hamaca f; Naut coy m.
hamper¹ ['hæmpə'] n cesta f.
hamper² ['hæmpə'] vtr estorbar, dificultar.
hamster ['hæmstə'] n hámster m.
hamstring ['hæmstrɪŋ] n tendón m de la corva.
hand [hænd] n 1 mano f; **by h.**, a mano; (close) **at h.**, a mano; **hands up!**, ¡manos arriba!; **on the one/other h.**, por una/otra parte; fig **to get out of h.**, descontrolarse; fig **to be on h.**, estar a mano; fig **to have a h. in**, intervenir en; fig **to have time in h.**, sobrarle a uno tiempo; fig **to wash one's hands of sth**, lavarse las manos de algo; fig **to give sb a h.**, echarle una mano a algn; **h. grenade**, granada f de mano. 2 (worker) trabajador,-a m,f; Naut tripulante m. 3 (of clock) aguja f. 4 **to give sb a big h.**, (applause) dedicar a algn una gran ovación. 5 (handwriting) letra f.
II vtr (give) dar, entregar; fam fig **I have to h. it to you**, tengo que reconocerlo.
◆**hand back** vtr devolver. ◆**hand**

down *vtr* dejar en herencia. ◆**hand in** *vtr (homework)* entregar; *(resignation)* presentar. ◆**hand out** *vtr* repartir. ◆**hand over** *vtr* entregar. ◆**hand round** *vtr* repartir.

handbag ['hændbæg] *n* bolso *m*.

handball ['hændbɔːl] *n Sport* balonmano *m*.

handbook ['hændbʊk] *n* manual *m*.

handbrake ['hændbreɪk] *n* freno *m* de mano.

handcuff ['hændkʌf] I *vtr* esposar. II *npl* **handcuffs**, esposas *fpl*.

handful ['hændfʊl] *n* puñado *m*.

handicap ['hændɪkæp] *n* I *n* 1 *Med* minusvalía *f*. 2 *(Sport)* hándicap *m*, desventaja *f*. II *vtr* impedir.

handicapped ['hændɪkæpt] *adj* 1 *(physically)* minusválido,-a; *(mentally)* retrasado,-a. 2 *Sport* en desventaja. 3 *fig* desfavorecido,-a.

handicraft ['hændɪkrɑːft] *n* artesanía *f*.

handiwork ['hændɪwɜːk] *n (work)* obra *f*; *(craft)* artesanía *f*.

handkerchief ['hæŋkətʃiːf] *n* pañuelo *m*.

handle ['hændəl] I *n (of knife)* mango *m*; *(of cup)* asa *f*; *(of door)* pomo *m*; *(of lever)* palanca *f*; *(of drawer)* tirador *m*. II *vtr* 1 manejar; '**h. with care**', 'frágil'. 2 *(problem)* encargarse de; *(people)* tratar; *fam (put up with)* soportar. III *vi (car)* comportarse.

handlebar ['hændəlbɑːr] *n* manillar *m*.

handmade [hænd'meɪd] *adj* hecho,-a a mano.

hand-out ['hændaʊt] *n* 1 *(leaflet)* folleto *m*; *Press* nota *f* de prensa. 2 *(charity)* limosna *f*.

hand-picked [hænd'pɪkt] *adj* selecto,-a.

handrail ['hændreɪl] *n* pasamanos *m sing inv*.

handshake ['hændʃeɪk] *n* apretón *m* de manos.

handsome ['hænsəm] *adj* 1 *(person)* guapo,-a. 2 *(substantial)* considerable.

handwriting ['hændraɪtɪŋ] *n* letra *f*.

handy ['hændɪ] *adj* (**handier, handiest**) 1 *(useful)* útil, práctico,-a; *(nearby)* a mano. 2 *(dextrous)* diestro,-a.

hang [hæŋ] I *vtr (pt & pp hung)* 1 colgar. 2 *(head)* bajar. 3 *(pt & pp hanged)* ahorcar. II *vi* 1 colgar (**from**, de); *(in air)* flotar. 2 *(criminal)* ser ahorcado,-a; **to h. oneself**, ahorcarse. ◆**hang about, hang round** *vi fam* 1 perder el tiempo. 2 *fam (wait)* esperar. ◆**hang around** *vi fam* 1 esperar. 2 *fam* frecuentar; **where does he h. around?**, ¿a que lugares suele ir? ◆**hang on** *vi* 1 agarrarse. 2 *(wait)* esperar. ◆**hang out** I *vtr (washing)* tender. II *vi fam (frequent)* frecuentar. ◆**hang together** *vi (ideas)* ser coherente. ◆**hang up** *vtr (picture, telephone)* colgar.

hangar ['hæŋər] *n* hangar *m*.

hanger ['hæŋər] *n* percha *f*.

hang-glider ['hæŋglaɪdər] *n* ala delta.

hang-gliding ['hæŋglaɪdɪŋ] *n* vuelo *m* libre.

hangman ['hæŋmən] *n* verdugo *m*.

hangover ['hæŋəʊvər] *n* resaca *f*.

hang-up ['hæŋʌp] *n fam (complex)* complejo *m*.

hanker ['hæŋkər] *vi* **to h. after sth**, anhelar algo.

hankie, hanky ['hæŋkɪ] *n fam* pañuelo *m*.

haphazard [hæp'hæzəd] *adj* caótico,-a, desordenado,-a.

happen ['hæpən] *vi* suceder, ocurrir; **it so happens that**, lo que pasa es que; **if you h. to see my friend**, si por casualidad ves a mi amigo.

happening ['hæpənɪŋ] *n* acontecimiento *m*.

happiness ['hæpɪnɪs] *n* felicidad *f*.

happy ['hæpɪ] *adj* (**happier, happiest**) *(cheerful)* feliz, contento,-a; *(fortunate)* afortunado,-a; **h. birthday!**, ¡feliz cumpleaños! ◆**happily** *adv (with pleasure)* felizmente; *(fortunately)* afortunadamente.

happy-go-lucky [hæpɪɡəʊ'lʌkɪ] *adj* despreocupado,-a; **a h.-go-l. fellow**, un viva la virgen.

harangue [hə'ræŋ] I *vtr* arengar. II *n* arenga *f*.

harass ['hærəs] *vtr* acosar.

harassment ['hærəsmənt, hə'ræsmənt] *n* hostigamiento *m*, acoso *m*.

harbour, US **harbor** ['hɑːbər] I *n* puerto *m*. II *vtr* 1 *(criminal)* encubrir. 2 *(doubts)* abrigar.

hard [hɑːd] I *adj* 1 duro,-a; *(solid)* sólido,-a; **h. court**, pista (de tenis) rápida; *Comput* **h. disk**, disco duro; **h. shoulder**, arcén *m*. 2 *(difficult)* difícil; **h. of hearing**, duro,-a de oído; *fam fig* **to be h. up**, estar sin blanca. 3 *(harsh)* severo,-a; *(strict)* estricto,-a; **to take a h. line**, tomar medidas severas; **h. drugs**, droga dura; *Pol* **h. left**, extrema izquierda; **h. porn**, pornografía dura; **h. sell**, promoción *f* de venta agresiva. 4 **a h. drinker**, un bebedor inveterado; **a h. worker**, un trabajador concienzudo. 5 **h. luck!**, ¡mala suerte! 6 **h. evidence**, pruebas definitivas; *Com* **h. cash**, dinero *m* en metálico; **h. currency**, divisa *f* fuerte. II *adv* 1 *(hit)* fuerte. 2 *(work)* mucho, concienzudamente; *fig* **to be h. on sb's heels**, pisar los talones a algn. 3 **to be h. done by**, ser tratado,-a injustamente.

hardback ['hɑːdbæk] *n* edición *f* de tapas duras.

hard-boiled ['hɑːdbɔɪld] *adj* duro,-a.

hard-core ['hɑːdkɔːr] *adj* irreductible.

harden ['hɑːdən] I *vtr* endurecer. II *vi* endurecerse.

hardened ['hɑːdənd] *adj fig* habitual.

hard-headed |hɑːdˈhedɪd| *adj* realista.
hard-hearted |hɑːdˈhɑːtɪd| *adj* insensible.
hardliner |hɑːdˈlaɪnər| *n* duro,-a *m,f*.
hardly |ˈhɑːdlɪ| *adv* apenas; **h. anyone/ever**, casi nadie/nunca; **he had h. begun when ...**, apenas había comenzado cuando ...; **I can h. believe it**, apenas lo puedo creer.
hardship |ˈhɑːdʃɪp| *n* privación *f*, apuro *m*.
hardware |ˈhɑːdweər| *n* 1 (*goods*) ferretería *f*; **h. shop**, ferretería. 2 *Comput* hardware *m*.
hardwearing |hɑːdˈweərɪŋ| *adj* duradero,-a.
hardworking |ˈhɑːdwɜːkɪŋ| *adj* muy trabajador,-a.
hardy |ˈhɑːdɪ| *adj* (**hardier, hardiest**) (*person*) robusto,-a, fuerte; (*plant*) resistente.
hare |heər| **I** *n* liebre *f*. **II** *vi* correr muy de prisa.
haricot |ˈhærɪkəʊ| *n* **h.** (**bean**), alubia *f*.
harm |hɑːm| **I** *n* daño *m*, perjuicio *m*; **to be out of h.'s way**, estar a salvo. **II** *vtr* hacer daño a, perjudicar.
harmful |ˈhɑːmfʊl| *adj* perjudicial (**to, para**).
harmless |ˈhɑːmlɪs| *adj* inofensivo,-a.
harmonica |hɑːˈmɒnɪkə| *n* armónica *f*.
harmonize |ˈhɑːmənaɪz| *vtr & vi* armonizar.
harmony |ˈhɑːmənɪ| *n* armonía *f*.
harness |ˈhɑːnɪs| **I** *n* (*for horse*) arreos *mpl*. **II** *vtr* 1 (*horse*) enjaezar. 2 *fig* (*resources etc*) aprovechar.
harp |hɑːp| *n* arpa *f*. ◆**harp on** *vi fam* hablar sin parar.
harpoon |hɑːˈpuːn| **I** *n* arpón *m*. **II** *vtr* arponear.
harrowing |ˈhærəʊɪŋ| *adj* angustioso,-a.
harsh |hɑːʃ| *adj* severo,-a; (*voice*) áspero,-a; (*sound*) discordante.
harvest |ˈhɑːvɪst| **I** *n* cosecha *f*; (*of grapes*) vendimia *f*. **II** *vtr* cosechar, recoger.
harvester |ˈhɑːvɪstər| *n* 1 (*person*) segador,-a *m,f*. 2 (*machine*) cosechadora *f*.
has |hæz| *3rd person sing pres* → **have**.
hash[1] |hæʃ| *n Culin* sofrito *m* de carne; *fam fig* **to make a h. of sth**, estropear algo.
hash[2] |hæʃ| *n sl* hachís *m*.
hashish |ˈhæʃɪʃ| *n* hachís *m*.
hassle |ˈhæsəl| *fam* **I** *n* 1 (*nuisance*) rollo *m*. 2 (*problem*) lío *m*. 3 (*wrangle*) bronca *f*. **II** *vtr* fastidiar.
haste |heɪst| *n fml* prisa *f*; **to make h.**, darse prisa.
hasten |ˈheɪsən| *vi* apresurarse.
hasty |ˈheɪstɪ| *adj* (**hastier, hastiest**) apresurado,-a; (*rash*) precipitado,-a. ◆**hastily** *adv* (*quickly*) de prisa.
hat |hæt| *n* sombrero *m*.
hatch[1] |hætʃ| *n* escotilla *f*; **serving h.**, ventanilla *f*.
hatch[2] |hætʃ| *vtr* 1 (*eggs*) empollar. 2 *fig* (*plan*) tramar. ◆**hatch out** *vi* salirse del huevo.
hatchback |ˈhætʃbæk| *n* coche *m* de 3 or 5 puertas.
hatchet |ˈhætʃɪt| *n* hacha *f*; *fam* **h. man**, matón *m*.
hate |heɪt| **I** *n* odio *m*. **II** *vtr* odiar.
hateful |ˈheɪtfʌl| *adj* odioso,-a.
hatred |ˈheɪtrɪd| *n* odio *m*.
haughty |ˈhɔːtɪ| *adj* (**haughtier, haughtiest**) altanero,-a, arrogante.
haul |hɔːl| **I** *n* 1 (*journey*) trayecto *m*. 2 *Fishing* redada *f*. 3 (*loot*) botín *m*. **II** *vtr* 1 tirar; (*drag*) arrastrar. 2 (*transport*) acarrear. ◆**haul up** *vtr fam* (*to court*) llevar.
haulage |ˈhɔːlɪdʒ| *n* transporte *m*.
haulier |ˈhɔːljər| *n* transportista *mf*.
haunch |hɔːntʃ| *n* cadera *f*; *Culin* pernil *m*.
haunt |hɔːnt| **I** *n* guarida *f*. **II** *vtr* 1 (*of ghost*) aparecerse en. 2 *fig* atormentar. 3 (*frequent*) frecuentar.
haunted |ˈhɔːntɪd| *adj* encantado,-a, embrujado,-a.
Havana |həˈvænə| *n* La Habana; **H. cigar**, habano *m*.
have |hæv| **I** *vtr* (*3rd person sing pres* **has**) (*pt & pp* **had**) 1 (*possess*) tener; **h. you got a car?**, ¿tienes coche? 2 (*eat, experience, suffer*) tener; **to h. a holiday**, tomarse unas vacaciones. 3 (*partake of*) tomar; **to h. a cigarette**, fumarse un cigarrillo; **to h. breakfast/lunch/tea/dinner**, desayunar/comer/merendar/cenar. 4 **to h. a bath/shave**, bañarse/afeitarse; **to h. a nap**, echar la siesta. 5 **to h. to**, (*obligation*) tener que, deber. 6 (*make happen*) hacer que; **I'll h. someone come round**, haré que venga alguien. 7 (*receive*) recibir; **to h. people round**, invitar a gente. 8 **can I h. your pen a moment?**, (*borrow*) ¿me dejas tu bolígrafo un momento? 9 (*party, meeting*) hacer, celebrar. 10 **to h. a baby**, tener un niño. 11 **we won't h. it**, (*allow*) no lo consentiremos. 12 (*hold*) tener; *fig* **to h. sth against sb**, tener algo en contra de algn. 13 **legend has it that ...**, según la leyenda .... 14 *fam* (*deceive*) engañar. 15 **you'd better stay**, más vale que te quedes.
II *v aux* 1 (*compound*) haber; **I had been waiting for half an hour**, hacía media hora que esperaba; **he hasn't eaten yet**, no ha comido aún; **she had broken the window**, había roto el cristal; **we h. lived here for ten years**, hace diez años que vivimos aquí; **so I h.!**, (*emphatic*) ¡ay, sí!, es verdad; **yes I h.!**, ¡que sí! 2 (*tag questions*) **you haven't seen my book, h. you?**, no has visto mis gafas, ¿verdad?; **he's been to France, hasn't he?**, ha estado en Francia, ¿verdad? *o* ¿no? 3 (*have*

haven 411 **heartfelt**

+ *just*) acabar de.
◆**have on** *vtr* 1 (*wear*) vestir. 2 *fam* **to h. sb on**, tomarle el pelo a algn. ◆**have out** *vtr fam* **to h. it out with sb**, ajustar cuentas con algn. ◆**have over** *vtr* (*invite*) recibir.
haven ['heɪvən] *n* puerto *m*; *fig* refugio *m*.
haversack ['hævəsæk] *n* mochila *f*.
havoc ['hævək] *n* **to play h. with**, hacer estragos en.
hawk [hɔːk] *n Orn Pol* halcón *m*.
hawker ['hɔːkər] *n* vendedor,-a *m,f* ambulante.
hawthorn ['hɔːθɔːn] *n* espino *m* albar.
hay [heɪ] *n* heno *m*; **h. fever**, fiebre *f* del heno.
haystack ['heɪstæk] *n* almiar *m*.
haywire ['heɪwaɪər] *adj fam* en desorden; **to go h.**, (*machine etc*) estropearse; (*person*) volverse loco,-a.
hazard ['hæzəd] I *n* peligro *m*, riesgo *m*; *Golf* obstáculo *m*. II *vtr fml* arriesgar; **to h. a guess**, intentar adivinar.
hazardous ['hæzədəs] *adj* arriesgado,-a, peligroso,-a.
haze [heɪz] *n* (*mist*) neblina *f*; *fig* (*blur*) confusión *f*.
hazel ['heɪzəl] *adj* (de color) avellana.
hazelnut ['heɪzəlnʌt] *n* avellana *f*.
hazy ['heɪzɪ] *adj* (**hazier**, **haziest**) nebuloso,-a.
he [hiː] *pers pron* él; **he did it**, ha sido él; **he who**, el que.
head [hed] I *n* 1 cabeza *f*; (*mind*) mente *f*; *fig* **three pounds a h.**, tres libras por cabeza; *fig* **to be h. over heels in love**, estar locamente enamorado,-a; *fig* **to keep one's h.**, mantener la calma; *fig* **to lose one's h.**, perder la cabeza; **success went to his h.**, se le subió el éxito a cabeza; **h. start**, ventaja *f*. 2 (*of nail*) cabeza *f*; (*of beer*) espuma *f*; (*of tape recorder*) cabezal *m*; (*of steam*) presión *f*; *fig* **to come to a h.**, llegar a un momento decisivo. 3 (*boss*) cabeza *m*; (*of company*) director,-a *m,f*; **h. teacher**, director,-a *m,f*. 4 (*of coin*) cara *f*; **heads or tails**, cara o cruz. II *adj* principal; **h. office**, oficina *f* central. III *vtr* 1 (*list etc*) encabezar. 2 *Ftb* cabecear.
◆**head for** *vtr* dirigirse hacia. ◆**head off** I *vi* irse. II *vtr* (*avert*) evitar.
headache ['hedeɪk] *n* dolor *m* de cabeza; *fig* quebradero *m* de cabeza.
header ['hedər] *n Ftb* cabezazo *m*.
head-first [hed'fɜːst] *adv* de cabeza.
head-hunter ['hedhʌntər] *n fig* cazatalentos *mf inv*.
heading ['hedɪŋ] *n* título *m*; (*of letter*) membrete *m*.
headlamp ['hedlæmp] *n* faro *m*.
headland ['hedlənd] *n* punta *f*, cabo *m*.
headlight ['hedlaɪt] *n* faro *m*.
headline ['hedlaɪn] *n* titular *m*.
headlong ['hedlɒŋ] *adj & adv* de cabeza;

to rush h. into sth, lanzarse a hacer algo sin pensar.
headmaster [hed'mɑːstər] *n* director *m*.
headmistress [hed'mɪstrɪs] *n* directora *f*.
head-on ['hedɒn] *adj* **a h.-on collision**, un choque frontal.
headphones ['hedfəʊnz] *npl* auriculares *mpl*.
headquarters ['hedkwɔːtəz] *npl* 1 oficina *f* central, sede *f*. 2 *Mil* cuartel *m* general.
headrest ['hedrest] *n Aut* apoyocabezas *m*.
headroom ['hedruːm] *n* altura *f* libre.
headscarf ['hedskɑːf] *n* pañuelo *m*.
headstrong ['hedstrɒŋ] *adj* testarudo,-a.
headway ['hedweɪ] *n* **to make h.**, avanzar, progresar.
headwind ['hedwɪnd] *n* viento *m* de proa.
heady ['hedɪ] *adj* (**headier**, **headiest**) embriagador,-a.
heal [hiːl] I *vi* cicatrizar. II *vtr* (*illness*) curar.
health [helθ] *n* salud *f*; *fig* prosperidad *f*; **to be in good/bad h.**, estar bien/mal de salud; **your good h.!**, ¡salud!; **h. foods**, alimentos *mpl* naturales; **h. food shop**, tienda *f* de alimentos naturales; **h. service**, ≈ Insalud *m*.
healthy ['helθɪ] *adj* (**healthier**, **healthiest**) sano,-a; (*good for health*) saludable; (*thriving*) próspero,-a.
heap [hiːp] I *n* montón *m*. II *vtr* amontonar; *fig* (*praises*) colmar de; **a heaped spoonful**, una cucharada colmada.
hear [hɪər] I *vtr* (*pt & pp* **heard** [hɜːrd]) 1 oír. 2 (*listen to*) escuchar. 3 **I won't h. of it!**, ¡ni hablar! 4 (*find out*) enterarse. 5 *Jur* ver; (*evidence*) oír. II *vi* **to h. from sb**, tener noticias de algn.
hearing ['hɪərɪŋ] *n* 1 oído *m*; **h. aid**, audífono *m*. 2 *Jur* audiencia *f*; *fig* **to give sb a fair h.**, escuchar a algn.
hearsay ['hɪəseɪ] *n* rumores *mpl*.
hearse [hɜːs] *n* coche *m* fúnebre.
heart [hɑːt] *n* 1 corazón *m*; **h. attack**, infarto *m* de miocardio; **h. transplant**, trasplante *m* de corazón; **a broken h.**, un corazón roto; **at h.**, en el fondo; **to take sth to h.**, tomarse algo a pecho; **to have a good h.**, (*be kind*) tener buen corazón. 2 (*courage*) valor *m*; **his h. wasn't in it**, no ponía interés en ello; **to lose h.**, desanimarse. 3 (*core*) meollo *m*; (*of lettuce*) cogollo *m*.
heartbeat ['hɑːtbiːt] *n* latido *m* del corazón.
heart-breaking ['hɑːtbreɪkɪŋ] *adj* desgarrador,-a.
heart-broken ['hɑːtbrəʊkən] *adj* hundido,-a; **he's h.-b.**, tiene el corazón destrozado.
heartburn ['hɑːtbɜːn] *n* acedía *f*.
heartening ['hɑːtənɪŋ] *adj* alentador,-a.
heartfelt ['hɑːtfelt] *adj* sincero,-a.

hearth [hɑ:θ] *n* **1** *(fireplace)* chimenea *f*. **2** *fml (home)* hogar *m*.
heartless ['hɑ:tlɪs] *adj* cruel, insensible.
heart-throb ['hɑ:tθrɒb] *n* ídolo *m*.
hearty ['hɑ:tɪ] *adj* **(heartier, heartiest)** *(person)* francote; *(meal)* abundante; *(welcome)* cordial; **to have a h. appetite,** ser de buen comer.
heat [hi:t] **I** *n* **1** calor *m*. **2** *Sport* eliminatoria *f*. **3** *Zool* **on h.,** en celo. **II** *vtr* calentar. ◆**heat up** *vi* **1** *(warm up)* calentarse. **2** *(increase excitement)* acalorarse.
heated ['hi:tɪd] *adj fig (argument)* acalorado,-a.
heater ['hi:tər] *n* calentador *m*.
heath [hi:θ] *n (land)* brezal *m*.
heathen ['hi:ðən] *adj & n* pagano,-a *(m,f)*.
heather ['heðər] *n* brezo *m*.
heating ['hi:tɪŋ] *n* calefacción *f*.
heatwave ['hi:tweɪv] *n* ola *f* de calor.
heave [hi:v] **I** *n* **1** *(pull)* tirón *m*; *(push)* empujón *m*. **II** *vtr* **1** *(lift)* levantar; *(haul)* tirar; *(push)* empujar. **2** *(throw)* arrojar. **III** *vi* subir y bajar.
heaven ['hevən] **I** *n* **1** cielo *m*; **for heaven's sake!,** ¡por Dios!; **h. on earth,** un paraíso en la tierra. **2 heavens,** cielo *m sing*. **II** *interj* **good heavens!,** ¡por Dios!
heavenly ['hevənlɪ] *adj* celestial.
heavy ['hevɪ] **I** *adj* **(heavier, heaviest)** pesado,-a; *(rain, meal)* fuerte; *(traffic)* denso,-a; *(loss)* grande; **h. going,** duro,-a; **is it h.?,** ¿pesa mucho?; **a h. drinker/smoker,** un,-a bebedor,-a/fumador,-a empedernido,-a; *Mus* **h. metal,** heavy metal *m*. **II** *n sl* gorila *m*. ◆**heavily** *adv* **it rained h.,** llovió mucho; **to sleep h.,** dormir profundamente.
heavyweight ['hevɪweɪt] *n Box* peso pesado.
Hebrew ['hi:bru:] **I** *adj* hebreo,-a *m,f*. **II** *n (language)* hebreo *m*.
Hebrides ['hebrɪdi:z] *npl* **the H.,** las (Islas) Hébridas.
heckle ['hekəl] *vtr* interrumpir.
heckler ['heklər] *n* altercador,-a *m,f*.
hectare ['hektɑ:r] *n* hectárea *f*.
hectic ['hektɪk] *adj* agitado,-a.
hedge [hedʒ] **I** *n* seto *m*. **II** *vtr* cercar con un seto; *fig* **to h. one's bets,** cubrirse.
hedgehog ['hedʒhɒg] *n* erizo *m*.
hedgerow ['hedʒrəʊ] *n* seto vivo.
heed [hi:d] *n* **to take h. of,** hacer caso de.
heedless ['hi:dlɪs] *adj* desatento,-a.
heel [hi:l] *n* talón *m*; *(of shoe)* tacón *m*; *(of palm)* pulpejo *m*; *fig* **to be on sb's heels,** pisarle los talones a algn; **high heels,** zapatos *mpl* de tacón alto.
heeled [hi:ld] *adj fam fig* **well-h.,** adinerado,-a.
hefty ['heftɪ] *adj* **(heftier, heftiest)** **1** *(person)* fornido,-a; *(package)* pesado,-a. **2** *(large)* grande.

height [haɪt] *n* **1** altura *f*; *(of person)* estatura *f*; *Av* **to gain/lose h.,** subir/bajar; **what h. are you?,** ¿cuánto mides?; *fig* **the h. of ignorance,** el colmo de la ignorancia. **2** *Geog* cumbre *f*.
heighten ['haɪtən] *vtr (intensify)* realzar; *(increase)* aumentar.
heir [eər] *n* heredero *m*.
heiress ['eərɪs] *n* heredera *f*.
heirloom ['eəlu:m] *n* reliquia *f or* joya *f* de familia.
held [held] *pt & pp* → **hold**.
helicopter ['helɪkɒptər] *n* helicóptero *m*.
helium ['hi:lɪəm] *n* helio *m*.
hell [hel] *n* infierno *m*; *fam* **what the h. are you doing?,** ¿qué diablos estás haciendo?; *offens* **go to h.!,** ¡vete a hacer puñetas!; *fam* **a h. of a party,** una fiesta estupenda; *fam* **she's had a h. of a day,** ha tenido un día fatal.
hellish ['helɪʃ] *adj fam* infernal.
hello [hə'ləʊ, 'heləʊ] *interj* ¡hola!; *Tel* ¡diga!; *(showing surprise)* ¡hala!
helm [helm] *n* timón *m*; **to be at the h.,** llevar el timón.
helmet ['helmɪt] *n* casco *m*.
help [help] **I** *n* **1** ayuda *f*; **h.!,** ¡socorro! **2** *(daily)* **h.,** asistenta *f*. **II** *vtr* **1** ayudar; **can I h. you?,** *(in shop)* ¿qué desea? **2** *(alleviate)* aliviar. **3 h. yourself!,** *(to food etc)* ¡sírvete! **4** *(avoid)* evitar; **I can't h. it,** no lo puedo remediar. ◆**help out** *vtr* **to h. sb out,** echarle una mano a algn.
helper ['helpər] *n* ayudante,-a *m,f*.
helpful ['helpfʊl] *adj (person)* amable; *(thing)* útil.
helping ['helpɪŋ] *n* ración *f*; **who wants a second h.?,** ¿quién quiere repetir?
helpless ['helplɪs] *adj (defenceless)* desamparado,-a; *(powerless)* incapaz. ◆**helplessly** *adv* inútilmente, en vano.
helter-skelter [heltə'skeltər] **I** *n* tobogán *m*. **II** *adj* atropellado,-a. **III** *adv* atropelladamente.
hem [hem] **I** *n Sew* dobladillo *m*. **II** *vtr Sew* hacer un dobladillo a. ◆**hem in** *vtr* cercar, rodear.
hemisphere ['hemɪsfɪər] *n* hemisferio *m*.
hemophilia [hi:məʊ'fɪlɪə] *n US* → **haemophilia**.
hemorrhage ['hemərɪdʒ] *n US* → **haemorrhage**.
hen [hen] *n* gallina *f*; *fam* **h. party,** reunión *f* de mujeres.
hence [hens] *adv fml* **1 six months h.,** *(from now)* de aquí a seis meses. **2** *(consequently)* por lo tanto.
henceforth [hens'fɔ:θ] *adv fml* de ahora en adelante.
henchman ['hentʃmən] *n pej* secuaz *m*.
henna ['henə] *n Bot* alheña *f*; *(dye)* henna *f*.
henpecked ['henpekt] *adj fam* **a h. husband,** un calzonazos.

hepatitis [hepə'taɪtɪs] *n* hepatitis *f*.
her [hɜːr, *unstressed* hə] I *poss adj* (*one thing*) su; (*more than one*) sus; (*to distinguish*) de ella; **are they h. books or his?**, ¿los libros son de ella o de él?; **she has cut h. finger**, se ha cortado el dedo. II *object pron* 1 (*direct object*) la; **I saw h. recently**, la vi hace poco. 2 (*indirect object*) le; (*with other third person pronouns*) se; **he gave h. money**, le dio dinero; **they handed it to h.**, se lo entregaron. 3 (*after prep*) ella; **for h.**, para ella. 4 (*as subject*) *fam* ella; **look, it's h.!**, ¡mira, es ella!
herald ['herəld] I *n* heraldo *m*. II *vtr* anunciar.
heraldry ['herəldrɪ] *n* heráldica *f*.
herb [hɜːb] *n* hierba *f*; **h. tea**, infusión *f*.
herbal ['hɜːbəl] *adj* herbario,-a; **h. remedies**, curas *fpl* de hierbas.
herd [hɜːd] *n* (*of cattle*) manada *f*; (*of goats*) rebaño *m*; *fig* (*large group*) multitud *f*.
here [hɪər] I *adv* aquí; **come h.**, ven aquí; **h.!**, ¡presente!; **h. goes!**, ¡vamos a ver!; **here's to success!**, ¡brindemos por el éxito!; **h. you are!**, ¡toma!. II *interj* **look h., you can't do that!**, ¡oiga, que no se permite hacer eso!
hereafter [hɪər'ɑːftər] *fml* I *adv* de ahora en adelante. II *n* **the h.**, la otra vida, el más allá.
hereby [hɪə'baɪ] *adv fml* por la presente.
hereditary [hɪ'redɪtərɪ] *adj* hereditario,-a.
heresy ['herəsɪ] *n* herejía *f*.
heretic ['herətɪk] *n* hereje *mf*.
heritage ['herɪtɪdʒ] *n* patrimonio *m*; *Jur* herencia *f*.
hermetically [hɜːˈmetɪklɪ] *adv* **h. sealed**, herméticamente cerrado.
hermit ['hɜːmɪt] *n* ermitaño,-a *m,f*.
hermitage ['hɜːmɪtɪdʒ] *n* ermita *f*.
hernia ['hɜːnɪə] *n* hernia *f*.
hero ['hɪərəʊ] *n* (*pl* **heroes**) héroe *m*; (*in novel*) protagonista *m*; **h. worship**, idolatría *f*.
heroic [hɪ'rəʊɪk] *adj* heroico,-a.
heroin ['herəʊɪn] *n* heroína *f*.
heroine ['herəʊɪn] *n* heroína *f*; (*in novel*) protagonista *f*.
heron ['herən] *n* garza *f*.
herring ['herɪŋ] *n* arenque *m*.
hers [hɜːz] *poss pron* 1 (*attribute*) (*one thing*) suyo,-a; (*more than one*) suyos,-as; (*to distinguish*) de ella; **they are h. not his**, son de ella, no de él. 2 (*noun reference*) (*one thing*) el suyo, la suya; (*more than one*) los suyos, las suyas; **my car is blue and h. is red**, mi coche es azul y el suyo es rojo.
herself [hɜːˈself] *pers pron* 1 (*reflexive*) se; **she dressed h.**, se vistió. 2 (*alone*) ella misma; **she was by h.**, estaba sola. 3 (*emphatic*) **she told me so h.**, eso dijo ella.
hesitant ['hezɪtənt] *adj* vacilante.
hesitate ['hezɪteɪt] *vi* vacilar.
hesitation [hezɪ'teɪʃən] *n* indecisión *f*.
heterogeneous [hetərəʊ'dʒiːnɪəs] *adj* heterogéneo,-a.
heterosexual [hetərəʊ'seksjʊəl] *adj & n* heterosexual (*mf*).
hey [heɪ] *interj* ¡oye!, ¡oiga!
heyday ['heɪdeɪ] *n* auge *m*, apogeo *m*.
HGV [eɪtdʒiː'viː] *GB abbr of* **heavy goods vehicle**, vehículo *m* de carga pesada.
hi [haɪ] *interj fam* ¡hola!
hiatus [haɪ'eɪtəs] *n fml* laguna *f*.
hibernate ['haɪbəneɪt] *vi* hibernar.
hibernation [haɪbə'neɪʃən] *n* hibernación *f*.
hibiscus [haɪ'bɪskəs] *n* hibisco *m*.
hiccough ['hɪkʌp] *n & vi* → **hiccup**.
hiccup ['hɪkʌp] *n* hipo *m*; *fam* (*minor problem*) problemilla *m*; **to have hiccups**, tener hipo.
hide[1] [haɪd] I *vtr* (*pt* **hid** [hɪd] *pp* **hidden** ['hɪdən]) (*conceal*) esconder; (*obscure*) ocultar. II *vi* esconderse, ocultarse. III *n* puesto *m*.
hide[2] [haɪd] *n* (*of animal*) piel *f*.
hide-and-seek [haɪdən'siːk] *n* escondite *m*.
hideous ['hɪdɪəs] *adj* (*horrific*) horroroso,-a; (*extremely ugly*) espantoso,-a.
hide-out ['haɪdaʊt] *n* escondrijo *m*, guarida *f*.
hiding[1] ['haɪdɪŋ] *n* **to go into h.**, esconderse.
hiding[2] ['haɪdɪŋ] *n fam* paliza *f*.
hierarchy ['haɪərɑːkɪ] *n* jerarquía *f*.
hi-fi ['haɪfaɪ] *n* hifi *m*; **hi-fi equipment**, equipo *m* de alta fidelidad.
high [haɪ] I *adj* 1 alto,-a; **how h. is that wall?**, ¿qué altura tiene esa pared?; **it's three feet h.**, tiene tres pies de alto; **h. chair**, silla alta para niños; **h. jump**, salto *m* de altura. 2 (*elevated*) elevado,-a; **h. blood pressure**, tensión alta; **h. prices**, precios elevados; **to be in h. spirits**, estar de buen humor. 3 (*important*) importante; **h. wind**, viento *m* fuerte; **to have a h. opinion of sb**, tener muy buena opinión de algn; **H. Court**, Tribunal Supremo; **h. fidelity**, alta fidelidad *f*; **h. road**, carretera *f* principal; **h. school**, instituto *m* de enseñanza media; **the H. Street**, la Calle Mayor. 4 *sl* (*drugged*) colocado,-a. II *adv* alto; **to fly h.**, volar a gran altura. III *n* (*high point*) punto máximo.
highbrow ['haɪbraʊ] *adj & n* intelectual (*mf*).
high-class [haɪ'klɑːs] *adj* de alta categoría.
higher ['haɪər] *adj* superior; **h. education**, enseñanza *f* superior.

high-flier, high-flyer [haɪˈflaɪər] *n fig* persona dotada y ambiciosa.
high-handed [haɪˈhændɪd] *adj* despótico,-a.
high-heeled [ˈhaɪhiːld] *adj* de tacón alto.
highlands [ˈhaɪləndz] *npl* tierras altas.
highlight [ˈhaɪlaɪt] **I** *n* **1** (*in hair*) reflejo *m*. **2** (*of event*) atracción *f* principal. **II** *vtr* **1** hacer resaltar. **2** (*a text*) marcar con un rotulador fosforescente.
highly [ˈhaɪlɪ] *adv* (*very*) sumamente; **to speak h. of sb**, hablar muy bien de algn.
highly-strung [haɪlɪˈstrʌŋ] *adj* muy nervioso,-a.
Highness [ˈhaɪnɪs] *n* alteza *mf*; **Your H.**, Su Alteza.
high-pitched [ˈhaɪpɪtʃt] *adj* estridente.
high-powered [ˈhaɪpaʊəd] *adj* (*person*) dinámico,-a.
high-ranking [ˈhaɪræŋkɪŋ] *adj* **h. official**, alto funcionario.
high-rise [ˈhaɪraɪz] *adj* **h.-r. building**, rascacielos *m inv*.
high-speed [ˈhaɪspiːd] *adj & adv* **h.-s. lens**, objetivo ultrarrápido; **h.-s. train**, tren *m* de alta velocidad.
highway [ˈhaɪweɪ] *n US* carretera *f*, autopista *f*; *GB* **H. Code**, código *m* de la circulación.
highwayman [ˈhaɪweɪmən] *n* salteador *m* de caminos.
hijack [ˈhaɪdʒæk] **I** *vtr* secuestrar. **II** *n* secuestro *m*.
hijacker [ˈhaɪdʒækər] *n* secuestrador,-a *m,f*; (*of planes*) pirata *mf* del aire.
hike [haɪk] **I** *n* **1** (*walk*) excursión *f*. **2** **price h.**, aumento *m* de precio. **II** *vi* ir de excursión.
hiker [ˈhaɪkər] *n* excursionista *mf*.
hilarious [hɪˈleərɪəs] *adj* graciosísimo,-a.
hill [hɪl] *n* colina *f*; (*slope*) cuesta *f*.
hillside [ˈhɪlsaɪd] *n* ladera *f*.
hilltop [ˈhɪltɒp] *n* cima *f* de una colina.
hilly [ˈhɪlɪ] *adj* (**hillier, hilliest**) accidentado,-a.
hilt [hɪlt] *n* puño *m*, empuñadura *f*; **I'll support you up to the h.**, te daré mi apoyo total.
him [hɪm] *object pron* **1** (*direct object*) lo, le; **hit h.!**, ¡pégale!; **she loves h.**, lo quiere. **2** (*indirect object*) se; (*with other third person pronouns*) se; **give h. the money**, dale el dinero; **give it to h.**, dáselo. **3** (*after prep*) él; **it's not like h. to say that**, no es propio de él decir eso. **4** (*as subject*) *fam* él; **it's h.**, es él.
himself [hɪmˈself] *pers pron* **1** (*reflexive*) se; **he hurt h.**, se hizo daño. **2** (*alone*) solo, por sí mismo; **by h.**, solo. **3** (*emphatic*) él mismo.
hind[1] [haɪnd] *adj* trasero,-a; **h. legs**, patas traseras.
hind[2] [haɪnd] *n Zool* cierva *f*.
hinder [ˈhɪndər] *vtr* dificultar, estorbar; **to h. sb from doing sth**, impedir a algn hacer algo.
hindrance [ˈhɪndrəns] *n* estorbo *m*.
hindsight [ˈhaɪndsaɪt] *n* retrospectiva *f*.
Hindu [hɪnˈduː, ˈhɪnduː] *adj & n* hindú (*mf*).
Hinduism [ˈhɪnduːɪzəm] *n* hinduismo *m*.
hinge [hɪndʒ] **I** *n* bisagra *f*; *fig* eje *m*. **II** *vtr* engoznar. ◆**hinge on** *vtr* depender de.
hint [hɪnt] **I** *n* **1** indirecta *f*; **to take the h.**, coger la indirecta. **2** (*clue*) pista *f*. **3** (*trace*) pizca *f*. **4** (*advice*) consejo *m*. **II** *vi* **1** lanzar indirectas. **2** (*imply*) insinuar algo.
hip[1] [hɪp] *n* cadera *f*; **h. flask**, petaca *f*.
hip[2] [hɪp] *adj sl* en la onda.
hippie [ˈhɪpɪ] *n & fam* hippy (*mf*).
hippopotamus [hɪpəˈpɒtəməs] *n* hipopótamo *m*.
hire [haɪər] **I** *n* alquiler *m*; **bicycles for h.**, se alquilan bicicletas; **taxi for h.**, taxi *m* libre; **h. purchase**, compra *f* a plazos. **II** *vtr* **1** (*rent*) alquilar. **2** (*employ*) contratar. ◆**hire out** *vtr* (*car*) alquilar; (*people*) contratar.
his [hɪz] **I** *poss adj* (*one thing*) su; (*more than one*) sus; (*to distinguish*) de él; **he washed h. face**, se lavó la cara; **is it h. dog or hers?**, ¿el perro es de él o de ella? **II** *poss pron* **1** (*attribute*) (*one thing*) suyo,-a; (*more than one*) suyos,-as; (*to distinguish*) de él. **2** (*noun reference*) (*one thing*) el suyo, la suya; (*more than one*) los suyos, las suyas; **my car is blue and h. is red**, mi coche es azul y el suyo es rojo.
Hispanic [hɪˈspænɪk] *adj* hispánico,-a. **II** *n US* hispano,-a *m,f*, latino,-a *m,f*.
hiss [hɪs] **I** *n* siseo *m*; *Theat* silbido *m*. **II** *vtr & vi* silbar.
historian [hɪˈstɔːrɪən] *n* historiador,-a *m,f*.
historic [hɪˈstɒrɪk] *adj* histórico,-a.
historical [hɪˈstɒrɪkəl] *adj* histórico,-a; **h. novel**, novela histórica.
history [ˈhɪstərɪ] *n* historia *f*.
hit [hɪt] **I** *n* **1** (*blow*) golpe *m*; **direct h.**, impacto directo; *fam* **h. list**, lista negra; *fam* **h. man**, asesino *m* a sueldo. **2** (*success*) éxito *m*; **h. parade**, lista *f* de éxitos. **II** *vtr* (*pt & pp* **hit**) (*strike*) golpear, pegar; **he was h. in the leg**, le dieron en la pierna; **the car h. the kerb**, el coche chocó contra el bordillo; *fam fig* **to h. the roof**, poner el grito en el cielo. **2** (*affect*) afectar. **3 to h. the headlines**, ser noticia. ◆**hit back** *vi* (*reply to criticism*) replicar. ◆**hit on, hit upon** *vtr* dar con; **we h. on the idea of ...**, se nos ocurrió la idea de .... ◆**hit out** *vi* **to h. out at sb**, atacar a algn.
hit-and-run [hɪtənˈrʌn] *adj* **h.-and-r. driver**, conductor que atropella a algn y no para.

hitch [hɪtʃ] **I** *n* dificultad *f.* **II** *vtr (fasten)* atar. **III** *vi fam (hitch-hike)* hacer autostop.
◆**hitch up** *vtr* remangarse.

hitch-hike ['hɪtʃhaɪk] *vi* hacer autostop *or* dedo.

hitch-hiker ['hɪtʃhaɪkər] *n* autostopista *mf.*

hitherto [hɪðə'tu:] *adv fml* hasta la fecha.

HIV [eɪtʃaɪ'vi:] *abbr of* **human immunodeficiency virus**, virus *m* de inmunodeficiencia humano, VIH; **to be diagnosed HIV positive/negative**, dar seropositivo,-a/seronegativo,-a en la prueba del SIDA.

hive [haɪv] *n* colmena *f*; *fig* lugar muy activo.

HM *abbr of* **His** *or* **Her Majesty**, Su Majestad *mf*, SM.

hoard [hɔːd] **I** *n (provisions)* reservas *fpl*; *(money etc)* tesoro *m*. **II** *vtr (objects)* acumular; *(money)* atesorar.

hoarding ['hɔːdɪŋ] *n (billboard)* valla publicitaria; *(temporary fence)* valla.

hoarfrost ['hɔːfrɒst] *n* escarcha *f.*

hoarse [hɔːs] *adj* ronco,-a; **to be h.**, tener la voz ronca.

hoax [həʊks] *n (joke)* broma pesada; *(trick)* engaño *m.*

hob [hɒb] *n (of cooker)* encimera *f.*

hobble ['hɒbəl] *vi* cojear.

hobby ['hɒbɪ] *n* pasatiempo *m*, afición *f.*

hobbyhorse ['hɒbɪhɔːs] *n (toy)* caballito *m* de juguete; *fig (fixed idea)* idea fija, manía *f.*

hobo ['həʊbəʊ] *n US* vagabundo,-a *m,f.*

hockey ['hɒkɪ] *n* hockey *m.*

hog [hɒg] **I** *n* cerdo *m*, puerco *m*; *fam* **to go the whole h.**, liarse la manta a la cabeza. **II** *vtr fam* acaparar.

hoist [hɔɪst] **I** *n (crane)* grúa *f*; *(lift)* montacargas *m inv*. **II** *vtr* levantar, subir; **to h. the flag**, izar la bandera.

hold [həʊld] *vtr (pt & pp* **held**) 1 *(keep in hand)* aguantar, tener (en la mano); *(grip)* agarrar; *(support)* soportar; *(opinion)* sostener; **to h. sb**, abrazar a algn; **to h. sb's hand**, cogerle la mano a algn; *fig* **she can h. her own in French**, se defiende en francés. 2 *(contain)* dar cabida a; **the jug holds a litre**, en la jarra cabe un litro. 3 *(meeting)* celebrar; *(conversation)* mantener. 4 *(reserve)* guardar. 5 **to h. office**, ocupar un puesto. 6 *(consider)* considerar. 7 **he was held for two hours at the police station**, estuvo detenido durante dos horas en la comisaría; **to h. one's breath**, contener la respiración; **to h. sb hostage**, retener a algn como rehén. 8 *Tel* **to h. the line**, no colgar.

II *vi* 1 *(rope)* aguantar. 2 *fig (offer)* ser válido,-a.

III *n* 1 **to get h. of**, *(grip)* coger, agarrar; *fig* localizar; **can you get h. of a newspaper?**, ¿puedes conseguir un periódico? 2 *(control)* control *m*. 3 *Naut* bodega *f*. 4 *(in wrestling)* llave *f.*

◆**hold back** *vtr (crowd)* contener; *(feelings)* reprimir; *(truth)* ocultar; **I don't want to h. you back**, *(delay)* no quiero entretenerte. **II** *vi (hesitate)* vacilar. ◆**hold down** *vtr* 1 *(control)* dominar. 2 *fam (job)* desempeñar. ◆**hold off** *vtr* mantener a distancia. ◆**hold on** *vi* 1 *(keep a firm grasp)* agarrarse bien. 2 *(wait)* esperar; *Tel* **h. on!**, ¡no cuelgue! ◆**hold out** **I** *vtr (hand)* tender. **II** *vi* 1 *(last)* *(things)* durar; *(person)* resistir. 2 **to h. out for**, insistir en. ◆**hold up** *vtr* 1 *(rob)* *(train)* asaltar; *(bank)* atracar. 2 *(delay)* retrasar; **we were held up for half an hour**, sufrimos media hora de retraso. 3 *(raise)* levantar. 4 *(support)* apuntalar.

holdall ['həʊldɔːl] *n GB* bolsa *f* de viaje.

holder ['həʊldər] *n* 1 *(receptacle)* recipiente *m*. 2 *(owner)* poseedor,-a *m,f*; *(bearer)* portador,-a *m,f*; *(of passport)* titular *mf*; **record h.**, plusmarquista *mf.*

holding ['həʊldɪŋ] *n* 1 *(property)* propiedad *f*. 2 *Fin* valor *m* en cartera; **h. company**, holding *m.*

hold-up ['həʊldʌp] *n* 1 *(robbery)* atraco *m*. 2 *(delay)* retraso *m*; *(in traffic)* atasco *m.*

hole [həʊl] *n* 1 agujero *m*; *(large)* hoyo *m*; *(in the road)* bache *m*. 2 *Golf* hoyo *m*. 3 *sl (of place)* antro *m.*

holiday ['hɒlɪdeɪ] **I** *n (one day)* día *m* de fiesta; *GB (several days)* vacaciones *fpl*; **to be/go on h.**, estar/ir de vacaciones; **h. resort**, lugar turístico. **II** *vi GB* pasar las vacaciones; *(in summer)* veranear.

holiday-maker ['hɒlɪdeɪmeɪkər] *n GB* turista *mf*; *(in summer)* veraneante *mf.*

holiness ['həʊlɪnɪs] *n* santidad *f.*

Holland ['hɒlənd] *n* Holanda.

hollow ['hɒləʊ] **I** *adj* 1 hueco,-a. 2 *(cheeks, eyes)* hundido,-a. 3 *fig (insincere)* falso,-a; *(empty)* vacío,-a. **II** *n* hueco *m*; *Geog* hondonada *f*. **III** *vtr* **to h. (out)**, hacer un hueco en.

holly ['hɒlɪ] *n* acebo *m.*

holocaust ['hɒləkɔːst] *n* holocausto *m.*

holster ['həʊlstər] *n* pistolera *f.*

holy ['həʊlɪ] *adj* sagrado,-a, santo,-a; *(blessed)* bendito,-a; **H. Ghost**, Espíritu Santo; **H. Land**, Tierra Santa; **H. See**, Santa Sede.

homage ['hɒmɪdʒ] *n* homenaje *m*; **to pay h. to sb**, rendir homenaje a algn.

home [həʊm] **I** *n* 1 casa *f*, hogar *m*; **at h.**, en casa; *fig* **make yourself at h.!**, ¡estás en tu casa!; *fig* **to feel at h.**, estar a gusto. 2 *(institution)* asilo *m*; **old people's h.**, asilo de ancianos. 3 *(country)* patria *f*. 4 *Sport* **to play at h.**, jugar en casa; *US* **h. base**, *(in baseball)* base *f* del bateador; **h. run**, carrera completa. **II** *adj* 1 *(domestic)* del hogar; *GB* **h. help**, asistenta *f*. 2

homeland *Pol* interior; **h. affairs**, asuntos *mpl* interiores; *GB* **H. Office**, Ministerio *m* del Interior; *GB* **H. Secretary**, Ministro,-a *m,f* del Interior. **3** *(native)* natal. **III** *adv* en casa; **to go h.**, irse a casa; **to leave h.**, irse de casa.

homeland ['həʊmlænd] *n* patria *f*; *(birthplace)* tierra *f* natal.

homeless ['həʊmlɪs] **I** *adj* sin techo. **II** *npl* **the h.**, los sin techo.

homely ['həʊmlɪ] *adj* **(homelier, homeliest)** **1** *GB (person)* casero,-a; *(atmosphere)* familiar. **2** *US (unattractive)* sin atractivo.

home-made ['həʊmmeɪd] *adj* casero,-a.

homeopathy [həʊmɪ'ɒpəθɪ] *n US* → **homoeopathy**.

homesick ['həʊmsɪk] *adj* **to be h.**, tener morriña.

homeward(s) ['həʊmwəd(z)] *adv* hacia casa.

homework ['həʊmwɜːk] *n* deberes *mpl*.

homicide ['hɒmɪsaɪd] *n* homicidio *m*.

homing ['həʊmɪŋ] *adj* **1 h. device**, cabeza buscadora. **2 h. pigeon**, paloma mensajera.

homoeopathy [həʊmɪ'ɒpəθɪ] *n* homeopatía *f*.

homogeneous [hɒmə'dʒiːnɪəs] *adj* homogéneo,-a.

homosexual [həʊməʊ'seksjʊəl] *adj & n* homosexual *(mf)*.

Honduran [hɒn'djʊərən] *adj & n* hondureño,-a *(m,f)*.

Honduras [hɒn'djʊərəs] *n* Honduras.

honest ['ɒnɪst] *adj* honrado,-a; *(sincere)* sincero,-a, franco,-a; *(fair)* justo,-a; **the h. truth**, la pura verdad; ◆**honestly** *adv* honradamente; *(question)* ¿de verdad?; *(exclamation)* ¡hay que ver!; **h., it doesn't matter**, de verdad, no tiene importancia.

honesty ['ɒnɪstɪ] *n* honradez *f*.

honey ['hʌnɪ] *n* miel *f*; *US fam (endearment)* cariño *m*.

honeycomb ['hʌnɪkəʊm] *n* panal *m*.

honeymoon ['hʌnɪmuːn] *n* luna *f* de miel.

honeysuckle ['hʌnɪsʌkəl] *n* madreselva *f*.

honk [hɒŋk] *vi Aut* tocar la bocina.

honor ['ɒnər] *n & vtr US* → **honour**.

honorary ['ɒnərərɪ] *adj (member)* honorario,-a; *(duties)* honorífico,-a.

honour ['ɒnər] **I** *n* **1** honor *m*. **2** *US Jur* **Her H., His H., Your H.**, Su Señoría *f*. **3 Mil honours**, honores *mpl*. **4 Honours degree**, licenciatura *f* superior. **II** *vtr* **1** *(respect)* honrar. **2** *(obligation)* cumplir con.

honourable ['ɒnərəbəl] *adj (person)* honrado,-a; *(action)* honroso,-a.

hood [hʊd] *n* **1** *(of garment)* capucha *f*. **2** *(of car)* capota *f*; *US (bonnet)* capó *m*.

hoodlum ['huːdləm] *n* matón *m*.

hoodwink ['hʊdwɪŋk] *vtr* engañar.

hoof [huːf] *n (pl* **hoofs** *or* **hooves** [huːvz]*)* *(of horse)* casco *m*; *(of cow, sheep)* pezuña *f*.

hook [hʊk] **I** *n* **1** gancho *m*; *Fishing* anzuelo *m*; *Sew* **hooks and eyes**, corchetes *mpl*; **to take the phone off the h.**, descolgar el teléfono. **2** *Box* gancho *m*. **II** *vtr* **1** enganchar. **2** *Box* hacer un gancho a. ◆**hook up** *vtr & vi Rad TV Comput* conectar **(with**, con).

hooked [hʊkt] *adj* **1** *(nose)* aguileño,-a. **2** *sl (addicted)* enganchado,-a **(on**, a); **to get h.**, engancharse.

hook-up ['hʊkʌp] *n* **1** *Comput* conexión *f*. **2** *Rad TV* emisión *f* múltiple.

hooligan ['huːlɪɡən] *n sl* gamberro,-a *m,f*.

hoop [huːp] *n* aro *m*; *(of barrel)* fleje *m*.

hooray [hʊ'reɪ] *interj* ¡hurra!

hoot [huːt] **I** *n* **1** ululato *m*; *fam* **hoots of laughter**, carcajadas *fpl*; **I don't care a h.**, me importa un pepino. **2** *(of car horn)* bocinazo *m*. **II** *vi* **1** *(owl)* ulular. **2** *(car)* dar un bocinazo; *(train)* silbar; *(siren)* pitar.

hooter ['huːtər] *n esp GB (of car)* bocina *f*; *(siren)* sirena *f*.

Hoover® ['huːvər] *GB* **I** *n* aspiradora *f*. **II** *vtr* **to h.**, pasar la aspiradora *f*.

hop[1] [hɒp] **I** *vi* saltar; **to h. on one leg**, andar a la pata coja. **II** *n (small jump)* brinco *m*.

hop[2] [hɒp] *n Bot* lúpulo *m*.

hope [həʊp] **I** *n* esperanza *f*; *(false)* ilusión *f*; **to have little h. of doing sth**, tener pocas posibilidades de hacer algo. **II** *vtr & vi* esperar; **I h. so/not**, espero que sí/no; **we h. you're well**, esperamos que estés bien.

hopeful ['həʊpfʊl] *adj (confident)* optimista; *(promising)* prometedor,-a. ◆**hopefully** *adv* **1** *(confidently)* con optimismo. **2 h. the weather will be fine**, *(it is hoped)* esperamos que haga buen tiempo.

hopeless ['həʊplɪs] *adj* desesperado,-a; *fam* **to be h. at sports**, ser negado,-a para los deportes. ◆**hopelessly** *adv* desesperadamente; **h. lost**, completamente perdido,-a.

horde [hɔːd] *n* multitud *f*.

horizon [hə'raɪzən] *n* horizonte *m*.

horizontal [hɒrɪ'zɒntəl] *adj* horizontal.

hormone ['hɔːməʊn] *n* hormona *f*.

horn [hɔːn] *n* **1** cuerno *m*, trompa *m*. **2** *Mus fam* trompeta *f*; **French h.**, trompa *f*; **hunting h.**, cuerno *m* de caza. **3** *Aut* bocina *f*.

hornet ['hɔːnɪt] *n* avispón *m*.

horny ['hɔːnɪ] *adj* **(hornier, horniest)** **1** *(hands)* calloso,-a. **2** *sl (sexually aroused)* caliente, cachondo,-a.

horoscope ['hɒrəskəʊp] *n* horóscopo *m*.

horrendous [hɒ'rendəs] *adj* horrendo,-a.

horrible ['hɒrəbəl] *adj* horrible.

horrid ['hɒrɪd] *adj* horrible.
horrific [hə'rɪfɪk] *adj* horrendo,-a.
horrify ['hɒrɪfaɪ] *vtr* horrorizar.
horror ['hɒrər] *n* horror *m*; *fam* **a little h.**, un diablillo; **h. film**, película *f* de miedo *or* de terror.
hors d'oeuvre [ɔː'dɜːvr] *n* entremés *m*.
horse [hɔːs] *n* 1 caballo *m*; **h. race**, carrera *f* de caballos. 2 *Gym* potro *m*. 3 *Tech* caballete *m*. 4 **h. chestnut**, (*tree*) castaño *m* de Indias.
horseback ['hɔːsbæk] *n* **on h.**, a caballo.
horseman ['hɔːsmən] *n* jinete *m*.
horseplay ['hɔːspleɪ] *n* payasadas *fpl*.
horsepower ['hɔːspaʊər] *n* caballo *m* (de vapor).
horseradish ['hɔːsrædɪʃ] *n* rábano rusticano.
horseshoe ['hɔːsʃuː] *n* herradura *f*.
horsewoman ['hɔːswʊmən] *n* amazona *f*.
horticulture ['hɔːtɪkʌltʃər] *n* horticultura *f*.
hose [həʊz] *n* (*pipe*) manguera *f*.
hosiery ['həʊzɪərɪ] *n* medias *fpl* y calcetines *mpl*.
hospice ['hɒspɪs] *n* residencia *f* para enfermos terminales.
hospitable ['hɒspɪtəbəl, hɒ'spɪtəbəl] *adj* hospitalario,-a; **h. atmosphere**, ambiente acogedor.
hospital ['hɒspɪtəl] *n* hospital *m*.
hospitality [hɒspɪ'tælɪtɪ] *n* hospitalidad *f*.
host[1] [həʊst] **I** *n* 1 (*at home*) anfitrión *m*. 2 *Theat TV* presentador *m*. 3 *Biol* huésped *m*. **II** *vtr Theat TV* presentar.
host[2] [həʊst] *n* (*large number*) montón *m*.
Host [həʊst] *n Rel* hostia *f*.
hostage ['hɒstɪdʒ] *n* rehén *m*.
hostel ['hɒstəl] *n* hostal *m*.
hostess ['həʊstɪs] *n* 1 (*at home etc*) anfitriona *f*. 2 *Theat TV* presentadora *f*. 3 (**air**) **h.**, azafata *f*.
hostile ['hɒstaɪl] *adj* hostil.
hostility [hɒ'stɪlɪtɪ] *n* hostilidad *f*.
hot [hɒt] *adj* (**hotter, hottest**) 1 caliente; *fig* **h. line**, teléfono rojo; **h. spot**, (*nightclub*) club nocturno. 2 (*weather*) caluroso,-a; **it's very h.**, hace mucho calor; **to feel h.**, tener calor. 3 (*spicy*) picante; **h. dog**, perrito *m* caliente. 4 (*temper*) fuerte. 5 *fam* (*fresh*) de última hora. 6 *fam* (*good*) bueno,-a; **it's not so h.**, no es nada del otro mundo. 7 (*popular*) popular. 8 (*dangerous*) peligroso,-a; *fig* **to get oneself into h. water**, meterse en un lío; *fam* **h. seat**, primera fila. ◆**hot up** *vi fam* **things are hotting up**, la cosa se está poniendo al rojo vivo.
hotbed ['hɒtbed] *n fig* hervidero *m*.
hotel [həʊ'tel] *n* hotel *m*.
hotelier [həʊ'telɪeɪ] *n* hotelero,-a *m,f*.
hot-headed [hɒt'hedɪd] *adj* impetuoso,-a.
hothouse ['hɒthaʊs] *n* invernadero *m*.

hotplate ['hɒtpleɪt] *n* (*cooker*) placa *f* de cocina; (*to keep food warm*) calientaplatos *m inv*.
hotshot ['hɒtʃɒt] *n fam* as *m*.
hot-water ['hɒtwɔːtər] *adj* **h.-w. bottle**, bolsa *f* de agua caliente.
hound [haʊnd] **I** *n* perro *m* de caza. **II** *vtr* acosar.
hour ['aʊər] *n* hora *f*; **60 miles an h.**, 60 millas por hora; **by the h.**, por horas; **h. hand**, manecilla *f*.
hourly ['aʊəlɪ] **I** *adj* cada hora. **II** *adv* por horas.
house [haʊs] **I** *n* 1 casa *f*; **at my h.**, en mi casa; *fig* **on the h.**, cortesía de la casa; **h. arrest**, arresto domiciliario; **h. plant**, planta *f* de interior. 2 *Pol* **H. of Commons**, Cámara *f* de los Comunes; **H. of Lords**, Cámara de los Lores; *US* **H. of Representatives**, Cámara de Representantes; **Houses of Parliament**, Parlamento *m*. 3 (*company*) empresa *f*; **publishing h.**, editorial *f*. 4 *Theat* sala *f*. **II** [haʊz] *vtr* alojar; (*store*) guardar.
houseboat ['haʊsbəʊt] *n* casa *f* flotante.
housebreaking ['haʊsbreɪkɪŋ] *n* allanamiento *m* de morada.
housecoat ['haʊskəʊt] *n* bata *f*.
household ['haʊshəʊld] *n* hogar *m*; **h. products**, productos domésticos.
housekeeper ['haʊskiːpər] *n* ama *f* de llaves.
housekeeping ['haʊskiːpɪŋ] *n* administración doméstica; **h. money**, dinero *m* para los gastos domésticos.
house-train ['haʊstreɪn] *vtr* (*pet*) educar.
house-warming ['haʊswɔːmɪŋ] *n* **h.-w.** (**party**), fiesta *f* que se da al estrenar casa.
housewife ['haʊswaɪf] *n* ama *f* de casa.
housework ['haʊswɜːk] *n* trabajo *m* doméstico.
housing ['haʊzɪŋ] *n* vivienda *f*; **h. estate**, urbanización *f*.
hovel ['hʌvəl, 'hɒvəl] *n* casucha *f*.
hover ['hɒvər] *vi* (*bird*) cernerse; (*aircraft*) permanecer inmóvil (en el aire).
hovercraft ['hɒvəkrɑːft] *n* aerodeslizador *m*.
how [haʊ] *adv* 1 (*direct question*) ¿cómo?; **h. are you?**, ¿cómo estás?; *fam* **h. come?**, ¿por qué? 2 (*indirect question*) cómo; **I don't know h. to tell you**, no sé cómo decírtelo. 3 (*very*) qué; **h. funny!**, ¡qué divertido! 4 **h. about going to the cinema?**, (*suggestion*) ¿te apetece ir al cine?; **h. about a stroll?**, ¿qué te parece un paseo? 5 (*quantity*) cuánto; **h. old is she?**, ¿cuántos años tiene?; **h. tall are you?**, ¿cuánto mides?; **h. many?**, ¿cuántos,-as?; **h. much?**, ¿cuánto,-a?; **I don't know h. many people there were**, no sé cuánta gente había.
however [haʊ'evər] *adv* 1 (*nevertheless*) no obstante, sin embargo. 2 (*with adjective*)

h. difficult it may be, por difícil que sea; **h. much,** por mucho que (+ *subj*).
howl [haʊl] **I** *n* aullido *m*. **II** *vi* aullar.
howler [ˈhaʊlər] *n fam* despiste *m*.
HP, hp [eɪtʃˈpiː] **1** *GB abbr of* **hire purchase.** **2** *abbr of* **horsepower,** cv *mpl*.
HQ [eɪtʃˈkjuː] *Mil abbr of* **headquarters.**
hub [hʌb] *n Aut* cubo *m*; *fig* eje *m*.
hubbub [ˈhʌbʌb] *n* alboroto *m*.
hubcap [ˈhʌbkæp] *n Aut* tapacubos *m inv*.
huddle [ˈhʌdəl] **I** *n* grupo *m*. **II** *vi* **to h. (up** *or* **together),** acurrucarse.
hue[1] [hjuː] *n* (*colour*) tinte *m*; (*shade*) matiz *m*.
hue[2] [hjuː] *n* **h. and cry,** fuerte protesta *f*.
huff [hʌf] *n* **to be in a h.,** estar de mala uva.
hug [hʌg] **I** *vtr* abrazar. **II** *n* abrazo *m*.
huge [hjuːdʒ] *adj* enorme. ◆**hugely** *adv* enormemente.
hulk [hʌlk] *n* **1** *Naut* casco *m*. **2** (*thing, person*) armatoste *m*.
hull [hʌl] *n Naut* casco *m*.
hullabal(l)oo [hʌləbəˈluː] *n fam* follón *m*.
hullo [hʌˈləʊ] *interj GB* ¡hola!
hum [hʌm] **I** *vtr* (*tune*) tararear. **II** *vi* (*bees, engine*) zumbar; (*sing*) tararear. **III** *n* (*of bees*) zumbido *m*.
human [ˈhjuːmən] **I** *adj* humano,-a; **h. race,** raza humana; **h. being,** ser humano. **II** *n* ser humano.
humane [hjuːˈmeɪn] *adj* humano,-a.
humanitarian [hjuːmænɪˈteərɪən] *adj* humanitario,-a.
humanity [hjuːˈmænɪtɪ] *n* **1** humanidad *f*. **2** *Univ* **the humanities,** las humanidades.
humble [ˈhʌmbəl] **I** *adj* humilde. **II** *vtr* humillar.
humbug [ˈhʌmbʌg] *n* **1** *fam* tonterías *fpl*. **2** *GB* (**mint**) **h.,** caramelo *m* de menta.
humdrum [ˈhʌmdrʌm] *adj* monótono,-a, aburrido,-a.
humid [ˈhjuːmɪd] *adj* húmedo,-a.
humidity [hjuːˈmɪdɪtɪ] *n* humedad *f*.
humiliate [hjuːˈmɪlɪeɪt] *vtr* humillar.
humiliation [hjuːmɪlɪˈeɪʃən] *n* humillación *f*.
humility [hjuːˈmɪlɪtɪ] *n* humildad *f*.
humor [ˈhjuːmər] *n US* → **humour.**
humorous [ˈhjuːmərəs] *adj* (*writer*) humorístico,-a; (*person, story*) gracioso,-a, divertido,-a.
humour [ˈhjuːmər] **I** *n* humor *m*. **II** *vtr* seguir la corriente a.
hump [hʌmp] **I** *n* **1** (*on back*) joroba *f*. **2** (*small hill*) montículo *m*. **II** *vtr GB sl* cargar (a la espalda).
humus [ˈhjuːməs] *n* mantillo *m*, humus *m*.
hunch [hʌntʃ] *n fam* corazonada *f*.
hunchback [ˈhʌntʃbæk] *n* jorobado,-a *m,f*.
hundred [ˈhʌndrəd] **I** *n* cien *m*, ciento *m*; (*rough number*) centenar *m*; **a h. and twenty-five,** ciento veinticinco; **five h.,** quinientos. **II** *adj* cien; **a h. people,** cien personas; **a h. per cent,** cien por cien; **two h. chairs,** doscientas sillas.
hundredth [ˈhʌndrədθ] *adj & n* centésimo,-a (*m*).
hundredweight [ˈhʌndrədweɪt] *n* ciento doce libras *fpl* (≈ quintal *m*).
hung [hʌŋ] *adj* **1** *fam* **h. over,** con resaca. **2** *fam* **h. up,** acomplejado,-a.
Hungarian [hʌŋˈgeərɪən] *adj & n* húngaro,-a (*m,f*).
Hungary [ˈhʌŋgərɪ] *n* Hungría.
hunger [ˈhʌŋgər] **I** *n* hambre *f*; **h. strike,** huelga *f* de hambre. **II** *vi fig* tener hambre (**for,** de).
hungry [ˈhʌŋgrɪ] *adj* (**hungrier, hungriest**) hambriento,-a; **to be h.,** tener hambre; **to go h.,** pasar hambre.
hunk [hʌŋk] *n* **1** (*piece*) buen pedazo *m*. **2** *sl* (*man*) machote *m*.
hunt [hʌnt] **I** *vtr* cazar. **II** *vi* (*for game*) cazar; (*search*) buscar. **III** *n* caza *f*; (*search*) búsqueda *f*. ◆**hunt down** *vtr* perseguir.
hunter [ˈhʌntər] *n* cazador,-a *m,f*.
hunting [ˈhʌntɪŋ] *n* caza *f*; (*expedition*) cacería *f*.
hurdle [ˈhɜːdəl] *n Sport* valla *f*; *fig* obstáculo *m*.
hurl [hɜːl] *vtr* arrojar, lanzar.
hurrah [hʊˈrɑː], **hurray** [hʊˈreɪ] *interj* ¡hurra!; **h. for John!,** ¡viva John!
hurricane [ˈhʌrɪkən, ˈhʌrɪkeɪn] *n* huracán *m*.
hurried [ˈhʌrɪd] *adj* apresurado,-a; (*action etc*) hecho,-a de prisa. ◆**hurriedly** *adv* deprisa, apresuradamente.
hurry [ˈhʌrɪ] **I** *vi* darse prisa a. **II** *vtr* meter prisa a. **III** *n* **to be in a h.,** tener prisa.
hurt [hɜːt] **I** *vtr* (*pt & pp* **hurt**) hacer daño a; (*wound*) herir; (*feelings*) ofender. **II** *vi* doler; **my arm hurts,** me duele el brazo; *fam* **it doesn't h. to go out once in a while,** no viene mal salir de vez en cuando. **III** *adj* (*physically*) herido,-a; (*mentally*) dolido,-a.
hurtful [ˈhɜːtfʊl] *adj* hiriente.
hurtle [ˈhɜːtəl] *vi* lanzarse; **to h. down,** desplomarse.
husband [ˈhʌzbənd] *n* marido *m*, esposo *m*.
hush [hʌʃ] **I** *vtr* callar; **to h. sth up,** echar tierra a un asunto. **II** *n* silencio *m*. **III** *interj* ¡silencio!
hush-hush [hʌʃˈhʌʃ] *adj fam* confidencial.
husky[1] [ˈhʌskɪ] *adj* (**huskier, huskiest**) ronco,-a.
husky[2] [ˈhʌskɪ] *n* (*dog*) perro *m* esquimal.
hustings [ˈhʌstɪŋz] *npl Pol* **1** (*platform*) tribuna *f sing* electoral. **2** (*election*) elecciones *fpl*.

hustle ['hʌsəl] **I** *vtr* **1** *(jostle)* empujar. **2** *fam* meter prisa a. **II** *n* bullicio *m*; **h. and bustle**, ajetreo *m*.

hut [hʌt] *n* cabaña *f*; *(shed)* cobertizo *m*; **Mil** barraca *f*.

hutch [hʌtʃ] *n* jaula *f*; **rabbit h.**, conejera *f*.

hyacinth ['haɪəsɪnθ] *n* jacinto *m*.

hybrid ['haɪbrɪd] *adj & n* híbrido,-a (*m,f*).

hydrant ['haɪdrənt] *n* **fire h.**, boca *f* de incendio.

hydraulic [haɪ'drɒlɪk] *adj* hidráulico,-a.

hydrocarbon [haɪdrəʊ'kɑːbən] *n* hidrocarburo *m*.

hydrochloric [haɪdrəʊ'klɒrɪk] *adj* **h. acid**, ácido clorhídrico.

hydroelectric [haɪdrəʊɪ'lektrɪk] *adj* hidroeléctrico,-a.

hydrofoil ['haɪdrəfɔɪl] *n* hidroala *f*.

hydrogen ['haɪdrɪdʒən] *n* hidrógeno *m*.

hyena [haɪ'iːnə] *n* hiena *f*.

hygiene ['haɪdʒiːn] *n* higiene *f*.

hygienic [haɪ'dʒiːnɪk] *adj* higiénico,-a.

hymn [hɪm] *n* himno *m*; **h. book**, cantoral *m*.

hype [haɪp] *n fam* campaña publicitaria, movida *f*.

hyper- ['haɪpər] *pref* hiper-; **hyperactive,**

hiperactivo,-a.

hypermarket ['haɪpəmɑːkɪt] *n GB* hipermercado *m*.

hypersensitive [haɪpə'sensɪtɪv] *adj* hipersensible.

hyphen ['haɪfən] *n* guión *m*.

hypnosis [hɪp'nəʊsɪs] *n* hipnosis *f*.

hypnotist ['hɪpnətɪst] *n* hipnotizador,-a *m,f*.

hypnotize ['hɪpnətaɪz] *vtr* hipnotizar.

hypochondriac [haɪpə'kɒndrɪæk] *adj & n* hipocondríaco,-a (*m,f*).

hypocrisy [hɪ'pɒkrəsɪ] *n* hipocresía *f*.

hypocrite ['hɪpəkrɪt] *n* hipócrita *mf*.

hypocritical [hɪpə'krɪtɪkəl] *adj* hipócrita.

hypodermic [haɪpə'dɜːmɪk] *adj Med* hipodérmico,-a; **h. needle**, aguja hipodérmica.

hypothesis [haɪ'pɒθɪsɪs] *n* (*pl* **hypotheses** [haɪ'pɒθɪsiːz]) hipótesis *f*.

hypothetic(al) [haɪpə'θetɪk(əl)] *adj* hipotético,-a.

hysteria [hɪ'stɪərɪə] *n* histeria *f*.

hysterical [hɪ'sterɪkəl] *adj* histérico,-a.

hysterics [hɪ'sterɪks] *n or npl* **1** ataque *m* de histeria. **2** *fam* (*of laughter*) ataque *m* de risa.

I

I, i [aɪ] *n* (*the letter*) I, i *f*.

I [aɪ] *pers pron* yo; **I know her**, (yo) la conozco.

ICBM [aɪsiːbiː'em] *abbr of* **intercontinental ballistic missile**, MBI *m*.

ice [aɪs] **I** *n* hielo *m*; **i. axe**, pico *m* (de alpinista); **i. cream**, helado *m*; **i. cube**, cubito *m* de hielo; **i. hockey**, hockey *m* sobre hielo; **i. lolly**, polo *m*; **i. rink**, pista *f* de patinaje; **i. skate**, patín *m* de cuchilla. **II** *vtr* (*cake*) alcorzar. ◆**ice over, ice up** *vi* (*pond etc*) helarse; (*windscreen, plane wings*) cubrirse de hielo.

iceberg ['aɪsbɜːg] *n* iceberg *m*.

icebox ['aɪsbɒks] *n* **1** (*compartment of fridge*) congelador *m*. **2** *US* (*fridge*) nevera *f*, frigorífico *m*.

icecap ['aɪskæp] *n* casquete *m* glaciar.

Iceland ['aɪslənd] *n* Islandia.

ice-skating ['aɪsskeɪtɪŋ] *n* patinaje *m* sobre hielo.

icicle ['aɪsɪkəl] *n* carámbano *m*.

icing ['aɪsɪŋ] *n* alcorza *f*; **i. sugar**, azúcar *m* glas.

icon ['aɪkɒn] *n* icono *m*.

icy ['aɪsɪ] *adj* (*icier, iciest*) (*road etc*) helado,-a; *fig* (*smile*) glacial.

ID [aɪ'diː] *US abbr of* **identification, identity**; **ID card**, documento *m* nacional de identidad, DNI *m*.

I'd [aɪd] = **I would**; **I had**.

idea [aɪ'dɪə] *n* **1** idea *f*. **2** (*aim*) intención *f*. **3** (*impression*) impresión *f*.

ideal [aɪ'dɪəl] *adj & n* ideal (*m*). ◆**ideally** *adv* **1** (*perfectly*) perfectamente. **2** (*in the best conditions*) de ser posible.

idealist [aɪ'dɪəlɪst] *n* idealista *mf*.

idealistic [aɪdɪə'lɪstɪk] *adj* idealista.

idealize [aɪ'dɪəlaɪz] *vtr* idealizar.

identical [aɪ'dentɪkəl] *adj* idéntico,-a.

identification [aɪdentɪfɪ'keɪʃən] *n* **1** identificación *f*. **2** (*papers*) documentación *f*.

identify [aɪ'dentɪfaɪ] **I** *vtr* (*body*) identificar; (*cause*) descubrir. **II** *vi* identificarse (**with**, con).

Identikit® [aɪ'dentɪkɪt] *n* **I. picture**, retrato *m* robot.

identity [aɪ'dentɪtɪ] *n* identidad *f*; **i. card**, carné *m* de identidad; **proof of i.**, prueba *f* de identidad.

ideological [aɪdɪə'lɒdʒɪkəl] *adj* ideológico,-a.

ideology [aɪdɪ'ɒlədʒɪ] *n* ideología *f*.

idiom ['ɪdɪəm] *n* modismo *m*; *fig* (*style*) lenguaje *m*.

idiomatic [ɪdɪə'mætɪk] *adj* idiomático,-a.

idiosyncrasy [ɪdɪəʊ'sɪŋkrəsɪ] *n* idiosincrasia *f*.

idiot ['ɪdɪət] *n* idiota *mf*, tonto,-a *m,f*.

idiotic [ɪdɪ'ɒtɪk] *adj* (*behaviour*) idiota,

tonto,-a; *(joke, plan)* estúpido,-a.
idle |'aɪdəl| **I** *adj* holgazán,-ana; *(not working)* *(person)* desempleado,-a; *(machinery)* parado,-a; *(gossip)* frívolo,-a; *(threat)* vano,-a. **II** *vi (engine)* funcionar en vacío. ◆**idle away** *vtr (time)* desperdiciar.
idleness |'aɪdəlnɪs| *n (laziness)* holgazanería *f*; *(unemployment)* desempleo *m*; *(stoppage)* paro *m*.
idol |'aɪdəl| *n* ídolo *m*.
idolize |'aɪdəlaɪz| *vtr* idolatrar.
idyllic |ɪ'dɪlɪk| *adj* idílico,-a.
i.e. *abbr of* **id est** (that is to say), esto es, a saber, i.e.
if |ɪf| **I** *conj* **1** si; **if at all**, si acaso; **rarely, if ever**, raras veces; **if I were rich**, si fuera rico,-a; **if necessary**, (en) caso de que sea necesario; **if not**, si no; **if so**, de ser así; **if I were you**, yo en tu lugar. **2** *(whenever)* si; **if you need help, ask**, siempre que necesites ayuda, pídela. **3** *(although)* aunque, si bien. **4** *(exclamations)* **if only I'd known!**, ¡de haberlo sabido!; **if only she were here!**, ¡ojalá estuviera aquí!. **II** *n* **ifs and buts**, pegas *fpl*.
igloo |'ɪgluː| *n* iglú *m*.
ignite |ɪg'naɪt| **I** *vtr* encender. **II** *vi* encenderse.
ignition |ɪg'nɪʃən| *n* ignición *f*; *Aut* encendido *m*; **i. key**, llave *f* de contacto.
ignorance |'ɪgnərəns| *n* ignorancia *f*.
ignorant |'ɪgnərənt| *adj* ignorante (**of**, de); **to be i. of the facts**, ignorar *or* desconocer los hechos.
ignore |ɪg'nɔːr| *vtr (warning, remark)* no hacer caso de; *(behaviour, fact)* pasar por alto.
ill |ɪl| **I** *adj* **1** enfermo,-a; **to be taken i.**, caer enfermo,-a; **to feel i.**, encontrarse mal. **2** *(bad)* malo,-a; **i. feeling**, resentimiento *m*; **i. will**, mala voluntad. **II** *n* mal *m*. **III** *adv* difícilmente.
I'll |aɪl| = **I shall; I will**.
ill-advised |ɪləd'vaɪzd| *adj (person)* imprudente; *(act)* desatinado,-a; **you'd be i.-a. to go**, harías mal en ir.
ill-disposed |ɪldɪ'spəʊzd| *adj* poco dispuesto,-a.
illegal |ɪ'liːgəl| *adj* ilegal.
illegible |ɪ'ledʒɪbəl| *adj* ilegible.
illegitimate |ɪlɪ'dʒɪtɪmɪt| *adj* ilegítimo,-a.
ill-fated |ɪl'feɪtɪd| *adj* abocado,-a al fracaso.
ill-founded |ɪl'faʊndɪd| *adj* infundado,-a.
illicit |ɪ'lɪsɪt| *adj* ilícito,-a.
illiteracy |ɪ'lɪtərəsɪ| *n* analfabetismo *m*.
illiterate |ɪ'lɪtərɪt| *adj (person)* analfabeto,-a; *fam (uneducated)* inculto,-a.
illness |'ɪlnɪs| *n* enfermedad *f*.
illogical |ɪ'lɒdʒɪkəl| *adj* ilógico,-a.
ill-treat |ɪl'triːt| *vtr* maltratar.
illuminate |ɪ'luːmɪneɪt| *vtr* **1** *(light up)* iluminar, alumbrar; *fig (clarify)* aclarar. **2** *(manuscript)* iluminar.
illuminating |ɪ'luːmɪneɪtɪŋ| *adj (experience, book)* instructivo,-a; *(remark)* revelador,-a.
illumination |ɪluːmɪ'neɪʃən| *n* **1** iluminación *f*; *fig (clarification)* aclaración *f*. **2** *GB* **illuminations**, iluminación *f sing*.
illusion |ɪ'luːʒən| *n* ilusión *f*; **to be under the i. that ...**, engañarse pensando que .....
illusory |ɪ'luːsərɪ| *adj* ilusorio,-a.
illustrate |'ɪləstreɪt| *vtr* ilustrar.
illustration |ɪlə'streɪʃən| *n* ilustración *f*; *(example)* ejemplo *m*.
illustrious |ɪ'lʌstrɪəs| *adj* ilustre.
I'm |aɪm| = **I am**.
image |'ɪmɪdʒ| *n* imagen *f*.
imagery |'ɪmɪdʒərɪ| *n Lit* imágenes *fpl*.
imaginary |ɪ'mædʒɪnərɪ| *adj* imaginario,-a.
imagination |ɪmædʒɪ'neɪʃən| *n* imaginación *f*; *(inventiveness)* inventiva *f*.
imaginative |ɪ'mædʒɪnətɪv| *adj* imaginativo,-a.
imagine |ɪ'mædʒɪn| *vtr (visualize)* imaginar; *(think)* suponer, imaginarse; **just i.!**, ¡imagínate!
imbalance |ɪm'bæləns| *n* desequilibrio *m*.
imbecile |'ɪmbɪsiːl| *n* imbécil *mf*.
imitate |'ɪmɪteɪt| *vtr* imitar.
imitation |ɪmɪ'teɪʃən| **I** *n* imitación *f*, copia *f*; *pej* remedo *m*. **II** *adj* de imitación.
immaculate |ɪ'mækjʊlɪt| *adj (clean)* inmaculado,-a; *(tidy)* perfectamente ordenado,-a; *(clothes)* impecable; *(work)* perfecto,-a; **the I. Conception**, la Inmaculada Concepción.
immaterial |ɪmə'tɪərɪəl| *adj* irrelevante; **it's i. to me whether ...**, me trae sin cuidado si ....
immature |ɪmə'tjʊər| *adj* inmaduro,-a.
immediate |ɪ'miːdɪət| *adj* **1** inmediato,-a; *(urgent)* urgente. **2** *(close)* cercano,-a; *(danger)* inminente. **3** *(cause)* primero,-a. ◆**immediately** **I** *adv* **1** inmediatamente. **2** *(directly)* directamente. **II** *conj* en cuanto.
immense |ɪ'mens| *adj* inmenso,-a, enorme. ◆**immensely** *adv (rich)* enormemente; *(interesting, difficult)* sumamente.
immerse |ɪ'mɜːs| *vtr* sumergir (**in**, en); *fig* **to be immersed in sth**, estar absorto,-a en algo.
immersion |ɪ'mɜːʃən| *n* inmersión *f*; *GB* **i. heater**, calentador *m* de inmersión; **i. course**, cursillo intensivo.
immigrant |'ɪmɪgrənt| *adj & n* inmigrante *(mf)*.
immigration |ɪmɪ'greɪʃən| *n* inmigración *f*.
imminent |'ɪmɪnənt| *adj* inminente.
immobile |ɪ'məʊbaɪl| *adj* inmóvil.
immobilize |ɪ'məʊbɪlaɪz| *vtr* inmovilizar.

immodest [ɪˈmɒdɪst] *adj* indecente.
immoral [ɪˈmɒrəl] *adj* inmoral.
immortal [ɪˈmɔːtəl] *adj* inmortal.
immortality [ɪmɔːˈtælɪtɪ] *n* inmortalidad *f*.
immortalize [ɪˈmɔːtəlaɪz] *vtr* inmortalizar.
immune [ɪˈmjuːn] *adj* inmune; *(exempt)* exento,-a.
immunity [ɪˈmjuːnɪtɪ] *n* inmunidad *f*.
immunize [ˈɪmjʊnaɪz] *vtr* inmunizar (**against**, contra).
impact [ˈɪmpækt] *n* impacto *m*; *(crash)* choque *m*.
impair [ɪmˈpeər] *vtr* perjudicar; *(sight etc)* dañar.
impart [ɪmˈpɑːt] *vtr fml (news)* comunicar; *(knowledge)* transmitir.
impartial [ɪmˈpɑːʃəl] *adj* imparcial.
impassable [ɪmˈpɑːsəbəl] *adj (road, ground)* intransitable; *(barrier)* infranqueable.
impasse [æmˈpɑːs] *n* punto muerto.
impassive [ɪmˈpæsɪv] *adj* impasible.
impatience [ɪmˈpeɪʃəns] *n* impaciencia *f*.
impatient [ɪmˈpeɪʃənt] *adj* impaciente; *(fretful)* irritable; **to get i.**, perder la paciencia.
impeccable [ɪmˈpekəbəl] *adj* impecable.
impede [ɪmˈpiːd] *vtr (prevent)* impedir; *(hinder)* estorbar; *(obstruct)* poner trabas a.
impediment [ɪmˈpedɪmənt] *n* impedimento *m*; *(obstacle)* estorbo *m*; **speech i.**, defecto *m* del habla.
impending [ɪmˈpendɪŋ] *adj fml* inminente.
impenetrable [ɪmˈpenɪtrəbəl] *adj* impenetrable; *fig (mystery, thoughts)* insondable.
imperative [ɪmˈperətɪv] **I** *adj fml* imperativo,-a; *(tone)* imperioso,-a; *(urgent)* urgente. **II** *n Ling* imperativo *m*.
imperceptible [ɪmpəˈseptəbəl] *adj* imperceptible.
imperfect [ɪmˈpɜːfɪkt] **I** *adj* imperfecto,-a; *(goods)* defectuoso,-a. **II** *n Ling* imperfecto *m*.
imperfection [ɪmpəˈfekʃən] *n* defecto *m*.
imperial [ɪmˈpɪərɪəl] *adj* **1** imperial. **2** *(measure)* **i. gallon**, galón británico (approx 4,543 litres).
imperialism [ɪmˈpɪərɪəlɪzəm] *n* imperialismo *m*.
imperialist [ɪmˈpɪərɪəlɪst] *adj & n* imperialista (*mf*).
imperious [ɪmˈpɪərɪəs] *adj* imperioso,-a.
impersonal [ɪmˈpɜːsənəl] *adj* impersonal.
impersonate [ɪmˈpɜːsəneɪt] *vtr* hacerse pasar por; *(famous people)* imitar.
impersonation [ɪmpɜːsəˈneɪʃən] *n* imitación *f*.
impertinent [ɪmˈpɜːtɪnənt] *adj* impertinente.

impervious [ɪmˈpɜːvɪəs] *adj (rock)* impermeable; *fig* **to be i. to reason**, no atender a razones.
impetuous [ɪmˈpetjʊəs] *adj* impetuoso,-a.
impetus [ˈɪmpɪtəs] *n* ímpetu *m*; *fig* impulso *m*.
impinge [ɪmˈpɪndʒ] *vi fml* afectar (**on**, a).
implant [ɪmˈplɑːnt] *Med* **I** *vtr* implantar. **II** [ˈɪmplɑːnt] *n* implantación *f*.
implement [ˈɪmplɪmənt] **I** *n (tool)* herramienta *f*; *(instrument)* instrumento *m*; **farm implements**, aperos *mpl* de labranza. **II** [ˈɪmplɪment] *vtr (decision, plan)* llevar a cabo; *(law, policy)* aplicar.
implicate [ˈɪmplɪkeɪt] *vtr* implicar (**in**, en).
implication [ɪmplɪˈkeɪʃən] *n* implicación *f*; *(consequence)* consecuencia *f*.
implicit [ɪmˈplɪsɪt] *adj (implied)* implícito,-a; *(trust)* absoluto,-a; *(faith)* incondicional.
implore [ɪmˈplɔːr] *vtr* implorar, suplicar.
imply [ɪmˈplaɪ] *vtr* **1** *(involve)* implicar. **2** *(hint)* dar a entender; *(mean)* significar.
impolite [ɪmpəˈlaɪt] *adj* maleducado,-a.
import [ˈɪmpɔːt] **I** *n* **1** *Com (usu pl)* importación *f*; **i. duty**, derechos *mpl* de importación. **2** *fml (meaning)* sentido *m*. **II** [ɪmˈpɔːt] *vtr Com* importar.
importance [ɪmˈpɔːtəns] *n* importancia *f*; *(standing)* envergadura *f*; **of little i.**, de poca monta.
important [ɪmˈpɔːtənt] *adj* importante; **it's not i.**, no importa.
importer [ɪmˈpɔːtər] *n Com* importador,-a *m,f*.
impose [ɪmˈpəʊz] **I** *vtr* imponer (**on**, **upon**, a). **II** *vi* **to i. on** *or* **upon**, *(take advantage of)* abusar de.
imposing [ɪmˈpəʊzɪŋ] *adj* imponente, impresionante.
imposition [ɪmpəˈzɪʃən] *n (of tax etc)* imposición *f*; *(unfair demand)* abuso *m*; **would it be an i. if ...?**, ¿le molestaría si ...?
impossibility [ɪmpɒsəˈbɪlɪtɪ] *n* imposibilidad *f*.
impossible [ɪmˈpɒsəbəl] **I** *adj* imposible; *(person)* insoportable. **II** *n* **to do the i.**, hacer lo imposible. ◆**impossibly** *adv* de manera insoportable; **i. difficult**, de una dificultad insuperable.
impostor [ɪmˈpɒstər] *n* impostor,-a *m,f*.
impotent [ˈɪmpətənt] *adj* impotente.
impound [ɪmˈpaʊnd] *vtr* incautarse de.
impoverished [ɪmˈpɒvərɪʃt] *adj (person, country)* empobrecido,-a; *(soil)* agotado,-a.
impracticable [ɪmˈpræktɪkəbəl] *adj* impracticable, irrealizable.
impractical [ɪmˈpræktɪkəl] *adj (person)* poco práctico,-a; *(project, solution etc)* poco viable.
imprecise [ɪmprɪˈsaɪs] *adj* impreciso,-a.
impregnable [ɪmˈpregnəbəl] *adj*

inexpugnable.
impregnate ['ɪmpregneɪt] *vtr* **1** *(soak)* impregnar **(with**, de). **2** *fml (fertilize)* fecundar.
impress [ɪm'pres] *vtr* **1** impresionar; **to i. sb favourably/unfavourably**, dar a algn buena/mala impresión. **2** *(mark)* imprimir **(on**, en); *(pattern)* estampar **(on**, en); *fig* **to i. sth on sb**, convencer a algn de la importancia de algo.
impression [ɪm'preʃən] *n* **1** impresión *f*; **to be under the i. that ...**, tener la impresión de que ...; **to give the i. of ...**, dar la impresión de .... **2** *(imprint)* marca *f*; *(in snow)* huella *f*. **3** *(imitation)* imitación *f*. **4** *Print (number of copies)* edición *f*.
impressionist [ɪm'preʃənɪst] *adj & n* impresionista *(mf)*.
impressive [ɪm'presɪv] *adj* impresionante.
imprint [ɪm'prɪnt] **I** *vtr (mark)* dejar huella **(on**, en). **II** ['ɪmprɪnt] *n* **1** *(mark)* marca *f*; *(left by foot etc)* huella *f*. **2** *(publisher's name)* pie *m* de imprenta.
imprison [ɪm'prɪzən] *vtr* encarcelar.
imprisonment [ɪm'prɪzənmənt] *n* encarcelamiento *m*.
improbable [ɪm'prɒbəbəl] *adj (event)* improbable; *(story)* inverosímil.
impromptu [ɪm'prɒmptjuː] **I** *adj (speech)* improvisado,-a; *(visit)* imprevisto,-a. **II** *adv* de improviso.
improper [ɪm'prɒpər] *adj* **1** impropio,-a; *(method)* inadecuado,-a. **2** *(indecent)* indecente; *(behaviour)* deshonesto,-a. **3** *(wrong)* incorrecto,-a.
improve [ɪm'pruːv] **I** *vtr* mejorar; *(knowledge)* perfeccionar; *(mind)* cultivar; *(increase)* aumentar. **II** *vi* mejorarse; *(increase)* aumentar. ◆**improve on** *vtr* superar; *(offer, bid)* sobrepujar.
improvement [ɪm'pruːvmənt] *n* mejora *f*; *(in skill)* perfeccionamiento *m*; *(increase)* aumento *m*.
improvise ['ɪmprəvaɪz] *vtr & vi* improvisar.
imprudent [ɪm'pruːdənt] *adj* imprudente.
impudence ['ɪmpjʊdəns] *n* insolencia *f*.
impudent ['ɪmpjʊdənt] *adj* insolente.
impulse ['ɪmpʌls] *n* impulso *m*; **to act on (an) i.**, dejarse llevar por un impulso.
impulsive [ɪm'pʌlsɪv] *adj* irreflexivo,-a.
impunity [ɪm'pjuːnɪtɪ] *n* impunidad *f*.
impure [ɪm'pjʊər] *adj* **1** *(act)* impuro,-a; *(thought)* impúdico,-a. **2** *(air)* contaminado,-a.
impurity [ɪm'pjʊərɪtɪ] *n* **1** *(of act)* deshonestidad *f*. **2** *(usu pl) (in air, substance)* impureza *f*.
in [ɪn] **I** *prep* **1** *(place)* en; *(within)* dentro de; **in bed**, en la cama; **in England/ Brazil/China**, en Inglaterra/Brasil/China; **in prison**, en la cárcel; **in the distance**, a lo lejos. **2** *(motion)* en; **I threw it in the fire**, lo eché al fuego; **she arrived in Paris**, llegó a París. **3** *(time) (during)* en, durante; **I haven't seen her in years**, hace años que no la veo; **in May/1945**, en mayo/1945; **in spring**, en primavera; **in the daytime**, durante el día; **in the morning**, por la mañana; **at ten in the morning**, a las diez de la mañana. **4** *(time) (within)* dentro de; **I arrived in time**, llegué a tiempo. **5** *(time) (after)* al cabo de. **6** *(manner)* en; **in alphabetical order**, en orden alfabético; **in a loud/ quiet voice**, en voz alta/baja; **in fashion**, de moda; **in French**, en francés; **in an odd way**, de una manera rara; **in writing**, por escrito; **write in pencil**, escribe con lápiz. **7** *(wearing)* en; **dressed in blue**, vestido,-a de azul; **in uniform**, de uniforme. **8** *(weather etc)* a, en; **in the rain**, bajo la lluvia; **in the sun**, al sol; **in darkness**, en la oscuridad; **in daylight**, a la luz del día; **in the shade**, a la sombra. **9** *(state, emotion)* en; **carved in wood**, tallado,-a en madera; **in bloom/danger/ public/silence**, en flor/peligro/público/ silencio; **in love**, enamorado,-a; **in tears**, llorando. **10** *(ratio, numbers)* de; **cut in half**, cortado,-a por la mitad; **in threes**, de tres en tres; **one in six**, uno de cada seis; **two metres in length**, dos metros de largo. **11** *(profession)* en; **to be in insurance**, trabajar en seguros. **12** *(person)* en; **he has it in him to win**, es capaz de ganar. **13** *(after superlative)* de; **the smallest car in the world**, el coche más pequeño del mundo. **14** *(before present participle)* in **behaving this way**, con su comportamiento; **in so doing**, con ello. **15** *(phrases)* **in all**, en total; **in itself/ himself/herself**, en sí; **in that ...**, dado que ....
II *adv* **in here/there**, aquí/allí dentro; **let's go in**, vamos adentro; **to be in**, *(at home)* estar (en casa); *(at work)* estar; *(tide)* estar alta; *fam (in fashion)* estar de moda; **the bus is in**, el autobús ha llegado; **to invite sb in**, invitar a algn a entrar; *fam* **to be in on sth**, estar enterado,-a de algo; *fam* **we're in for a storm**, vamos a tener tormenta.
III *adj fam* **1** *(fashionable) (place)* de moda; *(clothes)* del último grito. **2** **an in joke**, una broma privada.
IV *n fam* **ins and outs**, detalles *mpl*.
inability [ɪnə'bɪlɪtɪ] *n* incapacidad *f*.
inaccessible [ɪnæk'sesəbəl] *adj* inaccesible.
inaccurate [ɪn'ækjʊrɪt] *adj* inexacto,-a; *(statement)* erróneo,-a; *(figures, total)* incorrecto,-a.
inactivity [ɪnæk'tɪvɪtɪ] *n* inactividad *f*.
inadequate [ɪn'ædɪkwɪt] *adj* **1** *(lacking)* insuficiente. **2** *(not capable)* incapaz; *(un-*

suitable) inadecuado,-a. 3 *(defective)* defectuoso,-a.
inadvertent [ɪnəd'vɜːtənt] *adj* involuntario,-a. ◆**inadvertently** *adv* involuntariamente.
inadvisable [ɪnəd'vaɪzəbəl] *adj* imprudente.
inane [ɪ'neɪn] *adj* necio,-a, fatuo,-a.
inanimate [ɪn'ænɪmɪt] *adj* inanimado,-a.
inappropriate [ɪnə'prəʊprɪɪt] *adj* inoportuno,-a; *(behaviour)* poco apropiado,-a.
inarticulate [ɪnɑː'tɪkjʊlɪt] *adj (cry, sound)* inarticulado,-a; *(words)* mal pronunciado,-a.
inasmuch as [ɪnəz'mʌtʃəz] *conj fml* 1 *(since)* puesto que, ya que. 2 *(in so far as)* en la medida en que.
inattentive [ɪnə'tentɪv] *adj* desatento,-a.
inaudible [ɪn'ɔːdəbəl] *adj* inaudible.
inaugural [ɪn'ɔːɡjʊrəl] *adj* inaugural.
inaugurate [ɪn'ɔːɡjʊreɪt] *vtr (building)* inaugurar; *(president)* investir.
inauguration [ɪnɔːɡjʊ'reɪʃən] *n (of building)* inauguración *f*; *(of president)* investidura *f*.
inauspicious [ɪnɔː'spɪʃəs] *adj (start)* poco prometedor,-a; *(circumstances)* desfavorable.
inborn ['ɪnbɔːn] *adj* innato,-a.
inbred ['ɪnbred] *adj* 1 *(quality)* innato,-a. 2 *(family)* endogámico,-a.
Inc, inc *US Com abbr of* **Incorporated,** ≈ S.A.
incalculable [ɪn'kælkjʊləbəl] *adj* incalculable.
incapable [ɪn'keɪpəbəl] *adj* incapaz.
incapacitate [ɪnkə'pæsɪteɪt] *vtr fml* incapacitar.
incapacity [ɪnkə'pæsɪtɪ] *n* incapacidad *f*.
incarcerate [ɪn'kɑːsəreɪt] *vtr fml* encarcelar.
incarnation [ɪnkɑː'neɪʃən] *n* encarnación *f*.
incendiary [ɪn'sendɪərɪ] **I** *adj* incendiario,-a. **II** *n* bomba incendiaria.
incense[1] ['ɪnsens] *n* incienso *m*.
incense[2] [ɪn'sens] *vtr* enfurecer, sacar de quicio.
incentive [ɪn'sentɪv] *n* incentivo *m*.
incessant [ɪn'sesənt] *adj* incesante; *(demands)* constante. ◆**incessantly** *adv* sin cesar.
incest ['ɪnsest] *n* incesto *m*.
inch [ɪntʃ] *n* pulgada *f (approx* 2,54 cm); *fig* **i. by i.**, poco a poco; *fig* **she wouldn't give an i.**, no quería ceder ni un ápice. ◆**inch forward** *vtr & vi* avanzar poco a poco.
incidence ['ɪnsɪdəns] *n* frecuencia *f*.
incident ['ɪnsɪdənt] *n* incidente *m*.
incidental [ɪnsɪ'dentəl] *adj (accessory)* incidental, accesorio,-a; *(risk)* inherente **(to,** a); **i. music**, música *f* de fondo.

◆**incidentally** *adv* a propósito.
incinerator [ɪn'sɪnəreɪtər] *n* incinerador *m*.
incipient [ɪn'sɪpɪənt] *adj fml* incipiente.
incision [ɪn'sɪʒən] *n* incisión *f*.
incisive [ɪn'saɪsɪv] *adj (comment)* incisivo,-a; *(reply)* tajante; *(mind)* penetrante.
incite [ɪn'saɪt] *vtr* incitar; **to i. sb to do sth**, incitar a algn a hacer algo.
inclination [ɪnklɪ'neɪʃən] *n* inclinación *f*; **my i. is to stay**, yo prefiero quedarme.
incline [ɪn'klaɪn] **I** *vtr* 1 **I'm inclined to believe him**, me inclino a creerlo; **if you feel so inclined**, si quieres; **she's inclined to be aggressive**, tiende a ser agresiva. 2 *(head etc)* inclinar. **II** *vi (slope)* inclinarse. **III** ['ɪnklaɪn, ɪn'klaɪn] *n (slope)* pendiente *f*; **steep i.**, cuesta empinada.
include [ɪn'kluːd] *vtr* incluir **(in,** en); *(in price)* comprender **(in,** en); *(in list)* figurar **(in,** en).
including [ɪn'kluːdɪŋ] *prep* incluso, inclusive.
inclusion [ɪn'kluːʒən] *n* inclusión *f*.
inclusive [ɪn'kluːsɪv] *adj* inclusivo,-a; **pages six to ten i.**, de la página seis a la diez, ambas inclusive; **the rent is i. of bills**, el alquiler incluye las facturas.
incognito [ɪnkɒɡ'niːtəʊ] *adv* de incógnito.
incoherent [ɪnkəʊ'hɪərənt] *adj* incoherente.
income ['ɪnkʌm] *n* ingresos *mpl*; *(from investment)* réditos *mpl*; **i. tax**, impuesto *m* sobre la renta; **i. tax return**, declaración *f* de la renta.
incoming ['ɪnkʌmɪŋ] *adj (flight, train)* de llegada; *(tide)* ascendente; *(mail, message, call)* recibido,-a.
incomparable [ɪn'kɒmpərəbəl] *adj* incomparable, sin par.
incompatible [ɪnkəm'pætəbəl] *adj* incompatible **(with,** con).
incompetence [ɪn'kɒmpɪtəns] *n* incompetencia *f*.
incompetent [ɪn'kɒmpɪtənt] *adj* incompetente.
incomplete [ɪnkəm'pliːt] *adj* incompleto,-a.
incomprehensible [ɪnkɒmprɪ'hensəbəl] *adj* incomprensible.
inconceivable [ɪnkən'siːvəbəl] *adj* inconcebible.
inconclusive [ɪnkən'kluːsɪv] *adj (vote)* no decisivo,-a; *(proof)* no concluyente.
incongruous [ɪn'kɒŋɡrʊəs] *adj* incongruente.
inconsiderate [ɪnkən'sɪdərɪt] *adj* desconsiderado,-a; **how i. of you!**, ¡qué falta de consideración por tu parte!
inconsistency [ɪnkən'sɪstənsɪ] *n* inconsecuencia *f*; *(contradiction)* contradicción *f*.

inconsistent [ɪnkən'sɪstənt] *adj* inconsecuente; *(contradictory)* contradictorio,-a; **your evidence is i. with the facts,** su testimonio no concuerda con los hechos.

inconspicuous [ɪnkən'spɪkjʊəs] *adj* que pasa desapercibido,-a; *(discrete)* discreto, -a.

incontrovertible [ɪnkɒntrə'vɜːtəbəl] *adj fml* incontrovertible.

inconvenience [ɪnkən'viːnɪəns] **I** *n* inconveniente *f*; *(annoyance)* molestia *f*. **II** *vtr* (*annoy*) molestar; *(cause difficulty to)* incomodar.

inconvenient [ɪnkən'viːnɪənt] *adj* molesto,-a; *(time)* inoportuno,-a; *(design)* poco práctico,-a.

incorporate [ɪn'kɔːpəreɪt] *vtr* incorporar (**in, into,** a); *(include)* incluir; *(contain)* contener.

incorporated [ɪn'kɔːpəreɪtɪd] *adj US Com* **i. company,** sociedad anónima.

incorrect [ɪnkə'rekt] *adj* incorrecto,-a.

incorrigible [ɪn'kɒrɪdʒəbəl] *adj* incorregible.

increase ['ɪnkriːs] **I** *n* aumento *m*; *(in number)* incremento *m*; *(in price etc)* subida *f*. **II** [ɪn'kriːs] *vtr* aumentar; *(price etc)* subir. **III** *vi* aumentar.

increasing [ɪn'kriːsɪŋ] *adj* creciente.
◆**increasingly** *adv* cada vez más.

incredible [ɪn'kredəbəl] *adj* increíble.

incredulous [ɪn'kredjʊləs] *adj* incrédulo,-a.

increment ['ɪnkrɪmənt] *n* incremento *m*.

incriminate [ɪn'krɪmɪneɪt] *vtr* incriminar.

incriminating [ɪn'krɪmɪneɪtɪŋ] *adj* incriminatorio,-a.

incubation [ɪnkjʊ'beɪʃən] *n* incubación *f*.

incubator ['ɪnkjʊbeɪtər] *n* incubadora *f*.

incumbent [ɪn'kʌmbənt] **I** *n* titular *mf*. **II** *adj fml* **to be i. on sb to do sth,** ser la obligación de algn hacer algo.

incur [ɪn'kɜːr] *vtr* *(blame)* incurrir en; *(risk)* correr; *(debt)* contraer; *(loss)* sufrir.

incurable [ɪn'kjʊərəbəl] *adj* incurable.

indebted [ɪn'detɪd] *adj* endeudado,-a; *fig (grateful)* agradecido,-a; *fig* **to be i. to sb,** estar en deuda con algn.

indecent [ɪn'diːsənt] *adj* indecente; **i. assault,** atentado *m* contra el pudor; **i. exposure,** exhibicionismo *m*.

indecision [ɪndɪ'sɪʒən] *n* indecisión *f*.

indecisive [ɪndɪ'saɪsɪv] *adj* *(person)* indeciso,-a; *(evidence)* poco concluyente; *(victory)* no decisivo,-a.

indeed [ɪn'diːd] *adv* **1** *fml (in fact)* efectivamente, en realidad. **2 I'm very sorry i.,** lo siento de veras; **it's very hard i.,** es verdaderamente difícil; **thank you very much i.,** muchísimas gracias.

indefinite [ɪn'defɪnɪt] *adj* indefinido,-a.

indelible [ɪn'deləbəl] *adj* indeleble.

indemnify [ɪn'demnɪfaɪ] *vtr* indemnizar (**for,** por).

indemnity [ɪn'demnɪtɪ] *n* **1** *(insurance)* indemnidad *f*. **2** *(compensation)* indemnización *f*.

indentation [ɪnden'teɪʃən] *n* **1** *Typ* sangría *f*. **2** *(of edge)* muesca *f*; *(of surface)* depresión *f*.

independence [ɪndɪ'pendəns] *n* independencia *f*; *US* **I. Day,** día *m* de la Independencia (*4 julio*).

independent [ɪndɪ'pendənt] *adj* independiente; *GB* **i. school,** colegio *m* no subvencionado por el estado; **to become i.,** independizarse.

in-depth ['ɪndepθ] *adj* minucioso,-a, exhaustivo,-a.

indestructible [ɪndɪ'strʌktəbəl] *adj* indestructible.

indeterminate [ɪndɪ'tɜːmɪnɪt] *adj* indeterminado,-a.

index ['ɪndeks] **I** *n* (*pl* **indexes** or **indices**) **1** *(in book)* índice *m*; *(in library)* catálogo *m*; **i. card,** ficha *f*. **2** *Math* exponente *m*; *Econ* índice *m*. **3 i. finger,** dedo *m* índice. **II** *vtr* catalogar.

index-linked ['ɪndekslɪŋkt] *adj* sujeto,-a al aumento de la inflación.

India ['ɪndɪə] *n* (la) India.

Indian ['ɪndɪən] *adj* & *n* *(of America)* indio,-a (*m,f*); *(of India)* hindú (*m,f*); **I. Ocean,** Océano Indico; **I. Summer,** veranillo *m* de San Martín.

indicate ['ɪndɪkeɪt] **I** *vtr* indicar. **II** *vi Aut* poner el intermitente.

indication [ɪndɪ'keɪʃən] *n* indicio *m*.

indicative [ɪn'dɪkətɪv] **I** *adj* indicativo,-a. **II** *n Ling* indicativo *m*.

indicator ['ɪndɪkeɪtər] *n* indicador *m*; *Aut* intermitente *m*.

indices ['ɪndɪsiːz] *npl* → **index**.

indict [ɪn'daɪt] *vtr* acusar (**for,** de).

indictment [ɪn'daɪtmənt] *n Jur* acusación *f*; *fig* **a damning i. of his books,** una crítica feroz de sus libros.

indifference [ɪn'dɪfərəns] *n* indiferencia *f*.

indifferent [ɪn'dɪfərənt] *adj* **1** *(uninterested)* indiferente. **2** *(mediocre)* regular.

indigenous [ɪn'dɪdʒɪnəs] *adj* indígena.

indigestion [ɪndɪ'dʒestʃən] *n* indigestión *f*; **to suffer from i.,** tener un empacho.

indignant [ɪn'dɪgnənt] *adj* indignado,-a; *(look)* de indignación; **to get i. about sth,** indignarse por algo.

indignity [ɪn'dɪgnɪtɪ] *n* indignidad *f*.

indigo ['ɪndɪgəʊ] **I** *n* añil *m*. **II** *adj* (de color) añil.

indirect [ɪndɪ'rekt, ɪndaɪ'rekt] *adj* indirecto,-a.

indiscreet [ɪndɪ'skriːt] *adj* indiscreto,-a.

indiscretion [ɪndɪ'skreʃən] *n* indiscreción *f*.

indiscriminate [ɪndɪ'skrɪmɪnɪt] *adj* *(punishment, shooting)* indiscriminado,-a; *(praise, reading)* sin criterio.

indispensable [ɪndɪ'spensəbəl] *adj*

indispensable, imprescindible.
indisposed [ˌɪndɪˈspəʊzd] *adj fml* indispuesto,-a.
indisputable [ˌɪndɪˈspjuːtəbəl] *adj* indiscutible, incontestable.
indistinct [ˌɪndɪˈstɪŋkt] *adj* indistinto,-a; *(memory)* confuso,-a, vago,-a; *(shape etc)* borroso,-a.
indistinguishable [ˌɪndɪˈstɪŋgwɪʃəbəl] *adj* indistinguible.
individual [ˌɪndɪˈvɪdjuəl] **I** *adj* **1** *(separate)* individual; *(for one)* particular; *(personal)* personal. **2** *(characteristic)* particular; *(original)* original. **II** *n (person)* individuo *m*; private i., particular *m*.
individualist [ˌɪndɪˈvɪdjuəlɪst] *n* individualista *mf*.
indoctrinate [ɪnˈdɒktrɪneɪt] *vtr* adoctrinar.
indoctrination [ɪndɒktrɪˈneɪʃən] *n* adoctrinamiento *m*.
indolent [ˈɪndələnt] *adj fml* indolente.
Indonesia [ˌɪndəʊˈniːzɪə] *n* Indonesia.
Indonesian [ˌɪndəʊˈniːzɪən] **I** *adj* indonesio,-a. **II** *n* **1** *(person)* indonesio,-a *m,f*. **2** *(language)* indonesio *m*.
indoor [ˈɪndɔːr] *adj (plant)* de interior; **i. football**, fútbol *m* sala; **i. pool**, piscina cubierta.
indoors [ɪnˈdɔːz] *adv (inside)* dentro (de casa); *(at home)* en casa; **let's go i.**, vamos adentro.
induce [ɪnˈdjuːs] *vtr* **1** *(persuade)* inducir, persuadir. **2** *(cause)* producir; *Med (labour)* provocar.
inducement [ɪnˈdjuːsmənt] *n* incentivo *m*, aliciente *m*.
induction [ɪnˈdʌkʃən] *n* **1** *Med (of labour)* provocación *f*. **2** *Elec* inducción *f*. **3** *Educ* introducción *f*.
indulge [ɪnˈdʌldʒ] **I** *vtr* **1** *(child)* consentir; *(person)* complacer; **to i. oneself**, darse gusto. **2** *(whim)* ceder a, satisfacer. **II** *vi* darse el gusto (**in**, de).
indulgence [ɪnˈdʌldʒəns] *n* **1** *(of child)* mimo *m*; *(of attitude)* indulgencia *f*. **2** *(of whim)* satisfacción *f*.
indulgent [ɪnˈdʌldʒənt] *adj* indulgente.
industrial [ɪnˈdʌstrɪəl] *adj* industrial; *(accident)* laboral; *(disease)* profesional; *GB* **to take i. action**, declararse en huelga; *GB* **i. dispute**, conflicto *m* laboral; **i. estate**, polígono *m* industrial; **i. relations**, relaciones *fpl* laborales.
industrialist [ɪnˈdʌstrɪəlɪst] *n* industrial *mf*.
industrialize [ɪnˈdʌstrɪəlaɪz] *vtr* industrializar; **to become industrialized**, industrializarse.
industrious [ɪnˈdʌstrɪəs] *adj* trabajador,-a.
industry [ˈɪndəstrɪ] *n* **1** industria *f*. **2** *(diligence)* aplicación *f*.
inebriated [ɪnˈiːbrɪeɪtɪd] *adj* embriagado,-a.
inedible [ɪnˈedəbəl] *adj* incomible.
ineffective [ˌɪnɪˈfektɪv] *adj* ineficaz.
ineffectual [ˌɪnɪˈfektʃʊəl] *adj (aim, protest)* ineficaz; *(person)* incompetente.
inefficiency [ˌɪnɪˈfɪʃənsɪ] *n* ineficacia *f*; *(of person)* incompetencia *f*.
inefficient [ˌɪnɪˈfɪʃənt] *adj* ineficaz; *(person)* inepto,-a.
ineligible [ɪnˈelɪdʒəbəl] *adj* no apto (**for**, para).
inept [ɪnˈept] *adj (person)* inepto,-a; *(remark)* estúpido,-a.
inequality [ˌɪnɪˈkwɒlɪtɪ] *n* desigualdad *f*.
inert [ɪnˈɜːt] *adj* inerte.
inertia [ɪnˈɜːʃə] *n* inercia *f*.
inescapable [ˌɪnɪˈskeɪpəbəl] *adj* ineludible.
inevitability [ɪnevɪtəˈbɪlɪtɪ] *n* inevitabilidad *f*.
inevitable [ɪnˈevɪtəbəl] *adj* inevitable.
inexcusable [ˌɪnɪkˈskjuːzəbəl] *adj* inexcusable, imperdonable.
inexhaustible [ˌɪnɪgˈzɔːstəbəl] *adj* inagotable.
inexorable [ɪnˈeksərəbəl] *adj fml* inexorable.
inexpensive [ˌɪnɪkˈspensɪv] *adj* económico,-a.
inexperience [ˌɪnɪkˈspɪərɪəns] *n* inexperiencia *f*.
inexperienced [ˌɪnɪkˈspɪərɪənst] *adj* inexperto,-a.
inexplicable [ˌɪnɪkˈsplɪkəbəl] *adj* inexplicable.
infallible [ɪnˈfæləbəl] *adj* infalible.
infamous [ˈɪnfəməs] *adj* infame.
infancy [ˈɪnfənsɪ] *n* infancia *f*.
infant [ˈɪnfənt] *n* niño,-a *m,f*; *GB* **i. school**, parvulario *m*.
infantile [ˈɪnfəntaɪl] *adj* infantil.
infantry [ˈɪnfəntrɪ] *n* infantería *f*.
infatuated [ɪnˈfætjʊeɪtɪd] *adj* encaprichado,-a.
infatuation [ɪnfætjʊˈeɪʃən] *n* encaprichamiento *m*.
infect [ɪnˈfekt] *vtr (cut)* infectar; *(water)* contaminar; *(person)* contagiar.
infection [ɪnˈfekʃən] *n (of cut)* infección *f*; *(of water)* contaminación *f*; *(with illness)* contagio *m*.
infectious [ɪnˈfekʃəs] *adj (disease)* infeccioso,-a; *fig* contagioso,-a.
infer [ɪnˈfɜːr] *vtr* inferir (**from**, de).
inference [ˈɪnfərəns] *n* inferencia *f*.
inferior [ɪnˈfɪərɪər] **I** *adj* inferior (**to**, a). **II** *n pej* inferior *mf*.
inferiority [ɪnfɪərɪˈɒrɪtɪ] *n* inferioridad *f*.
inferno [ɪnˈfɜːnəʊ] *n lit* infierno *m*; *fig* **the house was a raging i.**, la casa ardía en llamas.
infertile [ɪnˈfɜːtaɪl] *adj* estéril.
infertility [ˌɪnfəˈtɪlɪtɪ] *n* esterilidad *f*.
infest [ɪnˈfest] *vtr* infestar, plagar (**with**,

de).
infighting ['ɪnfaɪtɪŋ] *n fig* luchas *fpl* internas.
infiltrate ['ɪnfɪltreɪt] *vtr* infiltrarse (**into**, en).
infinite ['ɪnfɪnɪt] *adj* infinito,-a.
infinitive [ɪn'fɪnɪtɪv] *n* infinitivo *m*.
infinity [ɪn'fɪnɪtɪ] *n* infinidad *f*; *Math* infinito *m*.
infirm [ɪn'fɜːm] **I** *adj* (*ailing*) enfermizo,-a; (*weak*) débil. **II** *npl* the i., los inválidos.
infirmary [ɪn'fɜːmərɪ] *n* hospital *m*.
infirmity [ɪn'fɜːmɪtɪ] *n fml* (*ailment*) enfermedad *f*; (*weakness*) debilidad *f*.
inflame [ɪn'fleɪm] *vtr* (*passion*) encender; (*curiosity*) avivar; (*crowd*) excitar; **to be inflamed with rage**, rabiar.
inflamed [ɪn'fleɪmd] *adj* inflamado,-a; **to become i.**, inflamarse.
inflammable [ɪn'flæməbəl] *adj* (*material*) inflamable; *fig* (*situation*) explosivo,-a.
inflammation [ɪnflə'meɪʃən] *n* inflamación *f*.
inflatable [ɪn'fleɪtəbəl] *adj* inflable.
inflate [ɪn'fleɪt] **I** *vtr* inflar. **II** *vi* inflarse.
inflated [ɪn'fleɪtɪd] *adj* **1** *fig* (*prices*) inflacionista. **2** *pej* (*view*, *idea*) exagerado,-a.
inflation [ɪn'fleɪʃən] *n* inflación *f*.
inflexible [ɪn'fleksəbəl] *adj* inflexible.
inflict [ɪn'flɪkt] *vtr* (*blow*) asestar (**on**, a); (*damage*) causar (**on**, a); (*defeat*) infligir (**on**, a).
in-flight ['ɪnflaɪt] *adj* durante el vuelo.
influence ['ɪnflʊəns] **I** *n* influencia *f*; *fam* **to be under the i.**, llevar una copa de más. **II** *vtr* influir en.
influential [ɪnflʊ'enʃəl] *adj* influyente.
influenza [ɪnflʊ'enzə] *n* gripe *f*.
influx ['ɪnflʌks] *n* afluencia *f*.
inform [ɪn'fɔːm] **I** *vtr* informar (**of**, **about**, de, sobre); (*police*) avisar (**of**, **about**, de). **II** *vi* **to i. against** *or* **on**, denunciar.
informal [ɪn'fɔːməl] *adj* **1** (*occasion*, *behaviour*) informal; (*language*, *treatment*) familiar. **2** (*unofficial*) no oficial.
informality [ɪnfɔː'mælɪtɪ] *n* (*of occasion*, *behaviour*) sencillez *f*; (*of treatment*) familiaridad *f*.
informant [ɪn'fɔːmənt] *n* informante *mf*.
information [ɪnfə'meɪʃən] *n* información *f*; (*details*) detalles *mpl*; (*facts*) datos *mpl*; (*knowledge*) conocimientos *mpl*; (*news*) noticias *fpl*; **a piece of i.**, un dato; **i. bureau**, centro *m* de información; **i. technology**, informática *f*.
informative [ɪn'fɔːmətɪv] *adj* informativo,-a.
informed [ɪn'fɔːmd] *adj* enterado,-a; **keep me i.**, téngame al corriente.
informer [ɪn'fɔːmər] *n* delator,-a *m,f*; (*to the police*) soplón,-ona *m,f*.
infrared [ɪnfrə'red] *adj* infrarrojo,-a.
infrastructure ['ɪnfrəstrʌktʃər] *n* infraestructura *f*.
infringe [ɪn'frɪndʒ] **I** *vtr* (*law*, *rule*) infringir; (*copyright*) no respetar. **II** *vi* **to i. on** *or* **upon**, (*rights*) violar; (*privacy*) invadir.
infringement [ɪn'frɪndʒmənt] *n* (*of law*, *rule*) infracción *f*; (*of rights*) violación *f*.
infuriate [ɪn'fjʊərɪeɪt] *vtr* poner furioso,-a.
infuriating [ɪn'fjʊərɪeɪtɪŋ] *adj* exasperante.
infusion [ɪn'fjuːʒən] *n* infusión *f*.
ingenious [ɪn'dʒiːnɪəs] *adj* ingenioso,-a.
ingenuity [ɪndʒɪ'njuːɪtɪ] *n* ingenio *m*.
ingenuous [ɪn'dʒenjʊəs] *adj* ingenuo,-a.
ingot ['ɪŋgət] *n* lingote *m*.
ingrained [ɪn'greɪnd] *adj fig* arraigado,-a.
ingratiate [ɪn'greɪʃɪeɪt] *vtr pej* **to i. oneself with sb**, congraciarse con.
ingratiating [ɪn'greɪʃɪeɪtɪŋ] *adj* zalamero,-a.
ingratitude [ɪn'grætɪtjuːd] *n* ingratitud *f*.
ingredient [ɪn'griːdɪənt] *n* ingrediente *m*.
inhabit [ɪn'hæbɪt] *vtr* vivir en, ocupar.
inhabitant [ɪn'hæbɪtənt] *n* habitante *mf*.
inhale [ɪn'heɪl] **I** *vtr* (*gas*) inhalar; (*air*) aspirar. **II** *vi* aspirar; (*smoker*) tragar el humo.
inherent [ɪn'hɪərənt] *adj* inherente.
inherit [ɪn'herɪt] *vtr* heredar (**from**, de).
inheritance [ɪn'herɪtəns] *n* herencia *f*.
inhibit [ɪn'hɪbɪt] *vtr* (*freedom*) limitar; (*person*) cohibir; **to i. sb from doing sth**, impedir a algn hacer algo.
inhibited [ɪn'hɪbɪtɪd] *adj* cohibido,-a.
inhibition [ɪnhɪ'bɪʃən] *n* cohibición *f*.
inhospitable [ɪnhɒ'spɪtəbəl] *adj* inhospitalario,-a; (*climate*, *place*) inhóspito,-a.
inhuman [ɪn'hjuːmən] *adj* inhumano,-a.
iniquity [ɪ'nɪkwɪtɪ] *n fml* iniquidad *f*.
initial [ɪ'nɪʃəl] **I** *adj* inicial, primero,-a. **II** *n* **1** inicial *f*. **2 initials**, (*of name*) iniciales *fpl*; (*of abbreviation*) siglas *fpl*. **III** *vtr* firmar con las iniciales. ◆**initially** *adv* al principio.
initiate [ɪ'nɪʃɪeɪt] *vtr* **1** iniciar; (*reform*) promover; (*lawsuit*) entablar. **2** (*into society*) admitir (**into**, en); (*into knowledge*) iniciar (**into**, en).
initiation [ɪnɪʃɪ'eɪʃən] *n* **1** (*start*) principio *m*. **2** (*admission*) iniciación *f*.
initiative [ɪ'nɪʃɪətɪv] *n* iniciativa *f*.
inject [ɪn'dʒekt] *vtr* **1** (*drug etc*) inyectar. **2** *fig* (*capital*) invertir; (*life*, *hope*) infundir.
injection [ɪn'dʒekʃən] *n* **1** inyección *f*. **2** *fig* (*of capital*) inversión *f*.
injunction [ɪn'dʒʌŋkʃən] *n* interdicto *m*.
injure ['ɪndʒər] *vtr* herir; **to i. oneself**, hacerse daño; *fig* (*health*, *reputation*) perjudicar.
injured ['ɪndʒəd] **I** *adj* herido,-a; *fig* (*look*, *tone*) ofendido,-a. **II** *npl* **the i.**, los heri-

injury 427 **in so far as**

dos.
injury ['ɪndʒərɪ] *n (hurt)* herida *f*; *fig (harm)* daño *m*; *Sport* **i. time**, (tiempo *m* de) descuento *m*.
injustice [ɪn'dʒʌstɪs] *n* injusticia *f*.
ink [ɪŋk] *n* tinta *f*; **invisible i.**, tinta simpática.
inkling ['ɪŋklɪŋ] *n (idea)* idea *f*; *(suspicion)* sospecha *f*; *(sign)* señal *f*.
inkwell ['ɪŋkwel] *n* tintero *m*.
inlaid [ɪn'leɪd] *adj (wood)* taraceado,-a; *(ivory, gems)* incrustado,-a.
inland ['ɪnlənd] **I** *adj* (del) interior; *GB* **I. Revenue**, Hacienda *f.* **II** [ɪn'lænd] *adv (travel)* tierra adentro.
in-laws ['ɪnlɔ:z] *npl fam* familia *f sing* política.
inlet ['ɪnlet] *n* **1** *(in coastline)* ensenada *f*, cala *f*. **2** *(in pipe, machine)* entrada *f*, admisión *f*.
inmate ['ɪnmeɪt] *n (of prison)* preso,-a *m,f*; *(of hospital)* enfermo,-a *m,f*; *(of asylum, camp)* internado,-a *m,f*.
inn [ɪn] *n (with lodging)* posada *f*, mesón *m*.
innate [ɪ'neɪt] *adj* innato,-a.
inner ['ɪnə'] *adj* **1** *(region)* interior; *(structure)* interno,-a; **i. city**, zona urbana desfavorecida; **i. tube**, cámara *f* de aire. **2** *fig (thoughts)* íntimo,-a; *(peace etc)* interior.
innermost ['ɪnəməʊst] *adj (room)* más interior; *fig (thoughts)* más íntimo,-a.
innings ['ɪnɪŋz] *n (in cricket)* entrada *f*, turno *m*.
innocence ['ɪnəsəns] *n* inocencia *f*.
innocent ['ɪnəsənt] *adj & n* inocente *(mf)*.
innocuous [ɪ'nɒkjʊəs] *adj* inocuo,-a.
innovation [ɪnə'veɪʃən] *n* novedad *f*.
innuendo [ɪnjʊ'endəʊ] *n* indirecta *f*.
inoculate [ɪ'nɒkjʊleɪt] *vtr* inocular.
inoculation [ɪnɒkjʊ'leɪʃən] *n* inoculación *f*.
inoffensive [ɪnə'fensɪv] *adj* inofensivo,-a.
inopportune [ɪn'ɒpətju:n, ɪnɒpə'tju:n] *adj* inoportuno,-a.
inordinate [ɪ'nɔ:dɪnɪt] *adj* desmesurado, -a.
inpatient ['ɪnpeɪʃənt] *n* interno,-a *m,f*.
input ['ɪnpʊt] *n (of resources)* inversión *f*; *(of power)* entrada *f*; *Comput (of data)* input *m*, entrada.
inquest ['ɪnkwest] *n* investigación *f* judicial.
inquire [ɪn'kwaɪə'] **I** *vtr* preguntar; *(find out)* averiguar. **II** *vi* preguntar (**about**, por); *(find out)* informarse (**about**, de).
◆**inquire after** *vtr* preguntar por.
◆**inquire into** *vtr* investigar, indagar.
inquiry [ɪn'kwaɪərɪ] *n* **1** pregunta *f*; **'inquiries'**, 'información'. **2** *(investigation)* investigación *f*.
inquisitive [ɪn'kwɪzɪtɪv] *adj (curious)* curioso,-a; *(questioning)* preguntón,-ona.

inroads ['ɪnrəʊdz] *npl* **the firm is making i. into the market**, la empresa está ganando terreno en el mercado; **to make i. into one's capital**, reducir su capital.
insane [ɪn'seɪn] *adj* loco,-a; *(act)* insensato,-a; *fig* **to drive sb i.**, volver loco,-a a algn.
insanity [ɪn'sænɪtɪ] *n* demencia *f*, locura *f*.
insatiable [ɪn'seɪʃəbəl] *adj* insaciable.
inscribe [ɪn'skraɪb] *vtr fml* inscribir; *(book)* dedicar.
inscription [ɪn'skrɪpʃən] *n (on stone, coin)* inscripción *f*; *(in book, on photo)* dedicatoria *f*.
inscrutable [ɪn'skru:təbəl] *adj* inescrutable, insondable.
insect ['ɪnsekt] *n* insecto *m*; **i. bite**, picadura *f*.
insecticide [ɪn'sektɪsaɪd] *n* insecticida *m*.
insecure [ɪnsɪ'kjʊə'] *adj* inseguro,-a.
insecurity [ɪnsɪ'kjʊərɪtɪ] *n* inseguridad *f*.
insemination [ɪnsemɪ'neɪʃən] *n* inseminación *f*.
insensible [ɪn'sensəbəl] *adj fml* inconsciente.
insensitive [ɪn'sensɪtɪv] *adj* insensible.
inseparable [ɪn'sepərəbəl] *adj* inseparable.
insert ['ɪnsɜ:t] **I** *n* encarte *m*. **II** [ɪn'sɜ:t] *vtr* introducir.
insertion [ɪn'sɜ:ʃən] *n* introducción *f*; *(of clause, text)* inserción *f*.
inshore ['ɪnʃɔ:r] **I** *adj (fishing)* de bajura. **II** [ɪn'ʃɔ:r] *adv* cerca de la costa.
inside [ɪn'saɪd] **I** *n* **1** interior *m*; **on the i.**, por dentro; **to turn sth i. out**, volver algo al revés. **2** *fam* **insides**, tripas *fpl*. **II** ['ɪnsaɪd] *adj* interior; *Sport* **i. forward**, interior *mf*; *Aut* **i. lane**, carril *m* interior. **III** [ɪn'saɪd] *adv (be)* dentro, adentro; *(run etc)* (hacia) adentro; **to come i.**, entrar; *GB fam* **he spent a year i.**, pasó un año en chirona. **IV** *prep* **1** *(place)* dentro de. **2** *fam* **i. (of)**, *(time)* en menos de.
insider [ɪn'saɪdə'] *n* **i. dealing**, uso indebido de información privilegiada y confidencial para operaciones comerciales.
insidious [ɪn'sɪdɪəs] *adj* insidioso,-a.
insight ['ɪnsaɪt] *n* perspicacia *f*.
insignia [ɪn'sɪgnɪə] *n inv* insignia *f*.
insignificant [ɪnsɪg'nɪfɪkənt] *adj* insignificante.
insincere [ɪnsɪn'sɪə'] *adj* poco sincero,-a.
insinuate [ɪn'sɪnjʊeɪt] *vtr* insinuar.
insipid [ɪn'sɪpɪd] *adj* soso,-a, insulso,-a.
insist [ɪn'sɪst] **I** *vi* insistir (**on**, en); *(argue)* obstinarse (**on**, en). **II** *vtr* **to i. that ...**, insistir en que ...
insistence [ɪn'sɪstəns] *n* insistencia *f*.
insistent [ɪn'sɪstənt] *adj* insistente.
in so far as [ɪnsəʊ'fɔ:rəz] *adv* en tanto que.

insole ['ɪnsəʊl] n (of shoe) plantilla f.
insolent ['ɪnsələnt] adj insolente.
insoluble [ɪn'sɒljʊbəl] adj insoluble.
insomnia [ɪn'sɒmnɪə] n insomnio m.
insomniac [ɪn'sɒmnɪæk] n insomne mf.
inspect [ɪn'spekt] vtr inspeccionar, examinar; (troops) pasar revista a.
inspection [ɪn'spekʃən] n inspección f; (of troops) revista f.
inspector [ɪn'spektər] n inspector,-a m,f; (on bus, train) revisor,-a m,f.
inspiration [ɪnspɪ'reɪʃən] n inspiración f; to get i. from sb/sth, inspirarse en algn/algo.
inspire [ɪn'spaɪər] vtr 1 inspirar; to i. respect in sb, infundir respeto a algn. 2 to i. sb to do sth, animar a algn a hacer algo.
inspired [ɪn'spaɪəd] adj inspirado,-a.
instability [ɪnstə'bɪlɪtɪ] n inestabilidad f.
install, US **instal** [ɪn'stɔːl] vtr instalar.
installation [ɪnstə'leɪʃən] n instalación f.
instalment, US **installment** [ɪn'stɔːlmənt] n 1 (of payment) plazo m; **to pay by instalments**, pagar a plazos; US **i. plan**, venta f or compra f a plazos. 2 (of novel, programme) entrega f; (of journal) fascículo m.
instance ['ɪnstəns] n ejemplo m, caso m; **for i.**, por ejemplo; **in the first i.**, en primer lugar.
instant ['ɪnstənt] I n (moment) instante m, momento m; **in an i.**, en un instante. II adj inmediato,-a; (coffee, meal) instantáneo,-a. ◆**instantly** adv inmediatamente.
instead [ɪn'sted] I adv en cambio. II prep **i. of**, en vez de, en lugar de.
instep ['ɪnstep] n empeine m.
instigation [ɪnstɪ'geɪʃən] n instigación f.
instil, US **instill** [ɪn'stɪl] vtr (idea, habit) inculcar (**in**, a, en); (courage, respect) infundir (**in**, a).
instinct ['ɪnstɪŋkt] n instinto m.
instinctive [ɪn'stɪŋktɪv] adj instintivo,-a.
institute ['ɪnstɪtjuːt] I n instituto m; (centre) centro m; (professional body) colegio m. II vtr fml 1 (system) establecer. 2 (start) iniciar; (proceedings) entablar.
institution [ɪnstɪ'tjuːʃən] n 1 institución f. 2 (home) asilo m; (asylum) manicomio m.
instruct [ɪn'strʌkt] vtr instruir; (order) mandar; **I am instructed to say that ...**, me han encargado decir que ....
instruction [ɪn'strʌkʃən] n 1 instrucción f. 2 **instructions**, instrucciones fpl; '**instructions for use**', 'modo de empleo'.
instructive [ɪn'strʌktɪv] adj instructivo,-a.
instructor [ɪn'strʌktər] n instructor,-a m,f; (of driving) profesor,-a m,f.
instrument ['ɪnstrəmənt] n instrumento m; **i. panel**, tablero m de mandos.
instrumental [ɪnstrə'mentəl] adj 1 Mus instrumental. 2 **to be i. in sth**, contribuir decisivamente a algo.
insubordinate [ɪnsə'bɔːdɪnɪt] adj insubordinado,-a.
insubstantial [ɪnsəb'stænʃəl] adj insubstancial; (structure) poco sólido,-a.
insufferable [ɪn'sʌfərəbəl] adj insoportable.
insufficient [ɪnsə'fɪʃənt] adj insuficiente.
insular ['ɪnsjʊlər] adj 1 Geog insular. 2 fig pej estrecho,-a de miras.
insulate ['ɪnsjʊleɪt] vtr aislar (**against**, **from**, de).
insulating tape ['ɪnsjʊleɪtɪŋteɪp] n cinta f aislante.
insulation [ɪnsjʊ'leɪʃən] n aislamiento m.
insulin ['ɪnsjʊlɪn] n insulina f.
insult ['ɪnsʌlt] I n (words) insulto m; (action) afrenta f, ofensa f. II [ɪn'sʌlt] vtr insultar, ofender.
insulting [ɪn'sʌltɪŋ] adj insultante, ofensivo,-a.
insuperable [ɪn'suːpərəbəl] adj insuperable.
insurance [ɪn'ʃʊərəns] n seguro m; **fire i.**, seguro contra incendios; **i. broker**, agente mf de seguros; **i. company**, compañía f de seguros; **i. policy**, póliza f (de seguros); **private health i.**, seguro médico privado.
insure [ɪn'ʃʊər] vtr asegurar (**against**, contra).
insurgent [ɪn'sɜːdʒənt] adj & n insurrecto,-a, (m,f).
insurmountable [ɪnsə'maʊntəbəl] adj (problem etc) insuperable; (barrier) infranqueable.
intact [ɪn'tækt] adj intacto,-a.
intake ['ɪnteɪk] n 1 (of air, water) entrada f; (of electricity etc) toma f. 2 (of food, calories) consumo m. 3 (of students, recruits) número m de admitidos.
integral ['ɪntɪɡrəl] I adj 1 (intrinsic) integrante. 2 (whole) íntegro,-a. 3 Math integral. II n Math integral f.
integrate ['ɪntɪɡreɪt] I vtr integrar. II vi integrarse.
integration [ɪntɪ'ɡreɪʃən] n integración f.
integrity [ɪn'teɡrɪtɪ] n integridad f, honradez f.
intellect ['ɪntɪlekt] n intelecto m.
intellectual [ɪntɪ'lektjʊəl] adj & n intelectual (mf).
intelligence [ɪn'telɪdʒəns] n 1 inteligencia f. 2 (information) información f.
intelligent [ɪn'telɪdʒənt] adj inteligente.
intelligentsia [ɪntelɪ'dʒentsɪə] n intelectualidad f.
intelligible [ɪn'telɪdʒəbəl] adj inteligible.
intend [ɪn'tend] vtr 1 (mean) tener la intención de. 2 **to i. sth for sb**, destinar algo a algn.
intended [ɪn'tendɪd] adj (planned) previsto,-a.

intense |ɪn'tens| *adj* intenso,-a; *(person)* muy serio,-a. ◆**intensely** *adv* *(extremely)* enormemente, sumamente.
intensify |ɪn'tensɪfaɪ| *vtr* *(search)* intensificar; *(effort)* redoblar; *(production, pollution)* aumentar.
intensity |ɪn'tensɪtɪ| *n* intensidad *f*.
intensive |ɪn'tensɪv| *adj* intensivo,-a; *Med* **i. care unit**, unidad *f* de vigilancia intensiva.
intent |ɪn'tent| I *adj* *(absorbed)* absorto,-a; *(gaze etc)* atento,-a; **to be i. on doing sth**, estar resuelto,-a a hacer algo. II *n fml* intención *f*, propósito *m*; **to all intents and purposes**, a todos los efectos.
intention |ɪn'tenʃən| *n* intención *f*.
intentional |ɪn'tenʃənəl| *adj* deliberado, -a. ◆**intentionally** *adv* a propósito.
interact |ɪntər'ækt| *vi* *(people)* interrelacionarse.
interaction |ɪntər'ækʃən| *n* interacción *f*.
interactive |ɪntər'æktɪv| *adj* interactivo, -a.
intercede |ɪntə'siːd| *vi* interceder **(with**, ante).
intercept |ɪntə'sept| *vtr* interceptar.
interchange |'ɪntətʃeɪndʒ| I *n* 1 *(exchange)* intercambio *m*. 2 *(on motorway)* cruce *m*. II |ɪntə'tʃeɪndʒ| *vtr* intercambiar **(with**, con).
interchangeable |ɪntə'tʃeɪndʒəbəl| *adj* intercambiable.
intercity |ɪntə'sɪtɪ| *adj Rail* de largo recorrido.
intercom |'ɪntəkɒm| *n* portero automático.
intercontinental |ɪntəkɒntɪ'nentəl| *adj* **i. ballistic missile**, misil balístico intercontinental.
intercourse |'ɪntəkɔːs| *n* 1 *(dealings)* trato *m*. 2 *(sexual)* relaciones *fpl* sexuales.
interest |'ɪntrɪst| I *n* 1 interés *m*. 2 *(advantage)* provecho *m*; **in the i. of**, en pro de. 3 *Com (share)* participación *f*. 4 *Fin (on money)* **i. rate**, tipo *m* de interés. II *vtr* interesar; **he's interested in politics**, le interesa la política.
interesting |'ɪntrɪstɪŋ| *adj* interesante.
interface |'ɪntəfeɪs| *n* interface *f*.
interfere |ɪntə'fɪər| *vi* 1 *(meddle)* entrometerse **(in**, en); **to i. with**, *(hinder)* dificultar; *(spoil)* estropear; *(prevent)* impedir. 2 *Rad TV* interferir **(with**, con).
interference |ɪntə'fɪərəns| *n* *(meddling)* intromisión *f*; *(hindrance)* estorbo *m*; *Rad TV* interferencia *f*.
interim |'ɪntərɪm| I *n fml* **in the i.**, en el ínterin. II *adj* interino,-a, provisional.
interior |ɪn'tɪərɪər| I *adj* interior. II *n* interior *m*; **i. design**, diseño *m* de interiores.
interlock |ɪntə'lɒk| *vi* encajarse; *(fingers)* entrelazarse; *(cogs)* engranarse.
interloper |'ɪntələʊpər| *n* intruso,-a *m,f*.

interlude |'ɪntəluːd| *n* *(break)* intervalo *m*; *Cin Theat* intermedio *m*; *Mus* interludio *m*.
intermediary |ɪntə'miːdɪərɪ| *n* intermediario,-a *m,f*.
intermediate |ɪntə'miːdɪɪt| *adj* intermedio,-a.
interminable |ɪn'tɜːmɪnəbəl| *adj* interminable.
intermission |ɪntə'mɪʃən| *n Cin Theat* intermedio *m*.
intermittent |ɪntə'mɪtənt| *adj* intermitente.
intern |ɪn'tɜːn| I *vtr* internar. II |'ɪntɜːn| *n US Med* interno,-a *m,f*.
internal |ɪn'tɜːnəl| *adj* interior; *(dispute, injury)* interno,-a; *US* **I. Revenue**, ≈ Hacienda *f*. ◆**internally** *adv* interiormente; **'not to be taken i.'**, 'uso externo'.
international |ɪntə'næʃənəl| I *adj* internacional. II *n Sport (player)* internacional *mf*; *(match)* partido *m* internacional.
interplay |'ɪntəpleɪ| *n* interacción *f*.
interpret |ɪn'tɜːprɪt| I *vtr* interpretar. II *vi* actuar de intérprete.
interpretation |ɪntɜːprɪ'teɪʃən| *n* interpretación *f*.
interpreter |ɪn'tɜːprɪtər| *n* intérprete *mf*.
interrelated |ɪntərɪ'leɪtɪd| *adj* estrechamente relacionado,-a.
interrogate |ɪn'terəgeɪt| *vtr* interrogar.
interrogation |ɪnterə'geɪʃən| *n* interrogatorio *m*.
interrogative |ɪntə'rɒgətɪv| *Ling* I *adj* interrogativo,-a. II *n (word)* palabra interrogativa.
interrupt |ɪntə'rʌpt| *vtr & vi* interrumpir.
interruption |ɪntə'rʌpʃən| *n* interrupción *f*.
intersect |ɪntə'sekt| I *vtr* cruzar. II *vi* cruzarse.
intersection |ɪntə'sekʃən| *n* 1 *(crossroads)* cruce *m*. 2 *(of two lines)* intersección *f*.
intersperse |ɪntə'spɜːs| *vtr* esparcir.
intertwine |ɪntə'twaɪn| I *vtr* entrelazar **(with**, con). II *vi* entrelazarse **(with**, con).
interval |'ɪntəvəl| *n* 1 *(of time, space)* intervalo *m*; **at intervals**, *(time, space)* a intervalos; *(time)* de vez en cuando. 2 *GB Cin Theat* intermedio *m*.
intervene |ɪntə'viːn| *vi* 1 *(person)* intervenir **(in**, en). 2 *(event)* sobrevenir. 3 *(time)* transcurrir.
intervention |ɪntə'venʃən| *n* intervención *f*.
interview |'ɪntəvjuː| I *n* entrevista *f*; **to give an i.**, conceder una entrevista. II *vtr* entrevistar.
interviewer |'ɪntəvjuːər| *n* entrevistador,-a *m,f*.
intestine |ɪn'testɪn| *n (usu pl)* intestino *m*; **large/small i.**, intestino grueso/delgado.
intimacy |'ɪntɪməsɪ| *n (closeness)* intimi-

dad *f*; *euph (sex)* relación íntima; **intimacies**, intimidades *fpl*.
intimate¹ ['ɪntɪmɪt] *adj* íntimo,-a; *(knowledge)* profundo,-a.
intimate² ['ɪntɪmeɪt] *vtr fml* dar a entender.
intimidate [ɪn'tɪmɪdeɪt] *vtr* intimidar.
intimidating [ɪn'tɪmɪdeɪtɪŋ] *adj* atemorizante.
into ['ɪntu:, *unstressed* 'ɪntə] *prep* **1** *(motion)* en, a, con; **he fell i. the water**, se cayó al agua; **I bumped i. a friend**, me topé con un amigo; **to get i. a car**, subir a un coche; **to go i. a house**, entrar en una casa. **2** *(state)* en, a; **he grew i. a man**, se hizo un hombre; **to burst i. tears**, echarse a llorar; **to change pounds i. pesetas**, cambiar libras en *or* por pesetas; **to translate sth i. French**, traducir algo al francés. **3 to work i. the night**, trabajar hasta muy avanzada la noche. **4 to divide sth i. three**, dividir algo en tres. **5** *fam* **to be i. sth**, ser aficionado,-a a algo.
intolerable [ɪn'tɒlərəbəl] *adj* intolerable.
intolerant [ɪn'tɒlərənt] *adj* intolerante.
intonation [ɪntəʊ'neɪʃən] *n* entonación *f*.
intoxicated [ɪn'tɒksɪkeɪtɪd] *adj* borracho,-a.
intoxicating [ɪn'tɒksɪkeɪtɪŋ] *adj* embriagador,-a; **i. liquor**, bebida alcohólica.
intoxication [ɪntɒksɪ'keɪʃən] *n* embriaguez *f*.
intractable [ɪn'træktəbəl] *adj fml (person)* intratable; *(problem)* insoluble.
intransigent [ɪn'trænsɪdʒənt] *adj fml* intransigente, intolerante.
intransitive [ɪn'trænsɪtɪv] *adj* intransitivo,-a.
intravenous [ɪntrə'vi:nəs] *adj* intravenoso,-a.
in-tray ['ɪntreɪ] *n* bandeja *f* de asuntos pendientes.
intrepid [ɪn'trepɪd] *adj* intrépido,-a, audaz.
intricate ['ɪntrɪkɪt] *adj* intrincado,-a.
intrigue [ɪn'tri:g, 'ɪntri:g] **I** *n* intriga *f*. **II** [ɪn'tri:g] *vtr* intrigar. **III** *vi* intrigar, conspirar.
intriguing [ɪn'tri:gɪŋ] *adj* intrigante.
intrinsic [ɪn'trɪnsɪk] *adj fml* intrínseco,-a.
introduce [ɪntrə'dju:s] *vtr* **1** *(person, programme)* presentar (**to**, a). **2** *(bring in)* introducir (**into, to**, en); *Com* lanzar (**into, to**, a); *(topic)* proponer.
introduction [ɪntrə'dʌkʃən] *n* **1** *(of person, programme)* presentación *f*; *(in book)* introducción *f*. **2** *(bringing in)* introducción *f*; *Com (of product)* lanzamiento *m*.
introductory [ɪntrə'dʌktərɪ] *adj* introductorio,-a; *(remarks)* preliminar; *Com* de lanzamiento.

introspective [ɪntrə'spektɪv] *adj* introspectivo,-a.
introvert ['ɪntrəvɜ:t] *n* introvertido,-a *m,f*.
intrude [ɪn'tru:d] *vi* entrometerse (**into, on**, en); *(disturb)* molestar.
intruder [ɪn'tru:dər] *n* intruso,-a *m,f*.
intrusion [ɪn'tru:ʒən] *n* incursión *f*.
intuition [ɪntju'ɪʃən] *n* intuición *f*.
inundate ['ɪnʌndeɪt] *vtr* inundar (**with**, de).
invade [ɪn'veɪd] *vtr* invadir.
invader [ɪn'veɪdər] *n* invasor,-a *m,f*.
invalid¹ ['ɪnvəlɪd] *n (disabled person)* minusválido,-a *m, f*; *(sick person)* enfermo,-a *m,f*.
invalid² [ɪn'vælɪd] *adj* inválido,-a, nulo,-a.
invalidate [ɪn'vælɪdeɪt] *vtr* invalidar.
invaluable [ɪn'væljuəbəl] *adj* inestimable.
invariable [ɪn'veərɪəbəl] *adj* invariable.
invasion [ɪn'veɪʒən] *n* invasión *f*.
invent [ɪn'vent] *vtr* inventar.
invention [ɪn'venʃən] *n* invento *m*; *(creativity)* inventiva *f*; *(lie)* mentira *f*.
inventive [ɪn'ventɪv] *adj* inventivo,-a.
inventor [ɪn'ventər] *n* inventor,-a *m,f*.
inventory ['ɪnvəntərɪ] *n* inventario *m*.
invert [ɪn'vɜ:t] *vtr* invertir.
invertebrate [ɪn'vɜ:tɪbrɪt] **I** *adj* invertebrado,-a. **II** *n* invertebrado *m*.
inverted [ɪn'vɜ:tɪd] *adj* (**in**) **i. commas**, (entre) comillas *fpl*.
invest [ɪn'vest] **I** *vtr* invertir (**in**, en); **to i. sb with sth**, conferir algo a algn. **II** *vi* invertir (**in**, en).
investigate [ɪn'vestɪgeɪt] *vtr (crime, subject)* investigar; *(cause, possibility)* estudiar.
investigation [ɪnvestɪ'geɪʃən] *n (of crime)* investigación *f*; *(of cause)* examen *m*.
investigator [ɪn'vestɪgeɪtər] *n* investigador,-a *m,f*; **private i.**, detective privado.
investment [ɪn'vestmənt] *n* inversión *f*.
investor [ɪn'vestər] *n* inversor,-a, *m,f*.
inveterate [ɪn'vetərɪt] *adj* empedernido,-a.
invidious [ɪn'vɪdɪəs] *adj (task)* ingrato,-a; *(comparison)* injusto,-a.
invigilator [ɪn'vɪdʒɪleɪtər] *n GB* vigilante *mf*.
invigorating [ɪn'vɪgəreɪtɪŋ] *adj* vigorizante.
invincible [ɪn'vɪnsəbəl] *adj* invencible.
invisible [ɪn'vɪzəbəl] *adj* invisible.
invitation [ɪnvɪ'teɪʃən] *n* invitación *f*.
invite [ɪn'vaɪt] *vtr* **1** invitar (**to**, a). **2** *(comments etc)* solicitar; *(criticism)* provocar; **to i. trouble**, buscarse problemas.
inviting [ɪn'vaɪtɪŋ] *adj (attractive)* atractivo,-a; *(food)* apetitoso,-a.
invoice ['ɪnvɔɪs] **I** *n* factura *f*. **II** *vtr* facturar.

invoke [ɪnˈvəʊk] vtr fml invocar.
involuntary [ɪnˈvɒləntərɪ] adj involuntário,-a.
involve [ɪnˈvɒlv] vtr 1 (concern) implicar (in, en); **the issues involved**, las cuestiones en juego; **to be involved in an accident**, sufrir un accidente. 2 (entail) suponer, implicar; (trouble, risk) acarrear.
involved [ɪnˈvɒlvd] adj (complicated) complicado,-a; fam (romantically attached) enredado,-a, liado,-a.
involvement [ɪnˈvɒlvmənt] n (participation) participación f; (in crime) implicación f.
inward [ˈɪnwəd] I adj interior. II adv → **inwards**. ◆**inwardly** adv interiormente, por dentro.
inwards [ˈɪnwədz] adv hacia dentro.
iodine [ˈaɪədiːn] n yodo m.
iota [aɪˈəʊtə] n pizca f, ápice m.
IOU [aɪəʊˈjuː] abbr of **I owe you**, pagaré m.
IQ [aɪˈkjuː] abbr of **intelligence quotient**, coeficiente m intelectual, CI m.
IRA [aɪɑːrˈeɪ] abbr of **Irish Republican Army**, Ejército m Republicano irlandés, IRA m.
Iran [ɪˈrɑːn] n Irán.
Iranian [ɪˈreɪnɪən] adj & n iraní (mf).
Iraq [ɪˈrɑːk] n Irak.
Iraqi [ɪˈrɑːkɪ] adj & n iraquí (mf).
irascible [ɪˈræsɪbəl] adj fml irascible.
irate [aɪˈreɪt] adj airado,-a, furioso,-a.
Ireland [ˈaɪələnd] n Irlanda; **Republic of I.**, República de Irlanda.
iris [ˈaɪərɪs] n 1 Anat iris m inv. 2 Bot lirio m.
Irish [ˈaɪrɪʃ] I adj irlandés,-esa; **I. coffee**, café m irlandés; **I. Sea**, Mar m de Irlanda. II n 1 (language) irlandés m. 2 pl **the I.**, los irlandeses.
Irishman [ˈaɪrɪʃmən] n irlandés m.
Irishwoman [ˈaɪrɪʃwʊmən] n irlandesa f.
irksome [ˈɜːksəm] adj fastidioso,-a.
iron [ˈaɪən] I n 1 hierro m; **the i. and steel industry**, la industria siderúrgica; **I. Curtain**, Telón m de Acero; **i. ore**, mineral m de hierro. 2 (for clothes) plancha f. 3 (for golf) hierro m. 4 **irons**, (chains) grillos mpl. II vtr (clothes) planchar. ◆**iron out** vtr 1 (crease) planchar. 2 fam fig (problem) resolver.
ironic(al) [aɪˈrɒnɪk(əl)] adj irónico,-a.
ironing [ˈaɪənɪŋ] n 1 **to do the i.**, planchar; **i. board**, mesa f de la plancha. 2 (clothes to be ironed) ropa f para planchar; (clothes ironed) ropa planchada.
ironmonger [ˈaɪənmʌŋgər] n GB ferretero,-a m,f; **i.'s (shop)**, ferretería f.
irony [ˈaɪrənɪ] n ironía f.
irrational [ɪˈræʃənəl] adj irracional.
irreconcilable [ɪrekənˈsaɪləbəl] irreconciliable.
irrefutable [ɪrɪˈfjuːtəbəl] adj fml irrefutable.
irregular [ɪˈregjʊlər] adj 1 irregular; (abnormal) anormal. 2 (uneven) desigual.
irrelevant [ɪˈreləvənt] adj no pertinente.
irreparable [ɪˈrepərəbəl] adj irreparable.
irreplaceable [ɪrɪˈpleɪsəbəl] adj irremplazable.
irrepressible [ɪrɪˈpresəbəl] adj incontenible.
irresistible [ɪrɪˈzɪstəbəl] adj irresistible.
irresolute [ɪˈrezəluːt] adj fml indeciso,-a.
irrespective [ɪrɪˈspektɪv] adj **i. of**, sin tener en cuenta.
irresponsible [ɪrɪˈspɒnsəbəl] adj irresponsable.
irreverent [ɪˈrevərənt] adj irreverente.
irrevocable [ɪˈrevəkəbəl] adj irrevocable.
irrigate [ˈɪrɪgeɪt] vtr regar.
irrigation [ɪrɪˈgeɪʃən] n riego m; **i. channel**, acequia f; **i. system**, sistema m de regadío.
irritable [ˈɪrɪtəbəl] adj irritable.
irritate [ˈɪrɪteɪt] vtr (annoy) fastidiar; Med irritar.
irritating [ˈɪrɪteɪtɪŋ] adj irritante.
irritation [ɪrɪˈteɪʃən] n 1 (annoyance) fastidio m; (ill humour) mal humor m. 2 Med irritación f.
is [ɪz] 3rd person sing pres → **be**.
Islam [ˈɪzlɑːm] n Islam m.
Islamic [ɪzˈlæmɪk] adj islámico,-a.
island [ˈaɪlənd] n isla f; (traffic) **i.**, isleta f.
islander [ˈaɪləndər] n isleño,-a m,f.
isle [aɪl] n isla f.
isn't [ˈɪzənt] = **is not**.
isolate [ˈaɪsəleɪt] vtr aislar (from, de).
isolated [ˈaɪsəleɪtɪd] adj aislado,-a.
isolation [aɪsəˈleɪʃən] n aislamiento m.
Israel [ˈɪzreɪəl] n Israel.
Israeli [ɪzˈreɪlɪ] I adj israelí. II n israelí mf.
issue [ˈɪʃjuː] I n 1 (matter) cuestión f; **to take i. with sb (over sth)**, manifestar su desacuerdo con algn (en algo). 2 (of banknotes etc) emisión f; (of passport) expedición f. 3 (of journal etc) ejemplar m. 4 (of supplies) reparto m. 5 fml (outcome) resultado m. 6 Jur (offspring) descendencia f. II vtr 1 (book) publicar; (banknotes etc) emitir; (passport) expedir. 2 (supplies) repartir. 3 (order, instructions) dar; (warrant) dictar. III vi fml (blood) brotar (from, de); (smoke) salir (from, de).
isthmus [ˈɪsməs] n istmo m.
it [ɪt] pers pron 1 (subject) él, ella, ello (often omitted); **it's here**, está aquí. 2 (direct object) lo, la; **I don't believe it**, no me lo creo; **I liked the house and bought it**, me gustó la casa y la compré. 3 (indirect object) le; **give it a kick**, dale una patada. 4 (after prep) él, ella, ello; **I saw the beach and ran towards it**, vi la playa y fui corriendo hacia ella; **we'll talk about**

it later, ya hablaremos de ello. 5 *(abstract)* ello; **let's get down to it!**, ¡vamos a ello! 6 *(impersonal)* **it's late**, es tarde; **it's me**, soy yo; **it's raining**, está lloviendo; **it's said that ...**, se dice que ...; **it's two miles to town**, hay dos millas de aquí al pueblo; **that's it!**, *(agreeing)* ¡precisamente!; *(finishing)* ¡se acabó!; **this is it!**, ¡ha llegado la hora!; **who is it?**, ¿quién es?
Italian [ɪ'tæljən] **I** *adj* italiano,-a. **II** *n* 1 *(person)* italiano,-a *m,f*. 2 *(language)* italiano *m*.
italic [ɪ'tælɪk] *n* cursiva *f*.
Italy ['ɪtəlɪ] *n* Italia.
itch [ɪtʃ] **I** *n* picor *m*; *fig* **an i. to travel**, unas ganas locas de viajar. **II** *vi* 1 *(skin)* picar. 2 *fig* anhelar; *fam* **to be itching to do sth**, tener muchas ganas de hacer algo.
itchy ['ɪtʃɪ] *adj (itchier, itchiest)* que pica.

item ['aɪtəm] *n* 1 *(in list)* artículo *m*; *(in collection)* pieza *f*; **i. of clothing**, prenda *f* de vestir. 2 *(on agenda)* asunto *m*; *(in show)* número *m*; **news i.**, noticia *f*.
itemize ['aɪtəmaɪz] *vtr* detallar.
itinerant [ɪ'tɪnərənt] *adj fml* itinerante.
itinerary [aɪ'tɪnərərɪ] *n* itinerario *m*.
it'll ['ɪtəl] = **it will**.
its [ɪts] *poss adj (one thing)* su; *(more than one)* sus.
itself [ɪt'self] *pers pron* 1 *(reflexive)* se; **the cat scratched i.**, el gato se arañó. 2 *(emphatic)* él *or* ella *or* ello mismo,-a; *(after prep)* sí (mismo,-a); **in i.**, en sí.
ITV [aɪtiː'viː] *GB abbr of* **Independent Television**, televisión *f* independiente, ITV *f*.
IUD [aɪjuː'diː] *abbr of* **intrauterine (contraceptive) device**, dispositivo intrauterino, DIU *m*.
ivory ['aɪvərɪ] *n* marfil *m*.
ivy ['aɪvɪ] *n* hiedra *f*.

J

J, j [dʒeɪ] *n (the letter)* J, j *f*.
jab [dʒæb] **I** *n* pinchazo *m*; *(poke)* golpe seco. **II** *vtr* pinchar; *(with fist)* dar un puñetazo a.
jabber ['dʒæbər] *fam vi (chatter)* charlotear; *(speak quickly)* hablar atropelladamente.
jack [dʒæk] *n* 1 *Aut* gato *m*. 2 *Cards* sota *f*. 3 *(bowls)* boliche *m*. ◆**jack in** *vtr GB fam* dejar. ◆**jack up** *vtr Aut* levantar (con el gato); *fig (prices)* aumentar.
jackal ['dʒækɔːl] *n* chacal *m*.
jackdaw ['dʒækdɔː] *n Orn* grajilla *f*.
jacket ['dʒækɪt] *n* 1 chaqueta *f*; *(of suit)* americana *f*; *(bomber jacket)* cazadora *f*. 2 *(of book)* sobrecubierta *f*; *US (of record)* funda *f*. 3 **j. potatoes**, patatas *fpl* al horno.
jack-knife ['dʒæknaɪf] **I** *n* navaja *f*. **II** *vi* colear.
jack-of-all-trades [dʒækəv'ɔːltreɪdz] *n* persona *f* mañosa *or* de muchos oficios.
jackpot ['dʒækpɒt] *n* (premio *m*) gordo *m*.
Jacuzzi® [dʒə'kuːzɪ] *n* jacuzzi® *m*.
jade [dʒeɪd] *n* jade *m*.
jaded ['dʒeɪdɪd] *adj (tired)* agotado,-a; *(palate)* hastiado,-a.
jagged ['dʒægɪd] *adj* dentado,-a.
jaguar ['dʒægjʊər] *n* jaguar *m*.
jail [dʒeɪl] **I** *n* cárcel *f*, prisión *f*. **II** *vtr* encarcelar.
jailbreak ['dʒeɪlbreɪk] *n* fuga *f*, evasión *f*.
jailer ['dʒeɪlər] *n* carcelero,-a *m,f*.
jam¹ [dʒæm] *n Culin* mermelada *f*.
jam² [dʒæm] **I** *n* 1 *(blockage)* atasco *m*; *fam (fix)* apuro *m*. 2 *Mus* improvisación *f*. **II** *vtr* 1 *(cram)* meter a la fuerza. 2 *(block)* atascar; *Rad* interferir. **III** *vi (door)* atrancarse; *(brakes)* agarrotarse.
Jamaica [dʒə'meɪkə] *n* Jamaica.
jam-packed [dʒæm'pækt] *adj fam (with people)* atestado,-a; *(with things)* atiborrado,-a.
jangle ['dʒæŋgəl] *vi* tintinear.
janitor ['dʒænɪtər] *n* portero *m*, conserje *m*.
January ['dʒænjʊərɪ] *n* enero *m*.
Japan [dʒə'pæn] *n* (el) Japón.
Japanese [dʒæpə'niːz] **I** *adj* japonés,-esa. **II** *n (person)* japonés,-esa *m,f*; *(language)* japonés *m*.
jar¹ [dʒɑːr] *n (glass)* tarro *m*; *(earthenware)* tinaja *f*; *(jug)* jarra *f*; *GB fam* **to have a j.**, tomar una copa.
jar² [dʒɑːr] *vi (sounds)* chirriar; *(appearance)* chocar; *(colours)* desentonar; *fig* **to j. on one's nerves**, ponerle a uno los nervios de punta.
jargon ['dʒɑːgən] *n* jerga *f*, argot *m*.
jasmin(e) ['dʒæzmɪn] *n* jazmín *m*.
jaundice ['dʒɔːndɪs] *n* ictericia *f*.
jaundiced ['dʒɔːndɪst] *adj Med* ictérico,-a; *fig (bitter)* amargado,-a.
jaunt [dʒɔːnt] *n (walk)* paseo *m*; *(trip)* excursión *f*.
jaunty ['dʒɔːntɪ] *adj (jauntier, jauntiest) (sprightly)* garboso,-a; *(lively)* vivaz.
javelin ['dʒævəlɪn] *n* jabalina *f*.
jaw [dʒɔː] **I** *n* mandíbula *f*. **II** *vi fam* estar de palique.
jay [dʒeɪ] *n Orn* arrendajo *m* (común).
jaywalker ['dʒeɪwɔːkər] *n* peatón *m* imprudente.
jazz [dʒæz] *n* jazz *m*. ◆**jazz up** *vtr* ale-

jazzy ['dʒæzɪ] *adj* (*jazzier, jazziest*) *fam* (*showy*) llamativo,-a; (*brightly coloured*) de colores chillones.

jealous ['dʒeləs] *adj* celoso,-a; (*envious*) envidioso,-a; **to be j. of ...**, tener celos de ....

jealousy ['dʒeləsɪ] *n* celos *mpl*; (*envy*) envidia *f*.

jeans [dʒiːnz] *npl* vaqueros *mpl*, tejanos *mpl*.

jeep [dʒiːp] *n* jeep *m*, todo terreno *m inv*.

jeer [dʒɪəʳ] **I** *n* (*boo*) abucheo *m*; (*mocking*) mofa *f*. **II** *vi* (*boo*) abuchear; (*mock*) burlarse.

jeering ['dʒɪərɪŋ] *adj* burlón,-ona.

Jehovah [dʒɪ'həʊvə] *n* **J.'s Witness**, testigo *mf* de Jehová.

jelly ['dʒelɪ] *n* gelatina *f*.

jellyfish ['dʒelɪfɪʃ] *n* medusa *f*.

jeopardize ['dʒepədaɪz] *vtr* poner en peligro; (*agreement etc*) comprometer.

jeopardy ['dʒepədɪ] *n* riesgo *m*, peligro *m*.

jerk [dʒɜːk] **I** *n* **1** (*jolt*) sacudida *f*; (*pull*) tirón *m*. **2** *pej* (*idiot*) imbécil *mf*. **II** *vtr* (*shake*) sacudir; (*pull*) dar un tirón a. **III** *vi* (*move suddenly*) dar una sacudida; **the car jerked forward**, el coche avanzaba a tirones.

jerkin ['dʒɜːkɪn] *n* chaleco *m*.

jersey ['dʒɜːzɪ] *n* jersey *m*, suéter *m*.

jest [dʒest] **I** *n* broma *f*. **II** *vi* bromear.

Jesuit ['dʒezjʊɪt] *adj & n* jesuita (*m*).

Jesus ['dʒiːzəs] *n* Jesús *m*; **J. Christ**, Jesucristo *m*.

jet[1] [dʒet] **I** *n* **1** (*stream of water*) chorro *m*. **2** (*spout*) surtidor *m*. **3** *Av* reactor *m*; **j. engine**, reactor *m*; **j. lag**, cansancio debido al desfase horario. **II** *vi fam* volar.

jet[2] [dʒet] *n* **j. black**, negro,-a como el azabache.

jet-set ['dʒetset] *n* **the j.-s.**, la alta sociedad, la jet.

jettison ['dʒetɪsən] *vtr* echar al mar; *fig* deshacerse de; (*project etc*) abandonar.

jetty ['dʒetɪ] *n* muelle *m*, malecón *m*.

Jew [dʒuː] *n* judío,-a *m,f*.

jewel ['dʒuːəl] *n* joya *f*; (*stone*) piedra preciosa; (*in watch*) rubí *m*; *fig* (*person*) joya *f*.

jeweller, jeweler ['dʒuːələʳ] *n* joyero,-a *m,f*; **j.'s (shop)**, joyería *f*.

jewellery, jewelry ['dʒuːəlrɪ] *n* joyas *fpl*, alhajas *fpl*.

Jewess ['dʒuːɪs] *n* judía *f*.

Jewish ['dʒuːɪʃ] *adj* judío,-a.

jibe [dʒaɪb] *n & vi* → **gibe**.

jiffy ['dʒɪfɪ] *n fam* momento *m*; **in a j.**, en un santiamén; **just a j.!**, ¡un momento!

jig [dʒɪg] *n Mus* giga *f*.

jigsaw ['dʒɪgsɔː] *n* (*puzzle*) rompecabezas *m inv*.

jilt [dʒɪlt] *vtr fam* dejar plantado,-a.

jingle ['dʒɪŋgəl] **I** *n Rad TV* canción *f* que acompaña un anuncio. **II** *vi* tintinear.

jingoistic [dʒɪŋgəʊ'ɪstɪk] *adj* patriotero, -a.

jinx [dʒɪŋks] **I** *n* (*person*) gafe *mf*. **II** *vtr* gafar.

jitters ['dʒɪtəz] *npl fam* **to get the j.**, tener canguelo.

jive [dʒaɪv] **I** *n* swing *m*. **II** *vi* bailar el swing.

job [dʒɒb] *n* **1** trabajo *m*; (*task*) tarea *f*; **to give sth up as a bad j.**, darse por vencido,-a; *fam* **just the j.!**, ¡me viene de perlas! **2** (*occupation*) (puesto *m* de) trabajo *m*, empleo *m*; (*trade*) oficio *m*; *GB* **jobs for the boys**, enchufismo *m*; **j. centre**, oficina *f* de empleo; **j. hunting**, búsqueda *f* de empleo; **j. sharing**, trabajo compartido a tiempo parcial. **3** *fam* **we had a j. to ...**, nos costó (trabajo) .... **4** (*duty*) deber *m*. **5** *fam* **it's a good j. that ...**, menos mal que ....

jobless ['dʒɒblɪs] *adj* parado,-a.

jockey ['dʒɒkɪ] **I** *n* jinete *m*, jockey *m*. **II** *vi* **to j. for position**, luchar para conseguir una posición aventajada.

jocular ['dʒɒkjʊləʳ] *adj* jocoso,-a.

jog [dʒɒg] **I** *n* trote *m*. **II** *vtr* empujar; *fig* (*memory*) refrescar. **III** *vi Sport* hacer footing; *fig* **to j. along**, (*progress slowly*) avanzar poco a poco; (*manage*) ir tirando.

jogging ['dʒɒgɪŋ] *n* footing *m*.

join [dʒɔɪn] **I** *vtr* **1** juntar; **to j. forces with sb**, unir fuerzas con algn. **2** (*road*) empalmar con; (*river*) desembocar en. **3** (*meet*) reunirse con. **4** (*group*) unirse a; (*institution*) entrar; (*army*) alistarse a. **5** (*party*) afiliarse a; (*club*) hacerse socio,-a de. **II** *vi* **1** unirse. **2** (*roads*) empalmar; (*rivers*) confluir. **3** (*become a member of political party*) afiliarse; (*become member of club*) hacerse socio,-a. **III** *n* juntura *f*. ◆**join in I** *vi* participar, tomar parte; (*debate*) intervenir. **II** *vtr* participar en, tomar parte en. ◆**join up I** *vtr* juntar. **II** *vi* (*of roads*) unirse; *Mil* alistarse.

joiner ['dʒɔɪnəʳ] *n GB* carpintero,-a *m,f*.

joinery ['dʒɔɪnərɪ] *n* carpintería *f*.

joint [dʒɔɪnt] **I** *n* **1** juntura *f*, unión *f*; *Tech Anat* articulación *f*; **out of j.**, dislocado,-a. **2** *Culin* corte *m* de carne para asar; (*once roasted*) asado *m*. **3** *sl* (*nightclub etc*) garito *m*. **4** *sl* (*drug*) porro *m*. **II** *adj* colectivo,-a; **j. (bank) account**, cuenta conjunta; **j. venture**, empresa conjunta. ◆**jointly** *adv* conjuntamente, en común.

joist [dʒɔɪst] *n* vigueta *f*.

joke [dʒəʊk] **I** *n* chiste *m*; (*prank*) broma *f*; **to play a j. on sb**, gastarle una broma a algn; **to tell a j.**, contar un chiste; *fam* (*person, thing*) hazmerreír *m*, payaso,-a *m,f*. **II** *vi* estar de broma; **you must be joking!**, ¡no hablarás en serio!

joker ['dʒəʊkəʳ] n 1 bromista mf. 2 *Cards* comodín m.

jolly ['dʒɒlɪ] I adj (*jollier, jolliest*) alegre. II adv fam (*very*) muy; **she played j. well**, jugó muy bien.

jolt [dʒəʊlt] I n 1 sacudida f; (*pull*) tirón m. 2 fig (*fright*) susto m. II vi moverse a sacudidas. III vtr sacudir.

Jordan ['dʒɔːdən] n 1 (*river*) Jordán m. 2 (*country*) Jordania.

joss-stick ['dʒɒsstɪk] n varita f de incienso.

jostle ['dʒɒsəl] I vi dar empujones. II vtr dar empujones a.

jot [dʒɒt] n jota f, pizca f; **not a j.**, ni jota. ◆**jot down** vtr apuntar.

jotter ['dʒɒtəʳ] n GB bloc m.

journal ['dʒɜːnəl] n 1 revista f. 2 (*diary*) diario m. 3 (*newspaper*) periódico m.

journalism ['dʒɜːnəlɪzəm] n periodismo m.

journalist ['dʒɜːnəlɪst] n periodista mf.

journey ['dʒɜːnɪ] I n viaje m; (*distance*) trayecto m. II vi fml viajar.

jovial ['dʒəʊvɪəl] adj jovial.

jowl [dʒaʊl] n quijada f.

joy [dʒɔɪ] n alegría f; (*pleasure*) placer m.

joyful ['dʒɔɪfʊl] adj alegre, contento,-a.

joyous ['dʒɔɪəs] adj lit alegre.

joyride ['dʒɔɪraɪd] n fam paseo m en un coche robado.

joystick ['dʒɔɪstɪk] n Av palanca f de mando; (*of video game*) joystick m.

JP [dʒeɪ'piː] abbr of *Justice of the Peace*. **Jr** abbr of **junior**.

jubilant ['dʒuːbɪlənt] adj jubiloso,-a.

jubilation [dʒuːbɪ'leɪʃən] n júbilo m.

jubilee ['dʒuːbɪliː] n festejos mpl; **golden j.**, quincuagésimo aniversario.

judge [dʒʌdʒ] I n juez mf, jueza f; (*in competition*) jurado m. II vtr 1 Jur juzgar. 2 (*estimate*) considerar. 3 (*competition*) actuar de juez de. 4 (*assess*) juzgar. III vi juzgar; **judging from what you say**, a juzgar por lo que dices.

judg(e)ment ['dʒʌdʒmənt] n 1 Jur sentencia f, fallo m; **to pass j.**, dictar sentencia. 2 (*opinion*) parecer m, opinión f; **to reserve j.**, no opinar (**on**, sobre). 3 (*ability*) buen juicio m. 4 (*trial*) juicio m.

judicial [dʒuː'dɪʃəl] adj judicial.

judiciary [dʒuː'dɪʃɪərɪ] n magistratura f.

judicious [dʒuː'dɪʃəs] adj fml juicioso,-a.

judo ['dʒuːdəʊ] n judo m.

jug [dʒʌɡ] n GB jarra f; **milk j.**, jarra de leche.

juggernaut ['dʒʌɡənɔːt] n GB camión pesado.

juggle ['dʒʌɡəl] vi (*perform*) hacer juegos malabares (**with**, con); fig (*responsibilities*) ajustar.

juggler ['dʒʌɡləʳ] n malabarista mf.

juice [dʒuːs] n jugo m; (*of citrus fruits*) zumo m.

juicy ['dʒuːsɪ] adj (*juicier, juiciest*) 1 jugoso,-a. 2 fam fig picante.

jukebox ['dʒuːkbɒks] n rocola f.

July [dʒuː'laɪ, dʒə'laɪ] n julio m.

jumble ['dʒʌmbəl] I n revoltijo m; **j. sale**, mercadillo m de caridad. II vtr revolver.

jumbo ['dʒʌmbəʊ] n j. (*jet*), jumbo m.

jump [dʒʌmp] I n salto m; (*sudden increase*) subida repentina; **j. leads**, cables mpl de emergencia; **j. suit**, mono m. II vi 1 saltar; fam fig **to j. to conclusions**, sacar conclusiones precipitadas. 2 fig (*start*) sobresaltarse. 3 (*increase*) aumentar de golpe. III vtr saltar; fam fig **to j. the gun**, precipitarse; GB **to j. the queue**, colarse; **to j. the lights**, saltarse el semáforo. ◆**jump at** vtr aceptar sin pensarlo.

jumper ['dʒʌmpəʳ] n 1 GB (*sweater*) jersey m. 2 US (*dress*) pichi m, falda f con peto. 3 US Aut **j. cables**, cables mpl de emergencia.

jumpy ['dʒʌmpɪ] adj (*jumpier, jumpiest*) fam nervioso,-a.

junction ['dʒʌŋkʃən] n (*of roads*) cruce m; Rail Elec empalme m.

juncture ['dʒʌŋktʃəʳ] n fml **at this j.**, en esta coyuntura.

June [dʒuːn] n junio m.

jungle ['dʒʌŋɡəl] n jungla f, selva f; fig laberinto m; **the concrete j.**, la jungla de asfalto.

junior ['dʒuːnjəʳ] I adj 1 (*son of*) hijo; **David Hughes j.**, David Hughes hijo. 2 **j. school**, escuela f de EGB (Enseñanza General Básica); **j. team**, equipo m juvenil. 3 (*lower in rank*) subalterno,-a. II n 1 (*person of lower rank*) subalterno,-a m,f. 2 (*younger person*) menor mf.

junk [dʒʌŋk] n 1 fam trastos mpl; **j. food**, comida basura; **j. mail**, propaganda f (por correo); **j. shop**, tienda f de segunda mano. 2 (*boat*) junco m.

junkie ['dʒʌŋkɪ] n sl yonqui mf.

junta ['dʒʌntə, 'dʒʊntə, US 'hʊntə] n junta f militar.

jurisdiction [dʒʊərɪs'dɪkʃən] n fml jurisdicción f.

juror ['dʒʊərəʳ] n jurado,-a m,f.

jury ['dʒʊərɪ] n jurado m.

just [dʒʌst] I adj (*fair*) justo,-a; fml (*well-founded*) justificado,-a. II adv 1 **he had j. arrived**, acababa de llegar. 2 (*at this very moment*) ahora mismo, en este momento; **he was j. leaving when Rosa arrived**, estaba a punto de salir cuando llegó Rosa; **I'm j. coming!**, ¡ya voy!; **j. as ...**, cuando ..., justo al...; **j. as I thought**, me lo figuraba. 3 (*only*) solamente; **j. in case**, por si acaso; **j. a minute!**, ¡un momento! 4 (*barely*) por poco; **I only j. caught the bus**, cogí el autobús por los pelos; **j. about**, casi; **j. enough**, justo lo

justice 435 **keyboard**

suficiente. 5 (*emphatic*) **it's j. fantastic!**, ¡es sencillamente fantástico!; **you'll j. have to wait**, tendrás que esperar. 6 (*exactly*) exactamente, justo; **that's j. it!**, ¡precisamente! 7 (*equally*) **j. as fast as**, tan rápido como.
justice ['dʒʌstɪs] *n* **1** justicia *f*; **he was brought to j.**, lo llevaron ante los tribunales; **you didn't do yourself j.**, no diste lo mejor de ti. **2** (*judge*) juez *mf*; GB **J. of the Peace**, juez de paz.
justifiable ['dʒʌstɪfaɪəbəl] *adj* justificable.
justification [dʒʌstɪfɪ'keɪʃən] *n* justificación *f*.
justified ['dʒʌstɪfaɪd] *adj* **to be j. in doing sth**, tener razón en hacer algo.
justify ['dʒʌstɪfaɪ] *vtr* justificar.
jut [dʒʌt] *vi* sobresalir; **to j. out over**, proyectarse sobre.
juvenile ['dʒuːvənaɪl] **I** *adj* **1** juvenil; **j. court**, tribunal *m* de menores; **j. delinquent**, delincuente *mf* juvenil. **2** (*immature*) infantil. **II** *n* menor *mf*, joven *mf*.
juxtapose [dʒʌkstə'pəʊz] *vtr* yuxtaponer.

K

K, k [keɪ] *n* (*the letter*) K, k *f*.
kaleidoscope [kə'laɪdəskəʊp] *n* caleidoscopio *m*.
Kampuchea [kæmpʊ'tʃɪə] *n* Kampuchea.
kangaroo ['kæŋgə'ruː] *n* canguro *m*.
karat ['kærət] *n* US quilate *m*.
karate [kə'rɑːtɪ] *n* kárate *m*.
kebab ['kɪbæb] *n* Culin pincho moruno, brocheta *f*.
keel [kiːl] *n* quilla *f*; *fig* **to be on an even k.**, estar en calma. ◆**keel over** *vi fam* desmayarse.
keen [kiːn] *adj* **1** (*eager*) entusiasta. **2** (*intense*) profundo,-a. **3** (*mind, senses*) agudo,-a; (*look*) penetrante; (*blade*) afilado,-a; (*competition*) fuerte.
keep [kiːp] **I** *n* **1 to earn one's k.**, ganarse el pan. **2** (*tower*) torreón *m*. **3** *fam* **for keeps**, para siempre.
II *vtr* (*pt & pp* **kept**) **1** guardar; **to k. one's room tidy**, mantener su cuarto limpio; **to k. sb informed**, tener a algn al corriente; **to k. sth in mind**, tener algo en cuenta. **2** (*not give back*) quedarse con. **3** (*detain*) detener; **to k. sb waiting**, hacer esperar a algn. **4** (*maintain*) mantener; (*animals*) criar. **5** (*the law*) observar; (*a promise*) cumplir. **6** (*a secret*) guardar. **7** (*diary, accounts*) llevar. **8** (*prevent*) **to k. sb from doing sth**, impedir a algn hacer algo. **9** (*own, manage*) tener; (*shop, hotel*) llevar. **10** (*stock*) tener.
III *vi* **1** (*remain*) seguir; **k. still!**, ¡estáte quieto,-a!; **to k. fit**, mantenerse en forma; **to k. going**, seguir adelante; **to k. in touch**, no perder el contacto. **2** (*do frequently*) no dejar de; **she keeps forgetting her keys**, siempre se olvida las llaves. **3** (*food*) conservarse.
◆**keep at** *vi* perseverar en. ◆**keep away** *vtr* mantener a distancia. **II** *vi* mantenerse a distancia. ◆**keep back** *vtr* (*information*) ocultar, callar; (*money etc*) retener. ◆**keep down** *vtr* **to k. prices down**, mantener los precios bajos. ◆**keep off** *vtr* **k. off the grass**, prohibido pisar la hierba. ◆**keep on I** *vtr* **1** (*clothes etc*) no quitarse; **to k. an eye on sth/sb**, vigilar algo/a algn. **2** (*continue to employ*) no despedir a. **II** *vi* (*continue to do*) seguir. ◆**keep out I** *vtr* no dejar pasar. **II** *vi* no entrar; **k. out!**, ¡prohibida la entrada! ◆**keep to** *vtr* (*subject*) limitarse a; **to k. to one's room**, quedarse en el cuarto; **k. to the point!**, ¡cíñete a la cuestión!; **to k. to the left**, circular por la izquierda. ◆**keep up** *vtr* **1** mantener; **to k. up appearances**, guardar las apariencias. **2 k. it up!**, ¡sigue así! **3** (*prevent from sleeping*) mantener despierto,-a. ◆**keep up with** *vtr* **to k. up with the times**, estar al día.
keeper ['kiːpər] *n* (*in zoo*) guarda *mf*; (*in record office*) archivero,-a *m,f*; (*in museum*) conservador,-a *m,f*.
keeping ['kiːpɪŋ] *n* **1** (*care*) cuidado *m*. **2 in k. with**, en armonía con; **out of k. with**, en desacuerdo con.
keepsake ['kiːpseɪk] *n* recuerdo *m*.
keg [keg] *n* barril *m*.
kennel ['kenəl] *n* caseta *f* para perros; **kennels**, hotel *m sing* de perros.
Kenya ['kenjə, 'kiːnjə] *n* Kenia.
Kenyan ['kenjən, 'kiːnjən] *adj & n* keniano,-a (*m,f*).
kept [kept] *pt & pp* → **keep**.
kerb [kɜːb] *n* bordillo *m*.
kernel ['kɜːnəl] *n* (*of fruit, nut*) pepita *f*; (*of wheat*) grano *m*; *fig* meollo *m*.
kerosene, kerosine ['kerəsiːn] *n* US queroseno *m*.
ketchup ['ketʃəp] *n* ketchup *m*, salsa *f* de tomate.
kettle ['ketəl] *n* hervidor *m*; **that's a different k. of fish**, eso es harina de otro costal.
key [kiː] **I** *n* **1** (*for lock*) llave *f*; **k. ring**, llavero *m*. **2** (*to code*) clave *f*. **3** (*of piano, typewriter*) tecla *f*. **4** Mus tono *m*. **II** *adj* clave. **III** *vtr* Comput teclear. ◆**key in** *vtr* Comput introducir.
keyboard ['kiːbɔːd] *n* teclado *m*.

keyed up [ki:d'ʌp] *adj* nervioso,-a.
keyhole ['ki:həʊl] *n* ojo *m* de la cerradura.
keynote ['ki:nəʊt] *n Mus* tónica *f*; *fig* nota *f* dominante.
kg *abbr of* **kilogram(s)**, kilogramo(s) *m (pl)*, kg.
khaki ['ka:kɪ] *adj & n* caqui *(m)*.
kick [kɪk] I *n* 1 *(from person)* patada *f*, puntapié *m*; *(from horse etc)* coz *f*; *(from gun)* culatazo *m*. 2 *fam* I get a k. out of it, eso me encanta; to do sth for kicks, hacer algo por gusto. II *vi (animal)* cocear; *(person)* dar patadas; *(gun)* dar un culatazo. III *vtr* dar un puntapié a. ◆**kick off** *vi fam* empezar; *Ftb* sacar. ◆**kick out** *vtr* echar a patadas. ◆**kick up** *vtr fam (fuss)* armar.
kick-off ['kɪkɒf] *n Ftb* saque *m* inicial.
kid¹ [kɪd] *n* 1 *Zool* cabrito *m*; *fig* to handle sb with k. gloves, tratar a algn con guante blanco. 2 *fam* niño,-a *m,f*, chiquillo,-a *m,f*; the kids, los críos.
kid² [kɪd] I *vt fam* tomar el pelo; no kidding!, ¡va en serio!. II *vtr* tomar el pelo a; to k. oneself, *(fool)* hacerse ilusiones.
kidnap ['kɪdnæp] *vtr* secuestrar.
kidnapper ['kɪdnæpər] *n* secuestrador,-a *m,f*.
kidnapping ['kɪdnæpɪŋ] *n* secuestro *m*.
kidney ['kɪdnɪ] *n* riñón *m*.
kill [kɪl] *vtr* matar; *fig* to k. time, pasar el rato; *fam* my feet are killing me, ¡cómo me duelen los pies! ◆**kill off** *vtr* exterminar.
killer ['kɪlər] *n* asesino,-a *m,f*; k. whale, orca *f*.
killing ['kɪlɪŋ] *n* asesinato *m*; *fig* to make a k., forrarse de dinero.
killjoy ['kɪldʒɔɪ] *n* aguafiestas *mf inv*.
kiln [kɪln] *n* horno *m*.
kilo ['ki:ləʊ] *n* kilo *m*.
kilogram(me) ['kɪləʊgræm] *n* kilogramo *m*.
kilometre, *US* **kilometer** [kɪ'lɒmɪtər] *n* kilómetro *m*.
kilowatt ['kɪləʊwɒt] *n* kilovatio *m*.
kilt [kɪlt] *n* falda escocesa, kilt *m*.
kin [kɪn] *n* familiares *mpl*, parientes *mpl*.
kind¹ [kaɪnd] I *n* tipo *m*, clase *f*; they are two of a k., son tal para cual; in k., *(payment)* en especie; *(treatment)* con la misma moneda. II *adv fam* **k. of**, en cierta manera.
kind² [kaɪnd] *adj* amable, simpático,-a; *fml* would you be so k. as to ...?, ¿me haría usted el favor de ...?
kindergarten ['kɪndəga:tən] *n* jardín *m* de infancia.
kind-hearted [kaɪnd'ha:tɪd] *adj* bondadoso,-a.
kindle ['kɪndəl] *vtr* encender.
kindly ['kaɪndlɪ] I *adj (kindlier, kindliest)* amable, bondadoso,-a. II *adv fml (please)* por favor; **k. remit a cheque**, sírvase enviar cheque; to look k. on, aprobar.
kindness ['kaɪndnɪs] *n* bondad *f*, amabilidad *f*.
kindred ['kɪndrɪd] *adj* **k. spirits**, almas gemelas.
kinetic [kɪ'netɪk] *adj* cinético,-a.
king [kɪŋ] *n* rey *m*; *(draughts)* dama *f*.
kingdom ['kɪŋdəm] *n* reino *m*.
kingfisher ['kɪŋfɪʃər] *n Orn* martín *m* pescador.
king-size ['kɪŋsaɪz] *adj* extralargo,-a.
kink [kɪŋk] *n (in rope)* coca *f*; *(in hair)* rizo *m*.
kinky ['kɪŋkɪ] *adj (kinkier, kinkiest) fam* raro,-a; *(sexually)* pervertido,-a.
kiosk ['ki:ɒsk] *n* quiosco *m*.
kiss [kɪs] I *n* beso *m*. II *vtr* besar. III *vi* besarse.
kit [kɪt] *n* 1 *(gear)* equipo *m*; *Mil* avíos *mpl*. 2 *(clothing)* ropa *f*. 3 *(toy model)* maqueta *f*. ◆**kit out** *vtr* equipar.
kitchen ['kɪtʃɪn] *n* cocina *f*; k. sink, fregadero *m*.
kite [kaɪt] *n* 1 *(toy)* cometa *f*. 2 *Orn* milano *m*.
kitten ['kɪtən] *n* gatito,-a *m,f*.
kitty ['kɪtɪ] *n (money)* fondo *m* común; *Cards* bote *m*.
kiwi ['ki:wi:] *n Bot Orn* kiwi *m*.
km *(pl* **km** *or* **kms)** *abbr of* **kilometre(s)**, km.
knack [næk] *n* to get the k. of doing sth, cogerle el truquillo a algo.
knapsack ['næpsæk] *n* mochila *f*.
knead [ni:d] *vtr* dar masaje a; *(bread etc)* amasar.
knee [ni:] I *n* rodilla *f*. II *vtr* dar un rodillazo a.
kneecap ['ni:kæp] I *n* rótula *f*. II *vtr* romper la rótula a.
kneel [ni:l] *vi (pt & pp* **knelt)** **to k. (down)**, arrodillarse.
knell [nel] *n lit* toque *m* de difuntos.
knelt [nelt] *pt & pp* → **kneel**.
knew [nju:] *pt* → **know**.
knickers ['nɪkəz] *npl* bragas *fpl*.
knife [naɪf] I *n (pl* **knives** [naɪvz])** cuchillo *m*. II *vtr* apuñalar, dar una puñalada a.
knight [naɪt] I *n Hist* caballero *m*; *Chess* caballo *m*. II *vtr* armar caballero.
knighthood ['naɪthʊd] *n (rank)* título *m* de caballero.
knit [nɪt] I *vtr (pt & pp* **knit)** 1 tejer. 2 *(join)* juntar **(together,** -); *fig* **to k. one's brow**, fruncir el ceño. II *vi* 1 tejer, hacer punto. 2 *(bone)* soldarse.
knitting ['nɪtɪŋ] *n* punto *m*; k. machine, máquina *f* de tejer; k. needle, aguja *f* de tejer.
knit-wear ['nɪtweər] *n* géneros *mpl* de punto.
knob [nɒb] *n* 1 *(of stick)* puño *m*; *(of*

drawer) tirador *m; (button)* botón *m.* 2 *(small portion)* trozo *m.*
knock [nɒk] **I** *n* golpe *m; fig* revés *m.* **II** *vtr* **1** golpear. **2** *fam (criticize)* criticar. **III** *vi* chocar **(against, into,** contra); *(at door)* llamar **(at,** a). ◆**knock down** *vtr* **1** *(demolish)* derribar. **2** *(price)* rebajar. ◆**knock off** *vtr* **1** tirar. **2** *fam (steal)* birlar. **3** *sl (kill)* liquidar. **II** *vi fam* **they k. off at five,** se piran a las cinco. ◆**knock out** *vtr* **1** *(make unconscious)* dejar sin conocimiento; *Box* poner fuera de combate, derrotar por K.O. **2** *(surprise)* dejar pasmado,-a. ◆**knock over** *vtr (cup)* volcar; *(with car)* atropellar.
knocker ['nɒkər] *n (on door)* aldaba *f.*
knock-kneed [nɒk'ni:d] *adj* patizambo,-a.
knockout ['nɒkaʊt] *n* **1** *Box* K.O. *m,* knock-out *m.* **2** *fam* maravilla *f.*
knot [nɒt] **I** *n* nudo *m; (group)* grupo *m.* **II** *vtr* anudar.
knotty ['nɒtɪ] *adj* **(knottier, knottiest)** nudoso,-a; *fig* **a k. problem,** un problema espinoso.
know [nəʊ] *vtr & vi (pt* **knew;** *pp* **known)** **1** saber; **as far as I k.,** que yo sepa; **she knows how to ski,** sabe esquiar; **to get to k. sth,** enterarse de algo; **to let sb k.,** avisar al algn. **2** *(be acquainted with)* conocer; **we got to k. each other at the party,** nos conocimos en la fiesta.
know-all ['nəʊɔ:l] *n fam* sabelotodo *mf.*
know-how ['nəʊhaʊ] *n fam* conocimiento práctico.
knowing ['nəʊɪŋ] *adj (deliberate)* deliberado,-a; **a k. smile,** una sonrisa de complicidad. ◆**knowingly** *adv (shrewd)* a sabiendas; *(deliberately)* deliberadamente.
knowledge ['nɒlɪdʒ] *n* **1** conocimiento *m;* **without my k.,** sin saberlo yo. **2** *(learning)* conocimientos *mpl.*
knowledgeable ['nɒlɪdʒəbəl] *adj* erudito,-a; **k. about,** muy entendido,-a en.
known [nəʊn] *adj* conocido,-a.
knuckle ['nʌkəl] *n Anat* nudillo *m; Culin* hueso *m.* ◆**knuckle down** *vi fam* ponerse a trabajar en serio.
KO [keɪ'əʊ] *fam abbr of* **knockout,** K.O. *m.*
Koran [kɔ:'rɑ:n] *n* Corán *m.*
Korea [kə'rɪə] *n* Corea.
Korean [kə'rɪən] *adj & n* coreano,-a *(m,f).*
Kurd [kɜ:d] *n* curdo,-a *m,f.*
Kuwait [kʊ'weɪt] *n* Kuwait.

L

L, l [el] *n (the letter)* L, l *f.*
lab [læb] *n fam abbr of* **laboratory.**
label ['leɪbəl] **I** *n* etiqueta *f;* **record l.,** ≈ casa discográfica. **II** *vtr* poner etiqueta a.
labor ['leɪbər] *n & vi US →* **labour.**
laboratory [lə'bɒrətərɪ, *US* 'læbrətɔ:rɪ] *n* laboratorio *m.*
laborious [lə'bɔ:rɪəs] *adj* penoso,-a.
labour ['leɪbər] **I** *n* **1** *(work)* trabajo *m; (task)* tarea *f.* **2** *(workforce)* mano *f* de obra. **3** **labours,** esfuerzos *mpl.* **4 L. (Party),** el Partido Laborista. **5** *(childbirth)* parto *m;* **to be in l.,** estar de parto. **II** *adj* laboral. **III** *vi* **1** *(work)* trabajar (duro). **2** *(move with difficulty)* avanzar penosamente. **IV** *vtr (stress, linger on)* machacar; *(a point)* insistir en.
laboured ['leɪbəd] *adj (breathing)* fatigoso,-a; *(style)* forzado,-a.
labourer ['leɪbərər] *n* peón *m;* **farm l.,** peón *m* agrícola.
labour-saving ['leɪbəseɪvɪŋ] *adj* **l.-s. devices,** electrodomésticos *mpl.*
labyrinth ['læbərɪnθ] *n* laberinto *m.*
lace [leɪs] **I** *n* **1** *(fabric)* encaje *m.* **2 laces,** cordones *mpl.* **II** *vtr* **1** *(shoes)* atarse los cordones. **2** *(add spirits to)* echar licor **(with,** a). ◆**lace up** *vtr* atar con cordones.
lacerate ['læsəreɪt] *vtr* lacerar.
lack [læk] **I** *n* falta *f,* escasez *f;* **for l. of,** por falta de. **II** *vtr* carecer de. **III** *vi* carecer **(in,** de).
lackadaisical [lækə'deɪzɪkəl] *adj (lazy)* perezoso,-a; *(indifferent)* indiferente.
lacklustre, *US* **lackluster** ['læklʌstər] *adj (eyes)* apagado,-a; *(performance)* anodino, -a.
laconic [lə'kɒnɪk] *adj* lacónico,-a.
lacquer ['lækər] **I** *n* laca *f.* **II** *vtr (hair)* poner laca en.
lad [læd] *n fam* chaval *m,* muchacho *m; fam* **the lads,** los amigotes; **(stable) l.,** mozo *m* de cuadra.
ladder ['lædər] **I** *n* **1** escalera *f* (de mano); *fig* escala *f.* **2** *(in stocking)* carrera *f.* **II** *vtr* **I've laddered my stocking,** me he hecho una carrera en las medias.
laden ['leɪdən] *adj* cargado,-a **(with,** de).
ladle ['leɪdəl] *n* cucharón *m.*
lady ['leɪdɪ] *n* señora *f; Pol* **First L.,** primera dama; *(WC)* **'Ladies',** 'Señoras'; **ladies and gentlemen!,** ¡señoras y señores!; **L. Brown,** Lady Brown.
ladybird ['leɪdɪbɜ:d], *US Canada* **ladybug** ['leɪdɪbʌg] *n* mariquita *f.*
lady-in-waiting [leɪdɪɪn'weɪtɪŋ] *n* dama *f* de honor.
ladylike ['leɪdɪlaɪk] *adj* elegante.
ladyship ['leɪdɪʃɪp] *n* **Her L., Your L.,**

lag 438 **lasso**

su señoría.
lag [læg] **I** *n* time l., demora *f*. **II** *vi* to l. (behind), quedarse atrás, retrasarse. **III** *vtr Tech* revestir.
lager ['lɑ:gəʳ] *n* cerveza rubia.
lagoon [lə'gu:n] *n* laguna *f*.
laid [leɪd] *pt & pp* lay.
laid-back [leɪd'bæk] *adj fam* tranquilo,-a.
lain [leɪn] *pp of* lie.
lair [leəʳ] *n* guarida *f*.
lake [leɪk] *n* lago *m*.
lamb [læm] *n* cordero *m*; *(meat)* carne *f* de cordero; l. chop, chuleta *f* de cordero; l.'s wool, lana *f* de cordero.
lame [leɪm] *adj* 1 cojo,-a. 2 *fig (excuse)* poco convincente; *(argument)* flojo,-a.
lament [lə'ment] **I** *n Mus* elegía *f*. **II** *vtr (death)* llorar, lamentar. **III** *vi* llorar (for, a), lamentarse (over, de).
lamentable ['læməntəbəl] *adj* lamentable.
laminated ['læmɪneɪtɪd] *adj (metal)* laminado,-a; *(glass)* inastillable; *(paper)* plastificado,-a.
lamp [læmp] *n* lámpara *f*; *Aut* faro *m*.
lampoon [læm'pu:n] **I** *n* sátira *f*. **II** *vtr* satirizar.
lamp-post ['læmppəʊst] *n* farola *f*.
lampshade ['læmpʃeɪd] *n* pantalla *f*.
lance [lɑ:ns] **I** *n* lanza *f*; *GB Mil* l. corporal, cabo interino; *Med* lanceta *f*. **II** *vtr Med* abrir con lanceta.
land [lænd] **I** *n* 1 tierra *f*; *(soil)* suelo *m*; by l., por tierra; farm l., tierras *fpl* de cultivo. 2 *(country)* país *m*. 3 *(property)* tierras *fpl*; *(estate)* finca *f*; piece of l., terreno *m*. **II** *vtr* 1 *(plane)* hacer aterrizar. 2 *(disembark)* desembarcar. 3 *Fishing* pescar. 4 *fam (obtain)* conseguir; *(contract)* ganar. 5 *fam* she got landed with the responsibility, tuvo que cargar con la responsabilidad. 6 *fam (blow)* asestar. **III** *vi* 1 *(plane)* aterrizar. 2 *(disembark)* desembarcar. 3 *(after falling)* caer (in, sobre). ◆**land up** *vi fam* ir a parar.
landing ['lændɪŋ] *n* 1 *(of staircase)* rellano *m*. 2 *(of plane)* aterrizaje *m*; l. strip, pista *f* de aterrizaje. 3 *(of passengers)* desembarco *m*; l. stage, desembarcadero *m*.
landlady ['lændleɪdɪ] *n (of flat)* dueña *f*, propietaria *f*; *(of boarding house)* patrona *f*; *(of pub)* dueña.
landlord ['lændlɔ:d] *n (of flat)* dueño *m*, propietario *m*; *(of pub)* patrón *m*, dueño.
landmark ['lændmɑ:k] *n* 1 señal *f*, marca *f*; *(well-known place)* lugar muy conocido. 2 *fig* hito *m*.
landowner ['lændəʊnəʳ] *n* terrateniente *mf*.
landscape ['lændskeɪp] **I** *n* paisaje *m*. **II** *vtr* ajardinar.
landslide ['lændslaɪd] *n* desprendimiento *m* de tierras; l. victory, victoria arrolladora.
lane [leɪn] *n (in country)* camino *m*; *(in town)* callejón *m*; *(of motorway)* carril *m*; *Sport* calle *f*; *Naut* ruta *f*.
language ['læŋgwɪdʒ] *n* 1 lenguaje *m*; bad l., palabrotas *fpl*. 2 *(of a country)* idioma *m*, lengua *f*; l. laboratory, laboratorio *m* de idiomas.
languid ['læŋgwɪd] *adj* lánguido,-a.
languish ['læŋgwɪʃ] *vi* languidecer; *(project, plan etc)* quedar abandonado,-a; *(in prison)* pudrirse.
lank [læŋk] *adj (hair)* lacio,-a.
lanky ['læŋkɪ] *adj* (**lankier, lankiest**) larguirucho,-a.
lantern ['læntən] *n* farol *m*.
lap¹ [læp] *n* Anat regazo *m*.
lap² [læp] **I** *n (circuit)* vuelta *f*; *fig* etapa *f*. **II** *vtr (overtake)* doblar.
lap³ [læp] **I** *vtr (pt & pp* **lapped**) *(cat)* beber a lengüetadas. **II** *vi (waves)* lamer, besar. ◆**lap up** *vtr* 1 *(cat)* beber a lengüetadas. 2 *fig (wallow in)* disfrutar con; *(flattery)* recibir con estusiasmo. 3 *fig (believe)* tragar.
lapel [lə'pel] *n* solapa *f*.
Lapland ['læplænd] *n* Laponia.
lapse [læps] **I** *n* 1 *(of time)* lapso *m*. 2 *(error)* error *m*, desliz *m*; *(of memory)* fallo *m*. **II** *vi* 1 *(time)* pasar, transcurrir. 2 *(expire)* caducar. 3 *(commit an error; (fall back)* caer (into, en). 4 *Rel* perder la fe.
larceny ['lɑ:sənɪ] *n GB* latrocinio *m*; *US* hurto *m*.
larch [lɑ:tʃ] *n* alerce *m*.
lard [lɑ:d] *n* manteca *f* de cerdo.
larder ['lɑ:dəʳ] *n* despensa *f*.
large [lɑ:dʒ] **I** *adj* grande; *(amount)* importante; *(extensive)* amplio,-a; by and l., por lo general. **II** *n* to be at l., andar suelto,-a; the public at l., el público en general. ◆**largely** *adv (mainly)* en gran parte; *(chiefly)* principalmente.
large-scale ['lɑ:dʒskeɪl] *adj (project, problem etc)* de gran envergadura; *(map)* a gran escala.
lark¹ [lɑ:k] *n Orn* alondra *f*.
lark² [lɑ:k] *n fam (joke)* broma *f*; what a l.!, qué risa! ◆**lark about, lark around** *vi fam* hacer el tonto.
larva ['lɑ:və] *n* larva *f*.
laryngitis [lærɪn'dʒaɪtɪs] *n* laringitis *f*.
larynx ['lærɪŋks] *n Anat* laringe *f*.
laser ['leɪzəʳ] *n* láser *m*; l. printer, impresora *f* láser.
lash [læʃ] **I** *n* 1 *(eyelash)* pestaña *f*. 2 *(blow with whip)* latigazo *m*. **II** *vtr* 1 *(beat)* azotar. 2 *(rain)* caer con fuerza. 3 *(tie)* atar. ◆**lash out** *vi* 1 *(with fists)* repartir golpes a diestro y siniestro; *(verbally)* criticar (at, a). 2 *fam (spend money)* tirar la casa por la ventana.
lass [læs] *n fam* chavala *f*, muchacha *f*.
lasso [læ'su:] **I** *n* lazo *m*. **II** *vtr* coger con el lazo.

last [lɑ:st] **I** adj **1** (final) último,-a, final; fam **the l. straw**, el colmo. **2** (most recent) último,-a. **3** (past) pasado,-a; (previous) anterior; **l. but one**, penúltimo,-a; **l. month**, el mes pasado; **l. night**, anoche; **the night before l.**, anteanoche. **II** adv **1 when I l. saw her**, la última vez que la vi. **2** (at the end) en último lugar; (in race etc) último; **at (long) l.**, por fin; **l. but not least**, el último en orden pero no en importancia. **III** n el último, la última. **IV** vi **1** (time) durar; (hold out) aguantar. **2** (be enough for) llegar, alcanzar. ◆**lastly** adv por último, finalmente.

last-ditch ['lɑ:stdɪtʃ] adj (effort, attempt) último,-a y desesperado,-a.

lasting ['lɑ:stɪŋ] adj duradero,-a.

last-minute ['lɑ:stmɪnɪt] adj de última hora.

latch [lætʃ] n picaporte m, pestillo m.

late [leɪt] **I** adj **1** (not on time) tardío,-a; (hour) avanzado,-a; **to be five minutes l.**, llegar con cinco minutos de retraso. **2** (far on in time) tarde; **in l. autumn**, a finales del otoño; **in the l. afternoon**, a última hora de la tarde; **she's in her l. twenties**, ronda los treinta. **3** (dead) difunto,-a. **II** adv **1** (not on time) tarde; **to arrive l.**, llegar tarde. **2** (far on in time) tarde; **l. at night**, a altas horas de la noche; **l. in life**, a una edad avanzada. **3** **as l. as 1950**, todavía en 1950; **of l.**, últimamente. ◆**lately** adv últimamente, recientemente.

latecomer ['leɪtkʌmər] n tardón,-ona m,f.

latent ['leɪtənt] adj **1** latente. **2** (desire) oculto,-a.

later ['leɪtər] **I** adj (comp of **late**) **1** (subsequent) más tarde; **in her l. novels**, en sus novelas posteriores. **2** (more recent) más reciente. **II** adv (comp of **late**) más tarde, después; **l. on**, más adelante, más tarde.

lateral ['lætərəl] adj lateral.

latest ['leɪtɪst] **I** adj (superl of **late**) (most recent) último,-a, más reciente. **II** n **1 lo último; have you heard the l.?**, ¿te enteraste de lo último?; **Friday at the l.**, el viernes a más tardar.

lathe [leɪð] n Tech torno m.

lather ['lɑ:ðər] **I** n (of soap) espuma f; (horse's sweat) sudor m. **II** vtr (with soap) enjabonar.

Latin ['lætɪn] **I** adj & n latino,-a (m,f); **L. America**, América Latina, Latinoamérica f; **L. American**, latinoamericano,-a (m,f). **II** n (language) latín m.

latitude ['lætɪtjuːd] n latitud f.

latrine [lə'triːn] n letrina f.

latter ['lætər] **I** adj **1** (last) último,-a. **2** (second of two) segundo,-a. **II** pron éste,-a; **the former ... the l.**, aquél ... éste, aquélla ... ésta.

lattice ['lætɪs] n enrejado m, rejilla f.

laudable ['lɔ:dəbəl] adj loable.

laugh [lɑ:f] **I** n risa f; (guffaw) carcajada f; **for a l.**, para divertirse. **II** vi reír, reírse. ◆**laugh at** vi **to l. at sb/sth**, reírse de algn/algo. ◆**laugh about** vi **to l. about sb/sth**, reírse de algn/algo. ◆**laugh off** vtr tomar a risa.

laughable ['lɑ:fəbəl] adj (situation, suggestion) ridículo,-a; (amount, offer) irrisorio,-a.

laughing-stock ['lɑ:fɪŋstɒk] n hazmerreír m inv.

laughter ['lɑ:ftər] n risa f.

launch [lɔːntʃ] **I** n **1** (vessel) lancha f. **2** → **launching**. **II** vtr **1** (attack, rocket, new product) lanzar. **2** (ship) botar. **3** (film, play) estrenar. **4** (company) fundar. **5** fig (scheme) iniciar.

launching ['lɔːntʃɪŋ] n **1** (of rocket, new product) lanzamiento m. **2** (of ship) botadura f. **3** (of film, play) estreno m. **4** (of new company) fundación f.

launchpad ['lɔːntʃpæd] n plataforma f de lanzamiento.

launder ['lɔːndər] vtr lavar y planchar; fig (money) blanquear.

launderette ['lɔːndə'ret], US **Laundromat®** ['lɔːndrəmæt] n lavandería automática.

laundry ['lɔːndrɪ] n **1** (place) lavandería f. **2** (dirty clothes) ropa sucia; **to do the l.**, lavar la ropa.

laurel ['lɒrəl] n laurel m; fam fig **to rest on one's laurels**, dormirse en los laureles.

lava ['lɑːvə] n lava f.

lavatory ['lævətrɪ] n **1** excusado m, retrete m. **2** (room) baño m; **public l.**, servicios mpl, aseos mpl.

lavender ['lævəndər] n lavanda f.

lavish ['lævɪʃ] **I** adj **1** (generous) pródigo,-a. **2** (abundant) abundante. **3** (luxurious) lujoso,-a. **II** vtr (praise) colmar de (on, a); (care, attention) prodigarse en (on, con).

law [lɔː] n **1** ley f; **by l.**, según la ley; **l. and order**, el orden público; **to lay down the l.**, dictar la ley. **2** (as subject) derecho m; **l. court**, tribunal m de justicia. **3** fam **the l.**, los maderos.

law-abiding ['lɔːəbaɪdɪŋ] adj respetuoso,-a de la ley.

lawful ['lɔːful] adj legal; (permitted by law) lícito,-a; (legitimate) legítimo,-a.

lawn [lɔːn] n césped m; **l. tennis**, tenis m sobre hierba.

lawnmower ['lɔːnməʊər] n cortacésped m.

lawsuit ['lɔːsjuːt] n pleito m.

lawyer ['lɔːjər] n abogado,-a m,f; **l.'s office**, bufete m de abogados.

lax [læks] adj (not strict) relajado,-a; (not demanding) poco exigente; (careless) descuidado,-a.

laxative ['læksətɪv] adj & n laxante (m).

laxity ['læksɪtɪ] n relajamiento m; (careless-

ness) descuido *m*; *(negligence)* negligencia *f*.

lay¹ [leɪ] *adj* **1** *Rel* laico,-a. **2** *(non-specialist)* lego,-a.

lay² [leɪ] *vtr (pt & pp laid)* **1** *(place)* poner, colocar; *(cable, trap)* tender; *(foundations)* echar. **2** *(fire)* preparar; *(table)* poner. **3** *(leave)* dejar. **4** *(eggs)* poner. **5** *vulg* follar. **6** *(set down)* asentar; *(blame)* echar. ◆**lay aside** *vtr* dejar a un lado. ◆**lay by** *vtr (save)* guardar; *(money)* ahorrar. ◆**lay down** *vtr* **1** *(put down)* poner; *(let go)* dejar; **to l. down one's arms**, rendir las armas. **2** *(plan)* formular. **3** *(establish)* fijar, imponer; *(principles)* sentar. ◆**lay into** *vtr fam (physically)* dar una paliza a; *(verbally)* arremeter contra. ◆**lay off I** *vtr* **1** *(dismiss)* despedir. **2** *fam* dejar en paz. **II** *vi* **l. off!**, ¡para ya! ◆**lay on** *vtr* **1** *(provide)* proveer de; *(food)* preparar. **2** *(spread)* aplicar; *fam* **to l. it on** (thick), cargar las tintas. ◆**lay out** *vtr* **1** *(open out)* extender. **2** *(arrange)* disponer. **3** *(ideas)* exponer. **4** *(plan)* trazar. **5** *fam (spend)* gastar. **6** *fam (knock out)* derribar. ◆**lay up** *vtr* **1** *(store)* guardar. **2** *(accumulate)* almacenar. **3** *fam* **to be laid up**, tener que guardar cama.

lay³ [leɪ] *pt of* **lie²**.

layabout ['leɪəbaʊt] *n fam* vago,-a *m,f*.

lay-by ['leɪbaɪ] *n* área *f* de descanso.

layer ['leɪər] *n* capa *f*.

layman ['leɪmən] *n* lego,-a *m,f*.

layout ['leɪaʊt] *n (arrangement)* disposición *f*; *(presentation)* presentación *f*; *Typ* composición *f*; *(plan)* diseño *m*, trazado *m*.

laze [leɪz] *vi* holgazanear, gandulear.

laziness ['leɪzɪnɪs] *n* pereza *f*, holgazanería *f*.

lazy ['leɪzɪ] *adj (lazier, laziest)* perezoso,-a, holgazán,-ana; **at a l. pace**, a paso lento.

lb *abbr of* **pound**, libra *f*.

lead¹ [led] *n* **1** *(metal)* plomo *m*. **2** *(in pencil)* mina *f*.

lead² [li:d] **I** *n* **1** *(front position)* delantera *f*; *(advantage)* ventaja *f*; **to take the l.**, *(in race)* tomar la delantera; *(score)* adelantarse. **2** *(clue)* pista *f*. **3** *Theat* primer papel *m*; **l. singer**, cantante *mf* principal. **4** *(leash)* correa *f*. **5** *Elec* cable *m*. **II** *vtr (pt & pp led)* **1** *(conduct)* llevar, conducir. **2** *(be the leader of)* dirigir, encabezar. **3** *(influence)* llevar a; **this leads me to believe that**, esto me lleva a creer que; **she's easily led**, se deja llevar fácilmente. **4** *(life)* llevar. **III** *vi* **1** *(road)* llevar, conducir **(to, a)**. **2** *(go first)* ir delante; *(in race)* llevar la delantera. **3** **to l. to**, llevar a. ◆**lead away** *vtr* llevar. ◆**lead on I** *vi (go ahead)* ir adelante. **II** *vtr (deceive)* engañar, timar. ◆**lead up to** *vtr* llevar a.

leaden ['ledən] *adj (sky)* plomizo,-a; *(food)* pesado,-a.

leader ['li:dər] *n* **1** jefe,-a *m,f*, líder *mf*; *(in race)* líder. **2** *Press* editorial *m*, artículo *m* de fondo.

leadership ['li:dəʃɪp] *n* **1** *(command)* dirección *f*, mando *m*; *Pol* liderazgo *m*. **2** *(leaders)* dirigentes *mpl*, cúpula *f*.

lead-free ['ledfri:] *adj* sin plomo.

leading ['li:dɪŋ] *adj* **1** *(main)* principal. **2** *(outstanding)* destacado,-a.

leaf [li:f] *n (pl leaves* [li:vz]) hoja *f*; **to turn over a new l.**, hacer borrón y cuenta nueva. ◆**leaf through** *vtr* hojear.

leaflet ['li:flɪt] *n* folleto *m*.

league [li:g] *n* **1** *(alliance)* alianza *f*; *(association)* sociedad *f*; *fam* **to be in l. with sb**, estar conchabado,-a con algn. **2** *Sport* liga *f*.

leak [li:k] **I** *n* **1** *(hole)* agujero *m*; *(in roof)* gotera *f*. **2** *(of gas, liquid)* fuga *f*, escape *m*; *(of information)* filtración *f*. **II** *vi* **1** *(container)* tener un agujero; *(pipe)* tener un escape; *(roof)* gotear; *(boat)* hacer agua. **2** *(gas, liquid)* escaparse; *(information)* filtrarse; *(news)* trascender. **III** *vtr (information)* filtrar **(to, a)**.

leaky ['li:kɪ] *adj (leakier, leakiest) (container)* agujereado,-a; *(roof)* que tiene goteras; *(ship)* que hace agua.

lean¹ [li:n] *adj (meat)* magro,-a; *(person)* flaco,-a; *(harvest)* escaso,-a.

lean² [li:n] **I** *vi (pt & pp leaned or leant)* **1** inclinarse. **2 to l. on/against**, apoyarse en/contra; *fig* **to l. on sb**, *(pressurize)* presionar a algn; *(depend)* depender de algn. **II** *vtr* apoyar **(on, en)**. ◆**lean back** *vi* reclinarse. ◆**lean forward** *vi* inclinarse hacia delante. ◆**lean out** *vi* asomarse. ◆**lean over** *vi* inclinarse.

leaning ['li:nɪŋ] **I** *adj* inclinado,-a. **II** *n fig (tendency)* inclinación *f*, tendencia *f*.

leant [lent] *pt & pp* → **lean²**.

lean-to ['li:ntu:] *n (hut)* cobertizo *m*.

leap [li:p] **I** *n (jump)* salto *m*; *fig* paso *m*; **l. year**, año bisiesto. **II** *vi (pt & pp leaped or leapt)* saltar; *fig* **her heart leapt**, su corazón dio un vuelco. ◆**leap at** *vtr fig (chance)* no dejar escapar.

leapfrog ['li:pfrɒg] *n* pídola *f*.

leapt [lept] *pt & pp* → **leap**.

learn [lɜ:n] **I** *vtr (pt & pp learned or learnt)* **1** aprender; **to l. (how) to ski**, aprender a esquiar. **2 to l. that**, enterarse de que. **II** *vi* **1** aprender. **2 to l. about** *o* **of**, *(find out)* enterarse de.

learned ['lɜ:nɪd] *adj* erudito,-a.

learner ['lɜ:nər] *n (beginner)* principiante *mf*; **l. driver**, aprendiz,-a *m,f* de conductor.

learning ['lɜ:nɪŋ] *n (knowledge)* conocimientos *mpl*; *(erudition)* saber *m*.

learnt [lɜ:nt] *pt & pp* → **learn**.

lease [li:s] **I** *n* contrato *m* de arrendamiento; *fig* to give sb a new l. of life, dar nueva vida a algn. **II** *vtr* arrendar.
leasehold ['li:shəʊld] **I** *n* derechos *mpl* de arrendamiento. **II** *adj* (*property*) arrendado,-a.
leash [li:ʃ] *n* correa *f*.
least [li:st] (*superl of little*) **I** *adj* menor, mínimo,-a; **he has the l. time**, él es quien menos tiempo tiene. **II** *adv* menos; l. of all him, él menos que nadie. **III** *n* lo menos; **at l.**, por lo menos, al menos; **not in the l.!**, ¡en absoluto!; **to say the l.**, por no decir más.
leather ['leðər] **I** *n* piel *f*, cuero *m*. **II** *adj* de piel.
leave[1] [li:v] *vtr* (*pt & pp* **left**) **1** dejar; (*go away from*) abandonar; (*go out of*) salir de. **2** l. him alone!, ¡déjale en paz!; *fam* l. it to me, yo me encargo. **3** (*bequeath*) legar. **4** (*forget*) dejarse, olvidarse. **5** I have two biscuits left, me quedan dos galletas. **6** to be left over, sobrar. **II** *vi* (*go away*) irse, marcharse; (*go out*) salir; the train leaves in five minutes, el tren sale dentro de cinco minutos. ◆**leave behind** *vtr* **1** dejar atrás. **2** (*forget*) olvidarse. ◆**leave on** *vtr* **1** (*clothes*) dejar puesto,-a. **2** (*lights, radio*) dejar encendido,-a. ◆**leave out** *vtr* (*omit*) omitir; *fig* to feel left out, sentirse excluido,-a.
leave[2] [li:v] *n* **1** (*permission*) permiso *m*. **2** (*time off*) vacaciones *fpl*; *Mil* on l., de permiso; l. of absence, excedencia *f*. **3** to take one's l. of sb, despedirse de algn.
leaves [li:vz] *npl* → **leaf**.
Lebanon ['lebənən] *n* (the) L., (el) Líbano.
lecherous ['letʃərəs] *adj* lascivo,-a.
lecture ['lektʃər] **I** *n* **1** conferencia *f*; *Univ* clase *f*; **to give a l.**, dar una conferencia (**on**, sobre); l. hall, l. room, l. theatre, sala *f* de conferencias; *Univ* aula *f*. **2** (*rebuke*) sermón *m*. **II** *vi* dar una conferencia; *Univ* dar clases. **III** *vtr* (*reproach*) sermonear.
lecturer ['lektʃərər] *n* conferenciante *mf*; *Univ* profesor,-a *m,f*.
led [led] *pt & pp* → **lead**[2].
ledge [ledʒ] *n* **1** (*shelf*) repisa *f*; (*of window*) alféizar *m*. **2** (*on mountain*) saliente *m*.
ledger ['ledʒər] *n* libro *m* mayor.
lee [li:] *n* **1** *Naut* sotavento *m*. **2** *fig* abrigo *m*.
leech [li:tʃ] *n* sanguijuela *f*.
leek [li:k] *n* puerro *m*.
leer [lɪər] *vi* mirar con lascivia.
leeway ['li:weɪ] *n* libertad *f*; this gives me a certain amount of l., esto me da cierto margen de libertad.
left[1] [left] **I** *adj* izquierdo,-a; *Pol* **l. wing**, izquierda *f*. **II** *adv* a la izquierda. **III** *n* **1** izquierda *f*; **on the l.**, a mano izquierda. **2** *Pol* **to be on the l.**, ser de izquierdas.
left[2] [left] *pt & pp* → **leave**[1].
left-hand ['lefthænd] *adj* l.-h. drive, con el volante a la izquierda; on the l.-h. side, a mano izquierda.
left-handed [left'hændɪd] *adj* zurdo,-a.
left-luggage [left'lʌgɪdʒ] *n GB* l.-l. office, consigna *f*.
leftovers ['leftəʊvəz] *npl* sobras *fpl*.
left-wing ['leftwɪŋ] *adj* de izquierdas, izquierdista.
leg [leg] *n* **1** (*of person*) pierna *f*; (*of animal, table*) pata *f*; *Culin* (*of lamb*) pierna; (*of trousers*) pernera *f*. **2** (*stage*) etapa *f*.
legacy ['legəsɪ] *n* herencia *f*, legado *m*.
legal ['li:gəl] *adj* **1** legal; (*permitted by law*) lícito,-a; l. tender, moneda *f* de curso legal. **2** (*relating to the law*) jurídico,-a; l. aid, asesoramiento jurídico gratuito; l. dispute, contencioso *m*; *US* l. holiday, fiesta *f* nacional. ◆**legally** *adv* legalmente.
legalize ['li:gəlaɪz] *vtr* legalizar.
legend ['ledʒənd] *n* leyenda *f*.
legendary ['ledʒəndərɪ] *adj* legendario,-a.
leggings ['legɪŋz] *npl* polainas *fpl*.
legible ['ledʒəbəl] *adj* legible.
legion ['li:dʒən] *n* legión *f*.
legislation [ledʒɪs'leɪʃən] *n* legislación *f*.
legislative ['ledʒɪslətɪv] *adj* legislativo,-a.
legislator ['ledʒɪsleɪtər] *n* legislador,-a *m,f*.
legislature ['ledʒɪsleɪtʃər] *n* asamblea legislativa.
legitimate [lɪ'dʒɪtɪmɪt] *adj* legítimo,-a.
legroom ['legru:m] *n* espacio *m* para las piernas.
leisure ['leʒər, *US* 'li:ʒər] *n* ocio *m*, tiempo *m* libre; **at l.**, con calma; **do it at your l.**, hazlo cuando tengas tiempo; l. activities, pasatiempos *mpl*; l. centre, centro recreativo.
leisurely ['leʒəlɪ, *US* 'li:ʒəlɪ] *adj* (*unhurried*) tranquilo,-a; (*slow*) lento,-a.
lemon ['lemən] *n* limón *m*; l. curd, crema *f* de limón; l. juice, zumo *m* de limón; l. tea, té *m* con limón.
lemonade [lemə'neɪd] *n* limonada *f*.
lend [lend] *vtr* (*pt & pp* **lent**) prestar; **to l. oneself** *or* **itself to sth**, prestarse a *or* para algo.
lending ['lendɪŋ] *n* **1**. library, biblioteca pública.
length [leŋkθ, leŋθ] *n* **1** longitud *f*, largo *m*; **it is five metres in l.**, tiene cinco metros de largo. **2** (*duration*) duración *f*. **3** (*of string*) trozo *m*; (*of cloth*) retal *m*. **4** (*of swimming pool*) largo *m*; *fig* **to go to any lengths to achieve sth**, hacer lo que sea para conseguir algo. **5** **at l.**, (*finally*) finalmente; (*in depth*) a fondo.
lengthen ['leŋkθən, 'leŋθən] **I** *vtr* alargar;

(lifetime) prolongar. II *vi* alargarse; *(lifetime)* prolongarse.

lengthways ['leŋθweɪz] *adv* a lo largo.

lengthy ['leŋkθɪ, 'leŋθɪ] *adj* (**lengthier, lengthiest**) largo,-a; *(film, illness)* de larga duración; *(meeting, discussion)* prolongado,-a.

lenient ['li:nɪənt] *adj* indulgente.

lens [lenz] *n (of eye)* cristalino *m*; *(of spectacles)* lente *f*; *Phot* objetivo *m*.

Lent [lent] *n* Cuaresma *f*.

lent [lent] *pt & pp* → **lend**.

lentil ['lentɪl] *n* lenteja *f*.

Leo ['li:əʊ] *n* Leo *m*.

leopard ['lepəd] *n* leopardo *m*.

leotard ['li:əta:d] *n* leotardo *m*.

leper ['lepər] *n* leproso,-a *m,f*.

leprosy ['leprəsɪ] *n* lepra *f*.

lesbian ['lezbɪən] *adj & n* lesbiana *(f)*.

less [les] I *adj (comp of little)* menos. II *pron* menos; **the l. said about it, the better**, cuanto menos se hable de eso mejor. III *adv* menos; **l. and l.**, cada vez menos; **still l.**, menos aún. IV *prep* menos; **a year l. two days**, un año menos dos días.

lessen ['lesən] *vtr & vi* disminuir.

lesser ['lesər] *adj* menor; **to a l. extent**, en menor grado.

lesson ['lesən] *n* 1 clase *f*; *(in book)* lección *f*; **Spanish lessons**, clases de español. 2 *Rel* lectura *f*.

lest [lest] *conj fml* 1 para (que) no; **l. we forget**, para que no lo olvidemos. 2 *(for fear that)* por miedo a que.

let [let] I *vtr (pt & pp* **let**) 1 dejar, permitir; **to l. go of sth**, soltar algo; **to l. sb know**, avisar a algn; *fig* **to l. oneself go**, dejarse ir. 2 *(rent out)* alquilar; **'to l.'**, 'se alquila'. 3 **l. alone**, ni mucho menos. II *aux* **l. him wait**, que espere; **l. me go!**, ¡suéltame!; **l.'s go!**, ¡vamos!, ¡vámonos!; **l.'s see**, a ver. ◆**let down** *vtr* 1 *(lower)* bajar; *(lengthen)* alargar; *fam fig* **to l. one's hair down**, desmelenarse. 2 *(deflate)* desinflar. 3 *(fail)* fallar, defraudar. ◆**let in** *vtr* 1 *(admit)* dejar entrar. 2 **to l. oneself in for**, meterse en. ◆**let off** *vtr* 1 *(bomb)* hacer explotar; *(fireworks)* hacer estallar. 2 *(liquid, air)* soltar. 3 *fam* **to l. sb off**, *(pardon)* perdonar. ◆**let on** *vi fam* **don't l. on**, *(reveal information)* no se lo digas. ◆**let out** *vtr* 1 *(release)* soltar; *(news)* divulgar; *(secret)* revelar; *(air, water)* dejar salir. 3 *(cry)* soltar. 4 *Sew* ensanchar. ◆**let up** *vi* cesar, parar.

letdown ['letdaʊn] *n* decepción *f*.

lethal ['li:θəl] *adj* letal.

lethargic [lɪ'θɑ:dʒɪk] *adj* aletargado,-a.

letter ['letər] *n* 1 *(of alphabet)* letra *f*; *fig* **to the l.**, al pie de la letra. 2 *(written message)* carta *f*; *GB* **l. box**, buzón *m*; *Com* **l. of credit**, carta de crédito.

letterhead ['letəhed] *n* membrete *m*.

lettering ['letərɪŋ] *n* rótulo *m*.

lettuce ['letɪs] *n* lechuga *f*.

let-up ['letʌp] *n fam* descanso *m*, respiro *m*.

leukaemia, *US* **leukemia** [lu:'ki:mɪə] *n* leucemia *f*.

level ['levəl] I *adj* 1 *(flat)* llano,-a; *(even)* nivelado,-a; *(equal)* igual, parejo,-a; **a l. spoonful of**, una cucharada rasa de; **to be l. with**, estar a nivel de; **l. crossing**, paso *m* a nivel. 2 *(steady)* estable; *(tone)* uniforme. II *vtr* 1 nivelar, allanar. 2 *(building)* arrasar. 3 *(stare, criticism)* dirigir. III *n* nivel *m*; **to be on a l. with**, estar al mismo nivel que; *fam* **to be on the l.**, *(be honest)* ser de fiar; *(be truthful)* decir la verdad. ◆**level off**, **level out** *vi* estabilizarse. ◆**level with** *vtr fam* ser franco,-a con.

level-headed [levəl'hedɪd] *adj* sensato,-a.

lever ['li:vər] *n* palanca *f*. II *vtr* apalancar; **to l. sth out**, sacar algo con palanca.

leverage ['li:vərɪdʒ] *n fig* influencia *f*.

levy ['levɪ] I *vtr (tax)* recaudar; *(fine)* imponer. II *n (of tax)* recaudación *f*; *(of fine)* imposición *f*.

lewd [lu:d] *adj (person)* lascivo,-a; *(story)* obsceno,-a.

liability [laɪə'bɪlɪtɪ] *n* 1 *Jur* responsabilidad *f*. 2 *(handicap)* estorbo *m*. 3 *Fin* **liabilities**, pasivo *m sing*.

liable ['laɪəbəl] *adj* 1 *Jur* responsable; *(susceptible)* sujeto,-a; **to be l. for**, ser responsable de. 2 **to be l. to do sth**, ser propenso,-a a hacer algo; **it's l. to happen**, es muy probable que (así) suceda.

liaise [lɪ'eɪz] *vi* comunicarse (**with**, con).

liaison [lɪ'eɪzɒn] *n* 1 enlace *m*; **l. officer**, oficial *mf* de enlace. 2 *(love affair)* amorío *m*.

liar ['laɪər] *n* mentiroso,-a *m,f*, embustero,-a *m,f*.

libel ['laɪbəl] I *n* libelo *m*. II *vtr* difamar, calumniar.

liberal ['lɪbərəl] I *adj* 1 liberal; **L. Party**, Partido *m* Liberal. 2 *(abundant)* abundante. II *n Pol* L., liberal *mf*.

liberate ['lɪbəreɪt] *vtr* liberar; *(prisoner etc)* poner en libertad; **liberated woman**, mujer liberada.

liberation [lɪbə'reɪʃən] *n* liberación *f*.

liberty ['lɪbətɪ] *n* libertad *f*; **to be at l. to say sth**, ser libre de decir algo; **to take liberties**, tomarse libertades.

Libra ['li:brə] *n* Libra *f*.

librarian [laɪ'breərɪən] *n* bibliotecario,-a *m,f*.

library ['laɪbrərɪ] *n* biblioteca *f*.

Libya ['lɪbɪə] *n* Libia *f*.

Libyan ['lɪbɪən] *adj & n* libio,-a *(m,f)*.

lice [laɪs] *npl* → **louse**.

licence ['laɪsəns] *n* 1 *(permit)* licencia *f*, permiso *m*; *Aut* **l. number**, matrícula *f*. 2

(freedom) libertad f; (excessive freedom) libertinaje m.
license ['laɪsəns] I vtr dar licencia a, autorizar. II n US → licence.
licensed ['laɪsənst] adj autorizado,-a; **l. premises**, local autorizado para la venta de bebidas alcohólicas.
licentious [laɪ'senʃəs] adj licencioso,-a.
lichen ['laɪkən, 'lɪtʃən] n liquen m.
lick [lɪk] I vtr lamer; **to l. one's lips**, relamerse. II n lamedura f; fam **a l. of paint**, una mano de pintura.
licorice ['lɪkərɪs, 'lɪkərɪʃ] n US → **liquorice**.
lid [lɪd] n 1 (cover) tapa f. 2 (of eye) párpado m.
lie¹ [laɪ] I vi mentir. II n mentira f.
lie² [laɪ] I vi (pt **lay**; pp **lain**) 1 (act) echarse, acostarse; (state) estar echado,-a, estar acostado,-a; (be buried) yacer. 2 (be situated) encontrarse, hallarse; **the valley lay before us**, el valle se extendía ante nosotros. 3 (remain) quedarse. II n (position) situación f; (direction) orientación f. ◆**lie about**, **lie around** vi (person) estar tumbado,-a; (things) estar tirado,-a. ◆**lie down** vi acostarse, echarse.
lie-in ['laɪɪn] n fam **to have a l.-in**, levantarse tarde.
lieu [ljuː, luː] n **in l. of**, en lugar de.
lieutenant [lef'tenənt, US luː'tenənt] n 1 Mil teniente m. 2 (non-military) lugarteniente m.
life [laɪf] n (pl **lives** [laɪvz]) vida f; **to come to l.**, cobrar vida; **to take one's own l.**, suicidarse; fam **how's l.?**, ¿qué tal?; **l. belt**, cinturón m salvavidas; **l. imprisonment**, cadena perpetua; **l. insurance**, seguro m de vida; **l. jacket**, chaleco m salvavidas; **l. style**, estilo m de vida; **l. story**, biografía f. 2 (liveliness) vitalidad f; fam fig **to be the l. (and soul) of the party**, ser el alma de la fiesta.
lifeboat ['laɪfbəʊt] n (on ship) bote m salvavidas; (on shore) lancha f de socorro.
lifeguard ['laɪfɡɑːd] n socorrista mf.
lifeless ['laɪflɪs] adj sin vida.
lifelike ['laɪflaɪk] adj natural; (portrait) fiel.
lifeline ['laɪflaɪn] n fig cordón m umbilical.
lifelong ['laɪflɒŋ] adj de toda la vida.
life-size(d) ['laɪfsaɪz(d)] adj (de) tamaño natural.
lifetime ['laɪftaɪm] n vida f; **in his l.**, durante su vida; **it's the chance of a l.**, es una ocasión única.
lift [lɪft] I vtr 1 levantar; (head etc) alzar; (pick up) coger. 2 (troops) transportar. 3 fam (steal) birlar; (plagiarize) plagiar. II vi (clouds, mist) disiparse. III n 1 GB (elevator) ascensor m. 2 **to give sb a l.**, llevar a algn en coche. 3 fig (boost) estímulo m. ◆**lift up** vtr levantar, alzar.

lift-off ['lɪftɒf] n despegue m.
light¹ [laɪt] I n 1 luz f; fig **in the l. of**, en vista de; fig **to bring sth to l.**, sacar algo a la luz; fig **to come to l.**, salir a la luz; **l. bulb**, bombilla f; **l. meter**, fotómetro m; **l. pen**, lápiz óptico; **l. year**, año m luz. 2 (lamp) luz f, lámpara f; (traffic light) semáforo m; (headlight) faro m. 3 (flame) lumbre f; **to set l. to sth**, prender fuego a algo; fam **have you got a l.?**, ¿tiene fuego? II vtr (pt & pp **lighted** or **lit**) 1 (illuminate) iluminar, alumbrar. 2 (ignite) encender. III adj claro,-a; (hair) rubio,-a. ◆**light up** I vtr iluminar, alumbrar. II vi 1 iluminarse. 2 fam encender un cigarrillo.
light² [laɪt] I adj ligero,-a; (rain) fino,-a; (breeze) suave; fig (sentence etc) leve; fig **to make l. of sth**, dar poca importancia a algo. II adv **to travel l.**, ir ligero,-a de equipaje. ◆**lightly** adv 1 ligeramente. 2 **to get off l.**, salir casi indemne.
lighten¹ ['laɪtən] I vtr 1 (colour) aclarar. 2 (illuminate) iluminar. II vi aclararse.
lighten² ['laɪtən] vtr 1 (weight) aligerar. 2 fig (mitigate) aliviar; (heart) alegrar.
lighter¹ ['laɪtəʳ] n (cigarette) l., encendedor m, mechero m.
light-headed [laɪt'hedɪd] adj 1 (dizzy) mareado,-a. 2 (frivolous) frívolo,-a.
light-hearted ['laɪthɑːtɪd] adj alegre.
lighthouse ['laɪthaʊs] n faro m.
lighting ['laɪtɪŋ] n 1 (act) iluminación f. 2 (system) alumbrado m.
lightness¹ ['laɪtnɪs] n luminosidad f, claridad f.
lightness² ['laɪtnɪs] n (of weight) ligereza f.
lightning ['laɪtnɪŋ] n (flash) relámpago m; (stroke) rayo m; **l. conductor**, **l. rod**, pararrayos m inv; **l. strike**, huelga f relámpago.
lightweight ['laɪtweɪt] adj (suit etc) ligero,-a; Box de peso ligero; fig (person) light.
like¹ [laɪk] I adj 1 parecido,-a, semejante. 2 (equal) igual. II adv (as) **l. as not**, a lo mejor. III prep 1 (similar to) como, parecido,-a a; (the same as) igual que; **it's not l. her to do that**, no es propio de ella hacer eso; **I've never seen anything l. it**, nunca he visto cosa igual; **l. that**, así; **people l. that**, ese tipo de gente; **what's he l.?**, ¿cómo es?; fam **that's more l. it!**, ¡así se hace! 2 **to feel l.**, (want) tener ganas de; **I feel l. a change**, me apetece un cambio. IV n brushes, combs and the l., cepillos, peines y cosas por el estilo.
like² [laɪk] I vtr **I do you l. chocolate?**, ¿te gusta el chocolate?; **he likes dancing**, le gusta bailar; **she likes children**, le gustan los niños. 2 (want) querer; **whether you l. it or not**, quieras o no

(quieras); **would you l. a drink?**, ¿te apetece tomar algo? **II** *vi* querer, gustar; **as you l.**, como quieras; **whenever you l.**, cuando quieras. **III** *n* gusto *m*.
likeable ['laɪkəbəl] *adj* simpático,-a.
likelihood ['laɪklɪhʊd] *n* probabilidad *f*.
likely ['laɪklɪ] **I** *adj* (**likelier**, **likeliest**) probable; **he's l. to cause trouble**, es probable que cause problemas; **where are you l. to be this afternoon?**, ¿dónde piensas estar esta tarde? **II** *adv* probablemente; **not l.!**, ¡ni hablar!
likeness ['laɪknɪs] *n* **1** semejanza *f*, parecido *m*. **2** (*portrait*) retrato *m*.
likewise ['laɪkwaɪz] *adv* **1** (*also*) también, asimismo. **2** (*the same*) lo mismo, igual.
liking ['laɪkɪŋ] *n* (*for thing*) afición *f*; (*for person*) simpatía *f*; (*for friend*) cariño *m*; **to take a l. to sth**, cogerle el gusto a algo; **to take a l. to sb**, coger cariño a algn.
lilac ['laɪlək] **I** *n* **1** *Bot* lila *f*. **2** (*colour*) lila *m*. **II** *adj* lila, de color lila.
lilt [lɪlt] *n* melodía *f*.
lily ['lɪlɪ] *n* lirio *m*, azucena *f*; **l. of the valley**, lirio de los valles.
limb [lɪm] *n* miembro *m*; *fig* **to be out on a l.**, (*in danger*) estar en peligro; *GB* (*isolated*) estar aislado,-a.
limber up ['lɪmbər] *vi Sport* entrar en calor; *fig* prepararse (**for**, para).
limbo ['lɪmbəʊ] *n* limbo *m*; *fig* olvido *m*; **to be in l.**, caer en el olvido.
lime¹ [laɪm] *n Chem* cal *f*.
lime² [laɪm] *n* (*fruit*) lima *f*; (*tree*) limero *m*.
limelight ['laɪmlaɪt] *n fig* **to be in the l.**, estar en el candelero.
limerick ['lɪmərɪk] *n* quintilla humorística.
limestone ['laɪmstəʊn] *n* piedra caliza.
limit ['lɪmɪt] **I** *n* límite *m*; (*maximum*) máximo *m*; (*minimum*) mínimo *m*. **II** *vtr* (*restrict*) limitar.
limitation [lɪmɪ'teɪʃən] *n* limitación *f*.
limited ['lɪmɪtɪd] *adj* limitado,-a; **l. edition**, edición limitada; *GB* **l. (liability) company**, sociedad anónima.
limitless ['lɪmɪtlɪs] *adj* ilimitado,-a.
limousine ['lɪməzi:n, lɪmə'zi:n] *n* limusina *f*.
limp¹ [lɪmp] **I** *vi* cojear. **II** *n* cojera *f*.
limp² [lɪmp] *adj* **1** (*floppy*) flojo,-a. **2** (*weak*) débil.
limpet ['lɪmpɪt] *n* lapa *f*.
linchpin ['lɪntʃpɪn] *n Tech* pezonera *f*; *fig* eje *m*.
line¹ [laɪn] *n* **1** línea *f*; (*straight*) raya *f*; **to be on the right lines**, ir por buen camino; *US* **State l.**, límite *m* de un Estado. **2** (*of writing*) renglón *m*; (*of poetry*) verso *m*; *Theat* **to learn one's lines**, aprenderse el papel. **3** (*row*) fila *f*; (*of trees*) hilera *f*; *US* (*queue*) cola *f*; *Mil* **l. of fire**, línea *f* de fuego; *Mil* **to be in the front l.**, estar en primera línea; *fig* **to be in l.**, coincidir (**with**, con); *fam* **to bring sb into l. of l.**, pararle los pies a algn; *fam* **to step out of l.**, salirse de las reglas; *fig* **sth along these lines**, algo por el estilo. **4** (*rope*) cuerda *f*; (*wire*) cable *m*; **fishing l.**, sedal *m*. **5** *Tel* línea *f*; **hold the l.!**, ¡no cuelgue! **6** *GB Rail* vía *f*. **7** (*range of goods*) surtido *m*; **a new l.**, una nueva línea. **8** (*of descent*) linaje *m*.
line² [laɪn] **I** *vtr* (*pipe etc*) revestir; *Sew* forrar; *fam* **to l. one's pockets**, forrarse.
◆**line up I** *vtr* **1** (*arrange in rows*) poner en fila. **2 he has something lined up for this evening**, tiene algo organizado para esta noche. **II** *vi* (*people*) ponerse en fila; (*troops*) formar; (*in queue*) hacer cola.
linear ['lɪnɪər] *adj* lineal.
lined [laɪnd] *adj* (*paper*) rayado,-a; (*face*) arrugado,-a. **2** (*garment*) forrado,-a.
linen ['lɪnɪn] *n* **1** (*cloth*) lino *m*. **2** (*clothes*) ropa *f*; (*sheets etc*) ropa blanca.
liner ['laɪnər] *n* transatlántico *m*.
linesman ['laɪnzmən] *n Sport* juez *m* de línea.
line-up ['laɪnʌp] *n Sport* alineación *f*.
linger ['lɪŋgər] *vi* tardar; (*dawdle*) rezagarse; (*smell, doubt*) persistir; *fig* (*memory*) perdurar.
lingerie ['lænʒəri:] *n fml* ropa *f* interior (de mujer).
lingering ['lɪŋgərɪŋ] *adj* (*doubt*) persistente; (*look*) fijo,-a.
lingo ['lɪŋgəʊ] *n* (*pl* **lingoes**) *fam* **1** (*language*) lengua *f*, idioma *m*. **2** (*jargon*) jerga *f*.
linguist ['lɪŋgwɪst] *n* lingüista *mf*; **he's a good l.**, se le dan bien los idiomas.
linguistic [lɪŋ'gwɪstɪk] *adj* lingüístico,-a.
linguistics [lɪŋ'gwɪstɪks] *n* lingüística *f*.
lining ['laɪnɪŋ] *n* forro *m*.
link [lɪŋk] **I** *n* **1** (*of chain*) eslabón *m*. **2** (*connection*) conexión *f*; *fig* vínculo *m*; *rail* **l.**, enlace ferroviario. **3 links**, campo *m sing* de golf. **II** *vtr* unir. ◆**link up** *vi* unirse; (*meet*) encontrarse; (*spaceships*) acoplarse.
link-up ['lɪŋkʌp] *n Tel TV* conexión *f*; (*meeting*) encuentro *m*; (*of spaceships*) acoplamiento *m*.
lino ['laɪnəʊ] *n fam* linóleo *m*.
linoleum [lɪ'nəʊlɪəm] *n* linóleo *m*, linóleum *m*.
lion ['laɪən] *n* león *m*.
lioness ['laɪənɪs] *n* leona *f*.
lip [lɪp] *n* **1** labio *m*. **2** (*of jug*) pico *m*.
lip-read ['lɪpri:d] *vtr & vi* leer en los labios.
lip-service ['lɪpsɜ:vɪs] *n* palabrería *f*.
lipstick ['lɪpstɪk] *n* lápiz *m* de labios.
liqueur [lɪ'kjʊər] *n* licor *m*.
liquid ['lɪkwɪd] *adj & n* líquido,-a (*m*).
liquidate ['lɪkwɪdeɪt] *vtr* liquidar.

liquidation [lɪkwɪ'deɪʃən] n liquidación f; **to go into l.**, entrar en liquidación.
liquidize ['lɪkwɪdaɪz] vtr licuar.
liquidizer ['lɪkwɪdaɪzər] n licuadora f.
liquor ['lɪkər] n US alcohol m, bebidas alcohólicas.
liquorice ['lɪkərɪs, 'lɪkərɪʃ] n regaliz m.
Lisbon ['lɪzbən] n Lisboa.
lisp [lɪsp] I n ceceo m. II vi cecear.
list[1] [lɪst] I n lista f; (catalogue) catálogo m. II vtr (make a list of) hacer una lista de; (put on a list) poner en una lista; **it is not listed**, no figura en la lista.
list[2] [lɪst] Naut I n escora f. II vi escorar.
listen ['lɪsən] vi escuchar; (pay attention) prestar atención. ◆**listen out for** vtr estar atento,-a a.
listener ['lɪsənər] n oyente mf.
listless ['lɪstlɪs] adj apático,-a.
lit [lɪt] pt & pp → **light**[1].
liter ['li:tər] n US → **litre**.
literacy ['lɪtərəsɪ] n alfabetización f.
literal ['lɪtərəl] adj literal. ◆**literally** adv literalmente.
literary ['lɪtərərɪ] adj literario,-a.
literate ['lɪtərɪt] adj alfabetizado,-a.
literature ['lɪtərɪtʃər] n 1 literatura f. 2 fam (documentation) folleto informativo.
lithe [laɪð] adj fml ágil.
Lithuania [lɪθju'eɪnɪə] n Lituania.
Lithuanian [lɪθju'eɪnɪən] I adj lituano,-a. II n (person) lituano,-a m,f; (language) lituano m.
litigation [lɪtɪ'geɪʃən] n litigio m.
litmus ['lɪtməs] n fig **l. test**, prueba f contundente.
litre ['li:tər] n litro m.
litter ['lɪtər] I n 1 (rubbish) basura f; (papers) papeles mpl; **l. bin**, papelera f. 2 (offspring) camada f. 3 arch (stretcher) camilla f. II vtr ensuciar.
littered ['lɪtəd] adj cubierto,-a (with, de).
little ['lɪtəl] I adj pequeño,-a; **a l. dog**, un perrito; **a l. house**, una casita; **l. finger**, dedo m meñique. 2 (not much) poco,-a; **a l. cheese**, un poco de queso. II pron poco m; **save me a l.**, guárdame un poco. III adv poco; **l. by l.**, poco a poco; **as l. as possible**, lo menos posible; **they were a l. surprised**, se quedaron algo sorprendidos.
live[1] [lɪv] I vi vivir; **long l. the King!**, ¡viva el Rey!. II vtr vivir; **to l. an interesting life**, vivir una vida interesante. ◆**live down** vtr conseguir que se olvide. ◆**live for** vtr vivir para. ◆**live off** vtr vivir de. ◆**live on I** vtr (food, money) vivir de. II vi (memory) persistir. ◆**live through** vi vivir (durante). ◆**live together** vi vivir juntos. ◆**live up** vtr fam **to l. it up**, pegarse la gran vida. ◆**live up to** vtr (promises) cumplir con; **it didn't l. up to expectations**, no fue lo que se esperaba. ◆**live with** vtr 1 vivir con. 2 fig (accept) aceptar.
live[2] [laɪv] adj 1 (living) vivo,-a. 2 TV Rad en directo, en vivo. 3 (ammunition) real; (bomb) sin explotar; Elec con corriente; fam **he's a real l. wire!**, ¡éste no para nunca!
livelihood ['laɪvlɪhʊd] n sustento m.
lively ['laɪvlɪ] adj (livelier, liveliest) (person) vivo,-a, (place) animado,-a; fig (interest) entusiástico,-a.
liven ['laɪvən] vtr **to l. (up)**, animar.
liver ['lɪvər] n hígado m.
livery ['lɪvərɪ] n librea f.
livestock ['laɪvstɒk] n ganado m.
livid ['lɪvɪd] adj lívido,-a; fam (angry) furioso,-a.
living ['lɪvɪŋ] I adj vivo,-a. II n vida f; **l. conditions**, condiciones fpl de vida; **l. expenses**, dietas fpl; **to earn or make one's l.**, ganarse la vida; **l. room**, sala f de estar; **l. standards**, nivel m de vida; **l. wage**, sueldo mínimo.
lizard ['lɪzəd] n (large) lagarto m; (small) lagartija f.
llama ['lɑ:mə] n llama f.
load [ləʊd] I n (cargo) carga f; (weight) peso m; Elec Tech carga; fam **loads (of)**, montones de; fam **that's a l. of rubbish!**, ¡no son más que tonterías!. II vtr cargar. ◆**load up** vi & vtr cargar.
loaded ['ləʊdɪd] adj 1 cargado,-a (with, de); fig **a l. question**, una pregunta intencionada. 2 fam **to be l.**, (rich) estar forrado,-a. 3 (dice) trucado,-a.
loading ['ləʊdɪŋ] n carga f; **l. bay**, cargadero m.
loaf[1] [ləʊf] n (pl loaves) pan m; (French stick) barra f de pan; (sliced) pan de molde.
loaf[2] [ləʊf] vi **to l. (about or around)**, holgazanear.
loan [ləʊn] I n préstamo m; Fin empréstito m; **on l.**, prestado,-a; (footballer) cedido,-a. II vtr prestar.
loath [ləʊθ] adj **to be l. to do sth**, ser reacio,-a a hacer algo.
loathe [ləʊð] vtr aborrecer, odiar.
loathing ['ləʊðɪŋ] n aborrecimiento m, odio m.
loathsome ['ləʊðsəm] adj odioso,-a, repugnante.
loaves [ləʊvz] npl → **loaf**.
lob [lɒb] vi Ten hacer un lob.
lobby ['lɒbɪ] I n 1 (hall) vestíbulo m. 2 (pressure group) grupo m de presión, lobby m. II vtr presionar. III vi ejercer presiones.
lobe [ləʊb] n lóbulo m.
lobster ['lɒbstər] n langosta f.
local ['ləʊkəl] I adj local; (person) del pueblo; Med **l. anaesthetic**, anestesia f local; Tel **l. call**, llamada f local; **l. government**, gobierno m municipal. II n fam 1

the locals, los vecinos. 2 *GB (pub)* bar *m* del barrio. ◆**locally** *adv* en *or* de la localidad.

locality [ləʊˈkælɪtɪ] *n* localidad *f*.

locate [ləʊˈkeɪt] *vtr (situate)* situar, ubicar; *(find)* localizar.

location [ləʊˈkeɪʃən] *n* 1 lugar *m*, situación *f*. 2 *Cin* l. shots, exteriores *mpl*; **they're on l. in Australia**, están rodando en Australia.

loch [lɒx, lɒk] *n Scot* lago *m*.

lock¹ [lɒk] I *n* 1 *(on door etc)* cerradura *f*; *(bolt)* cerrojo *m*; *(padlock)* candado *m*. 2 *(on canal)* esclusa *f*. II *vtr* cerrar con llave *or* cerrojo *or* candado. III *vi (door etc)* cerrarse; *(wheels)* trabarse. ◆**lock up** *vtr (house)* cerrar; *(jail)* meter en la cárcel.

lock² [lɒk] *n (of hair)* mechón *m*.

locker [ˈlɒkər] *n (cupboard)* armario ropero; **l. room**, vestuario *m* con armarios roperos.

locket [ˈlɒkɪt] *n* medallón *m*.

lockout [ˈlɒkaʊt] *n* cierre *m* patronal.

locksmith [ˈlɒksmɪθ] *n* cerrajero *m*.

lockup [ˈlɒkʌp] *n (garage)* garaje alejado de la casa; *US (prison)* cárcel *f*.

locomotive [ləʊkəˈməʊtɪv] *n* locomotora *f*.

locust [ˈləʊkəst] *n* langosta *f*.

lodge [lɒdʒ] I *n* 1 *(gamekeeper's)* casa *f* del guarda; *(porter's)* portería *f*; *(hunter's)* refugio *m*. 2 *(masonic)* logia *f*. 3 *(beaver's den)* madriguera *f*. II *vtr* 1 *(accommodate)* alojar. 2 *(complaint)* presentar. III *vi* 1 *(live)* alojarse. 2 *(get stuck)* meterse (**in**, en).

lodger [ˈlɒdʒər] *n* huésped,-a *m,f*.

lodging [ˈlɒdʒɪŋ] *n* alojamiento *m*; **l. house**, casa *f* de huéspedes.

loft [lɒft] *n* desván *m*.

lofty [ˈlɒftɪ] *adj (loftier, loftiest) lit (high)* alto,-a; *pej (haughty)* altivo,-a.

log [lɒɡ] I *n* 1 tronco *m*; *(for fuel)* leño *m*; **l. cabin**, cabaña *f* de troncos. 2 *Naut* diario *m* de a bordo. II *vtr (record)* registrar. ◆**log in, log on** *vi Comput* entrar (en sistema). ◆**log out, log off** *vi Comput* salir (del sistema).

logarithm [ˈlɒɡərɪðəm] *n* logaritmo *m*.

log-book [ˈlɒɡbʊk] *n Naut* diario *m* de a bordo; *Av* diario *m* de vuelo; *Aut* documentación *f* (del coche).

loggerheads [ˈlɒɡəhedz] *npl* **to be at l. with sb**, estar a mal con algn.

logic [ˈlɒdʒɪk] *n* lógica *f*.

logical [ˈlɒdʒɪkəl] *adj* lógico,-a.

logistics [ləˈdʒɪstɪks] *npl* logística *f*.

logo [ˈləʊɡəʊ] *n* logotipo *m*.

loin [lɔɪn] *n (of animal)* ijada *f*; *Culin (of pork)* lomo *m*; *(of beef)* solomillo *m*.

loiter [ˈlɔɪtər] *vi (hang about)* holgazanear; *(lag behind)* rezagarse; *(prowl)* merodear.

loll [lɒl] *vi (tongue, head)* colgar. ◆**loll about, loll around** *vi* repantigarse.

lollipop [ˈlɒlɪpɒp] *n* pirulí *m*, chupachup® *m*; **ice(d) l.**, polo *m*; *GB fam* **l. lady** *or* **man**, guardia *mf* (que para el tráfico para que crucen los colegiales).

lolly [ˈlɒlɪ] *n fam* 1 *(sweet)* pirulí *m*, chupachup® *m*; **ice(d) l.**, polo *m*. 2 *fam (money)* pasta *f*.

London [ˈlʌndən] *n* Londres.

Londoner [ˈlʌndənər] *n* londinense *mf*.

lone [ləʊn] *adj (solitary)* solitario,-a; *(single)* solo,-a.

loneliness [ˈləʊnlɪnɪs] *n* soledad *f*.

lonely [ˈləʊnlɪ] *adj* **(lonelier, loneliest)** solo,-a, solitario,-a.

long¹ [lɒŋ] I *adj* 1 *(size)* largo,-a; **how l. is the table?**, ¿cuánto tiene de largo la mesa?; **it's three metres l.**, tiene tres metros de largo; **l. jump**, salto *m* de longitud. 2 *(time)* mucho,-a; **at l. last**, por fin; **how l. is the film?**, ¿cuánto tiempo dura la película? II *adv* mucho, mucho tiempo; **all day l.**, todo el día; **as l. as the exhibition lasts**, mientras dure la exposición; **as l. as** *or* **so l. as you don't mind**, con tal de que no te importe; **before l.**, dentro de poco; **how l. have you been here?**, ¿cuánto tiempo llevas aquí?

long² [lɒŋ] *vi* añorar; **to l. for**, anhelar.

long-distance [ˈlɒŋdɪstəns] *adj* de larga distancia; **l.-d. call**, conferencia interurbana; **l.-d. runner**, corredor,-a *m,f* de fondo.

longhand [ˈlɒŋhænd] *n* escritura *f* a mano.

longing [ˈlɒŋɪŋ] *n (desire)* anhelo *m*; *(nostalgia)* nostalgia *f*.

longitude [ˈlɒndʒɪtjuːd] *n* longitud *f*.

long-playing [ˈlɒŋpleɪɪŋ] *adj* de larga duración; **l.-p. record**, elepé *m*.

long-range [ˈlɒŋreɪndʒ] *adj (missile etc)* de largo alcance; *(weather forecast)* de largo plazo.

long-sighted [lɒŋˈsaɪtɪd] *adj* 1 *Med* présbita. 2 *fig* previsor,-a.

long-standing [ˈlɒŋstændɪŋ] *adj* antiguo,-a, de mucho tiempo.

long-suffering [ˈlɒŋsʌfərɪŋ] *adj* sufrido,-a.

long-term [ˈlɒŋtɜːm] *adj* a largo plazo.

long-winded [lɒŋˈwɪndɪd] *adj* prolijo,-a.

loo [luː] *n GB fam* wáter *m*.

look [lʊk] I *n* 1 *(glance)* mirada *f*; **to take a l. at**, *(peep)* echar un vistazo a; *(examine)* examinar. 2 *(appearance)* aspecto *m*, apariencia *f*; **I don't like the l. of it**, me da mala espina. 3 *(fashion)* moda *f*. 4 *(good)* **looks**, belleza *f*.

II *vi* 1 mirar. 2 *(seem)* parecer; **he looks well**, tiene buena cara; **it looks delicious**, tiene un aspecto buenísimo; **she looks like her father**, *(resembles)* se parece a su padre.

III *vtr* mirar.

◆**look after** *vtr* cuidar a, ocuparse de.

lookout 447 **lovely**

◆**look at** *vtr* mirar; *fig* **whichever way you l. at it**, desde cualquier punto de vista. ◆**look away** *vi* apartar la mirada. ◆**look back** *vi* 1 mirar hacia atrás; *fig* **since then he has never looked back**, desde entonces ha ido prosperando. 2 *(remember)* recordar. ◆**look down** *vi fig to* **l. down on sth/sb**, despreciar algo/a algn. ◆**look for** *vtr* buscar. ◆**look forward to** *vtr* esperar con ansia; **I l. forward to hearing from you**, *(in letter)* espero noticias suyas. ◆**look into** *vtr* examinar, investigar. ◆**look on I** *vtr (consider)* considerar. **II** *vi* quedarse mirando. ◆**look onto** *vtr* dar a. ◆**look out** *vi* **the bedroom looks out onto the garden**, el dormitorio da al jardín. 2 **l. out!**, *(take care)* ¡cuidado!, ¡ojo! ◆**look over** *vtr (examine)* revisar; *(place)* inspeccionar. ◆**look round I** *vi* mirar alrededor; *(turn head)* volver la cabeza. **II** *vtr (house, shop)* ver. ◆**look through** *vtr* 1 *(window)* mirar por. 2 *(leaf through)* hojear; *(examine)* revisar; *(check)* registrar. ◆**look to** *vtr* 1 *(take care of)* velar por. 2 *(turn to)* recurrir a. ◆**look up I** *vi* 1 *(glance upwards)* alzar la vista. 2 *fam (improve)* mejorar. **II** *vtr* 1 *(look for)* buscar. 2 *(visit)* ir a visitar. ◆**look upon** *vtr* considerar. ◆**look up to** *vtr* respetar.

lookout ['lʊkaʊt] *n (person)* centinela *mf*; *(place)* mirador *m*; **to be on the l. for**, estar al acecho de; *fam* **that's his l.!**, ¡eso es asunto suyo!

loom¹ [lu:m] *n* telar *m*.

loom² [lu:m] *vi* alzarse; *fig (threaten)* amenazar.

loony ['lu:nɪ] *adj (loonier, looniest) fam* loco,-a.

loop [lu:p] **I** *n* 1 lazo *m*. 2 *Comput* bucle *m*. **II** *vtr* 1 encordar. 2 *Av* **to l. the loop**, rizar el rizo.

loophole ['lu:phəʊl] *n fig* escapatoria *f*.

loose [lu:s] *adj* 1 *(not secure)* flojo,-a; *(papers, hair, clothes)* suelto,-a; *(tongue)* desatado,-a; *(baggy)* holgado,-a; **to set sb l.**, soltar a algn; *fam* **to be at a l. end**, no saber qué hacer. 2 *(not packaged)* a granel; **l. tobacco**, tabaco en hebras; **l. change**, suelto *m*. 3 *(not exact)* vago,-a; *(translation)* libre. 4 *(lax)* relajado,-a; **a l. woman**, una mujer fácil. ◆**loosely** *adv* 1 *(approximately)* aproximadamente. 2 *(vaguely)* vagamente.

loosen ['lu:sən] **I** *vtr* aflojar; *(belt)* desabrochar, **II** *fig (restrictions)* flexibilizar. **II** *vi (slacken)* aflojarse.

loot [lu:t] **I** *n* botín *m*. **II** *vtr* saquear.

lop [lɒp] *vtr* podar. ◆**lop off** *vtr* cortar.

lope [ləʊp] *vi* andar a zancadas.

lopsided [lɒp'saɪdɪd] *adj* ladeado,-a.

lord [lɔːd] *n* 1 señor *m*; *(British peer)* lord *m*; **the House of Lords**, la Cámara de los Lores; **the L. Mayor**, el señor alcalde. 2 *Rel* **the L.**, El Señor; **good L.!**, ¡Dios mío!; **the L.'s Prayer**, el Padrenuestro. 3 *(judge)* señoría *mf*.

lordship ['lɔːdʃɪp] *n GB* **His L., Your L.,** su señoría.

lorry ['lɒrɪ] *n GB* camión *m*; **l. driver**, camionero,-a *m,f*; **l. load**, carga *f*.

lose [lu:z] **I** *vtr (pt & pp lost)* perder; **to l. time**, *(of clock)* atrasarse. **II** *vi* perder; **to l. to sb**, perder contra algn; **to l. out**, salir perdiendo.

loser ['lu:zər] *n* perdedor,-a *m,f*.

loss [lɒs] *n* pérdida *f*; **to make a l.**, perder; *fig* **to be at a l. for words**, quedarse de una pieza; **to be at a l. what to do**, no saber qué hacer.

lost [lɒst] *adj* 1 perdido,-a; **to get l.**, perderse; *fam* **get l.!**, ¡vete a la porra!; **l. property office**, *US* **l. and found department**, oficina *f* de objetos perdidos. 2 *(disoriented)* desorientado,-a; *(distracted)* distraído,-a; **l. in thought**, ensimismado,-a.

lot [lɒt] *n* 1 *(fate)* suerte *f*. 2 **to cast lots for sth**, echar algo a suertes. 3 *US (plot of land)* parcela *f*. 4 *(in an auction)* lote *m*. 5 *(everything)* todo *m*; **he ate the l.**, se lo comió todo. 6 **a l. of**, *(much)* mucho,-a; *(many)* muchos,-as; **he feels a l. better**, se encuentra mucho mejor; **she reads a l.**, lee mucho; *fam* **lots of**, montones de, cantidad de.

lotion ['ləʊʃən] *n* loción *f*.

lottery ['lɒtərɪ] *n* lotería *f*; **l. ticket**, ≈ décimo *m* de lotería.

loud [laʊd] **I** *adj* 1 *(voice)* alto,-a; *(noise)* fuerte; *(laugh)* estrepitoso,-a; *(applause)* clamoroso,-a; *(protests, party)* ruidoso,-a. 2 *(flashy)* chillón,-ona. 3 *(vulgar)* hortera. **II** *adv* **to read/think out l.**, leer/pensar en voz alta.

loud-hailer [laʊd'heɪlər] *n* megáfono *m*.

loudspeaker [laʊd'spi:kər] *n* altavoz *m*.

lounge [laʊndʒ] **I** *n GB* salón *m*, sala *f* de estar. **II** *vi* hacer el vago.

louse [laʊs] *n (pl lice* [laɪs]*)* piojo *m*.

lousy ['laʊzɪ] *adj (lousier, lousiest) fam* fatal; **a l. trick**, una cochinada.

lout [laʊt] *n* gamberro *m*.

lovable ['lʌvəbəl] *adj* adorable.

love [lʌv] **I** *n* 1 amor *m* (**for**, por); *(passion)* pasión *f* (**for**, por); **to be in l. with sb**, estar enamorado,-a de algn; **to fall in l.**, enamorarse; **to make l.**, hacer el amor; **(with) l. (from) Mary**, *(in letter)* un abrazo, Mary; **l. affair**, amorío *m*; **l. letter/story**, carta *f*/historia *f* de amor; **l. life**, vida *f* sentimental. 2 *(person)* amor *m*, cariño *m*; **fam** chato,-a *m,f*; **my l.**, mi amor. 3 *Ten* **forty l.**, cuarenta a cero. **II** *vtr (person)* querer a, amar a; **he loves cooking/football**, le encanta cocinar/el fútbol.

lovely ['lʌvlɪ] *adj (lovelier, loveliest)*

(*charming*) encantador,-a; (*beautiful*) hermoso,-a, precioso,-a; (*delicious*) riquísimo,-a.

lover ['lʌvə'] *n* 1 (*sexual partner*) amante *m f.* 2 (*enthusiast*) aficionado,-a *m,f*, amigo,-a *m,f.*

loving ['lʌvɪŋ] *adj* cariñoso,-a.

low¹ [ləʊ] I *adj* 1 bajo,-a; (*neckline*) escotado,-a; **the L. Countries**, los Países Bajos. 2 (*in quantity*) bajo,-a. 3 (*poor*) pobre. 4 (*battery*) gastado,-a; **l. frequency**, baja frecuencia. 5 **to feel l.**, sentirse deprimido,-a. 6 (*reprehensible*) malo,-a. II *adv* bajo. III *n* 1 *Meteor* área *f* de baja presión. 2 (*low point*) punto más bajo; **to reach an all-time l.**, tocar fondo.

low² [ləʊ] *vi* (*cow*) mugir.

lowdown ['ləʊdaʊn] *n fam* pormenores *mpl.*

lower ['ləʊə'] I *adj* (*comp of* **low**) inferior; *Typ* **l. case**, minúscula *f*; **l. class**, clase baja. II *adv comp* → **low**. III *vtr* bajar; (*flag*) arriar; (*reduce*) reducir; (*price*) rebajar.

lower-class ['ləʊəklɑːs] *adj* de clase baja.

lowest ['ləʊɪst] I *adj* (*superl of* **low**) más bajo,-a; (*price, speed*) mínimo,-a. II **at the l.**, como mínimo.

low-key [ləʊ'kiː] *adj* sin ceremonia.

lowlands ['ləʊləndz] *npl* tierras bajas.

lowly ['ləʊlɪ] *adj* (*lowlier, lowliest*) humilde.

low-necked ['ləʊnekt] *adj* escotado,-a.

loyal ['lɔɪəl] *adj* leal, fiel.

loyalty ['lɔɪəltɪ] *n* lealtad *f*, fidelidad *f.*

lozenge ['lɒzɪndʒ] *n* pastilla *f.*

LP [el'piː] *abbr of* **long-playing record**, LP *m.*

L-plate ['elpleɪt] *n GB* (placa *f* de) la ele.

LSD [eles'diː] *abbr of* **lysergic acid diethylamide**, dietilamida *f* del ácido lisérgico, LSD *m.*

Ltd *GB Com abbr of* **Limited (Liability)**, Sociedad Anónima, S.A..

lubricant ['luːbrɪkənt] *n* lubricante *m.*

lubricate ['luːbrɪkeɪt] *vtr* lubricar; (*engine*) engrasar.

lubrication [luːbrɪ'keɪʃən] *n* engrase *m.*

lucid ['luːsɪd] *adj* lúcido,-a.

luck [lʌk] *n* suerte *f*; **bad l.!**, ¡mala suerte!; **good l.!**, ¡(buena) suerte!; **to be in l.**, estar de suerte; **to be out of l.**, no tener suerte; *fig* **to push one's l.**, tentar la suerte; *fig* **to try one's l.**, probar fortuna.

lucky ['lʌkɪ] *adj* (*luckier, luckiest*) (*person*) afortunado,-a; (*day*) de suerte; (*move*) oportuno,-a; (*charm*) de la suerte; **a l. break**, una oportunidad. ◆**luckily** *adv* por suerte, afortunadamente.

lucrative ['luːkrətɪv] *adj* lucrativo,-a.

ludicrous ['luːdɪkrəs] *adj* absurdo,-a, ridículo,-a.

lug [lʌg] *vtr fam* arrastrar.

luggage ['lʌgɪdʒ] *n* equipaje *m*; **l. rack**, *Aut* baca *f*; *Rail* portaequipajes *m inv.*

lukewarm ['luːkwɔːm] *adj* (*water etc*) tibio,-a; *fig* (*reception etc*) poco entusiasta.

lull [lʌl] I *n* (*in storm*) calma chicha; (*in fighting*) tregua *f.* II *vtr* (*cause to sleep*) adormecer; **to l. sb into a false sense of security**, infundir una falsa seguridad a algn.

lullaby ['lʌləbaɪ] *n* canción *f* de cuna, nana *f.*

lumbago [lʌm'beɪgəʊ] *n* lumbago *m.*

lumber ['lʌmbə'] I *n* 1 *GB* (*junk*) trastos viejos. 2 *US* (*timber*) maderos *mpl.* II *vtr fam* cargar (**with**, de).

lumberjack ['lʌmbədʒæk] *n* leñador *m.*

luminous ['luːmɪnəs] *adj* luminoso,-a.

lump [lʌmp] I *n* (*of coal etc*) trozo *m*; (*of sugar, earth*) terrón *m*; (*in sauce*) grumo *m*; (*swelling*) bulto *m*; *fam fig* (*in throat*) nudo *m*; **l. sum**, cantidad *f* global. II *vtr fam* (*endure*) aguantar. ◆**lump together** *vtr* apelotonar.

lumpy ['lʌmpɪ] *adj* (*lumpier, lumpiest*) (*bed*) lleno,-a de bultos; (*sauce*) grumoso,-a.

lunacy ['luːnəsɪ] *n* locura *f.*

lunar ['luːnə'] *adj* lunar.

lunatic ['luːnətɪk] *adj & n* loco,-a (*m,f*); **l. asylum**, manicomio *m.*

lunch [lʌntʃ] I *n* comida *f*, almuerzo *m*; **l. hour**, hora *f* de comer. II *vi* comer, almorzar.

luncheon ['lʌntʃən] *n arch fml* almuerzo *m*; **l. voucher**, vale *m* de comida; (**pork**) **l. meat**, carne *f* de cerdo troceada, chopped *m.*

lunchtime ['lʌntʃtaɪm] *n* hora *f* de comer.

lung [lʌŋ] *n* pulmón *m.*

lunge [lʌndʒ] I *n* arremetida *f.* II *vi* (*also* **l. forward**) arremeter; **to l. (out) at sb**, arremeter contra algn.

lurch [lɜːtʃ] I *n* 1 (*of vehicle*) sacudida *f*; (*of person*) tambaleo *m.* 2 *fam* **to leave sb in the l.**, dejar a algn en la cuneta. II *vi* (*vehicle*) dar sacudidas; (*person*) tambalearse.

lure [lʊə'] I *n* (*decoy*) señuelo *m*; (*bait*) cebo *m*; *fig* (*charm*) aliciente *m.* II *vtr* atraer con engaños.

lurid ['lʊərɪd] *adj* 1 (*gruesome*) espeluznante; (*sensational*) sensacionalista. 2 (*gaudy*) chillón,-ona.

lurk [lɜːk] *vi* (*lie in wait*) estar al acecho; (*hide*) esconderse.

luscious ['lʌʃəs] *adj* (*food*) delicioso,-a.

lush [lʌʃ] *adj* (*vegetation*) exuberante.

lust [lʌst] I *n* (*sexual desire*) lujuria *f*; (*craving*) ansia *f*; (*greed*) codicia *f.* II *vi* **to l. after sth/sb**, codiciar algo/desear a algn.

luster ['lʌstə'] *n US* → **lustre**.

lustre ['lʌstə'] *n* lustre *m.*

lusty ['lʌstɪ] *adj* (*lustier, lustiest*) robusto,-a.
lute [lu:t] *n* laúd *m*.
Luxembourg ['lʌksəmbɜ:g] *n* Luxemburgo.
luxuriant [lʌg'zjʊərɪənt] *adj* (*plants*) exuberante; (*hair etc*) abundante.
luxurious [lʌg'zjʊərɪəs] *adj* lujoso,-a.
luxury ['lʌkʃərɪ] *n* lujo *m*; **l. flat**, piso *m* de lujo.

lychee ['laɪtʃiː] *n* lichi *m*.
lying ['laɪɪŋ] **I** *adj* mentiroso,-a. **II** *n* mentiras *fpl*.
lynch [lɪntʃ] *vtr* linchar.
lyre [laɪər] *n Mus* lira *f*.
lyric ['lɪrɪk] **I** *adj* lírico,-a. **II** *n* **1** (*poem*) poema *m* lírico. **2 lyrics**, (*words of song*) letra *f sing*.
lyrical ['lɪrɪkəl] *adj* lírico,-a.

M

M, m [em] *n* (*the letter*) M, m *f*.
m 1 *abbr of* **metre(s)**, m. **2** *abbr of* **million(s)**, m.
macabre [mə'kɑ:brə] *adj* macabro,-a.
mac(c)aroni [mækə'rəʊnɪ] *n* macarrones *mpl*.
mace¹ [meɪs] *n* (*club, ceremonial staff*) maza *f*.
mace² [meɪs] *n* (*spice*) macis *f inv*.
machine [mə'ʃiːn] **I** *n* máquina *f*; **m. gun**, ametralladora *f*; **m. language**, lenguaje *m* máquina. **II** *vtr* trabajar a máquina.
machine-gun [mə'ʃiːngʌn] *vtr* ametrallar.
machine-readable [məʃiːn'riːdəbəl] *adj Comput* para ser leído,-a por ordenador.
machinery [mə'ʃiːnərɪ] *n* (*machines*) maquinaria *f*; (*workings of machine*) mecanismo *m*; *fig* **the bureaucratic m.**, la maquinaria burocrática.
mac [mæk] *n GB fam abbr of* **mackintosh**.
mackerel ['mækrəl] *n* (*pl* **mackerel**) caballa *f*.
mac(k)intosh ['mækɪntɒʃ] *n* impermeable *m*.
macroeconomics [mækrəʊiːkə'nɒmɪks] *n* macroeconomía *f*.
mad [mæd] *adj* (*madder, maddest*) **1** loco,-a; (*animal*) furioso,-a; (*dog*) rabioso,-a; **to be m.**, estar loco,-a; **to drive sb m.**, volver loco,-a a algn; **to go m.**, volverse loco,-a; **you must be m.!**, ¿estás loco? **2** (*idea, plan*) disparatado,-a. **3** *fam* **to be m. about sth/sb**, estar loco, -a por algo/algn. **4** *fam* **to be m. at sb**, estar enfadado,-a con algn. **5** (*gallop, race etc*) desenfrenado,-a. ◆**madly** *adv fam* (*extremely*) terriblemente; **to be m. in love with sb**, estar locamente enamorado,-a de algn.
madam ['mædəm] *n* **1** señora *f*; **Dear M.**, (*in letter*) Muy señora mía, Estimada señora. **2** (*brothelkeeper*) madam *f*.
madden ['mædən] *vtr* volver loco,-a.
maddening ['mædənɪŋ] *adj* exasperante.
made [meɪd] *pt & pp* → **make**.
Madeira [mə'dɪərə] *n* **1** (*island*) Madeira. **2** (*wine*) madeira *m*; **M. cake**, bizcocho *m*.
made-to-measure [meɪdtə'meʒər] *adj* hecho,-a a (la) medida.
made-up ['meɪdʌp] *adj* **1** (*face, person*) maquillado,-a; (*eyes, lips*) pintado,-a. **2** (*story, excuse*) inventado,-a.
madman ['mædmən] *n* loco *m*.
madness ['mædnɪs] *n* locura *f*.
Madrid [mə'drɪd] *n* Madrid.
Mafia ['mæfɪə] *n* mafia *f*.
magazine [mægə'ziːn] *n* **1** (*periodical*) revista *f*. **2** (*in rifle*) recámara *f*. **3** *Mil* (*storehouse*) almacén *m*; (*for explosives*) polvorín *m*.
maggot ['mægət] *n* larva *f*, gusano *m*.
magic ['mædʒɪk] **I** *n* magia *f*. **II** *adj* **1** mágico,-a; **m. wand**, varita mágica. **2** *fam* (*wonderful*) estupendo,-a.
magical ['mædʒɪkəl] *adj* mágico,-a.
magician [mə'dʒɪʃən] *n* **1** (*wizard*) mago,-a *m,f*. **2** (*conjuror*) prestigitador,-a *m,f*.
magistrate ['mædʒɪstreɪt] *n* juez *mf* de paz; **magistrates' court**, juzgado *m* de paz.
magnanimous [mæg'nænɪməs] *adj* magnánimo,-a.
magnet ['mægnɪt] *n* imán *m*.
magnetic [mæg'netɪk] *adj* magnético,-a; *fig* (*personality*) carismático,-a; **m. tape**, cinta magnetofónica.
magnetism ['mægnɪtɪzəm] *n* magnetismo *m*.
magnificence [mæg'nɪfɪsəns] *n* magnificencia *f*.
magnificent [mæg'nɪfɪsənt] *adj* magnífico,-a.
magnify ['mægnɪfaɪ] *vtr* **1** (*enlarge*) aumentar. **2** *fig* (*exaggerate*) exagerar.
magnifying glass ['mægnɪfaɪɪŋglɑːs] *n* lupa *f*.
magnitude ['mægnɪtjuːd] *n* magnitud *f*.
magpie ['mægpaɪ] *n* urraca *f*.
mahogany [mə'hɒgənɪ] **I** *n* caoba *f*. **II** *adj* de caoba.
maid [meɪd] *n* **1** criada *f*, *Am* mucama *f*. **2** *pej* **old m.**, solterona *f*.
maiden ['meɪdən] **I** *n lit* doncella *f*. **II** *adj* **1** (*unmarried*) soltera; **m. aunt**, tía soltera;

mail 450 **malevolent**

m. name, apellido *m* de soltera. 2 *(voyage, flight)* inaugural.
mail [meɪl] I *n* correo *m*; **by m.**, por correo; **m. order**, venta *f* por correo; **m. train**, (tren *m*) correo. II *vtr (post)* echar al buzón; *(send)* enviar por correo.
mailbox ['meɪlbɒks] *n US* buzón *m*.
mailing list ['meɪlɪŋlɪst] *n* lista *f* de direcciones.
mailman ['meɪlmæn] *n US* cartero *m*.
maim [meɪm] *vtr* lisiar.
main [meɪn] I *adj (problem, door etc)* principal; *(square, mast, sail)* mayor; *(office)* central; **the m. thing is to keep calm**, lo esencial es mantener la calma; *Culin* **m. course**, plato *m* principal; **m. road**, carretera *f* principal. II *n* 1 *(pipe, wire)* conducto *m* principal; **the mains**, *(water or gas system)* la cañería maestra; *Elec* la red eléctrica; **a radio that works on battery or mains**, una radio que funciona con pilas o con corriente. 2 **in the m.**, por regla general. ◆**mainly** *adv* principalmente, sobre todo; *(for the most part)* en su mayoría.
mainframe ['meɪnfreɪm] *n* **m. computer**, unidad *f*, central *f*.
mainland ['meɪnlənd] *n* continente *m*.
mainstay ['meɪnsteɪ] *n fig* sustento *m*, sostén *m*.
mainstream ['meɪnstriːm] *n* corriente *f* principal.
maintain [meɪn'teɪn] *vtr* mantener; *(conversation)* sostener; *(silence, appearances)* guardar; *(road, machine)* conservar en buen estado.
maintenance ['meɪntənəns] *n* 1 mantenimiento *m*. 2 *(divorce allowance)* pensión *f*.
maisonette [meɪzəˈnet] *n* dúplex *m*.
maize [meɪz] *n* maíz *m*.
majestic [məˈdʒestɪk] *adj* majestuoso,-a.
majesty ['mædʒɪstɪ] *n* majestad *f*.
major ['meɪdʒə'] I *adj* 1 principal, mayor; *(contribution, operation)* importante. 2 *Mus* mayor. II *n* 1 *Mil* comandante *m*. 2 *US Univ* especialidad *f*. III *vi US Univ* **to m. in**, especializarse en.
Majorca [məˈjɔːkə] *n* Mallorca.
Majorcan [məˈjɔːkən] *adj & n* mallorquín,-ina (*m,f*).
majority [məˈdʒɒrɪtɪ] *n* mayoría *f*; **to be in the m.**, ser (la) mayoría.
make [meɪk] *(pt & pp* **made)** I *vtr* 1 hacer; *(manufacture)* fabricar; *(create)* crear; *(clothes, curtains)* confeccionar; *(meal)* preparar; *(payment)* efectuar; *(speech)* pronunciar; *(decision)* tomar; *(mistake)* cometer; **to be made of**, ser de; **to m. a noise**, hacer ruido. 2 *(render)* poner, volver; *(convert)* convertir (**into**, en); *(appoint)* nombrar; **he made it clear that ...**, dejó claro que .... 3 *(force, compel)* obligar; *(cause)* causar; **to m. do with sth**, arreglárselas con algo. 4 *(earn)* ga-

nar; **to m. a living**, ganarse la vida; **to m. a name for oneself**, hacerse famoso, -a; *fig* **to m. the best of sth**, sacar partido de algo. 5 7 and 5 m. 12, 7 y 5 son 12. 6 *(calculate, reckon)* calcular; **what time do you m. it?**, ¿qué hora tienes? 7 *(think)* opinar; **I don't know what to m. of it**, no sé qué pensar de eso; **it doesn't m. sense**, no tiene sentido. 8 *(achieve)* alcanzar, conseguir. 9 **it will m. or break her**, será su consagración o su ruina. 10 **to m. a fresh start**, volver a empezar.
II *vi* **how are you making?**, *fml* ¿cómo te va?. *hum* or irónico asegurarse de algo. 2 **she made as if to leave**, hizo como si quisiera marcharse.
III *n* 1 *(brand)* marca *f*. 2 *fam* **to be on the m.**, andar tras el dinero.
◆**make for** *vtr* 1 *(move towards)* dirigirse hacia; *(attack)* atacar a. 2 **this makes for less work**, esto ahorra trabajo.
◆**make out** I *vtr* 1 *(list, receipt)* hacer; *(cheque)* extender. 2 *(perceive)* distinguir; *(writing)* descifrar. 3 *(understand)* entender. 4 *(claim)* pretender. 5 **to m. out a case for doing sth**, exponer los argumentos para hacer algo. II *vi* **how did you m. out?**, ¿qué tal te fue?
◆**make up** I *vtr* 1 *(parcel, list)* hacer; *(prescription)* preparar; *(assemble)* montar. 2 *(story)* inventar. 3 *(apply cosmetics to)* maquillar; *(one's face)* maquillarse. 4 *(loss)* compensar; *(lost time)* recuperar. 5 *(constitute)* componer. 6 **to m. it up (with sb)**, hacer las paces (con algn). 7 **to m. up one's mind**, decidirse. II *vi* maquillarse. ◆**make up to** *vtr* 1 **to m. up to sb**, congraciarse con algn. 2 **to m. it up to sb for sth**, compensar a algn por algo.
make-believe ['meɪkbɪliːv] *n (fantasy)* fantasía *f*; *(pretence)* fingimiento *m*; **to live in a world of m.-b.**, vivir en un mundo de ensueño.
maker ['meɪkə'] *n* fabricante *mf*.
makeshift ['meɪkʃɪft] *adj (improvised)* improvisado,-a; *(temporary)* provisional.
make-up ['meɪkʌp] *n* 1 *(cosmetics)* maquillaje *m*; **m.-up remover**, desmaquillador *m*. 2 *(composition)* composición *f*; *(character)* carácter *m*.
making ['meɪkɪŋ] *n* 1 *(manufacture)* fabricación *f*; *(preparation)* preparación *f*. 2 **he has the makings of a politician**, tiene madera de político.
malaise [mæˈleɪz] *n* malestar *m*.
malaria [məˈleərɪə] *n* malaria *f*.
Malay [məˈleɪ] I *adj* malayo,-a. II *n* 1 *(person)* malayo,-a *m,f*. 2 *(language)* malayo *m*.
Malaysia [məˈleɪzɪə] *n* Malasia.
male [meɪl] I *adj (animal, plant)* macho; *(person)* varón; *(sex)* masculino; *pej* **m. chauvinism**, machismo *m*. II *n (person)* varón *m*; *(animal, plant)* macho *m*.
malevolent [məˈlevələnt] *adj* malévolo,-a,

malfunction 451 **mantelpiece**

-a.
malfunction [mæl'fʌŋkʃən] I n mal funcionamiento m. II vi funcionar mal.
malice ['mælɪs] n malicia f; Jur with m. aforethought, con premeditación.
malicious [mə'lɪʃəs] adj malévolo,-a.
malign [mə'laɪn] I adj maligno,-a; (influence) perjudicial. II vtr calumniar, difamar.
malignant [mə'lɪgnənt] adj 1 (person) malvado,-a. 2 Med maligno,-a.
mall [mɔ:l, mæl] n US centro m comercial.
malleable ['mælɪəbəl] adj maleable.
mallet ['mælɪt] n mazo m.
malnutrition [mælnju:'trɪʃən] n desnutrición f.
malpractice [mæl'præktɪs] n procedimiento m ilegal; Med negligencia f.
malt [mɔ:lt] n malta f.
Malta ['mɔ:ltə] n Malta.
mammal ['mæməl] n mamífero m.
mammary ['mæmərɪ] adj m. gland, mama f.
mammoth ['mæməθ] I n Zool mamut m. II adj gigantesco,-a.
man [mæn] I n (pl men) 1 hombre m; old m., viejo m; young m., joven m; fig he's a m. of his word, es hombre de palabra; fig the m. in the street, el hombre de la calle; m. Friday, factótum m; fam dirty old m., viejo verde. 2 (humanity) el hombre; (human being) el humano. 3 (husband) marido m; (partner) pareja f. 4 our m. in Madrid, nuestro representante m en Madrid. 5 Chess pieza f. II vtr (boat, plane) tripular; (post) servir; **manned flight**, vuelo tripulado.
manage ['mænɪdʒ] I vtr 1 (company, household) llevar; (money, affairs, person) manejar. 2 (succeed) conseguir; **to m. to do sth**, lograr hacer algo. II vi (cope physically) poder; (esp financially) arreglárselas; **we're managing**, vamos tirando.
manageable ['mænɪdʒəbəl] adj manejable.
management ['mænɪdʒmənt] n dirección f.
manager ['mænɪdʒə^r] n 1 (of company, bank) director,-a m,f; (head of department) jefe,-a m,f. 2 (of pop group etc) mánager m. 3 Sport entrenador m.
manageress [mænɪdʒə'res] n (of shop, restaurant) encargada f; (of company) directora f.
managerial [mænɪ'dʒɪərɪəl] adj directivo,-a.
managing ['mænɪdʒɪŋ] adj directivo,-a; **m. director**, director,-a m,f, gerente.
mandarin ['mændərɪn] n m. (orange), mandarina f.
mandate ['mændeɪt] n mandato m.
mandatory ['mændətərɪ] adj fml obligatorio,-a.

mane [meɪn] n (of horse) crin f; (of lion) melena f.
maneuver [mə'nu:və^r] n & vtr US → manoeuvre.
manfully ['mænfʊlɪ] adv valientemente.
manger ['meɪndʒə^r] n pesebre m.
mangle¹ ['mæŋgəl] n (for wringing) rodillo m.
mangle² ['mæŋgəl] vtr (crush) aplastar; (destroy by cutting) despedazar.
mango ['mæŋgəʊ] n (pl mangoes) mango m.
mangy ['meɪndʒɪ] adj (mangier, mangiest) (animal) sarnoso,-a; fam (carpet) raído,-a.
manhandle ['mænhændəl] vtr maltratar.
manhole ['mænhəʊl] n boca f de acceso.
manhood ['mænhʊd] n 1 (age) mayoría f de edad; **to reach m.**, llegar a la edad viril. 2 (manly qualities) virilidad f.
mania ['meɪnɪə] n manía f.
maniac ['meɪnɪæk] n maníaco,-a m,f; fam loco,-a m,f.
manic ['mænɪk] adj maníaco,-a.
manic-depressive [mænɪkdɪ'presɪv] adj & n maníaco,-a m,f depresivo,-a.
manicure ['mænɪkjʊə^r] I n manicura f. II vtr **to m. one's nails**, hacerse la manicura.
manifest ['mænɪfest] fml I adj manifiesto,-a. II vtr manifestar.
manifesto [mænɪ'festəʊ] n programa m electoral.
manifold ['mænɪfəʊld] adj fml (many) múltiples; (varied) diversos,-as.
manipulate [mə'nɪpjʊleɪt] vtr 1 manipular. 2 fig (accounts etc) falsificar.
mankind [mæn'kaɪnd] n la humanidad, el género humano.
manly ['mænlɪ] adj (manlier, manliest) varonil, viril.
man-made ['mænmeɪd] adj (lake) artificial; (fibres, fabric) sintético,-a.
manner ['mænə^r] n 1 (way, method) manera f, modo m; **in this m.**, de esta manera. 2 (way of behaving) forma f de ser. 3 fml (type, class) clase f. 4 (good) **manners**, buenos modales; **bad manners**, falta f sing de educación.
mannerism ['mænərɪzəm] n (gesture) gesto m; (affectation) amaneramiento m.
manoeuvre [mə'nu:və^r] I n maniobra f. II vtr maniobrar; (person) manejar. III vi maniobrar.
manor ['mænə^r] n **m. house**, casa solariega.
manpower ['mænpaʊə^r] n mano f de obra.
mansion ['mænʃən] n casa f grande; (in country) casa solariega.
manslaughter ['mænslɔ:tə^r] n homicidio involuntario.
mantelpiece ['mæntəlpi:s] n (shelf) repisa f de chimenea; (fireplace) chimenea f.

mantle ['mæntəl] *n fig (of snow)* manto *m*, capa *f*.

manual ['mænjʊəl] *adj & n* manual *(m)*.

manufacture [mænjʊ'fæktʃər] **I** *vtr* fabricar. **II** *n* fabricación *f*.

manufacturer [mænjʊ'fæktʃərər] *n* fabricante *mf*.

manure [mə'njʊər] *n* abono *m*, estiércol *m*.

manuscript ['mænjʊskrɪpt] *n* manuscrito *m*.

many ['menɪ] **I** *adj* (**more,** *most*) mucho,-a, muchos,-as; **a great m.,** muchísimos,-as; **as m. ... as ...,** tantos, -as ... como ...; **how m. days?,** ¿cuántos días?; **so m. flowers!,** ¡cuántas flores!; **too m.,** demasiados,-as. **II** *pron* muchos,-as.

map [mæp] **I** *n (of country)* mapa *m; (of town, bus route)* plano *m*. **II** *vtr* trazar un mapa de. ◆**map out** *vtr (route)* trazar en un mapa; *fig (future etc)* planear.

maple ['meɪpəl] *n* arce *m*.

mar [mɑːr] *vtr* estropear; **to m. sb's enjoyment,** aguarle la fiesta a algn.

marathon ['mærəθən] *n* maratón *m*.

marble ['mɑːbəl] **I** *n* **1** *(stone)* mármol *m*. **2** *(glass ball)* canica *f*. **II** *adj* de mármol.

March [mɑːtʃ] *n* marzo *m*.

march [mɑːtʃ] **I** *n* **1** *Mil* marcha *f; fig* **to steal a m. on sb,** tomar la delantera a algn. **2** *(demonstration)* manifestación *f*. **II** *vi* **1** marchar. **2** *(demonstrate)* manifestarse. **III** *vtr Mil* hacer marchar.

march past ['mɑːtʃpɑːst] *n* desfile *m*.

mare [meər] *n* yegua *f*.

margarine [mɑːdʒə'riːn] *n* margarina *f*.

margin ['mɑːdʒɪn] *n* margen *m; fig* **to win by a narrow m.,** ganar por escaso margen; **m. of error,** *(in statistics)* error muestral.

marginal ['mɑːdʒɪnəl] *adj* marginal; *Pol* **m. seat,** escaño *m* pendiente. ◆**marginally** *adv* ligeramente.

marigold ['mærɪɡəʊld] *n* caléndula *f*.

marijuana, marihuana [mærɪ'hwɑːnə] *n* marihuana *f*, marijuana *f*.

marinate ['mærɪneɪt] *vtr* adobar.

marine [mə'riːn] **I** *adj* marino,-a. **II** *n* soldado *m* de infantería de marina; *GB* **the Marines,** *US* **the M. Corps,** la infantería de marina.

marital ['mærɪtəl] *adj* matrimonial; **m. status,** estado *m* civil.

maritime ['mærɪtaɪm] *adj* marítimo,-a.

marjoram ['mɑːdʒərəm] *n* mejorana *f*.

mark[1] [mɑːk] **I** *n* **1** *(left by blow etc)* señal *f; (stain)* mancha *f; fig* **to make one's m.,** distinguirse. **2** *(sign, token)* señal *f; (indication)* indicio *m*. **3** *(in exam etc)* nota *f;* **to get high marks,** sacar buenas notas. **4** *fig* **to hit the m.,** dar en el clavo; *fig* **to be wide of the m.,** estar lejos de la verdad. **II** *vtr* **1** *(stain)* manchar. **2** *(with tick, cross)* señalar. **3** *(exam)* corregir; *(student)* dar notas a. **4** '**10% off marked price',** 'descuento del 10% sobre el precio indicado'. **5 m. my words,** fíjate en lo que te digo. **6** *Sport* marcar. **7 to m. time,** *Mil* marcar el paso; *fig* hacer tiempo. ◆**mark out** *vtr* **1** *(area)* delimitar. **2 to m. sb out for,** destinar a algn a.

mark[2] [mɑːk] *n (unit of currency)* marco *m*.

marked [mɑːkt] *adj (noticeable)* marcado,-a, acusado,-a.

marker ['mɑːkər] *n* **1** *(bookmark)* registro *m*. **2** *Sport* marcador,-a *m,f*. **3** *(pen)* rotulador *m* fluorescente.

market ['mɑːkɪt] **I** *n* mercado *m;* **m. garden,** *(small)* huerto *m; (large)* huerta *f;* **on the m.,** en venta; **m. forces,** tendencias *fpl* del mercado; **m. price,** precio *m* de mercado; **m. research,** estudio *m* de mercado; **m. (for sell)** poner en venta; *(promote)* promocionar.

marketable ['mɑːkɪtəbəl] *adj* comerciable.

marketing ['mɑːkɪtɪŋ] *n* marketing *m*, mercadotecnia *f*.

marketplace ['mɑːkɪtpleɪs] *n* mercado *m*.

marksman ['mɑːksmən] *n* tirador *m*.

marmalade ['mɑːməleɪd] *n* mermelada *f* (de cítricos).

maroon [mə'ruːn] *adj* (de color) granate.

marooned [mə'ruːnd] *adj* bloqueado,-a.

marquee [mɑː'kiː] *n* carpa *f*, entoldado *m*.

marquess, marquis ['mɑːkwɪs] *n* marqués *m*.

marriage ['mærɪdʒ] *n (state)* matrimonio *m; (wedding)* boda *f;* **m. bureau,** agencia *f* matrimonial; **m. certificate,** certificado *m* de matrimonio.

married ['mærɪd] *adj* casado,-a; **m. life,** vida *f* conyugal.

marrow ['mærəʊ] *n* **1** *(bone)* **m.,** médula *f*. **2** *Bot* calabacín *m*.

marry ['mærɪ] *vtr (take in marriage)* casarse con; *(give in marriage)* casar (to, con); *(unite in marriage)* casar; **to get married,** casarse.

Mars [mɑːz] *n* Marte *m*.

marsh [mɑːʃ] *n* pantano *m;* **salt m.,** marisma *f*.

marshal ['mɑːʃəl] **I** *n* **1** *Mil* mariscal *m*. **2** *GB (at sports event etc)* oficial *mf*. **3** *US (sheriff)* alguacil *m*. **4** *US (of police or fire department)* jefe *m*. **II** *vtr* **1** *Mil* formar. **2** *(facts etc)* ordenar.

marshy ['mɑːʃɪ] *adj* (**marshier, marshiest**) pantanoso,-a.

martial ['mɑːʃəl] *adj* marcial; **m. arts,** artes *fpl* marciales; **m. law,** ley *f* marcial.

martyr ['mɑːtər] **I** *n* mártir *mf*. **II** *vtr* martirizar.

martyrdom ['mɑːtədəm] *n* martirio *m*.

marvel ['mɑːvəl] **I** *n* maravilla *f*. **II** *vi* to

marvellous 453 **matron**

m. at, maravillarse de.
marvellous, US **marvelous** ['mɑːvələs] adj maravilloso,-a.
Marxism ['mɑːksɪzəm] n marxismo m.
Marxist ['mɑːksɪst] adj & n marxista (mf).
marzipan ['mɑːzɪpæn] n mazapán m.
mascara [mæˈskɑːrə] n rímel m.
mascot ['mæskət] n mascota f.
masculine ['mæskjʊlɪn] adj masculino,-a; (woman) hombruna.
mash [mæʃ] I n (for animals) afrecho m. II vtr to m. (up), machacar; **mashed potatoes**, puré m de patatas.
mask [mɑːsk] I n máscara f; (of doctor, dentist etc) mascarilla f. II vtr enmascarar; fig (conceal) ocultar (from, de).
masochist ['mæsəkɪst] adj & n masoquista (mf).
mason ['meɪsən] n 1 (builder) albañil m. 2 (freemason) masón m, francmasón m.
masonic [məˈsɒnɪk] adj masónico,-a.
masonry ['meɪsənrɪ] n (stonework) albañilería f.
masquerade [mæskəˈreɪd] I n (pretence) farsa f. II vi to m. as, hacerse pasar por.
mass¹ [mæs] n Rel misa f; **to say m.**, decir misa.
mass² [mæs] I n 1 masa f. 2 (large quantity) montón m; (of people) multitud f. 3 **the masses**, las masas. II adj masivo,-a; **m. media**, medios mpl de comunicación (de masas); **m. production**, fabricación f en serie. III vi (people) congregarse; Mil concentrarse.
massacre ['mæsəkər] I n masacre f. II vtr masacrar.
massage ['mæsɑːʒ, mæˈsɑːdʒ] I n masaje m. II vtr 1 dar masajes a. 2 fig (figures) amañar.
masseur [mæˈsɜːr] n masajista m.
masseuse [mæˈsɜːz] n masajista f.
massive ['mæsɪv] adj enorme; (heart attack) grave.
mast [mɑːst] n 1 Naut mástil m. 2 Rad TV torre f.
master ['mɑːstər] I n 1 (of dog, servant) amo m; (of household) señor m. 2 GB (teacher) profesor m. 3 Univ m.'s degree, ≈ máster m. 4 (expert) maestro m. 5 (boy) **M. James Brown**, el señor James Brown. II adj 1 **m. copy**, original m; **m. key**, llave f maestra. 2 (expert) maestro,-a. III vtr 1 (person, situation) dominar. 2 (subject, skill) llegar a dominar.
masterful ['mɑːstəfʊl] adj autoritario,-a; (imperious) imperioso,-a; (personality) dominante.
masterly ['mɑːstəlɪ] adj magistral.
mastermind ['mɑːstəmaɪnd] I n (person) cerebro m. II vtr ser el cerebro de.
masterpiece ['mɑːstəpiːs] n obra f maestra.
mastery ['mɑːstərɪ] n 1 (control) dominio m (of, de). 2 (skill, expertise) maestría f.

masturbate ['mæstəbeɪt] vi masturbarse.
mat¹ [mæt] n (rug) alfombrilla f; (doormat) felpudo m; (rush mat) estera f; Sport colchoneta f.
mat² [mæt] adj mate.
match¹ [mætʃ] n cerilla f, fósforo m.
match² [mætʃ] I n 1 Sport partido m; Box combate m. 2 fig **to meet one's m.**, (equal) encontrar uno la horma de su zapato. II vtr 1 (equal, be the equal of) igualar. 2 (be in harmony with) armonizar; **they are well matched**, (teams) van iguales; (couple) hacen buena pareja. 3 (colours, clothes) hacer juego con; (pair of socks, gloves) ser el compañero de. III vi (harmonize) hacer juego.
matchbox ['mætʃbɒks] n caja f de cerillas.
matching ['mætʃɪŋ] adj que hace juego.
mate [meɪt] I n 1 (at school, work) compañero,-a m,f, colega mf; GB fam (friend) amigo,-a m,f. 2 Zool (male) macho m; (female) hembra f. 3 (assistant) ayudante mf. 4 Naut **first/second m.**, primer/segundo oficial. II vtr Zool aparear. III vi Zool aparearse.
material [məˈtɪərɪəl] n 1 (substance) materia f. 2 (cloth) tejido m, tela f. 3 (information) material m. 4 **materials**, (ingredients, equipment) materiales mpl. II adj 1 substancial. 2 (not spiritual) material.
materialistic [mətɪərɪəˈlɪstɪk] adj materialista.
materialize [məˈtɪərɪəlaɪz] vi 1 (hopes) realizarse; (plan, idea) concretarse. 2 (show up) presentarse.
maternal [məˈtɜːnəl] adj maternal; (uncle etc) materno,-a.
maternity [məˈtɜːnɪtɪ] n maternidad f; **m. dress**, vestido m premamá; **m. hospital**, maternidad.
math [mæθ] n US → **maths**.
mathematical [mæθəˈmætɪkəl] adj matemático,-a.
mathematician [mæθəməˈtɪʃən] n matemático,-a m,f.
mathematics [mæθəˈmætɪks] n matemáticas fpl.
maths [mæθs] n fam matemáticas fpl.
matinée ['mætɪneɪ] n Cin sesión f de tarde; Theat función f de tarde.
mating ['meɪtɪŋ] n apareamiento m; **m. call**, reclamo m; **m. season**, época f de celo.
matriculation [mətrɪkjʊˈleɪʃən] n Univ matriculación f.
matrimonial [mætrɪˈməʊnɪəl] adj matrimonial.
matrimony ['mætrɪmənɪ] n matrimonio m; (married life) vida f conyugal.
matrix ['meɪtrɪks] n (pl **matrices** ['meɪtrɪsiːz]) matriz f.
matron ['meɪtrən] n (in hospital) enfermera f jefe.

matronly ['meɪtrənlɪ] *adj* madura y recia.
matt [mæt] *adj* mate.
matted ['mætɪd] *adj* enmarañado,-a.
matter ['mætər] *n* **1** (*affair, question*) asunto *m*; **as a m. of course**, por rutina; **as a m. of fact**, en realidad; **that's another m.**, eso es otra cosa. **2** (*problem*) **what's the m.?**, ¿qué pasa? **3 no m. what he does**, haga lo que haga; **no m. when**, no importa cuando; **no m. where you go**, dondequiera que vayas; **no m. how clever he is**, por muy inteligente que sea; **no m. how**, como sea. **4** (*substance*) materia *f*, sustancia *f*. **5** (*content*) contenido *m*; (*subject*) tema *m*. **6** *Med* (*pus*) pus *m*. **II** *vi* importar; **it doesn't m.**, no importa, da igual.
matter-of-fact ['mætərəvfækt] *adj* (*person*) práctico,-a; (*account*) realista; (*style*) prosaico,-a.
mattress ['mætrɪs] *n* colchón *f*.
mature [mə'tʃʊər] **I** *adj* maduro,-a; *Fin* vencido,-a. **II** *vi* madurar; *Fin* vencer. **III** *vtr* madurar.
maturity [mə'tʃʊərɪtɪ] *n* madurez *f*.
maul [mɔːl] *vtr* **1** (*wound*) agredir. **2** (*handle roughly*) maltratar. **3** (*touch in unpleasant way*) sobar.
mauve [məʊv] *adj* & *n* malva (*m*).
max [mæks] *abbr* of **maximum**, máximo *m*, max.
maxim ['mæksɪm] *n* máxima *f*.
maximize ['mæksɪmaɪz] *vtr* maximizar.
maximum ['mæksɪməm] **I** *n* (*pl* **maxima** ['mæksɪmə]) máximo *m*. **II** *adj* máximo, -a.
may [meɪ] *v aux* (*pt* **might**) **1** (*possibility, probability*) poder, ser posible; **be that as it m.**, sea como sea; **come what m.**, pase lo que pase; **he m. or might come**, puede que venga; **you m. or might as well stay**, más vale que te quedes. **2** (*permission*) poder; **m. I?**, ¿me permite?; **you m. smoke**, pueden fumar. **3** (*wish*) ojalá (+ *subj*); **m. you always be happy!**, ¡ojalá seas siempre feliz!
May [meɪ] *n* mayo *m*; **M. Day**, el Primero *or* el Uno de Mayo.
maybe ['meɪbiː] *adv* quizá(s), tal vez.
mayhem ['meɪhem] *n* (*disturbance*) alboroto *m*; (*havoc*) estragos *mpl*.
mayonnaise [meɪə'neɪz] *n* mayonesa *f*, mahonesa *f*.
mayor [meər] *n* (*man*) alcalde *m*; (*woman*) alcaldesa *f*.
mayoress ['meərɪs] *n* alcaldesa *f*.
maze [meɪz] *n* laberinto *m*.
MD [em'diː] **1** *abbr of* **Doctor of Medicine**, Dr. en Medicina. **2** *fam abbr of* **Managing Director**.
me [miː] *pron* **1** (*as object*) me; **he gave it to me**, me lo dio; **listen to me**, escúchame; **she knows me**, me conoce. **2** (*after prep*) mí; **it's for me**, es para mí; **with me**, conmigo. **3** (*emphatic*) yo; **it's me**, soy yo; **what about me?**, ¿y yo, qué?
meadow ['medəʊ] *n* prado *m*, pradera *f*.
meagre, *US* **meager** ['miːgər] *adj* exiguo,-a.
meal¹ [miːl] *n* (*flour*) harina *f*.
meal² [miːl] *n* (*food*) comida *f*.
mealtime ['miːltaɪm] *n* hora *f* de comer.
mean¹ [miːn] *vtr* (*pt* & *pp* **meant**) **1** (*signify*) significar, querer decir; **what do you m. by that?**, ¿qué quieres decir con eso? **2** (*intend*) pensar, tener la intención de; **I m. it**, (te) lo digo en serio; **she was meant to arrive on the 7th**, tenía que *or* debía llegar el día 7; **they m. well**, tienen buenas intenciones; **she didn't m. to do it**, lo hizo sin querer. **3** (*entail*) suponer. **4** (*refer to*) referirse a. **5** (*destine*) destinar (**for, a, para**).
mean² [miːn] *adj* (**meaner, meanest**) **1** (*miserly*) tacaño,-a. **2** (*unkind*) malo,-a; (*petty*) mezquino,-a; *US* (*bad-tempered*) malhumorado,-a; **to be m. to sb**, tratar mal a algn. **3** (*inferior*) mediocre; (*origins*) humilde. **4 it was no m. feat**, fue toda una hazaña.
mean³ [miːn] **I** *adj* (*average*) medio,-a. **II** *n* (*average*) promedio *m*; *Math* media *f*.
meander [mɪ'ændər] *vi* (*river*) serpentear; (*person*) vagar; *fig* (*digress*) divagar.
meaning ['miːnɪŋ] *n* sentido *m*, significado *m*.
meaningful ['miːnɪŋfʊl] *adj* significativo,-a.
meaningless ['miːnɪŋlɪs] *adj* sin sentido.
meanness ['miːnnɪs] *n* **1** (*miserliness*) tacañería *f*. **2** (*nastiness*) maldad *f*.
means [miːnz] *n* **1** *sing* or *pl* (*method*) medio *m*, manera *f*; **by m. of**, por medio de, mediante. **2** *pl* (*resources, wealth*) medios *mpl* (de vida), recursos *mpl* (económicos); **to live beyond one's m.**, vivir por encima de sus posibilidades. **3 by all m.!**, ¡por supuesto!; **by no m.**, de ninguna manera.
meant [ment] *pt* & *pp* → **mean¹**.
meantime ['miːntaɪm] **I** *adv* mientras tanto. **II** *n* **in the m.**, mientras tanto.
meanwhile ['miːnwaɪl] *adv* mientras tanto.
measles ['miːzəlz] *n* sarampión *m*.
measure ['meʒər] **I** *n* **1** (*action, step*) medida *f*. **2** (*ruler*) regla *f*. **3 in some m.**, hasta cierto punto. **4** *Mus* compás *m*. **II** *vtr* (*object, area*) medir; (*person*) tomar las medidas de. ◆**measure up** *vi* **to m. (up) (to sth)**, estar a la altura (de algo).
measurement ['meʒəmənt] *n* medida *f* o.
meat [miːt] *n* carne *f*; *Culin* **m. pie**, empanada *f* de carne.
meatball ['miːtbɔːl] *n* albóndiga *f*.
meaty ['miːtɪ] *adj* (**meatier, meatiest**) **1** carnoso,-a. **2** *fig* (*story*) jugoso,-a.

Mecca ['mekə] *n* la Meca.
mechanic [mɪ'kænɪk] *n* (*person*) mecánico,-a *m,f*.
mechanical [mɪ'kænɪkəl] *adj* mecánico, -a.
mechanics [mɪ'kænɪks] *n* **1** *sing* (*science*) mecánica *f*. **2** *pl* (*technical aspects*) mecanismo *m sing*.
mechanism ['mekənɪzəm] *n* mecanismo *m*.
medal ['medəl] *n* medalla *f*.
medallion [mɪ'dæljən] *n* medallón *m*.
medallist, *US* **medalist** ['medəlɪst] *n* medalla *f*.
meddle ['medəl] *vi* entrometerse (**in**, en); **to m. with sth**, manosear algo.
media ['miːdɪə] *npl* medios *mpl* de comunicación; **m. coverage**, cobertura periodística.
median ['miːdɪən] **I** *adj* mediano,-a. **II** *n Geom* mediana *f*; *Math* valor mediano.
mediate ['miːdɪeɪt] *vi* mediar.
mediator ['miːdɪeɪtər] *n* mediador,-a *m,f*.
medical ['medɪkəl] **I** *adj* (*treatment*) médico,-a; (*book*) de medicina. **II** *n fam* reconocimiento médico.
medicated ['medɪkeɪtɪd] *adj* medicinal.
medicine ['medsɪn, 'medɪsɪn] *n* (*science*) medicina *f*; (*drugs etc*) medicamento *m*.
medieval [medɪ'iːvəl] *adj* medieval.
mediocre [miːdɪ'əʊkər] *adj* mediocre.
meditate ['medɪteɪt] *vi* meditar (**on**, sobre).
meditation [medɪ'teɪʃən] *n* meditación *f*.
Mediterranean [medɪtə'reɪnɪən] **I** *adj* mediterráneo,-a. **II** *n* **the M.**, el Mediterráneo.
medium ['miːdɪəm] **I** *adj* (*average*) mediano,-a; *Rad* **m. wave**, onda media. **II** *n* **1** (*pl* **media**) (*means*) medio *m*. **2** (*pl* **mediums**) (*spiritualist*) médium *mf*.
medley ['medlɪ] *n* (*mixture*) mezcla *f*; *Mus* popurrí *m*.
meek [miːk] *adj* manso,-a, sumiso,-a; (*humble*) humilde.
meet [miːt] **I** *vtr* (*pt & pp* **met**) **1** (*by chance*) encontrar, encontrarse con; (*by arrangement*) reunirse con; (*in formal meeting*) entrevistarse con. **2** (*get to know*) conocer; **I'd like you to m. my mother**, quiero presentarte a mi madre; **the first time I met him**, cuando lo conocí; **pleased to m. you!**, ¡mucho gusto! **3** (*await arrival of person*) esperar; (*collect*) ir a buscar. **4** (*danger*) encontrar; (*opponent*) enfrentarse con. **5** (*satisfy*) satisfacer; (*obligations*) cumplir con; (*expenses*) hacer frente a. **II** *vi* (*by chance*) encontrarse con; (*by arrangement*) reunirse; (*formal meeting*) entrevistarse; (*get to know each other*) conocerse; *Sport* enfrentarse; (*join*) unirse; (*rivers*) confluir; **their eyes met**, cruzaron las miradas. **III** *n* (*hunting*) partida *f* de caza. ◆**meet with** *vtr* (*difficulty*) tropezar con; (*loss*) sufrir; (*success*) tener; *esp US* (*person*) reunirse con.
meeting ['miːtɪŋ] *n* (*chance encounter*) encuentro *m*; (*prearranged*) cita *f*; (*formal*) entrevista *f*; (*of committee etc*) reunión *f*; (*of assembly*) sesión *f*; (*of shareholders*) junta *f*; (*rally*) mitin *m*; *Sport* encuentro *m*; (*of rivers*) confluencia *f*.
megabyte ['megəbaɪt] *n Comput* megabyte *m*.
megaphone ['megəfəʊn] *n* megáfono *m*.
melancholy ['melənkəlɪ] **I** *n* melancolía *f*. **II** *adj* melancólico,-a.
Melilla [me'liːjə] *n* Melilla.
mellow ['meləʊ] **I** *adj* maduro,-a; (*wine*) añejo,-a; (*colour, voice*) suave; (*person*) apacible. **II** *vi* (*fruit*) madurar; (*colour, voice*) suavizarse.
melodramatic [melədrə'mætɪk] *adj* melodramático,-a.
melody ['melədɪ] *n* melodía *f*.
melon ['melən] *n* melón *m*.
melt [melt] **I** *vtr* (*metal*) fundir; *fig* (*sb's heart*) ablandar. **II** *vi* (*snow*) derretirse; (*metal*) fundirse; *fig* ablandarse. ◆**melt away** *vi* (*snow*) derretirse; *fig* (*money*) desaparecer; *fig* (*confidence*) desvanecerse. ◆**melt down** *vtr* (*metal*) fundir.
melting ['meltɪŋ] *n* fundición *f*; **m. point**, punto *m* de fusión; **m. pot**, crisol *m*.
member ['membər] *n* miembro *mf*; (*of a society*) socio,-a *m,f*; (*of party, union*) afiliado,-a *m,f*; **M. of Parliament**, diputado,-a *m,f*.
membership ['membəʃɪp] *n* (*state*) calidad *f* de socio; (*entry*) ingreso *m*; *Pol* afiliación *f*; (*number of members*) número *m* de socios; **m. card**, carnet *m* de socio.
memento [mə'mentəʊ] *n* recuerdo *m*.
memo ['meməʊ] *n* (*official note*) memorándum *m*; (*personal note*) nota *f*, apunte *m*.
memoirs ['memwɑːz] *npl* memorias *fpl*.
memorable ['memərəbəl] *adj* memorable.
memorandum [memə'rændəm] *n* (*pl* **memoranda**) (*official note*) memorándum *m*; (*personal note*) nota *f*, apunte *m*.
memorial [mɪ'mɔːrɪəl] **I** *adj* (*plaque etc*) conmemorativo,-a. **II** *n* monumento conmemorativo.
memorize ['meməraɪz] *vtr* memorizar, aprender de memoria.
memory ['memərɪ] *n* memoria *f*; (*recollection*) recuerdo *m*.
men [men] *npl* → **man**.
menace ['menɪs] **I** *n* (*threat*) amenaza *f*; (*danger*) peligro *m*; *fam* (*person*) pesado,-a *m,f*. **II** *vtr* amenazar.
menacing ['menɪsɪŋ] *adj* amenazador,-a.
menagerie [mɪ'nædʒərɪ] *n* casa *f* de fieras.
mend [mend] **I** *vtr* reparar, arreglar; (*clothes*) remendar; (*socks etc*) zurcir. **II** *vi*

(ill person) reponerse. **III** *n (patch)* remiendo *m*; *(darn)* zurcido *m*; *fig* **to be on the m.**, ir mejorando.

mending ['mendɪŋ] *n (repair)* reparación *f*; *(darning)* zurcido *m*; *(clothes for mending)* ropa *f* para remendar.

menial ['miːnɪəl] *adj (task)* servil, bajo,-a.

menopause ['menəpɔːz] *n* menopausia *f*.

menstrual ['menstruəl] *adj* menstrual.

menstruation [menstru'eɪʃən] *n* menstruación *f*.

mental ['mentəl] *adj* **1** mental; **m. home, m. hospital,** hospital psiquiátrico; **m. illness,** enfermedad *f* mental. **2** *fam (crazy)* chalado,-a. ◆**mentally** *adv* **m. ill,** enfermo,-a mental; **to be m. handicapped,** ser un,-a disminuido,-a psíquico,-a.

mentality [men'tælɪtɪ] *n* mentalidad *f*.

mention ['menʃən] **I** *n* mención *f*. **II** *vtr* mencionar; **don't m. it!,** ¡de nada!

mentor ['mentɔːr] *n* mentor *m*.

menu ['menjuː] *n* **1** *(card)* carta *f*; *(fixed meal)* menú *m*; **today's m.,** menú del día. **2** *Comput* menú *m*.

MEP [emiː'piː] *abbr of* **Member of the European Parliament,** eurodiputado,-a *mf*.

mercenary ['mɜːsɪnərɪ] *adj & n* mercenario,-a *(m,f)*.

merchandise ['mɜːtʃəndaɪz] *n* mercancías *fpl*, géneros *mpl*.

merchant ['mɜːtʃənt] *n Com Fin* comerciante *mf*; *(retailer)* detallista *mf*; **m. bank,** banco *m* comercial; **m. navy,** marina *f* mercante.

merciful ['mɜːsɪfʊl] *adj* clemente, compasivo,-a (**towards,** con).

merciless ['mɜːsɪlɪs] *adj* despiadado,-a.

mercury ['mɜːkjʊrɪ] *n* mercurio *m*.

Mercury ['mɜːkjʊrɪ] *n* Mercurio *m*.

mercy ['mɜːsɪ] *n* misericordia *f*, compasión *f*; **at the m. of,** a la merced de; **to have m. on,** tener compasión de.

mere [mɪər] *adj* mero,-a, simple. ◆**merely** *adv* simplemente.

merge [mɜːdʒ] **I** *vtr (blend)* unir (**with,** con); *Com* fusionar. **II** *vi* unirse; *(roads)* empalmar; *Com* fusionarse.

merger ['mɜːdʒər] *n Com* fusión *f*.

meringue [məˈræŋ] *n* merengue *m*.

merit ['merɪt] **I** *n (of person)* mérito *m*; *(of plan etc)* ventaja *f*. **II** *vtr* merecer.

mermaid ['mɜːmeɪd] *n* sirena *f*.

merry ['merɪ] *adj* (**merrier, merriest**) alegre; *fam (tipsy)* achispado,-a; **m. Christmas!,** ¡felices Navidades!

merry-go-round ['merɪɡəʊraʊnd] *n* tiovivo *m*.

mesh [meʃ] **I** *n Tex* malla *f*; *Tech* engranaje *m*; *fig* red *f*. **II** *vtr Tech* engranar.

mesmerize ['mezməraɪz] *vtr* hipnotizar.

mess [mes] **I** *n* **1** *(confusion)* confusión *f*; *(disorder)* desorden *m*; **to be in a m.,** *(of room etc)* estar desordenado,-a. **2** *(in life, affairs)* lío *m*; **to get into a m.,** meterse en un lío. **3** *(dirt)* suciedad *f*. **4** *Mil (food)* rancho *m*. **5** *Mil (room)* comedor *m*. ◆**mess about, mess around** *fam* **I** *vtr* fastidiar. **II** *vi (act the fool)* hacer el primo; *(idle)* gandulear; *(kill time)* pasar el rato. ◆**mess about with** *vtr fam (fiddle with)* manosear; **to m. about with sb,** tener un lío con algn. ◆**mess up** *vtr fam (make untidy)* desordenar; *(dirty)* ensuciar; *(spoil)* estropear.

message ['mesɪdʒ] *n (communication)* recado *m*; *(of story etc)* mensaje *m*; *fam* **to get the m.,** comprender.

messenger ['mesɪndʒər] *n* mensajero,-a *m,f*.

Messrs ['mesəz] *Com abbr of pl of* **Mr,** Sres.

messy ['mesɪ] *adj* (**messier, messiest**) *(untidy)* desordenado,-a; *(confused)* enredado,-a; *(dirty)* sucio,-a.

met [met] *pt & pp* → **meet.**

metabolism [me'tæbəlɪzəm] *n* metabolismo *m*.

metal ['metəl] **I** *n* metal *m*. **II** *adj* metálico,-a.

metallic [mɪ'tælɪk] *adj* metálico,-a; **m. blue,** azul metalizado.

metallurgy [me'tælədʒɪ] *n* metalurgia *f*.

metalwork ['metəlwɜːk] *n (craft)* metalistería *f*; *(objects)* objetos *mpl* de metal.

metaphor ['metəfər, 'metəfɔːr] *n* metáfora *f*.

mete [miːt] *vtr* **to m. out,** imponer.

meteor ['miːtɪər] *n* bólido *m*.

meteoric [miːtɪ'ɒrɪk] *adj* meteórico,-a.

meteorite ['miːtɪəraɪt] *n* meteorito *m*.

meteorology [miːtɪə'rɒlədʒɪ] *n* meteorología *f*.

meter¹ ['miːtər] *n* contador *m*.

meter² ['miːtər] *n US* → **metre.**

method ['meθəd] *n* método *m*.

methodical [mɪ'θɒdɪkəl] *adj* metódico,-a.

Methodist ['meθədɪst] *adj & n* metodista *(mf)*.

meths [meθs] *n fam abbr of* **methylated spirits.**

methylated spirits [meθɪleɪtɪd'spɪrɪts] *n* alcohol metilado *or* desnaturalizado.

meticulous [mə'tɪkjʊləs] *adj* meticuloso,-a.

metre ['miːtər] *n* metro *m*.

metric ['metrɪk] *adj* métrico,-a.

metropolis [mɪ'trɒpəlɪs] *n* metrópoli *f*.

metropolitan [metrə'pɒlɪtən] *adj* metropolitano,-a.

mettle ['metəl] *n* valor *m*.

mew [mjuː] *vi (cat)* maullar.

mews [mjuːz] *n (street)* callejuela *f*; **m. flat,** apartamento *m* de lujo en unas caballerizas reconvertidas.

Mexican ['meksɪkən] *adj & n* mejicano,-a *(m,f)*, mexicano,-a *(m,f)*.

Mexico |'meksɪkəʊ| n Méjico, México.
miaow |miːˈaʊ| I vi maullar. II n maullido m.
mice |maɪs| npl → **mouse**.
mickey |'mɪkɪ| n fam **to take the m.** (out of sb), tomar el pelo (a algn).
microbe |'maɪkrəʊb| n microbio m.
microchip |'maɪkrəʊtʃɪp| n microplaqueta f, microchip m.
microcomputer |maɪkrəʊkəm'pjuːtəʳ| n microordenador m.
microcosm |'maɪkrəʊkɒzəm| n microcosmo m.
microfilm |'maɪkrəʊfɪlm| n microfilm m.
microphone |'maɪkrəfəʊn| n micrófono m.
microprocessor |maɪkrəʊ'prəʊsesəʳ| n microprocesador m.
microscope |'maɪkrəskəʊp| n microscopio m.
microwave |'maɪkrəʊweɪv| n microonda f; **m. (oven)**, (horno m) microondas m inv.
mid |mɪd| adj (in) **m. afternoon,** a media tarde; (in) **m. April,** a mediados de abril; **to be in one's m. thirties,** tener unos treinta y cinco años.
midair |mɪd'eəʳ| n (collision, explosion) en el aire. II n fig **to leave sth in m.,** dejar algo en el aire.
midday |mɪd'deɪ| I n mediodía m. II adj de mediodía.
middle |'mɪdəl| I adj de en medio; **m. age,** mediana edad f; **the M. Ages,** la Edad Media; **the m. class,** la clase media. II n 1 centro m, medio m; **in the m. of,** en medio de; **in the m. of winter,** en pleno invierno; fam **in the m. of nowhere,** en el quinto pino. 2 fam (waist) cintura f.
middle-aged |mɪdəl'eɪdʒd| adj de mediana edad.
middle-class |mɪdəl'klɑːs| adj de clase media.
middleman |'mɪdəlmæn| n intermediario m.
middleweight |'mɪdəlweɪt| n peso medio.
middling |'mɪdlɪŋ| adj mediano,-a.
midfielder |mɪd'fiːldəʳ| n Sport centrocampista mf.
midge |mɪdʒ| n mosca enana.
midget |'mɪdʒɪt| n enano,-a m,f.
Midlands |'mɪdləndz| npl **the M.,** la región central de Inglaterra.
midnight |'mɪdnaɪt| n medianoche f.
midst |mɪdst| prep **in the m. of,** en medio de.
midsummer |mɪd'sʌməʳ| n pleno verano; **M.'s Day,** Día m de San Juan (24 de junio).
midway |'mɪdweɪ| adv a medio camino.
midweek |'mɪdwiːk| I adv entre semana. II adj de entre semana.

midwife |'mɪdwaɪf| n comadrona f, partera f.
midwifery |'mɪdwɪfərɪ| n obstetricia f.
midwinter |mɪd'wɪntəʳ| n pleno invierno m.
might¹ |maɪt| v aux → **may**.
might² |maɪt| n fml fuerza f, poder m.
mighty |'maɪtɪ| I adj (**mightier, mightiest**) (strong) fuerte; (powerful) poderoso, -a; (great) enorme.
migraine |'miːgreɪn, 'maɪgreɪn| n jaqueca f.
migrant |'maɪgrənt| I adj migratorio,-a. II n (person) emigrante mf; (bird) ave migratoria.
migrate |maɪ'greɪt| vi emigrar.
migration |maɪ'greɪʃən| n migración f.
mike |maɪk| n fam (abbr of **microphone**) micro m.
mild |maɪld| adj (person, character) apacible; (climate) templado,-a; (punishment) leve; (tobacco, taste) suave. ◆**mildly** adv (softly, gently) suavemente; (slightly) ligeramente; **and that's putting it m.,** y esto es decir poco.
mildew |'mɪldjuː| n moho m; (on plants) añublo m.
mildness |'maɪldnɪs| n (of character) apacibilidad f; (of climate, taste) suavidad f; (of punishment) levedad f.
mile |maɪl| n milla f; fam **miles better,** muchísimo mejor.
mileage |'maɪlɪdʒ| n kilometraje m.
milestone |'maɪlstəʊn| n hito m.
milieu |'miːljɜː| n medio m ambiente.
militant |'mɪlɪtənt| adj & n militante (mf).
military |'mɪlɪtərɪ| adj militar; **to do one's m. service,** hacer el servicio militar.
militia |mɪ'lɪʃə| n milicia f.
milk |mɪlk| I n leche f; **m. chocolate,** chocolate m con leche; **m. shake,** batido m. II vtr 1 (cow, goat) ordeñar. 2 fam **they milked him of all his money,** le sangraron hasta la última peseta.
milkman |'mɪlkmən| n lechero m.
milky |'mɪlkɪ| adj (**milkier, milkiest**) lechoso,-a; (colour) pálido,-a; **M. Way,** Vía Láctea.
mill |mɪl| I n (grinder) molino m; (for coffee) molinillo m; (factory) fábrica f; **cotton m.,** hilandería f. II vtr moler. ◆**mill about, mill around** vi arremolinarse.
millennium |mɪ'lenɪəm| n (pl **milleniums** or **milenia** |mɪ'lenɪə|) milenio m.
miller |'mɪləʳ| n molinero,-a m,f.
millet |'mɪlɪt| n mijo m.
milligram(me) |'mɪlɪgræm| n miligramo m.
millilitre, US **milliliter** |'mɪlɪliːtəʳ| n mililitro m.
millimetre, US **millimeter** |'mɪlɪmiːtəʳ|

n milímetro *m*.
milliner ['mɪlɪnər] *n* sombrerero,-a *m,f*.
millinery ['mɪlɪnərɪ] *n* sombreros *mpl* de señora.
million ['mɪljən] *n* millón *m*.
millionaire [mɪljə'neər] *n* millonario,-a *m,f*.
millstone ['mɪlstəʊn] *n* muela *f*; *fig* carga *f*.
mime [maɪm] **I** *n (art)* mímica *f*; *(play)* pantomima *f*. **II** *vtr* representar con gestos.
mimic ['mɪmɪk] **I** *adj & n* mímico,-a *(m,f)*. **II** *vtr* imitar.
mimicry ['mɪmɪkrɪ] *n* imitación *f*.
minaret ['mɪnəret] *n* alminar *m*, minarete *m*.
mince [mɪns] **I** *n GB (meat)* carne picada; **m. pie**, pastel *m* de picadillo de fruta. **II** *vtr* picar; *fig* **he doesn't m. his words**, no tiene pelos en la lengua. **III** *vi (walk)* **to m. (along)**, andar con pasos menuditos.
mincemeat ['mɪnsmiːt] *n (dried fruit)* conserva *f* de picadillo de fruta; *(meat)* carne picada.
mincer ['mɪnsər] *n* picadora *f* de carne.
mind [maɪnd] **I** *n* **1** *(intellect)* mente *f*; *(brain)* cabeza *f*; **what kind of car do you have in m.?**, ¿en qué clase de coche estás pensando?; **to lose one's m.**, perder el juicio; **it slipped my m.**, lo olvidé por completo; **to call sth to m.**, recordar algo. **2** *(opinion)* **to be in two minds about sth**, estar indeciso,-a; **to my m.**, a mi parecer. **II** *vtr* **1** *(child)* cuidar; *(house)* vigilar; *(be careful of)* tener cuidado con; **m. the step!**, ¡ojo con el escalón!; **m. your own business!**, ¡no te metas donde no te llaman! **2** *(object to)* tener inconveniente en; **I wouldn't m. a cup of coffee**, me vendría bien un café; **never m.**, no importa. **II** *vi* **1 m. you, he is fifty**, ten en cuenta que tiene cincuenta años. **2** *(object)* importar; **do you m. if I open the window?**, ¿le importa que abra la ventana?
minder ['maɪndər] *n fam (bodyguard)* guardaespaldas *m inv*; *(for child)* niñera *f*; *(babysitter)* canguro *mf*.
mindful ['maɪndful] *adj* consciente.
mindless ['maɪndlɪs] *adj (task)* de autómata; *(violence)* injustificable.
mine¹ [maɪn] *poss pron* (el) mío, (la) mía, (los) míos, (las) mías, lo mío; **a friend of m.**, un amigo mío; **these gloves are m.**, estos guantes son míos; **which is m.?**, ¿cuál es el mío?
mine² [maɪn] **I** *n* mina *f*; *fig* **a m. of information**, un pozo de información. **II** *vtr (coal etc)* extraer; *Mil* minar.
minefield ['maɪnfiːld] *n* campo *m* de minas.
miner ['maɪnər] *n* minero,-a *m,f*.
mineral ['mɪnərəl] **I** *adj* mineral; **m. water**, agua *f* mineral. **II** *n* mineral *m*.
minesweeper ['maɪnswiːpər] *n* dragaminas *m inv*.
mingle ['mɪŋɡəl] *vi* mezclarse.
miniature ['mɪnɪtʃər] **I** *n* miniatura *f*. **II** *adj (railway)* en miniatura; *(camera, garden)* diminuto,-a.
minibus ['mɪnɪbʌs] *n* microbús *m*.
minim ['mɪnɪm] *n Mus* blanca *f*.
minimal ['mɪnɪməl] *adj* mínimo,-a.
minimum ['mɪnɪməm] **I** *adj* mínimo,-a; **m. wage**, salario mínimo. **II** *n* mínimo *m*.
mining ['maɪnɪŋ] **I** *n* minería *f*, explotación *f* de minas; *Mil Naut* minado *m*. **II** *adj* minero,-a.
miniskirt ['mɪnɪskɜːt] *n* minifalda *f*.
minister ['mɪnɪstər] **I** *n* ministro,-a *m,f*; *Rel* pastor,-a *m,f*. **II** *vi* **to m. to sb**, atender a algn.
ministerial [mɪnɪ'stɪərɪəl] *adj Pol* ministerial.
ministry ['mɪnɪstrɪ] *n Pol* ministerio *m*; *Rel* sacerdocio *m*.
mink [mɪŋk] *n* visón *m*; **m. coat**, abrigo *m* de visón.
minnow ['mɪnəʊ] *n* piscardo *m*.
minor ['maɪnər] **I** *adj (lesser)* menor; *(unimportant)* sin importancia; *(role)* secundario,-a; *Mus* menor. **II** *n* **J**ur menor *mf* de edad.
Minorca [mɪ'nɔːkə] *n* Menorca.
minority [maɪ'nɒrɪtɪ] *n* minoría *f*; **to be in the m.**, ser (la) minoría; *Pol* **m. party**, partido minoritario.
mint¹ [mɪnt] **I** *n Fin* **the M.**, la Casa de la Moneda; **in m. condition**, en perfecto estado. **II** *vtr (coin, words)* acuñar.
mint² [mɪnt] *n Bot* menta *f*; *(sweet)* pastilla *f* de menta.
minus ['maɪnəs] **I** *prep* **5 m. 3**, 5 menos 3; **m. 10 degrees**, 10 grados bajo cero. **II** *adj* negativo,-a. **III** *n* **m. (sign)**, signo *m* (de) menos.
minute¹ ['mɪnɪt] *n* **1** minuto *m*; **at the last m.**, a última hora; **just a m.**, (espera) un momento; **this very m.**, ahora mismo. **2 minutes**, *(notes)* el acta.
minute² [maɪ'njuːt] *adj (tiny)* diminuto,-a; *(examination)* minucioso,-a.
miracle ['mɪrəkəl] *n* milagro *m*.
miraculous [mɪ'rækjʊləs] *adj* milagroso,-a.
mirage [mɪ'rɑːʒ] *n* espejismo *m*.
mire [maɪər] *n* fango *m*, lodo *m*; *(muddy place)* lodazal *m*.
mirror ['mɪrər] **I** *n* espejo *m*; *fig* reflejo *m*; **rear-view m.**, retrovisor *m*; **m. image**, réplica *f*. **II** *vtr* reflejar.
mirth [mɜːθ] *n* alegría *f*; *(laughter)* risas *fpl*.
misadventure [mɪsəd'ventʃər] *n* desgracia *f*; **death by m.**, muerte *f* accidental.
misanthropist [mɪ'zænθrəpɪst] *n* misántropo,-a *m,f*.

misapprehension [mɪsæprɪˈhenʃən] *n* malentendido *m*.

misbehave [mɪsbɪˈheɪv] *vi* portarse mal.

miscalculate [mɪsˈkælkjʊleɪt] *vtr & vi* calcular mal.

miscarriage [ˈmɪskærɪdʒ] *n Med* aborto *m* (espontáneo); **m. of justice**, error *m* judicial.

miscellaneous [mɪsɪˈleɪnɪəs] *adj* variado,-a; **m. expenses**, gastos diversos.

mischief [ˈmɪstʃɪf] *n* (*naughtiness*) travesura *f*; *fml* (*evil*) malicia *f*; *fam* (*harm*) daño *m*; **to get up to m.**, hacer travesuras.

mischievous [ˈmɪstʃɪvəs] *adj* (*naughty*) travieso,-a; (*playful*) juguetón,-ona; *fml* (*wicked*) malicioso,-a.

misconception [mɪskənˈsepʃən] *n* concepto erróneo.

misconduct [mɪsˈkɒndʌkt] *n* mala conducta *f*; **professional m.**, error *m* profesional.

misconstrue [mɪskənˈstruː] *vtr* interpretar mal.

miscount [mɪsˈkaʊnt] *vtr* (*votes etc*) contar mal.

misdeed [mɪsˈdiːd] *n* fechoría *f*.

misdemeanour, *US* **misdemeanor** [mɪsdɪˈmiːnər] *n* (*misdeed*) fechoría *f*; *Jur* delito *m* menor.

miser [ˈmaɪzər] *n* avaro,-a *m,f*.

miserable [ˈmɪzərəbəl] *adj* (*sad*) triste; (*unfortunate*) desgraciado,-a; (*wretched*) miserable.

miserly [ˈmaɪzəlɪ] *adj* avaro,-a, tacaño,-a.

misery [ˈmɪzərɪ] *n* (*sadness*) tristeza *f*; (*wretchedness*) desgracia *f*; (*suffering*) sufrimiento *m*; (*poverty*) miseria *f*; *fam* (*person*) aguafiestas *mf*.

misfire [mɪsˈfaɪər] *vi* (*engine, plan etc*) fallar.

misfit [ˈmɪsfɪt] *n* (*person*) inadaptado,-a *m,f*.

misfortune [mɪsˈfɔːtʃən] *n* desgracia *f*.

misgiving [mɪsˈɡɪvɪŋ] *n* (*doubt*) recelo *m*; (*fear*) temor *m*.

misguided [mɪsˈɡaɪdɪd] *adj* equivocado,-a.

mishandle [mɪsˈhændəl] *vtr* llevar *or* manejar mal.

mishap [ˈmɪshæp] *n* contratiempo *m*.

misinform [mɪsɪnˈfɔːm] *vtr* informar mal.

misinterpret [mɪsɪnˈtɜːprɪt] *vtr* interpretar mal.

misjudge [mɪsˈdʒʌdʒ] *vtr* juzgar mal.

mislay [mɪsˈleɪ] *vtr* extraviar.

mislead [mɪsˈliːd] *vtr* despistar; (*deliberately*) engañar.

misleading [mɪsˈliːdɪŋ] *adj* (*erroneous*) erróneo,-a; (*deliberately*) engañoso,-a.

mismanagement [mɪsˈmænɪdʒmənt] *n* mala administración *f*.

misnomer [mɪsˈnəʊmər] *n* nombre equivocado.

misogynist [mɪˈsɒdʒɪnɪst] *n* misógino,-a *m,f*.

misplace [mɪsˈpleɪs] *vtr* (*trust*) encauzar mal; (*book, spectacles etc*) extraviar.

misprint [ˈmɪsprɪnt] *n* errata *f*, error *m* de imprenta.

misrepresent [mɪsreprɪˈzent] *vtr* (*facts*) desvirtuar; (*words*) tergiversar.

miss¹ [mɪs] *n* señorita *f*.

miss² [mɪs] **I** *n* (*throw etc*) fallo *m*; *fam* **to give sth a m.**, pasar de algo. **II** *vtr* **1** (*when throwing*) fallar; (*when shooting*) errar. **2** (*train etc*) perder; (*opportunity*) dejar pasar; **you have missed the point, no has captado la idea**; *fig* **to m. the boat**, perder el tren. **3** (*omit*) saltarse. **4 I m. you**, te echo de menos. **III** *vi* (*when throwing*) fallar; (*when shooting*) errar; **is anything missing?**, ¿falta algo? ◆**miss out I** *vtr* (*omit*) saltarse; (*on purpose*) pasar por alto. **II** *vtr* **to m. out on**, perderse.

misshapen [mɪsˈʃeɪpən] *adj* deforme.

missile [ˈmɪsaɪl] *US* [ˈmɪsəl] *n Mil* misil *m*; (*object thrown*) proyectil *m*.

missing [ˈmɪsɪŋ] *adj* (*object*) perdido,-a; (*person*) desaparecido,-a; (*from meeting*) ausente; **m. person**, desaparecido,-a *m,f*; **three cups are m.**, faltan tres tazas.

mission [ˈmɪʃən] *n* misión *f*.

missionary [ˈmɪʃənərɪ] *n* misionero,-a *m,f*.

misspent [ˈmɪsspent] *adj* (*youth*) malgastado,-a.

mist [mɪst] **I** *n* neblina *f*; (*thick*) niebla *f*; (*at sea*) bruma *f*. **II** *vi* **to m. over** *or* **up**, (*countryside*) cubrirse de neblina; (*window etc*) empañarse.

mistake [mɪˈsteɪk] **I** *n* error *m*; **by m.**, por equivocación; **I hurt him by m.**, le golpeé sin querer; **to make a m.**, equivocarse, cometer un error. **II** *vtr* (*pt* **mistook**; *pp* **mistaken**) (*meaning*) malentender; **to m. Jack for Bill**, confundir a Jack con Bill.

mistaken [mɪˈsteɪkən] *adj* equivocado,-a, erróneo,-a; **you are m.**, estás equivocado,-a.

mister [ˈmɪstər] *n* señor *m*.

mistletoe [ˈmɪsəltəʊ] *n* muérdago *m*.

mistook [mɪˈstʊk] *pt* → **mistake**.

mistreat [mɪsˈtriːt] *vtr* tratar mal.

mistress [ˈmɪstrɪs] *n* (*of house*) señora *f*, ama *f*; (*lover*) amante *f*; *Educ* (*primary school*) maestra *f*; (*secondary school*) profesora *f*.

mistrust [mɪsˈtrʌst] **I** *n* recelo *m*. **II** *vtr* desconfiar de.

misty [ˈmɪstɪ] *adj* (**mistier, mistiest**) (*day*) de niebla; (*window etc*) empañado,-a.

misunderstand [mɪsʌndəˈstænd] *vtr & vi* malentender.

misunderstanding [mɪsʌndəˈstændɪŋ] *n* malentendido *m*; (*disagreement*) desavenencia *f*.

misuse [mɪs'juːs] I *n* mal uso *m*; *(of funds)* malversación *f*; *(of power)* abuso *m*. II [mɪs'juːz] *vtr* emplear mal; *(funds)* malversar; *(power)* abusar de.

miter ['maɪtər] *n US* → **mitre**.

mitigate ['mɪtɪɡeɪt] *vtr* atenuar.

mitigating ['mɪtɪɡeɪtɪŋ] *adj* **m. circumstances**, circunstancias *fpl* atenuantes.

mitre ['maɪtər] *n* mitra *f*.

mitten ['mɪtən] *n* manopla *f*; *(fingerless)* mitón *m*.

mix [mɪks] I *n* mezcla *f*. II *vtr* mezclar. III *vi (blend)* mezclarse (**with**, con); *(go well together)* ir bien juntos. ◆**mix up** *vtr (confuse)* confundir (**with**, con); *(papers)* revolver; **to be mixed up in sth**, estar involucrado,-a en algo.

mixed [mɪkst] *adj (assorted)* surtido,-a; *(varied)* variado,-a; *(school)* mixto,-a; *(feelings)* contradictorio,-a.

mixed-up [mɪkst'ʌp] *adj (objects, papers etc)* revuelto,-a; *(person)* confuso,-a.

mixer ['mɪksər] *n* **1** *Culin* batidora *f*. **2 to be a good m.**, *(person)* tener don de gentes.

mixture ['mɪkstʃər] *n* mezcla *f*.

mix-up ['mɪksʌp] *n fam* confusión *f*, lío *m*.

mm *abbr of* **millimetre(s)**, mm.

moan [məʊn] I *n (groan)* gemido *m*, quejido *m*. II *vi (groan)* gemir; *(complain)* quejarse (**about**, de).

moat [məʊt] *n* foso *m*.

mob [mɒb] I *n* multitud *f*; *(riff-raff)* gentuza *f*; **the m.**, el populacho. II *vtr* acosar.

mobile ['məʊbaɪl, *US* 'məʊbəl] I *adj* móvil; **m. home**, caravana *f*. II *n (hanging ornament)* móvil *m*.

mobility [məʊ'bɪlɪtɪ] *n* movilidad *f*.

mobilize ['məʊbɪlaɪz] *vtr* movilizar.

mock [mɒk] I *adj (sympathy etc)* fingido,-a; *(objects)* de imitación. II *vtr (make fun of)* burlarse de. III *vi* burlarse (**at**, de).

mockery ['mɒkərɪ] *n* burla *f*.

mode [məʊd] *n (manner)* modo *m*, estilo *m*; *(fashion)* moda *f*.

model ['mɒdəl] I *n* modelo *m*; *(fashion model)* modelo *mf*; **(scale) m.**, maqueta *f*. II *adj (railway)* en miniatura; *(pupil)* ejemplar; *(school)* modelo. III *vtr (clay etc)* modelar; *(clothes)* presentar. IV *vi (make models)* modelar; *(work as model)* trabajar de modelo.

modem ['məʊdem] *n Comput* modem *m*.

moderate¹ ['mɒdərɪt] I *adj* moderado,-a; *(reasonable)* razonable; *(average)* regular; *(ability)* mediocre. II *n Pol* moderado,-a *m,f*. ◆**moderately** *adv* medianamente.

moderate² ['mɒdəreɪt] I *vtr* moderar. II *vi* moderarse; *(wind)* calmarse; *(in debate)* arbitrar.

moderation [mɒdə'reɪʃən] *n* moderación *f*; **in m.**, con moderación.

modern ['mɒdən] *adj* moderno,-a; *(history)* contemporáneo,-a; **m. languages**, lenguas modernas.

modernize ['mɒdənaɪz] *vtr* modernizar.

modest ['mɒdɪst] *adj* modesto,-a; *(chaste)* púdico,-a; *(price)* módico,-a; *(success)* discreto,-a.

modesty ['mɒdɪstɪ] *n (humility)* modestia *f*; *(chastity)* pudor *m*.

modification [mɒdɪfɪ'keɪʃən] *n* modificación *f*.

modify ['mɒdɪfaɪ] *vtr* modificar.

module ['mɒdjuːl] *n* módulo *m*.

mogul ['məʊɡʌl] *n* magnate *m*.

mohair ['məʊheər] I *n* mohair *m*. II *adj* de mohair.

moist [mɔɪst] *adj* húmedo,-a.

moisten ['mɔɪsən] *vtr* humedecer.

moisture ['mɔɪstʃər] *n* humedad *f*.

moisturizer ['mɔɪstʃəraɪzər] *n* crema *f* or leche *f* hidratante.

molar ['məʊlər] *n* muela *f*.

molasses [mə'læsɪz] *n* melaza *f*.

mold [məʊld] *n US* → **mould**.

mole¹ [məʊl] *n (beauty spot)* lunar *m*.

mole² [məʊl] *n (animal)* topo *m*.

molecule ['mɒlɪkjuːl] *n* molécula *f*.

molest [mə'lest] *vtr* importunar; *(sexually assault)* acosar (sexualmente).

mollycoddle ['mɒlɪkɒdəl] *vtr fam* mimar, consentir.

molt [məʊlt] *vi US* → **moult**.

molten ['məʊltən] *adj* fundido,-a; *(lava)* líquido,-a.

mom [mɒm] *n US fam* mamá *f*.

moment ['məʊmənt] *n* momento *m*; **at the m.**, en este momento; **for the m.**, de momento; **in a m.**, dentro de un momento; **at any m.**, de un momento a otro.

momentary ['məʊməntərɪ] *adj* momentáneo,-a. ◆**momentarily** *adv* momentáneamente; *US (soon)* dentro de poco.

momentous [məʊ'mentəs] *adj* trascendental.

momentum [məʊ'mentəm] *n Phys* momento *m*; *(speed)* velocidad *f*; *fig* **to gather m.**, cobrar velocidad.

mommy ['mɒmɪ] *n US fam* mamá *f*.

Monaco ['mɒnəkəʊ] *n* Mónaco.

monarch ['mɒnək] *n* monarca *m*.

monarchy ['mɒnəkɪ] *n* monarquía *f*.

monastery ['mɒnəstərɪ] *n* monasterio *m*.

Monday ['mʌndɪ] *n* lunes *m*.

monetarism ['mʌnɪtərɪzəm] *n* monetarismo *m*.

monetary ['mʌnɪtərɪ] *adj* monetario,-a.

money ['mʌnɪ] *n* dinero *m*; *(currency)* moneda *f*; **to make m.**, ganar dinero; **to put m. on**, apostar por.

moneylender ['mʌnɪlendər] *n* prestamista *mf*.

money-spinner ['mʌnɪspɪnər] *n fam* ne-

gocio *m* rentable.
Mongolia [mɒŋˈgəʊliə] *n* Mongolia.
mongolism [ˈmɒŋgəlɪzəm] *n* mongolismo *m*.
mongrel [ˈmʌŋgrəl] *n* perro mestizo.
monitor [ˈmɒnɪtər] I *n (screen)* monitor *m*; *Educ* delegado,-a *m,f*. II *vtr (check)* controlar; *(progress, events)* seguir de cerca.
monk [mʌŋk] *n* monje *m*.
monkey [ˈmʌŋkɪ] *n* mono *m*; **m. nut**, cacahuete *m*; **m. wrench**, llave inglesa.
monochrome [ˈmɒnəkrəʊm] *adj* monocromo,-a; *(television, photo)* en blanco y negro.
monocle [ˈmɒnəkəl] *n* monóculo *m*.
monologue, *US* **monolog** [ˈmɒnəlɒg] *n* monólogo *m*.
monopolize [məˈnɒpəlaɪz] *vtr Fin* monopolizar; *(attention etc)* acaparar.
monopoly [məˈnɒpəlɪ] *n* monopolio *m*.
monotone [ˈmɒnətəʊn] *n* **in a m.**, con una voz monótona.
monotonous [məˈnɒtənəs] *adj* monótono,-a.
monotony [məˈnɒtənɪ] *n* monotonía *f*.
monsoon [mɒnˈsuːn] *n* monzón *m*.
monster [ˈmɒnstər] *n* monstruo *m*.
monstrosity [mɒnˈstrɒsɪtɪ] *n* monstruosidad *f*.
monstrous [ˈmɒnstrəs] *adj (huge)* enorme; *(hideous)* monstruoso,-a; *(outrageous)* escandaloso,-a.
montage [ˈmɒntɑːʒ] *n* montaje *m*.
month [mʌnθ] *n* mes *m*.
monthly [ˈmʌnθlɪ] I *adj* mensual; **m. instalment**, mensualidad *f*. II *n (periodical)* revista *f* mensual. III *adv* mensualmente, cada mes.
monument [ˈmɒnjʊmənt] *n* monumento *m*.
monumental [mɒnjʊˈmentəl] *adj* monumental; *(huge)* enorme.
moo [muː] I *n* mugido *m*. II *vi* mugir.
mood [muːd] *n* humor *m*; **to be in a good/bad m.**, estar de buen/mal humor; **to be in the m. for (doing) sth**, estar de humor para (hacer) algo.
moody [ˈmuːdɪ] *adj* **(moodier, moodiest)** *(changeable)* de humor variable; *(badtempered)* malhumorado,-a.
moon [muːn] *n* luna *f*; *fam* **m. over the m.**, en el séptimo cielo.
moonlight [ˈmuːnlaɪt] *n* luz *f* de la luna.
moonlighting [ˈmuːnlaɪtɪŋ] *n fam* pluriempleo *m*.
moonlit [ˈmuːnlɪt] *adj (night)* de luna.
moor¹ [mʊər] *n (heath)* páramo *m*.
moor² [mʊər, mɔːr] *vtr Naut* amarrar.
Moor [mʊər] *n* moro,-a *m,f*.
Moorish [ˈmʊərɪʃ] *adj* moro,-a.
moorland [ˈmʊələnd] *n* páramo *m*.
moose [muːs] *n inv* alce *m*.
moot [muːt] *adj* **it's a m. point**, es discutible.

mop [mɒp] I *n (for floor)* fregona *f*; *fam* **m. of hair**, melena *f*. II *vtr* fregar.
◆**mop up** *vtr (liquids)* enjugar; *(enemy forces)* acabar con.
mope [məʊp] *vi* estar alicaído,-a.
◆**mope about**, **mope around** *vi* andar abatido,-a.
moped [ˈməʊped] *n* ciclomotor *m*, vespa *f*.
moral [ˈmɒrəl] I *adj* moral. II *n* moraleja *f*; **morals**, moral *f sing*, moralidad *f sing*.
morale [məˈrɑːl] *n* moral *f*, estado *m* de ánimo.
morality [məˈrælɪtɪ] *n* moralidad *f*.
morass [məˈræs] *n* pantano *m*; *fig* lío *m*.
morbid [ˈmɔːbɪd] *adj Med* mórbido,-a; *(mind)* morboso,-a.
more [mɔːr] I *adj* más; **and what is m.**, lo que es más; **is there any m. tea?**, ¿queda más té?; **I've no m. money**, no me queda más dinero; **m. tourists**, más turistas. II *pron* más; **how many m.?**, ¿cuántos más?; **I need some m.**, necesito más; **it's m. than enough**, es más que suficiente; **many/much m.**, muchos,-as/mucho más; **m. than a hundred**, más de cien; **the m. he has, the m. he wants**, cuanto más tiene más quiere. III *adv* más; **I won't do it any m.**, no lo volveré a hacer; **she doesn't live here any m.**, ya no vive aquí; **m. and m. difficult**, cada vez más difícil; **m. or less**, más o menos; **once m.**, una vez más.
moreover [mɔːˈrəʊvər] *adv* además.
morgue [mɔːg] *n* depósito *m* de cadáveres.
morning [ˈmɔːnɪŋ] I *n* mañana *f*; *(before dawn)* madrugada *f*; **in the m.**, por la mañana; **on Monday mornings**, los lunes por la mañana; **tomorrow m.**, mañana por la mañana. II *adj* matutino,-a.
Moroccan [məˈrɒkən] *adj & n* marroquí *(mf)*.
Morocco [məˈrɒkəʊ] *n* Marruecos.
moron [ˈmɔːrɒn] *n fam* imbécil *mf*.
morose [məˈrəʊs] *adj* malhumorado,-a, hosco,-a.
morphine [ˈmɔːfiːn] *n* morfina *f*.
Morse [mɔːs] *n* **M. (code)**, (alfabeto *m*) Morse *m*.
morsel [ˈmɔːsəl] *n (of food)* bocado *m*; *fig* trozo *m*.
mortal [ˈmɔːtəl] I *adj* mortal. II *n* mortal *mf*. ◆**mortally** *adv* mortalmente; **m. wounded**, herido,-a de muerte.
mortality [mɔːˈtælɪtɪ] *n* mortalidad *f*.
mortar [ˈmɔːtər] *n* mortero *m*.
mortgage [ˈmɔːgɪdʒ] I *n* hipoteca *f*. II *vtr* hipotecar.
mortify [ˈmɔːtɪfaɪ] *vtr* mortificar; *fam* **I was mortified**, me sentí avergonzado,-a.
mortuary [ˈmɔːtʃʊərɪ] *n* depósito *m* de cadáveres.
mosaic [məˈzeɪɪk] *n* mosaico *m*.

Moscow ['mɒskəʊ, US 'mɒskaʊ] n Moscú.

Moslem ['mɒzləm] adj & n musulmán, -ana (m,f).

mosque [mɒsk] n mezquita f.

mosquito [mɒs'kiːtəʊ] n (pl **mosquitoes**) mosquito m; **m. net**, mosquitero m.

moss [mɒs] n musgo m.

most [məʊst] **I** adj (superl of **much, many**) 1 (greatest in quantity etc) más; **this house suffered (the) m. damage**, esta casa fue la más afectada; **who made (the) m. mistakes?**, ¿quién cometió más errores? 2 (the majority of) la mayoría de, la mayor parte de; **for the m. part**, por lo general; **m. of the time**, la mayor parte del tiempo; **m. people**, la mayoría de la gente. **II** pron (greatest part) la mayor parte; (greatest number) lo máximo, lo más; (the majority of people) la mayoría; **at the (very) m.**, como máximo; **to make the m. of sth**, aprovechar algo al máximo. **III** adv (superl of **much**) 1 más; **the m. intelligent student**, el estudiante más inteligente; **what I like m.**, lo que más me gusta. 2 (very) muy; **m. likely**, muy probablemente; **m. of all**, sobre todo.
◆**mostly** adv (chiefly) en su mayor parte; (generally) generalmente; (usually) normalmente.

MOT [eməʊ'tiː] GB abbr of **Ministry of Transport**; **MOT test**, inspección técnica de vehículos, ITV.

motel [məʊ'tel] n motel m.

moth [mɒθ] n mariposa nocturna; **clothes m.**, polilla f.

mother ['mʌðər] **I** n madre f; **unmarried m.**, madre soltera; **M.'s Day**, Día m de la Madre; **m. tongue**, lengua materna. **II** vtr cuidar maternalmente.

motherhood ['mʌðəhʊd] n maternidad f.

mother-in-law ['mʌðərɪnlɔː] n suegra f.

motherly ['mʌðəlɪ] adj maternal.

mother-of-pearl [mʌðərəv'pɜːl] n madreperla f, nácar m.

mother-to-be [mʌðətə'biː] n futura madre.

motif [məʊ'tiːf] n Art Mus motivo m; (embroidered etc) adorno m; fig (main subject) tema m.

motion ['məʊʃən] **I** n (movement) movimiento m; (gesture) ademán m; (proposal) moción f. **II** vtr & vi hacer señas; **to m. (to) sb to do sth**, hacer señas a algn para que haga algo.

motionless ['məʊʃənlɪs] adj inmóvil.

motivate ['məʊtɪveɪt] vtr motivar.

motivation [məʊtɪ'veɪʃən] n motivación f.

motive ['məʊtɪv] **I** adj (force) motriz. **II** n (reason) motivo m; Jur móvil m; **with the best of motives**, con la mejor intención.

motley ['mɒtlɪ] adj (**motlier, motliest**) (multicoloured) abigarrado,-a; (varied) variado,-a.

motor ['məʊtər] n (engine) motor m; fam (car) máquina f; **m. racing**, carreras fpl de coches.

motorbike ['məʊtəbaɪk] n fam motocicleta f, moto f.

motorboat ['məʊtəbəʊt] n (lancha) motora f.

motorcar ['məʊtəkɑːr] n coche m, automóvil m.

motorcycle ['məʊtəsaɪkəl] n motocicleta f.

motorcyclist ['məʊtəsaɪklɪst] n motociclista mf.

motoring ['məʊtərɪŋ] n automovilismo m.

motorist ['məʊtərɪst] n automovilista mf.

motorway ['məʊtəweɪ] n GB autopista f.

mottled ['mɒtəld] adj (skin, animal) con manchas; (surface) moteado,-a.

motto ['mɒtəʊ] n lema m.

mould[1], US **mold** [məʊld] n (fungus) moho m.

mould[2], US **mold** [məʊld] **I** n molde m. **II** vtr moldear; (clay) modelar.

moulder, US **molder** ['məʊldər] vi **to m. (away)**, desmoronarse.

moulding, US **molding** ['məʊldɪŋ] n moldura f.

mouldy, US **moldy** ['məʊldɪ] adj (**mouldier, mouldiest**) mohoso,-a; **to go m.**, enmohecerse.

moult [məʊlt] vi mudar.

mound [maʊnd] n montón m; (small hill) montículo m.

mount[1] [maʊnt] n monte m; **M. Everest**, (Monte) Everest m.

mount[2] [maʊnt] **I** n (horse) montura f; (support) soporte m, base f; (for photograph) marco m; (for gem) engaste m. **II** vtr (horse) subirse o montar a; (campaign) organizar; (photograph) enmarcar; (jewel) engastar. **III** vi (go up) subir; (get on horse, bike) montar; (increase) subir.
◆**mount up** vi (accumulate) acumularse.

mountain ['maʊntɪn] **I** n montaña f; fig (pile) montón m. **II** adj de montaña, montañés,-esa; **m. bike**, bicicleta f de montaña; **m. range**, sierra f, cordillera f.

mountaineer [maʊntɪ'nɪər] n alpinista mf, Am andinista mf.

mountaineering [maʊntɪ'nɪərɪŋ] n alpinismo m, Am andinismo m.

mountainous ['maʊntɪnəs] adj montañoso,-a.

mourn [mɔːn] vtr & vi **to m. (for) sb**, llorar la muerte de algn.

mourner ['mɔːnər] n doliente mf.

mournful ['mɔːnfʊl] adj triste; (voice) lúgubre.

mourning ['mɔːnɪŋ] n luto m; **in m.**, de luto.

mouse [maʊs] n (pl **mice**) also Comput ra-

mousetrap

tón *m*.
mousetrap ['maʊstræp] *n* ratonera *f*.
mousse [muːs] *n Culin* mousse *f*; *(for hair)* (styling) m., espuma *f* (moldeadora).
moustache [məˈstɑːʃ] *n* bigote(s) *m(pl)*.
mousy ['maʊsɪ] *adj* (mousier, mousiest) *(colour)* pardusco,-a; *(hair)* castaño claro; *(shy)* tímido,-a.
mouth [maʊθ] **I** *n* (*pl* **mouths** [maʊðz]) boca *f*; *fam* **down in the m.**, deprimido, -a. **2** *(of cave etc)* entrada *f*; *(of river)* desembocadura *f*. **II** *vtr* [maʊð] pronunciar; *(insults)* proferir.
mouthful ['maʊθfʊl] *n (of food)* bocado *m*; *(of drink)* sorbo *m*; **to be a bit of a m.**, ser difícil de pronunciar.
mouth organ ['maʊθɔːɡən] *n* armónica *f*.
mouthpiece ['maʊθpiːs] *n Mus* boquilla *f*; *(of telephone)* micrófono *m*; *fig (spokesman)* portavoz *m*.
mouthwash ['maʊθwɒʃ] *n* elixir *m*, enjuague *m* bucal.
mouthwatering ['maʊθwɔːtərɪŋ] *adj* muy apetitoso,-a, que le hace a uno la boca agua.
movable ['muːvəbəl] *adj* movible, móvil.
move [muːv] **I** *n* **1** *(movement)* movimiento *m*; **to be on the m.**, estar en marcha; **we must make a m.**, debemos irnos ya; *fam* **get a m. on!**, ¡date prisa! **2** *(in game)* jugada *f*; *(turn)* turno *m*. **3** *(course of action)* medida *f*; **to make the first m.**, dar el primer paso. **4** *(to new home)* mudanza *f*; *(to new job)* traslado *m*.
II *vtr* **1** mover; *(furniture etc)* cambiar de sitio; *(transfer)* trasladar; **to m. house**, mudarse (de casa). **2** *(in game)* mover. **3** *(motivate)* inducir; *(persuade)* persuadir; **I won't be moved**, no me harán cambiar de parecer. **4** *(affect emotionally)* conmover. **5** *(resolution etc)* proponer.
III *vi* **1** *(change position)* moverse, desplazarse; *(change house)* mudarse (de casa); *(change post)* trasladarse; **m. out of the way!**, ¡quítate de en medio! **2** *(train etc)* estar en marcha; **to start moving**, ponerse en marcha. **3** *(travel)* ir. **4** *(leave)* irse, marcharse. **5** *(in game)* hacer una jugada. **6** *(take action)* tomar medidas.
◆**move about, move around** I *vtr* cambiar de sitio. II *vi (be restless)* ir y venir; *(travel)* viajar de un lugar a otro.
◆**move along** I *vtr (move forward)* hacer avanzar; *(keep moving)* hacer circular. II *vi (move forward)* avanzar; *(keep moving)* circular; **m. along!**, *(to person on bench)* ¡haz sitio! ◆**move away** I *vtr* alejar, apartar (**from**, de). II *vi (move aside)* alejarse, apartarse; *(leave)* irse; *(change house)* mudarse (de casa).
◆**move back** I *vtr (to original place)* volver. II *vi (withdraw)* retirarse; *(to original place)* volver. ◆**move forward** I

463 **muck**

vtr avanzar; *(clock)* adelantar. II *vi* avanzar, adelantarse. ◆**move in** *vi (into new home)* instalarse. ◆**move off** *vi (go away)* irse, marcharse; *(train)* salir. ◆**move on** *vi (keep moving)* circular; *(go forward)* avanzar; *(time)* transcurrir. ◆**move out** *vi (leave)* irse, marcharse; *(leave house)* mudarse. ◆**move over** *vi* correrse. ◆**move up** *vi (go up)* subir; *fig (be promoted)* ser ascendido,-a, ascender; *(move along)* correrse, hacer sitio.
movement ['muːvmənt] *n* **1** movimiento *m*; *(gesture)* gesto *m*, ademán *m*. **2** *(of goods)* transporte *m*; *(of employees)* traslado *m*. **3** *(trend)* corriente *f*. **4** *(of machine)* mecanismo *m*. **5** *(of goods, capital)* circulación *f*.
movie ['muːvɪ] *n US* película *f*; **to go to the movies**, ir al cine; **m. star**, estrella *f* de cine.
moving ['muːvɪŋ] *adj (that moves)* móvil; *(car etc)* en marcha; *fig (touching)* conmovedor,-a.
mow [maʊ] *vtr (pt* mowed*; pp* mown *or* mowed*) (lawn)* cortar; *(corn, wheat)* segar; *fig* **to m. down**, segar.
mower ['maʊər] *n* cortacésped *m & f*.
MP [em'piː] *abbr of* **Member of Parliament**.
mph [empɪ'eɪtʃ] *abbr of* **miles per hour**, millas *fpl* por hora.
MPhil [em'fɪl] *abbr of* **Master of Philosophy**.
Mr ['mɪstər] *abbr of* **mister**, señor *m*, Sr.
Mrs ['mɪsɪs] *abbr* señora *f*, Sra.
Ms [məz] *abbr* señora *f*, Sra, señorita *f*, Srta.
MSc [emes'siː] *abbr of* **Master of Science**.
much [mʌtʃ] **I** *adj* mucho,-a; **as m. ... as**, tanto,-a ... como; **how m. chocolate?**, ¿cuánto chocolate?; **m. admiration**, mucha admiración; **so m.**, tanto,-a. **II** *adv* mucho; **as m. as**, tanto como; **as m. as possible**, todo lo posible; **how m.?**, ¿cuánto?; **how m. is it?**, ¿cuánto es?, ¿cuánto vale?; **m. better**, mucho mejor; **m. more**, mucho más; **so m. the better**, ¡tanto mejor!; **thank you very m.**, muchísimas gracias; **they are m. the same**, son más o menos iguales; **too m.**, demasiado; **without so m. as**, sin siquiera. **III** *pron* mucho; **I thought as m.**, lo suponía; **m. of the town was destroyed**, gran parte de la ciudad quedó destruida; **m. remains to be done**, queda mucho por hacer.
muck [mʌk] *n (dirt)* suciedad *f*; *(mud)* lodo *m*; *fig* porquería *f*. ◆**muck about, muck around** *fam* I *vi (idle)* perder el tiempo; *(play the fool)* hacer el tonto. II *vtr* **to m. sb about**, fastidiar a algn. ◆**muck up** *vtr (dirty)* ensuciar; *fig (spoil)* echar a perder.

mucky ['mʌkɪ] *adj* (**muckier, muckiest**) sucio,-a.

mucus ['mjuːkəs] *n* moco *m*, mucosidad *f*.

mud [mʌd] *n* lodo *m*, barro *m*; *(thick)* fango *m*; **to sling m. at sb**, poner a algn por los suelos; **m. flat**, marisma *f*.

muddle ['mʌdəl] **I** *n* desorden *m*; *fig (mix-up)* embrollo *m*, lío *m*; **to get into a m.**, hacerse un lío. **II** *vtr* **to m. (up)**, confundir. ◆**muddle through** *vi* arreglárselas, ingeniárselas.

muddy ['mʌdɪ] *adj* (**muddier, muddiest**) *(lane)* fangoso,-a; *(hands)* cubierto,-a de lodo; *(liquid)* turbio,-a.

mudguard ['mʌdgɑːd] *n* guardabarros *m inv*.

muff[1] [mʌf] *n* manguito *m*; **ear muffs**, orejeras *fpl*.

muff[2] [mʌf] *vtr fam* pifiar; **to m. it (up)**, estropearlo.

muffin ['mʌfɪn] *n* panecillo *m*.

muffle ['mʌfəl] *vtr (sound)* amortiguar; **to m. (up)**, *(person)* abrigar.

muffler ['mʌflər] *n US Aut* silenciador *m*.

mug[1] [mʌg] *n (large cup)* tazón *m*; *(beer tankard)* jarra *f*.

mug[2] [mʌg] **I** *n fam (fool)* tonto,-a *m,f*; *(face)* jeta *f*. **II** *vtr* atracar, asaltar.

mugging ['mʌgɪŋ] *n* asalto *m*.

muggy ['mʌgɪ] *adj* (**muggier, muggiest**) bochornoso,-a.

mule [mjuːl] *n* mulo,-a *m,f*.

mull [mʌl] *vtr* **mulled wine**, vino *m* caliente con especias. ◆**mull over** *vtr* **to m. over sth**, reflexionar sobre algo.

multicoloured, *US* **multicolored** ['mʌltɪkʌləd] *adj* multicolor.

multinational [mʌltɪ'næʃənəl] *adj & nf* multinacional.

multiple ['mʌltɪpəl] **I** *adj* múltiple; **m. sclerosis**, esclerosis *f* múltiple. **II** *n* múltiplo *m*.

multiplication [mʌltɪplɪ'keɪʃən] *n* multiplicación *f*; **m. sign**, signo *m* de multiplicar.

multiply ['mʌltɪplaɪ] **I** *vtr* multiplicar (**by**, por). **II** *vi* multiplicarse.

multipurpose [mʌltɪ'pɜːpəs] *adj* multiuso *inv*.

multistorey [mʌltɪ'stɔːrɪ] *adj (building)* de varios pisos; **m. car park**, parking *m* de varias plantas.

multitude ['mʌltɪtjuːd] *n* multitud *f*, muchedumbre *f*.

mum[1] [mʌm] *n fam* mamá *f*.

mum[2] [mʌm] *adj* **to keep m.**, no decir ni pío.

mumble ['mʌmbəl] **I** *vi* hablar entre dientes. **II** *vtr* decir entre dientes.

mummy[1] ['mʌmɪ] *n fam (mother)* mamá *f*, mami *f*.

mummy[2] ['mʌmɪ] *n (body)* momia *f*.

mumps [mʌmps] *n* paperas *fpl*.

munch [mʌntʃ] *vtr & vi* mascar.

mundane [mʌn'deɪn] *adj pej (ordinary)* banal; *(job, life)* rutinario,-a.

municipal [mjuː'nɪsɪpəl] *adj* municipal.

municipality [mjuːnɪsɪ'pælɪtɪ] *n* municipio *m*.

mural ['mjʊərəl] *adj & nm* mural.

Murcia [muː'siːə] *n* Murcia.

murder ['mɜːdər] **I** *n* asesinato *m*, homicidio *m*. **II** *vtr* asesinar.

murderer ['mɜːdərər] *n* asesino *m*.

murderess ['mɜːdərɪs] *n* asesina *f*.

murderous ['mɜːdərəs] *adj* homicida.

murky ['mɜːkɪ] *adj* (**murkier, murkiest**) oscuro,-a; *(water)* turbio,-a.

murmur ['mɜːmər] **I** *n* murmullo *m*; *(of traffic)* ruido *m*; *(complaint)* queja *f*. **II** *vtr & vi* murmurar.

muscle ['mʌsəl] **I** *n* músculo *m*. **II** *vi fam* **to m. in on sth**, entrometerse en asuntos ajenos.

muscular ['mʌskjʊlər] *adj (pain, tissue)* muscular; *(person)* musculoso,-a.

muse [mjuːz] *vi* **to m. on** *or* **about sth**, meditar algo.

Muse [mjuːz] *n (in mythology)* musa *f*.

museum [mjuː'zɪəm] *n* museo *m*.

mushroom ['mʌʃruːm] **I** *n* seta *f*, hongo *m*; *Culin* champiñón *m*. **II** *vi fig* crecer de la noche a la mañana.

music ['mjuːzɪk] *n* música *f*; **m. hall**, teatro *m* de variedades.

musical ['mjuːzɪkəl] **I** *adj* musical; **to be m.**, estar dotado,-a para la música. **II** *n* musical *m*.

musician [mjuː'zɪʃən] *n* músico,-a *m,f*.

Muslim ['mʊzlɪm] *adj & n* musulmán, -ana *(m,f)*.

muslin ['mʌzlɪn] *n* muselina *f*.

mussel ['mʌsəl] *n* mejillón *m*.

must [mʌst] **I** *v aux* 1 *(obligation)* deber, tener que; **you m. arrive on time**, tienes que *or* debes llegar a la hora. 2 *(probability)* deber de; **he m. be ill**, debe de estar enfermo. **II** *n fam* necesidad *f*.

mustard ['mʌstəd] *n* mostaza *f*.

muster ['mʌstər] **I** *vtr fig* **to m. (up) courage**, cobrar fuerzas. **II** *vi* reunirse, juntarse.

mustn't ['mʌsənt] = **must not**.

musty ['mʌstɪ] *adj* (**mustier, mustiest**) que huele a cerrado *or* a humedad.

mute [mjuːt] **I** *adj* mudo,-a. **II** *n (person)* mudo,-a *m,f*; *Mus* sordina *f*.

muted ['mjuːtɪd] *adj (sound)* sordo,-a; *(colour)* suave.

mutilate ['mjuːtɪleɪt] *vtr* mutilar.

mutiny ['mjuːtɪnɪ] **I** *n* motín *m*. **II** *vi* amotinarse.

mutter ['mʌtər] **I** *n (mumble)* murmullo *m*. **II** *vtr* murmurar, decir entre dientes. **III** *vi (angrily)* refunfuñar.

mutton ['mʌtən] *n* (carne *f* de) cordero *m*.

mutual ['mju:tʃʊəl] *adj* mutuo,-a; *(shared)* común.
muzzle ['mʌzəl] **I** *n (snout)* hocico *m*; *(for dog)* bozal *m*; *(of gun)* boca *f*. **II** *vtr (dog)* abozalar; *fig* amordazar.
my [maɪ] *poss adj* mi; **my cousins**, mis primos; **my father**, mi padre; **one of my friends**, un amigo mío; **I washed my hair**, me lavé el pelo; **I twisted my ankle**, me torcí el tobillo.
myriad ['mɪrɪəd] *n lit* miríada *f*.
myself [maɪ'self] *pers pron* **1** *(emphatic)* yo mismo,-a; **my husband and m.**, mi marido y yo; **I hurt m.**, me hice daño. **3** *(after prep)* mí (mismo,-a).
mysterious [mɪ'stɪərɪəs] *adj* misterioso,-a.
mystery ['mɪstərɪ] *n* misterio *m*.
mystical ['mɪstɪkəl] *adj* místico,-a.
mystify ['mɪstɪfaɪ] *vtr* dejar perplejo,-a.
mystique [mɪ'sti:k] *n* mística *f*.
myth [mɪθ] *n* mito *m*; **it's a complete m.**, es pura fantasía.
mythology [mɪ'θɒlədʒɪ] *n* mitología *f*.

N

N, n [en] *n (the letter)* N, n *f*.
N *abbr of* **North**, Norte, N.
nab [næb] *vtr fam* pillar.
nag [næg] **I** *vtr* dar la tabarra a; **to n. sb to do sth**, dar la tabarra a algn para que haga algo. **II** *vi* quejarse.
nagging ['nægɪŋ] *adj (persistent)* continuo,-a.
nail [neɪl] **I** *n* **1** *(of finger, toe)* uña *f*; **n. clippers**, cortaúñas *m inv*; **n. polish**, **n. varnish**, esmalte *m or* laca *f* de uñas. **2** *(metal)* clavo *m*; *fig* **to hit the n. on the head**, dar en el clavo. **II** *vtr* **1** clavar. **2** *fam (catch, trap)* pillar, coger.
nailbrush ['neɪlbrʌʃ] *n* cepillo *m* de uñas.
nailfile ['neɪlfaɪl] *n* lima *f* de uñas.
nail-scissors ['neɪlsɪzəz] *npl* tijeras *fpl* de uñas.
naïve [naɪ'i:v] *adj* ingenuo,-a.
naked ['neɪkɪd] *adj* desnudo,-a; *(flame)* sin protección; **the n. truth**, la pura verdad.
name [neɪm] **I** *n* **1** nombre *m*; *(surname)* apellido *m*; **what's your n.?**, ¿cómo te llamas?; **to call sb names**, poner verde a algn. **2** *(reputation)* reputación *f*; **to have a bad/good n.**, tener mala/buena reputación; **to make a n. for oneself**, hacerse famoso,-a. **II** *vtr* **1** llamar. **2** *(appoint)* nombrar. **3** *(refer to)* mencionar.
nameless ['neɪmlɪs] *adj* anónimo,-a; **to remain n.**, permanecer en el anonimato.
namely ['neɪmlɪ] *adv* a saber.
namesake ['neɪmseɪk] *n* tocayo,-a *m,f*.
nanny ['nænɪ] *n* niñera *f*.
nap [næp] **I** *n (sleep)* siesta *f*; **to have a n.**, echar la *or* una siesta. **II** *vi fig* **to catch sb napping**, coger a algn desprevenido.
napalm ['neɪpɑ:m] *n* napalm *m*.
nape [neɪp] *n* nuca *f*, cogote *m*.
napkin ['næpkɪn] *n* **(table) n.**, servilleta *f*.
Naples ['neɪpəlz] *n* Nápoles *m*.
nappy ['næpɪ] *n GB* pañal *m*.
narcissus [nɑ:'sɪsəs] *n Bot* narciso *m*.
narcotic [nɑ:'kɒtɪk] **I** *adj* narcótico,-a. **II** *n (usu pl)* narcótico *m*, estupefaciente *m*.

narrate [nə'reɪt] *vtr* narrar, relatar.
narration [nə'reɪʃən] *n* narración *f*, relato *m*.
narrative ['nærətɪv] **I** *n Lit* narrativa *f*; *(story)* narración *f*. **II** *adj* narrativo,-a.
narrator [nə'reɪtər] *n* narrador,-a *m,f*.
narrow ['nærəʊ] **I** *adj* **1** *(passage, road etc)* estrecho,-a, angosto,-a. **2** *(restricted)* reducido,-a; *(sense)* estricto,-a; **to have a n. escape**, librarse por los pelos. **II** *vi* estrecharse. ◆**narrowly** *adv* **1** *(closely)* de cerca. **2** *(by a small margin)* por poco. ◆**narrow down** *vtr* reducir, limitar. **II to n. down to**, reducirse a.
narrow-minded [nærəʊ'maɪndɪd] *adj* de miras estrechas.
nasal ['neɪzəl] *adj* nasal; *(voice)* gangoso,-a.
nastiness ['nɑ:stɪnɪs] *n* **1** *(unpleasantness)* carácter *m* desagradable. **2** *(maliciousness)* mala intención.
nasty ['nɑ:stɪ] *adj (nastier, nastiest)* **1** *(person)* desagradable; **a n. business**, un asunto feo; **a n. trick**, una mala jugada *or* pasada; **cheap and n.**, hortera; **to turn n.**, *(of weather, situation)* ponerse feo. **2** *(unfriendly)* antipático,-a; *(malicious)* mal intencionado,-a; *fam* **he's a n. piece of work**, es un asco de tío. **3** *(dirty)* sucio,-a, asqueroso,-a. **4** *(illness, accident)* grave.
nation ['neɪʃən] *n* nación *f*.
national ['næʃnəl] **I** *adj* nacional; **n. anthem**, himno *m* nacional; **n. insurance**, seguridad *f* social; *GB Mil* **n. service**, servicio *m* militar. **II** *n* súbdito,-a *m,f*.
nationalism ['næʃnəlɪzəm] *n* nacionalismo *m*.
nationalist ['næʃnəlɪst] *adj & n* nacionalista *(mf)*.
nationality [næʃə'nælɪtɪ] *n* nacionalidad *f*.
nationalization [næʃnəlaɪ'zeɪʃən] *n* nacionalización *f*.
nationalize ['næʃnəlaɪz] *vtr* nacionalizar.
nationwide ['neɪʃənwaɪd] *adj* de ámbito nacional.

native |'neɪtɪv| I *adj* 1 (*place*) natal; n. land, patria *f*; n. language, lengua materna. 2 (*innate*) innato,-a. 3 (*plant, animal*) originario,-a (to, de). II *n* nativo,-a *m,f*, natural *mf*; (*original inhabitant*) indígena *mf*.

NATO, Nato |'neɪtəʊ| *abbr of* **North Atlantic Treaty Organization**, Organización *f* del Tratado del Atlántico Norte, OTAN *f*.

natter |'nætər| *fam* I *vi* charlar. II *n* charla *f*.

natural |'nætʃərəl| I *adj* 1 natural. 2 (*normal*) normal; it's only n. that ..., es lógico que .... 3 (*born*) nato,-a. II *n* 1 she's a n. for the job, es la persona ideal para el trabajo. 2 *Mus* becuadro *m*. ◆**naturally** *adv* 1 (*of course*) naturalmente. 2 (*by nature*) por naturaleza. 3 (*in a relaxed manner*) con naturalidad.

naturalize |'nætʃərəlaɪz| *vtr* to become naturalized, naturalizarse.

nature |'neɪtʃər| *n* 1 naturaleza *f*. 2 (*character*) naturaleza *f*, carácter *m*; by n., por naturaleza; human n., la naturaleza humana. 3 (*sort, kind*) índole *f*, clase *f*.

naught |nɔːt| *n arch* nada *f*; to come to n., fracasar.

naughty |'nɔːtɪ| *adj* (**naughtier, naughtiest**) 1 (*child*) travieso,-a. 2 (*joke, story*) atrevido,-a, picante. ◆**naughtily** *adv* to behave n., portarse mal.

nausea |'nɔːzɪə| *n Med* (*sickness*) náusea *f*.

nauseate |'nɔːzɪeɪt| *vtr* (*disgust*) dar asco a.

nauseating |'nɔːzɪeɪtɪŋ| *adj* nauseabundo,-a.

nautical |'nɔːtɪkəl| *adj* náutico,-a; n. mile, milla marítima.

naval |'neɪvəl| *adj* naval; n. officer, oficial *mf* de marina; n. power, potencia marítima *or* naval.

Navarre |nəˈvɑːr| *n* Navarra.

nave |neɪv| *n Arch* nave *f*.

navel |'neɪvəl| *n Anat* ombligo *m*.

navigate |'nævɪgeɪt| I *vtr* (*river*) navegar por; *Naut* (*ship*) gobernar. II *vi* navegar; (*in driving*) indicar la dirección.

navigation |nævɪˈgeɪʃən| *n Naut* navegación *f*.

navigator |'nævɪgeɪtər| *n* 1 *Naut* navegante *mf*, oficial *mf* de derrota. 2 *Aut Av* copiloto *mf*.

navvy |'nævɪ| *n GB fam* peón *m*.

navy |'neɪvɪ| *n* marina *f*; n. blue, azul marino.

Nazi |'nɑːtsɪ| *adj & n* nazi (*mf*).

Nazism |'nɑːtsɪzəm| *n* nazismo *m*.

NB, nb |enˈbiː| *abbr of* **nota bene** (note well), N.B.

neap |niːp| *n* **n. (tide)**, marea muerta.

near |nɪər| I *adj* (*in space*) cercano,-a; (*in time*) próximo,-a; in the n. future, en un futuro próximo; it was a n. thing, poco faltó. II *adv* (*in space*) cerca; n. and far, por todas partes; that's n. enough, (ya) vale, está bien. III *prep* cerca de; n. the end of the film, hacia el final de la película. IV *vtr* acercarse a. ◆**nearly** *adv* casi; very n., casi, casi; we haven't n. enough, no alcanza ni con mucho.

nearby |nɪəˈbaɪ| I *adj* cercano,-a. II *adv* cerca.

nearside |'nɪəsaɪd| *n Aut* (*with left-hand drive*) lado izquierdo; (*with right-hand drive*) lado derecho.

near-sighted |nɪəˈsaɪtɪd| *adj* miope.

neat |niːt| *adj* 1 (*room, habits etc*) ordenado,-a; (*handwriting*) claro,-a; (*appearance*) pulcro,-a. 2 (*idea*) ingenioso,-a. 3 (*whisky etc*) solo,-a. 4 *US fam* (*fine*) chulísimo,-a. ◆**neatly** *adv* 1 (*carefully*) cuidadosamente. 2 (*cleverly*) hábilmente.

necessary |'nesɪsərɪ| I *adj* 1 (*essential*) necesario,-a; to do what is n., hacer lo que haga falta; if n., si es preciso. 2 (*unavoidable*) inevitable. II *n* lo necesario. ◆**necessarily** |nesɪˈserəlɪ| *adv* necesariamente, por fuerza.

necessitate |nɪˈsesɪteɪt| *vtr* necesitar, exigir.

necessity |nɪˈsesɪtɪ| *n* 1 necesidad *f*; out of n., por necesidad. 2 (*article*) requisito *m* indispensable; **necessities**, artículos *mpl* de primera necesidad.

neck |nek| I *n* cuello *m*; (*of animal*) pescuezo *m*; to be n. and n., ir parejos; to be up to one's n. in debt, estar hasta el cuello de deudas; to risk one's n., jugarse el tipo; to stick one's n. out, arriesgarse; to win/lose by a n., (*in horse racing*) ganar/perder por una cabeza; low n., escote bajo. II *vi fam* magrearse.

necklace |'neklɪs| *n* collar *m*.

neckline |'neklaɪn| *n* (*of dress*) escote *m*.

necktie |'nektaɪ| *n* corbata *f*.

nectar |'nektər| *n* néctar *m*.

nectarine |'nektəriːn| *n* nectarina *f*.

née |neɪ| *adj* n. Brown, de soltera Brown.

need |niːd| I *n* 1 necesidad *f*; if n. be, si fuera necesario; there's no n. for you to do that, no hace falta que hagas eso. 2 (*poverty*) indigencia *f*; to be in n., estar necesitado; to help a friend in n., sacar a un amigo de un apuro. II *vtr* 1 necesitar; I n. to see him, necesito poder verle; iron that's all I n., sólo me faltaba eso. 2 (*action, solution etc*) requerir, exigir. III *aux v* tener que, deber; n. he go?, ¿tiene que ir?; you needn't wait, no hace falta que esperes.

needle |'niːdəl| I *n* 1 (*for sewing, knitting*) aguja *f*. 2 *Bot* hoja *f*. 3 *GB fam* to get the n., picarse. II *vtr fam* pinchar.

needless |'niːdlɪs| *adj* innecesario,-a; n. to say, huelga decir. ◆**needlessly** *adv*

needlework ['ni:dəlwɜ:k] *n (sewing)* costura *f*; *(embroidery)* bordado *m*.
needy ['ni:dɪ] *adj (needier, neediest)* necesitado,-a.
negate [nɪ'geɪt] *vtr* 1 *(deny)* negar. 2 *(nullify)* anular.
negative ['negətɪv] I *adj* negativo,-a. II *n* 1 *Ling* negación *f*. 2 *Phot* negativo *m*.
neglect [nɪ'glekt] I *vtr* 1 *(child, duty etc)* descuidar, desatender. 2 **to n. to do sth,** *(omit to do)* no hacer algo. II *n* dejadez *f*; **n. of duty,** incumplimiento *m* del deber.
neglectful [nɪ'glektfʊl] *adj* descuidado,-a, negligente.
negligée ['neglɪʒeɪ] *n* salto *m* de cama.
negligence ['neglɪdʒəns] *n* negligencia *f*, descuido *m*.
negligent ['neglɪdʒənt] *adj* negligente, descuidado,-a.
negligible ['neglɪdʒɪbəl] *adj* insignificante.
negotiate [nɪ'gəʊʃɪeɪt] I *vtr* 1 *(contract)* negociar. 2 *fig (obstacle)* salvar, franquear. II *vi* negociar.
negotiation [nɪgəʊʃɪ'eɪʃən] *n* negociación *f*.
negro ['ni:grəʊ] *n (pl negroes)* negro,-a *m,f*.
neigh [neɪ] I *n* relincho *m*. II *vi* relinchar.
neighbour, *US* **neighbor** ['neɪbər] *n* vecino,-a *m,f*; *Rel* prójimo *m*.
neighbourhood, *US* **neighborhood** ['neɪbəhʊd] *n (district)* vecindad *f*, barrio *m*; *(people)* vecindario *m*.
neighbouring, *US* **neighboring** ['neɪbərɪŋ] *adj* vecino,-a.
neither ['naɪðər, 'ni:ðər] I *adj & pron* ninguno de los dos, ninguna de las dos. II *adv & conj* 1 ni; **n. ... nor,** ni ... ni; *fig* **it's n. here nor there,** no viene al caso. 2 tampoco; **she was not there and n. was her sister,** ella no estaba, ni su hermana tampoco.
neon ['ni:ɒn] *n* neón *m*; **n. light,** luz *f* de neón.
nephew ['nevju:, 'nefju:] *n* sobrino *m*.
nerve [nɜ:v] *n* 1 *Anat* nervio *m*; **to get on sb's nerves,** poner los nervios de punta a algn; **n. gas,** gas nervioso. 2 *(courage)* valor *m*. 3 *fam (cheek)* cara *f*, descaro *m*; **what a n.!,** ¡qué cara!
nerve-racking ['nɜ:vrækɪŋ] *adj* crispante, exasperante.
nervous ['nɜ:vəs] *adj* 1 nervioso,-a; **n. breakdown,** depresión nerviosa. 2 *(afraid)* miedoso,-a. 3 *(timid)* tímido,-a.
nest [nest] I *n* 1 *Orn* nido *m*; *(hen's)* nidal *m*; *(animal's)* madriguera *f*; **n. egg,** ahorros *mpl*. II *vi (birds)* anidar.
nestle ['nesəl] I *vtr* recostar. II *vi (settle comfortably)* acomodarse.
net¹ [net] I *n* red *f*; *GB* **n. curtains,** visillos *mpl*.

net² [net] I *adj* neto,-a; **n. weight,** peso neto. II *vtr (earn)* ganar neto.
netball ['netbɔ:l] *n Sport* baloncesto femenino.
Netherlands ['neðələndz] *npl* **the N.,** los Países Bajos.
netting ['netɪŋ] *n* redes *fpl*, malla *f*.
nettle ['netəl] I *n Bot* ortiga *f*. II *vtr fam* irritar.
network ['netwɜ:k] *n* red *f*.
neurosis [njʊ'rəʊsɪs] *n* neurosis *f*.
neurotic [njʊ'rɒtɪk] *adj & n* neurótico,-a *(m,f)*.
neuter ['nju:tər] I *adj* neutro,-a. II *n Ling* neutro *m*. III *vtr (geld)* castrar.
neutral ['nju:trəl] I *adj* neutro,-a; *Pol* **to remain n.,** permanecer neutral. II *n Aut* punto muerto.
neutrality [nju:'trælɪtɪ] *n* neutralidad *f*.
neutralize ['nju:trəlaɪz] *vtr* neutralizar.
neutron ['nju:trɒn] *n Phys* neutrón *m*; **n. bomb,** bomba *f* de neutrones.
never ['nevər] *adv* nunca, jamás; **he n. complains,** nunca se queja, no se queja nunca; **n. again,** nunca (ja)más; **n. in all my life,** jamás en la vida; *fam* **n. mind,** da igual, no importa; *fam* **well, I n. (did)!,** ¡no me digas!
never-ending [nevər'endɪŋ] *adj* sin fin, interminable.
nevertheless [nevəðə'les] *adv* sin embargo, no obstante.
new [nju:] *adj* nuevo,-a; **as good as n.,** como nuevo; **n. baby,** recién nacido *m*; **n. moon,** luna nueva; **N. Year,** Año nuevo; **N. Year's Eve,** Nochevieja *f*; **N. York,** Nueva York; **N. Zealand,** Nueva Zelanda. ◆**newly** *adv* recién, recientemente.
newborn ['nju:bɔ:n] *adj* recién nacido,-a.
newcomer ['nju:kʌmər] *n* recién llegado,-a *m,f*; *(to job etc)* nuevo,-a *m,f*.
newfangled ['nju:fæŋgəld] *adj* novedoso,-a.
newlywed ['nju:lɪwed] *n* recién casado,-a *m,f*.
news [nju:z] *n* noticias *fpl*; **a piece of n.,** una noticia; *fam* **it's n. to me,** ahora me entero; **n. agency,** agencia *f* de información; **n. bulletin,** boletín informativo; **n. clipping,** recorte *m* de periódico.
newsagent ['nju:zeɪdʒənt] *n* vendedor,-a *m,f* de periódicos.
newsflash ['nju:zflæʃ] *n* noticia *f* de última hora.
newsletter ['nju:zletər] *n* hoja informativa.
newspaper ['nju:zpeɪpər] *n* periódico *m*, diario *m*.
newsprint ['nju:zprɪnt] *n* papel *m* de periódico.
newsreader ['nju:zri:dər] *n TV Rad* presentador,-a *m,f* de los informativos.
newsreel ['nju:zri:l] *n* noticiario *m*.

news-stand |'njuːzstænd| n quiosco m de periódicos.

newt |njuːt| n Zool tritón m.

next |nekst| I adj 1 (in place) de al lado. 2 (in time) próximo,-a; **the n. day**, el día siguiente; **n. Friday**, el viernes que viene; **the week after n.**, dentro de dos semanas. 3 (in order) siguiente, próximo,-a; **n. of kin**, pariente m más cercano. II adv 1 después, luego; **what shall we do n.?**, ¿qué hacemos ahora? 2 (next time) la próxima vez. III prep **n. to**, al lado de, junto a; **n. to nothing**, casi nada.

next door |neksˈdɔːr| adj & adv de al lado; **our n.-d. neighbour**, el vecino or la vecina de al lado.

NHS |eneɪtʃˈes| GB abbr of **National Health Service**, ≈ Seguridad f Social, SS f.

nib |nɪb| n plumilla f.

nibble |'nɪbəl| vtr & vi mordisquear.

nice |naɪs| adj 1 (person) simpático,-a; (thing) agradable; **n. and cool, fresquito,-a; to smell/taste n.**, oler/saber bien. 2 (nice-looking) bonito,-a, Am lindo,-a. 3 iron menudo,-a; **what a n. mess you've made!**, ¡menudo lío has hecho! 4 fml (subtle) sutil. ◆**nicely** adv muy bien.

niche |niːtʃ| n 1 hornacina f, nicho m. 2 fig hueco m.

nick |nɪk| I n 1 (notch) muesca f; (cut) herida pequeña; fam **in the n. of time**, en el momento preciso. 2 GB sl **the n.**, (prison) chirona f. II vtr GB sl 1 (steal) birlar. 2 (arrest) pillar.

nickel |'nɪkəl| n 1 níquel m; **n. silver**, alpaca f. 2 US moneda f de cinco centavos.

nickname |'nɪkneɪm| I n apodo m. II vtr apodar.

nicotine |'nɪkətiːn| n nicotina f.

niece |niːs| n sobrina f.

nifty |'nɪftɪ| adj (niftier, niftiest) 1 (quick) rápido,-a; (agile) ágil. 2 (ingenious) ingenioso,-a.

Nigeria |naɪˈdʒɪərɪə| n Nigeria.

nigger |'nɪgər| n offens negro,-a m,f.

niggling |'nɪgəlɪŋ| adj (trifling) insignificante; (irritating) molesto,-a.

night |naɪt| n noche f; **at n.**, de noche; **at twelve o'clock at n.**, a las doce de la noche; **last n.**, anoche; **to have a n. out**, salir por la noche; **n. life**, vida nocturna; fam **n. owl**, trasnochador,-a m,f; **n. school**, escuela nocturna; **n. shift**, turno m de noche.

nightclub |'naɪtklʌb| n sala f de fiestas; (disco) discoteca f.

nightdress |'naɪtdres| n camisón m.

nightfall |'naɪtfɔːl| n anochecer m.

nightgown |'naɪtgaʊn| n camisón m.

nightingale |'naɪtɪŋgeɪl| n ruiseñor m.

nightly |'naɪtlɪ| I adj de cada noche. II adv todas las noches.

nightmare |'naɪtmeər| n pesadilla f.

nightshade |'naɪtʃeɪd| n Bot **deadly n.**, belladona f.

night-time |'naɪttaɪm| n noche f; **at n.**, por la noche.

nil |nɪl| n nada f; Sport cero m; **two n.**, dos a cero.

Nile |naɪl| n **the N.**, el Nilo.

nimble |'nɪmbəl| adj ágil, rápido,-a.

nine |naɪn| adj & n nueve (m) inv; fam **dressed up to the nines**, de punta en blanco.

nineteen |naɪnˈtiːn| adj & n diecinueve (m) inv.

nineteenth |naɪnˈtiːnθ| adj decimonoveno,-a.

ninety |'naɪntɪ| adj & n noventa (m) inv.

ninth |naɪnθ| I adj & n noveno,-a (m,f). II n (fraction) noveno m.

nip |nɪp| I vtr 1 (pinch) pellizcar. 2 (bite) morder; **to n. sth in the bud**, cortar algo de raíz. II n 1 (pinch) pellizco m. 2 (bite) mordisco m.

nipple |'nɪpəl| n Anat (female) pezón m; (male) tetilla f.

nippy |'nɪpɪ| adj (nippier, nippiest) fam 1 GB (quick) rápido,-a. 2 (cold) fresquito,-a.

nit |nɪt| n liendre f.

nitrogen |'naɪtrədʒən| n Chem nitrógeno m.

nitroglycerin(e) |naɪtrəʊˈglɪsəriːn| n Chem nitroglicerina f.

nitty-gritty |nɪtɪˈgrɪtɪ| n fam **to get down to the n.-g.**, ir al grano.

nitwit |'nɪtwɪt| n fam imbécil mf.

no |nəʊ| I adv no; **come here! - no!**, ¡ven aquí! - ¡no!; **no longer**, ya no; **no less than**, no menos de. II adj ninguno,-a; **she has no children**, no tiene hijos; **I have no idea**, no tengo (ni) idea; **it's no good** or **use**, no vale la pena; Aut **'no parking'**, 'prohibido aparcar'; **no sensible person**, ninguna persona razonable; fam **no way!**, ¡ni hablar!. III n no m; **she won't take no for an answer**, no se dará por vencida; **to say no**, decir que no.

no. (pl **nos.**) abbr of **number**, número m, n°, núm.

nobility |nəʊˈbɪlɪtɪ| n nobleza f.

noble |'nəʊbəl| adj noble.

nobleman |'nəʊbəlmən| n noble m.

noblewoman |'nəʊbəlwʊmən| n noble f.

nobody |'nəʊbədɪ| I pron nadie; **there was n. there**, no había nadie; **n. else**, nadie más. II n nadie m; **he's a n.**, es un don nadie.

nocturnal |nɒkˈtɜːnəl| adj nocturno,-a.

nod |nɒd| I n (of greeting) saludo m con la cabeza; (of agreement) señal f de asentimiento. II vi (greet) saludar con la cabeza; (agree) asentir con la cabeza. III vtr **to n. one's head**, inclinar la cabeza. ◆**nod**

off vi dormirse.
no-go [nəʊ'gəʊ] adj **no-go area**, zona prohibida.
noise [nɔɪz] n ruido m; **to make a n.**, hacer ruido.
noiseless ['nɔɪzlɪs] adj silencioso,-a, sin ruido.
noisy ['nɔɪzɪ] adj (**noisier**, **noisiest**) ruidoso,-a.
nomad ['nəʊmæd] n nómada mf.
no-man's-land ['nəʊmænzlænd] n tierra f de nadie.
nominal ['nɒmɪnəl] adj nominal; (payment, rent) simbólico,-a.
nominate ['nɒmɪneɪt] vtr 1 (propose) designar, proponer. 2 (appoint) nombrar.
nomination [nɒmɪ'neɪʃən] n 1 (proposal) propuesta f. 2 (appointment) nombramiento m.
nominative ['nɒmɪnətɪv] n nominativo m.
nominee [nɒmɪ'niː] n persona propuesta.
non- [nɒn] pref no.
non-aggression [nɒnə'greʃən] n Pol no agresión f; **n.-a. pact**, pacto m de no agresión.
non-alcoholic [nɒnælkə'hɒlɪk] adj sin alcohol.
non-aligned [nɒnə'laɪnd] adj Pol no alineado,-a.
nonchalant ['nɒnʃələnt] adj (indifferent) indiferente; (calm) imperturbable, impasible.
noncommittal ['nɒnkəmɪtəl] adj (person) evasivo,-a; (answer) que no compromete (a nada).
nonconformist [nɒnkən'fɔːmɪst] n inconformista mf.
nondescript ['nɒndɪskrɪpt] adj indescriptible; (uninteresting) soso,-a.
none [nʌn] I pron ninguno,-a; **I know n. of them**, no conozco a ninguno de ellos; **n. at all**, nada en absoluto; **n. other than ...**, nada menos que ...; II adv de ningún modo; **she's n. the worse for it**, no se ha visto afectada or perjudicada por ello; **n. too soon**, a buena hora.
nonentity [nɒ'nentɪtɪ] n (person) cero m a la izquierda.
nonetheless [nʌnðə'les] adv no obstante, sin embargo.
nonevent [nɒnɪ'vent] n fracaso m.
nonexistent [nɒnɪg'zɪstənt] adj inexistente.
nonfiction [nɒn'fɪkʃən] n literatura f no novelesca.
no-nonsense [nəʊ'nɒnsens] adj (person) recto,-a, serio,-a.
nonplussed [nɒn'plʌst] adj perplejo,-a.
non-profit-(making) [nɒn'prɒfɪt(meɪkɪŋ)] adj sin fin lucrativo.
nonreturnable [nɒnrɪ'tɜːnəbəl] adj no retornable.
nonsense ['nɒnsəns] n tonterías fpl, disparates mpl; **that's n.**, eso es absurdo.

nonsmoker [nɒn'sməʊkəʳ] n ˜no fumador,-a m,f, persona f que no fuma.
nonstarter [nɒn'stɑːtəʳ] n fig **to be a n.**, (person) estar destinado a fracasar; (plan) ser irrealizable.
nonstick [nɒn'stɪk] adj antiadherente.
nonstop [nɒn'stɒp] I adj sin parar; (train) directo,-a. II adv sin parar.
noodles ['nuːdəlz] npl Culin fideos mpl.
nook [nʊk] n recoveco m, rincón m.
noon [nuːn] n mediodía m; **at n.**, a mediodía.
no-one ['nəʊwʌn] pron nadie; **n. came**, no vino nadie.
noose [nuːs] n lazo m; (hangman's) soga f.
nor [nɔːʳ] conj ni, ni tampoco; **neither ... n.**, ni ... ni; **neither you n. I**, ni tú ni yo; **n. do I**, (ni) yo tampoco.
norm [nɔːm] n norma f.
normal ['nɔːməl] adj normal.
normality [nɔː'mælɪtɪ] n normalidad f.
normally ['nɔːməlɪ] adv normalmente.
Normandy ['nɔːməndɪ] n Normandía.
north [nɔːθ] I n norte m; **the N.**, el norte; **N. America**, América del Norte, Norteamérica; **N. Pole**, Polo m Norte; **N. Sea**, Mar m del Norte. II adv hacia el norte, al norte. III adj del norte; **n. wind**, viento m del norte.
northeast [nɔːθ'iːst] n nor(d)este m.
northerly ['nɔːðəlɪ] adj norte, del norte.
northern ['nɔːðən] adj del norte, septentrional; **n. hemisphere**, hemisferio m norte; **N. Ireland**, Irlanda del Norte.
northerner ['nɔːðənəʳ] n norteño,-a, mf.
northward ['nɔːθwəd] adj & adv hacia el norte.
northwest [nɔːθ'west] n noroeste m.
Norway ['nɔːweɪ] n Noruega.
Norwegian [nɔː'wiːdʒən] I adj noruego, -a. II n 1 (person) noruego,-a m,f. 2 (language) noruego m.
nose [nəʊz] n 1 nariz f; fig (right) **under sb's n.**, delante de las propias narices de algn; GB fam **to get up sb's n.**, hincharle a algn las narices. 2 (sense of smell) olfato m. 3 (of car, plane) morro m.
◆**nose about**, **nose around** vi curiosear.
nosebleed ['nəʊzbliːd] n hemorragia f nasal.
nosedive ['nəʊzdaɪv] Av I n picado m. II vi descender en picado.
nostalgia [nɒ'stældʒə] n nostalgia f.
nostalgic [nɒ'stældʒɪk] adj nostálgico,-a.
nostril ['nɒstrɪl] n Anat orificio m nasal.
nosy ['nəʊzɪ] adj (**nosier**, **nosiest**) fam entrometido,-a.
not [nɒt] adv no; **he's n. in today**, hoy no está; **I'm n. sorry to leave**, no siento nada irme; **n. at all**, en absoluto; **thank you - n. at all**, gracias - no hay de qué; **n. one (of them) thanked me**, nadie me dio las gracias; **n. that I don't want to**

come, no es que no quiera ir; **n. too well**, bastante mal; **n. without reason**, no sin razón; *fam* **n. likely!**, ¡ni hablar!
notable ['nəʊtəbəl] *adj* notable.
◆**notably** *adv* notablemente.
notary ['nəʊtərɪ] *n* notario *m*.
notch [nɒtʃ] *n* muesca *f*; (*cut*) corte *m*.
◆**notch up** *vtr fig* **to n. up a victory**, apuntarse una victoria.
note [nəʊt] **I** *n* 1 *Mus* nota *f*; *fig* **to strike the right n.**, acertar. 2 (*on paper*) nota *f*. 3 **to take n. of**, (*notice*) prestar atención a. 4 *Fin* billete *m* (de banco). 5 **notes**, apuntes *mpl*; **to take n.**, tomar apuntes. **II** *vtr* 1 (*write down*) apuntar, anotar. 2 (*notice*) notar, fijarse en.
notebook ['nəʊtbʊk] *n* cuaderno *m*, libreta *f*.
noted ['nəʊtɪd] *adj* notable, célebre.
notepad ['nəʊtpæd] *n* bloc *m* de notas.
notepaper ['nəʊtpeɪpər] *n* papel *m* de carta.
noteworthy ['nəʊtwɜːðɪ] *adj* digno,-a de mención.
nothing ['nʌθɪŋ] **I** *n* nada *n*; **I saw n.**, no vi nada; **for n.**, (*free of charge*) gratis; **it's n.**, no es nada; **it's n. to do with you**, no tiene nada que ver contigo; **n. else**, nada más; **there's n. in it**, no es cierto; *fam* **n. much**, poca cosa; *fam* **there's n. to it**, es facilísimo. **II** *adv* **she looks n. like her sister**, no se parece en nada a su hermana.
notice ['nəʊtɪs] **I** *n* 1 (*warning*) aviso *m*; **he gave a month's n.**, presentó la dimisión con un mes de antelación; **at short n.**, con poca antelación; **until further n.**, hasta nuevo aviso; **without n.**, sin previo aviso. 2 (*attention*) atención *f*; **to take no n. of sth**, no hacer caso de algo; **to take n. of sth**, prestar atención a algo; **it escaped my n.**, se me escapó; **to come to one's n.**, llegar al conocimiento de uno. 3 (*in newspaper etc*) anuncio *m*. 4 (*sign*) letrero *m*, aviso *m*. **II** *vtr* darse cuenta de, notar.
noticeable ['nəʊtɪsəbəl] *adj* que se nota, evidente.
noticeboard ['nəʊtɪsbɔːd] *n* tablón *m* de anuncios.
notification [nəʊtɪfɪ'keɪʃən] *n* aviso *m*.
notify ['nəʊtɪfaɪ] *vtr* avisar.
notion ['nəʊʃən] *n* 1 idea *f*, concepto *m*. 2 (*whim*) capricho *m*. 3 *US Sew* **notions**, artículos *mpl* de mercería.
notorious [nəʊ'tɔːrɪəs] *adj* muy conocido,-a.
notwithstanding [nɒtwɪθ'stændɪŋ] **I** *prep* a pesar de. **II** *adv* sin embargo, no obstante.
nougat ['nuːgɑː] *n* turrón blando.
nought [nɔːt] *n* cero *m*.
noun [naʊn] *n* nombre *m*, sustantivo *m*.
nourish ['nʌrɪʃ] *vtr* nutrir; *fig* (*hopes*) abrigar.
nourishing ['nʌrɪʃɪŋ] *adj* nutritivo,-a.
nourishment ['nʌrɪʃmənt] *n* alimentación *f*, nutrición *f*.
novel¹ ['nɒvəl] *n* novela *f*.
novel² ['nɒvəl] *adj* original, novedoso,-a.
novelist ['nɒvəlɪst] *n* novelista *mf*.
novelty ['nɒvəltɪ] *n* novedad *f*.
November [nəʊ'vembər] *n* noviembre *m*.
novice ['nɒvɪs] *n* 1 (*beginner*) novato,-a *m,f*, principiante *mf*. 2 *Rel* novicio,-a *m,f*.
now [naʊ] **I** *adv* 1 (*at this moment*) ahora; **just n.**, **right n.**, ahora mismo; **from n. on**, de ahora en adelante; **n. and then**, **n. and again**, de vez en cuando. 2 (*for events in past*) entonces. 3 (*at present, these days*) actualmente, hoy (en) día. 4 (*not related to time*) **n. (then)**, ahora bien; **n., n.!**, ¡vamos!, ¡ya está bien!. **II** *conj* **n. (that)**, ahora que, ya que. **III** *n* **until n.**, hasta ahora; **he'll be home by n.**, ya habrá llegado a casa.
nowadays ['naʊədeɪz] *adv* hoy (en) día, actualmente.
nowhere ['nəʊweər] *adv* en ninguna parte; **that will get you n.**, eso no te servirá de nada; **it's n. near ready**, no está preparado, ni mucho menos.
noxious ['nɒkʃəs] *adv* nocivo,-a.
nozzle ['nɒzəl] *n* boca *f*, boquilla *f*.
nuance [nju:'ɑːns] *n* matiz *m*.
nub [nʌb] *n* **the n. of the matter**, el quid de la cuestión.
nuclear ['nju:klɪər] *adj* nuclear; **n. arms**, armas *fpl* nucleares; **n. disarmament**, desarme *m* nuclear; **n. power**, energía *f* nuclear; **n. power station**, central *f* nuclear.
nucleus ['nju:klɪəs] *n* núcleo *m*.
nude [nju:d] **I** *adj* desnudo,-a. **II** *n Art Phot* desnudo *m*; **in the n.**, al desnudo.
nudge [nʌdʒ] **I** *vtr* dar un codazo a. **II** *n* codazo *m*.
nudist ['nju:dɪst] *adj & n* nudista (*mf*).
nudity ['nju:dɪtɪ] *n* desnudez *f*.
nugget ['nʌgɪt] *n Min* pepita *f*; **gold n.**, pepita de oro.
nuisance ['nju:səns] *n* 1 molestia *f*, pesadez *f*; **what a n.!**, ¡qué lata! 2 (*person*) pesado,-a *m,f*.
nuke [nju:k] *sl* **I** *n* (*bomb*) bomba *f* nuclear *or* atómica. **II** *vtr* atacar con armas nucleares.
null [nʌl] *adj* nulo,-a; **n. and void**, nulo y sin valor.
nullify ['nʌlɪfaɪ] *vtr* (*pt & pp* **nullified**) anular.
numb [nʌm] **I** *adj* (*without feeling*) entumecido,-a; *fig* paralizado,-a; **n. with fear**, paralizado de miedo. **II** *vtr* (*with cold*) entumecer (de frío); (*with anaesthetic*) adormecer.
number ['nʌmbər] **I** *n* 1 número *m*; *Tel*

have you got my n.?, ¿tienes mi (número de) teléfono?; *fam* **to look after n. one**, barrer para adentro. 2 *(quantity)* **a n. of people**, varias personas. II *vtr* 1 *(put a number on)* numerar. 2 *(count)* contar; **his days are numbered**, tiene los días contados.
numberplate ['nʌmbəpleɪt] *n* GB *Aut* matrícula *f*.
numeral ['njuːmərəl] *n* número *m*, cifra *f*.
numerate ['njuːmərət] *adj* **to be n.**, tener un conocimiento básico de matemáticas.
numerical [njuːˈmerɪkəl] *adj* numérico,-a.
◆**numerically** *adv* numéricamente.
numerous ['njuːmərəs] *adj* numeroso,-a.
numismatics [njuːmɪzˈmætɪks] *n* numismática *f*.
nun [nʌn] *n* monja *f*.
nuptial ['nʌpʃəl] *adj* nupcial.
nurse [nɜːs] I *n* enfermera *f*; *(male)* enfermero *m*; **children's n.**, niñera *f*. II *vtr* 1 *(look after)* cuidar, atender. 2 *(baby)* acunar. 3 *(suckle)* amamantar. 4 *fig (grudge etc)* guardar.
nursery ['nɜːsərɪ] *n* 1 *(institution)* guardería *f*; **n. school**, jardín *m* de infancia. 2 *(in house)* cuarto *m* de los niños; **n.**

rhyme, poema *m* infantil. 3 *(garden centre)* vivero *m*.
nursing ['nɜːsɪŋ] I *n* **n. home**, clínica *f*.
nurture ['nɜːtʃər] *vtr (animal)* alimentar; *(feelings)* abrigar.
nut [nʌt] *n* 1 *(fruit)* fruto seco; *fig* **a tough n. to crack**, un hueso duro de roer. 2 *sl (head)* coco *m*. 3 *sl (mad person)* loco,-a *m,f*. 4 *Tech* tuerca *f*.
nutcracker ['nʌtkrækər] *n* cascanueces *m inv*.
nutmeg ['nʌtmeg] *n* nuez moscada.
nutrition [njuːˈtrɪʃən] *n* nutrición *f*.
nutritious [njuːˈtrɪʃəs] *adj* nutritivo,-a, alimenticio,-a.
nuts [nʌts] *adj fam* chalado,-a; **to go n.**, volverse loco; **he's n. about motorbikes**, las motos le chiflan.
nutshell ['nʌtʃel] *n* cáscara *f*; *fig* **in a n.**, en pocas palabras.
nylon ['naɪlɒn] I *n* 1 nilón *m*, nailon *m*. 2 **nylons**, medias *fpl* de nilón. II *adj* de nilón.
nymph [nɪmf] *n* ninfa *f*.
nymphomaniac [nɪmfəˈmeɪnɪæk] *n* ninfómana *f*.

O

O, o [əʊ] *n* 1 *(the letter)* O, o *f*. 2 *Math Tel* cero *m*.
oak [əʊk] *n* roble *m*.
OAP [əʊeɪˈpiː] GB *fam abbr of* **old-age pensioner**.
oar [ɔːr] *n* remo *m*.
oarsman ['ɔːzmən] *n* remero *m*.
oasis [əʊˈeɪsɪs] *n (pl* **oases** [əʊˈeɪsiːz]) oasis *m inv*.
oat [əʊt] *n* avena *f*; **rolled oats**, copos *mpl* de avena.
oath [əʊθ] *n (pl* **oaths** [əʊðz]) 1 *Jur* juramento *m*; **to take an o.**, prestar juramento; *fam* **on my o.**, palabra de honor. 2 *(swearword)* palabrota *f*.
oatmeal ['əʊtmiːl] *n* harina *f* de avena.
obedience [əˈbiːdɪəns] *n* obediencia *f*.
obedient [əˈbiːdɪənt] *adj* obediente.
obese [əʊˈbiːs] *adj* obeso,-a.
obey [əˈbeɪ] *vtr* obedecer; *(law)* cumplir con.
obituary [əˈbɪtjʊərɪ] *n* necrología *f*.
object[1] ['ɒbdʒɪkt] *n* 1 *(thing)* objeto *m*. 2 *(aim, purpose)* fin *m*, objetivo *m*. 3 **the o. of criticism**, el blanco de las críticas. 4 *(obstacle)* inconveniente *m*. 5 *Ling* complemento *m*.
object[2] [əbˈdʒekt] *vi* oponerse (**to**, a); **do you o. to my smoking?**, ¿le molesta que fume?
objection [əbˈdʒekʃən] *n* 1 objeción *f*. 2 *(drawback)* inconveniente *m*; **provided**

there's no o., si no hay inconveniente.
objectionable [əbˈdʒekʃənəbəl] *adj (unacceptable)* inaceptable; *(unpleasant)* ofensivo,-a.
objective [əbˈdʒektɪv] I *adj* objetivo,-a. II *n* objetivo *m*.
objector [əbˈdʒektər] *n* objetor,-a *m,f*.
obligation [ɒblɪˈɡeɪʃən] *n* obligación *f*; **to be under an o. to sb**, estarle muy agradecido,-a a algn.
obligatory [ɒˈblɪɡətərɪ] *adj* obligatorio,-a.
oblige [əˈblaɪdʒ] *vtr* 1 *(compel)* obligar; **I'm obliged to do it**, me veo obligado,-a a hacerlo. 2 *(do a favour for)* hacer un favor. 3 **to be obliged**, *(grateful)* estar agradecido,-a.
obliging [əˈblaɪdʒɪŋ] *adj* solícito,-a.
oblique [əˈbliːk] *adj* oblicuo,-a, inclinado,-a; *fig* **an o. reference**, una alusión indirecta.
obliterate [əˈblɪtəreɪt] *vtr* 1 *(memory)* borrar. 2 *(species, race)* eliminar; *(village)* arrasar.
oblivion [əˈblɪvɪən] *n* olvido *m*; **to sink into o.**, caer en el olvido.
oblivious [əˈblɪvɪəs] *adj* inconsciente.
oblong ['ɒblɒŋ] I *adj* oblongo,-a. II *n* rectángulo *m*.
obnoxious [əbˈnɒkʃəs] *adj* repugnante.
oboe ['əʊbəʊ] *n* oboe *m*.
obscene [əbˈsiːn] *adj* obsceno,-a.
obscure [əbˈskjʊər] I *adj* 1 oscuro,-a;

(vague) vago,-a. **2** *(author, poet etc)* desconocido,-a. **II** *vtr (truth)* ocultar.

obsequious [əb'si:kwiəs] *adj* servil.

observance [əb'zɜ:vəns] *n* **1** observancia *f*. **2** *Rel* **observances**, prácticas religiosas.

observant [əb'zɜ:vənt] *adj* observador,-a.

observation [ɒbzə'veɪʃən] *n* observación *f*; *(surveillance)* vigilancia *f*.

observatory [əb'zɜ:vətərɪ] *n* observatorio *m*.

observe [əb'zɜ:v] *vtr* **1** observar; *(in surveillance)* vigilar. **2** *(remark)* advertir. **3** *(obey)* respetar.

observer [əb'zɜ:və*r*] *n* observador,-a *m,f*.

obsess [əb'ses] *vtr* obsesionar; **to be obsessed**, estar obsesionado,-a **(with, by, con)**.

obsession [əb'seʃən] *n* obsesión *f*.

obsessive [əb'sesɪv] *adj* obsesivo,-a.

obsolete ['ɒbsəli:t, ɒbsə'li:t] *adj* obsoleto,-a.

obstacle ['ɒbstəkəl] *n* obstáculo *m*; *fig* impedimento *m*; **o. race**, carrera *f* de obstáculos.

obstinate ['ɒbstɪnɪt] *adj* **1** *(person)* obstinado,-a, terco,-a. **2** *(pain)* persistente.

obstruct [əb'strʌkt] *vtr* **1** obstruir; *(pipe etc)* atascar; *(view)* tapar. **2** *(hinder)* estorbar; *(progress)* dificultar.

obstruction [əb'strʌkʃən] *n* **1** obstrucción *f*. **2** *(hindrance)* obstáculo *m*.

obtain [əb'teɪn] *vtr* obtener, conseguir.

obtainable [əb'teɪnəbəl] *adj* obtenible.

obtrusive [əb'tru:sɪv] *adj* **1** *(interfering)* entrometido,-a. **2** *(noticeable)* llamativo, -a.

obtuse [əb'tju:s] *adj* obtuso,-a.

obviate ['ɒbvɪeɪt] *vtr fml* obviar.

obvious ['ɒbvɪəs] *adj* obvio,-a, evidente. ◆**obviously** *adv* evidentemente; **o.!**, ¡claro!, ¡por supuesto!

occasion [ə'keɪʒən] **I** *n* **1** ocasión *f*; **on o.**, de vez en cuando; **on the o. of**, con motivo de. **2** *(event)* acontecimiento *m*. **3** *(cause)* motivo *m*. **II** *vtr fml* ocasionar.

occasional [ə'keɪʒənəl] *adj* **1** esporádico,-a, eventual. ◆**occasionally** *adv* de vez en cuando.

occupant ['ɒkjʊpənt] *n* ocupante *mf*; *(tenant)* inquilino,-a *m,f*.

occupation [ɒkjʊ'peɪʃən] *n* **1** *(job, profession)* profesión *f*, ocupación *f*. **2** *(pastime)* pasatiempo *m*. **3** *(of building, house, country)* ocupación *f*.

occupational [ɒkjʊ'peɪʃənəl] *adj* profesional, laboral; **o. hazards**, gajes *mpl* del oficio.

occupied ['ɒkjʊpaɪd] *adj* ocupado,-a.

occupier ['ɒkjʊpaɪə*r*] *n GB* ocupante *mf*; *(tenant)* inquilino,-a *m,f*.

occupy ['ɒkjʊpaɪ] *vtr* **1** *(live in)* ocupar, habitar. **2** *(time)* pasar; **to o. one's time in doing sth**, dedicar su tiempo a hacer algo. **3** *(building, factory etc in protest)* tomar posesión de.

occur [ə'kɜ:*r*] *vi* **1** *(event)* suceder, acaecer; *(change)* producirse. **2** *(be found)* encontrarse. **3** **it occurred to me that ...**, se me ocurrió que ....

occurrence [ə'kʌrəns] *n* acontecimiento *m*.

ocean ['əʊʃən] *n* océano *m*.

ocean-going ['əʊʃəngəʊɪŋ] *adj* de alta mar.

ochre, *US* **ocher** ['əʊkə*r*] **I** *n* ocre *m*; **red o.**, almagre *m*; **yellow o.**, ocre amarillo. **II** *adj* (de color) ocre.

o'clock [ə'klɒk] *adv* **(it's) one o'c.**, (es) la una; **(it's) two o'c.**, (son) las dos.

octave ['ɒktɪv] *n* octava *f*.

October [ɒk'təʊbə*r*] *n* octubre *m*.

octogenarian [ɒktəʊdʒɪ'neərɪən] *adj & n* octogenario,-a *(m,f)*.

octopus ['ɒktəpəs] *n* pulpo *m*.

odd [ɒd] **I** *adj* **1** *(strange)* raro,-a, extraño,-a. **2** *(occasional)* esporádico,-a; **at o. times**, de vez en cuando; **the o. customer**, algún que otro cliente; **o. job**, trabajillo *m*. **3** **a o. number**, *(not even)* un impar. **4** *(unpaired)* desparejado,-a; **an o. sock**, un calcetín suelto; **to be the o. man out**, estar de más. **II** *adv* y pico; **twenty o. people**, veinte y pico *or* y tantas personas. ◆**oddly** *adv* extrañamente; **o. enough**, por extraño que parezca.

oddity ['ɒdɪtɪ] *n* **1** *(thing)* curiosidad *f*; *(person)* estrafalario,-a *m,f*. **2** *(quality)* rareza *f*.

odds [ɒdz] *npl* **1** *(chances)* probabilidades *fpl*; **he's fighting against the o.**, lleva las de perder; **the o. are that ...**, lo más probable es que ... (+ *subj*). **2** *(in betting)* puntos *mpl* de ventaja; **the o. are five to one**, las apuestas están cinco a uno. **3** *GB* **it makes no o.**, da lo mismo; *fig* **at o. with sb**, reñido,-a con algn. **4** **o. and ends**, *(small things)* cositas *fpl*; *(trinkets)* chucherías *fpl*.

odds-on ['ɒdzɒn] *adj* seguro,-a; **o.-on favourite**, *(horse)* caballo favorito.

ode [əʊd] *n* oda *f*.

odious ['əʊdɪəs] *adj* repugnante.

odour, *US* **odor** ['əʊdə*r*] *n* olor *m*; *(fragrance)* perfume *m*.

OECD [əʊi:di:'di:] *abbr of* **Organization for Economic Co-operation and Development**, ≈ Organización *f* para la Cooperación y el Desarrollo Económico, OCDE *f*.

of [ɒv, *unstressed* əv] *prep* **1** *(belonging to, part of)* de; **a friend of mine**, un amigo mío; **the end of the novel**, el final de la novela. **2** *(containing)* de; **a bottle of wine**, una botella de vino. **3** *(origin)* de; **of good family**, de buena familia. **4** *(by)* de, por; **beloved of all**, amado,-a por todos. 5 *(quantity)* de; **there are four of us**, somos cuatro; **two of them**, dos de ellos. 6 *(from)* de; **free of**, libre de; **south of**, al sur de. 7 *(material)* de; **a dress (made) of silk**, un vestido de seda. 8 *(apposition)* de; **the city of Lisbon**, la ciudad de Lisboa. 9 *(characteristic)* de; **that's typical of her**, es muy propio de ella; **that's very kind of you**, es usted muy amable. 10 *(with adj)* de; **hard of hearing**, duro,-a de oído. 11 *(after superlative)* de; **the thing she wanted most of all**, lo que más quería. 12 *(cause)* por, de; **because of**, a causa de; **of necessity**, por necesidad. 13 *(concerning, about)* de, sobre; **to dream of sth/sb**, soñar con algo/algn; **to think of sb**, pensar en algn. 14 *(with dates)* de; **the seventh of November**, el siete de noviembre.

off [ɒf] **I** *prep* 1 *(movement)* de; **she fell o. her horse**, se cayó del caballo. 2 *(removal)* de; **I'll take sth o. the price for you**, se lo rebajaré un poco. 3 *(distance, situation)* de; **a few kilometres o. the coast**, a unos kilómetros de la costa; **a house o. the road**, una casa apartada de la carretera. 4 **the ship went o. course**, el barco se desvió; **to be o. form**, no estar en forma. 5 **I'm o. wine**, he perdido el gusto al vino.
II *adv* 1 **he turned o. the radio**, apagó la radio. 2 *(absent)* fuera; **I have a day o.**, tengo un día libre; **to be o. sick**, estar de baja por enfermedad. 3 *(completely)* completamente; **this will kill o. any germs**, esto rematará cualquier germen. 4 **his arrival is three days o.**, faltan tres días para su llegada; **six miles o.**, a seis millas. 5 **I'm o. to London**, me voy a Londres; **she ran o.**, se fue corriendo. 6 **ten per cent o.**, un descuento del diez por ciento; **to take one's shoes o.**, quitarse los zapatos. 7 **o. and on**, de vez en cuando.
III *adj* 1 *(gas etc)* apagado,-a; *(water)* cortado,-a. 2 *(cancelled)* cancelado,-a. 3 *(low)* bajo,-a; *(unsatisfactory)* malo,-a; **on the o. chance**, por si acaso; **the o. season**, la temporada baja. 4 **you're better o. like that**, así estás mejor. 5 *(gone bad)* *(meat, fish)* malo,-a, pasado,-a; *(milk)* agrio,-a.

offal ['ɒfəl] *n (of chicken etc)* menudillos *mpl*; *(of cattle, pigs)* asaduras *fpl*.

off-colour, *US* **off-color** ['ɒfkʌlər] *adj* 1 *GB (ill)* indispuesto,-a. 2 *(joke, story)* indecente.

offence [ə'fens] *n* 1 *Jur* delito *m*. 2 *(insult)* ofensa *f*; **to give o.**, ofender; **to take o. at sth**, ofenderse por algo. 3 *Mil (attack)* ofensiva *f*.

offend [ə'fend] *vtr* ofender.

offender [ə'fendər] *n (criminal)* delincuente *mf*.

offense [ə'fens] *n US* → **offence**.

offensive [ə'fensɪv] **I** *adj* 1 *(insulting)* ofensivo,-a. 2 *(repulsive)* repugnante. **II** *n Mil* ofensiva *f*; **to be on the o.**, estar a la ofensiva.

offer ['ɒfər] **I** *vtr* 1 ofrecer; **to o. to do a job**, ofrecerse para hacer un trabajo. 2 *(propose)* proponer. **II** *n* 1 oferta *f*; *(proposal)* propuesta *f*; **o. of marriage**, proposición *f* de matrimonio. 2 *Com* **on o.**, de oferta.

offering ['ɒfərɪŋ] *n* 1 ofrecimiento *m*. 2 *Rel* ofrenda *f*.

offhand [ɒf'hænd] **I** *adj (abrupt)* brusco,-a; *(inconsiderate)* descortés. **II** *adv* **I don't know o.**, así sin pensarlo, no lo sé.

office ['ɒfɪs] *n* 1 *(room)* despacho *m*; *(building)* oficina *f*; **o. hours**, horas *fpl* de oficina. 2 *GB Pol* ministerio *m*. 3 *US (federal agency)* agencia *f* gubernamental. 4 *(position)* cargo *m*; **to hold o.**, ocupar un cargo. 5 *Pol* **to be in o.**, estar en el poder.

officer ['ɒfɪsər] *n* 1 *Mil* oficial *mf*. 2 *(police)* **o.**, agente *mf* de policía. 3 *(government official)* funcionario,-a *m,f*. 4 *(of company, society)* director,-a *m,f*.

official [ə'fɪʃəl] **I** *adj* oficial. **II** *n* funcionario,-a *m,f*.

officiate [ə'fɪʃɪeɪt] *vi* 1 ejercer; **to o. as**, ejercer de. 2 *Rel* oficiar.

officious [ə'fɪʃəs] *adj pej* entrometido,-a.

off-line ['ɒflaɪn] *adj Comput* desconectado,-a.

off-licence ['ɒflaɪsəns] *n GB* tienda *f* de bebidas alcohólicas.

off-peak [ɒf'piːk] *adj (flight)* de temporada baja; *(rate)* de fuera de las horas punta.

off-putting ['ɒfpʊtɪŋ] *adj GB fam* desconcertante.

offset [ɒf'set] *vtr (pt & pp* offset*) (balance out)* compensar.

offshoot ['ɒfʃuːt] *n* 1 *Bot* renuevo *m*. 2 *fig (of organization)* ramificación *f*.

offshore [ɒf'ʃɔːr] *adj* 1 *(breeze etc)* terral. 2 *(oil rig)* costa afuera. 3 *(overseas)* en el extranjero; **o. investment**, inversión *f* en el extranjero.

offside [ɒf'saɪd] **I** *adv Ftb* fuera de juego. **II** *n Aut (with left-hand drive)* lado derecho; *(with right-hand drive)* lado izquierdo.

offspring ['ɒfsprɪŋ] *n inv (child)* vástago *m*; *(children)* progenitura *f*.

offstage [ɒf'steɪdʒ] *adj & adv* entre bastidores.

often ['ɒfən, 'ɒftən] *adv* a menudo, con frecuencia; **every so o.**, de vez en cuando.

ogle ['əʊgəl] *vtr & vi* **to o. (at) sb**, comerse a algn con los ojos.

oh [əʊ] *interj* ¡oh!, ¡ay!; **oh, my God!**,

¡Dios mío!
oil [ɔɪl] I n 1 aceite m; o. lamp, lámpara f de aceite, quinqué m; o. slick, mancha f de aceite; olive o., aceite de oliva. 2 *Petrol* petróleo m; o. rig, plataforma petrolera; o. tanker, petrolero m. 3 (*painting*) pintura f al óleo; o. colour, o. paint, óleo m. II vtr engrasar.
oilcan [ˈɔɪlkæn] n aceitera f.
oilfield [ˈɔɪlfiːld] n yacimiento petrolífero.
oilskin [ˈɔɪlskɪn] n 1 hule m. 2 oilskins, chubasquero m sing, impermeable m sing de hule.
oily [ˈɔɪlɪ] adj (oilier, oiliest) aceitoso,-a, grasiento,-a; (*hair, skin*) graso,-a.
ointment [ˈɔɪntmənt] n ungüento m, pomada f.
O.K., okay [əʊˈkeɪ] *fam* I interj ¡vale!, ¡de acuerdo!. II adj bien; is it O.K. if ...?, ¿está bien si ...? III vtr dar el visto bueno a.
old [əʊld] I adj 1 viejo,-a; an o. man, un anciano; o. age, vejez f; o.-age pensioner, pensionista mf; GB o. boy, antiguo alumno; o. hand, veterano,-a m,f; good o. John!, ¡el bueno de John! how o. are you?, ¿cuántos años tienes?; she's five years o., tiene cinco años. 3 (*previous*) antiguo,-a. II n of o., de antaño.
old-fashioned [əʊldˈfæʃənd] (*outdated*) a la antigua; (*unfashionable*) anticuado,-a, pasado,-a de moda.
olive [ˈɒlɪv] n 1 (*tree*) olivo m; o. grove, olivar m. 2 (*fruit*) aceituna f, oliva f. 3 (*wood*) olivo m. 4 o. (green), (*colour*) verde m oliva.
Olympic [əˈlɪmpɪk] I adj olímpico,-a; O. Games, Juegos Olímpicos. II npl the Olympics, las Olimpíadas.
omelette, *US* **omelet** [ˈɒmlɪt] n tortilla f; Spanish o., tortilla española *or* de patatas.
omen [ˈəʊmen] n presagio m.
ominous [ˈɒmɪnəs] adj de mal agüero.
omission [əʊˈmɪʃən] n omisión f; *fig* olvido m.
omit [əʊˈmɪt] vtr omitir; (*accidentally*) pasar por alto; (*forget*) olvidarse (to, de).
omnipotent [ɒmˈnɪpətənt] I adj omnipotente. II n the O., el Todopoderoso.
on [ɒn] I prep 1 (*location*) sobre, encima de, en; I hit him on the head, le di un golpe en la cabeza; it's on the desk, está encima de *or* sobre el escritorio; hanging on the wall, colgado de la pared; on page four, en la página cuatro; have you got any money on you?, ¿llevas dinero?; the drinks are on me/the house, invito yo/invita la casa. 2 (*alongside*) en; a town on the coast, un pueblo en la costa. 3 (*direction*) en, a; on the right, a la derecha; on the way, en el camino. 4 (*time*) on April 3rd, el tres de abril; on a sunny day, un día de sol; on Monday, el lunes;

on Mondays, los lunes; on that occasion, en aquella ocasión; on the following day, al día siguiente; on time, a tiempo. 5 en; on TV/the radio, en la tele/radio; to play sth on the piano, tocar algo al piano; on the phone, al teléfono. 6 (*at the time of*) a; on his arrival, a su llegada; on second thoughts, pensándolo bien; on learning of this, al conocer esto. 7 she lives on bread, vive de pan; to depend on, depender de. 8 (*transport*) en; on foot, a pie; on the train/plane/bus, en el tren/avión/autobús; (*travel by*) en tren/avión/autobús. 9 (*state, process*) en, de; on holiday, de vacaciones; she is here on business, está aquí de negocios. 10 (*regarding*) sobre; a lecture on numismatics, una conferencia sobre numismática; they congratulated him on his success, le felicitaron por su éxito. 11 on condition that, (*subject to*) bajo la condición de que. 12 (*against*) contra; an attack on, un ataque contra. 13 he's on the Times, (*working for*) trabaja para el Times.
II adv 1 (*covering*) encima, puesto; she had a coat on, llevaba puesto un abrigo. 2 *fam* have you anything on tonight?, ¿tienes algún plan para esta noche? 3 and so on, y así sucesivamente; go on!, ¡sigue!; he talks on and on, habla sin parar; to work on, seguir trabajando. 4 from that day on, a partir de aquel día; later on, más tarde.
III adj *fam* 1 to be on, (*TV, radio, light*) estar encendido,-a; (*engine*) estar en marcha; (*film, play*) en cartelera; that film was on last week, pusieron esa película la semana pasada. 2 *Theat TV* you're on!, ¡a escena! 3 (*definitely planned*) previsto,-a; you're on!, ¡trato hecho! 4 that isn't on, eso no vale.
once [wʌns] I adv 1 (*one time*) una vez; o. a week, una vez por semana; o. in a while, de vez en cuando; o. more, una vez más; o. or twice, un par de veces; *fig* o. and for all, de una vez por todas. 2 (*formerly*) en otro tiempo; o. (upon a time) there was, érase una vez. 3 at o., en seguida, inmediatamente; don't all speak at o., no habléis todos a la vez. II *conj* una vez que (+ *subj*), en cuanto (+ *subj*).
oncoming [ˈɒnkʌmɪŋ] adj (*car, traffic*) que viene en dirección contraria.
one [wʌn] I adj 1 un, una; for o. thing, primero; you're the o. person who knows, tú eres el único que lo sabe; the o. and only, el único, la única; o. and the same, el mismo, la misma. 2 (*indefinite*) un, una; he'll come back o. day, un día volverá.
II *dem pron* any o., cualquiera; that o., ése, ésa; this o., éste, ésta; (*distant*)

aquél, aquélla; **the blue ones,** los azules, las azules; **the o. on the table,** el *or* la que está encima de la mesa; **the ones that, the ones who,** los *or* las que.

III *indef pron* 1 uno,-a *m,f*; **I, for o., am against it,** yo, por lo menos, estoy en contra; **I'm not o. to complain,** no soy de los que se quejan; **o. at a time,** de uno en uno; **o. by o.,** uno tras otro; *fig* **o. and all,** todo el mundo. 2 *(indefinite person)* uno,-a *m,f*; **o. has to fight,** hay que luchar; **o. hopes that will never happen,** esperemos que no ocurra; **to break o.'s leg/arm,** romperse la pierna/el brazo. 3 **o. another,** el uno al otro; **they love o. another,** se aman.

IV *n (digit)* uno *m*; **o. hundred/thousand,** cien/mil.

one-armed ['wʌndɑːmd] *adj fig* **o.-a. bandit,** máquina *f* tragaperras.

one-man ['wʌmæn] *adj* **a o.-m. show,** un espectáculo con un solo artista.

one-man band [wʌmæn'bænd] *n* hombre *m* orquesta *(inv)*.

one-off ['wʌnɒf] *adj GB fam* único,-a, fuera de serie.

oneself [wʌn'self] *pron* 1 *(reflexive)* uno,-a mismo,-a *m,f*, sí mismo,-a *m,f*; **to talk to o.,** hablar para sí. 2 *(alone)* uno,-a mismo,-a *m,f*; **by o.,** solo,-a. 3 *(one's usual self)* el *or* la de siempre.

one-sided ['wʌnsaɪdɪd] *adj (bargain)* desigual; *(judgement)* parcial; *(decision)* unilateral.

one-to-one ['wʌntəwʌn] *adj* **o.-to-o. tuition,** clase *f* individual.

one-way ['wʌnweɪ] *adj* 1 *(ticket)* de ida. 2 *(street)* de dirección única.

ongoing ['ɒngəʊɪŋ] *adj* 1 *(in progress)* en curso, actual. 2 *(developing)* en desarrollo.

onion ['ʌnjən] *n* cebolla *f*.

on-line [ɒn'laɪn] *adj Comput* conectado,-a.

onlooker ['ɒnlʊkər] *n* espectador,-a *m,f*.

only ['əʊnlɪ] I *adj* único,-a; **o. son,** hijo único. II *adv* 1 solamente, sólo; **'staff o.', 'reservado al personal'.** 2 *(not earlier than)* apenas; **he has o. just left,** acaba de marcharse hace un momento; **o. yesterday,** ayer mismo. 3 **o. too glad!,** ¡con mucho gusto!. III *conj* pero.

onset ['ɒnset] *n (start)* comienzo *m*.

onslaught ['ɒnslɔːt] *n* embestida *f*.

onto ['ɒntʊ, *unstressed* 'ɒntə] *prep* → **on.**

onus ['əʊnəs] *n* responsabilidad *f*.

onward ['ɒnwəd] *adj* hacia adelante.

onward(s) ['ɒnwəd(z)] *adv* a partir de, en adelante; **from this time o.,** de ahora en adelante.

ooze [uːz] I *vi* rezumar. II *vtr* rebosar.

opaque [əʊ'peɪk] *adj* opaco,-a.

OPEC ['əʊpek] *abbr of* **Organization of Petroleum Exporting Countries,** Organización *f* de los Países Exportadores de Petróleo, OPEP *f*.

open ['əʊpən] I *adj* 1 abierto,-a; **half o.,** entreabierto; **wide o.,** abierto de par en par; **in the o. air,** al aire libre; **to be o. with sb,** ser sincero,-a con algn; *fig* **with o. arms,** con los brazos abiertos; **to keep an o. mind,** no tener prejuicios; **I am o. to suggestions,** acepto cualquier sugerencia; **o. to criticism,** susceptible a la crítica; **o. admiration,** franca admiración; *US* **o. house,** fiesta *f* de inauguración de residencia; **an o. question,** una cuestión sin resolver; **o. season,** *(in hunting)* temporada *f* de caza; **Av Rail o. ticket,** billete abierto; *GB* **O. University,** Universidad *f* a Distancia; **o. verdict,** veredicto inconcluso. 2 *(car etc)* descubierto, -a. 3 *(opposition)* manifiesto,-a.

II *vtr* 1 abrir; **to o. fire,** abrir fuego; *fig* **to o. one's heart to sb,** sincerarse con algn. 2 *(exhibition etc)* inaugurar; *(negotiations, conversation)* entablar.

III *vi* 1 abrir, abrirse; **to o. onto,** *(of door, window)* dar a. 2 *(start)* empezar; *Theat Cin* estrenarse.

IV *n* 1 **in the o.,** al aire libre; *fig* **to bring into the o.,** hacer público. 2 *Sport* open *m*.

◆**open out** I *vtr (market etc)* abrir; *(possibilities)* crear. II *vi* 1 abrirse; *fam* **o. up!,** ¡abre la puerta! 2 *(start)* empezar.

◆**open up** I *vtr (market etc)* abrir; *(possibilities)* crear. II *vi* 1 abrirse; *fam* **o. up!,** ¡abre la puerta! 2 *(start)* empezar.

◆**openly** *adv* abiertamente.

opener ['əʊpənər] *n* **tin o.,** *US* **can o.,** abrelatas *m inv*.

opening ['əʊpənɪŋ] *n* 1 *(act)* apertura *f*; **o. night,** noche *f* de estreno; *GB* **o. time,** hora *f* de apertura de los bares. 2 *(beginning)* comienzo *m*. 3 *(aperture)* abertura *f*; *(gap)* brecha *f*. 4 *Com* oportunidad *f*. 5 *(vacancy)* vacante *f*.

open-minded [əʊpən'maɪndɪd] *adj* sin prejuicios.

openness ['əʊpənnɪs] *n* franqueza *f*.

open-plan ['əʊpənplæn] *adj (office)* abierto,-a.

opera ['ɒpərə] *n* ópera *f*; **o. house,** ópera, teatro *m* de la ópera.

operate ['ɒpəreɪt] I *vi* 1 *(function)* funcionar. 2 *Med* operar; **to o. on sb for appendicitis,** operar a algn de apendicitis. II *vtr* 1 *(control)* manejar. 2 *(business)* dirigir.

operatic [ɒpə'rætɪk] *adj* de ópera.

operating ['ɒpəreɪtɪŋ] *n* 1 **o. costs,** gastos *mpl* de funcionamiento. 2 *Med* **o. table,** mesa *f* de operaciones. 3 **o. theatre,** *US* **o. theater,** quirófano *m*.

operation [ɒpə'reɪʃən] *n* 1 *(of machine)* funcionamiento *m*; *(by person)* manejo *m*. 2 *Mil* maniobra *f*. 3 *Med* operación *f*, intervención quirúrgica; **to undergo an o. for,** ser operado,-a de.

operational [ɒpəˈreɪʃənəl] *adj* **1** *(ready for use)* operativo,-a. **2** *Mil* operacional.
operative [ˈɒpərətɪv] *adj* **1** *Jur (in force)* vigente; **to become o.**, entrar en vigor. **2** *(significant)* clave, significativo,-a; **the o. word**, la palabra clave.
operator [ˈɒpəreɪtə*r*] *n* **1** *Ind* operario,-a *m,f*. **2** *Tel* operador,-a *m,f*. **3** *(dealer)* negociante *mf*, agente *mf*; **tour o.**, agente de viajes.
opinion [əˈpɪnjən] *n* opinión *f*; **in my o.**, en mi opinión, a mi juicio; **it's a matter of o.**, es cuestión de opiniones; **to have a high o. of sb**, tener buen concepto de algn; **o. poll**, encuesta *f*, sondeo *m*.
opinionated [əˈpɪnjəneɪtɪd] *adj* dogmático,-a.
opium [ˈəʊpɪəm] *n* opio *m*.
opponent [əˈpəʊnənt] *n* adversario,-a *m,f*.
opportune [ˈɒpətjuːn] *adj* oportuno,-a.
opportunist [ɒpəˈtjuːnɪst] *adj & n* oportunista *(mf)*.
opportunity [ɒpəˈtjuːnɪtɪ] *n* **1** oportunidad *f*, ocasión *f*. **2** *(prospect)* perspectiva *f*.
oppose [əˈpəʊz] *vtr* oponerse a.
opposed [əˈpəʊzd] *adj* opuesto,-a; **to be o. to sth**, estar en contra de algo; **as o. to**, comparado,-a con.
opposing [əˈpəʊzɪŋ] *adj* adversario,-a.
opposite [ˈɒpəzɪt, ˈɒpəsɪt] **I** *adj* **1** *(facing)* de enfrente; *(page)* contiguo,-a. **2** *(contrary)* opuesto,-a, contrario,-a; **in the o. direction**, en dirección contraria. **II** *n* lo contrario *m*; **quite the o.!**, ¡al contrario!. **III** *prep* enfrente de, frente a. **IV** *adv* enfrente.
opposition [ɒpəˈzɪʃən] *n* **1** oposición *f*; **in o. to**, en contra de. **2** *Pol* **the o.**, la oposición.
oppress [əˈpres] *vtr* oprimir.
oppression [əˈpreʃən] *n* opresión *f*.
oppressive [əˈpresɪv] *adj* opresivo,-a; *(atmosphere)* agobiante; *(heat)* sofocante.
opt [ɒpt] *vi* optar; **to o. for**, optar por; **to o. to do sth**, optar por hacer algo.
◆**opt out** *vi* retirarse; **to o. out of doing sth**, decidir no hacer algo.
optical [ˈɒptɪkəl] *adj* óptico,-a.
optician [ɒpˈtɪʃən] *n* óptico,-a *m,f*.
optics [ˈɒptɪks] *n* óptica *f*.
optimist [ˈɒptɪmɪst] *n* optimista *mf*.
optimistic [ɒptɪˈmɪstɪk] *adj* optimista.
◆**optimistically** *adv* con optimismo.
optimum [ˈɒptɪməm] **I** *n* grado óptimo. **II** *adj* óptimo,-a.
option [ˈɒpʃən] *n* opción *f*; **I have no o.**, no tengo más remedio; **to keep one's options open**, no comprometerse; **with the o. of**, con opción a.
optional [ˈɒpʃənəl] *adj* optativo,-a, facultativo,-a; *Educ* **o. subject**, (asignatura *f*) optativa *f*.

opulence [ˈɒpjʊləns] *n* opulencia *f*.
or [ɔː*r*, *unstressed* ə] *conj* **1** o; *(before a word beginning with o or ho)* u; **or else**, si no, o bien; **whether you like it or not**, tanto si te gusta como si no; **either a bun or a piece of cake**, (o) una madalena o un trozo de pastel. **2** *(with negative)* ni; **he can't read or write**, no sabe leer ni escribir; → **nor**.
oral [ˈɔːrəl, ˈɒrəl] **I** *adj* oral. **II** *n* examen *m* oral. ◆**orally** *adv* **to be taken o.**, por vía oral.
orange [ˈɒrɪndʒ] **I** *n* naranja *f*; **o. juice**, zumo *m* de naranja. **II** *adj* de color naranja.
orator [ˈɒrətə*r*] *n* orador,-a *m,f*.
oratory [ˈɒrətərɪ] *n* oratoria *f*.
orbit [ˈɔːbɪt] **I** *n* *Astron* órbita *f*. **II** *vtr* girar alrededor de. **III** *vi* girar.
orchard [ˈɔːtʃəd] *n* huerto *m*.
orchestra [ˈɔːkɪstrə] *n* orquesta *f*.
orchestral [ɔːˈkestrəl] *adj* orquestal.
orchid [ˈɔːkɪd] *n* orquídea *f*.
ordain [ɔːˈdeɪn] *vtr* **1** *Rel* ordenar; **to be ordained**, ordenarse. **2** *(decree)* decretar.
ordeal [ɔːˈdiːl] *n* mala experiencia.
order [ˈɔːdə*r*] **I** *n* **1** *(sequence)* orden *m*; **in alphabetical o.**, por orden alfabético; **to put in o.**, ordenar. **2** *(condition)* estado *m*; **is your passport in o.?**, ¿tienes el pasaporte en regla?; **'out of o.'**, averiado,-a. **3** *(peace)* orden *m*; **to restore o.**, reestablecer el orden publico. **4** *(command)* orden *f*. **5** *Com* pedido *m*, encargo *m*; **to be on o.**, estar pedido; **to o.**, a la medida; **o. form**, hoja *f* de pedido. **6** *Rel* orden *f*. **7** **of the highest o.**, *(quality)* de primera calidad. **8** *(kind)* índole *f*, tipo *m*; *Biol* orden *m*. **9 in the o. of**, del orden de. **10 in o. that**, para que (+ *subj*), a fin de que (+ *subj*); **in o. to** (+ *infin*), para, a fin de (+ *infin*). **II** *vtr* **1** *(command)* ordenar, mandar; **to o. sb to do sth**, mandar a algn hacer algo. **2** *Com* pedir, encargar; **to o. a dish**, pedir un plato.
orderly [ˈɔːdəlɪ] **I** *adj* *(tidy etc)* ordenado,-a. **II** *n* **1** *Med* enfermero *m*. **2** *Mil* ordenanza *m*.
ordinary [ˈɔːdənrɪ] **I** *adj* usual, normal; *(average)* corriente, común; **the o. citizen**, el ciudadano de a pie. **II** *n* **the o.**, lo corriente, lo normal; **out of the o.**, fuera de lo común.
ordnance [ˈɔːdnəns] *n* *GB* **O. Survey**, servicio *m* oficial de topografía y cartografía.
ore [ɔː*r*] *n* mineral *m*.
organ [ˈɔːgən] *n* *Mus Anat etc* órgano *m*.
organic [ɔːˈgænɪk] *adj* orgánico,-a.
organism [ˈɔːgənɪzəm] *n* organismo *m*.
organization [ɔːgənaɪˈzeɪʃən] *n* organización *f*.
organize [ˈɔːgənaɪz] *vtr* organizar.
organizer [ˈɔːgənaɪzə*r*] *n* organizador,-a

m,f.

orgasm ['ɔ:gæzəm] *n* orgasmo *m*.

orgy ['ɔ:dʒɪ] *n* orgía *f*.

Orient ['ɔ:rɪənt] *n* the O., el Oriente.

Oriental [ɔ:rɪ'entəl] *adj & n* oriental *(mf)*.

origin ['ɒrɪdʒɪn] *n* origen *m*; **country of o.**, país *m* natal *or* de origen.

original [ə'rɪdʒɪnəl] **I** *adj* **1** original; *(first)* primero,-a. **2** *(imaginative)* original. **II** *n* original *m*. ◆**originally** *adv* **1** *(at first)* en un principio. **2** *(with imagination)* con originalidad.

originality [ərɪdʒɪ'nælɪtɪ] *n* originalidad *f*.

originate [ə'rɪdʒɪneɪt] **I** *vtr* originar. **II** *vi* **to o. from** *or* **in**, tener su origen en.

Orkneys ['ɔ:knɪz] *npl* (Islas) Órcadas.

ornament ['ɔ:nəmənt] *n* ornamento *m*, adorno *m*.

ornamental [ɔ:nə'mentəl] *adj* decorativo,-a.

ornate [ɔ:'neɪt] *adj* vistoso,-a.

ornithology [ɔ:nɪ'θɒlədʒɪ] *n* ornitología *f*.

orphan ['ɔ:fən] **I** *n* huérfano,-a *m,f*. **II** *vtr* **she was orphaned**, quedó huérfana.

orphanage ['ɔ:fənɪdʒ] *n* orfanato *m*.

orthodox ['ɔ:θədɒks] *adj* ortodoxo,-a.

orthodoxy ['ɔ:θədɒksɪ] *n* ortodoxia *f*.

orthopaedic, *US* **orthopedic** [ɔ:θəʊ'pi:dɪk] *adj* ortopédico,-a.

oscillate ['ɒsɪleɪt] *vi* oscilar.

ostensible [ɒ'stensɪbəl] *adj* **1** *(apparent)* ostensible. **2** *(pretended)* aparente.

ostentatious [ɒsten'teɪʃəs] *adj* ostentoso,-a.

osteopath ['ɒstɪəpæθ] *n* osteópata *mf*.

ostracize ['ɒstrəsaɪz] *vtr (from society)* condenar al ostracismo; *(from group)* aislar, excluir.

ostrich ['ɒstrɪtʃ] *n* avestruz *f*.

other ['ʌðər] **I** *adj* **1** otro,-a; **every o. day**, cada dos días; **on the o. hand**, por otra parte; **o. people have seen it**, otros lo han visto; **the o. four**, los otros cuatro; **the o. one**, el otro, la otra; **the o. thing**, lo otro. **2 he must be somewhere or o.**, debe de estar en alguna parte. **II** *pron* otro,-a *m,f*; **many others**, otros muchos; **the others**, los otros, los demás; **we see each o. quite often**, nos vemos con bastante frecuencia.

otherwise ['ʌðəwaɪz] **I** *adv* **1** *(if not)* si no. **2** *(differently)* de otra manera. **3** *(in other respects)* por lo demás. **II** *adj* distinto,-a.

otter ['ɒtər] *n* nutria *f*.

ought [ɔ:t] *v aux* **1** *(obligation)* deber; **I thought I o. to tell you**, creí que debía decírtelo; **she o. to do it**, debería hacerlo. **2** *(vague desirability)* tener que, deber; **you o. to see the exhibition**, deberías ver la exposición. **3** *(expectation)* **he o. to pass the exam**, seguramente aprobará el examen; **that o. to do**, con eso bastará.

ounce [aʊns] *n* onza *f*.

our [aʊər] *poss adj* nuestro,-a.

ours [aʊəz] *poss pron* **1** (el) nuestro, (la) nuestra. **2 of o.**, nuestro,-a; **a friend of o.**, un amigo nuestro.

ourselves [aʊə'selvz] *pers pron pl* **1** *(reflexive)* nos. **2** *(emphatic)* nosotros mismos, nosotras mismas. **3 by o.**, solas.

oust [aʊst] *vtr* **1** *(from a post)* desbancar. **2** *(from property etc)* desalojar.

out [aʊt] **I** *adv* **1** *(outside, away)* fuera; **o. there**, ahí fuera; **to go o.**, salir. **2 I told him straight o.**, se lo dije muy claramente; **o. loud**, en voz alta. **3 hear me o.**, escúchame hasta el final. **4 o. of**, *(place)* fuera de; **move o. of the way!**, ¡quítate de en medio!; **o. of danger**, fuera de peligro; **to go o. of the room**, salir de la habitación; **o. of control**, fuera de control; **o. of date**, *(expired)* caducado,-a; *(old-fashioned)* pasado,-a de moda. **5 o. of**, *(cause, motive)* por. **6 o. of**, *(made from)* de. **7 o. of**, *(short of, without)* sin; **I'm o. of money**, se me ha acabado el dinero; **o. of breath**, sin aliento. **8 o. of**, *(among)* entre; **forty o. of fifty**, cuarenta de cada cincuenta; *(in exam etc)* cuarenta sobre cincuenta.
II *adj* **1 the sun is o.**, ha salido el sol. **2** *(unfashionable)* pasado,-a de moda. **3** *(fire)* apagado,-a. **4** *(not working)* estropeado,-a. **5 she's o.**, *(not in)* ha salido, no está. **6 to be o. for sth/to do sth**, buscar algo. **7 the book is just o.**, el libro acaba de salir. **8** *(inaccurate)* equivocado,-a; **to be o. in one's calculations**, equivocarse en los cálculos. **9 before the week is o.**, antes de que acabe la semana.
III *prep (out of)* por; **he jumped o. the window**, saltó por la ventana.

out-and-out ['aʊtənaʊt] *adj* redomado,-a.

outboard ['aʊtbɔ:d] *adj* **o. motor**, fueraborda *m*.

outbreak ['aʊtbreɪk] *n (of war)* comienzo *m*; *(of spots)* erupción *f*; *(of disease)* brote *m*; *(of violence)* ola *f*; *(of anger)* arrebato *m*; **at the o. of war**, cuando estalló la guerra.

outbuilding ['aʊtbɪldɪŋ] *n* dependencia *f*.

outburst ['aʊtbɜ:st] *n (of anger)* arrebato *m*; *(of generosity)* arranque *m*.

outcast ['aʊtkɑ:st] *n* marginado,-a *m,f*.

outcome ['aʊtkʌm] *n* resultado *m*.

outcrop ['aʊtkrɒp] *n Geol* afloramiento *m*.

outcry ['aʊtkraɪ] *n* **there was an o.**, hubo fuertes protestas.

outdated [aʊt'deɪtɪd] *adj* anticuado,-a, obsoleto,-a.

outdo [aʊt'du:] *vtr* **to o. sb**, superar a algn.

outdoor ['aʊtdɔ:r] *adj* **1** al aire libre. **2** *(clothes)* de calle.

outdoors [aʊt'dɔ:z] *adv* fuera, al aire li-

bre.
outer ['aʊtər] *adj* exterior, externo,-a.
outfit ['aʊtfɪt] *n* 1 *(kit, equipment)* equipo *m*. 2 *(set of clothes)* conjunto *m*. 3 *fam (group)* grupo *m*.
outgoing ['aʊtgəʊɪŋ] **I** *adj* 1 *(departing)* saliente. 2 *(sociable)* extrovertido,-a. **II** *npl* **outgoings**, gastos *mpl*.
outgrow [aʊt'grəʊ] *vtr* **he's outgrowing all his clothes**, toda la ropa se le está quedando pequeña; **she'll o. it**, se le pasará con la edad.
outhouse ['aʊthaʊs] *n* → **outbuilding**.
outing ['aʊtɪŋ] *n* excursión *f*.
outlandish [aʊt'lændɪʃ] *adj* estrafalario,-a.
outlast [aʊt'lɑːst] *vtr* durar más que.
outlaw ['aʊtlɔː] **I** *n* proscrito,-a *m,f*. **II** *vtr* prohibir.
outlet ['aʊtlet, 'aʊtlɪt] *n* 1 *(opening)* salida *f*. 2 *(for emotions)* válvula *f* de escape. 3 *Com* mercado *m*. 4 *(for water)* desagüe *m*.
outline ['aʊtlaɪn] **I** *n* 1 *(draft)* bosquejo *m*. 2 *(outer line)* contorno *m*; *(silhouette)* perfil *m*. **II** *vtr* 1 *(draw lines of)* perfilar. 2 *(summarize)* resumir. 3 *(describe roughly)* trazar las líneas generales de.
outlive [aʊt'lɪv] *vtr* sobrevivir a.
outlook ['aʊtlʊk] *n* 1 *(point of view)* punto *m* de vista. 2 *(prospect)* perspectiva *f*; *Meteor* previsión *f*.
outlying ['aʊtlaɪɪŋ] *adj (remote)* aislado,-a.
outmoded [aʊt'məʊdɪd] *adj* anticuado,-a.
outnumber [aʊt'nʌmbər] *vtr* exceder en número.
out-of-the-way [aʊtəvðə'weɪ] *adj* 1 *(distant)* apartado,-a, aislado,-a. 2 *(uncommon)* poco corriente.
outpatient ['aʊtpeɪʃənt] *n* paciente externo,-a; **outpatients' department**, departamento *m* de consulta externa.
outpost ['aʊtpəʊst] *n* avanzada *f*.
output ['aʊtpʊt] *n* 1 producción *f*; *(of machine)* rendimiento *m*. 2 *Elec* potencia *f*. 3 *Comput* salida *f*.
outrage ['aʊtreɪdʒ] **I** *n* ultraje *m*; **it's an o.!**, ¡es un escándalo!. **II** *vtr* **to be outraged by sth**, indignarse por algo.
outrageous [aʊt'reɪdʒəs] *adj (behaviour)* escandaloso,-a; *(clothes)* extravagante; *(price)* exorbitante.
outright ['aʊtraɪt] **I** *adj (absolute)* absoluto,-a. **II** [aʊt'raɪt] *adv* 1 *(completely)* por completo. 2 *(directly)* directamente, sin reserva. 3 *(immediately)* en el acto.
outset ['aʊtset] *n* comienzo *m*, principio *m*.
outside [aʊt'saɪd] **I** *prep* 1 fuera de. 2 *(beyond)* más allá de. 3 *(other than)* aparte de. **II** ['aʊtsaɪd] *adj* 1 *(exterior)* exterior, externo,-a. 2 *(remote)* remoto,-a. **III** [aʊt'saɪd] *adv* fuera, afuera. **IV** *n* exterior *m*; **on the o.**, por fuera; *fam* **at the o.**, como mucho.
outsider [aʊt'saɪdər] *n* 1 *(stranger)* extraño,-a *m,f*, forastero,-a *m,f*. 2 *Pol* candidato,-a *m,f* con pocas posibilidades de ganar.
outsize(d) ['aʊtsaɪz(d)] *adj (clothes)* de talla muy grande.
outskirts ['aʊtskɜːts] *npl* afueras *fpl*.
outspoken [aʊt'spəʊkən] *adj* directo,-a, abierto,-a.
outstanding [aʊt'stændɪŋ] *adj* 1 *(exceptional)* destacado,-a. 2 *(unpaid, unresolved)* pendiente.
outstretched [aʊt'stretʃt] *adj* extendido,-a.
outward ['aʊtwəd] *adj* 1 *(external)* exterior, externo,-a. 2 **the o. journey**, el viaje de ida. ◆**outwardly** *adv* aparentemente.
outward(s) ['aʊtwəd(z)] *adv* hacia (a)fuera.
outweigh [aʊt'weɪ] *vtr* 1 *(prevail over)* prevalecer sobre. 2 *(weigh more than)* pesar más que.
oval ['əʊvəl] **I** *adj* oval, ovalado,-a. **II** *n* óvalo *m*.
ovary ['əʊvərɪ] *n* ovario *m*.
ovation [əʊ'veɪʃən] *n* ovación *f*.
oven ['ʌvən] *n* horno *m*.
ovenproof ['ʌvənpruːf] *adj* refractario,-a.
over ['əʊvər] **I** *prep* 1 *(above)* encima de. 2 *(on top of)* sobre, encima de. 3 *(across)* al otro lado de; **the bridge o. the river**, el puente que cruza el río. 4 *(during)* durante. 5 *(throughout)* por. 6 **all o.**, por todo,-a; **famous all o. the world**, famoso en el mundo entero. 7 *(by the agency of)* por; **o. the phone**, por teléfono. 8 *(more than)* más de; **men o. twenty-five**, hombres mayores de veinticinco años; **o. and above**, además de. 9 *(recovered from)* recuperado,-a de. **II** *adv* 1 **o. there**, allá; **why don't you come o. tomorrow?**, ¿por qué no vienes a casa mañana? 2 *(throughout)* por; **all o.**, por todas partes. 3 *(more)* más. 4 *(again)* otra vez; **o. and o. (again)**, una y otra vez; **twice o.**, dos veces seguidas. 5 *(in excess)* de más. **III** *adj (finished)* acabado,-a; **it's (all) o.**, se acabó; **the danger is o.**, ha pasado el peligro.
overall ['əʊvərɔːl] **I** *adj* total, global. **II** [əʊvər'ɔːl] *adv (on the whole)* por lo general, en conjunto. **III** ['əʊvərɔːl] *n* 1 *GB* guardapolvo *m*. 2 **overalls**, mono *m sing*.
overawe [əʊvər'ɔː] *vtr* **to be overawed**, sobrecogerse.
overbearing [əʊvə'beərɪŋ] *adj (domineering)* dominante; *(important)* significativo,-a.
overboard ['əʊvəbɔːd] *adv* por la borda; **man o.!**, ¡hombre al agua!; *fam* **to go o.**, pasarse.
overcast ['əʊvəkɑːst] *adj* nublado,-a.

overcharge |əʊvə'tʃɑːdʒ| vtr 1 (*charge too much*) cobrar demasiado. 2 (*overload*) sobrecargar.

overcoat |'əʊvəkəʊt| n abrigo m.

overcome |əʊvə'kʌm| vtr 1 (*conquer*) vencer; o. by grief, deshecho por el dolor. 2 (*obstacle*) superar.

overconfident |əʊvə'kɒnfɪdənt| adj presumido,-a, creído,-a.

overcrowded |əʊvə'kraʊdɪd| adj (*room*) atestado,-a (de gente); (*country*) superpoblado,-a.

overcrowding |əʊvə'kraʊdɪŋ| n (*of prisons etc*) hacinamiento m; (*of country*) superpoblación f.

overdo |əʊvə'duː| vtr 1 (*carry too far*) exagerar; don't o. it, no te pases. 2 *Culin* cocer or asar demasiado.

overdose |'əʊvədəʊs| n sobredosis f.

overdraft |'əʊvədrɑːft| n giro m en descubierto; (*amount*) saldo m deudor.

overdraw |əʊvə'drɔː| vtr to be overdrawn, tener la cuenta en descubierto.

overdue |əʊvə'djuː| adj (*rent, train etc*) atrasado,-a; (*reform*) largamente esperado,-a.

overestimate |əʊvər'estɪmeɪt| vtr sobreestimar.

overflow |əʊvə'fləʊ| I vi (*river*) desbordarse; (*cup etc*) derramarse. II |'əʊvəfləʊ| n (*of river etc*) desbordamiento m; o. pipe, cañería f de desagüe.

overgrown |əʊvə'ɡrəʊn| adj 1 (*with grass*) cubierto,-a (de hierba). 2 (*in size*) demasiado grande.

overhaul |əʊvə'hɔːl| I vtr revisar. II |'əʊvəhɔːl| n revisión f y reparación f.

overhead |'əʊvəhed| I adj (por) encima de la cabeza; o. cable, cable aéreo. II |əʊvə'hed| adv arriba, por encima de la cabeza.

overheads |'əʊvəhedz| npl gastos mpl generales.

overhear |əʊvə'hɪər| vtr oír por casualidad.

overheat |əʊvə'hiːt| vi recalentarse.

overjoyed |əʊvə'dʒɔɪd| adj rebosante de alegría.

overlap |əʊvə'læp| vi superponerse; *fig* our plans o., nuestros planes coinciden parcialmente.

overleaf |əʊvə'liːf| adv al dorso.

overload |əʊvə'ləʊd| I vtr sobrecargar. II n sobrecarga f.

overlook |əʊvə'lʊk| vtr 1 (*fail to notice*) saltarse. 2 (*ignore*) no hacer caso de; we'll o. it this time, esta vez haremos la vista gorda. 3 (*have a view of*) dar a, tener vista a.

overnight |əʊvə'naɪt| I adv 1 (*during the night*) por la noche; we stayed there o., pasamos la noche allí. 2 (*suddenly*) de la noche a la mañana. II |'əʊvənaɪt| adj (*sudden*) repentino,-a.

overpay |əʊvə'peɪ| vtr pagar demasiado.

overpower |əʊvə'paʊər| vtr 1 (*subdue*) dominar. 2 (*affect strongly*) abrumar.

overrate |əʊvə'reɪt| vtr sobreestimar, supervalorar.

override |əʊvə'raɪd| vtr 1 (*disregard*) hacer caso omiso de. 2 (*annul, cancel out*) anular. 3 (*be more important than*) contar más que.

overriding |əʊvə'raɪdɪŋ| adj principal; (*importance*) primordial; (*need*) imperioso,-a.

overrule |əʊvə'ruːl| vtr invalidar; *Jur* denegar.

overrun |əʊvə'rʌn| vtr 1 (*country*) invadir. 2 (*allotted time*) excederse de.

overseas |əʊvə'siːz| I adv en ultramar; to live o., vivir en el extranjero. II |'əʊvəsiːz| adj de ultramar; (*person*) extranjero,-a; (*trade*) exterior.

oversee |əʊvə'siː| vtr supervisar.

overseer |'əʊvəsiːər| n supervisor,-a m,f; (*foreman*) capataz m.

overshadow |əʊvə'ʃædəʊ| vtr *fig* eclipsar.

overshoot |əʊvə'ʃuːt| vtr to o. a turning, pasarse un cruce; *fig* to o. the mark, pasarse de la raya.

oversight |'əʊvəsaɪt| n descuido m.

oversleep |əʊvə'sliːp| vi quedarse dormido,-a.

overspill |'əʊvəspɪl| n exceso m de población.

overstate |əʊvə'steɪt| vtr exagerar.

overstep |əʊvə'step| vtr *fig* to o. the mark, pasarse de la raya.

overt |'əʊvɜːt, əʊ'vɜːt| adj patente.

overtake |əʊvə'teɪk| vtr 1 GB *Aut* adelantar. 2 (*surpass*) superar a. 3 (*of night*) sorprender.

overthrow |əʊvə'θrəʊ| vtr (*government*) derribar.

overtime |'əʊvətaɪm| n horas *fpl* extra.

overtone |'əʊvətəʊn| n matiz m.

overture |'əʊvətjʊər| n 1 *Mus* obertura f; *fig* (*introduction*) introducción f. 2 (*proposal*) propuesta f.

overturn |əʊvə'tɜːn| vtr & vi volcar.

overweight |əʊvə'weɪt| adj demasiado pesado,-a.

overwhelm |əʊvə'welm| vtr 1 (*defeat*) aplastar; (*overpower*) abrumar; I'm overwhelmed, estoy abrumado,-a. 2 (*with letters, work etc*) inundar.

overwhelming |əʊvə'welmɪŋ| adj (*defeat*) aplastante; (*desire etc*) irresistible.

overwork |əʊvə'wɜːk| I vi trabajar demasiado. II vtr (*person*) forzar; (*excuse etc*) abusar de.

overwrought |əʊvə'rɔːt| adj 1 (*tense*) muy nervioso,-a. 2 *lit* (*too elaborate*) forzado,-a.

owe |əʊ| vtr deber.

owing |'əʊɪŋ| adj o. to, debido a, a causa

owl [aʊl] n lechuza f, búho m.
own [əʊn] **I** adj propio,-a; it's his o. fault, es culpa suya. **II** pron **1** my o., your o., his o. etc, lo mío, lo tuyo, lo suyo, etc; fig to come into one's o., realizarse; fam to get one's o. back, tomarse la revancha. **2** on one's o., (without help) uno,-a mismo,-a; (alone) solo,-a. **III** vtr poseer, ser dueño,-a de. ◆**own up** vtr to o. up (to), confesar.
owner [ˈəʊnər] n propietario,-a m,f, dueño,-a m,f.
ownership [ˈəʊnəʃɪp] n propiedad f, posesión f.
ox [ɒks] n (pl **oxen**) buey m.
oxide [ˈɒksaɪd] n Chem óxido m.
oxtail [ˈɒksteɪl] n rabo m de buey.
oxygen [ˈɒksɪdʒən] n oxígeno m; **o. mask**, máscara f de oxígeno.
oyster [ˈɔɪstər] n ostra f.
ozone [ˈəʊzəʊn] n ozono m; **o. layer**, capa f de ozono.

P

P, p [piː] n (the letter) P, p f.
p 1 (pl **pp**) abbr of **page**, pág., p. **2** [piː] GB fam abbr of **penny, pence**, penique(s) m(pl).
PA [piːˈeɪ] fam **1** abbr of **personal assistant**, ayudante mf personal. **2** abbr of **public-address (system)**.
pa abbr of **per annum** (per year), al año.
pace [peɪs] **I** n (step) paso m; (speed) ritmo m; **to keep p. with**, seguir a; fig avanzar al mismo ritmo que; **to set the p.**, marcar el paso a; fig marcar la pauta. **II** vi **to p. up and down**, ir de un lado a otro.
pacemaker [ˈpeɪsmeɪkər] n Sport liebre f; Med marcapasos m inv.
Pacific [pəˈsɪfɪk] adj **the P. (Ocean)**, el (océano) Pacífico.
pacifist [ˈpæsɪfɪst] adj & n pacifista (mf).
pacify [ˈpæsɪfaɪ] vtr (person) calmar; (country) pacificar.
pack¹ [pæk] **I** n (parcel) paquete m; (bundle) bulto m; US (of cigarettes) paquete m; GB (of cards) baraja f; (of hounds) jauría f. **II** vtr **1** (goods) embalar, envasar; (in suitcase) poner; **to p. one's bags**, hacer las maletas; fig marcharse. **2** (fill) atestar. **3** (press down) (snow) apretar. **III** vi **1** hacer las maletas; fam **to send sb packing**, mandar a paseo a algn. **2** (of people) apiñarse (into, en). ◆**pack in** vtr GB fam (give up) dejar. ◆**pack off** vtr fam mandar. ◆**pack up** fam **I** vtr (give up) dejar. **II** vi (stop working) terminar; (machine etc) estropearse.
pack² [pæk] vtr (meeting) llenar de partidarios.
package [ˈpækɪdʒ] **I** n **1** (parcel) paquete m; (bundle) bulto m; **p. tour**, viaje m todo incluido. **2** (of proposals etc) paquete m; (agreement) acuerdo m; **p. deal**, convenio m general. **II** vtr (goods) envasar, embalar.
packet [ˈpækɪt] n paquete m; fam (fortune) dineral m.
packing [ˈpækɪŋ] n embalaje m; **p. case**, caja f de embalar; **to do one's p.**, hacer las maletas.
pact [pækt] n pacto m.
pad¹ [pæd] **I** n **1** almohadilla f; (of paper) bloc m, taco m. **2** **launch p.**, plataforma f de lanzamiento. **3** fam (flat) piso m. **II** vtr (chair) acolchar. ◆**pad out** vtr fig meter paja en.
pad² [pæd] vi **to p. about** or **around**, andar silenciosamente.
padding [ˈpædɪŋ] n (material) relleno m; fig (in speech etc) paja f.
paddle¹ [ˈpædəl] **I** n (oar) pala f; **p. boat** or **steamer**, vapor m de ruedas. **II** vtr (boat) remar con pala en. **III** vi (in boat) remar con pala.
paddle² [ˈpædəl] vi chapotear.
paddling pool [ˈpædəlɪŋpuːl] n piscina f para niños.
paddock [ˈpædək] n potrero m; (in race course) paddock m.
paddy [ˈpædɪ] n arrozal m.
padlock [ˈpædlɒk] **I** n candado m. **II** vtr cerrar con candado.
paediatrician [piːdɪəˈtrɪʃən] n pediatra mf.
pagan [ˈpeɪgən] adj & n pagano,-a (m,f).
page¹ [peɪdʒ] n página f.
page² [peɪdʒ] **I** n (servant) paje m; (of knight) escudero m; (at club) botones m inv. **II** vtr (call) llamar por altavoz.
pageant [ˈpædʒənt] n (show) espectáculo m; (procession) desfile m; (on horses) cabalgata f.
pageantry [ˈpædʒəntrɪ] n pompa f, boato m.
paid [peɪd] adj pagado,-a; fig **to put p. to sth**, acabar con algo.
pail [peɪl] n cubo m; (child's) cubito m.
pain [peɪn] n **1** dolor m; (grief) sufrimiento m; fam **he's a p. (in the neck)**, es un pelmazo; **on p. of death**, so pena de muerte. **2** **to take pains over sth**, esmerarse en algo. **II** vtr (grieve) dar pena a.
pained [peɪnd] adj de reproche.
painful [ˈpeɪnfʊl] adj doloroso,-a; fam (very bad) malísimo,-a. ◆**painfully** adv **1** **p. shy**, lastimosamente tímido,-a. **2**

fam terriblemente.
painkiller ['peɪnkɪlər] *n* analgésico *m*.
painless ['peɪnlɪs] *adj* sin dolor; *fig* sin dificultades.
painstaking ['peɪnzteɪkɪŋ] *adj (person)* concienzudo,-a; *(care, research)* esmerado,-a.
paint [peɪnt] **I** *n* pintura *f*. **II** *vtr* pintar; **to p. sth white**, pintar algo de blanco. **III** *vi* pintar.
paintbrush ['peɪntbrʌʃ] *n Art* pincel *m*; *(for walls)* brocha *f*.
painter ['peɪntər] *n* pintor,-a *m,f*.
painting ['peɪntɪŋ] *n* cuadro *m*; *(activity)* pintura *f*.
paintwork ['peɪntwɜːk] *n* pintura *f*.
pair [peər] *n (of gloves, shoes)* par *m*; *(of people, cards)* pareja *f*; **a p. of scissors**, unas tijeras; **a p. of trousers**, un pantalón, unos pantalones.
pajamas [pəˈdʒæməz] *npl US* → **pyjamas**.
Pakistan [pɑːkɪˈstɑːn] *n* Paquistán.
Pakistani [pɑːkɪˈstɑːnɪ] *adj & n* paquistaní *(mf)*.
pal [pæl] *n fam* amigo,-a *m,f*, colega *mf*.
palace ['pælɪs] *n* palacio *m*.
palatable ['pælətəbəl] *adj (tasty)* sabroso,-a; *fig* aceptable.
palate ['pælɪt] *n* paladar *m*.
palatial [pəˈleɪʃəl] *adj* magnífico,-a, suntuoso,-a.
palaver [pəˈlɑːvər] *n fam* lío *m*, follón *m*.
pale¹ [peɪl] **I** *adj (skin)* pálido,-a; *(colour)* claro,-a; *(light)* tenue; **to turn p.**, palidecer. **II** *vi* palidecer.
pale² [peɪl] *n fig* **to be beyond the p.**, ser inaceptable.
Palestine ['pælɪstaɪn] *n* Palestina.
Palestinian [pælɪˈstɪnɪən] *adj & n* palestino,-a *(m,f)*.
palette ['pælɪt] *n* paleta *f*; **p. knife**, espátula *f*.
paling ['peɪlɪŋ] *n* valla *f*.
palisade [pælɪˈseɪd] *n* palizada *f*, estacada *f*.
pall¹ [pɔːl] *n fig* manto *m*; *(of smoke)* cortina *f*.
pall² [pɔːl] *vi* aburrir; **it never palls**, nunca cansa.
pallet ['pælɪt] *n* plataforma *f* de carga.
pallid ['pælɪd] *adj* pálido,-a.
pallor ['pælər] *n* palidez *f*.
palm¹ [pɑːm] *n (tree)* palmera *f*; *(leaf)* palma *f*; **date p.**, palma datilera; **P. Sunday**, domingo *m* de Ramos.
palm² [pɑːm] *n Anat* palma *f*. ◆**palm off** *vtr* **to p. sth off on sb**, colocar *or* endosar algo a algn.
palmistry ['pɑːmɪstrɪ] *n* quiromancia *f*.
palpable ['pælpəbəl] *adj* palpable.
palpitate ['pælpɪteɪt] *vi* palpitar.
palpitation [pælpɪˈteɪʃən] *n* palpitación *f*.
paltry ['pɔːltrɪ] *adj (paltrier, paltriest)* insignificante.
pamper ['pæmpər] *vtr* mimar, consentir.
pamphlet ['pæmflɪt] *n* folleto *m*.
pan¹ [pæn] **I** *n* **1** *(saucepan)* cazuela *f*, cacerola *f*. **2** *(of scales)* platillo *m*. **3** *(of lavatory)* taza *f*. **II** *vtr fam (critize)* dejar por los suelos.
pan² [pæn] *vi Cin* tomar vistas panorámicas.
panacea [pænəˈsɪə] *n* panacea *f*.
panache [pəˈnæʃ] *n* garbo *m*, salero *m*.
Panama ['pænəmɑː] *n* Panamá; **P. Canal**, Canal *m* de Panamá.
pancake ['pænkeɪk] *n* crepe *f*.
panda ['pændə] *n* panda *m*; *GB* **p. car**, coche *m* patrulla.
pandemonium [pændɪˈməʊnɪəm] *n* alboroto *m*.
pander ['pændər] *vi* **to p. to**, *(person)* complacer a; *(wishes)* acceder a.
pane [peɪn] *n* cristal *m*, vidrio *m*.
panel ['pænəl] *n* **1** *(of wall)* panel *m*; *(flat surface)* tabla *f*; *(of instruments)* tablero *m*; *(of ceiling)* artesón *m*. **2** *(jury)* jurado *m*; *Rad TV* concursantes *mpl*.
panelling, *US* **paneling** ['pænəlɪŋ] *n* paneles *mpl*.
pang [pæŋ] *n (of pain, hunger)* punzada *f*; *(of childbirth)* dolores *mpl*; *fig (of conscience)* remordimiento *m*.
panic ['pænɪk] **I** *n* pánico *m*; **to get into a p.**, ponerse histérico,-a. **II** *vi* aterrarse.
panicky ['pænɪkɪ] *adj* asustadizo,-a.
panic-stricken ['pænɪkstrɪkən] *adj* aterrado,-a.
panorama [pænəˈrɑːmə] *n* panorama *m*.
pansy ['pænzɪ] *n Bot* pensamiento *m*; *fam pej* mariquita *m*.
pant [pænt] **I** *n* jadeo *m*. **II** *vi* jadear.
panther ['pænθər] *n* pantera *f*.
panties ['pæntɪz] *npl* bragas *fpl*.
pantomime ['pæntəmaɪm] *n Theat (play)* función *f* musical navideña; *(mime)* pantomima *f*.
pantry ['pæntrɪ] *n* despensa *f*.
pants [pænts] *npl (underpants) (ladies')* bragas *fpl*; *(men's)* calzoncillos *mpl*; *US (trousers)* pantalones *mpl*, pantalón *m*.
papal ['peɪpəl] *adj* papal.
paper ['peɪpər] **I** *n* **1** papel *m*; *fig* **on p.**, en teoría; **p. money**, papel moneda; **writing p.**, papel de escribir. **2** *(exam)* examen *m*; *(essay)* trabajo *m* (escrito). **3** *Pol* libro *m*. **4** *(newspaper)* periódico *m*; **the papers**, la prensa. **5 papers**, *(documents)* documentos *mpl*. **II** *vtr* empapelar.
paperback ['peɪpəbæk] *n* libro *m* en rústica.
paperclip ['peɪpəklɪp] *n* clip *m*, sujetapapeles *m inv*.
paperweight ['peɪpəweɪt] *n* pisapapeles *m inv*.
paperwork ['peɪpəwɜːk] *n* papeleo *m*.
papier-mâché [pæpjeɪˈmæʃeɪ] *n* cartón *m*

piedra.
paprika ['pæprɪkə] n pimentón molido.
par [pɑːr] n (parity) igualdad f; Golf par m; fig **it's p. for the course**, es lo normal en estos casos; fig **to feel below p.**, estar en baja forma.
parable ['pærəbəl] n parábola f.
parachute ['pærəʃuːt] I n paracaídas m inv. II vi **to p. (down)**, saltar or lanzarse en paracaídas.
parade [pə'reɪd] I n desfile m; Mil **to be on p.**, pasar revista. II vtr Mil hacer desfilar; fig (flaunt) hacer alarde de. III vi (troops) pasar revista; (procession) desfilar.
paradise ['pærədaɪs] n paraíso m.
paradox ['pærədɒks] n paradoja f.
paradoxical [pærə'dɒksɪkəl] adj paradójico,-a.
paraffin ['pærəfɪn] n parafina f; **liquid p.**, aceite m de parafina; **p. lamp**, lámpara f de petróleo.
paragon ['pærəgən] n modelo m.
paragraph ['pærəgrɑːf] n párrafo m.
Paraguay ['pærəgwaɪ] n Paraguay.
Paraguayan [pærə'gwaɪən] adj & n paraguayo,-a (m,f).
parallel ['pærəlel] I adj paralelo,-a (to, with, a); fig comparable (to, with, a). II n Geog paralelo m; Geom paralela f; fig paralelo. III vtr fig ser paralelo,-a a.
paralysis [pə'rælɪsɪs] n parálisis f.
paralyse, US **paralyze** ['pærəlaɪz] vtr paralizar.
parameter [pə'ræmɪtər] n parámetro m.
paramilitary [pærə'mɪlɪtərɪ] adj paramilitar.
paramount ['pærəmaʊnt] adj **of p. importance**, de suma importancia.
paranoid ['pærənɔɪd] adj & n paranoico,-a (m,f).
paraphernalia [pærəfə'neɪlɪə] n parafernalia f.
paraphrase ['pærəfreɪz] vtr parafrasear.
parasite ['pærəsaɪt] n parásito m.
parasol ['pærəsɒl] n sombrilla f.
paratrooper ['pærətruːpər] n paracaidista mf.
parcel ['pɑːsəl] I n paquete m; **p. bomb**, paquete bomba. II vtr **to p. up**, envolver, empaquetar.
parched [pɑːtʃt] adj (land) reseco,-a; (lips, mouth) seco,-a; fig **to be p.**, estar muerto,-a de sed.
parchment ['pɑːtʃmənt] n pergamino m.
pardon ['pɑːdən] I n perdón m; Jur indulto m; **I beg your p.**, (Usted) perdone; **(I beg your) p.?**, ¿cómo (dice)? II vtr perdonar; Jur indultar; **p. me!**, ¡Usted perdone!
parent ['peərənt] n **parents**, padres mpl.
parental [pə'rentəl] adj paternal; **p. guidance**, consejos mpl paternales.
parentheses [pə'renθɪsɪz] n (pl **parentheses** [pə'renθɪsiːz]) paréntesis m inv; **in p.**, entre paréntesis.
pariah [pə'raɪə] n paria mf.
Paris ['pærɪs] n París.
parish ['pærɪʃ] n parroquia f.
Parisian [pə'rɪzɪən] adj & n parisino,-a (m,f).
parity ['pærɪtɪ] n igualdad f; (of shares) paridad f.
park [pɑːk] I n parque m. II vtr (car) aparcar, AM parquear.
parking ['pɑːkɪŋ] n aparcamiento m, estacionamiento m; **'no p.'**, 'prohibido aparcar'; US **p. lot**, aparcamiento; **p. meter**, parquímetro m; **p. space**, aparcamiento.
parliament ['pɑːləmənt] n parlamento m.
parliamentary [pɑːlə'mentərɪ] adj parlamentario,-a.
parlour, US **parlor** ['pɑːlər] n salón m.
parochial [pə'rəʊkɪəl] adj parroquial; pej (narrow-minded) de miras estrechas.
parody ['pærədɪ] n parodia f.
parole [pə'rəʊl] n Jur libertad f condicional; **on p.**, en libertad bajo palabra.
parquet ['pɑːkeɪ] n **p. floor**, suelo m de parqué.
parrot ['pærət] n loro m, papagayo m.
parry ['pærɪ] vtr parar.
parsimonious [pɑːsɪ'məʊnɪəs] adj tacaño,-a.
parsley ['pɑːslɪ] n perejil m.
parsnip ['pɑːsnɪp] n chirivía f.
parson ['pɑːsən] n cura m.
part [pɑːt] I n 1 parte f; (piece) trozo m; (episode) capítulo m; Tech pieza f; **for the most p.**, en la mayor parte. 2 Cin Theat papel m; **to play a p. in sth**, desempeñar un papel en algo; **to take p. in sth**, participar en algo. 3 (place) lugar m; **in these parts**, por estos lugares. 4 **for my p.**, por mi parte; **to take sb's p.**, tomar partido por algn; **to take sth in good p.**, tomarse bien algo. II adj (partial) parcial; **in p. exchange**, como parte del pago. III adv (partly) en parte. IV vtr (separate) separar; **to p. company with sb**, separarse de algn; **to p. one's hair**, hacerse la raya (en el pelo). V vi separarse; (say goodbye) despedirse. ◆**part with** vtr separarse de. ◆**partly** adv en parte.
partial ['pɑːʃəl] adj parcial; **to be p. to sth**, ser aficionado,-a a algo.
participant [pɑː'tɪsɪpənt] n participante mf; (in competition) concursante mf.
participate [pɑː'tɪsɪpeɪt] vi participar (in, en).
participation [pɑːtɪsɪ'peɪʃən] n participación f.
participle ['pɑːtɪsɪpəl] n participio m.
particle ['pɑːtɪkəl] n partícula f.
particular [pə'tɪkjʊlər] I adj 1 (special) particular, especial; **in this p. case**, en este caso concreto; **that p. person**, esa persona en particular. 2 (fussy) exigente.

parting 483 **patent**

II *npl* **particulars,** pormenores *mpl*; **to take down sb's particulars,** anotar los datos personales de algn. ◆**particularly** *adv* particularmente, especialmente.

parting ['pɑːtɪŋ] I *n (separation)* separación *f*; *(farewell)* despedida *f*; *(in hair)* raya *f*. II *adj* de despedida.

partisan [pɑːtɪˈzæn, 'pɑːtɪzæn] I *n* Mil guerrillero,-a *m,f*; *(supporter)* partidario,-a *m,f*. II *adj (supporter)* a ultranza; *(of party)* partidista.

partition [pɑːˈtɪʃən] I *n (wall)* tabique *m*; *(of country)* partición *f*. II *vtr* dividir.

partner ['pɑːtnər] I *n* compañero,-a *m,f*; *(in dancing, tennis)* pareja *f*; *(husband)* marido *m*; *(wife)* mujer *f*; *Com* socio,-a *m,f*. II *vtr* acompañar.

partnership ['pɑːtnəʃɪp] *n (relationship)* vida *f* en común; *Com* sociedad *f*.

partridge ['pɑːtrɪdʒ] *n* perdiz pardilla.

part-time [pɑːtˈtaɪm] I *adj (work etc)* de tiempo parcial. II *adv* a tiempo parcial.

party ['pɑːtɪ] I *n* 1 *(celebration)* fiesta *f*. 2 *(group)* grupo *m*. 3 *Pol* partido *m*; **p. political broadcast,** espacio *m* electoral. 4 *Jur* parte *f*. II *adj* de fiesta; *Tel* **p. line,** línea compartida.

pass [pɑːs] I *n* 1 *(of mountain)* desfiladero *m*. 2 *(permit)* permiso *m*; **bus p.,** abono *m* de autobús. 3 *Sport* pase *m*. 4 *fam* **to make a p. at sb,** intentar ligar con algn.
II *vtr* 1 pasar; *(overtake)* adelantar. 2 *(exam, law)* aprobar; *Jur* **to p. sentence,** dictar sentencia.
III *vi* 1 pasar; *(procession)* desfilar; *(car)* adelantar; *(people)* cruzarse; *Sport* hacer un pase; **we passed on the stairs,** nos cruzamos en la escalera. 2 *(pain)* remitir; *(opportunity)* perderse; *(time)* pasar. 3 *(happen)* ocurrir, pasar. 4 *(in exam)* aprobar.

◆**pass away** *vi euph* pasar a mejor vida. ◆**pass by** I *vtr* pasar de largo. II *vi* pasar cerca (de). ◆**pass for** *vtr* pasar por. ◆**pass off** I *vtr* hacer pasar; **to p. oneself off as sth,** hacerse pasar por algo. II *vi (happen)* transcurrir. ◆**pass on** I *vtr (hand on)* transmitir. II *vi euph* pasar a mejor vida. ◆**pass out** *vi (faint)* desmayarse; *Mil* graduarse. ◆**pass over** *vtr* 1 *(aircraft)* volar por. 2 *(disregard)* pasar por alto. ◆**pass up** *vtr fam (opportunity)* renunciar; *(offer)* rechazar.

passable ['pɑːsəbəl] *adj (road)* transitable; *(acceptable)* pasable.

passage ['pæsɪdʒ] *n* 1 *(alleyway)* callejón *m*; *(hallway)* pasillo *m*. 2 *(movement)* tránsito *m*; *Naut* travesía *f*; *Mus Lit* pasaje *m*.

passageway ['pæsɪdʒweɪ] *n (interior)* pasillo *m*; *(exterior)* pasaje *m*.

passbook ['pɑːsbʊk] *n* libreta *f* de banco.

passenger ['pæsɪndʒər] *n* pasajero,-a *m,f*.

passer-by [pɑːsəˈbaɪ] *n* transeúnte *mf*.

passing ['pɑːsɪŋ] I *n* 1 *(of time)* transcurso *m*; **in p.,** de pasada. 2 *(of law)* aprobación *f*. II *adj* que pasa; *(glance)* rápido,-a; *(thought)* pasajero,-a.

passion ['pæʃən] *n* pasión *f*; **p. fruit,** granadilla *f*.

passionate ['pæʃənɪt] *adj* apasionado,-a.

passive ['pæsɪv] *adj* pasivo,-a.

Passover ['pɑːsəʊvər] *n* Pascua *f* de los judíos.

passport ['pɑːspɔːt] *n* pasaporte *m*.

password ['pɑːswɜːd] *n* contraseña *f*.

past [pɑːst] I *n* pasado *m*; **in the p.,** en el pasado; **to have a p.,** tener antecedentes. II *adj* pasado,-a; *(former)* anterior; **in the p. weeks,** en las últimas semanas. III *adv* por delante; **to run p.,** pasar corriendo. IV *prep (beyond)* más allá de; *(more than)* más de; **he's p. forty,** pasa de los cuarenta (años); **it's five p. ten,** son las diez y cinco; *fam* **to be p. it,** estar muy carroza.

pasta ['pæstə] *n* pasta *f*, pastas *fpl*.

paste [peɪst] I *n* pasta *f*; *(glue)* engrudo *m*. II *vtr (stick)* pegar; *(put paste on)* engomar.

pastel ['pæstəl] *adj & n* pastel (*m*).

pasteurized ['pæstjəraɪzd] *adj* pasteurizado,-a.

pastille ['pæstɪl] *n* pastilla *f*.

pastime ['pɑːstaɪm] *n* pasatiempo *m*.

pastor ['pɑːstər] *n* pastor *m*.

pastoral ['pɑːstərəl] *adj* pastoral.

pastry ['peɪstrɪ] *n (dough)* pasta *f*; *(cake)* pastel *m*.

pasture ['pɑːstʃər] *n* pasto *m*.

pasty¹ ['pæstɪ] *n Culin* empanada *f*, pastel *m* de carne.

pasty² ['peɪstɪ] *adj (pastier, pastiest) (complexion)* pálido,-a.

pat [pæt] I *n (caress)* caricia *f*; *(tap)* palmadita *f*; *fig* **to give sb a p. on the back,** felicitar a algn. II *vtr* acariciar; **to p. sb on the back,** dar a algn una palmadita en la espalda.

patch [pætʃ] *n (of material)* parche *m*; *(of land)* terreno *m*; *(of colour)* mancha *f*; *fig* **to go through a bad p.,** pasar por una mala racha. ◆**patch up** *vtr (garment)* poner un parche en; **to p. things up,** *(after argument)* limar asperezas.

patchwork ['pætʃwɜːk] I *n* labor *f* de retales. II *adj (quilt etc)* hecho,-a con retales distintos.

patchy ['pætʃɪ] *adj (patchier, patchiest) (colour, performance)* desigual; *(knowledge)* incompleto,-a.

pâté ['pæteɪ] *n* paté *m*.

patent¹ ['peɪtənt] I *n Com* patente *f*. II *adj (obvious)* patente, evidente; **p. medicine,** específico *m*. III *vtr Com* patentar. ◆**patently** *adv* **it is p. obvious,** está clarísimo.

patent² ['peɪtənt] *n* **p. (leather),** charol

m.

paternal [pə'tɜːnəl] *adj* paternal; *(grandmother etc)* paterno,-a.
paternity [pə'tɜːnɪtɪ] *n* paternidad *f.*
path [pɑːθ] *n* camino *m*, sendero *m*; *(route)* ruta *f*; *(of missile)* trayectoria *f.*
pathetic [pə'θetɪk] *adj (pitiful)* patético, -a; *fam (hopeless)* malísimo,-a; **she was a p. sight,** daba lástima verla.
pathological [pæθə'lɒdʒɪkəl] *adj* patológico,-a.
pathologist [pə'θɒlədʒɪst] *n* patólogo,-a *m,f.*
pathology [pə'θɒlədʒɪ] *n* patología *f.*
pathos ['peɪθɒs] *n* patetismo *m.*
pathway ['pɑːθweɪ] *n* camino *m*, sendero *m.*
patience ['peɪʃəns] *n* 1 paciencia *f*; **to lose one's p. with sb,** perder la paciencia con algn. 2 *GB Cards* solitario *m.*
patient ['peɪʃənt] I *adj* paciente; **to be p. with sb,** tener paciencia con algn. II *n Med* paciente *mf.*
patio ['pætɪəʊ] *n* patio *m.*
patriotic [pætrɪ'ɒtɪk] *adj (person)* patriota; *(speech, act)* patriótico,-a.
patrol [pə'trəʊl] I *n* patrulla *f*; **p. car,** coche *m* patrulla. II *vtr* patrullar por.
patrolman [pə'trəʊlmən] *n US* policía *m.*
patron ['peɪtrən] *n* 1 *(of charity)* patrocinador,-a *m,f*; *(of arts)* mecenas *m inv*; **p. saint,** (santo,-a *m,f*) patrón,-ona *m,f.* 2 *(customer)* cliente,-a *m,f* habitual.
patronize ['pætrənaɪz] *vtr* 1 *(arts)* fomentar; *(shop)* ser cliente,-a *m,f* habitual de; *(club etc)* frecuentar. 2 *pej (person)* tratar con condescendencia.
patronizing ['pætrənaɪzɪŋ] *adj pej* condescendiente.
patter[1] ['pætər] I *n (of rain)* repiqueteo *m*; *(of feet)* pasito *m*. II *vi (rain)* repiquetear; *(feet)* hacer ruido sordo.
patter[2] ['pætər] *n fam* labia *f*; *(of salesman)* discursillo preparado.
pattern ['pætən] *n Sew* patrón; *(design)* dibujo *m*; *(on material)* estampado *m*; *fig (of behaviour)* modelo *m.*
paunch [pɔːntʃ] *n* panza *f.*
pauper ['pɔːpər] *n* pobre *mf.*
pause [pɔːz] I *n* pausa *f*; *(silence)* silencio *m*. II *vi* hacer una pausa; *(be silent)* callarse.
pave [peɪv] *vtr* pavimentar; *(with stones)* empedrar; *fig* **to p. the way for sb/sth,** preparar el terreno para algn/algo.
pavement ['peɪvmənt] *n* acera *f*, *US (road surface)* calzada *f*, pavimento *m.*
pavilion [pə'vɪljən] *n* pabellón *m*; *GB Sport (changing rooms)* vestuarios *mpl.*
paving ['peɪvɪŋ] *n (on road)* pavimento *m*; *(on floor)* enlosado *m*; *(with stones)* empedrado *m*; **p. stone,** losa *f.*
paw [pɔː] I *n (foot)* pata *f*; *(of cat)* garra *f*; *(of lion)* zarpa *f*. II *vtr (of lion)* dar zarpazos a; *pej (of person)* manosear, sobar.
pawn[1] [pɔːn] *n Chess* peón *m*; *fig* **to be sb's p.,** ser el juguete de algn.
pawn[2] [pɔːn] *vtr* empeñar.
pawnbroker ['pɔːnbrəʊkər] *n* prestamista *mf.*
pawnshop ['pɔːnʃɒp] *n* casa *f* de empeños.
pay [peɪ] I *n (wages)* paga *f*, sueldo *m*; **p. packet,** sobre *m* de la paga; **p. rise,** aumento *m* del sueldo; **p. slip,** nómina *f*. II *vtr (pt & pp paid)* 1 pagar; **to be** or **get paid,** cobrar. 2 *(attention)* prestar; *(homage)* rendir; *(visit)* hacer; **to p. sb a compliment,** halagar a algn. 3 *(be profitable for)* compensar. III *vi* 1 pagar; **to p. for sth,** pagar (por) algo. 2 *(be profitable)* ser rentable. ◆**pay back** *vtr* reembolsar; *fig* **to p. sb back,** vengarse de algn. ◆**pay in** *vtr (money)* ingresar. ◆**pay off** I *vtr (debt)* liquidar; *(mortgage)* cancelar. II *vi (be successful)* dar resultado. ◆**pay out** *vtr (spend)* gastar (**on,** en). ◆**pay up** *vi* pagar.
payable ['peɪəbəl] *adj* pagadero,-a.
payday ['peɪdeɪ] *n* día *m* de pago.
payee [peɪ'iː] *n* portador,-a *m,f.*
payment ['peɪmənt] *n* pago *m*; *(of cheque)* cobro *m*; **advance p.,** anticipo *m*; **down p.,** entrada *f*; **monthly p.,** mensualidad *f.*
payoff ['peɪɒf] *n (reward)* recompensa *f*; *fam (bribe)* soborno *m.*
payroll ['peɪrəʊl] *n* nómina *f.*
pc *abbr of* **per cent, p.c.**; *abbr of* **personal computer, PC.**
PE [piː'iː] *abbr of* **physical education.**
pea [piː] *n* guisante *m.*
peace [piːs] *n* paz *f*; *(calm)* tranquilidad *f*; **at** or **in p.,** en paz; **p. and quiet,** tranquilidad; **to make p.,** hacer las paces; *(of countries)* firmar la paz.
peaceable ['piːsəbəl] *adj* pacífico,-a.
peaceful ['piːsfʊl] *adj (demonstration)* pacífico,-a; *(place)* tranquilo,-a.
peace-keeping ['piːskiːpɪŋ] *adj* pacificador,-a; **p.-k. forces,** fuerzas *fpl* de pacificación.
peach [piːtʃ] *n* melocotón *m.*
peacock ['piːkɒk] *n* pavo *m* real.
peak [piːk] *n (of cap)* visera *f*; *(of mountain)* pico *m*; *(summit)* cima *f*; *fig* cumbre *f*; **p. hours,** horas *fpl* punta; **p. period,** horas *fpl* de mayor consumo; **p. season,** temporada alta.
peal [piːl] *n (of bells)* repique *m*; **p. of thunder,** trueno *m*; **peals of laughter,** carcajadas *fpl.*
peanut ['piːnʌt] *n* cacahuete *m*; **p. butter,** mantequilla *f* or manteca *f* de cacahuete.
pear [peər] *n* pera *f.*
pearl [pɜːl] *n* perla *f.*
peasant ['pezənt] *adj & n* campesino,-a (*m,f*).
peat [piːt] *n* turba *f*; **p. bog,** turbera *f.*

pebble ['pebəl] *n* guijarro *m*; *(small)* china *f*.

pecan [pɪ'kæn] *n (nut)* pacana *f*.

peck [pek] **I** *n (of bird)* picotazo *m*; *fam (kiss)* besito *m*. **II** *vtr (bird)* picotear; *fam (kiss)* dar un besito a. **III** *vi* to p. at one's food, picar la comida.

pecking order ['pekɪŋɔːdər] *n fig* jerarquía *f*.

peckish ['pekɪʃ] *adj fam* to feel p., empezar a tener hambre.

peculiar [pɪ'kjuːlɪər] *adj (odd)* extraño,-a; *(particular)* característico,-a.

peculiarity [pɪkjuːlɪ'ærɪtɪ] *n (oddity)* rareza *f*; *(characteristic)* característica *f*, peculiaridad *f*.

pedal ['pedəl] **I** *n* pedal *m*. **II** *vi* pedalear.

pedantic [pɪ'dæntɪk] *adj* pedante.

peddle ['pedəl] *vtr & vi Com* vender de puerta en puerta; **to p. drugs**, traficar con drogas.

peddler ['pedlər] *n (of drugs)* traficante *mf*; *US* → **pedlar**.

pedestal ['pedɪstəl] *n* pedestal *m*; *fig* **to put sb on a p.**, poner a algn sobre un pedestal.

pedestrian [pɪ'destrɪən] **I** *n* peatón,-ona *m,f*; **p. crossing**, paso *m* de peatones. **II** *adj pej* prosaico,-a.

pediatrician [piːdɪə'trɪʃən] *n US* → **paediatrician**.

pedigree ['pedɪgriː] **I** *n* linaje *m*; *(family tree)* árbol genealógico; *(of animal)* pedigrí *m*. **II** *adj (animal)* de raza.

pedlar ['pedlər] *n* vendedor,-a *m,f* ambulante.

pee [piː] *fam* **I** *n* pis *m*. **II** *vi* hacer pis.

peek [piːk] **I** *n* ojeada *f*. **II** *vi* **to p. at sth**, mirar algo a hurtadillas.

peel [piːl] **I** *n* piel *f*; *(of orange, lemon)* cáscara *f*. **II** *vtr (fruit)* pelar. **III** *vi (paint)* desconcharse; *(wallpaper)* despegarse; *(skin)* pelarse.

peeler ['piːlər] *n* potato p., pelapatatas *m inv*.

peelings ['piːlɪŋz] *npl* peladuras *fpl*, mondaduras *fpl*.

peep[1] [piːp] *n (sound)* pío *m*.

peep[2] [piːp] **I** *n (glance)* ojeada *f*; *(furtive look)* mirada furtiva. **II** *vi* **to p. at sth**, echar una ojeada a algo; **to p. out from behind sth**, dejarse ver detrás de algo.

peephole ['piːphəʊl] *n* mirilla *f*.

peer[1] [pɪər] *n (noble)* par *m*; *(equal)* igual *mf*; **p. group**, grupo parejo.

peer[2] [pɪər] *vi* mirar detenidamente; *(shortsightedly)* mirar con ojos de miope.

peerage ['pɪərɪdʒ] *n* título *m* de nobleza.

peeved [piːvd] *adj fam* fastidiado,-a, de mal humor.

peevish ['piːvɪʃ] *adj* malhumorado,-a.

peg [peg] **I** *n* clavija *f*; *(for coat, hat)* percha *f*. **II** *vtr (clothes)* tender; *(prices)* fijar.

pejorative [pɪ'dʒɒrətɪv] *adj* peyorativo,-a.

Pekinese [piːkə'niːz] *adj & n* pequinés, -esa *(m,f)*.

Peking [piː'kɪŋ] *n* Pekín.

pelican ['pelɪkən] *n* pelícano *m*; *GB* **p. crossing**, paso *m* de peatones.

pellet ['pelɪt] *n* bolita *f*; *(for gun)* perdigón *m*.

pelt[1] [pelt] *n (skin)* pellejo *m*.

pelt[2] [pelt] **I** *vtr* **to p. sb with sth**, tirar algo a algn. **II** *vi fam* **1 it's pelting (down)**, *(raining)* llueve a cántaros. **2 to p. along**, *(rush)* correr a toda prisa.

pelvis ['pelvɪs] *n* pelvis *f*.

pen[1] [pen] **I** *n* pluma *f*. **II** *vtr* escribir.

pen[2] [pen] **I** *n (enclosure)* corral *m*; *(for sheep)* redil *m*; *(for children)* corralito *m*. **II** *vtr* **to p. in**, acorralar.

penal ['piːnəl] *adj* penal.

penalize ['piːnəlaɪz] *vtr* castigar; *Sport* penalizar.

penalty ['penəltɪ] *n (punishment)* pena *f*; *Sport* castigo; *Ftb* penalti *m*; **to pay the p. for sth**, cargar con las consecuencias de algo; **p. area**, área *f* de castigo.

penance ['penəns] *n* penitencia *f*.

pence [pens] *npl* → **penny**.

pencil ['pensəl] *n* lápiz *m*; **p. case**, estuche *m* de lápices; **p. sharpener**, sacapuntas *m inv*.

pendant ['pendənt] *n* colgante *m*.

pending ['pendɪŋ] **I** *adj* pendiente. **II** *prep (while)* mientras; **p. a decision**, *(until)* hasta que se tome una decisión.

pendulum ['pendjʊləm] *n* péndulo *m*.

penetrate ['penɪtreɪt] **I** *vtr* penetrar; *fig* adentrarse en. **II** *vi* atravesar; *(get inside)* penetrar.

penetrating ['penɪtreɪtɪŋ] *adj (look)* penetrante; *(mind)* perspicaz; *(sound)* agudo, -a.

penfriend ['penfrend] *n* amigo,-a *m,f* por carta.

penguin ['peŋgwɪn] *n* pingüino *m*.

penicillin [penɪ'sɪlɪn] *n* penicilina *f*.

peninsula [pɪ'nɪnsjʊlə] *n* península *f*.

penis ['piːnɪs] *n* pene *m*.

penitent ['penɪtənt] *adj Rel* penitente; *(repentant)* arrepentido,-a.

penitentiary [penɪ'tenʃərɪ] *n US* cárcel *f*, penal *m*.

penknife ['pennaɪf] *n* navaja *f*, cortaplumas *m inv*.

penniless ['penɪlɪs] *adj* sin dinero.

penny ['penɪ] *n (pl* **pennies**, **pence** [pens]*)* penique *m*.

penpal ['penpæl] *n US* → **penfriend**.

pension ['penʃən] *n* pensión *f*; **retirement p.**, jubilación *f*.

pensioner ['penʃənər] *n* jubilado,-a *m,f*.

pensive ['pensɪv] *adj* pensativo,-a.

pentagon ['pentəgɒn] *n US Pol* **the P.**, el Pentágono.

Pentecost ['pentɪkɒst] *n* Pentecostés *m*.

penthouse ['penthaʊs] *n* ático *m*.
pent-up ['pentʌp] *adj* reprimido,-a.
penultimate [pɪ'nʌltɪmɪt] *adj* penúltimo,-a.
people ['piːpəl] *npl* **1** gente *f sing*; *(individuals)* personas *fpl*; **many p.**, mucha gente; **old p.'s home**, asilo *m* de ancianos; **p. say that ...**, se dice que ...; **some p.**, algunas personas. **2** *(citizens)* ciudadanos *mpl*; *(inhabitants)* habitantes *mpl*; **the p.**, el pueblo. **3** *(nation)* pueblo *m*, nación *f*.
pep [pep] *n fam* ánimo *m*, energía *f*; **p. talk**, discurso *m* enardecedor. ◆**pep up** *vtr fam* animar.
pepper ['pepər] **I** *n (spice)* pimienta *f*; *(fruit)* pimiento *m*; **black p.**, pimienta negra; **p. pot**, pimentero *m*; **red/green p.**, pimiento rojo/verde; **p. mill**, molinillo *m* de pimienta. **II** *vtr fig* **peppered with**, salpicado,-a de.
peppermint ['pepəmɪnt] *n* menta *f*; *(sweet)* pastilla *f* de menta.
per [pɜːr] *prep* por; **5 times p. week**, 5 veces a la semana; **p. cent**, por ciento; **p. day/annum**, al *or* por día/año; **p. capita**, per cápita.
perceive [pə'siːv] *vtr (see)* percibir.
percentage [pə'sentɪdʒ] *n* porcentaje *m*.
perceptible [pə'septəbəl] *adj (visible)* perceptible; *(sound)* audible; *(improvement)* sensible.
perception [pə'sepʃən] *n* percepción *f*.
perceptive [pə'septɪv] *adj* perspicaz.
perch[1] [pɜːtʃ] *n (fish)* perca *f*.
perch[2] [pɜːtʃ] **I** *n (for bird)* percha *f*. **II** *vi (bird)* posarse (**on**, en).
percolate ['pɜːkəleɪt] **I** *vtr* filtrar; **percolated coffee**, café *m* filtro. **II** *vi* filtrarse.
percolator ['pɜːkəleɪtər] *n* cafetera *f* de filtro.
percussion [pə'kʌʃən] *n* percusión *f*.
perennial [pə'renɪəl] *adj Bot* perenne.
perfect ['pɜːfɪkt] **I** *adj* perfecto,-a; **he's a p. stranger to us**, nos es totalmente desconocido; **p. tense**, tiempo perfecto. **II** [pə'fekt] *vtr* perfeccionar. ◆**perfectly** *adv* perfectamente; *(absolutely)* completamente.
perfection [pə'fekʃən] *n* perfección *f*.
perforate ['pɜːfəreɪt] *vtr* perforar.
perforation [pɜːfə'reɪʃən] *n* perforación *f*; *(on stamps etc)* perforado *m*.
perform [pə'fɔːm] **I** *vtr (task)* ejecutar, realizar; *(piece of music)* interpretar; *Theat* representar. **II** *vi (machine)* funcionar; *Mus* interpretar; *Theat* actuar.
performance [pə'fɔːməns] *n (of task)* ejecución *f*, realización *f*; *Mus* interpretación *f*; *Theat* representación *f*; *Sport* actuación *f*; *(of machine etc)* rendimiento *m*.
performer [pə'fɔːmər] *n Mus* intérprete *mf*; *Theat* actor *m*, actriz *f*.

perfume ['pɜːfjuːm] *n* perfume *m*.
perfunctory [pə'fʌŋktərɪ] *adj* superficial.
perhaps [pə'hæps, præps] *adv* tal vez, quizá(s).
peril ['perɪl] *n (risk)* riesgo *m*; *(danger)* peligro *m*.
perilous ['perɪləs] *adj (risky)* arriesgado, -a; *(dangerous)* peligroso,-a. ◆**perilously** *adv* peligrosamente.
perimeter [pə'rɪmɪtər] *n* perímetro *m*.
period ['pɪərɪəd] **I** *n* **1** período *m*; *(stage)* etapa *f*. **2** *Educ* clase *f*. **3** *(full stop)* punto *m*. **4** *(menstruation)* regla *f*. **II** *adj (dress, furniture)* de época.
periodic [pɪərɪ'ɒdɪk] *adj* periódico,-a. ◆**periodically** *adv* de vez en cuando.
periodical [pɪərɪ'ɒdɪkəl] **I** *adj* periódico, -a. **II** *n* revista *f*.
peripheral [pə'rɪfərəl] **I** *adj* periférico,-a. **II** *n Comput* unidad periférica.
perish ['perɪʃ] *vi* perecer; *(material)* echarse a perder.
perishable ['perɪʃəbəl] *adj* perecedero,-a.
perjury ['pɜːdʒərɪ] *n* perjurio *m*.
perk [pɜːk] *n fam* extra *m*. ◆**perk up** *vi (person)* animarse; *(after illness)* reponerse.
perky ['pɜːkɪ] *adj* **(perkier, perkiest)** animado,-a, alegre.
perm [pɜːm] **I** *n* permanente *f*. **II** *vtr* **to have one's hair permed**, hacerse la permanente.
permanent ['pɜːmənənt] *adj* permanente; *(address, job)* fijo,-a.
permeate ['pɜːmɪeɪt] *vtr & vi* penetrar; *fig* extenderse por.
permissible [pə'mɪsəbəl] *adj* admisible.
permission [pə'mɪʃən] *n* permiso *m*.
permissive [pə'mɪsɪv] *adj* permisivo,-a.
permit ['pɜːmɪt] **I** *n* permiso *m*; *Com* licencia *f*. **II** [pə'mɪt] *vtr* **to p. sb to do sth**, permitir a algn hacer algo.
pernicious [pə'nɪʃəs] *adj* pernicioso,-a.
perpendicular [pɜːpən'dɪkjʊlər] **I** *adj* perpendicular; *(cliff)* vertical. **II** *n* perpendicular *f*.
perpetrate ['pɜːpɪtreɪt] *vtr* cometer.
perpetual [pə'petʃʊəl] *adj (noise)* continuo,-a; *(arguing)* interminable; *(snow)* perpetuo,-a.
perplex [pə'pleks] *vtr* dejar perplejo,-a.
perplexing [pə'pleksɪŋ] *adj* desconcertante.
persecute ['pɜːsɪkjuːt] *vtr* perseguir; *(harass)* acosar.
persecution [pɜːsɪ'kjuːʃən] *n* persecución *f*; *(harassment)* acoso *m*.
perseverance [pɜːsɪ'vɪərəns] *n* perseverancia *f*.
persevere [pɜːsɪ'vɪər] *vi* perseverar.
Persian ['pɜːʃən] *adj* persa; **P. Gulf**, golfo Pérsico.
persist [pə'sɪst] *vi* empeñarse (**in**, en).
persistence [pə'sɪstəns] *n* empeño *m*.

persistent |pə'sɪstənt| *adj (person)* perseverante; *(smell etc)* persistente; *(continual)* constante.

person |'pɜːsən| *n (pl* **people** |'piːpəl|*)* persona *f*; *(individual)* individuo *m*; **in p.**, en persona.

personable |'pɜːsənəbəl| *adj (handsome)* bien parecido,-a; *(pleasant)* amable.

personal |'pɜːsənəl| **1** *adj (private)* personal; *(friend)* íntimo,-a. **p. computer**, ordenador *m* personal; **p. column**, anuncios *mpl* personales; **p. pronoun**, pronombre *m* personal. **2** *(in person)* en persona; **he will make a p. appearance**, estará aquí en persona. **3** *pej (comment etc)* indiscreto,-a. ◆**personally** *adv (for my part)* personalmente; *(in person)* en persona.

personality |pɜːsə'nælɪtɪ| *n* personalidad *f*.

personify |pɜː'sɒnɪfaɪ| *vtr* personificar, encarnar.

personnel |pɜːsə'nel| *n* personal *m*.

perspective |pə'spektɪv| *n* perspectiva *f*.

Perspex® |'pɜːspeks| *n* plexiglás® *m*.

perspiration |pɜːspə'reɪʃən| *n* transpiración *f*.

perspire |pə'spaɪər| *vi* transpirar.

persuade |pə'sweɪd| *vtr* persuadir; **to p. sb to do sth**, persuadir a algn para que haga algo.

persuasion |pə'sweɪʒən| *n* persuasión *f*; *(opinion, belief)* credo *m*.

persuasive |pə'sweɪsɪv| *adj* persuasivo,-a.

pert |pɜːt| *adj* pizpireta, coqueto,-a.

pertain |pə'teɪn| *vi* estar relacionado,-a (**to**, con).

pertinent |'pɜːtɪnənt| *adj (relevant)* pertinente; **p. to**, relacionado,-a con, a propósito de.

perturbing |pə'tɜːbɪŋ| *adj* inquietante.

Peru |pə'ruː| *n* Perú.

peruse |pə'ruːz| *vtr fml* leer.

Peruvian |pə'ruːvɪən| *adj & n* peruano,-a *(m,f)*.

pervade |pɜː'veɪd| *vtr (of smell)* penetrar. *(of light)* difundirse por; *fig (of influence)* extenderse por.

pervasive |pɜː'veɪsɪv| *adj (smell)* penetrante; *(influence)* extendido,-a.

perverse |pə'vɜːs| *adj (wicked)* perverso,-a; *(contrary)* contrario,-a a todo.

perversion |pə'vɜːʃən| *n Med Psych* perversión *f*; *(of justice, truth)* desvirtuación *f*.

pervert |'pɜːvɜːt| **I** *n Med* pervertido,-a *m,f* (sexual). **II** |pə'vɜːt| *vtr* pervertir; *(justice, truth)* desvirtuar.

pessimist |'pesɪmɪst| *n* pesimista *mf*.

pessimistic |pesɪ'mɪstɪk| *adj* pesimista.

pest |pest| *n* **1** *Zool* animal nocivo; *Bot* planta nociva. **2** *fam (person)* pelma *mf*; *(thing)* lata *f*.

pester |'pestər| *vtr* molestar, fastidiar.

pet |pet| **I** *n* **1** animal doméstico. **2** *(favourite)* preferido,-a *m,f*; *fam* cariño *m*. **II** *adj (favourite)* preferido,-a. **III** *vtr* acariciar. **IV** *vi (sexually)* besuquearse.

petal |'petəl| *n* pétalo *m*.

peter |'piːtər| *vi* **to p. out**, agotarse.

petite |pə'tiːt| *adj* menuda, chiquita.

petition |pɪ'tɪʃən| *n* petición *f*.

petrify |'petrɪfaɪ| *vtr lit* petrificar; *fig* **they were petrified**, se quedaron de piedra.

petrol |'petrəl| *n* gasolina *f*; **p. can**, bidón *m* de gasolina; **p. pump**, surtidor *m* de gasolina; **p. station**, gasolinera *f*; **p. tank**, depósito *m* de gasolina.

petroleum |pə'trəʊlɪəm| *n* petróleo *m*.

petticoat |'petɪkəʊt| *n* enaguas *fpl*.

petty |'petɪ| *adj (pettier, pettiest) (trivial)* insignificante; *(small-minded)* mezquino,-a; **p. cash**, dinero *m* para gastos pequeños; *Naut* **p. officer**, sargento *m* de marina.

petulant |'petjʊlənt| *adj* malhumorado,-a.

pew |pjuː| *n* banco *m* de iglesia; *fam* **take a p.!**, ¡siéntate!

pewter |'pjuːtər| *n* peltre *m*.

phantom |'fæntəm| *adj & n* fantasma *(m)*.

pharmaceutical |fɑːmə'sjuːtɪkəl| *adj* farmacéutico,-a.

pharmacist |'fɑːməsɪst| *n* farmacéutico,-a *m,f*.

pharmacy |'fɑːməsɪ| *n* farmacia *f*.

phase |feɪz| **I** *n* fase *f*. **II** *vtr* **to p. sth in/out**, introducir/retirar algo progresivamente.

PhD |piːeɪtʃ'diː| *abbr of* **Doctor of Philosophy**, Doctor,-a *m,f* en Filosofía.

pheasant |'fezənt| *n* faisán *m* (vulgar).

phenomenal |fɪ'nɒmɪnəl| *adj* fenomenal.

phenomenon |fɪ'nɒmɪnən| *n (pl* **phenomena** |fɪ'nɒmɪnə|*)* fenómeno *m*.

phial |faɪəl| *n* frasco *m*.

philanthropist |fɪ'lænθrəpɪst| *n* filántropo,-a *m,f*.

philately |fɪ'lætəlɪ| *n* filatelia *f*.

Philippines |'fɪlɪpiːnz| *n* **the P.**, las (Islas) Filipinas.

philosopher |fɪ'lɒsəfər| *n* filósofo,-a *m,f*.

philosophical |fɪlə'sɒfɪkəl| *adj* filosófico,-a.

philosophy |fɪ'lɒsəfɪ| *n* filosofía *f*.

phlegm |flem| *n* flema *f*.

phlegmatic |fleg'mætɪk| *adj* flemático,-a.

phobia |'fəʊbɪə| *n* fobia *f*.

phone |fəʊn| *n* → **telephone**.

phone-in |'fəʊnɪn| *n fam* programa *m* de radio *or* televisión con línea telefónica abierta.

phonetic |fə'netɪk| **I** *adj* fonético,-a. **II** *n* **phonetics**, fonética *f sing*.

phoney |'fəʊnɪ| **I** *adj (phonier, phoniest) (thing)* falso,-a; *(person)* farsante. **II** *n (person)* farsante *mf*.

phonograph |'fəʊnəɡrɑːf| *n US* toca-

discos *m inv*.
phosphate ['fɒsfeɪt] *n* fosfato *m*.
photo ['fəʊtəʊ] *n* (*abbr of* **photograph**) foto *f*.
photocopier ['fəʊtəʊkɒpɪəʳ] *n* fotocopiadora *f*.
photocopy ['fəʊtəʊkɒpɪ] **I** *n* fotocopia *f*. **II** *vtr* fotocopiar.
photogenic [fəʊtəʊ'dʒenɪk] *adj* fotogénico,-a.
photograph ['fəʊtəgræf, 'fəʊtəgrɑ:f] **I** *n* fotografía *f*; **black and white/colour p.**, fotografía en blanco y negro/en color. **II** *vtr* fotografiar.
photographer [fə'tɒgrəfəʳ] *n* fotógrafo,-a *m,f*.
photography [fə'tɒgrəfɪ] *n* fotografía *f*.
phrase [freɪz] **I** *n* frase *f*; **p. book**, libro *m* de frases. **II** *vtr* expresar.
physical ['fɪzɪkəl] *adj* físico,-a; **p. education**, educación física. ◆**physically** *adv* físicamente; **p. handicapped**, minusválido,-a; **to be p. fit**, estar en forma.
physician [fɪ'zɪʃən] *n* médico,-a *m,f*.
physicist ['fɪzɪsɪst] *n* físico,-a *m,f*.
physics ['fɪzɪks] *n* física *f*.
physiological [fɪzɪə'lɒdʒɪkəl] *adj* fisiológico,-a.
physiotherapist [fɪzɪəʊ'θerəpɪst] *n* fisioterapeuta *mf*.
physique [fɪ'zi:k] *n* físico *m*.
pianist ['pɪənɪst] *n* pianista *mf*.
piano [pɪ'ænəʊ] *n* piano *m*.
piccolo ['pɪkələʊ] *n* flautín *m*.
pick [pɪk] **I** *n* **1** (*tool*) pico *m*, piqueta *f*. **2 take your p.**, (*choice*) elige el que quieras. **II** *vtr* **1** (*choose*) escoger; (*team*) seleccionar. **2** (*flowers, fruit*) coger, recoger. **3** (*scratch*) hurgar; **to p. one's nose**, hurgarse la nariz; **to p. one's teeth**, mondarse los dientes. **4 to p. sb's pocket**, robar algo del bolsillo de algn. **5** (*lock*) forzar. **III** *vi* **to p. at one's food**, comer sin ganas. ◆**pick off** *vtr* **1** (*remove*) quitar. **2** (*shoot*) matar uno a uno. ◆**pick on** *vtr* (*persecute*) meterse con. ◆**pick out** *vtr* (*choose*) elegir; (*distinguish*) distinguir; (*identify*) identificar. ◆**pick up I** *vtr* **1** (*object on floor*) recoger; (*telephone*) descolgar; **to p. oneself up**, levantarse; *fig* reponerse. **2** (*collect*) recoger; (*shopping, person*) buscar; **to p. up speed**, ganar velocidad. **3** (*acquire*) conseguir; (*learn*) aprender. **II** *vi* (*improve*) mejorarse, ir mejorando; (*prices*) subir.
pickaxe, *US* **pickax** ['pɪkæks] *n* piqueta *f*.
picket ['pɪkɪt] **I** *n* piquete *m*; **p. line**, piquete *m*. **II** *vtr* piquetear. **III** *vi* hacer piquete.
pickle ['pɪkəl] **I** *n* **1** *Culin* salsa *f* picante. **2** *fam* (*mess*) lío *m*, apuro *m*. **II** *vtr* *Culin* conservar en adobo *or* escabeche; **pickled onions**, cebollas *fpl* en vinagre.
pickpocket ['pɪkpɒkɪt] *n* carterista *mf*.
pick-up ['pɪkʌp] *n* **p.-up (arm)**, (*on record player*) brazo *m*; **p.-up (truck)**, furgoneta *f*.
picnic ['pɪknɪk] **I** *n* comida *f* de campo, picnic *m*. **II** *vi* hacer una comida de campo.
pictorial [pɪk'tɔ:rɪəl] *adj* ilustrado,- a.
picture ['pɪktʃəʳ] **I** *n* **1** (*painting*) cuadro *m*; (*drawing*) dibujo *m*; (*portrait*) retrato *m*; (*photo*) foto *f*; (*illustration*) ilustración *f*; **p. book**, libro ilustrado; **p. postcard**, tarjeta *f* postal. **2** *TV* imagen *m*; *Cin* película *f*; **to go to the pictures**, ir al cine. **II** *vtr* (*imagine*) imaginarse.
picturesque [pɪktʃə'resk] *adj* pintoresco,-ca.
pie [paɪ] *n* (*of fruit*) tarta *f*, pastel *m*; (*of meat etc*) pastel *m*, empanada *f*; (*pasty*) empanadilla *f*.
piece [pi:s] *n* **1** (*of food*) pedazo *m*, trozo *m*; (*of paper*) trozo; (*part*) pieza *f*; **a p. of advice**, un consejo; **a p. of furniture**, un mueble; **a p. of land**, una parcela; **a p. of news**, una noticia; **to break sth into pieces**, hacer algo pedazos; *fig* **to go to pieces**, perder el control (de sí mismo). **2** *Lit Mus* obra *f*, pieza *f*. **3** (*coin*) moneda *f*. **4** (*in chess*) pieza *f*; (*in draughts*) ficha *f*. ◆**piece together** *vtr* (*facts*) reconstruir; (*jigsaw*) hacer.
piecemeal ['pi:smi:l] *adv* (*by degrees*) poco a poco, a etapas; (*unsystematically*) desordenadamente.
piecework ['pi:sw3:k] *n* trabajo *m* a destajo; **to be on p.**, trabajar a destajo.
pier [pɪəʳ] *n* embarcadero *m*, muelle *m*; (*promenade*) paseo *m* de madera que entra en el mar.
pierce [pɪəs] *vtr* perforar; (*penetrate*) penetrar en.
piercing ['pɪəsɪŋ] *adj* (*sound etc*) penetrante.
piety ['paɪɪtɪ] *n* piedad *f*.
pig [pɪg] *n* cerdo *m*; *fam* (*person*) cochino *m*; (*glutton*) tragón,-ona *m,f*; *sl offens* (*policeman*) madero *m*.
pigeon ['pɪdʒɪn] *n* paloma *f*; *Culin Sport* pichón *m*.
pigeonhole ['pɪdʒɪnhəʊl] *n* casilla *f*.
piggy ['pɪgɪ] *n* **p. bank**, hucha *f* en forma de cerdito.
pigheaded [pɪg'hedɪd] *adj* terco,-a, cabezota.
piglet ['pɪglɪt] *n* cerdito *m*, lechón *m*.
pigment ['pɪgmənt] *n* pigmento *m*.
pigskin ['pɪgskɪn] *n* piel *f* de cerdo.
pigsty ['pɪgstaɪ] *n* pocilga *f*.
pigtail ['pɪgteɪl] *n* trenza *f*; (*bullfighter's*) coleta *f*.
pike [paɪk] *n* (*fish*) lucio *m*.
pilchard ['pɪltʃəd] *n* sardina *f*.

pile¹ [paɪl] I *n* montón *m*. II *vtr* amontonar. III *vi* to p. into, apiñarse en; to p. on/off a bus, subir a/bajar de un autobús en tropel. ◆**pile up** I *vtr* (things) amontonar; (riches, debts) acumular. II *vi* amontonarse.

pile² [paɪl] *n* (on carpet) pelo *m*; thick p., pelo largo.

piles [paɪlz] *npl Med* almorranas *fpl*, hemorroides *fpl*.

pile-up ['paɪlʌp] *n Aut* choque *m* en cadena.

pilfer ['pɪlfər] *vtr & vi* hurtar.

pilgrim ['pɪlgrɪm] *n* peregrino,-a *m,f*.

pilgrimage ['pɪlgrɪmɪdʒ] *n* peregrinación *f*.

pill [pɪl] *n* píldora *f*, pastilla *f*; to be on the p., estar tomando la píldora (anticonceptiva).

pillage ['pɪlɪdʒ] *vtr & vi* pillar, saquear.

pillar ['pɪlər] *n* pilar *m*, columna *f*; *GB* p. box, buzón *m*.

pillion ['pɪljən] *n* asiento trasero (de una moto).

pillow ['pɪləʊ] *n* almohada *f*.

pillowcase ['pɪləʊkeɪs] *n* funda *f* de almohada.

pilot ['paɪlət] I *n* piloto *m*. II *adj* (trial) piloto *inv*; p. light, piloto *m*; p. scheme, proyecto piloto. III *vtr* pilotar.

pimp [pɪmp] *n* chulo *m*.

pimple ['pɪmpəl] *n* grano *m*, espinilla *f*.

pin [pɪn] I *n* alfiler *m*; *Tech* clavija *f*; (wooden) espiga *f*; (in plug) polo *m*; *Bowling* bolo *m*; *US* (brooch) broche *m*; pins and needles, hormigueo *m*. II *vtr* (on board) clavar con chinchetas; (garment etc) sujetar con alfileres; to p. sb against a wall, tener a algn contra una pared; *fig* to p. one's hopes on sth, poner sus esperanzas en algo; *fam* to p. a crime on sb, endosar un delito a algn. ◆**pin down** *vtr fig* to p. sb down, hacer que algn se comprometa.

pinafore ['pɪnəfɔːr] *n* (apron) delantal *m*; p. dress, pichi *m*.

pinball ['pɪnbɔːl] *n* flipper *m*, máquina *f* de petacos.

pincers ['pɪnsəz] *npl* (on crab) pinzas *fpl*; (tool) tenazas *fpl*.

pinch [pɪntʃ] I *n* (nip) pellizco *m*; *fig* at a p., en caso de apuro; a p. of salt, una pizca de sal. II *vtr* pellizcar; *fam* (steal) birlar. III *vi* (shoes) apretar.

pincushion ['pɪnkʊʃən] *n* acerico *m*.

pine¹ [paɪn] *n* (tree) pino *m*; p. cone, piña *f*.

pine² [paɪn] *vi* to p. (away), consumirse, morirse de pena; to p. for sth/sb, añorar algo/a algn.

pineapple ['paɪnæpəl] *n* piña *f*.

ping [pɪŋ] *n* sonido metálico; (of bullet) silbido *m*.

ping-pong ['pɪŋpɒŋ] *n* ping-pong *m*.

pink [pɪŋk] I *n* (colour) rosa *m*; *Bot* clavel *m*. II *adj* (colour) rosa *inv*; *Pol fam* rojillo,-a.

pinnacle ['pɪnəkəl] *n* (of building) pináculo *m*; (of mountain) cima *f*, pico *m*; *fig* (of success) cumbre *f*.

pinpoint ['pɪnpɔɪnt] *vtr* señalar.

pinstripe ['pɪnstraɪp] *adj* a rayas.

pint [paɪnt] *n* pinta *f*; *GB fam* a p. (of beer), una pinta (de cerveza).

pioneer [paɪə'nɪər] I *n* (settler) pionero,-a *m,f*; (forerunner) precursor,-a *m,f*. II *vtr* ser pionero,-a en.

pious ['paɪəs] *adj* piadoso,-a, devoto,-a; *pej* beato,-a.

pip¹ [pɪp] *n* (seed) pepita *f*.

pip² [pɪp] *n* (sound) señal *f* (corta); (on dice) punto *m*.

pipe [paɪp] I *n* 1 conducto *m*, tubería *f*; (of organ) caramillo *m*; *fam* the pipes, (bagpipes) la gaita. 2 (for smoking) pipa *f*; p. cleaner, limpiapipas *m inv*; *fig* p. dream, sueño *m* imposible. II *vtr* (water) llevar por tubería; (oil) transportar por oleoducto; piped music, hilo *m* musical. ◆**pipe down** *vi fam* callarse. ◆**pipe up** *vi fam* hacerse oír.

pipeline ['paɪplaɪn] *n* tubería *f*, cañería *f*; (for gas) gasoducto *m*; (for oil) oleoducto *m*.

piper ['paɪpər] *n* gaitero,-a *m,f*.

piping ['paɪpɪŋ] I *n* (for water, gas etc) tubería *f*, cañería *f*. II *adj* p. hot, bien caliente.

piquant ['piːkənt] *adj* picante; *(fig)* intrigante.

pique [piːk] I *n* enojo *m*. II *vtr* herir.

pirate ['paɪrɪt] *n* pirata *m*; p. edition, edición pirata; p. radio, emisora pirata; p. ship, barco *m* pirata.

pirouette [pɪru'et] I *n* pirueta *f*. II *vi* hacer piruetas.

Pisces ['paɪsiːz] *n* Piscis *m*.

piss [pɪs] *sl* I *vi* mear. II *n* meada *f*.

pissed [pɪst] *adj GB sl* (drunk) borracho,-a.

pistachio [pɪs'tɑːʃɪəʊ] *n* (nut) pistacho *m*.

pistol ['pɪstəl] *n* pistola *f*.

piston ['pɪstən] *n* pistón *m*.

pit [pɪt] I *n* hoyo *m*; (large) hoya *f*; (coal mine) mina *f* de carbón; *Theat* platea *f*; (in motor racing) foso *m*, box *m*. II *vtr* to p. one's wits against sb, medirse con algn.

pitch¹ [pɪtʃ] I *vtr* 1 *Mus* (sound) entonar. 2 (throw) lanzar, arrojar. 3 (tent) armar. II *vi* (ship) cabecear; to p. forward, caerse hacia adelante. III *n* 1 *Mus* (of sound) tono *m* 2 *Sport* campo *m*, cancha *f*. 3 (in market etc) puesto *m*. 4 (throw) lanzamiento *m*.

pitch² [pɪtʃ] *n* (tar) brea *f*, pez *f*.

pitch-black [pɪtʃ'blæk], **pitch-dark** [pɪtʃ'dɑːk] *adj* negro,-a como la boca del

lobo.
pitched [pɪtʃt] *adj* **p. battle**, batalla *f* campal.
pitcher ['pɪtʃər] *n* (*container*) cántaro *m*, jarro *m*.
pitchfork ['pɪtʃfɔːk] *n* horca *f*.
piteous ['pɪtɪəs] *adj* lastimoso,-a.
pitfall ['pɪtfɔːl] *n* dificultad *f*, obstáculo *m*.
pith [pɪθ] *n* (*of orange*) piel blanca; *fig* meollo *m*.
pithy ['pɪθɪ] *adj* (*pithier, pithiest*) *fig* contundente.
pitiful ['pɪtɪfʊl] *adj* (*producing pity*) lastimoso,-a, (*terrible*) lamentable.
pitiless ['pɪtɪlɪs] *adj* despiadado,-a, implacable.
pittance ['pɪtəns] *n* miseria *f*.
pity ['pɪtɪ] I *n* 1 (*compassion*) compasión *f*, piedad *f*; **to take p. on sb**, compadecerse de algn. 2 (*shame*) lástima *f*, pena *f*; **what a p.!**, ¡qué pena!, ¡qué lástima! II *vtr* compadecerse de; **I p. them**, me dan pena.
pivot ['pɪvət] I *n* pivote *m*. II *vi* girar sobre su eje.
pizza ['piːtsə] *n* pizza *f*; **p. parlour**, pizzería *f*.
placard ['plækɑːd] *n* pancarta *f*.
placate [plə'keɪt] *vtr* aplacar, apaciguar.
place [pleɪs] I *n* 1 sitio *m*, lugar *m*; **to be in/out of p.**, estar en/fuera de su sitio; **to take p.**, tener lugar. 2 (*seat*) sitio *m*; (*on bus*) asiento *m*; (*at university*) plaza *m*; **to change places with sb**, intercambiar el sitio con algn; **to feel out of p.**, encontrarse fuera de lugar; **to fill s.b's p.**, sustituir a algn. 3 (*position on scale*) posición *f*; (*social position*) rango *m*; **in the first p.**, en primer lugar; **to take first p.**, ganar el primer lugar. 4 (*house*) casa *f*; (*building*) lugar *m*; **we're going to his p.**, vamos a su casa. II *vtr* 1 poner, colocar; **to p. a bet**, hacer una apuesta; **to p. an order with sb**, hacer un pedido a algn. 2 (*face, person*) recordar; (*in job*) colocar en un empleo.
placid ['plæsɪd] *adj* apacible.
plagiarize ['pleɪdʒəraɪz] *vtr* plagiar.
plague [pleɪg] I *n* (*of insects*) plaga *f*; *Med* peste *f*. II *vtr* **to p. sb with requests**, acosar a algn a peticiones.
plaice [pleɪs] *n inv* (*fish*) platija *f*.
plaid [plæd, pleɪd] *n* (*cloth*) tejido *m* escocés.
plain [pleɪn] I *adj* 1 (*clear*) claro,- a, evidente; *fig* **he likes p. speaking**, le gusta hablar con franqueza. 2 (*simple*) sencillo,-a; (*chocolate*) amargo,-a; (*flour*) sin levadura; **in p. clothes**, vestido,-a de paisano; **the p. truth**, la verdad lisa y llana. 3 (*unattractive*) poco atractivo,-a. II *n Geog* llanura *f*, llano *m*. ◆**plainly** *adv* claramente; (*simply*) sencillamente; **to speak p.**, hablar con franqueza.
plaintiff ['pleɪntɪf] *n* demandante *mf*.
plaintive ['pleɪntɪv] *adj* lastimero,-a.
plait [plæt] I *n* trenza *f*. II *vtr* trenzar.
plan [plæn] I *n* (*scheme*) plan *m*, proyecto *m*; (*drawing*) plano *m*. II *vtr* 1 (*for future*) planear, proyectar; (*economy*) planificar. 2 (*intend*) pensar, tener la intención de; **it wasn't planned**, no estaba previsto. III *vi* hacer planes; **to p. on doing sth**, tener la intención de hacer algo.
plane¹ [pleɪn] I *n* 1 *Math* plano *m*; *fig* nivel *m*. 2 *Av fam* avión *m*. II *adj Geom* plano,-a. III *vi* (*glide*) planear.
plane² [pleɪn] I *n* (*tool*) cepillo *m*. II *vtr* cepillar.
plane³ [pleɪn] *n Bot* **p. (tree)**, plátano *m*.
planet ['plænɪt] *n* planeta *m*.
plank [plæŋk] *n* tabla *f*, tablón *m*.
planner ['plænər] *n* planificador,-a *m,f*.
planning ['plænɪŋ] *n* planificación *f*; **family p.**, planificación familiar; **p. permission**, permiso *m* de obras.
plant¹ [plɑːnt] I *n* planta *f*. II *vtr* (*flowers*) plantar; (*seeds*) sembrar; (*bomb*) colocar.
plant² [plɑːnt] *n* (*factory*) planta *f*, fábrica *f*; (*machinery*) maquinaria *f*.
plantation [plæn'teɪʃən] *n* plantación *f*.
plaque [plæk] *n* placa *f*; (*on teeth*) sarro *m*.
plaster ['plɑːstər] I *n Constr* yeso *m*; *Med* escayola *f*; *GB* **sticking p.**, esparadrapo *m*, tirita *f*; **p. of Paris**, yeso mate. II *vtr Constr* enyesar; *fig* (*cover*) cubrir de.
plastered ['plɑːstəd] *adj sl* borracho,-a, trompa.
plasterer ['plɑːstərər] *n* yesero,-a *m,f*.
plastic ['plæstɪk, 'plɑːstɪk] I *n* plástico *m*. II *adj* (*cup, bag*) de plástico; **p. surgery**, cirugía plástica.
Plasticine® ['plæstɪsiːn] *n* plastilina *f*.
plate [pleɪt] I *n* 1 plato *m*. 2 (*sheet*) placa *f*; **gold p.**, chapa *f* de oro; **p. glass**, vidrio cilindrado. 3 *Print* grabado *m*, lámina *f*. II *vtr* chapar.
plateau ['plætəʊ] *n* meseta *f*.
platform ['plætfɔːm] *n* 1 plataforma *f*; (*stage*) estrado *m*; (*at meeting*) tribuna *f*. 2 *Rail* andén *m*; **p. ticket**, billete *m* de andén. 3 *Pol* (*programme*) programa *m*.
platinum ['plætɪnəm] *n* platino *m*.
platitude ['plætɪtjuːd] *n* lugar *m* común, tópico *m*.
platoon [plə'tuːn] *n Mil* pelotón *m*.
platter ['plætər] *n* fuente *f*.
plausible ['plɔːzəbəl] *adj* plausible.
play [pleɪ] I *vtr* 1 (*game*) jugar a. 2 *Sport* (*position*) jugar de; (*team*) jugar contra; **to p. a shot**, (*in golf, tennis*) golpear. 3 (*instrument, tune*) tocar; **to p. a record**, poner un disco. 4 *Theat* (*part*) hacer el papel de; (*play*) representar; *fig* **to p. a part in sth**, participar en algo; *fig* **to p.

the fool, hacer el tonto. II *vi* 1 *(children)* jugar (**with**, con); *(animals)* juguetear. 2 *Sport* jugar; **to p. fair**, jugar limpio; *fig* **to p. for time**, tratar de ganar tiempo. 3 *(joke)* bromear. 4 *Mus* tocar; *(instrument)* sonar. III *n* 1 *Theat* obra *f* de teatro. 2 *Sport* juego *m*; **fair/foul p.**, juego limpio/ sucio. 3 *Tech & fig (movement)* juego *m*; *fig* **to bring sth into p.**, poner algo en juego; **a p. on words**, un juego de palabras. ◆**play around** *vi (waste time)* gandulear; *(be unfaithful)* tener líos. ◆**play down** *vtr* minimizar, quitar importancia a. ◆**play on** *vtr (take advantage of)* aprovecharse de; *(nerves etc)* exacerbar. ◆**play up** I *vtr (annoy)* dar la lata, fastidiar. II *vi (child etc)* dar guerra.

playboy ['pleɪbɔɪ] *n* playboy *m*.

player ['pleɪəʳ] *n* Sport jugador,-a *m,f*; *Mus* músico,-a *m,f*; *Theat (man)* actor *m*; *(woman)* actriz *f*.

playful ['pleɪfʊl] *adj* juguetón,-ona.

playground ['pleɪgraʊnd] *n* patio *m* de recreo.

playgroup ['pleɪgru:p] *n* jardín *m* de infancia.

playing ['pleɪɪŋ] *n* juego *m*; **p. card**, carta *f*, naipe *m*; **p. field**, campo *m* de deportes.

playmate ['pleɪmeɪt] *n* compañero,-a *m,f* de juego.

play-off ['pleɪɒf] *n* Sport partido *m* de desempate.

playpen ['pleɪpen] *n* corralito *m* or parque *m* (de niños).

playschool ['pleɪsku:l] *n* jardín *m* de infancia.

plaything ['pleɪθɪŋ] *n* juguete *m*.

playwright ['pleɪraɪt] *n* dramaturgo,-a *m,f*.

PLC, plc [pi:el'si:] *GB abbr of* **Public Limited Company**, Sociedad *f* Anónima, S.A.

plea [pli:] *n* 1 *(request)* petición *f*, súplica *f*; *(excuse)* pretexto *m*, disculpa *f*. 2 *Jur* alegato *m*.

plead [pli:d] I *vtr* 1 *Jur fig* **to p. sb's cause**, defender la causa de algn. 2 **to p. ignorance**, *(give as excuse)* alegar ignorancia. II *vi* 1 *(beg)* rogar, suplicar; **to p. with sb to do sth**, suplicar a algn que haga algo. 2 *Jur* **to p. guilty/not guilty**, declararse culpable/inocente.

pleasant ['plezənt] *adj* agradable.

pleasantry ['plezəntrɪ] *n* cumplido *m*.

please [pli:z] I *vtr (give pleasure to)* agradar, complacer; *(satisfy)* satisfacer; *fam* **p. yourself**, como quieras. II *vi* complacer; *(give satisfaction)* satisfacer; **easy/hard to p.**, poco/muy exigente. III *adv* por favor; **may I?** - desde luego; '**p. do not smoke**', 'se ruega no fumar'; **yes, p.**, sí, por favor.

pleased [pli:zd] *adj (happy)* contento,-a; *(satisfied)* satisfecho,-a; **p. to meet you!**, ¡encantado,-a!, ¡mucho gusto!; **to be p. about sth**, alegrarse de algo.

pleasing ['pli:zɪŋ] *adj (pleasant)* agradable, grato,-a; *(satisfactory)* satisfactorio,-a.

pleasure ['pleʒəʳ] *n* placer *m*; **it's a p. to talk to him**, da gusto hablar con él; **to take great p. in doing sth**, disfrutar mucho haciendo algo; **with p.**, con mucho gusto.

pleat [pli:t] I *n* pliegue *m*. II *vtr* hacer pliegues en.

pledge [pledʒ] I *n* promesa *f*; *(token of love etc)* señal *f*; *(guarantee)* prenda *f*. II *vtr (promise)* prometer; *(pawn)* empeñar.

plentiful ['plentɪfʊl] *adj* abundante.

plenty ['plentɪ] *n* abundancia *f*; **p. of potatoes**, muchas patatas; **p. of time**, tiempo de sobra; **we've got p.**, tenemos de sobra.

pliable ['plaɪəbəl] *adj* flexible.

pliers ['plaɪəz] *npl* alicates *mpl*, tenazas *fpl*.

plight [plaɪt] *n* situación *f* grave.

plimsolls ['plɪmsəlz] *npl* GB zapatos *mpl* de tenis.

plinth [plɪnθ] *n* plinto *m*.

plod [plɒd] *vi* andar con paso pesado; *fig* **to p. on**, perseverar; *fig* **to p. through a report**, estudiar laboriosamente un informe.

plodder ['plɒdəʳ] *n* trabajador,-a *m,f* or estudiante *mf* tenaz.

plonk¹ [plɒŋk] *vtr fam* dejar caer.

plonk² [plɒŋk] *n GB fam (wine)* vinazo *m*.

plot¹ [plɒt] I *n* 1 *(conspiracy)* complot *m*. 2 *Theat Lit (story)* argumento *m*, trama *f*. II *vtr* 1 *(course, route)* trazar. 2 *(scheme)* fraguar. III *vi* conspirar, tramar.

plot² [plɒt] *n Agr* terreno *m*; *(for building)* solar *m*; **vegetable p.**, campo *m* de hortalizas.

plough [plaʊ] I *n* arado *m*. II *vtr* arar. III *vi fig* **the car ploughed through the fencing**, el coche atravesó la valla; **to p. into sth**, chocar contra algo; *fig* **to p. through a book**, leer un libro con dificultad. ◆**plough back** *vtr (profits)* reinvertir.

plow [plaʊ] *n US* → **plough**.

ploy [plɔɪ] *n* estratagema *f*.

pluck [plʌk] I *vtr* 1 arrancar (**out of**, de). 2 *(flowers)* coger. 3 *(chicken)* desplumar. 4 *(guitar)* puntear. II *n (courage)* valor *m*, ánimo *m*. ◆**pluck up** *vtr* **to p. up courage**, armarse de valor.

plucky ['plʌkɪ] *adj* (**pluckier, pluckiest**) valiente.

plug [plʌg] I *n* 1 *(in bath etc)* tapón *m*. 2 *Elec* enchufe *m*, clavija *f*; **2/3 pin p.**, clavija bipolar/tripolar. II *vtr* 1 *(hole)* tapar. 2 *fam (publicize)* dar publicidad a; *(idea etc)* hacer hincapié en. ◆**plug in** *vtr &*

plum [plʌm] *n (fruit)* ciruela *f*; *fig* **a p. job**, un chollo.

plumage ['pluːmɪdʒ] *n* plumaje *m*.

plumb [plʌm] **I** *n* plomo *m*; **p. line**, plomada *f*. **II** *adj* vertical. **III** *adv US fam* **p. in the middle**, justo en medio. **IV** *vtr fig* **to p. the depths**, tocar fondo.

plumber ['plʌmər] *n* fontanero,-a *m,f*.

plumbing ['plʌmɪŋ] *n (occupation)* fontanería *f*; *(system)* tuberías *fpl*, cañerías *fpl*.

plume [pluːm] *n* penacho *m*.

plummet ['plʌmɪt] *vi (bird, plane)* caer en picado; *fig (prices)* bajar vertiginosamente; *(morale)* caer a plomo.

plump¹ [plʌmp] *adj (person)* relleno,-a; *(baby)* rechoncho,-a.

plump² [plʌmp] *vi* **to p. for sth**, optar por algo. ◆**plump down** *vtr* dejar caer. ◆**plump up** *vtr (cushions)* ahuecar.

plunder ['plʌndər] **I** *vtr* saquear. **II** *n (action)* saqueo *m*, pillaje *m*; *(loot)* botín *m*.

plunge [plʌndʒ] **I** *vtr (immerse)* sumergir; *(thrust)* arrojar. **II** *vi (dive)* lanzarse, zambullirse; *fig (fall)* caer, hundirse; *(prices)* desplomarse. **III** *n (dive)* zambullida *f*; *fig (fall)* desplome *m*; **to take the p.**, dar el paso decisivo.

plunger ['plʌndʒər] *n Tech* émbolo *m*; *(for pipes)* desatascador *m*.

pluperfect [pluːˈpɜːfɪkt] *n* pluscuamperfecto *m*.

plural ['plʊərəl] *adj & n* plural *(m)*.

plus [plʌs] **I** *prep* más; **three p. four makes seven**, tres más cuatro hacen siete. **II** *n Math* signo *m* más; *fig (advantage)* ventaja *f*.

plush [plʌʃ] **I** *n* felpa *f*. **II** *adj fam* lujoso,-a.

plutonium [pluːˈtəʊnɪəm] *n* plutonio *m*.

ply [plaɪ] **I** *vtr* **to p. one's trade**, ejercer su oficio; **to p. sb with drinks**, no parar de ofrecer copas a algn. **II** *vi (ship)* ir y venir; **to p. for hire**, ir en busca de clientes.

plywood ['plaɪwʊd] *n* madera contrachapada.

p.m. [piːˈem] *abbr of* **post meridiem** *(after noon)*, después del mediodía; **at 2 p.m.**, a las dos de la tarde.

PM [piːˈem] *GB fam abbr of* **Prime Minister**.

PMT [piːemˈtiː] *fam abbr of* **premenstrual tension**.

pneumatic [njuːˈmætɪk] *adj* neumático,-a.

pneumonia [njuːˈməʊnɪə] *n* pulmonía *f*.

PO [piːˈəʊ] *abbr of* **Post Office**.

poach¹ [pəʊtʃ] *vtr* **1 to p. fish/game**, pescar/cazar furtivamente. **2** *fig fam (steal)* robar.

poach² [pəʊtʃ] *vtr Culin (egg)* escalfar; *(fish)* hervir.

poacher ['pəʊtʃər] *n* pescador/cazador furtivo.

pocket ['pɒkɪt] **I** *n* **1** bolsillo *m*; *fig* **to be £10 in/out of p.**, salir ganando/perdiendo 10 libras; **p. money**, dinero *m* de bolsillo. **2** *(of air)* bolsa *f*. **3** *(of resistance)* foco *m*. **II** *vtr (money)* embolsar.

pocketbook ['pɒkɪtbʊk] *n US* bolso *m*.

pocketknife ['pɒkɪtnaɪf] *n* navaja *f*.

pod [pɒd] *n* vaina *f*.

podgy ['pɒdʒɪ] *adj (podgier, podgiest)* gordinflón,-ona, regordete.

podium ['pəʊdɪəm] *n* podio *m*.

poem ['pəʊɪm] *n* poema *m*.

poet ['pəʊɪt] *n* poeta *mf*.

poetic [pəʊˈetɪk] *adj* poético,-a.

poetry ['pəʊɪtrɪ] *n* poesía *f*.

poignant ['pɔɪnjənt] *adj* conmovedor,-a.

point [pɔɪnt] **I** *n* **1** *(sharp end)* punta *f*. **2** *(place)* punto *m*; *fig* **p. of no return**, punto sin retorno. **3** *(quality)* **good/bad p.**, cualidad buena/mala; **weak/strong p.**, punto débil/fuerte. **4** *(moment)* **at that p.**, en aquel momento; **from that p. onwards**, desde entonces; **to be on the p. of doing sth**, estar a punto de hacer algo. **5** *(score)* punto *m*, tanto *m*; **to win on points**, ganar por puntos; **match p.**, *(in tennis)* pelota *f* de match. **6** *(in argument)* punto *m*; **to make one's p.**, insistir en el argumento; **I take your p.**, entiendo lo que quieres decir. **7** *(purpose)* propósito *m*; **I don't see the p.**, no veo el sentido; **that isn't the p., it's beside the p.**, eso no viene al caso; **there's no p. in going, no merece la pena ir**; **to come to the p.**, llegar al meollo de la cuestión. **8** *(on scale)* punto *m*; *(in share index)* entero *m*; **six p. three**, seis coma tres; *fig* **up to a p.**, hasta cierto punto. **9** *Geog* punta *f*. **10 power p.**, toma *f* de corriente. **11 points**, *Aut* platinos *mpl*; *Rail* agujas *fpl*. **II** *vtr (way etc)* señalar, indicar; **to p. a gun at sb**, apuntar a algn con una pistola. **III** *vi* señalar, indicar; **to p. at sth/sb**, señalar algo/a algn con el dedo. ◆**point out** *vtr* indicar, señalar; *(mention)* hacer resaltar.

point-blank [pɔɪntˈblæŋk] **I** *adj* a quemarropa; *(refusal)* rotundo,-a. **II** *adv (shoot)* a quemarropa; *(refuse)* rotundamente.

pointed ['pɔɪntɪd] *adj (sharp)* puntiagudo,-a; *fig (comment)* intencionado,-a; *(cutting)* mordaz. ◆**pointedly** *adv fig (significantly)* con intención; *(cuttingly)* con mordacidad.

pointer ['pɔɪntər] *n* **1** *(indicator)* indicador *m*, aguja *f*; *(for map)* puntero *m*. **2** *(dog)* perro *m* de muestra.

pointless ['pɔɪntlɪs] *adj* sin sentido.

poise [pɔɪz] **I** *n (bearing)* porte *m*; *(self-assurance)* aplomo *m*. **II** *vtr fig* **to be poised to do sth**, estar listo,-a para hacer algo.

poison ['pɔɪzən] **I** *n* veneno *m*. **II** *vtr* envenenar.

poisoning ['pɔɪzənɪŋ] *n* envenenamiento *m*; *(by food etc)* intoxicación *f*.
poisonous ['pɔɪzənəs] *adj (plant, snake)* venenoso,-a; *(gas)* tóxico,-a; *fig (rumour)* pernicioso,-a.
poke [pəʊk] *vtr (with finger or stick)* dar con la punta del dedo *or* del bastón a; **to p. one's head out**, asomar la cabeza; **to p. the fire**, atizar el fuego. ◆**poke about, poke around** *vi* fisgonear, hurgar en. ◆**poke out** *vtr (eye)* sacar.
poker¹ ['pəʊkər] *n (for fire)* atizador *m*.
poker² ['pəʊkər] *n Cards* póquer *m*.
poker-faced ['pəʊkəfeɪst] *adj fam* de cara impasible.
poky ['pəʊkɪ] *adj (pokier, pokiest) US fam pej* minúsculo,-a; **a p. little room**, un cuartucho.
Poland ['pəʊlənd] *n* Polonia.
polar ['pəʊlər] *adj* polar; **p. bear**, oso *m* polar.
Pole [pəʊl] *n* polaco,-a *m,f*.
pole¹ [pəʊl] *n* palo *m*; **p. vault**, salto *m* con pértiga.
pole² [pəʊl] *n Geog* polo *m*; *fig* **to be poles apart**, ser polos opuestos.
police [pə'li:s] *n npl* policía *f sing*; **p. car**, coche *m* patrulla; **p. constable**, policía *m*; **p. force**, cuerpo *m* de policía; **p. record**, antecedentes *mpl* penales; **p. state**, estado *m* policial; **p. station**, comisaría *f*. II *vtr* vigilar.
policeman [pə'li:smən] *n* policía *m*.
policewoman [pə'li:swʊmən] *n* (mujer) *f* policía *f*.
policy ['pɒlɪsɪ] *n Pol* política *f*; *(of company)* norma *f*, principio *m*; *Ins* póliza *f* (de seguros).
polio ['pəʊlɪəʊ] *n* poliomielitis *f*.
polish ['pɒlɪʃ] I *vtr* pulir; *(furniture)* encerar; *(shoes)* limpiar; *(silver)* sacar brillo a. II *n* 1 *(for furniture)* cera *f*; *(for shoes)* betún *m*; *(for nails)* esmalte *m*. 2 *(shine)* brillo *m*; *fig (refinement)* refinamiento *m*. ◆**polish off** *vtr fam (work)* despachar; *(food)* zamparse. ◆**polish up** *vtr fig* perfeccionar.
Polish ['pəʊlɪʃ] I *adj* polaco,-a. II *n* 1 **the P.**, *pl* los polacos. 2 *(language)* polaco *m*.
polished ['pɒlɪʃt] *adj fig (manners)* refinado,-a; *(style)* pulido,-a; *(performance)* impecable.
polite [pə'laɪt] *adj* educado,-a.
politeness [pə'laɪtnɪs] *n* educación *f*.
politic ['pɒlɪtɪk] *adj* prudente.
political [pə'lɪtɪkəl] *adj* político,-a.
politician [pɒlɪ'tɪʃən] *n* político,-a *m,f*.
politics ['pɒlɪtɪks] *n sing* política *f*.
polka ['pɒlkə] *n (dance)* polca *f*; **p. dot**, lunar *m*.
poll [pəʊl] I *n* 1 votación *f*; **the polls**, las elecciones; **to go to the polls**, acudir a las urnas. 2 *(survey)* encuesta *f*; *GB* **p. tax**, contribución urbana. II *vtr (votes)* obtener.
pollen ['pɒlən] *n* polen *m*.
polling ['pəʊlɪŋ] *n* votación *f*; **p. booth**, cabina *f* electoral; **p. station**, colegio *m* electoral.
pollute [pə'lu:t] *vtr* contaminar.
pollution [pə'lu:ʃən] *n* contaminación *f*, polución *f*; **environmental p.**, contaminación ambiental.
polo ['pəʊləʊ] *n Sport* polo *m*; **p. neck** *(sweater)*, jersey *m* de cuello vuelto.
polyester [pɒlɪ'estər] *n* poliéster *m*.
polymer ['pɒlɪmər] *n Chem* polímero *m*.
Polynesia [pɒlɪ'ni:ʒɪə] *n* Polinesia.
polystyrene [pɒlɪ'staɪri:n] *n* poliestireno *m*.
polytechnic [pɒlɪ'teknɪk] *n* escuela politécnica, politécnico *m*.
polythene [pɒlɪθi:n] *n* polietileno *m*.
pomegranate ['pɒmɪgrænɪt] *n* granada *f*.
pomp [pɒmp] *n* pompa *f*.
pompom ['pɒmpɒm], **pompon** ['pɒmpɒn] *n* borla *f*, pompón *m*.
pompous ['pɒmpəs] *adj (person)* presumido,-a; *(speech)* rimbombante.
pond [pɒnd] *n* estanque *m*.
ponder ['pɒndər] I *vtr* considerar. II *vi* **to p. over sth**, meditar sobre algo.
ponderous ['pɒndərəs] *adj* pesado,-a.
pong [pɒŋ] *n GB fam* hedor *m*.
pontoon¹ [pɒn'tu:n] *n Constr* pontón *m*.
pontoon² [pɒn'tu:n] *n Cards* veintiuna *f*.
pony ['pəʊnɪ] *n* poney *m*.
ponytail ['pəʊnɪteɪl] *n* cola *f* de caballo.
poodle ['pu:dəl] *n* caniche *m*.
poof [pʊf] *n GB sl offens* marica *m*.
pool¹ [pu:l] *n (of water, oil etc)* charco *m*; *(pond)* estanque *m*; *(in river)* pozo *m*; **swimming p.**, piscina *f*.
pool² [pu:l] I *n* 1 *(common fund)* fondo común. 2 **typing p.**, servicio *m* de mecanografía. 3 *US (snooker)* billar americano. 4 *GB* **football pools**, quinielas *fpl*. II *vtr (funds)* reunir; *(ideas, resources)* juntar.
poor [pʊər, pɔ:r] I *adj* pobre; *(quality)* malo,-a; *fam* **you p. thing!**, ¡pobrecito!. II *npl* **the p.**, los pobres.
poorly ['pʊəlɪ, 'pɔ:lɪ] I *adv (badly)* mal. II *adj (poorlier, poorliest) (ill)* mal, malo,-a.
pop [pɒp] I *vtr (burst)* hacer reventar; *(cork)* hacer saltar. II *vi (burst)* reventar; *(cork)* saltar; *fam* **I'm just popping over to Ian's**, voy un momento a casa de Ian. III *n* 1 *(noise)* pequeña explosión. 2 *fam (drink)* gaseosa *f*. 3 *fam (father)* papá *m*. 4 *Mus fam* música *f* pop; **p. singer**, cantante *mf* pop. ◆**pop in** *vi fam* entrar un momento, pasar.
popcorn ['pɒpkɔ:n] *n* palomitas *fpl*.
Pope [pəʊp] *n* **the P.**, el Papa.
poplar ['pɒplər] *n* álamo *m*.
poppy ['pɒpɪ] *n* amapola *f*.
populace ['pɒpjʊləs] *n (people)* pueblo *m*.

popular ['pɒpjulər] *adj* popular; *(fashionable)* de moda; *(common)* corriente.
popularity [pɒpju'lærɪtɪ] *n* popularidad *f*.
popularize ['pɒpjulərɑɪz] *vtr* popularizar.
populate ['pɒpjuleɪt] *vtr* poblar.
population [pɒpju'leɪʃən] *n* población *f*; **the p. explosion**, la explosión demográfica.
porcelain ['pɔːslɪn] *n* porcelana *f*.
porch [pɔːtʃ] *n (of church)* pórtico *m*; *(of house)* porche *m*, entrada *f*; *US (veranda)* terraza *f*.
porcupine ['pɔːkjupaɪn] *n* puerco *m* espín.
pore¹ [pɔːr] *vi* **to p. over sth**, leer *or* estudiar algo detenidamente.
pore² [pɔːr] *n Anat* poro *m*.
pork [pɔːk] *n* carne *f* de cerdo.
pornography [pɔː'nɒgrəfɪ] *n* pornografía *f*.
porous ['pɔːrəs] *adj* poroso,-a.
porpoise ['pɔːpəs] *n* marsopa *f*.
porridge ['pɒrɪdʒ] *n* gachas *fpl* de avena.
port¹ [pɔːt] *n (harbour)* puerto *m*; **p. of call**, puerto de escala.
port² [pɔːt] *n Naut Av (larboard)* babor *m*.
port³ [pɔːt] *n (wine)* vino *m* de Oporto, oporto *m*.
portable ['pɔːtəbəl] *adj* portátil.
portent ['pɔːtent] *n fml* augurio *m*, presagio *m*.
porter ['pɔːtər] *n (in hotel etc)* portero,-a *m,f*; *Rail* mozo *m* de estación; *US* mozo de los coches-cama.
portfolio [pɔːt'fəulɪəu] *n (file)* carpeta *f*; *(of artist, politician)* cartera *f*.
porthole ['pɔːthəul] *n* portilla *f*.
portion ['pɔːʃən] *n (part, piece)* parte *f*, porción *f*; *(of food)* ración *f*. ◆**portion out** *vtr* repartir.
portly ['pɔːtlɪ] *adj (portlier, portliest)* corpulento,-a.
portrait ['pɔːtrɪt, 'pɔːtreɪt] *n* retrato *m*.
portray [pɔː'treɪ] *vtr (paint portrait of)* retratar; *(describe)* describir; *Theat* representar.
Portugal ['pɔːtjugəl] *n* Portugal *m*.
Portuguese [pɔːtjʊ'giːz] **I** *adj* portugués,-esa. **II** *n (person)* portugués,-esa *m,f*; *(language)* portugués *m*.
pose [pəuz] **I** *vtr (problem)* plantear; *(threat)* representar. **II** *vi (for painting)* posar; *pej (behave affectedly)* hacer pose; **to p. as**, hacerse pasar por. **III** *n (stance)* postura *f*; *pej (affectation)* pose *f*.
posh [pɒʃ] *GB fam* **I** *adj* elegante, de lujo; *(person)* presumido,-a; *(accent)* de clase alta.
position [pə'zɪʃən] **I** *n* **1** posición *f*; *(location)* situación *f*; *(rank)* rango *m*; **to be in a p. to do sth**, estar en condiciones de hacer algo. **2** *(opinion)* postura *f*. **3** *(job)* puesto *m*. **II** *vtr* colocar.

positive ['pɒzɪtɪv] *adj* positivo,-a; *(sign)* favorable; *(proof)* incontrovertible; *(sure)* seguro,-a; *fam (absolute)* auténtico,-a.
possess [pə'zes] *vtr* poseer; *(of fear)* apoderarse de.
possessed [pə'zest] *adj* poseído,-a.
possession [pə'zeʃən] *n* posesión *f*; **possessions**, bienes *mpl*.
possessive [pə'zesɪv] *adj* posesivo,-a.
possibility [pɒsɪ'bɪlɪtɪ] *n* posibilidad *f*; **possibilities**, *(potential)* potencial *m sing*.
possible ['pɒsɪbəl] *adj* posible; **as much as p.**, todo lo posible; **as often as p.**, cuanto más mejor; **as soon as p.**, cuanto antes. ◆**possibly** *adv* posiblemente; *(perhaps)* tal vez, quizás; **I can't p. come**, no puedo venir de ninguna manera.
post¹ [pəust] **I** *n (of wood)* poste *m*. **II** *vtr (fix)* fijar.
post² [pəust] **I** *n (job)* puesto *m*; *US* **trading p.**, factoría *f*. **II** *vtr* enviar.
post³ [pəust] *GB* **I** *n (mail)* correo *m*; **by p.**, por correo; **p. office**, oficina *f* de correos; **P. Office Box**, apartado *m* de correos. **II** *vtr (letter)* echar al correo; **to p. sth to sb**, mandar algo por correo a algn.
postage ['pəustɪdʒ] *n* franqueo *m*.
postal ['pəustəl] *adj* postal, de correos; **p. order**, giro *m* postal; **p. vote**, voto *m* por correo.
postbox ['pəustbɒks] *n GB* buzón *m*.
postcard ['pəustkɑːd] *n (tarjeta f)* postal *f*.
postcode ['pəustkəud] *n GB* código *m* postal.
postdate [pəust'deɪt] *vtr* poner fecha adelantada a.
poster ['pəustər] *n* póster *m*; *(advertising)* cartel *m*.
posterior [pɒ'stɪərɪər] **I** *n hum* trasero *m*, pompis *m*. **II** *adj* posterior.
posterity [pɒ'sterɪtɪ] *n* posteridad *f*.
postgraduate [pəust'grædjuɪt] **I** *n* posgraduado,-a *m,f*. **II** *adj* de posgraduado.
posthumous ['pɒstjuməs] *adj* póstumo, -a.
postman ['pəustmən] *n GB* cartero *m*.
postmark ['pəustmɑːk] *n* matasellos *m inv*.
postmaster ['pəustmɑːstər] *n* administrador *m* de correos; **p. general**, director *m* general de correos.
postmortem [pəust'mɔːtəm] *n* autopsia *f*.
postpone [pəust'pəun, pə'spəun] *vtr* aplazar.
postscript ['pəusskrɪpt] *n* posdata *f*.
posture ['pɒstʃər] **I** *n* postura *f*; *(affected)* pose *f*. **II** *vi* adoptar una pose.
postwar ['pəustwɔːr] *adj* de la posguerra.
posy ['pəuzɪ] *n* ramillete *m*.
pot [pɒt] **I** *n (container)* tarro *m*, pote *m*; *(for cooking)* olla *f*; *(for flowers)* maceta *f*;

potassium   495   **preacher**

fam to go to p., irse al traste; **p. shot**, tiro m al azar. **II** *vtr* (*plant*) poner en una maceta.

potassium |pə'tæsɪəm| *n* potasio *m*.

potato |pə'teɪtəʊ| *n* (*pl* **potatoes**) patata *f*.

potent |'pəʊtənt| *adj* potente.

potential |pə'tenʃəl| **I** *adj* potencial, posible. **II** *n* potencial *m*. ◆**potentially** *adv* en potencia.

pothole |'pɒthəʊl| *n Geol* cueva *f*; (*in road*) bache *m*.

potholing |'pɒthəʊlɪŋ| *n GB* espeleología *f*.

potion |'pəʊʃən| *n* poción *f*, pócima *f*.

potluck |pɒt'lʌk| *n fam* **to take p.**, conformarse con lo que haya.

potted |'pɒtɪd| *adj* (*food*) en conserva; (*plant*) en maceta *or* tiesto.

potter¹ |'pɒtər| *n* alfarero,-a *m,f*.

potter² |'pɒtər| *vi GB* **to p. about** *or* **around**, entretenerse.

pottery |'pɒtərɪ| *n* (*craft, place*) alfarería *f*; (*objects*) cerámica *f*.

potty¹ |'pɒtɪ| *adj* (**pottier, pottiest**) *GB fam* chiflado,-a.

potty² |'pɒtɪ| *n fam* orinal *m*.

pouch |paʊtʃ| *n* **1** bolsa pequeña; (*for ammunition*) morral *m*; (*for tobacco*) petaca *f*. **2** *Zool* bolsa *f* abdominal.

poultry |'pəʊltrɪ| *n* (*live*) aves *fpl* de corral; (*food*) pollos *mpl*.

pounce |paʊns| *vi* **to p. on**, abalanzarse encima de.

pound¹ |paʊnd| **I** *vtr* (*strike*) aporrear. **II** *vi* (*heart*) palpitar; (*walk heavily*) andar con paso pesado.

pound² |paʊnd| *n* (*money, weight*) libra *f*.

pound³ |paʊnd| *n* (*for dogs*) perrera *f*; (*for cars*) depósito *m* de coches.

pour |pɔːr| **I** *vtr* echar, verter; **to p. sb a drink**, servirle una copa a algn. **II** *vi* correr, fluir; **it's pouring with rain**, está lloviendo a cántaros. ◆**pour out** *vtr* echar, verter; *fig* **to p. one's heart out to sb**, desahogarse con algn.

pouring |'pɔːrɪŋ| *adj* (*rain*) torrencial.

pout |paʊt| **I** *vi* hacer pucheros. **II** *n* puchero *m*.

poverty |'pɒvətɪ| *n* pobreza *f*.

poverty-stricken |'pɒvətɪstrɪkən| *adj* necesitado,-a; **to be p.-s.**, vivir en la miseria.

powder |'paʊdər| **I** *n* polvo *m*; **p. compact**, polvera *f*; **p. keg**, polvorín *m*; **p. puff**, borla *f*; **p. room**, servicios *mpl* de señoras. **II** *vtr* **to p. one's nose**, ponerse polvos en la cara; *euph* ir a los servicios *or* al tocador.

powdered |'paʊdəd| *adj* (*milk*) en polvo.

power |'paʊər| **I** *n* **1** fuerza *f*; (*energy*) energía *f*; *Elec* **to cut off the p.**, cortar la corriente; **p. point**, enchufe *m*; **p. station**, central eléctrica. **2** (*ability*) poder *m*. **3** (*authority*) poder *m*; (*nation*) potencia *f*; (*influence*) influencia *f*; **to be in p.**, estar en el poder; *Pol* **to come into p.**, subir al poder; **the p. of veto**, el derecho de veto. **4** *Tech* potencia *f*; (*output*) rendimiento *m*. **II** *vtr* propulsar, impulsar.

powerboat |'paʊəbəʊt| *n* lancha *f* (motora).

powerful |'paʊəfʊl| *adj* (*strong*) fuerte; (*influential*) poderoso,-a; (*remedy*) eficaz; (*engine, machine*) potente; (*emotion*) fuerte; (*speech*) conmovedor,-a.

powerless |'paʊəlɪs| *adj* impotente, ineficaz.

pp *abbr of* **pages**, págs., pp.

PR |piː'ɑːr| *abbr of* **public relations**.

practicable |'præktɪkəbəl| *adj* factible.

practical |'præktɪkəl| *adj* práctico,-a; (*useful*) útil; (*sensible*) adecuado,-a. ◆**practically** *adv* (*almost*) casi.

practicality |præktɪ'kælɪtɪ| *n* (*of suggestion, plan*) factibilidad *f*; **practicalities**, detalles prácticos.

practice |'præktɪs| **I** *n* **1** (*habit*) costumbre *f*. **2** (*exercise*) práctica *f*; *Sport* entrenamiento *m*; *Mus* ensayo *m*; **to be out of p.**, no estar en forma. **3** (*way of doing sth*) práctica *f*; **in p.**, en la práctica; **to put sth into p.**, poner algo en práctica. **4** (*of profession*) ejercicio *m*. **5** (*place*) (*of doctors*) consultorio *m*; (*of lawyers*) bufete *m*. **6** (*clients*) (*of doctors*) pacientes *mpl*; (*of lawyers*) clientela *f*. **II** *vtr & vi US* → **practise**.

practise |'præktɪs| **I** *vtr* practicar; (*method*) seguir; (*principle*) poner en práctica; *Mus* ensayar; (*profession*) ejercer. **II** *vi* practicar; *Sport* entrenar; *Mus* ensayar; (*doctor*) practicar; (*lawyer*) ejercer.

practising, *US* **practicing** |'præktɪsɪŋ| *adj* (*doctor etc*) en ejercicio; (*Christian etc*) practicante.

practitioner |præk'tɪʃənər| *n GB Med* **general p.**, médico,-a *m,f* de cabecera; **medical p.**, médico,-a *m,f*.

pragmatic |præg'mætɪk| *adj* pragmático,-a.

prairie |'preərɪ| *n* pradera *f*; *US* llanura *f*.

praise |preɪz| **I** *n* alabanza *f*. **II** *vtr* alabar, elogiar.

praiseworthy |'preɪzwɜːðɪ| *adj* loable.

pram |præm| *n GB* cochecito *m* de niño.

prance |prɑːns| *vi* (*horse*) encabritarse; **to p. about**, (*person*) pegar brincos.

prank |præŋk| *n* broma *f*; (*of child*) travesura *f*.

prawn |prɔːn| *n* gamba *f*.

pray |preɪ| *vi* rezar, orar.

prayer |preər| *n* rezo *m*, oración *f*; (*entreaty*) súplica *f*; **p. book**, misal *m*.

preach |priːtʃ| *vi* predicar.

preacher |'priːtʃər| *n* predicador,-a *m,f*.

precarious [prɪˈkeərɪəs] *adj* precario,-a.
precaution [prɪˈkɔːʃən] *n* precaución *f*.
precede [prɪˈsiːd] *vtr* preceder.
precedence [ˈpresɪdəns] *n* preferencia *f*, prioridad *f*; **to take p. over sth/sb**, tener prioridad sobre algo/algn.
precedent [ˈpresɪdənt] *n* precedente *m*.
preceding [prɪˈsiːdɪŋ] *adj* precedente.
precinct [ˈpriːsɪŋkt] *n* recinto *m*; *US (district)* distrito *m*; **pedestrian/shopping p.**, zona *f* peatonal/comercial.
precious [ˈpreʃəs] **I** *adj* precioso,-a; **p. stones**, piedras preciosas. **II** *adv fam* **p. little/few**, muy poco/pocos.
precipice [ˈpresɪpɪs] *n* precipicio *m*.
precipitate [prɪˈsɪpɪteɪt] **I** *vtr* precipitar; *fig* arrojar. **II** *adj* precipitado,-a.
precise [prɪˈsaɪs] *adj* preciso,-a, exacto,-a; *(meticulous)* meticuloso,-a. ◆**precisely** *adv (exactly)* precisamente, exactamente; **p.!**, ¡eso es!, ¡exacto!
precision [prɪˈsɪʒən] *n* precisión *f*.
preclude [prɪˈkluːd] *vtr* excluir; *(misunderstanding)* evitar.
precocious [prɪˈkəʊʃəs] *adj* precoz.
preconceived [priːkənˈsiːvd] *adj* preconcebido,-a.
precondition [priːkənˈdɪʃən] *n* condición previa.
precursor [priˈkɜːsər] *n* precursor,-a *m,f*.
predator [ˈpredətər] *n* depredador *m*.
predecessor [ˈpriːdɪsesər] *n* antecesor,-a *m,f*.
predetermine [priːdɪˈtɜːmɪn] *vtr* predeterminar.
predicament [prɪˈdɪkəmənt] *n* apuro *m*, aprieto *m*.
predict [prɪˈdɪkt] *vtr* predecir, pronosticar.
predictable [prɪˈdɪktəbəl] *adj* previsible.
prediction [prɪˈdɪkʃən] *n* pronóstico *m*.
predispose [priːdɪˈspəʊz] *vtr* **to be predisposed to doing sth**, estar predispuesto,-a a hacer algo.
predominant [prɪˈdɒmɪnənt] *adj* predominante. ◆**predominantly** *adv* en su mayoría.
predominate [prɪˈdɒmɪneɪt] *vi* predominar.
pre-empt [prɪˈempt] *vtr* adelantarse a.
preen [priːn] *vtr* **to p. oneself**, *(of bird)* arreglarse las plumas; *fig (of person)* pavonearse.
prefab [ˈpriːfæb] *n GB fam (house)* casa prefabricada.
prefabricated [priːˈfæbrɪkeɪtɪd] *adj* prefabricado,-a.
preface [ˈprefɪs] **I** *n* prefacio *m*. **II** *vtr* prologar.
prefect [ˈpriːfekt] *n GB Educ* monitor,-a *m,f*.
prefer [prɪˈfɜːr] *vtr* preferir; **I p. coffee to tea**, prefiero el café al té.
preferable [ˈprefərəbəl] *adj* preferible (**to**, a). ◆**preferably** *adv* preferentemente.
preference [ˈprefərəns] *n* preferencia *f*; *(priority)* prioridad *f*; **to give p. to sth**, dar prioridad a algo.
preferential [prefəˈrenʃəl] *adj* preferente.
prefix [ˈpriːfɪks] *n* prefijo *m*.
pregnancy [ˈpregnənsɪ] *n* embarazo *m*.
pregnant [ˈpregnənt] *adj (woman)* embarazada; *(animal)* preñada; *fig* **a p. pause**, una pausa cargada de significado.
prehistoric(al) [priːhɪˈstɒrɪk(əl)] *adj* prehistórico,-a.
prejudice [ˈpredʒʊdɪs] **I** *n (bias)* prejuicio *m*; *(harm)* perjuicio *m*. **II** *vtr (bias)* predisponer; *(harm)* perjudicar.
prejudiced [ˈpredʒʊdɪst] *adj* parcial; **to be p. against/in favour of**, estar predispuesto,-a en contra/a favor de.
preliminary [prɪˈlɪmɪnərɪ] **I** *adj* preliminar; *Sport (round)* eliminatorio,-a. **II** *n* **preliminaries**, preliminares *mpl*.
prelude [ˈpreljuːd] *n* preludio *m*.
premarital [priːˈmærɪtəl] *adj* prematrimonial.
premature [preməˈtjʊər, ˈpremətjʊər] *adj* prematuro,-a. ◆**prematurely** *adv* antes de tiempo.
premeditate [prɪˈmedɪteɪt] *vtr (crime)* premeditar.
premenstrual [priːˈmenstrʊəl] *adj* **p. tension**, tensión *f* premenstrual.
premier [ˈpremjər] **I** *n Pol* primer,-a ministro,-a *m,f*. **II** *adj* primer, primero,-a.
premiere [ˈpremɪeər] *n Cin* estreno *m*.
premise [ˈpremɪs] *n* premisa *f*.
premises [ˈpremɪsɪz] *npl* local *m sing*; **on the p.**, en el local.
premium [ˈpriːmɪəm] *n Com Fin Ind* prima *f*; **to be at a p.**, tener sobreprecio; *fig* estar muy solicitado,-a; *GB* **p. bonds**, bonos cotizados sobre la par.
premonition [preməˈnɪʃən] *n* presentimiento *m*.
preoccupied [priːˈɒkjupaɪd] *adj* preocupado,-a; **to be p. with sth**, preocuparse por algo.
prep [prep] **1** *fam abbr of* **preparation**, deberes *mpl*. **2** *abbr of* **preparatory school**.
prepaid [priːˈpeɪd] *adj* con el porte pagado.
preparation [prepəˈreɪʃən] *n* preparación *f*; *(plan)* preparativo *m*; *GB Educ (homework)* deberes *mpl*.
preparatory [prɪˈpærətərɪ] *adj* preparatorio,-a, preliminar; **p. school**, escuela primaria privada.
prepare [prɪˈpeər] **I** *vtr* preparar; **to p. to do sth**, prepararse para hacer algo. **II** *vi* prepararse (**for**, para).
prepared [prɪˈpeəd] *adj (ready)* preparado,-a; **to be p. to do sth**, *(willing)*

preponderance [prɪ'pɒndərəns] *n* preponderancia *f*.

preposition [prepə'zɪʃən] *n* preposición *f*.

preposterous [prɪ'pɒstərəs] *adj* absurdo,-a, ridículo,-a.

prerequisite [pri:'rekwɪzɪt] *n* condición *f* previa.

prerogative [prɪ'rɒgətɪv] *n* prerrogativa *f*.

preschool [pri:'sku:l] *adj* preescolar.

prescribe [prɪ'skraɪb] *vtr* (*set down*) prescribir; *Med* recetar; *fig* (*recommend*) recomendar.

prescription [prɪ'skrɪpʃən] *n Med* receta *f*.

presence ['prezəns] *n* presencia *f*; (*attendance*) asistencia *f*; *fig* p. of mind, presencia de ánimo.

present¹ ['prezənt] **I** *adj* **1** (*in attendance*) presente; *Ling* p. tense, (tiempo *m*) presente *m*; to be p. at, estar presente en. **2** (*current*) actual. **II** *n* (*time*) presente *m*, actualidad *f*; at p., actualmente; for the p., de momento; up to the p., hasta ahora. ◆**presently** *adv* (*soon*) dentro de poco; *US* (*now*) ahora.

present² [prɪ'zent] **I** *vtr* **1** (*give as gift*) regalar; (*medals, prizes etc*) entregar; to p. sb with sth, obsequiar a algn con algo. **2** (*report etc*) presentar; (*opportunity*) ofrecer; (*problems*) plantear. **3** (*introduce*) (*person, programme*) presentar. **II** ['prezənt] *n* (*gift*) regalo *m*; (*formal*) obsequio *m*.

presentable [prɪ'zentəbəl] *adj* presentable; to make oneself p., arreglarse.

presentation [prezən'teɪʃən] *n* presentación *f*; p. ceremony, ceremonia *f* de entrega. **2** *Rad TV* representación *f*.

present-day ['prezəntdeɪ] *adj* actual, de hoy en día.

presenter [prɪ'zentər] *n Rad* locutor,-a *m,f*; *TV* presentador,-a *m,f*.

preservation [prezə'veɪʃən] *n* conservación *f*.

preservative [prɪ'zɜːvətɪv] *n* conservante *m*.

preserve [prɪ'zɜːv] **I** *vtr* **1** (*keep*) mantener. **2** *Culin* conservar. **II** *n* **1** (*hunting*) coto *m*. **2** *Culin* conserva *f*.

preside [prɪ'zaɪd] *vi* presidir.

president ['prezɪdənt] *n Pol* presidente,-a *m,f*; *US Com* director,-a *m,f*, gerente *mf*.

presidential [prezɪ'denʃəl] *adj* presidencial.

press [pres] **I** *vtr* **1** apretar; (*button*) pulsar; (*grapes*) pisar; (*trousers etc*) planchar. **2** (*urge*) presionar; to p. sb to do sth, acosar a algn para que haga algo. **II** *vi* **1** (*push*) apretar; to p. against sb/sth, apretarse contra algn/algo; to p. (down) on sth, hacer presión sobre algo. **2** (*urge*) apremiar; time presses, el tiempo apremia. **III** *n* **1** p. stud, botón *m* de presión. **2** (*machine*) prensa *f*; to go to p., entrar en prensa. **3** *Press* prensa *f*; the p., la prensa; to get a good/bad p., tener buena/mala prensa; p. agency, agencia *f* de prensa; p. conference, rueda *f* de prensa; p. cutting, recorte *m* de prensa. ◆**press on** *vi* seguir adelante.

pressed [prest] *adj* to be (hard) p. for, andar escaso,-a de; I'd be hard p. to do it, me costaría mucho hacerlo.

pressing ['presɪŋ] *adj* apremiante, urgente.

pressure ['preʃər] *n* presión *f*; *Med Meteor* high/low p., altas/bajas presiones; p. cooker, olla *f* a presión; p. gauge, manómetro *m*; *fig* to bring p. (to bear) on sb, ejercer presión sobre algn.

pressurize ['preʃəraɪz] *vtr fig* presionar; pressurized cabin, cabina presurizada.

prestige [pre'stiːʒ] *n* prestigio *m*.

presumably [prɪ'zjuːməblɪ] *adv* es de suponer que.

presume [prɪ'zjuːm] **I** *vtr* suponer, presumir. **II** *vi* (*suppose*) suponer; we p. so/not, suponemos que sí/no.

presumption [prɪ'zʌmpʃən] *n* **1** (*supposition*) suposición *f*. **2** (*boldness*) osadía *f*; (*conceit*) presunción *f*.

presumptuous [prɪ'zʌmptjʊəs] *adj* presuntuoso,-a.

presuppose [pri:sə'pəʊz] *vtr* presuponer.

pretence, *US* **pretense** [prɪ'tens] *n* **1** (*deception*) fingimiento *m*; false pretences, estafa *f sing*; under the p. of, so pretexto de. **2** (*claim*) pretensión *f*.

pretend [prɪ'tend] **I** *vtr* (*feign*) fingir, aparentar; (*claim*) pretender. **II** *vi* (*feign*) fingir.

pretense [prɪ'tens] *n US* → pretence.

pretention [prɪ'tenʃən] *n* pretensión *f*.

pretentious [prɪ'tenʃəs] *adj* presuntuoso,-a, pretencioso,-a.

pretext ['pri:tekst] *n* pretexto *m*; on the p. of, so pretexto de.

pretty ['prɪtɪ] **I** *adj* (prettier, prettiest) bonito,-a, guapo,-a. **II** *adv fam* bastante; p. much the same, más o menos lo mismo.

prevail [prɪ'veɪl] *vi* **1** predominar. **2** (*win through*) prevalecer. **3** to p. upon *or* on sb to do sth, (*persuade*) persuadir *or* convencer a algn para que haga algo.

prevailing [prɪ'veɪlɪŋ] *adj* (*wind*) predominante; (*opinion*) general; (*condition, fashion*) actual.

prevalent ['prevələnt] *adj* predominante; (*illness*) extendido,-a.

prevaricate [prɪ'værɪkeɪt] *vi* andar con ambages.

prevent [prɪ'vent] *vtr* impedir; (*accident*) evitar; (*illness*) prevenir; to p. sb from doing sth, impedir a algn hacer algo; to p. sth from happening, evitar que pase

algo.
prevention |prɪ'venʃən| n prevención f.
preventive |prɪ'ventɪv| adj preventivo,-a.
preview |'priːvjuː| n (of film etc) preestreno m.
previous |'priːvɪəs| I adj anterior, previo,-a; **p. conviction,** antecedente m penal. II adv **p. to going,** antes de ir.
◆**previously** adv anteriormente, previamente.
prewar |'priːwɔːr| adj de antes de la guerra.
prey |preɪ| I n presa f; fig víctima f. II vi **to p. on,** alimentarse de.
price |praɪs| I n precio m; **what p. is that coat?,** ¿cuánto cuesta el abrigo?; **p. list,** lista f de precios; **p. tag,** etiqueta f. II vtr (put price on) poner un precio a; (value) valorar.
priceless |'praɪslɪs| adj que no tiene precio.
prick |prɪk| I vtr picar; **to p. one's finger,** pincharse el dedo; fig **to p. up one's ears,** aguzar el oído. II n 1 (with pin) pinchazo m. 2 sl (penis) polla f. 3 sl offens (person) gilipollas mf inv.
prickle |'prɪkəl| I n espina f; (spike) pincho m; (sensation) picor m. II vtr & vi pinchar, picar.
prickly |'prɪklɪ| adj **(pricklier, prickliest)** espinoso,-a; fig (touchy) enojadizo,-a; **p. heat,** sarpullido m por causa del calor; **p. pear,** higo chumbo.
pride |praɪd| I n orgullo m; (arrogance) soberbia f; **to take p. in sth,** enorgullecerse de algo. II vtr **to p. oneself on,** enorgullecerse de.
priest |priːst| n sacerdote m, cura m.
priestess |'priːstɪs| n sacerdotisa f.
priesthood |'priːsthʊd| n (clergy) clero m; (office) sacerdocio m.
prig |prɪg| n gazmoño,-a m,f, mojigato,-a m,f.
prim |prɪm| adj **(primmer, primmest)** **p. (and proper),** remilgado,-a.
prim(a)eval |praɪ'miːvəl| adj primitivo,-a.
primary |'praɪmərɪ| I adj fundamental, principal; **of p. importance,** primordial; **p. colour,** color primario; **p. education/school,** enseñanza/escuela primaria. II n US Pol (elección f) primaria f.
◆**primarily** adv ante todo.
primate¹ |'praɪmeɪt| n Rel primado m.
primate² |'praɪmeɪt| n Zool primate m.
prime |praɪm| I adj 1 principal; (major) primordial; **P. Minister,** primer,-a ministro,-a m,f. 2 (first-rate) de primera; **p. number,** número primo. II n **in the p. of life** en la flor de la vida. III vtr (pump, engine) cebar; (surface) imprimar; fig (prepare) preparar.
primer¹ |'praɪmər| n (textbook) cartilla f.
primer² |'praɪmər| n (paint) imprimación f.

primitive |'prɪmɪtɪv| adj primitivo,-a; (method, tool) rudimentario,-a.
primrose |'prɪmrəʊz| n primavera f.
Primus® |'praɪməs| n hornillo m de camping.
prince |prɪns| n príncipe m; **P. Charming,** Príncipe Azul.
princess |prɪn'ses| n princesa f.
principal |'prɪnsɪpəl| I adj principal. II n Educ director,-a m,f; Theat (in play) protagonista mf principal.
principle |'prɪnsɪpəl| n principio m; **in p.,** en principio; **on p.,** por principio.
print |prɪnt| I vtr 1 imprimir; (publish) publicar; fig grabar; **printed matter,** impresos mpl. 2 (write) escribir con letra de imprenta. II n 1 (of hand, foot) huella f; **Print letra** f; **out of p.,** agotado,-a. 2 Tex estampado m; **p. skirt,** falda estampada. 3 Art grabado m; Phot copia f. ◆**print out** vtr Comput imprimir.
printer |'prɪntər| n (person) impresor,-a m,f; (machine) impresora f.
printing |'prɪntɪŋ| n (industry) imprenta f; (process) impresión f; (print run) tirada f; **p. press,** prensa f.
print-out |'prɪntaʊt| n Comput impresión f; (copy) copia impresa.
prior |'praɪər| adj previo,-a, anterior; **p. to leaving,** antes de salir.
priority |praɪ'ɒrɪtɪ| n prioridad f.
prise |praɪz| vtr **to p. sth open/off,** abrir algo con palanca.
prism |'prɪzəm| n prisma f.
prison |'prɪzən| n cárcel f, prisión f.
prisoner |'prɪzənər| n preso,-a m,f; **to hold sb p.,** detener a algn; **p. of war,** prisionero,-a m,f de guerra.
privacy |'praɪvəsɪ, 'prɪvəsɪ| n intimidad f.
private |'praɪvɪt| I adj privado,-a; (secretary) particular; (matter) personal; (letter) confidencial; **one's p. life,** la vida privada de uno; **'P.',** (notice) (on road) 'carretera privada'; (on gate) 'propiedad privada'; (on envelope) 'confidencial'; **p. detective,** fam **p. eye,** detective mf privado,-a; **p. school,** escuela privada. II n Mil soldado raso. ◆**privately** adv en privado; (personally) personalmente.
privet |'prɪvɪt| n alheña f.
privilege |'prɪvɪlɪdʒ| n privilegio m.
privileged |'prɪvɪlɪdʒd| adj privilegiado,-a.
privy |'prɪvɪ| I adj GB **P. Council,** Consejo Privado; **to be p. to sth,** estar enterado,-a de algo. II n (lavatory) retrete m.
prize |praɪz| I n premio m. II adj (first-class) de primera (categoría or clase). III vtr (value) apreciar, valorar.
prize-giving |'praɪzgɪvɪŋ| n distribución f de premios.
prizewinner |'praɪzwɪnər| n premiado,-a m,f.

pro¹ [prəʊ] n pro m; **the pros and cons of an issue**, los pros y los contras de una cuestión.

pro² [prəʊ] n (abbr of **professional**) fam profesional mf.

pro-³ [prəʊ] pref (in favour of) pro-.

probability [prɒbə'bɪlɪtɪ] n probabilidad f.

probable ['prɒbəbəl] adj probable.
◆**probably** adv probablemente.

probation [prə'beɪʃən] n Jur to be on p., estar en libertad condicional; **to be on two months' p.**, (at work) trabajar dos meses de prueba.

probe [prəʊb] I n Med Astronaut sonda f; (investigation) sondeo m. II vtr Med sondar; (investigate) investigar. ◆**probe into** vtr investigar.

problem ['prɒbləm] n problema m.

problematic(al) [prɒblə'mætɪk(əl)] adj problemático,-a; **it's p.**, tiene sus problemas.

procedure [prə'siːdʒər] n procedimiento m; (legal, business) gestión f, trámite m.

proceed [prə'siːd] vi seguir, proceder; **to p. to do sth**, ponerse a hacer algo; **to p. to the next matter**, pasar a la siguiente cuestión.

proceedings [prə'siːdɪŋz] npl (of meeting) actas fpl; (measures) medidas fpl; Jur proceso m sing.

proceeds ['prəʊsiːdz] npl ganancias fpl.

process ['prəʊses] I n proceso m; (method) método m, sistema m; **in the p. of**, en vías de. II vtr (information) tramitar; (food) tratar; Comput procesar.

processing ['prəʊsesɪŋ] n (of information) evaluación f; Comput tratamiento m.

procession [prə'seʃən] n desfile m; Rel procesión f.

proclaim [prə'kleɪm] vtr proclamar, declarar.

proclamation [prɒklə'meɪʃən] n proclamación f.

procrastinate [prəʊ'kræstɪneɪt] vi dejar las cosas para después.

procure [prə'kjʊər] vtr conseguir, procurarse.

prod [prɒd] vtr (with stick etc) golpear; (push) empujar.

prodigal ['prɒdɪgəl] adj pródigo,-a.

prodigious [prə'dɪdʒəs] adj prodigioso,-a.

prodigy ['prɒdɪdʒɪ] n prodigio m.

produce [prə'djuːs] I vtr 1 producir; Ind fabricar. 2 Theat dirigir; Rad TV realizar; Cin producir. 3 (give birth to) dar a luz a. 4 (document) enseñar; (bring out) sacar. II ['prɒdjuːs] n productos mpl; **p. of Spain**, producto m de España.

producer [prə'djuːsər] n 1 productor,-a m,f; Ind fabricante mf. 2 Theat director, -a m,f de escena; Rad TV realizador,-a m,f; Cin productor,-a m,f.

product ['prɒdʌkt] n producto m.

production [prə'dʌkʃən] n 1 producción f; Ind fabricación f. 2 Theat representación f; Rad TV realización f; Cin producción f; **p. line**, cadena f de montaje.

productive [prə'dʌktɪv] adj productivo, -a.

productivity [prɒdʌk'tɪvɪtɪ] n productividad f.

profane [prə'feɪn] adj (secular) profano,-a; (language) blasfemo,-a.

profess [prə'fes] vtr (faith) profesar; (opinion) expresar; (claim) pretender.

profession [prə'feʃən] n profesión f.

professional [prə'feʃənəl] I adj profesional; (soldier) de profesión; (polished) de gran calidad. II n profesional mf.

professor [prə'fesər] n catedrático,-a m,f.

proficiency [prə'fɪʃənsɪ] n (in language) capacidad f; (in skill) pericia f.

proficient [prə'fɪʃənt] adj (in language) experto,-a; (in skill) hábil.

profile ['prəʊfaɪl] n perfil m; **in p.**, de perfil.

profit ['prɒfɪt] I n 1 beneficio m, ganancia f; **to make a p. on**, sacar beneficios de. 2 fml (benefit) provecho m. II vi fig sacar provecho; **to p. from**, aprovecharse de.

profitability [prɒfɪtə'bɪlɪtɪ] n rentabilidad f.

profitable ['prɒfɪtəbəl] adj Com rentable; fig (worthwhile) provechoso,-a.

profiteer [prɒfɪ'tɪər] I n especulador,-a m,f. II vi obtener beneficios excesivos.

profound [prə'faʊnd] adj profundo,-a.

profuse [prə'fjuːs] adj profuso,-a, abundante. ◆**profusely** adv con profusión; **to sweat p.**, sudar mucho.

profusion [prə'fjuːʒən] n profusión f, abundancia f.

prognosis [prɒg'nəʊsɪs] n Med pronóstico m; fig (prediction) augurio m.

program ['prəʊgræm] Comput I n programa m. II vi & vtr programar.

programme, US **program** ['prəʊgræm] I n programa m; (plan) plan m. II vtr 1 (plan) planear, planificar. 2 (computer) programar.

programmer, US **programer** ['prəʊgræmər] n programador,-a m,f.

progress ['prəʊgres] I n progreso m; (development) desarrollo m; Med mejora f; **to make p.**, hacer progresos; **in p.**, en curso. II [prəʊ'gres] vi avanzar; (develop) desarrollar; (improve) hacer progresos; Med mejorar.

progressive [prə'gresɪv] adj (increasing) progresivo,-a; Pol progresista.
◆**progressively** adv progresivamente.

prohibit [prə'hɪbɪt] vtr prohibir; **to p. sb from doing sth**, prohibir a algn hacer algo.

prohibitive [prə'hɪbɪtɪv] adj prohibitivo, -a.

project ['prɒdʒekt] I n proyecto m; (plan)

projectile — **prospect**

plan *m*; *Educ* trabajo *m*. **II** [prə'dʒekt] *vtr* proyectar, planear. **III** *vi* (*stick out*) sobresalir.
projectile [prə'dʒektaɪl] *n fml* proyectil *m*.
projection [prə'dʒekʃən] *n* **1** (*overhang*) saliente *m*. **2** *Cin* proyección *f*. **3** (*forecast*) proyección *f*.
projector [prə'dʒektə'] *n Cin* proyector *m*.
proletariat [prəʊlɪ'eərɪət] *n* proletariado *m*.
prolific [prə'lɪfɪk] *adj* prolífico,-a.
prologue ['prəʊlɒɡ] *n* prólogo *m*.
prolong [prə'lɒŋ] *vtr* prolongar.
prom [prɒm] *n* (*abbr* of **promenade**) *GB fam* (*seafront*) paseo marítimo; (*concert*) concierto sinfónico en que parte del público está de pie.
promenade [prɒmə'nɑːd] **I** *n* (*at seaside*) paseo marítimo. **II** *vi* pasearse.
prominence ['prɒmɪnəns] *n* prominencia *f*; *fig* (*importance*) importancia *f*.
prominent ['prɒmɪnənt] *adj* (*standing out*) saliente; *fig* (*important*) importante; (*famous*) eminente.
promiscuous [prə'mɪskjʊəs] *adj* promiscuo,-a.
promise ['prɒmɪs] **I** *n* promesa *f*; **to show p.**, ser prometedor,-a. **II** *vtr* & *vi* prometer.
promising ['prɒmɪsɪŋ] *adj* prometedor,-a.
promontory ['prɒməntərɪ] *n* promontorio *m*.
promote [prə'məʊt] *vtr* ascender; (*product*) promocionar; (*ideas*) fomentar; *Ftb* **they've been promoted**, han subido.
promoter [prə'məʊtə'] *n* promotor,-a *m,f*.
promotion [prə'məʊʃən] *n* (*in rank*) promoción *f*, ascenso *m*; (*of product*) promoción *f*; (*of arts etc*) fomento *m*.
prompt [prɒmpt] **I** *adj* (*quick*) rápido,-a; (*punctual*) puntual. **II** *adv* **at 2 o'clock p.**, a las 2 en punto. **III** *vtr* **1** (*motivate*) incitar; **to p. sb to do sth**, instar a algn a hacer algo. **2** (*actor*) apuntar. ◆**promptly** *adv* (*quickly*) rápidamente; (*punctually*) puntualmente.
prone [prəʊn] *adj* **1 to be p. to do sth**, ser propenso,-a a hacer algo. **2** *fml* (*face down*) prono,-a.
prong [prɒŋ] *n* punta *f*, diente *m*.
pronoun ['prəʊnaʊn] *n* pronombre *m*.
pronounce [prə'naʊns] **I** *vtr* pronunciar; *fml* (*declare*) declarar. **II** *vi fml* **to p. on sth**, opinar sobre algo.
pronounced [prə'naʊnst] *adj* pronunciado,-a.
pronouncement [prə'naʊnsmənt] *n fml* declaración *f*.
pronunciation [prənʌnsɪ'eɪʃən] *n* pronunciación *f*.
proof [pruːf] **I** *n* prueba *f*. **II** *adj* **1** (*secure*) a prueba de. **2 this rum is 70% p.**, este ron tiene 70 grados. **III** *vtr* impermeabilizar.
prop¹ [prɒp] **I** *n* (*support*) puntal *m*; *fig* sostén *m*. **II** *vtr* (*support*) apoyar; *fig* sostener. ◆**prop up** *vtr* apoyar.
prop² [prɒp] *n Theat fam* accesorio *m*.
propaganda [prɒpə'ɡændə] *n* propaganda *f*.
propel [prə'pel] *vtr* propulsar.
propeller [prə'pelə'] *n* hélice *f*.
propelling pencil [prəpelɪŋ'pensəl] *n* portaminas *m inv*.
propensity [prə'pensɪtɪ] *n fml* propensión *f*.
proper ['prɒpə'] *adj* **1** adecuado,-a, correcto,-a; **the p. time**, el momento oportuno. **2** (*real*) auténtico,-a; (*actual, exact*) propiamente dicho,-a. **3** (*characteristic*) propio,-a; *Ling* **p. noun**, nombre propio. ◆**properly** *adv* (*suitably, correctly, decently*) correctamente; **it wasn't p. closed**, no estaba bien cerrado,-a; **she refused, quite p.**, se negó, y con razón.
property ['prɒpətɪ] *n* **1** (*quality*) propiedad *f*. **2** (*possession*) propiedad *f*, posesión *f*; **personal p.**, bienes *mpl*; **public p.**, dominio público. **3** (*estate*) finca *f*.
prophecy ['prɒfɪsɪ] *n* profecía *f*.
prophesy ['prɒfɪsaɪ] *vtr* (*predict*) predecir; *Rel* profetizar.
prophet ['prɒfɪt] *n* profeta *mf*.
proportion [prə'pɔːʃən] *n* **1** proporción *f*; (*part, quantity*) parte *f*; **in p. to** or **with**, en proporción a.
proportional [prə'pɔːʃənəl] *adj* proporcional (**to**, a); *Pol* **p. representation**, representación *f* proporcional.
proportionate [prə'pɔːʃənɪt] *adj* proporcional.
proposal [prə'pəʊzəl] *n* propuesta *f*; (*suggestion*) sugerencia *f*; **p. of marriage**, propuesta de matrimonio.
propose [prə'pəʊz] **I** *vtr* proponer; (*suggest*) sugerir; *fml* (*intend*) tener la intención de. **II** *vi* declararse.
proposition [prɒpə'zɪʃən] *n* propuesta *f*; *Math* proposición *f*.
proprietor [prə'praɪətə'] *n* propietario,-a *m,f*.
propriety [prə'praɪətɪ] *n* (*decency*) decoro *m*.
propulsion [prə'pʌlʃən] *n* propulsión *f*.
prosaic [prəʊ'zeɪɪk] *adj* prosaico,-a.
prose [prəʊz] *n Lit* prosa *f*; *Educ* texto *m* para traducir.
prosecute ['prɒsɪkjuːt] *vtr* procesar.
prosecution [prɒsɪ'kjuːʃən] *n* (*action*) proceso *m*, juicio *m*; **the p.**, la acusación.
prosecutor ['prɒsɪkjuːtə'] *n* acusador,-a *m,f*.
prospect ['prɒspekt] **I** *n* (*outlook*) perspectiva *f*; (*hope*) esperanza *f*; **the job has**

prospects, es un trabajo con porvenir. II [prə'spekt] *vtr* explorar. III *vi* **to p. for gold/oil**, buscar oro/petróleo.
prospective [prə'spektɪv] *adj (future)* futuro,-a; *(possible)* eventual, probable.
prospector [prə'spektər] *n* **gold p.**, buscador,-a *m,f* del oro.
prospectus [prə'spektəs] *n* prospecto *m*.
prosper ['prɒspər] *vi* prosperar.
prosperity [prɒ'sperɪtɪ] *n* prosperidad *f*.
prosperous ['prɒspərəs] *adj* próspero,-a.
prostitute ['prɒstɪtju:t] *n* prostituta *f*.
prostitution [prɒstɪ'tju:ʃən] *n* prostitución *f*.
prostrate ['prɒstreɪt] *adj (face down)* boca abajo; **p. with grief**, deshecho de dolor.
protagonist [prəʊ'tægənɪst] *n* protagonista *mf*.
protect [prə'tekt] *vtr* proteger; *(interests etc)* salvaguardar; **to p. sb from sth**, proteger a algn de algo.
protection [prə'tekʃən] *n* protección *f*.
protective [prə'tektɪv] *adj* protector,-a.
protégé(e) ['prəʊtɪʒeɪ] *n* protegido,-a *m,f*.
protein ['prəʊti:n] *n* proteína *f*.
protest ['prəʊtest] I *n* protesta *f; (complaint)* queja *f*. II [prə'test] *vtr* protestar de. III *vi GB* protestar.
Protestant ['prɒtɪstənt] *adj & n* protestante *(mf)*.
protester [prə'testər] *n* manifestante *mf*.
protocol ['prəʊtəkɒl] *n* protocolo *m*.
prototype ['prəʊtətaɪp] *n* prototipo *m*.
protracted [prə'træktɪd] *adj* prolongado,-a.
protrude [prə'tru:d] *vi fml* sobresalir.
protuberance [prə'tju:bərəns] *n fml* protuberancia *f*.
proud [praʊd] *adj* orgulloso,-a; *(arrogant)* soberbio,-a.
prove [pru:v] I *vtr* 1 probar, demostrar; *Math* comprobar; **to p. oneself**, dar pruebas de valor. 2 **it proved to be disastrous**, *(turned out)* resultó ser desastroso,-a.
proverb ['prɒvɜ:b] *n* refrán *m*, proverbio *m*.
provide [prə'vaɪd] I *vtr* proporcionar; *(supplies)* suministrar, proveer. II *vi* proveer; **to p. for sb**, mantener a algn.
provided [prə'vaɪdɪd] *conj* **p. (that)**, con tal de que.
providing [prə'vaɪdɪŋ] *conj* → **provided**.
province ['prɒvɪns] *n* provincia *f; fig (field of knowledge)* campo *m*.
provincial [prə'vɪnʃəl] I *adj* provincial; *pej* provinciano,-a. II *n pej (person)* provinciano,-a *m,f*.
provision [prə'vɪʒən] *n* provisión *f; (supply)* suministro *m*; **provisions**, *(food)* provisiones *fpl*, víveres *mpl*.
provisional [prə'vɪʒənəl] *adj* provisional.
proviso [prə'vaɪzəʊ] *n* **with the p. that**, a condición de que.
provocation [prɒvə'keɪʃən] *n* provocación *f*.
provocative [prə'vɒkətɪv] *adj* provocador,-a; *(flirtatious)* provocativo,-a.
provoke [prə'vəʊk] *vtr* provocar.
prow [praʊ] *n* proa *f*.
prowess ['praʊɪs] *n* destreza *f*.
prowl [praʊl] I *n* merodeo *m*; **to be on the p.**, merodear, rondar. II *vi* merodear; *fam* **to p. about** *or* **around**, rondar.
prowler ['praʊlər] *n fam* merodeador *m*.
proximity [prɒk'sɪmɪtɪ] *n* proximidad *f*; **in p. to**, **in the p. of**, cerca de.
proxy ['prɒksɪ] *n Jur (power)* poderes *mpl*; *(person)* apoderado,-a *m,f*; **by p.**, por poderes.
prudence ['pru:dəns] *n* prudencia *f*.
prudent ['pru:dənt] *adj* prudente.
prudish ['pru:dɪʃ] *adj* remilgado,-a.
prune¹ [pru:n] *n* ciruela pasa.
prune² [pru:n] *vtr (roses etc)* podar; *fig* acortar.
pry [praɪ] *vi* curiosear, husmear; **to p. into sb's affairs**, meterse en asuntos ajenos.
PS, ps [pi:'es] *abbr of* (postscript), P.S., P.D.
psalm [sɑ:m] *n* salmo *m*.
pseudo- ['sju:dəʊ] *pref* pseudo-, seudo-.
pseudonym ['sju:dənɪm] *n* (p)seudónimo *m*.
psyche ['saɪkɪ] *n* psique *f*.
psychiatric [saɪkɪ'ætrɪk] *adj* psiquiátrico,-a.
psychiatrist [saɪ'kaɪətrɪst] *n* psiquiatra *mf*.
psychiatry [saɪ'kaɪətrɪ] *n* psiquiatría *f*.
psychic ['saɪkɪk] I *adj* psíquico,-a. II *n* médium *mf*.
psychoanalysis [saɪkəʊə'nælɪsɪs] *n* psicoanálisis *f*.
psychoanalyst [saɪkəʊ'ænəlɪst] *n* psicoanalista *mf*.
psychological [saɪkə'lɒdʒɪkəl] *adj* psicológico,-a.
psychologist [saɪ'kɒlədʒɪst] *n* psicólogo,-a *m,f*.
psychology [saɪ'kɒlədʒɪ] *n* psicología *f*.
psychopath ['saɪkəʊpæθ] *n* psicópata *mf*.
PTO, pto [pi:ti:'əʊ] *abbr of* **please turn over**, sigue.
pub [pʌb] *n GB fam* bar *m*, pub *m*.
puberty ['pju:bətɪ] *n* pubertad *f*.
pubic ['pju:bɪk] *adj* púbico,-a.
public ['pʌblɪk] I *adj* público,-a; **to make sth p.**, hacer público algo; **p. company**, empresa pública; **p. convenience**, servicios *mpl*, aseos *mpl*; **p. holiday**, fiesta *f* nacional; **p. house**, pub *m*, taberna *f*; **p. opinion**, opinión pública; **p. relations**, relaciones públicas; *GB* **p. school**, colegio privado; **p. transport**, transporte público. II *n* **the p.**, el público; **in p.**, en

público.
public-address system [pʌblıkə'dres sıstəm] *n* megafonía *f*.
publican ['pʌblıkən] *n* tabernero,-a *m,f*.
publication [pʌblı'keıʃən] *n* publicación *f*.
publicity [pʌ'blısıtı] *n* publicidad *f*.
publicize ['pʌblısaız] *vtr (make public)* hacer público,-a; *(advertise)* hacer publicidad a.
public-spirited [pʌblık'spırıtıd] *adj* de espíritu cívico.
publish ['pʌblıʃ] *vtr* publicar, editar.
publisher ['pʌblıʃər] *n (person)* editor,-a *m,f*; *(firm)* casa *f* editorial *f*.
publishing ['pʌblıʃıŋ] *n (business)* industria *f* editorial; **p. company** or **house**, casa *f* editorial.
pucker ['pʌkər] *vtr (lips, brow)* fruncir, arrugar.
pudding ['pudıŋ] *n Culin* pudín *m*; *(dessert)* postre *m*; **Christmas p.**, pudín a base de frutos secos típico de Navidad; **p. basin**, cuenco *m*; **steamed p.**, budín *m*.
puddle ['pʌdəl] *n* charco *m*.
puff [pʌf] **I** *n (of wind)* racha *f*; *(of smoke)* bocanada *f*; **p. pastry**, pasta *f* de hojaldre. **II** *vi (person)* jadear, resoplar; *(train)* echar humo; **to p. on one's pipe**, chupar la pipa. **III** *vtr (cigarette)* dar una calada a. ◆**puff up** *vi* hincharse.
puffy ['pʌfı] *adj (puffier, puffiest)* hinchado,-a.
pugnacious [pʌg'neıʃəs] *adj* belicoso,-a.
pull [pul] **I** *n* 1 **to give sth a p.**, *(tug)* dar un tirón a algo. 2 *(of engine)* tracción *f*; *fig (attraction)* atracción *f*; *(influence)* enchufe *m*. **II** *vtr* 1 *(tug)* dar un tirón; **to p. a muscle**, sufrir un tirón en un músculo; **to p. the trigger**, apretar el gatillo; **to p. to pieces**, hacer pedazos; **fig to p. sb's leg**, tomar el pelo a algn. 2 *(draw)* tirar, arrastrar; *fig* **to p. one's weight**, hacer su parte del trabajo. 3 *(draw out)* sacar. 4 *fam (people)* atraer. **III** *vi (drag)* tirar; **to p. alongside sb**, acercarse a algn. ◆**pull apart** *vtr* desmontar; *fig (criticize)* poner por los suelos. ◆**pull down** *vtr (building)* derribar. ◆**pull in I** *vtr (crowds)* atraer. **II** *vi (train)* entrar en la estación; *(stop)* parar. ◆**pull off I** *vtr fam (carry out)* llevar a cabo. **II** *vi (vehicle)* arrancar. ◆**pull out I** *vtr (withdraw)* retirar. **II** *vi Aut* **to p. out to overtake**, salir para adelantar. ◆**pull over** *vi* hacerse a un lado. ◆**pull through** *vi* reponerse, restablecerse. ◆**pull together** *vtr* **to p. oneself together**, calmarse. ◆**pull up I** *vtr* 1 *(uproot)* desarraigar; **to p. up one's socks**, subirse los calcetines; *fig* espabilarse. 2 *(chair)* acercar. **II** *vi (stop)* pararse.

pulley ['pulı] *n* polea *f*.
pullover ['puləuvər] *n* jersey *m*.
pulp [pʌlp] **I** *n (of paper, wood)* pasta *f*; *(of fruit)* pulpa *f*; *(customer)* basura *f*. **II** *vtr* reducir a pulpa.
pulpit ['pulpıt] *n* púlpito *m*.
pulsate [pʌl'seıt] *vi* vibrar, palpitar.
pulse¹ [pʌls] *n Anat* pulso *m*.
pulse² [pʌls] *n Bot Culin* legumbre *f*.
pumice (stone) ['pʌmıs(stəun)] *n* piedra *f* pómez.
pummel ['pʌməl] *vtr* aporrear.
pump¹ [pʌmp] **I** *n* bomba *f*. **II** *vtr* bombear; **to p. sth in/out**, meter/sacar algo con una bomba; *fam fig* **to p. sb for information**, sonsacar información a algn. ◆**pump out** *vtr (empty)* vaciar. ◆**pump up** *vtr (tyre)* inflar.
pump² [pʌmp] *n (shoe)* zapatilla *f*.
pumpkin ['pʌmpkın] *n* calabaza *f*.
pun [pʌn] *n* juego de palabras.
punch¹ [pʌntʃ] **I** *n (for making holes)* perforadora *f*; *(for tickets)* taladradora *f*; *(in leather etc)* punzón *m*. **II** *vtr (make hole in)* perforar; *(in ticket)* picar; *(in leather)* punzar.
punch² [pʌntʃ] **I** *n (blow)* puñetazo *m*; *(in boxing)* pegada *f*; *fig* **it lacks p.**, le falta fuerza; **p. line**, remate *m (in un chiste)*. **II** *vtr (with fist)* dar un puñetazo a.
punch³ [pʌntʃ] *n (drink)* ponche *m*.
punch-up ['pʌntʃʌp] *n fam* pelea *f*.
punctual ['pʌŋktjuəl] *adj* puntual.
punctuate ['pʌŋktjueıt] *vtr* puntuar; *fig* salpicar.
punctuation [pʌŋktju'eıʃən] *n* puntuación *f*.
puncture ['pʌŋktʃər] **I** *n* pinchazo *m*. **II** *vtr (tyre)* pinchar.
pundit ['pʌndıt] *n fam* experto,-a *m,f*.
pungent ['pʌndʒənt] *adj (smell)* acre; *(taste)* fuerte.
punish ['pʌnıʃ] *vtr* castigar.
punishable ['pʌnıʃəbəl] *adj* castigable, punible.
punishment ['pʌnıʃmənt] *n* castigo *m*.
punk [pʌŋk] *n fam* 1 punk *mf*; **p. music**, música *f* punk. 2 *US* mamón *m*.
punt [pʌnt] **I** *n (boat)* batea *f*. **II** *vi* ir en batea.
punter ['pʌntər] *n GB (gambler)* jugador,-a *m,f*; *(customer)* cliente,-a *m,f*.
puny ['pju:nı] *adj (punier, puniest)* enclenque, endeble.
pup [pʌp] *n* cachorro,-a *m,f*.
pupil¹ ['pju:pəl] *n Educ* alumno,-a *m,f*.
pupil² ['pju:pəl] *n Anat* pupila *f*.
puppet ['pʌpıt] *n* títere *m*.
puppy ['pʌpı] *n* cachorro,-a *m,f*, perrito *m*.
purchase ['pɜ:tʃıs] **I** *n* compra *f*. **II** *vtr* comprar; **purchasing power**, poder adquisitivo.

purchaser ['pɜːtʃɪsər] n comprador,-a m,f.
pure [pjʊər] adj puro,-a. ◆**purely** adv simplemente.
purée ['pjʊəreɪ] n puré m.
purge [pɜːdʒ] I n purga f. II vtr purgar.
purify ['pjʊərɪfaɪ] vtr purificar.
purl [pɜːl] vtr (in knitting) hacer punto del revés.
purple ['pɜːpəl] adj morado,-a, purpúreo,-a; **to go p. (in the face)**, ponerse morado,-a.
purport [pɜːˈpɔːt] vi fml pretender; **to p. to be sth**, pretender ser algo.
purpose ['pɜːpəs] n 1 propósito m, intención f; **on p.**, a propósito. 2 (use) utilidad f.
purposeful ['pɜːpəsfʊl] adj (resolute) decidido,-a, resoluto,-a.
purr [pɜːr] vi (cat) ronronear; (engine) zumbar.
purse [pɜːs] I n GB monedero m; US (bag) bolso m; (prize money) premio m en metálico f. II vtr **to p. one's lips**, apretarse los labios.
purser ['pɜːsər] n contador,-a m,f.
pursue [pəˈsjuː] vtr (criminal) perseguir; (person) seguir; (pleasure) buscar; (career) ejercer.
pursuer [pəˈsjuːər] n fml perseguidor,-a m,f.
pursuit [pəˈsjuːt] n (of criminal) persecución f; (of animal) caza f; (of pleasure) búsqueda f; (pastime) pasatiempo m.
purveyor [pɜːˈveɪər] n fml proveedor,-a m,f.
pus [pʌs] n pus m.
push [pʊʃ] I n empujón m; fig (drive) brío m, dinamismo m. II vtr 1 empujar; (button) pulsar, apretar; **to p. one's finger into a hole**, meter el dedo en un agujero. 2 fig (pressurize) instar; (harass) acosar; **fam to be (hard) pushed for time**, andar justo,-a de tiempo. 3 fam (product) promover; **to p. drugs**, pasar droga. III vi empujar. ◆**push aside** vtr (object) apartar. ◆**push in** vi colarse. ◆**push off** vi (in boat) desatracar; **fam p. off!**, ¡lárgate! ◆**push on** vi (continue) seguir adelante. ◆**push through** vtr abrirse paso entre.
pushchair ['pʊʃtʃeər] n GB sillita f (de ruedas).
pusher ['pʊʃər] n sl (of drugs) camello m.
pushover ['pʊʃəʊvər] n fam **it's a p.**, está chupado; **she's a p.**, es un ligue fácil.
push-up ['pʊʃʌp] n Gymn flexión f (de brazos).
pushy ['pʊʃɪ] adj (pushier, pushiest) fam agresivo,-a.
puss [pʊs], **pussy** ['pʊsɪ] n fam minino m.
put [pʊt] I vtr- (pt & pp **put**) 1 poner; (place) colocar; (insert) meter; **to p. to bed**, acostar a; **to p. a picture up on the wall**, colgar un cuadro en la pared; **to p. a stop to sth**, poner término a algo; fig **to p. one's foot in it**, meter la pata. 2 (present) presentar, exponer; **to p. a question to sb**, hacer una pregunta a algn. 3 (express) expresar, decir; **to p. it mildly**, y me quedo corto; **to p. sth simply**, explicar algo de manera sencilla. 4 (estimate) calcular. 5 (money) ingresar; (invest) invertir.
II vi Naut **to p. to sea**, zarpar.
III adv **to stay p.**, quedarse quieto,-a.
◆**put about** vtr (rumour) hacer correr. ◆**put across** vtr (idea etc) comunicar. ◆**put aside** vtr (money) ahorrar; (time) reservar. ◆**put away** vtr (tidy away) recoger; fam (eat) zamparse; (save money) ahorrar. ◆**put back** vtr (postpone) aplazar; **to p. the clock back**, retrasar la hora. ◆**put by** vtr (money) ahorrar. ◆**put down** vtr (set down) dejar; (suppress) sofocar; (humiliate) humillar; (criticize) criticar; (animal) provocar la muerte de; (write down) apuntar. ◆**put down to** vtr achacar a. ◆**put forward** vtr (theory) exponer; (proposal) hacer; **to p. one's name forward for sth**, presentarse como candidato,-a para algo. ◆**put in** I vtr (install) instalar; (complaint, request) presentar; (time) pasar. II vi Naut hacer escala (at, en). ◆**put off** vtr (postpone) aplazar; **to p. sb off (doing) sth**, (dissuade) disuadir a algn de (hacer) algo. ◆**put on** vtr (clothes) poner, ponerse; (show) montar; (concert) dar; (switch on) (radio) poner; (light) encender; (water, gas) abrir; **to p. on weight**, aumentar de peso; **to p. on the brakes**, frenar; fig **to p. on a straight face**, poner cara de serio,-a. ◆**put out** vtr (light, fire) apagar; (place outside) sacar; (extend) (arm) extender; (tongue) sacar; (hand) tender; (spread) (rumour) hacer correr; (annoy) molestar; (inconvenience) incordiar; (anger) **to be p. out by sth**, enojarse por algo. ◆**put through** vtr Tel **p. me through to Pat, please**, póngame con Pat, por favor. ◆**put together** vtr (join) unir, reunir; (assemble) armar, montar. ◆**put up** vtr (raise) levantar, subir; (picture) colocar; (curtains) colgar; (building) construir; (tent) armar; (prices) subir, aumentar; (accommodate) alojar, hospedar; **to p. up a fight**, ofrecer resistencia. ◆**put up to** vtr **to p. sb up to sth**, incitar a algn a hacer algo. ◆**put up with** vtr aguantar, soportar.
putrid ['pjuːtrɪd] adj fml putrefacto,-a.
putt [pʌt] I n tiro m al hoyo. II vtr & vi tirar al hoyo.
putting ['pʌtɪŋ] n **p. green**, minigolf m.
putty ['pʌtɪ] n masilla f.
puzzle ['pʌzəl] I n rompecabezas m inv;

puzzling 504 **queasy**

(crossword) crucigrama *m*; *fig (mystery)* misterio *m*. **II** *vtr* dejar perplejo,-a; **to be puzzled about sth**, no entender algo.
◆**puzzle over** *vtr* **to p. over sth**, dar vueltas a algo (en la cabeza).
puzzling ['pʌzəlɪŋ] *adj* extraño,-a, curioso,-a.
pygmy ['pɪgmɪ] *n* pigmeo,-a *m,f*; *fig* enano,-a *m,f*.

pyjamas [pə'dʒɑːməz] *npl* pijama *m sing*.
pylon ['paɪlən] *n* torre *f* (de conducción eléctrica).
pyramid ['pɪrəmɪd] *n* pirámide *f*.
Pyrenees [pɪrə'niːz] *npl* **the P.**, los Pirineos.
Pyrex® ['paɪreks] *n* pírex® *m*.
python ['paɪθən] *n* pitón *m*.

Q

Q, q [kjuː] *n (the letter)* Q, q *f*.
quack [kwæk] **I** *n* **1** *(of duck)* graznido *m*. **2** *fam (doctor)* curandero,-a *m,f*. **II** *vi* graznar.
quad [kwɒd] *n fam* **1** *GB (of school, university)* patio *m* interior. **2** *(quadruplet)* cuatrillizo,-a *m,f*.
quadrangle ['kwɒdræŋgəl] *n* **1** *Geom* cuadrángulo *m*. **2** *(courtyard)* patio *m* interior.
quadruple ['kwɒdrʊpəl, kwɒ'druːpəl] **I** *n* cuádruplo *m*. **II** *adj* cuádruple. **III** *vtr* cuadruplicar. **IV** *vi* cuadruplicarse.
quadruplet ['kwɒdrʊplɪt, kwɒ'druːplɪt] *n* cuatrillizo,-a *m,f*.
quagmire ['kwægmaɪər, 'kwɒgmaɪər] *n (land)* cenagal *m*.
quail¹ [kweɪl] *n Orn* codorniz *f*.
quail² [kweɪl] *vi fig* encogerse.
quaint [kweɪnt] *adj (picturesque)* pintoresco,-a; *(original)* singular.
quake [kweɪk] **I** *vi* temblar. **II** *n fam* temblor *m* de tierra.
Quaker ['kweɪkər] *n* cuáquero,-a *m,f*.
qualification [kwɒlɪfɪ'keɪʃən] *n* **1** *(ability)* aptitud *f*. **2** *(requirement)* requisito *m*. **3** *(diploma etc)* título *m*. **4** *(reservation)* reserva *f*.
qualified ['kwɒlɪfaɪd] *adj* **1** capacitado,-a; **q. teacher**, profesor titulado. **2** **q. approval**, *(modified)* aprobación condicional.
qualify ['kwɒlɪfaɪ] **I** *vtr* **1** *(entitle)* capacitar. **2** *(modify)* modificar; *(statement)* matizar; *Ling* calificar. **II** *vi* **1 to q. as**, *(doctor etc)* sacar el título de; **when did you q.?**, ¿cuándo terminaste la carrera? **2** *(in competition)* quedar clasificado,-a.
qualifying ['kwɒlɪfaɪɪŋ] *adj (round, exam)* eliminatorio,-a.
quality ['kwɒlɪtɪ] *n* **1** *(excellence)* calidad *f*; **q. control**, control *m* de calidad; **q. newspapers**, prensa *f* no sensacionalista. **2** *(attribute)* cualidad *f*.
qualm [kwɑːm] *n* **1** *(scruple)* escrúpulo *m*. **2** *(doubt)* duda *f*.
quandary ['kwɒndərɪ, 'kwɒndrɪ] *n* **to be in a q.**, estar en un dilema.
quango ['kwæŋgəʊ] *n* organización semiautónoma paralela.

quantity ['kwɒntɪtɪ] *n* cantidad *f*.
quarantine ['kwɒrəntiːn] *n* cuarentena *f*.
quarrel ['kwɒrəl] **I** *n (argument)* riña *f*, pelea *f*; *(disagreement)* desacuerdo *m*. **II** *vi (argue)* pelearse, reñir; **to q. with sth**, discrepar de algo.
quarrelsome ['kwɒrəlsəm] *adj* camorrista.
quarry¹ ['kwɒrɪ] *Min* **I** *n* cantera *f*. **II** *vtr* extraer.
quarry² ['kwɒrɪ] *n* presa *f*.
quart [kwɔːt] *n (measurement)* cuarto *m* de galón *(GB approx* 1,13 litros; *US approx* 0,94 litros).
quarter ['kwɔːtər] **I** *n* **1** cuarto *m*, cuarta parte; **a q. of an hour**, un cuarto de hora; **a q. of a cake**, la cuarta parte de un pastel. **2 it's a q. to three**, *US* **it's a q. of three**, son las tres menos cuarto. **3** *(three months)* trimestre *m*. **4** *GB (weight)* cuarto *m* de libra. **5** *US (coin)* cuarto *m* (de dólar). **6** *(district)* barrio *m*. **7 there was criticism from all quarters**, *(areas, people)* todos lo criticaron. **8** *(of moon)* cuarto *m*. **9** **quarters**, *(lodgings)* alojamiento *m sing; Mil* **officers' q.**, residencia *f sing* de oficiales; **at close quarters**, muy cerca. **II** *vtr* **1** *(cut into quarters)* dividir en cuartos. **2** *(accommodate)* alojar.
quarterfinal ['kwɔːtəfaɪnəl] *n Sport* cuarto *m* de final.
quarterly ['kwɔːtəlɪ] **I** *adj* trimestral. **II** *n* publicación *f* trimestral. **III** *adv* trimestralmente.
quartermaster ['kwɔːtəmɑːstər] *n* **1** *Mil* oficial *m* de intendencia. **2** *Naut* cabo *m* de la Marina.
quartet(te) [kwɔː'tet] *n* cuarteto *m*.
quartz [kwɔːts] *n* cuarzo *m*; **q. watch**, reloj *m* de cuarzo.
quash [kwɒʃ] *vtr Jur* anular; *(uprising)* aplastar.
quasi ['kwɑːzɪ, 'kweɪzaɪ, 'kweɪsaɪ] *pref* cuasi.
quaver ['kweɪvər] **I** *n* **1** *Mus* corchea *f*. **2** *(in voice)* temblor *m*. **II** *vi (voice)* temblar.
quay(side) ['kiː(saɪd)] *n* muelle *m*.
queasy ['kwiːzɪ] *adj (queasier, queasiest)*

to feel q., *(ill)* tener náuseas.
queen |kwi:n| *n* 1 reina *f.* 2 *offens* loca *f*, marica *m.*
queer |kwɪər| I *adj* 1 *(strange)* extraño,-a, raro,-a. 2 *fam (mad)* loco,-a. 3 *fam (unwell)* mareado,-a. 4 *offens* maricón. II *n sl offens* marica *m*, maricón *m.*
quell |kwel| *vtr* reprimir.
quench |kwentʃ| *vtr* apagar.
querulous |ˈkwerʊləs, ˈkwerjʊləs| *adj fml* quejumbroso,-a.
query |ˈkwɪərɪ| I *n (question)* pregunta *f.* II *vtr (ask questions about)* preguntar acerca de; *(have doubts about)* poner en duda.
quest |kwest| *n lit* búsqueda *f*, busca *f.*
question |ˈkwestʃən| I *n* 1 *(interrogative)* pregunta *f*; **to ask sb a q.**, hacer una pregunta a algn; **he did it without q.**, lo hizo sin rechistar; **q. mark**, signo *m* de interrogación; *fig* interrogante *m.* 2 *(problem, issue)* asunto *m*, cuestión *f*; **it's a q. of two hours**, es cuestión de dos horas. 3 *(doubt)* duda *f*; **beyond q.**, fuera de duda; **in q.**, en duda; **to call sth into q.**, poner algo en duda. 4 **out of the q.**, imposible; **that's out of the q.**, ¡ni hablar! 5 *Educ* problema *m.* II *vtr (ask questions of)* hacer preguntas a; *(interrogate)* interrogar; *(query)* poner en duda.
questionable |ˈkwestʃənəbəl| *adj (doubtful)* dudoso,-a; *(debatable)* discutible.
questionnaire |ˌkwestʃəˈneər| *n* cuestionario *m.*
queue |kju:| *GB* I *n* cola *f.* II *vi* **to q. (up)**, hacer cola.
quibble |ˈkwɪbəl| I *n* pega *f.* II *vi* poner pegas **(with**, a); *fam* buscarle tres pies al gato.
quick |kwɪk| *adj* 1 *(fast)* rápido,-a; **a q. look**, un vistazo; **a q. snack**, un bocado; **be q.!**, ¡date prisa! 2 *(clever)* espabilado,-a; *(wit)* agudo,-a. 3 **she has a q. temper**, se cabrea con nada. ◆**quickly** *adv* rápidamente, de prisa.
quicken |ˈkwɪkən| I *vtr* acelerar; **to q. one's pace**, acelerar el paso. II *vi (speed up)* acelerarse.
quickness |ˈkwɪknɪs| *n* 1 *(speed)* rapidez *f.* 2 *(of wit)* agudeza *f*, viveza *f.*
quicksand |ˈkwɪksænd| *n* arenas movedizas.
quicksilver |ˈkwɪksɪlvər| *n* mercurio *m.*
quick-witted |kwɪkˈwɪtɪd| *adj* agudo,-a.
quid |kwɪd| *n GB sl* libra *f* (esterlina).
quiet |ˈkwaɪət| I *n* 1 *(silence)* silencio *m.* 2 *(calm)* tranquilidad *f.* II *adj* 1 *(silent)* silencioso,-a; *(street)* tranquilo,-a; **a q. voice**, una voz suave; **keep q.!**, ¡silencio! 2 *(calm)* tranquilo,-a. 3 *Com Fin* **business is q. today**, hoy hay poco negocio. 4 *(person)* reservado,-a. 5 *(secret)* confidencial. 6 *(not showy) (clothes)* sobrio,-a; *(colours)* apagado,-a. 7 *(ceremony, dinner)* íntimo,-a. II *vtr US* calmar. III *vi US* calmarse. ◆**quietly** *adv* 1 *(silently)* silenciosamente; **he spoke q.**, habló en voz baja. 2 *(calmly)* tranquilamente. 3 *(discreetly)* discretamente.
quieten |ˈkwaɪətən| I *vtr (silence)* callar; *(calm)* calmar. II *vi (silence)* callarse; *(calm)* calmarse. ◆**quieten down** *GB* I *vtr* calmar. II *vi* calmarse.
quietness |ˈkwaɪətnɪs| *n* 1 *(silence)* silencio *m.* 2 *(calm)* tranquilidad *f.*
quill |kwɪl| *n (feather, pen)* pluma *f*; *(of porcupine)* púa *f.*
quilt |kwɪlt| I *n* edredón *m.* II *vtr* acolchar.
quin |kwɪn| *n* quintillizo,-a *m,f.*
quinine |ˈkwɪni:n, *US* ˈkwaɪnaɪn| *n* quinina *f.*
quintessential |kwɪntɪˈsenʃəl| *adj* fundamental.
quintet(te) |kwɪnˈtet| *n* quinteto *m.*
quintuple |ˈkwɪntjʊpəl, kwɪnˈtju:pəl| I *adj* quíntuplo,-a. II *n* quíntuplo *m.* III *vtr* quintuplicar.
quintuplet |ˈkwɪntjʊplɪt, kwɪnˈtju:plɪt| *n* quintillizo,-a *m,f.*
quip |kwɪp| I *n* salida *f*; *(joke)* chiste *m.* II *vi* bromear.
quirk |kwɜːk| *n* 1 *(peculiarity)* manía *f.* 2 *(of fate)* arbitrariedad *f.*
quit |kwɪt| I *vtr (pt & pp* **quitted** *or esp US* **quit**) 1 *(leave)* dejar, abandonar. 2 **q. making that noise!**, ¡deja de hacer ese ruido!. II *vi* 1 *(go)* irse; *(give up)* dimitir. 2 *(cease)* dejar de hacer algo. III *adj* **let's call it quits**, dejémoslo estar.
quite |kwaɪt| *adv* 1 *(entirely)* totalmente; **she's q. right**, tiene toda la razón. 2 *(rather)* bastante; **q. a few**, bastantes; **q. a while**, un buen rato; **q. often**, con bastante frecuencia; **that's q. enough!**, ¡ya está bien! 3 **he's q. a character**, es un tipo original; **to be q. sth**, es increíble. 4 *(exactly)* exactamente; **q. (so)!**, ¡en efecto!, ¡exacto!
quiver[1] |ˈkwɪvər| *vi* temblar.
quiver[2] |ˈkwɪvər| *n (for arrows)* aljaba *f*, carcaj *m.*
quiz |kwɪz| I *n Rad TV* **q. show**, concurso *m.* II *vtr* hacer preguntas a.
quizzical |ˈkwɪzɪkəl| *adj* 1 *(bemused)* burlón,-ona. 2 *(enquiring)* curioso,-a.
quota |ˈkwəʊtə| *n* 1 *(proportional share)* cuota *f*, parte *f.* 2 *(prescribed amount, number)* cupo *m.*
quotation |kwəʊˈteɪʃən| *n* 1 *Lit* cita *f*; **q. marks**, comillas *fpl.* 2 *Fin* cotización *f.*
quote |kwəʊt| I *vtr* 1 *(cite)* citar. 2 *Com* **to q. a price**, dar un presupuesto. 3 *Fin* cotizar. II *n* 1 *Lit* cita *f.* 2 *Com* presupuesto *m.*
quotient |ˈkwəʊʃənt| *n* cociente *m.*

R

R, r [ɑːr] *n (the letter)* R, r *f.*
rabbi ['ræbaɪ] *n* rabí *m*, rabino *m.*
rabbit ['ræbɪt] I *n* conejo,-a *m,f*; r. **hutch**, conejera *f.* II *vi fam* **to r. (on)**, enrollarse.
rabble ['ræbəl] *n pej* **the r.**, el populacho.
rabies ['reɪbiːz] *n* rabia *f.*
RAC [ɑːreɪ'siː] *GB abbr of* **Royal Automobile Club**, ≈ Real Automóvil Club *m* de España, RACE.
race[1] [reɪs] I *n* **1** *Sport* carrera *f.* **2 GB the races**, las carreras (de caballos). II *vtr* **1 I'll r. you!**, ¡te echo una carrera! **2** *(car, horse)* hacer correr. **3** *(engine)* acelerar. III *vi (go quickly)* correr; *(pulse)* acelerarse.
race[2] [reɪs] *n (people)* raza *f.*
racecourse ['reɪskɔːs] *n GB* hipódromo *m.*
racehorse ['reɪshɔːs] *n* caballo *m* de carreras.
racer ['reɪsər] *n Sport* **1** *(person)* corredor,-a *m,f.* **2** *(bicycle)* bicicleta *f* de carreras; *(car)* coche *m* de carreras.
racetrack ['reɪstræk] *n (for cars, people, bikes)* pista *f*; *US (for horses)* hipódromo *m.*
racial ['reɪʃəl] *adj* racial.
racing ['reɪsɪŋ] I *n* carreras *fpl.* II *adj* de carreras; r. **car/bike**, coche *m*/moto *f* de carreras.
racism ['reɪsɪzəm] *n* racismo *m.*
racist ['reɪsɪst] *adj & n* racista *(mf).*
rack [ræk] I *n* **1** *(shelf)* estante *m*; *(for clothes)* percha *f*; **luggage r.**, portaequipajes *m inv*; **roof r.**, baca *f.* **2** *(for torture)* potro *m.* II *vtr lit (torment)* atormentar; *fam fig* **to r. one's brains**, devanarse los sesos.
racket[1] ['rækɪt] *n* **1** *(din)* ruido *m*, jaleo *m.* **2** *(swindle)* timo *m*; *(shady business)* chanchullo *m.*
racket[2] ['rækɪt] *n Sport* raqueta *f.*
racquet ['rækɪt] *n* → **racket**.
racy ['reɪsɪ] *adj (racier, raciest) (lively)* vivo,-a; *(risqué)* atrevido,-a.
radar ['reɪdɑːr] *n* radar *m.*
radiance ['reɪdɪəns] *n* resplandor *m.*
radiant ['reɪdɪənt] *adj* radiante, resplandeciente.
radiate ['reɪdɪeɪt] *vtr* irradiar; *fig* **she radiated happiness**, rebosaba de alegría.
radiation [reɪdɪ'eɪʃən] *n* radiación *f.*
radiator ['reɪdɪeɪtər] *n* radiador *m.*
radical ['rædɪkəl] *adj* radical.
radio ['reɪdɪəʊ] *n* radio *f*; **on the r.**, en *or* por la radio; r. **station**, emisora *f* (de radio).
radioactive [reɪdɪəʊ'æktɪv] *adj* radiactivo,-a.
radio-controlled [reɪdɪəʊkən'trəʊld] *adj* teledirigido,-a.
radiography [reɪdɪ'ɒgrəfɪ] *n* radiografía *f.*
radiology [reɪdɪ'ɒlədʒɪ] *n* radiología *f.*
radiotherapy [reɪdɪəʊ'θerəpɪ] *n* radioterapia *f.*
radish ['rædɪʃ] *n* rábano *m.*
radius ['reɪdɪəs] *n* radio *m*; **within a r. of**, en un radio de.
RAF [ɑːreɪ'ef] *GB abbr of* **Royal Air Force**, fuerzas aéreas británicas.
raffle ['ræfəl] I *n* rifa *f.* II *vtr* rifar.
raft [rɑːft] *n* balsa *f.*
rafter ['rɑːftər] *n* viga *f* de madera.
rag[1] [ræg] I *n* **1** *(torn piece)* harapo *m*; r. **doll**, muñeca *f* de trapo. **2** *(for cleaning)* trapo *m*. **3** *fam* **rags**, *(clothes)* trapos *mpl.* **4** *Press pej* periodicucho *m.*
rag[2] [ræg] I *n GB Univ* función benéfica. II *vtr* gastar bromas a.
rag-and-bone [rægən'bəʊn] *adj GB* **r.-and-b. man**, trapero *m.*
rage [reɪdʒ] I *n* **1** *(fury)* cólera *f.* **2** *fam* **it's all the r.**, hace furor. II *vi* **1** *(person)* rabiar, estar furioso,-a. **2** *fig (storm, sea)* rugir; *(wind)* bramar.
ragged ['rægɪd] *adj* **1** *(clothes)* hecho,-a jirones. **2** *(person)* harapiento,-a. **3** *(edge)* mellado,-a. **4** *fig (uneven)* desigual.
raging ['reɪdʒɪŋ] *adj* **1** *(angry)* furioso,-a. **2** *fig (sea)* embravecido,-a. **3** *(intense)* feroz; *(storm)* violento,-a.
raid [reɪd] I *n Mil* incursión *f*; *(by police)* redada *f*; *(robbery etc)* atraco *m.* II *vtr Mil* hacer una incursión en; *(police)* hacer una redada en; *(rob)* asaltar; *fam* **to r. the larder**, vaciar la despensa.
raider ['reɪdər] *n (invader)* invasor,-a *m,f.*
rail [reɪl] *n* **1** barra *f.* **2** *(railing)* barandilla *f.* **3** *Rail* carril *f*; **by r.**, *(send sth)* por ferrocarril; *(travel)* en tren.
railcard ['reɪlkɑːd] *n GB* abono *m.*
railing ['reɪlɪŋ] *n (usu pl)* verja *f.*
railroad ['reɪlrəʊd] *n US* ferrocarril *m.*
railway ['reɪlweɪ] *n GB* ferrocarril *m*; r. **line**, r. **track**, vía férrea; r. **station**, estación *f* de ferrocarril.
railwayman ['reɪlweɪmən] *n GB* ferroviario *m.*
rain [reɪn] I *n* lluvia *f*; **in the r.**, bajo la lluvia. II *vi* llover; **it's raining**, llueve.
rainbow ['reɪnbəʊ] *n* arco *m* iris.
raincoat ['reɪnkəʊt] *n* impermeable *m.*
raindrop ['reɪndrɒp] *n* gota *f* de lluvia.
rainfall ['reɪnfɔːl] *n (falling of rain)* precipitación *f*; *(amount)* pluviosidad *f.*
rainforest ['reɪnfɒrɪst] *n* selva *f* tropical.
rainy ['reɪnɪ] *adj (rainier, rainiest)* lluvioso,-a.
raise [reɪz] I *n US* aumento *m* (de

sueldo). **II** *vtr* **1** levantar; *(glass)* brindar; *(voice)* subir; *(building)* erigir. **2** *(prices)* aumentar. **3** *(money, help)* reunir. **4** *(issue)* plantear. **5** *(crops, children)* criar. **6** *Rad* comunicar con. **7** *(standards)* mejorar. **8** *(laugh)* provocar.

raisin ['reɪzən] *n* pasa *f*.

rake¹ [reɪk] **I** *n* *(garden tool)* rastrillo *m*; *(for fire)* hurgón *m*. **II** *vtr* *(leaves)* rastrillar; *(fire)* hurgar; *(with machine gun)* barrer.

rake² [reɪk] *n* *(dissolute man)* calavera *m*, libertino *m*.

rally ['rælɪ] **I** *n* **1** *(gathering)* reunión *f*; *Pol* mitin *m*. **2** *Aut* rallye *m*. **3** *Ten* jugada *f*. **II** *vtr* *(support)* reunir. **III** *vi* recuperarse.
◆**rally round** *vi* formar una piña.

RAM [ræm] *Comput abbr of* **random access memory**, RAM.

ram [ræm] **I** *n* **1** *Zool* carnero *m*. **2** *Tech* maza *f*. **II** *vtr* **1** *(drive into place)* hincar; *(cram)* embutir; *fam* **to r. sth home**, hacer algo patente. **2** *(crash into)* chocar con.

ramble ['ræmbəl] **I** *n* *(walk)* caminata *f*. **II** *vi* **1** *(walk)* hacer una excursión a pie. **2** *fig (digress)* divagar.

rambler ['ræmblər] *n* **1** *(person)* excursionista *mf*. **2** *Bot* rosal *m* trepador.

rambling ['ræmblɪŋ] *adj* **1** *(incoherent)* incoherente. **2** *(house)* laberíntico,-a. **3** *Bot* trepador,-a.

ramp [ræmp] *n* **1** rampa *f*. **2** *Av* *(movable stairway)* escalerilla *f*.

rampage [ræm'peɪdʒ] **I** *n* **to be on the r.**, desmandarse. **II** *vi* **to r. about**, comportarse como un loco.

rampant ['ræmpənt] *adj* incontrolado,-a; **corruption is r.**, la corrupción está muy extendida.

rampart ['ræmpɑːt] *n* muralla *f*.

ramshackle ['ræmʃækəl] *adj* destartalado,-a.

ran [ræn] *pt* → **run**.

ranch [rɑːntʃ] *n US* rancho *m*, hacienda *f*.

rancher [rɑːntʃər] *n US* ranchero,-a *m,f*.

rancid ['rænsɪd] *adj* rancio,-a.

rancour, *US* **rancor** ['ræŋkər] *n fml* rencor *m*.

R&D [ɑːrən'diː] *n abbr of* **Research and Development**, I+D.

random ['rændəm] **I** *n* **at r.**, al azar. **II** *adj* fortuito,-a; **r. selection**, selección hecha al azar.

randy ['rændɪ] *adj* (**randier, randiest**) *GB fam* cachondo,-a, caliente.

rang [ræŋ] *pt* → **ring**.

range [reɪndʒ] **I** *n* **1** *(of mountains)* cordillera *f*, sierra *f*. **2** *US (open land)* pradera *f*. **3** *(choice)* surtido *m*; *(of products)* gama *f*. **4** *Mus* registro *m*. **5** **firing r.**, campo *m* de tiro. **6** *(of missile)* alcance *m*; **at close r.**, de cerca; **long-/short-r. missiles**, misiles *mpl* de largo/corto alcance. **7 r. of vision**, campo *m* de visión. **8** *Culin* cocina *f* de carbón. **II** *vi* *(extend)* extenderse (**to**, hasta); **prices r. from five to twenty pounds**, los precios oscilan entre cinco y veinte libras. **III** *vtr lit (wander)* vagar por.

ranger ['reɪndʒər] *n* **1** **(forest) r.**, guardabosques *mf inv*. **2** *US* **(mounted policeman)** policía *m* montado.

rank¹ [ræŋk] **I** *n* **1** *Mil (row)* fila *f*; **the ranks**, los soldados rasos; **the r. and file**, la base. **2** *(position in army)* graduación *f*; *(in society)* rango *m*. **3** **(taxi) r.**, parada *f* de taxis. **II** *vtr (classify)* clasificar. **III** *vi (figure)* figurar; **to r. above/below sb**, figurar por encima/debajo de algn; **to r. with**, estar al mismo nivel que.

rank² [ræŋk] *adj fml* **1** *(vegetation)* exuberante. **2** *(foul-smelling)* fétido,-a. **3** *(thorough)* total, absoluto,-a.

ransack ['rænsæk] *vtr (plunder)* saquear; *(rummage in)* registrar.

ransom ['rænsəm] *n* rescate *m*; **to hold sb to r.**, pedir rescate por algn; *fig* poner a algn entre la espada y la pared.

rant [rænt] *vi* vociferar; *fam* **to r. and rave**, pegar gritos.

rap [ræp] **I** *n* **1** *(blow)* golpe *m* seco; *(on door)* golpecito *m*. **2** *Mus* rap *m*. **II** *vtr & vi (knock)* golpear.

rape¹ [reɪp] *Jur* **I** *n* violación *f*. **II** *vtr* violar.

rape² [reɪp] *n Bot* colza *f*.

rapeseed ['reɪpsiːd] *n* **r. oil**, aceite *m* de colza.

rapid ['ræpɪd] **I** *adj* rápido,-a. **II** *npl* **rapids**, *(in river)* rápidos *mpl*.

rapidity [rə'pɪdɪtɪ] *n* rapidez *f*.

rapist ['reɪpɪst] *n* violador,-a *m,f*.

rapport [ræ'pɔːr] *n* compenetración *f*.

rapture ['ræptʃər] *n* éxtasis *m*.

rapturous ['ræptʃərəs] *adj* muy entusiasta.

rare¹ [reər] *adj* raro,-a, poco común.
◆**rarely** *adv* raras veces.

rare² [reər] *adj (steak)* poco hecho,-a.

rarefied ['reərɪfaɪd] *adj* enrarecido,-a.

raring ['reərɪŋ] *adj fam* **to be r. to do sth**, morirse de ganas de hacer algo.

rarity ['reərɪtɪ] *n* rareza *f*.

rascal ['rɑːskəl] *n* granuja *mf*.

rash¹ [ræʃ] *n* **1** *Med* erupción *f*, sarpullido *m*. **2** *fig (of robberies etc)* racha *f*.

rash² [ræʃ] *adj (reckless)* impetuoso,-a; *(words, actions)* precipitado,-a, imprudente.

rasher ['ræʃər] *n* loncha *f*.

rasping ['rɑːspɪŋ] *adj* áspero,-a.

raspberry ['rɑːzbərɪ] *n* frambuesa *f*.

rat [ræt] *n* rata *f*; **r. poison**, raticida *m*.

rate [reɪt] **I** *n* **1** *(ratio)* índice *m*, tasa *f*; **at any r.**, *(at least)* al menos; *(anyway)* en cualquier caso. **2** *(cost)* precio *m*; **r. of interest, exchange)** tipo *m*. **3 at the r. of**, *(speed)* a la velocidad de; *(quantity)* a razón de. 4 first r., de primera categoría. 5 GB rates, impuestos mpl municipales. II vtr 1 (estimate) estimar. 2 (evaluate) tasar. 3 (consider) considerar.

rateable |'reɪtəbəl| adj GB r. value, valor m catastral.

ratepayer |'reɪtpeɪər| n GB contribuyente mf.

rather |'rɑːðər| adv 1 (quite) más bien, bastante; (very much so) muy. 2 (more accurately) mejor dicho; r. than, (instead of) en vez de; (more than) más que. 3 she would r. stay here, (prefer to) prefiere quedarse aquí.

ratify |ˈrætɪfaɪ| vtr ratificar.

rating |'reɪtɪŋ| n 1 (valuation) tasación f; (score) valoración f. 2 TV (programme) **ratings**, índice m sing de audiencia. 3 Naut marinero m sin graduación.

ratio |ˈreɪʃɪəʊ| n razón f; **in the r. of**, a razón de.

ration |'ræʃən| I n 1 (allowance) ración f. 2 **rations**, víveres mpl. II vtr racionar.

rational |'ræʃənəl| adj racional.

rationale |ˌræʃəˈnɑːl| n base f.

rationalize |'ræʃənəlaɪz| vtr racionalizar.

rattle |'rætl| I n 1 (of train, cart) traqueteo m; (of metal) repiqueteo m; (of glass) tintineo m; (toy) sonajero m; (instrument) carraca f. II vtr 1 (keys etc) hacer sonar. 2 fam (unsettle) poner nervioso,-a. III vi sonar; (metal) repiquetear; (glass) tintinear.

rattlesnake |'rætəlsneɪk| n serpiente f de cascabel.

raucous |'rɔːkəs| adj estridente.

ravage |'rævɪdʒ| fml I n (usu pl) estragos mpl. II vtr asolar, devastar.

rave |reɪv| I vi 1 (be delirious) delirar. 2 (be angry) enfurecerse (at, con). 3 fam (show enthusiasm) entusiasmarse (about, por). II n fam r. review, crítica f muy favorable.

raven |'reɪvən| n cuervo m.

ravenous |'rævənəs| adj I'm r., tengo un hambre que no veo.

ravine |rəˈviːn| n barranco m.

raving |'reɪvɪŋ| n fam r. mad, loco,-a de atar.

ravishing |'rævɪʃɪŋ| adj (person) encantador,-a.

raw |rɔː| I adj 1 (uncooked) crudo,-a. 2 (not processed) bruto,-a; (alcohol) puro,-a; **r. material**, materia prima. 3 (emotion) instintivo,-a. 4 (weather) crudo,-a. 5 r. **deal**, trato injusto. 6 (wound) abierto,-a; r. flesh, carne viva. 7 US (inexperienced) novato,-a. 8 (frank) franco,-a.

ray[1] |reɪ| n rayo m; fig r. of hope, rayo de esperanza.

ray[2] |reɪ| n (fish) raya f.

rayon |'reɪɒn| n rayón m.

raze |reɪz| vtr arrasar.

razor |'reɪzər| n (for shaving) maquinilla f de afeitar; **r. blade**, hoja f de afeitar.

Rd abbr of **Road**, calle f, c/.

re |riː| prep respecto a, con referencia a.

reach |riːtʃ| I vtr 1 (arrive at) llegar a. 2 (contact) localizar. II vi alcanzar; **to r. for sth**, intentar coger algo; **to r. out**, extender la mano. III n 1 (range) alcance m; **out of r.**, fuera del alcance; **within r.**, al alcance. 2 Box extensión f del brazo. 3 **reaches**, (on a river) recta f sing.

react |rɪˈækt| vi reaccionar.

reaction |rɪˈækʃən| n reacción f.

reactor |rɪˈæktər| n reactor m.

read |riːd| I vtr (pt & pp **read** |red|) 1 leer. 2 (decipher) descifrar. 3 (understand) entender; (interpret) interpretar. 4 Univ estudiar. II vi 1 (dial) marcar. 2 (signpost, text) decir. ◆**read out** vtr leer en voz alta.

readable |'riːdəbəl| adj 1 (interesting) interesante. 2 (legible) legible.

reader |'riːdər| n 1 lector,-a m,f. 2 (book) libro m de lectura. 3 GB Univ profesor,-a adjunto,-a.

readership |'riːdəʃɪp| n Press lectores mpl.

readiness |'redɪnɪs| n 1 (preparedness) preparación f. 2 (willingness) buena disposición.

reading |'riːdɪŋ| n 1 lectura f. 2 fig interpretación f. 3 (of laws, bill) presentación f.

readjust |riːəˈdʒʌst| I vtr reajustar. II vi (adapt oneself) adaptarse.

ready |'redɪ| adj 1 (prepared) listo,-a, preparado,-a; **r., steady, go!**, ¡preparados, listos, ya! 2 **r. to**, (about to) a punto de. 3 (to hand) a mano; **r. cash**, dinero m en efectivo. 4 (willing) dispuesto,-a a. ◆**readily** adv 1 (easily) fácilmente; **r. available**, disponible en el acto. 2 (willingly) de buena gana.

ready-cooked |redɪˈkʊkt| adj precocinado,-a.

ready-made |redɪˈmeɪd| adj confeccionado,-a; (food) preparado,-a.

real |rɪəl| adj 1 real, verdadero,-a; fam **for r.**, de veras. 2 (genuine) auténtico,-a; **r. leather**, piel legítima. 3 US Com **r. estate**, bienes mpl inmuebles; **r. estate agent**, agente inmobiliario. ◆**really** adv verdaderamente, realmente; **I r. don't know**, no lo sé de verdad; **r.?**, ¿de veras?

realism |'rɪəlɪzəm| n realismo m.

realistic |rɪəˈlɪstɪk| adj realista.

reality |rɪˈælɪtɪ| n realidad f; **in r.**, en realidad.

realize |'rɪəlaɪz| vtr 1 (become aware of) darse cuenta de. 2 (assets, plan) realizar.

realization |rɪəlaɪˈzeɪʃən| n 1 (understanding) comprensión f. 2 (of plan, assets) realización f.

realm |relm| n (kingdom) reino m; fig (field) terreno m.

ream |ri:m| *n (of paper)* resma *f*.
reap |ri:p| *vtr Agr* cosechar; *fig* **to r. the benefits**, llevarse los beneficios.
reappear |ri:ə'pɪər| *vi* reaparecer.
reappraisal |ri:ə'preɪzəl| *n* revaluación *f*.
rear[1] |rɪər| **I** *n* 1 *(back part)* parte *f* de atrás. 2 *fam (buttocks)* trasero *m*. **II** *adj* trasero,-a; **r. entrance**, puerta *f* de atrás.
rear[2] |rɪər| **I** *vtr* 1 *(breed, raise)* criar. 2 *(lift up)* levantar. **II** *vi* **to r. up**, *(horse)* encabritarse.
rearguard |'rɪəgɑ:d| *n* retaguardia *f*.
rearmament |ri:'ɑ:məmənt| *n* rearme *m*.
rearrange |ri:ə'reɪndʒ| *vtr* 1 *(furniture)* colocar de otra manera. 2 *(appointment)* fijar otra fecha para.
rear-view |'rɪəvju:| *adj* **r.-v. mirror**, (espejo *m*) retrovisor *m*.
reason |'ri:zən| **I** *n* 1 motivo *m*, razón *f*; **for no r.**, sin razón; **for some r.**, por algún motivo. 2 *(good sense)* razón *f*; **it stands to r.**, es lógico; **to listen to r.**, atender a razones. **II** *vi* 1 **to r. with sb**, convencer a algn. 2 *(argue, work out)* razonar.
reasonable |'ri:zənəbəl| *adj* 1 *(fair)* razonable. 2 *(sensible)* sensato,-a. 3 *(average)* regular. ◆**reasonably** *adv (fairly)* bastante.
reasoning |'ri:zənɪŋ| *n* razonamiento *m*.
reassurance |ri:ə'ʃʊərəns| *n* consuelo *m*.
reassure |ri:ə'ʃʊər| *vtr* 1 *(comfort)* tranquilizar. 2 *(restore confidence)* dar confianza a.
reassuring |ri:ə'ʃʊərɪŋ| *adj* consolador,-a.
rebate |'ri:beɪt| *n* devolución *f*; **tax r.**, devolución fiscal.
rebel |'rebəl| **I** *adj & n* rebelde *(mf)*. **II** |rɪ'bel| *vi* rebelarse, sublevarse (**against**, contra).
rebellion |rɪ'beljən| *n* rebelión *f*.
rebellious |rɪ'beljəs| *adj* rebelde.
rebound |'ri:baʊnd| **I** *n (of ball)* rebote *m*; *fig* **on the r.**, de rebote. **II** |rɪ'baʊnd| *vi (ball)* rebotar.
rebuff |rɪ'bʌf| **I** *n* desaire *m*. **II** *vtr* desairar.
rebuild |ri:'bɪld| *vtr* reconstruir.
rebuke |rɪ'bju:k| **I** *n* reproche *m*. **II** *vtr* reprochar.
rebut |rɪ'bʌt| *vtr* refutar.
recalcitrant |rɪ'kælsɪtrənt| *adj fml* recalcitrante.
recall |rɪ'kɔ:l| *vtr* 1 *(soldiers, products)* hacer volver; *(ambassador)* retirar. 2 *(remember)* recordar.
recant |rɪ'kænt| *vi fml* retractarse.
recap |ri:'kæp| **I** *vtr & vi* resumir; **to r., en resumen**. **II** |'ri:kæp| *n* recapitulación *f*.
recapitulate |ri:kə'pɪtjʊleɪt| *vtr & vi fml* recapitular.
recapture |ri:'kæptʃər| *vtr fig* recuperar.
recd *Com abbr of* **received**, recibido, -a.
recede |rɪ'si:d| *vi* retroceder; *(fade)* desvanecerse.
receipt |rɪ'si:t| *n* 1 *(act)* recepción *f*; **to acknowledge r. of sth**, acusar recibo de algo. 2 *Com (paper)* recibo *m*. 3 **receipts**, *(takings)* recuadación *f sing*.
receive |rɪ'si:v| *vtr* 1 recibir. 2 *Jur (stolen goods)* ocultar. 3 *(welcome)* acoger. 4 *TV Rad* captar.
receiver |rɪ'si:vər| *n* 1 *(person)* receptor,-a *m,f*. 2 *Jur (of stolen goods)* perista *mf*. 3 *GB Jur* **official r.**, síndico *m*. 4 *Tel* auricular *m*. 5 *Rad* receptor *m*.
recent |'ri:sənt| *adj* reciente; **in r. years**, en los últimos años. ◆**recently** *adv* hace poco, recientemente.
receptacle |rɪ'septəkəl| *n* receptáculo *m*.
reception |rɪ'sepʃən| *n* 1 *(welcome)* acogida *f*. 2 *(party)* recepción *f*; **wedding r.**, banquete *m* de bodas. 3 **r. (desk)**, recepción *f*. 4 *Rad TV* recepción *f*.
receptionist |rɪ'sepʃənɪst| *n* recepcionista *mf*.
recess |'ri:ses, rɪ'ses| *n* 1 *(in a wall)* hueco *m*. 2 *(secret place)* escondrijo *m*. 3 *US Educ* recreo *m*; *Parl* período *m* de vacaciones.
recession |rɪ'seʃən| *n* recesión *f*.
recharge |ri:'tʃɑ:dʒ| *vtr (battery)* recargar.
rechargeable |ri:'tʃɑ:dʒəbəl| *adj* recargable.
recipe |'resɪpɪ| *n Culin* receta *f*; *fig* fórmula *f*.
recipient |rɪ'sɪpɪənt| *n* receptor,-a *m,f*; *(of letter)* destinatario,-a *m,f*.
reciprocate |rɪ'sɪprəkeɪt| **I** *vtr (favour etc)* devolver. **II** *vi* hacer lo mismo.
recital |rɪ'saɪtəl| *n* recital *m*.
recite |rɪ'saɪt| *vtr & vi* recitar.
reckless |'reklɪs| *adj (unwise)* imprudente; *(fearless)* temerario,-a.
reckon |'rekən| *vtr & vi* 1 *(calculate)* calcular; *(count)* contar. 2 *fam (think)* creer; *(consider)* considerar. ◆**reckon on** *vtr* contar con.
reckoner |'rekənər| *n* **ready r.**, tabla *f* de cálculo.
reckoning |'rekənɪŋ| *n* cálculo *m*; **by my r.**, ..., según mis cálculos ...; *fig* **day of r.**, día *m* del juicio final.
reclaim |rɪ'kleɪm| *vtr* 1 *(recover)* recuperar; *(demand back)* reclamar. 2 *(marshland etc)* convertir.
recline |rɪ'klaɪn| *vi* recostarse, reclinarse.
reclining |rɪ'klaɪnɪŋ| *adj* recostado,-a; **r. seat**, asiento *m* abatible.
recluse |rɪ'klu:s| *n* recluso,-a *m,f*.
recognition |rekəg'nɪʃən| *n* reconocimiento *m*; *(appreciation)* apreciación *f*; **changed beyond all r.**, irreconocible.
recognizable |rekəg'naɪzəbəl| *adj* reconocible.
recognize |'rekəgnaɪz| *vtr* reconocer.

recoil ['riːkɔɪl] **I** n (of gun) culatazo m; (of spring) aflojamiento m. **II** [rɪ'kɔɪl] vi **1** (gun) dar un culatazo; (spring) aflojarse. **2** (in fear) espantarse.

recollect [rekə'lekt] vtr recordar.

recollection [rekə'lekʃən] n recuerdo m.

recommend [rekə'mend] vtr recomendar.

recommendation [rekəmen'deɪʃən] n recomendación f.

recompense ['rekəmpens] **I** n recompensa f; Jur indemnización f. **II** vtr recompensar; Jur indemnizar.

reconcile ['rekənsaɪl] vtr (two people) reconciliar; (two ideas) conciliar; **to r. oneself to**, resignarse a.

recondition [riːkən'dɪʃən] vtr (engine) revisar.

reconnaissance [rɪ'kɒnɪsəns] n Mil reconocimiento m.

reconnoitre, US **reconnoiter** [rekə'nɔɪtər] vtr Mil reconocer.

reconsider [riːkən'sɪdər] vtr reconsiderar.

reconstruct [riːkən'strʌkt] vtr reconstruir.

reconstruction [riːkən'strʌkʃən] n reconstrucción f.

record ['rekɔːd] **I** n **1** (account) relación f; (of meeting) actas fpl; **off the r.**, confidencialmente. **2** (document) documento m; **r. of attendance**, registro m de asistencia; **public records**, archivos mpl. **3** Med historial médico. **4** Mus disco m; **r. player**, tocadiscos m inv. **5** Sport récord m. **II** [rɪ'kɔːd] vtr **1** (relate) hacer constar; (note down) apuntar. **2** (record, voice) grabar. **3** (of thermometer etc) marcar.

recorded [rɪ'kɔːdɪd] adj **r. delivery**, correo certificado; **r. message**, mensaje grabado.

recorder [rɪ'kɔːdər] **1** (person) registrador,-a m,f; Jur magistrado,-a. **2** Mus flauta f.

recording [rɪ'kɔːdɪŋ] n (registering) registro m; (recorded music, message etc) grabación f.

recount [rɪ'kaʊnt] vtr (tell) contar.

re-count [rɪ'kaʊnt] **I** vi Pol hacer un recuento. **II** ['riːkaʊnt] n Pol recuento m.

recoup [rɪ'kuːp] vtr (losses etc) recuperar.

recourse [rɪ'kɔːs] n **to have r. to**, recurrir a.

recover [rɪ'kʌvər] **I** vtr (items, lost time) recuperar; (consciousness) recobrar. **II** vi (from illness etc) reponerse.

recovery [rɪ'kʌvərɪ] n **1** (retrieval) recuperación f. **2** (from illness) restablecimiento m.

recreation [rekrɪ'eɪʃən] n **1** diversión f. **2** Educ (playtime) recreo m; **r. ground**, terreno m de juegos.

recreational [rekrɪ'eɪʃənəl] adj recreativo,-a.

recrimination [rɪkrɪmɪ'neɪʃən] n reproche m.

recruit [rɪ'kruːt] **I** n recluta m. **II** vtr (soldiers) reclutar; (workers) contratar.

recruitment [rɪ'kruːtmənt] n (of soldiers) reclutamiento m; (of employees) contratación f.

rectangle ['rektæŋgəl] n rectángulo m.

rectangular [rek'tæŋgjʊlər] adj rectangular.

rectify ['rektɪfaɪ] vtr rectificar.

rector ['rektər] n **1** Rel párroco m. **2** Scot Educ director,-a m,f.

recuperate [rɪ'kuːpəreɪt] vi reponerse.

recur [rɪ'kɜːr] vi repetirse.

recurrence [rɪ'kʌrəns] n repetición f, reaparición f.

recurrent [rɪ'kʌrənt] adj constante; Med recurrente.

recycle [riː'saɪkəl] vtr reciclar.

recycling [riː'saɪklɪŋ] n reciclaje m.

red [red] **I** adj (**redder, reddest**) rojo,-a; **r. light**, semáforo m en rojo; **r. wine**, vino tinto; **to go r.**, ponerse colorado,-a; **to have r. hair**, ser pelirrojo,-a; fig **r. herring**, truco m para despistar; fam **to roll out the r. carpet for sb**, recibir a algn con todos los honores; **R. Cross**, Cruz Roja; **R. Indian**, piel roja mf; **R. Riding Hood**, Caperucita Roja; **R. Sea**, Mar Rojo; **r. tape**, papeleo m. **II** n (colour) rojo m; Fin **to be in the r.**, estar en números rojos.

redcurrant ['redkʌrənt] n grosella roja.

redden ['redən] **I** vi (blush) enrojecerse, ponerse colorado,-a. **II** vtr (make red) teñir de rojo.

reddish ['redɪʃ] adj rojizo,-a.

redeem [rɪ'diːm] vtr **1** (regain) recobrar; (from pawn) desempeñar; (voucher) canjear. **2** (debt) amortizar. **3** (film, novel etc) salvar. **4** Rel redimir; fig **to r. oneself**, redimirse.

redeeming [rɪ'diːmɪŋ] adj compensatorio,-a; **his only r. feature**, lo único que le salva.

redemption [rɪ'dempʃən] n fml **1** (of debt) amortización f. **2** Rel redención f; **beyond r.**, sin remedio.

redeploy [riːdɪ'plɔɪ] vtr transferir.

red-handed [red'hændɪd] adj **to catch sb r.-h.**, coger a algn con las manos en la masa.

redhead ['redhed] n pelirrojo,-a m,f.

red-hot [red'hɒt] adj **1** candente; **r.-h. news**, noticia(s) f(pl) de última hora. **2** fam (passionate) ardiente.

redial [riː'daɪəl] n Tel (facility) rellamada f.

redirect [riːdɪ'rekt] vtr **1** (funds) redistribuir. **2** (letter) remitir a la nueva dirección.

red-light [red'laɪt] adj fam **r.-l. district**, barrio chino.

redouble [riː'dʌbəl] vtr redoblar.

redress [rɪ'dres] *fml* **I** *n* reparación *f*. **II** *vtr* reparar.
redskin ['redskɪn] *n offens* piel roja *mf*.
reduce [rɪ'dju:s] *vtr* **1** reducir. **2** *(in rank)* degradar. **3** *Culin (sauce)* espesar. **4** *Med* recomponer.
reduction [rɪ'dʌkʃən] *n* reducción *f*; *Com (in purchase price)* descuento *m*, rebaja *f*.
redundancy [rɪ'dʌndənsɪ] *n* despido *m*.
redundant [rɪ'dʌndənt] *adj* **1** *(superfluous)* redundante. **2** *Ind* **to be made r.**, perder el empleo; **to make sb r.**, despedir a algn.
reed [ri:d] *n* **1** *Bot* caña *f*. **2** *Mus* caramillo *m*.
reef [ri:f] *n* arrecife *m*.
reek [ri:k] **I** *n* tufo *m*. **II** *vi* apestar.
reel [ri:l] **I** *n* **1** *(spool)* bobina *f*, carrete *m*. **2** *Scot Mus* danza *f* tradicional. **II** *vi (stagger)* tambalearse.
re-elect [ri:ɪ'lekt] *vtr* reelegir.
ref [ref] *n* **1** *Sport fam abbr of* referee. **2** *Com abbr of* reference, ref.
refectory [rɪ'fektərɪ] *n* refectorio *m*.
refer [rɪ'fɜ:r] **I** *vtr* mandar, enviar; **to r. a matter to a tribunal**, remitir un asunto a un tribunal. **II** *vi* **1** *(allude)* referirse, aludir **(to,** a). **2** *(consult)* consultar **(to,** -).
referee [refə'ri:] **I** *n* **1** *Sport* árbitro,-a *m,f*. **2** *(for job application)* garante *mf*. **II** *vtr Sport* arbitrar.
reference ['refərəns] *n* **1** referencia *f*; **with r. to**, referente a, con referencia a; **r. book**, libro *m* de consulta; **r. library**, biblioteca *f* de consulta. **2** *(character report)* informe *m*, referencia *f*.
referendum [refə'rendəm] *n* referéndum *m*.
refill ['ri:fɪl] **I** *n* **1** *(replacement)* recambio *m*, carga *f*. **2** *fam (drink)* otra copa. **II** [ri:'fɪl] *vtr* rellenar.
refine [rɪ'faɪn] *vtr* refinar.
refined [rɪ'faɪnd] *adj* refinado,-a.
refinement [rɪ'faɪnmənt] *n* refinamiento *m*.
refinery [rɪ'faɪnərɪ] *n* refinería *f*.
reflect [rɪ'flekt] **I** *vtr (light, attitude)* reflejar. **II** *vi (think)* reflexionar; **to r. on sth**, meditar sobre algo.
reflection [rɪ'flekʃən] *n* **1** *(indication, mirror image)* reflejo *m*. **2** *(thought)* reflexión *f*; **on r.**, pensándolo bien. **3** *(criticism)* crítica *f*.
reflector [rɪ'flektər] *n* **1** *Astron* reflector *m*. **2** *(of vehicle)* catafaro *m*.
reflex ['ri:fleks] *n* reflejo *m*.
reflexive [rɪ'fleksɪv] *adj* reflexivo,-a.
reform [rɪ'fɔ:m] **I** *n* reforma *f*. **II** *vtr* reformar.
reformation [refə'meɪʃən] *n* reforma *f*.
reformatory [rɪ'fɔ:mətərɪ] *n* reformatorio *m*.
reformer [rɪ'fɔ:mər] *n* reformador,-a *m,f*.
refrain [rɪ'freɪn] **I** *n Mus* estribillo *m*; *fig*

lema *m*. **II** *vi* abstenerse **(from,** de).
refresh [rɪ'freʃ] *vtr* refrescar.
refresher [rɪ'freʃər] *n* **r. course**, cursillo *m* de reciclaje.
refreshing [rɪ'freʃɪŋ] *adj* refrescante; **a r. change**, un cambio muy agradable.
refreshment [rɪ'freʃmənt] *n* refresco *m*.
refrigerator [rɪ'frɪdʒəreɪtər] *n* nevera *f*, frigorífico *m*.
refuel [ri:'fju:əl] *vi* repostar combustible.
refuge ['refju:dʒ] *n* refugio *m*, cobijo *m*; **to take r.**, refugiarse.
refugee [refju:'dʒi:] *n* refugiado,-a *m,f*.
refund ['ri:fʌnd] **I** *n* reembolso *m*. **II** [rɪ'fʌnd] *vtr* reembolsar, devolver.
refurbish [ri:'fɜ:bɪʃ] *vtr* redecorar.
refusal [rɪ'fju:zəl] *n* negativa *f*; **to have first r. on sth**, tener la primera opción en algo.
refuse[1] [rɪ'fju:z] **I** *vtr* rechazar; **to r. sb sth**, negar algo a algn. **II** *vi* negarse.
refuse[2] ['refju:s] *n* basura *f*; **r. collector**, basurero *m*.
refute [rɪ'fju:t] *vtr* refutar, rebatir.
regain [rɪ'geɪn] *vtr* recuperar; *(consciousness)* recobrar.
regal ['ri:gəl] *adj* regio,-a.
regard [rɪ'gɑ:d] **I** *n* **1** *(concern)* consideración *f*, respeto *m*; **with r. to**, respecto a. **2** *(esteem)* estima *f*. **3** **regards**, *(good wishes)* recuerdos *mpl*; **give him my regards**, dale recuerdos de mi parte. **II** *vtr* **1** *(consider)* considerar. **2** **as regards**, *(regarding)* respecto a.
regarding [rɪ'gɑ:dɪŋ] *prep* respecto a.
regardless [rɪ'gɑ:dlɪs] **I** *prep* a pesar de; **r. of the outcome**, pase lo que pase. **II** *adv* a toda costa.
regime [reɪ'ʒi:m] *n* régimen *m*.
regiment ['redʒɪmənt] **I** *n* regimiento *m*. **II** *vtr* regimentar.
regimental [redʒɪ'mentəl] *adj* del regimiento.
region ['ri:dʒən] *n* **1** región *f*. **2** **in the r. of**, aproximadamente.
regional ['ri:dʒənəl] *adj* regional.
regionalism ['ri:dʒənəlɪzəm] *n* regionalismo *m*.
register ['redʒɪstər] **I** *n* registro *m*. **II** *vtr* **1** *(record)* registrar. **2** *(letter)* certificar. **3** *(show)* mostrar; **his face registered fear**, en su rostro se reflejaba el miedo. **III** *vi (for course)* inscribirse; *Univ* matricularse.
registered ['redʒɪstəd] *adj* certificado,-a; **r. letter**, carta certificada; **r. trademark**, marca registrada.
registrar [redʒɪ'strɑ:r, 'redʒɪstrɑ:r] *n* **1** *(record keeper)* registrador,-a *m,f*. **2** *GB Med* interno,-a *m,f*. **3** *Univ* secretario,-a *m,f* general.
registration [redʒɪ'streɪʃən] *n* inscripción *f*; *Univ* matrícula *f*; *GB Aut* **r. number**, matrícula *f*.
registry ['redʒɪstrɪ] *n* registro *m*; **to get**

married in a r. office, casarse por lo civil; **r. office**, registro civil.
regret [rɪ'gret] **I** *n* (*remorse*) remordimiento *m*; (*sadness*) pesar *m*; (*excuses*) excusas *fpl*; **to have no regrets**, no arrepentirse de nada. **II** *vtr* arrepentirse de, lamentar.
regretful [rɪ'gretful] *adj* arrepentido,-a.
regrettable [rɪ'gretəbəl] *adj* lamentable.
regroup [ri:'gru:p] **I** *vtr* reagrupar. **II** *vi* reagruparse.
regular ['regjulər] **I** *adj* **1** regular. **2** (*usual*) normal. **3** (*staff*) permanente. **4** (*frequent*) frecuente. **5 r. army**, tropas *fpl* regulares. **II** *n* **1** (*customer*) cliente *mf* habitual. **2** *Mil* militar *m* de carrera. ◆**regularly** *adv* con regularidad.
regularity [regju'lærɪtɪ] *n* regularidad *f*.
regulate ['regjuleɪt] *vtr* regular.
regulation [regju'leɪʃən] **I** *n* **1** (*control*) regulación *f*. **2** (*rule*) regla *f*. **II** *adj* reglamentario,-a.
rehabilitation [ri:əbɪlɪ'teɪʃən] *n* rehabilitación *f*; **r. centre**, centro *m* de reinserción.
rehearsal [rɪ'hɜ:səl] *n* ensayo *m*.
rehearse [rɪ'hɜ:s] *vtr* & *vi* ensayar.
reign [reɪn] **I** *n* reinado *m*. **II** *vi* reinar.
reigning ['reɪnɪŋ] *adj* **r. champion**, campeón *m* actual.
reimburse [ri:ɪm'bɜ:s] *vtr* reembolsar.
rein [reɪn] *n* (*for horse*) rienda *f*; *fig* **he gave free r. to his emotions**, dio rienda suelta a sus emociones.
reindeer ['reɪndɪər] *n* reno *m*.
reinforce [ri:ɪn'fɔ:s] *vtr* (*strengthen*) reforzar; (*support*) apoyar; **reinforced concrete**, hormigón armado.
reinforcement [ri:ɪn'fɔ:smənt] *n* **1** refuerzo *m*; *Constr* armazón *m*. **2** *Mil* **reinforcements**, refuerzos *mpl*.
reinstate [ri:ɪn'steɪt] *vtr* (to job) reincorporar.
reiterate [ri:'ɪtəreɪt] *vtr* & *vi* reiterar.
reject ['ri:dʒekt] **I** *n* **1** desecho *m*. **2** *Com* **rejects**, artículos defectuosos. **II** [rɪ'dʒekt] *vtr* rechazar.
rejection [rɪ'dʒekʃən] *n* rechazo *m*.
rejoice [rɪ'dʒɔɪs] *vi* regocijarse (**at**, **over**, de).
rejuvenate [rɪ'dʒu:vɪneɪt] *vtr* rejuvenecer; *fig* revitalizar.
relapse [rɪ'læps] **I** *n* **1** *Med* recaída *f*; **to have a r.**, sufrir una recaída. **2** (*into crime, alcoholism*) reincidencia *f*. **II** *vi* recaer.
relate [rɪ'leɪt] **I** *vtr* **1** (*connect*) relacionar. **2** (*tell*) relatar. **II** *vi* relacionarse.
related [rɪ'leɪtɪd] *adj* **1** (*linked*) relacionado,-a (**to**, con). **2 to be r. to sb**, ser pariente de algn.
relation [rɪ'leɪʃən] *n* **1** (*link*) relación *f*; **in** or **with r. to**, respecto a; **it bears no r. to what we said**, no tiene nada que ver con lo que dijimos. **2** (*member of family*) pariente,-a *m,f*.
relationship [rɪ'leɪʃənʃɪp] *n* **1** (*link*) relación *f*. **2** (*between people*) relaciones *fpl*; **to have a good/bad r. with sb**, llevarse bien/mal con algn.
relative ['relətɪv] **I** *n* pariente *mf*. **II** *adj* relativo,-a. ◆**relatively** *adv* relativamente.
relax [rɪ'læks] **I** *vtr* (*muscles, rules*) relajar. **II** *vi* relajarse.
relaxation [ri:læk'seɪʃən] *n* **1** (*rest*) descanso *m*, relajación *f*. **2** (*of rules*) relajación *f*. **3** (*pastime*) distracción *f*.
relaxed [rɪ'lækst] *adj* relajado,-a; (*peaceful*) tranquilo,-a.
relaxing [rɪ'læksɪŋ] *adj* relajante.
relay ['ri:leɪ] **I** *m* **1** relevo *m*; **r. (race)**, carrera *f* de relevos. **2** *Rad TV* retransmisión *f*. **II** [rɪ'leɪ] *vtr* **1** (*pass on*) difundir. **2** *Rad TV* retransmitir.
release [rɪ'li:s] **I** *n* **1** (*of prisoner*) liberación *f*, puesta *f* en libertad; (*of gas*) escape *m*. **2** *Com* puesta *f* en venta. **3** *Cin* estreno *m*. **4** (*record*) disco *m*. **5** *Press* comunicado *m*. **II** *vtr* **1** (*let go*) soltar; (*prisoner*) poner en libertad; (*gas*) despedir. **2** *Com* poner en venta. **3** *Cin* estrenar. **4** (*record*) editar. **5** (*publish*) publicar.
relegate ['relɪgeɪt] *vtr* **1** relegar. **2** *Ftb* **to be relegated**, bajar a una división inferior.
relent [rɪ'lent] *vi* ceder; (*storm*) aplacarse.
relentless [rɪ'lentlɪs] *adj* implacable.
relevant ['relɪvənt] *adj* pertinente (**to**, a); **it is not r.**, no viene al caso.
reliable [rɪ'laɪəbəl] *adj* (*person*) de fiar; **a r. car**, un coche seguro; **a r. source**, una fuente fidedigna. ◆**reliably** *adv* **to be r. informed that**, saber de buena tinta que.
reliability [rɪlaɪə'bɪlɪtɪ] *n* **1** (*of person*) formalidad *f*. **2** (*of car, machine*) fiabilidad *f*.
reliant [rɪ'laɪənt] *adj* **to be r. on**, depender de.
relic ['relɪk] *n* **1** *Rel* reliquia *f*. **2** (*reminder of past*) vestigio *m*. **3 relics**, (*human remains*) restos *mpl* mortales.
relief [rɪ'li:f] *n* **1** alivio *m*. **2** (*help*) auxilio *m*, ayuda *f*. **3** *Art Geog* relieve *m*.
relieve [rɪ'li:v] *vtr* **1** aliviar; (*monotony*) romper. **2** (*take over from*) relevar. **3** *euph* **to r. oneself**, hacer sus necesidades. **4** **to r. sb of sth**, coger algo a algn.
relieved [rɪ'li:vd] *adj* aliviado,-a, tranquilizado,-a.
religion [rɪ'lɪdʒən] *n* religión *f*.
religious [rɪ'lɪdʒəs] *adj* religioso,-a.
relinquish [rɪ'lɪŋkwɪʃ] *vtr* renunciar a; **to r. one's hold on sth**, soltar algo.
relish ['relɪʃ] **I** *n* **1** (*enjoyment*) deleite *m*. **2** *Culin* condimento *m*. **II** *vtr* agradar.
relocate [ri:ləʊ'keɪt] *vtr* trasladar.

reluctance [rɪ'lʌktəns] *n* desgana *f*.

reluctant [rɪ'lʌktənt] *adj* reacio,-a; **to be r. to do sth**, estar poco dispuesto,-a a hacer algo. ◆**reluctantly** *adv* de mala gana, a regañadientes.

rely [rɪ'laɪ] *vi* contar (**on**, con), confiar (**on**, en).

remain [rɪ'meɪn] **I** *vi* **1** (*stay*) permanecer, quedarse. **2** (*be left*) quedar; **it remains to be seen**, está por ver. **II** *npl* **remains**, restos *mpl*.

remainder [rɪ'meɪndər] *n* resto *m*.

remaining [rɪ'meɪnɪŋ] *adj* restante.

remand [rɪ'maːnd] *Jur* **I** *vtr* remitir; **remanded in custody**, en prevención. **II** *n* detención *f*; **on r.**, detenido,-a.

remark [rɪ'maːk] **I** *n* comentario *m*. **II** *vtr* comentar.

remarkable [rɪ'maːkəbəl] *adj* extraordinario,-a; (*strange*) curioso,-a.

remedial [rɪ'miːdɪəl] *adj* reparador,-a; **r. classes**, clases *fpl* para niños atrasados en los estudios.

remedy ['remɪdɪ] **I** *n* remedio *m*. **II** *vtr* remediar.

remember [rɪ'membər] **I** *vtr* **1** acordarse de, recordar. **2 r. me to your mother**, dale recuerdos a tu madre. **II** *vi* acordarse, recordar; **I don't r.**, no me acuerdo.

remembrance [rɪ'membrəns] *n* **in r. of**, en recuerdo de; **R. Day**, día *m* en que se conmemora el armisticio de 1918.

remind [rɪ'maɪnd] *vtr* recordar; **r. me to do it**, recuérdame que lo haga; **she reminds me of your sister**, me recuerda a tu hermana; **that reminds me**, ahora que me acuerdo.

reminder [rɪ'maɪndər] *n* recordatorio *m*, aviso *m*.

reminisce [remɪ'nɪs] *vi* rememorar.

reminiscent [remɪ'nɪsənt] *adj fml* nostálgico,-a; **to be r. of**, recordar.

remiss [rɪ'mɪs] *adj* (*negligent*) descuidado,-a.

remission [rɪ'mɪʃən] *n* **1** *Med* remisión *f*. **2** *Jur* perdón *m*.

remit [rɪ'mɪt] *vtr* **1** (*send*) remitir. **2** *Jur* referir a otro tribunal.

remittance [rɪ'mɪtəns] *n* **1** (*sending*) envío *m*. **2** (*payment*) giro *m*, pago *m*.

remnant ['remnənt] *n* resto *m*; **remnants**, (*of cloth*) retales *mpl*.

remorse [rɪ'mɔːs] *n* remordimiento *m*.

remorseful [rɪ'mɔːsfʌl] *adj* lleno,-a de remordimiento.

remorseless [rɪ'mɔːslɪs] *adj* despiadado,-a.

remote [rɪ'məʊt] *adj* **1** (*far away*) remoto,-a; **r. control**, mando *m* a distancia. **2** (*isolated*) aislado,-a. **3 r. person**, persona reservada. **4** (*possibility*) remoto,-a; **I haven't the remotest idea**, no tengo la más mínima idea.

◆**remotely** *adv* **1** (*vaguely*) vagamente. **2** (*distantly*) en lugar aislado.

remote-controlled [rɪməʊtkɒn'trəʊld] *adj* teledirigido,-a.

remould, *US* **remold** ['riːməʊld] *n Aut* neumático recauchutado.

removable [rɪ'muːvəbəl] *adj* (*detachable*) que se puede quitar.

removal [rɪ'muːvəl] *n* **1** (*moving house*) mudanza *f*; **r. van**, camión *m* de mudanzas. **2** (*of stain etc*) eliminación *f*.

remove [rɪ'muːv] *vtr* **1** (*move*) quitar; **to r. one's make-up**, desmaquillarse; **to r. one's name from a list**, tachar su nombre de una lista. **2** (*from office*) despedir.

removed [rɪ'muːvd] *adj* **far r. from**, muy diferente de.

remover [rɪ'muːvər] *n* **make-up r.**, desmaquillador *m*; **nail varnish r.**, quitaesmalte *m*; **stain r.**, quitamanchas *m inv*.

remuneration [rɪmjuːnə'reɪʃən] *n fml* remuneración *f*.

renaissance [rə'neɪsəns] **I** *n* renacimiento *m*; **the R.**, el Renacimiento. **II** *adj* renacentista.

rend [rend] *vtr* (*pt & pp* **rent**) *fml* rasgar.

render ['rendər] *vtr fml* **1** (*give*) dar. **2** (*make*) hacer. **3** *Com* presentar. **4** (*translate*) traducir.

rendering ['rendərɪŋ] *n* **1** (*of song, piece of music*) interpretación *f*. **2** (*translation*) traducción *f*.

rendezvous ['rɒndɪvuː] **I** *n* **1** (*meeting*) cita *f*. **2** (*place*) lugar *m* de reunión. **II** *vi* reunirse.

renegade ['renɪgeɪd] *n* renegado,-a *m,f*.

renew [rɪ'njuː] *vtr* (*contract etc*) renovar; (*talks etc*) reanudar; **with renewed vigour**, con renovadas fuerzas.

renewal [rɪ'njuːəl] *n* (*of contract etc*) renovación *f*; (*of talks etc*) reanudación *f*.

renounce [rɪ'naʊns] *vtr fml* renunciar.

renovate ['renəveɪt] *vtr* renovar, hacer reformas en.

renown [rɪ'naʊn] *n* renombre *m*.

renowned [rɪ'naʊnd] *adj* renombrado,-a.

rent [rent] **I** *n* **1** (*for building, car, TV*) alquiler *m*. **2** (*for land*) arriendo *m*. **II** *vtr* **1** (*building, car, TV*) alquilar. **2** (*land*) arrendar.

rental ['rentəl] *n* (*of house etc*) alquiler *m*.

renunciation [rɪnʌnsɪ'eɪʃən] *n fml* renuncia *f*.

reorganize [riː'ɔːgənaɪz] *vtr* reorganizar.

rep [rep] *fam* **1** *Com* representante *mf*. **2** *Theat* teatro *m* de repertorio.

repair [rɪ'peər] **I** *n* reparación *f*, arreglo *m*; **in good/bad r.**, en buen/mal estado. **II** *vtr* **1** arreglar; (*car*) reparar; (*clothes*) remendar. **2** (*make amends for*) reparar.

repartee [repaː'tiː] *n* réplica aguda.

repatriate [riː'pætrɪeɪt] *vtr* repatriar.

repay [riː'peɪ] *vtr* (*pt & pp* **repaid**) de-

volver; **to r. a debt,** liquidar una deuda; **to r. a kindness,** devolver un favor.
repayment [rɪ'peɪmənt] *n* pago *m*.
repeal [rɪ'piːl] *Jur* **I** *n* revocación *f*. **II** *vtr* revocar.
repeat [rɪ'piːt] **I** *vtr* repetir; **to r. oneself,** repetirse. **II** *n (repetition)* repitición *f*; *TV* reposición *f*.
repeated [rɪ'piːtɪd] *adj* repetido,-a. ◆**repeatedly** *adv* repetidas veces.
repel [rɪ'pel] *vtr* 1 *(fight off)* repeler. 2 *(disgust)* repugnar.
repellent [rɪ'pelənt] **I** *adj* repelente. **II** *n* **(insect) r.,** loción *f or* spray *m* antiinsectos; **water-r.,** impermeable *m*.
repent [rɪ'pent] *vtr & vi* arrepentirse (de).
repentance [rɪ'pentəns] *n* arrepentimiento *m*.
repercussion [riːpə'kʌʃən] *n (usu pl)* repercusión *f*.
repertoire ['repətwɑːr] *n* repertorio *m*.
repertory ['repətərɪ] *n* *Theat* teatro *m* de repertorio.
repetition [repɪ'tɪʃən] *n* repetición *f*.
repetitive [rɪ'petɪtɪv] *adj* repetitivo,-a.
replace [rɪ'pleɪs] *vtr* 1 *(put back)* volver a poner en su sitio. 2 *(substitute for)* sustituir, reemplazar.
replacement [rɪ'pleɪsmənt] *n* 1 *(returning)* reemplazo *m*. 2 *(person)* sustituto,-a *m,f*. 3 *(part)* pieza *f* de recambio.
replay ['riːpleɪ] *n* repetición *f*.
replenish [rɪ'plenɪʃ] *vtr* 1 *(fill up)* rellenar. 2 **to r. stocks,** reponer las existencias.
replete [rɪ'pliːt] *adj fml* repleto,-a.
replica ['replɪkə] *n* réplica *f*.
reply [rɪ'plaɪ] **I** *n* respuesta *f*, contestación *f*. **II** *vi* responder, contestar.
report [rɪ'pɔːt] **I** *n* 1 informe *m*; **medical r.,** parte médico; *GB* **school r.,** informe escolar. 2 *(piece of news)* noticia *f*. 3 *Press Rad TV* reportaje *m*. 4 *(rumour)* rumor *m*. 5 *fml (of gun)* estampido *m*. **II** *vtr* 1 **it is reported that ...,** se dice que .... 2 *(tell authorities about)* denunciar. 3 *Press* hacer un reportaje sobre. **III** *vi (of committee member etc)* 1 hacer un informe. 2 *Press* hacer un reportaje. 3 *(for duty etc)* presentarse; *Mil* **to r. sick,** coger la baja por enfermedad.
reported [rɪ'pɔːtɪd] *adj* **r. speech,** estilo indirecto. ◆**reportedly** *adv fml* según se dice.
reporter [rɪ'pɔːtər] *n* periodista *mf*.
repose [rɪ'pəʊz] *fml* **I** *n* reposo *m*. **II** *vtr & vi* reposar.
repossess [riːpə'zes] *vtr* volver a tomar posesión.
reprehensible [reprɪ'hensəbəl] *adj* reprensible, censurable.
represent [reprɪ'zent] *vtr* representar.
representation [reprɪzen'teɪʃən] *n* 1 representación *f*. 2 *fml* **representations,** queja *f sing*.
representative [reprɪ'zentətɪv] **I** *adj* representativo,-a. **II** *n* 1 representante *mf*. 2 *US Pol* diputado,-a *m,f*; **House of Representatives,** Cámara *f* de Representantes.
repress [rɪ'pres] *vtr* reprimir, contener.
repression [rɪ'preʃən] *n* represión *f*.
repressive [rɪ'presɪv] *adj* represivo,-a.
reprieve [rɪ'priːv] **I** *n* 1 *Jur* indulto *m*. 2 *fig* alivio *m*. **II** *vtr* 1 *Jur* indultar. 2 *(give temporary relief to)* aliviar temporalmente.
reprimand ['reprɪmɑːnd] **I** *n* reprimenda *f*. **II** *vtr* reprender.
reprisal [rɪ'praɪzəl] *n* represalia *f*.
reproach [rɪ'prəʊtʃ] **I** *n* reproche *m*; **beyond r.,** intachable. **II** *vtr* reprochar.
reproachful [rɪ'prəʊtʃfʊl] *adj* reprobador,-a.
reproduce [riːprə'djuːs] **I** *vtr* reproducir. **II** *vi* reproducirse.
reproduction [riːprə'dʌkʃən] *n* reproducción *f*.
reproof [rɪ'pruːf] *n fml* reprobación *f*, censura *f*.
reprove [rɪ'pruːv] *vtr fml* reprobar, censurar.
reptile ['reptaɪl] *n* reptil *m*.
republic [rɪ'pʌblɪk] *n* república *f*.
republican [rɪ'pʌblɪkən] *adj & n* republicano,-a *(m,f)*; *US Pol* **R. Party,** Partido Republicano.
repudiate [rɪ'pjuːdɪeɪt] *vtr fml* 1 *(reject)* rechazar. 2 *(not acknowledge)* negarse a reconocer.
repugnant [rɪ'pʌgnənt] *adj* repugnante.
repulse [rɪ'pʌls] *vtr* rechazar.
repulsive [rɪ'pʌlsɪv] *adj* repulsivo,-a.
reputable ['repjʊtəbəl] *adj (company etc)* acreditado,-a; *(person, products)* de toda confianza.
reputation [repjʊ'teɪʃən] *n* reputación *f*.
reputed [rɪ'pjuːtɪd] *adj* supuesto,-a; **to be r. to be,** ser considerado,-a como. ◆**reputedly** *adv* según se dice.
request [rɪ'kwest] **I** *n* petición *f*, solicitud *f*; **available on r.,** disponible a petición de los interesados; *GB* **r. stop,** *(for bus)* parada *f* discrecional. **II** *vtr* pedir, solicitar.
require [rɪ'kwaɪər] *vtr* 1 *(need)* necesitar, requerir. 2 *(demand)* exigir.
requirement [rɪ'kwaɪəmənt] *n* 1 *(need)* necesidad *f*. 2 *(demand)* requisito *m*.
requisite ['rekwɪzɪt] *fml* **I** *adj* requerido,-a. **II** *n* requisito *m*.
requisition [rekwɪ'zɪʃən] **I** *n* requisición *f*. **II** *vtr* requisar.
rescind [rɪ'sɪnd] *vtr fml (contract)* rescindir; *(law)* abrogar.
rescue ['reskjuː] **I** *n* rescate *m*; **r. team,** equipo *m* de rescate. **II** *vtr* rescatar.
rescuer ['reskjʊər] *n* rescatador,-a *m,f*.

research |rɪˈsɜːtʃ| **I** *n* investigación *f*; **R. and Development,** Investigación más Desarrollo. **II** *vtr & vi* investigar.
researcher |rɪˈsɜːtʃər| *n* investigador,-a *m,f.*
resemblance |rɪˈzemblən s| *n* semejanza *f.*
resemble |rɪˈzembəl| *vtr* parecerse a.
resent |rɪˈzent| *vtr* ofenderse por.
resentful |rɪˈzentful| *adj* ofendido,-a.
resentment |rɪˈzentmənt| *n* resentimiento *m.*
reservation |rezəˈveɪʃən| *n* reserva *f.*
reserve |rɪˈzɜːv| **I** *n* **1** reserva *f*; **to keep sth in r.,** guardar algo de reserva. **2** *Sport* suplente *mf.* **3** *Mil* **reserves,** reservas *fpl.* **II** *vtr* reservar.
reserved |rɪˈzɜːvd| *adj* reservado,-a.
reservoir |ˈrezəvwɑːr| *n* embalse *m,* pantano *m; fig* reserva *f.*
reshape |riːˈʃeɪp| *vtr* rehacer; *fig* reorganizar.
reshuffle |riːˈʃʌfəl| *n Pol* remodelación *f.*
reside |rɪˈzaɪd| *vi fml* residir.
residence |ˈrezɪdəns| *n fml (home)* residencia *f; (address)* domicilio *m; (period of time)* permanencia *f.*
resident |ˈrezɪdənt| *adj & n* residente *(mf)*; **to be r. in,** estar domiciliado,-a en.
residential |rezɪˈdenʃəl| *adj* residencial.
residue |ˈrezɪdjuː| *n* residuo *m.*
resign |rɪˈzaɪn| **I** *vtr* **1** *(give up)* dimitir. **2** **to r. oneself to sth,** resignarse a algo. **II** *vi (from job)* dimitir.
resignation |rezɪgˈneɪʃən| *n* **1** *(from a job)* dimisión *f.* **2** *(acceptance)* resignación *f.*
resigned |rɪˈzaɪnd| *adj* resignado,-a.
resilience |rɪˈzɪlɪəns| *n* resistencia *f.*
resilient |rɪˈzɪlɪənt| *adj (strong)* resistente.
resin |ˈrezɪn| *n* resina *f.*
resist |rɪˈzɪst| *vtr* **1** *(not yield to)* resistir. **2** *(oppose)* oponerse a.
resistance |rɪˈzɪstəns| *n* resistencia *f.*
resit |riːˈsɪt| *vtr (exam)* volver a presentarse a.
resolute |ˈrezəluːt| *adj* resuelto,-a, decidido,-a.
resolution |rezəˈluːʃən| *n* resolución *f.*
resolve |rɪˈzɒlv| **I** *n* resolución *f.* **II** *vtr* resolver; **to r. to do,** resolverse a hacer. **III** *vi* resolverse.
resonant |ˈrezənənt| *adj* resonante.
resort |rɪˈzɔːt| **I** *n* **1** *(place)* lugar *m* de vacaciones; **tourist r.,** centro turístico. **2** *(recourse)* recurso *m;* **as a last r.,** como último recurso. **II** *vi* recurrir **(to,** a).
resound |rɪˈzaʊnd| *vi* resonar; *fig* tener resonancia.
resounding |rɪˈzaʊndɪŋ| *adj* **a r. failure,** un fracaso total; **a r. success,** un éxito rotundo.
resource |rɪˈsɔːs| *n* recurso *m.*
resourceful |rɪˈsɔːsful| *adj* ingenioso,-a.

respect |rɪˈspekt| **I** *n* **1** *(deference)* respeto *m*; **to pay one's respects to sb,** presentar sus respetos a algn. **2** *(relation, reference)* respecto *m;* **in that r.,** a ese respecto; **with r. to,** con referencia a. **II** *vtr* respetar.
respectable |rɪˈspektəbəl| *adj* respetable; *(clothes)* decente.
respectful |rɪˈspektful| *adj* respetuoso,-a.
respective |rɪˈspektɪv| *adj* respectivo,-a.
◆**respectively** *adv* respectivamente.
respite |ˈrespaɪt| *n fml* respiro *m.*
resplendent |rɪˈsplendənt| *adj* resplandeciente.
respond |rɪˈspɒnd| *vi* responder.
response |rɪˈspɒns| *n* **1** *(reply)* respuesta *f.* **2** *(reaction)* reacción *f.*
responsibility |rɪspɒnsəˈbɪlɪtɪ| *n* responsabilidad *f.*
responsible |rɪˈspɒnsəbəl| *adj* responsable **(for,** de); **to be r. to sb,** tener que dar cuentas a algn.
responsive |rɪˈspɒnsɪv| *adj* sensible.
rest[1] |rest| **I** *n* **1** *(break)* descanso *m;* **r. cure,** cura *f* de reposo; *US* **r. room,** aseos *mpl.* **2** *(peace)* tranquilidad *f;* **at r.,** *(object)* inmóvil. **3** *(support)* apoyo *m.* **4** *Mus* pausa *f.* **II** *vtr* **1** descansar. **2** *(lean)* apoyar; **to r. a ladder against a wall,** apoyar una escalera contra una pared. **III** *vi* **1** descansar. **2** *(be calm)* quedarse tranquilo,-a. **3** **it doesn't r. with me,** no depende de mí; **we'll let the matter r.,** dejémoslo estar.
rest[2] |rest| *n* **the r.,** *(remainder)* el resto, lo demás; **the r. of the day,** el resto del día; **the r. of the girls,** las demás chicas; **the r. of us,** los demás.
restaurant |ˈrestərɒnt| *n* restaurante *m;* **Rail r. car,** coche *m* restaurante.
restful |ˈrestful| *adj* relajante.
restitution |restɪˈtjuːʃən| *n fml* restitución *f;* **to make r.,** restituir.
restive |ˈrestɪv| *adj* inquieto,-a, nervioso,-a.
restless |ˈrestlɪs| *adj* agitado,-a, inquieto,-a.
restoration |restəˈreɪʃən| *n* **1** *(giving back)* devolución *f.* **2** *GB Hist* **the R.,** la Restauración. **3** *(of building, piece of furniture)* restauración *f.*
restore |rɪˈstɔːr| *vtr* **1** *(give back)* devolver. **2** *(re-establish)* restablecer. **3** *(building etc)* restaurar.
restrain |rɪˈstreɪn| *vtr* contener; **to r. one's anger,** reprimir la cólera; **to r. oneself,** contenerse.
restrained |rɪˈstreɪnd| *adj (person)* moderado,-a; *(emotion)* contenido,-a.
restraint |rɪˈstreɪnt| *n* **1** *(restriction)* restricción *f; (hindrance)* traba *f.* **2** *(moderation)* moderación *f.*
restrict |rɪˈstrɪkt| *vtr* restringir, limitar.
restriction |rɪˈstrɪkʃən| *n* restricción *f,* li-

mitación *f*.
restrictive [rɪ'strɪktɪv] *adj* restrictivo,-a.
result [rɪ'zʌlt] **I** *n* 1 resultado *m*. 2 *(consequence)* consecuencia *f*; **as a r. of**, como consecuencia de. **II** *vi* 1 resultar; **to r. from**, resultar de. 2 **to r. in**, causar.
resume [rɪ'zjuːm] **I** *vtr (journey, work, conversation)* reanudar; *(control)* reasumir. **II** *vi* recomenzar.
résumé ['rezjʊmeɪ] *n* resumen *m*.
resumption [rɪ'zʌmpʃən] *n (of journey, work, conversation)* reanudación *f*.
resurface [riː'sɜːfɪs] **I** *vtr (road)* rehacer el firme de. **II** *vi fig* resurgir.
resurgence [rɪ'sɜːdʒəns] *n* resurgimiento *m*.
resurrection [rezə'rekʃən] *n* resurrección *f*.
resuscitate [rɪ'sʌsɪteɪt] *vtr Med* reanimar.
retail ['riːteɪl] **I** *n* venta *f* al por menor; **r. outlet**, punto *m* de venta; **r. price**, precio *m* de venta al público; **R. Price Index**, Indice *m* de Precios al Consumo. **II** *vtr* vender al por menor. **III** *vi* venderse al por menor. **IV** *adv* al por menor.
retailer ['riːteɪlər] *n* detallista *mf*.
retain [rɪ'teɪn] *vtr* 1 *(heat)* conservar; *(personal effects)* guardar. 2 *(water)* retener. 3 *(facts, information)* recordar. 4 **to r. the services of a lawyer**, contratar a un abogado.
retainer [rɪ'teɪnər] *n* 1 *(payment)* anticipo *m* sobre los honorarios. 2 *(servant)* criado,-a *m,f*.
retaliate [rɪ'tælɪeɪt] *vi* tomar represalias **(against**, contra).
retaliation [rɪtælɪ'eɪʃən] *n* represalias *fpl*; **in r.**, en represalia.
retarded [rɪ'tɑːdɪd] *adj* retrasado,-a.
retch [retʃ] *vi* tener náuseas.
retentive [rɪ'tentɪv] *adj* retentivo,-a.
rethink ['riːθɪŋk] *n fam* **to have a r. about sth**, volver a reflexionar sobre algo.
reticent ['retɪsənt] *adj* reticente.
retina ['retɪnə] *n* retina *f*.
retinue ['retɪnjuː] *n* séquito *m*.
retire [rɪ'taɪər] **I** *vtr* jubilar. **II** *vi* 1 *(stop working)* jubilarse. 2 *(from race)* retirarse; **to r. for the night**, irse a la cama, acostarse.
retired [rɪ'taɪəd] *adj* jubilado,-a.
retirement [rɪ'taɪəmənt] *n* jubilación *f*.
retiring [rɪ'taɪərɪŋ] *adj* 1 *(reserved)* reservado,-a. 2 *(official)* saliente.
retort [rɪ'tɔːt] **I** *n* réplica *f*. **II** *vi* replicar.
retrace [rɪ'treɪs] *vtr (recall)* reconstruir; **to r. one's steps**, volver sobre sus pasos.
retract [rɪ'trækt] *vtr* 1 *(claws)* retraer; *(landing gear)* replegar. 2 *(statement)* retirar. **II** *vi* 1 *(claws)* retraerse; *(landing gear)* replegarse. 2 *fml* retractarse.
retread ['riːtred] *n Aut* neumático recauchutado.

retreat [rɪ'triːt] **I** *n* 1 *Mil* retirada *f*. 2 *(shelter)* refugio *m*. 3 *Rel* retiro *m*. **II** *vi* retirarse **(from**, de).
retribution [retrɪ'bjuːʃən] *n* merecido *m*.
retrieval [rɪ'triːvəl] *n* recuperación *f*; *Comput* **information r. system**, sistema *m* de recuperación de datos.
retrieve [rɪ'triːv] *vtr* 1 *(recover)* recuperar; *(of dog)* cobrar; *Comput* recoger. 2 *(rescue)* salvar. 3 *Ten* devolver.
retriever [rɪ'triːvər] *n* perro *m* cazador.
retrograde ['retrəʊgreɪd] *adj* retrógrado,-a.
retrospect ['retrəʊspekt] *n* **in r.**, retrospectivamente.
retrospective [retrəʊ'spektɪv] **I** *adj* retrospectivo,-a. **II** *n Art* (exposición *f*) retrospectiva *f*.
return [rɪ'tɜːn] **I** *n* 1 *(of person)* regreso *m*, vuelta *f*; **by r. of post**, a vuelta de correo; **in r. for**, a cambio de; **many happy returns!**, ¡felicidades!; **r. match**, partido *m* de vuelta; **r. ticket**, billete *m* de ida y vuelta. 2 *(of sth borrowed, stolen)* devolución *f*. 3 *(profit)* beneficio *m*, ganancia *f*. 4 *(interest)* interés *m*. 5 *(give back)* devolver; **'r. to sender'**, 'devuélvase al remitente'; **to r. a favour/sb's love**, corresponder a un favor/al amor de algn. 2 *Pol* reelegir. 3 *Jur (verdict)* pronunciar. **III** *vi* 1 *(come or go back)* volver, regresar. 2 *(reappear)* reaparecer.
returnable [rɪ'tɜːnəbəl] *adj (bottle)* retornable.
reunion [riː'juːnjən] *n* reunión *f*.
reunite [riːjuː'naɪt] *vtr* **to be reunited with**, *(after separation)* reunirse con.
rev [rev] *fam* **I** *n Aut* revolución *f*. **II** *vi* **to r. (up)**, acelerar el motor.
revamp [riː'væmp] *vtr* modernizar, renovar.
reveal [rɪ'viːl] *vtr (make known)* revelar; *(show)* dejar ver.
revealing [rɪ'viːlɪŋ] *adj* revelador,-a.
reveille [rɪ'vælɪ] *n* diana *f*.
revel ['revəl] *vi* disfrutar **(in**, con); **to r. in doing sth**, gozar muchísimo haciendo algo.
revelation [revə'leɪʃən] *n* revelación *f*.
revelry ['revəlrɪ] *n* jarana *f*, juerga *f*.
revenge [rɪ'vendʒ] *n* venganza *f*; **to take r. on sb for sth**, vengarse de algo en algn.
revenue ['revɪnjuː] *n* renta *f*.
reverberate [rɪ'vɜːbəreɪt] *vi* 1 *(sound)* reverberar. 2 *(ideas, news)* resonar.
reverberation [rɪvɜːbə'reɪʃən] *n* resonancia *f*.
revere [rɪ'vɪər] *vtr* reverenciar.
reverence ['revərəns] *n* reverencia *f*.
reverend ['revərənd] *Rel* **I** *adj* reverendo,-a; **R. Mother**, reverenda madre. **II** *n (Protestant)* pastor *m*; *(Catholic)* padre *m*.

reverie ['revərɪ] *n* ensueño *m*.

reversal [rɪ'vɜːsəl] *n* **1** *(of order)* inversión *f*. **2** *(of attitude, policy)* cambio *m* total. **3** *Jur* revocación *f*.

reverse [rɪ'vɜːs] **I** *adj* inverso,-a. **II** *n* **1** quite the r., todo lo contrario. **2** *(other side) (of cloth)* revés *m*; *(of coin)* cruz *f*; *(of page)* dorso *m*. **3** *Aut* r. gear, marcha *f* atrás. **III** *vtr* **1** *(order)* invertir. **2** *(turn round)* volver del revés. **3** *(change)* cambiar totalmente. **4** *Jur* revocar. **5** *GB Tel* to r. the charges, poner una conferencia a cobro revertido. **IV** *vi Aut* dar marcha atrás.

revert [rɪ'vɜːt] *vi* volver (to, a).

review [rɪ'vjuː] **I** *n* **1** *(examination)* examen *m*. **2** *Mil* revista *f*. **3** *Press* crítica *f*, reseña *f*. **4** *(magazine)* revista *f*. **II** *vtr* **1** *(examine)* examinar. **2** *Mil* to r. the troops, pasar revista a las tropas. **3** *(book etc)* hacer una crítica de.

reviewer [rɪ'vjuːər] *n* crítico,-a *m,f*.

revile [rɪ'vaɪl] *vtr fml* injuriar.

revise [rɪ'vaɪz] *vtr* **1** *(look over)* revisar; *(at school)* repasar. **2** *(change)* modificar. **3** *(proofs)* corregir.

revision [rɪ'vɪʒən] *n* **1** revisión *f*; *(at school)* repaso *m*. **2** *(change)* modificación *f*. **3** *(of proofs)* corrección *f*.

revitalize [riː'vaɪtəlaɪz] *vtr* revivificar.

revival [rɪ'vaɪvəl] *n* **1** *(of interest)* renacimiento *m*; *(of the economy)* reactivación *f*; *(of a country)* resurgimiento *m*. **2** *Theat* reestreno *m*. **3** *Med* reanimación *f*.

revive [rɪ'vaɪv] **I** *vtr* **1** *(interest)* renovar; *(a law)* restablecer; *(the economy)* reactivar; *(hopes)* despertar. **2** *Theat* reestrenar. **3** *Med* reanimar. **II** *vi* **1** *(interest, hopes)* renacer. **2** *Med* volver en sí.

revoke [rɪ'vəʊk] *vtr* revocar; *(permission)* suspender.

revolt [rɪ'vəʊlt] **I** *n* rebelión *f*, sublevación *f*. **II** *vi* rebelarse, sublevarse. **III** *vtr* repugnar, dar asco a.

revolting [rɪ'vəʊltɪŋ] *adj* repugnante.

revolution [revə'luːʃən] *n* revolución *f*.

revolutionary [revə'luːʃənərɪ] *adj & n* revolucionario,-a *(m,f)*.

revolve [rɪ'vɒlv] **I** *vi* girar; *fig* to r. around, girar en torno a. **II** *vtr* hacer girar.

revolver [rɪ'vɒlvər] *n* revólver *m*.

revolving [rɪ'vɒlvɪŋ] *adj* giratorio,-a.

revue [rɪ'vjuː] *n* revista *f*.

revulsion [rɪ'vʌlʃən] *n* repulsión *f*.

reward [rɪ'wɔːd] **I** *n* recompensa *f*. **II** *vtr* recompensar.

rewarding [rɪ'wɔːdɪŋ] *adj* provechoso,-a.

rewire [riː'waɪər] *vtr Elec* to r. a house, poner nueva instalación eléctrica a una casa.

reword [riː'wɜːd] *vtr* expresar con otras palabras.

rewrite [riː'raɪt] *vtr (pt rewrote* [riː'rəʊt] *pp rewritten* [riː'rɪtən]*)* escribir de nuevo.

rhapsody ['ræpsədɪ] *n Mus* rapsodia *f*.

rhetoric ['retərɪk] *n* retórica *f*.

rhetorical [rɪ'tɒrɪkəl] *adj* retórico,-a.

rheumatism ['ruːmətɪzəm] *n* reuma *m*.

rheumatoid ['ruːmətɔɪd] *adj* r. arthritis, reuma *m* articular.

Rhine [raɪn] *n* the R., el Rin.

rhinoceros [raɪ'nɒsərəs] *n* rinoceronte *m*.

rhododendron [rəʊdə'dendrən] *n* rododendro *m*.

Rhone [rəʊn] *n* the R., el Ródano.

rhubarb ['ruːbɑːb] *n* ruibarbo *m*.

rhyme [raɪm] **I** *n* rima *f*; *(poem)* poema *m*. **II** *vi* rimar.

rhythm ['rɪðəm] *n* ritmo *m*.

rib[1] [rɪb] *n* **1** *Anat* costilla *f*; r. cage, caja torácica. **2** *Knit* canalé *m*. **3** *(of umbrella)* varilla *f*. **4** *Bot (of leaf)* nervio *m*.

rib[2] [rɪb] *vtr fam* burlarse de.

ribald ['rɪbəld] *adj (humour)* verde.

ribbon ['rɪbən] *n* cinta *f*; *(in hair etc)* lazo *m*; **torn to ribbons**, hecho,-a jirones.

rice [raɪs] *n* arroz *m*; **brown r.**, arroz integral; r. paper, papel de arroz; r. pudding, arroz con leche.

rich [rɪtʃ] **I** *adj (person, food)* rico,-a; *(soil)* fértil; *(voice)* sonoro,-a; *(colour)* vivo,-a. **II** *npl* the r., los ricos. ◆**richly** *adv* ricamente; **r. deserved**, bien merecido,-a.

riches ['rɪtʃɪz] *npl* riquezas *fpl*.

richness ['rɪtʃnɪs] *n* riqueza *f*; *(of soil)* fertilidad *f*; *(of voice)* sonoridad *f*; *(of colour)* viveza *f*.

rickets ['rɪkɪts] *n Med* raquitismo *m*.

rickety ['rɪkətɪ] *adj (chair etc)* cojo,-a; *(car)* desvencijado,-a.

ricochet ['rɪkəʃeɪ, 'rɪkəʃet] **I** *n* rebote *m*. **II** *vi* rebotar.

rid [rɪd] *vtr (pt & pp rid)* librar; **to get r. of sth**, deshacerse de algo; **to r. oneself of**, librarse de.

riddance ['rɪdəns] *n fam* **good r.!**, ¡ya era hora!

ridden ['rɪdən] *pp* → **ride**.

riddle[1] ['rɪdəl] *n* **1** *(puzzle)* acertijo *m*, adivinanza *f*. **2** *(mystery)* enigma *m*.

riddle[2] ['rɪdəl] *vtr (with bullets)* acribillar.

ride [raɪd] **I** *n* paseo *m*, vuelta *f*; **a short bus r.**, un corto trayecto en autobús; *fam* **to take sb for a r.**, tomar el pelo a algn; **horse r.**, paseo a caballo. **II** *vtr (pt rode; pp ridden) (bicycle, horse)* montar en; **can you r. a bike?**, ¿sabes montar en bici? **III** *vi* **1** *(on horse)* montar a caballo. **2** *(travel) (in bus, train etc)* viajar. **3** *Naut* **to r. at anchor**, estar anclado,-a. ◆**ride out** *vtr* sobrevivir; **to r. out the storm**, capear el temporal.

rider ['raɪdər] *n (of horse) (man)* jinete *m*, *(woman)* amazona *f*; *(of bicycle)* ciclista *mf*; *(of motorbike)* motociclista *mf*.

ridge [rɪdʒ] *n (crest of a hill)* cresta *f*; *(hillock)* loma *f*; *(of roof)* caballete *m*; *Meteor*

área m.
ridicule |'rɪdɪkjuːl| **I** n burla f. **II** vtr burlarse de.
ridiculous |rɪ'dɪkjʊləs| adj ridículo,-a.
riding |'raɪdɪŋ| n equitación f; r. breeches, pantalones mpl de montar; r. school, escuela hípica.
rife |raɪf| adj abundante; rumour is r. that ..., corre la voz de que ...; to be r. with, abundar en.
riffraff |'rɪfræf| n fam chusma f, gentuza f.
rifle[1] |'raɪfəl| n fusil m, rifle m; r. range, campo m de tiro.
rifle[2] |'raɪfəl| vtr desvalijar.
rift |rɪft| n 1 Geol falla f. 2 fig (in friendship) ruptura f; Pol (in party) escisión f; (quarrel) desavenencia f.
rig |rɪg| **I** n 1 Naut aparejo m. 2 (oil) r., (onshore) torre f de perforación; (offshore) plataforma petrolífera. **II** vtr pej amañar.
◆**rig out** vtr fam ataviar. ◆**rig up** vtr improvisar.
rigging |'rɪgɪŋ| n aparejo m, jarcia f.
right |raɪt| **I** adj 1 (not left) derecho,-a; the r. hand, la mano derecha. 2 (correct) correcto,-a; (time) exacto,-a.; to be r., tener razón; all r., de acuerdo; r.?, ¿vale?; that's r., eso es; the r. word, la palabra justa. 3 (true) cierto,-a. 4 (suitable) adecuado,-a; the r. time, el momento oportuno. 5 (proper) apropiado,-a. 6 fam (healthy) bien. 7 fam (complete) auténtico,-a. 8 (in order) en orden. 9 r. angle, ángulo recto.
II n 1 (right side) derecha f. 2 (right hand) mano derecha. 3 Pol the R., la derecha. 4 (lawful claim) derecho m; in one's own r., por derecho propio; r. of way, (across land) derecho de paso; (on roads) prioridad f; civil rights, derechos civiles. 5 r. and wrong, el bien y el mal.
III adv 1 (correctly) bien; it's just r., es justo lo que hace falta. 2 r. away, (immediately) en seguida. 3 (to the right) a la derecha; r. and left, a diestro y siniestro; to turn r., girar a la derecha. 4 (directly) directamente; go r. on, sigue recto; r. at the top, en todo lo alto; r. in the middle, justo en medio; r. to the end, hasta el final.
IV vtr 1 (correct) corregir. 2 (put straight) enderezar.
righteous |'raɪtʃəs| adj (upright) recto,-a.
rightful |'raɪtfʊl| adj legítimo,-a.
right-hand |'raɪthænd| adj derecho,-a; r.-h. drive, conducción f por la derecha; r.-h. side, lado derecho; fam r.-h. man, brazo derecho.
right-handed |raɪt'hændɪd| adj (person) que usa la mano derecha; (tool) para la mano derecha.
rightly |'raɪtlɪ| adv debidamente; and r. so, y con razón.
right-wing |'raɪtwɪŋ| adj de derechas, derechista.
right-winger |raɪt'wɪŋər| n derechista mf.
rigid |'rɪdʒɪd| adj rígido,-a, inflexible.
rigidity |rɪ'dʒɪdɪtɪ| n rigidez f, inflexibilidad f.
rigmarole |'rɪgmərəʊl| n fam galimatías m inv.
rigorous |'rɪgərəs| adj riguroso,-a.
rigour, US **rigor** |'rɪgər| n rigor m, severidad f.
rile |raɪl| vtr fam irritar, sacar de quicio.
rim |rɪm| n (edge) borde m; (of wheel) llanta f; (of spectacles) montura f.
rind |raɪnd| n (of fruit, cheese) corteza f.
ring[1] |rɪŋ| **I** n 1 (sound of bell) toque m; (of doorbell, alarm clock) timbre m. 2 Tel llamada f. **II** vtr (pt **rang**; pp **rung**) 1 (bell) tocar; fig it rings a bell, me suena. 2 GB Tel llamar por teléfono. **III** vi 1 (bell, phone etc) sonar. 2 my ears are ringing, tengo un pitido en los oídos. 3 Tel llamar. ◆**ring back** vtr GB Tel volver a llamar. ◆**ring off** vi GB Tel colgar. ◆**ring out** vi resonar. ◆**ring up** vtr GB Tel llamar por teléfono a.
ring[2] |rɪŋ| **I** n 1 (metal hoop) aro m; curtain r., anilla f; r. binder, carpeta f de anillas. 2 (for finger) anillo m, sortija f; r. finger, dedo m anular. 3 (circle) círculo m; r. road, carretera f de circunvalación. 4 Gymn rings, anillas fpl. 5 (group of people) corro m; (of spies) red f; (of thieves) banda f. 6 (arena) pista f; Box cuadrilátero m; (for bullfights) ruedo m; circus r., pista de circo. **II** vtr 1 (bird, animal) anillar. 2 (surround) rodear.
ringing |'rɪŋɪŋ| n (of bell) toque m, repique m; (in ears) pitido m.
ringleader |'rɪŋliːdər| n cabecilla mf.
ringlet |'rɪŋlɪt| n tirabuzón m.
rink |rɪŋk| n pista f; ice r., pista de hielo.
rinse |rɪns| **I** n 1 (of clothes, hair) aclarado m; (of dishes) enjuagado m. 2 (tint for hair) reflejo m. **II** vtr 1 aclarar; (the dishes) enjuagar. 2 to r. one's hair, (tint) darse reflejos en el pelo.
Rioja |rɪ'əʊxə| n Rioja.
riot |'raɪət| **I** n 1 disturbio m, motín m; to run r., desmandarse; r. police, policía f antidisturbios. 2 fig (of colour) profusión f. **II** vi amotinarse.
rioter |'raɪətər| n amotinado,-a m,f.
riotous |'raɪətəs| adj 1 amotinado,-a. 2 (noisy) bullicioso,-a. 3 (unrestrained) desenfrenado,-a.
rip |rɪp| **I** n (tear) rasgón m. **II** vtr rasgar, rajar; to r. one's trousers, rajarse los pantalones. **III** vi rasgarse, rajarse. ◆**rip off** vtr fam to r. sb off, timar a algn. ◆**rip up** vtr hacer pedacitos.
ripcord |'rɪpkɔːd| n cuerda f de apertura.
ripe |raɪp| adj 1 maduro,-a. 2 (ready) listo,-a; the time is r., es el momento oportuno.

ripen ['raɪpən] *vtr & vi* madurar.
rip-off ['rɪpɒf] *n fam* timo *m*.
ripple ['rɪpəl] **I** *n* 1 (*on water, fabric*) onda *f*. 2 (*sound*) murmullo *m*. **II** *vtr* (*water*) ondular. **III** *vi* 1 (*water*) ondularse. 2 (*applause*) extenderse.
rise [raɪz] **I** *n* 1 (*of slope, hill*) cuesta *f*. 2 (*of waters*) crecida *f*. 3 (*in status*) ascenso *m*. 4 (*in prices, temperature*) subida *f*; (*in wages*) aumento *m*. 5 (*in sound*) aumento *m*. 6 **to give r. to**, ocasionar. **II** *vi* (*pt* **rose**; *pp* **risen** ['rɪzən]) 1 (*land etc*) elevarse. 2 (*waters*) crecer; (*river*) nacer; (*tide*) subir; (*wind*) levantarse. 3 (*sun, moon*) salir. 4 (*voice*) alzarse. 5 (*in rank*) ascender. 6 (*prices, temperature*) subir; (*wages*) aumentar. 7 (*curtain*) subir. 8 (*from bed*) levantarse. 9 (*stand up*) levantarse; *fig* (*city, building*) erguirse. 10 **to r. to a challenge**, aceptar un reto; **to r. to the occasion**, ponerse a la altura de las circunstancias. ◆**rise above** *vtr* estar por encima de. ◆**rise up** *vi* (*rebel*) sublevarse.
rising ['raɪzɪŋ] **I** *adj* (*sun*) naciente; (*tide*) creciente; (*prices*) en aumento; **r. damp**, humedad *f*. **II** *n* 1 (*of sun*) salida *f*. 2 (*rebellion*) levantamiento *m*.
risk [rɪsk] **I** *n* riesgo *m*; **at r.**, en peligro; **at your own r.**, por su cuenta y riesgo; **to take risks**, arriesgarse. **II** *vtr* arriesgar; **I'll r. it**, correré el riesgo.
risky ['rɪskɪ] *adj* (**riskier**, **riskiest**) arriesgado,-a.
risqué ['rɪskeɪ] *adj* atrevido,-a; (*joke*) picante.
rite [raɪt] *n* rito *m*; **the last rites**, la extremaunción.
ritual ['rɪtjʊəl] *adj & n* ritual (*m*).
rival ['raɪvəl] **I** *adj & n* rival (*m,f*). **II** *vtr* rivalizar con.
rivalry ['raɪvəlrɪ] *n* rivalidad *f*.
river ['rɪvər] *n* río *m*; **down/up r.**, río abajo/arriba.
river-bank ['rɪvəbæŋk] *n* orilla *f*, ribera *f*.
river-bed ['rɪvəbed] *n* lecho *m*.
rivet ['rɪvɪt] **I** *n* *Tech* remache *m*, roblón *m*. **II** *vtr* *Tech* remachar; *fig* cautivar.
riveting ['rɪvɪtɪŋ] *adj fig* fascinante.
road [rəʊd] *n* 1 carretera *f*; *GB* **A/B r.**, carretera nacional/secundaria; **main r.**, carretera principal; **r. accident**, accidente *m* de tráfico; **r. safety**, seguridad *f* vial; **r. sign**, señal *f* de tráfico; **r. works**, obras *fpl*. 2 (*street*) calle *f*. 3 (*way*) camino *m*.
roadblock ['rəʊdblɒk] *n* control *m* policial.
roadhog ['rəʊdhɒg] *n fam* loco,- a *m,f* del volante, dominguero,-a *m,f*.
roadside ['rəʊdsaɪd] *n* borde *m* de la carretera; **r. restaurant/café**, restaurante *m*/cafetería *m* de carretera.
roadway ['rəʊdweɪ] *n* calzada *f*.
roadworthy ['rəʊdwɜːðɪ] *adj* (*vehicle*) en buen estado.
roam [rəʊm] **I** *vtr* vagar por, rondar. **II** *vi* vagar.
roar [rɔːr] **I** *n* (*of lion*) rugido *m*; (*of bull, sea, wind*) bramido *m*; (*of crowd*) clamor *m*. **II** *vi* (*lion, crowd*) rugir; (*bull, sea, wind*) bramar; (*crowd*) clamar; *fig* **to r. with laughter**, reírse a carcajadas.
roaring ['rɔːrɪŋ] *adj fam fig* **a r. success**, un éxito clamoroso; **to do a r. trade**, hacer un negocio redondo.
roast [rəʊst] **I** *adj* (*meat*) asado,-a; **r. beef**, rosbif *m*. **II** *n* *Culin* asado *m*. **III** *vtr* (*meat*) asar; (*coffee, nuts*) tostar. **IV** *vi* asarse; *fam fig* **I'm roasting**, me aso de calor.
rob [rɒb] *vtr* robar; (*bank*) atracar.
robber ['rɒbər] *n* ladrón,-a *m,f*; **bank r.**, atracador,-a *m,f*.
robbery ['rɒbərɪ] *n* robo *m*.
robe [rəʊb] *n* (*ceremonial*) toga *f*; (*dressing gown*) bata *f*.
robin ['rɒbɪn] *n* petirrojo *m*.
robot ['rəʊbɒt] *n* robot *m*.
robust [rəʊ'bʌst] *adj* (*sturdy*) robusto,-a.
rock [rɒk] **I** *n* 1 roca *f*; *fig* **to be on the rocks**, (*of marriage*) estar a punto de fracasar; *fig* **whisky on the rocks**, whisky *m* con hielo. 2 *US* (*stone*) piedra *f*. 3 *GB* (*sweet*) **stick of r.**, barra *f* de caramelo. 4 *Mus* música *f* rock; **r. and roll**, rock and roll *m*. **II** *vtr* 1 (*chair*) mecer; (*baby*) acunar. 2 (*shake*) hacer temblar; *fig* (*shock*) conmover. **III** *vi* 1 (*move to and fro*) mecerse. 2 (*shake*) vibrar.
rock-bottom [rɒk'bɒtəm] *adj* bajísimo,-a; **r.-b. prices**, precios regalados.
rockery ['rɒkərɪ] *n* jardín *m* de rocas.
rocket ['rɒkɪt] **I** *n* cohete *m*; **r. launcher**, lanzacohetes *m inv*. **II** *vi fam* (*prices*) dispararse.
rocking-chair ['rɒkɪŋtʃeər] *n* mecedora *f*.
rocking-horse ['rɒkɪŋhɔːs] *n* caballito *m* de balancín.
rocky ['rɒkɪ] *adj* (**rockier**, **rockiest**) rocoso,-a; *fam fig* (*unsteady*) inseguro,-a; **the R. Mountains**, las Montañas Rocosas.
rod [rɒd] *n* (*of metal*) barra *f*; (*stick*) vara *f*; **fishing r.**, caña *f* de pescar.
rode [rəʊd] *pt* → **ride**.
rodent ['rəʊdənt] *n* roedor *m*.
roe[1] [rəʊ] *n* *Zool* **r. (deer)**, corzo,-a *m,f*.
roe[2] [rəʊ] *n* (*fish eggs*) hueva *f*.
rogue [rəʊg] *n* granuja *m*.
role, **rôle** [rəʊl] *n* papel *m*; **to play a r.**, desempeñar un papel.
roll [rəʊl] **I** *n* 1 rollo *m*; **r. of banknotes**, fajo *m* de billetes; **fam fig rolls of fat**, michelines *mpl*. 2 (**bread**) **r.**, bollo *m*. 3 (*list of names*) lista *f*, nómina *f*; **to call the r.**, pasar lista. 4 (*of ship*) balanceo *m*. 5 (*of drum*) redoble *m*; (*of thunder*) fragor *m*. **II** *vtr* 1 (*ball*) hacer rodar. 2 (*cigarette*) liar.

3 (move) mover. 4 (push) empujar. 5 (lawn, road) allanar. III vi 1 (ball) rodar; fam to be rolling in money, estar forrado,-a. 2 (animal) revolcarse. 3 (ship) balancearse. 4 (drum) redoblar; (thunder) retumbar. ◆roll about, roll around vi rodar (de acá para allá). ◆roll by vi (years) pasar. ◆roll in vi fam 1 (arrive) llegar. 2 (money) llegar a raudales. ◆roll over vi dar una vuelta. ◆roll up I vtr enrollar; (blinds) subir; to r. up one's sleeves, (ar)remangarse. II vi fam (arrive) llegar.

roll-call ['rəʊlkɔːl] n to have a r., pasar lista.

roller ['rəʊlər] n 1 Tech rodillo m; r. coaster, montaña rusa; r. skate, patín m de ruedas. 2 (large wave) ola f grande. 3 usu pl (for hair) rulo m.

rolling ['rəʊlɪŋ] I adj Rail r. stock, material m rodante. 2 (countryside) ondulado,-a. II n rodamiento m; (of ground) apisonamiento m; r. pin, rodillo m (de cocina).

ROM [rɒm] Comput abbr of read only memory, memoria f sólo de lectura, ROM f.

Roman ['rəʊmən] adj & n romano,-a (m,f); R. Catholic, católico,-a m,f (romano,-a); R. law, derecho romano; R. numerals, números romanos.

Romance [rəʊ'mæns] adj Ling románico,-a, romance; R. languages, lenguas románicas.

romance [rəʊ'mæns] I n 1 (tale) novela romántica. 2 (love affair) aventura amorosa. 3 (romantic quality) lo romántico. II vi fantasear.

Romania [rəʊ'meɪnɪə] n → **Rumania**.

romantic [rəʊ'mæntɪk] adj & n romántico,-a (m,f).

Rome [rəʊm] n Roma f.

romp [rɒmp] I n juguetoeo m. II vi juguetear.

rompers ['rɒmpəz] npl pelele m sing.

roof [ruːf] I n (pl roofs [ruːfs, ruːvz]) 1 tejado m; fam fig to go through the r., (of prices) estar por las nubes; (with anger) subirse por las paredes. 2 Aut techo m; r. rack, baca f. 3 (of mouth) cielo m. II vtr techar.

roofing ['ruːfɪŋ] n materiales mpl usados para techar.

rook [rʊk] n 1 Orn grajo m. 2 Chess torre f.

rookie ['rʊkɪ] n US fam (novice) novato,-a m,f.

room [ruːm] n 1 habitación f, cuarto m; single r., habitación individual; r. service, servicio m de habitación. 2 (space) sitio m, espacio m; make r. for me, hazme sitio.

rooming-house ['ruːmɪŋhaʊs] n US pensión f.

roommate ['ruːmmeɪt] n compañero,-a m,f de habitación.

roomy ['ruːmɪ] adj (roomier, roomiest) amplio,-a.

roost [ruːst] I n palo m, percha f; (hen) r., gallinero m; fig to rule the r., llevar la batuta. II vi posarse.

rooster ['ruːstər] n esp US gallo m.

root¹ [ruːt] I n raíz f; to take r., echar raíces. II vtr arraigar. III vi arraigar. ◆**root out**, **root up** vtr arrancar de raíz.

root² [ruːt] vi (search) buscar; to r. about or around for sth, hurgar en busca de algo.

root³ [ruːt] vi fam to r. for a team, animar a un equipo.

rope [rəʊp] I n 1 (thin) cuerda f; (thick) soga f; Naut cabo m. 2 fig to have sb on the ropes, tener a algn contra las cuerdas; fam fig to know the ropes, estar al tanto. 3 (of pearls) sarta f; (of climbers) encordar. ◆**rope in** vtr fam enganchar. ◆**rope off** vtr acordonar.

rop(e)y ['rəʊpɪ] adj (ropier, ropiest) GB fam chungo,-a.

rosary ['rəʊzərɪ] n rosario m.

rose¹ [rəʊz] pt → **rise**.

rose² [rəʊz] n 1 Bot rosa f; r. bed, rosaleda f; r. bush, rosal m. 2 (colour) rosa m. 3 (of watering can) alcachofa f.

rosé ['rəʊzeɪ] n (vino m) rosado m.

rosebud ['rəʊzbʌd] n capullo m de rosa.

rosemary ['rəʊzmərɪ] n romero m.

rosette [rəʊ'zet] n (of ribbons) escarapela f.

roster ['rɒstər] n lista f.

rostrum ['rɒstrəm] n tribuna f.

rosy ['rəʊzɪ] adj (rosier, rosiest) 1 (complexion) sonrosado,-a. 2 fig (future) prometedor,-a.

rot [rɒt] I n 1 (decay) putrefacción f; dry r., putrefacción f de la madera. 2 fam (nonsense) tonterías fpl. II vtr pudrir. ◆**rot away** vi pudrirse.

rota ['rəʊtə] n usu GB lista f.

rotary ['rəʊtərɪ] adj rotatorio,-a, giratorio,-a.

rotate [rəʊ'teɪt] I vtr 1 (revolve) hacer girar. 2 (jobs, crops) alternar. II vi (revolve) girar.

rotating [rəʊ'teɪtɪŋ] adj rotativo,-a.

rotation [rəʊ'teɪʃən] n rotación f.

rote [rəʊt] n by r., de memoria.

rotten ['rɒtən] adj 1 (decayed) podrido,-a; (tooth) picado,-a. 2 fam (very bad) malísimo,-a; fam I feel r., me encuentro fatal.

rouble ['ruːbəl] n rublo m.

rouge [ruːʒ] I n colorete m. II vtr poner colorete a.

rough [rʌf] I adj 1 (surface, skin) áspero,-a; (terrain) accidentado,-a; (road) desigual; (sea) agitado,-a; (weather) tempestuoso,-a. 2 (rude) grosero,-a; (vio-

lent) violento,-a. **3** (*voice*) bronco,-a. **4** (*wine*) áspero,-a. **5** (*bad*) malo,-a; *fam* **to feel r.**, encontrarse fatal. **6** (*approximate*) aproximado,-a. **7** (*plan etc*) preliminar; **r. draft**, borrador *m*; **r. sketch**, esbozo *m*. **8** (*harsh*) severo,-a. **II** *adv* duramente; *fam* **fig to sleep r.**, dormir a la intemperie. **III** *n* **1** *fam* (*person*) matón *m*. **2** *Golf* **the r.**, la hierba alta. **IV** *vtr fam* **to r. it**, vivir sin comodidades. ◆**roughly** *adv* **1** (*crudely*) toscamente. **2** (*clumsily*) torpemente. **3** (*not gently*) bruscamente. **4** (*approximately*) aproximadamente.

roughage |ˈrʌfɪdʒ| *n* (*substance*) fibra *f*.
rough-and-ready |rʌfənˈredɪ| *adj* improvisado,-a.
roughcast |ˈrʌfkɑːst| *n* mortero grueso.
roughen |ˈrʌfən| *vtr* poner áspero,-a.
roulette |ruːˈlet| *n* ruleta *f*.
Roumania |ruːˈmeɪnɪə| *n* → **Rumania**.
round |raʊnd| **I** *adj* redondo,-a; **in r. figures**, en números redondos; **r. table**, mesa redonda; **r. trip**, viaje *m* de ida y vuelta. **II** *n* **1** (*circle*) círculo *m*. **2** (*series*) serie *f*; **r. of talks**, ronda *f* de negociaciones. **3** (*of ammunition*) cartucho *m*; (*salvo*) salva *f*. **4 a r. of toast**, unas tostadas. **5** (*of drinks*) ronda *f*. **6 the daily r.**, (*routine*) la rutina diaria. **7** *Golf* partido *m*; *Cards* partida *f*. **8** *Box* round *m*. **9** (*in a competition*) eliminatoria *f*. **10 rounds**, (*doctor's*) visita *f sing*; (*of salesman*) recorrido *m sing*. **III** *adv* **all year r.**, durante todo el año; **to invite sb r.**, invitar a algn a casa. **IV** *prep* alrededor de; **r. here**, por aquí; **r. the clock**, día y noche; **r. the corner**, a la vuelta de la esquina. **V** *vtr* (*turn*) dar la vuelta a. ◆**round off** *vtr* acabar, concluir. ◆**round on** *vtr* (*attack*) atacar. ◆**round up** *vtr* (*cattle*) acorralar, rodear; (*people*) reunir. ◆**roundly** *adv* completamente, totalmente.
roundabout |ˈraʊndəbaʊt| **I** *n* **1** (*merry-go-round*) tiovivo *m*. **2** *GB Aut* rotonda *f*. **II** *adj* indirecto,-a.
rounders |ˈraʊndəz| *n GB* juego *m* parecido al béisbol.
round-shouldered |raʊndˈʃəʊldəd| *adj* cargado,-a de espaldas.
round-up |ˈraʊndʌp| *n* **1** (*of cattle*) rodeo *m*; (*of suspects*) redada *f*. **2** (*summary*) resumen *m*.
rouse |raʊz| *vtr* despertar; (*stir up*) suscitar.
rousing |ˈraʊzɪŋ| *adj* (*cheer*) entusiasta; (*applause*) caluroso,-a; (*speech*, *song*) conmovedor,-a.
rout |raʊt| **I** *n* aniquilación *f*. **II** *vtr* aniquilar.
route |ruːt| **I** *n* **1** ruta *f*; (*of bus*) línea *f*; *Naut* derrota *f*; *fig* camino *m*; **r. map**, mapa *m* de carreteras. **2** *US* **R.**, ≈ carretera *f* nacional. **II** *vtr* encaminar.

routine |ruːˈtiːn| **I** *n* **1** rutina *f*. **2** *Theat* número *m*. **II** *adj* rutinario,-a.
roving |ˈrəʊvɪŋ| *adj* errante; **r. reporter**, enviado,-a *m,f* especial.
row[1] |rəʊ| *n* fila *f*, hilera *f*; *fig* **three times in a r.**, tres veces seguidas.
row[2] |rəʊ| *vtr & vi* (*in a boat*) remar.
row[3] |raʊ| **I** *n* (*quarrel*) pelea *f*, bronca *f*. **2** (*noise*) jaleo *m*; (*protest*) escándalo *m*. **II** *vi* pelearse.
rowboat |ˈrəʊbəʊt| *n US* bote *m* de remos.
rowdy |ˈraʊdɪ| **I** *adj* (**rowdier**, **rowdiest**) **1** (*noisy*) ruidoso,-a; (*disorderly*) alborotador,-a. **2** (*quarrelsome*) camorrista. **II** *n* camorrista *mf*.
rowing |ˈrəʊɪŋ| *n* remo *m*; **r. boat**, bote *m* de remos.
royal |ˈrɔɪəl| **I** *adj* real; **r. blue**, azul marino; **the R. Family**, la Familia Real. **II** *npl* **the Royals**, los miembros de la Familia Real. ◆**royally** *adv fig* magníficamente.
royalty |ˈrɔɪəltɪ| *n* **1** (*royal persons*) miembro(s) *m(pl)* de la Familia Real. **2 royalties**, derechos *mpl* de autor.
RPI |ɑːpiːˈaɪ| *n abbr of* **Retail Price Index**, IPC.
rpm |ɑːpiːˈem| *abbr* **revolutions per minute**, revoluciones *fpl* por minuto, r.p.m.
RSPCA |ɑːrespiːsiːˈeɪ| *GB abbr of* **Royal Society for the Prevention of Cruelty to Animals**, ≈ Sociedad *f* Protectora de Animales, SPA.
RSVP |ɑːresviːˈpiː| *abbr of* **répondez s'il vous plaît** (please reply), se ruega contestación, S.R.C.
Rt Hon *GB Pol abbr of* (**the**) **Right Honourable**, su Señoría.
rub |rʌb| **I** *n* **to give sth a r.**, frotar algo. **II** *vtr* frotar; (*hard*) restregar; (*massage*) friccionar. **III** *vi* rozar (**against**, contra). ◆**rub down** *vtr* rotar; (*horse*) almohazar; (*surface*) raspar. ◆**rub in** *vtr* **1** (*cream etc*) frotar con. **2** *fam* **don't r. it in**, no me lo refriegues. ◆**rub off I** *vtr* (*erase*) borrar. **II** *vi fig* **to r. off on sb**, influir en algn. ◆**rub out** *vtr* borrar. ◆**rub up** *vtr fam fig* **to r. sb up the wrong way**, fastidiar a algn.
rubber[1] |ˈrʌbə*r*| *n* **1** (*substance*) caucho *m*, goma *f*; **r. band**, goma *f*; **r. plant**, gomero *m*; **r. stamp**, tampón *m*. **2** *GB* (*eraser*) goma *f* (de borrar). **3** *sl* (*condom*) goma *f*.
rubber[2] |ˈrʌbə*r*| *n Bridge* rubber *m*.
rubbery |ˈrʌbərɪ| *adj* (*elastic*) elástico,-a.
rubbish |ˈrʌbɪʃ| *n* **1** *GB* (*refuse*) basura *f*; **r. bin**, cubo *m* de la basura; **r. dump**, vertedero *m*. **2** *fam* (*worthless thing*) birria *f*. **3** *fam* (*nonsense*) tonterías *fpl*.
rubble |ˈrʌbəl| *n* escombros *mpl*.
rubric |ˈruːbrɪk| *n* rúbrica *f*.
ruby |ˈruːbɪ| *n* rubí *m*.

rucksack |'rʌksæk| n mochila f.
ructions |'rʌkʃənz| npl fam jaleo m sing.
rudder |'rʌdər| n timón m.
ruddy |'rʌdɪ| adj (**ruddier, ruddiest**) 1 (complexion) rojizo,-a, colorado,-a. 2 GB fam (damned) maldito,-a.
rude |ru:d| adj 1 (impolite) maleducado,-a; (foul-mouthed) grosero,-a; **don't be r. to your mother**, no le faltes al respeto a tu madre. 2 **a r. awakening**, un despertar repentino.
rudimentary |ru:dɪ'mentərɪ| adj rudimentario,-a.
rudiments |'ru:dɪmənts| npl rudimentos mpl.
rue |ru:| vtr arrepentirse de.
rueful |'ru:fʊl| adj (regretful) arrepentido,-a; (sad) triste.
ruff |rʌf| n 1 (on animal) collarín m. 2 (collar) gorguera f.
ruffian |'rʌfɪən| n canalla m.
ruffle |'rʌfəl| vtr 1 (water) agitar. 2 (feathers) encrespar; (hair) despeinar. 3 fig (annoy) hacer perder la calma a.
ruffled |'rʌfəld| adj 1 (hair) alborotado,-a; (clothes) en desorden. 2 (perturbed) perturbado,-a.
rug |rʌg| n alfombra f, alfombrilla f.
rugby |'rʌgbɪ| n rugby m; **r. league**, rugby a trece; **r. union**, rugby a quince.
rugged |'rʌgɪd| adj 1 (terrain) accidentado,-a. 2 (features) marcado,-a. 3 (character) vigoroso,-a.
rugger |'rʌgər| n fam rugby m.
ruin |'ru:ɪn| I n 1 ruina f. 2 **ruins**, ruinas fpl, restos mpl; **in r.**, en ruinas. II vtr arruinar; (spoil) estropear.
rule |ru:l| I n 1 regla f, norma f; **to work to r.**, hacer una huelga de celo; **as a r.**, por regla general. 2 (government) dominio m; (of monarch) reinado m; **r. of law**, imperio m de la ley. II vtr & vi 1 (govern) gobernar; (of monarch) reinar. 2 (decide) decidir; (decree) decretar. 3 (draw) tirar.
◆**rule out** vtr descartar.
ruled |ru:ld| adj rayado,-a.
ruler |'ru:lər| n 1 dirigente mf; (monarch) soberano,-a m,f. 2 (for measuring) regla f.
ruling |'ru:lɪŋ| I adj (in charge) dirigente; fig (predominant) predominante; **the r. party**, el partido en el poder. II n Jur fallo m.
rum |rʌm| n ron m.
Rumania |ru:'meɪnɪə| n Rumanía.
Rumanian |ru:'meɪnɪən| I adj rumano,-a. II n (person) rumano,-a m,f; (language) rumano m.
rumble |'rʌmbəl| I n 1 ruido sordo; (of thunder) estruendo m. 2 (of stomach) ruido m. II vi 1 hacer un ruido sordo; (thunder) retumbar. 2 (stomach etc) hacer ruidos.
ruminate |'ru:mɪneɪt| vi (chew, ponder) rumiar.

rummage |'rʌmɪdʒ| vi revolver (**through**, en).
rumour, US **rumor** |'ru:mər| I n rumor m; **r. has it that ...**, se dice que .... II vtr **it is rumoured that**, se rumorea que.
rump |rʌmp| n (of animal) ancas fpl; fam hum (of person) trasero m; **r. steak**, filete m de lomo.
rumpus |'rʌmpəs| n fam jaleo m.
run |rʌn| I n 1 carrera f; **on the r.**, fugado,-a; **to go for a r.**, hacer footing; fig **in the long r.**, a largo plazo. 2 (trip) paseo m, vuelta f. 3 (sequence) serie f. 4 **ski r.**, pista f de esquí. 5 (demand) gran demanda f; **a r. on**, una gran demanda de. 6 **to give sb the r. of a house**, poner una casa a disposición de algn. 7 Print tirada f. 8 (in stocking) carrera f.
II vtr (pt **ran**; pp **run**) 1 correr; **to r. a race**, correr en una carrera; **to r. errands**, hacer recados. 2 (drive) llevar. 3 (house, business) llevar; (company) dirigir; (organize) organizar. 4 (fingers) pasar. 5 **it's a cheap car to r.**, (operate) es un coche económico; Comput **to r. a program**, pasar un programa. 6 Press publicar.
III vi 1 correr. 2 (colour) desteñirse. 3 (water, river) correr; **to leave the tap running**, dejar el grifo abierto; fam **your nose is running**, se te caen los mocos. 4 (operate) funcionar; **trains r. every two hours**, hay trenes cada dos horas. 5 Naut **to r. aground**, encallar. 6 Pol **to r. for president**, presentarse como candidato a la presidencia. 7 **so the story runs**, según lo que se dice. 8 (range) oscilar (**between**, entre). 9 **we're running low on milk**, nos queda poca leche. 10 **shyness runs in the family**, la timidez le viene de familia. 11 Cin Theat estar en cartel. 12 (last) durar. 13 (stocking) tener una carrera. ◆**run about** vi corretear. ◆**run across** vtr (meet) tropezar con. ◆**run away** vi fugarse; (horse) desbocarse. ◆**run down** I vtr 1 (stairs) bajar corriendo. 2 (in car) atropellar. 3 (criticize) criticar. II vi (battery) agotarse; (clock) pararse. ◆**run in** vtr Aut rodar. ◆**run into** vtr 1 (room) entrar corriendo en. 2 (people, problems) tropezar con. 3 (crash into) chocar contra. ◆**run off** I vtr Print (copies) tirar. II vi escaparse. ◆**run on I** vtr Typ enlazar. II vi (function) funcionar con. ◆**run out** vi 1 (exit) salir corriendo. 2 (come to an end) agotarse; (of contract) vencer; **to r. out of**, quedarse sin. ◆**run over** I vtr 1 (in car) atropellar. 2 (rehearse) ensayar. II vi (overflow) rebosar. ◆**run through** vtr 1 (of river) pasar por. 2 (read quickly) echar un vistazo a. 3 (rehearse) ensayar. ◆**run up** I vtr 1 (flag) izar. 2 (debts) acumular. ◆**run up against** vtr tropezar con.
runaway |'rʌnəweɪ| I n fugitivo,-a m,f. II

adj (person) huido,-a; *(horse)* desbocado,-a; *(vehicle)* incontrolado,-a; *(inflation)* galopante; *(success)* clamoroso,-a.
rundown ['rʌndaʊn] *n fam* **to give sb a r.**, poner a algn al corriente.
run-down [rʌn'daʊn] *adj* 1 *(exhausted)* agotado,-a. 2 *(dilapidated)* ruinoso,-a.
rung[1] [rʌŋ] *pp* → **ring**.
rung[2] [rʌŋ] *n (of ladder)* escalón *m*, peldaño *m*.
runner ['rʌnər] *n* 1 corredor,-a *m,f*. 2 *(horse)* caballo *m* de carreras. 3 *(of skate)* cuchilla *f*. 4 *(on table)* tapete *m*. 5 **r. bean**, judía escarlata.
runner-up [rʌnər'ʌp] *n* subcampeón,-ona *m,f*.
running ['rʌnɪŋ] **I** *n* 1 **he likes running**, le gusta correr; *fig* **to be in the r. for sth**, tener posibilidades de conseguir algo. 2 *(of company)* dirección *f*. 3 *(of machine)* funcionamiento *m*. **II** *adj* 1 **r. commentary**, comentario *m* en directo; **r. costs**, gastos *mpl* de mantenimiento; *Pol* **r. mate**, candidato *m* a la vicepresidencia; **r. water**, agua *f* corriente. 2 **three weeks r.**, tres semanas seguidas.
runny ['rʌnɪ] *adj* (**runnier, runniest**) blando,-a; *(egg)* crudo,-a; *(butter)* derretido,-a; *(nose)* que moquea.
run-of-the-mill [rʌnəvðə'mɪl] *adj* corriente y moliente.
runt [rʌnt] *n fam* enano,-a *m,f*.
run-up ['rʌnʌp] *n (to elections)* preliminares *mpl*.
runway ['rʌnweɪ] *n Av* pista *f* (de aterrizaje y despegue).
rupee [ruː'piː] *n* rupia *f*.
rupture ['rʌptʃər] **I** *n* 1 *Med* hernia *f*. 2 *fig* ruptura *f*. **II** *vtr* 1 **to r. oneself**, herniarse. 2 *(break)* romper.

rural ['rʊərəl] *adj* rural.
ruse [ruːz] *n* ardid *m*, astucia *f*.
rush[1] [rʌʃ] *n Bot* junco *m*.
rush[2] [rʌʃ] **I** *n* 1 *(hurry)* prisa *f*; *(hustle and bustle)* ajetreo *m*; **there's no r.**, no corre prisa; **r. hour**, hora punta. 2 *(demand)* demanda *f*. 3 *(of wind)* ráfaga *f*. 4 *(of water)* torrente *m*. 5 *Mil* ataque *m*. **II** *vtr* 1 *(task)* hacer de prisa; *(person)* meter prisa a; **to r. sb to hospital**, llevar a algn urgentemente al hospital. 2 *(attack)* abalanzarse sobre; *Mil* tomar por asalto. **III** *vi (go quickly)* precipitarse. ◆**rush about** *vi* correr de un lado a otro. ◆**rush into** *vtr fig* **to r. into sth**, hacer algo sin pensarlo bien. ◆**rush off** *vi* irse corriendo.
rusk [rʌsk] *n* galleta dura para niños.
Russia ['rʌʃə] *n* Rusia.
Russian ['rʌʃən] **I** *adj* ruso,-a. **II** *n* 1 *(person)* ruso,-a *m,f*. 2 *(language)* ruso *m*.
rust [rʌst] **I** *n* 1 *(substance)* herrumbre *f*. 2 *(colour)* pardo rojizo. **II** *vtr* oxidar. **III** *vi* oxidarse.
rustic ['rʌstɪk] *adj* rústico,-a.
rustle ['rʌsəl] **I** *n* crujido *m*. **II** *vtr (papers etc)* hacer crujir. **III** *vi (steal cattle)* robar ganado.
rustproof ['rʌstpruːf] *adj* inoxidable.
rusty ['rʌstɪ] *adj* (**rustier, rustiest**) oxidado,-a; *fam fig* **my French is a bit r.**, tengo el francés un poco oxidado.
rut [rʌt] *n* 1 *(furrow)* surco *m*; *(groove)* ranura *f*. 2 *fig* **to be in a r.**, ser esclavo de la rutina. 3 *Zool* celo *m*.
ruthless ['ruːθlɪs] *adj* despiadado,-a.
rye [raɪ] *n* centeno *m*; **r. bread**, pan *m* de centeno; **r. grass**, ballica *f*; *US* **r. (whiskey)**, whisky *m* de centeno.

S

S, s [es] *n (the letter)* S, s *f*.
Sabbath ['sæbəθ] *n (Jewish)* sábado *m*; *(Christian)* domingo *m*.
sabbatical [sə'bætɪkəl] *adj* sabático,-a.
sabotage ['sæbətɑːʒ] **I** *n* sabotaje *m*. **II** *vtr* sabotear.
saccharin ['sækərɪn] *n* sacarina *f*.
sachet ['sæʃeɪ] *n* bolsita *f*, sobrecito *m*.
sack [sæk] **I** *n* 1 *(bag)* saco *m*. 2 *fam* **to get the s.**, ser despedido,-a; *fam* **to give sb the s.**, despedir a algn. **II** *vtr* 1 *fam* despedir. 2 *Mil* saquear.
sacking ['sækɪŋ] *n Tex* arpillera *f*.
sacrament ['sækrəmənt] *n* sacramento *m*.
sacred ['seɪkrɪd] *adj* sagrado,-a.
sacrifice ['sækrɪfaɪs] **I** *n* sacrificio *m*. **II** *vtr* sacrificar.
sacrificial [sækrɪ'fɪʃəl] *adj* **s. lamb**, chivo expiatorio.

sacrilege ['sækrɪlɪdʒ] *n* sacrilegio *m*.
sacrosanct ['sækrəʊsæŋkt] *adj* sacrosanto,-a.
sad [sæd] *adj* (**sadder, saddest**) triste; **how s.!**, ¡qué pena!
sadden ['sædən] *vtr* entristecer.
saddle ['sædəl] **I** *n (for horse)* silla *f* (de montar); *(of bicycle etc)* sillín *m*. **II** *vtr (horse)* ensillar; *fam* **to s. sb with sth**, cargarle a algn con algo.
saddlebag ['sædəlbæg] *n* alforja *f*.
sadist ['seɪdɪst] *n* sádico,-a *m,f*.
sadistic [sə'dɪstɪk] *adj* sádico,-a.
sadness ['sædnɪs] *n* tristeza *f*.
sadomasochism [seɪdəʊ'mæsəkɪzəm] *n* sadomasoquismo *m*.
sae [eseɪ'iː] *abbr of* **stamped addressed envelope**, sobre franqueado.
safari [sə'fɑːrɪ] *n* safari *m*; **s. park**, re-

serva f.
safe [seɪf] **I** adj **1** (unharmed) ileso,-a; (out of danger) a salvo; **s. and sound**, sano,-a y salvo,-a. **2** (not dangerous) inocuo,-a. **3** (secure, sure) seguro,-a; **to be on the s. side**, para mayor seguridad; **s. house**, (for spies etc) piso franco. **4** (driver) prudente. **II** n (for money etc) caja f fuerte.
◆**safely** adv **1** con toda seguridad. **2 to arrive s.**, llegar sin incidentes.
safe-conduct [seɪf'kɒndʌkt] n salvoconducto m.
safe-deposit [seɪfdɪ'pɒzɪt] n **s.-d. (box)**, cámara blindada.
safeguard ['seɪfgɑːd] **I** n (protection) salvaguarda f; (guarantee) garantía f. **II** vtr proteger, salvaguardar.
safekeeping [seɪf'kiːpɪŋ] n custodia f.
safety ['seɪftɪ] n seguridad f; **s. first!**, ¡la seguridad ante todo!; **s. belt**, cinturón m de seguridad; **s. net**, red f de protección; **s. pin**, imperdible m.
saffron ['sæfrən] n azafrán m.
sag [sæg] vi **1** (roof) hundirse; (wall) pandear; (wood, iron) combarse; (flesh) colgar. **2** fig (spirits) flaquear.
sage[1] [seɪdʒ] **I** adj (wise) sabio,-a. **II** n (person) sabio,-a m,f.
sage[2] [seɪdʒ] n salvia f.
Sagittarius [sædʒɪ'teərɪəs] n Sagitario m.
Sahara [sə'hɑːrə] n **the S.**, el Sahara.
Saharan [sə'hɑːrən] adj saharaui, sahariano,-a.
said [sed] adj dicho,-a.
sail [seɪl] **I** n **1** (canvas) vela f; **to set s.**, zarpar. **2** (trip) paseo m en barco. **II** vtr (ship) gobernar; lit navegar. **III** vi **1** ir en barco. **2** (set sail) zarpar. ◆**sail through** vtr fam **he sailed through university**, en la universidad hizo de lue sobre ruedas.
sailing ['seɪlɪŋ] n navegación f; (yachting) vela f; fam **it's all plain s.**, es todo coser y cantar; **s. boat** or **ship**, velero m, barco m de vela.
sailor ['seɪlə'] n marinero m.
saint [seɪnt] n santo,-a m,f; (before all masculine names except those beginning **Do** or **To**) San; (before feminine names) Santa; **S. Dominic**, Santo Domingo; **S. Helen**, Santa Helena; **S. John**, San Juan; **All Saints' Day**, Día m de Todos los Santos.
saintly ['seɪntlɪ] adj (**saintlier**, **saintliest**) santo,-a.
sake [seɪk] n **for the s. of**, por (el bien de); **for your own s.**, por tu propio bien.
salad ['sæləd] n ensalada f; **potato s.**, ensaladilla f (rusa); **s. bowl**, ensaladera f; **s. cream**, salsa f tipo mahonesa; **s. dressing**, vinagreta f, aliño m.
salami [sə'lɑːmɪ] n salchichón m, salami m.
salary ['sælərɪ] n salario m, sueldo m.
sale [seɪl] n **1** venta f; **for** or **on s.**, en venta; **sales department**, departamento m comercial; **sales manager**, jefe,-a m,f de ventas. **2** (at low prices) rebajas fpl.
salesclerk ['seɪlzklɑːk] n dependiente,-a m,f.
salesman ['seɪlzmən] n **1** vendedor m; (in shop) dependiente m. **2** (commercial traveller) representante m.
salesroom ['seɪlzruːm] n sala f de subastas.
saleswoman ['seɪlzwʊmən] n **1** vendedora f; (in shop) dependienta f. **2** (commercial traveller) representante f.
salient ['seɪlɪənt] adj fig sobresaliente.
saliva [sə'laɪvə] n saliva f.
sallow ['sæləʊ] adj cetrino,-a.
salmon ['sæmən] **I** n salmón m. **II** adj (de color) salmón.
salmonella [sælmə'nelə] n Biol Med (bacteria) salmonela f; (food poisoning) salmonelosis f.
salon ['sælɒn] n salón m.
saloon [sə'luːn] n **1** (on ship) cámara f. **2** US (bar) taberna f, bar m; GB **s. (bar)**, bar de lujo. **3** (car) turismo m.
salt [sɔːlt] **I** n sal f; fig **to take sth with a pinch of s.**, creer algo con reservas; **bath salts**, sales de baño; **smelling salts**, sales aromáticas. **II** adj salado,-a. **III** vtr **1** (cure) salar. **2** (add salt to) echar sal a.
saltcellar ['sɔːltselər] n salero m.
saltwater ['sɔːltwɔːtər] adj de agua salada.
salty ['sɔːltɪ] adj (**saltier**, **saltiest**) salado,-a.
salubrious [sə'luːbrɪəs] adj salubre, sano,-a.
salutary ['sæljʊtərɪ] adj (experience) beneficioso,-a; (warning) útil.
salute [sə'luːt] **I** n (greeting) saludo m. **II** vtr **1** Mil saludar. **2** fig (achievement etc) aplaudir. **III** vi Mil saludar.
salvage ['sælvɪdʒ] **I** n **1** (of ship etc) salvamento m, rescate m. **2** (objects recovered) objetos recuperados. **3** Jur derecho m de salvamento. **II** vtr (from ship etc) rescatar.
salvation [sæl'veɪʃən] n salvación f; **S. Army**, Ejército m de Salvación.
Samaritan [sə'mærɪtən] n samaritano,-a m,f; **the Samaritans**, ≈ el teléfono de la Esperanza.
same [seɪm] **I** adj mismo,-a; **at that very s. moment**, en ese mismísimo momento; **at the s. time**, (simultaneously) al mismo tiempo; (however) sin embargo; **in the s. way**, del mismo modo; **the two cars are the s.**, los dos coches son iguales. **II** pron el mismo, la misma, lo mismo; fam **the s. here**, lo mismo digo yo; fam **the s. to you!**, ¡igualmente!. **III** adv del mismo modo, igual; **all the s., just the s.**, sin embargo, aun así; **it's all the s. to me**, (a mí) me da igual or lo mismo.
sample ['sɑːmpəl] **I** n muestra f. **II** vtr (wines) catar; (dish) probar.

sanatorium [sænə'tɔːrɪəm] n sanatorio m.
sanctimonious [sæŋktɪ'məʊnɪəs] adj beato,-a.
sanction ['sæŋkʃən] I n 1 (authorization) permiso m. 2 (penalty) sanción f. 3 Pol **sanctions**, sanciones fpl. II vtr sancionar.
sanctity ['sæŋktɪtɪ] n (sacredness) santidad f; (of marriage) indisolubilidad f.
sanctuary ['sæŋktjʊərɪ] n 1 Rel santuario m. 2 Pol asilo m. 3 (for birds, animals) reserva f.
sand [sænd] I n arena f; **s. castle**, castillo m de arena; **s. dune**, duna f. II vtr to **s. (down)**, lijar.
sandal ['sændəl] n sandalia f.
sandalwood ['sændəlwʊd] n sándalo m.
sandbag ['sændbæg] n saco terrero.
sandpaper ['sændpeɪpər] n papel m de lija.
sandpit ['sændpɪt] n (in playground etc) arenal m.
sandstone ['sændstəʊn] n arenisca f.
sandwich ['sænwɪdʒ, 'sænwɪtʃ] I n (bread roll) bocadillo m; (sliced bread) sandwich m; Educ **s. course**, curso teórico-práctico. II vtr intercalar; **it was sandwiched between two lorries**, quedó encajonado entre dos camiones.
sandy ['sændɪ] adj (sandier, sandiest) 1 (earth, beach) arenoso,-a. 2 (hair) rubio rojizo.
sane [seɪn] adj (not mad) cuerdo,-a; (sensible) sensato,-a.
sang [sæŋ] pt → **sing**.
sanitarium [sænɪ'teərɪəm] n US sanatorio m.
sanitary ['sænɪtərɪ] adj sanitario,-a; (hygienic) higiénico,-a; **s. towel**, US **s. napkin**, compresa f.
sanitation [sænɪ'teɪʃən] n sanidad f (pública); (plumbing) sistema m de saneamiento.
sanity ['sænɪtɪ] n cordura f, juicio m; (good sense) sensatez f.
sank [sæŋk] pt → **sink**.
Santa Claus ['sæntə'klɔːz] n Papá Noel m, San Nicolás m.
sap¹ [sæp] n Bot savia f.
sap² [sæp] vtr (undermine) minar; fig agotar.
sapling ['sæplɪŋ] n Bot árbol m joven.
sapphire ['sæfaɪər] n zafiro m.
sarcasm ['sɑːkæzəm] n sarcasmo m.
sarcastic [sɑː'kæstɪk] adj sarcástico,-a.
sardine [sɑː'diːn] n sardina f.
Sardinia [sɑː'dɪnɪə] n Cerdeña.
sardonic [sɑː'dɒnɪk] adj sardónico,-a.
sash¹ [sæʃ] n faja f.
sash² [sæʃ] n **s. window**, ventana f de guillotina.
sat [sæt] pt & pp → **sit**.
Satan ['seɪtən] n Satán m, Satanás m.
satanic [sə'tænɪk] adj satánico,-a.
satchel ['sætʃəl] n cartera f de colegial.

satellite ['sætəlaɪt] n satélite m; **s. dish aerial**, antena parabólica.
satin ['sætɪn] n satén m; **s. finish**, (acabado m) satinado m.
satire ['sætaɪər] n sátira f.
satirical [sə'tɪrɪkəl] adj satírico,-a.
satisfaction [sætɪs'fækʃən] n satisfacción f.
satisfactory [sætɪs'fæktərɪ] adj satisfactorio,-a.
satisfied ['sætɪsfaɪd] adj satisfecho,-a.
satisfy ['sætɪsfaɪ] vtr 1 satisfacer. 2 (fulfil) cumplir con. 3 (convince) convencer.
satisfying ['sætɪsfaɪɪŋ] adj satisfactorio,-a; (pleasing) agradable; (meal) que llena.
saturate ['sætʃəreɪt] vtr saturar (with, de).
Saturday ['sætədɪ] n sábado m.
sauce [sɔːs] n 1 salsa f. 2 fam (impudence) descaro m.
saucepan ['sɔːspən] n cacerola f; (large) olla f.
saucer ['sɔːsər] n platillo m.
saucy ['sɔːsɪ] adj (saucier, sauciest) fam fresco,-a.
Saudi Arabia [saʊdɪə'reɪbɪə] n Arabia f Saudita or Saudí.
Saudi Arabian [saʊdɪə'reɪbɪən] adj & n saudita (mf), saudí (mf).
sauna ['sɔːnə] n sauna f.
saunter ['sɔːntər] I n paseo m. II vi pasearse.
sausage ['sɒsɪdʒ] n (frankfurter etc) salchicha f; (cured) salchichón m; (spicy) chorizo m; fam **s. dog**, perro m salchicha; GB **s. roll**, empanada f de carne.
sauté ['səʊteɪ] I adj salteado,-a. II vtr saltear.
savage ['sævɪdʒ] I adj 1 (ferocious) feroz; (cruel) cruel; (violent) salvaje. 2 (primitive) salvaje. II n salvaje mf. III vtr (attack) embestir; fig (criticize) criticar despiadadamente.
save [seɪv] I vtr 1 (rescue) salvar, rescatar; fig to **s. face**, salvar las apariencias. 2 (put by) guardar; (money, energy, time) ahorrar; (food) almacenar; **it saved him a lot of trouble**, le evitó muchos problemas. II vi 1 to **s. (up)**, ahorrar. 2 to **s. on paper**, (economize) ahorrar papel. III n Ftb parada f. IV prep arch salvo, excepto.
saving ['seɪvɪŋ] I n 1 (of time, money) ahorro m. 2 **savings**, ahorros mpl; **s. account**, cuenta f de ahorros; **s. bank**, caja f de ahorros. II adj **it's his only s. grace**, es el único mérito que tiene.
saviour, US **savior** ['seɪvjər] n salvador,-a m,f.
savour, US **savor** ['seɪvər] I n sabor m, gusto m. II vi saborear.
savoury, US **savory** ['seɪvərɪ] adj (tasty) sabroso,-a; (salted) salado,-a; (spicy) picante.
saw¹ [sɔː] I n (tool) sierra f. II vtr & vi

(*pt* **sawed**; *pp* **sawed** or **sawn**) serrar.
◆**saw up** *vtr* serrar (**into**, en).
saw² [sɔː] *pt* → **see¹**.
sawdust ['sɔːdʌst] *n* (a)serrín *m*.
sawmill ['sɔːmɪl] *n* aserradero *m*, serrería *f*.
sawn-off ['sɔːnɒf] *adj* recortado,-a; **s.-o. shotgun**, escopeta *f* de cañones recortados.
saxophone ['sæksəfəʊn] *n* saxofón *m*.
say [seɪ] **I** *vtr* (*pt* & *pp* **said**) **1** decir; **it goes without saying that** ..., huelga decir que ...; **it is said that** ..., se dice que ...; **not to s.** ..., por no decir ...; **that is to s.**, es decir; **to s. yes/no**, decir que sí/no; *fam* **I s.!**, ¡oiga!; **what does the sign s.?**, ¿qué pone en el letrero? **2** (*think*) pensar. **3 shall we s. Friday then?**, ¿quedamos el viernes, pues? **II** *n* **I have no s. in the matter**, no tengo ni voz ni voto en el asunto; **to have one's s.**, dar su opinión.
saying ['seɪɪŋ] *n* refrán *m*, dicho *m*.
scab [skæb] *n* **1** *Med* costra *f*. **2** *fam pej* esquirol *mf*.
scaffold ['skæfəld] *n* (*for execution*) patíbulo *m*.
scaffolding ['skæfəldɪŋ] *n Constr* andamio *n*.
scald [skɔːld] **I** *n* escaldadura *f*. **II** *vtr* escaldar.
scale¹ [skeɪl] *n* (*of fish, on skin*) escama *f*; (*in boiler*) incrustaciones *fpl*.
scale² [skeɪl] *n* **1** escala *f*; **on a large s.**, a gran escala; **to s.**, a escala; **s. model**, maqueta *f*. **2** (*extent*) alcance *m*. **3** *Mus* escala *f*. **II** *vtr* (*climb*) escalar. ◆**scale down** *vtr* (*drawing*) reducir a escala; (*production*) reducir.
scales [skeɪlz] *npl* (**pair of**) **s.**, (*shop, kitchen*) balanza *f sing*; (*bathroom*) báscula *f sing*.
scallop ['skɒləp] *n* **1** (*mollusc*) vieira *f*. **2** (*shell*) venera *f*.
scalp [skælp] **I** *n* cuero cabelludo; (*head*) cabeza *f*. **II** *vtr* arrancar el cuero cabelludo a.
scalpel ['skælpəl] *n* bisturí *m*.
scamper ['skæmpər] *vi* corretear.
scampi ['skæmpɪ] *n* gambas empanadas.
scan [skæn] **I** *vtr* **1** (*scrutinize*) escrutar; (*horizon*) otear. **2** (*glance at*) ojear. **3** (*of radar*) explorar. **II** *n Med* exploración ultrasónica; (*in gynaecology etc*) ecografía *f*.
scandal ['skændəl] *n* **1** escándalo *m*; **what a s.!**, ¡qué vergüenza! **2** (*gossip*) chismes *mpl*.
Scandinavia [skændɪ'neɪvɪə] *n* Escandinavia.
Scandinavian [skændɪ'neɪvɪən] *adj* & *n* escandinavo,-a (*m,f*).
scanner ['skænər] *n Med* escáner *m*.
scant [skænt] *adj* escaso,-a.
scanty ['skæntɪ] *adj* (**scantier**, **scantiest**) escaso,-a; (*meal*) insuficiente; (*clothes*) ligero,-a.
scapegoat ['skeɪpgəʊt] *n* chivo expiatorio.
scar [skɑːr] *n* cicatriz *f*.
scarce [skeəs] *adj* escaso,-a; *fig* **to make oneself s.**, largarse. ◆**scarcely** *adv* apenas.
scarcity ['skeəsɪtɪ] *n* escasez *f*; (*rarity*) rareza *f*.
scare [skeər] **I** *n* (*fright*) susto *m*; (*widespread alarm*) pánico *m*; **bomb s.**, amenaza *f* de bomba. **II** *vtr* asustar, espantar; *fam* **to be scared stiff**, estar muerto,-a de miedo. ◆**scare away**, **scare off** *vtr* ahuyentar.
scarecrow ['skeəkrəʊ] *n* espantapájaros *m inv*.
scarf [skɑːf] *n* (*pl* **scarfs** or **scarves** [skɑːvz]) (*long, woollen*) bufanda *f*; (*square*) pañuelo *m*; (*silk*) fular *m*.
scarlet ['skɑːlɪt] **I** *adj* escarlata. **II** *n* escarlata *f*; **s. fever**, escarlatina *f*.
scarves [skɑːvz] *npl* → **scarf**.
scathing ['skeɪðɪŋ] *adj* mordaz, cáustico,-a.
scatter ['skætər] **I** *vtr* **1** (*papers etc*) esparcir, desparramar. **2** (*crowd*) dispersar. **II** *vi* dispersarse.
scatterbrained ['skætəbreɪnd] *adj fam* ligero,-a de cascos; (*forgetful*) despistado,-a.
scattered ['skætəd] *adj* **s. showers**, chubascos aislados.
scavenger ['skævɪndʒər] *n* **1** (*person*) rebuscador,-a *m,f*, trapero *m*. **2** (*animal*) (animal *m*) carroñero,-a *mf*.
scenario [sɪ'nɑːrɪəʊ] *n Cin* guión *m*.
scene [siːn] *n* **1** *Theat Cin TV* escena *f*; **behind the scenes**, entre bastidores. **2** (*place*) lugar *m*, escenario *m*; **a change of s.**, un cambio de aires. **3** (*view*) panorama *m*. **4 to make a s.**, (*fuss*) montar un espectáculo.
scenery ['siːnərɪ] *n* **1** (*landscape*) paisaje *m*. **2** *Theat* decorado *m*.
scenic ['siːnɪk] *adj* (*picturesque*) pintoresco,-a.
scent [sent] **I** *n* **1** (*smell*) olor *m*; (*of food*) aroma *m*. **2** (*perfume*) perfume *m*. **3** (*in hunting*) pista *f*. **II** *vtr* (*add perfume to*) perfumar; (*smell*) olfatear; *fig* presentir.
sceptic ['skeptɪk] *n* escéptico,-a *m,f*.
sceptical ['skeptɪkəl] *adj* escéptico,-a.
scepticism ['skeptɪsɪzəm] *n* escepticismo *m*.
sceptre ['septər] *n* cetro *m*.
schedule ['ʃedjuːl, *US* 'skedʒʊəl] **I** *n* **1** (*plan, agenda*) programa *m*; (*timetable*) horario *m*; **on s.**, a la hora (prevista); **to be behind s.**, llevar retraso. **2** (*list*) lista *f*; (*inventory*) inventario *m*. **II** *vtr* (*plan*) programar, fijar.
scheduled ['ʃedjuːld, *US* 'skedʒʊəld] *adj*

previsto,-a, fijo,-a; **s. flight,** vuelo regular.

scheme [ski:m] **I** *n* **1** *(plan)* plan *m*; *(project)* proyecto *m*; *(idea)* idea *f*; **colour s.,** combinación *f* de colores. **2** *(plot)* intriga *f*; *(trick)* ardid *m*. **II** *vi (plot)* tramar, intrigar.

scheming ['ski:mɪŋ] *adj* intrigante, maquinador,-a.

schism ['sɪzəm] *n* cisma *m*.

schizophrenic [skɪtsəʊ'frenɪk] *adj & n* esquizofrénico,-a *(m,f)*.

scholar ['skɒlər] *n (learned person)* erudito,-a *m,f*; *(pupil)* alumno,-a *m,f*.

scholarship ['skɒləʃɪp] *n* **1** *(learning)* erudición *f*. **2** *(grant)* beca *f*; **s. holder,** becario,-a *m,f*.

school [sku:l] **I** *n* **1** escuela *f*, colegio *m*; **drama s.,** academia *f* de arte dramático; **of s. age,** en edad escolar; **s. year,** año *m* escolar. **2** *US (university)* universidad *f*. **3** *(university department)* facultad *f*. **4** *(group of artists)* escuela *f*; **s. of thought,** corriente *f* de opinión. **II** *vtr (teach)* enseñar; *(train)* formar.

schoolbook ['sku:lbʊk] *n* libro *m* de texto.

schoolboy ['sku:lbɔɪ] *n* alumno *m*.

schoolchild ['sku:ltʃaɪld] *n* alumno,-a *m,f*.

schooldays ['sku:ldeɪz] *npl* años *mpl* de colegio.

schoolgirl ['sku:lɡɜ:l] *n* alumna *f*.

schooling ['sku:lɪŋ] *n* educación *f*, estudios *mpl*.

schoolmaster ['sku:lmɑ:stər] *n* profesor *m*; *(primary school)* maestro *m*.

schoolmistress ['sku:lmɪstrɪs] *n* profesora *f*; *(primary school)* maestra *f*.

schoolteacher ['sku:lti:tʃər] *n* profesor,-a *m,f*; *(primary school)* maestro,-a *m,f*.

schooner ['sku:nər] *n Naut* goleta *f*.

sciatica [saɪ'ætɪkə] *n* ciática *f*.

science ['saɪəns] *n* ciencia *f*; *(school subject)* ciencias; **s. fiction,** ciencia-ficción *f*.

scientific [saɪən'tɪfɪk] *adj* científico,-a.

scientist ['saɪəntɪst] *n* científico,-a *m,f*.

scintillating ['sɪntɪleɪtɪŋ] *adj* brillante.

scissors ['sɪzəz] *npl* tijeras *fpl*; **a pair of s.,** unas tijeras.

scoff¹ [skɒf] *vi (mock)* mofarse (at, de).

scoff² [skɒf] *vtr fam (eat)* zamparse.

scold [skəʊld] *vtr* regañar, reñir.

scone [skəʊn, skɒn] *n* bollo *m*, pastelito *m*.

scoop [sku:p] *n* **1** *(for flour)* pala *f*; *(for ice cream)* cucharón *m*; *(amount)* palada *f*, cucharada *f*. **2** *Press* exclusiva *f*. ◆**scoop out** *vtr (flour etc)* sacar con pala; *(water) (from boat)* achicar. ◆**scoop up** *vtr* recoger.

scooter ['sku:tər] *n (child's)* patinete *m*; *(adult's)* Vespa® *f*.

scope [skəʊp] *n* **1** *(range)* alcance *m*; *(of undertaking)* ámbito *m*. **2** *(freedom)* libertad *f*.

scorch [skɔ:tʃ] *vtr (singe)* chamuscar.

scorching ['skɔ:tʃɪŋ] *adj fam* abrasador, -a.

score [skɔ:r] **I** *n* **1** *Sport* tanteo *m*; *Cards Golf* puntuación *f*; *(result)* resultado *m*. **2** *(notch)* muesca *f*. **3** **I have a s. to settle with you,** tengo que ajustar las cuentas contigo. **4 on that s.,** a ese respecto. **5** *(twenty)* veintena *f*. **6** *Mus (of opera)* partitura *f*; *(of film)* música *f*. **II** *vtr* **1** *(goal)* marcar; *(points)* conseguir. **2** *(wood)* hacer una muesca en; *(paper)* rayar. **III** *vi* **1** *Sport* marcar un tanto; *Ftb* marcar un gol; *(keep the score)* llevar el marcador. **2** *(have success)* tener éxito (**with,** con); *sl* ligar (**with,** con). ◆**score out** *vtr (word etc)* tachar.

scoreboard ['skɔ:bɔ:d] *n* marcador *m*.

scorer ['skɔ:rər] *n* **1** *(goal striker)* goleador *m*. **2** *(scorekeeper)* encargado,-a *m,f* del marcador.

scorn [skɔ:n] **I** *n* desprecio *m*. **II** *vtr* despreciar.

scornful ['skɔ:nfʊl] *adj* desdeñoso,-a.

Scorpio ['skɔ:pɪəʊ] *n* Escorpión *m*.

scorpion ['skɔ:pɪən] *n* alacrán *m*, escorpión *m*.

Scot [skɒt] *n* escocés,-esa *m,f*.

scotch [skɒtʃ] *vtr (plot)* frustrar; *(rumour)* negar, desmentir.

Scotch [skɒtʃ] **I** *adj* escocés,-esa; **S. tape®,** cinta adhesiva, celo® *m*. **II** *n (whisky)* whisky *m* escocés.

scot-free [skɒt'fri:] *adj* impune.

Scotland ['skɒtlənd] *n* Escocia.

Scots [skɒts] **I** *adj* escocés,-esa. **II** *n* **the S.,** *pl* los escoceses.

Scotsman ['skɒtsmən] *n* escocés *m*.

Scotswoman ['skɒtswʊmən] *n* escocesa *f*.

Scottish ['skɒtɪʃ] *adj* escocés,-esa.

scoundrel ['skaʊndrəl] *n* sinvergüenza *mf*, canalla *m*.

scour¹ [skaʊər] *vtr (clean)* fregar, restregar.

scour² [skaʊər] *vtr (search) (countryside)* rastrear; *(building)* registrar.

scourge [skɜ:dʒ] *fig n* azote *m*.

scout [skaʊt] **I** *n Mil* explorador,-a *m,f*; *Sport Cin* cazatalentos *m inv*; **boy s.,** boy *m* scout. **II** *vi Mil* reconocer el terreno; **to s. around for sth,** andar en busca de algo.

scowl [skaʊl] **I** *vi* fruncir el ceño; **to s. at sb,** mirar a algn con ceño. **II** *n* ceño *m*.

scrabble ['skræbəl] **I** *vi* escarbar; *fig* **to s. around for sth,** revolver todo para encontrar algo. **II** *n* **S.®,** Scrabble® *m*.

scraggy ['skræɡɪ] *adj* (**scraggier, scraggiest**) delgado,-a, flacucho,-a.

scramble ['skræmbəl] **I** *vi* trepar; **to s. for,** pelearse por; **to s. up a tree,** trepar a un árbol. II *vtr* **1** *Culin* **scrambled eggs,** huevos revueltos. **2** *Rad Tel (message)* codificar; *(broadcast)* interferir. III *n (climb)* subida *f*; *fig* **it's going to be a s.,** *(rush)* va a ser muy apresurado.

scrap[1] [skræp] I *n* **1** *(small piece)* pedazo *m*; **there isn't a s. of truth in it,** no tiene ni un ápice de verdad; **s. (metal),** chatarra *f*; **s. dealer** *or* **merchant,** chatarrero, -a *m,f*; **s. paper,** papel *m* de borrador; **s. yard,** *(for cars)* cementerio *m* de coches. **2 scraps,** restos *mpl*; *(of food)* sobras *fpl*. II *vtr (discard)* desechar; *fig (idea)* descartar.

scrap[2] [skræp] *fam* I *n (fight)* pelea *f*. II *vi* pelearse **(with,** con).

scrapbook ['skræpbʊk] *n* álbum *m* de recortes.

scrape [skreɪp] I *vtr (paint, wood)* raspar; *(knee)* arañarse, hacerse un rasguño en. II *vi (make noise)* chirriar; *(rub)* rozar. III *n fam (trouble)* lío *m*. ◆**scrape through** *vi fam (exam)* aprobar por los pelos. ◆**scrape together** *vtr* reunir a duras penas.

scraper ['skreɪpər] *n* rasqueta *f*.

scrapheap ['skræphiːp] *n (dump)* vertedero *m*.

scratch [skrætʃ] I *n* **1** *(on skin, paintwork)* arañazo *m*; *(on record)* raya *f*. **2** *(noise)* chirrido *m*. **3** *fig* **to be up to s.,** dar la talla; *fig* **to start from s.,** partir de cero. II *adj* **s. team,** equipo improvisado. III *vtr* **1** *(with nail, claw)* arañar, rasguñar; *(paintwork)* rayar. **2** *(to relieve itching)* rascarse.

scrawl [skrɔːl] I *n* garabatos *mpl*. II *vtr (message etc)* garabatear. III *vi* hacer garabatos.

scrawny ['skrɔːnɪ] *adj* **(scrawnier, scrawniest)** flaco,-a.

scream [skriːm] I *n* chillido *m*; **screams of laughter,** carcajadas *fpl*. II *vtr (insults etc)* gritar. III *vi* chillar; **to s. at sb,** chillar a algn.

scree [skriː] *n* pedregal *m*.

screech [skriːtʃ] I *n (of person)* chillido *m*; *(of tyres, brakes)* chirrido *m*. II *vi (person)* chillar; *(tyres)* chirriar.

screen [skriːn] I *n* **1** *(movable partition)* biombo *m*. **2** *fig* cortina *f*. **3** *Cin TV Comput* pantalla *f*; **s. test,** casting *m*. II *vtr* **1** *(protect)* proteger; *(conceal)* tapar. **2** *(sieve)* *(coal etc)* tamizar; *fig (candidates)* seleccionar. **3** *(show) (film)* proyectar; *(for first time)* estrenar. **4** *Med* examinar.

screening ['skriːnɪŋ] *n* **1** *(of film)* proyección *f*; *(for first time)* estreno *m*. **2** *Med* exploración *f*.

screenplay ['skriːnpleɪ] *n* guión *m*.

screw [skruː] I *n* **1** tornillo *m*. **2** *(propeller)* hélice *f*. II *vtr* **1** atornillar; **to s. sth down** *or* **in** *or* **on,** fijar algo con tornillos. **2** *vulg* joder. ◆**screw up** *vtr* **1** *(piece of paper)* arrugar; *(one's face)* torcer. **2** *sl (ruin)* joder.

screwdriver ['skruːdraɪvər] *n* destornillador *m*.

scribble ['skrɪbəl] I *n* garabatos *mpl*. II *vtr (message etc)* garabatear. III *vi* hacer garabatos.

script [skrɪpt] *n* **1** *(writing)* escritura *f*; *(handwriting)* letra *f*; *Typ* letra cursiva. **2** *(in exam)* escrito *m*. **3** *Cin* guión *m*.

Scripture ['skrɪptʃər] *n* **Holy S.,** Sagrada Escritura.

scroll [skrəʊl] *n* rollo *m* de pergamino.

scrounge [skraʊndʒ] *fam* I *vi* gorronear; **to s. (around) for,** buscar; **to s. off sb,** vivir a costa de algn. II *vtr* gorronear.

scrounger ['skraʊndʒər] *n fam* gorrón, -ona *m,f*.

scrub[1] [skrʌb] *n (undergrowth)* maleza *f*.

scrub[2] [skrʌb] I *vtr* **1** frotar. **2** *fam (cancel)* borrar. II *n (cleaning)* fregado *m*.

scruff [skrʌf] *n* pescuezo *m*, cogote *m*.

scruffy ['skrʌfɪ] *adj* **(scruffier, scruffiest)** *fam* desaliñado,-a.

scrum [skrʌm] *n Rugby* melée *f*; **s. half,** medio *m* melée.

scruple ['skruːpəl] *n* escrúpulo *m*.

scrupulous ['skruːpjʊləs] *adj* escrupuloso,-a. ◆**scrupulously** *adv* **s. honest,** sumamente honrado,-a.

scrutinize ['skruːtɪnaɪz] *vtr* escudriñar.

scrutiny ['skruːtɪnɪ] *n* escrutinio *m*.

scuff [skʌf] *vtr (the floor)* rayar; *(one's feet)* arrastrar.

scuffle ['skʌfəl] I *n* pelea *f*. II *vi* pelearse **(with,** con).

scullery ['skʌlərɪ] *n* cuarto *m* de pila.

sculptor ['skʌlptər] *n* escultor *m*.

sculpture ['skʌlptʃər] *n* escultura *f*.

scum [skʌm] *n* **1** *(on liquid)* espuma *f*. **2** *fig* escoria *f*.

scupper ['skʌpər] *vtr GB fam (plan etc)* desbaratar.

scurrilous ['skʌrɪləs] *adj (abusive)* difamatorio,-a.

scurry ['skʌrɪ] *vi (run)* corretear; *(hurry)* apresurarse; **to s. away** *or* **off,** escabullirse.

scuttle[1] ['skʌtəl] *n* cubo *m*; **coal s.,** cubo del carbón.

scuttle[2] ['skʌtəl] *vtr (ship)* barrenar.

scuttle[3] ['skʌtəl] *vi* **to s. away** *or* **off,** escabullirse.

scythe [saɪð] I *n* guadaña *f*. II *vtr* guadañar.

SDI [esdiː'aɪ] *abbr of* **Strategic Defence Initiative,** Iniciativa *f* para la Defensa Estratégica.

sea [siː] *n* mar *mf*; **by the s.,** a orillas del mar; **out at s.,** en alta mar; **to go by s.,** ir en barco; **to put to s.,** zarpar; *fig* **to be all at s.,** estar desorientado,-a; **s. breeze,** brisa marina; *fig* **s. change,** metamorfosis *f*; **s. level,** nivel *m* del mar; **s. lion,** león marino; **s. water,** agua *f* de mar.

seabed ['si:bed] *n* fondo *m* del mar.
seaboard ['si:bɔ:d] *n US* costa *f*, litoral *m*.
seafood ['si:fu:d] *n* mariscos *mpl*.
seafront ['si:frʌnt] *n* paseo marítimo.
seagull ['si:gʌl] *n* gaviota *f*.
seal¹ [si:l] *n Zool* foca *f*.
seal² [si:l] **I** *n* 1 *(official stamp)* sello *m*. 2 *(airtight closure)* cierre hermético; *(on bottle)* precinto *m*. **II** *vtr* 1 *(with official stamp)* sellar; *(with wax)* lacrar. 2 *(close)* cerrar; *(make airtight)* cerrar herméticamente. 3 *(determine)* **this sealed his fate**, esto decidió su destino. ◆**seal off** *vtr (pipe etc)* cerrar; *(area)* acordonar.
seam [si:m] *n* 1 *Sew* costura *f*; *Tech* juntura *f*; *fam* **to be bursting at the seams**, *(room)* rebosar de gente. 2 *Geol Min* veta *f*, filón *m*.
seaman ['si:mən] *n* marinero *m*.
seamy ['si:mɪ] *adj (seamier, seamiest) fig* sórdido,-a.
séance ['seɪɑ:ns] *n* sesión *f* de espiritismo.
seaplane ['si:pleɪn] *n* hidroavión *m*.
seaport ['si:pɔ:t] *n* puerto marítimo.
search [sɜ:tʃ] **I** *vtr (files etc)* buscar en; *(building, suitcase)* registrar; *(person)* cachear; *(one's conscience)* examinar. **II** *vi* buscar; **to s. through**, registrar. **III** *n* búsqueda *f*; *(of building etc)* registro *m*; *(of person)* cacheo *m*; **in s. of**, en busca de; **s. party**, equipo *m* de salvamento; **s. warrant**, orden *f* de registro.
searching ['sɜ:tʃɪŋ] *adj (look)* penetrante; *(question)* indagatorio,-a.
searchlight ['sɜ:tʃlaɪt] *n* reflector *m*.
seashell ['si:ʃel] *n* concha marina.
seashore ['si:ʃɔ:r] *n (beach)* playa *f*.
seasick ['si:sɪk] *adj* mareado,-a; **to get s.**, marearse.
seaside ['si:saɪd] *n* playa *f*, costa *f*; **s. resort**, lugar turístico de veraneo; **s. town**, pueblo costero,-a.
season¹ ['si:zən] *n* época *f*; *(of year)* estación *f*; *(for sport etc)* temporada *f*; **the busy s.**, la temporada alta; **the rainy s.**, la estación de lluvias; **in s.**, *(fruit)* en sazón; *(animal)* en celo; *GB* **s. ticket**, abono *m*.
season² ['si:zən] *vtr Culin* sazonar.
seasonal ['si:zənəl] *adj* estacional.
seasoned ['si:zənd] *adj* 1 *Culin* sazonado,-a. 2 *fig (campaigner)* curtido,-a, avezado,-a.
seasoning ['si:zənɪŋ] *n* condimento *m*, aderezo *m*.
seat [si:t] **I** *n* 1 asiento *m*; *(place)* plaza *f*; *Cin Theat* localidad *f*; **to take a s.**, sentarse; *Aut* **s. belt**, cinturón *m* de seguridad. 2 *(of cycle)* sillín *m*; *fam (buttocks)* trasero *m*. 3 *(of power, learning)* centro *m*, sede *f*. 4 *Parl* escaño *m*. **II** *vtr* 1 *(guests etc)* sentar. 2 *(accommodate)* tener cabida para.
seating ['si:tɪŋ] *n* asientos *mpl*; **s. capacity**, cabida *f*, aforo *m*.
seaweed ['si:wi:d] *n* alga *f* (marina).
seaworthy ['si:wɜ:ðɪ] *adj* en condiciones de navegar.
sec [sek] *n fam (abbr of second)* segundo *m*.
secede [sɪ'si:d] *vi* separarse *(from*, de).
secluded [sɪ'klu:dɪd] *adj* retirado,-a, apartado,-a.
second¹ ['sekənd] **I** *adj* segundo,-a; **every s. day**, cada dos días; **it's the s. highest mountain**, es la segunda montaña más alta; **on s. thought(s)** ..., pensándolo bien ...; **to have s. thoughts about sth**, dudar de algo; **to settle for s. best**, conformarse con lo que hay. **II** *n* 1 *(in series)* segundo,-a *m,f*; **Charles the S.**, Carlos Segundo; **the s. of October**, el dos de octubre. 2 *Aut (gear)* segunda *f*. 3 *Com* **seconds**, artículos defectuosos. **III** *vtr (motion)* apoyar. **IV** *adv* **to come s.**, terminar en segundo lugar. ◆**secondly** *adv* en segundo lugar.
second² ['sekənd] *n (time)* segundo *m*; *fam* **in a s.**, enseguida; *fam* **just a s.!**, ¡un momentito!; **s. hand**, *(of watch, clock)* segundero *m*.
secondary ['sekəndərɪ] *adj* secundario,-a; *GB* **s. school**, escuela secundaria.
second-class [sekənd'klɑ:s] **I** *adj* de segunda clase. **II** *adv* **to travel s.-c.**, viajar en segunda.
second-hand ['sekəndhænd] *adj & adv* de segunda mano.
secondment [sɪ'kɒndmənt] *n GB* traslado *m* temporal.
second-rate ['sekəndreɪt] *adj* de segunda categoría.
secrecy ['si:krəsɪ] *n* secreto *m*; **in s.**, en secreto.
secret ['si:krɪt] **I** *adj* secreto,-a; **to keep sth s.**, mantener algo en secreto; **s. ballot**, votación secreta. **II** *n* secreto *m*; *fig* clave *f*; **in s.**, en secreto; **to keep a s.**, guardar un secreto. ◆**secretly** *adv* en secreto.
secretarial [sekrɪ'teərɪəl] *adj* de secretario,-a.
secretary ['sekrətrɪ] *n* secretario,-a *m,f*; **S. of State**, *GB* ministro,-a *m,f* con cartera; *US* ministro,-a *m,f* de Asuntos Exteriores.
secretion [sɪ'kri:ʃən] *n* secreción *f*.
secretive ['si:krɪtɪv] *adj* reservado,-a.
sect [sekt] *n* secta *f*.
sectarian [sek'teərɪən] *adj & n* sectario,-a *(m,f)*.
section ['sekʃən] *n* 1 *(part)* sección *f*, parte *f*; *(of law)* artículo *m*; *(of community)* sector *m*; *(of orchestra, department)* sección *f*. 2 *(cut)* corte *m*.
sector ['sektər] *n* sector *m*.

secular ['sekjʊlər] *adj (school, teaching)* laico,-a; *(music, art)* profano,-a; *(priest)* seglar, secular.

secure [sɪ'kjʊər] **I** *adj* seguro,-a; *(window, door)* bien cerrado,-a; *(ladder etc)* firme. **II** *vtr* **1** *(make safe)* asegurar. **2** *(fix) (rope, knot)* sujetar, fijar; *(object to floor)* afianzar; *(window, door)* cerrar bien. **3** *(obtain)* conseguir, obtener. **4** *Fin (guarantee)* avalar.

security [sɪ'kjʊərɪtɪ] *n* **1** seguridad *f*; **national s.**, seguridad nacional; **S. Council**, *(of United Nations)* Consejo *m* de Seguridad. **2** *Fin (guarantee)* fianza *f*; *(guarantor)* fiador,-a *m,f*. **3** *Fin* **securities**, valores *mpl*.

sedan [sɪ'dæn] *n* **1** *(also* **s. chair)** silla *f* de manos. **2** *US Aut* turismo *m*.

sedate [sɪ'deɪt] **I** *adj* sosegado,-a. **II** *vtr* sedar.

sedation [sɪ'deɪʃən] *n* sedación *f*.

sedative ['sedətɪv] *adj & n* sedante *(m)*.

sediment ['sedɪmənt] *n* sedimento *m*; *(of wine)* poso *m*.

seduce [sɪ'djuːs] *vtr* seducir.

seduction [sɪ'dʌkʃən] *n* seducción *f*.

seductive [sɪ'dʌktɪv] *adj* seductor,-a.

see¹ [siː] *vtr & vi (pt saw; pp seen)* **1** ver; **I'll s. what can be done**, veré lo que se puede hacer; **let's s.**, a ver; **that remains to be seen**, eso queda por ver; **s. page 10**, véase la página 10; **s. you (later)/soon!**, ¡hasta luego/pronto! **2** *(meet with)* ver, tener cita con; **they are seeing each other**, *(of couple)* salen juntos. **3** *(visit)* ver; **to s. the world**, recorrer el mundo. **4** *(understand)* entender; **as far as I can s.**, por lo visto; **I s.**, ya veo; **you s., he hasn't got a car**, es que no tiene coche, ¿sabes? **5** **he sees himself as a second Caruso**, se cree otro Caruso. **6** *(ensure)* asegurarse de. **7 to s. sb home**, acompañar a algn a casa. ◆**see about** *vtr (deal with)* ocuparse de. ◆**see off** *vtr (say goodbye to)* despedirse de. ◆**see out** *vtr* **1** *(show out)* acompañar hasta la puerta. **2** *(survive)* sobrevivir. ◆**see through** *vtr* **1** *fam* **to s. through sb**, verle el plumero a algn. **2 I'll s. you through**, puedes contar con mi ayuda; **£20 should s. me through**, con 20 libras me las apaño. **3 to s. sth through**, *(carry out)* llevar algo a cabo. ◆**see to** *vtr (deal with)* ocuparse de.

see² [siː] *n Rel* sede *f*; **the Holy S.**, la Santa Sede.

seed [siːd] **I** *n* **1** *Bot* semilla *f*; *(of fruit)* pepita *f*; **to go to s.**, *(of plant)* granar; *fig (of person)* descuidarse. **2** *Ten (player)* cabeza *mf* de serie. **II** *vtr* **1** *(sow with seed)* sembrar. **2** *(grapes)* despepitar. **3** *Ten* preseleccionar.

seedling ['siːdlɪŋ] *n* plantón *m*.

seedy ['siːdɪ] *adj (seedier, seediest) fam (bar etc)* sórdido,-a; *(clothes)* raído,-a; *(appearance)* desaseado,-a.

seeing ['siːɪŋ] *conj* **s. that**, visto que, dado que.

seek [siːk] **I** *vtr (pt & pp sought)* **1** *(look for)* buscar. **2** *(advice, help)* solicitar. **II** *vtr* buscar; **to s. to do sth**, procurar hacer algo. ◆**seek after** *vtr* buscar; **much sought after**, *(person)* muy solicitado,-a; *(thing)* muy cotizado,-a.

seem [siːm] *vi* parecer; **I s. to remember his name was Colin**, creo recordar que su nombre era Colin; **it seems to me that**, me parece que; **so it seems**, eso parece.

seeming ['siːmɪŋ] *adj* aparente. ◆**seemingly** *adv* aparentemente, según parece.

seen [siːn] *pp* → **see¹**.

seep [siːp] *vi* **to s. through/into/out**, filtrarse por/en/de.

seesaw ['siːsɔː] **I** *n* balancín *m*, subibaja *m*. **II** *vi* **1** columpiarse, balancearse. **2** *fig* vacilar, oscilar.

seethe [siːð] *vi* bullir, hervir; *fig* **to s. with anger**, rabiar; **to s. with people**, rebosar de gente.

see-through ['siːθruː] *adj* transparente.

segment ['segmənt] *n* segmento *m*; *(of orange)* gajo *m*.

segregate ['segrɪgeɪt] *vtr* segregar (**from**, de).

segregation [segrɪ'geɪʃən] *n* segregación *f*.

seize [siːz] *vtr (grab)* agarrar, asir; *Jur (property, drugs)* incautar; *(assets)* secuestrar; *(territory)* tomar; *(arrest)* detener; **to s. an opportunity**, aprovechar una ocasión; **to s. power**, hacerse con el poder. ◆**seize on** *vtr (chance)* agarrar; *(idea)* aferrarse a. ◆**seize up** *vi* agarrotarse.

seizure ['siːʒər] *n* **1** *Jur (of property, drugs)* incautación *f*; *(of newspaper)* secuestro *m*; *(arrest)* detención *f*. **2** *Med* ataque *m* (de apoplejía).

seldom ['seldəm] *adv* rara vez, raramente.

select [sɪ'lekt] **I** *vtr (thing)* escoger, elegir; *(team)* seleccionar. **II** *adj* selecto,-a.

selected [sɪ'lektɪd] *adj* selecto,-a, escogido,-a; *(team, player)* seleccionado,-a; *Lit* **s. works**, obras escogidas.

selection [sɪ'lekʃən] *n (choosing)* elección *f*; *(people or things chosen)* selección *f*; *(range)* surtido *m*.

selective [sɪ'lektɪv] *adj* selectivo,-a.

self [self] *n (pl* **selves** [selvz]*)* uno,-a mismo,-a, sí mismo,-a; *Psych* **the s.**, el yo.

self- [self] *pref* auto-.

self-adhesive [selfəd'hiːsɪv] *adj* autoadhesivo,-a.

self-assured [selfə'ʃʊəd] *adj* seguro,-a de sí mismo,-a.

self-catering [self'keɪtərɪŋ] *adj* sin servicio de comida.
self-centred, *US* **self-centered** [self'sentəd] *adj* egocéntrico,-a.
self-confessed [selfkən'fest] *adj* confeso,-a.
self-confidence [self'kɒnfɪdəns] *n* confianza *f* en sí mismo,-a.
self-confident [self'kɒnfɪdənt] *adj* seguro,-a de sí mismo,-a.
self-conscious [self'kɒnʃəs] *adj* cohibido,-a.
self-contained [selfkən'teɪnd] *adj (flat)* con entrada propia; *(person)* independiente.
self-control [selfkən'trəʊl] *n* autocontrol *m*.
self-defence, *US* **self-defense** [selfdɪ'fens] *n* autodefensa *f*.
self-discipline [self'dɪsɪplɪn] *n* autodisciplina *f*.
self-employed [selfɪm'plɔɪd] *adj (worker)* autónomo,-a.
self-esteem [selfɪ'stiːm] *n* amor propio, autoestima *f*.
self-evident [self'evɪdənt] *adj* evidente, patente.
self-governing [self'gʌvənɪŋ] *adj* autónomo,-a.
self-important [selfɪm'pɔːtənt] *adj* engreído,-a, presumido,-a.
self-indulgent [selfɪn'dʌldʒənt] *adj* inmoderado,-a.
self-interest [self'ɪntrɪst] *n* egoísmo *m*.
selfish [ˈselfɪʃ] *adj* egoísta.
selfishness [ˈselfɪʃnɪs] *n* egoísmo *m*.
selfless [ˈselflɪs] *adj* desinteresado,-a.
self-made [ˈselfmeɪd] *adj* **s.-m. man,** hombre *m* que se ha hecho a sí mismo.
self-pity [self'pɪtɪ] *n* lástima *f* de sí mismo,-a, autocompasión *f*.
self-portrait [self'pɔːtreɪt] *n* autorretrato *m*.
self-possessed [selfpə'zest] *adj* sereno, -a, dueño,-a de sí mismo,-a.
self-preservation [selfprezə'veɪʃən] *n* **(instinct of) s.-p.,** instinto *m* de conservación.
self-raising [ˈselfreɪzɪŋ] *adj GB* **s.-r. flour,** harina *f* con levadura.
self-reliant [selfrɪ'laɪənt] *adj* autosuficiente.
self-respect [selfrɪ'spekt] *n* amor *m* propio, dignidad *f*.
self-righteous [self'raɪtʃəs] *adj* santurrón,-ona.
self-satisfied [self'sætɪsfaɪd] *adj* satisfecho,-a de sí mismo,-a.
self-service [self'sɜːvɪs] **I** *n (in shop etc)* autoservicio *m*. **II** *adj* de autoservicio.
self-sufficient [selfsə'fɪʃənt] *adj* autosuficiente.
self-taught [self'tɔːt] *adj* autodidacta.
sell [sel] **I** *vtr (pt & pp* **sold)** vender. **II** *vi* venderse; **this record is selling well,** este disco se vende bien. **III** *n* **hard/soft s.,** *(in advertising)* publicidad agresiva/discreta. ◆**sell off** *vtr* vender; *(goods)* liquidar. ◆**sell out I** *vi* to **s. out to the enemy,** claudicar ante el enemigo. **II** *vtr Com* **we're sold out of sugar,** se nos ha agotado el azúcar; *Theat* **'sold out',** 'agotadas las localidades'.
seller [ˈselər] *n* vendedor,-a *m,f*.
selling [ˈselɪŋ] *n* venta *f*; **s. point,** atractivo *m* comercial; **s. price,** precio *m* de venta.
sellotape® [ˈseləteɪp] **I** *n* celo® *m*, cinta adhesiva. **II** *vtr* pegar *or* fijar con celo®.
sell-out [ˈselaʊt] *n* **1** *Theat* éxito *m* de taquilla. **2** *(act of disloyalty)* claudicación *f*.
semaphore [ˈseməfɔːr] *n* semáforo *m*.
semblance [ˈsembləns] *n* apariencia *f*; **there was some s. of truth in it,** había algo de verdad en ello.
semen [ˈsiːmen] *n* semen *m*.
semester [sɪ'mestər] *n* semestre *m*.
semi- [ˈsemɪ] *pref* semi-.
semicircle [ˈsemɪsɜːkəl] *n* semicírculo *m*.
semicolon [semɪ'kəʊlən] *n* punto y coma *m*.
semiconductor [semɪkən'dʌktər] *n* semiconductor *m*.
semidetached [semɪdɪ'tætʃt] *GB* **I** *adj* adosado,-a. **II** *n* chalé adosado, casa adosada.
semifinal [semɪ'faɪnəl] *n* semifinal *f*.
seminar [ˈsemɪnɑːr] *n* seminario *m*.
seminary [ˈsemɪnərɪ] *n* seminario *m*.
semolina [semə'liːnə] *n* sémola *f*.
senate [ˈsenɪt] *n* **1** *Pol* senado *m*. **2** *Univ* claustro *m*.
senator [ˈsenətər] *n* senador,-a *m,f*.
send [send] **I** *vtr (pt & pp* **sent) 1** *(letter)* enviar, mandar; *(radio signal)* transmitir; *(rocket, ball)* lanzar; **he was sent to prison,** lo mandaron a la cárcel; **to s. sth flying,** tirar algo. **2** **to s. sb mad,** *(cause to become)* volver loco,-a a algn. **II** *vi* **to s. for sb,** mandar llamar a algn; **to s. for sth,** encargar algo. ◆**send away I** *vtr (dismiss)* despedir. **II** *vi* **to s. away for sth,** escribir pidiendo algo. ◆**send back** *vtr (goods etc)* devolver; *(person)* hacer volver. ◆**send in** *vtr (application etc)* mandar; *(troops)* enviar. ◆**send off** *vtr* **1** *(letter etc)* enviar; *(goods)* despachar. **2** *Ftb (player)* expulsar. ◆**send on** *vtr (luggage) (ahead)* facturar; *(later)* mandar (más tarde). ◆**send out** *vtr* **1** *(person)* echar. **2** *(invitations)* enviar. **3** *(emit)* emitir. ◆**send up** *vtr* **1** hacer subir; *(rocket)* lanzar; *(smoke)* echar. **2** *GB fam (make fun of) (person)* burlarse de; *(book etc)* satirizar.
sender [ˈsendər] *n* remitente *mf*.
sendoff [ˈsendɒf] *n fam* despedida *f*.
senile [ˈsiːnaɪl] *adj* senil.

senior ['siːnjəʳ] **I** adj **1** (in age) mayor; **William Armstrong S.**, William Armstrong padre; **s. citizen**, jubilado,-a m,f. **2** (in rank) superior; (with longer service) más antiguo,-a; Mil **s. officer**, oficial mf de alta graduación. **II** n **1 she's three years my s.**, (in age) me lleva tres años. **2** GB Educ mayor mf; US Educ estudiante mf del último curso.

seniority [siːnɪˈɒrɪtɪ] n antigüedad f.

sensation [senˈseɪʃən] n sensación f; **to be a s.**, ser un éxito; **to cause a s.**, causar sensación.

sensational [senˈseɪʃənəl] adj (marvellous) sensacional; (exaggerated) sensacionalista.

sense [sens] **I** n **1** (faculty) sentido m; (feeling) sensación f; **s. of direction/humour**, sentido m de la orientación/del humor. **2** (wisdom) sentido m común, juicio m; **common s.**, sentido común. **3** (meaning) sentido m; (of word) significado m; **in a s.**, en cierto sentido; **it doesn't make s.**, no tiene sentido. **4 to come to one's senses**, recobrar el juicio. **II** vtr sentir, percatarse de.

senseless ['senslɪs] adj **1** (absurd) insensato,-a, absurdo,-a. **2** (unconscious) sin conocimiento.

sensibility [sensɪˈbɪlɪtɪ] n **1** (sensitivity) sensibilidad f. **2 sensibilities**, susceptibilidad f sing.

sensible ['sensɪbəl] adj **1** (wise) sensato,-a. **2** (choice) acertado,-a. **3** (clothes, shoes) práctico,-a, cómodo,-a. **4** fml (difference) apreciable.

sensitive ['sensɪtɪv] adj **1** (person) sensible; (touchy) susceptible. **2** (skin) delicado,-a; (document) confidencial.

sensor ['sensəʳ] n sensor m.

sensual ['sensjʊəl] adj sensual.

sensuous ['sensjʊəs] adj sensual.

sent [sent] pt & pp → **send**.

sentence ['sentəns] **I** n **1** frase f; Ling oración f. **2** Jur sentencia f; **to pass s. on sb**, imponer una pena a algn; **life s.**, cadena perpetua. **II** vtr Jur condenar.

sentiment ['sentɪmənt] n **1** (sentimentality) sensiblería f. **2** (feeling) sentimiento m. **3** (opinion) opinión f.

sentimental [sentɪˈmentəl] adj sentimental.

sentry ['sentrɪ] n centinela m.

separate ['sepəreɪt] **I** vtr separar (from, de); (divide) dividir (into, en); (distinguish) distinguir. **II** vi separarse. **III** ['sepərɪt] adj separado,-a; (different) distinto,-a; (entrance) particular. **IV** npl **separates**, (clothes) piezas fpl.
◆**separately** adv por separado.

separation [sepəˈreɪʃən] n separación f.

separatist ['sepərətɪst] n separatista mf.

September [sepˈtembəʳ] n se(p)tiembre m.

septic ['septɪk] adj séptico,-a; **to become s.**, (of wound) infectarse; **s. tank**, fosa séptica.

sequel ['siːkwəl] n secuela f; (of film etc) continuación f.

sequence ['siːkwəns] n **1** (order) secuencia f, orden m. **2** (series) serie f, sucesión f; Cin **film s.**, secuencia f.

serenade [serɪˈneɪd] n serenata f.

serene [sɪˈriːn] adj sereno,-a, tranquilo,-a.

sergeant ['sɑːdʒənt] n Mil sargento m; (of police) cabo m; **s. major**, sargento mayor, brigada m.

serial ['sɪərɪəl] n **1** Rad TV serial m; (soap opera) radionovela f, telenovela f. **2 s. number**, número m de serie.

series ['sɪəriːz] n inv serie f; (of books) colección f; (of concerts, lectures) ciclo m.

serious ['sɪərɪəs] adj **1** (solemn, earnest) serio,-a; **I am s.**, hablo en serio. **2** (causing concern) grave. ◆**seriously** adv **1** (in earnest) en serio. **2** (dangerously, severely) gravemente.

seriousness ['sɪərɪəsnɪs] n gravedad f, seriedad f; **in all s.**, hablando en serio.

sermon ['sɜːmən] n sermón m.

serpent ['sɜːpənt] n serpiente f.

serrated [sɪˈreɪtɪd] adj dentado,-a.

serum ['sɪərəm] n suero m.

servant ['sɜːvənt] n (domestic) criado,-a m,f; fig servidor,-a m,f.

serve [sɜːv] **I** vtr **1** servir. **2** (customer) atender a. **3** Ten servir. **4 if my memory serves me right**, si mal no recuerdo; **it serves him right**, bien merecido lo tiene. **5** fam **to s. time**, cumplir una condena; **to s. one's apprenticeship**, hacer el aprendizaje. **II** vi **1** servir; **to s. on a committee**, ser miembro de una comisión. **2** Ten servir. **3** (be useful) servir (as, de). **III** n Ten servicio m. ◆**serve out**, **serve up** vtr servir.

service ['sɜːvɪs] **I** n **1** servicio m; **at your s.!**, ¡a sus órdenes!; **how can I be of s. to you?**, ¿en qué puedo servirle?; **s. (charge) included**, servicio incluido; **s. area**, área m de servicio; **s. industry**, sector m de servicios; **s. station**, estación f de servicio. **2 medical s.**, servicios médicos; Mil **the Services**, las Fuerzas Armadas; **the train s. to Bristol**, la línea de trenes a Bristol. **3** (maintenance) mantenimiento m. **4** Rel oficio m; (mass) misa f. **5** Ten servicio m; **s. line**, línea f de saque. **6** (set of dishes) juego m. **II** vtr (car, machine) revisar.

serviceable ['sɜːvɪsəbəl] adj **1** (fit for use) útil, servible. **2** (practical) práctico,-a.

serviceman ['sɜːvɪsmən] n militar m.

serviette [sɜːvɪˈet] n GB servilleta f.

sesame ['sesəmɪ] n sésamo m.

session ['seʃən] n **1** sesión f; **to be in s.**, estar reunido,-a; (of Parliament, court) celebrar una sesión. **2** Educ (academic year) año académico.

set¹ [set] **I** *vtr* (*pt & pp* **set**) **1** (*put, place*) poner, colocar; (*trap*) poner (**for**, para); **the novel is s. in Moscow**, la novela se desarrolla en Moscú; **to s. fire to sth**, prender fuego a algo. **2** (*time, price*) fijar; (*record*) establecer; (*trend*) imponer. **3** (*mechanism etc*) ajustar; (*bone*) encajar; **to s. one's watch**, poner el reloj en hora. **4** (*arrange*) arreglar; **he s. the words to music**, puso música a la letra; **to s. the table**, poner la mesa. **5** (*exam, homework*) poner; (*example*) dar; (*precedent*) sentar. **6 to s. sail**, zarpar; **to s. sb free**, poner en libertad a algn; **to s. sth going**, poner algo en marcha. **7** (*pearl, diamond etc*) engastar. **8** *Print* componer.
II *vi* **1** (*sun, moon*) ponerse. **2** (*jelly, jam*) cuajar; (*cement*) fraguar; (*bone*) encajarse. **3 to s. to**, (*begin*) ponerse a.
III *n* **1** shampoo and s., lavar y marcar. **2** (*stage*) *Cin* plató *m*; *Theat* escenario *m*; (*scenery*) decorado *m*.
IV *adj* **1** (*task, idea*) fijo,-a; (*date, time*) señalado,-a; (*opinion*) inflexible; (*smile*) rígido,-a; (*gaze*) fijo,-a; **s. phrase**, frase hecha; **to be s. on doing sth**, estar empeñado,-a en hacer algo; **s. square**, cartabón *m*. **2** (*ready*) listo,-a.
◆**set about** *vtr* **1** (*begin*) empezar. **2** (*attack*) agredir. ◆**set aside** *vtr* (*time, money*) reservar; (*differences*) dejar de lado. ◆**set back** *vtr* **1** (*delay*) retrasar; (*hinder*) entorpecer. **2** *fam* (*cost*) costar. ◆**set down** *vtr* (*luggage etc*) dejar (en el suelo); *GB* (*passengers*) dejar. ◆**set in** *vi* (*winter, rain*) comenzar; **panic s. in**, cundió el pánico. ◆**set off I** *vi* (*depart*) salir. **II** *vtr* **1** (*bomb*) hacer estallar; (*burglar alarm*) hacer sonar; (*reaction*) desencadenar. **2** (*enhance*) hacer resaltar. ◆**set out I** *vi* (*depart*) salir; **to s. out for ...**, partir hacia ... **2 to s. out to do sth**, proponerse hacer algo. **II** *vtr* (*arrange*) disponer; (*present*) presentar. ◆**set up I** *vtr* **1** (*position*) colocar; (*statue, camp*) levantar; (*tent, stall*) montar. **2** (*business etc*) establecer; *fam* (*committee*) constituir; *fam* **you've been s. up!**, ¡te han timado!. **II** *vi* establecerse.

set² [set] *n* **1** (*series*) serie *f*; (*of golf clubs etc*) juego *m*; (*of tools*) estuche *m*; (*of turbines etc*) equipo *m*; (*of books, poems*) colección *f*; (*of teeth*) dentadura *f*; chess s., juego de ajedrez; **s. of cutlery**, cubertería *f*; **s. of kitchen utensils**, batería *f* de cocina. **2** (*of people*) grupo *m*; *pej* (*clique*) camarilla *f*. **3** *Math* conjunto *m*. **4** Ten set *m*. **5** TV **s.**, televisor *m*.

setback ['setbæk] *n* revés *m*, contratiempo *m*.

settee [se'ti:] *n* sofá *m*.

setting ['setɪŋ] *n* **1** (*background*) marco *m*; (*of novel, film*) escenario *m*. **2** (*of jewel*) engaste *m*.

settle ['setəl] **I** *vtr* **1** (*put in position*) colocar. **2** (*decide on*) acordar; (*date, price*) fijar; (*problem*) resolver; (*differences*) arreglar. **3** (*debt*) pagar; (*account*) saldar. **4** (*nerves*) calmar; (*stomach*) asentar. **5** *fam* (*put an end to*) acabar con. **6** (*establish*) (*person*) instalar. **7** (*colonize*) asentarse en. **II** *vi* **1** (*bird, insect*) posarse; (*dust*) depositarse; (*snow*) cuajar; (*sediment*) precipitarse; (*liquid*) asentarse; **to s. into an armchair**, acomodarse en un sillón. **2** (*put down roots*) afincarse; (*in a colony*) asentarse. **3** (*weather*) serenarse. **4** (*child, nerves*) calmarse. **5** (*pay*) pagar; **to s. out of court**, llegar a un acuerdo amistoso.
◆**settle down** *vi* **1** (*put down roots*) instalarse; (*marry*) casarse. **2 to s. down to work**, ponerse a trabajar. **3** (*child*) calmarse; (*situation*) normalizarse.
◆**settle for** *vtr* conformarse con.
◆**settle in** *vi* (*move in*) instalarse; (*become adapted*) adaptarse. ◆**settle with** *vtr* (*pay debt to*) ajustar cuentas con.

settlement ['setəlmənt] *n* **1** (*agreement*) acuerdo *m*. **2** (*of debt*) pago *m*; (*of account*) liquidación *f*. **3** (*dowry*) dote *m*. **4** (*colonization*) colonización *f*. **5** (*colony*) asentamiento *m*; (*village*) poblado *m*.

settler ['setlər] *n* colono *m*.

setup ['setʌp] *n* (*system*) sistema *m*; (*situation*) situación *f*; *sl* montaje *m*.

seven ['sevən] *adj & n* siete (*m*) *inv*.

seventeen [sevən'ti:n] *adj & n* diecisiete (*m*), diez y siete (*m*).

seventeenth [sevən'ti:nθ] **I** *adj & n* decimoséptimo,-a (*m,f*). **II** *n* (*fraction*) decimoséptima parte.

seventh ['sevənθ] **I** *adj & n* séptimo,-a (*m,f*). **II** *n* séptimo *m*.

seventy [sevəntɪ] *adj & n* setenta (*m*) *inv*.

sever ['sevər] *vtr* (*cut*) cortar; *fig* (*relations*) romper.

several ['sevərəl] **I** *adj* **1** (*more than a few*) varios,-as. **2** (*different*) distintos,-as; *fml* (*separate*) respectivos,-as. **II** *pron* algunos,-as.

severance ['sevərəns] *n* (*of relations etc*) ruptura *f*; **s. pay**, indemnización *f* por despido.

severe [sɪ'vɪər] *adj* severo,-a; (*climate, blow*) duro,-a; (*illness, loss*) grave; (*pain*) intenso,-a.

severity [sɪ'verɪtɪ] *n* (*of person, criticism, punishment*) severidad *f*; (*of climate*) rigor *m*; (*of illness*) gravedad *f*; (*of pain*) intensidad *f*; (*of style*) austeridad *f*.

Seville [sə'vɪl] *n* Sevilla.

sew [səʊ] *vtr & vi* (*pt* sewed; *pp* sewed or sewn) coser. ◆**sew up** *vtr* (*stitch together*) coser; (*mend*) remendar.

sewage ['su:ɪdʒ] *n* aguas *fpl* residuales.

sewer ['su:ər] *n* alcantarilla *f*, cloaca *f*.

sewerage ['suːərɪdʒ] *n* alcantarillado *m*.

sewing ['səʊɪŋ] *n* costura *f*; **s. machine**, máquina *f* de coser.

sewn [səʊn] *pp* → **sew**.

sex [seks] *n* sexo *m*; **s. education**, educación *f* sexual; **to have s. with sb**, tener relaciones sexuales con algn; **s. appeal**, sex-appeal *m*.

sexist ['seksɪst] *adj & n* sexista (*mf*).

sexual ['seksjʊəl] *adj* sexual.

sexuality [seksjʊ'ælɪtɪ] *n* sexualidad *f*.

sexy ['seksɪ] *adj* (**sexier, sexiest**) *fam* sexi, erótico,-a.

shabby ['ʃæbɪ] *adj* (**shabbier, shabbiest**) 1 (*garment*) raído,-a; (*house*) desvencijado,-a; (*person*) (*in rags*) harapiento,-a; (*unkempt*) desaseado,-a. 2 (*treatment*) mezquino,-a.

shack [ʃæk] *n* choza *f*.

shackles ['ʃækəlz] *npl* grilletes *mpl*, grillos *mpl*; *fig* trabas *fpl*.

shade [ʃeɪd] **I** *n* 1 (*shadow*) sombra *f*; **in the s.**, a la sombra. 2 (*eyeshade*) visera *f*; (*lampshade*) pantalla *f*; *US* (*blind*) persiana *f*. 3 (*of colour*) tono *m*, matiz *m*; *fig* (*of meaning*) matiz *m*. 4 (*small amount*) poquito *m*. 5 *fam* **shades**, gafas *fpl* de sol. **II** *vtr* (*from sun*) proteger contra el sol.

shadow ['ʃædəʊ] **I** *n* 1 (*shade*) sombra *f*; (*darkness*) oscuridad *f*; *fig* **without a s. of a doubt**, sin lugar a dudas. 2 *GB* **the s. cabinet**, el gabinete de la oposición. **II** *vtr fig* seguir la pista a.

shadowy ['ʃædəʊɪ] *adj* (*dark*) oscuro,-a; (*hazy*) vago,-a.

shady ['ʃeɪdɪ] *adj* (**shadier, shadiest**) (*place*) a la sombra; (*suspicious*) (*person*) sospechoso,-a; (*deal*) turbio,-a.

shaft [ʃɑːft] *n* 1 (*of tool, golf club*) mango *m*; (*of lance*) asta *f*; (*of arrow*) astil *m*. 2 *Tech* eje *m*. 3 (*of mine*) pozo *m*; (*of lift, elevator*) hueco *m*. 4 (*beam of light*) rayo *m*.

shaggy ['ʃægɪ] *adj* (**shaggier, shaggiest**) (*hairy*) peludo,-a; (*long-haired*) melenudo,-a; (*beard*) desgreñado,-a.

shake [ʃeɪk] **I** *n* sacudida *f*. **II** *vtr* (*pt* **shook**; *pp* **shaken**) (*carpet etc*) sacudir; (*bottle*) agitar; (*dice*) mover; (*building*) hacer temblar; **the news shook him**, la noticia le conmocionó; **to s. hands with sb**, estrechar la mano a algn; **to s. one's head**, negar con la cabeza; **to s. with cold**, tiritar de frío. ◆**shake off** *vtr* 1 (*dust etc*) sacudirse. 2 *fig* (*bad habit*) librarse de; (*cough, cold*) quitarse de encima; (*pursuer*) dar esquinazo a. ◆**shake up** *vtr fig* (*shock*) trastornar; (*reorganize*) reorganizar.

shake-up [ˈʃeɪkʌp] *n fig* reorganización *f*.

shaken ['ʃeɪkən] *pp* → **shake**.

shaky ['ʃeɪkɪ] *adj* (**shakier, shakiest**) (*hand, voice*) tembloroso,-a; (*step*) inseguro,-a; (*handwriting*) temblón,-ona.

shall [ʃæl, *unstressed* ʃəl] *v aux* 1 (*used to form future tense*) (*first person only*) **I s.** (*or* **I'll**) **buy it**, lo compraré; **I s. not** (*or* **I shan't**) **say anything**, no diré nada. 2 (*used to form questions*) (*usu first person*) **s. I close the door ?**, ¿cierro la puerta?; **s. I mend it for you?**, ¿quieres que te lo repare?; **s. we go?**, ¿nos vamos? 3 (*emphatic, command, threat*) (*all persons*) **we s. overcome**, venceremos; **you s. leave immediately**, te irás enseguida.

shallow ['ʃæləʊ] *adj* poco profundo,-a; *fig* superficial.

sham [ʃæm] **I** *adj* falso,-a; (*illness etc*) fingido,-a. **II** *n* 1 (*pretence*) engaño *m*, farsa *f*. 2 (*person*) fantoche *m*. **III** *vtr* fingir, simular. **IV** *vi* fingir.

shambles ['ʃæmbəlz] *n* confusión *f*; **the performance was a s.**, la función fue un desastre.

shame [ʃeɪm] **I** *n* 1 vergüenza *f*; **to put to s.**, (*far outdo*) eclipsar, sobrepasar. 2 (*pity*) pena *f*, lástima *f*; **what a s. !**, ¡qué pena!, ¡qué lástima!. **II** *vtr* avergonzar; (*disgrace*) deshonrar.

shamefaced ['ʃeɪmfeɪst] *adj* avergonzado,-a.

shameful ['ʃeɪmfʊl] *adj* vergonzoso,-a.

shameless ['ʃeɪmlɪs] *adj* descarado,-a.

shampoo [ʃæm'puː] **I** *n* champú *m*. **II** *vtr* lavar con champú; **to s. one's hair**, lavarse el pelo.

shamrock ['ʃæmrɒk] *n* trébol *m*.

shandy ['ʃændɪ] *n GB* clara *f*, cerveza *f* con gaseosa.

shantytown ['ʃæntɪtaʊn] *n* barrio *m* de chabolas.

shape [ʃeɪp] **I** *n* 1 forma *f*; (*shadow*) silueta *m*; **to take s.**, tomar forma. 2 **in good/bad s.**, (*condition*) en buen/ mal estado; **to be in good s.**, (*health*) estar en forma. **II** *vtr* dar forma a; (*clay*) modelar; (*stone*) tallar; (*character*) formar; (*destiny*) determinar; **star-shaped**, con forma de estrella. **III** *vi* (*also* **s. up**) tomar forma; **to s. up well**, (*events*) tomar buen cariz; (*person*) hacer progresos.

shapeless ['ʃeɪplɪs] *adj* amorfo,-a, informe.

shapely ['ʃeɪplɪ] *adj* (**shapelier, shapeliest**) escultural.

share [ʃeər] **I** *n* 1 (*portion*) parte *f*. 2 *Fin* acción *f*; **s. index**, índice *m* de la Bolsa; **s. prices**, cotizaciones *fpl*. **II** *vtr* 1 (*divide*) dividir. 2 (*have in common*) compartir. **III** *vi* compartir. ◆**share out** *vtr* repartir.

shareholder ['ʃeəhəʊldər] *n* accionista *mf*.

shark [ʃɑːk] *n* 1 (*fish*) tiburón *m*. 2 *fam* (*swindler*) estafador,-a *m,f*; **loan s.**, usurero,-a *m,f*.

sharp [ʃɑːp] **I** *adj* 1 (*razor, knife*)

afilado,-a; *(needle, pencil)* puntiagudo,-a. 2 *(angle)* agudo,-a; *(features)* anguloso,-a; *(bend)* cerrado,-a. 3 *(outline)* definido,-a; *(contrast)* marcado,-a. 4 *(observant)* perspicaz; *(clever)* listo,-a; *(quick-witted)* avispado,-a; *(cunning)* astuto,-a. 5 *(sudden)* brusco,-a. 6 *(pain, cry)* agudo,-a; *(wind)* penetrante. 7 *(sour)* acre. 8 *(criticism)* mordaz; *(temper)* arisco,-a; *(tone)* seco,-a. 9 Mus sostenido,-a; *(out of tune)* desafinado,-a. II *adv* at 2 o'clock s., *(exactly)* a las dos en punto. III *n* Mus sostenido *m*. ◆**sharply** *adv* 1 *(abruptly)* bruscamente. 2 *(clearly)* marcadamente.

sharpen ['ʃɑːpən] *vtr* 1 *(knife)* afilar; *(pencil)* sacar punta a. 2 *fig (desire, intelligence)* agudizar.

sharpener ['ʃɑːpənər] *n (for knife)* afilador *m*; *(for pencil)* sacapuntas *m inv*.

sharp-eyed [ʃɑːˈpaɪd] *adj* con ojos de lince.

shatter ['ʃætər] I *vtr* hacer añicos; *(nerves)* destrozar; *(hopes)* frustrar. II *vi* hacerse añicos.

shave [ʃeɪv] I *n* afeitado *m*; **to have a s.,** afeitarse; **to have a close s.,** escaparse por los pelos. II *vtr (pt* **shaved;** *pp* **shaved** *or* **shaven** [ˈʃeɪvən]) *(person)* afeitar; *(wood)* cepillar. III *vi* afeitarse.

shaver ['ʃeɪvər] *n* (electric) s., máquina *f* de afeitar.

shaving ['ʃeɪvɪŋ] *n* 1 *(of wood)* viruta *f*. 2 **s. brush,** brocha *f* de afeitar; **s. cream,** crema *f* de afeitar; **s. foam,** espuma *f* de afeitar.

shawl [ʃɔːl] *n* chal *m*.

she [ʃiː] *pers pron* ella.

she- [ʃiː] *pref (of animal)* hembra; **s.-cat,** gata *f*.

sheaf [ʃiːf] *n (pl* **sheaves** [ʃiːvz]) *Agr* gavilla *f*; *(of arrows)* haz *m*; *(of papers, banknotes)* fajo *m*.

shear [ʃɪər] I *vtr (pt* **sheared;** *pp* **shorn** *or* **sheared**) *(sheep)* esquilar; **to s. off,** cortar. II *vi* esquilar ovejas.

shears [ʃɪəz] *npl* tijeras *fpl* (grandes).

sheath [ʃiːθ] *n* 1 *(for sword)* vaina *f*; *(for knife, scissors)* funda *f*. 2 *(contraceptive)* preservativo *m*.

sheaves [ʃiːvz] *npl* → **sheaf**.

shed[1] [ʃed] *n (in garden)* cobertizo *m*; *(workmen's hut)* barraca *f*; *(for cattle)* establo *m*; *(in factory)* nave *f*.

shed[2] [ʃed] *vtr (pt & pp* **shed**) 1 *(clothes)* despojarse de; *(unwanted thing)* deshacerse de; **the snake s. its skin,** la serpiente mudó de piel. 2 *(blood, tears)* derramar.

sheen [ʃiːn] *n* brillo *m*.

sheep [ʃiːp] *n inv* oveja *f*.

sheepdog ['ʃiːpdɒɡ] *n* perro *m* pastor.

sheepish ['ʃiːpɪʃ] *adj* avergonzado,-a.

sheepskin ['ʃiːpskɪn] *n* piel *f* de carnero.

sheer [ʃɪər] *adj* 1 *(utter)* total, puro,-a. 2 *(cliff)* escarpado,-a; *(drop)* vertical. 3 *(stockings, cloth)* fino,-a.

sheet [ʃiːt] *n* 1 *(on bed)* sábana *f*. 2 *(of paper)* hoja *f*; *(of tin, glass, plastic)* lámina *f*; *(of ice)* capa *f*.

sheik(h) [ʃeɪk] *n* jeque *m*.

shelf [ʃelf] *n (pl* **shelves** [ʃelvz]) *(on bookcase)* estante *m*; *(in cupboard)* tabla *f*; **shelves,** estantería *f*.

shell [ʃel] I *n* 1 *(of egg, nut)* cáscara *f*; *(of pea)* vaina *f*; *(of tortoise etc)* caparazón *m*; *(of snail etc)* concha *f*. 2 *(of building)* armazón *m*. 3 *(mortar etc)* obús *m*, proyectil *m*; *(cartridge)* cartucho *m*; **s. shock,** neurosis *f* de guerra. II *vtr* 1 *(peas)* desvainar; *(nuts)* pelar. 2 *Mil* bombardear.

shellfish ['ʃelfɪʃ] *n inv* marisco *m*, mariscos *mpl*.

shelter ['ʃeltər] I *n* 1 *(protection)* abrigo *m*, amparo *m*; **to take s.,** refugiarse (**from,** de). 2 *(place)* refugio *m*; *(for homeless)* asilo *m*; **bus s.,** marquesina *f*. II *vtr* 1 *(protect)* abrigar, proteger. 2 *(take into one's home)* ocultar. III *vi* refugiarse.

sheltered ['ʃeltəd] *adj (place)* abrigado,-a; **to lead a s. life,** vivir apartado,-a del mundo.

shelve [ʃelv] *vtr fig (postpone)* dar carpetazo a.

shelves [ʃelvz] *npl* → **shelf**.

shepherd ['ʃepəd] I *n* pastor *m*; **s.'s pie,** pastel *m* de carne picada con puré de patatas. II *vtr fig* **to s. sb in,** hacer entrar a algn.

sheriff ['ʃerɪf] *n* GB gobernador *m* civil; *Scot* juez *m* presidente; US sheriff *m*.

sherry ['ʃerɪ] *n* jerez *m*.

Shetland ['ʃetlənd] *n* **the S. Isles, S.,** las Islas Shetland; **S. wool,** lana *f* Shetland.

shield [ʃiːld] I *n* 1 escudo *m*; *(of policeman)* placa *f*. 2 *(on machinery)* blindaje *m*. II *vtr* proteger (**from,** de).

shift [ʃɪft] I *n* 1 *(change)* cambio *m*; US *Aut (gear)* **s.,** cambio de velocidades. 2 *(period of work, group of workers)* turno *m*; **to be on the day s.,** hacer el turno de día. II *vtr (change)* cambiar; *(move)* cambiar de sitio, trasladar. III *vi (move)* moverse; *(change place)* cambiar de sitio; *(opinion)* cambiar; *(wind)* cambiar de dirección.

shiftless ['ʃɪftlɪs] *n* perezoso,-a, vago,-a.

shiftwork ['ʃɪftwɜːk] *n* trabajo *m* por turnos.

shifty ['ʃɪftɪ] *adj* (**shiftier, shiftiest**) *(look)* furtivo,-a; *(person)* sospechoso,-a.

shilling ['ʃɪlɪŋ] *n* chelín *m*.

shimmer ['ʃɪmər] I *vi* relucir; *(shine)* brillar. II *n* luz trémula, reflejo trémulo; *(shining)* brillo *m*.

shin [ʃɪn] *n* espinilla *f*; **s. pad,** espinillera *f*.

shine [ʃaɪn] I *vi (pt & pp* **shone**) 1 *(light)* brillar; *(metal)* relucir. 2 *fig (excel)* sobre-

shingle   536   short

salir (at, en). II vtr 1 (*lamp*) dirigir. 2 (*pt & pp* shined) (*polish*) sacar brillo a; (*shoes*) limpiar. III n brillo m, lustre m.
shingle ['ʃɪŋgəl] n 1 (*pebbles*) guijarros mpl. 2 (*roof tile*) tablilla f.
shingles ['ʃɪŋgəlz] npl Med herpes m.
shining ['ʃaɪnɪŋ] adj fig (*outstanding*) ilustre.
shiny ['ʃaɪnɪ] adj (**shinier, shiniest**) brillante.
ship [ʃɪp] I n barco m, buque m. II vtr 1 (*take on board*) embarcar. 2 (*transport*) transportar (en barco); (*send*) enviar, mandar.
shipbuilding ['ʃɪpbɪldɪŋ] n construcción f naval.
shipment ['ʃɪpmənt] n 1 (*act*) transporte m. 2 (*load*) consignación f, envío m.
shipper ['ʃɪpər] n (*person*) cargador,-a m,f.
shipping ['ʃɪpɪŋ] n 1 (*ships*) barcos mpl; **s. lane**, vía f de navegación. 2 (*loading*) embarque m; (*transporting*) transporte m (en barco); **s. company**, compañía naviera.
shipshape ['ʃɪpʃeɪp] adj & adv en perfecto orden.
shipwreck ['ʃɪprek] I n naufragio m. II vtr **to be shipwrecked**, naufragar.
shipyard ['ʃɪpjɑːd] n astillero m.
shire [ʃaɪər] n GB condado m.
shirk [ʃɜːk] I vtr (*duty*) faltar a; (*problem*) eludir. II vi gandulear.
shirt [ʃɜːt] n camisa f; **in s. sleeves**, en mangas de camisa; fam **keep your s. on!**, ¡no te sulfures!
shit [ʃɪt] vulg I n mierda f; sl **in the s.**, jodido,-a. II interj ¡mierda! III vi cagar.
shiver ['ʃɪvər] I vi (*with cold*) tiritar; (*with fear*) temblar, estremecerse. II n (*with cold, fear*) escalofrío m.
shoal [ʃəʊl] n (*of fish*) banco m.
shock [ʃɒk] I n 1 (*jolt*) choque m; **s. absorber**, amortiguador m; **s. wave**, onda expansiva. 2 (*upset*) conmoción f; (*scare*) susto m. 3 Med shock m. II vtr (*upset*) conmover; (*startle*) sobresaltar; (*scandalize*) escandalizar.
shocking ['ʃɒkɪŋ] adj 1 (*causing horror*) espantoso,-a; fam (*very bad*) horroroso,-a. 2 (*disgraceful*) escandaloso,-a. 3 **s. pink**, rosa chillón.
shod [ʃɒd] pt & pp → **shoe**.
shoddy ['ʃɒdɪ] adj (**shoddier, shoddiest**) (*goods*) de mala calidad; (*work*) chapucero,-a.
shoe [ʃuː] I n 1 zapato m; (*for horse*) herradura f; **brake s.**, zapata f; **s. polish**, betún m; **s. repair (shop)**, remiendo m de zapatos; **s. shop**, US **s. store**, zapatería f. 2 **shoes**, calzado m sing. II vtr (*pt & pp* shod) (*horse*) herrar.
shoebrush ['ʃuːbrʌʃ] n cepillo m para los zapatos.
shoehorn ['ʃuːhɔːn] n calzador m.
shoelace ['ʃuːleɪs] n cordón m (de zapatos).
shoestring ['ʃuːstrɪŋ] n fig **to do sth on a s.**, hacer algo con poquísimo dinero.
shone [ʃɒn, US ʃəʊn] pt & pp → **shine** I & II.
shoo [ʃuː] I interj ¡fuera!. II vtr **to s. (away)**, espantar.
shook [ʃʊk] pt → **shake**.
shoot [ʃuːt] I n Bot retoño m; (*of vine*) sarmiento m. II vtr (*pt & pp* shot) 1 pegar un tiro a; (*kill*) matar; (*execute*) fusilar; (*hunt*) cazar; **to s. dead**, matar a tiros. 2 (*missile, glance*) lanzar; (*bullet, ball*) disparar. 3 (*film*) rodar, filmar; Phot fotografiar. 4 sl **to s. (up)**, (*heroin etc*) chutarse. III vi 1 (*with gun*) disparar (**at** sb, sobre, **a** algn); **to s. at a target**, tirar al blanco; Ftb **to s. at the goal**, chutar a puerta. 2 **to s. past** or **by**, pasar flechado,-a. ◆**shoot down** vtr (*aircraft*) derribar. ◆**shoot out** vi (*person*) salir disparado,-a; (*water*) brotar; (*flames*) salir. ◆**shoot up** vi (*flames*) salir; (*water*) brotar; (*prices*) dispararse.
shooting ['ʃuːtɪŋ] I n 1 (*shots*) tiros mpl; (*murder*) asesinato m; (*hunting*) caza f; **s. star**, estrella f fugaz. 2 (*of film*) rodaje m. II adj (*pain*) punzante.
shoot-out ['ʃuːtaʊt] n tiroteo m.
shop [ʃɒp] I n 1 tienda f; (*large store*) almacén m; **s. assistant**, dependiente,-a m,f; **s. window**, escaparate m. 2 (*workshop*) taller m; **s. floor**, (*place*) planta f; (*workers*) obreros mpl; GB **s. steward**, enlace m/f sindical. II vi hacer compras; **to go shopping**, ir de compras.
shopkeeper ['ʃɒpkiːpər] n tendero,-a m,f.
shoplifter ['ʃɒplɪftər] n ladrón,-ona m,f (de tiendas).
shopper ['ʃɒpər] n comprador,-a m,f.
shopping ['ʃɒpɪŋ] n (*purchases*) compras fpl; **s. bag/basket**, bolsa f/cesta f de la compra; **s. centre** or **precinct**, centro m comercial.
shopsoiled ['ʃɒpsɔɪld], US **shopworn** ['ʃɒpwɔːn] adj deteriorado,-a.
shore[1] [ʃɔːr] n (*of sea, lake*) orilla f; US (*beach*) playa f; (*coast*) costa f; **to go on s.**, desembarcar.
shore[2] [ʃɔːr] vtr **to s. (up)**, apuntalar.
shorn [ʃɔːn] pp → **shear**.
short [ʃɔːt] I adj 1 corto,-a; (*not tall*) bajo,-a; **in a s. while**, dentro de un rato; **in the s. term**, a corto plazo; **s. circuit**, cortocircuito m; **s. cut**, atajo m; GB **s. list**, lista f de seleccionados; **s. story**, relato corto, cuento m; **s. wave**, onda corta. 2 (*brief*) corto,-a, breve; '**Bob**' **is s. for** '**Robert**', 'Bob' es el diminutivo de 'Robert'; **for s.**, para abreviar; **in s.**, en pocas palabras. 3 **to be s. of breath**, faltarle a uno la respiración; **to be s. of food**, andar escaso,-a de comida. 4 (*curt*)

brusco,-a, seco,-a. II *adv* **1 to pull up s.**, pararse en seco. **2 to cut s.**, *(holiday)* interrumpir; *(meeting)* suspender; **we're running s. of coffee**, se nos está acabando el café. **3 s. of**, *(except)* excepto, menos. III *n* **1** *Cin* cortometraje *m*. **2** *fam (drink)* copa *f*. IV *vi* **to s. (out)**, tener un cortocircuito. ◆**shortly** *adv (soon)* dentro de poco; **s. after**, poco después.

shortage ['ʃɔːtɪdʒ] *n* escasez *f*.

shortbread ['ʃɔːtbred] *n* mantecado *m*.

short-change [ʃɔːt'tʃeɪndʒ] *vtr* **to s.-c. sb**, no devolver el cambio completo a algn; *fig* timar a algn.

short-circuit [ʃɔːt'sɜːkɪt] I *vtr* provocar un cortocircuito en. II *vi* tener un cortocircuito.

shortcomings ['ʃɔːtkʌmɪŋz] *npl* defectos *mpl*.

shortcrust ['ʃɔːtkrʌst] *n* **s. pastry**, pasta brisa.

shorten ['ʃɔːtən] *vtr (skirt, visit)* acortar; *(word)* abreviar; *(text)* resumir.

shortfall ['ʃɔːtfɔːl] *n* déficit *m*.

shorthand ['ʃɔːthænd] *n* taquigrafía *f*; *GB* **s. typing**, taquimecanografía *f*; *GB* **s. typist**, taquimecanógrafo,-a *m,f*.

short-list ['ʃɔːtlɪst] *vtr* poner en la lista de seleccionados.

short-lived [ʃɔːt'lɪvd] *adv* efímero,-a.

short-range ['ʃɔːtreɪndʒ] *adj* de corto alcance.

shorts [ʃɔːts] *npl* **1** pantalones *mpl* cortos; **a pair of s.**, un pantalón corto. **2** *US (underpants)* calzoncillos *mpl*.

short-sighted [ʃɔːt'saɪtɪd] *adj (person)* miope; *fig (plan etc)* sin visión de futuro.

short-staffed [ʃɔːt'stɑːft] *adj* escaso,-a de personal.

short-tempered [ʃɔːt'tempəd] *adj* de mal genio.

short-term ['ʃɔːttɜːm] *adj* a corto plazo.

shot¹ [ʃɒt] I *n* **1** *(act, sound)* tiro *m*, disparo *m*. **2** *(projectile)* bala *f*; *(pellets)* perdigones *mpl*; *fig* **he was off like a s.**, salió disparado; *Sport* **s. put**, lanzamiento *m* de peso. **3** *(person)* tirador,-a *m,f*. **4** *Ftb (kick)* tiro *m* (a puerta); *(in billiards, cricket, golf)* golpe *m*. **5** *(attempt)* tentativa *f*; **to have a s. at sth**, intentar hacer algo. **6** *(injection)* inyección *f*; *fam* pinchazo *m*. **7** *(drink)* trago *m*. **8** *Phot* foto *f*; *Cin* toma *f*.

shot² [ʃɒt] *pt & pp* → **shoot**.

shotgun ['ʃɒtgʌn] *n* escopeta *f*.

should [ʃʊd, *unstressed* ʃəd] *v aux* **1** *(duty)* deber; **all employees s. wear helmets**, todos los empleados deben llevar casco; **he s. have been an architect**, debería haber sido arquitecto. **2** *(probability)* deber de; **he s. have finished by now**, ya debe de haber acabado; **this s. be interesting**, esto promete ser interesante. **3** *(conditional use)* **if anything strange s. happen**, si pasara algo raro. **4 I s. like to ask a question**, quisiera hacer una pregunta.

shoulder ['ʃəʊldər] I *n* **1** hombro *m*; **s. blade**, omóplato *m*; **s. strap**, *(of garment)* tirante *m*; *(of bag)* correa *f*; *Aut* **hard s.**, arcén *m*. **2** *Culin* paletilla *f*. II *vtr fig (responsibilities)* cargar con.

shout [ʃaʊt] I *n* grito *m*. II *vtr* gritar. III *vi* gritar; **to s. at sb**, gritar a algn. ◆**shout down** *vtr* abuchear.

shouting ['ʃaʊtɪŋ] *n* gritos *mpl*, vocerío *m*.

shove [ʃʌv] I *n fam* empujón *m*. II *vtr* empujar; **to s. sth into one's pocket**, meterse algo en el bolsillo a empellones. III *vi* empujar; *(jostle)* dar empellones. ◆**shove off** *vi fam* largarse. ◆**shove up** *vi fam (move along)* correrse.

shovel ['ʃʌvəl] I *n* pala *f*; **mechanical s.**, excavadora *f*. II *vtr* mover con pala *or* a paladas.

show [ʃəʊ] I *vtr (pt* **showed**; *pp* **shown** *or* **showed**) **1** *(ticket etc)* mostrar; *(painting etc)* exponer; *(film)* poner; *(latest plans etc)* presentar. **2** *(display)* demostrar; **to s. oneself to be**, comportarse como. **3** *(teach)* enseñar; *(explain)* explicar. **4** *(temperature, way etc)* indicar; *(photo etc)* registrar. **5** *(prove)* demostrar. **6** *(conduct)* llevar; **to s. sb in**, hacer pasar a algn; **to s. sb to the door**, acompañar a algn hasta la puerta.

II *vi* **1** *(be visible)* notarse. **2** *fam (turn up)* aparecer. **3** *Cin* **what's showing?**, ¿qué ponen?

III *n* **1** *(display)* demostración *f*. **2** *(outward appearance)* apariencia *f*. **3** *(exhibition)* exposición *f*; **on s.**, expuesto,-a; **boat s.**, salón náutico; **motor s.**, salón del automóvil. **4** *Theat (entertainment)* espectáculo *m*; *(performance)* función *f*; *Rad TV* programa *m*; **s. business**, *fam* **s. biz**, el mundo del espectáculo. ◆**show off** I *vtr* **1** *(highlight)* hacer resaltar. **2** *fam (flaunt)* hacer alarde de. II *vi fam* farolear. ◆**show up** I *vtr* **1** *(reveal)* sacar a luz; *(highlight)* hacer resaltar. **2** *fam (embarrass)* dejar en evidencia. II *vi* **1** *(stand out)* destacarse. **2** *fam (arrive)* aparecer.

showdown ['ʃəʊdaʊn] *n* enfrentamiento *m*.

shower ['ʃaʊər] I *n* **1** *(rain)* chubasco *m*, chaparrón *m*. **2** *fig (of stones, blows etc)* lluvia *f*. **3** *(bath)* ducha *f*; **to have a s.**, ducharse. II *vtr* **1** *(spray)* rociar. **2** *fig* **to s. gifts/praise on sb**, colmar a algn de regalos/elogios. III *vi* ducharse.

showerproof ['ʃaʊəpruːf] *adj* impermeable.

showing ['ʃəʊɪŋ] *n (of film)* proyección *f*.

showjumping ['ʃəʊdʒʌmpɪŋ] *n* hípica *f*.

shown [ʃəʊn] *pp* → **show**.

show-off ['ʃəʊf] *n fam* farolero,-a *m,f*.
showpiece ['ʃəʊpiːs] *n (in exhibition etc)* obra maestra; *fig (at school etc)* modelo *f*.
showroom ['ʃəʊruːm] *n Com* exposición *f*; *Art* galería *f*.
shrank [ʃræŋk] *pt* → **shrink**.
shrapnel ['ʃræpnəl] *n* metralla *f*.
shred [ʃred] **I** *n* triza *f*; *(of cloth)* jirón *m*; *(of paper)* tira *f*. **II** *vtr (paper)* hacer trizas; *(vegetables)* rallar.
shredder ['ʃredər] *n (for waste paper)* trituradora *f*; *(for vegetables)* rallador *m*.
shrew [ʃruː] *n* **1** *Zool* musaraña *f*. **2** *fig (woman)* arpía *f*.
shrewd [ʃruːd] *adj* astuto,-a; *(clear-sighted)* perspicaz; *(wise)* sabio,-a; *(decision)* acertado,-a.
shriek [ʃriːk] **I** *n* chillido *m*; **shrieks of laughter**, carcajadas *fpl*. **II** *vi* chillar.
shrill [ʃrɪl] *adj* agudo,-a, estridente.
shrimp [ʃrɪmp] **I** *n* camarón *m*. **II** *vi* pescar camarones.
shrine [ʃraɪn] *n (tomb)* sepulcro *m*; *(relic case)* relicario *m*; *(chapel)* capilla *f*; *(holy place)* lugar sagrado.
shrink [ʃrɪŋk] **I** *vtr (pt* **shrank**; *pp* **shrunk)** encoger. **II** *vi (clothes)* encoger(se). **2** *(savings)* disminuir. **3 to s. (back)**, echarse atrás; **to s. from doing sth**, no tener valor para hacer algo. **II** *n fam (psychiatrist)* psiquiatra *m,f*.
shrinkage ['ʃrɪŋkɪdʒ] *n* **1** *(of cloth)* encogimiento *m*; *(of metal)* contracción *f*. **2** *(of savings etc)* disminución *f*.
shrink-wrapped ['ʃrɪŋkræpt] *adj* envuelto,-a en plástico.
shrivel ['ʃrɪvəl] **I** *vtr* **to s. (up)**, encoger; *(plant)* secar; *(skin)* arrugar. **II** *vi* encogerse; *(plant)* secarse; *(skin)* arrugarse.
shroud [ʃraʊd] **I** *n Rel* sudario *m*. **II** *vtr fig* envolver.
Shrove Tuesday [ʃrəʊv'tjuːzdɪ] *n* martes *m* de carnaval.
shrub [ʃrʌb] *n* arbusto *m*.
shrubbery ['ʃrʌbərɪ] *n* arbustos *mpl*.
shrug [ʃrʌg] **I** *vtr* **to s. one's shoulders**, encogerse de hombros. **II** *vi* encogerse de hombros. **III** *n* encogimiento *m* de hombros. ◆**shrug off** *vtr* no dejarse desanimar por.
shrunk [ʃrʌŋk] *pp* → **shrink**.
shudder ['ʃʌdər] **I** *n* **1** escalofrío *m*, estremecimiento *m*. **2** *(of machinery)* sacudida *f*. **II** *vi* **1** *(person)* estremecerse. **2** *(machinery)* dar sacudidas.
shuffle ['ʃʌfəl] **I** *vtr* **1** *(feet)* arrastrar. **2** *(papers etc)* revolver; *(cards)* barajar. **II** *vi* **1** *(walk)* andar arrastrando los pies. **2** *Cards* barajar.
shun [ʃʌn] *vtr (person)* esquivar; *(responsibility)* rehuir.
shunt [ʃʌnt] *vtr Rail* cambiar de vía; *Elec* derivar.
shut [ʃʌt] **I** *vtr (pt & pp* **shut)** cerrar. **II** *vi* cerrarse. **III** *adj* cerrado,-a. ◆**shut down I** *vtr (factory)* cerrar. **II** *vi (factory)* cerrar. ◆**shut off** *vtr (gas, water etc)* cortar. ◆**shut out** *vtr* **1** *(lock out)* dejar fuera a. **2** *(exclude)* excluir. ◆**shut up I** *vtr* **1** *(close)* cerrar. **2** *(imprison)* encerrar. **3** *fam (silence)* callar. **II** *vi fam (keep quiet)* callarse.
shutdown ['ʃʌtdaʊn] *n* cierre *m*.
shutter ['ʃʌtər] *n* **1** *(on window)* contraventana *f*, postigo *m*. **2** *Phot* obturador *m*.
shuttle ['ʃʌtəl] **I** *n* **1** *(in weaving)* lanzadera *f*. **2** *Av* puente aéreo; **(space)** s., transbordador *m* espacial. **II** *vi* ir y venir.
shuttlecock ['ʃʌtəlkɒk] *n* volante *m*.
shy [ʃaɪ] **I** *adj* **(shyer, shyest** *or* **shier, shiest)** *(timid)* tímido,-a; *(reserved)* reservado,-a. **II** *vi (horse)* espantarse **(at, de)**; *fig* **to s. away from doing sth**, negarse a hacer algo.
shyness ['ʃaɪnɪs] *n* timidez *f*.
Siberia [saɪ'bɪərɪə] *n* Siberia.
sibling ['sɪblɪŋ] *n fml (brother)* hermano *m*; *(sister)* hermana *f*; **siblings**, hermanos.
Sicily ['sɪsɪlɪ] *n* Sicilia.
sick [sɪk] *adj* **1** *(ill)* enfermo,-a; **s. leave**, baja *f* por enfermedad; **s. pay**, subsidio *m* de enfermedad. **2 to feel s.**, *(about to vomit)* tener ganas de devolver; **to be s.**, devolver. **3** *fam (fed up)* harto,-a. **4** *fam (mind, joke)* morboso,-a; **s. humour**, humor negro.
sickbay ['sɪkbeɪ] *n* enfermería *f*.
sicken ['sɪkən] **I** *vtr (make ill)* poner enfermo; *(revolt)* dar asco a. **II** *vi (fall ill)* enfermar.
sickening ['sɪkənɪŋ] *adj* nauseabundo,-a; *(revolting)* repugnante; *(horrifying)* escalofriante.
sickle ['sɪkəl] *n* hoz *f*.
sickly ['sɪklɪ] *adj* **(sicklier, sickliest)** **1** *(person)* enfermizo,-a. **2** *(taste)* empalagoso,-a. **3** *(smile)* forzado,-a.
sickness ['sɪknɪs] *n* **1** *(illness)* enfermedad *f*. **2** *(nausea)* náuseas *fpl*.
side [saɪd] **I** *n* **1** lado *m*; *(of coin etc)* cara *f*; *(of hill)* ladera *f*; **by the s. of**, junto a. **2** *(of body)* costado *m*; *(of animal)* ijar *m*; **a s. of bacon**, una loncha de tocino; **by my s.**, a mi lado; **s. by s.**, juntos. **3** *(edge)* borde *m*; *(of lake, river)* orilla *f*. **4** *fig (aspect)* aspecto *m*. **5** *(team)* equipo *m*; *Pol* partido *m*; **she's on our s.**, está de nuestro lado; **to take sides with sb**, ponerse de parte de algn; **s. dish**, guarnición *f*; **s. effect**, efecto secundario; **s. entrance**, entrada *f* lateral; **s. street**, calle *f* lateral. **II** *vi* **to s. with sb**, ponerse de parte de algn.
sideboard ['saɪdbɔːd] *n* aparador *m*.
sideburns ['saɪdbɜːnz] *npl* patillas *fpl*.
sidelight ['saɪdlaɪt] *n Aut* luz *f* lateral, piloto *m*.

sideline ['saɪdlaɪn] *n* **1** *Sport* línea *f* de banda. **2** *Com (product)* línea suplementaria; *(job)* empleo suplementario.

sidelong ['saɪdlɒŋ] *adj* de reojo.

side-saddle ['saɪdsædəl] **I** *n* silla *f* de amazona. **II** *adv* **to ride s.**, montar a la inglesa.

sideshow ['saɪdʃəʊ] *n* atracción secundaria.

sidestep ['saɪdstep] **I** *vtr (issue)* esquivar. **II** *vi Box* fintar.

sidetrack ['saɪdtræk] *vtr fig (person)* despistar.

sidewalk ['saɪdwɔːk] *n US* acera *f*.

sideways ['saɪdweɪz] **I** *adj (movement)* lateral; *(look)* de reojo. **II** *adv* de lado.

siding ['saɪdɪŋ] *n Rail* apartadero *m*, vía muerta.

sidle ['saɪdəl] *vi* **to s. up to sb**, acercarse furtivamente a algn.

siege [siːdʒ] *n* sitio *m*, cerco *m*; **to lay s. to**, sitiar.

sieve [sɪv] **I** *n (fine)* tamiz *m*; *(coarse)* criba *f*. **II** *vtr (fine)* tamizar; *(coarse)* cribar.

sift [sɪft] *vtr (sieve)* tamizar; *fig* **to s. through**, examinar cuidadosamente.

sigh [saɪ] **I** *vi* suspirar. **II** *n* suspiro *m*.

sight [saɪt] **I** *n* **1** *(faculty)* vista *f*; **at first s.**, a primera vista; **to catch s. of**, divisar; **to know by s.**, conocer de vista; **to lose s. of sth/sb**, perder algo/a algn de vista. **2** *(range of vision)* vista *f*; **within s.**, a la vista; **to come into s.**, aparecer. **3** *(spectacle)* espectáculo *m*. **4** *(on gun)* mira *f*; *fig* **to set one's sights on**, tener la mira puesta en. **5 sights**, monumentos *mpl*. **II** *vtr ver; (land)* divisar.

sightseeing ['saɪtsiːɪŋ] *n* turismo *m*; **to go s.**, hacer turismo.

sign [saɪn] **I** *n* **1** *(symbol)* signo *m*. **2** *(gesture)* gesto *m*, seña *f*; *(signal)* señal *f*. **3** *(indication)* señal *f*; *(trace)* rastro *m*, huella *f*; **as a s. of**, como muestra de. **4** *(notice)* anuncio *m*; *(board)* letrero *m*. **II** *vtr* **1** *(letter etc)* firmar. **2** *Ftb* fichar. **III** *vi* firmar. ◆**sign on I** *vtr (worker)* contratar. **II** *vi (worker)* firmar un contrato; *GB fam* apuntarse al paro; *(regularly)* firmar el paro. ◆**sign up I** *vtr (soldier)* reclutar; *(worker)* contratar. **II** *vi (soldier)* alistarse; *(worker)* firmar un contrato.

signal ['sɪgnəl] **I** *n* señal *f*; *Rad TV* sintonía *f*; *Rail* **s. box**, garita *f* de señales. **II** *vtr* **1** *(message)* transmitir por señales. **2** *(direction etc)* indicar. **III** *vi (with hands)* hacer señales; *(in car)* señalar.

signalman ['sɪgnəlmən] *n* guardavía *m*.

signature ['sɪgnətʃər] *n (name)* firma *f*; *Rad TV* **s. tune**, sintonía *f*.

signet ['sɪgnɪt] *n* **s. ring**, (anillo *m* de) sello *m*.

significance [sɪgˈnɪfɪkəns] *n (meaning)* significado *m*; *(importance)* importancia *f*.

significant [sɪgˈnɪfɪkənt] *adj (meaningful)* significativo,-a; *(important)* importante. ◆**significantly** *adv (markedly)* sensiblemente.

signify ['sɪgnɪfaɪ] *vtr* **1** *(mean)* significar. **2** *(show, make known)* indicar.

signpost ['saɪnpəʊst] *n* poste *m* indicador.

silence ['saɪləns] **I** *n* silencio *m*. **II** *vtr* acallar; *(engine)* silenciar.

silencer ['saɪlənsər] *n* silenciador *m*.

silent ['saɪlənt] *adj* silencioso,-a; *(not talkative)* callado,-a; *(film)* mudo,-a; **be s.!**, ¡cállate!; **to remain s.**, guardar silencio. ◆**silently** *adv* silenciosamente.

silhouette [sɪluːˈet] *n* silueta *f*.

silicon ['sɪlɪkən] *n* silicio *m*; **s. chip**, chip *m* (de silicio).

silk [sɪlk] **I** *n* seda *f*. **II** *adj* de seda.

silky ['sɪlkɪ] *adj (silkier, silkiest) (cloth)* sedoso,-a; *(voice etc)* aterciopelado,-a.

sill [sɪl] *n (of window)* alféizar *m*.

silly ['sɪlɪ] *adj (sillier, silliest)* tonto,-a.

silo ['saɪləʊ] *n* silo *m*.

silt [sɪlt] *n* cieno *m*. ◆**silt up** *vi* obstruirse con cieno.

silver ['sɪlvər] **I** *n* **1** *(metal)* plata *f*. **2** *(coins)* monedas *fpl* (de plata). **3** *(tableware)* vajilla *f* de plata. **II** *adj* de plata; **s. foil**, *(tinfoil)* papel *m* de aluminio; **s. paper**, papel de plata; **s. wedding**, bodas *fpl* de plata.

silver-plated [sɪlvəˈpleɪtɪd] *adj* plateado,-a.

silversmith ['sɪlvəsmɪθ] *n* platero,-a *m,f*.

silverware ['sɪlvəweər] *n* vajilla *f* de plata.

silvery ['sɪlvərɪ] *adj* plateado,-a.

similar ['sɪmɪlər] *adj* parecido,-a, semejante **(to, a)**; **to be s.**, parecerse. ◆**similarly** *adv* **1** *(as well)* igualmente. **2** *(likewise)* del mismo modo, asimismo.

similarity [sɪmɪˈlærɪtɪ] *n* semejanza *f*.

simile ['sɪmɪlɪ] *n* símil *m*.

simmer ['sɪmər] **I** *vtr* cocer a fuego lento. **II** *vi* cocerse a fuego lento. ◆**simmer down** *vi fam* calmarse.

simpering ['sɪmpərɪŋ] *adj* melindroso,-a.

simple ['sɪmpəl] *adj* **1** sencillo,-a; **s. interest**, interés *m* simple. **2** *(natural)* natural. **3** *(foolish)* simple; *(naïve)* ingenuo,-a; *(dim)* de pocas luces. ◆**simply** *adv* **1** *(plainly)* sencillamente. **2** *(only)* simplemente, sólo.

simplicity [sɪmˈplɪsɪtɪ] *n* **1** sencillez *f*. **2** *(naïveté)* ingenuidad *f*.

simplify ['sɪmplɪfaɪ] *vtr* simplificar.

simulate ['sɪmjʊleɪt] *vtr* simular.

simulator ['sɪmjʊleɪtər] *n* **flight s.**, simulador de vuelo.

simultaneous [sɪməlˈteɪnɪəs] *adj* simultáneo,-a. ◆**simultaneously** *adv* simultáneamente.

sin [sɪn] **I** *n* pecado *m*. **II** *vi* pecar.

since [sɪns] **I** *adv* **(ever) s.**, desde

sincere 540 **skating**

entonces; **long s.**, hace mucho tiempo; **it has s. come out that ...**, desde entonces se ha sabido que .... II *prep* desde; **she has been living here s. 1975**, vive aquí desde 1975. III *conj* 1 *(time)* desde que; **how long is it s. you last saw him?**, ¿cuánto tiempo hace que lo viste por última vez? 2 *(because, as)* ya que, puesto que.

sincere [sɪn'sɪər] *adj* sincero,-a.
◆**sincerely** *adv* sinceramente; **Yours s.**, *(in letter)* (le saluda) atentamente.

sincerity [sɪn'serɪtɪ] *n* sinceridad *f*.

sinew ['sɪnjuː] *n (tendon)* tendón *m*; *(in meat)* nervio *m*.

sinful ['sɪnfʊl] *adj (person)* pecador,-a; *(act, thought)* pecaminoso,-a; *fig (waste etc)* escandaloso,-a.

sing [sɪŋ] I *vtr (pt sang; pp sung)* cantar. II *vi (person, bird)* cantar; *(kettle, bullets)* silbar.

singe [sɪndʒ] *vtr* chamuscar.

singer ['sɪŋər] *n* cantante *mf*.

singing ['sɪŋɪŋ] *n (art)* canto *m*; *(songs)* canciones *fpl*; *(of kettle)* silbido *m*.

single ['sɪŋgəl] I *adj* 1 *(solitary)* solo,-a. 2 *(only one)* único,-a. 3 *(not double)* sencillo,-a; **s. bed/room**, cama *fl* habitación *f* individual. 4 *(unmarried)* soltero,-a. II *n* 1 *Rail* billete *m* de ida. 2 *(record)* single *m*. 3 *Sport* **singles**, individuales *mpl*. ◆**single out** *vtr (choose)* escoger; *(distinguish)* distinguir. ◆**singly** *adv (individually)* por separado; *(one by one)* uno por uno.

single-breasted [sɪŋgəl'brestɪd] *adj (suit, jacket)* recto,-a.

single-handed [sɪŋgəl'hændɪd] *adj & adv* sin ayuda.

single-minded [sɪŋgəl'maɪndɪd] *adj* resuelto,-a.

singlet ['sɪŋglɪt] *n* GB camiseta *f*.

singular ['sɪŋgjʊlər] I *adj* 1 *Ling* singular. 2 *fml (outstanding)* excepcional. 3 *fml (unique)* único,-a. II *n Ling* singular *m*.
◆**singularly** *adv* excepcionalmente.

sinister ['sɪnɪstər] *adj* siniestro,-a.

sink¹ [sɪŋk] *n (in kitchen)* fregadero *m*.

sink² [sɪŋk] I *vtr (pt sank; pp sunk)* 1 *(ship)* hundir, echar a pique; *(hopes)* acabar con. 2 *(hole, well)* cavar; *(post, knife, teeth)* hincar. II *vi* 1 *(ship)* hundirse. 2 *fig* **my heart sank**, se me cayó el alma a los pies. 3 *(sun)* ponerse. 4 **to s. to one's knees**, hincarse de rodillas.
◆**sink in** *vi (penetrate)* penetrar; *fig* **it hasn't sunk in yet**, todavía no me he/se ha *etc* hecho a la idea.

sinner ['sɪnər] *n* pecador,-a *m,f*.

sinus ['saɪnəs] *n* seno *m*.

sip [sɪp] I *n* sorbo *m*. II *vtr* sorber, beber a sorbos.

siphon ['saɪfən] *n* sifón *m*. ◆**siphon off** *vtr (liquid)* sacar con sifón; *fig (funds, traffic)* desviar.

sir [sɜːr] *n fml* 1 señor *m*; **yes, s.**, sí, señor. 2 *(title)* sir; **S. Walter Raleigh**, Sir Walter Raleigh.

siren ['saɪərən] *n* sirena *f*.

sirloin ['sɜːlɔɪn] *n* solomillo *m*.

sissy ['sɪsɪ] *n fam (coward)* miedica *mf*.

sister ['sɪstər] *n* 1 *(relation)* hermana *f*. 2 *GB Med* enfermera *f* jefe. 3 *Rel* hermana *f*; *(before name)* sor.

sister-in-law ['sɪstərɪnlɔː] *n* cuñada *f*.

sit [sɪt] I *vtr (pt & pp sat)* 1 *(child etc)* sentar **(in, on,** en). 2 *GB (exam)* presentarse a. II *vi* 1 *(action)* sentarse. 2 *(be seated)* estar sentado,-a. 3 *(meet)* estar; *(be situated)* hallarse; *(person)* quedarse. 4 *(assembly)* reunirse. ◆**sit back** *vi* recostarse. ◆**sit down** *vi* sentarse. ◆**sit in on** *vtr* asistir sin participar a. ◆**sit out** *vtr* aguantar hasta el final. ◆**sit through** *vtr* aguantar. ◆**sit up** *vi* 1 incorporarse. 2 *(stay up late)* quedarse levantado,-a.

site [saɪt] I *n* 1 *(area)* lugar *m*; **building s.**, solar *m*; *(under construction)* obra *f*. 2 *(location)* situación *f*; **nuclear testing s.**, zona *f* de pruebas nucleares. II *vtr* situar.

sit-in ['sɪtɪn] *n fam (demonstration)* sentada *f*; *(strike)* huelga *f* de brazos caídos.

sitting ['sɪtɪŋ] I *n (of committee)* sesión *f*; *(in canteen)* turno *m*. II *adj* **s. room**, sala *f* de estar.

situated ['sɪtjʊeɪtɪd] *adj* situado,-a, ubicado,-a.

situation [sɪtjʊ'eɪʃən] *n* 1 situación *f*. 2 *(job)* puesto *m*; *GB* **'situations vacant'**, *(in newspaper)* 'ofertas de trabajo'.

six [sɪks] *adj & n* seis *(m) inv*.

sixteen [sɪks'tiːn] *adj & n* dieciséis *(m) inv*, diez y seis *(m) inv*.

sixteenth [sɪks'tiːnθ] I *adj & n* decimosexto,-a *(m,f)*. II *n (fraction)* dieciseisavo *m*.

sixth [sɪksθ] I *adj* sexto,-a; *GB Educ* **s. form**, ≈ COU; **s. former**, ≈ estudiante de COU. II *n* 1 *(in series)* sexto,-a *m,f*. 2 *(fraction)* sexto *m*, sexta parte *f*.

sixty ['sɪkstɪ] *adj & n* sesenta *(m) inv*.

size [saɪz] *n* tamaño *m*; *(of garment)* talla *f*; *(of shoes)* número *m*; *(of person)* estatura *f*; *(scope)* alcance *m*; **what s. do you take?**, *(garment)* ¿qué talla tienes?; *(shoes)* ¿qué número calzas? ◆**size up** *vtr (person)* juzgar; *(situation, problem)* evaluar.

siz(e)able ['saɪzəbəl] *adj (building etc)* (bastante) grande; *(sum)* considerable; *(problem)* importante.

sizzle ['sɪzəl] *vi* chisporrotear.

skate¹ [skeɪt] I *n* patín *m*. II *vtr* patinar.

skate² [skeɪt] *n (fish)* raya *f*.

skateboard ['skeɪtbɔːd] *n* monopatín *m*.

skater ['skeɪtər] *n* patinador,-a *m,f*.

skating ['skeɪtɪŋ] *n* patinaje *m*; **s. rink**,

pista f de patinaje.
skeleton ['skelɪtən] **I** n **1** esqueleto m. **2** (of building) armazón m. **3** (outline) esquema m. **II** adj (staff, service) reducido,-a; **s. key**, llave maestra.
skeptic ['skeptɪk] n US → sceptic.
sketch [sketʃ] **I** n **1** (preliminary drawing) bosquejo m, esbozo m; (drawing) dibujo m; (outline) esquema m; (rough draft) boceto m. **2** Theat TV sketch m. **II** vtr (draw) dibujar; (preliminary drawing) bosquejar, esbozar.
sketch-book ['sketʃbʊk], **sketch-pad** ['sketʃpæd] n bloc m de dibujo.
sketchy ['sketʃɪ] adj (**sketchier, sketchiest**) (incomplete) incompleto,-a; (not detailed) vago,-a.
skewer ['skjʊər] n pincho m, broqueta f.
ski [skiː] **I** n esquí m. **II** adj de esquí; **s. boots**, botas fpl de esquiar; **s. jump**, (action) salto m con esquís; **s. lift**, telesquí m; (with seats) telesilla f; **s. pants**, pantalón m sing de esquiar; **s. resort**, estación f de esquí; **s. stick** or **pole**, bastón m de esquiar. **III** vi esquiar; **to go skiing**, ir a esquiar.
skid [skɪd] **I** n patinazo m. **II** vi patinar.
skier ['skiːər] n esquiador,-a m,f.
skiing ['skiːɪŋ] n esquí m.
skilful, US **skillful** ['skɪlful] adj hábil, diestro,-a.
skill [skɪl] n **1** (ability) habilidad f, destreza f; (talent) don m. **2** (technique) técnica f.
skilled [skɪld] adj **1** (dextrous) hábil, diestro,-a; (expert) experto,-a. **2** (worker) cualificado,-a.
skim [skɪm] **I** vtr **1** (milk) desnatar; **skimmed milk**, leche desnatada. **2** (brush against) rozar; **s. to s. the ground**, (bird, plane) volar a ras de suelo. **II** vi fig **to s. through a book**, hojear un libro.
skimp [skɪmp] vtr & vi (food, material) escatimar; (work) chapucear.
skimpy ['skɪmpɪ] adj (**skimpier, skimpiest**) (shorts) muy corto,-a; (meal) escaso,-a.
skin [skɪn] **I** n **1** piel f; (of face) cutis m; (complexion) tez f; **s. cream**, crema f de belleza. **2** (of fruit) piel f; (of lemon) cáscara f; (peeling) mondadura f. **3** (of sausage) pellejo m. **4** (on milk etc) nata f. **II** vtr **1** (animal) despellejar. **2** (graze) arañar.
skin-deep [skɪn'diːp] adj superficial.
skin-diving ['skɪndaɪvɪŋ] n buceo m, submarinismo m.
skinhead ['skɪnhed] n fam cabeza mf rapada.
skinny ['skɪnɪ] adj (**skinnier, skinniest**) fam flaco,-a.
skin-tight ['skɪntaɪt] adj (clothing) muy ajustado,-a.
skip¹ [skɪp] **I** n (jump) salto m, brinco m.
II vi (jump) saltar, brincar; (with rope) saltar a la comba; fig **to s. over sth**, saltarse algo. **III** vtr fig saltarse.
skip² [skɪp] n (container) contenedor m.
skipper ['skɪpər] n Naut Sport fam capitán,-ana m,f.
skipping ['skɪpɪŋ] n comba f; **s. rope**, comba.
skirmish ['skɜːmɪʃ] n escaramuza f.
skirt [skɜːt] **I** n falda f. **II** vtr (town etc) rodear; (coast) bordear; fig (problem) esquivar.
skirting ['skɜːtɪŋ] GB n **s. (board)**, zócalo m.
skit [skɪt] n sátira f, parodia f.
skittle ['skɪtəl] n **1** (pin) bolo m. **2 skittles**, (game) (juego m de los) bolos mpl, boliche m.
skive [skaɪv] vi GB fam escaquearse.
skulk [skʌlk] vi (hide) esconderse; (prowl) merodear; (lie in wait) estar al acecho.
skull [skʌl] n Anat cráneo m; fam calavera f.
skunk [skʌŋk] n mofeta f.
sky [skaɪ] n cielo m; **s. blue**, azul m celeste.
skylight ['skaɪlaɪt] n tragaluz m, claraboya f.
skyline ['skaɪlaɪn] n (of city) perfil m.
skyscraper ['skaɪskreɪpər] n rascacielos m inv.
slab [slæb] n (of stone) losa f; (of chocolate) tableta f; (of cake) trozo m.
slack [slæk] **I** adj **1** (not taut) flojo,-a. **2** (lax) descuidado,-a; (lazy) vago,-a. **3** (market) flojo,-a; **business is s.**, hay poco negocio. **II** n (in rope) parte floja.
slacken ['slækən] **I** vtr **1** (rope) aflojar. **2** (speed) reducir. **II** vi **1** (rope) aflojarse; (wind) amainar. **2** (trade) aflojar.
◆**slacken off** vi disminuirse.
slacks [slæks] npl dated pantalones mpl, pantalón m.
slag [slæg] n **1** Min escoria f; **s. heap**, escorial m. **2** GB sl (woman) puta f.
◆**slag off** vtr GB poner verde a.
slain [sleɪn] npl **the s.**, los caídos.
slam [slæm] **I** n (of door) portazo m. **II** vtr (bang) cerrar de golpe; **to s. sth down on the table**, soltar algo sobre la mesa de un palmetazo; **to s. the door**, dar un portazo; **to s. on the brakes**, dar un frenazo. **III** vi (door) cerrarse de golpe.
slander ['slɑːndər] **I** n difamación f, calumnia f. **II** vtr difamar, calumniar.
slang [slæŋ] n argot m, jerga f.
slant [slɑːnt] **I** n **1** inclinación f; (slope) pendiente f. **2** fig (point of view) punto m de vista. **II** vtr fig (problem etc) enfocar subjetivamente. **III** vi inclinarse.
slanting ['slɑːntɪŋ] adj inclinado,-a.
slap [slæp] **I** n palmada f; (in face) bofetada f. **II** adv fam **he ran s. into the fence**, se dio de lleno contra la valla; **s. in the**

slapdash 542 **slip**

middle of ..., justo en medio de .... III *vtr* pegar con la mano; *(hit in face)* dar una bofetada a; **to s. sb on the back**, dar a algn una palmada en la espalda.
slapdash [slæp'dæʃ] *adj fam* descuidado,-a; *(work)* chapucero,-a.
slapstick ['slæpstɪk] *n* bufonadas *fpl*, payasadas *fpl*.
slap-up ['slæpʌp] *adj fam* **s.-up meal**, comilona *f*.
slash [slæʃ] I *n* Typ *fam* barra oblicua. II *vtr* 1 *(with knife)* acuchillar; *(with sword)* dar un tajo a. 2 *fig (prices)* rebajar.
slat [slæt] *n* tablilla *f*, listón *m*.
slate [sleɪt] I *n* pizarra *f*; *fig* **to wipe the s. clean**, hacer borrón y cuenta nueva. II *vtr GB fam* criticar duramente.
slaughter ['slɔːtəʳ] I *n (of animals)* matanza *f*; *(of people)* carnicería *f*. II *vtr (animals)* matar; *(people)* matar brutalmente; *(in large numbers)* masacrar.
slaughterhouse ['slɔːtəhaʊs] *n* matadero *m*.
Slav [slɑːv] *adj & n* eslavo,-a *(m,f)*.
slave [sleɪv] I *n* esclavo,-a *m,f*; **s. trade**, trata *f* de esclavos. II *vi* **to s. (away)**, dar el callo.
slavery ['sleɪvərɪ] *n* esclavitud *f*.
Slavonic [slə'vɒnɪk] *adj* eslavo,-a.
slay [sleɪ] *vtr (pt slew; pp slain)* matar.
sleazy ['sliːzɪ] *adj (sleazier, sleaziest)* sórdido,-a.
sled [sled] I *n US* trineo *m*. II *vi* ir en trineo.
sledge [sledʒ] *n GB* trineo *m*.
sledgehammer ['sledʒhæməʳ] *n* almádena *f*.
sleek [sliːk] *adj (hair)* lustroso,-a; *(appearance)* impecable.
sleep [sliːp] I *n* sueño *m*. II *vi* 1 dormir; **to go to s.**, dormirse; *fig* **to send to s.**, (hacer) dormir; *fam* **to s. like a log**, dormir como un lirón. 2 **my foot has gone to s.**, se me ha dormido el pie. ◆**sleep in** *vi GB (oversleep)* quedarse dormido,-a; *(have a lie-in)* quedarse en la cama. ◆**sleep with** *vtr fam* **to s. with sb**, acostarse con algn.
sleeper ['sliːpəʳ] *n* 1 *(person)* durmiente *mf*; **to be a heavy s.**, tener el sueño pesado. 2 *GB Rail (on track)* traviesa *f*. 3 *Rail (coach)* coche-cama *m*; *(berth)* litera *f*.
sleeping ['sliːpɪŋ] *adj* **s. bag**, saco *m* de dormir; **S. Beauty**, la Bella durmiente; **s. car**, coche-cama *m*; *GB Com* **s. partner**, socio,-a *m,f* comanditario,-a; **s. pill**, somnífero *m*.
sleepless ['sliːplɪs] *adj* **to have a s. night**, pasar la noche en blanco.
sleepwalker ['sliːpwɔːkəʳ] *n* sonámbulo,-a *m,f*.
sleepy ['sliːpɪ] *adj (sleepier, sleepiest)* soñoliento,-a; **to be** *or* **feel s.**, tener sueño.
sleet [sliːt] I *n* aguanieve *f*. II *vi* **it's sleeting**, cae aguanieve.
sleeve [sliːv] *n (of garment)* manga *f*; *(of record)* funda *f*.
sleigh [sleɪ] *n* trineo *m*; **s. bell**, cascabel *m*.
sleight [slaɪt] *n* **s. of hand**, juego *m* de manos.
slender ['slendəʳ] *adj* 1 *(thin)* delgado,-a. 2 *fig (hope, chance)* remoto.
slept [slept] *pt & pp* → **sleep**.
slew [sluː] *n* → **slay**.
slice [slaɪs] I *n* 1 *(of bread)* rebanada *f*; *(of ham)* loncha *f*; *(of beef etc)* tajada *f*; *(of lemon etc)* rodaja *f*; *(of cake)* trozo *m*. 2 *(utensil)* pala *f*. II *vtr (food)* cortar a rebanadas *or* tajos *or* rodajas; *(divide)* partir.
slick [slɪk] I *adj* 1 *(programme, show)* logrado,-a. 2 *(skilful)* hábil, mañoso,-a. II *n (oil)* **s.**, marea negra.
slide [slaɪd] I *n* 1 *(act)* resbalón *m*. 2 *(in prices etc)* baja *f*. 3 *(in playground)* tobogán *m*. 4 *Phot* diapositiva *f*; **s. projector**, proyector *m* de diapositivas. 5 **s. rule**, regla *f* de cálculo. 6 *GB (for hair)* pasador *m*. II *vtr (pt & pp slid)* deslizar; *(furniture)* correr. III *vi (on purpose)* deslizarse; *(slip)* resbalar.
sliding ['slaɪdɪŋ] *adj (door, window)* corredizo,-a; *Fin* **s. scale**, escala *f* móvil.
slight [slaɪt] I *adj* 1 *(small)* pequeño,-a; **not in the slightest**, en absoluto. 2 *(build)* menudo,-a; *(slim)* delgado,-a; *(frail)* delicado,-a. 3 *(trivial)* leve. II *n (affront)* desaire *m*. III *vtr* 1 *(scorn)* despreciar. 2 *(snub)* desairar. ◆**slightly** *adv (a little)* ligeramente, algo.
slim [slɪm] I *adj (slimmer, slimmest)* 1 *(person)* delgado,-a. 2 *fig (resources)* escaso,-a; *(hope, chance)* remoto,-a. II *vi* adelgazar.
slime [slaɪm] *n (mud)* lodo *m*, cieno *m*; *(of snail)* baba *f*.
slimming ['slɪmɪŋ] I *adj (diet, pills)* para adelgazar; *(food)* que no engorda. II *n (process)* adelgazamiento *m*.
slimy ['slaɪmɪ] *adj (slimier, slimiest)* 1 *(muddy)* lodoso,-a; *(snail)* baboso,-a. 2 *fig (person)* rastrero,-a.
sling [slɪŋ] I *n* 1 *(catapult)* honda *f*; *(child's)* tirador *m*. 2 *Med* cabestrillo *m*. II *vtr (pt & pp slung) (throw)* tirar.
slink [slɪŋk] *vi (pt & pp slunk)* **to s. off**, escabullirse.
slip [slɪp] I *n* 1 *(slide)* resbalón *m*; *fam fig* **to give sb the s.**, dar esquinazo a algn. 2 *(mistake)* error *m*; *(moral)* desliz *m*; **a s. of the tongue**, un lapsus linguae. 3 *(underskirt)* combinación *f*. 4 *(of paper)* trocito *m*. II *vi* 1 *(slide)* resbalar. 2 *Med* dislocarse; **slipped disc**, vértebra dislocada. 3 *(move quickly)* ir de prisa. 4

slipper 543 **smash**

(standards etc) deteriorarse. III *vtr* 1 *(slide)* dar a escondidas. 2 **it slipped my memory,** se me fue de la cabeza. ◆**slip away** *vi (person)* escabullirse. ◆**slip off** *vtr (clothes)* quitarse rápidamente. ◆**slip on** *vtr (clothes)* ponerse rápidamente. ◆**slip out** *vi* 1 *(leave)* salir. 2 *fig* **the secret slipped out,** se le escapó el secreto. ◆**slip up** *vi fam (blunder)* cometer un desliz.

slipper ['slɪpər] *n* zapatilla *f*.

slippery ['slɪpərɪ] *adj* resbaladizo,-a.

slip-road ['slɪprəud] *n GB* vía *f* de acceso.

slipshod ['slɪpʃɒd] *adj* descuidado,-a; *(work)* chapucero,-a.

slip-up ['slɪpʌp] *n fam (blunder)* desliz *m*.

slipway ['slɪpweɪ] *n* grada *f*.

slit [slɪt] I *n (opening)* hendidura *f*; *(cut)* corte *m*, raja *f*. II *vtr (pt & pp* **slit)** cortar, rajar.

slither ['slɪðər] *vi* deslizarse.

sliver ['slɪvər] *n (of wood, glass)* astilla *f*; *(of ham)* loncha *f*.

slob [slɒb] *n fam* dejado,-a *m,f*.

slog [slɒg] I *n fam* **it was a hard s.,** costó un montón. II *vi* 1 *fam* **to s. away,** sudar tinta. 2 *(walk)* caminar trabajosamente. III *vtr (hit)* golpear fuerte.

slogan ['sləugən] *n* (e)slogan *m*, lema *m*.

slop [slɒp] I *vi* **to s. (over),** derramarse; **to s. about,** chapotear. II *vtr* derramar.

slope [sləup] I *n (incline)* cuesta *f*, pendiente *f*; *(up)* subida *f*; *(down)* bajada *f*; *(of mountain)* ladera *f*; *(of roof)* vertiente *f*. II *vi* inclinarse; **to s. up/down,** subir/bajar en pendiente. ◆**slope off** *vi fam* largarse.

sloping ['sləupɪŋ] *adj* inclinado,-a.

sloppy ['slɒpɪ] *adj* **(sloppier, sloppiest)** *fam* descuidado,-a; *(work)* chapucero,-a; *(appearance)* desaliñado,-a.

slot [slɒt] I *n* 1 *(for coin)* ranura *f*; *(opening)* rendija *f*; **s. machine,** *(for gambling)* (máquina *f*) tragaperras *f inv*; *(vending machine)* distribuidor automático. 2 *Rad TV* espacio *m*. II *vtr (place)* meter; *(put in)* introducir. III *vi* **to s. in** or **together,** encajar.

sloth [sləuθ] *n fml (laziness)* pereza *f*.

slouch [slautʃ] *vi* andar or sentarse con los hombros caídos.

slovenly ['slʌvənlɪ] *adj* descuidado,-a; *(appearance)* desaliñado,-a; *(work)* chapucero,-a.

slow [sləu] I *adj* 1 lento,-a; **in s. motion,** a cámara lenta; **to be s. to do sth,** tardar en hacer algo. 2 *(clock)* atrasado,-a. 3 *(stupid)* lento,-a, torpe. II *adv* lentamente. III *vtr (car)* reducir la marcha de; *(progress)* retrasar. IV *vi* **to s. down** or **up,** ir más despacio; *(in car)* reducir la velocidad. ◆**slowly** *adv* despacio, lentamente.

sludge [slʌdʒ] *n (mud)* fango *m*, lodo *m*.

slug [slʌg] I *n* 1 *Zool* babosa *f*. 2 *US fam (bullet)* posta *f*. 3 *fam (blow)* porrazo *m*. II *vtr fam (hit)* aporrear.

sluggish ['slʌgɪʃ] *adj* 1 *(river, engine)* lento,-a; *Com* flojo,-a. 2 *(lazy)* perezoso, -a.

sluice [sluːs] *n (waterway)* canal *m*.

sluicegate ['sluːsgeɪt] *n* esclusa *f*.

slum [slʌm] *n (usu pl)* barrios bajos.

slumber ['slʌmbər] *fml* I *n (sleep)* sueño *m*. II *vi* dormir.

slump [slʌmp] I *n* 1 *(drop in sales etc)* bajón *m*. 2 *(economic depression)* crisis económica. II *vi* 1 *(sales etc)* caer de repente; *(prices)* desplomarse; *(the economy)* hundirse; *fig (morale)* hundirse. 2 *(fall)* caer.

slung [slʌŋ] *pt & pp* → **sling**.

slur [slɜːr] I *n (stigma)* mancha *f*; *(slanderous remark)* calumnia *f*. II *vtr (word)* tragarse.

slush [slʌʃ] *n* 1 *(melting snow)* nieve medio fundida. 2 *fam* sentimentalismo *m*. 3 *US fam* **s. fund,** fondos *mpl* para sobornos.

slut [slʌt] *n offens* 1 *(untidy woman)* marrana *f*. 2 *(whore)* fulana *f*.

sly [slaɪ] *adj* **(slyer, slyest** or **slier, sliest)** 1 *(cunning)* astuto,-a. 2 *(secretive)* furtivo,-a. 3 *(mischievous)* travieso,-a. 4 *(underhand)* malicioso,-a.

smack¹ [smæk] I *n* 1 *(slap)* bofetada *f*. 2 *(sharp sound)* ruido sonoro. II *vtr* 1 *(slap)* dar una bofetada a. 2 *(hit)* golpear; *fig* **to s. one's lips,** relamerse.

smack² [smæk] *vi fig* **to s. of,** oler a.

small [smɔːl] I *adj* 1 pequeño,-a; **a s. table,** una mesita; **in s. letters,** en minúsculas; **in the s. hours,** a altas horas de la noche; **s. ads,** anuncios *mpl* por palabras; *fig* **s. print,** letra pequeña. 2 *(in height)* bajo,-a. 3 *(scant)* escaso,-a; **s. change,** cambio *m*, suelto *m*. 4 *(minor)* insignificante; **s. businessmen,** pequeños comerciantes; **s. talk,** charloteo *m*. 5 *(increase)* ligero,-a. II *n* 1 **s. of the back,** región *f* lumbar. 2 *GB fam* **smalls,** *(underwear)* paños *mpl* menores.

smallholder ['smɔːlhəuldər] *n* minifundista *mf*.

smallpox ['smɔːlpɒks] *n* viruela *f*.

smarmy ['smɑːmɪ] *adj* **(smarmier, smarmiest)** *fam* cobista, zalamero,-a.

smart [smɑːt] I *adj* 1 *(elegant)* elegante. 2 *(clever)* listo,-a, inteligente; *fam* **s. alec(k),** listillo. 3 *(quick)* rápido,-a; *(pace)* ligero,-a. II *vi* 1 *(sting)* picar, escocer. 2 *fig* sufrir.

smarten ['smɑːtən] I *vtr* **to s. (up),** arreglar. II *vi* **to s. oneself (up),** arreglarse.

smash [smæʃ] I *n* 1 *(loud noise)* estrépito *m*; *(collision)* choque violento. 2 **Ten smash** *m*. II *vtr* 1 *(break)* romper; *(shatter)* hacer pedazos; (crush) aplastar. 2 (destroy) destrozar; (defeat) aplastar. 3 (record) fulminar. III vi (break) romperse; (shatter) hacerse pedazos; (crash) estrellarse; Ten hacer un mate. ◆smash up vtr fam (car) hacer pedazos; (place) destrozar.

smashing ['smæʃɪŋ] adj GB fam estupendo,-a.

smattering ['smætərɪŋ] n he had a s. of French, hablaba un poquito de francés.

smear [smɪər] I n 1 (smudge) mancha f; s. (test), citología f. 2 fig (defamation) calumnia f. II vtr 1 (butter etc) untar; (grease) embadurnar. 2 (make dirty) manchar. 3 fig (defame) calumniar, difamar.

smell [smel] I n 1 (sense) olfato m. 2 (odour) olor m. II vtr (pt & pp smelled or smelt) oler; fig olfatear. III vi oler (a); it smells good/like lavender, huele bien/a lavanda; he smelt of whisky, olía a whisky.

smelly ['smelɪ] adj (smellier, smelliest) fam maloliente, apestoso,-a.

smelt [smelt] vtr (ore) fundir.

smile [smaɪl] I n sonrisa f. II vi sonreír; to s. at sb, sonreír a algn; to s. at sth, reírse de algo.

smiling ['smaɪlɪŋ] adj sonriente, risueño,-a.

smirk [smɜːk] I n (conceited) sonrisa satisfecha; (foolish) sonrisa f boba. II vi (conceitedly) sonreír con satisfacción; (foolishly) sonreír bobamente.

smith [smɪθ] n herrero m.

smithy ['smɪðɪ] n herrería f.

smitten ['smɪtən] adj fam to be s. with sb, estar enamorado,-a de algn.

smock [smɒk] n (blouse) blusón m; (worn in pregnancy) blusón de premamá; (overall) bata f.

smog [smɒg] n niebla tóxica, smog m.

smoke [sməʊk] I n humo m; s. bomb, bomba f de humo; s. screen, cortina f de humo. II vi fumar; (chimney etc) echar humo. III vtr 1 (tobacco) fumar; to s. a pipe, fumar en pipa. 2 (fish, meat) ahumar.

smoked [sməʊkt] adj ahumado,-a.

smokeless ['sməʊklɪs] adj s. fuel, combustible sin humo; s. zone, zona libre de humos.

smoker ['sməʊkər] n 1 (person) fumador,-a m,f. 2 Rail vagón m de fumadores.

smoking ['sməʊkɪŋ] n 'no s.', 'prohibido fumar'.

smoky ['sməʊkɪ] adj (smokier, smokiest) 1 (chimney) que echa humo; (room) lleno,-a de humo; (atmosphere) cargado,-a (de humo); (food) ahumado,-a. 2 (colour) ahumado,-a.

smolder ['sməʊldər] I US → smoulder.

smooth [smuːð] I adj 1 (surface) liso,-a; (skin) suave; (road) llano,-a; (sea) tranquilo,-a. 2 (beer, wine) suave. 3 (flowing) fluido,-a. 4 (flight) tranquilo,-a; (transition) sin problemas. 5 pej (slick) zalamero,-a. II vtr 1 (hair etc) alisar. 2 (plane down) limar. ◆smooth out vtr (creases) alisar; fig (difficulties) allanar; (problems) resolver. ◆smooth over vtr fig to s. things over, limar asperezas.
◆smoothly adv sobre ruedas.

smother ['smʌðər] vtr 1 (asphyxiate) asfixiar; (suffocate) sofocar. 2 fig (cover) cubrir (with, de).

smoulder ['sməʊldər] vi (fire) arder sin llama; fig (passions) arder; **smouldering hatred**, odio latente.

smudge [smʌdʒ] I n (stain) mancha f; (of ink) borrón m. II vtr manchar; (piece of writing) emborronar.

smug [smʌg] adj (smugger, smuggest) engreído,-a.

smuggle ['smʌgəl] vtr pasar de contrabando.

smuggler ['smʌglər] n contrabandista mf.

smuggling ['smʌglɪŋ] n contrabando m.

smutty ['smʌtɪ] adj (smuttier, smuttiest) fam obsceno,-a; (joke) verde; (book, film etc) pornográfico,-a.

snack [snæk] n bocado m; s. bar, cafetería f.

snag [snæg] I n (difficulty) pega f, problemilla m. II vtr (clothing) enganchar.

snail [sneɪl] n caracol m.

snake [sneɪk] n (big) serpiente f; (small) culebra f.

snap [snæp] I n 1 (noise) ruido seco; (of branch, fingers) chasquido m. 2 (bite) mordisco m. 3 Phot (foto f) instantánea f. II adj (sudden) repentino,-a. III vtr 1 (branch etc) partir (en dos). 2 (make noise) hacer un ruido seco; to s. one's fingers, chasquear los dedos; to s. sth shut, cerrar algo de golpe. 3 Phot sacar una foto de. IV vi 1 (break) romperse. 2 (whip) chasquear; to s. shut, cerrarse de golpe. 3 (dog) amenazar; fam to s. at sb, regañar a algn. ◆snap off I vtr (branch etc) arrancar. II vi (branch etc) separarse.
◆snap up vtr fam to s. up a bargain, llevarse una ganga.

snappy ['snæpɪ] adj (snappier, snappiest) fam 1 (quick) rápido,-a; look s.!, make it s.!, ¡date prisa! 2 (stylish) elegante. 3 (short-tempered) irritable.

snapshot ['snæpʃɒt] n (foto f) instantánea f.

snare [sneər] I n trampa f. II vtr (animal) cazar con trampa; fig (person) hacer caer en la trampa.

snarl[1] [snɑːl] I n gruñido m. II vi gruñir.

snarl[2] [snɑːl] I n (in wool) maraña f. II vtr to s. (up), (wool) enmarañar; (traffic) atascar; (plans) enredar.

snatch [snætʃ] I n 1 fam (theft) robo m;

sneak 545 **soaking**

bag s., tirón m. 2 (*fragment*) fragmentos mpl. II vtr 1 (*grab*) arrebatar. 2 *fam* (*steal*) robar; (*kidnap*) secuestrar. III vi to s. at sth, intentar agarrar algo.

sneak [sni:k] I n *fam* chivato,-a m,f. II vtr to s. sth out of a place, sacar algo de un lugar a escondidas. III vi 1 to s. off, escabullirse; to s. in/out, entrar/salir a hurtadillas. 2 to s. on sb, (*tell tales*) chivarse de algn.

sneakers ['sni:kəz] npl US zapatillas fpl de deporte.

sneaky ['sni:kɪ] adj (**sneakier, sneakiest**) solapado,-a.

sneer [snɪər] vi to s. at, hacer un gesto de desprecio a.

sneeze [sni:z] I n estornudo m. II vi estornudar.

sniff [snɪf] I n (*by person*) aspiración f; (*by dog*) husmeo m. II vtr (*flower etc*) oler; (*suspiciously*) husmear; (*snuff etc*) aspirar; (*glue*) esnifar. III vi aspirar por la nariz.

snigger ['snɪgər] I n risa disimulada. II vi reír disimuladamente; to s. at sth, burlarse de algo.

snip [snɪp] I n 1 (*cut*) tijeretada f; (*small piece*) recorte m. 2 GB *fam* (*bargain*) ganga f. II vtr cortar a tijeretazos.

sniper ['snaɪpər] n francotirador,-a m,f.

snippet ['snɪpɪt] n (*of cloth, paper*) recorte m; (*of conversation*) fragmento m.

snivel ['snɪvəl] vi lloriquear.

snivelling ['snɪvəlɪŋ] adj llorón,-ona.

snob [snɒb] n (e)snob mf.

snobbery ['snɒbərɪ] n (e)snobismo m.

snobbish ['snɒbɪʃ] adj (e)snob.

snooker ['snu:kər] n snooker m, billar ruso.

snoop [snu:p] vi fisgar, fisgonear.

snooty ['snu:tɪ] adj (**snootier, snootiest**) *fam* (e)snob.

snooze [snu:z] *fam* I n cabezada f. II vi echar una cabezada.

snore [snɔ:r] I n ronquido m. II vi roncar.

snoring ['snɔ:rɪŋ] n ronquidos mpl.

snorkel ['snɔ:kəl] n (*of swimmer*) tubo m de respiración; (*of submarine*) esnórquel m.

snort [snɔ:t] I n resoplido m. II vi resoplar.

snout [snaʊt] n (*of animal, gun etc*) morro m.

snow [snəʊ] I n nieve f; s. shower, nevada f. II vi nevar; it's snowing, está nevando. III vtr *fig* to be snowed under with work, estar agobiado,-a de trabajo.

snowball ['snəʊbɔ:l] I n bola f de nieve. II vi *fig* aumentar rápidamente.

snowbound ['snəʊbaʊnd] adj aislado,-a por la nieve.

snowdrift ['snəʊdrɪft] n ventisquero m.

snowdrop ['snəʊdrɒp] n campanilla f de invierno.

snowfall ['snəʊfɔ:l] n nevada f.

snowflake ['snəʊfleɪk] n copo m de nieve.

snowman ['snəʊmæn] n hombre m de nieve.

snowplough, US **snowplow** ['snəʊplaʊ] n quitanieves m inv.

snowshoe ['snəʊʃu:] n raqueta f (de nieve).

snowstorm ['snəʊstɔ:m] n nevasca f.

snowy ['snəʊɪ] adj (**snowier, snowiest**) (*mountain*) nevado,-a; (*climate*) nevoso,-a; (*day*) de nieve.

Snr, snr *esp* US abbr of **senior**.

snub [snʌb] I n (*of person*) desaire m; (*of offer*) rechazo m. II vtr (*person*) desairar; (*offer*) rechazar.

snub-nosed ['snʌbnəʊzd] adj de nariz respingona.

snuff [snʌf] n rapé m.

snug [snʌg] adj (**snugger, snuggest**) 1 (*cosy*) cómodo,-a. 2 (*tightfitting*) ajustado, -a. ◆**snugly** adv to fit s., (*clothes*) quedar ajustado,-a; (*object in box etc*) encajar.

snuggle ['snʌgəl] vi to s. down in bed, acurrucarse en la cama; to s. up to sb, arrimarse a algn.

so [səʊ] I adv 1 (*to such an extent*) tanto; he was so tired that ..., estaba tan cansado que ...; it's so long since ..., hace tanto tiempo que ...; he isn't so nice as his sister, no es tan agradable como su hermana; *fam* so long!, ¡hasta luego! 2 (*degree*) tanto; a week or so, una semana más o menos; twenty or so, una veintena; we loved her so (much), la queríamos tanto; so many books, tantos libros; *fam* he's ever so handsome!, ¡es tan guapo! *iron* so much for that, ¿qué le vamos a hacer? 3 (*thus, in this way*) así, de esta manera; and so on, and so forth, y así sucesivamente; if so, en este caso; I think/hope so, creo/espero que sí; I told you so, ya te lo dije; it so happens that ..., da la casualidad de que ...; so be it!, ¡así sea!; so far, hasta ahora or allí; so it seems, eso parece; so they say, eso dicen; you're late! - so I am!, ¡llegas tarde! - ¡tienes razón! 4 (*also*) I'm going to Spain - so am I, voy a España - yo también.

II conj 1 (*expresses result*) así que; you like England, do you?, ¿así que te gusta Inglaterra, pues?; *fam* so what?, ¿y qué? 2 (*expresses purpose*) para que; I'll put the key here so (that) everyone can see it, pongo la llave aquí para que todos la vean.

so-and-so ['səʊənsəʊ] n *fam* Mr So-and-so, Don Fulano (de tal); *pej* an old so-and-so, un viejo imbécil.

soak [səʊk] I vtr (*washing, food*) remojar; (*cotton, wool*) empapar (in, en). II vi (*washing, food*) estar en remojo. ◆**soak in** vi penetrar. ◆**soak up** vtr absorber.

soaking ['səʊkɪŋ] adj (*object*) empapado,

-a; (person) calado,-a hasta los huesos.

soap [səʊp] I n 1 jabón m; **s. flakes**, jabón en escamas; **s. powder**, jabón en polvo. 2 TV **s. opera**, culebrón m. II vtr enjabonar.

soapy ['səʊpɪ] adj (**soapier**, **soapiest**) jabonoso,-a; (hands) cubierto,-a de jabón.

soar [sɔːr] vi (bird, plane) remontar el vuelo; fig (skyscraper) elevarse; (hopes, prices) aumentar.

sob [sɒb] I n sollozo m. II vi sollozar.

sober ['səʊbər] adj (not drunk, moderate) sobrio,-a; (sensible) sensato,-a; (serious) serio,-a; (colour) discreto,-a. ◆**sober up** vi **he sobered up**, se le pasó la borrachera.

so-called ['səʊkɔːld] adj supuesto,-a, llamado,-a.

soccer ['sɒkər] n fútbol m.

sociable ['səʊʃəbəl] adj (gregarious) sociable; (friendly) amistoso,-a.

social ['səʊʃəl] adj social; **s. class**, clase f social; **s. climber**, arribista mf; **S. Democratic**, socialdemócrata; US **s. insurance**, seguro m social; **s. security**, seguridad f social; **the s. services**, los servicios sociales; **s. welfare**, seguro social; **s. work**, asistencia f social; **s. worker**, asistente,-a m,f social. ◆**socially** adv socialmente.

socialist ['səʊʃəlɪst] adj & n socialista (mf).

socialite ['səʊʃəlaɪt] n vividor,-a m,f.

socialize ['səʊʃəlaɪz] I vi alternar, mezclarse con la gente. II vtr socializar.

society [sə'saɪətɪ] I n 1 sociedad f; **the consumer s.**, la sociedad de consumo; **(high) s.**, la alta sociedad. 2 (club) asociación f. 3 (companionship) compañía f. II adj de sociedad; **s. column**, ecos mpl de sociedad.

sociologist [səʊsɪ'ɒlədʒɪst] n sociólogo,-a m,f.

sociology [səʊsɪ'ɒlədʒɪ] n sociología f.

sock [sɒk] n calcetín m.

socket ['sɒkɪt] n 1 (of eye) cuenca f. 2 Elec enchufe m.

sod¹ [sɒd] n fml (piece of turf) terrón m.

sod² [sɒd] vulg I n 1 offens (bastard) cabrón,-ona m,f; **the lazy s.!**, ¡qué tío más vago! 2 (wretch) desgraciado,-a m,f; **the poor s.**, el pobrecito. 3 vulg **I've done s. all today**, hoy no he pegado ni golpe. II vtr **s. it!**, ¡maldita sea!

soda ['səʊdə] n 1 Chem sosa f; **baking s.**, bicarbonato sódico. 2 **s. water**, soda f. 3 US (fizzy drink) gaseosa f.

sodden ['sɒdən] adj empapado,-a.

sodium ['səʊdɪəm] n sodio m.

sofa ['səʊfə] n sofá m; **s. bed**, sofá cama.

soft [sɒft] adj 1 (not hard) blando,-a; **s. toy**, muñeco m de peluche. 2 (skin, colour, hair, light, music) suave; (breeze, steps) ligero,-a. 3 (lenient) permisivo,-a. 4 (voice) bajo,-a. 5 (foolish) lelo,-a; **to be a s. touch**, ser fácil de engañar. 6 **to have a s. spot for sb**, tener debilidad por algn. 7 (easy) fácil; **s. job**, chollo m. 8 (drink) no alcohólico,-a; **s. drinks**, refrescos mpl. 9 **s. drugs**, drogas blandas; **s. porn**, pornografía blanda. ◆**softly** adv (gently) suavemente; (quietly) silenciosamente.

soften ['sɒfən] I vtr (leather, heart) ablandar; (skin) suavizar; fig (blow) amortiguar. II vi (leather, heart) ablandarse; (skin) suavizarse.

softness ['sɒftnɪs] n 1 blandura f. 2 (of hair, skin) suavidad f. 3 (foolishness) estupidez f.

software ['sɒftweər] n Comput software m; **s. package**, paquete m.

soggy ['sɒgɪ] adj (**soggier**, **soggiest**) empapado,-a; (bread) pastoso,-a.

soil [sɔɪl] I n (earth) tierra f. II vtr (dirty) ensuciar; fig (reputation) manchar.

soiled [sɔɪld] adj sucio,-a.

solace ['sɒlɪs] n fml consuelo m.

solar ['səʊlər] adj solar.

sold [səʊld] pt & pp → **sell**.

solder ['sɒldər] I n soldadura f. II vtr soldar.

soldier ['səʊldʒər] n soldado m; (military man) militar m; **toy s.**, soldadito m de plomo. ◆**soldier on** vi fig continuar contra viento y marea.

sole¹ [səʊl] n (of foot) planta f; (of shoe, sock) suela f.

sole² [səʊl] n (fish) lenguado m.

sole³ [səʊl] adj (only) único,-a.

solemn ['sɒləm] adj solemne.

solicit [sə'lɪsɪt] I vtr (request) solicitar. II vi (prostitute) abordar a los clientes.

solicitor [sə'lɪsɪtər] n abogado,-a m,f; (for wills) notario,-a m,f.

solid ['sɒlɪd] I adj 1 (not liquid) sólido,-a; (firm) firme. 2 (not hollow, pure) (metal) macizo,-a. 3 (fog etc) espeso,-a; (of strong material) resistente; **a man of s. build**, un hombre fornido. 4 (reliable) formal. 5 (unanimous) unánime. II n sólido m. ◆**solidly** adv sólidamente; **s. built**, (house etc) de construcción sólida; **to work s.**, trabajar sin descanso.

solidarity [sɒlɪ'dærɪtɪ] n solidaridad f.

solidify [sə'lɪdɪfaɪ] vi solidificarse.

soliloquy [sə'lɪləkwɪ] n soliloquio m.

solitaire [sɒlɪ'teər] n solitario m.

solitary ['sɒlɪtərɪ] adj 1 (alone) solitario,-a; (secluded) apartado,-a. 2 (only) solo,-a.

solitude ['sɒlɪtjuːd] n soledad f.

solo ['səʊləʊ] n solo m.

soloist ['səʊləʊɪst] n solista mf.

solstice ['sɒlstɪs] n solsticio m.

solution [sə'luːʃən] n solución f.

solve [sɒlv] vtr resolver, solucionar.

solvent ['sɒlvənt] adj & n solvente (m).

sombre, US **somber** ['sɒmbər] adj (dark)

sombrío,-a; *(gloomy)* lúgubre; *(pessimistic)* pesimista.
some [sʌm] **I** *adj* **1** *(with plural nouns)* unos,-as, algunos,-as; *(several)* varios,-as; *(a few)* unos,-as cuantos,-as; **did she bring s. flowers?**, ¿trajo flores?; **there were s. roses**, había unas rosas; **s. more peas**, más guisantes **2** *(with singular nouns)* algún, alguna; *(a little)* un poco de; **if you need s. help**, si necesitas ayuda; **there's s. wine left**, queda un poco de vino; **would you like s. coffee?**, ¿quiere café? **3** *(certain)* cierto,-a, alguno,-a; **in s. ways**, en cierto modo; **to s. extent**, hasta cierto punto; **s. people say that ...**, algunas personas dicen que .... **4** *(unspecified)* algún, alguna; **for s. reason or other**, por una razón o por otra; **in s. book or other**, en algún libro que otro; **s. day**, algún día; **s. other time**, otro día. **5** *(quite a lot of)* bastante; **it's s. distance away**, queda bastante lejos; **s. years ago**, hace algunos años.
II *pron* **1** *(people)* algunos,-as, unos,-as; **s. go by bus and s. by train**, unos van en autobús y otros en tren. **2** *(objects)* algunos,-as; *(a few)* unos,-as cuantos,-as; *(a little)* algo, un poco; *(certain ones)* algunos,-as.
III *adv* **s. thirty cars**, unos treinta coches.
somebody ['sʌmbədɪ] *pron* alguien; **s. else**, otro,-a.
somehow ['sʌmhaʊ] *adv* **1** *(in some way)* de alguna forma. **2** *(for some reason)* por alguna razón.
someone ['sʌmwʌn] *pron & n* → **somebody**.
someplace ['sʌmpleɪs] *adv* US → **somewhere**.
somersault ['sʌməsɔːlt] **I** *n* *(by acrobat etc)* salto *m* mortal; *(by child)* voltereta *f*; *(by car)* vuelta *f* de campana. **II** *vi* *(acrobat etc)* dar un salto mortal; *(child)* dar volteretas; *(car)* dar una vuelta de campana.
something ['sʌmθɪŋ] *pron & n* algo; **s. to eat/drink**, algo de comer/beber; **are you drunk or s.?**, ¿estás borracho o qué?; **s. must be done**, hay que hacer algo; **she has a certain s.**, tiene un no sé qué; **is s. the matter?**, ¿le pasa algo?; **s. else**, otra cosa; **s. of the kind**, algo por el estilo.
sometime ['sʌmtaɪm] *adv* algún día; **s. last week**, un día de la semana pasada; **s. next year**, durante el año que viene.
sometimes ['sʌmtaɪmz] *adv* a veces, de vez en cuando.
somewhat ['sʌmwɒt] *adv fml* algo, un tanto.
somewhere ['sʌmweər] *adv* **1** *(in some place)* en alguna parte; *(to some place)* a alguna parte; **s. else**, *(in some other place)* en otra parte; *(to some other place)* a otra

parte; **s. or other**, no sé dónde. **2 s. in the region of**, *(approximately)* más o menos.
son [sʌn] *n* hijo *m*; **eldest/youngest s.**, hijo mayor/menor.
song [sɒŋ] *n* canción *f*; *(of bird)* canto *m*.
songwriter ['sɒŋraɪtər] *n* compositor,-a *m,f* (de canciones).
sonic ['sɒnɪk] *adj* sónico,-a.
son-in-law ['sʌnɪnlɔː] *n* yerno *m*.
sonnet ['sɒnɪt] *n* soneto *m*.
sonny ['sʌnɪ] *n fam* hijo *m*, hijito *m*.
soon [suːn] *adv* **1** *(within a short time)* pronto, dentro de poco; *(quickly)* rápidamente; **see you s.!**, ¡hasta pronto!; **s. after midnight**, poco después de medianoche; **s. afterwards**, poco después. **2 as s. as I arrived**, en cuanto llegué; **as s. as possible**, cuanto antes. **3** *(early)* pronto; *fig* **don't speak too s.**, no cantes victoria. **4** *(preference)* **I would just as s. stay at home**, prefiero quedarme en casa. **5** *(indifference)* **I would (just) as s. read as watch TV**, tanto me da leer como ver la tele.
sooner ['suːnər] *adv* **1** *(earlier)* más temprano; **s. or later**, tarde o temprano; **the s. the better**, cuanto antes mejor. **2 no s. had he finished than he fainted**, *(immediately after)* nada más acabar se desmayó. **3 I would s. do it alone**, *(rather)* prefiero hacerlo yo solo.
soot [sʊt] *n* hollín *m*.
soothe [suːð] *vtr* *(calm)* tranquilizar; *(pain)* aliviar.
sop [sɒp] *n* **1** *fig (concession)* favor *m*; *(bribe)* soborno *m*. **2 sops**, *(food)* sopa *f sing*. ◆**sop up** *vtr* empapar.
sophisticated [səˈfɪstɪkeɪtɪd] *adj* sofisticado,-a.
soporific [sɒpəˈrɪfɪk] *adj* soporífero,-a.
sopping ['sɒpɪŋ] *adj fam* **s. (wet)**, como una sopa.
soppy ['sɒpɪ] *adj* (**soppier, soppiest**) *fam* sentimentaloide.
soprano [səˈprɑːnəʊ] *n* soprano *mf*.
sorcerer ['sɔːsərər] *n* brujo *m*.
sorceress ['sɔːsərɪs] *n* bruja *f*.
sordid ['sɔːdɪd] *adj* sórdido,-a.
sore [sɔːr] **I** *adj* **1** dolorido,-a; **to have a s. throat**, tener dolor de garganta. **2** *fam (angry)* enfadado,-a; **to feel s. about sth**, estar resentido,-a por algo. **II** *n* llaga *f*. ◆**sorely** *adv (very)* muy; *(a lot)* mucho; *(deeply)* profundamente.
sorrow ['sɒrəʊ] *n* pena *f*, dolor *m*.
sorrowful ['sɒrəʊfʊl] *adj* afligido,-a.
sorry ['sɒrɪ] **I** *adj* (**sorrier, sorriest**) **1 I feel very s. for her**, me da mucha pena. **2** *(pitiful)* triste. **3 to be s. (about sth)**, sentir (algo); **I'm s. I'm late**, siento llegar tarde. **II** *interj* **1** *(apology)* ¡perdón! **2** *GB (for repetition)* ¿cómo?
sort [sɔːt] **I** *n* **1** *(kind)* clase *f*, tipo *m*;

(brand) marca *f*; **it's a s. of teapot**, es una especie de tetera. **2 he is a musician of sorts**, tiene algo de músico; **there's an office of sorts**, hay una especie de despacho. **3 s. of**, en cierto modo. II *vtr (classify)* clasificar. ◆**sort out** *vtr* 1 *(classify)* clasificar; *(put in order)* ordenar. 2 *(problem)* arreglar, solucionar.

sorting ['sɔːtɪŋ] *n* **s. office**, sala *f* de batalla.

SOS [esəʊ'es] *abbr of* **save our souls**, S.O.S. *m*.

so-so ['səʊsəʊ] *adv fam* así así, regular.

soufflé ['suːfleɪ] *n* soufflé *m*, suflé *m*.

sought [sɔːt] *pt & pp* → **seek**.

soul [səʊl] *n* 1 alma *f*. 2 **he's a good s.**, *(person)* es muy buena persona. 3 *Mus (música f)* soul *m*.

soul-destroying ['səʊldɪstrɔɪɪŋ] *adj (boring)* monótono,-a; *(demoralizing)* desmoralizador,-a.

soulful ['səʊlfʊl] *adj* conmovedor,-a.

sound[1] [saʊnd] I *n* sonido *m*; *(noise)* ruido *m*; *fig* **I don't like the s. of it**, no me gusta nada la idea; **s. barrier**, barrera *f* del sonido; **s. effects**, efectos sonoros. II *vtr (bell, trumpet)* tocar; **to s. the alarm**, dar la señal de alarma. III *vi* 1 *(trumpet, bell, alarm)* sonar. 2 *(give an impression)* parecer; **how does it s. to you?**, ¿qué te parece?; **it sounds interesting**, parece interesante.

sound[2] [saʊnd] I *adj* 1 *(healthy)* sano,-a; *(in good condition)* en buen estado. 2 *(safe, dependable)* seguro,-a; *(correct)* acertado,-a; *(logical)* lógico,-a. 3 *(basis etc)* sólido,-a. 4 *(defeat etc)* rotundo,-a; *(examination etc)* a fondo. 5 *(sleep)* profundo,-a. II *adv* **to be s. asleep**, estar profundamente dormido,-a.

sound[3] [saʊnd] *vtr Naut Med* sondar. ◆**sound out** *vtr* sondear.

sound[4] [saʊnd] *n Geog* estrecho *m*.

sounding ['saʊndɪŋ] *n Naut* sondeo *m*.

soundproof ['saʊndpruːf] *adj* insonorizado,-a.

soundtrack ['saʊndtræk] *n* banda sonora.

soup [suːp] *n* sopa *f*; *(thin, clear)* caldo *m*; *fam* **in the s.**, en un apuro; **s. dish**, plato hondo; **s. spoon**, cuchara *f* sopera.

sour [saʊə*r*] *adj* 1 *(fruit, wine)* agrio,-a; *(milk)* cortado,-a; **to go s.**, *(milk)* cortarse; *(wine)* agriarse; *fig (situation)* empeorar; *fam* **fig s. grapes!**, ¡te aguantas! 2 *fig (person)* amargado,-a.

source [sɔːs] *n* fuente *f*; *(of infection)* foco *m*.

south [saʊθ] I *n* sur *m*; **in the s. of England**, en el sur de Inglaterra; **to the s. of York**, al sur de York. II *adj* del sur; **S. Africa**, Sudáfrica; **S. African**, sudafricano,-a *(m,f)*; **S. Pole**, Polo *m* Sur. III *adv (location)* al sur; *(direction)* hacia el sur.

southeast [saʊθ'iːst] I *n* sudeste *m*. II *adv (location)* al sudeste; *(direction)* hacia el sudeste.

southeasterly [saʊθ'iːstəlɪ] *adj* del sudeste.

southerly ['sʌðəlɪ] *adj (direction)* hacia el sur; *(point)* al sur; *(wind)* del sur.

southern ['sʌðən] *adj* del sur, meridional; **S. Europe**, Europa del Sur; **the s. hemisphere**, el hemisferio sur.

southerner ['sʌðənə*r*] *n* sureño,-a *m,f*.

southward ['saʊθwəd] *adj & adv* hacia el sur.

southwest [saʊθ'west] I *n* suroeste *m*. II *adj* suroeste. III *adv (location)* al suroeste; *(direction)* hacia el suroeste.

souvenir [suːvə'nɪə*r*] *n* recuerdo *m*, souvenir *m*.

sovereign ['sɒvrɪn] I *n* 1 *(monarch)* soberano,-a *m,f*. 2 *arch (coin)* soberano *m*. II *adj* soberano,-a.

soviet ['səʊvɪət] I *n* 1 *(council)* soviet *m*. 2 **the Soviets**, los soviéticos. II *adj* soviético,-a; *Hist* **S. Union**, Unión Soviética.

sow[1] [səʊ] *vtr (pt* **sowed***; pp* **sowed** *or* **sown***)* sembrar.

sow[2] [saʊ] *n Zool* cerda *f*.

soy [sɔɪ] *n US* soja *f*; **s. sauce**, salsa *f* de soja.

soya ['sɔɪə] *n GB* soja *f*.

spa [spaː] *n* balneario *m*.

space [speɪs] I *n* 1 espacio *m*; **s. age**, era *f* espacial; **s. shuttle**, transbordador *m* espacial; **s. station**, estación *f* espacial. 2 *(room)* sitio *m*; **in a confined s.**, en un espacio reducido. II *vtr (also* **s. out***)* espaciar, separar.

spacecraft ['speɪskrɑːft] *n inv* nave *f* espacial.

spaceman ['speɪsmən] *n* astronauta *m*, cosmonauta *m*.

spacing ['speɪsɪŋ] *n* **double s.**, doble espacio.

spacious ['speɪʃəs] *adj* espacioso,-a, amplio,-a.

spade[1] [speɪd] *n (for digging)* pala *f*.

spade[2] [speɪd] *n Cards (international pack)* pica *f*; *(Spanish pack)* espada *f*.

spaghetti [spə'getɪ] *n* espaguetis *mpl*.

Spain [speɪn] *n* España.

span [spæn] I *n (of wing)* envergadura *f*; *(of hand)* palmo *m*; *(of arch)* luz *f*; *(of road)* tramo *m*; *(of time)* lapso *m*; **life s.**, vida *f*. II *vtr (river etc)* extenderse sobre, atravesar; *(period of time etc)* abarcar.

Spaniard ['spænjəd] *n* español,-a *m,f*.

spaniel ['spænjəl] *n* perro *m* de aguas.

Spanish ['spænɪʃ] I *adj* español,-a. II *n* 1 **the S.**, los españoles. 2 *(language)* español *m*, castellano *m*.

Spanish-speaking ['spænɪʃspiːkɪŋ] *adj* de habla española, hispanohablante.

spank [spæŋk] *vtr* zurrar.

spanner |'spænər| *n* llave *f* (para tuercas); *GB fam* **to throw a s. in the works**, estropear los planes.

spar¹ |spɑ:r| *n Naut* palo *m*, verga *f*.

spar² |spɑ:r| *vi* 1 *Box* entrenarse. 2 *(argue)* discutir.

spare |speər| **I** *vtr* 1 *(do without)* prescindir de; **can you s. me 10?**, ¿me puedes dejar 10?; **I can't s. the time**, no tengo tiempo; **there's none to s.**, no sobra nada. 2 *(begrudge)* escatimar. 3 *(show mercy to)* perdonar. 4 **s. me the details**, ahórrate los detalles. **II** *adj* 1 *(left over)* sobrante; *(surplus)* de sobra, de más; **a s. moment**, un momento libre; **s. part**, (pieza *f* de) recambio *m*; **s. room**, cuarto *m* de los invitados; **s. tyre**, *Aut* neumático *m* de recambio; *GB fam (on body)* michelines *mpl*; **s. wheel**, rueda *f* de recambio. 2 *(thin)* enjuto,-a. **III** *n Aut* (pieza *f* de) recambio *m*.

sparing |'speəriŋ| *adj* **to be s. with praise**, escatimar elogios; **to be s. with words**, ser parco,-a en palabras. ◆**sparingly** *adv* en poca cantidad.

spark |spɑ:k| **I** *n* chispa *f*; *Aut* **s. plug**, bujía *f*. **II** *vi* echar chispas. ◆**spark off** *vtr* desatar.

sparking |'spɑ:kiŋ| *adj* **s. plug**, bujía *f*.

sparkle |'spɑ:kəl| **I** *vi (diamond, glass)* centellear, destellar; *(eyes)* brillar. **II** *n (of diamond, glass)* centelleo *m*, destello *m*; *(of eyes)* brillo *m*.

sparkling |'spɑ:kliŋ| *adj* 1 *(diamond, glass)* centelleante; *(eyes)* brillante; **s. wine**, vino espumoso. 2 *fig (person, conversation)* vivaz.

sparrow |'spærəʊ| *n* gorrión *m*.

sparse |spɑ:s| *adj (thin)* escaso,-a; *(scattered)* esparcido,-a; *(hair)* ralo,-a.

Spartan |'spɑ:tən| *adj & n* espartano,-a *(m,f)*.

spasm |'spæzəm| *n* 1 *Med* espasmo *m*; *(of coughing)* acceso *m*. 2 *(of anger, activity)* arrebato *m*.

spasmodic |spæz'mɒdɪk| *adj* 1 *Med* espasmódico,-a. 2 *(irregular)* irregular.

spastic |'spæstɪk| *adj & n Med* espástico,-a *(m,f)*.

spat |spæt| *pt & pp* → **spit¹**.

spate |speɪt| *n* 1 *(of letters)* avalancha *f*; *(of words)* torrente *m*; *(of accidents)* racha *f*. 2 *GB (river)* desbordamiento *m*; **to be in full s.**, estar crecido,-a.

spatter |'spætər| *vtr* salpicar (with, de).

spatula |'spætjʊlə| *n* espátula *f*.

spawn |spɔ:n| **I** *n (of fish, frogs)* huevas *fpl*. **II** *vi (fish, frogs)* frezar. **III** *vtr fig pej* generar.

speak |spi:k| **I** *vtr (pt* **spoke**; *pp* **spoken)** 1 *(utter)* decir; **to s. the truth**, decir la verdad. 2 *(language)* hablar. **II** *vi* 1 *(gen)* hablar; **roughly speaking**, a grandes rasgos; **so to s.**, por así decirlo; **speaking of ...**, a propósito de ...; **to s. to sb**, hablar con algn. 2 *(make a speech)* pronunciar un discurso; *(take the floor)* tomar la palabra. 3 *Tel* hablar; **speaking!**, ¡al habla!; **who's speaking, please?**, ¿de parte de quién? ◆**speak for** *vtr (person, group)* hablar en nombre de; **it speaks for itself**, es evidente. ◆**speak out** *vi* **to s. out against sth**, denunciar algo. ◆**speak up** *vi* hablar más fuerte; *fig* **to s. up for sb**, intervenir a favor de algn.

speaker |'spi:kər| *n* 1 *(in dialogue)* interlocutor,-a *m,f*; *(lecturer)* conferenciante *mf*; *(public)* **s.**, orador,-a *m,f*. 2 *(of language)* hablante *mf*. 3 *GB Parl* **the S.**, el Presidente de la Cámara de los Comunes; *US* **the S. of the House**, el Presidente de la Cámara de los Representantes. 4 *(loudspeaker)* altavoz *m*.

spear |spiər| *n* lanza *f*; *(javelin)* jabalina *f*; *(harpoon)* arpón *m*.

spearhead |'spiəhed| *vtr* encabezar.

spec |spek| *n fam* **on s.**, sin garantías.

special |'speʃəl| **I** *adj* especial; *(specific)* específico,-a; *(exceptional)* extraordinario,-a; **s. delivery**, *(letter)* exprés; *(parcel)* de entrega inmediata; **s. edition**, número *m* especial; **s. effects**, efectos *mpl* especiales. **II** *n Rad TV* programa *m* especial. ◆**specially** *adv (specifically)* especialmente; *(on purpose)* a propósito.

specialist |'speʃəlɪst| *n* especialista *mf*.

speciality |speʃɪ'ælɪtɪ| *n* especialidad *f*.

specialize |'speʃəlaɪz| *vi* especializarse (in, en).

specialty |'speʃəltɪ| *n US* → **speciality**.

species |'spi:ʃi:z| *n (pl* **species**) especie *f*.

specific |spɪ'sɪfɪk| *adj* específico,-a; *(definite)* concreto,-a; *(precise)* preciso,-a; **to be s.**, concretar. ◆**specifically** *adv (exactly)* específicamente; *(expressly)* expresamente; *(namely)* en concreto.

specification |spesɪfɪ'keɪʃən| *n* specifications, datos específicos.

specify |'spesɪfaɪ| *vtr* especificar, precisar.

specimen |'spesɪmɪn| *n (sample)* muestra *f*; *(example)* ejemplar *m*; **urine/tissue s.**, espécimen de orina/tejido.

speck |spek| *n (of dust)* mota *f*; *(stain)* manchita *f*; *(small trace)* pizca *f*.

speckled |'spekəld| *adj* moteado,-a.

specs |speks| *npl fam abbr* of **spectacles**.

spectacle |'spektəkəl| *n* 1 *(display)* espectáculo *m*. 2 **spectacles**, *(glasses)* gafas *fpl*.

spectacular |spek'tækjʊlər| **I** *adj* espectacular, impresionante. **II** *n Cin TV (gran)* espectáculo *m*.

spectator |spek'teɪtər| *n* espectador,-a *m,f*.

spectre, *US* **specter** |'spektər| *n* espectro *m*, fantasma *m*.

spectrum |'spektrəm| *n* espectro *m*.

speculate |'spekjuleɪt] *vi* especular.
speculation |spekjʊ'leɪʃən] *n* especulación *f*.
speech [spiːtʃ] *n* 1 *(faculty)* habla *f*; *(pronunciation)* pronunciación *f*; **freedom of s.**, libertad *f* de expresión. 2 *(address)* discurso *m*; **to give a s.**, pronunciar un discurso. 3 *Ling* **part of s.**, parte *f* de la oración.
speechless |'spiːtʃlɪs] *adj* mudo,-a, boquiabierto,-a.
speed [spiːd] **I** *n* 1 velocidad *f*; *(rapidity)* rapidez *f*; **at top s.**, a toda velocidad; **s. limit**, límite *m* de velocidad. **II** *vi* 1 *(pt & pp sped)* *(go fast)* ir corriendo; *(hurry)* apresurarse; **to s. along**, *(car etc)* ir a toda velocidad; **to s. past**, pasar volando. 2 *(pt & pp speeded)* *(exceed speed limit)* conducir con exceso de velocidad.
◆**speed up I** *vtr (pt & pp speeded up)* acelerar; *(person)* meter prisa a. **II** *vi (person)* darse prisa.
speedboat |'spiːdbəʊt] *n* lancha rápida.
speeding |'spiːdɪŋ] *n* exceso *m* de velocidad.
speedometer |spɪ'dɒmɪtər] *n* velocímetro *m*.
speedway |'spiːdweɪ] *n* 1 *(racing)* carreras *fpl* de motos. 2 *(track)* pista *f* de carreras.
speedy |'spiːdɪ] *adj (speedier, speediest)* veloz, rápido,-a.
spell[1] [spel] **I** *vtr (pt & pp spelt or spelled)* *(letter by letter)* deletrear; *fig (denote)* significar; **how do you s. your name?**, ¿cómo se escribe su nombre?. **II** *vi* **she can't s.**, comete faltas de ortografía. ◆**spell out** *vtr fig* explicar con detalle.
spell[2] [spel] *n (magical)* hechizo *m*, encanto *m*.
spell[3] [spel] *n* 1 *(period)* período *m*; *(short period)* rato *m*; *Meteor* **cold s.**, ola *f* de frío. 2 *(shift)* turno *m*.
spellbound |'spelbaʊnd] *adj* hechizado, -a, embelesado,-a.
spelling |'spelɪŋ] *n* ortografía *f*.
spend [spend] *vtr (pt & pp spent)* 1 *(money)* gastar **(on,** en). 2 *(time)* pasar; **to s. time on sth**, dedicar tiempo a algo.
spending |'spendɪŋ] *n* gastos *mpl*; **s. money**, dinero *m* de bolsillo; **s. power**, poder adquisitivo.
spendthrift |'spendθrɪft] *adj & n* derrochador,-a *(m,f)*.
spent [spent] *adj* gastado,-a.
sperm [spɜːm] *n* esperma *m*; **s. bank**, banco *m* de esperma; **s. whale**, cachalote *m*.
spew [spjuː] *vtr* **to s. (up)**, vomitar.
sphere [sfɪər] *n* esfera *f*.
spice [spaɪs] **I** *n* 1 especia *f*. 2 *fig* sal *f*. **II** *vtr* 1 *Culin* sazonar. 2 **to s. (up)**, *(story etc)* salpimentar.
spic(k)-and-span |spɪkən'spæn] *adj (very clean)* limpísimo,-a; *(well-groomed)* acicalado,-a.
spicy |'spaɪsɪ] *adj (spicier, spiciest)* 1 *Culin* sazonado,-a; *(hot)* picante. 2 *fig (story etc)* picante.
spider |'spaɪdər] *n* araña *f*; **s.'s web**, telaraña *f*.
spike[1] [spaɪk] *n (sharp point)* punta *f*; *(metal rod)* pincho *m*; *(on railing)* barrote *m*; *Sport (on shoes)* clavo *m*.
spike[2] [spaɪk] *n Bot* espiga *f*.
spiky |'spaɪkɪ] *adj (spikier, spikiest)* puntiagudo,-a; *(hairstyle)* de punta.
spill |spɪl] **I** *vtr (pt & pp spilled or spilt)* derramar. **II** *vi (liquid)* derramarse.
◆**spill over** *vi* desbordarse.
spin [spɪn] **I** *vtr (pt & pp spun)* 1 *(wheel etc)* hacer girar; *(washing)* centrifugar. 2 *(cotton, wool)* hilar; *(spider's web)* tejer. **II** *vi (wheel etc)* girar; *Av* caer en barrena; *Aut* patinar. **III** *n* 1 *(turn)* vuelta *f*, giro *m*. 2 *Sport* efecto *m*. 3 *Av* barrena *f*; *Aut* patinazo *m*. 4 *GB* **to go for a s.**, *(ride)* dar una vuelta.
spinach |'spɪnɪtʃ] *n* espinacas *fpl*.
spinal |'spaɪnəl] *adj* espinal, vertebral; **s. column**, columna *f* vertebral; **s. cord**, médula *f* espinal.
spindly |'spɪndlɪ] *adj (spindlier, spindliest) fam (long-bodied)* larguirucho,-a; *(long-legged)* zanquilargo,-a.
spin-dryer |spɪn'draɪər] *n* secador centrífugo.
spine [spaɪn] *n* 1 *Anat* columna *f* vertebral, espinazo *m*; *(of book)* lomo *m*. 2 *Zool* púa *f*; *Bot* espina *f*.
spineless |'spaɪnlɪs] *adj fig (weak)* sin carácter.
spinning |'spɪnɪŋ] *n* 1 *(of cotton etc) (act)* hilado *m*; *(art)* hilandería *f*; **s. wheel**, rueca *f*. 2 **s. top**, peonza *f*.
spin-off |'spɪnɒf] *n (by-product)* derivado *m*; *fig* efecto secundario.
spinster |'spɪnstər] *n* soltera *f*.
spiral |'spaɪərəl] **I** *n* espiral *f*. **II** *adj* en espiral; **s. staircase**, escalera *f* de caracol.
spirit[1] |'spɪrɪt] *n* 1 *(soul)* espíritu *m*, alma *f*; *(ghost)* fantasma *m*. 2 *(attitude)* espíritu *m*; *(mood)* humor *m*; **to take sth in the right s.**, tomar algo a bien; **community s.**, civismo *m*. 3 *(courage)* valor *m*; *(liveliness)* ánimo *m*; *(vitality)* vigor *m*; **to break sb's s.**, quebrar la voluntad de algn. 5 **spirits**, *(mood)* humor *m sing*; **to be in good s.**, estar de buen humor; **to be in high/low s.**, estar muy animado/desanimado.
spirit[2] |'spɪrɪt] *n* 1 *Chem* alcohol *m*; **s. level**, nivel *m* de aire. 2 **spirits**, *(alcoholic drinks)* licores *mpl*.
spirited |'spɪrɪtɪd] *adj (person, attempt)* valiente; *(horse)* fogoso,-a; *(attack)* enérgico,-a.

spiritual ['spɪrɪtjuəl] *adj* espiritual.

spit¹ [spɪt] **I** *vtr* (*pt & pp* **spat**) escupir. **II** *vi* escupir; *fam* **he's the spitting image of his father**, es el vivo retrato de su padre. **III** *n* (*saliva*) saliva *f*.

spit² [spɪt] *n* Culin asador *m*.

spite [spaɪt] **I** *n* 1 (*ill will*) rencor *m*, ojeriza *f*. 2 **in s. of**, a pesar de, pese a; **in s. of the fact that**, a pesar de que, pese a que. **II** *vtr* (*annoy*) fastidiar.

spiteful ['spaɪtful] *adj* (*person*) rencoroso,-a; (*remark*) malévolo,-a; (*tongue*) viperino,-a.

spittle ['spɪtəl] *n* saliva *f*.

splash [splæʃ] **I** *vtr* salpicar. **II** *vi* 1 **to s.** (*about*), (*in water*) chapotear. 2 (*water etc*) salpicar. **III** *n* 1 (*noise*) chapoteo *m*. 2 (*spray*) salpicadura *f*; *fig* (*of colour*) mancha *f*. ◆**splash out** *vi fam* tirar la casa por la ventana.

spleen [spli:n] *n* Anat bazo *m*.

splendid ['splendɪd] *adj* espléndido,-a.

splendour, *US* **splendor** ['splendər] *n* esplendor *m*.

splint [splɪnt] *n* tablilla *f*.

splinter ['splɪntər] **I** *n* (*wood*) astilla *f*; (*bone, stone*) esquirla *f*; (*glass*) fragmento *m*; **s. group**, grupo *m* disidente. **II** *vi* 1 (*wood etc*) astillarse. 2 *Pol* escindirse.

split [splɪt] **I** *n* 1 (*crack*) grieta *f*, hendidura *f*; (*tear*) desgarrón *m*; *fig* (*division*) cisma *m*; *Pol* escisión *f*. 2 *Gymn* **to do the splits**, abrir las piernas en cruz. **II** *adj* partido,-a; **in a s. second**, en una fracción de segundo; **s. personality**, desdoblamiento *m* de personalidad. **III** *vtr* (*pt & pp* **split**) 1 (*crack*) partir; (*tear*) rajar; (*atom*) desintegrar; *fig* **to s. hairs**, buscarle tres pies al gato. 2 (*divide*) dividir. 3 (*share out*) repartir. 4 *Pol* escindir. **IV** *vi* 1 (*crack*) agrietarse; (*into two parts*) partirse; (*garment*) rajarse. 2 (*divide*) dividirse. 3 *Pol* escindirse. ◆**split up I** *vtr* (*break up*) partir; (*divide up*) dividir; (*share out*) repartir. **II** *vi* (*couple*) separarse.

splutter ['splʌtər] *vi* (*person*) balbucear; (*candle, fat*) chisporrotear; (*engine*) petardear.

spoil [spɔɪl] **I** *vtr* (*pt & pp* **spoiled** *or* **spoilt**) 1 (*ruin*) estropear, echar a perder. 2 (*child*) mimar a; **to be spoilt for choice**, tener demasiadas cosas para elegir. **II** *vi* (*food*) estropearse.

spoilsport ['spɔɪlspɔ:t] *n fam* aguafiestas *mf inv*.

spoilt [spɔɪlt] *adj* 1 (*food, merchandise*) estropeado,-a. 2 (*child*) mimado,-a.

spoke¹ [spəʊk] *pt* → **speak**.

spoke² [spəʊk] *n* (*of wheel*) radio *m*, rayo *m*.

spoken ['spəʊkən] *pp* → **speak**.

spokesman ['spəʊksmən] *n* portavoz *m*.

spokeswoman ['spəʊkswʊmən] *n* portavoz *f*.

sponge [spʌndʒ] **I** *n* esponja *f*; *fig* **to throw in the s.**, arrojar la toalla; *GB* **s. cake**, bizcocho *m*. **II** *vtr* (*wash*) lavar con esponja. **III** *vi fam* vivir de gorra. ◆**sponge off, sponge on** *vtr* vivir a costa de.

spongy ['spʌndʒɪ] *adj* (**spongier, spongiest**) esponjoso,-a.

sponsor ['spɒnsər] **I** *vtr* patrocinar; *Fin* avalar; (*support*) respaldar. **II** *n* patrocinador,-a *m,f*; *Fin* avalador,-a *m,f*.

sponsorship ['spɒnsəʃɪp] *n* patrocinio *m*; *Fin* aval *m*; (*support*) respaldo *m*.

spontaneous [spɒn'teɪnɪəs] *adj* espontáneo,-a.

spoof [spu:f] *n fam* 1 (*parody*) burla *f*. 2 (*hoax*) engaño *m*.

spooky ['spu:kɪ] *adj* (**spookier, spookiest**) *fam* espeluznante.

spool [spu:l] *n* bobina *f*, carrete *m*.

spoon [spu:n] **I** *n* cuchara *f*; (*small*) cucharita *f*. **II** *vtr* sacar con cuchara; (*serve*) servir con cuchara.

spoon-feed ['spu:nfi:d] *vtr* (*baby*) dar de comer con cuchara a; *fig* (*spoil*) mimar.

spoonful ['spu:nful] *n* cucharada *f*.

sporadic [spə'rædɪk] *adj* esporádico,-a.

sport [spɔ:t] **I** *n* 1 deporte *m*. 2 *fam* **he's a good s.**, es buena persona; **be a s.!**, ¡sé amable!. **II** *vtr* (*display*) lucir.

sporting ['spɔ:tɪŋ] *adj* deportivo,-a.

sports [spɔ:ts] **I** *npl* deportes *mpl*, deporte *m sing*. **II** *adj* **s. car**, coche deportivo; **s. jacket**, chaqueta *f* (de) sport.

sportsman ['spɔ:tsmən] *n* deportista *m*.

sportsmanlike ['spɔ:tsmənlaɪk] *adj* deportivo,-a.

sportsmanship ['spɔ:tsmənʃɪp] *n* deportividad *f*.

sportswear ['spɔ:tsweər] *n* (*for sport*) ropa *f* de deporte; (*casual clothes*) ropa *f* (de) sport.

sportswoman ['spɔ:tswʊmən] *n* deportista *f*.

sporty ['spɔ:tɪ] *adj* (**sportier, sportiest**) *fam* deportivo,-a.

spot [spɒt] *n* 1 (*dot*) punto *m*; (*on fabric*) lunar *m*. 2 (*stain*) mancha *f*. 3 (*pimple*) grano *m*. 4 (*place*) sitio *m*, lugar *m*; **on the s.**, (*person*) allí, presente; **to decide sth on the s.**, decidir algo en el acto; **s. check**, chequeo rápido; *fig* **weak s.**, punto débil; **to be in a tight s.**, estar en un apuro; **to put sb on the s.**, poner a algn en un aprieto. 5 *fam* (*small amount*) poquito *m*; **a s. of bother**, unos problemillas. 6 *Rad TV Theat* (*in show*) espacio *m*; (*advertisement*) spot *m*, anuncio *m*. **II** *vtr* (*notice*) darse cuenta de, notar; (*see*) ver.

spotless ['spɒtlɪs] *adj* (*very clean*) impecable; *fig* (*reputation etc*) intachable.

spotlight ['spɒtlaɪt] *n* foco *m*; *Aut* faro *m*

auxiliar; *fig* **to be in the s.**, ser objeto de la atención pública.
spot-on [spɒt'ɒn] *adj fam* exacto,-a.
spotted ['spɒtɪd] *adj (with dots)* con puntos; *(fabric)* con lunares; *(speckled)* moteado,-a.
spotty ['spɒtɪ] *adj (spottier, spottiest) pej* con granos.
spouse [spaʊs] *n* cónyuge *mf*.
spout [spaʊt] **I** *n (of jug)* pico *m*; *(of teapot)* pitorro *m*. **II** *vtr fam (nonsense)* soltar. **III** *vi* **to s. out/up**, *(liquid)* brotar.
sprain [spreɪn] **I** *n* esguince *m*. **II** *vtr* torcer; **to s. one's ankle**, torcerse el tobillo.
sprang [spræŋ] *pt* → **spring²**.
sprawl [sprɔ:l] **I** *vi* 1 *(sit, lie)* tumbarse. 2 *(city, plant)* extenderse. **II** *n (of city)* extensión *f*.
spray¹ [spreɪ] **I** *n* 1 *(of water)* rociada *f*; *(from sea)* espuma *f*; *(from aerosol)* pulverización *f*. 2 *(aerosol)* spray *m*; *(for plants)* pulverizador *m*; **s. can**, aerosol *m*. **II** *vtr (water)* rociar; *(insecticide, perfume)* pulverizar.
spray² [spreɪ] *n (of flowers)* ramita *f*.
spread [spred] **I** *n* 1 extensión *f*; *(of ideas)* difusión *f*; *(of disease, fire)* propagación *f*; *(of terrorism)* generalización *f*; *(of range)* gama *f*. 3 *(of wings)* envergadura *f*. 4 *(for bread)* pasta *f*; **cheese s.**, queso para untar. 5 *fam (large meal)* banquetazo *m*. 6 *Press* **full-page s.**, plana entera; **two-page s.**, doble página *f*. **II** *vtr (pt & pp spread)* 1 *(unfold)* desplegar; *(lay out)* extender; *fig* **to s. one's wings**, desplegar las alas. 2 *(butter etc)* untar. 3 *(news)* difundir; *(rumour)* hacer correr; *(disease, fire)* propagar; *(panic)* sembrar. **III** *vi* 1 *(stretch out)* extenderse; *(unfold)* desplegarse. 2 *(news)* difundirse; *(rumour)* correr; *(disease)* propagarse.
spread-eagled [spred'i:gəld] *adj* despatarrado,-a.
spreadsheet ['spredʃi:t] *n Comput* hoja *f* de cálculo.
spree [spri:] *n* juerga *f*; **to go on a s.**, ir de juerga.
sprig [sprɪg] *n* ramita *f*.
sprightly ['spraɪtlɪ] *adj (sprightlier, sprightliest) (nimble)* ágil; *(energetic)* enérgico,-a; *(lively)* animado,-a.
spring¹ [sprɪŋ] **I** *n (season)* primavera *f*. **II** *adj* primaveral; **s. onion**, cebolleta *f*; **s. roll**, rollo *m* de primavera.
spring² [sprɪŋ] **I** *n* 1 *(of water)* manantial *m*, fuente *f*. 2 *(of watch etc)* resorte *m*; *(of mattress)* muelle *m*; *Aut* ballesta *f*. **II** *vi (pt sprang; pp sprung)* 1 *(jump)* saltar; **the lid sprang open**, la tapa se abrió de golpe. 2 *(appear)* aparecer *(de repente)*. **III** *vtr* 1 **to s. a leak**, hacer agua. 2 *fig (news, surprise)* dar de golpe ◆**spring up** *vi* aparecer; *(plants)* brotar; *(buildings)* elevarse; *(problems)* surgir.
springboard ['sprɪŋbɔ:d] *n* trampolín *m*.
spring-clean [sprɪŋ'kli:n] *vtr* limpiar a fondo.
springtime ['sprɪŋtaɪm] *n* primavera *f*.
springy ['sprɪŋɪ] *adj (springier, springiest) (bouncy)* elástico,-a; *fig (step)* saltarín.
sprinkle ['sprɪŋkəl] *vtr (with water)* rociar **(with,** de**)**; *(with sugar)* espolvorear **(with,** de**)**.
sprint [sprɪnt] **I** *n* esprint *m*. **II** *vi* esprintar.
sprinter ['sprɪntər] *n* esprínter *mf*, velocista *mf*.
sprout [spraʊt] **I** *vi (bud)* brotar; *fig* crecer rápidamente. **II** *n* **(Brussels) sprouts**, coles *fpl* de Bruselas.
spruce¹ [spru:s] *n inv Bot* picea *f*.
spruce² [spru:s] *adj (neat)* pulcro,-a; *(smart)* apuesto,-a. ◆**spruce up** *vtr* acicalar.
sprung [sprʌŋ] *pp* → **spring²**.
spry [spraɪ] *adj (sprier, spriest) (nimble)* ágil; *(active)* activo,-a; *(lively)* vivaz.
spun [spʌn] *pt & pp* → **spin**.
spur [spɜ:r] **I** *n* 1 espuela *f*. 2 *fig (stimulus)* acicate *m*; **on the s. of the moment**, sin pensarlo. **II** *vtr* 1 *(horse)* espolear. 2 *fig* incitar.
spurious ['spjʊərɪəs] *adj* falso,-a, espurio,-a.
spurn [spɜ:n] *vtr fml* desdeñar, rechazar.
spurt [spɜ:t] **I** *n* 1 *(of liquid)* chorro *m*. 2 *fig (of activity etc)* racha *f*; *(effort)* esfuerzo *m*. **II** *vi* 1 *(liquid)* chorrear. 2 *(make an effort)* hacer un último esfuerzo; *(accelerate)* acelerar.
spy [spaɪ] **I** *n* espía *m*. **II** *vtr fml (see)* divisar. **III** *vi* espiar **(on,** a**)**.
spyhole ['spaɪhəʊl] *n* mirilla *f*.
spying ['spaɪɪŋ] *n* espionaje *m*.
squabble ['skwɒbəl] **I** *n* riña *f*, pelea *f*. **II** *vi* reñir, pelearse **(over, about,** por**)**.
squad [skwɒd] *n Mil* pelotón *m*; *(of police)* brigada *f*; *Sport* equipo *m*; **drugs s.**, brigada antidroga.
squadron ['skwɒdrən] *n Mil* escuadrón *m*; *Av* escuadrilla *f*; *Naut* escuadra *f*.
squalid ['skwɒlɪd] *adj (very dirty)* asqueroso,-a; *(poor)* miserable; *(motive)* vil.
squall¹ [skwɔ:l] *n (wind)* ráfaga *f*.
squall² [skwɔ:l] *vi* chillar, berrear.
squalor ['skwɒlər] *n (dirtiness)* mugre *f*; *(poverty)* miseria *f*.
squander ['skwɒndər] *vtr (money)* derrochar, despilfarrar; *(time)* desperdiciar.
square [skweər] **I** *n* 1 cuadro *m*; *(on chessboard, crossword)* casilla *f*; *fig* **we're back to s. one!**, ¡volvemos a partir desde cero! 2 *(in town)* plaza *f*. 3 *Math* cuadrado *m*. **II** *adj* 1 *(in shape)* cuadrado,-a. 2 *Math* cuadrado,-a; **s. metre**, metro cuadrado;

s. root, raíz cuadrada. 3 *fam (fair)* justo,-a; **to be s. with sb**, *(honest)* ser franco,-a con algn. 4 **a s. meal**, una buena comida. 5 *(old-fashioned)* carroza; *(conservative)* carca. III *vtr* 1 *(make square)* cuadrar; **to s. one's shoulders**, sacar el pecho. 2 *Math* elevar al cuadrado. 3 *(settle)* arreglar. IV *vi (agree)* cuadrar **(with**, con). ◆**squarely** *adv (directly)* directamente, de lleno.

squash¹ [skwɒʃ] I *n GB (drink)* concentrado *m*. II *vtr* 1 *(crush)* aplastar. 2 *fig (objection)* echar por tierra. III *vi (crush)* aplastarse.

squash² [skwɒʃ] *n Sport* squash *m*.

squat [skwɒt] I *adj (person)* rechoncho,-a. II *vi* 1 *(crouch)* agacharse, sentarse en cuclillas. 2 *(in building)* ocupar ilegalmente. III *n (building)* edificio *m* ocupado ilegalmente.

squatter ['skwɒtə'] *n* ocupante *mf* ilegal, okupa *m,f*.

squawk [skwɔːk] I *n* graznido *m*. II *vi* graznar.

squeak [skwiːk] I *n (of mouse)* chillido *m*; *(of hinge, wheel)* chirrido *m*; *(of shoes)* crujido *m*. II *vi (mouse)* chillar; *(hinge, wheel)* chirriar, rechinar; *(shoes)* crujir.

squeaky ['skwiːkɪ] *adj (squeakier, squeakiest)* chirriante; *(voice)* chillón, -ona; *(shoes)* que crujen.

squeal [skwiːl] I *n (of animal, person)* chillido *m*. II *vi* 1 *(animal, person)* chillar. 2 *fam (inform)* chivarse.

squeamish ['skwiːmɪʃ] *adj* muy sensible.

squeeze [skwiːz] I *vtr* apretar; *(lemon etc)* exprimir; *(sponge)* estrujar; **to s. paste out of a tube**, sacar pasta de un tubo apretando. II *vi* **to s. in**, apretujarse. III *n* 1 *(pressure)* estrujón *m*; **a s. of lemon**, unas gotas de limón. 2 *(of hand)* apretón *m*; *(hug)* abrazo *m*; *(crush)* apiñamiento *m*; **credit s.**, reducción *f* de créditos.

squelch [skweltʃ] *vi* chapotear.

squid [skwɪd] *n* calamar *m*; *(small)* chipirón *m*.

squiggle ['skwɪgəl] *n* garabato *m*.

squint [skwɪnt] I *n* 1 bizquera *f*; **to have a s.**, ser bizco,-a. 2 *fig (quick look)* vistazo *m*. II *vi* ser bizco,-a. 2 **to s. at sth**, *(glance)* echar un vistazo a algo; *(with eyes half-closed)* mirar algo con los ojos entrecerrados.

squirm [skwɜːm] *vi* retorcerse; *fig (feel embarrassed)* sentirse incómodo,-a.

squirrel ['skwɪrəl] *n* ardilla *f*.

squirt [skwɜːt] I *n (of liquid)* chorro *m*. II *vtr* lanzar a chorro. III *vi* **to s. out**, salir a chorros.

Sr *abbr* → **Snr**.

Sri Lanka [sriːˈlæŋkə] *n* Sri Lanka.

St 1 *abbr of Saint*, San, Sto., Sta. 2 *abbr of Street*, c/.

st *GB abbr of stone*, peso que equivale a 6,350 kilogramos.

stab [stæb] I *n (with knife)* puñalada *f*; *(of pain)* punzada *f*; *fam fig* **to have a s. at doing sth**, intentar hacer algo. II *vtr* apuñalar.

stabbing ['stæbɪŋ] *adj (pain)* punzante.

stability [stəˈbɪlɪtɪ] *n* estabilidad *f*.

stable¹ ['steɪbəl] *adj* estable.

stable² ['steɪbəl] *n* cuadra *f*, caballeriza *f*.

stack [stæk] I *n (pile)* montón *m*; *fam* **he's got stacks of money**, está forrado. II *vtr (pile up)* amontonar, apilar; *fig* **the odds (pile up) are stacked against us**, todo está en contra nuestra.

stadium ['steɪdɪəm] *n* estadio *m*.

staff [stɑːf] *n* 1 *(personnel)* personal *m*; *Mil* estado *m* mayor; **s. meeting**, claustro *m*; *GB* **s. nurse**, enfermera cualificada. 2 *(stick)* bastón *m*; *(of shepherd)* cayado *m*. II *vtr* proveer de personal.

staffroom ['stɑːfruːm] *n* sala *f* de profesores.

stag [stæg] *n* ciervo *m*, venado *m*; *fam* **s. party**, despedida *f* de soltero.

stage [steɪdʒ] I *n* 1 *(platform)* plataforma *f*. 2 *(in theatre)* escenario *m*; **s. door**, entrada *f* de artistas; **s. fright**, miedo escénico; **s. manager**, director,-a *m,f* de escena. 3 *(phase) (of development, journey, rocket)* etapa *f*; *(of road, pipeline)* tramo *m*; **at this s. of the negotiations**, a estas alturas de las negociaciones; **in stages**, por etapas. II *vtr (play)* poner en escena, montar. 2 *(arrange)* organizar; *(carry out)* llevar a cabo.

stagecoach ['steɪdʒkəʊtʃ] *n* diligencia *f*.

stagger ['stægər] I *vi* tambalearse. II *vtr* 1 *(amaze)* asombrar. 2 *(hours, work)* escalonar.

staggering ['stægərɪŋ] *adj* asombroso,-a.

stagnant ['stægnənt] *adj* estancado,-a.

stagnate [stægˈneɪt] *vi* estancarse.

staid [steɪd] *adj (person)* conservador,-a; *(manner, clothes)* serio,-a, formal.

stain [steɪn] I *n* 1 mancha *f*; **s. remover**, quitamanchas *m inv*. 2 *(dye)* tinte *m*. II *vtr* 1 manchar. 2 *(dye)* teñir. III *vi* mancharse.

stained [steɪnd] *adj* **s. glass window**, vidriera *f* de colores.

stainless ['steɪnlɪs] *adj (steel)* inoxidable.

stair [steər] *n* escalón *m*, peldaño *m*; **stairs**, escalera *f sing*.

staircase ['steəkeɪs] *n* escalera *f*.

stake¹ [steɪk] I *n (stick)* estaca *f*; *(for plant)* rodrigón *m*; *(post)* poste *m*. II *vtr* **to s. (out)**, cercar con estacas.

stake² [steɪk] I *n* 1 *(bet)* apuesta *f*; **the issue at s.**, el tema en cuestión; **to be at s.**, *(at risk)* estar en juego. 2 *(investment)* interés *m*. II *vtr (bet)* apostar, *(invest)* invertir; **to s. a claim to sth**, reivindicar algo.

stale [steɪl] *adj (food)* pasado,-a; *(bread)* duro,-a.
stalemate ['steɪlmeɪt] *n Chess* tablas *fpl*; *fig* to reach s., llegar a un punto muerto.
stalk¹ [stɔːk] *n (of plant)* tallo *m*; *(of fruit)* rabo *m*.
stalk² [stɔːk] **I** *vtr (of hunter)* cazar al acecho; *(of animal)* acechar. **II** *vi* he stalked out, salió airado.
stall¹ [stɔːl] **I** *n* **1** *(in market)* puesto *m*; *(at fair)* caseta *f*. **2** *(stable)* establo *m*; *(stable compartment)* casilla *f* de establo. **3** *Theat* **stalls**, platea *f sing*. **II** *vtr Aut* calar. **III** *vi Aut* calarse; *Av* perder velocidad.
stall² [stɔːl] *vi* dar largas a un asunto.
stallion ['stæljən] *n* semental *m*.
stalwart ['stɔːlwət] *n* incondicional *m,f*.
stamina ['stæmɪnə] *n* resistencia *f*.
stammer ['stæmər] **I** *n* tartamudeo *m*. **II** *vi* tartamudear.
stamp [stæmp] **I** *n* **1** *(postage stamp)* sello *m*; **s. album**, álbum *m* de sellos; **s. collector**, filatelista *mf*; *GB* **s. duty**, póliza *f*. **2** *(rubber stamp)* tampón *m*; *(for metals)* cuño *m*. **3** *(with foot)* patada *f*. **II** *vtr* **1** *(with postage stamp)* poner el sello a; **stamped addressed envelope**, sobre franqueado. **2** *(with rubber stamp)* sellar. **3** **to s. one's feet**, patear; *(in dancing)* zapatear. **III** *vi* patear. ◆**stamp out** *vtr fig (racism etc)* acabar con; *(rebellion)* sofocar.
stampede [stæm'piːd] **I** *n* estampida *f*; *fig (rush)* desbandada *f*. **II** *vi* desbandarse; *fig (rush)* precipitarse.
stance [stæns] *n* postura *f*.
stand [stænd] **I** *n* **1** *(position)* posición *f*, postura *f*; **to make a s.**, resistir. **2** *(of lamp, sculpture)* pie *m*. **3** *(market stall)* puesto *m*; *(at fair)* caseta *f*; *(at exhibition)* stand *m*; **newspaper s.**, quiosco *m*. **4** *(platform)* plataforma *f*; *(in stadium)* tribuna *f*; *US (witness box)* estrado *m*.
II *vtr (pt & pp stood)* **1** *(place)* poner, colocar. **2** *(tolerate)* aguantar, soportar. **3** **to s. one's ground**, mantenerse firme.
III *vi* **1** *(be upright)* estar de pie; *(get up)* levantarse; *(remain upright)* quedarse de pie; **s. still!**, ¡estáte quieto,-a! **2** *(measure)* medir. **3** *(be situated)* estar, encontrarse. **4** *(remain unchanged)* permanecer. **5** *(remain valid)* seguir vigente. **6** **as things s.**, tal como están las cosas. **7** *Pol* presentarse.
◆**stand back** *vi (allow sb to pass)* abrir paso. ◆**stand by I** *vi* **1** *(do nothing)* quedarse sin hacer nada. **2** *(be ready)* estar listo,-a. **II** *vtr (person)* apoyar a; *(promise)* cumplir con; *(decision)* atenerse a. ◆**stand down** *vi fig* retirarse. ◆**stand for** *vtr* **1** *(mean)* significar. **2** *(represent)* representar. **3** *(tolerate)* aguantar. ◆**stand in** *vi* sustituir (**for**, -). ◆**stand out** *vi (mountain etc)* destacarse (**against**, contra); *fig (person)* destacar. ◆**stand up** *vi (get up)* ponerse de pie; *(be standing)* estar de pie; *fig* **it will s. up to wear and tear**, es muy resistente; *fig* **to s. up for sb**, defender a algn; *fig* **to s. up to sb**, hacer frente a algn.
standard ['stændəd] **I** *n* **1** *(level)* nivel *m*; **s. of living**, nivel de vida. **2** *(criterion)* criterio *m*. **3** *(norm)* norma *f*, estándar *m*. **4** *(flag)* estandarte *m*. **II** *adj* normal, estándar; **s. lamp**, lámpara *f* de pie.
standardize ['stændədaɪz] *vtr* normalizar.
standby ['stændbaɪ] *n* **1** *(thing)* recurso *m*. **2** *(person)* suplente *m*; **to be on s.**, *Mil* estar de retén; *Av* estar en la lista de espera; **s. ticket**, billete *m* sin reserva.
stand-in ['stændɪn] *n* suplente *mf*; *Cin* doble *mf*.
standing ['stændɪŋ] **I** *adj* **1** *(not sitting)* de pie; *(upright)* recto,-a; **to give sb a s. ovation**, ovacionar a algn de pie; **there was s. room only**, no quedaban asientos. **2** *(committee)* permanente; *(invitation)* permanente; *GB* **s. order**, pago fijo. **II** *n* **1** *(social position)* rango *m*. **2** *(duration)* duración *f*; *(in job)* antigüedad *f*.
stand-offish [stænd'ɒfɪʃ] *adj fam* distante.
standpoint ['stændpɔɪnt] *n* punto *m* de vista.
standstill ['stændstɪl] *n* **at a s.**, *(car, traffic)* parado,-a; *(industry)* paralizado,-a; **to come to a s.**, *(car, traffic)* pararse; *(industry)* paralizarse.
stank [stæŋk] *pt* → **stink**.
staple¹ ['steɪpəl] **I** *n (fastener)* grapa *f*. **II** *vtr* grapar.
staple² ['steɪpəl] **I** *adj (food)* básico,-a; *(product)* de primera necesidad. **II** *n (food)* alimento básico.
stapler ['steɪpələr] *n* grapadora *f*.
star [stɑːr] **I** *n* estrella *f*. **II** *adj* estelar. **III** *vtr Cin* tener como protagonista a. **IV** *vi Cin* **to s. in a film**, protagonizar una película.
starboard ['stɑːbəd] *n* estribor *m*.
starch [stɑːtʃ] **I** *n* almidón *m*. **II** *vtr* almidonar.
stardom ['stɑːdəm] *n* estrellato *m*.
stare [steər] **I** *n* mirada fija. **II** *vi* mirar fijamente.
starfish ['stɑːfɪʃ] *n* estrella *f* de mar.
stark [stɑːk] *adj (landscape)* desolado,-a; *(décor)* austero,-a; **the s. truth**, la dura realidad; **s. poverty**, la miseria.
stark-naked [stɑːk'neɪkɪd] *adj fam* en cueros.
starling ['stɑːlɪŋ] *n* estornino *m*.
starry ['stɑːrɪ] *adj (starrier, starriest)* estrellado,-a.
starry-eyed [stɑːrɪ'aɪd] *adj (idealistic)* idealista; *(in love)* enamorado,-a.
start [stɑːt] **I** *n* **1** *(beginning)* principio *m*,

comienzo *m*; *(of race)* salida *f*; **at the s.**, al principio; **for a s.**, para empezar; **from the s.**, desde el principio; **to make a fresh s.**, volver a empezar. 2 *(advantage)* ventaja *f*. 3 *(jump)* sobresalto *m*. II *vtr* 1 *(begin)* empezar, comenzar; **to s. doing sth**, empezar a hacer algo. 2 *(cause)* causar, provocar. 3 *(found)* fundar; **to s. a business**, montar un negocio. 4 *(set in motion)* arrancar. III *vi* 1 *(begin)* empezar, comenzar; *(engine)* arrancar; **starting from Monday**, a partir del lunes. 2 *(take fright)* asustarse, sobresaltarse. ◆**start off** *vi* 1 *(begin)* empezar, comenzar; **to s. off by/with**, empezar por/con. 2 *(leave)* salir, ponerse en camino. ◆**start up** I *vtr (engine)* arrancar. II *vi* empezar; *(car)* arrancar.

starter ['stɑːtər] *n* 1 *Sport (official)* juez *mf* de salida; *(competitor)* competidor,-a *m,f*. 2 *Aut* motor *m* de arranque. 3 *Culin fam* entrada *f*.

starting ['stɑːtɪŋ] *n* **s. block**, taco *m* de salida; **s. point**, punto *m* de partida; **s. post**, línea *f* de salida.

startle ['stɑːtəl] *vtr* asustar.

startling ['stɑːtlɪŋ] *adj* 1 *(frightening)* alarmante. 2 *(news etc)* asombroso,-a; *(coincidence)* extraordinario,-a.

starvation [stɑːˈveɪʃən] *n* hambre *f*.

starve [stɑːv] I *vtr* privar de comida; *fig* **he was starved of affection**, fue privado de cariño. II *vi* pasar hambre; **to s. to death**, morirse de hambre.

starving ['stɑːvɪŋ] *adj* hambriento,-a; *fam* **I'm s.!**, estoy muerto,-a de hambre.

state [steɪt] I *n* 1 *(condition)* estado *m*; **s. of emergency**, estado de emergencia; **s. of mind**, estado de ánimo; **to be in no fit s. to do sth**, no estar en condiciones de hacer algo; **the States**, los Estados Unidos; *US* **the S. Department**, el Ministerio de Asuntos Exteriores. II *adj* 1 *Pol* estatal; **s. education**, enseñanza pública; **s. ownership**, propiedad *f* del Estado. 2 *(ceremonial)* de gala; **s. visit**, visita *f* oficial. III *vtr* declarar, afirmar; *(case)* exponer; *(problem)* plantear.

stated ['steɪtɪd] *adj* indicado,-a.

stately ['steɪtlɪ] *adj* (**statelier, stateliest**) majestuoso,-a; **s. home**, casa solariega.

statement ['steɪtmənt] *n* 1 declaración *f*; **official s.**, comunicado *m* oficial; *Jur* **to make a s.**, prestar declaración. 2 *Fin* estado *m* de cuenta; **monthly s.**, balance *m* mensual.

statesman ['steɪtsmən] *n* estadista *m*.

static ['stætɪk] I *adj* estático,-a. II *n Rad* ruido.

station ['steɪʃən] I *n* 1 estación *f*; **s. wagon**, camioneta *f*. 2 *(position)* puesto *m*. 3 *(social standing)* rango *m*. II *vtr (place)* colocar; *Mil* apostar.

stationary ['steɪʃənərɪ] *adj (not moving)* inmóvil; *(unchanging)* estacionario,-a.

stationer ['steɪʃənər] *n* papelero,-a *m,f*; **s.'s (shop)**, papelería *f*.

stationery ['steɪʃənərɪ] *n (paper)* papel *m* de escribir; *(pens, ink etc)* artículos *mpl* de escritorio.

stationmaster ['steɪʃənmɑːstər] *n* jefe *m* de estación.

statistic [stəˈtɪstɪk] *n* estadística *f*.

statistical [stəˈtɪstɪkəl] *adj* estadístico,-a.

statistics [stəˈtɪstɪks] *npl (science)* estadística *f sing*; *(data)* estadísticas *fpl*.

statue ['stætjuː] *n* estatua *f*.

status ['steɪtəs] *n* estado *m*; **social s.**, estatus *m*; **s. symbol**, signo *m* de prestigio; **s. quo**, status quo *m*.

statute ['stætjuːt] *n* estatuto *m*.

statutory ['stætjʊtərɪ] *adj* reglamentario,-a; *(offence)* contemplado,-a por la ley; *(right)* legal; *(holiday)* oficial.

staunch [stɔːntʃ] *adj* incondicional, acérrimo.

stave [steɪv] *n Mus* pentagrama *m*. ◆**stave off** *vtr (repel)* rechazar; *(avoid)* evitar; *(delay)* aplazar.

stay¹ [steɪ] I *n* estancia *f*. II *vi* 1 *(remain)* quedarse, permanecer. 2 *(reside temporarily)* alojarse; **she's staying with us for a few days**, ha venido a pasar unos días con nosotros. III *vtr fig* **to s. the course**, aguantar hasta el final; **staying power**, resistencia *f*. ◆**stay in** *vi* quedarse en casa. ◆**stay on** *vi* quedarse. ◆**stay out** *vi* **to s. out all night**, no volver a casa en toda la noche. ◆**stay up** *vi* no acostarse.

stay² [steɪ] *n (rope)* estay *m*, viento *m*.

stead [sted] *n* **in sb's s.**, en lugar de algn; **to stand sb in good s.**, resultar muy útil a algn.

steadfast ['stedfɑːst, 'stedfəst] *adj* firme.

steady ['stedɪ] I *adj* (**steadier, steadiest**) firme, seguro,-a; *(gaze)* fijo,-a; *(prices)* estable; *(demand, speed)* constante; *(pace)* regular; *(worker)* aplicado,-a; **s. job**, empleo fijo. II *vtr (table etc)* estabilizar; *(nerves)* calmar. III *vi (market)* estabilizarse. ◆**steadily** *adv (improve)* constantemente, *(walk)* con paso seguro; *(gaze)* fijamente; *(rain, work)* sin parar.

steak [steɪk] *n* bistec *m*.

steal [stiːl] *(pt* **stole**; *pp* **stolen)** I *vtr* robar; **to s. a glance at sth**, echar una mirada furtiva a algo; **to s. the show**, llevarse todos los aplausos. II *vi* 1 *(rob)* robar. 2 *(move quietly)* moverse con sigilo; **to s. away**, escabullirse.

stealth [stelθ] *n* sigilo *m*.

stealthy ['stelθɪ] *adj* (**stealthier, stealthiest**) sigiloso,-a, furtivo,-a. ◆**stealthily** *adv* a hurtadillas.

steam [stiːm] I *n* vapor *m*; *fam* **to let off s.**, desahogarse; **s. engine**, máquina *f* de vapor. II *vtr Culin* cocer al vapor. III *vi*

steamer

(give off steam) echar vapor; *(bowl of soup etc)* humear. ◆**steam up** *vi (window etc)* empañarse.
steamer ['stiːmər] *n Naut* vapor *m*.
steamroller ['stiːmrəʊlər] *n* apisonadora *f*.
steamship ['stiːmʃɪp] *n* vapor *m*.
steamy ['stiːmɪ] *adj (steamier, steamiest)* lleno,-a de vapor.
steel [stiːl] **I** *n* acero *m*; **s. industry**, industria siderúrgica. **II** *vtr fig* **to s. oneself to do sth**, armarse de valor para hacer algo.
steelworks ['stiːlwɜːks] *npl* acería *f sing*.
steep[1] [stiːp] *adj (hill etc)* empinado,-a; *fig (price, increase)* excesivo,-a.
steep[2] [stiːp] *vtr (washing)* remojar; *(food)* poner en remojo.
steeple ['stiːpəl] *n* aguja *f*.
steeplechase ['stiːpəltʃeɪs] *n* carrera *f* de obstáculos.
steer [stɪər] **I** *vtr* dirigir; *(car)* conducir; *(ship)* gobernar. **II** *vi (car)* conducirse; *fig* **to s. clear of sth**, evitar algo.
steering ['stɪərɪŋ] *n* dirección *f*; **assisted s.**, dirección asistida; **s. wheel**, volante *m*.
stem [stem] **I** *n* **1** *(of plant)* tallo *m*; *(of glass)* pie *m*; *(of pipe)* tubo *m*. **2** *(of word)* raíz *f*. **II** *vi* **to s. from**, derivarse de. **III** *vtr (blood)* restañar; *(flood, attack)* contener.
stench [stentʃ] *n* hedor *m*.
stencil ['stensəl] *n* **1** *(for artwork etc)* plantilla *f*. **2** *(for typing)* cliché *m*.
step [step] **I** *n* **1** paso *m*; *(sound)* paso, pisada *f*; **s. by s.**, poco a poco. **2** *(measure)* medida *f*; **a s. in the right direction**, un paso acertado. **3** *(stair)* peldaño *m*, escalón *m*. **4 steps**, escalera *f*. **II** *vi* dar un paso; **s. this way, please**, haga el favor de pasar por aquí; **to s. aside**, apartarse. ◆**step down** *vi* dimitir. ◆**step forward** *vi (volunteer)* ofrecerse. ◆**step in** *vi* intervenir. ◆**step up** *vtr* aumentar.
stepbrother ['stepbrʌðər] *n* hermanastro *m*.
stepchild ['steptʃaɪld] *n* hijastro,-a *m,f*.
stepdaughter ['stepdɔːtər] *n* hijastra *f*.
stepfather ['stepfɑːðər] *n* padrastro *m*.
stepladder ['steplædər] *n* escalera *f* de tijera.
stepmother ['stepmʌðər] *n* madrastra *f*.
stepping-stone ['stepɪŋstəʊn] *n* pasadera *f*; *fig* trampolín *m*.
stepsister ['stepsɪstər] *n* hermanastra *f*.
stepson ['stepsʌn] *n* hijastro *m*.
stereo ['sterɪəʊ] **I** *n* estéreo *m*. **II** *adj* estereo(fónico,-a).
stereotype ['sterɪətaɪp] *n* estereotipo *m*.
sterile ['steraɪl] *adj (barren)* estéril.
sterilize ['sterɪlaɪz] *vtr* esterilizar.
sterling ['stɜːlɪŋ] **I** *n* **libras** *fpl* **esterlinas**; **s. silver**, plata *f* de ley; **the pound s.**, la libra esterlina. **II** *adj (person, quality)* excelente.
stern[1] [stɜːn] *adj (severe)* severo,-a.
stern[2] [stɜːn] *n Naut* popa *f*.
steroid ['sterɔɪd] *n* esteroide *m*.
stethoscope ['steθəskəʊp] *n* estetoscopio *m*.
stew [stjuː] **I** *n* estofado *m*, cocido *m*. **II** *vtr (meat)* guisar, estofar; *(fruit)* cocer.
steward ['stjʊəd] *n (on estate)* administrador *m*; *(on ship)* camarero *m*; *(on plane)* auxiliar *m* de vuelo.
stewardess ['stjʊədɪs] *n (on ship)* camarera *f*; *(on plane)* azafata *f*.
stick[1] [stɪk] *n* **1** palo *m*; *(walking stick)* bastón *m*; *(of dynamite)* cartucho *m*; *fam* **to give sb s.**, dar caña a algn. **2** *fam* **to live in the sticks**, vivir en el quinto pino.
stick[2] [stɪk] **I** *vtr (pt & pp stuck)* **1** *(push)* meter; *(knife)* clavar; **he stuck his head out of the window**, asomó la cabeza por la ventana. **2** *fam (put)* meter. **3** *(with glue etc)* pegar. **4** *fam (tolerate)* soportar, aguantar. **II** *vi* **1** *(become attached)* pegarse. **2** *(window, drawer)* atrancarse; *(machine part)* encasquillarse. ◆**stick at** *vtr* perseverar en. ◆**stick by** *vtr (friend)* ser fiel a; *(promise)* cumplir con. ◆**stick out** **I** *vi (project)* sobresalir; *(be noticeable)* resaltar. **II** *vtr (tongue)* sacar; *fig* **to s. one's neck out**, jugarse el tipo. ◆**stick to** *vtr (principles)* atenerse a. ◆**stick up** **I** *vi (project)* sobresalir; *(hair)* ponerse de punta. **II** *vtr* **1** *(poster)* fijar. **2** *(hand etc)* levantar. ◆**stick up for** *vtr* defender.
sticker ['stɪkər] *n (label)* etiqueta adhesiva; *(with slogan)* pegatina *f*.
stickler ['stɪklər] *n* meticuloso,-a; **to be a s. for detail**, ser muy detallista.
stick-up ['stɪkʌp] *n US fam* atraco *m*, asalto *m*.
sticky ['stɪkɪ] *adj (stickier, stickiest)* pegajoso,-a; *(label)* engomado,-a; *(weather)* bochornoso,-a; *fam (situation)* difícil.
stiff [stɪf] **I** *adj* **1** rígido,-a, tieso,-a; *(collar, lock)* duro,-a; *(joint)* entumecido,-a; *(machine part)* atascado,-a; **to have a s. neck**, tener tortícolis. **2** *fig (test)* difícil; *(punishment)* severo,-a; *(price)* excesivo,-a; *(drink)* fuerte; *(person) (unnatural)* estirado,-a. **II** *n fam (corpse)* fiambre *m*.
stiffen ['stɪfən] **I** *vtr (fabric)* reforzar; *(collar)* almidonar; *fig (resistance)* fortalecer. **II** *vi (person)* ponerse tieso,-a; *(joints)* entumecerse; *fig (resistance)* fortalecerse.
stiffness ['stɪfnɪs] *n* rigidez *f*.
stifle ['staɪfəl] **I** *vtr* sofocar; *(yawn)* reprimir. **II** *vi* ahogarse, sofocarse.
stifling ['staɪflɪŋ] *adj* sofocante, agobiante.
stigma ['stɪgmə] *n* estigma *m*.
stile [st'q8ɪl] *n* escalones *mpl* para pasar por encima de una valla.
stiletto [stɪ'letəʊ] *n* zapato *m* con tacón

de aguja.

still¹ [stɪl] I *adv* 1 (*up to this time*) todavía, aún. 2 (*with comp adj & adv*) (*even*) aún; **s. colder**, aún más frío. 3 (*nonetheless*) no obstante, con todo. 4 (*however*) sin embargo. 5 (*motionless*) quieto; **to stand s.**, no moverse. II *adj* (*calm*) tranquilo,-a; (*peaceful*) sosegado,-a; (*silent*) silencioso,-a; (*motionless*) inmóvil. III *n Cin* fotograma *m*; *Art* **s. life**, naturaleza muerta. IV *vtr fml* (*fears etc*) calmar.

still² [stɪl] *n* (*apparatus*) alambique *m*.

stillborn ['stɪlbɔːn] *adj* nacido,-a muerto,-a.

stillness ['stɪlnɪs] *n* calma *f*; (*silence*) silencio *m*.

stilt [stɪlt] *n* zanco *m*.

stilted ['stɪltɪd] *adj* afectado,-a.

stimulant ['stɪmjʊlənt] *n* estimulante *m*.

stimulate ['stɪmjʊleɪt] *vtr* estimular.

stimulating ['stɪmjʊleɪtɪŋ] *adj* estimulante.

stimulus ['stɪmjʊləs] *n* (*pl* **stimuli** ['stɪmjʊlaɪ]) estímulo *m*; *fig* incentivo *m*.

sting [stɪŋ] I *n* (*part of bee, wasp*) aguijón *m*; (*wound*) picadura *f*; (*burning*) escozor *m*; *fig* (*of remorse*) punzada *f*; *fig* (*of remark*) sarcasmo *m*. II *vtr* (*pt & pp* **stung**) picar; *fig* (*conscience*) remorder; *fig* (*remark*) herir en lo vivo. III *vi* picar.

stingy ['stɪndʒɪ] *adj* (**stingier, stingiest**) *fam* (*person*) tacaño,-a; (*amount*) escaso,-a; **to be s. with**, escatimar.

stink [stɪŋk] I *n* peste *m*, hedor *m*. II *vi* (*pt* **stank**; *pp* **stunk**) apestar, heder (**of**, a).

stinking ['stɪŋkɪŋ] I *adj* (*smelly*) apestoso,-a; *fam* **to have a s. cold**, tener un catarro bestial. II *adv fam* **he's s. rich**, está podrido de dinero.

stint [stɪnt] I *n* (*period*) período *m*, temporada *f*; (*shift*) turno *m*; **he did a two-year s. in the navy**, sirvió durante dos años en la Marina. II *vtr* escatimar.

stipulate ['stɪpjʊleɪt] *vtr* estipular.

stipulation [stɪpjʊ'leɪʃən] *n* estipulación *f*.

stir [stɜːr] I *n fig* revuelo *m*. II *vtr* 1 (*liquid*) remover. 2 (*move*) agitar. 3 *fig* (*curiosity, interest*) despertar; (*anger*) provocar. III *vi* (*move*) rebullirse. ◆**stir up** *vtr fig* (*memories, curiosity*) despertar; (*passions*) excitar; (*anger*) provocar; (*revolt*) fomentar.

stirring ['stɜːrɪŋ] *adj* conmovedor,-a.

stirrup ['stɪrəp] *n* estribo *m*.

stitch [stɪtʃ] I *n* 1 *Sew* puntada *f*; (*in knitting*) punto *m*; *Med* punto *m* de sutura; *fam* **we were in stitches**, nos tronchábamos de risa. 2 (*pain*) punzada *f*. II *vtr Sew* coser; *Med* suturar, dar puntos a.

stoat [stəʊt] *n* armiño *m*.

stock [stɒk] I *n* 1 (*supply*) reserva *f*; *Com* (*goods*) existencias *fpl*, stock *m*; (*selection*) surtido *m*; **out of s.**, agotado,-a; **to have sth in s.**, tener existencias de algo; *fig* **to take s. of**, evaluar. 2 *Fin* capital *m* social; **stocks and shares**, acciones *fpl*, valores *mpl*; **S. Exchange**, Bolsa *f* (de valores); **s. market**, bolsa. 3 *Agr* ganado *m*; **s. farming**, ganadería *f*. 4 *Culin* caldo *m*; **s. cube**, cubito *m* de caldo. 5 (*descent*) estirpe *f*. II *adj* 1 (*goods*) corriente. 2 (*excuse, response*) de siempre; (*phrase*) gastado,-a. III *vtr* 1 (*have in stock*) tener existencias de. 2 (*provide*) abastecer, surtir (**with**, de); (*cupboard*) llenar (**with**, de). ◆**stock up** *vi* abastecerse (**on**, **with**, de).

stockbroker ['stɒkbrəʊkər] *n* corredor,-a *m,f* de Bolsa.

stockholder ['stɒkhəʊldər] *n US* accionista *mf*.

stocking ['stɒkɪŋ] *n* media *f*; **a pair of stockings**, unas medias.

stockist ['stɒkɪst] *n* distribuidor,-a *m,f*.

stockpile ['stɒkpaɪl] I *n* reservas *fpl*. II *vtr* almacenar; (*accumulate*) acumular.

stocks [stɒks] *npl Hist* cepo *m sing*.

stocktaking ['stɒkteɪkɪŋ] *n Com* inventario *m*.

stocky ['stɒkɪ] *adj* (**stockier, stockiest**) (*squat*) rechoncho,-a; (*heavily built*) fornido,-a.

stodgy ['stɒdʒɪ] *adj* (**stodgier, stodgiest**) (*food*) indigesto,-a; *fig* (*book, person*) pesado,-a.

stoical ['stəʊɪkəl] *adj* estoico,-a.

stoke [stəʊk] *vtr* (*poke*) atizar; **to s. (up)**, (*feed*) alimentar.

stole¹ [stəʊl] *pt* → **steal**.

stole² [stəʊl] *n* estola *f*.

stolen ['stəʊlən] *pp* → **steal**.

stolid ['stɒlɪd] *adj* impasible.

stomach ['stʌmək] I *n* estómago *m*; **s. ache**, dolor *m* de estómago; **s. upset**, trastorno gástrico. II *vtr fig* aguantar.

stone [stəʊn] I *n* 1 piedra *f*; (*on grave*) lápida *f*; *fig* **at a s.'s throw**, a tiro de piedra. 2 *Med* cálculo *m*. 3 (*of fruit*) hueso *m*. 4 (*weight*) aprox 6.348 kg. II *adj* de piedra; **the S. Age**, la Edad de Piedra. III *vtr* (*kill*) lapidar.

stone-cold [stəʊn'kəʊld] *adj* helado,-a.

stoned [stəʊnd] *adj sl* (*drugged*) colocado,-a; (*drunk*) como una cuba.

stone-deaf [stəʊn'def] *adj* sordo,-a como una tapia.

stonework ['stəʊnwɜːk] *n* mampostería *f*.

stony ['stəʊnɪ] *adj* (**stonier, stoniest**) (*ground*) pedregoso,-a; *fig* (*look, silence*) glacial.

stood [stʊd] *pt & pp* → **stand**.

stool [stuːl] *n* 1 (*seat*) taburete *m*. 2 *Med* heces *fpl*.

stoop [stuːp] *vi* 1 (*have a stoop*) andar encorvado,-a. 2 (*bend*) inclinarse, agacharse (**down**, -). **3** *fig* **to s. to**, rebajarse a; **he wouldn't s. so low**, no se rebajaría tanto.

stop [stɒp] **I** *n* **1** *(halt)* parada *f*, alto *m*; **to come to a s.**, pararse; **to put a s. to sth**, poner fin a algo. **2** *(break)* pausa *f*; *(for refuelling etc)* escala *f*. **3** *(for bus, tram)* parada *f*. **4** *(punctuation mark)* punto *m*. **II** *vtr* **1** parar; *(conversation)* interrumpir; *(pain, abuse etc)* poner fin a. **2** *(payments)* suspender; *(cheque)* anular. **3 s. singing**, deja de cantar; **s. it!**, ¡basta ya! **4** *(prevent)* evitar; **to s. sb from doing sth**, impedir a algn hacer algo. **5** *(hole)* tapar; *(gap)* rellenar. **III** *vi* **1** *(person, moving vehicle)* pararse, detenerse; **my watch has stopped**, se me ha parado el reloj; **to s. dead**, pararse en seco. **2** *(cease)* acabarse, terminar. **3** *fam (stay)* pararse. ◆**stop by** *vi fam* visitar. ◆**stop off** *vi* pararse un rato. ◆**stop over** *vi (spend the night)* pasar la noche; *(for refuelling etc)* hacer escala. ◆**stop up** *vtr (hole)* tapar.

stopgap ['stɒpgæp] *n (thing)* medida *f* provisional; *(person)* sustituto,-a *m,f*.

stopover ['stɒpəʊvər] *n* parada *f*; *Av* escala *f*.

stoppage ['stɒpɪdʒ] *n* **1** *(of game, payments)* suspensión *f*; *(of work)* paro *m*; *(strike)* huelga *f*; *(deduction)* deducción *f*. **2** *(blockage)* obstrucción *f*.

stopper ['stɒpər] *n* tapón *m*.

stop-press [stɒp'pres] *n* noticias *fpl* de última hora.

stopwatch ['stɒpwɒtʃ] *n* cronómetro *m*.

storage ['stɔːrɪdʒ] *n* almacenaje *m*, almacenamiento *m*; **s. battery**, acumulador *m*; **s. heater**, placa acumuladora.

store [stɔːr] **I** *n* **1** *(stock)* provisión *f*; *fig (of wisdom)* reserva *f*. **2 stores**, víveres *mpl*. **3** *(warehouse)* almacén *m*. **4** *US (shop)* tienda *f*; **department s.**, gran almacén *m*. **II** *vtr* **1** *(furniture, computer data)* almacenar; *(keep)* guardar. **2 to s. (up)**, acumular.

storekeeper ['stɔːkiːpər] *n US* tendero,-a *m,f*.

storeroom ['stɔːruːm] *n* despensa *f*.

storey ['stɔːrɪ] *n* piso *m*.

stork [stɔːk] *n* cigüeña *f*.

storm [stɔːm] **I** *n* tormenta *f*; *(with wind)* vendaval *m*; *(uproar)* revuelo *m*; *fig* **she has taken New York by s.**, ha cautivado a todo Nueva York. **II** *vtr* tomar por asalto. **III** *vi (with rage)* echar pestes.

stormy ['stɔːmɪ] *adj (stormier, stormiest) (weather)* tormentoso,-a; *fig (discussion)* acalorado,-a; *(relationship)* tempestuoso,-a.

story¹ ['stɔːrɪ] *n* historia *f*; *(tale, account)* relato *m*; *(article)* artículo *m*; *(plot)* trama *f*; *(joke)* chiste *m*; *(rumour)* rumor *m*; **it's a long s.**, sería largo de contar; **tall s.**, cuento chino.

story² ['stɔːrɪ] *n US* → **storey**.

storybook ['stɔːrɪbʊk] *n* libro *m* de cuentos.

storyteller ['stɔːrɪtelər] *n* cuentista *mf*.

stout [staʊt] **I** *adj* **1** *(fat)* gordo,-a, corpulento,-a. **2** *(strong)* fuerte. **3** *(brave)* valiente; *(determined)* firme. **II** *n (beer)* cerveza negra. ◆**stoutly** *adv* resueltamente.

stove¹ [stəʊv] *n* **1** *(for heating)* estufa *f*. **2** *(cooker)* cocina *f*.

stow [stəʊ] *vtr* **1** *(cargo)* estibar. **2** *(put away)* guardar. ◆**stow away** *vi (on ship, plane)* viajar de polizón.

stowaway ['stəʊəweɪ] *n* polizón *mf*.

straddle ['strædəl] *vtr* **1** *(horse etc)* sentarse a horcajadas sobre. **2** *fig (embrace)* abarcar.

straggle ['strægəl] *vi* **1** *(lag behind)* rezagarse. **2** *(spread untidily)* desparramarse.

straggler ['stræglər] *n* rezagado,-a *m,f*.

straight [streɪt] **I** *adj* **1** *(not bent)* recto,-a, derecho,-a; *(hair)* liso,-a; **to keep a s. face**, contener la risa. **2 I work eight hours s.**, trabajo ocho horas seguidas. **3** *(honest)* honrado,-a; *(answer)* sincero,-a; *(refusal)* rotundo,-a; **let's get things s.**, pongamos las cosas claras. **4** *(drink)* solo,-a, sin mezcla. **II** *adv* **1** *(in a straight line)* en línea recta. **2** *(directly)* directamente, derecho; **keep s. ahead**, sigue todo recto; **she walked s. in**, entró sin llamar. **3 s. away**, en seguida; **s. off**, en el acto. **4** *(frankly)* francamente. **III** *n GB Sport* **the home s.**, la recta final.

straighten ['streɪtən] *vtr (sth bent)* enderezar, poner derecho,-a; *(tie, picture)* poner bien; *(hair)* alisar. ◆**straighten out** *vtr (problem)* resolver.

straightforward [streɪt'fɔːwəd] *adj* **1** *(honest)* honrado,-a; *(sincere)* franco,-a. **2** *GB (simple)* sencillo,-a.

strain¹ [streɪn] **I** *vtr* **1** *(rope etc)* estirar; *fig* crear tensiones en. **2** *Med* torcer(se); *(eyes, voice)* forzar; *(heart)* cansar. **3** *(liquid)* filtrar; *(vegetables, tea)* colar. **II** *vi (pull)* tirar (**at**, de); *fig* **to s. to do sth**, esforzarse por hacer algo. **III** *n* **1** tensión *f*; *(effort)* esfuerzo *m*. **2** *(exhaustion)* agotamiento *m*. **3** *Med* torcedura *f*. **4** *Mus* **strains**, son *m sing*.

strain² [streɪn] *n* **1** *(breed)* raza *f*. **2** *(streak)* vena *f*.

strained ['streɪnd] **II** *adj* **1** *(muscle)* torcido,-a; *(eyes)* cansado,-a; *(voice)* forzado,-a. **2** *(atmosphere)* tenso,-a.

strainer ['streɪnər] *n* colador *m*.

strait [streɪt] *n* **1** *(usu pl) Geog* estrecho *m*. **2** *(usu pl) (difficulty)* aprieto *m*; **in dire straits**, en un gran aprieto.

straitjacket ['streɪtdʒækɪt] *n* camisa *f* de fuerza.

strait-laced [streɪt'leɪst] *adj* remilgado,-a.

strand¹ [strænd] *vtr fig (person)* abandonar; **to leave stranded**, dejar plantado,-a.

strand² [strænd] *n (of thread)* hebra *f*; *(of hair)* pelo *m*.

strange [streɪndʒ] *adj* **1** *(unknown)* desconocido,-a; *(unfamiliar)* nuevo,-a. **2** *(odd)* raro,-a, extraño,-a.

stranger ['streɪndʒər] *n (unknown person)* desconocido,-a *m,f*; *(outsider)* forastero,-a *m,f*.

strangle ['stræŋgəl] *vtr* estrangular.

stranglehold ['stræŋgəlhəʊld] *n* **to have a s. on sb**, tener a algn agarrado,-a por el cuello.

strangulation [stræŋgjʊ'leɪʃən] *n* estrangulación *f*.

strap [stræp] **I** *n (of leather)* correa *f*; *(on bag)* bandolera *f*; *(on dress)* tirante *m*. **II** *vtr* atar con correa.

strapping ['stræpɪŋ] *adj fam* fornido,-a, robusto,-a.

strategic [strə'tiːdʒɪk] *adj* estratégico,-a.

strategy ['strætɪdʒɪ] *n* estrategia *f*.

stratosphere ['strætəsfɪər] *n* estratosfera *f*.

stratum ['strɑːtəm] *n (pl **strata**)* estrato *m*.

straw [strɔː] *n* **1** paja *f*; *fig* **to clutch at straws**, agarrarse a un clavo ardiente; *fam* **that's the last s.!**, ¡eso ya es el colmo! **2** *(for drinking)* pajita *f*.

strawberry ['strɔːbərɪ] *n* fresa *f*; *(large)* fresón *m*.

stray [streɪ] **I** *vi (from path)* desviarse; *(get lost)* extraviarse. **II** *n* animal extraviado. **III** *adj (bullet)* perdido,-a; *(animal)* callejero,-a.

streak [striːk] **I** *n* **1** *(line)* raya *f*; **s. of lightning**, rayo *m*. **2** *(in hair)* reflejo *m*. **3** *fig (of genius etc)* vena *f*; *fig (of luck)* racha *f*. **II** *vtr* rayar (with, de). **III** *vi* **to s. past**, pasar como un rayo.

stream [striːm] **I** *n* **1** *(brook)* arroyo *m*, riachuelo *m*. **2** *(current)* corriente *f*. **3** *(of water, air)* flujo *m*; *(of tears)* torrente *m*; *(of blood)* chorro *m*; *(of light)* raudal *m*. **4** *fig (of abuse)* sarta *f*; *(of people)* oleada *f*. **5** *GB Educ* clase *f*. **II** *vtr GB Educ* poner en grupos. **III** *vi (liquid)* correr. **2** *fig* **to s. in/out/past**, *(people etc)* entrar/salir/pasar en tropel. **3** *(hair, banner)* ondear.

streamer ['striːmər] *n (paper ribbon)* serpentina *f*.

streamlined ['striːmlaɪnd] *adj* **1** *(car)* aerodinámico,-a. **2** *(system, method)* racionalizado,-a.

street [striːt] *n* calle *f*; **the man in the s.**, el hombre de la calle; **s. map, s. plan**, *(plano m)* callejero *m*.

streetcar ['striːtkɑːr] *n US* tranvía *m*.

streetlamp ['striːtlæmp] *n* farol *m*.

streetwise ['striːtwaɪz] *adj* espabilado,-a.

strength [streŋθ] *n* **1** fuerza *f*; *(of rope etc)* resistencia *f*; *(of emotion, colour)* intensidad *f*; *(of alcohol)* graduación *f*. **2** *(power)* poder *m*; **on the s. of**, a base de. **3** *(ability)* punto *m* fuerte. **4 to be at full s./below s.**, tener/no tener completo el cupo.

strengthen ['streŋθən] **I** *vtr* **1** reforzar; *(character)* fortalecer. **2** *(intensify)* intensificar. **II** *vi* **1** *(gen)* reforzarse. **2** *(intensify)* intensificarse.

strenuous ['strenjʊəs] *adj* **1** *(denial)* enérgico,-a; *(effort, life)* intenso,-a. **2** *(exhausting)* fatigoso,-a, cansado,-a.

stress [stres] **I** *n* **1** *Tech* tensión *f*. **2** *Med* estrés *m*. **3** *(emphasis)* hincapié *m*; *(on word)* acento *m*. **II** *vtr* **1** *(emphasize)* subrayar; *(word)* acentuar.

stretch [stretʃ] **I** *vtr (elastic)* estirar; *(wings)* desplegar. **II** *vi (elastic)* estirarse; *fig* **my money won't s. to it**, mi dinero no me llegará para eso. **III** *n* **1** *(length)* trecho *m*, tramo *m*. **2** *(of time)* intervalo *f*; *(of time)* intervalo *m*. ◆**stretch out I** *vtr (arm, hand)* alargar; *(legs)* estirar. **II** *vi* **1** *(person)* estirarse. **2** *(countryside, years etc)* extenderse.

stretcher ['stretʃər] *n* camilla *f*.

strew [struː] *vtr (pt* **strewed**; *pp* **strewed** *or* **strewn** [struːn]) esparcir.

stricken ['strɪkən] *adj (with grief)* afligido,-a; *(with illness)* aquejado,-a; *(by disaster etc)* afectado,-a; *(damaged)* dañado,-a.

strict [strɪkt] *adj* **1** estricto,-a. **2** *(absolute)* absoluto,-a. ◆**strictly** *adv* **1** *(categorically)* terminantemente. **2** *(precisely)* estrictamente; **s. speaking**, en sentido estricto.

stride [straɪd] **I** *n* zancada *f*, tranco *m*; *fig (progress)* progresos *mpl*. **II** *vi (pt* **strode**; *pp* **stridden** ['strɪdən]) **to s. (along)**, andar a zancadas.

strident ['straɪdənt] *adj (voice, sound)* estridente; *(protest etc)* enérgico,-a.

strife [straɪf] *n* conflictos *mpl*.

strike [straɪk] **I** *vtr (pt & pp* **struck**) **1** *(hit)* pegar, golpear. **2** *(collide with)* chocar contra; *(bullet, lightning)* alcanzar. **3** *(match)* encender. **4** *(pose)* adoptar. **5** *(bargain)* cerrar; *(balance)* encontrar. **6 the clock struck three**, el reloj dio las tres. **7** *(oil, gold)* descubrir; *fam* **to s. it lucky/rich**, tener suerte/hacerse rico,-a. **8** *(impress)* impresionar; **it strikes me ...**, me parece ... **II** *vi (pt & pp* **struck**) **1** *(attack)* atacar; *(disaster)* sobrevenir. **2** *(clock)* dar la hora. **3** *(workers)* declararse en huelga. **III** *n* **1** *(by workers)* huelga *f*; **on s.**, en huelga; **to call a s.**, convocar una huelga. **2** *(of oil, gold)* descubrimiento *m*. **3** *(blow)* golpe *m*. **4** *Mil* ataque *m*. ◆**strike back** *vi* devolver el golpe. ◆**strike down** *vtr* fulminar, abatir. ◆**strike out I** *vtr (cross out)* tachar. **II** *vi* **to s. out at sb**, arremeter contra algn.

◆**strike up** *vtr* **1** *(friendship)* trabar; *(conversation)* entablar. **2** *(tune)* empezar a tocar.

striker ['straɪkər] *n* **1** *(worker)* huelguista *mf.* **2** *fam Ftb* marcador,-a *m,f.*

striking ['straɪkɪŋ] *adj (eye-catching)* llamativo,-a; *(noticeable)* notable; *(impressive)* impresionante.

string [strɪŋ] **I** *n* **1** *(cord)* cuerda *f; fig* **to pull strings for sb**, enchufar a algn; **s. bean**, judía *f* verde. **2** *(of events)* cadena *f; (of lies)* sarta *f.* **3** *(of racket, guitar)* cuerda *f; Mus* **the strings**, los instrumentos de cuerda. **II** *vtr (pt & pp* **strung)** **1** *(beads)* ensartar. **2** *(racket etc)* encordar. **3** *(beans)* quitar la hebra a.

stringent ['strɪndʒənt] *adj* severo,-a, estricto,-a.

strip[1] [strɪp] **I** *vtr* **1** *(person)* desnudar; *(bed)* quitar la ropa de; *(paint)* quitar. **2** *Tech* **to s. (down)**, desmontar. **II** *vi (undress)* desnudarse; *(perform striptease)* hacer un striptease. ◆**strip off** *I vtr* quitar. **II** *vi (undress)* desnudarse.

strip[2] [strɪp] *n* tira *f; (of land)* franja *f; (of metal)* fleje *m;* **s. cartoon**, historieta *f;* **s. lighting**, alumbrado *m* fluorescente; **to tear sb off a s.**, echar una bronca a algn.

stripe [straɪp] *n* raya *f; Mil* galón *m.*

striped [straɪpt] *adj* rayado,-a, a rayas.

stripper ['strɪpər] *n* persona *f* que hace striptease.

strive [straɪv] *vi (pt* **strove***; pp* **striven** ['strɪvən]) **to s. to do sth**, esforzarse por hacer algo.

strobe [strəʊb] *n* **s. lighting**, luces estroboscópicas.

strode [strəʊd] *pt →* **stride**.

stroke [strəʊk] **I** *n* **1 a s. of luck**, un golpe *m* de suerte. **2** *(in golf, cricket)* golpe *m; (rowing)* remada *f; Swimming* brazada *f.* **3** *(of pen)* trazo *m; (of brush)* pincelada *f.* **4** *(caress)* caricia *f.* **5** *Med* apoplejía *f.* **II** *vtr* acariciar.

stroll [strəʊl] **I** *vi* dar un paseo. **II** *n* paseo *m.*

stroller ['strəʊlər] *n US (for baby)* cochecito *m.*

strong [strɒŋ] **I** *adj* **1** fuerte. **2** *(durable)* sólido,-a. **3** *(firm, resolute)* firme. **4** *(colour)* intenso,-a; *(light)* brillante. **5** *(incontestable)* convincente. **6 to be 20 s.**, contar con 20 miembros. **II** *adv* fuerte; **to be going s.**, *(business)* ir fuerte; *(elderly person)* conservarse bien. ◆**strongly** *adv* fuertemente.

strongbox ['strɒŋbɒks] *n* caja *f* fuerte.

stronghold ['strɒŋhəʊld] *n Mil* fortaleza *f; fig* baluarte *m.*

strongroom ['strɒŋruːm] *n* cámara acorazada.

stroppy ['strɒpɪ] *adj* **(stroppier, stroppiest)** *GB fam* de mala uva.

strove [strəʊv] *pt →* **strive**.

struck [strʌk] *pt & pp →* **strike**.

structural ['strʌktʃərəl] *adj* estructural.

structure ['strʌktʃər] *n* estructura *f; (constructed thing)* construcción *f; (building)* edificio *m.*

struggle ['strʌgəl] **I** *vi* luchar. **II** *n* lucha *f; (physical fight)* pelea *f.*

strum [strʌm] *vtr (guitar)* rasguear.

strung [strʌŋ] *pt & pp →* **string**.

strut [strʌt] *vi* pavonearse.

stub [stʌb] **I** *n (of cigarette)* colilla *f; (of pencil)* cabo *m; (of cheque)* matriz *f.* **II** *vtr* **1** *(strike)* golpear. **2 to s. (out)**, apagar.

stubble ['stʌbəl] *n (in field)* rastrojo *m; (on chin)* barba *f* de tres días.

stubborn ['stʌbən] *adj* **1** terco,-a, testarudo,-a. **2** *(stain)* difícil. **3** *(refusal)* rotundo,-a.

stucco ['stʌkəʊ] *n* estuco *m.*

stuck [stʌk] *pt & pp →* **stick**[2].

stuck-up [stʌk'ʌp] *adj fam* creído,-a.

stud[1] [stʌd] **I** *n (on clothing)* tachón *m; (on football boots)* taco *m; (on shirt)* botonadura *f.* **II** *vtr (decorate)* tachonar (**with**, de); *fig (dot, cover)* salpicar (**with**, de).

stud[2] [stʌd] *n (horse)* semental *m.*

student ['stjuːdənt] *n* estudiante *mf;* **s. teacher**, profesor,-a *m,f* en prácticas.

studio ['stjuːdɪəʊ] *n TV Cin* estudio *m; (artist's)* taller *m;* **s. apartment, s. flat**, estudio.

studious ['stjuːdɪəs] *adj* estudioso,-a. ◆**studiously** *adv* cuidadosamente.

study ['stʌdɪ] **I** *vtr* estudiar; *(facts etc)* examinar, investigar; *(behaviour)* observar. **II** *vi* estudiar; **to s. to be a doctor**, estudiar para médico. **III** *n* **1** estudio *m;* **s. group**, grupo *m* de trabajo. **2** *(room)* despacho *m*, estudio *m.*

stuff [stʌf] **I** *vtr* **1** *(container)* llenar (**with**, de); *Culin* rellenar (**with**, con *or* de); *(animal)* disecar. **2** *(cram)* atiborrar (**with**, de). **II** *n* **1** *fam (material)* material *m.* **2** *fam (things)* cosas *fpl; fam* trastos *mpl.*

stuffing ['stʌfɪŋ] *n Culin* relleno *m.*

stuffy ['stʌfɪ] *adj* **(stuffier, stuffiest)** **1** *(room)* mal ventilado,-a; *(atmosphere)* cargado,-a. **2** *(pompous)* estirado,-a; *(narrow-minded)* de miras estrechas.

stumble ['stʌmbəl] *vi* tropezar, dar un traspié; *fig* **to s. across** *or* **on** *or* **upon**, tropezar *or* dar con.

stumbling ['stʌmblɪŋ] *n* **s. block**, escollo *m.*

stump [stʌmp] **I** *n* **1** *(of pencil)* cabo *m; (of tree)* tocón *m; (of arm, leg)* muñón *m.* **2** *(in cricket)* estaca *f.* **II** *vtr (puzzle)* confundir; **to be stumped**, estar perplejo,-a.

stun [stʌn] *vtr (of blow)* aturdir; *fig (of news etc)* sorprender.

stung [stʌŋ] *pt & pp →* **sting**.

stunk [stʌŋk] *pt & pp →* **stink**.

stunning ['stʌnɪŋ] *adj (blow)* duro,-a;

(news) sorprendente; *fam (woman, outfit)* fenomenal.

stunt¹ [stʌnt] *vtr (growth)* atrofiar.

stunt² [stʌnt] *n* **1** *Av* acrobacia *f*. **2** publicity s., truco publicitario. **3** *Cin* escena peligrosa; **s. man**, doble *m*.

stunted ['stʌntɪd] *adj* enano,-a, mal desarrollado,-a.

stupefy ['stju:pɪfaɪ] *vtr (alcohol, drugs)* aturdir; *fig (news etc)* dejar pasmado,-a.

stupendous [stju:'pendəs] *adj (wonderful)* estupendo,-a.

stupid ['stju:pɪd] *adj* estúpido,-a, imbécil.

stupidity [stju:'pɪdɪtɪ] *n* estupidez *f*.

stupor ['stju:pər] *n* estupor *m*.

sturdy ['stɜ:dɪ] *adj (sturdier, sturdiest)* robusto,-a, fuerte; *(resistance)* enérgico,-a.

stutter ['stʌtər] **I** *vi* tartamudear. **II** *n* tartamudeo *m*.

sty [staɪ] *n (pen)* pocilga *f*.

sty(e) [staɪ] *n Med* orzuelo *m*.

style [staɪl] **I** *n* **1** estilo *m*; *(of dress)* modelo *m*. **2** *(fashion)* moda *f*. **3 to live in s.**, *(elegance)* vivir a lo grande. **II** *vtr (hair)* marcar.

stylish ['staɪlɪʃ] *adj* con estilo.

stylist ['staɪlɪst] *n (hairdresser)* peluquero,-a *mf*.

stylus ['staɪləs] *n (of record player)* aguja *f*.

suave [swɑ:v] *adj* amable, afable; *pej* zalamero,-a.

sub [sʌb] *n fam* **1** *abbr of* **substitute**. **2** *abbr of* **subscription**.

sub- [sʌb] *pref* sub-.

subconscious [sʌb'kɒnʃəs] **I** *adj* subconsciente. **II** *n* the s., el subconsciente.

subcontract [sʌbkən'trækt] *vtr* subcontratar.

subcontractor [sʌbkən'træktər] *n* subcontratista *mf*.

subdivide [sʌbdɪ'vaɪd] *vtr* subdividir (into, en).

subdue [səb'dju:] *vtr* **1** *(nation, people)* sojuzgar. **2** *(feelings)* dominar. **3** *(colour, light)* atenuar.

subdued [səb'dju:d] *adj* **1** *(person, emotion)* callado,-a. **2** *(voice, tone)* bajo,-a. **3** *(light)* tenue; *(colour)* apagado,-a.

subject ['sʌbdʒɪkt] **I** *n* **1** *(citizen)* súbdito *m*. **2** *(topic)* tema *m*; **s. matter**, materia *f*; *(contents)* contenido *m*. **3** *Educ* asignatura *f*. **4** *Ling* sujeto *m*. **II** *adj* **s. to**, *(law, tax)* sujeto,-a a; *(charge)* expuesto,-a a; *(changes, delays)* susceptible de; *(illness)* propenso,-a a; *(conditional upon)* previo, -a. **III** [səb'dʒekt] *vtr* someter.

subjective [səb'dʒektɪv] *adj* subjetivo,-a.

subjunctive [səb'dʒʌŋktɪv] **I** *adj* subjuntivo,-a. **II** *n* subjuntivo *m*.

sublet [sʌb'let] *vtr & vi* subarrendar.

sublime [sə'blaɪm] *adj* sublime.

sub-machine-gun [sʌbmə'ʃi:ngʌn] *n* ametralladora *f*.

submarine ['sʌbməri:n] *n* submarino *m*.

submerge [səb'mɜ:dʒ] *vtr* sumergir; *(flood)* inundar; *fig* **submerged in ...,** sumido,-a en ....

submission [səb'mɪʃən] *n* **1** *(yielding)* sumisión *f*. **2** *(of documents)* presentación *f*. **3** *(report)* informe *m*.

submissive [səb'mɪsɪv] *adj* sumiso,-a.

submit [səb'mɪt] **I** *vtr* **1** *(present)* presentar. **2** *(subject)* someter (**to**, a). **II** *vi* *(surrender)* rendirse.

subnormal [sʌb'nɔ:məl] *adj* subnormal.

subordinate [sə'bɔ:dɪnɪt] *adj & n* subordinado,-a (*m,f*).

subpoena [səb'pi:nə] **I** *n* citación *f*. **II** *vtr* citar.

subscribe [səb'skraɪb] *vi (magazine)* suscribirse (**to**, a); *(opinion, theory)* adherirse (**to**, a).

subscriber [səb'skraɪbər] *n* abonado,-a *m,f*.

subscription [səb'skrɪpʃən] *n (to magazine)* abono *m*; *(to club)* cuota *f*.

subsequent ['sʌbsɪkwənt] *adj* subsiguiente. ◆**subsequently** *adv* posteriormente.

subside [səb'saɪd] *vi (land)* hundirse; *(floodwater)* bajar; *(wind, anger)* amainar.

subsidence [səb'saɪdəns] *n (of land)* hundimiento *m*; *(of floodwater)* bajada *f*; *(of wind)* amaine *m*.

subsidiary [sʌb'sɪdɪərɪ] **I** *adj (role)* secundario,-a. **II** *n Com* sucursal *f*, filial *f*.

subsidize ['sʌbsɪdaɪz] *vtr* subvencionar.

subsidy ['sʌbsɪdɪ] *n* subvención *f*.

subsistence [səb'sɪstəns] *n* subsistencia *f*.

substance ['sʌbstəns] *n* **1** sustancia *f*. **2** *(essence)* esencia *f*. **3 a woman of s.**, *(wealth)* una mujer acaudalada.

substantial [səb'stænʃəl] *adj* **1** *(solid)* sólido,-a. **2** *(sum, loss)* importante; *(difference, improvement)* notable; *(meal)* abundante.

substantiate [səb'stænʃɪeɪt] *vtr* respaldar.

substitute ['sʌbstɪtju:t] **I** *vtr* sustituir; **to s. X for Y**, sustituir X por Y. **II** *n* *(person)* suplente *mf*; *(thing)* sucedáneo *m*.

subtitle ['sʌbtaɪtəl] *n* subtítulo *m*.

subtle ['sʌtəl] *adj* sutil; *(taste)* delicado,-a; *(remark)* ingenioso,-a; *(irony)* fino,-a.

subtlety ['sʌtəltɪ] *n* sutileza *f*; *(of remark)* ingeniosidad *f*; *(of irony, joke)* finura *f*.

subtract [səb'trækt] *vtr* restar.

subtraction [səb'trækʃən] *n* resta *f*.

suburb ['sʌbɜ:b] *n* barrio periférico; **the suburbs**, las afueras.

suburban [sə'bɜ:bən] *adj* suburbano,-a.

suburbia [sə'bɜ:bɪə] *n* barrios residenciales periféricos.

subversive [səb'vɜ:sɪv] *adj & n* subversivo,-a (*m,f*).

subway ['sʌbweɪ] *n* **1** *GB (underpass)* paso subterráneo. **2** *US (underground railway)* metro *m*.

succeed [sək'si:d] I *vi* 1 (*person*) tener éxito; (*plan*) salir bien; **to s. in doing sth,** conseguir hacer algo. 2 (*follow after*) suceder; **to s. to,** (*throne*) suceder a. II *vtr* (*monarch*) suceder a.

succeeding [sək'si:dɪŋ] *adj* sucesivo,-a.

success [sək'ses] *n* éxito *m*.

successful [sək'sesful] *adj* de éxito, exitoso,-a; (*business*) próspero,-a; (*marriage*) feliz; **to be s. in doing sth,** lograr hacer algo. ◆**successfully** *adv* con éxito.

succession [sək'seʃən] *n* sucesión *f*, serie *f*; **in s.,** sucesivamente.

successive [sək'sesɪv] *adj* sucesivo,-a, consecutivo,-a.

successor [sək'sesər] *n* sucesor,-a *m,f*.

succinct [sək'sɪŋkt] *adj* sucinto,-a.

succumb [sə'kʌm] *vi* sucumbir (**to**, a).

such [sʌtʃ] I *adj* 1 (*of that sort*) tal, semejante; **artists s. as Monet,** artistas como Monet; **at s. and s. a time,** a tal hora; **in s. a way that,** de tal manera que. 2 (*so much, so great*) tanto,-a; **he's always in s. a hurry,** siempre anda con tanta prisa; **she was in s. pain,** sufría tanto; **s. a lot of books,** tantos libros. II *adv* (*so very*) tan; **it's s. a long time ago,** hace tanto tiempo; **she's s. a clever woman,** es una mujer tan inteligente; **we had s. good weather,** hizo un tiempo tan bueno.

suchlike ['sʌtʃlaɪk] I *adj* tal. II *n* (*things*) cosas *fpl* por el estilo; (*people*) gente *f* por el estilo.

suck [sʌk] I *vtr* (*by pump*) aspirar; (*liquid*) sorber; (*lollipop, blood*) chupar. II *vi* (*person*) chupar; (*baby*) mamar. ◆**suck in** *vtr* (*of whirlpool*) tragar.

sucker ['sʌkər] *n* 1 *fam* primo,-a *m,f*, bobo,-a *m,f*. 2 *Zool* ventosa *f*; *Bot* chupón *m*.

suckle ['sʌkəl] *vtr* (*mother*) amamantar.

suction ['sʌkʃən] *n* succión *f*.

sudden ['sʌdən] *adj* 1 (*hurried*) súbito,-a, repentino,-a. 2 (*unexpected*) imprevisto,-a. 3 (*abrupt*) brusco,-a; **all of a s.,** de repente. ◆**suddenly** *adv* de repente.

suds [sʌdz] *npl* espuma *f* de jabón, jabonaduras *fpl*.

sue [su:, sju:] *Jur* I *vtr* demandar. II *vi* presentar una demanda; **to s. for divorce,** solicitar el divorcio.

suede [sweɪd] *n* ante *m*, gamuza *f*; (*for gloves*) cabritilla *f*.

suet ['su:ɪt] *n* sebo *m*.

suffer ['sʌfər] I *vtr* 1 sufrir. 2 (*tolerate*) aguantar, soportar. II *vi* sufrir; **to s. from,** sufrir de.

sufferer ['sʌfərər] *n Med* enfermo,-a *m,f*.

suffering ['sʌfərɪŋ] *n* (*affliction*) sufrimiento *m*; (*pain, torment*) dolor *m*.

suffice [sə'faɪs] *vi fml* bastar, ser suficiente.

sufficient [sə'fɪʃənt] *adj* suficiente, bastante. ◆**sufficiently** *adv* suficientemente, bastante.

suffocate ['sʌfəkeɪt] I *vtr* asfixiar. II *vi* asfixiarse.

suffocating ['sʌfəkeɪtɪŋ] *adj* (*heat*) agobiante, sofocante.

suffrage ['sʌfrɪdʒ] *n* sufragio *m*.

suffuse [sə'fju:z] *vtr lit* bañar, cubrir (**with,** de).

sugar ['ʃʊgər] I *n* azúcar *m & f*; **s. beet,** remolacha *f* (azucarera); **s. bowl,** azucarero *m*; **s. cane,** caña *f* de azúcar. II *vtr* azucarar, echar azúcar a.

sugary ['ʃʊgərɪ] *adj* 1 (*like sugar*) azucarado,-a. 2 *fig* (*insincere*) zalamero,-a; (*over-sentimental*) sentimentaloide.

suggest [sə'dʒest] *vtr* 1 (*propose*) sugerir. 2 (*advise*) aconsejar. 3 (*indicate, imply*) indicar.

suggestion [sə'dʒestʃən] *n* 1 (*proposal*) sugerencia *f*. 2 (*trace*) sombra *f*; (*small amount*) toque *m*.

suggestive [sə'dʒestɪv] *adj* (*remark*) indecente.

suicidal [sju:ɪ'saɪdəl] *adj* suicida.

suicide ['sju:ɪsaɪd] *n* suicidio *m*.

suit [su:t, sju:t] I *n* 1 traje *m* de chaqueta. 2 *Jur* pleito *m*. 3 *Cards* palo *m*; *fig* **to follow s.,** seguir el ejemplo. II *vtr* 1 (*be convenient to*) convenir a, venir bien a. 2 (*be right, appropriate for*) ir bien a; **red really suits you,** el rojo te favorece mucho; **they are well suited,** están hechos el uno para el otro. 3 (*adapt*) adaptar a. 4 (*please*) **s. yourself!,** ¡como quieras!

suitable ['sju:təbəl] *adj* (*convenient*) conveniente; (*appropriate*) adecuado,-a; **the most s. woman for the job,** la mujer más indicada para el puesto. ◆**suitably** *adv* (*correctly*) correctamente; (*properly*) adecuadamente.

suitcase ['su:tkeɪs] *n* maleta *f*.

suite [swi:t] *n* 1 (*of furniture*) juego *f*. 2 (*of hotel rooms, music*) suite *f*.

suitor ['sju:tər] *n Lit* (*wooer*) pretendiente *m*.

sulfur ['sʌlfər] *n US* → **sulphur**.

sulk [sʌlk] *vi* enfurruñarse.

sulky ['sʌlkɪ] *adj* (**sulkier, sulkiest**) malhumorado,-a, enfurruñado,-a.

sullen ['sʌlən] *adj* hosco,-a; (*sky*) plomizo,-a.

sulphur ['sʌlfər] *n* azufre *m*.

sulphuric [sʌl'fjʊərɪk] *adj* sulfúrico,-a.

sultan ['sʌltən] *n* sultán *m*.

sultana [sʌl'tɑ:nə] *n* (*raisin*) pasa *f* de Esmirna.

sultry ['sʌltrɪ] *adj* (**sultrier, sultriest**) 1 (*muggy*) bochornoso,-a. 2 (*seductive*) sensual.

sum [sʌm] *n* 1 (*arithmetic problem, amount*) suma *f*. 2 (*total amount*) total *m*; (*of money*) importe *m*. ◆**sum up** I *vtr* resumir. II *vi* resumir; **to s. up ...,** en

resumidas cuentas ....
summarize ['sʌmərɑɪz] *vtr & vi* resumir.
summary ['sʌmərɪ] **I** *n* resumen *m*. **II** *adj* sumario,-a.
summer ['sʌmər] **I** *n* verano *m*. **II** *adj* *(holiday etc)* de verano; *(weather)* veraniego,-a; *(resort)* de veraneo.
summerhouse ['sʌməhɑʊs] *n* cenador *m*, glorieta *f*.
summertime ['sʌmətɑɪm] *n* verano *m*.
summit ['sʌmɪt] *n* 1 *(of mountain)* cima *f*, cumbre *f*. 2 *Pol* **s. (meeting)**, cumbre *f*.
summon ['sʌmən] *vtr* 1 *(meeting, person)* convocar. 2 *(aid)* pedir. 3 *Jur* citar.
◆**summon up** *vtr (resources)* reunir; **to s. up one's courage**, armarse de valor.
summons ['sʌmənz] **I** *n* 1 *(call)* llamada *f*, llamamiento *m*. 2 *Jur* citación *f* judicial. **II** *vtr Jur* citar.
sumptuous ['sʌmptjʊəs] *adj* suntuoso,-a.
sun [sʌn] **I** *n* sol *m*. **II** *vtr* **to s. oneself**, tomar el sol.
sunbathe ['sʌnbeɪð] *vi* tomar el sol.
sunbed ['sʌnbed] *n (in garden)* tumbona *f*; *(with sunlamp)* solario *m*.
sunburn ['sʌnbɜːn] *n (burn)* quemadura *f* de sol.
sunburnt ['sʌnbɜːnt] *adj (burnt)* quemado,-a por el sol; *(tanned)* bronceado,-a.
Sunday ['sʌndɪ] *n* domingo *m inv*; **S. newspaper**, periódico *m* del domingo; **S. school**, catequesis *f*.
sundial ['sʌndɑɪəl] *n* reloj *m* de sol.
sundown ['sʌndɑʊn] *n US* anochecer *m*.
sundry ['sʌndrɪ] **I** *adj* diversos,-as, varios,-as; *fam* **all and s.**, todos sin excepción. **II** *npl Com* **sundries**, artículos *mpl* diversos; *(expenses)* gastos diversos.
sunflower ['sʌnflɑʊər] *n* girasol *m*.
sung [sʌŋ] *pp* → **sing**.
sunglasses ['sʌŋglɑːsɪz] *npl* gafas *fpl* de sol.
sunk [sʌŋk] *pp* → **sink**.
sunlamp ['sʌnlæmp] *n* lámpara *f* solar.
sunlight ['sʌnlɑɪt] *n* sol *m*, luz *f* del sol.
sunlit ['sʌnlɪt] *adj* iluminado,-a por el sol.
sunny ['sʌnɪ] *adj (sunnier, sunniest)* 1 *(day)* de sol; *(place)* soleado,-a; **it is s.**, hace sol. 2 *fig (smile, disposition)* alegre; *(future)* prometedor,-a.
sunrise ['sʌnrɑɪz] *n* salida *f* del sol.
sunroof ['sʌnruːf] *n Aut* techo corredizo.
sunset ['sʌnset] *n* puesta *f* del sol.
sunshade ['sʌnʃeɪd] *n* sombrilla *f*.
sunshine ['sʌnʃɑɪn] *n* sol *m*, luz *f* del sol.
sunstroke ['sʌnstrəʊk] *n* insolación *f*.
suntan ['sʌntæn] *n* bronceado *m*; **s. oil o lotion**, *(aceite m)* bronceador *m*.
super ['suːpər] *adj fam* fenomenal.
super- ['suːpər] *pref* super-, sobre-.
superannuation [suːpərænjʊ'eɪʃən] *n GB* jubilación *f*, pensión *f*.
superb [suː'pɜːb] *adj* espléndido,-a.

supercilious [suːpə'sɪlɪəs] *adj (condescending)* altanero,-a; *(disdainful)* desdeñoso,-a.
superficial [suːpə'fɪʃəl] *adj* superficial.
superfluous [suː'pɜːflʊəs] *adj* sobrante, superfluo,-a; **to be s.**, sobrar.
superhuman [suːpə'hjuːmən] *adj* sobrehumano,-a.
superimpose [suːpərɪm'pəʊz] *vtr* sobreponer.
superintendent [suːpərɪn'tendənt] *n* director,-a *m,f*; **police s.**, subjefe,-a *m,f* de policía.
superior [suː'pɪərɪər] **I** *adj* 1 superior. 2 *(haughty)* altivo,-a. **II** *n* superior,-a *m,f*.
superiority [suːpɪərɪ'ɒrɪtɪ] *n* superioridad *f*.
superlative [suː'pɜːlətɪv] **I** *adj* superlativo,-a. **II** *n Ling* superlativo *m*.
superman ['suːpəmæn] *n* superhombre *m*, supermán *m*.
supermarket ['suːpəmɑːkɪt] *n* supermercado *m*.
supernatural [suːpə'nætʃərəl] **I** *adj* sobrenatural. **II** *n* **the s.**, lo sobrenatural.
superpower ['suːpəpɑʊər] *n Pol* superpotencia *f*.
supersede [suːpə'siːd] *vtr fml* suplantar.
supersonic [suːpə'sɒnɪk] *adj* supersónico,-a.
superstitious [suːpə'stɪʃəs] *adj* supersticioso,-a.
supertanker ['suːpətæŋkər] *n* superpetrolero *m*.
supervise ['suːpəvɑɪz] *vtr* supervisar; *(watch over)* vigilar.
supervision [suːpə'vɪʒən] *n* supervisión *f*.
supervisor ['suːpəvɑɪzər] *n* supervisor,-a *m,f*.
supper ['sʌpər] *n* cena *f*; **to have s.**, cenar.
supplant [sə'plɑːnt] *vtr* suplantar.
supple ['sʌpəl] *adj* flexible.
supplement ['sʌplɪmənt] **I** *n* suplemento *m*. **II** ['sʌplɪment] *vtr* complementar.
supplementary [sʌplɪ'mentərɪ] *adj* adicional.
supplier [sə'plɑɪər] *n* suministrador,-a *m,f*; *Com* proveedor,-a *m,f*.
supply [sə'plɑɪ] **I** *n* 1 suministro *m*; *Com* provisión *f*; *(stock)* surtido *m*; **s. and demand**, oferta *f* y demanda. 2 **supplies**, *(food)* víveres *mpl*; *Mil* pertrechos *mpl*; **office supplies**, material *m sing* para oficina. **II** *vtr* 1 *(provide)* suministrar. 2 *(with provisions)* aprovisionar. 3 *(information)* facilitar. 4 *Com* surtir.
support [sə'pɔːt] **I** *n* 1 *(moral)* apoyo *m*. 2 *(funding)* ayuda económica. **II** *vtr* 1 *(weight etc)* sostener. 2 *fig (back)* apoyar; *(substantiate)* respaldar. 3 *Sport* ser (hincha) de. 4 *(sustain)* mantener; *(feed)* alimentar.
supporter [sə'pɔːtər] *n Pol* partidario,-a *m,f*; *Sport* hincha *mf*.

suppose [sə'pəʊz] *vtr* suponer; *(presume)* creer; **I s. not/so**, supongo que no/sí; **you're not supposed to smoke in here**, no está permitido fumar aquí dentro; **you're supposed to be in bed**, deberías estar acostado,-a ya.

supposed [sə'pəʊzd] *adj* supuesto,-a.
◆**supposedly** *adv* teóricamente.

suppress [sə'pres] *vtr* suprimir; *(feelings, laugh etc)* contener; *(news, truth)* callar; *(revolt)* sofocar.

supranational [su:prə'næʃənəl] *adj* supranacional.

supremacy [sʊ'preməsɪ] *n* supremacía *f*.

supreme [sʊ'pri:m] *adj* supremo,-a; **with s. indifference**, con total indiferencia.
◆**supremely** *adv* sumamente.

surcharge ['sɜ:tʃɑ:dʒ] *n* recargo *m*.

sure [ʃʊər] **I** *adj* **1** seguro,-a; **I'm s. (that)** ..., estoy seguro,-a de que ...; **make s. that it's ready**, asegúrate de que esté listo; **s. of oneself**, seguro,-a de sí mismo,-a. **2** *US fam* **s. thing!**, ¡claro!. **II** *adv* **1** *(of course)* claro. **2** *(certainly)* seguro. **3** **s. enough**, efectivamente.
◆**surely** *adv (without a doubt)* sin duda; **s. not!**, ¡no puede ser!

surety ['ʃʊərɪtɪ] *n* **1** *(sum)* fianza *f*. **2** *(person)* fiador,-a *m,f*; **to stand s. for sb**, ser fiador de algn.

surf [sɜ:f] **I** *n (waves)* oleaje *m*; *(foam)* espuma *f*. **II** *vi Sport* hacer surf.

surface ['sɜ:fɪs] **I** *n* superficie *f*; *(of road)* firme *m*. **II** *adj* superficial; **s. area, área** *f* de la superficie; **by s. mail**, por vía terrestre *or* marítima. **III** *vtr (road)* revestir. **IV** *vi (submarine etc)* salir a la superficie. *fam (wake up)* levantarse.

surface-to-air [sɜ:fɪstʊ'eər] *adj* **s.-to-a. missile**, misil *m* tierra-aire.

surfboard ['sɜ:fbɔ:d] *n* tabla *f* de surf.

surfeit ['sɜ:fɪt] *n fml* exceso *m*.

surfer ['sɜ:fər] *n* surfista *mf*.

surfing ['sɜ:fɪŋ] *n* surf *m*, surfing *m*.

surge [sɜ:dʒ] **I** *n* **1** *(growth)* alza *f*. **2** *(of sea, sympathy)* oleada *f*; *fig (of anger, energy)* arranque *m*. **II** *vi* **to s. forward**, *(people)* avanzar en tropel.

surgeon ['sɜ:dʒən] *n* cirujano,-a *m,f*.

surgery ['sɜ:dʒərɪ] *n* **1** *(operation)* cirugía *f*. **2** *GB (consulting room)* consultorio *m*; **s. hours**, horas *fpl* de consulta. **3** *US (operating theatre)* quirófano *m*.

surgical ['sɜ:dʒɪkəl] *adj* quirúrgico,-a; **s. spirit**, alcohol *m* de 90°.

surly ['sɜ:lɪ] *adj* (**surlier, surliest**) *(bad-tempered)* hosco,-a, malhumorado,-a; *(rude)* maleducado,-a.

surmount [sɜ:'maʊnt] *vtr* superar, vencer.

surname ['sɜ:neɪm] *n* apellido *m*.

surpass [sɜ:'pɑ:s] *vtr* superar.

surplus ['sɜ:pləs] **I** *n (of goods)* excedente *m*; *(of budget)* superávit *m*. **II** *adj* excedente.

surprise [sə'praɪz] **I** *n* sorpresa *f*; **to take sb by s.**, coger desprevenido,-a a algn. **II** *adj (visit)* inesperado,-a; **s. attack**, ataque *m* sorpresa. **III** *vtr* sorprender.

surprising [sə'praɪzɪŋ] *adj* sorprendente.
◆**surprisingly** *adv* sorprendentemente, de modo sorprendente.

surrealist [sə'rɪəlɪst] *adj & n* surrealista *(mf)*.

surrender [sə'rendər] **I** *n Mil* rendición *f*; *(of weapons)* entrega *f*; *Ins* rescate *m*. **II** *vtr Mil* rendir; *(right)* renunciar a. **III** *vi (give in)* rendirse.

surreptitious [sʌrəp'tɪʃəs] *adj* subrepticio,-a.

surrogate ['sʌrəgɪt] *n fml* sustituto,-a *m,f*; **s. mother**, madre *f* de alquiler.

surround [sə'raʊnd] **I** *n* marco *m*, borde *m*. **II** *vtr* rodear.

surrounding [sə'raʊndɪŋ] **I** *adj* circundante. **II** *npl* **surroundings**, *(of place)* alrededores *mpl*, cercanías *fpl*.

surveillance [sɜ:'veɪləns] *n* vigilancia *f*.

survey ['sɜ:veɪ] **I** *n* **1** *(of building)* inspección *f*; *(of land)* reconocimiento *m*. **2** *(of trends etc)* encuesta *f*. **3** *(overall view)* panorama *m*. **II** [sɜ:'veɪ] *vtr* **1** *(building)* inspeccionar; *(land)* medir. **2** *(trends etc)* hacer una encuesta sobre. **3** *(look at)* contemplar.

surveyor [sɜ:'veɪər] *n* agrimensor,-a *m,f*; **quantity s.**, aparejador,-a *m,f*.

survival [sə'vaɪvəl] *n* supervivencia *f*.

survive [sə'vaɪv] **I** *vi* sobrevivir; *(remain)* perdurar. **II** *vtr* sobrevivir a.

survivor [sə'vaɪvər] *n* superviviente *mf*.

susceptible [sə'septəbəl] *adj (to attack)* susceptible (**to**, a); *(to illness)* propenso,-a (**to**, a).

suspect ['sʌspekt] **I** *adj (dubious)* sospechoso,-a. **II** *n* sospechoso,-a *m,f*. **III** [sə'spekt] *vtr* **1** *(person)* sospechar (**of**, de); *(plot, motives)* recelar de. **2** *(think likely)* imaginar, creer.

suspend [sə'spend] *vtr* suspender; *(pupil)* expulsar por un tiempo.

suspended [sə'spendɪd] *adj* **1** suspendido,-a; *Jur* **s. sentence**, condena *f* condicional. **2** *Sport* sancionado,-a.

suspender [sə'spendər] *n* **1** *(for stocking)* liga *f*; **s. belt**, liguero *m*. **2** *US* **suspenders**, tirantes *mpl*.

suspense [sə'spens] *n* incertidumbre *f*; *Cin Theat* suspense *m*; **to keep sb in s.**, mantener a algn en la incertidumbre.

suspension [sə'spenʃən] *n* **1** suspensión *f*. **2** *Sport* sanción *f*. **3** *(of pupil, employee)* expulsión *f* temporal. **4** **s. bridge**, puente *m* colgante.

suspicion [sə'spɪʃən] *n* **1** sospecha *f*; *(mistrust)* recelo *m*; *(doubt)* duda *f*. **2** *(trace)* pizca *f*.

suspicious [sə'spɪʃəs] *adj* **1** *(arousing*

sustain 565 **swill**

suspicion) sospechoso,-a. **2** (*distrustful*) receloso,-a; **to be s. of sb**, desconfiar de algn.

sustain [sə'steɪn] *vtr* **1** sostener. **2** (*nourish*) sustentar. **3** *Jur* (*objection*) admitir. **4** (*injury etc*) sufrir.

sustained [sə'steɪnd] *adj* sostenido,-a.

sustenance ['sʌstənəns] *n* sustento *m*.

swab [swɒb] **I** *n* (*cotton wool*) algodón *m*; (*for specimen*) frotis *m*. **II** *vtr* (*wound*) limpiar.

swagger ['swægər] **I** *n* pavoneo *m*. **II** *vi* pavonearse.

swallow[1] ['swɒləʊ] **I** *n* (*of drink, food*) trago *m*. **II** *vtr* **1** (*drink, food*) tragar. **2** *fig* (*believe*) tragarse. **III** *vi* tragar. ◆**swallow up** *vtr fig* **1** (*engulf*) tragar. **2** (*eat up*) consumir.

swallow[2] ['swɒləʊ] *n Orn* golondrina *f*.

swam [swæm] *pt* → **swim**.

swamp [swɒmp] **I** *n* ciénaga *f*. **II** *vtr* **1** (*boat*) hundir. **2** *fig* inundar (**with, by, de**).

swan [swɒn] **I** *n* cisne *m*. **II** *vi fam* **to s. around**, pavonearse; **to s. around doing nothing**, hacer el vago.

swap [swɒp] **I** *n fam* intercambio *m*. **II** *vtr* cambiar. ◆**swap round, swap over** *vtr* (*switch*) cambiar.

swarm [swɔːm] **I** *n* enjambre *m*. **II** *vi* (*bees*) enjambrar; *fig* **Neath was swarming with tourists**, Neath estaba lleno de turistas.

swarthy ['swɔːðɪ] *adj* (**swarthier, swarthiest**) moreno,-a.

swastika ['swɒstɪkə] *n* esvástica *f*, cruz gamada.

swat [swɒt] *vtr* aplastar.

swathe [sweɪð] *vtr* (*bind up*) envolver.

sway [sweɪ] **I** *n* **1** (*movement*) balanceo *m*. **2 to hold s. over sb**, dominar a algn. **II** *vi* **1** (*swing*) balancearse, mecerse. **2** (*totter*) tambalearse. **III** *vtr fig* (*persuade*) convencer.

swear [sweər] **I** *vtr* (*pt* **swore**; *pp* **sworn**) (*vow*) jurar; **to s. an oath**, prestar juramento. **II** *vi* **1** (*formally*) jurar, prestar juramento. **2** (*curse*) soltar tacos, decir palabrotas; (*blaspheme*) jurar; **to s. at sb**, echar pestes contra algn.

swear-word ['sweəwɜːd] *n* palabrota *f*.

sweat [swet] **I** *n* (*perspiration*) sudor *m*; *fam* (*hard work*) trabajo duro. **II** *vi* (*perspire*) sudar; *fig* (*work hard*) sudar la gota gorda. **III** *vtr fam* **to s. it out**, aguantar.

sweater ['swetər] *n* suéter *m*.

sweatshirt ['swetʃɜːt] *n* sudadera *f*.

sweaty ['swetɪ] *adj* (**sweatier, sweatiest**) sudoroso,-a.

swede [swiːd] *n Bot* nabo sueco.

Swede [swiːd] *n* (*person*) sueco,-a *m,f*.

Sweden ['swiːdən] *n* Suecia *f*.

Swedish ['swiːdɪʃ] **I** *adj* sueco,-a. **II** *n* **1** (*language*) sueco *m*. **2 the S.**, *pl* los suecos.

sweep [swiːp] **I** *n* **1** (*with broom*) barrido *m*; *fig* **to make a clean s. of things**, hacer tabla rasa. **2** (*of arm*) gesto amplio. **3** (*of river, road*) curva *f*. **4** (**chimney**) **s.**, deshollinador,-a *m,f*. **II** *vtr* (*pt & pp* **swept**) **1** (*floor etc*) barrer. **2** (*of searchlight*) recorrer; (*minefield*) rastrear. **3** (*spread throughout*) extenderse por. **III** *vi* **1** (*with broom*) barrer. **2** **to s. in/out/past**, entrar/salir/pasar rápidamente. ◆**sweep aside** *vtr* apartar bruscamente; *fig* (*objections*) rechazar. ◆**sweep away** *vtr* **1** (*dust*) barrer. **2** (*of storm*) arrastrar. ◆**sweep up** *vi* barrer.

sweeper ['swiːpər] *n* **1** (*machine*) barredora *f*. **2** *Ftb* líbero *m*.

sweeping ['swiːpɪŋ] *adj* **1** (*broad*) amplio,-a; **a s. statement**, una declaración demasiado general. **2** (*victory*) aplastante. **3** (*reforms, changes etc*) radical.

sweet [swiːt] **I** *adj* **1** dulce; (*sugary*) azucarado,-a; **to have a s. tooth**, ser goloso,-a; **s. pea**, guisante *m* de olor; **s. shop**, bombonería *f*. **2** (*pleasant*) agradable; (*smell*) fragante; (*sound*) melodioso,-a. **3** (*person, animal*) encantador,-a. **II** *n* **1** *GB* caramelo *m*; (*chocolate*) bombón *m*. **2** (*dessert*) postre *m*.

sweet-and-sour ['swiːtənsaʊər] *adj* agridulce.

sweetcorn ['swiːtkɔːn] *n* maíz tierno.

sweeten ['swiːtən] *vtr* **1** (*tea etc*) azucarar. **2** *fig* (*temper*) aplacar; **to s. the pill**, suavizar el golpe.

sweetener ['swiːtənər] *n* (*for tea, coffee*) edulcorante *m*.

sweetheart ['swiːthɑːt] *n* **1** (*boyfriend*) novio *m*; (*girlfriend*) novia *f*. **2** (*dear, love*) cariño *m*, amor *m*.

sweetness ['swiːtnɪs] *n* dulzura *f*; (*of smell*) fragancia *f*; (*of sound*) suavidad *f*.

swell [swel] **I** *n* (*of sea*) marejada *f*, oleaje *m*. **II** *adj US fam* fenomenal. **III** *vi* (*pt* **swelled**; *pp* **swollen**) (*part of body*) hincharse; (*river*) subir. ◆**swell up** *vi* hincharse.

swelling ['swelɪŋ] *n* hinchazón *f*; *Med* tumefacción *f*.

sweltering ['sweltərɪŋ] *adj* agobiante.

swept [swept] *pt & pp* → **sweep**.

swerve [swɜːv] **I** *n* **1** (*by car*) viraje *m*. **2** *Sport* (*by player*) regate *m*. **II** *vi* **1** (*car*) dar un viraje brusco. **2** *Sport* (*player*) dar un regate.

swift [swɪft] **I** *adj* rápido,-a, veloz. **II** *n Orn* vencejo *m* (común). ◆**swiftly** *adv* rápidamente.

swig [swɪg] *fam* **I** *n* trago *m*. **II** *vtr* beber a tragos.

swill [swɪl] **I** *n* **1** bazofia *f*. **2** (*rinse*) enjuague *m*. **II** *vtr* **1** (*rinse*) enjuagar. **2** *fam* (*drink*) beber a grandes tragos. ◆**swill out** *vtr* enjuagar.

swim [swɪm] I vi (pt **swam**; pp **swum**) nadar; **to go swimming**, ir a nadar; fam **my head is swimming**, la cabeza me da vueltas. II vtr (the Channel) pasar a nado. III n baño m; **to go for a s.**, ir a nadar or bañarse.

swimmer ['swɪmər] n nadador,-a m,f.

swimming ['swɪmɪŋ] n natación f; **s. cap**, gorro m de baño; **s. costume**, traje m de baño, bañador m; **s. pool**, piscina f; **s. trunks**, bañador.

swimsuit ['swɪmsu:t] n traje m de baño, bañador m.

swindle ['swɪndəl] I n estafa f. II vtr estafar.

swindler ['swɪndələr] n estafador,-a m.

swine [swaɪn] n 1 (pl **swine**) (pig) cerdo m, puerco m. 2 (pl **swines**) fam (person) canalla mf, cochino,-a m,f.

swing [swɪŋ] I n 1 balanceo m, vaivén m; fig (in votes etc) viraje m; **s. bridge**, puente giratorio; **s. door**, puerta giratoria. 2 Box Golf swing m. 3 (plaything) columpio m. 4 (rhythm) ritmo m; (jazz style) swing m; **in full s.**, en plena marcha. II vi (pt & pp **swung**) 1 (move to and fro) balancearse; (arms, legs) menearse; (on swing) columpiarse; **to s. open/shut**, abrirse/cerrarse de golpe. 2 (turn) girar; **he swung round**, dio media vuelta. III vtr 1 (cause to move to and fro) balancear; (arms, legs) menear; (on swing) columpiar. 2 (turn) hacer girar; **she swung the sack onto her back**, se echó el saco a los hombros.

swingeing ['swɪndʒɪŋ] adj drástico,-a.

swipe [swaɪp] I n golpe m. II vtr 1 (hit) dar un tortazo a. 2 fam (steal) birlar.

swirl [swɜ:l] I n remolino m; (of cream, smoke) voluta f. II vi arremolinarse.

swish [swɪʃ] I adj fam (smart) elegante. II vtr (tail) menear. III vi (whip) dar un chasquido; (skirt) crujir.

Swiss [swɪs] I adj suizo,-a. II n inv (person) suizo,-a m,f; **the S.**, pl los suizos.

switch [swɪtʃ] I n 1 Elec interruptor m. 2 (changeover) cambio repentino; (exchange) intercambio m. 3 (stick) vara f; (riding whip) fusta f. II vtr 1 (jobs, direction) cambiar de. 2 (allegiance) cambiar (**to**, por); (attention) desviar (**to**, hacia). ◆**switch off** vtr apagar. ◆**switch on** vtr encender. ◆**switch over** vi cambiar (**to**, a).

switchboard ['swɪtʃbɔ:d] n centralita f.

Switzerland ['swɪtsələnd] n Suiza.

swivel ['swɪvəl] I n **s. chair**, silla giratoria. II vtr & vi girar.

swollen ['swəʊlən] adj (ankle, face) hinchado,-a; (river, lake) crecido,-a.

swoon [swu:n] arch I n desmayo m. II vi desmayarse.

swoop [swu:p] I n 1 (of bird) calada f; (of plane) descenso m en picado. 2 (by police) redada f. II vi 1 **to s. down**, (bird) abalanzarse (**on**, sobre); (plane) bajar en picado. 2 (police) hacer una redada.

swop [swɒp] vtr → swap.

sword [sɔ:d] n espada f.

swordfish ['sɔ:dfɪʃ] n pez m espada.

swore [swɔ:r] pt → swear.

sworn [swɔ:n] adj jurado,-a.

swot [swɒt] fam vi empollar.

swum [swʌm] pp → swim.

swung [swʌŋ] pt & pp → swing.

sycamore ['sɪkəmɔ:r] n sicomoro m.

syllable ['sɪləbəl] n sílaba f.

syllabus ['sɪləbəs] n programa m de estudios.

symbol ['sɪmbəl] n símbolo m.

symbolic [sɪm'bɒlɪk] adj simbólico,-a.

symbolize ['sɪmbəlaɪz] vtr simbolizar.

symmetry ['sɪmɪtrɪ] n simetría f.

sympathetic [sɪmpə'θetɪk] adj 1 (showing pity) compasivo,-a. 2 (understanding) comprensivo,-a; (kind) amable.

sympathize ['sɪmpəθaɪz] vi 1 (show pity) compadecerse (**with**, de). 2 (understand) comprender.

sympathizer ['sɪmpəθaɪzər] n simpatizante mf.

sympathy ['sɪmpəθɪ] n 1 (pity) compasión f. 2 (condolences) pésame m; **letter of s.**, pésame; **to express one's s.**, dar el pésame. 3 (understanding) comprensión f.

symphony ['sɪmfənɪ] n sinfonía f.

symposium [sɪm'pəʊzɪəm] n simposio m.

symptom ['sɪmptəm] n síntoma m.

symptomatic [sɪmptə'mætɪk] adj sintomático,-a.

synagogue ['sɪnəgɒg] n sinagoga f.

synchronize ['sɪŋkrənaɪz] vtr sincronizar.

syndicate ['sɪndɪkɪt] n corporación f; **newspaper s.**, sindicato periodístico.

syndrome ['sɪndrəʊm] n síndrome m.

synonym ['sɪnənɪm] n sinónimo m.

synopsis [sɪ'nɒpsɪs] n (pl **synopses** [sɪ'nɒpsi:z]) sinopsis f inv.

syntax ['sɪntæks] n sintaxis f inv.

synthesis ['sɪnθɪsɪs] n (pl **syntheses** ['sɪnθɪsi:z]) síntesis f inv.

synthesizer ['sɪnθɪsaɪzər] n sintetizador m.

synthetic [sɪn'θetɪk] adj sintético,-a.

syphilis ['sɪfɪlɪs] n sífilis f.

syphon ['saɪfən] n → siphon.

Syria ['sɪrɪə] n Siria.

Syrian ['sɪrɪən] adj & n sirio,-a (m,f).

syringe [sɪ'rɪndʒ] n jeringa f, jeringuilla f.

syrup ['sɪrəp] n jarabe m, almíbar m.

system ['sɪstəm] n sistema m; fam **the s.**, el orden establecido; Comput **systems analyst**, analista mf de sistemas.

systematic [sɪstɪ'mætɪk] adj sistemático,-a.

T

T, t [tiː] *n (the letter)* T, t *f*.
t *abbr of* **ton(s), tonne(s)**, t.
ta [tɑː] *interj GB fam* gracias.
tab [tæb] *n* 1 *(flap)* lengüeta *f*; *(label)* etiqueta *f*; *fam* **to keep tabs on sb**, vigilar a algn. 2 *US fam (bill)* cuenta *f*.
tabby ['tæbɪ] *n* **t. (cat)**, gato,-a *m,f* romano,-a.
table ['teɪbəl] **I** *n* 1 mesa *f*; **to lay** *or* **set the t.**, poner la mesa; **t. lamp**, lámpara *f* de mesa; **t. mat**, salvamanteles *m inv*; **t. tennis**, ping-pong® *m*, tenis *m* de mesa; **t. wine**, vino *m* de mesa. 2 *(of figures)* tabla *f*, cuadro *m*; **t. of contents**, índice *m* de materias. **II** *vtr* presentar.
tablecloth ['teɪbəlklɒθ] *n* mantel *m*.
tablespoon ['teɪbəlspuːn] *n* cucharón *m*.
tablespoonful ['teɪbəlspuːnfʊl] *n* cucharada *f* grande.
tablet ['tæblɪt] *n* 1 *Med* pastilla *f*. 2 *(of stone)* lápida *f*. 3 *(of soap)* pastilla *f*; *(of chocolate)* tableta *f*. 4 *US (of writing paper)* bloc *m*.
tableware ['teɪbəlweər] *n* vajilla *f*.
tabloid ['tæblɔɪd] *n* periódico *m* de pequeño formato; **t. press**, prensa sensacionalista.
taboo [təˈbuː] *adj & n* tabú (*m*).
tabulate ['tæbjʊleɪt] *vtr* disponer en listas.
tacit ['tæsɪt] *adj* tácito,-a.
taciturn ['tæsɪtɜːn] *adj* taciturno,-a.
tack [tæk] *n* 1 *(small nail)* tachuela *f*. 2 *Sew* hilván *m*. 3 *Naut* amura *f*; *(distance)* bordada *f*; *fig* **to change t.**, cambiar de rumbo. **II** *vtr* 1 **to t. sth down**, clavar algo con tachuelas. 2 *Sew* hilvanar. **III** *vi Naut* virar de bordo. ◆**tack on** *vtr (add)* añadir.
tackle ['tækəl] **I** *n* 1 *(equipment)* aparejos *mpl*; **fishing t.**, aparejos de pescar. 2 *Sport* placaje *m*; *Ftb* entrada *f*. **II** *vtr* agarrar; *(task)* emprender; *(problem)* abordar; *Sport* placar; *Ftb* entrar a.
tacky[1] ['tækɪ] *adj (tackier, tackiest)* pegajoso,-a.
tacky[2] ['tækɪ] *adj fam (shoddy)* cutre.
tact [tækt] *n* tacto *m*, diplomacia *f*.
tactful ['tæktfʊl] *adj* diplomático,-a.
tactical ['tæktɪkəl] *adj* táctico,-a.
tactic ['tæktɪk] *n* táctica *f*; **tactics**, táctica *f sing*.
tactless ['tæktlɪs] *adj (person)* poco diplomático,-a; *(question)* indiscreto,-a.
tadpole ['tædpəʊl] *n* renacuajo *m*.
tag [tæg] *n* 1 *(label)* etiqueta *f*. 2 *(saying)* coletilla *f*. ◆**tag along** *vi fam* pegarse. ◆**tag on** *vtr (add to end)* añadir.
tail [teɪl] **I** *n* 1 cola *f*; **t. end**, cola. 2 *(of shirt)* faldón *m*; **to wear tails**, ir de frac; **t. coat**, frac *m*. 3 **tails**, *(of coin)* cruz *f sing*. **II** *vtr sl (follow)* seguir de cerca. ◆**tail away, tail off** *vi* desvanecerse.
tailback ['teɪlbæk] *n* caravana *f*.
tail-gate ['teɪlgeɪt] *n Aut* puerta trasera.
tailor ['teɪlər] **I** *n* sastre *m*; **t.'s (shop)**, sastrería *f*. **II** *vtr (suit)* confeccionar; *fig* adaptar.
tailor-made [teɪləˈmeɪd] *adj* hecho,-a a la medida.
tailwind ['teɪlwɪnd] *n* viento *m* de cola.
taint [teɪnt] *vtr* contaminar; *fig* corromper.
tainted ['teɪntɪd] *adj* contaminado,-a; *(reputation)* manchado,-a.
take [teɪk] **I** *vtr (pt* **took**; *pp* **taken)** 1 tomar, coger; **to t. an opportunity**, aprovechar una oportunidad; **to t. hold of sth**, agarrar algo; **to t. sth from one's pocket**, sacarse algo del bolsillo; **t. your time!**, ¡tómate el tiempo que quieras!; **to t. a bath**, bañarse; **to t. care**, cuidar; **his car takes six people**, caben seis personas en su coche; **is this seat taken?**, ¿está ocupado este asiento?; **to t. a decision**, tomar una decisión; **to t. a liking/dislike to sb**, tomar cariño/antipatía a algn; **to t. a photograph**, sacar una fotografía; **t. the first road on the left**, coja la primera a la izquierda; **to t. the train**, coger el tren. 2 *(accept)* aceptar; *(earn)* **to t. so much per week**, recaudar tanto por semana. 3 *(win) (prize)* llevarse. 4 *(eat, drink)* tomar; **to t. drugs**, drogarse. 5 **she's taking (a degree in) law**, estudia derecho; **to t. an exam (in …)**, examinarse (de …). 6 *(person to a place)* llevar. 7 *(endure)* aguantar. 8 *(consider)* considerar. 9 **I t. it that …**, supongo que …; **what do you t. me for?**, ¿por quién me tomas? 10 *(require)* requerir; **it takes an hour to get there**, se tarda una hora en llegar hasta allí. 11 **to be taken ill**, enfermar.
II *n Cin* toma *f*.
◆**take after** *vtr* parecerse a. ◆**take apart** *vtr (machine)* desmontar. ◆**take away** *vtr* 1 *(carry off)* llevarse. 2 **to t. sth away from sb**, quitarle algo a algn. 3 *Math* restar. ◆**take back** *vtr* 1 *(give back)* devolver; *(receive back)* recuperar. 2 *(withdraw)* retractarse. ◆**take down** *vtr* 1 *(lower)* bajar. 2 *(demolish)* derribar. 3 *(write)* apuntar. ◆**take in** *vtr* 1 *(shelter, lodge)* alojar, acoger. 2 *Sew* meter. 3 *(include)* abarcar. 4 *(understand)* entender. 5 *(deceive)* engañar. ◆**take off** **I** *vtr* 1 quitar; **he took off his jacket**, se quitó la chaqueta. 2 *(lead or carry away)* llevarse. 3 *(deduct)* descontar. 4 *(imitate)* imitar burlonamente. **II** *vi Av* despegar.

takeaway 568 **tarpaulin**

◆**take on** *vtr* 1 *(undertake)* encargarse de. 2 *(acquire)* tomar. 3 *(employ)* contratar. 4 *(compete with)* competir con.
◆**take out** *vtr* sacar, quitar; **he's taking me out to dinner**, me ha invitado a cenar fuera. ◆**take over** I *vtr Com Pol* tomar posesión de; **the rebels took over the country**, los rebeldes se apoderaron del país. II *vi* **to t. over from sb**, relevar a algn. ◆**take to** *vtr (become fond of)* coger cariño a; **to t. to drink**, darse a la bebida. ◆**take up** *vtr* 1 *Sew* acortar. 2 *(accept)* aceptar; *(adopt)* adoptar. 3 **I've taken up the piano/French**, he empezado a tocar el piano/a aprender francés. 4 *(occupy)* ocupar.

takeaway ['teɪkəweɪ] *GB* I *n (food)* comida *f* para llevar; *(restaurant)* restaurante *m* que vende comida para llevar. II *adj (food)* para llevar.

take-home pay ['teɪkhəʊmpeɪ] *n* sueldo neto.

takeoff ['teɪkɒf] *n* 1 *Av* despegue *m*. 2 *(imitation)* imitación burlona.

takeover ['teɪkəʊvə^r] *n Com* absorción *f*; **military t.**, golpe *m* de estado; **t. bid**, oferta pública de adquisición, OPA *f*.

takings ['teɪkɪŋz] *npl Com* recaudación *f sing*.

talc [tælk] *n* talco *m*.

talcum powder ['tælkəmpaʊdə^r] *n (polvos mpl de)* talco *m*.

tale [teɪl] *n* cuento *m*; **to tell tales**, contar chismes.

talent ['tælənt] *n* talento *m*.

talented ['tæləntɪd] *adj* dotado,-a.

talk [tɔːk] I *vi* hablar; *(chat)* charlar; *(gossip)* chismorrear; *fam* **now you're talking!**, ¡eso sí que me interesa!. II *vtr* **to t. nonsense**, decir tonterías; **to t. sense**, hablar con sentido común; **to t. shop**, hablar del trabajo. III *n* 1 *(conversation)* conversación *f*. 2 *(words)* palabras *fpl*; **he's all t.**, no hace más que hablar. 3 *(rumour)* rumor *m*; *(gossip)* chismes *mpl*. 4 *(lecture)* charla *f*. ◆**talk into** *vtr* **to t. sb into sth**, convencer a algn para que haga algo. ◆**talk out of** *vtr* **to t. sb out of sth**, disuadir a algn de que haga algo. ◆**talk over** *vtr* discutir.

talkative ['tɔːkətɪv] *adj* hablador,-a.

talking ['tɔːkɪŋ] *n* **no t. please!**, ¡silencio, por favor!; **t. point**, tema *m* de conversación.

talking-to ['tɔːkɪŋtuː] *n fam* bronca *f*.

tall [tɔːl] *adj* alto,-a; **a tree ten metres t.**, un árbol de diez metros (de alto); **how t. are you?**, ¿cuánto mides?; *fig* **that's a t. order**, eso es mucho pedir.

tally ['tælɪ] I *vi* **to t. with sth**, corresponderse con algo. II *n Com* apunte *m*; **to keep a t. of**, llevar la cuenta de.

talon ['tælən] *n* garra *f*.

tambourine [tæmbə'riːn] *n* pandereta *f*.

tame [teɪm] I *adj* 1 *(animal)* domado,-a; *(by nature)* manso,-a; *(person)* dócil. 2 *(style)* soso,-a. II *vtr* domar.

tamper ['tæmpə^r] *vi* **to t. with**, *(text)* adulterar; *(records, an entry)* falsificar; *(lock)* intentar forzar.

tampon ['tæmpɒn] *n* tampón *m*.

tan [tæn] I *n* 1 *(colour)* marrón rojizo. 2 *(of skin)* bronceado *m*. II *adj (colour)* marrón rojizo. III *vtr* 1 *(leather)* curtir. 2 *(skin)* broncear. IV *vi* ponerse moreno,-a.

tang [tæŋ] *n* sabor *m* fuerte.

tangent ['tændʒənt] *n* tangente *f*; *fig* **to go off at a t.**, salirse por la tangente.

tangerine [tændʒə'riːn] *n* clementina *f*.

tangible ['tændʒəbəl] *adj* tangible.

tangle ['tæŋgəl] *n (of thread)* maraña *f*; *fig* lío *m*; *fig* **to get into a t.**, hacerse un lío.

tank [tæŋk] *n* 1 *(container)* depósito *m*. 2 *Mil* tanque *m*.

tanker ['tæŋkə^r] *n Naut* tanque *m*; *(for oil)* petrolero *m*; *Aut* camión *m* cisterna.

Tannoy® ['tænɔɪ] *n* sistema *m* de megafonía.

tantalize ['tæntəlaɪz] *vtr* atormentar.

tantalizing ['tæntəlaɪzɪŋ] *adj* atormentador,-a.

tantamount ['tæntəmaʊnt] *adj* **t. to**, equivalente a.

tantrum ['tæntrəm] *n* rabieta *f*.

tap¹ [tæp] I *vtr* golpear suavemente; *(with hand)* dar una palmadita a. II *vi* **to t. at the door**, llamar suavemente a la puerta. III *n* golpecito *m*; **t. dancing**, claqué *m*.

tap² [tæp] I *n (for water)* grifo *m*; *fig* **funds on t.**, fondos *mpl* disponibles. II *vtr* 1 *(tree)* sangrar; *fig* **to t. new markets**, explotar nuevos mercados. 2 *(phone)* pinchar.

tape [teɪp] I *n* 1 cinta *f*; **sticky t.**, cinta adhesiva; **t. measure**, cinta métrica. 2 *(for recording)* cinta *f* (magnetofónica); **t. recorder**, magnetófono *m*, cassette *m*; **t. recording**, grabación *f*. II *vtr* 1 pegar (con cinta adhesiva). 2 *(record)* grabar (en cinta).

taper ['teɪpə^r] I *vi* estrecharse; *(to a point)* afilarse. II *n (candle)* vela *f*. ◆**taper off** *vi* ir disminuyendo.

tapestry ['tæpɪstrɪ] *n* tapiz *m*.

tapping ['tæpɪŋ] *n (of tree)* sangría *f*; *(of resources)* explotación *f*; *Tel* intervención *f* ilegal de un teléfono.

tar [tɑː^r] *n* alquitrán *m*.

target ['tɑːgɪt] *n* 1 *(object aimed at)* blanco *m*; **t. practice**, tiro *m* al blanco. 2 *(purpose)* meta *f*.

tariff ['tærɪf] *n* tarifa *f*, arancel *m*.

tarmac® ['tɑːmæk] I *n* 1 *(substance)* alquitrán *m*. 2 *Av* pista *f* de aterrizaje. II *vtr* alquitranar.

tarnish ['tɑːnɪʃ] *vtr* deslustrar.

tarpaulin [tɑː'pɔːlɪn] *n* lona *f*.

tart¹ [tɑːt] n GB Culin tarta f.
tart² [tɑːt] adj (taste) ácido,-a, agrio,-a.
tart³ [tɑːt] fam **I** n puta f. **II** vtr GB **to t. oneself up**, emperifollarse.
tartan ['tɑːtən] n tartán m.
tartar ['tɑːtər] n **1** Chem tártaro m. **2** Culin **t. sauce**, salsa tártara.
task [tɑːsk] n tarea f; **to take sb to t.**, reprender a algn; Mil **t. force**, destacamento m (de fuerzas).
tassel ['tæsəl] n borla f.
taste [teɪst] **I** n **1** (sense) gusto m; (flavour) sabor m; **it has a burnt t.**, sabe a quemado. **2** (sample) (of food) bocado m; (of drink) trago m; **to give sb a t. of his own medicine**, pagar a algn con la misma moneda. **3** (liking) afición f; **to have a t. for sth**, gustarle a uno algo. **4 in bad t.**, de mal gusto; **to have (good) t.**, tener (buen) gusto. **II** vtr (sample) probar. **III** vi **to t. of sth**, saber a algo.
tasteful ['teɪstfʊl] adj de buen gusto.
tasteless ['teɪstlɪs] adj **1** (food) soso,-a. **2** (in bad taste) de mal gusto.
tasty ['teɪstɪ] adj (**tastier**, **tastiest**) sabroso,-a.
tattered ['tætəd] adj hecho,-a jirones.
tatters ['tætəz] npl **in t.**, hecho,-a jirones.
tattoo¹ [tæ'tuː] n Mil retreta f.
tattoo² [tæ'tuː] **I** vtr tatuar. **II** n (mark) tatuaje m.
tatty ['tætɪ] adj (**tattier**, **tattiest**) GB en mal estado; (material, clothing) raído,-a; (décor) deslustrado,-a.
taught [tɔːt] pt & pp → **teach**.
taunt [tɔːnt] **I** vtr **to t. sb with sth**, echar algo en cara a algn. **II** n pulla f.
Taurus ['tɔːrəs] n Tauro m.
taut [tɔːt] adj tenso,-a, tirante.
tavern ['tævən] n taberna f.
tawdry ['tɔːdrɪ] adj (**tawdrier**, **tawdriest**) hortera.
tawn(e)y ['tɔːnɪ] adj leonado,-a, rojizo,-a.
tax [tæks] **I** n impuesto m; **t. free**, exento,-a de impuestos; **t. collector**, recaudador,-a m,f (de impuestos); **t. evasion**, evasión f fiscal; **t. return**, declaración f de renta. **II** vtr **1** gravar. **2** (patience etc) poner a prueba.
taxable ['tæksəbəl] adj imponible.
taxation [tæk'seɪʃən] n impuestos mpl.
taxi ['tæksɪ] **I** n taxi m; **t. driver**, taxista m/f; **t. rank**, parada f de taxis. **II** vi (aircraft) rodar por la pista.
taxidermy ['tæksɪdɜːmɪ] n taxidermia f.
taxing ['tæksɪŋ] adj exigente.
taxpayer ['tækspeɪər] n contribuyente m/f.
TB, tb [tiː'biː] abbr of **tuberculosis**.
tea [tiː] n **1** té m; **t. bag**, bolsita f de té; **t. break**, descanso m; **t. cosy**, cubretetera f; **t. leaf**, hoja f de té; **t. service** or **set**, juego m de té; **t. towel**, paño m (de cocina). **2** (snack) merienda f; (**high**) **t.**, merienda-cena f.

teach [tiːtʃ] **I** vtr (pt & pp **taught**) enseñar; (subject) dar clases de; **to t. sb (how) to do sth**, enseñar a algn a hacer algo. **II** vi dar clases, ser profesor,-a.
teacher ['tiːtʃər] n profesor,-a m,f; (in primary school) maestro,-a m,f.
teaching ['tiːtʃɪŋ] n enseñanza f.
teacup ['tiːkʌp] n taza f de té.
teak [tiːk] n teca f.
team [tiːm] n equipo m; (of oxen) yunta f.
team-mate ['tiːmmeɪt] n compañero,-a m,f de equipo.
teamwork ['tiːmwɜːk] n trabajo m en equipo.
teapot ['tiːpɒt] n tetera f.
tear¹ [tɪər] n lágrima f; **to be in tears**, estar llorando; **t. gas**, gas lacrimógeno.
tear² [teər] **I** vtr (pt **tore**; pp **torn**) **1** rajar, desgarrar. **2 to t. sth out of sb's hands**, arrancarle algo de las manos a algn. **II** vi **1** (cloth) rajarse. **2 to t. along**, ir a toda velocidad. **III** n desgarrón m; (in clothes) rasgón m. ◆**tear down** vtr derribar. ◆**tear off** vtr arrancar. ◆**tear out** vtr arrancar. ◆**tear up** vtr **1** romper, hacer pedazos. **2** (uproot) arrancar de raíz.
tearful ['tɪəfʊl] adj lloroso,-a.
tearoom ['tiːruːm] n GB → **teashop**.
tease [tiːz] **I** vtr tomar el pelo a. **II** n bromista m/f.
teashop ['tiːʃɒp] n GB salón m de té.
teaspoon ['tiːspuːn] n cucharilla f.
teaspoonful ['tiːspuːnfʊl] n cucharadita f.
teat [tiːt] n (of animal) teta f; (of bottle) tetina f.
teatime ['tiːtaɪm] n hora f del té.
technical ['teknɪkəl] adj técnico,-a; **t. college**, instituto m de formación profesional. ◆**technically** adv (theoretically) en teoría.
technicality [teknɪ'kælɪtɪ] n detalle técnico.
technician [tek'nɪʃən] n técnico,-a m,f.
technique [tek'niːk] n técnica f.
technological [teknə'lɒdʒɪkəl] adj tecnológico,-a.
technology [tek'nɒlədʒɪ] n tecnología f.
teddy bear ['tedɪbeər] n oso m de felpa.
tedious ['tiːdɪəs] adj tedioso,-a, aburrido,-a.
tee [tiː] n Golf tee m.
teem [tiːm] vi **to t. with**, rebosar de; fam **it was teeming down**, llovía a cántaros.
teenage ['tiːneɪdʒ] adj adolescente.
teenager ['tiːneɪdʒər] n adolescente m/f.
teens [tiːnz] npl adolescencia f sing.
tee-shirt ['tiːʃɜːt] n camiseta f.
teeter ['tiːtər] vi balancearse.
teeth [tiːθ] npl → **tooth**.
teethe [tiːð] vi echar los dientes.
teething ['tiːðɪŋ] n **t. ring**, chupador m; fig **t. troubles**, dificultades fpl iniciales.
teetotaller [tiː'təʊtələr] n abstemio,-a

m,f.
telecommunications ['telɪkəmjuːnɪ'keɪʃənz] *n* telecomunicaciones *fpl.*
telegram ['telɪgræm] *n* telegrama *m.*
telegraph ['telɪgræf, 'telɪgrɑːf] **I** *n* telégrafo *m*; **t. pole,** poste telegráfico. **II** *vtr & vi* telegrafiar.
telepathy [tɪ'lepəθɪ] *n* telepatía *f.*
telephone ['telɪfəʊn] **I** *n* teléfono *m*; *GB* **t. booth, t. box,** cabina *f* (telefónica); **t. call,** llamada telefónica; **t. directory,** guía telefónica; **t. number,** número *m* de teléfono. **II** *vtr* telefonear, llamar por teléfono.
telephonist [tɪ'lefənɪst] *n GB* telefonista *mf.*
telephoto ['telɪfəʊtəʊ] *adj* **t. lens,** teleobjetivo *m.*
teleprinter ['telɪprɪntər] *n* teletipo *m.*
telescope ['telɪskəʊp] **I** *n* telescopio *m*. **II** *vi* plegarse (como un catalejo). **III** *vtr* plegar.
telescopic [telɪ'skɒpɪk] *adj (umbrella)* plegable.
televise ['telɪvaɪz] *vtr* televisar.
television ['telɪvɪʒən] *n* televisión *f*; **t. programme,** programa *m* de televisión; **t. (set),** televisor *m.*
telex ['teleks] **I** *n* télex *m*. **II** *vtr* enviar por télex.
tell [tel] **I** *vtr (pt & pp* **told)** 1 *(say)* decir; *(relate)* contar; *(inform)* comunicar; **to t. lies,** mentir; **to t. sb about sth,** contarle algo a algn; **you're telling me!,** ¡a mí me lo vas a contar! 2 *(order)* mandar; **to t. sb to do sth,** decir a algn que haga algo. 3 *(distinguish)* distinguir; **to know how to t. the time,** saber decir la hora. 4 **all told,** en total. **II** *vi* 1 *(reveal)* reflejar. 2 **who can t.?,** *(know)* ¿quién sabe? 3 *(have effect)* notarse; **the pressure is telling on her,** está acusando la presión. ◆**tell off** *vtr fam* regañar, reñir.
teller ['telər] *n (in bank etc)* cajero,-a *m,f.*
telling ['telɪŋ] *adj (action)* eficaz; *(blow, argument)* contundente.
telltale ['telteɪl] *n* chivato,-a *m,f*; **t. signs,** señales reveladoras.
telly ['telɪ] *n GB fam* **the t.,** la tele.
temp [temp] *n (abbr of* **temporary)** *fam* trabajador,-a *m,f* temporal.
temper ['tempər] **I** *n* 1 *(mood)* humor *m*; **to keep one's t.,** no perder la calma; **to lose one's t.,** perder los estribos. 2 *(temperament)* **to have a bad t.,** tener (mal) genio. **II** *vtr (in metallurgy)* templar; *fig* suavizar.
temperament ['tempərəmənt] *n* temperamento *m.*
temperamental [tempərə'mentəl] *adj* temperamental.
temperate ['tempərɪt] *adj* 1 mesurado,-a. 2 *(climate)* templado,-a.

temperature ['temprɪtʃər] *n* temperatura *f*; **to have a t.,** tener fiebre.
tempest ['tempɪst] *n* tempestad *f.*
temple[1] ['tempəl] *n Archit* templo *m.*
temple[2] ['tempəl] *n Anat* sien *f.*
tempo ['tempəʊ] *n* tempo *m.*
temporary ['tempərərɪ] *adj* provisional; *(setback, improvement)* momentáneo,-a; *(staff)* temporal.
tempt [tempt] *vtr* tentar; **to t. providence,** tentar la suerte; **to t. sb to do sth,** incitar a algn a hacer algo.
temptation [temp'teɪʃən] *n* tentación *f.*
tempting ['temptɪŋ] *adj* tentador,-a.
ten [ten] *adj & n* diez *(m) inv.*
tenable ['tenəbəl] *adj (opinion)* sostenible.
tenacious [tɪ'neɪʃəs] *adj* tenaz.
tenancy ['tenənsɪ] *n (of house)* alquiler *m*; *(of land)* arrendamiento *m.*
tenant ['tenənt] *n (of house)* inquilino,-a *m,f*; *(of farm)* arrendatario,-a *m,f.*
tend[1] [tend] *vi (be inclined)* tender, tener tendencia **(to,** a).
tend[2] [tend] *vtr (care for)* cuidar.
tendency ['tendənsɪ] *n* tendencia *f.*
tender[1] ['tendər] *adj (affectionate)* cariñoso,-a; *(compassionate)* compasivo,-a; *(meat)* tierno,-a.
tender[2] ['tendər] **I** *vtr* ofrecer; **to t. one's resignation,** presentar la dimisión. **II** *vi Com* **to t. for,** sacar a concurso. **III** *n* 1 *Com* oferta *f*. 2 **legal t.,** moneda *f* de curso legal.
tenderness ['tendənɪs] *n* ternura *f.*
tendon ['tendən] *n* tendón *m.*
tenement ['tenɪmənt] *n* casa *f* de vecindad.
tenet ['tenɪt] *n* principio *m.*
tennis ['tenɪs] *n* tenis *m*; **t. ball,** pelota *f* de tenis; **t. court,** pista *f* de tenis; **t. player,** tenista *mf*; **t. racket** raqueta *f* de tenis; **t. shoe,** zapatilla *f* de tenis.
tenor ['tenər] *n Mus* tenor *m.*
tense[1] [tens] *adj* tenso,-a.
tense[2] [tens] *n Gram* tiempo *m.*
tension ['tenʃən] *n* tensión *f.*
tent [tent] *n* tienda *f* de campaña; **t. peg,** estaca *f.*
tentacle ['tentəkəl] *n* tentáculo *m.*
tentative ['tentətɪv] *adj* 1 *(not definite)* de prueba. 2 *(hesitant)* indeciso,-a.
tenterhooks ['tentəhʊks] *npl fig* **on t.,** sobre ascuas.
tenth [tenθ] **I** *adj & n* décimo,-a *(m,f).* **II** *n (fraction)* décimo *m.*
tenuous ['tenjʊəs] *adj* 1 tenue. 2 *(argument)* flojo,-a.
tenure ['tenjʊər] *n* 1 *(of office)* ocupación *f.* 2 *(of property)* arrendamiento *m.*
tepid ['tepɪd] *adj* tibio,-a.
term [tɜːm] **I** *n* 1 *(period)* período *m*; *Educ* trimestre *m*; **t. of office,** mandato *m*, legislatura *f*; **in the long/short t.,** a largo/corto plazo. 2 *(word)* término *m*; *fig* in

terms of money, en cuanto al dinero. **3 terms**, *(conditions)* condiciones *fpl*; **to come to terms with**, hacerse a la idea de. **4 to be on good/bad terms with sb**, tener buenas/malas relaciones con algn. II *vtr* calificar de.

terminal ['tɜ:mɪnəl] I *adj* terminal; **t. cancer**, cáncer incurable. II *n* terminal *f*.

terminate ['tɜ:mɪneɪt] I *vtr* terminar; **to t. a pregnancy**, abortar. II *vi* terminarse.

terminology [tɜ:mɪ'nɒlədʒɪ] *n* terminología *f*.

terminus ['tɜ:mɪnəs] *n* (*pl* **termini** ['tɜ:mɪnaɪ]) terminal *m*.

terrace ['terəs] *n* **1** *Agr* bancal *m*. **2** *GB* (*of houses*) hilera *f* de casas. **3** (*patio*) terraza *f*. **4** *Ftb* **the terraces**, las gradas.

terraced ['terəst] *adj GB* **t. houses**, casas *fpl* (de estilo uniforme) en hilera.

terrain [tə'reɪn] *n* terreno *m*.

terrible ['terəbəl] *adj* terrible; *fig* **I feel t.**, (*ill*) me encuentro fatal. ◆**terribly** *adv* terriblemente.

terrier ['terɪər] *n* terrier *m*.

terrific [tə'rɪfɪk] *adj* **1** *fam* (*excellent*) fenomenal. **2** (*extreme*) tremendo,-a.

terrify ['terɪfaɪ] *vtr* aterrorizar.

terrifying ['terɪfaɪɪŋ] *adj* aterrador,-a.

territory ['terɪtərɪ] *n* territorio *m*.

terror ['terər] *n* terror *m*.

terrorism ['terərɪzəm] *n* terrorismo *m*.

terrorist ['terərɪst] *adj & n* terrorista (*mf*).

terrorize ['terəraɪz] *vtr* aterrorizar.

terry ['terɪ] *n* **t. towel**, toalla *f* de rizo.

terse [tɜ:s] *adj* (*curt*) lacónico,-a.

test [test] I *vtr* probar, someter a una prueba; (*analyze*) analizar; *Med* hacer un análisis de. II *n* prueba *f*, examen *m*; **to put to the t.**, poner a prueba; **to stand the t.**, pasar la prueba; **t. match**, partido *m* internacional; **t. pilot**, piloto *m* de pruebas; **t. tube**, probeta *f*; **t.-tube baby**, niño *m* probeta.

testament ['testəmənt] *n* testamento *m*; **Old/New T.**, Antiguo/Nuevo Testamento.

testicle ['testɪkəl] *n* testículo *m*.

testify ['testɪfaɪ] I *vtr* declarar. II *vi fig* **to t. to sth**, atestiguar algo.

testimonial [testɪ'məʊnɪəl] *n* recomendación *f*.

testimony ['testɪmənɪ] *n* testimonio *m*, declaración *f*.

tetanus ['tetənəs] *n* tétano(s) *m inv*.

tether ['teðər] I *n* ronzal *m*; *fig* **to be at the end of one's t.**, estar hasta la coronilla. II *vtr* (*animal*) atar.

Texas ['teksəs] *n* Tejas.

text [tekst] *n* texto *m*.

textbook ['tekstbʊk] *n* libro *m* de texto.

textile ['tekstaɪl] I *n* tejido *m*. II *adj* textil.

texture ['tekstʃər] *n* textura *f*.

Thai [taɪ] *adj & n* tailandés,-esa (*m,f*).

Thailand ['taɪlænd] *n* Tailandia.

Thames [temz] *n* **the T.**, el Támesis.

than [ðæn, *unstressed* ðən] *conj* que; (*with numbers*) de; **he's older t. me**, es mayor que yo; **I have more/less t. you**, tengo más/menos que tú; **more interesting t. we thought**, más interesante de lo que creíamos; **more t. once**, más de una vez; **more t. ten people**, más de diez personas.

thank [θæŋk] *vtr* agradecer a; **t. you**, gracias.

thankful ['θæŋkfʊl] *adj* agradecido,-a.

thankless ['θæŋklɪs] *adj* (*task*) ingrato,-a.

thanks [θæŋks] *npl* gracias *fpl*; **no t.**, no gracias; **many t.**, muchas gracias; **t. for phoning**, gracias por llamar; **t. to**, gracias a.

thanksgiving [θæŋks'gɪvɪŋ] *n US* **T. Day**, Día *m* de Acción de Gracias.

that [ðæt, *unstressed* ðət] **I** *dem pron* (*pl* **those**) **1** ése *m*, ésa *f*; (*further away*) aquél *m*, aquélla *f*; **this one is new but t. is old**, éste es nuevo pero ése es viejo. **2** (*indefinite*) eso; (*remote*) aquello; **after t.**, después de eso; **like t.**, así; **t.'s right**, eso es; **t.'s where I live**, allí vivo yo; **what's t.?**, ¿qué es eso?; **who's t.?**, ¿quién es? **3** (*with relative*) el, la; **all those I saw**, todos los que vi.

II *dem adj* (*pl* **those**) (*masculine*) ese; (*feminine*) esa; (*further away*) (*masculine*) aquel; (*feminine*) aquella; **at t. time**, en aquella época; **t. book**, ese *or* aquel libro; **t. one**, ése, aquél.

III *rel pron* **1** (*subject, direct object*) que; **all** (**t.**) **you said**, todo lo que dijiste; **the letter** (**t.**) **I sent you**, la carta que te envié. **2** (*governed by preposition*) que, el/la que, los/las que, el/la cual, los/las cuales; **the car** (**t.**) **they came in**, el coche en el que vinieron. **3** (*when*) que, en que; **the moment** (**t.**) **you arrived**, el momento en que llegaste.

IV *conj* que; **come here so t. I can see you**, ven aquí (para) que te vea; **he said** (**t.**) **he would come**, dijo que vendría.

V *adv* así de, tanto, tan; **cut off t. much**, córteme un trozo así de grande; **I don't think it can be t. old**, no creo que sea tan viejo; **we haven't got t. much money**, no tenemos tanto dinero.

thatched [θætʃt] *adj* cubierto,-a con paja; **t. cottage**, casita *f* con techo de paja; **t. roof**, techo *m* de paja.

thaw [θɔ:] I *vtr* (*snow*) derretir; (*food, freezer*) descongelar. II *vi* descongelarse; (*snow*) derretirse. III *n* deshielo *m*.

the [ðə, *before vowel* ðɪ, *emphatic* ðiː] I *def art* **1** el, la; *pl* los, las; **at or to t.**, al, a la; *pl* a los, a las; **of or from t.**, del, de la; *pl* de los, de las; **t. Alps**, los Alpes; **t. right time**, la hora exacta; **t. voice of t. people**, la voz del pueblo. **2** (*omitted*)

George t. Sixth, Jorge Sexto. **3 by t. day,** al día; **by t. dozen,** a docenas. **4** (*with adjectives used as nouns*) **t. elderly,** los ancianos. **5** (*indicating kind*) **he's not t. person to do that,** no es de los que hacen tales cosas. **6** (*enough*) **he hasn't t. patience to wait,** no tiene suficiente paciencia para esperar. **II** *adv* **t. more t. merrier,** cuantos más mejor; **t. sooner t. better,** cuanto antes mejor.

theatre, *US* **theater** ['θɪətər] *n* teatro *m*.

theatre-goer, *US* **theater-goer** ['θɪətəgəuər] *n* aficionado,-a *m,f* al teatro.

theatrical [θɪ'ætrɪkəl] *adj* teatral.

theft [θeft] *n* robo *m*; **petty t.,** hurto *m*.

their [ðeər] *poss adj* (*one thing*) su; (*various things*) sus.

theirs [ðeəz] *poss pron* (el) suyo, (la) suya; *pl* (los) suyos, (las) suyas.

them [ðem] *pers pron pl* **1** (*direct object*) los, las; (*indirect object*) les; **I know t.,** los *or* las conozco; **I shall tell t. so,** se lo diré (a ellos *or* ellas); **it's t.!,** ¡son ellos!; **speak to t.,** hábleles. **2** (*with preposition*) ellos, ellas; **walk in front of t.,** camine delante de ellos; **they took the keys away with t.,** se llevaron las llaves; **both of t., the two of t.,** los dos; **neither of t.,** ninguno de los dos; **none of t.,** ninguno de ellos.

theme [θi:m] *n* tema *m*; **t. tune,** sintonía *f*.

themselves [ðəm'selvz] *pers pron pl* (*as subject*) ellos mismos, ellas mismas; (*as direct or indirect object*) se; (*after a preposition*) sí mismos, sí mismas; **they did it by t.,** lo hicieron ellos solos.

then [ðen] **I** *adv* **1** (*at that time*) entonces; **since t.,** desde entonces; **there and t.,** en el acto; **till t.,** hasta entonces. **2** (*next, afterwards*) luego. **3** (*anyway*) de todas formas. **4** (*in that case*) entonces; **go t.,** pues vete. **II** *conj* entonces. **III** *adj* **the t. president,** el entonces presidente.

theology [θɪ'ɒlədʒɪ] *n* teología *f*.

theoretic(al) [θɪə'retɪk(əl)] *adj* teórico,-a.
◆**theoretically** *adv* teóricamente.

theory ['θɪərɪ] *n* teoría *f*.

therapist ['θerəpɪst] *n* terapeuta *mf*.

therapy ['θerəpɪ] *n* terapia *f*.

there [ðeər] **I** *adv* **1** (*indicating place*) allí, allá; (*nearer speaker*) ahí; **here and t.,** acá y allá; **in t.,** ahí dentro; **is Peter t.?,** ¿está Peter? **2** (*emphatic*) **that man t.,** aquel hombre. **3** (*unstressed*) **t. is..., t. are...,** hay...; **t. were many cars,** había muchos coches; **t. were six of us,** éramos seis. **4** (*in respect*) **t. lies the difficulty,** ahí está la dificultad. **II** *interj* **so t.!,** ¡ea!; **t., t.,** bien, bien.

thereabouts ['ðeərəbauts], *US* **thereabout** ['ðeərəbaut] *adv* **in Cambridge or t.,** en Cambridge o por allí cerca; **at four o'clock or t.,** a las cuatro o así.

thereafter [ðeər'ɑ:ftər] *adv* a partir de entonces.

thereby ['ðeəbaɪ] *adv* por eso *o* ello.

therefore ['ðeəfɔ:r] *adv* por lo tanto, por eso.

thermal ['θɜ:məl] **I** *adj* (*spring*) termal; *Phys* térmico,-a. **II** *n* *Meteor* corriente térmica.

thermometer [θə'mɒmɪtər] *n* termómetro *m*.

Thermos® ['θɜ:məs] *n* **T. (flask),** termo *m*.

thermostat ['θɜ:məstæt] *n* termostato *m*.

thesaurus [θɪ'sɔ:rəs] *n* diccionario *m* de sinónimos.

these [ði:z] **I** *dem adj pl* estos,-as. **II** *dem pron pl* éstos,-as; → **this**.

thesis ['θi:sɪs] *n* tesis *f inv*.

they [ðeɪ] *pron pl* **1** ellos, ellas; **t. are dancing,** están bailando; **t. are rich,** son ricos. **2** (*stressed*) **t. alone,** ellos solos; **t. themselves told me,** me lo dijeron ellos mismos. **3** (*with relative*) los, las. **4** (*indefinite*) **that's what t. say,** eso es lo que se dice; **t. say that ...,** se dice que ....

thick [θɪk] **I** *adj* **1** (*book etc*) grueso,-a; **a wall two metres t.,** un muro de dos metros de espesor. **2** (*dense*) espeso,-a. **3** *fam* (*stupid*) tonto,-a. **II** *adv* densamente. **III** *n* **to be in the t. of it,** estar metido,-a de lleno.

thicken ['θɪkən] **I** *vtr* espesar. **II** *vi* espesarse; *fig* (*plot*) complicarse.

thickness ['θɪknɪs] *n* (*of wall etc*) espesor *m*; (*of wire, lips*) grueso *m*; (*of liquid, woodland*) espesura *f*.

thickset ['θɪkset] *adj* (*person*) rechoncho, -a.

thick-skinned [θɪk'skɪnd] *adj fig* poco sensible.

thief [θi:f] *n* (*pl* **thieves** [θi:vz]) ladrón, -ona *m,f*.

thigh [θaɪ] *n* muslo *m*.

thimble ['θɪmbəl] *n* dedal *m*.

thin [θɪn] *adj* (**thinner, thinnest**) **1** delgado,-a; **a t. slice,** una loncha fina. **2** (*hair, vegetation*) ralo,-a; (*liquid*) claro,-a; (*population*) escaso,-a. **3** *fig* (*voice*) débil; **a t. excuse,** un pobre pretexto. **II** *vtr* **to t. (down),** (*paint*) diluir. ◆**thinly** *adv* poco, ligeramente.

thing [θɪŋ] *n* **1** cosa *f*; **my things,** (*clothing*) mi ropa *f sing*; (*possessions*) mis cosas *fpl*; **for one t.,** en primer lugar; **the t. is ...,** resulta que ...; **what with one t. and another,** entre unas cosas y otras; **as things are,** tal como están las cosas; **poor little t.!,** ¡pobrecito,-a!

think [θɪŋk] *vtr* (*pt & pp* **thought**) **1** (*believe*) pensar, creer; **I t. so/not,** creo que sí/no. **2** *I thought as much,* yo me lo imaginaba. **II** *vi* **1** pensar (*of, about,* en); **give me time to t.,** dame tiempo para reflexionar; **to t. ahead,** prevenir. **2** (*have*

thinking   573   **throb**

as opinion) opinar, pensar; **to t. highly of sb,** apreciar a algn; **what do you t.?,** ¿a ti qué te parece? **3 just t.!,** ¡imagínate! ◆**think out** *vtr* meditar; **a carefully thought-out answer,** una respuesta razonada. ◆**think over** *vtr* reflexionar; **we'll have to t. it over,** lo tendremos que pensar. ◆**think up** *vtr* imaginar, idear.

thinking ['θɪŋkɪŋ] *adj* racional.

think-tank ['θɪŋktæŋk] *n fam* grupo *m* de expertos.

third [θɜːd] **I** *adj* tercero,-a; *(before masculine singular noun)* tercer; **the t. of March,** el tres de marzo; **the T. World,** el Tercer Mundo; **t. party insurance,** seguro a terceros. **II** *n* **1** *(in series)* tercero,-a *m,f*. **2** *(fraction)* tercio *m*, tercera parte. ◆**thirdly** *adv* en tercer lugar.

third-rate ['θɜːdreɪt] *adj* de calidad inferior.

thirst [θɜːst] *n* sed *f*.

thirsty ['θɜːstɪ] *adj* (thirstier, thirstiest) sediento,-a; **to be t.,** tener sed.

thirteen [θɜː'tiːn] *adj & n* trece *(m) inv*.

thirteenth [θɜː'tiːnθ] **I** *adj & n* decimotercero,-a *(m,f)*. **II** *n (fraction)* decimotercera parte.

thirtieth ['θɜːtɪɪθ] **I** *adj & n* trigésimo,-a *(m,f)*. **II** *n (fraction)* trigésima parte.

thirty ['θɜːtɪ] *adj & n* treinta *(m) inv*.

this [ðɪs] **I** *dem adj (pl* **these)** *(masculine)* este; *(feminine)* esta; **t. book/these books,** este libro/estos libros; **t. one,** éste, ésta. **II** *(pl* **these)** *dem pron* **1** *(indefinite)* esto; **it was like t.,** fue así. **2** *(place)* **t. is where we met,** fue aquí donde nos conocimos. **3** *(time)* **it should have come before t.,** debería haber llegado ya. **4** *(specific person or thing)* éste *m*, ésta *f*; **I prefer these to those,** me gustan más éstos que aquéllos; *(introduction)* **t. is Mr Alvarez,** le presento al Sr. Alvarez; *Tel* **t. is Julia** *(speaking)*, soy Julia. **III** *adv* **he got t. far,** llegó hasta aquí; **t. small/big,** así de pequeño/grande.

thistle ['θɪsəl] *n* cardo *m*.

thong [θɒŋ] *n* correa *f*.

thorax ['θɔːræks] *n* tórax *m*.

thorn [θɔːn] *n* espina *f*.

thorough ['θʌrə] *adj (careful)* minucioso,-a; *(work)* concienzudo,-a; *(knowledge)* profundo,-a; **to carry out a t. enquiry into a matter,** investigar a fondo un asunto. ◆**thoroughly** *adv (carefully)* a fondo; *(wholly)* completamente.

thoroughbred ['θʌrəbred] **I** *adj (horse)* de pura sangre. **II** *n (horse)* pura sangre *mf*.

thoroughfare ['θʌrəfeər] *n (road)* carretera *f*; *(street)* calle *f*.

those [ðəʊz] **I** *dem pron pl* ésos,-as; *(remote)* aquéllos,-as; **t. who,** los que, las que. **II** *dem adj pl* esos,-as; *(remote)* aquellos,-as; → **that I** & **II**.

though [ðəʊ] **I** *conj* **1** aunque; **strange t. it may seem,** por (muy) extraño que parezca. **2 as t.,** como si; **it looks as t. he's gone,** parece que se ha ido. **II** *adv* sin embargo.

thought [θɔːt] *n* **1** *(act of thinking)* pensamiento *m*; **what a tempting t.!,** ¡qué idea más tentadora! **2** *(reflection)* reflexión *f*. **3 it's the t. that counts,** *(intention)* lo que cuenta es la intención.

thoughtful ['θɔːtful] *adj (pensive)* pensativo,-a; *(considerate)* atento,-a.

thoughtless ['θɔːtlɪs] *adj (person)* desconsiderado,-a; *(action)* irreflexivo,-a.

thousand ['θaʊzənd] *adj & n* mil *(m) inv*; **thousands of people,** miles de personas.

thousandth ['θaʊzənθ] **I** *adj* milésimo,-a. **II** *n* **1** *(in series)* milésimo,-a *m,f*. **2** *(fraction)* milésima parte.

thrash [θræʃ] **I** *vtr* dar una paliza a. **II** *vi* **to t. about** *or* **around,** agitarse. ◆**thrash out** *vtr* discutir a fondo.

thread [θred] **I** *n* **1** hilo *m*; **length of t.,** hebra *f*. **2** *(of screw)* rosca *f*. **II** *vtr* **1** *(needle)* enhebrar. **2 to t. one's way,** colarse **(through,** por).

threadbare ['θredbeər] *adj* raído,-a.

threat [θret] *n* amenaza *f*.

threaten ['θretən] *vtr* amenazar; **to t. to do sth,** amenazar con hacer algo.

threatening ['θretənɪŋ] *adj* amenazador, -a. ◆**threateningly** *adv* de modo amenazador.

three [θriː] *adj & n* tres *(m)*.

three-dimensional [θriːdɪ'menʃənəl] *adj* tridimensional.

threefold ['θriːfəʊld] **I** *adj* triple. **II** *adv* tres veces; **to increase t.,** triplicarse.

three-piece ['θriːpiːs] *adj* **t.-p. suit,** traje *m* de tres piezas; **t.-p. suite,** tresillo *m*.

three-ply ['θriːplaɪ] *adj* de tres hebras.

three-wheeler [θriː'wiːlər] *n Aut* coche *m* de tres ruedas; *(tricycle)* triciclo *m*.

thresh [θreʃ] *vtr* trillar.

threshold ['θreʃəʊld] *n* umbral *m*; *fig* **to be on the t. of,** estar a las puertas *o* en los umbrales de.

threw [θruː] *pt* → **throw**.

thrifty ['θrɪftɪ] *adj* (thriftier, thriftiest) económico,-a, ahorrador,-a.

thrill [θrɪl] **I** *n* **1** *(excitement)* emoción *f*. **2** *(quiver)* estremecimiento *m*. **II** *vtr (excite)* emocionar; *(audience)* entusiasmar.

thriller ['θrɪlər] *n* novela *f*/película *f* de suspense.

thrilling ['θrɪlɪŋ] *adj* emocionante.

thrive [θraɪv] *vi (pt* **thrived** *or* **throve**; *pp* **thrived** *or* **thriven** ['θrɪvən]) **1** *(person)* rebosar de salud. **2** *fig (business)* prosperar; **he thrives on it,** le viene de maravilla.

thriving ['θraɪvɪŋ] *adj fig* próspero,-a.

throat [θrəʊt] *n* garganta *f*.

throb [θrɒb] **I** *n (of heart)* latido *m*; *(of machine)* zumbido *m*. **II** *vi (heart)* latir; *(machine)* zumbar; **my head is throbbing,**

throes [θrəʊz] *npl* **to be in one's death t.**, estar agonizando; *fig* **in the t. of ...**, en pleno,- a ....

throne [θrəʊn] *n* trono *m*.

throng [θrɒŋ] I *n* multitud *f*, gentío *m*. II *vi* apiñarse. III *vtr* atestar.

throttle ['θrɒtəl] I *n* t. (valve), (of engine) válvula reguladora. II *vtr* (person) estrangular. ◆**throttle back** *vtr* (engine) desacelerar.

through [θruː] I *prep* 1 (place) a través de, por; **to look t. the window**, mirar por la ventana. 2 (time) a lo largo de; **all t. his life**, durante toda su vida. 3 (by means of) por, mediante; **I learnt of it t. Jack**, me enteré por Jack. 4 (because of) a *or* por causa de; **t. ignorance**, por ignorancia. II *adj* a **t. train**, un tren directo; **t. traffic**, tránsito *m*. III *adv* 1 (from one side to the other) de un lado a otro; **to let sb t.**, dejar pasar a algn; *fig* **socialist/ French t. and t.**, socialista/francés por los cuatro costados. 2 **I'm t. with him**, he terminado con él. 3 *Tel* **to get t. to sb**, comunicar con algn; **you're t., ¡hablen!**

throughout [θruːˈaʊt] I *prep* por todo,-a; **t. the year**, durante todo el año. II *adv* (place) en todas partes; (time) todo el tiempo.

throve [θrəʊv] *pt* → **thrive**.

throw [θrəʊ] I *vtr* (*pt* **threw**; *pp* **thrown**) 1 tirar, arrojar; (to the ground) derribar; (rider) desmontar; *fig* **he threw a fit**, le dio un ataque; *fig* **to t. a party**, dar una fiesta. 2 (disconcert) desconcertar. II *n* tiro *m*, lanzamiento *m*; (in wrestling) derribo *m*. ◆**throw away** *vtr* (rubbish) tirar; (money) malgastar; (opportunity) perder. ◆**throw in** *vtr* 1 tirar; *Sport* sacar de banda; *fig* **to t. in the towel**, arrojar la toalla. 2 (include) añadir; (in deal) incluir (gratis). ◆**throw off** *vtr* (person, thing) deshacerse de; (clothes) quitarse. ◆**throw out** *vtr* (rubbish) tirar; (person) echar. ◆**throw up** *vtr* I lanzar al aire. 2 *Constr* construir rápidamente. II *vi fam* vomitar, devolver.

throwaway ['θrəʊəweɪ] *adj* desechable.

throw-in ['θrəʊɪn] *n Sport* saque *m* de banda.

thrown [θrəʊn] *pp* → **throw**.

thru [θruː] *prep US* → **through**.

thrush [θrʌʃ] *n Orn* tordo *m*, zorzal *m*.

thrust [θrʌst] I *vtr* (*pt & pp* **thrust**) empujar con fuerza; **he t. a letter into my hand**, me puso una carta violentamente en la mano. II *n* (push) empujón *m*; *Av Phys* empuje *m*.

thud [θʌd] *n* ruido sordo.

thug [θʌɡ] *n* (lout) gamberro *m*; (criminal) criminal *m*.

thumb [θʌm] I *n* pulgar *m*. II *vtr* 1 manosear. 2 **to t. a lift**, hacer autostop. ◆**thumb through** *vtr* (book) hojear.

thumbtack ['θʌmtæk] *n US* chincheta *f*.

thump [θʌmp] I *n* 1 (sound) ruido sordo. 2 (blow) golpazo *m*; *fam* torta *f*. II *vtr* golpear. III *vi* 1 **to t. on the table**, golpear la mesa. 2 (heart) latir ruidosamente.

thunder ['θʌndər] I *n* trueno *m*; **t. of applause**, estruendo *m* de aplausos. II *vi* tronar.

thunderbolt ['θʌndəbəʊlt] *n* (lighting) rayo *m*; *fig* (news) bomba *f*.

thunderclap ['θʌndəklæp] *n* trueno *m*.

thunderous ['θʌndərəs] *adj fig* ensordecedor,-a.

thunderstorm ['θʌndəstɔːm] *n* tormenta *f*.

thundery ['θʌndərɪ] *adj* (weather) tormentoso,-a.

Thursday ['θɜːzdɪ] *n* jueves *m*.

thus [ðʌs] *adv* así, de esta manera; **and t. ...**, así que ....

thwart [θwɔːt] *vtr* frustrar, desbaratar.

thyme [taɪm] *n* tomillo *m*.

thyroid ['θaɪrɔɪd] *n* tiroides *f inv*.

tiara [tɪˈɑːrə] *n* diadema *f*; *Rel* tiara *f*.

tic [tɪk] *n* tic *m*.

tick[1] [tɪk] I *n* 1 (sound) tic-tac *m*. 2 *GB fam* **I'll do it in a t.**, ahora mismo lo hago. 3 (mark) marca *f* de visto bueno. II *vi* hacer tic-tac. III *vtr* marcar. ◆**tick off** *vtr* 1 (mark) marcar. 2 *GB fam* (reprimand) regañar. ◆**tick over** *vi Aut* funcionar al ralentí.

tick[2] [tɪk] *n Ent* garrapata *f*.

ticket ['tɪkɪt] *n* 1 (for bus etc) billete *m*; *Theat* entrada *f*; (for lottery) décimo *m*; **t. collector**, revisor,-a *m,f*; **t. office**, taquilla *f*. 2 (receipt) recibo *m*. 3 (label) etiqueta *f*. 4 *Aut* multa *f*.

tickle ['tɪkəl] I *vtr* hacer cosquillas a. II *vi* hacer cosquillas. III *n* cosquillas *fpl*.

ticklish ['tɪklɪʃ] *adj* **to be t.**, tener cosquillas.

tidal ['taɪdəl] *adj* de la marea; **t. wave**, ola *f* gigante.

tidbit ['tɪdbɪt] *n US* → **titbit**.

tiddlywinks ['tɪdlɪwɪŋks] *n* (game) pulga *f*.

tide [taɪd] *n* 1 marea *f*; **high/low t.**, marea alta/baja. 2 *fig* (of events) curso *m*; **the t. has turned**, han cambiado las cosas; **to go against the t.**, ir contra corriente.

tidings ['taɪdɪŋz] *npl fml* noticias *fpl*.

tidy ['taɪdɪ] I *adj* (**tidier, tidiest**) 1 (room, habits) ordenado,-a. 2 (appearance) arreglado,-a. II *vtr* arreglar; **to t. away**, poner en su sitio. III *vi* **to t. (up)**, ordenar las cosas.

tie [taɪ] I *vtr* (shoelaces etc) atar; **to t. a knot**, hacer un nudo. II *vi Sport* empatar (**with**, con). III *n* 1 (bond) lazo *m*, vínculo *m*. 2 *fig* (hindrance) atadura *f*. 3 (clothing) corbata *f*. 4 *Sport* (match) partido *m*;

(*draw*) empate *m*. ◆**tie down** *vtr* sujetar; *fig* **to be tied down**, estar atado,- a; *fig* **to t. sb down to a promise**, obligar a algn a cumplir una promesa. ◆**tie up** *vtr* **1** (*parcel, dog*) atar. **2** (*deal*) concluir. **3** (*capital*) inmovilizar; *fig* **I'm tied up just now**, de momento estoy muy ocupado,-a.

tiebreaker ['taɪbreɪkər] *n* tie-break *m*.

tiepin ['taɪpɪn] *n* alfiler *m* de corbata.

tier [tɪər] *n* (*of seats*) fila *f*; (*in stadium*) grada *f*; **four-t. cake**, pastel *m* de cuatro pisos.

tiger ['taɪgər] *n* tigre *m*.

tight [taɪt] **I** *adj* **1** apretado,-a; (*clothing*) ajustado,-a; (*seal*) hermético,-a; **my shoes are too t.**, me aprietan los zapatos; *fig* **to be in a t. corner**, estar en un apuro. **2** (*scarce*) escaso,-a; **money's a bit t.**, estamos escasos de dinero. **3** (*mean*) agarrado,-a. **4** *fam* (*drunk*) borracho,-a. **II** *adv* estrechamente; (*seal*) herméticamente; **hold t.**, agárrate fuerte; **shut t.**, bien cerrado,-a; **to sit t.**, no moverse de su sitio.

tighten ['taɪtən] **I** *vtr* apretar, (*rope*) tensar; *fig* **to t. (up) restrictions**, intensificar las restricciones. **II** *vi* apretarse; (*cable*) tensarse.

tightfisted [taɪt'fɪstɪd] *adj* tacaño,-a.

tightrope ['taɪtrəʊp] *n* cuerda floja; **t. walker**, funámbulo,-a *m,f*.

tights [taɪts] *npl* (*thin*) medias *fpl*, panties *mpl*; (*thick*) leotardos *mpl*; (*of dancer*) mallas *fpl*.

tile [taɪl] **I** *n* (*of roof*) teja *f*; (*glazed*) azulejo *m*; (*for floor*) baldosa *f*. **II** *vtr* (*roof*) tejar; (*wall*) azulejar; (*floor*) embaldosar.

tiled [taɪld] *adj* (*roof*) de *or* con tejas; (*wall*) revestido,-a de azulejos; (*floor*) embaldosado,-a.

till[1] [tɪl] *n* (*for cash*) caja *f*.

till[2] [tɪl] *vtr* (*field*) labrar, cultivar.

till[3] [tɪl] **I** *prep* hasta; **from morning t. night**, de la mañana a la noche; **t. then**, hasta entonces. **II** *conj* hasta que.

tiller ['tɪlər] *n* Naut caña *f* del timón.

tilt [tɪlt] **I** *n* (*angle*) inclinación *f*. **2** (*at*) **full t.**, (*speed*) a toda velocidad. **II** *vi* **to t. over**, volcarse; **to t. (up)**, inclinarse. **III** *vtr* inclinar.

timber ['tɪmbər] *n* (*wood*) madera *f* (de construcción); (*trees*) árboles *mpl*; (**piece of**) **t.**, viga *f*.

time [taɪm] **I** *n* **1** tiempo *m*; **all the t.**, todo el tiempo; **for some t. (past)**, desde hace algún tiempo; **I haven't seen him for a long t.**, hace mucho (tiempo) que no lo veo; **in a short t.**, en poco tiempo; **in no t.**, en un abrir y cerrar de ojos; **in t.**, a tiempo; **in three weeks' t.**, dentro de tres semanas; **to take one's t. over sth**, hacer algo con calma; *fam* **to do t.**, cumplir una condena; **t. bomb**, bomba *f* de relojería; **t. limit**, límite *m* de tiempo; (*for payment etc*) plazo *m*; **t. switch**, interruptor *m* electrónico automático; **t. zone**, huso horario. **2** (*era*) época *f*, tiempos *mpl*; **a sign of the times**, un signo de los tiempos; **to be behind the times**, tener ideas anticuadas. **3** (*point in time*) momento *m*; **(at) any t. (you like)**, cuando quiera; **at no t.**, en ningún momento; **at that t.**, (en aquel) entonces; **at the same t.**, al mismo tiempo; **at times**, a veces; **from t. to t.**, de vez en cuando; **he may turn up at any t.**, puede llegar en cualquier momento. **4** (*time of day*) hora *f*; **and about t. too!**, ¡ya era hora!; **in good t.**, con anticipación; **on t.**, puntualmente; **what's the t.?**, ¿qué hora es? **5 t. of year**, época *f* del año. **6 to have a good/bad t.**, pasarlo bien/mal. **7** (*occasion*) vez *f*; **four at a t.**, cuatro a la vez; **next t.**, la próxima vez; **several times over**, varias veces; **three times running**, tres veces seguidas; **t. after t.**, una y otra vez. **8** (*in multiplication*) **three times four**, tres (multiplicado) por cuatro; **four times as big**, cuatro veces más grande. **9** *Mus* compás *m*; **in t.**, al compás.

II *vtr* **1** (*speech*) calcular la duración de; *Sport* (*race*) cronometrar. **2** (*choose the time of*) escoger el momento oportuno para.

time-consuming ['taɪmkənsjuːmɪŋ] *adj* que ocupa mucho tiempo.

time-lag ['taɪmlæg] *n* intervalo *m*.

timeless ['taɪmlɪs] *adj* eterno,-a.

timely ['taɪmlɪ] *adj* (**timelier, timeliest**) oportuno,-a.

timer ['taɪmər] *n* (*device*) temporizador *m*.

timetable ['taɪmteɪbəl] *n* horario *m*.

timid ['tɪmɪd] *adj* tímido,-a.

timing ['taɪmɪŋ] *n* **1** (*timeliness*) oportunidad *f*; (*coordination*) coordinación *f*; **your t. was wrong**, no calculaste bien. **2** *Sport* cronometraje *m*.

tin [tɪn] **I** *n* **1** (*metal*) estaño *m*; **t. plate**, hojalata *f*. **2** (*container*) lata *f*. **II** *vtr* (**tins**) enlatar; **tinned food**, conservas *fpl*.

tinfoil ['tɪnfɔɪl] *n* papel *m* de estaño.

tinge [tɪndʒ] **I** *n* tinte *m*, matiz *m*. **II** *vtr* teñir.

tingle ['tɪŋgəl] *vi* **my feet are tingling**, siento un hormigueo en los pies.

tinker ['tɪŋkər] **I** *n pej* calderero,-a *mf*. **II** *vi* **stop tinkering with the radio**, deja de toquetear la radio.

tinkle ['tɪŋkəl] *vi* tintinear.

tin-opener ['tɪnəʊpənər] *n* abrelatas *m inv*.

tinsel ['tɪnsəl] *n* oropel *m*.

tint [tɪnt] **I** *n* tinte *m*, matiz *m*. **II** *vtr* teñir; **to t. one's hair**, teñirse el pelo.

tiny ['taɪnɪ] *adj* (**tinier, tiniest**) pequeñito,-a; **a t. bit**, un poquitín.

tip¹ [tɪp] **I** *n (end)* punta *f*; *(of cigarette)* colilla *f*; **it's on the t. of my tongue,** lo tengo en la punta de la lengua. **II** *vtr* poner cantera a; **tipped with steel,** con punta de acero.

tip² [tɪp] **I** *n* **1** *(gratuity)* propina *f*. **2** *(advice)* consejo *m*. **3** *Sport (racing)* pronóstico *m*. **II** *vtr* **1** dar una propina a. **2** *Sport* pronosticar. ◆**tip off** *vtr (police)* dar el chivatazo a.

tip³ [tɪp] **I** *n GB* **rubbish t.,** vertedero *m*. **II** *vtr* inclinar; *GB (rubbish)* verter. **III** *vi* **to t. (up),** ladearse; *(cart)* bascular. ◆**tip over I** *vtr* volcar. **II** *vi* volcarse.

tipple ['tɪpəl] *fam* **I** *vi* empinar el codo. **II** *n* bebida alcohólica; **what's your t.?,** ¿qué te gusta beber?

tipsy ['tɪpsɪ] *adj (tipsier, tipsiest)* contentillo,-a.

tiptoe ['tɪptəʊ] **I** *vi* andar de puntillas; **to t. in/out,** entrar/salir de puntillas. **II** *n* **on t.,** de puntillas.

tiptop ['tɪptɒp] *adj fam* de primera.

tire¹ [taɪər] *n US* → **tyre.**

tire² [taɪər] **I** *vtr* cansar; **to t. sb out,** agotar a algn. **II** *vi* cansarse; **to t. of doing sth,** cansarse de hacer algo.

tired ['taɪəd] *adj* cansado,-a; **t. out,** rendido,-a; **to be t.,** estar cansado,-a; **to be t. of sth,** estar harto,-a de algo.

tireless ['taɪəlɪs] *adj* incansable.

tiresome ['taɪəsəm] *adj* pesado,-a.

tiring ['taɪərɪŋ] *adj* agotador,-a.

tissue ['tɪʃuː, 'tɪsjuː] *n* **1** *Biol* tejido *m*. **2** *Tex* tisú *m*; **t. paper,** papel *m* de seda. **3** *(handkerchief)* pañuelo *m* de papel, kleenex® *m*.

tit¹ [tɪt] *n* **to give t. for tat,** devolver la pelota.

tit² [tɪt] *n sl (breast)* teta *f*.

titbit ['tɪtbɪt] *n* golosina *f*.

titillate ['tɪtɪleɪt] *vtr* excitar.

tit(t)ivate ['tɪtɪveɪt] *vtr* emperifollar.

title ['taɪtəl] *n* **1** título *m*; *Cin* **credit titles,** ficha técnica; **t. page,** portada *f*; **t. role,** papel *m* principal. **2** *Jur* título *m*.

titter ['tɪtər] **I** *vi* reírse nerviosamente; *(foolishly)* reírse tontamente. **II** *n* risa ahogada; *(foolish)* risilla tonta.

titular ['tɪtjʊlər] *adj* titular.

TM *abbr of* **trademark,** marca *f* (de fábrica).

to [tuː; *unstressed before vowels* tʊ, *before consonants* tə] **I** *prep* **1** *(with place)* a; *(expressing direction)* hacia; **from town to town,** de ciudad en ciudad; **he went to France/Japan,** fue a Francia/Japón; **I'm going to Mary's,** voy a casa de Mary; **it is thirty miles to London,** Londres está a treinta millas; **the train to Madrid,** el tren de Madrid; **to the east,** hacia el este; **to the right,** a la derecha; **what school do you go to?,** ¿a qué escuela vas? **2** *(time)* a; **from day to day,** de día en día; **from two to four,** de dos a cuatro; **ten (minutes) to six,** las seis menos diez. **3** *(as far as)* hasta; **accurate to a millimetre,** exacto,-a hasta el milímetro. **4** *(with indirect object)* **he gave it to his cousin,** se lo dio a su primo; **what's that to you?,** ¿qué te importa a ti? **5** *(towards a person)* **he was very kind to me,** se portó muy bien conmigo. **6** *(of)* de; **heir to an estate,** heredero *m* de una propiedad; **adviser to the president,** consejero *m* del presidente. **7** **to come to sb's assistance,** acudir en ayuda de algn; **to everyone's surprise,** para sorpresa de todos; **to this end,** con este fin. **8** **to the best of my knowledge,** que yo sepa. **9** *(compared to)* **that's nothing to what I've seen,** eso no es nada en comparación con lo que he visto yo. **10** *(in proportion)* **one house to the square kilometre,** una casa por kilómetro cuadrado; **six votes to four,** seis votos contra cuatro. **11** *(about)* **what did he say to my suggestion?,** ¿qué contestó a mi sugerencia?

II *with infin* **1** *with simple infinitives* **to** *is not translated but is shown by the verb endings*; **to buy,** comprar; **to come,** venir. **2** *(in order to)* para; *(with verbs of motion or purpose)* a, por; **he did it to help me,** lo hizo para ayudarme; **he stopped to talk,** se detuvo a hablar; **he fought to convince them,** luchó por convencerlos. **3** *various verbs followed by dependent infinitives take particular prepositions* (a, de, en, por, con, para etc) *and others take no preposition*; → *the entry of the verb in question*. **4** *(with adj and infin)* a, de; **difficult to do,** difícil de hacer; **ready to listen,** dispuesto,-a a escuchar; **too hot to drink,** demasiado caliente para bebérselo. **5** *(with noun and infin)* **the first to complain,** el primero en quejarse; **this is the time to do it,** éste es el momento de hacerlo; **to have a great deal to do,** tener mucho que hacer. **6** *(expressing following action)* **he awoke to find the light still on,** al despertarse encontró la lámpara todavía encendida. **7** *(with verbs of ordering, wishing etc)* **he asked me to do it,** me pidió que lo hiciera. **8** *(expressing obligation)* **fifty employees are to go,** cincuenta empleados deben ser despedidos; **to have to do sth,** tener que hacer algo. **9** *(replacing infin)* **go if you want to,** váyase si quiere.

III *adv* **to go to and fro,** ir y venir; **to push the door to,** encajar la puerta.

toad [təʊd] *n* sapo *m*.

toadstool ['təʊdstuːl] *n* hongo *m* (venenoso).

toast¹ [təʊst] *Culin* **I** *n* pan tostado; **a slice of t.,** una tostada. **II** *vtr* tostar.

toast² [təʊst] **I** *n (drink)* brindis *m inv*; **to drink a t. to,** brindar por. **II** *vtr* brindar

por.
toaster ['təustə^r] *n* tostador *m* (de pan).
tobacco [tə'bækəu] *n* tabaco *m*.
tobacconist [tə'bækənɪst] *n* GB estanquero,-a *m,f*; t.'s (*shop*), estanco *m*.
toboggan [tə'bɒgən] *n* tobogán *m*.
today [tə'deɪ] **I** *n* hoy *m*. **II** *adv* hoy; (*nowadays*) hoy en día; **a week t.**, justo dentro de una semana.
toddler ['tɒdlə^r] *n* niño,-a *m,f* que empieza a andar; **the toddlers**, los pequeñitos.
toddy ['tɒdɪ] *n* ponche *m*.
to-do [tə'du:] *n* lío *m*, jaleo *m*.
toe [təu] **I** *n* dedo *m* del pie; **big t.**, dedo gordo. **II** *vtr* **t. the line**, conformarse.
toenail ['təuneɪl] *n* uña *f* del dedo del pie.
toffee ['tɒfɪ] *n* caramelo *m*.
together [tə'geðə^r] *adv* junto, juntos,-as; **all t.**, todos juntos; **t. with**, junto con; **to bring t.**, reunir.
toil [tɔɪl] **I** *n* trabajo duro. **II** *vi* afanarse, trabajar (duro); **to t. up a hill**, subir penosamente una cuesta.
toilet ['tɔɪlɪt] *n* **1** wáter *m*, retrete *m*; (*for public*) servicios *mpl*; **t. paper or tissue**, papel higiénico; **t. roll**, rollo *m* de papel higiénico. **2** (*washing etc*) aseo *m* (personal); **t. bag**, neceser *m*; **t. soap**, jabón *m* de tocador.
toiletries ['tɔɪlɪtrɪz] *npl* artículos *mpl* de aseo.
token ['təukən] **I** *n* **1** (*sign*) señal *f*; **as a t. of respect**, en señal de respeto. **2** Com vale *m*; **book t.**, vale para comprar libros. **II** *adj* simbólico,-a.
told [təuld] *pt & pp* → **tell**.
tolerable ['tɒlərəbəl] *adj* tolerable.
tolerance ['tɒlərəns] *n* tolerancia *f*.
tolerant ['tɒlərənt] *adj* tolerante.
tolerate ['tɒləreɪt] *vtr* tolerar.
toll[1] [təul] *vtr* tocar. **II** *vi* doblar.
toll[2] [təul] *n* **1** Aut peaje *m*. **2** (*loss*) pérdidas *fpl*; **the death t.**, el número de víctimas mortales.
tomato [tə'mɑ:təu, *US* tə'meɪtəu] *n* (*pl* **tomatoes**) tomate *m*; **t. sauce**, salsa *f* de tomate.
tomb [tu:m] *n* tumba *f*, sepulcro *m*.
tomboy ['tɒmbɔɪ] *n* marimacho *f*.
tombstone ['tu:mstəun] *n* lápida *f* sepulcral.
tomcat ['tɒmkæt] *n* gato *m* (macho).
tomorrow [tə'mɒrəu] **I** *n* mañana *m*; **the day after t.**, pasado mañana; **t. night**, mañana por la noche. **II** *adv* mañana; **see you t.!**, ¡hasta mañana!; **t. week**, dentro de ocho días a partir de mañana.
ton [tʌn] *n* tonelada *f*; *fam* **tons of**, montones de.
tone [təun] **I** *n* tono *m*. **II** *vi* **to t. in with sth**, armonizar con algo. ◆**tone down** *vtr* atenuar.
tone-deaf ['təundef] *adj* **to be t.-d.**, no

tener oído.
tongs [tɒŋz] *npl* (*for sugar, hair*) tenacillas *fpl*; (*fire*) **t.**, tenazas *fpl*.
tongue [tʌŋ] *n* **1** lengua *f*; *fig* **to say sth t. in cheek**, decir algo con la boca pequeña; *fig* **t. twister**, trabalenguas *m inv*. **2** (*of shoe*) lengüeta *f*; (*of bell*) badajo *m*.
tongue-tied ['tʌŋtaɪd] *adj* mudo,-a (por la timidez).
tonic ['tɒnɪk] **I** *n* **1** Med tónico *m*. **2** (*drink*) tónica *f*. **II** *adj* tónico,-a; Mus **t. sol-fa**, solfeo *m*.
tonight [tə'naɪt] *adv & n* esta noche.
tonnage ['tʌnɪdʒ] *n* (*of ship*) tonelaje *m*.
tonne [tʌn] *n* → **ton**.
tonsil ['tɒnsəl] *n* amígdala *f*; **to have one's tonsils out**, ser operado,-a de las amígdalas.
tonsillitis [tɒnsɪ'laɪtɪs] *n* amigdalitis *f*.
too [tu:] *adv* **1** (*besides*) además. **2** (*also*) también. **3** (*excessively*) demasiado; **t. much money**, demasiado dinero; **ten pounds t. much**, diez libras de más; **t. frequently**, con demasiada frecuencia; **t. old**, demasiado viejo.
took [tʊk] *pt* → **take**.
tool [tu:l] *n* (*utensil*) herramienta *f*.
toolbox ['tu:lbɒks] *n* caja *f* de herramientas.
toot [tu:t] *Aut* **I** *vtr* tocar. **II** *vi* tocar la bocina.
tooth [tu:θ] *n* (*pl* **teeth** [ti:θ]) **1** diente *m*; (*molar*) muela *f*; *fig* **to fight t. and nail**, luchar a brazo partido. **2** (*of saw*) diente *m*; (*of comb*) púa *f*.
toothache ['tu:θeɪk] *n* dolor *m* de muelas.
toothbrush ['tu:θbrʌʃ] *n* cepillo *m* de dientes.
toothpaste ['tu:θpeɪst] *n* pasta dentífrica.
toothpick ['tu:θpɪk] *n* mondadientes *m inv*.
top[1] [tɒp] **I** *n* **1** (*upper part*) parte *f* de arriba; (*of hill*) cumbre *f*, cima *f*; (*of tree*) copa *f*; **from t. to bottom**, de arriba a abajo; **on t. of**, encima de; *fig* **on t. of it all ...**, para colmo ...; **t. hat**, sombrero *m* de copa. **2** (*surface*) superficie *f*. **3** (*of list etc*) cabeza *f*. **4** (*of bottle etc*) tapa *f*, tapón *m*. **5** (*garment*) camiseta *f*. **6** (*best*) lo mejor. **7** *fig* **at the t. of one's voice**, a voz en grito. **II** *adj* **1** (*part*) superior, de arriba; **the t. floor**, el último piso; **t. coat**, (*of paint*) última mano *f*. **2** (*highest*) más alto,-a; *Aut* **t. gear**, directa *f*. **3** (*best*) mejor. **III** *vtr* **1** (*place on top of*) coronar. **2** *Theat* **to t. the bill**, encabezar el reparto. ◆**top up** *vtr* llenar hasta el tope; **to t. up the petrol tank**, llenar el depósito; *fig* **and to t. it all**, y para colmo.
top[2] [tɒp] *n* (*toy*) peonza *f*.
topic ['tɒpɪk] *n* tema *m*.
topical ['tɒpɪkəl] *adj* de actualidad.
top-level ['tɒplevəl] *adj* de alto nivel.

topmost ['tɒpməʊst] *adj* (el) más alto, (la) más alta.

topple ['tɒpəl] **I** *vi* (*building*) venirse abajo; **to t. (over)**, volcarse. **II** *vtr* volcar; *fig* (*government*) derrocar.

top-secret [tɒp'si:krɪt] *adj* de alto secreto.

topsy-turvy [tɒpsɪ'tɜ:vɪ] *adj & adv* al revés; (*in confusion*) en desorden, patas arriba.

torch [tɔ:tʃ] *n* (*electric*) linterna *f*.

tore [tɔ:r] *pt* → **tear²**.

torment [tɔ:'ment] **I** *vtr* atormentar. **II** *n* ['tɔ:ment] tormento *m*, suplicio *m*.

torn [tɔ:n] *pp* → **tear²**.

tornado [tɔ:'neɪdəʊ] *n* tornado *m*.

torpedo [tɔ:'pi:dəʊ] *n* torpedo *m*.

torrent ['tɒrənt] *n* torrente *m*.

torrential [tɒ'renʃəl] *adj* torrencial.

torrid ['tɒrɪd] *adj* tórrido,-a.

torso ['tɔ:səʊ] *n* torso *m*.

tortoise ['tɔ:təs] *n* tortuga *f* de tierra.

tortoiseshell ['tɔ:təsʃel] *adj* de carey.

torture ['tɔ:tʃər] **I** *vtr* torturar; *fig* atormentar. **II** *n* tortura *f*; *fig* tormento *m*.

Tory ['tɔ:rɪ] *adj & n GB Pol* conservador,-a (*m,f*).

toss [tɒs] **I** *vtr* (*ball*) tirar; **to t. a coin**, echar a cara o cruz. **2** (*throw about*) sacudir. **II** *vi* **1 to t. about**, agitarse; **to t. and turn**, dar vueltas en la cama. **2** *Sport* **to t. (up)**, sortear. **III** *n* **1** (*of ball*) lanzamiento *m*; (*of coin*) sorteo *m* (a cara o cruz). **2** (*of head*) sacudida *f*.

tot¹ [tɒt] *n* **1** (**tiny**) **t.**, (*child*) nene,-a *m,f*. **2** (*of whisky etc*) trago *m*.

tot² [tɒt] *GB vtr* **to t. up**, sumar.

total ['təʊtəl] **I** *n* total *m*; (*in bill*) importe *m*; **grand t.**, suma *f* total. **II** *adj* total. **III** *vtr* sumar. **IV** *vi* **to t. up to**, ascender a.
◆**totally** *adv* totalmente.

totalitarian [təʊtælɪ'teərɪən] *adj* totalitario,-a.

tote [təʊt] *n fam Sport* totalizador *m*.

tote bag ['təʊtbæg] *n* petate *m*.

totem ['təʊtəm] *n* tótem *m*.

totter ['tɒtər] *vi* tambalearse.

touch [tʌtʃ] **I** *vtr* **1** tocar; *fig* **to t. on a subject**, tocar un tema. **2** (*equal*) igualar. **3** (*move*) conmover. **II** *vi* tocarse; *fig* **it was t. and go whether we caught the train**, estuvimos a punto de perder el tren. **III** *n* **1** toque *m*. **2** (*sense of touch*) tacto *m*. **3 it was a nice t. of his**, fue un detalle de su parte; **to put the finishing touches to sth**, dar los últimos toques a algo. **4** (*ability*) habilidad *f*. **5** (*contact*) contacto *m*; **to be/get/keep in t. with sb**, estar/ponerse/mantenerse en contacto con algn; **to be out of t. with sth**, no estar al tanto de algo. **6** (*small amount*) pizca *f*. **7** *Sport* **in t.**, fuera de banda. ◆**touch down** *vi* (*plane*) aterrizar. ◆**touch off** *vtr* desencadenar. ◆**touch up** *vtr* (*picture*) retocar.

touchdown ['tʌtʃdaʊn] *n* **1** (*of plane*) aterrizaje *m*; (*of space capsule*) amerizaje *m*. **2** *Rugby* ensayo *m*.

touched [tʌtʃt] *adj* **1** (*moved*) emocionado,-a. **2** *fam* (*crazy*) tocado,-a.

touching ['tʌtʃɪŋ] *adj* conmovedor,-a.

touchline ['tʌtʃlaɪn] *n* línea *f* de banda.

touchy ['tʌtʃɪ] *adj* (**touchier, touchiest**) *fam* (*person*) susceptible; (*subject*) delicado,-a.

tough [tʌf] **I** *adj* (*material, competitor etc*) fuerte, resistente; (*test, criminal, meat*) duro,-a. **2** (*punishment*) severo,-a; (*problem*) difícil. **II** *n* (*person*) matón *m*.

toughen ['tʌfən] *vtr* endurecer.

toupee ['tu:peɪ] *n* tupé *m*.

tour [tʊər] **I** *n* **1** (*journey*) viaje *m*; **package t.**, viaje organizado. **2** (*of monument etc*) visita *f*; (*of city*) recorrido turístico. **3** *Sport Theat* gira *f*; **on t.**, de gira. **II** *vtr* **1** (*country*) viajar por. **2** (*building*) visitar. **3** *Theat* estar de gira en. **III** *vi* estar de viaje.

tourism ['tʊərɪzəm] *n* turismo *m*.

tourist ['tʊərɪst] *n* turista *mf*; **t. centre**, centro *m* de información turística; *Av* **t. class**, clase *f* turista.

tournament ['tʊənəmənt] *n* torneo *m*.

tousled ['taʊzəld] *adj* (*hair*) despeinado,-a.

tout [taʊt] **I** *vtr Com* tratar de vender; (*tickets*) revender. **II** *vi* salir a la caza y captura de compradores. **III** *n Com* gancho *m*; **ticket t.**, revendedor *m* de entradas.

tow [təʊ] **I** *n* **to take a car in t.**, remolcar un coche. **II** *vtr* remolcar.

towards [tə'wɔ:dz, tɔ:dz] *prep* **1** (*direction, time*) hacia. **2** (*with regard to*) hacia, (para) con; **our duty t. others**, nuestro deber para con los demás; **what is your attitude t. religion?**, ¿cuál es su actitud respecto a la religión?

towel ['taʊəl] **I** *n* toalla *f*; **hand t.**, toallita *f*; **t. rail**, toallero *m*. **II** *vtr* **to t. dry**, secar con una toalla.

towelling ['taʊəlɪŋ] *n* felpa *f*.

tower ['taʊər] **I** *n* torre *f*. **II** *vi* **to t. over** *or* **above sth**, dominar algo.

towering ['taʊərɪŋ] *adj* impresionante, enorme.

town [taʊn] *n* ciudad *f*; (*small*) pueblo *m*; **to go into t.**, ir al centro; *fam* **to go to t.**, tirar la casa por la ventana; **t. council**, ayuntamiento *m*; **t. councillor**, concejal,-a *m,f*; **t. hall**, ayuntamiento *m*; **t. planning**, urbanismo *m*.

townspeople ['taʊnzpi:pəl] *npl* ciudadanos *mpl*.

towpath ['təʊpɑ:θ] *n* sendero *m* a lo largo de un canal.

towrope ['təʊrəʊp] *n* cable *m* de re-

molque.
toxic ['tɒksɪk] *adj* tóxico,-a.
toy [tɔɪ] **I** *n* juguete *m*. **II** *vi* to t. with an idea, acariciar una idea; **to t. with one's food**, comer sin gana.
toyshop ['tɔɪʃɒp] *n* juguetería *f*.
trace [treɪs] **I** *n* 1 *(sign)* indicio *m*, vestigio *m*. 2 *(tracks)* huella(s) *f(pl)*. **II** *vtr* 1 *(drawing)* calcar. 2 *(plan)* bosquejar. 3 *(locate)* seguir la pista de.
tracing ['treɪsɪŋ] *n* **t. paper**, papel *m* de calco.
track [træk] **I** *n* 1 *(trail)* huellas *fpl*, pista *f*; **to keep/lose t. of sb**, no perder/perder de vista a algn. 2 *(pathway)* camino *m*; **to be on the right/wrong t.**, ir por el buen/mal camino. 3 *Sport* pista *f*; *(for motor racing)* circuito *m*; *fig* **t. record**, historial *m*. 4 *Rail* vía *f*; *fig* **he has a one-t. mind**, tiene una única obsesión. 5 *(on record)* canción *f*. **II** *vtr* seguir la pista de; *(with radar)* seguir la trayectoria de. ◆**track down** *vtr (locate)* localizar.
tracksuit ['træksuːt] *n* chandal *m*.
tract[1] [trækt] *n (expanse)* extensión *f*.
tract[2] {trækt] *n (treatise)* tratado *m*; *(pamphlet)* folleto *m*.
traction ['trækʃən] *n* tracción *f*.
tractor ['træktər] *n* tractor *m*.
trade [treɪd] **I** *n* 1 *(profession)* oficio *m*; **by t.**, de oficio. 2 *Com* comercio *m*; **it's good for t.**, es bueno para los negocios; **the building t.**, (la industria de) la construcción; **t. name**, nombre *m* comercial; **t. union**, sindicato *m*; **t. unionist**, sindicalista *mf*. **II** *vi* comerciar (**in**, en). **III** *vtr* **to t. sth for sth**, trocar algo por algo. ◆**trade in** *vtr* dar como entrada.
trademark ['treɪdmɑːk] *n* marca *f* (de fábrica); **registered t.**, marca registrada.
trader ['treɪdər] *n* comerciante *mf*.
tradesman ['treɪdzmən] *n (shopkeeper)* tendero *m*.
trading ['treɪdɪŋ] *n* comercio *m*; *GB* **t. estate**, polígono *m* industrial.
tradition [trə'dɪʃən] *n* tradición *f*.
traditional [trə'dɪʃənəl] *adj* tradicional.
traffic ['træfɪk] **I** *n* 1 tráfico *m*, circulación *f*; **t. island**, isleta *f*; **t. jam**, atasco *m*; **t. lights**, semáforo *m sing*; **t. warden**, ≈ guardia *mf* urbano,-a. 2 *(trade)* tráfico *m*. **II** *vi* (*pt & pp* **trafficked**) **to t. in drugs**, traficar con droga.
trafficker ['træfɪkər] *n* traficante *mf*.
tragedy ['trædʒɪdɪ] *n* tragedia *f*.
tragic ['trædʒɪk] *adj* trágico,-a.
trail [treɪl] **I** *vtr* 1 *(drag)* arrastrar. 2 *(follow)* rastrear. **II** *vi* 1 *(drag)* arrastrarse. 2 **to t. behind**, rezagarse. **III** *n* 1 *(track)* pista *f*, rastro *m*. 2 *(path)* senda *f*, camino *m*. 3 *(of smoke)* estela *f*.
trailer ['treɪlər] *n* 1 *Aut* remolque *m*. 2 *US Aut (caravan)* caravana *f*. 3 *Cin* trailer *m*, avance *m*.

train [treɪn] **I** *n* 1 *Rail* tren *m*. 2 *(of vehicles)* convoy *m*; *(of followers)* séquito *m*; *(of events)* serie *f*. 3 *(of dress)* cola *f*. **II** *vtr* 1 *(teach)* formar; *Sport* entrenar; *(animal)* amaestrar; *(voice etc)* educar. 2 *(gun)* apuntar (**on**, a); *(camera)* enfocar (**on**, a). **III** *vi* prepararse; *Sport* entrenarse.
trainee [treɪ'niː] *n* aprendiz,-a *m,f*.
trainer ['treɪnər] *n* 1 *Sport* entrenador,-a *m,f*; *(of dogs)* amaestrador,-a *m,f*; *(of lions)* domador,-a *m,f*. 2 **trainers**, *(shoes)* zapatillas *fpl* de deporte.
training ['treɪnɪŋ] *n (instruction)* formación *f*; *Sport* entrenamiento *m*; *(of animals)* amaestramiento *m*; *(of lions)* doma *f*; **to go into t.**, empezar el entrenamiento; **vocational t.**, formación profesional.
traipse [treɪps] *vi fam* vagar.
trait [treɪt] *n* rasgo *m*.
traitor ['treɪtər] *n* traidor,-a *m,f*.
trajectory [trə'dʒektərɪ] *n* trayectoria *f*.
tram [træm], **tramcar** ['træmkɑːr] *n GB* tranvía *m*.
tramp [træmp] **I** *vi* 1 *(travel on foot)* caminar. 2 *(walk heavily)* andar con pasos pesados. **II** *n (person)* vagabundo,-a *m,f*; *pej* **she's a t.**, es una fulana.
trample ['træmpəl] *vtr* **to t. down the grass**, pistotear la hierba; **to t. sth underfoot**, pisotear algo.
trampoline ['træmpəlɪn] *n* cama elástica.
trance [trɑːns] *n* trance *m*.
tranquil ['træŋkwɪl] *adj* tranquilo,-a.
tranquillity [træŋ'kwɪlɪtɪ] *n* tranquilidad *f*.
tranquillizer ['træŋkwɪlaɪzər] *n* tranquilizante *m*.
transact [træn'zækt] *vtr* negociar.
transaction [træn'zækʃən] *n (procedure)* tramitación *f*; *(deal)* transacción *f*.
transatlantic [trænzət'læntɪk] *adj* transatlántico,-a.
transcend [træn'send] *vtr* trascender.
transcribe [træn'skraɪb] *vtr* transcribir.
transcript ['trænskrɪpt] *n* transcripción *f*.
transcription [træn'skrɪpʃən] *n* transcripción *f*.
transfer [træns'fɜːr] **I** *vtr* trasladar; *(funds)* trasferir; *Jur* ceder; *Ftb* traspasar; *Tel* **to t. the charges**, hacer una llamada a cobro revertido. **II** ['trænsfɜːr] *n* 1 traslado *m*; *(of funds)* trasferencia *f*; *Jur* cesión *f*; *Ftb* traspaso *m*. 2 *(picture, design)* calcomanía *f*.
transform [træns'fɔːm] *vtr* trasformar.
transformation [trænsfə'meɪʃən] *n* trasformación *f*.
transfusion [træns'fjuːʒən] *n Med* transfusión *f* (de sangre).
transgress [trænz'gres] *vi fml* transgredir.
transient ['trænzɪənt] *adj* transitorio,-a.
transistor [træn'zɪstər] *n* transistor *m*.
transit ['trænzɪt] *n* tránsito *m*; **in t.**, de

transition 580 trial

tránsito.
transition [træn'zɪʃən] *n* transición *f*.
transitive ['trænzɪtɪv] *adj* transitivo,-a.
transitory ['trænzɪtərɪ] *adj* transitorio,-a.
translate [trænsˈleɪt] *vtr* traducir.
translation [trænsˈleɪʃən] *n* traducción *f*.
translator [trænsˈleɪtər] *n* traductor,-a *m,f*.
translucent [trænzˈluːsənt] *adj* translúcido,-a.
transmission [trænzˈmɪʃən] *n* transmisión *f*.
transmit [trænzˈmɪt] *vtr* transmitir.
transmitter [trænzˈmɪtər] *n* Rad *(set)* transmisor *m*; Rad TV *(station)* emisora *f*.
transparency [trænsˈpærənsɪ] *n* Phot diapositiva *f*.
transparent [trænsˈpærənt] *adj* transparente.
transpire [trænˈspaɪər] *vi (happen)* ocurrir; it transpired that ..., ocurrió que ....
transplant [trænsˈplɑːnt] I *vtr* trasplantar. II ['trænsplɑːnt] *n* trasplante *m*.
transport [trænsˈpɔːt] I *vtr* transportar. II ['trænspɔːt] *n* transporte *m*; t. aircraft/ship, avión *m*/buque *m* de transporte; GB t. café, bar *m* de carretera.
transportation [trænspɔːˈteɪʃən] *n* transporte *m*.
transvestite [trænzˈvestaɪt] *n fam* travestí *mf*.
trap [træp] I *n* trampa *f*; t. door, trampilla *f*; Theat escotillón *m*. II *vtr* atrapar.
trapeze [trəˈpiːz] *n* trapecio *m*.
trappings ['træpɪŋz] *npl* parafernalia *f sing*.
trash [træʃ] *n (inferior goods)* bazofia *f*; US *(rubbish)* basura *f*; *fig* to talk a lot of t., decir tonterías; US t. can, cubo *m* de la basura.
trashy ['træʃɪ] *adj (trashier, trashiest)* de ínfima calidad.
trauma ['trɔːmə] *n* trauma *m*.
traumatic [trɔːˈmætɪk] *adj* traumático,-a.
travel ['trævəl] I *vi* 1 viajar; to t. through, recorrer. 2 *(vehicle, electric current)* ir; *fig (news)* propagarse. II *vtr* recorrer. III *n* viajar *m*; t. agency, agencia *f* de viajes.
traveller, US **traveler** ['trævələr] *n* viajero,-a *m,f*; t.'s cheque, cheque *m* de viaje.
travelling, US **traveling** ['trævəlɪŋ] I *adj (salesman)* ambulante. II *n* viajes *mpl*, (el) viajar *m*; I'm fond of t., me gusta viajar; t. expenses, gastos *mpl* de viaje.
travel-sick ['trævəlsɪk] *adj* to be t., estar mareado,-a.
travesty ['trævɪstɪ] *n* parodia *f*.
trawler ['trɔːlər] *n* barco *m* de arrastre.
tray [treɪ] *n (for food)* bandeja *f*; *(for letters)* cesta *f* (para la correspondencia).
treacherous ['tretʃərəs] *adj* 1 *(person)* traidor,-a; *(action)* traicionero,-a. 2

(dangerous) peligroso,-a.
treachery ['tretʃərɪ] *n* traición *f*.
treacle ['triːkəl] *n GB* melaza *f*.
tread [tred] I *vi (pt* trod; *pp* trod *or* trodden) pisar; to t. on, pisar. II *vtr* 1 *(step on)* pisar. 2 to t. water, mantenerse a flote verticalmente. III *n* 1 *(step)* paso *m*; *(sound)* ruido *m* de pasos. 2 *(of tyre)* banda *f* de rodadura.
treadmill ['tredmɪl] *n fig* rutina *f*.
treason ['triːzən] *n* traición *f*.
treasure ['treʒər] I *n* tesoro *m*. II *vtr (keep)* guardar como oro en paño; *(value)* apreciar muchísimo.
treasurer ['treʒərər] *n* tesorero,-a *m,f*.
treasury ['treʒərɪ] *n* Pol the T., ≈ Ministerio *m* de Hacienda; T. bill, bono *m* del Tesoro.
treat [triːt] I *n* 1 *(present)* regalo *m*. 2 *(pleasure)* placer *m*. II *vtr* 1 tratar; to t. badly, maltratar. 2 *(regard)* considerar. 3 he treated them to dinner, les invitó a cenar.
treatise ['triːtɪz] *n* tratado *m*.
treatment ['triːtmənt] *n* 1 *(of person)* trato *m*. 2 *(of subject, of patient)* tratamiento *m*.
treaty ['triːtɪ] *n* tratado *m*.
treble ['trebəl] I *adj* 1 *(triple)* triple; Mus t. clef, clave *f* de sol; Mus t. voice, voz *f* tiple. II *vtr* triplicar. III *vi* triplicarse.
tree [triː] *n* árbol *m*; **apple/cherry t.**, manzano *m*/cerezo *m*.
treetop ['triːtɒp] *n* copa *f*.
trek [trek] I *n (journey)* viaje *m* (largo y difícil); *fam (walk)* caminata *f*. II *vi (pt & pp* trekked) hacer un viaje largo y difícil; *fam (walk)* ir caminando.
trellis ['trelɪs] *n* enrejado *m*.
tremble ['trembəl] *vi* temblar, estremecerse.
trembling ['tremblɪŋ] *adj* tembloroso,-a.
tremendous [trɪˈmendəs] *adj (huge)* enorme; *(success)* arrollador,-a; *(shock etc)* tremendo,-a; *fam (marvellous)* estupendo,-a.
tremor ['tremər] *n* temblor *m*.
trench [trentʃ] *n* 1 *(ditch)* zanja *f*; Mil trinchera *f*. 2 t. coat, trinchera *f*.
trend [trend] I *n (tendency)* tendencia *f*; *(fashion)* moda *f*. II *vi* tender (to, towards, hacia).
trendy ['trendɪ] *adj (trendier, trendiest) fam (person)* moderno,-a; *(clothes)* a la última.
trepidation [trepɪˈdeɪʃən] *n* turbación *f*.
trespass ['trespəs] *vi* entrar sin autorización.
trespasser ['trespəsər] *n* intruso,-a *m,f*.
trestle ['tresəl] *n* caballete *m*.
trial ['traɪəl] *n* 1 Jur proceso *m*, juicio *m*. 2 *(test)* prueba *f*; on t., a prueba; by t. and error, a fuerza de equivocarse. 3 trials, *(competition)* concurso *m sing*. 4 trials, *(suffering)* sufrimiento *m sing*; t.

and tribulations, tribulaciones *fpl.*
triangle ['traɪæŋgəl] *n* triángulo *m.*
tribe [traɪb] *n* tribu *f.*
tribunal [traɪ'bjuːnəl] *n* tribunal *m.*
tributary ['trɪbjʊtəri] *n (river)* afluente *m.*
tribute ['trɪbjuːt] *n* 1 *(payment)* tributo *m.* 2 *(mark of respect)* homenaje *m;* **to pay t. to,** rendir homenaje a.
trice [traɪs] *n fam* **in a t.,** en un abrir y cerrar de ojos.
trick [trɪk] **I** *n* 1 *(ruse)* ardid *m; (dishonest)* engaño *m; (in question)* trampa *f.* 2 *(practical joke)* broma *f;* **to play a t. on sb,** gastarle una broma a algn; *(malicious)* jugar una mala pasada a algn. 3 *(of magic, knack)* truco *m;* **that'll do the t.!,** ¡eso es exactamente lo que hace falta! 4 *Cards* baza *f.* **II** *vtr* engañar; **to t. sb out of sth,** estafar algo a algn.
trickery ['trɪkəri] *n* engaños *mpl,* trampas *fpl.*
trickle ['trɪkəl] *n* 1 *vi* discurrir; *(water)* gotear. **II** *n* hilo *m.*
tricky ['trɪki] *adj (trickier, trickiest) (person)* astuto,-a; *(situation, mechanism)* delicado,-a.
tricycle ['traɪsɪkəl] *n* triciclo *m.*
tried [traɪd] *pt & pp* → **try.**
trifle ['traɪfəl] **I** *n* 1 *(insignificant thing)* bagatela *f;* **he's a t. optimistic,** es ligeramente optimista. 2 *GB Culin* postre *m* (de bizcocho, jerez, gelatina, frutas y nata). **II** *vi* **to t. with,** tomar a la ligera.
trifling ['traɪflɪŋ] *adj* insignificante, trivial.
trigger ['trɪgər] **I** *n (of gun)* gatillo *m; (of mechanism)* disparador *m.* **II** *vtr* **to t. (off),** desencadenar.
trill [trɪl] *n (of music, bird)* trino *m;* *Ling* vibración *f.*
trilogy ['trɪlədʒɪ] *n* trilogía *f.*
trim [trɪm] **I** *adj (trimmer, trimmest) (neat)* aseado,-a; **to have a t. figure,** tener buen tipo. **II** *vtr* 1 *(cut)* recortar; *fig (expenses)* disminuir. 2 *(decorate)* adornar. **III** *n* 1 *(condition)* estado *m; Naut* asiento *m.* 2 *(cut)* recorte *m.*
trimming ['trɪmɪŋ] *n* 1 *(cut)* recorte *m.* 2 *(on clothes)* adorno *m.* 3 *Culin* **trimmings,** guarnición *f sing.*
trinket ['trɪŋkɪt] *n* baratija *f.*
trio ['triːəʊ] *n* trío *m.*
trip [trɪp] **I** *n* 1 *(journey)* viaje *m; (excursion)* excursión *f;* **to go on a t.,** ir de excursión. 2 *sl* **to be on a t.,** *(on drugs)* estar colocado,-a. **II** *vi* 1 **to t. (up),** *(stumble)* tropezar (**over,** con); *fig (err)* equivocarse. 2 **to t. along,** ir con paso ligero. **III** *vtr* **to t. sb (up),** poner la zancadilla a algn; *fig* coger *or* pillar a algn.
tripe [traɪp] *n* 1 *Culin* callos *mpl.* 2 *fam* bobadas *fpl.*
triple ['trɪpəl] **I** *adj* triple. **II** *vtr* triplicar. **III** *vi* triplicarse.
triplet ['trɪplɪt] *n* trillizo *m,f.*

triplicate ['trɪplɪkɪt] *adj* **in t.,** por triplicado.
tripod ['traɪpɒd] *n* trípode *m.*
trite [traɪt] *adj (sentiment)* banal; *(subject)* trillado,-a.
triumph ['traɪəmf] **I** *n* triunfo *m.* **II** *vi* triunfar.
triumphant [traɪ'ʌmfənt] *adj* triunfante.
trivia ['trɪvɪə] *npl* trivialidades *fpl.*
trivial ['trɪvɪəl] *adj* trivial, banal.
trod [trɒd] *pt & pp* → **tread.**
trodden ['trɒdən] *pp* → **tread.**
trolley ['trɒlɪ] *n GB* carro *m.*
trombone [trɒm'bəʊn] *n* trombón *m.*
troop [truːp] **I** *n* 1 *(of people)* grupo *m.* 2 *Mil* **troops,** tropas *fpl.* **II** *vi* **to t. in/out/off,** entrar/salir/marcharse en tropel.
trooper ['truːpər] *n* soldado *m* de caballería.
trooping ['truːpɪŋ] *n GB* **t. the colour,** ceremonia *f* de homenaje a la bandera de un regimiento.
trophy ['trəʊfɪ] *n* trofeo *m.*
tropic ['trɒpɪk] *n* trópico *m.*
tropical ['trɒpɪkəl] *adj* tropical.
trot [trɒt] **I** *vi* trotar. **II** *n* trote *m;* **to go at a t.,** ir al trote; *fam* **on the t.,** *(in succession)* seguidos,-as.
trouble ['trʌbəl] **I** *n* 1 *(misfortune)* desgracia *f.* 2 *(problems)* problemas *mpl;* **to be in t.,** estar en un lío; **to cause sb t.,** ocasionar problemas a algn; **to get sb out of t.,** sacar a algn de un apuro; **the t. is that ...,** lo que pasa es que .... 3 *(effort)* esfuerzo *m;* **it's no t.,** no es ninguna molestia; **it's not worth the t.,** no merece la pena; **to take the t. to do sth,** molestarse en hacer algo. 4 *(conflict)* conflicto *m.* 5 *Med* enfermedad *f;* **to have liver t.,** tener problemas de hígado. **II** *vtr* 1 *(affect)* afligir; *(worry)* preocupar; **that doesn't t. him at all,** eso le tiene sin cuidado. 2 *(bother)* molestar. **III** *vi* molestarse.
troubled ['trʌbəld] *adj* agitado,-a.
troublemaker ['trʌbəlmeɪkər] *n* alborotador,-a *m,f.*
troubleshooter ['trʌbəlʃuːtər] *n Ind* persona encargada de solucionar problemas.
troublesome ['trʌbəlsəm] *adj* molesto,-a.
trough [trɒf] *n* 1 *(drinking)* t., abrevadero *m; (feeding)* pesebre *m.* 2 *(of wave)* seno *m.* 3 *Geog Meteor* depresión *f.*
trounce [traʊns] *vtr* dar una paliza a.
troupe [truːp] *n Theat* compañía *f.*
trousers ['traʊzəz] *npl* pantalón *m sing,* pantalones *mpl.*
trousseau ['truːsəʊ] *n* ajuar *m.*
trout [traʊt] *n* trucha *f.*
trowel ['traʊəl] *n* 1 *(builder's)* palustre *m.* 2 *(for gardening)* desplantador *m.*
truant ['truːənt] *n* **to play t.,** hacer novillos.
truce [truːs] *n* tregua *f.*
truck[1] [trʌk] *n* 1 *GB Rail* vagón *m.* 2

US Aut camión m; **t. driver,** camionero,-a m,f.

truck² [trʌk] n 1 **to have no t. with,** no estar dispuesto a toerar. 2 US **verduras** fpl; **t. farming,** cultivo m hortalizas.

truculent ['trʌkjʊlənt] adj truculento,-a.

trudge [trʌdʒ] vi caminar con dificultad.

true [truː] adj (**truer, truest**) 1 verdadero,-a; **it's t. that ...,** es verdad que ...; **to come t.,** cumplirse, hacerse realidad. 2 (faithful) fiel. 3 (aim) acertado,-a. ◆**truly** adv 1 de verdad; **really and t.?,** ¿de veras? 2 (faithfully) fielmente; **yours t.,** atentamente.

truffle ['trʌfəl] n trufa f.

trump [trʌmp] Cards **I** n triunfo m. **II** vtr fallar.

trumped-up ['trʌmptʌp] adj inventado, -a.

trumpet ['trʌmpɪt] n trompeta f.

trumpeting ['trʌmpɪtɪŋ] n (of elephant) berrido m.

truncheon ['trʌntʃən] n GB porra f (de policía).

trundle ['trʌndəl] vi rodar.

trunk [trʌŋk] n 1 (of tree, body) tronco m. 2 (of elephant) trompa f. 3 (luggage) baúl m. 4 GB Tel **t. call,** conferencia interurbana; GB **t. road,** carretera f principal.

trunks [trʌŋks] npl (**bathing**) **t.,** bañador m sing.

truss [trʌs] **I** vtr (tie) atar. **II** n 1 Constr cuchillo m de armadura. 2 Med braguero m.

trust [trʌst] **I** n 1 confianza f; **breach of t.,** abuso m de confianza. 2 Jur fideicomiso m. 3 Fin **trust** m. **II** vtr 1 (hope) esperar. 2 (rely upon) fiarse de; **to t. sb with sth,** confiar algo a algn. **III** vi confiar (**in,** en).

trusted ['trʌstɪd] adj de fiar.

trustee [trʌ'stiː] n Jur fideicomisario,-a m,f; (in bankruptcy) síndico m.

trustful ['trʌstfʊl], **trusting** ['trʌstɪŋ] adj confiado,-a.

trustworthy ['trʌstwɜːðɪ] adj (person) de confianza; (information) fidedigno,-a.

trusty ['trʌstɪ] adj (**trustier, trustiest**) fiel, leal.

truth [truːθ] n verdad f; **to tell the t.,** decir la verdad.

truthful ['truːθfʊl] adj (person) veraz, sincero,-a; (testimony) verídico,-a. ◆**truthfully** adv sinceramente.

try [traɪ] **I** vtr (pt & pp **tried**) 1 (attempt) intentar; **to t. do sth,** tratar de or intentar hacer algo. 2 (test) probar, ensayar; **to t. sb's patience,** poner a prueba la paciencia de algn. 3 Jur juzgar. **II** vi intenta. **III** n 1 (attempt) tentativa f, intento m. 2 Sport ensayo m. ◆**try on** vtr (dress) probarse. ◆**try out** vtr probar.

trying ['traɪɪŋ] adj (person) molesto,-a, pesado,-a; **to have a t. time,** pasar un mal rato.

tsar [zɑː] n zar m.

T-shirt ['tiː.ʃɜːt] n camiseta f.

tub [tʌb] n 1 (container) tina f, cuba f. 2 (bath) bañera f.

tuba ['tjuːbə] n tuba f.

tubby ['tʌbɪ] adj (**tubbier, tubbiest**) rechoncho,-a.

tube [tjuːb] n 1 tubo m; Anat conducto m; (of bicycle) cámara f de aire). 2 GB fam **the t.,** (underground) el metro.

tuberculosis [tjʊbɜːkjʊ'ləʊsɪs] n tuberculosis f.

tubing ['tjuːbɪŋ] n tubería f; (**piece of**) **t.,** (trozo m de) tubo m.

tubular ['tjuːbjʊlə] adj tubular.

tuck [tʌk] **I** vtr **to t. in the bedclothes,** remeter la ropa de la cama; **to t. sb in,** arropar a algn; **to t. one's shirt into one's trousers,** meterse la camisa por dentro de (los pantalones). **II** n Sew pliegue m. ◆**tuck in** vi fam devorar.

Tuesday ['tjuːzdɪ] n martes m.

tuft [tʌft] n (of hair) mechón m.

tug [tʌg] **I** vtr (pull at) tirar de; (haul along) arrastrar; Naut remolcar. **II** n 1 (pull) tirón m; **t. of war,** (game) lucha f de la cuerda; fig lucha encarnizada. 2 Naut remolcador m.

tugboat ['tʌgbəʊt] n remolcador m.

tuition [tjuː'ɪʃən] n instrucción f; **private t.,** clases fpl particulares; **t. fees,** honorarios mpl.

tulip ['tjuːlɪp] n tulipán m.

tumble ['tʌmbəl] **I** vi (person) caerse; (acrobat) dar volteretas; (building) venirse abajo. **II** vtr volcar. **III** n 1 caída f. 2 **t. dryer,** secadora f.

tumbledown ['tʌmbəldaʊn] adj en ruinas.

tumbler ['tʌmblə'] n vaso m.

tummy ['tʌmɪ] n fam estómago m, barriga f.

tumour, US **tumor** ['tjuːmə'] n tumor m.

tumult ['tjuːmʌlt] n tumulto m.

tuna ['tjuːnə] n atún m, bonito m.

tune [tjuːn] **I** n 1 (melody) melodía f; fig **to change one's t.,** cambiar de tono. 2 Mus tono m; **in/out of t.,** afinado/desafinado; **to sing out of t.,** desafinar. **II** vtr Mus afinar. **III** vi Rad TV **to t. in to a station,** sintonizar una emisora. ◆**tune up** vi afinar los instrumentos.

tuneful ['tjuːnfʊl] adj melodioso,-a.

tuner ['tjuːnə'] n 1 (of pianos) afinador,-a m,f. 2 Rad TV (knob) sintonizador m.

tunic ['tjuːnɪk] n túnica f.

tuning ['tjuːnɪŋ] n 1 Mus afinación f; **t. fork,** diapasón m. 2 Rad TV **t. in,** sintonización f.

Tunisia [tjuː'nɪzɪə] n Túnez m.

Tunisian [tjuː'nɪzɪən] adj & n tunecino,-a

(m,f).
tunnel ['tʌnəl] **I** n túnel m; Min galería f. **II** vtr **to t. through**, abrir un túnel a través de.
turban ['tɜːbən] n turbante m.
turbine ['tɜːbaɪn] n turbina f.
turbulent ['tɜːbjʊlənt] adj turbulento,-a.
tureen [tə'riːn] n sopera f.
turf [tɜːf] n 1 (grass) césped m; (peat) turba f. 2 GB **t. accountant**, (in horse racing) corredor,-a m,f de apuestas. ◆**turf out** vtr GB fam **to t. sb out**, poner a algn de patitas en la calle.
Turk [tɜːk] n turco,-a m,f.
Turkey ['tɜːkɪ] n Turquía.
turkey ['tɜːkɪ] n pavo m.
Turkish ['tɜːkɪʃ] **I** adj turco,-a. **II** n (language) turco m.
turmoil ['tɜːmɔɪl] n confusión f.
turn [tɜːn] **I** vtr 1 volver; (rotate) girar, hacer girar; **to t. sth inside out**, volver algo del revés; **to t. a page**, volver una hoja; **to t. one's head/gaze**, volver la cabeza/mirada (**towards**, hacia); **to t. the corner**, doblar la esquina; fig **he's turned forty**, ha cumplido los cuarenta. 2 (change) transformar (**into**, en). 3 (on lathe) tornear.
II vi 1 (rotate) girar. 2 (turn round) volverse, dar la vuelta; **to t. to sb**, volverse hacia algn; fig (for help) acudir a algn; **to t. upside down**, volcarse; fig **to t. on sb**, volverse contra algn. 3 (become) volverse; **the milk has turned sour**, la leche se ha cortado.
III n 1 (of wheel) vuelta f; **meat done to a t.**, carne en su punto. 2 (change of direction) cambio m de dirección; (in road) curva f; **to take a t. for the better**, empezar a mejorar; **left/right t.**, giro m al izquierdo/a la derecha. 3 **to do sb a good t.**, hacer un favor a algn. 4 Med ataque m. 5 (in game, queue) turno m, vez f; **it's your t.**, te toca a ti; **to take it in turns to do sth**, turnarse para hacer algo. 6 Theat número m. 7 **t. of phrase**, giro m.
◆**turn aside I** vtr desviar. **II** vi desviarse. ◆**turn away I** vtr (person) rechazar. **II** vi volver la cabeza. ◆**turn back I** vtr (person) hacer retroceder; (clock) retrasar. **II** vi volverse. ◆**turn down** vtr 1 (gas, radio etc) bajar. 2 (reject) rechazar. 3 (fold) doblar. ◆**turn in** fam **I** vtr (person) entregar a la policía. **II** vi acostarse. ◆**turn off I** vtr (electricity) desconectar; (gas, light) apagar; (water) cerrar. **II** vi desviarse. ◆**turn on** vtr (electricity) encender; (tap, gas) abrir; (machine) poner en marcha; fam **it turns me on**, me encanta. ◆**turn out I** vtr 1 (extinguish) apagar. 2 (eject) echar; (empty) vaciar. 3 (produce) producir. **II** vi 1 (attend) asistir. 2 **it turns out that ...**, resulta que ...; **things have turned out well**, las cosas

han salido bien. ◆**turn over I** vtr (turn upside down) poner al revés; (page) dar la vuelta a. **II** vi volverse. ◆**turn round I** vtr volver. **II** vi (rotate) girar, dar vueltas. ◆**turn up I** vtr 1 (collar) levantar; **to t. up one's shirt sleeves**, arremangarse; **turned-up nose**, nariz respingona. 2 Rad TV subir. **II** vi 1 fig **something is sure to t. up**, algo saldrá. 2 (arrive) llegar, presentarse; **nobody turned up**, nadie se presentó. 3 (attend) asistir.
turning ['tɜːnɪŋ] n 1 fig **t. point**, punto decisivo. 2 (in road) salida f.
turnip ['tɜːnɪp] n nabo m.
turnout ['tɜːnaʊt] n asistencia f.
turnover ['tɜːnəʊvər] n Com (sales) facturación f; (of goods) movimiento m.
turnpike ['tɜːnpaɪk] n US autopista f de peaje.
turnstile ['tɜːnstaɪl] n torniquete m.
turntable ['tɜːnteɪbəl] n (for record) plato m (giratorio).
turn-up ['tɜːnʌp] n GB 1 (of trousers) vuelta f. 2 fam fig **what a t.-up for the books!**, ¡vaya sorpresa!
turpentine ['tɜːpəntaɪn] n (esencia f de) trementina f.
turquoise ['tɜːkwɔɪz] **I** n (colour, stone) turquesa f. **II** adj **t. (blue)**, azul turquesa.
turret ['tʌrɪt] n torrecilla f.
turtle ['tɜːtəl] n tortuga f.
turtledove ['tɜːtəldʌv] n tórtola f.
turtleneck ['tɜːtəlnek] n **a t. (sweater)**, un jersey de cuello alto.
tusk [tʌsk] n colmillo m.
tussle ['tʌsəl] n pelea f, lucha f.
tutor ['tjuːtər] n Univ tutor,-a m,f; **private t.**, profesor,-a m,f particular.
tutorial [tjuː'tɔːrɪəl] n Univ tutoría f, seminario m.
tuxedo [tʌk'siːdəʊ] n US smoking m.
TV [tiː'viː] abbr of **television**, TV.
twang [twæŋ] **I** n 1 (of instrument) sonido m vibrante. 2 **nasal t.**, gangueo m. **II** vtr puntear. **III** vi (string) vibrar.
tweak [twiːk] vtr pellizcar.
tweed [twiːd] n cheviot m.
tweezers ['twiːzəz] npl pinzas fpl.
twelfth [twelfθ] **I** adj & n duodécimo,-a (m,f). **II** n (fraction) duodécimo m.
twelve [twelv] adj & n doce (m) inv.
twentieth ['twentɪɪθ] **I** adj & n vigésimo,-a (m,f). **II** n (fraction) vigésimo m.
twenty ['twentɪ] adj & n veinte (m) inv.
twice [twaɪs] adv dos veces; **he's t. as old as I am**, tiene el doble de años que yo.
twiddle ['twɪdəl] **I** vtr dar vueltas a; **to t. one's moustache**, mesarse el bigote; **to t. one's thumbs**, estar mano sobre mano. **II** vi **to t. with sth**, juguetear con algo.
twig[1] [twɪg] n ramilla f.
twig[2] [twɪg] vi GB fam caer en la cuenta.

twilight ['twaɪlaɪt] *n* crepúsculo *m*.
twin [twɪn] **I** *n* mellizo,-a *m,f*; **identical twins**, gemelos (idénticos); **t. brother/sister**, hermano gemelo/hermana gemela; **t. beds**, camas *fpl* gemelas. **II** *vtr* hermanar.
twine [twaɪn] **I** *n* bramante *m*. **II** *vtr* entretejer. **III** *vi* **to t. round sth**, enroscarse alrededor de algo.
twinge [twɪndʒ] *n (of pain)* punzada *f; fig* **t. of conscience**, remordimiento *m*.
twinkle ['twɪŋkəl] *vi (stars)* centellear; *(eyes)* brillar.
twinkling ['twɪŋklɪŋ] *n (of stars)* centelleo *m; fig* **in the t. of an eye**, en un abrir y cerrar de ojos.
twirl [twɜːl] **I** *vtr* girar rápidamente. **II** *vi (spin)* girar rápidamente; *(dancer)* piruetear. **III** *n (movement)* giro rápido; *(of dancer)* pirueta *f*.
twist [twɪst] **I** *vtr* torcer; *(sense)* tergiversar; **to t. one's ankle**, torcerse el tobillo. **II** *vi (smoke)* formar volutas; *(path)* serpentear. **III** *n* 1 *(of yarn)* torzal *m*. 2 *(movement)* torsión *f; Med* torcedura *f; fig* **to give a new t. to sth**, dar un nuevo enfoque a algo. 3 *(in road)* vuelta *f*. 4 *(dance)* twist *m*.
twit [twɪt] *n GB fam* jilipollas *mf inv*.
twitch [twɪtʃ] **I** *vtr* dar un tirón a. **II** *vi* crisparse; **his face twitches**, tiene un tic en la cara.
twitter ['twɪtər] **I** *vi* gorjear. **II** *n* gorjeo *m*.
two [tuː] **I** *adj* dos *inv; fig* **to be in** *or* **of t. minds about sth**, estar indeciso,-a respecto a algo. **II** *n* dos *m inv; fig* **to put t. and t. together**, atar cabos.
two-faced ['tuːfeɪst] *adj* hipócrita.
two-party ['tuːpɑːtɪ] *adj* **t-p. system**, bipartidismo *m*.
twopence ['tʌpəns] *n GB* dos peniques *m*.
two-piece ['tuːpiːs] **I** *adj* de dos piezas. **II** *n (suit)* traje *m* de dos piezas.
two-seater ['tuːsiːtər] *adj & n* biplaza *(f)*.
twosome ['tuːsəm] *n* pareja *f*.
two-time ['tuːtaɪm] *vtr fam* poner los cuernos a.
two-way ['tuːweɪ] *adj* 1 *(street)* de dos direcciones. 2 **t.-w. radio**, aparato *m* emisor y receptor.
tycoon [taɪ'kuːn] *n* magnate *m*.
type [taɪp] **I** *n* 1 *(kind)* tipo *m*, clase *f; (brand)* marca *f; (of car)* modelo *m*. 2 *Typ* carácter *m; (print)* caracteres *mpl*. **II** *vtr & vi* escribir a máquina.
typecast ['taɪpkɑːst] *vtr* encasillar.
typescript ['taɪpskrɪpt] *n* texto *m* escrito a máquina.
typeset ['taɪpset] *vtr* componer.
typesetter ['taɪpsetər] *n* 1 *(person)* cajista *mf*. 2 *(machine)* máquina *f* para componer tipos.
typewriter ['taɪpraɪtər] *n* máquina *f* de escribir.
typewritten ['taɪprɪtən] *adj* escrito,-a a máquina.
typhoid ['taɪfɔɪd] *n* **t. (fever)**, fiebre tifoidea.
typhoon [taɪ'fuːn] *n* tifón *m*.
typical ['tɪpɪkəl] *adj* típico,-a.
typify ['tɪpɪfaɪ] *vtr* tipificar.
typing ['taɪpɪŋ] *n* mecanografía *f*.
typist ['taɪpɪst] *n* mecanógrafo,-a *m,f*.
tyrannical [tɪ'rænɪkəl] *adj* tiránico,-a.
tyrannize ['tɪrənaɪz] *vtr* tiranizar.
tyranny ['tɪrənɪ] *n* tiranía *f*.
tyrant ['taɪrənt] *n* tirano,-a *m,f*.
tyre [taɪər] *n* neumático *m*; **t. pressure**, presión *f* de los neumáticos.

U

U, u [juː] *n (the letter)* U, u *f*.
ubiquity [juː'bɪkwɪtɪ] *n* ubicuidad *f*.
udder ['ʌdər] *n* ubre *f*.
UFO, ufo ['juːefəʊ, 'juːfəʊ] *abbr of* **unidentified flying object**, OVNI *m*, ovni *m*.
ugh [ʊx, ʊh, ʌh] *interj* ¡uf!, ¡puf!
ugly ['ʌglɪ] *adj* (**uglier, ugliest**) feo,-a; *(situation)* desagradable; *fig* **u. duckling**, patito feo.
UK [juː'keɪ] *abbr of* **United Kingdom**, R.U. *m*.
Ukraine ['juːkreɪn] *n* **the U.**, Ucrania.
ulcer ['ʌlsər] *n (sore)* llaga *f; (internal)* úlcera *f*.
ulterior [ʌl'tɪərɪər] *adj (motive)* oculto,-a.
ultimate ['ʌltɪmɪt] *adj* 1 *(final)* último,-a; *(aim)* final. 2 *(basic)* esencial.
◆**ultimately** *adv* 1 *(finally)* finalmente. 2 *(basically)* en el fondo.
ultimatum [ʌltɪ'meɪtəm] *n* ultimátum *m*.
ultrasound [ʌltrə'saʊnd] *n* ultrasonido *m*.
ultraviolet [ʌltrə'vaɪəlɪt] *adj* ultravioleta.
umbilical [ʌm'bɪlɪkəl, ʌmbɪ'laɪkəl] *adj* **u. cord**, cordón *m* umbilical.
umbrella [ʌm'brelə] *n* paraguas *m inv*.
umpire ['ʌmpaɪər] **I** *n* árbitro *m*. **II** *vtr* arbitrar.
umpteen [ʌmp'tiːn] *adj fam* muchísimos,-as, la tira de.
umpteenth [ʌmp'tiːnθ] *adj fam* enésimo,-a.
UN [juː'en] *abbr of* **United Nations (Organization)**, ONU *f sing*.
unabashed [ʌnə'bæʃt] *adj* 1 *(unperturbed)* inmutable, imperturbable. 2 *(shameless)* desvergonzado,-a, descarado,-a.
unable [ʌn'eɪbəl] *adj* incapaz; **to be u. to do sth/anything**, no poder hacer algo/nada.

unacceptable [ʌnək'septəbəl] *adj* inaceptable.
unaccompanied [ʌnə'kʌmpənɪd] *adj* solo,-a.
unaccountable [ʌnə'kaʊntəbəl] *adj* inexplicable.
unaccounted-for [ʌnə'kaʊntɪdfɔːr] *adj* to be u.-f., faltar.
unaccustomed [ʌnə'kʌstəmd] *adj* he's u. to this climate, no está muy acostumbrado a este clima.
unaffected [ʌnə'fektɪd] *adj* 1 no afectado,-a (by, por). 2 *(indifferent)* indiferente (by, a). 3 *(natural) (person)* natural; *(style)* llano,-a.
unaided [ʌn'eɪdɪd] *adj* sin ayuda, solo,-a.
unanimous [juː'nænɪməs] *adj* unánime.
unannounced [ʌnə'naʊnst] *adj* sin avisar.
unanswered [ʌn'ɑːnsəd] *adj* sin contestar.
unapproachable [ʌnə'prəʊtʃəbəl] *adj* inabordable, inaccesible.
unarmed [ʌn'ɑːmd] *adj* desarmado,-a.
unashamed [ʌnə'ʃeɪmd] *adj* desvergonzado,-a.
unasked [ʌn'ɑːskt] *adv* u. (for), *(unrequested)* no solicitado,-a; *(spontaneous)* espontáneo,-a.
unassuming [ʌnə'sjuːmɪŋ] *adj* sin pretensiones.
unattached [ʌnə'tætʃt] *adj* 1 *(independent)* libre; *(loose)* suelto,-a. 2 *(person)* soltero,-a y sin compromiso.
unattended [ʌnə'tendɪd] *adj (counter etc)* desatendido,-a; to leave a child u., dejar a un niño solo.
unauthorized [ʌn'ɔːθəraɪzd] *adj* 1 *(person)* no autorizado,-a. 2 *(trade etc)* ilícito,-a, ilegal.
unavoidable [ʌnə'vɔɪdəbəl] *adj* inevitable; *(accident)* imprevisible.
unaware [ʌnə'weər] *adj* to be u. of sth, ignorar algo.
unawares [ʌnə'weəz] *adv* 1 *(unexpectedly)* desprevenido,-a. 2 *(without knowing)* inconscientemente.
unbalanced [ʌn'bælənst] *adj* desequilibrado,-a.
unbearable [ʌn'beərəbəl] *adj* insoportable.
unbeatable [ʌn'biːtəbəl] *adj (team)* invencible; *(price, quality)* inmejorable.
unbelievable [ʌnbɪ'liːvəbəl] *adj* increíble.
unbend [ʌn'bend] *vi fam fig* relajarse.
unbia(s)sed [ʌn'baɪəst] *adj* imparcial.
unborn [ʌn'bɔːn] *adj* sin nacer, nonato,-a.
unbreakable [ʌn'breɪkəbəl] *adj* irrompible; *fig* inquebrantable.
unbroken [ʌn'brəʊkən] *adj* 1 *(whole)* intacto,-a. 2 *(uninterrupted)* continuo,-a. 3 *(record)* imbatido,-a.
unbutton [ʌn'bʌtən] *vtr* desabrochar.

uncalled-for [ʌn'kɔːldfɔːr] *adj (inappropriate)* insensato,-a; *(unjustified)* inmerecido,-a.
uncanny [ʌn'kænɪ] *adj* misterioso,-a, extraño,-a.
unceasing [ʌn'siːsɪŋ] *adj* incesante.
uncertain [ʌn'sɜːtən] *adj* 1 *(not certain)* incierto,-a; *(doubtful)* dudoso,-a; in no u. terms, claramente. 2 *(hesitant)* indeciso,-a.
uncertainty [ʌn'sɜːtəntɪ] *n* incertidumbre *f*.
unchanged [ʌn'tʃeɪndʒd] *adj* igual.
unchecked [ʌn'tʃekt] *adj* 1 *(unrestrained)* desenfrenado,-a. 2 *(not examined)* no comprobado,-a.
uncivilized [ʌn'sɪvɪlaɪzd] *adj (tribe)* incivilizado,-a, salvaje; *(not cultured)* inculto,-a.
uncle ['ʌŋkəl] *n* tío *m*.
uncomfortable [ʌn'kʌmftəbəl] *adj* incómodo,-a; to make things u. for, complicarle la vida a.
uncommon [ʌn'kɒmən] *adj* 1 *(rare)* poco común; *(unusual)* extraordinario,-a. 2 *(excessive)* excesivo,-a. ◆**uncommonly** *adv* not u., con cierta frecuencia.
uncompromising [ʌn'kɒmprəmaɪzɪŋ] *adj* intransigente; u. honesty, sinceridad absoluta.
unconcerned [ʌnkən'sɜːnd] *adj* indiferente (about, a).
unconditional [ʌnkən'dɪʃənəl] *adj* incondicional; u. refusal, negativa rotunda.
unconnected [ʌnkə'nektɪd] *adj* no relacionado,-a.
unconscious [ʌn'kɒnʃəs] I *adj* 1 inconsciente (of, de). 2 *(unintentional)* involuntario,-a. II *n* the u., el inconsciente.
unconsciousness [ʌn'kɒnʃəsnɪs] *n Med* pérdida *f* del conocimiento.
uncontested [ʌnkən'testɪd] *adj Pol* u. seat, escaño *m* ganado sin oposición.
uncontrollable [ʌnkən'trəʊləbəl] *adj* incontrolable; *(desire)* irresistible.
unconventional [ʌnkən'venʃənəl] *adj* poco convencional, original.
uncooperative [ʌnkəʊ'ɒpərətɪv] *adj* poco cooperativo,-a.
uncouth [ʌn'kuːθ] *adj (rude)* grosero,-a.
uncover [ʌn'kʌvər] *vtr* destapar; *fig* descubrir.
undamaged [ʌn'dæmɪdʒd] *adj (article etc)* sin desperfectos; *(person)* indemne; *(reputation)* intacto,-a.
undaunted [ʌn'dɔːntɪd] *adj* firme, impávido,-a.
undecided [ʌndɪ'saɪdɪd] *adj* 1 *(person)* indeciso,-a. 2 *(issue)* pendiente; it's still u., está aún por decidir.
undefeated [ʌndɪ'fiːtɪd] *adj* invicto,-a.
undefined [ʌndɪ'faɪnd] *adj*

indeterminado,-a.
undeniable [ʌndɪ'naɪəbəl] *adj* innegable.
under ['ʌndər] **I** *prep* **1** debajo de; **u. the sun**, bajo el sol. **2** (*less than*) menos de; **incomes u. £1,000**, ingresos inferiores a 1.000 libras; **u. age**, menor de edad. **3** (*of rank*) de rango inferior a. **4 u. Caesar**, bajo César. **5** (*subject to*) bajo; **u. arrest**, detenido,-a; **u. cover**, a cubierto; **u. obligation to**, en la obligación de; **u. the circumstances**, dadas las circunstancias; *fig* **I was u. the impression that ...**, tenía la impresión de que .... **6** (*according to*) según, conforme a. **II** *adv* abajo, debajo.
under- ['ʌndər] *pref* (*below*) sub-, infra-; (*insufficiently*) insuficientemente.
underarm ['ʌndərɑːm] **I** *adj* **u. deodorant**, desodorante *m* para las axilas. **II** *adv Sport* por debajo del hombro.
undercarriage [ʌndə'kærɪdʒ] *n* tren *m* de aterrizaje.
undercharge [ʌndə'tʃɑːdʒ] *vtr* cobrar menos de lo debido.
underclothes ['ʌndəkləʊðz] *npl* ropa *f sing* interior.
undercoat ['ʌndəkəʊt] *n* (*of paint*) primera mano.
undercover [ʌndə'kʌvər] *adj* secreto,-a.
undercurrent ['ʌndəkʌrənt] *n* **1** (*in sea*) corriente submarina. **2** *fig* sentimiento *m* latente.
undercut [ʌndə'kʌt] *vtr Com* vender más barato que.
underdeveloped [ʌndədɪ'veləpt] *adj* subdesarrollado,-a.
underdog ['ʌndədɒg] *n* desvalido,-a *m,f*.
underestimate [ʌndər'estɪmeɪt] *vtr* infravalorar.
underexposure [ʌndərɪk'spəʊʒər] *n Phot* subexposición *f*.
underfed [ʌndə'fed] *adj* subalimentado,-a.
underfoot [ʌndə'fʊt] *adv* en el suelo.
undergo [ʌndə'gəʊ] *vtr* experimentar; (*change*) sufrir; (*test etc*) pasar por.
undergraduate [ʌndə'grædjʊɪt] *n* estudiante *mf* universitario,-a.
underground ['ʌndəgraʊnd] **I** *adj* subterráneo,-a; *fig* clandestino,-a. **II** [ʌndə'graʊnd] *adv fig* **to go u.**, pasar a la clandestinidad. **III** ['ʌndəgraʊnd] *n* **1** *Pol* movimiento clandestino. **2** **the u.**, (*subway*) el metro.
undergrowth ['ʌndəgrəʊθ] *n* maleza *f*.
underhand ['ʌndəhænd] **I** *adj* (*method*) ilícito,-a; (*person*) solapado,-a. **II** *adv* bajo cuerda.
underline [ʌndə'laɪn] *vtr* subrayar.
underling ['ʌndəlɪŋ] *n pej* mandado,-a *m,f*.
underlying [ʌndə'laɪɪŋ] *adj* (*basic*) fundamental.
undermine [ʌndə'maɪn] *vtr* socavar, mi-

nar.
underneath [ʌndə'niːθ] **I** *prep* debajo de, bajo. **II** *adv* abajo, debajo. **III** *adj* de abajo. **IV** *n* parte *f* inferior.
undernourished [ʌndə'nʌrɪʃt] *adj* desnutrido,-a.
underpaid [ʌndə'peɪd] *adj* mal pagado,-a.
underpass ['ʌndəpɑːs] *n* paso subterráneo.
underprivileged [ʌndə'prɪvɪlɪdʒd] **I** *adj* desfavorecido,-a. **II** *npl* **the u.**, los menos favorecidos.
underrate [ʌndə'reɪt] *vtr* → **undervalue**.
undershirt ['ʌndəʃɜːt] *n US* camiseta *f*.
underskirt ['ʌndəskɜːt] *n* combinación *f*.
understand [ʌndə'stænd] *vtr & vi* (*pt & pp* **understood**) **1** (*comprehend*) entender, comprender; **fam do I make myself understood?**, ¿me explico? **2** (*assume, believe*) entender; **she gave me to u. that ...**, me dio a entender que .... **3** (*hear*) tener entendido. **4 to u. one another**, entenderse.
understandable [ʌndə'stændəbəl] *adj* comprensible.
understanding [ʌndə'stændɪŋ] **I** *n* **1** (*intellectual grasp*) entendimiento *m*, comprensión *f*. **2** (*interpretation*) intepretación *f*. **3** (*agreement*) acuerdo *m*. **4 on the u. that ...**, a condición de que .... **II** *adj* comprensivo,-a.
understatement [ʌndə'steɪtmənt] *n* **to make an u.**, minimizar, subestimar; **to say that the boy is rather clever is an u.**, decir que el chico es bastante listo es quedarse corto.
understood [ʌndə'stʊd] *adj* **1 I wish it to be u. that ...**, que conste que .... **2** (*agreed on*) convenido,-a. **3** (*implied*) sobreentendido,-a.
understudy ['ʌndəstʌdɪ] *n* suplente *mf*.
undertake [ʌndə'teɪk] *vtr* (*pt* **undertook**; *pp* **undertaken** [ʌndə'teɪkən]) **1** (*responsibility*) asumir; (*task, job*) encargarse de. **2** (*promise*) comprometerse a.
undertaker [ʌndə'teɪkər] *n* empresario,-a *m,f* de pompas fúnebres; **u.'s**, funeraria *f*.
undertaking [ʌndə'teɪkɪŋ] *n* **1** (*task*) empresa *f*. **2** (*guarantee*) garantía *f*.
undertone ['ʌndətəʊn] *n* **in an u.**, en voz baja.
underwater [ʌndə'wɔːtər] **I** *adj* submarino,-a. **II** *adv* bajo el agua.
underwear ['ʌndəweər] *n inv* ropa *f* interior.
underworld ['ʌndəwɜːld] *n* (*criminals*) hampa *f*, bajos fondos.
underwrite [ʌndə'raɪt] *vtr* (*pt* **underwrote**; *pp* **underwritten**) **1** (*guarantee*) garantizar, avalar. **2** (*insure*) asegurar.
underwriter ['ʌndəraɪtər] *n* **1** *Fin* suscriptor,-a *m,f*. **2** (*insurer*) asegurador,-a *m,f*.

undesirable |ʌndɪ'zaɪrəbəl| *adj & n* indeseable *(mf)*.
undeterred |ʌndɪ'tɜːd| *adj* sin inmutarse; **u. by**, sin arredrarse ante.
undies |'ʌndɪz| *npl fam* bragas *fpl*.
undignified |ʌn'dɪgnɪfaɪd| *adj (attitude etc)* indecoroso,-a.
undisciplined |ʌn'dɪsɪplɪnd| *adj* indisciplinado,-a.
undisclosed |ʌndɪs'kləʊzd| *adj* sin revelar.
undiscovered |ʌndɪs'kʌvəd| *adj* sin descubrir.
undisguised |ʌndɪs'gaɪzd| *adj fig* no disimulado,-a.
undisputed |ʌndɪ'spjuːtɪd| *adj (unchallenged)* incontestable; *(unquestionable)* indiscutible.
undivided |ʌndɪ'vaɪdɪd| *adj* **to give one's u. attention**, prestar toda la atención.
undo |ʌn'duː| *vtr (pt* **undid**; *pp* **undone**) 1 deshacer; *(button)* desabrochar. 2 *(put right)* enmendar.
undone[1] |ʌn'dʌn| *adj (unfinished)* inacabado,-a.
undone[2] |ʌn'dʌn| *adj (knot etc)* deshecho,-a; **to come u.**, *(shoelace)* desatarse; *(button, blouse)* desabrocharse; *(necklace etc)* soltarse.
undoubted |ʌn'daʊtɪd| *adj* indudable.
undress |ʌn'dres| **I** *vtr* desnudar. **II** *vi* desnudarse.
undressed |ʌn'drest| *adj (naked)* desnudo,-a.
undue |ʌn'djuː| 1 *adj (excessive)* excesivo,-a. 2 *(improper)* indebido,-a.
undulate |'ʌndjʊleɪt| *vi* ondular, ondear.
unearth |ʌn'ɜːθ| *vtr* desenterrar.
unearthly |ʌn'ɜːθlɪ| *adj* 1 *(being)* sobrenatural. 2 *fam (din)* espantoso,-a; **at an u. hour**, a una hora intempestiva.
uneasy |ʌn'iːzɪ| *adj* 1 *(worried)* preocupado,-a; *(disturbing)* inquietante. 2 *(uncomfortable)* incómodo,-a.
uneconomic(al) |ʌniːkə'nɒmɪk(əl)| *adj* poco económico,-a.
uneducated |ʌn'edjʊkeɪtɪd| *adj* inculto,-a.
unemployed |ʌnɪm'plɔɪd| **I** *adj* en paro, parado,-a; **to be u.**, estar en paro. **II** *npl* **the u.**, los parados.
unemployment |ʌnɪm'plɔɪmənt| *n* paro *m*, desempleo *m*; **u. benefit**, *US* **u. compensation**, subsidio *m* de desempleo.
unending |ʌn'endɪŋ| *adj* interminable.
unenviable |ʌn'envɪəbəl| *adj* poco envidiable.
unequal |ʌn'iːkwəl| *adj* desigual.
unequivocal |ʌnɪ'kwɪvəkəl| *adj* inequívoco,-a.
uneven |ʌn'iːvən| *adj* 1 *(not level)* desigual; *(bumpy)* accidentado,-a. 2 *(variable)* irregular.
uneventful |ʌnɪ'ventfʊl| *adj* sin acontecimientos.
unexceptional |ʌnɪk'sepʃənəl| *adj* ordinario,-a.
unexpected |ʌnɪk'spektɪd| *adj (unhoped for)* inesperado,-a; *(event)* imprevisto,-a.
unfailing |ʌn'feɪlɪŋ| *adj* indefectible; *(incessant)* constante; *(patience)* inagotable.
unfair |ʌn'feər| *adj* injusto,-a; *Sport* sucio,-a.
unfaithful |ʌn'feɪθfʊl| *adj (friend)* desleal; *(husband, wife)* infiel.
unfamiliar |ʌnfə'mɪljər| *adj (unknown)* desconocido,-a; *(not conversant)* no familiarizado,-a **(with,** con).
unfashionable |ʌn'fæʃənəbəl| *adj* pasado,-a de moda; *(ideas etc)* poco popular.
unfasten |ʌn'fɑːsən| *vtr (knot)* desatar; *(clothing, belt)* desabrochar.
unfavourable, *US* **unfavorable** |ʌn'feɪvərəbəl| *adj* desfavorable; *(criticism)* adverso,-a; *(winds)* contrario,-a.
unfeeling |ʌn'fiːlɪŋ| *adj* insensible.
unfinished |ʌn'fɪnɪʃt| *adj* inacabado,-a; **u. business**, un asunto pendiente.
unfit |ʌn'fɪt| *adj* 1 *(thing)* inadecuado,-a; *(person)* no apto,-a **(for,** para). 2 *(incompetent)* incompetente. 3 *(physically)* incapacitado,-a; **to be u.**, no estar en forma.
unflinching |ʌn'flɪntʃɪŋ| *adj* 1 *(determined)* resuelto,-a. 2 *(fearless)* impávido,-a.
unfold |ʌn'fəʊld| **I** *vtr* 1 *(sheet)* desdoblar; *(newspaper)* abrir. 2 *(plan, secret)* revelar. **II** *vi* 1 *(open up)* abrirse; *(landscape)* extenderse. 2 *(plot)* desarrollarse. 3 *(secret)* descubrirse.
unforeseen |ʌnfɔː'siːn| *adj* imprevisto,-a.
unforgettable |ʌnfə'getəbəl| *adj* inolvidable.
unforgivable |ʌnfə'gɪvəbəl| *adj* imperdonable.
unfortunate |ʌn'fɔːtʃənɪt| *adj (person, event)* desgraciado,-a; *(remark)* desafortunado,-a; **how u.!**, ¡qué mala suerte! ◆**unfortunately** *adv* desgraciadamente, por desgracia.
unfounded |ʌn'faʊndɪd| *adj* infundado,-a.
unfriendly |ʌn'frendlɪ| *adj* **(unfriendlier, unfriendliest)** antipático,-a, poco amistoso,-a.
unfurl |ʌn'fɜːl| *vi* desplegarse.
unfurnished |ʌn'fɜːnɪʃt| *adj* sin amueblar.
ungainly |ʌn'geɪnlɪ| *adj (gait)* desgarbado,-a.
ungodly |ʌn'gɒdlɪ| *adj* **(ungodlier, ungodliest)** *(behaviour)* impío,-a; *fam fig* **at an u. hour**, a una hora intempestiva.
ungrateful |ʌn'greɪtfʊl| *adj (person)* desagradecido,-a; *(task)* ingrato,-a.
unguarded |ʌn'gɑːdɪd| *adj* 1 *(unprotected)*

unhappiness 588 **unnecessary**

desatendido,-a; *(imprudent)* desprevenido,-a. 2 *(frank)* franco,-a.
unhappiness |ʌn'hæpɪnɪs| *n* 1 *(sadness)* tristeza *f*. 2 *(wretchedness)* desdicha *f*.
unhappy |ʌn'hæpɪ| *adj* (**unhappier, unhappiest**) 1 *(sad)* triste. 2 *(wretched)* desgraciado,-a, infeliz; *(unfortunate)* desafortunado,-a.
unharmed |ʌn'hɑːmd| *adj* ileso,-a, indemne.
unhealthy |ʌn'helθɪ| *adj* (**unhealthier, unhealthiest**) 1 *(ill)* enfermizo,-a. 2 *(unwholesome)* malsano,-a.
unheard |ʌn'hɜːd| *adj* 1 her request went u., su petición no fue atendida. 2 **u. of,** *(outrageous)* inaudito,-a; *(without precedent)* sin precedente.
unhesitating |ʌn'hezɪteɪtɪŋ| *adj* resuelto,-a.
unhook |ʌn'hʊk| *vtr (from hook)* descolgar; *(clothing)* desabrochar.
unhurt |ʌn'hɜːt| *adj* ileso,-a, indemne.
unhygienic |ʌnhaɪ'dʒiːnɪk| *adj* antihigiénico,-a.
unidentified |ʌnaɪ'dentɪfaɪd| *adj* **u. flying object,** objeto volador no identificado, ovni *m*.
unification |juːnɪfɪ'keɪʃən| *n* unificación *f*.
uniform |'juːnɪfɔːm| *adj & nm* uniforme.
uniformity |juːnɪ'fɔːmɪtɪ| *n* uniformidad *f*.
unify |'juːnɪfaɪ| *vtr* unificar.
unilateral |juːnɪ'lætərəl| *adj* unilateral.
unimportant |ʌnɪm'pɔːtənt| *adj* poco importante.
uninformed |ʌnɪn'fɔːmd| *adj (opinion)* sin fundamento.
uninhabited |ʌnɪn'hæbɪtɪd| *adj* despoblado,-a.
uninhibited |ʌnɪn'hɪbɪtɪd| *adj* sin inhibición.
uninspired |ʌnɪn'spaɪəd| *adj (person)* falto,-a de inspiración; *(performance)* insulso,-a.
uninspiring |ʌnɪn'spaɪərɪŋ| *adj* que no inspira.
unintelligible |ʌnɪn'telɪdʒəbəl| *adj* ininteligible, incomprensible.
unintentional |ʌnɪn'tenʃənəl| *adj* involuntario,-a. ◆**unintentionally** *adv* sin querer.
uninteresting |ʌn'ɪntrɪstɪŋ| *adj* poco interesante.
uninterrupted |ʌnɪntə'rʌptɪd| *adj* ininterrumpido,-a.
union |'juːnjən| I *n* 1 unión *f*. 2 *(organization)* sindicato *m*. 3 *US* **the U.,** los Estados Unidos; **U. Jack,** bandera *f* del Reino Unido. II *adj* sindical.
unique |juː'niːk| *adj* único,-a.
unison |'juːnɪsən| *n Mus* unisonancia *f*; *fig (harmony)* armonía *f*; **in u.,** al unísono.
unit |'juːnɪt| *n* 1 unidad *f*; **monetary u.,** unidad monetaria; *GB Fin* **u. trust,** sociedad *f* de inversiones. 2 *(piece of furniture)* módulo *m*; **kitchen u.,** mueble *m* de cocina. 3 *Tech* grupo *m*; *Comput* **central processing u.,** procesador *m* central; **visual display u.,** pantalla *f*. 4 *(department)* servicio *m*. 5 *(team)* equipo *m*.
unite |juː'naɪt| I *vtr* unir. II *vi* unirse.
united |juː'naɪtɪd| *adj* unido,-a; **U. Kingdom,** Reino Unido; **U. States (of America),** Estados Unidos (de América); **U. Nations,** Naciones Unidas.
unity |'juːnɪtɪ| *n* unidad *f*; *(harmony)* armonía *f*.
universal |juːnɪ'vɜːsəl| *adj* universal.
universe |'juːnɪvɜːs| *n* universo *m*.
university |juːnɪ'vɜːsɪtɪ| I *n* universidad *f*. II *adj* universitario,-a.
unjust |ʌn'dʒʌst| *adj* injusto,-a.
unkempt |ʌn'kempt| *adj* descuidado,-a; *(hair)* despeinado,-a; *(appearance)* desaliñado,-a.
unkind |ʌn'kaɪnd| *adj (not nice)* poco amable; *(cruel)* despiadado,-a.
unknown |ʌn'nəʊn| I *adj* desconocido,-a; **u. quantity,** incógnita *f*. II *n* **the u.,** lo desconocido.
unlawful |ʌn'lɔːfʊl| *adj (not legal)* ilegal.
unleash |ʌn'liːʃ| *vtr* 1 *(dog)* soltar. 2 *fig (release)* liberar; *(provoke)* desencadenar.
unless |ʌn'les| *conj* a menos que, a no ser que.
unlike |ʌn'laɪk| I *adj* diferente, distinto, -a. II *prep* a diferencia de.
unlikely |ʌn'laɪklɪ| *adj* 1 *(improbable)* poco probable. 2 *(unusual)* raro,-a.
unlimited |ʌn'lɪmɪtɪd| *adj* ilimitado,-a.
unload |ʌn'ləʊd| *vtr & vi* descargar.
unlock |ʌn'lɒk| *vtr* abrir (con llave).
unlucky |ʌn'lʌkɪ| *adj* (**unluckier, unluckiest**) *(unfortunate)* desgraciado,-a; **to be u.,** *(person)* tener mala suerte; *(thing)* traer mala suerte. ◆**unluckily** *adv* desafortunadamente, por desgracia.
unmanageable |ʌn'mænɪdʒəbəl| *adj (people)* ingobernable; *(child, hair)* incontrolable.
unmanned |ʌn'mænd| *adj (spacecraft etc)* no tripulado,-a.
unmarried |ʌn'mærɪd| *adj* soltero,-a.
unmask |ʌn'mɑːsk| *vtr fig (plot)* descubrir.
unmistak(e)able |ʌnmɪs'teɪkəbəl| *adj* inconfundible. ◆**unmistak(e)ably** *adv* sin lugar a dudas.
unmitigated |ʌn'mɪtɪgeɪtɪd| *adj* 1 *(absolute)* absoluto,-a; *(liar)* rematado,-a. 2 *(grief)* profundo,-a.
unnamed |ʌn'neɪmd| *adj (anonymous)* anónimo,-a.
unnatural |ʌn'nætʃərəl| *adj* 1 *(against nature)* antinatural; *(abnormal)* anormal. 2 *(affected)* afectado,-a.
unnecessary |ʌn'nesɪsərɪ| *adj*

unnoticed 589 **unsettled**

innecesario,-a, inútil; **it's u. to add that ...**, sobra añadir que ....
unnoticed [ʌnˈnəʊtɪst] adj desapercibido,-a; **to let sth pass u.**, pasar algo por alto.
unobserved [ʌnɒbˈzɜːvd] adj inadvertido,-a.
unobtainable [ʌnəbˈteɪnəbəl] adj inasequible, inalcanzable.
unobtrusive [ʌnəbˈtruːsɪv] adj discreto, -a.
unoccupied [ʌnˈɒkjʊpaɪd] adj (house) desocupado,-a; (seat) libre.
unofficial [ʌnəˈfɪʃəl] adj no oficial.
unorthodox [ʌnˈɔːθədɒks] adj 1 (behaviour etc) poco ortodoxo,-a. 2 Rel heterodoxo,-a.
unpack [ʌnˈpæk] I vtr (boxes) desembalar; (suitcase) deshacer. II vi deshacer la(s) maleta(s).
unpalatable [ʌnˈpælətəbəl] adj desagradable.
unparalleled [ʌnˈpærəleld] adj 1 (in quality) incomparable. 2 (without precedent) sin precedente.
unpardonable [ʌnˈpɑːdənəbəl] adj imperdonable.
unperturbed [ʌnpəˈtɜːbd] adj impasible.
unpleasant [ʌnˈplezənt] adj desagradable (**to**, con).
unpleasantness [ʌnˈplezəntnɪs] n disgusto m.
unplug [ʌnˈplʌg] vtr desenchufar.
unpopular [ʌnˈpɒpjʊləʳ] adj impopular; **to make oneself u.**, ganarse la antipatía de todos.
unprecedented [ʌnˈpresɪdentɪd] adj sin precedente.
unpredictable [ʌnprɪˈdɪktəbəl] adj imprevisible.
unprepared [ʌnprɪˈpeəd] adj (speech etc) improvisado,-a; (person) desprevenido,-a.
unprincipled [ʌnˈprɪnsɪpəld] adj sin escrúpulos.
unprintable [ʌnˈprɪntəbəl] adj (word, comment) malsonante.
unproductive [ʌnprəˈdʌktɪv] adj (inefficient) improductivo,-a; (fruitless) infructuoso,-a.
unprofessional [ʌnprəˈfeʃənəl] adj (unethical) poco profesional; (substandard) de aficionado,-a.
unprotected [ʌnprəˈtektɪd] adj indefenso,-a.
unprovoked [ʌnprəˈvəʊkt] adj gratuito, -a.
unpunished [ʌnˈpʌnɪʃt] adj impune.
unqualified [ʌnˈkwɒlɪfaɪd] adj 1 (without qualification) sin título; (incompetent) incompetente. 2 (unconditional) incondicional; (denial) rotundo,-a; (endorsement) sin reserva; (success) total.
unquestionable [ʌnˈkwestʃənəbəl] adj indiscutible.

unquestioning [ʌnˈkwestʃənɪŋ] adj incondicional; (obedience) ciego,-a.
unravel [ʌnˈrævəl] I vtr desenmarañar. II vi desenmarañarse.
unreadable [ʌnˈriːdəbəl] adj 1 (handwriting) ilegible. 2 (book) imposible de leer.
unreal [ʌnˈrɪəl] adj irreal.
unrealistic [ʌnrɪəˈlɪstɪk] adj poco realista.
unreasonable [ʌnˈriːzənəbəl] adj poco razonable; (demands) desmedido,-a; (prices) exorbitante; (hour) inoportuno,-a.
unrefined [ʌnrɪˈfaɪnd] adj 1 (sugar, oil etc) sin refinar. 2 (person) tosco,-a, basto,-a.
unrelated [ʌnrɪˈleɪtɪd] adj (not connected) no relacionado,-a.
unrelenting [ʌnrɪˈlentɪŋ] adj (behaviour) implacable; (struggle) encarnizado,-a.
unreliable [ʌnrɪˈlaɪəbəl] adj 1 (person) de poca confianza. 2 (information) que no es de fiar; (machine) poco fiable.
unrelieved [ʌnrɪˈliːvd] adj (boredom) total.
unremitting [ʌnrɪˈmɪtɪŋ] adj 1 (efforts etc) incesante. 2 (person) incansable.
unrepentant [ʌnrɪˈpentənt] adj impenitente.
unreserved [ʌnrɪˈzɜːvd] adj (praise, support) sin reserva. ◆**unreservedly** adv sin reserva.
unrest [ʌnˈrest] n (social etc) malestar m; **political u.**, agitación política.
unrivalled, US **unrivaled** [ʌnˈraɪvəld] adj sin par, sin rival.
unroll [ʌnˈrəʊl] vtr desenrollar.
unruffled [ʌnˈrʌfəld] adj fig tranquilo,-a.
unruly [ʌnˈruːlɪ] adj (unrulier, unruliest) 1 (child) revoltoso,-a. 2 (hair) rebelde.
unsafe [ʌnˈseɪf] adj (dangerous) peligroso,-a; (risky) inseguro,-a; **to feel u.**, sentirse expuesto,-a.
unsaid [ʌnˈsed] adj **it's better left u.**, más vale no decir nada; **much was left u.**, quedó mucho por decir.
unsatisfactory [ʌnsætɪsˈfæktərɪ] adj insatisfactorio,-a; **it's most u.**, deja mucho que desear.
unsavoury, US **unsavory** [ʌnˈseɪvərɪ] adj desagradable.
unscathed [ʌnˈskeɪðd] adj ileso,-a, indemne.
unscrew [ʌnˈskruː] vtr destornillar.
unscrupulous [ʌnˈskruːpjʊləs] adj sin escrúpulos.
unseemly [ʌnˈsiːmlɪ] adj impropio,-a.
unseen [ʌnˈsiːn] I adj invisible; (unnoticed) inadvertido,-a. II n GB Educ texto no trabajado en clase.
unselfish [ʌnˈselfɪʃ] adj desinteresado,-a.
unsettle [ʌnˈsetəl] vtr perturbar.
unsettled [ʌnˈsetəld] adj 1 (person) nervioso,-a; (situation) inestable. 2 (weather) inestable. 3 (matter, debt) pendiente. 4 (land) sin colonizar.

unshaven |ʌnˈʃeɪvən| adj sin afeitar.
unsightly |ʌnˈsaɪtlɪ| adj feo,-a, desagradable.
unskilled |ʌnˈskɪld| adj *(worker)* no cualificado,-a; *(work)* no especializado,-a.
unsociable |ʌnˈsəʊʃəbəl| adj insociable, huraño,-a.
unsophisticated |ʌnsəˈfɪstɪkeɪtɪd| adj 1 *(naïve)* ingenuo,-a. 2 *(simple)* poco sofisticado,-a.
unsound |ʌnˈsaʊnd| adj 1 *(unstable)* inestable; **of u. mind**, demente. 2 *(fallacious)* falso,-a.
unspeakable |ʌnˈspiːkəbəl| adj 1 indecible. 2 *fig (evil)* atroz.
unspoken |ʌnˈspəʊkən| adj 1 *(tacit)* tácito,-a. 2 *(feeling)* interior, secreto,-a.
unstable |ʌnˈsteɪbəl| adj inestable.
unsteady |ʌnˈstedɪ| adj *(not firm)* inestable; *(table, chair)* cojo,-a; *(hand, voice)* tembloroso,-a.
unstinting |ʌnˈstɪntɪŋ| adj pródigo,-a (**in**, en, de).
unstuck |ʌnˈstʌk| adj **to come u.**, despegarse; *fig* venirse abajo.
unsuccessful |ʌnsəkˈsesfʊl| adj 1 *(fruitless)* fracasado,-a; *(useless)* vano,-a. 2 *(businessman etc)* fracasado,-a; *(candidate)* derrotado,-a; **to be u. at sth**, no tener éxito con algo. ◆**unsuccessfully** adv sin éxito, en vano.
unsuitable |ʌnˈsuːtəbəl| adj 1 *(person)* no apto,-a. 2 *(thing)* inadecuado,-a; *(remark)* inoportuno,-a; *(time)* inconveniente.
unsuited |ʌnˈsuːtɪd| adj 1 *(person)* no apto,-a; *(thing)* impropio,-a (**to**, para). 2 *(incompatible)* incompatible.
unsure |ʌnˈʃʊər| adj poco seguro,-a.
unsuspecting |ʌnsəˈspektɪŋ| adj confiado,-a; **he went in u.**, entró sin sospechar nada.
unswerving |ʌnˈswɜːvɪŋ| adj firme.
unsympathetic |ʌnsɪmpəˈθetɪk| adj *(unfeeling)* impasible; *(not understanding)* poco comprensivo,-a.
untapped |ʌnˈtæpt| adj *(mine etc)* sin explotar.
untarnished |ʌnˈtɑːnɪʃt| adj *fig* sin mancha.
untenable |ʌnˈtenəbəl| adj insostenible.
unthinkable |ʌnˈθɪŋkəbəl| adj impensable, inconcebible.
untidy |ʌnˈtaɪdɪ| adj **(untidier, untidiest)** *(room, person)* desordenado,-a; *(hair)* despeinado,-a; *(appearance)* desaseado,-a.
untie |ʌnˈtaɪ| vtr desatar; *(free)* soltar.
until |ʌnˈtɪl| **I** conj hasta que; **she worked u. she collapsed**, trabajó hasta desfallecer; **u. she gets back**, hasta que vuelva. **II** prep hasta; **u. now**, hasta ahora; **u. ten o'clock**, hasta las diez; **not u. Monday**, hasta el lunes no.
untimely |ʌnˈtaɪmlɪ| adj 1 *(premature)* prematuro,-a. 2 *(inopportune)* inoportuno,-a; *(hour)* intempestivo,-a.
untold |ʌnˈtəʊld| adj 1 *(indescribable)* indecible. 2 *fig (loss, wealth)* incalculable. 3 *(not told)* sin contar.
untouchable |ʌnˈtʌtʃəbəl| adj & n intocable *(mf)*.
untoward |ʌntəˈwɔːd, ʌnˈtəʊəd| adj 1 *(unfortunate)* desafortunado,-a. 2 *(adverse)* adverso,-a.
untrained |ʌnˈtreɪnd| adj 1 *(unskilled)* sin preparación profesional. 2 *(inexpert)* inexperto,-a.
untrue |ʌnˈtruː| adj 1 *(false)* falso,-a. 2 *(unfaithful)* infiel. 3 *(inexact)* inexacto,-a.
untrustworthy |ʌnˈtrʌstwɜːðɪ| adj 1 *(person)* de poca confianza. 2 *(source)* no fidedigno,-a.
unused |ʌnˈjuːzd| adj *(car)* sin usar; *(flat etc)* sin estrenar; *(stamp)* sin matar. 2 *(not in use)* que no ya se utiliza. 3 |ʌnˈjuːst| *(unaccustomed)* desacostumbrado,-a (**to**, a).
unusual |ʌnˈjuːʒʊəl| adj *(rare)* insólito,-a, poco común; *(original)* original; *(exceptional)* excepcional. ◆**unusually** adv excepcionalmente.
unveil |ʌnˈveɪl| vtr descubrir.
unwarranted |ʌnˈwɒrəntɪd| adj injustificado,-a; *(remark)* gratuito,-a.
unwavering |ʌnˈweɪvərɪŋ| adj *(loyalty)* constante, firme; *(courage)* inquebrantable.
unwelcome |ʌnˈwelkəm| adj *(visitor)* molesto,-a; *(visit)* inoportuno,-a; *fig (news etc)* desagradable.
unwell |ʌnˈwel| adj malo,-a, indispuesto,-a.
unwieldy |ʌnˈwiːldɪ| adj *(difficult to handle)* poco manejable; *(clumsy)* torpe.
unwilling |ʌnˈwɪlɪŋ| adj **to be u. to do sth**, no estar dispuesto a hacer algo. ◆**unwillingly** adv de mala gana.
unwind |ʌnˈwaɪnd| *(pt & pp unwound)* **I** vtr desenrollar. **II** vi 1 desenrollarse. 2 *(relax)* relajarse.
unwise |ʌnˈwaɪz| adj imprudente, desaconsejable.
unwitting |ʌnˈwɪtɪŋ| adj involuntario,-a.
unworkable |ʌnˈwɜːkəbəl| adj *(not feasible)* impracticable; *(suggestion)* irrealizable.
unworthy |ʌnˈwɜːðɪ| adj indigno,-a.
unwrap |ʌnˈræp| vtr *(gift)* desenvolver; *(package)* deshacer.
unwritten |ʌnˈrɪtən| adj no escrito,-a; *(agreement)* verbal.
unyielding |ʌnˈjiːldɪŋ| adj inflexible.
up |ʌp| **I** prep 1 *(movement)* **to climb up the mountain**, escalar la montaña; **to walk up the street**, ir calle arriba. 2 *(position)* en lo alto de; **further up the street**, más adelante (en la misma calle); **halfway up the ladder**, a mitad de la escalera.

II *adv* **1** (*upwards*) arriba, hacia arriba; (*position*) arriba; **from ten pounds up,** de diez libras para arriba; **halfway up,** a medio camino; **right up (to the top),** hasta arriba (del todo); **to go** *or* **come up,** subir; **'this side up',** 'este lado hacia arriba'. **2 the moon is up,** ha salido la luna. **3** (*towards*) hacia; **to come** *or* **go up to sb,** acercarse a algn; **to walk up and down,** ir de un lado a otro. **4** (*in, to*) **he's up in Yorkshire,** está en Yorkshire. **5** (*increased*) **bread is up,** el pan ha subido. **6 it's up for discussion,** se está discutiendo; **up for sale,** en venta. **7** *fam* **something's up,** pasa algo; **what's up (with you)?,** ¿qué pasa (contigo)? **8 to be up against sth,** enfrentarse con algo. **9 up to,** (*as far as, until*) hasta; **I can spend up to £5,** puedo gastar un máximo de cinco libras; **up to here,** hasta aquí; **up to now,** hasta ahora. **10 to be up to,** (*depend on*) depender de; (*be capable of*) estar a la altura de; **I don't feel up to doing it today,** hoy no me encuentro con fuerzas para hacerlo; **it's not up to much,** no vale gran cosa. **11 he's up to sth,** está tramando algo.
III *adj* **1** (*out of bed*) levantado,-a. **2** (*finished*) terminado,-a; **time's up,** (ya) es la hora.
IV *vtr fam* aumentar.
V *n fig* **ups and downs,** altibajos *mpl*.

up-and-coming [ʌpən'kʌmɪŋ] *adj* prometedor,-a.

upbringing ['ʌpbrɪŋɪŋ] *n* educación *f*.

update [ʌp'deɪt] *vtr* actualizar, poner al día.

upgrade [ʌp'greɪd] *vtr* **1** (*promote*) ascender. **2** (*improve*) mejorar la calidad de.

upheaval [ʌp'hiːvəl] *n* trastorno *m*.

uphill ['ʌphɪl] **I** *adj* ascendente; *fig* arduo,-a. **II** *adv* cuesta arriba.

uphold [ʌp'həʊld] *vtr* (*pt & pp* **upheld**) sostener.

upholstery [ʌp'həʊlstərɪ] *n* tapizado *m*, tapicería *f*.

upkeep ['ʌpkiːp] *n* mantenimiento *m*.

up-market ['ʌpmɑːkɪt] *adj* de categoría.

upon [ə'pɒn] *prep fml* en, sobre; **once u. a time ...,** érase una vez ...; **u. my word,** (mi) palabra de honor.

upper ['ʌpər] **I** *adj* **1** (*position*) superior; **u. storey,** piso de arriba; *fig* **to have the u. hand,** llevar la delantera. **2** (*in rank*) alto,-a; **the u. class,** la clase alta; **the U. House,** la Cámara Alta. **II** *n* (*of shoe*) pala *f*.

upper-class ['ʌpəklæs] *adj* de la clase alta.

uppermost ['ʌpəməʊst] *adj* más alto,-a; *fig* **it was u. in my mind,** era lo que me preocupaba más.

upright ['ʌpraɪt] **I** *adj* **1** (*vertical*) vertical. **2** (*honest*) honrado,-a. **II** *adv* derecho. **III** *n Ftb* (*post*) poste *m*.

uprising ['ʌpraɪzɪŋ] *n* sublevación *f*.

uproar ['ʌprɔːr] *n* tumulto *m*, alboroto *m*.

uproot [ʌp'ruːt] *vtr* (*plant*) arrancar de raíz.

upset [ʌp'set] **I** *vtr* (*pt & pp* **upset**) **1** (*overturn*) volcar; (*spill*) derramar. **2** (*shock*) trastornar; (*worry*) preocupar; (*displease*) disgustar. **3** (*spoil*) desbaratar. **4** (*make ill*) sentar mal a. **II** ['ʌpset] *n* **1** (*reversal*) revés *m*. **2** *Sport* resultado inesperado. **III** [ʌp'set] *adj* (*shocked*) alterado, -a; (*displeased*) disgustado,-a; **to have an u. stomach,** sentirse mal del estómago.

upshot ['ʌpʃɒt] *n* resultado *m*.

upside ['ʌpsaɪd] *n* **u. down,** al revés.

upstage [ʌp'steɪdʒ] *vtr fam* eclipsar.

upstairs [ʌp'steəz] **I** *adv* al piso de arriba; **she lives u.,** vive en el piso de arriba. **II** *n* piso *m* de arriba.

upstart ['ʌpstɑːt] *n* advenedizo,-a *m,f*.

upstream [ʌp'striːm] *adv* río arriba.

uptake ['ʌpteɪk] *n fam* **to be quick on the u.,** cogerlas al vuelo.

uptight [ʌp'taɪt] *adj fam* nervioso,-a.

up to date [ʌptə'deɪt] *adj* **1** (*current*) al día. **2** (*modern*) moderno,-a.

upturn ['ʌptɜːn] *n* mejora *f*.

upward ['ʌpwəd] *adj* ascendente.

upward(s) ['ʌpwəd(z)] *adv* hacia arriba; **from ten (years) u.,** a partir de los diez años; *fam* **u. of,** algo más de.

uranium [jʊ'reɪnɪəm] *n* uranio *m*.

urban ['ɜːbən] *adj* urbano,-a.

urbane [ɜː'beɪn] *adj* urbano,-a, cortés.

urchin ['ɜːtʃɪn] *n* **1** (*child*) pilluelo,-a *m,f*. **2 sea u.,** erizo *m* de mar.

urge [ɜːdʒ] **I** *vtr* **1** instar; (*plead*) exhortar. **2** (*advocate*) preconizar; **to u. that sth should be done,** insistir en que se haga algo. **II** *n* impulso *m*. ◆ **urge on** *vtr* animar a.

urgency ['ɜːdʒənsɪ] *n* urgencia *f*.

urgent ['ɜːdʒənt] *adj* urgente; (*need, tone*) apremiante.

urinal [jʊ'raɪnəl] *n* (*toilet*) urinario *m*; (*bowl*) orinal *m*.

urinate ['jʊərɪneɪt] *vi* orinar.

urine ['jʊərɪn] *n* orina *f*.

urn [ɜːn] *n* **1** urna *f*. **2 tea u.,** tetera *f* grande.

Uruguay ['jʊərəgwaɪ] *n* Uruguay.

Uruguayan [jʊərə'gwaɪən] *adj & n* uruguayo,-a (*m,f*).

us [ʌs] *pers pron* **1** (*as object*) nos; **let's forget it,** olvidémoslo. **2** (*after prep*) nosotros,-as; **both of us,** nosotros dos; **he's one of us,** es de los nuestros. **3** (*after v* **to be**) nosotros,-as; **she wouldn't believe it was us,** no creía que fuéramos nosotros. **4** *fam* me; **give us a kiss!,** ¡dame un beso!

US [juː'es] *abbr of* **United States,**

USA

EE.UU. *mpl.*
USA [juːesˈeɪ] *abbr of* **United States of America**, EE.UU. *mpl.*
usage [ˈjuːsɪdʒ] *n* 1 *(habit, custom)* costumbre *f.* 2 *Ling* uso *m.*
use [juːz] I *vtr* 1 emplear, utilizar; **what is it used for?**, ¿para qué sirve?; **to u. force**, hacer uso de la fuerza. 2 *(consume)* consumir, gastar. 3 *(take unfair advantage of)* aprovecharse de. 4 *fam* **I could u. a drink**, no me vendría mal un trago. II *v aux (past tense only)* soler, acostumbrar; **where did you u. to live?**, ¿dónde vivías (antes)? III [juːs] *n* 1 uso *m,* empleo *m*; *(handling)* manejo *m*; **directions for u.**, modo de empleo; **in u.**, en uso; **'not in u.'**, *(on lift)* 'no funciona'; **ready for u.**, listo para usar; **to make (good) u. of sth**, aprovechar algo; **to put to good u.**, sacar partido de. 2 *(application)* aplicación *f.* 3 *(usefulness)* utilidad *f*; **it's no u.**, es inútil; **what's the u.?**, ¿para qué?; *fam* **it's no u. crying**, no sirve de nada llorar; **of u.**, útil; **to be of u.**, servir. ◆ **use up** *vtr* acabar.
used [juːzd] *adj* 1 *(second-hand)* usado,-a. 2 [juːst] **to be u. to**, estar acostumbrado,-a a.
useful [ˈjuːsfʊl] *adj* útil; *(practical)* práctico,-a; **to come in u.**, venir bien.
usefulness [ˈjuːsfʊlnɪs] *n* utilidad *f.*
useless [ˈjuːslɪs] *adj* inútil.
user [ˈjuːzər] *n* 1 usuario,-a *m,f.* 2 *fam (of drugs)* drogadicto,-a *m,f.*
usher [ˈʌʃər] I *n* 1 *Cin Theat* acomodador,-a *m,f.* 2 *(in court etc)* ujier *m*. II *vtr* **to u. in**, *Cin Theat* acomodar; *(at home)* hacer pasar; **to u. out**, acompañar hasta la puerta.
USSR [juːeseˈsɑːr] *Hist abbr of* **Union of Soviet Socialist Republics**, URSS *f.*
usual [ˈjuːʒʊəl] I *adj* corriente, normal; **as u.**, como siempre; **at the u. hour**, a la hora habitual; **earlier than u.**, más pronto que de costumbre; **the u. problems**, los problemas de siempre. II *n* lo habitual; **out of the u.**, fuera de lo común. ◆ **usually** *adv* normalmente.
usurpation [juːzɜːˈpeɪʃən] *n* usurpación *f.*
utensil [juːˈtensəl] *n* utensilio *m*; **kitchen utensils**, batería *f sing* de cocina.
uterus [ˈjuːtərəs] *n* útero *m.*
utilitarian [juːtɪlɪˈteərɪən] *adj* 1 *(in philosophy)* utilitarista. 2 *(useful)* utilitario,-a.
utility [juːˈtɪlɪtɪ] *n* 1 utilidad *f*; **u. room**, cuarto *m* de planchar; *(for storage)* trascocina *f.* 2 **(public) u.**, empresa *f* de servicio público.
utilize [ˈjuːtɪlaɪz] *vtr* utilizar.
utmost [ˈʌtməʊst] I *adj* sumo,-a; **of the u. importance**, de suma importancia. II *n* máximo *m*; **to do or try one's u.**, hacer todo lo posible; **to the u.**, al máximo, a más no poder.
utopian [juːˈtəʊpɪən] *adj* utópico,-a.
utter¹ [ˈʌtər] *vtr (words)* pronunciar; *(sigh)* dar; *(cry, threat)* lanzar.
utter² [ˈʌtər] *adj* total, completo,-a.
utterance [ˈʌtərəns] *n* declaración *f.*
U-turn [ˈjuːtɜːn] *n* cambio *m* de sentido; *Pol* giro *m* de 180° grados.

V

V, v [viː] *n (the letter)* V, v *f.*
V *abbr of* **volt(s)**, V.
v 1 *abbr of* **verse**, v. 2 *(also* **vs)** *abbr of* **versus**, contra.
vacancy [ˈveɪkənsɪ] *n* 1 *(job)* vacante *f.* 2 *(room)* habitación *f* libre; **'no vacancies'**, 'completo'.
vacant [ˈveɪkənt] *adj* 1 *(empty)* vacío,-a. 2 *(job)* vacante; *GB* **'situations v.'**, 'ofertas de trabajo'. 3 *(free, not in use)* libre.
vacate [vəˈkeɪt] *vtr (flat)* desalojar.
vacation [vəˈkeɪʃən] I *n* vacaciones *fpl*; **on v.**, de vacaciones. II *vi US* pasar las vacaciones (**in, at, en**).
vacationer [vəˈkeɪʃənər], **vacationist** [vəˈkeɪʃənɪst] *n US* **summer v.**, veraneante *mf.*
vaccinate [ˈvæksɪneɪt] *vtr* vacunar.
vaccine [ˈvæksiːn] *n* vacuna *f.*
vacuum [ˈvækjʊəm] I *n* vacío *m*; **v. cleaner**, aspiradora *f*; **v. flask**, termo *m.* II *vtr (carpet, room)* pasar la aspiradora por.
vacuum-packed [ˈvækjʊəmpækt] *adj* envasado,-a al vacío.
vagina [vəˈdʒaɪnə] *n* vagina *f.*
vagrant [ˈveɪgrənt] *adj & n* vagabundo,-a *(m,f).*
vague [veɪg] *adj (imprecise)* vago,-a, impreciso,-a; *(indistinct)* borroso,-a.
vain [veɪn] *adj* 1 *(proud)* vanidoso,-a, presumido,-a. 2 *(hopeless)* vano,-a; **in v.**, en vano.
valentine [ˈvæləntaɪn] *n* 1 *(card)* tarjeta *f* que se manda el Día de los Enamorados. 2 *(sweetheart)* novio,-a *m,f.*
valet [ˈvælɪt, ˈvæleɪ] *n* ayuda *m* de cámara.
valiant [ˈvæljənt] *adj* valiente.
valid [ˈvælɪd] *adj* válido,-a; **no longer v.**, caducado,-a.
valley [ˈvælɪ] *n* valle *m.*
valour, *US* **valor** [ˈvælər] *n* valor *m*, valentía *f.*
valuable [ˈvæljʊəbəl] I *adj* valioso,-a, de valor. II *npl* **valuables**, objetos *mpl* de valor.

valuation [vælju'eɪʃən] *n* **1** *(act)* valoración *f*. **2** *(price)* valor *m*.
value ['vælju:] **I** *n* valor *m*; **50 pence is good v.**, 50 peniques es un buen precio; **to get good v. for money**, sacarle jugo al dinero; **v. added tax**, impuesto *m* sobre el valor añadido. **II** *vtr* valorar.
valve [vælv] *n* **1** *Anat Tech* válvula *f*. **2** *Rad* lámpara *f*.
vampire ['væmpaɪər] *n* vampiro *m*.
van [væn] *n GB* **1** *Aut* furgoneta *f*. **2** *Rail* furgón *m*.
vandal ['vændəl] *n* vándalo,-a *m,f*.
vandalism ['vændəlɪzəm] *n* vandalismo *m*.
vandalize ['vændəlaɪz] *vtr* destruir, destrozar.
vanguard ['væŋɡɑːd] *n* vanguardia *f*.
vanilla [və'nɪlə] *n* vainilla *f*.
vanish ['vænɪʃ] *vi* desaparecer.
vanity ['vænɪtɪ] *n* vanidad *f*; **v. bag**, **v. case**, neceser *m*.
vantage ['vɑːntɪdʒ] *n* ventaja *f*; **v. point**, posición estratégica.
vaporizer ['veɪpəraɪzər] *n* *(device)* vaporizador *m*; *(spray)* pulverizador *m*.
vapour, *US* **vapor** ['veɪpər] *n* vapor *m*; *(on windowpane)* vaho *m*; **v. trail**, estela *f* de humo.
variable ['veərɪəbəl] *adj & n* variable *(f)*.
variance ['veərɪəns] *n fml* **to be at v.**, no concordar; **to be at v. with sb**, estar en desacuerdo con algn.
variation [veərɪ'eɪʃən] *n* variación *f*.
varicose ['værɪkəʊs] *adj* **v. veins**, varices *fpl*.
varied ['veərɪd] *adj* variado,-a, diverso,-a.
variety [və'raɪɪtɪ] *n* **1** *(diversity)* variedad *f*; *(assortment)* surtido *m*; **for a v. of reasons**, por razones diversas. **2** **v. show**, espectáculo *m* de variedades.
various ['veərɪəs] *adj* diversos,-as, varios,-as.
varnish ['vɑːnɪʃ] **I** *n* barniz *m*; *GB* **nail v.**, esmalte *m* de uñas. **II** *vtr* barnizar; *(nails)* esmaltar.
vary ['veərɪ] *vi* variar; **prices v. from £2 to £4**, los precios oscilan entre 2 y 4 libras; **to v. in size**, variar de tamaño.
varying ['veərɪɪŋ] *adj* **with v. degrees of success**, con más o menos éxito.
vase [vɑːz] *n* florero *m*, jarrón *m*.
Vaseline® ['væsɪliːn] *n* vaselina *f*.
vast [vɑːst] *adj* vasto,-a; *(majority)* inmenso,-a.
VAT, Vat [viːeɪ'tiː, væt] *abbr of* **value added tax**, IVA *m*.
vat [væt] *n* cuba *f*, tina *f*.
Vatican ['vætɪkən] *n* **the V.**, el Vaticano.
vault[1] [vɔːlt] *n* bóveda *f*; *(for wine)* bodega *f*; *(tomb)* cripta *f*; *(of bank)* cámara acorazada.
vault[2] [vɔːlt] **I** *vtr & vi* saltar. **II** *n Gymn* salto *m*.

vaunt [vɔːnt] *vtr fml* jactarse de, hacer alarde de.
VCR [viːsiː'ɑːr] *abbr of* **video cassette recorder**, (grabador *m* de) vídeo *m*.
VD [viː'diː] *abbr of* **venereal disease**, enfermedad venérea.
VDU [viːdiː'juː] *abbr of* **visual display unit**, pantalla *f*.
veal [viːl] *n* ternera *f*.
veer [vɪər] *vi* *(ship)* virar; *(car)* girar.
vegetable ['vedʒtəbəl] *n* *(food)* verdura *f*, hortaliza *f*; **v. garden**, huerta *f*, huerto *m*.
vegetarian [vedʒɪ'teərɪən] *adj & n* vegetariano,-a *(m,f)*.
vegetation [vedʒɪ'teɪʃən] *n* vegetación *f*.
vehement ['viːɪmənt] *adj* vehemente.
vehicle ['viːɪkəl] *n* vehículo *m*.
veil [veɪl] **I** *n* velo *m*. **II** *vtr* velar.
vein [veɪn] *n* vena *f*.
velocity [vɪ'lɒsɪtɪ] *n* velocidad *f*.
velvet ['velvɪt] *n* terciopelo *m*.
velvety ['velvɪtɪ] *adj* aterciopelado,-a.
vendetta [ven'detə] *n* vendetta *f*.
vending ['vendɪŋ] *n* **v. machine**, máquina expendedora.
vendor ['vendɔːr] *n* vendedor,-a *m,f*.
veneer [vɪ'nɪər] *n* **1** *(covering)* chapa *f*. **2** *fig* apariencia *f*.
venerable ['venərəbəl] *adj* venerable.
venereal [vɪ'nɪərɪəl] *adj* venéreo,-a.
Venetian [vɪ'niːʃən] *adj & n* veneciano,-a *(m,f)*; **v. blind**, persiana *f* graduable.
Venezuela [venɪ'zweɪlə] *n* Venezuela *f*.
Venezuelan [venɪ'zweɪlən] *adj & n* venezolano,-a *(m,f)*.
vengeance ['vendʒəns] *n* venganza *f*; *fam* **it was raining with a v.**, llovía con ganas.
Venice ['venɪs] *n* Venecia.
venison ['venzən, 'venɪsən] *n* carne *f* de venado.
venom ['venəm] *n* veneno *m*.
venomous ['venəməs] *adj* venenoso,-a; *fig* **v. tongue**, lengua viperina.
vent [vent] **I** *n* **1** *(opening)* abertura *f*, orificio *m*; *(grille)* rejilla *f* de ventilación; **air v.**, respiradero *m*. **2** *(of volcano)* chimenea *f*. **II** *vtr fig (feelings)* descargar.
ventilate ['ventɪleɪt] *vtr* ventilar.
ventilation [ventɪ'leɪʃən] *n* ventilación *f*.
ventilator ['ventɪleɪtər] *n* ventilador *m*.
ventriloquist [ven'trɪləkwɪst] *n* ventrílocuo,-a *m,f*.
venture ['ventʃər] **I** *vtr* arriesgar, aventurar; **he didn't v. to ask**, no se atrevió a preguntarlo. **II** *vi* arriesgarse; **to v. out of doors**, atreverse a salir. **III** *n* empresa arriesgada, aventura *f*; *Com* **business/ joint v.**, empresa comercial/colectiva.
venue ['venjuː] *n* **1** *(meeting place)* lugar *m* de reunión. **2** *(for concert etc)* local *m*.
Venus ['viːnəs] *n* *(goddess)* Venus *f*; *(planet)* Venus *m*.

veranda(h) [vəˈrændə] *n* porche *m*, terraza *f*.
verb [vɜːb] *n* verbo *m*.
verbal [ˈvɜːbəl] *adj* verbal.
verbatim [vəˈbeɪtɪm] **I** *adj* textual. **II** *adv* textualmente.
verbose [vɜːˈbəʊs] *adj* prodigo,-a en palabras.
verdict [ˈvɜːdɪkt] *n* 1 *Jur* veredicto *m*, fallo *m*. 2 (*opinion*) opinión *f*, juicio *m*.
verge [vɜːdʒ] **I** *n* 1 (*margin*) borde *m*; *fig* **on the v. of**, al borde de; *fig* **to be on the v. of doing sth**, estar a punto de hacer algo. 2 *GB* (*of road*) arcén *m*. **II** *vi* rayar (**on**, en).
verification [verɪfɪˈkeɪʃən] *n* verificación *f*, comprobación *f*.
verify [ˈverɪfaɪ] *vtr* verificar, comprobar.
veritable [ˈverɪtəbəl] *adj* auténtico,-a.
vermicelli [vɜːmɪˈselɪ] *npl* fideos *mpl*.
vermin [ˈvɜːmɪn] *npl* 1 (*animals*) bichos *mpl*, sabandijas *fpl*. 2 *fig* gentuza *f sing*.
vermouth [ˈvɜːməθ] *n* vermú *m*, vermut *m*.
verrucca [vəˈruːkə] *n* verruga *f*.
versatile [ˈvɜːsətaɪl] *adj* (*person*) polifacético,-a; (*object*) versátil.
verse [vɜːs] *n* 1 (*stanza*) estrofa *f*. 2 (*poetry*) versos *mpl*, poesía *f*. 3 (*of song*) copla *f*. 4 (*of Bible*) versículo *m*.
versed [vɜːst] *adj* **to be (well) v. in**, ser (muy) versado en.
version [ˈvɜːʃən, ˈvɜːʒən] *n* 1 versión *f*; **stage v.**, adaptación *f* teatral. 2 *Aut* modelo *m*.
versus [ˈvɜːsəs] *prep* contra.
vertebra [ˈvɜːtɪbrə] *n* (*pl* **vertebras** *or* **vertebrae** [ˈvɜːtɪbriː]) vértebra *f*.
vertical [ˈvɜːtɪkəl] *adj & n* vertical (*f*).
vertigo [ˈvɜːtɪɡəʊ] *n* vértigo *m*.
verve [vɜːv] *n* vigor *m*, brío *m*.
very [ˈverɪ] **I** *adv* 1 (*extremely*) muy; **to be v. hungry**, tener mucha hambre; **v. much**, muchísimo; **v. well**, muy bien. 2 (*emphatic*) **at the v. latest**, como máximo; **at the v. least**, como mínimo; **the v. best**, el mejor de todos; **the v. first/last**, el primero/último de todos; **the v. same day**, el mismo día. **II** *adj* 1 **at the v. end/beginning**, al final/principio de todo. 2 (*precise*) **at this v. moment**, en este mismo momento; **her v. words**, sus palabras exactas; **in the v. middle**, justo en medio. 3 (*mere*) **the v. thought of it!**, ¡sólo con pensarlo!
vespers [ˈvespəz] *npl* vísperas *fpl*.
vessel [ˈvesəl] *n* 1 (*container*) vasija *f*. 2 *Naut* buque *m*, nave *f*. 3 *Anat Bot* vaso *m*.
vest [vest] **I** *n* 1 (*undershirt*) camiseta *f* de tirantes. 2 *US* chaleco *m*. **II** *vtr Jur* conferir a (**with**, -).
vested [ˈvestɪd] *adj Jur Fin* **v. interests**, derechos adquiridos; *fig* intereses *mpl* personales.
vestibule [ˈvestɪbjuːl] *n* vestíbulo *m*.
vestige [ˈvestɪdʒ] *n* vestigio *m*.
vestry [ˈvestrɪ] *n* sacristía *f*.
vet [vet] **I** *n fam abbr of* **veterinary surgeon**. **II** *vtr GB* someter a investigación, examinar.
veteran [ˈvetərən] *n* 1 veterano,-a *m,f*. 2 *US* (**war**) **v.**, ex combatiente *mf*.
veterinarian [vetərɪˈneərɪən] *n US* veterinario,-a *m,f*.
veterinary [ˈvetərɪnərɪ] *adj* veterinario,-a; **v. medicine**, veterinaria *f*; *GB* **v. surgeon**, veterinario,-a *m,f*.
veto [ˈviːtəʊ] **I** *n* (*pl* **vetoes**) veto *m*. **II** *vtr Pol* vetar; (*suggestion etc*) descartar.
vexed [vekst] *adj* 1 (*annoyed*) disgustado,-a. 2 (*debated*) controvertido,-a.
VHF [viːeɪtʃˈef] *abbr of* **very high frequency**, frecuencia muy alta, VHF.
via [ˈvaɪə] *prep* por, vía.
viable [ˈvaɪəbəl] *adj* viable, factible.
viaduct [ˈvaɪədʌkt] *n* viaducto *m*.
vibrant [ˈvaɪbrənt] *adj* 1 (*sound*) vibrante. 2 *fig* (*personality*) vital; (*city*) animado,-a.
vibrate [vaɪˈbreɪt] *vi* vibrar (**with**, de).
vibration [vaɪˈbreɪʃən] *n* vibración *f*.
vicar [ˈvɪkər] *n* párroco *m*.
vicarage [ˈvɪkərɪdʒ] *n* casa *f* del párroco.
vicarious [vɪˈkeərɪəs] *adj* experimentado,-a por otro; (*punishment*) sufrido,-a por otro.
vice¹ [vaɪs] *n* vicio *m*.
vice² [vaɪs] *n* (*tool*) torno *m* de banco.
vice³ [vaɪs] *pref* vice-; **v. chancellor**, rector,-a *m,f*; **v. president**, vicepresidente,-a *m,f*.
vice-chairman [vaɪsˈtʃeəmən] *n* vicepresidente *m*.
vice versa [vaɪsɪˈvɜːsə] *adv* viceversa.
vicinity [vɪˈsɪnɪtɪ] *n* (*area*) vecindad *f*; **in the v. of**, (*geographic location*) cerca de, en las inmediaciones de; (*amount*) alrededor de.
vicious [ˈvɪʃəs] *adj* (*violent*) violento,-a; (*malicious*) malintencionado,-a; (*cruel*) cruel; **v. circle**, círculo vicioso.
victim [ˈvɪktɪm] *n* víctima *f*.
victimize [ˈvɪktɪmaɪz] *vtr* perseguir, tratar injustamente.
victor [ˈvɪktər] *n* vencedor,-a *m,f*.
victorious [vɪkˈtɔːrɪəs] *adj* victorioso,-a.
victory [ˈvɪktərɪ] *n* victoria *f*.
video [ˈvɪdɪəʊ] *n* vídeo *m*; **v. camera**, videocámara *f*; **v. cassette**, videocasete *m*; **v. club**, videoclub *m*; **v. game**, videojuego *m*; **v. (cassette) recorder**, vídeo *m*; **v. tape**, cinta *f* de vídeo.
video-tape [ˈvɪdɪəʊteɪp] *vtr* grabar (en vídeo).
vie [vaɪ] *vi* competir (**against**, **with**, con).
Vienna [vɪˈenə] *n* Viena *f*.
Viennese [vɪəˈniːz] *adj & n* vienés,-esa

(m,f).
Vietnam [vjet'næm] n Vietnam.
view [vju:] **I** n **1** (sight) vista f, panorama m; **in full v.**, completamente visible; **on v.**, a la vista; **to come into v.**, aparecer; fig **in v. of the fact that ...**, dado que .... **2** (opinion) opinión f; **point of v.**, punto m de vista; **to take a dim v. of**, ver con malos ojos. **3** (aim) fin m; **with a v. to**, con la intención de. **II** vtr **1** (look at) mirar; (house etc) visitar. **2** (consider) contemplar; (topic, problem) enfocar.
viewer ['vju:ər] n **1** TV televidente mf. **2** Phot visionador m.
viewfinder ['vju:faɪndər] n visor m.
viewpoint ['vju:pɔɪnt] n punto m de vista.
vigil ['vɪdʒɪl] n vigilia f.
vigilante [vɪdʒɪ'læntɪ] n **v. group**, patrulla ciudadana.
vigorous ['vɪɡərəs] adj vigoroso,-a, enérgico,-a.
vigour, US **vigor** ['vɪɡər] n vigor m.
vile [vaɪl] adj **1** (evil) vil, infame. **2** (disgusting) repugnante. **3** fam (awful) horrible.
vilify ['vɪlɪfaɪ] vtr denigrar.
villa ['vɪlə] n **1** (in country) casa f de campo. **2** GB chalet m.
village ['vɪlɪdʒ] n (small) aldea f; (larger) pueblo m.
villager ['vɪlɪdʒər] n aldeano,-a m,f.
villain ['vɪlən] n villano,-a m,f; Cin Theat malo,-a m,f.
vinaigrette [vɪneɪ'ɡret] n vinagreta f.
vindicate ['vɪndɪkeɪt] vtr justificar, vindicar.
vindictive [vɪn'dɪktɪv] adj vengativo,-a.
vine [vaɪn] n vid f; (climbing) parra f.
vinegar ['vɪnɪɡər] n vinagre m.
vineyard ['vɪnjəd] n viña f, viñedo m.
vintage ['vɪntɪdʒ] **I** n **1** (crop, year) cosecha f. **2** (season) vendimia f. **3** (era) era f. **II** adj **1** (wine) añejo,-a. **2** (classic) clásico,-a; **v. car**, coche m de época.
vinyl ['vaɪnɪl] n vinilo m.
viola [vɪ'əʊlə] n viola f.
violate ['vaɪəleɪt] vtr violar.
violence ['vaɪələns] n violencia f.
violent ['vaɪələnt] adj **1** violento,-a. **2** (intense) intenso,-a.
violet ['vaɪəlɪt] **I** n **1** Bot violeta f. **2** (colour) violeta m. **II** adj violeta.
violin [vaɪə'lɪn] n violín m.
violinist [vaɪə'lɪnɪst] n violinista mf.
VIP [vi:aɪ'pi:] fam abbr of **very important person**, personaje m muy importante.
viper ['vaɪpər] n víbora f.
virgin ['vɜ:dʒɪn] **I** n virgen f; **the V. Mary**, la Virgen María; **to be a v.**, ser virgen. **II** adj virgen.
virginity [və'dʒɪnɪtɪ] n virginidad f.
Virgo ['vɜ:ɡəʊ] n Virgo m.
virile ['vɪraɪl] adj viril.

virtual ['vɜ:tʃʊəl] adj virtual; Comput **v. reality**, realidad f virtual. ◆**virtually** adv (almost) prácticamente.
virtue ['vɜ:tju:, 'vɜ:tʃu:] n virtud f; **by v. of**, en virtud de.
virtuous ['vɜ:tʃʊəs] adj virtuoso,-a.
virulent ['vɪrʊlənt] adj virulento,-a.
virus ['vaɪrəs] n virus m inv.
visa ['vi:zə] n visado m, Am visa f.
vis-à-vis [vi:zɑ:'vi:] prep **1** (regarding) respecto a. **2** (opposite) frente a.
viscose ['vɪskəʊs] n viscosa f.
viscount ['vaɪkaʊnt] n vizconde m.
visibility [vɪzɪ'bɪlɪtɪ] n visibilidad f.
visible ['vɪzɪbəl] adj visible.
vision ['vɪʒən] n **1** visión f. **2** (eyesight) vista f.
visit ['vɪzɪt] **I** vtr **1** (person) visitar, hacer una visita a. **2** (place) visitar, ir a. **II** n visita f; **to pay sb a v.**, hacerle una visita a algn.
visiting ['vɪzɪtɪŋ] adj GB **v. card**, tarjeta f de visita; Med **v. hours**, horas fpl de visita; Sport **v. team**, equipo m visitante.
visitor ['vɪzɪtər] n **1** (guest) invitado,-a m,f; **we've got visitors**, tenemos visita. **2** (in hotel) cliente,-a m,f. **3** (tourist) turista mf.
visor ['vaɪzər] n visera f.
vista ['vɪstə] n vista f, panorama m.
visual ['vɪʒʊəl, 'vɪzjʊəl] adj visual; **v. aids**, medios mpl visuales.
visualize ['vɪʒʊəlaɪz, 'vɪzjʊəlaɪz] vtr **1** (imagine) imaginar(se). **2** (foresee) prever.
vital ['vaɪtəl] adj **1** (lively) enérgico,-a. **2** (essential) fundamental. **3** (decisive) decisivo,-a; fam **v. statistics**, medidas fpl del cuerpo de la mujer. **4** Med (function, sign) vital. ◆**vitally** adv **it's v. important**, es de vital importancia.
vitality [vaɪ'tælɪtɪ] n vitalidad f.
vitamin ['vɪtəmɪn, US 'vaɪtəmɪn] n vitamina f.
viva ['vaɪvə] n (abbr of **viva voce**) GB examen m oral.
vivacious [vɪ'veɪʃəs] adj vivaz.
vivacity [vɪ'væsɪtɪ] n viveza f, vivacidad f.
vivid ['vɪvɪd] adj **1** (bright, lively) vivo,-a, intenso,-a. **2** (graphic) gráfico,-a.
vixen ['vɪksən] n zorra f.
V-neck(ed) ['vi:nek(t)] adj con el cuello en pico.
vocabulary [və'kæbjʊlərɪ] n vocabulario m.
vocal ['vəʊkəl] adj vocal; **v. cords**, cuerdas fpl vocales.
vocalist ['vəʊkəlɪst] n cantante mf.
vocation [vəʊ'keɪʃən] n vocación f.
vocational [vəʊ'keɪʃənəl] adj profesional; **v. training**, formación f profesional.
vociferous [vəʊ'sɪfərəs] adj **1** (protest) enérgico,-a. **2** (noisy) clamoroso,-a.
vodka ['vɒdkə] n vodka m & f.
vogue [vəʊɡ] n boga f, moda f; **in v.**, de

moda.
voice [vɔɪs] **I** n voz f; **to lose one's v.**, quedarse afónico; fig **at the top of one's v.**, a voz en grito. **II** vtr 1 (express) manifestar. 2 Ling sonorizar.
void [vɔɪd] **I** adj 1 **v. of**, sin. 2 Jur nulo, -a, inválido,-a. **II** n vacío m.
volatile ['vɒlətaɪl] adj volátil.
volcanic [vɒl'kænɪk] adj volcánico,-a.
volcano [vɒl'keɪnəʊ] n (pl **volcanoes**) volcán m.
volition [və'lɪʃən] n fml **of one's own v.**, por voluntad propia.
volley ['vɒlɪ] **I** n 1 (of shots) descarga f. 2 fig (of stones, insults) lluvia f. 3 Ten volea f. **II** vtr Ten volear.
volleyball ['vɒlɪbɔːl] n voleibol m.
volt [vəʊlt] n voltio m.
voltage ['vəʊltɪdʒ] n voltaje m.
voluble ['vɒljʊbəl] adj locuaz, hablador,-a.
volume ['vɒljuːm] n 1 volumen m. 2 (book) volumen m, tomo m; fig **to speak volumes**, decirlo todo.
voluntary ['vɒləntərɪ] adj voluntario,-a; **v. organization**, organización benéfica.
volunteer [vɒlən'tɪər] **I** n voluntario,-a m,f. **II** vtr (help etc) ofrecer. **III** vi 1 ofrecerse (**for**, para). 2 Mil alistarse como voluntario.
voluptuous [və'lʌptjʊəs] adj voluptuoso,-a.
vomit ['vɒmɪt] **I** vtr & vi vomitar. **II** n vómito m.
voracious [vɒ'reɪʃəs] adj voraz.
vortex ['vɔːteks] n (pl **vortices** ['vɔːtɪsiːz]) vórtice m; fig vorágine f.
vote [vəʊt] **I** n voto m; (voting) votación f; **v. of confidence**, voto de confianza; **to take a v. on sth**, someter algo a votación; **to have the v.**, tener derecho al voto. **II** vtr 1 votar. 2 (elect) elegir. 3 fam proponer. **III** vi votar; **to v. for sb**, votar a algn.
voter ['vəʊtər] n votante mf.
voting ['vəʊtɪŋ] n votación f.
vouch [vaʊtʃ] vi **to v. for sth/sb**, responder de algo/por algn.
voucher ['vaʊtʃər] n GB vale m.
vow [vaʊ] **I** n voto m. **II** vtr jurar.
vowel ['vaʊəl] n vocal f.
voyage ['vɔɪɪdʒ] n viaje m; (crossing) travesía f; **to go on a v.**, hacer un viaje en (barco).
vulgar ['vʌlgər] adj (coarse) vulgar, ordinario,-a; (poor taste) de mal gusto.
vulgarity [vʌl'gærɪtɪ] n (coarseness) vulgaridad f, ordinariez f; (poor taste) mal gusto m.
vulnerable ['vʌlnərəbəl] adj vulnerable.
vulture ['vʌltʃər] n buitre m.
vulva ['vʌlvə] n vulva f.

W

W, w ['dʌbəljuː] n (the letter) W, w f.
W 1 abbr of **West**, O. 2 abbr of **Watt(s)**, W.
wad [wɒd] n (of paper) taco m; (of cotton wool) bolita f; (of banknotes) fajo m.
waddle ['wɒdəl] vi andar como los patos.
wade [weɪd] vi caminar por el agua; **to w. across a river**, vadear un río. ◆**wade through** vtr hacer con dificultad; **I'm wading through the book**, me cuesta mucho terminar el libro.
wafer ['weɪfər] n barquillo m; Rel hostia f.
waffle[1] ['wɒfəl] n Culin (tipo m de) barquillo m.
waffle[2] ['wɒfəl] GB fam **I** vi meter mucha paja; vi hablar m, parlotear. **II** n paja f.
waft [wɑːft, wɒft] **I** vtr llevar por el aire. **II** vi flotar (por or en el aire).
wag [wæg] **I** vtr menear. **II** vi (tail) menearse.
wage [weɪdʒ] **I** n (also **wages**) salario m, sueldo m; **w. earner**, asalariado,-a m,f. **II** vtr (campaign) realizar (**against**, contra); **to w. war**, hacer la guerra (**on**, a).
wage-packet ['weɪdʒpækɪt] n sueldo m.
wager ['weɪdʒər] **I** n apuesta f. **II** vtr apostar.
waggle ['wægəl] **I** vtr menear. **II** vi menearse.
wa(g)gon ['wægən] n (horse-drawn) carro m; GB Rail vagón m.
wail [weɪl] **I** n lamento m, gemido m. **II** vi (person) lamentar, gemir.
waist [weɪst] n Anat cintura f; Sew talle m.
waistcoat ['weɪstkəʊt] n GB chaleco m.
waistline ['weɪstlaɪn] n Anat cintura f; Sew talle m.
wait [weɪt] **I** n espera f; (delay) demora f; **to lie in w.**, estar al acecho. **II** vi 1 esperar, aguardar; **I can't w. to see her**, me muero de ganas de verla; **while you w.**, en el acto; **to keep sb waiting**, hacer esperar a algn. 2 **to w. at table**, servir la mesa. ◆**wait about**, **wait around** vi esperar. ◆**wait on** vtr servir.
waiter ['weɪtər] n camarero m.
waiting ['weɪtɪŋ] n **'No W.'**, 'Prohibido Aparcar'; **w. list**, lista f de espera; **w. room**, sala f de espera.
waitress ['weɪtrɪs] n camarera f.
waive [weɪv] vtr fml (rule) no aplicar.
wake[1] [weɪk] **I** vtr (pt **woke**; pp **woken**) **to w. sb (up)**, despertar a algn. **II** vi **to w. (up)**, despertar(se). **III** n (for dead) ve-

latorio *m*.
wake² [weɪk] *n* (*in water*) estela *f*; **fig in the w. of**, tras.
waken ['weɪkən] *vtr lit* despertar.
Wales [weɪlz] *n* (el país de) Gales.
walk [wɔːk] **I** *n* **1** (*long*) caminata *m*; (*short*) paseo *m*; **it's an hour's w.**, está a una hora de camino; **to go for a w.**, dar un paseo; **to take the dog for a w.**, sacar a pasear al perro. **2** (*gait*) modo *m* de andar. **3 people from all walks of life**, gente *f* de toda condición. **II** *vtr* **1 we walked her home**, la acompañamos a casa. **2** (*dog*) pasear. **III** *vi* **1** andar. **2** (*go on foot*) ir andando. ◆**walk away** *vi* alejarse; *fig* **to w. away with a prize**, llevarse un premio. ◆**walk into** *vtr* **1** (*place*) entrar en; *fig* (*trap*) caer en. **2** (*bump into*) chocarse contra. ◆**walk out** *vi* salir; *Ind* declararse en huelga; **to w. out on sb**, abandonar a algn. ◆**walk up** *vi* **to w. up to sb**, abordar a algn.
walkabout ['wɔːkəbaʊt] *n* (*by Queen etc*) paseo *m* informal entre la gente.
walker ['wɔːkər] *n* paseante *mf*; *Sport* marchador,-a *m,f*.
walkie-talkie [wɔːkɪ'tɔːkɪ] *n* walkie-talkie *m*.
walking ['wɔːkɪŋ] **I** *n* andar *m*; (*hiking*) excursionismo *m*. **II** *adj* **at w. pace**, a paso de marcha; **w. shoes**, zapatos *mpl* de andar; **w. stick**, bastón *m*.
Walkman® ['wɔːkmən] *n* (*pl* **Walkmans**) walkman® *m*.
walkout ['wɔːkaʊt] *n Ind* huelga *f*.
walkover ['wɔːkəʊvər] *n* **it was a w.**, fue pan comido.
walkway ['wɔːkweɪ] *n esp US* paso *m* de peatones.
wall [wɔːl] **I** *n* **1** (*freestanding, exterior*) muro *m*; *fig* **to have one's back to the w.**, estar entre la espada y la pared; **city w.**, muralla *f*; **garden w.**, tapia *f*. **2** (*interior*) pared *f*; **w. map**, mapa *m* mural. **3** *Ftb* barrera *f*. ◆**wall up** *vtr* (*door, fireplace*) tabicar.
walled [wɔːld] *adj* (*city*) amurallado,-a; (*garden*) cercado,-a con tapia.
wallet ['wɒlɪt] *n* cartera *f*.
wallflower ['wɔːlflaʊər] *n* **1** *Bot* alhelí *m*. **2** *fam* **to be a w.**, ser un convidado de piedra.
wallop ['wɒləp] *fam* **I** *n* golpazo *m*. **II** *vtr* **1** (*hit*) pegar fuerte. **2** (*defeat*) dar una paliza a.
wallow ['wɒləʊ] *vi* revolcarse (**en**, in); *fig* **to w. in self-pity**, sumirse en la autocompasión.
wallpaper ['wɔːlpeɪpər] **I** *n* papel pintado. **II** *vtr* empapelar.
wally ['wɒlɪ] *n fam* idiota *mf*.
walnut ['wɔːlnʌt] *n* nuez *f*; (*tree, wood*) nogal *m*.
walrus ['wɔːlrəs] *n* morsa *f*.
waltz [wɔːls] **I** *n* vals *m*. **II** *vi* bailar un vals.
wan [wɒn] *adj* (**wanner**, **wannest**) pálido,-a; (*look, smile*) apagado,-a.
wand [wɒnd] *n* (**magic**) **w.**, varita *f* (mágica).
wander ['wɒndər] **I** *vtr* **to w. the streets**, vagar por las calles. **II** *vi* **1** (*aimlessly*) vagar, errar; **to w. about**, deambular; **to w. in/out**, entrar/salir sin prisas. **2** (*stray*) desviarse; (*mind*) divagar; **his glance wandered round the room**, recorrió el cuarto con la mirada.
wandering ['wɒndərɪŋ] *adj* errante; (*tribe*) nómada; (*speech*) divagador,-a.
wane [weɪn] *vi* menguar; (*interest*) decaer.
wangle ['wæŋgəl] *vtr fam* agenciarse.
wank [wæŋk] *sl* **I** *n* paja *f*. **II** *vi* hacerse una paja.
wanker ['wæŋkər] *n sl* mamón,-ona *mf inv*.
want [wɒnt] **I** *n* **1** (*lack*) falta *f*; **for w. of**, por falta de. **2** (*poverty*) miseria *f*. **II** *vtr* **1** (*desire*) querer, desear; **to w. to do sth**, querer hacer algo. **2** *fam* (*need*) necesitar; **the grass wants cutting**, hace falta cortar el césped. **3** (*seek*) buscar; **you're wanted on the phone**, te llaman al teléfono. ◆**want for** *vtr* carecer de; **to w. for nothing**, tenerlo todo.
wanting ['wɒntɪŋ] *adj* **1 she is w. in tact**, le falta tacto. **2 he was found w.**, no daba la talla.
wanton ['wɒntən] *adj* (*motiveless*) sin motivo; **w. cruelty**, crueldad gratuita. **2** (*unrestrained*) desenfrenado,-a; (*licentious*) lascivo,-a.
war [wɔːr] *n* guerra *f*; **to be at w.**, estar en guerra (**with**, con); *fig* **to declare/wage w. on**, declarar/hacer la guerra a.
warble ['wɔːbəl] *vi* gorjear.
ward [wɔːd] **I** *n* **1** (*of hospital*) sala *f*. **2** *Jur* pupilo,-a *m,f*; **w. of court**, pupilo,-a bajo tutela judicial. **3** *GB Pol* distrito *m* electoral. ◆**ward off** *vtr* (*blow*) parar, desviar; (*attack*) rechazar; (*danger*) evitar; (*illness*) prevenir.
warden ['wɔːdən] *n* (*of residence*) guardián,-ana *m,f*; **game w.**, guardia *m* de coto.
warder ['wɔːdər] *n GB* carcelero,-a *m,f*.
wardrobe ['wɔːdrəʊb] *n* **1** armario *m*, ropero *m*. **2** (*clothes*) guardarropa *m*. **3** *Theat* vestuario *m*.
warehouse ['weəhaʊs] *n* almacén *m*.
wares [weəz] *npl* mercancías *fpl*.
warfare ['wɔːfeər] *n* guerra *f*.
warhead ['wɔːhed] *n* (**nuclear**) **w.**, ojiva *f* nuclear.
warm [wɔːm] **I** *adj* **1** (*water*) tibio,-a; (*hands*) caliente; (*climate*) cálido,-a; **a w. day**, un día de calor; **I am w.**, tengo calor; **it is (very) w. today**, hoy hace (mucho) calor; **w. clothing**, ropa *f* de abrigo.

2 *(welcome, applause)* cálido,-a. II *vtr* calentar; *fig* alegrar. III *vi* calentarse; **to w. to sb**, cogerle simpatía a algn. ◆**warm up** I *vtr* 1 calentar; *(soup)* (re)calentar. 2 *(audience)* animar. II *vi* 1 calentarse; *(food)* (re)calentarse; *(person)* entrar en calor. 2 *(athlete)* hacer ejercicios de calentamiento. 3 *fig (audience, party)* animarse. ◆**warmly** *adv fig* calurosamente; *(thank)* con efusión.

warm-blooded [wɔːmˈblʌdɪd] *adj* de sangre caliente.

warm-hearted [wɔːmˈhɑːtɪd] *adj* afectuoso,-a.

warmth [wɔːmθ] *n (heat)* calor *m*; *fig* cordialidad *f*.

warn [wɔːn] *vtr* avisar (**of**, de), advertir (**about**, sobre; **against**, contra); **he warned me not to go**, me advirtió que no fuera; **to w. sb that**, advertir a algn que.

warning [ˈwɔːnɪŋ] I *adj* **w. light**, piloto *m*; **w. sign**, señal *f* de aviso. II *n* 1 *(of danger)* advertencia *f*, aviso *m*. 2 *(replacing punishment)* amonestación *f*. 3 *(notice)* aviso *m*; **without w.**, sin previo aviso.

warp [wɔːp] I *vtr* 1 *(wood)* alabear, combar. 2 *fig (mind)* pervertir. II *vi* alabearse, combarse.

warrant [ˈwɒrənt] I *n* 1 *Jur* orden *f* judicial; **death w.**, sentencia *f* de muerte. 2 *(authorization note)* cédula *f*; **Com bono** *m*. II *vtr* 1 *(justify)* justificar. 2 *(guarantee)* garantizar.

warranty [ˈwɒrəntɪ] *n* Com garantía *f*.

warren [ˈwɒrən] *n* conejera *f*; *fig* laberinto *m*.

warrior [ˈwɒrɪər] *n* guerrero,-a *m,f*.

Warsaw [ˈwɔːsɔː] *n* Varsovia.

warship [ˈwɔːʃɪp] *n* buque *m or* barco *m* de guerra.

wart [wɔːt] *n* verruga *f*.

wartime [ˈwɔːtaɪm] *n* tiempos *mpl* de guerra.

wary [ˈweərɪ] *adj* (**warier**, **wariest**) cauteloso,-a; **to be w. of doing sth**, dudar en hacer algo; **to be w. of sb/sth**, recelar de algn/algo.

was [wɒz] *pt* → **be**.

wash [wɒʃ] I *n* 1 lavado *m*; **to have a w.**, lavarse. 2 *(of ship)* estela *f*; *(sound)* chapoteo *m*. II *vtr* 1 lavar; *(dishes)* fregar; **to w. one's hair**, lavarse el pelo. 2 *(sea, river)* arrastrar. III *vi* 1 *(person)* lavarse; *(do the laundry)* hacer la colada. 2 *(lap)* batir. ◆**wash away** *vtr (of sea)* llevarse; *(traces)* borrar. ◆**wash off** *vi* quitarse lavando. ◆**wash out** I *vtr* 1 *(stain)* quitar lavando. 2 *(bottle)* enjuagar. II *vi* quitarse lavando. ◆**wash up** I *vtr* 1 GB *(dishes)* fregar. II *vi* 1 GB fregar los platos. 2 US lavarse rápidamente.

washable [ˈwɒʃəbəl] *adj* lavable.

washbasin [ˈwɒʃbeɪsən], **washbowl** [ˈwɒʃbəʊl] *n* palangana *f*.

washcloth [ˈwɒʃklɒθ] *n* US manopla *f*.

washer [ˈwɒʃər] *n (on tap)* junta *f*.

washing [ˈwɒʃɪŋ] *n* 1 *(action)* lavado *m*; *(of clothes)* colada *f*; **(dirty) w.**, ropa sucia; **to do the w.**, hacer la colada; **w. line**, tendedero *m*; **w. machine**, lavadora *f*; **w. powder**, detergente *m*.

washing-up [wɒʃɪŋˈʌp] *n* GB 1 *(action)* fregado *m*; **w.-up bowl**, barreño *m*; **w.-up liquid**, (detergente *m*) lavavajillas. 2 *(dishes)* platos *mpl* (para fregar).

washout [ˈwɒʃaʊt] *n fam* fracaso *m*.

washroom [ˈwɒʃruːm] *n* US servicios *mpl*.

wasp [wɒsp] *n* avispa *f*.

wastage [ˈweɪstɪdʒ] *n* pérdidas *fpl*.

waste [weɪst] I *adj* 1 *(unwanted)* desechado,-a; **w. food**, restos *mpl* de comida; **w. products**, productos *mpl* de desecho. 2 *(ground)* baldío,-a. II *n* 1 *(unnecessary use)* desperdicio *m*; *(of resources, effort, money)* derroche *m*; *(of time)* pérdida *f*; **to go to w.**, echarse a perder. 2 *(left-overs)* desperdicios *mpl*; *(rubbish)* basura *f*; **radio-active w.**, desechos radioactivos; **w. disposal unit**, trituradora *f* (de desperdicios); **w. pipe**, tubo *m* de desagüe. III *vtr (squander)* desperdiciar, malgastar; *(resources)* derrochar; *(money)* despilfarrar; *(time)* perder. ◆**waste away** *vi* consumirse.

wasteful [ˈweɪstfʊl] *adj* derrochador,-a.

wasteland [ˈweɪstlænd] *n* baldío *m*.

wastepaper [weɪstˈpeɪpər] *n* papeles usados; **w. basket**, papelera *f*.

watch [wɒtʃ] I *n* 1 *(look-out)* vigilancia *f*; **to keep a close w. on sth/sb**, vigilar algo/a algn muy atentamente. 2 *Mil (body)* guardia *f*; *(individual)* centinela *m*; **to be on w.**, estar de guardia. 3 *(timepiece)* reloj *m*. II *vtr* 1 *(observe)* mirar, observar. 2 *(keep an eye on)* vigilar; *(with suspicion)* acechar. 3 *(be careful of)* tener cuidado con; *fig* **to w. one's step**, ir con pies de plomo. III *vi (look)* mirar, observar; **w. out!**, ¡cuidado! ◆**watch out for** *vtr (be careful of)* tener cuidado con.

watchband [ˈwɒtʃbænd] *n* US → **watchstrap**.

watchdog [ˈwɒtʃdɒg] *n* perro *m* guardián; *fig* guardián,-ana *m,f*.

watchful [ˈwɒtʃfʊl] *adj* vigilante.

watchmaker [ˈwɒtʃmeɪkər] *n* relojero,-a *m,f*.

watchman [ˈwɒtʃmən] *n* vigilante *m*; **night w.**, *(of site)* vigilante nocturno.

watchstrap [ˈwɒtʃstræp] *n* correa *f* (de reloj).

watchtower [ˈwɒtʃtaʊər] *n* atalaya *f*.

water [ˈwɔːtər] I *n* 1 agua *f*; **w. bottle**, cantimplora *f*; **w. lily**, nenúfar *m*; **w. main**, conducción *f* de aguas; **w. polo**,

watercolour   599   **wayside**

water polo *m*; **w. sports,** deportes acuáticos; **w. tank,** depósito *m* de agua; **territorial waters,** aguas jurisdiccionales; *fig* **it's all w. under the bridge,** ha llovido mucho desde entonces. **2 to pass w.,** orinar. **II** *vtr (plants)* regar. **III** *vi* **my eyes are watering,** me lloran los ojos; **my mouth watered,** se me hizo la boca agua.
◆**water down** *(drink)* aguar.

watercolour, US **watercolor** ['wɔːtəkʌlə] *n* acuarela *f*.

watercress ['wɔːtəkres] *n* berro *m*.

waterfall ['wɔːtəfɔːl] *n* cascada *f*; *(very big)* catarata *f*.

waterfront ['wɔːtəfrʌnt] *n (shore)* orilla *f* del agua; *(harbour)* puerto *m*.

watering ['wɔːtərɪŋ] *n (of plants)* riego *m*; **w. can,** regadera *f*; **w. place,** abrevadero *m*.

waterline ['wɔːtəlaɪn] *n* línea *f* de flotación.

waterlogged ['wɔːtəlɒgd] *adj* anegado,-a.

watermark ['wɔːtəmɑːk] *n* filigrana *f*.

watermelon ['wɔːtəmelən] *n* sandía *f*.

waterproof ['wɔːtəpruːf] **I** *adj (material)* impermeable; *(watch)* sumergible. **II** *n (coat)* impermeable *m*.

watershed ['wɔːtəʃed] *n Geog* línea divisoria de aguas; *fig* punto decisivo.

water-skiing ['wɔːtəskiːɪŋ] *n* esquí acuático.

watertight ['wɔːtətaɪt] *adj* hermético,-a.

waterway ['wɔːtəweɪ] *n* vía *f* fluvial.

waterworks ['wɔːtəwɜːks] *npl* central *f sing* de abastecimiento de agua; *fig* **to turn on the w.,** empezar a llorar.

watery ['wɔːtərɪ] *adj (soup)* aguado,-a; *(coffee)* flojo,-a. **2** *(eyes)* lacrimoso,-a. **3** *(pale)* pálido,-a.

watt [wɒt] *n* vatio *m*.

wave [weɪv] **I** *n* **1** *(at sea)* ola *f*. **2** *(in hair)* & *Rad* onda *f*. **3** *fig (of anger, strikes etc)* oleada *f*. **4** *(gesture)* saludo *m* con la mano. **II** *vtr* **1** agitar; *(brandish)* blandir. **2** *(hair)* ondular. **III** *vi* **1** agitar el brazo; **she waved (to me),** *(greeting)* me saludó con la mano; *(goodbye)* se despidió (de mí) con la mano; *(signal)* me hizo señas con la mano. **2** *(flag)* ondear; *(corn)* ondular.

wavelength ['weɪvleŋθ] *n* longitud *f* de onda.

waver ['weɪvər] *vi (hesitate)* vacilar *(between,* entre); *(voice)* temblar; *(courage)* flaquear.

wavy ['weɪvɪ] *adj (wavier, waviest)* ondulado,-a.

wax¹ [wæks] **I** *n* cera *f*. **II** *vtr* encerar.

wax² [wæks] *vi* **1** *(moon)* crecer. **2 to w. lyrical,** exaltarse.

waxwork ['wækswɜːk] *n* **waxworks,** museo *m* de cera.

way [weɪ] **I** *n* **1** *(route)* camino *m*; *(road)* vía *f*, camino; **a letter is on the w.,** una carta está en camino; **on the w.,** en el camino; **on the w. here,** de camino para aquí; **out of the w.,** apartado,-a; **to ask the w.,** preguntar el camino; **to go the wrong w.,** ir por el camino equivocado; **to lose one's w.,** perderse; **to make one's w. through the crowd,** abrirse camino entre la multitud; **which is the w. to the station?,** ¿por dónde se va a la estación?; *fig* **she went out of her w. to help,** se desvivió por ayudar; **w. in,** entrada *f*; **w. out,** salida *f*; *fig* **the easy w. out,** la solución fácil; **I can't find my w. out,** no encuentro la salida; **on the w. back,** en el viaje de regreso; **on the w. up/down,** en la subida/bajada; **there's no w. through,** el paso está cerrado; **you're in the w.,** estás estorbando; **(get) out of the w.!,** ¡quítate de en medio!; *fig* **to get sb/sth out of the w.,** desembarazarse de algn/algo; **I kept out of the w.,** me mantuve a distancia; *Aut* **right of w.,** prioridad *f*; **there's a wall in the w.,** hay un muro en medio; **to give w.,** ceder; *Aut* ceder el paso. **2** *(direction)* dirección *f*; **come this w.,** venga por aquí; **which w. did he go?,** ¿por dónde se fue?; **that w.,** por allá; **the other w. round,** al revés. **3** *(distance)* distancia *f*; **a long w. off,** lejos; *fig* **he'll go a long w.,** llegará lejos; *fig* **we've come a long w.,** hemos hecho grandes progresos. **4 to get under w.,** *(travellers, work)* ponerse en marcha; *(meeting, match)* empezar. **5** *(means, method)* método *m*, manera *f*; **do it any w. you like,** hazlo como quieras; **I'll do it my w.,** lo haré a mi manera. **6** *(manner)* modo *m*, manera *f*; **in a friendly w.,** de modo amistoso; **one w. or another,** de un modo o de otro; **the French w. of life,** el estilo de vida francés; **the w. things are going,** tal como van las cosas; **to my w. of thinking,** a mi modo de ver; *fam* **no w.!,** ¡ni hablar!; **she has a w. with children,** tiene un don para los niños; **by w. of,** a modo de; **either w.,** en cualquier caso; **in a w.,** en cierto sentido; **in many ways,** desde muchos puntos de vista; **in some ways,** en algunos aspectos; **in no w.,** de ninguna manera. **7** *(custom)* hábito *m*, costumbre *f*; **to be set in one's ways,** tener costumbres arraigadas. **8** *(state)* estado *m*; **leave it the w. it is,** déjalo tal como está; **he is in a bad w.,** está bastante mal. **9 by the w.,** a propósito; **in the w. of business,** en el curso de los negocios.

II *adv fam* mucho, muy; **it was w. off target,** cayó muy desviado del blanco; **w. back in 1940,** allá en 1940.

waylay [weɪ'leɪ] *vtr (pt* & *pp* **waylaid**) **1** *(attack)* atacar por sorpresa. **2** *fig (intercept)* salirle al paso a algn.

wayside ['weɪsaɪd] *n fig* **to fall by the w.,**

quedarse en el camino.
wayward ['weɪwəd] *adj* rebelde; *(capricious)* caprichoso,-a.
WC [dʌbljuːˈsiː] *abbr of* **water closet**, wáter *m*, WC.
we [wiː] *pers pron* nosotros,-as.
weak [wiːk] *adj* débil; *(argument, excuse)* pobre; *(team, piece of work, tea)* flojo,-a.
weaken ['wiːkən] **I** *vtr* debilitar; *(argument)* quitar fuerza a. **II** *vi* 1 debilitarse. 2 *(concede ground)* ceder.
weakling ['wiːklɪŋ] *n* enclenque *mf*.
weakness ['wiːknɪs] *n* debilidad *f*; *(character flaw)* punto flaco.
wealth [welθ] *n* riqueza *f*; *fig* abundancia *f*.
wealthy ['welθɪ] *adj* (**wealthier**, **wealthiest**) rico,-a.
wean [wiːn] *vtr (child)* destetar; *fig* **to w. sb from the habit**, desacostumbrar (gradualmente) a algn de un hábito.
weapon ['wepən] *n* arma *f*.
wear [weər] **I** *vtr (pt* **wore***; pp* **worn**) 1 *(clothes)* llevar puesto, vestir; *(shoes)* llevar puestos, calzar; **he wears glasses**, lleva gafas; **to w. black**, vestirse de negro. 2 *(erode)* desgastar. **II** *vi* **to w. (thin/smooth)**, desgastarse (con el uso); *fig* **my patience is wearing thin**, se me está acabando la paciencia. **III** *n* 1 ropa *f*; **leisure w.**, ropa de sport. 2 *(use) (clothes)* uso *m*. 3 *(deterioration)* desgaste *m*; **normal w. and tear**, desgaste natural. ◆**wear away I** *vtr* erosionar. **II** *vi (stone etc)* erosionarse; *(inscription)* borrarse. ◆**wear down I** *vtr (heels)* desgastar; *fig* **to w. sb down**, vencer la resistencia de algn. **II** *vi* desgastarse. ◆**wear off** *vi (effect, pain)* pasar, desaparecer. ◆**wear out I** *vtr* gastar; *fig* agotar. **II** *vi* gastarse.
wearisome ['wɪərɪsəm] *adj* fatigoso,-a.
weary ['wɪərɪ] **I** *adj* (**wearier**, **weariest**) 1 *(tired)* cansado,-a. 2 *(fed up)* harto,-a. **II** *vtr* cansar. **III** *vi* cansarse (**of**, de). ◆**wearily** *adv* con cansancio.
weasel ['wiːzəl] *n* comadreja *f*.
weather ['weðər] **I** *n* tiempo *m*; **the w. is fine**, hace buen tiempo; *fig* **to feel under the w.**, no encontrarse bien; **w. chart**, mapa meteorológico; **w. forecast**, parte meteorológico; **w. vane**, veleta *f*. **II** *vtr fig (crisis)* aguantar; *fig* **to w. the storm**, capear el temporal.
weather-beaten [ˈweðəbiːtən] *adj* curtido,-a.
weathercock ['weðəkɒk] *n* veleta *f*.
weatherman ['weðəmæn] *n* hombre *m* del tiempo.
weave [wiːv] **I** *n* tejido *m*. **II** *vtr (pt* **wove***; pp* **woven**) 1 *Tex* tejer. 2 *(interwine)* entretejer. 3 *(intrigues)* tramar. **III** *vi (person, road)* zigzaguear.
weaver ['wiːvər] *n* tejedor,-a *m,f*.
web [web] *n* 1 *(of spider)* telaraña *f*. 2 *(of lies)* sarta *f*.
webbed [webd] *adj Orn* palmeado,-a.
wed [wed] *vtr arch (pt & pp* **wed** *or* **wedded**) casarse con.
wedding ['wedɪŋ] *n* boda *f*, casamiento *m*; **w. cake**, tarta *f* nupcial; **w. day**, día *m* de la boda; **w. dress**, traje *m* de novia; **w. present**, regalo *m* de boda; **w. ring**, alianza *f*.
wedge [wedʒ] **I** *n* 1 cuña *f*; *(for table leg)* calce *m*. 2 *(of cake, cheese)* trozo *m* grande. **II** *vtr* calzar; **to be wedged tight**, *(object)* estar completamente atrancado,-a.
Wednesday ['wenzdɪ] *n* miércoles *m*.
wee¹ [wiː] *adj esp Scot* pequeñito,-a.
wee² [wiː] *fam* **I** *n* pipí *m*. **II** *vi* hacer pipí.
weed [wiːd] **I** *n Bot* mala hierba *f*. **II** *vtr* 1 *(garden)* escardar. 2 *fig* **to w. out**, eliminar. **III** *vi* escardar.
weedkiller ['wiːdkɪlər] *n* herbicida *m*.
weedy ['wiːdɪ] *adj* (**weeedier**, **weediest**) *pej* debilucho,-a.
week [wiːk] *n* semana *f*; **a w. (ago) today/yesterday**, hoy hace/ayer hizo una semana; **a w. today**, justo dentro de una semana; **last/next w.**, la semana pasada/que viene; **once a w.**, una vez por semana; **w. in, w. out**, semana tras semana.
weekday ['wiːkdeɪ] *n* día *m* laborable.
weekend [wiːkˈend] *n* fin *m* de semana.
weekly ['wiːklɪ] **I** *adj* semanal. **II** *adv* semanalmente; **twice w.**, dos veces por semana. **III** *Press* semanario *m*.
weep [wiːp] **I** *vi (pt & pp* **wept**) llorar; **to w. for sb**, llorar la muerte de algn. **II** *vtr (tears)* derramar.
weeping ['wiːpɪŋ] *adj* **w. willow**, sauce *m* llorón.
weigh [weɪ] **I** *vtr* 1 pesar. 2 *fig (consider)* ponderar. 3 **to w. anchor**, levar anclas. **II** *vi* 1 pesar. 2 *fig (influence)* influir. ◆**weigh down** *vtr* sobrecargar. ◆**weigh in** *vi* 1 *Sport* pesarse. 2 *fam (join in)* intervenir. ◆**weigh up** *vtr (matter)* evaluar; *(person)* formar una opinión sobre; **to w. up the pros and cons**, sopesar los pros y los contras.
weight [weɪt] **I** *n* peso *m*; **to lose w.**, adelgazar; **to put on w.**, subir de peso; *fam fig* **to pull one's w.**, poner de su parte. 2 *(of clock, scales)* pesa *f*. 3 *fig* **that's a w. off my mind**, eso me quita un peso de encima.
weighting ['weɪtɪŋ] *n GB (on salary)* suplemento *m* de salario.
weightlifter ['weɪtlɪftər] *n* halterófilo,-a *m,f*.
weighty ['weɪtɪ] *adj* (**weightier**, **weightiest**) pesado,-a; *fig (problem, matter)* importante, grave; *(argument)* de peso.
weir [wɪər] *n* presa *f*.
weird [wɪəd] *adj* raro,-a, extraño,-a.
welcome ['welkəm] **I** *adj (person)*

bienvenido,-a; *(news)* grato,-a; *(change)* oportuno,-a; **to make sb w.**, acoger a algn calurosamente; **you're w.!**, ¡no hay de qué!. **II** *n (greeting)* bienvenida *f.* **III** *vtr* acoger; *(more formally)* darle la bienvenida a; *(news)* acoger con agrado; *(decision)* aplaudir.

welcoming ['welkəmɪŋ] *adj (person)* acogedor,-a; *(smile)* de bienvenida.

weld [weld] *vtr* soldar.

welfare ['welfeər] *n* 1 *(well-being)* bienestar *m*; **animal/child w.**, protección *f* de animales/de menores; **w. work**, asistencia *f* social; **w. worker**, asistente *mf* social. 2 US *(social security)* seguridad *f* social.

well¹ [wel] *n* 1 pozo *m.* 2 *(of staircase, lift)* hueco *m.* 3 *(of court, hall)* hemiciclo *m.* ◆**well up** *vi* brotar.

well² [wel] *adj* 1 *(healthy)* **are you keeping w.?**, estás bien de salud?; **to get w.**, reponerse. 2 *(satisfactory)* bien; **all is w.**, todo va bien; **it's just as w.**, menos mal. 3 **it is as w. to remember that**, conviene recordar que.
II *adv (better, best)* 1 *(properly)* bien; **he has done w. (for himself)**, ha prosperado; **the business is doing w.**, el negocio marcha bien; **she did w. in the exam**, el examen le fue bien; **w. done!**, ¡muy bien! **he took it w.**, lo tomó a bien. 2 *(thoroughly)* bien; **I know it only too w.**, lo sé de sobra; *Culin* **w. done**, muy hecho,-a. 3 **he's w. over thirty**, tiene treinta años bien cumplidos; **w. after six o'clock**, mucho después de las seis. 4 *(easily, with good reason)* **he couldn't very w. say no**, difícilmente podía decir que no; **I may w. do that**, puede que haga eso. 5 **as w.**, también; **as w. as**, así como; **children as w. as adults**, tanto niños como adultos.
III *interj* 1 *(surprise)* ¡bueno!, ¡vaya!; **w. I never!**, ¡no me digas! 2 *(agreement, interrogation, resignation)* bueno; **very w.**, bueno; **w.?**, ¿y bien? 3 *(doubt)* pues; **w., I don't know**, pues no sé. 4 *(resumption)* **w., as I was saying**, pues (bien), como iba diciendo.

well-behaved ['welbɪheɪvd] *adj (child)* formal, educado,-a.

well-being ['welbiːɪŋ] *n* bienestar *m.*

well-built ['welbɪlt] *adj (building etc)* de construcción sólida; *(person)* fornido,-a.

well-earned ['welɜːnd] *adj* merecido,-a.

well-educated [wel'edʊkeɪtɪd] *adj* culto,-a.

well-heeled ['welhiːld] *adj fam* adinerado,-a.

wellingtons ['welɪŋtənz] *npl* botas *fpl* de goma.

well-informed ['welɪnfɔːmd] *adj* bien informado,-a.

well-known ['welnəʊn] *adj* (bien) conocido,-a.

well-mannered ['welmænəd] *adj* educado,-a.

well-meaning [wel'miːnɪŋ] *adj* bien intencionado,-a.

well-off [wel'ɒf] *adj (rich)* acomodado,-a.

well-read [wel'red] *adj* culto,-a.

well-spoken [wel'spəʊkən] *adj* con acento culto.

well-to-do [weltə'duː] *adj* acomodado,-a.

well-wisher ['welwɪʃər] *n* admirador,-a *m,f.*

Welsh [welʃ] **I** *adj* galés,-esa; **W. rarebit**, tostada *f* con queso fundido. **II** *n* 1 *(language)* galés *m.* 2 **the W.**, *pl* los galeses.

Welshman ['welʃmən] *n* galés *m.*

Welshwoman ['welʃwʊmən] *n* galesa *f.*

welterweight ['welterweɪt] *n* (peso *m*) wélter *m.*

wench [wentʃ] *n dated pej* moza *f.*

went [went] *pt* → **go.**

wept [wept] *pt & pp* → **weep.**

were [wɜːr, *unstressed* wər] *pt* → **be.**

west [west] **I** *n* oeste *m*, occidente *m*; **in** or **to the w.**, al oeste; *Pol* **the W.**, los países occidentales. **II** *adj* del oeste, occidental; **the W. Indies**, las Antillas; **W. Indian**, antillano,-a. **III** *adv* al oeste, hacia el oeste.

westerly ['westəlɪ] *adj (wind)* del oeste.

western ['westən] **I** *adj* del oeste, occidental; **W. Europe**, Europa Occidental. **II** *n Cin* western *m*, película *f* del oeste.

westward ['westwəd] *adj* **in a w. direction**, hacia el oeste.

westwards ['westwədz] *adv* hacia el oeste.

wet [wet] **I** *adj (wetter, wettest)* 1 mojado,-a; *(slightly)* húmedo,-a; **'w. paint'**, 'recién pintado'; **w. through**, *(person)* calado,-a hasta los huesos; *(thing)* empapado,-a; **w. suit**, traje isotérmico. 2 *(rainy)* lluvioso,-a. 3 *fam (person)* soso,-a; **w. blanket**, aguafiestas *mf inv.* **II** *n fam* apocado,-a *m,f.* **III** *vtr (pt & pp* **wet)** mojar; **to w. oneself**, orinarse.

whack [wæk] **I** *vtr (hit hard)* golpear fuertemente. **II** *n* 1 *(blow)* porrazo *m.* 2 *fam (share)* paste *f*, porción *f.*

whale [weɪl] *n (pl* **whale** or **whales)** ballena *f.*

wharf [wɔːf] *n (pl* **wharves** [wɔːvz]) muelle *m.*

what [wɒt, *unstressed* wət] **I** *adj* 1 *(direct question)* qué; **w. (sort of) bird is that?**, ¿qué tipo de ave es ésa?; **w. good is that?**, ¿para qué sirve eso? 2 *(indirect question)* qué; **ask her w. colour she likes**, pregúntale qué color le gusta.
II *pron* 1 *(direct question)* qué; **w. are you talking about?**, ¿de qué estás hablando?; **w. about your father?**, ¿y tu padre (qué)?; **w. about going tomorrow?**, ¿qué

te parece si vamos mañana?; **w. can I do for you?**, ¿en qué puedo servirle?; **w. did it cost?**, ¿cuánto costó?; **w. did you do that for?**, ¿por qué hiciste eso?; **w. (did you say)?**, ¿cómo?; **w. does it sound like?**, ¿cómo suena?; **w. is happening?**, ¿qué pasa?; **w. is it?**, *(definition)* ¿qué es?; *(what's the matter)* ¿qué pasa?; **w.'s it called?**, ¿cómo se llama?; **w.'s this for?**, ¿para qué sirve esto? 2 *(indirect question)* qué, lo que; **he asked me w. I thought**, me preguntó lo que pensaba; **I didn't know w. to say**, no sabía qué decir. 3 **(and) w.'s more**, y además; **come w. may**, pase lo que pase; **guess w.!**, ¿sabes qué?; **it's just w. I need**, es exactamente lo que necesito. 4 *exclam (surprise, indignation)* ¡cómo!; **w., no dessert!**, ¿cómo, no hay postre? III *interj* **w. a goal!**, ¡qué *or* vaya golazo!; **w. a lovely picture!**, ¡qué cuadro más bonito!

whatever [wɒt'evər, *unstressed* wət'evər] I *adj* 1 *(any)* cualquiera que; **at w. time you like**, a la hora que quieras; **of w. colour**, no importa de qué color. 2 *(with negative)* **nothing w.**, nada en absoluto; **with no interest w.**, sin interés alguno. II *pron* 1 *(anything, all that)* todo lo que; **do w. you like**, haz lo que quieras. 2 *(no matter what)* **don't tell him w. you do**, no se te ocurra decírselo; **w. (else) you find**, cualquier (otra) cosa que encuentres; **he goes out w. the weather**, sale haga el tiempo que haga. III *interr* **w. happened?**, ¿qué pasó?

whatsoever [wɒtsəʊ'evər] *adj* **anything w.**, cualquier cosa; **nothing w.**, nada en absoluto.

wheat [wiːt] *n* trigo *m*; **w. germ**, germen *m* de trigo.

wheedle ['wiːdəl] *vtr* **to w. sb into doing sth**, engatusar a algn para que haga algo; **to w. sth out of sb**, sonsacar algo a algn halagándole.

wheel [wiːl] I *n* rueda *f*. II *vtr (bicycle)* empujar. III *vi* 1 *(bird)* revolotear. 2 **to w. round**, girar sobre los talones.

wheelbarrow ['wiːlbærəʊ] *n* carretilla *f*.

wheelchair ['wiːltʃeər] *n* silla *f* de ruedas.

wheeze [wiːz] *vi* respirar con dificultad, resollar.

when [wen] I *adv* 1 *(direct question)* cuándo; **since w.?**, ¿desde cuándo?; **w. did he arrive?**, ¿cuándo llegó? 2 *(indirect question)* cuándo; **tell me w. to go**, dime cuándo debo irme. 3 *(on which)* cuando, en que; **the days w. I work**, los días en que trabajo. II *conj* 1 cuando; **I'll tell you w. she comes**, se lo diré cuando llegue; **w. he was a boy ...**, de niño .... 2 *(whenever)* cuando. 3 *(given that, if)* si. 4 *(although)* aunque.

whence [wens] *adv fml lit (from where)* de dónde.

whenever [wen'evər] I *conj (when)* cuando; *(every time)* siempre que. II *adv* **w. that might be**, sea cuando sea.

where [weər] I *adv* 1 *(direct question)* dónde; *(direction)* adónde; **w. are you going?**, ¿adónde vas?; **w. did we go wrong?**, ¿en qué nos equivocamos?; **w. do you come from?**, ¿de dónde es usted? 2 *(indirect question)* dónde; *(direction)* adónde; **tell me w. you went**, dime adónde fuiste. 3 *(at, in which)* donde; *(direction)* adonde, a donde. 4 *(when)* cuando.

whereabouts [weərə'baʊts] I *adv* **w. do you live?**, ¿por dónde vives? II ['weərəbaʊts] *n* paradero *m*.

whereas [weər'æz] *conj* 1 *(but, while)* mientras que. 2 *Jur* considerando que.

whereby [weə'baɪ] *adv* por el *or* la *or* lo cual.

whereupon [weərə'pɒn] *conj fml* después de lo cual.

wherever [weər'evər] I *conj* dondequiera que; **I'll find him w. he is**, le encontraré dondequiera que esté; **sit w. you like**, siéntate donde quieras. II *adv (direct question)* adónde.

wherewithal ['weəwɪðɔːl] *n fam* pelas *fpl*.

whet [wet] *vtr* **to w. sb's appetite**, abrir el apetito a algn.

whether ['weðər] *conj* 1 *(if)* si; **I don't know w. it is true**, no sé si es verdad; **I doubt w. he'll win**, dudo que gane. 2 **w. he comes or not**, venga o no.

which [wɪtʃ] I *adj* 1 *(direct question)* qué; **w. colour do you prefer?**, ¿qué color prefieres?; **w. one?**, ¿cuál?; **w. way?**, ¿por dónde? 2 *(indirect question)* qué; **tell me w. dress you like**, dime qué vestido te gusta. 3 **by w. time**, y para entonces; **in w. case**, en cuyo caso.
II *pron* 1 *(direct question)* cuál, cuáles; **w. of you did it?**, ¿quién de vosotros lo hizo? 2 *(indirect question)* cuál, cuáles; **I don't know w. I'd rather have**, no sé cuál prefiero. 3 *(defining relative)* que; *(after preposition)* que, el *or* la cual, los *or* las cuales, el *or* la que, los *or* las que; **here are the books (w.) I have read**, aquí están los libros que he leído; **the accident (w.) I told you about**, el accidente del que te hablé; **the car in w. he was travelling**, el coche en (el) que viajaba; **this is the one (w.) I like**, éste es el que me gusta. 4 *(non-defining relative)* el *or* la cual, los *or* las cuales; **I played three sets, all of w. I lost**, jugué tres sets, todos los cuales perdí. 5 *(referring to a clause)* lo cual, lo que; **he won, w. made me very happy**, ganó, lo cual *or* lo que me alegró mucho.

whichever [wɪtʃ'evər] I *adj* el/la que, cualquiera que; **I'll take w. books you**

don't want, tomaré los libros que no quieras; **w. system you choose,** cualquiera que sea el sistema que elijas. II *pron* el que, la que.

whiff [wɪf] *n* 1 *(quick smell)* ráfaga *f*; *(of air, smoke)* bocanada *f*. 2 *fam (bad smell)* tufo *m*.

while [waɪl] I *n* 1 *(length of time)* rato *m*, tiempo *m*; **in a little w.,** dentro de poco; **once in a w.,** de vez en cuando. 2 **it's not worth your w. staying,** no merece la pena que te quedes. II *conj* 1 *(time)* mientras; **he fell asleep w. driving,** se durmió mientras conducía. 2 *(although)* aunque. 3 *(whereas)* mientras que. ◆**while away** *vtr* **to w. away the time,** pasar el rato.

whilst [waɪlst] *conj* → **while** III.

whim [wɪm] *n* capricho *m*, antojo *m*.

whimper ['wɪmpər] I *n* quejido *m*. II *vi* lloriquear.

whine [waɪn] *vi* 1 *(child)* lloriquear; *(with pain)* dar quejidos. 2 *(complain)* quejarse. 3 *(engine)* chirriar.

whip [wɪp] I *n* 1 *(for punishment)* látigo *m*; *(for riding)* fusta *f*. 2 *GB Parl* oficial *mf* encargado,-a de la disciplina de un partido. II *vtr* 1 *(as punishment)* azotar; *(horse)* fustigar. 2 *Culin* batir; **whipped cream,** nata montada. 3 *fam (steal)* mangar. ◆**whip away** *vtr* arrebatar. ◆**whip up** *vtr (passions, enthusiasm)* avivar; *(support)* incrementar.

whipping ['wɪpɪŋ] *n fig* **w. boy,** cabeza *f* de turco.

whip-round ['wɪpraʊnd] *n fam* colecta *f*.

whirl [wɜːl] I *n* giro *m*; *fig* torbellino *m*. II *vtr* **to w. sth round,** dar vueltas a *or* hacer girar algo. III *vi* **to w. round,** girar con rapidez; *(leaves etc)* arremolinarse; **my head's whirling,** me está dando vueltas la cabeza.

whirlpool ['wɜːlpuːl] *n* remolino *m*.

whirlwind ['wɜːlwɪnd] *n* torbellino *m*.

whir(r) [wɜːr] *vi* zumbar, runrunear.

whisk [wɪsk] I *n* *Culin* batidor *m*; *(electric)* batidora *f*. II *vtr* *Culin* batir. ◆**whisk away, whisk off** *vtr* quitar bruscamente, llevarse de repente.

whisker ['wɪskər] *n* **whiskers,** *(of person)* patillas *fpl*; *(of cat)* bigotes *mpl*.

whisky, *US* **whiskey** ['wɪskɪ] *n* whisky *m*.

whisper ['wɪspər] I *n* 1 *(sound)* susurro *m*. 2 *(rumour)* rumor *m*. II *vtr* decir en voz baja. III *vi* susurrar.

whistle ['wɪsəl] I *n* 1 *(instrument)* pito *m*. 2 *(sound)* silbido *m*, pitido *m*. II *vtr (tune)* silbar. III *vi* 1 *(person, kettle, wind)* silbar; *(train)* pitar.

white [waɪt] I *adj* blanco,-a; **to go w.,** *(face)* palidecer; *(hair)* encanecer; **w. coffee,** café *m* con leche; **w. hair,** pelo cano; **a w. Christmas,** una Navidad con nieve; *fig* **a w. lie,** una mentira piadosa; *US* **the W. House,** la Casa Blanca; *Pol* **w. paper,** libro blanco; **w. sauce,** bechamel *f*. II *n* 1 *(colour, person, of eye)* blanco *m*. 2 *(of egg)* clara *f*. 3 **whites,** ropa *f sing* blanca.

white-collar ['waɪtkɒlər] *adj* **w.-c. worker,** empleado *m* de oficina.

whiteness ['waɪtnɪs] *n* blancura *f*.

whitewash ['waɪtwɒʃ] I *n* 1 cal *f*. 2 *fig (cover-up)* encubrimiento *m*. 3 *fig (defeat)* paliza *f*. II *vtr* 1 *(wall)* enjalbegar, blanquear. 2 *fig* encubrir.

whiting ['waɪtɪŋ] *n inv (fish)* pescadilla *f*.

Whitsun(tide) ['wɪtsən(taɪd)] *n* pentecostés *m*.

whittle ['wɪtəl] *vtr* cortar en pedazos; **to w. away at,** roer; *fig* **to w. down,** reducir poco a poco.

whiz(z) [wɪz] *vi* 1 *(sound)* silbar. 2 **to w. past,** pasar volando; *fam* **w. kid,** joven *mf* dinámico,-a y emprendedor,-a.

who [huː] *pron* 1 *(direct question)* quién, quiénes; **w. are they?,** ¿quiénes son?; **w. is it?,** ¿quién es? 2 *(indirect question)* quién; **I don't know w. did it,** no sé quién lo hizo. 3 *rel (defining)* que; **those w. don't know,** los que no saben. 4 *rel (nondefining)* quien, quienes, el *or* la cual, los *or* las cuales; **Elena's mother, w. is very rich ...,** la madre de Elena, la cual es muy rica ...

whodun(n)it [huː'dʌnɪt] *n fam* novela *f or* obra *f* de teatro *or* película *f* de suspense.

whoever [huː'evər] *pron* 1 quienquiera que; **give it to w. you like,** dáselo a quien quieras; **w. said that is a fool,** el que dijo eso es un tonto; **w. you are,** quienquiera que seas. 2 *(direct question)* **w. told you that?,** ¿quién te dijo eso?

whole [həʊl] I *adj* 1 *(entire)* entero,-a, íntegro,-a; **a w. week,** una semana entera; **he took the w. lot,** se los llevó todos. 2 *(in one piece)* intacto,-a. II *n* 1 *(single unit)* todo *m*, conjunto *m*; **as a w.,** en su totalidad. 2 *(all)* totalidad *f*; **the w. of London,** todo Londres. 3 **on the w.,** en general.

wholefood ['həʊlfuːd] *n* alimentos *mpl* integrales.

wholehearted [həʊl'hɑːtɪd] *adj (enthusiastic)* entusiasta; *(sincere)* sincero,-a; *(unreserved)* incondicional.

wholemeal ['həʊlmiːl] *adj* integral.

wholesale ['həʊlseɪl] *Com* I *n* venta *f* al por mayor. II *adj* al por mayor; *fig* total. III *adv* al por mayor; *fig* en su totalidad.

wholesaler ['həʊlseɪlər] *n* mayorista *mf*.

wholesome ['həʊlsəm] *adj* sano,-a.

wholly ['həʊlɪ] *adv* enteramente, completamente.

whom [huːm] *pron fml* 1 *(direct question) (accusative)* a quién; **w. did you talk to?,** ¿con quién hablaste?; *(after preposition)* **of/from w.?,** ¿de quién?; **to w. are you**

referring?, ¿a quién te refieres? 2 *rel (accusative)* que, a quien, a quienes; **those w. I have seen**, aquéllos a quien he visto. 3 *rel (after preposition)* quien, quienes, el *or* la cual, los *or* las cuales; **my brothers, both of w. are miners**, mis hermanos, que son mineros los dos.

whooping cough ['huːpɪŋkɒf] *n* tos ferina.

whopping ['wɒpɪŋ] *adj fam* enorme.

whore [hɔːr] *n offens* puta *f*.

whose [huːz] **I** *pron* 1 *(direct question)* de quién, de quiénes; **w. are these gloves?**, ¿de quién son estos guantes?; **w. is this?**, ¿de quién es esto? 2 *(indirect question)* de quién, de quiénes; **I don't know w. these coats are**, no sé de quién son estos abrigos. 3 *rel* cuyo(s), cuya(s); **the man w. children we saw**, el hombre a cuyos hijos vimos. **II** *adj* **w. car/house is this?**, ¿de quién es este coche/esta casa?.

why [waɪ] **I** *adv* por qué; *(for what purpose)* para qué; **w. did you do that?**, ¿por qué hiciste eso?; **w. not go to bed?**, ¿por qué no te acuestas?; **I don't know w. he did it**, no sé por qué lo hizo; **that is w. I didn't come**, por eso no vine; **there's no reason w. you shouldn't go**, no hay motivo para que no vayas. **II** *interj* 1 *(fancy that!)* ¡toma!, ¡vaya!; **w., it's David!**, ¡sí es David! 2 *(protest, assertion)* si, vamos.

wick [wɪk] *n* mecha *f*.

wicked ['wɪkɪd] *adj* 1 malvado,-a. 2 *fam* malísimo,-a; *(temper)* de perros.

wicker ['wɪkər] **I** *n* mimbre *m*. **II** *adj* de mimbre.

wickerwork ['wɪkəwɜːk] *n (material)* mimbre *m*; *(articles)* artículos *mpl* de mimbre.

wicket ['wɪkɪt] *n Cricket (stumps)* palos *mpl*.

wide [waɪd] **I** *adj* 1 *(road, trousers)* ancho,-a; *(gap, interval)* grande; **it is ten metres w.**, tiene diez metros de ancho. 2 *(area, knowledge, support, range)* amplio,-a; **w. interests**, intereses muy diversos. 3 *(off target)* desviado,-a. **II** *adv* **from far and w.**, de todas partes; **to open one's eyes w.**, abrir los ojos de par en par; **w. apart**, muy separados,-as; **w. awake**, completamente despierto,-a; **w. open**, abierto,-a de par en par; **with mouth w. open**, boquiabierto,-a. ◆**widely** *adv (travel etc)* extensamente; *(believed)* generalmente; **he is w. known**, es muy conocido.

wide-angle ['waɪdæŋgəl] *adj Phot* **w.-a. lens**, objetivo *m* gran angular.

widen ['waɪdən] **I** *vtr* ensanchar; *(interests)* ampliar. **II** *vi* ensancharse.

wide-ranging [waɪd'reɪndʒɪŋ] *adj (interests)* muy diversos,-as; *(discussion)* amplio,-a; *(study)* de gran alcance.

widespread ['waɪdspred] *adj (unrest, belief)* general; *(damage)* extenso,-a; **to become w.**, generalizarse.

widow ['wɪdəʊ] *n* viuda *f*.

widowed ['wɪdəʊd] *adj* enviudado,-a.

widower ['wɪdəʊər] *n* viudo *m*.

width [wɪdθ] *n* 1 anchura *f*. 2 *(of material, swimming pool)* ancho *m*.

wield [wiːld] *vtr (weapon)* blandir; *(power)* ejercer.

wife [waɪf] *n (pl* **wives)** mujer *f*, esposa *f*.

wig [wɪg] *n* peluca *f*.

wiggle ['wɪgəl] **I** *vtr (finger etc)* menear; **to w. one's hips**, contonearse. **II** *vi* menearse.

Wight [waɪt] *n* **Isle of W.**, Isla *f* de Wight.

wild [waɪld] **I** *adj* 1 *(animal, tribe)* salvaje; **w. beast**, fiera *f*; *fig* **w. goose chase**, búsqueda *f* inútil. 2 *(plant)* silvestre. 3 *(landscape)* agreste; **the W. West**, el Salvaje Oeste. 4 *(temperament, behaviour)* alocado,-a; *(appearance)* desordenado,-a; *(passions etc)* desenfrenado,-a; *(laughter, thoughts)* loco,-a; *(applause)* fervoroso,-a; **to make a w. guess**, adivinar al azar; *fam fig* **she is w. about him/about tennis**, está loca por él/por el tenis. 5 *GB fam fig (angry)* furioso,-a. **II** *adv* **to go run w.**, *(children)* desmandarse. **III** *n* **in the w.**, en el estado salvaje; *fig* **to live out in the wilds**, vivir en el quinto pino. ◆**wildly** *adv* 1 *(rush round etc)* como un,-a loco,-a; *(shoot)* sin apuntar; *(hit out)* a tontas y a locas. 2 **w. enthusiastic**, loco,-a de entusiasmo; **w. inaccurate**, totalmente erróneo,-a.

wildcat ['waɪldkæt] *n* **w. strike**, huelga *f* salvaje.

wilderness ['wɪldənɪs] *n* desierto *m*.

wildfire ['waɪldfaɪər] *n* **to spread like w.**, correr como la pólvora.

wildlife ['waɪldlaɪf] *n* fauna *f*; **w. park**, parque *m* natural.

wilful, *US* **willful** ['wɪlfʊl] *adj* 1 *(stubborn)* terco,-a. 2 *Jur* premeditado,-a.

will[1] [wɪl] **I** *n* 1 voluntad *f*; **good/ill w.**, buena/mala voluntad; **of my own free w.**, por mi propia voluntad. 2 *Jur (testament)* testamento *m*; **to make one's w.**, hacer testamento. **II** *vtr* **fate willed that ...**, el destino quiso que ....

will[2] [wɪl] *v aux (pt* **would)** 1 *(future) (esp 2nd & 3rd person)* **they'll come**, vendrán; **w. he be there? - yes, he w.**, ¿estará allí? - sí, (estará); **you'll tell him, won't you?**, se lo dirás, ¿verdad?; **don't forget, w. you!**, ¡que no se te olvide, vale!; **she won't do it**, no lo hará. 2 *(command)* **you w. be here at eleven!**, ¡debes estar aquí a las once! 3 *(future perfect)* **they'll have finished by tomorrow**, habrán terminado para mañana. 4 *(willingness)* **be quiet, w. you! - no, I won't!**, ¿quiere callarse? -

no quiero; **I won't have it!**, ¡no lo permito!; **will you have a drink? - yes, I w.**, ¿quiere tomar algo? - sí, por favor; **won't you sit down?**, ¿quiere sentarse? 5 (*custom*) **accidents w. happen**, siempre habrá accidentes. 6 (*persistence*) **if you w. go out without a coat ...**, si te empeñas en salir sin abrigo .... 7 (*probability*) **he'll be on holiday now**, ahora estará de vacaciones. 8 (*ability*) **the lift w. hold ten people**, en el ascensor caben diez personas.

willing ['wɪlɪŋ] *adj* (*obliging*) complaciente; **I'm quite w. to do it**, lo haré con mucho gusto; **to be w. to do sth**, estar dispuesto,-a a hacer algo. ◆**willingly** *adv* de buena gana.

willingness ['wɪlɪŋnɪs] *n* buena voluntad.

willow ['wɪləʊ] *n* **w.** (**tree**), sauce *m*.

willpower ['wɪlpaʊər] *n* (fuerza *f* de) voluntad *f*.

willy-nilly [wɪlɪ'nɪlɪ] *adv* por gusto o por fuerza.

wilt [wɪlt] *vi* marchitarse.

wily ['waɪlɪ] *adj* (**wilier, wiliest**) astuto,-a.

win [wɪn] **I** *n* victoria *f*. **II** *vtr* (*pt & pp* **won**) **1** ganar; (*prize*) llevarse; (*victory*) conseguir. **2** *fig* (*sympathy, friendship*) ganarse; (*praise*) cosechar; **to w. sb's love**, conquistar a algn. **III** *vi* ganar. ◆**win back** *vtr* recuperar. ◆**win over** *vtr* (*to cause, idea*) atraer (**to**, a, hacia); (*voters, support*) ganarse. ◆**win through** *vi* conseguir triunfar.

wince [wɪns] *vi* tener un rictus de dolor.

winch [wɪntʃ] *n* cigüeña *f*, torno *m*.

wind¹ [wɪnd] **I** *n* **1** viento *m*; *fig* **to get w. of sth**, olerse algo; **w. tunnel**, túnel aerodinámico. **2** (*breath*) aliento *m*; **to get one's second w.**, recobrar el aliento. **3** *Med* flato *m*, gases *mpl*. **4 w. instrument**, instrumento *m* de viento. **II** *vtr* **to be winded**, quedarse sin aliento.

wind² [waɪnd] *vtr* (*pt & pp* **wound**) **1** (*onto a reel*) enrollar; **to w. a bandage round one's finger**, vendarse el dedo. **2 to w. on/back**, (*film, tape*) avanzar/rebobinar. **3** (*clock*) dar cuerda a. **II** *vi* (*road, river*) serpentear. ◆**wind down I** *vtr* (*window*) bajar. **II** *vi fam* (*person*) relajarse. ◆**wind up I** *vtr* **1** (*roll up*) enrollar. **2** (*business etc*) cerrar; (*debate*) clausurar. **3** (*clock*) dar cuerda a. **II** *vi* (*meeting*) terminar.

windfall ['wɪndfɔːl] *n fig* ganancia inesperada.

winding ['waɪndɪŋ] *adj* (*road, river*) sinuoso,-a; (*staircase*) de caracol.

windmill ['wɪndmɪl] *n* molino *m* (de viento).

window ['wɪndəʊ] *n* ventana *f*; (*of vehicle, ticket office etc*) ventanilla *f*; (*shop*) **w.**, escaparate *m*; **to clean the windows**, limpiar los cristales; **w. box**, jardinera *f*; **w. cleaner**, limpiacristales *mf inv*.

windowpane ['wɪndəʊpeɪn] *n* cristal *m*.

window-shopping ['wɪndəʊʃɒpɪŋ] *n* **to go w.-s.**, ir a mirar escaparates.

windowsill ['wɪndəʊsɪl] *n* alféizar *m*.

windpipe ['wɪndpaɪp] *n* tráquea *f*.

windscreen ['wɪndskriːn], *US* **windshield** ['wɪndʃiːld] *n* parabrisas *m inv*; **w. washer**, lavaparabrisas *m inv*; **w. wiper**, limpiaparabrisas *m inv*.

windswept ['wɪndswept] *adj* (*landscape*) expuesto,-a a los vientos; (*person, hair*) despeinado,-a (por el viento).

windy ['wɪndɪ] *adj* (**windier, windiest**) (*weather*) ventoso,-a; (*place*) desprotegido,-a del viento; **it is very w. today**, hoy hace mucho viento.

wine [waɪn] *n* vino *m*; **w. cellar**, bodega *f*; **w. list**, lista *f* de vinos; **w. merchant**, vinatero,-a *m,f*; **w. tasting**, cata *f* de vinos; **w. vinegar**, vinagre *m* de vino.

wineglass ['waɪnglɑːs] *n* copa *f* (para vino).

wing [wɪŋ] *n* **1** *Orn Av* ala *f*. **2** (*of building*) ala *f*. **3** *Aut* aleta *f*; **w. mirror**, retrovisor *m* externo. **4** *Theat* (**in the**) **wings**, (entre) bastidores *mpl*. **5** *Ftb* banda *f*. **6** *Pol* ala *f*; **the left w.**, la izquierda.

winger ['wɪŋər] *n Ftb* extremo *m*.

wink [wɪŋk] **I** *n* guiño *m*; *fam fig* **I didn't get a w.** (**of sleep**), no pegué ojo. **II** *vi* **1** (*person*) guiñar (el ojo). **2** (*light*) parpadear.

winner ['wɪnər] *n* ganador,-a *m,f*.

winning ['wɪnɪŋ] *adj* (*person, team*) ganador,-a; (*number*) premiado,-a; (*goal*) decisivo,-a; **w. post**, meta *f*.

winnings ['wɪnɪŋz] *npl* ganancias *fpl*.

winter ['wɪntər] **I** *n* invierno *m*. **II** *adj* de invierno; **w. sports**, deportes *mpl* de invierno. **III** *vi* invernar.

wintry ['wɪntrɪ] *adj* (**wintrier, wintriest**) invernal.

wipe [waɪp] **I** *vtr* limpiar; **to w. one's brow**, enjugarse la frente; **to w. one's feet/nose**, limpiarse los pies/las narices. ◆**wipe away** *vtr* (*tear*) enjugar. ◆**wipe off** *vtr* quitar frotando; **to w. sth off the blackboard/the tape**, borrar algo de la pizarra/de la cinta. ◆**wipe out** *vtr* **1** (*erase*) borrar. **2** (*army*) aniquilar; (*species etc*) exterminar. ◆**wipe up** *vtr* limpiar.

wire [waɪər] **I** *n* **1** alambre *m*; *Elec* cable *m*; *Tel* hilo; **w. cutters**, cizalla *f sing*. **2** (*telegram*) telegrama *m*. **II** *vtr* **1 to w.** (**up**) **a house**, poner la instalación eléctrica de una casa; **to w.** (**up**) **an appliance to the mains**, conectar un aparato a la toma eléctrica. **2** (*information*) enviar por telegrama.

wireless ['waɪəlɪs] *n* radio *f*.

wiring ['waɪərɪŋ] *n* (*network*) cableado *m*; (*action*) instalación *f* del cableado.

wiry ['waɪərɪ] *adj* (**wirier, wiriest**) (*hair*) estropajoso,-a; (*person*) nervudo,-a.

wisdom ['wɪzdəm] *n* 1 (*learning*) sabiduría *f*, saber *m*. 2 (*good sense*) (*of person*) cordura *f*; (*of action*) sensatez *f*. 3 **w. tooth**, muela *f* del juicio.

wise [waɪz] *adj* 1 sabio,-a; **a w. man**, un sabio; **the Three W. Men**, los Reyes Magos. 2 (*remark*) juicioso,-a; (*decision*) acertado,-a; **it would be w. to keep quiet**, sería prudente callarse. ◆**wisely** *adv* (*with prudence*) prudentemente.

wisecrack ['waɪzkræk] *n fam* salida *f*, ocurrencia *f*.

wish [wɪʃ] I *n* 1 (*desire*) deseo *m* (**for**, de); **to make a w.**, pedir un deseo. 2 **best wishes**, felicitaciones *fpl*; **give your mother my best wishes**, salude a su madre de mi parte; **with best wishes, Peter**, (*at end of letter*) saludos cordiales, Peter. II *vtr* 1 (*want*) querer, desear; **I w. I could stay longer**, me gustaría poder quedarme más tiempo; **I w. you had told me!**, ¡ojalá me lo hubieras dicho!; **to w. to do sth**, querer hacer algo. 2 **to w. sb goodnight**, darle las buenas noches a algn; **to w. sb well**, desearle a algn mucha suerte. III *vi* (*want*) desear; **as you w.**, como quieras; **do as you w.**, haga lo que quiera; **to w. for sth**, desear algo.

wishful ['wɪʃful] *adj* **it's w. thinking**, es hacerse ilusiones.

wishy-washy ['wɪʃɪwɒʃɪ] *adj fam* (*person*) soso,-a; (*ideas*) poco definido,-a.

wisp [wɪsp] *n* (*of wool, hair*) mechón *m*; (*of smoke*) voluta *f*.

wistful ['wɪstful] *adj* melancólico,-a.

wit [wɪt] *n* 1 (*intelligence*) (*often pl*) inteligencia *f*; *fig* **to be at one's wits' end**, estar para volverse loco,-a; **to have one's wits about one**, ser despabilado,-a. 2 (*humour*) ingenio *m*. 3 (*person*) ingenioso,-a *m,f*.

witch [wɪtʃ] *n* bruja *f*; *fig* **w. hunt**, caza *f* de brujas.

witchcraft ['wɪtʃkrɑːft] *n* brujería *f*.

with [wɪð, wɪθ] *prep* con; **a room w. a bath**, un cuarto con baño; **do you have any money w. you?**, ¿traes dinero?; **the man w. the glasses**, el hombre de las gafas; **he went w. me/you**, fue conmigo/contigo; *fam* **w. (sugar) or without (sugar)?**, ¿con o sin azúcar?; **I have six w. this one**, con éste tengo seis; **w. all his faults, I admire him**, le admiro con todos sus defectos; **w. your permission**, con su permiso; **we're all w. you**, (*support*) todos estamos contigo; **you're not w. me, are you?** (*understand*) no me entiendes, ¿verdad?; **he's w. Lloyds**, trabaja para Lloyds; **she is popular w. her colleagues**, todos sus colegas la estiman mucho; **to fill a vase w. water**, llenar un jarrón de agua; **it is made w. butter**, está hecho con mantequilla; **she put on weight w. so much eating**, engordó de tanto comer; **to be paralysed w. fear**, estar paralizado,-a de miedo; **w. experience**, con la experiencia.

withdraw [wɪð'drɔː] I *vtr* (*pt* **withdrew**; *pp* **withdrawn**) 1 retirar, sacar; **to w. money from the bank**, sacar dinero del banco. 2 (*go back on*) retirar; (*statement*) retractarse de; (*plan, claim*) renunciar a. II *vi* 1 retirarse. 2 (*drop out*) renunciar.

withdrawal [wɪð'drɔːəl] *n* retirada *f*; (*of statement*) retractación *f*; (*of complaint, plan*) renuncia *f*; **w. symptoms**, síndrome *m* de abstinencia.

withdrawn [wɪð'drɔːn] *adj* (*person*) introvertido,-a.

wither ['wɪðər] *vi* marchitarse.

withering ['wɪðərɪŋ] *adj* (*look*) fulminante; (*criticism*) mordaz.

withhold [wɪð'həʊld] *vtr* (*pt & pp* **withheld** [wɪð'held]) (*money*) retener; (*decision*) aplazar; (*consent*) negar; (*information*) ocultar.

within [wɪ'ðɪn] I *prep* 1 (*inside*) dentro de. 2 (*range*) **the house is w. walking distance**, se puede ir andando a la casa; **situated w. five kilometres of the town**, situado,-a a menos de cinco kilómetros de la ciudad; **w. sight of the sea**, con vistas al mar; *fig* **w. an inch of death**, a dos dedos de la muerte. 3 (*time*) **they arrived w. a few days of each other**, llegaron con pocos días de diferencia; **w. the hour**, dentro de una hora; **w. the next five years**, durante los cinco próximos años. II *adv* dentro; **from w.**, desde dentro.

with-it ['wɪðɪt] *adj fam* **she is very w. it**, tiene ideas muy modernas; **to get w. it**, ponerse de moda.

without [wɪ'ðaʊt] *prep* sin; **he did it w. my knowing**, lo hizo sin que lo supiera yo; *fig* **to do** *or* **go w. sth**, (*voluntarily*) prescindir de algo; (*forcibly*) pasar(se) sin algo.

withstand [wɪð'stænd] *vtr* (*pt & pp* **withstood**) resistir a; (*pain*) aguantar.

witness ['wɪtnɪs] I *n* 1 (*person*) testigo *mf*; **w. box**, *US* **w. stand**, barra *f* de los testigos. 2 (*evidence*) **to bear w. to sth**, dar fe de algo. II *vtr* 1 (*see*) presenciar, ser testigo de. 2 *fig* (*notice*) notar. 3 *Jur* **to w. a document**, firmar un documento como testigo.

witticism ['wɪtɪsɪzəm] *n* ocurrencia *f*, salida *f*.

witty ['wɪtɪ] *adj* (**wittier, wittiest**) ingenioso,-a, agudo,-a.

wives [waɪvz] *npl* → **wife**.

wizard ['wɪzəd] *n* hechicero *m*, mago *m*.

wizened ['wɪzənd] *adj* (*face*) arrugado,-a.

wobble ['wɒbəl] *vi* (*table, ladder etc*) tambalearse; (*jelly*) temblar.

woe [wəʊ] *n lit* infortunio *m*; **w. betide you if I catch you!**, ¡ay de ti si te cojo!

woeful ['wəʊfʊl] *adj* 1 (*person*) afligido,-a. 2 (*sight*) penoso,-a; **w. ignorance**, una ignorancia lamentable.

woke [wəʊk] *pt* → **wake**¹.

woken ['wəʊkən] *pp* → **wake**¹.

wolf [wʊlf] *n* (*pl* **wolves**) lobo *m*; *fig* **a w. in sheep's clothing**, un lobo con piel de cordero.

woman ['wʊmən] *n* (*pl* **women**) mujer *f*; **old w.**, vieja *f*; **women's libber**, feminista *mf*; *fam* **women's lib**, movimiento *m* feminista; **women's rights**, derechos *mpl* de la mujer.

womanhood ['wʊmənhʊd] *n* (*adult*) edad adulta de la mujer.

womanizer ['wʊmənaɪzə^r] *n* mujeriego *m*.

womanly ['wʊmənlɪ] *adj* femenino,-a.

womb [wu:m] *n* matriz *f*, útero *m*.

women ['wɪmɪn] *npl* → **woman**.

won [wʌn] *pt & pp* → **win**.

wonder ['wʌndə^r] **I** *n* 1 (*miracle*) milagro *m*; **no w. he hasn't come**, no es de extrañar que no haya venido. 2 (*amazement*) admiración *f*, asombro *m*. **II** *vtr* 1 (*be surprised*) sorprenderse. 2 (*ask oneself*) preguntarse; **I w. why**, ¿por qué será? **III** *vi* 1 (*marvel*) maravillarse; **to w. at sth**, admirarse de algo. 2 **it makes you w.**, (*reflect*) te da qué pensar.

wonderful ['wʌndəfʊl] *adj* maravilloso,-a.
◆**wonderfully** *adv* maravillosamente.

wont [wəʊnt] *fml* **I** *adj* **to be w. to**, soler. **II** *n* costumbre *f*; **it is his w. to ...**, tiene la costumbre de ....

woo [wu:] *vtr lit* (*court*) cortejar; *fig* intentar congraciarse con.

wood [wʊd] *n* 1 (*forest*) bosque *m*. 2 (*material*) madera *f*; (*for fire*) leña *f*; *fam fig* **touch w.!**, ¡toca madera! 3 *Golf* palo *m* de madera. 4 (*bowling*) bola *f*.

woodcarving ['wʊdkɑ:vɪŋ] *n* 1 (*craft*) tallado *m* en madera. 2 (*object*) talla *f* en madera.

woodcutter ['wʊdkʌtə^r] *n* leñador,-a *m,f*.

wooded ['wʊdɪd] *adj* arbolado,-a.

wooden ['wʊdən] *adj* 1 de madera; **w. spoon/leg**, cuchara *f*/pata *f* de palo. 2 *fig* rígido,-a; (*acting*) sin expresión.

woodlouse ['wʊdlaʊs] *n* cochinilla *f*.

woodpecker ['wʊdpekə^r] *n* pájaro carpintero.

woodwind ['wʊdwɪnd] *n* **w. (instruments)**, instrumentos *mpl* de viento de madera.

woodwork ['wʊdwɜ:k] *n* 1 (*craft*) carpintería *f*. 2 (*of building*) maderaje *m*.

woodworm ['wʊdwɜ:m] *n* carcoma *f*.

wool [wʊl] **I** *n* lana *f*; *fig* **to pull the w. over sb's eyes**, dar gato por liebre a algn. **II** *adj* de lana.

woollen, *US* **woolen** ['wʊlən] **I** *adj* 1 de lana. 2 (*industry*) lanero,-a. **II** *npl* **woollens**, géneros *mpl* de lana *or* de punto.

woolly, *US* **wooly** ['wʊlɪ] *adj* (**woollier**, **woolliest**, *US* **woolier**, **wooliest**) 1 (*made of wool*) de lana. 2 *fig* (*unclear*) confuso,-a.

word [wɜ:d] **I** *n* 1 (*spoken*, *written*) palabra *f*; **in other words ...**, es decir ..., o sea ...; **words failed me**, me quedé sin habla; *fig* **a w. of advice**, un consejo; *fig* **I'd like a w. with you**, quiero hablar contigo un momento; *fig* **she didn't say it in so many words**, no lo dijo de modo tan explícito; **in the words of the poet ...**, como dice el poeta ...; *fig* **w. for w.**, palabra por palabra; **w. processing**, procesamiento *m* de textos; **w. processor**, procesador *m* de textos. 2 *fig* (*message*) mensaje *m*; **by w. of mouth**, de palabra; **is there any w. from him?**, ¿hay noticias de él?; **to send w.**, mandar recado. 3 *fig* (*rumour*) voz *f*, rumor *m*. 4 *fig* (*promise*) palabra *f*; **he's a man of his w.**, es hombre de palabra. **II** *vtr* (*express*) formular; **a badly worded letter**, una carta mal redactada.

wording ['wɜ:dɪŋ] *n* expresión *f*; **I changed the w. slightly**, cambié algunas palabras.

word-perfect [wɜ:d'pɜ:fekt] *adj* **to be w.-p.**, saberse el papel perfectamente.

wore [wɔ:^r] *pt* → **wear**.

work [wɜ:k] **I** *n* 1 trabajo *m*; **his w. in the field of physics**, su labor en el campo de la física; **it's hard w.**, cuesta trabajo. 2 (*employment*) trabajo *m*, empleo *m*; **out of w.**, parado,-a. 3 (*action*) obra *f*, acción *f*; **keep up the good w.!**, ¡que siga así! 4 **a piece of w.**, un trabajo; **a w. of art**, una obra de arte. 5 **works**, obras *fpl*; **public works**, obras (públicas). 6 **works**, (*machinery*) mecanismo *m sing*. 7 *GB* **works**, (*factory*) fábrica *f*.

II *vtr* 1 (*drive*) hacer trabajar; **to w. one's way up/down**, subir/bajar a duras penas; *fig* **to w. one's way up in a firm**, trabajarse el ascenso en una empresa. 2 (*machine*) manejar; (*mechanism*) accionar. 3 (*miracles*, *changes*) operar, hacer. 4 (*land*) cultivar; (*mine*) explotar. 5 (*wood*, *metal etc*) trabajar.

III *vi* 1 trabajar (**on**, **at**, en); **to w. as a gardener**, trabajar de jardinero. 2 (*machine*) funcionar; **it works on gas**, funciona con gas. 3 (*drug*) surtir efecto; (*system*) funcionar bien; (*plan*, *trick*) salir bien. 4 (*operate*) obrar; **to w. loose**, soltarse; **we have no data to w. on**, no tenemos datos en que basarnos.

◆**work off** *vtr* (*fat*) eliminar trabajando; (*anger*) desahogar. ◆**work out I** *vtr* 1 (*plan*) idear; (*itinerary*) planear; (*details*) desarrollar. 2 (*problem*) solucionar; (*solu-*

tion) encontrar; *(amount)* calcular; **I can't w. out how he did it**, no me explico cómo lo hizo. **II** *vi* **1 things didn't w. out for her**, las cosas no le salieron bien. **2 it works out at 5 each**, sale a 5 cada uno. **3** *Sport* hacer ejercicio. ◆**work through** *vi* penetrar (**to**, hasta). ◆**work up** *vtr* *(excite)* acalorar; **to get worked up**, excitarse; **to w. up enthusiasm**, entusiasmarse (**for**, con).

workable ['wɜːkəbəl] *adj* factible.

workaholic [wɜːkə'hɒlɪk] *n fam* trabajoadicto,-a.

workbench ['wɜːkbentʃ] *n* obrador *m*.

worker ['wɜːkər] *n* trabajador,-a *m,f*; *(manual)* obrero,-a *m,f*.

workforce ['wɜːkfɔːs] *n* mano *f* de obra.

working ['wɜːkɪŋ] **I** *adj* **1** *(population, capital)* activo,-a; **w. class**, clase obrera; **w. man**, obrero *m*. **2** *(clothes, conditions, hours)* de trabajo; **w. day**, día *m* laborable; *(number of hours)* jornada *f* laboral. **3 it is in w. order**, funciona. **4** *(majority)* suficiente; **w. knowledge**, conocimientos básicos. **II** *n* **workings**, *(mechanics)* funcionamiento *m sing*; *Min* explotación *f sing*.

workman ['wɜːkmən] *n* *(manual)* obrero *m*.

workmanship ['wɜːkmənʃɪp] *n* *(appearance)* acabado *m*; *(skill)* habilidad *f*, arte *m* **a fine piece of w.**, un trabajo excelente.

workmate ['wɜːkmeɪt] *n* compañero,-a *m,f* de trabajo.

work-out ['wɜːkaʊt] *n* entrenamiento *m*.

worksheet ['wɜːkʃiːt] *n* plan *m* de trabajo.

workshop ['wɜːkʃɒp] *n* taller *m*.

worktop ['wɜːktɒp] *n* encimera *f*.

work-to-rule [wɜːktə'ruːl] *n* huelga *f* de celo.

world [wɜːld] *n* mundo *m*; **all over the w.**, en todo el mundo; **the best in the w.**, el mejor del mundo; *fig* **there is a w. of difference between A and B**, hay un mundo de diferencia entre A y B; *fig* **to feel on top of the w.**, sentirse fenomenal; *fig* **to think the w. of sb**, adorar a algn; *fam fig* **it is out of this w.**, es una maravilla; **the W. Bank**, el Banco Mundial; *Ftb* **the W. Cup**, los Mundiales; **w. record**, récord *m* mundial; **w. war**, guerra *f* mundial.

world-class ['wɜːldklɑːs] *adj* de categoría mundial.

world-famous ['wɜːldfeɪməs] *adj* de fama mundial.

worldly ['wɜːldlɪ] *adj* mundano,-a.

worldwide ['wɜːldwaɪd] *adj* mundial.

worm [wɜːm] **I** *n* **1** gusano *m*; *(earth)* w., lombriz *f*. **2** *Med* **worms**, lombrices *fpl*. **II** *vtr* **to w. a secret out of sb**, sonsacarle un secreto a algn.

worn [wɔːn] *adj* gastado, -a, usado,-a.

worn-out ['wɔːnaʊt] *adj* *(thing)* gastado, -a; *(person)* rendido,-a, agotado,-a.

worried ['wʌrɪd] *adj* inquieto,-a, preocupado,-a.

worry ['wʌrɪ] **I** *vtr* **1** preocupar, inquietar; **it doesn't w. me**, me trae sin cuidado. **2** *(pester)* molestar. **II** *vi* preocuparse (**about**, por); **don't w.**, no te preocupes. **III** *n (state)* inquietud *f*; *(cause)* preocupación *f*.

worrying ['wʌrɪɪŋ] *adj* inquietante, preocupante.

worse [wɜːs] **I** *adj (comp of* **bad***)* peor; **he gets w. and w.**, va de mal en peor; **to get w.**, empeorar; *fam* **w. luck!**, ¡mala suerte!. **II** *n* **a change for the w.**, un empeoramiento; *fig* **to take a turn for the w.**, empeorar. **III** *adv (comp of* **badly***)* peor; **w. than ever**, peor que nunca.

worship ['wɜːʃɪp] **I** *vtr* adorar. **II** *n* **1** adoración *f*. **2** *(ceremony)* culto *m*. **3** *GB* **his W. the Mayor**, el señor alcalde; *Jur* **your W.**, señoría.

worshipper ['wɜːʃɪpər] *n* devoto,-a *m,f*.

worst [wɜːst] **I** *adj (superl of* **bad***)* peor; **the w. part about it is that ...**, lo peor es que .... **II** *n* **1** *(person)* el or la peor, los *or* las peores. **2 the w. of the storm is over**, ya ha pasado lo peor de la tormenta. **III** *adv (superl of* **badly***)* peor; *fig* **to come off w.**, salir perdiendo.

worth [wɜːθ] **I** *adj* **1 to be w. £3**, valer 3 libras; **a house w. £50,000**, una casa que vale 50.000 libras. **2** *(deserving of)* merecedor,-a de; **a book w. reading**, un libro que merece la pena leer; **for what it's w.**, por si sirve de algo; **it's w. your while**, **it's w. it**, vale *or* merece la pena; **it's w. mentioning**, es digno de mención. **II** *n* **1** *(in money)* valor *m*; **five pounds' w. of petrol**, gasolina por valor de 5 libras. **2** *(of person)* valía *f*.

worthless ['wɜːθlɪs] *adj* sin valor; *(person)* despreciable.

worthwhile [wɜːθ'waɪl] *adj* valioso,-a, que vale la pena.

worthy ['wɜːðɪ] *adj* **(worthier, worthiest)** **1** *(deserving)* digno,-a (**of**, de); *(winner, cause)* justo,-a. **2** *(citizen)* respetable; *(effort, motives, action)* loable.

would [wʊd, *unstressed* wəd] *v aux* **1** *(conditional)* **I w. go if I had time**, iría si tuviera tiempo; **he w. have won but for that**, habría ganado su no hubiera sido por eso; **we w. if we could**, lo haríamos si pudiéramos; **you would have to choose me!**, ¡tenías que elegirme precisamente a mí! **2** *(reported speech)* **he said that he w. come**, dijo que vendría. **3** *(willingness)* **the car wouldn't start**, el coche no arrancaba; **they asked him to come but he wouldn't**, le invitaron a venir pero no quiso; **w. you do me a fa-**

would-be 609 **wrong**

vour?, ¿quiere hacerme un favor? 4 (wishing) he w. like to know why, quisiera saber por qué; **I'd rather go home,** preferiría ir a casa; **w. you like a cigarette?**, ¿quiere un cigarrillo? 5 (custom) we w. go for walks, solíamos dar un paseo. 6 **try as I w.**, por mucho que lo intentara. 7 (conjecture) **it w. have been about three weeks ago**, debe haber sido hace unas tres semanas; **w. this be your cousin?**, ¿será éste tu primo? 8 (expectation) **so it w. appear**, según parece.

would-be ['wʊdbiː] adj en potencia; **a w.-be politician**, un aspirante a político; pej **a w.-be poet**, un supuesto poeta.

wound¹ [waʊnd] pt & pp → wind².

wound² [wuːnd] I n herida f. II vtr herir.

wove [wəʊv] pt → weave.

woven ['wəʊvən] pp → weave.

wow [waʊ] fam I vtr encandilar. II interj ¡caramba!

WP 1 abbr of **word processing**. 2 abbr of **word processor**.

wrangle ['ræŋgəl] I n disputa f. II vi disputar (**over**, acerca de, por).

wrap [ræp] I vtr **to w. (up)**, envolver; **he wrapped his arms around her**, la estrechó entre sus brazos; fam **we wrapped up the deal**, concluimos el negocio. II vi fam **w. up well**, abrígate. III n (shawl) chal m; (cape) capa f.

wrapper ['ræpər] n (of sweet) envoltorio m; (of book) sobrecubierta f.

wrapping ['ræpɪŋ] n **w. paper**, papel m de envolver.

wreath [riːθ] n (pl **wreaths** [riːðz, riːθs]) (of flowers) corona f; **laurel w.**, corona de laurel.

wreck [rek] I n 1 Naut naufragio m; (ship) barco naufragado. 2 (of car, plane) restos mpl; (of building) ruinas fpl. 3 fig (person) ruina f. II vtr 1 (ship) hacer naufragar. 2 (car, machine) destrozar. 3 fig (health, life) arruinar; (plans, hopes) desbaratar; (chances) echar a perder.

wreckage ['rekɪdʒ] n (of ship, car, plane) restos mpl; (of building) ruinas fpl.

wren [ren] n chochín m.

wrench [rentʃ] I n 1 (pull) tirón m. 2 Med torcedura f. 3 (tool) GB llave inglesa; US llave. II vtr **to w. oneself free**, soltarse de un tirón; **to w. sth off sb**, arrebatarle algo a algn; **to w. sth off/open**, quitar/abrir algo de un tirón.

wrestle ['resəl] vi luchar.

wrestler ['reslər] n luchador,-a m,f.

wrestling ['reslɪŋ] n lucha f.

wretch [retʃ] n (poor) **w.**, desgraciado,-a m,f.

wretched ['retʃɪd] adj 1 desdichado,-a; (conditions) deplorable; fam (bad, poor) horrible. 2 **I feel w.**, (ill) me siento fatal. 3 (contemptible) despreciable. 4 fam (damned) maldito,-a, condenado,-a.

wriggle ['rɪgəl] I vtr menear. II vi **to w. (about)**, (worm) serpentear; (restless child) moverse nerviosamente; **to w. free**, escapar deslizándose.

wring [rɪŋ] vtr (pt & pp **wrung**) 1 (clothes) escurrir; (hands) retorcer. 2 fig (extract) arrancar, sacar.

wringing ['rɪŋɪŋ] adj **to be w. wet**, estar empapado,-a.

wrinkle ['rɪŋkəl] I n arruga f. II vtr arrugar. III vi arrugarse.

wrist [rɪst] n muñeca f.

wristwatch ['rɪstwɒtʃ] n reloj m de pulsera.

writ [rɪt] n orden f judicial.

write [raɪt] I vtr (pt **wrote**; pp **written**) escribir; (article) redactar; (cheque) extender. II vi escribir (**about**, sobre); **to w. for a paper**, colaborar en un periódico. ◆**write back** vi contestar. ◆**write down** vtr poner por escrito; (note) apuntar. ◆**write in** vi escribir. ◆**write off** I vtr (debt) condonar; (car) destrozar. II vi **to w. off for sth**, pedir algo por escrito. ◆**write out** vtr (cheque, recipe) extender. ◆**write up** vtr (notes) redactar; (diary, journal) poner al día.

write-off ['raɪtɒf] n **the car's a w.-o.**, el coche está hecho una ruina.

writer ['raɪtər] n (by profession) escritor,-a m,f; (of book, letter) autor,-a m,f.

writhe [raɪð] vi retorcerse.

writing ['raɪtɪŋ] n 1 (script) escritura f; (handwriting) letra f; **in w.**, por escrito. 2 **writings**, escritos mpl. 3 (action) escritura f; **w. desk**, escritorio m.

written ['rɪtən] pp → write.

wrong [rɒŋ] I adj 1 (person) equivocado, -a; **I was w. about that boy**, me equivoqué con ese chico; **to be w.**, no tener razón; **you're w. in thinking that ...**, te equivocas si piensas que .... 2 (answer, way) incorrecto,-a, equivocado,-a; **my watch is w.**, mi reloj anda mal; **to drive on the w. side of the road**, conducir por el lado contrario de la carretera; **to go the w. way**, equivocarse de camino; Tel **I've got the w. number**, me he confundido de número. 3 (unsuitable) impropio,-a inadecuado,-a; (time) inoportuno,-a; **to say the w. thing**, decir algo inoportuno. 4 (immoral etc) malo,-a; **there's nothing w. in that**, no hay nada malo en ello; **what's w. with smoking?**, ¿qué tiene de malo fumar? 5 **is anything w.?**, ¿pasa algo?; **something's w.**, hay algo que no está bien; **what's w.?**, ¿qué pasa?; **what's w. with you?**, ¿qué te pasa?

II adv mal, incorrectamente; **to get it w.**, equivocarse; fam **to go w.**, (plan) fallar, salir mal.

III n 1 (evil, bad action) mal m; **you did w. to hit him**, hiciste mal en pegarle. 2

wrongdoing — yolk

(injustice) injusticia *f*; *(offence)* agravio *m*; **the rights and wrongs of a matter**, lo justo y lo injusto de un asunto. **3 to be in the w.**, *(to blame)* tener la culpa. **IV** *vtr (treat unfairly)* ser injusto,-a con; *(offend)* agraviar.
◆**wrongly** *adv* **1** *(incorrectly)* incorrectamente. **2** *(mistakenly)* equivocadamente. **3** *(unjustly)* injustamente.
wrongdoing ['rɒŋduːɪŋ] *n* maldad *f*.
wrongful ['rɒŋfʊl] *adj* injusto,-a.
wrote [rəʊt] *pt* → **write**.
wrung [rʌŋ] *pt & pp* → **wring**.
wry [raɪ] *adj* **(wrier, wriest** *or* **wryer, wryest)** sardónico,-a.

X

X, x [eks] *n (the letter)* X, x *f*.
xenophobia [zenəˈfəʊbɪə] *n* xenofobia *f*.
xenophobic [zenəˈfəʊbɪk] *adj* xenófobo, -a.
Xerox® ['zɪərɒks] **I** *n* xerocopia *f*. **II** *vtr* xerocopiar.
Xmas ['eksməs, 'krɪsməs] *n abbr of* Christmas.
X-ray [eksˈreɪ] **I** *n* **1** *(beam)* rayo *m* X; **X-r. therapy**, radioterapia *f*. **2** *(picture)* radiografía *f*; **to have an X-r.**, hacerse una radiografía. **II** *vtr* radiografiar.
xylophone ['zaɪləfəʊn] *n* xilófono *m*.

Y

Y, y [waɪ] *n (the letter)* Y, y *f*.
yacht [jɒt] *n* yate *m*; **y. club**, club náutico.
yachting ['jɒtɪŋ] *n Sport* navegación *f* a vela; *(competition)* regatas *fpl*.
yachtsman ['jɒtsmən] *n* balandrista *m*.
yachtswoman ['jɒtswʊmən] *n* balandrista *f*.
yam [jæm] *n* **1** ñame *m*. **2** *US (sweet potato)* boniato *m*.
yank [jæŋk] *fam vtr* tirar; *(tooth)* arrancar.
Yank [jæŋk] *n GB pej* yanqui *mf*.
Yankee ['jæŋkɪ] *adj & n pej* yanqui *mf*.
yap [jæp] *vi (dog)* aullar; *fam (person)* darle al pico.
yard¹ [jɑːd] *n (measure)* yarda *f (aprox* 0.914 metros).
yard² [jɑːd] *n* patio *m*; *US* jardín *m*.
yardstick ['jɑːdstɪk] *n fig* criterio *m*, norma *f*.
yarn [jɑːn] *n* **1** *Sew* hilo *m*. **2** *(story)* historia *f*, cuento *m*; **to spin a y.**, *(lie)* inventarse una historia.
yawn [jɔːn] **I** *vi* bostezar. **II** *n* bostezo *m*.
yawning ['jɔːnɪŋ] *adj (gap)* profundo,-a.
yd *(pl yds) abbr of* **yard**.
yeah [jeə] *adv fam* sí.
year [jɪər] *n* **1** año *m*; **all y. round**, durante todo el año; **last y.**, el año pasado; **next y.**, el año que viene; **y. in, y. out**, año tras año; **I'm ten years old**, tengo diez años. **2** *Educ* curso *m*; **first-y. student**, estudiante *m,f* de primero.
yearly ['jɪəlɪ] **I** *adj* anual. **II** *adv* anualmente, cada año.
yearn [jɜːn] *vi* **to y. for sth**, anhelar algo.
yearning ['jɜːnɪŋ] *n* anhelo *m* **(for**, de).
yeast [jiːst] *n* levadura *f*.
yell [jel] **I** *vi* gritar. **II** *n* grito *m*, alarido *m*.
yellow ['jeləʊ] **I** *adj* amarillo,-a; *fam fig (cowardly)* cobarde; *Tel* **y. pages**, páginas amarillas. **II** *n* amarillo *m*.
yelp [jelp] **I** *vi* aullar. **II** *n* aullido *m*.
yen [jen] *n* **1** *(currency)* yen *m*. **2 to have a y. for sth**, tener ganas de algo.
yeoman ['jəʊmən] *n GB* **Y. of the Guard**, alabardero *m* de la Casa Real británica.
yes [jes] **I** *adv* sí; **you said y.**, dijiste que sí. **II** *n* sí *m*.
yesterday ['jestədeɪ] *adv & n* ayer *m*; **the day before y.**, anteayer; **y. morning**, ayer por la mañana.
yet [jet] **I** *adv* **1 not y.**, aún no, todavía no; **as y.**, hasta ahora; **I haven't eaten y.**, no he comido todavía. **2** *(in questions)* ya; **has he arrived y.?**, ¿ha venido ya? **3** *(even)* más; **y. again**, otra vez; **y. more**, todavía más. **4** *(eventually)* todavía, aún; **he'll win y.**, todavía puede ganar. **II** *conj* sin embargo.
yew [juː] *n* tejo *m*.
yield [jiːld] **I** *n* **1** rendimiento *m*. **2** *Agr* cosecha *f*. **3** *Fin* beneficio *m*. **II** *vtr* producir; *Agr* dar; *(money)* producir. **III** *vi* **1** *(surrender, break)* ceder. **3** *Aut* ceder el paso.
YMCA [waɪemsiːˈeɪ] *abbr of* **Young Men's Christian Association**, albergue *m* para hombres jóvenes.
yob(bo) ['jɒb(əʊ)] *n fam* gamberro,-a *m,f*.
yoga ['jəʊgə] *n* yoga *m*.
yog(h)urt ['jɒgət] *n* yogur *m*.
yoke [jəʊk] **I** *n* yugo *m*. **II** *vtr (oxen)* uncir; *fig* unir.
yokel ['jəʊkəl] *n pej* paleto,-a *m,f*.
yolk [jəʊk] *n* yema *f*.

yonder ['jɒndər] *adv* más allá.

you [juː, *unstressed* jʊ] *pers pron* **1** *(subject) (familiar use) (sing)* tú; *(pl)* vosotros,-as; **how are y.?**, ¿cómo estás?, ¿cómo estáis? **2** *(subject) (polite use) (sing)* usted; *(pl)* ustedes; **how are y.?**, ¿cómo está?, ¿cómo están? **3** *(subject) (impers use)* **y. never know**, nunca se sabe. **4** *(object) (familiar use) (sing) (before verb)* te; *(after preposition)* ti; *(pl) (before verb)* os; *(after preposition)* vosotros,-as; **I saw y.**, te vi, os vi; **it's for y.**, es para ti, es para vosotros,-as; **with you**, contigo, con vosotros,-as. **5** *(object) (polite use) (sing) (before verb)* le; *(after preposition)* usted; *(pl) (before verb)* les; *(after preposition)* ustedes; **I saw y.**, le vi, les vi; **it's for y.**, es para usted, es para ustedes; **with you**, con usted, con ustedes. **6** *(object) (impers use)* **alcohol makes you drunk**, el alcohol emborracha.

young [jʌŋ] **I** *adj (age)* joven; *(brother etc)* pequeño,-a; **y. lady**, señorita *f*; **y. man**, joven *m*. **II** *n* **1** *(people)* **the y.**, los jóvenes, la juventud. **2** *(animals)* crías *fpl*.

youngster ['jʌŋstər] *n* muchacho,-a *m,f*.

your [jɔː, *unstressed* jə] *poss adj* **1** *(familiar use) (sing)* tu, tus; *(pl)* vuestro,-a, vuestros,-as. **2** *(polite use) (sing)* su, sus. **3** *(impers use)* **the house is on y. right**, la casa queda a tu derecha; **they clean y. shoes for you**, te limpian los zapatos. **4** *(formal address)* Su; **Y. Majesty**, Su Majestad.

yours [jɔːz] *poss pron* **1** *(familiar use) (sing)* el tuyo, la tuya, los tuyos, las tuyas; *(pl)* el vuestro, la vuestra, los vuestros, las vuestras; **the house is y.**, la casa es tuya. **2** *(polite use) (sing)* el suyo, la suya; *(pl)* los suyos, las suyas; **the house is y.**, la casa es suya. **3** *(in letters)* faithfully, le(s) saluda atentamente; **y. sincerely**, reciba un cordial saludo de.

yourself [jɔː'self, *unstressed* jə'self] *(pl* **yourselves** [jɔː'selvz] **I** *pers pron* **1** *(familiar use) (sing)* tú mismo,-a; *(pl)* vosotros,-as mismos,-as; **by y.**, (tú) solo,-a; **by yourselves**, vosotros,-as solos, -as. **2** *(polite use) (sing)* usted mismo,-a; *(pl)* ustedes mismos,-as; **by y.**, (usted) solo, -a; **by yourselves**, (ustedes) solos, -as. **II** *reflexive pron* **1** *(familiar use) (sing)* te; *pl (familiar use)* os; **enjoy y.!**, ¡diviértete!; **enjoy yourselves**, ¡divertíos! **2** *(polite use)* se; **enjoy y.**, ¡diviértase!; **enjoy yourselves**, ¡diviértanse!

youth [juːθ] *n* **1** juventud *f*. **2** *(young man)* joven *m*; **y. club**, club *m* juvenil; **y. hostel**, albergue *m* juvenil.

youthful ['juːθfʊl] *adj* juvenil, joven.

Yugoslav ['juːɡəʊslɑːv] *adj & n* yugoslavo,-a *(m,f)*.

Yugoslavia [juːɡəʊ'slɑːvɪə] *n* Yugoslavia.

Yugoslavian [juːɡəʊ'slɑːvɪən] *adj & n* yugoslavo,-a *(m,f)*.

YWCA [waɪdʌbəljuːsiː'eɪ] *abbr of* Young Women's Christian Association, albergue *m* para mujeres jóvenes.

Z

Z, z [zed, *US* ziː] *n (the letter)* Z, z *f*.

zany ['zeɪnɪ] *adj* (**zanier, zaniest**) *fam* **1** *(mad)* chiflado,-a. **2** *(eccentric)* estrafalario,-a.

zap [zæp] **I** *interj* ¡zas! **II** *vtr sl* **1** *(hit)* pegar. **2** *fam (kill)* cargarse a. **III** *vi TV* hacer zapping.

zeal [ziːl] *n (enthusiasm)* entusiasmo *m*.

zealous ['zeləs] *adj (enthusiastic)* entusiasta.

zebra ['ziːbrə, 'zebrə] *n* cebra *f*; *GB* **z. crossing**, paso *m* de peatones.

zenith ['zenɪθ] *n Astron* cenit *m*; *fig* apogeo *m*.

zero ['zɪərəʊ] *n* cero *m*; **z. hour**, hora *f* cero.

zest [zest] *n (eagerness)* entusiasmo *m*.

zigzag ['zɪɡzæɡ] **I** *n* zigzag *m*. **II** *vi* zigzaguear.

Zimbabwe [zɪm'bɑːbweɪ] *n* Zimbabue.

zinc [zɪŋk] *n* cinc *m*, zinc *m*.

zip [zɪp] **I** *n* **1 z.** *(fastener)*, cremallera *f*. **2** *fam* brío *m*; *US* **z. code**, código *m* postal. **II** *vi* cerrarse con cremallera. ◆**zip by** *vi* pasar como un rayo. ◆**zip up** *vtr* cerrar con cremallera; **to z. sb up**, cerrar la cremallera a algn.

zipper ['zɪpər] *n US* cremallera *f*.

zodiac ['zəʊdɪæk] *n* zodiaco *m*, zodíaco *m*.

zombie ['zɒmbɪ] *n* zombie *mf*.

zone [zəʊn] **I** *n* zona *f*. **II** *vtr* dividir en zonas.

zoo [zuː] *n* zoo *m*.

zoological [zəʊə'lɒdʒɪkəl] *adj* zoológico,-a.

zoologist [zəʊ'ɒlədʒɪst] *n* zoólogo,-a *m,f*.

zoology [zəʊ'ɒlədʒɪ] *n* zoología *f*.

zoom [zuːm] **I** *n* **1** *(buzz)* zumbido *m*. **2 z. lens**, zoom *m*, teleobjetivo *m*. **II** *vi* **1** *(buzz)* zumbar. **2 to z. past**, pasar volando. ◆**zoom in** *vi (camera)* acercarse rápidamente.

zucchini [zuː'kiːnɪ] *n US* calabacín *m*.

Zulu ['zuːluː] *adj & n* zulú *(mf)*.